中国期刊订阅指南

中文核心期刊要目总览

A Guide to the Core Journals of China

2023 年版

主　编　陈建龙　张俊娥

北京大学出版社
PEKING UNIVERSITY PRESS

图书在版编目（CIP）数据

中文核心期刊要目总览：2023 年版／陈建龙，张俊娥主编. —10 版. —北京：北京大学出版社，2024.3
ISBN 978-7-301-34958-8

Ⅰ.①中… Ⅱ.①陈… ②张… Ⅲ.①中文-核心期刊-期刊目录-中国-2023 Ⅳ.①Z87

中国国家版本馆 CIP 数据核字（2024）第 063579 号

书　　　名	中文核心期刊要目总览（2023 年版） ZHONGWEN HEXIN QIKAN YAOMU ZONGLAN (2023 NIAN BAN)
著作责任者	陈建龙　张俊娥　主编
责 任 编 辑	赵晴雪
标 准 书 号	ISBN 978-7-301-34958-8
出 版 发 行	北京大学出版社
地　　　址	北京市海淀区成府路 205 号　100871
网　　　址	http://www.pup.cn　新浪微博：@北京大学出版社
电 子 邮 箱	hxqk@lib.pku.edu.cn
电　　　话	邮购部 010-62752015　发行部 010-62750672　编辑部 010-62752021
印 刷 者	北京中科印刷有限公司
经 销 者	新华书店
	787 毫米×1092 毫米　16 开本　68.5 印张　2521 千字
	1992 年 9 月第 1 版
	1996 年 8 月第 2 版
	2000 年 6 月第 3 版
	2004 年 7 月第 4 版
	2008 年 12 月第 5 版
	2011 年 12 月第 6 版
	2015 年 9 月第 7 版
	2018 年 12 月第 8 版
	2021 年 5 月第 9 版
	2024 年 3 月第 10 版　　2024 年 3 月第 1 次印刷
定　　　价	550.00 元（精装）

编　委　会

主任委员　陈建龙

编　委　（按姓氏音序排列）

别立谦　陈建龙　陈　健　陈　娜　初晓波　段艳文　范海红
郜向荣　郭义亭　韩晓荣　洪庆明　胡　宁　汲传波　季淑娟
贾延霞　姜　燕　强世功　靳　戈　李　丽　李　培　梁　冰
刘　冰　刘　丹　刘恩涛　刘筱敏　马建钧　马　娜　潘云涛
任全娥　汤丽云　童云海　王　超　王金玲　王周谊　伍军红
向其霖　肖　宏　谢　冰　邢　欣　杨红艳　于　静　于　宁
曾建勋　张俊娥　张　琰　赵丹群　郑　征　周　群　祝小静
庄　昕

主　编　陈建龙　张俊娥

各编主编

第一编　主编　祝小静　副主编　胡　宁
第二编　主编　于　宁　副主编　贾延霞
第三编　主编　于　静　副主编　韩晓荣
第四编　主编　别立谦　副主编　庄　昕
第五编　主编　王金玲
第六编　主编　周　群　副主编　郜向荣
第七编　主编　季淑娟　副主编　刘恩涛　郑　征

顾　问
（按姓氏音序排列）

目　　次

学科评审专家名单
（按姓氏音序排列）

阿不都拉·阿巴斯　新疆大学生命科学与技术学院,教授

阿英嘎　南京师范大学体育科学学院,教授

艾德生　清华大学实验室管理处,研究员

艾复清　贵州大学烟草学院,教授

艾　萍　河海大学水文水资源学院,教授

艾庆辉　中国海洋大学水产学院,教授

艾　戎　贵州医科大学附属医院,主任医师

艾　欣　华北电力大学电气与电子工程学院,教授

艾延廷　沈阳航空学院航空发动机学院,教授

艾智勇　同济大学土木工程学院,教授

安春华　宁夏大学学术期刊中心,教授

安广实　安徽财经大学会计研究所,教授

安家彦　大连工业大学研究生院,教授

安力彬　大连大学护理学院,教授

安立宝　华北理工大学机械工程学院,教授

安　平　上海大学通信与信息工程学院,教授

安　琦　华东理工大学机械与动力工程学院,教授

安庆大　大连工业大学轻工与化学工程学院,教授

安瑞芳　西安交通大学第一附属医院,主任医师

安沙舟　新疆农业大学农学院,教授

安世恒　河南农业大学植物保护学院,教授

安天庆　河海大学理学院,教授

安晓龙　中国密码学会,正高级工程师

安玉发　中国农业大学经济管理学院,教授

安振峰　中国电子科技集团公司第十三研究所,研究员

敖天其　四川大学水利水电学院,教授

巴根那　内蒙古民族大学蒙医药学院,教授

巴曙松　北京大学汇丰金融研究院,教授

巴元明　湖北省中医院,主任医师

白保东　沈阳工业大学电气工程学院,教授

白晨光　重庆大学材料科学与工程学院,教授

白晨曦　中国科学院长春应用化学研究所,研究员

白德美　中国质量标准出版传媒有限公司,编审

白东清　天津农学院水产学院,教授

白福臣　广东海洋大学管理学院,教授

白　刚　吉林大学哲学社会学院,教授

白　钢　南开大学药学院,教授

白　贵　河北大学新闻传播学院,教授

白海波　江南大学体育学院,教授

白佳声　上海钨睿新材料科技有限公司,教授级高级工程师

白解红　湖南师范大学外国语学院,教授

白晋湘　吉首大学党委,教授

白京兰　新疆大学法学院,教授

白景明　中国财政科学研究院,研究员

白俊杰　中国水产科学研究院珠江水产研究所,研究员

白似雪　南昌大学信息工程学院,教授

白素平　新乡医学院药学院,教授

白文佩　北京大学,教授

白向飞　煤炭科学技术研究院有限公司,研究员

白晓斌　国网宝鸡供电公司,教授级高级工程师

白晓东　中国空空导弹研究院,研究员

白彦锋　中央财经大学财政税务学院,教授

白艳红　郑州轻工业大学食品与生物工程学院,教授

白　烨　中国社会科学院文学研究所,研究员

白于蓝　华东师范大学中国文字研究与应用中心,教授

白玉冬　兰州大学敦煌学研究所,教授

白振华　燕山大学机械工程学院,教授

白志英　河北农业大学生命科学学院,教授

百茹峰　中国政法大学刑事司法学院,教授

柏慧敏　上海大学体育学院,教授

包呼格吉乐图　内蒙古师范大学体育学院,教授

包　华　郑州磨料磨具磨削研究所有限公司,教授级高级工程师

包建强　上海海洋大学食品学院,教授

包特力根白乙　大连海洋大学经济管理学院,教授

包晔峰　河海大学机电工程学院,教授

包智明　贵州民族大学社会学院,教授

保继刚　中山大学旅游学院,教授

保继光　北京师范大学数学科学学院,教授

鲍国明　中国内部审计协会,教授

鲍　鹏　河南大学土木建筑学院,教授

鲍天昊　昆明医科大学附属精神卫生中心,主任医师

鲍文博　沈阳工业大学建筑工程学院,教授

鲍旭华　北京中科研究院,教授级高级工程师

鲍　艳　陕西科技大学轻工科学与工程学院,教授

鲍　勇　上海交通大学国家健康产业研究院,教授

鲍志东　中国石油大学(北京)地球科学学院,教授

暴宏伶　承德医学院附属医院,主任中医师

暴景阳　福建理工大学智慧海洋与工程研究院,教授

贲洪奇　哈尔滨工业大学电气工程及自动化学院,教授

贲可荣　海军工程大学电子工程学院,教授

贲晓明　上海市第一妇婴保健院,主任医师

毕　超　上海理工大学光电信息与计算机工程学院,教授

毕光明	海南师范大学文学院,教授	蔡　明	浙江大学医学院附属第二医院,主任医师
毕华林	山东师范大学化学化工与材料科学学院,教授	蔡　润	上海交通大学农业与生物学院,教授
毕克新	哈尔滨工程大学经济管理学院,教授	蔡圣勤	中南财经政法大学外国语学院,教授
毕　利	宁夏大学信息工程学院,教授	蔡　舒	天津大学材料学院,教授
毕良武	中国林科院林产化学工业研究所,研究员	蔡树军	中国电子科技集团公司第五十八研究所,研究员
毕鹏翔	国网陕西省电力公司,教授	蔡体菁	东南大学仪器科学与工程学院,教授
毕　强	吉林大学管理学院信息资源研究中心,教授	蔡伟华	东北电力大学能源与动力学院,教授
毕世华	北京理工大学宇航学院,教授	蔡卫军	中国船舶第七○五研究所,研究员
毕树平	南京大学化学化工学院,教授	蔡文伯	石河子大学师范学院,教授
毕晓勤	河南工业大学材料科学与工程学院,教授	蔡文著	江西财经大学工商管理学院,教授
毕艳兰	河南工业大学粮油食品学院,教授	蔡　雯	中国人民大学新闻学院,教授
毕振旺	山东第一医科大学附属省立医院,主任医师	蔡贤华	深圳大学附属华南医院,教授
边俊杰	赣南师范大学经济管理学院,教授	蔡小舒	上海理工大学能源与动力工程学院,教授
边荣春	山东省物化探勘查院,正高级工程师	蔡迎旗	华中师范大学教育学院,教授
卞建林	中国政法大学诉讼法学研究院,教授	蔡永茂	东北电力大学理学院,教授
别立谦	北京大学图书馆,研究馆员	蔡玉奎	山东大学机械工程学院,教授
宾石玉	广西师范大学生命科学学院,教授	蔡运龙	北京大学城市与环境学院,教授
薄煜明	南京理工大学自动化学院,教授	蔡再生	东华大学化工学院,教授
卜淑敏	首都体育学院运动科学与健康学院,教授	蔡珍贵	中南林业科技大学商学院,教授
卜风贤	陕西师范大学西北历史环境与经济社会发展研究院,教授	蔡正学	天津市滨海新区大港油田实验中学,正高级教师
卜令学	青岛大学附属医院,主任医师	蔡之华	中国地质大学(武汉)计算机学院,教授
卜仕金	扬州大学兽医学院,教授	蔡志岗	中山大学物理实验教学中心,教授
卜树坡	苏州工业职业技术学院,教授	蔡志强	中共中央党校(国家行政学院)党建教研部,教授
卜宪群	中国社会科学院历史研究所,研究员		
卜祥记	上海交通大学马克思主义学院,教授	操君喜	广东省农业科学院茶叶研究所,研究员
卜行宽	江苏省人民医院(南京医科大学第一附属医院),教授	操太圣	南京大学教育研究院,教授
卜玉华	华东师范大学卓越学院,教授	曹必好	华南农业大学园艺学院,教授
步尚全	清华大学数学科学系,教授	曹必宏	中国第二历史档案馆,研究馆员
步学朋	国家能源集团技术经济研究院,研究员	曹　兵	宁夏葡萄酒与防沙治沙职业技术学院,教授
蔡宝昌	南京中医药大学药学院,教授	曹昌智	中国城市科学研究会,教授级高级城市规划师
蔡辰梅	广州大学教育学院,教授	曹成茂	安徽农业大学工学院,教授
蔡定芳	复旦大学附属中山医院,教授	曹春娥	景德镇陶瓷大学考古文博学院,教授
蔡敢为	广西大学机械工程学院,教授	曹代勇	中国矿业大学(北京)地测学院,教授
蔡革胜	国网北京经济技术研究院,教授级高级工程师	曹道根	浙江财经大学外国语学院,教授
蔡国春	江苏师范大学教育科学学院,教授	曹　冬	中国智能终端操作系统产业联盟,正高级工程师
蔡海生	江西农业大学江西省鄱阳湖流域农业生态重点实验室,教授	曹藩荣	华南农业大学园艺学院,教授
蔡鹤生	中国地质大学(武汉)环境学院,教授	曹　飞	中共陕西省委党校(陕西行政学院)哲学部,教授
蔡焕杰	西北农林科技大学水利与建筑工程学院,教授	曹福存	大连工业大学艺术设计学院,教授
蔡际洲	武汉音乐学院音乐学系,教授	曹富雄	兰州交通大学马克思主义学院,教授
蔡　健	华南理工大学土木与交通学院,教授	曹光球	福建农林大学林学院,研究员
蔡健荣	江苏大学食品与生物工程学院,教授	曹广文	第二军医大学流行病学教研室,教授
蔡晶晶	中国农业科学院生物技术研究所,研究员	曹广忠	北京大学城市与环境学院,教授
蔡景龙	中国医学科学院整形外科医院,教授	曹国璠	贵州大学农学院,教授
蔡静平	河南工业大学生物工程学院,教授	曹国华	长春理工大学机电工程学院,教授
蔡九菊	东北大学冶金学院,教授	曹海翀	航天科技集团五院遥感卫星总体部,研究员
蔡　峻	南开大学生命科学学院,教授	曹红松	中北大学机电工程学院,教授
蔡兰坤	华东理工大学资源与环境工程学院,教授	曹宏鑫	江苏省农业科学院农业信息研究所,研究员
蔡　理	空军工程大学基础部,教授	曹　晖	暨南大学药学院,教授
蔡丽静	河北科技大学图书馆,研究馆员	曹吉林	河北工业大学化工学院,教授
蔡　琳	成都市第三人民医院,主任医师	曹佳红	成都环境投资集团有限公司,正高级工程师
		曹建国	北京科技大学机械工程学院,教授

曹建海	中国社会科学院工业经济研究所,研究员	曹煜	贵州医科大学附属医院,教授
曹建平	苏州大学医学部放射医学与防护学院,教授	曹钊	内蒙古科技大学矿业与煤炭学院,教授
曹建新	贵州大学化学与化工学院,教授	曹振波	上海体育学院科研处,教授
曹江涛	辽宁石油化工大学信息与控制工程学院,教授	岑况	中国地质大学(北京),教授
曹进德	东南大学数学学院,院士	岑松	辽宁工程技术大学党政办,教授
曹进军	天津师范大学图书馆,研究馆员	茶洪旺	北京邮电大学区域经济与产业发展研究中心,教授
曹聚亮	国防科技大学智能科学学院,研究员	柴娇	东北师范大学体育学院,教授
曹军	黑龙江省林科院生态所,研究员	柴军瑞	西安理工大学水利水电学院,教授
曹俊岭	北京中医药大学东方医院,主任药师	柴立平	合肥工业大学化工机械研究所,研究员
曹俊明	广东省农业科学院动物科学研究所,研究员	柴霖	中国电子科技集团公司第十研究所,研究员
曹克将	江苏省人民医院(南京医科大学第一附属医院),教授	柴山	山东理工大学交通与车辆工程学院,教授
曹兰芳	中南林业科技大学商学院,教授	柴兴云	北京中医药大学研究生院,研究员
曹丽华	东北电力大学能源与动力工程学院,教授	柴彦威	北京大学城市与环境学院,教授
曹连众	沈阳体育学院教务处,教授	柴争义	天津工业大学计算机科学与技术学院,教授
曹萌	沈阳师范大学中国北方少数民族文化研究中心,教授	昌增益	北京大学生命科学学院,教授
曹孟勤	南京师范大学公共管理学院,教授	常江	北京排水集团研发中心,教授级高级工程师
曹敏杰	集美大学食品与生物工程学院,教授	常黎峰	中共陕西省委党校(陕西行政学院)校刊部,编审
曹平	中南大学资源与安全工程学院,教授	常明明	中南财经政法大学经济学院,教授
曹平周	河海大学土木与交通学院,教授	常青[1]	北京航空航天大学电子信息工程学院,教授
曹全民	广西建工集团控股有限公司海南分公司,教授级高级工程师	常青[2]	东北师范大学,教授
曹三省	中国传媒大学媒体融合与传播国家重点实验室,研究员	常青[3]	青岛大学附属医院,主任医师
		常生	南通大学体育科学研究所,教授
曹尚银	中国农业科学院郑州果树研究所,研究员	常思亮	湖南师范大学教科院,教授
曹生现	东北电力大学自动化工程学院,教授	常素芳	开封大学马克思主义学院,教授
曹胜高	陕西师范大学文学院,教授	常文越	沈阳环境科学研究院,教授级高级工程师
曹胜根	中国矿业大学矿业工程学院,教授	常翔	中铁隧道局集团有限公司,教授级高级工程师
曹诗图	武汉科技大学管理学院,教授		
曹顺庆	四川大学文学与新闻学院,教授	常向真	浩沙实业(福建)有限公司,教授级高级工程师
曹太强	西华大学电气与电子信息学院,教授		
曹廷求	山东大学经济学院,教授	常小荣	湖南中医药大学针灸推拿与康复学院,教授
曹伟	浙江工商大学金融学院,教授	常晓林	武汉大学水利水电学院,教授
曹文贵	湖南大学土木工程学院,教授	常新	西安交通大学人文学院,教授
曹文媚	天津市第一中心医院,主任护师	常学勤	太原师范学院教育学院,教授
曹欣欣	中国国家博物馆,研究馆员	常亚慧	陕西师范大学教育学部,教授
曹新明	中南财经政法大学知识产权研究中心,教授	常永华	陕西师范大学政治与公共管理学院,教授
曹兴	中南大学商学院,教授	常禹	中国科学院沈阳应用生态研究所,研究员
曹幸穗	中国农业博物馆,研究员	常玉林	江苏大学汽车与交通工程学院智能交通研究所,教授
曹秀堂	解放军总医院医院管理研究所,研究员	畅引婷	山西师范大学学报编辑部,编审
曹学东	中国科学院光电技术研究所,正高级工程师	畅志坚	山西省农业科学院作物科学研究所,研究员
曹雁平	北京工商大学食品与健康学院,教授	巢志茂	中国中医科学院中药研究所,研究员
曹晔	天津职业技术师范大学职业教育教师研究院,教授	车德勇	东北电力大学能源与动力工程学院,教授
		车国卫	四川大学华西医院,主任医师
曹亦冰	教育部全国高校古籍整理研究工作委员会,教授	车声雷	浙江工业大学磁电功能材料研究所,教授
		车向明	西安交通大学第一附属医院,主任医师
曹益平	四川大学电子信息学院,教授	车效梅	山西师范大学历史学院,教授
曹毅	浙江省中医院,教授	车玉玲	苏州大学政治与公共管理学院,教授
曹颖光	华中科技大学同济医学院附属同济医院,教授	陈艾荣	同济大学土木工程学院,教授
		陈爱国	扬州大学体育学院,教授
曹永国	苏州大学教育学院,教授	陈爱亮	中国农业科学院农业质量标准与检测技术研究所,研究员
曹永强	天津师范大学京津冀生态文明发展研究院,教授	陈安敏	军事科学院国防工程研究院,研究员
		陈柏林	中国地质科学院地质力学研究所,研究员
曹永彤	中日友好医院,主任医师	陈宝国	北京师范大学心理学部,教授

陈宝江	河北农业大学动物科技学院,教授	陈发河	集美大学食品与生物工程学院,教授
陈宝钦	中国科学院微电子研究所,研究员	陈 方	中国人民大学外国语学院,教授
陈保亚	北京大学中国语言文学系,教授	陈 芳	北京服装学院美术学院,教授
陈 斌	福建省厦门市厦门大学附属第一医院,主任医师	陈飞虎	安徽医科大学药学院,教授
陈 兵	国网江苏省电力有限公司电力科学研究院,教授级高级工程师	陈 峰	中国科学技术信息研究所,研究员
陈炳旭	广东省农业科学院植物保护研究所,研究员	陈 锋[1]	北京工业大学文法学部,教授
陈炳炎	中国地质科学院矿探矿工艺研究所,研究员	陈 锋[2]	国家药品监督管理局信息中心,研究员
陈 波[1]	大连大学信息工程学院,教授	陈 锋[3]	河南农业大学农学院,教授
陈 波[2]	哈尔滨电工仪表研究所,教授级高级工程师	陈 浮	天津师范大学期刊出版中心,编审
陈 波[3]	中国石油测井公司测井技术研究院,研究员	陈甫雪	北京理工大学化学与化工学院,教授
陈 畅	中国科学院生物物理研究所,研究员	陈 阜	中国农业大学农学院,教授
陈昌凤	清华大学新闻与传播学院,教授	陈复生	河南工业大学粮油食品学院,教授
陈昌富	湖南大学土木工程学院,教授	陈 馥	西南石油大学化学化工学院,教授
陈昌来	上海师范大学对外汉语学院,教授	陈 刚[1]	北京大学新闻与传播学院,教授
陈长香	天津天狮学院医学院,教授	陈 刚[2]	武汉同济医院器官移植研究所,教授
陈长英	郑州大学第一附属医院,教授	陈 港	华南理工大学轻工科学与工程学院,教授
陈常嘉	北方交通大学,教授	陈根永	郑州大学电气工程学院,教授
陈常青	天津药物研究院,研究员	陈光亮	安徽中医学院,教授
陈 超[1]	复旦大学附属儿科医院,教授	陈光星	广州中医药大学第一附属医院,教授
陈 超[2]	清华大学化学系,教授	陈光雄	西南交通大学机械工程学院,教授
陈池瑜	清华大学美术学院,教授	陈贵锋	煤炭科学研究总院煤化工研究分院,研究员
陈 驰	中国科学院信息工程研究所信息安全国家重点实验室,正高级工程师	陈贵海	南京大学计算机科学与技术系,教授
陈墀成	厦门大学人文学院,教授	陈国保	广西师范大学历史文化与旅游学院,教授
陈川英	南昌市第九医院,主任医师	陈国恩	武汉大学文学院,教授
陈传夫	武汉大学信息管理学院,教授	陈国华	江苏海洋大学商学院,教授
陈传明	福建师范大学地理科学学院,研究员	陈国剑	河南大学学报编辑部,编审
陈春花	闽江学院新华都商学院,教授	陈国金	杭州电子科技大学机械工程学院,教授
陈 椿	福建医科大学附属协和医院,主任医师	陈国强	苏州大学北校区纺织与服装工程学院,教授
陈纯柱	重庆邮电大学网络空间安全与信息法学院,教授	陈国通	河北科技大学信息科学与工程学院,教授
陈存社	北京工商大学食品学院,教授	陈海峰	陕西科技大学机电工程学院,教授
陈达灿	广东省中医院,教授	陈海华	青岛农业大学巴瑟斯未来农业科技学院,教授
陈大鹏	中国科学院微电子研究所,研究员	陈海龙	大连医科大学附属第一医院,教授
陈大勇	中国兵器装备研究院,正高级工程师	陈海啸	浙江省台州医院,主任医师
陈代雄	湖南有色金属研究院有限责任公司,研究员	陈汉平	华中科技大学中欧清洁与可再生能源学院,教授
陈道德	湖北大学哲学学院,教授	陈 昊	国网江苏省电力有限公司,正高级工程师
陈德华	电子科技大学航空航天学院,研究员	陈红儿	浙江师范大学,教授
陈德明	哈尔滨体育学院,教授	陈宏泰	中国电子科技集团公司第十三研究所,研究员
陈德运	哈尔滨理工大学计算机科学与技术学院,教授	陈 洪	东南大学附属中大医院,教授
陈登福	重庆大学材料科学与工程学院,教授	陈洪芳	北京工业大学机电学院,教授
陈 迪	上海交通大学电子信息与电气工程学院,教授	陈洪辉	国防科技大学系统工程学院,教授
陈定方	武汉理工大学智能制造与控制研究所,教授	陈华平	浙江省农业科学院,编审
陈东风	第三军医大学大坪医院,教授	陈 淮	郑州大学土木工程学院,教授
陈东辉	东华大学环境科学与工程学院,教授	陈怀宁	中国科学院金属研究所,研究员
陈东科	海南省三亚市人民医院,主任检验师	陈怀侠	湖北大学化学化工学院,教授
陈东生[1]	华中科技大学同济医学院附属协和医院,主任药师	陈怀新	电子科技大学资源与环境学院,教授
陈东生[2]	闽江学院,教授	陈欢林	浙江大学料化工学院,教授
陈冬红	中国社会科学院数量经济与技术经济研究所,研究员	陈焕铭	宁夏大学物理与电子电气工程学院,教授
		陈 晖	西安航天动力研究所,研究员
陈恩红	中国科学技术大学计算机科学与技术学院,教授	陈汇龙	江苏大学能源与动力工程学院,教授
		陈会军	中国地质大学外国语学院,教授
		陈惠贤	兰州理工大学机电工程学院,研究员
		陈继东	湖北中医药大学附属医院,教授

陈继刚	燕山大学机械工程学院,教授		陈立新	世界中医药学会联合会,教授
陈家付	山东大学马克思主义学院,教授		陈丽能	浙江经济职业技术学院,教授
陈家富	东北大学资源与土木工程学院,教授		陈丽蓉	西南政法大学商学院,教授
陈家光	宝钢研究院特钢技术中心,教授		陈丽霞	沈阳药科大学无涯学院,教授
陈嘉川	齐鲁工业大学造纸与植物资源工程学院,教授		陈利根	南京农业大学公共管理学院,教授
陈嘉兴	河北师范大学中燃工学院,教授		陈廉清	宁波工程学院创业学院,教授
陈建兵	西安交通大学马克思主义学院,教授		陈良华	东南大学经济管理学院,教授
陈建国	南通大学附属肿瘤医院,教授		陈良骥	桂林理工大学机械与控制工程学院,教授
陈建华[1]	广西大学资源环境与材料学院,教授		陈良怡	北京大学分子医学所,教授
陈建华[2]	中南林业科技大学林学院,教授		陈 亮	中国农业科学院茶叶研究所,研究员
陈建民	国家计算机病毒应急处理中心,研究员		陈燎原	安徽理工大学机械工程学院,教授
陈建荣	浙江师范大学地理与环境科学学院,教授		陈 林[1]	华北电力大学能源动力与机械工程学院,教授
陈建生	河海大学科学研究院,教授			
陈建先	中共重庆市委党校(重庆行政学院)公共管理学教研部,教授		陈 林[2]	江苏省宝应县泰山小学,正高级教师
			陈林杰	南京工业职业技术学院经济管理学院,教授
陈建勋	长安大学公路学院,教授		陈 凛	解放军总医院,教授
陈建业[1]	华南农业大学园艺学院,教授		陈留平	中盐金坛盐化有限责任公司,研究员
陈建业[2]	清华大学电机工程与应用电子技术系,研究员		陈龙奇	四川大学华西医院,主任医师
			陈龙乾	中国矿业大学公共管理学院,教授
陈建勇	浙江理工大学纺织科学与工程学院,教授		陈鲁生	南开大学数学科学学院,教授
陈建樾	中国社会科学院民族学与人类学研究所,研究员		陈鹿民	郑州轻工业大学机电工程学院,教授
			陈渌萍	中国软件评测中心(工业和信息化部软件与集成电路促进中心),教授级高级工程师
陈健云	大连理工大学水利工程学院,教授			
陈 杰	教育部,教授		陈美球	江西农业大学研究生院,教授
陈 洁[1]	河南工业大学粮油食品学院,教授		陈孟林	广西师范大学环境与资源学院,教授
陈 洁[2]	华东师范大学信息学院,研究员		陈 勉	中国石油大学(北京)石油工程学院,教授
陈金刚	扬州大学学报编辑部,研究员		陈 民	辽宁省中医院,教授
陈金龙	华南师范大学马克思主义学院,教授		陈 明[1]	东南大学附属中大医院,主任医师
陈金周	郑州大学材料科学与工程学院,教授		陈 明[2]	广西梧州中恒集团股份有限公司,教授级高级工程师
陈 晶	武汉大学国家网络安全学院,教授			
陈 靖	扬州大学医学院,教授		陈 明[3]	江西财经大学规制与竞争研究中心,教授
陈静波	郑州大学材料科学与工程学院,教授		陈明杰	上海市农业科学院食用菌研究所,研究员
陈 娟	华中科技大学同济医学院基础医学院,教授		陈明强	西安石油大学石油工程学院,教授
陈 军[1]	上海戏剧学院戏剧文学系,教授		陈明清	江南大学化学与材料工程学院,教授
陈 军[2]	中国国家基础地理信息中心,院士		陈 谋	南京航空航天大学自动化学院,教授
陈 军[3]	中国水产科学研究院渔业机械仪器研究所,研究员		陈木义	天津环球磁卡集团有限公司,教授级高级工程师
			陈 南	东南大学机械工程学院,教授
陈 钧	天津艺术研究所,研究员		陈南梁	东华大学纺织学院,教授
陈俊强	广西医科大学第一附属医院,教授		陈 宁[1]	成都师范学院,教授
陈开圣	贵州大学土木工程学院,教授		陈 宁[2]	天津科技大学生物工程学院,教授
陈 科	中国电子科技集团公司,教授级高级工程师		陈 宁[3]	中国能源建设集团南京线路器材有限公司,正高级工程师
陈科力	湖北中医药大学药学院,教授			
陈 克[1]	厦门理工学院设计艺术学院,教授		陈宁江	广西大学计算机与电子信息学院,教授
陈 克[2]	沈阳理工大学汽车与交通学院,教授		陈诺夫	华北电力大学可再生能源学院,教授
陈 馈	中铁隧道局集团有限公司,教授级高级工程师		陈培龙	中国船舶集团有限公司第七一六研究所,研究员
陈兰洲	武汉大学资源与环境科学学院,教授		陈沛照	湖北民族大学学报编辑部,教授
陈 磊	武汉大学电气与自动化学院,教授		陈佩杰	上海体育学院,教授
陈礼清	东北大学轧制技术及连轧自动化国家重点实验室,教授		陈 鹏[1]	江苏师范大学教育科学学院,教授
			陈 鹏[2]	云南省林业和草原科学院,研究员
陈力丹	中国人民大学新闻学院,教授		陈 鹏[3]	中国石油集团测井有限公司,教授级高级工程师
陈立功	天津大学化工学院,教授			
陈立鹏	中国人民大学心理学,教授		陈平圣	东南大学医学院,教授
陈立文	河北工业大学经济管理学院,教授		陈齐鸣	扬州大学附属泰兴市人民医院,主任医师

陈启林	中国石油勘探开发研究院西北分院,教授级高级工程师
陈谦学	武汉大学人民医院,教授
陈　倩	北京大学第一医院,主任医师
陈　强	北京印刷学院印刷与包装工程学院,教授
陈清西	福建农林大学园艺学院,教授
陈清阳	太原重工股份有限公司,正高级工程师
陈庆怀	中国交通建设股份有限公司,教授级高级工程师
陈秋苹	扬州大学教育科学学院,教授
陈全功	中南民族大学经济学院,教授
陈　群	福建工程学院管理学院,教授
陈日新	江西中医药大学附属医院/江西省中医院,主任中医师
陈　蓉	苏州大学附属第一医院,主任药师
陈荣彬	广东省农业科学院水稻研究所,研究员
陈荣卓	华中师范大学政治与国际关系学院,教授
陈如梅	中国农业科学院生物技术研究所,研究员
陈如平	中国教育科学研究院,研究员
陈　瑞	华中科技大学同济医学院附属协和医院,教授
陈瑞敏	福建省福州儿童医院,主任医师
陈少坚	集美大学体育学院,教授
陈绍成	重庆第二师范学院生物与化学工程学院,教授
陈绍华	中铁第一勘察设计院集团有限公司桥梁隧道设计院,正高级工程师
陈士法	中国海洋大学外国语学院,教授
陈士林	中国中医科学院中药研究所,研究员
陈世宝	中国农业科学院农业资源与农业区划研究所,研究员
陈世国	南京农业大学生命科学学院,教授
陈世华	南昌大学新闻与传播学院,教授
陈世平	天津师范大学,教授
陈守东	吉林大学数量经济研究中心,教授
陈淑民	中铁建工集团有限公司,教授级高级工程师
陈　述	扬州大学美术与设计学院,教授
陈树和	湖北省中医院,主任药师
陈树君	北京工业大学机械工程与应用电子技术学院,教授
陈树文	北京交通大学人文学院,教授
陈树勇	中国电力科学研究院,教授
陈双林	南京师范大学生命科学学院,教授
陈水生	华东交通大学土木建筑学院,教授
陈思广	四川大学文学与新闻学院,教授
陈思和	复旦大学中文系,教授
陈四清	中国水产科学研究院黄海水产研究所,研究员
陈松山	扬州大学电气与能源动力工程学院,教授
陈宋生	北京理工大学管理与经济学院,教授
陈颂东	河南财经政法大学政务学院,教授
陈随清	河南中医药大学药学院,教授
陈　涛	武汉科技大学管理学院,教授
陈　滔	西南财经大学保险学院,教授
陈天华	北京工商大学计算机与信息工程学院食品安全大数据技术北京市重点实验室,教授
陈　厅	电子科技大学计算机科学与工程学院,教授
陈万生	第二军医大学长征医院,教授
陈望衡	武汉大学哲学学院,教授
陈望忠	南方医科大学学报编辑部,教授
陈　威	重庆理工大学 MBA 教育中心,教授
陈维红	山西白求恩医院,主任药师
陈维平	广西医科大学基础医学院,教授
陈维政	四川大学商学院,教授
陈　伟[1]	广东海洋大学经济学院,教授
陈　伟[2]	哈尔滨工程大学经济管理学院,教授
陈　伟[3]	华南师范大学职业教育学院,教授
陈　伟[4]	江南大学中国科学文化对外翻译与传播研究院,教授
陈　伟[5]	武汉理工大学自动化学院,教授
陈　伟[6]	中国疾病预防控制中心,研究员
陈伟良	中山大学孙逸仙纪念医院,教授
陈伟民	重庆大学光电工程学院,教授
陈伟平	哈尔滨工业大学航天学院,教授
陈伟强	清华大学体育部,教授
陈伟清	广西大学土木建筑工程学院,教授
陈伟政	中国船舶集团有限公司第七〇二研究所,研究员
陈　卫	江南大学食品学院,教授
陈卫昌	苏州大学附属第一医院,教授
陈卫东[1]	燕山大学信息科学与工程学院,教授
陈卫东[2]	中国人民大学法学院,教授
陈　文[1]	武汉理工大学材料科学与工程学院,教授
陈　文[2]	中国地质科学院地质研究所,研究员
陈文华	浙江理工大学机械工程学院,教授
陈文沛	重庆邮电大学经济管理学院,教授
陈文兴	浙江理工大学,教授
陈　闻	广西师范大学教育学部,研究员
陈五一	北京航空航天大学机械工程及自动化学院,教授
陈　武	上海海事大学商船学院,教授
陈武华	广西大学电气工程学院,教授
陈务军	上海交通大学船舶海洋与建筑工程学院,教授
陈犀禾	上海大学电影学院,教授
陈　喜	河海大学水资源重点实验室,教授
陈湘生	深圳大学土木工程学院,教授
陈祥光	北京理工大学化学与化工学院,教授
陈祥盛	贵州大学农学院,教授
陈向荣[1]	四川大学物理学院,教授
陈向荣[2]	浙江大学电气工程学院,教授
陈小鸿	浙江工业大学实验室与资产管理处,教授
陈小俊	浙江东新建设有限公司,正高级工程师
陈小平	广东省农业科学院作物研究所,研究员
陈晓端	陕西师范大学教育学部,教授
陈晓丽	北京空间机电研究所,研究员
陈晓律	南京大学历史学院,教授
陈晓明	北京大学中国语言文学系,教授
陈晓屏	昆明物理研究所,教授
陈晓巍	北京协和医院,主任医师
陈晓霞	贵州医科大学附属医院,主任医师

陈晓宇　北京大学教育学院,教授
陈孝银　暨南大学医学院,教授
陈效鹏　陕西西安西北工业大学航海学院,教授
陈欣新　中国社会科学院法学研究所,研究员
陈新岗　重庆理工大学电气与电子工程学院,教授
陈新仁　南京大学外国语学院,教授
陈新山　华中科技大学同济医学院,教授
陈信义　北京中医药大学东直门医院,教授
陈兴跃　武汉金银湖实验室,正高级工程师
陈修平　澳门大学中华医药研究院,教授
陈　旭　西南大学心理学部,教授
陈旭锋　江苏省人民医院(南京医科大学第一附属医院),教授
陈旭远　东北师范大学教育学部,教授
陈学广　扬州大学文学院,教授
陈雪波　辽宁科技大学电子与信息工程学院,教授
陈雪峰　陕西科技大学食品与生物工程学院,教授
陈雪鸿　国家工业信息安全发展研究中心,正高级工程师
陈亚军　首都医科大学附属北京儿童医院,主任医师
陈延斌　江苏师范大学中华家文化研究院,教授
陈岩波　黑龙江中医药大学学术理论研究部,研究馆员
陈衍景　北京大学地球与空间科学学院,教授
陈　彦　江苏省中医药研究院中药组分与微生态研究中心,研究员
陈彦勇　中国船舶集团有限公司第七〇五研究所,研究员
陈艳芬　广东药科大学中药学院,教授
陈艳麒　天津职业大学艺术工程学院,教授
陈　燕[1]　江苏大学,编审
陈　燕[2]　辽宁科技大学机械工程与自动化学院,教授
陈　耀　中国社会科学院工业经济研究所,教授
陈耀星　中国农业大学动物医学院,教授
陈业高　云南师范大学化学化工学院,教授
陈　晔　成都体育学院马克思主义学院,教授
陈一坚　中航工业一飞院,研究员
陈　怡　浙江工业大学之江学院,教授
陈怡禄　广州市妇女儿童医疗中心,主任药师
陈义旺　南昌大学化学学院,教授
陈毅兴　湖南大学土木工程学院,教授
陈英杰　燕山大学建筑工程与力学学院,教授
陈英盈　北京住总集团有限责任公司土木部,正高级工程师
陈　颖　广东工业大学材料与能源学院,教授
陈拥贤　湖南工业职业技术学院,研究员
陈永东　合肥通用机械研究院有限公司,教授级高级工程师
陈永刚　武汉市临床检验中心,主任药师
陈永高　南京师范大学数学科学学院,教授
陈永华　中国科学院海洋研究所海洋环流与波动重点实验室,研究员
陈永明　上海师范大学教育学院,教授
陈　勇[1]　大连海洋大学辽宁省海洋牧场工程技术研究中心,教授
陈　勇[2]　电子科技大学自动化工程学院,教授

陈　勇[3]　广西大学机械工程学院,教授
陈　勇[4]　浙江工业大学机械工程学院,教授
陈　勇[5]　中国建筑东北设计研究院有限公司,教授级高级工程师
陈　勇[6]　中国矿业大学(北京)马克思主义学院,教授
陈　湧　南开大学化学学院,教授
陈又清　中国林业科学研究院资源昆虫研究所,研究员
陈于后　四川轻化工大学学报编辑出版中心,教授
陈宇飞　中共中央党校(国家行政学院)文史教研部,教授
陈宇岳　苏州大学材料工程学院,教授
陈雨信　山东大学齐鲁医院,教授
陈　玉　西安交通大学电气工程学院,教授
陈玉和　山东科技大学经济管理学院,教授
陈玉琼　华中农业大学食品科学学院,教授
陈玉忠　河北大学法学院,教授
陈元刚　重庆理工大学管理学院,教授
陈元欣　华中师范大学体育学院,教授
陈岳龙　中国地质大学(北京),教授
陈　跃[1]　西南大学马克思主义学院,教授
陈　跃[2]　西南医科大学附属医院,教授
陈　越　深中通道管理中心,教授级高级工程师
陈　云　成都工具研究所有限公司,教授级高级工程师
陈云奔　哈尔滨师范大学教育科学学院,教授
陈运强　中国石油工程建设有限公司西南分公司,教授级高级工程师
陈蕴智　天津科技大学轻工学院,教授
陈再良　北京机电研究所,研究员
陈泽林　天津中医药大学针灸推拿学院,教授
陈彰兵　中国石油工程建设有限公司西南分公司,教授级高级工程师
陈朝晖　重庆大学土木工程学院,教授
陈昭玖　江西农业大学经济管理学院,教授
陈兆祥　燕山大学机械工程学院,教授
陈振锋　广西师范大学化学与药学学院,教授
陈　震　贵州师范大学数学科学学院,教授
陈征宇　国际药学联合会,主任药师
陈　正　西安财经大学教学质量评估中心,教授
陈正光　北京中医药大学东直门医院,教授
陈正洪　湖北省气象服务中心,研究员
陈正乐　中国地质科学院地质力学研究所,研究员
陈正行　江南大学食品学院,教授
陈正跃　新乡医学院基础医学院,教授
陈知水　华中科技大学同济医学院附属同济医院,教授
陈志斌　东南大学智慧财务与会计研究院,教授
陈志刚[1]　江苏大学京江学院,教授
陈志刚[2]　苏州科技大学材料科学与工程学院,教授
陈志华　天津大学建筑工程学院,教授
陈志军　山东大学管理学院,教授
陈志平[1]　杭州电子科技大学机械工程学院,教授
陈志平[2]　浙江大学能源工程学院,教授
陈志武　安徽医科大学基础医学院,教授

陈志新	中国建筑东北设计研究院有限公司科技部，教授级高级工程师	程虹	江苏省人民医院（南京医科大学第一附属医院），主任医师
陈智[1]	武汉大学口腔医学院，教授	程惠萍	山西省太原市迎泽区教研科研中心，正高级教师
陈智[2]	中铁隧道局集团有限公司洛阳办公中心（退休），教授级高级工程师	程吉林	扬州大学水利与能源动力工程学院，教授
陈忠	华中科技大学同济医学院附属同济医院，教授	程建远	中煤科工集团西安研究院有限公司，研究员
陈忠海	郑州大学信息管理学院，教授	程杰	上海大学体育学院，教授
陈忠敏	重庆理工大学药学与生物工程学院，教授	程晋宽	南京师范大学教育科学学院，教授
陈忠全	青岛黄海学院国际商学院，教授	程敬亮	郑州大学第一附属医院，教授
陈仲	云南省第二人民医院，主任医师	程林林	成都体育学院天府国际体育赛事研究院，教授
陈子江	山东大学附属生殖医院，院士	程琳	东南大学交通学院，教授
陈子军	燕山大学信息科学与工程学院，教授	程玲	中国中医科学院望京医院，主任医师
陈子林	武汉大学药学院，教授	程民权	广西师范大学计算机科学与信息工程学院，教授
陈自卢	广西师范大学化学与药学学院，教授	程明	东南大学电气工程学院，教授
陈宗海	中国科学技术大学信息科学技术学院，教授	程培峰	东北林业大学土木与交通学院，教授
陈宗懋	中国农业科学院茶叶研究所，研究员	程其练	江西师范大学体育学院，教授
陈作松	上海交通大学体育系，教授	程启明	上海电力大学自动化工程学院，教授
谌东中	南京大学化学化工学院，教授	程谦恭	西南交通大学地球科学与环境工程学院，教授
谌飞龙	江西财经大学工商管理学院，教授		
谌伦建	河南理工大学化学化工学院，教授	程庆丰	战略支援部队信息工程大学，教授
谌文武	兰州大学土木工程与力学学院，教授	程蓉	中国地质调查局成都矿产综合利用研究所，研究员
谌岩	燕山大学环境与化学工程学院，教授		
谌志新	中国水产科学研究院渔业机械仪器研究所，研究员	程书权	广西桂林医学院第三附属医院，主任医师
成勃	山东省建筑科学研究院有限公司，研究员	程漱兰	中国人民大学农业与农村发展学院，教授
成宏伟	扬州大学附属泰兴市人民医院，主任医师	程望东	中国电子科技集团公司第十四研究所，教授级高级工程师
成虎	东南大学土木工程学院，教授		
成金华	中国地质大学（武汉），教授	程维明	上海工程技术大学基础教学学院物，教授
成立	江苏大学电气信息工程学院，教授	程伟	黑龙江中医药大学，教授
成凌飞	河南理工大学物电学院，教授	程文广	沈阳体育学院学报编辑部，教授
成龙	浙江大学马克思主义学院，教授	程文明	西南交通大学机械工程学院，教授
成美	人民大学新闻学院，教授	程伍群	河北农业大学城乡建设学院，教授
成绍武	湖南中医药大学中西医结合学院，教授	程武山	上海工程技术大学机械工程学院，教授
成升魁	中国科学院地理科学与资源研究所，研究员	程先华	上海交通大学机械与动力工程学院，教授
成守珍	中山大学附属第一医院，主任护师	程翔	华中科技大学同济医学院附属协和医院，教授
成艳芬	南京农业大学动物科技学院，教授		
成永旭	上海海洋大学水产与生命学院，教授	程小华	华南理工大学电力学院，教授
成自勇	甘肃农业大学水利水电学院，教授	程晓光	北京积水潭医院，教授
程爱民	南京大学海外教育学院，教授	程晓堂	北京师范大学外国语言文学学院，教授
程安春	四川农业大学动物医学院，教授	程晓陶	中国水利水电科学研究院，教授级高级工程师
程必定	安徽省社会科学界联合会，研究员		
程博	南京审计大学会计学院，教授	程新生	南开大学商学院，教授
程博闻	天津科技大学化学与材料学院，教授	程耀东	兰州交通大学土木工程学院，教授
程传银	南京师范大学体育科学学院，教授	程耀楠	哈尔滨理工大学机械动力工程学院，教授
程德强	中国矿业大学信息与控制工程学院，教授	程颖	中国医科大学附属第一医院，教授
程发峰	北京中医药大学中医学院，研究员	程勇	山东大学能源与动力工程学院，教授
程刚	沈阳药科大学药学院，教授	程玉虎	中国矿业大学信息与控制工程学院，教授
程钢[1]	河南理工大学测绘与国土信息工程学院，教授	程政举	河南财经政法大学法学研究院，教授
		程志友	教育部电能质量工程研究中心，教授
程钢[2]	山东建筑大学机电学院，教授	程宗明	南京农业大学园艺学院，教授
程光明	浙江师范大学工学院，教授	池畔	福建医科大学附属协和医院，主任医师
程浩忠	上海交通大学电子信息与电气工程学院，教授	池泽新	江西省农业科学院，教授
		池忠军	中国矿业大学马克思主义学院，教授
程红艳	华中师范大学教育学院，教授	池子华	苏州大学红十字学院，教授
程宏志	中煤科工集团唐山研究院有限公司，研究员	迟景明	大连理工大学高等教育研究院，教授

迟淑艳	广东海洋大学水产学院,教授	崔 瑛	河南中医药大学药学院,教授
迟玉杰	东北农业大学食品学院,教授	崔 勇	三峡大学电气与新能源学院,正高级工程师
丑修建	中北大学仪器与电子学院,教授	崔玉平	苏州大学教育学院,教授
初景利	中国科学院文献情报中心,教授	崔月琴	吉林大学哲学社会学院,教授
储德银	安徽财经大学财政与公共管理学院,教授	崔云先	大连交通大学机械工程学院,教授
储朝晖	中国教育科学研究院,研究员	崔兆杰	山东大学环境科学与工程学院,教授
储志东	南京师范大学体育科学学院,教授	崔振铎	天津大学材料科学与工程学院,教授
储祖旺	中国地质大学(武汉)教育研究院,教授	崔振龙	审计署重庆特派办,研究员
楚丹琪	上海大学实验设备处,研究员	崔志强	中铁第五勘察设计院集团有限公司,正高级工程师
楚秀生	山东省农业科学院作物研究所,研究员		
楚泽涵	中国石油大学(北京),教授	崔仲鸣	河南工业大学机电工程学院,教授
褚 栋	青岛农业大学植物医学学院,教授	崔州平	成都工业学院自动化与电气工程学院,教授
褚夫强	齐鲁工业大学印刷与包装工程学院,教授	崔自治	宁夏大学土木与水利工程学院,教授
褚宏启	北京师范大学,教授	答治华	中国铁路总公司科技和信息化部,正高级工程师
褚嘉祐	中国医学科学院医学生物学研究所,研究员		
褚松燕	中共中央党校(国家行政学院)社会和生态文明教研部,教授	代金平	重庆邮电大学马克思主义学院,教授
		代俊兰	河北师范大学马克思主义学院,教授
褚庭亮	中国印刷科学技术研究院,教授级高级工程师	代明江	广东省科学院新材料研究所,研究员
		代蕊华	教育部中学校长培训中心,教授
褚以文	四川抗菌素工业研究所,研究员	代亚丽	新疆医科大学护理学院,教授
淳 庆	东南大学建筑学院,教授	代云桃	中国中医科学院中药研究所,研究员
丛湖平	浙江大学教育学院,教授	戴斌祥	中南大学数学与统计学院,教授
丛 鑫	燕山大学文法学院,教授	戴传超	南京师范大学生命科学学院,教授
崔博文	集美大学轮机工程学院,教授	戴冬秋	中国医科大学附属第四医院,教授
崔步云	中国疾病预防控制中心传染病预防控制所,研究员	戴钢书	电子科技大学马克思主义学院,教授
		戴国斌	上海体育大学武术学院,教授
崔 刚	清华大学人文学院,教授	戴国俊	扬州大学动物科学与技术学院,教授
崔广柏	河海大学远程与继续教育学院,教授	戴海波	淮阴师范学院传媒学院,教授
崔海亭	河北科技大学机械工程学院,教授	戴 航	东南大学土木工程学院,教授
崔 恒	北京大学人民医院妇科肿瘤中心,主任医师	戴红艳	青岛市立医院,主任医师
崔惠玉	东北财经大学财政税务学院,教授	戴 华[1]	南京邮电大学计算机学院,教授
崔建远	清华大学法学院,教授	戴 华[2]	扬州大学医学院,教授
崔 晶	郑州大学基础医学院,教授	戴华阳	中国矿业大学(北京)地球与测绘学院,教授
崔 雷	中国医科大学健康管理学院,教授	戴建兵	河北师范大学校党委,教授
崔满红	山西金融职业学院,教授	戴 健	上海体育学院经济管理学院,教授
崔乃强	天津市南开医院,主任医师	戴劲松	南京理工大学机械工程学院,研究员
崔 鹏	合肥工业大学化学与化工学院,教授	戴 俊	盐城师范学院体育学院,教授
崔青曼	天津科技大学海洋与环境学院,教授	戴连荣	湖州师范学院,教授
崔升淼	广东药科大学中药学院,教授	戴曼纯	北京外国语大学中国语言文学学院,教授
崔士起	山东省建筑科学研究院有限公司,研究员	戴其根	扬州大学农学院,教授
崔世红	郑州大学第三附属医院,教授	戴 锐	河海大学马克思主义学院,教授
崔淑霞	郑州大学口腔医学院(郑州大学第一附属医院),主任医师	戴树源	湖南省社会科学界联合会,研究员
		戴松元	华北电力大学可再生能源学院,教授
崔铁军	东南大学信息科学与工程学院,院士	戴塔根	中南大学地学与环境工程学院,教授
崔 巍	中国医学科学院肿瘤医院,研究员	戴为志	中国工程建设焊接协会,教授级高级工程师
崔伟奇	北京化工大学文法学院,教授	戴向东	《家具与室内装饰》杂志社,教授
崔 炜[1]	河北医科大学第二医院,教授	戴小华	安徽省中医院,教授
崔 炜[2]	中国水利水电科学研究院,教授级高级工程师	戴新宇	中国地质科学院矿产综合利用研究所,编审
		戴秀丽	北京林业大学马克思主义学院,教授
崔希民	中国矿业大学(北京)地球科学与测绘工程学院,教授	戴焰军	中共中央党校(国家行政学院)党建教研部,教授
崔向丽	北京友谊医院,主任药师	戴 毅	暨南大学药学院,研究员
崔雅飞	黑龙江中医药大学附属第二医院,主任医师	戴 瑛	大连外国语大学区域国别研究院,教授
崔也光	首都经济贸易大学会计学院,教授	戴猷元	北京清华工业开发研究院,教授
崔毅琦	昆明理工大学国土资源工程学院,教授	戴玉蓉	东南大学物理学院,教授
崔银河	大连理工大学人文与社会科学学部,教授		

戴玉婷	北京航空航天大学航空科学与工程学院,教授	邓 铸	南京师范大学心理学院,教授
戴跃伟	南京信息工程大学,教授	狄慧鸽	西安理工大学机械与精密仪器工程学院,教授
戴志涛	北京邮电大学计算机学院,教授	狄留庆	南京中医药大学药学院,教授
单明广	哈尔滨工程大学信息与通信工程学院,教授	狄其安	上海大学音乐学院,教授
党安红	北京大学第一医院,教授	刁其玉	中国农科院饲料研究所,研究员
党安荣	清华大学建筑学院,教授	刁胜先	重庆邮电大学网络空间安全与信息法学院,教授
党建军	西北工业大学航海学院,教授	刁淑娟	中国地质图书馆,正高级工程师
党 立	国网陕西省电力公司发展策划部,教授级高级工程师	刁有祥	山东农业大学动物科技学院,教授
党双锁	西安交通大学医学院附属二院,教授	丁安伟	南京中医药大学药学院,教授
党耀国	南京航空航天大学经济与管理学院,教授	丁柏铨	南京大学新闻学院,教授
邓必阳	广西师范大学化学与药学学院,教授	丁传伟	首都体育学院武术与表演学院,教授
邓伯军	南京航空航天大学马克思主义学院,教授	丁春山	中国船舶集团有限公司第七一六研究所,研究员
邓春华	中山大学附属第一医院,教授		
邓福铭	中国矿业大学(北京)机械与电气工程学院,教授	丁 丁	对外经济贸易大学法学院,教授
		丁恩杰	中国矿业大学物联网(感知矿山)研究中心,教授
邓国和	广西师范大学数学与统计学院,教授		
邓鹤鸣	湖北大学微电子学院,教授	丁 帆	南京大学文学院,教授
邓 华	浙江大学建筑工程学院空间结构研究中心,教授	丁 飞	中国电子科技集团公司第十八研究所,研究员
邓会宁	河北工业大学化工学院,教授	丁贵杰	贵州大学林学院,教授
邓慧萍	同济大学环境科学与工程学院,教授	丁桂甫	上海交通大学电子信息与电气工程学院上海市非硅微纳集成制造专业技术服务平台,教授
邓家刚	广西中医药大学,教授		
邓建林	浙江杭海城际铁路有限公司,教授级高级工程师		
		丁国华	黑龙江省医疗服务管理评价中心,主任药师
邓建新	山东大学机械工程学院,教授	丁国良	上海交通大学制冷与低温工程研究所,教授
邓洁红	湖南农业大学食品科技学院,教授	丁海斌	广西民族大学管理学院,教授
邓久帅	中国矿业大学(北京)化学与环境工程学院,教授	丁汉凤	山东省农业科学院农作物种质资源研究所,研究员
邓 军	中国地质大学(北京),教授	丁宏标	中国农业科学院饲料研究所,研究员
邓军洪	广州市第一人民医院鹤洞分院,教授	丁华东	上海大学文化遗产与信息管理学院,教授
邓 君	吉林大学管理学院,教授	丁金华	大连工业大学机械电子工程系,教授
邓君明	广东海洋大学水产学院,教授	丁俊杰	中国传媒大学广告学院,教授
邓乐群	南通大学文学院,教授	丁克峰	浙江大学附属第二医院,教授
邓 磊	湖北民族大学,教授	丁黎黎	中国海洋大学经济学院,教授
邓淇中	湖南科技大学教务处,教授	丁 明	合肥工业大学电气与自动化工程学院,教授
邓启华	中铁二十二局集团有限公司,教授级高级工程师	丁明俊	北方民族大学中华民族共同体学院,教授
		丁念金	上海师范大学教育学院,教授
邓少贵	中国石油大学(华东)地球与技术学院,教授	丁 宁	北京大学艺术学院,教授
邓绍根	中国人民大学新闻学院,教授	丁 千	天津大学机械工程学院,教授
邓四二	河南科技大学机电工程学院,教授	丁 强	水利部南京水利水文自动化研究所,教授
邓 涛	东北师范大学教育学部,教授	丁清峰	吉林大学地球科学学院,教授
邓旺群	中国航发湖南动力机械研究所,研究员	丁庆军	武汉理工大学材料科学与工程学院,教授
邓霞飞	人福医药集团股份公司,正高级工程师	丁三青	中国矿业大学马克思主义学院,教授
邓小武	中山大学肿瘤防治中心放疗科,研究员	丁少群	西南财经大学保险学院,教授
邓学平	重庆邮电大学人事处,教授	丁淑琴	兰州大学外国语学院,教授
邓雪娇	中国气象局广州热带海洋气象研究所,研究员	丁 涛	河南大学化学化工学院,教授
		丁维俊	成都中医药大学实验室建设处,教授
邓英尔	成都理工大学环境与土木工程学院,教授	丁文平	武汉轻工大学食品科学与工程学院,教授
邓媛元	广东省农业科学院蚕业与农产品加工研究所,研究员	丁文其	同济大学土木工程学院,教授
		丁梧秀	洛阳理工学院,教授
邓岳文	广东海洋大学水产学院,教授	丁晓青	清华大学电子工程系,教授
邓 悦	长春中医药大学附属医院,教授	丁秀菊	山东大学学报(哲学社会科学版)编辑部,编审
邓志红	北京理工大学自动化学院,教授		
邓中亮	北京邮电大学电子工程学院,教授	丁岩冰	扬州大学附属医院,教授

丁艳锋　南京农业大学农学院,教授
丁　阳　天津大学建筑工程学院,教授
丁永芬　中国中医科学院望京医院,主任医师
丁永良　中国水产科学研究院渔业机械仪器研究所,研究员
丁　勇　重庆大学土木工程学院,教授
丁　宇　解放军总医院,主任医师
丁　芸　首都经济贸易大学税收研究所,教授
丁运生　合肥工业大学化学与化工学院,教授
丁正江　山东省地矿局第六地质大队,研究员
丁志峰　中国地震局地球物理研究所,研究员
丁志山　浙江中医药大学医学技术与信息工程学院,教授
董长瑞　山东财经大学经济学院,教授
董晨钟　西北师范大学物理与电子工程学院,教授
董传升　沈阳体育学院科研处,教授
董德福　江苏大学人文社会科学学院,教授
董　峰　天津大学电气自动化与信息工程学院,教授
董广安　郑州大学新闻与传播学院,教授
董广新　广州体育学院,教授
董国君　哈尔滨工程大学材料科学与化学工程学院,教授
董国炎　扬州大学文学院,教授
董海龙　空军军医大学第一附属医院(西京医院),教授
董浩斌　中国地质大学(武汉)自动化学院,教授
董　宏　北京建筑大学建筑与城市规划学院,研究员
董　华　青岛理工大学环境与市政工程学院,教授
董金华　河北科技大学机械工程学院,教授
董宽虎　山西农业大学草业学院,教授
董立尧　南京农业大学植保学院,教授
董立人　中共河南省委党校,教授
董　霖　西华大学机械工程学院,教授
董千里　长安大学经济与管理学院,教授
董勤霞　申洲国际集团控股有限公司,教授级高级工程师
董全民　青海省畜牧兽医科学院,研究员
董　群　东南大学人文学院,教授
董圣鸿　江西师范大学心理学院,教授
董胜君　沈阳农业大学林学院,教授
董受全　大连舰艇学院,教授
董天策　重庆大学新闻学院,教授
董文宾　陕西科技大学食品与生物工程学院,教授
董文斌　西南医科大学附属医院,教授
董文其　南方医科大学检验与生物技术学院,教授
董文渊　西南林业大学筇竹研究院,教授
董希旺　北京航空航天大学人工智能研究院,教授
董　曦　北京建工集团有限责任公司科技质量部,正高级工程师
董宪姝　太原理工大学矿业工程学院,教授
董晓东　内蒙古自治区代建管理局,教授级高级工程师
董新良　山西师范大学教育学部,教授
董旭柱　武汉大学电气与自动化学院,教授
董亚琳　西安交通大学第一附属医院,教授
董延安　贵州财经大学会计学院,教授

董永春　天津工业大学纺织科学与工程学院,教授
董永峰　河北工业大学人工智能与数据科学学院,教授
董玉德　合肥工业大学机械与汽车学院,教授
董　悦　北京大学第一医院,教授
董在杰　中国水产科学研究院淡水渔业研究中心,研究员
董振斌　国网(江苏)电力需求侧管理指导中心有限公司,正高级工程师
董志翘　北京语言大学文学院,教授
董忠红　长安大学工程机械学院,教授
窦锋昌　复旦大学新闻学院,教授
窦　骏　东南大学医学院,教授
窦培林　江苏科技大学船舶与海洋工程学院,教授
窦晓兵　浙江中医药大学生命科学学院,教授
窦晓光　中国医科大学附属盛京医院,教授
窦　燕　燕山大学信息科学与工程学院,教授
窦益华　西安石油大学机械工程学院,教授
都平平　中国矿业大学图书馆及公共管理学院,研究馆员
堵　平　南京理工大学化学与化工学院,研究员
杜爱华　青岛科技大学高分子科学与工程学院,教授
杜爱慧　河南师范大学物理学院,教授
杜　冰　中国石油吉林石化公司,教授级高级工程师
杜炳旺　广东海洋大学滨海农业学院,教授
杜伯学　天津大学电气自动化与信息工程学院,教授
杜长亮　南京师范大学体育科学学院,教授
杜朝运　泉州师范学院商学院,教授
杜成斌　河海大学力学与材料学院,教授
杜承铭　广东工业大学党委,教授
杜闯东　中铁隧道局集团有限公司,教授级高级工程师
杜春兰　重庆大学建筑城规学院,教授
杜翠凤　北京科技大学土木与资源学院,教授
杜道林　江苏大学环境学院,教授
杜道明　北京语言大学中华文化研究院,教授
杜德斌　华东师范大学城市与区域科学学院,教授
杜殿楼　郑州大学数学与统计学院,教授
杜　栋　河海大学商学院,教授
杜凤沛　中国农业大学理学院,教授
杜冠华　中国医学科学院药物研究所,教授
杜贵晨　山东师范大学文学院,教授
杜国强　河北农业大学图书馆,教授
杜国勇　西南石油大学化学化工学院,教授
杜　浩　河北大学新闻传播学院,教授
杜宏波　北京中医药大学东直门医院,主任医师
杜　鸿　苏州大学附属第二医院,教授
杜惠兰　河北中医药大学,教授
杜建军　仲恺农业工程学院资源与环境学院,教授
杜　剑　贵州财经大学会计学院,教授
杜　江　四川大学经济学院,教授
杜　进　中国同辐股份有限公司,研究员
杜　垲　东南大学能源环境学院,教授
杜　力　重庆工商大学机械工程学院,教授
杜力军　清华大学生命科学学院,教授
杜　莉　四川旅游学院川菜发展研究中心,教授

杜立杰	石家庄铁道大学大型结构健康诊断与控制研究所 TBM 研究室,教授
杜丽坤	黑龙江中医药大学附属第一医院,主任医师
杜丽琴	广西大学生命科学与技术学院,教授
杜丽群	北京大学经济学院,教授
杜明欣	中国兵器工业集团第五三研究所,研究员
杜清运	武汉大学资源与环境科学学院,教授
杜庆红	北京中医药大学中医学院,教授
杜　胜	中国地质大学(武汉)自动化学院,教授
杜时忠	华中师范大学教育学院,教授
杜世洪	西南大学外国语学院,教授
杜维广	黑龙江省农业科学院大豆研究所,研究员
杜伟伟	中国兵器工业集团第二○七所,正高级工程师
杜文华	陆军军医大学(第三军医大学)大坪医院,教授
杜　翔	咸阳市中心医院,主任医师
杜小勇	中国人民大学信息学院,教授
杜晓辉	解放军总医院第一医学中心,主任医师
杜晓宁	上海化工研究院有限公司,教授级高级工程师
杜晓荣	中山大学电力电子及控制技术研究所,教授
杜　新	南京市第一医院,主任医师
杜新贞	西北师范大学化学化工学院,教授
杜修平	天津大学国际教育学院,教授
杜秀芳	济南大学教育与心理学院,教授
杜旭宇	中国人民警察大学,教授
杜亚娟	中国电子科技集团公司第三十二研究所,研究员
杜彦辉	中国人民公安大学信息网络安全学院,教授
杜玉华	上海交通大学马克思主义学院,教授
杜玉越	山东科技大学计算机科学与工程学院,教授
杜远鹏	山东农业大学园艺科学与工程学院,教授
杜跃平	西安电子科技大学经济与管理学院,教授
杜运周	东南大学经济管理学院,教授
杜智敏	哈尔滨医科大学附属第二医院,教授
杜智萍	太原师范学院区域教育发展研究所,教授
端木琳	大连理工大学土木工程学院,教授
段宝林	北京大学中国语言文学系,教授
段春争	大连理工大学机械工程学院,教授
段淳林	华南理工大学新闻与传播学院,教授
段从学	云南大学人文学院,教授
段国林	河北工业大学机械工程学院,教授
段辉高	湖南大学机械与运载工程学院,教授
段家怅	北京大学物理学院,教授
段江丽	北京语言大学中华文化研究院《中国文化研究》编辑部,教授
段金生	云南民族大学人文学院,教授
段京肃	南京大学新闻传播院,教授
段军山	广东财经大学金融学院,教授
段立强	华北电力大学能源动力与机械工程学院,教授
段留生	中国农业大学农学院,教授
段隆臣	中国地质大学(武汉),教授
段梦兰	清华大学深圳研究院,教授
段舜山	暨南大学《生态科学》杂志社,教授
段文贵	广西大学化学化工学院,教授

段鑫星	中国矿业大学公共管理学院,教授
段　妍	东北师范大学马克思主义学部,教授
段艳文	中国新闻技术工作者联合会,高级编辑
段远源	清华大学能源与动力工程系,教授
段志军	大连医科大学附属第一医院,教授
多洛肯	西北民族大学中国语言文学学部,教授
鄂大辛	北京理工大学材料学院,教授
鄂振辉	中共北京市委党校科研处,教授
樊碧发	中日友好医院,主任医师
樊　丁	兰州理工大学材料学院,教授
樊官伟	天津中医药大学第一附属医院,研究员
樊毫军	天津大学灾难医学研究院,教授
樊会涛	中国空空导弹研究院,院士
樊慧庆	西北工业大学材料学院,教授
樊晶光	国家卫生健康委员会职业安全卫生研究中心,教授级高级工程师
樊立华	哈尔滨医科大学公共卫生学院,教授
樊良新	河南理工大学测绘与国土信息工程学院,教授
樊临虎	山西师范大学体育学院,教授
樊洛平	郑州大学文学院,教授
樊民强	太原理工大学矿业工程学院,教授
樊　清	燕山大学文法学院,教授
樊尚春	北京航空航天大学仪器科学与光电工程学院,教授
樊尚荣	北京大学深圳医院,主任医师
樊少武	煤炭科学技术研究院有限公司,研究员
樊书宏	中国船舶第 705 研究所,研究员
樊栓狮	华南理工大学化学与化工学院,教授
樊晓平	湖南财政经济学院,教授
樊燕萍	山西财经大学会计学院,教授
樊增强	山西师范大学马克思主义学院,教授
樊震坤	山东硅苑新材料科技股份有限公司,研究员
樊智敏	青岛科技大学机电工程学院,教授
樊中元	广西师范大学文学院,教授
范崇高	成都大学师范学院,教授
范红旗	国防科技大学电子科学学院 ATR 重点实验室,研究员
范洪亮	北京市通州区中西医结合医院,主任中医师
范建高	上海交通大学医学院附属新华医院,教授
范江华	广西师范大学数学与统计学院,教授
范九伦	西安邮电大学,教授
范军芳	北京信息科技大学自动化学院,教授
范　铠	上海工业自动化仪表研究院有限公司,教授级高级工程师
范黎波	对外经济贸易大学国际商学院,教授
范柳萍	江南大学食品学院,教授
范　明	江苏大学管理学院,教授
范仁俊	山西省农业科学院植物保护研究所,研究员
范瑞强	广州中医药大学第二附属医院,主任医师
范韶刚	中国煤炭科工集团,研究员
范少辉	国际竹藤中心,研究员
范世东	武汉理工大学交通与物流工程学院,教授
范铁权	河北大学研究生院,教授
范卫民	江苏省人民医院(南京医科大学第一附属医院),教授

范文慧	中国科学院西安光学精密机械研究所,研究员
范骁辉	浙江大学药学院,教授
范霄鹏	北京建筑大学建筑与城市规划学院,教授
范晓慧	中南大学资源加工与生物工程学院,教授
范晓伟	河南城建学院,教授
范 欣	新疆建筑设计研究院有限公司,教授级高级工程师
范雪荣	江南大学纺织科学与工程学院,教授
范永开	中国传媒大学计算机与网络空间安全学院,教授
范玉吉	华东政法大学传播学院,教授
范祚军	广西社会科学院,教授
方邦江	上海中医药大学附属龙华医院,教授
方 程	西安体育学院足球学院,教授
方驰华	南方医科大学珠江医院,教授
方东红	吉林大学实验室管理处,研究员
方福德	中国医学科学院基础医学研究所,教授
方国根	人民出版社,编审
方国华	河海大学水利水电学院,教授
方国平	上海帕兰朵纺织科技发展有限公司,教授级高级工程师
方 海	广东工业大学艺术与设计学院,教授
方浩范	山东大学东北亚学院,教授
方红玲	新乡医学院河南省科技期刊研究中心,编审
方红星	东北财经大学党委,教授
方红远	扬州大学水利科学与工程学院,教授
方 辉	山东大学历史文化学院,教授
方继良	中国中医科学院广安门医院,主任医师
方建安	东华大学图书馆,教授
方建国	华中科技大学同济医学院附属同济医院,主任药师
方 俊	武汉理工大学政府和社会资本合作研究中心,教授
方 凯	仲恺农业工程学院经贸学院,教授
方 恺	同济大学物理科学与工程学院,教授级高级工程师
方 雷	山东大学政治学与公共管理学院,教授
方 明	西安财经大学,教授
方鹏骞	华中科技大学同济医学院,教授
方千华	福建师范大学体育科学学院,教授
方 卿	武汉大学信息管理学院,教授
方庆红	沈阳化工大学材料科学与工程学院,教授
方热军	湖南农业大学动物科学技术学院,教授
方升佐	南京林业大学林学院,教授
方世南	苏州大学马克思主义学院,教授
方世平	武汉大学中南医院,主任药师
方 威	中南林业科技大学商学院,教授
方维保	安徽师范大学文学院,教授
方 伟	广东省农业科学院农业经济与信息研究所,研究员
方 文	北京大学社会学系,教授
方 晰	中南林业科技大学生命科学与技术学院,教授
方向华	首都医科大学宣武医院,研究员
方 新	中国科学院科技战略咨询研究院,研究员

方新军	苏州大学王健法学院,教授
方新普	安徽工程大学体育学院,教授
方 岩	杭州师范大学学报(自然科学版),编审
方彦军	武汉大学电气工程学院,教授
方一鸣	燕山大学电气工程学院,教授
方忆湘	河北科技大学机械工程学院,教授
方永恒	西安建筑科技大学公共管理学院,教授
方原柏	昆明有色冶金设计研究院,教授级高级工程师
方 云	江南大学化学与材料工程学院,教授
方 正	中国测试技术研究院,研究员
方中雄	北京开放大学,研究员
方 忠	江苏师范大学文学院,教授
方忠宏	复旦大学附属金山医院,主任药师
方宗德	西北工业大学机电学院,教授
房春生	吉林大学新能源与环境学院,教授
房广顺	辽宁大学马克思主义学院,教授
房建宏	青海省交通科学研究院,研究员
房宽峻	青岛大学纺织服装学院,教授
房绍坤	吉林大学法学院,教授
房晓敏	河南大学化学化工学院,教授
房营光	华南理工大学土木与交通学院,教授
房玉林	西北农林科技大学葡萄酒学院,教授
费敏锐	上海大学机电工程与自动化学院,教授
费庆国	东南大学机械工程学院,教授
费宇红	中国地质科学院水文地质环境地质研究所,研究员
费宇彤	北京中医药大学中医学院,教授
费郁红	哈尔滨体育学院学报,教授
丰国欣	湖北师范大学外国语学院,教授
丰奇成	昆明理工大学国土资源工程学院,教授
丰向日	天津师范大学教育学部,教授
丰镇平	西安交通大学能源与动力工程学院叶轮机械研究所,教授
封志纯	解放军总医院第七医学中心附属八一儿童医院,教授
封宗信	清华大学外国语言文学系,教授
冯佰利	西北农林科技大学农学院,教授
冯变玲	西安交通大学药学院,教授
冯 博	江西理工大学资源与环境工程学院,教授
冯 驰	重庆大学建筑城规学院,教授
冯春安	中央财经大学经济学院,教授
冯大阔	中国建筑第七工程局有限公司,正高级工程师
冯大鸣	华东师范大学教育学部,教授
冯 定	长江大学机械工程学院,教授
冯 飞	中国科学院上海微系统与信息技术研究所,研究员
冯 峰	清华大学外国语言文学系,教授
冯 锋	宁夏大学信息工程学院,教授
冯根福	西安交通大学经济与金融学院,教授
冯 光	武汉药品医疗器械检验所,主任药师
冯光宏	钢铁研究总院冶金工艺研究所,教授
冯广朋	中国水产科学研究院东海水产研究所,研究员
冯国和	中国医科大学附属盛京医院,教授
冯国会	沈阳建筑大学,教授

冯国胜	石家庄铁道大学机械工程学院,教授	冯　源	绵阳师范学院文学院,教授
冯海涛	国防科技大学信息通信学院,正高级工程师	冯之敬	清华大学机械工程学院,教授
冯　浩	西北农林科技大学植物保护学院,研究员	冯志红	中国电子科技集团公司第十三研究所,研究员
冯虎元	兰州大学生命科学学院,教授		
冯季林	广西师范大学教育学部,教授	冯志伟	教育部语言文字应用研究所,教授
冯继锋	江苏省肿瘤医院(南京医科大学附属肿瘤医院),主任医师	冯志勇	广东省农业科学院植物保护研究所,研究员
冯建军[1]	南京师范大学道德教育研究所,教授	冯　冶	中共江苏省委党校,教授
冯建军[2]	西安理工大学水利水电学院,教授	冯忠居	长安大学公路学院,教授
冯建荣	石河子大学农学院,教授	伏燕军	南昌航空大学研究生院,教授
冯建勇	浙江师范大学文学院,教授	符德玉	上海中医药大学附属岳阳中西医结合医院,主任医师
冯建跃	浙江大学实验室与设备处,研究员		
冯　健	东北大学信息学院,教授	符德元	苏北人民医院,主任医师
冯　江	吉林农业大学生命科学学院,教授	符东旭	冀中能源股份有限公司,教授级高级工程师
冯　杰	中国电子科技集团公司第三研究所,研究员	符志民	中央企业专职外部董事党委
冯杰雄	华中科技大学同济医学院附属同济医院,教授	府伟灵	陆军军医大学第一附属医院,教授
		付朝伟	复旦大学公共卫生学院,教授
冯进军	中国电子科技集团公司第十二研究所,研究员	付春香	甘肃政法大学商学院,教授
冯均科	西北大学经济管理学院,教授	付　华	辽宁工程技术大学电气与控制工程学院,教授
冯拉俊	西安理工大学材料科学与工程学院,教授		
冯磊光	哈尔滨医科大学附属一院,教授	付　杰	华中科技大学环境科学与工程学院,教授
冯立昇	清华大学科技史暨古文献所,教授	付　君	吉林大学生物与农业工程学院,教授
冯丽云	郑州大学公共卫生学院,教授	付　磊	首都经济贸易大学会计学院,教授
冯连元	解放军白求恩国际和平医院,主任医师	付梅臣	中国地质大学(北京),教授
冯　培	首都经济贸易大学,教授	付　强	东北农业大学水利与土木工程学院,教授
冯　平	天津大学建筑工程学院,教授	付瑞东	燕山大学材料科学与工程学院,教授
冯平法	清华大学机械工程学院,教授	付廷臣	南阳师范学院经济与管理学院,教授
冯谦诚	河北省水利学会,教授级高级工程师	付祥钊	重庆大学土木工程学院,教授
冯巧根	南京大学商学院,教授	付晓恒	中国矿业大学(北京)化学与环境工程学院,教授
冯庆革	广西大学资源环境与材料学院,教授		
冯绍元	扬州大学水利科学与工程学院,教授	付新平	武汉理工大学经济学院,教授
冯树波	河北科技大学化学与制药工程学院,教授	付秀荣	吉林大学马克思主义学院,教授
冯　涛[1]	湖南科技大学校长办公室,教授	付一静	太原师范学院期刊中心,编审
冯　涛[2]	上海应用技术大学香料香精技术与工程学院,教授	付　勇	江西中医药大学附属医院,教授
		付宇明	燕山大学机械工程学院,教授
冯伟忠	上海申能电力科技有限公司,教授级高级工程师	付志红	重庆大学电气工程学院,教授
		傅超美	成都中医药大学药学院,教授
冯卫国	西北政法大学刑事法学院,教授	傅　春	南昌大学公共政策与管理学院,教授
冯卫生	河南中医药大学药学院,教授	傅道忠	广东财经大学财税学院,教授
冯西安	西北工业大学航海学院,教授	傅登顺	浙江建德市新安江第一小学,正高级教师
冯显英	山东大学机械工程学院,教授	傅　刚	北京大学中国语言文学系,教授
冯晓青	中国政法大学民商经济法学院,教授	傅光明	首都师范大学外国语学院,教授
冯晓霞	北京师范大学教育学部,教授	傅　贵	中国矿业大学(北京)应急管理与安全工程学院,教授
冯晓英	北京师范大学学习设计与学习分析重点实验室,教授		
		傅鹤林	中南大学土木工程学院,教授
冯晓源	复旦大学附属华山医院,教授	傅佳佳	江南大学纺织科学与工程学院,教授
冯欣欣	沈阳体育学院社会体育学院,教授	傅金祥	沈阳建筑大学市政与环境工程研究所,教授
冯秀芳	宁夏大学数学统计学院,教授	傅培舫	华中科技大学煤燃烧与低碳利用全国重点实验室,教授
冯雪红	北方民族大学学报编辑部,教授		
冯雅丽	北京科技大学土木与资源工程学院,教授	傅　琼	江西农业大学政治学院,教授
冯　宇	中国电力科学研究院有限公司,正高级工程师	傅守祥	新疆大学文学院,教授
		傅松涛	河北大学教育学院,教授
冯玉强	哈尔滨工业大学经济与管理学院,教授	傅万堂	燕山大学材料科学与工程学院,教授
冯玉珠	河北师范大学家政学院,教授	傅维利	深圳大学教育学部,教授
冯煜东	兰州空间技术物理研究所,研究员	傅贤国	贵州民族大学法学院,教授
		傅晓华	中南林业科技大学环境科学与工程学院,教授

傅旭东	武汉大学工学部土木建筑工程学院,教授
傅雪海	中国矿业大学资源与地球科学学院,教授
傅亚龙	中国中医科学院广安门医院,主任医师
傅 游	山东科技大学学报编辑部,教授
傅玉灿	南京航空航天大学机电学院,教授
傅泽田	中国农业大学,教授
傅忠君	山东理工大学化学工程学院,教授
盖国胜	清华大学材料系,研究员
盖国忠	中国中医科学院中医临床基础医学研究所,主任医师
盖宏伟	燕山大学文法学院,教授
盖金伟	新疆师范大学历史与社会学院,教授
盖钧镒	南京农业大学农学院,教授
盖珂珂	北京理工大学计算机学院,教授
干胜道	四川大学商学院,教授
干友民	四川农业大学动物科技学院,教授
甘甫平	中国自然资源航空物探遥感中心自然资源调查监测中心,研究员
甘礼华	同济大学化学科学与工程学院,教授
甘 露	中国农业科学院生物技术研究所,研究员
甘满堂	福州大学人文社会科学学院,教授
甘 宁	北方自动控制技术研究所信息中心,研究员
甘 阳	哈尔滨工业大学化工与化学学院,教授
甘云华	华南理工大学电力学院,教授
皋岚湘	解放军总医院第七医学中心,主任医师
高宝玉	山东大学环境科学与工程学院,教授
高丙中	北京大学社会学系,教授
高长玉	黑龙江中医药大学基础医学院,教授
高超群	中国社会科学院经济研究所,研究员
高成臣	北京大学微电子研究院,教授
高传昌	华北水利水电学院动力工程系,教授
高传善	复旦大学计算机科学技术学院,教授
高春甫	浙江师范大学机械设备与测控技术研究所,教授
高春起	华南农业大学动物科学学院,教授
高大威	燕山大学环境与化学工程学院,教授
高大文	北京建筑大学环境与能源工程学院,教授
高党鸽	陕西科技大学轻工科学与工程学院,教授
高 德	哈尔滨商业大学轻工学院,教授
高德明	空军军医大学第二附属医院(唐都医院),教授
高德胜	华东师范大学教育学部,教授
高殿荣	燕山大学机械工程学院,教授
高尔新	中国矿业大学(北京)力学与建筑工程学院,教授
高发明	天津科技大学,教授
高 飞	北京邮电大学网络空间安全学院,教授
高 峰	山东大学控制科学与工程学院,教授
高广运	同济大学土木工程学院,教授
高桂清	火箭军工程大学,教授
高国翠	东北师范大学外国语学院,教授
高国栋	空军军医大学唐都医院,教授
高国强	西安飞机工业(集团)有限责任公司,研究员级高级工程师
高国全	中山大学中山医学院生化教研室,教授
高 昊	暨南大学中药及天然药物研究所,教授

高红亚	河北大学数学与信息科学学院,教授
高洪波	河北农业大学园艺学院,教授
高洪皓	上海大学计算机工程与科学学院,教授
高洪俊	南京师范大学数学科学学院,教授
高 鸿	中山大学附属第一医院贵州医院,教授
高鸿源	北京师范大学教育学部,教授
高 慧[1]	河北承德医学院附属医院,主任医师
高 慧[2]	扬州大学医学院,教授
高慧敏	中国中医科学院中药研究所,研究员
高慧媛	沈阳药科大学中药学院,教授
高 剑	西北工业大学航海学院,教授
高剑波	郑州大学第一附属医院,教授
高建平[1]	重庆交通大学土木工程学院,教授
高建平[2]	中国社会科学院文学研究所,研究员
高建伟	山东省农业科学院蔬菜研究所,研究员
高 健	新疆图书馆,研究馆员
高 杰	中国石油大学(北京)地球物理学院,教授
高金岭	广西师范大学教育学部,教授
高劲谋	重庆大学附属中心医院,主任医师
高 军	中铁隧道局集团有限公司勘察设计研究院,教授级高级工程师
高 隽	合肥工业大学校学术委员会,教授
高立中	中国铁道科学研究院通信信号研究所,研究员
高 丽	延安大学数学与计算机科学学院,教授
高丽敏	西北工业大学能源与动力学院,教授
高 莉	新疆维吾尔自治区维吾尔医药研究所,研究员
高 亮[1]	北京交通大学土木建筑工程学院,教授
高 亮[2]	华中科技大学机械科学与工程学院,教授
高 林	中国科学院工程热物理研究所,研究员
高琳琦	天津师范大学期刊出版中心,教授
高满屯	西北工业大学机电学院,教授
高梅国	北京理工大学信息与电子学院,教授
高孟潭	中国地震局地球物理研究所,研究员
高民政	国防大学政治学院,教授
高乃云	同济大学环境科学与工程学院,教授
高 鹏	东北大学资源与土木工程学院,教授
高 平	江西省社会科学院《江西社会科学》编辑部,研究员
高普均	吉林大学第一医院,教授
高普云	国防科技大学空天科学学院,教授
高其才	清华大学法学院,教授
高 琪	江苏省血吸虫病防治研究所,研究员
高启杰	中国农业大学人文与发展学院,教授
高 强	首都医科大学附属北京康复医院,教授
高庆龙	四川大学建筑与环境学院,教授级高级工程师
高群玉	华南理工大学食品科学与工程学院,教授
高人雄	西北民族大学文学院,教授
高 申	海军军医大学第一附属医院(上海长海医院),教授
高士祥	南京大学环境学院,教授
高寿仙	中共北京市委党校,研究员
高 崧	扬州大学兽医学院,教授
高素萍	深圳职业技术学院自动化技术研究所,教授

高铁梅	东北财经大学数学与数量经济学院,教授	葛红花	上海电力学院环境与化学工程学院,教授
高维东	天津大学应用数学中心,教授	葛华才	华南理工大学化学与化工学院,教授
高维新	广东海洋大学经济学院,教授	葛佳才	重庆师范大学文学院,教授
高伟[1]	天津市第一中心医院,主任医师	葛建一	苏州大学附属第一医院,研究员
高伟[2]	中交天津航道局有限公司,教授级高级工程师	葛金文	湖南省中医药研究院,教授
高玮	河海大学土木与交通学院,教授	葛军	淮阴师范学院教育科学学院,教授
高文	南京医科大学附属明基医院,主任医师	葛明贵	安徽师范大学教育科学学院,教授
高文元	大连工业大学纺织与材料工程学院,教授	葛培琪	山东大学机械工程学院,教授
高文远	天津大学药物科学与技术学院,教授	葛强	扬州大学水利与能源动力工程学院,教授
高希言	河南中医药大学针灸推拿学院,教授	葛世东	上海联合滚动轴承有限公司,教授级高级工程师
高锡荣	重庆邮电大学经济管理学院,教授	葛世伦	江苏科技大学校党委,教授
高献书	北京大学第一医院,教授	葛文杰	西北工业大学机电学院,教授
高向东	广东工业大学机电工程学院,教授	葛扬	南京大学商学院,教授
高向阳	郑州科技学院食品科学与工程学院,教授	葛余常	江苏省泰州医药高新区(高港区)教师发展中心,正高级教师
高小建	哈尔滨工业大学土木工程学院,教授	耿传明	南开大学文学院,教授
高昕妍	中国中医科学院针灸研究所,研究员	耿桂宏	北方民族大学材料科学与工程学院,教授
高新才	河南财经政法大学,教授	耿红卫	河南师范大学文学院,教授
高新陵	河海大学图书馆,教授	耿建新	中国人民大学商学院,教授
高鑫玺	山西大学美术学院,教授	耿越	山东师范大学生命科学学院,教授
高秀丽	贵州医科大学药学院,教授	耿则勋	解放军信息工程大学测绘学院,教授
高轩能	华侨大学土木工程学院,教授	耿直[1]	北京大学数学科学学院,教授
高学平	天津大学建筑工程学院,教授	耿直[2]	东北师范大学环境学院,教授
高雪梅	中国煤炭科工集团,编审	宫士君	嘉应学院体育学院,教授
高雅真	黑龙江省教育学院,教授	宫亚峰	国家信息技术安全研究中心,正高级工程师
高怡斐	钢研纳克检测技术有限公司,教授	龚道清	扬州大学动物科学与技术学院,教授
高印立	北京采安律师事务所,教授级高级工程师	龚放	南京大学教育研究院,教授
高英俊	广西大学物理科学与工程技术学院,教授	龚国利	陕西科技大学食品与生物工程学院,教授
高英堂	天津市第三中心医院天津市重症疾病体外生命支持重点实验室,研究员	龚俊波	天津大学化工学院国家工业结晶工程技术研究中心,教授
高颖	北京中医药大学东直门医院,主任医师	龚启勇	四川大学华西医院,主任医师
高永久	南开大学周恩来政府管理学院,教授	龚秋明	北京工业大学城建学部,教授
高永青	重庆邮电大学档案馆,研究馆员	龚仁喜	广西大学电气工程学院,教授
高玉	浙江师范大学人文学院,教授	龚日朝	湖南科技大学商学院,教授
高月	军事科学院军事医学研究院,研究员	龚赛群	湖南省交通科学研究院有限公司,编审
高云鹏	湖南大学电气与信息工程学院,教授	龚三乐	广西财经学院学报编辑部,教授
高振斌	河北工业大学电子信息工程学院,教授	龚尚福	西安科技大学计算机科学与技术学院,教授
高振华	广东海洋大学滨海农业学院,研究员	龚胜生	华中师范大学城市与环境科学学院,教授
高志刚	新疆财经大学,教授	龚晓南	浙江大学岩土工程研究所,院士
高志贤	军事科学院军事医学研究院环境医学与作业医学研究所,研究员	龚学忠	上海中医药大学附属市中医医院,主任医师
高志勇	中南大学资源加工与生物工程学院,教授	龚亚驰	南通市第三人民医院,主任医师
高中华	江苏师范大学马克思主义学院,教授	龚一龙	成都大学机械工程学院,教授
高中建	河南师范大学青少年问题研究中心,教授	龚震宇	浙江省疾病预防控制中心,主任医师
高铸烨	中国中医科学院西苑医院,主任医师	龚志宏	中国人民警察大学公安政治学院,教授
高自龙	中国人民大学书报资料中心,编审	龚忠诚	新疆医科大学口腔医学院,教授
高宗文	天津工业大学学报编辑部,编审	巩明德	燕山大学机械工程学院,教授
高作宁	宁夏大学化学化工学院,教授	贡建伟	南京航空航天大学体育部,教授
郜时旺	华能清洁研究院,研究员	缑慧阳	北京高压科学研究中心,研究员
郜元宝	复旦大学中文系,教授	苟波	西安体育学院运动与健康科学学院,教授
戈宝军	哈尔滨理工大学电气学院,教授	苟小军	四川抗菌素工业研究所,教授
戈小虎	新疆维吾尔自治区人民医院,主任医师	辜彬	四川大学生命科学学院,教授
葛宝臻	天津商业大学校长办公室,教授	辜晓进	深圳大学传播学院,教授
葛操	郑州大学教育学院,教授	辜正坤	北京大学外国语学院世界文学研究所,教授
葛承雍	中国文化遗产研究院,教授	古风	扬州大学文学院,教授
葛海波	西安邮电大学电子工程学院,教授	古桂雄	苏州大学附属儿童医院,教授

古四毛	太原师范学院期刊中心,编审	顾有方	安徽科技学院图书馆,教授
谷 波	上海交通大学机械与动力工程学院,教授	顾正彪	江南大学粮食发酵与食品智能制造国家工程研究中心,教授
谷 成	东北财经大学财税学院,教授		
谷海涛	中国科学院沈阳自动化研究所,研究员	顾正桂	南京师范大学化学与材料科学学院,教授
谷 浩	贵州医科大学附属医院,主任医师	关朝阳	河南师范大学,教授
谷慧敏	北京第二外国语学院旅游科学学院,教授	关 枫	黑龙江中医药大学药学院,教授
谷克仁	河南工业大学化学化工与环境学院,教授	关 晖	北京空间飞行器总体设计部,研究员
谷文祥	华南农业大学材料与能源学院,教授	关健英	黑龙江大学哲学学院,教授
谷晓峰	中国农业科学院生物技术研究所,研究员	关晋平	苏州大学纺织与服装工程学院,教授
谷晓红	北京中医药大学中医学院,教授	关 可	长安大学信息工程学院,教授
谷晓平	贵州省生态气象和卫星遥感中心,教授级高级工程师	关立峰	黑龙江中医药大学附属第二医院,主任医师
		关 丽	河北大学物理科学与技术学院,教授
谷 颖	贵州医科大学附属医院,主任医师	关 明	复旦大学附属华山医院,研究员
谷战英	中南林业科技大学林学院,教授	关 山	东北电力大学机械工程学院,教授
顾爱华	辽宁大学公共管理学院,教授	关文强	天津商业大学生物技术与食品科学学院,教授
顾宝昌	复旦大学人口与发展政策研究中心,教授		
顾波军	浙江海洋大学经济与管理学院,教授	关晓辉	东北电力大学化工学院,教授
顾长青	南京航空航天大学电子信息工程学院,教授	关信平	南开大学周恩来政府管理学院,教授
顾大路	江苏徐淮地区淮阴农业科学研究所,研究员	关秀茹	哈尔滨医科大学附属第一医院,教授
顾冠华	江苏教育报刊总社,编审	关怡新	浙江大学化学工程与生物工程学院,教授
顾广华	燕山大学信息科学与工程学院,教授	关增建	上海交通大学人文学院,教授
顾国胜	安徽省第二人民医院,主任医师	官英平	燕山大学机械工程学院,教授
顾海峰	东华大学旭日工商管理学院,教授	管 斌	中国海洋大学食品科学与工程学院,教授
顾汉明	中国地质大学(武汉)地球物理与空间信息学院,教授	管 锋	长江大学机械工程学院,教授
		管军军	河南工业大学生物工程学院,教授
顾豪爽	湖北大学党校办,教授	管 蓉	湖北大学化学化工学院,教授
顾华详	新疆师范大学法学院,教授	管仕廷	中共湖北省委党校马克思主义基础理论教研部,教授
顾基发	中国科学院数学与系统科学研究院,研究员		
顾建明	上海交通大学机械与动力工程学院,教授	管守新	新疆大学学报编辑部,教授
顾建平[1]	南京师范大学商学院,教授	管 骁	上海理工大学健康科学与工程学院,教授
顾建平[2]	南京医科大学附属南京第一医院,教授	管学茂	河南理工大学材料科学与工程学院,教授
顾金刚	中国农业科学院农业资源与农业区划研究所,研究员	管育鹰	中国社会科学院法学研究所,研究员
		管云峰	上海交通大学电子工程系,研究员
顾 晋	北京大学肿瘤医院,教授	桂红星	中国热带农业科学院橡胶研究所,研究员
顾觉奋	中国药科大学生命科学与技术学院,教授	桂黄宝	华北水利水电大学学报编辑部,教授
顾理平	南京师范大学新闻与传播学院,教授	桂 林	清华大学机电工程与应用电子技术系,研究员
顾丽琴	华东交通大学经济管理学院,教授		
顾露露	中南财经政法大学金融学院,教授	桂秋萍	解放军总医院,教授
顾 民	南京医科大学第二附属医院,教授	郭安祥	陕西电力科学研究院,教授级高级工程师
顾 平	天津大学环境科学与工程,教授	郭宝林	中国医学科学院药用植物研究所药用植物鉴定研究中心,研究员
顾清华	西安建筑科技大学资源工程学院,教授		
顾圣平	河海大学水利水电学院,教授	郭 斌	河北科技大学环境科学与工程学院,教授
顾宪红	中国农业科学院北京畜牧兽医研究所,研究员	郭成彬	中国科学院声学研究所,研究员
		郭楚文	中国矿业大学能源与动力工程学院,教授
顾 晓	苏北人民医院,教授	郭春方	吉林大学文学院,教授
顾晓峰	江南大学物联网工程学院,教授	郭春华	西南民族大学畜牧兽医学院,教授
顾晓薇	东北大学智慧水利与资源环境科技创新中心,教授	郭得峰	燕山大学理学院,教授
		郭登明	长江大学机械工程学院,教授
顾 新	四川大学商学院,教授	郭定和	湖北大学物理与电子学院,教授
顾幸勇	景德镇陶瓷大学材料科学与工程学院,教授	郭广礼	中国矿业大学环境与测绘学院,教授
顾亚玲	宁夏大学农学院,教授	郭广平	中国航发北京航空材料研究院,研究员
顾 岩	复旦大学附属华东医院,主任医师	郭 华	北京师范大学教育学部,教授
顾耀东	宁波大学体育学院,教授	郭怀德	国网陕西培训中心,教授级高级工程师
顾一煌	南京中医药大学针灸推拿学院养生康复学院,教授	郭惠民	国际关系学院,教授
		郭家宏	北京师范大学历史学院,教授
顾益军	中国人民公安大学信息网络安全学院,教授	郭家虎	安徽理工大学电气与信息工程学院,教授

郭建博	台州学院建筑工程学院,教授	郭伟强	浙江大学化学系,教授
郭建国	西北工业大学航天学院,教授	郭卫社	中铁隧道集团有限公司科技设计信息化部,教授级高级工程师
郭建生	湖南中医药大学药学院,教授		
郭建宇	山西财经大学国际贸易学院,教授	郭文怡	空军军医大学第一附属医院,主任医师
郭 姣	广东药科大学附属第一医院,教授	郭文治	郑州大学第一附属医院,主任医师
郭 杰	深圳大学人文学院,教授	郭宪民	天津商业大学机械工程学院,教授
郭杰忠	江西省教育厅,教授	郭翔宇	东北农业大学现代农业发展研究中心,教授
郭 进	广西大学物理科学与工程技术学院,教授	郭晓东	重庆理工大学机械工程学院,研究员
郭京波	石家庄铁道大学机械工程学院,教授	郭晓雷	国家信息技术安全研究中心,正高级工程师
郭景峰	燕山大学信息科学与工程学院,教授	郭新艳	成都体育学院经管学院,教授
郭景杰	哈尔滨工业大学材料科学与工程学院,教授	郭新宇	北京市农林科学院信息技术研究中心,研究员
郭婧娟	北京交通大学经济管理学院,教授		
郭静利	中国农业科学院生物技术研究所,研究员	郭 鑫	中南林业科技大学理学院,教授
郭巨先	广东省农业科学院蔬菜研究所,研究员	郭兴凤	河南工业大学粮油食品学院,教授
郭 军	中国中医科学院西苑医院,主任医师	郭修金	南京体育学院学科建设办公室,教授
郭康权	西北农林科技大学机械与电子工程学院,教授	郭秀才	西安科技大学电气与控制工程学院,教授
		郭秀花	首都医科大学公共卫生与家庭医学学院,教授
郭克莎	华侨大学经济与金融学院,教授		
郭兰萍	中国中医科学院中药研究所(中药资源中心),研究员	郭秀丽	山东大学药学院,教授
		郭学鹏	新乡医学院,教授
郭 磊	河北工业大学生命科学与健康工程学院,教授	郭燕枝	农业农村部食物与营养发展研究所,研究员
郭 力	湖南大学机械与运载工程学院国家高效磨削工程技术研究中心,教授	郭 扬	上海市职业教育协会,研究员
		郭阳宽	北京信息科技大学仪器科学与光电工程学院,教授
郭立中	南京中医药大学第一临床医学院,教授		
郭丽双	复旦大学当代国外马克思主义研究中心,教授	郭耀杰	武汉大学土建学院,教授
		郭 义	天津中医药大学,教授
郭茂祖	北京建筑大学电气与信息工程学院,教授	郭迎清	西北工业大学动力与能源学院,教授
郭美如	兰州空间技术物理研究所,研究员	郭永丰	哈尔滨工业大学机电工程学院,教授
郭 铌	中国气象局兰州干旱气象研究所,研究员	郭永松	杭州医学院,教授
郭培源	北京工商大学人工智能学院食品安全大数据技术北京市重点实验室,教授	郭 瑜	中国人民大学劳动人事学院,教授
		郭雨梅	沈阳工业大学信息科学与工程学院,教授
郭鹏程	西安理工大学水利水电学院,教授	郭玉成	上海体育学院武术学院,教授
郭 萍	中山大学法学院,教授	郭玉海	中国农业大学农学院,教授
郭 晴	浙大城市学院新闻与传播学院,教授	郭玉金	济宁市第一人民医院,主任药师
郭 庆	桂林电子科技大学教务处,教授	郭玉明	山西农业大学工学院,教授
郭曲练	中南大学湘雅医院,教授	郭玉清	集美大学水产学院,教授
郭 锐	南京理工大学机械工程学院,教授	郭玉霞	中国空空导弹研究院,研究员
郭 睿	陕西科技大学化学与化工学院,教授	郭月梅	中南财经政法大学财政税务学院,教授
郭陕云	中铁隧道局中国土木工程学会隧道及地下工程分会,教授级高级工程师	郭云开	长沙理工大学交通运输工程学院,教授
		郭占林	内蒙古医科大学附属医院,教授
郭生练	武汉大学工学部水利水电学院,教授	郭 振	哈尔滨商业大学经济学院,教授
郭士杰	河北工业大学机械工程学院,教授	郭正兴	东南大学土木工程学院,教授
郭世华	内蒙古农业大学农学院,教授	郭中华	宁夏大学电子与电气工程学院,教授
郭淑贞	北京中医药大学中医学院,教授	郭忠升	西北农林科技大学水土保持研究所,研究员
郭树华	云南大学科学馆,教授	国汉君	中国神华能源股份有限公司,研究员
郭树林	长春黄金研究院有限公司,教授级高级工程师	国 华	中国中医科学院研究生院,研究员
		果德安	中国科学院上海药物研究所,研究员
郭树荣	山东理工大学建筑工程学院,教授	哈益明	中国农业科学院农产品加工研究所,教授
郭顺堂	中国农业大学食品科学与营养工程学院,教授	哈正利	中南民族大学民族与社会学院,教授
		海力波	广西师范大学文学院,教授
郭太生	中国人民公安大学治安系,教授	海 涌	首都医科大学附属北京朝阳医院,教授
郭 涛[1]	华南农业大学国家植物航天育种工程技术研究中心,教授	韩宝强	中国音乐学院,教授
		韩北忠	中国农业大学食品科学与营养工程学院,教授
郭 涛[2]	云南省阜外心血管病医院,主任医师	韩斌慧	西安航空职业技术学院,教授
郭为忠	上海交通大学机械与动力工程学院,教授	韩 兵	重庆邮电大学网络空间安全与信息法学院,教授
郭 伟	首都医科大学附属北京天坛医院,主任医师		

韩 波	山东第一医科大学附属省立医院,教授	韩小涛	华中科技大学国家脉冲强磁场科学中心,教授
韩长杰	新疆农业大学机电工程学院,教授	韩晓宁	中国人民大学新闻学院,教授
韩成武	河北大学文学院,教授	韩晓日	沈阳农业大学土地与环境学院,教授
韩传模	天津财经大学会计学院,教授	韩新巍	郑州大学第一附属医院,教授
韩大元	中国人民大学法学院,教授	韩兴勇	上海海洋大学经济管理学院,教授
韩 丁	天津体育学院社会体育学院,教授	韩星敏	郑州大学第一附属医院,主任医师
韩东屏	华中科技大学哲学学院,教授	韩学山	山东大学电气工程学院,教授
韩冬青	东南大学建筑学院,教授	韩亚丽	中铁工程装备集团有限公司,教授级高级工程师
韩恩山	河北工业大学化工学院,教授		
韩逢庆	重庆交通大学数学与统计学院,教授	韩 焱	中北大学山西省信息探测与处理重点实验室,教授
韩刚跃	国网渭南供电公司,教授级高级工程师		
韩国河	郑州大学,教授	韩 杨	国务院发展研究中心农村经济研究部,研究员
韩 皓	上海海事大学交通运输学院,教授	韩 毅	辽宁大学经济学院,教授
韩吉珍	太原师范学院教育学院,教授	韩 英	解放军总医院第七医学中心,教授
韩纪庆	哈尔滨工业大学计算机科学与技术学院,教授	韩 颖	大连工业大学轻工与化学工程学院,教授
韩继勇	西安石油大学石油工程学院,教授	韩永龙	上海交通大学医学院附属第六人民医院,主任药师
韩建军	卫健委医院管理研究所全科医学研究与发展中心,教授		
		韩宇平	华北水利水电大学水利学院,教授
韩建民	甘肃农业大学管理学院,教授	韩 育	河北科技大学图书馆,教授
韩建业	中国人民大学历史学院,教授	韩云波	西南大学期刊社,编审
韩 江	合肥工业大学机械与汽车工程学院,教授	韩云鹏	江西科技师范大学杂志社,编审
韩经太	北京语言大学《中国文化研究》编辑部,教授	韩再生	中国地质调查局,研究员
韩晶岩	北京大学医学部,教授	韩兆柱	燕山大学文法学院,教授
韩景元	河北科技大学经济管理学院,教授	韩 震	北京师范大学哲学学院,教授
韩玖荣	扬州大学物理科学与技术学院,教授	韩正之	上海交通大学自动化系,教授
韩俊岗	西安邮电大学计算机学院,教授	韩志杰	河南大学软件学院,教授
韩克庆	中国社会科学院社会发展战略研究院,教授	韩志明	上海交通大学国际与公共事务学院,教授
韩立民	中国海洋大学管理学院,教授	韩子明	新乡医学院第一附属医院,教授
韩丽华	河南省中医院,主任医师	韩宗伟	东北大学冶金学院,教授
韩 莉	三峡大学医学院,教授	杭 侃	北京大学考古文博学院,教授
韩林海	清华大学土木工程系,教授	好必斯	内蒙古大学艺术学院,教授
韩龙淑	太原师范学院数学与统计学院,教授	郝 斌	深圳市建筑科学研究院股份有限公司,教授级高级工程师
韩茂莉	北京大学城市与环境学院,教授		
韩 梅	河北医科大学基础医学院,教授	郝炳金	山东中医药高等专科学校,教授
韩 敏	人民交通出版社,编审	郝 博	东北大学秦皇岛分校控制工程学院,教授
韩敏芳	清华大学能源与动力工程系,教授	郝晨阳	中国农业科学院作物科学研究所,研究员
韩乃平	麒麟软件有限公司,正高级工程师	郝二伟	广西中医药大学广西中药药效研究重点实验室,研究员
韩鹏彪	河北科技大学材料科学与工程学院,教授		
韩 萍	华中科技大学同济医学院附属协和医院,教授	郝凤鸣	西安工程大学纺织科学与工程系,教授
		郝光安	北京大学体育教研部,教授
韩璞庚	《江海学刊》杂志社,研究员	郝海平	中国药科大学药学院,教授
韩 强	北京外国语大学马克思主义学院,教授	郝际平	西安建筑科技大学土木学院,教授
韩 庆	东北大学冶金学院,教授	郝晋珉	中国农业大学土地科学与技术学院,教授
韩秋红	东北师范大学马克思主义学部,教授	郝立忠	山东师范大学马克思主义学院,教授
韩 升	山东大学马克思主义学院,教授	郝培文	长安大学公路学院,教授
韩 松	贵州大学电气工程学院,教授	郝清玉	海南师范大学生命科学学院,教授
韩同银	石家庄铁道大学,教授	郝庆升	吉林农业大学经济管理学院,教授
韩万林	《电力系统保护与控制》杂志社,研究员	郝润华	西北大学文学院,教授
韩万水	长安大学公路学院,教授	郝双晖	哈尔滨工业大学机电工程学院,教授
韩 伟	华东理工大学药学院,教授	郝思鹏	南京工程学院电力工程学院,教授
韩伟华	中国科学院半导体研究所,研究员	郝四柱	南京市金陵中学仙林分校中学部,正高级教师
韩文科	国家发展和改革委员会能源研究所,研究员	郝铁川	杭州师范大学沈钧儒法学院,教授
韩文瑜	吉林大学动物医学院,教授	郝卫亚	国家体育总局体育科学研究所竞技体育研究中心,研究员
韩 西	重庆交通大学土木工程学院,教授		
韩 霄	中国农业科学院生物技术研究所,研究员	郝晓柯	西京医院,教授

郝彦忠	河北科技大学理学院,教授	
郝　雨	上海大学新闻传播学院,教授	
郝　钰	北京中医药大学生命科学学院,教授	
郝正航	贵州大学西校区电气工程学院,教授	
郝梓国	中国地质调查局发展研究中心,研究员	
何爱霞	曲阜师范大学职业与继续教育研究院,教授	
何佰洲	北京建筑大学工程法律研究院,教授	
何本祥	四川省中医药科学院,主任医师	
何冰芳	南京工业大学药学院,教授	
何长华	中国电力科学研究院,正高级工程师	
何成伟	《中华现代护理杂志》编辑部,编审	
何池全	上海大学环境与化学工程学院,教授	
何德彪	武汉大学网络安全学院,教授	
何德文	中南大学冶金与环境学院,教授	
何东健	西北农林科技大学机械与电子工程学院,教授	
何东进	福建农业职业技术学院,教授	
何东平	武汉轻工大学食品学院,教授	
何东升	武汉工程大学资源与安全工程学院,教授	
何发钰	中国五矿集团有限公司,正高级工程师	
何　芳	石河子大学医学院,教授	
何光辉	复旦大学经济学院,教授	
何海平	湖南株洲化工集团有限责任公司机动部,正高级工程师	
何红丽	中国飞行试验研究院,研究员	
何　宏	浙江旅游职业学院饮食文化研究所,教授	
何宏华	清华大学外国语言文学系,教授	
何宏舟	集美大学海洋装备与机械工程学院,教授	
何洪涛	中国电子科技集团公司第十三研究所,研究员	
何虎翼	广西壮族自治区农业科学院经济作物研究所,研究员	
何华灿	西北工业大学计算机学院,教授	
何华武	中国电子科技集团公司第十研究所,研究员	
何焕清	广东省农业科学院蔬菜研究所,研究员	
何　辉	浙江建设职业技术学院,教授	
何佳洲	中国船舶集团有限公司第七一六研究所,研究员	
何嘉鹏	南京工业大学暖通工程研究所,教授	
何　剑	广东财经大学学报编辑部,教授	
何建成	上海中医药大学附属曙光医院,教授	
何建国	宁夏大学食品科学与工程学院,教授	
何建洪	重庆邮电大学经济管理学院,教授	
何建民	上海财经大学商学院文化旅游会展研究中心,教授	
何江新	西安科技大学马克思主义学院,教授	
何金龙	中石油西南油气田公司天然气研究院,教授级高级工程师	
何　娟	河南工业大学化学化工学院,教授	
何觉民	广东海洋大学农业生物技术研究所,教授	
何来英	国家食品安全风险评估中心,研究员	
何立东	北京化工大学机电工程学院,研究员	
何立群	上海中医药大学附属曙光医院,主任医师	
何丽华	北京大学公共卫生学院,教授	
何炼红	中南大学法学院,教授	

何良年	南开大学化学学院元素有机化学研究所,教授
何伦坤	重庆文理学院马克思主义学院,教授
何孟常	北京师范大学环境学院,教授
何明一	西北工业大学现代信息与电子系统研究所,教授
何培新	郑州轻工业大学食品科学与工程学院,教授
何　坪	重庆医药高等专科学校,教授
何齐宗	江西师范大学教育学院,教授
何　强	燕山大学文法学院,教授
何俏军	浙江大学药理毒理与生化药学研究所,教授
何　勤	首都经贸大学劳动经济学院,教授
何清华	同济大学经济与管理学院,教授
何清新	广西艺术学院影视与传媒学院,教授
何庆国	中国电子科技集团公司第十三研究所,研究员
何庆勇	中国中医科学院广安门医院,主任医师
何权瀛	北京大学人民医院,教授
何人可	湖南大学设计艺术学院,教授
何　仁	江苏大学汽车与交通工程学院,教授
何荣希	大连海事大学信息科学技术学院,教授
何蓉蓉	暨南大学药学院,教授
何善亮	南京师范大学教育科学学院,教授
何守森	山东省妇幼保健院,主任医师
何书金	中国科学院地理科学与资源研究所,研究员
何　松	重庆医科大学附属第二医院,教授
何　涛	航天材料及工艺研究所,研究员
何腾兵	贵州大学农学院,教授
何彤慧	宁夏大学西部生态与生物资源开发联合研究中心,教授
何　伟	广东药科大学,教授
何文斌	郑州轻工业大学机电工程学院,教授
何文寿	宁夏大学农学院,教授
何希铨	福建省建筑科学研究院有限责任公司,教授级高级工程师
何先刚	重庆邮电大学资产管理处,编审
何小海	四川大学电子信息学院,教授
何晓顺	中山大学附属第一医院,教授
何心怡	海军研究院,正高级工程师
何新华	广西大学农学院,教授
何星亮	中国社会科学院民族学与人类学研究所,教授
何秀荣	中国农业大学经济管理学院,教授
何学友	福建省林业科学研究院,教授级高级工程师
何雪锋	重庆理工大学会计学院,教授
何亚东	北京化工大学机电工程学院,教授
何言宏	上海交通大学人文学院,教授
何　耀	中国人民解放军总医院,研究员
何一民	四川大学城市研究所,教授
何宜庆	南昌大学经济管理学院,教授
何义亮	上海交通大学环境科学与工程学院,教授
何毅斌	武汉工程大学机电工程学院,教授
何永福	贵州省农业科学院植保所,研究员
何　勇	东华大学机械学院,教授
何　友	海军航空大学信息融合研究所,教授
何幼斌	长江大学地球科学学院,教授

何玉秀	河北师范大学体育学院,教授	洪 明	大连理工大学运载工程与力学学部,教授
何月秋	云南农业大学植物保护学院,教授	洪庆明	高等学校文科学术文摘,教授
何 筠	南昌大学经济管理学院,教授	洪 涛	北京大学第一临床医学院,教授
何 云	华东理工大学机械与动力工程学院,教授	洪 伟[1]	东南大学信息科学与工程学院,教授
何云峰	上海师范大学期刊社,教授	洪 伟[2]	福建农林大学林学院,教授
何振海	河北大学教育学院,教授	洪文鹏	东北电力大学能源与动力工程学院,教授
何争光	郑州大学生态与环境学院,教授	洪新如	第九○○医院,教授
何中华	山东大学哲学与社会发展学院,教授	洪学传	武汉大学药学院,教授
何忠俊	云南农业大学资源与环境学院,教授	洪汛宁	南京医科大学第一附属医院,主任医师
何自然	广东外语外贸大学外国语言学及应用语言学研究中心,教授	洪志坚	东部战区总医院,主任医师
何宗明	福建农林大学林学院,研究员	洪治纲	杭州师范大学人文学院,教授
何宗宜	武汉大学资源与环境科学学院,教授	侯春堂	中国地质科学院水文地质环境地质研究所,研究员
和 谈	新疆大学社会科学处,教授	侯东德	西南政法大学高等研究院,教授
贺爱忠	湖南大学工商管理学院,教授	侯东昱	河北科技大学纺织服装学院,教授
贺灿飞	北京大学城市与环境学院,教授	侯贵廷	北京大学地球与空间科学学院,教授
贺 春	国家继电保护及自动化设备质量监督检验中心,教授级高级工程师	侯合心	云南财经大学金融学院,教授
贺达汉	宁夏大学农学院,教授	侯 虹	中国空空导弹研究院,研究员
贺德强	广西大学机械工程学院,教授	侯鸿章	中国建筑东北设计研究院有限公司,教授级高级工程师
贺高红	大连理工大学膜科学与技术研究开发中心,教授	侯怀银	山西大学教育科学学院,教授
贺桂成	南华大学资源环境与安全工程学院,教授	侯 健	上海交通大学医学院附属仁济医院,教授
贺国庆	宁波大学教师教育学院,教授	侯 杰	南开大学历史学院,教授
贺会群	中国石油集团工程技术研究院有限公司,教授级高级工程师	侯俊东	中国地质大学(武汉)经济管理学院,教授
贺江平	西安工程大学纺织科学与轻工学院,教授	侯 力	四川大学机械学院,教授
贺可强	青岛理工大学土木工程学院,教授	侯连兵	南方医科大学南方医院,主任药师
贺 青	中国计量科学研究院,研究员	侯 亮	厦门大学萨本栋微米纳米科学技术研究院,教授
贺善侃	东华大学人文学院,教授	侯茂章	中南林业科技大学班戈学院,教授
贺绍俊	沈阳师范大学中国文化与文学研究所,教授	侯 宁	山东省立医院,主任药师
贺维国	中铁隧道勘测设计院有限公司,教授级高级工程师	侯培国	燕山大学电气工程学院,教授
贺武华	浙江财经大学教务处,教授	侯丕华	中日友好医院,主任医师
贺希格图	内蒙古民族大学音乐学院,教授	侯庆喜	天津科技大学轻工科学与工程学院,教授
贺新生	西南科技大学生命科学与工程学院,教授	侯锐钢	山西医科大学第二医院,主任药师
贺 雄	北京市疾病预防控制中心,主任医师	侯若冰	广西师范大学化学与药学学院,教授
贺学礼	河北大学生命科学学院,教授	侯秀娟	北京中医药大学东方医院,主任医师
贺寅彪	上海核工程研究设计院,教授级高级工程师	侯学良	华北电力大学经济与管理学院,教授
贺拥军	湖南大学土木工程学院,教授	侯雪筠	哈尔滨商业大学英才学院,教授
贺争鸣	中国食品药品检定研究院,研究员	侯仰龙	中山大学材料学院,教授
贺峥杰	南开大学化学学院,教授	侯一民	东北电力大学自动化工程学院,教授
贺仲明	暨南大学文学院,教授	侯应龙	山东第一医科大学第一附属医院,教授
赫忠慧	北京大学体育教研部,教授	侯兆欣	中冶集团建筑研究总院,教授级高级工程师
洪 岗	浙江外国语学院,教授	侯振安	石河子大学农学院,教授
洪华山	福建医科大学附属协和医院,主任医师	侯振江	沧州医学高等专科学校医学技术系,教授
洪建国	上海交通大学医学院附属第一人民医院,教授	侯正信	天津大学电气自动化与信息工程学院,教授
洪建军	广东省农业科学院农业经济与农村发展研究所,研究员	胡爱群	东南大学信息科学与工程学院,教授
		胡必武	宁夏大学土木与水利工程学院,教授
		胡 斌[1]	重庆市酉阳自治县教科所,正高级教师
洪建文	广东省药品检验所,主任药师	胡 斌[2]	三峡大学附属仁和医院,主任医师
洪峻峰	《厦门大学学报(哲学社会科学版)》编辑部,编审	胡斌武	浙江工业大学教育科学与技术学院(职业技术教育学院),教授
洪利娅	浙江省食品药品检验研究院,主任药师	胡冰川	中国社会科学院农村发展研究所,研究员
洪 林	盐城工学院高等教育研究院,研究员	胡炳南	煤炭科学研究总院战略规划院,研究员
洪名勇	贵州大学公共管理学院,教授	胡柏学	湖南省交通科学研究院有限公司,研究员
		胡昌华	火箭军工程大学,教授
		胡昌勤	中国食品药品检定研究院,研究员

胡昌振	北京理工大学计算机学院,教授	胡伦坚	河南省第一建筑工程集团有限公司,教授级高级工程师
胡超苏	复旦大学附属肿瘤医院,主任医师	胡吕银	扬州大学法学院,教授
胡春海	燕山大学电气工程学院,教授	胡 敏[1]	广州体育学院运动与健康学院,教授
胡春洪	苏州大学第一附属医院,主任医师	胡 敏[2]	湖北省药品监督检验研究院,主任药师
胡春胜	中国科学院遗传与发育生物学研究所,研究员	胡 敏[3]	解放军总医院,教授
胡大刚	山东农业大学园艺科学与工程学院,教授	胡敏强	南京师范大学电气与自动化工程学院,教授
胡登峰	安徽财经大学工商管理学院,教授	胡明形	北京林业大学经济管理学院,教授
胡东生	深圳大学公共卫生学院,教授	胡 钋	武汉大学电气工程学院,教授
胡发贵	江苏省社会科学院哲学所,研究员	胡钦晓	曲阜师范大学校办,教授
胡凡刚	曲阜师范大学传媒学院,教授	胡勤刚	南京大学医学院,教授
胡范铸	华东师范大学国家话语生态研究中心,教授	胡如忠	中国资源卫星应用中心,研究员
胡方明	西安电子科技大学电子工程学院,教授	胡少伟	郑州大学,教授级高级工程师
胡伏原	苏州科技大学电子与信息工程学院,教授	胡绍林	广东石油化工学院,教授
胡钢墩	宁夏大学物理与电子电气工程学院,教授	胡 胜	辽宁大学文学院,教授
胡功政	河南农业大学动物医学院,教授	胡淑云	北京教育学院教育管理与心理学院,教授
胡国华	华东理工大学生物工程学院,研究员	胡顺仁	重庆理工大学电气与电子工程学院,教授
胡国良	华东交通大学机电与车辆工程学院,教授	胡 松	武汉市第一医院,主任药师
胡国明	武汉大学动力与机械学院,教授	胡松启	西北工业大学航天学院,教授
胡海波	江西财经大学工商管理学院,教授	胡天跃	北京大学地球与空间科学学院,教授
胡汉昆	武汉大学中南医院,主任药师	胡铁生	吉林大学公共外语教育学院和文学院,教授
胡 昊	黄河水利职业技术学院,教授	胡维平	广西师范大学电子工程学院,教授
胡弘弘	中南财经政法大学法学院,教授	胡卫列	南部战区总医院,教授
胡红钢	中国科学技术大学网络空间安全学院,教授	胡位荣	广州大学生命科学学院,教授
胡红浪	全国水产技术推广总站,研究员	胡锡琴	成都理工大学商学院,教授
胡红利	西安交通大学电气工程学院,教授	胡仙芝	中共中央党校(国家行政学院)公共管理教研部,研究员
胡宏伟	长沙理工大学汽车与机械工程学院,教授	胡贤鑫	中南财经政法大学马克思主义学院,教授
胡鸿杰	中国人民大学信息资源管理学院,教授	胡献国	合肥工业大学摩擦学研究所,教授
胡鸿志	北京市机械施工集团有限公司,教授级高级工程师	胡 祥	大连医科大学附属医院,教授
胡会刚	中国热带农业科学院南亚热带作物研究所,研究员	胡祥云	中国地质大学(武汉)地球物理与空间信息学院,教授
胡吉永	东华大学纺织学院,教授	胡小鹏	西北师范大学学报编辑部,编审
胡继明	武汉大学化学与分子科学学院,教授	胡晓春	岛津企业管理(中国)有限公司分析中心,教授级高级工程师
胡继荣	福州大学经济与管理学院,教授		
胡建斌	河南农业大学园艺学院,教授	胡晓峰	国防大学联合作战学院演训中心,教授
胡建波	西南财经大学(特聘教授),教授	胡晓君	浙江工业大学材料科学与工程学院,教授
胡建华[1]	南京师范大学教育科学学院,教授	胡晓青	北京大学第三医院,研究员
胡建华[2]	中国社会科学院语言研究所,教授	胡兴昌	上海师范大学生命科学学院,教授
胡建军	河南农业大学机电工程学院,教授	胡学龙	扬州大学信息工程学院,教授
胡建昆	四川大学华西医院,主任医师	胡亚辉	天津理工大学机械工程学院,教授
胡建文	河北科技大学材料科学与工程学院,教授	胡亚民	重庆理工大学材料科学与工程学院,教授
胡建英	北京大学城市与环境学院,教授	胡 雁	复旦大学护理学院,教授
胡健民	中国地质科学院地质力学研究所,研究员	胡业华	江西科技师范大学生命科学学院,教授
胡 婕	燕山大学环境与化学工程学院,研究员	胡义扬	上海中医药大学附属曙光医院,研究员
胡今鸿	哈尔滨工程大学(哈尔滨工程大学年鉴编委会),研究员	胡忆沩	吉林化工学院机电工程学院,教授
		胡 毅	浙江理工大学纺织科学与工程学院,教授
胡金平	南京师范大学教育科学学院,教授	胡颖峰	江西省社会科学院《鄱阳湖学刊》编辑部,研究员
胡金有	中国农业大学教育基金会,教授		
胡 娟	苏州幼儿师范高等专科学校,教授	胡永举	浙江师范大学工学院,教授
胡克森	邵阳学院文学院五缘文化研究所,教授	胡永洲	浙江大学药学院,教授
胡 磊	中国科学院信息工程研究所,研究员	胡 勇	武汉理工大学船海与能源动力学院,教授
胡力群	长安大学公路学院,教授	胡又佳	上海医药工业研究院,研究员
胡良龙	农业农村部南京农业机械化研究所,研究员	胡玉鸿	华东政法大学《法学》编辑部,教授
胡良明	郑州大学水利科学与工程学院,教授	胡 钰	清华大学新闻与传播学院,教授
胡 玲	安徽中医药大学针灸经络研究所,教授	胡 豫	华中科技大学同济医学院附属协和医院,教授

胡元佳	澳门大学中华医药研究院,教授	黄国杰	中国有色矿业集团创新研究院,教授级高级工程师
胡元森	河南工业大学生物工程学院,教授	黄国兴	华东师范大学软件工程学院,教授
胡援成	江西财经大学金融管理研究院,教授	黄 海[1]	贵州医科大学附属医院,教授
胡 真	湖北中医药大学人文学院,教授	黄 海[2]	湖南省社会科学院马克思主义研究院,研究员
胡振华	温州大学商学院,教授	黄海燕	上海体育大学经济管理学院,教授
胡振琪	中国矿业大学(北京)地球与测绘学院,教授	黄汉平	武汉市金银潭医院,主任医师
胡正平	燕山大学信息科学与工程学院,教授	黄豪中	广西大学机械工程学院,教授
胡正强	南京师范大学新闻与传播学院,教授	黄 河	苏州大学计算机与技术学院,教授
胡正荣	中国社会科学院新闻与传播研究所,教授	黄河胜	安徽医科大学出版中心,教授
胡志坚	武汉大学电气与自动化学院,教授	黄河涛	中国劳动关系学院科研处,教授
胡志强	大连工业大学纺织与材料工程学院,教授	黄 红	黑龙江省社会科学院,教授
胡志祥	江苏双山集团股份有限公司,教授级高级工程师	黄红星	广东省农业科学院农业经济与信息研究所,研究员
胡志勇	中国电子科技集团公司第三十二研究所,研究员	黄宏伟	同济大学土木工程学院,教授
胡治洪	武汉大学中国传统文化研究中心,教授	黄洪亮	中国水产科学研究院东海水产研究所,研究员
胡忠坤	华中科技大学物理学院,教授	黄洪钟	电子科技大学机械与电气工程学院,教授
胡宗仁	中共江苏省委党校,教授	黄华贵	燕山大学机械工程学院,教授
花宝金	中国中医科学院广安门医院,主任医师	黄华明	广东工业大学艺术与设计学院,教授
花向红	武汉大学测绘学院,教授	黄 寰	成都理工大学商学院,教授
华长春	燕山大学电气工程学院,教授	黄 辉[1]	华东交通大学经济管理学院,教授
华 钢	中国矿业大学信息与控制工程学院,教授	黄 辉[2]	华侨大学机电及自动化学院,教授
华 桦	四川省中医药转化医学中心,研究员	黄会林	北京师范大学艺术与传媒学院,教授
华进联	西北农林科技大学动物医学院,研究员	黄季焜	北京大学现代农学院,教授
华清泉	武汉大学人民医院,教授	黄继红	河南大学农学院,教授
华 荣	广东省中医院,主任医师	黄嘉佑	北京大学物理学院,教授
华薇娜	南京大学信息管理学院,教授	黄 剑	广东金融学院金融与投资学院,教授
华 伟	中国医学科学院阜外心血管病医院,教授	黄剑锋	陕西科技大学材料科学与工程学院,教授
黄爱华	杭州师范大学人文学院,教授	黄建滨[1]	北京大学化学与分子工程学院,教授
黄宝勇	北京市农产品质量安全中心,教授级高级工程师	黄建滨[2]	浙江大学外国语学院,教授
黄 飚	广东省人民医院,主任医师	黄建水	河南工业大学法学院,教授
黄 兵	中国农业科学院上海兽医研究所,研究员	黄建伟	南京财经大学公共管理学院,教授
黄 波	中国矿业大学(北京),教授	黄江泉	中南林业科技大学商学院,教授
黄操军	黑龙江八一农垦大学信息与电气工程学院,教授	黄金水	福建省林业科学研究院,研究员
黄昌明	福建医科大学附属协和医院,教授	黄京平	中国人民大学法学院,教授
黄长形	空军军医大学唐都医院,主任医师	黄 晶	武汉科技大学资源与环境工程学院,教授
黄 晨	上海理工大学环境与建筑学院,教授	黄 娟	湖北省妇幼保健院小儿内科,主任医师
黄陈蓉	南京工程学院计算机工程学院,教授	黄 俊	西南大学经济与管理学院,教授
黄崇本	浙江工商职业技术学院,教授	黄俊星	泰州市人民医院,主任医师
黄楚新	中国社会科学院新闻与传播研究所,研究员	黄俊亚	北京体育大学艺术学院,教授
黄大荣	安徽大学人工智能学院,教授	黄峻榕	陕西科技大学食品科学与工程学院,教授
黄大庄	河北农业大学园林与旅游学院,教授	黄开勋	华中科技大学化学与化工学院,教授
黄道丽	公安部第三研究所,研究员	黄凯丰	贵州师范大学,教授
黄道颖	郑州轻工业大学计算机科学与技术学院,教授	黄 昆	华中科技大学同济医学院药学院,教授
黄德志	江苏师范大学研究生院,教授	黄 焜	北京科技大学冶金与生态工程学院,教授
黄发荣	华东理工大学材料科学与工程学院,教授	黄磊昌	大连工业大学艺术设计学院,教授
黄发有	山东大学文学院,教授	黄 鹂	四川大学旅游学院,教授
黄富峰	聊城大学政治与公共管理学院,教授	黄立葵	湖南大学土木工程学院,教授
黄富宏	扬州大学附属医院,主任药师	黄立文	武汉理工大学航运学院,教授
黄 刚	南京邮电大学实验室建设与设备管理处,教授	黄立新[1]	广西大学土木建筑工程学院,教授
黄光团	华东理工大学资源与环境工程学院,教授	黄立新[2]	华南理工大学食品科学与工程学院,教授
黄光耀	长沙矿冶研究院,正高级工程师	黄立新[3]	中国林科院林产化学工业研究所,研究员
		黄丽丽	西北农林科技大学植保学院,教授
		黄 荔	中国兵器装备集团自动化研究所有限公司,正高级工程师

黄 莉	武汉体育学院体育教育学院,教授
黄良友	重庆邮电大学网络空间安全与信息法学院,教授
黄 亮	南昌大学第一附属医院,教授
黄林鹏	上海交通大学电子信息与电气工程学院,教授
黄龙祥	中国中医科学院针灸所,研究员
黄民兴	西北大学中东研究所,教授
黄明东	武汉大学教育科学学院,教授
黄明理	河海大学马克思主义学院,教授
黄明利	北京交通大学土木建筑工程学院,教授
黄明儒	湘潭大学法学院,教授
黄 铭	云南大学科学馆,教授
黄启兵	苏州大学教育学院,教授
黄 谦	西安体育学院体育经济与管理学院,教授
黄 强	西安理工大学水利水电学院,教授
黄清华	北京大学地球与空间科学学院,教授
黄庆安	东南大学 MEMS 教育部重点实验室,教授
黄仁彬	广西医科大学药学院,教授
黄蓉生	西南大学马克思主义学院,教授
黄瑞林	中国科学院亚热带农业生态研究所,研究员
黄少罗	陆军工程大学石家庄校区,教授
黄绍辉	中国医科大学附属口腔医院,教授
黄生叶	湖南大学信息科学与工程学院,教授
黄仕忠	中山大学中国古文献研究所,教授
黄树涛	沈阳理工大学科技处,教授
黄水清	南京农业大学信息管理学院,教授
黄松岭	清华大学电机工程与应用电子技术系,教授
黄锁义	右江民族医学院,教授
黄 涛	温州大学人文学院,教授
黄涛珍	河海大学公共管理学院,教授
黄 韬	浙江大学光华法学院,研究员
黄天华	汕头大学医学院,研究员
黄廷林	西安建筑科技大学校长办公室,教授
黄 维	西北工业大学柔性电子研究院,教授
黄 伟	南京师范大学教育科学研究院,教授
黄伟力	上海交通大学马克思主义学院,教授
黄 玮	广西医科大学第一附属医院,主任医师
黄卫东	南京邮电大学管理学院,教授
黄武双	华东政法大学知识产权学院,教授
黄先蓉	武汉大学信息管理学院,教授
黄贤英	重庆理工大学计算机科学与工程学院,教授
黄险峰	广西大学土木建筑工程学院,教授
黄现青	河南农业大学食品科学技术学院,教授
黄祥麟	广西科学院,研究员
黄小波	首都医科大学宣武医院,教授
黄小强	西安市第五医院,主任医师
黄晓春	广州体育学院期刊部,编审
黄晓玲	北京教育科学研究院,研究员
黄晓明	东南大学交通学院,教授
黄晓学	江苏师范大学数学与统计学院,教授
黄欣沂	福建师范大学旗山校区数学与信息学院,教授
黄新天	上海交通大学医学院附属第九人民医院,主任医师
黄新友	江苏大学材料科学与工程学院,教授

黄旭东	贵州省社科院《贵州社会科学》编辑部,编审
黄选瑞	河北农业大学林学院,教授
黄学贤	苏州大学王健法学院,教授
黄延焱	复旦大学附属华山医院,主任医师
黄研利	国网陕西省电力公司营销部,教授级高级工程师
黄 艳	安徽医科大学药学院,教授
黄艳丽	《家具与室内装饰》杂志社,教授
黄燕华	广东省农科院仲恺农业工程学院,研究员
黄燕君	浙江大学经济学院,教授
黄燕云	北京师范大学图书馆,研究馆员
黄 轶	上海师范大学人文学院,教授
黄轶昕	江苏省血吸虫病防治研究所,主任医师
黄意明	上海戏剧学院人文社科部,教授
黄毅斌	福建省农业科学院土壤肥料研究所,研究员
黄 英	西北工业大学化学与化工学院,教授
黄英金	江西农业大学科技处,教授
黄永红	江苏大学电气信息工程学院,教授
黄永华	上海交通大学机械与动力工程学院,教授
黄永林	华中师范大学学校办公室,教授
黄 勇	苏州科技大学环境科学与工程学院,教授
黄云明	河北大学哲学与社会学学院,教授
黄运茂	仲恺农业工程学院动物科技学院,教授
黄泽好	重庆理工大学车辆工程学院,教授级高级工程师
黄占斌	中国矿业大学(北京)化学与环境工程学院,教授
黄占华	东北林业大学材料科学与工程学院,教授
黄朝晖	江南大学附属医院,研究员
黄振平	河海大学水文院,教授
黄震方	南京师范大学地理科学学院,教授
黄震云	中国政法大学人文学院,教授
黄志纯	东南大学附属中大医院,主任医师
黄志高	福建师范大学物理与能源学院实验中心,教授
黄志全	华北水利水电大学资源与环境学院,教授
黄志勇	集美大学食品与生物工程学院,教授
黄治物	上海交通大学医学院附属第九人民医院,教授
黄智铭	温州医科大学附属第一医院,主任医师
黄忠廉	广东外语外贸大学翻译学研究中心,教授
黄仲夏	首都医科大学附属北京朝阳医院西院,教授
黄祖强	广西大学化学化工学院,教授
惠富平	南京信息工程大学科技史与气象文明研究院,教授
惠 剑	徐州师范大学美术学院,教授
惠 明	河南工业大学生物工程学院,教授
惠晓峰	哈尔滨工业大学经济与管理学院,教授
霍 枫	南部战区总医院,主任医师
霍李江	大连工业大学轻工与化学工程学院,教授
霍 巍	四川大学历史文化学院,教授
霍晓萍	桂林理工大学商学院,教授
霍修勇	中共湖南省委党校(湖南行政学院)中共党史教研部,教授
霍学喜	西北农林科技大学经济管理学院,教授
霍再林	中国农业大学水利与土木工程学院,教授

霍振龙	中煤科工集团常州研究院有限公司,研究员	贾绍凤	中国科学院地理科学与资源研究所,研究员
霍志军	天水师范学院伏羲文化研究院,教授	贾士儒	天津科技大学生物工程学院,教授
姬长生	中国矿业大学矿业工程学院,教授	贾雯鹤	西南民族大学中国语言文学学院,教授
姬建敏	河南大学学报编辑部,编审	贾晓斌	中国药科大学中药学院,教授
嵇国平	南昌工程学院工商管理学院,教授	贾晓枫	合肥通用机械研究院,教授级高级工程师
嵇振岭	东南大学附属中大医院,教授	贾新华	山东中医药大学附属医院,主任医师
吉承恕	天津体育学院教育与心理学院,教授	贾英民	北京工商大学食品学院,教授
吉根林	南京师范大学仙林校区计算机学院,教授	贾永刚	中国海洋大学环境科学与工程学院,教授
吉　红	西北农林科技大学动物科技学院,教授	贾　勇	成都理工大学机电工程学院,教授
吉久明	华东理工大学图书馆,研究馆员	贾玉树	中国科学院大学跨学科工程研究中心,研究员
吉　民	东南大学生物医学工程学院,教授		
吉庆丰	扬州大学水利科学与工程学院,教授	贾　跃	海军大连舰艇学院水武与防化系,教授
吉兴全	山东科技大学电气与自动化工程学院,教授	贾云海	北京市电加工研究所,研究员
籍国东	北京大学环境科学与工程学院,教授	贾志新	北京科技大学机械工程学院,教授
计　成	中国农业大学动科院,教授	贾忠奎	北京林业大学林学院,教授
纪爱兵	河北大学公共卫生学院,教授	简华刚	重庆医科大学附属第二医院,教授
纪爱敏	河海大学机电工程学院,教授	简金宝	广西民族大学校长办公室,教授
纪德奎	天津师范大学教育学部,教授	简文彬	福州大学紫金地质与矿业学院,教授
纪明山	沈阳农业大学植物保护学院,教授	简献忠	上海理工大学光电信息与计算机工程学院,教授
纪元法	桂林电子科技大学信息与通信学院,教授		
纪越峰	北京邮电大学信息与通信工程学院,教授	简新华	武汉大学经济与管理学院,教授
纪占胜	中国地质科学院中国地质学会,研究员	江　波[1]	苏州大学期刊中心,研究员
纪志永	河北工业大学化工学院,教授	江　波[2]	中国电子科技集团公司第三十二研究所,研究员
纪仲秋	北京师范大学体育与运动学院,教授		
季诚钧	杭州师范大学中国教育现代化研究院,教授	江　潮	国家纳米科学中心,研究员
季　光	上海中医药大学党委,教授	江成顺	湖北商贸学院科技处,教授
季　辉	中国药科大学药理学教研室,教授	江国华	武汉大学法学院,教授
季路成	清华大学航空发动机研究院,教授	江　驹	南京航空航天大学自动化学院,教授
季　民	天津大学环境科学与工程学院,教授	江林昌	山东大学历史文化学院,教授
季乃礼	南开大学周恩来政府管理学院,教授	江世银	南京审计大学金融学院,教授
季淑娟	北京科技大学,研究馆员	江守恒	哈尔滨学院土木建筑工程学院,教授
季淑梅	燕山大学康养人才培训中心,教授	江思宏	中国地质科学院矿产资源研究所,研究员
季水河	湘潭大学文学与新闻学院,教授	江　涛	中国水产科学研究院渔业机械仪器研究所,研究员
贾　博	中共河南省委党校,教授		
贾长治	陆军工程大学石家庄校区,教授	江　莞	东华大学功能材料研究中心,教授
贾春华	北京中医药大学中医基础医学院,教授	江维克	贵州中医药大学药学院,教授
贾春新	北京大学光华管理学院,教授	江　伟	江苏省肿瘤医院(南京医科大学附属肿瘤医院),主任医师
贾殿赠	新疆大学,教授		
贾付强	贵州师范大学历史与政治学院,教授	江兴龙	集美大学水产学院,教授
贾　光	北京大学公共卫生学院,教授	江　英	石河子大学食品学院,教授
贾光胜	山西天地王坡煤业有限公司,研究员	江　泳	北京大学口腔医院,主任医师
贾广惠	江苏师范大学传媒与影视学院,教授	江玉生	中国矿业大学(北京)力学与建筑工程学院,教授
贾宏涛	新疆农业大学资源与环境学院,教授		
贾洪飞	吉林大学交通学院,教授	江中孝	广东社会科学杂志社,研究员
贾金生	中国水利水电科学研究院,教授	江仲文	轻工业杭州机电设计研究院,教授级高级工程师
贾进章	辽宁工程技术大学安全科学与工程学院,教授		
贾　科	华北电力大学电气与电子工程学院,教授	姜爱林	中华全国总工会,教授
贾乐川	宁夏医科大学总医院,主任药师	姜安丽	海军军医大学护理学院,教授
贾立霞	河北科技大学纺织服装学院,教授	姜长云	国家发展和改革委员会产业经济与技术经济研究所,研究员
贾立政	人民日报社,高级编辑		
贾连群	辽宁中医药大学高等中医药教育研究及评价中心,教授	姜晨光	江南大学环境与土木学院,教授
		姜春林	大连理工大学公共管理学院,教授
贾民平	东南大学机械工程学院,教授	姜大源	教育部职业技术教育发展中心,研究员
贾　明	陕西省中医药研究院,编审	姜德义	重庆大学资源与安全学院,教授
贾澎涛	西安科技大学计算机科学与技术学院,教授	姜德友	黑龙江中医药大学基础医学院,教授
		姜笃银	山东大学第二医院,教授

姜　放	中国石油工程建设有限公司西南分公司,教授级高级工程师	蒋　丹	上海交通大学机械与动力工程学院,教授
姜　峰	华侨大学制造工程研究院,教授	蒋丹宇	中国科学院上海硅酸盐研究所,研究员
姜　海[1]	黑龙江中医药大学药学院,教授	蒋电明	重庆医科大学附属第三医院,教授
姜　海[2]	中国疾控中心传染病所,研究员	蒋凤昌	泰州职业技术学院建筑工程学院,教授
姜海龙	吉林农业大学动物科学技术学院,教授	蒋高明	江南大学针织技术教育部工程研究中心,教授
姜　红	湖北省药品监督检验研究院,主任药师	蒋贵国	四川师范大学地理与资源科学学院,教授
姜洪池	哈尔滨医科大学第一附属医院,教授	蒋国发	中共福建省委党校(福建行政学院),教授
姜　华	哈尔滨工业大学经济与管理学院,教授	蒋国俊	浙江师范大学地理与环境科学学院,教授
姜　辉	北京大学第一医院,教授	蒋国勤	苏州大学附属第二医院,教授
姜继海	哈尔滨工业大学机电工程学院,教授	蒋　海	暨南大学经济学院,教授
姜嘉乐	《高等工程教育研究》编辑部,编审	蒋海强	山东中医药大学中医药创新研究院,教授
姜建国	上海交通大学电力传动教育部重点实验室,教授	蒋和平	中国农业科学院农业经济与发展研究所,研究员
姜　军	北京建筑大学工程法律研究院,教授	蒋红梅	贵州医科大学医学检验学院,教授
姜可伟	北京大学人民医院,主任医师	蒋济同	中国海洋大学工程学院,教授
姜　玲[1]	华中农业大学园艺林学学院,教授	蒋家琼	湖南大学教育科学研究院,教授
姜　玲[2]	中国科学技术大学附属第一医院(安徽省立医院),主任药师	蒋剑春	中国林业科学研究院林产化学工业研究所,院士
姜　凌	中国农业科学院生物技术研究所,研究员	蒋开喜	北京矿冶研究总院,教授级高级工程师
姜民政	东北石油大学机械科学与工程学院,教授	蒋　凯	北京大学教育学院,教授
姜启军	上海海洋大学经济管理学院,教授	蒋　葵	西南科技大学经济管理学院,教授
姜　泉	中国中医科学院广安门医院,主任医师	蒋兰香	中南林业科技大学社科处,教授
姜守达	哈尔滨工业大学电子与信息工程学院,教授	蒋朗朗	中央戏剧学院,教授
姜水生	南昌大学机电工程学院,教授	蒋　萍	东北财经大学统计学院,教授
姜　松	重庆理工大学经济金融学院,教授	蒋士会	广西师范大学教育学部,教授
姜　涛[1]	大连医科大学附属第二医院,教授	蒋万胜	陕西师范大学学报编辑部,编审
姜　涛[2]	东北电力大学电气工程学院,教授	蒋新苗	湖南师范大学法学院,教授
姜　彤	华北水利水电大学研究生院,教授	蒋兴浩	上海交通大学资产管理与实验室处,教授
姜万顺	中国电子科技集团公司第四十一研究所,研究员	蒋序林	武汉大学化学与分子科学学院,教授
姜望琪	北京大学外国语学院,教授	蒋学华	四川大学华西药学院,教授
姜锡东	河北大学宋史研究中心,教授	蒋学武	深圳技术大学健康与环境工程学院,教授
姜小鹰	福建医科大学护理学院,教授	蒋　燚	广西壮族自治区林业科学研究院,教授级高级工程师
姜忻良	天津大学建筑工程学院,教授	蒋巍川	东南大学信息科学与工程学院,教授
姜秀花	全国妇联妇女研究所,研究员	蒋　瑛	四川大学经济学院,教授
姜亚明	天津工业大学纺织科学与工程学院,教授	蒋　颖	中国社会科学评价研究院,研究馆员
姜燕生	北京中医医院,主任医师	蒋永福	黑龙江大学信息管理学院,教授
姜耀东	中国矿业大学(北京)力学与土木工程学院,教授	蒋永甫	南京审计大学公共管理学院,教授
姜永红	上海中医药大学附属龙华医院,主任医师	蒋永光	成都中医药大学医学信息工程学院,教授
姜　勇	北京大学药学院,教授	蒋永穆	四川大学经济学院,教授
姜岳明	广西医科大学公共卫生学院,教授	蒋与刚	军事科学院军事医学研究院环境医学与作业医学研究所,研究员
姜　藻	东南大学附属中大医院,主任医师	蒋岳祥	浙江大学经济学院,教授
姜增辉	沈阳理工大学机械工程学院,教授	蒋云升	扬州大学旅游烹饪(食品科学与工程)学院,教授
姜兆华	哈尔滨工业大学化工与化学学院,教授	蒋占峰	河南师范大学马克思主义学院,教授
姜兆亮	山东大学机械工程学院,教授	蒋　真	西北大学中东研究所,教授
姜振寰	哈尔滨工业大学物理学院,教授	蒋仲安	北京科技大学土木与环境工程学院,教授
姜振颖	河南工业大学校长办公室,教授	焦楚杰	广州大学土木工程学院,教授
姜智彬	上海外国语大学新闻传播学院,教授	焦　锋	河南理工大学机械与动力工程学院,教授
姜周曙	杭州电子科技大学自动化学院(人工智能学院),教授	焦清介	北京理工大学机电学院,教授
蒋重跃	北京师范大学历史学院,教授	焦生杰	长安大学工程机械学院,教授
蒋传文	上海交通大学电子信息与电气工程学院,教授	焦士兴	安阳师范学院资源环境与旅游学院,教授
		焦体峰	燕山大学环境与化学工程学院,教授
		焦文峰	扬州大学马克思主义学院,教授
		焦文玲	哈尔滨工业大学建筑学院,教授

焦晓红	燕山大学电气工程学院,教授	金元浦	中国人民大学文学院,教授
焦云根	扬州大学附属医院,教授	金云峰	同济大学建筑与城市规划学院,教授
焦耘	广西财经学院财政与公共管理学院,教授	金哲虎	延边大学医学院,教授
焦争鸣	河南师范大学数学与信息科学学院,教授	金征宇	江南大学食品学院,教授
矫玮	北京体育大学运动医学与康复学院,教授	金宗强	天津体育学院运动训练科学学院,教授
教军章	黑龙江大学政府管理学院,教授	靳红	河北科技大学图书馆,研究馆员
揭志刚	南昌大学第一附属医院,教授	靳明亮	浙江大学动物科学学院,研究员
介晓磊	河南农业大学,教授	靳世久	天津大学精密仪器与光电子工程学院,教授
金宝宏	宁夏大学土木与水利工程学院,教授	靳莹	天津师范大学教育学部,教授
金保华	郑州轻工业学院计算机与通信工程学院,教授	靳玉乐	深圳大学教育学部,教授
金保哲	新乡医学院第一附属医院,主任医师	荆便顺	长安大学信息工程学院,教授
金波	上海大学图书情报档案系,教授	荆成	大众日报社,高级编辑
金诚	武汉理工大学高教发展与评估杂志社,编审	荆蕙兰	大连理工大学马克思主义学院,教授
金成晓	吉林大学商学院,教授	荆继武	中国科学院大学数据保护研究中心,教授
金成哲	沈阳理工大学机械工程学院,教授	荆武兴	哈尔滨工业大学航天学院,教授
金诚谦	农业农村部南京农业机械化研究所,研究员	井西利	燕山大学理学院,教授
金大陆	上海社科院历史所,研究员	景国勋	河南理工大学安全科学与工程学院,教授
金风	贵州医科大学附属医院,教授	景维鹏	东北林业大学信息与计算机工程学院,教授
金海	华中科技大学计算机科学与技术学院,教授	景向红	中国中医科学院针灸研究所,研究员
金贺荣	燕山大学机械工程学院,教授	敬登虎	东南大学土木工程学院,教授
金黑鹰	南京中医药大学第二附属医院,教授	敬文东	中央民族大学文学院,教授
金虹	哈尔滨工业大学建筑学院,教授	居颂光	苏州大学医学部,教授
金兼斌	清华大学新闻与传播学院,教授	琚晓涛	西安航空学院电子工程学院,正高级工程师
金菊良	合肥工业大学水资源与环境系统工程研究院,教授	鞠玉梅	齐鲁工业大学外国语学院,教授
金腊华	暨南大学环境学院,教授	巨永锋	长安大学电子与控制工程学院,教授
金黎平	中国农业科学院蔬菜花卉研究所,研究员	巨永林	上海交通大学机械与动力工程学院,教授
金立义	南京市晓庄小学,正高级教师	开国银	浙江中医药大学药学院,教授
金丽	中国地质大学(武汉)自动化学院,教授	阚江明	北京林业大学工学院,教授
金丽娜	中国建筑东北设计研究院有限公司,教授级高级工程师	阚军常	哈尔滨体育学院冰雪体育产业发展研究中心,教授
金龙哲	北京科技大学大安全科学研究院,教授	康宝生	中铁隧道局集团有限公司,教授级高级工程师
金米聪	浙江省宁波市疾病预防控制中心,研究员	康重庆	清华大学电机工程与应用电子技术系,教授
金民卿	中国社会科学院近代史研究所,研究员	康传红	黑龙江大学实验仪器设备管理处,教授
金明录	大连理工大学信息与通信工程学院,教授	康国华	南京航空航天大学航天学院,教授
金宁德	天津大学电气自动化与信息工程学院,教授	康海燕	北京信息科技大学信息管理学院,教授
金其贯	扬州大学体育学院,教授	康骅	首都医科大学宣武医院,教授
金强国	武广铁路客运专线有限责任公司,教授级高级工程师	康积涛	西南交通大学电气工程学院,教授
金青云	延边大学体育学院,教授	康建宏	宁夏大学农学院,教授
金润铭	华中科技大学同济医学院附属协和医院,教授	康敬奎	上海政法学院学报编辑部,编审
金胜勇	河北大学管理学院,教授	康利平	中国中医科学院中药资源中心,研究员
金涛	福州大学电气工程与自动化学院,教授	康荣学	中国安全生产科学研究院,研究员
金铁成	河南工业大学学报编辑部,编审	康廷国	辽宁中医药大学药学院,教授
金伟其	北京理工大学光电学院,教授	康文泽	黑龙江科技大学矿业学院,教授
金伟新	国防大学,教授	康现江	河北大学生命科学学院,教授
金芜军	中国农业科学院生物技术研究所,研究员	康相涛	河南农业大学动物科技学院,教授
金先桥	复旦大学附属华山医院,教授	康秀云	东北师范大学马克思主义学部,教授
金晓宏	武汉科技大学机械自动化学院,教授	康志华	成都锦城学院建筑学院,教授
金鑫	北京理工大学机械与车辆学院,教授	亢会明	中国石油工程建设有限公司西南分公司,教授级高级工程师
金应荣	西华大学材料科学与工程学院,研究员	亢战	大连理工大学工程力学系,教授
金玉丰	北京大学集成电路学院,教授	柯浩	广东省农业科学院动物卫生研究所,研究员
金玉萍	新疆大学新闻与传播学院,教授	柯宏发	航天工程大学,教授
金育强	湖南师范大学体育学院,教授	柯金炼	福建省林业科学研究院,教授级高级工程师
		柯孔林	浙江工商大学金融学院,教授
		柯岚	华中科技大学法学院,教授

柯　平	南开大学商学院,教授	乐　健	武汉大学电气与自动化学院,教授
柯式镇	中国石油大学地球物理学院,教授	乐永康	复旦大学物理系,教授
柯以铨	南方医科大学珠江医院,教授	雷安民	西北农林科技大学动物医学院,研究员
孔保华	东北农业大学食品学院,教授	雷光华	中南大学湘雅医院,教授
孔北华	山东大学齐鲁医院,教授	雷虎民	空军工程大学防空反导学院,教授
孔垂辉	北京体育大学学术期刊社,编审	雷俊卿	北京交通大学土木建筑工程学院,教授
孔垂泽	中国医科大学附属第一医院,教授	雷龙乾	陕西师范大学哲学与政府管理学院,教授
孔东民	华中科技大学经济学院,教授	雷丕锋	中南林业科技大学生命科学与技术学院,
孔凡宏	上海海洋大学海洋文化与法律学院,教授		教授
孔凡哲	中南民族大学教育学院,教授	雷群英	复旦大学基础医学院,教授
孔繁东	大连工业大学食品学院,教授	雷世平	长沙航空职业技术学院思政课部,教授
孔　恒	北京建工集团有限责任公司,教授级高级工程师	雷书华	石家庄铁道大学管理学院,教授
孔金平	河北工业大学文法学院,编审	雷　霆	新疆大学政治与公共管理学院,教授
孔俊婷	河北工业大学建筑与艺术设计学院,教授	雷　伟	第四军医大学第一附属医院,教授
孔令丞	华东理工大学商学院,教授	雷涯邻	中国地质大学(北京),教授
孔令东	南京大学生命科学学院医药生物技术国家重点实验室,教授	雷　燕	中国中医科学院医学实验中心,研究员
孔令富	燕山大学信息科学与工程学院,教授	雷跃捷	中国传媒大学传播研究院,教授
孔维佳	华中科技大学同济医学院附属协和医院,教授	冷发光	中国建筑科学研究院建研建材有限公司,研究员
孔祥峰	中国科学院亚热带农业生态研究所,研究员	冷志杰	黑龙江八一农垦大学经济管理学院,教授
孔祥俊	上海交通大学凯原法学院,教授	黎步银	华中科技大学光学与电子信息学院,教授
孔祥维	浙江大学管理学院,教授	黎华寿	华南农业大学热带亚热带生态研究所,教授
孔祥智	中国人民大学农业与农村发展学院,教授	黎加厚	上海师范大学教育信息技术系,教授
孔英会	华北电力大学电子与通信工程系,教授	黎　军	兰州大学高教院,教授
孔玉生	江苏大学财经学院,教授	黎　明	中国海洋大学程学院,教授
孔　煜	重庆大学公共管理学院,教授	黎　苏	河北工业大学能源环境工程学院,教授
孔志战	国网陕西省电力公司运维部,教授级高级工程师	黎　稳	华南师范大学数学科学学院,教授
		黎先财	南昌大学化学学院,教授
寇东亮	陕西师范大学哲学学院,教授	黎一鸣	西安交通大学医学院第二附属医院,教授
寇冬泉	扬州大学教育学院,教授	黎　珍	贵州师范大学历史与政治学院,教授
库　耘	《船海工程》杂志社,编审	李爱宏	江苏里下河地区农业科学研究所,研究员
匡海学	黑龙江中医药大学药学院,教授	李爱科	国家粮食和物资储备局科学研究院,研究员
匡敬忠	江西理工大学资源与环境工程学院,教授	李爱群	武汉体育学院期刊社,编审
匡远配	湖南农业大学经济学院,教授	李安虎	寿县人民政府,教授
邝　华	广西师范大学物理科学与技术学院,教授	李安宗	中国石油集团测井有限公司,教授级高级工程师
邝哲师	广东省农业科学院蚕业与农产品加工研究所,研究员	李百战	重庆大学土木工程学院,教授
邝祝芳	中南林业科技大学计算机与工程学院,教授	李宝宽	东北大学材料与冶金学院,教授
来　磊	上海市计量测试技术研究院,教授级高级工程师	李宝玉	南京市栖霞区教师发展中心,正高级教师
来水利	陕西科技大学化学与化工学院,教授	李保明	中国农业大学水利与土木工程学院,教授
赖惠鸽	宁夏大学机械工程学院,教授	李北星	武汉理工大学硅酸盐建筑材料国家重点实验室,教授
赖际舟	南京航空航天大学自动化学院,教授	李本昌	青岛海军潜艇学院软件中心,教授
赖建军	华中科技大学武汉光电国家研究中心,研究员	李毕忠	北京崇高纳米科技有限公司,研究员
赖齐贤	浙江省农业科学院,研究员	李碧春	扬州大学动物科学与技术学院,教授
赖绍聪	西北大学地质系,教授	李碧乐	吉林大学地球科学学院,教授
赖小娟	陕西科技大学化学与化工学院,教授	李　斌	扬州大学信息工程学院,教授
赖　泳	大理大学药学院,教授	李　滨	中国地质科学院地质力学研究所,研究员
赖钟雄	福建农林大学园艺生物工程研究所,研究员	李　兵	北京理工大学珠海学院,教授
兰小中	西藏农牧学院食品科学学院,教授	李炳军	河南农业大学社会科学处,教授
兰中文	电子科技大学研究生院,教授	李　波[1]	大连工业大学艺术设计学院,教授
郎志宏	中国农业科学院生物技术研究所,研究员	李　波[2]	南京体育学院体育教育与人文学院,教授
乐嘉锦	东华大学计算机学院,教授	李伯安	解放军总医院,研究员
		李伯全	江苏大学机械工程学院,教授
		李财富	安徽大学管理学院,教授
		李灿东	福建中医药大学中医学院,教授

李灿松	云南师范大学科研处,教授	李冬梅	大连大学体育学院,教授
李昌兵	重庆邮电大学经济管理学院,教授	李冬妮	江西科技师范大学地方文化研究编辑部,教授
李昌集	江苏师范大学文学院,教授		
李昌珂	北京大学外国语学院,教授	李铎	山西北方兴安化学工业有限公司,研究员级高级工程师
李昌珠	湖南省林业科学院,研究员		
李长爱	湖北经济学院会计学院,教授	李恩来	广西师范大学政治与行政学院,教授
李长根	北京矿冶研究总院,教授	李发堂	河北科技大学理学院,教授
李长河	青岛理工大学机械与汽车工程学院,教授	李法惠	南阳师范学院期刊部,编审
李长健	华中科技大学法学院,教授	李芳柏	广东省生态环境技术研究所,研究员
李长松	山东省农业科学院植物保护研究所,研究员	李芳民	西北大学文学院,教授
李长伟	山东师范大学教育学部,教授	李飞	徐州幼儿师范高等专科学校,教授
李常庆	北京大学信息管理系,教授	李飞龙	西南大学马克思主义学院,教授
李朝品	皖南医学院,教授	李丰果	中铁隧道局集团有限公司华南指挥部,教授级高级工程师
李琛	中国人民大学知识产权学院,教授		
李成刚	宁夏金海雄华有限责任公司,教授级高级工程师	李风森	新疆医科大学附属中医医院,教授
		李风亭	同济大学环境科学与工程学院,教授
李成明	北京科技大学新材料技术研究院,教授	李峰	辽宁中医药大学药学院,教授
李成卫	北京中医药大学中医学院,教授	李锋	沈阳工业大学材料科学与工程学院,教授
李成言	北京大学政府管理学院,教授	李凤琴	国家食品安全风险评估中心,研究员
李成义	甘肃中医药大学药学院,教授	李福昌	山东农业大学动物科技学院,教授
李成智	北京航空航天大学人文与社会科学高等研究院,教授	李福华	青岛大学教育发展研究院,教授
		李福义	山西大学数学科学学院,教授
李承贵	南京大学哲学系,教授	李刚[1]	北京大学基础医学院,教授
李崇光	华中农业大学经管学院,教授	李刚[2]	吉林省农业科学院农业质量标准与检测技术研究所,研究员
李重九	中国农业大学理学院,教授		
李传江	连云港师范高等专科学校,教授	李刚[3]	扬州大学数学科学学院,教授
李春[1]	清华大学化学工程系,教授	李刚[4]	营口理工学院材料科学与工程学院,教授
李春[2]	中国中医科学院中药研究所,研究员	李钢	中国社会科学院工业经济研究所,研究员
李春根	江西财经大学财税与公共管理学院,教授	李高科	广东省农业科学院作物研究所,研究员
李春国	东南大学信息科学与工程学院,教授	李格升	武汉理工大学能动学院,教授
李春玲	燕山大学经济管理学院,教授	李庚全	北京体育大学马克思主义学院,教授
李春喜	河南师范大学生命科学学院,教授	李庚香	河南省社会科学界联合会,研究员
李春阳	江苏省农业科学院农产品加工所,研究员	李更生	河南省中医药研究院,研究员
李翠兰	北京大学人民医院,研究员	李工	燕山大学材料科学与工程学院,教授
李翠霞	东北农业大学经济管理学院,教授	李公法	武汉科技大学机械自动化学院,教授
李大辉	中国地震台网中心,研究员	李光汉	武汉大学数学与统计学院,教授
李大勇	中国石油大学(华东),教授	李光玉	青岛农业大学动物科技学院,研究员
李道和	江西农业大学人文与公共管理学院,教授	李广	东北师范大学教育学部,教授
李得天	兰州空间技术物理研究所,院士	李贵	江苏省农业科学院植物保护研究所,研究员
李德超	香港理工大学中文及双语学系,教授	李贵祥	云南省林业和草原科学院,研究员
李德宏	中铁建云南交通建设管理有限公司,正高级工程师	李桂奎	复旦大学国际文化交流学院,教授
		李桂苓	天津大学电气自动化与信息工程学院,教授
李德亮	河南大学化学化工学院,教授	李国才	扬州大学医学院,教授
李德识	武汉大学电子信息学院,教授	李国宏	东南大学附属中大医院,主任护师
李德显	辽宁师范大学教育学部,教授	李国辉	国防科技大学系统工程学院,教授
李德英	中国建筑节能协会,教授	李国杰	上海交通大学电子信息与电气工程学院,教授
李德元	沈阳工业大学材料科学与工程学院,教授	李国禄	河北工业大学材料科学与工程学院,教授
李迪华	北京大学建筑与景观设计学院,教授	李国庆	东北电力大学电气工程学院,教授
李佃来	武汉大学哲学学院,教授	李国荣	中国第一历史档案馆,研究员
李定强	广东省生态环境与土壤研究所,研究员	李国庭	河北科技大学化学与制药工程学院,教授
李定清	重庆工商大学会计学院,教授	李国威	西安交通大学医学院第二附属医院,教授
李东冰	中国中医科学院西苑医院,主任医师	李国友	中共河南省委党校,教授
李东波	中国恩菲工程技术有限公司,教授级高级工程师	李海潮	北京大学第一医院,教授
		李海刚	中山大学孙逸仙纪念医院,主任医师
李东亮	新乡医学院基础医学院,教授	李海明	天津科技大学海洋与环境学院,教授
李东野	徐州医科大学附属医院,教授	李海萍	湖南科技大学研究生院,教授

李海涛	西南石油大学石油与天然气工程学院,教授
李海霞	北京大学第一医院,研究员
李海洋	贵州医科大学附属医院,教授
李瀚旻	湖北中医药大学附属湖北省中医院,教授
李 贺[1]	吉林大学商学与管理学院,教授
李 贺[2]	沈阳农业大学园艺学院,教授
李恒爽	首都医科大学附属北京朝阳医院,主任医师
李 横	重庆工程学院软件学院,教授
李红斌	华中科技大学电气与电子工程学院,教授
李红革	湖南文理学院,教授
李红军	中铁隧道局集团有限公司西南指挥部,教授级高级工程师
李红旗	北京工业大学环境与生命学部,教授
李红霞	中钢集团洛阳耐火材料研究院有限公司,教授
李红志	国家海洋技术中心,正高级工程师
李 宏[1]	广东省农业科学院水稻研究所,研究员
李 宏[2]	西安石油大学电子工程学院,教授
李宏贵	南京工业大学经济与管理学院,教授
李宏翰	广西师范大学教育学部,教授
李宏军	首都医科大学附属北京佑安医院,教授
李宏弢	《求是学刊》杂志社,教授
李宏伟	中国地质大学(武汉)数理学院,教授
李洪斌	辽宁交通科学研究院有限责任公司,教授级高级工程师
李洪波	江苏大学,教授
李洪峰	解放军陆军炮兵防空兵学院,教授
李洪伟	电子科技大学计算机科学与工程学院,教授
李洪远	南开大学环境科学与工程学院,教授
李后开	上海中医药大学交叉科学研究院,教授
李花婷	中国合成橡胶工业协会,教授级高级工程师
李 华[1]	山东大学经济学院,教授
李 华[2]	中国科学院计算技术研究所,研究员
李华斌	复旦大学附属眼耳鼻喉科医院,教授
李华强	四川大学电气工程学院,教授
李华瑞	浙江大学历史学院,教授
李 骅	南京农业大学工学院,教授
李 桓	天津大学材料科学与工程学院,教授
李黄金	广东药科大学生科院,教授
李 辉[1]	首都儿科研究所,研究员
李 辉[2]	首都医科大学附属北京朝阳医院,主任医师
李 辉[3]	中山大学马克思主义学院,教授
李辉信	南京农业大学资源与环境科学学院,教授
李会军	中国药科大学中药学院,教授
李会庆	山东第一医科大学基础医学院,研究员
李惠军	山东大学信息科学与工程学院,教授
李惠林	深圳市中医院,教授
李惠玲	苏州大学第一附属医院,教授
李 慧	中粮营养健康研究院谷物研发中心,正高级工程师
李记明	烟台张裕集团有限公司,研究员
李际平	中南林业科技大学林学院,教授
李济广	江苏理工学院经济学院,教授
李济顺	河南科技大学机电工程学院,教授
李继安	华北理工大学中医学院,教授

李继凯	陕西师范大学文学院,教授
李冀宁	广西卫生职业技术学院,教授
李加儿	中国水产科学研究院南海水产研究所,研究员
李加升	湖南城市学院信息与电子工程学院,教授
李 坚	东北林业大学材料科学与工程学院,院士
李建安	中南林业科技大学林学院,教授
李建标	山东大学经济学院,教授
李建东	中国疾病预防控制中心病毒病所,研究员
李建发	厦门大学会计发展研究中心,教授
李建贵	新疆农业大学林业研究所,教授
李建华[1]	武汉大学哲学学院,教授
李建华[2]	中铁隧道局集团有限公司,教授级高级工程师
李建军[1]	西南财经大学财政税务学院,教授
李建军[2]	新疆师范大学学报编辑部,教授
李建林	三峡大学校办,教授
李建民	山东大学齐鲁医院,教授
李建明	四川电力科学研究院,教授级高级工程师
李建平[1]	东北农业大学动物科学技术学院,教授
李建平[2]	桂林理工大学化学与生物工程学院,教授
李建平[3]	首都医科大学附属北京中医医院,主任医师
李建坡	东北电力大学计算机学院,教授
李建强[1]	北京科技大学化学与生物工程学院,教授
李建强[2]	中铁二院工程集团有限责任公司,教授级高级工程师
李建生	河南中医药大学老年医学研究所,教授
李建伟[1]	国务院发展研究中心,研究员
李建伟[2]	河南大学新闻与传播学院,教授
李建勋	上海交通大学电子信息与电气工程学院,教授
李 剑	北京邮电大学计算机学院,教授
李剑富	江西农业大学高等教育研究所,教授
李剑勇	中国农业科学院兰州畜牧与兽药研究所,研究员
李 健[1]	北京理工大学人文与社会科学学院,教授
李 健[2]	东北电力大学自动化工程学院,教授
李 健[3]	中国电子科技集团公司第三十二研究所,研究员
李健和	中国人民公安大学,教授
李健文	上海交通大学医学院附属瑞金医院,主任医师
李 江	南京体育学院,教授
李佼瑞	西安财经大学期刊管理中心,教授
李 杰[1]	北京中医药大学东直门医院,主任医师
李 杰[2]	福建工程学院管理学院,教授
李 杰[3]	吉林大学南岭校区汽车仿真与控制国家重点实验室,教授
李杰凯	沈阳体育学院,教授
李杰人	中国农业科学院,研究员
李金宝[1]	南京体育学院体育教育与人文学院,教授
李金宝[2]	山东省人工智能研究院,教授
李金贵	扬州大学兽医学院,教授
李金环	东北师范大学物理学院,教授
李金林	北京理工大学管理与经济学院,教授

李金龙[1]　黑龙江教育学院学报编辑部,编审
李金龙[2]　山西大学体育学院,教授
李金明　国家卫生健康委临床检验中心,研究员
李金齐　中国矿业大学学报编辑部,教授
李金山　西北工业大学材料学院,教授
李　津　天津工业大学纺织科学与工程学院,教授
李锦绣　中国社会科学院古代史研究所,研究员
李槿年　安徽农业大学动物科技学院,教授
李　京　北京师范大学遥感科学国家重点实验室,
　　　　教授
李京廉　北京理工大学外国语学院,教授
李京社　北京科技大学冶金与生态工程学院,教授
李　晶[1]　北京教育学院,教授
李　晶[2]　北京科技大学钢铁冶金新技术国家重点实
　　　　验室,教授
李　婧　首都经济贸易大学经济学院,教授
李敬云　军事科学院军事医学研究院微生物流行病
　　　　研究所,研究员
李炯英　南京邮电大学外国语学院,教授
李久林　北京城建集团有限责任公司,教授级高级工
　　　　程师
李久生　国家节水灌溉北京工程技术研究中心,研
　　　　究员
李吉银　扬州市育才小学西区校,正高级教师
李　娟[1]　沈阳大学体育学院,教授
李　娟[2]　香港城市大学,教授
李　军[1]　北京中医药大学中药学院,研究员
李　军[2]　山东体育学院体育社会科学学院,教授
李　军[3]　西安交通大学能源与动力工程学院,教授
李　军[4]　西北农林科技大学农学院,教授
李军德　中国中医科学院中药资源中心,研究员
李军国　中国农业科学院饲料研究所,研究员
李军宁　西安工业大学机电工程学院,教授
李　君　华南农业大学工程学院,教授
李　钧　曲阜师范大学文学院,教授
李　俊[1]　安徽医科大学药学院,教授
李　俊[2]　中国农业科学院饲料研究所,研究员
李俊明　宜昌市第一人民医院,主任医师
李俊山　火箭军工程大学信息工程系,教授
李俊英　常州大学史良法学院,教授
李骏飞　广东省建筑设计研究院有限公司,教授级高
　　　　级工程师
李开成　强电磁工程与新技术国家重点实验室华中
　　　　科技大学,教授
李开孟　中国国际工程咨询有限公司,研究员
李　慨　河北工业大学机械工程学院,教授
李　勘　海军大连舰艇学院教研保障中心编辑部,研
　　　　究员
李　奎　河北工业大学电气工程学院,教授
李　鲲　中国中医科学院,研究员
李来好　中国水产科学研究院南海水产研究所,研
　　　　究员
李乐民　电子科技大学信息与通信工程学院,院士
李　黎　华中科技大学电气与电子工程学院,研究员
李立国　中国人民大学教育学院,教授

李立明　北京大学公共卫生学院,教授
李　丽　东南大学附属中大医院,主任技师
李丽萍　汕头大学公共卫生学院,教授
李丽匣　东北大学资源与土木工程学院,教授
李利平　山东大学岩土与结构工程研究中心,教授
李　莉　上海市第一人民医院,主任医师
李连进　天津商业大学机械工程学院,教授
李良俊　扬州大学园艺园林学院,教授
李良松　北京中医药大学国学院,教授
李良玉　南京大学历史学院,教授
李　亮　中国农业科学院生物技术研究所,研究员
李　林[1]　成都体育学院校长办公室,教授
李　林[2]　重庆邮电大学,教授
李　林[3]　内蒙古医学院中医学院,教授
李林光　山东省果树研究所,研究员
李麟荪　江苏省人民医院(南京医科大学第一附属医
　　　　院),主任医师
李　玲　东南大学附属中大医院,教授
李　凌[1]　南方医科大学基础医学院,教授
李　凌[2]　郑州大学第一附属医院,教授
李六亿　北京大学第一医院,研究员
李龙海　燕山大学文法学院,教授
李龙江　四川大学华西口腔医学院,教授
李录堂　西北农科技大学经济管理学院,教授
李璐瑶　交通运输部通信信息集团,研究员
李　梅　中国农业科学院植物保护研究所,研究员
李　美　山东省农业科学院植保所,研究员
李美成　华北电力大学新能源学院,教授
李美皆　空军指挥学院科研部,教授
李梦卿　天津职业技术师范大学职业教育教师研究
　　　　院,教授
李淼晶　成都医学院大健康与智能工程学院,教授
李　敏　中南林业科技大学政法学院,教授
李民昌　中共河南省委党校,教授
李旻辉　内蒙古科技大学包头医学院,教授
李　明[1]　广东外语外贸大学高级翻译学院,教授
李　明[2]　广东药科大学中药学院,教授
李　明[3]　贵州大学作物保护研究所,教授
李　明[4]　上海中医药大学附属岳阳中西医结合医院,
　　　　主任医师
李　明[5]　燕山大学机械工程学院,教授
李　明[6]　中国矿业大学信息与控制工程学院,教授
李明杰　自然资源部海洋发展战略研究所,研究员
李明思　石河子大学水利建筑工程学院,教授
李　鸣　南昌大学校长办公室,教授
李　穆　河北科技大学,教授
李　娜　南开大学哲学院,教授
李念平　湖南大学建筑环境与设备工程系,教授
李　宁[1]　西安市中心医院,主任医师
李　宁[2]　中国中医科学院中医基础理论研究所,研究员
李宁川　扬州大学体育学院,教授
李宁辉　中国农业科学院农业经济与发展研究所,研
　　　　究员
李宁毅　青岛大学附属医院,主任医师
李培武　中国农业科学院油料作物研究所,研究员

李　鹏	国药东风总医院,主任药师	李少远	上海交通大学自动化系,教授
李鹏南	湖南科技大学机电工程学院,教授	李绍武	天津大学建筑工程学院,教授
李鹏松	东北电力大学理学院,教授	李慎秋	华中科技大学同济医学院附属同济医院,主任医师
李　平[1]	辽宁科技大学,教授		
李　平[2]	中日友好医院,研究员	李升才	华侨大学土木工程学院,教授
李平松	江苏省苏北人民医院,教授	李生虎	合肥工业大学电气与自动化工程学院,教授
李平先	郑州大学水利与环境学院,教授	李胜荣	中国地质大学(北京),教授
李　萍	中国药科大学多靶标天然药物国家重点实验室,教授	李盛聪	四川师范大学终身教育与学习研究中心,教授
李萍萍	南京林业大学生物与环境学院,教授	李诗原	上海音乐学院贺绿汀中国音乐高等研究院,研究员
李其兰	湖北省中医药大学附属医院,主任药师		
李　奇	西南交通大学电气工程学院,教授	李　士	中国科协发展研究中心,研究员
李　琪	西安石油大学石油工程学院,教授	李世昌	华东师范大学体育与健康学院,教授
李启迪	浙江师范大学体育与健康科学学院,教授	李世刚	三峡大学基础医学院,教授
李启富	重庆医科大学附属第一医院,主任医师	李世亭	上海交通大学附属新华医院,教授
李　骞	中南大学资源加工与生物工程学院,教授	李世银	中国矿业大学信息与控制工程学院,教授
李　强[1]	首都经济贸易大学城市经济与公共管理学院,教授	李书国	河北科技大学生物科学与工程学院,教授
		李　姝	南开大学商学院,教授
李　强[2]	中北大学机电工程学院,教授	李淑娟	西安理工大学机械与精密仪器工程学院,教授
李巧玲	河北科技大学食品与生物学院,教授		
李秦川	浙江理工大学机械工程学院,教授	李淑仪	广东省科学院生态环境与土壤研究所,研究员
李青丰	内蒙古农业大学草原与资源环境学院,教授		
李青山	北京大学网络与信息安全实验室,研究员	李术才	山东大学,教授
李　清	大连大学,教授	李树青	南京财经大学信息工程学院,教授
李清富	郑州大学水利与交通学院,教授	李顺德	中国社会科学院法学研究所,研究员
李清明	国防大学军事文化学院,教授	李顺民	深圳中医院,主任医师
李清泉	山东大学电气工程学院,教授	李四龙	北京大学宗教文化研究院,教授
李庆斌	清华大学水利系,教授	李　松	北京大学艺术学院,教授
李庆钧	扬州大学商学院,教授	李松峰	首都医科大学附属北京同仁医院,主任医师
李　琼[1]	国网能源研究院有限公司《中国电力》编辑部,编审	李松晶	哈尔滨工业大学机电工程学院,教授
		李松林	首都师范大学马克思主义学院,教授
李　琼[2]	华南理工大学建筑学院,研究员	李苏宜	安徽省肿瘤医院,教授
李秋红	黑龙江中医药大学药学院,教授	李素霞	河北师范大学马克思主义学院,教授
李秋洁	哈尔滨医科大学附属第二医院,教授	李　绥	沈阳建筑大学建筑与规划学院,教授
李　全	中国财政科学研究院,教授	李陶深	广西大学计算机与电子信息学院,教授
李全通	陕西西安空军工程大学航空工程学院,教授	李天斌	成都理工大学环境与土木工程学院,教授
李　群	天津造纸学会,研究员	李天成	西北工业大学自动化学院,教授
李　冉	复旦大学马克思主义学院,教授	李天瑞	西南交通大学计算机与人工智能学院,教授
李仁府	华中科技大学航空航天学院,教授	李天匀	华中科技大学船舶与海洋工程学院,教授
李仁忠	中国疾控中心结核病预防控制中心,主任医师	李　铁	长春中医药大学针灸推拿学院,教授
		李铁虎	西北工业大学材料学院,教授
李　戎	东华大学化学与化工学院,教授	李铁克	北京科技大学经济管理学院,教授
李荣锋	深圳信测标准技术服务股份有限公司,教授级高级工程师	李廷轩	四川农业大学研究生院,教授
		李同录	长安大学地质工程与测绘学院,教授
李荣日	华东理工大学体育经济理论研究所,教授	李铜山	河南工业大学经济贸易学院(粮食产业经济研究院),教授
李荣有	浙江音乐学院音乐学系,教授		
李如密	南京师范大学课程与教学研究所,教授		
李瑞芳	河南工业大学生物工程学院,教授	李　威[1]	北京科技大学机械工程学院,教授
李润霞	南开大学中文系,教授	李　威[2]	中国矿业大学机电工程学院,教授
李三虎	中共广州市委党校(广州行政学院),教授	李维安	南开大学商学院,教授
李　山	西安体育学院田径教研室,教授	李维诗	合肥工业大学仪器科学与光电工程学院,教授
李珊珊	郑州大学第一附属医院,教授		
李单青	北京协和医院,主任医师	李　伟[1]	复旦大学计算机科学技术学院,教授
李尚滨	哈尔滨工程大学体育部,教授	李　伟[2]	贵州医科大学附属医院,主任医师
李　梢	清华大学中医药交叉研究所,教授	李　伟[3]	宁夏大学民族伦理文化研究院,教授
李韶菁	中国中医科学院中药研究所,教授	李伟华	西北工业大学计算机学院,教授

李伟力	北京交通大学电气工程学院,教授	李 新	成都理工大学管理科学学院,教授
李伟民[1]	四川外国语大学研究生院,教授	李新长	江西省人民医院,主任医师
李伟民[2]	中山大学社会学与人类学院,教授	李新功	中南林业科技大学材料科学与工程学院,教授
李伟胜	华东师范大学教育学部,教授	李新国	山东省农业科学院农作物种质资源研究所,研究员
李卫东[1]	大连理工大学电气信息工程学院,教授	李新碗	上海交通大学电子信息与电气工程学院,教授
李卫东[2]	深圳技术大学工程物理学院,教授		
李卫宁	华南理工大学工商管理学院,教授	李新友	国家信息中心,研究员
李 蔚	浙江大学能源工程学院,研究员	李鑫滨	燕山大学电气工程学院,教授
李 文	山东大学经济学院,教授	李兴高	北京交通大学土木建筑工程学院,教授
李文才	扬州大学社会发展学院,教授	李兴林	杭州轴承试验研究中心有限公司(联合国援助),教授级高级工程师
李文立	青岛农业大学动物科技学院,教授	李兴敏	深圳大学继续教育学院,教授
李文石	苏州大学电子信息学院,教授	李兴山	沈阳理工大学机械工程学院,教授
李夕兵	中南大学资源与安全工程学院,教授	李星云	南京师范大学教育科学学院,教授
李西文	中国中医科学院中药所生药研究中心,研究员	李秀婷	北京工商大学食品与健康学院,教授
李曦珍	兰州大学新闻与传播学院,教授	李绪友	哈尔滨工程大学智能科学与工程学院,教授
李 霞	华东政法大学婚姻家事法与妇女权益保障法研究中心,教授	李学静	唐山天和环保科技股份有限公司,教授级高级工程师
李先国	中国海洋大学化学化工学院,教授	李学军	北京大学医学部,教授
李先军	华中师范大学教育史与比较教育研究所,教授	李 雪[1]	中国海洋大学审计与管理咨询研究所,教授
李先琨	中国科学院广西植物研究所,研究员	李 雪[2]	中国农业科学技术出版社,编审
李先庭	清华大学建筑学院,教授	李雪春	大连理工大学物理学院,教授
李贤军	中南林业科技大学材料科学与工程学院,教授	李训贵	广州城市职业学院,教授
李贤伟	四川农业大学林学院,教授	李 汛	兰州大学第一医院,教授
李相方	中国石油大学(北京)石油工程学院,教授	李亚彬	光明日报社理论部,高级编辑
李相民	海军航空大学,教授	李亚兵	兰州理工大学经济管理学院,教授
李湘洲	中南林业科技大学材料与工程学院,教授	李亚峰	沈阳建筑大学环境学院,教授
李 祥	南京中医药大学,教授	李亚宏	航空工业沈阳飞机工业(集团)有限公司,研究员级高级工程师
李向东	河北工业大学经济管理学院,教授	李亚江	山东大学材料科学与工程学院,教授
李向阳	青海大学医学部,教授	李亚蕾	宁夏大学食品科学与工程学院,教授
李小华	解放军南部战区总医院,主任医师	李亚玲	贵州医科大学附属医院,主任护师
李小军	中国地震局地球物理研究所,研究员	李亚宁	河北农业大学植物保护学院,教授
李小黎	北京中医药大学第三附属医院,主任医师	李亚萍	许昌开普检测技术有限公司,教授级高级工程师
李小明	西安航天动力研究所,研究员	李亚舒	中国科学院国际合作局,译审
李小玉	江西省社会科学院《企业经济》编辑部,研究员	李亚伟	武汉科技大学国家工程中心,教授
李 晓[1]	四川省农业科学院农业信息与农村经济研究所,研究员	李言涛	中国科学院青岛海洋研究所,研究员
李 晓[2]	中国政法大学商学院,教授	李炎锋	北京工业大学建筑工程学院,教授
李晓峰	郑州轻工业大学材料与化工学院,教授	李彦斌	华北电力大学经济与管理学院,教授
李晓红	大连工业大学管理学院,教授	李彦军	中铁隧道勘测设计院有限公司,教授级高级工程师
李晓慧	中央财经大学会计学院,教授		
李晓豁	广东文理职业学院,教授	李 艳[1]	河北科技大学食品与生物学院,教授
李晓杰	中国科学院地质与地球物理研究所,高级编辑	李 艳[2]	三亚学院健康医学院,教授
李晓瑾	新疆维吾尔自治区中药民族药研究所,研究员	李 艳[3]	武汉大学人民医院,教授
李晓娟	西南大学教师教育学院,教授	李艳文	燕山大学机械工程学院,教授
李晓雷	北京理工大学机械与车辆学院,教授	李雁鸣	河北农业大学农学院,教授
李晓陵	黑龙江中医药大学附属第一医院,教授	李 焱	北京大学物理学院,教授
李晓园	江西师范大学商学院,教授	李阳兵	贵州师范大学地理与环境科学学院,教授
李筱青	安徽省医学科学研究院,主任医师	李杨瑞	广西农业科学院甘蔗研究所,教授
李孝辉	中国科学院国家授时中心,研究员	李耀刚	华北理工大学机械工程学院,教授
李 欣	天津市儿童医院,主任医师	李耀辉	中国民用航空飞行学院航空气象学院,教授
		李 一	浙江台州职业技术学院,教授

李一峻	南开大学化学学院,教授	李元文	北京中医药大学东方医院,主任医师
李 祎	福建师范大学数学与统计学院,教授	李 原	西北工业大学,教授
李 仪	扬州大学体育学院,教授	李月明	景德镇陶瓷大学材料科学与工程学院,教授
李 怡	四川大学文学与新闻学院,教授	李跃清	中国气象局成都高原气象研究所,研究员
李怡芳	暨南大学药学院,教授	李 云[1]	《岭南学刊》编辑部,编审
李宜雄	中南大学湘雅医院,教授	李 云[2]	北京林业大学生物科学与技术学院,教授
李以贵	上海应用技术大学理学院,教授	李 云[3]	重庆邮电大学通信与信息工程学院,教授
李义华	中南林业科技大学期刊社,教授	李 云[4]	西南大学水产学院,教授
李义松	河海大学法学院,教授	李云开	中国农业大学水利与土木工程学院,教授
李 忆	重庆邮电大学经济管理学院,教授	李云庆	空军军医大学人体解剖与组织胚胎学教研室,教授
李意德	中国林业科学研究院热带林业研究所,研究员	李云涛	山东艺术学院音乐学院,教授
李 英	南京农业大学园艺学院,教授	李云英	广东省中医院,教授
李英伟	燕山大学信息科学与工程学院,教授	李运富	郑州大学汉字文明研究中心,教授
李 瑛[1]	成都中医药大学针灸推拿学院,教授	李泽庚	安徽中医学院第一附属医院,主任医师
李 瑛[2]	四川大学化学学院,教授	李泽卿	南京中医药大学第二附属医院,教授
李 鹰	北京大学医学部,研究员	李增军	中交第一航务工程局有限公司,教授级高级工程师
李迎光	南京航空航天大学机电学院,教授	李增学	山东科技大学地质科学与工程学院,教授
李迎生	中国人民大学社会与人口学院,教授	李战子	国防科技大学国际关系学院,教授
李 莹	北京协和医院,主任医师	李朝旭	广州体育学院武术学院,教授
李 颖	河北大学管理学院,教授	李兆华	广东金融学院会计学院,教授
李应仁	中国水产科学研究院,研究员	李兆利	中国电子科技集团公司第三研究所,教授级高级工程师
李永刚	华北电力大学(保定)电气与电子工程学院,教授	李照阳	哈尔滨电工仪表研究所有限公司,教授级高级工程师
李永华	河南农业大学风景园林与艺术学院,教授	李哲浩	长春黄金研究院有限公司科技管理部,教授级高级工程师
李永吉	黑龙江中医药大学药学院,教授	李哲敏	中国农业科学院农业信息研究所,研究员
李永军	长安大学地球科学与资源学院,教授	李 珍	中国地质大学(武汉)材料与化学学院,教授
李永伟	河北科技大学图书馆,教授		
李永祥	西北师范大学数学与统计学院,教授	李 浈	同济大学建筑与城市规划学院,教授
李永哲	北京协和医院,研究员	李振刚	河北大学图书馆,教授
李 勇[1]	北京交通大学电子信息工程学院智能网络与安全研究所,教授	李振华	浙江海洋大学海洋工程装备学院,教授
		李 震	郑州大学第一附属医院,教授
李 勇[2]	北京科技大学材料科学与工程学院,教授	李震彪	华中科技大学实验室与设备管理处,教授
李 勇[3]	湖南大学电气与信息工程学院,教授	李震宇	山西大学中医药现代研究中心,教授
李勇忠	江西师范大学国际教育学院,教授	李 争	河北科技大学电气工程学院,教授
李友根	南京大学法学院,教授	李峥嵘	同济大学机械与能源工程学院,教授
李友荣	武汉科技大学机械自动化学院,教授	李 铮	西北大学生命科学学院,教授
李有星	浙江大学光华法学,教授	李正国	重庆大学生命科学学院,教授
李幼辉	郑州大学第一附属医院,教授	李正栓	河北师范大学外国语学院,教授
李 鱼	华北电力大学环境科学与工程学院,教授	李正翔	天津医科大学总医院,主任药师
李宇航	北京中医药大学基础医学院,教授	李 政	西北师范大学化学化工学院,教授
李玉峰	上海海洋大学经济管理学院,教授	李政涛	华东师范大学卓越学院,教授
李玉杰	吉林外国语大学学前教育系,研究员	李志峰	武汉理工大学法学与人文社会学院,教授
李玉君	辽宁师范大学历史文化学院,教授	李志刚[1]	北京中医药大学针灸推拿学院,教授
李玉龙	中国地质调查局发展研究中心,教授级高级工程师	李志刚[2]	上海市胸科医院,主任医师
		李志刚[3]	中国海洋大学管理学院,教授
李玉民	兰州大学第二医院,教授	李志宏[1]	天津大学材料科学与工程学院,教授
李玉全	青岛农业大学海洋科学与工程学院,教授	李志宏[2]	郑州磨料磨具磨削研究所有限公司,教授级高级工程师
李玉山	西安电子科技大学电路CAD研究所,教授		
李玉双	燕山大学理学院,教授	李志华	青岛科技大学机电工程学院,教授
李玉现	河北师范大学物理学院,教授	李志辉	中南林业科技大学林学院,教授
李育文	郑州轻工业学院机电工程学院,教授	李志坚	山西大学物理电子工程学院,教授
李元海	中国矿业大学深部岩土力学与地下工程国家重点实验室,教授		
李元坤	中国地质科学院矿产综合利用研究所,研究员		

李志军[1]	国务院发展研究中心,研究员	梁春华	沈阳发动机研究所情报档案中心,研究员
李志军[2]	河北工业大学电气工程学院,正高级工程师	梁殿印	北京矿冶研究总院,教授
李志民[1]	清华大学教育部科技发展中心,教授	梁东丽	西北农林科技大学资源环境学院,教授
李志民[2]	西安建筑科技大学建筑学院,教授	梁凤荣	郑州大学法学院,教授
李志农	南昌航空大学无损检测技术教育部重点实验室,教授	梁国华	长安大学运输工程学院,教授
李志强	中国农业大学草业科学与技术学院,教授	梁恒	哈尔滨工业大学环境学院,教授
李志欣	广西师范大学计算机科学与信息工程学院,教授	梁宏	广西师范大学化学与药学学院,教授
李志勇[1]	河南省电器工业协会,教授级高级工程师	梁宏志	贵州财经大学经济学院,教授
李志勇[2]	湖南省交通科学研究院有限公司,教授级高级工程师	梁鸿	复旦大学社会发展与公共政策学院,教授
李志勇[3]	中国煤炭科工集团北京华宇工程有限公司,教授级高级工程师	梁慧敏	哈尔滨工业大学电气工程及自动化学院,教授
李志勇[4]	中国中医科学院中药研究所,研究员	梁佳钧	浙江健盛集团,教授级高级工程师
李志忠	中国地质调查局自然资源航遥中心,研究员	梁家贵	阜阳师院皖北文化研究中心,教授
李治国	中铁隧道局集团有限公司勘察设计研究院,教授级高级工程师	梁建文	天津大学建筑工程学院,教授
李 忠	北京中医药大学东直门医院,教授	梁金钢	中煤科工集团唐山研究院有限公司,研究员
李忠斌	中南民族大学经济学院,教授	梁金生	河北工业大学材料科学与工程学院,研究员
李忠辉	中国矿业大学安全工程学院,教授	梁景岩	扬州大学医学部,教授
李忠军	陕西师范大学党委,教授	梁 军	北京理工大学先进结构技术研究院,教授
李忠明	苏州城市学院城市文化与传播学院,教授	梁开明	广东省农业科学院水稻研究所,研究员
李卓荣	中国医学科学院医药生物技术研究所,研究员	梁 琦	中山大学管理学院,教授
李子彪	河北工业大学,教授	梁倩倩	上海中医药大学附属龙华医院,研究员
李子丰	燕山大学车辆与能源学院,研究员	梁少华	河南工业大学粮油食品学院,教授
李子禹	北京大学肿瘤医院,教授	梁淑红	广西大学国际学院,教授
李宗芳	西安交通大学医学院第二附属医院,教授	梁树柏	河北师范大学图书馆,研究馆员
李宗刚	山东师范大学学报,教授	梁天锋	广西农业科学院后勤服务中心,研究员
李宗礼	水利部水利水电规划设计总院,教授级高级工程师	梁 伟	暨南大学体育学院,教授
李宗友	国家中医药管理局监测统计中心,研究员	梁伟红	广西师范大学物理科学与技术学院,教授
李祖超	中国地质大学(武汉)教育研究院,教授	梁文权	浙江大学药学院,教授
李祚山	重庆师范大学教育科学学院,教授	梁文裕	宁夏大学生命科学学院,教授
励建荣	渤海大学食品科学与工程学院,教授	梁鑫淼	中国科学院大连化学物理研究所本草物质科学研究室,研究员
励强华	哈尔滨师范大学高教研究与教学质量评估中心,教授	梁秀霞	河南工业大学图书馆,研究馆员
利子平	南昌大学法学院,教授	梁燕玲	渭南师范学院教育科学学院,教授
栗保明	南京理工大学瞬态物理重点实验室,教授	梁 英	黑龙江八一农垦大学理学院,教授
栗继祖	太原理工大学经济管理学院,教授	梁永春	河北科技大学电气信息学院,教授
栗正新	河南工业大学材料学院,教授	梁志国	北京长城计量测试技术研究所重点实验室,研究员
连 宾	南京师范大学生命科学学院,教授	梁志瑞	华北电力大学电气与电子工程学院,教授
连 洁	山东大学信息科学与工程学院,教授	廖长江	中国船舶集团有限公司第七〇五研究所,研究员
连云阳	福建省微生物研究所,研究员	廖朝华	中交第二公路勘察设计研究院有限公司,教授级高级工程师
连增林	北京金康和信药业科技有限公司,研究员	廖春发	江西理工大学,教授
廉小亲	北京工商大学人工智能学院,教授	廖飞雄	华南农业大学林学与风景园林学院,研究员
练碧贞	北京体育大学篮球学院,教授	廖恒成	东南大学材料科学与工程学院,教授
练鸿振	南京大学化学化工学院,教授	廖列法	江西理工大学信息工程学院,教授
练松良	同济大学交通运输工程学院城,教授	廖名春	清华大学历史系,教授
梁爱斌	同济大学附属同济医院,教授	廖明义	大连海事大学交通运输工程学院,教授
梁朝朝	安徽医科大学第一附属医院,教授	廖申权	广东省农业科学院动物卫生研究所,研究员
梁 晨	中国社会科学院社会学研究所,研究员	廖小平	中南林业科技大学马克思主义学院,教授
梁成真	中国农业科学院生物技术研究所,研究员	廖小琴	同济大学马克思主义学院,教授
梁 川	四川大学水利水电学院,教授	廖晓明	南昌大学公共管理学院,教授
		廖 星	中国中医科学院中医临床基础医学研究所,研究员
		廖玉华	华中科技大学同济医学院附属协和医院,教授

廖允成	西北农林科技大学,教授		林志彬	北京大学医学部,教授
廖泽芳	上海海洋大学经济管理学院,教授		林 中	温州市中心医院,主任药师
廖振强	南京理工大学机械工程学院,教授		林 忠	长安大学外国语学院,教授
廖震文	成都地质调查中心,教授级高级工程师		蔺嫦燕	首都医科大学附属北京安贞医院生物医学工程研究室,教授
廖志坤	吉首大学校长办公室,教授			
林柏泉	中国矿业大学安全工程学院,教授		蔺 红	新疆大学电气工程学院,教授
林壁润	广东省农业科学院植物保护研究所,研究员		蔺 莉	北京大学国际医院,主任医师
林 彬	天津大学机械工程学院,教授		蔺小林	陕西科技大学数学与数据科学学院,教授
林炳坤	闽南师范大学商学院,教授		蔺智挺	安徽大学电子信息工程学院,教授
林柏梁	北京交通大学交通运输学院,教授		凌保东	成都医学院党委,教授
林波荣	清华大学建筑学院生态规划与绿色建筑教育部重点实验室,教授		凌 飞	华南理工大学生物科学与工程学院,教授
			凌群民	湖南工程学院纺织学院,教授
林伯海	西南交通大学马克思主义学院,教授		凌文辁	暨南大学管理学院,教授
林才寿	中国地质科学院矿产综合利用研究所,研究员		凌贤长	哈尔滨工业大学土木工程学院,教授
			凌 祥	南京工业大学机械与动力工程学院,教授
林 超	重庆大学机械传动国家重点实验室,教授		凌 扬	苏州大学附属常州肿瘤医院,主任医师
林丹丹	江西省寄生虫病防治研究所,研究员		刘艾林	中国医学科学院北京协和医学院药物研究所,研究员
林德喜	福建农林大学资源与环境学院,教授			
林东才	山东科技大学能源与矿业学院,教授		刘爱莲	河海大学马克思主义学院,教授
林 海	大连工业大学纺织与材料工程学院,教授		刘爱琳	厦门工学院博雅与艺术传播学院,教授
林海军	哈尔滨理工大学测控技术与通信学院,教授		刘爱玉	北京大学社会学系,教授
林洪生	中国中医科学院广安门医院,主任医师		刘 安	苏州大学计算机与技术学院,教授
林 辉	中南林业科技大学林业遥感信息工程研究中心,教授		刘柏嵩	宁波大学图书馆,研究馆员
			刘邦凡	燕山大学文法学院,教授
林建成	北京交通大学人文学院,教授		刘邦贵	中国科学院物理研究所,研究员
林建江	浙江大学附属第一医院,主任医师		刘宝东	首都医科大学宣武医院,主任医师
林建军	中国政法大学人权研究院,教授		刘宝华	燕山大学机械工程学院,教授
林 江	中山大学岭南学院,教授		刘宝山	天津医科大学总医院,教授
林璟锵	中国科学技术大学网络空间安全学院,教授		刘宝树	河北科技大学化学与制药工程学院,教授
林俊芳	华南农业大学食品学院,研究员		刘宝友	河北科技大学环境科学与工程学院,教授
林俊明	爱德森(厦门)电子有限公司,研究员		刘宝元	北京师范大学地理科学学部,教授
林俊堂	新乡医学院生物医学工程学院,教授		刘保赋	中国空空导弹研究院,研究员
林莉红	武汉大学法学院,教授		刘本武	中国航发沈阳黎明航空发动机有限责任公司,研究员级高级工程师
林龙山	自然资源部第三海洋研究所,研究员			
林 铭	广西师范大学教育学部,教授		刘 宾	新疆文联,研究员
林乃昌	四川(泸州)长江经济开发区管理委员会,教授		刘 斌[1]	北京中医药大学中药学院,教授
			刘 斌[2]	华中科技大学数学与统计学学院,教授
林 宁	湖北中医药大学药学院,教授		刘 斌[3]	上海理工大学管理学院,教授
林 鹏	集美大学水产学院,教授		刘滨谊	同济大学建筑与城市规划学院,教授
林 勤	北京科技大学,教授		刘 冰	中华医学会杂志社,编审
林庆胜	广东省农科院植物保护研究所,研究员		刘丙午	北京物资学院,教授
林三宝	哈尔滨工业大学材料科学与工程学院,教授		刘丙宇	北京建工路桥集团有限公司,教授级高级工程师
林少芬	集美大学轮机工程学院,教授			
林 涛	四川大学华西医院,主任医师		刘炳亚	上海交通大学医学院附属瑞金医院,教授
林伟君	广东省农业科学院农业经济与信息研究所,研究员		刘 波[1]	北京大学地球与空间科学学院,研究员
			刘 波[2]	福建省农业科学院农业生物资源研究所,研究员
林文树	东北林业大学机电工程学院,教授			
林文雄	福建农林大学生命科学学院,教授		刘 波[3]	西安交通大学公共政策与管理,教授
林文忠	泉州市农业科学研究所,研究员		刘 波[4]	西北工业大学动力与能源学院,教授
林雪娟	福建中医药大学中医学院,教授		刘 波[5]	中国矿业大学(北京),教授
林燕萍	福建中医药大学中西医结合研究院,教授		刘 波[6]	中国农业科学院生物技术研究所,研究员
林 野	北京大学口腔医院,教授		刘伯权	长安大学建筑工程学院,教授
林 英	中山大学历史学系,教授		刘长虹	河南工业大学粮油食品学院,教授
林永柏	吉林外国语大学教育学院,教授		刘长军	四川大学电子信息学院,教授
林 勇	南京市胸科医院,主任医师		刘长良	华北电力大学控制与计算机工程学院,教授
林支桂	扬州大学数学科学学院,教授			

刘长青	湘潭大学校长办公室,教授	刘桂芹	聊城大学农学与农业工程学院,教授
刘辰诞	河南大学外国语学院,教授	刘功智	中国安全生产科学研究院,教授级高级工程师
刘成海	上海中医药大学附属曙光医院,教授		
刘成军	中石油华东设计院有限公司,教授级高级工程师	刘光明	集美大学食品与生物工程学院,教授
刘 诚	武汉理工大学资源与环境工程学院,研究员	刘 广	中国科学院空天信息创新研究院,研究员
		刘广军	同济大学机械与能源工程学院,教授
刘承师	燕山大学理学院,教授	刘广瑞	郑州大学机械工程学院,教授
刘池阳	西北大学地质学系,教授	刘贵伟	大连工业大学图书馆,编审
刘崇茹	华北电力大学教务处,教授	刘国防	新疆社会科学院,编审
刘初升	中国矿业大学机电工程学院,教授	刘国海	江苏大学电气信息工程学院,教授
刘传红	江西师范大学图书馆,教授	刘国华[1]	浙江大学建筑工程学院,教授
刘 闯	东北电力大学学术委员会,教授	刘国华[2]	中国农业科学院饲料研究所,研究员
刘春峰	中国医科大学附属盛京医院,教授	刘国联	苏州大学纺织与服装工程学院,教授
刘春华	天津体育学院人事处,教授	刘国瑞	辽宁大学高等教育研究所,研究员
刘春立	北京大学化学与分子工程学院,教授	刘国顺	河南农业大学烟草行业烟草栽培重点实验室,教授
刘春生	北京中医药大学中药学院,教授		
刘春燕	江西师范大学外国语学院,教授	刘国祥	哈尔滨医科大学卫生管理学院,教授
刘春跃	中国船舶集团有限公司第七五〇试验场,研究员	刘海波	大连理工大学机械工程学院,教授
		刘海峰	宁夏大学土木与水利工程学院,教授
刘纯明	重庆理工大学知识产权学院,教授	刘海涛	中国医学科学院药用植物研究所,研究员
刘 聪	山东理工大学计算机科学与技术学院,教授	刘海燕	河北师范大学生命科学学院,教授
刘从富	扬州大学学报编辑部,教授	刘含莲	山东大学机械工程学院,教授
刘存香	广西水利电力职业技术学院,教授	刘 晗	吉首大学教务处,教授
刘存志	北京中医药大学第二临床医学院,主任医师	刘 涵	西安理工大学自动化与信息工程学院,教授
刘大成	唐山学院环境与化学工程系,教授	刘汉东	华北水利水电大学,教授
刘大海	自然资源部第一海洋研究所,正高级工程师	刘瀚旻	四川大学华西第二医院,主任医师
刘大可[1]	北京第二外国语学院经济学院,教授	刘 航	北京市建筑工程研究院有限责任公司,教授级高级工程师
刘大可[2]	中共福建省委党校(福建行政学院),教授		
刘大锰	中国地质大学,教授	刘好宝	中国农业科学院烟草研究所,研究员
刘代军	郑州航空工业管理学院,研究员	刘 浩	四川大学华西医院,教授
刘代志	火箭军工程大学,教授	刘合光	中国农业科学院农业经济与发展研究所,研究员
刘德佩	解放军体育进修学院体育社科中心,教授		
刘德平	郑州大学机械工程学院,教授	刘河洲	上海交通大学材料科学与工程学院,教授
刘滇生	山西大学应用化学研究所,教授	刘红春	郑州大学第一附属医院,教授
刘殿武	河北医科大学公共卫生学院,教授	刘红宁	江西中医药大学药学院,教授
刘定祥	重庆文理学院经济管理学院,教授	刘红旭	首都医科大学附属北京中医医院,教授
刘 东[1]	北方工业大学机械与材料工程学院,教授	刘 宏[1]	广东粤港澳大湾区国家纳米科技创新研究院,主任药师
刘 东[2]	华中科技大学同济医学院附属同济医院,主任药师		
		刘 宏[2]	中国传媒大学电视学院,教授
刘敦华	宁夏大学食品科学与工程学院,教授	刘宏生	辽宁大学药学院,教授
刘二亮	常州大学机械与轨道交通学院,教授	刘宏伟	大连理工大学马克思主义学院,教授
刘法公	浙江工商大学外国语学院,教授	刘宏英	南京理工大学国家特种超细粉体工程技术研究中心,研究员
刘法贵	华北水利水电大学数学与统计学院,教授		
刘 芳	华南理工大学材料科学,教授	刘洪波	上海理工大学环境与建筑学院,教授
刘 飞	江南大学物联网工程学院,教授	刘洪臣	解放军总医院,教授
刘 芬	首都医科大学公共卫生学院,教授	刘鸿鹏	东北电力大学电气工程学院,教授
刘 峰[1]	国网陕西省电力公司调控中心,教授级高级工程师	刘鸿雁	北京大学城市与环境学院,教授
		刘后滨	中国人民大学图书馆,教授
刘 峰[2]	天津职业技术师范大学机械工程学院,教授	刘后平	成都理工大学商学院,教授
刘福贵	河北工业大学电气工程学院,教授	刘厚明	中国地质科学院矿产综合利用研究所,教授级高级工程师
刘福田	济南大学材料学院,教授		
刘福云	中蚀国际腐蚀控制工程技术研究院(北京)有限公司,教授级高级工程师	刘鹄然	浙江科技学院机械学院,教授
		刘 虎	江苏省人民医院(南京医科大学第一附属医院),教授
刘复生	四川大学历史文化学院,教授		
刘高强	中南林业科技大学教务处,教授	刘 华	西南民族大学法学院,教授
刘耕年	北京大学城市与环境学院,教授	刘怀彦	中国保密协会,教授

刘焕牢	广东海洋大学机械工程学院,教授	刘 健[3]	陕西电力科学研究院,教授级高级工程师
刘 晃	中国水产科学研究院渔业机械仪器研究所,研究员	刘 杰	中国中医科学院广安门医院,主任医师
刘 晖[1]	沈阳航空航天大学经济管理学院,教授	刘 洁	华中科技大学新闻与信息传播学院,教授
刘 晖[2]	中国国际贸易促进委员会信息中心,研究员	刘洁民	江汉大学期刊社《江汉学术》编辑部,编审
刘辉志	云南大学大气科学系,教授	刘金福	天津农学院食品科学与生物工程学院,教授
刘 卉	北京体育大学中国运动与健康研究院,教授	刘金海	华中师范大学中国农村研究院,教授
刘会金	武汉大学电气与自动化学院,教授	刘金林	扬州大学数学科学学院,教授
刘惠军	天津医科大学心理学研究所,教授	刘金祥	厦门厦工中铁重型机械有限公司,教授级高级工程师
刘惠民	西南林业大学,教授		
刘 慧	农业农村部水科院黄海水产研究所,研究员	刘金星	空军工程大学航空机务士官学校,教授
刘慧荣	上海市针灸经络研究所,研究员	刘进宝	浙江大学历史学院,教授
刘吉发	长安大学政治与行政学院,教授	刘京希	山东大学文史哲编辑部,教授
刘吉平	北京理工大学材料学院,教授	刘经伟	上海立信会计金融学院马克思主义学院,教授
刘吉强	北京交通大学软件学院,教授		
刘继承	常熟理工学院电气与自动化工程学院,教授	刘景荣	河南大学文学院,教授
刘继红	华中科技大学同济医学院附属同济医院,主任医师	刘 敬	首都医科大学附属北京妇产医院,教授
		刘敬贤	武汉理工大学航运学院,教授
刘加存	广东海洋大学电子与信息工程学院,教授	刘敬泽	河北师范大学生命科学学院,教授
刘加平[1]	东南大学材料科学与工程学院,教授	刘静雯	集美大学海洋食品与生物工程学院,教授
刘加平[2]	西安建筑科技大学建筑学院,院士	刘 琚	山东大学信息科学与工程学院,教授
刘加霞	北京教育学院初等教育学院,教授	刘巨源	新乡医学院药学院,教授
刘佳琪	中国航天科技集团有限公司一院十四所,研究员	刘 娟[1]	北京师范大学外文学院,教授
		刘 娟[2]	武汉大学计算机学院,教授
刘家寿	中国科学院水生生物研究所,研究员	刘 军	山东省立医院,主任医师
刘检华	北京理工大学机械与车辆学院,教授	刘钧霆	辽宁大学学报,教授
刘见中	中国煤炭科工集团,研究员	刘 筠	天津市第四中心医院,主任医师
刘建达[1]	广东外语外贸大学,教授	刘俊龙	大连工业大学纺织与材料工程学院,教授
刘建达[2]	江苏省地震局,研究员	刘俊田	西安交通大学医学院基础医学部药理教研室,教授
刘建锋	上海电力大学电气工程学院实验中心,教授		
刘建江	长沙理工大学经管学院,教授	刘俊一	东北师范大学体育学院,教授
刘建军[1]	上海交通大学外国语学院,教授	刘开平	长安大学材料科学与工程学院,教授
刘建军[2]	中国科学院武汉岩土力学研究所,研究员	刘克新	北京大学物理学院,教授
刘建科	陕西科技大学文理学院,教授	刘 奎	新加坡制造技术研究院,教授
刘建坤	中山大学土木工程学院,教授	刘 葵	广西师范大学化学与药学学院,教授
刘建玲	河北农业大学资源与环境科学学院,教授	刘来兵	华中师范大学教育学院,教授
刘建明	中共黑龙江省委党校《理论探讨》杂志社,编审	刘 磊	四川大学华西口腔医学院,教授
刘建平	北京中医药大学循证医学中心,教授	刘类骥	成都天奥电子股份有限公司,研究员级高级工程师
刘建群	广东工业大学机电工程学院,教授		
刘建瑞	江苏大学流体中心,研究员	刘礼进	广东外语外贸大学,教授
刘建新	陇东学院生命科学与技术学院,教授	刘 理	湖南理工学院,教授
刘建秀	郑州轻工业大学机电工程学院,教授	刘力平	北京大学数学科学学院,教授
刘建勋	中国中医科学院西苑医院,研究员	刘力云	中国审计学会,研究员
刘建银	重庆师范大学教育科学学院,教授	刘立波	中国科学院地质与地球物理研究所,研究员
刘建勇	天津工业大学纺织科学与工程学院,教授	刘 丽	黑龙江中医药大学附属第一医院,主任医师
刘建臻	扬州大学社会发展学院,教授	刘 利	北京师范大学文学院,教授
刘建中	河南大学商学院,教授	刘 莉	广州大学马克思主义学院,教授
刘建忠	浙江大学热能工程研究所,教授	刘莉君	湖南科技大学商学院,教授
刘 剑	辽宁工程技术大学安全科学与工程学院,教授	刘林嶓	郑州大学第一附属医院,教授
		刘林玉	西北大学,教授
刘剑飞	重庆市农业科学院,研究员	刘临安	北京建筑大学建筑学院,教授
刘剑刚	中国中医科学院西苑医院,研究员	刘龙伏	湖北省社会科学院《江汉论坛》杂志社,研究员
刘剑文	北京大学法学院,教授		
刘 健[1]	安徽省中医院,主任医师	刘伦文	湖北民族大学民族学与社会学学院,教授
刘 健[2]	福建省教育厅,教授	刘伦旭	四川大学华西医院,教授
		刘茂军	江苏省农业科学院兽医研究所,研究员
		刘茂林	湖北警官学院,教授

刘梅梅	哈尔滨医科大学附属第二医院,教授	刘三意	中国地质图书馆,正高级工程师
刘美红	昆明理工大学机电工程学院,教授	刘森林	山东大学哲学与社会发展学院,教授
刘美爽	东北林业大学《森林工程》编辑部,编审	刘善庆	江西师范大学苏区振兴研究院,研究员
刘 猛	重庆大学土木工程学院,教授	刘绍敏	浙江外国语学院国际商学院创业学院,教授
刘 密	湖南中医药大学针灸推拿与康复学院,教授	刘生优	国家能源集团国神公司,教授级高级工程师
刘 敏[1]	北京联合大学旅游学院,教授	刘生玉	太原理工大学矿业学院,教授
刘 敏[2]	广州中医药大学第一附属医院,主任医师	刘圣勇	河南农业大学机电工程学院,教授
刘 敏[3]	南京师范大学法学院,教授	刘 胜	哈尔滨工程大学智能科学与工程学院,教授
刘明波	华南理工大学电力学院,教授	刘盛平	重庆理工大学药学与生物工程学院,教授
刘明华	第三军医大学西南医院,教授	刘士林	上海交通大学城市科学研究院,教授
刘明寿	《扬州大学学报》编辑部,编审	刘世光	天津大学智能与计算学部,教授
刘明洋	山东大学新闻传播学院,教授	刘世亮	河南农业大学资源与环境学院,教授
刘 墨	北京大学历史文化资源研究所,研究员	刘世民	燕山大学材料科学与工程学院,教授
刘木清	复旦大学电光源研究所,教授	刘世荣	中国林业科学研究院森林生态环境与自然保护研究所,研究员
刘乃全	上海财经大学财经研究所,研究员		
刘 念	四川大学电气工程学院,教授	刘守新	东北林业大学材料科学与工程学院,教授
刘念聪	成都理工大学智能制造工程技术中心,教授	刘书林	清华大学马克思主义学院,教授
刘 宁	合肥工业大学材料学院,教授	刘叔文	南方医科大学药学院,教授
刘 沛	河南省计量测试科学研究院,教授级高级工程师	刘淑丽	北京理工大学机械与车辆学院,教授
刘芃岩	河北大学生态环境系,教授	刘舒平	四川小金河水电开发有限责任公司,教授级高级工程师
刘 鹏	浙江师范大学生命与环境科学学院学院,教授	刘曙光	《北京大学学报》编辑部,编审
刘 平[1]	河北农业大学园艺学院,研究员	刘述平	中国地质科学院矿产综合利用研究所,研究员
刘 平[2]	上海中医药大学,教授		
刘平安	哈尔滨工程大学航天与建筑工程学院,教授	刘树春	辽宁中医药大学图书馆,研究馆员
刘 琦	贵州医科大学附属医院,主任医师	刘树坤	中国水利水电科学研究院水力学研究所,教授级高级工程师
刘启发	南方医科大学南方医院,教授	刘树堂	青岛农业大学资源与环境学院,教授
刘起勇	中国疾病预防控制中心传染病预防控制所,研究员	刘 爽	燕山大学电气工程学院,教授
刘 强	上海大学环境与化学工程学院,教授	刘顺喜	中国国土勘测规划院,研究员
刘钦甫	中国矿业大学(北京)地球与测绘学院,教授	刘松江	黑龙江中医药大学附属第一医院,主任医师
刘 青	北京科技大学绿色低碳钢铁冶金全国重点实验室,教授	刘松平	中国航空制造技术研究院,研究员
		刘松琴	东南大学化学化工学院,教授
刘青弋	中国艺术研究院,研究员	刘松青	重庆医科大学附属第三医院,主任药师
刘 清[1]	南华大学土木工程学院,教授	刘淞佐	哈尔滨工程大学水声工程学院,教授
刘 清[2]	武汉理工大学交通与物流工程学院,教授	刘素琴	中南大学化学化工学院,教授
刘清国	北京中医药大学针灸推拿学院,教授	刘素清	北京大学图书馆,研究馆员
刘庆昌	山西大学教育科学学院,教授	刘遂庆	同济大学环境科学与工程学院,教授
刘 琼	辽宁庆阳特种化工有限公司,正高级工程师	刘 涛	武汉科技大学资源与环境工程学院,教授
刘秋新	武汉科技大学城市学院城建学部,教授	刘桃菊	江西农业大学农学院,教授
刘 权	中国电子信息产业发展研究院,正高级工程师	刘天舒	复旦大学附属中山医院,主任医师
		刘 彤[1]	石河子大学生命科学学院,教授
刘仁文	中国社会科学院法学研究所,研究员	刘 彤[2]	天津医科大学总医院,教授
刘仁义	浙江大学地球科学学院,教授	刘铜华	北京中医药大学中医学院,主任医师
刘任涛	宁夏大学西北土地退化与生态恢复省部共建国家重点实验室培育基地,研究员	刘铜军	吉林大学中日联谊医院,教授
		刘微娜	华东师范大学体育与健康学院,教授
刘日光	贵州医科大学附属医院,主任医师	刘维良	景德镇陶瓷学院材料学院,教授
刘荣厚	上海交通大学农业与生物学院,教授	刘维奇	山西大学管理与决策研究所,教授
刘荣军	华侨大学哲学与社会发展学院,教授	刘维亭	江苏科技大学自动化学院,教授
刘荣增	河南财经政法大学校长办公室,教授	刘 伟[1]	大连理工大学人文与社会科学学部,教授
刘 蕊	空军军医大学第三附属医院(口腔医院),主任护师	刘 伟[2]	重庆大学经济与工商管理学院,教授
		刘 伟[3]	河南工业大学粮油食品学院,教授
刘瑞林	陆军军事交通学院,教授	刘 伟[4]	自然资源部天津海水淡化与综合利用研究所资源技术研究室,正高级工程师
刘瑞新	河南中医药大学第一附属医院,主任药师		
刘 润	天津大学建筑工程学院,教授	刘 玮	中华预防医学会,编审

刘伟国	浙江大学医学院附属二院,教授	刘新泳	山东大学药学院,教授
刘伟平	昆明贵金属研究所化学与药物研究室,研究员	刘鑫刚	燕山大学机械工程学院,教授
刘　卫	中国地质科学院矿产综合利用研究所,研究员	刘　兴	沈阳体育学院,教授
		刘兴均	三亚学院人文与传播学院,教授
刘卫东[1]	天津师范大学新闻与传播学院,教授	刘兴良	四川省林业科学研究院,研究员
刘卫东[2]	中南林业科技大学林学院,教授	刘兴林	南京大学历史学院,教授
刘卫华	南京航空航天大学航空学院,教授	刘星原	西安交通大学经济与金融学院,教授
刘温霞	齐鲁工业大学制浆造纸工程专业,教授	刘醒龙	湖北省文联,一级作家
刘　文	辽宁师范大学心理学院,教授	刘雄民	广西大学化学化工学院,教授
刘文彪	北京师范大学物理学系,教授	刘雄章	成都理工大学机电工程学院,研究员
刘文刚	东北大学资源与土木工程学院,教授	刘秀伦	重庆邮电大学马克思主义学院,教授
刘文革	中国农业科学院郑州果树研究所,研究员	刘秀忠	山东大学材料科学与工程学院,教授
刘文锁	中山大学社会学与人类学院,教授	刘　旭	河北工业大学电气工程学院,教授
刘文远	燕山大学信息科学与工程学院,教授	刘旭东	惠州学院体育学院,教授
刘武发	郑州大学机械与动力工程学院,教授	刘旭光	连云港市教育局,教授
刘希玉	山东师范大学管理科学研究院,教授	刘学坤	河海大学马克思主义学院,教授
刘先松	安徽大学物理与材料科学学院,教授	刘学勇	中国医科大学附属盛京医院,教授
刘贤德	集美大学水产学院,教授	刘学增	同济大学土木信息技术教育部工程研究中心,教授级高级工程师
刘宪权	华东政法大学刑事法学院,教授		
刘献成	中国仪器仪表学会电磁测量信息处理仪器分会,教授级高级工程师	刘雪斌	南昌大学期刊社,编审
		刘雪东	常州大学机械与轨道交通学院,教授
刘献君	华中科技大学教育学院,教授	刘雪峰	北京科技大学材料科学与工程学院,教授
刘湘伟	国防科技大学电子对抗学院,教授	刘雪立	河南省科技期刊研究中心,教授
刘湘云	广东财经大学新发展研究院,教授	刘雪梅	华北水利水电大学水利学院,教授
刘向前	湖南中医药大学药学院,教授	刘训华	宁波大学教育督导与教学评估中心,教授
刘小兵	西华大学党政办公室,教授	刘　亚	北京市农林科学院,研究员
刘小林[1]	西北农林科技大学动物科技学院,教授	刘亚川	中国地质科学院矿产综合利用研究所,研究员
刘小林[2]	中山大学显微创伤外科,教授		
刘小敏	河南大学出版社,编审	刘亚东	南开大学新闻与传播学院,教授
刘小平	重庆邮电大学经济管理学院,教授	刘亚平	香港科技大学(广州),教授级高级工程师
刘晓冰	大连理工大学计算机与通信工程学院,教授	刘亚荣	国家教育行政学院教育领导力与管理研究中心,研究员
刘晓初	广州大学机械与电气工程学院,教授		
刘晓东	安徽工业大学电气信息学院,教授	刘亚伟	河南工业大学粮油食品学院,教授
刘晓红[1]	上海政法学院学报编辑部,教授	刘亚相	西北农林科技大学理学院,教授
刘晓红[2]	长春黄金研究院有限公司,教授级高级工程师	刘　严	国家电网有限公司,正高级工程师
		刘延明	中国地质图书馆,研究员
刘晓虹	第二军医大学护理学院,教授	刘延青	天坛医院,主任医师
刘晓华	清华大学建筑学院,教授	刘艳芳	上海市农业科学院食用菌研究所,研究员
刘晓煌	自然资源综合调查指挥中心,教授级高级工程师	刘艳骄	中国中医科学院广安门医院,主任医师
		刘雁峰	北京中医药大学东直门医院,主任医师
刘晓明	东北师范大学心理学院,教授	刘焱光	自然资源部第一海洋研究所,研究员
刘晓平	合肥工业大学,教授	刘阳生	北京大学环境科学与工程学院,教授
刘晓燕[1]	北京中医药大学中医学院,教授	刘　洋	中国石油大学(北京)地球物理学院,教授
刘晓燕[2]	东北石油大学机械科学与工程学院,教授	刘　尧	浙江师范大学教育评论研究所,教授
刘孝诚	中南财经政法大学财政税务学院,教授	刘耀彬	南昌大学,教授
刘心季	中国自然资源航空物探遥感中心,教授级高级工程师	刘耀年	东北电力大学电气工程学院,教授
		刘耀中	洛阳轴承研究所有限公司,教授级高级工程师
刘新才	宁波大学材料科学与化学工程学院,教授		
刘新民[1]	宁波大学新药技术研究院,教授	刘叶涛	南开大学哲学院,教授
刘新民[2]	西安体育学院,教授	刘　晔	厦门大学经济学院,教授
刘新旗	北京工商大学食品学院,教授	刘一波	中国钢研科技集团有限公司北京安泰钢研超硬材料制品有限责任公司,教授级高级工程师
刘新荣	重庆大学土木工程学院,教授		
刘新山	大连海洋大学海洋科技与环境学院,教授		
刘新为	河北工业大学数学研究院,教授	刘伊生	北京交通大学经济管理学院,教授
刘新学	火箭军工程大学作战保障学院,教授	刘义平	北方自动控制技术研究所,编审
		刘义圣	福建社会科学院亚太研究所,研究员

刘　益	北京印刷学院教务处，教授	刘云杉	北京大学教育学院，教授
刘益才	中南大学能源科学与工程学院，教授	刘允怡	香港中文大学医学院，院士
刘　毅[1]	南开大学博物馆，教授	刘运喜	中国人民解放军总医院，研究员
刘　毅[2]	清华大学环境学院，教授	刘占举	同济大学附属第十人民医院，教授
刘　毅[3]	四川大学，正高级工程师	刘战锋	西安石油大学机械机电系，教授
刘毅华	广州大学地理科学与遥感学院，教授	刘张炬	北京大学数学科学学院，教授
刘银坤	复旦大学附属中山医院，教授	刘招伟	中铁电气化局集团有限公司，教授级高级工程师
刘银良	北京大学法学院，教授		
刘英辉	山东工商学院体育部，教授	刘朝晖	长沙理工大学交通运输工程学院，教授
刘英坤	中国电子科技集团公司第十三研究所，研究员	刘朝霞	黑龙江中医药大学附属第一医院，主任医师
		刘兆兰	北京中医药大学中医学院，教授
刘颖斌	上海交通大学医学院附属仁济医院，教授	刘兆丽	大连工业大学轻工与化学工程学院，教授
刘颖慧	中共陕西省委党校（陕西行政学院）文化科技部，教授	刘　哲	中国农业大学土地科学与技术学院，教授
		刘振杰	民政部政策研究中心，研究员
刘拥军[1]	黑龙江中医药大学附属第二医院，主任医师	刘振鹏	河北大学信息技术中心，教授
刘拥军[2]	中国印刷博物馆，编审	刘　震	复旦大学文史研究院，研究员
刘　永[1]	北京大学环境科学与工程学院，研究员	刘震涛	浙江大学动力机械及车辆工程研究所，研究员
刘　永[2]	深圳大学物理与光电工程学院，教授		
刘永峰	成都体育学院体育系，教授	刘镇波	东北林业大学材料科学与工程学院，教授
刘永福	扬州大学音乐学院，教授	刘正光	湖南大学外国语学院，教授
刘永江	中国海洋大学海洋地球科学学院，教授	刘志超	华南理工大学工商管理学院，教授
刘永猛	哈尔滨工业大学仪器科学与工程学院，教授	刘志峰	合肥工业大学党政办公室，教授
刘永寿	西北工业大学力学与土木建筑学院，教授	刘志恒	沈阳农业大学植物保护学院，教授
刘永祥	国网陕西电力西安鲁能公司，教授级高级工程师	刘志军	河北工程大学附属医院，教授
		刘志礼	大连理工大学马克思主义学院，教授
刘永信	内蒙古大学电子信息工程学院，教授	刘志民	中国科学院沈阳应用生态研究所，研究员
刘永智	电子科技大学光电科学与技术学院，教授	刘志敏	鞍山师范学院体育部，教授
刘　勇[1]	北京师范大学文学院，教授	刘志强	中国科学院长春应用化学研究所，研究员
刘　勇[2]	北京中医药大学中药学院，教授	刘志伟	郑州大学文学院，教授
刘　勇[3]	江西农业大学农学院，教授	刘志新	燕山大学电气工程学院，教授
刘　勇[4]	江西省人民医院，主任医师	刘志迎	中国科学技术大学管理学院创新研究中心，教授
刘幽燕	广西大学实验设备处，教授		
刘友田	山东农业大学马克思主义学院，教授	刘志云	天津体育学院体育教育训练二系，教授
刘　宇	上海体育学院运动科学学院，教授	刘智勇	电子科技大学公共管理学院，教授
刘宇程	西南石油大学工业危废处置与资源化利用研究院，教授	刘中成	河北大学药学院，教授
		刘忠玉	郑州大学土木工程学院，教授
刘宇飞	宜昌市中心人民医院，主任医师	刘钟栋	河南工业大学粮油食品学院，教授
刘玉德	北京工商大学人工智能学院，教授	刘仲华	湖南农业大学园艺学院，教授
刘玉峰	郑州大学第一附属医院，教授	刘仲奎	西北师范大学数学与统计学院，教授
刘玉兰	承德医学院附属医院，主任中医师	刘卓夫	哈尔滨理工大学测控技术与通信工程学院，教授
刘玉龙	苏州大学附属第二医院，教授		
刘玉平	北京工商大学轻工科学技术学院，教授	刘卓红	广西师范大学马克思主义学院，教授
刘玉庆	山东省农业科学院畜牧兽医研究所，研究员	刘兹恒	北京大学信息管理系，教授
刘玉田	山东大学电气工程学院，教授	刘宗昌	内蒙古科技大学材料与冶金学院，教授
刘玉文	陆军炮兵防空兵学院，教授	刘宗平	扬州大学兽医学院，教授
刘玉瑛	中共中央党校（国家行政学院）党建教研部，教授	刘尊志	南开大学历史学院，教授
		刘祚时	江西理工大学机电工程学院，教授
刘昱辉	中国农业科学院生物技术研究所，研究员	柳峰松	河北大学生命科学学院，教授
刘　元	中南林业科技大学材料科学与工程学院，教授	柳建国	北京中岩大地科技股份有限公司，教授级高级工程师
刘元雪	陆军勤务学院设施系，教授	柳静献	东北大学资源与土木工程学院，教授
刘　源	中国社会科学院古代史研究所，研究员	柳礼泉	湖南大学马克思主义学院，教授
刘月辉	南昌大学第二附属医院，教授	柳　林	上海交通大学医学院附属仁济医院，教授
刘　越[1]	北京理工大学光电学院，教授	柳思维	湖南工商大学经济与贸易学院，教授
刘　越[2]	中央民族大学生命与环境科学学院，教授	柳小庆	中国农业科学院生物技术研究所，研究员
		柳学信	首都经济贸易大学工商管理学院，教授

柳忠辉	吉林大学基础医学院,教授	卢亦焱	武汉大学土木建筑工程学院,教授
龙宝新	陕西师范大学教育学院,教授	卢亦愚	浙江省疾病预防控制中心,主任技师
龙德云	贵州师范大学音乐学院,教授	卢咏来	北京化工大学材料科学与工程学院,教授
龙海如	东华大学纺织学院,教授	卢志刚[1]	上海海事大学经济管理学院,教授
龙莉玲	广西医科大学第一附属医院,教授	卢志刚[2]	燕山大学电气工程学院,教授
龙全江	安徽中医药高等专科学校药学系,教授	卢子广	广西大学电气工程学院,教授
龙世兵	中国科学技术大学微电子学院,教授	芦平生	西北师范大学体育学院,教授
龙献忠	湖南文理学院,教授	鲁安怀	北京大学地球与空间科学学院,教授
龙晓英	广东药科大学中药学院,教授	鲁聪	电子科技大学机械与电气工程学院,教授
龙协涛	北京大学学报,教授	鲁凤民	北京大学基础医学院,教授
龙新平	武汉大学动力与机械学院,教授	鲁浩	中国空空导弹研究院,研究员
娄小平	北京信息科技大学仪器科学与光电工程学院,教授	鲁际	三峡大学第一临床医学院暨宜昌市中心人民医院,主任医师
娄远来	江苏省农业科学院植物保护研究所,研究员	鲁建厦	浙江工业大学机械工程学院工业工程研究所,教授
楼俊钢	湖州师范学院信息工程学院,教授		
卢安文	重庆邮电大学经济管理学院,教授	鲁杰	西北工业大学马克思主义学院,教授
卢才武	西安建筑科技大学资源工程学院,教授	鲁若愚	电子科技大学经济与管理学院,教授
卢超	南昌航空大学,教授	鲁翔	南京医科大学附属逸夫医院,教授
卢东栋	中国人民公安大学马克思主义学院,教授	鲁向平	陕西省经济学会副理事长,研究员
卢芳云	国防科技大学文理学院,教授	鲁晓燕	石河子大学农学院,教授
卢光明	东部战区总医院,主任医师	鲁玉杰	江苏科技大学粮食学院,教授
卢鹤立	河南大学地理与环境学院,教授	鲁玉军	浙江理工大学机械与自动控制学院,教授
卢红	山西省教育科学研究院,研究员	鲁忠宝	中国船舶集团有限公司第七〇五研究所,研究员
卢红蓉	中国中医科学院中医基础理论研究所,研究员		
卢红霞	郑州大学材料科学与工程学院,教授	陆阿明	苏州大学体育学院,教授
卢华语	西南大学历史文化学院,教授	陆大祥	暨南大学基础医学与公共卫生学院,教授
卢辉斌	燕山大学信息科学与工程学院,教授	陆峰	山东中医药大学附属医院,主任医师
卢建新	中国中医科学院广安门医院,主任医师	陆继龙	吉林大学地球探测科学与技术学院,教授
卢奎	郑州工程技术学院化工食品学院,教授	陆俭明	北京大学中国语言文学系,教授
卢昆	中国海洋大学管理学院,教授	陆建飞	乡村振兴战略研究院,教授
卢黎歌	西安交通大学马克思主义学院,教授	陆金根	上海中医药大学附属龙华医院,主任医师
卢琳璋	厦门大学数学科学学院,教授	陆金桂	南京工业大学机械与动力工程学院,教授
卢锐	杭州师范大学经济管理学院,教授	陆林[1]	安徽师范大学,教授
卢少平	深圳大学经济学院,教授	陆林[2]	北京大学第六医院,教授
卢绍文	东北大学流程工业自动化全国重点实验室,教授	陆敏	中国政法大学《政法论坛》编辑部,编审
卢圣锋	南京中医药大学养老服务与管理学院,教授	陆敏恂	同济大学,教授
卢晟盛	广西大学动物科学技术学院,研究员	陆明	南京理工大学化学与化工学院,教授
卢实春	解放军总医院,主任医师	陆萍	南京林业大学经管学院,教授
卢烁十	矿冶科技集团有限公司,正高级工程师	陆普选	深圳市第三人民医院,主任医师
卢卫中	浙大城市学院外国语学院,教授	陆启韶	北京航空航天大学航空科学与工程学院,教授
卢文波	武汉大学水利水电学院,教授		
卢文云	上海体育学院发展规划处,教授	陆启玉	河南工业大学粮油食品学院,教授
卢雯平	中国中医科学院广安门医院,主任医师	陆强	华北电力大学新能源学院,教授
卢相君	吉林财经大学研究生院,教授	陆青山	宁夏大学经济管理学院,教授
卢向国	中共河南省委党校,教授	陆兔林	南京中医药大学药学院,教授
卢向前	浙江大学历史系,教授	陆卫平	扬州大学农学院,教授
卢小宾	中国人民大学信息资源管理学院,教授	陆现彩	南京大学地球科学与工程学院,教授
卢晓东	北京大学教育学院,研究员	陆兴	大连交通大学材料学院,教授
卢晓红	大连理工大学机械工程学院,教授	陆业大	中国恩菲工程技术有限公司,正高级工程师
卢秀波	郑州大学第一附属医院,教授	陆宜新	南阳师范学院期刊部,编审
卢秀和	长春工业大学电气与电子工程学院,教授	陆永跃	华南农业大学植物保护学院,教授
卢彦平	中国人民解放军总医院,教授	陆兆新	南京农业大学食品科学技术学院,教授
		陆真	南京师范大学教师教育学院,教授
卢燕	青岛理工大学自动化工程学院,教授	陆振刚	哈尔滨工业大学仪器科学与工程学院,教授
卢燕新	南开大学文学院,教授	路福平	天津科技大学生物工程学院,教授
		路江涌	北京大学光华管理学院,教授

路世昌	辽宁工程技术大学工商管理学院,教授	罗小元	燕山大学电气工程学院,教授
路铁刚	中国农业科学院生物技术研究所,研究员	罗兴录	广西大学农学院,教授
路文如	中国农业科学院农业信息研究所《中国农业科学》编辑部,研究员	罗兴锜	西安理工大学水利水电学院,教授
路小波	东南大学自动化学院,教授	罗选民	清华大学外语系,教授
路兴波	山东省农业科学院植物保护研究所,研究员	罗学荣	中南大学湘雅二医院,教授
路艳娇	黑龙江教师发展学院职成教育研培中心,研究员	罗雪山	国防科技大学,教授
路 征	四川大学经济学院,教授	罗彦斌	长安大学公路学院,教授
栾 洁	东南大学附属中大医院,教授	罗以澄	武汉大学新闻与传播学院,教授
栾梅健	复旦大学中文系,教授	罗英伟	北京大学计算机学院,教授
罗爱民	国防科技大学系统工程学院,教授	罗荧荃	中南大学湘雅二医院,主任医师
罗本德	西南政法大学经济学院,教授	罗永康	中国农业大学食品科学与营养工程学院,教授
罗必良	华南农业大学国家农业制度与发展研究院,教授	罗永明	江西中医药大学药学院,教授
罗 斌	西南交通大学信息科学与技术学院,教授	罗永新	怀化学院机械与光电物理学院,教授
罗 璨	江苏省人民医院龙江院区(江苏省妇幼保健院),主任药师	罗宇智	中国地质科学院矿产综合利用研究所,研究员
罗成龙	广东省农业科学院动物科学研究所,研究员	罗 哉	中国计量大学计量测试工程学院,教授
罗大庆	西藏农牧学院高原生态研究所,研究员	罗占夫	中铁隧道局集团有限公司勘察设计研究院,教授级高级工程师
罗代升	四川大学电子信息学院,教授	罗振亚	南开大学文学院,教授
罗 党	华北水利水电大学数学与信息科学学院,教授	罗振扬	南京林业大学理学院,教授
罗 芬	中南林业科技大学旅游学院,教授	罗正英	苏州大学商学院,教授
罗凤光	华中科技大学光学与电子信息学院,教授	罗中明	哈尔滨理工大学测通学院,教授
罗 刚	《思想战线》编辑部,教授	罗 忠	东北大学机械工程与自动化学院,教授
罗 虹	中国标准化研究院基础标准化研究所,研究员	罗祖兵	华中师范大学教育学院,教授
罗洪铁	西南大学马克思主义学院,教授	骆秉全	首都体育学院管理与传播学院,教授
罗会明	海南省疾病预防控制中心,主任医师	骆汉宾	华中科技大学土木学院工程管理研究所,教授
罗会颖	中国农业科学院北京畜牧兽医研究所,研究员	骆俊廷	燕山大学机械工程学院,教授
罗 建	重庆大学电气学院,教授	骆郁廷	武汉大学党委,教授
罗剑朝	西北农林科技大学经济管理学院,教授	骆云志	中国兵器装备集团自动化研究所有限公司,正高级工程师
罗静兰	西北大学地质学系,教授		
罗立文	中国石油大学(华东),教授	雒定明	中国石油工程建设有限公司西南分公司,教授级高级工程师
罗凌虹	景德镇陶瓷大学材料科学与工程学院,教授	吕 斌	北京大学城市与环境学院,教授
罗美明	四川大学化学学院,教授	吕 诚	中国中医科学院中医临床基础医学研究所,研究员
罗 民	宁夏大学化学化工学院,教授		
罗木生	海军航空大学,教授	吕凤华	新乡医学院第一附属医院,主任医师
罗攀柱	中南林业科技大学商学院,教授	吕复兵	广东省农业科学院环境园艺研究所,研究员
罗 琦	南京信息工程大学信息与控制学院,教授	吕功煊	中国科学院兰州化学物理研究所,研究员
罗 勤	原中国石油天然气股份有限公司西南油气田公司天然气研究院,教授级高级工程师	吕广利	咸阳师范学院,教授
		吕国诚	中国地质大学(北京)材料科学与工程学院,教授
罗 蓉	武汉理工大学交通学院,教授	吕国荣	福建医科大学附属第二医院,主任医师
罗瑞明	宁夏大学农学院,教授	吕国忠	大连民族大学环境与资源学院,教授
罗森林	北京理工大学信息与电子学院,教授	吕红平	河北大学经济学院,教授
罗绍凯	浙江理工大学理学院,教授	吕宏权	中铁隧道集团一处有限公司,教授级高级工程师
罗时嘉	中国矿业大学出版社,编审		
罗时进	苏州大学文学院,教授	吕 虹	浙江省衢州市衢江区教育局教研室,正高级教师
罗守华	东南大学生物医学工程学院,教授		
罗双兰	桂林旅游学院文化与传播学院,教授	吕嘉枥	陕西科技大学食品与生物工程学院,教授
罗相忠	中国水产科学研究院长江水产研究所,研究员	吕建华	河南工业大学粮食和物资储备学院,教授
		吕建新	浙江省人民医院(杭州医学院附属人民医院),教授
罗小平	华中科技大学同济医学院附属同济医院,教授	吕剑英	中铁六院勘察设计集团有限公司建筑院,教授级高级工程师

吕　杰[1]	华南师范大学数学科学学院,教授	马登科	西南政法大学法学院民诉教研室,教授
吕　杰[2]	沈阳农业大学管理学院,教授	马东风	江苏师范大学音乐学院,教授
吕　进	西南大学中国诗学研究中心,教授	马　栋	中铁十六局集团有限公司,教授级高级工程师
吕　敬	上海交通大学电子信息与电气工程学院,教授		
吕俊复	清华大学能源与动力工程系,教授	马多贺	中国科学院信息工程研究所,研究员
吕　力	扬州大学商学院,教授	马凤芝	北京大学社会学系,教授
吕良忠	浙江省人民医院,主任药师	马芙蓉	北京大学第三医院,教授
吕林海	南京大学高等教育研究与评价中心,教授	马　刚	河北大学化学与材料科学学院,教授
吕　苗	厦门大学萨本栋微米纳米科学技术研究院,教授	马歌丽	郑州轻工业大学食品科学与工程学院,教授
		马广奇	陕西科技大学经济与管理学院,教授
吕乃基	东南大学人文学院,教授	马国远	北京工业大学制冷与低温工程系,教授
吕佩源	河北省人民医院,教授	马海群	黑龙江大学信息管理学院,教授
吕清涛	上海海拉电子有限公司,教授级高级工程师	马海涛	中央财经大学财政税务学院,教授
吕生华	陕西科技大学轻工科学与工程学院,教授	马　皓	浙江大学电气工程学院,教授
吕述望	中国科学院信息工程研究所,教授	马和民	华东师范大学教育学部,教授
吕万刚	武汉体育学院,教授	马红超	大连工业大学轻工与化学工程学院,教授
吕文良	中国中医科学院广安门医院,主任医师	马红光	中共陕西省委党校(陕西行政学院)管理学部,教授
吕锡芝	黄河水利委员会黄河水利科学研究院,正高级工程师		
		马宏佳	南京师范大学,教授
吕晓菊	四川大学华西医院,教授	马宏建	中国中铁深圳妈湾跨海通道联合体,教授级高级工程师
吕晓玲	天津科技大学食品科学与工程学院,教授		
吕效平	南京工业大学化工学院,教授	马宏俊	中国政法大学法学院,教授
吕新彪	中国地质大学(武汉),教授	马宏伟	北京航空航天大学能源与动力工程学院,教授
吕新军	中华实验和临床病毒学杂志编辑部,研究员		
吕延军	西安理工大学机械与精密仪器工程学院,教授	马宏忠	河海大学能源与电气学院,教授
		马怀德	中国政法大学,教授
吕　毅	西安市西安交通大学医学院第一附属医院,教授	马焕灵	广西师范大学教育学部,教授
		马　辉	中铁二局集团有限公司,教授级高级工程师
吕英华	北京邮电大学电子工程学院,教授	马会来	中国疾病预防控制中心,主任技师
吕　勇	中南林业科技大学林学院,教授	马建青	浙江大学马克思主义学院,教授
吕宇鹏	山东大学材料科学与工程学院,教授	马建中	陕西科技大学轻工科学与工程学院,教授
吕玉山	沈阳理工大学机械工程学院,教授	马　剑	中国煤炭加工利用协会,教授级高级工程师
吕悦军	应急管理部国家自然灾害防治研究院,研究员	马剑钢	东北师范大学物理学院,教授
		马剑敏	河南师范大学生命科学学院,教授
吕运开	河北大学化学与材料科学学院,教授	马　健	南京中医药大学中医学院,教授
吕振林	西安理工大学材料学院,教授	马健生	北京师范大学教育学部,教授
吕征宇	浙江大学电气工程学院,教授	马　杰[1]	河北工业大学电子信息工程学院,教授
吕志清	中国电子科技集团公司第二十六所,研究员	马　杰[2]	西安航天动力研究所《火箭推进》编辑部,编审
吕德国	沈阳农业大学园艺学院,教授		
麻宝斌	吉林大学行政学院,教授	马　劲	中国药业杂志社,编审
麻彦坤	广州大学教育学院,教授	马　静	华北电力大学电气与电子工程学院,教授
麻志毅	北京大学计算机学院,研究员	马　军	中国市场杂志社,编审
马爱斌	河海大学力学与材料学院,教授	马　珂	浙江大学医学院附属邵逸夫医院,主任药师
马爱萍	北京第二外国语学院旅游科学学院,教授	马克茂	哈尔滨工业大学航天学院,教授
马本学	石河子大学机械电气工程学院,教授	马　琨	宁夏大学西北土地退化与生态恢复省部共建国家重点实验室培育基地,教授
马　晟	长安大学公路学院,教授		
马　波	中国水产科学研究院营口增殖实验站,研究员	马来平	山东大学儒学高等研究院,教授
马蔡琛	南开大学经济学院,教授	马乐凡	长沙理工大学化学化工学院,教授
马昌前	中国地质大学(武汉),教授	马　礼	北方工业大学信息学院,教授
马长山	华东政法大学学报	马力强	中国矿业大学(北京)化学与环境工程学院,教授
马长生	首都医科大学附属北京安贞医院,教授		
马朝斌	国家保密科技测评中心,正高级工程师	马立民	河北工业大学文法学院,教授
马冲先	上海材料研究所有限公司,教授级高级工程师	马立平	首都经济贸易大学统计学院,教授
		马立钊	学术界杂志社,编审
马春茂	西北机电工程研究所,研究员	马丽萍	昆明理工大学环境学院,教授
		马利杰	河南科技学院机电学院,教授

马俪珍	天津农学院食品科学与生物工程学院,教授	马艳红	沈阳体育学院研究生处(学科建设办公室),教授
马连湘	青岛科技大学党委,教授	马燕兰	解放军总医院,主任护师
马廉	深圳市儿童医院,教授	马耀峰	陕西师范大学地理科学与旅游学院,教授
马良	上海理工大学管理学院,教授	马一太	天津大学热能研究所,教授
马亮	中国人民大学公共管理学院,教授	马亦兵	宁夏大学民族预科教育学院,教授
马林	解放军总医院,主任医师	马殷华	广西师范大学学报编辑部,编审
马陆亭	中华人民共和国教育部,研究员	马莹	包头稀土研究院,教授
马潞林	北京大学第三医院,教授	马永祥	江苏省农业科学院江苏农科传媒有限公司,研究员
马满玲	哈尔滨医科大学附属第六医院,教授		
马敏峰	河海大学期刊部,编审	马勇	南京特殊教育师范学院体育学院,教授
马明	中国电力科学研究院,教授级高级工程师	马宇	山东工商学院金融学院,教授
马明臻	燕山大学材料科学与工程学院,教授	马宇鸿	西北师范大学数学与统计学院,教授
马铭	湖南师范大学化学化工学院,教授	马玉娥	西北工业大学航空学院,教授
马芹永	安徽理工大学土木建筑学院,教授	马玉龙	宁夏大学化学化工学院,教授
马青松	国防科技大学空天科学学院,研究员	马玉侠	山东中医药大学针灸推拿学院,教授
马庆发	华东师范大学教育学部,教授	马玉燕	山东大学齐鲁医院,主任医师
马秋武	复旦大学外语系,教授	马岳峰	浙江大学医学院附属第二医院,主任医师
马仁杰	安徽大学档案馆,教授	马云富	中国兵器工业第五八研究所(西南自动化研究所),研究员
马瑞	燕山大学机械工程学院,教授		
马少坤	广西大学土木建筑工程学院,教授	马振犊	中国第二历史档案馆,研究馆员
马绍赛	中国水产科学研究院黄海水产研究所,研究员	马振辉	北京工商大学人工智能学院,教授
马石城	湘潭大学土木工程与力学学院,教授	马志富	中国铁路设计集团有限公司土建院,正高级工程师
马士宾	河北工业大学土木与交通学院,教授		
马世英	中国电力科学研究院,教授级高级工程师	马智	疑难病杂志社,编审
马淑然	北京中医药大学基础医学院,教授	马子川	河北师范大学化学与材料科学学院,教授
马树超	上海市教育科学研究院,研究员	麦永雄	广西师范大学文学院,教授
马双成	中国食品药品检定研究院中药民族药检定所,研究员	满珂	西北民族大学《西北民族研究》编辑部,教授
马松建	郑州大学法学院,教授	毛聪	长沙理工大学汽车与机械工程学院,教授
马涛	南京医科大学附属无锡市第二人民医院,主任医师	毛德伟	山东体育学院党委,教授
		毛多斌	郑州轻工业学院食品科学与工程学院,教授
马铁成	大连工业大学国家海洋食品工程技术研究中心,教授	毛华	河北大学数学与信息科学学院,教授
		毛节泰	北京大学物理学院,教授
马万利	大连理工大学人文学院,教授	毛军逵	南京航空航天大学能源与动力学院,教授
马卫红	深圳大学管理学院,教授	毛丽娟	上海市教育委员会,教授
马文秀	河北大学经济学院,教授	毛树松	湖北中医药大学标准化与信息技术研究所,教授
马贤德	辽宁中医药大学教学实验中心,正高级实验师		
		毛小龙	江西师范大学美术学院,教授
马宪民	西安科技大学电气与控制工程学院,教授	毛晓波	郑州大学电气与信息工程学院,教授
马骁	西南财经大学财政税务学院,教授	毛雪飞	中国农业科学院农业质量标准与检测技术研究所,研究员
马骁驰	大连医科大学附属第二医院,教授		
马萧林	河南博物院,研究馆员	毛毅敏	河南科技大学第一附属医院,主任医师
马小平	中国矿业大学信息与控制工程学院,教授	毛宇湘	河北省中医院,主任医师
马晓河	国家发展和改革委员会宏观经济研究院,研究员	毛羽扬	扬州大学旅游烹饪(食品科学与工程)学院烹饪研究所,教授
马晓慧	天士力研究院药理所,研究员	毛振明	北京师范大学体育与运动学院,教授
马晓军	南京大学评价中心,研究馆员	毛征	北京工业大学,教授
马筱玲	中国科技大学附属第一医院,教授	毛志忠	东北大学信息学院,教授
马新宾	天津大学化工学院,教授	梅恒	华中科技大学同济医学院附属协和医院,教授
马新彦	吉林大学法学院,教授		
马修军	北京大学信息科学技术学院,研究员	梅宏	中国海洋大学法学院,教授
马修水	浙大宁波理工学院,教授	梅炯	上海交通大学医学院附属第六人民医院,主任医师
马学虎	大连理工大学化工学院,教授		
马艳春	黑龙江中医药大学,研究员	梅乐和	浙江大学化工学院,教授
		梅宁	中国海洋大学工程学院,教授
		梅平	长江大学化学与环境工程学院,教授

梅琼林	武汉大学传播学院,教授		闵　旸	苏州西山中科药物研究开发有限公司,研究员
梅全喜	广州中医药大学第七临床医学院,教授		明庆忠	云南财经大学旅游文化产业研究院,教授
梅　益	贵州大学机械工程学院,教授		莫崇勋	广西大学土木建筑工程学院,教授
梅之南	华中农业大学植物科学技术学院,教授		莫道才	广西师范大学文学院,教授
梅志千	河海大学机电工程学院,教授		莫多闻	北京大学城市与环境学院,教授
门宝辉	华北电力大学水利与水电工程学院,教授		莫宏伟	哈尔滨工程大学智能科学与工程学院,教授
门福殿	中国石油大学(华东)物理学系,教授		莫纪宏	中国社会科学院法学院,研究员
门　洪	东北电力大学自动化工程学院,教授		莫　荣	中国劳动和社会保障科学研究院,研究员
孟丹青	南京邮电大学期刊社,编审		莫　蓉	西北工业大学飞行器制造工程系,教授
孟凡荣	江苏徐州中国矿业大学计算机学院,教授		莫绪明	南京医科大学附属儿童医院,教授
孟繁华	沈阳师范大学中国文化与文学研究所,教授		莫岳云	华南理工大学马克思主义理论研究中心,教授
孟焕新	北京大学口腔医学院,教授			
孟家光	西安工程大学纺织科学与工程学院,教授		牟德华	河北科技大学食品与生物学院,教授
孟　杰	北京大学物理学院,教授		牟　红	重庆理工大学管理学院,教授
孟连生	中国科学院文献情报中心,研究馆员		牟龙华	同济大学电信学院,教授
孟　平	中国林业科学研究院林业研究所,研究员		牟在根	北京科技大学土木与资源工程学院,教授
孟庆国	天津职业技术师范大学,教授		牟忠林	海南医学院党委,教授
孟庆森	太原理工大学材料学院,教授		慕长龙	四川省林业科学研究院,研究员
孟庆文	铁道第六勘察设计院集团有限公司,教授级高级工程师		慕永通	中国海洋大学水产学院,教授
孟庆义	解放军总医院,教授		穆　岚	河南师范大学教育与教师发展学院,教授
孟庆瑜	河北大学,教授		穆　肃	华南师范大学教育信息技术学院,教授
孟　如	华北理工大学人工智能学院,教授		那　力	吉林大学法学院,教授
孟素兰	河北大学期刊社,编审		南　海	重庆师范大学职教师资学院,教授
孟万忠	太原师范学院地理科学学院,教授		南建设	中国电子科技集团公司第十研究所,研究员
孟宪乐	信阳学院教师教学发展中心,教授		南月敏	河北医科大学第三医院,教授
孟宪生	东北师范大学马克思主义学部,教授		南照东	扬州大学化学化工学院,教授
孟宪学	中国农科院农业信息研究所,研究员		倪　刚	宁夏大学化学化工学院,教授
孟献梁	中国矿业大学化工学院,教授		倪根金	华南农业大学人文学院,教授
孟新河	南开大学物理学院物,教授		倪　辉	集美大学食品与生物工程学院,教授
孟　宇	北京科技大学机械工程学院,教授		倪晋平	西安工业大学光电工程学院,教授
孟召平	中国矿业大学(北京)地球科学与测绘工程学院,教授		倪　敬	杭州电子科技大学机械工程学院,教授
孟　宗	燕山大学电气工程学院,教授		倪　宁	中国人民大学新闻学院,教授
糜加平	中国模板脚手架协会,教授级高级工程师		倪　青	中国中医科学院广安门医院,主任医师
米高峰	陕西科技大学设计与艺术学院,教授		倪　庆	扬州大学附属医院,主任医师
米　靖	北京体育大学运动训练学教研室,教授		倪少权	西南交通大学交通运输与物流学院,教授
米据生	河北师范大学数学科学学院,教授		倪师军	成都理工大学,教授
米　俊	山西财经大学科研部,教授		倪松石	南通大学附属医院,主任医师
米　林	重庆理工大学车辆工程学院,研究员		倪素香	武汉大学马克思主义学院,教授
米彦青	内蒙古大学文学与新闻传播学院,教授		倪晓武	南京理工大学理学院,教授
苗福生	宁夏大学图书馆,教授		倪志安	西南大学马克思主义学院,教授
苗怀明	南京大学文学院,教授		聂　飞	贵州省植物园,研究员
苗健青	《福州大学学报(哲社版)》编辑部,教授		聂　钢	西安交通大学机械工程学院,教授
苗明三	河南中医药大学研究生院,教授		聂红萍	兰州大学历史文化学院,教授
苗润生	中央财经大学会计学院,教授		聂洪峰	中国自然资源航空物探遥感中心,教授级高级工程师
苗兴伟	北京师范大学外文学院,教授		聂劲松	中山职业技术学院职业教育研究所,研究员
苗学杰	河南师范大学教育学部教育学院,教授		聂立孝	海南大学热带作物学院,教授
苗泽华	河北地质大学管理学院,教授		聂青和	空军军医大学(第四军医大学)唐都医院,主任医师
缪绅裕	广州大学生命科学学院,教授		聂庆华	华南农业大学动物科学学院,教授
闵凡飞	安徽理工大学材料学院,教授		聂生东	上海理工大学医学影像工程研究所,教授
闵凤玲	扬州大学附属医院,主任医师		聂时南	中国人民解放军东部战区总医院,主任医师
闵　航	浙江大学生命科学学院,教授		聂世军	《领导科学》杂志社,编审
闵　涛	西安理工大学理学院,教授		聂珍钊	浙江大学外国语言文化与国际交流学院,教授
闵小波	中南大学冶金与环境学院,教授			

聂震宁	韬奋基金会,编审	潘海音	北京服装学院服装艺术与过程学院,教授
宁德鲁	云南省林业和草原技术推广总站,研究员	潘宏侠	中北大学机械工程学院,教授
宁连华	南京师范大学出版社,教授	潘洪秋	镇江市第三人民医院,主任医师
宁 凌	广东海洋大学经济管理学院,教授	潘 华	中国地震局地球物理研究所,研究员
宁 琦	北京大学外国语学院,教授	潘化平	南京市江宁医院,主任医师
宁 欣	北京师范大学历史学院,教授	潘建平	西安交通大学医学部公共卫生学院,教授
宁泽逵	西安财经大学科研处,教授	潘建伟	北京物资学院经济学院,教授
宁 智	北京交通大学机械与电子控制工程学院,教授	潘俊松	上海交通大学农业与生物学院,研究员
牛春雨	河北北方学院,教授	潘开林	桂林电子科技大学机电工程学院,教授
牛东晓	华北电力大学经济与管理学院,教授	潘立群	南京中医药大学国家级实验教学示范中心,教授
牛广明	内蒙古医科大学附属医院,教授	潘 懋	北京大学地球与空间科学学院,教授
牛建新	石河子大学农学院,教授	潘绍伟	扬州大学体育学院,教授
牛礼民	安徽工业大学机械工程学院,教授	潘世扬	南京医科大学第一附属医院,教授
牛 力	中国人民大学信息资源管理学院,教授	潘淑君	农业农村部环境保护科研监测所,编审
牛丽芳	中国农业科学院生物技术研究所,研究员	潘天群	南京大学哲学系,教授
牛全保	河南财经政法大学工商管理学院,教授	潘 伟	清华大学材料学院,教授
牛汝极	新疆师范大学,教授	潘玮敏	西安体育学院运动与健康科学学院,教授
牛新环	河北工业大学微电子所,教授	潘 炜	西南交通大学信息科学与技术学院,教授
牛兴华	天津理工大学机械工程学院,教授	潘卫东	贵州大学药学院,研究员
牛学恩	河南省中医院,主任中医师	潘文国	华东师范大学国际汉语文化学院,教授
牛彦绍	河南工业大学管理学院,教授	潘晓光	长春黄金设计院有限公司,正高级工程师
牛余庆	中共河北省委党校,教授	潘新民	河北师范大学初等教育学院,教授
牛 赟	淮阴师范学院生命科学学院,教授	潘彦舒	北京中医药大学期刊中心,教授
牛志伟	浙江工商大学数字经济与营商环境研究院,教授	潘耀振	贵州医科大学附属医院,教授
牛自勉	山西农业大学园艺学院(山西省农业科学院现代农业研究中心),研究员	潘英明	广西师范大学化学与药学学院,教授
		潘 莹	新乡医学院第三附属医院,主任医师
钮英建	首都经济贸易大学安全与环境工程学院,教授	潘永泰	中国矿业大学(北京)化学与环境工程学院,研究员
农绍庄	大连工业大学食品学院,教授	潘月红	中国农业科学院农业信息研究所,编审
区又君	中国水产科学研究院南海水产研究所,研究员	潘泽友	中国工程物理研究院计算机应用研究所,研究员
欧乐明	中南大学资源加工与生物工程学院,教授	潘 镇	南京师范大学商学院,教授
欧 立	广西师范大学物理科学与技术学院,教授	潘正安	化学工业出版社,编审
欧仕益	暨南大学理工学院,教授	潘正风	武汉大学测绘学院,教授
欧阳明	华中科技大学新闻与信息传播学院,教授	潘志军	南京理工大学体育部,教授
欧阳天祥	上海交通大学医学院附属新华医院,主任医师	庞 博	中国中医科学院广安门医院,主任医师
		庞凤喜	中南财经政法大学财政税务学院,教授
欧阳文珍	江苏师范大学语言科学与艺术学院,教授	庞 浩	广西科学院广西生物科学与技术研究中心,研究员
欧阳小胜	景德镇陶瓷大学陶瓷文化高等研究院,教授级高级工程师	庞 杰	福建农林大学食品科学学院,教授
		庞立生	东北师范大学马克思主义学部,教授
欧阳义芳	广西大学物理科学与工程技术学院,教授	庞 燕	中南林业科技大学物流与交通学院,教授
偶国富	浙江理工大学机械与自动控制学院,教授	庞有志	河南科技大学动物科技学院(动物医学院),教授
潘宝明	扬州大学旅游烹饪(食品科学与工程)学院,教授	庞宇舟	广西中医药大学党委,教授
潘曹峰	中国科学院北京纳米能源与系统研究所,教授	庞跃辉	重庆交通大学马克思主义学院,教授
		庞振宇	江西省社会科学院历史研究所,研究员
潘长鹏	海军航空大学,教授	庞宗然	中央民族大学药学院,教授
潘长勇	清华大学信息技术研究院,教授	裴 坚	北京大学化学与分子工程学院,教授
潘存德	新疆农业大学林学与风景园林学院,教授	裴建中	长安大学,教授
潘存海	天津科技大学机械工程学院,教授	裴先治	长安大学地球科学与资源学院,教授
潘 丰	江南大学物联网工程学院,教授	裴晓方	四川大学华西公共卫生学院,教授
潘功配	南京理工大学化学与化工学院,教授	裴新梧	中国农业科学院作物科学研究所,研究员
潘冠华	中国船舶集团第七一六研究所,研究员	裴学进	上海财经大学马克思主义学院,教授
潘海鹏	浙江理工大学机械与自动控制学院,教授	裴玉龙	东北林业大学土木与交通学院,教授

裴 育	南京审计大学,教授	普 莉	中国农业科学院生物技术研究所,研究员
裴月湖	哈尔滨医科大学药学院,教授	漆昌柱	黄冈师范学院,教授
朋 震	北京外国语大学国际商学院,教授	漆多俊	武汉大学法学院,教授
彭 斌	吉林大学行政学院,教授	漆汉宏	燕山大学电气工程学院,教授
彭 波	湖南科技职业学院,研究员	亓学广	山东科技大学,教授
彭 晨	上海大学机电工程与自动化学院,教授	齐铂金	北京航空航天大学机械学院,教授
彭 成	成都中医药大学,研究员	齐 超	哈尔滨工业大学电气工程及自动化学院,教授
彭代银	安徽中医药大学药学院,教授	齐臣杰	北京信息科技大学理学院,教授
彭迪云	南昌大学经济管理学院,教授	齐 飞	北京林业大学环境科学与工程学院,教授
彭东辉	福建农林大学风景园林与艺术学院,教授	齐桂素	焦作煤业(集团)有限责任公司,教授级高级工程师
彭芳乐	同济大学土木工程学院,教授		
彭 峰	广州大学化学化工学院,教授	齐建光	北京大学第一医院,主任医师
彭 锋	北京大学艺术学院,教授	齐军山	山东省农业科学院植物保护研究所,研究员
彭复员	华中科技大学电子信息与通信学院,教授	齐可民	首都医科大学附属北京儿童医院,教授
彭国庆	苏州工业园区景城学校,正高级教师	齐炼文	中国药科大学,教授
彭 昊	武汉大学人民医院,主任医师	齐 林	郑州大学信息工程学院,教授
彭和平	江汉大学智能制造学院,教授	齐 琳	中南大学湘雅医院,教授
彭宏祥	广西壮族自治区农业科学院园艺研究所,研究员	齐梦学	中铁十八局集团隧道工程有限公司,正高级工程师
彭建春	深圳大学机电与控制工程学院,教授	齐庆新	煤炭科学研究总院有限公司/深地科学院,研究员
彭建刚	湖南大学金融与统计学院,教授		
彭建国	《重庆大学学报社会科学版》编辑部,编审	齐卫平	华东师范大学政治学系,教授
彭建军	中南民族大学学报编辑部,编审	齐晓光	西北大学生命科学学院,教授
彭金山	西北师范大学文学院,教授	齐亚彬	国家地质实验测试中心,研究员
彭凯翔	武汉大学经济与管理学院,教授	齐永华	新乡学院药学院,教授
彭 兰	中国人民大学新闻学院,教授	齐 咏	河南省人民医院,主任医师
彭立敏	中南大学土木工程学院,教授	齐跃峰	燕山大学信息科学与工程学院,教授
彭 励	宁夏大学生命科学学院,教授	齐正义	天地科技股份有限公司唐山分公司,研究员
彭 亮	顺德职业技术学院艺术设计系,教授	祁春节	华中农业大学经济管理学院,教授
彭林欣	广西大学土木建筑工程学院,教授	祁怀锦	中央财经大学会计学院,教授
彭妙颜	广州大学广东中南声像灯光设计研究院,教授	祁嘉华	西安建筑科技大学建筑文化研究所,教授
		祁建军	中国协和医学科学院药用植物研究所,研究员
彭庆红	北京科技大学马克思主义学院,教授		
彭瑞云	军事科学院军事医学研究院,研究员	祁美琴	中国人民大学清史研究所,教授
彭天好	安徽理工大学机械工程学院,教授	祁占勇	陕西师范大学教育学部,教授
彭万喜	河南农业大学林学院,教授	祁志民	中国兵器科学研究院,研究员
彭希哲	复旦大学人口与发展政策研究中心,教授	綦春霞	北京师范大学课程与教学研究院,教授
彭 熙	重庆理工大学期刊社,编审	綦好东	山东财经大学会计学院,教授
彭向欣	中日友好医院,教授	千智斌	新乡医学院基础医学院,教授
彭小伟	武汉体育学院体育教育学院,教授	钱 东	海军研究院,正高级工程师
彭 晓	南昌航空大学材料科学与工程学院,教授	钱东福	南京医科大学医政学院,教授
彭晓蕾	吉林大学地球科学学院,教授	钱 方	大连工业大学食品学院,教授
彭秀军	解放军总医院,教授	钱方兴	上海市同仁医院,主任医师
彭旭东	浙江工业大学机械工程学院,教授	钱红飞	绍兴文理学院,教授
彭耀丽	中国矿业大学化工学院,教授	钱华明	哈尔滨工程大学智能科学与工程学院,教授
彭永捷	中国人民大学哲学院,教授	钱 会	长安大学环境科学与工程学院,教授
彭 宇	湖北大学资源环境学院,教授	钱建平	桂林理工大学地球科学学院,教授
彭玉青	河北工业大学计算机科学与软件学院,教授	钱建生	中国矿业大学信电学院,教授
彭真明	电子科技大学信息与通信工程学院,教授	钱建亚	扬州大学食品科学与工程学院,教授
朴虎日	延边大学药学院,教授	钱觉时	重庆大学材料科学与工程学院,教授
朴梅花	北京大学第三医院,主任医师	钱林方	中国兵器工业集团第二〇二研究所,研究员
朴香淑	中国农业大学动物科技学院,教授	钱铭怡	北京大学心理与认知科学学院,教授
朴哲范	浙江财经大学金融学院,教授	钱水土	浙江工商大学金融学院,教授
平吉成	宁夏大学葡萄酒与园艺学院,教授	钱向东	河海大学期刊部,教授
蒲 浩	中南大学土木工程学院,教授	钱小龙	南通大学未来教育研究所,教授
蒲守智	豫章师范学院,教授	钱晓刚	贵州大学农学院,教授

钱新明	北京理工大学机电学院,教授	秦叔逵	中国药科大学附属南京天印山医院,主任医师
钱扬义	华南师范大学化学学院,教授	秦松	贵州省农业科学院土壤肥料研究所,研究员
钱叶六	华东师范大学法学院,教授	秦晓群	中南大学基础医学院,教授
钱烨	吉林大学地球科学学院,教授	秦新强	西安理工大学理学院,教授
钱渊	首都儿科研究所,研究员	秦序	中国艺术研究院音乐研究所,研究员
钱再见	南京师范大学统一战线与治理现代化研究院,教授	秦耀辰	河南大学地理与环境学院,教授
钱政	北京航空航天大学仪器科学与光电工程学院,教授	秦宜德	安医大生化教研室,教授
		秦永林	东南大学附属中大医院,主任医师
强天鹏	江苏中特创业设备检测有限公司,研究员	秦永松	广西师范大学数学与统计学院,教授
强西怀	陕西科技大学皮革系,教授	秦永元	西北工业大学自动化学院,教授
乔保平	郑州大学第一附属医院,教授	秦勇	中国矿业大学资源学院,教授
乔春华	南京审计大学会计学院,教授	秦宇	北京第二外国语学院旅游科学学院,教授
乔春生	北京交通大学土木建筑工程学院,教授	秦跃平	中国矿业大学(北京)应急管理与安全工程学院,教授
乔光辉	东南大学人文学院,教授		
乔桂英	太原师范学院教育学院,教授	秦正为	聊城大学政治与公共管理学院,教授
乔家君	河南大学地理与环境学院,教授	秦志刚	河北科技大学纺织服装学院,教授
乔建刚	河北工业大学土木与交通学院,教授	秦忠国	河海大学土木工程学院,教授
乔杰	北京大学第三医院,教授	覃芳	辽宁中医杂志编辑部,编审
乔锦忠	北京师范大学高等教育研究院,教授	覃江江	中国科学院基础医学与肿瘤研究所,研究员
乔俊飞	北京工业大学,教授	覃江克	广西师范大学化学与药学学院,教授
乔立兴	东南大学附属中大医院,主任医师	覃信刚	云南广播电视台,教授
乔明琦	山东中医药大学中医基础理论研究所,教授	卿彦	中南林业科技大学材料科学与工程学院,教授
乔全生	陕西师范大学文学院语言科学研究所,教授	丘维声	北京大学数学科学学院,教授
乔文昇	中国电子科技集团公司第十研究所,研究员	邱道持	西南大学长江上游经济研究中心,教授
乔新建	南阳师范学院音乐学院,教授	邱冬阳	重庆理工大学经济金融学院,教授
乔雪	北京大学药学院,研究员	邱耕田	中共中央党校(国家行政学院)马克思主义学院,教授
乔艳华	河北大学期刊社,教授		
乔英杰	哈尔滨工程大学材料科学与化学工程学院,教授	邱海平	中国人民大学经济学院,教授
		邱洪斌	佳木斯大学公共卫生学院,教授
郗志红	河北农业大学城乡建设学院,教授	邱继水	广东省农业科学院果树研究所,研究员
秦爱建	扬州大学兽医学院,教授	邱家稳	中国空间技术研究院,研究员
秦春玲	河北工业大学材料科学与工程学院,教授	邱建宏	解放军联勤保障部队第九八〇医院,主任医师
秦东晨	郑州大学机械与动力工程学院,教授		
秦刚	中共中央党校(国家行政学院)科学社会主义教研部,教授	邱杰	海军航空大学电子信息工程系,教授
		邱捷	中山大学历史系,教授
秦贵军	郑州大学第一附属医院,教授	邱景富	重庆医科大学公共卫生学院,教授
秦国良	西安交通大学能源与动力工程学院,教授	邱君志	福建农林大学生命科学学院,教授
秦国政	云南省中医医院,教授	邱昆峰	中国地质大学(北京),教授
秦洪武	曲阜师范大学外国语学院,教授	邱立友	河南农业大学生命科学学院,教授
秦会来	中国建筑第二工程局有限公司,教授级高级工程师	邱鸣	北京第二外国语学院,教授
		邱模炎	中国中医科学院望京医院,主任医师
秦建华	中国地质调查局应用地质研究中心,教授级高级工程师	邱庞同	扬州大学旅游烹饪(食品科学与工程)学院,教授
秦健	中共河南省委党校,教授	邱树毅	贵州大学酿酒与食品工程学院,教授
秦杰	北京自动化控制设备研究所,研究员	邱廷省	江西理工大学资源与环境工程学院,教授
秦俊	中国科学技术大学安全科学与工程系,教授	邱伟强	中船集团第七〇八研究所,研究员
秦侃	安徽医科大学第三附属医院(合肥市第一人民医院),主任药师	邱显扬	广东省科学院,教授级高级工程师
		邱小琼	宁夏大学生命科学学院,教授
秦立春	湖南警察学院,教授	邱晓波	陆军装甲兵学院,教授
秦龙	天津师范大学,教授	邱晓刚	国防科技大学系统工程学院,教授
秦前红	武汉大学法学院,教授	邱晓霞	郑州大学第一附属医院,主任医师
秦仁义	华中科技大学同济医学院附属同济医院,主任医师	邱新萍	北京中医医院顺义医院,主任医师
		邱新有	江西师范大学期刊社,教授
秦荣生	北京国家会计学院,教授	邱银萍	宁夏医科大学总医院,教授

邱志平	北京航空航天大学航空科学与工程学院，教授	任爱玲	河北科技大学环境科学与工程学院，教授
邱祖民	南昌大学化学化工学院，教授	任秉银	哈尔滨工业大学机电工程学院，教授
仇宝云	扬州大学电气与能源动力工程学院，教授	任长春	南京信息职业技术学院，教授
仇加勉	中国人民公安大学学报编辑部，编审	任春晓	中共宁波市委党校哲学教研室，教授
仇　军	清华大学体育部，教授	任　福	武汉大学资源与环境科学学院，教授
仇　伟	济南大学外国语学院，教授	任福民	中国气象科学研究院，研究员
仇　怡	中南林业科技大学绿色发展研究院，教授	任国玉	中国气象局国家气候中心，研究员
仇永贵	南通大学附属医院，研究员	任　欢	南方科技大学医学院，教授
裘建新	上海工程技术大学机械工程学院，教授	任　慧	中国传媒大学信息与通信工程学院，教授
裘祖荣	天津大学精密仪器与光电子工程学院，教授	任佳丽	中南林业科技大学食品科学与工程学院，教授
曲春梅	山东大学历史文化学院，教授	任家东	燕山大学信息科学与工程学院，教授
曲　芬	解放军第三○二医院，主任医师	任剑涛	清华大学社会科学学院，教授
曲国胜	中国地震应急搜救中心，研究员	任　杰	河北科技大学理学院，教授
曲环汝	上海龙华医院，主任医师	任菁菁	浙江大学医学院附属第一医院全科医学科，主任医师
曲建光	黑龙江工程学院测绘工程学院，教授		
曲丽丽	东北农业大学期刊中心，研究员	任　军	宁夏大学法学院，教授
曲　莉	吉林省疾病预防控制中心学会秘书处，主任医师	任钧国	中国中医科学院西苑医院，研究员
		任凯亮	中国科学院北京纳米能源与系统研究所，研究员
曲　锰	中国老教授协会医药专业委员会，主任医师		
曲　森	首都医科大学宣武医院，教授	任克强	江西理工大学信息工程学院，教授
曲如晓	北京师范大学经济与工商管理学院，教授	任连海	北京工商大学生态环境学院，教授
曲书泉	中国疾病预防控制中心性病艾滋病预防控制中心，研究员	任敏华	中国电子科技集团公司第三十二研究所，研究员
曲顺兰	山东财经大学《经济与管理评论》编辑部，教授	任青文	河海大学力学与材料学院，教授
		任全娥	中国社会科学院图书馆，研究馆员
曲思建	煤炭科学研究总院煤化工研究分院，研究员	任　苒	大连医科大学全球健康研究中心，教授
曲延滨	哈尔滨工业大学（威海）新能源学院，教授	任瑞晨	辽宁工程技术大学矿物加工与利用设计研究院，教授
曲迎东	沈阳工业大学材料科学与工程学院，教授		
曲远方	天津大学材料科学与工程学院，教授	任瑞娟	上海大学新闻传播学院，教授
曲章义	哈尔滨医科大学药学院，教授	任胜利	《中国科学》杂志社，编审
曲朝阳	东北电力大学计算机学院，教授	任顺成	河南工业大学粮油食品学院，教授
屈宝香	中国农科院农业资源与农业区划研究所，研究员	任文成	中国航发沈阳发动机研究所科技委，研究员
		任文京	河北大学新闻传播学院，教授
屈撑囤	西安石油大学化学化工学院，教授	任晓红	重庆交通大学经济与管理学院，教授
屈　建	中国科学技术大学附属第一医院（安徽省立医院），主任药师	任晓娟	西安石油大学石油工程学院，教授
		任　燕	西安财经大学期刊管理中心，教授
屈文俊	国家地质实验测试中心，研究员	任迎伟	四川旅游学院，教授
屈先朝	天地科技股份有限公司储装系统自动化研究院，研究员	任有志	河北科技大学机械工程学院，教授
		任玉兰	成都中医药大学针灸推拿学院，教授
屈　展	西安石油大学，教授	任　越	黑龙江大学信息管理学院，教授
璩向宁	宁夏大学生态环境学院，教授	任云生	防灾科技学院，教授
瞿　浩	广东省农业科学院动物科学研究所，研究员	戎瑞明	复旦大学附属中山医院，主任医师
瞿金清	华南理工大学化学与化工学院，教授	荣　昶	国防大学军事管理学院，教授
瞿明仁	江西农业大学动物科技学院，教授	荣维东	西南大学教师教育学院，教授
瞿　英	河北科技大学经济管理学院，教授	阮怀军	山东省农业科学院农业信息与经济研究所，研究员
权　衡	武汉纺织大学纺织科学与工程学院，教授		
全冠民	河北医科大学第二医院，教授	阮竟兰	河南工业大学机电工程学院，教授
全海英	辽宁师范大学体育学院，教授	阮君山	福建省立医院，主任药师
全　毅	福建社会科学院亚太经济研究所，研究员	阮李全	重庆师范大学马克思主义学院，教授
全哲学	复旦大学生科院，教授	阮禄章	南昌大学生命科学学院，教授
冉江洪	四川大学生命科学学院，教授	阮　敏	上海交通大学医学院附属第九人民医院，主任医师
冉茂宇	华侨大学建筑学院，教授		
冉亚辉	重庆师范大学教育科学学院，教授	芮传明	上海社会科学院历史研究所，研究员
饶从满	东北师范大学教育学部，教授	芮筱亭	南京理工大学复杂多体系统动力学全国重点实验室，研究员
饶向荣	中国中医科学院广安门医院，主任医师		

芮永军	无锡市骨科医院,教授
伞冶	哈尔滨工业大学控制与仿真中心,教授
桑国元	北京师范大学教育学部课程与教学研究院,教授
桑宏强	天津工业大学控制科学与工程学院,教授
桑农	华中科技大学人工智能与自动化学院,教授
桑树勋	中国矿业大学碳中和研究院,教授
沙爱民	长安大学公路学院,教授
沙培宁	北京教育学院中小学管理杂志社,编审
沙卫红	广东省人民医院,教授
沙先一	江苏师范大学文学院,教授
沙亦强	中国电力企业联合会,教授级高级工程师
沙毅	浙江科技学院机械与能源工程学院,研究员
沙勇忠	兰州大学管理学院,教授
闪增郁	中国中医科学院医学实验中心,研究员
单宝枝	中国中医药出版社有限公司,编审
单保慈	中国科学院高能物理研究所,研究员
单丹	南京理工大学环境与生物工程学院,教授
单进军	南京中医药大学中医儿科学研究所,教授
单连斌	沈阳环境科学研究院,教授级高级工程师
单世华	山东省花生研究所,研究员
单炜	东北林业大学寒区科学与工程研究院,教授
单希征	北京电力医院,主任医师
单杨	湖南省农业科学院,研究员
单玉华	扬州大学环境科学与工程学院,教授
商宏谟	成都工具研究所有限公司,教授级高级工程师
商洪才	北京中医药大学东直门医院,研究员
商植桐	河北工业大学马克思主义学院,教授
尚佳	河南省人民医院,主任医师
尚俊杰	北京大学教育学院,研究员
尚秋峰	华北电力大学电气与电子工程学院,教授
尚松浩	清华大学水利水电工程系,教授
尚彦军	中国科学院地质与地球物理研究所,研究员
尚艳娥	国家粮油质量监督检验中心,教授级高级工程师
尚贞锋	南开大学化学学院,教授
邵传林	华侨大学经济与金融学院,教授
邵春岩	沈阳环境科学研究院,教授级高级工程师
邵东国	武汉大学水资源工程与调度全国重点实验室,教授
邵光华	宁波大学教师教育学院,教授
邵国建	河海大学力学与材料学院,教授
邵建敏	郑州轻工业学院机电工程学院,教授
邵建新	石河子大学师范学院,教授
邵举平	苏州科技大学商学院,教授
邵玲	肇庆学院生命科学学院,教授
邵龙义	中国矿业大学(北京)地球科学与测绘工程学院,教授
邵明武	中国计量科学研究院,研究员
邵宁宁	杭州师范大学人文学院,教授
邵培南	中国电子科技集团公司第三十二研究所,研究员
邵培仁	浙江大学传媒与国际文化学院,教授
邵钦树	浙江省人民医院,教授
邵庆	江苏省人民医院(南京医科大学第一附属医院),主任医师
邵伟德	浙江师范大学体育与健康科学学院,教授
邵晓枫	四川师范大学教育科学学院,教授
邵晓鹏	西安电子科技大学光电工程学院,教授
邵新庆	中国农业大学草业科学与技术学院,教授
邵学广	南开大学化学学院,教授
邵学军	清华大学水利系,教授
邵雪梅	山东体育学院体育社会科学学院,教授
邵雍	上海师范大学人文学院,教授
邵兆刚	中国地质科学院地质力学研究所,研究员
邵振润	全国农业技术推广服务中心,研究员
邵宗鸿	天津医科大学总医院,主任医师
佘双好	武汉大学马克思主义学院,教授
佘小漫	广东省农业科学院植物保护研究所,研究员
申爱琴	长安大学公路学院,教授
申宝峰	国家电网公司西北分部,教授级高级工程师
申宝宏	中国煤炭科工集团,研究员
申宝剑	中国石油大学(北京)化学工程与环境学院,教授
申福林	长安大学公路学院,教授
申光龙	南开大学商学院,教授
申光艳	国网陕西省电力公司,编审
申国昌	华中师范大学国家教育治理研究院,教授
申家龙	河南科技学院教育科学研究所,教授
申进文	河南农业大学生命科学学院,教授
申俊峰	中国地质大学(北京),教授
申丽	扬州大学医学院,教授
申启武	暨南大学新闻与传播学院,教授
申仁洪	重庆师范大学重庆市课程与教学基地,教授
申瑞玲	郑州轻工业大学食品科学与工程学院,教授
申士刚	河北大学化学与材料科学学院,教授
申素平	中国人民大学教育学院,教授
申文斌	武汉大学测绘学院,教授
申志军	中铁四局,正高级工程师
沈干	中国科学技术大学附属第一医院(安徽省立医院),主任医师
沈国柱	63961部队,正高级工程师
沈海龙	东北林业大学林学院,教授
沈海涛	吉林外国语大学东北亚区域国别研究院,教授
沈恒胜	福建省农业科学院农产品加工研究中心,研究员
沈红	南方科技大学高等教育研究中心,教授
沈洪	江苏省中医院(南京中医药大学附属医院),主任医师
沈洪兵	南京医科大学公共卫生学院,教授
沈洪涛	暨南大学管理学院,教授
沈洪艳	河北科技大学环境科学与工程学院,教授
沈惠申	上海交通大学船舶海洋与建筑工程学院,教授
沈继红	自然资源部第一海洋研究所,研究员
沈嘉达	黄冈师范学院文学院,教授
沈建法	香港中文大学地理与资源管理学系,教授
沈建新	浙江大学电气工程学院,教授
沈建中	中国科学院声学研究所,研究员

沈建忠	中国农业大学动物医学院,院士	盛群力	浙江大学教育学院,教授
沈　剑	浙江理工大学信息科学与工程学院,教授	盛新庆	北京理工大学信息与电子学院,教授
沈　健	南京师范大学化学与材料科学学院,教授	盛业华	南京师范大学地理科学学院,教授
沈　杰	中国社会科学院大学社会与民族学院,研究员	盛　毅	四川省社会科学院,研究员
		师光禄	北京农学院,教授
沈　捷	江苏省人民医院(南京医科大学第一附属医院),主任医师	师少军	华中科技大学同济医学院附属协和医院,主任药师
沈金雄	华中农业大学植物科技学院,教授	施爱东	中国社会科学院文学研究所,研究员
沈　隽	东北林业大学材料学院,教授	施朝健	上海海事大学商船学院,教授
沈开举	郑州大学法学院,教授	施国庆	河海大学公共管理学院,教授
沈　雷	江南大学设计学院,教授	施浒立	中国科学院国家天文台,研究员
沈　镭	中国科学院地理科学与资源研究所,研究员	施　梁	南京工业大学建筑学院,教授
沈　黎	《中华现代护理杂志》编辑部,编审	施楣梧	军事科学院系统工程研究院军需工程技术研究所,教授级高级工程师
沈丽飞	上海师范大学《高等学校文科学术文摘》编辑部,编审	施泉生	上海电力大学发展规划处(退休),教授
沈连丰	东南大学移动通信全国重点实验室,教授	施瑞华	东南大学附属中大医院,教授
沈连有	黑龙江省哈尔滨市滨江社区卫生服务中心,主任医师	施维群	浙江中医药大学附属第二医院(浙江省新华医院),教授
沈良峰	中南林业科技大学土木工程学院,教授	施卫东	南通大学机械工程学院,教授
沈　琳	北京大学肿瘤医院,教授	施新荣	新疆师范大学历史与社会学院,教授
沈　明	扬州大学化学化工学院,教授	施学忠	郑州大学公共卫生学院,教授
沈模卫	浙江大学心理系,教授	施　毅	东部战区总医院,教授
沈　群	中国农业大学食品科学与营养工程学院,教授	施由明	江西省社会科学院《农业考古》编辑部,研究员
沈荣瀛	上海交通大学机械与动力工程学院,教授	石宝林	交通运输部科学研究院,研究员
沈锐利	西南交通大学土木工程,教授	石宝明	东北农业大学动物营养研究所,教授
沈苏彬	南京邮电大学,研究员	石必明	安徽理工大学能源与安全工程学院,教授
沈为民	苏州大学光电科学与工程学院,教授	石　碧	四川大学碳中和未来技术学院,教授
沈伟哉	暨南大学医学院,教授	石长顺	华中科技大学新闻与信息传播学院,教授
沈　文	天津市第一中心医院,主任医师	石大立	广东科贸职业学院,教授
沈文飚	南京农业大学生命科学学院,教授	石德成	东北师范大学,教授
沈文凡	吉林大学文学院,教授	石德顺	广西大学动物科学技术学院,研究员
沈熙环	北京林业大学生物科学与技术学院,教授	石东坡	浙江工业大学学术期刊社,教授
沈新普	中国石油大学(华东)石油工程学院,教授	石东洋	郑州大学数学与统计学院,教授
沈新强	中国水产科学研究院东海水产研究所,研究员	石端伟	武汉大学动力与机械学院,教授
		石　峰	北方夜视科技研究院集团,研究员
沈星灿	广西师范大学化学与药学学院,教授	石福明	河北大学生命科学学院,教授
沈雪勇	上海中医药大学针灸推拿学院,教授	石庚辰	北京理工大学机电学院,教授
沈亚领	华东理工大学生物工程学院,教授	石海兵	江苏师范大学马克思主义学院,教授
沈岩柏	东北大学资源与土木工程学院,教授	石汉平	首都医科大学附属北京世纪坛医院,主任医师
沈艳霞	江南大学物联网工程学院,教授		
沈耀良	苏州科技大学环境科学与工程学院,教授	石　焕	中煤科工集团唐山研究院有限公司,研究员
沈永福	首都师范大学马克思主义学院,教授	石建功	中国医学科学院北京协和医学院药物研究所,研究员
沈永平	中国科学院西北生态环境资源研究院,编审		
沈玉先	安徽医科大学基础医学院,教授	石丽君	北京体育大学运动生理学教研室,教授
沈寓实	清华海峡院智能网络计算实验室,研究员	石　玲	国网陕西省电力公司,教授级高级工程师
沈泽俊	中国石油勘探开发研究院智能控制与装备研究所,教授级高级工程师	石陆魁	河北工业大学人工智能与数据科学学院,教授
沈振亚	苏州大学心血管病研究所,教授	石培礼	中国科学院地理科学与资源研究所,研究员
沈志强	山东省滨州畜牧兽医研究院,研究员	石书臣	上海师范大学马克思主义学院,教授
沈志渔	中国社会科学院工业经济研究所,研究员	石书济	中国电子科技集团公司第十研究所,研究员
盛昌栋	东南大学能源与环境学院,教授	石伟国	江苏华建建设股份有限公司,研究员
盛　蕾	南京体育学院科研处,研究员	石伟平	华东师范大学教育学部,教授
盛明泉	安徽财经大学公司治理与资本效率研究院,教授	石文天	北京工商大学人工智能学院,教授
		石文星	清华大学建筑学院,教授
盛庆红	南京航空航天大学航天学院,教授	石小娟	河北工业大学文法学院,教授

石新栋	中交隧道工程局有限公司,教授级高级工程师	史亦韦	中国航发北京航空材料研究院,研究员
石新丽	山西中医药大学研究生学院,教授	史永超	中国科协科技导报社,编审
石新中	首都师范大学政法学院,编审	史宇光	北京大学数学科学学院,教授
石 星	中国电子科技集团公司第十研究所,研究员	史忠科	西北工业大学自动化学院,教授
石兴泽	聊城大学文学院,教授	史忠植	中国科学院计算技术研究所,研究员
石 岩[1]	北京航空航天大学自动化科学与电气工程学院,教授	寿成超	北京大学肿瘤医院,教授
石 岩[2]	辽宁中医药大学党委,教授	舒大刚	四川大学古籍整理研究所,教授
石 岩[3]	山西大学体育学院,教授	舒赣平	东南大学土木工程学院,教授
石 艳	东北师范大学教育学部,教授	舒国滢	中国政法大学法学院,教授
石忆邵	同济大学测绘与地理信息学院,教授	舒红宇	重庆大学机械与运载工程学院,教授
石永华	华南理工大学机械与汽车工程学院,教授	舒 辉	江西财经大学工商管理学院,教授
石永久	清华大学土木水利学院,教授	舒 静	上海中医药大学,主任医师
石 玗	兰州理工大学材料学院,教授	舒 平	河北工业大学建筑与艺术设计学院,教授
石照耀	北京工业大学机电学院,教授	舒尚奇	西部军民融合技术产业发展研究院,教授
石振国	山东大学体育学院,教授	舒诗湖	东华大学环境科学与工程学院,教授
时宏伟	四川大学计算机学院(软件学院),教授	舒为平	成都体育学院,教授
时朋朋	宁夏大学数学统计学院,教授	舒 阳	成都工具研究所有限公司,教授级高级工程师
时胜国	哈尔滨工程大学水声工程学院,教授	束永前	南京医科大学第一附属医院,教授
时统宇	中国社会科学院新闻与传播研究所,研究员	双 喜	内蒙古财经大学国际教育学院,教授
时旭东	清华大学土木工程系,教授	水 涛	南京大学历史学院,教授
史安斌	清华大学新闻与传播学院,教授	司富珍	北京语言大学语言学系,教授
史本康	山东大学齐鲁医院,教授	司洪昌	国家教育行政学院教育行政教研部,研究员
史大鹏	河南省人民医院,主任医师	司晓宏	陕西省社会科学院,教授
史耕山	河北工业大学国际教育学院,教授	司马立强	西南石油大学地球科学与技术学院,教授
史桂芬	东北师范大学经济学院,教授	斯金平	浙江农林大学天然药物研发中心,教授
史国生	南京体育学院,教授	宋爱国	东南大学仪器科学与工程学院,教授
史海滨	内蒙古农业大学水利与土木建筑工程学院,教授	宋安东	河南农业大学研究生院,教授
史海欧	广州地铁设计研究院有限公司,教授级高级工程师	宋 彬	四川大学华西医院,主任医师
史红权	大连舰艇学院,研究员	宋 波	北京科技大学土木与资源工程学院,教授
史宏灿	扬州大学医学院,教授	宋波涛	华中农业大学园艺林学学院,教授
史慧芳	中国兵器装备集团自动化研究所有限公司,研究员级高级工程师	宋才发	中央民族大学法学院,教授
史进渊	上海发电设备成套设计研究院有限责任公司,教授级高级工程师	宋长来	北京联合大学旅游学院,教授
史敬轩	重庆邮电大学外语学院,教授	宋 超	南京信息工程大学法政学院,教授
史 娟	宁夏大学农学院,教授	宋春红	山东第一医科大学附属中心医院,主任药师
史可琴	国网陕西省电力公司调控中心,教授级高级工程师	宋春华	黑龙江中医药大学附属第二医院,主任医师
史兰菊	中国商业出版社,编审	宋春侠	承德医学院附属医院,主任中医师
史楠楠	中国中医科学院中医临床基础医学研究所,研究员	宋大千	吉林大学化学学院,教授
史庆南	昆明理工大学材料科学与工程学院,教授	宋丹青	中国医学科学院医药生物技术研究所,研究员
史瑞芝	解放军信息工程大学测绘学院,教授	宋东奎	郑州大学第一附属医院,教授
史曙生	南京师范大学体育科学学院,教授	宋冬英	北京工商大学,编审
史帅星	矿冶科技集团有限公司,正高级工程师	宋恩峰	武汉大学人民医院,主任医师
史天贵	北京理工大学资产与实验室管理处,研究员	宋法刚	山东艺术学院传媒学院,教授
史铁林	华中科技大学机械科学与工程学院,教授	宋凤轩	河北大学社科处,教授
史向军	西安理工大学马克思主义学院,教授	宋广礼	天津工业大学纺织科学与工程学院,教授
史欣德	中国中医科学院中医基础理论研究所,研究员	宋广文	华南理工大学马克思主义学院,教授
		宋国兵	西安交通大学电气工程学院,教授
史秀志	中南大学资源与安全工程学院,教授	宋国恺	北京工业大学社会工作系,教授
史艳国	燕山大学机械工程学院,教授	宋红萍	武汉市第四医院,主任药师
		宋宏伟	中国矿业大学力学与土木工程学院,教授
		宋洪涛	第九○○医院,主任药师
		宋虎杰	西安中医脑病医院,主任医师
		宋 华	中国人民大学商学院,教授
		宋焕禄	北京工商大学食品与健康学院,教授
		宋继承	内蒙古财经大学学报,教授

宋建军	河北科技大学生物科学与工程学院,教授	宋　章	中铁二院工程集团有限责任公司,教授级高级工程师
宋进喜	西北大学城市与环境学院,教授		
宋经元	中国医学科学院药用植物研究所,研究员	宋振国	北京矿冶研究总院,教授级高级工程师
宋景贵	河南省精神病医院,教授	宋正河	中国农业大学工学院,教授
宋　军	中国地质调查局成都矿产综合利用研究所,教授级高级工程师	宋执环	浙江大学控制科学与工程学院,教授
		宋治文	天津市农业科学院黄瓜研究所,研究员
宋克志	鲁东大学土木工程学院,教授	宋宗宇	重庆大学法学院,教授
宋来洲	燕山大学环境与化学工程学院,教授	苏东民	郑州轻工业大学,教授
宋丽华	宁夏大学林业与草业学院,教授	苏国韶	广西大学土木建筑工程学院,教授
宋利明	上海海洋大学海洋科学学院,教授	苏海南	中国劳动学会,研究员
宋　琳	长安大学马克思主义学院,教授	苏宏业	浙江大学控制科学与工程学院,教授
宋茂民	首都医科大学附属北京天坛医院,主任医师	苏建修	河南科技学院机电学院,教授
宋　敏[1]	山东财经大学《经济与管理评论》编辑部,教授	苏剑波	上海交通大学自动化系,教授
		苏健蛟	武汉体育学院武术学院,教授
宋　敏[2]	中国农业科学院农业资源与农业区划研究所,研究员	苏金乐	河南农业大学风景园林与艺术学院,教授
		苏敬勤	大连理工大学管理学院,教授
宋乃庆	西南大学教育学部,教授	苏娟华	《河南科技大学学报》编辑部,教授
宋　鹏	北方工业大学信息学院,教授	苏君华	上海大学图书情报档案系,教授
宋鹏云	昆明理工大学化学工程学院,教授	苏培玺	中国科学院西北生态环境资源研究院,研究员
宋　坪	中国中医科学院广安门医院,主任医师		
宋庆伟	济南大学外国语学院,教授	苏　平	重庆理工大学重庆知识产权学院,教授
宋三平	南昌大学人文学院,教授	苏　勤	安徽师范大学地旅学院,教授
宋生印	中国石油集团石油管工程技术研究院,研究员	苏全有	河南师范大学历史文化学院,教授
		苏三庆	西安建筑科技大学土木工程学院,教授
宋诗哲	天津大学材料科学与工程学院,教授	苏生瑞	长安大学地质工程与测绘学院,教授
宋士仓	郑州大学数学与统计学院,教授	苏颂兴	中国共产主义青年团上海团校,研究员
宋树祥	广西师范大学科学技术处,教授	苏维词	贵州科学院山地资源研究所,研究员
宋松柏	西北农林科技大学水利与建筑工程学院,教授	苏武俊	广东财经大学智能会计学院,教授
		苏曦凌	广西师范大学学报编辑部,教授
宋维佳	东北财经大学投资工程管理学院,教授	苏晓东	哈尔滨商业大学计算机与信息工程学院,教授
宋　伟	东北大学艺术学院,教授		
宋伟东	辽宁工程技术大学测绘与地理科学学院,教授	苏新宁	南京大学信息管理学院,教授
		苏秀兰	内蒙古医科大学附属医院,教授
宋现春	山东建筑大学机电学院,教授	苏彦捷	北京大学心理与认知科学学院,教授
宋小鸽	安徽中医药大学针灸推拿学院(康复医学院),研究员	苏　杨	国务院发展研究中心,研究员
		苏友新	福建卫生职业技术学院,教授
宋晓林	国网陕西省电力公司营销服务中心,教授级高级工程师	苏云婷	大连交通大学马克思主义学院,教授
		苏占海	青海大学医学院,教授
宋晓茹	西安工业大学机电工程学院,教授	苏　震	中国农业大学生物学院,教授
宋旭红	济南大学高等教育研究院,教授	苏正涛	中国航发北京航空材料研究院,研究员
宋绪丁	长安大学工程机械学院,教授	苏忠民	东北师范大学化学学院,教授
宋延杰	东北石油大学地球科学学院,教授	宿程远	广西师范大学环境与资源学院,教授
宋晔皓	清华大学建筑学院,教授	粟迎春	新疆医科大学马克思主义学院,教授
宋一凡	长安大学公路学院,教授	眭海刚	武汉大学测绘遥感信息工程国家重点实验室,教授
宋亦芳	上海开放大学航空运输学院,教授		
宋永辉	西安建筑科技大学冶金工程学院,教授	眭依凡	浙江大学教育学院,教授
宋永伦	北京工业大学机电学院,教授	隋　波	山东体育学院运动基础科学学院,教授
宋永熙	哈尔滨医科大学附属第一医院,主任药师	隋博文	北部湾大学经济管理学院,教授
宋　勇	北京理工大学光电学院,教授	隋启君	云南省农业科学院经济作物研究所,研究员
宋　渊	中国农业大学生物学院,教授	隋修武	天津工业大学机械学院,教授
宋元峰	国网陕西省电力公司信息通信公司,教授级高级工程师	隋永莉	中国石油天然气管道科学研究院有限公司,教授级高级工程师
宋远升	华东政法大学青少所,教授	隋忠国	青岛大学附属医院,主任药师
宋月晗	北京中医药大学中医学院,教授	孙爱军	北京协和医院,教授
宋月林	北京中医药大学中医学院,研究员	孙安修	扬州大学附属医院,主任药师
宋云连	内蒙古工业大学土木学院,教授	孙佰仲	东北电力大学能源与动力工程学院,教授

孙宝国	北京工商大学轻工科学技术学院,教授	孙继平	中国矿业大学(北京),教授
孙宝文	中央财经大学中国互联网经济研究院,教授	孙家寿	武汉工程大学化学与环境工程学院,教授
孙宝玉	长春工业大学机电学院,教授	孙家洲	中国人民大学历史学院,教授
孙宝云	北京电子科技学院管理系,教授	孙 坚	中国计量大学机电工程学院,教授
孙宝忠	东华大学纺织学院,教授	孙建海	湖北省第三人民医院(湖北省中山医院),教授
孙保娟	广东省农业科学院蔬菜研究所,研究员	孙建宏	扬州大学附属医院,主任医师
孙葆丽	北京体育大学管理学院,教授	孙建军[1]	北京大学国际医院,主任医师
孙葆青	航天信息股份有限公司,研究员级高级工程师	孙建军[2]	武汉大学电气与自动化学院,教授
孙 备	哈尔滨医科大学附属第一医院,教授	孙建孟	中国石油大学(华东)地球与技术学院,教授
孙 斌	东北电力大学能源与动力工程学院,教授	孙 剑	南京工业大学土木工程学院,教授
孙 兵	南京审计大学体育与艺术教学部,教授	孙剑秋	绍兴文理学院生命与环境科学学院,教授
孙才志	辽宁师范大学海洋可持续发展研究院,教授	孙 健[1]	北京理工大学自动化学院,教授
孙 超	贵州省天然产物研究中心,研究员	孙 健[2]	广西农业科学院,研究员
孙 琛	上海海洋大学经管学院,教授	孙健夫	河北大学管理学院,教授
孙成武	东北师范大学马克思主义学部,教授	孙 杰	山东大学机械工程学院,教授
孙 诚	天津职业大学,教授	孙杰远	广西师范大学教育学部,教授
孙承航	中国医学科学院医药生物技术研究所,研究员	孙洁娣	燕山大学信息科学与工程学院,教授
孙春宝	北京科技大学土木与资源工程学院,教授	孙金玮	哈尔滨工业大学仪器科学与工程学院,教授
孙春艳	华中科技大学同济医学院附属协和医院,教授	孙金鑫	中国教育学会,编审
		孙晶华	哈尔滨工程大学物理与光电学院,教授
孙丹峰	中国农业大学土地科学与技术学院,教授	孙景贵	吉林大学地球科学学院,教授
孙得川	大连理工大学航空航天学院,教授	孙九霞	中山大学旅游学院,教授
孙德梅	哈尔滨工程大学经济管理学院,教授	孙 军	南开大学光电功能晶体与装备研究院,研究员
孙德有	吉林大学地球科学学院,教授		
孙德智	北京林业大学环境科学与工程学院,教授	孙军强	华中科技大学武汉光电国家研究中心,教授
孙冬梅	广东一方制药有限公司,主任药师	孙俊青	北京联合大学学报编辑部,编审
孙方宏	上海交通大学机械与动力工程学院,教授	孙 力[1]	国防大学政治学院,教授
孙丰瑞	海军工程大学,教授	孙 力[2]	哈尔滨工业大学电气工程及自动化学院,教授
孙峰华	鲁东大学环渤海发展研究院,教授	孙力娟	南京邮电大学,教授
孙 刚	三明学院研究生处,教授	孙立樵	辽宁师范大学马克思主义学院,教授
孙钢柱	郑州大学土木工程学院,教授	孙立新	红河学院商学院,教授
孙贵香	湖南中医药大学中医学院,教授	孙丽英	黑龙江中医药大学基础医学院,研究员
孙桂菊	东南大学公共卫生学院,教授	孙利华	沈阳药科大学药物经济学教研室,教授
孙国栋	湖北工业大学机械工程学院,教授	孙林兵	南京工业大学化工学院,教授
孙国清	中国农业科学院生物技术研究所,研究员	孙 琳	教育部职业教育发展中心,研究员
孙国胜	吉林大学地球科学学院,教授	孙灵芳	东北电力大学自动化工程学院,教授
孙国祥	沈阳药科大学药学院,教授	孙铝辉	华中农业大学动物科学技术学院、动物医学院,教授
孙红光	扬州大学附属医院,教授		
孙红旗	江苏师范大学敬文书院,教授	孙茂民	苏州大学,教授
孙宏碧	江苏省海州高级中学教科室,教授	孙 梅	中国医科大学第二临床学院,教授
孙宏弢	鲁中晨报社,高级记者	孙绵涛	浙江外国语学院教育学院,教授
孙宏伟	中国船舶集团有限公司第七一六研究所,研究员	孙明贵	东华大学旭日工商管理学院,教授
		孙明瑜	上海中医药大学附属曙光医院,研究员
孙厚超	盐城工学院土木工程学院,教授级高级工程师	孙沭逸	空军军医大学第三附属医院,教授
		孙墨杰	东北电力大学化学工程学院,教授
孙 华	中南林业科技大学林学院,教授	孙 谋	上海润基岩土技术有限公司,教授级高级工程师
孙桓五	太原理工大学教务处,教授		
孙 辉	国家粮食和物资储备局科学研究院,研究员	孙聂枫	中国电子科技集团公司第十三研究所,研究员
孙 会	吉林农业大学动物科技学院,教授	孙培龙	浙江工业大学食品科学与工程学院,教授
孙会军	上海外国语大学英语学院,教授	孙培勤	郑州大学化工学院,教授
孙慧武	中国水产科学研究院,研究员	孙珮石	云南大学生态与环境学院,教授
孙基林	山东大学人文社会科学青岛研究院,教授	孙 平	江苏大学汽车学院,教授
孙吉亭	山东省海洋经济文化研究院,研究员	孙其昂	河海大学马克思主义学院,教授
孙继辉	大连大学经济管理学院,教授	孙 骞	南开大学天津市信息光子学材料与技术重点实验室,教授

孙黔云	贵州省天然产物研究中心,研究员	孙振川	盾构及掘进技术国家重点实验室,教授级高级工程师
孙清明	广东省农业科学院果树研究所,研究员		
孙清荣	山东省果树研究所,研究员	孙振平	同济大学材料科学与工程学院,教授
孙庆生	企业管理出版社,编审	孙振元	中国林业科学研究院林业研究所,研究员
孙荣青	郑州大学第一附属医院,主任医师	孙枝莲	山西师范大学教师教育学院,教授
孙 山	山东省果树研究所,研究员	孙知信	南京邮电大学现代邮政研究院,教授
孙尚德	河南工业大学粮油食品学院,教授	孙志超	西北工业大学材料学院,教授
孙绍振	福建师范大学文学院,教授	孙志恒	中国水利水电科学研究院,正高级工程师
孙书臣	中国中医科学院广安门医院,主任医师	孙志坚	燕山大学建筑工程与力学学院,教授
孙淑慧	成都体育学院学报编辑部,教授	孙智慧	哈尔滨商业大学轻工学院,教授
孙树菡	中国人民大学劳动人事学院,教授	孙中叶	河南工业大学经济贸易学院,教授
孙 坦	中国农业科学院农业信息研究所,研究馆员	孙中原	中国人民大学哲学院,教授
孙 涛	哈尔滨工业大学精密工程研究所,教授	孙忠梅	厦门紫金矿冶技术有限公司,教授级高级工程师
孙体昌	北京科技大学矿物加工工程系,教授		
孙铁志	大连理工大学船舶工程学院,教授	孙仲超	煤炭科学技术研究院有限公司,研究员
孙 巍	上海市政工程设计研究总院(集团)有限公司,教授级高级工程师	孙自学	河南省中医院,教授
		索建秦	西北工业大学能源与动力学院,教授
孙维峰	中国人民解放军南部战区总医院,主任医师	索 涛	西北工业大学航空学院,教授
孙 伟[1]	中国电子科技集团公司第十四研究所,研究员	郜能灵	上海交通大学电子信息与电气工程学院,教授
孙 伟[2]	中南大学资源加工与生物工程学院,教授		
孙伟民	哈尔滨工程大学物理与光电学院,教授	谈多娇	湖北经济学院会计学院,教授
孙 炜	湖南大学电气与信息工程学院,教授	谈国强	陕西科技大学材料科学与工程学院,教授
孙卫忠	河北工业大学图书馆,教授	谈乐斌	南京理工大学机械工程学院,教授
孙文军	北京中医药大学第三附属医院,主任医师	谈 勇	南京中医药大学附属医院,教授
孙小平	沈阳航空航天大学自动化学院,教授	谭安胜	海军大连舰艇学院舰船指挥系,教授
孙晓莉	中共中央党校(国家行政学院)图书和文化馆,教授	谭 波	海南大学法学院,教授
		谭才宏	江苏大学附属医院,主任药师
孙晓梅	中华女子学院女性学系,教授	谭光宇	广东海洋大学机械与动力工程学院,教授
孙晓鹏	西安医学院第二附属医院,主任医师	谭桂林	湖南大学中国语言文学学院,教授
孙孝科	南京邮电大学,教授	谭国栋	中国电建集团北京勘测设计研究院有限公司,教授级高级工程师
孙兴怀	复旦大学附属眼耳鼻喉科医院,教授		
孙延林	天津体育学院教育与心理学院,教授	谭红胜	上海交通大学医学院,研究员
孙彦景	中国矿业大学信息化建设与管理处,教授	谭红专	中南大学湘雅公共卫生学院,教授
孙 洋	南京大学生命科学学院,教授	谭宏伟	广西农业科学院甘蔗研究院,研究员
孙耀星	北华大学材料科学与工程学院,教授	谭惠丰	哈尔滨工业大学特种环境复合材料技术国家级重点实验室,教授
孙业桓	安徽医科大学公共卫生学院,教授		
孙 英	中央民族大学马克思主义学院,教授	谭建波	河北科技大学材料科学与工程学院,教授
孙永升	东北大学资源与土木工程学院,教授	谭建伟	重庆理工大学管理学院,教授
孙永忠	重庆理工大学车辆工程学院,教授	谭敬胜	长春工程学院管理学院,教授
孙勇军	河北科技大学化学与制药工程学院,教授	谭 军	新乡医学院第三附属医院,主任医师
孙有平	华东师范大学体育与健康学院,教授	谭秋林	中北大学仪器与电子学院,教授
孙佑海	最高人民法院中国应用法学研究所,研究员	谭 天	暨南大学新闻与传播学院,教授
孙玉钗	苏州大学纺织与服装工程学院,教授	谭晓风	中南林业科技大学林学院,教授
孙玉栋	中国人民大学公共管理学院,教授	谭笑珉	南阳师范学院期刊部,编审
孙玉甫	温州商学院管理学院,教授	谭新红	武汉大学文学院,教授
孙玉丽	宁波大学教师教育学院,教授	谭旭东	上海大学文学院,教授
孙玉强	浙江理工大学生命科学与医药学院,教授	谭益民	湖南工业大学,教授
孙玉田	哈尔滨大电机研究所有限公司,教授级高级工程师	谭永华	航天推进技术研究院科技委,研究员
		谭友文	镇江市第三人民医院,主任医师
孙 云	扬州大学医学院,教授	谭 彧	中国农业大学工学院,教授
孙增荣	天津医科大学公共卫生学院,教授	谭志强	冀北电力公司电力科学研究院,教授级高级工程师
孙增寿	郑州大学土木工程学院,教授		
孙占奎	上海交通大学药学院,研究员	谭忠盛	北京交通大学土木建筑工程学院,教授
孙占利	广东财经大学法学院,教授	谭卓英	北京科技大学土木与环境工程学院,教授
孙占学	北京中医药大学第三附属医院,主任医师	檀柏梅	河北工业大学微电子所,教授
		檀传宝	北京师范大学教育基本理论研究院,教授

檀江林	合肥工业大学文法学院,教授	唐铁钰	扬州大学附属医院,主任医师
汤兵勇	东华大学旭日工商管理学院,教授	唐文彦	哈尔滨工业大学仪器科学与工程学院,教授
汤大权	国防科技大学,教授	唐闻捷	温州大学体育与健康学院,教授
汤方平	扬州大学水利与能源动力工程学院,教授	唐贤秋	广西民族大学政治与公共管理学院,教授
汤放鸣	中国工程物理研究院计算机应用研究所,研究员	唐贤兴	复旦大学国际关系与公共事务学院,教授
		唐小斌	哈尔滨工业大学环境学院,教授
汤 菲	广东财经大学学报编辑部,编审	唐晓华	辽宁大学经济学院,教授
汤谷良	对外经济贸易大学国际商学院,教授	唐新明	自然资源部国土卫星遥感应用中心,研究员
汤吉军	辽宁大学经济学院,教授	唐旭东	中国中医科学院西苑医院,主任医师
汤 洁	吉林大学新能源与环境学院,教授	唐玄乐	哈尔滨医科大学公共卫生学院,教授
汤 静	复旦大学附属妇产科医院,主任药师	唐学林	中国农业大学水利与土木工程学院,教授
汤立达	天津药物研究院,教授	唐益群	同济大学土木工程学院,教授
汤 玲	北京中医药大学东直门医院,主任医师	唐永胜	国防大学国家安全学院,教授
汤 强	南京体育学院运动健康学院,研究员	唐 勇	成都中医药大学养生康复学院,研究员
汤生玲	河北金融学院,教授	唐有法	安徽省安庆市第一人民医院,教授
汤叔楩	河北科技大学理学院,教授	唐 渝	暨南大学化学与材料学院,教授
汤 伟	陕西科技大学电气与控制工程学院,教授	唐朝晖	山西农业大学农学院,研究员
汤文明	合肥工业大学材料科学与工程学院,教授	唐振军	广西师范大学计算机科学与信息工程学院,教授
汤宪高	中铁隧道局集团有限公司,教授级高级工程师		
		陶长琪	江西财经大学金融学院,教授
汤 奕	东南大学电气工程学院,教授	陶东风	广州大学人文学院,教授
汤永利	河南理工大学软件学院,教授	陶东平	山东理工大学资源与环境工程学院,教授
汤哲声	苏州大学文学院,教授	陶 钢	南京理工大学能源与动力工程学院,研究员
汤志华	广西师范大学马克思主义学院,教授	陶国良	常州大学产学研合作处,教授
唐 斌	电子科技大学电子科学与技术学院,教授	陶 红	广东技术师范学院基础教育学院,教授
唐臣升	沈阳飞机工业(集团)有限公司,研究员	陶俊光	河北工业大学材料科学与工程学院,教授
唐成春	河北工业大学材料科学与工程学院,教授	陶能进	中煤科工集团北京华宇工程有限公司,教授级高级工程师
唐大全	海军航空大学,教授		
唐德志	上海中医药大学附属龙华医院,研究员	陶士贵	南京师范大学商学院,教授
唐东昕	贵州中医药大学第一附属医院,主任医师	陶书田	南京农业大学园艺学院,教授
唐恩凌	沈阳理工大学装备工程学院,教授	陶新民	东北林业大学土木与交通学院,教授
唐二军	河北科技大学化学与制药工程学院,教授	陶学恒	大连工业大学机械工程与自动化学院,教授
唐 非	华中科技大学同济医学院,教授	陶学明	西华大学建筑与土木工程学院,教授
唐国宁	广西师范大学物理与电子工程学院,教授	陶永胜	西北农林科技大学葡萄酒学院,教授
唐 红	重庆邮电大学通信与信息工程学院,教授	陶玉流	苏州大学体育学院,教授
唐宏亮	广西防城港市中医医院,教授	陶泽璋	武汉大学人民医院,教授
唐洪明	西南石油大学国家重点实验室,教授	陶志华	浙江大学医学院附属第二医院,教授
唐建国	上海市城市建设设计研究总院(集团)有限公司,教授	陶志琼	宁波大学教师教育学院,教授
		滕 飞	苏州幼儿师范高等专科学校,教授
唐 健	中铁隧道勘测设计院有限公司,教授级高级工程师	滕福海	广西大学文学院,教授
		滕建州	东北师范大学经济与管理学院,教授
唐 军	浙江大学先进技术研究院,研究员	滕志军	东北电力大学电气工程学院,教授
唐开军	深圳大学艺术与设计学院,教授	田 标	南京体育学院体育发展与规划研究院,教授
唐 镶	中国人民大学劳动人事学院,教授	田党瑞	现代远程教育研究杂志社,编审
唐魁玉	哈尔滨工业大学人文学院,教授	田道法	湖南中医药大学附属一院,教授
唐路元	重庆工商大学经济学院,教授	田 丰	军事科学院系统工程研究院卫勤保障技术研究所,研究员
唐 萌	东南大学公共卫生学院,教授		
唐 鸣	华中师范大学政治与国际关系学院,教授	田富军	宁夏师范学院,教授
唐 娜	天津科技大学科技处,教授	田 刚	浙江音乐学院作曲与指挥系,教授
唐启盛	北京中医药大学第三附属医院,教授	田广军	燕山大学理学院,教授
唐人成	苏州大学纺织与服装工程学院,教授	田广星	宁夏大学资源环境学院,教授
唐少清	北京联合大学管理学院,教授	田国才	昆明理工大学冶金与能源工程学院,教授
唐绍清	广西师范大学生命科学学院,教授	田国双	东北林业大学经济管理学院,教授
唐胜景	北京理工大学宇航学院,教授	田海舰	河北大学马克思主义学院,教授
唐仕欢	中国中医科学院中药研究所,研究员	田汉族	首都师范大学教育学院,教授
唐松林	湖南大学教育科学研究院,教授	田红玉	北京工商大学轻工学院,教授

田　虹　吉林大学商学院,教授
田　辉[1]　北京服装学院,教授
田　辉[2]　宣城市人民医院,主任医师
田　辉[3]　中航西安飞机工业集团股份有限公司,研究员
田建平　河北大学新闻传播学院,教授
田　健　中国农业科学院生物技术研究所,研究员
田鉴定　国网陕西省电力公司,教授级高级工程师
田可文　武汉音乐学院,教授
田立新　开滦(集团)有限责任公司,教授级高级工程师
田　良　成都工具研究所有限公司,教授级高级工程师
田龙过　陕西科技大学设计与艺术学院,教授
田美娥　西安石油大学机械机电系,教授
田鹏颖　东北大学马克思主义学院,教授
田普训　西安交通大学医学院第一附属医院,教授
田青超　上海大学材料科学与工程学院,教授级高级工程师
田庆丰　郑州大学公共卫生学院,教授
田守信　上海宝钢股份公司研究院,教授
田树革　新疆医科大学中医学院,教授
田树军　河北农业大学动物科技学院,教授
田　澍　西北师范大学,教授
田　涛[1]　大连海洋大学辽宁省海洋牧场工程技术研究中心,教授
田　涛[2]　山东临沂市人民医院北城新区医院,主任医师
田　薇　浙江农林大学,教授
田卫疆　新疆社会科学院,研究员
田卫平　《南国学术》编辑部,编审
田祥宇　山西财经大学,教授
田小海　长江大学农学院,教授
田新诚　山东大学控制科学与工程学院,教授
田学东　河北大学网络空间安全与计算机学院,教授
田亚东　河南农业大学科学技术处,教授
田亚平　中国人民解放军总医院,教授
田耀农　杭州师范大学音乐学院,教授
田义贵　西南大学文学院,教授
田义文　西北农林科技大学人文学院,教授
田义新　吉林农业大学中药材学院,教授
田英平　河北医科大学第二医院,教授
田　勇　河南工业大学机电工程学院,教授
田友谊　华中师范大学教育学院,教授
田雨华　中国兵器工业集团第二一〇研究所(北方科技信息研究所),研究员
田　禹　哈尔滨工业大学城市水资源与水环境国家重点实验室,教授
田玉敏　西安电子科技大学计算机学院,教授
田允波　仲恺农业工程学院,教授
田增民　解放军总医院,主任医师
田志宏　广州大学,教授
田志龙　华中科技大学管理学院,教授
田中青　重庆理工大学材料科学与工程学院,教授
田子建　中国矿业大学(北京)机电与信息工程学院,教授

铁　锴　西安科技大学马克思主义学院,教授
同继锋　中国建筑材料科学研究总院,教授级高级工程师
佟德志　天津师范大学政治与行政学院,教授
佟光霁　东北林业大学经济管理学院,教授
佟继铭　承德医学院中药研究所,教授
佟　新　北京大学社会学系,教授
佟志芳　江西理工大学冶金与化学工程学院,教授
童　兵　复旦大学新闻学院,教授
童秉枢　清华大学机械工程学院,教授
童　建　苏州医学院,教授
童　凯　燕山大学电气工程学院,教授
童　玲　电子科技大学自动化工程学院,教授
童晓阳　西南交通大学电气学院,教授
童　雄　昆明理工大学国土资源工程学院,教授
童叶翔　中山大学化学学院,教授
童峥嵘　天津理工大学集成电路科学与工程学院,教授
图力古尔　吉林农业大学农学院,教授
图　娅　北京中医药大学针灸推拿学院,教授
涂春鸣　湖南大学电气与信息工程学院,教授
涂赣峰　东北大学冶金学院,教授
涂敏霞　广州市穗港澳青少年研究所,教授
涂　蓉　海南医学院第一附属医院,教授
涂书新　华中农业大学资源与环境学院,教授
涂文学　江汉大学人文学院,教授
涂亚庆　陆军勤务学院学术委员会,教授
涂艳国　华中师范大学教育学院,教授
涂永前　中国人民大学劳动人事学院,研究员
涂　彧　苏州大学苏州医学院放射医学与防护学院,教授
涂裕春　西南民族大学经济学院,教授
涂志刚　武汉大学测绘遥感信息工程国家重点实验室,研究员
屠长河　山东大学计算机科学与技术学院,教授
屠国元　宁波大学外国语学院,教授
屠　康　南京农业大学食品科学技术学院,教授
屠　焰　中国农业科学院饲料研究所,研究员
屠迎锋　苏州大学高分子系,教授
拓勇飞　中交第二公路勘察设计研究院有限公司隧道与地下工程设计院,教授级高级工程师
宛煜嵩　中国农业科学院生物技术研究所,研究员
万光明　郑州大学第一附属医院,教授
万　坚　华中师范大学化学学院,教授
万建中　北京师范大学文学院,教授
万剑平　湖南省交通规划勘察设计院有限公司,研究员
万姜林　中铁城市发展投资集团有限公司,教授级高级工程师
万金泉　华南理工大学环境与能源学院,教授
万　里　南京医科大学第一附属医院,主任医师
万　力　中国地质大学(北京),教授
万美容　华中师范大学思想政治教育研究所,教授
万明钢　西北师范大学教育科学学院,教授
万荣华　中国船舶第七〇五研究所,研究员
万文辉　东部战区总医院,主任医师

万献尧	大连医科大学附属第一医院,教授	王爱国	山东财经大学会计学院,教授
万晓红	武汉体育学院期刊社,教授	王爱玲	山西省教育科学研究院,研究员
万晓榆	重庆邮电大学经济管理学院,教授	王岸娜	河南工业大学粮油食品学院,教授
万雪芬	杭州市委党校党史党建与统战教研部,教授	王百田	北京林业大学水土保持学院,教授
万 有	北京大学神经科学研究所,教授	王宝生	国防科技大学计算机学院,研究员
万 忠	广东省农业科学院农业经济与农村发展研究所,研究员	王 蓓	东南大学公共卫生学院,教授
汪必琴	四川师范大学发展规划与学科建设处,教授	王本陆	北京师范大学教育学部,研究员
汪 波	西南交通大学土木工程学院,教授	王 彪	江苏科技大学海洋学院,教授
汪长安	清华大学材料学院,教授	王 滨	上海材料研究所,教授级高级工程师
汪朝光	中国社会科学院世界历史研究所,研究员	王 斌	河南科技大学机电工程学院,教授
汪传雷	安徽大学商学院,教授	王斌会	暨南大学管理学院,教授
汪传生	青岛科技大学机电工程学院,教授	王斌义	厦门理工学院经济与管理学院,教授
汪道辉	四川大学电气工程学院,教授	王 兵	西南石油大学化学化工学院,教授
汪德虎	海军大连舰艇学院,教授	王炳社	渭南师范学院艺术隐喻研究中心,教授
汪 定	南开大学网络空间安全学院,教授	王 波[1]	北京大学图书馆,研究馆员
汪芳宗	三峡大学电气与新能源学院,教授	王 波[2]	武汉大学电气工程学院,教授
汪海年	长安大学公路学院,教授	王博文	河北工业大学电气工程学院,教授
汪 晖	武汉大学泰康医学院(基础医学院),教授	王昌禄	天津科技大学食品科学与工程学院,教授
汪金刚	重庆大学输配电装备及系统安全与新技术国家重点实验室,教授	王长虹[1]	河南省精神病医院,教授
汪娟娟	华南理工大学电力学院,教授	王长虹[2]	上海中医药大学中药研究所,研究员
汪俊军	江苏省南京市儿童保健所,教授	王长乐	江苏大学教育学研究所,教授
汪凯戈	北京师范大学物理学系,教授	王长连	福建医科大学附属第一医院,教授
汪 镭	同济大学电子与信息工程学院,教授	王长希	中山大学附属第一医院,教授
汪良驹	南京农业大学园艺学院,教授	王长征	重庆医科大学第三附属医院,教授
汪 灵	成都理工大学材料与化学化工学院,教授	王朝辉	长安大学公路学院,教授
汪民乐	火箭军工程大学基础部,教授	王 晨	北京师范大学教育学部,教授
汪 敏	闽南师范大学教育与心理学院,教授	王赪胤	扬州大学化学化工学院,教授
汪明明	山东省公共卫生临床中心,主任医师	王 成	中南大学湘雅二医院,教授
汪明武	合肥工业大学土木与水利工程学院,教授	王成江[1]	三峡大学电气与新能源学院,教授
汪韶军	海南大学人文学院,教授	王成江[2]	中煤科工清洁能源股份有限公司,研究员
汪圣利	中国电子科技集团公司第十四研究所,研究员	王成军[1]	安徽财经大学工商管理学院,教授
汪诗明	华东师范大学国际关系与地区发展研究院,教授	王成军[2]	西安建筑科技大学管理学院,教授
		王成林	北京物资学院对外合作办公室,教授
汪士治	中国机械工程学会工程师资格认证专家组,教授	王成涛	北京工商大学食品与健康学院,教授
		王成彦	北京科技大学冶金与生态学院,教授
汪世平	中南大学湘雅医学院,教授	王承南	中南林业科技大学林学院,教授
汪寿阳	中国科学院数学与系统科学研究院,研究员	王澄海	兰州大学大气科学学院,教授
汪受传	南京中医药大学儿科研究所,教授	王初明	广东外语外贸大学文科基地,教授
汪 伟	中国计量大学机电工程学院,教授	王传堂	山东省花生研究所,研究员
汪祥耀	浙江财经大学会计学院,教授	王传新	山东大学第二医院,教授
汪晓赞	华东师范大学体育与健康学院,教授	王 春	大连交通大学机械工程学院,教授
汪 鑫	广西财经学院法学院,教授	王春峰	天津大学管理与经济学部,教授
汪兴平	湖北民族大学生物与食品工程学院,教授	王春林	山西大学文学院,教授
汪耀富	湖南中烟工业有限责任公司,教授	王春平	陆军工程大学石家庄校区,教授
汪易森	原国务院南水北调工程建设委员会专家委员会,教授级高级工程师	王春燕	浙江师范大学儿童发展与教育学院,教授
		王 聪[1]	哈尔滨工业大学航天学院,教授
汪永明	安徽工业大学机械工程学院,教授	王 聪[2]	江苏省人民医院(南京医科大学第一附属医院),主任医师
汪永清	景德镇陶瓷学院,教授	王 聪[3]	中国矿业大学(北京)机电与信息工程学院,教授
汪有科	西北农林科技大学水建学院,研究员		
汪云甲	中国矿业大学环境与测绘学院,教授	王丛虎	中国人民大学公共管理学院,教授
汪运山	山东大学齐鲁医学部,教授	王存川	暨南大学医学院第一医院,教授
汪振军	郑州大学新闻与传播学院,教授	王存德	扬州大学化学化工学院,教授
汪志芬	海南大学材料科学与工程学院,教授	王达布	广州大学经济与统计学院,教授
		王大森	中国兵器工业集团公司第五二研究所,研究员

王大勇	东南大学医学院,教授
王大中	上海工程技术大学机械与汽车工程学院,教授
王丹华	北京协和医院,教授
王丹巧	中国中医科学院医学实验中心,研究员
王道龙	中国农业科学院农业资源与农业区划研究所,研究员
王道荣	苏北人民医院,教授
王德才	南京工业大学药学院,教授
王德杭	江苏省人民医院(南京医科大学第一附属医院),教授
王德亮	北京师范大学外文学院,教授
王德强	中国科学院重庆绿色智能技术研究院,研究员
王德权	大连工业大学机械工程与自动化学院,教授
王德松	燕山大学,教授
王登红	中国地质调查局矿产资源研究所,研究员
王殿龙	大连理工大学机械工程学院,教授
王殿轩	河南工业大学粮油食品学院,教授
王定标	郑州大学机械与动力工程学院,教授
王东波	南京农业大学信息科学技术学院,教授
王东海	鲁东大学国际教育学院,教授
王东红	中国中医科学院眼科医院,主任医师
王东炜	郑州大学土木工程学院,教授
王东文	中国医学科学院肿瘤医院深圳医院,教授
王东晓	中山大学海洋科学学院,教授
王冬冬	同济大学艺术与传媒学院,教授
王冬梅	北部战区总医院,主任医师
王端宜	华南理工大学土木与交通学院,教授
王铎	山东大学口腔医学院,教授
王恩茂	嘉兴学院建筑工程学院,教授
王恩彤	北京电力医院耳鼻咽喉科与眩晕科学研究院,教授
王恩志	清华大学水利水电工程系,教授
王发洲	武汉理工大学材料科学与工程学院,教授
王方华	上海交通大学,教授
王芳[1]	华东理工大学社会与公共管理学院,教授
王芳[2]	江苏省农业科学院兽医研究所,研究员
王芳[3]	中国水利水电科学研究院,教授级高级工程师
王飞[1]	成都中医药大学研究生院,教授
王飞[2]	东南大学附属中大医院,主任医师
王飞[3]	华北电力大学电力工程系,教授
王飞跃	中国科学院自动化研究所,研究员
王芬	陕西科技大学材料科学与工程学院,教授
王丰	陆军勤务学院军事物流系,教授
王锋	中国石油大学(华东)体育教学部,教授
王凤来[1]	哈尔滨工业大学土木工程学院,教授
王凤来[2]	中国农业大学动物科学技术学院,教授
王凤秋	哈尔滨师范大学教育科学学院,教授
王福吉	大连理工大学机械工程学院,教授
王福利	东北大学,教授
王福明	北京科技大学冶金与生态工程学院,教授
王干	中国作协小说委员会,编审
王刚[1]	重庆大学土木工程学院,教授

王刚[2]	第四军医大学第一附属医院,教授
王刚[3]	四川省妇幼保健院,主任医师
王钢	黑龙江省体育科学研究所,研究员
王革	哈尔滨工程大学航天与建筑工程学院,教授
王葛	燕山大学机械工程学院,教授
王共先	南昌大学第一附属医院,教授
王广斌	岭南师范学院机电工程学院,教授
王广才	中国地质大学(北京)水环学院,教授
王广成	曲阜师范大学外国语学院,教授
王广义	吉林大学第一医院,教授
王贵成	江苏大学精密工程技术研究所,教授
王贵玲	中国地质科学院水文地质环境研究所,研究员
王贵启	河北省农林科学院,研究员
王桂芳	广西大学资源环境与材料学院,教授
王桂芹	吉林农业大学动物科技学院,教授
王桂琴	宁夏大学动物科学学院,教授
王国刚	中国人民大学财政金融学院,教授
王国强[1]	河南省科学院地理研究所,研究员
王国强[2]	吉林大学工程装备实验中心,教授
王国庆[1]	南京水利科学研究院水文水资源与水利工程科学国家重点实验室,正高级工程师
王国庆[2]	长安大学工程机械学院,教授
王国坛	辽宁大学哲学院,教授
王国祥	南京师范大学环境学院,教授
王国欣	中建八局,教授级高级工程师
王国胤	重庆邮电大学计算智能重庆市重点实验室,教授
王国玉	北京理工大学机械与车辆学院,教授
王海波[1]	广东食品药品职业学院,教授
王海波[2]	中国农业科学院果树研究所,研究员
王海舰	桂林电子科技大学商学院,教授
王海军	沈阳工业大学建筑工程学院,教授
王海强	黑龙江中医药大学附属第一医院,主任医师
王海涛	中国地震台网中心,研究员
王海彦	辽宁石油化工大学,教授
王海云	新疆大学电气工程学院,教授
王海舟	中国钢研科技集团有限公司,院士
王汉明	湖北省妇幼保健院党委,主任医师
王航雁	解放军总医院,主任医师
王和	四川大学华西第二医院,教授
王和平	西安外国语大学英文学院,编审
王恒山	广西师范大学化学与药学学院,教授
王红[1]	湖北经济学院法商学院,教授
王红[2]	南开大学数学科学学院,教授
王红理	西安交大物理学院,教授
王红强	广西师范大学化学与药学学院,教授
王红岩	陆军装甲兵学院车辆工程系,教授
王宏	东北大学机械电子研究所,教授
王宏海	三亚学院马克思主义学院,教授
王宏华	河海大学能源与电气学院,教授
王宏江	杭州师范大学体育学院,教授
王宏伦	北京航空航天大学自动化科学与电气工程学院,教授
王宏启	哈尔滨理工大学管理学院,教授

王 虹[1]	江苏省人民医院(南京医科大学第一附属医院),教授		王建波	武汉大学生命科学学院,教授
王 虹[2]	上海市农业科学院设施园艺所,研究员		王建革	复旦大学中国历史地理研究所,教授
王 洪	中国政法大学文学院,教授		王建国	合肥工业大学土木与水利工程学院,教授
王洪斌	东北农业大学动物医学学院,教授		王建华	西安工业大学机电工程学院,教授
王洪杰	哈尔滨工业大学能源学院流体机械及工程研究所,教授		王建军[1]	扬州大学植物保护学院,教授
王洪礼	贵州师范大学,教授		王建军[2]	长安大学公路学院,教授
王洪荣	扬州大学动物科学与技术学院,教授		王建力	西南大学地理科学学院,教授
王洪树	四川大学马克思主义学院,教授		王建平	浙江省中医院,主任药师
王洪田	首都医科大学附属北京世纪坛医院,教授		王建萍	东华大学服装与艺术设计学院,教授
王后雄	华中师范大学教师教育学院,教授		王建庆	东华大学化学化工与生物工程学院,研究员
王厚军	电子科技大学自动化工程学院,教授		王建荣	解放军第三○一医院,主任护师
王 华[1]	安徽医科大学第一附属医院,教授		王建新	兰州大学西北少数民族研究中心,教授
王 华[2]	暨南大学管理学院,教授		王建元	东北电力大学电气工程学院,教授
王 华[3]	昆明理工大学党委,教授		王剑飞	延安市人民医院,主任医师
王华军	河北工业大学能源与环境工程学院,教授		王 健[1]	安徽理工大学医学院,教授
王华梁	上海市实验医学研究院,研究员		王 健[2]	华中师范大学体育学院,教授
王化祥	天津大学电气与自动化工程学院,教授		王 健[3]	江苏省社会科学院历史研究所,研究员
王怀民	河南财经政法大学《经济经纬》编辑部,教授		王 健[4]	江苏师范大学历史文化与旅游学院,教授
王怀明	南京农业大学金融学院,教授		王 健[5]	宁夏回族自治区人民医院,主任药师
王挥戈	汕头大学医学院附属第一医院,教授		王 健[6]	天津体育学院体育教育学院,教授
王 辉[1]	北京大学人民医院,教授		王江涛	中国海洋大学化学化工学院,教授
王 辉[2]	新乡医学院医学检验学院,教授		王 杰[1]	上海交通大学电子信息与电气工程学院,教授
王 辉[3]	中国民航大学航空工程学院,教授		王 杰[2]	浙江大学传媒与国际文化学院,教授
王会金	南京审计大学会计学院,教授		王 颉	河北农业大学食品科技学院,教授
王惠梅	山西省儿童医院,主任医师		王金榜	河北中医学院附属医院,主任医师
王惠珊	中国疾病预防控制中心妇幼保健中心,研究员		王金贵	天津中医药大学第一附属医院,教授
王慧丽	北京信息科技大学体育学院,教授		王金华	中国医学科学院药物研究所,研究员
王吉会	天津大学材料科学与工程学院,教授		王金甲	燕山大学信息科学与工程学院,教授
王吉善	北京大学人民医院,研究员		王金莲	江西师范大学学报杂志社,教授
王极盛	中国科学院心理研究所,研究员		王金玲	北京大学医学图书馆,研究馆员
王记录	河南师范大学学报,教授		王金锐	北京大学第三医院,教授
王 济	北京中医药大学国家中医体质与治未病研究院,教授		王金生	北京师范大学水科学研究院,教授
王纪华	北京市农林科学院质量标准中心,研究员		王金水	河南工业大学生物工程学院,教授
王季春	西南大学农学与生物科技学院,教授		王金营	河北大学经济学院,教授
王继华	广东省农业科学院作物研究所,研究员		王锦成	上海工程技术大学化学化工学院,教授
王继辉	武汉理工大学材料科学与工程学院,教授		王锦权	中国科学技术大学附属第一医院(安徽省立医院),主任医师
王加春	燕山大学机械工程学院,教授		王 进[1]	沈阳音乐学院作曲系,教授
王加兴	南京大学外国语学院,教授		王 进[2]	浙江大学教育学院,教授
王加友	江苏科技大学,教授		王 劲	中国农业科学院生物技术研究所,研究员
王伽伯	首都医科大学中医药学院,教授		王劲峰	中国科学院地理科学与资源研究所,研究员
王佳堃	浙江大学动物科学学院,教授		王劲松	中国电子科技集团公司第四十九研究所,研究员
王佳丽	南京师范大学体育科学学院,教授		王 晋	河南大学教育学部教师教育学院,教授
王佳宇	华中师范大学外国语学院,教授		王京传	曲阜师范大学历史文化学院,教授
王家保	中国热带农业科学院环境与植物保护研究所,研究员		王井阳	河北科技大学信息科学与工程学院,教授
王家骥	广州医科大学公共卫生学院,教授		王景芹	河北工业大学电气工程学院,教授
王家勤	新乡医学院第三附属医院,教授		王景新	浙江师范大学农村研究中心,教授
王嘉福	贵州大学农业生物工程研究院,教授		王敬华	农业农村部,研究员
王嘉赋	武汉理工大学理学院,教授		王 静[1]	北京工商大学食品学院,教授
王 建	陕西科技大学轻工科学与工程学院,教授		王 静[2]	兰州大学口腔医学院,教授
王建兵	甘肃省社会科学院农村发展研究所,研究员		王 静[3]	郑州大学第一附属医院,教授
			王久高	北京大学马克思主义学院,研究员
			王玖河	燕山大学经济管理学院,教授
			王娟玲	山西省农科院旱地农业研究中心,研究员

王珏[1]	《民族学刊》编辑部,编审	王良文	郑州轻工业大学机电工程学院,教授
王珏[2]	成都理工大学商学院,教授	王烈	第九〇〇医院,主任医师
王珏[3]	上海交通大学人文学院,教授	王烈成	安徽医科大学生理教研室,教授
王军[1]	自然资源部,研究员	王林	军事科学院军事医学研究院,研究员
王军[2]	天津中医药大学第一附属医院,教授	王林辉	海军军医大学第一附属医院(上海长海医院),教授
王军[3]	中国信息安全测评中心,研究员		
王均宁	山东中医药大学中医学院,教授	王林山	东北大学理学院,教授
王俊宏	北京中医药大学东直门医院,主任医师	王玲	宁夏大学动物科技学院,教授
王骏	中共重庆市委党校(重庆行政学院),教授	王龙杰	广西师范大学学报编辑部,编审
王珺	《南方经济》编辑部,教授	王陆	首都师范大学教育学院,教授
王凯	南京体育学院教务处,教授	王罗春	上海电力学院环境与化学工程学院,教授
王侃	清华大学工程物理系,教授	王满四	广州大学创新创业学院,教授
王珂	东南大学人文学院,教授	王茂跃	安徽师范大学文学院,研究馆员
王科明	南京医科大学第二附属医院,教授	王玫黎	西南政法大学国际法学院,教授
王可勇	吉林大学地球科学学院,教授	王煤	四川大学化学工程学院,教授
王克平	海军研究院,编审	王美莺	莆田学院附属医院,主任中医师
王克文	郑州大学电气与信息工程学院,教授	王孟昌	西安交通大学第一附属医院,主任医师
王克稳	苏州大学王健法学院,教授	王梦芝	扬州大学动物科学与技术学院,教授
王快社	西安建筑科技大学冶金工程学院,教授	王敏[1]	北京科技大学金属冶炼重大事故防控技术支撑基地,研究员
王宽全	哈尔滨工业大学计算学部,教授		
王匡	浙江大学信息与电子工程学院,教授	王敏[2]	上海交通大学材料科学与工程学院,教授
王奎涛	河北科技大学化学与制药工程学院,教授	王敏[3]	天津科技大学生物工程学院,教授
王魁生	西安石油大学计算机学院,教授	王敏[4]	新疆大学中国语言文学学院(新疆文化发展研究中心),教授
王腊春	南京大学地理与海洋科学学院,教授		
王兰成	国防大学政治学院,教授	王敏[5]	宜昌市中心人民医院,教授
王磊[1]	山东大学第二医院,教授	王敏晰	成都理工大学管理科学学院,教授
王磊[2]	中国计量科学研究院,研究员	王明航	河南中医药大学第一附属医院,主任医师
王磊[3]	中国农业科学院生物技术研究所,研究员	王明建	成都体育学院研究生院,教授
王蕾	郑州大学药学院,教授	王明林	山东农业大学食品科学与工程学院,教授
王黎君	中国疾控慢病中心,研究员	王明年	西南交通大学土木工程学院,教授
王礼敬	中国瑞林工程技术股份有限公司,教授级高级工程师	王明文	江西师范大学计算机科学学院,教授
		王明智	燕山大学材料科学与工程学院,教授
王力	集美大学食品与生物工程学院,教授	王铭玉	天津外国语大学翻译与跨文化传播研究院,教授
王力军	武警河北总队医院,主任医师		
王立川	中铁十八局集团有限公司,正高级工程师	王栅	广西师范大学教育学部,教授
王立东	郑州大学第一附属医院省部共建食管癌防治国家重点实验室,教授	王南萍	中国地质大学(北京),教授
		王宁[1]	大连海事大学轮机工程学院,教授
王立非	北京语言大学高级翻译学院,教授	王宁[2]	清华大学人文学院,教授
王立峰	吉林大学行政学院,教授	王宁[3]	中山大学社会学与人类学学院社会学专业,教授
王立平	清华大学机械工程系,教授		
王立仁	东北师范大学马克思主义学部,教授	王宁飞	北京理工大学宇航学院,教授
王立欣	哈尔滨工业大学电气工程及自动化学院,教授	王宁宇	首都医科大学附属北京朝阳医院,教授
		王培光	河北大学数学与信息科学学院,教授
王立新	吉林大学边疆考古研究中心,教授	王鹏[1]	哈尔滨理工大学机械学院机械,教授
王立雄	天津大学建筑学院,研究员	王鹏[2]	首都医科大学附属北京中医医院,主任医师
王丽[1]	广东省农业科学院动物科学研究所,研究员	王鹏飞	河南大学新闻与传播学院,教授
王丽[2]	南京师范大学数学科学学院,教授	王平[1]	安徽大学马克思主义学院,教授
王丽芳	内蒙古自治区农牧业质量安全与检测研究所,研究员	王平[2]	北京建筑大学经济与管理工程学院,教授
		王平[3]	湖北中医药大学老年医学研究所,教授
王丽娜	武汉大学国家网络安全学院,教授	王平[4]	吉林大学马克思主义学院,教授
王利光	江南大学理学院,教授	王平[5]	同济大学马克思主义学院,教授
王利华	青岛农业大学动物科技学院,教授	王平[6]	中国国土资源航空物探遥感中心,教授
王利民	燕山大学材料科学与工程学院,教授	王萍	吉林大学管理学院,教授
王利群	清华大学出版社,编审	王璞珺	吉林大学地球科学学院,教授
王练	中华女子学院儿童发展与教育学院,教授	王圃	重庆大学大学环境与生态学院,教授

王 琪[1] 北京同仁医院,主任医师
王 琪[2] 石河子大学药学院,教授
王 琦 南昌航空大学飞行器工程学院,教授
王 迁 华东政法大学法律大数据研究服务中心,教授
王 骞 武汉大学网络安全学院,教授
王 倩 《西北农林科技大学学报(社会科学版)》编辑部,编审
王 强[1] 山西焦煤集团公司,教授级高级工程师
王 强[2] 上海市信息安全行业协会,正高级工程师
王 强[3] 同济大学附属天佑医院,教授
王 强[4] 中国航天空气动力技术研究院,研究员
王 勤 南京航空航天大学通用航空与飞行学院,教授
王 青 辽宁大学经济学院,教授
王青林 《新华文摘》杂志社,编审
王卿文 上海大学理学院,教授
王清勤 中国建筑科学研究院有限公司,教授级高级工程师
王清周 河北工业大学材料科学与工程学院,教授
王 晴 沈阳建筑大学材料科学与工程学院,教授
王 擎 东北电力大学能源与动力工程学院,教授
王庆国 北京中医药大学校办,教授
王庆军 南京师范大学体育科学学院,教授
王庆明 华东理工大学机械与动力工程学院,教授
王秋华 西南林业大学土木工程学院,教授
王群京 安徽大学绿色产业创新研究院,教授
王让会 南京信息工程大学应用气象学院,教授
王让新 电子科技大学马克思主义学院,教授
王任翔 广西师范大学生命科学学院,教授
王日根 厦门大学人文学院,教授
王荣阁 《河南师范大学学报》编辑部,编审
王荣焕 北京市农林科学院玉米研究中心,研究员
王荣英 河北医科大学第二医院,主任医师
王如竹 上海交通大学机械与动力工程学院,教授
王 瑞 广东省农业科学院设施农业研究所,研究员
王瑞娟 中共山西省委党校,研究员
王润斌 建师范大学体育科学学院,教授
王若光 扬州大学体育学院,教授
王若兰 河南工业大学粮油食品学院,教授
王三义 上海大学文学院,教授
王森林 华侨大学材料科学与工程学院,教授
王善超 新华文摘杂志社,编审
王善军 西北大学历史学院,教授
王善青 《中国热带医学》杂志社,主任医师
王少荣 华中科技大学电气与电子工程学院,教授
王绍荣 中国矿业大学化工学院,教授
王社平 西安市政设计研究院有限公司,正高级工程师
王升富 湖北大学化学化工学院,教授
王胜利 河北工业大学机械工程学院,教授
王 晟 首都医科大学附属北京安贞医院,教授
王 盛 宁夏大学生命科学学院,教授
王石语 西安电子科技大学技术物理学院,教授
王时英 太原理工大学机械工程学院,教授

王士林 上海交通大学网络空间安全学院,教授
王士同 江南大学数字媒体学院,教授
王士祥 郑州大学文学院,教授
王世东 北京中医药大学东直门医院,主任医师
王世锋 洛阳轴承研究所有限公司,教授级高级工程师
王世杰 沈阳工业大学机械工程学院,教授
王世平 上海交通大学农业与生物学院,教授
王世英 河北农业大学生命科学学院,教授
王守仁 南京大学外国语学院,教授
王书茂 中国农业大学工学院,教授
王书敏 解放军陆军炮兵防空兵学院,教授
王书明 中国海洋大学国际事务与公共管理学院,教授
王书涛 燕山大学电气工程学院,教授
王书香 河北大学化学与材料科学学院,教授
王淑芳 河北大学物理科学与技术学院,教授
王淑芹 首都师范大学马克思主义学院,教授
王 舒 天津市中医药研究院,教授
王舒然 温州医科大学公共卫生与管理学院,教授
王树林 江苏大学机械工程学院,教授
王树平 黄冈市中心医院,主任药师
王树荣 浙江大学能源工程学院,教授
王树声 西安建筑科技大学建筑学院,教授
王树荫 北京师范大学马克思主义学院,教授
王双飞 广西大学轻工与食品工程学院,教授
王 硕[1] 南开大学医学院,教授
王 硕[2] 首都医科大学附属北京天坛医院,教授
王四旺 空军军医大学药学系中药与天然药物学教研室,教授
王松俊 军事医学科学院卫生勤务与医学情报研究所,研究员
王苏生 香港科技大学商学院,教授
王岁楼 中国药科大学工学院,教授
王锁柱 首都师范大学管理学院,教授
王 涛 国家药品监督管理局药品评价中心,研究员
王天芳 北京中医药大学中医学院,教授
王天民 北京师范大学马克思主义学院,教授
王天生 燕山大学材料科学与工程学院,教授
王天有 首都医科大学附属北京儿童医院,教授
王 田 华侨大学计算机科学与技术学院,教授
王 铁 太原理工大学机械工程学院,教授
王铁钢 天津职业技术师范大学机械工程学院,教授
王铁军 合肥工业大学汽车与交通工程学院,教授
王廷信 中国传媒大学艺术研究院,教授
王同华 大连理工大学化工学院,教授
王 彤 北京中医药大学中医学院,教授
王宛山 东北大学,教授
王维民 北京大学第一医院,教授
王维庆 新疆大学电气工程学院,教授
王 伟[1] 吉林大学公共卫生学院,教授
王 伟[2] 陕西师范大学文学院,教授
王 伟[3] 中国兵器装备集团自动化研究所有限公司,正高级工程师
王伟军 华中师范大学心理学院青少年网络心理与行为教育部重点实验室,教授

王 苇	扬州大学附属医院,教授	
王 卫	西北机电工程研究所,研究员	
王卫东[1]	北京邮电大学电子工程学院,教授	
王卫东[2]	广州大学教育学院,教授	
王卫国	河南工业大学生物工程学院,教授	
王 文	杭州电子科技大学机械工程学院,教授	
王文才	北京化工大学材料科学与工程学院,教授	
王文川	华北水利水电大学水资源学院,教授	
王文革	上海政法学院经济法学院,教授	
王文惠	华中师范大学外语学院,教授	
王文杰	天津市畜牧兽医研究所,研究员	
王文科	长安大学水利与环境学院,教授	
王文龙	绍兴文理学院商学院,教授	
王文鸾	首都经济贸易大学马克思主义学院,教授	
王文平	复旦大学附属中山医院,教授	
王文萍	辽宁中医药大学附属医院,主任医师	
王文清	华中科技大学同济医学院附属同济医院,主任药师	
王文全	中国医学科学院药用植物研究所中药规范化栽培(GAP)研究室,教授	
王文生	首都体育学院体育教学训练学院,教授	
王文宇	北京数安行科技有限公司,教授级高级工程师	
王文中	北京理工大学机械与车辆学院,教授	
王 晞	武汉大学人民医院,教授	
王晞巍	吉林大学管理学院,教授	
王锡昌	上海海洋大学研究生院,教授	
王锡清	上海市政工程设计研究总院(集团)有限公司第四设计研究院院,教授级高级工程师	
王熙庭	西南化工研究设计院有限公司,教授级高级工程师	
王 曦	北京航空航天大学能源与动力工程学院,教授	
王喜庆	陕西省餐饮行业协会,研究员	
王先华	中钢集团武汉安全环保研究院有限公司,正高级工程师	
王先全	重庆理工大学电气与电子工程学院,教授	
王 鲜	贵州医科大学附属医院,主任医师	
王贤纯	湖南师范大学生命科学学院,教授	
王贤良	天津中医药大学第一附属医院,主任医师	
王显明	天津工业自动化仪表研究所有限公司,教授级高级工程师	
王现伟	新乡医学院河南省医用组织再生重点实验室,教授	
王宪杰	烟台大学数学与信息科学学院,教授	
王献忠	武汉理工大学船海与能源动力工程学院,教授	
王相飞	武汉体育学院新闻传播学院,编审	
王祥兵	国防科技大学军政基础教育学院,教授	
王祥秋	佛山科学技术学院交通与土木建筑学院,教授	
王向阳	西安市中医医院,主任医师	
王项南	国家海洋技术中心,正高级工程师	
王霄英	北京大学第一医院,主任医师	
王小甫	北京师范大学历史学院,教授	
王小广	中共中央党校(国家行政学院)经济学部,研究员	
王小华	西安交通大学电气工程学院,教授	
王小捷	北京邮电大学智能科学与技术中心,教授	
王小军	甘肃银光化学工业集团有限公司,正高级工程师	
王小力	西安交通大学物理学院,教授	
王小梅	《中国高教研究》编辑部,编审	
王小平	上海中医药大学附属市中医医院,主任医师	
王小勇	北京空间机电研究所,研究员	
王晓春	沈阳体育学院,教授	
王晓东	广州体育学院休闲与数字体育学院,教授	
王晓虎	广东省农业科学院动物卫生研究所,研究员	
王晓龙	河北大学宋史研究中心,教授	
王晓敏	江西中医药大学中医学院、生命科学学院,教授	
王晓明	中国医科大学附属盛京医院,教授	
王晓秋	北京大学历史学系,教授	
王晓升	华中科技大学文学院,教授	
王晓涛	国网陕西省电力公司,教授级高级工程师	
王晓曦	河南工业大学粮油食品学院,教授	
王晓霞	中国地质科学院矿产资源研究所,研究员	
王晓原	青岛科技大学机电工程学院,教授	
王孝义	安徽工业大学机械工程学院,教授	
王笑京	交通运输部公路科学研究院国家智能交通工程技术研究中心,研究员	
王 忻	杭州师范大学外国语学院,教授	
王 欣[1]	华中科技大学同济医学院附属同济医院,主任医师	
王 欣[2]	陕南西师范大学中国西部边疆研究院,教授	
王欣新	中国人民大学法学院,教授	
王新刚	广东石油化工学院,教授	
王新军	山东省计量科学研究院,研究员	
王新轲	西安交通大学人居环境与建筑工程学院,教授	
王新利	黑龙江八一农垦大学经济管理学院,教授	
王新龙	北京航空航天大学宇航学院,教授	
王新宇	中国矿业大学图书馆	
王新云	华中科技大学材料成形与模具技术国家重点实验室,教授	
王新知	北京大学口腔医学院,教授	
王兴贵	兰州理工大学电气工程与信息工程学院,教授	
王兴军	山东省农业科学院生物技术研究中心,研究员	
王兴松	东南大学机械学院,教授	
王兴祥	中国科学院南京土壤研究所,研究员	
王星凌	山东省农业科学院畜牧兽医研究所,研究员	
王兴元	山东大学管理学院,教授	
王雄元	中南财经政法大学会计学院,教授	
王修启	华南农业大学动物科学学院,研究员	
王秀阁	天津师范大学马克思主义学院,教授	
王秀艳	中国地质科学院水文地质环境地质研究所,研究员	
王旭东	南京工业大学交通运输工程学院,教授	
王旭静	中国农业科学院生物技术研究所,研究员	

王旭明	北京市农林科学院生物技术研究所,研究员	王义民	西安理工大学水利水电学院,教授
王绪本	成都理工大学地球物理学院,教授	王义强	中南林业科技大学生命科学与技术学院,教授
王　学	华中师范大学教育学院,编审		
王学川	陕西科技大学轻工科学与工程学院,教授	王义天	中国地质科学院矿产资源研究所,研究员
王学东	华中师范大学信息管理学院,教授	王艺磊	集美大学水产学院,教授
王学峰	重庆医科大学附属第一医院,教授	王忆勤	上海中医药大学中医学院,教授
王学军	北京大学城市与环境学院,教授	王　毅	中国医科大学公共卫生学院,教授
王学俊	大连工业大学机械工程与自动化学院,教授	王　茵	浙江省医学科学院,研究员
王学民	山东能源集团技术研究总院,研究员	王荫槐	中南大学湘雅二医院,教授
王学通	广州大学管理学院,教授	王银生	中国安全生产科学研究院,教授级高级工程师
王学伟	北京化工大学信息科学与技术学院,教授		
王雪峰	南京晓庄学院体育学院,教授	王银顺	华北电力大学电气学院,教授
王雪梅	上海外国语大学英语学院,教授	王银涛	西北工业大学航海学院,教授
王雪茜	北京中医药大学中医学院,教授	王银枝	中国人民银行郑州培训学院,教授
王雪松	中央军委科学技术委员会,教授	王印松	华北电力大学控制与计算机工程学院,教授
王亚娟	首都儿科研究所附属儿童医院,主任医师	王英玮	中国人民大学信息资源管理学院,教授
王亚南	南京邮电大学教育科学与技术学院,教授	王莹莹	中国中医科学院针灸研究所,主任医师
王亚琼	长安大学公路学院,教授	王应宽	农业农村部规划设计研究院,编审
王延飞	北京大学信息管理系,教授	王应泉	北京字节跳动科技有限公司,编审
王延峰	郑州轻工业大学电气信息工程学院,教授	王映辉	中国中医科学院中医药信息研究所,研究员
王延辉	天津大学机械工程学院,教授	王拥军	上海中医药大学,教授
王延吉	河北工业大学化学工程与技术,教授	王　永[1]	重庆邮电大学经济管理学院,教授
王延亮	黑龙江工程学院测绘工程学院,教授	王　永[2]	浙江大学外国语学院,教授
王言英	大连理工大学船舶工程学院,教授	王永贵	浙江工商大学,教授
王炎龙	四川大学文学与新闻学院,教授	王永红	合肥工业大学仪器科学与光电工程学院,教授
王彦波	北京工商大学食品与健康学院,教授		
王彦飞	天津科技大学化工与材料学院,教授	王永骥	华中科技大学人工智能与自动化学院,教授
王彦辉[1]	东北师范大学历史文化学院,教授	王永平	扬州大学图书馆,教授
王彦辉[2]	中国林业科学研究院森林生态环境与自然保护研究所,研究员	王永强	华北电力大学河北省输变电设备安全防御重点实验室,教授
王彦军	中共陕西省委党校(陕西行政学院)党的建设教研部,教授	王永青	集美大学海洋装备与机械工程学院,教授
		王永清	河北大学电子信息工程学院,教授
王彦文	山东农业大学林学院,教授	王永胜	东北师范大学生命科学学院,教授
王　艳	黑龙江中医药大学附属第二医院,教授	王永友	西南大学马克思主义学院,教授
王艳红[1]	北京卓众出版有限公司《农业工程》杂志社,研究员	王　勇	中国船舶集团有限公司第七一六研究所,研究员
王艳红[2]	广东省农业科学院农业资源与环境研究所,研究员	王优强	青岛理工大学机械工程学院,教授
		王　铀	哈尔滨工业大学材料科学系,教授
王艳辉	燕山大学信息科学与工程学院,教授	王友仁	南京航空航天大学自动化学院,教授
王艳丽	哈尔滨电工仪表研究所有限公司,教授级高级工程师	王友善	哈尔滨工业大学复合材料与结构研究所,教授
王艳玲	天津师范大学新闻传播学院,教授	王有为	武汉大学药学院,教授
王艳香	景德镇陶瓷学院,教授	王雨时	南京理工大学机械工程学院,教授
王　雁	中国林业科学研究院林业研究所,研究员	王　玉	兰州大学营养与健康研究中心,教授
王燕梅	中国社会科学院工业经济研究所,编审	王玉富	中国农业科学院麻类研究所,研究员
王扬渝	浙江工业大学机械工程学院,教授	王玉海	北京师范大学自然资源学院,教授
王　尧[1]	东南大学附属中大医院,主任医师	王玉炯	宁夏大学生命科学学院,教授
王　尧[2]	苏州大学文学院,教授	王玉珏	武汉大学信息管理学院,教授
王要军	阳光融和医院,主任医师	王玉括	南京邮电大学外国语学院,教授
王要武	哈尔滨工业大学土木工程学院,教授	王玉梅	中国水产科学研究院,研究员
王一川	北京师范大学文学院,教授	王玉平	中国航空规划设计研究总院有限公司,教授级高级经济师
王依民	东华大学材料科学与工程学院,研究员		
王　怡	西安建筑科技大学建筑设备科学与工程学院,教授	王玉晓	哈尔滨工业大学物理学院,教授
		王玉枝	湖南大学化学化工学院,教授
王宜伦	河南农业大学资源与环境学院,教授	王毓珣	天津市教育科学研究院,研究员
王　亿	中国农业大学园艺学,教授		

王元全	河北工业大学人工智能与数据科学学院，教授
王曰芬	天津师范大学大数据科学研究院，教授
王跃东	浙江大学医学院附属第二医院，主任医师
王跃方	大连理工大学工程力学系，教授
王跃林	绍兴文理学院绍芯实验室，教授
王跃生	北京大学经济学院，教授
王跃堂	南京大学管理学院，教授
王 匀	江苏大学机械工程学院，教授
王云才	广东工业大学信息工程学院，教授
王云海	中国安全生产科学研究院，教授级高级工程师
王 耘	苏州大学文学院，教授
王运生	成都理工大学环境与土木工程学院，教授
王再花	广东省农业科学院环境园艺研究所，研究员
王泽龙	华中师范大学文学院，教授
王泽生	福建省农业科学院食用菌研究所，教授级高级工程师
王泽应	湖南师范大学伦理学研究所，教授
王增福	山东师范大学马克思主义学院，教授
王增收	重庆邮电大学马克思主义学院，教授
王占军	洛阳矿山机械工程设计研究院有限责任公司，教授级高级工程师
王战林	东北师范大学信息科学与技术学院，研究馆员
王昭俊	哈尔滨工业大学建筑学院，教授
王朝昕	海南医学院管理学院，教授
王兆峰	湖南师范大学旅游学院，教授
王兆鹏	四川大学文学与新闻学院，教授
王兆胜	中国社会科学杂志社，编审
王振常	首都医科大学附属北京友谊医院，主任医师
王振朝	河北大学电子信息工程学院，教授
王振东	天津大学机械工程学院，教授
王振国	山东中医药大学，教授
王振华	东北农业大学农学院，教授
王振山	东北财经大学金融学院，教授
王振亚	陕西师范大学哲学与政府管理学院，教授
王振营	中国农业科学院植物保护研究所，研究员
王振中	江苏康缘药业股份有限公司，研究员
王 震	中国石油大学(北京)经济管理学院，教授
王震洪	长安大学水利与环境学院，教授
王征兵	西北农林科技大学经济管理学院，教授
王正伦	南京体育学院，教授
王正群	扬州大学信息工程学院，教授
王正中	西北农林科技大学水利与建筑工程学院，教授
王知津	南开大学商学院，教授
王志安	浙江省中药研究所，正高级工程师
王志峰	中国科学院电工研究所，研究员
王志刚[1]	重庆医科大学超声影像研究所，教授
王志刚[2]	重庆邮电大学网络空间安全与信息法学院，教授
王志海	北京明朝万达科技股份有限公司，正高级工程师
王志杰	西南交通大学交通隧道工程教育部重点实验室，教授

王志军	中北大学机电工程学院，教授
王志敏	北京电影学院电影系，教授
王志明	中南大学湘雅医院，教授
王志强[1]	大连工业大学纺织与材料工程学院，教授
王志强[2]	东北财经大学金融学院，教授
王志强[3]	江南大学附属医院，主任医师
王志强[4]	武汉体育学院，教授
王志新	上海交通大学电子信息与电气工程学院，研究员
王志兴	中国农业科学院生物技术研究所，研究员
王志英	国防科大计算机学院，教授
王志玉	九三学社山东省委，教授
王治国	国家卫生健康委员会，研究员
王智超	东北师范大学教育学部，教授
王智广	中国石油大学(北京)信息科学与工程学院，教授
王智化	浙江大学能源清洁利用国家重点实验室，教授
王智慧	中国人民大学体育部，教授
王智民	中国中医科学院中药研究所，研究员
王 中	苏州大学附属第一医院，教授
王中华	中国石化中原石油工程有限公司，教授级高级工程师
王中全	郑州大学寄生虫病研究所，教授
王中宇	北京航空航天大学仪器科学与光电工程学院，教授
王 忠	上海交通大学医学院附属第九人民医院，教授
王忠民	西安邮电大学计算机学院，教授
王忠伟	中南林业科技大学物流学院森林工程学科，教授
王 仲	清华大学附属北京清华长庚医院，教授
王重力	云南师范大学生命科学学院，教授
王竹泉	中国海洋大学管理学院，教授
王 矗	哈尔滨工业大学(威海)信息科学与工程学院，教授
王子朴	首都体育学院科技处，教授
王子荣	新疆农业大学食品科学与药学学院，教授
王子卫	重庆医科大学第一附属医院，教授
王宗琥	首都师范大学外国语学院，教授
王宗军	华中科技大学管理学院，教授
王宗平	南京理工大学动商研究院，教授
韦朝海	华南理工大学环境工程学院，教授
韦冬雪	广西师范大学马克思主义学院，教授
韦笃取	广西师范大学电子工程学院，教授
韦华南	中国黄金集团有限公司，研究员
韦鲁滨	中国矿业大学(北京)化学与环境工程学院，教授
韦 萍	南京工业大学生物与制药工程学院，教授
韦 璞	贵州财经大学欠发达地区经济研究中心，教授
韦企平	北京中医药大学东方医院，教授
韦 玮	南京邮电大学电子与信息工程学院，教授
韦义平	广西师范大学教育学部，教授
韦忠亚	大唐融合通信股份有限公司，正高级教师
卫虎林	山西财经大学工商管理学院，教授

卫志农	河海大学能源与电气学院,教授	温桂清	广西师范大学环境与资源学院,教授
魏本亚	江苏师范大学文学院,教授	温浩军	石河子大学机械电气工程学院,研究员
魏崇武	北京师范大学文学院,教授	温恒福	哈尔滨师范大学教育学院,教授
魏春惠	东南大学附属中大医院,主任医师	温纪平	河南工业大学粮油食品学院,教授
魏春艳	大连工业大学纺织与材料工程学院,教授	温建民	中国中医科学院望京医院,主任医师
魏福祥	河北科技大学环境科学与工程学院,教授	温建平	上海对外经贸大学国际商务外语学院,教授
魏刚	广州中医药大学,研究员	温来成	中央财经大学财政税务学院,教授
魏纲	浙大城市学院工程分院,教授	温巧燕	北京邮电大学网络空间安全学院,教授
魏高升	华北电力大学能源动力与机械工程学院,教授	温儒敏	北京大学中国语言文学系,教授
魏国	哈尔滨工业大学电气工程及自动化学院,教授	温有奎	西安电子科技大学经济管理学院,教授
魏海峰	江苏科技大学电子信息学院,教授	温宇红	北京体育大学体育休闲与旅游学院,教授
魏后凯	中国社会科学院农村发展研究所,研究员	温远光	广西大学林学院,教授
魏继福	江苏省肿瘤医院(南京医科大学附属肿瘤医院),教授	文常保	长安大学电子与控制工程学院,教授
魏继昆	天津师范大学政治与行政学院,教授	文东辉	浙江工业大学机械工程学院,教授
魏建	《山东大学学报(哲学社会科学版)》编辑部,教授	文东茅	北京大学教育学院,教授
魏杰	河北工业大学经济管理学院,教授	文光华	重庆大学材料科学与工程学院,教授
魏捷	武汉大学人民医院,主任医师	文国玮	清华大学建筑学院,教授
魏晶	辽宁省检验检测认证中心,主任药师	文劲宇	华中科技大学电气与电子工程学院,教授
魏峻	中国科学院软件研究所软件工程中心,研究员	文军[1]	北京航空航天大学外国语学院,教授
魏开琼	中华女子学院女性学系,教授	文军[2]	华东师范大学社会发展学院,教授
魏磊	江苏省人民医院(南京医科大学第一附属医院),主任医师	文灵华	燕山大学理学院,教授
魏立新	燕山大学电气工程学院,教授	文明浩	华中科技大学电气与电子工程学院,教授
魏莉	新疆大学马克思主义学院,教授	文瑞明	湖南城市学院,教授
魏明孔	中国社会科学院经济研究所,研究员	文书明	昆明理工大学国土资源工程学院,教授
魏睦新	南京医科大学第一附属医院,教授	文天夫	四川大学华西医院,主任医师
魏平	山东体育学院,教授	文庭孝	中南大学生命科学学院,教授
魏奇锋	成都理工大学商学院,教授	文旭	西南大学外国语学院,教授
魏胜利	北京中医药大学中药学院,教授	文亚峰	中南林业科技大学风景园林学院,教授
魏湜	东北农业大学农学院,教授	文友民	宁夏医科大学总医院,主任药师
魏伟	安徽医科大学临床药理研究所,教授	文宗瑜	财政部财政科学研究所,研究员
魏文康	广东省农业科学院农业生物基因研究中心,研究员	翁钢民	燕山大学经济管理学院,教授
魏显著	哈尔滨大电机研究所,教授级高级工程师	翁锡全	广州体育学院运动生物化学重点实验室,教授
魏晓蓉	甘肃省社会科学院资环所,研究员	翁孝刚	新乡医学院第三附属医院,教授
魏晓勇	西安交通大学电信学院,教授	翁贞林	江西农业大学经济管理学院,教授
魏戌	中国中医科学院望京医院,研究员	邬华松	中国热带农业科学院热带作物品种资源研究所,研究员
魏延刚	大连交通大学机械工程学院,教授	邬志辉	东北师范大学,教授
魏延明	北京控制工程研究所科技委,研究员	巫银花	江苏南京海军指挥学院海战中心,教授
魏义霞	黑龙江大学哲学学院,教授	毋立芳	北京工业大学电控学院,教授
魏屹东	山西大学哲学学院,教授	吴阿慧	中国电子科技集团公司第十三研究所,研究员
魏英莉	吉林体育学院马克思主义学院,教授	吴安华	中南大学湘雅医院,教授
魏岳荣	广东省农业科学院果树研究所,研究员	吴勃英	哈尔滨工业大学数学学院,教授
魏云冰	上海工程技术大学电子电气工程学院,教授	吴彩斌	江西理工大学资源与环境工程学院,教授
魏战勇	河南农业大学动物医学院,教授	吴产乐	武汉大学计算机学院,教授
魏振承	广东省农业科学院蚕业与农产品加工研究所,研究员	吴昌南	江西财经大学《当代财经》杂志社,教授
魏治勋	山东大学法学院,教授	吴超	中南大学资源与安全工程学院,教授
温斌	燕山大学材料科学与工程学院,教授	吴超凡	湖南交通职业技术学院,研究员
温崇荣	中石油西南油气田公司天然气研究院,教授级高级工程师	吴成福	黄河科技学院学报编辑部,编审
		吴承照	同济大学建筑与城市规划学院,教授
		吴承祯	武夷学院生态与资源工程学院,教授
		吴重涵	江西师范大学教育学院,研究员
		吴川	北京理工大学化学与化工学院,教授
温福昇	燕山大学材料科学与工程学院,教授	吴春福[1]	沈阳药科大学生命科学与生物制药学院,教授

吴春福[2]	首都师范大学音乐学院,教授	吴立新	煤炭工业规划设计研究院,研究员
吴春勇	中国药科大学药物分析教研室,教授	吴利安	西安市第四医院,主任医师
吴大转	浙江大学能源工程学院,教授	吴 玲	《江苏社会科学》编辑部,研究员
吴德会	厦门大学机电系,教授	吴美平[1]	国防科技大学智能科学学院,教授
吴德沛	苏州大学附属第一医院,教授	吴美平[2]	上海中医药大学附属上海市中医医院,教授
吴佃华	广西师范大学数学与统计学院,教授	吴勉华	南京中医药大学,教授
吴东方	武汉大学中南医院,教授	吴 敏	中国农业大学工学院,教授
吴方建	长江航运总医院,主任药师	吴 攀	贵州大学,教授
吴 峰	扬州大学附属医院,主任医师	吴盘龙	南京理工大学自动化学院,研究员
吴凤和	燕山大学机械工程学院,教授	吴培华	苏州大学出版社,编审
吴 刚	东南大学土木工程学院,教授	吴 平[1]	北京语言大学外国语学部,教授
吴光芸	南昌大学廉政研究中心,教授	吴 平[2]	武汉大学信息管理学院,教授
吴广宁	西南交通大学电气工程学院,教授	吴啟南	南京中医药大学药学院,教授
吴国球	东南大学附属中大医院,教授	吴 强	黑龙江科技大学安全工程学院,教授
吴国伟	国网陕西省电力公司调控中心,教授级高级工程师	吴庆洲	华南理工大学东方建筑文化研究所,教授
吴国源	西安建筑科技大学建筑学院,教授	吴秋芬	合肥师范学院教育与心理科学学院,教授
吴海华	中国农业机械化科学研究院集团有限公司科技发展部,研究员	吴秋生	山西财经大学会计学院,教授
		吴全立	中国路桥工程有限责任公司,教授级高级工程师
吴晗平	武汉工程大学光电子系统技术研究所,教授	吴 群[1]	哈尔滨工业大学电子与信息工程学院,教授
吴 行	陆军研究院装甲兵研究所,研究员	吴 群[2]	江苏省社会科学院,研究员
吴和珍	湖北中医药大学药学院,教授	吴善中	扬州大学社会发展学院,教授
吴宏伟	中国人民大学法学院,教授	吴胜和	中国石油大学(北京)地球科学学院,教授
吴 虹	南开大学电子信息与光学工程学院,教授	吴胜利	西安交通大学电子物理与器件研究所,教授
吴焕淦	上海市针灸经络研究所,教授	吴时强	南京水利科学研究院,正高级工程师
吴 晖	华南理工大学轻工与食品学院,教授	吴 松	湖北中医药大学科学技术处,教授
吴 慧	国际关系学院,教授	吴松柏	承德医学院附属医院,主任中医师
吴嘉瑞	北京中医药大学中药学院,教授	吴苏喜	长沙理工大学食品与生物工程学院,教授
吴 坚	上海体育学院期刊中心,编审	吴素萍	宁夏大学信息工程学院,教授
吴建峰	山东中医药大学附属眼科医院,教授	吴太胜	杭州科技职业技术学院马克思主义学院,教授
吴建华[1]	南昌大学信息工程学院,教授		
吴建华[2]	南京大学信息管理学院,教授	吴 涛	黑龙江教师发展学院,研究员
吴建军	湖南科技大学人事处,教授	吴婉莹	中国科学院上海药物研究所,研究员
吴建伟	重庆师范大学物理与电子工程学院,教授	吴旺延	西安财经大学期刊管理中心,教授
吴建雄	中国反腐败司法研究中心,教授	吴 伟[1]	复旦大学药学院,教授
吴健鸿	武汉药品医疗器械检验所,主任药师	吴 伟[2]	国防科技大学理学院量子信息研究所,研究员
吴健平	华东师范大学化学与分子工程学院,教授		
吴 杰	中国农业科学院蜜蜂研究所,研究员	吴 伟[3]	中国水产科学研究院淡水渔业研究中心,研究员
吴杰伟	北京大学外国语学院,教授		
吴 洁	江苏科技大学经济管理学院,教授	吴卫东	新乡医学院公共卫生学院,教授
吴金虎	武汉市第三医院,主任药师	吴卫民	云南艺术学院,教授
吴金华	华南师范大学教育科学学院,教授	吴文福	吉林大学生物与农业工程学院,教授
吴金霞	中国农业科学院生物技术研究所,研究员	吴文革	安徽省农业科学院水稻所,研究员
吴锦忠	福建中医药大学药学系,教授	吴文洁	西安石油大学经济管理学院,教授
吴劲松[1]	广州体育学院体育教育学院,教授	吴文溪	江苏省人民医院(南京医科大学第一附属医院),教授
吴劲松[2]	中国科学院昆明植物研究所,研究员		
吴井泉	苏州市职业大学,编审	吴文秀	长江大学机械工程学院,教授
吴璟莉	广西师范大学计算机科学与信息工程学院,教授	吴 息	南京信息工程大学大气科学学院,教授
		吴熙群	矿冶科技集团有限公司,教授级高级工程师
吴 俊	北京积水潭医院,主任医师	吴夏勃	中国中医科学院望京医院,主任医师
吴 克	合肥学院生物与环境工程,教授	吴祥根	青岛科技大学化工学院,教授
吴理财	安徽大学社会与政治学院,教授	吴小剑	中山大学附属第六医院,主任医师
吴 立	中国地质大学(武汉)工程学院,教授	吴小林	中国石油大学(北京),教授
吴立宝	天津师范大学教育学部,教授	吴小山	南京大学物理学院,教授
吴立潮	中南林业科技大学林学院,教授	吴小英	中国社会科学院社会学研究所,研究员

吴晓锋	闽南师范大学数学与统计学院,教授	伍新春	北京师范大学心理学院,教授
吴晓光	武汉纺织大学机械工程与自动化,教授	伍亚民	陆军军医大学(第三军医大学),研究员
吴笑春	中部战区总医院,主任药师	伍永平	西安科技大学能源学院,教授
吴效科	黑龙江中医药大学附属第一医院,主任医师	伍永秋	浙江师范大学地理与环境学院,教授
吴效群	河南大学文学院,教授	伍振峰	江西中医药大学,教授
吴欣怡	山东大学齐鲁医院,教授	伍振毅	中化化工科学技术研究总院,教授级高级工程师
吴新杰	辽宁大学物理学院,教授		
吴新霞	长江水利委员会长江科学院,教授级高级工程师	伍中信	海南大学会计系,教授
		伍 洲	重庆大学自动化学院,教授
吴信生	扬州大学动物科学与技术学院,教授	仵 埂	西安音乐学院人文学院,教授
吴星恒	南昌大学第一附属医院,教授	仵彦卿	上海交通大学环境科学与工程学院,教授
吴秀玲	中国地质大学(武汉)材料与化学学院,教授	武传宇	浙江理工大学机械学院,教授
吴学琴	安徽大学马克思主义学院,教授	武东生	南开大学马克思主义教育学院,教授
吴雪峰	哈尔滨理工大学机械动力工程学院,教授	武光军	北京航空航天大学外国语学院,教授
吴雪萍	浙江大学教育系,教授	武国庆	中航工业洛阳电光设备研究所,研究员
吴雪琼	解放军第三〇九医院全军结核病研究所,研究员	武宏志	延安大学政法与公共管理学院,教授
		武拉平	中国农业大学经济管理学院,教授
吴亚欣	中国海洋大学外国语学院,教授	武穆清	北京邮电大学宽带通信网实验室,教授
吴延熊	陶朱商学院-浙江农林大学暨阳学院创业学院,教授	武 乾	西安建筑科技大学土木工程学院,教授
		武淑环	郑州大学第一附属医院,教授
吴燕丹	福建师范大学体育科学学院,教授	武 玮	河南博物院,研究馆员
吴 旸	北京中医药大学东方医院,主任医师	武文革	中北大学机械工程学院,教授
吴耀禄	延安大学附属医院,主任医师	武晓冬	中国中医科学院针灸研究所,主任医师
吴晔明	上海交通大学医学院附属新华医院,主任医师	武夷山	中国科学技术发展战略研究院,研究员
		武 涌	中国建筑节能协会,教授
吴一全	南京航空航天大学电子信息工程学院,教授	武优西	河北工业大学人工智能与数据科学学院,教授
吴义强	中南林业科技大学材料科学与工程学院,教授		
吴义勤	中国作家协会,教授	武友德	云南师范大学经济与管理学院,教授
吴益伟	浙江省农业科学院,编审	武 岳	哈尔滨工业大学土木工程学院,教授
吴 翊	西安交通大学电气工程学院,教授	武月明	北京第二外国语学院英语学院,教授
吴英松	南方医科大学检验与生物技术学院,教授	武正军	广西师范大学生命科学学院,教授
吴 永	中共陕西省委党校(陕西行政学院)教务处,教授	武宗信	山西省农业科学院棉花研究所,研究员
		席淑华	第二军医大学附属长征医院,教授
吴永江	浙江大学药学院,教授	席卫群	江西财经大学财税与公共管理学院,教授
吴永宁	国家食品安全风险评估中心,研究员	席振铢	中南大学地球科学与信息物理学院,教授
吴友平	北京化工大学材料科学与工程学院,教授	夏璧灿	北京大学数学科学学院,教授
吴玉道	上海材料研究所,教授级高级工程师	夏才初	宁波大学土木工程与地理环境学院,教授
吴玉光	杭州电子科技大学机械工程学院,教授	夏成前	南通大学体育学院,教授
吴玉厚	沈阳建筑大学机械学院,教授	夏春萍	华中农业大学经济管理学院,教授
吴玉鸣	华东理工大学商学院,教授	夏风林	江南大学纺织科学与工程学院,教授
吴泽宁	郑州大学水利科学与工程学院,教授	夏建国	四川农业大学资源学院,教授
吴志芳	清华大学核研院,教授	夏建明	浙江纺织服装职业技术学院,教授
吴志军	中国民航大学电子信息与自动化学院,教授	夏锦慧	贵州省农业科学院生物技术研究所,研究员
吴志林	南京理工大学机械工程学院,教授	夏 静	苏州市木渎实验小学,正高级教师
吴志强	自然资源部青岛海洋地质研究所,研究员	夏黎明	华中科技大学同济医学院附属同济医院,教授
吴志生	北京中医药大学中药学院,研究员		
吴忠豪	上海师范大学教育学院,教授	夏灵勇	开滦(集团)有限责任公司,教授级高级工程师
吴仲岿	武汉理工大学材料科学与工程学院,教授		
吴子燕	西北工业大学力学与土木建筑学院,教授	夏宁邵	厦门大学国家传染病诊断试剂与疫苗工程技术研究中心,教授
吴宗之	中国职业安全健康协会,研究员		
吴遵民	华东师范大学教育学部,教授	夏 强[1]	上海交通大学医学院附属仁济医院,教授
伍大华	湖南省中西医结合医院,教授	夏 强[2]	浙江大学医学院,教授
伍 凡	中国科学院光电技术研究所,研究员	夏琴香	华南理工大学机械与汽车工程学院,教授
伍鹤皋	武汉大学水利水电学院,教授	夏树伟	中国海洋大学化学化工学院,教授
伍仁勇	湖南大学信息科学与工程学院,教授	夏小刚	贵州师范大学数学科学学院,教授
伍小杰	中国矿业大学信电学院,教授	夏新涛	河南科技大学机电工程学院,教授

夏　旭	南方医科大学图书馆,研究馆员	
夏毅敏	中南大学机电工程学院,教授	
夏　英	中国农业科学院农业与经济发展研究所,研究员	
夏永刚	黑龙江中医药大学药学院,教授	
夏咏梅	江南大学化学与材料工程学院,教授	
夏元友	武汉理工大学土木工程与建筑学院,教授	
夏正坤	东部战区总医院,教授	
夏智勋	国防科技大学空天科学学院,教授	
夏中元	武汉大学人民医院,主任医师	
鲜军舫	首都医科大学附属北京同仁医院,教授	
咸建春	南京医科大学附属泰州人民医院,主任医师	
咸云龙	宁夏大学体育学院,教授	
相宏伟	中国科学院山西煤炭化学研究所,研究员	
相晓嘉	国防科技大学智能科学学院,研究员	
向东方	广东省中医院,主任中医师	
向国强	河南工业大学化学化工学院,教授	
向　华	广东省农业科学院动物卫生研究所,研究员	
向　明	华中科技大学同济医学院药学院,教授	
向启贵	中石油西南油气田公司安全环保与技术监督研究院,教授级高级工程师	
向　旭	广东省农业科学院果树研究所,研究员	
项文化	中南林业科技大学研究生院,教授	
项贤明	南京师范大学教育科学学院,教授	
项新建	浙江科技学院自动化与电气工程学院,教授	
肖百容	湖南师范大学文学院,教授	
肖长发	上海工程技术大学纤维材料研究中心,教授	
肖纯柏	浙大城市学院马克思主义学院,教授	
肖丹丹	国家体育总局体育科学研究所,研究员	
肖登明	上海交通大学电子信息与电气工程学院,教授	
肖　迪	中国疾病预防控制中心传染病预防控制所,研究员	
肖迪娥	中国化工株洲橡胶研究设计院有限公司,教授级高级工程师	
肖冬光	天津科技大学生物工程学院,教授	
肖恩华	中南大学湘雅医学院第二附属医院,教授	
肖关丽	云南农业大学农学与生物技术学院,教授	
肖国民	东南大学化学化工学院,教授	
肖国庆	西安建筑科技大学材料与矿资学院,教授	
肖国芝	南方科技大学医学院,教授	
肖海军	中国地质大学(武汉)数学与物理学院,教授	
肖汉斌	武汉理工大学交通与物流工程学院,教授	
肖汉宁	湖南大学材料科学与工程学院,教授	
肖红松	河北大学历史学院,教授	
肖　宏	燕山大学机械工程学院,教授	
肖洪涛	四川省肿瘤医院,主任药师	
肖　怀	大理大学药学院,教授	
肖慧荣	南昌航空大学无损检测技术教育部重点实验室,教授	
肖建春	贵州大学结构工程重点实验室,教授	
肖建武	中南林业科技大学商学院,教授	
肖井华	北京邮电大学科学技术研究院,教授	
肖俊洪	广东省汕头市广播电视大学(广东开放大学),教授	
肖俊明	中原工学院电子信息学院,教授	
肖凯军	华南理工大学食品科学与工程学院,教授	
肖力光	吉林建筑大学材料科学与工程学院,教授	
肖立志	中国石油大学(北京),教授	
肖利民	北京航空航天大学计算机科学技术系,教授	
肖　亮	厦门大学信息学院,教授	
肖龙鸽	中国建筑股份有限公司基础设施事业部,教授级高级工程师	
肖明清	中铁第四勘察设计院集团有限公司,教授级高级工程师	
肖　鹏[1]	扬州大学建筑科学与工程学院,教授	
肖　鹏[2]	中南大学粉末冶金研究院,教授	
肖　鹏[3]	中央财经大学财政税务学院,教授	
肖　萍[1]	绵阳师范学院音乐与表演艺术学院,教授	
肖　萍[2]	南昌大学法学院,教授	
肖庆飞	昆明理工大学国土资源工程学院,教授	
肖石林	上海交通大学电子信息与电气工程学院,教授	
肖仕平	集美大学马克思主义学院,教授	
肖文军	湖南农业大学园艺学院,教授	
肖　曦	清华大学电机工程与应用电子技术系,教授	
肖向东	江南大学人文学院,教授	
肖新光	安天公司,教授级高级工程师	
肖新月	中国食品药品检定研究院药用辅料和包装材料检定所,研究员	
肖兴志	东北财经大学产业组织与企业组织研究中心,教授	
肖　序	中南大学商学院,教授	
肖延风	西安交通大学第二附属医院,教授	
肖　艳	中南林业科技大学经济学院,教授	
肖艳军	河北工业大学机械工程学院,教授	
肖　义	山东省信息总公司,研究员	
肖永亮	北京师范大学艺术与传媒学院,教授	
肖志远	新疆师范大学马克思主义学院,教授	
萧汉梁	武汉理工大学可靠性与新能源研究所,教授	
萧浪涛	湖南农业大学 生物科学技术学院,教授	
萧鸣政	北京大学政府管理学院,教授	
谢爱民	中国空气动力发展与研究中心高速所,教授级高级工程师	
谢安木	青岛大学附属医院,教授	
谢　彬	上海长江智能数据技术有限公司,研究员	
谢　斌	西北政法大学管理学院,教授	
谢　冰	华东师范大学生态与环境科学学院,教授	
谢长法	西南大学教育学部,教授	
谢春山	辽宁师范大学管理学院,教授	
谢德体	西南大学资源环境学院,教授	
谢　峰	安徽大学电气工程与自动化学院,教授	
谢　锋	东北大学冶金学院,教授	
谢富纪	上海交通大学安泰经济与管理学院,教授	
谢　刚	太原科技大学电子信息工程学院,教授	
谢广明	北京大学工学院,教授	
谢贵安	武汉大学历史学院,教授	
谢海云	昆明理工大学国土资源工程学院,教授	
谢洪明	广州大学管理学院,教授	
谢华锟	成都工具研究所有限公司,研究员	
谢焕雄	农业农村部南京农业机械化研究所,研究员	

谢建春	北京工商大学轻工学院,教授	解卫平	江苏省人民医院(南京医科大学第一附属医院),教授
谢建平	西南大学生命科学院,研究员	解学芳	同济大学文化产业系,教授
谢建社	广州大学公共管理学院,教授	解永春	北京控制工程研究所科技委,研究员
谢建新	黔南民族师范学院化学化工学院,教授	解志勇	中国政法大学比较法学研究院,教授
谢剑平	中国烟草总公司郑州烟草研究院,院士	辛国平	中铁隧道集团一处有限公司,教授级高级工程师
谢 晋	华南理工大学机械与汽车工程学院,教授	辛洪兵	北京工商大学人工智能学院,教授
谢 晶	上海海洋大学食品学院,教授	辛华雯	中国人民解放军中部战区总医院,主任医师
谢 娟	贵州省人民医院,主任药师	辛节之	成都工具研究所有限公司,教授级高级工程师
谢 俊	重庆邮电大学马克思主义学院,教授	辛 杰	山东大学管理学院,教授
谢开仲	广西大学土木建筑工程学院,教授	辛 鸣	中共中央党校(国家行政学院)马克思主义学院,教授
谢科范	武汉理工大学管理学院,教授	辛培尧	西南林业大学园林园艺学院,教授
谢孔良	东华大学现代纺织研究院生态染整技术研究中心,教授	辛业春	东北电力大学电气工程学院,教授
谢立中	北京大学社会学系,教授	忻向军	北京邮电大学电子工程学院,教授
谢 玲	北京理工大学自动化学院,教授	信 赢	天津大学电气自动化及信息工程学院,教授
谢敏豪	国家体育总局运动医学研究所,教授	邢邦圣	江苏师范大学机电工程学院,教授
谢 明	江苏省纺织工业协会,教授级高级工程师	邢宝君	辽宁工程技术大学党政办公室,教授
谢明星	华中科技大学协和医院,教授	邢光龙	燕山大学信息科学与工程学院,教授
谢明勇	南昌大学食品科学与资源挖掘全国重点实验室,教授	邢国兰	郑州大学第一附属医院,教授
谢佩洪	上海对外经贸大学工商管理学院,教授	邢 晖	国家教育行政学院教育行政研究部,研究员
谢泉松	海军潜艇学院,教授	邢会强	中央财经大学法学院,教授
谢然红	中国石油大学(北京)地球物理学院,教授	邢乐勤	浙江工业大学马克思主义学院,教授
谢如鹤	广州大学管理学院,教授	邢尚军	山东省林业科学研究院,研究员
谢少军	南京航空航天大学自动化学院,教授	邢世和	福建农林大学资源与环境学院,教授
谢申祥	山东财经大学经济学院,教授	邢卫红	江苏大学,研究员
谢世坚	广西师范大学外国语学院,教授	邢晓敏	东北电力大学电气工程学院,教授
谢寿生	空军工程大学航空工程学院,教授	邢义川	中国水利水电科技研究院,教授级高级工程师
谢太峰	首都经济贸易大学金融学院,教授		
谢维成	西华大学电气与电子信息学院,教授	邢毅飞	华中科技大学同济医学院附属协和医院,教授
谢伟平	武汉理工大学土木工程与建筑学院,教授	邢占军	山东大学政治学与公共管理学院,教授
谢 贤	昆明理工大学国土资源工程学院,教授	邢志人	辽宁大学学报,教授
谢 翔	广西师范大学体育与健康学院,教授	邢子文	西安交通大学能源与动力工程学院,教授
谢小兵	湖南中医药大学第一附属医院,主任技师	熊承良	华中科技大学同济医学院,教授
谢小平	四川大学数学学院,教授	熊大经	成都中医药大学附属医院,教授
谢新洲	北京大学新媒体研究院,教授	熊光清	对外经济贸易大学法学院,教授
谢兴华	安徽理工大学化学工程学院,教授	熊和平	宁波大学教师教育学院,研究员
谢岩黎	河南工业大学粮油食品学院,教授	熊 犍	华南理工大学食品科学与工程学院,教授
谢 翌	广州大学教育学院,教授	熊 兰	重庆大学电气工程学院,教授
谢 英	西安体育学院,教授	熊立华	武汉大学水利水电学院,教授
谢拥军	北京航空航天大学电子信息工程学院,教授	熊良山	华中科技大学机械科学与工程学院,教授
谢永利	长安大学公路学院,教授	熊 亮	成都中医药大学药学院,研究员
谢芝勋	广西兽医研究所,研究员	熊 梅	东北师范大学教育学部,教授
谢志华	北京工商大学商学院,教授	熊明辉	浙江大学光华法学院,教授
谢志强	哈尔滨理工大学计算机学院,教授	熊庆旭	北京航空航天大学电子信息工程学院,教授
谢志远	华北电力大学电气与电子工程学院,教授	熊少严	《教育导刊》杂志社,编审
谢宗铭	新疆农垦科学院棉花研究所,研究员	熊盛道	华中科技大学同济医学院附属同济医院,教授
解飞厚	湖北大学教育学院,教授		
解基严	北京大学第三医院,教授	熊田忠	三江学院机械与电气工程学院,教授
解 军	山西医科大学基础医学院,教授	熊文良	中国地质调查局成都矿产综合利用研究所,研究员
解立峰	南京理工大学化工学院,教授		
解丽霞	华南理工大学马克思主义学院,教授	熊文勇	云南大学药学院,研究员
解 强	中国矿业大学(北京)化学与环境工程学院,教授	熊 曦	中南林业科技大学商学院,教授
解 伟	华北水利水电大学土木与交通学院,教授		

熊显长	湖北大学学报编辑部,编审	徐桂云	中国矿业大学机电工程学院,教授
熊小伏	重庆大学电气工程学院,教授	徐国华	江苏第二师范学院,教授
熊一新	中国警察协会学术委员会,教授	徐海刚	北京自动化控制设备研究所,研究员
熊玉竹	贵州大学材料与冶金学院,教授	徐 涵[1]	济南菲特生态环保工程有限公司,教授
熊岳平	哈尔滨工业大学化工与化学学院,教授	徐 涵[2]	沈阳师范大学辽宁省职业教育研究院,教授
熊仲儒	北京语言大学语言学系,教授	徐涵秋	福州大学环境与资源学院,教授
修世超	东北大学机械工程与自动化学院,教授	徐汉虹	华南农业大学天然农药与化学生物学教育部重点实验室,教授
胥保华	山东农业大学动物科学学院,教授		
胥朝阳	武汉纺织大学会计学院,教授	徐 皓	中国水产科学研究院渔业机械仪器研究所,研究员
胥 莉	太原师范学院马克思主义学院,教授		
徐爱东	中国电子科技集团公司第十三研究所,研究员	徐 鹤	南开大学环境科学与工程学院,教授
		徐宏喜	上海中医药大学中药学院,教授
徐爱功	辽宁工程技术大学测绘与地理科学学院,教授	徐厚军	中南建筑设计院技术质量部,教授级高级工程师
徐安军	北京科技大学冶金与生态工程学院,教授	徐 晖	中国农业出版社,编审
徐安龙	北京中医药大学中药学院,教授	徐 辉[1]	西南大学教育学部,教授
徐安士	北京大学信息科学技术学院,教授	徐 辉[2]	中铁隧道局集团有限公司工程测量试验公司,教授级高级工程师
徐安玉	电子科技大学,编审		
徐宝财	北京工商大学轻工科学技术学院,教授	徐惠绵	中国医科大学附属第一医院,教授
徐宝文	南京大学计算机科学与技术系,教授	徐建方	国家体育总局体育科学研究所,研究员
徐 斌[1]	河南科技大学车辆与交通工程学院,教授	徐建华	南开大学商学院,教授
徐 斌[2]	南京中医药大学第二临床医学院,研究员	徐建雄	上海交通大学农业与生物学院,教授
徐 斌[3]	同济大学环境科学与工程学院,教授	徐剑华	上海海事大学城市现代物流规划研究所,教授
徐冰鸥	山西大学教育科学学院,教授	徐进学	大连海事大学船舶电气工程学院,教授
徐 波	华东师范大学体育与健康学院,教授	徐 晶	河北中医药大学针灸推拿学院,教授
徐 灿	兰州大学物理科学与技术学院,教授	徐九华	南京航空航天大学机电学院,教授
徐昌杰	浙江大学农业与生物技术学院,教授	徐 军	同济大学物理科学与工程学院,教授
徐昌荣	北京蓝普锋科技有限公司,研究员	徐俊峰	中国康复研究中心中医康复科,主任医师
徐常胜	中国科学院自动化研究所模式识别国家重点实验室,研究员	徐抗震	西北大学化工学院,教授
		徐可君	海军航空大学青岛校区航空机械系,教授
徐 超[1]	华北电力大学能动学院,教授	徐礼华	武汉大学土木建筑工程学院,教授
徐 超[2]	同济大学土木工程学院,教授	徐 立	中国热带农业科学院热带作物品种资源研究所,研究员
徐辰武	扬州大学农学院,教授		
徐呈祥	肇庆学院生命科学学院,教授	徐立章	江苏大学智能农机装备理论与技术重点实验室,研究员
徐川平	重庆市卫生健康统计信息中心,编审		
徐春城	中国农业大学工学院,教授	徐林祥	扬州大学文学院,教授
徐 达	陆军装甲兵学院兵器与控制系,教授	徐龙华	西南科技大学环境与资源学院,教授
徐道春	北京林业大学工学院,教授	徐罗山	扬州大学数学科学学院,教授
徐得潜	合肥工业大学土木与水利工程学院,教授	徐茂智	北京大学网络空间安全研究院,教授
徐德鸿	浙江大学电气工程学院,教授	徐敏义	大连海事大学轮机工程学院,教授
徐东耀	中国矿业大学(北京)化学与环境工程学院,教授	徐 明	成都体育学院体育系,教授
		徐明岗	山西农业大学资源环境学院,研究员
徐放鸣	江苏师范大学文学院,教授	徐明生	江西农业大学食品学院,教授
徐 飞	中国科学技术大学科技哲学系,教授	徐 彭	江西中医药大学实验动物中心,教授
徐 枫	浙江大学城市学院,编审	徐 鹏	厦门大学海洋与地球学院,教授
徐 锋	南京航空航天大学机电学院,教授	徐 平	中共中央党校(国家行政学院)文史教研部,教授
徐赣丽	华东师范大学社会发展学院,教授		
徐刚标	中南林业科技大学林学院,教授	徐评议	广州医科大学附属第一医院,教授
徐刚珍	新乡医学院,编审	徐奇友	湖州师范学院生命科学学院,研究员
徐 钢	华北电力大学热电生产过程污染物监测与控制北京市重点实验室,教授	徐 琪	厦门大学外文学院,教授
		徐 强	上海建科集团股份有限公司,教授级高级工程师
徐格宁	太原科技大学机械工程学院,教授		
徐光华	南京理工大学经济管理学院,教授	徐庆宇	东南大学物理学院,教授
徐光亮	西南科技大学核废物与环境安全国防重点学科实验室,教授	徐 戎	华中科技大学同济医学院,教授
		徐瑞生	江南大学附属医院,教授
		徐善东	北京大学医学部,研究员

徐绍辉	青岛大学环境科学与工程学院,教授	徐玉德	中国财政科学研究院,研究员
徐石海	暨南大学实验技术中心,教授	徐玉明	杭州师范大学体育学院,教授
徐世芬	上海市中医医院,主任医师	徐玉泉	中国农业科学院生物技术研究所,研究员
徐书文	中国电子科技集团公司第三研究所,研究员	徐元宏	安徽医科大学第一附属医院,教授
徐 庶	河北工业大学电子信息工程学院,教授	徐元清	河南大学化学化工学院,教授
徐双敏	中南财经政法大学公共管理学院,教授	徐月和	中国恩菲工程技术有限公司,教授级高级工程师
徐廷生	河南科技大学动物科技学院(动物医学院),教授	徐朝鹏	燕山大学信息科学与工程学院,教授
徐 巍	哈尔滨医科大学附属第一医院,教授	徐振刚	中国煤炭科工集团有限公司煤炭科学研究总院,研究员
徐 伟	中国建筑科学研究院有限公司建筑环境与能源研究院,研究员	徐镇凯	南昌大学建筑工程学院,教授
徐卫东	海军军医大学第一附属医院(上海长海医院),教授	徐 政	浙江大学电气工程学院,教授
徐文坚	青岛大学附属医院,主任医师	徐志强	中国矿业大学(北京)化学与环境工程学院,教授
徐稳龙	中国建筑设计研究院有限公司,教授级高级工程师	徐志胜	中南大学土木工程学院,教授
徐西鹏	华侨大学机电及自动化学院,教授	徐志伟	中国科学院计算技术研究所,研究员
徐希平	西南民族大学中国语言文学学院,教授	徐治皋	东南大学能源与环境学院,教授
徐锡伟	应急管理部国家自然灾害防治研究院,教授	徐中海	东北电力大学理学院,教授
徐 霞	武汉体育学院教务处,教授	徐仲伟	重庆邮电大学移通学院,教授
徐先荣	空军特色医学中心,主任医师	徐宗学	北京师范大学水科学研究院,教授
徐 翔	武汉市脑科医院,主任医师	徐祖顺	湖北大学材料科学与工程学院,教授
徐肖楠	华南理工大学新闻与传播学院,教授	许爱华	扬州大学医学院,教授
徐 骁	浙江大学医学院附属杭州市第一人民医院,教授	许成谦	燕山大学信息科学与工程学院,教授
徐小平	四川大学药学院,教授	许成祥	武汉科技大学城市建设学院,教授
徐小万	广东省农业科学院蔬菜研究所,研究员	许崇海	齐鲁工业大学械与汽车工程学院,教授
徐晓虹	武汉理工大学材料科学与工程学院,教授	许春明	同济大学上海国际知识产权学院,教授
徐 新	南京大学哲学系,教授	许春平	郑州轻工业学院食品科学与工程学院,教授
徐兴海	江南大学文学院,教授	许春晓	湖南师范大学旅游学院,教授
徐秀丽	燕山大学理学院,教授	许翠兰	山东省广播电视监测中心,高级编辑
徐学红	陕西师范大学生命科学学院,教授	许翠萍	山西医科大学第一医院,主任医师
徐学选	中国科学院水利部水土保持研究所,研究员	许 迪[1]	南京医科大学第一附属医院,主任医师
徐雅琴	东北农业大学文理学院,教授	许 迪[2]	中国水利水电科学研究院水利研究所,教授级高级工程师
徐炎章	浙江工商大学工商管理学院,教授	许冬梅	宁夏大学林业与草业学院,教授
徐砚通	北京中医药大学北京中医药研究院,研究员	许凤全	中国中医科学院广安门医院,主任医师
徐艳利	北京新风航天装备有限公司,研究员	许光建	中国人民大学公共管理学院,教授
徐艳玲	山东大学马克思主义学院,教授	许光清	中国人民大学环境学院,教授
徐 英	外交学院英语学院,教授	许光全	天津大学网络安全学院,教授
徐英春	北京协和医院,研究员	许贵善	塔里木大学动物科学学院,教授
徐 颖	安徽理工大学科研部,教授	许国希	《精细化工》编辑部,教授级高级工程师
徐颖果	天津理工大学外国语学院,教授	许海玉	中国中医科学院中药研究所,研究员
徐永安	国家粮食和物资储备局科学研究院粮食储运研究所,正高级工程师	许 宏	上海外国语大学俄罗斯东欧中亚学院,教授
徐永海	新能源电力系统国家重点实验室(华北电力大学),教授	许宏科	长安大学电子与控制学院,教授
徐永建	陕西科技大学轻工科学与工程学院,教授	许纪霖	华东师范大学人文社会科学学院,教授
徐永平	大连理工大学生物工程学院,教授	许家林	中国矿业大学矿业工程学院,教授
徐永青	中国电子科技集团公司第十三研究所,研究员	许家仁	江苏省老年医院,主任医师
徐永清	昆明解放军联勤保障部队第九二〇医院,主任医师	许建中	扬州大学文学院,教授
		许剑民	复旦大学附属中山医院,教授
徐勇民	湖北美术学院办,教授	许 江	重庆大学资源与安全学院,研究员
徐友龙	西安交通大学电子与信息学部电子科学与工程学院,教授	许江宁	海军工程大学电气工程学院,教授
		许俊华	江苏科技大学材料科学与工程学院,教授
		许开轶	南京师范大学公共管理学院,教授
		许立华	宁夏大学动物科技学院,教授
徐有明	华中农业大学园艺林学学院,教授	许 珉	西安交通大学医学院第二附属医院,教授
		许 模	成都理工大学地质灾害防治国家重点实验室,教授

许　庆	上海财经大学财经研究所,教授		薛　梓	中国计量科学研究院几何量计量科学与技术研究所,研究员
许琼明	苏州大学药学院,教授		寻　舸	中南林业科技大学经济学院,教授
许如根	扬州大学农学院,教授		荀　渊	华东师范大学教育学部,研究员
许瑞超	河南工程学院,教授		鄢良春	四川省中医药科学院,研究员
许升阳	中国煤炭科工集团煤科院经济与信息研究分院,编审		鄢庆枇	集美大学水产学院,教授
许世卫	中国农业科学院农业信息研究所,研究员		鄢盛恺	中日友好医院,教授
许文才	北京印刷学院,教授		鄢文海	郑州大学基础医学院,教授
许文林	扬州大学化学化工学院,教授		鄢章华	哈尔滨商业大学管理学院,教授
许文年	三峡大学生物与制药学院,教授级高级工程师		燕　达	清华大学建筑学院,教授
许文涛	中国农业大学营养与健康系,教授		燕红忠	上海财经大学经济学院,教授
许晓东	华中科技大学教育科学研究院,教授		燕继荣	北京大学政府管理学院,教授
许筱颖	北京中医药大学中医学院,教授		燕继晔	北京市农林科学院,研究员
许学斌	上海市疾病预防控制中心,教授		燕连福	西安交通大学马克思主义学院,教授
许学工	北京大学城市与环境学院,教授		燕乃玲	中国浦东干部学院,教授
许延春	中国矿业大学(北京)能源与矿业学院,研究员		燕汝贞	成都理工大学商学院,教授
许岩丽	中国全科医学杂志社,教授		燕永亮	中国农业科学院生物技术研究所,研究员
许英姿	广西大学土木建筑工程学院,教授		闫成新	中国石油大学(华东)机电工程学院,教授
许　昭	山东体育学院研究生教育学院,教授		闫福华	南京大学医学院附属口腔医院,教授
许振良	华东理工大学化工学院,教授		闫福林	新乡医学院药学院,教授
许正新	扬州大学医学院,教授		闫光才	华东师范大学高等教育研究所,教授
许志红	福州大学电气工程与自动化学院,教授		闫国利	天津师范大学心理学部,教授
许志强	燕山大学机械工程学院,教授		闫　建	中共重庆市委党校(重庆行政学院)公共管理学教学部,教授
许治平	北京体育大学期刊社,编审		闫　敬	燕山大学电气工程学院,教授
许作铭	辽宁大学科技处,教授		闫茂德	长安大学电子与控制工程学院,教授
宣小红	中国人民大学书报资料中心,编审		闫　明	新疆维吾尔自治区维吾尔医药研究所,研究员
薛安成	华北电力大学电气与电子工程学院,教授			
薛　斌	中国兵器工业第二一八研究所(上海电控研究所),正高级工程师		闫平慧	陕西中医药大学高教研究中心,教授
薛博瑜	南京中医药大学中医内科教研室,教授		闫　强	北京邮电大学经济管理学院,教授
薛春苗	北京中医药大学东直门医院,主任药师		闫荣格	河北工业大学电气工程学院,教授
薛二勇	北京师范大学教师教育研究所,教授		闫少宏	中国矿业大学(北京)能源与矿业学院,教授
薛继红	山西省教育科学研究院,研究员		闫世艳	北京中医药大学针灸推拿学院,研究员
薛家祥	华南理工大学机械与汽车工程学院,教授		闫守轩	辽宁师范大学教育学部,教授
薛建阳	西安建筑科技大学土木工程学院,教授		闫澍旺	天津大学建筑工程学院,教授
薛金林	南京农业大学工学院,教授		闫素梅	内蒙古农业大学动物科学学院,教授
薛美盛	中国科学技术大学自动化系,教授		闫文辉	西安石油大学机械工程学院,教授
薛　敏	中国农业科学院饲料研究所,研究员		闫小宁	陕西省中医医院,主任医师
薛　明	首都医科大学基础医学院,教授		闫　艳	天津师范大学马克思主义学院,教授
薛宁兰	中国社会科学院法学研究所,研究员		闫玉科	广东海洋大学经济学院,教授
薛　平	北京化工大学机电工程学院,教授		闫育东	天津体育学院继续教育学院,教授
薛群虎	西安建筑科技大学材料科学与工程学院,教授		闫增峰	西安建筑科技大学建筑学院,教授
薛山顺	中国地质图书馆,研究员		闫志民	北京大学马克思主义学院,教授
薛松柏	南京航空航天大学材料科学与技术学院,教授		严春友	北京师范大学哲学学院,教授
薛　涛	东南大学附属中大医院,教授		严发宝	山东大学机电与信息工程学院、空间科学研究院,教授
薛　伟	河北工业大学化学工程与技术,教授		严于贵	东北电力大学电气工程学院,教授
薛武军	西安交通大学第一附属医院,主任医师		严　辉	南京中医药大学药学院,教授
薛绪掌	国家农业信息化工程技术研究中心,研究员		严　玲	天津理工大学主校区管理学院,教授
薛　莹	浙江工商大学杭州商学院,教授		严律南	四川大学华西医院,教授
薛永常	大连工业大学生物工程学院,教授		严　明	公安部第一研究所,研究员
薛玉君	河南科技大学机电工程学院,教授		严　楠	北京理工大学机电学院,教授
薛玉英	东南大学公共卫生学院,教授		严仁军	武汉理工大学交通学院,教授
薛振奎	中国石油天然气管道局,教授		严双伍	武汉大学政治与公共管理学院,教授
			严浙平	哈尔滨工程大学智能学院,教授
			阎纯德	北京语言大学人文学院,教授

阎慧臻	大连工业大学基础教学部,教授	杨 刚	四川大学机械工程学院,教授
阎 磊	陕西省纺织科学研究院,教授级高级工程师	杨 庚	南京邮电大学计算机学院、软件学院、网络空间安全学院,教授
阎培渝	清华大学土木工程系,教授	杨公平	山东大学软件学院,教授
阎 萍	中国农业科学院兰州畜牧与兽药研究所,研究员	杨功流	浙江大学先进技术研究院,教授
阎希柱	集美大学水产学院,教授	杨 光[1]	东北师范大学体育学院,教授
阎友兵	湘潭大学商学院,教授	杨 光[2]	河北科技大学理学院,教授
阎智力	华东师范大学体育与健康学院,教授	杨 光[3]	集美大学机械与能源工程学院,教授
颜昌武	暨南大学公共管理学院,教授	杨光华	广东省水利水电科学研究院,教授
颜春龙	重庆师范大学新闻与传媒学院,教授	杨光钦	郑州大学教育学院,教授
颜 开	中国船舶科学研究中心,研究员	杨广生	江西师范大学美术学院,教授
颜可珍	湖南大学土木工程学院,教授	杨贵明	承德医学院蚕业研究所,研究员
颜 莉	湖北经济学院会计学院,教授	杨桂花	齐鲁工业大学造纸与植物资源工程学院,教授
颜世强	中国地质调查局成都矿产综合利用研究所,研究员	杨国华	宁夏大学电气工程及其自动化系,教授
颜 帅	中国高校科技期刊研究会,编审	杨国来	南京理工大学国际教育学院,教授
颜玄洲	江西农业大学图书馆,教授	杨国龙	河南工业大学粮油食品学院,教授
晏 磊	北京大学地球与空间科学学院,教授	杨国庆	解放军总医院海南医院,主任医师
晏启祥	西南交通大学土木工程学院,教授	杨豪中	西安建筑科技大学艺术学院,教授
羊亚平	同济大学物理科学与工程学院,教授	杨合理	河南财经政法大学刑事司法学院,教授
阳建强	东南大学建筑学院,教授	杨合林	湖南师范大学文学院,教授
阳军生	中南大学土木工程学院,教授	杨红萍	山西师范大学教师教育学院,教授
杨宝峰	哈尔滨医科大学,教授	杨红生	中国科学院海洋研究所,研究员
杨宝山	哈尔滨医科大学附属第一医院,主任医师	杨红伟	中国电子科技集团公司第十三研究所,研究员
杨宝忠	河北大学文学院,教授	杨洪承	南京师范大学文学院,教授
杨 彪	北京工商大学化学与材料工程学院,教授	杨洪强	山东农业大学园艺科学与工程学院,教授
杨斌让	深圳市儿童医院,主任医师	杨鸿文	北京邮电大学信息与通信工程学院,教授
杨炳友	黑龙江中医药大学,教授	杨 华	中国药科大学中药学院,教授
杨 波	浙江大学药学院,教授	杨 槐	北京大学材料科学与工程学院,教授
杨 博	昆明理工大学电力工程学院,教授	杨 卉	青海大学附属医院,主任药师
杨保筠	北京大学国际关系学院,教授	杨会军	中铁六局集团有限公司,教授级高级工程师
杨昌鸣	北京工业大学建筑与城市规划学院,教授	杨慧民	大连理工大学马克思主义学院,教授
杨长福	贵州中医药大学基础医学院,教授	杨慧中	江南大学检测与过程控制研究所,教授
杨长森	河南师范大学数学与信息科学学院,教授	杨纪伟	保定理工学院,教授
杨 晨	中国科学院软件研究所可信计算与信息保障实验室,研究员	杨继新	大连工业大学机械工程与自动化学院,教授
杨成波	成都体育学院教师发展中心,教授	杨加明	成都医学院马克思主义学院,教授
杨承新	深圳职业技术学院,教授	杨家海	清华大学网络科学与网络空间研究院,教授
杨承印	陕西师范大学化学化工学院,教授	杨家松	中铁二局集团有限公司,教授级高级工程师
杨 春	中华女子学院学报编辑部,编审	杨家印	四川大学华西医院,教授
杨春江	西北大学经济管理学院,教授	杨建东	武汉大学水利水电学院,教授
杨春满	煤炭科学技术研究院有限公司,研究员	杨建红	兰州大学微电子研究所,教授
杨从科	中国农业科学院研究生院,研究员	杨建华	西北工业大学自动化学院,教授
杨存祥	郑州轻工业大学建筑环境工程学院,教授	杨建森	宁夏大学土木与水利工程学院,教授
杨得前	集美大学财税与公共管理学院,教授	杨建设	西安体育学院运动休闲学院,教授
杨德林	清华大学经济管理学院,教授	杨建英	国际关系学院公共管理系,教授
杨德庆	上海交通大学船舶海洋与建筑工程学院结构力学研究所,教授	杨 剑	华东师范大学体育与健康学院,教授
杨德勇	北京工商大学区域金融工程研究中心,教授	杨剑影	北京大学工学院,教授
杨东凯	北京航空航天大学电子信息工程学院,教授	杨 健[1]	清华大学电子工程系,教授
杨东升	东北大学信息科学与工程学院,教授	杨 健[2]	上海大学材料科学与工程学院,教授
杨冬民	西安理工大学经济与管理学院,教授	杨健民	厦门大学文科期刊中心,研究员
杨风暴	中北大学信息与通信工程学院,教授	杨 杰[1]	贵州医科大学附属医院,主任医师
杨锋苓	山东大学机械工程学院,教授	杨 杰[2]	南方医科大学南方医院,主任医师
杨富学	敦煌研究院,研究馆员	杨杰明	东北电力大学计算机学院,教授
杨改学	西北师范大学教育技术与传播学院,教授	杨 颉	上海交通大学教务处,研究员

杨金才	南京大学外国语学院,教授	杨 谦	哈尔滨工业大学生命科学与技术学院,教授
杨金亮	四川大学,教授	杨乔松	广东省农业科学院果树研究所,研究员
杨金田	河北经贸大学,教授	杨 青	《当代文坛》杂志社,编审
杨经建	湖南师范大学文学院,教授	杨清溪	东北师范大学教育学部,教授
杨 菁	武汉大学人民医院,教授	杨庆华	浙江工业大学机械工程学院,教授
杨景海	吉林师范大学,教授	杨庆祥	燕山大学材料科学与工程学院,教授
杨九华	浙江音乐学院音乐学系,教授	杨 全	广东药科大学,教授
杨巨平	南开大学历史学院,教授	杨全山	东北财经大学杂志社,编审
杨 娟	贵州省天然产物研究中心,研究员	杨人凤	长安大学工程机械学院,教授
杨 军[1]	东南大学交通学院,教授	杨仁忠	天津师范大学马克思主义学院,教授
杨 军[2]	宁夏大学网络与信息管理中心,教授	杨荣仲	广西农业科学院甘蔗研究所,研究员
杨 俊	宜昌市中心人民医院,教授	杨茹莱	浙江大学医学院附属儿童医院,主任医师
杨俊华	广东工业大学自动化学院,教授	杨汝男	大连工业大学化工与材料学院,教授
杨俊利	中煤科工集团唐山研究院有限公司,研究员	杨瑞霞	河北工业大学电子信息工程学院,教授
杨俊友	沈阳工业大学电气工程学院,教授	杨瑞云	广西师范大学化学与药学学院,研究员
杨 凯	重庆医科大学附属第一医院,教授	杨韶艳	宁夏大学经济管理学院,教授
杨凯华	中国地质大学工程学院,教授	杨沈秋	黑龙江中医药大学附属第二医院,主任医师
杨 磊	华中科技大学公共卫生学院,教授	杨胜兰	华中科技大学同济医学院附属协和医院,教授
杨理连	天津职业大学科研产业处,研究员	杨胜强	太原理工大学机械与运载工程学院,教授
杨立社	西北农林科技大学经济管理学院,教授	杨盛谊	北京理工大学物理学院,教授
杨立新[1]	湖北省科技信息研究院,研究员	杨世昌	新乡医学院第二附属医院,教授
杨立新[2]	中铁隧道局集团有限公司,教授级高级工程师	杨世凤	天津科技大学电子信息与自动化学院,教授
杨立英	中国科学院文献情报中心,研究员	杨世民	西安交通大学医学部药学院,教授
杨立中	中国科学技术大学火灾科学国家重点实验室,研究员	杨仕辉	暨南大学经济学院,教授
杨 丽[1]	河南工业大学马克思主义学院,教授	杨守义	郑州大学信息工程学院,教授
杨 丽[2]	四川大学华西医院,教授	杨书江	中铁隧道局集团有限公司,教授级高级工程师
杨丽君[1]	重庆大学电气工程学院,教授	杨淑萍	辽宁师范大学教育学部,教授
杨丽君[2]	燕山大学电气工程学院,教授	杨淑珍	哈尔滨理工大学图书馆,研究馆员
杨利慧	北京师范大学文学院,教授	杨树和	扬州大学机械工程学院,教授
杨利坡	燕山大学机械工程学院,教授	杨树华	中国农业科学院蔬菜花卉研究所,研究员
杨良初	中国财政科学研究院社会发展研究中心,研究员	杨树明	西安交通大学机械工程学院,教授
杨 林[1]	大连工业大学机械工程与自动化学院,教授	杨水金	湖北师范大学化学化工学院,教授
杨 林[2]	山东大学(威海校区)商学院,教授	杨思进	西南医科大学附属中医医院,教授
杨林花	山西医科大学第二医院,主任医师	杨思洛	武汉大学文理学部信息管理学院,教授
杨林生	中国科学院地理科学与资源研究所,研究员	杨松林	河北科技大学机械学院,教授
杨 凌	上海中医药大学系统药代动力学中心,研究员	杨松令	北京工业大学经管学院,教授
杨玲玲	《世界中医药》杂志社,高级编辑	杨 涛[1]	上海理工大学环境与建筑学院,教授
杨 柳	黑龙江中医药大学药学院,教授	杨 涛[2]	西安体育学院体育经济与管理学院,教授
杨柳青	中南林业科技大学风景园林学院,教授	杨天平	浙江师范大学教育学院,教授
杨柳燕	南京大学环境学院,教授	杨廷梧	西安电子科技大学物理学院,研究员
杨 梅	山东省计量科学研究院,研究员	杨婉花	上海交通大学医学院附属瑞金医院,主任药师
杨 敏	湖南省教育科学研究院,研究员	杨皖苏	合肥工业大学管理学院,研究员
杨 明	北京大学法学院,教授	杨万利	烟台南山学院,教授
杨铭铎	哈尔滨商业大学中式快餐研究发展中心博士后科研基地,教授	杨 维	北京交通大学电子信息工程学院,教授
杨乃乔	复旦大学中文系,教授	杨维民	湖北美术学院,教授
杨沛超	中国社会科学院信息化管理办公室,教授	杨伟东	河北工业大学机械工程学院,教授
杨 平	武汉理工大学交通学院,教授	杨卫平	云南师范大学物理与电子信息学院,教授
杨齐福	浙江工商大学人文学院,教授	杨 蔚	北京交通大学马克思主义学院,教授
杨 琦	长安大学经济与管理学院,教授	杨文斌	福建农林大学材料工程学院,教授
杨启东	上海嘉麟杰纺织品股份有限公司,教授级高级工程师	杨文炯	广东技术师范大学民族学院,教授
		杨文明	安徽中医药大学第一附属医院,教授
		杨文荣	河北工业大学电气工程学院,教授
		杨文伟	宁夏大学土木与水利工程学院,教授

杨武年	成都理工大学地球科学学院,教授	杨拥军	中国电子科技集团公司第十三研究所,研究员
杨锡强	重庆医科大学附属儿童医院,教授		
杨咸启	黄山学院机电工程学院,教授	杨永利	郑州大学公共卫生学院,教授
杨现利	洛阳矿山机械工程设计研究院有限责任公司,教授级高级工程师	杨永清	上海市中医药研究院-上海中医药大学上海市针灸经络研究所,研究员
杨湘杰	南昌大学先进制造学院,教授	杨永志	南开大学马克思主义学院,教授
杨向群	湖南师范大学数学与统计学院,教授	杨永忠	四川大学商学院,教授
杨小聪	矿冶科技集团有限公司,正高级工程师	杨永宗	南华大学,教授
杨小林	河南理工大学,教授	杨 勇[1]	四川省医学科学院,主任药师
杨小生	贵州省中国科学院天然产物化学重点实验,研究员	杨 勇[2]	中国测试技术研究院,研究员
		杨幼明	江西理工大学工程研究院,教授
杨晓宏	西北师范大学教育技术学院,教授	杨于嘉	中南大学湘雅医院,教授
杨晓华[1]	北京师范大学环境学院,教授	杨玉岗	太原理工大学电气与动力工程学院,教授
杨晓华[2]	长安大学公路学院,教授	杨玉盛	福建师范大学党委,教授
杨晓明	北京科技大学文法学院,教授	杨煜普	上海交通大学人工智能学院,教授
杨效宏	四川大学文学与新闻学院,教授	杨 渊	广西医大开元埌东医院,主任医师
杨效民	山西省农科院畜牧兽医研究所,研究员	杨 越	国家体育总局体育科学研究所,研究员
杨新鸣	黑龙江中医药大学附属第一医院,主任医师	杨 云	陕西科技大学电子信息与人工智能学院,教授
杨新岐	天津大学材料科学与工程学院,教授		
杨兴科	长安大学地球科学与资源学院,教授	杨云霜	北京市隆福医院,主任医师
杨杏芬	南方医科大学公共卫生学院,教授	杨 芸	《水下无人系统学报》编辑部,编审
杨 雄[1]	重庆三峡学院文学院,教授	杨泽伟	武汉大学法学院,教授
杨 雄[2]	上海社科院社会学研究所,研究员	杨占秋	武汉大学医学部病毒所,研究员
杨秀娟	福建省农业科学院植物保护研究所,研究员	杨占武	宁夏社会科学界联合会,研究员
杨秀平	兰州理工大学经济管理学院,教授	杨章平	扬州大学动物科学与技术学院,教授
杨秀伟	北京大学天然药物及仿生药物国家重点实验室,教授	杨 钊	重庆文理学院文学与传媒学院,教授
杨秀云	西安交通大学经济与金融学院,教授	杨兆勇	中国医学科学院医学生物技术研究所,研究员
杨 旭	西安交通大学电气工程学院,教授	杨贞耐	北京工商大学食品与健康学院,教授
杨旭东	清华大学建筑学院,教授	杨 珍	天津体育学院体育文化学院,教授
杨绪敏	江苏师范大学历史文化与旅游学院,教授	杨振中	华北水利水电大学机械学院,教授
杨学新	河北大学历史学院,教授	杨知方	重庆大学电气工程学院,教授
杨 雪	吉林大学东荣大厦高等教育研究所,教授	杨知行	清华大学电子工程系,教授
杨雪梅	北京教育学院校长研修学院(教育干部学院),教授	杨志新	承德医学院中医学院,教授
杨亚娟	第二军医大学附属长征医院,主任护师	杨志勇	中国社会科学院财经战略研究院,研究员
杨 岩	重庆理工大学机械工程学院,教授	杨志远	西安科技大学化学与化工学院,教授
杨 扬	广东省广州中山大学附属第三医院,教授	杨智春	西北工业大学航空学院,教授
杨 阳	河北中医药大学第一附属医院,教授	杨忠鹏	莆田学院数学与金融学院,教授
杨 洋	北京航空航天大学机械工程及自动化学院,教授	杨 铸	武汉邮电科学研究院,教授级高级工程师
		杨 孜	北京大学第三医院,教授
杨耀东	中国热带农业科学院椰子研究所,研究员	杨自忠	大理大学药学院,教授
杨耀辉	中国地质调查局成都矿产综合利用研究所,研究员	杨宗政	天津科技大学化学与材料学院,教授
杨宜勇	国家发展和改革委员市场与价格研究所,研究员	姚本先	安徽师范大学教育科学学院,教授
		姚 斌[1]	厦门大学航空航天学院,教授
杨义先	北京邮电大学信息安全中心,教授	姚 斌[2]	中国农业科学院北京畜牧兽医研究所,研究员
杨亦鸣	江苏师范大学语言研究院,教授		
杨 屹	四川大学机械工程学院,教授	姚崇新	中山大学社会学与人类学院,教授
杨 毅	湖北省中医院,主任医师	姚春德	天津大学内燃机燃烧学国家重点实验室,教授
杨 翼	武汉体育学院研究生院,教授		
杨银付	中国教育学会,研究员	姚翠鸾	集美大学水产学院,教授
杨银堂	西安电子科技大学微电子学院,教授	姚登福	南通大学附属医院,教授
杨尹默	北京大学第一医院,教授	姚凤民	广东财经大学财务处,教授
杨迎平	南京晓庄学院文学院,教授	姚国清	中国地质大学(北京),教授
杨颖秀	东北师范大学,教授	姚海波	北方工业大学土木工程学院,教授
		姚继明	河北科技大学纺织服装学院,教授
		姚家新	天津体育学院教育与心理学院,教授

姚建标	浙江康恩贝制药股份有限公司药品研发中心,正高级工程师	叶建新	中国传媒大学广告学院,教授
姚建刚	湖南大学电气与信息工程学院,教授	叶建雄	浙江机电职业技术学院,教授
姚建龙	上海社科院法学所,研究员	叶 军	河南科技大学机电学院,教授级高级工程师
姚建涛	燕山大学机械工程学院,教授	叶康慨	中铁南方投资集团有限公司,教授级高级工程师
姚江宏	南开大学物理科学学院,教授		
姚 静	燕山大学机械工程学院,教授	叶 琳	吉林大学公共卫生学院,教授
姚军虎	西北农林科技大学动物科技学院,教授	叶 敏	长安大学工程机械学院,教授
姚凯文	华北电力大学水利与水电工程学院,教授	叶啟发	武汉大学中南医院,教授
姚可利	国网陕西省电力公司,编审	叶 青	华东政法大学,教授
姚乐野	四川大学公共管理学院,教授	叶山东	中国科学技术大学附属第一医院(安徽省立医院),主任医师
姚 蕾	北京体育大学教育学院,教授		
姚立纲	福州大学机械工程及自动化学院,教授	叶声华	天津大学精密仪器与光电子工程学院,教授
姚丽娜	宁波工程学院经济与管理学院,教授	叶 松	湖北省中医院,教授
姚利民	湖南大学教育科学研究院,教授	叶魏岭	盐城市第三人民医院,主任医师
姚 灵	宁波水表(集团)股份有限公司,教授级高级工程师	叶文辉	云南财经大学经济学院,教授
		叶孝佑	中国计量科学研究院,研究员
姚 鹏	山东大学机械工程学院,教授	叶沿林	北京大学物理学院,教授
姚其正	中国药科大学药学院,教授	叶义成	武汉科技大学资源与环境工程学院,教授
姚淑德	北京大学物理学院,教授	叶银忠	上海城建职业学院,教授
姚树峰	空军工程大学学报编辑部,编审	叶 英	北京市市政工程研究院,研究员
姚树俊	西安财经大学期刊管理中心,教授	叶永安	北京中医药大学东直门医院,教授
姚伟钧	华中师范大学历史文化学院,教授	叶祖光	中国中医科学院中药研究所,研究员
姚文放	扬州大学文学院,教授	伊国兴	哈尔滨工业大学航天学院空间控制与惯性技术研究中心,教授
姚 武	郑州大学公共卫生学院,教授		
姚 曦	武汉大学新闻与传播学院,教授	衣长军	华侨大学工商管理学院,教授
姚新灵	宁夏大学生命科学学院,教授	衣明纪	青岛大学附属医院,主任医师
姚学玲	西安交通大学电力设备电气绝缘国家重点实验室,教授	衣雪松	海南大学生态与环境学院,教授
		乙 引	贵州师范大学,教授
姚 燕	中国建筑材料科学研究总院,教授	易冰源	中国建筑学会建筑经济分会,研究员
姚仰平	北京航空航天大学交通学院,教授	易昌良	现代经济研究院,教授
姚 尧	中国船舶集团有限公司第七一六研究所,研究员	易国斌	广东工业大学轻工化工学院,教授
		易基圣	中国舰船研究设计中心,编审
姚宜斌	武汉大学测绘学院,教授	易继明	北京大学国际知识产权研究中心,教授
姚永熙	南京水利水文自动化研究所,教授级高级工程师	易建钢	江汉大学机电学院,教授
		易建华	陕西科技大学食品科学与工程学院,教授
姚咏明	解放军总医院,教授	易镜荣	江西工业工程职业技术学院,教授
姚运仕	长安大学工程机械学院,教授	易 骏	福建教育学院理科研修部,教授
姚振强	上海交通大学机械与动力工程学院,教授	易立新	南开大学环境科学与工程学院,教授
姚致清	许昌开普检测研究院有限公司,教授级高级工程师	易灵芝	湘潭大学自动化与电子信息学院,教授
		易岂建	重庆医科大学附属儿童医院,教授
冶运涛	中国水利水电科学研究院,正高级工程师	易彤波	泰州市人民医院,主任医师
叶柏洪	中国铁道科学研究院机车车辆研究所,研究员	易先中	长江大学机械工程学院,教授
		易永辉	许继集团有限公司,教授级高级工程师
叶冬青	安徽医科大学公共卫生学院,教授	易永祥	南京大学医学院附属鼓楼医院,教授
叶 飞	长安大学公路学院,教授	殷德涛	郑州大学第一附属医院,教授
叶永吉	广西师范大学美术学院,教授	殷 飞	南京大学体育部,教授
叶赋桂	清华大学教育研究院,教授	殷贵鸿	河南农业大学农学院,研究员
叶功富	福建省林业科学研究院,教授级高级工程师	殷国平	南京中医药大学附属南京二院,主任医师
叶 宏	重庆理工大学材料科学与工程学院,教授	殷国荣	山西医科大学寄生虫学研究所,教授
叶继丹	集美大学水产学院,研究员	殷劲松	南京理工大学泰州科技学院,教授级高级工程师
叶继元	南京大学中国人文社会科学评价国家创新基地,教授		
		殷 峻	上海交通大学附属第六人民医院,主任医师
叶加仁	中国地质大学(武汉),教授	殷凯生	江苏省人民医院(南京医科大学第一附属医院),教授
叶家玮	华南理工大学,教授		
叶建荣	中国农业大学种子科学与生物技术系,教授	殷善开	上海交通大学附属第六人民医院,教授
		殷少军	上海市第六人民医院,主任医师

殷晓丽　北京大学医学教育研究所,研究员
殷新春　扬州大学广陵学院,教授
尹爱宁　中国中医科学院中医药信息研究所,研究员
尹爱田　山东大学卫生管理与政策研究中心,教授
尹　成　西南石油大学地球科学与技术学院,教授
尹成龙　安徽农业大学工学院,教授
尹笃林　湖南师范大学石化新材料与资源精细利用
　　　　国家地方联合工程实验室,教授
尹海洁　哈尔滨工业大学人文学院,教授
尹　鸿　清华大学新闻与传播学院,教授
尹洪娜　黑龙江中医药大学附属第二医院,主任医师
尹后庆　上海市教育学会,教授
尹家录　沈阳发动机设计研究所,研究员
尹建平　中北大学机电工程学院,教授
尹磊森　上海中医药大学附属岳阳医院,研究员
尹　莲　南京中医药大学中药化学教研室,教授
尹　林　江苏省人民医院(南京医科大学第一附属医
　　　　院),主任医师
尹慕军　北京大学人民医院,主任医师
尹　宁　南京医科大学附属逸夫医院,主任医师
尹　平　华中科技大学同济医学院公共卫生学院,
　　　　教授
尹少华　中南林业科技大学商学院,教授
尹书博　中共河南省委党校,教授
尹树华　中国人民解放军西安通信学院,教授
尹伟先　西北民族大学历史文化学院,教授
尹蔚彬　中国社会科学院民族学与人类学研究所,
　　　　教授
尹文言　浙江大学信息与电子工程学院,教授
尹延国　合肥工业大学机械工程学院,教授
尹怡欣　北京科技大学自动化学院,教授
尹志刚　郑州轻工业学院材料与化工学院,教授
尹忠明　西南民族大学经济学院,教授
印利民　扬州大学附属泰兴市人民医院,主任医师
印万忠　东北大学资源与土木工程学院,教授
应丽君　北京城市学院,教授
应　敏　浙江万里学院,教授
应燕萍　广西医科大学第一附属医院,教授
应祖光　浙江大学航空航天学院,教授
雍少宏　宁夏大学经济管理学院,教授
雍振华　苏州科技大学建筑与城规学院,教授
尤　波　哈尔滨理工大学自动化学院,教授
尤　晨　闽南师范大学商学院,教授
尤　锋　中国科学院海洋研究所,研究员
尤黎明　中山大学护理学院,教授
尤肖虎　东南大学信息科学与工程学院,教授
油新华　中国中建设计研究院有限公司,教授级高级
　　　　工程师
游　潮　四川大学华西医院,主任医师
游春平　仲恺农业工程学院植物健康创新研究院,
　　　　教授
游金明　江西农业大学科技处,教授
游　俊　湖北大学人文社会科学学院,编审
游庆军　江南大学附属医院,主任医师
游苏宁　中华医学会杂志社,编审
于　斌　重庆大学资源与安全学院,教授

于　波[1]　北京军区总医院,主任医师
于　波[2]　哈尔滨医科大学附属第二医院,教授
于春江　首都医科大学三博脑科医院,教授
于春肖　燕山大学理学院,教授
于大禹　东北电力大学化工学院,教授
于德华　上海同济大学附属杨浦医院,教授
于东新　内蒙古民族大学文学院,教授
于法稳　中国社会科学院农村发展研究所,研究员
于海峰　广东财经大学,教授
于洪亮　集美大学校长办公室,教授
于湖生　青岛大学纺织服装学院,教授
于　辉　燕山大学机械工程学院,教授
于冀平　深圳市计量质量检测研究院,教授级高级工
　　　　程师
于建福　国家教育行政学院,教授
于建军　新疆文物考古研究所,研究馆员
于建平　燕山大学外国语学院,教授
于金库　燕山大学材料科学与工程学院,研究员
于金鹏　青岛大学自动化学院,教授
于景洋　哈尔滨商业大学马克思主义学院,教授
于静洁　中国科学院地理科学与资源研究所,研究员
于　靖　同济大学附属第十人民医院,主任医师
于开平　哈尔滨工业大学航天学院,教授
于　力　广州医学院附属广州市第一人民医院,教授
于丽娟　北京联合大学管理学院,教授
于　鹏　中央财经大学政府管理学院,教授
于普林　北京医院,研究员
于　勤　大连大学附属中山医院,教授
于庆磊　东北大学资源与土木工程学院,教授
于　荣　清华大学材料学院,教授
于荣敏　暨南大学药学院,教授
于三科　西北农林科技大学动物医学院,教授
于少勇　西安电子科技大学体育部,教授
于升学　燕山大学环境与化学工程学院,教授
于士柱　天津医科大学总医院,教授
于舒春　哈尔滨理工大学测通学院,教授
于双成　吉林大学公共卫生学院,教授
于溯源　清华大学核能与新能源技术研究院,教授
于晓飞　中国地质调查局发展研究中心,正高级工
　　　　程师
于晓洋　哈尔滨理工大学测通学院,教授
于新奇　河北科技大学机械工程学院,教授
于秀金　山东财经大学外国语学院,教授
于炎冰　中日友好医院,主任医师
于奕峰　河北科技大学化学与制药工程学院,教授
于咏华　中共河南省委党校,教授
于有志　宁夏大学教务处,教授
于远望　陕西中医药大学校党委,教授
于振坤　南京医科大学附属明基医院,教授
于志刚　中国海洋大学,教授
于志晶　吉林工程技术师范学院,编审
于志明　北京林业大学材料科学与技术学院,教授
于忠海　江苏大学教师教育学院,教授
于　卓　内蒙古农业大学农学院,教授
于子平　中国兵器科学研究院,研究员

于宗光	中国电子科技集团公司第五十八研究所，教授	俞树荣	兰州理工大学化工学院，教授
余爱荣	中部战区总医院，主任药师	俞思念	华中师范大学政治与国际关系学院，教授
余 斌[1]	北京矿冶研究总院，教授级高级工程师	俞天智	兰州交通大学光电技术与智能控制教育部重点实验室，教授
余 斌[2]	中国社会科学院马克思主义研究院，研究员	俞小鼎	中国气象局，教授
余 冰	四川农业大学营养研究所，教授	俞元洪	中国科学院数学与系统科学研究院，研究员
余成波	重庆理工大学电气与电子工程学院，教授	俞樟华	浙江师范大学人文学院，教授
余传信	江苏省血吸虫病防治研究所，研究员	俞子正	南京师范大学音乐学院，教授
余东华	山东大学经济学院，教授	虞 舜	南京中医药大学中医药文献研究所，研究员
余 芳	贵州医科大学附属医院，主任技师	虞新胜	东华理工大学马克思主义学院，教授
余 刚	湖南大学化学化工学院，教授	虞亚明	四川骨科医院，主任医师
余国龙	中南大学湘雅医院，教授	禹 斌	中国冶金地质总局地球物理勘查院，教授级高级工程师
余海宗	西南财经大学会计学院，教授		
余洪猛	复旦大学附属眼耳鼻喉科医院，主任医师	禹竹蕊	中共四川省委党校（四川行政学院），教授
余 华	中国地质大学（武汉）经济与管理学院，教授	郁崇文	东华大学纺织学院，教授
余 欢	南昌航空大学航空制造工程学院，教授	郁春景	江南大学附属医院，主任医师
余 纪	西南大学文学院，教授	郁建平	贵州城市职业学院医护学院，教授
余嘉元	南京师范大学，教授	郁正民	哈尔滨音乐学院音乐学系，教授
余建华	上海社科院国际问题研究所，研究员	郁志芳	南京农业大学食品科学学院，教授
余剑英	武汉理工大学材料科学与工程学院，教授	喻国冻	贵州医科大学附属医院，教授
余江龙	蒙纳士大学苏州校区，教授	喻国良	上海交通大学船舶与海洋工程系，教授
余 凯	北京师范大学教育学部，教授	喻红芹	中原工学院纺织服装产业研究院，教授
余来明	武汉大学中国传统文化研究中心，教授	喻 俊	武汉市临床检验中心，编审
余 丽	郑州大学政治与公共管理学院，教授	喻 莉	华中科技大学光电国家实验室，教授
余利岩	中国医学科学院医药生物技术研究所，研究员	喻 平	南京师范大学数学科学学院，教授
		喻荣彬	南京医科大学教育研究所，教授
余龙江	华中科技大学生命科学与技术学院，教授	喻世华	江苏科技大学学报，编审
余奇劲	武汉大学人民医院，主任医师	喻松林	中国电子科技集团公司第十一研究所，研究员
余润兰	中南大学资源加工与生物工程学院，教授		
余曙光	成都中医药大学针灸推拿学院，研究员	喻学才	东南大学旅游规划研究所，教授
余文森	福建师范大学教育学院，教授	喻勋林	中南林业科技大学林学院，教授
余 武	南京邮电大学教育科学与技术学院，教授	喻佑华	景德镇陶瓷大学材料科学与工程学院，教授
余先川	北京师范大学人工智能学院，教授	喻 中	中国政法大学习近平法治思想研究院，教授
余祥庭	武汉大学中南医院，研究员	蔚夺魁	中国航发沈阳发动机研究所，研究员
余小波	湖南大学教育科学研究院，教授	元复兴	西安高压电器研究院股份有限公司，教授级高级工程师
余小江	江西师范大学学报杂志社，编审		
余晓流	安徽工业大学机械工程学院，教授	袁柏顺	湖南大学法学院，教授
余欣欣	广西师范大学教育学部，教授	袁宝君	江苏省疾病预防控制中心，主任医师
余兴厚	重庆工商大学科研处，教授	袁宝远	河海大学地球科学与工程学院，教授
余秀兰	南京大学教育研究院，教授	袁 斌	江苏省中医院（南京中医药大学附属医院），教授
余应敏	中央财经大学会计学院，教授		
余永强	河南理工大学土木工程学院，教授	袁成福	三峡大学医学院，教授
余泳昌	河南农业大学机电学院，教授	袁成清	武汉理工大学交通与物流工程学院，教授
余玉花	华东师范大学马克思主义学院，教授	袁春平	上海工程技术大学化学化工学院，研究员
余 震	武汉科技大学机械自动化学院，教授	袁德义	中南林业科技大学林学院，教授
余知和	长江大学生命科学学院，教授	袁方成	华中师范大学政治与国际关系学院，教授
余 忠	电子科技大学材料与能源学院，教授	袁广达	南京信息工程大学商学院，教授
俞存根	浙江海洋大学水产学院，教授	袁国礼	中国地质大学（北京）地球科学与资源学院，教授
俞光岩	北京大学口腔医院，教授		
俞洪亮	扬州大学，教授	袁海龙	空军特色医学中心，研究员
俞静尧	杭州师范大学法学院，教授	袁红英	山东社会科学院，研究员
俞孔坚	北京大学建筑与景观设计学院，教授	袁 宏	山东体育学院体育传媒与信息技术学院，教授
俞理明	四川大学文学与新闻学院，教授		
俞良早	南京师范大学东方社会主义研究所，教授	袁宏永	清华大学安全科学学院，研究员
俞 萍	扬州大学附属医院，主任护师	袁怀宇	中南林业科技大学经济学院，教授
俞启定	北京师范大学教育学部，教授	袁慧书	北京大学第三医院，主任医师

袁建力	扬州大学建筑科学与工程学院,教授	岳 伟	华中师范大学教育学院,教授
袁杰利	大连医科大学,教授	岳修勤	新乡医学院第一附属医院,主任医师
袁金宝	西安体育学院武术学院,教授	岳曾敬	西南信息控制研究院,研究员级高级工程师
袁景玉	河北工业大学建筑与艺术设计学院,教授	负 超	北京航空航天大学机器人研究所,教授
袁巨龙	浙江工业大学超精密加工研究中心,教授	负瑞虎	半岛都市报,高级记者
袁 军	中南林业科技大学林学院,教授	昝林森	西北农林科技大学动物科学学院国家肉牛改良中心,教授
袁军堂	南京理工大学机械工程学院,教授		
袁 磊	广西师范大学教育学院,教授	臧海群	中华女子学院文化传播学院,教授
袁林江	西安建筑科技大学环境与市政工程学院,教授	臧建兵	燕山大学材料科学与工程学院,教授
		臧淑英	哈尔滨师范大学,教授
袁 龙	南京理工大学计算机科学与工程学院,教授	臧维玲	上海海洋大学,教授
袁 美	山东省花生研究所,研究员	曾 斌	海军工程大学管理工程与装备经济系,教授
袁 萍	四川大学,教授	曾德慧	中国科学院沈阳应用生态研究所,研究员
袁 奇	西安交通大学能源与动力工程学院,教授	曾凡明	海军工程大学动力工程学院,教授
袁勤俭	南京大学信息管理学院,教授	曾凡钦	中山大学孙逸仙纪念医院,教授
袁寿其	江苏大学校长办公室,研究员	曾繁典	华中科技大学同济医学院,教授
袁维堂	郑州大学第一附属医院,教授	曾 芳	成都中医药大学,教授
袁卫玲	天津中医药大学中医学院,教授	曾国华	广州医科大学附属第一医院,教授
袁 武	北京画院,一级美术师	曾继吾	广东省农业科学院果树研究所,研究员
袁小平	中国矿业大学信息与控制工程学院,教授	曾建成	宁夏大学物理与电子电气工程学院,教授
袁晓晨	扬州大学附属医院,主任医师	曾建平	井冈山大学,教授
袁晓辉	华中科技大学土木与水利工程学院,教授	曾 瑾	四川省中医药科学院,研究员
袁修孝	武汉大学遥感信息工程学院,教授	曾康生	中国煤炭科工集团煤炭科学研究总院,编审
袁旭峰	贵州大学电气工程学院,教授	曾克武	北京大学药学院,研究员
袁延胜	郑州大学历史学院,教授	曾 励	扬州大学机械工程学院,教授
袁 瑛	浙江大学医学院附属第二医院,教授	曾令森	中国地质科学院地质研究所,研究员
袁永友	武汉纺织大学外经贸学院,教授	曾令熙	中国地质科学院矿产综合利用研究所,研究员
袁勇贵	东南大学附属中大医院,主任医师		
袁 宇	新乡医学院第一附属医院,教授	曾 明	南京信息工程大学法政学院,教授
袁玉伟	浙江省农业科学院植物保护与微生物研究所,研究员	曾 南	成都中医药大学药学院,教授
		曾鹏飞	沈阳理工大学机械工程学院,教授
袁 媛	中国中医科学院中药资源中心,研究员	曾青云	江西师范大学成人教育学院,研究员
袁越锦	陕西科技大学机电工程学院,教授	曾庆琪	江苏卫生健康职业学院,教授
袁再健	广东省科学院生态环境与土壤研究所,教授	曾思齐	中南林业科技大学林学院,教授
袁朝辉	西北工业大学自动化学院,教授	曾 涛	汕头大学工学院,教授
袁醉敏	浙江省农业科学院,编审	曾天山	教育部职业教育发展中心,研究员
原青民	西南油气田公司天然气研究院,正高级工程师	曾维华	北京师范大学环境学院,教授
		曾 吾	中国航空工业集团公司北京长城计量测试技术研究所,研究员级高级工程师
原 新	南开大学经济学院人口与发展研究所,教授		
原毅军	大连理工大学经济研究所,教授	曾宪奎	青岛科技大学机电工程学院,教授
苑海涛	山东第一医科大学附属省立医院,主任医师	曾祥芳	中国农业大学动物科技学院,教授
苑玮琦	沈阳工业大学信息科学与工程学院,教授	曾祥君	长沙理工大学电气与信息工程学院,教授
乐传永	宁波大学校长办公室,教授	曾亚文	云南省农业科学院生物技术与种质资源研究所,研究员
乐国安	南开大学周恩来政府管理学院,教授		
乐金朝	郑州大学水利与交通学院,教授	曾阳素	邵阳学院,教授
岳彩旭	哈尔滨理工大学机械动力工程学院,教授	曾益坤	湖州职业技术学院学报,教授
岳德权	燕山大学理学院,教授	曾毅生	武汉理工大学学报(社会科学版)编辑部,编审
岳殿民	河北工业大学经济管理学院,教授		
岳冬冬	中国水产科学研究院东海水产研究所,研究员	曾因明	徐州医科大学附属医院,教授
		曾玉华	华北电力大学体育教学部,教授
岳建华	中国矿业大学资源与地球科学学院,教授	曾粤兴	北京理工大学法学院,教授
岳丽宏	青岛理工大学研究生院,教授	曾昭文	国防科技大学信息通信学院,教授
岳鹏飞	江西中医药大学现代中药制剂教育部重点实验室,教授	曾照芳	重庆医科大学检验医学院,教授
		曾志将	江西农业大学动物科学技术学院,教授
岳上植	东北林业大学经济管理学院,教授	曾 智	四川大学华西医院,主任医师
岳寿伟	山东大学齐鲁医院,教授		

曾智龙　中国电子科技集团公司第三十四研究所，教授

曾周末　天津大学精密仪器与光电子工程学院，教授

查先进　武汉大学信息管理学院，教授

查旭东　长沙理工大学交通运输工程学院，教授

查云飞　武汉大学人民医院，教授

查仁明　贵州大学农学院，教授

翟　丰　中国矿业大学体育学院，教授

翟华敏　南京林业大学制浆造纸研究所，教授

翟家齐　中国水利水电科学研究院水资源所，正高级工程师

翟锦程　南开大学哲学院，教授

翟俊海　河北大学数学与信息科学学院，教授

翟启杰　上海大学材料科学与工程学院，教授

翟玉春　东北大学材料与冶金学院冶金与材料物理化学研究所，教授

翟玉庆　东南大学网络空间安全学院，教授

翟志强　美国博尔德科罗拉多大学土木、环境与建筑工程系，教授

詹江华　天津市儿童医院，主任医师

詹美礼　河海大学水利水电学院，教授

展　江　北京外国语大学国际新闻与传播学院，教授

战　凯　矿冶科技集团有限公司，教授级高级政工师

战嵛华　中国农业科学院生物技术研究所，研究员

张洪林　辽宁庆阳特种化工有限公司，正高级工程师

张爱华[1]　海南医学院，研究员

张爱华[2]　南京医科大学附属儿童医院，教授

张爱军　西北政法大学新闻传播学院（艺术学院），教授

张爱民　华东理工大学商学院，教授

张爱婷　西安财经大学期刊管理中心，教授

张爱武　扬州大学马克思主义学院，教授

张　安　西北工业大学航空学院，教授

张安富　武汉理工大学法学与人文学院，教授

张安清　海军大连舰艇学院，教授

张安生　河北大学文学院，研究员

张宝歌　宁波大学教师教育学院，教授

张宝明　河南大学金明大道党政办，教授

张保宁　西安外国语大学中文学院，教授

张保祥　山东省水利科学研究院，研究员

张彼德　西华大学电气与电子信息学院，教授

张　斌[1]　中国科学院化学研究所，研究员

张　斌[2]　中国人民大学信息资源管理学院，教授

张　斌[3]　中国社会科学院世界经济与政治研究所，教授

张斌贤　北京师范大学教育学部，教授

张　冰[1]　北京大学出版社，教授

张　冰[2]　北京中医药大学中药学院，教授

张　兵[1]　西北师范大学文学院，教授

张　兵[2]　中国科学院空天信息创新研究院，研究员

张兵娟　郑州大学新闻与传播学院，教授

张炳坤　中国农业大学动物科学技术学院，教授

张伯伟　南京大学文学院，教授

张　勃　西北师范大学地理与环境科学学院，教授

张步斌　中信重工机械股份有限公司销售总公司，教授级高级工程师

张昌凡　湖南工业大学轨道交通学院，教授

张昌民　长江大学地球科学学院，教授

张朝伦　山东省信息网络安全协会，研究员

张成才　郑州大学水利与交通学院，教授

张成岗　北京中医药大学生命科学学院，研究员

张成桂　大理大学药学院，教授

张成江　成都理工大学地球科学学院，教授

张　驰　重庆理工大学材料科学与工程学院，研究员

张　川　成都市第三人民医院，主任医师

张传燧　湖南师范大学教育科学学院，教授

张传祥　河南理工大学化学化工学院，教授

张春晖[1]　河北北方学院，教授

张春晖[2]　中国矿业大学（北京）化学与环境工程学院，教授

张春义　中国农业科学院生物技术研究所，研究员

张春枝　大连工业大学生物食品学院，教授

张　纯　中央民族大学音乐学院，教授

张纯江　燕山大学电气工程学院，教授

张从力　重庆大学自动化学院，教授

张　丛　西安交通大学学报社科版，编审

张存杰　国家气候中心，研究员

张大方　长春人文学院，教授

张大雷　辽宁省能源研究所有限公司，研究员

张大庆　北京大学医学图书馆，教授

张大卫　天津大学机械工程学院，教授

张　丹　北京矿冶研究总院，教授级高级工程师

张丹枫　常熟理工学院，教授

张党权　河南农业大学林学院，教授

张道林　山东理工大学农业工程与食品科学学院，教授

张德富　云南省住建厅工程造价审查办公室，教授级高级工程师

张德明[1]　岭南师范学院文学与传媒学院，教授

张德明[2]　西南科技大学文学与艺术学院，教授

张德伟　海南师范大学教育学院，教授

张德祥　华东理工大学资源与环境工程学院，教授

张登荣　杭州大学遥感与地球科学研究院，教授

张定一　山西农业大学小麦研究所，研究员

张　东　重庆市教育评估院，研究员

张东峰　青岛大学公共卫生学院，教授

张东戈　陆军工程大学指挥控制工程学院，教授

张东和　北京大学地球与空间科学学院，教授

张东华　南昌大学人文学院，教授

张东娇　北京师范大学教育管理学院，教授

张端金　郑州大学电气与信息工程学院，教授

张恩利　西安体育学院体育经济与管理学院，教授

张尔升　海南大学经济学院，教授

张发旺　自然资源部中国地质调查局水文地质环境地质调查中心，研究员

张　法　四川大学文学与新闻学院，教授

张法连　中国政法大学外国语学院，教授

张　帆[1]　滁州学院，教授

张　帆[2]　河南大学计算机与信息工程学院，教授

张方宇　中国兵器工业第五八研究所（西南自动化研究所），研究员

张飞虎	哈尔滨工业大学机电工程学院,教授	张海明	北京师范大学文学院,教授
张 峰[1]	山东师范大学体育学院,教授	张海涛[1]	吉林大学管理学院,教授
张 峰[2]	上海交通大学电子信息与电气工程学院,教授	张海涛[2]	中国航空工业发展研究中心,研究员
张 锋[1]	河北大学生命科学学院,教授	张海文	中国农业科学院生物技术研究所,研究员
张 锋[2]	中国石油大学(华东)地球与技术学院,教授	张海霞	北京大学集成电路学院,教授
张凤斌	哈尔滨理工大学计算机科学与技术学院,教授	张海钟	兰州城市学院教育学院,教授
张凤林	广东工业大学机电工程学院,教授	张海珠	山西师范大学教师教育学院,教授
张福成	燕山大学材料科学与工程学院,教授	张 晗[1]	苏州幼儿师范高等专科学校,教授
张福贵	吉林大学文学院,教授	张 晗[2]	天津中医药大学中医药研究院,研究员
张福平[1]	韩山师范学院生命科学与食品工程学院,研究员	张捍卫	山东理工大学建筑工程与空间信息学院,教授
张福平[2]	郑州轻工业大学,编审	张 合	南京理工大学机械工程学院,教授
张福泰	福建师范大学计算机与网络空间安全学院,教授	张和友	北京师范大学文学院,教授
张福耀	山西省农业科学院高粱研究所,研究员	张 鹤	天津市农业科学院林业果树研究所,研究员
张福运	中国石油大学(华东)马克思主义学院,教授	张 恒	中国电子科技集团公司第三十八研究所,教授
张富春	山西财经大学经济学院,教授	张恒华	上海大学材料科学与工程学院,教授
张根周	国网陕西省电力公司调控中心,教授级高级工程师	张恒龙	上海大学经济学院,教授
张 耕	湖北天济药业有限公司,主任药师	张 红	中国中医科学院广安门医院,教授级高级工程师
张功学	陕西科技大学机电工程学院,教授	张红辉	上海市政工程设计研究总院(集团)有限公司,正高级工程师
张光华	河北科技大学信息科学与工程学院,教授	张红娜	海南大学园艺学院,研究员
张光芒	南京大学文学院,教授	张红霞	南京大学教育研究院,教授
张广海	中国海洋大学管理学院,教授	张红学	郑州大学体育学院,教授
张广篇	长春黄金设计院有限公司,教授级高级工程师	张 宏[1]	东南大学建筑学院,教授
张广清	南方医科大学南方医院,主任护师	张 宏[2]	中国石油大学(北京)机械与储运工程学院,教授
张广瑞	中国社会科学院旅游研究中心,研究员	张宏建	浙江大学控制科学与工程学院,教授
张广胜	辽宁大学商学院,教授	张宏莉	哈尔滨工业大学网络空间安全学院,教授
张 贵	中南林业科技大学理学院,教授	张宏瑞	云南农业大学植物保护学院,教授
张桂春	辽宁师范大学教育学院,教授	张宏昇	北京大学物理学院,教授
张桂莲	西安交通大学第二附属医院,教授	张洪波	长安大学水利与环境学院,教授
张国财	东北林业大学林学院,教授	张洪江	北京林业大学水土保持学院,教授
张国成	河南理工大学资源环境学院,教授	张洪旺	燕山大学机械工程学院,教授
张国军	东华大学功能材料研究中心,研究员	张洪欣	北京邮电大学电子工程学院,教授
张国民	中国科学院电工研究所,研究员	张洪岩	东北师范大学地理科学学院,教授
张国荣	合肥工业大学能源研究所,教授	张 鸿	西安邮电大学西部数字经济研究院,教授
张国山	天津大学自动化学院,教授	张鸿军	南阳师范学院物理与电子工程学院,教授
张国旺	长沙矿冶研究院有限责任公司,教授级高级工程师	张鸿儒	北京交通大学土木建筑工程学院,教授
张国伟	中北大学机电工程学院,教授	张厚美	广州市建筑集团有限公司,教授级高级工程师
张国新	中国水利水电科学研究院,教授级高级工程师	张 华[1]	上海中医药大学附属曙光医院,研究员
张国义	北京大学东莞光电研究院,教授	张 华[2]	天津工业大学材料学院,教授
张国渊	西安电子科技大学机电工程学院,教授	张华刚	贵州大学空间结构研究中心,教授
张国云	湖南理工学院信息科学与工程学院,教授	张华敏	中国中医科学院中医基础理论研究所,研究员
张国治	河南工业大学粮油食品学院,教授	张华明	中国工程物理研究院核物理与化学研究所,教授
张海波	东北电力大学工程训练中心,教授	张华兴	煤炭科学研究总院开采设计分院,研究员
张海丰	东北电力大学化工学院,教授	张 辉[1]	九江学院旅游与地理学院,教授
张海军[1]	哈尔滨工业大学计算机科学与技术学院,教授	张 辉[2]	长春中医药大学吉林省人参科学研究院,教授
张海军[2]	中国农业科学院饲料研究所,研究员	张 辉[3]	中国水产科学研究院长江水产研究所,研究员
张海林	中国农业大学农学院,教授		

张辉锋	中国人民大学新闻学院,教授	
张会丰	河北医科大学第二医院,主任医师	
张会儒	中国林业科学研究院华北林业实验中心,研究员	
张会勇	河南农业大学生命科学学院,教授	
张惠玲	宁夏大学食品科学与工程学院,教授	
张慧茹	河南工业大学生物工程学院,教授	
张 激	中国电子科技集团公司第三十二研究所,研究员	
张积玉	陕西师范大学文科学报,教授	
张吉鹍	江西省农业科学院畜牧兽医研究所,研究员	
张纪刚	青岛理工大学土木工程学院,教授	
张季超	广州大学土木工程学院,教授	
张季如	武汉理工大学土木工程与建筑学院,教授	
张继春	西南交通大学土木工程学院,教授	
张继光	中国农业科学院烟草研究所,研究员	
张继红	内蒙古科技大学信息工程学院,教授	
张继军	河北工业大学化工学院,教授级高级工程师	
张继平	云南师范大学教育学部,教授	
张继权	东北师范大学环境学院,教授	
张家忠	中国航发湖南动力机械研究所,教授	
张建诚	山西农业大学(山西省农业科学院)棉花研究所,研究员	
张建国[1]	北京理工大学机电学院,教授	
张建国[2]	华南农业大学林学与风景园林学院,教授	
张建华	北京邮电大学信息与通信工程学院,教授	
张建辉[1]	广州大学机械与电气工程学院,教授	
张建辉[2]	河北工业大学机械工程学院,教授	
张建军	北京中医药大学中医学院,教授	
张建奇	西安电子科技大学光电学院,教授	
张建仁	长沙理工大学土木工程学院,教授	
张建荣	同济大学职业技术教育学院,教授	
张建涛	郑州大学建筑学院,教授	
张建伟[1]	北京工业大学城市建设学部,教授	
张建伟[2]	沈阳化工大学机械工程学院,教授	
张建文	中国矿业大学电气工程学院,教授	
张建新[1]	浙江理工大学机械与自动控制学院,教授	
张建新[2]	中国地质科学院地质研究所,研究员	
张建中	中国疾病预防控制中心传染病预防控制所,研究员	
张 剑	北京大学中国语言文学系,教授	
张 健[1]	滁州职业技术学院,教授	
张 健[2]	电子科技大学先进毫米波技术集成攻关研究院,教授	
张健飞	天津工业大学纺织学院,教授	
张 杰[1]	黑龙江中医药大学附属第二医院,教授	
张 杰[2]	清华大学建筑学院,教授	
张 洁	西安石油大学化学化工学院,教授	
张洁夫	江苏省农业科学院经济作物研究所,研究员	
张 进	南京师范大学社会发展学院,教授	
张金超	河北大学化学与材料科学学院,教授	
张金华	岳阳市教育科学技术研究院,正高级教师	
张金鹏	中国空空导弹研究院,研究员	
张金萍	郑州大学水利与交通学院,教授	
张金松	深圳市水务集团,教授级高级工程师	

张金盈	郑州大学第一附属医院,教授
张锦冈	中国海诚工程科技股份有限公司,教授级高级工程师
张进安	上海健康医学院附属周浦医院,主任医师
张进江	北京大学地球与空间科学学院,教授
张进生	山东大学机械工程学院,教授
张进忠	西南大学资源环境学院,教授
张劲军	中国石油大学(北京)机械与储运工程学院,教授
张劲松[1]	哈尔滨商业大学会计学院,教授
张劲松[2]	江苏省人民医院(南京医科大学第一附属医院),教授
张劲松[3]	南京审计大学国家治理与国家审计研究院,教授
张劲松[4]	中国林业科学研究院林业研究所,研究员
张晋升	暨南大学新闻与传播学院,教授
张 菁	复旦大学附属华山医院,教授
张 晶	吉林大学动物科学学院,教授
张敬东	华中科技大学化学与化工学院,教授
张敬伟	燕山大学经济管理学院,教授
张 静	华中科技大学,教授
张静远	海军工程大学兵器工程学院,教授
张 军[1]	广西大学法学院,教授
张 军[2]	南京工业大学材料科学与工程学院,教授
张 军[3]	厦门大学医学院,教授
张 军[4]	中国建筑设计研究院,教授级高级工程师
张军舰	广西师范大学数学与统计学院,教授
张军平	天津中医药大学第一附属医院
张军营	华中科技大学煤燃烧国家重点实验室,教授
张 钧	内蒙古师范大学文学院,教授
张 俊	西安交通大学机械工程学院,教授
张俊华	天津中医药大学中医药研究院,教授
张俊清	海南医学院药学院,教授
张俊瑞	西安交通大学管理学院,教授
张俊忠	贵州师范学院,教授
张峻峰	中国海洋大学,教授
张峻松	郑州轻工业学院食品与生物工程学院,教授
张可云	中国人民大学经济学院区域与城市经济研究所,教授
张克定	河南大学外语学院,教授
张克实	广西大学土木建筑工程学院,教授
张 兰	中国农业科学院生物技术研究所,研究员
张兰河	东北电力大学化学工程学院,教授
张乐飞	武汉大学计算机学院,教授
张雷声	中国人民大学马克思主义学院,教授
张 黎	宁夏大学农学院,教授
张黎明	解放军总医院,主任护师
张立群	山东大学人文社科(青岛)研究院,教授
张立武	中国科学院软件研究所,研究员
张丽萍	温州医学院附属第二医院育英儿童医院,主任护师
张丽霞[1]	核工业北京化工冶金研究院,编审
张丽霞[2]	青岛理工大学机械与汽车工程学院,教授
张利群	广西师范大学文学院,教授
张利义	中国农业科学院果树研究所,研究员

张利远	江苏大学附属人民医院,教授	张 钦	首都师范大学心理学院,教授
张 莉	哈尔滨商业大学教学实验设备管理中心,教授	张 勤	中国医学科学院北京协和医学院,研究员
张莉清	北京体育大学运动训练学教研室,教授	张 覃	贵州科学院,教授
张连涛	黑龙江省体育科学研究所,研究员	张 青	湖北经济学院财政与公共管理学院,教授
张 良	西南大学教育学部,教授	张 清	扬州大学广陵学院,教授
张亮仁	北京大学药学院,教授	张清东	北京科技大学机械工程学院,教授
张玲华	南京邮电大学通信与信息工程学院,教授	张清华	北京师范大学文学院,教授
张玲玲	安徽医科大学临床药理研究所,教授	张 庆	湖北经济学院会计学院,教授
张 领	贵州财经大学公管学院,教授	张庆范	山东大学控制科学与工程学院,教授
张龙山	中国兵器工业集团第212所,研究员	张庆费	上海辰山植物园,教授级高级工程师
张鲁刚	西北农林科技大学园艺学院,教授	张庆麟	上海对外经贸大学法学院,教授
张陆勇	广东药科大学药学院,教授	张庆泉	山东省烟台毓璜顶医院,教授
张美琴	中铁第六勘察设计院集团有限公司,教授级高级工程师	张庆熊	复旦大学哲学学院,教授
		张庆宗	湖北大学外国语学院,教授
张 猛	郑州大学土木工程学院,教授	张秋生	北京交通大学国家交通发展研究院,教授
张民服	郑州大学历史学院,教授	张秋禹	西北工业大学化学与化工学院,教授
张民庆	中国国家铁路集团有限公司工程管理中心,正高级工程师	张 权	贵州医科大学附属医院,教授
		张全国	河南农业大学机电工程学院,教授
张 敏[1]	北京工商大学食品学院,教授	张全胜	西安财经大学马克思主义学院,教授
张 敏[2]	西安理工大学材料学院,教授	张全柱	华北科技学院电子信息工程学院,教授
张敏莉	扬州大学建筑科学与工程学院,教授	张仁友	陆军装甲兵学院,教授
张 明	西南财经大学财政税务学院,教授	张仁瑜	中国建筑科学研究院有限公司,研究员
张明昌	华中科技大学同济医学院附属协和医院,教授	张荣光	成都理工大学管理科学学院,教授
张明东	北京大学图书馆,研究馆员	张瑞成	华北理工大学电气工程学院,教授
张明海	东北林业大学野生动物资源学院,教授	张瑞林	北京师范大学体育与运动学院,教授
张明红	南京市栖霞区教师发展中心,正高级教师	张瑞芹	郑州大学生态与环境学院,教授
张明军	上海交通大学国际与公共事务学院,教授	张润志	中国科学院动物研究所,研究员
张明泉	河北中医药大学第一附属医院,教授	张三川	郑州大学机械与动力工程学院,教授
张明生	贵州大学生命科学学院,教授	张 森	广西医科大学第一附属医院,教授
张明伟	湖北省中山医院,主任药师	张少峰	河北工业大学化工学院,教授
张明武	湖北工业大学计算机学院,教授	张少雄	武汉理工大学船海与能源动力工程学院,教授
张明旭	安徽理工大学材料科学与工程学院,教授		
张明喆	吉林大学超硬材料国家重点实验室,教授	张绍和	中南大学地球与信息物理学院,教授
张乃禄	西安石油大学电子工程学院,教授	张绍明	江苏省植保植检站,研究员
张乃明	云南农业大学资源与环境学院,教授	张绍印	大连工业大学轻工与化学工程学院,教授
张 宁	黑龙江中医药大学中医药研究院,研究员	张社字	河南科技学院教育科学学院,教授
张宁川	中铁工程装备集团有限公司,教授级高级工程师	张 申	中国矿业大学信控学院,教授
		张声生	首都医科大学附属北京中医医院,主任医师
张盼月	北京林业大学环境学院,教授	张胜军	江苏理工学院农村职业教育研究所,教授
张培铭	福州大学电气工程与自动化学院,教授	张师超	广西师范大学计算机科学与信息工程学院,教授
张佩华	东华大学纺织学院,教授		
张鹏霞	佳木斯大学医学部,教授	张士诚	中国石油大学(北京)石油工程学院,教授
张鹏岩	首都经济贸易大学城市经济与公共管理学院,教授	张士海	山东大学马克思主义学院,教授
		张士靖	华中科技大学同济医学院,教授
张 平	华东理工大学法学院,教授	张世熔	四川农业大学环境学院,教授
张 朴	中煤科工集团北京华宇工程有限公司,教授级高级工程师	张世贤	中国社会科学院工业经济研究所,教授
		张世友	重庆师范大学图书馆,教授
张其土	南京工业大学材料学院,教授	张世云	重庆邮电大学经济管理学院,教授
张琪昌	天津大学机械工程学院,教授	张仕斌	成都信息工程大学网络空间安全学院,教授
张 琦	山西省农业科学院植物保护研究所,研究员	张守伟	东北师范大学体育学院,教授
张 强[1]	吉林省农业科学院审计处,教授	张守文	北京大学法学院,教授
张 强[2]	南京工程学院电力工程学院,教授	张首魁	中共陕西省委党校(陕西行政学院),教授
张 强[3]	山西农业大学党委,研究员	张首先	成都医学院马克思主义学院,教授
张 强[4]	中国气象局兰州市干旱气象研究所,研究员	张寿庭	中国地质大学(北京),教授
		张书标	福建农林大学作物遗传育种研究所,教授
		张书信	北京中医药大学东直门医院,主任医师

张纾难	北京中日友好医院,主任医师	张卫东[1]	吉林大学管理学院,教授
张淑彩	中国人民银行郑州培训学院,教授	张卫东[2]	中国水利报社,高级编辑
张淑娟	山西农业大学农业工程学院,教授	张卫国	郑州大学第二附属医院,主任医师
张 舒	四川抗菌素工业研究所,研究员	张卫文	华南理工大学机械与汽车工程学院,教授
张树有	浙江大学机械工程学院,教授	张卫中	江苏师范大学文学院,教授
张 澍	北京阜外心血管病医院,主任医师	张文德	江苏师范大学历史文化与旅游学院,教授
张澍军	东北师范大学马克思主义学部,教授	张文举	石河子大学动物科技学院,教授
张水军	郑州大学第一附属医院,教授	张文娟	河南师范大学图书馆,研究馆员
张甡琳	华中科技大学同济医学院附属协和医院,教授	张文利	西北大学文学院,教授
张素风	陕西科技大学轻工科学与工程学院,教授	张文梅	山西大学物理电子工程学院,教授
张素梅	哈尔滨工业大学(深圳),教授	张文明	北京科技大学机械工程学院,教授
张素智	郑州轻工业大学软件学院,教授	张文鹏	西北大学数学学院,教授
张锁平	国家海洋技术中心,正高级工程师	张文清	华东理工大学化学与分子工程学院,教授
张太华	贵州师范大学机械与电气科学学院,教授	张文武	深圳市宝安区人民医院(深圳大学第二附属医院),主任医师
张 涛[1]	东南大学仪器科学与工程学院,教授	张文学	四川大学锦江学院白酒学院,教授
张 涛[2]	山东财经大学会计学院,教授	张文叶	郑州轻工业大学食品科学与工程学院,教授
张 涛[3]	英大传媒投资集团有限公司数字出版中心,编审	张文忠	沈阳农业大学农学院,教授
张涛甫	复旦大学新闻学院,教授	张西良	江苏大学机械工程学院,教授
张桃洲	首都师范大学文学院,教授	张希华	山东大学材料科学与工程学院,研究员
张天成	吉首大学体育科学学院,教授	张希贤	中共中央党校(国家行政学院)党建教研部,教授
张天峰	南京工业大学体育学院,教授		
张天夫	吉林大学中日联谊医院,教授	张 曦	福州市规划设计研究院集团有限公司,教授级高级工程师
张天平	扬州大学信息工程学院,教授		
张天嵩	上海市静安区中心医院,主任医师	张喜玲	许昌开普电气研究院,教授级高级工程师
张天托	中山大学附属第三医院,教授	张先飞	河南大学文学院,教授
张天伟	北京外国语大学中国外语与教育研究中心,教授	张先锋	南京理工大学机械工程学院,教授
		张先明	贵州医科大学附属医院,主任医师
张天卫	齐鲁晚报,高级编辑	张先治	东北财经大学会计学院,教授
张铁犁	中国航天科技集团有限公司,研究员	张贤明	重庆工商大学环境与资源学院,教授
张铁民	华南农业大学工程学院,教授	张威伟	华中科技大学同济医学院附属同济医院,教授
张铁明	北京林业大学期刊编辑部,编审	张显库	大连海事大学航海学院,教授
张廷安	东北大学,教授	张显全	广西师范大学计算机科学与工程学院,教授
张廷凯	人民教育出版社,编审	张祥宏	河北医科大学医学与健康研究院,教授
张廷银[1]	北京语言大学中华文化研究院,教授	张向京	河北科技大学化学与制药工程学院,教授
张廷银[2]	中共河南省委党校,教授	张向前	上海应用技术大学人文学院,教授
张同君	人民卫生出版社,编审	张向众	云南师范大学教育学部,教授
张 彤	中国建筑东北设计研究院有限公司,教授级高级工程师	张肖宁	华南理工大学,教授
		张 骁	郑州轻工业大学,教授
张万红	中国矿业大学公共管理学院,教授	张小川	重庆理工大学两江人工智能学院,教授
张万荣	北京工业大学微电子学院,教授	张小东	河南理工大学能源科学与工程学院,教授
张 威[1]	北京外国语大学英语学院,教授	张小青	北京交通大学电气工程学院,教授
张 威[2]	河北科技大学纺织服装学院,教授	张小栓	中国农业大学工学院,教授
张 巍	上海音乐学院作曲指挥系,教授	张小松	东南大学能源与环境学院,教授
张为华	复旦大学计算机科学技术学院,教授	张晓光	中国矿业大学机电工程学院,教授
张维库	北京中日友好医院,研究员	张晓红	湖南理工学院机械工程学院,教授
张维忠	上海市高血压研究所,教授	张晓华	大连理工大学电气工程学院,教授
张潍平	首都医科大学附属北京儿童医院,教授	张晓辉	长春大学管理学院,教授
张 伟	中国农业科学院生物技术研究所,研究员	张晓婧	安徽财经大学马克思主义学院,教授
张伟刚	南开大学电子信息与光学工程学院,教授	张晓岚	河北医科大学第二医院,教授
张伟杰	华中科技大学同济医学院附属同济医院,教授	张晓良	东南大学附属中大医院,教授
张 玮	河海大学港航学院,教授	张晓琳	国家体育总局体育文化发展中心,研究员
张 炜	中铁隧道集团有限公司,教授级高级工程师	张晓龙	武汉科技大学计算机科学与技术学院,教授
张 卫	海军军医大学第一附属医院(上海长海医院),教授	张晓萍	第二军医大学附属长征医院,主任护师
		张晓晴	北京中医药大学生命科学学院,研究员
		张晓义	北京体育大学学人文学院,教授

张协奎	广西大学商学院,教授	张贻	中国地质科学院矿产综合利用研究所,正高级工程师
张谢东	武汉理工大学交通与物流工程学院,教授		
张心明	长春理工大学机电工程学院,教授	张义	山东大学齐鲁医院,教授
张欣[1]	河北大学电子信息工程学院,教授	张艺	成都中医药大学民族医药学院,研究员
张欣[2]	天津体育学院运动训练学院,教授	张艺兵	广西出版传媒集团有限公司,编审
张新宝	中国人民大学法学院,教授	张屹	湖南大学机械与运载工程学院,教授
张新超	北京医院,教授	张屹东	上海交通大学农业与生物学院,研究员
张新平	南京师范大学教育科学学院,教授	张轶炳	宁夏大学数理与信息学部物理学院,教授
张新祥	北京大学化学与分子工程学院,教授	张翌鸣	江西科技师范大学教育学院,教授
张新宇	华中科技大学中欧清洁与可再生能源学院,教授	张毅	天津工业大学纺织科学与工程学院,教授
张新忠	中国农业大学园艺学院,教授	张毅翔	北京理工大学马克思主义学院,教授
张行南	河海大学水文水资源学院,教授	张引发	国防科技大学信息通信学院,教授
张幸红	哈尔滨工业大学航天学院,教授	张瑛秋	北京体育大学乒乓球教研室,教授
张修宇	华北水利水电大学水资源学院,教授	张应强	浙江大学教育学院,教授
张秀君	沈阳大学生命科学与工程学院,教授	张映辉	广西师范大学数学与统计学院,教授
张秀英	南京大学地理与海洋科学学院,教授	张永贵	长春黄金设计院有限公司,正高级工程师
张秀宇	东北电力大学自动化工程学院,教授	张永红	湖南工业大学马克思主义学院,教授
张旭如	山西师范大学教师教育学院,教授	张永军	武汉大学遥感信息工程学院,教授
张玄奇	西安石油大学石油工程学院,教授	张永凯	兰州财经大学农林经济管理学院,教授
张旋	昆明医科大学药学院,教授	张永乾	洛阳轴承研究所有限公司技术中心,教授级高级工程师
张选明	国家海洋技术中心,正高级工程师		
张学福	中国农业科学院农业信息研究所,研究员	张永清[1]	山东中医药大学药学院,教授
张学农	苏州大学药学院,教授	张永清[2]	中国人民大学文学院,教授
张学强	杭州师范大学经亨颐教育学院,教授	张永韬	成都体育学院经济管理学院,教授
张学文	吉林大学第二医院,教授	张永忠	东北农业大学文理学院,教授
张学昕	大连辽宁师范大学,教授	张咏清	重庆文理学院美术学院,教授
张雪峰	北京大学国际医院,主任医师	张勇[1]	清华大学核能与新能源技术研究院,研究员
张雪亮	中国中医科学院中国医史文献研究所,研究员	张勇[2]	山西大学化学化工学院,教授
张雪梅	上海外国语大学英语学院,教授	张勇慧	华中科技大学同济医学院药学院,教授
张雪松	中国电子科技集团有限公司电子科学研究院,研究员	张勇军	华南理工大学电力学院,教授
张亚斌	北京开放大学人文与教育学院,教授	张友棠	武汉理工大学材料科学与工程学院,教授
张亚池	北京林业大学材料科学与技术学院,教授	张瑜	河南师范大学电子与电气工程学院,教授
张亚红	宁夏大学本科生院,教授	张宇宏	中国农业科学院生物技术研究所,研究员
张亚连	中南林业科技大学商学院,教授	张宇燕	浙江中医药大学生命科学学院,教授
张亚平	哈尔滨工业大学交通工程系,教授	张玉[1]	《东北林业大学学报》编辑部,编审
张亚勇	中共天津市委党校,教授	张玉[2]	华中科技大学同济医学院附属协和医院,主任药师
张彦明	西北农林科技大学动物医学院,教授		
张彦琼	中国中医科学院中药研究所,研究员	张玉存	燕山大学电气工程学院,教授
张艳春	国家卫生健康委卫生发展研究中心卫生服务体系研究部,研究员	张玉贵	河南理工大学瓦斯地质研究所,教授
		张玉军	中国科学院计算技术研究所,研究员
张艳红	河北省水务集团,教授级高级工程师	张玉坤	天津大学建筑学院,教授
张艳辉	上海师范大学教师发展中心,教授	张玉利	南开大学商学院,教授
张燕京	河北大学哲学与社会学学院,教授	张玉龙	沈阳农业大学土地与环境学院,教授
张燕君	燕山大学信息科学与工程学院,教授	张玉强	广东海洋大学管理学院,教授
张燕坤	北方工业大学土木工程学院,教授	张玉勤	江苏师范大学文学院,教授
张燕婴	国家图书馆国家古籍保护中心,编审	张玉荣	河南工业大学粮食和物资储备学院,教授
张杨珠	湖南农业大学资源环境学院,教授	张育辉	陕西师范大学生命科学学院,教授
张耀灿	华中师范大学马克思主义学院,教授	张彧	大连工业大学食品学院,教授
张耀春	哈尔滨工业大学土木工程学院,教授	张裕书	中国地质科学院矿产综合利用研究所,研究员
张耀铭	《新华文摘》杂志社,编审		
张耀庭	华中科技大学土木工程与力学学院,教授	张煜	南方医科大学生物医学工程学院,教授
张一民	北京体育大学中国运动与健康研究院,教授	张渊	中国地质科学院矿产综合利用研究所,研究员
张一平[1]	河南工程学院纺织工程学院,教授	张元珍	武汉大学中南医院,教授
张一平[2]	中国科学院西双版纳热带植物园,研究员	张越[1]	北京师范大学历史学院,教授

张越[2] 河北科技大学化学与制药工程学院,教授
张云[1] 南京大学地球科学与工程学院,教授
张云[2] 中国藏学研究中心,研究员
张云电 杭州电子科技大学机械制造及自动化研究所,教授
张云升 东南大学材料科学与工程学院,教授
张允岭 中国中医科学院西苑医院,主任医师
张运 山东大学齐鲁医院,院士
张运生 河南大学旅游与规划学院,教授
张增志 中国矿业大学生态功能材料研究所,教授
张展羽 河海大学农业科学与工程学院,教授
张占斌 中共中央党校(国家行政学院),教授
张占松 长江大学地球物理与石油资源学院,教授
张召 合肥工业大学计算机与信息学院,教授
张招崇 中国地质大学(北京),教授
张兆国 华中科技大学管理学院,教授
张照煌 华北电力大学能源动力与机械工程学院,教授
张照新 中国农业农村部农村经济研究中心,研究员
张照余 苏州大学社会学院,教授
张哲 华南农业大学动物科学学院,教授
张贞凯 江苏科技大学海洋学院,教授
张真稳 扬州大学附属苏北人民医院,教授
张振东 郑州大学体育学院,教授
张振飞 广东省农业科学院植物保护研究所,研究员
张振红 河南能源集团采购有限公司,教授级高级工程师
张振凌 河南中医药大学药学院,教授
张振秋 辽宁中医药大学药学院,教授
张振荣 广西大学计算机与电子信息科学学院,教授
张振书 南方医科大学附属南方医院,教授
张振兴 兰州大学物理科学与技术学院,教授
张振营 浙江理工大学建筑工程学院,教授
张振中 郑州大学药学院,教授
张争艳 河北工业大学机械工程学院,教授
张净敏 空军工程大学装备管理与无人机工程学院,教授
张政 北京师范大学外文学院,教授
张志斌 西北师范大学地理与环境科学学院,教授
张志丹 上海师范大学马克思主义学院,教授
张志芳 中国农业科学院生物技术研究所,研究员
张志凤 北京信息科技大学经济管理学院,教授
张志刚 北京大学信息科学技术学院,教授
张志国 国家第三代半导体技术创新中心,研究员
张志宏 沈阳农业大学园艺学院,教授
张志军 南华大学资源环境与安全工程学院,教授
张志强[1] 河南省社会科学界联合会《河南社会科学》杂志社,编审
张志强[2] 南京大学出版研究院,教授
张志祥 华南农业大学植物保护学院绿色农药全国重点实验室,教授
张志勇[1] 山东体育学院体育社会科学学院,教授
张志勇[2] 西北大学信息学院,教授
张志元 东北大学马克思主义学院,教授
张志忠 首都师范大学文学院,教授

张治国 中国农业科学院生物技术研究所,研究员
张治红 郑州轻工业学院材料与化学工程学院,教授
张智 重庆大学环境与生态学院,教授
张智华 北京师范大学艺术与传媒学院,教授
张智猛 山东省花生研究所,研究员
张智伟 广东省心血管病研究所,主任医师
张忠华[1] 江苏大学教师教育学院,教授
张忠华[2] 山东大学材料科学与工程学院,教授
张忠杰 国家粮食和物资储备局科学研究院粮食储运研究所,研究员
张忠民 上海社科院经济研究所,研究员
张忠平 燕山大学信息科学与工程学院,教授
张仲欣 河南科技大学食品与生物工程学院,教授
张自萍 宁夏大学生命科学学院,教授
张宗华 河北工业大学机械工程学院,教授
张宗俭 中化化工科学技术研究总院有限公司,教授级高级工程师
张宗明 南京中医药大学马克思主义学院,教授
张宗申 大连工业大学生物工程学院,教授
张宗新 复旦大学经济学院,教授
张作衡 中国地质科学院地球物理地球化学勘查研究所,研究员
张作记 济宁医学院山东省行为医学教育研究所,编审
章必成 武汉大学人民医院光谷院区,主任医师
章成志 南京理工大学经济管理学院,教授
章传华 武汉市第一医院,主任医师
章凯 中国人民大学商学院,教授
章岚 山东体育学院运动与健康学院,教授
章青 河海大学力学与材料学院,教授
章秋 安徽医科大学第一附属医院,主任医师
章绍兵 河南工业大学粮油食品学院,教授
章卫东 江西财经大学会计学院,教授
章献民 浙江大学信息与电子工程学院,教授
章翔 第四军医大学西京医院全军神经外科研究所,教授
章雪峰 浙江工业大学工程设计集团有限公司,教授级高级工程师
章宜华 广东外语外贸大学,教授
章银良 郑州轻工业大学食品与生物工程学院,教授
赵爱国 苏州大学外国语学院,教授
赵百孝 北京中医药大学针灸推拿学院,教授
赵宝华 河北师范大学生命科学学院,教授
赵宝玉 西北农林科技大学动物医院,教授
赵保卿 北京工商大学会计学院,教授
赵必强 中国科学院地质与地球物理研究所,研究员
赵斌 哈尔滨电工仪表研究所有限公司,教授级高级工程师
赵波 河南理工大学机械与动力工程学院,教授
赵藏赏 河北大学期刊社,编审
赵长江 西藏民族大学外语学院,教授
赵长青 山西医科大学第二医院,教授
赵朝会 上海电机学院科研处,教授
赵宬斐 东南大学中国特色社会主义发展研究院,教授
赵春江[1] 国家农业信息化工程技术研究中心,研究员

赵春江[2]	哈尔滨商业大学学报社科版编辑部,编审	赵金良	上海海洋大学水产与生命学院,教授
赵春杰	沈阳药科大学药学院,教授	赵金先	青岛理工大学管理学院,教授
赵春明	北京师范大学经济与工商管理学院,教授	赵金鑫	《神经疾病与精神卫生》杂志社,编审
赵丹群	北京大学信息管理系,教授	赵进平	中国海洋大学海洋与大气学院,教授
赵登秋	上海交通大学附属第六人民医院,主任医师	赵进喜	北京中医药大学东直门医院,教授
赵 冬	首都医科大学附属北京安贞医院,教授	赵进勇	中国水利水电科学研究院,教授级高级工程师
赵东福	浙江科技学院,教授		
赵东林	北京化工大学材料科学与工程学院,教授	赵晋斌	上海电力大学电气工程学院,教授
赵东升	军事科学院军事医学研究院科研保障中心,研究员	赵 晶	天津体育学院学报编辑部,教授
		赵敬春	黑龙江教师发展学院,研究员
赵法锁	长安大学地质工程与测绘学院,教授	赵菊梅	延安大学学术期刊中心,教授
赵风清	河北科技大学化学与制药工程学院,教授	赵 军[1]	山东大学机械工程学院,教授
赵风云	河北科技大学化工学院,教授	赵 军[2]	山西煤炭运销集团有限公司,正高级工程师
赵风起	西安近代化学研究所,研究员	赵 军[3]	天津大学机械工程学院,教授
赵付科	中央财经大学马克思主义学院,教授	赵 军[4]	同济大学附属东方医院,主任医师
赵富学	武汉体育学院体育教育学院,教授	赵 军[5]	西北师范大学地理与环境科学学院,教授
赵 刚	军事科学院系统工程研究院,研究员	赵 军[6]	燕山大学机械工程学院,教授
赵 钢	黑龙江中医药大学附属第一医院,教授	赵军良	山西农业大学园艺学院,研究员
赵广杰	北京林业大学材料科学与技术学院,教授	赵军龙	西安石油大学地球科学与工程学院,教授
赵广永	中国农业大学动物科技学院,教授	赵军宁	四川省中医药科学院,研究员
赵贵哲	中北大学材料科学与化工学院,教授	赵俊玲	河北大学管理学院,教授
赵桂平	西安交通大学航天航空学院,教授	赵兰浩	河海大学水利水电学院,教授
赵国安	新乡医学院第一附属医院,教授	赵 雷	西南交通大学土木工程学院,教授
赵国华	大众报业集团,高级记者	赵 磊	西南财经大学经济学院,教授
赵国军	浙江工业大学机械工程学院,教授	赵 锂	中国建筑设计研究院有限公司,教授级高级工程师
赵国强	郑州大学基础医学院,教授		
赵国群	河北科技大学食品与生物学院,教授	赵立东	北京航空航天大学材料科学与工程学院,教授
赵国祥	河南师范大学党委办公室,教授	赵 丽	北京体育大学运动生理学教研室,教授
赵国彦	中南大学资源与安全工程学院,教授	赵丽华	承德医学院附属医院,主任中医师
赵海波	四川大学分析测试中心,教授	赵林度	东南大学经济管理学院,教授
赵海雷	北京科技大学材料科学与工程学院,教授	赵 凌	成都中医药大学针灸推拿学院,研究员
赵和生	南京工业大学建筑学院,教授	赵 龙	北京航空航天大学数字导航中心,教授
赵河立	自然资源部天津海水淡化与综合利用研究所淡化技术研究室,教授级高级工程师	赵龙志	华东交通大学材料学院,教授
		赵鲁卿	首都医科大学附属北京中医医院,主任医师
赵 珩[1]	北京燕山出版社,编审	赵蒙成	江苏师范大学教育科学学院,教授
赵 珩[2]	上海市胸科医院,主任医师	赵 敏	华南师范大学政治与公共管理学院,教授
赵红霞	广东省农科院动物科学研究所,研究员	赵明富	重庆理工大学电气与电子工程学院,教授
赵红雪	宁夏大学生命科学学院,教授	赵明华	湖南大学土木工程学院,教授
赵宏斌	国网陕西省电力公司运营监测(控)中心,教授级高级工程师	赵明军	中国水产科学研究院渔业发展战略研究中心,研究员
赵 华	西南交通大学力学与工程学院,教授	赵鸣博	东华大学信息科学与技术学院,教授
赵 晖	首都医科大学中医药学院,教授	赵 平	河北科技大学化学与制药工程学院,教授
赵慧辉	北京中医药大学中医学院,研究员	赵旗峰	山西农业大学果树研究所,研究员
赵纪春	四川大学华西医院,主任医师	赵啟大	南开大学现代光学研究所,教授
赵继全	河北工业大学化工学院,教授	赵前程	湖南科技大学,教授
赵建国	东北财经大学公共管理学院,教授	赵 茜	南阳师范学院期刊部,编审
赵建军[1]	江南大学人文学院,教授	赵清林	燕山大学电气工程学院,教授
赵建军[2]	中共中央党校(国家行政学院)哲学部,教授	赵庆新	燕山大学建筑工程与力学学院,教授
赵建梅	新疆师范大学教育科学学院,教授	赵秋成	东北财经大学公共管理学院,教授
赵建民	山东旅游职业学院烹饪系,教授	赵全胜	河北科技大学建筑工程学院,教授
赵建农	海南医学院,主任医师	赵泉民	中国浦东干部学院经济与工商管理教学研究部,教授
赵建平	南京工业大学机械学院,教授		
赵建新	江南大学食品学院,教授	赵荣钦	华北水利水电大学学报编辑部,教授
赵 健	西北大学信息科学与技术学院,教授	赵润怀	中国中药公司,研究员
赵江林	中国社会科学院信息情报研究院,研究员	赵生群	南京师范大学文学院,教授

赵　胜	中铁隧道局集团路桥工程有限公司,教授级高级工程师	赵屹涛	山西省机电设计研究院有限公司,教授级高级工程师
赵士贵	山东大学材料科学与工程学院,教授	赵颖波	中国农业科学院农业信息研究所,研究馆员
赵世华	中国医学科学院阜外心血管病医院,主任医师	赵永平	哈尔滨工业大学电气工程及自动化学院,教授
赵世强	北京建筑大学经济与管理工程学院,教授	赵永生	燕山大学机械工程学院,教授
赵书斌	中国船舶集团有限公司第七一六研究所,研究员	赵永翔	西南交通大学牵引动力国家重点实验室,教授
赵书博	首都经济贸易大学财政税务学院,教授	赵　勇	北京师范大学文学院,教授
赵书林	广西师范大学化学与药学学院,教授	赵由才	同济大学环境科学与工程学院,教授
赵淑刚	中共中央党校(国家行政学院)文史教研部,教授	赵有斌	中国包装和食品机械总公司,研究员
赵曙明	南京大学商学院,教授	赵玉成	燕山大学材料科学与工程学院,教授
赵树民	河北大学物理科学与技术学院,教授	赵玉兰	郑州大学第二附属医院,教授
赵顺波	华北水利水电大学省部共建协同创新中心,教授	赵玉沛	北京协和医院,教授
		赵玉新	哈尔滨工程大学智能科学与工程学院,教授
赵素梅	云南农业大学动物科学技术学院,教授	赵玉庸	河北中医学院,教授
赵　涛	东华大学化学与化工学院,教授	赵　渊	浙江传媒学院,研究员
赵天生	宁夏大学化学化工学院,教授	赵元春	燕山大学材料科学与工程学院,教授
赵挺生	华中科技大学土木与水利工程学院,教授	赵元立	首都医科大学附属北京天坛医院,教授
赵通林	辽宁科技大学矿业工程学院,教授	赵　媛	南京师范大学地理科学学院,教授
赵万里	长春黄金设计院有限公司,正高级工程师	赵跃民	中国矿业大学化工学院,教授
赵　伟	清华大学电机工程与应用电子技术系,教授	赵云峰	航天材料及工艺研究所,研究员
赵　炜	北京地铁运营技术研发中心,教授级高级工程师	赵云胜	中国地质大学(武汉)工程学院,教授
		赵则祥	中原工学院机电学院,教授
赵卫国	中国农业科学院蚕业研究所,研究员	赵振杰	华东师范大学物理与材料科学学院,教授
赵卫宏	江西师范大学商学院,教授	赵振维	中国电子科技集团公司第二十二研究所,研究员
赵　文	东北大学资源与土木工程学院,教授		
赵　霞	南京中医药大学中医儿科研究所,教授	赵振宇	华北电力大学经济与管理学院,教授
赵先兰	郑州大学第一附属医院,教授	赵　震	上海交通大学材料科学与工程学院,教授
赵霄龙	中国建筑科学研究院有限公司,研究员	赵正平	中国电子科技集团公司,研究员
赵晓东	解放军总医院第一附属医院(三〇四医院)急救部,教授	赵之昂	河南师范大学文学院,教授
		赵志刚	首都医科大学附属北京天坛医院,教授
赵晓冬	燕山大学政策与发展规划处,教授	赵志强	天津中医药大学第一附属医院,主任医师
赵晓群	同济大学电子信息工程学院,教授	赵志群	北京师范大学职业与成人教育研究所,教授
赵孝彬	湖北航天化学技术研究所,研究员	赵志伟	重庆大学环境与生态学院,教授
赵新刚	华北电力大学工商管理学院,教授	赵志耘	中国科学技术信息研究所,研究员
赵兴东	东北大学采矿工程研究所,教授	赵　致	贵州大学农学院,教授
赵兴群	东南大学生医学院,教授	赵智强	南京中医药大学第一临床医学院,研究员
赵雄文	华北电力大学电气与电子工程学院,教授	赵智胜	燕山大学材料科学与工程学院,教授
赵秀海	北京林业大学林学院,教授	赵中源	广州大学马克思主义学院,教授
赵学增	哈尔滨工业大学机电工程学院,教授	赵宗江	北京中医药大学国家中医药管理局三级实验室,教授
赵亚双	哈尔滨医科大学公共卫生学院,教授		
赵延军	郑州磨料磨具磨削研究所有限公司,教授级高级工程师	赵宗举	中国石油学会《石油学报》编辑部,教授级高级工程师
赵延治	燕山大学机械工程学院,教授	甄聪棉	河北师范大学物理学院,教授
赵炎秋	湖南师范大学文学院,教授	甄汉深	广西中医药大学,教授
赵　剡	北京航空航天大学仪器科学与光电工程学院,教授	甄宏韬	华中科技大学同济医学院附属同济医院,主任医师
		甄　威	四川电力科学研究院,教授级高级工程师
赵彦保	河南大学特种材料实验室,教授	甄卫民	中国电波传播研究所,研究员
赵彦昌	辽宁大学信息资源管理学院,教授	甄　真	河北医科大学第三医院,主任医师
赵艳华	天津财经大学工商管理研究中心,教授	甄子会	黑龙江科技大学体育部,教授
赵艳玲	解放军总医院第五医学中心,研究员	甄子洋	南京航空航天大学自动化学院,教授
赵　燕	北京中医药大学中医学院,教授	郑爱华	中国矿业大学经济管理学院,教授
赵　阳	中国安全生产科学研究院,正高级工程师	郑保卫	中国人民大学新闻学院,教授
赵叶珠	厦门大学教育研究院,教授	郑炳松	浙江农林大学林业与生物技术学院,教授
赵一鸣	北京大学第三医院,研究员	郑长德	西南民族大学经济学院,教授

郑长龙	东北师范大学化学学院,教授	郑彦宁	中国科学技术信息研究所,研究馆员
郑常宝	安徽大学电气工程与自动化学院,教授	郑晔	长春黄金研究院有限公司,教授级高级工程师
郑常祥	贵州省旱粮研究所,研究员	郑宜枫	上海隧道工程股份有限公司,教授级高级工程师
郑殿春	哈尔滨理工大学电气与电子工程学院,教授		
郑东健	河海大学水利水电学院,教授	郑英	扬州大学护理学院·公共卫生学院,教授
郑冬芳	西安交通大学马克思主义学院,教授	郑英隆	暨南大学经济学院《产经评论》杂志社,研究员
郑芳	浙江大学教育学院,教授		
郑风田	中国人民大学农业与农村发展学院,教授	郑永爱	扬州大学信息工程学院,教授
郑福平	北京工商大学轻工科学技术学院,教授	郑玉光	河北化工医药职业技术学院,教授
郑国庆	浙江中医药大学附属第一医院,教授	郑源	河海大学能电学院,教授
郑海东	中国石油大学(华东)经济管理学院,教授	郑哲文	中南林业科技大学交通运输与物流学院,教授
郑惠萍	河北科技大学机械工程学院,教授	郑征	河南理工大学电气学院,教授
郑家鲲	上海体育学院休闲学院,教授	郑志华	广东省药学会,主任药师
郑建康	国网西安供电公司运检部电缆运检室,教授级高级工程师	支录奎	陕西省公安厅信息化应用实验室,正高级工程师
郑建平	中国地质大学(武汉)地球科学学院,教授	支振锋	中国社会科学院法学研究所,研究员
郑建勇	东南大学电气工程学院,教授	郅晓	中国建材集团公司,教授级高级工程师
郑健龙	长沙理工大学交通运输工程学院,教授	智喜洋	哈尔滨工业大学航天学院,教授
郑洁	重庆邮电大学马克思主义学院,教授	智协飞	南京信息工程大学期刊社,教授
郑金洲	中国浦东干部学院,教授	智绪亭	山东大学齐鲁医院,主任医师
郑经堂	中国石油大学(华东)化学工程学院,教授	钟北京	清华大学航天航空学院,教授
郑景辉	广西中医药大学附属瑞康医院,教授	钟秉林	北京师范大学高等教育研究院,教授
郑军	天津市妇产科中心医院,教授	钟诚	广西大学计算机与电子信息科学学院,教授
郑俊杰	华中科技大学土木与水利工程学院,教授	钟大康	中国石油大学(北京),教授
郑来久	大连工业大学,教授	钟丹	哈尔滨工业大学环境学院,教授
郑磊	南方医科大学南方医院,教授	钟赣生	北京中医药大学中医学院,教授
郑连斌	天津师范大学生命科学学院,教授	钟国清	西南科技大学材料与化学学院,教授
郑龙江	燕山大学电气工程学院,教授	钟海雁	中南林业科技大学食品科学与工程学院,教授
郑民华	上海交通大学医学院附属瑞金医院,教授		
郑敏利	哈尔滨理工大学机械动力工程学院,教授	钟华平	水利部交通运输部国家能源局南京水利科学研究院,正高级工程师
郑沫利	国家粮食和物资储备局科学研究院粮食产业技术经济研究所,教授级高级工程师		
		钟炼	山东省体育科学研究中心,研究员
郑鹏	大连海洋大学经济管理学院,教授	钟梦武	湖南省交通科学研究院有限公司,教授级高级工程师
郑鹏远	郑州大学第五附属医院,教授		
郑旗	山西师范大学体育学院,教授	钟宁宁	中国石油大学(北京),教授
郑青榕	集美大学轮机工程学院,教授	钟庆东	上海大学材料科学与工程学院,教授
郑群	哈尔滨工程大学动力与能源工程学院,教授	钟绍春	东北师范大学信息科学与技术学院,教授
郑仁华	福建省林业科学研究院,教授级高级工程师	钟守昌	江汉大学期刊社,教授
郑少泉	福建省农业科学院果树研究所,研究员	钟守满	杭州师范大学外国语学院,教授
郑石桥	南京审计大学审计科学研究院,教授	钟书华	华中科技大学公共管理学院,教授
郑世宝	上海交通大学电子信息与电气工程学院,教授	钟书林	武汉大学文学院,教授
郑世民	东北农业大学动物医学学院,教授	钟书能	华南理工大学外国语学院,教授
郑书兵	中煤科工开采研究院有限公司,研究员	钟舜聪	福州大学机械工程及自动化学院,研究员
郑书河	福建农林大学机电工程学院,教授	钟太洋	南京大学地理与海洋科学学院,教授
郑思宁	福建农林大学公共管理与法学院,教授	钟伟	南京大学物理学院,教授
郑伟	河北大学电子信息工程学院,教授	钟文琪	东南大学能源与环境学院,教授
郑文刚	北京市农林科学院智能装备技术研究中心,研究员	钟翔	南京农业大学动物科技学院,教授
		钟小宁	广西医科大学第一附属医院,教授
郑先波	河南农业大学园艺学院,教授	钟小仙	江苏省农业科学院畜牧研究所,研究员
郑晓东	浙江大学光电信息工程实验中心,研究员	钟亚平	武汉体育学院运动训练学院,教授
郑晓鸿	首都体育学院运动训练与竞赛学教研室,教授	钟永德	中南林业科技大学旅游学院,教授
		钟勇	中国科学院成都计算机应用研究所,研究员
郑晓瑛	北京大学人口研究所,教授	钟玉娟	广东省农业科学院蔬菜研究所,研究员
郑新奇	中国地质大学(北京)土地科学技术学院,教授	钟钰	中国农业科学院农业经济与发展研究所,研究员
郑岩	北京大学艺术学院,教授	钟志凌	西南大学马克思主义理论研究中心,教授

袁水平	福州大学紫金矿业学院,教授
仲伟合	澳门中西创新学院,教授
仲伟民	《清华大学学报社科版》编辑部,教授
周爱保	西北师范大学心理学院,教授
周爱国	中国地质大学(武汉),教授
周柏春	浙江农林大学马克思主义学院,教授
周本刚	中国地震局地质研究所,研究员
周本宏	武汉大学人民医院,教授
周本杰	中山大学附属第七医院,主任药师
周本谋	南京理工大学瞬态物理重点实验室,教授
周 斌[1]	湖北大学物理学院,教授
周 斌[2]	湖南大学电气与信息工程学院,教授
周 斌[3]	扬州大学继续教育处(学院),研究员
周 波	东北财经大学东北全面振兴研究院,教授
周伯明	上海交通大学《实验室研究与探索》编辑部,研究员
周灿芳	广东省农业科学院农业经济与信息研究所,研究员
周昌仕	广东海洋大学管理学院,教授
周长洪	南京邮电大学社会与人口学院,教授
周长银	北京第二外国语学院英语学院,教授
周常飞	天地科技股份有限公司上海分公司,研究员
周朝阳	中南大学土木工程学院,教授
周成斌	广东省心血管病研究所,主任医师
周成合	西南大学化学化工学院,教授
周成林	上海体育大学心理学院,教授
周 程	北京大学哲学系,教授
周 川	苏州大学教育学院,教授
周传波	中国地质大学(武汉)工程学院,教授
周垂一	中国电建集团华东勘测设计研究院有限公司,教授级高级工程师
周存龙	太原科技大学机械工程学院,教授
周大利	四川大学材料科学与工程学院,教授
周 岱	上海交通大学船舶海洋与建筑工程学院,教授
周德旺	国防大学联合作战学院,教授
周东美	南京大学环境学院,教授
周冬梅	首都医科大学附属北京中医医院,主任医师
周恩毅	西安建筑科技大学学报编辑部,教授
周福宝	中国安全生产科学研究院,教授
周共健	哈尔滨工业大学电子与信息工程学院,研究员
周光礼	中国人民大学教育学院,教授
周广明	江西省文物考古研究院,研究馆员
周国光	长安大学经济与管理学院,教授
周国华	西南交通大学经济管理学院,教授
周国林	华中师范大学历史文化学院,教授
周国民	中国农业科学院科技管理局,研究员
周国清	湖南师范大学新闻与传播学院,教授
周海涛	北京师范大学教育学部,教授
周海宪	中航一集团六一三研究所,研究员
周汉文	中国地质大学(武汉),教授
周 航	中南林业科技大学环境科学与工程学院,教授
周好斌	西安石油大学材料科学与工程学院,教授
周浩明	清华大学美术学院,教授
周 宏	重庆理工大学管理学院,教授
周宏明	温州职业技术学院,教授
周宏伟[1]	陕西师范大学西北历史环境与经济社会发展研究院,教授
周宏伟[2]	中国矿业大学(北京),教授
周鸿勇	绍兴文理学院商学院,教授
周怀平	山西省农科院农业环境与资源研究所,研究员
周 辉[1]	中国科学院武汉岩土力学研究所,研究员
周 辉[2]	中建工程产业技术研究院有限公司,研究员
周辉良	福建医科大学附属第一医院,教授
周会高	西安高压电器研究院股份有限公司,教授级高级工程师
周及徐	四川师范大学文学院,教授
周 纪	电子科技大学资源与环境学院,教授
周继承	中南大学新能源科学与工程,教授
周继军	北京大学软件与微电子学院,研究员
周骥平	扬州大学机械工程学院,教授
周家东	北京理工大学物理学院,教授
周家华	东南大学附属中大医院,教授
周建斌[1]	南京林业大学材料科学与工程学院,教授
周建斌[2]	西北农林科技大学资源环境学院,教授
周建超	扬州大学马克思主义学院,教授
周建国	河南师范大学环境学院,教授
周建军	中铁隧道股份有限公司盾构及掘进技术国家重点实验室,教授级高级工程师
周建民	华东交通大学机电与车辆工程学院,教授
周建涛	内蒙古大学计算机学院,教授
周建伟	南京医科大学公共卫生学院,教授
周建忠[1]	江苏大学机械工程学院,教授
周建忠[2]	南通大学文学院,教授
周剑秋	南京工业大学能源科学与工程学院,教授
周健民	温州医科大学高等教育质量与评价研究所,教授
周江川	兵器装备工程学报编辑部,编审
周江天	中铁工程设计咨询集团有限公司,教授级高级工程师
周 杰	南方医科大学南方医院,教授
周进生	中国地质大学(北京),教授
周井娟	浙江工商职业技术学院,教授
周景军	中国船舶第七○五研究所,研究员
周景雷	渤海大学文学院,教授
周九常	郑州航空工业管理学院,教授
周 军[1]	北京城市排水集团有限责任公司产业发展集团,教授级高级工程师
周 军[2]	东北电力大学电气工程学院,教授
周均旭	广西大学公共管理学院 MPA 中心,教授
周 俊	空军预警学院,教授
周 凯[1]	南京大学新闻传播学院,教授
周 凯[2]	四川大学电气工程学院,教授
周克栋	南京理工大学机械工程学院,教授
周 岚	江苏省住建厅,教授级高级城市规划师
周立军	哈尔滨工业大学建筑学院,教授
周利国	中央财经大学商学院,教授
周利平	西华大学机械工程学院,教授

周　莉	新疆财经大学财政税务学院,教授	周险峰	湖南科技大学教育科学研究院,教授
周连碧	矿冶科技集团有限公司,正高级工程师	周献中	南京大学工程管理学院,教授
周　亮	电子科技大学信息与通信工程学院,教授	周祥福	中山大学附属第三医院,主任医师
周林兴	上海大学文化遗产与信息管理学院,教授	周　翔	东华大学化学与化工学院,教授
周　琳	河南农业大学植物保护学院,教授	周向军	山东大学马克思主义学院,教授
周领顺	扬州大学外国语学院,教授	周向频	同济大学建筑与城市规划学院,教授
周罗晶	苏北人民医院,研究员	周小刚[1]	华东交通大学经济管理学院,教授
周　棉	江苏师范大学留学生与近代中国研究中心,教授	周小刚[2]	四川省农业科学院植保所,研究员
周敏华	广东省中西医结合医院,主任中药师	周小华	北京联合大学学报编辑部,编审
周　明	哈尔滨工业大学机电工程学院,教授	周小普	中国人民大学新闻学院,教授
周明初	浙江大学人文学院,教授	周晓光	中山大学附属第八医院,教授
周明星	湖南农业大学公共管理与法学学院,教授	周晓燕	扬州大学旅游烹饪(食品科学与工程)学院,教授
周念成	重庆大学电气工程学院,教授		
周　浓	重庆三峡学院环境与化学工程学院,教授	周　昕	中共武汉市委党校,教授
周　鹏[1]	广州中医药大学附属宝安中医院,主任中医师	周　欣	贵州师范大学分析测试中心,教授
		周新聪	武汉理工大学能动学院,教授
周　鹏[2]	海南大学热带农林学院,教授	周新桂	中国地质调查局油气资源调查中心,研究员
周岐海	广西师范大学生命科学学院,教授	周兴国	安徽师范大学教育科学学院,教授
周　琪	中国测绘科学研究院信息中心,研究员	周兴茂	重庆邮电大学马克思主义学院,教授
周启星	南开大学环境科学与工程学院,教授	周　星	北京师范大学艺术与传媒学院,教授
周　强	陕西科技大学电气与控制工程学院,教授	周续莲	宁夏大学生命科学学院,教授
周　琴	江苏省人民医院妇幼分院,主任护师	周雪忠	北京交通大学计算机学院,教授
周　勤	东南大学产业经济研究中心,教授	周亚滨	黑龙江中医药大学附属第一医院,教授
周庆山	北京大学信息管理系,教授	周亚峰	苏州大学附属第一医院,教授
周庆西	天津师范大学内部审计研究所,教授	周岩民	南京农业大学动物科技学院,教授
周秋景	中国水利水电科学研究院,正高级工程师	周业安	中国人民大学经济学院,教授
周全华	中山大学马克思主义学院,教授	周益春	西安电子科技大学先进材料与纳米科技学院,教授
周荣斌	解放军总医院第七医学中心,主任医师		
周荣林	中国航空制造技术研究院,研究员	周寅康	南京大学城市与资源学系,教授
周尚波	重庆大学计算机学院,教授	周盈科	武汉科技大学材料科学与冶金学院,教授
周少雷	大地工程开发(集团)有限公司,教授级高级工程师	周　莹	沈阳师范大学体育科学学院,教授
		周永灿	海南大学海洋学院,教授
周绍妮	北京交通大学经济管理学院,教授	周永东	浙江海洋大学海洋与渔业研究所,教授级高级工程师
周绍朋	中共中央党校(国家行政学院),教授		
周胜华	中南大学湘雅医学院第二附属医院,教授	周永红	四川农业大学研究生院,教授
周　石	贵州医科大学附属医院,教授	周永章	中山大学地球科学与工程学院,教授
周仕学	山东科技大学化工学院,教授	周　勇[1]	武汉科技大学管理学院,教授
周书灿	苏州大学社会学院,教授	周　勇[2]	西安石油大学材料科学与工程学院,教授
周书明	北京城建设计发展集团股份有限公司,教授级高级工程师	周　勇[3]	中国兵器装备集团自动化研究所有限公司,正高级工程师
周苏明	南京医科大学第一附属医院,主任医师	周勇军	长安大学公路学院,教授
周涛发	合肥工业大学资源与环境工程学院,教授	周友梅	南京财经大学会计学院,教授
周天华	长安大学建筑工程学院,教授	周雨青	东南大学物理学院,教授
周　伟	武汉大学水利水电学院,教授	周玉锋	贵州省农业科学院茶叶研究所,研究员
周伟国	同济大学热能与环境研究所,教授	周玉国	青岛理工大学信息与控制工程学院,教授
周伟洲	西北大学历史学院,教授	周玉海	广州铁路职业技术学院,教授
周　文[1]	复旦大学马克思主义研究院,教授	周玉林	《社会科学家》,编审
周　文[2]	中国航空油料集团有限公司,研究员级高级工程师	周玉香	宁夏大学动物科技学院,教授
		周云龙	东北电力大学能源与动力工程学院,教授
周文德	四川外国语大学中国语言文化学院,教授	周振君	长安大学材料科学与工程学院,教授
周文明	西北农林科技大学化学与药学院,教授	周　震	郑州大学化工学院,教授
周文政	广西大学物理科学与工程技术学院,教授	周正富	中国农业科学院生物技术研究所,研究员
周武忠	上海交通大学设计学院,教授	周正新	扬州大学数学科学学院,教授
周贤伟	北京科技大学计算机与通信工程学院,教授	周志春	中国林业科学研究院亚热带林业研究所,研究员
周显青	河南工业大学粮油食品学院,教授	周志芳	河海大学地球科学与工程学院,教授

周志刚	中国农业科学院饲料研究所,研究员
周志宏	长江大学机械工程学院,教授
周志华	南京大学计算机系,教授
周志军	长安大学公路学院,教授
周志强[1]	南开大学文学院,教授
周志强[2]	沈阳化工大学党委,教授
周志忍	北京大学政府管理学院,教授
周志雄	湖南大学机械与运载工程学院,教授
周志宇	兰州大学草地农业科技学院,教授
周智超	海军陆战学院,教授
周忠祥	哈尔滨工业大学物理学院,教授
周子龙	中南大学资源与安全工程学,教授
周祖成	西南政法大学行政法学院,教授
周作昂	四川省统计科学研究所,教授级高级经济师
朱阿娜	江苏宿迁经济技术开发区黄河小学,正高级教师
朱爱莹	江西开放大学,教授
朱安博	北京信息科技大学外国语学院,教授
朱葆伟	中国会社学科院,编审
朱蓓薇	大连工业大学食品学院,院士
朱碧波	云南师范大学马克思主义学院,教授
朱昌洛	中国地质科学院矿产综合利用研究所,研究员
朱长才	武汉科技大学医学院,教授
朱长青	军械工程学院车辆与电气工程系电力工程教研室,教授
朱诚	大连理工大学,编审
朱崇科	中山大学中国语言文学系(珠海),教授
朱传武	苏州市第五人民医院,主任医师
朱传喜	南昌大学理学院,教授
朱春阳	复旦大学新闻学院,教授
朱大铭	山东大学计算机科学与技术学院,教授
朱德全	西南大学教育学部,教授
朱笃	江西科技师范大学生命科学学院,教授
朱法华	国电环境保护研究院有限公司,研究员级高级工程师
朱方石	江苏省中医药研究院消化科,教授
朱飞	中央财经大学商学院,教授
朱凤才	江苏省疾病预防控制中心,主任医师
朱高浦	中国林业科学研究院经济林研究所,研究员
朱革	重庆理工大学机械工程学院,教授
朱光玉	中南林业科技大学林学院,教授
朱桂宁	广西农科院植物保护研究所,研究员
朱桂平	浙江工商大学工商管理学院,教授
朱国华	华东师范大学人文社会科学学院,教授
朱国强	扬州大学兽医学院,教授
朱国胜	贵州省农作物品种资源研究所,研究员
朱国忠	江苏省南通市通州区实验小学,正高级教师
朱海燕	北京中医药大学东直门医院,主任医师
朱红根	南京财经大学经济学院,教授
朱红军	南京工业大学理学院,教授
朱宏斌	西北农林科技大学人文社会发展学院,教授
朱宏平	华中科技大学土木与水利工程学院,教授
朱洪波	南京邮电大学物联网研究院,教授
朱洪林	甘肃省信息中心(甘肃省经济研究院),正高级工程师
朱化刚	安徽医科大学第一附属医院,主任医师

朱晖	大连海洋大学海洋法律与人文学院,教授
朱火弟	重庆理工大学经济金融学院,教授
朱继业	北京大学人民医院,教授
朱坚民	上海理工大学人事处,教授
朱坚真	广东海洋大学海洋经济与管理研究中心,研究员
朱建华	广西壮族自治区农业科学院园艺研究所,研究员
朱建明	中央财经大学信息学院,教授
朱建勇	南京邮电大学体育部,教授
朱剑	南京大学学报,编审
朱剑虹	复旦大学附属华山医院,教授
朱剑英	南京航空航天大学,教授
朱锦余	云南财经大学会计学院,教授
朱进东	南京航空航天大学马克思主义学院,教授
朱京慈	陆军军医大学(原第三军医大学)护理学院,教授
朱敬	广西师范大学教育学部,教授
朱君荣	南京市第一医院,主任药师
朱科学	江南大学食品学院,教授
朱蕾	复旦大学附属华东医院,教授
朱力	南京大学社会学系,教授
朱莉[1]	南京医科大学附属泰州人民医院,主任医师
朱莉[2]	中国农业科学院生物技术研究所,研究员
朱良均	浙江大学动物科学学院,教授
朱亮	河海大学环境学院,教授
朱琳	南开大学环境科学与工程学院,教授
朱凌	武汉理工大学船海能动学院,教授
朱陵群	北京中医药大学东直门医院,主任医师
朱鲁生	山东农业大学环境科学与工程系,教授
朱路文	黑龙江中医药大学附属第二医院,教授
朱美玲	深圳市中医院,主任技师
朱民儒	中国产业用纺织品行业协会,教授级高级工程师
朱敏	西南财经大学工商管理学院,教授
朱明道	应用化工杂志社,编审
朱明星	安徽大学电气工程与自动化学院,教授
朱南文	上海交通大学环境科学与工程学院,教授
朱宁波	辽宁师范大学教育学部,教授
朱平	中国医学科学院北京协和医学院药物研究所,研究员
朱青	北京工业大学北京人工智能研究院,教授
朱庆	西南交通大学地球科学与环境工程学院,教授
朱三元	上海计算机软件技术开发中心,研究员
朱沙	中国测试技术研究院,研究员
朱善安	浙江大学电气学院,教授
朱少铭	湖北省十堰市中西医结合医院,教授
朱士俊	解放军总医院,教授
朱士信	合肥工业大学数学学院,教授
朱守林	内蒙古农业大学林业工程学院森林工程学科,教授
朱守真	清华大学电机工程与应用电子技术系,研究员
朱守正	华东师范大学通信与电子工程学院,教授
朱水萍	南通大学教育科学学院,教授

朱顺应	武汉理工大学交通学院,教授	朱真才	中国矿业大学机电工程学院,教授
朱涛	重庆大学法学院,教授	朱振武	上海师范大学人文学院,教授
朱彤	同济大学机械与能源工程学院,教授	朱正吼	南昌大学材料学院,教授
朱为群	上海财经大学公共经济与管理学院,教授	朱志军	首都医科大学附属北京友谊医院,教授
朱维铭	江苏省中医院(南京中医药大学附属医院),主任医师	朱志良	同济大学环境科学与工程学院,教授
朱伟杰	暨南大学生命科学技术学院,教授	朱志平	长沙理工大学化学与生物工程学院,教授
朱伟明	中国海洋大学海洋药物教育部重点实验室,教授	诸叶平	中国农业科学院农业信息研究所,研究员
朱卫东	合肥工业大学经济学院,教授	祝爱萍	宁夏大学机械工程学院,教授
朱卫未	南京邮电大学人事处,教授	祝大鹏	武汉体育学院健康学院,教授
朱文富	河北大学教育学院,教授	祝海波	中南林业科技大学创新创业学院,教授
朱文辉	东北师范大学教育学部,教授	祝华远	海军航空大学青岛校区,教授
朱文珍	华中科技大学同济医学院附属同济医院,教授	祝克懿	复旦大学中文系,教授
朱文忠	广东外语外贸大学商学院,教授	祝龙记	安徽理工大学电气与信息工程学院,教授
朱锡	海军工程大学船舶与海洋学院,教授	祝平燕	华中师范大学社会学院,教授
朱霞石	扬州大学化学化工学院,教授	祝远德	广西大学外国语学院,教授
朱晓莉	东南大学附属中大医院,主任医师	祝遵凌	南京林业大学校长办,教授
朱晓新	中国中医科学院中药研究所,研究员	庄国波	南京邮电大学图书馆,教授
朱筱敏	中国石油大学(北京)地球科学学院,教授	庄恒扬	扬州大学农学院,教授
朱协彬	安徽工程大学材料科学与工程学院,教授	庄晋财	江苏大学工商管理学院,教授
朱谢群	深圳大学法学院,教授	庄虔友	内蒙古党校政治学教研部,教授
朱新才	重庆理工大学,教授	庄天戈	上海交通大学生物医学工程学院,教授
朱新蓉	中南财经政法大学金融学院,教授	庄卫东	北京科技大学冶金与生态工程学院,教授
朱萱	南昌大学第一附属医院,教授	庄西真	江苏理工学院职业教育研究院,教授
朱学芳	南京大学信息管理学院,教授	庄志猛	中国水产科学研究院黄海水产研究所,研究员
朱学军	宁夏大学机械工程学院,教授		
朱学义	中国矿业大学经济管理学院,教授	卓力	北京工业大学科学技术发展院,教授
朱雪田	中国联通公司,教授级高级工程师	卓越	中铁隧道勘察设计研究院有限公司,教授级高级工程师
朱雪忠	同济大学上海国际知识产权学院,教授	资建民	华中科技大学土木工程与水利学院,教授
朱恂	重庆大学能源与动力工程学院,教授	宗娜	中国农业科学院生物技术研究所,研究员
朱岩	北京科技大学计算机与通信工程学院,教授	宗群	天津大学电气自动化与信息工程学院,教授
朱彦	天津中医药大学组分中药国家重点实验室,教授	宗树兴	河北省教育宣传中心,研究员
		踪训国	首都师范大学文学院,教授
朱彦卿	湖南大学电气与信息工程学院,教授	纵伟	郑州轻工业学院食品科学与工程学院,教授
朱雁飞	上海隧道工程有限公司,教授级高级工程师	邹本旭	沈阳体育学院社会体育学院,教授
朱燕波	北京中医药大学中医学院,教授	邹崇理	中国社会科学院哲学研究所,教授
朱阳戈	矿冶科技集团有限公司,正高级工程师	邹德清	华中科技大学网络空间安全学院,教授
朱耀先	中共河南省委党校,教授	邹德新	南京体育学院体育发展与规划研究院,教授
朱义坤	暨南大学法学院/知识产权学院,教授	邹贵彬	山东大学电气工程学院,教授
朱英浩	国防科技大学信息通信学院,教授	邹惠玲	江苏师范大学外国语学院,教授
朱永全	石家庄铁道大学土木学院,教授	邹继斌	哈尔滨工业大学电气工程及自动化学院,教授
朱有华	海军军医大学第一附属医院(上海长海医院),教授	邹建军	华中师范大学文学院,教授
朱雨良	和融期货有限公司,教授级高级经济师	邹农俭	南京师范大学社会发展学院,教授
朱玉川	南京航空航天大学机电学院,教授	邹澎	郑州大学电气与信息工程学院,教授
朱月林	南京农业大学园艺学院,教授	邹芹	燕山大学机械工程学院,教授
朱跃钊	南京工业大学机械与动力工程学院,教授	邹申	上海外国语大学英语学院,教授
朱云鹏	安徽大学商学院,教授	邹声勇	洛阳矿山机械工程设计研究院有限责任公司,教授级高级工程师
朱再明	辽宁师范大学化学化工学院,教授	邹圣强	镇江市第三人民医院,主任医师
朱泽虎	中国建元能源有限责任公司,研究员	邹为诚	华东师范大学外语学院,教授
朱占峰	南昌职业大学,教授	邹晓峰[1]	赣南医学院第一临床医学院,教授
朱战霞	西北工业大学航天学院,教授	邹晓峰[2]	吉林大学体育学院,教授
朱朝辉	武汉协和医院,教授	邹晓红	燕山大学信息科学与工程学院,教授
		邹晓玲	重庆大学外语学院,教授
朱照宇	中国科学院广州地球化学研究所,研究员	邹新月	广东财经大学校长办公室,教授

邹忆怀	北京中医药大学东直门医院,教授	左　超	南京理工大学电子工程与光电技术学院,教授
邹　瑜	广西农业科学院生物技术研究所,研究员		
邹玉堂	大连海事大学船舶与海洋工程学院,教授	左敦稳	南京航空航天大学机电学院,教授
邹云雯	青岛大学附属医院,主任医师	左　力	北京大学人民医院,教授
邹云增	复旦大学附属中山医院,教授	左其亭	郑州大学水利与交通学院,教授
邹运鼎	安徽农业大学林学与园林学院,教授	左　石	贵州医科大学附属医院,教授
邹再进	西南林业大学经济管理学院,教授	左卫民	四川大学法学院,教授
邹　赞	新疆大学中国语言文学学院,教授	左祥荣	江苏省人民医院(南京医科大学第一附属医院),教授
邹哲强	中煤科工集团常州自动化研究院,研究员		
邹正平	北京航空航天大学能源与动力工程学院,教授	左延莉	广西医科大学全科医学院,教授
邹忠杰	广东药科大学中药学院,教授	左言言	江苏大学汽车与交通工程学院,教授
邹忠梅	中国医学科学院药用植物研究所,研究员	左永刚	陆军勤务学院,教授
祖国华	吉林师范大学,教授	左豫虎	黑龙江八一农垦大学农学院,教授

《中文核心期刊要目总览》(2023年版)
研究报告

1 《中文核心期刊要目总览》的研究目的和研究历史

改革开放以来,随着经济、科技、文化等各个领域的全面复苏,我国的期刊出版事业进入了蓬勃发展的繁荣阶段,期刊品种急剧增加。我国公开出版发行的期刊,从20世纪70年代初的不足百种,迅速增至80年代末的六千余种。如此众多的期刊,一方面记载、传播着大量的信息和知识,在传递和交流科技文化最新成果、促进和推动社会文明进步发展等方面发挥了重要的作用;但另一方面,也给期刊的收藏、管理和利用带来了严峻的挑战。

正是在这种情况下,1990年年底,北京地区高等院校图书馆期刊工作研究会和北京大学图书馆共同发起研究和编制《中文核心期刊要目总览》。1992年,首版《中文核心期刊要目总览》正式出版,在其前言部分,编者明确介绍了本研究项目的产生背景和研究目的。

"期刊的巨大出版量是现代社会所谓'文献爆炸'的主要表现之一。这是社会进步的反映,但又使得文献工作者和文献使用者面临着前所未有的困难。出版物的迅速增长与购买资金有限的矛盾,收藏量的剧增与收藏空间不足的矛盾,极大的文献量与使用者(读者)的有限精力、有限时间的矛盾等均日趋尖锐,这些矛盾无时不出现在图书馆工作中期刊的采购、典藏、管理、流通、阅览以及开放利用的一切环节之中。严峻的形势迫切要求人们对为数众多的期刊加以系统的研究,认真地鉴别它们的水平与质量,了解它们在所涉及的学科或专业中的地位与作用,以便于各图书馆有选择地收藏与剔除和有计划地管理与开发利用,也便于读者从期刊的海洋中探寻他们所需要的信息。因此,运用文献计量学的方法筛选、确认各学科的核心期刊,已成为图书馆界和情报界当务之急。

鉴定和确认核心期刊的理论和方法的研究,国外学者已经做过许多工作。国外出版期刊的核心期刊表亦已有许多可供参考的成果,至于国内出版期刊的核心刊的研究和确认,则理所当然地要由我们自己来做。近年国内中文期刊的出版状况渐趋稳定,研究、确认、编制一个较为完整、系统的中文期刊的核心期刊表的时机已经成熟。为此,北京地区高等院校图书馆期刊工作研究会和北京大学图书馆共同发起研究、编制和出版《中文核心期刊要目总览》,这项工作得到了国内图书馆界和出版界的热烈欢迎和支持。虽然只是初次尝试,但我们仍然期望它能成为各种类型和不同级别的图书馆采访与收藏中文期刊的参考依据,同时也能成为各个专业和不同层次的读者选择阅读中文期刊的参考依据。"[1]

对于该项目的研究,当时的专家鉴定委员会认为,"《中文核心期刊要目总览》是我国第一次大规模使用文献计量学方法对中文期刊进行统计分析的研究,具有较高的学术水平和使用价值,为各类型图书情报部门的中文期刊采购和读者服务提供了较重要的参考工具",并且希望"该项目能继续研究,定期筛选、评定,使核心期刊表不断更新和优化,在促进我国科学事业的发展,以及国际出版物交换等方面发挥更大的作用"。[1]

《中文核心期刊要目总览》第一版问世后,在出版界和图书情报界引起了一定反响,得到了充分肯定和较高评价,大家认为该项成果适应了行业和社会需要,填补了国内空白,在图书馆情报部门馆藏优化、读者导读等方面都发挥了重要作用。正是鉴于业界的良好反映,并根据期刊兼具连续性和动态变化发展的特点,《中文核心期刊要目总览》的编者决定把这项研究工作继续开展下去。2008 年之前,《中文核心期刊要目总览》每 4 年更新研究和编制出版一次,2008 年之后,改为每 3 年更新研究和编制出版一次,每版都会根据当时期刊发展的实际情况在研制方法上不断调整和完善,以求研究成果能更科学合理地反映客观实际。已经出版的研究成果有:《中文核心期刊要目总览》1992、1996、2000、2004、2008、2011、2014、2017 和 2020 年版。

2　《中文核心期刊要目总览》（2023 年版）的研究概况、方法和特点

2.1　研究概况

《中文核心期刊要目总览》（2023 年版）[以下简称《总览》（2023 年版）]从 2021 年10 月开始研究,研究工作由北京大学图书馆主持,北京大学图书馆、中国人民大学图书馆、清华大学图书馆、北京师范大学图书馆、北京大学医学图书馆、中国农业大学图书馆、北京科技大学图书馆、中国科学院文献情报中心、重庆维普资讯有限公司、中国学术期刊（光盘版）电子杂志社、中国人民大学书报资料中心、中国科学技术信息研究所、北京万方数据股份有限公司、国家图书馆、国家哲学社会科学文献中心、中华医学会杂志社和北京世纪超星信息技术发展有限责任公司等 32 个单位的 148 位专家和工作人员参加了本项研究工作,全国各地 9473 位学科专家参加了核心期刊的评审工作。

2.2　研究方法和研究特点

《总览》（2023 年版）在深入研究核心期刊评价理论和方法的基础上,总结前 9 版的经验,决定在总体研制原则和研制方法上仍延续以往各版的做法,即:分学科、多指标综合评价;定量评价与定性评价相结合。

2.2.1　分学科评价

目前大多数中文期刊评价体系在进行期刊分学科评价时,都是首先确定每种期刊所属学科类目,然后归入各学科类目进行定量评价。《总览》的分学科评价方法与此种做法有所不同,是从刊载论文和施引论文的学科入手进行统计,获取期刊在各学科的评价指标数据,再进行各学科的定量评价。

大量文献计量学的理论研究和统计实践证明,各学科领域论文在期刊中的分布、利用都存在着"集中与分散"的客观规律,即:大量学科论文及其被利用量集中在少量期刊上,少量学科论文及其被利用量则分散在大量期刊中。《总览》正是根据这一规律对期刊进行分学科评价,即根据对期刊所载学科论文的分布情况及其在各学科的

被利用情况的统计分析，找出各学科中利用率较高、影响力较大的学科核心期刊，其评价结果具有较强的客观性和实用性。

2.2.1.1 学科分类标准的选择

我国许多文献检索工具都采用《中国图书馆分类法》对期刊文献内容进行分类标引，并且我国大多数图书馆、文献情报机构也采用《中国图书馆分类法》对馆藏期刊文献进行分类管理。因此，为了便于各评价指标数据的分学科统计及图书情报服务机构期刊订购和导读参考使用，《总览》一直采用《中国图书馆分类法》的分类体系进行学科设置。《总览》（2023 年版）采用《中国图书馆分类法》（第五版）作为学科分类的依据。

2.2.1.2 学科类目设置的原则

期刊评价体系中学科类目的设置直接影响核心期刊评选结果，因此如何科学合理地设置期刊评价体系中的学科类目，是期刊评价研究的重要内容和难点之一。

期刊评价体系在设置学科类目时，必须综合考虑学科知识体系整体情况、学科期刊数量分布等多种因素。学科类目设置过大过疏，专业性强的小学科中的优秀期刊就容易被淹没，无法进入核心区；学科类目设置过细过多，则文献的"集中效应"难以体现，可能会造成部分一般性期刊进入了核心区，一些交叉学科期刊则无法进入核心区，从而导致学科之间核心期刊数量和质量的不平衡；此外，考虑到综合性期刊所特有的多学科和跨学科的特点，不易也不宜进入各分学科的专业核心期刊表，应相应地设置一些综合性类目。

《总览》（2023 年版）设置学科类目的基本原则是：学科发展比较成熟，学科界限相对明确，并且已形成了一定数量的期刊群。同时，《总览》每版也会总结前几版在学科类目设置方面的经验和问题，并结合当时学科发展的实际情况，对学科类目进行适当的调整，以期更好地反映学科发展情况，取得更佳的评价结果。《总览》历版学科类目设置调整情况详见表 1。

表 1 《总览》各版学科类目数量统计（单位：个）

版本	第一编	第二编	第三编	第四编	第五编	第六编	第七编	合计
1992 年		61		16	17	11	26	131
1996 年	19	18	26	16	14	10	27	130
2000 年	10	9	10	13	6	9	18	75
2004 年	8	8	10	14	6	9	19	74
2008 年	7	8	10	14	6	9	19	73
2011 年	7	8	10	14	6	9	19	73
2014 年	7	8	10	14	6	9	20	74
2017 年	7	8	14	14	6	9	20	78
2020 年	7	8	10	14	6	9	20	74
2023 年	7	8	10	14	6	9	20	74

在《总览》（2023 年版）的研制中，为了进一步检验《总览》原有的学科设置是否科学合理，在定量数据统计时初设了 253 个学科类目，统计了指标数据；在定量计算分

析时设置了303个类目。这些增设类目包括多学科组合的小综合类目和细化的分支学科类目,设置多种小综合类目是为了考察学科发展融合情况;将原有的部分类目进行细分的分支学科类目,是为了考察新兴学科发展情况。项目组对这些学科类目的定量评价结果进行了分析,发现这些新增类目仍然不适合单独设置核心期刊类目,故最终未新增任何类目。这也在一定程度上表明:我国近期中文期刊的学科发展从总体上来看相对稳定,《总览》目前的学科类目设置仍是相对合理的。

由于军事类期刊本身的特殊性,如涉及保密等,很难采集评价数据和征聘评审专家,导致评价结果质量不高。《总览》(2023年版)仍不增设此类目。

《总览》(2023年版)最终确定学科类目为74个,分为7个大编,详见表2。

表2 《中文核心期刊要目总览》(2023年版)学科类目

各编名称		学科名称
第一编	哲学、社会学、政治、法律	(1)综合性人文、社会科学;(2)哲学;(3)宗教;(4)社会科学总论(除民族学、文化人类学);(5)民族学、文化人类学;(6)政治学(含马列);(7)法律
第二编	经济	(1)综合性经济科学;(2)经济学/经济管理(除会计,企业经济);(3)会计;(4)农业经济;(5)工业经济/邮电通信经济,企业经济;(6)贸易经济;(7)财政、国家财政;(8)货币,金融、银行,保险
第三编	文化、教育、历史	(1)文化理论/信息与知识传播(除图书馆事业、信息事业,档案事业);(2)图书馆事业、信息事业;(3)档案事业;(4)科学、科学研究;(5)教育;(6)体育;(7)语言、文字;(8)文学;(9)艺术;(10)历史
第四编	自然科学	(1)综合性理工农医;(2)自然科学总论;(3)数学;(4)力学;(5)物理学;(6)化学,晶体学;(7)天文学;(8)测绘学;(9)地球物理学;(10)大气科学(气象学);(11)地质学;(12)海洋学;(13)地理学;(14)生物科学
第五编	医药、卫生	(1)综合性医药卫生;(2)预防医学、卫生学;(3)中国医学;(4)基础医学;(5)临床医学/特种医学;(6)药学
第六编	农业科学	(1)综合性农业科学;(2)农业基础科学;(3)农业工程;(4)农学(农艺学),农作物;(5)植物保护;(6)园艺;(7)林业;(8)畜牧、动物医学、狩猎、蚕、蜂;(9)水产、渔业
第七编	工业技术	(1)一般工业技术;(2)矿业工程;(3)石油、天然气工业;(4)冶金工业;(5)金属学与金属工艺;(6)机械、仪表工业;(7)武器工业;(8)能源与动力工程;(9)原子能技术;(10)电工技术;(11)电子技术、通信技术;(12)自动化技术、计算机技术;(13)化学工业;(14)轻工业、手工业、生活服务业;(15)建筑科学;(16)水利工程;(17)交通运输;(18)航空、航天;(19)环境科学;(20)安全科学

2.2.2 定量评价方法

2.2.2.1 评价指标体系构成

在对期刊进行定量评价的过程中,建立科学的评价指标体系是评价成功的关键。能反映期刊质量和水平的因素很多,如被论文引用量、被索引量、被文摘量、发行量、流通量、网络下载量等,它们都能从不同角度反映期刊的特征。为了能对期刊进行多方位的全面评价,《总览》采取多指标综合评价方法,即将多种不同性质的评价指标科学地组织在一个评价体系中,使各评价指标能优势互补,以求取得更为科学客观的评价效果。《总览》选择评价指标的基本原则是：能够反映期刊学术水平、核心效应明显、有较好的统计源、具有可操作性等。《总览》根据这一原则并结合当时实际情况，不断地对各种评价指标进行研究分析，逐步改进评价指标体系，使之更趋科学完善。

2.2.2.1.1 各版评价指标体系调整情况

表 3 《总览》各版评价指标体系构成[1-9]

版本	评价指标
1992 年	载文量、文摘量、被引量
1996 年	被索量、被摘量、被引量、载文量、被摘率、影响因子
2000 年	被索量、被摘量、被引量、载文量、被摘率、影响因子
2004 年	被索量、被摘量、被引量、他引量、被摘率、影响因子、获奖或被重要检索工具收录
2008 年	被索量、被摘量、被引量、他引量、被摘率、影响因子、获奖或被重要检索系统收录、基金论文比、Web 下载量
2011 年	被索量、被摘量、被引量、他引量、被摘率、影响因子、被重要检索系统收录、基金论文比、Web 下载量
2014 年	被索量、被摘量、被引量、他引量、被摘率、影响因子、他引影响因子、论文被引指数、互引指数、被重要检索系统收录、基金论文比、Web 下载量
2017 年	被摘量（全文、摘要）、被摘率（全文、摘要）、被引量、他引量（期刊、博士论文、会议论文）、影响因子、他引影响因子、5 年影响因子、5 年他引影响因子、特征因子、论文影响分值、论文被引指数、互引指数、获奖或被重要检索系统收录、基金论文比（国家级、省部级）、Web 下载量、Web 下载率
2020 年	被摘量（全文、摘要）、被摘率（全文、摘要）、被引量、他引量（期刊、博士论文）、影响因子、他引影响因子、5 年影响因子、5 年他引影响因子、特征因子、论文影响分值、论文被引指数、互引指数、获奖或被重要检索系统收录、基金论文比（国家级、省部级）、Web 下载量、Web 下载率
2023 年	被摘量（全文、摘要）、被摘率（全文、摘要）、被引量、他引量（期刊）、影响因子、他引影响因子、5 年影响因子、5 年他引影响因子、特征因子、论文影响分值、论文被引指数、互引指数、获奖或被重要检索系统收录、基金论文比（国家级、省部级）、Web 下载量、Web 下载率、可被引论文比、前 5 年可被引论文比

注：本文中所提到的评价指标除"特征因子""论文影响分值""论文被引指数""互引指数""获奖或被重要检索系统收录""可被引论文比""前 5 年可被引论文比"外均为学科指标，如"影响因子"为学科影响因子。

1992 年版采用 3 个评价指标，即载文量、文摘量、被引量。当时，合适的统计源很少，且大多为书本式工具，只能进行手工统计，统计工作量巨大，客观上不具备采用大量评价指标的条件。

1996 年版和 2000 年版采用 6 个评价指标，即被索量、被摘量、被引量、载文量、被摘率、影响因子。在首版的基础上增加了影响因子、被摘率和被索量 3 个评价指标，相应提高了对期刊学术质量的评价作用。此时，随着计算机技术在图书情报界的普遍应用，计算手段和能力大为改善，并开始出现一些专门的统计源数据库，为评价指标的增加创造了可能性。

2004 年版增加了他引量和获奖或被重要检索工具收录 2 个指标，不再使用载文量指标。采用了 7 个评价指标，即被索量、被摘量、被引量、他引量、影响因子、被摘率、获奖或被重要检索工具收录。取消载文量指标，以降低论文数量在评价中起的作用;增加他引量指标,适当降低不恰当自引作用;增加获奖或被重要检索工具收录指标,吸收其他项目的期刊评价成果,进一步提高对期刊质量的评价作用。

2008 年版又增加了基金论文比和 Web 下载量指标。采用了 9 个评价指标,即被索量、被摘量、被引量、他引量、被摘率、影响因子、获奖或被重要检索系统收录、基金论文比、Web 下载量。其中,新增加了 Web 下载量指标,顺应期刊数字化出版、网络化传播的新趋势,研究分析期刊网络使用数据的作用和影响,从阅读使用角度出发来对期刊进行评价;增加了基金论文比指标,通过统计期刊刊载论文中各类基金资助论文所占的比例,在一定程度上可以反映期刊的影响力。

2011 年版评价指标在 2008 年版的基础上做了一些改进。把博士论文被引量和会议论文被引量 2 个指标的数据归入"他引量"中进行计算,同时将期刊他引量、被博士论文引用量和被会议论文引用量按重要程度不同,分为 3 个层次,分别赋予不同的权重。把"基金论文比"指标分为总基金论文比和省市级以上基金论文比 2 个层次,并赋予不同权重。因为 2011 年版数据统计年限内我国未进行过全国性的国家级期刊评奖活动,将指标"获奖或被重要检索系统收录"改为"被重要检索系统收录",力图使评价结果更为客观合理。

2014 年版采用 12 个评价指标,在 2011 年版的基础上增加了 3 个指标:他引影响因子、论文被引指数、互引指数。他引影响因子是用来进一步减少不恰当自引的负面影响,论文被引指数是用来鼓励期刊提高"有效"文章比例,互引指数是用来遏制"小集团互引"的不良倾向。

2017 年版指标变化较大,增加了 5 年影响因子、5 年他引影响因子、特征因子、论文影响分值、Web 下载率等 5 个指标,不再使用被索量指标。采用了 16 个一级评价指标,其中 4 个有二级指标。取消被索量指标,以减少载文量在期刊评价中的作用;取消自然科学、医学、农学、工程科学各编的被摘量、被摘率指标,因为科学技术领域的文摘刊物已经基本消失;增设 5 年影响因子、5 年他引影响因子指标,以适应被引高峰期大于 2 年的学科之需;增设特征因子和论文影响分值指标,将引文数量和引用价值联系起来,进一步提高了权威性引用的评价作用;增设 Web 下载率指标,与Web 下载量配对使用,降低了读者阅读量指标靠发文多取胜的作用;"被重要检索系统收录"改为"获奖或被重要检索系统收录",增加了获国家奖和国家基金资助的内容,扩大了吸收其他期刊评价成果的范围。

2020 年版与 2017 年版相比在评价指标方面变化不大,仅取消了他引的二级指标"会议论文被引量"。2020 年版的定量评价指标体系由 16 个一级评价指标组成:被摘量、被摘率、被引量、他引量、影响因子、他引影响因子、5 年影响因子、5 年他引影响因子、特征因子、论文影响分值、互引指数、论文被引指数、获奖或被重要检索系统收录、基金论文比、Web 下载量、Web 下载率。其中被摘量和被摘率分为 2 个层次:全文和摘要;他引量分为 2 个层次:期刊他引量和被博士论文引用量;基金论文比分为 2 个层次:国家级基金论文比和省部级以上基金论文比。

2023 年版增加了可被引论文比和前 5 年可被引论文比 2 个指标,用来遏制学术期刊发表过多非学术论文的倾向;在他引量指标中因难以获取较完整的有效数据,取消了二级指标"博士论文被引量",他引量仅包含其他期刊论文被引量。2023 年版的定量评价指标由 18 个一级评价指标组成:被摘量、被摘率、被引量、他引量、影响因子、他引影响因子、5 年影响因子、5 年他引影响因子、特征因子、论文影响分值、互引指数、论文被引指数、获奖或被重要检索系统收录、基金论文比、Web 下载量、Web 下载率、可被引论文比和前 5 年可被引论文比。其中被摘量和被摘率分为 2 个层次:全文和摘要;基金论文比分为 2 个层次:国家级基金论文比和省部级以上基金论文比。

随着《总览》定量评价指标体系的不断修订,逐步完善,《总览》各版核心期刊表的质量也得到不断提高。

2.2.2.1.2 评价指标定义

(1)被摘量,含 2 个部分:

①被摘量(全文):某刊在统计当年所发表的某学科的论文被文摘检索工具全文转载的次数。

②被摘量(摘要):某刊在统计当年所发表的某学科的论文被文摘检索工具摘录的次数。

(2)被摘率,含 2 个部分:

①被摘率(全文) $= \dfrac{某刊在统计当年发表的某学科的论文被全文转载的总次数}{该刊在统计当年发表论文的总数}$

②被摘率(摘要) $= \dfrac{某刊在统计当年发表的某学科的论文被摘录的总次数}{该刊在统计当年发表论文的总数}$

(3)被引量:某刊自创刊以来所发表的全部论文在统计当年被某学科论文引用的总次数。

(4)他引量:某刊自创刊以来所发表的全部论文在统计当年被他刊某学科论文引用的总次数。

(5)影响因子:

$$影响因子 = \dfrac{某刊前 2 年发表论文在统计当年被某学科论文引用的总次数}{该刊前 2 年所发表论文的总数}$$

(6)他引影响因子:

$$他引影响因子 = \dfrac{某刊前 2 年发表论文在统计当年被他刊某学科论文引用的总次数}{该刊前 2 年所发表论文的总数}$$

(7)5 年影响因子:

$$5 年影响因子 = \dfrac{某刊前 5 年发表论文在统计当年被某学科论文引用的总次数}{该刊前 5 年所发表论文的总数}$$

(8)5 年他引影响因子:

$$5 年他引影响因子 = \dfrac{某刊前 5 年发表论文在统计当年被他刊某学科论文引用的总次数}{该刊前 5 年所发表论文的总数}$$

(9)特征因子:构建期刊前 5 年他引矩阵,以类似于 PageRank 的算法迭代计算出期刊的权重影响值,实现引文数量与价值的综合评价,衡量引用网络中期刊的整体影响力。

$$特征因子 = 100 \times \frac{\boldsymbol{H} \cdot \boldsymbol{\pi}^*}{\sum_i (\boldsymbol{H} \cdot \boldsymbol{\pi}^*)_i}$$

其中 $\boldsymbol{H}$ 是规范化的引用矩阵,$\boldsymbol{\pi}^* \approx \boldsymbol{\pi}^{(k+1)}$ 是影响向量。

(10)论文影响分值:某刊的特征因子分值与该刊前 5 年发文量总和的标准化取值(5 年某期刊论文量/5 年所有期刊论文总量)的比值,衡量期刊的篇级影响力。

论文影响分值 $= 0.01 \times$ 特征因子 /(5 年某期刊论文量/5 年所有期刊论文总量)

(11)论文被引指数:

$$论文被引指数 = \frac{某刊前 5 年所发表的论文在统计当年被引用次数大于或等于 1 的论文篇数}{该刊前 5 年所发表论文的总数}$$

(12)互引指数:在 4 年统计时间窗口内,在计算某刊被其他期刊引用频次数据的偏度系数的基础上,对其进行标准化和正向化处理后得出的值。偏度系数用来度量期刊的被引频次数据分布的偏斜程度,该值越大,互引行为越严重,而互引指数的值越小,互引行为越严重。

(13)获奖或被重要检索系统收录:某刊被重要数据库收录以及获国家奖或国家基金资助情况。

(14)基金论文比,含 2 个部分:

$$①国家级基金论文比 = \frac{某刊在统计当年发表的某学科的国家级基金论文数}{该刊在统计当年发表论文的总数}$$

$$②省部级基金论文比 = \frac{某刊在统计当年发表的某学科的省部级基金论文数}{该刊在统计当年发表论文的总数}$$

(15)Web 下载量:某刊自创刊以来所发表的某学科的论文在统计当年被全文下载的总次数。

(16)Web 下载率:某刊前 3 年发表的某学科的论文在统计当年被全文下载的总次数除以该刊前 3 年所发表并上网论文的总数。

(17)可被引论文比:某刊在统计当年发表的可被引论文量与该刊在统计当年发表的全部文献量之比。

(18)前 5 年可被引论文比:某刊在前 5 年发表的可被引论文量与该刊在前 5 年发表的全部文献量之比。

2.2.2.2　评价指标统计源

评价指标确定后,选择恰当的统计源也是确保评价质量的重要环节。《总览》选择评价指标统计源的原则是:学科全面,选刊恰当,编辑规范,卷期完整,用户量大,统计准确。《总览》各版的统计源均根据这一原则和实际情况不断调整,使评价数据更为准确可靠,质量不断改善和提高。考虑到《总览》主要是为图书馆采访、馆藏、导读提供参考工具,因此当某评价指标有多个统计源时,我们比较侧重考虑数据的评价质量,选收录期刊既有一定数量又有较高质量的数据库。

理工农医各类的引文统计源从 2000 年版开始一直使用中国科学院文献情报中心研制的"中国科学引文数据库"进行统计,《总览》(2023 年版)使用的统计源期刊是"中国科学引文数据库"2021—2022 年来源期刊。人文社科各类的引文统计源从

2017 年版开始是由北京大学图书馆遴选的人文社科统计源期刊,数据值通过重庆维普资讯有限公司的期刊引文数据库进行统计。《总览》(2023 年版)使用的人文社科统计源期刊是从《中文核心期刊要目总览》(2020 年版)人文、社会科学类核心期刊,南京大学中国社会科学研究评价中心研制的"中文社会科学引文索引"2021—2022 年来源期刊,中国社会科学评价研究院研制的《中国人文社会科学期刊 AMI 综合评价报告》(2018 年版)顶级、权威和核心扩展期刊,中国人民大学人文社会科学学术成果评价研究中心和书报资料中心研制的《复印报刊资料重要转载来源期刊》(2020 年版),中国科学技术信息研究所研制的《2021 年版中国科技期刊引证报告(核心版)社会科学卷》核心期刊等 5 个数据源中选出。

《总览》(2023 年版)在统计源的选择上的主要变化如下:

(1)Web 下载量:2020 年版之前一直统计在"中国期刊全文数据库[中国学术期刊(光盘版)电子杂志社]""万方数据知识服务平台(北京万方数据股份有限公司)"和"中文科技期刊数据库(重庆维普资讯有限公司)"3 个期刊全文服务平台上的期刊论文下载量;2020 年版增加了"超星学习通与超星发现产品数据平台(北京世纪超星信息技术发展有限责任公司)"的期刊论文下载统计;2023 年版增加到 6 个统计源,除了 2020 年版使用的 4 个统计源外,新增了面向公众免费提供服务的期刊全文平台,"国家哲学社会科学文献中心中文期刊数据库(国家哲学社会科学文献中心)"和"中华医学期刊网(中华医学会杂志社)"。

(2)获奖或被重要检索系统收录:2023 年版重要检索系统统计源(国外部分)与前几版相比有较大的变化。严选了有公开、透明的遴选期刊收录条件和申请流程,在国际范围内收录期刊,收录学科范围较广或在本学科影响力较大,且能方便获取收录期刊表的文摘和索引类数据库 17 个,作为 2023 年版的重要检索系统(国外部分)统计源[10]。其中,Social Sciences Citation Index(SSCI)和 Arts & Humanities Citation Index(AHCI)数据库未收录我国正式出版的(即有 CN 号的)中文期刊,因此实际统计到数据的重要检索系统(国外部分)统计源为 15 个。

《总览》(2023 年版)最终选定统计源 37 种(排重后),详见表 4。

表 4 《中文核心期刊要目总览》(2023 年版)各评价指标统计源

统计指标	统计源名称
被摘量、被摘率(9 种)	北京文学. 选刊(北京市文学艺术界联合会)
	长篇小说选刊(中国作家出版集团)
	复印报刊资料全文数据库(中国人民大学书报资料中心)
	高等学校文科学术文摘(上海师范大学)
	小说选刊(中国作家出版集团)
	小说月报[选刊](百花文艺出版社)
	新华文摘(人民出版社)
	中国社会科学文摘(中国社会科学杂志社)
	中篇小说选刊(福建中篇小说选刊杂志社有限责任公司)

（续表）

统计指标	统计源名称
被引量、他引量、影响因子、5 年影响因子、论文被引指数、特征因子、论文影响分值、互引指数等引证指标(2 种)	中国科学引文数据库(中国科学院文献情报中心)
	中文科技期刊数据库(引文版)[北京大学图书馆遴选人文社会科学引文统计源期刊](重庆维普资讯有限公司)
基金论文量(2 种)	中国期刊全文数据库[中国学术期刊(光盘版)电子杂志社]
	万方数据知识服务平台(北京万方数据股份有限公司、中国科学技术信息研究所)
获奖或被重要检索系统收录(国外 15 种，国内 6 种)	BIOSIS Previews(Clavirate,USA)
	Chemical Abstracts(SciFinder Scholar Chemical Abstracts Service,USA)
	Centre for Agriculture and Bioscience Abstracts(Centre for Agriculture and Bioscience Abstracts International,GBR)
	EMBASE(Elsevier Inc. ,NLD)
	Emerging Source Citation Index(Clavirate,USA)
	Engineering Village Compendex(Elsevier Engineering Information,USA)
	Food Science and Technology Abstracts(International Food Information Service,GBR)
	GeoBase(Elsevier Inc. ,NLD)
	INSPEC(The Institution of Engineering and Technology,GBR)
	JST's Bibliographic Databases(Japan Science and Technology Agency,JPN)
	MathSciNet(American Mathematical Society,USA)
	Petroleum Abstracts(The University of Tulsa,USA)
	MEDLINE(National Library of Medicine,USA)
	Science Citation Index Expanded(Clavirate,USA)
	Scopus(Elsevier Inc. ,NLD)
	北京大学图书馆遴选人文社会科学引文统计源期刊(北京大学图书馆)
	国家社科基金资助(全国哲学社会科学规划办公室)
	中国出版政府奖期刊奖(中华人民共和国国家新闻出版署)
	中国科技论文与引文数据库(中国科学技术信息研究所)
	中国科学引文数据库(中国科学院文献情报中心)
	中文社会科学引文索引(南京大学中国社会科学研究评价中心)
载文量、Web 下载量、Web 下载率(6 种)	超星学习通与超星发现产品数据平台(北京世纪超星信息技术发展有限责任公司)
	国家哲学社会科学文献中心中文期刊数据库(国家哲学社会科学文献中心)
	万方数据知识服务平台(北京万方数据股份有限公司、中国科学技术信息研究所)
	中国期刊全文数据库[中国学术期刊(光盘版)电子杂志社]
	中华医学期刊网(《中华医学杂志》社有限责任公司)
	中文科技期刊数据库(重庆维普资讯有限公司)

2.2.2.3　评价指标数据统计、汇总方法

2.2.2.3.1　数据统计年限和统计方法

《总览》(2023 年版)数据统计年限为 2019—2021 年。统计源为数据库的,由数据库编制单位按项目要求统计;统计源为印刷型的,由各学科研究人员手工统计。

2.2.2.3.2　数据汇总方法

所有评价指标均分学科汇总统计数据。

(1)被摘量、被引量、他引量:各种相关统计源数据相加。

(2)基金论文比的分子:相关统计源数据互相补充。

(3)获奖或被重要检索系统收录:以统计源的最近版为准,将期刊被重要检索系统收录情况按检索系统的重要程度赋予相应的分值,然后将所有分值相加。各统计源相应分值如下:SCIE 计 3 分;国家社科基金资助、中国出版政府奖期刊奖、中国科技论文与引文数据库、中国科学引文数据库、北京大学图书馆遴选人文社会科学引文统计源期刊、中文社会科学引文索引等计 2 分;其他统计源,计 1 分。

(4)影响因子、他引影响因子的分子:相关统计源数据相加。

(5)影响因子、他引影响因子、被摘率、基金论文比和 Web 下载率的分母:采用整本刊载文量。

(6)整本刊载文量:各种统计源数据相较,取大者;少数载文量有明显错误的,通过手工统计加以纠正。

(7)Web 下载量和 Web 下载率分子:相关统计源数据相加。

(8)特征因子、论文影响分值、论文被引指数和互引指数:理工农医各类期刊采用"中国科学引文数据库"数据;人文社科各类期刊采用"中文科技期刊数据库(引文版)[北京大学图书馆遴选人文社会科学引文统计源期刊]"数据。

(9)可被引论文比:采用"中国期刊全文数据库[中国学术期刊(光盘版)电子杂志社]"统计数据。

2.2.2.3.3　数据统计结果

《总览》(2023 年版)各评价指标最后统计涉及数据总量见表 5。

表 5　《中文核心期刊要目总览》(2023 年版)各评价指标统计数据量

评价指标	检到条数	涉及刊数
被摘量(全文)	317 039	2 088
被摘量(摘要)	70 009	1 218
期刊论文被引量	50 833 244	9 855
国家级和省部级基金论文量	11 889 184	8 536
Web 下载量	29 122 057 630	11 405
合计	29 185 167 106	13 022(排重后)

2.2.2.4　多指标综合评价方法

采用多指标评价体系,从多角度对学术期刊进行评价,可以克服单指标评价的片面性,使评价结果更加符合客观实际,但也带来如何汇总和处理不同性质评价指标统计数据的难题。《总览》在这方面进行了大量研究,经过不断实践探索和改进,根据模糊数学理论建立了一套综合评价数学模式,并借助计算机完成复杂的数学运算,取得了良好效果。

《总览》(2023 年版)采用的综合隶属度计算方法是:将每种期刊的各指标实测统计数据转换成对该指标中最大统计值的隶属度,即以每种期刊的当前实际统计值除以该指标的最大统计值,求出每种期刊分指标隶属于分指标核心的程度,当前指标统计值最大的期刊隶属于该指标的核心程度为 1,其他期刊均小于 1,然后通过对各指标加权平均求出综合隶属度。这种算法的优点是可以使不同性质和不同数量等级的评价指标数据具有较好的可比性,再根据各评价指标的重要程度进行加权平均后,可以使各评价指标在综合评价中起到恰当的作用,从而使评价结果更趋客观合理。

2.2.2.4.1　多指标综合评价数学模式

(1)首先构成原始统计数据矩阵 $\boldsymbol{V}$:其中 i 为期刊编号($i=1,2,3,\cdots,I$),j 为指标编号($j=1,2,3,\cdots,J$;在本版中,$J=21$)。

$$\boldsymbol{V}=\begin{bmatrix} v_{11} & v_{12} & \cdots & v_{1j} & \cdots & v_{1J} \\ \vdots & \vdots & & \vdots & & \vdots \\ v_{i1} & v_{i2} & \cdots & v_{ij} & \cdots & v_{iJ} \\ \vdots & \vdots & & \vdots & & \vdots \\ v_{I1} & v_{I2} & \cdots & v_{Ij} & \cdots & v_{IJ} \end{bmatrix}$$

(2)再将统计数据转换成对核心期刊的隶属度 c_{ij},第 i 种刊对第 j 个指标的隶属度定义为:

$$c_{ij}=v_{ij} \Big/ \bigvee_{i=1}^{I}(v_{ij})$$

其中分母 $\bigvee_{i=1}^{I}(v_{ij})$ 表示在 J 指标统计数据中,取最大值为分母。

(3)换算后得到评价矩阵。

$$\boldsymbol{C}=\begin{bmatrix} c_{11} & c_{12} & \cdots & c_{1j} & \cdots & c_{1J} \\ \vdots & \vdots & & \vdots & & \vdots \\ c_{i1} & c_{i2} & \cdots & c_{ij} & \cdots & c_{iJ} \\ \vdots & \vdots & & \vdots & & \vdots \\ c_{I1} & c_{I2} & \cdots & c_{Ij} & \cdots & c_{IJ} \end{bmatrix}$$

(4)征求专家意见,确定各指标权重,构成权重向量。

$$\boldsymbol{b}=(b_1,b_2,\cdots,b_j,\cdots,b_J),\qquad \sum_{j=1}^{J}b_j=1$$

(5)对评价矩阵做加权平均。

$$\boldsymbol{a} = \boldsymbol{b} \times \boldsymbol{C}^{\mathrm{T}} = (b_1, b_2, \cdots, b_j, \cdots, b_J) \begin{bmatrix} c_{11} & c_{12} & \cdots & c_{1j} & \cdots & c_{1J} \\ \vdots & \vdots & & \vdots & & \vdots \\ c_{i1} & c_{i2} & \cdots & c_{ij} & \cdots & c_{iJ} \\ \vdots & \vdots & & \vdots & & \vdots \\ c_{I1} & c_{I2} & \cdots & c_{Ij} & \cdots & c_{IJ} \end{bmatrix}^{\mathrm{T}}$$

$$= (a_1, a_2, \cdots, a_i, \cdots, a_I)$$

(6)将各学科期刊按隶属度降序排列,得到各学科定量综合评价期刊排序表。

《总览》开发了一套核心期刊评价管理系统,可以利用计算机进行大量的数据运算,获得学科单指标排序表和综合排序表。

2.2.2.4.2 各指标权重确定方法

在多指标评价体系中,一般来说,各指标在评价中所起的作用各不相同。因此,必须给不同的评价指标赋予不同的权重。权重是反映评价指标重要程度的参数,评价指标的权重越大,意味着在该评价体系中,这个指标的重要程度越高。因此,设置合适的权重系数是保证多指标体系评价结果质量的重要环节。

《总览》每版设置权重的具体方法都是首先参考国内有关定量评价权重问题的研究成果及上一版的权重设置,先预设权重,得到各学科期刊初始综合评价排序表;然后请各编和学科负责人对初始综合排序表和各单指标排序表进行审查,分学科进行评价测试和权重调整,并征求学科专家意见,确定各学科合适的权重配置;最终采用的权重在《总览》各学科的核心期刊研究报告中列出。

《总览》(2023 年版)的权重设置在 2020 年版权重的基础上进行调整,将原"博士论文被引量"的权重赋给"期刊他引量";新增指标"可被引论文比、前 5 年可被引论文比"的权重在整本刊指标中调整,保持分学科指标与整本刊指标之间的权重占比与上版相同。其他指标的权重仍然按照"各类性质指标总权重尽量保持稳定,整本刊指标权重相对较低,最大统计值太小的指标权重较低,量和率指标适当向率倾斜;被引和他引指标适当向他引倾斜"的原则设置。

2.2.2.4.3 核心期刊数量确定方法

如何确定核心期刊的数量,是核心期刊研究的又一难题。纵观中外学者划分核心区的方法,虽然遵循一定的原则和规律,但用不同方法确定的核心期刊数量结果,仍会存在一定的差异,没有绝对的标准。因此,核心区的大小,可以根据实际需要,选用某一种方法来确定。例如:如果需要较高的文献保障率,核心区的范围可适当扩大,这时可采用"75%法"或"80%法";如果需要少量顶尖期刊,则核心区期刊的数量可适当减少,这时可采用最大分区法;如果需要兼顾文献的数量和质量,就应遵循核心区尽量小、评价量尽量大的原则来综合评定[11]。

《总览》确定核心期刊数量的方法曾做过较大的调整:1992 年版是先算出 3 个评价指标(被索量、被摘量、被引量)中各种期刊的指标评价值与该指标统计总值的百分比,然后对这 3 个百分比做加权平均处理算出平均值,并将此值按从大到小的顺序排列,至其累加量达到总量 70%左右,此区域所涉及的期刊数即为初选定量核心期刊数,再通过专家鉴定,确定最终核心期刊数量[1]。1996 年版和 2000 年版取累计载文量的 30%～50%、累计文摘量的 50%～70%、累计被引量的 70%～80%所对应的刊作为初选核心期刊,然后算出初选核心期刊表中期刊的综合隶属度值,降序排列,1996 年版截取比 1992 年版少 25%左右的刊作为核心期刊[2-3]。

从 2004 年版开始采用的核心期刊截取方法为:取各学科专业期刊数量的 15%和被评期刊数量的 2%,以前一版该学科核心期刊数量为基准,与这 2 个数值相比较。如果介于两者之间,则核心期刊数量不变;如果小于这 2 个数,则增加核心期刊数量,增加幅度控制在 10%左右;如果大于这 2 个数,则减少核心期刊数量,减少幅度也控制在 10%左右。调整后的学科核心期刊数量还要经过专家评审,汇总专家意见后最后确定各学科的核心期刊数量。

2.2.3 定性评价方法

本项目是一项应用性研究,研究成果必须兼具科学性、客观性、实用性,才能被社会接受和使用。历版均采用了定量与定性相结合的评价方法,以定量评价为依据,以专家定性评审为补充,取得了较好的效果,学科核心期刊表得到了学术界的认可,成为具有一定权威性的参考工具。本版继续采用这一方法,具体流程如下。

2.2.3.1 选聘核心期刊评审专家

(1)通过各种途径广泛收集学科专家(具有正高职称)信息,建立了有三万多位专家信息的专家数据库。

(2)征聘学科评审专家。通过向各位专家发送电子邮件,介绍本项目的研究背景、研究概况和研究方法,邀请他们参加核心期刊的网上评审。《总览》(2023 年版)共有 9473 位专家参加评审,这些专家来自 5663 个单位(表 6)。

表 6 《总览》各版参评专家数量

版本	1992 年	1996 年	2000 年	2004 年	2008 年	2011 年	2014 年	2017 年	2020 年	2023 年
评审专家人数/位	420	288	215	1871	5529	8252	3779	7941	10 143	9473
专家所属单位数量/个	129	114	105	1220	3283	4155	2270	4174	5896	5663

2.2.3.2 通过网络进行专家评审

2.2.3.2.1 送专家评审材料

(1)《中文核心期刊要目总览》(2023 年版)研究概况,主要介绍本项目的研究背景、目的和方法。

(2)《中文核心期刊要目总览》(2023 年版)专家评审原则及具体评审方法。

(3)学科期刊送审表。

学科期刊送审表由核心区和扩展区两部分组成,从学科期刊定量评价排序表中顺序截取。其中,核心区为定量评价初定的核心期刊,扩展区期刊的数量最少约占核心期刊数量一半,最多和核心期刊数量相同。学科期刊送审表中还列出了入选期刊的全部定量评价数据和书目数据,如综合评价排序号、隶属度(加权平均后的综合评价值)、各评价指标的统计数据、各评价指标的权重等,供专家评审时参考。

为了方便学科专家评审,项目组对送审表中有特殊情况期刊的排序做了以下调整。

①定量核心区如有违法违规或学术不端倾向的期刊,从核心区调到扩展区,按综

合隶属度值排序,请学科专家做进一步审查。

②为了遏制靠"发文量多取胜"或"发文量少取胜"的不良倾向,对定量核心区期刊采用了单指标"累计90％法"进行调整。具体做法是:以各学科"期刊被引量""期刊他引量""影响因子""期刊他引影响因子""载文量"累计的指标值作为临界值,如果某刊的指标值小于临界值,则表明该刊在该项指标上的实际贡献力远低于平均水平。因此,对于定量初选核心区内这5个指标值存在小于90％临界值的期刊,将其从核心区移至扩展区,并按综合隶属度值排序,由专家评审讨论决定其最终位置。

③对由于数据分散难以进入学科核心区的交叉学科期刊,调入其优势学科核心区。包括进入3个及以上学科扩展区的非核心期刊和进入2个学科扩展区且位置靠前接近核心区的非核心期刊,以及整刊数据综合排序在前500名而未进入任何学科核心区的期刊进行数据复核,如确属交叉学科期刊,则将其调入优势学科核心区,按隶属度值排在核心区末尾,请学科评审专家审定是否恰当。

2.2.3.2.2 专家评审内容

(1)调整学科核心期刊排序。核心区期刊的排序反映了期刊的学术水平和影响力,如果专家认为定量排序不符合客观实际,可以调整核心区期刊的排序位置,并说明理由。

(2)调整学科核心期刊表。如果专家认为扩展区中存在比核心区中学术水平高的期刊,可以将此刊调入核心区中的恰当位置,并说明理由。此时,核心区排位最后的期刊将落入扩展区;同样,如果专家认为核心区中的某种期刊的水平不高,不适宜排在核心区内,也可将其调出核心区,核心区内其余各刊的位置将顺序变化。

(3)增补优秀期刊进入学科核心期刊表。如果专家评审后认为送审期刊表有重大遗漏,需要补充表外期刊进入核心区,则可以在相应位置添加新刊,并说明理由。此时,核心区中排位在最后的期刊将落入扩展区。

(4)修改学科核心期刊数量。如果专家对项目组测定的学科核心期刊数量有不同意见,可以修改学科核心期刊的数量,并说明理由。

2.2.3.3 汇总审定专家评审结果

专家评审结束后,项目组将汇总专家评审意见,汇总方法如下。

(1)采用求平均值的方法汇总并计算专家评审后各学科核心期刊数量。

$$\bar{v}_i = \sum_j^J v_{ij}/J \quad (j=1,2,3,\cdots,J)$$

其中,J 为参评专家人数,v_{ij} 为第 j 个专家确定的第 i 个学科的核心期刊数量。

(2)采用求平均值的方法汇总并计算专家评审后各期刊的排序值。

$$\bar{b}_i = \sum_j^J b_{ij}/J \quad (j=1,2,3,\cdots,J)$$

其中,J 为参评专家人数,b_{ij} 为第 j 个专家确定的第 i 种期刊的排序号。

(3)学科期刊表按汇总专家意见后的序号排序,得到新的学科核心期刊表。

(4)项目组审定专家评审意见。对被专家调整排序的期刊再审查数据,对专家评审调出或新增进入核心区的期刊以及专家意见相左的期刊,除了审查数据外还要审阅刊物,有的还要进一步征求专家意见。

　　《总览》(2023 年版)经过定量和定性评价后,最终确定核心期刊数量为 1987 种。

3　《中文核心期刊要目总览》(2023 年版)的评价结果分析

3.1　历版核心期刊数量变化分析

　　《总览》(1992 年版)曾选出 2157 种核心期刊,数量明显偏多,一定程度上影响了核心期刊表的质量[2]。以后各版,核心期刊评价方法不断改进,筛选出来的核心期刊数量一直维持在我国正式出版期刊总数的 20% 左右,这既与文献计量学的"集中与分散"理论相符合,也与我国近年期刊出版稳步发展的趋势相一致,具有一定的合理性,见表 7。

表 7　《总览》各版核心期刊数量与我国正式出版期刊种数对比

版本	1992 年	1996 年	2000 年	2004 年	2008 年	2011 年	2014 年	2017 年	2020 年	2023 年
《总览》核心期刊数/种	2157	1613	1571	1798	1983	1982	1983	1983	1990	1987
我国正式出版中文期刊数/种	6484	7916	8725	9490	9549	9849	9878	9798	9838	9828
《总览》核心期刊数占比/%	33.3	20.4	18.0	18.9	20.8	20.1	20.1	20.2	20.2	20.2

　　《总览》(2023 年版)共选出核心期刊 1987 种。其中,1841 种与 2020 年版相同。各版在具体各学科数量分布上略有变动,见表 8,继承率高达 92.51%,说明我国的期刊已形成一个比较稳定的核心区,期刊的发展变化总体趋于稳定。

表 8　《总览》各版各编核心期刊数量(单位:种)

版本	第一编	第二编	第三编	第四编	第五编	第六编	第七编	合计(排重后)
1992 年	314	380	568	305	372	252	651	2157
1996 年	182	278	336	272	213	177	528	1613
2000 年	191	214	295	271	183	110	473	1571
2004 年	250	183	304	327	223	132	494	1798
2008 年	270	155	322	352	251	137	496	1983
2011 年	272	153	325	347	248	141	496	1982
2014 年	274	155	311	344	250	135	514	1983
2017 年	272	155	306	343	255	131	521	1983
2020 年	277	156	306	344	258	133	516	1990
2023 年	281	153	306	338	255	134	520	1987

3.2　《总览》(2023 年版)核心期刊地区分布

　　从图 1 可以看出,《总览》(2023 年版)核心期刊地区分布呈现出明显的地区间不平衡状态,核心期刊数量最多的 4 个地区依次为北京、上海、江苏、湖北,其中北京地区占绝对优势,遥遥领先于其他各地,这是与我国期刊出版的地区间不平衡状态相吻合的。从图 2 来看,核心期刊数量最多的 4 个地区,正是我国出版期刊数量最多的 4 个地区。可以看出,这些地区不仅出版期刊数量多,而且质量相对较高,这与地区的科研、教育水平也是密切相关的。因此,尽管北京、上海、江苏、湖北、陕西等地区的核心刊比例略高于期刊出版比例(即各地区正式出版期刊占全国正式出版的期刊的比例),从总体上来看,仍然是合理的。

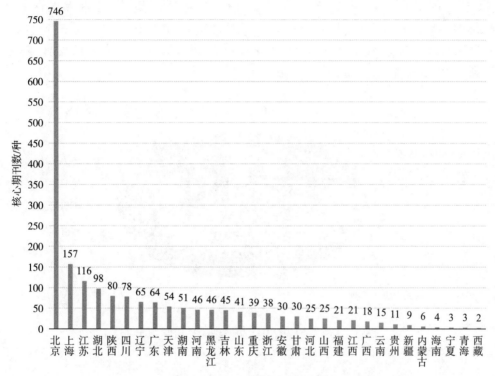

图 1 《总览》(2023 年版)核心期刊地区分布

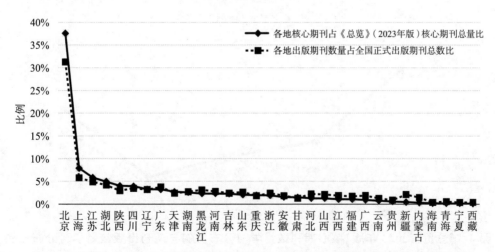

图 2 《总览》(2023 年版)核心期刊地区分布比例与期刊出版地区分布比例

3.3 《总览》(2023 年版)核心期刊学科分布

我国出版期刊学科发展的不平衡,使得各学科核心期刊数量也各不相同,见图 3。从《总览》(2023 年版)核心期刊学科分布和我国出版期刊的学科分布对照(参见图 4)来看:在医药卫生、农业科学和工程技术期刊的分布上,两者所占比例基本一致;在人文社科核心期刊的分布上,核心期刊分布比例小于期刊出版比例,但考虑到在统计我国出版人文社科期刊种数时,还包括相当数量的休闲性期刊,去除这部分期刊后,两者的比例基本相同;在自然科学期刊的分布上,核心期刊分布比例略大于期刊出版比例,这也与该类期刊中学术性期刊所占比例较高有一定关系。所以,我们认为,《总览》(2023 年版)核心期刊的学科分布整体是合理的,今后可以在此基础上,结合学科期刊的发展变化情况,适当调整。

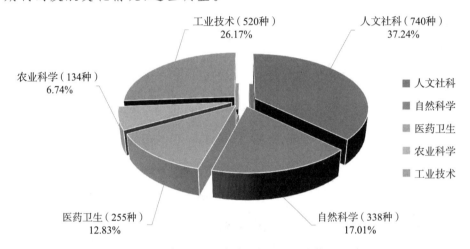

图 3 《总览》(2023 年版)核心期刊学科分布

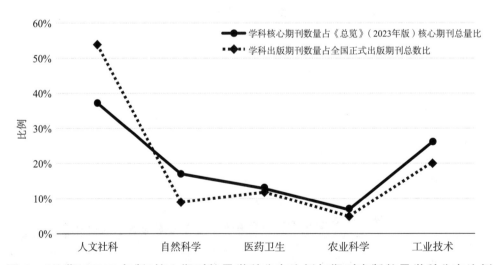

图 4 《总览》(2023 年版)核心期刊数量学科分布比例与期刊出版数量学科分布比例

3.4 《总览》(2023 年版)核心期刊出版周期分布

《总览》(2023 年版)核心期刊的出版周期与 2008 年版、2011 年版、2014 年版、2017 年版和 2020 年版的情况见表 9。从《总览》(2023 年版)核心期刊出版周期分布(参见图 5)来看,所占比例最大的为双月刊,其次为月刊和季刊,与《总览》2008 年版、2011 年版、2014 年版、2017 年版和 2020 年版的出版周期分布呈现出一致的趋势。这说明就我国目前期刊出版总体状况而言,仍是出版周期较为适中的期刊在编辑质量、审稿质量等方面相对控制得较好。

表 9 《总览》核心期刊出版周期分布变化 (单位:种)

版本	双月刊	月刊	季刊	半月刊	旬刊	周刊	年刊	半年刊	合计
2008 年	972	628	315	56	7	2	3	0	1983
2011 年	975	690	232	69	13	2	1	0	1982
2014 年	935	752	199	68	23	5	1	0	1983
2017 年	921	803	149	87	20	2	1	0	1983
2020 年	917	830	136	92	13	1	1	0	1990
2023 年	942	824	121	90	8	1	0	1	1987

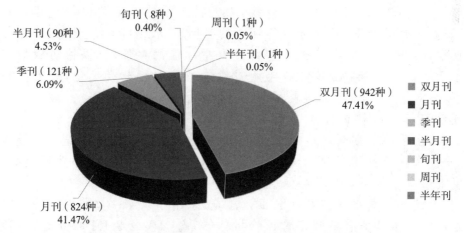

图 5 《总览》(2023 年版)核心期刊出版周期分布

注:为与数据统计年限一致,图中所统计出版周期截止到 2021 年。

《总览》(2023 年版)具体各编核心期刊出版周期分布情况见表 10。

表 10 《总览》(2023 年版)各编核心期刊出版周期(单位:种)

编次	双月刊	月刊	季刊	半月刊	旬刊	周刊	半年刊	合计
第一编	204	59	12	4	1	0	1	281
第二编	64	83	0	6	0	0	0	153
第三编	141	103	44	15	3	0	0	306

(续表)

编次	双月刊	月刊	季刊	半月刊	旬刊	周刊	半年刊	合计
第四编	187	103	39	7	2	0	0	338
第五编	55	171	0	26	2	1	0	255
第六编	69	53	3	9	0	0	0	134
第七编	222	252	23	23	0	0	0	520
合计	942	824	121	90	8	1	1	1987

3.5 存在问题与改进办法

3.5.1 核心期刊表时间滞后

统计分析方法本身就具有时间滞后的特点。除了评价指标统计源数据库的统计时间本身有1年或更长时间的滞后期,期刊停办、新创、改名频繁等期刊出版情况的变化给期刊书目信息的及时准确更新也带来了一定难度,造成数据采集和整理费时费力;另外一个重要的客观原因是核心期刊评价是一项庞大复杂的工程,包含多指标的数据采集整理、定量评价、定性评审、编辑出版等多道工序,需要花费较多的时间。

项目组从2011年版起,将《总览》的研制周期由4年缩短为3年,在一定程度上舒缓了核心期刊表时间滞后的问题;2017年版重新设计了核心期刊评价系统,2020年版对核心期刊评价系统又进行了升级,大大提高了核心期刊评价过程的自动化水平,相应缩短了数据处理、数据分析等环节的时间。从2017年版开始,评价数据统计时间年限推进到当时评价年度最新能统计到指标值的年份,比以往历版的统计年范围推进了1年。2020年版和2023年版对评价系统继续升级优化,大大提高了评价工作效率,有效缓解了核心期刊表时间滞后问题。

3.5.2 定量指标数据质量下滑

近年来,由于核心期刊功能的扩大化,带来的负面影响之一就是片面追求定量数据,使得评价指标数据的客观性受到人为因素的干扰,造成了指标数据质量的下滑,一定程度上影响了定量评价的效果。

因此,为使评价结果保持客观公正,《总览》采用了以下一些措施。

一是不断调整和完善期刊定量评价指标体系。如2.2.2.1.1中所述,本版评价指标体系做了较大调整,增加了特征因子和论文影响分值等指标,提高了权威性引用的评价作用,降低了人为操作数据的可能性,有利于提高评价指标数据的客观性。

二是减少"数据噪声"的干扰,对定量核心区期刊采用了单指标"累计90％法"进行调整。如2.2.3.2.1所述,将定量初选核心区内5个指标值存在小于90％临界值的期刊,从核心区移至扩展区。这一措施,有效遏制了靠"发文量多取胜"或"发文量少取胜"的不良倾向。

三是加大专家定性评审力度。《总览》定性评审专家从前几版的几百位发展到后来的近万位,参评专家人数众多,机构分布广泛,评审结果相对公正、公平、客观,有效纠正了定量评价结果中出现的偏差,学科核心期刊表中的期刊和排序得到了微调,一些学术水平不高的期刊被调出了核心区,提高了学科核心期刊表的质量。定量与定性相结合才能得到客观的评价结果,这是期刊评价界的共识,但如何结合是个大难题。《总览》根据自己的条件,采用以定量为依据、以定性来纠偏的方法,这种方法比较简单,但易于操作。在这方面还需要进一步深入研究,找到更好更科学的方法。

3.5.3 交叉学科期刊学科归属问题

《总览》分学科统计和计算的方法使涉及多学科的期刊存在数据分散问题。《总览》从1996年版开始专门设置一些综合性类目,作为对学科专业核心期刊表的补充,较好地解决了综合性期刊难以进入学科核心期刊表的问题。对于交叉学科期刊,对整刊数据综合排序在前500名未进入核心区的期刊、同时进入3个及以上学科扩展区未进入核心区的期刊、同时进入2个扩展区且位置很靠前未进入核心区的期刊,进行数据复核,将其调入优势学科核心区,再征求学科专家意见。

同时,项目组也一直关注和研究学科的变化,探索从新兴学科的增加来分析相应期刊的学科变化,如根据教育部人才培养的学科设置,分析新设学科在高校范围内的学科建设比例,然后根据《中国图书馆分类法》体系设置新的学科等。2020年版设置了"医学人文"类目,解决了涉及医学与其他学科关系的交叉学科期刊问题。另外,通过分析分学科的载文量和被引量的办法,观察期刊在不同学科的表现,根据数据的集中程度,划定预设交叉学科期刊。然后分析这些交叉学科期刊的特点,根据具体数据情况制定处理办法。这些对解决优秀交叉学科期刊难以进入学科核心期刊表的问题,起到了一定的作用。但如何对交叉学科期刊进行更客观合理的评价,还需要进一步研究。

4 正确认识核心期刊的影响和作用

4.1 核心期刊的定义

《总览》将采用文献计量学方法筛选出的学科核心期刊定义为:刊载某学科(或专业)论文较多,能够反映该学科最新成果和前沿动态,使用率(包括被引率、文摘率、流通率等)较高,学术影响力较大,受到该学科(或专业)读者重视的期刊。

4.2 正确认识核心期刊的作用

历版《总览》都一再强调,核心期刊是一个相对的概念,是根据某学科论文的信息和使用情况在期刊中的分布状况,来揭示一定时期内某学科期刊的发展概貌,为图书情报界、出版界等需要对期刊进行评价的用户提供参考,不具备全面评价期刊优劣的作用,不能作为衡量期刊质量的标准,更不能作为学术评价的标准。但是,仍有部分单位在使用核心期刊表时,存在着简单化的倾向,"以刊评文",扩大了核心期刊的作用,异化了核心期刊的功能,造成了不良影响。因此,我们再次呼吁社会各界正确理解核心期刊的概念,合理使用核心期刊表,避免因不合理使用核心期刊而产生负面作用。

《中文核心期刊要目总览》(2023年版)的研制工作得到了社会各界的大力支持。很多同行专家、学科专家、期刊编辑专家及广大读者都为我们提出了很多很好的建议,给了我们很大的帮助。在此,谨向他们表示衷心感谢。

几度寒暑,数载辛劳;尝试探索,矢志不移。期刊评价是一项工作难度高、社会关注度高的复杂系统工程。我们虽然在研制工作的全过程中,始终坚持了公开、公平、公正的原则,遵循了学术评价的规律,采用了以定量数据为基础,专家定性评审进行调整和补充的相对客观的筛选方法,但深知一定还留下许多不尽如人意之处。现将《中文核心期刊要目总览》(2023 年版)奉献给读者,欢迎大家多提宝贵意见,我们将在今后的研究工作中进一步改进和完善。

参考文献

[1] 庄守经.中文核心期刊要目总览 [M].北京:北京大学出版社,1992.

[2] 林被甸,张其苏.中文核心期刊要目总览 [M].2 版.北京:北京大学出版社,1996.

[3] 戴龙基,张其苏,蔡蓉华.中文核心期刊要目总览 [M].2000 年版.北京:北京大学出版社,2000.

[4] 戴龙基,蔡蓉华.中文核心期刊要目总览 [M].2004 年版.北京:北京大学出版社,2004.

[5] 朱强,戴龙基,蔡蓉华.中文核心期刊要目总览 [M].2008 年版.北京:北京大学出版社,2008.

[6] 朱强,蔡蓉华,何峻.中文核心期刊要目总览 [M].2011 年版.北京:北京大学出版社,2011.

[7] 朱强,何峻,蔡蓉华.中文核心期刊要目总览 [M].2014 年版.北京:北京大学出版社,2015.

[8] 陈建龙,朱强,张俊娥,蔡蓉华.中文核心期刊要目总览 [M].2017 年版.北京:北京大学出版社,2018.

[9] 陈建龙,张俊娥,蔡蓉华.中文核心期刊要目总览 [M].2020 年版.北京:北京大学出版社,2021.

[10]《中文核心期刊要目总览》总编组.关于"国际重要检索系统收录"指标[EB/OL]. (2023-04-26)[2023-11-20].http://hxqk.lib.pku.edu.cn/?q=2023/index.

[11] 张其苏,蔡蓉华.核心期刊数量的界定 [J].大学图书馆学报,1999,17(3):1-6.

项目主持人:张俊娥

2023 年 11 月

编 辑 说 明

一、本书共载 74 个学科的核心期刊表,按《中国图书馆分类法》(第五版)类目系列分为七编:第一编,哲学、社会学、政治、法律;第二编,经济;第三编,文化、教育、历史;第四编,自然科学;第五编,医药、卫生;第六编,农业科学;第七编,工业技术。

二、正文内容:

1.按学科顺序排列的 74 个核心期刊表,每一核心期刊表之前,均有该表的研究报告,说明该表的研究情况。

2.按刊名汉语拼音顺序排列的核心期刊简介,著录每种核心期刊的相关书目信息及内容简介。著录示例:

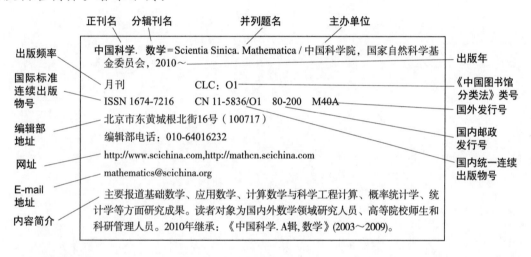

三、附录内容:

1.各学科专业期刊一览表(包括核心期刊在内),各个表内按刊名汉语拼音排序。

2.国内出版的外文期刊一览表(港、澳、台出版的外文刊暂不收入),按刊名拉丁字母排序。

3.部分有国际标准书号的连续出版物一览表,按刊名汉语拼音排序。

4.《中文核心期刊要目总览》各版核心期刊索引,按刊名汉语拼音排序。刊名后列出该刊入选《总览》的版次。

5.刊名索引(国内版外文期刊、有国际标准书号的连续出版物不列入索引),按刊名汉语拼音排序。例:动物学杂志 189 304 778,表示《动物学杂志》出现在第 189 页的核心期刊表中,以及第 304 页核心期刊简介、第 778 页的专业期刊一览表中。

四、刊名按汉语拼音排序时,以阿拉伯数字或西文字母开头的,列在以汉字开头的刊名之前。

核心期刊表

第 一 编

哲学、社会学、政治、法律

主编 祝小静 副主编 胡 宁

A/K,Z 综合性人文、社会科学

A/K,Z 综合性人文、社会科学类核心期刊表研究报告

一、统计结果

统计项目	检索工具	检到条数	涉及刊数	70%条数	涉及刊数
被摘量	复印报刊资料全文数据库、中国社会科学文摘、新华文摘、高等学校文科学术文摘	60 522	2 176	42 363	473
被引量	中文科技期刊数据库（引文版）［北京大学图书馆遴选人文社会科学引文统计源期刊］、中国科学引文数据库	2 781 538	8 599	1 967 197	466
他引量	中文科技期刊数据库（引文版）［北京大学图书馆遴选人文社会科学引文统计源期刊］、中国科学引文数据库	2 524 413	8 597	1 787 743	477
基金论文量	中国期刊全文数据库、万方数据知识服务平台	651 099	7 022	455 663	1 328
Web 下载量	中国期刊全文数据库、万方数据知识服务平台、中文科技期刊数据库、超星学习通与超星发现产品数据平台、中华医学期刊网、国家哲学社会科学文献中心中文期刊数据库	2 337 746 663	10 958	1 660 794 891	1 435

二、综合筛选

对统计结果先作隶属度换算，再作加权平均。经过测试和征求专家意见，选定各评价指标权重如下：

指标名称	权重	指标名称	权重	指标名称	权重	指标名称	权重
被摘量（摘要）	0.01	被摘量（全文）	0.02	被摘率（摘要）	0.02	被摘率（全文）	0.05
被引量	0.09	期刊他引量	0.19	影响因子	0.12	他引影响因子	0.19
5 年影响因子	0.03	5 年他引影响因子	0.06	特征因子	0.01	论文影响分值	0.04
论文被引指数	0.04	Web 下载量	0.01	3 年Web 下载率	0.02	国家级基金论文比	0.02
省部级基金论文比	0.01	获奖或被重要检索	0.04	可被引论文比	0.01	前 5 年可被引论文比	0.01
互引指数	0.01	系统收录					

得到本学科综合隶属度排序表，经专家评审后，取排在前面的 122 种为核心期刊。

三、说明

与本类相关的综合性核心期刊见"A/K,Z 综合性人文、社会科学类核心期刊表"。

A/K,Z 综合性人文、社会科学类核心期刊表

序号	刊名	序号	刊名	序号	刊名
1	中国社会科学	9	北京师范大学学报. 社会科学版	15	复旦学报. 社会科学版
2	学术月刊			16	社会科学研究
3	中国人民大学学报	10	清华大学学报. 哲学社会科学版	17	江苏社会科学
4	北京大学学报. 哲学社会科学版			18	厦门大学学报. 哲学社会科学版
5	南京社会科学	11	社会科学战线		
6	武汉大学学报. 哲学社会科学版	12	华中师范大学学报. 人文社会科学版	19	西南民族大学学报. 人文社会科学版
		13	浙江社会科学	20	吉林大学社会科学学报
7	探索与争鸣	14	南京大学学报. 哲学·人文科学·社会科学	21	南开学报. 哲学社会科学版
8	社会科学			22	学习与探索

23 西安交通大学学报. 社会科学版
24 中州学刊
25 思想战线
26 东南学术
27 学术研究
28 山东大学学报. 哲学社会科学版
29 文史哲
30 华东师范大学学报. 哲学社会科学版
31 江海学刊
32 学海
33 中山大学学报. 社会科学版
34 四川大学学报. 哲学社会科学版
35 西南大学学报. 社会科学版
36 天津社会科学
37 陕西师范大学学报. 哲学社会科学版
38 山东社会科学
39 西北师大学报. 社会科学版
40 重庆大学学报. 社会科学版
41 人文杂志
42 河海大学学报. 哲学社会科学版
43 湖南师范大学社会科学学报
44 西北大学学报. 哲学社会科学版
45 求是学刊
46 浙江大学学报. 人文社会科学版
47 贵州社会科学
48 华南师范大学学报. 社会科学版
49 新疆师范大学学报. 哲学社会科学版
50 甘肃社会科学
51 浙江学刊
52 南京师大学报. 社会科学版
53 河北学刊
54 上海大学学报. 社会科学版
55 东岳论丛
56 华中科技大学学报. 社会科学版
57 学习与实践
58 深圳大学学报. 人文社会科学版

59 社会科学辑刊
60 广东社会科学
61 江汉论坛
62 东南大学学报. 哲学社会科学版
63 北京工业大学学报. 社会科学版
64 学术界
65 中南民族大学学报. 人文社会科学版
66 苏州大学学报. 哲学社会科学版
67 中国地质大学学报. 社会科学版
68 上海师范大学学报. 哲学社会科学版
69 国外社会科学(改名为:世界社会科学)
70 浙江工商大学学报
71 江西社会科学
72 北京理工大学学报. 社会科学版
73 湖北大学学报. 哲学社会科学版
74 江淮论坛
75 内蒙古社会科学
76 暨南学报. 哲学社会科学版
77 东北师大学报. 哲学社会科学版
78 云南社会科学
79 上海交通大学学报. 哲学社会科学版
80 中国高校社会科学
81 兰州大学学报. 社会科学版
82 中央民族大学学报. 哲学社会科学版
83 东北大学学报. 社会科学版
84 吉首大学学报. 社会科学版
85 大连理工大学学报. 社会科学版
86 福建师范大学学报. 哲学社会科学版
87 云南民族大学学报. 哲学社会科学版
88 学术论坛
89 福建论坛. 人文社会科学版
90 湖南大学学报. 社会科学版
91 河南大学学报. 社会科学版

92 四川师范大学学报. 社会科学版
93 北京交通大学学报. 社会科学版
94 河南社会科学
95 云南师范大学学报. 哲学社会科学版
96 河南师范大学学报. 哲学社会科学版
97 江西师范大学学报. 哲学社会科学版
98 宁夏社会科学
99 湘潭大学学报. 哲学社会科学版
100 求索
101 山西大学学报. 哲学社会科学版
102 中南大学学报. 社会科学版
103 湖南科技大学学报. 社会科学版
104 湖湘论坛
105 理论月刊
106 安徽大学学报. 哲学社会科学版
107 中国青年社会科学
108 北京社会科学
109 广西民族大学学报. 哲学社会科学版
110 湖北社会科学
111 山东师范大学学报. 社会科学版
112 郑州大学学报. 哲学社会科学版
113 重庆社会科学
114 湖南社会科学
115 青海社会科学
116 华东理工大学学报. 社会科学版
117 南昌大学学报. 人文社会科学版
118 首都师范大学学报. 社会科学版
119 同济大学学报. 社会科学版
120 南通大学学报. 社会科学版
121 社会科学家
122 齐鲁学刊

研究人员：　　张俊娥　蔡蓉华　陈　娜　郭义亭　范海红　李　培　张学宏　刘　丹　孙　超　邢　欣
　　　　　　　北京大学图书馆

评审专家：　　白　刚　白　贵　白解红　白晋湘　白京兰　白于蓝　百茹峰　毕光明　卜凤贤　卜宪群
卜祥记　蔡国春　蔡志强　曹昌智　曹　飞　曹富雄　曹胜高　曹顺庆　曹　兴　曹亦冰　常黎峰　常素芳
常　新　常亚慧　畅引婷　车玉玲　陈爱国　陈保亚　陈纯柱　陈道德　陈冬红　陈　锋[1]　陈　浮　陈国恩
陈国剑　陈建兵　陈建先　陈建勇　陈建樾　陈金刚　陈金龙　陈荣卓　陈世平　陈树文　陈思广　陈思和
陈颂东　陈　涛　陈望衡　陈伟清　陈　闻　陈晓明　陈欣新　陈延斌　陈　晔　陈　勇[6]　陈于后　陈　跃[1]
陈　越　陈志刚[1]　程漱兰　程政举　池忠军　迟景明　储德银　储祖旺　褚松燕　崔　刚　崔伟奇　崔银河
崔玉平　崔月琴　代金平　代俊兰　戴钢书　戴建兵　戴　锐　戴树源　戴焰军　邓伯军　邓乐群　邓学平
刁胜先　丁柏铨　丁　丁　丁三青　丁秀菊　董德福　董立人　杜炳旺　杜贵晨　杜　浩　杜旭宇　杜玉华
段从学　段国林　段江丽　段金生　段　妍　鄂振辉　樊洛平　樊　清　樊增强　樊中元　范崇高　范　明
范铁权　范玉吉　方国根　方浩范　方　雷　方世南　方维保　方　岩　方永恒　方　忠　房广顺　房绍坤
封宗信　冯建勇　冯　培　冯巧根　冯晓青　冯雪红　冯　治　付秀荣　傅　刚　傅守祥　傅贤国　傅晓华
傅　游　盖宏伟　盖金伟　甘满堂　高丙中　高超群　高建平[2]　高金岭　高琳琦　高民政　高　平　高其才
高人雄　高鑫玺　高永久　高　玉　高中建　高自龙　邵元宝　耿传明　耿红卫　辜正坤　古　风　顾爱华
顾华详　关健英　关增建　管仕廷　桂黄宝　郭春方　郭家宏　郭　杰　郭杰忠　郭丽双　郭　萍　郭伟强
郭永松　郭　瑜　郭雨梅　郭月梅　哈正利　韩成武　韩东屏　韩国河　韩经太　韩克庆　韩立民　韩茂莉
韩璞庚　韩秋红　韩　升　韩　伟　韩云波　韩兆柱　韩　震　郝立忠　郝润华　郝铁川　郝　雨　何光辉
何江新　何炼红　何　强　何　勤　何先刚　何星亮　何言宏　何宜庆　何云峰　何振海　何中华　何自然
和　谈　贺善侃　贺武华　贺仲明　洪峻峰　洪名勇　洪庆明　洪治纲　侯东德　侯　杰　侯俊东　胡发贵
胡弘弘　胡克森　胡　胜　胡铁生　胡仙芝　胡贤鑫　胡颖峰　胡治洪　黄道丽　黄德志　黄　海[2]　黄　红
黄建水　黄京平　黄明理　黄　谦　黄蓉生　黄　涛　黄伟力　黄旭东　黄永林　黄云明　黄震云　惠富平
霍修勇　姬建敏　纪德奎　季乃礼　季淑娟　季水河　贾立政　贾雯鹤　贾玉树　江　波[1]　江国华　江林昌
江世银　江中孝　姜爱林　姜春林　姜锡东　姜秀花　姜振寰　姜振颖　姜智彬　蒋兰香　蒋万胜　蒋新苗
蒋永甫　蒋永穆　蒋占峰　焦文峰　焦争鸣　教军章　金　诚　金民卿　金胜勇　金铁成　金元浦　荆蕙兰
康敬奎　康秀云　柯　岚　孔凡宏　孔祥俊　寇东亮　匡远配　雷龙乾　雷涯邻　李伯全　李灿松　李昌集
李长健　李成卫　李成言　李承贵　李传江　李佃来　李恩来　李法惠　李芳民　李　锋　李庚全　李庚香
李桂奎　李国友　李海萍　李宏发　李洪波　李　辉[3]　李济广　李继凯　李冀宁　李建华[1]　李建军[2]　李金齐
李锦绣　李　勘　李良玉　李　林[2]　李　敏　李民昌　李　鸣　李明杰　李庆钧　李　冉　李润霞　李三虎
李四龙　李松林　李素霞　李铜山　李伟民[1]　李文才　李曦珍　李小玉　李晓园　李星云　李亚彬　李亚兵
李　怡　李义松　李友根　李有星　李　云[1]　李　云[3]　李战子　李振刚　李正栓　李忠军　李子彪　李宗刚
李祖超　李祚山　利子平　梁　晨　梁凤荣　梁宏志　梁家贵　廖名春　廖小平　廖晓明　林建成　林永柏
刘爱莲　刘邦凡　刘　宾　刘　波[3]　刘从富　刘大可[2]　刘福贵　刘复生　刘贵伟　刘　晗　刘宏伟　刘后平
刘吉发　刘建江　刘建军[1]　刘建明　刘洁民　刘金海　刘进宝　刘京希　刘经伟　刘钧霆　刘　莉　刘龙伏
刘　敏[3]　刘　墨　刘荣军　刘森林　刘善庆　刘士林　刘书林　刘曙光　刘　伟[1]　刘微娜　刘卫东[1]　刘宪权
刘小敏　刘晓红[1]　刘孝诚　刘兴均　刘秀伦　刘旭光　刘学坤　刘雪斌　刘训华　刘亚东　刘亚伟　刘　益
刘伊生　刘义圣　刘友田　刘振杰　刘振鹏　刘正光　刘志礼　刘志伟　刘卓红　柳礼泉　龙献忠　龙协涛
卢华语　卢辉斌　卢黎歌　卢　锐　卢向国　鲁　杰　鲁向平　陆宜新　罗　刚　罗洪铁　罗　琦　罗时嘉
罗时进　罗选民　罗以澄　骆郁廷　吕广利　吕红平　吕　力　吕乃基　麻宝斌　麻彦坤　马登科　马怀德
马建青　马立民　马立钊　马仁杰　马松建　马万利　马卫红　马文秀　马萧林　马晓军　马亦兵　马殷华
马振犊　毛多斌　梅　宏　梅琼林　孟庆瑜　孟素兰　孟万忠　孟宪生　米彦青　苗福生　苗怀明　苗健青
明庆忠　莫道才　莫纪宏　莫岳云　南　海　倪根金　倪素香　倪志安　聂珍钊　宁　欣　宁泽逵　牛东晓
牛兴华　牛余庆　欧阳明　潘天群　潘文国　庞立生　庞　燕　庞跃辉　庞振宇　裴学进　彭　斌　彭迪云
彭建刚　彭建国　彭建军　彭金山　彭庆红　彭　熙　彭永捷　齐卫平　钱向东　钱小龙　乔光辉　秦　刚
秦　健　秦立春　秦　龙　秦　序　秦正为　仇　怡　邱冬阳　邱耕田　邱　捷　邱新有　裘祖荣　瞿　英
曲丽丽　冉亚辉　任春晓　任剑涛　任　军　任全娥　任瑞娟　任文京　阮李全　芮传明　沙先一　沙勇忠
商植桐　邵传林　申士刚　沈海涛　沈嘉达　沈　杰　沈丽飞　沈文凡　沈永福　施爱东　施国庆　施新荣

施由明　石东坡　石福明　石海兵　石书臣　石小娟　石新中　石兴泽　史安斌　舒大刚　双　喜　宋才发
宋凤轩　宋广文　宋国恺　宋　琳　宋乃庆　宋三平　宋远升　宋宗宇　苏海南　苏敬勤　苏娟华　苏颂兴
苏曦凌　苏　杨　苏云婷　粟迎春　孙宝云　孙成武　孙会军　孙基林　孙家洲　孙健夫　孙九霞　孙俊青
孙　力[1]　孙立樵　孙其昂　孙庆生　孙树菡　孙晓梅　孙　英　孙佑海　孙占利　谭　波　谭建伟　谭笑珉
檀江林　汤哲声　汤志华　唐二军　唐魁玉　唐　鸣　唐闻捷　唐贤秋　唐贤兴　唐晓华　陶东风　滕福海
田富军　田海舰　田　辉[1]　田建平　田鹏颖　田卫疆　田卫平　田义文　铁　错　佟德志　佟光霁　涂敏霞
涂文学　涂永前　万美容　万明钢　万晓榆　汪朝光　汪　敏　汪韶军　汪诗明　王丛虎　王东海　王冬冬
王凤秋　王　干　王国坛　王宏海　王洪树　王　华[2]　王怀民　王　健[3]　王建兵　王建新　王　杰[2]　王金营
王劲峰　王京传　王玖河　王　珏[1]　王　骏　王　珂　王立峰　王立仁　王龙杰　王玫黎　王　敏[4]　王铭玉
王　宁[2]　王　平[4]　王　平[5]　王　倩　王青林　王让新　王日根　王荣阁　王瑞娟　王若光　王善超　王善军
王士祥　王书明　王淑芹　王树声　王树荫　王文革　王文惠　王献忠　王小甫　王晓龙　王晓升　王　忻
王　欣[2]　王兴元　王秀阁　王　尧[2]　王永平　王永友　王雨时　王玉珏　王泽应　王增福　王兆鹏　王兆胜
王　震　王正伦　韦冬雪　韦　璞　韦义平　魏继昆　魏　建　吴井泉　吴　玲　吴　群[2]　吴太胜
魏义霞　魏屹东　温建平　温儒敏　吴成福　吴宏伟　吴建军　吴建雄　吴井泉　吴　玲　吴　群[2]　吴太胜
吴效群　吴义勤　吴　永　伍新春　伍振毅　仵　埂　武东生　武宏志　武　乾　夏春萍　项贤明　肖百容
肖纯柏　肖红松　肖　萍[2]　肖仕平　萧鸣政　解丽霞　解学芳　谢贵安　谢洪明　谢　俊　谢世坚　谢　翔
谢新洲　辛　杰　辛　鸣　邢会强　邢乐勤　邢占军　邢志人　熊光清　熊显长　胥　莉　徐辰武　徐放鸣
徐　飞　徐赣丽　徐光华　徐　平　徐希平　徐　新　徐艳玲　徐　英　徐仲伟　许建中　许开轶　许晓东
鄢章华　闫　艳　闫志民　严春友　严　玲　颜昌武　颜　莉　燕继荣　燕连福　阳建强　杨宝忠　杨保筠
杨广生　杨合理　杨合林　杨洪承　杨慧民　杨加明　杨建英　杨健民　杨金才　杨经建　杨巨平　杨　丽[1]
杨　明　杨乃乔　杨齐福　杨　青　杨仁忠　杨韶艳　杨文炯　杨效宏　杨　雄[1]　杨　雄[2]　杨秀云　杨绪敏
杨学新　杨迎平　杨永志　杨　越　杨　珍　姚伟钧　姚　曦　叶继元　易昌良　尹建平　尹书博　尹伟先
尹忠明　游　俊　于景洋　于　鹏　于咏华　余　斌[2]　余东华　余　丽　余　武　余小江　余玉花　俞洪亮
俞良早　俞思念　俞樟华　喻世华　袁柏顺　袁红英　袁寿其　袁延胜　袁永友　臧海群　曾建平　曾毅生
翟锦程　张爱军　张爱武　张安生　张宝明　张　冰[2]　张　兵[1]　张兵娟　张　丛　张德明[1]　张　东　张法连
张福贵　张福运　张光芒　张　鸿　张鸿军　张辉锋　张积玉　张继平　张　剑　张劲松[3]　张敬伟　张克定
张立群　张丽萍　张　领　张民服　张敏莉　张明军　张鹏岩　张　平　张　清　张清华　张庆熊　张秋生
张全胜　张士海　张世友　张首先　张桃洲　张铁明　张廷银[1]　张卫中　张文德　张文利　张希贤　张先飞
张向前　张晓辉　张晓婧　张协奎　张新祥　张学强　张学昕　张亚连　张亚勇　张燕京　张耀灿　张耀铭
张毅翔　张永红　张永清[2]　张玉勤　张占斌　张志丹　张志强[1]　张志元　张忠民　赵藏赏　赵长江　赵成斐
赵春江[2]　赵付科　赵红雪　赵建军[1]　赵俊玲　赵　磊　赵　茜　赵泉民　赵荣钦　赵淑刚　赵彦昌　赵　勇
赵　媛　赵之昂　赵中源　郑冬芳　郑　洁　郑连斌　郑思宁　郑英隆　支振锋　钟守满　钟书林　钟书能
钟志凌　仲伟合　仲伟民　周柏春　周　斌[3]　周恩毅　周国清　周及徐　周建超　周江川　周均旭　周罗晶
周　棉　周　文[1]　周文德　周险峰　周向军　周向频　周小华　周　昕　周兴茂　周　勇　周玉林　周志军
周志强[1]　周志忍　周祖成　朱葆伟　朱碧波　朱　飞　朱国华　朱　剑　朱坚真　朱建勇　朱文富　朱谢群
朱耀先　祝平燕　庄国波　庄晋财　踪训国　邹惠玲　邹　赟　祖国华　左祥荣

B(除 B9) 哲学

B(除 B9) 哲学类核心期刊表研究报告

一、统计结果

统计项目	检索工具	检到条数	涉及刊数	70%条数	涉及刊数
被摘量	复印报刊资料全文数据库、中国社会科学文摘、新华文摘、高等学校文科学术文摘	4 354	362	3 045	61

被引量	中文科技期刊数据库(引文版)[北京大学图书馆遴选人文社会科学引文统计源期刊]、中国科学引文数据库	51 365	2 856	36 508	156
他引量	中文科技期刊数据库(引文版)[北京大学图书馆遴选人文社会科学引文统计源期刊]、中国科学引文数据库	45 779	2 842	32 566	182
基金论文量	中国期刊全文数据库、万方数据知识服务平台	15 059	1 880	10 532	296
Web 下载量	中国期刊全文数据库、万方数据知识服务平台、中文科技期刊数据库、超星学习通与超星发现产品数据平台、中华医学期刊网、国家哲学社会科学文献中心中文期刊数据库	58 320 592	6 773	41 440 295	309

二、综合筛选

对统计结果先作隶属度换算,再作加权平均。经过测试和征求专家意见,选定各评价指标权重如下:

指标名称	权重	指标名称	权重	指标名称	权重	指标名称	权重
被摘量(摘要)	0.01	被摘量(全文)	0.02	被摘率(摘要)	0.02	被摘率(全文)	0.05
被引量	0.09	期刊他引量	0.19	影响因子	0.12	他引影响因子	0.20
5 年影响因子	0.03	5 年他引影响因子	0.05	特征因子	0.01	论文影响分值	0.05
论文被引指数	0.04	Web 下载量	0.01	3 年Web 下载率	0.02	国家级基金论文比	0.02
省部级基金论文比	0.01	获奖或被重要检索系统收录	0.04	可被引论文比	0.01	前 5 年可被引论文比	0.01

得到本学科综合隶属度排序表,经专家评审后,取排在前面的 16 种为核心期刊。

三、说明

1. 核心期刊表按"哲学(除心理学)"和"心理学"分别列出。

2. 与本类相关的综合性核心期刊见"A/K,Z 综合性人文、社会科学类核心期刊表"。

B(除 B9,B84) 哲学(除心理学)类核心期刊表

序号	刊　名	序号	刊　名	序号	刊　名
1	哲学研究	5	道德与文明	9	现代哲学
2	哲学动态	6	周易研究	10	孔子研究
3	中国哲学史	7	伦理学研究		
4	世界哲学	8	哲学分析		

B84 心理学类核心期刊表

序号	刊　名	序号	刊　名	序号	刊　名
1	心理学报	3	心理发展与教育	5	心理与行为研究
2	心理科学进展	4	心理科学	6	心理学探新

研究人员:　侯景丽　中国人民大学图书馆

评审专家:　白　刚　包呼格吉乐图　卜祥记　曹　飞　曹富雄　曹孟勤　常　新　车玉玲　陈爱国　陈长英　陈墀成　陈道德　陈金龙　陈立鹏　陈世平　陈维政　陈　旭　陈延斌　陈　晔　陈　勇[6]　陈泽林　成守珍　程　伟　池忠军　崔　刚　崔伟奇　崔玉平　崔月琴　代俊兰　戴钢书　戴树源　邓伯军　邓　铸　丁秀菊　董　群　董圣鸿　杜世洪　杜秀芳　方国根　方浩范　方继良　方　文　付秀荣　傅松涛　高建平[2]　高中华　葛　操　葛明贵　耿传明　龚启勇　辜正坤　古　风　顾爱华　关增建　韩东屏　韩璞庚　韩秋红　韩　升　韩　震　郝立忠　郝铁川　何江新　何云峰　何中华　贺善侃　贺武华　洪治纲　侯合心　胡贤鑫　胡颖峰　胡治洪　黄富峰　黄建水　黄明理　黄伟力　黄旭东　黄云明　吉久明　季乃礼　季淑梅　季水河　贾玉树　姜振寰　蒋新苗　金民卿　康敬奎　寇东亮　寇冬泉　雷龙乾　李成智　李承贵　李佃来　李冬妮

李恩来	李宏翰	李辉[3]	李济广	李建华[1]	李金齐	李龙海	李娜	李庆钧	李三虎	李四龙	李素霞
李伟[3]	李小黎	李亚彬	李一	李鹰	李玉杰	李忠军	李祚山	廖名春	廖小平	林永柏	凌文辁
刘纯明	刘晖[1]	刘惠军	刘经伟	刘俊一	刘墨	刘清[2]	刘荣军	刘森林	刘曙光	刘伟[1]	刘文
刘晓虹	刘晓明	刘学坤	刘叶涛	刘宇	刘卓红	鲁杰	吕乃基	麻宝斌	麻彦坤	马来平	马万利
南海	倪素香	欧阳文珍	庞立生	裴学进	彭斌	彭永捷	钱铭怡	乔建刚	秦龙	秦正为	邱耕田
曲森	全海英	冉亚辉	任春晓	任剑涛	任军	沈杰	沈模卫	沈永福	盛群力	石岩[3]	史忠植
舒大刚	司富珍	宋广文	宋琳	宋伟	苏颂兴	苏秀兰	苏彦捷	孙宏碧	孙俊青	孙力[1]	孙树菡
孙孝科	孙延林	孙英	孙中原	唐魁玉	唐鸣	唐贤秋	田鹏颖	田卫平	汪韶军	王长虹[1]	王凤秋
王宏海	王洪礼	王极盛	王杰[2]	王珂	王立仁	王平[5]	王让新	王善超	王淑芹	王伟军	王晓升
王亚南	王耘	王泽应	王增福	王增收	魏莉	魏义霞	魏屹东	吴国源	吴学琴	吴燕丹	伍新春
武宏志	肖仕平	谢俊	辛鸣	邢乐勤	熊明辉	徐飞	徐霞	徐炎章	许凤全	闫国利	闫艳
燕连福	杨春江	杨合理	杨慧民	杨剑	杨经建	杨敏	杨仁忠	杨世昌	杨蔚	杨亦鸣	杨永志
姚本先	尹爱田	雍少宏	余国龙	余嘉元	余欣欣	余玉花	喻平	乐国安	曾建平	翟锦程	张爱武
张宝明	张朝伦	张法	张海钟	张晗[1]	张静	张丽萍	张钦	张庆熊	张世友	张首先	张希贤
张学强	张燕京	张耀灿	张运生	张志丹	张宗明	张作记	赵国祥	赵建军[2]	赵磊	周爱保	周程
周成林	周凯[1]	周棉	周向军	周小华	周兴茂	朱葆伟	朱进东	朱燕波	祝大鹏	邹崇理	祖国华

B9 宗教

B9 宗教类核心期刊表研究报告

一、统计结果

统计项目	检索工具	检到条数	涉及刊数	70%条数	涉及刊数
被摘量	复印报刊资料全文数据库、中国社会科学文摘、新华文摘、高等学校文科学术文摘	358	145	249	45
被引量	中文科技期刊数据库(引文版)[北京大学图书馆遴选人文社会科学引文统计源期刊]、中国科学引文数据库	6 738	967	4 875	159
他引量	中文科技期刊数据库(引文版)[北京大学图书馆遴选人文社会科学引文统计源期刊]、中国科学引文数据库	6 087	960	4 409	176
基金论文量	中国期刊全文数据库、万方数据知识服务平台	3 815	900	2 671	195
Web下载量	中国期刊全文数据库、万方数据知识服务平台、中文科技期刊数据库、超星学习通与超星发现产品数据平台、中华医学期刊网、国家哲学社会科学文献中心中文期刊数据库	8 067 023	3 793	5 753 848	237

二、综合筛选

对统计结果先作隶属度换算,再作加权平均。经过测试和征求专家意见,选定各评价指标权重如下:

指标名称	权重	指标名称	权重	指标名称	权重	指标名称	权重
被摘量(摘要)	0.01	被摘量(全文)	0.02	被摘率(摘要)	0.02	被摘率(全文)	0.05
被引量	0.09	期刊他引量	0.19	影响因子	0.12	他引影响因子	0.20
5年影响因子	0.03	5年他引影响因子	0.05	特征因子	0.01	论文影响分值	0.05
论文被引指数	0.04	Web下载量	0.01	3年Web下载率	0.02	国家级基金论文比	0.02
省部级基金论文比	0.01	获奖或被重要检索系统收录	0.04	可被引论文比	0.01	前5年可被引论文比	0.01

得到本学科综合隶属度排序表,经专家评审后,取排在前面的6种为核心期刊。

三、说明

与本类相关的综合性核心期刊见"A/K,Z 综合性人文、社会科学类核心期刊表"。

B9 宗教类核心期刊表

序号	刊　名	序号	刊　名	序号	刊　名
1	世界宗教研究	3	世界宗教文化	5	中国道教
2	宗教学研究	4	佛学研究	6	中国宗教

研究人员：　　侯景丽　中国人民大学图书馆

评审专家：　车效梅　陈墀成　狄其安　丁明俊　段金生　方国根　方浩范　方　文　甘满堂　高永久
葛承雍　哈正利　何星亮　洪峻峰　侯合心　侯　杰　胡治洪　黄伟力　黄云明　贾雯鹤　蒋新苗　金民卿
李承贵　李佃来　李冬妮　李恩来　李四龙　李亚彬　刘　墨　刘荣军　苗健青　牛汝极　彭永捷　任　军
史敬轩　舒大刚　粟迎春　汪韶军　王宏海　王建新　王永平　魏义霞　吴效群　肖仕平　邢乐勤　徐　枫
杨保筠　杨富学　杨合理　杨文炯　杨占武　姚崇新　尹伟先　翟锦程　张宝明　张庆熊　张文德　张燕京
钟书林

C(除 C95) 社会科学总论(除民族学、文化人类学)

C(除 C95) 社会科学总论(除民族学、文化人类学)类核心期刊表研究报告

一、统计结果

统计项目	检索工具	检到条数	涉及刊数	70%条数	涉及刊数
被摘量	复印报刊资料全文数据库、中国社会科学文摘、新华文摘、高等学校文科学术文摘	2666	456	1 866	106
被引量	中文科技期刊数据库(引文版)[北京大学图书馆遴选人文社会科学引文统计源期刊]、中国科学引文数据库	159 642	4 811	112 716	271
他引量	中文科技期刊数据库(引文版)[北京大学图书馆遴选人文社会科学引文统计源期刊]、中国科学引文数据库	144 956	4 797	102 451	295
基金论文量	中国期刊全文数据库、万方数据知识服务平台	16 028	2 624	11 218	627
Web 下载量	中国期刊全文数据库、万方数据知识服务平台、中文科技期刊数据库、超星学习通与超星发现产品数据平台、中华医学期刊网、国家哲学社会科学文献中心中文期刊数据库	69 828 603	8 211	49 383 627	520

二、综合筛选

对统计结果先作隶属度换算，再作加权平均。经过测试和征求专家意见，选定各评价指标权重如下：

指标名称	权重	指标名称	权重	指标名称	权重	指标名称	权重
被摘量(摘要)	0.01	被摘量(全文)	0.02	被摘率(摘要)	0.02	被摘率(全文)	0.05
被引量	0.09	期刊他引量	0.19	影响因子	0.12	他引影响因子	0.20
5 年影响因子	0.03	5 年他引影响因子	0.05	特征因子	0.01	论文影响分值	0.05
论文被引指数	0.04	Web 下载量	0.01	3 年Web 下载率	0.02	国家级基金论文比	0.02
省部级基金论文比	0.01	获奖或被重要检索系统收录	0.04	可被引论文比	0.01	前 5 年可被引论文比	0.01

得到本学科综合隶属度排序表，经专家评审后，取排在前面的 25 种为核心期刊。

三、说明

1. 核心期刊表按"统计学""社会学""人口学""管理学"和"人才学"分别列出。

2. 与本类相关的综合性核心期刊见"A/K，Z 综合性人文、社会科学类核心期刊表"。

C8 统计学类核心期刊表

序号	刊　名	序号	刊　名	序号	刊　名
1	统计研究	3	统计与信息论坛	4	数理统计与管理
2	统计与决策				

C91 社会学类核心期刊表

序号	刊　名	序号	刊　名	序号	刊　名
1	社会学研究	4	妇女研究论丛	7	社会保障研究
2	社会	5	社会发展研究		
3	社会学评论	6	青年研究		

C92 人口学类核心期刊表

序号	刊　名	序号	刊　名	序号	刊　名
1	人口研究	3	人口学刊	5	人口与发展
2	中国人口科学	4	人口与经济	6	西北人口

C93 管理学类核心期刊表

序号	刊　名	序号	刊　名	序号	刊　名
1	管理学报	4	管理工程学报	7	现代管理科学
2	中国管理科学	5	领导科学		
3	管理科学学报	6	智库理论与实践		

C96 人才学类核心期刊表

序号	刊　名
1	中国人力资源开发

顾建平[1] 顾丽琴 顾 新 关信平 桂黄宝 郭杰忠 郭婧娟 郭树荣 郭翔宇 郭燕枝 郭 瑜 哈正利
韩东屏 韩 皓 韩建民 韩景元 韩克庆 韩立民 韩同银 韩志明 郝光安 郝际平 郝庆升 何佰洲
何 剑 何建洪 何建民 何 勤 何清华 何书金 何星亮 何 笃 贺爱忠 洪名勇 侯东德 侯 杰
侯俊东 侯学良 侯雪筠 黄 辉[1] 黄建水 黄建伟 黄 俊 胡绍林 胡 松 胡锡琴 胡仙芝 胡振华 胡宗仁
黄 红 黄 寰 黄 辉[1] 黄建水 黄建伟 黄 俊 黄明东 黄 谦 黄 涛 黄涛珍 黄卫东 黄云明
惠晓峰 霍晓萍 霍学喜 嵇国平 纪爱兵 贾 博 简新华 姜长云 姜启军 姜 松 姜秀花 姜振寰
蒋 萍 蒋万胜 蒋岳祥 焦 耘 教军章 金腊华 金宗强 冷志杰 李炳军 李长健 李成智 李春根 李春玲
孔祥智 孔玉生 匡远配 雷书华 雷 霆 雷涯邻 李洪波 李建标 李建发 李建伟[1] 李剑富 李佼瑞
李翠霞 李道和 李庚香 李光汉 李宏贵 李宏伟 李录堂 李森晶 李民昌 李 强[1] 李秋洁 李三虎
李 杰[2] 李金林 李 娟[2] 李铁克 李开孟 李 勘 李 林[2] 李卫宁 李向东 李小华 李晓红 李晓慧 李晓园
李 姝 李树青 李铁克 李铜山 李维安 李伟民[2] 李鹰 李迎生 李玉峰 李 云[1] 李哲敏 李志军[1]
李亚兵 李彦斌 李 一 李 忆 李义华 李义松 李 鹰 李迎生 李玉峰 李 云[1] 李哲敏 李志军[1]
李忠斌 李子彪 李祚山 栗继祖 梁 晨 梁 鸿 梁淑红 梁秀霞 廖列法 廖晓明 林柏梁 凌文轺
刘爱玉 刘邦凡 刘 斌[3] 刘 波[3] 刘长青 刘纯明 刘大海 刘大可[1] 刘大可[2] 刘德佩 刘国祥 刘合光
刘后平 刘 晖[1] 刘吉发 刘建江 刘俊一 刘力平 刘伦文 刘乃全 刘荣增 刘三意 刘善庆 刘绍敏
刘士林 刘 伟[2] 刘维奇 刘文远 刘希玉 刘宪权 刘小平 刘晓冰 刘耀彬 刘 晔 刘 益 刘伊生
刘友田 刘玉瑛 刘振杰 刘志超 刘志迎 刘智勇 柳学信 龙献忠 卢安文 卢 昆 卢 锐 卢文云
卢相君 卢志刚[1] 鲁建厦 鲁若愚 鲁玉军 陆 林[1] 陆青山 路江涌 路世昌 罗爱民 罗 党 罗 刚
罗洪铁 罗剑朝 罗以澄 罗正英 吕红平 吕 力 吕新彪 麻宝斌 马凤芝 马和民 马红光 马怀德
马建青 马 军 马立平 马 良 马庆发 马仁杰 马卫红 马耀峰 马 宇 马宇鸿 毛树松 孟丹青
米 俊 苗泽华 明庆忠 莫纪宏 牟 红 倪素香 聂劲松 聂世军 宁 凌 宁泽逵 牛东晓 牛全保
潘 镇 庞 燕 彭 斌 彭迪云 彭希哲 祁怀锦 綦好东 钱东福 秦 健 秦永松 仇 怡 邱冬阳
瞿 英 任春晓 任剑涛 任全娥 任 燕 任迎伟 沙亦强 沙勇忠 商植桐 邵传林 邵建新 邵举平
邵 雍 申光龙 沈国柱 沈 杰 沈 镭 沈良峰 沈耀良 盛明泉 施国庆 施泉生 施由明 石小娟
舒 辉 舒尚奇 双 喜 宋才发 宋冬英 宋广文 宋国恺 宋 华 宋继承 宋茂民 宋 敏[2] 宋永伦
苏海南 苏敬勤 苏 平 苏颂兴 苏武俊 苏曦凌 粟迎春 隋博文 孙 琛 孙丹峰 孙德梅 孙峰华
孙钢柱 孙宏碧 孙厚超 孙吉亭 孙 剑 孙金鑫 孙九霞 孙 力[1] 孙立樵 孙利华 孙明贵 孙庆生
孙树菡 孙晓莉 孙晓梅 孙孝科 孙佑海 孙玉栋 汤兵勇 汤大权 汤谷良 汤吉军 汤 静 唐魁玉
唐少清 唐贤秋 唐贤兴 唐晓华 陶长琪 滕建州 田广星 田国双 田 虹 田祥宇 田志龙 铁 锴
佟光霁 佟 新 涂敏霞 涂永前 万美容 万晓榆 汪传雷 汪 镭 王民乐 汪祥耀 王爱国 王斌会
王斌义 王成军[1] 王成军[2] 王成林 王达布 王冬冬 王恩茂 王 芳[1] 王方华 王 丰 王 红[1] 王 华[2]
王 华[3] 王吉善 王建兵 王金营 王劲峰 王玖河 王 珏 王 丽[2] 王立峰 王立仁 王满四 王玫黎
王 宁[3] 王 倩 王 青 王日根 王若光 王书敏 王文革 王晰巍 王宪杰 王献忠 王晓升 王 欣[2]
王新利 王新宇 王兴元 王学东 王学通 王亚南 王燕梅 王要武 王 永[1] 王永贵 王跃堂 王朝昕
王 震 王征兵 王正伦 王智慧 王忠伟 王竹泉 王子朴 王宗军 韦 璞 卫虎林 魏 杰 魏明孔
魏奇锋 温有奎 文 军[2] 文庭孝 翁钢民 邬志辉 吴勃英 吴承照 吴建军 吴建雄 吴 洁 吴理财
吴 玲 吴秋生 吴 群[2] 吴太胜 吴旺延 吴小英 吴效群 伍新春 伍中信 武 乾 夏春萍 夏 英
肖迪娥 肖 鹏[3] 萧鸣政 谢春山 谢富纪 谢洪明 谢建社 谢科范 谢立中 谢佩洪 谢如鹤 谢 英
谢志华 辛 杰 邢宝君 胥朝阳 胥 莉 徐 飞 徐赣丽 徐光华 徐宁兰 徐 鹤 徐建华 徐 平 徐善东
徐双敏 徐玉德 徐仲伟 许春晓 许光建 许开轶 许晓东 薛宁兰 薛 莹 薛振奎 寻 舸 鄢章华
闫 建 闫 强 严 玲 颜昌武 颜 莉 燕继荣 燕汝贞 杨 春 杨春江 杨德林 杨利慧 杨良初
杨仕辉 杨松令 杨天平 杨皖苏 杨万利 杨文炯 杨向群 杨晓明 杨 雄[2] 杨秀云 姚建龙 姚丽娜
姚树俊 叶文辉 衣长军 易昌良 尹爱田 尹海洁 尹少华 雍少宏 尤 晨 于法稳 于丽娟 于 鹏

余 丽	余兴厚	余应敏	俞良早	袁方成	袁广达	袁红英	原 新	原毅军	苑海涛	岳殿民	臧海群
曾 明	曾益坤	曾毅生	张爱婷	张 丛	张广海	张广清	张广瑞	张广胜	张海钟	张 晗[1]	张 鸿
张 辉[1]	张劲松[1]	张劲松[3]	张敬伟	张军舰	张玲玲	张明红	张 清	张 庆	张世友	张世云	张淑彩
张太华	张 涛[2]	张 曦	张希华	张希贤	张先治	张向前	张晓辉	张协奎	张耀灿	张耀铭	张映辉
张永韬	张友棠	张玉利	张玉强	张净敏	张志强[1]	章 凯	章卫东	赵建国	赵金先	赵林度	赵 敏
赵秋成	赵曙明	赵挺生	赵卫宏	赵晓冬	赵新刚	赵彦昌	赵艳华	赵振宇	赵志耘	郑风田	郑海东
郑 鹏	郑石桥	郑思宁	郑晓瑛	郑英隆	支振锋	钟书华	周爱保	周柏春	周 波	周昌仕	周长洪
周国光	周国华	周 宏	周鸿勇	周均旭	周 凯[1]	周 莉	周利国	周罗晶	周明星	周 勤	周绍妮
周绍朋	周险峰	周献中	周小刚[1]	周 昕	周寅康	周 勇[1]	周玉林	周志忍	周作昂	朱长才	朱 飞
朱桂平	朱红根	朱火弟	朱建明	朱 力	朱 敏	朱士俊	朱卫东	朱卫未	朱文忠	朱雪忠	朱雨良
朱云鹏	朱占峰	祝平燕	庄国波	邹农俭	邹再进						

C95 民族学、文化人类学

C95 民族学、文化人类学类核心期刊表研究报告

一、统计结果

统计项目	检索工具	检到条数	涉及刊数	70％条数	涉及刊数
被摘量	复印报刊资料全文数据库、中国社会科学文摘、新华文摘、高等学校文科学术文摘	60 522	2 176	42 363	473
被引量	中文科技期刊数据库(引文版)[北京大学图书馆遴选人文社会科学引文统计源期刊]、中国科学引文数据库	2 781 538	8 599	1 967 197	466
他引量	中文科技期刊数据库(引文版)[北京大学图书馆遴选人文社会科学引文统计源期刊]、中国科学引文数据库	2 524 413	8 597	1 787 743	477
基金论文量	中国期刊全文数据库、万方数据知识服务平台	651 099	7 022	455 663	1 328
Web 下载量	中国期刊全文数据库、万方数据知识服务平台、中文科技期刊数据库、超星学习通与超星发现产品数据平台、中华医学期刊网、国家哲学社会科学文献中心中文期刊数据库	2 337 746 663	10 958	1 660 794 891	1 435

二、综合筛选

对统计结果先作隶属度换算,再作加权平均。经过测试和征求专家意见,选定各评价指标权重如下:

指标名称	权重	指标名称	权重	指标名称	权重	指标名称	权重
被摘量(摘要)	0.01	被摘量(全文)	0.02	被摘率(摘要)	0.02	被摘率(全文)	0.05
被引量	0.09	期刊他引量	0.19	影响因子	0.12	他引影响因子	0.20
5 年影响因子	0.03	5 年他引影响因子	0.05	特征因子	0.01	论文影响分值	0.05
论文被引指数	0.04	Web 下载量	0.01	3 年Web 下载率	0.02	国家级基金论文比	0.02
省部级基金论文比	0.01	获奖或被重要检索系统收录	0.04	可被引论文比	0.01	前 5 年可被引论文比	0.01

得到本学科综合隶属度排序表,经专家评审后,取排在前面的 16 种为核心期刊。

三、说明

与本类相关的综合性核心期刊见"A/K,Z综合性人文、社会科学类核心期刊表"。

C95 民族学、文化人类学类核心期刊表

序号	刊　名	序号	刊　名	序号	刊　名
1	民族研究	7	世界民族	11	青海民族研究
2	西北民族研究	8	西北民族大学学报. 哲学社会科学版	12	黑龙江民族丛刊
3	广西民族研究	9	民族学刊	13	西藏大学学报. 社会科学版
4	湖北民族大学学报. 哲学社会科学版	10	新疆大学学报. 哲学·人文社会科学版(改名为:新疆大学学报. 哲学社会科学版)	14	西藏研究
5	北方民族大学学报. 哲学社会科学版			15	回族研究(改名为:民族学论丛)
6	贵州民族研究			16	原生态民族文化学刊

研究人员：　刘海莹　中国人民大学图书馆

评审专家：　白　贵　白玉冬　包呼格吉乐图　包智明　毕光明　曹幸穗　陈保亚　陈东生[2]　陈国保
陈建樾　陈立鹏　陈沛照　陈　述　崔银河　邓　磊　丁明俊　丁淑琴　段金生　多洛肯　方　辉　冯建勇
冯雪红　傅守祥　盖金伟　甘满堂　高丙中　高人雄　高永久　管守新　哈正利　海力波　韩东屏　韩国河
何　宏　何星亮　何一民　和　谈　胡小鹏　黄　红　黄　涛　黄旭东　黄永林　黄震云　霍　巍　季乃礼
贾立政　贾雯鹤　孔凡哲　雷　霆　李灿松　李冬妮　李文才　李忠斌　刘　宾　刘复生　刘吉发　刘进宝
刘伦文　刘振杰　刘卓红　龙协涛　罗　刚　马亦兵　满　珂　宋才发　苏颂兴　粟迎春　孙杰远　孙九霞　彭建军
祁美琴　任　军　沈　杰　施爱东　施新荣　水　涛　宋才发　苏颂兴　粟迎春　孙杰远　孙九霞　唐　鸣
唐贤秋　田　澍　田卫疆　佟　新　涂文学　万建中　王　健[3]　王建革　王建新　王　杰[2]　王　珏[1]　王　敏[4]
王善军　王廷信　王小甫　王　欣[2]　韦　璞　魏　建　吴效群　解学芳　徐赣丽　徐　平　徐希平　颜春龙
阳建强　杨保筠　杨富学　杨利慧　杨文炯　杨占武　姚伟钧　尹伟先　尹蔚彬　张爱武　张　宏[1]　张世友
张耀铭　张　云[2]　赵长江　赵建民　郑长德　周宏伟[1]　周及徐　周伟洲　周文德　周兴茂　朱碧波　祝平燕
邹　赞

D(除 D9)，A 政治学(含马列)

D(除 D9)，A 政治学(含马列)类核心期刊表研究报告

一、统计结果

统计项目	检索工具	检到条数	涉及刊数	70%条数	涉及刊数
被摘量	复印报刊资料全文数据库、中国社会科学文摘、新华文摘、高等学校文科学术文摘	8 511	818	5 951	159
被引量	中文科技期刊数据库(引文版)[北京大学图书馆遴选人文社会科学引文统计源期刊]、中国科学引文数据库	282 996	5 091	200 563	302
他引量	中文科技期刊数据库(引文版)[北京大学图书馆遴选人文社会科学引文统计源期刊]、中国科学引文数据库	264 511	5 084	187 728	312
基金论文量	中国期刊全文数据库、万方数据知识服务平台	69 628	3 681	48 711	650
Web 下载量	中国期刊全文数据库、万方数据知识服务平台、中文科技期刊数据库、超星学习通与超星发现产品数据平台、中华医学期刊网、国家哲学社会科学文献中心中文期刊数据库	224 197 402	8 480	159 024 277	632

二、综合筛选

对统计结果先作隶属度换算,再作加权平均。经过测试和征求专家意见,选定各评价指标权重如下:

指标名称	权重	指标名称	权重	指标名称	权重	指标名称	权重
被摘量(摘要)	0.01	被摘量(全文)	0.02	被摘率(摘要)	0.02	被摘率(全文)	0.05
被引量	0.09	期刊他引量	0.19	影响因子	0.12	他引影响因子	0.20
5年影响因子	0.03	5年他引影响因子	0.05	特征因子	0.01	论文影响分值	0.05
论文被引指数	0.04	Web下载量	0.01	3年Web下载率	0.02	国家级基金论文比	0.02
省部级基金论文比	0.01	获奖或被重要检索系统收录	0.04	可被引论文比	0.01	前5年可被引论文比	0.01

得到本学科综合隶属度排序表,经专家评审后,取排在前面的66种为核心期刊。

三、说明

1.核心期刊表按"国际政治","中国政治(除公安管理,公安工作)"和"公安管理,公安工作"分别列出。

2.与本类相关的综合性核心期刊见"A/K,Z综合性人文、社会科学类核心期刊表"。

D1,D3,D5,D7,D8 国际政治类核心期刊表

序号	刊　名	序号	刊　名	序号	刊　名
1	世界经济与政治	9	国际观察	16	太平洋学报
2	外交评论	10	美国研究	17	东北亚论坛
3	当代亚太	11	欧洲研究	18	南亚研究
4	国际问题研究	12	国际安全研究	19	亚太安全与海洋研究
5	现代国际关系	13	国际展望	20	国外理论动态
6	国际政治科学	14	西亚非洲	21	南洋问题研究
7	国际政治研究	15	国际论坛	22	阿拉伯世界研究
8	当代世界与社会主义				

D0,D2,D4,D6(除 D035.3,D631),A 中国政治(除公安管理,公安工作)类核心期刊表

序号	刊　名	序号	刊　名	序号	刊　名
1	政治学研究	15	理论与改革	30	新视野
2	公共管理学报	16	治理研究	31	天津行政学院学报
3	中国行政管理	17	马克思主义与现实	32	党政研究
4	行政论坛	18	理论探讨	33	中国青年研究
5	求是	19	求实	34	中共天津市委党校学报
6	电子政务	20	中国特色社会主义研究	35	学术前沿
7	探索	21	北京行政学院学报	36	思想理论教育
8	中共中央党校(国家行政学院)学报	22	教学与研究	37	马克思主义理论学科研究
9	公共行政评论	23	理论探索	38	学习论坛
10	马克思主义研究	24	中共党史研究	39	中共福建省委党校(福建行政学院)学报
11	上海行政学院学报	25	江苏行政学院学报	40	党的文献
12	开放时代	26	人民论坛	41	思想理论教育导刊
13	公共管理与政策评论	27	行政管理改革	42	理论学刊
14	社会主义研究	28	毛泽东邓小平理论研究	43	毛泽东研究
		29	科学社会主义		

D035.3,D631 公安管理,公安工作类核心期刊表

序号　刊　名

1　中国人民公安大学学报. 社会科学版

研究人员：　张世洪　胡　宁　中国人民大学图书馆

评审专家：　白　刚　白京兰　蔡志强　常黎峰　常素芳　车效梅　陈纯柱　陈国保　陈家付　陈建先
陈金龙　陈荣卓　陈欣新　陈　晔　陈　勇[6]　成　龙　池忠军　褚松燕　崔月琴　戴焰军　戴　瑛　邓伯军
邓　磊　董立人　杜旭宇　杜玉华　鄂振辉　方国根　方浩范　房广顺　冯　治　付秀荣　傅贤国　盖宏伟
高桂清　高民政　高寿仙　高永久　高永青　宫亚峰　龚志宏　顾爱华　顾华详　管仕廷　郭惠民　郭家宏
郭太生　哈正利　韩　强　韩　升　韩云波　韩兆柱　韩志明　郝　雨　何江新　何　强　胡仙芝　黄道丽
黄　海[2]　黄河涛　黄建水　黄建伟　黄京平　季乃礼　贾付强　贾广惠　贾立政　江世银　姜爱林　姜秀花
姜燕生　姜振颖　蒋新苗　蒋永甫　蒋占峰　教军章　荆蕙兰　康敬奎　康秀云　孔凡宏　李灿松　李成言
李飞龙　李国友　李红革　李　辉[3]　李健和　李龙海　李庆钧　李三虎　李　云[1]　李宗刚　李祖超　廖晓明
林炳坤　刘　波[3]　刘大可[2]　刘宏伟　刘建明　刘金海　刘京希　刘经伟　刘荣军　刘书林　刘宪权　刘颖慧
刘卓红　柳礼泉　龙献忠　卢向国　鲁　杰　陆　敏　骆郁廷　麻宝斌　马登科　马红光　马建青　马　亮
马松建　马万利　马文秀　莫纪宏　聂世军　庞振宇　裴学进　彭　斌　彭建国　彭建军　彭庆红　齐卫平
钱再见　秦　健　秦　龙　秦前红　秦正为　仇加勉　邱　鸣　任春晓　任剑涛　阮李全　佘双好　沈海涛
沈永福　石海兵　石书臣　史向军　宋才发　宋凤轩　苏敬勤　苏曦凌　苏云婷　孙家洲　孙金鑫　孙　力[1]
孙立樵　谭　波　檀江林　汤志华　唐　鸣　唐贤秋　唐贤兴　唐永胜　田海舰　田　虹　铁　锴
佟德志　涂敏霞　万雪芬　汪诗明　王　波[1]　王丛虎　王　芳[1]　王洪树　王久高　王立峰　王立仁　王玫黎
王　宁[3]　王　平[1]　王让新　王瑞娟　王树荫　王文龙　王文鸾　王彦军　王玉珏　王振亚　王志海　吴光芸
吴　慧　吴建雄　吴理财　吴太胜　吴学琴　吴　永　武东生　肖志远　萧鸣政　解丽霞　谢　斌　辛　鸣
邢乐勤　熊光清　熊一新　胥　莉　徐仲伟　许开轶　许晓东　闫　艳　闫志民　严　玲　严　明　严双伍
颜昌武　燕继荣　杨保筠　杨　春　杨慧民　杨建英　杨仁忠　杨永志　杨泽伟　姚建龙　叶文辉　于　鹏
余建华　余　丽　俞良早　虞新胜　禹竹蕊　袁柏顺　袁方成　曾　明　曾粤兴　张爱武　张朝伦　张福运
张恒龙　张劲松[3]　张　军[1]　张雷声　张明东　张　平　张　清　张士海　张世友　张首魁　张首先　张澍军
张文娟　张希贤　张亚勇　张耀灿　张耀铭　张玉强　张志丹　赵付科　赵江林　赵淑刚　赵　渊　赵中源
支振锋　周建超　周绍朋　周向军　周　昕　周志忍　周祖成　朱崇科　朱耀先　祝平燕　庄虔友

D9 法律

D9 法律类核心期刊表研究报告

一、统计结果

统计项目	检索工具	检到条数	涉及刊数	70%条数	涉及刊数
被摘量	复印报刊资料全文数据库、中国社会科学文摘、新华文摘、高等学校文科学术文摘	4 817	533	3 364	62
被引量	中文科技期刊数据库（引文版）[北京大学图书馆遴选人文社会科学引文统计源期刊]、中国科学引文数据库	175 077	3 735	124 772	138
他引量	中文科技期刊数据库（引文版）[北京大学图书馆遴选人文社会科学引文统计源期刊]、中国科学引文数据库	164 800	3 723	117 331	139
基金论文量	中国期刊全文数据库、万方数据知识服务平台	28 980	2 707	20 280	407

| Web 下载量 | 中国期刊全文数据库、万方数据知识服务平台、中文科技期刊数据库、超星学习通与超星发现产品数据平台、中华医学期刊网、国家哲学社会科学文献中心中文期刊数据库 | 132 297 114 | 8 044 | 94 142 012 | 336 |

二、综合筛选

对统计结果先作隶属度换算,再作加权平均。经过测试和征求专家意见,选定各评价指标权重如下:

指标名称	权重	指标名称	权重	指标名称	权重	指标名称	权重
被摘量(摘要)	0.01	被摘量(全文)	0.02	被摘率(摘要)	0.02	被摘率(全文)	0.05
被引量	0.09	期刊他引量	0.19	影响因子	0.12	他引影响因子	0.20
5 年影响因子	0.03	5 年他引影响因子	0.05	特征因子	0.01	论文影响分值	0.05
论文被引指数	0.04	Web 下载量	0.01	3 年 Web 下载率	0.02	国家级基金论文比	0.02
省部级基金论文比	0.01	获奖或被重要检索系统收录	0.04	可被引论文比	0.01	前 5 年可被引论文比	0.01

得到本学科综合隶属度排序表,经专家评审后,取排在前面的 30 种为核心期刊。

三、说明

与本类相关的综合性核心期刊见"A/K,Z 综合性人文、社会科学类核心期刊表"。

D9 法律类核心期刊表

序号	刊名	序号	刊名	序号	刊名
1	中国法学	11	政治与法律	21	行政法学研究
2	法学研究	12	现代法学	22	国家检察官学院学报
3	中外法学	13	环球法律评论	23	法学杂志
4	比较法研究	14	东方法学	24	中国法律评论
5	法学	15	中国刑事法杂志	25	政法论丛
6	法律科学	16	法制与社会发展	26	河北法学
7	法学家	17	华东政法大学学报	27	法律适用
8	法商研究	18	当代法学	28	知识产权
9	清华法学	19	政法论坛	29	交大法学
10	法学评论	20	法学论坛	30	法治研究

研究人员: 胡 宁 中国人民大学图书馆

评审专家: 白京兰 百茹峰 卞建林 曹新明 车玉玲 陈纯柱 陈荣卓 陈卫东[2] 陈欣新 陈玉忠 程政举 崔建远 戴 瑛 刁胜先 丁 丁 杜承铭 鄂振辉 方新军 房绍坤 冯卫国 冯晓青 傅贤国 高其才 高维新 顾华详 管育鹰 郭 萍 韩 兵 韩大元 韩 强 韩云波 郝铁川 何佰洲 何炼红 何伦坤 侯东德 胡弘弘 胡吕银 胡玉鸿 黄道丽 黄建水 黄京平 黄良友 黄明东 黄明儒 黄武双 黄学贤 黄云明 江国华 姜 军 姜振颖 蒋兰香 蒋新苗 康敬奎 柯 岚 孔祥俊 李长健 李 琛 李宏弢 李洪波 李 辉[3] 李冀宁 李健和 李俊英 李 敏 李顺德 李 霞 李义松 李 鹰 李有星 梁凤荣 林建军 林莉红 刘 华 刘剑文 刘钧霆 刘茂林 刘 敏[3] 刘仁文 刘宪权 刘晓红[1] 刘银良 陆 敏 罗 刚 马长山 马登科 马宏俊 马怀德 马立民 马松建 马新彦 梅 宏 孟庆瑜 莫纪宏 那 力 裴学进 彭 斌 彭建国 彭建军 漆多俊 钱叶六 秦前红 仇加勉 曲丽丽 任 军 沈开举 沈丽飞 石小娟 石新中 舒国滢 宋才发 宋 敏[2] 宋远升 宋宗宇 苏 平 孙佑海 孙占利 谭 波 谭笑珉 唐 鸣 田义文 涂永前 汪 鑫 王丛虎 王 洪 王怀民 王克稳 王立峰 王立仁 王玫黎 王 迁 王青林 王文革 王欣新 王志刚[2] 魏 建 魏治勋 吴宏伟 吴 慧 吴建雄 武宏志 肖 萍[2] 解志勇 谢 俊 邢会强 邢志人 熊光清 熊一新 许春明 薛宁兰 杨合理 杨加明 杨 明 杨颖秀 杨泽伟 姚建龙 叶 青 易继明 余 华 余玉花 俞静尧 喻 中 曾粤兴 张法连 张 军[1] 张 平 张 清 张庆麟 张守文 张文娟 张希华 张新宝 郑思宁 支振锋 周 昕 周玉林 周志忍 周祖成 朱爱莹 朱 晖 朱 涛 朱谢群 朱雪忠 朱义坤 左卫民

第二编

经　济

主编　于　宁　　副主编　贾延霞

F 综合性经济科学

F 综合性经济科学类核心期刊表研究报告

一、统计结果

统计项目	检索工具	检到条数	涉及刊数	70％条数	涉及刊数
被摘量	复印报刊资料全文数据库、中国社会科学文摘、新华文摘、高等学校文科学术文摘	14 977	944	10 474	175
被引量	中文科技期刊数据库(引文版)〔北京大学图书馆遴选人文社会科学引文统计源期刊〕、中国科学引文数据库	1 258 167	6 470	886 595	164
他引量	中文科技期刊数据库(引文版)〔北京大学图书馆遴选人文社会科学引文统计源期刊〕、中国科学引文数据库	1 149 520	6 461	810 475	172
基金论文量	中国期刊全文数据库、万方数据知识服务平台	185 264	4 940	129 685	655
Web下载量	中国期刊全文数据库、万方数据知识服务平台、中文科技期刊数据库、超星学习通与超星发现产品数据平台、中华医学期刊网、国家哲学社会科学文献中心中文期刊数据库	803 593 625	10 143	568 470 522	652

二、综合筛选

对统计结果先作隶属度换算,再作加权平均。经过测试和征求专家意见,选定各评价指标权重如下:

指标名称	权重	指标名称	权重	指标名称	权重	指标名称	权重
被摘量(摘要)	0.01	被摘量(全文)	0.02	被摘率(摘要)	0.02	被摘率(全文)	0.05
被引量	0.09	期刊他引量	0.19	影响因子	0.11	他引影响因子	0.18
5年影响因子	0.04	5年他引影响因子	0.07	特征因子	0.01	论文影响分值	0.05
论文被引指数	0.04	Web下载量	0.01	3年Web下载率	0.02	国家级基金论文比	0.02
省部级基金论文比	0.01	获奖或被重要检索系统收录	0.04	可被引论文比	0.01	前5年可被引论文比	0.01

得到本学科综合隶属度排序表,经专家评审后,取排在前面的26种为核心期刊。

三、说明

与本类相关的综合性核心期刊见"F 综合性经济科学类核心期刊表"。

F 综合性经济科学类核心期刊表

序号	刊　名	序号	刊　名	序号	刊　名
1	经济研究	10	当代财经	18	现代财经
2	管理世界	11	经济纵横	19	广东财经大学学报
3	经济学	12	财经科学	20	当代经济研究
4	经济学家	13	上海财经大学学报. 哲学社会科学版	21	贵州财经大学学报
5	经济学动态			22	江西财经大学学报
6	经济管理	14	中南财经政法大学学报	23	云南财经大学学报
7	经济评论	15	当代经济科学	24	首都经济贸易大学学报
8	经济科学	16	经济经纬	25	河北经贸大学学报
9	南开经济研究	17	经济问题	26	山西财经大学学报

研究人员： 张瑞雪 张 瑞 清华大学图书馆
评审专家： 巴曙松 白福臣 白景明 曹昌智 曹建海 曹廷求 曹 兴 茶洪旺 常明明 陈红儿
陈丽能 陈 群 陈守东 陈宋生 陈伟清 陈 耀 陈元刚 陈 正 陈志斌 程必定 程漱兰 崔惠玉
崔 勇 戴树源 邓伯军 邓淇中 丁少群 董长瑞 杜 浩 杜丽群 杜跃平 段国林 樊增强 范祚军
方 新 冯春安 冯根福 冯巧根 付廷臣 傅道忠 傅晓华 高超群 高铁梅 高锡荣 高新才 高志刚
葛 扬 龚日朝 龚三乐 顾华详 桂黄宝 郭克莎 郭树华 韩立民 郝庆升 郝铁川 何光辉 何 剑
何江新 何 勤 何一民 何宜庆 洪名勇 侯东德 侯合心 胡登峰 胡仙芝 胡贤鑫 黄 寰 黄 剑
黄明理 黄 谦 黄旭东 霍晓萍 简新华 江世银 姜长云 姜 松 姜锡东 蒋和平 蒋万胜 蒋 瑛
蒋永穆 蒋岳祥 焦 耘 金成晓 雷涯邻 李炳军 李长爱 李春根 李 钢 李济广 李建标 李建军[1]
李建伟[1] 李佼瑞 李俊英 李开孟 李录堂 李宁辉 李铜山 李 晓[2] 李小玉 李彦斌 李 云[1] 李子彪
梁宏志 梁 琦 廖泽芳 林 江 刘邦凡 刘长青 刘定祥 刘国祥 刘后平 刘吉发 刘建江 刘建中
刘乃全 刘荣军 刘荣增 刘善庆 刘绍敏 刘曙光 刘湘云 刘孝诚 刘义圣 刘志迎 龙协涛 卢华语
卢 昆 卢相君 鲁向平 陆 林[1] 路 征 罗本德 吕 斌 吕红平 吕 杰[2] 马蔡琛 马广奇 马海涛
马立平 马晓河 马晓军 马 宇 孟宪生 慕永通 宁 凌 宁泽逵 牛志伟 潘建伟 潘 镇 庞振宇
裴 育 彭建刚 齐亚彬 祁怀锦 綦好东 钱水土 秦 健 仇 怡 邱冬阳 邱海平 曲如晓 任 燕
任迎伟 邵传林 邵举平 沈 镭 盛明泉 盛 毅 石新中 史桂芬 史兰菊 舒尚奇 双 喜 宋国恺
宋继承 宋 敏[1] 宋维佳 苏 平 孙明贵 孙中叶 谭笑珉 汤 菲 汤吉军 唐路元 陶长琪 陶学明
滕建州 田国双 田卫平 田祥宇 田义文 佟光霁 涂永前 涂裕春 汪寿阳 王国刚 王 华[2] 王怀民
王金营 王 珺 王满四 王 青 王瑞娟 王苏生 王献忠 王小广 王燕梅 王要武 王玉海 王 震
韦 璞 魏 建 魏明孔 魏奇锋 魏晓蓉 文宗瑜 巫银花 吴昌南 吴建军 吴 群[2] 吴旺延 吴文洁
吴玉鸣 席卫群 夏春萍 肖 鹏[3] 肖兴志 谢申祥 邢宝君 许光建 鄢章华 颜 莉 燕红忠 杨承新
杨德林 杨德勇 杨冬民 杨健民 杨金田 杨全山 杨韶艳 杨皖苏 杨秀云 杨志勇 姚树俊 叶文辉
易昌良 尹少华 尹忠明 于法稳 于海峰 于丽娟 于 鹏 余 斌[2] 余东华 余 华 余小江 余兴厚
袁红英 张 丛 张尔升 张恒龙 张 鸿 张积玉 张劲松[1] 张敬伟 张 领 张全胜 张荣光 张世贤
张世云 张淑彩 张 涛[2] 张先治 张晓辉 张协奎 张永凯 张志斌 张志元 张忠民 张宗新 赵春江[2]
赵春明 赵江林 赵 磊 赵泉民 赵志耘 郑长德 郑风田 郑英隆 周柏春 周 波 周井娟 周凯[1]
周绍朋 周 文[1] 周业安 周玉林 朱 飞 朱火弟 朱 敏 朱为群 朱雨良 朱占峰 邹新月

F0/F2(除 F23,F27) 经济学/经济管理(除会计,企业经济)

F0/F2(除 F23,F27) 经济学/经济管理(除会计,企业经济)类核心期刊表研究报告

一、统计结果

统计项目	检索工具	检到条数	涉及刊数	70%条数	涉及刊数
被摘量	复印报刊资料全文数据库、中国社会科学文摘、新华文摘、高等学校文科学术文摘	4 645	634	3 251	148
被引量	中文科技期刊数据库(引文版)[北京大学图书馆遴选人文社会科学引文统计源期刊]、中国科学引文数据库	402 096	4 938	282 837	149
他引量	中文科技期刊数据库(引文版)[北京大学图书馆遴选人文社会科学引文统计源期刊]、中国科学引文数据库	371 425	4 930	261 470	156
基金论文量	中国期刊全文数据库、万方数据知识服务平台	52 808	3 479	36 961	571
Web下载量	中国期刊全文数据库、万方数据知识服务平台、中文科技期刊数据库、超星学习通与超星发现产品数据平台、中华医学期刊网、国家哲学社会科学文献中心中文期刊数据库	200 149 184	8 715	141 483 503	515

二、综合筛选

对统计结果先作隶属度换算,再作加权平均。经过测试和征求专家意见,选定各评价指标权重如下:

指标名称	权重	指标名称	权重	指标名称	权重	指标名称	权重
被摘量(摘要)	0.01	被摘量(全文)	0.02	被摘率(摘要)	0.02	被摘率(全文)	0.05
被引量	0.09	期刊他引量	0.19	影响因子	0.11	他引影响因子	0.18
5年影响因子	0.04	5年他引影响因子	0.07	特征因子	0.01	论文影响分值	0.05
论文被引指数	0.04	Web下载量	0.01	3年Web下载率	0.02	国家级基金论文比	0.02
省部级基金论文比	0.01	获奖或重要检索系统收录	0.04	可被引论文比	0.01	前5年可被引论文比	0.01

得到本学科综合隶属度排序表,经专家评审后,取排在前面的37种为核心期刊。

三、说明

1. 核心期刊表按"世界经济"和"经济学,中国经济,经济管理(除会计,企业经济)"分别列出。

2. 与本类相关的综合性核心期刊见"F综合性经济科学类核心期刊表"。

F1(除 F12) 世界经济类核心期刊表

序号	刊　名	序号	刊　名	序号	刊　名
1	世界经济	4	国际经济评论	7	世界经济与政治论坛
2	世界经济研究	5	亚太经济	8	世界经济文汇
3	经济社会体制比较	6	外国经济与管理	9	现代日本经济

F0,F12,F2(除 F23,F27) 经济学,中国经济,经济管理(除会计,企业经济)类核心期刊表

序号	刊　名	序号	刊　名	序号	刊　名
1	数量经济技术经济研究	11	区域经济评论	21	生态经济
2	改革	12	华东经济管理	22	当代经济管理
3	经济问题探索	13	经济与管理评论	23	管理学刊
4	上海经济研究	14	研究与发展管理	24	技术经济
5	经济理论与经济管理	15	城市发展研究	25	运筹与管理
6	政治经济学评论	16	经济体制改革	26	经济与管理
7	城市问题	17	中国经济问题	27	宏观经济管理
8	宏观经济研究	18	现代经济探讨	28	劳动经济研究
9	南方经济	19	产经评论		
10	中国流通经济	20	西部论坛		

祁怀锦　荖好东　钱水土　仇　怡　邱海平　曲如晓　曲顺兰　任晓红　邵传林　沈洪涛　沈志渔　盛　毅
石新中　史桂芬　双　喜　宋国恺　宋继承　宋　敏[1]　宋　敏[2]　苏海南　孙继辉　孙玉栋　唐　鑛　唐路元
唐少清　唐晓华　陶长琪　陶士贵　陶学明　滕建州　田国双　田祥宇　涂裕春　万晓榆　汪寿阳　王斌义
王宏启　王建兵　王玖河　王珏[2]　王珺　王满四　王敏晰　王荣阁　王苏生　王小广　王新宇　王兴元
王燕梅　王要武　王玉平　王跃堂　王振山　魏后凯　魏明孔　温来成　文宗瑜　吴昌南　吴建军　吴　洁
吴群[2]　吴文洁　肖鹏[3]　谢富纪　谢申祥　许光建　许光清　燕红忠　杨承新　杨金田　杨良初　杨韶艳
杨仕辉　杨皖苏　杨秀平　杨越　杨志勇　叶文辉　衣长军　易昌良　尹少华　尹忠明　于海峰　于　鹏
余东华　袁红英　张尔升　张富春　张广海　张恒龙　张　鸿　张荣光　张廷银[2]　张向前　张协奎　张志元
张忠民　赵春江[2]　赵春明　赵付科　赵江林　赵　磊　赵　媛　赵志耘　郑长德　郑风田　郑英隆　周昌仕
周　宏　周进生　周均旭　周　勤　周绍妮　周绍朋　周　文[1]　周业安　周玉林　朱　飞　朱卫未　朱文忠
朱占峰　邹新月

F23 会计

F23 会计类核心期刊表研究报告

一、统计结果

统计项目	检索工具	检到条数	涉及刊数	70%条数	涉及刊数
被摘量	复印报刊资料全文数据库、中国社会科学文摘、新华文摘、高等学校文科学术文摘	716	112	495	9
被引量	中文科技期刊数据库(引文版)[北京大学图书馆遴选人文社会科学引文统计源期刊]、中国科学引文数据库	36 872	1 733	25 918	49
他引量	中文科技期刊数据库(引文版)[北京大学图书馆遴选人文社会科学引文统计源期刊]、中国科学引文数据库	32 605	1 727	22 947	60
基金论文量	中国期刊全文数据库、万方数据知识服务平台	6 033	1 045	4 223	134
Web下载量	中国期刊全文数据库、万方数据知识服务平台、中文科技期刊数据库、超星学习通与超星发现产品数据平台、中华医学期刊网、国家哲学社会科学文献中心中文期刊数据库	32 936 999	5 290	23 144 655	80

二、综合筛选

对统计结果先作隶属度换算,再作加权平均。经过测试和征求专家意见,选定各评价指标权重如下:

指标名称	权重	指标名称	权重	指标名称	权重	指标名称	权重
被摘量(摘要)	0.01	被摘量(全文)	0.02	被摘率(摘要)	0.02	被摘率(全文)	0.05
被引量	0.09	期刊他引量	0.19	影响因子	0.11	他引影响因子	0.18
5年影响因子	0.04	5年他引影响因子	0.07	特征因子	0.01	论文影响分值	0.05
论文被引指数	0.04	Web下载量	0.01	3年Web下载率	0.02	国家级基金论文比	0.02
省部级基金论文比	0.01	获奖或被重要检索系统收录	0.04	可被引论文比	0.01	前5年可被引论文比	0.01

得到本学科综合隶属度排序表,经专家评审后,取排在前面的10种为核心期刊。

三、说明

1.核心期刊表按"会计(除审计)"和"审计"分别列出。

2.与本类相关的综合性核心期刊见"F综合性经济科学类核心期刊表"。

F23(除 F239) 会计(除审计)类核心期刊表

序号	刊 名	序号	刊 名	序号	刊 名
1	会计研究	4	会计之友	6	中国注册会计师
2	会计与经济研究	5	财会通讯	7	财务与会计
3	财会月刊				

F239 审计类核心期刊表

序号	刊 名	序号	刊 名	序号	刊 名
1	审计研究	2	审计与经济研究	3	南京审计大学学报

研究人员： 刘 阳　清华大学图书馆

评审专家：　安广实　鲍国明　陈丽蓉　陈良华　陈宋生　陈 威　陈 伟[2]　陈志斌　程 博　程新生
崔也光　崔振龙　董延安　杜 剑　樊燕萍　方红星　方 俊　冯均科　冯巧根　付 磊　傅道忠　耿建新
郭树荣　郭月梅　韩传模　何雪锋　侯雪筠　胡继荣　黄 辉[1]　黄永林　霍晓萍　蒋国发　蒋 葵　孔东民
孔玉生　李长爱　李春玲　李定清　李建发　李 全　李 姝　李维安　李晓慧　李 雪[1]　李有星　李兆华
梁淑红　刘长青　刘建中　刘力云　卢相君　陆 萍　陆青山　罗正英　马蔡琛　马广奇　马晓军　苗润生
牛彦绍　裴 育　祁怀锦　綦好东　乔春华　秦荣生　任 燕　任迎伟　沈洪涛　盛明泉　石新中　宋冬英
苏武俊　孙继辉　孙玉甫　谈多娇　汤谷良　田祥宇　汪祥耀　王怀明　王会金　王满四　王雄元　王跃堂
王竹泉　吴秋生　伍中信　肖 序　谢志华　晋朝阳　徐光华　颜 莉　杨松令　余海宗　余应敏　袁广达
袁永友　岳殿民　岳上植　张爱民　张劲松[1]　张劲松[3]　张俊瑞　张 明　张 强[1]　张 庆　张淑彩　张 涛[2]
张先治　张友棠　张兆国　张志凤　章卫东　赵保卿　郑爱华　郑海东　郑 鹏　周昌仕　周国光　周庆西
周绍妮　周友梅　朱锦余　朱守真　朱卫东　朱学义　朱雨良

F3 农业经济

F3 农业经济类核心期刊表研究报告

一、统计结果

统计项目	检索工具	检到条数	涉及刊数	70％条数	涉及刊数
被摘量	复印报刊资料全文数据库、中国社会科学文摘、新华文摘、高等学校文科学术文摘	1 259	363	881	96
被引量	中文科技期刊数据库(引文版)[北京大学图书馆遴选人文社会科学引文统计源期刊]、中国科学引文数据库	244 410	4 008	171 935	152
他引量	中文科技期刊数据库(引文版)[北京大学图书馆遴选人文社会科学引文统计源期刊]、中国科学引文数据库	224 182	4 005	157 746	167
基金论文量	中国期刊全文数据库、万方数据知识服务平台	42 239	3 067	29 552	460
Web 下载量	中国期刊全文数据库、万方数据知识服务平台、中文科技期刊数据库、超星学习通与超星发现产品数据平台、中华医学期刊网、国家哲学社会科学文献中心中文期刊数据库	103 546 535	7 144	73 133 333	462

二、综合筛选

对统计结果先作隶属度换算，再作加权平均。经过测试和征求专家意见，选定各评价指标权重如下：

指标名称	权重	指标名称	权重	指标名称	权重	指标名称	权重
被摘量(摘要)	0.01	被摘量(全文)	0.02	被摘率(摘要)	0.02	被摘率(全文)	0.05
被引量	0.09	期刊他引量	0.19	影响因子	0.11	他引影响因子	0.18
5年影响因子	0.04	5年他引影响因子	0.07	特征因子	0.01	论文影响分值	0.05
论文被引指数	0.04	Web下载量	0.01	3年Web下载率	0.02	国家级基金论文比	0.02
省部级基金论文比	0.01	获奖或被重要检索系统收录	0.04	可被引论文比	0.01	前5年可被引论文比	0.01

　　得到本学科综合隶属度排序表,经专家评审后,取排在前面的17种为核心期刊。

三、说明

　　与本类相关的综合性核心期刊见"F综合性经济科学类核心期刊表"。

F3 农业经济类核心期刊表

序号	刊　名	序号	刊　名	序号	刊　名
1	中国农村经济	8	西北农林科技大学学报. 社会科学版	13	中国农业大学学报. 社会科学版
2	农业经济问题	9	华中农业大学学报. 社会科学版	14	农林经济管理学报
3	中国农村观察	10	中国农业资源与区划	15	农业经济与管理
4	农业技术经济	11	华南农业大学学报. 社会科学版	16	林业经济问题
5	中国土地科学	12	农业现代化研究	17	农业经济
6	南京农业大学学报. 社会科学版				
7	农村经济				

F4/F6,F27 工业经济/邮电通信经济,企业经济

F4/F6,F27 工业经济/邮电通信经济,企业经济类核心期刊表研究报告

一、统计结果

统计项目	检索工具	检到条数	涉及刊数	70%条数	涉及刊数
被摘量	复印报刊资料全文数据库、中国社会科学文摘、新华文摘、高等学校文科学术文摘	4 317	588	3 020	106
被引量	中文科技期刊数据库(引文版)[北京大学图书馆遴选人文社会科学引文统计源期刊]、中国科学引文数据库	386 103	5 129	271 926	107
他引量	中文科技期刊数据库(引文版)[北京大学图书馆遴选人文社会科学引文统计源期刊]、中国科学引文数据库	349 574	5 120	245 996	112
基金论文量	中国期刊全文数据库、万方数据知识服务平台	74 467	4 005	52 108	535
Web下载量	中国期刊全文数据库、万方数据知识服务平台、中文科技期刊数据库、超星学习通与超星发现产品数据平台、中华医学期刊网、国家哲学社会科学文献中心中文期刊数据库	344 386 656	9 623	243 479 931	544

二、综合筛选

对统计结果先作隶属度换算,再作加权平均。经过测试和征求专家意见,选定各评价指标权重如下:

指标名称	权重	指标名称	权重	指标名称	权重	指标名称	权重
被摘量(摘要)	0.01	被摘量(全文)	0.02	被摘率(摘要)	0.02	被摘率(全文)	0.05
被引量	0.09	期刊他引量	0.19	影响因子	0.11	他引影响因子	0.18
5年影响因子	0.04	5年他引影响因子	0.07	特征因子	0.01	论文影响分值	0.05
论文被引指数	0.04	Web下载量	0.01	3年Web下载率	0.02	国家级基金论文比	0.02
省部级基金论文比	0.01	获奖或被重要检索系统收录	0.04	可被引论文比	0.01	前5年可被引论文比	0.01

得到本学科综合隶属度排序表,经专家评审后,取排在前面的16种为核心期刊。

三、说明

1.核心期刊表按"工业经济/邮电通信经济(除旅游经济),企业经济"和"旅游经济"分别列出。

2.与本类相关的综合性核心期刊见"F 综合性经济科学类核心期刊表"。

F4/F6(除 F59),F27 工业经济/邮电通信经济(除旅游经济),企业经济类核心期刊表

序号	刊　名	序号	刊　名	序号	刊　名
1	中国工业经济	6	软科学	10	工业工程与管理
2	南开管理评论	7	经济与管理研究	11	管理案例研究与评论
3	管理评论	8	预测(改名为:工程管理科技前沿)	12	企业经济
4	管理科学	9	工业技术经济	13	管理现代化
5	产业经济研究			14	技术经济与管理研究

F59 旅游经济类核心期刊表

序号	刊　名	序号	刊　名
1	旅游学刊	2	旅游科学

F7 贸易经济

F7 贸易经济类核心期刊表研究报告

一、统计结果

统计项目	检索工具	检到条数	涉及刊数	70%条数	涉及刊数
被摘量	复印报刊资料全文数据库、中国社会科学文摘、新华文摘、高等学校文科学术文摘	1 780	363	1 245	70
被引量	中文科技期刊数据库（引文版）［北京大学图书馆遴选人文社会科学引文统计源期刊］、中国科学引文数据库	95 074	3 173	66 947	135
他引量	中文科技期刊数据库（引文版）［北京大学图书馆遴选人文社会科学引文统计源期刊］、中国科学引文数据库	84 694	3 161	59 571	152
基金论文量	中国期刊全文数据库、万方数据知识服务平台	26 104	2 770	18 271	466
Web下载量	中国期刊全文数据库、万方数据知识服务平台、中文科技期刊数据库、超星学习通与超星发现产品数据平台、中华医学期刊网、国家哲学社会科学文献中心中文期刊数据库	107 701 665	8 213	75 965 671	386

二、综合筛选

对统计结果先作隶属度换算，再作加权平均。经过测试和征求专家意见，选定各评价指标权重如下：

指标名称	权重	指标名称	权重	指标名称	权重	指标名称	权重
被摘量（摘要）	0.01	被摘量（全文）	0.02	被摘率（摘要）	0.02	被摘率（全文）	0.05
被引量	0.09	期刊他引量	0.19	影响因子	0.11	他引影响因子	0.18

5年影响因子	0.04	5年他引影响因子	0.07	特征因子	0.01	论文影响分值	0.05
论文被引指数	0.04	Web下载量	0.01	3年Web下载率	0.02	国家级基金论文比	0.02
省部级基金论文比	0.01	获奖或重要检索系统收录	0.04	可被引论文比	0.01	前5年可被引论文比	0.01

得到本学科综合隶属度排序表,经专家评审后,取排在前面的16种为核心期刊。

三、说明

与本类相关的综合性核心期刊见"F综合性经济科学类核心期刊表"。

F7 贸易经济类核心期刊表

序号	刊名	序号	刊名	序号	刊名
1	国际贸易问题	7	商业经济研究	12	商业研究
2	国际经贸探索	8	北京工商大学学报. 社会科学版	13	价格月刊
3	财贸经济			14	价格理论与实践
4	国际贸易	9	消费经济	15	国际商务研究
5	国际商务	10	国际经济合作	16	上海对外经贸大学学报
6	商业经济与管理	11	财贸研究		

研究人员: 张 戈 清华大学图书馆

评审专家: 白景明 蔡珍贵 曹建海 曹 伟 茶洪旺 常明明 陈宋生 陈 涛 陈 伟[2] 谌飞龙 程必定 崔惠玉 杜朝运 段艳文 范祚军 冯根福 付新平 高铁梅 高维新 高志刚 郭 振 贺爱忠 胡振华 黄燕君 蒋 瑛 孔令丞 李 钢 李建军[1] 李宁辉 李 晓[2] 梁 琦 林炳坤 刘丙午 刘大可[1] 刘定祥 刘合光 刘建江 刘钧霆 刘湘云 刘星原 柳思维 卢安文 马蔡琛 马 军 马立民 牛全保 牛志伟 潘建伟 潘 镇 祁春节 曲如晓 全 毅 沈志渔 盛明泉 宋冬英 宋维佳 宋宗宇 孙中叶 汤兵勇 汤 菲 唐少清 滕建州 佟光霁 涂裕春 汪传雷 王斌义 王 珺 王永贵 王振山 卫虎林 文宗瑜 吴昌南 吴文洁 谢申祥 胥朝阳 许光建 燕红忠 杨德林 杨德勇 杨铭铎 杨全山 杨韶艳 杨仕辉 杨宜勇 杨志勇 衣长军 尹忠明 余东华 袁永友 张富春 张劲松[1] 赵保卿 赵春江[2] 赵春明 赵江林 赵书博 周 波 周井娟 周 莉 周利国 周 勤 朱桂平 朱 敏 朱占峰 邹新月

F81 财政、国家财政

F81 财政、国家财政类核心期刊表研究报告

一、统计结果

统计项目	检索工具	检到条数	涉及刊数	70%条数	涉及刊数
被摘量	复印报刊资料全文数据库、中国社会科学文摘、新华文摘、高等学校文科学术文摘	1 172	241	819	40
被引量	中文科技期刊数据库(引文版)[北京大学图书馆遴选人文社会科学引文统计源期刊]、中国科学引文数据库	64 768	1 943	45 512	73
他引量	中文科技期刊数据库(引文版)[北京大学图书馆遴选人文社会科学引文统计源期刊]、中国科学引文数据库	58 964	1 940	41 556	80
基金论文量	中国期刊全文数据库、万方数据知识服务平台	7 450	1 329	5 210	242

Web 下载量	中国期刊全文数据库、万方数据知识服务平台、 中文科技期刊数据库、超星学习通与超星发现 产品数据平台、中华医学期刊网、国家哲学社会 科学文献中心中文期刊数据库	30 767 341	5 525	21 681 135	161

二、综合筛选

对统计结果先作隶属度换算,再作加权平均。经过测试和征求专家意见,选定各评价指标权重如下:

指标名称	权重	指标名称	权重	指标名称	权重	指标名称	权重
被摘量(摘要)	0.01	被摘量(全文)	0.02	被摘率(摘要)	0.02	被摘率(全文)	0.05
被引量	0.09	期刊他引量	0.19	影响因子	0.11	他引影响因子	0.18
5 年影响因子	0.04	5 年他引影响因子	0.07	特征因子	0.01	论文影响分值	0.05
论文被引指数	0.04	Web 下载量	0.01	3 年Web 下载率	0.02	国家级基金论文比	0.02
省部级基金论文比	0.01	获奖或被重要检索 系统收录	0.04	可被引论文比	0.01	前 5 年可被引论文比	0.01

得到本学科综合隶属度排序表,经专家评审后,取排在前面的 10 种为核心期刊。

三、说明

与本类相关的综合性核心期刊见"F 综合性经济科学类核心期刊表"。

F81 财政、国家财政类核心期刊表

序号	刊 名	序号	刊 名	序号	刊 名
1	财政研究	5	中央财经大学学报	9	财经问题研究
2	税务研究	6	地方财政研究	10	税收经济研究
3	国际税收	7	税务与经济		
4	财经研究	8	财经论丛		

研究人员: 王雅男 清华大学图书馆

评审专家: 巴曙松 白景明 白彦锋 边俊杰 曹廷求 常明明 陈冬红 陈颂东 储德银 崔惠玉
崔满红 崔振龙 丁 芸 杜朝运 杜 剑 段军山 樊燕萍 范祚军 傅道忠 高铁梅 葛 扬 谷 成
郭月梅 胡贤鑫 蒋国发 焦 耘 金成晓 李春根 李定清 李 华[1] 李建发 李建军[1] 李俊英 李开孟
李 文 梁宏志 刘长青 刘孝诚 刘 晔 罗剑朝 马蔡琛 马广奇 马海涛 马立民 马 骁 牛彦绍
庞凤喜 裴 育 钱水土 史桂芬 宋凤轩 宋维佳 孙继辉 孙玉栋 孙中叶 唐路元 王国刚 王金水
王新宇 温来成 文宗瑜 席卫群 肖 鹏[3] 肖兴志 谢申祥 徐光华 许光建 燕红忠 杨得前 杨良初
杨 林[2] 杨全山 杨宜勇 杨志勇 姚凤民 叶文辉 于海峰 袁怀宇 岳殿民 张 斌[3] 张尔升 张恒龙
张 明 张 青 张守文 赵 珣[1] 赵建国 赵书博 赵志耘 周 波 周国光 周 莉 周绍朋 朱为群

F82/F84 货币,金融、银行,保险

F82/F84 货币,金融、银行,保险类核心期刊表研究报告

一、统计结果

统计项目	检索工具	检到条数	涉及刊数	70%条数	涉及刊数
被摘量	复印报刊资料全文数据库、中国社会科学文摘、 新华文摘、高等学校文科学术文摘	2 268	421	1 587	92
被引量	中文科技期刊数据库(引文版)[北京大学图书 馆遴选人文社会科学引文统计源期刊]、中国科 学引文数据库	204 767	2 799	144 306	80

他引量	中文科技期刊数据库（引文版）[北京大学图书馆遴选人文社会科学引文统计源期刊]、中国科学引文数据库	188 684	2 789	133 062	82
基金论文量	中国期刊全文数据库、万方数据知识服务平台	30 244	2 260	21 156	299
Web下载量	中国期刊全文数据库、万方数据知识服务平台、中文科技期刊数据库、超星学习通与超星发现产品数据平台、中华医学期刊网、国家哲学社会科学文献中心中文期刊数据库	128 759 487	7 226	90 700 158	218

二、综合筛选

对统计结果先作隶属度换算，再作加权平均。经过测试和征求专家意见，选定各评价指标权重如下：

指标名称	权重	指标名称	权重	指标名称	权重	指标名称	权重
被摘量（摘要）	0.01	被摘量（全文）	0.02	被摘率（摘要）	0.02	被摘率（全文）	0.05
被引量	0.09	期刊他引量	0.19	影响因子	0.11	他引影响因子	0.18
5年影响因子	0.04	5年他引影响因子	0.07	特征因子	0.01	论文影响分值	0.05
论文被引指数	0.04	Web下载量	0.01	3年Web下载率	0.02	国家级基金论文比	0.02
省部级基金论文比	0.01	获奖或被重要检索系统收录	0.04	可被引论文比	0.01	前5年可被引论文比	0.01

得到本学科综合隶属度排序表，经专家评审后，取排在前面的21种为核心期刊。

三、说明

与本类相关的综合性核心期刊见"F综合性经济科学类核心期刊表"。

F82/F84 货币，金融、银行，保险类核心期刊表

序号	刊名	序号	刊名	序号	刊名
1	金融研究	8	金融评论	15	金融发展研究
2	国际金融研究	9	上海金融	16	投资研究
3	金融经济学研究	10	金融理论与实践	17	金融与经济
4	保险研究	11	财经理论与实践	18	征信
5	金融论坛	12	南方金融	19	武汉金融
6	金融监管研究	13	新金融	20	中国金融
7	证券市场导报	14	西南金融	21	农村金融研究

研究人员：　刘　颖　刘芳鸣　清华大学图书馆

评审专家：　巴曙松　白景明　边俊杰　曹建海　曹廷求　曹　伟　陈　明[3]　陈守东　陈　滔　陈　耀
成　美　崔惠玉　崔满红　邓淇中　丁黎黎　丁少群　杜朝运　杜　江　杜丽群　段军山　樊燕萍　范祚军
冯根福　付廷臣　傅道忠　高铁梅　高志刚　高自龙　葛　扬　顾海峰　郭树华　何　剑　何宜庆　侯合心
胡援成　胡振华　黄季焜　黄　剑　黄良友　黄燕君　贾春新　江世银　姜长云　姜　松　蒋国发　蒋　海
蒋岳祥　金成晓　金胜勇　柯孔林　孔东民　李定清　李建军[1]　李开孟　李　全　李铜山　李亚兵　梁宏志
刘邦凡　刘维奇　刘湘云　罗剑朝　马广奇　马立民　马文秀　马晓河　马晓军　马　宇　潘　镇　裴　育
彭迪云　彭建刚　钱水土　秦荣生　邱冬阳　曲丽丽　邵传林　盛明泉　史桂芬　宋维佳　孙宝文　孙中叶
谭益民　唐路元　陶士贵　滕建州　涂裕春　王春峰　王国刚　王建兵　王金营　王苏生　王晓龙　王新宇
王雄元　王银枝　王振山　王志强[2]　魏　建　温来成　吴旺延　肖　鹏[3]　谢太峰　燕红忠　燕汝贞　杨德勇
杨立社　杨良初　杨全山　杨宜勇　杨志勇　于海峰　张可云　张淑彩　张照新　张宗新　章卫东　郑长德
周　勤　朱新蓉　朱雨良　邹新月

第 三 编

文化、教育、历史

主编 于 静 副主编 韩晓荣

G0/G2(除 G25,G27) 文化理论/信息与知识传播
(除图书馆事业、信息事业,档案事业)

G0/G2(除 G25,G27) 文化理论/信息与知识传播(除图书馆事业、信息事业,档案事业)类核心期刊表研究报告

一、统计结果

统计项目	检索工具	检到条数	涉及刊数	70%条数	涉及刊数
被摘量	复印报刊资料全文数据库、中国社会科学文摘、新华文摘、高等学校文科学术文摘	2 326	473	1 625	96
被引量	中文科技期刊数据库(引文版)［北京大学图书馆遴选人文社会科学引文统计源期刊］、中国科学引文数据库	148 009	4 531	104 672	238
他引量	中文科技期刊数据库(引文版)［北京大学图书馆遴选人文社会科学引文统计源期刊］、中国科学引文数据库	131 057	4 521	92 759	280
基金论文量	中国期刊全文数据库、万方数据知识服务平台	32 236	3 055	22 555	472
Web 下载量	中国期刊全文数据库、万方数据知识服务平台、中文科技期刊数据库、超星学习通与超星发现产品数据平台、中华医学期刊网、国家哲学社会科学文献中心中文期刊数据库	120 136 620	9 107	84 897 507	287

二、综合筛选

对统计结果先作隶属度换算,再作加权平均。经过测试和征求专家意见,选定各评价指标权重如下:

指标名称	权重	指标名称	权重	指标名称	权重	指标名称	权重
被摘量(摘要)	0.01	被摘量(全文)	0.02	被摘率(摘要)	0.02	被摘率(全文)	0.05
被引量	0.09	期刊他引量	0.19	影响因子	0.11	他引影响因子	0.18
5 年影响因子	0.04	5 年他引影响因子	0.07	特征因子	0.01	论文影响分值	0.05
论文被引指数	0.04	Web 下载量	0.01	3 年Web 下载率	0.02	国家级基金论文比	0.02
省部级基金论文比	0.01	获奖或被重要检索系统收录	0.04	可被引论文比	0.01	前 5 年可被引论文比	0.01

得到本学科综合隶属度排序表,经专家评审后,取排在前面的 22 种为核心期刊。

三、说明

1.核心期刊表按"文化理论/新闻事业""广播、电视事业""出版事业"和"博物馆事业"分别列出。

2.与本类相关的综合性核心期刊见"A/K,Z 综合性人文、社会科学类核心期刊表"。

G0/G21 文化理论/新闻事业类核心期刊表

序号	刊　名	序号	刊　名	序号	刊　名
1	国际新闻界	4	现代传播	7	当代传播
2	新闻与传播研究	5	新闻大学	8	新闻与写作
3	新闻记者	6	新闻界	9	新闻与传播评论

G22 广播、电视事业类核心期刊表

序号	刊　名	序号	刊　名
1	电视研究	2	中国广播电视学刊

G23 出版事业类核心期刊表

序号	刊　名	序号	刊　名	序号	刊　名
1	中国科技期刊研究	5	出版发行研究	9	现代出版
2	编辑学报	6	出版科学	10	出版广角
3	编辑之友	7	中国出版		
4	科技与出版	8	中国编辑		

G26 博物馆事业类核心期刊表

序号	刊　名
1	中国博物馆

研究人员：　白　雪　北京师范大学图书馆

评审专家：　白德美　白　贵　毕光明　别立谦　蔡　雯　曹进军　曹　萌　曹三省　曹顺庆　曹欣欣
曹新明　曹幸穗　畅引婷　陈昌凤　陈　刚[1]　陈国剑　陈海华　陈力丹　陈世华　陈思广　陈　伟[4]　陈欣新
陈岩波　陈一坚　陈宇飞　成　美　初景利　戴海波　戴焰军　邓绍根　丁柏铨　丁俊杰　丁秀菊　董广安
董天策　窦锋昌　都平平　杜　浩　段淳林　段京肃　段艳文　范永开　范玉吉　方国根　方　辉　方　卿
方　岩　房广顺　付一静　傅　琼　傅守祥　傅　游　高丙中　戈宝军　葛承雍　辜晓进　古四毛　顾理平
郭春方　郭惠民　郭　晴　郭雨梅　韩东屏　韩国河　韩晓宁　杭　侃　郝海平　郝　雨　何书金　和　谈
洪治纲　侯　杰　胡鸿杰　胡　钰　胡正强　胡正荣　黄楚新　黄先蓉　黄艳丽　霍　巍　姬建敏　季水河
贾广惠　贾立政　江　波[1]　姜春林　姜智彬　蒋重跃　金　诚　金兼斌　金玉萍　荆　成　鞠玉梅　雷跃捷
李爱群　李常庆　李桂苓　李国荣　李建伟[2]　李金宝[1]　李　勘　李　士　李曦珍　李玉君　李宗刚　廖志坤
刘　宾　刘传红　刘贵伟　刘　晗　刘　宏[2]　刘后滨　刘建臻　刘　洁　刘明寿　刘明洋　刘士林　刘书林
刘曙光　刘卫东[1]　刘文锁　刘小敏　刘兴林　刘雪立　刘亚东　刘　益　刘　毅[1]　刘拥军　刘　源　卢小宾
卢燕新　陆　林[1]　陆宜新　罗时嘉　罗以澄　马殿华　马宇鸿　梅琼林　米高峰　苗健青　倪　宁　倪素香
聂世军　聂震宁　牛　力　欧阳明　潘长勇　彭　兰　乔艳华　覃信刚　任春晓　任瑞娟　任胜利　任　越
沙亦强　单宝枝　邵培仁　邵　雍　申启武　沈嘉达　沈　隽　沈永福　石长顺　石东坡　石兴泽　时统宇
史安斌　舒大刚　宋法刚　孙成武　孙宏羖　孙吉亭　谭　天　谭笑珉　谭旭东　陶东风　田富军　田　辉[1]
田建平　田可文　田龙过　田义贵　童　兵　万晓红　汪振军　王　波[1]　王春林　王东海　王冬冬　王宏江
王　健[3]　王　健[4]　王　杰[2]　王　珏[1]　王利群　王龙杰　王鹏飞　王庆军　王相飞　王炎龙　王艳玲　王玉珏
王兆胜　吴成福　吴培华　吴　平[2]　吴义勤　仵　埂　肖永亮　解学芳　谢新洲　熊显长　徐安玉　徐　枫
徐建华　徐希平　徐兴海　许翠兰　颜春龙　颜　帅　杨　春　杨合理　杨洪承　杨　琦　杨齐福　杨维民
杨效宏　杨秀云　杨绪敏　杨迎平　杨　越　杨　珍　姚乐野　姚　曦　叶继元　叶建新　尹　鸿　尹蔚彬
游　俊　余来明　余玉花　喻世华　负瑞虎　臧海群　展　江　张宝明　张兵娟　张　丛　张辉锋　张慧茹
张积玉　张劲松[3]　张晋升　张立群　张士海　张涛甫　张天伟　张天卫　张亚斌　张亚连　张艺兵　张志强[2]
赵国华　赵　玎[1]　赵　茜　赵　渊　郑保卫　周国清　周建超　周　凯[1]　周庆山　周向军　周小普　周志强[1]
朱春阳　朱耀先　朱振武

G25 图书馆事业、信息事业

G25 图书馆事业、信息事业类核心期刊表研究报告

一、统计结果

统计项目	检索工具	检到条数	涉及刊数	70%条数	涉及刊数
被摘量	复印报刊资料全文数据库、中国社会科学文摘、新华文摘、高等学校文科学术文摘	639	97	437	13
被引量	中文科技期刊数据库(引文版)〔北京大学图书馆遴选人文社会科学引文统计源期刊〕、中国科学引文数据库	114 284	4 651	80 471	97
他引量	中文科技期刊数据库(引文版)〔北京大学图书馆遴选人文社会科学引文统计源期刊〕、中国科学引文数据库	101 513	4 634	71 613	129
基金论文量	中国期刊全文数据库、万方数据知识服务平台	14 744	2 408	10 321	312
Web下载量	中国期刊全文数据库、万方数据知识服务平台、中文科技期刊数据库、超星学习通与超星发现产品数据平台、中华医学期刊网、国家哲学社会科学文献中心中文期刊数据库	36 072 846	7 495	25 350 023	96

二、综合筛选

对统计结果先作隶属度换算,再作加权平均。经过测试和征求专家意见,选定各评价指标权重如下:

指标名称	权重	指标名称	权重	指标名称	权重	指标名称	权重
被摘量(摘要)	0.01	被摘量(全文)	0.02	被摘率(摘要)	0.02	被摘率(全文)	0.05
被引量	0.09	期刊他引量	0.19	影响因子	0.11	他引影响因子	0.18
5年影响因子	0.04	5年他引影响因子	0.07	特征因子	0.01	论文影响分值	0.05
论文被引指数	0.04	Web下载量	0.01	3年Web下载率	0.02	国家级基金论文比	0.02
省部级基金论文比	0.01	获奖或被重要检索系统收录	0.04	可被引论文比	0.01	前5年可被引论文比	0.01

得到本学科综合隶属度排序表,经专家评审后,取排在前面的18种为核心期刊。

三、说明

与本类相关的综合性核心期刊见"A/K,Z综合性人文、社会科学类核心期刊表"。

G25 图书馆事业、信息事业类核心期刊表

序号	刊　名	序号	刊　名	序号	刊　名
1	中国图书馆学报	7	图书与情报	13	现代情报
2	图书情报工作	8	图书馆论坛	14	图书馆杂志
3	情报学报	9	情报资料工作	15	图书馆学研究
4	大学图书馆学报	10	情报科学	16	图书馆工作与研究
5	情报理论与实践	11	情报杂志	17	国家图书馆学刊
6	图书情报知识	12	图书馆建设	18	数据分析与知识发现

研究人员：　田晓迪　北京师范大学图书馆

评审专家：　毕　强　别立谦　蔡丽静　曹进军　陈传夫　陈　峰　陈岩波　初景利　楚丹琪　崔　雷

邓　君　丁柏铨　丁华东　都平平　方建安　冯立昇　盖宏伟　高　健　高新陵　葛世伦　顾有方　郭雨梅

郝海平　洪建军　侯　虹　胡鸿杰　华薇娜　黄水清　黄卫东　黄燕云　吉久明　姜春林　蒋　颖　蒋永福

金　波	金胜勇	靳　红	柯　平	李昌兵	李常庆	李国荣	李　贺[1]	李建伟[2]	李树青	李伟华	李新碗
李玉君	梁春华	梁树柏	梁秀霞	廖名春	刘柏嵩	刘传红	刘贵伟	刘吉发	刘建臻	刘三意	刘树春
刘素清	刘雪立	刘振鹏	刘兹恒	卢小宾	马海群	马仁杰	马振犊	孟连生	苗福生	聂震宁	牛　力
潘月红	曲章义	任全娥	任瑞娟	任胜利	任　越	沙勇忠	邵培仁	沈　隽	苏新宁	孙厚超	孙　坦
孙卫忠	田富军	田学东	汪传雷	王　波[1]	王东波	王兰成	王　萍	王　伟[1]	王伟军	王晰巍	王延飞
王玉珏	王曰芬	王战林	王知津	魏崇武	温有奎	文庭孝	吴建华[2]	吴　平[2]	武夷山	夏　旭	谢新洲
徐建华	闫文辉	杨建英	杨立新[1]	杨立英	杨沛超	杨思洛	杨　雪	杨宜勇	姚乐野	叶继元	游　俊
于双成	袁勤俭	臧海群	查先进	张　斌[2]	张东华	张海涛[1]	张明东	张琪昌	张士靖	张廷安	张廷银[1]
张卫东[1]	张文忠	张学福	张燕婴	张志强[2]	章成志	赵丹群	赵国华	赵俊玲	赵彦昌	赵志耘	郑彦宁
钟文琪	周国清	周九常	周庆山	朱卫未	朱学芳						

G27 档案事业

G27 档案事业类核心期刊表研究报告

一、统计结果

统计项目	检索工具	检到条数	涉及刊数	70％条数	涉及刊数
被摘量	复印报刊资料全文数据库、中国社会科学文摘、新华文摘、高等学校文科学术文摘	228	29	141	4
被引量	中文科技期刊数据库（引文版）[北京大学图书馆遴选人文社会科学引文统计源期刊]、中国科学引文数据库	17 416	1 663	12 247	23
他引量	中文科技期刊数据库（引文版）[北京大学图书馆遴选人文社会科学引文统计源期刊]、中国科学引文数据库	15 192	1 661	10 749	34
基金论文量	中国期刊全文数据库、万方数据知识服务平台	1 862	297	1 274	10
Web下载量	中国期刊全文数据库、万方数据知识服务平台、中文科技期刊数据库、超星学习通与超星发现产品数据平台、中华医学期刊网、国家哲学社会科学文献中心中文期刊数据库	7 925 328	4 463	5 529 740	15

二、综合筛选

对统计结果先作隶属度换算，再作加权平均。经过测试和征求专家意见，选定各评价指标权重如下：

指标名称	权重	指标名称	权重	指标名称	权重	指标名称	权重
被摘量（摘要）	0.01	被摘量（全文）	0.02	被摘率（摘要）	0.02	被摘率（全文）	0.05
被引量	0.09	期刊他引量	0.19	影响因子	0.11	他引影响因子	0.18
5年影响因子	0.04	5年他引影响因子	0.07	特征因子	0.01	论文影响分值	0.05
论文被引指数	0.04	Web下载量	0.01	3年Web下载率	0.02	国家级基金论文比	0.02
省部级基金论文比	0.01	获奖或被重要检索系统收录	0.04	可被引论文比	0.01	前5年可被引论文比	0.01

得到本学科综合隶属度排序表，经专家评审后，取排在前面的7种为核心期刊。

三、说明

与本类相关的综合性核心期刊见"A/K，Z综合性人文、社会科学类核心期刊表"。

G27 档案事业类核心期刊表

序号	刊　名	序号	刊　名	序号	刊　名
1	档案学通讯	4	山西档案	7	浙江档案
2	档案学研究	5	中国档案		
3	档案管理	6	北京档案		

研究人员：　祝小静　中国人民大学图书馆

评审专家：　白京兰　曹必宏　陈岩波　陈忠海　楚丹琪　邓君　丁海斌　丁华东　都平平　高人雄 高永青　胡鸿杰　黄明儒　黄水清　金波　柯平　李财富　李国荣　李杰[2]　李良玉　李颖　梁春华 梁秀霞　刘建臻　刘维奇　马海群　马仁杰　马振犊　牛力　曲春梅　任越　苏君华　涂文学　王兰成 王茂跃　王萍　王晰巍　王英玮　王玉珏　王知津　吴建华[2]　吴善中　徐建华　杨思洛　杨宜勇　姚乐野 张斌[2]　张东华　张卫东[1]　张照余　赵彦昌　周林兴　周庆山　朱学芳

G3 科学、科学研究

G3 科学、科学研究类核心期刊表研究报告

一、统计结果

统计项目	检索工具	检到条数	涉及刊数	70％条数	涉及刊数
被摘量	复印报刊资料全文数据库、中国社会科学文摘、新华文摘、高等学校文科学术文摘	174	68	120	20
被引量	中文科技期刊数据库（引文版）[北京大学图书馆遴选人文社会科学引文统计源期刊]、中国科学引文数据库	30 383	2 560	21 397	155
他引量	中文科技期刊数据库（引文版）[北京大学图书馆遴选人文社会科学引文统计源期刊]、中国科学引文数据库	27 086	2 547	19 109	188
基金论文量	中国期刊全文数据库、万方数据知识服务平台	2 762	837	1 932	151
Web 下载量	中国期刊全文数据库、万方数据知识服务平台、中文科技期刊数据库、超星学习通与超星发现产品数据平台、中华医学期刊网、国家哲学社会科学文献中心中文期刊数据库	9 787 918	7 244	6 920 014	190

二、综合筛选

对统计结果先作隶属度换算，再作加权平均。经过测试和征求专家意见，选定各评价指标权重如下：

指标名称	权重	指标名称	权重	指标名称	权重	指标名称	权重
被摘量（摘要）	0.01	被摘量（全文）	0.02	被摘率（摘要）	0.02	被摘率（全文）	0.05
被引量	0.09	期刊他引量	0.19	影响因子	0.11	他引影响因子	0.18
5 年影响因子	0.04	5 年他引影响因子	0.07	特征因子	0.01	论文影响分值	0.05
论文被引指数	0.04	Web 下载量	0.01	3 年Web 下载率	0.02	国家级基金论文比	0.02
省部级基金论文比	0.01	获奖或被重要检索系统收录	0.04	可被引论文比	0.01	前 5 年可被引论文比	0.01

得到本学科综合隶属度排序表，经专家评审后，取排在前面的 7 种为核心期刊。

三、说明

与本类相关的综合性核心期刊见"A/K，Z 综合性人文、社会科学类核心期刊表"。

G3 科学、科学研究类核心期刊表

序号	刊　名	序号	刊　名	序号	刊　名
1	科学学研究	4	科学学与科学技术管理	7	科技进步与对策
2	科研管理	5	中国科技论坛		
3	中国软科学	6	科学管理研究		

研究人员：　田晓迪　北京师范大学图书馆

评审专家：　毕克新　曹佳红　曹进军　曹三省　陈定方　陈　峰　陈泽林　陈振锋　陈志平[1]　程耀楠
崔伟奇　崔银河　戴树源　刁淑娟　董旭柱　都平平　杜炳旺　杜德斌　杜　力　樊少武　方　新　冯晓青
冯忠居　傅松涛　傅万堂　高士祥　戈宝军　宫亚峰　顾　新　关增建　桂黄宝　韩伟华　郝海平　何善亮
何彤慧　何亚东　贺维国　黄发荣　黄　焜　黄水清　黄燕云　姜春林　姜振颖　金腊华　景向红　李成智
李德英　李建明　李　勘　李　士　李言涛　李志峰　李子彪　梁　川　梁金钢　梁秀霞　林柏泉　林海军
刘　波[1]　刘世民　刘亚东　卢安文　卢琳璋　卢　锐　陆　真　罗　虹　吕功煊　马多贺　马丽萍　马宪民
孟庆森　孟新河　莫宏伟　南　海　聂洪峰　宁　凌　潘长勇　潘功配　彭代银　彭　晓　祁嘉华　钱　方
秦　健　秦晓群　瞿　英　任全娥　沙勇忠　沈　明　沈星灿　沈志强　司富珍　宋　超　宋景贵　孙　超
索建秦　谭卓英　汪传生　汪海年　王岸娜　王成军[1]　王存德　王东海　王宏启　王后雄　王任翔　王日根
王书敏　王松俊　王兴元　王亚琼　王延飞　王曰芬　魏奇锋　文灵华　毋立芳　吴重涵　吴国源　吴　行
吴　涛　吴志芳　武夷山　解立峰　谢洪明　徐　飞　徐建方　许作铭　鄢章华　闫茂德　杨　敏　杨思洛
杨晓明　杨迎平　杨志远　叶继元　尹蔚彬　尤　波　于金库　于晓洋　查先进　张　丹　张红霞　张季超
张伟刚　张希华　张新祥　张映辉　张玉强　张振兴　章成志　赵法锁　郑敏利　钟书华　钟文琪　周　程
周罗晶　周绫莲　周永章　朱阿娜　朱　敏　朱　涛　朱正吼　资建民

G4 教育

G4 教育类核心期刊表研究报告

一、统计结果

统计项目	检索工具	检到条数	涉及刊数	70%条数	涉及刊数
被摘量	复印报刊资料全文数据库、中国社会科学文摘、新华文摘、高等学校文科学术文摘	12 503	736	8 717	116
被引量	中文科技期刊数据库（引文版）[北京大学图书馆遴选人文社会科学引文统计源期刊]、中国科学引文数据库	320 304	5 355	225 559	198
他引量	中文科技期刊数据库（引文版）[北京大学图书馆遴选人文社会科学引文统计源期刊]、中国科学引文数据库	280 912	5 335	197 949	236
基金论文量	中国期刊全文数据库、万方数据知识服务平台	238 325	4 287	166 768	473
Web下载量	中国期刊全文数据库、万方数据知识服务平台、中文科技期刊数据库、超星学习通与超星发现产品数据平台、中华医学期刊网、国家哲学社会科学文献中心中文期刊数据库	538 690 598	9 218	381 107 951	481

二、综合筛选

对统计结果先作隶属度换算，再作加权平均。经过测试和征求专家意见，选定各评价指标权重如下：

指标名称	权重	指标名称	权重	指标名称	权重	指标名称	权重
被摘量（摘要）	0.01	被摘量（全文）	0.02	被摘率（摘要）	0.02	被摘率（全文）	0.05

被引量	0.09	期刊他引量	0.19	影响因子	0.11	他引影响因子	0.18
5 年影响因子	0.04	5 年他引影响因子	0.07	特征因子	0.01	论文影响分值	0.05
论文被引指数	0.04	Web 下载量	0.01	3 年Web下载率	0.02	国家级基金论文比	0.02
省部级基金论文比	0.01	获奖或被重要检索 系统收录	0.04	可被引论文比	0.01	前 5 年可被引论文比	0.01

得到本学科综合隶属度排序表,经专家评审后,取排在前面的 80 种为核心期刊。

三、说明

1. 核心期刊表按"教育学/教育事业,师范教育、教师教育(除电化教育)""电化教育""学前教育、幼儿教育""初等教育/中等教育(除各科教育)""初等教育,中等教育(政治)""初等教育,中等教育(语文)""初等教育,中等教育(外语)""初等教育,中等教育(历史)""初等教育,中等教育(地理)""初等教育,中等教育(数学)""中等教育(物理)""中等教育(化学)""中等教育(生物)""高等教育"和"职业技术教育/自学"分别列出。

2. 与本类相关的综合性核心期刊见"A/K,Z 综合性人文、社会科学类核心期刊表"。

G4(除 G43)/G5,G65 教育学/教育事业,师范教育、教师教育(除电化教育)类核心期刊表

序号	刊　名	序号	刊　名	序号	刊　名
1	教育研究	10	教师教育研究	19	当代教育论坛
2	华东师范大学学报.教育科学版	11	比较教育研究	20	比较教育学报
		12	湖南师范大学教育科学学报	21	教育理论与实践
3	清华大学教育研究	13	教育科学	22	中国教育科学(中英文)
4	北京大学教育评论	14	教育研究与实验	23	学校党建与思想教育
5	教育发展研究	15	外国教育研究		
6	教育与经济	16	教育学术月刊		
7	全球教育展望	17	河北师范大学学报.教育科学版		
8	教育学报				
9	现代教育管理	18	苏州大学学报.教育科学版		

G43 电化教育类核心期刊表

序号	刊　名	序号	刊　名	序号	刊　名
1	远程教育杂志	3	开放教育研究	5	中国电化教育
2	电化教育研究	4	现代远程教育研究	6	中国远程教育

G61 学前教育、幼儿教育类核心期刊表

序号	刊　名
1	学前教育研究

G62/G63(除 G623,G633) 初等教育/中等教育(除各科教育)类核心期刊表

序号	刊　名	序号	刊　名	序号	刊　名
1	课程·教材·教法	5	当代教育科学	10	教学与管理
2	教育科学研究	6	基础教育		
3	中国考试	7	人民教育		
4	天津师范大学学报.基础教育版	8	上海教育科研		
		9	中小学管理		

G623.1,G633.2 初等教育,中等教育(政治)类核心期刊表

序号	刊　名
1	思想政治课教学

G623.2,G633.3 初等教育,中等教育(语文)类核心期刊表

序号	刊　名	序号	刊　名
1	中学语文教学	2	语文建设

G623.3,G633.4 初等教育,中等教育(外语)类核心期刊表

序号	刊　名	序号	刊　名
1	中小学英语教学与研究	2	中小学外语教学. 中学篇

G623.41,G633.51 初等教育,中等教育(历史)类核心期刊表

序号	刊　名
1	历史教学. 上半月刊，注重教学研究

G623.45,G633.55 初等教育,中等教育(地理)类核心期刊表

序号	刊　名
1	地理教学

G623.5,G633.6 初等教育,中等教育(数学)类核心期刊

序号	刊　名	序号	刊　名
1	数学教育学报	2	数学通报

G633.7 中等教育(物理)类核心期刊表

序号	刊　名	序号	刊　名
1	物理教师	2	物理教学

G633.8 中等教育(化学)类核心期刊表

序号	刊　名	序号	刊　名
1	化学教学	2	化学教育(中英文)

G633.91 中等教育(生物)类核心期刊表

序号	刊　名
1	生物学教学

G64 高等教育类核心期刊表

序号	刊名	序号	刊名	序号	刊名
1	中国高教研究	8	学位与研究生教育	15	思想教育研究
2	高等教育研究	9	大学教育科学	16	高教探索
3	高校教育管理	10	现代大学教育	17	黑龙江高教研究
4	高等工程教育研究	11	重庆高教研究	18	高教发展与评估
5	国家教育行政学院学报	12	中国高等教育	19	思想政治教育研究
6	复旦教育论坛	13	中国大学教学		
7	江苏高教	14	研究生教育研究		

G71/G79 职业技术教育/自学类核心期刊表

序号	刊名	序号	刊名	序号	刊名
1	中国职业技术教育	4	教育与职业	7	成人教育
2	职教论坛	5	职业技术教育		
3	民族教育研究	6	中国特殊教育		

研究人员：　赵　敏　韩晓荣　郭丽君　殷菲菲　石兴娣　北京师范大学图书馆

评审专家：　白福臣　白解红　保继光　毕华林　卜玉华　蔡辰梅　蔡国春　蔡海生　蔡丽静　蔡文伯
蔡迎旗　蔡正学　操太圣　曹富雄　曹　萌　曹敏杰　曹　晔　曹永国　常　青[2]　常思亮　常素芳　常学勤
常亚慧　畅引婷　陈德华　陈德运　陈东生[2]　陈冬红　陈　浮　陈会军　陈金刚　陈　克[1]　陈立鹏　陈立文
陈丽能　陈廉清　陈　林[2]　陈明清　陈　鹏[1]　陈秋苹　陈　群　陈如平　陈绍成　陈　涛　陈　伟[3]　陈　伟[4]
陈　闻　陈小鸿　陈晓端　陈晓宇　陈新山　陈　旭　陈旭远　陈　燕[1]　陈　勇[6]　陈拥贤　陈永明　陈元刚
陈云奔　陈泽林　陈朝晖　陈昭玖　陈振锋　陈忠敏　陈忠全　成守珍　程红艳　程惠萍　程晋宽　程　伟
程晓堂　程耀楠　池子华　迟景明　储朝晖　储祖旺　楚丹琪　褚宏启　崔　刚　崔玉平　代蕊华　戴建兵
戴秀丽　戴玉蓉　党安红　邓　涛　邓学平　狄留庆　丁念金　丁梧秀　董传升　董圣鸿　董宪姝　董新良
董永峰　窦　燕　杜爱慧　杜长亮　杜春兰　杜　力　杜时忠　杜修平　杜智萍　段鑫星　段志军　范崇高
范永开　方建安　方　明　方中雄　房广顺　丰国欣　丰向日　冯大鸣　冯海涛　冯季林　冯建军[1]　冯　培
冯晓霞　冯晓英　付　杰　付一静　傅登顺　傅　琼　傅松涛　傅维利　傅泽田　盖宏伟　甘礼华　高德胜
高国翠　高鸿源　高金岭　高　丽　高丽敏　高琳琦　高雅真　高自龙　戈宝军　葛宝臻　葛　操　葛　军
葛文杰　葛余常　耿红卫　龚　放　古四毛　谷慧敏　顾冠华　顾豪爽　顾华详　顾一煌　关　丽　管军军
郭得峰　郭　华　郭杰忠　郭　庆　郭　扬　郭永松　郭玉清　郭月梅　韩斌慧　韩　兵　韩　皓　韩吉珍
韩龙淑　韩同银　韩云波　韩云鹏　韩兆柱　韩正之　郝光安　郝海平　郝际平　郝四柱　何爱霞　何本祥
何　坪　何齐宗　何善亮　何亚东　何宜庆　贺国庆　贺武华　洪　林　侯怀银　侯若冰　胡　斌[1]　胡斌武
胡凡刚　胡伏原　胡鸿杰　胡建华　胡健民　胡金平　胡　娟　胡敏强　胡钦晓　胡淑云　胡位荣　胡兴昌
胡业华　黄崇本　黄　刚　黄华明　黄　辉[1]　黄建滨[2]　黄建伟　黄磊昌　黄明东　黄启兵　黄蓉生　黄锁义
黄　伟　黄晓玲　黄晓学　黄艳丽　黄燕云　黄永林　霍志军　吉承恕　纪德奎　纪志永　季诚钧　贾连群
贾士儒　江　波[1]　江成顺　江　驹　江世银　江维克　姜大源　姜　华　姜嘉乐　姜望琪　姜兆华　姜振颖
蒋　丹　蒋国发　蒋国俊　蒋家琼　蒋　凯　蒋士会　蒋占峰　焦楚杰　金　诚　金立义　金宗强　靳　莹
靳玉乐　鞠玉梅　康敬奎　孔凡哲　寇冬泉　乐永康　雷世平　黎加厚　黎　军　李宝玉　李长伟　李德显
李德英　李冬妮　李　飞　李飞龙　李福华　李　刚[3]　李　广　李国宏　李海萍　李　横　李宏翰　李洪波
李　辉[3]　李建军[2]　李建强[1]　李建伟　李剑富　李　杰[2]　李金环　李金龙[1]　李金齐　李　晶[1]　李京廉　李吉银
李立国　李　林[2]　李　林[3]　李梦卿　李　敏　李　明[1]　李鹏松　李　清　李青丰　李如密　李盛聪　李伟胜
李先军　李晓娟　李星云　李兴敏　李雪春　李训贵　李彦斌　李　祎　李　鹰　李永祥　李玉杰　李玉双
李战子　李朝旭　李正栓　李政涛　李志峰　李志民[1]　李忠军　李忠明　李宗刚　李祖超　励强华　梁金生

梁景岩	梁燕玲	廖小平	廖小琴	林柏泉	林伯海	林海军	林铭	林永柏	林忠	蔺小林	刘爱琳
刘柏嵩	刘波[1]	刘辰诞	刘崇茹	刘存香	刘法公	刘国瑞	刘晗	刘惠军	刘加霞	刘健[2]	刘建银
刘经伟	刘俊一	刘来兵	刘理	刘猛	刘庆昌	刘盛平	刘书林	刘曙光	刘卫东[1]	刘文	刘文彪
刘宪权	刘献君	刘晓明	刘新民[2]	刘秀伦	刘旭东	刘旭光	刘学坤	刘训华	刘亚荣	刘亚相	刘尧
刘益	刘永信	刘云杉	刘志伟	刘祚时	柳礼泉	柳忠辉	龙宝新	龙献忠	卢东栋	卢红	卢辉斌
卢黎歌	卢卫中	卢晓东	鲁杰	陆真	路艳娇	罗洪铁	罗木生	罗时进	罗双兰	罗祖兵	骆郁廷
吕国荣	吕虹	吕杰[1]	吕杰[2]	吕林海	马昌前	马登科	马多贺	马和民	马宏佳	马焕灵	马建青
马健生	马丽萍	马陆亭	马庆发	马秋武	马树超	马晓军	马亦兵	马振犊	毛小龙	门福殿	孟家光
孟杰	孟庆国	孟庆森	孟万忠	孟宪乐	孟新河	苗学杰	苗泽华	牟忠林	穆岚	穆肃	南海
倪刚	倪素香	聂劲松	宁连华	宁琦	牛春雨	潘长鹏	潘功配	潘卫东	潘新民	潘英明	裴坚
裴育	彭波	彭代银	彭国庆	彭建国	彭林欣	彭庆红	齐超	祁嘉华	祁占勇	綦春霞	钱小龙
钱扬义	乔桂英	乔锦忠	乔俊飞	秦洪武	丘维声	邱立友	邱鸣	瞿英	全海英	冉亚辉	饶从满
任欢	任越	荣昶	荣维东	阮李全	伞冶	桑国元	沙培宁	商植桐	尚俊杰	邵光华	邵建新
邵玲	邵晓枫	佘双好	申国昌	申家龙	申仁洪	申素平	沈红	沈隽	沈明	沈星灿	沈耀良
沈永福	盛群力	盛业华	石大立	石海兵	石书臣	石伟平	石艳	史耕山	史艳国	史忠植	舒平
双喜	司洪昌	司晓宏	宋大千	宋广文	宋景贵	宋乃庆	宋旭红	宋亦芳	宋云连	宋正河	苏东民
苏平	苏勤	苏维词	苏武俊	苏晓东	苏杨	眭依凡	孙德梅	孙红旗	孙宏碧	孙杰远	孙金鑫
孙琳	孙绵涛	孙培勤	孙其昂	孙骞	孙绍振	孙玉钗	孙玉丽	孙枝连	谭笑珉	谭旭东	檀传宝
汤生玲	唐少清	唐松林	唐晓华	陶红	陶志琼	滕飞	田党瑞	田海舰	田汉族	田澍	田卫平
田耀农	田友谊	涂文学	涂艳国	涂永前	屠国元	万坚	万美容	万明钢	汪敏	王爱玲	王岸娜
王本陆	王长乐	王晨	王赪胤	王成江[1]	王成军[1]	王春燕	王德亮	王凤秋	王贵成	王海军	王洪礼
王后雄	王建革	王晋	王立非	王立欣	王练	王陆	王枬	王培光	王勤	王清周	王庆军
王任翔	王守仁	王书敏	王树荫	王天民	王伟[2]	王卫东[2]	王文惠	王小力	王小梅	王秀艳	王学
王雪梅	王亚南	王依民	王永胜	王玉枝	王毓珣	王增福	王正伦	王志强[4]	王智超	王智广	王重力
母立芳	吴勃英	吴重涵	吴洁	吴金华	吴锦忠	吴井泉	吴立宝	吴玲	吴秋芬	吴善中	吴太胜
吴涛	吴文溪	吴雪萍	吴忠豪	吴遵民	伍新春	武友德	夏成前	夏静	夏强[2]	夏小刚	咸建春
项贤明	项新建	肖俊洪	肖仕平	解飞厚	解立峰	谢长法	谢建社	谢建新	谢如鹤	谢世坚	谢翌
谢英	邢宝君	邢晖	邢晓敏	熊和平	熊梅	熊少严	胥莉	徐冰鸥	徐达	徐刚珍	徐国华
徐涵[2]	徐辉[1]	徐辉[2]	徐林祥	徐罗山	徐双敏	徐霞	徐仲伟	许建中	许筱颖	许作铭	宣小红
薛二勇	薛继红	荀渊	闫光才	闫守轩	闫艳	严玲	阎智力	颜玄洲	燕连福	杨长福	杨承印
杨改学	杨光钦	杨红萍	杨鸿文	杨纪伟	杨颉	杨景海	杨理连	杨敏	杨铭铎	杨清溪	杨淑萍
杨淑珍	杨水金	杨天平	杨卫平	杨向群	杨晓宏	杨晓明	杨雪	杨雪梅	杨阳	杨银付	杨颖秀
杨钊	杨忠鹏	姚蕾	姚丽娜	姚利民	叶赋桂	叶青	叶银忠	易镜荣	易骏	殷晓丽	尹笃林
尹后庆	尹建平	应敏	尤波	游俊	于春肖	于东新	于建福	于舒春	于晓洋	于奕峰	于志晶
于忠海	余凯	余曙光	余文森	余武	余小波	余欣欣	余秀兰	余玉花	俞洪亮	俞启定	郁建平
喻平	喻荣彬	袁磊	袁寿其	袁小平	袁旭峰	乐传永	岳丽宏	岳伟	曾青云	曾天山	曾阳素
曾益坤	曾玉华	曾照芳	张安富	张宝歌	张保宁	张斌贤	张勃	张传燧	张丹枫	张道林	张德明[1]
张德伟	张东娇	张凤斌	张功学	张广海	张桂春	张海钟	张海珠	张晗[1]	张红霞	张鸿军	张季超
张继平	张健[2]	张建荣	张洁	张金华	张钧	张俊忠	张克定	张莉	张良	张玲玲	张敏[1]
张明红	张强[2]	张清	张少峰	张社字	张胜军	张仕斌	张素风	张素智	张廷凯	张万红	张伟刚
张文清	张文忠	张向前	张向众	张小川	张晓华	张晓婧	张晓龙	张欣[2]	张新平	张新祥	张旭如
张学强	张雪梅	张亚斌	张亚红	张艳辉	张轶炳	张翌鸣	张毅翔	张应强	张勇[2]	张咏清	张瑜
张运生	张振兴	张志勇[1]	张志元	张忠华	赵宝华	赵贵哲	赵建梅	赵金先	赵敬春	赵军[3]	赵军[5]
赵蒙成	赵敏	赵平	赵叶珠	赵渊	赵媛	赵志群	甄汉深	郑长龙	郑海东	郑惠萍	郑金洲
郑俊杰	郑敏利	钟秉林	钟国清	钟绍春	钟守昌	钟书能	钟文琪	仲伟合	周爱保	周斌[3]	周昌仕
周长银	周川	周岱	周光礼	周海涛	周宏	周宏明	周建超	周健民	周井娟	周均旭	周棉

周明星　周庆西　周文德　周险峰　周晓燕　周兴国　周续莲　周雨青　周玉海　周志强[2]　朱阿娜　朱爱莹
朱德全　朱　笃　朱国忠　朱　敬　朱宁波　朱　青　朱水萍　朱　涛　朱卫未　朱文辉　朱文忠　朱学义
庄西真　宗树兴　邹　申　邹晓峰[2]　邹晓玲　邹玉堂

G8 体育

G8 体育类核心期刊表研究报告

一、统计结果

统计项目	检索工具	检到条数	涉及刊数	70％条数	涉及刊数
被摘量	复印报刊资料全文数据库、中国社会科学文摘、新华文摘、高等学校文科学术文摘	435	54	295	9
被引量	中文科技期刊数据库(引文版)[北京大学图书馆遴选人文社会科学引文统计源期刊]、中国科学引文数据库	67 419	3 474	47 399	96
他引量	中文科技期刊数据库(引文版)[北京大学图书馆遴选人文社会科学引文统计源期刊]、中国科学引文数据库	60 688	3 466	42 685	132
基金论文量	中国期刊全文数据库、万方数据知识服务平台	17 425	1 643	12 187	74
Web下载量	中国期刊全文数据库、万方数据知识服务平台、中文科技期刊数据库、超星学习通与超星发现产品数据平台、中华医学期刊网、国家哲学社会科学文献中心中文期刊数据库	50 238 093	6 973	35 353 451	56

二、综合筛选

对统计结果先作隶属度换算,再作加权平均。经过测试和征求专家意见,选定各评价指标权重如下:

指标名称	权重	指标名称	权重	指标名称	权重	指标名称	权重
被摘量(摘要)	0.01	被摘量(全文)	0.02	被摘率(摘要)	0.02	被摘率(全文)	0.05
被引量	0.09	期刊他引量	0.19	影响因子	0.11	他引影响因子	0.18
5年影响因子	0.04	5年他引影响因子	0.07	特征因子	0.01	论文影响分值	0.05
论文被引指数	0.04	Web下载量	0.01	3年Web下载率	0.02	国家级基金论文比	0.02
省部级基金论文比	0.01	获奖或被重要检索系统收录	0.04	可被引论文比	0.01	前5年可被引论文比	0.01

得到本学科综合隶属度排序表,经专家评审后,取排在前面的 16 种为核心期刊。

三、说明

与本类相关的综合性核心期刊见"A/K,Z综合性人文、社会科学类核心期刊表"。

G8 体育类核心期刊表

序号	刊　名	序号	刊　名	序号	刊　名
1	体育科学	7	体育与科学	13	沈阳体育学院学报
2	上海体育学院学报	8	天津体育学院学报	14	首都体育学院学报
3	北京体育大学学报	9	中国体育科技	15	山东体育学院学报
4	武汉体育学院学报	10	成都体育学院学报	16	广州体育学院学报
5	体育学研究	11	西安体育学院学报		
6	体育学刊	12	体育文化导刊		

H 语言、文字

H 语言、文字类核心期刊表研究报告

一、统计结果

统计项目	检索工具	检到条数	涉及刊数	70%条数	涉及刊数
被摘量	复印报刊资料全文数据库、中国社会科学文摘、新华文摘、高等学校文科学术文摘	682	177	474	42
被引量	中文科技期刊数据库(引文版)[北京大学图书馆遴选人文社会科学引文统计源期刊]、中国科学引文数据库	70 246	2 599	49 960	73
他引量	中文科技期刊数据库(引文版)[北京大学图书馆遴选人文社会科学引文统计源期刊]、中国科学引文数据库	61 273	2 586	43 497	94
基金论文量	中国期刊全文数据库、万方数据知识服务平台	34 154	2 243	23 897	304
Web下载量	中国期刊全文数据库、万方数据知识服务平台、中文科技期刊数据库、超星学习通与超星发现产品数据平台、中华医学期刊网、国家哲学社会科学文献中心中文期刊数据库	91 342 590	6 811	64 796 240	303

二、综合筛选

对统计结果先作隶属度换算，再作加权平均。经过测试和征求专家意见，选定各评价指标权重如下：

指标名称	权重	指标名称	权重	指标名称	权重	指标名称	权重
被摘量(摘要)	0.01	被摘量(全文)	0.02	被摘率(摘要)	0.02	被摘率(全文)	0.05

被引量	0.09	期刊他引量	0.19	影响因子	0.11	他引影响因子	0.18
5年影响因子	0.04	5年他引影响因子	0.07	特征因子	0.01	论文影响分值	0.05
论文被引指数	0.04	Web下载量	0.01	3年Web下载率	0.02	国家级基金论文比	0.02
省部级基金论文比	0.01	获奖或重要检索系统收录	0.04	可被引论文比	0.01	前5年可被引论文比	0.01

得到本学科综合隶属度排序表,经专家评审后,取排在前面的34种为核心期刊。

三、说明

1. 核心期刊表按"语言学,汉语,中国少数民族语言"和"外国语言"分别列出。

2. 与本类相关的综合性核心期刊见"A/K,Z综合性人文、社会科学类核心期刊表"。

H(除 H3/H9) 语言学,汉语,中国少数民族语言类核心期刊表

序号	刊　名	序号	刊　名	序号	刊　名
1	世界汉语教学	7	上海翻译	13	语言战略研究
2	中国语文	8	汉语学报	14	语言研究
3	语言教学与研究	9	语言文字应用	15	方言
4	中国翻译	10	语文研究	16	古汉语研究
5	当代语言学	11	语言科学	17	民族语文
6	当代修辞学	12	汉语学习		

H3/H9 外国语言类核心期刊表

序号	刊　名	序号	刊　名	序号	刊　名
1	外语教学与研究	7	外语与外语教学	13	西安外国语大学学报
2	现代外语	8	外语电化教学	14	山东外语教学
3	外语界	9	外语教学理论与实践	15	外国语文
4	中国外语	10	外语学刊	16	北京第二外国语学院学报
5	外国语	11	解放军外国语学院学报	17	外语教育研究前沿
6	外语教学	12	外语研究		

I 文学

I 文学类核心期刊表研究报告

一、统计结果

统计项目	检索工具	检到条数	涉及刊数	70%条数	涉及刊数
被摘量	复印报刊资料全文数据库、中国社会科学文摘、新华文摘、高等学校文科学术文摘、北京文学、长篇小说选刊、小说选刊、小说月报、中篇小说选刊	5 606	468	3 916	98
被引量	中文科技期刊数据库（引文版）［北京大学图书馆遴选人文社会科学引文统计源期刊］、中国科学引文数据库	48 518	2 094	34 787	183
他引量	中文科技期刊数据库（引文版）［北京大学图书馆遴选人文社会科学引文统计源期刊］、中国科学引文数据库	44 687	2 090	32 016	194
基金论文量	中国期刊全文数据库、万方数据知识服务平台	26 012	1 740	18 193	354
Web下载量	中国期刊全文数据库、万方数据知识服务平台、中文科技期刊数据库、超星学习通与超星发现产品数据平台、中华医学期刊网、国家哲学社会科学文献中心中文期刊数据库	118 456 084	6 896	84 700 122	441

二、综合筛选

对统计结果先作隶属度换算，再作加权平均。经过测试和征求专家意见，选定各评价指标权重如下：

指标名称	权重	指标名称	权重	指标名称	权重	指标名称	权重
被摘量（摘要）	0.01	被摘量（全文）	0.02	被摘率（摘要）	0.02	被摘率（全文）	0.05
被引量	0.09	期刊他引量	0.19	影响因子	0.11	他引影响因子	0.18
5 年影响因子	0.04	5 年他引影响因子	0.07	特征因子	0.01	论文影响分值	0.05
论文被引指数	0.04	Web下载量	0.01	3 年Web下载率	0.02	国家级基金论文比	0.02
省部级基金论文比	0.01	获奖或被重要检索系统收录	0.04	可被引论文比	0.01	前 5 年可被引论文比	0.01

得到本学科综合隶属度排序表，经专家评审后，取排在前面的 42 种为核心期刊。

三、说明

1. 核心期刊表按"文学（除中国文学作品）"和"中国文学作品"分别列出。

2. 与本类相关的综合性核心期刊见"A/K，Z综合性人文、社会科学类核心期刊表"。

I（除 I21/I29）文学（除中国文学作品）类核心期刊表

序号	刊　名	序号	刊　名	序号	刊　名
1	文学评论	8	外国文学研究	15	中国比较文学
2	中国现代文学研究丛刊	9	当代作家评论	16	南方文坛
3	文学遗产	10	外国文学	17	小说评论
4	文艺理论研究	11	中国文学批评	18	当代文坛
5	文艺争鸣	12	扬子江文学评论	19	鲁迅研究月刊
6	文艺研究	13	民族文学研究	20	文艺理论与批评
7	外国文学评论	14	中国文学研究（长沙）	21	明清小说研究

22	国外文学	25	现代中文学刊	28	中国当代文学研究
23	当代外国文学	26	新文学史料		
24	红楼梦学刊	27	中国文化研究		

I21/I29 中国文学作品类核心期刊表

序号	刊　名	序号	刊　名	序号	刊　名
1	收获	6	十月	11	江南
2	花城	7	钟山	12	长城
3	当代	8	作家杂志	13	长江文艺.原创
4	人民文学	9	芙蓉	14	山花
5	上海文学	10	北京文学.原创		

J 艺术

J 艺术类核心期刊表研究报告

　　一、统计结果

统计项目	检索工具	检到条数	涉及刊数	70%条数	涉及刊数
被摘量	复印报刊资料全文数据库、中国社会科学文摘、新华文摘、高等学校文科学术文摘	1 468	280	1 026	58
被引量	中文科技期刊数据库(引文版)[北京大学图书馆遴选人文社会科学引文统计源期刊]、中国科学引文数据库	59 756	3 011	42 439	191

他引量	中文科技期刊数据库(引文版)[北京大学图书馆遴选人文社会科学引文统计源期刊]、中国科学引文数据库	52 711	2 999	37 488	230
基金论文量	中国期刊全文数据库、万方数据知识服务平台	32 458	2 190	22 711	224
Web 下载量	中国期刊全文数据库、万方数据知识服务平台、中文科技期刊数据库、超星学习通与超星发现产品数据平台、中华医学期刊网、国家哲学社会科学文献中心中文期刊数据库	96 804 247	6 822	68 408 937	197

二、综合筛选

对统计结果先作隶属度换算,再作加权平均。经过测试和征求专家意见,选定各评价指标权重如下:

指标名称	权重	指标名称	权重	指标名称	权重	指标名称	权重
被摘量(摘要)	0.01	被摘量(全文)	0.02	被摘率(摘要)	0.02	被摘率(全文)	0.05
被引量	0.09	期刊他引量	0.19	影响因子	0.11	他引影响因子	0.18
5年影响因子	0.04	5年他引影响因子	0.07	特征因子	0.01	论文影响分值	0.05
论文被引指数	0.04	Web 下载量	0.01	3年Web下载率	0.02	国家级基金论文比	0.02
省部级基金论文比	0.01	获奖或被重要检索系统收录	0.04	可被引论文比	0.01	前5年可被引论文比	0.01

得到本学科综合隶属度排序表,经专家评审后,取排在前面的36种为核心期刊。

三、说明

1. 核心期刊表按"艺术(除绘画/电影、电视艺术)""绘画,雕塑,工艺美术""音乐""舞蹈""戏剧、曲艺、杂技艺术"和"电影、电视艺术"分别列出。

2. 与本类相关的综合性核心期刊见"A/K,Z综合性人文、社会科学类核心期刊表"。

J(除 J2/J9) 艺术(除绘画/电影、电视艺术)类核心期刊表

序号	刊　名	序号	刊　名
1	民族艺术	2	艺术百家

J2,J3,J5 绘画,雕塑,工艺美术类核心期刊表

序号	刊　名	序号	刊　名	序号	刊　名
1	美术研究	5	装饰	9	中国书法
2	美术	6	新美术		
3	艺术设计研究	7	美术观察		
4	南京艺术学院学报. 美术与设计版	8	书法研究		

J6 音乐类核心期刊表

序号	刊　名	序号	刊　名	序号	刊　名
1	音乐研究	5	中国音乐	9	南京艺术学院学报. 音乐与表演版
2	中央音乐学院学报	6	人民音乐	10	音乐创作
3	音乐艺术	7	星海音乐学院学报		
4	中国音乐学	8	黄钟		

J7 舞蹈类核心期刊表

序号	刊　名
1	北京舞蹈学院学报

J8 戏剧、曲艺、杂技艺术类核心期刊表

序号	刊　名	序号	刊　名	序号	刊　名
1	戏剧艺术	3	戏曲艺术	5	戏剧文学
2	戏　剧	4	四川戏剧	6	中国戏剧

J9 电影、电视艺术类核心期刊表

序号	刊　名	序号	刊　名	序号	刊　名
1	电影艺术	4	电影新作	7	电影评介
2	当代电影	5	中国电视	8	电影文学
3	北京电影学院学报	6	世界电影		

研究人员：　麋　凯　黄运红　北京师范大学图书馆

评审专家：　蔡际洲　蔡圣勤　曹顺庆　陈池瑜　陈东生[2]　陈　芳　陈　军[1]　陈　钧　陈　克[1]　陈世华
陈　述　陈犀禾　陈学广　陈艳麒　戴向东　邓福铭　狄其安　丁　帆　丁　宁　董国炎　杜炳旺　杜　浩
范玉吉　方　海　方　忠　傅　琼　傅守祥　高丙中　高建平[2]　高鑫玺　耿传明　耿　直[2]　辜正坤　古　风
郭春方　韩宝强　好必斯　何清新　贺希格图　侯东昱　胡范铸　胡　胜　胡铁生　胡正荣　黄爱华　黄德志
黄华明　黄会林　黄磊昌　黄仕忠　黄艳丽　黄意明　惠　剑　霍志军　贾立政　蒋朗朗　雷跃捷　李　波[1]
李昌集　李冬妮　李宏弢　李建伟[2]　李金宝[1]　李清明　李　全　李荣有　李润霞　李诗原　李　松　李　伟[1]
李伟民[1]　李相民　李云涛　李忠明　刘　宏[2]　刘景荣　刘　墨　刘青弋　刘卫东[1]　刘永福　刘志伟　刘祚时
龙德云　罗振亚　马东风　毛小龙　米高峰　苗怀明　彭　锋　彭妙颜　乔光辉　乔新建　秦　序　邵培仁
沈嘉达　沈　雷　施爱东　石兴泽　时统宇　史安斌　舒　平　宋法刚　宋　伟　孙基林　谭　天　谭旭东
汤哲声　唐开军　滕福海　田　刚　田　辉[1]　田可文　田龙过　田耀农　田义贵　汪朝光　王炳社　王冬冬
王　进[1]　王　敏[4]　王廷信　王文惠　王艳玲　王一川　王　耘　王志敏　王志强[4]　吴春福[2]　吴杰伟　吴卫民
仵　埂　肖　萍[1]　肖永亮　解学芳　熊少严　熊显长　徐放鸣　徐　枫　徐赣丽　徐肖楠　徐勇民　许翠兰
颜春龙　杨广生　杨豪中　杨合林　杨洪承　杨健民　杨金才　杨九华　杨维民　杨效宏　杨　雄[1]　杨迎平
叶永吉　叶建新　易镜荣　尹　鸿　应丽君　余　纪　余来明　余　武　俞子正　郁正民　袁　武　曾玉华
张保宁　张兵娟　张朝伦　张　纯　张　法　张海明　张辉锋　张利群　张廷银[1]　张　巍　张先飞　张永清[2]
张咏清　张玉勤　张志强[1]　张智华　赵建军[1]　郑　岩　周建忠[2]　周武忠　周　星　邹惠玲　邹　赞

K(除 K9) 历史

K(除 K9) 历史类核心期刊表研究报告

一、统计结果

统计项目	检索工具	检到条数	涉及刊数	70%条数	涉及刊数
被摘量	复印报刊资料全文数据库、中国社会科学文摘、新华文摘、高等学校文科学术文摘	3 507	425	2 445	77
被引量	中文科技期刊数据库(引文版)[北京大学图书馆遴选人文社会科学引文统计源期刊]、中国科学引文数据库	88 957	3 549	63 981	166
他引量	中文科技期刊数据库(引文版)[北京大学图书馆遴选人文社会科学引文统计源期刊]、中国科学引文数据库	79 939	3 536	57 352	182

| 基金论文量 | 中国期刊全文数据库、万方数据知识服务平台 | 24 695 | 2 407 | 17 279 | 475 |
| Web 下载量 | 中国期刊全文数据库、万方数据知识服务平台、
中文科技期刊数据库、超星学习通与超星发现
产品数据平台、中华医学期刊网、国家哲学社会
科学文献中心中文期刊数据库 | 69 126 769 | 8 452 | 50 019 360 | 485 |

二、综合筛选

对统计结果先作隶属度换算,再作加权平均。经过测试和征求专家意见,选定各评价指标权重如下:

指标名称	权重	指标名称	权重	指标名称	权重	指标名称	权重
被摘量(摘要)	0.01	被摘量(全文)	0.02	被摘率(摘要)	0.02	被摘率(全文)	0.05
被引量	0.09	期刊他引量	0.19	影响因子	0.11	他引影响因子	0.18
5 年影响因子	0.04	5 年他引影响因子	0.07	特征因子	0.01	论文影响分值	0.05
论文被引指数	0.04	Web 下载量	0.01	3 年Web 下载率	0.02	国家级基金论文比	0.02
省部级基金论文比	0.01	获奖或被重要检索 系统收录	0.04	可被引论文比	0.01	前 5 年可被引论文比	0.01

得到本学科综合隶属度排序表,经专家评审后,取排在前面的 44 种为核心期刊。

三、说明

1. 核心期刊表按"历史(除中国学、汉学和文物考古)""中国学、汉学"和"文物考古"分别列出。

2. 与本类相关的综合性核心期刊见"A/K,Z 综合性人文、社会科学类核心期刊表"。

K(除 K207.8,K85,K9) 历史(除中国学、汉学和文物考古)类核心期刊表

序号	刊　名	序号	刊　名	序号	刊　名
1	历史研究	9	史学集刊	17	中国社会经济史研究
2	近代史研究	10	世界历史	18	文史
3	清史研究	11	史林	19	民俗研究
4	中国史研究	12	史学理论研究	20	历史档案
5	中国经济史研究	13	抗日战争研究	21	当代中国史研究
6	史学月刊	14	中国农史	22	中国藏学
7	中国边疆史地研究	15	史学史研究	23	党史研究与教学
8	西域研究	16	安徽史学		

K207.8 中国学、汉学类核心期刊表

序号	刊　名	序号	刊　名	序号	刊　名
1	文献	2	中华文化论坛	3	中国典籍与文化

K85 文物考古类核心期刊表

序号	刊　名	序号	刊　名	序号	刊　名
1	考古	7	江汉考古	13	文物保护与考古科学
2	考古学报	8	南方文物	14	敦煌学辑刊
3	文物	9	敦煌研究	15	中国国家博物馆刊
4	考古与文物	10	四川文物	16	北方文物
5	中原文物	11	东南文化	17	文博
6	华夏考古	12	故宫博物院院刊	18	农业考古

第 四 编

自 然 科 学

主编 别立谦 副主编 庄昕

N/X 综合性理工农医

N/X 综合性理工农医类核心期刊表研究报告

一、统计结果

统计项目	检索工具	检到条数	涉及刊数	70％条数	涉及刊数
被引量	中文科技期刊数据库（引文版）〔北京大学图书馆遴选人文社会科学引文统计源期刊〕、中国科学引文数据库	5 543 436	8 931	3 894 412	782
他引量	中文科技期刊数据库（引文版）〔北京大学图书馆遴选人文社会科学引文统计源期刊〕、中国科学引文数据库	4 633 601	8 931	3 256 578	877
基金论文量	中国期刊全文数据库、万方数据知识服务平台	1 208 465	7 283	845 829	1 372
Web 下载量	中国期刊全文数据库、万方数据知识服务平台、中文科技期刊数据库、超星学习通与超星发现产品数据平台、中华医学期刊网、国家哲学社会科学文献中心中文期刊数据库	2 417 349 600	10 849	1 710 588 251	1 649

二、综合筛选

对统计结果先作隶属度换算，再作加权平均。经过测试和征求专家意见，选定各评价指标权重如下：

指标名称	权重	指标名称	权重	指标名称	权重	指标名称	权重
被引量	0.08	期刊他引量	0.20	影响因子	0.07	他引影响因子	0.11
5 年影响因子	0.10	5 年他引影响因子	0.16	特征因子	0.01	论文影响分值	0.04
论文被引指数	0.05	Web 下载量	0.02	3 年Web 下载率	0.03	国家级基金论文比	0.04
省部级基金论文比	0.01	获奖或被重要检索	0.05	可被引论文比	0.01	前 5 年可被引论文比	0.01
互引指数	0.01	系统收录					

得到本学科综合隶属度排序表，经专家评审后，取排在前面的 117 种为核心期刊。

三、说明

与本类相关的综合性核心期刊见"N/X 综合性理工农医类核心期刊表"。

N/X 综合性理工农医类核心期刊表

序号	刊名	序号	刊名	序号	刊名
1	科学通报	15	东南大学学报. 自然科学版	26	北京理工大学学报
2	中国科学. 技术科学	16	天津大学学报. 自然科学与	27	华南理工大学学报. 自然科
3	中南大学学报. 自然科学版		工程技术版		学版
4	北京大学学报. 自然科学版	17	河海大学学报. 自然科学版	28	南京大学学报. 自然科学
5	西南交通大学学报	18	华中科技大学学报. 自然科	29	东北大学学报. 自然科学版
6	同济大学学报. 自然科学版		学版	30	江苏大学学报. 自然科学版
7	工程科学学报	19	湖南大学学报. 自然科学版	31	西北大学学报. 自然科学版
8	中国工程科学	20	北京师范大学学报. 自然科	32	西北工业大学学报
9	哈尔滨工业大学学报		学版	33	重庆大学学报
10	浙江大学学报. 工学版	21	上海交通大学学报	34	中山大学学报. 自然科学版
11	工程科学与技术	22	吉林大学学报. 工学版		（改名为：中山大学学报.
12	西安交通大学学报	23	哈尔滨工程大学学报		自然科学版（中英文））
13	清华大学学报. 自然科学版	24	北京工业大学学报	35	国防科技大学学报
14	应用基础与工程科学学报	25	兰州大学学报. 自然科学版	36	云南大学学报. 自然科学版

37	中国科学院大学学报	64	东华理工大学学报. 自然科学版	91	高技术通讯
38	北京交通大学学报	65	暨南大学学报. 自然科学与医学版	92	河北大学学报. 自然科学版
39	南京理工大学学报			93	天津工业大学学报
40	大连理工大学学报	66	北京化工大学学报. 自然科学版	94	三峡大学学报. 自然科学版
41	西南大学学报. 自然科学版			95	哈尔滨理工大学学报
42	应用科学学报	67	上海大学学报. 自然科学版	96	福建师范大学学报. 自然科学版
43	武汉大学学报. 理学版	68	石河子大学学报. 自然科学版		
44	浙江大学学报. 理学版	69	山东大学学报. 理学版	97	昆明理工大学学报. 自然科学版
45	厦门大学学报. 自然科学版	70	桂林理工大学学报		
46	贵州师范大学学报. 自然科学版	71	河南理工大学学报. 自然科学版	98	天津师范大学学报. 自然科学版
47	武汉大学学报. 工学版	72	吉林大学学报. 理学版	99	兰州理工大学学报
48	深圳大学学报. 理工版	73	武汉科技大学学报	100	内蒙古农业大学学报. 自然科学版
49	四川大学学报. 自然科学版	74	南京师大学报. 自然科学版		
50	华东理工大学学报. 自然科学版	75	郑州大学学报. 工学版	101	西安理工大学学报
		76	合肥工业大学学报. 自然科学版	102	山东农业大学学报. 自然科学版
51	山西农业大学学报. 自然科学版				
52	华北水利水电大学学报. 自然科学版	77	浙江工业大学学报	103	江西师范大学学报. 自然科学版
		78	科学技术与工程		
53	复旦学报. 自然科学版	79	河南科技大学学报. 自然科学版	104	湖南师范大学自然科学学报
54	山东大学学报. 工学版			105	重庆师范大学学报. 自然科学版
55	陕西师范大学学报. 自然科学版	80	南京信息工程大学学报. 自然科学版		
56	华东师范大学学报. 自然科学版	81	太原理工大学学报	106	东北大学报. 自然科学版
		82	沈阳工业大学学报	107	上海理工大学学报
57	空军工程大学学报. 自然科学版(改名为:空军工程大学学报)	83	南京工业大学学报. 自然科学版	108	南开大学学报. 自然科学版
				109	济南大学学报. 自然科学版
58	华中师范大学学报. 自然科学版	84	河南师范大学学报. 自然科学版	110	辽宁工程技术大学学报. 自然科学版
		85	华南师范大学学报. 自然科学版		
59	重庆理工大学学报. 自然科学			111	海军工程大学学报
		86	广西大学学报. 自然科学版	112	安徽大学学报. 自然科学版
60	广西科学	87	广西师范大学学报. 自然科学版	113	河南大学学报. 自然科学版
61	燕山大学学报			114	西南师范大学学报. 自然科学版
62	西安科技大学学报	88	郑州大学学报. 理学版		
63	山东科技大学学报. 自然科学版	89	福州大学学报. 自然科学版	115	山西大学学报. 自然科学版
		90	河北科技大学学报	116	湖南科技大学学报. 自然科学版
				117	中国科学技术大学学报

郭士杰　郭雨梅　韩景元　韩万林　韩　伟　韩　颖　韩　育　韩宇平　郝彦忠　何小海　何宜庆　何云峰
贺　春　贺学礼　侯东昱　侯培国　胡春海　胡　昊　胡红利　胡　健　胡今鸿　胡学龙　胡正平　胡志强
华长春　黄建滨[1]　黄凯丰　黄　昆　黄立新[1]　姬建敏　籍国东　纪志永　季淑娟　季淑梅　贾殿赠　贾立霞
贾澎涛　贾玉树　蒋兴浩　焦士兴　焦体峰　焦晓红　焦争鸣　金菊良　金铁成　金晓宏　金应荣　孔令富
邝　华　黎先财　李　斌　李　波[1]　李伯全　李春喜　李德亮　李发堂　李　锋　李公法　李国禄　李海明
李　坚　李建林　李建强[1]　李　军[1]　李　奎　李　明[2]　李　鸣　李　穆　李清富　李瑞芳　李天成　李绪友
李亚萍　李英伟　李永祥　李友荣　李玉现　李　争　李　政　李志民[1]　李志勇[1]　利子平　梁国华　梁　宏
梁永春　廖允成　林海军　林俊堂　林支桂　刘柏嵩　刘宝友　刘　波[6]　刘长军　刘敦华　刘法贵　刘福贵
刘广瑞　刘贵伟　刘金福　刘金林　刘　娟[2]　刘茂军　刘明寿　刘　鹏　刘芃岩　刘盛平　刘　爽　刘淞佐
刘小兵　刘鑫刚　刘　旭　刘雪斌　刘雪梅　刘亚伟　刘益才　刘幽燕　刘玉庆　刘兆丽　刘志新　刘中成
卢鹤立　卢辉斌　卢志刚[2]　陆兆新　罗　虹　罗　琦　罗绍凯　罗小元　罗中明　吕锡芝　马　刚　马剑敏
马明臻　马铁成　马宪民　马学虎　马殿华　马宇鸿　马子川　毛多斌　毛　华　毛雪飞　门宝辉　孟家光
孟　杰　孟庆森　孟素兰　孟　宗　米据生　苗福生　缪绅裕　闵　旸　莫多闻　莫宏伟　欧乐明　潘存海
潘开林　庞　浩　彭　熙　齐跃峰　钱向东　乔艳华　秦东晨　秦永松　仇宝云　邱祖民　璩向宁　权　衡
任爱玲　任家东　任　杰　任胜利　任云生　尚松浩　邵东国　宋凤轩　宋建军　宋来洲　宋树祥　苏娟华
石东坡　石福明　时朋朋　时胜国　史艳国　史永超　孙伟民　孙卫忠　孙志坚　唐二军　唐　红　唐振军
苏维词　苏占海　苏忠民　孙　诚　孙聂枫　孙　骞　田义新　汪海年　汪兴平　王昌禄　王成涛　王澄海
陶新民　陶学恒　陶学明　田广军　田国才　田海舰　王加友　王金莲　王景芹　王　珏[1]　王克文　王利光
王定标　王　革　王广斌　王红强　王宏启　王华军　王维庆　王文全　王宪杰　王晓明　王兴贵　王兴军
王利民　王龙杰　王培光　王书香　王淑芳　王天生　魏立新　魏文康　温　斌　温福昇　文灵华　文友民
王艳红[2]　王永清　王雨时　王正群　王志强[1]　魏春艳　吴泽宁　伍振毅　武传宇　肖海军　肖俊明　肖凯军
吴成福　吴佃华　吴凤和　吴焕淦　吴　洁　吴立潮　徐辰武　徐罗山　徐　鹏　徐石海　徐晓虹　徐镇凯
肖　鹏[2]　谢建新　谢维成　邢宝君　邢光龙　徐　斌[3]　闫荣格　阎慧臻　阳建强　杨　光[2]　杨继新　杨庆祥
许成谦　许光全　许文林　许志强　薛永常　闫茂德　杨伟东　杨文伟　杨　岩　杨志远　杨忠鹏　杨宗政
杨人凤　杨瑞云　杨胜强　杨守义　杨树和　杨松林　尤　波　游　俊　于舒春　于晓洋　袁寿其　袁越锦
姚建涛　姚树峰　姚致清　易灵芝　尹家录　尹怡欣　翟俊海　张彼德　张　兵[1]　张昌民　张成才　张春枝
乐金朝　岳彩旭　岳德权　曾　励　曾照芳　查仁明　张　敏[1]　张敏莉　张鹏岩　张　强[3]　张师超　张寿庭
张纯江　张金超　张金萍　张军舰　张　黎　张丽霞[2]　张文学　张喜玲　张向京　张小栓　张晓龙　张新祥
张素凤　张太华　张天平　张铁明　张　威[2]　张文举　赵国强　赵红雪　赵　健　赵　龙　赵　平　赵荣钦
张秀英　张　煜　张增志　张宗华　赵藏赏　赵法锁　郑连斌　郑龙江　郑敏利　郑彦宁　郑永爱　郑玉光
赵延治　赵永生　赵玉成　赵玉新　赵元春　赵智胜　周建忠[1]　周江川　周利平　周晓燕　周盈科　周永章
钟　诚　钟守昌　钟太洋　周成合　周继承　周建国　朱学军　朱真才　朱正吼　朱志良　邹　芹　邹晓红
周正新　周志军　朱蓓薇　朱　诚　朱大铭　朱霞石

N 自然科学总论

N 自然科学总论类核心期刊表研究报告

一、统计结果

统计项目	检索工具	检到条数	涉及刊数	70%条数	涉及刊数
被引量	中文科技期刊数据库(引文版)[北京大学图书馆遴选人文社会科学引文统计源期刊]、中国科学引文数据库	19 765	3 040	13 980	446
他引量	中文科技期刊数据库(引文版)[北京大学图书馆遴选人文社会科学引文统计源期刊]、中国科学引文数据库	17 167	3 033	12 148	540

基金论文量	中国期刊全文数据库、万方数据知识服务平台	1 192	437	834	94
Web 下载量	中国期刊全文数据库、万方数据知识服务平台、中文科技期刊数据库、超星学习通与超星发现产品数据平台、中华医学期刊网、国家哲学社会科学文献中心中文期刊数据库	6 284 065	5 121	4 449 316	255

二、综合筛选

对统计结果先作隶属度换算，再作加权平均。经过测试和征求专家意见，选定各评价指标权重如下：

指标名称	权重	指标名称	权重	指标名称	权重	指标名称	权重
被引量	0.08	期刊他引量	0.20	影响因子	0.07	他引影响因子	0.11
5 年影响因子	0.10	5 年他引影响因子	0.16	特征因子	0.01	论文影响分值	0.05
论文被引指数	0.05	Web 下载量	0.02	3 年Web 下载率	0.03	国家级基金论文比	0.04
省部级基金论文比	0.01	获奖或被重要检索系统收录	0.05	可被引论文比	0.01	前 5 年可被引论文比	0.01

得到本学科综合隶属度排序表，经专家评审后，取排在前面的 17 种为核心期刊。

三、说明

与本类相关的综合性核心期刊见"N/X 综合性理工农医类核心期刊表"。

N 自然科学总论类核心期刊表

序号	刊名	序号	刊名	序号	刊名
1	自然辩证法研究	7	中国科学院院刊	13	复杂系统与复杂性科学
2	自然科学史研究	8	系统科学学报	14	系统工程学报
3	系统工程理论与实践	9	中国科学基金	15	实验室研究与探索
4	自然辩证法通讯	10	系统管理学报	16	科技导报
5	科学技术哲学研究	11	科普研究	17	实验技术与管理
6	中国科技史杂志	12	系统工程		

研究人员： 赵 飞 张晓琳 北京大学图书馆

评审专家： 艾德生 敖天其 卜风贤 昌增益 陈焕铭 陈 文[2] 陈小鸿 陈义旺 陈英盈 陈振锋 崔伟奇 崔振铎 邓必阳 刁淑娟 杜道林 范江华 方东红 方 新 方 岩 冯建跃 冯立昇 高大文 高 隽 高英俊 关增建 郭士杰 何小海 何幼斌 贺学礼 侯学良 侯振安 胡今鸿 胡锡琴 胡元森 黄大荣 黄 寰 黄凯丰 黄 维 籍国东 贾殿赠 贾士儒 贾玉树 江成顺 姜春林 姜振寰 姜周曙 蒋兴浩 康重庆 康传红 柯宏发 邝 华 兰中文 李德亮 李建林 李 勘 李三虎 李 士 李永军 李玉现 李增学 李震彪 李 政 李志民[1] 李宗礼 连 宾 连 洁 梁金生 林支桂 刘邦贵 刘滇生 刘广瑞 刘克新 刘忠玉 龙世兵 罗大庆 罗立文 罗绍凯 马剑敏 马 良 孟 杰 莫多闻 倪根金 潘曹峰 潘天群 庞 浩 齐亚彬 钱 会 秦晓群 任胜利 荣 昶 沈建中 沈 明 沈永平 盛业华 石东坡 史天贵 史永超 苏娟华 孙 超 孙 骞 唐 红 田广军 汪寿阳 王颋胤 王华军 王劲峰 王 琦 王荣阁 王淑芳 王绪本 韦 玮 文灵华 吴 攀 武传宇 武正军 肖井华 肖 鹏[2] 谢建新 邢卫红 徐安玉 徐 飞 徐罗山 徐庆宇 徐镇凯 徐志伟 阎慧臻 杨庆祥 易灵芝 于升学 余晓流 张 峰[2] 张 恒 张建文 张俊忠 张天平 张文举 赵元春 赵智胜 钟宁宁 周伯明 周 程 周成合 周 亮 周涛发 周文政 周新桂 周盈科 周永章 朱剑英 朱志良 左 超

O1 数学

O1 数学类核心期刊表研究报告

一、统计结果

统计项目	检索工具	检到条数	涉及刊数	70%条数	涉及刊数
被引量	中文科技期刊数据库（引文版）[北京大学图书馆遴选人文社会科学引文统计源期刊]、中国科学引文数据库	24 661	2 314	17 269	176
他引量	中文科技期刊数据库（引文版）[北京大学图书馆遴选人文社会科学引文统计源期刊]、中国科学引文数据库	19 568	2 296	13 704	240
基金论文量	中国期刊全文数据库、万方数据知识服务平台	22 361	1 591	15 653	201
Web下载量	中国期刊全文数据库、万方数据知识服务平台、中文科技期刊数据库、超星学习通与超星发现产品数据平台、中华医学期刊网、国家哲学社会科学文献中心中文期刊数据库	25 709 448	5 513	18 063 310	387

二、综合筛选

对统计结果先作隶属度换算，再作加权平均。经过测试和征求专家意见，选定各评价指标权重如下：

指标名称	权重	指标名称	权重	指标名称	权重	指标名称	权重
被引量	0.08	期刊他引量	0.20	影响因子	0.07	他引影响因子	0.11
5年影响因子	0.10	5年他引影响因子	0.16	特征因子	0.01	论文影响分值	0.05
论文被引指数	0.05	Web下载量	0.02	3年Web下载率	0.03	国家级基金论文比	0.04
省部级基金论文比	0.01	获奖或被重要检索系统收录	0.05	可被引论文比	0.01	前5年可被引论文比	0.01

得到本学科综合隶属度排序表，经专家评审后，取排在前面的15种为核心期刊。

三、说明

与本类相关的综合性核心期刊见"N/X综合性理工农医类核心期刊表"。

O1 数学类核心期刊表

序号	刊　名	序号	刊　名	序号	刊　名
1	数学学报	6	高校应用数学学报.A辑	11	运筹学学报
2	中国科学.数学	7	应用数学	12	模糊系统与数学
3	应用数学学报	8	数学年刊.A辑	13	计算数学
4	数学物理学报	9	应用概率统计	14	工程数学学报
5	系统科学与数学	10	数学进展	15	数学的实践与认识

研究人员：　王晶晶　北京大学图书馆

评审专家：　安天庆　保继光　步尚全　曹进德　陈嘉兴　陈武华　陈雪鸿　陈永高　陈　震　戴斌祥
邓国和　丁晓青　杜殿楼　段梦兰　范江华　冯秀芳　高红亚　高洪俊　高　丽　高普云　高维东　龚日朝
韩逢庆　胡红钢　纪爱兵　简金宝　江成顺　焦争鸣　金　丽　黎　稳　李福义　李　刚[3]　李光汉　李宏伟
李鹏松　李少远　李永祥　李玉双　林支桂　蔺小林　刘　斌[2]　刘法贵　刘建科　刘金林　刘维奇　刘新为
刘张炬　刘仲奎　卢琳璋　陆启韶　罗绍凯　吕　杰[1]　马宇鸿　毛　华　米据生　苗福生　闵　涛　秦新强
丘维声　石东洋　时朋朋　史永超　史宇光　舒尚奇　宋士仓　孙　健[1]　汤叔楩　汪寿阳　王达布　王　红[2]
王　丽[2]　王培光　王卿文　王宪杰　巫银花　吴勃英　吴晓锋　夏璧灿　谢小平　徐罗山　徐茂智　徐秀丽

许作铭　阎慧臻　杨长森　杨万利　杨向群　杨忠鹏　尹家录　于春肖　俞元洪　岳德权　曾照芳　张国山
张军舰　张天平　张文鹏　张映辉　周正新　朱传喜　朱士信

O3 力学

O3 力学类核心期刊表研究报告

一、统计结果

统计项目	检索工具	检到条数	涉及刊数	70％条数	涉及刊数
被引量	中文科技期刊数据库（引文版）[北京大学图书馆遴选人文社会科学引文统计源期刊]、中国科学引文数据库	35 077	1 732	24 560	85
他引量	中文科技期刊数据库（引文版）[北京大学图书馆遴选人文社会科学引文统计源期刊]、中国科学引文数据库	27 180	1 720	19 061	117
基金论文量	中国期刊全文数据库、万方数据知识服务平台	3 747	711	2 621	111
Web 下载量	中国期刊全文数据库、万方数据知识服务平台、中文科技期刊数据库、超星学习通与超星发现产品数据平台、中华医学期刊网、国家哲学社会科学文献中心中文期刊数据库	6 083 969	3 065	4 294 134	133

二、综合筛选

对统计结果先作隶属度换算，再作加权平均。经过测试和征求专家意见，选定各评价指标权重如下：

指标名称	权重	指标名称	权重	指标名称	权重	指标名称	权重
被引量	0.08	期刊他引量	0.20	影响因子	0.07	他引影响因子	0.11
5 年影响因子	0.10	5 年他引影响因子	0.16	特征因子	0.01	论文影响分值	0.05
论文被引指数	0.05	Web 下载量	0.02	3 年Web 下载率	0.03	国家级基金论文比	0.04
省部级基金论文比	0.01	获奖或被重要检索系统收录	0.05	可被引论文比	0.01	前 5 年可被引论文比	0.01

得到本学科综合隶属度排序表，经专家评审后，取排在前面的 12 种为核心期刊。

三、说明

与本类相关的综合性核心期刊见"N/X 综合性理工农医类核心期刊表"。

O3 力学类核心期刊表

序号	刊　名	序号	刊　名	序号	刊　名
1	力学学报	5	固体力学学报	9	应用数学和力学
2	爆炸与冲击	6	计算力学学报	10	应用力学学报
3	振动与冲击	7	振动工程学报	11	实验力学
4	工程力学	8	力学季刊	12	力学进展

研究人员：　赵盼云　北京大学图书馆
评审专家：　艾延廷　艾智勇　鲍文博　毕世华　蔡体菁　曹进德　曹平周　曹文贵　岑　松　柴军瑞
柴　山　陈德华　陈定方　陈光雄　陈静波　陈开圣　陈　克[2]　陈　南　陈水生　陈伟政　陈务军　陈效鹏
陈英杰　陈朝晖　崔自治　戴玉婷　邓　华　邓英尔　丁　千　窦益华　杜成斌　段梦兰　樊智敏　房营光
费庆国　冯忠居　付宇明　高丽敏　高普云　高　玮　高轩能　顾耀东　管　锋　郭楚文　郭广平　郭玉明
韩万水　韩　西　郝际平　郝卫亚　何长华　贺寅彪　胡国明　胡鸿志　黄明利　黄泽好　吉庆丰　纪仲秋
季路成　姜　峰　姜　彤　姜耀东　焦楚杰　荆武兴　亢　战　李大勇　李　杰[3]　李　军[3]　李鹏松　李　强[2]

李仁府　李绍武　李夕兵　李小军　李晓雷　李耀刚　李志农　栗保明　梁建文　梁　军　蔺嫦燕　刘　波[4]
刘伯权　刘　峰[2]　刘国华[1]　刘海峰　刘建军[2]　刘美红　刘　润　刘世民　刘永寿　刘　宇　刘元雪　刘忠玉
龙新平　卢芳云　卢亦焱　陆启韶　罗绍凯　罗　忠　吕清涛　马芹永　马石城　马玉娥　门福殿　彭林欣
钱林方　钱向东　秦国良　邱志平　屈　展　任青文　任有志　芮筱亭　沙　毅　邵国建　沈惠申　沈荣瀛
沈新普　时朋朋　舒红宇　唐益群　宋宏伟　宋云连　孙宝忠　孙铁志　孙小平　孙增寿　索　涛　谭惠丰　谭永华
谭卓英　唐恩凌　唐益群　陶　钢　汪芳宗　王　聪[1]　王东炜　王　革　王国玉　王海军　王建国　王明年
王　强[4]　王祥秋　王旭东　王言英　王振东　王正中　王志军　韦笃取　吴大转　吴时强　吴志林　吴子燕
肖汉斌　肖　宏　解立峰　谢开仲　谢兴华　徐可君　许英姿　闫澍旺　颜　开　颜可珍　杨德庆　杨　平
杨咸启　杨　洋　杨智春　尹建平　应祖光　于开平　于庆磊　于溯源　余晓流　袁　奇　乐金朝　曾　涛
翟志强　张道林　张功学　张国渊　张海霞　张纪刚　张季超　张家忠　张克实　张琪昌　张先锋　张谢东
张玄奇　张映辉　张云电　张志军　章　青　赵桂平　赵　华　赵建平　赵兰浩　赵庆新　赵永翔　赵云峰
郑惠萍　郑　群　周本谋　周朝阳　周　岱　周宏伟[2]　周　辉[1]　周　伟　周益春　朱宏平　朱　沙　朱　锡
朱战霞

O4 物理学

O4 物理学类核心期刊表研究报告

一、统计结果

统计项目	检索工具	检到条数	涉及刊数	70%条数	涉及刊数
被引量	中文科技期刊数据库（引文版）［北京大学图书馆遴选人文社会科学引文统计源期刊］、中国科学引文数据库	43 525	2 454	30 588	80
他引量	中文科技期刊数据库（引文版）［北京大学图书馆遴选人文社会科学引文统计源期刊］、中国科学引文数据库	32 292	2 441	22 655	137
基金论文量	中国期刊全文数据库、万方数据知识服务平台	11 689	1 123	8 167	95
Web下载量	中国期刊全文数据库、万方数据知识服务平台、中文科技期刊数据库、超星学习通与超星发现产品数据平台、中华医学期刊网、国家哲学社会科学文献中心中文期刊数据库	13 601 990	4 542	9 580 877	220

二、综合筛选

对统计结果先作隶属度换算，再作加权平均。经过测试和征求专家意见，选定各评价指标权重如下：

指标名称	权重	指标名称	权重	指标名称	权重	指标名称	权重
被引量	0.08	期刊他引量	0.20	影响因子	0.07	他引影响因子	0.11
5年影响因子	0.10	5年他引影响因子	0.16	特征因子	0.01	论文影响分值	0.05
论文被引指数	0.05	Web下载量	0.02	3年Web下载率	0.03	国家级基金论文比	0.04
省部级基金论文比	0.01	获奖或被重要检索系统收录	0.05	可被引论文比	0.01	前5年可被引论文比	0.01

得到本学科综合隶属度排序表，经专家评审后，取排在前面的19种为核心期刊。

三、说明

与本类相关的综合性核心期刊见"N/X综合性理工农医类核心期刊表"。

O4 物理学类核心期刊表

序号	刊名	序号	刊名	序号	刊名
1	光学学报	7	发光学报	13	量子光学学报
2	物理学报	8	中国科学. 物理学 力学 天	14	强激光与粒子束
3	中国激光		文学	15	原子与分子物理学报
4	中国光学[改名为:中国光学	9	声学学报	16	物理
	(中英文)]	10	物理学进展	17	计算物理
5	光子学报	11	原子核物理评论	18	高压物理学报
6	光谱学与光谱分析	12	量子电子学报	19	光散射学报

研究人员：　游　越　北京大学图书馆

评审专家：　毕　超　蔡永茂　蔡志岗　曹益平　陈大鹏　陈光雄　陈怀新　陈焕铭　陈　强　陈文[1]
陈向荣[1]　程维明　戴连荣　戴松元　戴玉蓉　邓小武　狄慧鸽　董晨钟　段家怀　樊慧庆　范文慧　方　恺
冯进军　高发明　高　飞　高英俊　葛宝臻　候慧阳　顾晓峰　顾耀东　关　丽　郭得峰　郭　进　哈益明
韩玖荣　韩伟华　胡继明　胡忠坤　黄　焜　黄　维　黄泽好　黄志高　简献忠　金宁德　金伟其　井西利
邝　华　赖建军　乐永康　李安虎　李得天　李　工　李金环　李卫东[2]　李新碗　李雪春　李训贵　李　焱
李玉现　李志坚　李子丰　励强华　栗保明　梁伟红　刘邦贵　刘承师　刘建科　刘文彪　刘先松　刘钟栋
龙世兵　陆启韶　陆振刚　罗　斌　罗绍凯　马剑钢　门福殿　孟　杰　孟新河　倪晓武　欧　立　欧阳义芳
潘　炜　秦国良　任凯亮　单保慈　尚秋峰　邵建新　邵晓鹏　沈建中　沈为民　石　峰　时朋朋　史永超
宋永伦　孙晶华　孙　军　孙军强　孙聂枫　孙　骞　孙庆生　唐成春　唐恩凌　唐国宁　陶俊光　田广军
童　凯　童峥嵘　汪凯戈　王红理　王嘉赋　王　强[4]　王石语　王书涛　王淑芳　王小力　王永红　王玉晓
王云才　王智广　魏晓勇　文灵华　吴　川　吴晗平　吴小山　吴志芳　肖井华　信　赢　徐　灿　徐庆宇
徐朝鹏　羊亚平　杨盛谊　杨卫平　杨银堂　杨智春　姚江宏　姚淑德　叶沿林　于宗光　喻松林　曾建成
曾阳素　张　锋[2]　张国义　张海霞　张鸿军　张家忠　张　黎　张明喆　张铁犁　张伟刚　张新宇　张燕君
张映辉　张云电　张振荣　张振兴　张志刚　张志勇[2]　赵立东　赵啟大　赵树民　赵振杰　赵正平　甄聪棉
钟　伟　周本谋　周　斌[1]　周文政　周雨青　周忠祥　邹　澎　左　超

O6,O7 化学,晶体学

O6,O7 化学,晶体学类核心期刊表研究报告

一、统计结果

统计项目	检索工具	检到条数	涉及刊数	70%条数	涉及刊数
被引量	中文科技期刊数据库(引文版)[北京大学图书馆遴选人文社会科学引文统计源期刊]、中国科学引文数据库	114 666	3 781	79 514	173
他引量	中文科技期刊数据库(引文版)[北京大学图书馆遴选人文社会科学引文统计源期刊]、中国科学引文数据库	89 408	3 775	62 252	261
基金论文量	中国期刊全文数据库、万方数据知识服务平台	30 729	1 775	21 497	137
Web下载量	中国期刊全文数据库、万方数据知识服务平台、中文科技期刊数据库、超星学习通与超星发现产品数据平台、中华医学期刊网、国家哲学社会科学文献中心中文期刊数据库	48 431 347	5 294	34 013 010	193

二、综合筛选

对统计结果先作隶属度换算,再作加权平均。经过测试和征求专家意见,选定各评价指标权重如下:

指标名称	权重	指标名称	权重	指标名称	权重	指标名称	权重
被引量	0.08	期刊他引量	0.20	影响因子	0.07	他引影响因子	0.11
5年影响因子	0.10	5年他引影响因子	0.16	特征因子	0.01	论文影响分值	0.05
论文被引指数	0.05	Web下载量	0.02	3年Web下载率	0.03	国家级基金论文比	0.04
省部级基金论文比	0.01	获奖或被重要检索系统收录	0.05	可被引论文比	0.01	前5年可被引论文比	0.01

得到本学科综合隶属度排序表,经专家评审后,取排在前面的20种为核心期刊。

三、说明

与本类相关的综合性核心期刊见"N/X综合性理工农医类核心期刊表"。

O6,O7 化学,晶体学类核心期刊表

序号	刊　名	序号	刊　名	序号	刊　名
1	化学学报	8	高等学校化学学报	15	分析科学学报
2	分析化学	9	分析试验室	16	化学研究与应用
3	色谱	10	中国科学.化学	17	功能高分子学报
4	有机化学	11	质谱学报	18	化学通报
5	分析测试学报	12	无机化学学报	19	中国无机分析化学
6	物理化学学报	13	理化检验.化学分册	20	人工晶体学报
7	化学进展	14	分子催化		

研究人员：　王　旭　　北京大学图书馆

评审专家：　白晨曦　　鲍　艳　毕树平　曹吉林　巢志茂　陈　超[2]　陈　馥　陈甫雪　陈怀侠　陈建荣
陈立功　陈留平　陈明清　陈业高　陈义旺　陈　湧　陈振锋　陈自卢　谌东中　谌　岩　崔　鹏　戴松元
戴猷元　邓必阳　丁　涛　丁运生　董国君　杜凤沛　杜新贞　段文贵　樊栓狮　方　云　房晓敏　甘礼华
甘　阳　高发明　高慧媛　高士祥　高向阳　高志贤　高作宁　葛华才　耿　直[2]　龚俊波　谷文祥　顾觉奋
郭伟强　韩恩山　郝彦忠　何　娟　何良年　贺峥杰　胡继明　胡晓春　黄宝勇　黄发荣　黄建滨[1]　黄开勋
黄　焜　黄立新[2]　黄锁义　黄　维　黄志勇　贾殿赠　姜兆华　蒋序林　金米聪　柯金炼　来水利　李毕忠
李德亮　李发堂　李　工　李建平[2]　李建强[1]　李书国　李先国　李晓峰　李言涛　李一峻　李　瑛[2]　李　政
练鸿振　梁鑫森　梁　英　林　海　林　鹏　林　勤　刘滇生　刘宏英　刘　葵　刘芃岩　刘秋新　刘世民
刘守新　刘松琴　刘松青　刘素琴　刘伟平　刘雄民　刘宇程　刘兆丽　卢　奎　卢烁十　卢咏来　罗立文
罗美明　罗振扬　吕功煊　吕国诚　吕生华　吕运开　马冲先　马　刚　马红超　马　铭　马玉龙　马子川
毛雪飞　梅乐和　梅　平　南照东　倪　刚　潘功配　潘　伟　潘英明　裴　坚　彭　峰　蒲守智　乔英杰
覃江克　任　杰　尚贞锋　邵明武　邵学广　申宝剑　沈　健　沈　明　沈星灿　宋大千　宋月林　苏正涛
苏忠民　孙家寿　孙　军　孙林兵　孙聂枫　孙培勤　谈国强　唐　渝　田广军　田国才　田树革　童叶翔
屠迎锋　万　坚　汪必琴　汪世平　王赪胤　王存德　王德才　王德松　王发洲　王桂芳　王海舟　王恒山
王锦成　王　力　王林山　王龙杰　王森林　王升富　王同华　王文才　王延吉　王玉枝　韦　萍　温桂清
文瑞明　吴　川　吴永宁　吴仲肖　夏树伟　相宏伟　向国强　肖国民　谢建新　徐　军　徐抗震　徐石海
徐　庶　徐元清　徐朝鹏　徐祖顺　杨　彪　杨　槐　杨水金　杨兆勇　姚其正　易国斌　尹笃林　应　敏
余　刚　余江龙　张　斌[1]　张建国[1]　张敬东　张　覃　张秋禹　张绍印　张素风　张文清　张新祥　张　勇[2]
张　越[2]　张振兴　张治红　赵继全　赵立东　赵书林　赵天生　赵彦保　赵云峰　赵正平　钟国清　钟庆东
周成合　周建国　周健民　周启星　周文明　周　震　朱红军　朱霞石　朱再明　朱志良　朱志平

P1 天文学

P1 天文学类核心期刊表研究报告

一、统计结果

统计项目	检索工具	检到条数	涉及刊数	70%条数	涉及刊数
被引量	中文科技期刊数据库(引文版)[北京大学图书馆遴选人文社会科学引文统计源期刊]、中国科学引文数据库	4 422	735	3 102	94
他引量	中文科技期刊数据库(引文版)[北京大学图书馆遴选人文社会科学引文统计源期刊]、中国科学引文数据库	3 495	726	2 454	123
基金论文量	中国期刊全文数据库、万方数据知识服务平台	1 983	331	1 385	24
Web下载量	中国期刊全文数据库、万方数据知识服务平台、中文科技期刊数据库、超星学习通与超星发现产品数据平台、中华医学期刊网、国家哲学社会科学文献中心中文期刊数据库	1 473 563	3 091	1 035 147	99

二、综合筛选

对统计结果先作隶属度换算,再作加权平均。经过测试和征求专家意见,选定各评价指标权重如下:

指标名称	权重	指标名称	权重	指标名称	权重	指标名称	权重
被引量	0.08	期刊他引量	0.20	影响因子	0.07	他引影响因子	0.11
5年影响因子	0.10	5年他引影响因子	0.16	特征因子	0.01	论文影响分值	0.05
论文被引指数	0.05	Web下载量	0.02	3年Web下载率	0.03	国家级基金论文比	0.04
省部级基金论文比	0.01	获奖或重要检索系统收录	0.05	可被引论文比	0.01	前5年可被引论文比	0.01

得到本学科综合隶属度排序表,经专家评审后,取排在前面的2种为核心期刊。

三、说明

与本类相关的综合性核心期刊见"N/X综合性理工农医类核心期刊表"。

P1 天文学类核心期刊表

序号	刊 名	序号	刊 名
1	天文学报	2	天文学进展

研究人员： 陈瑞金　北京大学图书馆

评审专家： 高英俊　李孝辉　李子丰　刘立波　刘文彪　孟新河　任云生　施浒立　孙伟民　严发宝

余先川　喻松林　张捍卫　周雨青

P2 测绘学

P2 测绘学类核心期刊表研究报告

一、统计结果

统计项目	检索工具	检到条数	涉及刊数	70%条数	涉及刊数
被引量	中文科技期刊数据库(引文版)[北京大学图书馆遴选人文社会科学引文统计源期刊]、中国科学引文数据库	66 571	2 702	46 646	98
他引量	中文科技期刊数据库(引文版)[北京大学图书馆遴选人文社会科学引文统计源期刊]、中国科学引文数据库	55 771	2 696	39 130	136
基金论文量	中国期刊全文数据库、万方数据知识服务平台	7 507	1 031	5 247	71
Web下载量	中国期刊全文数据库、万方数据知识服务平台、中文科技期刊数据库、超星学习通与超星发现产品数据平台、中华医学期刊网、国家哲学社会科学文献中心中文期刊数据库	13 592 482	4 210	9 579 147	87

二、综合筛选

对统计结果先作隶属度换算,再作加权平均。经过测试和征求专家意见,选定各评价指标权重如下:

指标名称	权重	指标名称	权重	指标名称	权重	指标名称	权重
被引量	0.08	期刊他引量	0.20	影响因子	0.07	他引影响因子	0.11
5年影响因子	0.10	5年他引影响因子	0.16	特征因子	0.01	论文影响分值	0.05
论文被引指数	0.05	Web下载量	0.02	3年Web下载率	0.03	国家级基金论文比	0.04
省部级基金论文比	0.01	获奖或被重要检索系统收录	0.05	可被引论文比	0.01	前5年可被引论文比	0.01

得到本学科综合隶属度排序表,经专家评审后,取排在前面的9种为核心期刊。

三、说明

与本类相关的综合性核心期刊见"N/X综合性理工农医类核心期刊表"。

P2 测绘学类核心期刊表

序号	刊　名	序号	刊　名	序号	刊　名
1	测绘学报	4	遥感学报	7	大地测量与地球动力学
2	武汉大学学报. 信息科学版	5	测绘科学	8	导航定位学报
3	测绘通报	6	地球信息科学学报	9	海洋测绘

研究人员：　陈瑞金　北京大学图书馆

评审专家：　鲍志东　暴景阳　蔡体菁　曹海翊　曹聚亮　岑　况　陈国通　陈军[2]　陈龙乾　陈伟清
程钢[1]　戴华阳　党安荣　刁淑娟　丁正江　杜清运　付梅臣　甘甫平　耿则勋　谷晓平　郭广礼　郭　铌
郭云开　郝晋珉　何红丽　何明一　何书金　何宗宜　胡振琪　花向红　纪元法　姜晨光　赖际舟　李　京
李孝辉　李玉龙　林　辉　刘　广　刘顺喜　孟万忠　聂洪峰　潘　懋　潘正风　彭真明　曲建光　任　福
申文斌　盛庆红　盛业华　施浒立　石忆邵　史瑞芝　宋伟东　苏生瑞　眭海刚　孙　华　唐新明　童　玲
汪云甲　王克平　王让会　王延亮　韦忠亚　吴健平　谢拥军　徐爱功　徐海刚　徐涵秋　徐　辉[2]　许江宁
晏　磊　燕乃玲　杨东凯　杨风暴　杨　健[1]　杨武年　姚国清　姚宜斌　袁修孝　张　兵[2]　张成才　张登荣
张捍卫　张洪岩　张乐飞　张永军　赵　军[5]　赵　龙　赵　剡　赵振维　甄卫民　郑新奇　周　纪　周　琪
朱　庆　朱英浩

P3 地球物理学

P3 地球物理学类核心期刊表研究报告

一、统计结果

统计项目	检索工具	检到条数	涉及刊数	70%条数	涉及刊数
被引量	中文科技期刊数据库（引文版）[北京大学图书馆遴选人文社会科学引文统计源期刊]、中国科学引文数据库	84 877	2 266	59 400	78
他引量	中文科技期刊数据库（引文版）[北京大学图书馆遴选人文社会科学引文统计源期刊]、中国科学引文数据库	72 419	2 262	50 755	90
基金论文量	中国期刊全文数据库、万方数据知识服务平台	7 509	816	5 242	89
Web下载量	中国期刊全文数据库、万方数据知识服务平台、中文科技期刊数据库、超星学习通与超星发现产品数据平台、中华医学期刊网、国家哲学社会科学文献中心中文期刊数据库	9 097 369	4 028	6 500 772	109

二、综合筛选

对统计结果先作隶属度换算，再作加权平均。经过测试和征求专家意见，选定各评价指标权重如下：

指标名称	权重	指标名称	权重	指标名称	权重	指标名称	权重
被引量	0.08	期刊他引量	0.20	影响因子	0.07	他引影响因子	0.11
5年影响因子	0.10	5年他引影响因子	0.16	特征因子	0.01	论文影响分值	0.05
论文被引指数	0.05	Web下载量	0.02	3年Web下载率	0.03	国家级基金论文比	0.04
省部级基金论文比	0.01	获奖或被重要检索系统收录	0.05	可被引论文比	0.01	前5年可被引论文比	0.01

得到本学科综合隶属度排序表，经专家评审后，取排在前面的10种为核心期刊。

三、说明

与本类相关的综合性核心期刊见"N/X综合性理工农医类核心期刊表"。

P3 地球物理学类核心期刊表

序号	刊名	序号	刊名	序号	刊名
1	地球物理学报	5	地震	9	震灾防御技术
2	地震地质	6	中国地震	10	水文
3	地震学报	7	地震工程学报		
4	地震研究	8	地球物理学进展		

研究人员：　吴亚平　北京大学图书馆

评审专家：　艾　萍　鲍志东　蔡体菁　曹聚亮　岑　况　陈　鹏[3]　陈　文[2]　陈正乐　程建远　程谦恭
楚泽涵　邓少贵　丁正江　丁志峰　董浩斌　费宇红　付志红　傅　春　高　杰　高孟潭　顾汉明　郝梓国
胡天跃　胡祥云　黄清华　黄振平　贾永刚　姜德义　金宁德　井西利　赖绍聪　李安宗　李大辉　李小军
李永军　李忠辉　梁　川　梁建文　刘代志　刘继承　刘建达[2]　刘立波　刘生优　刘　洋　吕新彪　吕悦军
门福殿　孟召平　潘　华　彭真明　曲国胜　单　炜　尚彦军　宋延杰　苏生瑞　万　力　王东炜　王贵玲
王海涛　王南萍　王　平[6]　王璞珺　王绪本　王　骞　吴志强　席振铢　肖立志　谢然红　熊立华　徐　辉[2]
徐锡伟　严发宝　杨东凯　杨兴科　姚宜斌　姚永熙　叶　英　尹　成　岳建华　曾令森　张东和　张　锋[2]
张捍卫　张　强[4]　张行南　张玄奇　张作衡　赵必强　赵军龙　周本刚　周汉文　周新桂

P4 大气科学(气象学)

P4 大气科学(气象学)类核心期刊表研究报告

一、统计结果

统计项目	检索工具	检到条数	涉及刊数	70%条数	涉及刊数
被引量	中文科技期刊数据库(引文版)[北京大学图书馆遴选人文社会科学引文统计源期刊]、中国科学引文数据库	81 272	2 005	56 762	34
他引量	中文科技期刊数据库(引文版)[北京大学图书馆遴选人文社会科学引文统计源期刊]、中国科学引文数据库	65 664	1 996	45 842	40
基金论文量	中国期刊全文数据库、万方数据知识服务平台	10 123	1 055	7 072	90
Web下载量	中国期刊全文数据库、万方数据知识服务平台、中文科技期刊数据库、超星学习通与超星发现产品数据平台、中华医学期刊网、国家哲学社会科学文献中心中文期刊数据库	11 285 510	4 654	7 999 409	103

二、综合筛选

对统计结果先作隶属度换算,再作加权平均。经过测试和征求专家意见,选定各评价指标权重如下:

指标名称	权重	指标名称	权重	指标名称	权重	指标名称	权重
被引量	0.08	期刊他引量	0.20	影响因子	0.07	他引影响因子	0.11
5年影响因子	0.10	5年他引影响因子	0.16	特征因子	0.01	论文影响分值	0.05
论文被引指数	0.05	Web下载量	0.02	3年Web下载率	0.03	国家级基金论文比	0.04
省部级基金论文比	0.01	获奖或重要检索系统收录	0.05	可被引论文比	0.01	前5年可被引论文比	0.01

得到本学科综合隶属度排序表,经专家评审后,取排在前面的9种为核心期刊。

三、说明

与本类相关的综合性核心期刊见"N/X综合性理工农医类核心期刊表"。

P4 大气科学(气象学)类核心期刊表

序号	刊　名	序号	刊　名	序号	刊　名
1	气象学报	4	应用气象学报	7	大气科学学报
2	大气科学	5	气象	8	热带气象学报
3	高原气象	6	气候变化研究进展	9	气候与环境研究

研究人员：　陈瑞金　北京大学图书馆

评审专家：　陈正洪　戴跃伟　邓雪娇　狄慧鸽　房春生　谷晓平　郭　铌　黄嘉佑　黄立文　蒋仲安　李耀辉　李跃清　梁　川　刘辉志　刘立波　罗　琦　毛节泰　任福民　任国玉　沈永平　王澄海　王东晓　吴　息　俞小鼎　张　勃　张存杰　张宏昇　张劲松[4]　张　强[4]　张一平[2]　智协飞　朱英浩

P5 地质学

P5 地质学类核心期刊表研究报告

一、统计结果

统计项目	检索工具	检到条数	涉及刊数	70%条数	涉及刊数
被引量	中文科技期刊数据库(引文版)[北京大学图书馆遴选人文社会科学引文统计源期刊]、中国科学引文数据库	318 626	2 842	222 364	54
他引量	中文科技期刊数据库(引文版)[北京大学图书馆遴选人文社会科学引文统计源期刊]、中国科学引文数据库	273 754	2 840	191 841	61
基金论文量	中国期刊全文数据库、万方数据知识服务平台	26 845	1 140	18 775	101
Web 下载量	中国期刊全文数据库、万方数据知识服务平台、中文科技期刊数据库、超星学习通与超星发现产品数据平台、中华医学期刊网、国家哲学社会科学文献中心中文期刊数据库	35 252 551	4 568	24 947 412	110

二、综合筛选

对统计结果先作隶属度换算,再作加权平均。经过测试和征求专家意见,选定各评价指标权重如下:

指标名称	权重	指标名称	权重	指标名称	权重	指标名称	权重
被引量	0.08	期刊他引量	0.20	影响因子	0.07	他引影响因子	0.11
5年影响因子	0.10	5年他引影响因子	0.16	特征因子	0.01	论文影响分值	0.05
论文被引指数	0.05	Web 下载量	0.02	3年Web下载率	0.03	国家级基金论文比	0.04
省部级基金论文比	0.01	获奖或被重要检索系统收录	0.05	可被引论文比	0.01	前5年可被引论文比	0.01

得到本学科综合隶属度排序表,经专家评审后,取排在前面的 32 种为核心期刊。

三、说明

与本类相关的综合性核心期刊见"N/X综合性理工农医类核心期刊表"。

P5 地质学类核心期刊表

序号	刊名	序号	刊名	序号	刊名
1	岩石学报	12	地质通报	23	第四纪研究
2	地质学报	13	沉积学报	24	高校地质学报
3	地学前缘	14	地质力学学报	25	沉积与特提斯地质
4	地球科学	15	地质科技通报	26	地层学杂志
5	中国地质	16	岩石矿物学杂志	27	地球科学与环境学报
6	地质论评	17	矿物岩石地球化学通报	28	西北地质
7	中国科学. 地球科学	18	现代地质	29	矿物岩石
8	矿床地质	19	地球化学	30	地质科学
9	地球学报	20	矿物学报	31	水文地质工程地质
10	大地构造与成矿学	21	吉林大学学报. 地球科学版	32	岩矿测试
11	古地理学报	22	地质与勘探		

研究人员：　李凤棠　北京大学地球与空间科学学院

评审专家：　白向飞　鲍志东　边荣春　蔡鹤生　曹代勇　曹文贵　岑　况　陈柏林　陈　波[3]　陈家富
陈留平　陈启林　陈　文[2]　陈衍景　陈岳龙　陈正乐　谌文武　程谦恭　戴塔根　邓　军　邓英尔　刁淑娟
丁清峰　丁正江　董忠红　段隆臣　费宇红　傅雪海　甘甫平　高孟潭　韩再生　郝梓国　何幼斌　贺可强
侯春堂　侯贵廷　胡健民　胡如忠　胡祥云　纪占胜　贾永刚　简文彬　江思宏　赖绍聪　李碧乐　李　滨
李大勇　李海明　李胜荣　李天斌　李同录　李晓杰　李永军　李玉龙　李增学　李志忠　连　宾　廖震文
刘　波[1]　刘池阳　刘大锰　刘代志　刘耕年　刘汉东　刘建达[2]　刘林玉　刘钦甫　刘三意　刘生优　刘晓煌
刘心季　刘新荣　刘延明　刘焱光　刘永江　刘钟栋　鲁安怀　陆继龙　陆现彩　罗静兰　吕新彪　吕悦军
马昌前　孟召平　米　俊　倪师军　聂洪峰　潘　华　潘　懋　裴先治　彭晓蕾　钱　会　钱建平　钱　烨
秦　勇　邱昆峰　屈文俊　曲国胜　任云生　桑树勋　邵龙义　邵兆刚　申宝宏　申俊峰　沈永平　宋延杰
宋　章　苏生瑞　孙春宝　孙德有　孙国胜　孙景贵　孙振川　谭卓英　唐益群　万　力　汪　灵　汪明武
王登红　王恩志　王广才　王贵玲　王建力　王金生　王可勇　王立川　王璞珺　王文科　王晓霞　王秀艳
王旭东　王绪本　王义天　王运生　韦忠亚　吴　攀　吴胜和　吴秀玲　吴志强　仵彦卿　肖龙鸽　徐　超[2]
徐绍辉　徐锡伟　许　模　薛山顺　闫澍旺　颜世强　杨武年　杨兴科　姚海婆　叶加仁　易立新　余先川
袁宝远　袁国礼　岳建华　曾令森　张保祥　张昌民　张成江　张　丹　张发旺　张　锋[2]　张国成　张纪刚
张建新[2]　张进江　张军营　张　覃　张绍和　张寿庭　张小东　张玄奇　张　贻　张玉贵　张　云[1]　张招崇
张振营　张作衡　赵法锁　赵国彦　赵军龙　赵兰浩　赵通林　赵云胜　赵宗举　郑建平　郑俊杰　钟大康
钟宁宁　周爱国　周本刚　周传波　周汉文　周进生　周书明　周涛发　周新桂　周永章　周志芳　周志军
朱筱敏　朱泽虎　朱照宇

P7 海洋学

P7 海洋学类核心期刊表研究报告

一、统计结果

统计项目	检索工具	检到条数	涉及刊数	70％条数	涉及刊数
被引量	中文科技期刊数据库（引文版）［北京大学图书馆遴选人文社会科学引文统计源期刊］、中国科学引文数据库	48 022	2 258	33 772	106
他引量	中文科技期刊数据库（引文版）［北京大学图书馆遴选人文社会科学引文统计源期刊］、中国科学引文数据库	42 158	2 254	29 550	117
基金论文量	中国期刊全文数据库、万方数据知识服务平台	7 121	1 166	4 984	144
Web下载量	中国期刊全文数据库、万方数据知识服务平台、中文科技期刊数据库、超星学习通与超星发现产品数据平台、中华医学期刊网、国家哲学社会科学文献中心中文期刊数据库	7 125 929	4 033	5 022 617	168

二、综合筛选

对统计结果先作隶属度换算，再作加权平均。经过测试和征求专家意见，选定各评价指标权重如下：

指标名称	权重	指标名称	权重	指标名称	权重	指标名称	权重
被引量	0.08	期刊他引量	0.20	影响因子	0.07	他引影响因子	0.11
5年影响因子	0.10	5年他引影响因子	0.16	特征因子	0.01	论文影响分值	0.05
论文被引指数	0.05	Web下载量	0.02	3年Web下载率	0.03	国家级基金论文比	0.04
省部级基金论文比	0.01	获奖或被重要检索系统收录	0.05	可被引论文比	0.01	前5年可被引论文比	0.01

得到本学科综合隶属度排序表，经专家评审后，取排在前面的15种为核心期刊。

三、说明

与本类相关的综合性核心期刊见"N/X 综合性理工农医类核心期刊表"。

P7 海洋学类核心期刊表

序号	刊 名	序号	刊 名	序号	刊 名
1	海洋学报	7	海洋地质前沿	12	中国海洋大学学报. 自然科学版
2	海洋地质与第四纪地质	8	海洋预报		
3	海洋通报	9	应用海洋学学报	13	海洋学研究
4	热带海洋学报	10	海洋工程	14	极地研究
5	海洋科学进展	11	海洋科学	15	海洋湖沼通报
6	海洋与湖沼				

研究人员： 汪 聪 北京大学图书馆

评审专家： 鲍志东 暴景阳 曹俊明 陈木义 陈 勇[1] 陈永华 邓岳文 杜道林 段梦兰 段舜山 冯广朋 付 杰 郭玉清 郝梓国 何幼斌 黄立文 黄祥麟 黄振平 纪志永 贾永刚 江兴龙 李红志 李绍武 李陶深 李先国 李新碗 李言涛 李增学 林龙山 刘大海 刘 慧 刘静雯 刘 润 刘三意 刘焱光 缪绅裕 慕永通 全哲学 沈继红 孙景贵 田 涛[1] 王 聪[1] 王东晓 王桂芹 王国祥 王江涛 王克平 王项南 王绪本 王延辉 吴志强 肖迪娥 徐 鹏 徐石海 许学工 鄢庆枇 严浙平 阎希柱 杨东凯 易立新 尤 锋 于志刚 张 勃 张纪刚 张锁平 张 玮 张选明 赵进平 郑 鹏 郑 群 周汉文 周新桂 周永东 朱 琳 庄志猛

K9,P9 地理学

K9,P9 地理学类核心期刊表研究报告

一、统计结果

统计项目	检索工具	检到条数	涉及刊数	70%条数	涉及刊数
被引量	中文科技期刊数据库(引文版)[北京大学图书馆遴选人文社会科学引文统计源期刊]、中国科学引文数据库	55 217	2 880	38 836	117
他引量	中文科技期刊数据库(引文版)[北京大学图书馆遴选人文社会科学引文统计源期刊]、中国科学引文数据库	48 078	2 875	33 854	152
基金论文量	中国期刊全文数据库、万方数据知识服务平台	2 355	843	1 649	240
Web下载量	中国期刊全文数据库、万方数据知识服务平台、中文科技期刊数据库、超星学习通与超星发现产品数据平台、中华医学期刊网、国家哲学社会科学文献中心中文期刊数据库	6 741 962	5 278	4 771 216	317

二、综合筛选

对统计结果先作隶属度换算,再作加权平均。经过测试和征求专家意见,选定各评价指标权重如下:

指标名称	权重	指标名称	权重	指标名称	权重	指标名称	权重
被引量	0.08	期刊他引量	0.20	影响因子	0.07	他引影响因子	0.11
5年影响因子	0.10	5年他引影响因子	0.16	特征因子	0.01	论文影响分值	0.05
论文被引指数	0.05	Web下载量	0.02	3年Web下载率	0.03	国家级基金论文比	0.04
省部级基金论文比	0.01	获奖或被重要检索系统收录	0.05	可被引论文比	0.01	前5年可被引论文比	0.01

得到本学科综合隶属度排序表,经专家评审后,取排在前面的 20 种为核心期刊。

三、说明

与本类相关的综合性核心期刊见"N/X 综合性理工农医类核心期刊表"。

K9,P9 地理学类核心期刊表

序号	刊　名	序号	刊　名	序号	刊　名
1	地理学报	8	世界地理研究	15	干旱区资源与环境
2	地理研究	9	地域研究与开发	16	地理与地理信息科学
3	地理科学进展	10	热带地理	17	干旱区研究
4	地理科学	11	中国历史地理论丛	18	湖泊科学
5	经济地理	12	干旱区地理	19	湿地科学
6	人文地理	13	山地学报	20	中国岩溶
7	中国沙漠	14	地球科学进展		

研究人员：　　刘　姝　北京大学图书馆

评审专家：　　艾　萍　保继刚　鲍志东　蔡运龙　曹广忠　曹诗图　岑　况　柴彦威　常　禹　陈传明　陈　军[2]　陈龙乾　陈美球　陈世宝　陈　喜　成金华　成升魁　程　钢[1]　程谦恭　党安荣　杜德斌　杜清运　樊良新　费宇红　冯　平　付梅臣　甘甫平　干友民　高士祥　龚胜生　谷晓平　韩茂莉　韩晓日　何池全　何书金　何彤慧　何幼斌　何宗宜　贺灿飞　侯春堂　胡春胜　花向红　黄占斌　蒋贵国　蒋国俊　金菊良　李迪华　李定强　李芳柏　李　京　李　强[1]　李　绥　李先琨　李阳兵　李玉龙　李志忠　李宗礼　刘宝元　刘　波[1]　刘大海　刘耕年　刘鸿雁　刘　健[2]　刘任涛　刘荣增　刘耀彬　刘毅华　刘　哲　卢鹤立　陆　林[1]　吕　斌　马耀峰　门宝辉　孟　平　孟万忠　明庆忠　莫多闻　潘　懋　钱　会　乔家君　秦耀辰　邱道持　璩向宁　曲国胜　任　福　任国玉　阮禄章　单　炜　尚松浩　尚彦军　沈建法　沈　镭　沈永平　盛庆红　盛业华　石忆邵　宋进喜　苏培玺　苏　勤　苏维词　孙才志　孙丹峰　孙峰华　汤　洁　唐新明　田广星　王澄海　王国强[1]　王国祥　王　华[2]　王建力　王劲峰　王　军[1]　王腊春　王让会　王文革　王彦辉[2]　王震洪　韦忠亚　翁钢民　吴承照　吴承祯　吴健平　伍永秋　仵彦卿　武友德　夏建国　徐涵秋　徐　辉[2]　徐学选　许春晓　许光清　许学工　薛　莹　颜世强　晏　磊　燕乃玲　阳建强　杨林生　杨武年　杨秀平　杨玉盛　叶功富　于静洁　余先川　俞孔坚　袁再健　臧淑英　翟家齐　张保祥　张　兵[2]　张　勃　张成才　张登荣　张广海　张洪波　张继权　张乐飞　张鹏岩　张　强[4]　张世熔　张一平[2]　张永凯　赵　军[5]　赵荣钦　赵　媛　郑新奇　钟太洋　周东美　周汉文　周宏伟[1]　周　纪　周启星　周寅康　周永章　朱　庆　朱英浩　朱照宇

Q 生物科学

Q 生物科学类核心期刊表研究报告

一、统计结果

统计项目	检索工具	检到条数	涉及刊数	70％条数	涉及刊数
被引量	中文科技期刊数据库(引文版)[北京大学图书馆遴选人文社会科学引文统计源期刊]、中国科学引文数据库	235 031	4 667	164 513	205
他引量	中文科技期刊数据库(引文版)[北京大学图书馆遴选人文社会科学引文统计源期刊]、中国科学引文数据库	206 680	4 659	144 588	232
基金论文量	中国期刊全文数据库、万方数据知识服务平台	25 329	2 093	17 729	267

Web 下载量	中国期刊全文数据库、万方数据知识服务平台、 中文科技期刊数据库、超星学习通与超星发现 产品数据平台、中华医学期刊网、国家哲学社会 科学文献中心中文期刊数据库	45 246 446	6 995	31 837 957	317

二、综合筛选

对统计结果先作隶属度换算，再作加权平均。经过测试和征求专家意见，选定各评价指标权重如下：

指标名称	权重	指标名称	权重	指标名称	权重	指标名称	权重
被引量	0.08	期刊他引量	0.20	影响因子	0.07	他引影响因子	0.11
5年影响因子	0.10	5年他引影响因子	0.16	特征因子	0.01	论文影响分值	0.05
论文被引指数	0.05	Web下载量	0.02	3年Web下载率	0.03	国家级基金论文比	0.04
省部级基金论文比	0.01	获奖或被重要检索系统收录	0.05	可被引论文比	0.01	前5年可被引论文比	0.01

得到本学科综合隶属度排序表，经专家评审后，取排在前面的41种为核心期刊。

三、说明

1. 核心期刊表按"生物科学（除植物学/人类学）""植物学"和"动物学/人类学"分别列出。

2. 与本类相关的综合性核心期刊见"N/X综合性理工农医类核心期刊表"。

Q（除 Q94/Q98）生物科学（除植物学/人类学）类核心期刊表

序号	刊名	序号	刊名	序号	刊名
1	生态学报	9	微生物学报	17	生物学杂志
2	生物多样性	10	中国科学.生命科学	18	中国生物工程杂志
3	应用生态学报	11	生物工程学报	19	合成生物学
4	生态学杂志	12	古生物学报	20	微生物学杂志
5	遗传	13	生物技术通报	21	生物化学与生物物理进展
6	应用与环境生物学报	14	古脊椎动物学报（中英文）	22	中国生物化学与分子生物学报
7	微生物学通报	15	生态科学		
8	水生生物学报	16	微体古生物学报	23	基因组学与应用生物学

Q94 植物学类核心期刊表

序号	刊名	序号	刊名	序号	刊名
1	植物生态学报	5	植物生理学报	9	热带亚热带植物学报
2	西北植物学报	6	植物研究	10	菌物学报
3	植物科学学报	7	广西植物		
4	植物学报（2009-）	8	植物资源与环境学报		

Q95/Q98 动物学/人类学类核心期刊表

序号	刊名	序号	刊名	序号	刊名
1	兽类学报	4	应用昆虫学报	7	野生动物学报
2	昆虫学报	5	动物学杂志	8	中国实验动物学报
3	人类学学报	6	四川动物		

研究人员：　　庄　昕　北京大学图书馆

评审专家：　阿不都拉·阿巴斯　艾庆辉　安立宝　白俊杰　白志英　蔡晶晶　蔡静平　蔡　峻　曹必好

曹敏杰　曹尚银　曹振波　昌增益　常　禹　畅志坚　陈爱亮　陈　斌　陈　畅　陈发河　陈兰洲　陈良怡
陈宁[2]　陈鹏[2]　陈如梅　陈世国　陈双林　陈祥盛　陈小平　陈又清　陈子江　成永旭　程宗明　楚秀生
褚　栋　褚嘉祐　戴传超　戴其根　丁贵杰　窦晓兵　杜道林　杜丽琴　段舜山　方　晰　冯虎元　冯　江
冯志勇　付　杰　盖钧镒　甘　露　干友民　高大文　高洪波　高文远　辜　彬　谷晓峰　顾金刚　顾觉奋
顾有方　管　斌　郭宝林　郭建博　郭静利　郭巨先　郭茂祖　郭玉清　果德安　韩　伟　韩　霄　郝清玉
何冰芳　何池全　何虎翼　何觉民　何培新　何彤慧　贺达汉　贺新生　贺学礼　胡建斌　胡晓青　胡元森
华进联　黄　兵　黄大庄　黄　昆　籍国东　季淑梅　贾士儒　江维克　江兴龙　姜　凌　蒋　燚　金芜军
康建宏　康廷国　康现江　兰小中　郎志宏　雷丕锋　黎华寿　李爱宏　李　春[1]　李春喜　李　峰　李　刚[1]
李高科　李　贵　李辉信　李　亮　李良俊　李　玲　李　凌[1]　李培武　连　宾　连云阳　梁成真　梁文裕　廖飞雄
林俊芳　凌　飞　刘　波[6]　刘高强　刘好宝　刘建新　刘敬泽　刘昱辉　刘静雯　刘美爽　刘　鹏　刘　平[1]　刘起勇
刘任涛　刘世荣　刘　彤[1]　刘向前　刘兴良　刘玉庆　刘昱辉　倪　辉　聂庆华　彭万喜　彭　宇　普　莉　齐永华
柳峰松　柳小庆　娄远来　陆永跃　陆兆新　路福平　路铁刚　罗成龙　罗大庆　罗会颖　吕国忠　吕建新
马歌丽　马剑敏　梅乐和　孟　平　缪绅裕　裴新梧　裴月湖　彭宏祥　彭　励　彭万喜　彭　宇　普　莉　齐永华
祁建军　钱晓刚　卿　彦　邱君志　邱立友　邱树毅　瞿　浩　全哲学　冉江洪　阮禄章　邵　玲　申进文
沈继红　沈金雄　沈文飚　石德成　石德顺　石福明　石培礼　石新丽　宋波涛　宋大千　宋　渊　宋月晗
宋月林　苏培玺　苏　震　孙　超　孙承航　孙　刚　孙国清　孙剑秋　孙玉强　孙振元　唐绍清　唐朝晖
田　健　田树革　田小海　图力古尔　宛煜嵩　王传堂　王贵启　王国祥　王家保　王嘉福　王建波　王　劲
王金水　王　磊[3]　王秋华　王让会　王任翔　王荣焕　王　盛　王贤纯　王旭静　王旭明　王　雁　王义强
王有为　王玉炯　王再花　王泽生　王振华　王震洪　王志兴　王重力　韦　萍　魏文康　温远光　文亚峰
邹华松　吴承祯　吴金霞　吴劲松[2]　吴　克　吴立潮　吴启南　伍振毅　武正军　夏宁邵　项文化　肖国芝
肖新月　萧浪涛　解　军　谢建平　谢宗铭　徐安龙　徐呈祥　徐刚标　徐国华　徐　涵[1]　徐　立　徐　明
徐　彭　徐　鹏　徐奇友　徐学红　徐玉泉　许世卫　许文涛　薛永常　鄢庆枇　阎希柱　燕继晔　燕永亮
杨洪强　杨　谦　杨树华　杨耀东　杨玉盛　杨自忠　姚　斌[2]　姚新灵　叶功富　乙　引　于大禹　于有志
余利岩　余龙江　余润兰　余知和　郁志芳　喻勋林　袁杰利　袁　媛　曾德慧　曾继吾　曾亚文　曾志将
战嵛华　张炳坤　张春义　张　锋[1]　张海文　张红娜　张宏瑞　张慧茹　张峻峰　张　兰　张明海　张明生
张润志　张　伟　张文举　张文学　张　骁　张新忠　张秀君　张屹东　张永清[1]　张宇宏　张育辉　张　哲
张志芳　张治国　张自萍　张宗俭　张宗申　赵宝华　赵宝玉　赵国群　赵军良　赵润怀　赵卫国　甄汉深
郑炳松　郑连斌　郑玉光　钟　诚　周岐海　周启星　周　欣　周续连　周永红　周正富　朱　笃　朱国胜
朱　莉[2]　朱　琳　朱　平　朱守林　朱　彦　朱照宇　庄恒扬　庄志猛　宗　娜　邹忠梅

第 五 编

医药、卫生

主编　王金玲

R 综合性医药卫生

R 综合性医药卫生类核心期刊表研究报告

一、统计结果

统计项目	检索工具	检到条数	涉及刊数	70%条数	涉及刊数
被引量	中文科技期刊数据库(引文版)[北京大学图书馆遴选人文社会科学引文统计源期刊]、中国科学引文数据库	1 216 069	6 467	852 444	371
他引量	中文科技期刊数据库(引文版)[北京大学图书馆遴选人文社会科学引文统计源期刊]、中国科学引文数据库	1 000 550	6 462	700 968	437
基金论文量	中国期刊全文数据库、万方数据知识服务平台	438 910	4 530	307 010	464
Web下载量	中国期刊全文数据库、万方数据知识服务平台、中文科技期刊数据库、超星学习通与超星发现产品数据平台、中华医学期刊网、国家哲学社会科学文献中心中文期刊数据库	924 426 316	8 943	646 281 242	444

二、综合筛选

对统计结果先作隶属度换算,再作加权平均。经过测试和征求专家意见,选定各评价指标权重如下:

指标名称	权重	指标名称	权重	指标名称	权重	指标名称	权重
被引量	0.08	期刊他引量	0.20	影响因子	0.12	他引影响因子	0.20
5年影响因子	0.04	5年他引影响因子	0.08	特征因子	0.01	论文影响分值	0.05
论文被引指数	0.05	Web下载量	0.02	3年Web下载率	0.03	国家级基金论文比	0.04
省部级基金论文比	0.01	获奖或被重要检索系统收录	0.05	可被引论文比	0.01	前5年可被引论文比	0.01

得到本学科综合隶属度排序表,经专家评审后,取排在前面的34种为核心期刊。

三、说明

1.核心期刊表按"综合性医药卫生(除一般理论,教育与普及)"和"一般理论,教育与普及"分别列出。

2.与本类相关的综合性核心期刊见"R综合性医药卫生类核心期刊表"。

R(除 R-0,R-4)综合性医药卫生(除一般理论,教育与普及)类核心期刊表

序号	刊　名	序号	刊　名	序号	刊　名
1	中华医学杂志	12	浙江大学学报. 医学版	22	医学研究生学报(改名为:医学研究与战创伤救治)
2	解放军医学杂志	13	四川大学学报. 医学版	23	海南医学院学报
3	南方医科大学学报	14	西安交通大学学报. 医学版	24	中国比较医学杂志
4	北京大学学报. 医学版	15	上海交通大学学报. 医学版	25	首都医科大学学报
5	中国全科医学	16	郑州大学学报. 医学版	26	山东大学学报. 医学版
6	中国医学科学院学报	17	第三军医大学学报(改名为:陆军军医大学学报)	27	安徽医科大学学报
7	中南大学学报. 医学版	18	实用医学杂志	28	南京医科大学学报. 自然科学版
8	第二军医大学学报(改名为:海军军医大学学报)	19	中山大学学报. 医学科学版	29	中国医科大学学报
9	吉林大学学报. 医学版	20	医药导报	30	中国医学前沿杂志(电子版)
10	复旦学报. 医学版	21	华中科技大学学报. 医学版	31	重庆医科大学学报
11	协和医学杂志				

R-0,R-4 一般理论,教育与普及类核心期刊表

序号	刊　名	序号	刊　名	序号	刊　名
1	医学与哲学	2	中国医学伦理学	3	医学与社会

研究人员：　王金玲　北京大学医学图书馆

评审专家：　安力彬　白素平　白文佩　百茹峰　鲍勇　曹广文　曹俊岭　陈常青　陈国剑　陈洪
陈继东　陈靖　陈娟　陈明[1]　陈明[2]　陈绍成　陈树和　陈望忠　陈伟[6]　陈艳芬　陈怡禄　陈长香
成守珍　程书权　程伟　崔晶　崔雷　崔世红　崔炜[1]　崔向丽　邓家刚　邓霞飞　丁岩冰　董海龙
窦晓光　杜冠华　杜鸿　杜庆红　杜翔　段志军　樊碧发　范卫民　方邦江　方建国　方鹏骞　方世平
方忠宏　冯变玲　冯光　高国全　高慧　高慧敏　高慧媛　高剑波　高莉　高普均　高英堂　葛建一
龚学忠　龚亚驰　龚震宇　顾国胜　顾民　关明　郭伟　郭学鹏　郭永松　郭占林　国华　韩丽华
韩万林　韩永龙　郝钰　何本祥　何坪　何蓉蓉　贺春　洪华山　侯连兵　侯振江　胡敏[3]　胡松
黄昌明　黄汉平　黄河胜　黄昆　黄龙祥　黄仁彬　黄锁义　黄延焱　黄治物　黄仲夏　贾明　简华刚
江伟　江泳　姜笃银　姜红　姜洪池　姜可伟　姜藻　蒋红梅　蒋学武　蒋永光　焦云根　金黑鹰
康廷国　李峰　李更生　李国宏　李海潮　李惠林　李惠玲　李冀宁　李金明　李敬云　李俊　李俊明
李凌[1]　李六亿　李森晶　李鹏　李秋洁　李珊珊　李慎秋　李世刚　李学军　李亚萍　李艳[2]　李鹰
李永吉　李永哲　李元文　李志勇[1]　梁景岩　廖星　林俊堂　林宁　林志彬　刘冰　刘成海　刘东[2]
刘红春　刘红旭　刘惠军　刘继红　刘巨源　刘筠　刘明华　刘起勇　刘瑞新　刘叔文　刘学勇　刘雪斌
刘雪立　刘延青　刘运喜　刘兆兰　刘志军　陆峰　陆金根　陆普选　栾洁　罗璨　罗会明　罗荧荃
吕佩源　马艳春　马燕兰　马智　毛树松　毛毅敏　梅之南　孟庆义　闵旸　牛春雨　潘洪秋　潘彦舒
潘莹　彭秀军　齐建光　齐咏　千智斌　钱东福　乔保平　乔立兴　秦侃　秦叔逵　秦宜德　邱洪斌
邱景富　邱模炎　曲芬　戎瑞明　阮君山　申丽　沈干　沈捷　沈琳　沈伟哉　师少军　施学忠
石汉平　石岩[2]　史宏灿　舒静　宋红萍　宋月晗　宋月林　孙桂菊　孙明瑜　孙荣青　孙维峰　孙勇军
孙占学　谭红胜　谭军　唐东昕　唐萌　田海舰　田英平　万献尧　王大勇　王道荣　王飞[1]　王刚[2]
王华[1]　王辉[2]　王惠珊　王家骥　王家勤　王健[5]　王金玲　王锦权　王静[3]　王磊[1]　王烈成　王敏[5]
王荣英　王善青　王松俊　王涛　王天有　王维民　王伟[1]　王文清　王现伟　王晓敏　王欣[1]　王雨时
王玉　王跃东　王长虹[2]　王长征　王振中　王中全　王忠　王仲　王重力　魏捷　翁孝刚　吴方建
吴峰　吴健鸿　吴俊　吴卫东　吴祥根　吴笑春　伍亚民　席淑华　夏强[2]　夏旭　鲜军舫　向明
肖洪涛　解基严　谢娟　辛华雯　徐川平　徐刚珍　徐戎　徐善东　徐翔　徐骁　徐元宏　许迪[1]
许家仁　许筱颖　许岩丽　薛博瑜　鄢盛恺　鄢文海　闫福林　杨炳友　杨锡强　杨永利　杨勇[1]　杨于嘉
姚登福　姚武　姚咏明　姚致清　叶巍岭　叶祖光　易永祥　殷德涛　殷晓丽　尹平　应燕萍　游苏宁
于靖　于勤　于荣敏　于双成　余爱荣　余芳　余奇劲　余曙光　余祥庭　袁春平　袁杰利　袁寿其
袁维堂　袁晓晨　曾繁典　曾国华　曾因明　詹江华　张冰[2]　张大方　张大庆　张福成　张广清　张金盈
张静　张黎明　张陆勇　张明伟　张鹏霞　张勤　张权　张天夫　张天嵩　张天托　张文武　张喜玲
张咸伟　张旋　张艳春　张勇慧　张煜　张元珍　张真稳　章必成　章秋　赵春杰　赵国安　赵国强
赵建农　赵菊梅　赵晓东　赵志刚　甄汉深　甄宏韬　郑国庆　郑晓瑛　郑英　郑志华　周家华　周建伟
周罗晶　周石　朱君荣　朱莉[1]　朱少铭　朱士俊　邹忠杰　左祥荣　左延莉

R1 预防医学、卫生学

R1 预防医学、卫生学类核心期刊表研究报告

一、统计结果

统计项目	检索工具	检到条数	涉及刊数	70%条数	涉及刊数
被引量	中文科技期刊数据库（引文版）[北京大学图书馆遴选人文社会科学引文统计源期刊]、中国科学引文数据库	1 216 069	6 467	852 444	371
他引量	中文科技期刊数据库（引文版）[北京大学图书馆遴选人文社会科学引文统计源期刊]、中国科学引文数据库	1 000 550	6 462	700 968	437
基金论文量	中国期刊全文数据库、万方数据知识服务平台	438 910	4 530	307 010	464
Web下载量	中国期刊全文数据库、万方数据知识服务平台、中文科技期刊数据库、超星学习通与超星发现产品数据平台、中华医学期刊网、国家哲学社会科学文献中心中文期刊数据库	924 426 316	8 943	646 281 242	444

二、综合筛选

对统计结果先作隶属度换算，再作加权平均。经过测试和征求专家意见，选定各评价指标权重如下：

指标名称	权重	指标名称	权重	指标名称	权重	指标名称	权重
被引量	0.08	期刊他引量	0.20	影响因子	0.12	他引影响因子	0.20
5年影响因子	0.04	5年他引影响因子	0.08	特征因子	0.01	论文影响分值	0.05
论文被引指数	0.05	Web下载量	0.02	3年Web下载率	0.03	国家级基金论文比	0.04
省部级基金论文比	0.01	获奖或被重要检索系统收录	0.05	可被引论文比	0.01	前5年可被引论文比	0.01

得到本学科综合隶属度排序表，经专家评审后，取排在前面的 29 种为核心期刊。

三、说明

与本类相关的综合性核心期刊见"R 综合性医药卫生类核心期刊表"。

R1 预防医学、卫生学类核心期刊表

序号	刊　名	序号	刊　名	序号	刊　名
1	中华流行病学杂志	11	中国医院管理	21	卫生研究
2	中华预防医学杂志	12	中国卫生统计	22	中华健康管理学杂志
3	中国卫生政策研究	13	中国艾滋病性病	23	中国健康教育
4	中华疾病控制杂志	14	疾病监测	24	中国食品卫生杂志
5	中国公共卫生	15	现代预防医学	25	中国儿童保健杂志
6	中国感染控制杂志	16	中华医院管理杂志	26	中国学校卫生
7	中国卫生经济	17	营养学报	27	中国热带医学
8	卫生经济研究	18	中国慢性病预防与控制	28	中华劳动卫生职业病杂志
9	中国疫苗和免疫	19	环境与职业医学	29	中国医院
10	中国卫生资源	20	中国卫生事业管理		

R2 中国医学

R2 中国医学类核心期刊表研究报告

一、统计结果

统计项目	检索工具	检到条数	涉及刊数	70%条数	涉及刊数
被引量	中文科技期刊数据库（引文版）[北京大学图书馆遴选人文社会科学引文统计源期刊]、中国科学引文数据库	1 216 069	6 467	852 444	371
他引量	中文科技期刊数据库（引文版）[北京大学图书馆遴选人文社会科学引文统计源期刊]、中国科学引文数据库	1 000 550	6 462	700 968	437
基金论文量	中国期刊全文数据库、万方数据知识服务平台	438 910	4 530	307 010	464
Web下载量	中国期刊全文数据库、万方数据知识服务平台、中文科技期刊数据库、超星学习通与超星发现产品数据平台、中华医学期刊网、国家哲学社会科学文献中心中文期刊数据库	924 426 316	8 943	646 281 242	444

二、综合筛选

对统计结果先作隶属度换算,再作加权平均。经过测试和征求专家意见,选定各评价指标权重如下:

指标名称	权重	指标名称	权重	指标名称	权重	指标名称	权重
被引量	0.08	期刊他引量	0.20	影响因子	0.12	他引影响因子	0.20
5年影响因子	0.04	5年他引影响因子	0.08	特征因子	0.01	论文影响分值	0.05
论文被引指数	0.05	Web下载量	0.02	3年Web下载率	0.03	国家级基金论文比	0.04
省部级基金论文比	0.01	获奖或被重要检索系统收录	0.05	可被引论文比	0.01	前5年可被引论文比	0.01

得到本学科综合隶属度排序表,经专家评审后,取排在前面的20种为核心期刊。

三、说明

与本类相关的综合性核心期刊见"R 综合性医药卫生类核心期刊表"。

R2 中国医学类核心期刊表

序号	刊名	序号	刊名	序号	刊名
1	中国中药杂志	8	中国针灸	15	南京中医药大学学报
2	中草药	9	中成药	16	时珍国医国药
3	中国实验方剂学杂志	10	中华中医药学刊	17	天然产物研究与开发
4	中医杂志	11	北京中医药大学学报	18	世界科学技术.中医药现代化
5	针刺研究	12	中药新药与临床药理	19	世界中医药
6	中华中医药杂志	13	中药药理与临床	20	辽宁中医杂志
7	中国中西医结合杂志	14	中药材		

研究人员：　李恭茹　北京大学医学图书馆

评审专家：　巴根那　巴元明　白钢　暴宏伶　蔡宝昌　蔡定芳　蔡贤华　曹晖　曹俊岭　曹毅　柴兴云　常小荣　巢志茂　陈常青　陈达灿　陈锋[2]　陈光亮　陈光星　陈海龙　陈继东　陈科力　陈立新　陈丽霞　陈民　陈齐鸣　陈日新　陈瑞　陈绍成　陈士林　陈孝银　陈信义　陈岩波　陈艳芬　陈泽林　陈正光　成美　成绍武　程发峰　程伟　程翔　崔乃强　崔雅飞　崔瑛　代云桃　戴小华　戴毅　邓家刚　邓悦　狄留庆　丁安伟　丁维俊　丁永芬　丁志山　董海龙　窦晓兵　杜宏波　杜惠兰　杜力军　杜丽坤　杜庆红　杜翔　范洪亮　范瑞强　范骁辉　方邦江　方继良　方建国　费宇彤　冯卫生　符德玉　付勇　傅亚龙　盖国忠　高昊　高慧[1]　高慧敏　高慧媛　高普均　高希言　高昕妍　高颖　高月　高长玉　高铸烨　葛金文　龚学忠　谷晓红　顾晋　顾一煌　关枫　关立峰　郭宝林　郭姣　郭军　郭兰萍　郭立中　郭淑贞　郭义　国华　果德安　韩晶岩　韩丽华　郝炳金　郝二伟　何本祥　何建成　何立群　何庆勇　何蓉蓉　何伟　侯丕华　侯秀娟　胡玲　胡义扬　胡元佳　胡真　花宝金　华荣　黄昌明　黄亮　黄龙祥　黄仁彬　黄小波　黄小强　季光　贾春华　贾连群　贾明　贾晓斌　贾新华　江维克　江伟　姜德友　姜海[1]　姜泉　姜燕生　姜永红　蒋海强　蒋永光　焦云根　金黑鹰　景向红　开国银　康利平　康廷国　孔令东　孔维佳　匡海学　雷燕　李灿东　李成卫　李春[2]　李东冰　李风森　李峰　李瀚旻　李恒爽　李会军　李会庆　李惠林　李继安　李建平[3]　李建生　李杰[1]　李军[1]　李鲲　李莉　李良松　李林[3]　李旻辉　李明[4]　李宁[1]　李宁[2]　李鹏　李平[2]　李萍　李其兰　李秋红　李梢　李韶菁　李世刚　李顺民　李铁　李西文　李祥　李小黎　李晓瑾　李晓陵　李怡芳　李瑛[1]　李永吉　李宇航　李元文　李云英　李泽庚　李震宇　李志刚[1]　李志勇[4]　李忠　李宗友　连增林　梁倩倩　廖星　廖玉华　林洪生　林雪娟　林燕萍　林志彬　刘艾林　刘宝山　刘冰　刘朝霞　刘成海　刘春生　刘存志　刘东[2]　刘红宁　刘红旭　刘慧荣　刘建平　刘建勋　刘剑刚　刘健[1]　刘杰　刘丽　刘密　刘敏[2]　刘平[2]　刘启发　刘清国　刘日光　刘树春　刘松江　刘铜华　刘向前　刘晓燕　刘新民[1]　刘延青　刘艳骄　刘雁峰　刘拥军[1]　刘勇[2]　刘玉兰　刘兆兰　刘志强　龙晓英　卢红蓉　卢建新　卢圣锋　卢雯平　陆峰　陆金根　陆兔林　吕诚　吕文良　马健　马淑然　马双成　马贤德　马骁驰　马晓慧　马艳春　马玉侠　毛树松　毛宇湘　梅恒　梅炯　梅全喜　梅之南　苗明三　倪青　牛学恩　潘立群　潘彦舒

庞　博　　庞宇舟　　庞宗然　　彭　成　　彭代银　　齐炼文　　乔明琦　　乔　雪　　秦国政　　覃　芳　　覃江江　　邱模炎
邱新萍　　曲　芬　　曲环汝　　曲　锰　　曲　淼　　饶向荣　　任钧国　　任玉兰　　阮君山　　单宝枝　　单进军　　闪增郁
商洪才　　申　丽　　沈　洪　　沈连有　　沈雪勇　　施维群　　石新丽　　石　岩[2]　史楠楠　　史欣德　　宋春华　　宋春侠
宋虎杰　　宋经元　　宋　坪　　宋小鸽　　宋月晗　　苏友新　　孙　超　　孙贵香　　孙丽英　　孙明瑜　　孙黔云　　孙荣青
孙书臣　　孙维峰　　孙文军　　孙　洋　　孙占学　　孙自学　　谈　勇　　谭红胜　　汤　玲　　唐德志　　唐东昕　　唐宏亮
唐启盛　　唐仕欢　　唐旭东　　唐　勇　　田道法　　田　辉[2]　田树革　　田亚平　　田义新　　田英平　　佟继铭　　图　娅
万　有　　汪受传　　王东红　　王伽伯　　王海强　　王汉明　　王　济　　王建平　　王金榜　　王金贵　　王锦权　　王　静[3]
王　军[2]　王均宁　　王俊宏　　王力军　　王美莺　　王明航　　王　鹏[2]　王　平[3]　王　琪[2]　王庆国　　王世东　　王　舒
王天芳　　王　彤　　王文萍　　王文清　　王文全　　王贤良　　王向阳　　王小平　　王晓敏　　王雪茜　　王　艳　　王忆勤
王莹莹　　王应泉　　王映辉　　王拥军　　王长虹[2]　王振国　　王振中　　王智民　　韦企平　　魏春惠　　魏　刚　　魏睦新
魏胜利　　魏　戎　　温建民　　吴焕淦　　吴嘉瑞　　吴建峰　　吴美平[2]　吴勉华　　吴　松　　吴松柏　　吴婉莹　　吴夏勃
吴效科　　吴雪琼　　吴　旸　　吴志生　　伍大华　　伍振峰　　武晓冬　　夏永刚　　向东方　　肖洪涛　　肖延风　　谢明星
熊大经　　熊　亮　　徐安龙　　徐　斌[2]　徐　晶　　徐俊峰　　徐　彭　　徐善东　　徐世芬　　徐　魏　　徐砚通　　许凤全
许海玉　　许琼明　　许筱颖　　薛博瑜　　薛春苗　　鄢良春　　闫平慧　　闫世艳　　闫小宁　　严　辉　　杨炳友　　杨　波
杨　华　　杨玲玲　　杨　凌　　杨沈秋　　杨胜兰　　杨文明　　杨新鸣　　杨秀伟　　杨　阳　　杨　毅　　杨尹默　　杨永清
杨云霜　　杨长福　　杨志新　　叶启发　　叶　松　　叶祖光　　易永祥　　尹爱宁　　尹洪娜　　尹磊森　　尹　莲　　尹　平
于　勤　　于荣敏　　余曙光　　虞　舜　　虞亚明　　袁　斌　　袁成福　　袁卫玲　　袁　媛　　岳鹏飞　　岳寿伟　　曾　芳
曾　瑾　　曾克武　　曾　南　　曾庆琪　　张爱华　　张　冰[2]　张成岗　　张春晖[1]　张广清　　张　晗[2]　张　华[1]　张华敏
张　辉[2]　张建军　　张　杰[1]　张金盈　　张进安　　张军平　　张俊华　　张黎明　　张利远　　张明泉　　张　宁　　张声生
张书信　　张纡难　　张天嵩　　张同君　　张维库　　张　旋　　张雪亮　　张彦琼　　张　艺　　张永清[1]　张宇燕　　张允岭
张真稳　　张振凌　　张振秋　　张宗明　　张作记　　赵百孝　　赵登秋　　赵　钢　　赵　晖　　赵慧辉　　赵进喜　　赵军宁
赵丽华　　赵　凌　　赵鲁卿　　赵润怀　　赵　霞　　赵艳玲　　赵　燕　　赵玉庸　　赵志强　　赵智强　　赵宗江　　甄汉深
郑国庆　　郑景辉　　郑玉光　　钟赣生　　周本杰　　周冬梅　　周　浓　　周　鹏[2]　周荣斌　　周雪忠　　周亚滨　　朱朝辉
朱方石　　朱海燕　　朱陵群　　朱路文　　朱美玲　　朱士俊　　朱晓新　　朱　彦　　朱燕波　　邹忆怀　　邹忠杰　　邹忠梅
左　力

R3　基础医学

R3　基础医学类核心期刊表研究报告

一、统计结果

统计项目	检索工具	检到条数	涉及刊数	70%条数	涉及刊数
被引量	中文科技期刊数据库（引文版）[北京大学图书馆遴选人文社会科学引文统计源期刊]、中国科学引文数据库	1 216 069	6 467	852 444	371
他引量	中文科技期刊数据库（引文版）[北京大学图书馆遴选人文社会科学引文统计源期刊]、中国科学引文数据库	1 000 550	6 462	700 968	437
基金论文量	中国期刊全文数据库、万方数据知识服务平台	438 910	4 530	307 010	464
Web下载量	中国期刊全文数据库、万方数据知识服务平台、中文科技期刊数据库、超星学习通与超星发现产品数据平台、中华医学期刊网、国家哲学社会科学文献中心中文期刊数据库	924 426 316	8 943	646 281 242	444

二、综合筛选

对统计结果先作隶属度换算，再作加权平均。经过测试和征求专家意见，选定各评价指标权重如下：

指标名称	权重	指标名称	权重	指标名称	权重	指标名称	权重
被引量	0.08	期刊他引量	0.20	影响因子	0.12	他引影响因子	0.20
5年影响因子	0.04	5年他引影响因子	0.08	特征因子	0.01	论文影响分值	0.05
论文被引指数	0.05	Web下载量	0.02	3年Web下载率	0.03	国家级基金论文比	0.04
省部级基金论文比	0.01	获奖或被重要检索系统收录	0.05	可被引论文比	0.01	前5年可被引论文比	0.01

得到本学科综合隶属度排序表,经专家评审后,取排在前面的19种为核心期刊。

三、说明

与本类相关的综合性核心期刊见"R 综合性医药卫生类核心期刊表"。

R3 基础医学类核心期刊表

序号	刊名	序号	刊名	序号	刊名
1	中国临床心理学杂志	7	生理学报	14	中华微生物学和免疫学杂志
2	中国寄生虫学与寄生虫病杂志	8	中国生物医学工程学报	15	病毒学报
		9	细胞与分子免疫学杂志	16	神经解剖学杂志
3	中国心理卫生杂志	10	生理科学进展	17	中国临床解剖学杂志
4	中国病理生理杂志	11	中国人兽共患病学报	18	国际病毒学杂志
5	中国免疫学杂志	12	中国病原生物学杂志	19	中国微生态学杂志
6	医用生物力学	13	生物医学工程学杂志		

R4/R8 临床医学/特种医学

R4/R8 临床医学/特种医学类核心期刊表研究报告

一、统计结果

统计项目	检索工具	检到条数	涉及刊数	70%条数	涉及刊数
被引量	中文科技期刊数据库(引文版)[北京大学图书馆遴选人文社会科学引文统计源期刊]、中国科学引文数据库	539 834	4 392	378 240	296
他引量	中文科技期刊数据库(引文版)[北京大学图书馆遴选人文社会科学引文统计源期刊]、中国科学引文数据库	423 784	4 390	296 788	365
基金论文量	中国期刊全文数据库、万方数据知识服务平台	255 117	2 753	178 454	375
Web下载量	中国期刊全文数据库、万方数据知识服务平台、中文科技期刊数据库、超星学习通与超星发现产品数据平台、中华医学期刊网、国家哲学社会科学文献中心中文期刊数据库	597 406 460	7 103	417 816 598	341

二、综合筛选

对统计结果先作隶属度换算,再作加权平均。经过测试和征求专家意见,选定各评价指标权重如下:

指标名称	权重	指标名称	权重	指标名称	权重	指标名称	权重
被引量	0.08	期刊他引量	0.20	影响因子	0.12	他引影响因子	0.20
5年影响因子	0.04	5年他引影响因子	0.08	特征因子	0.01	论文影响分值	0.05
论文被引指数	0.05	Web下载量	0.02	3年Web下载率	0.03	国家级基金论文比	0.04
省部级基金论文比	0.01	获奖或被重要检索系统收录	0.05	可被引论文比	0.01	前5年可被引论文比	0.01

得到本学科综合隶属度排序表,经专家评审后,取排在前面的137种为核心期刊。

三、说明

1.核心期刊表按"临床医学""内科学""外科学""妇产科学""儿科学""肿瘤学""神经病学与精神病学""皮肤病学与性病学""耳鼻咽喉科学""眼科学""口腔科学"和"特种医学"分别列出。

2.与本类相关的综合性核心期刊见"R 综合性医药卫生类核心期刊表"。

R4 临床医学类核心期刊表

序号	刊名	序号	刊名	序号	刊名
1	中华护理杂志	10	中国康复理论与实践	19	中国医学影像学杂志
2	护理学杂志	11	中华医院感染学杂志	20	中华医学超声杂志(电子版)
3	中国护理管理	12	护理研究	21	中国循证医学杂志
4	中华危重病急救医学	13	中国超声医学杂志	22	解放军护理杂志(改名为:军事护理)
5	中国康复医学杂志	14	中华物理医学与康复杂志		
6	中华超声影像学杂志	15	中华急诊医学杂志	23	中国疼痛医学杂志
7	中华病理学杂志	16	中国感染与化疗杂志	24	磁共振成像
8	中国医学影像技术	17	中华临床感染病杂志	25	临床与实验病理学杂志
9	中国组织工程研究	18	中华检验医学杂志	26	中华临床营养杂志

R5 内科学类核心期刊表

序号	刊　名	序号	刊　名	序号	刊　名
1	中国循环杂志	9	中国血吸虫病防治杂志	17	中国防痨杂志
2	中华结核和呼吸杂志	10	中国实用内科杂志	18	肠外与肠内营养
3	中华内科杂志	11	中国老年学杂志	19	中国实验血液学杂志
4	中华心血管病杂志	12	中华消化杂志	20	中国糖尿病杂志
5	中华糖尿病杂志	13	中华传染病杂志	21	中华老年医学杂志
6	中华血液学杂志	14	中华肾脏病杂志	22	中华高血压杂志
7	中华肝脏病杂志	15	临床肝胆病杂志	23	中华消化内镜杂志
8	中华内分泌代谢杂志	16	中国心血管杂志	24	中华地方病学杂志

R6 外科学类核心期刊表

序号	刊　名	序号	刊　名	序号	刊　名
1	中华外科杂志	10	中国脊柱脊髓杂志	19	中国矫形外科杂志
2	中华骨科杂志	11	中华泌尿外科杂志	20	中国微创外科杂志
3	中国实用外科杂志	12	中华骨质疏松杂志	21	中华骨与关节外科杂志
4	中华消化外科杂志	13	中华创伤杂志	22	中华手外科杂志
5	中华胃肠外科杂志	14	中华肝胆外科杂志	23	临床麻醉学杂志
6	中华骨质疏松和骨矿盐疾病杂志	15	中国普通外科杂志	24	中华整形外科杂志
7	中华创伤骨科杂志	16	器官移植	25	中华麻醉学杂志
8	中华显微外科杂志	17	中华神经外科杂志	26	中华普通外科杂志
9	中国修复重建外科杂志	18	中华烧伤杂志(改名为:中华烧伤与创面修复杂志)	27	中国胸心血管外科临床杂志

R71 妇产科学类核心期刊表

序号	刊　名	序号	刊　名	序号	刊　名
1	中华妇产科杂志	3	中华围产医学杂志	5	实用妇产科杂志
2	中国实用妇科与产科杂志	4	中华生殖与避孕杂志	6	中国妇产科临床杂志

R72 儿科学类核心期刊表

序号	刊　名	序号	刊　名	序号	刊　名
1	中华儿科杂志	4	中国实用儿科杂志	7	临床儿科杂志
2	中华实用儿科临床杂志	5	中华小儿外科杂志	8	临床小儿外科杂志
3	中国当代儿科杂志	6	中国循证儿科杂志		

R73 肿瘤学类核心期刊表

序号	刊　名	序号	刊　名	序号	刊　名
1	中华肿瘤杂志	4	中国肺癌杂志	7	中国肿瘤生物治疗杂志
2	中国肿瘤	5	中国肿瘤临床	8	中华肿瘤防治杂志
3	中国癌症杂志	6	中华放射肿瘤学杂志		

R74 神经病学与精神病学类核心期刊表

序号	刊 名	序号	刊 名	序号	刊 名
1	中华神经科杂志	4	中华行为医学与脑科学杂志	7	中国卒中杂志
2	中华精神科杂志	5	中华神经医学杂志	8	中国现代神经疾病杂志
3	中国脑血管病杂志	6	中国神经精神疾病杂志	9	中华老年心脑血管病杂志

R75 皮肤病学与性病学类核心期刊表

序号	刊 名	序号	刊 名	序号	刊 名
1	中华皮肤科杂志	2	中国皮肤性病学杂志	3	临床皮肤科杂志

R76 耳鼻咽喉科学类核心期刊表

序号	刊 名	序号	刊 名	序号	刊 名
1	中华耳鼻咽喉头颈外科杂志	3	临床耳鼻咽喉头颈外科杂志	4	听力学及言语疾病杂志
2	中华耳科学杂志				

R77 眼科学类核心期刊表

序号	刊 名	序号	刊 名	序号	刊 名
1	中华眼科杂志	3	中华眼底病杂志	5	中华眼视光学与视觉科学杂志
2	中华实验眼科杂志	4	眼科新进展		

R78 口腔科学类核心期刊表

序号	刊 名	序号	刊 名	序号	刊 名
1	中华口腔医学杂志	3	实用口腔医学杂志	5	口腔医学研究
2	华西口腔医学杂志	4	国际口腔医学杂志		

R8 特种医学类核心期刊表

序号	刊 名	序号	刊 名	序号	刊 名
1	中华放射学杂志	5	临床放射学杂志	9	中华核医学与分子影像杂志
2	介入放射学杂志	6	中华放射医学与防护杂志	10	中国临床医学影像杂志
3	中国运动医学杂志	7	中国介入影像与治疗学	11	中国医学计算机成像杂志
4	放射学实践	8	法医学杂志	12	实用放射学杂志

研究人员： 张俊敏 刘玉婷 谢秀芳 程艾军 常镠镠 首都医科大学图书馆

评审专家： 艾戎 安力彬 安瑞芳 白素平 百茹峰 鲍天昊 贲晓明 卜令学 卜行宽 蔡景龙 蔡琳 蔡明 蔡贤华 曹广文 曹建平 曹俊岭 曹克将 曹文媚 曹毅 曹颖光 曹永彤 曹煜 常青[3] 车国卫 车向明 陈爱国 陈斌 陈长香 陈长英 陈超[1] 陈川英 陈椿 陈达灿 陈东风 陈东科 陈飞虎 陈刚[2] 陈海龙 陈海啸 陈洪 陈建国 陈俊强 陈凛 陈龙奇 陈民 陈明[1] 陈平圣 陈齐鸣 陈倩 陈谦学 陈瑞敏 陈望忠 陈伟良 陈卫昌 陈晓巍 陈晓霞 陈新山 陈信义 陈旭锋 陈亚军 陈雨信 陈跃[2] 陈正光 陈正跃 陈智[1] 陈知水 陈志武 陈忠 陈仲 陈子江 成宏伟 成绍武 成守珍 程发峰 程虹 程敬亮 程玲 程书权 程翔 程晓光 程颖 池畔 褚嘉祐 崔恒 崔晶 崔雷 崔乃强 崔世红 崔淑霞 崔巍 崔炜[1] 崔雅飞 代亚丽 戴冬秋

戴红艳　戴华[2]　党双锁　邓春华　邓家刚　邓军洪　邓小武　丁克峰　丁维俊　丁岩冰　丁永芬　丁　宇
董海龙　董文斌　董　悦　窦　骏　窦晓兵　窦晓光　杜　鸿　杜宏波　杜惠兰　杜丽坤　杜文华　杜　翔
杜晓辉　杜　新　段志军　樊碧发　樊毫军　樊尚荣　范建高　范瑞强　范卫民　方邦江　方驰华　方福德
方红玲　方继良　方世平　方向华　费宇彤　封志纯　高德明　高国栋　高国全　高　鸿　高剑波　高劲谋　高　琪
高　强　高　伟[1]　高　文　高献书　高　颖　高英堂　高铸烨　戈小虎　葛金文　龚启勇　龚学忠　龚亚驰
龚忠诚　古桂雄　谷　浩　谷　颖　顾国胜　顾建平[2]　顾　晋　顾　民　顾　晓　顾　岩　顾耀东　顾一煌
关　明　关秀茹　桂秋萍　郭　军　郭曲练　郭　涛[2]　郭　伟　郭文怡　郭文治　郭秀丽　郭学鹏　郭玉金
郭占林　海　涌　韩　波　韩建军　韩丽华　韩　萍　韩新巍　韩星敏　韩　英　韩子明　郝卫亚　郝晓柯
何本祥　何成伟　何建成　何觉民　何丽华　何　坪　何权瀛　何蓉蓉　何　松　何晓顺　何　耀　何玉秀
洪华山　洪建国　洪　涛　洪新如　洪汛宁　洪志坚　侯　健　侯秀娟　侯应龙　侯振江　胡　斌[2]　胡超苏
胡春洪　胡建昆　胡　敏[3]　胡勤刚　胡　松　胡卫列　胡　祥　胡　雁　胡　豫　花宝金　华清泉　华　荣
华　伟　黄　飚　黄昌明　黄长形　黄　海[1]　黄河胜　黄　娟　黄俊星　黄　亮　黄绍辉　黄　玮　黄小强
黄新天　黄延焱　黄轶昕　黄朝晖　黄志纯　黄治物　黄智铭　黄仲夏　霍　枫　嵇振岭　纪仲秋　贾乐川
贾新华　简华刚　江　伟　江　泳　姜安丽　姜笃银　姜洪池　焦云根　揭志刚　金保哲　金　风　金黑鹰　金其贯
姜燕生　姜永红　姜　藻　蒋电明　蒋国勤　蒋学武　孔北华　孔垂泽　孔维佳　雷光华　雷　伟　黎一鸣　李伯安
金润铭　金先桥　金哲虎　康　骅　柯以铨　孔北华　孔垂泽　孔维佳　李风森　李国才　李国宏　李国威　李海刚
李灿东　李朝品　李成卫　李翠兰　李东冰　李东亮　李东野　李风森　李　辉[1]　李　辉[2]　李会庆　李惠林　李建东
李海霞　李海洋　李瀚旻　李恒爽　李宏翰　李宏军　李华斌　李　辉[1]　李　莉　李　林[3]　李麟荪　李　玲　李　凌[1]
李建民　李建平[3]　李健文　李金明　李敬云　李　俊[1]　李　丽　李　莉　李　林[3]　李单青　李珊珊　李慎秋
李　凌　李龙江　李　明[4]　李宁川　李宁毅　李　平[2]　李平松　李启富　李仁忠　李单青　李新长　李　汛　李亚玲
李世刚　李世亭　李松峰　李苏宜　李　铁　李　伟[2]　李小黎　李晓陵　李　欣　李新长　李泽庚　李泽卿
李　艳[2]　李　艳[3]　李宜雄　李　莹　李永哲　李幼辉　李玉民　李元文　李云庆　李云英　李泽庚　李泽卿
李　震　李　铮　李志刚[1]　李志刚[2]　李　忠　李子禹　李宗芳　连增林　梁爱斌　梁朝朝　梁景岩　廖　星
廖玉华　林丹丹　林建江　林　涛　林　野　林　勇　蔺　莉　凌　扬　刘宝东　刘　冰　刘炳亚　刘成海
刘春峰　刘　芬　刘瀚旻　刘　浩　刘红旭　刘洪臣　刘　虎　刘继红　刘建平　刘剑刚　刘　敬　刘　军
刘　筠　刘　磊　刘　丽　刘林嶓　刘伦旭　刘梅梅　刘美爽　刘　敏[2]　刘明华　刘　琦　刘启发　刘清国
刘日光　刘　蕊　刘叔文　刘松江　刘天舒　刘　彤[2]　刘铜军　刘　玮　刘伟国　刘晓虹　刘新民[1]　刘学勇
刘雪立　刘延青　刘艳骄　刘雁峰　刘颖斌　刘　勇[4]　刘拥军[1]　刘　宇　刘宇飞　刘玉峰　刘玉龙　刘月辉
刘允怡　刘运喜　刘占举　刘兆兰　刘中成　柳　林　龙莉玲　卢光明　卢建新　卢实春　卢秀波　卢彦平
鲁　际　鲁　翔　陆大祥　陆　峰　陆金根　陆　林[2]　陆普选　栾　洁　罗小平　罗学荣　罗荧荃　吕　诚
吕风华　吕国荣　吕建新　吕佩源　吕晓菊　吕新军　吕　毅　马长生　马芙蓉　马　廉　马　林　马潞林
马　涛　马筱玲　马燕兰　马玉燕　马岳峰　马　智　毛树松　毛毅敏　梅　恒　梅　炯　孟焕新　孟庆义
闵凤玲　莫绪明　牟忠林　南月敏　倪　庆　倪松石　聂青和　聂生东　聂时南　牛春雨　牛广明　欧阳天祥
潘化平　潘建平　潘世扬　潘彦舒　潘耀振　彭　昊　彭瑞云　彭向欣　彭秀军　朴梅花　齐建光　齐可民
齐　琳　齐　咏　钱方兴　钱　渊　乔保平　乔　杰　乔立兴　秦贵军　秦仁义　秦叔逵　秦晓群　秦宜德
秦永林　邱建宏　邱景富　邱模炎　邱庞同　邱晓霞　邱银萍　曲　芬　曲　莉　曲　森　全冠民　饶向荣
任　欢　任菁菁　戎瑞明　阮君山　阮　敏　芮永军　沙卫红　单保慈　单希征　尚　佳　邵钦树　邵　庆
邵宗鸿　沈　干　沈　洪　沈洪兵　沈　捷　沈　黎　沈　琳　沈伟哉　沈　文　施瑞华　施维群　施　毅
石汉平　石新丽　史本康　史大鹏　史宏灿　寿成超　束永前　宋　彬　宋春华　宋东奎　宋恩峰　宋景贵
宋茂民　宋　坪　宋小鸽　苏秀兰　苏友新　孙爱军　孙　备　孙春艳　孙红光　孙建海　孙建宏　孙建军[1]
孙茂民　孙　梅　孙明瑜　孙沫逸　孙荣青　孙维峰　孙文军　孙晓鹏　孙兴怀　孙业桓　孙占学　孙自学
谈　勇　谭才宏　谭友文　汤　静　唐德志　唐东昕　唐铁钰　唐旭东　唐有法　陶泽璋　陶志华　田道法
田　丰　田　辉[2]　田普训　田　涛[2]　田亚平　田英平　田增民　童　建　图　娅　涂　蓉　涂　或　万光明
万　里　万文辉　万献尧　万　有　汪俊军　汪明明　汪运山　王长虹[1]　王长希　王长征　王　成　王传新
王　聪[2]　王存川　王丹华　王道荣　王德杭　王东文　王冬梅　王　铎　王恩彤　王　飞[2]　王　刚[2]　王　刚[3]

王共先	王广义	王海强	王汉明	王航雁	王和	王虹[1]	王洪田	王华[1]	王华梁	王辉[1]	王辉[2]
王挥戈	王惠梅	王惠珊	王济	王家勤	王健[1]	王建平	王建荣	王剑飞	王金玲	王金锐	王锦权
王静[2]	王静[3]	王军[2]	王俊宏	王科明	王磊[1]	王立东	王烈	王林	王林辉	王孟昌	王敏[5]
王宁宇	王平[3]	王琪[1]	王强[3]	王善青	王晟	王世东	王硕	王松俊	王天有	王莘	王文平
王晞	王鲜	王现伟	王向阳	王霄英	王小平	王晓明	王新知	王学峰	王亚娟	王艳	王尧[1]
王要军	王忆勤	王荫槐	王拥军	王跃东	王振常	王振中	王志刚[1]	王志明	王志强[3]	王志强[4]	王治国
王中	王忠	王仲	王中全	王子卫	魏春惠	魏继福	魏捷	魏磊	魏戌	温建民	文天夫
翁孝刚	吴安华	吴德沛	吴峰	吴国球	吴建峰	吴俊	吴利安	吴文溪	吴小剑	吴欣怡	吴星恒
吴雪琼	吴耀禄	吴晔明	吴英松	伍亚民	武淑环	夏黎明	夏宁邵	夏强[1]	夏旭	夏正坤	夏中元
鲜军舫	咸建春	肖恩华	肖洪涛	肖怀	肖俊明	肖延风	解基严	解军	解卫平	谢安木	谢建平
谢敏豪	谢明星	谢小兵	邢国兰	邢毅飞	熊承良	熊大经	熊盛道	徐川平	徐刚珍	徐宏喜	徐惠绵
徐评议	徐瑞生	徐卫东	徐文坚	徐先荣	徐翔	徐骁	徐小平	徐学红	徐砚通	徐英春	徐永清
徐元宏	许爱华	许翠萍	许迪[1]	许凤全	许家仁	许剑民	许珉	许学斌	薛博瑜	薛涛	薛武军
鄢盛恺	鄢文海	闫福华	闫福林	闫小宁	严律南	杨宝峰	杨宝山	杨斌让	杨波	杨国庆	杨家印
杨杰[1]	杨杰[2]	杨金亮	杨菁	杨俊	杨凯	杨丽[2]	杨林花	杨茹莱	杨胜兰	杨世昌	杨思进
杨文明	杨锡强	杨新鸣	杨亚娟	杨扬	杨尹默	杨永利	杨永宗	杨于嘉	杨渊	杨孜	姚登福
姚咏明	叶启发	叶山东	叶松	叶永安	叶祖光	衣明纪	易岂建	易彤波	易永祥	殷德涛	殷国平
殷国荣	殷峻	殷凯生	殷善开	殷少军	尹洪娜	尹磊森	尹林	尹慕军	尹宁	尹平	印利民
应燕萍	尤黎明	游潮	游庆军	游苏宁	于波[1]	于波[2]	于春江	于德华	于靖	于力	于普林
于勤	于士柱	于炎冰	于振坤	余传信	余国龙	余洪猛	余奇劲	俞光岩	俞萍	虞亚明	郁春景
喻国冻	喻俊	袁斌	袁成福	袁慧书	袁杰利	袁维堂	袁晓晨	袁瑛	袁勇贵	袁宇	苑海涛
岳寿伟	岳修勤	曾凡钦	曾芳	曾因明	曾照芳	曾智	查云飞	詹江华	张爱华	张冰[2]	张川
张春晖	张福成	张广清	张桂莲	张华[1]	张会丰	张建中	张杰[1]	张金盈	张进安	张劲松[2]	张静
张军平	张黎明	张丽萍	张利远	张玲玲	张明昌	张宁	张庆泉	张权	张森	张声生	张澍
张水军	张甦琳	张天夫	张天嵩	张天托	张卫	张维忠	张潍平	张伟杰	张卫国	张文武	张先明
张咸伟	张祥宏	张晓岚	张晓良	张新超	张旋	张学文	张雪峰	张义	张宇燕	张元珍	张运
张真稳	张振书	张智伟	张作记	章传华	章岚	章秋	赵长青	赵登秋	赵冬	赵东升	赵钢
赵国安	赵国强	赵珔[2]	赵纪春	赵金鑫	赵进喜	赵军[4]	赵军宁	赵丽	赵世华	赵霞	赵先兰
赵晓东	赵一鸣	赵玉兰	赵玉沛	赵元立	赵志强	赵宗江	甄宏韬	甄真	郑国庆	郑军	郑磊
郑民华	郑鹏远	郑英	智绪亭	钟守昌	钟小宁	周爱保	周本宏	周成斌	周冬梅	周辉良	周家华
周健民	周杰	周琴	周荣斌	周胜华	周石	周苏明	周祥福	周晓光	周亚峰	朱诚	朱传武
朱化刚	朱继业	朱剑虹	朱京慈	朱君荣	朱蕾	朱陵群	朱路文	朱美玲	朱士俊	朱守林	朱维铭
朱伟杰	朱文珍	朱晓莉	朱萱	朱燕波	朱有华	朱朝辉	朱志军	邹圣强	邹晓峰[1]	邹云雯	邹云增
左力	左石	左祥荣									

R9 药学

R9 药学核心期刊表研究报告

一、统计结果

统计项目	检索工具	检到条数	涉及刊数	70%条数	涉及刊数
被引量	中文科技期刊数据库（引文版）[北京大学图书馆遴选人文社会科学引文统计源期刊]、中国科学引文数据库	1 216 069	6 467	852 444	371
他引量	中文科技期刊数据库（引文版）[北京大学图书馆遴选人文社会科学引文统计源期刊]、中国科学引文数据库	1 000 550	6 462	700 968	437

| 基金论文量 | 中国期刊全文数据库、万方数据知识服务平台 | 438 910 | 4 530 | 307 010 | 464 |
| Web 下载量 | 中国期刊全文数据库、万方数据知识服务平台、
中文科技期刊数据库、超星学习通与超星发现
产品数据平台、中华医学期刊网、国家哲学社会
科学文献中心中文期刊数据库 | 924 426 316 | 8 943 | 646 281 242 | 444 |

二、综合筛选

对统计结果先作隶属度换算,再作加权平均。经过测试和征求专家意见,选定各评价指标权重如下:

指标名称	权重	指标名称	权重	指标名称	权重	指标名称	权重
被引量	0.08	期刊他引量	0.20	影响因子	0.12	他引影响因子	0.20
5年影响因子	0.04	5年他引影响因子	0.08	特征因子	0.01	论文影响分值	0.05
论文被引指数	0.05	Web下载量	0.02	3年Web下载率	0.03	国家级基金论文比	0.04
省部级基金论文比	0.01	获奖或被重要检索 系统收录	0.05	可被引论文比	0.01	前5年可被引论文比	0.01

得到本学科综合隶属度排序表,经专家评审后,取排在前面的16种为核心期刊。

三、说明

与本类相关的综合性核心期刊见"R综合性医药卫生类核心期刊表"。

R9 药学类核心期刊表

序号	刊名	序号	刊名	序号	刊名
1	药学学报	7	中国药房	13	药物评价研究
2	中国药理学通报	8	中国药理学与毒理学杂志	14	中国医院药学杂志
3	药物分析杂志	9	中国临床药理学杂志	15	华西药学杂志
4	中国药学杂志	10	中国抗生素杂志	16	中国新药与临床杂志
5	中国新药杂志	11	中国药科大学学报		
6	中国现代应用药学	12	中国临床药理学与治疗学		

研究人员： 李恭茹   北京大学医学图书馆

评审专家： 巴根那   白　钢   白素平   鲍天昊   蔡宝昌   曹俊岭   巢志茂   陈常青   陈　超[2]   陈东科
陈东生[1]   陈飞虎   陈光亮   陈　靖   陈科力   陈　明[2]   陈　蓉   陈绍成   陈士林   陈树和   陈随清   陈万生
陈维红   陈孝银   陈信义   陈修平   陈　彦   陈艳芬   陈业高   陈永刚   陈　湧   陈振锋   陈征宇   陈志武
陈子林   陈自卢   成　美   程　刚   褚以文   崔升森   崔　瑛   戴　毅   邓家刚   丁安伟   丁国华   董文其
董亚琳   窦晓兵   杜冠华   杜力军   杜智敏   段文贵   樊官伟   范骁辉   方建国   方世平   冯变玲   冯卫生
傅超美   高　昊   高慧敏   高慧媛   高　莉   高　申   高　文   高文远   高秀丽   龚国利   苟小军   顾觉奋
关　枫   郭建生   郭兰萍   郭秀丽   郭玉金   果德安   韩永龙   郝海平   何　娟   何俏军   何蓉蓉   何　伟
洪建文   洪利娅   洪学传   侯连兵   侯　宁   侯锐钢   胡昌勤   胡汉昆   胡　敏[2]   胡　松   胡永洲   胡又佳
胡元佳   花宝金   华　桦   黄富宏   黄河胜   黄开勋   黄　昆   黄仁彬   黄锁义   黄　艳   吉　民   季　辉
贾乐川   贾晓斌   简华刚   江维克   姜　海[1]   姜　红   姜　玲[2]   姜　勇   蒋海强   蒋序林   蒋学华   金　风
金米聪   康廷国   匡海学   赖　泳   兰小中   李成义   李　春[1]   李　峰   李　刚[2]   李后开   李会军   李　军[1]
李　俊[1]   李旻辉   李　鹏   李　平[2]   李　萍   李秋红   李瑞芳   李世刚   李西文   李　祥   李向阳   李晓瑾
李怡芳   李永吉   李泽庚   李震宇   李正翔   李志勇[4]   李卓荣   连云阳   连增林   练鸿振   梁文权   梁鑫淼
林俊芳   林　宁   林志彬   林　中   凌保东   凌　扬   刘艾林   刘　斌[1]   刘春生   刘　东[2]   刘海涛   刘　宏[1]
刘宏生   刘建勋   刘剑刚   刘俊田   刘叔文   刘树春   刘松青   刘伟平   刘　玮   刘向前   刘新民[1]   刘新泳
刘　越[2]   刘志强   刘中成   龙全江   龙晓英   陆　峰   陆兔林   罗　璨   罗永明   吕　诚   吕良忠   马　劲
马　珂   马满玲   马双成   梅乐和   梅全喜   梅之南   苗明三   闵　旸   潘卫东   潘彦舒   裴月湖   彭代银
彭　励   彭　熙   朴虎日   齐炼文   齐永华   祁建军   乔　雪   秦　侃   秦叔逵   覃　芳   覃江江   覃江克
邱树毅   屈　建   曲　芬   曲章义   阮君山   单进军   商洪才   申　丽   沈亚领   沈玉先   石建功   石新丽

斯金平	宋春红	宋丹青	宋红萍	宋洪涛	宋经元	宋永熙	宋月林	苏秀兰	隋忠国	孙安修	孙承航
孙冬梅	孙国祥	孙利华	孙茂民	孙明瑜	孙黔云	孙 云	孙占奎	谭才宏	谭红胜	汤 静	汤立达
田 辉[2]	田树革	田 薇	田义新	汪 晖	王存德	王丹巧	王德才	王伽伯	王恒山	王 华[1]	王建平
王 健[5]	王金华	王 蕾	王 林	王 平[3]	王世东	王振中	王志安	王智民	王天有	王文萍	王文清
王晓敏	王拥军	王有为	王再花	王长虹[2]	王长连	吴东方	吴和珍	王嘉瑞	韦 萍	魏继福	魏 晶
魏胜利	魏 伟[1]	文友民	吴春福[1]	吴春勇	伍振峰	夏宁邵	向 明	肖洪涛	吴健鸿	吴金虎	吴锦忠
吴啟南	吴 伟[1]	吴祥根	吴永江	吴志生	徐安龙	徐川平	徐宏喜	肖 怀	肖新月		谢建平
谢 娟	辛华雯	熊 亮	熊盛道	熊文勇	薛 明	薛玉英	闫 明	徐 彭	徐石海	徐小平	徐学红
徐砚通	许海玉	许琼明	许正新	薛春苗	杨 柳	杨 全	杨世民	杨宝峰	杨炳友	杨 波	杨 华
杨 卉	杨金亮	杨 娟	杨玲玲	杨 凌	叶祖光	尹磊淼	尹 莲	尹 宁	杨思进	杨小生	杨永清
杨占秋	杨兆勇	杨自忠	姚建标	姚其正	姚海龙	袁 媛	岳鹏飞	曾繁典	杨婉花	于奕峰	余爱荣
余国龙	余利岩	郁建平	袁成福	袁春平	张 辉[2]	张 菁	张军平	张俊华	于荣敏	曾 南	曾庆琪
张 冰[2]	张成桂	张大方	张 耕	张华敏	张咸伟	张 旋	张学农	张 艺	曾克武	张永清[1]	张宇燕
张陆勇	张 宁	张士靖	张 舒	张文清	张自萍	赵春杰	赵继全	赵军宁	张俊清	赵志刚	甄汉深
张 玉[2]	张 越[2]	张振凌	张振秋	张振中	周 欣	朱 笃	朱红军	朱君荣	赵润怀	朱美玲	朱 平
郑志华	周本宏	周成合	周敏华	周 浓					朱陵群		
朱伟明	朱晓新	朱 彦	邹忠杰	邹忠梅							

第 六 编

农 业 科 学

主编　周　群　　副主编　郜向荣

S 综合性农业科学

S 综合性农业科学类核心期刊表研究报告

一、统计结果

统计项目	检索工具	检到条数	涉及刊数	70％条数	涉及刊数
被引量	中文科技期刊数据库（引文版）［北京大学图书馆遴选人文社会科学引文统计源期刊］、中国科学引文数据库	928 465	5 740	652 636	160
他引量	中文科技期刊数据库（引文版）［北京大学图书馆遴选人文社会科学引文统计源期刊］、中国科学引文数据库	823 807	5 737	579 616	178
基金论文量	中国期刊全文数据库、万方数据知识服务平台	125 979	2 502	88 102	196
Web下载量	中国期刊全文数据库、万方数据知识服务平台、中文科技期刊数据库、超星学习通与超星发现产品数据平台、中华医学期刊网、国家哲学社会科学文献中心中文期刊数据库	211 355 426	8 018	149 692 582	278

二、综合筛选

对统计结果先作隶属度换算，再作加权平均。经过测试和征求专家意见，选定各评价指标权重如下：

指标名称	权重	指标名称	权重	指标名称	权重	指标名称	权重
被引量	0.08	期刊他引量	0.20	影响因子	0.05	他引影响因子	0.09
5年影响因子	0.11	5年他引影响因子	0.19	特征因子	0.01	论文影响分值	0.05
论文被引指数	0.05	Web下载量	0.02	3年Web下载率	0.03	国家级基金论文比	0.04
省部级基金论文比	0.01	获奖或重要检索系统收录	0.05	可被引论文比	0.01	前5年可被引论文比	0.01

得到本学科综合隶属度排序表，经专家评审后，取排在前面的33种为核心期刊。

三、说明

与本类相关的综合性核心期刊见"S 综合性农业科学类核心期刊表"。

S 综合性农业科学类核心期刊表

序号	刊　名	序号	刊　名	序号	刊　名
1	中国农业科学	13	农业生物技术学报	24	甘肃农业大学学报
2	干旱地区农业研究	14	浙江大学学报. 农业与生命科学版	25	吉林农业大学学报
3	华北农学报			26	河南农业大学学报
4	华南农业大学学报	15	东北农业大学学报	27	云南农业大学学报. 自然科学
5	南京农业大学学报	16	江西农业大学学报	28	福建农林大学学报. 自然科学版
6	南方农业学报	17	沈阳农业大学学报		
7	西北农业学报	18	河南农业科学	29	山东农业科学
8	西北农林科技大学学报. 自然科学版	19	浙江农业学报	30	福建农业学报
		20	新疆农业科学	31	河北农业大学学报
9	中国农业大学学报	21	华中农业大学学报	32	扬州大学学报. 农业与生命科学版
10	西南农业学报	22	湖南农业大学学报. 自然科学版		
11	中国农业科技导报			33	江苏农业科学
12	江苏农业学报	23	四川农业大学学报		

研究人员： 周 群 中国农业大学图书馆
评审专家： 艾复清 安世恒 白东清 卜仕金 蔡焕杰 蔡晶晶 蔡丽静 曹国璠 曹宏鑫 曹 军
畅志坚 陈 锋[3] 陈 阜 陈华平 陈建业[1] 陈金刚 陈 亮 陈明杰 陈 鹏[2] 陈荣彬 陈如梅 陈世宝
陈正行 陈志刚[1] 成升魁 程安春 程宗明 迟玉杰 褚 栋 崔银河 戴国俊 戴其根 邓媛元 刁其玉
丁汉凤 丁艳锋 杜炳旺 杜道林 杜建军 段留生 樊良新 范仁俊 方 伟 冯 浩 冯志勇 付 君
傅晓华 盖钧镒 高春起 高洪波 高建伟 高振华 谷晓平 谷战英 顾大路 顾亚玲 郭巨先 郭新宇
郭玉明 哈益明 韩晓日 郝晨阳 何虎翼 何焕清 何腾兵 何文寿 何永福 何月秋 贺学礼 洪建军
侯振安 胡春胜 胡会刚 胡建斌 胡建军 胡良龙 胡元森 黄大庄 黄红星 黄金水 黄凯丰 黄丽丽
黄现青 黄燕华 黄毅斌 黄英金 黄运茂 黄占华 焦争鸣 介晓磊 金铁成 康建宏 康相涛 柯 浩
邝哲师 赖齐贤 赖钟雄 黎华寿 李碧春 李炳军 李长松 李春喜 李 刚[2] 李高科 李 宏[1] 李 慧
李 坚 李剑勇 李林光 李 梅 李青丰 李廷轩 李 晓 李新国 李 雪[2] 李亚宁 李雁鸣 李杨瑞
李永华 李玉全 李哲敏 梁成真 梁东丽 梁开明 廖飞雄 廖允成 林壁润 林德喜 林庆胜 林伟君
刘宝元 刘 波[2] 刘国顺 刘好宝 刘建新 刘剑飞 刘茂军 刘明寿 刘 鹏 刘 平[1] 刘世亮 刘树堂
刘桃菊 刘文革 刘昱辉 刘仲华 娄远来 鲁向平 鲁玉杰 陆永跃 陆兆新 路铁刚 路文如 罗成龙
罗永康 吕复兵 吕建华 马 琨 马永祥 毛多斌 毛雪飞 孟宪学 缪绅裕 秦 松 邱继水 瞿明仁
牛自勉 潘宝明 潘月红 庞 浩 彭宏祥 齐军山 佘小漫 申家龙 沈恒胜 沈金雄 沈文飚 石德顺 史海滨
宋安东 宋 超 孙保娟 孙 辉 孙 会 孙 健[2] 孙铝辉 孙培龙 孙清荣 孙玉强 谭宏伟 谭 彧
汤生玲 唐朝晖 陶永胜 田小海 田义新 万 忠 汪耀富 王传堂 王贵启 王海波[1] 王 虹[2] 王洪荣
王纪华 王季春 王继华 王嘉福 王建军[1] 王敬华 王娟玲 王 力 王 丽[1] 王梦芝 王 倩 王让会
王 瑞 王世英 王书茂 王文杰 王星凌 王兴军 王兴祥 王修启 王艳红[1] 王艳红[2] 王宜伦 王应宽
王玉富 王振华 王振营 魏 湜 魏文康 魏岳荣 魏战勇 翁贞林 吴文福 吴文革 吴信生 吴益伟
武宗信 夏锦慧 向 华 向 旭 肖文军 谢宗铭 辛培尧 邢尚军 徐辰武 徐呈祥 徐建雄 徐立章
徐明生 徐奇友 徐学选 许贵善 许如根 许世卫 许文涛 薛绪掌 闫素梅 阎希柱 燕继晔 燕永亮
杨贵明 杨洪强 杨柳青 杨乔松 杨 全 杨荣仲 杨耀东 杨章平 殷贵鸿 游春平 于 卓 余知和
袁 军 袁玉伟 袁醉敏 岳冬冬 昝林森 曾亚文 查仁明 张定一 张福平[1] 张海林 张 鹤 张会勇
张吉鹍 张建诚 张洁夫 张鲁刚 张 敏 张 琦 张 强[1] 张 强[3] 张绍明 张书标 张淑娟 张文举
张文学 张 骁 张亚红 张杨珠 张屹东 张永凯 张永清 张玉龙 张 哲 张振飞 张志祥 张智猛
张宗申 赵春江[1] 赵红雪 赵颖波 赵 致 郑炳松 郑少泉 郑文刚 郑先波 钟小仙 钟玉娟 周灿芳
周国民 周怀平 周建斌[2] 周 琳 周晓燕 周玉锋 周正富 朱桂宁 朱国胜 朱鲁生 诸叶平 庄恒扬
庄志猛 左豫虎

S1 农业基础科学

S1 农业基础科学类核心期刊表研究报告

一、统计结果

统计项目	检索工具	检到条数	涉及刊数	70%条数	涉及刊数
被引量	中文科技期刊数据库(引文版)[北京大学图书馆遴选人文社会科学引文统计源期刊]、中国科学引文数据库	167 709	2 903	117 458	75
他引量	中文科技期刊数据库(引文版)[北京大学图书馆遴选人文社会科学引文统计源期刊]、中国科学引文数据库	150 389	2 900	105 163	81
基金论文量	中国期刊全文数据库、万方数据知识服务平台	13 451	1 218	9 410	124

| Web下载量 | 中国期刊全文数据库、万方数据知识服务平台、中文科技期刊数据库、超星学习通与超星发现产品数据平台、中华医学期刊网、国家哲学社会科学文献中心中文期刊数据库 | 22 764 203 | 4 030 | 16 056 651 | 127 |

二、综合筛选

对统计结果先作隶属度换算,再作加权平均。经过测试和征求专家意见,选定各评价指标权重如下:

指标名称	权重	指标名称	权重	指标名称	权重	指标名称	权重
被引量	0.08	期刊他引量	0.20	影响因子	0.05	他引影响因子	0.09
5年影响因子	0.11	5年他引影响因子	0.19	特征因子	0.01	论文影响分值	0.05
论文被引指数	0.05	Web下载量	0.02	3年Web下载率	0.03	国家级基金论文比	0.04
省部级基金论文比	0.01	获奖或被重要检索系统收录	0.05	可被引论文比	0.01	前5年可被引论文比	0.01

得到本学科综合隶属度排序表,经专家评审后,取排在前面的10种为核心期刊。

三、说明

与本类相关的综合性核心期刊见"S综合性农业科学类核心期刊表"。

S1 农业基础科学类核心期刊表

序号	刊　名	序号	刊　名	序号	刊　名
1	土壤学报	5	中国生态农业学报(中英文)	9	水土保持研究
2	水土保持学报	6	土壤通报	10	水土保持通报
3	植物营养与肥料学报	7	中国土壤与肥料		
4	土壤	8	中国水土保持科学(中英文)		

S2 农业工程

S2 农业工程类核心期刊表研究报告

一、统计结果

统计项目	检索工具	检到条数	涉及刊数	70%条数	涉及刊数
被引量	中文科技期刊数据库(引文版)[北京大学图书馆遴选人文社会科学引文统计源期刊]、中国科学引文数据库	55 767	2 402	39 056	72
他引量	中文科技期刊数据库(引文版)[北京大学图书馆遴选人文社会科学引文统计源期刊]、中国科学引文数据库	44 489	2 398	31 190	120
基金论文量	中国期刊全文数据库、万方数据知识服务平台	6 586	796	4 597	46
Web 下载量	中国期刊全文数据库、万方数据知识服务平台、中文科技期刊数据库、超星学习通与超星发现产品数据平台、中华医学期刊网、国家哲学社会科学文献中心中文期刊数据库	10 976 171	3 670	7 708 431	72

二、综合筛选

对统计结果先作隶属度换算,再作加权平均。经过测试和征求专家意见,选定各评价指标权重如下:

指标名称	权重	指标名称	权重	指标名称	权重	指标名称	权重
被引量	0.08	期刊他引量	0.20	影响因子	0.05	他引影响因子	0.09
5 年影响因子	0.11	5 年他引影响因子	0.19	特征因子	0.01	论文影响分值	0.05
论文被引指数	0.05	Web 下载量	0.02	3 年Web 下载率	0.03	国家级基金论文比	0.04
省部级基金论文比	0.01	获奖或被重要检索系统收录	0.05	可被引论文比	0.01	前 5 年可被引论文比	0.01

得到本学科综合隶属度排序表,经专家评审后,取排在前面的 6 种为核心期刊。

三、说明

与本类相关的综合性核心期刊见"S 综合性农业科学类核心期刊表"。

S2 农业工程类核心期刊表

序号	刊 名	序号	刊 名	序号	刊 名
1	农业机械学报	3	农机化研究	5	节水灌溉
2	农业工程学报	4	排灌机械工程学报	6	中国农机化学报

研究人员: 贺 玢 中国农业大学图书馆

评审专家: 蔡海生 蔡焕杰 蔡健荣 曹成茂 曹国璠 曹宏鑫 柴 山 陈 阜 陈华平 陈汇龙
陈丽能 陈松山 陈正行 陈志刚[1] 成升魁 成自勇 程伍群 戴其根 邓洁红 丁文平 董 霖 范柳萍
方红远 冯 浩 冯绍元 冯显英 付 君 付梅臣 付 强 傅泽田 高传昌 高洪波 关文强 郭康权
郭培源 郭鹏程 郭新宇 郭玉明 郭忠升 韩长杰 何东健 何焕清 何建国 何腾兵 何文寿 侯振安
胡春胜 胡红浪 胡建军 胡金有 胡良龙 黄操军 黄现青 黄运茂 黄占斌 黄占华 霍再林 吉庆丰
江兴龙 蒋云升 金诚谦 阚江明 邝祝芳 黎步银 李保明 李碧春 李伯全 李长河 李芳柏 李公法
李 骅 李 慧 李久生 李 君 李军国 李明思 李萍萍 李书国 李新国 李 雪[2] 李亚宁 李云开
李振华 梁 川 梁开明 梁 英 刘存香 刘敦华 刘国顺 刘洪波 刘 晃 刘荣厚 刘圣勇 刘晓初
刘永信 刘玉德 刘 哲 龙新平 鲁玉军 陆敏恂 马本学 门宝辉 潘淑君 庞 杰 彭万喜 钱晓刚
郜志红 仇宝云 邱小琮 阮怀军 阮竟兰 沙 毅 单世华 尚松浩 邵东国 施卫东 史海滨 史忠植

宋正河	苏东民	孙培龙	谭 彧	汤方平	唐学林	陶永胜	屠 康	王百田	王成涛	王 虹[2]	王纪华
王 军[1]	王若兰	王书茂	王树荣	王锡昌	王晓曦	王艳红[1]	王义民	王应宽	王 勾	王正中	温浩军
吴海华	吴 敏	吴文福	吴文革	吴义强	吴泽宁	武传宇	武宗信	项新建	谢焕雄	谢 晶	徐 斌[1]
徐立章	徐明生	徐绍辉	徐有明	许春平	许 迪[2]	薛金林	薛绪掌	闫文辉	颜玄洲	杨庆华	杨世凤
尹成龙	余泳昌	袁寿其	曾 励	查仁明	翟家齐	张大雷	张道林	张海林	张 鹤	张洪江	张继权
张 敏[1]	张全国	张淑娟	张铁民	张西良	张小栓	张修宇	张亚红	张杨珠	张玉龙	张增志	张展羽
张忠杰	张仲欣	赵春江[1]	赵有斌	郑书河	郑文刚	周国民	周怀平	周建忠[1]	周永东	朱学军	诸叶平
左其亭											

S3，S5 农学（农艺学），农作物

S3，S5 农学（农艺学），农作物类核心期刊表研究报告

一、统计结果

统计项目	检索工具	检到条数	涉及刊数	70％条数	涉及刊数
被引量	中文科技期刊数据库（引文版）[北京大学图书馆遴选人文社会科学引文统计源期刊]、中国科学引文数据库	226 092	3 093	158 964	84
他引量	中文科技期刊数据库（引文版）[北京大学图书馆遴选人文社会科学引文统计源期刊]、中国科学引文数据库	201 658	3 090	141 650	93
基金论文量	中国期刊全文数据库、万方数据知识服务平台	30 616	1 154	21 382	96
Web 下载量	中国期刊全文数据库、万方数据知识服务平台、中文科技期刊数据库、超星学习通与超星发现产品数据平台、中华医学期刊网、国家哲学社会科学文献中心中文期刊数据库	42 247 812	4 645	29 975 208	136

二、综合筛选

对统计结果先作隶属度换算，再作加权平均。经过测试和征求专家意见，选定各评价指标权重如下：

指标名称	权重	指标名称	权重	指标名称	权重	指标名称	权重
被引量	0.08	期刊他引量	0.20	影响因子	0.05	他引影响因子	0.09
5 年影响因子	0.11	5 年他引影响因子	0.19	特征因子	0.01	论文影响分值	0.05
论文被引指数	0.05	Web 下载量	0.02	3 年Web 下载率	0.03	国家级基金论文比	0.04
省部级基金论文比	0.01	获奖或被重要检索系统收录	0.05	可被引论文比	0.01	前 5 年可被引论文比	0.01

得到本学科综合隶属度排序表，经专家评审后，取排在前面的 15 种为核心期刊。

三、说明

与本类相关的综合性核心期刊见"S 综合性农业科学类核心期刊表"。

S3，S5 农学（农艺学），农作物类核心期刊表

序号	刊　名	序号	刊　名	序号	刊　名
1	作物学报	6	玉米科学	11	中国稻米
2	中国水稻科学	7	棉花学报	12	花生学报
3	麦类作物学报	8	作物杂志	13	种子
4	植物遗传资源学报	9	分子植物育种	14	杂交水稻
5	中国油料作物学报	10	大豆科学	15	核农学报

研究人员： 雒庆生 中国农业大学图书馆

评审专家： 白志英 曹必好 曹藩荣 曹国璠 曹宏鑫 畅志坚 陈锋[3] 陈阜 陈华平 陈亮
陈荣彬 陈如梅 陈世国 陈小平 成升魁 程宗明 楚秀生 戴其根 丁艳锋 杜维广 段留生 冯佰利
冯浩 盖钧镒 甘露 郭巨先 郭世华 郭涛[1] 郭新宇 郭玉海 郭忠升 韩霄 何虎翼 何觉民
何腾兵 何文寿 贺达汉 侯振安 胡春胜 胡建斌 胡良龙 黄金水 黄凯丰 黄毅斌 黄英金 贾宏涛
姜凌 介晓磊 金黎平 康建宏 赖齐贤 赖钟雄 郎志宏 李爱宏 李长松 李春喜 李刚[2] 李高科
李贵 李慧 李军[4] 李林光 李淑仪 李廷轩 李晓瑾 李新国 李雪[2] 李亚宁 李雁鸣 李杨瑞
李玉全 梁成真 梁明开 梁天锋 廖允成 林壁润 林庆胜 林伟君 林文雄 刘国顺 刘好宝 刘建新
刘世亮 刘树堂 刘桃菊 刘亚 刘越[2] 陆卫平 陆永跃 路铁刚 路文如 罗兴录 马永祥 聂立孝
齐军山 祁建军 钱晓刚 秦松 邱立友 阮怀军 单世华 邵玲 沈金雄 石德成 宋波涛 隋启君
孙保娟 孙辉 孙清荣 孙玉强 谭宏伟 唐朝晖 田小海 田义新 涂书新 汪耀富 王传堂 王道龙
王贵启 王纪华 王季春 王继华 王家保 王娟玲 王瑞 王兴祥 王艳红[1] 王宜伦 王应宽 王玉富
王泽生 王振华 王振营 魏湜 邬华松 吴文革 武宗信 夏锦慧 肖关丽 肖文军 谢剑平 谢宗铭
辛培尧 徐立 徐有明 许如根 薛绪掌 杨林生 杨全 杨荣仲 姚新灵 叶建荣 殷贵鸿 于卓
袁美 袁醉敏 曾亚文 张福耀 张海林 张鹤 张宏瑞 张继光 张建诚 张洁夫 张琦 张强[1]
张书标 张文忠 张亚红 张玉龙 张振飞 张智猛 赵致 郑炳松 郑常祥 郑文刚 周怀平 周建斌[2]
周鹏[2] 周永红 庄恒扬 邹瑜 左豫虎

S4 植物保护

S4 植物保护类核心期刊表研究报告

一、统计结果

统计项目	检索工具	检到条数	涉及刊数	70％条数	涉及刊数
被引量	中文科技期刊数据库（引文版）［北京大学图书馆遴选人文社会科学引文统计源期刊］、中国科学引文数据库	93 041	2 258	65 471	96
他引量	中文科技期刊数据库（引文版）［北京大学图书馆遴选人文社会科学引文统计源期刊］、中国科学引文数据库	83 016	2 257	58 518	107
基金论文量	中国期刊全文数据库、万方数据知识服务平台	13 780	905	9 638	100
Web 下载量	中国期刊全文数据库、万方数据知识服务平台、中文科技期刊数据库、超星学习通与超星发现产品数据平台、中华医学期刊网、国家哲学社会科学文献中心中文期刊数据库	21 007 634	3 468	14 801 444	127

二、综合筛选

对统计结果先作隶属度换算，再作加权平均。经过测试和征求专家意见，选定各评价指标权重如下：

指标名称	权重	指标名称	权重	指标名称	权重	指标名称	权重
被引量	0.08	期刊他引量	0.20	影响因子	0.05	他引影响因子	0.09
5 年影响因子	0.11	5 年他引影响因子	0.19	特征因子	0.01	论文影响分值	0.05
论文被引指数	0.05	Web 下载量	0.02	3 年Web 下载率	0.03	国家级基金论文比	0.04
省部级基金论文比	0.01	获奖或被重要检索系统收录	0.05	可被引论文比	0.01	前 5 年可被引论文比	0.01

得到本学科综合隶属度排序表，经专家评审后，取排在前面的 9 种为核心期刊。

三、说明

与本类相关的综合性核心期刊见"S 综合性农业科学类核心期刊表"。

S4 植物保护类核心期刊表

序号	刊　名	序号	刊　名	序号	刊　名
1	植物保护	4	植物病理学报	7	生物安全学报
2	植物保护学报	5	环境昆虫学报	8	中国植保导刊
3	中国生物防治学报	6	农药学学报	9	农药

S6 园艺

S6 园艺类核心期刊表研究报告

一、统计结果

统计项目	检索工具	检到条数	涉及刊数	70%条数	涉及刊数
被引量	中文科技期刊数据库（引文版）［北京大学图书馆遴选人文社会科学引文统计源期刊］、中国科学引文数据库	108 687	2 355	76 554	96
他引量	中文科技期刊数据库（引文版）［北京大学图书馆遴选人文社会科学引文统计源期刊］、中国科学引文数据库	98 068	2 354	68 954	105
基金论文量	中国期刊全文数据库、万方数据知识服务平台	19 831	1 073	13 832	92
Web 下载量	中国期刊全文数据库、万方数据知识服务平台、中文科技期刊数据库、超星学习通与超星发现产品数据平台、中华医学期刊网、国家哲学社会科学文献中心中文期刊数据库	34 655 865	4 552	24 493 090	129

二、综合筛选

对统计结果先作隶属度换算，再作加权平均。经过测试和征求专家意见，选定各评价指标权重如下：

指标名称	权重	指标名称	权重	指标名称	权重	指标名称	权重
被引量	0.08	期刊他引量	0.20	影响因子	0.05	他引影响因子	0.09
5 年影响因子	0.11	5 年他引影响因子	0.19	特征因子	0.01	论文影响分值	0.05
论文被引指数	0.05	Web 下载量	0.02	3 年Web 下载率	0.03	国家级基金论文比	0.04
省部级基金论文比	0.01	获奖或被重要检索系统收录	0.05	可被引论文比	0.01	前 5 年可被引论文比	0.01

得到本学科综合隶属度排序表，经专家评审后，取排在前面的 9 种为核心期刊。

三、说明

与本类相关的综合性核心期刊见"S 综合性农业科学类核心期刊表"。

S6 园艺类核心期刊表

序号	刊　名	序号	刊　名	序号	刊　名
1	园艺学报	4	食用菌学报	7	中外葡萄与葡萄酒
2	果树学报	5	中国南方果树	8	中国瓜菜
3	北方园艺	6	中国蔬菜	9	热带作物学报

研究人员： 孙会军　中国农业大学图书馆

评审专家： 蔡润 操君喜 曹必好 曹兵 曹藩荣 曹宏鑫 曹尚银 陈发河 陈华平 陈建华[2] 陈建业[1] 陈亮 陈明杰 陈清西 陈世国 陈双林 陈玉琼 陈宗懋 程宗明 戴传超 丁汉凤 董胜君 杜国强 杜远鹏 段留生 房玉林 冯建荣 高洪波 高建伟 辜彬 谷战英 关文强 郭巨先 郭忠升 韩伟 何焕清 何觉民 何培新 何文寿 何新华 贺新生 贺学礼 胡大刚 胡建斌 胡良龙 胡位荣 黄宝勇 黄红星 黄金水 黄凯丰 蒋燚 蒋云升 金黎平 赖齐贤 赖钟雄 李长松 李贺[2] 李建安 李良俊 李林光 李梅 李英 李永华 李正国 廖飞雄 林俊芳 林庆胜 林伟君 林文忠 刘惠民 刘剑飞 刘平[1] 刘树堂 刘卫东[2] 刘文革 刘艳芳 刘勇[3] 刘仲华 鲁晓燕 陆永跃 路文如 吕德国 吕复兵 聂飞 牛建新 牛自勉 潘存德 潘俊松 彭东辉 彭宏祥 平吉成 齐军山 邱立友 屈宝香 阮怀军 邵振润 申进文 宋波涛 宋丽华 宋治文 苏培玺 孙保娟 孙超 孙会 孙健[2] 孙清明 孙清荣 孙山 孙振元 谭宏伟 谭晓风 陶书田 田薇 汪良驹 王承南 王海波[1] 王海波[2] 王虹[2] 王继华 王家保 王建波 王建革 王瑞 王世平 王雁 王亿 王义强 王应宽 王再花 王泽生 文亚峰 邹华松 吴晖 夏锦慧 肖文军 辛培尧 徐昌杰 徐呈祥 徐涵[1] 徐晖 徐立 徐小万 徐有明 薛绪掌 燕继晔 杨从科 杨贵明 杨豪中 杨洪强 杨柳青 杨树华 杨耀东 姚新灵 乙引 于卓 郁志芳 袁德义 袁军 袁玉伟 袁媛 袁醉敏 曾继吾 曾思齐 张党权 张福平[1] 张鹤 张红娜 张利义 张鲁刚 张新忠 张亚红 张屹东 张志宏 张宗申 赵军良 赵旗峰 郑文刚 郑先波 钟钰 钟玉娟 周鹏[2] 周武忠 朱高浦 朱国胜 朱建华 朱月林 邹瑜

S7 林业

S7 林业类核心期刊表研究报告

一、统计结果

统计项目	检索工具	检到条数	涉及刊数	70%条数	涉及刊数
被引量	中文科技期刊数据库(引文版)[北京大学图书馆遴选人文社会科学引文统计源期刊]、中国科学引文数据库	142 310	3 027	99 859	83
他引量	中文科技期刊数据库(引文版)[北京大学图书馆遴选人文社会科学引文统计源期刊]、中国科学引文数据库	127 638	3 025	89 511	94
基金论文量	中国期刊全文数据库、万方数据知识服务平台	12 363	930	8 648	81
Web下载量	中国期刊全文数据库、万方数据知识服务平台、中文科技期刊数据库、超星学习通与超星发现产品数据平台、中华医学期刊网、国家哲学社会科学文献中心中文期刊数据库	21 321 950	4 365	15 031 107	100

二、综合筛选

对统计结果先作隶属度换算,再作加权平均。经过测试和征求专家意见,选定各评价指标权重如下:

指标名称	权重	指标名称	权重	指标名称	权重	指标名称	权重
被引量	0.08	期刊他引量	0.20	影响因子	0.05	他引影响因子	0.09
5 年影响因子	0.11	5 年他引影响因子	0.19	特征因子	0.01	论文影响分值	0.05
论文被引指数	0.05	Web 下载量	0.02	3 年 Web 下载率	0.03	国家级基金论文比	0.04
省部级基金论文比	0.01	获奖或被重要检索系统收录	0.05	可被引论文比	0.01	前 5 年可被引论文比	0.01

得到本学科综合隶属度排序表,经专家评审后,取排在前面的 17 种为核心期刊。

三、说明

与本类相关的综合性核心期刊见"S 综合性农业科学类核心期刊表"。

S7 林业类核心期刊表

序号	刊名	序号	刊名	序号	刊名
1	林业科学	6	东北林业大学学报	12	森林工程
2	林业科学研究	7	西北林学院学报	13	林业工程学报
3	北京林业大学学报	8	森林与环境学报	14	林业资源管理
4	南京林业大学学报. 自然科学版	9	浙江农林大学学报	15	西南林业大学学报. 自然科学
5	中南林业科技大学学报	10	世界林业研究	16	中国森林病虫
		11	经济林研究	17	西部林业科学

研究人员:　石冬梅　北京林业大学图书馆

评审专家:　毕良武　曹　兵　曹光球　曹　军　曹尚银　常　禹　陈建华[2]　陈　亮　陈　鹏[2]　陈又清
戴向东　丁贵杰　董胜君　董文渊　段文贵　范少辉　方升佐　方　晰　冯虎元　傅佳佳　辜　彬　谷战英
郭　鑫　郭忠升　郝清玉　何东进　何焕清　何彤慧　何学友　何宗明　洪　伟[2]　胡明形　黄大庄　黄金水
黄磊昌　黄立新[3]　黄选瑞　黄艳丽　黄占华　贾宏涛　贾忠奎　蒋　燚　景维鹏　阚江明　柯金炼　邝祝芳
赖齐贤　赖钟雄　雷丕锋　李昌珠　李贵祥　李洪远　李际平　李　坚　李建安　李建贵　李林光　李　敏
李萍萍　李淑仪　李先琨　李贤军　李贤伟　李湘洲　李新功　李义华　李意德　李永华　李　云[2]　李志辉
廖飞雄　林　辉　林文树　刘高强　刘惠民　刘　健[2]　刘美爽　刘　鹏　刘　平[1]　刘任涛　刘守新　刘　彤[1]
刘卫东[2]　刘兴良　刘　元　刘镇波　刘志民　刘钟栋　罗大庆　吕　勇　孟　平　慕长龙　聂　飞　宁德鲁
牛　赟　潘存德　彭东辉　彭万喜　卿　彦　任佳丽　沈海龙　沈　隽　沈熙环　盛庆红　斯金平　宋丽华
苏金乐　苏培玺　孙厚超　孙　华　孙清荣　孙耀星　孙振元　谭宏伟　谭晓风　谭益民　唐开军　田国双
汪有科　王百田　王承南　王家保　王秋华　王让会　王文全　王　雁　王彦辉[2]　王义强　王震洪　王忠伟
魏胜利　温远光　文亚峰　邬华松　吴承照　吴承祯　吴立潮　吴延熊　吴义强　项文化　辛培尧　邢尚军
熊　犍　徐呈祥　徐道春　徐刚标　徐　立　徐学选　徐永建　徐有明　薛永常　颜　帅　杨贵明　杨桂花
杨柳青　杨树华　杨玉盛　姚学玲　叶功富　乙　引　于志明　喻勋林　袁德义　袁　军　昝林森　曾德慧
曾思齐　张党权　张　贵　张国财　张宏瑞　张洪江　张会儒　张劲松[4]　张明海　张庆费　张润志　张铁明
张　玉[1]　张玉龙　赵秀海　郑炳松　郑仁华　郑先波　郑哲文　钟海雁　钟永德　周建斌[1]　周志春　朱高浦
朱光玉　朱守林　祝遵凌

S8 畜牧、动物医学、狩猎、蚕、蜂

S8 畜牧、动物医学、狩猎、蚕、蜂类核心期刊表研究报告

一、统计结果

统计项目	检索工具	检到条数	涉及刊数	70%条数	涉及刊数
被引量	中文科技期刊数据库(引文版)[北京大学图书馆遴选人文社会科学引文统计源期刊]、中国科学引文数据库	100 298	2 996	70 485	125
他引量	中文科技期刊数据库(引文版)[北京大学图书馆遴选人文社会科学引文统计源期刊]、中国科学引文数据库	87 029	2 988	61 304	155
基金论文量	中国期刊全文数据库、万方数据知识服务平台	26 681	1 009	18 665	66
Web下载量	中国期刊全文数据库、万方数据知识服务平台、中文科技期刊数据库、超星学习通与超星发现产品数据平台、中华医学期刊网、国家哲学社会科学文献中心中文期刊数据库	47 244 180	5 613	33 356 652	82

二、综合筛选

对统计结果先作隶属度换算,再作加权平均。经过测试和征求专家意见,选定各评价指标权重如下:

指标名称	权重	指标名称	权重	指标名称	权重	指标名称	权重
被引量	0.08	期刊他引量	0.20	影响因子	0.05	他引影响因子	0.09
5年影响因子	0.11	5年他引影响因子	0.19	特征因子	0.01	论文影响分值	0.05
论文被引指数	0.05	Web下载量	0.02	3年Web下载率	0.03	国家级基金论文比	0.04
省部级基金论文比	0.01	获奖或被重要检索系统收录	0.05	可被引论文比	0.01	前5年可被引论文比	0.01

得到本学科综合隶属度排序表,经专家评审后,取排在前面的23种为核心期刊。

三、说明

1.核心期刊表按"畜牧、动物医学、狩猎、蚕、蜂(除草地学、草原学)"和"草地学、草原学"分别列出。

2.与本类相关的综合性核心期刊见"S综合性农业科学类核心期刊表"。

S8(除 S812) 畜牧、动物医学、狩猎、蚕、蜂(除草地学、草原学)类核心期刊表

序号	刊名	序号	刊名	序号	刊名
1	畜牧兽医学报	8	饲料工业	15	饲料研究
2	动物营养学报	9	中国家禽	16	中国草食动物科学
3	中国畜牧兽医	10	畜牧与兽医	17	蚕业科学
4	中国畜牧杂志	11	家畜生态学报	18	中国兽医杂志
5	中国兽医学报	12	中国饲料	19	黑龙江畜牧兽医
6	中国兽医科学	13	中国动物传染病学报		
7	中国预防兽医学报	14	动物医学进展		

S812 草地学、草原学类核心期刊表

序号	刊名	序号	刊名	序号	刊名
1	草业学报	3	草业科学	4	草地学报
2	中国草地学报				

S9 水产、渔业

S9 水产、渔业类核心期刊表研究报告

一、统计结果

统计项目	检索工具	检到条数	涉及刊数	70%条数	涉及刊数
被引量	中文科技期刊数据库（引文版）[北京大学图书馆遴选人文社会科学引文统计源期刊]、中国科学引文数据库	74 552	2 629	52 279	67
他引量	中文科技期刊数据库（引文版）[北京大学图书馆遴选人文社会科学引文统计源期刊]、中国科学引文数据库	66 858	2 627	46 895	78
基金论文量	中国期刊全文数据库、万方数据知识服务平台	7 920	651	5 541	45
Web下载量	中国期刊全文数据库、万方数据知识服务平台、中文科技期刊数据库、超星学习通与超星发现产品数据平台、中华医学期刊网、国家哲学社会科学文献中心中文期刊数据库	12 820 073	3 291	9 078 368	54

二、综合筛选

对统计结果先作隶属度换算，再作加权平均。经过测试和征求专家意见，选定各评价指标权重如下：

指标名称	权重	指标名称	权重	指标名称	权重	指标名称	权重
被引量	0.08	期刊他引量	0.20	影响因子	0.05	他引影响因子	0.09
5年影响因子	0.11	5年他引影响因子	0.19	特征因子	0.01	论文影响分值	0.05
论文被引指数	0.05	Web下载量	0.02	3年Web下载率	0.03	国家级基金论文比	0.04
省部级基金论文比	0.01	获奖或被重要检索系统收录	0.05	可被引论文比	0.01	前5年可被引论文比	0.01

得到本学科综合隶属度排序表，经专家评审后，取排在前面的12种为核心期刊。

三、说明

与本类相关的综合性核心期刊见"S 综合性农业科学类核心期刊表"。

S9 水产、渔业类核心期刊表

序号	刊名	序号	刊名	序号	刊名
1	水产学报	5	海洋渔业	9	水产科学
2	中国水产科学	6	上海海洋大学学报	10	水生态学杂志
3	南方水产科学	7	大连海洋大学学报	11	渔业现代化
4	渔业科学进展	8	淡水渔业	12	广东海洋大学学报

研究人员：　周丽英　中国农业大学图书馆

评审专家：　艾庆辉　白东清　白福臣　白俊杰　包建强　包特力根白乙　曹俊明　陈发河　陈军[3]
陈四清　陈勇[1]　谌志新　成永旭　迟淑艳　崔青曼　戴瑛　邓君明　邓岳文　刁其玉　丁永良　董在杰
冯广朋　傅泽田　郭玉清　胡红浪　胡金有　黄洪亮　吉红　江涛　江兴龙　柯浩　邝哲师　李爱科
李碧春　李加儿　李杰人　李槿年　李来好　李应仁　李玉全　李云[4]　李振华　林龙山　林鹏　刘海燕
刘合光　刘晃　刘慧　刘家寿　刘贤德　刘小林[1]　刘新山　刘钟栋　罗成龙　罗相忠　罗永康　马波
马绍赛　慕永通　倪辉　区又君　潘淑君　钱方　邱小琮　单连斌　沈新强　宋超　宋利明　孙琛
孙吉亭　孙铝辉　田涛[1]　王桂芹　王洪荣　王嘉福　王锡昌　王艺磊　王玉梅　魏文康　吴伟[3]　谢广明
徐皓　徐鹏　徐奇友　徐永平　许贵善　薛敏　鄢庆枇　闫玉科　阎希柱　杨红生　姚翠鸾　姚丽娜
叶继丹　尤锋　俞存根　岳冬冬　臧维玲　张海军[2]　张辉[3]　张吉鹍　张小栓　张秀君　张哲　赵宝华
赵红霞　赵金良　赵明军　郑鹏　郑思宁　周井娟　周永灿　周永东　周志刚　庄志猛

第 七 编

工 业 技 术

主编　季淑娟　　副主编　刘恩涛　郑　征

TB 一般工业技术

TB 一般工业技术类核心期刊表研究报告

一、统计结果

统计项目	检索工具	检到条数	涉及刊数	70%条数	涉及刊数
被引量	中文科技期刊数据库（引文版）[北京大学图书馆遴选人文社会科学引文统计源期刊]、中国科学引文数据库	84 480	3 595	59 284	235
他引量	中文科技期刊数据库（引文版）[北京大学图书馆遴选人文社会科学引文统计源期刊]、中国科学引文数据库	66 315	3 586	46 529	320
基金论文量	中国期刊全文数据库、万方数据知识服务平台	31 352	2 384	21 943	296
Web下载量	中国期刊全文数据库、万方数据知识服务平台、中文科技期刊数据库、超星学习通与超星发现产品数据平台、中华医学期刊网、国家哲学社会科学文献中心中文期刊数据库	41 305 840	7 487	29 223 460	381

二、综合筛选

对统计结果先作隶属度换算，再作加权平均。经过测试和征求专家意见，选定各评价指标权重如下：

指标名称	权重	指标名称	权重	指标名称	权重	指标名称	权重
被引量	0.08	期刊他引量	0.20	影响因子	0.07	他引影响因子	0.12
5年影响因子	0.09	5年他引影响因子	0.16	特征因子	0.01	论文影响分值	0.05
论文被引指数	0.05	Web下载量	0.02	3年Web下载率	0.03	国家级基金论文比	0.04
省部级基金论文比	0.01	获奖或被重要检索系统收录	0.05	可被引论文比	0.01	前5年可被引论文比	0.01

得到本学科综合隶属度排序表，经专家评审后，取排在前面的20种为核心期刊。

三、说明

1.核心期刊表按"工程基础科学，工程设计与测绘""工程材料学""工业通用技术与设备""声学工程""制冷工程""真空技术"和"计量学"分别列出。

2.与本类相关的综合性核心期刊见"N/X综合性理工农医类核心期刊表"。

TB1，TB2 工程基础科学，工程设计与测绘类核心期刊表

序号	刊　名	序号	刊　名
1	图学学报	2	低温与超导

TB3 工程材料学类核心期刊表

序号	刊　名	序号	刊　名	序号	刊　名
1	复合材料学报	4	无机材料学报	7	宇航材料工艺
2	材料工程	5	复合材料科学与工程	8	材料研究学报
3	材料导报	6	功能材料	9	材料科学与工程学报

TB4 工业通用技术与设备类核心期刊表

序号	刊　名
1	包装工程

TB5 声学工程类核心期刊表

序号	刊　名	序号	刊　名	序号	刊　名
1	声学技术	2	应用声学	3	噪声与振动控制

TB6 制冷工程类核心期刊表

序号	刊　名	序号	刊　名
1	制冷学报	2	低温工程

TB7 真空技术类核心期刊表

序号	刊　名
1	真空科学与技术学报

TB9 计量学类核心期刊表

序号	刊　名	序号	刊　名
1	计量学报	2	中国测试

研究人员：　殷凌云　北京科技大学图书馆

评审专家：　艾德生　白晨光　白晨曦　白德美　白振华　包建强　鲍文博　卜树坡　蔡　舒　曹春娥
曹建国　曹江涛　曹学东　曹益平　车声雷　陈　馥　陈光雄　陈国金　陈海峰　陈焕铭　陈汇龙　陈家光
陈嘉兴　陈金周　陈静波　陈礼清　陈渌萍　陈明清　陈　南　陈　强　陈　文[1]　陈　武　陈小俊　陈晓屏
陈义旺　陈毅兴　陈　颖　陈　勇[3]　陈　勇[4]　陈永东　陈　云　陈兆祥　陈　智[2]　陈志刚[2]　陈志华　陈忠敏
谌伦建　程博闻　程光明　程先华　崔海亭　崔振铎　崔仲鸣　崔州平　代明江　戴松元　邓福铭　邓建新
邓四二　丁国良　丁庆军　丁运生　董晨钟　董　峰　堵　平　杜成斌　杜　岂　端木琳　段春争　段国林
段远源　鄂大辛　樊慧庆　樊尚春　樊栓狮　樊震坤　范晓伟　方忆湘　方　正　冯国会　冯进军　冯拉俊
冯煜东　冯志红　伏燕军　付瑞东　付祥钊　付晓恒　傅万堂　盖国胜　甘　阳　高党鸽　高　德　高殿荣
高　亮[2]　高满屯　高庆龙　高文元　高小建　高轩能　高怡斐　高云鹏　耿桂宏　谷　波　顾建明　顾晓峰
关　丽　管　蓉　管学茂　郭成彬　郭得峰　郭广礼　郭广平　郭京波　郭美如　郭宪民　郭阳宽　韩刚跃
韩纪庆　韩　江　韩敏芳　韩　焱　韩宗伟　郝　斌　郝双晖　何发钰　何海平　何红丽　何宏舟　何嘉鹏
何明一　何庆国　何　涛　何文斌　何希铨　何心怡　何亚东　何毅斌　贺可强　洪　明　侯培国　侯仰龙
胡昌华　胡国良　胡国明　胡宏伟　胡鸿志　胡吉永　胡建文　胡力群　胡伦坚　胡晓君　胡亚民　胡忆沩
黄大荣　黄发荣　黄国杰　黄剑锋　黄立新[1]　黄松岭　黄险峰　黄新友　黄　英　黄永华　黄泽好　黄占华
霍李江　贾晓枫　贾云海　贾志新　简献忠　江　潮　江守恒　江　莞　姜德义　姜　峰　姜水生　姜周曙
蒋丹宇　焦文玲　金成哲　金贺荣　金　鑫　金应荣　金玉丰　靳世久　巨永林　孔　恒　来　磊　赖惠鸽
雷俊卿　黎　苏　李安虎　李百战　李北星　李伯全　李成明　李得天　李德英　李发堂　李丰果　李风亭
李　刚[4]　李　工　李国禄　李　宏[2]　李红旗　李红霞　李　华[2]　李花婷　李惠军　李济顺　李建强[2]　李金山
李久林　李　军[3]　李军宁　李骏飞　李连进　李美成　李念平　李清富　李仁府　李荣锋　李少远　李松晶
李陶深　李天匀　李铁虎　李　威[2]　李　伟[1]　李卫东[2]　李先庭　李小军　李小明　李孝辉　李兴林　李亚宏

李勇[2]	李兆利	李珍	李振华	李峥嵘	李志华	李志农	栗正新	梁金生	梁志国	廖恒成	廖明义
林波荣	林超	林海	林少芬	凌祥	刘宝华	刘丙宇	刘伯权	刘长军	刘诚	刘初升	刘大成
刘德平	刘芳	刘福云	刘广瑞	刘海峰	刘汉东	刘河洲	刘宏英	刘焕牢	刘建军[2]	刘建科	刘建秀
刘金祥	刘俊龙	刘开平	刘美红	刘猛	刘宁	刘沛	刘青	刘秋新	刘世民	刘松平	刘维良
刘卫华	刘先松	刘晓初	刘晓燕[2]	刘秀忠	刘学增	刘雪东	刘雪峰	刘一波	刘益才	刘永猛	刘玉德
卢红霞	卢晓红	卢亦焱	陆敏恂	陆兴	陆振刚	罗虹	罗民	罗勤	罗蓉	罗哉	罗忠
骆俊廷	吕俊复	吕生华	吕宇鹏	吕振林	马爱斌	马冲先	马栋	马国远	马建中	马剑钢	马晶
马青松	马瑞	马石城	马士宾	马修水	马学虎	马一太	马玉娥	马玉龙	马振辉	梅宁	梅平
梅益	孟家光	孟庆森	孟如	孟宗	闵凡飞	莫蓉	牛新环	欧阳义芳	潘曹峰	潘长勇	潘存海
潘宏侠	裴建中	彭峰	彭天好	彭晓	彭旭东	齐臣杰	钱觉时	钱林方	钱政	强天鹏	乔英杰
秦春玲	秦国良	卿彦	邱家稳	曲迎东	曲远方	任长春	任凯亮	任有志	单明广	邵建新	邵晓鹏
沈建中	沈荣瀛	石峰	石伟国	石岩[1]	石永华	石圩	石照耀	史庆南	史亦韦	舒红宇	宋爱国
宋宏伟	宋诗哲	宋现春	宋绪丁	宋永伦	宋云连	苏东民	苏建修	苏正涛	隋修武	隋永莉	孙宝忠
孙诚	孙丹峰	孙国栋	孙坚	孙金玮	孙聂枫	孙振平	孙志超	孙智慧	谭惠丰	谭永华	谭志强
唐成春	唐文彦	唐小斌	陶国良	田青超	田守信	同继锋	童秉枢	童凯	汪长安	汪传生	汪志芬
王彪	王滨	王博文	王朝辉	王颛胤	王德松	王定标	王东炜	王发洲	王福吉	王国强[2]	王海舟
王红强	王红岩	王厚军	王华[3]	王化祥	王吉会	王建华	王杰[1]	王快社	王磊[2]	王利光	王敏[1]
王明年	王明智	王圃	王晴	王清周	王庆明	王如竹	王森林	王少荣	王胜利	王世锋	王世杰
王书涛	王淑芳	王铁	王铁钢	王铁军	王同华	王文	王文中	王显明	王献忠	王新军	王新轲
王兴松	王学俊	王艳香	王依民	王银顺	王永红	王永强	王铀	王匀	王昭俊	王志杰	王中宇
王矗	魏晓勇	吴川	吴行	吴胜利	吴伟[2]	吴雪峰	吴义强	吴友平	吴玉道	吴仲岿	伍凡
武乾	武文革	夏建国	夏琴香	肖国庆	肖汉宁	肖宏	肖龙鸽	肖鹏[1]	肖鹏[2]	谢峰	谢华锟
谢晋	谢晶	谢如鹤	谢伟平	辛节之	信赢	邢子文	熊键	熊田忠	徐爱东	徐安军	徐斌[1]
徐灿	徐东耀	徐锋	徐格宁	徐光亮	徐厚军	徐辉[2]	徐九华	徐庆宇	徐庶	徐书文	徐伟
徐稳龙	徐小平	徐友龙	徐朝鹏	徐祖顺	许文才	许志红	薛斌	薛松柏	薛玉君	薛梓	阎培渝
颜可珍	杨德庆	杨刚	杨光[3]	杨槐	杨健[2]	杨建华	杨凯华	杨利坡	杨梅	杨庆华	杨庆祥
杨胜强	杨树明	杨伟东	杨文斌	杨文伟	杨咸启	杨小聪	杨晓华[2]	杨新岐	杨屹	杨勇[2]	姚立纲
姚灵	姚燕	姚运仕	姚振强	叶军	叶声华	叶孝佑	易国斌	尹延国	于洪亮	于辉	于冀平
于荣	于升学	于溯源	余斌[1]	余欢	余剑英	余晓流	余泳昌	余震	余忠	俞树荣	俞天智
袁建力	袁巨龙	臧建兵	曾励	曾吾	曾宪奎	曾周末	查旭东	翟玉春	翟志强	张驰	张传祥
张大卫	张道林	张凤林	张福成	张功学	张国民	张海霞	张红辉	张宏建	张洪旺	张华[2]	张季超
张继军	张家忠	张健[2]	张建[1]	张进生	张静远	张军[2]	张俊	张玲华	张猛	张明旭	张明喆
张其土	张覃	张瑞成	张仕斌	张素风	张太华	张涛[1]	张铁犁	张卫文	张西良	张希华	张先锋
张小松	张心明	张幸红	张永贵	张玉存	张云电	张云升	张增志	张贞凯	张振兴	张志刚	张治红
张忠华[2]	张宗华	赵波	赵东林	赵贵哲	赵海波	赵海雷	赵华	赵锂	赵立东	赵龙志	赵前程
赵庆新	赵顺波	赵伟	赵霄龙	赵兴群	赵学增	赵彦保	赵永翔	赵玉成	赵元春	赵云峰	赵则祥
赵震	赵智胜	郑经堂	郑青榕	郅晓	钟丹	衷水平	周朝阳	周传波	周大利	周好斌	周会高
周继承	周家东	周建国	周建民	周建忠[1]	周荣林	周书明	周天华	周伟	周伟国	周文政	周益春
周盈科	周勇[2]	周玉海	周振君	朱革	朱坚民	朱民儒	朱沙	朱协彬	朱学军	朱跃钊	朱正吼
祝爱萍	庄卫东	资建民	邹玉堂	左超	左敦稳	左言言					

TD 矿业工程

TD 矿业工程类核心期刊表研究报告

一、统计结果

统计项目	检索工具	检到条数	涉及刊数	70％条数	涉及刊数
被引量	中文科技期刊数据库（引文版）〔北京大学图书馆遴选人文社会科学引文统计源期刊〕、中国科学引文数据库	73 073	2 159	51 202	44
他引量	中文科技期刊数据库（引文版）〔北京大学图书馆遴选人文社会科学引文统计源期刊〕、中国科学引文数据库	59 871	2 152	41 867	61
基金论文量	中国期刊全文数据库、万方数据知识服务平台	16 153	1 016	11 307	44
Web下载量	中国期刊全文数据库、万方数据知识服务平台、中文科技期刊数据库、超星学习通与超星发现产品数据平台、中华医学期刊网、国家哲学社会科学文献中心中文期刊数据库	25 222 724	4 126	17 885 448	67

二、综合筛选

对统计结果先作隶属度换算，再作加权平均。经过测试和征求专家意见，选定各评价指标权重如下：

指标名称	权重	指标名称	权重	指标名称	权重	指标名称	权重
被引量	0.08	期刊他引量	0.20	影响因子	0.07	他引影响因子	0.12
5年影响因子	0.09	5年他引影响因子	0.16	特征因子	0.01	论文影响分值	0.05
论文被引指数	0.05	Web下载量	0.02	3年Web下载率	0.03	国家级基金论文比	0.04
省部级基金论文比	0.01	获奖或被重要检索系统收录	0.05	可被引论文比	0.01	前5年可被引论文比	0.01

得到本学科综合隶属度排序表，经专家评审后，取排在前面的19种为核心期刊。

三、说明

1. 核心期刊表按"矿业工程（除煤矿开采）"和"煤矿开采"分别列出。

2. 与本类相关的综合性核心期刊见"N/X综合性理工农医类核心期刊表"。

TD（除 TD82）矿业工程（除煤矿开采）类核心期刊表

序号	刊　　名	序号	刊　　名	序号	刊　　名
1	采矿与安全工程学报	5	矿业安全与环保	9	黄金科学技术
2	中国矿业大学学报	6	中国矿业	10	矿业研究与开发
3	爆破	7	工程爆破	11	矿冶工程
4	金属矿山	8	矿业科学学报		

TD82 煤矿开采类核心期刊表

序号	刊　　名	序号	刊　　名	序号	刊　　名
1	煤炭学报	4	煤田地质与勘探	7	煤炭工程
2	煤炭科学技术	5	工矿自动化	8	中国煤炭
3	采矿与岩层控制工程学报	6	煤矿安全		

TE 石油、天然气工业

TE 石油、天然气工业类核心期刊表研究报告

一、统计结果

统计项目	检索工具	检到条数	涉及刊数	70%条数	涉及刊数
被引量	中文科技期刊数据库（引文版）[北京大学图书馆遴选人文社会科学引文统计源期刊]、中国科学引文数据库	162 403	2 195	114 139	45
他引量	中文科技期刊数据库（引文版）[北京大学图书馆遴选人文社会科学引文统计源期刊]、中国科学引文数据库	136 053	2 190	95 315	52
基金论文量	中国期刊全文数据库、万方数据知识服务平台	13 902	1 139	9 727	105
Web下载量	中国期刊全文数据库、万方数据知识服务平台、中文科技期刊数据库、超星学习通与超星发现产品数据平台、中华医学期刊网、国家哲学社会科学文献中心中文期刊数据库	28 683 284	3 831	20 442 523	91

二、综合筛选

对统计结果先作隶属度换算,再作加权平均。经过测试和征求专家意见,选定各评价指标权重如下:

指标名称	权重	指标名称	权重	指标名称	权重	指标名称	权重
被引量	0.08	期刊他引量	0.20	影响因子	0.07	他引影响因子	0.12
5年影响因子	0.09	5年他引影响因子	0.16	特征因子	0.01	论文影响分值	0.05
论文被引指数	0.05	Web下载量	0.02	3年Web下载率	0.03	国家级基金论文比	0.04
省部级基金论文比	0.01	获奖或被重要检索系统收录	0.05	可被引论文比	0.01	前5年可被引论文比	0.01

得到本学科综合隶属度排序表,经专家评审后,取排在前面的33种为核心期刊。

三、说明

与本类相关的综合性核心期刊见"N/X综合性理工农医类核心期刊表"。

TE 石油、天然气工业类核心期刊表

序号	刊 名	序号	刊 名	序号	刊 名
1	石油勘探与开发	12	中国石油大学学报. 自然科学版	23	西安石油大学学报. 自然科学版
2	石油学报	13	石油钻探技术	24	成都理工大学学报. 自然科学版
3	石油与天然气地质	14	大庆石油地质与开发	25	石油机械
4	天然气工业	15	岩性油气藏	26	东北石油大学学报
5	中国石油勘探	16	西南石油大学学报. 自然科学版	27	油气储运
6	油气地质与采收率	17	石油钻采工艺	28	钻采工艺
7	石油实验地质	18	油气藏评价与开发	29	石油地球物理勘探
8	特种油气藏	19	中国海上油气	30	石油学报. 石油加工
9	天然气地球科学	20	油田化学	31	石油与天然气化工
10	断块油气田	21	海相油气地质	32	石油物探
11	新疆石油地质	22	钻井液与完井液	33	石油炼制与化工

研究人员: 常艳艳 高喆 中国石油大学(北京)图书馆

评审专家: 白晨曦 蔡伟华 曹吉林 曹江涛 陈馥 陈留平 陈勉 陈明强 陈鹏[3] 陈启林 陈永东 陈运强 陈彰兵 陈志平[2] 程建远 邓少贵 邓英尔 董峰 窦益华 杜国勇 杜明欣 樊栓狮 冯定 高杰 葛红花 顾汉明 顾建明 顾正桂 管锋 郭登明 韩继勇 韩文科 郝梓国 何金龙 何幼斌 贺高红 贺桂成 贺会群 胡绍林 胡天跃 黄松岭 姜放 姜民政 焦文玲 金宁德 靳世久 巨永林 康荣学 亢会明 柯式镇 赖小娟 李安宗 李发堂 李海涛 李琪 李相方 李永军 李增学 李子丰 刘波[1] 刘成军 刘池阳 刘大锰 刘继承 刘建军[2] 刘林玉 刘三意 刘雪东 刘洋 刘宇程 刘战锋 陆现彩 罗立文 罗勤 雒定明 吕功煊 吕效平 马明 梅平 孟召平 偶国富 彭峰 强天鹏 秦勇 屈展 曲国胜 任晓娟 邵龙义 申宝宏 申宝剑 沈新普 沈泽俊 司马立强 宋生印 宋延杰 隋永莉 孙建孟 索建秦 唐洪明 田美娥 汪灵 王兵 王海彦 王煤 王璞珺 王世杰 王树荣 王同华 王熙庭 王绪本 王占军 王震 王中华 温崇荣 吴胜和 吴文秀 吴小林 吴志强 吴仲岩 席振铢 向启贵 肖国民 肖立志 谢然红 邢光龙 邢卫红 许江 许模 薛振奎 闫文辉 杨武年 杨兴科 姚立纲 叶加仁 易先中 尹成 于升学 原青民 张昌民 张德祥 张锋[2] 张宏[2] 张家忠 张建伟[2] 张洁 张劲军 张乃禄 张士诚 张寿庭 张贤明 张小东 张玄奇 张玉贵 张占松 赵风云 赵军龙 赵平 赵天生 赵兴东 赵宗举 钟大康 钟宁宁 周宏伟[2] 周伟国 周新桂 周志宏 左永刚

TF 冶金工业

TF 冶金工业类核心期刊表研究报告

一、统计结果

统计项目	检索工具	检到条数	涉及刊数	70%条数	涉及刊数
被引量	中文科技期刊数据库(引文版)[北京大学图书馆遴选人文社会科学引文统计源期刊]、中国科学引文数据库	20 274	1 278	14 256	73
他引量	中文科技期刊数据库(引文版)[北京大学图书馆遴选人文社会科学引文统计源期刊]、中国科学引文数据库	16 632	1 273	11 737	97
基金论文量	中国期刊全文数据库、万方数据知识服务平台	4 166	513	2 902	46
Web下载量	中国期刊全文数据库、万方数据知识服务平台、中文科技期刊数据库、超星学习通与超星发现产品数据平台、中华医学期刊网、国家哲学社会科学文献中心中文期刊数据库	9 055 258	2 779	6 558 905	84

二、综合筛选

对统计结果先作隶属度换算,再作加权平均。经过测试和征求专家意见,选定各评价指标权重如下:

指标名称	权重	指标名称	权重	指标名称	权重	指标名称	权重
被引量	0.08	期刊他引量	0.20	影响因子	0.07	他引影响因子	0.12
5年影响因子	0.09	5年他引影响因子	0.16	特征因子	0.01	论文影响分值	0.05
论文被引指数	0.05	Web下载量	0.02	3年Web下载率	0.03	国家级基金论文比	0.04
省部级基金论文比	0.01	获奖或被重要检索系统收录	0.05	可被引论文比	0.01	前5年可被引论文比	0.01

得到本学科综合隶属度排序表,经专家评审后,取排在前面的23种为核心期刊。

三、说明

与本类相关的综合性核心期刊见"N/X综合性理工农医类核心期刊表"。

TF 冶金工业类核心期刊表

序号	刊　名	序号	刊　名	序号	刊　名
1	中国冶金	9	稀土	17	连铸
2	钢铁	10	粉末冶金工业	18	材料与冶金学报
3	钢铁研究学报	11	湿法冶金	19	贵金属
4	炼钢	12	有色金属科学与工程	20	冶金能源
5	烧结球团	13	稀有金属与硬质合金	21	中国有色冶金
6	稀有金属	14	钢铁钒钛	22	炼铁
7	有色金属. 冶炼部分	15	粉末冶金技术	23	有色金属工程
8	中国稀土学报	16	冶金分析		

研究人员：　李雅茹　张牣彧　王唯一　北京科技大学图书馆

评审专家：　白晨光　白佳声　白向飞　白振华　蔡九菊　曹建国　曹　钊　岑　松　车声雷　陈登福　陈焕铭　陈继刚　陈家富　陈家光　陈建华[1]　陈礼清　程　蓉　程先华　崔毅琦　崔振铎　戴新宇　邓久帅　杜　胜　樊慧庆　范晓慧　方一鸣　方原柏　丰奇成　冯　博　冯光宏　冯雅丽　付晓恒　付宇明　傅万堂　高怡斐　葛红花　耿桂宏　顾清华　官英平　郭景杰　郭树林　韩鹏彪　韩　庆　何德文　何发钰　何　云

贺桂成	侯仰龙	侯兆欣	胡建文	胡晓春	胡亚民	黄国杰	黄华贵	黄 焜	季淑娟	江 莞	蒋开喜
金龙哲	康文泽	李宝宽	李长根	李东波	李 刚[4]	李公法	李 宏[2]	李红霞	李建强[1]	李 晶[2]	李京社
李 明[5]	李 骞	李铁虎	李铁克	李夕兵	李 勇[2]	李友荣	李哲浩	梁殿印	廖春发	廖恒成	林 勤
刘 诚	刘初升	刘建秀	刘 葵	刘 青	刘 清[1]	刘仁义	刘 涛	刘维良	刘伟平	刘文刚	刘晓红[2]
刘雪峰	刘一波	刘祚时	卢烁十	陆 兴	陆业大	骆俊廷	吕振林	马 莹	马振辉	孟 宇	闵小波
欧乐明	潘曹峰	潘晓光	潘永泰	彭晓蕾	邱廷省	屈文俊	任长春	任 福	任云生	沈岩柏	石永华
史庆南	史帅星	史秀志	宋伟东	宋永辉	隋永莉	孙春宝	孙国胜	孙体昌	孙 伟[2]	孙永升	孙忠梅
谭建波	田国才	田青超	田守信	佟志芳	涂赣峰	汪 波	王 滨	王成彦	王福明	王 葛	王桂芳
王国强[2]	王海舟	王 华[3]	王吉会	王快社	王 敏[1]	王明智	王先华	文光华	吴熙群	吴玉道	席振铢
肖 宏	肖 鹏[2]	谢 锋	谢海云	徐安军	徐月和	许文林	薛美盛	薛松柏	颜世强	杨 刚	杨 健[2]
杨利坡	杨庆祥	杨树和	杨小聪	杨 屹	杨幼明	尹怡欣	印万忠	于 辉	于升学	于晓飞	余 欢
余润兰	余 震	余 忠	禹 斌	岳丽宏	翟启杰	翟玉春	战 凯	张 驰	张传祥	张福成	张国旺
张恒华	张丽霞[1]	张清东	张晓龙	张永贵	赵东林	赵国彦	赵 军[6]	赵龙志	赵万里	赵兴东	赵由才
赵跃民	郑 晔	袁水平	周存龙	周大利	周家东	周荣林	周盈科	周志强[2]	朱志平	庄卫东	

TG 金属学与金属工艺

TG 金属学与金属工艺类核心期刊表研究报告

一、统计结果

统计项目	检索工具	检到条数	涉及刊数	70%条数	涉及刊数
被引量	中文科技期刊数据库(引文版)[北京大学图书馆遴选人文社会科学引文统计源期刊]、中国科学引文数据库	134 187	2 648	94 065	77
他引量	中文科技期刊数据库(引文版)[北京大学图书馆遴选人文社会科学引文统计源期刊]、中国科学引文数据库	108 910	2 644	76 225	102
基金论文量	中国期刊全文数据库、万方数据知识服务平台	28 534	1 387	19 928	92
Web下载量	中国期刊全文数据库、万方数据知识服务平台、中文科技期刊数据库、超星学习通与超星发现产品数据平台、中华医学期刊网、国家哲学社会科学文献中心中文期刊数据库	44 471 219	4 499	31 528 063	134

二、综合筛选

对统计结果先作隶属度换算,再作加权平均。经过测试和征求专家意见,选定各评价指标权重如下:

指标名称	权重	指标名称	权重	指标名称	权重	指标名称	权重
被引量	0.08	期刊他引量	0.20	影响因子	0.07	他引影响因子	0.12
5年影响因子	0.09	5年他引影响因子	0.16	特征因子	0.01	论文影响分值	0.05
论文被引指数	0.05	Web下载量	0.02	3年Web下载率	0.03	国家级基金论文比	0.04
省部级基金论文比	0.01	获奖或被重要检索系统收录	0.05	可被引论文比	0.01	前5年可被引论文比	0.01

得到本学科综合隶属度排序表,经专家评审后,取排在前面的24种为核心期刊。

三、说明

1. 核心期刊表按"金属学与热处理/焊接、金属切割及金属粘接"和"金属切削加工及机床/钳工工艺与装配工艺"分别列出。

2. 与本类相关的综合性核心期刊见"N/X综合性理工农医类核心期刊表"。

TG1/TG4 金属学与热处理/焊接、金属切割及金属粘接类核心期刊表

序号	刊　名	序号	刊　名	序号	刊　名
1	金属学报	8	航空材料学报	15	机械工程材料
2	稀有金属材料与工程	9	中国表面工程	16	腐蚀与防护
3	塑性工程学报	10	热加工工艺	17	精密成形工程
4	中国有色金属学报	11	金属热处理	18	材料科学与工艺
5	表面技术	12	中国腐蚀与防护学报	19	轧钢
6	材料热处理学报	13	锻压技术	20	特种铸造及有色合金
7	焊接学报	14	中国材料进展	21	兵器材料科学与工程

TG5/TG9 金属切削加工及机床/钳工工艺与装配工艺类核心期刊表

序号	刊　名	序号	刊　名	序号	刊　名
1	金刚石与磨料磨具工程	2	工具技术	3	电加工与模具

研究人员：　王　瑜　　王李梅　　北京科技大学图书馆

评审专家：　安立宝　包　华　包晔峰　蔡兰坤　蔡玉奎　曹益平　陈国金　陈怀宁　陈惠贤　陈继刚
陈静波　陈礼清　陈　南　陈清阳　陈树君　陈五一　陈　勇[3]　陈　云　陈再良　陈兆祥　程　钢[2]　程光明
程先华　崔云先　崔振铎　崔仲鸣　崔州平　邓福铭　邓建新　邓四二　段春争　段隆臣　鄂大辛　樊　丁
范晓慧　方忆湘　冯光宏　冯平法　冯伟忠　冯显英　冯之敬　付瑞东　傅万堂　高春甫　高向东　葛红花
耿桂宏　龚一龙　关　山　官英平　郭　进　郭京波　郭景杰　郭晓东　郭永丰　韩　江　韩鹏彪　何　涛
何文斌　侯　力　侯仰龙　胡宏伟　胡鸿志　胡建文　胡亚辉　黄国杰　黄华贵　黄　辉[2]　黄树涛　贾云海
贾志新　江仲文　姜　峰　姜增辉　姜兆华　姜兆亮　李　锋　金成哲　金贺荣　金　鑫　金应荣　李安虎
李长河　李成刚　李德元　李　刚[4]　李国禄　李红霞　李　桓　李济顺　李金山　李　慨　李　明[5]　李　鸣
李鹏南　李　全　李荣锋　李淑娟　李铁虎　李维诗　李兴山　李亚宏　李亚江　李耀刚　李振华　李志宏[1]
李志宏[2]　栗正新　廖恒成　林　彬　林　超　林三宝　林少芬　刘德平　刘　东[1]　刘二亮　刘海波　刘含莲
刘建群　刘建秀　刘　奎　刘美红　刘松平　刘维良　刘武发　刘雪峰　刘耀中　刘一波　刘玉德　刘战锋
刘志峰　刘宗昌　卢　超　卢烁十　卢晓红　鲁　聪　陆　兴　陆振刚　罗永新　骆俊廷　吕清涛　吕振林
马爱斌　马冲先　马利杰　马明臻　马　瑞　马修水　马振辉　莫　蓉　聂　钢　牛兴华　潘曹峰　潘存海
彭　晓　齐铂金　强天鹏　任长春　商宏谟　沈建中　石文天　石永华　石　圮　石照耀　史庆南　舒　阳
宋诗哲　宋绪丁　宋永伦　苏建修　隋永莉　孙方宏　孙国栋　孙　杰　孙　涛　孙志超　谭光宇　谭建波
汤文明　唐臣升　陶国良　田　良　田青超　汪士治　汪永明　王　斌　王　滨　王大森　王殿龙　王福吉
王　葛　王贵成　王国庆[2]　王吉会　王加春　王建华　王快社　王立平　王　敏[2]　王　琦　王清周　王庆明
王胜利　王世锋　王世杰　王树林　王天生　王铁钢　王宛山　王　文　王孝义　王新云　王艳辉　王扬渝
王优强　王　匀　文东辉　吴雪峰　吴玉道　武文革　夏琴香　肖　宏　谢　峰　谢华锟　谢　晋　谢志强
辛节之　邢邦圣　熊良山　修世超　徐　锋　徐九华　徐西鹏　徐艳利　许崇海　薛家祥　薛松柏　薛振奎
严　明　杨　刚　杨　健[2]　杨庆祥　杨胜强　杨树和　杨湘杰　杨新岐　杨　屹　姚　斌[1]　姚立纲　姚　鹏
姚树峰　姚振强　叶　宏　叶建雄　殷劲松　尹怡欣　于冀平　于　荣　余　刚　余　欢　余　震　袁巨龙
袁军堂　岳彩旭　臧建兵　曾鹏飞　翟玉春　张　驰　张大卫　张飞虎　张凤林　张福成　张国云　张海波
张恒华　张进生　张　俊　张　敏[2]　张三川　张心明　张云电　张增志　赵　波　赵东林　赵海波　赵　军[1]
赵　军[6]　赵立东　赵延军　赵玉成　赵　震　郑敏利　郑书河　周好斌　周骥平　周家东　周利平　周　明
周荣林　周　勇[2]　周玉海　周志雄　朱坚民　朱剑英　朱志平　左敦稳

TH 机械、仪表工业

TH 机械、仪表工业类核心期刊表研究报告

一、统计结果

统计项目	检索工具	检到条数	涉及刊数	70%条数	涉及刊数
被引量	中文科技期刊数据库（引文版）［北京大学图书馆遴选人文社会科学引文统计源期刊］、中国科学引文数据库	100 769	3 005	70 784	149
他引量	中文科技期刊数据库（引文版）［北京大学图书馆遴选人文社会科学引文统计源期刊］、中国科学引文数据库	80 733	2 998	56 654	199
基金论文量	中国期刊全文数据库、万方数据知识服务平台	17 652	1 546	12 354	167
Web 下载量	中国期刊全文数据库、万方数据知识服务平台、中文科技期刊数据库、超星学习通与超星发现产品数据平台、中华医学期刊网、国家哲学社会科学文献中心中文期刊数据库	34 927 504	5 866	24 706 116	189

二、综合筛选

对统计结果先作隶属度换算，再作加权平均。经过测试和征求专家意见，选定各评价指标权重如下：

指标名称	权重	指标名称	权重	指标名称	权重	指标名称	权重
被引量	0.08	期刊他引量	0.20	影响因子	0.07	他引影响因子	0.12
5 年影响因子	0.09	5 年他引影响因子	0.16	特征因子	0.01	论文影响分值	0.05
论文被引指数	0.05	Web 下载量	0.02	3 年Web 下载率	0.03	国家级基金论文比	0.04
省部级基金论文比	0.01	获奖或被重要检索系统收录	0.05	可被引论文比	0.01	前 5 年可被引论文比	0.01

得到本学科综合隶属度排序表，经专家评审后，取排在前面的 29 种为核心期刊。

三、说明

与本类相关的综合性核心期刊见"N/X 综合性理工农医类核心期刊表"。

TH 机械、仪表工业类核心期刊表

序号	刊　　名	序号	刊　　名	序号	刊　　名
1	机械工程学报	11	机械传动	21	机床与液压
2	摩擦学学报	12	机电工程	22	组合机床与自动化加工技术
3	仪器仪表学报	13	机械科学与技术（西安）	23	包装与食品机械
4	中国机械工程	14	轴承	24	现代制造工程
5	振动、测试与诊断	15	机械设计与研究	25	中国工程机械学报
6	光学 精密工程	16	机械强度	26	光学技术
7	流体机械	17	机械设计	27	化工设备与管道
8	电子测量与仪器学报	18	液压与气动	28	仪表技术与传感器
9	压力容器	19	机械设计与制造	29	制造技术与机床
10	润滑与密封	20	工程设计学报		

研究人员：　　郑　征　刘恩涛　北京科技大学图书馆

评审专家：　　安立宝　安　琦　白振华　卜树坡　蔡敢为　蔡体菁　蔡小舒　蔡玉奎　曹国华　曹建国

曹江涛　曹丽华　柴　山　陈　迪　陈定方　陈国金　陈洪芳　陈汇龙　陈惠贤　陈继刚　陈　克[2]　陈礼清
陈廉清　陈良骥　陈燎原　陈鹿民　陈渌萍　陈　南　陈天华　陈伟民　陈伟平　陈文华　陈五一　陈祥光
陈　燕[2]　陈一坚　陈　勇[2]　陈　勇[3]　陈　勇[4]　陈永东　陈　玉　陈　云　陈兆祥　陈志平[1]　陈志平[2]　程　钢[2]
程光明　程启明　程维明　程文明　程武山　程先华　程耀楠　程志友　丑修建　崔博文　崔海亭　崔云先
崔仲鸣　崔州平　邓洁红　邓四二　邓中亮　狄慧鸽　丁国良　丁金华　丁　强　董　峰　董浩斌　董　霖
董玉德　董忠红　窦益华　杜　力　段春争　段国林　鄂大辛　樊尚春　樊智敏　范　铠　方忆湘　方原柏
方宗德　费敏锐　冯　定　冯国胜　冯平法　冯显英　冯之敬　伏燕军　葛培琪　葛世东　葛文杰　谷海涛　顾建明
关　山　官英平　管　锋　郭楚文　郭京波　郭　力　郭鹏程　郭　庆　郭为忠　郭晓东　郭阳宽　郭永丰
韩斌慧　韩　江　韩鹏彪　韩　焱　郝　博　郝双晖　何　仁　何文斌　何亚东　何毅斌　何　勇　贺德强
贺会群　贺　青　贺寅彪　侯　力　侯　亮　侯培国　胡国良　胡国明　胡宏伟　胡顺仁　胡献忠　胡亚辉
胡忆沩　胡　勇　胡志勇　黄洪钟　黄华贵　黄　辉[2]　黄庆安　黄树涛　黄松岭　黄新友　黄泽好　纪爱敏
贾长治　贾民平　贾云海　贾志新　简献忠　江仲文　姜　峰　姜继海　姜万顺　姜兆亮　姜周曙　蒋　丹
焦　锋　金成哲　金贺荣　金　涛　金晓宏　金　鑫　靳世久　琚晓涛　康宝生　康国华　来　磊　赖惠鸽
赖际舟　黎步银　李安虎　李　兵　李伯全　李长河　李成刚　李大辉　李公法　李国禄　李　骅　李济顺
李加升　李　杰[3]　李军宁　李　慨　李连进　李　明[5]　李　鸣　李鹏南　李　强[2]　李秦川　李　全　李荣锋
李淑娟　李松晶　李陶深　李天瑞　李　威[1]　李　威[2]　李小明　李晓豁　李晓雷　李孝辉　李兴林　李学静
李艳文　李耀刚　李以贵　李迎光　李友荣　李育文　李照阳　李振华　李志宏[1]　李志华　李志军[2]　李志农
栗保明　廖振强　林　超　林俊明　林乃昌　刘宝华　刘长良　刘初升　刘存香　刘德平　刘　飞　刘广军
刘广瑞　刘　涵　刘含莲　刘鹄然　刘焕牢　刘加存　刘检华　刘建群　刘建秀　刘美红　刘木清　刘念聪
刘　沛　刘瑞林　刘　胜　刘　爽　刘卫华　刘武发　刘献成　刘晓初　刘雪峰　刘耀中　刘　越[1]　刘战锋
刘震涛　刘志峰　刘卓夫　刘祚时　龙新平　娄小平　卢　超　卢晓红　鲁　聪　鲁建厦　鲁玉军　陆金桂
陆敏恂　陆振刚　路小波　罗永新　罗　哉　罗　忠　骆俊廷　雒定明　吕清涛　吕延军　吕玉山　吕振林
马本学　马国远　马利杰　马　明　马　瑞　马修水　毛　聪　毛晓波　毛雪飞　梅　宁　梅　益　梅志千
门　洪　孟　宗　米　林　莫　蓉　倪晋平　倪　敬　牛礼民　偶国富　潘存海　潘　丰　潘海鹏　潘宏侠
彭和平　彭天好　彭旭东　漆汉宏　齐正义　钱　政　强天鹏　秦国良　仇宝云　裘建新　任秉银　任长春
桑宏强　沙　毅　单明广　尚秋峰　邵建敏　申福林　施浒立　石端伟　石文天　石　岩[1]　石照耀　时朋朋
史进渊　史铁林　史艳国　史亦韦　舒红宇　舒　阳　宋爱国　宋鹏云　宋现春　宋绪丁　宋　勇　宋正河
宋执环　苏建修　隋修武　孙宝玉　孙方宏　孙国栋　孙桓五　孙洁娣　孙金玮　孙灵芳　孙墨杰　孙　涛
孙小平　孙志超　孙智慧　谭永华　谭志强　汤方平　汤　伟　唐文彦　陶学恒　田　丰　田　辉[3]　田　勇
田雨华　童　凯　涂亚庆　汪传生　汪士治　汪永明　王　斌　王　滨　王　春　王大森　王大中　王德权
王殿龙　王福吉　王广斌　王贵成　王国强[2]　王国庆[2]　王国玉　王海舰　王　宏　王红岩　王厚军　王化祥
王　辉[3]　王加春　王建华　王金甲　王劲松　王立平　王立欣　王良文　王明智　王　鹏[1]　王庆明　王群京
王少荣　王胜利　王时英　王世锋　王世杰　王书茂　王书涛　王树林　王　铁　王宛山　王　卫　王　文
王文中　王先全　王显明　王项南　王晓原　王孝义　王新刚　王新军　王兴松　王学俊　王学伟　王延辉
王艳丽　王扬渝　王永红　王永清　王优强　王友仁　王跃方　王　勾　王志新　王中宇　王　矗　魏　国
魏延刚　温浩军　文常保　文东辉　吴大转　吴德会　吴晗平　吴文秀　吴新杰　吴雪峰　吴一全　吴玉光
吴玉厚　武传宇　武文革　席振铢　夏琴香　夏新涛　夏毅敏　项新建　肖汉斌　肖　宏　肖艳军　萧汉梁
谢　峰　谢华锟　谢　晋　谢维成　谢志强　谢志远　辛洪兵　辛节之　邢邦圣　熊田忠　修世超　徐　达
徐　锋　徐格宁　徐桂云　徐海刚　徐九华　徐可君　徐西鹏　许崇海　许江宁　许俊华　许志红　薛家祥
薛金林　薛美盛　薛玉君　闫文辉　严发宝　杨风暴　杨锋苓　杨　刚　杨功流　杨　光[3]　杨纪伟　杨继新
杨建华　杨　林[1]　杨庆华　杨人凤　杨胜强　杨树明　杨伟东　杨咸启　杨　岩　杨　洋　杨振中　杨智春
姚　斌[1]　姚建涛　姚立纲　姚　灵　姚　鹏　姚学玲　姚运仕　姚振强　叶　军　叶声华　易建钢　殷劲松
尹成龙　尹延国　印万忠　于溯源　于新奇　余成波　余　欢　余晓流　余　震　袁巨龙　袁越锦　袁朝辉
苑玮琦　岳彩旭　贠　超　曾　励　曾鹏飞　曾宪奎　曾周末　战　凯　张　驰　张道林　张飞虎　张功学

张国渊	张海波	张　合	张宏建	张建辉[1]	张建辉[2]	张建伟[2]	张建新[1]	张进生	张　俊	张丽霞[2]	张乃禄
张瑞成	张三川	张淑娟	张树有	张太华	张　涛[1]	张铁犁	张铁民	张文明	张西良	张贤明	张小松
张晓光	张晓红	张晓华	张心明	张　屹	张永乾	张云电	张照煌	张争艳	张忠平	张仲欣	张宗华
赵　斌	赵　波	赵朝会	赵国军	赵海波	赵　华	赵建平	赵　军[6]	赵前程	赵　伟	赵学增	赵　剡
赵屹涛	赵永翔	赵有斌	赵则祥	郑惠萍	郑晓东	钟舜聪	周存龙	周海宪	周好斌	周宏明	周骥平
周建民	周建忠[1]	周　军[2]	周利平	周玉海	朱长青	朱　革	朱坚民	朱剑英	朱　沙	朱善安	朱学军
朱玉川	朱真才	祝爱萍	邹声勇	邹玉堂	左　超	左言言	左永刚				

TJ 武器工业

TJ 武器工业类核心期刊表研究报告

　　一、统计结果

统计项目	检索工具	检到条数	涉及刊数	70%条数	涉及刊数
被引量	中文科技期刊数据库(引文版)[北京大学图书馆遴选人文社会科学引文统计源期刊]、中国科学引文数据库	31 126	1 542	21 832	72
他引量	中文科技期刊数据库(引文版)[北京大学图书馆遴选人文社会科学引文统计源期刊]、中国科学引文数据库	24 958	1 541	17 537	102
基金论文量	中国期刊全文数据库、万方数据知识服务平台	2 458	398	1 713	49
Web 下载量	中国期刊全文数据库、万方数据知识服务平台、中文科技期刊数据库、超星学习通与超星发现产品数据平台、中华医学期刊网、国家哲学社会科学文献中心中文期刊数据库	5 909 350	2 162	4 185 173	49

　　二、综合筛选

　　对统计结果先作隶属度换算,再作加权平均。经过测试和征求专家意见,选定各评价指标权重如下:

指标名称	权重	指标名称	权重	指标名称	权重	指标名称	权重
被引量	0.08	期刊他引量	0.20	影响因子	0.07	他引影响因子	0.12
5 年影响因子	0.09	5 年他引影响因子	0.16	特征因子	0.01	论文影响分值	0.05
论文被引指数	0.05	Web 下载量	0.02	3 年Web 下载率	0.03	国家级基金论文比	0.04
省部级基金论文比	0.01	获奖或被重要检索系统收录	0.05	可被引论文比	0.01	前 5 年可被引论文比	0.01

　　得到本学科综合隶属度排序表,经专家评审后,取排在前面的 18 种为核心期刊。

　　三、说明

　　与本类相关的综合性核心期刊见"N/X综合性理工农医类核心期刊表"。

TJ 武器工业类核心期刊表

序号	刊　　名	序号	刊　　名	序号	刊　　名
1	兵工学报	7	火工品	13	飞航导弹(改名为:空天技术)
2	含能材料	8	火炮发射与控制学报	14	探测与控制学报
3	火炸药学报	9	弹箭与制导学报	15	指挥与控制学报
4	弹道学报	10	战术导弹技术	16	兵工自动化
5	航空兵器	11	火力与指挥控制	17	现代防御技术
6	兵器装备工程学报	12	爆破器材	18	电光与控制

TK 能源与动力工程

TK 能源与动力工程类核心期刊表研究报告

一、统计结果

统计项目	检索工具	检到条数	涉及刊数	70%条数	涉及刊数
被引量	中文科技期刊数据库（引文版）[北京大学图书馆遴选人文社会科学引文统计源期刊]、中国科学引文数据库	55 854	2 419	39 174	122
他引量	中文科技期刊数据库（引文版）[北京大学图书馆遴选人文社会科学引文统计源期刊]、中国科学引文数据库	44 397	2 412	31 161	168
基金论文量	中国期刊全文数据库、万方数据知识服务平台	7 322	1 055	5 123	134
Web下载量	中国期刊全文数据库、万方数据知识服务平台、中文科技期刊数据库、超星学习通与超星发现产品数据平台、中华医学期刊网、国家哲学社会科学文献中心中文期刊数据库	15 732 731	4 241	11 153 386	197

二、综合筛选

对统计结果先作隶属度换算,再作加权平均。经过测试和征求专家意见,选定各评价指标权重如下:

指标名称	权重	指标名称	权重	指标名称	权重	指标名称	权重
被引量	0.08	期刊他引量	0.20	影响因子	0.07	他引影响因子	0.12
5年影响因子	0.09	5年他引影响因子	0.16	特征因子	0.01	论文影响分值	0.05
论文被引指数	0.05	Web下载量	0.02	3年Web下载率	0.03	国家级基金论文比	0.04
省部级基金论文比	0.01	获奖或被重要检索系统收录	0.05	可被引论文比	0.01	前5年可被引论文比	0.01

得到本学科综合隶属度排序表,经专家评审后,取排在前面的14种为核心期刊。

三、说明

与本类相关的综合性核心期刊见"N/X综合性理工农医类核心期刊表"。

TK 能源与动力工程类核心期刊表

序号	刊名	序号	刊名	序号	刊名
1	内燃机学报	6	内燃机工程	11	锅炉技术
2	工程热物理学报	7	太阳能学报	12	车用发动机
3	动力工程学报	8	热能动力工程	13	汽轮机技术
4	燃烧科学与技术	9	可再生能源	14	新能源进展
5	热力发电	10	热科学与技术		

研究人员: 吴京红 王宝清 马 磊 华北电力大学图书馆

评审专家: 艾延廷 白保东 白向飞 白晓斌 毕 超 步学朋 蔡革胜 蔡九菊 蔡伟华 蔡小舒 曹丽华 曹生现 曹太强 柴立平 常 江 车德勇 陈 兵 陈贵锋 陈海峰 陈汉平 陈 晖 陈嘉兴 陈建业[2] 陈 磊 陈 林[1] 陈留平 陈树勇 陈松山 陈 武 陈晓屏 陈新岗 陈一坚 陈毅兴 陈 颖 陈 勇[3] 陈 勇[4] 陈永东 陈志平[2] 程启明 程 勇 崔海亭 崔 勇 戴松元 邓鹤鸣 邓旺群 丁 明 丁 勇 董 峰 董 华 董振斌 窦培林 杜伯学 杜 垲 端木琳 段立强 段远源 樊栓狮 范晓伟 丰镇平 冯 定 冯国会 冯国胜 冯伟忠 傅培舫 甘云华 高传昌 高丽敏 高 林 高庆龙 高雪梅 葛 强 顾建明 关晓辉 桂 林 郭楚文 郭家虎 郭鹏程 郭宪民 郭迎清 韩刚跃 韩敏芳 韩 松 韩万林 韩文科 韩学山 韩宗伟 郝 斌 郝双晖 郝思鹏 何长华 何宏舟 何嘉鹏 何立东 何 仁 贺 春 贺会群 贺寅彪 洪文鹏 胡钢墩 胡敏强 胡 钋 胡志坚 黄豪中 黄研利 黄永华 季路成 贾晓枫 江 莞 姜建国 姜水生 姜 涛[2] 姜周曙 蒋传文 焦文玲 焦晓红 金 涛 琚晓涛 巨永林 康积涛 赖惠鸽 黎 苏 李百战 李宝宽 李格升 李 宏[2] 李 骅 李加升 李建明 李 军[3] 李 奎 李 黎 李美成 李念平 李 奇 李清泉 李庆斌 李 琼[1] 李松晶 李 蔚 李卫东[1] 李先庭 李学静 李亚萍 李炎锋 李彦斌 李永伟 李育文 李 争 李志军[2] 李志勇[1] 李志勇[3] 梁金钢 梁志瑞 林波荣 凌 祥 刘本武 刘 波[4] 刘长良 刘 涵 刘洪波 刘会金 刘 健[3] 刘建锋 刘建瑞 刘建忠 刘 猛 刘木清 刘 沛 刘 琼 刘荣厚 刘瑞林 刘生优 刘圣勇 刘淑丽 刘舒平 刘卫华 刘献成 刘晓燕[2] 刘 旭 刘雪东 刘益才 刘永信 刘震涛 龙新平 卢秀和 卢志刚 鲁玉军 陆敏恂 陆 强 罗兴锜 雒定明 吕功煊 吕俊复 马国远 马宏伟 马 杰[2] 马 静 马 明 马世英 马晓河 马学虎 毛军逮 梅 宁 孟庆森 闵凡飞 宁 智 偶国富 潘宏侠 彭旭东 彭耀丽 漆汉宏 齐正义 秦国良 仇宝云 曲延滨 冉茂宇 芮筱亭 沙 毅 申福林 申光艳 沈艳霞 盛昌栋 施泉生 石文星 石 岩[1] 史进渊 孙佰仲 孙 斌 孙丰瑞 孙建军[2] 孙 力[2] 孙灵芳 孙培勤 孙 平 孙小平 孙永忠 索建秦 谭永华 汤 奕 唐恩凌 唐建国 唐学林 陶国良 田国才 田守信 田子建 童叶翔 涂春鸣 汪芳宗 汪金刚 汪娟娟 王博文 王成江[1] 王成彦 王 聪[3] 王定标 王 飞[3] 王 革 王海云 王洪杰 王 华[3] 王华军 王建元 王 杰[1] 王立欣 王利群 王 宁[1] 王 强[4] 王 擎 王群京 王如竹 王少荣 王绍荣 王树荣 王 铁 王铁军 王同华 王 卫 王维庆 王显明 王项南 王新轲 王兴松 王艳香 王银顺 王印松 王永强 王永青 王友仁 王昭俊 王志峰 王志新 王智化 王中华 卫志农 魏高升 魏显著 魏延明

文常保　文明浩　吴　川　吴大转　吴　翊　吴志芳　武　涌　肖国民　解　强　信　赢　熊小伏　徐安军
徐　斌[1]　徐　灿　徐　超[1]　徐得潜　徐德鸿　徐　钢　徐可君　徐　伟　徐稳龙　徐友龙　徐振刚　徐　政
徐治皋　徐中海　许光清　许家林　许志红　杨　博　杨东升　杨国华　杨建东　杨立中　杨丽君[2]　杨振中
杨知方　姚春德　姚建刚　姚树峰　姚致清　易灵芝　易永辉　于洪亮　于升学　于溯源　于新奇　余成波
余江龙　元复兴　袁　奇　袁晓辉　袁旭峰　曾康生　曾　励　翟志强　张昌凡　张传祥　张大雷　张德祥
张国旺　张国渊　张海霞　张　宏[1]　张红辉　张宏建　张继军　张家忠　张建伟[2]　张建文　张军营　张　朴
张全国　张瑞芹　张少峰　张　涛[3]　张喜玲　张贤明　张小青　张小松　张晓华　张玉贵　张治红　张忠杰
张忠平　赵朝会　赵东林　赵河立　赵建平　赵　军[3]　赵清林　赵屹涛　赵跃民　赵振宇　甄　威　郑殿春
郑建勇　郑经堂　郑青榕　郑　群　郑　源　钟北京　钟文琪　周　斌[2]　周　岱　周宏伟　周剑秋　周　军[2]
周　凯[2]　周伟国　周文政　周新聪　周盈科　周云龙　朱长青　朱法华　朱守真　朱　彤　朱　恂　朱跃钊
朱志平　祝龙记　邹贵彬　左永刚

TL 原子能技术

TL 原子能技术类核心期刊表研究报告

一、统计结果

统计项目	检索工具	检到条数	涉及刊数	70％条数	涉及刊数
被引量	中文科技期刊数据库(引文版)[北京大学图书馆遴选人文社会科学引文统计源期刊]、中国科学引文数据库	14 287	1 520	10 021	95
他引量	中文科技期刊数据库(引文版)[北京大学图书馆遴选人文社会科学引文统计源期刊]、中国科学引文数据库	11 071	1 519	7 751	161
基金论文量	中国期刊全文数据库、万方数据知识服务平台	2 549	449	1 782	33
Web 下载量	中国期刊全文数据库、万方数据知识服务平台、中文科技期刊数据库、超星学习通与超星发现产品数据平台、中华医学期刊网、国家哲学社会科学文献中心中文期刊数据库	3 220 169	2 210	2 281 325	26

二、综合筛选

对统计结果先作隶属度换算,再作加权平均。经过测试和征求专家意见,选定各评价指标权重如下:

指标名称	权重	指标名称	权重	指标名称	权重	指标名称	权重
被引量	0.08	期刊他引量	0.20	影响因子	0.07	他引影响因子	0.12
5 年影响因子	0.09	5 年他引影响因子	0.16	特征因子	0.01	论文影响分值	0.05
论文被引指数	0.05	Web 下载量	0.02	3 年Web 下载率	0.03	国家级基金论文比	0.04
省部级基金论文比	0.01	获奖或被重要检索系统收录	0.05	可被引论文比	0.01	前 5 年可被引论文比	0.01

得到本学科综合隶属度排序表,经专家评审后,取排在前面的 8 种为核心期刊。

三、说明

与本类相关的综合性核心期刊见"N/X综合性理工农医类核心期刊表"。

TL 原子能技术类核心期刊表

序号	刊　名	序号	刊　名	序号	刊　名
1	核技术	4	核科学与工程	7	核聚变与等离子体物理
2	原子能科学技术	5	核化学与放射化学	8	核电子学与探测技术
3	核动力工程	6	辐射防护		

研究人员：　杨　静　国家图书馆

评审专家：　蔡伟华　曹建平　丁运生　杜　进　杜晓宁　哈益明　贺寅彪　李　士　刘春立　刘克新
刘　清[1]　刘　永[2]　王金生　王　侃　王利群　魏延明　吴志芳　杨　勇[2]　叶沿林　于溯源　张　锋[2]　张华明
张丽霞[1]

TM 电工技术

TM 电工技术类核心期刊表研究报告

一、统计结果

统计项目	检索工具	检到条数	涉及刊数	70%条数	涉及刊数
被引量	中文科技期刊数据库（引文版）[北京大学图书馆遴选人文社会科学引文统计源期刊]、中国科学引文数据库	258 912	2 944	179 914	13
他引量	中文科技期刊数据库（引文版）[北京大学图书馆遴选人文社会科学引文统计源期刊]、中国科学引文数据库	187 384	2 938	131 229	26
基金论文量	中国期刊全文数据库、万方数据知识服务平台	43 016	2 085	30 097	186
Web下载量	中国期刊全文数据库、万方数据知识服务平台、中文科技期刊数据库、超星学习通与超星发现产品数据平台、中华医学期刊网、国家哲学社会科学文献中心中文期刊数据库	79 926 007	5 687	56 702 345	209

二、综合筛选

对统计结果先作隶属度换算，再作加权平均。经过测试和征求专家意见，选定各评价指标权重如下：

指标名称	权重	指标名称	权重	指标名称	权重	指标名称	权重
被引量	0.08	期刊他引量	0.20	影响因子	0.07	他引影响因子	0.12
5年影响因子	0.09	5年他引影响因子	0.16	特征因子	0.01	论文影响分值	0.05
论文被引指数	0.05	Web下载量	0.02	3年Web下载率	0.03	国家级基金论文比	0.04
省部级基金论文比	0.01	获奖或被重要检索系统收录	0.05	可被引论文比	0.01	前5年可被引论文比	0.01

得到本学科综合隶属度排序表，经专家评审后，取排在前面的31种为核心期刊。

三、说明

与本类相关的综合性核心期刊见"N/X 综合性理工农医类核心期刊表"。

TM 电工技术类核心期刊表

序号	刊　名	序号	刊　名	序号	刊　名
1	中国电机工程学报	10	电力建设	19	电网与清洁能源
2	电力系统自动化	11	电力系统及其自动化学报	20	电测与仪表
3	电网技术	12	电工电能新技术	21	广东电力
4	电工技术学报	13	中国电力	22	现代电力
5	高电压技术	14	电力科学与技术学报	23	供用电
6	电力系统保护与控制	15	智慧电力	24	华北电力大学学报. 自然科学版
7	电力自动化设备	16	高压电器		
8	电机与控制学报	17	电力工程技术	25	电源学报
9	南方电网技术	18	储能科学与技术	26	电气工程学报

27	电源技术	29	全球能源互联网	31	电化学［改名为：电化学（中英文）］
28	绝缘材料	30	电池		

研究人员：　冉娜　北京科技大学图书馆

评审专家：　艾欣　白保东　白晓斌　贲洪奇　毕超　毕鹏翔　蔡革胜　蔡理　蔡伟华　蔡永茂
曹江涛　曹生现　曹太强　柴霖　车声雷　陈兵　陈波[2]　陈德运　陈根永　陈昊　陈建业[2]　陈磊
陈宁[3]　陈强　陈树君　陈树勇　陈向荣[2]　陈新岗　陈怡　陈勇[2]　陈玉　成立　成凌飞　程浩忠
程明　程启明　程小华　程耀楠　程志友　丑修建　崔博文　崔勇　戴松元　党立　邓鹤鸣　丁恩杰
丁飞　丁明　董旭柱　董振斌　杜伯学　樊慧庆　樊尚春　方彦军　冯国胜　冯健　冯伟忠　冯宇
付志红　高峰　高素萍　高云鹏　戈宝军　葛海波　葛强　龚仁喜　关可　关晓辉　桂林　郭安祥
郭怀德　郭家虎　郭景峰　郭磊　郭培源　郭鹏程　郭中华　韩刚跃　韩松　韩万林　韩小涛　郝双晖
郝正航　何长华　贺春　洪文鹏　侯一民　胡钢墩　胡敏强　胡钋　胡志坚　黄松岭　黄研利　黄永红
吉兴全　贾科　姜建国　姜涛[2]　姜万顺　蒋传文　金涛　金晓宏　琚晓涛　康重庆　孔志战　来磊
兰中文　乐健　李国杰　李国庆　李宏[2]　李红斌　李华强　李加升　李健[2]　李建明　李建坡　李开成
李奎　李黎　李美成　李奇　李清泉　李琼[1]　李生虎　李伟力　李卫东[1]　李晓峰　李亚萍　李勇[3]
李永刚　李照阳　李震彪　李争　李志军　李志勇[1]　廉小亲　梁慧敏　梁永春　梁志国　梁志瑞　林海军
蔺红　刘崇茹　刘闯　刘峰[1]　刘福贵　刘国海　刘涵　刘鸿鹏　刘会金　刘健[3]　刘建锋　刘明波
刘木清　刘念　刘沛　刘维亭　刘先松　刘献成　刘晓东　刘旭　刘严　刘耀年　刘永祥　刘玉田
刘志新　刘卓夫　龙世兵　卢绍文　卢秀和　卢燕　卢志刚[2]　卢子广　鲁浩　陆金桂　罗代升　罗建
吕敬　吕英华　吕征宇　马皓　马宏忠　马静　马明　马世英　马修水　门洪　孟如　孟宗
牟龙华　牛东晓　潘长勇　彭晨　彭建春　漆汉宏　亓学广　齐铂金　钱政　曲延滨　曲朝阳　任慧
尚秋峰　申宝峰　申光艳　沈建新　沈艳霞　沈寓实　盛新庆　施泉生　石玲　史进渊　史可琴　舒红宇
宋国兵　宋晓林　宋晓茹　宋元峰　孙斌　孙建军[2]　孙金玮　孙力[2]　孙灵芳　孙墨杰　孙玉田　孙知信
邰能灵　谭志强　汤伟　陶学恒　田鉴定　田子建　童晓阳　涂春鸣　涂亚庆　汪芳宗　汪金刚　汪娟娟
汪镭　汪伟　王波[2]　王博文　王成江[1]　王聪[3]　王宏华　王建元　王杰[1]　王景芹　王克文　王立欣
王立雄　王勤　王擎　王群京　王少荣　王卫　王维庆　王小华　王晓涛　王兴贵　王兴松　王学伟
王延峰　王艳丽　王永骥　王永强　王友仁　王振朝　王志新　卫志农　魏海峰　魏显著　魏云冰　文常保
文劲宇　文明浩　吴川　吴德会　吴广宁　吴国伟　吴建华[1]　吴翊　伍小杰　肖登明　肖汉宁　肖慧荣
肖俊明　肖曦　谢少军　谢志远　辛业春　信赢　邢晓敏　熊兰　熊田忠　熊小伏　徐安玉　徐德鸿
徐永海　徐政　徐中海　许俊华　许志红　薛安成　薛美盛　闫荣格　严干贵　杨博　杨存祥　杨国华
杨杰明　杨俊华　杨俊友　杨丽君[1]　杨文荣　杨旭　杨银堂　杨玉岗　杨知方　姚建刚　姚可利　姚学玲
姚致清　叶建雄　易灵芝　易永辉　尤波　于大禹　于舒春　于晓洋　余忠　元复兴　袁小平　袁晓辉
袁旭峰　岳彩旭　曾建成　曾祥君　张彼德　张昌凡　张纯江　张端金　张峰[2]　张根周　张国民　张国荣
张海丰　张继红　张建文　张建新[1]　张兰河　张培铭　张强[2]　张庆范　张瑞成　张申　张涛[3]　张万荣
张喜玲　张小青　张晓华　张勇军　赵斌　赵朝会　赵宏斌　赵晋斌　赵清林　赵伟　赵屹涛　赵永平
郑殿春　郑建康　郑建勇　郑敏利　郑征　周斌[2]　周辉　周会高　周军[2]　周凯[2]　周念成　周云龙
朱长青　朱法华　朱明星　朱彦卿　祝龙记　庄天戈　邹贵彬　邹继斌　邹澎

TN 电子技术、通信技术

TN 电子技术、通信技术类核心期刊表研究报告

一、统计结果

统计项目	检索工具	检到条数	涉及刊数	70%条数	涉及刊数
被引量	中文科技期刊数据库（引文版）［北京大学图书馆遴选人文社会科学引文统计源期刊］、中国科学引文数据库	102 474	2 927	71 900	121

他引量	中文科技期刊数据库（引文版）［北京大学图书馆遴选人文社会科学引文统计源期刊］、中国科学引文数据库	79 088	2 915	55 673	160
基金论文量	中国期刊全文数据库、万方数据知识服务平台	41 104	2 137	28 749	204
Web 下载量	中国期刊全文数据库、万方数据知识服务平台、中文科技期刊数据库、超星学习通与超星发现产品数据平台、中华医学期刊网、国家哲学社会科学文献中心中文期刊数据库	69 029 818	6 649	49 056 069	243

二、综合筛选

对统计结果先作隶属度换算，再作加权平均。经过测试和征求专家意见，选定各评价指标权重如下：

指标名称	权重	指标名称	权重	指标名称	权重	指标名称	权重
被引量	0.08	期刊他引量	0.20	影响因子	0.07	他引影响因子	0.12
5 年影响因子	0.09	5 年他引影响因子	0.16	特征因子	0.01	论文影响分值	0.05
论文被引指数	0.05	Web 下载量	0.02	3 年 Web 下载率	0.03	国家级基金论文比	0.04
省部级基金论文比	0.01	获奖或被重要检索系统收录	0.05	可被引论文比	0.01	前 5 年可被引论文比	0.01

得到本学科综合隶属度排序表，经专家评审后，取排在前面的 44 种为核心期刊。

三、说明

与本类相关的综合性核心期刊见"N/X 综合性理工农医类核心期刊表"。

TN 电子技术、通信技术类核心期刊表

序号	刊名	序号	刊名	序号	刊名
1	雷达学报	16	电波科学学报	31	光通信研究
2	电子与信息学报	17	现代雷达	32	半导体技术
3	电子学报	18	红外技术	33	南京邮电大学学报. 自然科学版
4	红外与激光工程	19	应用光学	34	现代电子技术
5	激光与光电子学进展	20	重庆邮电大学学报. 自然科学版	35	激光杂志
6	系统工程与电子技术	21	液晶与显示	36	微电子学
7	通信学报	22	北京邮电大学学报	37	电子测量技术
8	信号处理	23	雷达科学与技术	38	光通信技术
9	激光与红外	24	数据采集与处理	39	电子元件与材料
10	西安电子科技大学学报	25	电子科技大学学报	40	无线电通信技术
11	中国科学. 信息科学	26	电讯技术	41	压电与声光
12	红外与毫米波学报	27	光电子·激光	42	密码学报
13	微波学报	28	半导体光电	43	中兴通讯技术
14	激光技术	29	应用激光	44	电子显微学报
15	光电工程	30	电信科学		

研究人员：　周　婕　荆林浩　北京邮电大学图书馆

评审专家：　安立宝　安　平　安振峰　白似雪　白晓斌　包晔峰　薄煜明　蔡　理　蔡树军　蔡志岗
曹　冬　曹三省　曹太强　曹益平　柴　霖　常　青[1]　车声雷　陈宝钦　陈　波[1]　陈大鹏　陈　迪　陈国通
陈宏泰　陈怀新　陈嘉兴　陈　科　陈　磊　陈渌萍　陈诺夫　陈　鹏[3]　陈天华　陈　伟[5]　陈伟平　陈新岗
陈　勇[2]　陈志平[1]　成凌飞　程德强　程庆丰　程望东　程志友　丑修建　崔铁军　戴跃伟　戴志涛　党安红
邓志红　丁恩杰　丁桂甫　丁　强　丁晓青　董浩斌　杜晓荣　杜玉越　段辉高　樊慧庆　樊晓平　范红旗
范九伦　范永开　方建安　冯　飞　冯　杰　冯进军　冯志红　伏燕军　盖珂珂　高成臣　高传善　高　飞
高　隽　高梅国　高向东　高云鹏　葛海波　龚仁喜　龚尚福　顾长青　顾晓峰　关　可　管云峰　郭定和

郭景峰　郭培源　郭玉霞　郭中华　韩刚跃　韩纪庆　韩俊岗　韩乃平　韩万林　韩伟华　韩焱　韩志杰

何德彪　何东健　何洪涛　何华武　何明一　何庆国　何荣希　何先刚　何小海　何友　贺春　洪伟[1]

侯虹　侯正信　胡爱群　胡伏原　胡钋　胡顺仁　胡维平　胡晓峰　胡学龙　胡正平　胡志勇　华钢

黄铭　黄庆安　黄生叶　黄维　黄新友　纪元法　纪越峰　贾澎涛　简献忠　江波[2]　江潮　江成顺

姜守达　姜万顺　金丽　金明录　金伟其　靳世久　琚晓涛　巨永锋　康国华　康海燕　康荣学　柯宏发

孔祥维　孔英会　邝祝芳　赖惠鸽　赖建军　兰中文　黎步银　李安虎　李春国　李德识　李桂苓　李宏[2]

李宏伟　李惠军　李加升　李健[2]　李建明　李金宝[2]　李俊山　李乐民　李林[2]　李美成　李世银　李陶深

李天成　李天瑞　李伟[1]　李伟华　李文石　李孝辉　李鑫滨　李新碗　李亚萍　李以贵　李勇[1]　李永伟

李玉山　李云[3]　李兆利　李志欣　李志勇[1]　廉小亲　梁志国　蔺智挺　刘长军　刘代志　刘福贵　刘晖[1]

刘吉强　刘继承　刘佳琪　刘健[3]　刘建锋　刘琚　刘类骥　刘木清　刘权　刘胜　刘盛平　刘维亭

刘先松　刘新才　刘雄章　刘英坤　刘永信　刘永智　刘越[1]　刘振鹏　刘志新　刘卓夫　龙世兵　娄小平

卢辉斌　卢绍文　卢秀和　卢燕　鲁浩　路小波　罗斌　罗代升　罗风光　罗琦　罗守华　骆云志

吕苗　吕述望　吕英华　吕征宇　吕志清　马多贺　马杰[1]　马礼　马云富　毛华　毛晓波　南建设

倪晋平　倪晓武　聂生东　牛新环　潘长勇　潘冠华　潘开林　潘炜　潘泽友　彭复员　彭真明　漆汉宏

齐臣杰　齐林　钱华明　钱建生　乔俊飞　乔文昇　任慧　任凯亮　任克强　任敏华　桑农　单明广

尚秋峰　邵晓鹏　申光艳　申家龙　沈国柱　沈剑　沈连丰　沈寓实　盛庆红　盛新庆　施浒立　石峰

石书济　石星　时宏伟　史忠植　宋鹏　宋树祥　宋晓茹　宋勇　宋执环　苏晓东　隋修武　孙葆青

孙国栋　孙洁娣　孙金玮　孙军　孙军强　孙力娟　孙聂枫　孙伟[1]　孙炜　孙彦景　孙知信　谭秋林

谭志强　檀柏梅　汤大权　唐斌　唐红　唐军　唐振军　滕志军　田子建　童玲　童峥嵘　涂亚方

涂志刚　万晓榆　汪金刚　汪镭　王宝生　王彪　王德强　王国胤　王海云　王宏　王厚军　王建元

王杰[1]　王金甲　王劲松　王匡　王立欣　王勤　王群京　王少荣　王胜利　王石语　王卫　王维庆

王卫东[1]　王显明　王笑京　王雪松　王延峰　王永红　王永骥　王永强　王永清　王友仁　王跃林　王振朝

王正群　王志海　王智广　王纛　韦笃取　魏晓勇　文常保　毋立芳　吴阿慧　吴晗平　吴虹　吴建华[1]

吴建伟　吴群[1]　吴胜利　吴伟[2]　吴秀玲　吴一全　吴志芳　吴志军　伍仁勇　武穆清　席振铢　肖慧荣

肖俊明　肖亮　肖石林　肖艳军　肖义　谢广明　谢维成　谢拥军　谢志强　谢志远　忻向军　邢晓敏

熊兰　熊庆旭　徐爱东　徐安士　徐安玉　徐达　徐海刚　徐茂智　徐庶　徐书文　徐永青　徐友龙

徐朝鹏　徐中海　许宏科　许俊华　薛斌　薛美盛　闫茂德　严浙平　晏磊　杨存祥　杨东凯　杨风暴

杨红伟　杨鸿文　杨槐　杨家海　杨健[1]　杨建红　杨建华　杨瑞霞　杨守义　杨廷梧　杨维　杨伟东

杨卫平　杨旭　杨义先　杨银堂　杨拥军　杨煜普　杨知行　杨铸　姚尧　姚致清　殷新春　尹树华

尹文言　尤肖虎　于宗光　余成波　余先川　余忠　喻松林　元复兴　袁小平　岳曾敬　曾建成　曾阳素

曾昭文　曾智龙　曾周末　张安清　张从力　张东和　张端金　张帆[1]　张帆[2]　张方宇　张凤斌　张国云

张海霞　张恒　张红　张洪欣　张健[2]　张建华　张静远　张乐飞　张黎　张玲华　张明武　张明喆

张乃禄　张申　张仕斌　张锁平　张涛[3]　张万荣　张为华　张伟刚　张文梅　张西良　张喜玲　张欣[1]

张新宇　张雪松　张燕君　张屹　张引发　张瑜　张贞凯　张振荣　张志刚　张志国　张志勇[2]　张忠平

章献民　赵刚　赵健　赵明富　赵炜　赵晓群　赵兴群　赵雄文　赵振维　赵正平　甄卫民　郑常宝

郑世宝　郑伟　郑晓东　钟伟　钟勇　周德旺　周共健　周海宪　周会高　周继承　周建涛　周江川

周军[2]　周俊　周亮　周文[2]　周贤伟　周益春　朱长青　朱革　朱洪波　朱剑英　朱守正　朱新才

朱学芳　朱雪田　朱岩　朱英浩　朱战霞　祝龙记　庄天戈　卓力　邹澎　左超

TP 自动化技术、计算机技术

TP 自动化技术、计算机技术类核心期刊表研究报告

一、统计结果

统计项目	检索工具	检到条数	涉及刊数	70%条数	涉及刊数
被引量	中文科技期刊数据库(引文版)〔北京大学图书馆遴选人文社会科学引文统计源期刊〕、中国科学引文数据库	318 285	5 951	223 436	221
他引量	中文科技期刊数据库(引文版)〔北京大学图书馆遴选人文社会科学引文统计源期刊〕、中国科学引文数据库	260 455	5 941	182 962	281
基金论文量	中国期刊全文数据库、万方数据知识服务平台	112 869	4 248	78 999	329
Web下载量	中国期刊全文数据库、万方数据知识服务平台、中文科技期刊数据库、超星学习通与超星发现产品数据平台、中华医学期刊网、国家哲学社会科学文献中心中文期刊数据库	207 504 153	8 988	146 536 525	371

二、综合筛选

对统计结果先作隶属度换算,再作加权平均。经过测试和征求专家意见,选定各评价指标权重如下:

指标名称	权重	指标名称	权重	指标名称	权重	指标名称	权重
被引量	0.08	期刊他引量	0.20	影响因子	0.07	他引影响因子	0.12
5年影响因子	0.09	5年他引影响因子	0.16	特征因子	0.01	论文影响分值	0.05
论文被引指数	0.05	Web下载量	0.02	3年Web下载率	0.03	国家级基金论文比	0.04
省部级基金论文比	0.01	获奖或被重要检索系统收录	0.05	可被引论文比	0.01	前5年可被引论文比	0.01

得到本学科综合隶属度排序表,经专家评审后,取排在前面的33种为核心期刊。

三、说明

1. 核心期刊表按"自动化技术、计算机技术(除计算机网络,安全保密)"和"计算机网络,安全保密"分别列出。
2. 与本类相关的综合性核心期刊见"N/X 综合性理工农医类核心期刊表"。

TP(除 TP393,TP309) 自动化技术、计算机技术(除计算机网络,安全保密)类核心期刊表

序号	刊　名	序号	刊　名	序号	刊　名
1	计算机学报	12	模式识别与人工智能	23	传感技术学报
2	自动化学报	13	计算机工程	24	系统仿真学报
3	软件学报	14	计算机集成制造系统	25	计算机工程与科学
4	计算机研究与发展	15	计算机辅助设计与图形学学报	26	信息与控制
5	计算机工程与应用	16	控制理论与应用	27	传感器与微系统
6	计算机科学	17	中文信息学报	28	自然资源遥感
7	控制与决策	18	计算机科学与探索	29	计算机应用与软件
8	中国图象图形学报	19	智能系统学报	30	控制工程
9	计算机应用	20	小型微型计算机系统	31	遥感信息
10	计算机应用研究	21	遥感技术与应用		
11	机器人	22	计算机工程与设计		

TP393,TP309 计算机网络,安全保密类核心期刊表

序号	刊　名	序号	刊　名
1	信息网络安全	2	信息安全研究

研究人员：　　周　婕　荆林浩　北京邮电大学图书馆

评审专家：　艾　萍　安　平　安晓龙　白似雪　包晔峰　鲍旭华　毕　利　薄煜明　卜树坡　蔡之华
曹　冬　曹江涛　曹进德　曹聚亮　曹三省　曹太强　曹益平　柴　霖　柴争义　常　江　陈　波[1]　陈常嘉
陈　驰　陈定方　陈恩红　陈贵海　陈洪辉　陈怀新　陈嘉兴　陈建民　陈　洁[2]　陈　晶　陈　军[2]　陈　科
陈　磊　陈鲁生　陈渌萍　陈　谋　陈宁江　陈培龙　陈天华　陈　厅　陈　伟[5]　陈武华　陈祥光　陈新岗
陈兴跃　陈雪波　陈雪鸿　陈　勇[2]　陈　勇[4]　陈子军　陈宗海　成凌飞　程德强　程启明　程庆丰　程望东
程玉虎　程志友　楚丹琪　崔　雷　崔州平　戴　华[1]　戴跃伟　戴志涛　邓志红　刁淑娟　丁恩杰　丁金华
董　峰　董希旺　董永峰　董玉德　堵　平　杜　胜　杜伟伟　杜小勇　杜晓荣　杜亚娟　杜彦辉　杜玉越
段艳文　樊晓平　范红旗　范九伦　范　铠　范永开　方　明　方彦军　方一鸣　方忆湘　方原柏　费敏锐
冯　锋　冯　健　冯　杰　冯显英　冯玉强　盖珂珂　高传善　高春甫　高　飞　高洪皓　高　剑　高　隽
高琳琦　高满屯　高素萍　高　玮　高向东　高云鹏　葛海波　宫亚峰　龚仁喜　谷海涛　顾清华　顾晓薇
顾益军　关　可　郭家虎　郭景峰　郭　磊　郭茂祖　郭培源　郭晓雷　郭阳宽　郭迎清　郭中华　韩逢庆
韩刚跃　韩纪庆　韩俊岗　韩乃平　韩　松　韩正之　韩志杰　何德彪　何东健　何华灿　何华武　何明一
何小海　何毅斌　何　友　贺德强　侯　虹　侯培国　侯一民　胡爱群　胡昌华　胡昌振　胡伏原　胡钢墩
胡红钢　胡　磊　胡敏强　胡　钋　胡绍林　胡顺仁　胡晓峰　胡学龙　胡正平　胡志勇　华　钢　黄陈蓉
黄大荣　黄道颖　黄　刚　黄国兴　黄　河　黄林鹏　黄庆安　黄生叶　黄卫东　黄贤英　黄欣沂　吉根林
贾澎涛　简献忠　江　波[2]　姜建国　姜守达　姜兆亮　姜周曙　蒋巍川　焦晓红　焦争鸣　金保华　金　海
金　丽　金伟新　金　鑫　靳世久　荆便顺　荆继武　景维鹏　琚晓涛　巨永锋　阚江明　康国华　康海燕
康荣学　柯宏发　孔祥维　邝祝芳　赖惠鸽　赖际舟　乐嘉锦　黎步银　黎　明　李　斌　李德识　李公法
李国辉　李　横　李洪伟　李　华[2]　李济顺　李加升　李　剑　李　健[2]　李　健[3]　李建坡　李建勋　李金宝[2]
李俊山　李　慨　李乐民　李璐瑶　李　鸣　李　平[1]　李　奇　李青山　李少远　李树青　李陶深　李天成
李天瑞　李　威[2]　李　伟[1]　李伟华　李文石　李新碗　李新友　李鑫滨　李绪友　李亚宏　李　勇[1]　李永伟
李玉龙　李玉双　李兆利　李照阳　李　争　李志军[2]　李志民[1]　李志欣　廉小亲　梁志国　廖列法　林璟锵
林乃昌　蔺智挺　刘　安　刘柏嵩　刘长良　刘　聪　刘　飞　刘广瑞　刘国海　刘　涵　刘怀彦　刘　晖[2]
刘吉强　刘继承　刘检华　刘　琚　刘　娟[2]　刘类骧　刘美红　刘木清　刘　沛　刘　权　刘瑞林　刘　胜
刘盛平　刘世光　刘　爽　刘维亭　刘文远　刘武发　刘晓冰　刘晓平　刘心季　刘　旭　刘耀年　刘　毅[3]
刘义平　刘永信　刘　越[1]　刘振鹏　刘志新　刘卓夫　娄小平　楼俊钢　卢　超　卢辉斌　卢绍文　卢晓红
卢秀和　卢　燕　卢子广　鲁　浩　鲁玉军　路小波　罗爱民　罗代升　罗　琦　罗森林　罗守华　罗小元
罗英伟　罗　忠　骆云志　吕述望　吕英华　吕征宇　麻志毅　马朝斌　马多贺　马　礼　马　良　马宪民
马小平　马修军　马修水　马宇鸿　毛　华　毛晓波　毛志忠　门　洪　孟凡荣　孟　如　米据生　米　林
莫宏伟　莫　蓉　南建设　倪晋平　聂洪峰　聂生东　潘　丰　潘冠华　潘海鹏　潘　炜　潘泽友　彭复员
彭建春　彭天好　彭玉青　蒲　浩　漆汉宏　亓学广　齐　林　钱华明　钱建生　钱林方　乔俊飞　乔文昇
邱晓波　邱晓刚　曲延滨　曲朝阳　任秉银　任　慧　任克强　任敏华　任有志　伞　冶　桑　农　尚秋峰
邵培南　邵晓鹏　沈国柱　沈　剑　沈连丰　沈苏彬　沈艳霞　沈寓实　盛新庆　盛业华　石陆魁　石　岩
时宏伟　史永超　史忠科　史忠植　宋爱国　宋　鹏　宋诗哲　宋树祥　宋晓茹　宋执环　苏宏业　苏剑波
苏晓东　隋修武　孙国栋　孙　健[2]　孙洁娣　孙金玮　孙力娟　孙灵芳　孙　炜　孙彦景　孙知信　汤大权
汤放鸣　汤　伟　汤永利　唐　红　唐振军　田　丰　田立新　田新诚　田学东　田雨华　田玉敏　田志宏
田子建　涂亚庆　涂志刚　屠长河　汪道辉　汪　定　汪金刚　汪娟娟　汪　镭　王宝生　王博文　王大森
王大中　王飞跃　王福利　王国庆[1]　王国胤　王海云　王宏伦　王厚军　王化祥　王　辉[3]　王　杰[1]　王金甲
王劲松　王井阳　王　军[3]　王宽全　王魁生　王兰成　王丽娜　王明文　王　宁[1]　王宁飞　王　鹏[1]　王　骞
王　强[2]　王士林　王士同　王锁柱　王　田　王维庆　王文宇　王显明　王小捷　王晓原　王笑京　王延峰

王银涛	王印松	王永[1]	王勇	王永红	王永骥	王永强	王永清	王友仁	王元全	王振朝	王正群
王志海	王志新	王志英	王智广	王忠民	王翥	魏峻	魏延明	温巧燕	文常保	文明浩	毋立芳
吴产乐	吴德会	吴建华[1]	吴璟莉	吴美平[1]	吴素萍	吴晓锋	吴新杰	吴一全	吴志军	伍仁勇	伍洲
武优西	夏璧灿	项新建	肖慧荣	肖利民	肖亮	肖新光	肖艳军	解永春	谢彬	谢刚	谢广明
谢晋	谢维成	谢志强	谢志远	邢晓敏	熊庆旭	熊田忠	徐安玉	徐宝文	徐昌荣	徐常胜	徐达
徐桂云	徐进学	徐立章	徐罗山	徐茂智	徐书文	徐志伟	徐中海	许光全	许宏科	许江宁	许俊华
薛斌	薛美盛	闫成新	闫茂德	严发宝	严明	严浙平	杨晨	杨存祥	杨风暴	杨庚	杨公平
杨功流	杨国华	杨慧中	杨家海	杨建华	杨军[2]	杨廷梧	杨伟东	杨旭	杨洋	杨义先	杨银堂
杨煜普	杨云	杨铸	姚国清	姚尧	叶建雄	叶银忠	易建钢	易灵芝	殷新春	尹家录	尹怡欣
尤波	于金鹏	余先川	喻莉	喻松林	袁龙	袁小平	苑玮琦	岳曾敬	曾斌	曾建成	曾鹏飞
曾阳素	曾昭文	翟俊海	翟玉庆	张安清	张朝伦	张从力	张端金	张帆[2]	张方宇	张凤斌	张福泰
张光华	张贵	张国山	张国渊	张海军	张恒	张红	张宏建	张宏莉	张鸿军	张激	张健[2]
张建新[1]	张乐飞	张立武	张明武	张乃禄	张仁友	张瑞成	张申	张师超	张仕斌	张素智	张太华
张涛[1]	张天平	张为华	张西良	张显库	张显全	张小川	张晓光	张晓华	张晓龙	张欣[1]	张秀宇
张雪松	张引发	张勇[1]	张永贵	张煜	张玉存	张玉军	张召	张振荣	张忠平	赵春江[1]	赵刚
赵健	赵龙	赵鸣博	赵晓群	赵则祥	赵正平	甄子洋	郑常宝	郑世宝	郑伟	郑新奇	支录奎
钟诚	钟勇	周德旺	周海宪	周好斌	周继军	周建民	周建涛	周军[2]	周亮	周强	周尚波
周文[2]	周贤伟	周献中	周雪忠	周玉国	周志华	朱长青	朱诚	朱大铭	朱洪林	朱坚民	朱建明
朱青	朱三元	朱守真	朱学芳	祝爱萍	祝龙记	宗群	邹德清				

TQ 化学工业

TQ 化学工业类核心期刊表研究报告

一、统计结果

统计项目	检索工具	检到条数	涉及刊数	70%条数	涉及刊数
被引量	中文科技期刊数据库(引文版)〔北京大学图书馆遴选人文社会科学引文统计源期刊〕、中国科学引文数据库	174 539	4 359	122 052	269
他引量	中文科技期刊数据库(引文版)〔北京大学图书馆遴选人文社会科学引文统计源期刊〕、中国科学引文数据库	147 988	4 354	103 812	335
基金论文量	中国期刊全文数据库、万方数据知识服务平台	42 183	2 272	29 506	228
Web 下载量	中国期刊全文数据库、万方数据知识服务平台、中文科技期刊数据库、超星学习通与超星发现产品数据平台、中华医学期刊网、国家哲学社会科学文献中心中文期刊数据库	93 558 160	6 610	66 568 082	266

二、综合筛选

对统计结果先作隶属度换算,再作加权平均。经过测试和征求专家意见,选定各评价指标权重如下:

指标名称	权重	指标名称	权重	指标名称	权重	指标名称	权重
被引量	0.08	期刊他引量	0.20	影响因子	0.07	他引影响因子	0.12
5 年影响因子	0.09	5 年他引影响因子	0.16	特征因子	0.01	论文影响分值	0.05
论文被引指数	0.05	Web 下载量	0.02	3 年Web 下载率	0.03	国家级基金论文比	0.04
省部级基金论文比	0.01	获奖或被重要检索系统收录	0.05	可被引论文比	0.01	前 5 年可被引论文比	0.01

得到本学科综合隶属度排序表,经专家评审后,取排在前面的41种为核心期刊。

三、说明

1. 核心期刊表按"化学工业(除基本无机化学工业/其他化学工业)""基本无机化学工业/硅酸盐工业""基本有机化学工业/精细与专用化学品工业"和"其他化学工业"分别列出。

2. 与本类相关的综合性核心期刊见"N/X 综合性理工农医类核心期刊表"。

TQ(除 TQ11/TQ9)化学工业(除基本无机化学工业/其他化学工业)类核心期刊表

序号	刊名	序号	刊名	序号	刊名
1	化工进展	8	现代化工	15	天然气化工. C1 化学与化工(改名为:低碳化学与化工)
2	化工学报	9	化工新型材料		
3	高分子学报	10	高分子通报		
4	高分子材料科学与工程	11	应用化工	16	应用化学
5	膜科学与技术	12	过程工程学报	17	化学与生物工程
6	精细化工	13	化学工业与工程		
7	高校化学工程学报	14	化学工程		

TQ11/TQ17 基本无机化学工业/硅酸盐工业类核心期刊表

序号	刊名	序号	刊名	序号	刊名
1	硅酸盐学报	4	电镀与涂饰	7	耐火材料
2	无机盐工业	5	电镀与精饰	8	中国陶瓷
3	硅酸盐通报	6	陶瓷学报	9	炭素技术

TQ2/TQ3 基本有机化学工业/精细与专用化学品工业类核心期刊表

序号	刊名	序号	刊名	序号	刊名
1	中国塑料	4	塑料	7	现代塑料加工应用
2	塑料工业	5	塑料科技	8	林产化学与工业
3	工程塑料应用	6	石油化工	9	合成树脂及塑料

TQ41/TQ9 其他化学工业类核心期刊表

序号	刊名	序号	刊名	序号	刊名
1	燃料化学学报[改名为:燃料化学学报(中英文)]	3	新型炭材料[改名为:新型炭材料(中英文)]	5	洁净煤技术
2	煤炭转化	4	涂料工业	6	日用化学工业[改名为:日用化学工业(中英文)]

刘生玉	刘守新	刘素琴	刘伟[4]	刘维良	刘伟平	刘雄民	刘雄章	刘雪东	刘幽燕	刘宇程	刘兆丽
卢红霞	卢 奎	卢咏来	陆兆新	罗立文	罗凌虹	罗 民	罗振扬	吕功煊	吕国诚	吕俊复	吕生华
吕效平	吕振林	马红超	马 剑	马建中	马力强	马丽萍	马连湘	马新宾	马学虎	马 莹	马玉龙
马子川	梅乐和	梅 平	孟献梁	倪 刚	牛新环	欧阳小胜	潘 伟	潘正安	彭 峰	齐庆新	钱 方
钱觉时	乔英杰	邱祖民	瞿金清	曲思建	曲远方	申宝剑	沈 健	沈亚领	石 碧	宋来洲	宋鹏云
宋永辉	宋月林	宋执环	苏正涛	孙 军	孙林兵	孙培勤	孙仲超	谈国强	汤立达	汤文明	唐 娜
田守信	田中青	汪长安	汪传生	汪永清	汪志芬	王成江[2]	王存德	王德才	王德松	王 芬	王海彦
王 华[3]	王锦成	王奎涛	王 林	王林山	王 煤	王 晴	王绍荣	王胜利	王同华	王熙庭	王新云
王延吉	王彦飞	王艳香	王 铀	王友善	王志强[1]	王中华	韦 萍	温崇荣	文瑞明	吴立新	夏咏梅
相宏伟	肖国民	肖国庆	解 强	谢孔良	谢兴华	邢卫红	熊玉竹	熊岳平	徐宝财	徐东耀	徐抗震
徐明生	徐石海	徐元清	许春平	许国希	许升阳	许文林	许振良	薛 平	薛群虎	薛 伟	阎培渝
杨 彪	杨春满	杨 槐	杨志远	杨宗政	姚其正	易国斌	尹笃林	于大禹	于奕峰	余 刚	余剑英
余江龙	俞天智	喻佑华	曾康生	曾宪奎	翟玉春	张传祥	张春晖[2]	张德祥	张国军	张国旺	张 华[2]
张继军	张建伟[2]	张 洁	张 军[2]	张军营	张其土	张少峰	张贤明	张幸红	张 勇[2]	张 越[2]	张增志
张宗俭	赵东林	赵风清	赵风云	赵贵哲	赵海雷	赵河立	赵继全	赵建平	赵 平	赵士贵	赵天生
赵彦保	郑福平	郑经堂	郑来久	钟国清	钟庆东	周成合	周家东	周建国	周仕学	周 震	朱红军
朱明道	朱再明	朱志良									

TS 轻工业、手工业、生活服务业

TS 轻工业、手工业、生活服务业类核心期刊表研究报告

一、统计结果

统计项目	检索工具	检到条数	涉及刊数	70%条数	涉及刊数
被引量	中文科技期刊数据库（引文版）［北京大学图书馆遴选人文社会科学引文统计源期刊］、中国科学引文数据库	157 804	4 687	110 875	137
他引量	中文科技期刊数据库（引文版）［北京大学图书馆遴选人文社会科学引文统计源期刊］、中国科学引文数据库	135 162	4 682	95 034	185
基金论文量	中国期刊全文数据库、万方数据知识服务平台	43 599	2 317	30 516	102
Web 下载量	中国期刊全文数据库、万方数据知识服务平台、中文科技期刊数据库、超星学习通与超星发现产品数据平台、中华医学期刊网、国家哲学社会科学文献中心中文期刊数据库	96 325 458	7 939	68 016 086	184

二、综合筛选

对统计结果先作隶属度换算，再作加权平均。经过测试和征求专家意见，选定各评价指标权重如下：

指标名称	权重	指标名称	权重	指标名称	权重	指标名称	权重
被引量	0.08	期刊他引量	0.20	影响因子	0.07	他引影响因子	0.12
5 年影响因子	0.09	5 年他引影响因子	0.16	特征因子	0.01	论文影响分值	0.05
论文被引指数	0.05	Web 下载量	0.02	3 年Web 下载率	0.03	国家级基金论文比	0.04
省部级基金论文比	0.01	获奖或被重要检索系统收录	0.05	可被引论文比	0.01	前 5 年可被引论文比	0.01

得到本学科综合隶属度排序表，经专家评审后，取排在前面的 41 种为核心期刊。

三、说明

1. 核心期刊表按"综合性轻工业、手工业、生活服务业""纺织工业、染整工业""食品工业""烟草工业""皮革工

业""木材加工工业、家具制造工业""造纸工业""印刷工业"和"其他轻工业、手工业/生活服务技术"分别列出。

2.与本类相关的综合性核心期刊见"N/X 综合性理工农医类核心期刊表"。

TS 综合性轻工业、手工业、生活服务业类核心期刊表

序号	刊名	序号	刊名
1	轻工学报	2	陕西科技大学学报

TS1 纺织工业、染整工业类核心期刊表

序号	刊名	序号	刊名	序号	刊名
1	纺织学报	4	毛纺科技	7	印染
2	丝绸	5	东华大学学报.自然科学版		
3	现代纺织技术	6	针织工业		

TS2 食品工业类核心期刊表

序号	刊名	序号	刊名	序号	刊名
1	食品科学	9	茶叶科学	15	食品与生物技术学报
2	食品工业科技	10	食品与机械	16	中国调味品
3	中国食品学报	11	中国酿造	17	保鲜与加工
4	食品与发酵工业	12	河南工业大学学报.自然科学版	18	中国乳品工业
5	食品科学技术学报	13	食品科技	19	中国油脂
6	中国粮油学报	14	粮油食品科技（国家粮食和物资储备局科学研究院）	20	粮食与油脂
7	现代食品科技				
8	肉类研究				

TS4 烟草工业类核心期刊表

序号	刊名	序号	刊名	序号	刊名
1	烟草科技	2	中国烟草学报	3	中国烟草科学

TS5 皮革工业类核心期刊表

序号	刊名
1	皮革科学与工程

TS6 木材加工工业、家具制造工业类核心期刊表

序号	刊名	序号	刊名	序号	刊名
1	木材科学与技术	2	林产工业	3	家具与室内装饰

TS7 造纸工业类核心期刊表

序号	刊名	序号	刊名
1	中国造纸学报	2	中国造纸

TS8 印刷工业类核心期刊表

序号	刊　名
1	数字印刷(改名为：印刷与数字媒体技术研究)

TS3，TS91/TS97 其他轻工业、手工业/生活服务技术类核心期刊表

序号	刊　名	序号	刊　名
1	美食研究	2	服装学报

余泳昌　郁崇文　郁建平　郁志芳　喻红芹　袁永友　袁玉伟　曾思齐　曾亚文　曾益坤　翟华敏　张昌凡
张春枝　张福平[1]　张福平[2]　张国治　张海军[1]　张　鹤　张　宏[1]　张　华[2]　张惠玲　张慧茹　张继光　张建新[1]
张健飞　张峻松　张　敏[1]　张佩华　张素风　张　威[2]　张文学　张文叶　张　骁　张小栓　张亚池　张　毅
张一平[1]　张永红　张永忠　张　彧　张玉荣　张忠杰　张仲欣　张宗申　章绍兵　章银良　赵春江[2]　赵广杰
赵国群　赵　珩[1]　赵建军[1]　赵建新　赵　涛　赵有斌　赵则祥　郑福平　郑来久　郑沫利　钟国清　钟海雁
周浩明　周　浓　周显青　周　翔　周晓燕　朱蓓薇　朱　诚　朱　笃　朱科学　朱良均　朱民儒　朱霞石
祝遵凌　纵　伟

TU 建筑科学

TU 建筑科学类核心期刊表研究报告

一、统计结果

统计项目	检索工具	检到条数	涉及刊数	70%条数	涉及刊数
被引量	中文科技期刊数据库（引文版）[北京大学图书馆遴选人文社会科学引文统计源期刊]、中国科学引文数据库	258 393	4 781	181 700	126
他引量	中文科技期刊数据库（引文版）[北京大学图书馆遴选人文社会科学引文统计源期刊]、中国科学引文数据库	215 910	4 775	151 985	158
基金论文量	中国期刊全文数据库、万方数据知识服务平台	60 384	2 986	42 260	277
Web 下载量	中国期刊全文数据库、万方数据知识服务平台、中文科技期刊数据库、超星学习通与超星发现产品数据平台、中华医学期刊网、国家哲学社会科学文献中心中文期刊数据库	146 281 889	7 928	103 498 417	241

二、综合筛选

对统计结果先作隶属度换算,再作加权平均。经过测试和征求专家意见,选定各评价指标权重如下:

指标名称	权重	指标名称	权重	指标名称	权重	指标名称	权重
被引量	0.08	期刊他引量	0.20	影响因子	0.07	他引影响因子	0.12
5年影响因子	0.09	5年他引影响因子	0.16	特征因子	0.01	论文影响分值	0.05
论文被引指数	0.05	Web下载量	0.02	3年Web下载率	0.03	国家级基金论文比	0.04
省部级基金论文比	0.01	获奖或被重要检索系统收录	0.05	可被引论文比	0.01	前5年可被引论文比	0.01

得到本学科综合隶属度排序表,经专家评审后,取排在前面的 34 种为核心期刊。

三、说明

与本类相关的综合性核心期刊见"N/X综合性理工农医类核心期刊表"。

TU 建筑科学类核心期刊表

序号	刊　名	序号	刊　名	序号	刊　名
1	岩石力学与工程学报	8	国际城市规划	15	现代城市研究
2	岩土力学	9	规划师	16	地下空间与工程学报
3	岩土工程学报	10	中国园林	17	建筑学报
4	建筑结构学报	11	建筑材料学报	18	土木与环境工程学报(中英文)
5	城市规划学刊	12	地震工程与工程振动	19	上海城市规划
6	城市规划	13	西部人居环境学刊	20	南方建筑
7	土木工程学报	14	工程地质学报	21	风景园林

22　建筑钢结构进展	27　世界地震工程	31　空间结构
23　建筑科学	28　混凝土	32　工程抗震与加固改造
24　防灾减灾工程学报	29　中国给水排水	33　建筑结构
25　建筑科学与工程学报	30　西安建筑科技大学学报.自然科学版	34　沈阳建筑大学学报.自然科学版
26　给水排水		

研究人员：　石艳丽　北京交通大学图书馆

评审专家：　艾智勇　鲍　鹏　鲍文博　蔡　健　曹昌智　曹平周　曹全民　曹文贵　柴军瑞　陈艾荣
陈安敏　陈昌富　陈　淮　陈健云　陈开圣　陈　馈　陈淑民　陈水生　陈伟清　陈务军　陈湘生　陈小俊
陈毅兴　陈　颖　陈英杰　陈英盈　陈　勇[5]　陈朝晖　陈　智[2]　陈志华　陈志新　谌文武　成　勃　成　虎
程培峰　程谦恭　淳　庆　崔士起　崔志强　崔自治　答治华　戴　航　戴为志　党安荣　邓　华　邓慧萍
邓启华　丁国良　丁庆军　丁文其　丁梧秀　丁　阳　丁　勇　董　宏　董　曦　杜成斌　杜春兰　杜立杰
端木琳　范霄鹏　范晓伟　范　欣　方　俊　方永恒　房建宏　房营光　冯　驰　冯大阔　冯国会　冯庆革
冯显英　冯忠居　付祥钊　傅鹤林　傅金祥　傅旭东　高大文　高尔新　高广运　高　军　高　亮[1]　高乃云
高庆龙　高　玮　高小建　高轩能　龚秋明　龚晓南　顾晓薇　关晓辉　郭建博　郭婧娟　郭茂祖　郭树荣
郭耀杰　郭云开　郭正兴　韩冬青　韩林海　韩　敏　韩同银　韩宗伟　郝　斌　郝际平　何佰洲　何发钰
何　辉　何嘉鹏　何希铨　贺可强　贺维国　贺拥军　侯鸿章　侯学良　侯兆欣　胡必武　胡柏学　胡鸿志
胡力群　胡伦坚　胡少伟　黄　晨　黄宏伟　黄磊昌　黄立葵　黄立新[1]　黄明利　黄廷林　黄险峰　黄晓明
黄　勇　季　民　简文彬　江守恒　姜晨光　姜　彤　姜忻良　蒋丹宇　蒋凤昌　蒋济同　焦楚杰　金宝宏
金　虹　金丽娜　金云峰　敬登虎　孔　恒　孔俊婷　雷俊卿　雷书华　冷发光　李百战　李北星　李　滨
李大勇　李德宏　李德英　李迪华　李丰果　李建林　李久林　李骏飞　李利平　李念平　李平先　李清富
李　琼[2]　李升才　李术才　李　绥　李先庭　李小军　李兴高　李亚峰　李炎锋　李元海　李增军　李　浈
李峥嵘　李志民[2]　李志勇[2]　李宗礼　梁　恒　梁建文　林波荣　凌贤长　刘滨谊　刘丙宇　刘　波[5]　刘伯权
刘国华[1]　刘海峰　刘汉东　刘　航　刘洪波　刘加平[1]　刘加平[2]　刘建军　刘建坤　刘开平　刘临安　刘　猛
刘秋新　刘　润　刘淑丽　刘舒平　刘遂庆　刘晓华　刘新荣　刘学增　刘元雪　刘忠玉　柳建国　卢　超
卢亦焱　罗彦斌　骆汉宾　吕　斌　吕生华　吕悦军　马　栋　马　辉　马　明　马芹永　马少坤　马石城
马士宾　马志富　糜加平　苗福生　牟在根　彭芳乐　彭立敏　彭林欣　蒲　浩　钱觉时　郗志红　秦会来
冉茂宇　沙爱民　单　炜　邵国建　申爱琴　申志军　沈良峰　沈锐利　沈新普　施　梁　石伟国　石文星
石永久　时旭东　史海欧　舒赣平　舒　平　舒诗湖　宋　波　宋宏伟　宋克志　宋来洲　宋晔皓　宋一凡
宋云连　苏金乐　苏三庆　苏生瑞　孙钢柱　孙厚超　孙　剑　孙增寿　孙振平　孙志恒　孙志坚　谭忠盛
陶学明　汪　波　汪明武　王博文　王朝辉　王东炜　王恩茂　王发洲　王凤来[1]　王　刚[1]　王国欣　王海军
王礼敬　王立雄　王明年　王　圃　王　晴　王清勤　王社平　王树声　王文科　王锡清　王祥秋　王新轲
王旭东　王亚琼　王要武　王　怡　王昭俊　王正中　王志峰　王志杰　魏　纲　文国玮　吴承照　吴　刚
吴国源　吴　立　吴庆洲　吴全立　吴玉厚　吴子燕　武　乾　武　涌　武　岳　夏才初　夏毅敏　夏元友
肖建春　肖力光　肖龙鸽　解　伟　谢开仲　谢伟平　徐　斌[3]　徐　超[2]　徐得潜　徐厚军　徐礼华　徐　强
徐　伟　徐稳龙　徐志胜　徐中海　许成祥　许　模　薛建阳　闫增峰　阎培渝　颜可珍　晏启祥　燕　达
阳建强　阳军生　杨昌鸣　杨光华　杨豪中　杨纪伟　杨建森　杨立新[1]　杨　涛[1]　杨文伟　杨小林　杨晓华[2]
杨旭东　姚海波　姚　燕　姚仰平　姚运仕　叶　敏　叶　英　易冰源　雍振华　油新华　余剑英　俞孔坚
袁宝远　袁建力　袁景玉　袁林江　袁晓辉　乐金朝　曾青云　查旭东　翟志强　张　丹　张国新　张　宏
张红辉　张鸿儒　张厚美　张华刚　张纪刚　张季超　张季如　张建涛　张建伟[1]　张　杰[2]　张金松　张锦冈
张美琴　张民庆　张敏莉　张庆费　张仁瑜　张素梅　张　彤　张　炜　张小松　张谢东　张燕坤　张耀春
张耀庭　张玉坤　张　云[1]　张云升　张振营　张　智　章雪峰　赵风清　赵顺波　赵桂平　赵和生　赵　珩[1]　赵红雪
赵金先　赵　雷　赵　锂　赵明华　赵庆新　赵全胜　赵　胜　赵顺波　赵挺生　赵　文　赵霄龙　赵艳华
赵振宇　赵志伟　郑俊杰　郑宜枫　周朝阳　周　岱　周　辉[2]　周　军[1]　周　岚　周立军　周天华　周　伟
周向频　周勇军　周志芳　朱宏平　朱雁飞　朱永全　祝遵凌　资建民

TV 水利工程

TV 水利工程类核心期刊表研究报告

一、统计结果

统计项目	检索工具	检到条数	涉及刊数	70%条数	涉及刊数
被引量	中文科技期刊数据库（引文版）[北京大学图书馆遴选人文社会科学引文统计源期刊]、中国科学引文数据库	61 438	2 415	43 158	88
他引量	中文科技期刊数据库（引文版）[北京大学图书馆遴选人文社会科学引文统计源期刊]、中国科学引文数据库	51 990	2 408	36 529	108
基金论文量	中国期刊全文数据库、万方数据知识服务平台	10 793	1 303	7 544	91
Web 下载量	中国期刊全文数据库、万方数据知识服务平台、中文科技期刊数据库、超星学习通与超星发现产品数据平台、中华医学期刊网、国家哲学社会科学文献中心中文期刊数据库	22 629 950	5 229	16 075 073	106

二、综合筛选

对统计结果先作隶属度换算，再作加权平均。经过测试和征求专家意见，选定各评价指标权重如下：

指标名称	权重	指标名称	权重	指标名称	权重	指标名称	权重
被引量	0.08	期刊他引量	0.20	影响因子	0.07	他引影响因子	0.12
5年影响因子	0.09	5年他引影响因子	0.16	特征因子	0.01	论文影响分值	0.05
论文被引指数	0.05	Web下载量	0.02	3年Web下载率	0.03	国家级基金论文比	0.04
省部级基金论文比	0.01	获奖或被重要检索系统收录	0.05	可被引论文比	0.01	前5年可被引论文比	0.01

得到本学科综合隶属度排序表，经专家评审后，取排在前面的18种为核心期刊。

三、说明

与本类相关的综合性核心期刊见"N/X综合性理工农医类核心期刊表"。

TV 水利工程类核心期刊表

序号	刊名	序号	刊名	序号	刊名
1	水利学报	8	南水北调与水利科技(中英文)	15	中国农村水利水电
2	水科学进展	9	水利水电技术(中英文)	16	中国水利水电科学研究院学报[改名为：中国水利水电科学研究院学报（中英文）]
3	水力发电学报	10	水利水运工程学报		
4	水资源保护	11	人民长江		
5	水利水电科技进展	12	水资源与水工程学报		
6	泥沙研究	13	长江科学院院报	17	水动力学研究与进展. A 辑
7	人民黄河	14	水电能源科学	18	水利经济

研究人员：　王雨琪　北京交通大学图书馆

评审专家：　艾　萍　艾智勇　蔡焕杰　曹平周　曹文贵　曹永强　柴军瑞　常　江　常晓林　陈昌富　陈　淮　陈建生　陈健云　陈开圣　陈松山　陈　喜　陈志刚[1]　成自勇　程吉林　程谦恭　程伍群　程晓陶　崔广柏　崔　炜[2]　崔自治　答治华　邓英尔　丁　强　丁庆军　丁文其　丁梧秀　窦培林　杜成斌　樊良新　方国华　方红远　房营光　费宇红　冯大阔　冯国会　冯建军[2]　冯　平　冯谦诚　冯绍元　付　强　傅　春　傅旭东　高传昌　高大文　高乃云　高　伟[2]　高　玮　高新陵　高学平　龚秋明　顾圣平　管　锋　桂　林

郭建博　郭鹏程　郭生练　郭耀杰　韩宇平　韩再生　贺桂成　贺维国　胡必武　胡柏学　胡　昊　胡良明
胡少伟　黄宏伟　黄明利　黄　强　黄廷林　黄险峰　黄占斌　黄振平　黄志全　吉庆丰　籍国东　贾金生
贾绍凤　简文彬　江守恒　姜晨光　姜　彤　姜忻良　蒋传文　焦楚杰　焦士兴　金菊良　金腊华　敬登虎
孔　恒　孔俊婷　李北星　李大勇　李丰果　李风亭　李海明　李洪远　李建林　李久生　李利平　李明思
李平先　李清富　李庆斌　李术才　李天斌　李兴高　李炎锋　李云开　李增军　李宗礼　梁　川　刘法贵
刘国华[1]　刘海峰　刘汉东　刘建坤　刘　润　刘舒平　刘树坤　刘遂庆　刘晓初　刘学增　刘雪梅　刘元雪
龙新平　卢文波　卢亦焱　陆敏恂　罗兴锜　吕锡芝　马　栋　马　辉　马敏峰　马芹永　马少坤　门宝辉
莫崇勋　钱　会　钱向东　郗志红　秦忠国　仇宝云　邱小琮　任青文　尚松浩　尚彦军　邵东国　邵国建
邵学军　申爱琴　施国庆　史海滨　舒诗湖　宋　波　宋克志　宋松柏　宋一凡　苏国韶　孙才志　孙　谋
孙振平　孙志恒　谭国栋　谭忠盛　汤方平　唐学林　万　力　汪明武　汪易森　王成江[1]　王恩志　王　芳[3]
王凤来[1]　王　刚[1]　王广才　王国庆[1]　王国欣　王腊春　王　圃　王文川　王文科　王锡清　王旭东　王延辉
王义民　王运生　王占军　王正中　王志杰　吴　立　吴全立　吴时强　吴新霞　吴泽宁　伍鹤皋　仵彦卿
夏元友　解　伟　邢义川　熊立华　徐　超[2]　徐得潜　徐绍辉　徐镇凯　徐宗学　许　迪[2]　许　模　许文年
许英姿　严仁军　晏启祥　阳军生　杨光华　杨会军　杨纪伟　杨建东　杨　涛[1]　杨文伟　杨晓华[1]　姚海波
姚凯文　冶运涛　易立新　俞孔坚　喻国良　袁宝远　袁建力　袁林江　袁晓辉　乐金朝　曾维华　翟家齐
詹美礼　张保祥　张成才　张国新　张红辉　张洪波　张纪刚　张金萍　张金松　张美琴　张淑娟　张　玮
张卫东[2]　张行南　张修宇　张艳红　张　云[1]　张云升　张展羽　章　青　赵金先　赵进勇　赵兰浩　赵　锂
赵荣钦　赵顺波　郑东健　郑俊杰　郑　源　钟华平　周垂一　周　辉[1]　周建忠　周　军[1]　周启星　周秋景
周书明　周　伟　周志芳　朱　亮

U 交通运输

U 交通运输类核心期刊表研究报告

一、统计结果

统计项目	检索工具	检到条数	涉及刊数	70％条数	涉及刊数
被引量	中文科技期刊数据库（引文版）［北京大学图书馆遴选人文社会科学引文统计源期刊］、中国科学引文数据库	154 291	3 377	108 389	145
他引量	中文科技期刊数据库（引文版）［北京大学图书馆遴选人文社会科学引文统计源期刊］、中国科学引文数据库	129 961	3 362	91 136	172
基金论文量	中国期刊全文数据库、万方数据知识服务平台	50 884	2 461	35 606	286
Web 下载量	中国期刊全文数据库、万方数据知识服务平台、中文科技期刊数据库、超星学习通与超星发现产品数据平台、中华医学期刊网、国家哲学社会科学文献中心中文期刊数据库	100 554 646	6 961	71 208 118	280

二、综合筛选

对统计结果先作隶属度换算，再作加权平均。经过测试和征求专家意见，选定各评价指标权重如下：

指标名称	权重	指标名称	权重	指标名称	权重	指标名称	权重
被引量	0.08	期刊他引量	0.20	影响因子	0.07	他引影响因子	0.12
5 年影响因子	0.09	5 年他引影响因子	0.16	特征因子	0.01	论文影响分值	0.05
论文被引指数	0.05	Web 下载量	0.02	3 年Web 下载率	0.03	国家级基金论文比	0.04
省部级基金论文比	0.01	获奖或被重要检索系统收录	0.05	可被引论文比	0.01	前 5 年可被引论文比	0.01

得到本学科综合隶属度排序表，经专家评审后，取排在前面的 35 种为核心期刊。

三、说明

1.核心期刊表按"综合运输""铁路运输""公路运输"和"水路运输"分别列出。

2.与本类相关的综合性核心期刊见"N/X综合性理工农医类核心期刊表"。

U(除 U2/U6) 综合运输类核心期刊表

序号	刊　名	序号	刊　名	序号	刊　名
1	交通运输工程学报	3	重庆交通大学学报.自然科学版	4	交通信息与安全
2	交通运输系统工程与信息				

U2 铁路运输类核心期刊表

序号	刊　名	序号	刊　名	序号	刊　名
1	铁道学报	5	铁道科学与工程学报	9	铁道运输与经济
2	中国铁道科学	6	铁道标准设计	10	都市快轨交通
3	隧道建设(中英文)	7	铁道建筑	11	中国铁路
4	铁道工程学报	8	城市轨道交通研究	12	铁道机车车辆

U4 公路运输类核心期刊表

序号	刊　名	序号	刊　名	序号	刊　名
1	中国公路学报	5	长安大学学报.自然科学版	9	公路
2	桥梁建设	6	世界桥梁	10	汽车安全与节能学报
3	汽车工程	7	现代隧道技术		
4	公路交通科技	8	汽车技术		

U6 水路运输类核心期刊表

序号	刊　名	序号	刊　名	序号	刊　名
1	中国造船	4	大连海事大学学报	7	船舶工程
2	船舶力学	5	中国航海	8	船海工程
3	中国舰船研究	6	上海海事大学学报	9	舰船科学技术

卢 锐　卢少平　路小波　罗 蓉　罗彦斌　罗占夫　吕宏权　吕剑英　马 骉　马宏建　马 辉　马 军
马少坤　马石城　马士宾　马志富　孟庆文　縻加平　米 林　倪少权　牛礼民　潘 炜　庞 燕　庞跃辉
裴建中　裴玉龙　彭立敏　蒲 浩　齐梦学　乔春生　乔建刚　邱伟强　任晓红　沙爱民　单 炜　邵国建
邵举平　申爱琴　申福林　申志军　施朝健　石宝林　石端伟　石新栋　史海欧　舒红宇　宋 波　宋宏伟
宋克志　宋一凡　宋云连　宋 章　苏生瑞　孙 谋　孙 巍　孙增寿　孙振川　孙振平　谭忠盛　汤宪高
唐 健　拓勇飞　万剑平　万姜林　汪 波　汪传雷　汪海年　王朝辉　王东炜　王端宜　王国庆[2]　王海军
王红岩　王加友　王建军[2]　王立川　王利群　王明年　王 宁[1]　王 铁　王献忠　王祥秋　王晓原　王笑京
王亚琼　王言英　王志杰　王忠伟　韦忠亚　魏 纲　魏海峰　魏延刚　吴超凡　吴广宁　吴 洁　吴全立
夏才初　夏毅敏　夏元友　肖汉斌　肖明清　肖 鹏[1]　肖 鹏[2]　萧汉梁　解 伟　谢 彬　谢开仲　谢如鹤
谢伟平　谢永利　辛国平　徐志胜　许宏科　许俊华　许英姿　闫茂德　严仁军　严浙平　颜 开　颜可珍
晏启祥　阳军生　杨德庆　杨 槐　杨会军　杨家松　杨 军[1]　杨立新[2]　杨 琦　杨书江　杨 涛[1]　杨晓华[2]
杨 芸　姚海波　叶柏洪　叶 飞　叶家玮　叶康慨　叶 敏　叶 英　易基圣　于洪亮　余剑英　余永强
喻国良　袁成清　乐金朝　曾凡明　查旭东　战 凯　张昌凡　张厚美　张继春　张建仁　张丽霞[2]　张美琴
张民庆　张宁川　张全柱　张三川　张少雄　张 玮　张 炜　张显库　张肖宁　张谢东　张亚平　张贞凯
赵 雷　赵龙志　赵明华　赵全胜　赵 胜　赵顺波　赵 炜　赵 文　赵永翔　郑健龙　郑 群　郑哲文
郅 晓　钟梦武　周垂一　周国华　周建军　周江天　周绍妮　周书明　周贤伟　周新聪　周勇军　周志军
朱桂平　朱 凌　朱顺应　朱雁飞　卓 越　资建民

V 航空、航天

V 航空、航天类核心期刊表研究报告

一、统计结果

统计项目	检索工具	检到条数	涉及刊数	70%条数	涉及刊数
被引量	中文科技期刊数据库（引文版）［北京大学图书馆遴选人文社会科学引文统计源期刊］、中国科学引文数据库	88 418	2 320	61 926	102
他引量	中文科技期刊数据库（引文版）［北京大学图书馆遴选人文社会科学引文统计源期刊］、中国科学引文数据库	70 730	2 312	49 609	131
基金论文量	中国期刊全文数据库、万方数据知识服务平台	15 260	1 230	10 671	154
Web下载量	中国期刊全文数据库、万方数据知识服务平台、中文科技期刊数据库、超星学习通与超星发现产品数据平台、中华医学期刊网、国家哲学社会科学文献中心中文期刊数据库	24 294 122	4 774	17 128 202	148

二、综合筛选

对统计结果先作隶属度换算，再作加权平均。经过测试和征求专家意见，选定各评价指标权重如下：

指标名称	权重	指标名称	权重	指标名称	权重	指标名称	权重
被引量	0.08	期刊他引量	0.20	影响因子	0.07	他引影响因子	0.12
5年影响因子	0.09	5年他引影响因子	0.16	特征因子	0.01	论文影响分值	0.05
论文被引指数	0.05	Web下载量	0.02	3年Web下载率	0.03	国家级基金论文比	0.04
省部级基金论文比	0.01	获奖或重要检索系统收录	0.05	可被引论文比	0.01	前5年可被引论文比	0.01

得到本学科综合隶属度排序表，经专家评审后，取排在前面的22种为核心期刊。

三、说明

与本类相关的综合性核心期刊见"N/X综合性理工农医类核心期刊表"。

V 航空、航天类核心期刊表

序号	刊　名	序号	刊　名	序号	刊　名
1	航空学报	9	航天器工程	17	航空发动机
2	宇航学报	10	实验流体力学	18	空间控制技术与应用
3	空气动力学学报	11	固体火箭技术	19	中国惯性技术学报
4	航空动力学报	12	南京航空航天大学学报	20	导弹与航天运载技术［改名
5	推进技术	13	飞行力学		为：导弹与航天运载技术
6	深空探测学报（中英文）	14	航天返回与遥感		（中英文）］
7	北京航空航天大学学报	15	载人航天	21	航空制造技术
8	中国空间科学技术	16	火箭推进	22	空间科学学报

X(除 X9) 环境科学

X(除 X9) 环境科学类核心期刊表研究报告

一、统计结果

统计项目	检索工具	检到条数	涉及刊数	70%条数	涉及刊数
被引量	中文科技期刊数据库(引文版)[北京大学图书馆遴选人文社会科学引文统计源期刊]、中国科学引文数据库	444 442	5 596	312 066	207
他引量	中文科技期刊数据库(引文版)[北京大学图书馆遴选人文社会科学引文统计源期刊]、中国科学引文数据库	389 284	5 594	273 062	241
基金论文量	中国期刊全文数据库、万方数据知识服务平台	64 777	3 848	45 332	501
Web 下载量	中国期刊全文数据库、万方数据知识服务平台、中文科技期刊数据库、超星学习通与超星发现产品数据平台、中华医学期刊网、国家哲学社会科学文献中心中文期刊数据库	124 266 311	8 211	87 525 428	517

二、综合筛选

对统计结果先作隶属度换算,再作加权平均。经过测试和征求专家意见,选定各评价指标权重如下:

指标名称	权重	指标名称	权重	指标名称	权重	指标名称	权重
被引量	0.08	期刊他引量	0.20	影响因子	0.07	他引影响因子	0.12
5 年影响因子	0.09	5 年他引影响因子	0.16	特征因子	0.01	论文影响分值	0.05
论文被引指数	0.05	Web 下载量	0.02	3 年Web下载率	0.03	国家级基金论文比	0.04
省部级基金论文比	0.01	获奖或被重要检索系统收录	0.05	可被引论文比	0.01	前 5 年可被引论文比	0.01

得到本学科综合隶属度排序表,经专家评审后,取排在前面的 27 种为核心期刊。

三、说明

与本类相关的综合性核心期刊见"N/X 综合性理工农医类核心期刊表"。

X(除 X9) 环境科学类核心期刊表

序号	刊　名	序号	刊　名	序号	刊　名
1	环境科学	10	环境工程学报	19	生态毒理学报
2	中国环境科学	11	资源科学	20	环境工程技术学报
3	环境科学学报	12	生态与农村环境学报	21	水处理技术
4	环境科学研究	13	中国环境监测	22	环境监测管理与技术
5	中国人口·资源与环境	14	环境科学与技术	23	工业水处理
6	农业环境科学学报	15	长江流域资源与环境	24	化工环保
7	自然资源学报	16	环境污染与防治	25	海洋环境科学
8	生态环境学报	17	农业资源与环境学报	26	灾害学
9	环境化学	18	地球与环境	27	自然灾害学报

研究人员：　李　恬　贺利婧　北京工业大学图书馆

评审专家：　安庆大　卜风贤　蔡鹤生　蔡九菊　蔡兰坤　曹国璠　曹佳红　曹　军　常　江　常文越
陈东辉　陈　馥　陈欢林　陈建荣　陈建生　陈兰洲　陈孟林　陈世宝　陈朝晖　谌文武　成金华　成升魁
楚泽涵　崔兆杰　邓慧萍　邓英尔　丁正江　董宪姝　杜翠凤　杜道林　杜国勇　杜建军　端木琳　段舜山

樊良新　方国华　方红远　房春生　冯国会　冯雅丽　付　杰　傅培舫　傅晓华　傅忠君　高宝玉　高大文
高乃云　高士祥　高新陵　高学平　高志贤　耿　直[2]　顾　平　顾晓薇　关晓辉　郭建博　韩再生　郝晋珉
何池全　何德文　何发钰　何宏舟　何嘉鹏　何孟常　何腾兵　何彤慧　何义亮　何争光　贺可强　侯春堂
侯兆欣　胡炳南　胡红浪　胡建英　胡晓春　黄光团　黄廷林　黄　勇　黄占斌　黄振平　籍国东　纪志永
季　民　贾宏涛　贾永刚　江兴龙　蒋仲安　金菊良　金腊华　金米聪　康荣学　孔俊婷　黎华寿　李百战
李重九　李　春[1]　李迪华　李　铎　李芳柏　李风亭　李海明　李洪远　李　骅　李辉信　李建林　李骏飞
李　梅　李念平　李　骞　李　强[1]　李淑仪　李先国　李兴林　李亚峰　李　鱼　李志华　李宗礼　连　宾
练鸿振　梁东丽　梁　恒　梁树柏　林波荣　刘宝友　刘　诚　刘春立　刘大成　刘大海　刘洪波　刘加平[1]
刘建忠　刘　葵　刘　鹏　刘芃岩　刘　强　刘　清[1]　刘　清[2]　刘秋新　刘瑞林　刘树坤　刘遂庆　刘晓煌
刘雪东　刘耀彬　刘　毅[2]　刘　永[1]　刘幽燕　刘宇程　刘元雪　柳静献　陆现彩　吕　斌　吕国诚　马红超
马乐凡　马玉龙　马志富　马子川　门宝辉　糜加平　缪绅裕　闵　航　闵小波　潘淑君　彭　宇　齐　飞
钱　会　钱建平　钱向东　乔英杰　秦耀辰　邱家稳　邱小琼　屈撑囤　璩向宁　任连海　阮禄章　沙爱民
单连斌　邵春岩　邵东国　邵龙义　沈洪艳　沈　镭　沈耀良　沈永平　施国庆　史秀志　舒诗湖　宋进喜
宋来洲　宋诗哲　宋松柏　宋永辉　苏维词　宿程远　孙春宝　孙德智　孙　刚　孙家寿　孙培勤　孙珮石
孙体昌　孙佑海　索建秦　谈国强　汤　洁　唐　非　唐小斌　陶国良　田　禹　童叶翔　涂书新　汪　波
王　兵　王赪胤　王成彦　王澄海　王发洲　王广才　王国祥　王奎涛　王腊春　王林山　王罗春　王明林
王明年　王　圃　王璞珺　王社平　王树荣　王文革　王文科　王兴祥　王旭明　王学军　王艳红[2]　王艳香
韦朝海　魏福祥　温崇荣　温桂清　温远光　吴承祯　吴　克　吴　攀　吴时强　吴　伟[3]　仵彦卿　武　乾
武　涌　向启贵　解　强　解　伟　谢　冰　邢卫红　熊田忠　徐　斌[3]　徐得潜　徐东耀　徐　鹤　徐绍辉
徐　伟　徐晓虹　徐学选　徐永建　许光清　许家林　许　模　许振良　颜世强　晏启祥　杨立新[2]　杨林生
杨柳燕　杨晓华[1]　杨玉盛　杨宗政　叶功富　衣雪松　易立新　油新华　于大禹　余　斌[1]　余润兰　余永强
俞孔坚　袁广达　袁国礼　袁林江　袁晓辉　袁再健　岳丽宏　曾维华　翟玉春　翟志强　张保祥　张　勃
张　丹　张德祥　张登荣　张　宏[1]　张红辉　张宏昇　张洪江　张继军　张继权　张金松　张锦冈　张进忠
张兰河　张乃明　张盼月　张　强[4]　张庆费　张全国　张仁瑜　张瑞芹　张世熔　张贤明　张振营　张治红
张忠杰　赵风清　赵红雪　赵进勇　赵　军[5]　赵　平　赵荣钦　赵　胜　赵　阳　赵由才　赵云胜　赵志伟
钟　丹　钟华平　衷水平　周爱国　周东美　周　航　周建国　周　军[1]　周连碧　周启星　周伟国　朱法华
朱　亮　朱　琳　朱鲁生　朱南文　朱学义　朱志良　资建民　邹　澎

X9 安全科学

X9 安全科学类核心期刊表研究报告

一、统计结果

统计项目	检索工具	检到条数	涉及刊数	70%条数	涉及刊数
被引量	中文科技期刊数据库(引文版)[北京大学图书馆遴选人文社会科学引文统计源期刊]、中国科学引文数据库	41 619	3 095	29 190	232
他引量	中文科技期刊数据库(引文版)[北京大学图书馆遴选人文社会科学引文统计源期刊]、中国科学引文数据库	34 415	3 094	24 173	317
基金论文量	中国期刊全文数据库、万方数据知识服务平台	1 051	353	734	68
Web 下载量	中国期刊全文数据库、万方数据知识服务平台、中文科技期刊数据库、超星学习通与超星发现产品数据平台、中华医学期刊网、国家哲学社会科学文献中心中文期刊数据库	4 875 333	4 778	3 428 440	74

二、综合筛选

对统计结果先作隶属度换算,再作加权平均。经过测试和征求专家意见,选定各评价指标权重如下:

指标名称	权重	指标名称	权重	指标名称	权重	指标名称	权重
被引量	0.08	期刊他引量	0.20	影响因子	0.07	他引影响因子	0.12
5年影响因子	0.09	5年他引影响因子	0.16	特征因子	0.01	论文影响分值	0.05
论文被引指数	0.05	Web下载量	0.02	3年Web下载率	0.03	国家级基金论文比	0.04
省部级基金论文比	0.01	获奖或被重要检索系统收录	0.05	可被引论文比	0.01	前5年可被引论文比	0.01

得到本学科综合隶属度排序表,经专家评审后,取排在前面的6种为核心期刊。

三、说明

与本类相关的综合性核心期刊见"N/X综合性理工农医类核心期刊表"。

X9 安全科学类核心期刊表

序号	刊　名	序号	刊　名	序号	刊　名
1	中国安全科学学报	3	安全与环境学报	5	火灾科学
2	中国安全生产科学技术	4	安全与环境工程	6	消防科学与技术

研究人员： 李恬 北京工业大学图书馆

评审专家： 艾德生 蔡鹤生 曹全民 岑松 陈群 陈淑民 陈湘生 程晓陶 崔志强 邓启华
董华 堵平 杜翠凤 段隆臣 樊晶光 樊少武 冯涛[1] 付华 傅贵 傅培舫 傅忠君 高尔新
高建平[1] 高轩能 高自龙 宫亚峰 顾清华 管锋 国汉君 韩志杰 何德文 何宏舟 何嘉鹏 何丽华
贺桂成 胡炳南 胡绍林 胡忆沩 华钢 黄宏伟 黄铭 贾进章 贾永刚 江成顺 姜德义 蒋仲安
焦文玲 金菊良 金腊华 金龙哲 景国勋 康海燕 康荣学 孔俊婷 李铎 李念平 李升才 李夕兵
李炎锋 李彦斌 李志勇[2] 李志勇[3] 李忠辉 梁金钢 林柏泉 刘波[5] 刘功智 刘剑 刘见中 刘清[2]
刘秋新 刘生优 刘舒平 刘晓平 刘雄民 刘永[2] 柳静献 卢才武 卢亦焱 马少坤 马志富 孟献梁
钮英建 彭立敏 齐庆新 钱新明 乔建刚 秦俊 秦跃平 瞿英 曲国胜 沙勇忠 单连斌 申宝宏
申福林 沈耀良 施泉生 石必明 石伟国 史秀志 宋波 苏三庆 孙厚超 孙继平 孙家寿 孙剑
孙谋 孙增寿 孙知信 谭卓英 汤放鸣 王立川 王丽芳 王利群 王敏[1] 王圃 王骞 王强[1]
王勤 王秋华 王银生 王云海 王正中 吴超 吴立 吴强 吴新霞 吴秀玲 吴宗之 夏建国
夏元友 解立峰 谢兴华 徐格宁 徐颖 徐志胜 许家林 许江 许文涛 余斌[1] 余永强 袁宏永 岳丽宏 张从力
张凤斌 张继权 张美琴 张乃禄 张先锋 张小东 张玄奇 张玉贵 张净敏 张志军 赵刚 赵国彦
赵军[2] 赵锂 赵林度 赵挺生 赵孝彬 赵兴东 赵阳 赵云胜 郑书兵 周本谋 周朝阳 周传波
周福宝 周伟国 朱法华 朱顺应 朱泽虎

核心期刊简介

阿拉伯世界研究 = Arab world studies / 上海外国语大学，2006～
双月刊　　　　　CLC：D73，B9，K37
ISSN 1673-5161　CN 31-1973/C　4-340　5313Q
上海市虹口区大连西路 550 号(200083)
编辑部电话：021-35373288
http://5141.qikan.qwfbw.com
arabworld@163.com
关注西亚北非地区政治、经济、能源、安全、宗教、社会和文化等领域的发展，凸显中国话语和全球视野，注重基础研究与政策研究，探讨中东研究中的重大理论问题、相关热点问题和现实问题。设有中东国家政党政治、中东国家治理、非洲阿拉伯国家安全、国际组织与中东、中东政治与安全、海外国家问题等栏目。读者对象为国内外有志于阿拉伯-伊斯兰问题研究的专家、学者、相关专业院校师生和研究人员。2006 年继承：《阿拉伯世界》(1978～2005)。

安徽大学学报．哲学社会科学版 = Journal of Anhui University. Philosophy and social sciences edition / 安徽大学，1980～
双月刊　　　　　CLC：C55
ISSN 1001-5019　CN 34-1040/C　26-42　BM4279
安徽省合肥市肥西路 3 号(230039)
https://ahdxzsb.ahu.edu.cn
刊登有关哲学、经济、法学、历史、语言、社会、文艺、新闻等方面内容。设有语言学、法学、徽学、经济学、中国哲学、文学、区域协调发展研究、新闻传播学等栏目。读者对象为社会科学工作者和高校文科专业师生。1980 年继承：《安徽大学学报．社会科学版》(1975～1979)。

安徽大学学报．自然科学版 = Journal of Anhui University. Natural science edition / 安徽大学，1975～
双月刊　　　　　CLC：N55
ISSN 1000-2162　CN 34-1063/N　26-39　Q4499
安徽省合肥市肥西路 3 号(230039)
https://ahdxzkb.ahu.edu.cn
刊发涵盖数学、计算机科学、物理学、电子与通信科学、化学、生命科学与环境科学等学科理工类研究论文、研究简报，追踪科研前沿，关注重要创新性成果。读者对象为科技工作者及理工科院校师生。1975 年部分继承：《安徽大学学报》(1974)。

安徽史学 = Historical research in Anhui / 安徽省社会科学院，1960～
双月刊　　　　　CLC：K2
ISSN 1005-605X　CN 34-1008/K　26-9　BM6052
安徽省合肥市包河区徽州大道 1009 号安徽省社会科学院内(230051)
编辑部电话：0551-63438361
http://www.ahshixue.cn
ahshixue@sina.com
反映国内外史学界的最新研究成果和研究动态，内容涵盖史学理论、史学评论、世界史、国别史、区域史、专门史、断代史等史学各门类。注重刊登安徽省历史研究方面的学术论文，包括对安徽重要历史事件和历史人物，以及全国性重大历史事件、著名历史人物对安徽的影响等方面的研究。读者对象为广大史学工作者。1960 年由《安徽历史学报》(1957～1958)和《安徽史学通讯》(1957～1959)合并而成。

安徽医科大学学报 = Acta Universitatis Medicinalis Anhui / 安徽医科大学，1986～
月刊　　　　　CLC：R
ISSN 1000-1492　CN 34-1065/R　26-36
安徽省合肥市梅山路安徽医科大学校内(230032)
编辑部电话：0551-65161103,1192
aydxb@vip.163.com,aydxbsg@163.com
以原始研究论文为主，反映该校在科研、医疗等方面的研究成果和进展。辟有专家笔谈、基础医学研究、预防医学研究、药学研究、临床医学研究、技术与方法、综述、讲座等栏目。主要读者对象为本校及附属医院的科研和医务人员。1986 年继承：《安徽医学院学报》(1981～1985)。

安全与环境工程 = Safety and environmental engineering / 中国地质大学(武汉)，2001～
双月刊　　　　　CLC：X9，X372
ISSN 1671-1556　CN 42-1638/X　38-42　Q7220
湖北省武汉市洪山区鲁磨路 388 号中国地质大学(430074)
编辑部电话：027-67885049
https://ktaq.cbpt.cnki.net
aqyhj@cug.edu.cn
报道安全与环境工程领域的研究成果。主要栏目有安全理论与安全管理、环境污染及防治、公共安全与应急管理、灾害及其防治、环境地学、环境保护与生态修复等。读者对象为相关科研院所工作人员、大专院校相关专业师生、政府部门管理决策者、厂矿企业相关专业技术人员及管理人员。2001 年继承：《地质勘探安全》(1994～2001)。

安全与环境学报 = Journal of safety and environment / 北京理工大学，中国环境科学学会，中国职业安全健康协会，2001～
双月刊　　　　　CLC：X9，X372

ISSN 1009-6094   CN 11-4537/X   2-770   1558BM

北京市海淀区中关村南大街 5 号(100081)

编辑部电话：010-68913997

https://aqhj.cbpt.cnki.net

aqyhjxb@263.net,aqyhjxb@bit.edu.cn

报道石油、化工、生态、矿业、信息、网络、冶金、建筑、交通、勘探、国防等相关领域的安全科学理论研究与应用技术成果。主要栏目有污染控制技术与原理、环境监测与评价、区域环境与生态、安全管理、安全工程、公共安全、安全评价、数据统计与分析等。读者对象为相关专业大中专院校师生、科研院所研究人员、政府部门管理及决策者、厂矿企业技术人员及管理人员。2023 年起改为月刊。2001 年继承:《兵工安全技术》(1991～2000)。

半导体光电 = Semiconductor optoelectronics / 重庆光电技术研究所,1977～

双月刊   CLC：TN2,TN3

ISSN 1001-5868   CN 50-1092/TN

重庆市南岸区南坪花园路 14 号(400060)

编辑部电话：023-65860286

http://www.semiopto.net

soe@163.net

报道内容以光电器件为主体,以材料、结构及工艺为基础,以光电器件在各个领域中的应用为先导,介绍光学、光子学、量子电子学、光电子学领域的新材料、新结构、新工艺、新器件,报道国内外该领域的研究和发展方向。设有动态综述、光电器件、材料、结构及工艺、光通信及光电技术应用等栏目。读者对象为半导体光电专业的科技人员和大专院校师生。

半导体技术 = Semiconductor technology / 中国电子科技集团公司第十三研究所,1976～

月刊   CLC：TN3

ISSN 1003-353X   CN 13-1109/TN   18-65

河北省石家庄市合作路 113 号(050051)

编辑部电话：0311-87091339

bdtj1339@vip.163.com

反映我国半导体物理学和半导体技术领域的研究成果和技术进展,发表半导体基础理论、集成电路设计和制造工艺等方面的学术论文和阶段性成果研究简报。内容包括半导体器件的设计、制造与应用,新型半导体材料,先进的工艺技术,集成电路设计与应用,封装与测试技术等方面。设有发展趋势、专题报道、器件制造与应用、工艺技术与材料、集成电路设计与开发、各种 IC 的设计和应用技术、设计工具及发展动向、封装、测试与设备、MEMS 技术、现代管理、半导体代工厂、洁净厂房、半导体用水及气体、化学品等管理技术等栏目。读

者对象为半导体专业及相关学科的科技人员和高等院校师生。

包装工程 = Packaging engineering / 中国兵器工业第五九研究所,1988～

半月刊   CLC：TB48

ISSN 1001-3563   CN 50-1094/TB   78-30   BM1799

重庆市九龙坡区渝州路 33 号(400039)

编辑部电话：023-68792836,2294

http://www.packjour.cn

bzgc59@126.com,designartj@126.com

2023 年起主办单位改为西南技术工程研究所。主要报道包装工程及其交叉领域的基础研究和应用研究的最新成果。主要栏目有农产品储藏加工、新材料技术、食品流通与包装、缓冲与隔振、工艺与装备、图文信息技术、装备与防护、工业设计、视觉传达设计、高校设计研讨等。读者对象为包装相关技术领域的工程技术人员、管理人员和大专院校师生。

包装与食品机械 = Packaging and food machinery / 中国机械工程学会,合肥通用机械研究院有限公司,1983～

双月刊   CLC：TS2,TB48,TH

ISSN 1005-1295   CN 34-1120/TS   26-111   BM4791

安徽省合肥市长江西路 888 号(230031)

编辑部电话：0551-65335818

http://bzsj.cbpt.cnki.net

bysjx@hgmri.com

报道国内外包装机械与食品机械的设计与制造、包装工艺、包装工艺设备、包装材料及食品加工技术、食品生物技术、微生物发酵工程、食品品质无损检测、食品机械,以及食品包装、食品贮藏等方面的最新研究成果和应用技术。读者对象为相关行业科研人员、院校师生及相关从业人员等。

保鲜与加工 = Storage and process / 天津市农业科学院,2000～

月刊   CLC：S37,TS205

ISSN 1009-6221   CN 12-1330/S   6-146   MO8097

天津市西青区津静公路 17 公里处国家农产品保鲜工程技术研究中心(天津)(300384)

编辑部电话：022-27948711

http://www.bxyjg.com

bxyjg@163.com

报道农产品保鲜与加工相关领域基础理论、新技术、新工艺、新设备、新材料的研究成果及国内外相关行业的动态与信息。设有专家论坛、保鲜研究、加工研究、检测分析、信息与物流、专题论述、技术指南、行业资讯、科

普沙龙、科技前沿、政策法规等栏目。读者对象为科技人员、农业技术推广人员、相关企业管理和技术人员、大专院校师生及广大从事保鲜与加工技术研发领域人员。2000 年继承:《农产品保鲜与加工》(1989～199?)。

保险研究 ＝ Insurance studies / 中国保险学会,1980～
　　月刊　　　　　　　CLC:F84
　　ISSN 1004-3306　　CN 11-1632/F
　　北京市西城区阜成门外大街 1 号四川大厦东塔楼 14
　　层(100037)
　　编辑部电话:010-88337762/51-8026
　　http://bxyj.cbpt.cnki.net
　　bxyjbjb@isc-org.cn
　　主要关注风险管理、商业保险、社会保障、金融投资等领域具有创新性的学术研究成果,注重基础研究与应用研究、学术研究与政策研究、定性研究与定量研究的结合。研究探讨社会主义市场经济体制下的保险理论和实务问题,引导和推动保险事业持续、快速、协调、健康发展。主要栏目有专家观点、监管之声、保险前沿、人物访谈、特稿等。读者对象为保险理论研究和实际业务人员。

爆破 ＝ Blasting / 武汉理工大学,1984～
　　季刊　　　　　　　CLC:TB41,TD235
　　ISSN 1001-487X　　CN 42-1164/TJ　　38-425
　　湖北省武汉市武汉理工大学南湖校区(430070)
　　编辑部电话:027-87654177
　　http://www.chinablasting.com,http://bopo.cbpt.
　　cnki.net,http://bopoe.cbpt.cnki.net
　　chinablasting@sina.com
　　刊载内容涵盖矿业、水利、电力、铁路、公路、建筑、地质、石油、化工、军工等研究方向。设有名家讲坛、理论与技术探索、矿岩爆破、拆除爆破、特种爆破、爆破器材、安全与管理等栏目。读者对象为爆破相关领域的技术人员及大专院校师生等。

爆破器材 ＝ Explosive materials / 中国兵工学会,1979～
　　双月刊　　　　　　　CLC:TJ5
　　ISSN 1001-8352　　CN 32-1163/TJ　28-131　BM6648
　　江苏省南京市孝陵卫 200 号(210094)
　　编辑部电话:025-84315530
　　http://www.baopoqicai.com
　　baopoqic@163.com
　　报道爆破器材理论研究、科学成果、生产经验、科学管理、新产品、新工艺、新技术、分析测试、劳动保护、事故分析、环境保护、工程爆破、烟花爆竹、国内外研究动态、会议消息等。读者对象为各行业从事爆破器材研究、生

产和使用的广大科技人员、技术管理干部、技术工人以及院校师生。1979 年继承:《爆破材料》(1964～1967)。

爆炸与冲击 ＝ Explosion and shock waves / 中国力学学会,四川省力学学会,中物院流体物理研究所,1981～
　　月刊　　　　　　　CLC:O3,TJ,TB41
　　ISSN 1001-1455　　CN 51-1148/O3　62-131
　　四川省绵阳市 919 信箱 110 分箱(621999)
　　编辑部电话:0816-2486197
　　http://www.bzycj.cn
　　bzycj@caep.cn
　　反映爆炸力学及工程爆炸等领域科研成果。刊登研究论文、研究简报和科技动态,内容涉及爆炸、爆轰、燃烧、冲击波、冲击动力学、高速碰撞、动高压技术、激光与电磁驱动的高能量密度动力学、材料动态力学性能、爆炸驱动与爆炸加工、工程爆破、抗爆结构与设计、爆炸力学计算方法和实验测试技术、爆炸器材、爆破安全技术等方面的论文、研究简报以及科技动态等。读者对象为从事爆炸力学专业及相邻专业的科学研究人员、工程技术人员、研究生以及大专院校师生。

北方民族大学学报.哲学社会科学版 ＝ Journal of North Minzu University. Philosophy and social science / 北方民族大学,2009～
　　双月刊　　　　　　　CLC:C55,C95
　　ISSN 1674-6627　　CN 64-1065/G4　74-30　5198QR
　　宁夏银川市西夏区文昌路(750021)
　　编辑部电话:0951-2066907,886
　　http://XBDR.chinajournal.net.cn
　　bfmdxb@126.com
　　主要发表习近平新时代中国特色社会主义思想、民族学、人类学、历史学、经济学、教育学等研究领域的学术论文。读者对象为民族学研究人员和民族工作者。2009 年继承:《西北第二民族学院学报.哲学社会科学版》(1989～2008)。

北方文物 ＝ Northern cultural relics / 黑龙江省文物考古研究所,1985～
　　双月刊　　　　　　　CLC:K872
　　ISSN 1001-0483　　CN 23-1029/K　14-78　Q1060
　　黑龙江省哈尔滨市南岗区宣德街 44 号(150008)
　　编辑部电话:0451-82717994
　　beifangwenwu@sina.com
　　主要发表东北、华北地区的文物考古研究成果,兼顾地区民族史和地方史,介绍周围地区及邻国的研究成果和动态。辟有考古发现与研究、科技考古、文物研究、文物保护、历史研究、公共考古学等栏目。读者对象为文物、考古、史学工作者和大专院校师生。1985 年继承:

《黑龙江文物丛刊》(1981～1984)。

北方园艺 ＝ Northern horticulture / 黑龙江省农业科学院，1987～

半月刊　　　　　　　　CLC：S6

ISSN 1001-0009　　　CN 23-1247/S　14-150　BM-5011

黑龙江省哈尔滨市南岗区学府路 368 号(150086)

编辑部电话：0451-51522860

http://bfyy.haasep.cn

bfyybjb@vip.163.com

主要报道园艺及相关学科的新理论、新方法、新技术。主要栏目有研究论文、研究简报、设施园艺、园林花卉、资源环境生态、贮藏加工检测、中草药、食用菌、专题综述、产业论坛、农业信息技术、农业经纬、农业经济、实用技术、新品种。读者对象为园艺科技人员、专业院校师生及园艺专业户。1987 年继承:《黑龙江园艺》(1977～1986)。

北京大学教育评论 ＝ Peking University education review / 北京大学，2003～

季刊　　　　　　　　CLC：G4

ISSN 1671-9468　　CN 11-4848/G4　82-388　BM677

北京市海淀区颐和园路 5 号北京大学(100871)

编辑部电话：010-62754971

http://ccj.pku.cn/jypl

jypl@pku.edu.cn

立足中国教育现实，着眼国际学术前沿，对教育领域现状及问题发表研究和评论文章，为我国教育学学科建设及教育改革和发展服务。主要栏目有专题研究、教育理论与历史、教育经济与管理、教育史研究、高等教育研究、教育时论等。主要读者对象为教育科研人员、教育行政管理人员、高等院校师生等。2003 年继承:《高等教育论坛》(1986～2002)。

北京大学学报. 医学版 ＝ Journal of Peking University. Health sciences / 北京大学，2001～

双月刊　　　　　　　　CLC：R

ISSN 1671-167X　CN 11-4691/R　2-489　BM283

北京市海淀区学院路 38 号北京大学医学部内(100191)

编辑部电话：010-82801551

http://bjdxxb.bjmu.edu.cn

xbbjb2@bjmu.edu.cn

报道基础医学、临床医学、预防医学、药学等领域的最新科研成果、新技术、诊疗经验。辟有述评、专家笔谈、科研快报、重要进展简报、论著、临床病理(病例)讨论、疑难/罕见病例分析、技术方法、学科交叉、讲座、综述(特邀)、短篇论著、病例报告、消息、学术会议、书评、书讯等栏目。以医药卫生科技人员为主要读者对象。

2001 年继承:《北京医科大学学报》(1985～2000)。

北京大学学报. 哲学社会科学版 ＝ Journal of Peking University. Philosophy and social sciences / 北京大学，1973～

双月刊　　　　　　　　CLC：C55

ISSN 1000-5919　　CN 11-1561/C　2-88　BM677

北京市海淀区颐和园路 5 号(100871)

编辑部电话：010-62751216

http://journal.pku.edu.cn

以反映北京大学师生研究成果为主，亦发表校外及海外作者的科研论文。在保持和发扬文史优势的同时，注意加强理论学科、应用学科、新兴学科和交叉学科的研究。内容涉及哲学、政治、经济、法律、宗教、文学、语言、文化、史学、社会学、美学等学科，还设有全国高校文科学报概览、书评等栏目。读者对象为社会科学研究人员及大专院校师生。1973 年继承:《北京大学学报. 人文科学》(1955～1964)。

北京大学学报. 自然科学版 ＝ Acta scientiarum naturalium Universitatis Pekinensis / 北京大学，1977～

双月刊　　　　　　　　CLC：N55

ISSN 0479-8023　　CN 11-2442/N　2-89　BM678

北京市海淀区海淀路 52 号(100080)

编辑部电话：010-62756706

http://xbna.pku.edu.cn

xbna@pku.edu.cn

主要刊登基础科学、应用科学及交叉科学等领域的研究成果及综述性文章。内容涉及环境科学与资源利用、计算机软件及其应用、生物学、地质学、气象学、物理学、生物学、数学、力学等领域。设有研究论文、研究简报、述评、科技前沿等栏目。读者对象为理科专业高等院校师生及国内外科学技术工作者。1977 年部分继承:《清华北大理工学报》(1974～1976)。

北京档案 ＝ Beijing archives / 北京市档案馆，1984～

月刊　　　　　　　　CLC：G27

ISSN 1002-1051　　CN 11-2783/G2　80-143

北京市朝阳区南磨房路 31 号(100022)

编辑部电话：010-870925251，2523，2527

bjdabjb@163.com

2022 年起主办单位改为北京市档案事业发展中心。关注首都档案工作的新形势新要求，报道档案工作的研究成果、学术动态和成功经验。辟有理论探讨、法律法规、业务研究、域外采风、档案文化(京城茶座、探究查考等)、点击馆藏等栏目。读者对象为档案以及文秘史学工作者和研究人员。

北京第二外国语学院学报 = Journal of Beijing International Studies University / 北京第二外国语学院，1986～
双月刊　　　　　CLC：H3，I1
ISSN 1003-6539　CN 11-2802/H　80-630　M6997
北京市朝阳区定福庄南里 1 号(100024)
编辑部电话：010-65778734
https：//journal. bisu. edu. cn
以外语研究和外语教学研究为主。主要栏目有名家论坛、翻译研究、语言学研究、外语教学研究、青年学者论坛等。读者对象为广大语言研究者和高校外语研究人员。1986 年继承：《学丛》(1980～1985)；2017 年分出：《旅游导刊》(2017～)。

北京电影学院学报 = Journal of Beijing Film Academy / 北京电影学院，1984～
月刊　　　　　　CLC：J9
ISSN 1002-6142　CN 11-1677/J　82-172
北京市海淀区西土城路 4 号(100088)
编辑部电话：010-82283412
xuebaobfa@bfa. edu. cn
报道中外电影艺术发展动态，发表电影理论、教学研究及电影创作等方面的论文。辟有学术论坛、中外影史、创作访谈、科幻电影研究等栏目。读者对象为电影院校师生、电影艺术工作者及广大电影爱好者。

北京工商大学学报. 社会科学版 = Journal of Beijing Technology and Business University. Social sciences / 北京工商大学，2001～
双月刊　　　　　CLC：F7
ISSN 1009-6116　CN 11-4509/C　82-360　BM4029
北京市海淀区阜成路 33 号(100048)
编辑部电话：010-68984614，6079
http：//btbuskxb. ijournals. cn
xuebao@pub. btbu. edu. cn
反映贸易经济领域的最新研究成果和理论研究动态，刊登大商业、大市场、大流通理论的前瞻性观点。主要栏目有贸易经济、财务与会计、财政与金融、管理问题研究、经济热点和收入分配。主要读者对象为经济类高等院校师生，经济理论相关研究人员和广大实际工作者。2001 年继承：《北京商学院学报》(1981～2001)。

北京工业大学学报 = Journal of Beijing University of Technology / 北京工业大学，1974～
月刊　　　　　　CLC：T
ISSN 0254-0037　CN 11-2286/T　2-86　MO-864
北京市朝阳区平乐园 100 号(100124)
编辑部电话：010-67392534

https：//journal. bjut. edu. cn
xuebao_bjut@vip. 163. com
主要刊登光学工程、机械工程、电子信息与控制工程、计算机与软件工程、土木工程、交通工程、环境与能源工程、材料科学与工程、生物医学工程、应用数学等方面的学术论文。读者对象为理工科院校师生、科研人员、厂矿技术员等。

北京工业大学学报. 社会科学版 = Journal of Beijing University of Technology. Social sciences edition / 北京工业大学，2001～
双月刊　　　　　CLC：C55
ISSN 1671-0398　CN 11-4558/G　80-178
北京市朝阳区平乐园 100 号(100124)
编辑部电话：010-67391424
http：//www. journal. bjut. edu. cn
xuebaosk@bjut. edu. cn
主要刊发社会、经济、政治、高等教育与科学等领域的学术论文和研究成果。设有当代社会研究、超大城市治理与建设研究、经济与管理研究、治国理政研究、政治与法律研究等栏目。读者对象为高等院校教师、研究生及相关科研院所的研究人员。

北京航空航天大学学报 = Journal of Beijing University of Aeronautics and Astronautics / 北京航空航天大学，1989～
月刊　　　　　　CLC：V
ISSN 1001-5965　CN 11-2625/V
北京市海淀区学院路 37 号(100191)
编辑部电话：010-82316698，6981，5499，7448
http：//bhxb. buaa. edu. cn
jbuaa@buaa. edu. cn
刊登有关航空航天及相关学科的优秀学术论文，涵盖了航空航天科学、信息科学、能源科学、材料科学、制造与工程科学、空间环境科学、综合交叉科学等国家重点基础研究支持领域。主要读者对象为航空航天技术领域科研机构的研究人员、高等院校航空航天相关专业的教师和研究生。1989 年继承：《北京航空学院学报》(1956～1988)。

北京化工大学学报. 自然科学版 = Journal of Beijing University of Chemical Technology. Natural science edition / 北京化工大学，2002～
双月刊　　　　　CLC：N55，TQ
ISSN 1671-4628　CN 11-4755/TQ　82-657
北京市北三环东路 15 号(100029)
编辑部电话：010-64434926
http：//journal. buct. edu. cn

bhxbzr@126.com

主要刊登该校自然科学与工程技术方面的学术论文和研究成果简报。设有化学与化学工程、材料科学与工程、生物技术与环境工程、机电工程和信息科学、管理与数理科学等栏目。读者对象为相关专业大专院校师生、科研人员及工程技术人员。2002年继承：《北京化工大学学报》(1996～2001)。

北京交通大学学报 = Journal of Beijing Jiaotong University / 北京交通大学，2004～

双月刊　　　　CLC：N55,U

ISSN 1673-0291　CN 11-5258/U　BM4522

北京市海淀区上园村3号(100044)

编辑部电话：010-51688053

http://jdxb.bjtu.edu.cn

bfxb@bjtu.edu.cn

刊登智能交通和数据挖掘、通信工程、交通信号与控制、光纤技术、信息工程、计算机软件及应用、光电子材料与工程、土木工程、桥梁工程、建筑学、机械与电子控制、铁道机车车辆、电气工程、电力牵引与电子技术、交通运输工程、运输管理工程、应用数学、物理学、化学等方面的学术论文。读者对象为相关专业的科研人员、工程技术人员、管理人员和高等院校师生。2004年继承：《北方交通大学学报》(1975～2004)。

北京交通大学学报. 社会科学版 = Journal of Beijing Jiaotong University. Social sciences edition / 北京交通大学，2004～

季刊　　　　CLC：C55

ISSN 1672-8106　CN 11-5224/C

北京市海淀区西直门外上园村3号(100044)

编辑部电话：010-51682711,5215

http://xbsk.bjtu.edu.cn

bfxbsk@bjtu.edu.cn

主要刊登社会科学及文、理、工、管结合的交叉学科等方面的学术研究论文和问题讨论等。主要栏目有应用经济研究、管理研究、物流研究、马克思主义研究、国家社会治理研究、法学研究等。读者对象为社会科学工作者和高校文科专业师生。2004年继承：《北方交通大学学报. 社会科学版》(2002～2003)。

北京理工大学学报 = Transactions of Beijing Institute of Technology / 北京理工大学，1989～

月刊　　　　CLC：N55

ISSN 1001-0645　CN 11-2596/T　82-502　M4310

北京市海淀区中关村南大街5号(100081)

编辑部电话：010-68914629

http://journal.bit.edu.cn/zr

blgzw@bit.edu.cn

刊发基础理论、应用科学和工程技术领域的学术文章。设有学术综述、工程力学、机械工程、信息与控制、光学与电子、化工与材料、应用数学与物理、生命科学与技术等栏目。读者对象为理工科高等院校师生、企事业单位的科研人员和工程技术人员。1989年继承：《北京工业学院学报》(1956～1988)。

北京理工大学学报. 社会科学版 = Journal of Beijing Institute of Technology. Social sciences edition / 北京理工大学，1999～

双月刊　　　　CLC：C55

ISSN 1009-3370　CN 11-4083/C

北京市房山区良乡东路9号徐特立图书馆5层(102488)

编辑部电话：010-81384651,4652

http://journal.bit.edu.cn/sk

blgsk@bit.edu.cn

刊发人文、社会科学各学科领域的基本问题、热点、难点及前沿理论的研究成果。辟有能源经济与气候政策、经济与管理、国防动员与国家安全、法学理论研究、传播理论与传播技术研究、文学·历史·哲学等栏目。读者对象为文科院校师生及社会科学工作者。2004年吸收：《北京理工大学高等教育研究》(1994～2003)。

北京林业大学学报 = Journal of Beijing Forestry University / 北京林业大学，1986～

月刊　　　　CLC：S7

ISSN 1000-1522　CN 11-1932/S　82-304

北京市海淀区清华东路35号(100083)

编辑部电话：010-62337673

http://j.bjfu.edu.cn

bldxeb@bjfu.edu.cn

主要刊登林木遗传育种学、森林培育学、森林经理学、森林生态学、树木生理学、森林土壤学、森林植物学、森林保护学、自然保护区学、园林植物与观赏园艺、水土保持与荒漠化防治、森林工程、木材科学与技术、林产化学加工工程等方面的学术论文、研究报告、简报、综合评论、学术问题讨论、书刊评价及学术动态等。读者对象为林业院校师生、林业生产和科研管理部门的科技人员与管理人员。1986年继承：《北京林学院学报》(1979～1985)。

北京社会科学 = Social sciences of Beijing / 北京市社会科学院，1986～

月刊　　　　CLC：C55

ISSN 1002-3054　CN 11-1105/C　80-290　M1218

北京市北四环中路33号(100101)

编辑部电话：010-64870591,84097289

http://tg. bass. org. cn

sg@bjshkx. net

注重对中国在改革发展中遇到的理论和现实问题的探讨。主要刊登哲学、经济、社会、政治、法律、教育、文化等学科的内容。读者对象为社会科学工作者及关注北京历史、现状及发展的人士。

北京师范大学学报. 社会科学版 = Journal of Beijing Normal University. Social sciences / 北京师范大学，2003～

双月刊　　　　　　CLC：C55

ISSN 1002-0209　　CN 11-1514/C　2-98　BM1136

北京市海淀区新街口外大街 19 号(100875)

编辑部电话：010-58807848,7850

http://wkxb. bnu. edu. cn

反映社会科学各领域的研究成果，关注重大社会问题。内容涵盖社会、教育、心理、文学、语言文字、历史、哲学、文化、经济、管理、法律等学科。读者对象为文科高等院校师生及社会科学研究工作者。2003 年继承：《北京师范大学学报. 人文社会科学版》(2000～2002)。

北京师范大学学报. 自然科学版 = Journal of Beijing Normal University. Natural science / 北京师范大学，1956～

双月刊　　　　　　CLC：N55

ISSN 0476-0301　　CN 11-1991/N　82-406　BM525

北京市新街口外大街 12-3 号(100088)

编辑部电话：010-58804639

http://www. bnujournal. com

jbnuns@bnu. edu. cn

主要反映该校理科各院、系、所、中心的最新科研成果，刊登数学、物理学、化学、天文学、地学、生命科学、技术科学、环境科学、数量经济学、科学史等学科及交叉学科的基础研究和应用研究方面的学术论文。读者对象为国内外科技工作者、高等院校理工科教师和研究生等。

北京体育大学学报 = Journal of Beijing Sport University / 北京体育大学，1994～

月刊　　　　　　　CLC：G8

ISSN 1007-3612　　CN 11-3785/G8　M6898

北京市海淀区信息路 48 号(100084)

编辑部电话：010-62982404

http://www. bjtd. cbpt. cnki. net

xuebao@bsu. edu. cn

主要刊登体育科学及相关学科的研究成果和综述性文章，报道国内外体育科研动态。内容包括体育基础理论研究与应用、体育教学与训练、体育及竞赛项目技术

分析、教学与训练改革、体育社会学、运动医学、群众体育及国外体育等。辟有专题策划、体育强国理论与实践、体育与社会、体育科学与工程、体育文史、青年学者论坛等栏目。读者对象为国内外体育科技工作者、管理者，高、中等学校体育教师，教练员、运动员，以及体育院校师生。1994 年继承：《北京体育学院学报》(1965～1993)。

北京文学. 原创：精彩阅读 = Beijingliterature Jing-caiyuedu / 北京市文学艺术界联合会，2003～

月刊　　　　　　　CLC：I217

ISSN 0257-0262　　CN 11-1122/I　2-85　M428

北京市前门西大街 95 号(100031)

编辑部电话：010-66076061,66230270

bjwxjcyd@vip. sina. com

2022 年 8 月起主办单位改为北京文学期刊中心。刊发中短篇小说、报告文学、散文随笔、诗歌和文学评论。主推好看小说，聚焦报告文学，追求清新感、现实感、大众性和可读性。主要栏目有名家开篇、佳作力推、现实中国、好看小说、新人自荐、天下中文、汉诗维度等。读者对象为广大文学爱好者和文学工作者。2003 年继承：《北京文学》(1980～2002)。

北京舞蹈学院学报 = Journal of Beijing Dance Academy / 北京舞蹈学院，1992～

双月刊　　　　　　CLC：J7

ISSN 1008-2018　　CN 11-3982/J　82-900　129Q

北京市海淀区万寿寺路 1 号(100081)

编辑部电话：010-68935768

http://xb. bda. edu. cn

xuebao@bda. edu. cn,journal@bda. edu. cn

报道舞蹈学学科科研和教学成果。设有舞蹈史、舞蹈文化、舞蹈创作研究、舞蹈教育、舞蹈科学、舞蹈跨文化研究、舞蹈创作与表演等栏目。读者对象为舞蹈专业师生、艺术工作者及舞蹈艺术爱好者。1992 年继承：《舞蹈教学与研究》(1985～1990)。

北京行政学院学报 = Journal of Beijing Administration Institute / 北京行政学院，1999～

双月刊　　　　　　CLC：D261. 41,D63

ISSN 1008-7621　　CN 11-4054/D　2-385　DK11047

北京市车公庄大街 6 号(100044)

编辑部电话：010-68007353,7412,6709

http://www. bai. gov. cn

bacjournal@vip. 163. com

主要刊发行政管理学方面的论文，兼及哲学、政治、经济、法律、社会等学科研究成果。设有地方政府与治理、政治与行政、法律与社会、马克思主义与当代、城市社区

转型治理、经济与管理、省直管县改革治理探究、哲学与人文、利玛窦与中西文化交流等栏目。主要读者对象为大专院校相关专业师生、党政机关干部和人文社会科学理论工作者。

北京邮电大学学报 = Journal of Beijing University of Posts and Telecommunications / 北京邮电大学，1994～

双月刊　　　　　　　CLC：TN91

ISSN 1007-5321　　CN 11-3570/TN　2-648

北京市海淀区西土城路 10 号 195 信箱（100876）

编辑部电话：010-62281995，2742

http://journal.bupt.edu.cn

byxb@bupt.edu.cn

主要刊登信息领域基础研究、应用科学、工程技术方面有创新性的学术论文、研究报告以及前沿学科发展的综述等。读者对象为信息通信领域科技工作者、高等院校相关学科教师和研究生等。1994 年继承：《北京邮电学院学报》（1960～1993）。

北京中医药大学学报 = Journal of Beijing University of Traditional Chinese Medicine / 北京中医药大学，1994～

月刊　　　　　　　　CLC：R2，R28

ISSN 1006-2157　　CN 11-3574/R　82-414　M734

北京市朝阳区北三环东路 11 号（100029）

编辑部电话：010-53911857

http://xb.bucm.edu.cn

主要反映中医药研究的新成果、新成就、新动态。辟有学科展望、专家述评、博士之光、科研思路与方法、科技之窗、理论研究、临床研究、文献研究、中医药实验研究、中药化学、中药制剂等专栏。以医药卫生科技人员为主要读者对象。1994 年继承：《北京中医学院学报》（1959～1993）。

比较法研究 = Journal of comparative law / 中国政法大学，1987～

双月刊　　　　　　　CLC：D908

ISSN 1004-8561　　CN 11-3171/D　2-306

北京市海淀区西土城路 25 号中国政法大学比较法学研究院（100088）

编辑部电话：010-58908258

https://bjfy.cbpt.cnki.net

bjfyj1987@163.com

主要刊载对不同法系、不同国家的法学理论和法律制度进行比较研究的学术论文，及时反映国内外比较法学发展的最新动态和研究成果。刊登书评、案例分析及时评杂议。辟有专题研讨、论文、法政时评、人物与思想、人文对话、法学译介、法学信息等栏目。读者对象为从事比较法研究的专家学者和政法院校师生。

比较教育学报 = Journal of comparative education / 上海师范大学，2020～

双月刊　　　　　　　CLC：G40-059.3

ISSN 2096-7810　　CN 31-2173/G4　4-383

上海市桂林路 100 号（200234）

编辑部电话：021-64322352

http://jybx.cbpt.cnki.net

wgzhxx@163.com

开展对国外教育理论与实践的研究，利用国外最新教育改革理念和方法，通过国际比较的视角，加强在全球化背景下的中国教育研究。辟有特稿、理论探索、教育改革、教育治理、素质教育、教师教育、课程教学、会议综述等栏目。读者对象为高等院校师生、高教研究人员和各级高教管理人员。2020 年继承：《外国中小学教育》（1981～2019）。

比较教育研究 = International and comparative education / 北京师范大学，1992～

月刊　　　　　　　　CLC：G40-059.3，G5

ISSN 1003-7667　　CN 11-2878/G4　2-466　ZW023

北京市新街口外大街 19 号北京师范大学英东教育楼（100875）

编辑部电话：010-58808310

http://www.bjjy.chinajournal.net.cn

bjb@bnu.edu.cn

研究比较教育学科建设问题，开展对中外教育思想、理论、规律、现状等方面的比较和探讨，传播国外最新教育改革理念和方法。辟有特稿、教育国际化研究、课程与教学研究、基础教育治理模式研究、教师教育与管理研究、教育思想与理论研究、高等教育研究、职业教育与成人教育研究、学前教育研究、公民教育与德育研究、考试招生与教育评价研究等栏目。读者对象为高等院校师生、高教研究人员和各级高教管理人员。1992 年继承：《外国教育动态》（1965～1991）。

编辑学报 = Acta editologica / 中国科学技术期刊编辑学会，1989～

双月刊　　　　　　　CLC：G23

ISSN 1001-4314　　CN 11-2493/G3　82-638　BM6361

北京市海淀区学院南路 86 号西 401 室（100081）

编辑部电话：010-62147006

http://bjxb.cessp.org.cn

bjxb_bj@163.com

主要反映国内外有关科技书刊特别是科技期刊编辑出版方面的研究成果。发表研究论文，交流实践经验，介绍新技术方法，报道研究动态。辟有理论研究、有问必答、编余雅兴、编辑工程与标准化、经营管理、期刊现代化、感悟、办刊之道、人才培养等栏目。主要读者对象为科技期刊、科技图书编辑人员，编辑出版研究人员、管理人员，以及高校编辑出版专业的师生。

编辑之友 = Editorial friend / 山西出版传媒集团有限责任公司，1985～

月刊　　　　　　　CLC：G23

ISSN 1003-6687　CN 14-1066/G2　22-64　BM1010

山西省太原市建设南路 21 号出版大厦(030012)

编辑部电话：0351-5281691

http://bjzy.sxpmg.com

旨在提高编辑人员的素质和业务水平，兼顾学术性和实用性。开展编辑学研究，传授基础知识，交流实践经验，研究实际问题，提供参考资料。辟有特稿、专题、书业、学研、营销、传媒、版权、实务、史料、刊界、数字、域外等栏目。面向编辑工作者，以图书、期刊编辑为主要读者对象，兼顾报纸、广播、电视、网络编辑。1985 年继承：《编创之友》(1981～1984)。

表面技术 = Surface technology / 中国兵器工业第五九研究所，1988～

月刊　　　　　　　CLC：TG17

ISSN 1001-3660　CN 50-1083/TG　78-31　BM3295

重庆市石桥铺渝州路 33 号(400039)

编辑部电话：023-68792193

http://www.surface-techj.com

bmjs@surface-techj.com

2023 年起主办单位改为西南技术工程研究所。报道涂镀膜层技术、表面摩擦磨损与润滑、表面失效及防护、表面光电磁等功能化、表面光整加工及其他表面技术领域的科学研究、新技术、新工艺等。设有研究综述、激光表面改性技术、表面功能化、摩擦磨损与润滑、腐蚀与防护、精密与超精密加工和热喷涂与冷喷涂技术等栏目。读者对象为从事表面技术研究与开发的工程技术人员、科研人员和相关专业院校师生。1988 年继承：《防腐包装》(1987)。

兵工学报 = Acta armamentarii / 中国兵工学会，1979～

月刊　　　　　　　CLC：TJ

ISSN 1000-1093　CN 11-2176/TJ　82-144　M381

北京市 2431 信箱(100089)

编辑部电话：010-68962718,3060

http://www.co-journal.com

bgxb@cos.org.cn

报道和反映我国兵器科技领域的最新学术成果，促进学术交流，推动我国兵器科学与技术学科发展。主要刊登基础研究、应用基础研究、应用研究和工程技术方面的论文，内容涉及国防科技和军民两用技术领域及相关交叉学科，重点关注与报道兵器科学与技术学科，包括：装甲、发射、制导、弹药、水中兵器、防护、兵器信息技术、含能材料、燃烧与爆轰学、弹道学、火控与指控、无人装备、兵器材料与制造、兵器基础技术(试验、计量、检测、可靠性与安全性)等。读者对象为从事兵器工业研究、工程设计、教学、试验和产品开发的科技工作者及高等院校师生。

兵工自动化 = Ordnance industry automation / 中国兵器工业第五八研究所，1982～

月刊　　　　　　　CLC：TJ

ISSN 1006-1576　CN 51-1419/TP　62-301　M6800

四川省绵阳市游仙区仙人路二段 7 号(621000)

编辑部电话：0816-2282073,2278175

http://bgzdh.ijournals.com.cn

bgzdh58suo@163.com

2022 年起主办单位改为中国兵器装备集团自动化研究所。传播军民科技，反映我国兵器发展水平。主要有武器装备智能化、智能制造技术、计算机与网络技术、自动测量与控制、大数据与人工智能及系统建模与仿真等栏目。读者对象为相关领域的科研人员、工程技术人员及高等院校师生。

兵器材料科学与工程 = Ordnance material science and engineering / 中国兵工学会，中国兵器工业集团第五二研究所，1985～

双月刊　　　　　　CLC：TJ04，TG14，TB3

ISSN 1004-244X　CN 33-1331/TJ

浙江省宁波市邮政 210 信箱(315103)

编辑部电话：0574-87902254

https://bckg.cbpt.cnki.net

bqnb52@126.com

主要报道国内外金属材料、无机非金属材料、复合材料、材料制备工艺、失效分析、理化测试等方面的科研成果。重点刊登钨、铜、镁、铝、钛合金材料，复合材料、特种钢材料、结构陶瓷材料、特种功能材料、稀土材料、纳米材料、高性能密封材料、材料动态性能测试、模拟与表征等科技领域创新研究的科技论文。设有试验研究、理化检测、综述和信息等栏目。读者对象为围绕兵器的新材料领域的科研人员和大专院校师生。1985 年由《金属材料与热加工工艺》(1978～1983)和《兵器材料与力学》(1980～1984)合并而成。

兵器装备工程学报 = Journal of ordnance equipment engineering / 重庆市兵工学会，重庆理工大学，2016～

月刊　　　　　　　CLC：TJ

ISSN 2096-2304　CN 50-1213/TJ

重庆市巴南区红光大道 69 号重庆理工大学明德楼 6
楼(400054)

编辑部电话：023-68852703,62583262

https://bzxb.cqut.edu.cn

bzxb@vip.cqut.edu.cn

报道和反映我国兵器科学与技术领域的最新学术成
果。主要发表基础研究、应用研究和工程技术方面的论
文,内容涉及国防科技和军民两用技术领域及相关交叉
学科,重点关注兵器科学与技术学科。栏目主要有装备
理论与装备技术、机械制造与检测技术、信息科学与控
制工程、光学工程与电子技术、化学工程与材料科学、基
础理论与应用研究等;特色栏目有特种弹药技术、不敏
感推进剂及装药技术、兵器构件精密成形技术等。主要
读者对象为高校教师、博(硕)士研究生、科研院所的科
研人员、企业工程技术人员。2016 年继承:《四川兵工
学报》(1982～2015)。

病毒学报 = Chinese journal of virology / 中国微生物
　　学会,1985～

双月刊　　　　　　　CLC：R373,Q93

ISSN 1000-8721　　CN 11-1865/R　82-227　BM6448

北京市西城区迎新街 100 号(100052)

编辑部电话：010-63536460

http://bdxb.cbpt.cnki.net

bjb@bdxb.net.cn

刊载人与动物病毒、植物病毒、昆虫病毒、噬菌体、类
病毒、朊病毒以及新病毒等的基础理论研究和应用研究
的新成果、新进展。辟有人类病毒研究论著、实验室质
量控制与生物安全专题论著、动物病毒研究论著、植物
病毒研究论著、综述、信息等栏目。读者对象为国内的
科研单位、大学、医疗机构、病毒生物医药技术企业等的
科研开发工作者。

材料导报 = Materials reports / 重庆西南信息有限公
　　司,2021～

半月刊　　　　　　　CLC：TB3

ISSN 1005-023X　　CN 50-1078/TB　78-93

重庆市渝北区洪湖西路 18 号(401121)

编辑部电话：023-63505701

http://www.mater-rep.com

editor@mat-rev.com

主要报道材料科技研究新动向与产业改造新方法。
内容包括:材料科技发展动态和国家宏观政策;原创性
国内外科研新动向;材料研究进展及产业化进程;新材
料和新技术的使用;传统材料产业改造中的问题;国家
相关材料计划实施及研究开发新成果;高新技术新材料
的发展及产业化。主要栏目有无机非金属及其复合材
料、金属与金属基复合材料、高分子与聚合物基复合材

料等。读者对象为从事材料规划、决策的各级领导和管
理人员,从事材料研究开发的科研工作者,有关大专院
校师生,从事材料生产、应用的工矿企业人员,以及公司
领导人员、高新技术开发区管理人员等。2021 年由《材
料导报.A,综述篇》(2011～2020)和《材料导报.B,研
究篇》(2011～2020)合并而成。

材料工程 = Journal of materials engineering / 中国航
　　发北京航空材料研究院,1988～

月刊　　　　　　　CLC：TB3,V25

ISSN 1001-4381　　CN 11-1800/TB

北京市 81 信箱 44 分箱(100095)

编辑部电话：010-62496276

http://jme.biam.ac.cn

matereng@biam.ac.cn

主要刊登新材料、新工艺、新技术在工程化过程中的
新研究成果,主要内容偏重高新科技领域新材料研究进
展,材料新工艺新方法的研究情况,含实验、材料计算、
数值模拟、材料性能及表征等研究方向,有研究论文、评
述文章、研究快报三类文章。读者对象为国内外航空航
天、冶金、石化、机械电子、轻工业、建材工业等相关领域
的大专院校、研究机构和企业的科研人员、工程技术人
员等。1988 年继承:《航空材料》(1956～1988)。

材料科学与工程学报 = Journal of materials science and
　　engineering / 浙江大学,2003～

双月刊　　　　　　　CLC：TB3

ISSN 1673-2812　　CN 33-1307/T

浙江省杭州市浙江大学材料学院(310027)

编辑部电话：0571-87951403

jmse@ema.zju.edu.cn

主要刊登材料科学与工程科学研究领域的评述论文、
研究论文和研究简报。内容涉及材料科学的基础理论,
实验检测技术,材料制备与加工新工艺;综合评述具有
重大意义的新材料研究现状及其展望。读者对象为广
大材料工作者、研究人员和高校师生等。2003 年继承:
《材料科学与工程》(1983～2002)。

材料科学与工艺 = Materials science and technology /
　　中国材料研究学会,哈尔滨工业大学,1993～

双月刊　　　　　　　CLC：TB3,TG14

ISSN 1005-0299　　CN 23-1345/TB　14-106　4673Q

黑龙江省哈尔滨市南岗区西大直街 92 号(150001)

编辑部电话：0451-86418376,86403426

http://hit.alljournals.cn/mst_cn/ch/index.aspx

cailiaokexue@hit.edu.cn

主要刊登国内外高等院校和研究机构高水平学术论
文、科研报告及阶段性研究成果,各种材料的组织与性

能的关系、制备加工原理及工艺研究的最新成果。内容涉及以下材料及其加工工艺：金属材料、无机非金属材料、有机高分子材料、复合材料、纳米材料、生物/仿生材料、智能/功能材料、材料成型及先进材料加工工艺。读者对象为相关领域的科研人员、工程技术人员、管理人员以及大专院校师生。1993 年继承：《金属科学与工艺》(1982~1992)。

材料热处理学报 = Transactions of materials and heat treatment / 中国机械工程学会，2001~

月刊 　　　　　　CLC：TG1

ISSN 1009-6264　 CN 11-4545/TG 　82-591

北京市海淀区学清路 18 号北京机电研究所院内 (100083)

编辑部电话：010-62914115,82415080

http://www.mhtcn.org

clrcl@vip.163.com

主要刊载各类材料（包括金属与非金属）基础研究和应用的学术论文、科研成果及行业科技信息等，重点是材料科学工程领域中国家基金和省部级基金资助的具有创新性、高水平的原创性学术论文。设有综述、复合材料、有色金属合金材料、黑色金属合金材料、材料表面改性和材料模拟计算等栏目。读者对象为材料科学与工程、机械制造、冶金、能源、交通、化工、建筑、兵工和电子等行业的技术人员、相关专业院校师生等。2001 年继承：《金属热处理学报》(1980~2000)。

材料研究学报 = Chinese journal of materials research / 国家自然科学基金委员会，中国材料研究学会，1994~

月刊 　　　　　　CLC：TB3,O4

ISSN 1005-3093　 CN 21-1328/TG

辽宁省沈阳市文化路 72 号(110016)

编辑部电话：024-23971297

http://www.cjmr.org

cjmr@imr.ac.cn

报道金属材料、无机非金属材料、有机高分子材料、复合材料以及材料科学的边缘学科、交叉学科的研究成果，国家自然科学基金和各类国家基金资助项目的研究成果，刊登国内外关于材料，特别是高新材料的成分或组成、结构、制备和性能的研究论文。读者对象为材料科学领域科研、管理和工程技术人员，相关专业院校师生。1994 年继承：《材料科学进展》(1987~1993)。

材料与冶金学报 = Journal of materials and metallurgy / 东北大学，2002~

季刊 　　　　　　CLC：TF,TG14

ISSN 1671-6620　 CN 21-1473/TF 　Q7411

辽宁省沈阳市文化路东北大学 114 信箱(110819)

编辑部电话：024-83687664

https://huji.cbpt.cnki.net

huji@chinajournal.net.cn

报道我国材料、冶金及相关领域的最新研究成果，介绍国外相关学科的新动态、新理论和新技术。主要栏目有冶金、材料制备、材料、环境、资源综合利用等。读者对象为冶金、材料及相关专业的高等院校师生、科研院所研究人员、企业工程技术人员和管理人员。2022 年起改为双月刊。2002 年继承：《黄金学报》(1999~2001)。

财经科学 = Finance & economics / 西南财经大学，1983~

月刊 　　　　　　CLC：F

ISSN 1000-8306　 CN 51-1104/F 　62-5　 BM632

四川省成都市青羊区光华村街 55 号(610074)

编辑部电话：028-87359085,2248

cjkx@swufe.edu.cn

内容以金融学、工商管理及理论经济学为主，兼顾区域发展特色，尤其是对西部大开发的相关研究。主要栏目有金融论坛、当代中国政治经济学、企业经济、社会经济、产业经济、区域经济、理论经济、绿色发展、农业经济、经济纵纬等。读者对象为经济理论工作者、企业和经济管理部门的工作人员以及高等院校师生。1983 年继承：《四川财经学院学报》(1980~1982)。

财经理论与实践：湖南大学学报.财经版 = The theory and practice of finance and economics / 湖南大学，1983~

双月刊 　　　　　CLC：F81,F83

ISSN 1003-7217　 CN 43-1057/F 　42-56

湖南省长沙市岳麓区湖南大学天马教学区(410082)

编辑部电话：0731-88821883

http://hdxbcjb.cnjournals.net

cjllysj@hnu.edu.cn

主要刊登反映国家经济管理部门、研究部门、高等院校等财经类专家学者探讨中国改革与发展过程中的热点与难点问题的研究成果。设有金融与保险、证券与投资、财务与会计（含审计）、财政与税务、经济管理、经济法等研究专栏。读者对象为财经部门工作人员及相关专业的高校师生。1983 年继承：《湖南财经学院学报》(1980~1982)。

财经论丛：浙江财经大学学报 = Collected essays on finance and economics / 浙江财经大学，1992~

月刊 　　　　　　CLC：F81

ISSN 1004-4892　 CN 33-1388/F 　32-27　 DK33002

浙江省杭州市下沙高教园区学源街 18 号(310018)

编辑部电话：0571-87557169，7170

http://cjlc.zufe.edu.cn

cjlc@zufe.edu.cn

致力于对经济理论和当前经济改革的研究，探讨和解决经济工作中的实际问题。内容包括财税科学的学术前沿问题、金融投资领域的焦点问题、财务会计的理论与实务以及工商管理研究等方面。主要栏目有区域经济、产业经济、财政与税务、金融与投资、财务与会计、金融与保险、工商管理、政府管制、劳动经济、国际贸易、经典导读等。读者对象为财经部门和企事业单位财务工作人员、财经理论工作者和财经院校师生。1992 年继承：《浙江财经学院学报》(1985～1991)。

财经问题研究 = Research on financial and economic issues / 东北财经大学，1979～

月刊　　　　　　　CLC：F81

ISSN 1000-176X　CN 21-1096/F　8-117　6213M

辽宁省大连市沙河口区尖山街 217 号(116025)

编辑部电话：0411-84710514，0524

http://cjwt.cbpt.cnki.net

cjwtyj@dufe.edu.cn

反映中国经济管理理论与政策研究的成果，探讨中国改革与发展过程中的热点与难点问题。内容既包括宏观层面经济管理研究，也包括微观层面企业经营管理及中国公共管理问题探讨。主要栏目有理论研究、产业组织、经济观察、金融与投资、财务与会计、财政与税收、区域经济、国际贸易、企业经济、劳动经济、农业经济、公共管理、市场营销等。读者对象为财经理论工作者、财经专业师生。1979 年继承：《辽宁财经学院》(1977～1978)。

财经研究 = Journal of finance and economics / 上海财经大学，1956～

月刊　　　　　　　CLC：F81

ISSN 1001-9952　CN 31-1012/F　4-331　M697

上海市国定路 777 号(200433)

编辑部电话：021-65904345

http://cjyj.shufe.edu.cn

着重研究和阐述我国改革开放和现代化经济建设的重大理论和实际问题，探索中国特色社会主义市场经济的发展规律。既发表理论前沿问题学术研究成果，也注重对经济建设中的热点、难点和焦点问题进行跟踪研究。主要栏目有公共经济与管理、中国经济论坛、金融研究、财务与会计研究、产业经济研究、国际经济研究、区域经济研究、经济史·经济思想史、专题讨论等。读者对象为经济理论工作者、财经院校师生、经济部门的实际工作者和企业管理人员。

财会通讯 = Communication of finance and accounting / 湖北省会计学会，2009～

半月刊　　　　　　　CLC：F81，F23

ISSN 1002-8072　CN 42-1103/F　38-191,38-192　4664M

湖北省武汉市武昌区紫阳东路 45 号(430070)

编辑部电话：027-87275190

http://www.cktx.net

cktx@263.net

探讨财会理论，交流工作经验，解决实践中的问题，介绍国内外财务会计理论研究中的新进展及相关资料。设有理论追踪、研究与探索、财务实践、会计信息化、内控 & 风险、财税 & 金融、会计实务、审计观察、国际视野等栏目。读者对象为财会工作者及财经院校师生。2009 年由《财会通讯. 综合》(2004～2008)、《财会通讯. 理财》(2006～2008)和《财会通讯. 学术》(2004～2008)合并而成。

财会月刊 = Finance and accounting monthly / 武汉出版社，武汉市会计学会，2009～

半月刊　　　　　　　CLC：F23

ISSN 1004-0994　CN 42-1290/F　38-2,38-3　SM4368

湖北省武汉市江岸区西马路 2 号(430016)

编辑部电话：027-85777752

http://www.CKYK.cn

CKYK@188.com

研究会计问题，交流会计经验，传授会计技巧，评析会计案例，介绍会计法规，解答会计疑惑。以财务、会计为主，涉及审计、财政、税务、金融、保险、投资、证券、经济管理等领域。设有财务研究、会计研究、审计研究、管理研究、经济研究、云顶财说等栏目。读者对象为财会人员、财经研究人员及财经专业师生。2009 年由《财会月刊. 会计》(2005～2008)、《财会月刊. 综合》(2005～2008)和《财会月刊. 理论》(2005～2008)合并而成。

财贸经济 = Finance & trade economics / 中国社会科学院，财经战略研究院，1980～

月刊　　　　　　　CLC：F7

ISSN 1002-8102　CN 11-1166/F　2-845　M573

北京市东城区东厂胡同 1 号(100006)

编辑部电话：010-65268155

http://cmjj.ajcass.org

caimaojj@cass.org.cn

主要发表财政与税收、金融与货币、国际经济与贸易经济、城市与房地产、成本与价格、流通经济、产业经济、服务经济、旅游经济、信息与电子商务等领域的科研成果和改革经验总结，探讨改革开放与经济建设中出现的新问题，推出新观点和新思路，为理论研究和实践决策服务。读者对象为经济理论工作者、企业管理干部及相关专业的高校师生。1982 年吸收:《财贸经济丛刊》(1980~1981)。

财贸研究 = Finance and trade research / 安徽财经大学, 1990~

月刊 CLC:F7

ISSN 1001-6260 CN 34-1093/F 26-17 BM4040

安徽省蚌埠市曹山路 962 号(233030)

编辑部电话:0552-3175991

http://cmyj.cbpt.cnki.net

cmyjtest@vip.163.com

设有经济理论与经济热点、流通经济、公共经济与管理、金融研究、经营管理、财务与会计等栏目,并开设了"三农"与合作经济特色专栏。读者对象为经济理论工作者、财经类大专院校师生、企业管理人员、政策研究部门人员,以及关注中国改革开放事业的人士。1990 年继承:《安徽财贸学院学报》(1980~1989)。

财务与会计 = Finance & accounting / 中国财政杂志社, 2010~

半月刊 CLC:F23

ISSN 1003-286X CN 11-1177/F 2-881 663-MO

北京市海淀区万寿路西街甲 11 号院 3 号楼(北京 187 信箱)(100036)

编辑部电话:010-88227071

http://www.zgcznet.com

cwykj187@126.com

宣传党和国家有关财会工作的方针、政策,研究财会工作的理论和实际问题,交流财会工作经验,普及财会知识,报道财会改革成果,探讨财会热点问题。主要栏目有政策导航、专家视点、"财会监督大家谈"专栏、理财案例、研究与探索、业务与技术、纳税与筹划、分享空间、世界之窗、应知应会、财会信息化、政府会计专栏等。读者对象为财会工作者及财经院校师生。2010 年继承:《财务与会计.综合版》(2006~2010)。

财政研究 = Public finance research / 中国财政学会, 1980~

月刊 CLC:F81

ISSN 1003-2878 CN 11-1077/F

北京市海淀区阜成路甲 28 号新知大厦 12 层(100142)

编辑部电话:010-88191293,1285

http://czyj.cbpt.cnki.net

czyjmof@126.com

中国财政学会会刊。2022 年起由中国财政学会和中国财政科学研究院主办。报道中国财经理论研究和实践方面的新成果、新动向、新经验和新知识,着眼于中国财政、经济改革和发展的深层次问题,报道财税改革动态,反映财政学学科理论的最新研究成果,以及理论与实践相结合的前瞻性分析。选题范围包括财政基础理论研究与创新、财政学科建设与发展、宏观经济与政策、财政管理制度、财政体制、财税改革、政府收支制度、财政与社会发展问题、重大国际财经问题等。读者对象为财经部门和企事业工作人员、财经理论研究工作者和财经院校师生。

采矿与安全工程学报 = Journal of mining & safety engineering / 中国矿业大学,中国煤炭工业安全科学技术学会, 2006~

双月刊 CLC:TD3,TD7

ISSN 1673-3363 CN 32-1760/TD

江苏省徐州市中国矿业大学(221116)

编辑部电话:0516-83885490,5761

http://ckxb.cumt.edu.cn

gpsc@cumt.edu.cn

主要刊登内容有:采动岩体力学理论,采场岩层控制理论与技术,巷道岩层控制理论与技术,煤炭资源绿色开采技术,矿井充填开采与沉陷控制技术,深井开采与冲击地压防治技术,由开采引起的矿井瓦斯及水灾防治技术等方向有较高学术水平和实用价值的最新研究成果。读者对象为全国各煤炭高校、科研机构、生产企业及相关领域的广大科研工作者和工程技术人员。2006 年继承:《矿山压力与顶板管理》(1990~2005)。

采矿与岩层控制工程学报 = Journal of mining and strata control engineering / 煤炭科学研究总院, 2019~

季刊 CLC:TD82

ISSN 2096-7187 CN 10-1638/TD

北京市和平里青年沟路 5 号(100013)

编辑部电话:010-84262728,2912

http://mkkc.cbpt.cnki.net

jmsce2019@vip.126.com

2022 年起主办单位名为煤炭科学研究总院有限公司。重点报道采矿工程、矿山岩体力学与岩层控制工程及交叉学科应用基础研究、技术开发及工程实践成果,介绍该领域中的新理论、新方法、新技术,为推动采矿工程、矿山岩体力学与岩层控制工程学科的发展,加强国内外的学术交流、人才培养服务。读者对象为国内外采矿工程领域科技工作者。2022 年起改为双月刊。2019 年继承:《煤矿开采》(1991~2018)。

蚕业科学 = Acta sericologica Sinica / 中国蚕学会,中国农业科学院蚕业研究所, 1963~

双月刊 CLC:S88

ISSN 0257-4799 CN 32-1115/S 28-23

江苏省镇江市中国农业科学院蚕业研究所(212018)

编辑部电话：0511-85616835

http://www.cykxjournal.com

canyekexue@126.com

主要刊载蚕丝学科在应用基础理论和应用技术研究方面的学术论文、专题研究报告、研究简报、国内外研究进展综述、学术动态、研究简讯,同时刊载国内外学术动态、学术活动以及国内学者在国外重要学术期刊发表蚕丝学研究论文的中文摘要等科研信息等。读者对象为蚕丝业科研人员、大专院校师生、生产部门的技术人员和管理人员。

草地学报 ＝ Acta agrestia Sinica / 中国草学会,1991～

　月刊　　　　　　　CLC：S812

　ISSN 1007-0435　CN 11-3362/S　80-135　MO1949

　北京市海淀区圆明园西路 2 号中国农业大学动科大楼 152 室(100193)

　编辑部电话：010-62733894

　https://manu40.magtech.com.cn/Jweb_cdxb/CN/1007-0435/home.shtml

　cdxb@cau.edu.cn

主要刊登国内外草地科学研究及相关领域的新成果、新理论、新进展。主要栏目有专论与进展、研究论文、技术研发、研究简报等。读者对象为草地科学、草地生态、草地畜牧业、草坪与城市绿化及相关领域的高校师生和科研院所的科研人员。

草业科学 ＝ Pratacultural science / 中国草学会,兰州大学草地农业科技学院,1989～

　月刊　　　　　　　CLC：S812

　ISSN 1001-0629　CN 62-1069/S　54-51

　甘肃省兰州市嘉峪关西路 768 号(730020)

　编辑部电话：0931-8912486

　http://cykx.lzu.edu.cn

　cykx@lzu.edu.cn

主要刊登草业科学及其相关领域的研究型论文、综述型论文、专论等。内容包括草坪生物、草地营养生物、遥感、牧草栽培与耕作、草类植物遗传育种、草地保护、动物营养与饲料科学、动物遗传育种、养殖、草业经济与社会发展、农业经济管理、农村与区域发展等。设有专论、前植物生产层、植物生产层、动物生产层、后生物生产层、基层园地、草人诗记、业界信息等栏目。主要读者对象为草业科学和畜牧学等研究领域的科研人员,以及相关领域的技术人员。1989 年继承:《中国草业科学》(1987～1988)。

草业学报 ＝ Acta prataculturae Sinica / 中国草学会,兰州大学,1990～

　月刊　　　　　　　CLC：S812

ISSN 1004-5759　CN 62-1105/S　54-84　MO2966

甘肃省兰州市嘉峪关西路 768 号(730020)

编辑部电话：0931-8913494

http://cyxb.magtech.com.cn

cyxb@lzu.edu.cn

刊登草业科学及其相关领域,如畜牧学、农学、林学、经济学等领域的理论研究和技术创新成果。辟有研究论文、综合评述、研究简报、相关信息等栏目。主要读者对象为从事农林牧渔、园林绿化、生态环境、国土资源等领域的科研管理及教学等专业人员。

测绘科学 ＝ Science of surveying and mapping / 中国测绘科学研究院,2000～

　月刊　　　　　　　CLC：P2

　ISSN 1009-2307　CN 11-4415/P　2-945　BM3638

　北京市海淀区莲花池西路 28 号(100036)

　编辑部电话：010-63880931

　http://chkd.cbpt.cnki.net

　chkx@casm.ac.cn

反映测绘科学及其相邻学科基础研究、应用研究和技术创新成果,报道该领域研究进展。主要刊载大地测量学同其他相关学科综合研究、地理国情监测研究、卫星导航定位研究、数字摄影测量、遥感图像处理智能化研究、遥感器原理和技术、激光扫描技术与应用、地图和地理理论和技术、地图数据符号化和可视化研究、GPS、RS、GIS 集成理论和技术、基础地理信息的综合分析与集成应用、地图印刷的新技术和新方法等,及其相关相邻学科学术论文。读者对象为测绘及相关专业的科技人员和大专院校师生。2000 年继承:《测绘科技动态》(1978～1999)。

测绘通报 ＝ Bulletin of surveying and mapping / 中国地图出版社有限公司,1955～

　月刊　　　　　　　CLC：P2

　ISSN 0494-0911　CN 11-2246/P　2-223　M1396

　北京市西城区三里河路 50 号(100045)

　编辑部电话：010-68531192,1349,1156,1262,1361

　http://tb.chinasmp.com

　chtb@chinajournal.net.cn

2023 年起主办单位名为中国地图出版社集团有限公司。反映我国测绘科技发展现状,指导全国测绘生产业务。主要内容包括大地测量、全球导航卫星系统(GNSS)、摄影测量、遥感(RS)、地图制图、地理信息系统(GIS)、工程测量、矿山测量、地籍测绘、海洋测绘、测绘仪器、信息传输、图形图像处理等方面的新成果和新技术,行业管理、科研、教学、生产方面的先进经验,计算机、通信等相关理论技术在测绘地信领域中的应用及测绘地信科技在国家经济建设各个方面的应用,国内外测绘地信学术动态及有关测绘地信科技信息等。设有学术研究、技术交流、测绘地理信息教学、测绘地理技术装备应用案例等栏目。读者对象为测绘科技、管理和教学工作者。1997 年吸收:《测量员》(1984~1996)。

测绘学报 = Acta geodaetica et cartographica Sinica / 中国测绘学会,1962~
月刊 　　　　CLC:P2
ISSN 1001-1595 　CN 11-2089/P　2-224　Q615
北京市西城区三里河路 50 号(100045)
编辑部电话:010-68531192
http://xb.chinasmp.com
chxb@chinajournal.net.cn
主要刊载大地测量、卫星导航、工程测量、摄影测量、遥感、地图学、海洋测绘、矿山测量、空间地理信息、测绘仪器等测绘地理信息学科及其相关相邻学科(交叉学科论文须侧重测绘地理信息领域)的学术论文,以及国家有关重大工程的进展及相关测绘地理信息技术应用的快报论文、博士论文摘要和博士后研究动态。读者对象为国内外测绘地理信息相关研究机构科研人员、高等院校师生,测绘地理信息行业从业人员、科技工作者。1962 年继承:《测量制图学报》(1957~1960)。

茶叶科学 = Journal of tea science / 中国茶叶学会,中国农业科学院茶叶研究所,1964~
双月刊 　　　　CLC:S571.1,TS272
ISSN 1000-369X 　CN 33-1115/S　SA6717
浙江省杭州市梅灵南路 9 号(310008)
编辑部电话:0571-86651902,1482
http://www.tea-science.com
cykx@vip.163.com
报道有关茶树栽培、遗传育种、病虫害防治、茶叶加工、茶叶的综合利用和医用保健等方面的学术论文、研究报告、研究简报和学术动态等。设有综述、学科动态、研究进展、研究报告等栏目。读者对象为茶学、农学、医学、食品学等领域的科研人员、技术员及专业院校师生。

产经评论 = Industrial economic review / 暨南大学,2010~
双月刊 　　　　CLC:F12
ISSN 1674-8298 　CN 44-1670/F　46-195　BM5157
广东省广州市黄埔大道西 601 号(510632)
编辑部电话:020-85222798
http://cjpl.jnu.edu.cn
CJPL2010@126.com
主要刊登产业经济领域的学术论文。主要栏目:产业发展与创新、产业组织、部门经济、国民经济、粤港澳大湾区发展论坛、海洋产业专题、国际投资与贸易、产业生态等。读者对象为经济理论工作者、专业院校师生、企事业单位管理人员等。2010 年继承:《经济前沿》(2001~2009)。

产业经济研究 = Industrial economics research / 南京财经大学,2001~
双月刊 　　　　CLC:F27
ISSN 1671-9301 　CN 32-1683/F　28-326
江苏省南京市铁路北街 128 号(210003)
编辑部电话:025-83495926
ncbjb@nufe.edu.cn
主要刊载国内外产业经济学研究成果和前沿动态,探讨市场结构、企业行为、市场绩效之间的内在联系,服务于中国经济改革发展和结构调整。主要栏目有宏观经济管理与可持续发展研究、产业经济理论、产业组织研究、产业结构研究、产业政策研究、农业经济、工业经济、流通产业研究、服务产业研究、地区产业研究等。读者对象为相关领域理论研究工作者和专业院校师生。2001 年继承:《江苏财经高等专科学校学报》(1998~2000)。

长安大学学报. 自然科学版 = Journal of Chang'an University. Natural science edition / 长安大学,2002~
双月刊 　　　　CLC:U4,T
ISSN 1671-8879 　CN 61-1393/N　52-137　BM5720
陕西省西安市南二环路中段(710064)
编辑部电话:029-82334383
http://zzszrb.chd.edu.cn
xuebao@chd.edu.cn
主要报道范围为道路工程、桥梁工程、隧道工程、交通工程、交通信息工程与控制、交通运输规划与管理、汽车工程、汽车运用工程、工程机械等学科。读者对象为相关专业高等院校师生、科研院所的研究人员及工程技术人员。2002 年由《西安公路交通大学学报》(1995~2001)和《西安工程学院学报》(1998~2002)的部分合并而成。

长城 = The Great Wall / 河北省作家协会,1979~
双月刊 　　　　CLC:I217
ISSN 1003-7802 　CN 13-1001/I　18-66　BM5931
河北省石家庄市槐北中路 192 号(050021)
编辑部电话:0311-85803609
http://www.hbzuojia.com
changcheng79@126.com
主要发表中短篇小说、散文等文学作品,兼及文艺评论。设有短篇小说、中篇小说、散文随笔、短篇的艺术、小说的可能性、文情关注、生命迹寻等栏目。读者对象为广大文学爱好者。

长江科学院院报 = Journal of Yangtze River Scientific Research Institute / 长江水利委员会长江科学院，1987～

月刊　　　　　　　CLC：TV

ISSN 1001-5485　　CN 42-1171/TV　38-147　　MO799

湖北省武汉市汉口江大路九万方（430010）

编辑部电话：027-82829904，9859

http://ckyyb.crsri.cn

cjkb@163.net

主要刊登反映流域水资源开发利用与保护、大中型水利水电工程为主的水科学专业齐全的学术论文、专题综述等，同时展示长江流域水资源与环境、水土保持与生态建设、防洪减灾等国家公益性重大课题项目的研究成果。读者对象为水利水电专业科研、设计、施工人员及大专院校师生。2023 年起并列题名改为：Journal of Changjiang River Scientific Research Institute。1987 年继承《长江水利水电科学研究院院报》（1984～1987）。

长江流域资源与环境 = Resources and environment in the Yangtze basin / 中国科学院武汉文献情报中心，1992～

月刊　　　　　　　CLC：X37，F205，TV882.2

ISSN 1004-8227　CN 42-1320/X　38-311　42-1320Q

湖北省武汉市武昌小洪山西区 25 号（430071）

编辑部电话：027-87198181

bjb@mail.whlib.ac.cn

围绕资源与生态环境重大问题，报道流域资源与生态环境科学研究成果，介绍国内外江河流域开发整治和环境保护的最新成果。设有区域可持续发展、生态环境、自然资源、农业发展、自然灾害、书评等栏目。主要读者对象为从事相关工作的科研人员、决策管理人员以及高等院校相关专业师生等。

长江文艺. 原创 = Changjiang literature & art / 湖北省作家协会，2015～

月刊　　　　　　　CLC：I217

ISSN 0528-838X　　CN 42-1037/I　38-6

湖北省武汉市武昌东湖路翠柳街 1 号（430077）

编辑部电话：027-68880620

cjwy194906@sina.com，yuxw10306@sina.com，wujiayan1981@163.com，dingdongya0210@163.com，zhangxiaoyou828@163.com，1106849666@qq.com

奉行好作品主义，反映时代，追求创新，力图做到现实主义与精神精神兼容并蓄。主要栏目有小说坊、笔记本、面对面、诗空间、三官殿、自由谈、翠柳街、家乡书等。读者对象为广大文学爱好者。2015 年继承：《长江文艺》（1978～2014）。

肠外与肠内营养 = Parenteral & enteral nutrition / 南京军区南京总医院，解放军普通外科研究所，1994～

双月刊　　　　　　CLC：R57

ISSN 1007-810X　CN 32-1477/R　28-247

江苏省南京市中山东路 305 号（210002）

编辑部电话：025-80860942

http://cwcn.paperonce.com

cwcnbjb@yeah.net

2023 年起主办单位改为东部战区总医院。报道肠内与肠外营养支持学的科研成果，总结临床经验，传递学术信息。设有院士论坛、专家论坛、青年论坛、论著、综述、病例报告、国际外科动态、营养支持技术、营养支持护理等栏目。读者对象为医护人员、营养支持研究人员、医学院校师生等。

车用发动机 = Vehicle engine / 中国北方发动机研究所（天津），1978～

双月刊　　　　　　CLC：U464，TK4

ISSN 1001-2222　　CN 12-1466/TH　80-943

天津市北辰区永进道 96 号（300406）

编辑部电话：022-58707822

http://www.cyfdjjournal.com

cyfdj@163.com

主要刊载军民用车辆动力领域有关基础研究、设计、试验、制造等方面的最新研究成果和优秀论文，以及具有学科前瞻性的研究评述，重点关注新技术、新材料、新工艺和新能源等。主要读者对象为科研院所和企事业单位的科研和工程技术人员、大专院校师生、相关行业的管理人员等。

沉积学报 = Acta sedimentologica Sinica / 中国矿物岩石地球化学学会沉积学专业委员会，中国地质学会沉积地质专业委员会，中国科学院地质与地球物理研究所兰州油气资源研究中心，1983～

双月刊　　　　　　CLC：P512.2

ISSN 1000-0550　　CN 62-1038/P　54-45　　Q832

甘肃省兰州市天水中路 8 号（730000）

编辑部电话：0931-8264231

http://www.cjxb.ac.cn

cjxb@lzb.ac.cn

主要刊载沉积学、沉积矿产、地球化学以及相关分支学科、交叉学科的基础和应用研究成果，介绍沉积学研究的新技术、新理论及国内外最新沉积学论著。报道有关学术活动、学科研究动态及学术思想的讨论和争鸣。设有滨海泥质沉积、非常规油气沉积学、沉积与沉积矿产、现代沉积与环境、油气地质、地球化学等栏目。读者对象为相关专业科研工作者及大专院校师生，地质勘探和矿区地质工作者。

沉积与特提斯地质 = Sedimentary geology and tethyan geology / 中国地质调查局成都地质调查中心，2000～

季刊　　　　　　　　CLC：P5

ISSN 1009-3850　　CN 51-1593/P　DK51004

四川省成都市一环路北三段 2 号（610081）

编辑部电话：028-83234636

https://cjyttsdz.ijournals.cn/ch/index.aspx

cdgeo@163.com

主要刊载沉积学与特提斯地质构造域有关成果和进展。设有特提斯地质、沉积地质、城市地质、生态地质、洋板块地层与大洋演化、岩浆作用与特提斯演化、成矿作用与资源勘查等栏目。读者对象为地质科学人员及相关专业高等院校师生。2000 年继承：《岩相古地理》（1988～1999）。

成都理工大学学报.自然科学版 = Journal of Chengdu University of Technology. Science & technology edition / 成都理工大学，2003～

双月刊　　　　　　　CLC：P5，TE，T

ISSN 1671-9727　　CN 51-1634/N　62-24

四川省成都市二仙桥东三路 1 号（610059）

编辑部电话：028-84079281

https://cont.cdut.edu.cn/jx_cdlgzr

xuebaoz@cdut.edu.cn

内容侧重地质科学，特别是石油与天然气地质与工程。主要栏目：地质与矿产、石油天然气地质与工程、水文地质与工程地质、地球物理等。读者对象为地学及相关学科工作者、大专院校师生。2003 年继承：《成都理工学院学报》（1994～2002）。

成都体育学院学报 = Journal of Chengdu Sport University / 成都体育学院，1990～

双月刊　　　　　　　CLC：G8

ISSN 1001-9154　　CN 51-1097/G8　62-100　BM3280

四川省成都市体院路 2 号（610041）

编辑部电话：028-85095371，85065590

http://cdtyxb.cdsu.edu.cn

主要刊登国内外体育学科领域的相关研究成果，关注中国体育发展的重大理论与实践问题，特别注重体育史与体育文化、体育基本理论和运动医学领域方面的研究成果。常设体育人文社会学、体育教育训练学、运动人体科学、民族传统体育等栏目，同时开设专题研究、特稿、探索与争鸣、圆桌论坛、域外视野及书评等特色栏目。主要读者对象为国内外体育科研人员、体育管理部门及体育教育训练领域的工作人员及大专院校师生等。1990 年继承：《成都体院学报》（1981～1989）。

成人教育 = Adult education / 黑龙江教师发展学院，1981～

月刊　　　　　　　　CLC：G72

ISSN 1001-8794　　CN 23-1067/G4　14-4

黑龙江省哈尔滨市南岗区和兴路 133 号（150080）

编辑部电话：0451-82456334

http://crjy.cbpt.cnki.net

宣传成人教育方针政策，交流各级各类成人教育办学、教学和学习经验，探讨成人教育理论，研究成人教育各专业、各学科的教材、教法及史料，报道国内外、省内外成人教育的先进经验。辟有理论研究、远程教育、社区教育、老年教育、农民教育、职业教育、他山之石等栏目。读者对象为教育科学研究人员、成人教育管理人员和教师。

城市发展研究 = Urban development studies / 中国城市科学研究会，1994～

月刊　　　　　　　　CLC：F29

ISSN 1006-3862　　CN 11-3504/TU　82-74

北京市三里河路 9 号住房和城乡建设部内（100835）

编辑部电话：010-58933424，3972

ebuds@263.net

主要刊载国内外城市科学研究成果，研究城市发展理论和城市发展趋势，就城市规划建设、管理以及城市总体发展方面的热点问题进行综述或展开讨论，报道学术动态和城市发展的成功实践，为促进我国城市的协调健康发展，进一步推动改革开放和科学技术的进步服务。主要栏目：城镇化、城市治理、城市更新、区域与城市、城市规划、韧性城市、智慧城市、绿色经济、低碳生态城市、城市安全、城市经济、城市交通、城市社会、城市文化、名城遗迹保护等。读者对象为各级决策者、城市科学研究人员。

城市规划 = City planning review / 中国城市规划学会，1977～

月刊　　　　　　　　CLC：TU984

ISSN 1002-1329　　CN 11-2378/TU　82-72　MO672

北京市海淀区三里河路 9 号建设部北配楼 111 室（100037）

编辑部电话：010-58323859，3860，3867

http://www.planning.com.cn

cityplan@china.com，bjb@planning.org.cn

内容涉及城市研究、城市规划、城市建设、城市交通、城市地理、城市经济、城市环境等方面。辟有规划研究、城市设计、继承与创新、控制性详细规划、规划历史研究、国土空间规划、历史文化保护、交通规划、国外规划研究等栏目。读者对象为城市规划建设和管理部门的研究人员、工程技术人员、政府官员、经济界人士、地理界人士等。

城市规划学刊 = Urban planning forum / 同济大学，2005～

双月刊　　　　　　CLC：TU98

ISSN 1000-3363　CN 31-1938/TU　4-465　BM3196

上海市四平路 1239 号同济大学建筑与城市规划学院 C 楼 702 室(200092)

编辑部电话：021-65983507

http://upforum. tongji. edu. cn, http://cxgh. cbpt. cnki. net

upforum@vip. 126. com

报道城市规划学科研究动态，立足中国城市发展的现实问题，关注城市规划学科发展研究成果与相邻学科的交叉研究。读者对象为城市规划及建筑设计方面的工程技术与管理人员、相关专业大专院校师生。2005 年继承：《城市规划汇刊》(1980～2004)。

城市轨道交通研究 = Urban mass transit / 同济大学，1998～

月刊　　　　　　　CLC：U239.5

ISSN 1007-869X　CN 31-1749/U　4-621　BM3737

上海市普陀区交通路 4621 弄 10 号楼 1001 室(200331)

编辑部电话：021-66278708-822

https://umt1998. tongji. edu. cn

UMT1998@vip. 163. com

报道城市轨道交通领域的前沿科技信息，交流学术动态，宣传国家方针政策等。范围涉及城市轨道交通的规划、投融资、勘察设计、建筑施工、车辆、供电、通信、自动控制、机电设备和运营管理等。读者对象为相关学科领域的研究人员、高校师生、专业工程技术人员与管理人员等。

城市问题 = Urban problems / 北京市社会科学院，1982～

月刊　　　　　　　CLC：C912.81,F29

ISSN 1002-2031　CN 11-1119/C　82-485　BM1295

北京市北四环中路 33 号(100101)

编辑部电话：010-64870894,4817

http://cswt. chinajournal. net. cn

bjb2003@vip. 163. com

反映国内外城市科学研究的最新成果，以及我国城市规划、建设、发展、管理中存在的问题，探讨解决问题的对策。内容涉及城市地理学、城市经济学、城市社会学及相关学科，包括我国城市化及城市发展中问题的分析，有关城市发展战略、城市管理机能、城市政策的探讨等。主要栏目：经济与社会、城市科学、城市建设与发展、城市管理、城市瞭望等。读者对象为相关专业大专院校师生、政府政策研究机构的研究人员，城市规划、建设环境及综合管理部的公务员。

重庆大学学报 = Journal of Chongqing University / 重庆大学，2008～

月刊　　　　　　　CLC：T

ISSN 1000-582X　CN 50-1044/N　78-16　M355

重庆市沙坪坝正街 174 号(400044)

编辑部电话：023-65102302

http://qks. cqu. edu. cn

xbsg@cqu. edu. cn

发表校内外教师、科研人员、研究生在自然科学与技术科学领域的研究成果与学术论文。重点报道机械、光电、电气、热能、材料、计算机、通信、自动化、建筑、资源及环境、土木、化学化工等领域的研究成果。读者对象为理工科高等院校师生、科研人员及技术人员。2008 年继承：《重庆大学学报. 自然科学版》(1995～2007)。

重庆大学学报. 社会科学版 = Journal of Chongqing University. Social science edition / 重庆大学，1995～

双月刊　　　　　　CLC：C55

ISSN 1008-5831　CN 50-1023/C　78-129

重庆市沙坪坝正街 174 号(400044)

编辑部电话：023-65102306,65111861

http://qks. cqu. edu. cn

shekexeb@cqu. edu. cn

反映社会科学最新研究成果，设有区域开发、社科研究与评价、人文论坛、经济研究、管理论坛、法学研究、政治建设与社会治理、教育研究等栏目。读者对象为社会科学工作者和大专院校文科专业师生。

重庆高教研究 = Chongqing higher education research / 重庆文理学院，重庆市高等教育学会，2013～

双月刊　　　　　　CLC：G64

ISSN 1673-8012　CN 50-1028/G4　78-283

重庆市永川区红河大道 319 号(402160)

编辑部电话：023-49891338,49891771

http://yxxy. cbpt. cnki. net

cqgjyj@163. com

刊登高等教育教学领域宏观和中观方面的研究成果。主要栏目有高教治理、教育与经济、高教前沿、人才培养、高教争鸣、西部高教论坛、高教述评等。读者对象为高校管理人员、教育管理科研人员及相关专业院校师生。2013 年继承：《重庆文理学院学报. 自然科学版》(2006～2012)。

重庆交通大学学报. 自然科学版 = Journal of Chongqing Jiaotong University. Natural science / 重庆交通大学，2007～

月刊　　　　　　　CLC：U,N55

ISSN 1674-0696　CN 50-1190/U　BM4674

重庆市南岸区学府大道 66 号（400074）

编辑部电话：023-62652428

http://xbzk.cqjtu.edu.cn

zkxuebao@cqjtu.edu.cn

主要刊登交通土木类在实验、理论及应用方面的研究成果，内容涉及桥梁与隧道工程、道路与铁道工程、交通运输工程、港口航道工程、水利水电工程、资源环境工程、载运工具与机电工程等方面的研究成果。主要读者对象为国内外交通运输方面的科技工作者、工程技术人员、高等院校师生等。2007 年继承:《重庆交通学院学报》(1982～2007)。

重庆理工大学学报. **自然科学** = Journal of Chongqing University of Technology. Natural science / 重庆理工大学，2010～

月刊　　　　　　　CLC：N55

ISSN 1674-8425　　CN 50-1205/T

重庆市巴南区（400054）

编辑部电话：023-68667984

http://clgzk.qks.cqut.edu.cn

cqlgxbzk@126.com

重点刊登交通、机械、材料、计算机等学科领域的研究论文。主要设有车辆工程、机械·材料、能源·环境、药学·医学、信息·计算机、电子·自动化、数学统计学等栏目。读者对象为科技工作者和理工科大专院校师生。2010 年继承:《重庆工学院学报. 自然科学》(2007～2009)。

重庆社会科学 = Chongqing social sciences / 重庆社会科学院，1983～

月刊　　　　　　　CLC：C55

ISSN 1673-0186　　CN 50-1168/C　78-143

重庆市江北区桥北村路 270 号（400020）

编辑部电话：023-86852150，2160

http://www.reform.net.cn

cqsk2008@vip.163.com

发表人文社会科学各学科的最新研究成果，关注当今社会热点问题的研究。主要栏目有马克思主义中国化研究、经济与管理研究、公共管理与公共政策研究、政治与法治研究、思想与文化研究等。读者对象为各级党政干部、企事业单位领导和管理者、社会科学研究和理论宣传工作者、党校和大专院校师生。

重庆师范大学学报. **自然科学版** = Journal of Chongqing Normal University. Natural science / 重庆师范大学，2003～

双月刊　　　　　　CLC：N55

ISSN 1672-6693　　CN 50-1165/N　78-34　G5769

重庆市沙坪坝区（401331）

编辑部电话：023-65362431

http://cqnuj.cqnu.edu.cn

cqnuj@cqnu.edu.cn

主要刊登数学、物理学、计算机科学、化学、生物学、地理科学等各学科基础理论、应用研究及科技开发等方面的研究论文。设有运筹学与控制论、动物科学、三峡地区资源环境生态研究、理论与应用研究等特色栏目。读者对象为理工科高等院校师生和科研人员。2003 年继承:《重庆师范学院学报. 自然科学版》(1984～2003，no.3)。

重庆医科大学学报 = Journal of Chongqing Medical University / 重庆医科大学，1986～

月刊　　　　　　　CLC：R

ISSN 0253-3626　　CN 50-1046/R　78-132

重庆市沙坪坝区大学城中路 61 号（401331）

编辑部电话：023-65714690

http://cyxb.ijournals.cn

cyxbbjb@126.com

报道基础医学和临床医学研究成果。设有基础研究、临床研究等栏目。读者对象为基础医学研究与临床医务工作者、医学院校师生。1986 年继承:《重庆医学院学报》(1976～1985)。

重庆邮电大学学报. **自然科学版** = Journal of Chongqing University of Posts and Telecommunications. Natural science edition / 重庆邮电大学，2007～

双月刊　　　　　　CLC：TN，T

ISSN 1673-825X　　CN 50-1181/N　78-77

重庆市南岸区崇文路 2 号（400065）

编辑部电话：023-62461032

http://journal.cqupt.edu.cn

journal@cqupt.edu.cn

主要刊登通信与信息系统，信号与信息处理，计算机应用技术，计算机软件与理论，电磁与微波技术，微电子学与固体电子学，控制理论与控制工程，以及相关基础技术领域的学术论文、研究报告、综述、研究简报及学位论文等。读者对象为相关专业的科技工作者、研究人员、高等院校师生。2007 年继承:《重庆邮电学院学报. 自然科学版》(2000～2006)。

出版发行研究 = Publishing research / 中国新闻出版研究院，1988～

月刊　　　　　　　CLC：G23

ISSN 1001-9316　　CN 11-1537/G2

北京市丰台区三路居路 97 号（100073）

编辑部电话：010-52257108，7112

cbfx001@163.com

关注出版业重大改革趋向,探索出版体制和机制转变问题,开展出版学、编辑学、图书发行学、出版史方面的理论研究。内容包括出版理论、出版管理、出版生产、出版营销、出版教育、数字出版、出版史、版权法、期刊研究等方面。主要栏目有本刊特稿、理论探索、产业论坛、数字出版、书市营销、期刊研究、编辑理论与实践、出版教育、环球扫描、馆配园地、图书评论、装帧与设计、出版实务、史料研究等。面向出版发行界人士、图书期刊编辑人员、出版管理人员及高等院校相关专业师生。1988年继承:《出版与发行》(1985~1987)。

出版广角 = View on publishing / 广西师范大学出版社集团有限公司,1995~
半月刊   CLC:G23
ISSN 1006-7000   CN 45-1216/G2   48-84   1338M
广西南宁市望园路 13 号(530022)
编辑部电话:0771-5554966,5583044,5594199
cbgj48-84@163.com

关注中国出版业现状,剖析和探讨出版发行业存在的难点、焦点问题,介绍国外出版业情况。设有特别策划、新观察、产业、报刊、实务、新传媒、学研、阅读观察等栏目。读者对象为新闻出版工作者和相关各界人士。

出版科学 = Publishing journal / 湖北省编辑学会,武汉大学,1986~
双月刊   CLC:G23
ISSN 1009-5853   CN 42-1618/G2   38-439
湖北省武汉市珞珈山武汉大学信息管理学院(430072)
编辑部电话:027-68753799
http://cbkx.whu.edu.cn
cbkxbjb@126.com

介绍图书、期刊、音像制品、电子出版和网络出版的编辑出版经验,促进编辑出版学理论研究和学科建设。辟有专论、博士论坛、编辑学·编辑工作、出版学·出版工作、发行学·发行工作、多媒体·数字出版、港澳台出版·国外出版、出版史·出版文化、消息·书讯、品书录等栏目。读者对象为出版单位(包括图书、音像、期刊、电子、网络)的编辑、印刷、发行、物资供应、财务和行政管理人员,以及相关专业院校大众传播、编辑出版专业教学人员和学生。

储能科学与技术 = Energy storage science and technology / 化学工业出版社有限公司,中国化工学会,2012~
双月刊   CLC:TK02,TM
ISSN 2095-4239   CN 10-1076/TK   80-732   BM9110

北京市东城区青年湖南街 13 号(100011)
编辑部电话:010-64519601,9602,9643
http://www.energystorage-journal.com
esst2012@cip.com.cn,esst_edit@126.com

重点报道化学储能(各类电池如锂电池、钒电池、钠硫电池、铅酸等)、抽水储能、压缩空气储能、深冷储能、热储存和冷储能、超导储能、燃料电池、飞轮储能及超级电容等的最新科研及技术成果、示范项目及储能业界标准编制和经济动态等。主要栏目:特约评述、热点点评、学术争鸣、储能材料与器件、储能系统与工程、新储能体系、储能测试与评价、储能技术经济性分析、产经动态、资讯聚焦、储能标准与规范、储能专利等。读者对象为储能行业从事科研、设计、制造、管理与营销的专业技术人员,相关专业的大中专院校师生、储能产品用户,以及与储能领域相关的设备、材料、信息、能源、环境、投资等行业科研及生产管理人员。2022 年起改为月刊。

传感技术学报 = Chinese journal of sensors and actuators / 东南大学,中国微米纳米技术学会,1988~
月刊   CLC:TP212
ISSN 1004-1699   CN 32-1322/TN   28-366   DK32004
江苏省南京市四牌楼 2 号(210096)
编辑部电话:025-83794925
http://chinatransducers.seu.edu.cn
dzcg-bjb@163.com,dzcg-bjb@seu.edu.cn

报道传感器理论与应用方面的研究成果,主要刊登传感器、执行器和 MEMS 等材料、设计、工艺、器件、系统及其应用。设有力学敏感器件、光学敏感器件、光纤敏感器件、生物、化学敏感器件、温度敏感器件、声学敏感器件和电磁学敏感器件等栏目。读者对象为相关专业科研技术人员、高等院校教师和研究生。

传感器与微系统 = Transducer and microsystem technologies / 中国电子科技集团公司第四十九研究所,2006~
月刊   CLC:TP212,TM55
ISSN 2096-2436   CN 23-1537/TN   14-203   M4511
黑龙江省哈尔滨市松北区龙盛路 969 号(150028)
编辑部电话:0451-88087250
http://www.china-tmt.net
st_chinasensor@vip.126.com

主要报道国内外各类传感器与微系统的科研成果及其技术,侧重发表具有新结构、新功能、新用途、微型化、多功能化、智能化、系统化和网络化,能促进信息技术发展、更新换代的新型传感器与微系统制造方面的论文。设有研究与探讨、设计与制造、计算机与测试、综述与评论、实用技术、前沿技术等栏目。读者对象为相关专业科研技术人员、高等院校师生等。2006 年继承:《传感器技术》(1982～2005)。

船舶工程 = Ship engineering / 中国造船工程学会，
1978～
　　月刊　　　　　　　CLC：U66
　　ISSN 1000-6982　　CN 31-1281/U　4-251
　　上海市中山南二路 851 号(200032)
　　编辑部电话：021-64416390；021-54591998-803
　　https://canb. cbpt. cnki. net
　　cbgc@cssmc. cn
　　报道船舶设计、结构及性能研究；船舶动力装置和辅
助机械、船舶电气设备、观通设备及自动控制技术、数字
化造船、船舶建造及修理工艺、造船管理、海洋工程、风
能技术和船舶行业信息等内容。读者对象为国内外修
造船企业采购决策部门、设计部门、船东、船舶配套设备
厂、科研设计单位及高等院校的专业技术人员等。

船舶力学 = Journal of ship mechanics / 中国船舶科学
研究中心，中国造船工程学会，1997～
　　月刊　　　　　　　CLC：U66
　　ISSN 1007-7294　　CN 32-1468/U　DK32007
　　江苏省无锡市 116 信箱(214082)
　　编辑部电话：0510-85555510
　　http://cblx. cbpt. cnki. net
　　cblx@cssrc. com. cn
　　报道我国船舶与海洋工程力学领域的研究成果、研究
进展，刊登学术论文、重要学术问题的评述和展望。主
要栏目有流体力学、结构力学、流体与结构声学、研究综
述等。读者对象为船舶及海洋工程科研、设计和施工人
员，相关专业大专院校师生与海军指战员。1997 年由
《舰船力学情报》(1961～1996)和《舰船性能研究》(1976～
[1996])合并而成。

船海工程 = Ship & ocean engineering / 武汉造船工程
学会，2001～
　　双月刊　　　　　　CLC：U66
　　ISSN 1671-7953　　CN 42-1645/U　38-500
　　湖北省武汉市武昌区和平大道 1178 号(430063)
　　编辑部电话：027-86551247，86544447
　　http://www. chgck. net
　　chgck@whut. edu. cn
　　2022 年起由武汉理工大学和武汉造船工程学会主
办。报道国内外船舶及海洋工程领域的科研与应用技
术成果、研究动态和发展趋势。内容涉及船舶设计、船
舶结构、造船工艺及设备、海洋工程、轮机工程、船舶电
气工程、港航技术、舰船专项技术、计算机技术与应用、
船检技术、海事管理等方面。读者对象为船舶与海洋工
程科研院所、企事业单位及航运部门的科技人员、管理

人员，相关专业院校师生。2001 年继承：《武汉造船》
(1960～2001)。

磁共振成像 = Chinese journal of magnetic resonance
imaging / 中国医院协会，首都医科大学附属北京天
坛医院，2010～
　　月刊　　　　　　　CLC：R445.2
　　ISSN 1674-8034　　CN 11-5902/R　2-855　M8958
　　北京市通州区玉带河东街 358 号 4 号楼 3 层(101100)
　　编辑部电话：010-67113815
　　http://www. cjmri. cn
　　editor@cjmri. cn
　　重点报道磁共振成像技术的临床研究与基础研究。
设有论著(含临床研究、基础研究、技术研究、调查研究、
经验交流、基层论坛、学术争鸣、海外来稿等)、专家讲
座、视点聚焦、综述、述评、研究快报、病例报告、名刊速
览、名家访谈、法治视界、编读往来、资讯等栏目。主要
读者对象为磁共振成像相关研究人员及临床医师等。

大地测量与地球动力学 = Journal of geodesy and geo-
dynamics / 中国地震局地震研究所，应急管理部国家
自然灾害防治研究院，中国地震局第一监测中心，中
国地震局地球物理勘探中心，中国地震局第二监测中
心，2002～
　　月刊　　　　　　　CLC：P2
　　ISSN 1671-5942　　CN 42-1655/P　38-194　MO4096
　　湖北省武汉市武昌区洪山侧路 40 号(430071)
　　编辑部电话：027-87864009
　　http://www. jgg09. com
　　827485123@qq. com
　　主要刊载有关地球动力学、地球物理学、现代大地测
量学、地震工程与水库地震、对地观测技术与地震工程
等学术论文。栏目有现代大地测量、地壳运动、观测技
术、地震地质、科技信息等。读者对象为地震与测绘领
域研究人员及高校相关专业师生。2002 年继承：《地壳
形变与地震》(1981～2001)。

大地构造与成矿学 = Geotectonica et metallogenia / 中
国科学院广州地球化学研究所，1979～
　　双月刊　　　　　　CLC：P5
　　ISSN 1001-1552　　CN 44-1595/P　82-297　Q7541
　　广东省广州市天河区科华街 511 号(510640)
　　编辑部电话：020-85290272，0020
　　http://www. ddgzyckx. com
　　ddgz@gig. ac. cn
　　刊载大地构造及成矿学研究成果。内容涉及构造地
质学、大地构造学、矿床学、成矿预测、岩石矿物与地球
化学、地球动力学、大陆边缘地质等多个学科和领域。

重点登载原创性和开拓性的学术论文以及研究评述。设有构造地质学、构造地质与成矿学、岩石大地构造与地球化学等栏目。读者对象为地质科学工作者及大专院校师生。1979 年继承:《成矿研究》(1977~1978)。

大豆科学 = Soybean science / 黑龙江省农业科学院,1982~
双月刊　　　　　　　CLC:S565.1
ISSN 1000-9841　　CN 23-1227/S　14-95　Q5587
黑龙江省哈尔滨市南岗区学府路 368 号(150086)
编辑部电话:0451-51522862
http://ddkx. haasep. cn
soybeanscience@vip. 163. com
主要刊登有关大豆遗传育种、品种资源、生理生态、耕作栽培、植物保护、营养肥料、生物技术、食品加工、药用功能及工业用途等方面的学术论文、科研报告、研究简报、国内外研究述评、学术活动简讯和新品种介绍等。读者对象为从事大豆科学研究、生产的科技工作者,大专院校师生以及关注大豆科研生产的社会各界人士。

大连海事大学学报 = Journal of Dalian Maritime University / 大连海事大学,1995~
季刊　　　　　　　　CLC:T,U6
ISSN 1006-7736　　CN 21-1360/U
辽宁省大连市凌海路 1 号(116026)
编辑部电话:0411-84727810
http://xb. dlmu. edu. cn
xuebao@dlmu. edu. cn
反映海洋运输工程领域科学研究成果,兼及其他工程技术领域。内容包括交通运输工程、船舶与海洋工程、热能与动力、海洋环境、电子信息、控制、材料等工程领域。读者对象为相关专业科研院所的科研、管理人员及大专院校师生。1995 年继承:《大连海运学院学报》(1957~1994)。

大连海洋大学学报 = Journal of Dalian Ocean University / 大连海洋大学,2010~
双月刊　　　　　　　CLC:S9,P7
ISSN 2095-1388　　CN 21-1575/S
辽宁省大连市黑石礁街 52 号(116023)
编辑部电话:0411-84762672,3027
https://xuebao. dlou. edu. cn
xuebao@dlou. edu. cn,xuebao1@dlou. edu. cn
刊载海洋、水产及其相关学科研究论文的综合性学术刊物,主要刊登水产科学与渔业工程、食品及生物科学与技术、海洋科学与技术、海洋生态与环境、海洋工程等领域的研究论文和综述。读者对象为水产、生物、海洋渔业等专业的科研技术人员和大专院校师生。2010 年

继承:《大连水产学院学报》(1980~2010)。

大连理工大学学报 = Journal of Dalian University of Technology / 大连理工大学,1988~
双月刊　　　　　　　CLC:N55
ISSN 1000-8608　　CN 21-1117/N　8-82　BM598
辽宁省大连市高新园区软件园路 80 号(116023)
编辑部电话:0411-84708608
http://press. dlut. edu. cn
xuebao@dlut. edu. cn
报道国内外最新科研成果。发表工程力学和物理、化学工程、动力工程、材料工程、机械工程、船舶工程、土木工程、电子与信息工程、管理工程等方面的论文。读者对象为理工科大专院校师生、科研院所研究人员、工程技术人员。1988 年继承:《大连工学院学报》(1966~1988)。

大连理工大学学报. 社会科学版 = Journal of Dalian University of Technology. Social sciences / 大连理工大学,1999~
双月刊　　　　　　　CLC:C55
ISSN 1008-407X　　CN 21-1383/C
辽宁省大连市凌工路 2 号(116024)
编辑部电话:0411-84708305
gjxbs@dlut. edu. cn
发表哲学、法学、政治学、经济学、管理学、文学、语言学、新闻传播学、教育学等方面的论文。辟有马克思主义与当代中国、经济与管理、政治与法律、公共管理等栏目。读者对象为文科院校师生及社会科学工作者。1999 年继承:《高等教育研究》(19?? ~[1998])。

大气科学 = Chinese journal of atmospheric sciences / 中国科学院大气物理研究所,中国气象学会,1976~
双月刊　　　　　　　CLC:P4
ISSN 1006-9895　　CN 11-1768/O4　2-823　BM46
北京市 9804 信箱(100029)
编辑部电话:010-82995051,5052
http://www. dqkxqk. ac. cn, http://www. iapjournals. ac. cn
dqkx@mail. iap. ac. cn,dqkx@post. iap. ac. cn
反映大气科学领域研究成果,刊载研究大气、海洋和地球环境大范围物理过程、演变规律及数值模拟等方面的论文。刊登动力气象学、天气学、气候学、数值天气预报、大气物理学、大气化学、大气探测、人工影响天气和应用气象学等各主要分支学科国内外研究论文和科研进展综合评述。读者对象为从事大气科学研究科研人员以及大专院校有关专业师生。

大气科学学报 = Transactions of atmospheric sciences / 南京信息工程大学，2009～

双月刊　　　　　CLC：P4

ISSN 1674-7097　　CN 32-1803/P　28-405　BM4613

江苏省南京市宁六路 219 号（210044）

编辑部电话：025-58731158

http://dqkxxb.cnjournals.org

xbbjb@nuist.edu.cn

主要刊载大气科学、环境科学及相关学科基础理论与应用研究学术论文、研究报告、专题评论及国内外研究进展综述等，报道国内外科技动态。读者对象为从事大气科学及相关学科研究科研人员、气象台站技术人员及大专院校相关专业师生。2009 年继承：《南京气象学院学报》（1978～2009）。

大庆石油地质与开发 = Petroleum geology & oilfield development in Daqing / 大庆油田有限责任公司，1983～

双月刊　　　　　CLC：TE1

ISSN 1000-3754　　CN 23-1286/TE　14-105　BM5637

黑龙江省大庆市让胡路区勘探开发研究院（163712）

编辑部电话：0459-5596503

http://dqsk.cbpt.cnki.net

daqingsk@vip.163.com

主要报道石油勘探开发过程中应用的新理论、新工艺、新方法、新试验以及取得的新成果，内容涵盖地质、地震、测井、开发、钻采等多个方面。设有石油地质、油藏工程、三次采油、地球物理、非常规油气和综述评论栏目。读者对象为石油和天然气勘探、开发行业的科研技术人员和相关专业院校师生。1983 年继承：《大庆油田》（1982）。

大学教育科学 = University education science / 湖南大学，中国机械工业教育协会，2003～

双月刊　　　　　CLC：G64

ISSN 1672-0717　　CN 43-1398/G4　42-270

湖南省长沙市湖南大学（410082）

编辑部电话：0731-88821123

http://dxjykx.cnmanu.cn

关注高等教育热点和难点问题，理论探讨与应用研究相结合，为高等教育的改革与发展服务。主要栏目：教育前沿、教师与学生、质量与评价、书院与现代大学、比较与借鉴、教育史研究、教育基本理论等。读者对象为高等教育研究人员、高等学校师生等。2003，no.1 继承：《机械工业高教研究》（1984～2002）。

大学图书馆学报 = Journal of academic libraries / 北京大学，1989～

双月刊　　　　　CLC：G25

ISSN 1002-1027　　CN 11-2952/G2　82-692　BM6661

北京市海淀区颐和园路 5 号北京大学图书馆 D602 室（100871）

编辑部电话：010-62759056

http://www.dxts.cbpt.cnki.net，http://www.scal.edu.cn/xuebao

jal@lib.pku.edu.cn

报道国内外图书情报工作的研究成果与动态，特别是管理新理念、服务新手段、信息新技术在图书情报事业中的应用情况。辟有新视野、图书馆与图书馆事业、数字图书馆、图书馆史、阅读推广、图苑传真等栏目。读者对象为图书情报工作者和高等院校相关专业师生。1989 年继承：《大学图书馆通讯》（1983～1988）。

淡水渔业 = Freshwater fisheries / 中国水产科学研究院长江水产研究所，1979～

双月刊　　　　　CLC：S964

ISSN 1000-6907　　CN 42-1138/S　38-32

湖北省武汉市东湖新技术开发区武大园一路 8 号（430223）

编辑部电话：027-81780185

http://dsyy.cbpt.cnki.net

dsyy@chinajournal.net.cn

主要刊登渔业生物技术、渔业资源、渔业设施、渔业环境保护、水产养殖与增殖、渔业生物病害、水产品加工与综合利用等方面的科学实验和生产试验报告，少量刊登研究简报和综述。读者对象为渔业生产、科研与管理人员及水产院校师生。1979 年继承：《淡水渔业科技杂志》（1974～1978）。

弹道学报 = Journal of ballistics / 中国兵工学会，1989～

季刊　　　　　CLC：O315，TJ

ISSN 1004-499X　　CN 32-1343/TJ

江苏省南京市孝陵卫 200 号（210094）

编辑部电话：025-84315487

http://ddxb.paperopen.com

ddxb@vip.163.com

主要刊载弹道学领域中内弹道学、中间弹道学、外弹道学、水中弹道学、终点弹道学、创伤弹道学、实验弹道学、发射动力学、空气动力学、飞行力学、导航制导、弹道设计与控制、弹道系统综合与分析、弹道测试技术、弹箭总体，以及有关飞行物体运动规律等方面的最新研究成果的学术论文。读者对象为兵器工业及其相关领域的研究人员、工程技术人员、管理人员和大专院校师生。1989 年继承：《弹道学刊》（1984～1989）。

弹箭与制导学报 = Journal of projectiles, rockets,

missiles and guidance / 中国兵工学会，1993～

双月刊　　　　　CLC：V4，TJ7

ISSN 1673-9728　　CN 61-1234/TJ

陕西省西安市丈八东路 10 号（710065）

编辑部电话：029-88293167

http://djzd. cbpt. cnki. net

djxb1980@163. com

报道导弹、火箭、弹药、弹道及制导兵器技术相关专业的学术性论文，突出报道高新技术在本专业领域方面的理论研究成果，反映科研、生产、使用、教学上的最新应用成果，为我国国防现代化建设服务。读者对象为部队及相关专业的科研、生产、教学、管理人员及大专院校师生等。1993 年继承：《兵工学报. 弹箭分册》（1981～1992）。

当代 = Dangdai bimonthly / 人民文学出版社有限公司，1979～

双月刊　　　　　CLC：I217

ISSN 0257-0165　　CN 11-1282/I　2-161　BM166

北京市朝阳门内大街 166 号（100705）

611965537@qq. com

以提倡现实主义、表达人民心声、弘扬时代精神为宗旨。主要发表国内作家最新的长中短篇小说力作，兼及散文和文学评论文章。主要栏目有长篇小说、中短篇小说、直言、散文·诗歌、旧文摘、文学月报等。读者对象为广大文学爱好者。2004 年分出：《当代. 长篇小说选刊》（2004～）。

当代财经 = Contemporary finance and economics / 江西财经大学，1988～

月刊　　　　　CLC：F

ISSN 1005-0892　　CN 36-1030/F　44-61　M2496

江西省南昌市双港东大街 168 号（330013）

编辑部电话：0791-83816904

http://cfe. jxufe. edu. cn

cfe@jxufe. edu. cn

探讨经济改革的理论与实践，追踪、评析经济热点、难点、焦点问题，研究财政税收政策和理论。主要栏目：理论经济、公共经济与管理、现代金融、工商管理、产业与贸易、现代会计、书评等。读者对象为经济界人士及财经院校师生。1988 年继承：《江西财经学院学报》（1980～1987）。

当代传播 = Contemporary communication / 新疆日报社，新疆新闻工作者协会，1999～

双月刊　　　　　CLC：G20，G21

ISSN 1009-5322　　CN 65-1201/G2　58-155

新疆乌鲁木齐市水磨沟区鸿园北路 500 号（830017）

编辑部电话：0991-3532303，3532306

探讨新闻传播行业现状和发展趋势，关注传媒市场的产业化，提供新闻传播从业人员交流互动的平台。主要栏目：新闻与传播研究、热点透视、传媒观察、探讨与争鸣、传媒产业、新媒体、新闻法制研究、环球视野、民族新闻探析、广告研究、应用研究等。读者对象为新闻传播业的从业人员、管理者及与新闻传播业相关的生产、经营者。1999 年继承：《新疆新闻界》（1985～1998）。

当代电影 = Contemporary cinema / 中国电影艺术研究中心，中国传媒大学，1984～

月刊　　　　　CLC：J9

ISSN 1002-4646　　CN 11-1447/G2　2-760　4421BM

北京市海淀区小西天文慧园路 3 号（100082）

编辑部电话：010-82296102

dddyzztg@163. com

注重电影理论的研究和探索，尤其是对中国电影精品和国外电影经典作品的分析，并注重对当代电影作品的研究。主要栏目：本期关注、新作评议、类型研究、创作研究、重写电影史、外国电影、电影与媒介、多元视角、广告美术作品等。读者对象为影视艺术工作者、高等院校相关专业师生及影视艺术爱好者。

当代法学 = Contemporary law review / 吉林大学，1987～

双月刊　　　　　CLC：D9

ISSN 1003-4781　　CN 22-1051/D　12-342

吉林省长春市前进大街 2699 号（130012）

编辑部电话：0431-85168760

http://ddfx. cbpt. cnki. net

探讨法学理论和法律实践中的新兴、热点问题。研究内容涵盖宪法、行政法、经济法、民商法、刑法、诉讼法、国际法、环境法、军事法等领域。辟有社会政策与法律规制、民法典编纂、电子诉讼立法研究等专题栏目。读者对象为法学研究及法律工作者、政法院校师生等。

当代教育科学 = Contemporary educational science / 山东省教育科学研究院，2003～

月刊　　　　　CLC：G62

ISSN 1672-2221　　CN 37-1408/G4　24-164

山东省济南市市中区土屋路 3-1 号（250002）

编辑部电话：0531-55630276，0216

http://journal. sdjky. net

sdjk@chinajournal. net. cn

主要刊发基础教育领域的理论性文章，其中学科教学、学前教育、创新创业教育和教育心理学等方面的文章不在刊发范围内。主要栏目包括基本理论、课程与教学、教师发展、管理与评价、道德教育、专题研究、决策参考、热点聚焦、比较与借鉴等。读者对象为中小学教育工作者、师范院校师生及关心基础教育的广大人士。2003 年继承:《山东教育科研》(1987~2002)。

当代教育论坛 = Forum on contemporary education / 湖南省教育科学研究院,2012~
双月刊 CLC:G4
ISSN 1671-8305 CN 43-1391/G4 42-305
湖南省长沙市蔡锷北路教育街 11 号(410005)
编辑部电话:0731-84402917
http://ddjylt.cnmanu.cn
侧重研究高校教育改革与发展中的重大理论与实践问题,讨论相关热点和难点。主要栏目:教育发展、教育评论、教育管理、专题等。读者对象为高校教育行政管理干部、教育科研人员以及师范院校师生等。2012 年由《当代教育论坛.综合研究》(2010~2011)、《当代教育论坛.教学研究》(2010~2011)和《当代教育论坛.管理研究》(2010~2011)合并而成。

当代经济管理 = Contemporary economic management / 河北地质大学,2005~
月刊 CLC:F2
ISSN 1673-0461 CN 13-1356/F
河北省石家庄市槐安东路 136 号(050031)
编辑部电话:0311-87208094,7225
http://xscbzx.hgu.edu.cn
ddjjglbjb@163.com,djglbjb@hgu.edu.cn
主要刊登经济管理领域最新研究成果。主要栏目包括:管理科学、理论研究、热点问题、"三农"问题、公共管理、财政与金融、区域经济、贸易经济、产业经济、人力资源、比较与借鉴、区域与城市经济等。读者对象为科研机构的研究人员、政府部门和企业的管理人员,以及经济管理院校的师生。2005 年继承:《地质技术经济管理》(1983~2004)。

当代经济科学 = Modern economic science / 西安交通大学,1988~
双月刊 CLC:F
ISSN 1002-2848 CN 61-1400/F 52-4 BM5883
陕西省西安市雁塔西路 76 号(710061)
编辑部电话:029-82657048
http://jjkx.xjtu.edu.cn
djkx@xjtu.edu.cn
研究改革开放的新情况,探索社会主义市场经济的新进展,报道国内外学术研究的新动态,为国民经济的可持续发展及西部经济振兴服务。主要栏目:宏观经济研究、经济理论研究、劳动经济研究、金融研究、产业经济研究、区域经济研究、工商企业管理等。读者对象为经济理论研究人员、各级经济决策者和实际工作部门的广

大干部、财经类高等院校和中专学校的师生、各类企业的负责人和关注我国改革开放事业的人士。1988 年继承:《陕西财经学院学报》(1979~1988)。

当代经济研究 = Contemporary economic research / 吉林财经大学,1994~
月刊 CLC:F
ISSN 1005-2674 CN 22-1232/F 12-139 BM4347
吉林省长春市净月大街 3699 号(130117)
编辑部电话:0431-84539198
http://www.ddjjyj.com
中国《资本论》研究会会刊。着重发表国内外学者关于《资本论》、政治经济学、经济思想史、西方经济学、世界经济等方面的最新研究成果,也发表对中国现实经济问题的研究及对西方经济理论的批判借鉴方面的论文。设有《资本论》研究与应用、外国经济思想研究与借鉴、争鸣与探索、改革开放论坛、财政与金融研究、会议综述等栏目。读者对象为经济院校师生、科研院所研究人员、机关干部及其他经济界人士。1994 年继承:《〈资本论〉与当代经济》(1990~1993)。

当代世界与社会主义 = Contemporary world and socialism / 中央党史和文献研究院,中国国际共运史学会,1994~
双月刊 CLC:D18
ISSN 1005-6505 CN 11-3404/D 82-75
北京市西城区西斜街 36 号(100032)
编辑部电话:010-55626712
https://www.dswxyjy.org.cn
ddsjyshzy@126.com
追踪国内外有关马克思主义和世界社会主义研究的新动向,反映当代世界政治、经济发展的新态势。设有国际政治经济与国际关系、马克思主义、世界社会主义与国际共运、中国特色社会主义、当代资本主义、世界政党研究、政治学研究、探索与争鸣、学术动态、书评等栏目。主要读者对象为国际共运和国际工运理论研究人员、党政机关干部及大专院校师生。1994 年继承:《国际共运史研究》(1987~1993)。

当代外国文学 = Contemporary foreign literature / 南京大学外国文学研究所,1980~
季刊 CLC:I1
ISSN 1001-1757 CN 32-1087/I 28-49 Q563
江苏省南京市仙林大道 163 号(210023)
编辑部电话:025-83593381
http://cfl.nju.edu.cn
报道外国文学研究最新动态,介绍和评价当代外国文坛的各种文艺思潮、风格、流派,重要作家、作品及其他

文学现象,向读者推荐当代外国文学领域中具有代表性的优秀作品。主要栏目:国别文学研究、理论与争鸣、美国文学专辑、诺贝尔作家作品研究、博士生论坛、书评、访谈、动态等,并不定期开设重要作家研究和文坛热点追踪等专栏。读者对象为当代外国文学研究、教育工作者和文学爱好者。1980 年继承:《外国文学资料》(1974~1979)。

当代文坛 = Contemporary literary criticism / 四川省作家协会,1984~

双月刊　　　　　　CLC:I206
ISSN 1006-0820　　CN 51-1076/I　62-173　BM6042
四川省成都市一环路西一段 155 号省社会科学院科研楼 C 区(610012)
编辑部电话:028-86740070,86742979,86629663,86616697
http://ddwt.cbpt.cnki.net

发表有关中外文学的原创性研究论文,探索、研究、评论现当代作家、作品的创作风格、思想特征和艺术动态,以及中外古典文学的研究评论。主要栏目:艺术空间、评论阐释、批评与批评史、地方路径与文学中国、名家视阈、理论探索、文化传媒、高端访谈、发现经典等。主要读者对象为文艺理论工作者、大专院校文学专业师生及文学爱好者。1984 年继承:《文潭》(1982~1983)。

当代修辞学 = Contemporary rhetoric / 复旦大学,2010~

双月刊　　　　　　CLC:H1
ISSN 1674-8026　　CN 31-2043/H　4-458　BM1013
上海市复旦大学光华楼西主楼 1312 室(200433)
编辑部电话:021-65643814
http://xcxx.cbpt.cnki.net
xiuci@fudan.edu.cn

专注于修辞学理论建构与研究方法的创新和修辞现象的解释。研究社会各种语言生活尤其是语言运用的新方法、新理论,包括汉语语言的使用规律,使用语言的修养、语言美等课题。主要栏目:语法语义研究、语篇研究、积极修辞研究、话语分析、理论探索、修辞语用研究、人工智能与修辞等。读者对象为汉语语言文字研究和修辞研究人员、语文教师、学生以及写作爱好者。2010年继承:《修辞学习》(1982~2009)。

当代亚太 = Journal contemporary Asia-Pacific studies / 中国社会科学院亚太与全球战略研究院,中国亚洲太平洋学会,1995~

双月刊　　　　　　CLC:D73,D718.1
ISSN 1007-161X　　CN 11-3706/C　2-554　M5300
北京市东城区张自忠路 3 号东院中国社会科学院亚太与全球战略研究院(100007)
编辑部电话:010-64063921
http://niis.cass.cn
bjb-yts@cass.org.cn

刊载内容涵盖亚太地区的政治、经济、安全、社会等各方面的理论与现实问题,重点反映当前最新的国内外研究成果,包括中国外交、亚太国际政治和经济关系、东亚秩序、东亚和亚太地区合作、国际关系理论等方面论文、短评、综述、书评和文评等。读者对象为国际问题研究人员、外事工作者、新闻工作者、涉外企事业单位人员及高校相关专业师生。1995 年继承:《亚太研究》(1992~1994)。

当代语言学 = Contemporary linguistics / 中国社会科学院语言研究所,1998~

季刊　　　　　　　CLC:H0
ISSN 1007-8274　　CN 11-3879/H　2-527　Q589
北京市建国门内大街 5 号(100732)
编辑部电话:010-85195392
http://www.ddyyx.com
dangdaiyuyanxue@vip.163.com

主要刊登运用当代语言学理论和方法研究汉语和其他语言的论文,以及有独立见地的书评,特别是对某一语言现象做深入考察并具有理论意义的文章,介绍国际语言学前沿综述论文。设有研究性论文、当代语言学前沿、书刊评介等栏目,不定期开设专题讨论与争鸣、术语译评等栏目。读者对象为语言学工作者及高等院校师生。2022 年起改为双月刊。1998 年继承:《国外语言学》(1980~1997)。

当代中国史研究 = Contemporary China history studies / 当代中国研究所,1994~

双月刊　　　　　　CLC:K27
ISSN 1005-4952　　CN 11-3200/K　82-647　1288BM
北京市地安门西大街旌勇里 8 号(100009)
编辑部电话:010-66572350,2349
http://ddzgs.ajcass.org
ddzgs@cass.org.cn

着力于党史、新中国史、改革开放史、社会主义发展史等重大问题研究。辟有史学理论研究、政治史研究、经济史研究、文化科技史研究、社会史研究、国防与军事史研究、外交史研究、地方史研究等栏目。主要读者对象为史学工作者及相关专业高等院校师生。

当代作家评论 = Contemporary writers review / 辽宁文学院,1984~

双月刊　　　　　　CLC:I206
ISSN 1002-1809　　CN 21-1046/I　8-183　BM6440

辽宁省沈阳市大东区小北关街 31 号（110041）

编辑部电话：024-88500040

ddzjpinglun@163.com

主要刊载领域内的原创性研究论文、综述和评论等，介绍当代作家的创作经验，交流当代作家的研究成果，对当代作家、作品进行点评。主要栏目：当代文学观察、作家作品评论、当代诗歌论坛、国际文学视野、作家影集、文学批评新生代、史料研究、访谈等。读者对象为作家、文学评论家、大专院校中文专业师生及文学爱好者。

党的文献 = Literature of Chinese Communist Party / 中共中央党史和文献研究院，中央档案馆，1988～

双月刊　　　　　CLC：D23，G27

ISSN 1005-1597　　CN 11-1359/D　82-872　6734BM

北京市 1740 信箱（100017）

编辑部电话：010-63095897

http：//www.dswxyjy.org.cn

ddwx1386@vip.sina.com

公布中国共产党、中华人民共和国及其领导人的重要历史文献，注重研究和宣传习近平新时代中国特色社会主义思想，刊登有关中共领袖人物的生平思想研究及毛泽东思想研究的文章。设有习近平新时代中国特色社会主义思想研究、重要文献、党和国家领导人生平思想研究、党史国史专题研究、考订与探讨、文献中的人和事等栏目。主要读者对象为各级党政机关、企事业单位干部，理论宣传工作者，社会科学工作者和各级党校、大专院校师生。1988 年由《文献和研究》（1982～1987）和《中央档案馆丛刊》（1986～1987）合并而成。

党史研究与教学 = CPC history research and teaching / 中共福建省委党校，1988～

双月刊　　　　　CLC：D23，K2

ISSN 1003-708X　　CN 35-1059/A

福建省福州市闽侯县上街镇侯官大道 1 号（350108）

编辑部电话：0591-22852370，3146

dsjy0591@163.com

主要刊登中共党史、中国现代史、中国革命史、中华民国史、当代中国史等方面的研究文章。辟有学理探讨、问题研究、社会史论、概念考索、民国史谭、学术史述、史实考证等栏目。读者对象为党政领导干部、政治理论教员、党校学生及其他社会科学研究人员。1988 年继承：《党史资料与研究》（1982～1987）。

党政研究 = Studies on party and government / 中共四川省委省直机关党校，2014～

双月刊　　　　　CLC：D26，D63

ISSN 2095-8048　　CN 51-1755/D　62-49　BM9058

四川省成都市玉沙路 163 号（610017）

编辑部电话：028-86916022，86923400，86924535

http：//www.dzyjzz.com

scjdxb@sina.com

宣传和研究马克思列宁主义、毛泽东思想、邓小平理论、"三个代表"重要思想、科学发展观、习近平新时代中国特色社会主义思想，反映我国政治、经济、社会方方面面改革的成果和经验。设有理论前沿、学术观察、党的建设、科学社会主义、政治学研究、公共行政管理、经济研究、学术观察、人文研究、综述等栏目。主要读者对象为大专院校相关专业师生、党政机关干部和人文社会科学理论工作者。2014 年继承：《中共四川省委省级机关党校学报》（1999～2014）。

档案管理 = Archives management / 河南省档案馆，1986～

双月刊　　　　　CLC：G27

ISSN 1005-9458　　CN 41-1216/G2

河南省郑州市金水大道 17 号（450003）

编辑部电话：0371-65904045

http：//www.danganj.com

dagl@vip.163.com

宣传党和国家有关档案工作的法律、法规、方针、政策，开展档案理论和实践研究，传播档案学知识，交流档案工作经验，提高档案工作者业务素质。辟有党史聚焦、理论探讨、业务研究、专题沙龙、调查报告、秘书苑、海外采风、工作园地等栏目。主要读者对象为档案、文秘和史学工作者。1986 年继承：《河南档案》（1983～1985）。

档案学通讯 = Archives science bulletin / 中国人民大学，1979～

双月刊　　　　　CLC：G27

ISSN 1001-201X　　CN 11-1450/G2　82-21　BM664

北京市东城区张自忠路 3 号院新红楼 405 号（100007）

编辑部电话：010-64012836

http：//www.daxtx.net

daxtx@263.net

研究档案学、文书学的基本理论，探讨档案工作、文书工作及档案教学工作中的新问题，介绍国内外研究动态及成果。辟有理论纵横、实践经纬、档案史论、档案保护、博士论文摘要等栏目。面向档案文秘工作人员、档案教学与科研人员以及史学工作者。1979 年继承：《档案通讯》（1978～1979）。

档案学研究 = Archives science study / 中国档案学会，1987～

双月刊　　　　　CLC：G27

ISSN 1002-1620　　CN 11-1226/G2　82-817

北京市西城区永安路 106 号（100050）

编辑部电话：010-63018706

http://www.idangan.cn

daxsw@263.net

结合我国档案事业的实际，开展学术研究，促进档案资源的开发与利用。主要栏目有基础理论研究、档案行政管理、档案法规标准、档案资源建设、档案资源开发、档案信息化、档案安全保障、档案史料研究、境外学术交流、档案史料研究等。面向该学会会员、档案文秘工作人员、档案教学与科研人员以及史学工作者。

导弹与航天运载技术 = Missiles and space vehicles / 北京航天长征科技信息研究所，中国运载火箭技术研究院，1993～2022

双月刊   CLC：TJ76，V

ISSN 1004-7182   CN 11-3263/V   80-323   BM1210

北京市 9200 信箱 21 分箱（《导弹与航天运载技术（中英文）》编辑部）（100076）

编辑部电话：010-68383377，68757206

http://www.ddht1972.com

刊载导弹和航天运载器及分系统在研究、设计、试制、生产、试验和发射等方面的研究论文、技术报告和经验总结等，适时报道世界各国在相关领域的研究进展，以及航天技术成果为中国国民经济服务方面的内容。读者对象为相关专业的工程技术人员、科技管理人员，高等院校师生以及其他对航天技术感兴趣的读者。1993 年继承：《国外导弹与航天运载器》（1987～1992）；2022，no.5 改名为《导弹与航天运载技术（中英文）》（2022～）。

导航定位学报 = Journal of navigation and positioning / 中国测绘科学研究院，中国测绘学会，中国卫星导航定位协会，2013～

双月刊   CLC：P228

ISSN 2095-4999   CN 10-1096/P   80-612

北京市海淀区莲花池西路 28 号（100036）

编辑部电话：010-63880932

http://dhdwxb.cbpt.cnki.net

dhdwxb@casm.ac.cn

主要刊登室内外导航定位、物联网、导航设备等相关理论研究成果，工程应用成果，国内外导航定位领域的进展等内容。主要读者对象为导航定位行业及测绘地理信息行业从业人员、科研人员以及相关专业的高校师生。2013 年继承：《测绘文摘》（1995～2012）。

道德与文明 = Morality and civilization / 中国伦理学会，天津社会科学院，1985～

双月刊   CLC：B82，C91

ISSN 1007-1539   CN 12-1029/B   6-60

天津市南开区迎水道 7 号（300191）

编辑部电话：022-23075325，5124

http://www.ddywm.net

daodeyuwenming@163.com

反映伦理学学术发展动态和伦理道德建设研究成果。常设栏目有伦理学基础理论、中外伦理思想史、马克思主义伦理学、应用伦理学、探索与争鸣、社会热点探析、博士后暨博士生论坛、学术动态与综述等。读者对象为伦理学教育和研究人员，理论宣传工作者。1985 年继承：《伦理学与精神文明》（1982～1984）。

低温工程 = Cryogenics / 北京航天试验技术研究所，1979～

双月刊   CLC：TB6

ISSN 1000-6516   CN 11-2478/V   BM7019

北京市 7205 信箱 27 分箱（100074）

编辑部电话：010-88538131

http://dwgc.soripan.net

dwgc@263.net

主要报道有关天然气、空气、氮气、氧气等气体液化、分离、液化气体的贮存和运输传热、绝热技术、制冷技术、低温下温度的测量、低温液体材料的性质，以及低温在电工技术、高能物理、真空技术等方面的应用；国内外低温行业在理论、工程技术应用和研发中的新成果。主要读者对象是科学研究人员、工程技术人员、科技管理干部和高等院校师生。

低温与超导 = Cryogenics & superconductivity / 中国电子科技集团公司第十六研究所，1973～

月刊   CLC：O4，TB1，TM26

ISSN 1001-7100   CN 34-1059/O4   26-40   BM5266

安徽省合肥市望江西路 658 号 1019 信箱（230088）

编辑部电话：0551-65901698，1701

http://dwyc.cbpt.cnki.net

cryosuper@126.com

主要报道低温学科和行业、超导电子技术学科和行业的研究成果，刊发低温工程、制冷技术、低温电子学、超导理论、超导电子学、超导应用等方面的论文、研究报告及评述。主要栏目：超导技术、低温技术、制冷技术、低温电子技术。读者对象为研究院所、科技情报、技术开发等单位的研究人员及高校师生等。

地层学杂志 = Journal of stratigraphy / 全国地层委员会，中国科学院南京地质古生物研究所，1966～

季刊   CLC：P53

ISSN 0253-4959   CN 32-1187/P   2-837   Q79

江苏省南京市北京东路 39 号（210008）

编辑部电话：025-83282149

http://www.dcxz.cbpt.cnki.net

dicengxue@nigpas.ac.cn

刊载地层学及相关沉积岩石学和沉积环境、构造地质学、古地理学、古生态学、古气候学等基础研究和应用基础研究的原创性研究成果和综述。设有特邀评述、学术论文、地层新知、简讯等栏目。读者对象为地层学研究人员和高校相关专业师生。

地方财政研究 = Sub national fiscal research / 辽宁省财政科学研究所,东北财经大学财政税务学院,辽宁大学地方财政研究院,2004～

月刊　　　　　　　CLC：F81

ISSN 1672-9544　　CN 21-1520/F　8-166　M8451

辽宁省沈阳市皇姑区北陵大街 45-13 号(110032)

编辑部电话：024-22706630

http://www.dfczyj.com

dfczyj@vip.163.com

刊登地方财经方面的理论文章和地方政府理财实践案例。主要栏目有特别关注、理论前沿、政策前沿、财政管理、财政投融资、专题策划、税收天地、脱贫攻坚、数字财政、社会保障、"三农"聚焦、工作研究、海外传真、史海钩沉、资讯速递、财经书评等。读者对象为地方财政理论研究人员和实际工作者,相关专业院校师生。

地理教学 = Geography teaching / 华东师范大学,1980～

半月刊　　　　　　CLC：G633.55

ISSN 1000-078X　　CN 31-1022/G4　4-388　BM6083

上海市闵行区东川路 500 号(200241)

编辑部电话：021-54341226

http://dljx.ecnu.edu.cn

dljx@vip.126.com

中国教育学会地理教学专业委员会会刊。设有教学研究、高中地理、初中地理、教学经验、研学旅行、考试研究、国外地理教育等主要栏目。读者对象为地理教师、学生以及地理爱好者。1980 年继承《地理教学丛刊》(1959～1963)。

地理科学 = Scientia geographica Sinica / 中国科学院东北地理与农业生态研究所,中国地理学会,1981～

月刊　　　　　　　CLC：P9

ISSN 1000-0690　　CN 22-1124/P　8-31　BM688

吉林省长春市高新北区盛北大街 4888 号(130102)

编辑部电话：0431-85542212,2217

http://geoscien.iga.ac.cn,http://geoscien.neigae.ac.cn/CN/1000-0690/home.shtml

geoscien@iga.ac.cn

刊登中国地理学及各分支学科、边缘学科和交叉学科学术论文,侧重报道国家自然科学基金项目、国家重点实验室基金项目、国家科技攻关项目和国际合作项目最新研究成果,支持反映环境遥感和地理信息系统等新技术方法在地理学研究中的应用成果,注重区域性和综合性以及人地关系研究,关注资源、人口、环境、能源以及全球气候和海平面变化等重大课题的学术论文、研究报道、综述、问题讨论、技术方法、学位论文摘要、书评、国内外学术动态和学术活动等。读者对象为地理、环境、生态等相关学科的科研人员和高等院校师生。

地理科学进展 = Progress in geography / 中国科学院地理科学与资源研究所,中国地理学会,1997～

月刊　　　　　　　CLC：P9

ISSN 1007-6301　　CN 11-3858/P　2-940　C3674

北京市朝阳区大屯路甲 11 号(100101)

编辑部电话：010-64889313

http://www.progressingeography.com

dlkxjz@igsnrr.ac.cn

反映地理学及其分支学科、边缘学科研究成果,报道国内外地理学研究动态。内容涉及资源与环境、全球变化、可持续发展对策、区域研究和地理信息系统等方面。设有研究论文、研究综述等栏目。读者对象为地理科学研究人员,高等院校地理系及相关学科师生,规划、经济、农、林、水利、环保、地质、气象等部门或机构的管理人员。1997 年继承《地理译报》(1955～1996)。

地理学报 = Acta geographica Sinica / 中国地理学会,中国科学院地理科学与资源研究所,1934～

月刊　　　　　　　CLC：P9

ISSN 0375-5444　　CN 11-1856/P　2-109　BM81

北京市朝阳区大屯路甲 11 号(100101)

编辑部电话：010-64889295,9293

http://www.geog.com.cn

acta@igsnrr.ac.cn,geog@igsnrr.ac.cn

反映地理学各分支学科最新研究成果,报道地理学与相邻学科综合研究进展,刊登与国民经济密切相关的地理科学论文。内容涉及地理学理论、生态与环境、乡村经济、区域发展、地貌研究、土地利用、水环境、气候与水文、旅游地理等方面。读者对象为地理工作者、大专院校师生、中学地理教师。

地理研究 = Geographical research / 中国科学院地理科学与资源研究所,中国地理学会,1982～

月刊　　　　　　　CLC：P9

ISSN 1000-0585　　CN 11-1848/P　2-110　Q-746

北京市朝阳区大屯路甲 11 号(100101)

编辑部电话：010-64889584

http://www.dlyj.ac.cn

dlyj@igsnrr.ac.cn

刊登地理学及其分支学科和交叉学科学术论文,以及地理学应用与发展研究报告、专题综述与热点讨论等。读者对象为地理学及其相关学科研究人员和大专院校师生。

地理与地理信息科学 ＝ Geography and geo-information science / 河北省科学院地理科学研究所,2003～

双月刊　　　　　CLC：K9,P208
ISSN 1672-0504　　CN 13-1330/P　18-27　QQ5465
河北省石家庄市长安区西大街 94 号(050011)
编辑部电话：0311-86054904
http://dlgt.cbpt.cnki.net
dlxxkx@vip.163.com

反映地理学(部门地理学、区域地理学)和地理信息科学方面科研成果,为有关部门提供决策建议和科技信息。设有地理信息系统理论与方法、遥感科学及其应用、空间信息技术综合应用、自然地理与国土资源、经济地理与旅游环境等栏目。读者对象为从事地理和地理信息工作的研发人员。2003 年继承:《地理学与国土研究》(1985～2002)。

地球化学 ＝ Geochimica / 中国科学院广州地球化学研究所,中国矿物岩石地球化学学会,1972～

双月刊　　　　　CLC：P59
ISSN 0379-1726　　CN 44-1398/P　2-813　BM420
广东省广州市天河区五山科华街 511 号(510640)
编辑部电话：020-85290046,0703
http://www.geochimica.cn
dqhx@gig.ac.cn,dqhx@tom.com

报道同位素地球化学、同位素地质年代学、矿床地球化学、有机地球化学、元素地球化学、环境地球化学、宇宙化学、海洋地球化学、试验地球化学、第四纪地球化学、构造地球化学、岩矿测试等有关地球化学及其主要分支学科的科研成果。读者对象为地质专业科技人员及高等院校相关专业师生。

地球科学 ＝ Earth science / 中国地质大学(武汉),1981～

月刊　　　　　CLC：P5
ISSN 1000-2383　　CN 42-1874/P　38-87　BM6647
湖北省武汉市洪山区鲁磨路 388 号(430074)
编辑部电话：027-67885075
http://www.earth-science.net
xbb@cug.edu.cn,cjournal@cug.edu.cn

刊登内容涉及地层、古生物、岩石、矿物、构造、地球化学、地球物理、矿床地质、能源地质、找矿勘探、水文地质与工程地质、环境地质、灾害地质、探矿工程、数学地质

与遥感地质、计算机应用及地学领域边缘学科的科研成果。设有矿物学・岩石学・矿床学、构造地质学、地层学、环境地质学、工程地质学、石油地质学、海洋地质和地球物理等栏目。读者对象为地球科学及相关学科科技人员和高校师生。1981 年继承:《北京地质学院学报》(1959～1961)。

地球科学进展 ＝ Advances in earth science / 中国科学院资源环境科学信息中心,国家自然科学基金委员会地球科学部,中国科学院资源环境科学与技术局,1989～

月刊　　　　　CLC：P9
ISSN 1001-8166　　CN 62-1091/P　54-86　MO4437
甘肃省兰州市天水中路 8 号(730000)
编辑部电话：0931-8762293
http://www.adearth.ac.cn
adearth@lzb.ac.cn

刊登国内外地球科学最新研究进展,介绍全球变化研究、可持续发展研究、生态环境等跨学科研究领域发展态势,报道边缘学科、交叉学科最新信息,高新技术在地球科学中的应用成果。辟有综述与评述、研究论文、研究简报等栏目。读者对象为地球科学和资源环境领域科研人员,大专院校师生及相关科研管理者。1989 年继承:《地球科学信息》(1987～1988);2002 年吸收:《资源生态环境网络研究动态》(1990～2001)。

地球科学与环境学报 ＝ Journal of earth sciences and environment / 长安大学,2004～

双月刊　　　　　CLC：P5,X
ISSN 1672-6561　　CN 61-1423/P　52-280　BM4115
陕西省西安市南二环路中段长安大学内(710064)
编辑部电话：029-82334686
http://jese.chd.edu.cn
dkyhxb@chd.edu.cn,jese@chd.edu.cn

刊载范围涵盖基础地质、矿产地质、水资源与环境、工程地质、应用地球物理、地球信息科学等领域。设有院士专稿、基础地质与矿产地质、水资源与环境、应用地球物理、工程地质、地球信息科学等栏目。读者对象为地质学与环境学科研人员及相关院校师生。2004 年继承:《长安大学学报. 地球科学版》(2003)。

地球物理学报 ＝ Chinese journal of geophysics / 中国科学院地质与地球物理研究所,中国地球物理学会,1954～

月刊　　　　　CLC：P3
ISSN 0001-5733　　CN 11-2074/P　2-571　BM76
北京市 9825 信箱(100029)
编辑部电话：010-82998105

http://www.geophy.cn

actageop@mail.igcas.ac.cn

主要刊登固体地球物理、应用地球物理、空间地球物理和大气、海洋地球物理以及与地球物理密切相关的交叉学科研究成果。读者对象为地球物理学及其他相关学科科技工作者和高等院校师生。1954年继承:《中国地球物理学报》(1948～1951)。

地球物理学进展 = Progress in geophysics / 中国科学院地质与地球物理研究所,中国地球物理学会,1986～

双月刊　　　　　　CLC：P3

ISSN 1004-2903　　CN 11-2982/P　82-801　BM4084

北京市9825信箱(100029)

编辑部电话：010-82998113

http://www.progeophys.cn

prog@mail.iggcas.ac.cn

主要刊登国内外地球物理学研究进展和成果,探讨地球物理学的发展战略,评价地球物理学学科现状和发展趋势。读者对象为地球物理、高空及大气科学等研究领域,以及油气勘探、固体矿产资源探查、环保、工程、国防等部门科研人员和相关专业大专院校师生。

地球信息科学学报 = Journal of geo-information science / 中国科学院地理科学与资源研究所,中国地理学会,2009～

月刊　　　　　　　CLC：P2,P3

ISSN 1560-8999　　CN 11-5809/P　82-919　QR1706

北京市朝阳区大屯路甲11号(100101)

编辑部电话：010-64888891

http://www.dqxxkx.cn

dqxxkx@igsnrr.ac.cn

主要刊登地球信息科学领域研究论文,设有地球信息科学理论与方法、遥感科学与应用技术、地理空间分析综合应用、学苑动态等栏目。读者对象为从事地球信息科学理论研究和地理信息系统、遥感、测绘、资源环境信息获取等应用研究科研人员、工程技术人员及管理决策人员。2009年继承:《地球信息科学》(1999～2008)。

地球学报 = Acta geoscientica Sinica / 中国地质科学院,1994～

双月刊　　　　　　CLC：P5

ISSN 1006-3021　　CN 11-3474/P　82-53　BM5642

北京市西城区百万庄大街26号(100037)

编辑部电话：010-68327396

http://www.cagsbulletin.com

cagsb@qq.com

反映我国地球科学领域基础研究与应用研究成果,促进我国地质教育、地质科技与地质找矿事业发展。内容涉及地层学、古生物学、岩石矿物学、构造地质学、地球化学、地球物理、矿床地质、能源地质、找矿勘探、水文地质与工程地质、环境地质、灾害地质、数学地质与遥感地质、计算机应用以及相关的交叉与边缘学科等。设有研究与调查、地质遗迹与地质公园、深部地质作用、水资源特征、水土流失特征、生态地质特征、快报与信息等栏目。主要读者对象为地球科学及相关学科科技人员和高校师生。1994年继承:《中国地质科学院院报》(1979～1993)。

地球与环境 = Earth and environment / 中国科学院地球化学研究所,中国矿物岩石地球化学学会,2004～

双月刊　　　　　　CLC：P59,X

ISSN 1672-9250　　CN 52-1139/P

贵州省贵阳市林城西路99号(550081)

编辑部电话：0851-85891741

http://dzdq.cbpt.cnki.net

dqyhj@mail.gyig.ac.cn

主要报道与人类生存环境密切相关的地球大气-植物-土壤-水-岩石圈层之间物质运移的地质地球化学过程,以及人类、生态系统和地球相互作用所产生的各种环境问题。内容包括环境地质学、环境地球化学、环境水文学、历史地质学、灾害地质学、环境与健康等。设有专题综述、研究成果、应用研究、实验研究、新理论、新技术、新方法、问题讨论等栏目。读者对象为广大科研院所、高等院校、环境监测管理等单位的环境地学方面的科研人员、教师学生,以及分析测试人员、科技管理人员等。2004年继承:《地质地球化学》(1980～2003)。

地下空间与工程学报 = Chinese journal of underground space and engineering / 中国岩石力学与工程学会,重庆大学,2005～

双月刊　　　　　　CLC：TU9

ISSN 1673-0836　　CN 50-1169/TU　78-253

重庆市沙坪坝区沙北街83号重庆大学B区岩土馆二楼(400045)

编辑部电话：023-65120728,7291,0727

http://dxkjxb.cqu.edu.cn

dxkjbjb@126.com,dxkjpaper@126.com

报道我国城市地下空间工程方面的科技成就,国内外地下空间开发和利用及相关的地下工程与基础工程的科技问题。主要读者对象为从事规划、土建、人防、地铁、隧道及岩土工程研究等有关专业人员。2005年继承:《地下空间》(1981～2004)。

地学前缘 = Earth science frontiers / 中国地质大学(北京),北京大学,1994～

双月刊　　　　　　CLC：P5
ISSN 1005-2321　　CN 11-3370/P
北京市海淀区学院路 29 号（100083）
编辑部电话：010-82322973
http://www. earthsciencefrontiers. net. cn
frontier@cugb. edu. cn

侧重报道地质学及相关学科理论研究、应用技术成果，介绍研究热点和发展趋势。内容包括地热资源、成因矿床学、微体古生物、古海洋、油气地球化学等。设有数学地质与矿产定量勘查、地下水污染成因机理、测年方法、古地震等栏目。读者对象为地学领域研究及实际工作者、大专院校相关专业师生。

地域研究与开发 ＝ Areal research and development / 河南省科学院地理研究所，1987～
双月刊　　　　　　CLC：K9,P9,F129
ISSN 1003-2363　　CN 41-1085/P　36-109　Q5771
河南省郑州市陇海中路 64 号（450052）
编辑部电话：0371-67939201
http://www. yjykf. com
yjkf@vip. sohu. com

主要刊载地域研究与开发方面的理论、方法与实践性的最新研究成果。主要栏目：区域研究、旅游研究、城市研究、农业农村、生态环境、土地研究、人口研究、历史文化地理、历史地理、文化地理等。主要读者对象是从事地理研究、国民经济与可持续发展研究的科研工作者及相关专业院校师生。1987 年继承：《中原地理研究》（1982～1986）。

地震 ＝ Earthquake / 中国地震局地震预测研究所，中国地震学会地震预报专业委员会，中国地震学会地震流体专业委员会，中国地震学会地震电磁学专业委员会，1981～
季刊　　　　　　　CLC：P315
ISSN 1000-3274　　CN 11-1893/P　2-820　Q-1144
北京市 166 信箱（100036）
编辑部电话：010-88015641,5160
dizhen@vip. sina. com

主要刊登地震观测、地震前兆和强震机理与预测等研究成果，推动震预报探索研究及其成果在防震减灾中的应用。读者对象为从事地震观测分析、地震前兆探索、地震机理与预测研究的广大地震科技工作者和相关领域的科研人员。1981 年继承：《地震战线》（1967～1980）。

地震地质 ＝ Seismology and geology / 中国地震局地质研究所，1979～
双月刊　　　　　　CLC：P315. 2

ISSN 0253-4967　　CN 11-2192/P　82-809　Q112
北京市 9803 信箱（100029）
编辑部电话：010-62009049
http://www. dzdz. ac. cn
dzdz@ies. ac. cn

主要刊登活动构造、新构造、地球内部物理、构造物理、地球动力学、地球化学、地震预测、新年代学、工程地震、火山学、减轻地质灾害等方面的研究成果。设有研究论文、科研简讯、新技术应用、专题综述、学术争鸣等栏目。读者对象为从事地球地震科学、地质科学、地球物理学及其他相关学科科技工作者和大专院校师生。

地震工程学报 ＝ China earthquake engineering journal / 中国地震局兰州地震研究所，清华大学，中国地震学会，中国土木工程学会，2013～
双月刊　　　　　　CLC：P315
ISSN 1000-0844　　CN 62-1208/P　54-28　BM674
甘肃省兰州市东岗西路 450 号中国地震局兰州地震研究所（730000）
编辑部电话：0931-8275892
http://dzgcxb. ijournals. cn
dzgcxb@gsdzj. gov. cn,2506121280@qq. com

主要刊登岩土地震工程、生命线地震工程、结构地震工程、土动力学与岩土地震工程、工程地震和城乡综合防震减灾等方面的研究成果，包括有关地震地质、地球物理、大地测量、地震监测预报研究、仪器研制等方面的内容。读者对象为地震学、地震工程学、地球物理学及其他相关学科研究人员、科技人员和大专院校师生。2013 年继承：《西北地震学报》（1979～2012）。

地震工程与工程振动 ＝ Earthquake engineering and engineering dynamics / 中国地震局工程力学研究所，中国力学学会，1981～
双月刊　　　　　　CLC：P315,TU
ISSN 1000-1301　　CN 23-1157/P　14-246　BM556
黑龙江省哈尔滨市学府路 29 号（150080）
http://dzgc. paperonce. org
eeevc@iem. ac. cn

2023 年 10 月起由中国地震局工程力学研究所单独主办。报道地震工程与工程振动领域的学术论文、综述性文章和学术动态等。内容涉及强震观测与分析、地震危险性研究、震源机制和强震特征及其在工程应用中的使用、地震激励下地质和岩土工程场地条件的响应和分析、地震情景构建和易损性评估、工程结构的地震响应分析和设计、基于性能的地震评估和设计、修复和加固、生命线地震工程、结构控制技术和性能材料的应用、土木工程振动问题等。读者对象为从事地震学、地震工程学、地球物理学及其他相关学科的工作者和大专院校相关专业的师生。

地震学报 = Acta seismologica Sinica / 中国地震学会，中国地震局地球物理研究所，1979～

双月刊　　　　　CLC：P315

ISSN 0253-3782　CN 11-2021/P　BM148

北京市海淀区民族大学南路 5 号（100081）

编辑部电话：010-68729330

http://www.dzxb.org

dzxb79@126.com

主要刊登地震科学方面研究成果和技术成就，发表与地震有关地球物理、地震地质、工程地震等科学领域学术论文及研究简报，包括地震科学有关评述文章和介绍地震科学及其重大学术问题研究现状和进展、地震科学及相关科技工作动态。读者对象为地球地震科学、地震地质科学、地球物理学及其他相关学科的国内外科技工作者和大专院校师生。

地震研究 = Journal of seismological research / 云南省地震局，1978～

季刊　　　　　　CLC：P315

ISSN 1000-0666　CN 53-1062/P　64-6　Q636

云南省昆明市盘龙区北辰大道（650224）

编辑部电话：0871-65747189

http://dzyj.paperopen.com

dzyj2003@163.com

主要刊登地震学、地震监测预报、地震地质、地震工程和工程抗震及防震减灾等方面学术论文、研究报告，发表地震学研究进展综合评论、发展动态的文章。读者对象为地球地震科学、地震地质科学、地球物理学及其他相关学科研究人员、科技人员和大专院校师生。

地质科技通报 = Bulletin of geological science and technology / 中国地质大学（武汉），2020～

双月刊　　　　　CLC：P5

ISSN 2096-8523　CN 42-1904/P　38-130　BM7999

湖北省武汉市洪山区鲁磨路 388 号（430074）

编辑部电话：027-67885048,4173

https://dzkjqb.cug.edu.cn

kjqb@cug.edu.cn

报道地壳运动与大陆地质构造及其动力机制等方面的前沿动态和基础理论研究成果，同时关注矿产资源勘查、地质灾害调查与防治、环境变迁规律等方面的应用科研成果。设有资源地质与工程、工程地质与地质灾害、环境地质与水文地质、新技术新方法等栏目。读者对象为地质领域的科技人员和相关专业高等院校师生。2020 年继承：《地质科技情报》（1982～2019）。

地质科学 = Chinese journal of geology / 中国科学院地质与地球物理研究所，1958～

季刊　　　　　　CLC：P5

ISSN 0563-5020　CN 11-1937/P　2-392　Q77

北京市 9825 信箱（100029）

编辑部电话：010-82998109,8115

http://www.dzkx.org

dzkx@mail.iggcas.ac.cn

反映地质学领域内的新理论、新成果、新发现、新方法、新进展，特别关注构造地质学、大地构造、岩石矿物矿床、沉积与盆地动力学、石油地质、地球化学、地质年代学、构造物理、地层与古生物、海洋地质学、环境地质学与灾害地质学、数学地质等方面的最新理论、野外和实验成果。读者对象为地质科学教学和科研人员。

地质力学学报 = Journal of geomechanics / 中国地质科学院地质力学研究所，1995～

双月刊　　　　　CLC：P5

ISSN 1006-6616　CN 11-3672/P　82-124

北京市海淀区民族学院南路 11 号（100081）

编辑部电话：010-68422368

http://journal.geomech.ac.cn

dzlx@vip.163.com

反映地质力学领域学术研究及科研成果。设有构造体系与构造地质、能源地质、矿田构造及成矿、第四纪地质与环境、基础地质与区域地质、地质灾害与工程地质、能源地质、北极油气资源等栏目。读者对象为地质力学领域及相关领域科研人员和相关专业高等院校师生。1995 年由《地质力学论丛》（1959～1982）和《中国地质科学院地质力学研究所所刊》（1982～199?）合并而成。

地质论评 = Geological review / 中国地质学会，1957～

双月刊　　　　　CLC：P5

ISSN 0371-5736　CN 11-1952/P　2-382　BM337

北京市阜成门外百万庄路 26 号（100037）

编辑部电话：010-68999804

http://www.geojournals.cn/georev/georev/home

georeview@cags.ac.cn

报道地质科学领域学术成果、研究进展、国内外科技动态和会讯。刊登地层学、古生物学、地史学、构造地质学、大地构造学、矿物学、岩石学、地球化学、地球物理学、矿床地质学、水文地质学、工程地质学、环境地质学、区域地质学以及地质勘查等方面论文及探讨、争鸣、评述性文章。设有问题讨论、科技述评、研究进展、通讯资料、消息报道、新书介绍、专题细解、窥斑速报以及专题细解栏目。读者对象为地质工作者、科研人员及地质院校师生。1957 年分自：《地质学报》（1952～）。

地质通报 = Geological bulletin of China / 中国地质调查局，2002～

月刊　　　　　　　　CLC：P5

ISSN 1671-2552　　CN 11-4648/P　　2-767　　M3684

北京市西城区阜成门外大街 45 号中国地质调查局发展研究中心(100037)

编辑部电话：010-58584211,4206

http://dzhtb.cgs.cn/gbc/ch/index.aspx

dzhtb@263.net

报道国家地质调查领域的新进展、新成果、新发现、新方法。设有专题报告、综述与进展、基础地质、能源与矿产资源、环境地质、矿产资源、水文地质·环境地质、方法与应用、快报、学术讨论等栏目。读者对象为从事地质调查、地质科学研究的科研、教学人员以及相关工程技术人员和科技管理人员。

地质学报 = Acta geologica Sinica / 中国地质学会，1952～

月刊　　　　　　　　CLC：P5

ISSN 0001-5717　　CN 11-1951/P　　2-113　　M78

北京市西城区百万庄大街 26 号(100037)

编辑部电话：010-68312410

http://geo.ijournals.cn/dzxb

dizhixuebao@163.com

刊载地质科学各分支学科及边缘学科的基础理论研究和基本地质问题研究成果。内容涉及古生物与地层、构造地质、地球物理、矿物、岩石、地球化学、矿床、石油地质、沉积古地理、第四纪地质、环境地质、工程地质、海洋地质、地质灾害、水文地质等。设有综述、研究论文、研究进展、技术方法、地学新知等栏目。读者对象为地质科学研究人员及地质院校师生。1952 年继承:《中国地质学会会志》(1922～1951);1957 年分出:《地质论评》(1957～)。

地质与勘探 = Geology and exploration / 中国冶金地质总局矿产资源研究院,中国地质学会，1957～

双月刊　　　　　　　CLC：P5

ISSN 0495-5331　　CN 11-2043/P　　82-504

北京市顺义区机场东路 2 号国家地理信息科技产业园 2A 组团 3 号楼(101300)

编辑部电话：010-53296110,6111

http://www.dzykt.com

dzykt@vip.sina.com

刊载固体矿产地质、成矿规律与成矿预测、矿产资源评价、找矿勘探方法、地球物理和地球化学勘察、岩石矿物研究、同位素地质、数学地质与遥感地质和钻探技术、水文、工程、环境地质、非金属矿物、工程地质勘察等方面的科研成果和研究论文。设有金属矿产、地球化学、地球物理、构造地质、境外矿产、油气资源、水文·

工程·环境、旅游地质、遥感地质等栏目。读者对象为地质工作者及相关学科科技人员、大专院校师生。

第二军医大学学报 = Academic journal of Second Military Medical University / 第二军医大学(海军军医大学)，1980～2022

月刊　　　　　　　　CLC：R,R82

ISSN 0258-879X　　CN 31-1001/R　　4-373　　M3852

上海市翔殷路 800 号(《海军军医大学学报》编辑部)(200433)

编辑部电话：021-81870791

http://xuebao.smmu.edu.cn

bxue@smmu.edu.cn

主要报道基础医学、临床医学、预防医学、军事医学、药学和中医学等领域的最新科研成果。辟有院士论坛、中青年学者论坛、专家论坛、专题报道、论著、研究快报、综述、学术园地、海洋军事医学、病例报告等栏目。主要读者对象为从事医药卫生工作的中高级科研、医疗、教学、预防机构人员和高等医药学院校的师生。2022,no.2 改名为《海军军医大学学报》(2022～)。

第三军医大学学报 = Journal of Third Military Medical University / 陆军军医大学(第三军医大学)，1979～2021

半月刊　　　　　　　CLC：R,R82

ISSN 1000-5404　　CN 50-1126/R　　78-91　　SM6529

重庆市沙坪坝区高滩岩正街 30 号(《陆军军医大学学报》编辑部)(400038)

编辑部电话：023-68752187

http://aammt.tmmu.edu.cn

主要登载国内外广大医疗实践、教学科研工作者在医药领域中所取得的新理论、新成果、新经验、新技术、新方法。主要栏目有专家述评、专题报道、军事医学、神经科学、基础医学、临床医学、医学心理学、三峡库区环境与健康、公共卫生与预防医学、中医中药学、药学、特种医学、生物医学工程、卫生政策与法规、研究快报、特别报道、学术沙龙等。读者对象为医学科研机构及医疗单位的科研人员和医务工作者,医学高等院校师生。1979 年继承:《三医大科技》(1978);2022 年改名为《陆军军医大学学报》(2022～)。

第四纪研究 = Quaternary sciences / 中国科学院地质与地球物理研究所,中国第四纪科学研究会，1989～

双月刊　　　　　　　CLC：P534.63

ISSN 1001-7410　　CN 11-2708/P　　82-428　　BM1150

北京市 9825 信箱(100029)

编辑部电话：010-82998119

http://www.dsjyj.com.cn

dsj@mail.igcas.ac.cn,dsjs@mail.igcas.ac.cn

反映国内外第四纪和全球变化研究发展趋势,刊登涵盖第四纪有关的地球科学、环境科学和人文科学各分支学科的最新成果,促进学术交流,提高第四纪科学的基础研究和应用研究水平。设有历史时期气候变化、研究方法、考古与环境考古、极地环境变化及现代过程研究、环境考古和古人类研究、古气候与现代过程变化研究、丝路演化与环境变迁研究、研究简报等栏目。读者对象为从事第四纪研究的科技人员和相关专业的高校师生。1989 年继承:《中国第四纪研究》(1958~1988)。

电波科学学报 = Chinese journal of radio science / 中国电子学会,1986~

双月刊　　　　　　CLC:TN

ISSN 1005-0388　　CN 41-1185/TN　36-260　BM1942

河南省新乡市牧野区建设东路 84 号(453000)

编辑部电话:0373-3712411

http://www.cjors.cn

dbkxxb@crirp.ac.cn,dbkxxb@126.com

刊载电波科学的基础科学、理论研究、试验研究、工程应用等方面的创新科研成果,包括电磁场、电波传播、天线,以及无线电系统、地球物理、空间科学、电磁兼容、生物电磁、人工智能等领域中涉及的电波科学与技术内容。读者对象为相关专业科研、技术人员和高等专业院校师生。

电测与仪表 = Electrical measurement & instrumentation / 哈尔滨电工仪表研究所有限公司,1968~

月刊　　　　　　CLC:TM93

ISSN 1001-1390　　CN 23-1202/TH　14-43　M4150

黑龙江省哈尔滨市松北区创新路 2000 号(150028)

编辑部电话:0451-86611021

http://www.emijournal.net

dcyb@vip.163.com

报道我国电工仪器仪表行业的科技成果。主要栏目有理论与实验研究、能源互联网、测量与控制、仪器仪表、工程与应用、校验技术及设备、电力需求侧探讨、产品设计与分析、电路设计与应用、综述与专题评述等栏目。读者对象为电力系统科研、技术人员及相关专业院校师生。1968 年继承:《国外电工仪表》(1964~1967)。

电池 = Battery bimonthly / 全国电池工业信息中心,湖南轻工研究院,1981~

双月刊　　　　　　CLC:TM911

ISSN 1001-1579　　CN 43-1129/TM

湖南省长沙市仰天湖新村 1 号(410015)

编辑部电话:0731-85141901

http://www.batterypub.com

dianchi@batterypub.com,batterie@qq.com,batterie@yeah.net

报道电池技术的研究与应用成果及最新发展动态。设有本刊专稿、科研论文、学术动态、技术交流、讨论会、综述、测试分析、环境保护和其他等栏目。读者对象为相关专业研究人员及高等院校师生,商业、商检、外贸、电池用具设计生产人员。1981 年继承:《干电池》(1979~1980)。

电镀与精饰 = Plating & finishing / 天津市电镀工程学会,1982~

月刊　　　　　　CLC:TQ15

ISSN 1001-3849　　CN 12-1096/TG　18-145

天津市河东区新开路美福园 2 号楼 1 门 102(300011)

编辑部电话:18526075251

http://www.pfoc.org.cn

DDYJS@126.com

报道国内外电镀、化学镀及其他镀覆技术、氧化着色及金属转化膜等金属与非金属表面精饰相关技术领域的科研成果及专题资料,介绍电镀与精饰领域的新技术、新工艺、新材料,传播电镀、化学镀及其他镀覆工艺,氧化着色,金属转化膜等精饰技术。设有论文、新技术新工艺、涂料涂装、生产实践、综合信息、环境保护等栏目。读者对象为相关专业领域的工程技术人员、科研人员、专业院校师生及广大技术工人、生产管理人员。1982 年继承:《天津电镀》(1973~1981)。

电镀与涂饰 = Electroplating & finishing / 广州大学,1982~

半月刊　　　　　　CLC:TQ15

ISSN 1004-227X　　CN 44-1237/TS　46-155　M5645

广东省广州市番禺区大学城外环西路 230 号(510663)

编辑部电话:020-39366085

http://www.plating.org

plating@gzhu.edu.cn

报道金属与非金属覆盖层、表界面相关技术的内容,包括但不限于电沉积、电镀、化学镀、塑料电镀、电子电镀、真空镀、离子镀、热喷涂、磁控溅射、现代涂装、磷化、电泳、氧化着色、转化膜、介质膜、腐蚀防护、环保、三废治理、清洁生产等各细分领域。设有防腐技术、电镀技术、涂料技术、涂装技术、镀覆技术、环保技术、电子技术、分析测试技术、转化膜技术等栏目。读者对象为从事电镀与涂层精饰技术研究与开发的科研人员、工程技术人员及相关专业院校师生。

电工电能新技术 = Advanced technology of electrical engineering and energy / 中国科学院电工研究所,1982~

月刊　　　　　　CLC:TM

ISSN 1003-3076   CN 11-2283/TM   82-364

北京市 2703 信箱(100190)

编辑部电话：010-82547196

dgdnedit@mail.iee.ac.cn

报道国内外电工电能技术最新科研成果。内容包括新型发电技术，大、中、小、微型电机技术，超导电工技术，磁悬浮技术，高电压及强脉冲放电技术，电力电子与电气传动，电加工、电子束和离子束技术，电力系统自动化以及计算机在电工领域中的应用等。主要栏目有专家论坛、论文报告、综述与述评、行业动态、新技术应用等。读者对象为相关专业的研究人员、技术人员及大专院校师生。

电工技术学报 = Transactions of China electrotechnical society / 中国电工技术学会，1986～

半月刊   CLC：TM

ISSN 1000-6753   CN 11-2188/TM   6-117   1362BM

北京市西城区莲花池东路 102 号天莲大厦 10 层 (100055)

编辑部电话：010-63256949,6981,6994

http://www.ces-transaction.com

dgjsxb@vip.126.com

报道电气工程领域的科研与应用成果。内容包括电机电器、电力电子技术、电力系统、工业自动控制、电工理论、电气绝缘、材料、信息化技术、新能源技术等方面。主要栏目有电工理论与新技术、电机与电器、电力电子、高电压与绝缘。读者对象为电工技术人员及相关专业大专院校师生。

电光与控制 = Electronics optics & control / 中国航空工业集团公司洛阳电光设备研究所，1986～

月刊   CLC：V24,TJ

ISSN 1671-637X   CN 41-1227/TN   36-693   M1030

河南省洛阳市凯旋西路 25 号(471000)

编辑部电话：0379-63327293

https://dgykz.avicoptronics.com

dgykz@vip.163.com

报道跨电子、光学、控制和任务计算等多学科的综合性技术，主要专业方向为：航空装备作战使用分析、航空任务系统、航空火力控制与指挥、光电探测与对抗、机载显示、激光与红外、任务系统仿真等。主要报道上述领域的科研成果、研究报告和国内外动态。读者对象为从事上述相关领域研究、设计、测试、使用、维修的科技人员、高等院校师生、部队的科研技术人员，以及航空火控技术爱好者。1986 年继承：《机载火控》(1981～1986)。

电化教育研究 = E-education research / 西北师范大学，中国电化教育研究会，1980～

月刊   CLC：G43

ISSN 1003-1553   CN 62-1022/G4   54-82   M3268

甘肃省兰州市安宁东路 967 号(西北师范大学内) (730070)

编辑部电话：0931-7971823,7970586

http://aver.nwnu.edu.cn

dhjyyj@163.com

关注国内外电化教育理论的最新发展、电化教育研究的最新动态、全国各地教育改革的进程、中小学信息技术教育研究的最新成果等。主要栏目有理论探讨、学习环境与资源、课程与教学、学科建设与教师发展、网络教育、中小学电教、历史与国际比较等。读者对象为教育科学工作者、电教研究及教学人员。

电化学 = Journal of electrochemistry / 中国化学会，厦门大学，1995～2023

双月刊   CLC：TM9,O6

ISSN 1006-3471   CN 35-1172/O6   34-61   M5646

福建省厦门市厦门大学 D 信箱(化学楼)(《电化学 (中英文)》编辑部)(361005)

编辑部电话：0592-2181469

http://electrochem.xmu.edu.cn

dianhx@xmu.edu.cn

报道我国电化学领域的最新科研成果和动态。刊登综述、研究快讯、研究论文、研究简报以及最新电化学技术应用文献摘引。读者对象为相关专业的科研人员和大专院校师生。2022 年起改为月刊。2023,no.8 起改名为《电化学(中英文)》(2023～)。

电机与控制学报 = Electric machines and control / 哈尔滨理工大学，1997～

月刊   CLC：TM3

ISSN 1007-449X   CN 23-1408/TM   14-46

黑龙江省哈尔滨市学府路 52 号(150080)

编辑部电话：0451-86396392

http://emc.hrbust.edu.cn

djkz_emc@188.com

2023 年起由哈尔滨理工大学和中国电机工程学会主办。报道国内外电气工程、控制科学与工程领域中最新的重要研究成果和具有创造性的学术成果，内容包括电机与电器、电力系统及其自动化、电力电子与电力传动、电工理论与新技术、高电压与绝缘技术、控制理论与控制工程、检测技术与自动化装置、导航、制导与控制、测试计量技术及仪器、机器人等。主要读者对象为国内外高等院校师生和科研单位、企事业单位的科研人员。1997 年继承：《哈尔滨电工学院学报》(1960～1996)。

电加工与模具 = Electromachining & mould / 苏州电

加工机床研究所,中国机械工程学会特种加工分会,2000~

双月刊　　　　CLC:TM92,TG66

ISSN 1009-279X　CN 32-1589/TH　28-36　BM5939

江苏省苏州市高新区金山路 180 号(215011)

编辑部电话:0512-67274541

http://djgu.cbpt.cnki.net

djgymj66@163.com

报道特种加工和模具制造领域技术,注重特种加工方面的设计研究成果、工艺应用技术、使用维修经验、产品开发信息和行业发展动态等。设有电火花加工、电化学加工、激光加工及增材制造、超声加工及其他特种加工与信息动态栏目。读者对象为特种加工和模具制造领域的专家学者、科技人员、管理干部、技术工人及院校师生。2000 年继承:《电加工》(1972~1999)。

电力工程技术 = Electric power engineering technology / 国网江苏省电力有限公司,江苏省电机工程学会,2017~

双月刊　　　　CLC:TM

ISSN 2096-3203　CN 32-1866/TM　28-305

江苏省南京市江宁区帕威尔路 1 号(211103)

编辑部电话:025-86556860,8553,8020

http://www.epet-info.com

epet@ijournals.cn

报道我国电力技术领域的最新科研成果和动态、新技术在电力工程中的应用研究、电力工程领域创新性学术及技术成果,服务电力科技创新,传播电力工程领域新理论、新技术、新方法。内容覆盖电力系统发、输、变、配、用、调全领域。固定栏目有专论与综述、专题、电网运行与控制、配网与微网、技术探讨,非固定栏目有名家观点、高电压技术、智能电网技术、电机与电器、发电技术等。读者对象为相关专业的科研人员和大专院校师生。2017 年继承:《江苏电机工程》(1987~2016)。

电力建设 = Electric power construction / 国网经济技术研究院有限公司,中国电力工程顾问集团有限公司,中国电力科学研究院有限公司,1980~

月刊　　　　CLC:TM

ISSN 1000-7229　CN 11-2583/TM　82-679　C8004

北京市昌平区未来科学城国家电网公司办公区 A225(102209)

编辑部电话:010-66602697

http://www.cepc.com.cn

dljs@263.net

报道电力建设领域基础理论研究和重点工程技术成果。内容包括电源工程建设,电网工程建设,电源电网运行,技改和检修,电力设备制造,电力系统自动化,工程管理等。主要栏目:专家论坛、理论研究、电源技术、电网技术、设备与材料、信息服务、专栏。读者对象为相关专业的科研、管理和技术人员。

电力科学与技术学报 = Journal of electric power science and technology / 长沙理工大学,2007~

双月刊　　　　CLC:TM

ISSN 1673-9140　CN 43-1475/TM　42-140

湖南省长沙市万家丽南路二段 960 号(410114)

编辑部电话:0731-85258195

http://dlkjxb.csust.edu.cn

dlxb04@163.com

报道电力科学基础理论,工程技术应用方面的最新研究成果,介绍国内外电力科技发展动态。内容包括电力市场与电力系统运行管理、电网技术、高电压技术、供用电技术、电能质量与节能技术、电力自动化设备、热能与动力工程、水利水电工程、新能源技术、电力系统通信、计算机技术、计算机技术、现代控制理论、IT 技术及智能化仪器仪表在电力系统中的应用等。主要栏目有名家主持、专项课题研究、科学研究、技术应用、综述等。读者对象为电力行业的科研人员、技术人员及相关专业院校师生。2007 年继承:《长沙电力学院学报.自然科学版》(1995~2006)。

电力系统保护与控制 = Power system protection and control / 许昌开普电气研究院有限公司,2008~

半月刊　　　　CLC:TM5

ISSN 1674-3415　CN 41-1401/TM　36-135　SM-4914

河南省许昌市尚德路 17 号(461000)

编辑部电话:0374-3212254,3212234

http://www.dlbh.net

pspc@vip.126.com

主要刊登涉及电力系统保护与控制专业领域的新技术、新成果及运行经验、技术改进、国内外先进技术等方面的论文。包括电力系统继电保护、电力系统分析与控制、电力系统规划、综合能源系统、新能源发电、智能变电站、智能输电及用电技术、大规模电动汽车接入对电网的影响、微电网技术、电力电子技术在电力系统中的应用、电力自动化及远动技术、电力系统通信、电能质量、电力市场等。主要栏目有理论分析、综述、应用研究、设计开发、工程应用,以及针对行业技术发展和热点课题的特约专稿、专辑、专题等。读者对象为电力系统从事科研设计、制造、试验、现场运行与维护的科技人员、技术工人及相关专业院校师生。2008 年继承:《继电器》(1973~2008)。

电力系统及其自动化学报 = Proceedings of the CSUEPSA. A publication of the Chinese Society of Universities

for Electric Power System and its Automation / 天津
大学，1989～

月刊   CLC：TM7
ISSN 1003-8930   CN 12-1251/TM
天津市南开区天津大学远教大楼 A 区 213 室(300072)
编辑部电话：022-27401056
http://dlzd.cbpt.cnki.net
epsaproc@tju.edu.cn

反映电力系统及其自动化领域的基础理论和应用技
术研究成果，刊登电力系统及其自动化领域的基础理论
研究、重要设备研究开发方面的学术论文和研究成果报
告，也发表高校教学和科研方面的经验交流和国内外学
术动态报道及相关企业的生产和研究工作的介绍等。
读者对象为相关领域科技人员及专业院校师生。

电力系统自动化 ＝ Automation of electric power sys-
tems / 国网电力科学研究院有限公司，1977～
半月刊   CLC：TM76
ISSN 1000-1026   CN 32-1180/TP   28-40   SM362
江苏省南京市江宁区诚信大道 19 号(211106)
编辑部电话：025-81093050,3045
http://www.aeps-info.com
aeps@alljournals.cn

报道电力工业的科技成果。内容包括综合能源系统，
智能电网，信息能源系统，电力系统规划、运行、分析与
控制，交直流输电，智能配用电，分布式发电与微电网，
智能调度，厂站自动化，继电保护，绿色电力自动化(包
括清洁能源并网、碳排放及管理、节能与环保等)，电力
市场，电能质量，以及电力电子、信息通信技术、智能化
仪器仪表在电力系统中的应用等。主要栏目包括研制
与开发，工程应用，新技术新产品，讨论园地，微文，信息
动态等。读者对象为电力行业和高等院校从事科研、设
计、运行、试验、制造、管理与营销的专业技术人员和师
生，以及电力用户等。1977 年由《技术通讯》(197？～
1976)和《技术情报》(1959～1976)合并而成。

电力自动化设备 ＝ Electric power automation equip-
ment / 南京电力自动化研究所有限公司，国电南京
自动化股份有限公司，1981～
月刊   CLC：TM76
ISSN 1006-6047 CN 32-1318/TM   28-268   MO-4802
江苏省南京市高新技术产业开发区星火路 8 号
(210032)
编辑部电话：025-83537347,51859279
http://www.epae.cn
epae@sac-china.com

报道国内外电力自动化设备的设计制造技术和运行
经验，介绍和推广最新科研成果。报道领域主要包括：

电力系统规划、运行、分析与控制，电力系统继电保护，
智能调度，配电自动化，厂站自动化，综合能源系统，电
力电子，电力市场，信息通信技术，先进设备研制及在电
力系统中的应用等。主要栏目有专题研究、清洁能源、
分析研究、综述、经验交流等。读者对象为高等院校的
专家学者及电力系统和相关行业从事研发、设计、制造、
运行、管理等工作的科研技术人员等。

电气工程学报 ＝ Journal of electrical engineering / 机
械工业信息研究院，2015～
季刊   CLC：TM
ISSN 2095-9524   CN 10-1289/TM   80-506   M3769
北京市百万庄大街 22 号(100037)
编辑部电话：010-88379848
http://www.cjeecmp.cn
cjee@cjeecmp.com

报道国内外电气工程领域基础理论、工程技术应用等
方面具有创新性、前沿性的科研成果，内容覆盖电气工
程领域的各个学科，主要涉及：电工理论、电工材料、电
机、电器、电力电子及其电力传动、电力系统及其自动
化、高电压与绝缘技术、电气信息化等。主要栏目有电
机与电器、电力电子与电力传动、电力系统、高电压与绝
缘技术、电工理论与新技术、电气化交通、新能源发电与
电能存储、交叉与前沿等，不定期开设专题、专栏、专刊。
主要读者对象为电气工程行业从事教学、科研、设计、生
产单位的科技人员，大专院校与科研院所的师生和其他
电气专业技术人员。2015 年继承:《电气制造》(2006～
2015)。

电视研究 ＝ TV research / 中央广播电视总台，1989～
月刊   CLC：G22
ISSN 1007-3930   CN 11-3068/G2
北京市朝阳区光华路甲 1 号院(100020)
编辑部电话：010-85057269,7263
https://dshyj.cctv.com
dshyjiu@163.com

关注中国电视事业和世界电视业最新发展动态，传播
和研究电视新理念，记录电视事业发展的轨迹，宣传正
确舆论，传播先进文化。主要栏目有新闻广角、电视剧
天地、探讨与争鸣、探讨与争鸣、新媒体·新业态、环球
新视野等。读者对象为电视工作者、文化宣传工作者、
大专院校新闻和影视专业师生及广大电视爱好者。
1989 年继承:《电视业务》(1985～1988)。

电网技术 ＝ Power system technology / 国家电网有限
公司，1977～
月刊   CLC：TM7
ISSN 1000-3673   CN 11-2410/TM   82-604   1474M

北京市清河小营东路 15 号中国电力科学研究院有限公司内(100192)

编辑部电话:010-82812523,2672,2933,2982,2542

http://www.dwjs.com.cn

pst@epri.sgcc.com.cn

报道我国电力工业和电工行业的科技成果。内容涉及发电并网、输电、配电及用电等领域,包括中国电力和能源建设及发展规划、智能用电技术、电力系统专用通信及相关技术、电力市场建设及运作的技术、低碳电力技术、输配电技术、电网科研与建设、中国电力系统及自动化、可再生能源并网、人工智能技术在电网中的应用等方面。主要栏目包括国家重点研发计划、面向园区微网的综合能源系统运行规划馆建技术、直流输电与直流电网、电力系统、电力市场、高电压技术等。主要读者对象为电力系统工程技术人员及管理人员,相关专业大专院校师生。1977 年继承:《电力技术报导》(1957～1958)。

电网与清洁能源 = Power system and clean energy / 国网陕西省电力公司,西安理工大学水利水电土木建筑研究设计院,2008～

月刊　　　　　　　CLC:TM612

ISSN 1674-3814　　CN 61-1474/TK　52-171　M4498

陕西省西安市科技六路 15 号汇金国际(710065),陕西省西安市金花南路 5 号西安理工大学 202 信箱(水电)(710048)

编辑部电话:029-62894094

http://www.apshe.cn

psce_sn@163.com,sxhy@mail.xaut.edu.cn(水电)

2023 年 9 月起主办单位之一名为国网陕西省电力有限公司。报道电力建设领域基础理论研究和清洁能源开发利用建设成果。内容包括智能电网、清洁能源、水力发电、专家论坛、清洁能源资讯、电网技术资讯、能源评论等。主要栏目有科技综述、试验研究、专题讨论、运行分析、水力发电、智能电网、清洁能源等。读者对象为相关专业的科研、管理和技术人员。2008 年继承:《电网与水力发电进展》(2007～2008)。

电信科学 = Telecommunications science / 中国通信学会,人民邮电出版社有限公司,1956～

月刊　　　　　　　CLC:TN

ISSN 1000-0801　　CN 11-2103/TN　2-397　M841

北京市丰台区成寿寺路 11 号邮电出版大厦 8 层(100078)

编辑部电话:010-81055459,5470,5471

http://www.telecomsci.com,http://www.info-comm-journal.com

dxkx@ptpress.com.cn

报道通信科技成果、介绍工程实用技术、传播最新电信知识、交流先进管理经验、促进中国通信发展。主要栏目有视点聚焦、专题、研究与开发、综述、运营技术广角等。主要读者对象为从事信息通信工作的科研人员、工程技术人员、中高层管理人员和信息通信高校师生。

电讯技术 = Telecommunication engineering / 中国西南电子技术研究所,1958～

月刊　　　　　　　CLC:TN

ISSN 1001-893X　　CN 51-1267/TN　62-39　M2924

四川省成都市金牛区营康西路 85 号(610036)

编辑部电话:028-87555632

http://www.teleonline.cn

dxjs@china.com

主要刊登电子系统工程、通信、导航、识别、飞行器测控、卫星应用、雷达、信息战、共性技术(包括天线、射频电路、信号处理、信息处理、监视与控制、时间与频率、先进制造、电磁兼容、测试与试验、可靠性与维修性、软件工程化、综合保障)等方面的论文、述评、新技术新产品介绍。设有应用基础与前沿技术、电子与信息工程、综述与评论等栏目。读者对象为相关专业研究院所和企业的科研人员、工程技术人员、生产管理人员以及高等专业院校师生。

电影评介 = Movie review / 电影评介杂志社,1979～

半月刊　　　　　　CLC:J9

ISSN 1002-6916　　CN 52-1014/J　66-9

贵州省贵阳市乌当区大坡路 26 号天眼传媒大楼(550018)

编辑部电话:0851-86417303

filmreview@163.com

发表影视研究成果,对国内外最新影片和电影动态进行评论。内容包括影视理论、影视传媒、影视文学、影视音乐、影视美学方面的研究,以及影视技术、影视评论分析、学术探讨、影视资讯等。辟有类型与题材、电影理论、电影文学、电影评论、电影文化、导演研究、动画视域、影视艺苑等栏目。读者对象为影视机构的研究人员、广大文艺理论工作者、相关专业院校师生及电影电视爱好者。

电影文学 = Movie literature / 长影集团有限责任公司,1958～

半月刊　　　　　　CLC:J9,I235.1

ISSN 0495-5692　　CN 22-1090/I　12-8　M6047

吉林省长春市红旗街 1118 号(130021)

编辑部电话:0431-89156860,85939207

http://dylx.cbpt.cnki.net

dywxyk@126.com,dywxjb@163.com

刊登影视学、影视产业、影视技术、影视翻译、影视传播、影视文献及影视历史等方面的研究论文,还发表少量电影文学剧本。设有艺术百家、学术论坛、新锐视点、电影史料、导演评述、风格与特色、热片劲评、电影剧本等栏目。读者对象为电影工作者和电影文学爱好者。

电影新作 = New films / 上海电影艺术发展有限公司,
上海电影家协会,上海《东方电影》杂志社有限公司,
1979～
双月刊　　　　　　CLC：J9
ISSN 1005-6777　CN 31-1145/J　4-254　BM153
上海市漕溪北路 595 号 B 座 12 楼(200030)
编辑部电话：021-54271736
http：//www. eastmovie. com. cn, http：//www. sfs-cn. com
dianyingxinzuo@126.com
刊登有关影视文学理论、影视评论及电影史的研究论文,报道影视产业发展状况、影视理论的学术讨论,介绍电影艺术最新发展趋势。主要栏目有电影史研究、民族志电影研究、电影与媒介研究、外国电影研究、动画电影研究、电影书评、学界动态等栏目。读者对象为影视工作者及影视爱好者。

电影艺术 = Film art / 中国电影家协会,1959～
双月刊　　　　　　CLC：J9
ISSN 0257-0181　CN 11-1528/J　18-280　BM33
北京市北三环东路 22 号(100029)
编辑部电话：010-64296226,6227
filmart1956@126.com
以研究中国电影为主,关注中国电影的发展动向,展现中国电影的最新成就及创作经验,研究中国电影各个历史阶段的史料,刊登对中国电影历程的回顾及总结,介绍国内有影响影片及主创人员的创作思路,挖掘世界电影背后的思想与文化。辟有特别策划、影艺观察、电影批评、访谈录、理论研究、视与听、影史影人、国际视野等栏目。读者对象为电影工作者和电影艺术爱好者。1959 年由《中国电影》(1956～1959)和《国际电影》(1958～1959)合并而成;1978 年分出:《电影艺术译丛》(1978～1981)。

电源技术 = Chinese journal of power sources / 中国电子科技集团公司第十八研究所,1977～
月刊　　　　　　CLC：TM91
ISSN 1002-087X　CN 12-1126/TM　6-28
天津市滨海新区华苑产业园(环外)海泰华科七路 6号(300384)
编辑部电话：022-23959362
http：//www. cjpstj. com

报道国内外化学与物理电源(即电化学电池与太阳电池等)综合技术领域的最新科技成果,介绍电池工业生产的新技术、新工艺。主要栏目有国内外电池新闻、新产品新技术、企业介绍、评论、会议报道、研究与设计-物理电源、研究与设计-化学电源、研究与设计-系统技术、综述、人物专访、产品博览等。主要读者对象为从事化学与物理电源科研及生产的科技工作者、科技管理工作者及电源用户。

电源学报 = Journal of power supply / 中国电源学会,
国家海洋技术中心,2011～
双月刊　　　　　　CLC：TM
ISSN 2095-2805　　CN 12-1420/TM　6-273　BM8665
天津市南开区黄河道 467 号(300110)
编辑部电话：022-27686327
http：//www. jops. cn
jops@cpss. org. cn
报道电源领域最具原创性和创新性的新理论、新技术和新成果。主要栏目有变换器、逆变器、无线电能传输、特种电源、LED 驱动电源、EMI/EMC、电能质量、新能源发电与微网、功率半导体器件、虚拟同步机、固态变压器、电机驱动与运动控制、电池与充电、电动汽车与电力机车、电力系统等。主要读者对象为电源行业的科研、技术人员。2011 年继承:《电源技术学报》(2002～2010)。

电子测量技术 = Electronic measurement technology /
北京无线电技术研究所,1977～
半月刊　　　　　　CLC：TM93,TN
ISSN 1002-7300　　CN 11-2175/TN　2-336
北京市东城区北河沿大街 79 号(100009)
编辑部电话：010-64044400
http：//www. etmchina. com
dzcl@vip. 163. com
专注于电子测量领域,报道电子测量领域国内外最新技术及应用案例,推广电子测量技术领域新技术、新产品的应用。报道国内外测试测量界重要科技新闻,内容涵盖了电子测量技术、测控技术及其相关学科、专业。读者对象为从事科研、生产的工程技术人员,相关院校师生,以及军工企业、各大公司的技术决策、采购人员。

电子测量与仪器学报 = Journal of electronic measurement and instrument / 中国电子学会,1987～
月刊　　　　　　CLC：TM93,TH7
ISSN 1000-7105　　CN 11-2488/TN　BM1953
北京市东城区北河沿大街 79 号(100009)
编辑部电话：010-64044400
http：//jemi. etmchina. com

jemi@vip.163.com

重点刊载以电子测量与仪器领域的科研新成果,发展新趋势,理论研究的新方法,新型器件的应用,新技术的推广等为核心内容的学术论文,并有针对性地邀请有关专家学者发表综述和评论性文章。设有专家论坛、学术论文、电池检测技术及其应用、状态监测与故障诊断、医学与生物信息检测、传感器技术及其应用、视觉测量与图像处理、基于神经网络的研究与应用、先进感知与智能控制、检测技术、传感器技术等专题专栏。读者对象为相关专业科研人员和工程技术人员。

电子科技大学学报 = Journal of University of Electronic Science and Technology of China / 电子科技大学,1989～

双月刊   CLC:TN

ISSN 1001-0548   CN 51-1207/TN   62-34

四川省成都市成华区建设北路二段四号(610054)

编辑部电话:028-83202308,7559

http://www.juestc.uestc.edu.cn

xuebao@uestc.edu.cn

刊登通信与信息工程、计算机工程与应用、电子工程、电子信息材料与器件、物理电子学、光电子学工程与应用、电子机械工程、生物电子学、自动化技术等学科的基础理论和关键技术方面的研究进展和创新成果的学术论文。读者对象为上述学科专业的科研人员、工程技术人员及高等院校师生。1989 年继承:《成都电讯工程学院学报》(1959～1988)。

电子显微学报 = Journal of Chinese electron microscopy society / 中国物理学会,1982～

双月刊   CLC:TN16

ISSN 1000-6281   CN 11-2295/TN

北京市中关村北二条 13 号(100190)

编辑部电话:010-62571500,82671519

http://www.dzxwxb.ac.cn

cems_cn@163.com,dzxwxb@126.com

主要刊登电子显微学和其他新兴显微学等的理论研究、仪器研制生产,以及在材料科学、生命科学、纳米科技、医学、金属学、地学、化学化工、环境科学、半导体材料等领域中的应用研究成果方面的学术论文;仪器相关的理论、技术和实验方法的发展与改进;电子显微镜及其他仪器的使用、改进与维修经验的交流等。读者对象为从事上述领域的科学工作者,工程技术人员与大专院校师生等。

电子学报 = Acta electronica Sinica / 中国电子学会,1962～

月刊   CLC:TN

ISSN 0372-2112   CN 11-2087/TN   2-891   M436

北京市 165 信箱(100036)

编辑部电话:010-68600728

http://www.ejournal.org.cn

new@ejournal.org.cn

刊登电子与信息科学及相邻领域的原始科研成果。内容包括中国电子与信息科学领域内的新理论、新思想、新技术,具有国内外先进水平的最新研究成果和技术进展。读者对象为电子科技领域的科研、生产人员及相关专业大专院校师生。

电子与信息学报 = Journal of electronics & information technology / 中国科学院空天信息创新研究院,2001～

月刊   CLC:TN

ISSN 1009-5896   CN 11-4494/TN   2-179   M412

北京市北四环西路 19 号(北京市 2702 信箱学报编辑部)(100190)

编辑部电话:010-58887066

http://jeit.ie.ac.cn

jeit@mail.ie.ac.cn

报道我国电子科学的最新研究成果,包括:电路与系统,信息科学,电磁场理论及其应用,无线电和电波理论和技术,毫米波和亚毫米波技术,电子物理,电子光学,电子器件,光电器件,激光器,新材料和新工艺,计算机应用等方面内容。读者对象为相关专业的科技人员、技术管理人员、技术工人和高等院校师生。2001 年继承:《电子科学学刊》(1983～2000)。

电子元件与材料 = Electronic components and materials / 国营第 715 厂,中国电子学会,中国电子元件行业协会,1982～

月刊   CLC:TN6

ISSN 1001-2028   CN 51-1241/TN   62-36   M5627

四川省成都市一环路东一段信息产业大厦 1101 室(610051)

编辑部电话:028-84391569

http://www.cnelecom.net

journalecm@163.com

报道范围包括半导体材料与器件、光电材料与器件、新能源材料与器件、LTCC 材料与片式元器件、新型人工电磁材料、电子薄膜与集成器件、微波磁性材料与器件、敏感材料与元器件、微波无源器件与电路、模拟/数字/射频集成电路与系统等。读者对象为电子材料、电子元器件及电子整机的生产企业、研究所和高等学府决策人员和科技工作者。199? 年吸收:《中国电子元件》(1989～1997)。

电子政务 = E-Government / 中国科学院文献情报中心，2004～

月刊　　　　　　　CLC：C931.4，D035.1

ISSN 1672-7223　　CN 11-5181/TP　82-564

北京市中关村北四环西路 33 号（100190）

编辑部电话：010-82622546

http://www.cnegov.org

egov@mail.las.ac.cn

报道国内外电子政务建设的经验，聚焦中国电子政务发展关键问题，探讨中国电子政务建设的发展道路和模式，整合国内外电子政务优势资源，反映国家信息化和电子政务发展进程。主要栏目有数字经济治理、学术篇。读者对象为电子政务决策者、思想者、建设者和应用者。2004 年继承：《中外科技信息》（1998～2003）。

东北大学学报. 社会科学版 = Journal of Northeastern University. Social science / 东北大学，1999～

双月刊　　　　　　CLC：C55

ISSN 1008-3758　　CN 21-1413/G4　8-123　BM7815

辽宁省沈阳市南湖（110819）

编辑部电话：024-83687253

http://xuebao.neu.edu.cn

xbsk@mail.neu.edu.cn

刊登哲学社会科学领域的研究成果。主要栏目有科技哲学研究、经济与管理研究、政治与公共管理研究、法学研究、语言文学研究等。读者对象为社会科学理论工作者和大专院校师生。1999 年继承：《东北大学学报. 教育科学版》（1994～1998）。

东北大学学报. 自然科学版 = Journal of Northeastern University. Natural science / 东北大学，1994～

月刊　　　　　　　CLC：N55

ISSN 1005-3026　　CN 21-1344/T　8-120　M528

辽宁省沈阳市和平区文化路三号巷 11 号东北大学学报 267 信箱（110819）

编辑部电话：024-83687378

http://xuebao.neu.edu.cn

editor@mail.neu.edu.cn

主要刊登该校理工管各学科的最新学术成果。主要栏目有信息科学与工程、材料与冶金、机械工程、资源与土木、管理科学、数理化力学等。读者对象为科技工作者及理工科院校师生。1994 年继承：《东北工学院学报》（1976～1993）。

东北林业大学学报 = Journal of Northeast Forestry University / 东北林业大学，1985～

月刊　　　　　　　CLC：S7

ISSN 1000-5382　　CN 23-1268/S　14-66　JNSC52

黑龙江省哈尔滨市和兴路（150040）

编辑部电话：0451-82191712

http://dlxb.nefu.edu.cn

主要发表林木遗传育种、森林培育、森林保护学、森林经理学、生态学（森林生态学）、植物学（森林植物学）、野生动植物保护与利用、园林植物与观赏园艺、水土保持与荒漠化防治、森林工程、木材科学与技术、林产工业、林产化学加工工程、林业经济管理等与林业密切相关的学科和专业的原始实验研究学术论文。读者对象为广大的林业科技工作者和林业大专院校师生以及与之相关人员。1985 年继承：《东北林学院学报》（1977～1985）。

东北农业大学学报 = Journal of Northeast Agricultural University / 东北农业大学，1994～

月刊　　　　　　　CLC：S

ISSN 1005-9369　　CN 23-1391/S　14-47

黑龙江省哈尔滨市长江路 600 号（150030）

编辑部电话：0451-55190553

http://publish.neau.edu.cn

xuebao@neau.edu.cn

反映农业基础理论与试验研究方面的研究成果。内容包括：作物学、园艺学、植物保护、生物学、农业工程、食品科学、畜牧学、兽医学、电气工程、水利工程、环境科学、农业资源。主要读者对象为国内外农业科研院所、高校的科研与教学人员、研究生及涉农企事业单位科技人员。1994 年继承：《东北农学院学报》（1957～1993）。

东北师大学报. 哲学社会科学版 = Journal of Northeast Normal University. Philosophy and social sciences edition / 东北师范大学，1981～

双月刊　　　　　　CLC：C55

ISSN 1001-6201　　CN 22-1062/C　12-21　BM357

吉林省长春市净月大街 2555 号（130117）

编辑部电话：0431-89165995

http://dbss.cbpt.cnki.net

dswkxb@nenu.edu.cn

主要刊发政治理论、哲学、经济学、法学、历史学、语言文学、艺术、教育学等各学科学术研究论文。读者对象为社会科学研究人员、文科院校师生及中学教师等。1981 年继承：《东北师大学报. 社会科学版》（1980）。

东北师大学报. 自然科学版 = Journal of Northeast Normal University. Natural science edition / 东北师范大学，1980～

季刊　　　　　　　CLC：N55

ISSN 1000-1832　　CN 22-1123/N　12-43　0883-QR

吉林省长春市净月大街 2555 号（130117）

编辑部电话：0431-89165992

http://dbsz. cbpt. cnki. net

dslkxb@nenu. edu. cn

主要刊登数学、物理、化学、计算机科学、生物学、地理学、环境科学等学科的学术论文和研究成果。读者对象为科技工作者、理工科院校师生及中学教师。1980 年继承：《吉林师大学报. 自然科学版》(1978～1980)。

东北石油大学学报 = Journal of Northeast Petroleum University / 东北石油大学，2012～

双月刊　　　　　CLC：TE

ISSN 2095-4107　　CN 23-1582/TE　14-90　BM5564

黑龙江省大庆市(163318)

编辑部电话：0459-6503714,6503458

http://xuebao. nepu. edu. cn

xuebao@nepu. edu. cn

刊载以油气地质与勘探、石油与天然气工程、油田化学工程、石油机械工程为主，以及计算机与自动化工程、建筑科学、经济管理、基础科学及其他方面的具有较高理论及应用价值的学术论文。主要栏目有油气地质与勘探、石油与天然气工程、油田化学工程、石油机械工程、计算机与自动化工程、基础科学及其他、专题研究等。读者对象为石油与天然气勘探、开发及相关行业的科研人员、工程技术人员和高等专业院校师生。2012年继承：《大庆石油学院学报》(1977～2012)。

东北亚论坛 = Northeast Asia forum / 吉林大学，1992～

双月刊　　　　　CLC：D731,F1

ISSN 1003-7411　　CN 22-1180/C　12-123　BM715

吉林省长春市前进大街 2699 号(130012)

编辑部电话：0431-85168728

http://dbyl. cbpt. cnki. net

dbylt2009@qq. com

主要探讨亚太地区政治、经济、商业、法律、安全、国际关系以及公共政策等领域内容。设有东北亚区域合作、东北亚政治、东北亚政治与安全、东北亚政治与外交、国际区域问题、东北经济与社会发展、大国关系、全球气候与能源问题、"一带一路"研究、海洋安全、新丝绸之路研究等栏目。读者对象为国际问题研究理论工作者和相关专业院校师生。

东方法学 = Oriental law / 上海市法学会，上海人民出版社有限责任公司，2008～

双月刊　　　　　CLC：D9

ISSN 1674-4039　　CN 31-2008/D　4-825　BM8854

上海市昭化路 490 号(200050)

编辑部电话：021-62128449

https://dffx. chinajournal. net. cn

dffxtg@126. com

发表法学各领域的论文与评论，注重学理探讨，同时也关注直接涉及社会现实问题的研究文章。辟有学术专论、理论前沿、司法改革、新时代法治、未来管理、域外之窗、数据规制、产权创新、青年论坛、网络法治、专题笔谈等栏目。读者对象为相关专业师生、法律专业人士等。2008 年继承：《东方法学(集刊)》(2006～2007)。

东华大学学报. 自然科学版 = Journal of Donghua University. Natural science / 东华大学，2001～

双月刊　　　　　CLC：T,TS1

ISSN 1671-0444　　CN 31-1865/N　4-123

上海市延安西路 1882 号(200051)

http://dhdz. cbpt. cnki. net

dhutougao@126. com

主要刊登该校师生的科学研究成果，适量刊登校外作者的优秀科技论文。设有纤维与材料工程、纺织与服装工程、化学化工与生物工程、计算机与信息工程、机械与制造工程、环境科学与工程、经济与管理工程、基础科学等栏目。读者对象为高校师生、科研人员、工程技术人员及其他相关人员。2001 年继承：《中国纺织大学学报》(1986～2000)。

东华理工大学学报. 自然科学版 = Journal of East China University of Technology. Natural science / 东华理工大学，2008～

双月刊　　　　　CLC：N55

ISSN 1674-3504　　CN 36-1300/N　44-157

江西省抚州市学府路 56 号(344000)

编辑部电话：0794-8258317

http://dhlgzkb. paperonce. org

ecutxb@163. com

反映该校自然科学方面的最新研究成果和科技动态。内容涉及地球科学中地质矿产勘查、经济地质、能源地质、地球化学、应用地球物理、水文地质、农业地质、工业分析、精细化工、测量工程、土地利用与城市规划、应用电子技术、计算机及应用、环境监测、无机非金属材料及其相关学科。读者对象为科技工作者和理工科大专院校师生。2008 年继承：《东华理工学院学报》(2004～2007)。

东南大学学报. 哲学社会科学版 = Journal of Southeast University. Philosophy and social science / 东南大学，2000～

双月刊　　　　　CLC：C55

ISSN 1671-511X　　CN 32-1517/C　28-269

江苏省南京市四牌楼 2 号(210096)

编辑部电话：025-83791190

http://skxb. seu. edu. cn/ch/index. aspx

skxbzf@163. com

内容涉及哲学、社会学、经济学、法学、语言学、艺术学、历史学、教育学等领域。设有马克思主义与当代中国、道德哲学、社会学、经济决策与企业管理、法学、艺术学、历史与文化、语言与文学等栏目。读者对象为文科院校师生及社会科学工作者。2000 年继承:《东南大学学报. 社会科学版》(1999)。

东南大学学报. 自然科学版 = Journal of Southeast University. Natural science edition / 东南大学,2000～

双月刊   CLC:N55

ISSN 1001-0505   CN 32-1178/N 28-15   DK32011

江苏省南京市四牌楼 2 号(210096)

编辑部电话:025-83794323,4094

http://journal. seu. edu. cn

jseu@pub. seu. edu. cn

反映该校作者在工程技术和基础科学领域的最新研究成果,有选择地发表校外作者省部级以上基金课题的论文。内容涵盖机械动力、能源环境、材料科学、电力电气、通信工程、电子工程、计算机工程、自动控制、仪器科学、土木交通和生物医学等专业。读者对象为相关科研院所、工矿企业的研究设计人员及大专院校师生。2000 年继承:《东南大学学报》(1989～1999)。

东南文化 = Southeast culture / 南京博物院,1985～

双月刊   CLC:K87,G26

ISSN 1001-179X   CN 32-1096/K 28-236   BM1152X

江苏省南京市中山东路 321 号(210016)

编辑部电话:025-84838595

http://dnwh. njmuseum. com

dnwh@chinajournal. net. cn

报道我国东南地区及港、澳、台地区,乃至日、韩等东亚诸国文化遗产的探索、研究、保护、展示与利用等方面的理论创新与成功实践,学术性、资料性与可读性并重。主要栏目:东南论坛、遗产保护理论、考古探索、地域文明、专题研究、博物馆新论、学术动态、学人访谈、文化史论等。读者对象为文物工作者、文史工作者、文物爱好者和收藏者。1985 年继承:《文博通讯》(1975～1984)。

东南学术 = Southeast academic research / 福建省社会科学界联合会,1998～

双月刊   CLC:C55

ISSN 1008-1569   CN 35-1197/C 34-82   BM6794

福建省福州市柳兴路 83 号(350025)

编辑部电话:0591-83739507

http://dnxsh. cbpt. cnki. net

反映人文社会科学研究的最新成果。发表政法、经济、哲学、文艺学、历史、文教、社会学等学科的研究论文和学术评论。辟有新时代新思想研究、构建中国特色哲学社会科学、公共管理与社会建设等栏目。读者对象为社会科学工作者及高等院校师生。1998 年继承:《福建学刊》(1987～1998)。

东岳论丛 = Dongyue tribune / 山东社会科学院,1980～

月刊   CLC:C55

ISSN 1003-8353   CN 37-1062/C 24-36

山东省济南市舜耕路 56 号(250002)

编辑部电话:0531-82704576,4700

dongyuejingjixue@vip. 163. com,dongyuelishixue@vip. 163. com,caozhenhua@vip. 163. com,dyyangxw@vip. 163. com,helenhan@vip. 163. com,xk1999@vip. 163. com,dongyuefaxue@vip. 163. com

内容涉及哲学、政治、经济、文学、儒学、历史、文化、社会学、法学、语言学等领域。设有儒学研究、新闻传播学研究、公共服务改革研究、经济研究、管理研究、学术论丛、精准扶贫研究、医疗改革研究等栏目。读者对象为党政领导、社会科学工作者及文科院校师生。

动力工程学报 = Journal of Chinese society of power engineering / 上海上发院发电成套设备工程有限公司,中国动力工程学会,2010～

月刊   CLC:TK

ISSN 1674-7607   CN 31-2041/TK   4-301

上海市闵行区剑川路 1115 号(200240)

编辑部电话:021-64358710-609

http://jcspe. speri. com. cn

dong@speri. com. cn

报道动力工程领域最新科技成果,鼓励创意、促进创造、实现创新,为学科的发展和技术的进步服务。刊登内容主要包括:锅炉技术、汽轮机和燃气轮机、电站辅机、自动控制、监测和故障诊断技术、工程热物理、材料技术、核电技术、新能源及储能、综合能源系统等。读者对象为相关专业和行业的科研人员、工程技术人员。2010 年继承:《动力工程》(1981～2009)。

动物学杂志 = Chinese journal of zoology / 中国科学院动物研究所,中国动物学会,1957～

双月刊   CLC:Q95

ISSN 0250-3263   CN 11-1830/Q   2-422   BM58

北京市朝阳区北辰西路 1 号院 5 号中国科学院动物研究所内(100101)

编辑部电话:010-64807162

http://dwxzz. ioz. ac. cn

journal@ioz. ac. cn

主要报道动物学领域研究成果,介绍有创见的新思想、新学说、新技术、新方法。设有研究报告、技术与方法、研究简报、综述、动态与其他等栏目。读者对象为动物科学领域的研究、教学、技术、管理人员及广大动物学爱好者。

动物医学进展 = Progress in veterinary medicine / 西北农林科技大学，1997～

月刊　　　　　　　　CLC：S8
ISSN 1007-5038　　CN 61-1306/S　52-60
陕西省杨凌市西北农林科技大学动物医学院(712100)
编辑部电话：029-87092574
http://dyjz.cbpt.cnki.net
dyjzyilan@263.net

主要刊载动物医学领域的最新研究进展、科技成果以及新技术和新方法，基础与临床兼顾。读者对象为农业和畜牧兽医科研人员，包括动物检疫、兽医卫生防疫、动物卫生监督、动物疫病预防控制、畜禽产品检验与监督、兽药监督管理人员，畜禽疾病、宠物疾病、水生动物疾病、野生动物疾病防治人员，实验动物、比较医学等方面的科研人员，以及畜牧兽医行政管理人员、相关专业院校师生和广大兽医工作者。1997 年继承：《国外兽医学. 畜禽疾病》(1980～1996)。

动物营养学报 = Chinese journal of animal nutrition / 中国畜牧兽医学会，1995～

月刊　　　　　　　　CLC：S816
ISSN 1006-267X　CN 11-5461/S　80-591　M4978
北京市海淀区圆明园西路 2 号中国农业大学西区动科动医大楼 153 室(100193)
编辑部电话：010-62817823,62734530
https://www.chinajan.com
yyxb@cau.edu.cn

报道反映动物营养与饲料科学各学科前沿的研究动态与进展，对学科发展有指导意义的综述，以及我国动物营养与饲料科学各领域的原创性研究论文和简报。读者对象为各级畜牧兽医专业人员、科技工作者和大专院校师生。1995 年继承：《中国动物营养学报》(1989～1994)。

都市快轨交通 = Urban rapid rail transit / 北京交通大学，北京城建设计发展集团股份有限公司，2004～

双月刊　　　　　　　CLC：U2
ISSN 1672-6073　CN 11-5144/U　80-163　BM1927
北京市西直门外北京交通大学机械工程楼 D905 室(100044)
编辑部电话：010-51683785,8553
http://www.urt.cn
dskgjt@vip.sina.com

宣传国家关于城市轨道交通的各项方针、政策，介绍地铁与轻轨国内外建设、运营过程的经验，实时报道国内外最新科技成果及重要技术信息。读者对象为相关行业主管人员、业界广大科技人员、各大城市交通院校师生以及对地铁与轻轨关心的其他人士。2004 年继承：《地铁与轻轨》(1988～2003)。

断块油气田 = Fault-block oil & gas field / 中国石化集团中原石油勘探局有限公司，1994～

双月刊　　　　　　　CLC：TE3
ISSN 1005-8907　　CN 41-1219/TE　36-351
河南省濮阳市华龙区中原东路 360 号(457001)
编辑部电话：0393-4820093
http://www.dkyqt.com
dkyqt@vip.163.com

介绍油气勘探开发方面最新理论和国内外最新研究结果，主要报道油气田在勘探、开发、钻井、采油、测井、测试等方面研究的新理论、新方法，以及科研生产过程中研制开发的新工艺、新技术。设有非常规油气、储气库、地质勘探、开发工程、钻采工艺等栏目。读者对象为国内外石油科技领域的科研人员以及石油院校的广大师生。

锻压技术 = Forging & stamping technology / 北京机电研究所有限公司，中国机械工程学会塑性工程分会，1976～

月刊　　　　　　　　CLC：TG3
ISSN 1000-3940　CN 11-1942/TG　2-322　BM5549
北京市海淀区学清路 18 号(100083)
编辑部电话：010-62920652,82415085
http://www.fstjournal.net
fst@263.net

2023 年起由中国机械总院集团北京机电研究所有限公司和中国机械工程学会塑性工程分会主办。主要报道金属塑性成形理论、工艺与装备，模具设计与制造技术、材料与成形性能、工业加热技术及设备、摩擦与润滑、测试技术、计算机应用、标准等方面的科研成果、实验研究、现场经验、技术革新等。设有锻造、板料成形、特种成形、管材成形、加热与热处理、装备与成套技术、模具和新书介绍等栏目，还辟有综合评述、专题讲座及行业信息等栏目。读者对象为金属塑性成形领域科研、设计、生产部门的工程技术人员、技术工人，以及相关专业院校师生。

敦煌学辑刊 = Journal of Dunhuang studies / 兰州大学敦煌学研究所，1981～

季刊　　　　　　　　CLC：B9，K87
ISSN 1001-6252　CN 62-1027/K

甘肃省兰州市兰州大学一分部衡山堂五楼(730020)

编辑部电话：0931-8913310

dhxyjs@lzu.edu.cn

发表有关敦煌吐鲁番学以及河西史地、中西交通、魏晋隋唐史方面的学术论文，报道学术动态。主要读者对象是敦煌学、宗教、考古、史学、文学、艺术工作者及相关专业高等院校师生。

敦煌研究 = Dunhuang research / 敦煌研究院，1983～

双月刊   CLC：K870.6

ISSN 1000-4106   CN 62-1007/K   54-62   BM994

甘肃省兰州市南滨河东路 522 号(730030)

编辑部电话：0931-8866013

http://www.dhyj.net.cn

dhyj1983@163.com

介绍敦煌文化，刊发敦煌学各领域以及与敦煌学有关的古代宗教、历史、艺术、古代汉语、古代民俗、古代科技等学科的论文、学术报告、研究资料与研究信息。主要栏目：石窟考古与艺术，敦煌史地，敦煌文献，敦煌艺术经典，简牍研究，文化遗产保护，敦煌学史，丝绸之路历史，敦煌与西域文献，敦煌文学与语言文字，西北文献，简讯等。主要读者对象是敦煌学、宗教、考古、史学、文学、艺术工作者及相关专业高等院校师生。

发光学报 = Chinese journal of luminescence / 中国科学院长春光学精密机械与物理研究所，中国物理学会发光分会，1986～

月刊   CLC：O482.31，TN8

ISSN 1000-7032   CN 22-1116/O4   12-312   BM4863

吉林省长春市东南湖大路 3888 号(130033)

编辑部电话：0431-86176862

http://www.fgxb.org

fgxbt@126.com

以发光学、凝聚态物质中的激发态过程为专业方向的学术刊物，反映本学科专业领域的科研和技术进展。读者对象为凝聚态物理、光学材料合成、环境保护、化学化工、国防、医药等各领域的科学研究单位、高等院校、制造厂家、从事发光学与光学材料开发的研究人员、高校有关专业的师生等。1986 年继承：《发光与显示》(1980～1985)。

法律科学：西北政法大学学报 = Science of law：Journal of Northwest University of Politics Science and Law / 西北政法大学，1989～

双月刊   CLC：D9

ISSN 1674-5205   CN 61-1470/D   52-85   BM6040

陕西省西安市长安南路 300 号西北政法大学(710063)

https://flkx.nwupl.edu.cn

探索中国特色社会主义法治理论，反映法学研究成果，发表法学学术理论文章。辟有法律文化与法律价值、法律思维与法律方法、专题研究、部门法理、法律制度探微、长安法史、法学译苑、法律实践等栏目。读者对象为法学研究人员、政法院校师生。1989 年继承：《西北政法学院学报》(1983～1988)。

法律适用 = Journal of law application / 国家法官学院，2021～

月刊   CLC：D9

ISSN 1004-7883   CN 11-3126/D

北京市丰台区南四环西路 111 号国家法官学院(100070)

编辑部电话：010-67559332，9331，9569

http://www.flsy.cbpt.cnki.net

flsy@vip.sina.com

刊登法官应用法学研究的学术成果，研究审判实践中的新型、疑难、前沿法律问题。主要设有特稿、法学论坛、法官说法、案例研究、问题探讨、会议综述等栏目。读者对象为法学研究人员、政法院校师生和法律工作者。2021 年由《法律适用.理论应用》(2019～2020)和《法律适用.司法案例》(2017～2020)合并而成。

法商研究 = Studies in law and business / 中南财经政法大学，1994～

双月刊   CLC：D9

ISSN 1672-0393   CN 42-1664/D   38-43   BM6084

湖北省武汉市东湖新技术开发区南湖大道 182 号(430073)

编辑部电话：027-88385047

http://fsyj.cbpt.cnki.net

fashangyanjiu@126.com

阐述和宣传马克思主义法学理论及国家的法律、法规；探究中国法律理论与实践问题，反映法学为主的教学科研成果。设有法制热点问题、法学争鸣、论文、观察与思考、法学论坛、案例研析、国际法与比较法、法学适用、法史研究、民法典编纂研究等栏目。读者对象为法学研究工作者。1994 年继承：《中南政法学院学报》(1957～1994)。

法学 = Law science / 华东政法大学，1957～

月刊   CLC：D9

ISSN 1000-4238   CN 31-1050/D   4-342

上海市万航渡路 1575 号(200042)

编辑部电话：021-62071924

https://lawscience.ecupl.edu.cn

hzfaxue@sina.com

主要反映国内外的热点法律问题并进行评析。设有法务时评、专论、专题研究、论文、笔谈、争鸣、域外法制、检察理论与实践、法律实务、专稿、国家社科基金项目成果专栏等栏目。读者对象为法学理论工作者、政法院校师生、司法行政执法干部等。1957 年继承:《华东政法学报》(1956)。

法学家 = The jurist / 中国人民大学,1993～
双月刊　　　　CLC: D9
ISSN 1005-0221　　CN 11-3212/D　82-568　BM6490
北京市海淀区中关村大街 59 号(100872)
编辑部电话:010-82509250
http://www. faxuejia. org. cn
faxuejiaruc@vip. 163. com
反映我国法学研究的学科前沿问题,沟通中外法律文化,关注我国最新法制变革,展示最新法学研究成果。内容包括理论法学、宪法行政法学、刑事法学、民商事法学、经济法学、国际法学等方面。主要读者对象为法学研究和教学人员,司法工作者以及政法院校师生。1993 年继承:《法律学习与研究》(1986～1992)。

法学论坛 = Legal forum / 山东省法学会,2000～
双月刊　　　　CLC: D9
ISSN 1009-8003　　CN 37-1343/D　24-219　BM7198
山东省济南市经十路 20637 号文博楼 5 楼(250001)
编辑部电话:0531-51771191
luntan@vip. 163. com
主要刊登法学研究的最新成果,反映法学进展的最新动态,介绍法学会议的最新观点,关注法学基础理论为主,侧重法学应用理论和学术研究。设有名家主持、特别策划、学术视点、热点聚焦、百家争鸣、法治前沿、实证研究、比较借鉴等栏目。读者对象为政法研究人员、法律工作者以及政法院校师生。2000 年继承:《山东法学》(1986～1999)。

法学评论 = Law review / 武汉大学,1983～
双月刊　　　　CLC: D9
ISSN 1004-1303　　CN 42-1086/D　38-107　BM1230
湖北省武汉市武昌珞珈山(430072)
编辑部电话:027-68753746
http://fxpl. cbpt. cnki. net
fxpl2005@126. com
刊发法学各领域的论文与评论,注重研究和解决我国改革开放和社会经济发展中出现的前沿的、重大的法律理论和实践问题。内容涉及法理、宪法、行政法、民商法、经济法、环境法、刑法、犯罪学、诉讼法、仲裁法、司法制度、国际法、外国法、比较法、法律史等方面。设有评论、专论与争鸣、刑事法治与社会热点、国际法论坛、立法研究、环球视野、实务评析、可持续发展与环境法治、

法律实务等栏目。读者对象为法学研究人员和法学爱好者。1983 年继承:《法学研究资料》(1980～1982)。

法学研究 = Chinese journal of law / 中国社会科学院法学研究所,1978～
双月刊　　　　CLC: D9
ISSN 1002-896X　　CN 11-1162/D　2-528　BM164
北京市东城区沙滩北街 15 号(100720)
编辑部电话:010-64035471
http://www. faxueyanjiu. com
刊载有关中国法治建设重大理论与实践问题的论文,展现我国法学理论研究成果,包括法学专论、法条释评、判解研究和书评等。主要读者对象为法学教学和理论研究工作者、立法和司法工作者、法学专业的本科生和研究生、律师、行政执法人员等。1978 年继承:《政法研究》(1954～1966)。

法学杂志 = Law science magazine / 北京市法学会,1980～
月刊　　　　CLC: D9
ISSN 1001-618X　　CN 11-1648/D　2-205　M623
北京市通州区潞城镇览秀西路 5 号(101160)
编辑部电话:010-55560761,0753
https://fxas. cbpt. cnki. net
faxuezazhi@126. com
以普及法学理论、推动法治建设为办刊方针,反映我国法学研究的新成果,报道司法改革的新进展,提供司法实践的成功经验。辟有各科专论、法学人物、司法实践与改革、青年法苑等常设栏目,还不定期推出各种专题研究栏目。读者对象为法学研究及法律工作者、政法院校师生等。

法医学杂志 = Journal of forensic medicine / 司法鉴定科学研究院,1985～
双月刊　　　　CLC:D919,R89
ISSN 1004-5619　　CN 31-1472/R　DK31010
上海市普陀区光复西路 1347 号(200063)
编辑部电话:021-52360413
http://www. fyxzz. cn
fyxzz@ssfjd. cn
发文内容涉及法医病理学、法医临床学、法医物证学、司法精神病学、法医毒物化学、环境损害司法鉴定等学科,刊登论著、技术与应用、案例分析、学术争鸣、综述、研究简报、经验交流、医疗损害、案例报道、教育与管理等。读者对象为法医学相关专业人员。

法制与社会发展 = Law and social development / 吉林大学,1995～

双月刊　　　　　　　CLC：D9

ISSN 1006-6128　　CN 22-1243/D　12-165

吉林省长春市前进大街 2699 号(130012)

编辑部电话：0431-85168640

http://fzyshfz. paperonce. org

lasd1995@vip. 163. com

关注法学学科建设,既关注对理论前沿、热点问题的探讨,又注重对法律理论的重新阐释。主要发表法理学、法律社会学、法律经济学、法律政治学、法律文化学、立法学、司法学等研究成果。辟有法学时评、司法文明、部门法哲学研究、权利研究、法理中国研究、比较法研究、西方法哲学、法治中国、理论纵横等栏目。读者对象为法学研究及法律工作者、政法院校师生。

法治研究 ＝ Research on rule of law / 浙江省法学会,2007～

双月刊　　　　　　　CLC：D920. 4

ISSN 1674-1455　　CN 33-1343/D　32-86　M425

浙江省行政中心十号楼(310025)

编辑部电话：0571-87059288

http://www. fzyjzzs. com

主要刊发法治建设中的重大理论和实践问题的研究成果。设有法治论坛、专题研究、理论前沿、数字法学等栏目。读者对象为法学研究人员、法律工作者和政法院校师生。2007 年继承：《律师与法制》(1985～2006)。

方言 ＝ Dialect / 中国社会科学院语言研究所,1979～

季刊　　　　　　　　CLC：H1

ISSN 0257-0203　　CN 11-1052/H　2-526　Q134

北京市建国门内大街 5 号(100732)

http://www. fangyanzazhi. com

fy_yys@cass. org. cn

反映汉语方言调查和方言研究成果,刊登专题论文、调查报告、书评书目以及资料介绍。内容包括：方言的音韵、历史、语法,方言的对比,古汉语与方言,"一带一路"方言调查研究,地理语言学研究等。读者对象为方言研究人员、语言工作者、大学语言专业教师及学生。

防灾减灾工程学报 ＝ Journal of disaster prevention and mitigation engineering / 中国灾害防御协会,江苏省地震局,2003～

双月刊　　　　　　　CLC：X4,P315,TU

ISSN 1672-2132　　CN 32-1695/P

江苏省南京市卫岗 3 号(210014)

编辑部电话：025-84285560,5517

fzjzgcxb@vip. 163. com

主要报道国内外在地震、地质岩土、飓风、火灾和爆炸等灾害对工程结构和基础设施系统的极端作用、损伤和破坏效应,以及防灾减灾工程对策等方面的研究成果。设有论文、综述、短文、分学科专题、优秀会议论文选登、特设专栏、会议简讯及行业动态等栏目。读者群体主要为从事防灾减灾工程领域的研究人员、专家及高等院校师生。2003 年继承：《地震学刊》(1981～2002)。

纺织学报 ＝ Journal of textile research / 中国纺织工程学会,1979～

月刊　　　　　　　　CLC：TS1

ISSN 0253-9721　　CN 11-5167/TS　80-252　M245

北京市朝阳区延静里中街 3 号主楼 6 层(100025)

编辑部电话：010-65017711,65917740,65011750,65972191,65923080

http://www. fzxb. org. cn

fangzhixuebao@vip. 126. com

报道纺织工业科研技术成果,交流纺织化纤生产经验,开展学术理论探讨,介绍新技术、新产品、新设备的开发,刊登国内外纺织动向综述和评论等。设有纤维材料、纺织工程、染整与化学品、服装工程、机械与器材、综合述评、设计作品等栏目。读者对象为纺织高等院校师生、纺织工业科研人员、企业技术人员及管理人员。

放射学实践 ＝ Radiologic practice / 华中科技大学同济医学院,1986～

月刊　　　　　　　　CLC：R445,R81

ISSN 1000-0313　　CN 42-1208/R　38-122

湖北省武汉市解放大道 1095 号(430199)

编辑部电话：027-69378385

http://www. fsxsj. net

fsxsjzz@163. com,fsxsjzz@vip. 126. com

报道国内外影像医学的新进展和新动态,内容涉及 X线、CT、磁共振、介入放射及放射治疗、超声诊断、核医学、影像技术学等方面。设有述评、介入放射学、中枢神经影像学、头颈部影像学、胸部影像学、腹部影像学、骨骼肌肉影像学、综述等栏目。读者对象为医学影像学工作者、医疗单位放射科医师及临床各科医师。

飞航导弹 ＝ Aerodynamic missile journal / 北京海鹰科技情报研究所,1985～2021

月刊　　　　　　　　CLC：TJ76,V47

ISSN 1009-1319　　CN 11-1770/TJ

北京市 7254 信箱 4 分箱(《空天技术》编辑部)(100074)

编辑部电话：010-68376009

http://ktjsqk. cbpt. cnki. net

ktjs310@163. com

内容涉及国外飞航武器系统总体技术、制导与控制技术、推进技术等,主要包括飞航导弹、高超声速试飞器、无人机、临近空间飞行器的研制、试验、生产、装备、作战、改型,以及相关的新技术、新材料和新工艺。主要刊登综述性文章。主要栏目包括热点聚焦、信息在线、无人机、情报交流、控制与制导、高超专递、导弹大观、防御系统、推进技术等。读者对象为相关领域的科研人员、工程技术人员及高等院校师生。1985 年继承:《外国海军导弹动态》(1981~1984);2022 年改名为《空天技术》(2022~)。

飞行力学 = Flight dynamics / 中国飞行试验研究院,1983~
双月刊　　　　　　CLC:V212
ISSN 1002-0853　　CN 61-1172/V　BM4092
陕西省西安市 73 信箱飞行力学编辑部(710089)
编辑部电话:029-86838449
http://fhlx.cbpt.cnki.net
fxlxbjb@163.com
反映当前国内飞行力学及相关专业最新研究成果,报道国内外发展动态,促进学术进步和人才成长,推动新理论、新技术的发展。主要刊登飞机、直升机、导弹、航天器等飞行器的基础理论、制导与控制、试验与仿真、综合设计、空中交通管制与导航、航空飞行技术等研究成果。读者对象为航空航天飞行力学科研人员,飞行控制系统研究、设计、试验工程技术人员及飞行员,相关专业院校师生。

分析测试学报 = Journal of instrumental analysis / 中国广州分析测试中心,中国分析测试协会,1993~
月刊　　　　　　CLC:O6
ISSN 1004-4957　　CN 44-1318/TH　46-104　BM6013
广东省广州市先烈中路 100 号(510070)
编辑部电话:020-37656606,87684776
http://www.fxcsxb.com
fxcsxb@china.com
刊登质谱学、光谱学、色谱学、波谱学、电化学、电子显微学等方面的分析测试新理论、新方法、新技术的研究成果,介绍新仪器装置及其在生物、医药、化学化工、商检、食品检验等方面实用性强的实验技术。读者对象为科研院所、高等院校、检测机构、医药、卫生以及厂矿企业分析测试工作和管理人员。1993 年继承:《分析测试通报》(1982~1992)。

分析化学 = Chinese journal of analytical chemistry / 中国化学会,中国科学院长春应用化学研究所,1972~
月刊　　　　　　CLC:O65
ISSN 0253-3820　　CN 22-1125/O6　12-6　M336
吉林省长春市人民大街 5625 号(130022)
编辑部电话:0431-85262017
http://www.analchem.cn

fxhx@ciac.ac.cn
报道分析化学领域研究成果及国内外研究进展与动态。设有研究报告、研究简报、评述与进展、仪器装置与实验技术等栏目。读者对象为从事分析化学工作的科技工作者及大专院校相关专业师生。

分析科学学报 = Journal of analytical science / 武汉大学,北京大学,南京大学,1993~
双月刊　　　　　　CLC:O6
ISSN 1006-6144　　CN 42-1338/O　38-202
湖北省武汉市武汉大学化学与分子科学学院(430072)
编辑部电话:027-68752248
http://www.fxkxxb.whu.edu.cn
fxkxxb@whu.edu.cn
重点报道我国在分析科学领域里有关物质的定性、定量和结构分析的理论、方法、试剂、仪器和技术中具有创造性和先进性的研究成果,反映国内外分析科学前沿领域新进展和动向。辟有研究报告、研究简报、仪器研制与实验技术、综述与评论、技术交流、动态与信息之窗等栏目。读者对象为相关专业科研人员、技术人员等。1993 年继承:《痕量分析》(1985~1993)。

分析试验室 = Chinese journal of analysis laboratory / 中国有色金属学会,有研科技集团有限公司,1982~
月刊　　　　　　CLC:O6
ISSN 1000-0720　　CN 11-2017/TF　82-431　M848
北京市新街口外大街 2 号(100088)
编辑部电话:010-82013328
http://www.analab.cn
analysislab@263.net
2023 年起主办单位之一名为中国有研科技集团有限公司。主要刊载冶金、地质、石油化工、环保、药物、食品、农业、商品检验等领域分析化学研究成果及有实用和推广价值的分析方法,介绍分析化学的新技术。设有研究报告与研究简报、仪器装置与实验技术、综述、特邀评述、定期评述、国际会议等栏目。读者对象为厂矿企业、科研院所的分析检验和研究人员,相关专业高等院校师生。

分子催化 = Journal of molecular catalysis(China) / 中国科学院兰州化学物理研究所,1987~
双月刊　　　　　　CLC:O643
ISSN 1001-3555　　CN 62-1039/O6　54-69　4747BM
甘肃省兰州市天水中路 18 号(730000)
编辑部电话:0931-4968226
http://www.jmcchina.org
fzch@licp.cas.cn
报道分子催化方面研究成果与最新进展。内容侧重配位催化、酶催化、光助催化、催化过程中立体化学问题、催化反应机理与动力学、催化剂表面态的研究及量子化学在催化学科中应用,以及工业催化过程中均相催化剂,固载化的均相催化剂,固载化的酶催化剂等活化、失活和再生,用于新催化过程的催化剂的优选与表征等方面。读者对象为科研单位、工矿企业中相关领域的科技人员以及高等院校相关专业师生。1987 年继承:《化物报导》(1979～1985)。

分子植物育种 = Molecular plant breeding / 海南省生物工程协会,2003～
半月刊　　　　　CLC:S3
ISSN 1672-416X　　CN 46-1068/S　84-23　SM8624
海南省海口市海秀大道 128 号双岛公寓 13B 室(570206)
编辑部电话:0898-68966415
http://www.molplantbreed.org
mpb@hibio.org,mpb@molplantbreed.org
刊登分子遗传育种理论、分子育种方法、优良种质培育等方面的研究论文报道,研究对象包括水稻、小麦、玉米、油菜、大豆、棉麻、薯类、果树、蔬菜、花卉、茶叶、林草等。辟有研究报告、评述与展望等栏目。读者对象为从事育种研究的科研工作者、农业院校师生。

粉末冶金工业 = Powder metallurgy industry / 中国钢研科技集团有限公司,中国钢协粉末冶金分会,中国机协粉末冶金分会,1991～
双月刊　　　　　CLC:TF12,TG1
ISSN 1006-6543　CN 11-3371/TF　82-79　BM5649
北京市海淀区学院南路 76 号(100081)
编辑部电话:010-62181017
http://www.chinamet.cn
PMI@chinamet.cn
报道粉末冶金及相关行业的科技成果、研究进展与动态。内容涉及粉末冶金基础理论,粉末制备、成形和烧结技术,粉末冶金材料,粉末冶金装备、模具设计等方面。读者对象为冶金及相关行业的技术人员、科研人员、管理人员和相关专业院校师生。1991 年由《行业通讯》和《粉末冶金通讯》(1990)合并而成。

粉末冶金技术 = Powder metallurgy technology / 中国机械工程学会,中国金属学会,中国有色金属学会,北京科技大学,1982～
双月刊　　　　　CLC:TF12,TG1
ISSN 1001-3784　CN 11-1974/TF　82-642　BM847
北京市海淀区学院路 30 号北京科技大学期刊中心(100083)
编辑部电话:010-62333904
http://pmt.ustb.edu.cn
pmt@ustb.edu.cn
报道粉末冶金专业方向的科研成果、生产实践经验、材料制品的应用、检测与试验、新技术、新工艺、新材料、新设备、标准化、国内外发展动向的综述和评论、学术活动和工业生产的信息等。读者对象为粉末冶金及其相关领域的生产、科研、开发、应用、推广、管理人员,技术工人及专业院校师生。

风景园林 = Landscape architecture / 北京林业大学,2001～
月刊　　　　　CLC:TU986
ISSN 1673-1530　CN 11-5366/S　80-402　BM1985
北京市海淀区清华东路 35 号北京林业大学学研中心A1402(100083)
编辑部电话:010-62337675
http://www.lalavision.com
la@lalavision.com
主要刊登国内外的近现代风景园林历史、风景园林规划设计理论、风景园林环境科学与技术的学术论文,景观规划和城市设计的概念方案,园林设计和公共艺术的建成作品等。主要读者对象为风景园林及相关学科的科研人员、师生、专业管理者、建设者。2001 年继承:《风景园林汇刊》(1993～2001)。

佛学研究 = Research of Buddhism / 中国佛教文化研究所,1992～
半年刊　　　　　CLC:B9
ISSN　　　　　CN 11-3346/B
北京市北长街 27 号中国佛教文化研究所(100031)
编辑部电话:010-66038749
zgfjwhyjs@yahoo.com.cn
主要开展对佛教经典、教理、教史及其他佛教文化遗产的研究,同海内外佛教界及社会各界交流学术研究成果。设有佛教历史与思想研究、学术综述与书评、佛教思想与制度研究、佛教文献研究等栏目。读者对象为佛学专业领域研究人员、理论工作者及高校师生。

芙蓉 = Lotus / 湖南文艺出版社,1980～
双月刊　　　　　CLC:I217
ISSN 1004-3691　　CN 43-1079/I　42-26　BM764
湖南省长沙市东二环一段 508 号(410014)
编辑部电话:0731-85310615
http://blog.sina.com/cn/lotusmagazine
furongzazhi@163.com
2023 年起主办单位名为湖南文艺出版社有限责任公司。以贴近生活、关怀人生、品质至上、原创现场为特征。设有非虚构、中篇小说、短篇小说、散文、诗歌等栏目。主要读者对象为文艺界人士和广大文学爱好者。

服装学报 = Journal of clothing research / 江南大学，2016～

双月刊　　　　　　　CLC：TS941

ISSN 2096-1928　　CN 32-1864/TS　28-189

江苏省无锡市蠡湖大道 1800 号（214122）

编辑部电话：0510-85913519

http://fzxb.paperonce.org

fzxb@jiangnan.edu.cn

主要刊载针对服装领域材料、结构、管理、设计、文化、营销和信息化等方面，具有原创性、前瞻性和交叉性的基础理论研究和应用成果。设有服装材料与技术、服装信息与工程、服装历史与文化、服装设计与营销等栏目。读者对象为相关专业院校师生，以及服装企业中的技术和管理人员。2016 年继承：《江南大学学报. 自然科学版》（2002～2015）。

辐射防护 = Radiation protection / 中国辐射防护学会，1981～

双月刊　　　　　　　CLC：TL7

ISSN 1000-8187　　CN 14-1143/TL　22-173　BM6639

山西省太原市 120 信箱（030006）

编辑部电话：0351-2203446，2203448

fushefh@vip.sina.com

2022 年起由中国辐射防护研究院和中国辐射防护学会主办。报道国内外辐射防护领域的研究成果，刊登论文报告、综述、工作简报、经验交流等。内容涉及辐射防护、核技术和放射性同位素应用、环境保护、放射医学与放射生物学、放射性废物管理等领域。读者对象为从事该领域的科研、技术及管理人员，以及高等院校有关专业的师生。1981 年继承：《核防护》（1975～1980）。

福建论坛. 人文社会科学版 = Fujian tribune / 福建社会科学院，2001～

月刊　　　　　　　　CLC：C55

ISSN 1671-8402　　CN 35-1248/C　34-33　BM867

福建省福州市柳河路 18 号（350001）

编辑部电话：0591-83791487

http://fjlw.cbpt.cnki.net

辟有当代马克思主义理论与实践研究、文化产业与文化研究、经济研究、哲学研究、历史研究、文学研究、金融研究、社会探讨、学术论坛等栏目。读者对象为社会科学研究工作者及大专院校师生。2001 年继承：《福建论坛. 文史哲版》（1984～2000）。

福建农林大学学报. 自然科学版 = Journal of Fujian Agriculture and Forestry University. Natural sciences edition / 福建农林大学，2002～

双月刊　　　　　　　CLC：S

ISSN 1671-5470　　CN 35-1255/S　34-16　BM675

福建省福州市金山（350002）

http://jfafu.fafu.edu.cn

jfau@fafu.edu.cn

刊登农业、林业、生物及相关学科领域的论文。主要刊载作物科学、植物保护、园艺科学、林业科学、动物科学、蜂学、资源与环境、食品科学、计算机与信息、材料工程、机电工程、交通运输等学科的基础研究、应用研究和开发研究方面的学术论文。读者对象为农业、林业科研人员及农林院校师生。2002 年继承：《福建农业大学学报》（1995～2001）。

福建农业学报 = Fujian journal of agricultural sciences / 福建省农业科学院，1998～

月刊　　　　　　　　CLC：S

ISSN 1008-0384　　CN 35-1195/S　34-56　Q6123

福建省福州市五四路 247 号（350003）

编辑部电话：0591-87869455

http://www.fjnyxb.cn

fjnyxb@163.com

主要刊载农业与生物科学等领域具有较高学术水平与应用价值的学术论文。主要栏目有生物技术、动物科学、作物科学、园艺科学、植物保护、资源与环境科学、食品科学、农业经济、综述等。主要读者对象为农业与生物学科技人员、高校农业与生物学相关专业师生、农业经济与科技管理人员等。1998 年继承：《福建省农科院学报》（1986～1997）。

福建师范大学学报. 哲学社会科学版 = Journal of Fujian Normal University. Philosophy and social sciences edition / 福建师范大学，1984～

双月刊　　　　　　　CLC：C55

ISSN 1000-5285　　CN 35-1016/C　34-42　BM6024

福建省福州市闽侯福建师大旗山校区（350117）

https://fjsx.cbpt.cnki.net/WKC/WebPublication/index.aspx?mid=FJSX

发表校内外学者的研究成果，刊登理论经济学、中国文学、艺术学、专门史等学科的学术论文。辟有马克思主义理论与现实研究、哲学研究、生态文明研究、法学研究、经济学研究、教育新观察、新媒体研究、历史学研究等栏目。读者对象为社会科学工作者及高校文科专业师生。1984 年继承：《福建师大学报. 哲学社会科学版》（1975～1984）。

福建师范大学学报. 自然科学版 = Journal of Fujian Normal University. Natural science edition / 福建师范大学，1985～

双月刊　　　　　　　CLC：N55

ISSN 1000-5277　CN 35-1074/N　34-43　Q6873
福建省福州市福建师范大学旗山校区(350117)
编辑部电话：0591-22867858,7857
http://fjsz.cbpt.cnki.net
设有数学、计算机科学、物理学、化学、生命科学、地理科学、环境科学、运动学等栏目，并不定期开设综述评论、研究简报、简讯等专栏。读者对象为高校理科师生、科研人员。1985年继承：《福建师大学报.自然科学版》(1975～1984)。

福州大学学报. 自然科学版 ＝ Journal of Fuzhou University. Natural science edition / 福州大学,1985～
双月刊　　　　　　CLC：N55
ISSN 1000-2243　CN 35-1337/N　34-27　BM5774
福建省福州市福州大学城乌龙江北大道2号(350108)
http://xbzrb.fzu.edu.cn
xb@fzu.edu.cn
以发表该校师生的研究成果为主,兼发校外作者的论文。内容涉及数学、计算机科学、物理、电子、电气、无线电、自动控制、机械、材料科学、土木建筑、化学、化工、生物、医学、资源、环保等方面。读者对象为科技工作者和理工科院校师生。1985年继承：《福州大学学报》(1978～1984)。

腐蚀与防护 ＝ Corrosion & protection / 上海市腐蚀科学技术学会,上海材料研究所,1980～
月刊　　　　　　　CLC：TG17,TB304
ISSN 1005-748X　CN 31-1456/TQ　4-593　M5651
上海市邯郸路99号(200437)
编辑部电话：021-65556775-290,55540002
http://www.mat-test.com/Journals/CP.htm
cp@mat-test.com
2023年2月起主办单位之一名为上海材料研究所有限公司。报道内容包括且不限于腐蚀与防护、电化学、电厂化学、电镀、化学镀、转化膜、涂料与涂装、表面改性、激光涂覆、电子电镀、电极材料等。设有试验研究、应用技术、失效分析和其他专栏等栏目。读者对象为大学及科研单位的科研、教学人员及研究生,防腐蚀工程技术人员,发电厂、油田、石油化工、化工厂、电镀厂、矿山的工程技术人员,工程管理、设备管理人员等。

妇女研究论丛 ＝ Journal of Chinese women's studies / 全国妇联妇女研究所,中国妇女研究会,1992～
双月刊　　　　　　CLC：C91,D44
ISSN 1004-2563　CN 11-2876/C　2-375　BM1186
北京市东城区建国门内大街15号(100730)
编辑部电话：010-65103472
http://www.fnyjlc.com

luncong@wsic.ac.cn
刊登与妇女/性别研究相关的学术成果。主要栏目有理论研究、实证研究、法律政策研究、妇运观察与历史研究、文学·文化·传播、国外妇女/性别研究、青年论坛、研究动态与信息、图书评介。读者对象为广大妇女、各级妇女工作者、妇女问题专家及关心妇女问题的各界人士。

复旦教育论坛 ＝ Fudan education forum / 复旦大学,2003～
双月刊　　　　　　CLC：G64
ISSN 1672-0059　CN 31-1891/G4　4-731　BM2231
上海市邯郸路220号(200433)
编辑部电话：021-55664241
http://www.fef.fudan.edu.cn
jylt@fudan.edu.cn
研究高等教育的理论与实践问题,反映高等教育改革和发展的研究成果。内容包括：教育哲学、教育政策、教育管理、教育领导、院校管理、大学课程改革、比较高等教育等。辟有评论、专题、专论、新论、域外、方略、专讯、医苑等栏目。读者对象为各级教育行政管理人员、高等院校和教育研究机构的研究人员及大专院校学生。2003年继承：《复旦教育》(1984～2002)。

复旦学报. 社会科学版 ＝ Fudan journal. Social sciences edition / 复旦大学,1978～
双月刊　　　　　　CLC：C55
ISSN 0257-0289　CN 31-1142/C　4-246　BM177
上海市邯郸路220号(200433)
编辑部电话：021-65642669
fdwkxb@fudan.edu.cn
主要发表该校师生的科研成果,内容涉及哲学、文学、语言学、新闻学、历史学、经济学、管理学、政治学、法学、社会学等学科。读者对象为社会科学研究工作者和文科高等院校师生。1978年继承：《复旦大学学报. 哲学社会科学》(1962～1965)。

复旦学报. 医学版 ＝ Fudan University journal of medical sciences / 复旦大学,2002～
双月刊　　　　　　CLC：R
ISSN 1672-8467　CN 31-1885/R　4-262　BM199
上海市医学院路138号285信箱(200032)
编辑部电话：021-54237164,7314
http://jms.fudan.edu.cn
xbyxb@shmu.edu.cn
主要刊登基础医学、临床医学、药学、预防医学等领域的以原创性研究为主的论文。栏目形式多样,包括述评、论著、实验研究报道、临床经验交流、方法技术、临床病理(例)讨论、讲座、综述、短篇报道、个案报告等。读者对象为医药卫生领域的医疗和科研人员。2002 年继承:《复旦学报. 医学科学版》(2001)。

复旦学报. 自然科学版 = Journal of Fudan University. Natural science / 复旦大学,1973～
双月刊　　　　　CLC:N55
ISSN 0427-7104　CN 31-1330/N　4-193　BM294
上海市邯郸路 220 号(200433)
编辑部电话:021-65642666
http://www.jns.fudan.edu.cn
likexuebao@fudan.edu.cn
主要发表复旦大学自然科学领域各学科的科研成果,兼发国内外原创性论文。刊登物理、数学、生命科学、化学、管理科学、材料与技术科学以及药学等领域的基础研究和应用研究方面的学术论文、研究快报、研究简报等。读者对象为科研人员、工程技术人员以及高等院校理工科和医学专业教师、研究生。1973 年继承:《复旦大学学报. 自然科学》(1962～1966)。

复合材料科学与工程 = Composites science and engineering / 北京玻璃钢研究设计院有限公司,2020～
月刊　　　　　CLC:TQ327.1,TB3
ISSN 2096-8000　CN 10-1683/TU　82-771
北京市海淀区板井路 69 号商务中心写字楼 12FB(100097)
编辑部电话:010-67832027
http://1.203.92.7:8080/blgfhcl/CN/2096-8000/home.shtml
fhclkxygc@163.com
主要报道国内复合材料及高性能复合材料的基础理论、原材料、成型工艺、产品设计、性能检测、产品应用、设备等方面的研究成果,以及国内外发展动态、市场信息、技术政策等。主要读者对象为国家重点实验室、科研院所、高等院校、企事业单位等科技人员、专家、师生。2020 年继承:《玻璃钢/复合材料》(1984～2019)。

复合材料学报 = Acta materiae compositae Sinica / 北京航空航天大学,中国复合材料学会,1984～
月刊　　　　　CLC:TB33
ISSN 1000-3851　CN 11-1801/TB　80-413
北京市海淀区学院路 37 号北京航空航天大学校内工程训练中心东 433、东 435 房间(100191)
编辑部电话:010-82316907,82338527
http://fhclxb.buaa.edu.cn
fhclxb@buaa.edu.cn
主要刊载复合材料领域基础研究和应用研究的最新研究成果的科研论文。刊载范围:先进功能(光热电

等)、仿生、新能源、轻质、光催化、生物、(纳米)纤维、颗粒等改性或增强聚合物基、金属基、陶瓷基等复合材料的制备、性能及应用。读者对象为从事复合材料的研究、设计、制造与应用的科研、技术人员和相关专业院校师生。

复杂系统与复杂性科学 = Complex systems and complexity science / 青岛大学,2004～
季刊　　　　　CLC:N94
ISSN 1672-3813　CN 37-1402/N　Q1854
山东省青岛市宁夏路 308 号青岛大学(266071)
编辑部电话:0532-85953597
http://fzkx.qdu.edu.cn
fzkxbjb@qdu.edu.cn
中国自动化学会系统复杂性专业委员会会刊。主要刊登系统科学领域学术研究,发表复杂系统与复杂性科学在不同领域的理论及应用研究成果,也适当刊登综述与评论、学术动态等文章。读者对象为复杂性科学方面研究人员。

改革 = Reform / 重庆社会科学院,1988～
月刊　　　　　CLC:F12,F4
ISSN 1003-7543　CN 50-1012/F　78-82　4671BM
重庆市江北区桥北村 270 号(400020)
编辑部电话:023-67992189,2160
http://www.reform.net.cn
Reform@vip.163.com
围绕我国经济改革的实践,发表论文、评著、调查报告等,分析探讨改革中出现的问题,反映改革动态,比较研究改革的经验与教训,为决策者提供借鉴。主要栏目有改革及时评、资本市场探讨、国际经济评论、劳动力市场研究、中小企业改革、私营企业研究、比较与借鉴等。读者对象为经济工作者、大专院校经济专业师生及各级领导干部。1988 年继承:《体制改革探索》(1985～1987)。

干旱地区农业研究 = Agricultural research in the arid areas / 西北农林科技大学,1983～
双月刊　　　　　CLC:S
ISSN 1000-7601　CN 61-1088/S　52-97　C4095
陕西省杨凌市西北农林科技大学南校区 1-14 号信箱(712100)
编辑部电话:029-87082121
http://ghdqnyyj.ijournal.cn
ghbjb@nwsuaf.edu.cn
反映我国干旱、半干旱及湿润易旱区农业科学技术研究新成果、新理论、新技术、新经验,介绍国外有关最新研究进展。主要刊登作物抗旱生理及调控、作物抗旱育种、节水灌溉理论与技术、旱作节水耕作与栽培技术,作

物与土壤水分动态、土壤与作物营养、旱区农业生态与资源利用、旱作农业机械、旱情监测预报、旱区气候对作物的影响等方面的研究论文、研究简报、文献综述以及最新研究动态快报。辟有土壤水分与节水灌溉、土壤与植物营养、耕作与栽培、植物抗逆生理、干旱监测预报等栏目。读者对象为从事旱区农业研究的科技人员、生产管理工作者和农林院校师生。

干旱区地理 = Arid land geography / 中国科学院新疆生态与地理研究所,中国地理学会,1985～

双月刊　　　　　CLC：K9
ISSN 1000-6060　　CN 65-1103/X　58-45　Q4557
新疆乌鲁木齐市北京南路 818 号生地所 45 号楼（830011）
编辑部电话：0991-7827350
http：//alg. xjegi. com
aridlg@ms. xjb. ac. cn

刊登干旱区地理学及其分支学科、边缘学科和交叉学科研究成果。内容包括自然地理、区域地理、干旱区生态系统建设及植被恢复、水文与水资源、资源开发与利用、环境演化、全球变化、气候、气象、灾害与防治,以及干旱区与大气圈、水圈、生物圈、岩石圈和人类活动之间的相互作用等。辟有气候与水文、地表过程研究、生物与土壤、地球信息科学、区域发展等栏目。读者对象为从事地理研究、国民经济研究的专业人员,大专院校师生及中学地理教师。1985 年继承：《新疆地理》(1978～1984)。

干旱区研究 = Arid zone research / 中国科学院新疆生态与地理研究所,中国土壤学会,1984～

双月刊　　　　　CLC：P9
ISSN 1001-4675　　CN 65-1095/X　58-37　BM4927
新疆乌鲁木齐市北京南路 818 号(830011)
编辑部电话：0991-7827349
http：//azr. xjegi. com
azr@ms. xjb. ac. cn

刊载干旱区生物学、土壤学、地理学等学术论文、研究成果、考察报告、学术动态及会讯等。内容包括干旱区水、土、生物、气候、环境,干旱区生态及其生态系统与环境,干旱区自然资源动态变化及相互作用;干旱区与大气圈、水圈、生物圈、岩石圈和人类活动之间相互作用,干旱区生态与建设、全球变化与干旱区,干旱区减灾、防灾,先进技术在干旱区开发与研究中的应用等。读者对象为干旱区研究有关的科技人员及专业院校师生。

干旱区资源与环境 = Journal of arid land resources and environment / 内蒙古农业大学沙漠治理研究所,1987～

月刊　　　　　CLC：P9
ISSN 1003-7578　　CN 15-1112/N　16-64
内蒙古呼和浩特市内蒙古农业大学(东区)247 信箱（010019）
编辑部电话：0471-4313634,4301058
http：//ghzh. cbpt. cnki. net
GHZH@chinajournal. net. cn,ghqzyyhj@163. com

主要刊登干旱区形成、演变及环境特征、资源合理利用与环境整治、干旱地区产业结构布局与调整理论及技术方面论文,研究干旱半干旱问题及防治技术,尤其重视干旱地区绿洲建设与绿洲化、产业结构布局与调整的理论研究与实践经验。读者对象为相关领域科学技术人员、大专院校师生。

甘肃农业大学学报 = Journal of Gansu Agricultural University / 甘肃农业大学,1989～

双月刊　　　　　CLC：S
ISSN 1003-4315　　CN 62-1055/S　54-79　Q5891
甘肃省兰州市安宁区营门村 1 号(730070)
编辑部电话：0931-7631144
http：//www. gsau. edu. cn
gsauxb@gsau. edu. cn

主要刊登有关动物科学、动物医学、草业科学、农学、林学、园艺、农业工程、植物保护、资源环境、食品工程、基础科学、信息科学等方面的学术研究论文。读者对象为农业领域工作者、农业院校师生等。1989 年继承：《甘肃农大学报》(1973～1989)。

甘肃社会科学 = Gansu social sciences / 甘肃省社会科学院,1991～

双月刊　　　　　CLC：C55
ISSN 1003-3637　　CN 62-1093/C　54-2　BM1193
甘肃省兰州市安宁区建宁东路 277 号(730070)
编辑部电话：0931-5162089
http：//gssh. chinajournal. net. cn
gssk143@126. com

内容涉及马克思主义研究、文学、历史、哲学、文化、经济、社会、法学、管理等学科领域,刊登与我国经济发展和社会生活密切相关的文章,以及具有地方特色的文章。读者对象为社会科学工作者及高等院校师生。1991 年继承：《社会科学》(1979～1990)。

钢铁 = Iron & steel / 中国金属学会,钢铁研究总院,北京钢研柏苑出版有限责任公司,1954～

月刊　　　　　CLC：TF4,TG14
ISSN 0449-749X　　CN 11-2118/TF　M385
北京市海淀区学院南路 76 号(100081)
编辑部电话：010-62181032

http://www.chinamet.cn
gangtiebianjibu@126.com

报道钢铁工业的科技成就、生产工艺的技术进步、品种质量的改善提高、新技术新产品的开发应用、企业经营管理经验和专业理论应用研究等,面向钢铁行业科技工作者和管理人员。读者对象为钢铁冶炼工程技术人员、科研人员以及相关专业院校师生。1954 年继承:《钢铁工业管理局局刊》(1950~1954)。

钢铁钒钛 = Iron steel vanadium titanium / 攀钢集团攀枝花钢铁研究院有限公司,1980~

双月刊　　　　　　　CLC:TF,TG14

ISSN 1004-7638　　CN 51-1245/TF

四川省攀枝花市东区桃源街 90 号攀钢集团攀枝花钢铁研究院有限公司(617000)

编辑部电话:0812-3380539,3380764

http://www.gtft.cn

gtftbjb@163.com

2022 年起由攀钢集团攀枝花钢铁研究院有限公司和重庆大学主办。报道钒钛磁铁矿冶炼、微合金钢和钒钛资源开发与综合利用的科研成果和工艺技术。设有钒钛分离与提取、钒钛材料与应用、资源环境与节能、综述与专论、钢铁冶金与材料、钒钛专利及行业信息等栏目。读者对象为从事钒钛资源开发研究的科技工作者及相关大专院校的师生。

钢铁研究学报 = Journal of iron and steel research / 中国钢研科技集团有限公司,1989~

月刊　　　　　　　　CLC:TF4,TG14

ISSN 1001-0963　CN 11-2133/TF　80-259　M1463

北京市海淀区学院南路 76 号(100081)

编辑部电话:010-62182340

http://www.chinamet.cn

gtyjxb@chinamet.cn

反映钢铁材料、高品质特殊钢、高温合金、金属间化合物、金属功能材料、粉末冶金、结构用钛合金、功能与结构复合型钢铁材料等。主要栏目有综合论述、冶炼加工、材料研究、测试与控制等。读者对象为钢铁冶炼科研院所和企业的科研人员、工程技术人员、生产管理人员及相关专业院校师生。1989 年继承:《钢铁研究总院学报》(1981~1988)。

高等工程教育研究 = Research in higher education of engineering / 华中科技大学,中国工程院教育委员会,中国高教学会工程教育专业委员会,全国重点大学理工科教改协作组,1983~

双月刊　　　　　　　CLC:G64

ISSN 1001-4233　CN 42-1026/G4　38-106　Q927

湖北省武汉市华中科技大学内(430074)

编辑部电话:027-87542950

反映我国高等教育,特别是高等工程教育的发展进程和研究成果。设有院士论坛、校长论坛、工程教育前沿、专题研究、研究生教育、高等教育管理、外国高等教育研究、学科与专业建设、高等职业教育研究、教学工作研究、学术动态等栏目。读者对象为高等工程院校师生、高教研究人员、高教管理各级领导。

高等教育研究 = Journal of higher education / 华中科技大学,中国高等教育学会高等教育学专业委员会,1980~

月刊　　　　　　　　CLC:G64

ISSN 1000-4203　CN 42-1024/G4　38-73　NTZ1041

湖北省武汉华中科技大学(430074)

编辑部电话:027-87543893

http://high.cbpt.cnki.net

发表有关高等教育改革与发展的研究论文,以及具有普遍指导意义的调查报告和经验总结。辟有新时代中国高等教育改革与发展、教育体制与结构、教育学学科建设、教师教育与教师发展、课程理论与教学改革、教育与教育思想史等栏目。面向高等院校、中等专业学校、各级教育行政管理部门的教育科研人员、教育行政管理干部、教师和学生。

高等学校化学学报 = Chemical journal of Chinese universities / 吉林大学,1980~

月刊　　　　　　　　CLC:O6

ISSN 0251-0790　CN 22-1131/O6　12-40　M305

吉林省长春市前进大街 2699 号吉林大学前卫南区鼎新楼 C526 室(130012)

编辑部电话:0431-88499216

http://www.cjcu.jlu.edu.cn

cjcu@jlu.edu.cn

报道我国高等院校和中国科学院各研究所在化学学科及其相关交叉学科基础研究,应用研究和重大开发研究最新成果,刊登无机化学、材料化学、分析化学、有机化学、生物化学、物理化学、高分子化学等方面研究论文、研究快报、研究简报和综合评述。读者对象为化学工作者和相关专业高等院校师生。1980 年继承:《高等学校自然科学学报.化学化工版》(1964~1966)。

高电压技术 = High voltage engineering / 国家高电压计量站,中国电机工程学会,1975~

月刊　　　　　　　　CLC:TM8

ISSN 1003-6520　CN 42-1239/TM　38-24　M982

湖北省武汉市珞喻路 143 号(430074)

编辑部电话:027-59258041,8042

http://hve.epri.sgcc.com.cn

hve@epri.sgcc.com.cn

报道高电压及其相关领域的科研成果与动态。常设栏目有电介质与电气绝缘、电气装备及其智能运维、脉冲功率与放电等离子体、高压电磁效应及其特性、大功率电力电子与智能输配电、新能源装备及其并网等,并根据重点与热点研究设立专题报道。读者对象为电力系统及相关行业的科研、设计、制造、管理人员和大专院校师生。

高分子材料科学与工程 = Polymer materials science & engineering / 中国石油化工股份有限公司科技开发部,国家自然科学基金委员会化学科学部,高分子材料工程国家重点实验室,四川大学高分子研究所, 1985～

月刊　　　　　　CLC:TQ050.4

ISSN 1000-7555　　CN 51-1293/O6　62-67　M6669

四川省成都市四川大学(西区)高分子研究所(610065)

编辑部电话:028-85401653

http://pmse.scu.edu.cn

GFZCLBJB@163.net

报道高分子材料科学与工程领域的科研与技术成果。设有合成实验·工艺、结构·性能、材料测试·加工·应用、新技术·产品开发、专论·综述等栏目。主要读者对象为该专业领域具有大专以上文化程度的科研、生产及科技管理人员,相关专业院校师生。

高分子通报 = Polymer bulletin / 中国化学会,中国科学院化学研究所,1988～

月刊　　　　　　CLC:TQ0

ISSN 1003-3726　　CN 11-2051/O6　80-294

北京市海淀区中关村北一街2号(100190)

编辑部电话:010-62588926

http://www.gfztb.com,http://www.pubpoly.com

gfztb@iccas.ac.cn

报道高分子科技新进展、新动向,介绍国内外科研院所、高等院校的研究成果、学术活动和工业部门的技术开发情况。设有专论、综述、研究简报、知识介绍、教学等栏目。读者对象为具有专科以上水平的与高分子科学有关的教学、科研、技术工作者和高等院校师生。

高分子学报 = Acta polymerica Sinica / 中国科学院化学研究所,中国化学会,1987～

月刊　　　　　　CLC:O63,TQ0

ISSN 1000-3304　　CN 11-1857/O6　2-498　M138

北京市海淀区中关村北一街2号(北京市2709信箱)(100190)

编辑部电话:010-62588927

http://www.gfzxb.org

gfzxb@iccas.ac.cn

反映国内外高分子科技领域的科研成果,刊登高分子化学、高分子合成、高分子物理、高分子物理化学、高分子应用和高分子材料等方面基础研究和应用研究论文、研究简报、快报、综述和重要专论文章。主要读者对象为高分子科技研究人员、工程技术人员、高等院校师生。1987年继承:《高分子通讯》(1957～1986)。

高技术通讯 = Chinese high technology letters / 中国科学技术信息研究所,1991～

月刊　　　　　　CLC:N55

ISSN 1002-0470　　CN 11-2770/N　82-516

北京市三里河路54号(100045)

编辑部电话:010-68514060,68598272

http://www.hitech863.com

hitech@istic.ac.cn

刊发内容涉及计算机、现代通信、先进制造与自动化、能源及资源环境等高技术领域。读者对象为新兴技术研究的科研人员、科技管理人员。

高教发展与评估 = Higher education development and evaluation / 武汉理工大学,中国交通教育研究会高教研究分会,2005～

双月刊　　　　　CLC:G649.2

ISSN 1672-8742　　CN 42-1731/G4　38-92　BM2193

湖北省武汉市和平大道1178号(430063)

编辑部电话:027-86534382

http://jtgy.chinajournal.net.cn

jhede2005@163.com

以传播高等教育研究成果为主,探讨国内外高等教育评估的理论与实践,为发展和繁荣我国高等教育研究事业,逐步建立和完善中国特色高等教育质量评估体系服务。设有发展论坛、评估视点、台湾院校研究、教师发展、比较教育、信息·动态、教学理论与实践、通识教育、名人思想回眸等栏目。读者对象为高等教育理论工作者、教育行政管理干部及高等院校教师。2005年继承:《交通高教研究》(1987～2004)。

高教探索 = Higher education exploration / 广东省高等教育学会,1985～

月刊　　　　　　CLC:G64

ISSN 1673-9760　　CN 44-1109/G4　46-297

广东省广州市小北路155号(510045)

编辑部电话:020-83566017

http://www.gdjy.cn

开展高等教育研究,报道广东及全国高等教育理论研究和高等教育改革发展的成果与信息。辟有高教管理、高校科技、粤港澳大湾区研究、博士后教育、课程与教学、比较教育、教育史研究、学科与专业、高等教育学等栏目。读者对象为高教研究人员、有关部门的党政干部及高校师生。2022 年起改为双月刊。

高校地质学报 = Geological journal of China universities / 南京大学，1995～
　　双月刊　　　　　　　CLC：P5
　　ISSN 1006-7493　　CN 32-1440/P
　　江苏省南京市栖霞区仙林大道 163 号南京大学朱共山楼(210023)
　　编辑部电话：025-83594340
　　http://geology.nju.edu.cn
　　gxdzh@nju.edu.cn
　　刊登地球科学领域以基础理论研究为主的学术论文(包括评述性论文)、不同学术观点争鸣论文、科研动态报道以及先进方法研究论文等，报道反映当代地球科学水平的科研成果。设有岩石·矿床·地球化学、能源地质学、其他学科等栏目。读者对象为地质科研工作者和地质院校师生。

高校化学工程学报 = Journal of chemical engineering of Chinese universities / 浙江大学，1986～
　　双月刊　　　　　　　CLC：TQ02
　　ISSN 1003-9015　　CN 33-1141/TQ
　　浙江省杭州市浙江大学紫金港校区化学工程与生物工程学院(310058)
　　编辑部电话：0571-87951235
　　http://gxhx.cbpt.cnki.net
　　gxhgxb@zju.edu.cn
　　反映我国高校在化工领域的科研成果和技术创新成果，为化学工程与技术学科的教学与科研服务。刊登化学工程和化学工艺方面的学术论文。主要栏目有综述、化工热力学与基础数据、传递现象与单元操作、反应工程、生物化工、化工系统工程、材料科学与工程、环境化工、研究简报等。读者对象为化工专业科技人员及高校师生。

高校教育管理 = Journal of higher education management / 江苏大学，2007～
　　双月刊　　　　　　　CLC：G64
　　ISSN 1673-8381　　CN 32-1774/G4　　28-176
　　江苏省镇江市学府路 301 号(212013)
　　编辑部电话：0511-84446013
　　http://zzs.ujs.edu.cn/gxjy
　　主要刊登高校教育管理方面的学术论文。内容包括：高等教育管理学理论、高等教育管理体制、高等教育法规与政策、高等教育财政、高等教育领导与能力、高校教学管理、高校学生管理、高校师资管理等。读者对象为高等教育理论工作者、教育行政管理干部及高等院校教师。2007 年继承：《江苏大学学报.高教研究版》(2002～2006)。

高校应用数学学报.A 辑 = Applied mathematics：A journal of Chinese universities / 浙江大学，中国工业与应用数学学会，1986～
　　季刊　　　　　　　CLC：O29
　　ISSN 1000-4424　　CN 33-1110/O　　Q4113
　　浙江省杭州市浙江大学玉泉校区《高校应用数学学报》编委会(310027)
　　http://www.amjcu.zju.edu.cn/amjcua
　　amjcu@zju.edu.cn
　　刊登在其他学科(包括物理、化学、生物、信息、材料、能源、环境、经济、金融等方面)中的应用数学概念、理论和方法方面的研究成果或综合介绍，介绍数学与其他交叉学科的国际前沿动态、现状及发展趋势等。读者对象为相关专业研究人员、科技人员和大专院校师生。

高压电器 = High voltage apparatus / 西安高压电器研究院有限责任公司，1965～
　　月刊　　　　　　　CLC：TM5
　　ISSN 1001-1609　　CN 61-1127/TM　　52-36　　BM4171
　　陕西省西安市西二环北段 18 号(710077)
　　编辑部电话：029-84225621,5626,1958
　　http://www.zgydq.com
　　gydq1958@xihari.com
　　2022 年 2 月起主办单位改为中国西电集团有限公司。报道高压电器、高电压技术、电力系统及其相关领域的新技术、新方法和新的应用性研究成果。内容包括各类高压开关类电器的研制、测试、生产、运行维护与检修，以及智能电器、高电压技术、交直流输变电设备及其综合技术、电力系统的运行维护等方面。主要栏目有研究与分析、技术讨论、设计技术、测试技术、智能电器、综述、技术交流、经验点滴、新产品新技术、新书介绍、简讯、热点专题等。读者对象为从事高压电器和高电压技术的科研、设计、制造和运行工作的工程技术人员，以及大中专院校师生、技术工人与管理人员。1965 年继承：《高压电器活页文选》(1961～1964)。

高压物理学报 = Chinese journal of high pressure physics / 中国物理学会高压物理专业委员会，四川省物理学会，1987～
　　双月刊　　　　　　　CLC：O521
　　ISSN 1000-5773　　CN 51-1147/O4　　62-132　　BM4100
　　四川省绵阳市 919 信箱 110 分箱(621999)
　　编辑部电话：0816-2490042

http://www.gywlxb.cn

gaoya@caep.cn

反映高压物理学科领域内的国内外科研及技术成果。主要刊载内容包括高温高压下材料的力、热、光、电、磁等特性,高温高压下材料的微观结构和相变,高温高压物态方程,动态及静态高压加载和测试技术,高压合成新材料,高压地球和行星科学,高压下物质的动态响应,冲击和爆轰现象,高压与化学、生物等交叉科学及技术应用。读者对象为从事高压物理专业以及相邻专业(如爆炸力学、地球物理、天体物理、材料科学等)的科学研究人员、工程技术人员、研究生以及大专院校师生等。

高原气象 = Plateau meteorology / 中国科学院寒区旱区环境与工程研究所,1982~

双月刊　　　　　　CLC:P4

ISSN 1000-0534　CN 62-1061/P　54-43　BM5967

甘肃省兰州市天水中路 8 号(730000)

编辑部电话:0931-8260935

http://www.gyqx.ac.cn

gybjb@lzb.ac.cn,gyqx@lzb.ac.cn

主要刊登大气科学领域,尤其是青藏高原气象学、山地气象学等领域研究成果,涵盖天气气候理论、观测和预报预测方法、全球气候变化、大气物理、大气化学和大气雷电等学科研究进展。读者对象为从事气象及水文、农业及地球环境等学科领域科技人员、业务人员及高等院校师生。

工程爆破 = Engineering blasting / 中国爆破行业协会,1995~

双月刊　　　　　　CLC:TD,TB41

ISSN 1006-7051　　CN 11-3675/TD

北京市丰台区南四环西路 188 号十一区 29 号楼 203 (100070)

编辑部电话:010-53069630,9626

http://gcbp.cbpt.cnki.net

报道爆破前沿、爆炸热点,推动技术发展,发布创新成果,促进爆破行业与爆炸领域先进技术和科研成果的推广应用。主要栏目有理论研究与科学实验、岩土爆破、拆除爆破、水下爆破、特种爆破、爆破器材与装备、爆破监测与安全等。读者对象为相关领域的科技工作者及大专院校师生。

工程地质学报 = Journal of engineering geology / 中国科学院地质与地球物理研究所,1993~

双月刊　　　　　　CLC:P64,TU

ISSN 1004-9665　　CN 11-3249/P　82-296　DK11016

北京市北土城西路 19 号中国科学院地质与地球物理研究所(100029)

编辑部电话:010-82998121,8124

http://www.gcdz.org

gcdz@mail.igcas.ac.cn

主要介绍当前规划、设计和在建国家重点工程的工程地质和地质环境实例及其论证;讨论理论进展和方法创新;讨论在土木、水电、铁路、公路、矿山建设、城乡规划、地质环境和灾害治理,以及能源和工业采掘等方面的新技术和经营。内容包括工程地质、水文地质、应用地球物理、地质工程等领域的新成就、新理论、新方法、新经验、新动向等。读者对象科研工作者、高校师生和专业工程技术人员。1998 年吸收:《工程地质信息》(1983~1997)。

工程抗震与加固改造 = Earthquake resistant engineering and retrofitting / 中国建筑学会,中国建筑科学研究院,2004~

双月刊　　　　　　CLC:TU

ISSN 1002-8412　　CN 11-5260/P　2-386　Q900

北京市北三环东路 30 号(100013)

编辑部电话:010-64517383

gckz@vip.163.com

2022 年起由中国建筑学会和中国建筑科学研究院有限公司主办。报道地震工程和工程抗震领域的最新研究成果和国内外地震工程动态,介绍工程应用、结构抗震设计、检测鉴定、加固和施工方面的先进技术与经验,以及与工程抗震有关的标准、规范、规程及背景资料。读者对象为土木工程和地震工程科研与设计人员、高等院校师生、施工和建设单位的工程技术人员。2004 年继承:《工程抗震》(1985~2004)。

工程科学学报 = Chinese journal of engineering / 北京科技大学,2015~

月刊　　　　　　　CLC:T

ISSN 2095-9389　　CN 10-1297/TF　82-303

北京市海淀区学院路 30 号(100083)

编辑部电话:010-62333436

http://cje.ustb.edu.cn

xuebaozr@ustb.edu.cn

以金属矿业、金属冶炼、材料制备与加工为特色,涉及矿业、冶金、材料、设备、能源、控制和管理等相关领域,主要刊载与冶金工业及材料研究有关的研究论文及快报。辟有冶金工程、机械工程·控制科学与工程、土木工程·环境工程、能源工程、材料科学与工程等栏目。读者对象为相关专业的科研人员、工程技术人员、管理人员以及大专院校师生。2015 年继承:《北京科技大学学报》(1989~2014)。

工程科学与技术 = Advanced engineering sciences / 四

川大学，2017～
双月刊　　　　　CLC：T
ISSN 2096-3246　CN 51-1773/TB　62-55　BM5712
四川省成都市一环路南一段 24 号(610065)
编辑部电话：028-85405425
http://jsuese.scu.edu.cn
jsu@scu.edu.cn,jscu@163.com
报道国内外工程科学前沿,关注工程科学领域新理论、新成果、新技术,推动工程科技成果转化应用。刊登工程科学领域研究、开发及应用的学术论文。设有水利与土木工程、机械工程、信息工程、电气工程、化学工程与材料工程等栏目。读者对象为理工科大专院校师生、科研与技术人员。2017 年继承:《四川大学学报. 工程科学版》(2000～2016)。

工程力学 = Engineering mechanics / 中国力学学会,
1984～
月刊　　　　　CLC：O3,TB12
ISSN 1000-4750　CN 11-2595/O3　82-862
北京市清华大学新水利馆 114 室(100084)
编辑部电话：010-62788648
https://engineeringmechanics.cn
gclxbjb@tsinghua.edu.cn
主要报道力学在工程及结构中应用,刊登力学在科研、设计、施工、教学和生产方面具有学术水平、创造性和实用价值的论文,包括力学在土木建筑、水工港工、公路铁路、桥梁隧道、航海造船、航空航天、矿山冶金、机械化工、国防军工、防灾减灾、能源环保等工程中应用且具有一定学术水平研究成果。设有基本方法、土木工程学科、机械工程学科、其他工程学科栏目。读者对象为国内外从事科学研究及设计施工的力学和结构工程人员、高校师生。

工程热物理学报 = Journal of engineering thermophysics / 中国科学院工程热物理研究所,中国工程热物理学会,1980～
月刊　　　　　CLC：TK121
ISSN 0253-231X　CN 11-2091/O4　2-185　M208
北京市 2706 信箱(100190)
编辑部电话：010-62584937
xb@mail.etp.ac.cn
主要刊登工程热力学与动力装置、热机气动热力学、传热传质学、燃烧学、多相流、流体机械和工程热物理研究中的实验测试方法及技术等方面具有创造性的学术论文,报道工程热物理学科范围内的重大科研成果和研究进展。主要读者对象为工程热物理专业科技人员及相关专业高等院校师生。

工程设计学报 = Chinese journal of engineering design / 浙江大学,2002～
双月刊　　　　　CLC：TH12,TB2
ISSN 1006-754X　CN 33-1288/TH　32-60　BM2861
浙江省杭州市天目山路 148 号浙江大学出版社有限责任公司(310028)
编辑部电话：0571-88272805
http://www.zjujournals.com/gcsjxb
zdgcsj@zju.edu.cn
刊登机械制造工程设计领域及其新兴交叉领域具有创新性和前沿性的高水平基础研究、应用研究的成果论文,介绍工程设计发展的最新趋势、基金项目的进展成果和产学研合作设计开发产品与装备的经验。设有设计理论与方法、创新设计、保质设计、智能设计、优化设计、建模仿真分析与决策、整机和系统设计、通用零部件设计等栏目。读者对象为产品制造业的设计、开发和研究人员,制造工艺及技术管理人员,设计研究院所的技术人员和管理人员,大专院校机电类和产品开发类专业的教师和学生。2002 年继承:《工程设计》(1994～2002)。

工程数学学报 = Chinese journal of engineering mathematics / 西安交通大学,1984～
双月刊　　　　　CLC：O29,TB11
ISSN 1005-3085　CN 61-1269/O1
陕西省西安市西安交通大学数学与统计学院(710049)
编辑部电话：029-82667877
http://jgsx-csiam.org.cn
jgsx@mail.xjtu.edu.cn
主要刊登工业与应用数学方面研究论文和相关数学建模与计算方法,以及应用数学理论与方法学术文章、综述等。读者对象为工程技术人员、应用数学研究人员、大专院校教师和研究生。

工程塑料应用 = Engineering plastics application / 中国兵器工业集团第五三研究所,中国兵工学会非金属专业委员会,兵器工业非金属材料专业情报网,1975～
月刊　　　　　CLC：TQ322.3
ISSN 1001-3539　CN 37-1111/TQ　24-42　M4503
山东省济南市天桥区田庄东路 3 号(250031)
编辑部电话：0531-85878057
http://www.epa1973.net
epa@epa1973.com
主要报道国内外工程用树脂、塑料及其复合材料、功能材料等的合成、改性、加工、应用、测试、模具、设备等方面的科研成果及技术改进经验。设有材料与应用、加工、机械与模具、测试与老化、填料与助剂、综述等栏目。

读者对象为从事高分子材料科研、生产及应用的工程技术人员及相关专业院校师生。1975 年继承:《兵工塑料》(1973～1974)。

工具技术:切削与测量工程杂志 = Tool engineering: The magazine for cutting & measuring engineering / 成都工具研究所有限公司,1970～

月刊　　　　　　　　CLC:TG71,TG8,TG5,TH16

ISSN 1000-7008　　CN 51-1271/TH　62-32　M3278

四川省成都市府青路二段 24 号(610051)

编辑部电话:028-83245073,2240

http://www. chinatool. net,http://gjjs1964. com. cn,http://gjjs. cbpt. cnki. net

toolmagazine@chinatool. net,toolmagazine@163. com

主要报道机械加工领域中切削与测量技术的最新发展、金属切削理论研究、新型刀具的研制开发及应用、刀具生产及加工工艺、新型刀具材料、刀具涂层技术及装备、刀具 CAD/CAM、数控工具系统及工具管理系统、机械加工中的测量原理、方法与误差理论研究、精密测量与质量控制技术、坐标和激光测量技术及设备、新型量具量仪的开发与应用、电子数显量具、工模夹具设计与工艺、工厂技改和实用技术、技术市场及技术讲座等。读者对象为相关领域科技工作者及高等院校师生等。1970 年继承:《国外精密工具》(1964～1966);1972 年吸收:《工具情报》(1970～1971)。

工矿自动化 = Industry and mine automation / 中煤科工集团常州研究院有限公司,2002～

月刊　　　　　　CLC:TD82

ISSN 1671-251X　CN 32-1627/TP　28-162　MO2751

江苏省常州市木梳路 1 号(213015)

编辑部电话:0591-86998217,8515

http://www. gkzdh. cn

editor@cari. com. cn

主要栏目有煤矿机械电力装备与自动化、煤矿生产自动化技术、煤矿安全监测、煤矿通信、供电与安全等。主要读者对象为煤炭科学技术、矿山工程技术等相关学科领域的科研工作者、专业工程技术人员、高校师生等。2002 年继承:《煤矿自动化》(1978～2001)。

工业工程与管理 = Industrial engineering and management / 上海交通大学,1996～

双月刊　　　　　　CLC:F4

ISSN 1007-5429　　CN 31-1738/T　4-585

上海市华山路 1954 号上海交通大学(200030)

编辑部电话:021-62933226

http://gygcgl. cbpt. cnki. net

liuhx-monica@sjtu. edu. cn

主要刊载工业工程与管理方面的理论研究与应用成果,推广和介绍现代管理方法与经验,报道国内外工业工程与管理的最新发展动向。主要栏目有生产计划与管理、供应链管理、项目管理、物流管理、人力资源与绩效评价、工程经济分析、创新与知识管理等。读者对象为企业界管理人员和工程技术人员、相关专业院校师生和政府机关工作人员。

工业技术经济 = Journal of industrial technological economics / 吉林省科学技术信息研究所,1983～

月刊　　　　　　CLC:F4

ISSN 1004-910X　CN 22-1129/T　12-275

吉林省长春市深圳街 940 号(130033)

编辑部电话:0431-85667074

http://www. gyjsjj. com

gyjs2005@sina. com

主要刊载技术经济学及区域经济发展、产业发展、科技创新与科技政策方面的理论研究。主要栏目有创新研究、产业经济、技术经济、企业经济、低碳经济、国民经济、区域经济等。读者对象为各级管理干部、经济院校师生及技术管理人员。2023 年起并列题名改为:Journal of industrial technology and economy。1983 年继承:《吉林工业技术经济》(1982)。

工业水处理 = Industrial water treatment / 中海油天津化工研究设计院有限公司,1981～

月刊　　　　　　CLC:X7

ISSN 1005-829X　CN 12-1087/TQ　6-61　4515MO

天津市红桥区丁字沽三号路 85 号(300131)

编辑部电话:022-26689330

http://www. iwt. cn

iwt@iwt. cn

主要报道工业废水、工艺用水、循环冷却水、锅炉水、市政污水、海水淡化等水处理技术动态、研究报告、专题述评、经验总结、科学管理及行业快讯等。主要栏目:专论与综述、试验研究、分析与监测、工程实例、经验交流、可持续发展、脱盐技术、油气田水处理、污泥处理与处置、智慧水务等。主要读者对象为从事水处理工作的科研、设计、教学、生产、管理等单位的专业技术人员。

公共管理学报 = Journal of public management / 哈尔滨工业大学管理学院,2004～

季刊　　　　　　CLC:D035

ISSN 1672-6162　CN 23-1523/F　14-116

黑龙江省哈尔滨市南岗区法院街 13 号(150001)

编辑部电话:0451-86402009

ggglxb@hit. edu. cn

刊载的学术论文主要涉及政府管理、公共政策分析、公共卫生管理、社会保障等与公共管理学科有关的研究主题，注重以事实为基础的实证研究，强调研究的适用性和应用价值。读者对象为国家公务员、各级行政管理人员、大专院校相关专业师生以及社会科学理论工作者。

公共管理与政策评论 ＝ Public administration and policy review / 中国人民大学，2012～
双月刊　　　　　　　　CLC：D63
ISSN 2095-4026　　CN 10-1062/D　2-788
北京市中国人民大学求是楼(100872)
编辑部电话：010-62512726
http://ggglyzc.ruc.edu.cn
papr2012@163.com
重点研究公共管理学科，刊发当代中国公共管理和公共政策重大理论和实践问题研究的学术成果。设有理论探讨、政府管理、社会治理、政策分析、国外动态、行政管理、历史与理论、非营利组织研究、管理与技术、地方政府研究、信任关系研究、书评等栏目。主要读者对象为机关、学校、企事业单位的领导和相关读者。

公共行政评论 ＝ Journal of public administration / 广东人民出版社有限公司，2008～
双月刊　　　　　　　　CLC：D035
ISSN 1674-2486　　CN 44-1648/D　46-364　BM8839
广东省广州市新港西路 135 号中山大学中国公共管理研究中心(510275)
编辑部电话：020-84038746,84113029
http://jpa.sysu.edu.cn
jpachina@163.com
关注公共行政学研究最新动向和前沿问题，刊登论文和述评，内容涵盖公共行政学的各个重要领域，如公共预算、政府绩效、社会政策、城市治理、政府间关系、政策创新与扩散等方面。读者对象为各级党政机关、企事业单位干部和相关专业的研究人员及大专院校师生。

公路 ＝ Highway /《公路》杂志社有限公司，1957～
月刊　　　　　　　　　CLC：U4
ISSN 0451-0712　　CN 11-1668/U　2-81
北京市东城区东四前炒面胡同 33 号 F 座(100010)
编辑部电话：010-57507945,7942,7940
http://www.chn-highway.com
paper@chn-highway.com
报道公路设计、施工、建设、养护、管理、政策、法规、科研、各边缘学科和交叉学科等论文。主要栏目有道路、桥梁、隧道、养护与管理、材料、综合、标准规范、环境保护、国外科技等。读者对象为公路及其相关行业的工程技术人员、科研人员、管理人员，高校相关专业师生。

1957 年由《人民交通．公路版》(1956)和《公路译丛》(1955～1956)合并而成。

公路交通科技 ＝ Journal of highway and transportation research and development / 交通运输部公路科学研究所，1984～
月刊　　　　　　　　　CLC：U4
ISSN 1002-0268　　CN 11-2279/U　2-480　M3756
北京市西土城路 8 号(100088)
编辑部电话：010-62079198
http://www.gljtkj.com
editor@rioh.cn
主要刊登我国道路交通运输领域具有理论和实践水平的学术论文、研究报告和学术论文。报道新技术、新产品、新工艺的研究和应用。主要栏目有道路工程、桥梁工程、智能运输系统与交通工程、汽车工程、公路运输经济、环境工程、筑路机械工程。读者对象为从事相关行业的科技人员，工程技术人员，管理人员及大专院校师生。

功能材料 ＝ Journal of functional materials / 重庆材料研究院，1991～
月刊　　　　　　　　　CLC：TB3
ISSN 1001-9731　　CN 50-1099/TH　78-6
重庆市北碚区蔡家工业园嘉德大道 8 号(400707)
编辑部电话：023-68264739,4750
http://www.gncl.cn
gnclbjb@126.com
主要报道功能材料科学与工程各领域最新成果的原始论文和研究报告，以及新材料、新技术最新进展的综合论述。设有热点·关注、综述·进展、研究·开发、工艺·技术等栏目。读者对象为从事功能材料研究的师生、科研人员、工程技术人员和情报研究人员等。1991年继承：《仪表材料》(1970～1990)。

功能高分子学报 ＝ Journal of functional polymers / 华东理工大学，1988～
双月刊　　　　　　　　CLC：O63
ISSN 1008-9357　　CN 31-1633/O6　4-629
上海市梅陇路 130 号(200237)
编辑部电话：021-64253005
http://gngfzxb.ecust.edu.cn
gngfzxb@ecust.edu.cn
主要刊登功能高分子和其他高分子领域学术论文，同时刊登科研简报及国内外该领域科研进展综述。内容涉及功能高分子合成、表征、加工及应用等。读者对象为高分子研究领域科研人员及工程技术人员、高等院校相关专业师生。

供用电 = Distribution & utilization / 英大传媒(上海)有限公司,国网上海市电力公司,1984~

月刊　　　　　　　　CLC：TM

ISSN 1006-6357　　CN 31-1467/TM

北京市东城区北京站西街 19 号(100005)

编辑部电话：010-63412343,2464,2787

http://www.gydi.cbpt.cnki.net

gongyongdian@vip.163.com

报道电力及其相关领域的科技成果。主要栏目有供电质量、电力物联网、配电、用电、新能源、设备研制与应用、本刊专论、研究与讨论、经验交流、企业供用电、电力营销、安全生产、国外供用电、技术讲座等。读者对象为供电企业、科研院所、设计建设单位、设备厂商等单位的工程技术人员、科研人员、管理人员及高等院校师生。

古地理学报 = Journal of palaeogeography (Chinese edition) / 中国石油大学,中国矿物岩石地球化学学会,1999~

双月刊　　　　　　　CLC：P531

ISSN 1671-1505　　CN 11-4678/P　　2-739　　BM1603

北京市学院路 20 号中国石油大学(100083)

编辑部电话：010-62396246,62341089

http://www.gdlxb.org

Jpalaeo1999@163.com

刊登古地理学及相关学科科研成果,内容包括岩相古地理学、生物古地理学、构造古地理学、层序地层学及古地理学、第四纪古地理学、人类历史时期古地理学、古今地理环境与人类文明、古地理学研究方法和技术等方面。设有综述、岩相古地理学及沉积学、古地理学及沉积学、地球化学及沉积环境、生物古地理学及古生态、古地理学及矿产资源等栏目。读者对象为石油、地质、化工、煤炭等领域的科研与工程技术人员以及相关专业院校师生。

古汉语研究 = Research in ancient Chinese language / 湖南师范大学,1988~

季刊　　　　　　　　CLC：H1

ISSN 1001-5442　　CN 43-1145/H　　80-460

湖南省长沙市岳麓山湖南师范大学(410081)

编辑部电话：0731-88872560

http://www.ghyyj.cn

ghyyjbjb@126.com

主要刊登古代汉语文字、音韵、训诂、语法、修辞,以及古籍整理等方面的研究成果。读者对象为古汉语研究专家、学者和文史工作者,高等院校文史哲等相关专业的教师、研究生,中学语文教师,古文爱好者和中国文化爱好者。

古脊椎动物学报(中英文) = Vertebrata palasiatica / 中国科学院古脊椎动物与古人类研究所,2021~

季刊　　　　　　　　CLC：Q915.86

ISSN 2096-9899　　CN 10-1715/Q　　2-569　　Q1238

北京市 643 信箱(100044)

编辑部电话：010-88369180

http://www.vertpala.ac.cn

vertpala@ivpp.ac.cn

刊载内容涵盖与古脊椎动物学有关各个领域,诸如古脊椎动物各门类及人类起源与进化、系统分类、形态功能、同位素测年、生物地层与地质年代、古生态、古环境、古生物地理、脊椎动物化石收集及研究方法,也包括对古脊椎动物学文献再研究。主要登载研究论文、消息报道、学术动态、书刊评介、问题讨论、综述及方法介绍等。读者对象为国内外古生物学、生物学、地质学、考古学和博物馆学等方面的工作者、教师和学生。2021 年继承：《古脊椎动物学报》(1984~2020)。

古生物学报 = Acta palaeontologica Sinica / 中国古生物学会,中国科学院南京地质古生物研究所,1953~

季刊　　　　　　　　CLC：Q91,P5

ISSN 0001-6616　　CN 32-1188/Q　　2-310　　Q65

江苏省南京市北京东路 39 号(210008)

http://gswxb.cnjournals.cn/gswxb/home

gswxb@nigpas.ac.cn

主要刊载古生物学及其相关学科原创性研究论文、学科动态、学术讨论、论著评述以及新技术、新方法应用等。主要栏目有评述论文、研究方法、特约论文、学会讯息等。读者对象为地质和古生物学科研人员、大专院校师生。

固体火箭技术 = Journal of solid rocket technology / 航天动力技术研究院,中国宇航学会,1988~

双月刊　　　　　　　CLC：V42

ISSN 1006-2793　　CN 61-1176/V

陕西省西安市 120 信箱 47 所编辑部(710025)

编辑部电话：029-83603254

http://pub.gthjjs.com

gthjjs@163.com

主要刊载固体推进系统及其工程应用学科领域涉及的发动机设计与研究、推进剂含能材料研究/配方设计与装药工艺、壳体喷管结构/功能材料与成形工艺、发动机地面/飞行试验与测试等内容。设有流体力学、药柱完整性、推进剂燃料燃烧、结构材料结构力学、防热材料绝热材料、测试试验安全性、运载火箭导弹技术等栏目。读者对象为从事实验流体力学及相关学科的学术研究、设计、制造与应用等的广大科技人员和院校师生。1988年由《国外固体火箭技术》(1979~1987)和《固体火箭推进》(1983~1987)合并而成。

固体力学学报 ＝ Chinese journal of solid mechanics / 中国力学学会，1980～

双月刊　　　　　　　CLC：O34

ISSN 0254-7805　　CN 42-1250/O3　38-44　Q339

湖北省武汉市珞喻路 1037 号华中科技大学南一楼东 319 室（430074）

编辑部电话：027-87543737

http://amss.hust.edu.cn

amss@mail.hust.edu.cn

报道固体力学及其相关学科研究成果和研究动态。刊登固体力学理论、实验和在工程技术中应用等方面研究论文，各重要分支学科评述和展望。设有综述、研究论文、研究简报栏目。读者对象为相关专业科研人员、工程技术人员和高等院校师生。

故宫博物院院刊 ＝ Palace Museum journal / 故宫博物院，1958～

月刊　　　　　　　　CLC：K87

ISSN 0452-7402　　CN 11-1202/G2　2-411　MO101

北京市景山前街故宫博物院内（100009）

https://ggbw.cbpt.cnki.net/EditorCN/Index.aspx

旨在深入发掘故宫博物院丰富的文化内涵，推进中国宫廷学术研究、明清历史研究、中国古代建筑研究及历代艺术品研究。主要发表有关故宫藏品（包括书画作品、碑帖篆刻、古籍文献、古文字、宗教文物、古代建筑，以及各种古玩、玉器、雕刻、陶瓷作品等）研究的论文及研究成果，刊登文物保护科技和博物馆学方面的文章，报道考古新发现及学术动态。读者对象为文物考古工作者、历史研究人员、博物馆工作人员及广大文物爱好者。

管理案例研究与评论 ＝ Journal of managment case studies / 大连理工大学，2008～

双月刊　　　　　　　CLC：F270

ISSN 1674-1692　　CN 21-9202/G　8-224

辽宁省大连市甘井子区凌工路 2 号大连理工大学经济管理学院（116024）

编辑部电话：0411-84706327

http://jmcs.dlut.edu.cn

mcase@dlut.edu.cn

主要刊载以案例研究为主的中国情境化管理理论等研究成果。主要栏目有工商管理案例研究、案例教学与研究方法论。读者对象为从事管理科学研究和实践的管理工作者、管理工程技术人员，各行业、部门及企业管理人员、经济与管理院师生等。

管理工程学报 ＝ Journal of industrial engineering and engineering management / 浙江大学，1987～

双月刊　　　　　　　CLC：C93

ISSN 1004-6062　　CN 33-1136/N

浙江省杭州市余杭塘路 866 号浙江大学紫金港校区（310058）

编辑部电话：0571-88206832,6831

http://glgcxb.zju.edu.cn

主要反映我国管理科学、教育及科研的最新成果。刊载内容涵盖供应链与物流管理、信息技术与电子商务、制造与运作管理、技术与创新管理、金融工程与会计财务、战略管理、人力资源与组织管理、决策科学、行为经济学、营销管理、项目管理等诸多领域。读者对象为管理工程、经济、科技类院校与科研机构的教学、研究人员和学生。1987 年继承：《管理研究》(1985~1987)。

管理科学 ＝ Journal of management science / 哈尔滨工业大学管理学院，2003～

双月刊　　　　　　　CLC：C93,F4

ISSN 1672-0334　　CN 23-1510/C　14-210

黑龙江省哈尔滨市南岗区法院街 13 号（150001）

编辑部电话：0451-86414056

http://glkx.hit.edu.cn

glkx@hit.edu.cn

2023 年起主办单位名为哈尔滨工业大学经济与管理学院。主要刊载管理科学理论与方法研究、学术探讨与技术应用领域的论文。主要栏目有金融理论与金融市场、管理信息系统、创新创业管理、组织管理、会计与财务管理、营销等。读者对象为大专院校管理专业师生和决策部门、研究机构、咨询机构，以及实业界的管理人员。2003 年继承：《决策借鉴》(1987~2002)。

管理科学学报 ＝ Journal of management sciences in China / 天津大学，国家自然科学基金委员会管理科学部，1998～

月刊　　　　　　　　CLC：C93

ISSN 1007-9807　　CN 12-1275/G3　6-89　M5062

天津市南开区卫津路 92 号天津大学（300072）

编辑部电话：022-27403197

http://jmsc.tju.edu.cn

jmsc@tju.edu.cn

介绍有关管理科学的基础理论、方法与应用等学术性研究成果，以及已取得社会或经济效益的应用性研究成果。读者对象为从事管理科学研究和实践的管理科学工作者、管理工程技术人员，各行业、部门及企业管理人员，管理科学与经济管理院校师生等。1998 年继承：《决策与决策支持系统》(1991~1997)。

管理评论 = Management review / 中国科学院大学，2003～

月刊　　　　　CLC：C93，F27

ISSN 1003-1952　　CN 11-5057/F　82-395

北京市中关村东路 80 号东平房 139 室中国科学院大学经济与管理学院(100190)

编辑部电话：010-82680674

http://www.glplzz.com，https://sem.ucas.as.cn

mreview@ucas.ac.cn

主要刊载管理学界的新思想，关注企业管理、公共管理、金融管理和产业组织等方面的理论与实践问题、热点与难点问题。主要栏目有经济与金融管理、技术与创新管理、电子商务与信息管理、市场营销、组织行为与人力资源管理、组织与战略管理、物流与供应链管理、案例研究、公共管理、会计与财务管理、应急管理等。读者对象为各级决策者、企业及各类管理人员、相关专业院校师生等。2003 年继承：《中外管理导报》(1989～2002)。

管理世界 = Journal of management world / 国务院发展研究中心，1985～

月刊　　　　　CLC：F，C93

ISSN 1002-5502　　CN 11-1235/F　82-203　BM974

北京市朝阳门外红庙金台里 2 号院(100026)

编辑部电话：010-62112235

http://www.mwm.net.cn

bianjibu@mwm.net.cn

重点反映中国经济管理理论、政策研究和管理实践方面的最新研究成果。主要栏目有经济学、工商管理、公共管理、理论述评等。读者对象为关心中国经济发展和改革开放事业的经济管理理论研究人员、政府经济管理与公共管理部门干部、企业管理人员、政策研究部门研究人员、大专院校师生和有志于研究经济管理理论的各界人士。

管理现代化 = Modernization of management / 中国管理现代化研究会，1981～

双月刊　　　　　CLC：F27

ISSN 1003-1154　　CN 11-1403/C　2-218

北京市朝阳区朝阳门外大街甲 6 号 21 层 3 座 2101-6 (100020)

编辑部电话：010-64249510

https://glxdh.cbpt.cnki.net

glxdh@163.net

主要刊载管理理论、管理模式的探讨与研究，提供与企业发展密切相关的经济政策和法规动态，介绍国内外现代化管理经验和进展。主要栏目有财政金融、产业经济、区域经济、创新与创业、组织与战略、环境与社会、营销管理、理论述评、人力资源管理、知识管理、运作管理、风险管理等。读者对象为各行各业经济管理干部及经济院校师生。

管理学报 = Chinese journal of management / 华中科技大学，2004～

月刊　　　　　CLC：C93

ISSN 1672-884X　　CN 42-1725/C　38-312　1725BM

湖北省武汉市洪山区珞喻路 1037 号(430074)

编辑部电话：027-87542154

http://glxb.hust.edu.cn

glxb@foxmail.com

旨在促进管理学科学术交流，介绍国际先进管理理念，推动管理学在中国的发展。设有管理学在中国、争鸣与反思、管理文化、组织与战略、人力资源管理、营销与服务、创新与创业、信息与知识管理、物流与运作管理、环境与社会、述评等栏目。读者对象为管理科学研究工作者、管理工程技术人员、部门及企业管理人员、相关专业院校师生。

管理学刊 = Journal of management / 新乡学院，中国社会主义经济规律系统研究会，2009～

双月刊　　　　　CLC：C93，F2

ISSN 1674-6511　　CN 41-1408/F　36-624　BM8930

河南省新乡市金穗大道 191 号新乡学院(453003)

编辑部电话：0373-3683517

http://xxxy.cbpt.cnki.net

glxk2009@126.com

专注于习近平新时代中国特色社会主义经济思想最新理论成果，紧密联系经济社会发展中的重大经济管理问题和现代管理学的最新成果。主要栏目有平台反垄断研究、创新创业研究、公司治理研究、管理前沿、经济观察、绿色农业、企业管理、城市经济管理等。读者对象为相关学科领域的研究人员，高等院校教师和研究生。2009 年继承：《新乡教育学院学报》(1988～2009)。

光电工程 = Opto-electronic engineering / 中国科学院光电技术研究所，中国光学学会，1990～

月刊　　　　　CLC：TN2

ISSN 1003-501X　　CN 51-1346/O4　62-296　M7114

四川省成都市双流区 350 信箱(610209)

编辑部电话：028-85100579

http://cn.oejournal.org/oee

oee@ioe.ac.cn

刊登光学和电学基础学科、工程研究和工程应用等方面的科研进展、原创成果，以及综述、热点问题、前沿课题等。主要方向包括：光学设计和光学工程；光电技术及应用；激光、光纤和通信；光学材料；光子设备；光电信号处理等。读者对象为相关领域大专院校师生、研究院所科研人员、工厂工程技术人员与管理人员等。1990年继承：《光学工程》(1974～1989)。

光电子·激光 = Journal of optoelectronics，laser / 天津理工大学，1990～
月刊　　　　　　　CLC：TN2
ISSN 1005-0086　CN 12-1182/O4　6-123　M-4146
天津市西青区宾水西道 391 号(300384)
编辑部电话：022-60214470
http://www.joelcn.com，http://www.joelcn.net
baenxu@263.net
报道光电子、激光技术领域的研究成果，内容包括新型光电子器件、装置和材料、光电控制和检测、光存贮和光电信息处理、通信和光纤应用技术光电集成技术、光计算和光学神经网络、激光加工和激光应用、光电生物医学等方面。主要栏目包括光电子器件和系统、光电子信息技术、纳米光电子技术、材料、测量·检测、信息安全、光电自动控制、模式识别、图像与信息处理、多媒体通信、光物理、生物医学光子学等。读者对象为相关专业的科研人员、工程技术人员、高等院校师生及科技管理人员。1990年继承：《应用激光联刊》(1981～1989)。

光谱学与光谱分析 = Spectroscopy and spectral analysis / 中国光学学会，1982～
月刊　　　　　　　CLC：O433，O6
ISSN 1000-0593　CN 11-2200/O4　82-68　M905
北京市海淀区魏公村学院南路 76 号钢铁研究总院(100081)
编辑部电话：010-62181070
http://www.gpxygpfx.com
chngpxygpfx@vip.sina.com
报道光谱学与光谱分析领域的最新进展、研究论文、学科发展前沿和最新进展、综合评述、研究简报、问题讨论、书刊评述。主要刊出方向包括激光光谱测量、红外、拉曼、紫外、可见光谱、发射光谱、吸收光谱、X 射线荧光光谱、激光显微光谱、光谱化学分析、国内外光谱化学分析。读者对象为冶金、地质、机械、环境保护、国防、天文、医药、农林、化学化工、商检等各领域的科学研究单位、高等院校、制造厂家、从事光谱学与光谱分析的研究人员、高校有关专业的师生、管理干部。1982 年继承：《原子光谱分析》(1981)。

光散射学报 = The journal of light scattering / 四川省物理学会，中国物理学会光散射专业委员会，1989～
季刊　　　　　　　CLC：O4
ISSN 1004-5929　CN 51-1395/O4
四川省成都市一环路南一段 24 号四川大学望江校区西五教 315 室(610065)
编辑部电话：028-85418067
http://journal-cjls.cn
cjls@scu.edu.cn
反映交流光散射(拉曼散射、布里渊散射、瑞利散射)、光谱学、光物理、光化学、光生物等学科方向在理论、实验、实验技术和仪器研发方面的研究成果，以及它们在物理、化学、材料科学、生物学、地矿学、石油化工、医药学等方面的应用成果。读者对象为相关学科科研技术人员及高等院校师生。

光通信技术 = Optical communication technology / 中国电子科技集团公司第三十四研究所，1985～
月刊　　　　　　　CLC：TN929.1
ISSN 1002-5561　CN 45-1160/TN　48-126　M7092
广西桂林市六合路 98 号(541004)
编辑部电话：0773-6345318
http://www.gioc.com.cn/opticalcomm
gtxjs@cetc.com.cn，OPTICAL263@163.com
报道光通信、光纤维传感技术在公用通信、专用通信和国防通信中的应用研究成果，包括系统与网络、光纤光缆与器件、光通信相关技术的开发及新技术新产品介绍等，以及专题讲座、厂商简介、书刊评价、人物专访、重大活动报道等。设有光网络、光器件、光系统传输、无线光通信、光通信工程和光纤光缆等栏目。读者对象为相关专业及部门的工程技术人员和管理人员。2022 年起改为双月刊。1985 年继承：《激光通信》(1977～1984)。

光通信研究 = Study on optical communications / 武汉邮电科学研究院有限公司，1981～
双月刊　　　　　　CLC：TN929.1
ISSN 1005-8788　　CN 42-1266/TN
湖北省武汉市洪山区邮科院路 88 号(430074)
编辑部电话：027-87691537，2049
gtxyj.wri@qq.com
主要刊载光通信及光电子领域具有创新性的基础研究和应用研究成果，理论和实用技术，以及与光通信、光电子相关的交叉领域的科研学术论文，反映国内外光通信、光电子领域的发展动态、研究成果、应用状况和市场信息等。主要内容有：通信网络、通信系统、无线通信系统、光纤光缆、光器件、技术应用、工程维护等。读者对象为光通信及光电子领域的研究人员、技术人员、管理人员和高等院校师生等。1981 年继承：《邮电研究》(1975～1980)。

光学技术 = Optical technique / 中国北方光电工业总公司，中国兵工学会，北京理工大学，1980～
双月刊　　　　　　CLC：O43，TH74
ISSN 1002-1582　CN 11-1879/O4　2-830　BM4127

北京市海淀区中关村南大街 5 号(100081)

编辑部电话:010-68913628,68948720

http://gxjs.cbpt.cnki.net

gxjs@bit.edu.cn

报道光电技术领域科研与技术成果。设有光学设计、光学加工、光学材料、生物医学光学、光学器件及系统设计、光学测量、光通信、红外光学、光学图像处理与识别等栏目。读者对象为光电行业科技管理部门、大专院校、科研所、工矿企业的光电科技人员。1980 年继承:《光学工艺》(1975~1979)。

光学 精密工程 = Optics and precision engineering / 中国科学院长春光学精密机械与物理研究所,1993~

月刊   CLC:TH74

ISSN 1004-924X CN 22-1198/TH 12-166 4803BM

吉林省长春市东南湖大路 3888 号(130033)

编辑部电话:0431-86176855

https://www.eope.net

gxjmgc@ciomp.ac.cn,gxjmgc@sina.com

刊载现代应用光学与微纳米技术和精密工程领域的高水平理论性和应用性的科研成果。设有现代应用光学、微纳技术与精密机械、信息科学等栏目。读者对象为相关专业从事科研、教学、生产、运行的研究人员和工程技术人员以及研究生等。2022 年起改为半月刊。1993 年继承:《光学机械》(1959~1992)。

光学学报 = Acta optica Sinica / 中国科学院上海光学精密机械研究所,中国光学学会,1981~

半月刊   CLC:O43

ISSN 0253-2239   CN 31-1252/O4 4-293

上海市嘉定区清河路 390 号(201800)

编辑部电话:021-69916837

http://aos.opticsjournal.net

aos@siom.ac.cn

反映中国光学科技的新概念、新成果、新进展。主要栏目包括大气与海洋光学、探测器、光纤光学与光通信、测量与计量、激光器与激光光学、非线性光学、光学设计与制造、光学器件、物理光学、量子光学、X 射线光学等。读者对象为相关学科科研技术人员及高等院校师生。

光子学报 = Acta photonica Sinica / 中国科学院西安光学精密机械研究所,中国光学学会,1992~

月刊   CLC:O572.31

ISSN 1004-4213   CN 61-1235/O4 52-105 M5633

陕西省西安市长安区新型工业园信息大道 17 号 47 分箱(710119)

编辑部电话:029-88887564

http://www.photon.ac.cn

photon@opt.ac.cn

报道光子学研究领域的新理论、新概念、新思想、新技术和新进展。主要刊登本学科的学术论文、研究简报、研究快报,内容涉及瞬态光学、光电子学、智能光学仪器、集成光学、信息光学、导波光学、非线性光学、光物理、光化学、光生物学、光通信、光传感、光计算、光神经网络、光子功能材料、光子自身相互作用、光子的经典与非经典效应等。读者对象为从事光学、光子学及相关学科的科学研究人员、工程技术人员和高等院校师生。1992 年继承:《高速摄影与光子学》(1980~1991)。

广东财经大学学报 = Journal of Guangdong University of Finance & Economics / 广东财经大学,2014~

双月刊   CLC:F

ISSN 1008-2506   CN 44-1711/F 46-295

广东省广州市海珠区仑头路 21 号(510320)

编辑部电话:020-84096712,6029

http://song.cbpt.cnki.net

刊登经济学理论与应用方面的学术论文、调查报告及综述,注重发表具有广东地域特色,对该地区经济建设有一定理论意义的原始研究成果。辟有经济理论与探索、财税与公共管理、企业与商务经济、粤商与广东经济、财税与公共管理、城镇化与农村经济等栏目。读者对象为经济理论研究人员、经济工作者及经济院校师生。2014 年继承:《广东商学院学报》(1999~2013)。

广东电力 = Guangdong electric power / 广东电网公司电力科学研究院,广东省电机工程学会,1988~

月刊   CLC:TM

ISSN 1007-290X   CN 44-1420/TM M7743

广东省广州市东方东路水均岗 8 号(510080)

编辑部电话:020-85125659

https://gddl.gddky.csg.cn

gddl_01@163.com

报道电力网、供用电和发电厂等有关生产、建设、修造、科学研究的技术成果、经验和科学管理等方面的信息以及电力发展动态。主要栏目有专家论坛、电网运行与控制、高压电与绝缘、发电技术、智能应用、理论研究。读者对象为电力系统及相关行业的科技人员、管理决策人员、大专院校师生及市场营销人员等。

广东海洋大学学报 = Journal of Zhanjiang Ocean University / 广东海洋大学,2007~

双月刊   CLC:P7,S9

ISSN 1673-9159   CN 44-1635/N BM4196

广东省湛江市麻章区海大路 1 号(524088)

编辑部电话:0759-2396013

https://shdx.cbpt.cnki.net

gdouj@vip. 163. com

主要刊登海洋、水产科学基础理论,水生生物遗传育种、水产养殖与增殖、水产动物营养与饲料、水产病害防治、海洋渔业、渔船、渔业机械与仪器,水生生物资源高质化加工利用、水产食品质量安全、海洋生物医药开发、海洋气候变化、海洋气象过程、海洋资源开发、海洋环境保护、海洋动力过程,船舶工程、海洋工程、海岸工程,滨海农业等领域的学术论文。读者对象为相关科技工作者及高等院校师生等。2007 年继承:《湛江海洋大学学报》(1997～2006)。

广东社会科学 = Social sciences in Guangdong / 广东省社会科学院,1984～

双月刊　　　　　CLC:C55

ISSN 1000-114X　CN 44-1067/C　46-134　BM6493

广东省广州市天河北路 618 号(510635)

编辑部电话:020-38801447

gdshhkx_jingji@126. com,gdshhkx_zhexue@126. com,gdshhkx_lishi@126. com,gdshhkx_wenxue@126. com,gdshhkx_faxue@126. com,gdshhkx_shehuixue@126. com,gdshhkx_gangao@126. com,gdshhkx_zonghe@126. com,gdshhkx@vip. 163. com

研究、探讨中国改革开放和现代化建设的前沿课题与热点问题。发表经济学、历史学、哲学、文学、法学、社会学等方面的论文,还不定期设有台港澳研究等专题栏目。读者对象为高等院校、科研机构的人文社会科学研究人员和党政机关、文化、宣传部门的理论工作者。

广西大学学报. 自然科学版 = Journal of Guangxi University. Natural science edition / 广西大学,1976～

双月刊　　　　　CLC:N55

ISSN 1001-7445　CN 45-1071/N　48-185　4608Q

广西南宁市大学路 100 号(530004)

编辑部电话:0771-3235713

http://xbbj. gxu. edu. cn

gxuzrb@gxu. edu. cn

主要刊登校内外理工科专业的基础理论和应用研究方面的学术论文、研究报告等。设有机械工程、电气工程、计算机与电子信息科学、土木工程、交通工程、化学化工、环境科学、材料科学、数学等栏目。主要读者对象为科技工作者及高等院校理工专业师生。

广西科学 = Guangxi sciences / 广西科学院,广西壮族自治区科学技术协会,1994～

双月刊　　　　　CLC:N55

ISSN 1005-9164　CN 45-1206/G3

广西南宁市大岭路 98 号(530007)

编辑部电话:0771-2503923

http://gxkx. ijournal. cn/gxkx/ch

主要刊登反映广西特色资源和特色学科理论的学术论文、学术综述和科技信息等。设有生物技术、海洋科学、信息科学、医学等栏目。读者对象为科技研究机构的科学工作者。

广西民族大学学报. 哲学社会科学版 = Journal of Guangxi University for Nationalities. Philosophy and social science edition / 广西民族大学,2006～

双月刊　　　　　CLC:C55,C95

ISSN 1673-8179　CN 45-1349/C　48-89　4644Q

广西南宁市大学东路 188 号(530006)

编辑部电话:0771-3260122

xb3260122@gxun. edu. cn

突出学术性、民族性、文化性、地方性和区域性特点,内容涉及社会学、经济学、政治学、法学、历史学、语言学、教育学、人类学、民俗学、编辑学等学科,侧重对人类学、民族学的研究。主要读者对象为从事民族学研究、民族学教学的专家、学者以及民族工作者。2022 年起并列题名改为:Journal of Guangxi Minzu University. Philosophy and social science edition。2006 年继承:《广西民族学院学报. 哲学社会科学版》(1983～2006)。

广西民族研究 / 广西民族研究中心,1985～

双月刊　　　　　CLC:C95,K28,D633

ISSN 1004-454X　CN 45-1041/C　48-85　6487BM

广西南宁市云景路 1 号(530028)

编辑部电话:0771-5589053

https://mzya. chinajournal. net. cn

gxmzyjs@163. com

发表反映民族学、人类学方面的理论意见成果。设有民族理论政策研究、中央民族工作会议精神解读、铸牢中华民族共同体意识研究、庆祝中国共产党成立 100 周年的相关研究、民族学与人类学研究、民族历史文化研究、民族发展研究、瑶学研究、学术动态与书评等栏目。读者对象为民族学研究和民族工作者、大专院校相关专业师生。

广西师范大学学报. 自然科学版 = Journal of Guangxi Normal University. Natural science edition / 广西师范大学,1983～

双月刊　　　　　CLC:N55

ISSN 1001-6600　CN 45-1067/N　48-54　NTZ1063

广西桂林市育才路 15 号(541004)

编辑部电话:0773-5848958

http://xuebao. gxnu. edu. cn

gxsdzkb@mailbox. gxnu. edu. cn

主要刊登数学、计算机科学、物理学、电子科学、化学化工、药学、环境科学、生命科学等学科的基础研究、应用研究论文和综述论文。读者对象为高等院校和科研院所的教师、研究生和自然科学研究人员等。1983 年继承:《广西师范学院学报. 自然科学版》(1979～1982)。

广西植物 = Guihaia / 广西壮族自治区、中国科学院广西植物研究所,广西植物学会,1980～

月刊　　　　　　　　CLC:Q94

ISSN 1000-3142　　CN 45-1134/Q　48-43　MO-5054

广西桂林市雁山(541006)

编辑部电话:0773-3550074

http://www.guihaia-journal.com

guihaia@gxib.cn

主要发表植物系统学、喀斯特植物研究、珍稀濒危特有植物研究、海岛、海岸植物研究、热带亚热带植物研究、全球变化生态学、数量遗传学、系统与进化植物学、植物生态学、植物生理学、植物地理学、植物资源学、植物细胞学、植物遗传学、植物发育与生殖学、植物化学与化学生物学、植物保护学、植物营养学、民族植物学、生物多样性、分子生物学、生物信息学等基础理论及应用研究的论文。设有系统与进化、生理与生态、遗传与育种、生态与地理等栏目。读者对象为植物学及相关的农、林、牧、药、轻工等专业的科技工作者和大专院校师生。1980 年继承:《植物研究通讯》(1975～1978)。

广州体育学院学报 = Journal of Guangzhou Sport University / 广州体育学院,1990～

双月刊　　　　　　　CLC:G8

ISSN 1007-323X　　CN 44-1129/G8

广东省广州市广州大道中 1268 号(510500)

编辑部电话:020-38024412

http://gztyxy.cbpt.cnki.net

以反映该校教学、训练和科研成果为主,同时交流和传播国内外体育科研成果和科技信息,开展学术讨论与争鸣。辟有粤港澳大湾区专栏、专家论坛、体育社会学、体育文化研究、竞技体育研究、民族体育纵横、竞技体育纵横、运动人体科学、休闲体育研究、运动训练、学校体育研究、民族传统体育等栏目。读者对象为体育科学研究人员、教练员、运动员及体育院校师生。1990 年继承:《广州体院学报》(1981～1989)。

规划师 = Planners / 广西师范大学出版社集团有限公司,1986～

半月刊　　　　　　　CLC:TU98

ISSN 1006-0022　　CN 45-1210/TU　48-79　4750M

广西南宁市青秀区月湾路 1 号南国奕园 6 楼(530029)

编辑部电话:0771-2437582,2436290,2442001

http://www.planners.com.cn

planners@planners.com.cn

关注城市规划热点问题,探讨规划理论,分析典型案例,总结实践经验,传递信息动态。主要栏目有规划管理、规划设计、规划广角、规划师论坛、作品鉴析、域外规划等。读者对象为规划建设的决策者、管理者、规划师、建筑师,相关专业科研人员和高等院校师生。2022 年起改为月刊。

硅酸盐通报 = Bulletin of the Chinese ceramic society / 中国硅酸盐学会,中材人工晶体研究院有限公司,1982～

月刊　　　　　　　　CLC:TQ17

ISSN 1001-1625　　CN 11-5440/TQ　80-774　M5655

北京市朝阳区东坝红松园 1 号(100018)

编辑部电话:010-65492968

http://gsytb.jtxb.cn

报道国内无机非金属材料领域学术和科技成果:包括玻璃、陶瓷、水泥、搪瓷、人工晶体、建筑材料、耐火材料及其他新型非金属材料和边缘学科等。主要刊载无机非金属材料领域的研究论文、综合评述、研究快报及简讯等。设有水泥混凝土、资源综合利用、陶瓷、玻璃、新型功能材料、道路材料、简讯等栏目。读者对象为相关领域的科技人员、管理人员及相关院校师生。1982 年继承:《硅酸盐》(1979～1981)。

硅酸盐学报 = Journal of the Chinese ceramic society / 中国硅酸盐学会,1962～

月刊　　　　　　　　CLC:TQ17

ISSN 0454-5648　　CN 11-2310/TQ　2-695　BM57

北京市海淀区三里河路 11 号(100831)

编辑部电话:010-57811253,1254

http://www.jccsoc.com

jccs@ceramsoc.com

报道陶瓷、水泥基材料、玻璃、耐火材料、人工晶体、矿物材料、新能源材料、复合材料等相关领域的创新性科学研究成果。内容包括:陶瓷粉体、纤维和原材料,结构、功能和电子陶瓷,陶瓷涂层和薄膜,传统陶瓷及耐火材料,水泥、混凝土及其复合材料,玻璃及非晶态固体,人工晶体,非金属矿物等方面。读者对象为相关领域从事科研、生产、设计、应用的中高级技术人员及相关院校师生。1962 年继承:《硅酸盐》(1960)。

贵金属 = Precious metals / 昆明贵金属研究所,中国有色金属学会,1977～

季刊　　　　　　　　CLC:TF,TG14

ISSN 1004-0676　　CN 53-1063/TG

云南省昆明市高新技术开发区科技路 988 号昆明贵

金属研究所(650106)

编辑部电话：0871-68328632

http://www. j-preciousmetals. com，http://journal. ipm. com. cn

bjba@ipm. com. cn，GJSZ@chinajournal. net. cn

报道 8 个贵金属元素(Au、Ag、Pt、Pd、Rh、Ir、Os、Ru)在冶金、材料、化学、分析测试等科技领域的研究论文、综合评述。读者对象为相关行业的工程技术人员、科研人员及大专院校师生等。

贵州财经大学学报 = Journal of Guizhou University of Finance and Economics / 贵州财经大学，2013～

双月刊　　　　　　CLC：F

ISSN 2095-5960　　CN 52-1156/F　66-36

贵州省贵阳市花溪大学城(550025)

编辑部电话：0851-88510332，0334

http://gcxb. gufe. edu. cn

gz. cyxb@163. net

关注我国中西部地区经济社会的发展。刊载有关我国社会主义经济理论与实践问题研究的论文。主要栏目有宏观经济、金融经济、工商管理、贸易经济、产业经济、贫困与发展、绿色发展论坛等。读者对象为从事财经理论研究的学者及相关专业的大专院校师生。2013 年继承：《贵州财经学院学报》(1983～2013)。

贵州民族研究 / 贵州省民族研究院，1979～

双月刊　　　　　　CLC：C95，K28，D633

ISSN 1002-6959　　CN 52-1001/C　66-35　Q946

贵州省贵阳市云岩区市北路扁井巷 27 号(550004)

编辑部电话：0851-86615623

反映民族学研究领域的最新成果和前沿动态，刊载民族工作、民族理论、民族经济、民族教育、民族历史、民族学、民族风俗、民族语言文学、民族民间文学、调查研究、民族学研究介绍等方面的学术成果。读者对象为民族学研究人员和民族工作者。

贵州社会科学 = Guizhou social sciences / 贵州省社会科学院，1980～

月刊　　　　　　CLC：C55

ISSN 1002-6924　　CN 52-1005/C　66-13　BM456

贵州省贵阳市梭石巷 19 号(550002)

编辑部电话：0851-85928568

http://gzshkx. guizhou. gov. cn

发表哲学、政治学、法学、经济学、管理学、文学、历史学、社会学、教育学等学科的研究成果。设有政治哲学研究、文化研究、经济研究、文学研究、历史研究等栏目。读者对象为人文社会科学工作者和文科高等院校师生。

贵州师范大学学报. 自然科学版 = Journal of Guizhou Normal University. Natural sciences / 贵州师范大学，1986～

双月刊　　　　　　CLC：N55

ISSN 1004-5570　　CN 52-5006/N　66-51　Q4303

贵州省贵阳市宝山北路 116 号(550001)

编辑部电话：0851-86762237，86771335

gzsdzrb@163. com

主要刊登数学、物理、化学、计算机科学、生物学、地理学、环境科学等学科的学术论文和研究成果。读者对象为科技工作者、理工科院校师生及中学教师。1986 年继承：《贵阳师院学报. 自然科学版》(1982～1985)。

桂林理工大学学报 = Journal of Guilin University of Technology / 桂林理工大学，2010～

季刊　　　　　　CLC：N55

ISSN 1674-9057　　CN 45-1375/N　48-7　Q4013

广西桂林市建干路 12 号(541004)

编辑部电话：0773-5896423

http://xbz. glut. edu. cn

xbz@glut. edu. cn

主要刊登地球科学、土木工程、测绘科学、应用化学与环境科学、信息科学与自动化、应用数学、材料科学与工程等方面的最新科研成果。读者对象为科技工作者、理工科高等院校师生。2010 年继承：《桂林工学院学报》(1995～2009)。

锅炉技术 = Boiler technology / 上海锅炉厂有限公司，1970～

双月刊　　　　　　CLC：TK22

ISSN 1672-4763　　CN 31-1508/TK

上海市闵行区华宁路 250 号(200245)

编辑部电话：021-64302391-2138

sbwl_gljs@shanghai-electric. com

主要报道在大容量超临界机组开发、循环流化床锅炉、W 火焰锅炉、IGCC、CCS、700℃等方面的新技术、新材料、新工艺。主要栏目包括科研·设计·试验、燃料与燃烧、流化床锅炉、计算机应用、制造·质量·材料·标准、运行与改造、节能与环保、综合评述和国内外信息。读者对象为锅炉工程设计、制造、生产人员，相关专业院校师生和科研人员。

国防科技大学学报 = Journal of National University of Defense Technology / 国防科技大学，1980～

双月刊　　　　　　CLC：T，E

ISSN 1001-2486　　CN 43-1067/T　42-98

湖南省长沙市开福区德雅路 109 号国防科技大学出版社(410073)

编辑部电话：0731-87028030

http://journal.nudt.edu.cn

xuebao@nudt.edu.cn

2022 年起主办单位改为国防科技大学教研保障中心。主要刊登航天工程、计算机科学与技术、电子科学与技术、信息与通信工程、机械工程、控制科学与工程、管理科学与工程、材料科学与工程、光学工程、数学与系统科学、物理学、化学工程与技术等学科领域的研究成果。读者对象为相关专业科技工作者及高等院校师生。1980 年继承：《工学学报》(1956～1979)。

国际安全研究 = Journal of international security studies / 国际关系学院，2013～

双月刊　　　　　　　　CLC：D8

ISSN 2095-574X　　CN 10-1132/D　82-146　　BM1165

北京市海淀区坡上村 12 号国际关系学院(100091)

编辑部电话：010-62861174

http://gjaqyj.cnjournals.com/ch/index.aspx

gjaqyj@uir.edu.cn

重点刊载国际安全研究领域的学术论文，反映国际关系研究成果。设有安全理论、安全战略和安全议题、学术随笔等栏目。安全理论涉及安全的基本概念、理论模式、流派、范式以及方法论等，安全战略包括在国际关系中如何实现安全目标、改善安全关系的策略、手段、途径和方法等，安全议题主要探讨在国际关系实践中出现的各种具有代表性的传统安全和非传统安全问题。读者对象为国际问题研究理论工作者和相关专业院校师生。2013 年继承：《国际关系学院学报》(1983～2012)。

国际病毒学杂志 = International journal of virology / 中华医学会，北京市疾病预防控制中心，2006～

双月刊　　　　　　　　CLC：R373

ISSN 1673-4092　　CN 11-5394/R　82-562

北京市东城区和平里中街 16 号(100013)

编辑部电话：010-64407285

http://gjbdxzz.yiigle.com

gjbdxzz@126.com

设有流感监测与防治、监测与流行病学研究、病毒病诊断与治疗、技术与方法、经验交流、综述等栏目。读者对象为全国各级医院、医学院校、科研院所、疾病预防控制中心、血液中心、抗病毒药物和疫苗研究机构等单位的专业技术人员、管理人员及在校师生。2006 年继承：《国外医学. 病毒学分册》(1994～2005)。

国际城市规划 = Urban planning international / 中国城市规划设计研究院，2007～

双月刊　　　　　　　　CLC：TU984

ISSN 1673-9493　　CN 11-5583/TU　82-363

北京市海淀区车公庄西路 10 号东楼 E320(100037)

编辑部电话：010-58323803,3806

http://www.upi-planning.org

upi@vip.163.com

探讨国际城市及城市规划研究的理论、方法和设计实践等，提供海外城市及城市规划的最新信息。设有议题、城乡研究、规划研究、实践综述、书评和资讯中心等栏目。读者对象为政府部门的管理者，城市建设、规划设计和科研机构的专业人员，大专院校的教师和学生，以及关注城市建设和规划发展的各界人士。2007 年继承：《国外城市规划》(1986～2006)。

国际观察 = International review / 上海外国语大学，1993～

双月刊　　　　　　　　CLC：D5

ISSN 1005-4812　　CN 31-1642/D　4-574

上海市大连西路 550 号科研楼 711 室(200083)

编辑部电话：021-35372901

http://www.shisu.edu.cn

gjgc2021@126.com

报道国际问题和传播国际信息。设有国际关系、"中国学派"理论争鸣、国际治理、美国"新冷战"战略等栏目。读者对象为国际问题研究人员、外事工作人员、高等院校相关专业师生、党政决策机关干部及对国际问题感兴趣的人士。1993 年继承：《苏联研究》(1990～1992)。

国际金融研究 = Studies of international finance：Journal of China International Finance Society / 中国银行股份有限公司，中国国际金融学会，1985～

月刊　　　　　　　　CLC：F83

ISSN 1006-1029　　CN 11-1132/F　82-961　　M1229

北京市复兴门内大街 1 号(100818)

编辑部电话：010-66595319

http://www.gjjryj.org.cn

中国国际金融学会会刊。以探讨国际金融前沿理论、把握国际银行发展趋势、追踪国际金融热点问题、关注中国金融改革开放为研究重点，站在全球及宏观视角，对国际金融热点问题和中国金融重大问题进行深入的理论分析和比较研究。主要栏目有金融理论与政策、环球金融、金融机构研究、金融市场、公司金融、银行业研究、专栏等。读者对象为政府决策部门、监管机构、金融工作者及经济金融院校师生。

国际经济合作 = Journal of international economic cooperation / 商务部国际贸易经济合作研究院，1983～

双月刊　　　　　　　　CLC：F114,F7

ISSN 1002-1515　　CN 11-1583/F　82-788　　M984

北京市安定门外东后巷 28 号(100710)

编辑部电话：010-64249223,64515173

ieciec@263.net

发布对外经济合作领域的新闻,研究国际经济贸易的实务和理论。主要栏目有中国贸易、贸易关系、投资、"一带一路"、国际市场、决策参考、回顾与展望、多边合作、研究与探讨、跨国经营、世界经济与贸易、金融、对外投资、法律、热点聚焦、金融前沿、发展援助、国际工程等。读者对象为从事和关心国际经济合作事业的人士。1983 年继承:《国际经济资料》(1980～1982)。

国际经济评论 = International economic review / 中国社会科学院世界经济与政治研究所,1996～

双月刊　　　　CLC：F11

ISSN 1007-0974　CN 11-3799/F　82-814　BM1323

北京市建国门内大街 5 号 15 层(100732)

编辑部电话：010-85195773

ier@cass.org.cn

关注国际经济、中国经济、国际贸易、财政金融等方面。将国际问题研究与中国问题研究结合起来,分析和评论当前的国际经济形势发展趋势及重大经济事件,为正确判断国际经济局势提供理论依据、方法和思路。读者对象为各级经济管理人员、研究人员、经济理论工作者及经济院校师生阅读。1996 年继承:《世界经济报导》(1995)。

国际经贸探索 = International economics and trade research / 广东外语外贸大学,1991～

月刊　　　　CLC：F74

ISSN 1002-0594　CN 44-1302/F　46-289　M4045

广东省广州市白云区白云大道北 2 号(510420)

编辑部电话：020-36207076,4221

http://gjts.cbpt.cnki.net

gpietr@mail.gdufs.edu.cn

着重研究和阐述国际经贸理论,反映对外经济贸易领域的热点问题,总结和介绍广东对外经贸的成功经验。主要栏目有国际经贸论坛、国际贸易、国际经贸规制与全球经济治理、国际金融与投资、粤港澳大湾区专栏等。读者对象为对外经贸企事业单位、研究机构及外国驻华机构人员,相关专业高等院校师生。1991 年继承:《广州对外贸易学院学报》(1985～1990)。

国际口腔医学杂志 = International journal of stomatology / 四川大学,2006～

双月刊　　　　CLC：R78

ISSN 1673-5749　CN 51-1698/R　62-19　3276(BM)

四川省成都市人民南路三段 14 号华西口腔医学院教学楼 8 层(610041)

编辑部电话：028-85502414

http://www.gjkqyxzz.cn

gwyxkqyxfc@vip.163.com

介绍国内外口腔医学及相关学科的新动态、新进展、新理论、新技术和新经验。主要报道形式有专家共识、专家笔谈、中青年专家论坛、专家病例展示、论著、综述、病例报告、方法介绍、争鸣等。读者对象为从事口腔医学和相关学科的医疗、教学、科研工作者以及临床医生和在校学生。2006 年继承:《国外医学.口腔医学分册》(1979～2006)。

国际论坛 = International forum / 北京外国语大学,1999～

双月刊　　　　CLC：D5

ISSN 1008-1755　CN 11-3959/D　82-998　BM1385

北京市西三环北路 2 号(100089)

编辑部电话：010-88814778,5017,6998

https://gjlt.cbpt.cnki.net

gjlt@bfsu.edu.cn

重点对国际政治、国际关系重大问题领域的研究,跟踪国际关系理论的发展。设有国际政治、国际关系、中外关系、理论探讨、世界经济、国别与地区等栏目。读者对象为外事部门工作人员、国际问题研究人员、大专院校相关专业师生以及关注国际问题的一般读者。1999 年继承:《东欧》(1987～1998)。

国际贸易 = Intertrade / 中国商务出版社有限公司,1982～

月刊　　　　CLC：F74,F114

ISSN 1002-4999　CN 11-1600/F　2-846　M646

北京市东城区安定门外大街东后巷 28 号(100710)

编辑部电话：010-64269332

intertrade_guo@vip.sina.com

2022 年 8 月起主办单位改为商务部国际贸易经济合作研究院。宣传和阐述我国对外经济贸易的方针、政策、法规,研究国际经济贸易,报道国际经贸发展最新动态。常设栏目有中国经贸、服务贸易、国际商务、法律、区域合作、金融、外资、"一带一路"等。读者对象为对外经济贸易主管和决策人员、业务人员、理论研究工作者及投资、法律等相关专业大专院校师生。

国际贸易问题 = Journal of international trade / 对外经济贸易大学,1975～

月刊　　　　CLC：F74

ISSN 1002-4670　CN 11-1692/F　2-847　M716

北京市朝阳区惠新东街 10 号对外经济贸易大学 129 信箱(100029)

编辑部电话：010-64497153,2403

http://journal. uibe. edu. cn

选题密切结合当前国内外的热点问题,设有经贸论坛、商务战略、全球价值链、"一带一路"专题、国际投资与跨国经营、贸易与环境、服务贸易、贸易壁垒、国际金融、国际经济法、学术前沿等栏目。读者对象为外经贸主管部门和业务部门的工作人员、国际经贸理论的研究人员及大专院校师生、各国驻华商务人员。

国际商务:对外经济贸易大学学报 = International business / 对外经济贸易大学,1994~

双月刊   CLC:F74

ISSN 1002-4034   CN 11-3645/F   80-499

北京市朝阳区惠新东街 10 号(100029)

编辑部电话:010-64494236,2401

http://journal. uibe. edu. cn

中国工业经济学会会刊。报道国内外学者在国际贸易、经济学、金融、法律等领域的科研成果,注重对国内外重大理论和现实问题的研究。主要栏目有专稿、国际贸易、经济学研究、金融科学、法学研究、管理学、国际投资、学术动态等。读者对象为从事对外经济贸易活动的人员及相关专业大专院校师生。1994 年继承:《对外经济贸易大学学报》(1987~1993)。

国际商务研究 = International business research / 上海对外经贸大学,1986~

双月刊   CLC:F74

ISSN 1006-1894   CN 31-1049/F   4-590

上海市古北路 620 号(200336)

编辑部电话:021-52067319

http://ibr. suibe. edu. cn

ibrjournal@126. com

报道国际贸易方面的理论研究成果和最新信息,介绍国际商务知识。主要栏目有国际经贸、国际经济法、自贸区研究、国际金融与国际投资、数字经济与贸易、国别经济与世界经济、经贸案例评析等。读者对象为对外经贸企事业单位职工、经济理论研究工作者及经济院校师生。1986 年继承:《外贸教学与研究》(1980~1985)。

国际税收 = International taxation in China / 中国国际税收研究会,中国税务杂志社,2013~

月刊   CLC:F81

ISSN 2095-6126   CN 10-1142/F   80-722   M7031

北京市丰台区广安路 9 号国投财富广场 1 号楼 9~10 层(100055)

编辑部电话:010-63527462

http://www. ctax. org. cn

gjss@ctax. org. cn

中国国际税收研究会会刊。致力于介绍国际税收理论成果及资讯、税制和管理的经验与探索,并将中国税制改革成果展现给国外。主要栏目有特稿、专题策划、跨境税收、"一带一路"税收、比较税制、国际税事评说、研究探索、税收实务、案例点评、专访、调查研究等。主要读者对象为税收部门和涉外企业的工作人员、税务理论研究人员及财经院校师生。2013 年继承:《涉外税务》(1988~2013)。

国际问题研究 = International studies / 中国国际问题研究院,1959~

双月刊   CLC:D5

ISSN 0452-8832   CN 11-1504/D   82-1   Q523

北京市东城区台基厂头条 3 号(100005)

编辑部电话:010-85119092,9638

https://www. ciis. org. cn/gjwtyj

gyzz@ciis. org. cn

重点关注国际关系中出现的重大事件和新动向,分析研究国际形势发展中的重大问题。从国际战略方面多角度研究国际问题,从学术上分析中国外交战略思维,为外交实践提供理论支持。设有国际政治、国际安全、地区与国别问题、经济与外交、中国外交、全球治理、公共外交研究、学术动态等栏目。读者对象为国际问题研究工作者、外事工作者、高等院校师生和对国际问题有兴趣的读者。

国际新闻界 = Chinese journal of journalism & communication / 中国人民大学,1979~

月刊   CLC:G21

ISSN 1002-5685   CN 11-1523/G2   82-849

北京市海淀区中关村大街 59 号中国人民大学明德新闻楼(100872)

编辑部电话:010-82509362

http://cjjc. ruc. edu. cn

gjxwj0@126. com

内容以新闻传播学和新闻传播业务的理论研究为主,也研究国际新闻事业的历史、现状和未来趋势,介绍国际新闻人物,报道热点问题,并对重大新闻事件作背景分析。主要栏目:本期话题、新闻学研究、网络传播研究、广告传播研究、英文专稿、百草园、传播学研究、广播电视传播研究、传媒经济研究等。读者对象为通讯社、报社、电台、电视台、互联网的新闻工作者,新闻传播院校师生,新闻传播研究人员,各级宣传干部,新闻爱好者,以及从事国际关系和其他对外传播的研究人员、实际工作者和教学人员。1979 年继承:《国际新闻界简报》(1961~1965)。

国际展望 = Global review / 上海国际问题研究院,1987~

双月刊　　　　　　CLC：D5

ISSN 1006-1568　　CN 31-1041/D　4-377　C5658

上海市田林路 195 弄 15 号（200233）

编辑部电话：021-64851977；021-54614900-8209，8210

http://www.siis.org.cn

gjzw01@sina.com

主要刊发以国际关系、国际政治经济学、战略层次的国际经济问题研究成果。内容涵盖中国特色外交理论与实践、大国关系、区域合作、全球治理、领域外交等方面的学术论文。读者对象为国际问题研究人员、外事工作人员、高等院校相关专业师生及对国际问题感兴趣的人士。1987 年继承《国际问题资料》（1971～1986）。

国际政治科学 ＝ Quarterly journal of international politics / 清华大学，2016～

季刊　　　　　　CLC：D5

ISSN 2096-1545　　CN 10-1393/D　80-899

北京市海淀区清华大学国际关系研究院（100084）

编辑部电话：010-62798183

http://qjip.tsinghuajournals.com

cjip@mail.tsinghua.edu.cn

重点关注国际安全、对外政策、国际关系理论、国际政治经济、外交学领域，尤其重视与中国对外政策和东亚国际关系相关的研究成果，主要刊登包括问题提出、文献回顾、逻辑推论和经验检验等在内的研究程序完整的学术论文，同时适当刊出学术性较强的综述文章和书评。读者对象为国际问题研究理论工作者和相关专业院校师生。2016 年继承《国际政治科学（集刊）》（2005～2015）。

国际政治研究 ＝ The journal of international studies / 北京大学，1989～

双月刊　　　　　　CLC：D5

ISSN 1671-4709　　CN 11-4782/D　82-236

北京市海淀区颐和园路 5 号北京大学国际关系学院（100871）

编辑部电话：010-62756432，5560

http://www.jis.pku.edu.cn

gjzzyj@gmail.com

主要刊登中外学者在国际政治、地区与国际政治、中国政治与外交、国际政治理论等领域的学术论文和评论。设有专题研究、世界政治、笔谈、国际政治经济学、非传统安全、学术动态、学术札记、旧史新读、专访等栏目。读者对象为从事国际政治、国际关系问题研究的专家学者、外事工作者、大专院校师生和相关专业科研工作者。1989 年继承《政治研究》（1984～1988）。

国家检察官学院学报 ＝ Journal of National Procura-tors College / 国家检察官学院，1999～

双月刊　　　　　　CLC：D9

ISSN 1004-9428　　CN 11-3194/D　2-720　BM3572

北京市昌平区百沙路 9 号（102206）

编辑部电话：010-61731662

http://gjjcgxyxb.ijournals.net.cn

jcgxb@vip.sina.com

关注我国司法改革和检察事业的发展，介绍法学前沿理论，选取法学理论和司法实践中的重点和热点问题进行研讨，发表检察理论研究、检察改革、检察业务实证研究，法学各学科有理论和实践的研究成果。介绍国外法律制度研究动态。设有主题研讨、检察专论、法学专论、域外法治等栏目。读者对象为检察官及相关专业院校的学员与教学人员。1999 年继承《中央检察官管理学院学报》（1993～1998）。

国家教育行政学院学报 ＝ Journal of National Academy of Education Administration / 国家教育行政学院，2003～

月刊　　　　　　CLC：G46，G64

ISSN 1672-4038　　CN 11-5047/D　82-484　M2076

北京市大兴区清源北路 8 号（102617）

编辑部电话：010-69248888-3122

http://www.naea.edu.cn，https://gjxz.cbpt.cnki.net/EditorEN/index.aspx?t=1&mid=gjxz

xuebao@naea.edu.cn

研究教育管理理论，关注教育管理改革的热点、难点，突出高教管理，汇集教育管理的国内外最新研究成果。主要栏目：专题研究、学员论坛、大学内部治理、教育基本理论、教育政策与制度研究、党的百年教育研究、考察调研报告、教育学人、新青年论坛、教师教育与发展、教育时论等。主要读者对象为教育管理研究和实践工作者。2003 年继承《国家高级教育行政学院学报》（1999～2002）。

国家图书馆学刊 ＝ Journal of the National Library of China / 中国国家图书馆，2000～

双月刊　　　　　　CLC：G25

ISSN 1009-3125　　CN 11-4099/G2　2-997　Q1314

北京市海淀区中关村南大街 33 号（100081）

编辑部电话：010-88545737

http://gtxk.nlc.cn

gtxk@nlc.cn

报道国内外图书馆学领域的最新学术成果和发展动态，探讨图书馆学理论和实践中的重点、热点问题。设有图书馆史研究、政策与法规研究、文献保护、管理与服务、业界动态、技术应用、交流与借鉴、研究综述、资源建设等栏目，每期还专设一至两个专题论坛。读者对象为图书情报工作者和相关专业高等院校师生。2000 年继承:《北京图书馆馆刊》(1992~1999)。

国外理论动态 = Foreign theoretical trends / 中央党史和文献研究院,1991~
双月刊　　　　　CLC:D5
ISSN 1674-1277　　CN 11-4507/D　82-808
北京市西单西斜街 36 号(100032)
编辑部电话:010-55626772,6773
https://www.dswxyjy.org.cn
lldongtai@126.com
　跟踪国外马克思主义、社会主义和资本主义研究的新动态,反映当代世界经济、政治、文化和社会领域的新问题和新趋势,刊载国外对我国改革开放和社会主义现代化建设研究的新成果。设有全球治理、当代马克思主义研究、城市治理、区域研究、生态文明研究、当代资本主义研究、海外中国研究、理论视野、全球问题研究、书评等栏目。读者对象为国际问题研究人员、哲学社会科学工作者及大专院校师生。

国外社会科学 = Social sciences abroad / 中国社会科学院信息情报研究院,1978~2022
双月刊　　　　　CLC:C55
ISSN 1000-4777　　CN 11-1163/C　82-632　BM5985
北京市建国门内大街 5 号(《世界社会科学》编辑部)(100732)
http://www.ssaj.org.cn
ssaj@cass.org.cn
　介绍国外社会科学最新的学术理论、研究方法和发展趋势,提供当前世界各国的政治、经济、文化、社会、军事、哲学、法律、历史、教育、文艺、民族、宗教等信息。读者对象为文科大专院校师生和社会科学工作者。1978 年继承:《外国学术资料》(1962~1966);2023 年改名为《世界社会科学》(2023~)。

国外文学 = Foreign literatures / 北京大学,1981~
季刊　　　　　CLC:I1
ISSN 1002-5014　　CN 11-1562/I　18-44
北京市海淀区北京大学外文楼(100871)
ggwwx@pku.edu.cn
　主要刊载该领域内的原创性研究论文、综述和评论等,包括外国文学研究方面的论文、评论、述评,介绍外国文学史上的各种流派及有影响的作家作品。主要栏目有文学理论探讨、综论与评述、文本分析与阐释、比较文学研究、书评、作品翻译与评介等。读者对象为外国文学教学、研究人员及文学爱好者。

果树学报 = Journal of fruit science / 中国农业科学院

郑州果树研究所,2001~
月刊　　　　　CLC:S66
ISSN 1009-9980　　CN 41-1308/S　36-93　M1107
河南省郑州市航海东路南端(450009)
编辑部电话:0371-63387308,65330928
http://www.fruitsci.cn
guoshuxuebao@caas.cn
　内容包括果树学科基础研究和应用基础研究。设有种质资源·遗传育种·分子生物学、栽培·生理·生态、植物保护·果品质量与安全、贮藏·加工、专论与综述、技术与方法、新品种选育报告及信息快递等栏目。读者对象为果树学科的科研人员、高等农业院校师生及基层果树管理技术人员。2001 年继承:《果树科学》(1984~2000)。

过程工程学报 = The Chinese journal of process engineering / 中国科学院过程工程研究所,2001~
月刊　　　　　CLC:TQ02
ISSN 1009-606X　　CN 11-4541/TQ　80-297　DK11006
北京市海淀区中关村北二街 1 号(100190)
编辑部电话:010-62554658
http://www.jproeng.com
gcgc@ipe.ac.cn
　重点刊登材料、化工、生物、能源、冶金、石油、食品、医药、农业、资源、环境等领域中涉及过程工程共性问题的原始创新论文。设有流动与传递、反应与分离、过程与工艺、过程系统集成与化工安全、生化工程、材料工程、环境与能源等栏目。读者对象从事过程工程科学与技术研究的科技工作者、工矿企业的科技人员及高等院校相关专业师生。2001 年继承:《化工冶金》(1976~2000)。

哈尔滨工程大学学报 = Journal of Harbin Engineering University / 哈尔滨工程大学,1995~
月刊　　　　　CLC:T,U
ISSN 1006-7043　　CN 23-1390/U　14-111　MO5279
黑龙江省哈尔滨市南岗区南通大街 145 号 1 号楼(150001)
编辑部电话:0451-82519357,9032
http://heuxb.hrbeu.edu.cn
xuebao@hrbeu.edu.cn
　以船舶工业、海军装备、海洋开发、核能应用为特色。主要刊登动力与能源、控制、通信、机电、计算机、材料与化学等领域的学术论文。读者对象为相关专业的科技工作者和大专院校师生。1995 年继承:《哈尔滨船舶工程学院学报》(1982~1994)。

哈尔滨工业大学学报 = Journal of Harbin Institute of

Technology / 哈尔滨工业大学，1954～

月刊　　　　　CLC：T

ISSN 0367-6234　　CN 23-1235/T　14-67　928M

黑龙江省哈尔滨市南岗区西大直街 92 号(150001)

编辑部电话：0451-86414260,86402276

http://hit.alljournals.cn

hitxuebao@hope.hit.edu.cn

反映该校在基础理论、应用科学和工程技术领域的最新研究成果，也适量发表国内外作者的高水平论文。内容涉及航天、机械、能源、动力、材料、电气、电子、信息与控制、计算机、化工、生物工程、建筑、土木工程、市政环境、暖通、道路、桥梁、交通、数学、物理、工程力学等学科及相关交叉性学科。读者对象为科研人员、工程技术人员及理工科高等院校师生。2003 年吸收:《哈尔滨建筑大学学报》(1995～2002)。

哈尔滨理工大学学报 = Journal of Harbin University of Science and Technology / 哈尔滨理工大学，1996～

双月刊　　　　　CLC：N55

ISSN 1007-2683　　CN 23-1404/N　14-130

黑龙江省哈尔滨市学府路 52 号(150080)

编辑部电话：0451-86396391

http://hlgxb.hrbust.edu.cn

xb-hust@163.com

主要报道电气与电子工程、机械动力工程、材料科学与工程、测控技术与通信工程、计算机与控制工程、数理科学等方面的学术论文和科研论文。读者对象为国内外高等院校师生和科研单位、企事业单位的科研人员。1996 年继承:《哈尔滨科学技术大学学报》(1979～1996)。

海军工程大学学报 = Journal of Naval University of Engineering / 海军工程大学教研保障中心，2000～

双月刊　　　　　CLC：T,E

ISSN 1009-3486　　CN 42-1106/E　38-468

湖北省武汉市解放大道 717 号(430033)

编辑部电话：027-65462398

主要刊载该校在船舶与海洋工程、动力工程与工程热物理、电气工程、兵器科学与技术、核科学与技术、机械工程、材料科学与技术、电子科学与技术、信息与通信工程、计算机科学与技术、控制科学与工程、管理科学与工程等相关工程技术领域的最新研究成果，同时也发表校外作者的高质量学术论文。读者对象为相关专业的科技工作者及理工科高等院校师生。2000 年继承:《海军工程学院学报》(1987～1999)。

海南医学院学报 = Journal of Hainan Medical College / 海南医学院，1995～

半月刊　　　　　CLC：R

ISSN 1007-1237　　CN 46-1049/R　84-14

海南省海口市学院路 3 号(571199)

编辑部电话：0898-66893391

http://hnyy.cbpt.cnki.net

http://journals.hainmc.edu.cn/qks

hnyxyxb@126.com

报道医学研究中的新成果、新进展，临床工作中的新技术、新动态。内容涵盖基础医学、临床医学、药学、公共卫生与预防医学、中医学等方面。读者对象为医(药)学科研、教育工作者和临床医务人员。

海相油气地质 = Marine origin petroleum geology / 中国石油集团杭州地质研究所有限公司，1996～

季刊　　　　　CLC：TE

ISSN 1672-9854　　CN 33-1328/P　Q4209

浙江省杭州市西溪路 920 号(310023)

编辑部电话：0571-85224922,4923

http://hxyqdz.cnmanu.cn

mopg_hz@petrochina.com.cn

报道海相油气地质勘探理论、技术、方法的进展，引领海相油气地质研究，推动中国海相油气勘探，为我国石油工业的发展服务。主要栏目为综述与评论、盆地与构造、油气成藏、勘探评价、开发地质、成果专栏、讨论与探索、沉积与储层、勘探案例、勘探技术、石油工程。读者对象为从事石油与天然气地质勘探与研究的科研与技术人员、高等专业院校师生。1996 年继承:《南方油气地质》(1994～1995)。

海洋测绘 = Hydrographic surveying and charting / 海军海洋测绘研究所，1981～

双月刊　　　　　CLC：P229,P714

ISSN 1671-3044　　CN 12-1343/P

天津市河西区友谊路 40 号(300061)

编辑部电话：022-84685059,5055

http://hych.periodicals.net.cn

hych2002@163.com

报道范围涉及海洋测绘专业，及与测绘学科相关的其他研究领域。内容主要包括测绘学的基本理论和技术、海洋大地测量、海洋工程测量、海洋重力测量、海底地形测量、海洋磁力测量、海底底质探测、海岸带地形测绘、图形图像处理和数据库技术等领域的理论研究、技术创新、前沿课题研究成果，工程技术重要进展，新产品开发动态及具有推广应用价值的作业方法和经验。读者对象为相关专业研究人员、技术人员及高等院校师生。

海洋地质前沿 = Marine geology frontiers / 青岛海洋地质研究所，2011～

月刊　　　　　　　CLC：P736
ISSN 1009-2722　　CN 37-1475/P
山东省青岛市即墨区观山路 596 号(266071)
编辑部电话：0532-85755876,80778327
http://www.jhyqy.com.cn/index.htm
1364967861@qq.com

主要刊登海洋沉积、海洋油气资源、海洋固体矿产资源、海洋地球物理、海洋地球化学、环境地质和灾害地质等相关学科领域的学术论文,反映当今国内外海洋地质调查研究的科技成果、技术方法、发展趋势以及学术活动等信息。读者对象为海洋科技工作者、海洋开发企业管理人员和相关大专院校师生。2011 年继承：《海洋地质动态》(1985~2010)。

海洋地质与第四纪地质 = Marine geology & quaternary geology / 青岛海洋地质研究所,1983~
双月刊　　　　　　CLC：P736,P534.63
ISSN 0256-1492　　CN 37-1117/P　　24-52　　Q595
山东省青岛市即墨区观山路 596 号(266237)
编辑部电话：0532-85755823
http://jhydz.com.cn
hydzbjb@163.com

主要刊登海洋地质学及海陆第四纪地质学及各分支学科、边缘学科的具有前沿性、创新性和探索性的学术论文;侧重报道国家自然科学基金项目、国家重点项目以及国际合作项目的最新研究成果;突出中国海区、大洋地质和"三极"地区研究报道特色;注重海区与大陆、区域性与全球变化对比研究。主要栏目为：沉积与环境、地球化学与地球物理、古海洋与年代地质、油气与矿产、第四纪地质、综述与评述、技术方法等。读者对象为与地球物理学、海洋学有关科技工作者、大专院校师生。1983 年继承：《海洋地质研究》(1979~1982)。

海洋工程 = The ocean engineering / 中国海洋学会,1983~
双月刊　　　　　　CLC：P75
ISSN 1005-9865　　CN 32-1423/P
江苏省南京市虎踞关 34 号(210024)
编辑部电话：025-85829332
http://www.theoceaneng.cn
oe@nhri.cn,oesjtu@sjtu.edu.cn

主要刊载河口海岸工程、近岸工程、深海工程、港口航道、海洋能源利用工程、水下工程、救捞技术等领域具有理论及实践水平的学术论文、研究简报、综合评论、调查报告、成果介绍及学术动态报道。读者对象为海洋工程领域的科研教学和工程技术人员。

海洋湖沼通报 = Transactions of oceanology and lim-

nology / 山东海洋湖沼学会,1979~
双月刊　　　　　　CLC：P7
ISSN 1003-6482　　CN 37-1141/P　　24-83　　Q4094
山东省青岛市鱼山路 5 号(266003)
编辑部电话：0532-85673071
http://www.hyhztp.com.cn
hzxh@ouc.edu.cn

反映国内外海洋与湖沼科学领域研究成果,刊登研究论文、调查报告、实验报告、综合评述、重要书刊和论文评介、先进经验和学术动态报道。栏目设有研究论文、研究报告、研究综述等。读者对象为海洋湖沼科学及管理工作者、有关专业高等学校师生。

海洋环境科学 = Marine environmental science / 国家海洋环境监测中心,中国海洋学会,1982~
双月刊　　　　　　CLC：P7,X55
ISSN 1007-6336　　CN 21-1168/X　　4683BM
辽宁省大连市 303 信箱(沙河口区凌河街 42 号)(116023)
编辑部电话：0411-84783126
http://hyhjkx.nmemc.org.cn
hyhjkx@vip.126.com

报道海洋环境保护方面的基础和应用基础研究成果,特别重视刊载有影响的重要技术研发成果论文。刊物内容涉及海洋环境范围内的生物学、化学、物理学、地质学等学科及其分支学科。主要栏目包括调查与研究、技术与方法、海洋环境管理与综述等。读者对象为海洋环境科学研究、管理人员及大专院校师生。

海洋科学 = Marine sciences / 中国科学院海洋研究所,1977~
月刊　　　　　　　CLC：P7
ISSN 1000-3096　　CN 37-1151/P　　2-655　　M6666
山东省青岛市南海路 7 号(266071)
编辑部电话：0532-82898755,8751,8953
http://qdhys.ijournal.cn/hykx/ch/index.aspx
marinesciences@qdio.ac.cn,pxzhang@qdio.ac.cn

主要刊登海洋物理、物理海洋、海洋地质、海洋化学、海洋生物、海洋水产、海洋生物资源、海洋环境、海洋工程、海洋仪器等方面的文章。设有实验与技术、研究报告、研究论文、研究综述、科学视野、研究简报、论坛等主要栏目。读者对象为从事海洋科学研究的科技工作者、大学和科研院所师生。1977 年由《海洋科学动态》(1972~1977)和《海洋科学译报》(1971~1977)合并而成。

海洋科学进展 = Advances in marine science / 中国海洋学会,自然资源部第一海洋研究所,2002~
季刊　　　　　　　CLC：P7

ISSN 1671-6647   CN 37-1387/P   24-58   4093QR
山东省青岛市崂山区仙霞岭路 6 号(266061)
编辑部电话:0532-88967804
http://www.ams-journal.org.cn
ams@fio.org.cn
主要刊登国内外在海洋科学基础、应用基础和应用研究,以及与海洋有关的交叉学科领域最新的学术成果。主要栏目有院士论坛、学术论文、研究报道、学术讨论、专题评述与综述、实验室介绍、海洋科学家介绍、快讯、书讯等。读者对象为海洋科技工作者、管理人员和相关大专院校师生。2002 年继承:《黄渤海海洋》(1983～2002)。

海洋通报 = Marine science bulletin / 国家海洋信息中心,中国海洋学会,1982～
双月刊   CLC:P7
ISSN 1001-6392   CN 12-1076/P   6-312
天津市河东区六纬路 93 号(300171)
编辑部电话:022-24010823
http://hytb.ijournals.cn
hytb@nmdis.org.cn
主要报道内容包括海洋水文、气象、物理、化学、生物、地质等基础理论研究和应用研究,以及海洋工程、资源开发、水产养殖、环境保护、环境预报、仪器设备等方面调查、研究和管理的新发展、新理论、新观点、新方法、新经验。设有论文与综述等栏目。读者对象为广大海洋科技工作者、管理人员和有关大专院校的师生。1982 年继承:《海洋科技资料》(1971～1981)。

海洋学报 / 中国海洋学会,1979～
月刊   CLC:P7
ISSN 0253-4193   CN 11-2055/P   82-284   BM361
北京市海淀区大慧寺路 8 号海洋出版社 701 室(100081)
编辑部电话:010-62179976
http://www.hyxbocean.cn
ocean@hyxb.org.cn
主要刊登物理海洋、海洋化学、海洋地质、海洋生物四大学科,以及海洋交叉学科和海洋工程环境等基础研究和应用基础研究方面具有创造性的、代表我国海洋科学技术高水平的原创文章。辟有学术论文、研究报道、综述、新闻与观点等栏目。读者对象为与海洋学有关科技工作者,大专院校师生。

海洋学研究 = Journal of marine sciences / 中国海洋学会,自然资源部第二海洋研究所,浙江省海洋学会,2005～
季刊   CLC:P7
ISSN 1001-909X   CN 33-1330/P

浙江省杭州市保俶北路 36 号(310012)
编辑部电话:0571-81963193,8513,3332
http://hyxyj.sio.org.cn
hyxyj@sio.org.cn
主要刊登海洋科学领域具有前沿性、原创性、科学性、学术性和探索性的学术论文、研究报道、综合评述以及学术争鸣,主要内容包括:海洋水文气象、海洋地质地貌、海洋生物与生态、海洋化学、海洋水产养殖、海洋环境保护、海洋遥感技术、海洋工程技术等。读者对象为海洋科技工作者、管理人员和相关大专院校师生。2005 年继承:《东海海洋》(1983～2005)。

海洋渔业 = Marine fisheries / 中国水产学会,中国水产科学研究院东海水产研究所,中国科技出版传媒股份有限公司,1979～
双月刊   CLC:S9
ISSN 1004-2490   CN 31-1341/S   4-630   Q5270
上海市军工路 300 号(200090)
编辑部电话:021-65680116,4690,8079
https://www.marinefisheries.cn
haiyangyuye@126.com
刊载水产生物学、海水养殖与增殖、水产生物病害与防治、水产生物营养与饲料、渔业生态与渔业水域生态环境保护、海洋水产资源开发利用与保护、渔具与渔法、水产品保鲜与综合利用、渔业机械与仪器等方面的水产基础理论研究和水产应用基础研究的论文、综述和简报。读者对象为水产科技工作者、水产院校师生和渔业行政管理人员等。2001 年吸收:《远洋渔业》(1987～2001)。

海洋与湖沼 = Oceanologia et limnologia Sinica / 中国海洋湖沼学会,1957～
双月刊   CLC:P7,P941.78,S9
ISSN 0029-814X   CN 37-1149/P   2-421   BM69
山东省青岛市市南区福山路 32 号(266071)
编辑部电话:0532-82898753
http://qdhys.ijournal.cn/hyhz/ch/index.aspx
报道海洋与湖沼科学领域研究成果,内容主要涉及江河湖海、沼泽湿地等方面,学科涵盖生物、物理、化学、地质等多个学科及其分支。读者对象为海洋、江河等水系科学科技工作者、企业管理人员和相关大专院校师生。

海洋预报 = Marine forecasts / 国家海洋环境预报中心,1986～
双月刊   CLC:P71
ISSN 1003-0239   CN 11-1837/P
北京市海淀区大慧寺 8 号(100081)
编辑部电话:010-62105776

http://www.hyyb.org.cn

bjb@nmefc.cn

报道海洋预报、海洋气象预报和海洋防灾减灾的前沿发展动态,刊登海洋科学、大气科学及其他相关学术领域基础研究、技术研究和应用研究方面具有重要意义的研究成果。读者对象为海洋科技工作者、管理人员和相关大专院校师生。1986 年继承:《海洋预报服务》(1984～1985)。

含能材料 = Chinese journal of energetic materials / 中国工程物理研究院,1993～

月刊   CLC:TJ

ISSN 1006-9941   CN 51-1489/TK   62-31   4681MO

四川省绵阳市 919 信箱 310 分箱(621999)

编辑部电话:0816-2485362

http://www.energetic-materials.org.cn

HNCL01@caep.cn

报道国内外火炸药、推进剂、烟火剂、火工药剂、武器弹药设计、实验及相关材料的研制、工艺技术、性能测试、爆炸技术及其应用、含能材料的库存可靠性、工业废水处理、环境保护等方面的最新成果,促进含能材料学科领域的科技进步。主要读者对象是从事含能材料研究、生产、应用的科技人员及有关院校师生。1993 年继承:《炸药通讯》。

汉语学报 = Chinese linguistics / 华中师范大学,2000～

季刊   CLC:H1

ISSN 1672-9501   CN 42-1729/H   80-314   Q1978

湖北省武汉市华中师范大学语言与语言教育研究中心(430079)

编辑部电话:027-67868615

https://hyxa.cbpt.cnki.net

hanyuxuebao@163.com

以汉语为研究对象,致力于事实的发掘和规律的揭示,致力于理论的探讨和方法的探索;促进汉语的母语教学和对外教学,积极推进语言信息处理和语文现代化。读者对象为汉语言研究工作者和高等院校相关专业师生。2000 年继承:《语言学通讯》(1985～1999)。

汉语学习 = Chinese language learning / 延边大学,1980～

双月刊   CLC:H1

ISSN 1003-7365   CN 22-1026/H   12-36   BM685

吉林省延吉市公园路 977 号(133002)

编辑部电话:0433-2732219

http://hyxx.ybu.edu.cn

hyxx@ybu.edu.cn

报道国内汉语研究成果及学术信息。设有语言学与现代汉语、语言·文化·社会、研究生论坛等栏目。读者对象为从事汉语语言学和对外汉语教学的高校教师和科研人员、高校学生、中学语文教师及语言学习爱好者。2003 年分出:《汉语学习. 普及版》(2003～2006)。

焊接学报 = Transactions of the China Welding Institution / 中国机械工程学会,中国机械工程学会焊接分会,哈尔滨焊接研究院有限公司,1980～

月刊   CLC:TG4

ISSN 0253-360X   CN 23-1178/TG   14-17   M322

黑龙江省哈尔滨市松北区创新路 2077 号(150028)

编辑部电话:0451-86323218

http://magazines.hwi.com.cn,http://hjxb.hwi.com.cn

主要刊登中国焊接各学科领域的最新理论研究专题论文和反映焊接新材料,新设备、新工艺方法、新检测方法的专题论文及专题综述。读者对象为焊接及其相关领域的技术人员、大专业院校师生、经营管理人员、技术领导干部等。

航空兵器 = Aero weaponry / 中国空空导弹研究院,1964～

双月刊   CLC:TJ

ISSN 1673-5048   CN 41-1228/TJ

河南省洛阳市 030 信箱 3 分箱(471009)

编辑部电话:0379-63385246

http://www.aeroweaponry.avic.com

hkbqbjb@vip.163.com

报道国内外精确制导武器系统方面的先进技术及发展方向,刊载精确制导武器系统领域的新理论、新方法、新成果和研究述评文章。主要栏目有空空导弹、空面导弹、空天武器等方面的系统总体技术、作战运用技术、红外与激光技术、雷达与电子技术、导航制导与控制技术、引信与战斗部技术、推进技术、仿真与试验技术、干扰与抗干扰技术、工程专业综合技术等。主要读者对象为国防科研院所、生产厂家、部队及有关高等院校中从事机载武器研究的工程技术人员、科技管理人员、使用维护人员以及相关专业师生。

航空材料学报 = Journal of aeronautical materials / 中国航空学会,中国航发北京航空材料研究院,1990～

双月刊   CLC:V2,TG1,TB33

ISSN 1005-5053   CN 11-3159/V

北京市 81 信箱 44 分箱(100095)

编辑部电话:010-62496277

http://jam.biam.ac.cn

hkclxb@biam.ac.cn

刊登国内外未公开发表过的具有应用前景的航空航天材料的综述和研究论文,如材料成分、制备工艺、数值模拟、材料计算和材料性能等方面。读者对象为从事航空材料研究、设计和生产的专业技术人员，高等院校相关专业教师和学生。1990 年继承：《航空材料》（1981～1989）。

航空动力学报 = Journal of aerospace power / 中国航空学会，北京航空航天大学，1986～

月刊   CLC：V2

ISSN 1000-8055   CN 11-2297/V

北京市昌平区沙河高教园南三街 9 号（102206）

编辑部电话：010-61716749

http：//www.jasp.com.cn

JAP@buaa.edu.cn

刊登航空航天发动机的原理与设计、气动热力学、叶轮机械、燃烧学、传热传质学、结构力学、自动控制、机械传动、实验技术以及热动力工程等方面的最新科技成果。主要读者对象是科学研究人员、工程技术人员、科技管理干部和高等院校师生。

航空发动机 = Aeroengine / 中国航发沈阳发动机研究所，1975～

双月刊   CLC：V

ISSN 1672-3147   CN 21-1359/V

辽宁省沈阳市沈河区万莲路 1 号沈阳市 428 信箱 18 号（110015）

编辑部电话：024-24281757，1751

http：//www.avicaeroengine.com

hkfdj606@163.com

报道空、海、陆动力领域的研究成果，尤其是空、海领域。主要栏目包括总体设计与气动热力学，叶轮机械（气动），燃烧、传热、传质，结构、强度、振动，动力传输，控制技术，试验与测试，材料与工艺等。读者对象为从事航空发动机和燃气轮机科研生产决策与管理和设计研究、试验研究、材料研究、工艺研究等职业的人员、大专院校航空航天及相关专业的教师和研究生。1991 年吸收：《航空发动机参考资料》（1975～1990）和《航空发动机快报》（1985～1990）；1994 年分出：《航空发动机参考资料》（1994）。

航空学报 = Acta aeronautica et astronautica Sinica / 中国航空学会，北京航空航天大学，1965～

月刊   CLC：V2

ISSN 1000-6893   CN 11-1929/V   82-148   BM427

北京市海淀区学院路 37 号（100191）

编辑部电话：010-82317058

http：//hkxb.buaa.edu.cn

hkxb@buaa.edu.cn

刊登航空科学领域的研究新动态、新成果，设有流体

力学与飞行力学、固体力学与飞行器总体设计、电子电气工程与控制、材料工程与机械制造栏目。读者对象为航空航天技术领域科研机构的研究人员、大专院校航空航天相关专业的教师和研究生。2023 年起改为半月刊。

航空制造技术 = Aeronautical manufacturing technology / 中国航空制造技术研究院，1999～

半月刊   CLC：V2，TG2，TH

ISSN 1671-833X   CN 11-4387/V   82-26   BM6680

北京市 340 信箱（100024）

编辑部电话：010-85700465

http：//www.amte.net.cn

zscbyyjb@amte.net.cn

报道关于先进制造技术的研究成果、研究进展、前沿动态等，涉及的专业领域主要有特种加工技术、数控加工技术、数字化制造技术、航空专用工艺装备、检测技术、复合材料构件制造技术、数字化装配技术、机械连接技术、塑性加工技术、焊接技术、表面工程技术、激光武器系统等，既侧重于报道成熟技术体系的新进展、新突破，也注重对航空制造具有潜在价值的新材料、新工艺、新技术跟踪报道。读者对象为航空制造科研人员与工程技术人员及相关专业院校师生等。1999 年继承：《航空工艺技术》（1976～1999）。

航天返回与遥感 = Spacecraft recovery & remote sensing / 北京空间机电研究所，1993～

双月刊   CLC：V

ISSN 1009-8518   CN 11-4532/V

北京市 2747 信箱 35 分箱（100190）

编辑部电话：010-68378497

http：//www.htfhyg.org

htfhyg_1980@163.com

报道中国航天返回领域和空间遥感技术领域的有关航天返回与再入技术、降落伞技术、空间遥感技术、航天新材料新工艺及其应用的新进展和新成果。设有空间目标态势感知，进入、减速、着陆与上升技术，遥感技术，数据处理与应用技术，新型成像技术，新型传感器技术等栏目。读者对象为从事航空航天及高科技领域的科研人员、工程技术人员、科技管理人员、高校师生及航天爱好者等。1993 年继承：《运载火箭与返回技术》（1980～1992）。

航天器工程 = Spacecraft engineering / 北京空间飞行器总体设计部（中国空间技术研究院总体设计部），1992～

双月刊   CLC：V4

ISSN 1673-8748   CN 11-5574/V   80-613   BM4992

北京市 5142 信箱 116 分箱（100094）

编辑部电话：010-68746067,6793,5881

http://htgc. chinajournal. net. cn

htq501@139. com,htq@spacechina. com

主要刊载航天工程、航天器总体设计、系统集成、测试与试验、航天应用，以及总体专业技术方面的研究论文、科技述评和发展战略与情报研究综述等内容。主要栏目有院士与专家特约稿、学术与学会交流、研究与设计、管理与实践、战略发展与情报研究、测试与试验、制造与工艺、应用技术、青年论文、学术争鸣等。读者对象为航天器工程及其相关领域的科研人员、工程技术人员和管理人员，以及大专院校相关专业的教师和研究生等。

合成生物学 = Synthetic biology journal / 化学工业出版社有限公司，中国生物工程学会，国投生物科技投资有限公司，2020～

双月刊　　　　　　CLC：Q503

ISSN 2096-8280　　CN 10-1687/Q　80-627　C9460

北京市东城区青年湖南街 13 号（100011）

编辑部电话：010-64519339,9336,9292

http://www. synbioj. com

synbioj@126. com

主要刊载对合成生物学学科发展起指导作用的综述与专论，合成生物学领域最新的基础理论与应用研究的学术论文。从合成生物学的安全与伦理、专利与产业、平台建设、投融资与经济、科技政策与法规等角度体现合成生物学领域的发展动态。设有研究论文、特约评述等栏目。主要读者对象为合成生物学相关领域的科研工作者、工程技术人员和高等院校有关专业师生。2020年继承：《生物产业技术》（2007～2019）。

合成树脂及塑料 = China synthetic resin and plastics / 中国石化集团资产经营管理有限公司北京燕山石化分公司，橡塑新型材料合成国家工程研究中心，1984～

双月刊　　　　　　CLC：TQ322

ISSN 1002-1396　　CN 11-2769/TQ　2-923　BM4464

北京市房山区燕山岗南路 1 号（102500）

编辑部电话：010-69341924

resin. yssh@sinopec. com

报道合成树脂及塑料加工应用领域的科技进展和信息。包括合成树脂及塑料领域的新技术、新成果、新产品的开发，引进技术的消化、吸收与创新，塑料加工应用，分析测试方法，废旧塑料的回收和再生，以及有关合成树脂及塑料的专论、综述、国内外最新进展、发展趋势等。设有研究与开发、工业技术、加工与应用、结构与性能、综述等栏目。读者对象为树脂研究、生产、加工、分析测试、应用、销售等部门的科技人员、管理人员及相关专业高等院校师生。

合肥工业大学学报. 自然科学版 = Journal of Hefei University of Technology. Natural science / 合肥工业大学，1986～

月刊　　　　　　　CLC：T

ISSN 1003-5060　　CN 34-1083/N　26-61　Q4220

安徽省合肥市屯溪路 193 号（230009）

编辑部电话：0551-62901306,5639

http://xbzzs. hfut. edu. cn

xbzk@hfut. edu. cn

侧重发表工程技术领域的基础理论与应用研究成果。刊登机械与汽车工程、电气与自动化工程、电子科学与工程、材料科学与工程、计算机与信息工程、土木与水利工程、资源与环境工程、生物与食品工程、管理科学与工程、数理科学等学科的学术论文、学术讨论及专题综述等。读者对象为理工科院校师生、科研人员和广大科技工作者。1986 年继承：《合肥工业大学学报》（1959～1985）；1998 年吸收：《安徽工学院学报》（1981～1997）。

河北大学学报. 自然科学版 = Journal of Hebei University. Natural science edition / 河北大学，1976～

双月刊　　　　　　CLC：N55

ISSN 1000-1565　　CN 13-1077/N　18-257　BM4652

河北省保定市五四东路 180 号（071002）

编辑部电话：0312-5079413

http://xbzrb. hbu. cn

hbdxxbz@hbu. edu. cn

主要刊登数学与力学、物理学、化学、生物学、电子工程及计算机科学等学科领域的原创性学术论文。主要栏目有研究报告、学科综述等。读者对象为国内外科技工作者、理科高等院校教师和研究生等。1976 年部分继承：《河北大学》（1973～1974）。

河北法学 = Hebei law science / 河北政法职业学院，河北省法学会，1983～

月刊　　　　　　　CLC：D9

ISSN 1002-3933　　CN 13-1023/D　18-68　M6064

河北省石家庄市友谊北大街 569 号（050061）

编辑部电话：0311-87115528,5529

http://www. hbfx. cn

hebeifaxue@163. com

探讨中国特色社会主义法治建设中亟需解决的法学理论和立法、司法实践问题，强调基础理论的前瞻性。注重发表青年作者的论文。设有专论、名家论坛、热点问题透视、青年法学家、域外法学与比较法研究、博士生园地、司法实践等栏目。读者对象为政法管理干部、司法人员及政法院校师生。

河北经贸大学学报 = Journal of Hebei University of

Economics and Business / 河北经贸大学，1996～

双月刊　　　　　CLC：F

ISSN 1007-2101　　CN 13-1207/F　18-287

河北省石家庄市学府路 47 号（050061）

编辑部电话：0311-87655653，7606

http://xbbjb.heuet.edu.cn

jmxb7665829@163.com

设有理论经济学、宏观经济学、财政金融研究、区域与城市经济、空间经济学等栏目。读者对象为从事经济理论研究的学者及相关专业大专院校师生。1996 年继承：《河北财经学院学报》（1985～1995）。

河北科技大学学报 ＝ Journal of Hebei University of Science and Technology / 河北科技大学，1998～

双月刊　　　　　CLC：T

ISSN 1008-1542　　CN 13-1225/TS　DK13002

河北省石家庄市裕翔街 26 号（050018）

编辑部电话：0311-81668291，8292

http://xuebao.hebust.edu.cn, http://hbqj.cbpt.cnki.net

xuebao@hebust.edu.cn

主要刊登新能源与节能环保、化学与化工、机械工程、材料科学、数学等领域的研究论文。设有新能源与节能环保专栏、数据分析与计算专栏、化学与化工等栏目。读者对象为高等院校师生、科研院所的研究人员及工程技术人员。1998 年继承：《河北轻化工学院学报》（1989～1998）。

河北农业大学学报 ＝ Journal of Hebei Agricultural University / 河北农业大学，1963～

双月刊　　　　　CLC：S

ISSN 1000-1573　　CN 13-1076/S　18-43　Q4487

河北省保定市（071001）

编辑部电话：0312-7521323，7526858

http://hauxb.hebau.edu.cn

xuebao@hebau.edu.cn

反映农业科学技术研究成果，报道最新科研动态。主要刊登农学、园艺、植物保护、林学、畜牧兽医、食品科学、农业工程等学科及其交叉学科的研究论文、简报及综述类文章。读者对象为国内外农林科技工作者及高等农林院校师生。1963 年继承：《河北农大学报》（1962）。

河北师范大学学报. 教育科学版 ＝ Journal of Hebei Normal University educational science edition / 河北师范大学，1998～

双月刊　　　　　CLC：G4

ISSN 1009-413X　　CN 13-1286/G　18-290　BM2369

河北省石家庄市南二环东路 20 号（050024）

编辑部电话：0311-80786366

http://xuebao.hebtu.edu.cn

jiaoyub@hebtu.edu.cn

刊登教育科学研究创新性成果，反映国内外教育学科的前沿和进展信息，以教育史、职成教为主要特色。辟有教育史专栏、专题、课程与教学论、教师与教师教育、高等教育、基础教育、国际与比较教育、职业教育与成人教育、学前教育等栏目。读者对象为教育教学工作者及广大师范院校师生等。

河北学刊 ＝ Hebei academic journal / 河北省社会科学院，1981～

双月刊　　　　　CLC：C55

ISSN 1003-7071　　CN 13-1020/C　18-25　BM1208

河北省石家庄市裕华西路 67 号（050051）

编辑部电话：0311-83014818

http://www.hebsky.org.cn

hbxk282@163.com

辟有哲学天地、史学纵横、经济学观察、法学经纬、文学评论、社会学透视、学人论坛、书评园地等栏目，还不定期设立专题讨论栏目。读者对象为社会科学工作者及文科院校师生。

河海大学学报. 哲学社会科学版 ＝ Journal of Hohai University. Philosophy and social sciences / 河海大学，2000～

双月刊　　　　　CLC：C55

ISSN 1671-4970　　CN 32-1521/C

江苏省南京市西康路 1 号（210098）

编辑部电话：025-83786376

http://jour.hhu.edu.cn

刊登社会科学各领域的研究论文，内容涉及哲学、政治学、经济学、历史学、社会学、文学、语言等学科。辟有马克思主义理论、环境与社会、经济与管理等栏目。读者对象为社会科学工作者、大专院校师生及民族工作者。

河海大学学报. 自然科学版 ＝ Journal of Hohai University. Natural sciences / 河海大学，1999～

双月刊　　　　　CLC：T，TV

ISSN 1000-1980　　CN 32-1117/TV　28-63　BM2740

江苏省南京市西康路 1 号（210098）

编辑部电话：025-83786642

http://jour.hhu.edu.cn

xb@hhu.edu.cn

主要刊登该校师生在水文水资源及环境，水利水电工程，土木工程，港口航道及海洋工程，机电及信息工程等学科方面的科研成果、学术论文、学术讨论、学科综述等学术性文章,也发表校外作者在上述学科方面具有较高学术水平的优秀论文。读者对象为相关专业的科技工作者和大专院校师生。1999 年继承:《河海大学学报》(1986~1998)。

河南大学学报. 社会科学版 = Journal of Henan University. Social science / 河南大学,1991~
双月刊   CLC:C55
ISSN 1000-5242   CN 41-1028/C   36-26   BM524
河南省开封市明伦街 85 号(475001)
编辑部电话:0371-22198883
http://hnds. cbpt. cnki. net
xbbjb@henu. edu. cn
发表人文社会科学各学科学术论文,报道重大课题研究成果。设有哲学研究、经济学研究、法学研究、历史研究、社会学研究、文学研究、教育学研究、艺术研究、编辑学研究等栏目,以及各类专题笔谈栏目。读者对象为社会科学工作者及高校文科专业师生。1991 年继承:《河南大学学报. 哲学社会科学版》(1984~1990)。

河南大学学报. 自然科学版 = Journal of Henan University. Natural science / 河南大学,1984~
双月刊   CLC:N55
ISSN 1003-4978   CN 41-1100/N   36-27   BM4692
河南省开封市明伦街 85 号(475001)
编辑部电话:0371-22860394
http://xb. henu. edu. cn
xbzrb@henu. edu. cn
主要刊登有关数学、现代物理与材料科学、化学与化工、地理环境与资源开发、生命科学、自动化基础理论与信息技术、建筑环境与结构、科学技术研究等学科的学术论文。读者对象为科技工作者、高等院校理工科师生。1984,no. 3 继承:《河南师大学报. 自然科学版》(1980~1984)。

河南工业大学学报. 自然科学版 = Journal of Henan University of Technology. Natural science edition / 河南工业大学,2005~
双月刊   CLC:TS2,T
ISSN 1673-2383   CN 41-1378/N   22-574   BM2652
河南省郑州市高新技术产业开发区莲花街(450001)
编辑部电话:0371-67756156
https://xuebaozk. haut. edu. cn
xblk@haut. edu. cn
报道我国粮油食品行业的最新科研成果,聚焦粮油加工、储藏、仓储物流装备、粮食信息与质量安全监测等研究领域。设有粮油食品研究、粮食储藏研究、综述等栏目。读者对象为相关科研院所研究人员、大专院校师

生、企业科技人员和科研管理人员。2005 年继承:《郑州工程学院学报》(2000~2004)。

河南科技大学学报. 自然科学版 = Journal of Henan University of Science and Technology. Natural science / 河南科技大学,2003~
双月刊   CLC:N55
ISSN 1672-6871   CN 41-1362/N   36-285
河南省洛阳市开元大道 263 号(471023)
编辑部电话:0379-64231476
http://www. haust. edu. cn
hkdxbz@haust. edu. cn
重点刊载自然科学学科领域的学术论文、专题研究和实验研究成果,以及科技创新、新产品、新技术推广应用成果。主要栏目有材料科学与工程,机械与仪表,交通运输、能源与动力工程,电工电信、自动化与计算机,建筑科学,农业与生物科学,数理科学,化学化工等。读者对象为大专院校师生、科研院所及工矿企业的科研人员和工程技术人员。2003 年继承:《洛阳工学院学报》(1982~2002)。

河南理工大学学报. 自然科学版 = Journal of Henan Polytechnic University. Natural science / 河南理工大学,2005~
双月刊   CLC:T
ISSN 1673-9787   CN 41-1384/N
河南省焦作市世纪路 2001 号(454000)
编辑部电话:0391-3987068,3987253
http://xuebao. hpu. edu. cn
发表校内外学者撰写的工程技术类学术论文,内容侧重矿业工程,包括矿山安全、采矿工程、机电工程、地质与测量工程、土木与材料工程、环境工程等,兼及数理学等基础学科。主要读者对象是理工科相关专业院校师生、科研与工程技术人员。2005 年继承:《焦作工学院学报. 自然科学版》(2000~2004)。

河南农业大学学报 = Journal of Henan Agricultural University / 河南农业大学,1985~
双月刊   CLC:S
ISSN 1000-2340   CN 41-1112/S   36-132
河南省郑州市郑东新区平安大道 218 号(450046)
编辑部电话:0371-56552551
http://nnxb. cbpt. cnki. net
hnndxb@henau. edu. cn
主要刊登作物学、兽医学、农业工程、林学、畜牧学、农林经济管理、生物学、农业资源与环境、食品科学与工程、风景园林学、生态学、植物保护、园艺学和烟草学等学科领域稿件。读者对象为农业林业领域工作者、农业

院校师生等。1985 年继承:《河南农学院学报》(1979~1984)。

河南农业科学 = Journal of Henan agricultural sciences / 河南省农业科学院,1986~
月刊   CLC:S
ISSN 1004-3268   CN 41-1092/S   36-32   DK41011
河南省郑州市花园路 116 号(450002)
编辑部电话:0371-65739041,9090
http://www.hnagri.org.cn/hnnykx.htm
hnnykx@163.com
报道农业基础研究和应用研究方面的科研成果。刊登农作物遗传育种和栽培、农业资源与环境、植物保护、园艺、畜牧·兽医、农产品精深加工、农产品质量安全、精准农业、农业信息技术等方面的新成果、新技术、新进展、新工艺、新理论。读者对象为农业科技工作者、农业院校师生等。1986 年继承:《河南农林科技》(1972~1985)。

河南社会科学 = Henan social sciences / 河南省社会科学界联合会,1993~
月刊   CLC:C55
ISSN 1007-905X   CN 41-1213/C   36-16
河南省郑州市丰产路 23 号(450002)
编辑部电话:0371-63933724,6110913
sheke@188.com
反映河南社会科学界学术研究成果,探讨河南经济社会文化发展的理论问题和实践问题,交流省内外和国内外学术信息。内容涵盖政治学、经济学、法学、哲学、社会学、心理学、教育学、文学、文化学、管理学、历史学等领域,不定期打造专题研究特色栏目。读者对象为国内外专家、学者和广大社会科学工作者。

河南师范大学学报. 哲学社会科学版 = Journal of Henan Normal University. Philosophy and social sciences edition / 河南师范大学,1985~
双月刊   CLC:C55
ISSN 1000-2359   CN 41-1011/C   36-54   JSSC-S03
河南省新乡市建设东路 46 号(453007)
编辑部电话:0373-3329293,3326281,3329252,3326374,3325816
http://hnsk.cbpt.cnki.net
主要反映该校师生在人文社会科学领域的研究成果,亦发表国内外知名学者撰写的学术论文。内容涉及政治、经济、哲学、文学、历史、法律、教育、文化、旅游等学科。读者对象为社会科学工作者、大专院校文科专业师生及教育工作者。1985 年继承:《新乡师范学院学报. 哲学社会科学版》(1983~1985)。

河南师范大学学报. 自然科学版 = Journal of Henan Normal University. Natural science edition / 河南师范大学,1985~
双月刊   CLC:N55
ISSN 1000-2367   CN 41-1109/N   36-55   JNSC-51
河南省新乡市建设东路 46 号(453007)
编辑部电话:0373-3328182,3329272,3329394,3326282
http://hnsx.cbpt.cnki.net
刊登数学、物理学、电子信息科学、化学、生命科学、计算机科学、环境科学、体育科学等学科的学术论文。面向高等院校理工科师生和教育工作者。1985 年继承:《新乡师范学院学报. 自然科学版》(1983~1985)。

核电子学与探测技术 = Nuclear electronics & detection technology / 中核(北京)核仪器厂,1981~
双月刊   CLC:TL8
ISSN 0258-0934   CN 11-2016/TL   82-721
北京市经济技术开发区宏达南路 3 号(100176)
编辑部电话:010-59573451
http://114.255.135.38
lw261lw261@163.com
中国核学会核电子学与核探测技术分会会刊。反映核仪器、核电子学、核探测器与测试技术方面的研究成果,刊登学术论文和研究简报。读者对象为核电子学、核探测技术方面的研究人员及大专院校师生。

核动力工程 = Nuclear power engineering / 中国核动力研究设计院,1980~
双月刊   CLC:TL
ISSN 0258-0926   CN 51-1158/TL   62-178   BM4167
四川省成都市 436 信箱科技信息中心(610213)
编辑部电话:028-85903890,3009,3893
http://hdlgc.xml-journal.net
报道国内外核能动力工程理论研究、实验技术、工程设计、运行维修、安全防护、设备研制等方面的最新成果和发展动态,刊登学术论文和研究报告。设有堆芯物理与热工水力、核燃料及反应堆机构材料、结构与力学、回路与设备、运行与维护等栏目。读者对象为从事核动力科学、核电站设计的研究人员及相关专业大专院校师生。

核化学与放射化学 = Journal of nuclear and radiochemistry / 中国核学会核化学与放射化学分会,1979~
双月刊   CLC:O615,TL
ISSN 0253-9950   CN 11-2045/TL   82-162   Q200
北京市中国原子能科学研究院北京 275 信箱 65 分箱(102413)

编辑部电话：010-69358025

http://www.jnrc.org.cn

hehuaxue8025@163.com

主要报道核化学与放射化学基础研究、放化工艺研究、辐射化学、同位素化学及有关分离分析方法的科研成果。适当报道国内外该领域的新成就、发展动态及重要会议消息。设有综述、核燃料循环化学、核化学与放射分析化学、环境放射化学、放射性药物与标记化合物、放射化学交叉学科等栏目。读者对象为从事核化学与放射化学研究的科研人员、工程技术人员和相关专业院校师生。

核技术 = Nuclear techniques / 中国科学院上海应用物理研究所,中国核学会,1978～

月刊   CLC：TL

ISSN 0253-3219   CN 31-1342/TL   4-243   M160

上海市 800-204 信箱(201800)

http://www.hjs.sinap.ac.cn

LHB@sinap.ac.cn

展示最新核科学技术发展动向,反映中国核科学技术的现状和学术水平,介绍国内外最新核科技成果。内容涉及同步辐射技术及应用,加速器技术、射线技术及应用,核化学、放射化学、放射性药物和核医学,核电子学与仪器、核物理、交叉学科研究,核能科学与工程等。读者对象为从事核技术研究与应用的科技人员、医学工作者及相关专业院校师生。

核聚变与等离子体物理 = Nuclear fusion and plasma physics / 核工业西南物理研究院,1981～

季刊   CLC：O53,TL6

ISSN 0254-6086   CN 51-1151/TL   62-179

四川省成都市二环路南三段 3 号(610041)

编辑部电话：028-82850364

http://www.hjby.ac.cn

bjb@swip.ac.cn

报道受控核聚变与等离子体物理的理论、实验、工程与诊断技术等方面的科研成果、学术论文以及该领域国内外的最新研究动态,也发表低温等离子体物理的研究和应用技术成果。设有等离子体物理学、核聚变工程技术、等离子体应用等栏目。读者对象为相关专业的科研技术人员及大专院校师生。1981 年继承:《核聚变》(1980～1981)。

核科学与工程 = Nuclear science and engineering / 中国核学会,1981～

双月刊   CLC：TL

ISSN 0258-0918   CN 11-1861/TL   82-603

北京市海淀区阜成路 43 号(100048)

编辑部电话：010-88828779

hkxygc_gz@vip.163.com

反映核科学与核工程领域的最新科技成果,刊登研究论文,报道核领域的重大科研事件或活动。设有核反应堆工程、核电厂、核安全、核技术、核聚变等核科学与工程相关栏目。读者对象为核科学与工程技术人员、相关专业院校师生。

核农学报 = Journal of nuclear agricultural sciences / 中国原子能农学会,中国农业科学院农产品加工研究所,1987～

月刊   CLC：S124,S3

ISSN 1000-8551   CN 11-2265/S   BM449

北京市海淀区圆明园西路 2 号院农产品加工研究所(100193)

编辑部电话：010-62815961

http://www.hnxb.org.cn

henongxuebao@126.com

报道核技术(包括辐射技术等各种人工诱变技术和同位素示踪技术等)在农业及农业生物学领域中的应用研究成果。刊登植物诱变育种、农业生物技术、农产品辐照储藏、食品加工、同位素示踪、土壤生态、动植物生理等方面的研究论文。读者对象为从事核能农业利用的科技人员、相关专业院校师生、农业技术管理工作者。1987 年继承:《原子能农业应用》(1980～1987);1998 年吸收:《核农学通报》(1987～1997)。

黑龙江高教研究 = Heilongjiang researches on higher education / 哈尔滨师范大学,黑龙江省高教学会,1982～

月刊   CLC：G64

ISSN 1003-2614   CN 23-1074/G   14-301

黑龙江省哈尔滨市利民经济开发区师大路 1 号(150025)

编辑部电话：0451-88060218

http://hljgjyj.hrbnu.edu.cn

发表高等教育改革与发展的理论研究文章和具有普遍指导意义的经验总结,报道高等教育前沿学术动态,提倡不同学术观点的讨论与争鸣,重视扶植高教界的青年作者。辟有博士论坛、高等教育理论研究、大学治理、教育经济学、比较高等教育、改革与发展、教师教育、人才培养、德育与思想政治教育等栏目。读者对象为教育、教学科研人员及高等院校师生。

黑龙江民族丛刊 = Heilongjiang national series / 黑龙江省社会科学院民族研究所,1985～

双月刊   CLC：C95,K28,D633

ISSN 1004-4922   CN 23-1021/C   14-51

黑龙江省哈尔滨市松北区世博路 1000 号(150028)

编辑部电话：0451-58670475

http://www.hljmzck.cn

hljmzck@126.com

刊发关注民族文学、民族语言等方面的研究。辟有民族问题研究、民族政治学、民族地区经济与现代化、民族历史与边疆学、民族学与人类学、民族伦理学、民族教育等栏目。读者对象为民族学研究的专家、学者和民族工作者。

黑龙江畜牧兽医 = Heilongjiang animal science and veterinary medicine / 黑龙江省农业科学院，1958～
半月刊　　　　　　　　CLC：S85
ISSN 1004-7034　　CN 23-1205/S　14-28,14-138
　　　　　　　　　OKK1011
黑龙江省哈尔滨市香坊区哈平路243号(150069)
编辑部电话：0451-82365922；0451-82328863-807
http://hljx.cbpt.cnki.net
hljxmsy@163.com

重点报道畜牧兽医科技成果，推广畜牧生产技术，交流兽医临床经验，探讨畜牧业经济理论。主要栏目有试验研究、专论与综述、畜牧科学、兽医科学、饲草、饲料与添加剂、动物保健品研究、特种动物研究、探讨与研究等。读者对象为畜牧兽医科研人员、中初级专业技术人员、养殖专业人员及相关专业院校师生。

红楼梦学刊 = Studies on "A Dream of Red Mansions" / 中国艺术研究院，1979～
双月刊　　　　　　　　CLC：I207.411
ISSN 1001-7917　　CN 11-1676/I　18-102　BM188
北京市朝阳区来广营西路81号(100012)
编辑部电话：010-64813287
hlmxk1979@126.com

反映《红楼梦》研究最新成果，报道国内外红学研究大事。刊登《红楼梦》作者生平与家世研究、人物研究、理论与艺术研究、版本与成书研究、脂砚斋评语与评点研究、红学史研究等。辟有研究生论坛、红楼一角、红学书窗、译介研究、红学动态等栏目。面向全国古典文学研究者、红学研究人员及红学爱好者。

红外技术 = Infrared technology / 昆明物理研究所，中国兵工学会夜视技术专业委员会，微光夜视技术重点实验室，1979～
月刊　　　　　　　　CLC：TN21
ISSN 1001-8891　　CN 53-1053/TN　64-26　BM4318
云南省昆明市教场东路31号(650223)
编辑部电话：0871-65105248
http://hwjs.nvir.cn
irtek@china.com

报道红外技术国内外研究进展及其在国防、工农业及国民经济各领域的应用。设有系统与设计、图像处理与仿真、材料与器件、红外应用、无损检测、微光技术、综述与评论等栏目。读者对象为红外技术范畴的科研、设计、教学、生产、管理及使用人员。1979年继承：《红外技术情报》(1964～1978)。

红外与毫米波学报 = Journal of infrared and millimeter waves / 中国科学院上海技术物理研究所，中国光学学会，1991～
双月刊　　　　　　　　CLC：TN21,O4
ISSN 1001-9014　　CN 31-1577/O4　4-335　4717BM
上海市玉田路500号(200083)
编辑部电话：021-25051553
http://journal.sitp.ac.cn
jimw@mail.sitp.ac.cn

主要报道红外毫米波与太赫兹领域的新概念、新成果、新进展,刊登在红外物理、凝聚态光学性质、低能激发过程、飞秒光谱学、非线性光学、红外光电子学、太赫兹与毫米波、遥感与深空探测、人工智能、生物医学光学、红外毫米波与太赫兹技术(包括元器件、系统及应用、红外信息处理,体系认知与决策,大模型应用,复杂系统认知,控制系统应用等)方面的研究成果。读者对象为国内外红外毫米波与太赫兹领域的科研人员、工程技术人员及高等院校及研究所师生等。1991年继承：《红外研究. A辑》(1985～1990)。

红外与激光工程 = Infrared and laser engineering / 天津津航技术物理研究所，1996～
月刊　　　　　　　　CLC：TN2
ISSN 1007-2276　　CN 12-1261/TN　6-133　BM1766
天津市空港经济区中环西路58号(300308)
编辑部电话：022-58168883,8884,8885
http://www.irla.cn
irla@csoe.org.cn

刊登国内红外与激光技术方面的学术论文和工程研究报告,集中反映中国光电技术在宇航、卫星及导弹武器系统中的工程应用水平。设有红外技术与应用、激光器与激光光学、光学设计、光电测量、光通信与光传感、光电测量、光学器件、光学成像技术、图像处理等栏目。读者对象为相关专业的高等院校师生、科研和工程技术人员。1996年继承：《红外与激光技术》(1978～1995)。

宏观经济管理 = Macroeconomic management / 国家发展和改革委员会宏观经济管理编辑部，1993～
月刊　　　　　　　　CLC：F123
ISSN 1004-907X　　CN 11-3199/F　82-443
北京市西城区三里河国家发展改革委(100824)
编辑部电话：010-63906118,6105

http://www.hgjjgl.com

hgjjgl2017@163.com

2023，no.4 起主办单位名为国家发展和改革委员会宏观经济杂志社。致力于宣传国家经济方针政策、加强对社会经济活动的引导，探讨宏观经济管理方式和方法。辟有监测与预测、特稿、探讨与研究、观察与思考、形势分析、环球经济、书评、研究探讨、热点问题、政策与建议、财金调研、宏观视点、地方发展、区域发展、社会发展、政策解读、新型城镇化、热点观察、经贸研究等栏目。读者对象为经济工作者、政府经济部门工作人员、相关领域理论研究者及院校师生。1993 年继承:《中国计划管理》(1988～1992)。

宏观经济研究 = Macroeconomics / 中国宏观经济研究院（国家发展和改革委员会宏观经济研究院），1998～

月刊　　　　　　　　CLC：F12

ISSN 1008-2069　　CN 11-3952/F　82-791　M5012

北京市西城区木樨地北里甲 11 号国宏大厦 B 座 1307 室(100038)

编辑部电话：010-63908357

hongguanjingji@163.com

报道中国经济社会发展与改革的重点、难点和热点问题，进行学理性、机制性及对策性研究，反映社会各界对宏观经济问题的新认识、新观点。读者对象为各级政府经济管理部门、大中型企业事业单位、经济研究机构、大专院校、各级党校和行政学院，以及海内外关心中国经济社会发展的各界人士。1998 年继承:《经济改革与发展》(1993～1998)。

湖北大学学报. 哲学社会科学版 = Journal of Hubei University. Philosophy and social science / 湖北大学，1985～

双月刊　　　　　　　CLC：C55

ISSN 1001-4799　　CN 42-1020/C　38-46　BM1167

湖北省武汉市武昌区友谊大道 368 号(430062)

编辑部电话：027-88663900

http://xb.hubu.edu.cn

发表校内外学者的研究成果，刊登哲学、政治学、经济学、社会学、法学、语言学、文学、艺术、历史学、教育学、新闻传播学等学科的学术论文。辟有价值论与伦理学研究、逻辑学研究、中外文艺理论研究、中国哲学研究等栏目。读者对象为社会科学工作者及高校文科专业师生。1985 年继承:《武汉师范学院学报. 哲学社会科学版》(1978～1984)。

湖北民族大学学报. 哲学社会科学版 = Journal of Hubei Minzu University. Philosophy and social sciences / 湖北民族大学，2020～

双月刊　　　　　　　CLC：C55，C95

ISSN 2096-7586　　CN 42-1907/C

湖北省恩施市学院路 39 号(445000)

编辑部电话：0718-8438535,8431373

https://hbza.chinajournal.net.cn

hbmdxb@sina.com

刊登少数民族和民族地区的实证研究，田野调查事实和数据的理论成果，重点关注民族地区经济社会发展重大理论问题和现实问题。设有民族学人类学理论与实践、民族地区治理、民族区域发展、民族民间文化等栏目。读者对象为民族学研究人员及民族学工作者。2020 年继承:《湖北民族学院学报. 哲学社会科学版》(1999～2019)。

湖北社会科学 = Hubei social sciences / 湖北省社会科学界联合会，湖北省社会科学院，1987～

月刊　　　　　　　　CLC：C55

ISSN 1003-8477　　CN 42-1112/C　38-211　M1320

湖北省武汉市东湖路 165 号湖北省社会科学院 5 楼《湖北社会科学》编辑部(430077)

编辑部电话：027-86798211,86776308

http://fbsf.cbpt.cnki.net

hbsk@263.net

反映社会科学最新研究成果，内容涉及政治、社会、法律、经济、文化等领域。辟有马克思主义与马克思主义中国化、政治文明研究、社会建设研究、中部崛起与湖北发展、经济论坛、人文视野、法律园地、教育论丛、传媒研究、思想政治工作研究等栏目。读者对象为社会科学工作者、政府决策及政策研究部门工作人员。

湖南大学学报. 社会科学版 = Journal of Hunan University. Social sciences / 湖南大学，1996～

双月刊　　　　　　　CLC：C55

ISSN 1008-1763　　CN 43-1286/C　42-181　BM5885

湖南省长沙市岳麓区湖南大学天马教学区(410082)

编辑部电话：0731-88822900

hdwkxb@163.com,hdxbskb@hnu.edu.cn

主要栏目有新时代马克思主义中国化、岳麓书院与传统文化、经济与管理、语言与文学研究、哲学与史学研究、法学研究、新闻与传播、建筑与艺术等。读者对象为社会科学工作者和大专院校文科专业师生。1996 年继承:《湖南大学社会科学学报》(1987～1995)。

湖南大学学报. 自然科学版 = Journal of Hunan University. Natural sciences / 湖南大学，1992～

月刊　　　　　　　　CLC：N55

ISSN 1674-2974　　CN 43-1061/N　42-44

湖南省长沙市岳麓区湖南大学天马教学区(410082)

http://hdxbzkb.cnjournals.net

hdxbzkb@hnu.edu.cn

反映该校师生在自然科学与工程技术各学科领域的研究成果,也适当发表国内外同行专家的优秀学术论文。设有土木工程、机械工程、化学化工、材料科学与工程、环境科学与工程、计算机科学、电气与信息工程等栏目。读者对象为科技工作者及理工科大专院校师生。1992 年继承:《湖南大学学报》(1960~1991)。

湖南科技大学学报. 社会科学版 = Journal of Hunan University of Science and Technology. Social science edition / 湖南科技大学,2004~

双月刊　　　　　　CLC:C55

ISSN 1672-7835　　CN 43-1436/C　42-184

湖南省湘潭市(411201)

编辑部电话:0731-58291391

http://skxb.hnust.edu.cn

xuebao@hnust.edu.cn

致力社会科学诸领域的探索研究与学术交流。常设栏目有毛泽东研究、逻辑今探、21 世纪外国文学研究新视野、新时代经济等特色栏目,并依据重要时间节点、重大主题灵活安排如法与人工智能、新时代城市治理研究、语言研究、哲学研究、法学研究、政治研究、美术研究等不固定栏目。读者对象为社会科学工作者和大专院校文科专业师生。2004 年继承:《湘潭工学院学报. 社会科学版》(1999~2004)。

湖南科技大学学报. 自然科学版 = Journal of Hunan University of Science and Technology. Natural science edition / 湖南科技大学,2004~

季刊　　　　　　　CLC:N55

ISSN 1672-9102　　CN 43-1443/N　42-227

湖南省湘潭市(411201)

编辑部电话:0731-58290969

http://zkxb.hnust.edu.cn

xuebaoz@hnust.edu.cn

主要刊发矿业与安全、地学、土木与建筑、机械与电气、信息与计算机、化学与化工、材料科学、环境与生物、数学与物理等学科的研究成果和学术论文。读者对象为高等院校师生、科研院所的研究人员及工程技术人员。2004 年由《湘潭工学院学报》和《湘潭矿业学院学报》(1986~2004)合并而成。

湖南农业大学学报. 自然科学版 = Journal of Hunan Agricultural University. Natural sciences / 湖南农业大学,2017~

双月刊　　　　　　CLC:S

ISSN 1007-1032　　CN 43-1257/S　42-157　465OBM

湖南省长沙市芙蓉区农大路 1 号(410128)

编辑部电话:0731-84618035

http://xb.hunau.edu.cn

zkb4618035@hunau.net

反映农业科技领域的基础理论研究成果与应用技术成果,主要刊登作物科学、植物保护、园艺学、动物科学(医学)、生物工程与技术、食品与农产品加工、生态环境工程、农业资源利用、农业机械、农田水利工程等领域的创新性研究成果。读者对象为农业科技工作者、农业科研管理和推广人员及农业院校师生。2017 年继承:《湖南农业大学学报》(1995~2016)。

湖南社会科学 = Social sciences in Hunan / 湖南省社会科学界联合会,1988~

双月刊　　　　　　CLC:C55

ISSN 1009-5675　　CN 43-1161/C　42-229

湖南省长沙市德雅路浏河村巷 37 号(410003)

编辑部电话:0731-89716088

hnsheke01@163.com

刊登社会科学各领域的研究论文,辟有哲学、政治、经济、管理、法律、文教、社会、历史等栏目。读者对象为社会科学工作者。

湖南师范大学教育科学学报 = Journal of educational science of Hunan Normal University / 湖南师范大学,2002~

双月刊　　　　　　CLC:G4

ISSN 1671-6124　　CN 43-1381/G4　42-94　BM1712

湖南省长沙市岳麓区岳麓山 36 号(410081)

编辑部电话:0731-88872472,2209

http://fljy.cbpt.cnki.net

刊登教育教学理论研究成果,关注国家教育制度、立法及政策研究。设有特稿、县中振兴、教育法治、高等教育、课程与教学、教育治理、教育评价、教育基本理论、教师教育、乡村教育、教育立法、教育政策等栏目。读者对象为教育科学理论工作者、教育工作者和师范院校师生等。

湖南师范大学社会科学学报 = Journal of Social Science of Hunan Normal University / 湖南师范大学,1986~

双月刊　　　　　　CLC:C55

ISSN 1000-2529　　CN 43-1541/C　42-97　BM878

湖南省长沙市岳麓区麓山路 36 号(410081)

编辑部电话:0731-88872471,2209

http://hnss.cbpt.cnki.net

发表该校文科各系所以及校外学者的研究成果。内容涵盖党史·党建、哲学、政治学、社会学、经济学、历史学、文学、语言、传播、教育、史学、湖湘文化研究等。读者对象为社会科学工作者及文科大专院校师生。1986

年继承:《湖南师大学报. 哲学社会科学版》(1985)。

湖南师范大学自然科学学报 = Journal of natural science of Hunan Normal University / 湖南师范大学,1986～

双月刊　　　　　CLC：N55

ISSN 2096-5281　　CN 43-1542/N　42-96　BM879

湖南省长沙市岳麓区麓山路 36 号(410081)

http://hnsz.cbpt.cnki.net

主要刊登数学与计算机、物理与信息、化学化工、生命科学、资源与环境等学科的基础研究和应用研究领域的最新研究成果。读者对象为科研工作者、大专院校理工科教师和学生。1986 年继承:《湖南师范大学学报. 自然科学版》(1985)。

湖泊科学 = Journal of lake sciences / 中国科学院南京地理与湖泊研究所,中国海洋湖沼学会,1989～

双月刊　　　　　CLC：P9

ISSN 1003-5427　　CN 32-1331/P　28-201　BM4051

江苏省南京市北京东路 73 号(210008)

编辑部电话：025-86882041,2040

http://www.jlakes.org

jlakes@niglas.ac.cn

报道湖泊(含水库)及其流域在人与自然相互作用下资源、生态、环境变化研究成果,刊载与湖泊科学有关各学科(如物理学、化学、生物学、生态学、地质学、地理学等)以及湖泊工程、流域综合管理理论与应用研究论文、研究简报和综合评述。读者对象为相关领域科学技术人员、管理人员、大专院校师生。

湖湘论坛 = Huxiang forum / 中共湖南省委党校,1988～

双月刊　　　　　CLC：C55,D6

ISSN 1004-3160　　CN 43-1160/D　42-135　BM4626

湖南省长沙市岳麓区白云路 386 号(410006)

编辑部电话：0731-82780149,1652

http://hxlt.chinajournal.net.cn

注重湖南社会、经济、政治文化等方面的研究。设有党史党建、马克思主义理论与实践、政治法律、经济管理、兴湘方略等栏目。读者对象为社会科学工作者、文科院校师生。1988 年继承:《湖南党校学报》(1988)。

护理学杂志 = Journal of nursing science / 华中科技大学同济医学院,1986～

半月刊　　　　　CLC：R47

ISSN 1001-4152　　CN 42-1154/R　38-125

湖北省武汉市解放大道 1095 号(430030)

编辑部电话：027-83662666

http://www.chmed.net,http://www.hlxzz.com.cn

jns@tjh.tjmu.edu.cn

主要报道护理学科发展的新动向、新信息及护理经验。设有重点关注、专科护理、手术室护理、中医护理、基础护理、护理管理、护理教育、心理护理、健康教育、康复护理、老年护理、社区护理、循证护理、安宁疗护、人文护理、信息化护理、互联网＋护理、静脉治疗、药物监护、医院感染、预防保健、饮食与营养、国际视野、论坛、综述、述评等栏目。以各级护理人员及护理专业院校师生为读者对象。

护理研究 = Chinese nursing research / 山西医科大学第一医院,山西省护理学会,2000～

半月刊　　　　　CLC：R47

ISSN 1009-6493　　CN 14-1272/R　22-130　TP4508

山西省太原市解放南路 85 号(030001)

编辑部电话：0351-4639626

http://hlyjzz.com,http://www.suo1.cn

sxhulizz@vip.163.com

报道以护理学研究为主,涉及护理学临床实践与科研等方面的内容。辟有专家论坛、专家共识、科研报告、科研论著、科研综述、综合研究等栏目。以护理工作者为主要读者对象。2000 年继承:《山西护理杂志》(1987～2000)。

花城 = Flower city / 广东花城出版社有限公司,1979～

双月刊　　　　　CLC：I217

ISSN 1000-789X　　CN 44-1159/I　46-92　BN661

广东省广州市水荫路 11 号(510075)

编辑部电话：020-37592311

以中、短篇小说为主,兼发其他体裁的文学作品及文艺理论文章,注重刊载不同风格、流派的具有时代意义和新思想的文学作品。设有长篇小说、中篇小说、短篇小说、散文随笔、诗歌、花城关注、花城译介、思无止境、域外视角等栏目。读者对象为广大文学爱好者。

花生学报 = Journal of peanut science / 山东省花生研究所,2001～

季刊　　　　　CLC：S5

ISSN 1002-4093　　CN 37-1366/S

山东省青岛市李沧区万年泉路 126 号(266100)

编辑部电话：0532-87632131

hsxbsd@163.com

刊登花生生物技术、遗传育种、栽培生理、土壤肥料、植物保护、储藏加工、综合利用及分析测试等方面的试验研究报告、技术与方法、专题综述及研究简报等。读者对象为科研、教学、生产推广部门的各级领导干部、科技人员、院校师生以及花生产区的种植者。2001 年继承:《花生科技》(1974～2001)。

华北电力大学学报. 自然科学版 = Journal of North China Electric Power University. Natural science edition / 华北电力大学, 2007～

双月刊　　　　　　　CLC：TM，T

ISSN 1007-2691　CN 13-1212/TM　18-138　DK13015

北京市昌平区北农路 2 号(102206)，河北省保定市永华北大街 619 号(071003)

编辑部电话：010-61772085

https://hbdl. cbpt. cnki. net

journal@ncepu. edu. cn

报道有关火力发电、供电及管理方面的近期研究成果，介绍国内外电力科技发展动态。内容包括：发电厂设备的运行与控制、电力系统自动化、继电保护、节能技术等。读者对象为电力系统的科研、技术、生产、管理等领域的从业人员及高等院校相关专业的师生。2007 年继承:《华北电力大学学报》(1996～2006)。

华北农学报 = Acta agriculturae Boreali-Sinica / 内蒙古自治区农牧业科学院等, 1986～

双月刊　　　　　　　CLC：S

ISSN 1000-7091　CN 13-1101/S　18-10

河北省石家庄市和平西路 598 号(050051)

编辑部电话：0311-87652166

http://www. hbnxb. net

hbnxb@163. com

由内蒙古自治区、北京、河北、山西、河南、天津等地农(林或牧)业科学院及农学会联合主办。主要刊登农牧业基础科学和应用科学的研究论文、研究简报等，报道农业学术动态。内容包括农作物育种栽培、耕作及土壤肥料、农业生物技术等方面。读者对象为国内外农业科学研究院(所)、农业大专院校、综合性大学的农业科研、教学与管理人员。1986 年继承:《河北农学报》(1962～1985)。

华北水利水电大学学报. 自然科学版 = Journal of North China University of Water Resources and Electric Power. Natural science edition / 华北水利水电大学, 2014～

双月刊　　　　　　　CLC：TV，N55

ISSN 2096-6792　CN 41-1432/TV

河南省郑州市金水东路 136 号(450046)

编辑部电话：0371-69127216

http://hbsl. cbpt. cnki. net

hbsyxb@ncwu. edu. cn，hbsyxb@126. com

报道国内外水利水电领域的科研新成果和科技动态。设有学术专题讨论、黄河流域生态保护和高质量发展、水文水资源、结构工程、治河与防洪、气候变化与水资源国际科技动态、水环境与水生态、水工结构和材料、地质工程、土木工程、智慧水利等栏目。主要读者对象是研究机构的研究人员和理工科高等院校师生。2014 年继承:《华北水利水电学院学报》(1980～2013)。

华东经济管理 = East China economic management / 中共安徽省委党校, 1987～

月刊　　　　　　　　CLC：F2

ISSN 1007-5097　CN 34-1014/F　26-65　MO4365

安徽省合肥市望江东路 115 号(230059)

编辑部电话：0551-63774487，4492

http://hdjj. cbpt. cnki. net

hdjjbjb@126. com

致力于现代化经济管理研究，服务于中国经济建设实践。主要栏目有经济观察、管理视野、高质量发展、开放与创新、热点聚焦、长三角一体化等。读者对象为相关专业高等院校师生、经济管理理论工作者、政府部门和事业单位的相关人员，以及企业界中高层管理者。

华东理工大学学报. 社会科学版 = Journal of East China University of Science and Technology. Social science edition / 华东理工大学, 1998～

双月刊　　　　　　　CLC：C55

ISSN 1008-7672　CN 31-1779/C　4-856

上海市梅陇路 130 号 262 信箱(200237)

编辑部电话：021-64253199，2683

xuebao@ecust. edu. cn

刊载有关社会学、政治学、哲学、经济学、法律、语言、文化等领域定量和质性研究论文。设有马克思主义社会发展理论、社会学与社会工作、政策研究、经济管理、治理前沿等栏目。读者对象为相关专业的研究人员及大专院校师生。1998 年继承:《华东理工大学学报. 文科版》(1994～1998)。

华东理工大学学报. 自然科学版 = Journal of East China University of Science and Technology / 华东理工大学, 1999～

双月刊　　　　　　　CLC：N55

ISSN 1006-3080　CN 31-1691/TQ　4-382

上海市梅陇路 130 号(200237)

编辑部电话：021-64252666

https://journal. ecust. edu. cn

ecustxbb@ecust. edu. cn

主要发表该校教学科研成果。刊登化学工程、生物工程、化学与制药、材料、物理、网络、数学等方面的研究论文和研究简报。读者对象为化工科研、工程技术人员及高等院校师生。1999 年继承:《华东理工大学学报》(1994～1998)。

华东师范大学学报. 教育科学版 = Journal of East China Normal University. Educational sciences / 华东师范大学, 1983～

月刊　　　　　　　CLC: G4

ISSN 1000-5560　　CN 31-1007/G4　4-395　Q4069

上海市中山北路 3663 号(200062)

编辑部电话: 021-62233761,2305

xbjk@xb.ecnu.edu.cn

刊登教育学方面的专题研究论文、调查报告和实验报告。内容涉及教育基本理论、课程理论、教学理论、教育改革、国际教育发展、港台教育、教育社会学、教育经济学、教育心理学、教育技术学、教育物理学等方面。辟有特稿、专题、教育研究方法、拔尖创新人才、基础教育、高等教育、中外教育史、教师队伍建设、教育法治、基本理论与基本问题、农村教育、职业教育等栏目。读者对象为教育和师范院校师生及各类教育工作者。1999 年吸收:《上海教育学院学报》(1984～1998)。

华东师范大学学报. 哲学社会科学版 = Journal of East China Normal University. Humanities and social sciences / 华东师范大学, 1980～

双月刊　　　　　　CLC: C55

ISSN 1000-5579　　CN 31-1010/C　4-38　BM368

上海市中山北路 3663 号(200062)

编辑部电话: 021-62233702,2305

xbzs@xb.ecnu.edu.cn

刊登该校文科专业师生及其他院校学者的研究成果及学术论文,内容涉及哲学、政治、法学、经济、社会、管理、文学、语言、历史、文化等方面。设有对话大师、再写中国伦理学、国家话语生态研究、史学新探、学术对话、人类学研究、文学研究等栏目。读者对象为文科高等院校师生及社会科学研究人员。1980 年继承:《上海师范大学学报. 哲学社会科学版》(1978～1980)。

华东师范大学学报. 自然科学版 = Journal of East China Normal University. Natural science / 华东师范大学, 1981～

双月刊　　　　　　CLC: N55

ISSN 1000-5641　　CN 31-1298/N　4-359　Q5778

上海市中山北路 3663 号(200062)

编辑部电话: 021-62233703

http://xblk.ecnu.edu.cn

xblk@xb.ecnu.edu.cn

主要发表该校理科院系和研究机构在基础科学、技术科学和应用科学等领域的学术论文和科研成果,适量刊登校友和海内外科研人员的优秀论文,以及反映有关科研课题最新研究进展的学术简报。内容涵盖数学、物理学、电子科学技术、计算机科学与应用技术、教育信息技术、化学、地理学、生物学、统计学及环境科学等领域。读者对象为高等院校理工科师生和科研人员。1981 年继承:《上海师范大学学报. 自然科学版》(1978～1980)。

华东政法大学学报 = ECUPL journal / 华东政法大学, 2007～

双月刊　　　　　　CLC: D9

ISSN 1008-4622　　CN 31-2005/D　4-618

上海市万航渡路 1575 号六三楼 203 室(200042)

编辑部电话: 021-62071670

http://journal.ecupl.edu.cn

journal@ecupl.edu.cn

旨在关注中国问题,创新法治理论,回应司法实践。聚焦法治建设中的重大前沿问题,拓展创新领域和学术热点,深化法律适用和法律解释的研究。辟有专题研讨、数字法治、信息社会与未来法治、法学论坛、域外法苑、评案论法等栏目。主要读者对象为高校相关专业师生及法律工作者。2007 年继承:《华东政法学院学报》(1998～2007)。

华南理工大学学报. 自然科学版 = Journal of South China University of Technology. Natural science edition / 华南理工大学, 1988～

月刊　　　　　　　CLC: N55

ISSN 1000-565X　　CN 44-1251/T　46-174　M5994

广东省广州市五山华南理工大学校内 17 号楼(510640)

编辑部电话: 020-87111794

https://zrb.bjb.scut.edu.cn

journal@scut.edu.cn

主要发表该校师生的科研成果,报道国内外其他高等院校和政府基金资助项目的研究论文。主要刊载电子、通信与自动控制技术、计算机科学与技术、材料科学与技术、环境科学与技术、土木建筑工程、交通运输工程、力学、动力与电气工程、机械工程、生物工程、化学化工、能源、造纸、食品科学与技术、数学、物理学、汽车等方面研究成果。读者对象为理工科大专院校师生、科研人员及工程技术人员。1988 年继承:《华南工学院学报. 自然科学版》(1986～1987)。

华南农业大学学报 = Journal of South China Agricultural University / 华南农业大学, 2004～

双月刊　　　　　　CLC: S

ISSN 1001-411X　　CN 44-1110/S

广东省广州市天河区五山路 483 号(510642)

编辑部电话: 020-85280069,38746672

http://xuebao.scau.edu.cn/zr/hnny_zr/home

journal@scau.edu.cn

主要刊登动植物遗传育种、作物栽培、植物保护、动物科学与动物医学、水产科学生物学、土壤科学、农业生态与环境科学、园艺学、食品科学、农业机械工程、农业应用化学、农业信息和电气工程等学科的学术论文、文献综述以及科技快报。读者对象为农业科技工作者、农业院校师生等。2004 年继承:《华南农业大学学报. 自然科学版》(2002～2004)。

华南农业大学学报. 社会科学版 = Journal of South China Agricultural University. Social science edition / 华南农业大学, 2002～

双月刊　　　　　CLC:F3,C55
ISSN 1672-0202　　CN 44-1559/C
广东省广州市五山路 483 号(510642)
编辑部电话:020-85281673,38632429
http://xuebao. scau. edu. cn/sk
skxkb@scau. edu. cn

以发表农业经济和经济管理方面的研究成果为主,兼发文史哲等人文社会科学领域的研究论文。主要栏目:经济与管理、农业可持续发展、农民问题、城乡社会、文史研究等。读者对象为相关专业和领域的研究人员及专业院校师生。

华南师范大学学报. 社会科学版 = Journal of South China Normal University. Social science edition / 华南师范大学, 1983～

双月刊　　　　　CLC:C55
ISSN 1000-5455　　CN 44-1139/C　46-72　BM5779
广东省广州市石牌(510631)
编辑部电话:020-85217649
http://journal. scnu. edu. cn

反映该校文科各系、所的教学和科研成果,也刊登校外研究人员的学术论文。设有学术观察、教育学/心理学论坛、经济学/管理学前沿、政法论丛、人文视界等栏目。读者对象为高等院校文科师生及社会科学研究人员。1983 年继承:《华南师院学报. 社会科学版》(1981～1982)。

华南师范大学学报. 自然科学版 = Journal of South China Normal University. Natural science edition / 华南师范大学, 1983～

双月刊　　　　　CLC:N55
ISSN 1000-5463　　CN 44-1138/N　DK44013
广东省广州市石牌(510631)
编辑部电话:020-85217664
http://journal. scnu. edu. cn

主要刊载数学、物理学、计算机科学与技术、化学、生命科学与技术、地理学、电子与信息科学、化学工程、材料科学、食品科学、环境科学与工程、光学工程、信息与通信工程、基础心理、教育测量等方面的研究成果。读者对象为科研工作者及高等院校相关专业师生。1983 年继承:《华南师院学报. 自然科学版》(1978～1982)。

华西口腔医学杂志 = West China journal of stomatology / 四川大学, 1983～

双月刊　　　　　CLC:R78
ISSN 1000-1182　　CN 51-1169/R　62-162　3281(BM)
四川省成都市人民南路三段 14 号华西口腔医学院教学楼 8 层(610041)
编辑部电话:028-85503479
http://www. hxkqyxzz. net
hxkqyxzz@vip. 163. com

报道我国口腔医学工作者在防病治病、科学研究及教学等工作中取得的成果、经验及动态等。辟有专家论坛、基础研究、临床研究、专栏论著等栏目。以广大口腔医师为主要读者对象。

华西药学杂志 = West China journal of pharmaceutical sciences / 四川大学,四川省药学会, 1986～

双月刊　　　　　CLC:R9
ISSN 1006-0103　　CN 51-1218/R　62-79　6348Q
四川省成都市武侯区人民南路 3 段 17 号(610041)
编辑部电话:028-85501400
http://hxyo. cbpt. cnki. net
hxyxzz@scu. edu. cn

主要报道药物化学、天然药物化学、中药学、药剂学与生物药剂学、临床药学、药理与毒理、药物分析、生化药物、药事管理等内容。主要栏目有研究论文、综述、经验交流、研究简报、综述等。读者对象为从事药物研究的科技工作者、医药院校师生、工程技术人员、医师、药师和药事管理干部及其他药学工作者。

华夏考古 = Huaxia archaeology / 河南省文物考古研究院,河南省文物考古学会, 1987～

双月刊　　　　　CLC:K872
ISSN 1001-9928　　CN 41-1014/K　36-141　Q249
河南省郑州市陇海北三街 9 号(450099)
编辑部电话:0371-66319695
hxkg@chinajournal. net. cn

内容侧重考古发现和文物研究。发表全国各地田野考古发掘报告和简报,根据文物、考古发掘资料撰写的学术论文、译文和探讨考古理论与方法的文章,以及有关文物保护科学技术方面的论文和资料。辟有田野考古报告、考古文物研究、古文字研究、考古技术与文物保护、学术动态、科技考研、书评等栏目。读者对象为文物、考古、史学工作者和高等院校相关专业师生。

华中科技大学学报. 社会科学版 = Journal of Huazhong University of Science and Technology. Social science edition / 华中科技大学, 2003～

双月刊   CLC：C55
ISSN 1671-7023   CN 42-1673/C   38-322   QR6987
湖北省武汉市珞喻路 1037 号(430074)
编辑部电话：027-87543816
http://hzls. cbpt. cnki. net
jsshust@mail. hust. edu. cn

辟有社会发展与转型透视、民族精神与文化空间、法学经纬与政治纵横、哲学之维与思辨之道、经济理论与管理研讨、国家治理与制度创新等栏目。读者对象为社会科学工作者和大专院校文科专业师生。2003 年继承：《华中科技大学学报. 人文社会科学版》(2002)。

华中科技大学学报. 医学版 = Acta medicinae Universitatis Scientiae et Technologiae Huazhong / 华中科技大学, 2002～

双月刊   CLC：R
ISSN 1672-0741   CN 42-1678/R   38-37   BM198
湖北省武汉市汉江区航空路 13 号(430030)
编辑部电话：027-83692530
http://tjqk. hust. edu. cn/amusth
tjxb@hust. edu. cn

主要刊登基础医学、临床医学、预防医学、法医学、药学和中医中药学等方面的论文。设有论著、实验研究、临床研究、调查研究、综述等栏目。读者对象为国内外高级医药、卫生、科技人员。2002 年继承：《同济医科大学学报》(1985～2001)。

华中科技大学学报. 自然科学版 = Journal of Huazhong University of Science and Technology. Natural science edition / 华中科技大学, 2002～

月刊   CLC：N55
ISSN 1671-4512   CN 42-1658/N   38-9   M487
湖北省武汉市洪山区珞喻路 1037 号(430074)
编辑部电话：027-87543916,4294
http://xb. hust. edu. cn
hgxbs@mail. hust. edu. cn

反映工程技术领域的最新科技成果,包括机械与材料工程、船舶与海洋工程、人工智能与自动化、电子与信息工程、土木工程等方面。读者对象为理工科高校师生,科研院所、大中型厂矿企业的科研人员与工程技术人员。2002 年继承：《华中科技大学学报》(2001)。

华中农业大学学报 = Journal of Huazhong Agricultural University / 华中农业大学, 1986～

双月刊   CLC：S
ISSN 1000-2421   CN 42-1181/S   38-120   BM3816
湖北省武汉市洪山区狮子山街 1 号(430070)
编辑部电话：027-87287364
http://hnxbl. cnjournals. net
hnlkxb@mail. hzau. edu. cn

报道各项重大教学科研成果,主要刊登作物遗传改良、农业科学、植物保护、园艺林学、动物科学、动物医学、生物技术与工程、资源与环境科学、食品科学、农业工程等学科的研究论文、文献综述。读者对象为农业科技工作者、农业院校师生等。1986 年继承：《华中农学院学报》(1981～1985)。

华中农业大学学报. 社会科学版 = Journal of Huazhong Agricultural University. Social science edition / 华中农业大学, 1981～

双月刊   CLC：F3,C55
ISSN 1008-3456   CN 42-1558/C   38-341   Q2028
湖北省武汉市洪山区狮子山街 1 号(430070)
编辑部电话：027-87287002,7046
http://hnxbw. cnjournals. net
hnwkxb@mail. hzau. edu. cn

主要围绕农村经济建设和改革发展中的实际问题和理论问题,进行研究和探讨,从不同角度反映中国农村的现状,反映该领域研究的前沿课题成果。内容包括：经济、社会、法学、管理等学科。辟有农业经济、农村社会、土地问题、经济与管理、农史研究等栏目,还不定期设有专题研究。读者对象为社会科学特别是农业经济领域的理论工作者、实际工作者和专业院校师生。

华中师范大学学报. 人文社会科学版 = Journal of Central China Normal University. Humanities and social sciences / 华中师范大学, 1998～

双月刊   CLC：C55
ISSN 1000-2456   CN 42-1040/C   38-38   BM144
湖北省武汉市洪山区珞喻路 152 号(430079)

主要刊登哲学、政治、法学、经济、社会学、文学、教育、心理、史学、文化等方面的学术论文。设有中国农村研究、经济学研究、历史学研究、哲学研究、文学研究、教育学心理学研究等栏目。读者对象为社会科学工作者和文科大专院校师生。1998 年继承：《华中师范大学学报. 哲学社会科学版》(1985～1997)。

华中师范大学学报. 自然科学版 = Journal of Central China Normal University. Natural sciences / 华中师范大学, 1985～

双月刊   CLC：N55
ISSN 1000-1190   CN 42-1178/N   38-39   Q637
湖北省武汉市洪山区珞喻路 152 号(430079)

编辑部电话：027-67868127

http://journal.ccnu.edu.cn/zk

inbox@mail.ccnu.edu.cn

主要刊登数学、信息科学、物理学、化学及材料科学、生命科学、地理学、环境科学、管理学及新兴交叉学科领域基础和应用性研究的中英文学术论文。读者对象为科技工作者及理工科高等院校师生。1985年继承：《华中师院学报.自然科学版》(1975～1985)。

化工环保 = Environmental protection of chemical industry / 中国石化集团资产经营管理有限公司北京化工研究院,中国化工环保协会,1980～

双月刊　　　　　　CLC：X78

ISSN 1006-1878　　CN 11-2215/X　2-388　4521BM

北京市朝阳区北三环东路14号(100013)

编辑部电话：010-59202239,64201560

https://www.hghb.com.cn

hghb.bjhy@sinopec.com

2023年6月由中石化(北京)化工研究院有限公司和中国化工环保协会主办。主要报道化工、石油化工、轻工、纺织、煤炭、冶金、制药等行业的三废处理及综合利用新技术、环保科研新成果、环保管理经验、清洁生产技术、环境影响评价、中国国内外环保科技新动态等。主要栏目包括研究报告、专论与综述、治理技术、综合利用、分析与检测、清洁生产、药剂与材料、环保设备、信息与动态、专利文摘等。读者对象为环保科技工作者、化工科技工作者及相关专业大专院校师生。

化工进展 = Chemical industry and engineering progress / 中国化工学会,化学工业出版社有限公司,1982～

月刊　　　　　　　CLC：TQ

ISSN 1000-6613　　CN 11-1954/TQ　82-311　M3231

北京市东城区青年湖南街13号(100011)

编辑部电话：010-64519466,9499,9500,9501,9502

http://www.hgjz.com.cn

hgjz@263.net

中国化工学会会刊。报道国内外化工领域的研究现状及发展动态,内容涵盖化学工程、石油化工、精细化工、无机化工、生物化工、化工环保等学科和行业。设有特约评述、化工过程与装备、能源加工与技术、工业催化、材料科学与技术、生物与医药化工、精细化工、资源与环境化工、化工园区等栏目。面向化工、石油化工企业和科研院所的研发、管理人员及相关专业高等院校师生。

化工设备与管道 = Process equipment & piping / 中石化上海工程有限公司,2000～

双月刊　　　　　　CLC：TQ05,TH6

ISSN 1009-3281　　CN 31-1833/TQ　4-669　BM3529

上海市张杨路769号(200120)

编辑部电话：021-32140428,52136992,62488580

pep@tced.com

报道化工设备与管道方面的科技成果。设有压力容器、单元设备、机械与密封、管道与管件等栏目。读者对象为石油化工、化工及相关行业从事设备与管道工程设计、建设、制造、采购、检测、维修的广大科研、技术与生产人员。2000年继承：《化工设备设计》(1979～1999)。

化工新型材料 = New chemical materials / 中国化工信息中心,1981～

月刊　　　　　　　CLC：TQ04

ISSN 1006-3536　　CN 11-2357/TQ　82-816

北京市安定门外小关街53号(100029)

编辑部电话：010-64437113

http://www.hgxx.org

hgxx@cncic.cn

报道国内外化工新材料的发展现状、动态和趋势,重点介绍硅氟有机材料、工程塑料及合金、特种纤维及复合材料、特种橡胶及制品、特殊涂料和黏合剂、各种功能性高分子材料和无机化工新材料、汽车和电子用化工材料以及光、磁信息记录材料等各种新材料的研究开发、生产制造、加工应用和市场动向。设有综述与专论、新材料与新技术、科学研究、开发与应用、消息报道等栏目。读者对象为化工科研人员,生产加工企业的技术、管理和营销人员,相关专业院校师生。1981年继承：《化工新型材料科技资料》(1977～1980)。

化工学报 = CIESC journal / 中国化工学会,化学工业出版社有限公司,1952～

月刊　　　　　　　CLC：TQ

ISSN 0438-1157　　CN 11-1946/TQ　2-370　M6081

北京市东城区青年湖南街13号(100011)

编辑部电话：010-64519485,9451,9489,9490,9362

http://www.hgxb.com.cn,http://hgxb.periodicals.net.cn,http://hgsz.chinajournal.net.cn

hgxb@cip.com.cn

主要刊载过程科学(化学工程学)与过程技术(化学加工技术)领域的学术论文、基础数据、阶段性研究成果、综述与专论,报道研究工作最新进展,开展学术讨论。设有综述与专论、热力学、流体力学与传递现象、催化、动力学与反应器、分离工程、过程系统工程、生物化学工程与技术、能源和环境工程、材料化学工程与纳米技术等栏目。读者对象为化学工程与化学加工技术领域的科研人员、工程技术人员及大专院校师生。1952年继承：《化学工业与工程》(1950～1951)。

化学工程 = Chemical engineering (China) / 华陆工程科技有限责任公司, 1972～

月刊   CLC：TQ02

ISSN 1005-9954   CN 61-1136/TQ   52-52   M4814

陕西省西安市高新区唐延南路 7 号华陆大厦(710065)

编辑部电话：029-87987996,9201,8111,8823,8824,8826,9702

http://www.chinahalueng.com, http://imiy.cbpt.cnki.net

chem_eng@chinahalueng.com

旨在推广化学工程技术在化工、石油、冶金、轻工等领域的应用,交流化学工程技术成果及应用经验,介绍和推广新产品、新技术,促进科技成果的转化。设有生物化工、综合信息、能源化工、材料科学、传质过程及设备、传热过程及设备、化工热力学、化工流体力学、反应工程、煤化工、过程模拟、化工工艺等栏目。读者对象为化工、石油、医药、轻工、环境、能源、冶金等部门的科研、设计、生产技术人员,以及相关专业院校师生。

化学工业与工程 = Chemical industry and engineering / 天津市化工学会,天津大学, 1984～

双月刊   CLC：TQ

ISSN 1004-9533   CN 12-1102/TQ   18-156   BM3064

天津海河教育园雅观路 135 号天津大学 50A305 (300350)

编辑部电话：022-27406054

http://jchemindustry.tju.edu.cn

hgbjb@tju.edu.cn

主要反映当前化学、化工领域的科学研究的最新成果,介绍国内外化工技术的新进展,新动向,促进科学向生产力转化。设有特邀评述、化工过程与设备、能源与环境化工、化学反应与工艺、能源与环境化工、化工模拟与计算等栏目。读者对象为从事化工、生化、环保及医药等领域科研、生产及设计的工程技术人员及大专院校化学、化工专业师生。

化学教学 = Education in chemistry / 华东师范大学, 1979～

月刊   CLC：G633.8

ISSN 1005-6629   CN 31-1006/G4   4-324

上海市中山北路 3663 号(200062)

编辑部电话：021-62232484

http://chemedu.ecnu.edu.cn

ecnuhxjx@163.com

介绍化学教学实践经验,探讨中学化学教学改革,交流教学心得体会。设有专论、课改前沿、聚焦课堂、实验研究、测量评价、教学参考等栏目。读者对象为中学化学教师。

化学教育(中英文) = Chinese journal of chemical education / 中国化学会,北京师范大学, 2017～

半月刊   CLC：G633.8,G64,O6

ISSN 1003-3807   CN 10-1515/O6   2-106   M3070

北京市北京师范大学化学楼 217 室(100875)

编辑部电话：010-58807875

http://www.hxjy.chemsoc.org.cn

hxjy-jce@263.net

报道中学化学教育改革动态与研究成果,介绍中学化学教育经验。主要栏目:化学·生活·社会、课程·教材·评价、理论教学、实验教学、职业教育、信息技术与化学、问题讨论与思考、国内外动态等。读者对象为高等师范院校及中学化学教师、师范院校研究生和大学生等。2017 年继承:《化学教育》(1980～2017)。

化学进展 = Progress in chemistry / 中国科学院基础科学局,中国科学院化学部,中国科学院文献情报中心,国家自然科学基金委员会化学科学部, 1989～

月刊   CLC：O6

ISSN 1005-281X   CN 11-3383/O6   82-645   4787M

北京市中关村北四环西路 33 号(100190)

编辑部电话：010-82627757

http://www.progchem.ac.cn

progchem@mail.las.ac.cn

刊登化学及其交叉学科领域国内外研究动向、最新研究成果及发展趋势、综述和评论性文章。读者对象为化学及相关学科研究人员、技术人员、高等院校师生。

化学通报 = Chemistry / 中国科学院化学研究所,中国化学会, 1952～

月刊   CLC：O6

ISSN 0441-3776   CN 11-1804/O6   2-28   M55

北京市海淀区中关村北一街 2 号(100190)

编辑部电话：010-62554183

http://www.hxtb.org

hxtb@iccas.ac.cn

反映国内外化学及交叉学科研究进展,介绍新知识和技术。重点介绍化学学科领域新知识和新技术,报道最新科技成果,兼顾基础理论知识与实验方法普及与交流。设有进展评述、研究论文、研究简报等栏目。读者对象为相关专业的研究人员、科技工作者和高等院校师生。1952 年继承:《化学》(1934～1952)。

化学学报 = Acta chimica Sinica / 中国科学院上海有机化学研究所,中国化学会, 1952～

月刊   CLC：O6

ISSN 0567-7351   CN 31-1320/O6   4-209   M56

上海市零陵路 345 号(200032)

http://sioc-journal.cn
hxxb@sioc.ac.cn
刊登化学学科领域基础理论和应用方面研究成果,综述化学学科领域研究热点和前沿课题,报道各分支学科发展动态。发表物理化学、无机化学、有机化学、分析化学和高分子化学等方面研究论文、研究简报。读者对象为相关专业的研究人员及高等院校师生。1952年继承:《中国化学会会志》(1933～1952)。

化学研究与应用 = Chemical research and application / 四川省化学化工学会,四川大学,1989～
月刊　　　　　CLC:O6
ISSN 1004-1656　CN 51-1378/O6　62-180　BM4320
四川省成都市四川大学化学学院内(610064)
编辑部电话:028-85418495
http://www.chemistryra.com
chemra@scu.edu.cn
反映化学学科领域科研成就与研究进展,报道化学学科基础理论与应用研究成果,介绍国内外新技术、新产品开发与应用。辟有评论与综述、研究论文、研究简报、新技术与应用等栏目。读者对象为从事化学学科基础研究与应用开发科研人员、企业技术人员及相关专业高等院校师生。

化学与生物工程 = Chemistry & bioengineering / 武汉工程大学,湖北省化学化工学会,湖北省化学研究院,湖北省化学工业研究设计院,2003～
月刊　　　　　CLC:O6,Q,TQ
ISSN 1672-5425 CN 42-1710/TQ　38-356　BM1811
湖北省武汉市关山大道330号湖北省化学工业研究设计院(430073)
编辑部电话:027-87439567
http://www.hxyswgc.com,http://www.hbsyhg.com
hbhgtg@vip.163.com,hxyswgc@vip.163.com
刊登化学化工、生物化工、生物工程、医药化工、生态化工、化工环保等领域的最新科技成果与技术进展。对化学合成新工艺、新技术的开发,生物化工合成(发酵工程、酶工程),生物催化剂,清洁化工生产技术等方面的论文优先予以发表。读者对象为相关领域的科研人员、工作人员、院校师生。2003年继承:《湖北化工》(1984～2003)。

环境工程技术学报 = Journal of environmental engineering technology / 中国环境科学研究院,2011～
双月刊　　　　CLC:X5
ISSN 1674-991X　CN 11-5972/X　2-620　6338BM
北京市朝阳区安外大羊坊8号中国环境科学研究院(100012)

编辑部电话:010-84915126
http://www.hjgcjsxb.org.cn
hjgcjsxb@vip.163.com
追踪国内外环境工程技术的创新性研究成果,报道环境工程及实用技术应用的先进典型案例,关注环保产业最新政策和行业热点问题,推动环境工程新技术、新成果的转化应用,促进我国环境工程技术水平提升。设有环境风险评估与管理、流域污染治理技术、土壤与固体废物治理技术、水污染治理、大气污染治理、生态修复技术及环境风险评估等栏目。读者对象为环境、生态、管理工程技术学领域的科研人员、技术研发人员、各级环保管理人员、环保企业经营者与生产者以及相关专业大专院校师生。2011年继承:《环境科学文摘》(1984～2010)。

环境工程学报 = Chinese journal of environmental engineering / 中国科学院生态环境研究中心,2007～
月刊　　　　　CLC:X5
ISSN 1673-9108　CN 11-5591/X　82-448
北京市海淀区双清路18号(100085)
编辑部电话:010-62941074
http://www.cjee.ac.cn
cjee@rcees.ac.cn
报道领域为环境污染防治技术(材料、设备、工艺、技术集成)及工程应用。主要栏目有学术短评、专论、综述、水污染防治、大气污染防治、土壤污染防治、固体废物处理与资源化、流域水环境整治与修复、环境生物技术、环境监测技术和工程创新与行业动态等。读者对象为环境科学与工程领域的科研人员、技术研发人员、各级环保机构的管理人员以及大专院校相关专业师生。2007年继承:《环境污染治理技术与设备》(2000～2006)。

环境化学 = Environmental chemistry / 中国科学院生态环境研究中心,1982～
月刊　　　　　CLC:X13
ISSN 0254-6108　CN 11-1844/X　82-394　BM601
北京市2871信箱(北京市海淀区双清路18号中国科学院生态环境研究中心)(100085)
编辑部电话:010-62923569
http://hjhx.rcees.ac.cn
hjhx@rcees.ac.cn
刊登我国环境化学领域的研究与技术成果,报道国外环境化学研究趋势,介绍国外环境化学科技发展的新技术、新成果。内容涉及大气环境化学、环境水化学、土壤环境化学、污染生态化学、环境分析化学、环境与健康、污染控制和绿色化学等方面。读者对象为环境科学工作者及大专院校师生。

环境监测管理与技术 = The administration and technique of environmental monitoring / 江苏省环境监测中心，江苏省南京环境监测中心，1989～

双月刊　　　　　CLC：X8
ISSN 1006-2009　　CN 32-1418/X　28-341
江苏省南京市中和路 98 号（210019）
编辑部电话：025-83701931
http://hjjcgl.cnjournals.net
HJJS@chinajournal.net.cn

刊登国内外环境保护的新成果、新技术、新动态和新经验。常设栏目有管理与改革、专论与综述、研究报告、调查与评价、监测技术、创新与探索等。读者对象为从事环境管理、环境监测、环境监察和环境教学的专业技术人员、管理干部、教师及其他环境科技工作者。

环境科学 = Environmental science / 中国科学院生态环境研究中心，1976～

月刊　　　　　　CLC：X
ISSN 0250-3301　　CN 11-1895/X　2-821　M205
北京市 2871 信箱（北京市海淀区双清路 18 号）（100085）
编辑部电话：010-62941102
http://www.hjkx.ac.cn
hjkx@rcees.ac.cn

报道我国环境科学领域内具有创新性、高水平的基础研究和应用研究成果，以及反映控制污染、清洁生产和生态环境建设等可持续发展的战略思想、理论和实用技术等。读者对象为环境科学工作者及大专院校师生等。

环境科学学报 = Acta scientiae circumstantiae / 中国科学院生态环境研究中心，1981～

月刊　　　　　　CLC：X
ISSN 0253-2468　　CN 11-1843/X　82-625　M410
北京市 2871 信箱（北京市海淀区双清路 18 号中国科学院生态环境研究中心）（100085）
编辑部电话：010-62941073
http://www.actasc.cn
hjkxxb@rcees.ac.cn

报道我国环境科学与工程领域最新研究成果，刊登学术论文和研究简报。内容涉及环境化学、环境地学、环境毒理与风险评价、环境修复技术与原理、环境污染治理技术原理与工艺、环境经济与环境管理等。读者对象为环境科学工作者和大专院校师生。

环境科学研究 = Research of environmental sciences / 中国环境科学研究院，1988～

月刊　　　　　　CLC：X
ISSN 1001-6929　　CN 11-1827/X　82-384　DK11025
北京市朝阳区安定门外北苑大羊坊 8 号院（100012）

编辑部电话：010-84915128,4869
http://www.hjkxyj.org.cn
hjkxyj@vip.163.com

报道有关国家环境保护宏观决策、大气环境、水环境、区域生态、土壤环境、生态毒理、环境治理工程技术、清洁生产技术和工艺、固体废物、环境监测与分析技术、环境经济、环境影响评价、环境管理等的最新研究成果。读者对象为环保科技工作者、管理干部、企业人员及大专院校师生。1988 年继承：《环境科学情报》（1982～1987）。

环境科学与技术 = Environmental science and technology / 湖北省环境科学研究院，1983～

月刊　　　　　　CLC：X
ISSN 1003-6504　　CN 42-1245/X　38-86　M03164
湖北省武汉市武昌八一路 338 号（430072）
编辑部电话：027-87643502
http://fjks.chinajournal.net.cn
hjkxyjs@vip.126.com,bib@hbepb.gov.cn

2022 年 3 月起主办单位名为湖北省生态环境科学研究院（省生态环境工程评估中心）。报道国内环境科学与技术领域新近取得的创新性研究成果，跟踪最新学术进展，推动我国环境保护事业的蓬勃发展。读者对象为环保专业管理人员、监测人员、科研人员、工程技术人员、大专院校师生，以及关心环保事业的人士。1983 年继承：《湖北环境保护》（1980～1982）。

环境昆虫学报 = Journal of environmental entomology / 广东省昆虫学会，中国昆虫学会，2008～

双月刊　　　　　CLC：Q96,S4
ISSN 1674-0858　　CN 44-1640/Q　46-18　Q5344
广东省广州市新港西路 105 号（510260）
编辑部电话：020-84456131
http://hjkcxb.alljournals.net
insect1979@163.com

主要刊载昆虫学及各分支学科的重要基础理论和应用研究成果的学术论文，反映现代昆虫学发展方向的综述性文章。优先刊发天敌、资源、药用、环境指示昆虫等益虫的开发利用研究成果。设有医学昆虫研究与利用、环境与昆虫、生理与生化、天敌与资源昆虫、害虫治理、专论与综述、研究简报等栏目。读者对象为昆虫学工作者、生物防治科研技术人员、高等院校相关专业师生等。2008 年继承：《昆虫天敌》（1979～2007）。

环境污染与防治 = Environmental pollution & control / 浙江省生态环境科学设计研究院，1979～

月刊　　　　　　CLC：X5
ISSN 1001-3865　　CN 33-1084/X　32-15　M1652

浙江省杭州市天目山路 109 号（310007）

编辑部电话：0571-87986875，87998967，87987929，
87996760，87996729

http：//www. zjepc. com

hjwrfz@vip. 163. com

主要报道我国生态环境领域的创新性、高水平基础研究和应用研究成果，具体包括环境物理、环境化学、环境生态、环境地学、环境医学、环境工程、环境法、环境经济、环境管理、环境规划、清洁生产、环境评价、监测与分析等。兼顾基础理论研究与实用性成果，特别侧重报道国家自然科学基金资助项目、国家重大科技攻关项目以及各省部委的重点项目的新成果。主要栏目包括研究报告、环境管理、综述以及重点领域的污染防治专栏等。读者对象为环保科技工作者及相关专业院校师生。

环境与职业医学 = Journal of environmental & occupational medicine / 上海市疾病预防控制中心，2002～

月刊   CLC：R13

ISSN 2095-9982   CN 31-1879/R   4-568   BM3814

上海市延安西路 1326 号（200052）

编辑部电话：021-62084529

http：//www. jeom. org

zazhi2@scdc. sh. cn

主要刊登环境因素（自然、社会）、职业因素与人群健康的流行病学、毒理学内容的重要研究论文。设有述评、原创精选、调查研究、实验研究、综述、实验技术、管理与监督、信息交流等栏目。读者对象为厂矿职业病防治、劳动安全、劳动卫生与环境保护、卫生监督、卫生防疫部门人员，医学院校教学、科研人员。2002 年继承：《劳动医学》（1984～2001）。

环球法律评论 = Global law review / 中国社会科学院法学研究所，2001～

双月刊   CLC：D9

ISSN 1009-6728   CN 11-4560/D   2-529

北京市东城区沙滩北街 15 号（100720）

编辑部电话：010-64022194

http：//www. globallawreview. org

glawreview@cass. org. cn

重点研究外国法、比较法、国际法基础理论，比较研究中国法与外国法以及各国法之间的利弊得失，关注中国法学和法律的重点和特色问题。设有理论前沿、环球评论、国际法研究、马克思主义法学专栏、民法典编纂与商事立法、学术综述等栏目。主要读者对象为法学研究人员、司法工作者以及政法院校师生。2001 年继承：《外国法译评》（1993～2000）。

黄金科学技术 = Gold science and technology / 中国科

学院资源环境科学信息中心，1993～

双月刊   CLC：P618，TD

ISSN 1005-2518   CN 62-1112/TF   54-123

甘肃省兰州市天水中路 8 号（730000）

编辑部电话：0931-8277791

http：//www. goldsci. ac. cn

hjkx@lzb. ac. cn

重点报道国内外战略性关键金属矿产（黄金、稀贵金属）领域的创新成果和关键技术，包括关键金属矿产地质勘查、采矿、选冶、市场等全流程的新理论、新技术和新成果，致力于为广大科研机构、地勘单位、矿山企业等科技工作者提供信息交流的平台，促进创新成果的快速传播和转移转化。设有矿产勘查与资源评价、采选技术与矿山管理、冶炼技术与装备研发、信息导航等固定栏目。读者对象为各科研单位、高等院校、矿山技术部门及生产管理者。1993 年继承：《黄金科技动态》（1988～1993）。

黄钟：武汉音乐学院学报 = Huangzhong：Journal of Wuhan Conservatory of Music / 武汉音乐学院，1987～

季刊   CLC：J6

ISSN 1003-7721   CN 42-1062/J   38-409

湖北省武汉市武昌解放路 255 号（430060）

编辑部电话：027-88068303

wyhz@whcm. edu. cn

发表音乐理论方面的研究成果。既注重中国传统音乐的深入研究，也关注现代音乐的发展，以及音乐与社会科学的相互渗透。辟有专栏作曲技术理论、中国音乐史、民族音乐理论、音乐教育、音乐家研究、音乐教育与音乐表演、作曲技术理论与作品研究、音乐美学与音乐表演等栏目。读者对象为专业音乐工作者、高等音乐院校师生及音乐爱好者。

回族研究 / 宁夏社会科学院，1991～2021

季刊   CLC：K281.3，C95，B9

ISSN 1002-0586   CN 64-1016/C   74-20   Q692

宁夏银川市西夏区新风巷 8 号宁夏社会科学院（《民族学论丛》编辑部）（750021）

编辑部电话：0951-2074543，2088081

https：//www. nxass. com/xwzx/tzgg/202201/t20220117_3286022. html

ycmzxlc@163. com

刊载有关回族历史与文化研究、西夏历史和语言文字研究、区域经济研究的学术成果。主要栏目有铸牢中华民族共同体意识、民族理论与政策、民族历史文化、民族地区经济社会发展问题研究、人类学、田野调查与研究等。读者对象为民族工作者、社科院所民族研究工作人员、社科院校相关专业师生以及关心回族问题的人士。

2022 年改名为《民族学论丛》(2022～)。

混凝土 = Concrete / 中国建筑业协会混凝土分会,中国建筑东北设计研究院有限公司,1990～
月刊　　　　　　　CLC：TU528
ISSN 1002-3550　CN 21-1259/TU　8-110　M5584
辽宁省沈阳市和平区南堤西路 905 号中海国际中心 B 座 0310 室(110000)
编辑部电话：024-81978465,62123865
http://www.hntxh.org
hntbjb@vip.163.com
报道国内外混凝土行业政策信息、市场动态、发展现状及前景预测,新材料、新技术、新设备、新工艺、生产管理、工程实践、检验标准及性能测试、专利技术等。设有理论研究、原材料及辅助物料、预拌混凝土等栏目。读者对象为混凝土行业内生产、施工、科研、设计单位的科技人员、管理人员,混凝土设备、原材料生产企业产品研发及营销人员,大专院校相关专业师生。1990 年继承:《混凝土及加筋混凝土》(1982～1989)。

火工品 = Initiators & pyrotechnics / 中国兵器工业第 213 研究所,应用物理化学国家级重点实验室,1979～
双月刊　　　　　　CLC：TJ45
ISSN 1003-1480　CN 61-1179/TJ
陕西省西安市 99 号信箱(710061)
编辑部电话：029-85333475
http://hgp.cnjournals.net/hgp/home
huogongpin@sina.com,huogongpin@163.com
火工烟火行业专业技术刊物,主要刊载国内外军民用火工烟火技术领域的新材料、新工艺、新技术、新产品及新应用,促进学术交流,推动火工烟火行业的科技发展与进步。读者对象为相关专业科研、生产、管理人员及大专院校师生。

火箭推进 = Journal of rocket propulsion / 航天推进技术研究院,1975～
双月刊　　　　　　CLC：V475.1
ISSN 1672-9374　CN 61-1436/V
陕西省西安市 15 号信箱 11 分箱(710100)
编辑部电话：029-85208348
http://hjtjnew.paperopen.com
hjtj@casc11.com
刊登火箭发动机、吸气式发动机、组合动力、核推进、电推进、新概念发动机等领域及相关材料,制造、测量、控制、仿真、人工智能等学科的学术或技术论文,交流和推广液体动力领域新成果、新技术。读者对象为全国高等学校、科研及推广院所站、各级党政机关、企事业单位的广大专家学者、工程技术人员、硕士博士研究生、管理人员等。

火力与指挥控制 = Fire control & command control / 北方自动控制技术研究所,1987～
月刊　　　　　　　CLC：TJ3
ISSN 1002-0640　CN 14-1138/TJ　22-134　BM5482
山西省太原市 193 号信箱(030006)
编辑部电话：0351-8725026,8725316
http://hlyz.cbpt.cnki.net
HLYZ@chinajournal.net.cn,hlyz207@126.com
报道陆海空三军火力控制、指挥控制、通信网络、伺服控制、计算机软/硬件、信息处理、仿真、雷达和图像感知、定位定向、模拟训练等技术。主要栏目包括综述、专家论坛、理论研究、工程实践、试验技术、研究简报等。读者对象为从事上述相关领域产品研究、生产、测试、使用、维修、管理的科技人员和高等院校师生,以及武器装备技术爱好者。1987 年继承:《火控技术》(1976～1986)。

火炮发射与控制学报 = Journal of gun launch & control / 中国兵工学会,1994～
季刊　　　　　　　CLC：TJ3
ISSN 1673-6524　CN 61-1280/TJ
陕西省咸阳市 1 号信箱(712099)
编辑部电话：029-33787828
http://hpfs.cbpt.cnki.net
hpfsykzxb@126.com
报道火炮专业综合性技术及工程应用,内容涵盖常规兵器和新概念兵器的理论和工程实践。主要刊登火炮、弹道、武器自动控制及相关专业的学术论文,研究报告,新原理、新技术,新的设计计算方法,产品分析和国内外最新科技成果研究动态等,为从事常规兵器研究、教学、生产的人员和部队使用服务。主要栏目有应用研究、设计与计算、试验与测试技术、可靠性维修性与保障性、故障预测与故障诊断、综述。读者对象为从事火炮(含高炮、地炮、航炮、舰炮、坦克炮、战车炮、车载炮、火箭炮、特种炮和各种新概念火炮)武器系统、弹道及武器自动控制工作的各研究所、部队和国防系统高等院校、部队、工厂和领导机关的领导及技术人员、科研管理人员。2022 年起改为双月刊。1994 年继承:《兵工学报.武器分册》(1986～1993)。

火灾科学 = Fire safety science / 中国科学技术大学,1992～
季刊　　　　　　　CLC：X9
ISSN 1004-5309　CN 34-1115/X　26-90
安徽省合肥市金寨路 96 号中科大西区火灾实验室(230026)

编辑部电话：0551-63606477
http://hzkx. ustc. edu. cn
hzkx@ustc. edu. cn
研究火灾发生、发展的机理与防治技术。内容涉及火灾的物理和化学过程，火灾的探测技术和防治技术，火灾统计、火险评估和系统分析，计算机在火灾科学中的应用，人和火灾的相互关系，火灾科学的实验、理论和数值计算等基础研究，以及火灾科学理论与技术在建筑防火、公安消防、林业、石油化工、交通运输、煤炭等领域火灾防治中的应用等。读者对象为从事火灾科学研究和各类火灾防治的科技人员、管理人员和教育工作者。

火炸药学报 = Chinese journal of explosives & propellants / 中国兵工学会，中国兵器工业第 204 研究所，1997～
双月刊　　　　　CLC：TJ
ISSN 1007-7812　　CN 61-1310/TJ
陕西省西安市 18 号信箱(710065)
编辑部电话：029-88291297
http://www. hzyxb. cn
hzyxb@204s. com
为火炸药及其相关领域的科研、生产和教学服务，开展学术交流，推动我国火炸药领域的技术进步。主要刊载火箭推进剂、枪炮发射药、炸药、传爆药等含能材料的合成技术、装药技术、加工工艺、理化性能分析与测试、爆炸技术、安全技术等方面的学术论文。主要读者对象为从事火炸药及相关领域科研、生产、管理的科技人员以及相关专业院校师生。2023 年起改为月刊。1997 年继承：《兵工学报. 火化工分册》(1990～1997)；1998 年吸收：《火炸药》(1978～1997)。

机床与液压 = Machine tool & hydraulics / 中国机械工程学会，广州机械科学研究院有限公司，1972～
半月刊　　　　　CLC：TG5，TH
ISSN 1001-3881　　CN 44-1259/TH　46-40　SM550
广东省广州市黄埔区茅岗路 828 号(510700)
编辑部电话：020-32385312
http://www. jcyyy. com. cn
jcy@gmeri. com
报道制造技术与装备、液压、气动和控制技术的发展和研究成果，及其在生产制造、机电工程设计、机械设备中的应用，也包括有关机电技术的专题综述、技术讲座、国内外发展动态及最新信息，以及故障诊断等方面的内容。设有试验与研究、信息、设计与开发、建模与仿真、综述与分析、故障诊断与可靠性等栏目。读者对象为科研单位、工厂企业、大专院校的科研工作者、工程技术人员、设备管理、维修人员、经营销售人员。1972 年由《机床液压通讯》(1970～1971)和《技术情报》(1970～1972)

合并而成。

机电工程 = Journal of mechanical & electrical engineering / 浙江省机电集团有限公司，浙江大学，1984～
月刊　　　　　CLC：TH，TM3
ISSN 1001-4551　　CN 33-1088/TH　32-68　MO3135
浙江省杭州市大学路高官弄 9 号(310009)
编辑部电话：0571-87239525，87041360
http://www. meem. com. cn
meem_contribute@163. com
刊载机械工程前沿交叉领域创新性理论研究和工程技术成果。设有机械仪表技术、自动化计算机技术、机电一体化技术、电工技术、机械零件及传动装置、气体压缩与输送机械、机械学、机械制造工艺、泵、起重机械与运输机械等栏目。读者对象为机电制造行业的企业、科研、设计、制造工程等的研究、设计、技术人员及大专院校师生。1984 年继承：《浙江机械》(1973～1983)。

机器人 = Robot / 中国科学院沈阳自动化研究所，中国自动化学会，1987～
双月刊　　　　　CLC：TP24
ISSN 1002-0446　　CN 21-1137/TP　8-59　BM6720
辽宁省沈阳市创新路 135 号(110169)
编辑部电话：024-23970050
http://robot. sia. cn
jqr@sia. cn
中国自动化学会会刊。主要报道中国在机器人学及相关领域中的学术进展及研究成果，机器人在一、二、三产业中的应用实例，发表机器人控制、机构学、传感器技术、机器智能与模式识别、机器视觉等方面的论文。读者对象为该学科的科研人员、工程技术人员及大专院校师生。1987 年继承：《国外自动化》(1979～1986)。

机械传动 = Journal of mechanical transmission / 郑州机械研究所有限公司，中国机械工程学会，中国机械通用零部件工业协会齿轮分会，1992～
月刊　　　　　CLC：TH13
ISSN 1004-2539　　CN 41-1129/TH　36-36　M2663
河南省郑州市科学大道 149 号(450001)
编辑部电话：0371-67710817
http://jxcd. net. cn
jxcd1977@foxmail. com
主要报道机械传动的理论、设计、实验研究、测量、材料、热处理、制造、润滑等方面的新成果、新技术、新工艺，以及国内外发展动向等方面的著作和信息。设有理论研究、设计计算、试验分析、开发应用、综述等栏目。主要读者对象为从事机械类及机械传动行业(齿轮传动，链传动，带传动，机械无级变速传动，机构学)的教学、科研人员,相关企业经营、技术工艺人员,机械类高等院校学生等。1992 年继承:《齿轮》(1977～1991)。

机械工程材料 = Materials for mechanical engineering / 上海材料研究所,1977～
月刊   CLC:TH14,TG1
ISSN 1000-3738   CN 31-1336/TB   4-221   M5868
上海市邯郸路 99 号(200437)
编辑部电话:021-65556775-368,65541496
http://www. mat-test. com
mem@mat-test. com
中国机械工程学会材料分会会刊。2023 年起主办单位名为上海材料研究所有限公司。报道内容涵盖金属材料、无机非金属材料、有机高分子材料以及复合材料等传统及新型工程材料的最新研究及应用成果。设有综述、试验研究、材料性能及应用、物理模拟与数值模拟和失效分析等栏目。读者对象为从事与材料生产研究相关的科研人员、技术人员及相关专业院校师生。

机械工程学报 = Journal of mechanical engineering / 中国机械工程学会,1953～
半月刊   CLC:TH
ISSN 0577-6686   CN 11-2187/TH   2-362   M201
北京市百万庄大街 22 号(100037)
编辑部电话:010-88379907
http://www. cjmenet. com. cn
jme@cmes. org,jme@cjmenet. com
主要报道机械工程领域及其交叉学科具有创新性的基础理论研究、工程技术应用的优秀科研成果。设有特邀专栏、运载工程、机器人及机构学、材料科学与工程、数字化设计与制造、机械动力学、制造工艺与装备、交叉与前沿、仪器科学与技术、摩擦学、可再生能源与工程热物理等专栏。读者对象为机械工程研究、设计、制造、应用和教学人员。

机械科学与技术(西安) = Mechanical science and technology for aerospace engineering / 西北工业大学,1988～
月刊   CLC:TH12
ISSN 1003-8728   CN 61-1114/TH   52-193
陕西省西安市友谊西路 127 号(710072)
编辑部电话:029-88493054,88460226
http://jxkx. cbpt. cnki. net
mst@nwpu. edu. cn
刊登机械科学与技术的理论研究、设计计算、机构分析、实验研究,涉及机械工程的新方法、新工艺、新材料、新设备、CAD/CAM 及机电一体化、学科发展前沿的领先成果。设有机械动力学、精密制造与加工、运载工程、

材料科学、航空宇航工程、仪器仪表科学与技术等栏目。读者对象为相关高校师生和研究所人员。1988 年继承:《机械设计》(1981～1988)。

机械强度 = Journal of mechanical strength / 中国机械工程学会,郑州机械研究所有限公司,1975～
双月刊   CLC:TH114,O3
ISSN 1001-9669   CN 41-1134/TH   36-76   Q4443
河南省郑州市科学大道 149 号(450001)
编辑部电话:0371-67710821
http://jxqd. net. cn
jxqd1975@foxmail. com
主要刊载机械、强度、振动及材料强度的研究与应用领域具有创新性、经济意义和实用价值的论文、综述或阶段性研究成果简报。设有振动·噪声·监测·诊断、实验研究·测试技术、微电子机械系统、优化·可靠性·设计·计算焊接·铸造·锻压·热材料、疲劳·损伤·断裂·失效分析、研究简报等栏目。读者对象为相关专业的研究、设计、开发人员及高等院校师生。

机械设计 = Journal of machine design / 中国机械工程学会,天津市机械工程学会,天津市机电工业科技信息研究所,1984～
月刊   CLC:TH12
ISSN 1001-2354   CN 12-1120/TH   6-59   M7315
天津市和平区长春道庆泰里 3 门 412 室(300022)
编辑部电话:022-27301150;13207651382
jxsj@chinajournal. net. cn(机械设计),jxsj_id@163. com(工业设计)
刊载机械工业、工程科技领域的优秀论文,涵盖现代装备制造、工业设计、交叉学科实践应用等多个专题。设有创新设计、专题论文、现代装备设计技术与实例分析、工业设计论坛与资讯等栏目。读者对象为企业、科研、设计单位专业技术人员及相关专业院校师生。1984 年继承:《天津机械》(1972～1983)。

机械设计与研究 = Machine design and research / 上海交通大学,1984～
双月刊   CLC:TH12
ISSN 1006-2343   CN 31-1382/TH   4-577   BM3723
上海市华山路 1954 号(上海交通大学内)(200030)
编辑部电话:021-62932023
http://jsyy. sjtu. edu. cn
jofmdr@126. com,jsyy@chinajournal. net. cn
报道国内外机械设计研究成果,推动技术交流。设有综述与评论,设计理论与方法,智能化机械设计与应用,新系统、新装置、新机构,机构学与机械动力学,传动技术与装置,零部件分析与设计,液压与气动技术,控制技

术与控制系统,制造技术与制造工艺,感知系统与测试技术,实验技术与装置,工业设计与工业工程,新产品开发与设计,机械史与古机械复原研究,标准制定与宣讲等栏目。读者对象为机械设计与制造行业的科研人员、工程技术人员及大专院校师生等。

机械设计与制造 = Machinery design & manufacture / 东北大学,1986~

　　月刊　　　　　　CLC：TH12

　　ISSN 1001-3997　CN 21-1140/TH

　　辽宁省沈阳市皇姑区北陵大街 56 号(110032)

　　编辑部电话：024-86899120

　　http://www.jsyz.cbpt.cnki.net

　　jsyz1963@163.com

报道机械科学与技术的理论与应用进展。设有理论与方法研究、先进制造技术、数控与自动化、数字化设计与制造、机器人、管理与综述等栏目。读者对象为机械制造专业工程技术人员和大专院校师生。1986 年继承:《辽宁机械》(1980~1985)。

基础教育 = Journal of schooling studies / 华东师范大学,2004~

　　双月刊　　　　　　CLC：G63

　　ISSN 1005-2232　CN 31-1914/G4　4-740　BM2229

　　上海市中山北路 3663 号(200062)

　　编辑部电话：021-62864541

　　http://jss.ecnu.edu.cn

　　jss@ecnu.edu.cn

关注基础教育改革与发展中的重点、难点和热点问题,展示基础教育领域的研究成果,揭示基础教育改革与发展的理论脉络与实践走向。常设栏目有教育理论、教育政策、学校变革、课程与教学、教师发展、道德教育、国际教育等。读者对象为教育理论工作者和教育行政管理人员,初、中等学校领导与教师,以及关注基础教育问题的各界人士。2004 年继承:《中学教育》(1979~2003)。

基因组学与应用生物学 = Genomics and applied biology / 广西大学,2009~

　　月刊　　　　　　CLC：Q3,S3

　　ISSN 1674-568X　CN 45-1369/Q　48-213

　　广西南宁市大学东路 100 号广西大学西校园(530004)

　　编辑部电话：0771-3239102

　　http://gxnb.cbpt.cnki.net

　　gabgxnb@gxu.edu.cn

刊登现代生物技术前沿学科和基础学科研究成果,包括基因组学、分子细胞遗传学、生化与分子生物学、基础医学和应用生物学等。辟有动物组学与生物技术、微生物组学与发酵工程、植物组学与功能基因、分子医学与临床应用等栏目。读者对象为相关专业科研人员和大专院校师生。2009 年继承:《广西农业生物科学》(1999~2008)。

激光技术 = Laser technology / 西南技术物理研究所,1987~

　　双月刊　　　　　　CLC：TN24

　　ISSN 1001-3806　CN 51-1125/TN　62-74　BM4166

　　四川省成都市武侯区人民南路四段 7 号(610041)

　　http://www.jgjs.net.cn

　　jgjs@sina.com,jgjs@vip.163.com

报道国内外与激光有关的光学、电子学领域的科研成果,及其在相关领域的应用成果,刊登学术论文、实验报告、研究报告和综述性文章。设有光子学前沿技术、激光物理、材料与器件、光电对抗与强激光技术、光通信与光信息技术、光生物学与医学光子学、激光与光电子技术应用等栏目。读者对象为激光及相关领域的科研、生产人员,高等院校相关专业师生。1987 年继承:《兵器激光》(1978~1986)。

激光与光电子学进展 = Laser & optoelectronics progress / 中国科学院上海光学精密机械研究所,1995~

　　半月刊　　　　　　CLC：TN24

　　ISSN 1006-4125　　CN 31-1690/TN　4-179

　　上海市嘉定区清河路 390 号(201800)

　　编辑部电话：021-69918427

　　http://lop.opticsjournal.net

　　lop@siom.ac.cn

刊载激光与光电子领域的最新研究论文,以及具有一定深度和前瞻性的综述和研究论文。设有综述、激光器与激光光学、光纤光学与光通信、光学设计与制造、材料、图像处理、成像系统、光学器件、遥感与传感器、大气光学与海洋光学、衍射与光栅、原子与分子物理学、探测器、薄膜、超快光学等栏目。读者对象为相关领域的科技人员和高等院校师生。1995 年继承:《国外激光》(1970~1994);2000 年吸收:《强激光技术进展》(1991~2000)。

激光与红外 = Laser & infrared / 华北光电技术研究所,1971~

　　月刊　　　　　　CLC：TN2

　　ISSN 1001-5078　CN 11-2436/TN　2-312　M4137

　　北京 8511 信箱(100015)

　　编辑部电话：010-84321137,1138

　　http://www.laser-infrared.com

　　paper@laser-infrared.com,jgyhw@ncrieo.com.cn

报道以激光与红外为重点的光电子领域最新技术进

展、成果应用、产业动态等内容。设有综述与评论、激光器技术、激光应用技术、红外材料与器件、红外技术及应用、光电技术与系统、光学技术、光纤及光通讯技术、光电对抗、图像与信号处理、讨论与交流、光电市场、行业动态和企业介绍等栏目。读者对象为相关专业科研、生产及工程技术人员,大专院校师生、科技管理干部等。

激光杂志 = Laser journal / 重庆市光学机械研究所,1984~

月刊   CLC:TN24,O4
ISSN 0253-2743   CN 50-1085/TN   78-9   BM5979
重庆市渝北区黄山大道杨柳路 2 号 A 座 10 楼(401123)
编辑部电话:023-63051328,6026
http://www.laserjournal.cn
laserjournal@laserjournal.cn

刊载光电与激光技术在各个领域的应用成果。主要栏目包括综合评述、激光物理与器件、光电测量与检测、极端环境光学技术与应用、实验装置与技术、光通信与网络、激光应用与系统、图像处理、医用光学。读者对象为从事激光科研、生产及应用的科技人员,相关专业大专院校师生。1984 年继承:《四川激光》(1975~1983)。

吉林大学社会科学学报 = Jilin University journal social sciences edition / 吉林大学,1980~

双月刊   CLC:C55
ISSN 0257-2834   CN 22-1063/C   12-18   BM238
吉林省长春市前进大街 2699 号(130012)
编辑部电话:0431-85166970,6971
http://jldb.cbpt.cnki.net

反映该校及国内外专家、学者在政治学、哲学、法学、历史学、经济学、语言文学、社会学等领域的研究成果。辟有各类特色栏目和专题栏目,并根据学术热点和时代特点不断推出新的专栏。读者对象为社会科学工作者、大专院校师生。1980 年继承:《吉林大学学报. 社会科学版》(1978~1979);2002 年吸收:《吉林工业大学学报. 社会科学版》(1999~2001)。

吉林大学学报. 地球科学版 = Journal of Jilin University. Earth science edition / 吉林大学,2002~

双月刊   CLC:P3,P5
ISSN 1671-5888   CN 22-1343/P   12-22   BM5074
吉林省长春市西民主大街 938 号(130026)
编辑部电话:0431-88502374
http://xuebao.jlu.edu.cn/dxb, http://ccdz.cbpt.cnki.net
xuebao1956@jlu.edu.cn

刊登地质与资源、地质工程与环境工程、地球探测与信息技术等学科领域中的科研成果。内容涉及地质学、

地球物理学、水文地质、工程地质、环境地质、勘探工程、岩矿测试、稳定同位素地质等学科。设有地质与资源、地质工程与环境工程、地球探测与信息技术、岩土防灾与减灾、绿色岩土工程等栏目。读者对象为地球科学及相关学科的科技人员及高校师生。2002 年继承:《长春科技大学学报》(1998~2001)。

吉林大学学报. 工学版 = Journal of Jilin University. Engineering and technology edition / 吉林大学,2002~

双月刊   CLC:T
ISSN 1671-5497   CN 22-1341/T   12-46   BM4549
吉林省长春市人民大街 5988 号(130022)
编辑部电话:0431-85095297
http://xuebao.jlu.edu.cn/gxb
xbgxb@jlu.edu.cn

主要报道该校工科专业的科技成果,也发表校外作者的研究论文。内容包括车辆工程、机械工程、材料科学与工程、动力工程及工程热物理、控制科学与工程、计算机科学与技术、电子科学与技术、信息与通信工程、交通运输工程、农业工程等方面。读者对象为高等院校理工科师生和科研人员。2022 年起改为月刊。2002 年继承:《吉林工业大学自然科学学报》(1999~2001)。

吉林大学学报. 理学版 = Journal of Jilin University. Science edition / 吉林大学,2002~

双月刊   CLC:N55
ISSN 1671-5489   CN 22-1340/O   12-19   BM304
吉林省长春市前进大街 2699 号(130012)
编辑部电话:0431-88499428
http://xuebao.jlu.edu.cn
sejuj@mail.jlu.edu.cn

主要报道该校自然科学与技术领域基础研究、应用研究和开发研究成果,适当刊登国内外其他高等院校和科研院所的学术成果。发表数学、物理、化学、计算机科学、材料科学、环境科学等学科的研究论文、研究快报、研究简报和综合评述。读者对象为科研工作者,大专院校理工科教师、高年级学生和研究生,厂矿工程技术人员。2002 年继承:《吉林大学自然科学学报》(1979~2001)。

吉林大学学报. 医学版 = Journal of Jilin University. Medicine edition / 吉林大学,2002~

双月刊   CLC:R
ISSN 1671-587X   CN 22-1342/R   12-23   BM4177
吉林省长春市新民大街 828 号(130021)
编辑部电话:0431-85619278
http://xuebao.jlu.edu.cn/yxb
xuebao@jlu.edu.cn

报道医学科学研究新理论、新方法和新技术。设有基础研究、临床研究、临床医学、调查研究、方法学、综述等栏目。读者对象为广大医药卫生工作者及医学院校师生。2002年继承：《白求恩医科大学学报》(1978～2001)。

吉林农业大学学报 = Journal of Jilin Agricultural University / 吉林农业大学，1979～
　　双月刊　　　　　　　CLC：S
　　ISSN 1000-5684　　CN 22-1100/S
　　吉林省长春市新城大街2888号(130118)
　　编辑部电话：0431-84532914
　　http://xuebao.jlau.edu.cn
　　jlndxb@vip.sina.com,jlndxb@jlau.edu.cn
　　主要刊登学术论文、研究简报、综合评述等。内容包括：作物栽培、遗传育种、植物保护、生物工程、生物技术、资源与环境科学、农业化学、农业应用物理、果树、蔬菜、园林、药用植物、中药学、野生植物资源、经济动植物、畜牧兽医、淡水渔业、中兽医、食品科学、农牧业经济与管理、农业工程、信息技术等学科及相关领域的基础研究、应用研究和重大开发研究所取得的最新成果。读者对象为农业科技工作者、农业院校师生等。

吉首大学学报. **社会科学版** = Journal of Jishou University. Social sciences / 吉首大学，1995～
　　双月刊　　　　　　　CLC：C55
　　ISSN 1007-4074　　CN 43-1069/C　42-262
　　湖南省吉首市人民南路120号(416000)
　　编辑部电话：0743-8563684
　　http://skxb.jsu.edu.cn
　　jsdxxb@qq.com
　　刊登人文社会科学领域的研究成果。主要栏目有教育学、政治学、管理学、"三农"问题、文学、法学、新闻传播学等。读者对象为社会科学理论工作者和大专院校师生。1995年部分继承：《吉首大学学报》(1994～1995)。

极地研究 = Chinese journal of polar research / 中国极地研究中心，国家海洋局极地考察办公室，1997～
　　季刊　　　　　　　　CLC：P9,P7
　　ISSN 1007-7073　　CN 31-1744/P
　　上海市浦东金桥路451号A410室(200136)
　　编辑部电话：021-58713650,3642
　　https://journal.chinare.org.cn
　　polarresearch@pric.org.cn
　　2023年起由中国极地研究中心和中国海洋学会主办。主要刊登以极地为研究对象或以极地为探测平台的基础研究、应用研究和高技术研究成果，反映该领域的新发现、新创造、新理论和新方法。具体报道范围包括：极地冰川学、极地海洋科学、极地大气科学、极区空间物理学、极地地质学、极地地球物理学、极地地球化学、极地生物与生态学、极地医学、南极天文学，极地环境监测、极地工程技术、极地信息，以及极地政策研究与管理科学等。栏目设有研究综述、研究论文、研究快报、研究进展、极地动态等。读者对象为极地科学工作者、极地考察研究学术工作者及相关大专院校师生。1997年继承：《南极研究》(1988～1996)。

疾病监测 = Disease surveillance / 中国疾病预防控制中心，1992～
　　月刊　　　　　　　　CLC：R1,R3
　　ISSN 1003-9961　　CN 11-2928/R　82-859　M3472
　　北京市昌平区昌百路155号(102206)
　　编辑部电话：010-58900732
　　http://www.jbjc.org
　　jbjc@icdc.cn
　　主要栏目有热点聚焦、专家述评、论坛、疫情快报、传染病监测、慢性非传染病监测、自然疫源性疾病监测、院内感染监测、突发公共卫生事件监测、环境卫生监测、食品卫生监测、技术与方法、综述、网络直报、死因监测、耐药监测、案例分析、海外动态、科普知识、行业动态、国外媒体、简讯等。读者对象为全国各级医院、医学院校、卫生监督机构、医药保健机构、科研院所、疾病预防控制机构和单位及全国各级卫生行政主管部门相关人员。1992年继承：《中国疾病监测》(1988～1991)。

济南大学学报. **自然科学版** = Journal of University of Jinan. Science and technology / 济南大学，2001～
　　双月刊　　　　　　　CLC：N55
　　ISSN 1671-3559　　CN 37-1378/N　Q4193
　　山东省济南市南辛庄西路336号(250022)
　　编辑部电话：0531-82765452,5454
　　http://sdjc.chinajournal.net.cn
　　sdjc@ujn.edu.cn
　　刊载内容涉及材料科学、信息与控制、化学化工、生命科学、机械工程、土木建筑、电气工程、信息科学、环境科学及数理基础学科领域的新理论、新工艺和新材料等研究成果和学术论文。读者对象为理工科高等院校师生及科研院所的科研人员。2001年继承：《山东建材学院学报》(1987～2001)。

给水排水 = Water & wastewater engineering / 亚太建设科技信息研究院有限公司，中国土木工程学会，2002～
　　月刊　　　　　　　　CLC：TU99
　　ISSN 1002-8471　　CN 11-4972/TU　2-757　M4425

北京市西城区德胜门外大街 36 号中国建设科技大厦 A 座 4 层(100120)

编辑部电话：010-68316321,88375433,57368815, 68349352,68305036

http://www.wwe1964.cn

gsps@vip.163.com

主要报道内容：给水排水行业的新技术、新设计、新工艺、新设备、新规范、新标准，以及国家有关技术政策和法规等。设有城市给排水，工业给排水，建筑给排水，施工、材料与设备，策略研讨，科技信息综述，标准规范交流园地，计算机技术，研究生论文摘要，信息市场等栏目。主要读者对象为建筑设计院、市政设计院、工业设计院、自来水公司、运行管理部门、大专院校、科研院所、建设安装公司、设备制造厂家等。2002 年继承:《建筑技术通讯. 给水排水》(1975～2002)。

计量学报 = Acta metrologica Sinica / 中国计量测试学会，1980～

月刊   CLC：TB9

ISSN 1000-1158   CN 11-1864/TB   2-798   BM232

北京市 1413 信箱(100029)

编辑部电话：010-64271480

http://jlxb.china-csm.org

jiliangxuebao@163.com

报道计量和精密测试科学技术的研究成果和进展。内容包括：几何量、温度与热物性、力学、电磁学、光学、电子学、声学、时间频率、电离辐射、化学与标准物质、生物等学科的计量基准和标准的研制，测量原理和方法的研究，新技术的应用及计量学科的现状、发展趋势预测等。读者对象为从事计量测试工作的科技人员和大专院校师生。

计算机辅助设计与图形学学报 = Journal of computer-aided design & computer graphics / 中国计算机学会，北京中科期刊出版有限公司，1989～

月刊   CLC：TP391.72

ISSN 1003-9775   CN 11-2925/TP   82-456   M1231

北京市 2704 信箱(100190)

编辑部电话：010-62562491,62600342

http://www.jcad.cn

jcad@ict.ac.cn

中国计算机学会会刊。报道我国计算机辅助设计与计算机图形学领域的最新研究成果和学术动态。内容包括综述、计算机辅助几何设计、图形算法与技术、CAD/CAT/CAM/CG 系统设计与应用技术、虚拟现实与计算机动画、图像与图形的融合、用户界面与多媒体技术、科学计算与信息可视化等方面。读者对象为从事 CAD 和计算机图形及其他有关学科的科研、工程技术

人员及高等院校师生。

计算机工程 = Computer engineering / 华东计算技术研究所,上海市计算机学会，1975～

月刊   CLC：TP3

ISSN 1000-3428   CN 31-1289/TP   4-310   M6082

上海市嘉定区澄浏公路 63 号(201808)

编辑部电话：021-67092217,2212

http://www.ecice06.com

ecice06@ecict.com.cn

报道计算机技术与应用方面的科研成果及论文。内容涉及先进计算与数据处理、体系结构与软件技术、移动互联与通信技术、网络空间安全技术、人工智能及识别技术、图形图像处理、多媒体技术及应用、开发研究与工程应用等方面。读者对象为计算机专业中高级科研、开发、设计、决策人员及大专院校师生。1980 年吸收:《电子计算机译文》(1970～1979)。

计算机工程与科学 = Computer engineering & science / 国防科技大学计算机学院，1979～

月刊   CLC：TP3

ISSN 1007-130X   CN 43-1258/TP   42-153   4677M

湖南省长沙市开福区德雅路 109 号(410073)

编辑部电话：0731-87002567

http://joces.nudt.edu.cn

jsjgcykx@vip.163.com

中国计算机学会会刊。刊登计算机学科理论、工程与应用等方面的研究论文、技术报告和科研成果。内容包括计算机体系结构、并行处理、超级计算、人工智能、软件工程、计算机仿真、多媒体与可视化、数据库、计算机网络与分布式处理、计算机安全与保密、中文信息处理、微机开发与应用等方面。读者对象为科研院所工程技术人员及大专院校计算机专业师生。1979 年继承:《电子计算机工程与科学》(1979)。

计算机工程与设计 = Computer engineering and design / 中国航天科工集团二院 706 所，1980～

月刊   CLC：TP3

ISSN 1000-7024   CN 11-1775/TP   82-425

北京市 142 信箱 37 分箱(100039)

编辑部电话：010-88528214

http://www.china-ced.com

ced@china-ced.com

中国计算机学会会刊。刊载内容覆盖计算机工程与设计领域的各个层面，主要刊登各型计算机及其系统的研究、研制、设计、开发应用等各方面的学术论文、技术报告和专题综述。内容包括计算机网络与通信、CAD/CAM、计算机图形学、多媒体技术、数据库、并行处理、

人工智能、计算机软件工程、计算机硬件体系结构及其他计算机相关领域。读者对象为大专院校师生、计算机专业科研人员、工程项目决策、设计开发和应用人员等。

计算机工程与应用 = Computer engineering and applications / 华北计算技术研究所，1980～
半月刊　　　　CLC：TP3
ISSN 1002-8331　CN 11-2127/TP　82-605　SM4656
北京 619 信箱 26 分箱（100083）
编辑部电话：010-89055542
http://www.ceaj.org
ceaj@vip.163.com
报道计算机行业最新研究成果与学术领域最新发展动态，具有先进性和推广价值的工程方案，有独立和创新见解的学术报告，先进广泛、实用的开发成果。设有热点与综述、理论与研发，大数据与云计算，网络、通信与安全、模式识别与人工智能、图形图像处理、工程与应用等栏目。读者对象为计算机专业科研人员，工程项目决策、开发、设计及应用人员，大专院校师生。1980 年继承：《电子计算机参考资料》（1964～1980）。

计算机集成制造系统 = Computer integrated manufacturing systems / 中国兵器工业集团第 210 研究所，1995～
月刊　　　　CLC：TP3
ISSN 1006-5911　CN 11-5946/TP　82-289　M1631
北京 2413 信箱 34 分箱（100089）
编辑部电话：010-68962479,2468
http://www.cims-journal.cn
cims_journal@qq.com
报道国内外计算机集成制造系统的科技成果、发展趋势、科研动态及学术活动等。设有综述、产品创新开发技术、数字化/网络化/智能化制造技术、现代企业管理与物流技术、现代制造服务技术、动态信息等栏目。读者对象为该领域的国内外专家学者和工程技术人员。

计算机科学 = Computer science / 重庆西南信息有限公司，1979～
月刊　　　　CLC：TP3
ISSN 1002-137X　CN 50-1075/TP　78-68　6210-MO
重庆市渝北区洪湖西路 18 号（401121）
编辑部电话：023-63500828
http://www.jsjkx.com
jsjkx12@163.com
报道国内外计算机科学技术研究成果与发展动态。内容包括计算机科学理论，计算机体系结构，计算机软件，数据库/大数据/数据科学，计算机图形学/多媒体，人工智能，人机交互/普适计算，计算机网络，信息安全，

交叉/前沿等方面。主要栏目网络与通信、信息安全软件与数据库技术、人工智能、图形图像与模式识别。读者对象为大专院校师生，从事计算机科学与技术领域的科研、生产人员。1979 年继承：《计算机应用与应用数学》（1974～[1978]）。

计算机科学与探索 = Journal of frontiers of computer science & technology / 华北计算技术研究所，2007～
月刊　　　　CLC：TP3
ISSN 1673-9418　CN 11-5602/TP　82-560　M4220
北京市海淀区北四环中路 211 号（北京 619 信箱 26 分箱）（100083）
编辑部电话：010-89056056
http://www.ceaj.org
fcst@vip.163.com
报道计算机（硬件、软件）各学科创新性科研成果。内容涉及高性能计算机、体系结构、并行处理、计算机科学新理论、算法设计与分析、人工智能与模式识别、系统软件、软件工程、数据库、计算机网络、信息安全、计算机图形学与计算机辅助设计、虚拟现实、多媒体技术及交叉学科的相互渗透和新理论的衍生等方面。读者对象为计算机专业科研人员、工程技术人员和大专院校师生。2007 年继承：《计算机与生活》（1998～2007）。

计算机学报 = Chinese journal of computers / 中国计算机学会，中国科学院计算技术研究所，1978～
月刊　　　　CLC：TP3
ISSN 0254-4164　CN 11-1826/TP　2-833　M206
北京市 2704 信箱（100190）
编辑部电话：010-62620695
http://cjc.ict.ac.cn
cjc@ict.ac.cn
刊登的内容覆盖计算机领域的各个学科，包括但不限于以下方面的科研成果：计算机系统体系结构、计算机软件、计算机科学与理论、人工智能、信息安全、数据科学与工程、计算机网络、多媒体、计算机图形学以及其他新技术等。读者对象为计算机科研、设计、工程技术人员，高等院校计算机专业教师及高年级学生。

计算机研究与发展 = Journal of computer research and development / 中国科学院计算技术研究所，中国计算机学会，1982～
月刊　　　　CLC：TP3
ISSN 1000-1239　CN 11-1777/TP　2-654　M603
北京市中关村科学院南路 6 号（100190）
编辑部电话：010-62620696,62600350
http://crad.ict.ac.cn
crad@ict.ac.cn

报道我国计算机领域高水平的学术论文、最新科研成果和重大应用成果。内容涉及综述、软件技术、信息安全、计算机网络、体系结构、人工智能、计算机应用技术（图形图像、自然语言处理、信息检索）、数据库技术、存储技术等领域应用需求驱动的重大技术突破和理论创新。读者对象为具有大学本科以上学历的各行业、各部门从事计算机研究与开发的研究人员、工程技术人员、各大院校计算机专业及其他相关专业的师生和研究生。1982 年继承:《电子计算机动态》(1958～1981)。

计算机应用 = Journal of computer applications / 四川省计算机学会,中国科学院成都分院,1984～
月刊　　　　　　　　　CLC:TP3
ISSN 1001-9081　　CN 51-1307/TP　62-110　M4616
四川省成都 237 信箱(610041)
编辑部电话:028-85224283,2239
http://www.joca.cn
bjb@joca.cn
中国计算机学会会刊。主要刊登计算机应用技术研究与开发方面的论文。内容包括人工智能、数据科学与技术、网络空间安全、先进计算、网络与通信、计算机软件技术、虚拟现实与多媒体计算、应用前沿、交叉与综合等方面。主要栏目:应用技术专题综述、网络与通信、先进计算、软件技术、数据库与知识工程、智能感知与识别处理、信息系统集成工具和图形图像处理。读者对象为各行业、各部门从事计算机应用基础、应用工程、应用软件、应用系统工作的工程技术人员、科研人员和大专院校师生。1984 年继承:《计算机应用通讯》(1981～1983)。

计算机应用研究 = Application research of computers / 四川省计算机研究院,1984～
月刊　　　　　　　　　CLC:TP3
ISSN 1001-3695　　CN 51-1196/TP　62-68　MO4408
四川省成都市成科西路 3 号(610042)
编辑部电话:028-85249567,85210177
http://www.arocmag.com
journal@arocmag.com
报道本学科领域迫切需要的前沿技术,及时反映国内外计算机应用研究的主流技术、热点技术及最新发展趋势。主要刊载内容包括本学科领域高水平的学术论文、本学科最新科研成果和重大应用成果。栏目内容涉及计算机学科新理论、计算机基础理论、算法理论研究、算法设计与分析、系统软件与软件工程技术、模式识别与人工智能、体系结构、先进计算、并行处理、数据库技术、计算机网络与通信技术、信息安全技术、计算机图像图形学及其最新热点应用技术。主要读者对象为从事计算机学科领域高、中级研究人员及工程技术人员,各高

等院校计算机专业及相关专业的师生。1984 年继承:《四川电子科技》(1981～1982)。

计算机应用与软件 = Computer applications and software / 上海市计算技术研究所,上海计算机软件技术开发中心,1984～
月刊　　　　　　　　　CLC:TP3
ISSN 1000-386X　　CN 31-1260/TP　4-379
上海市愚园路 546 号(200040)
编辑部电话:021-62524515
http://www.shcas.net
cas@sh-sict.com
上海市计算机学会会刊。报道计算机应用和软件技术开发应用方面的新理论、新方法、新技术,以及计算机在各个领域中的应用技术成果、创新应用。主要栏目有发展趋势、最新技术动态、综合评述、专家论坛、基金项目论文、学位论文、软件技术与研究和数据库技术等。读者对象为从事计算机应用软件技术开发的科研人员、高等院校师生、科技管理专业人员等。1984 年继承:《计算技术通讯》(1973～1983)。

计算力学学报 = Chinese journal of computational mechanics / 大连理工大学,中国力学学会,1997～
双月刊　　　　　　　　CLC:O3
ISSN 1007-4708　　CN 21-1373/O3　8-180　BM6623
辽宁省大连市高新园区凌工路 2 号大连理工大学工程力学系 405-406 室(116024)
编辑部电话:0411-84708744
http://www.cjcm.net
jslxxb@dlut.edu.cn
报道计算力学基础理论及工程应用方面研究成果和实践经验,刊登各种类型数值分析、优化设计、有限元方法、计算机辅助设计技术和相应软件开发等方面学术论文和研究简报。设有研究论文、研究简报栏目。读者对象为相关领域科研人员、工程技术人员和专业院校师生。1997 年继承:《计算结构力学及其应用》(1983～1996)。

计算数学 = Mathematica numerica Sinica / 中国科学院数学与系统科学研究院,1978～
季刊　　　　　　　　　CLC:O24
ISSN 0254-7791　　CN 11-2125/O1　2-521　Q50
北京市海淀区中关村东路 55 号(100190)
http://www.computmath.com
刊登国内外科研人员在计算数学基础理论、方法和科学计算研究方面科研成果论文、综述等。读者对象为计算数学及相关学科的研究人员、工程技术人员和大专院校师生。

计算物理 = Chinese journal of computational physics / 中国核学会，1984～

双月刊　　　　　　　CLC：O411

ISSN 1001-246X　CN 11-2011/O4　2-477

北京市海淀区丰豪东路 2 号(100094)

编辑部电话：010-59872545,2547,2548

http://www.cjcp.org.cn

jswl@iapcm.ac.cn

反映我国计算物理学科研究成果，内容包括物理学相关领域内进行物理建模和计算方法研究，并应用计算机获得计算结果等。读者对象为相关学科科研技术人员及高等院校师生。

技术经济 = Journal of technology economics / 中国技术经济学会，1982～

月刊　　　　　　　CLC：F06

ISSN 1002-980X　CN 11-1444/F　80-584

北京市学院南路 86 号(100081)

编辑部电话：010-65204766

http://www.jishujingji.cn

jishujingji@cste.org.cn

主要刊登技术经济与管理科学以及其他相关学科在理论研究、应用研究、方法研究方面的学术论文、文献综述、学科发展述评、学科前沿评介。主要栏目：技术与创新管理、区域技术经济、产业技术经济、技术经济分析、技术预测与预见、创业管理、技术经济史等。读者对象为相关学科领域的研究人员、高等院校师生。1982 年继承：《技术经济研究参考资料》(1980～1982)。

技术经济与管理研究 = Journal of technical economics & management / 山西社会科学报刊社，1980～

月刊　　　　　　　CLC：F20,F4

ISSN 1004-292X　CN 14-1055/F　22-56　BM5877

山西省太原市水西关街 26 号(030002)

编辑部电话：0351-6653430

jsjjyglyj@vip.163.com

2023,no.7 起主办单位改为山西社会科学报刊社有限公司。主要报道国内外技术经济与管理方面的研究成果与发展方向，交流宏观、微观改革的工作经验。主要栏目有技术经济、创新创业、企业管理、金融工程、宏观经济、产业经济等。读者对象为经济管理部门和企事业单位的领导干部、管理人员、研究人员以及高等院校相关专业师生。

暨南大学学报. 自然科学与医学版 = Journal of Jinan University. Natural science & medicine edition / 暨南大学，1989～

双月刊　　　　　　　CLC：N55,R

ISSN 1000-9965　CN 44-1282/N　46-257　BM1790

广东省广州市黄埔大道西 601 号(510632)

编辑部电话：020-85227865

http://jnxb.jnu.edu.cn

主要报道生命科学与医学方面的研究成果。主要栏目有医学、药学、化学、生物医学工程、生物信息学等。读者对象为科技工作者、医学工作者、理工科和医学高等院校教师及研究生。1989 年继承：《暨南理医学报》(1982～1988)。

暨南学报. 哲学社会科学版 = Jinan journal. Philosophy & social sciences / 暨南大学，2005～

月刊　　　　　　　CLC：C55

ISSN 1000-5072　CN 44-1285/C　46-75　BM370

广东省广州市黄埔大道西 601 号(510632)

编辑部电话：020-85220281

http://jnxb.jnu.edu.cn

发表哲学、法学、政治学、经济学、管理学、文学、语言学、新闻传播学、历史学、文化学等方面的论文。读者对象为国内外专家、学者和社会科学工作者。2005 年继承：《暨南学报. 人文科学与社会科学版》(2004)。

家畜生态学报 = Journal of domestic animal ecology / 西北农林科技大学，2005～

月刊　　　　　　　CLC：S82

ISSN 1673-1182　CN 61-1433/S　52-112

陕西省杨凌市西北农林科技大学动物科技学院(712100)

编辑部电话：029-87091130

http://jcst.magtech.com.cn

jcst@x263.net

主要报道家畜生态研究、家畜环境控制、畜禽资源评价、畜禽洁净化生产、畜禽安全生产、畜产品品质保障、动物健康与福利方面的重要基础理论和应用研究成果。读者对象为全国家畜生态研究、畜牧生产与环境领域饲料和畜牧兽医行业科研院所、高等院校科研教学人员和广大企业技术人员。2005 年继承：《家畜生态》(1980～2004)。

家具与室内装饰 = Furniture & interior design / 中南林业科技大学，1995～

月刊　　　　　　　CLC：TS6

ISSN 1006-8260　CN 43-1247/TS　42-138

湖南省长沙市韶山南路 498 号中南林业科技大学(410004)

编辑部电话：0731-85623185

http://www.fidchina.com

fidjournal@163.com

设有设计史论、学术争鸣、专论与综述、设计论坛、环境艺术、工艺与技术、家具广场、环球设计、设计案例、设计与实践等栏目。读者对象为家具与室内装饰行业科技人员和相关专业及大专院校师生。1995 年继承:《家具世界》(1994)。

价格理论与实践:中国价格导向 ＝ Price theory & practice / 中国价格协会，1981～
　　月刊　　　　　　　　　CLC：F726
　　ISSN 1003-3971　　CN 11-1010/F　　2-285
　　北京市西城区月坛北小街 2 号院 3 号楼(100037)
　　编辑部电话：010-68029447，68047375，68010477，68011077
　　http://www.price-world.com.cn
　　price-hearing@263.net
研究探讨价格理论,揭示价格对社会生产和人民生活的影响,发布国家价格政策信息,分析宏观形势,预测价格走势,指导企业定价。内容划分为综合篇、思考篇、财经篇、分析篇、市场篇等若干板块,下设热点聚焦、观察思考、分析预测、财经市场、价格认证、区域经济、行业分析、特别关注、期货市场、市场营销、市场分析、行业发展、企业定价、股票市场、指数研究、他山之石、反垄断论坛等栏目。读者对象为广大物价工作者及经济院校师生。

价格月刊 / 价格月刊杂志社，1985～
　　月刊　　　　　　　　　CLC：F726
　　ISSN 1006-2025　　CN 36-1006/F　　44-52　　M4312
　　江西省南昌市红谷滩新区卧龙路 999 号省行政中心西 5 栋 3 楼(330036)
　　编辑部电话：0791-88915356
　　jgyk@163.com
探索市场价格理论,指导价格工作实践,追踪社会经济热点、聚焦社会经济现象,研究改革发展战略、提供改革发展思路,观察商务贸易形势,思考商务贸易对策,反映市场营销动态,分析市场营销策略,关注物流管理发展、透视物流管理变化。设有价格论坛、商务贸易、观察思考、物流管理、经济贸易、能源贸易、国际贸易、农产品价格、医疗服务贸易、农产品出口贸易、双循环经济、对外贸易等栏目。读者对象为物价部门工作者、经济院校师生、经济理论研究人员。1985 年继承:《江西物价》(1983～1984)。

建筑材料学报 ＝ Journal of building materials / 同济大学，1998～
　　双月刊　　　　　　　　CLC：TU5
　　ISSN 1007-9629　　CN 31-1764/TU
　　上海市四平路 1239 号同济大学材料科学与工程学院

(200092)
　　编辑部电话：021-65981597
　　http://jcxb.cnjournals.cn
　　jcxb@tongji.edu.cn
反映国内外建筑材料及其相关领域内的最新科研及工程应用成果(包括新理论、新产品、新工艺和新设备等),主要刊登建筑材料前沿研究、基础研究及应用基础研究的学术论文,也刊登相关的研究简报、实验技术及重大工程应用类文章。读者对象为国内外从事建筑材料及其相关专业的工作者及大专院校师生。2022 年起改为月刊。

建筑钢结构进展 ＝ Progress in steel building structures / 同济大学，1999～
　　月刊　　　　　　　　　CLC：TU51
　　ISSN 1671-9379　　CN 31-1893/TU　　4-723
　　上海市四平路 1239 号同济大学土木大楼 A613 室(200092)
　　编辑部电话：021-65980250,0251
　　http://jzjz.cbpt.cnki.net，http://steelpro.tongji.edu.cn
　　steelpro@tongji.edu.cn
报道建筑钢结构新体系、新技术、新工艺、新材料和新产品及其在实际工程中的应用情况,国内外有特色的建筑钢结构设计案例。主要栏目有设计理论、设计案例、制造与安装技术、专题论坛、专家观点等。读者对象为建筑设计师、建筑钢结构师、建筑钢结构研究设计、制作、安装和施工维修防护等相关领域的工程技术人员、高等院校师生和科研工作者等。

建筑结构 ＝ Building structure / 亚太建设科技信息研究院有限公司,中国土木工程学会，1991～
　　半月刊　　　　　　　　CLC：TU3
　　ISSN 1002-848X　　CN 11-2833/TU　　2-755　　M4199
　　北京市西城区德胜门外大街 36 号 A 座 4 层(100120)
　　编辑部电话：010-57368782,8784,8785,9042,9045
　　http://www.buildingstructure.cn
报道工业与民用建筑中的混凝土结构、钢结构、预应力结构、索膜结构、砌体结构、地基与基础、工程抗震、工程检测、房屋加固与改造等方面的研究与应用成果,介绍新技术、新材料和设计施工经验,刊登工程事故分析处理、结构软件的应用、规范和规程的修编等方面的文章,以及技术讲座、国内外科技综述、重点工程报道、科技简讯、设计论坛、问题讨论和工程实录。读者对象为设计院、高校及科研单位、施工管理、房地产等单位的广大结构工程师。1991 年继承:《建筑技术通讯. 建筑结构》(1975～1991)。

建筑结构学报 = Journal of building structures / 中国建筑学会，1980～

月刊	CLC：TU3

ISSN 1000-6869　　CN 11-1931/TU　2-190　M220

北京市三里河路 13 号（100835）

编辑部电话：010-88029882

http://www.jzjgxb.com

ascjgxb@126.com

主要刊登建筑结构、消能减振、地基基础等方面的基础理论研究、应用研究和科学试验技术的学术论文及最新研究进展。辟有空间结构、木结构、基础理论与共性技术、混凝土结构、地基基础、金属结构等栏目。同时，针对防灾减灾研究课题，设有灾害调查、结构抗风、结构抗震、结构抗火、结构加固等专题。读者对象为相关专业的大专院校师生、科研设计院所的科研设计人员。

建筑科学 = Building science / 中国建筑科学研究院有限公司，1985～

月刊	CLC：TU

ISSN 1002-8528　　CN 11-1962/TU　2-381　BM4129

北京市北三环东路 30 号（100013）

编辑部电话：010-64693291

bjb365@126.com

报道建筑设计理论、建筑结构力学建筑材料与工程、建筑环境与节能等方面的研究，包括建筑学科的前沿理论，实践经验和技术创新。主要栏目有计算分析、试验研究、应用研究、工程实践、综述等。读者对象为建筑设计师、建筑工程师、建筑材料专家等建筑行业的研究、教学、设计、施工、监理及管理人员。

建筑科学与工程学报 = Journal of architecture and civil engineering / 长安大学，2005～

双月刊	CLC：TU

ISSN 1673-2049　　CN 61-1442/TU　52-140　BM4981

陕西省西安市南二环路中段长安大学内（710064）

编辑部电话：029-82334397

http://jace.chd.edu.cn

jzxb@chd.edu.cn

报道建筑结构、建筑材料、岩土工程、桥梁与隧道工程、地下建筑与基础工程、防灾减灾工程、城市规划等领域的科研、设计、施工方面的研究成果与工程实践总结。读者对象为建筑科学与工程领域的科研人员、工程技术人员、大专院校师生及管理决策人员。2005 年继承《长安大学学报. 建筑与环境科学版》（2003～2004）。

建筑学报 = Architectural journal / 中国建筑学会，1954～

月刊	CLC：TU

ISSN 0529-1399　　CN 11-1930/TU　2-192　M82

北京市西城区新华 1949 园区 10 幢（100044）

编辑部电话：010-52208609

http://www.aj.org.cn

aj@aj.org.cn

报道国内建筑界的重要活动、学术研究及实践。设有设计与理论、历史与理论、遗产保护、城市设计、作品等栏目。读者对象为建筑科研、设计和工程技术人员，大专院校建筑学专业师生以及各级建筑管理人员。

舰船科学技术 = Ship science and technology / 中国舰船研究院，中国船舶重工集团公司第七一四研究所，1979～

半月刊	CLC：U66

ISSN 1672-7649　　CN 11-1885/U

北京市朝阳区科荟路 55 号院（100101）

编辑部电话：010-83027277

http://jckxjsgw.com

2023 年 10 月起主办单位之一名为中国船舶集团有限公司第七一四研究所。报道舰船理论研究、舰船高新与实用技术、舰船系统工程以及与舰船相关的内容。栏目设置突出综合性特点，内容包括舰船总体、船用动力、舰载武器设备、电子与光学设备、船用机电设备、设备选型、舰用材料和舰船防护、科研管理、学术讨论、信息报道等。读者对象为舰船领域科研、设计和施工技术人员，相关专业大专院校师生与海军指战员。

江海学刊 = Jianghai academic journal / 江苏省社会科学院，1988～

双月刊	CLC：C55

ISSN 1000-856X　　CN 32-1013/C　28-27　BM384

江苏省南京市建邺路 168 号（210004）

编辑部电话：025-83715429

http://www.jhxk.cn

jhxk@jsass.org.cn

荟萃社会科学研究成果，发表哲学、经济学、社会学、政治学、法学、历史学、文学等方面的学术论文。辟有原创学术空间、名家专论、海外学术之窗、国家社科基金成果集萃等栏目。读者对象为社会科学工作者及高等院校师生。1988 年由《江海学刊. 经济社会版》（1985～1987）和《江海学刊. 文史哲版》（1985～1987）合并而成。

江汉考古 = Jianghan archaeology / 湖北省文物考古研究所，1980～

双月刊	CLC：K872

ISSN 1001-0327　　CN 42-1077/K　38-72　Q652

湖北省武汉市武昌东湖路（430077）

编辑部电话：027-86793389

jhkg2728@sina.com.cn

立足长江、汉水流域，发表文物研究成果和考古调查、发掘报告，报道长江中游及南方地区文物考古新发现，刊登馆藏文物介绍、文物考古书评和学术动态等。内容注重长江中游史学研究、楚文化及简牍研究方面，还涉及货币、古文字、民族、民俗、古建、科技考古、文物鉴定等领域。主要栏目：考古发现、考古研究、科技考古、古文字研究、遗址保护、信息交流等。读者对象为考古学专家及考古工作者。

江汉论坛 = Jianghan tribune / 湖北省社会科学院，1979～
月刊　　　　　　　　　CLC：C55
ISSN 1003-854X　CN 42-1018/C　38-226　M259
湖北省武汉市武昌东湖路 367 号（430077）
编辑部电话：027-86789435
jhltjjs@163.com，jhltzxs@163.com，jhltwxs@163.com，jhltsxs@163.com，jhltfxs@163.com，jhltzhs@163.com

内容涉及政治、经济、哲学、历史、文学、法律、社会学、伦理学等领域，注重对基础学术理论的研究和现实问题的探讨。读者对象为社会科学研究人员和大专院校师生等。1979 年继承：《江汉学报》（1961～1966）。

江淮论坛 = Jianghuai tribune / 安徽省社会科学院，1979～
双月刊　　　　　　　　CLC：C55
ISSN 1001-862X　CN 34-1003/G0　26-14　BM602
安徽省合肥市徽州大道 1009 号（230051）
编辑部电话：0551-63438337，8336
http://www.jhlt.net.cn
jhltzyf@163.com，jhltzyl@163.com，jhltjys@163.com，jhltsyw@163.com，jhltyyw@163.com，jhltgyj@163.com

内容涵盖哲学、政治、法学、社会学、经济、文化、历史、文学、语言、教育等学科。读者对象为社会科学工作者和高校文科专业师生。1979 年继承：《江淮评论》（1965～1966）。

江南 / 浙江省作家协会，浙江日报报业集团，1981～
双月刊　　　　　　　　CLC：I217
ISSN 1001-6694　CN 33-1034/I　32-79　BM508
浙江省杭州市体育场路 178 号（310039）
编辑部电话：0571-85371970
jnzzbjb@163.com

内容以中短篇小说为主，兼发有分量的长篇小说和其他体裁的文学作品，注重发表不同风格、流派之作。主要栏目有中篇小说、短篇小说、非常观察、海外物语、清句照史、历史碎影、作家地理等。读者对象为广大文学爱好者。

江苏大学学报．自然科学版 = Journal of Jiangsu University. Natural sciences edition / 江苏大学，2002～
双月刊　　　　　　　　CLC：N55
ISSN 1671-7775　CN 32-1668/N　28-83　BM5821
江苏省镇江市学府路 301 号（212013）
编辑部电话：0511-84446612
http://zzs.ujs.edu.cn
xbbj@ujs.edu.cn

反映该校理工科各领域的科研成果和学术水平。刊登农业与机械工程、车辆工程、能源与动力工程、计算机与通信工程、电气电子工程、材料科学与工程、土木工程、环境工程、化学工程、应用数学等专业的学术论文。读者对象为工科高等院校的教师、研究生及相关科研技术人员。2002 年继承：《江苏理工大学学报．自然科学版》（1999～2001）。

江苏高教 = Jiangsu higher education / 江苏教育报刊总社，1985～
月刊　　　　　　　　　CLC：G64
ISSN 1003-8418　CN 32-1048/G4　28-264　BM2149
江苏省南京市草场门大街 133 号 A 楼（210036）
编辑部电话：025-86275629，5630，5638，5640
http://jsgj.cbpt.cnki.net
jsgj1985@126.com

研究、探索高等教育改革和发展的理论与实践问题，刊登全国高等教育理论研究的论文与研究报告。设有理论探讨、高教管理、比较高等教育、德育天地、学生工作、大学生就业与创业、学位与研究生教育、师资队伍建设、高职教育、民办教育、高职教育栏目等。读者对象为高校管理人员、教育管理科研人员及相关专业院校师生。

江苏农业科学 = Jiangsu agricultural sciences / 江苏省农业科学院，1979～
半月刊　　　　　　　　CLC：S
ISSN 1002-1302　　CN 32-1214/S　28-10
江苏省南京市孝陵卫钟灵街 50 号（210014）
编辑部电话：025-84390282
http://www.jsnykx.cn
jsnykx@vip.163.com

传播最新农业科研成果、技术和先进生产经验。设有专论、生物技术、育种栽培与生理生化、植物保护、园艺园林、畜牧兽医、水产养殖与特种养、贮藏与加工、质量安全与检测分析、资源与环境、农业工程与信息技术、农业经济与管理等栏目。主要读者对象为农业科研人员、农业行政管理人员、农业技术推广人员、农业企业管理人员、涉农院校师生以及农民等。1979 年继承:《江苏农业科技》(1973～1978)。

江苏农业学报 = Jiangsu journal of agricultural sciences / 江苏省农业科学院，1985～
双月刊　　　　　　CLC:S
ISSN 1000-4440　CN 32-1213/S　28-113
江苏省南京市孝陵卫钟灵街 50 号(210014)
编辑部电话:025-84390285
http://jsnyxb. jaas. ac. cn
jsnyxb@163. com
反映我国农业科技领域的基础研究与高新技术研究成果,刊登学术论文、主要科研成果专题报告、学科研究进展和综合评述。内容包括遗传育种、品种资源、耕作栽培、生物工程、植物保护、土壤肥料、资源环境、植物生理、畜牧兽医、水产养殖、园艺、农业生态、食品加工、农产品质量安全、农业经济和农业信息等。设有加工储藏、综述、研究简报等栏目。读者对象为农业科技工作者和高等农业院校师生。

江苏社会科学 = Jiangsu social sciences / 江苏省哲学社会科学界联合会，1990～
双月刊　　　　　　CLC:C55
ISSN 1003-8671　CN 32-1312/C　28-148　BM6337
江苏省南京市建邺路 168 号 4 号楼(210004)
编辑部电话:025-83321531,86638536
http://jhkx. cbpt. cnki. net
s83321531@163. com
刊登人文社会科学领域的最新研究成果。主要栏目:重大理论问题、社会学研究、经济与管理研究、马克思主义哲学研究、中外法学、政治与行政管理、文学研究、传媒与艺术、近现代历史、江苏发展等。读者对象为社会科学工作者、高校文科专业师生、党政干部和党校学生。1990 年继承:《江苏社联通讯》(1979～1990);2002 年吸收:《社科信息》(1985～2002)。

江苏行政学院学报 = The journal of Jiangsu Administration Institute / 江苏省行政学院，2001～
双月刊　　　　　　CLC:D261.41,D63
ISSN 1009-8860　CN 32-1562/C　28-278　1486Q
江苏省南京市水佐岗路 49 号(210009)
编辑部电话:025-83382174
Jsxyxb@263. net
主要研究政府公共管理和公务员制度建设有关的政治、经济、法律、社会、文化等理论问题和现实问题,反映公共管理领域的前沿研究成果。设有马克思主义中国化研究、哲学研究、文化学研究、经济学研究、社会学研

究、政治学研究、行政学研究、法学研究等栏目。主要读者对象为各级党政、企事业干部,理论宣传工作者,社会科学工作者和各级党校、大专院校师生。

江西财经大学学报 = Journal of Jiangxi University of Finance and Economics / 江西财经大学，1999～
双月刊　　　　　　CLC:F
ISSN 1008-2972　CN 36-1224/F　44-107　BM2487
江西省南昌市双港大街 168 号(330013)
编辑部电话:0791-83816610
http://cfe. jxufe. edu. cn
cfe@jxufe. edu. cn
主要栏目有经济理论、现代管理、保险与保障、"三农"研究、文史哲、法学研究、书评等。读者对象为从事经济理论研究的学者及相关专业院校师生。

江西农业大学学报 = Acta Agriculturae Universitatis Jiangxiensis / 江西农业大学，2005～
双月刊　　　　　　CLC:S
ISSN 1000-2286　CN 36-1028/S　44-102　BM4247
江西省南昌市志敏大道 1101 号(330045)
编辑部电话:0791-83813246
http://xuebao. jxau. edu. cn
ndxb7775@sina. com
主要刊载有关作物科学、植物保护、园艺科学、林业科学、动物科学与动物医学、食品科学与工程、生物技术与工程、资源与环境科学、农业工程等学科的学术论文、研究简报、研究报告及综述等。主要读者对象是农业科技工作者及大专院校师生。2005 年继承:《江西农业大学学报. 自然科学版》(2002～2004)。

江西社会科学 = Jiangxi social sciences / 江西省社会科学院，1980～
月刊　　　　　　　CLC:C55
ISSN 1004-518X　CN 36-1001/C　44-25　M421
江西省南昌市洪都北大道 649 号(330077)
编辑部电话:0791-88596531,6763
http://www. jxshkx. net,http://jxsh. cbpt. cnki. net
探索改革开放和社会主义现代化建设的重大理论与实践问题,刊登人文社会科学领域的最新学术研究成果。设有哲学研究、经济研究、文学研究、历史研究、政治学研究、社会学研究、法学研究、管理研究、文化研究等栏目。读者对象为社会科学工作者、高校文科专业师生及党政领导干部。

江西师范大学学报. 哲学社会科学版 = Journal of Jiangxi Normal University. Philosophy and social sciences edition / 江西师范大学，1984～

双月刊　　　　　　　CLC：C55

ISSN 1000-579X　　CN 36-1025/C　　44-24　　Q880

江西省南昌市紫阳大道 99 号（330022）

编辑部电话：0791-88506185

http://zsxb.jxnu.edu.cn

注重人文社会科学领域基础理论研究和新兴学科的研究，刊登哲学、政治学、经济学、法学、文学、语言学、史学、教育学、心理学等学科的学术论文。读者对象为社会科学工作者和文科院校师生。1984 年继承：《江西师院学报. 哲学社会科学版》（1978～1983）。

江西师范大学学报. 自然科学版 = Journal of Jiangxi Normal University. Natural sciences edition / 江西师范大学，1984～

双月刊　　　　　　　CLC：N55

ISSN 1000-5862　　CN 36-1092/N　　44-56　　4505Q

江西省南昌市紫阳大道 99 号（330022）

编辑部电话：0791-88506814

http://lkxb.jxnu.edu.cn

lk8506814@126.com

主要刊登数学、物理学、化学、生命科学、信息科学与技术、数量经济学、心理与教育测量、鄱阳湖研究及交叉学科等基础研究和应用研究方面的学术论文。及时报道重点学科学术研究成果。读者对象为高等院校理工科师生和科研人员。1984 年继承：《江西师院学报. 自然科学版》（1978～1983）。

交大法学 = SJTU law review / 上海交通大学，2012～

季刊　　　　　　　　CLC：D9

ISSN 2095-3925　　CN 31-2075/D　　4-876　　Q1316

上海市华山路 1954 号上海交通大学凯原法学院 308 室（200030）

编辑部电话：021-62933317

https://lawreview.sjtu.edu.cn

lawreview@sjtu.edu.cn

关注法学研究和法治发展的前沿，探讨中国面对的各种重大的、具体的法律问题。主要栏目有习近平法治思想研究、专题、法学交叉与跨学科、科技创新与数字法治、法学新锐与新知、研讨与观点等。读者对象为广大法学研究及从业人员。2022 年起改为双月刊。2012 年继承：《交大法学（集刊）》（2010～2011）。

交通信息与安全 = Journal of transport information and safety / 武汉理工大学，交通计算应用信息网，2009～

双月刊　　　　　　　CLC：U

ISSN 1674-4861　　CN 42-1781/U　　38-94

湖北省武汉市武昌和平大道 1178 号（430063）

编辑部电话：027-86590355

http://www.jtxa.net

jtjsj@vip.163.com

围绕交通信息和交通安全，报道交通运输领域及其交叉学科的基础理论研究、工程技术科研成果。设有特邀专稿、综述、交通安全、交通信息工程与控制、交通规划与管理、信息动态等栏目。读者对象为交通工程及有关计算机、通信、电子技术、信息技术科技人员、大专院校师生及相关从业人员。2009 年继承：《交通与计算机》（1983～2008）。

交通运输工程学报 = Journal of traffic and transportation engineering / 长安大学，2001～

双月刊　　　　　　　CLC：U

ISSN 1671-1637　　CN 61-1369/U　　52-195　　BM1775

陕西省西安市南二环中段（710064）

编辑部电话：029-82334388

http://transport.chd.edu.cn

jygc@chd.edu.cn

内容涵盖铁路、公路、航空、水运、管道五大运输方式，包括道路与铁道工程、载运工具运用工程、交通运输规划与管理、交通信息工程及控制四个二级学科。读者对象为相关从业人员研究人员与高校师生。

交通运输系统工程与信息 = Journal of transportation systems engineering and information technology / 中国系统工程学会，2001～

双月刊　　　　　　　CLC：U

ISSN 1009-6744　　CN 11-4520/U　　82-652　　1513Q

北京市西直门外上园村 3 号北京交通大学机械工程楼 D403 室（100044）

编辑部电话：010-51684836

http://www.tseit.org.cn

bhmao2006@bjtu.edu.cn

主要探讨重大交通工程中的理论与实践，反映交通运输系统工程、智能交通与信息等领域的最新成就与世界交通运输科技的前沿动向。设有决策论坛、综合交通运输体系论坛、智能交通系统与信息技术、系统工程理论与方法、案例分析等栏目。读者对象为相关从业人员、研究人员与高校师生。

教师教育研究 = Teacher education research / 北京师范大学，华东师范大学，教育部高校师资培训交流北京中心，2003～

双月刊　　　　　　　CLC：G65

ISSN 1672-5905　　CN 11-5147/G4　　2-418

北京市新街口外大街 19 号北京师范大学内（100875）

http://gdsz.cbpt.cnki.net

gdszyy@bnu.edu.cn

探讨教师教育领域的理论问题和实践问题,研究教育和教学的原理、国家及地方有关教育和教师的政策法规,教育的历史发展问题和有关历史人物的教育思想等。内容涉及教师教育改革、教师专业发展、课程设置、教学方法、国外教师教育、教育心理、政策法规、教育历史等。读者对象为从事教师教育的教学、研究和管理工作者,各级教师及师范院校学生。2003 年继承:《高等师范教育研究》(1989~2003)。

教学与管理 = Teaching & administration / 太原师范学院,1984~

月刊　　　　　　　CLC:G63

ISSN 1004-5872　　CN 14-1024/G4　22-103　M3099

山西省太原市小店区黄陵路 19 号(030031)

编辑部电话:0351-2275241

http://www.jxygl.com.cn

jxyglcn@163.com

报道中学教育理论研究与实践。辟有教育理论、学校管理、学生管理、教研活动、教学内容、教学方略、教学评价、教材研究、外国教育、办学改革等栏目。读者对象为中小学校长、教师,师范院校师生及从事基础教育研究的教育科研人员。

教学与研究 = Teaching and research / 中国人民大学,1953~

月刊　　　　　　　CLC:A,G64

ISSN 0257-2826　　CN 11-1454/G4　2-256　M130

北京市海淀区中关村大街 59 号中国人民大学科研楼 A 楼(100872)

编辑部电话:010-62515262,2796

http://jxyyj.ruc.edu.cn/Jweb_jxyyj

jiaoyuyan@263.net

旨在为高校马克思主义理论教学和研究服务,同时兼顾相关领域的人文社会科学研究。设有马克思主义基本理论、当代中国社会发展研究、哲学研究、政治经济学、科学社会主义理论与实践、政治学、当代中国与世界、马克思主义理论学科建设、思想政治教育研究、中国近代史基本问题、社会与管理、当代资本主义研究、国外马克思主义研究、西方思潮评介、研究述评、学术动态等栏目。主要读者对象为高校、各级党校、各类成人院校理论课教师,广大理论工作者和宣传工作者,以及相关专业的大学研究生。1953 年继承:《人民大学周报》(1950~1953)。

教育发展研究 = Research in educational development / 上海市教育科学研究院,上海市高等教育学会,1999~

半月刊　　　　　　CLC:G64,G40

ISSN 1008-3855　　CN 31-1772/G4　4-591　M5250

上海市茶陵北路 21 号(200032)

编辑部电话:021-64038342,64186212

https://www.cnsaes.org.cn/Organization/Index/33

jyfz@cnsaes.org.cn

反映中国高等教育理论研究成果,从中观、宏观层面探讨教育改革与发展的热点难点问题,包括教育思想、教育规划、教育体制、教育与经济和社会的关系等方面问题。主要栏目:视点、摄影报道、时评、专题、决策参考、教师发展、教育法治、域外、信息平台、书评等。读者对象为各级教育主管部门管理人员、校长、教育科研人员、教师等。1999 年继承:《上海高教研究》(1985~1998)。

教育科学 = Education science / 辽宁师范大学,1987~

双月刊　　　　　　CLC:G4

ISSN 1002-8064　　CN 21-1066/G4　8-91

辽宁省大连市黄河路 850 号(116029)

编辑部电话:0411-82158254

https://jykx.lnnu.edu.cn

关注教育理论与实践的前沿热点,探讨当前社会和教育界关注的重大教育方面的问题,反映国内外教育理论与实践研究的最新动态。主要刊登教育改革方面的研究成果。主要栏目:专题、基础教育研究,教师教育研究、比较教育研究、高等教育研究、学前教育研究、职业教育研究、课程与教学研究、教科书研究、乡村教育研究等。读者对象为教育科学研究工作者、教育行政管理人员、师范院校师生。1987 年继承:《教育科学研究》(1985~1987)。

教育科学研究 = Educational science research / 北京教育科学研究院,北京开放大学,1990~

月刊　　　　　　　CLC:G63

ISSN 1009-718X　　CN 11-4573/D　2-769

北京市西城区白广路 18 号(100053)

编辑部电话:010-83552114

esr2023@126.com

2023 年起主办单位改为北京教育融媒体中心。发表最新的教育教学研究成果、国内外教育教学研究动向和趋势、有关当前教育的热点问题的专论,以及各类调查报告等。设有决策参考、德育与心理、德育与心理、调查与实验、课程与教学、理论探索、管理与评价等栏目。主要读者对象为教师、教育教学研究人员及教育行政管理人员。1990 年继承:《教育研究资料》(1982~1989);1998 年吸收:《北京教育科学研究院学刊》(1997~1998)。

教育理论与实践 = Theory and practice of education /

山西省教育科学研究院，1985～

旬刊　　　　　　CLC：G4

ISSN 1004-633X　CN 14-1027/G4　22-31,22-135(B)，
　　　　　　　　　　　22-162(C)　BM6049

山西省太原市解放路东头道巷 9 号(030009)

编辑部电话：0351-5604672

反映教育科研成果，传播教育科学信息，倡导教育理论和实践创新，服务教育学学科建设及教育改革和发展。上旬主要栏目有教育基本理论、教育决策与管理、教师教育、德育、课程和教学论；中旬中小学教育教学，主要栏目有理论探索、管理与评价、教师发展、课程研究、教学探新等；下旬学科，主要栏目有学校思想政治教育、思想政治理论课教学、课程思政、高等教育、职业成人教育、师资建设、高职和职成教学研究等。读者对象为教育基本理论、教学、教育管理工作者，中小学教师及高等院校、高等职业院校教师等。1985 年继承：《山西教育科研通讯》(1981～1984)；2007 年吸收：《教育理论与实践. 学科版》(2003～2007)；2008 年分出：《教育理论与实践. 文摘》(2008)。

教育学报 = Journal of educational studies / 北京师范大学，2005～

双月刊　　　　　　CLC：G4

ISSN 1673-1298　CN 11-5306/G4　82-669

北京市新街口外大街 19 号北京师范大学英东楼 343 室(100875)

编辑部电话：010-58805288

http://xkjy. chinajournal. net. cn

jiaoyuxb@bnu. edu. cn

宣传教育部有关教育改革与发展的方针、政策，交流各地的教学改革成果，关注研究本土教育发展，注重研究的学术性和理论性。根据论文的主题和内容组成若干板块，主要包括：反映中国教育发展的重要理论和实践问题的调查报告、实验报告，对特定时期国内外教育理论研究进行回顾、总结和前瞻的研究成果，有学术品位的教育经典和新教育图书评论，同时设有学术专题和学术信息等。读者对象为国内外教育理论工作者、教育教学实践工作者、教育行政管理人员以及关注教育问题的各界人士。2005 年继承：《学科教育》(1989～2004)。

教育学术月刊 = Education research monthly / 江西省教育科学研究所，江西省教育学会，2008～

月刊　　　　　　CLC：G4

ISSN 1674-2311　CN 36-1301/G4　44-97

江西省南昌市赣江南大道 2888 号(330038)

编辑部电话：0791-86765762

jyxsyk@126. com

2022 年起由江西省教育评估监测研究院和江西省教

育学会主办。关注社会学、经济学、历史学、政治学、法学、心理学等专业视角的教育研究，注重实证研究和规范研究。以基础教育研究为主，兼顾高等教育及其他各类教育。辟有专题、理论研究、政策与管理、教师与学生发展、课程与教学、教学成果报告等栏目。主要读者对象为中小学、幼儿园教育干部，以及教研、科研、教育行政等部门工作人员。2008 年继承：《江西教育科研》(1984～2007)。

教育研究 = Educational research / 中国教育科学研究院，1979～

月刊　　　　　　CLC：G4

ISSN 1002-5731　CN 11-1281/G4　2-277　M-162

北京市北三环中路 46 号(100088)

编辑部电话：010-62003454

http://www. nies. edu. cn/jyyj

jyyj@nies. edu. cn

刊登教育科学论文，评介教育科研成果，探讨教育教学规律，传播教育教学经验，宣传教育实验成就，开展教育学术讨论，报道教育研究动态。辟有新思想指引征程、教育基本理论、德育、教育史、高等教育、教育经济与管理、课程与教学、基础教育、成人教育、职业教育、教师教育、国际与比较教育、教育信息技术、学术评论等栏目。读者对象为教育理论研究、教学实践、教育管理工作者及师范院校学生。

教育研究与实验 = Educational research and experiment / 华中师范大学，2006～

双月刊　　　　　　CLC：G63,G42

ISSN 1003-160X　CN 42-1041/G4　38-144

湖北省华中师范大学田家炳楼 433 室(430079)

编辑部电话：027-67868275

http://yjsy. cbpt. cnki. net

刊登教育科学研究成果，关注教育热点问题，致力于教育改革实验和实验技术的开发，报道中小学教育实验最新动态。辟有教育基本理论研究、教育沉思录、教育纵横谈、课程与教学论研究、教师教育研究等栏目。读者对象为大、中、小学校教师及各级教育行政、教育研究部门人员。2006 年继承：《教育研究与实验. 理论版》(2005)。

教育与经济 = Education & economy / 华中师范大学，中国教育经济学研究会，1985～

双月刊　　　　　　CLC：G40-054,G46

ISSN 1003-4870　CN 42-1268/G4　38-177　Q1636

湖北省武汉市华中师范大学教育学院内(430079)

编辑部电话：027-67865330,8265

http://JYJI. chinajournal. net. cn,https://jyji. cbpt.

cnki. net

jyyjj2013@163. com

反映国内外教育经济理论与现实问题的研究成果和动态,交流各地学校教育经济实践经验,为我国教育改革和发展以及教育经济学学科建设服务。辟有教育与经济社会发展、教育与劳动力市场、教育扶贫与绩效评估、教育公平与教育质量、教育经济学学科建设、教育成本与财政、教师队伍建设、特稿、专栏、书评、研究生论坛等栏目。读者对象为各级教育行政部门、各级各类学校和教育经济学研究人员。

教育与职业 = Education and vocation / 中华职业教育社,2003~

半月刊　　　　　CLC:G71

ISSN 1004-3985　CN 11-1004/G4　82-139　SM3318

北京市东城区永外安乐林路甲 69 号(100075)

编辑部电话:010-67220645

http://www. evchina. com. cn

zazhi1917@263. net

报道部委政策精神,研究职教理论,分析职教走势,探讨职教热点,传递海内外职教信息,反映社会职业需求,立足中国教育改革和发展的实际,面向各级各类职业教育院校、民办学校和企业培训中心。刊登有关教育与职业方面的综合内容,反映职业教育、高等教育、成人教育、民办教育、职业培训等领域的前沿资讯,探讨当前社会关注的重大教育问题,报道教育改革方面的最新研究成果。辟有研究与探索、教育管理、德育研究、职业指导、师资建设、学科教育、教法研究、交流平台、课程与教材等栏目。读者对象为教育科研工作者、教师和教育行政管理人员。2003 年 11 月继承:《教育与职业. 学生版》(2003);2003 年 12 月吸收:《教育与职业. 综合版》(2003)。

节水灌溉 = Water saving irrigation / 武汉大学,中国灌溉排水发展中心,1996~

月刊　　　　　CLC:S27

ISSN 1007-4929　CN 42-1420/TV　38-17　M3153

湖北省武汉市武昌武汉大学二区(430072)

编辑部电话:027-68776133

http://www. irrigate. com. cn

jieshuiguangai@188. com

主要报道国内外有关节水灌溉技术研究的新动态、新成果和新信息。刊登内容:节水灌溉理论与技术,节水灌溉试验研究,灌溉与农业水土资源、农业气象等的相互影响研究,节水灌溉基础理论研究,节水灌溉经济、工程管理、技术讲座、国外动态、设备与市场、简讯等与节水灌溉相关的内容。读者对象为从事节水灌溉行业的水利、农业、林业、机械及相关领域的技术人员及管理人员。1996 年继承:《喷灌技术》(1976~1996)。

洁净煤技术 = Clean coal technology / 煤炭科学研究总院,煤炭工业洁净煤工程技术研究中心,1995~

双月刊　　　　　CLC:TQ53

ISSN 1006-6772　CN 11-3676/TD　1430Q

北京市朝阳区和平里煤炭大厦(100013)

编辑部电话:010-87986452,6451

http://www. jjmjs. com. cn

jjmjs@263. net

2023 年起由煤炭科学研究总院有限公司和煤炭工业洁净煤工程技术研究中心主办。刊载与洁净煤技术领域有关的基础科学、技术科学及其边缘、交叉学科领域的最新成果。包括煤化工与高效转化、煤燃烧与发电技术、煤基碳材料、煤＋新能源、节能环保等方面的研究论文、研究报告、专题评述等文章。读者对象为相关专业科研技术人员、高等院校师生等。2022 年起改为月刊。

解放军护理杂志 = Nursing journal of Chinese People's Liberation Army / 第二军医大学,1995~2022

月刊　　　　　CLC:R823,R4

ISSN 1008-9993　CN 31-1825/R　4-663

上海市翔殷路 800 号(《军事护理》编辑部)(200433)

编辑部电话:021-81871496

http://cpnj. smmu. edu. cn

jfjhlzzbjb@vip. 163. com

面向军队和地方,报道新时期护理工作的面貌,追踪护理学科前沿,交流学术科研动态,研究护理实践问题,推介护理新理论、新知识、新技能等。辟有论著、综述、护理教育、护理管理、专科护理、军事护理、技术与方法、信息传递等栏目。以临床医生及相关专业研究人员为主要读者对象。1995 年继承:《人民军医护理专刊》(1984~1994);2022,no. 7 改名为《军事护理》(2022~)。

解放军外国语学院学报 = Journal of PLA University of Foreign Languages / 信息工程大学,1999~

双月刊　　　　　CLC:H3,I1

ISSN 1002-722X　CN 41-1164/H　36-212　BM1651

河南省洛阳市 036 信箱 120 号学报编辑部(471003)

编辑部电话:0379-69843520

http://jfjw. cbpt. cnki. net/WKD/WebPublication/index. aspx? mid=jfjw

jfjwgyxyxb@163. com

刊登英语、日语、俄语及非通用语种语言、文学和相应的中外对比研究的学术论文。设有语言与语言学研究、外语教学研究、翻译研究、外国文学研究等栏目;同时根据国内外研究热点等栏目,且不定期设置专栏。读者对象为外语研究工作者、外语院校师生及外语爱好者。

1999 年继承:《解放军外语学院学报》(1990～1998)。

解放军医学杂志 = Medical journal of Chinese People's Liberation Army / 人民军医出版社，1964～
月刊　　　　　　　　　　CLC：R,R82
ISSN 0577-7402　CN 11-1056/R　2-74　M499
北京市复兴路 22 号 75 号楼(100842)
编辑部电话：010-51927306
http://www.jfjyxzz.org.cn
jfjyxzz8021@163.com
2022,no.6 起主办单位改为军事科学出版社。常设专家论坛、基础研究、临床研究、指南与共识、综述等栏目，并根据需要开设院士论坛、专题研究等。读者对象为三甲医院、医学院校及研究机构的临床、科研工作者。

介入放射学杂志 = Journal of interventional radiology / 上海市医学会，1992～
月刊　　　　　　　　　　CLC：R445,R81
ISSN 1008-794X　CN 31-1796/R　4-634　4856M
上海市华山路 1336 号玉嘉大厦 16G(200052)
编辑部电话：021-62409496
http://www.cjir.cn
jrfsxzz@vip.163.com
主要反映国内新兴学科——介入放射学科研成果、临床实践的应用和经验，介绍国外介入放射学科研动态和新进展。主要读者对象为各级临床和放射学医师、医学科研人员和医学生。

金刚石与磨料磨具工程 = Diamond & abrasives engineering / 郑州磨料磨具磨削研究所有限公司，1995～
双月刊　　　　　　　　　CLC：TG7,TQ16
ISSN 1006-852X　CN 41-1243/TG　36-34
河南省郑州市高新区梧桐街 121 号(450001)
编辑部电话：0371-67661785
http://www.jgszz.cn
office@jgszz.cn
刊登金刚石相关的技术及制品、PCD 和 PCBN 等刀具，以及普通磨料磨具、磨削等各学科领域在科研、生产、设计等方面的研究论文。读者对象为金刚石、硬质刀具和磨料磨具等相关专业的科研人员及高等院校师生。1995 年继承:《磨料磨具与磨削》(1981～1995)。

金融发展研究 = Journal of financial development research / 山东省金融学会，2008～
月刊　　　　　　　　　　CLC：F83
ISSN 1674-2265　CN 37-1462/F　NTZ1052
山东省济南市经七路 382 号(250021)
编辑部电话：0531-86167383

http://sdjr.chinajournal.net.cn
jrfzyj@vip.163.com
宣传党和国家的经济金融方针政策，探索经济金融运行规律，开展金融学术交流，推动金融改革发展。设有理论研究、金融观察、工作论坛、证券保险、国际金融前沿、案例研究、银行经营、金融法制、专题研讨、农村金融等栏目。读者对象为金融理论研究人员、金融界干部职工及财经院校师生。2008 年继承:《济南金融》(2000～2007)。

金融监管研究 = Financial regulation research /《中国农村金融》杂志社有限责任公司，2012～
月刊　　　　　　　　　　CLC：F83
ISSN 2095-3291　CN 10-1047/F
北京市西城区金融大街甲 15 号(100032)
编辑部电话：010-66278336
旨在传播金融监管思想，提升金融监管理论与政策研究水平，服务金融监管理论创新与工作实践。主要刊发金融监管、风险管理与金融改革发展等领域的理论研究和政策研究成果，并结合业务实践中的重点、热点、难点问题的探讨。读者对象为金融业务部门、政策研究部门和理论宣传部门的干部，财金专业院校师生。

金融经济学研究 = Financial economics research / 广东金融学院，2013～
双月刊　　　　　　　　　CLC：F83
ISSN 1674-1625　CN 44-1696/F　46-119
广东省广州市天河区龙洞(510521)
编辑部电话：020-37216137,5358
https://jiro.cbpt.cnki.net
刊载金融及其相关领域的最新研究成果，注重金融基础理论研究和中国金融发展的理论与实践问题。内容包括宏观经济政策、证券投资学、货币银行学、金融学、财政学等方面。读者对象为金融理论工作者、大专院校师生和金融业从业人员。2013 年继承:《广东金融学院学报》(2004～2012)。

金融理论与实践 = Financial theory and practice / 中国人民银行郑州中心支行，河南省金融学会，1985～
月刊　　　　　　　　　　CLC：F83
ISSN 1003-4625　CN 41-1078/F　36-160
河南省郑州市郑东新区商务外环 21 号(450018)
编辑部电话：0371-69089212
http://jrls.cbpt.cnki.net
探索发展金融理论，服务金融改革实践，反映金融运行信息，展示金融科研成果。辟有理论探索、金融改革、金融观察、证券市场、保险研究、银行管理、农村金融、金融监管、信托租赁、金融与法、国际金融等栏目。读者对象为金融理论研究人员、金融界干部职工及财经院校师生。1985 年继承:《河南金融研究》(1979~1984)。

金融论坛 = Finance forum / 中国工商银行股份有限公司,中国现代金融学会, 2001~

月刊　　　　　CLC:F83

ISSN 1009-9190　　CN 11-4613/F

北京市西城区宣武门西大街丙 121 号(100031)

编辑部电话:010-81013553,81013578,66105374

jrlt@chinajournal.net.cn

侧重商业银行应用理论研究,涉及与商业银行相关的证券、保险、投资等领域,发表相关的研究论文。读者对象为金融理论及政策研究人员、经济工作者及经济院校师生。2001 年继承:《城市金融论坛》(1996~2000)。

金融评论 = Chinese review of financial studies / 中国社会科学院金融研究所, 2009~

双月刊　　　　CLC:F83

ISSN 1674-7690　　CN 11-5865/F　2-340　BM653

北京市东城区王府井大街 27 号综合楼 7 层(100710)

编辑部电话:010-65265969

http://jrpl.ajcass.org

jrpl@cass.org.cn

旨在通过研究成果发表推动经济与金融领域的理论探索。主要刊登反映中国经济与金融发展的最新动态,及对相关领域的重大理论与实践问题的研究论文、研究综述和学术评论。内容包括中国经济发展、互联网金融、汇率、金融危机、国际金融市场、股票市场、证券交易等方面。读者对象为金融理论与实际工作者、金融院校师生。

金融研究 = Journal of financial research / 中国金融学会, 1981~

月刊　　　　　CLC:F83

ISSN 1002-7246　　CN 11-1268/F

北京市西城区成方街 32 号 2 号楼(100800)

编辑部电话:010-66195402

http://www.jryj.org.cn

反映我国金融界在金融体制改革、金融理论和业务发展方面的研究成果与进展。研究对象涵盖各类金融机构,主要刊载国内专家学者的宏观经济理论和政策问题的研究成果。读者对象为金融业务部门、政策研究部门和理论宣传部门的干部,财经专业院校师生,企业厂矿的经营管理人员和对经济金融理论研究感兴趣的各界人士。1981 年继承:《金融研究动态》(1980)。

金融与经济 = Finance and economy / 江西省金融学会, 1980~

月刊　　　　　CLC:F83

ISSN 1006-169X　　CN 36-1005/F　44-67

江西省南昌市铁街 25 号(330008)

编辑部电话:0791-86613977

http://jryjj.org.cn

jryjj@vip.163.com

宣传党和国家金融、经济方面的方针政策,探索金融、经济理论,交流金融科研成果,报道国际金融动态。设有卷首语、金融研究、经济纵横、专题、金融论坛等栏目。读者对象为金融工作者及相关专业高等院校师生。

金属矿山 = Metal mine / 中钢集团马鞍山矿山研究总院股份有限公司,中国金属学会, 1973~

月刊　　　　　CLC:TD85

ISSN 1001-1250　　CN 34-1055/TD　26-139　M5561

安徽省马鞍山市经济技术开发区西塘路 666 号(243000)

编辑部电话:0555-2404809,2309839,2309822

http://www.jsks.net.cn

jsks@vip.163.com

主要刊登金属矿山采矿、矿物加工、机电与自动化、安全环保、矿山测量、地质勘探等领域具有重大学术价值或工程推广价值的研究成果,报道受到国家重大科研项目资助的高水平研究成果。读者对象为金属矿山系统的工程技术人员、企事业单位管理人员及相关专业院校师生。1973 年继承:《黑色金属矿山》(1966)。

金属热处理 = Heat treatment of metals / 北京机电研究所有限公司,中国机械工程学会热处理分会,中国热处理行业协会, 1976~

月刊　　　　　CLC:TG15

ISSN 0254-6051　　CN 11-1860/TG　2-827　0687-MO

北京市海淀区学清路 18 号(100083)

编辑部电话:010-62935465,82415083

http://www.jsrcl.net,http://www.chts.org.cn

jsrcl@vip.sina.com,jsrclgg@vip.sina.com

2023 年起由中国机械总院集团北京机电研究所有限公司、中国机械工程学会热处理分会和中国热处理行业协会主办。刊登有关金属热处理科研、生产、应用和行业管理方面的论文。设有综述、材料研究、表面工程、工艺研究、设备研制与改造、典型零件热处理、节能与环保、测试与分析、计算机应用、失效分析、标准化、行业信息动态等栏目。读者对象为金属热处理、金属材料、冶金等专业科研技术人员及大专院校师生。1976 年继承:《压力加工与热处理》(1958~1960)。

金属学报 = Acta metallurgica Sinica / 中国金属学会, 1956~

月刊　　　　　CLC:TG1,TF,O4

ISSN 0412-1961　　CN 21-1139/TG　　2-361
辽宁省沈阳市沈河区文化路 72 号(110016)
编辑部电话：024-23971286
http://www.ams.org.cn
jsxb@imr.ac.cn

报道金属和材料科学及冶金技术领域的科技成果。
刊登学术论文及反映学科发展状况的综合评述和信息
性文章。内容包括金属物理、物理冶金、断裂、金属材料
科学、冶金工艺、冶金过程物理化学、腐蚀与防护、亚稳
材料、功能材料、磁性材料、铸造、金属压力加工、焊接、
粉末冶金、复合材料、实验技术等方面。读者对象为金
属与材料科学及冶金技术领域的科技人员和相关专业
大专院校师生。

近代史研究 ＝ Modern Chinese history studies / 中国
社会科学院近代史研究所，1979〜
双月刊　　　　　CLC：K25
ISSN 1001-6708　CN 11-1215/K　82-472　BM-298
北京市朝阳区国家体育场北路 1 号(100101)
编辑部电话：010-87420921
http://jdsyj.ajcass.org
jdsyj-jd@cass.org.cn

发表中国近代史领域的研究成果。设有专题研究、书
讯、读史札记等栏目，涉及中国近代经济、政治、军事、文
化、思想和中外关系史等方面。读者对象为史学工作
者、高等院校历史专业师生。

经济地理 ＝ Economic geography / 中国地理学会，湖
南省经济地理研究所，1981〜
月刊　　　　　CLC：K9
ISSN 1000-8462　CN 43-1126/K　42-47　0680M
湖南省长沙市岳麓区枫林二路 139 号(410205)
编辑部电话：0731-88811597
http://www.jjdl.com.cn
jjdl1981@163.com

重点反映经济地理学研究前沿理论、区域经济开发，
以及与国民经济相关的工业、农业、交通、旅游、生态环
境等方面最新科研成果和研究动态。主要栏目有区域
经济理论与方法、城乡地理与新型城镇化、产业经济与
创新发展、旅游经济与管理等。读者对象为经济学研究
人员，各级政府决策机构、科研院所，以及从事区域经济
开发建设企事业单位决策人员、地理工作者、大专院校
师生、中学地理教师，以及关心国家经济建设社会各界
人士。

经济管理 ＝ Business and management journal（BMJ）/
中国社会科学院工业经济研究所，1979〜
月刊　　　　　CLC：F

ISSN 1002-5766　　CN 11-1047/F　2-839　M107
北京市东城区东厂胡同 1 号院(100006)
编辑部电话：010-68019057,68068985,68066211
http://www.jjgl.cass.cn

宣传国家的经济方针与政策，报道经济与管理方面的
理论研究成果。内容涵盖经济学、管理学两大门类，偏
重应用经济学，特别是工商管理学。读者对象为各层次
经济管理人员、经济院校师生。

经济经纬 ＝ Economic survey / 河南财经政法大学，
1994〜
双月刊　　　　　CLC：F
ISSN 1006-1096　CN 41-1421/F　36-90
河南省郑州市金水东路 180 号(450046)
编辑部电话：0371-63519038,9039
http://www.jjjw.org.cn
jjjw@huel.edu.cn

反映我国经济建设和经济改革的理论研究与实践成
果，探索社会主义市场经济中的热点、难点问题和经济
发展的内在规律。主要栏目：宏观经济、产业经济、国际
经济、区域经济、企业管理、"三农"经济、财政金融等。
读者对象为党政机关决策部门领导、经济理论工作者、
经济院校师生及企业管理人员。1994 年继承：《河南财
经学院学报》(1984〜1994)。

经济科学 ＝ Economic science / 北京大学，1979〜
双月刊　　　　　CLC：F
ISSN 1002-5839　CN 11-1564/F　2-840　BM262
北京市海淀区北京大学经济学院大楼四层(100871)
编辑部电话：010-62751488
http://jjkx.pku.edu.cn
jjkx@pku.edu.cn

反映国内外经济学研究的最新成果。结合我国经济
体制改革和对外开放的实践，研究和探索经济理论的热
点问题，发表经济管理、国际经济、经济思想史、经济学
说史、西方经济学、地区经济、企业经济、金融等方面的
学术论文和研究报告。主要读者对象为经济界人士及
经济院校师生。

经济理论与经济管理 ＝ Economic theory and business
management / 中国人民大学，1981〜
月刊　　　　　CLC：F0,F4
ISSN 1000-596X　CN 11-1517/F　2-286　M526
北京市海淀区中关村大街 59 号(科研楼 A 座 11 层)
(100872)
编辑部电话：010-62510762,5330
http://jjll.ruc.edu.cn
etbm@263.net

反映国内外经济学与管理学研究的新成果,发表经济学与经济管理方面的论文,以及工作研究、实证分析、调查报告、经验总结、经济信息、专题资料等。主要栏目:理论探索、学术前沿、经济热点、公共经济、金融研究、产业经济、区域经济、新农村建设、工商管理、国际经济、动态与综述等。读者对象为高校财经类各专业的教学科研人员和学生(主要是高年级本科生和硕士生、博士生)、科研院所从事经济和管理研究的专业人员、政府宏观经济管理部门的公务员和政策研究者、各类企业的管理者和研究者,以及关注中国经济问题的海外读者。

经济林研究 = Nonwood forest research / 中南林业科技大学,1983~

季刊　　　　　　　CLC:S7,S6

ISSN 1003-8981　　CN 43-1117/S　Q1743

湖南省长沙市中南林业科技大学(410004)

编辑部电话:0731-85658526

http://qks.csuft.edu.cn

主要刊登经济林、果树及观赏园艺等学科栽培、育种、育苗(包括常规育苗和快速繁殖育苗)、生物科学与技术、产品加工利用与贮藏、资源开发与利用、生产经营与管理、发展战略,以及与经济林、果树及观赏园艺有关的土壤学、植物学、生态学、生理生化、昆虫学、病理学等方面的论文。设有综述、述评、研究论文、研究简报、实用技术、发展战略等栏目。读者对象为从事经济林、果树及观赏园艺科研、教学、生产和管理的人员,以及农林、果树、粮油、食品、能源、园林、药材、轻工等部门的科技人员。

经济评论 = Economic review / 武汉大学,1990~

双月刊　　　　　　CLC:F

ISSN 1005-3425　CN 42-1348/F　38-204　BM4486

湖北省武汉市武昌区八一路 299 号(430072)

编辑部电话:027-68754563,3012

http://jer.whu.edu.cn

whujer@163.com,jer@whu.edu.cn

内容涵盖理论经济学和应用经济学诸学科,发表经济理论和社会主义市场经济实践方面的学术论文和评论。内容涉及经济理论、中国经济、通货膨胀、财政、养老保险、城市经济、房地产经济、企业经济、世界经济等方面。读者对象为国内外经济理论研究人员、经济部门管理人员和经济院校师生等。1990 年继承:《经济文稿》(1981~1986)。

经济社会体制比较 = Comparative economic & social systems / 中央编译出版社,1985~

双月刊　　　　　　CLC:F0,F11

ISSN 1003-3947　CN 11-1591/F　82-732

北京市海淀区北四环西路 69 号(100080)

编辑部电话:010-55627367

对国内外经济社会体制进行比较研究,涉及比较经济学、新制度主义、产权理论、寻租理论、转轨经济学、公司治理结构等领域,展示比较理论研究成果,发表研究中国改革和发展热点、难点问题与政策建议的文章。设有习近平新时代中国特色社会主义思想研究、金融体制改革、财政体制改革、产业经济、公共治理、腐败研究、比较论坛、文献综述与述评等栏目。读者对象为各级党政及政策研究部门、大专院校、科研部门和企业界人士。

经济体制改革 = Reform of economic system / 四川省社会科学院,1983~

双月刊　　　　　　CLC:F12

ISSN 1006-012X　CN 51-1027/F　62-169

四川省成都市一环路西一段 155 号(610071)

编辑部电话:028-87016562

https://jjtzgg.publish.founderss.cn/homeNav?lang=zh

jtg-zh@vip.163.com(综合),jtg-sn@vip.163.com("三农"),jtg-qj@vip.163.com(区域经济),jtg-qy@vip.163.com(企业),jtg-cj@vip.163.com(财税与金融)

探讨建立社会主义市场经济体制过程中的各种问题。主要栏目:企业改革与管理、财税与金融体制改革、区域经济改革与发展、争鸣与探索、国际经验借鉴、农村改革与发展等。读者对象为经济理论研究人员和经济工作者。

经济问题 = On economic problems / 山西省社会科学院,1979~

月刊　　　　　　　CLC:F

ISSN 1004-972X　CN 14-1058/F　22-60　M5310

山西省太原市小店区大昌南路 14 号(030032)

编辑部电话:0351-7850311

jjwts@163.com

立足山西,面向全国,对经济科学和经济建设中的问题开展研讨。辟有理论探索、宏观经济、国际贸易、财政金融、产业经济、区域经济、经济法、会计与审计、晋商研究等栏目。读者对象为经济理论工作者、经济部门实际工作者、经济院校师生、企业管理人员及各级党政领导。

经济问题探索 = Inquiry into economic issues / 云南省宏观经济研究院(云南省产业研究院),1980~

月刊　　　　　　　CLC:F12,F4

ISSN 1006-2912　CN 53-1006/F　64-18　M488

云南省昆明市东风东路 106 号(650041)

编辑部电话:0871-63113304,3219

http://www.jjwts.com,http://www.经济问题探

索.com

研究探讨经济发展中的重要问题,关注世界经济理论研究前沿,注重当前经济热点和宏观经济问题的研究。设有区域与城市经济、宏观经济、综合论坛、国际经济与贸易、财政与金融、产业经济、资源环境与能源、理论探讨、农业经济、劳动经济、金融与财政、国际经济贸易、劳动经济学、区域经济等栏目。读者对象为经济工作者、经济理论研究人员、各级经济管理人员及大专院校经济专业师生。

经济学 = China economic quarterly / 北京大学,2001～
双月刊　　　　　　CLC:F
ISSN 2095-1086　　CN 11-6010/F　2-574
北京市海淀区北京大学中国经济研究中心(100871)
编辑部电话:010-62758908
http://ceq.ccer.pku.edu.cn
ceq@nsd.pku.edu.cn
发表经济学领域的研究论文、综述和评论性文章。读者对象为经济学研究领域的专家、学者和专业院校师生。

经济学动态 = Economics perspectives / 中国社会科学院经济研究所,1960～
月刊　　　　　　　CLC:F
ISSN 1002-8390　　CN 11-1057/F　82-490　M1162
北京市阜成门外月坛北小街2号(100836)
编辑部电话:010-68051607
http://jjxdt.ajcass.org
jjxdt-jjs@cass.org.cn
反映国内外经济理论研究的最新成果与动态。主要栏目:学术探讨、微观经济研究、劳动与就业、金融与财政、贸易与投资、制度与经济、国外经济理论评论、国外经济理论动态、国外经学家评介、学术会议等。读者对象为经济理论研究人员、经济工作者及经济院校师生。1990年吸收:《经济学译丛》(1961～1989)。

经济学家 = Economist / 西南财经大学,四川社会科学学术基金(新知研究院),1989～
月刊　　　　　　　CLC:F
ISSN 1003-5656　　CN 51-1312/F　62-92　BM4046
四川成都光华村街55号(610074)
编辑部电话:028-87352177
内容包括马克思主义经济学基本理论的研究,社会主义市场经济运行及其机制的研究,经济改革和经济发展的重大课题研究,当代资本主义发展的新特点、新趋势研究,世界经济发展问题研究,以及经济领域的调查报告和当代国外经济理论流派的介绍和评价等。主要栏目:面向21世纪的中国经济学、发展战略研究、"三农"

问题、理论经纬、金融问题研究、体制改革、比较与借鉴等。读者对象为经济学研究人员、企业管理人员及经济院校师生。

经济研究 = Economic research journal / 中国社会科学院经济研究所,1955～
月刊　　　　　　　CLC:F
ISSN 0577-9154　　CN 11-1081/F　2-251　M16
北京市阜外月坛北小街2号(100836)
编辑部电话:010-68034153
http://www.erj.cn,http://www.cesgw.cn
erj@cass.org.cn
发表改革开放、经济发展和体制转型过程中出现的各种经济问题的研究文章,内容包括理论经济、宏观经济、公共财政、就业与收入分配、国际经济与贸易、金融市场与公司财务、微观经济与产业组织、市场与区域经济、农业和自然资源等方面。读者对象为经济理论研究人员,各级经济决策者,实际经济部门、政策研究部门和理论宣传部门的广大干部,高等院校和财经类中专学校师生以及各类企业经营管理者。

经济与管理 = Economy and management / 河北经贸大学,1987～
双月刊　　　　　　CLC:F2
ISSN 1003-3890　　CN 13-1032/F　18-83
河北省石家庄市学府路47号(050061)
编辑部电话:0311-87656976
http://jjygl.hueb.edu.cn
qkb2177@163.com
主要刊登经济类、管理类研究论文。设有"三农"与乡村振兴、工商管理、区域经济、京津冀协同发展、数字经济、财政金融、公共经济与管理、园区治理现代化、绿色低碳发展等栏目。读者对象为经济工作者、政府经济部门工作人员、相关领域理论研究者及院校师生。1987年继承:《河北经济管理干部学院学报》(1986～1987)。

经济与管理评论 = Review of economy and management / 山东财经大学,2012～
双月刊　　　　　　CLC:F127
ISSN 2095-3410　　CN 37-1486/F　BM4041
山东省济南市舜耕路40号(250014)
编辑部电话:0531-88525257
http://jjyglpl.sdufe.edu.cn
jjyglpl@vip.163.com
主要刊发国内外经济学、管理学理论与政策研究成果,探讨经济领域改革发展面临的新情况、新问题。主要栏目:经济管理、财政金融、区域经济、理论经济、财政税收、会计与审计、黄河流域生保护和高质量发展专题、金融研究等。读者对象为相关领域的研究人员及高等院校师生。2012 年继承:《山东经济》(1983~2011)。

经济与管理研究 = Research on economics and management / 首都经济贸易大学,1980~
月刊   CLC:F27
ISSN 1000-7636   CN 11-1384/F   2-254   BO742
北京市朝阳门外红庙首都经济贸易大学内(100026)
编辑部电话:010-65976484,85995143
https://jjyg.cbpt.cnki.net
jjyglyj80@126.com,jjyglyj@cueb.edu.cn
主要刊载研究宏观、微观经济理论,交流经济管理的经验,介绍经济管理科学知识,报道国外经济发展动态。主要栏目有宏观经济、产业经济、企业管理、公共管理、金融、劳动经济、区域与城市经济等。读者对象为经济理论研究人员、经济工作者和经济院校师生。

经济纵横 = Economic review journal / 吉林省社会科学院 吉林省社会科学界联合会,1985~
月刊   CLC:F
ISSN 1007-7685   CN 22-1054/F   12-97   M4036
吉林省长春市自由大路 5399 号(130033)
编辑部电话:0431-84637225,81294835
http://www.jjzhzzs.cn
jjzh1985@vip.163.com
追踪经济热点,探讨时代课题,刊登马克思主义政治经济学研究成果。主要栏目:宏观经济、改革开放论坛、世界经济、区域经济、工业经济、农业经济、改革开放论坛、学术动态等。读者对象为经济理论研究人员、经济工作者和经济专业师生。2008 年吸收:《经济纵横. 创新版》(2006~2007);2003 年分出:《经营与消费》(2003~2004);2006 年分出:《经济纵横. 创新版》(2006~2007)。

精密成形工程 = Journal of netshape forming engineering / 中国兵器工业第五九研究所,国防科技工业精密塑性成形技术研究应用中心,2009~
双月刊   CLC:TG3
ISSN 1674-6457   CN 50-1199/TB   78-235
重庆市石桥铺渝州路 33 号(400039)
编辑部电话:023-68679125
http://www.nsforming.com
jmcxgc@163.com
2023 年起由西南技术工程研究所和国防科技工业精密塑性成形技术研究应用中心主办。展示国内精密成形工程专业前沿学术成果,报道国内外成形制造技术新工艺、新趋势的学术研究论文。设有塑性成形、先进焊接与连接、应用技术和各类专题等栏目。读者对象为相

关专业的工程技术人员、科技人员及相关专业院校师生。2022 年起改为月刊。

精细化工 = Fine chemicals / 中昊(大连)化工研究设计院有限公司,中国化工学会精细化工专业委员会,1984~
月刊   CLC:TQ
ISSN 1003-5214   CN 21-1203/TQ   8-55   4624M
辽宁省大连市高新区黄浦路 201 号(116023)
编辑部电话:0411-84699773,84685669
http://www.finechemicals.com.cn
jxhgbjb@126.com
反映精细化工领域的科研成果和技术应用成果,报道世界精细化工发展动态,普及精细化工技术知识。内容包括综论、功能材料、表面活性剂、生物工程、催化与分离提纯技术、皮革化学品、医药与日化原料、水处理技术与环境保护、有机电化学与工业、纺织染整助剂、黏合剂等方面。读者对象为相关专业的科研人员及大专院校师生。

绝缘材料 = Insulating materials / 桂林电器科学研究院有限公司,2001~
月刊   CLC:TM2
ISSN 1009-9239   CN 45-1287/TM   48-20   DK45009
广西桂林市东城路 8 号(541004)
编辑部电话:0773-5888014,5888291,5888420
http://www.jyct.cbpt.cnki.net
jy9988@188.com
报道绝缘材料与绝缘技术科技成果。内容包括电介质基础理论、电气电子绝缘材料与绝缘技术,以及与此密切相关的原材料、检测分析方法、检测分析仪器、生产工艺方法、生产工艺装备、标准化、环境保护、质量管理、市场分析等方面的研究论文、综述、报告、新知识等。同时刊登最新的与绝缘材料和应用相关的论文文摘、专利文摘,以及电工和原材料行业动态等。主要栏目有综述、材料研究、绝缘技术、测试与分析、行业动态、国内文摘与专利等。读者对象为从事绝缘材料科研、生产、应用与开发的科技人员、经营管理人员,相关专业院校师生。2001 年继承:《绝缘材料通讯》(1965~2000)。

菌物学报 = Mycosystema / 中国科学院微生物研究所,中国菌物学会,2004~
月刊   CLC:Q949.3
ISSN 1672-6472   CN 11-5180/Q   2-499   M723
北京市朝阳区北辰西路 1 号院 3 号中国科学院微生物研究所 B401(100101)
编辑部电话:010-64807521
http://journals-myco.im.ac.cn

jwxt@im.ac.cn

主要发表我国菌类研究领域基础理论与应用研究成果。刊登菌物系统分类学、形态学、分子与细胞水平的进化菌物学、菌物区系地理学、菌物多样性、濒危菌物物种保护生物学,以及与菌物系统分类有关的医学真菌、兽医真菌、生态学、遗传学、生理学、病理学、生物化学等方面综述、研究论文和简报。设有院士专栏、研究论文、特约综述、新品种快报等栏目。读者对象为菌物学工作者及农、林、医、轻工等科研、教学和技术人员。2004 年继承:《菌物系统》(1997~2003)。

开放教育研究 = Open education research / 上海开放大学,1995~
双月刊　　　　　CLC:G43,G72
ISSN 1007-2179　　CN 31-1724/G4　4-578　BM-4670
上海市国顺路 288 号行政楼 301 室(200433)
编辑部电话:021-65631403
https://openedu.sou.edu.cn
kfyj@sou.edu.cn
传播开放教育与远程教育新思想、新理念、新技术和新方法。辟有开放视点、高阶访谈、本刊专稿、学术前沿、研究报告、技术支撑、理论探究、终身教育、编余札记等栏目。读者对象为远程教育工作者及教育教学研究人员。

开放时代 = Open times / 广州市社会科学院,1989~
双月刊　　　　　CLC:F12,D0
ISSN 1004-2938　　CN 44-1034/C　46-169
广东省广州市白云区云城街润云路 119 号(510410)
编辑部电话:020-86464940,4301
http://www.opentimes.cn
opentimes@vip.163.com
研究近现代以来的中国问题,关注中国的改革开放现实,突出对理论前沿和实践前沿问题的研究,内容包括综合试验区研究、对社会主义的再认识、对资本主义再认识、改革开放与观念更新、开放历史反思、企业文化研究等。设有专题、人文天地、经济社会、法学与政治、他者的世界、阅读、批评等栏目。读者对象为政府机关工作人员、企事业单位的管理人员、相关专业研究人员以及大专院校师生。1989 年继承:《广州研究》(1982~1988)。

抗日战争研究 = The journal of studies of China's Resistance War Against Japan / 中国社会科学院近代史研究所,中国抗日战争史学会,1991~
季刊　　　　　CLC:K265
ISSN 1002-9575　　CN 11-2890/K　82-473　Q187
北京市朝阳区国家体育场北路 1 号院 2 号楼 3 层

(100101)
编辑部电话:010-87420901
krzz-jd@cass.org.cn
刊登有关抗日战争研究的论文、研究综述、史学考订、译文、资料、新史料介绍等,内容涵盖抗日战争时期的政治、军事、经济、外交、文化、社会,以及战后中日关系等方面,也适当发表近代以来日本帝国主义侵华活动及中华民族抵抗侵略方面的研究论文。读者对象为中国近现代史研究人员及大专院校师生。2023 年起并列题名改为:Studies of the War of Resistance Against Japanese Aggression。

考古 = Archaeology / 中国社会科学院考古研究所,1959~
月刊　　　　　CLC:K87
ISSN 0453-2899　　CN 11-1208/K　2-803　M13
北京市朝阳区国家体育场北路 1 号院 3 号楼(100101)
主要刊登田野考古发掘和调查简报、中国考古学专题研究和综合研究论文,以及科技考古鉴定报告,报道重要的学术动态。主要栏目:调查与发掘、研究与探索、信息与交流、考古与科技、讨论与争鸣、新发现·新进展等。读者对象为从事考古、文物、历史研究的专家、学者和工作人员。1959 年继承:《考古通讯》(1955~1958)。

考古学报 = Acta archaeologica Sinica / 中国社会科学院考古研究所,1953~
季刊　　　　　CLC:K87
ISSN 0453-2902　　CN 11-1209/K　2-116　Q84
北京市朝阳区国家体育场北路 1 号院 3 号楼(100101)
刊登田野考古的调查发掘报告,考古学理论和专题研究论文,以及古代史、古代建筑、古人类、古生物鉴定与考古学关系密切的其他重要论著。读者对象为从事考古、文物、历史研究的专家、学者和工作人员。1953 年继承:《中国考古学报》(1947~1951)。

考古与文物 = Archaeology and cultural relics / 陕西省考古研究院,1980~
双月刊　　　　　CLC:K87
ISSN 1000-7830　　CN 61-1010/K　52-12　BM225
陕西省西安市长安区终南大道 2999 号陕西省考古研究院(710109)
编辑部电话:029-89056332
http://www.shxkgy.cn
kgyww2000@163.com
报道国内外考古重大发现与研究成果,刊登古代科技、文字、宗教、农业、美术、体育、饮食、建筑等方面的研究论文及考古调查发掘简报,介绍各种文物与藏品。设有考古新发现、研究与探索、古文字研究、文物保护与科技考古、文化交流、考古简讯等栏目。读者对象为从事考古、文物、历史研究的专业人员及高校考古专业教师。

科技导报 = Science & technology review / 中国科学技术协会，1980～

半月刊　　　　　　CLC：N1，G3
ISSN 1000-7857　　CN 11-1421/N　2-872　TP3092
北京市海淀区学院南路 86 号（100081）
编辑部电话：010-62138113
http://www.kjdb.org
kjdbbjb@cast.org.cn

主要发表国内外科学技术各学科专业原创性学术论文、阶段性科研成果报告以及国内外重大科技新闻，涵盖科技各个领域，关注重大科技问题。设有专稿、智库观点、科技评论、专题论文、综述、研究论文、科技工程、科技人文、书评等栏目。读者对象为科技工作者、高等院校师生和科技管理干部。

科技进步与对策 = Science & technology progress and policy / 湖北省科技信息研究院，1984～

半月刊　　　　　　CLC：G3，F2
ISSN 1001-7348　　CN 42-1224/G3　38-118
湖北省武汉市武昌区洪山路 2 号湖北科教大厦 D 座 6 楼（430071）
编辑部电话：027-87277066
http://www.kjjb.org
bianwu@kjjb.org

关注科技进步对社会经济生活的影响，引导自然科学与社会科学相结合、科技促进经济发展与科技促进社会进步相结合，研究科技政策、科技管理与组织、效益评价等方面的理论与实践问题。设有科技管理创新、区域科学发展、产业技术进步、企业创新管理、科技法制与政策、军民融合创新、区域发展与智慧城市、评价与决策、人才与教育、综述等栏目。主要读者对象为各级领导干部和科技管理人员。

科技与出版 = Science technology & publication / 清华大学出版社有限公司，1993～

月刊　　　　　　　CLC：G23
ISSN 1005-0590　　CN 11-3209/G3　82-655
北京市清华大学出版社（100084）
编辑部电话：010-83470490，4091，0486
http://www.kjycb.com
kjycb@tup.tsinghua.edu.cn

旨在加强科技界与出版界之间的联系，传播出版营销经验，提高行业人员业务素质，促进出版业的改革与发展。主要栏目：特别策划、经营之道、编辑实务、创作空间、营销方略、数字无限、研究与教育、艺海拾珍、声音与资讯、简讯等。读者对象为编辑、出版、发行工作者及管理人员，相关专业院校教学科研人员及学生。1993 年继承：《科技出版》(1988～1992)。

科普研究 = Studies on science popularization / 中国科普研究所，2006～

双月刊　　　　　　CLC：N4，G3
ISSN 1673-8357　　CN 11-5410/N　80-564
北京市海淀区学院南路 86 号（100081）
编辑部电话：010-62103301
http://kpyj.ijournals.cn
kepuyanjiu@163.com

主要刊载科学大众化的理论和实践研究成果，内容涉及科学与社会、科学与文化、公民科学素质监测评估、科技教育等领域。设有科普访谈、研究论文、科普动态等栏目。读者对象为科普工作者、教育工作者以及有关党政部门管理者等。

科学管理研究 = Scientific management research / 内蒙古自治区软科学研究会，1982～

双月刊　　　　　　CLC：G3，F20
ISSN 1004-115X　　CN 15-1103/G3　16-16　BM3333
内蒙古呼和浩特市新城西街总局街 3 号科技大厦 B 座 305 室（010010）
编辑部电话：0471-6355025；18647960993
http://kxgy.chinajournal.net.cn
18047173609@163.com

以科技、经济与社会的关系为主要研究内容，探讨其运行机制、发展战略、方针政策，以及科技体制改革、工农业科技进步、决策预测理论和人才与发展等软科学方面的学术性问题。主要栏目：创新发展研究、科研管理创新、产业创新研究、企业创新研究、国际创新研究、区域创新研究、科技金融研究、农业创新研究、合作创新研究、科技扶贫研究等。读者对象为各级领导干部、科技管理人员和大专院校相关专业师生。1982 年继承：《内蒙古科技》(1981～1982)。

科学技术与工程 = Science technology and engineering / 中国技术经济学会，2001～

旬刊　　　　　　　CLC：N55
ISSN 1671-1815　　CN 11-4688/T　2-734　BM3871
北京市海淀区学院南路 86 号（100081）
编辑部电话：010-62118920
http://www.stae.com.cn
stae@vip.163.com

刊登自然科学、技术与工程方面的论文及综述性文章，内容涉及物理学、天文学、地球科学、生物科学、石油天然气工业、电子技术、通信技术等领域。读者对象为科研人员、工程技术人员及理工科高等院校师生。

科学技术哲学研究 = Studies in philosophy of science and technology / 山西大学，山西省自然辩证法研究会，2009～

双月刊　　　　　　CLC：N02

ISSN 1674-7062　　CN 14-1354/G3　22-25　BM3093

山西省太原市坞城路 92 号（030006）

编辑部电话：0351-7011922

http://kxbz.cbpt.cnki.net

bianjibu@sxu.edu.cn

主要研究自然界一般规律、科学技术活动基本方法、科学技术及其发展哲学问题、科学技术与社会相互作用等内容。刊登包括科技史、科学学、数学哲学、工程哲学、技术哲学、技术经济学等学科内容。主要栏目有科学哲学、技术哲学、科学技术史、科技与社会等。读者对象为从事自然辩证法研究的学者和哲学社会科学工作者。2009 年继承：《科学技术与辩证法》（1984～2009）。

科学社会主义 = Scientific socialism / 中国科学社会主义学会，1986～

双月刊　　　　　　CLC：D0，D6

ISSN 1002-1493　　CN 11-2797/D　82-841　BM4329

北京市海淀区大有庄 100 号（100091）

编辑部电话：010-62805237

keshe201501@163.com

关注社会热点和理论前沿，重点研究科学社会主义理论与实践问题。设有主题栏目、科学社会主义基本理论、重大现实问题研究、改革开放与国家治理研究、社会主义历史与文献、当代世界社会主义等栏目。主要读者对象为各级党政机关、企事业单位干部，理论宣传工作者，社会科学工作者和各级党校、大专院校师生。1986 年继承：《中国科学社会主义学会通讯》（1984～1985）。

科学通报 = Chinese science bulletin / 中国科学院，国家自然科学基金委员会，1950～

旬刊　　　　　　　CLC：N55

ISSN 0023-074X　　　CN 11-1784/N　80-213

北京市东城区东黄城根北街 16 号（100717）

编辑部电话：010-64036120，64012686

http://csb.scichina.com，http://www.scichina.com

csb@scichina.org

报道自然科学各学科基础理论和应用研究的最新研究成果、消息、进展，点评研究动态和学科发展趋势。设有评述、论文、观点等栏目。读者对象为国内外科技工作者。

科学学研究 = Studies in science of science / 中国科学学与科技政策研究会，中国科学院科技政策与管理研究所，清华大学科学技术与社会研究中心，1983～

月刊　　　　　　　CLC：G3

ISSN 1003-2053　　CN 11-1805/G3　82-315　Q4088

北京市中关村北一条 15 号 8712 信箱（100190）

编辑部电话：010-62622031

http://www.kxxyj.com

kxxyj@263.net

主要发表科学学、科技政策、科技管理方面的学术论文、调查报告和典型案例。设有科学学理论与方法、科技发展战略与政策、科技管理与知识管理、技术创新与制度创新等常设栏目。读者对象为科学学研究人员，科技政策、科技管理及图书情报工作者，相关专业高等院校师生。

科学学与科学技术管理 = Science of science and management of S. & T. / 天津市科学技术发展战略研究院，1980～

月刊　　　　　　　CLC：G3

ISSN 1002-0241　　CN 12-1117/G3　6-42

天津市河东区新开路 138 号天津科学技术发展战略研究院（300011）

编辑部电话：022-84328159

http://www.ssstm.org

研究科学学、科学管理的最新动态与趋势，发表学术论文、调查报告及经典案例等。辟有科学理论与方法、科技战略与政策、区域科技与创新、创新战略与管理、科技创新与创业、科技人力资源管理等栏目。读者对象为科学学研究人员，科技政策、科技管理、图书情报工作者，相关专业高等院校师生。

科研管理 = Science research management / 中国科学院科技战略咨询研究院，中国科学学与科技政策研究会，清华大学技术创新研究中心，1980～

月刊　　　　　　　CLC：G3，F2

ISSN 1000-2995　　CN 11-1567/G3　2-505　BM610

北京市海淀区中关村东路 55 号 8712 信箱（100190）

编辑部电话：010-62555521

http://www.kygl.net.cn

kygl@casisd.cn

2022 年起减少主办单位清华大学技术创新研究中心。宣传我国科技体制改革和发展科技事业的方针政策，推动国内外管理工作的交流。内容涉及：管理理论与方法、技术创新、科技战略与政策、创新政策与管理、科技管理与绩效评价、科技法与知识产权管理、企业创新与战略管理、知识与人才管理、研究开发与项目管理、农业技术创新与管理、地方科技与教育、高校科技与管理等。读者对象为科研管理和科研政策研究工作者、科学学研究人员以及相关专业高等院校师生。1980 年继承:《科学管理》(1979)。

可再生能源 = Renewable energy resources / 辽宁省能源研究所有限公司,2002~
月刊　　　　　　　CLC:TK01,S2
ISSN 1671-5292　　CN 21-1469/TK　8-61　BM3303
辽宁省营口市西市区银泉街 65 号(115003)
编辑部电话:0417-2835349,2832895
http://www.kzsny.com,http://www.kzsny.cn
kzsny2007@163.com
发布新能源和可再生能源技术领域科研成果和应用技术,突出能源、生态、环保三大主题,汇集新能源、可再生能源、清洁能源技术之精粹,注重理论应用,突出实用技术。涉及太阳能、生物质能、风能、地热能、水能、垃圾再利用能等方面内容。读者对象为可再生能源及相关行业广大科技人员、管理人员和高等院校师生。2002年继承:《农村能源》(1983~2002)。

课程·教材·教法 = Curriculum, teaching material and method / 人民教育出版社,1981~
月刊　　　　　　　CLC:G63
ISSN 1000-0186　　CN 11-1278/G4　2-294　M971
北京市海淀区中关村南大街 17 号院 1 号楼(100081)
编辑部电话:010-58758970,8998
https://bkstg.pep.com.cn
反映基础教育和教师教育的课程、教材、教法最新研究成果,介绍国内外改革动向和先进经验,为基础教育课程改革、教材编写、教学创新服务。主要栏目有教学理论与方法、学科课程教材与教学、教师教育、课程研究、研究与借鉴、学术纵横等。读者对象为中小学教师和教研员、师范院校师生、课程教材研究人员、教育行政领导。

空间结构 = Spatial structures / 浙江大学,1994~
季刊　　　　　　　CLC:TU
ISSN 1006-6578　　CN 33-1205/TU
浙江省杭州市玉泉浙江大学空间结构研究中心(310027)
编辑部电话:0571-87952414
kjjgzz@163.com
主要报道空间结构、钢和钢筋砼网架、网壳、组合杂结构及不同材料的组合空间结构、膜结构、索桁结构的理论研究、设计计算、建筑造型与艺术、试验与检测、施工安装工艺、新技术、连接构造、工程实例、企业管理经验、国内外空间结构的应用等。读者对象为建筑工程专业的科研人员、工程技术人员及相关专业院校师生。

空间科学学报 = Chinese journal of space science / 中国科学院国家空间科学中心,中国空间科学学会,1981~
双月刊　　　　　　CLC:P35,V1
ISSN 0254-6124　　CN 11-1783/V　2-562　BM608
北京市 8701 信箱(100190)
编辑部电话:010-62582788
http://www.cjss.ac.cn
cjss@nssc.ac.cn
报道以空间为研究对象的研究成果,以及与空间特殊环境有关的基础研究、应用研究和高技术研究成果,具体包括:日地空间物理、空间天气学和空间环境科学、太阳系与行星科学、微重力科学、空间生命科学、空间化学、地球空间科学、空间基础物理实验、空间天文学以及空间科学探测实验和应用等相关技术。主要读者对象为从事空间科学各分支领域研究的研究人员、工程技术人员、科技管理人员和高等院校师生。

空间控制技术与应用 = Aerospace control and application / 北京控制工程研究所,2007~
双月刊　　　　　　CLC:V4
ISSN 1674-1579　　CN 11-5664/V　80-848　BM8875
北京市 5142 信箱 171 分箱(100094)
编辑部电话:010-68111551,1503
http://www.acabice.cn
acabice@163.com
刊载空间控制工程中涉及的航天器动力学、制导、导航与控制、敏感器、执行机构、计算机与综合电子、系统与应用软件、推进系统、地面仿真系统测试及在轨验证等方面的理论方法与工程应用论文,主要关注航天科技领域的重要进展,尤其关注航天控制理论和应用紧密结合的创新性成果。读者对象为空间控制技术及相关行业的技术人员、科研人员和相关专业院校师生。2007年继承:《控制工程》(1981~2007)。

空军工程大学学报.自然科学版 = Journal of Air Force Engineering University. Natural science edition / 空军工程大学教研保障中心,2000~2022
双月刊　　　　　　CLC:T,E
ISSN 1009-3516　　CN 61-1338/N　52-247　BM7780
陕西省西安市长乐东路甲字 1 号(《空军工程大学学报》编辑部)(710051)
编辑部电话:029-84786242
http://kjgcdx.ijournal.cn
kgdbjb@163.com
设有军用航空、兵器工程、电子信息与通信导航、智能无人作战技术与系统、空天防御、机场防护、战伤抢修、网电对抗、军事智能等栏目。读者对象为相关专业的科研技术人员和高等院校师生。2022 年起并列题名改为：Journal of Air Force Engineering University。2000 年由《空军工程学院学报》（1981～1999）、《空军电讯工程学院学报》（1986～1999）和《空军导弹学院学报》（1979～1999）合并而成；2022，no. 4 改名为《空军工程大学学报》（2022～）。

空气动力学学报 ＝ Acta aerodynamica Sinica / 中国空气动力学会，1980～
　　双月刊　　　　　　CLC：V211，O3
　　ISSN 0258-1825　　CN 51-1192/TK　62-27　4786Q
　　四川省绵阳市二环路南段 6 号 11 信箱 9 分箱（621000）
　　http://www.kqdlxxb.com
　　kqdlxxb@163.com
　　2023 年起主办单位改为中国空气动力研究与发展中心计算空气动力研究所。刊载空气动力学及相关交叉学科的理论与实践、方法与手段、技术与应用等方面具有重要意义的创新性成果，载文范围涵盖空气动力学理论研究、数值模拟、风洞试验、飞行试验以及相关交叉学科等。主要读者对象是气动研究机构、工业部门和高校等航空航天领域的科研工作者。2023 年起改为月刊。

孔子研究 ＝ Confucius studies / 中国孔子基金会，1986～
　　双月刊　　　　　　CLC：B222.2
　　ISSN 1002-2627　　CN 37-1037/C　24-76　MB1050
　　山东省济南市经十路 10567 号（250101）
　　编辑部电话：0531-51778228
　　ccfkzyj@163.com
　　主要反映孔子、儒家和中国传统思想文化诸方面的最新、最重要的研究成果及学术动态。刊登研究孔子、儒家和其他各学术流派的哲学、政治、道德、教育、宗教等思想的学术论文，书评、文摘，有关孔子、儒家和其他各学派思想家生平事业的文物、史迹介绍、历史资料等。设有经典新诠、中国哲学、儒史论衡、圣裔文化研究、海外儒学、学术争鸣、青年论坛等栏目。读者对象为相关专业的研究人员及大专院校师生。

控制工程 ＝ Control engineering of China / 东北大学，2002～
　　月刊　　　　　　　CLC：TP2
　　ISSN 1671-7848　　CN 21-1476/TP　8-216　BM8219
　　辽宁省沈阳市东北大学 310 信箱（110004）
　　编辑部电话：024-83688973
　　http://www.kzgc.com.cn
　　kzgcbjb@mail.neu.edu.cn
　　报道国内外自动化领域的发展方向和最新研发成果。主要栏目有综述与评论、综合自动化系统、过程控制及应用、智能控制技术及应用、优化控制技术及应用、企业

资源计划系统、制造执行系统、计算机控制系统及软件等。读者对象为相关专业科研技术人员及高等院校师生。2002 年继承：《基础自动化》（1994～2002）。

控制理论与应用 ＝ Control theory ＆ applications / 华南理工大学，中国科学院数学与系统科学研究院，1984～
　　月刊　　　　　　　CLC：TP13，O231
　　ISSN 1000-8152　　CN 44-1240/TP　46-11　MO5675
　　广东省广州市天河区五山路 381 号华南理工大学（510640）
　　编辑部电话：020-87111464
　　http://jcta.alljournals.ac.cn
　　aukzllyy@scut.edu.cn
　　主要报道系统控制科学中具有新观念、新思想的理论研究成果及其在各个领域中，特别是高科技领域中的应用研究成果。读者对象为从事控制理论与应用研究的科技人员，高校师生及其他有关人员。

控制与决策 ＝ Control and decision / 东北大学，1986～
　　月刊　　　　　　　CLC：TP1
　　ISSN 1001-0920　　CN 21-1124/TP　8-51　MO5676
　　辽宁省沈阳市东北大学 125 信箱（110819）
　　编辑部电话：024-83687766
　　http://kzyjc.alljournals.cn
　　kzyjc@mail.neu.edu.cn
　　报道自动控制与决策领域的科技成果与研究动态。内容包括：自动控制理论及其应用，系统理论与系统工程，决策理论与决策方法，自动化技术及其应用，人工智能与智能控制，以及自动控制与决策领域的其他重要课题。主要栏目：综述与评论、论文与报告、短文、信息与动态和研究简报。主要读者对象为自动控制与决策领域的研究人员、工程技术人员及大专院校师生。

口腔医学研究 ＝ Journal of oral science research / 武汉大学口腔医学院，2002～
　　月刊　　　　　　　CLC：R78
　　ISSN 1671-7651　　CN 42-1682/R　38-119　6427BM
　　湖北省武汉市洪山区珞喻路 237 号（430079）
　　编辑部电话：027-87686117
　　http://www.kqyxyj.com
　　kqyxyj@163.com
　　报道国内外口腔医学的新进展、新技术，为口腔医学临床和科研及教学服务。辟有专家论坛、基础研究论著、临床研究论著、病例报道、学术动态等栏目。读者对象为全国各地口腔医疗、教学、科研人员、口腔专业学生、护理、医技人员等。2002 年继承：《口腔医学纵横》（1985～2002）。

会计研究 = Accounting research / 中国会计学会，1980～
月刊　　　　　　　CLC：F23
ISSN 1003-2886　CN 11-1078/F　2-844
北京市西城区月坛南街 14 号月新大厦六层（100045）
编辑部电话：010-68528922,1749
http://www.asc.org.cn
68528922@asc.org.cn
　反映会计领域最新研究成果，介绍先进经验。涉及会计理论和前瞻性问题研究，会计、审计准则执行情况问题研究，内部控制理论与实务问题研究，财务管理、管理会计理论与实务问题研究，政府和事业单位及非营利组织会计理论与实务问题研究，会计教育与会计人才培养问题研究等内容。读者对象为财会人员、财政经济管理人员及财会教学和理论研究人员。

会计与经济研究 = Accounting and economics research / 上海立信会计金融学院，2012～
双月刊　　　　　　CLC：F23
ISSN 2096-9554　CN 31-2074/F
上海市中山西路 2230 号（200235）
编辑部电话：021-64411390
xuebao@lixin.edu.cn
　致力于会计理论前沿的研究，关注会计实践的发展，报道经济与管理科学的最新动态。设有新文科·新技术·新会计、会计领军学术专栏、政府会计改革与发展、宏观经济政策与微观企业行为、金融研究、会计规范与公司治理、宏观经济政策与微观企业行为、公司财务与资本市场、会计名家专栏等栏目。读者对象为财会工作者及财经院校师生。2012 年继承：《上海立信会计学院学报》（2003～2011）。

会计之友 = Friends of accounting / 山西社会科学报刊社，1983～
半月刊　　　　　　CLC：F23
ISSN 1004-5937　CN 14-1063/F　22-127　TP5237
山西省太原市五一路 190 号雅典金座大厦 17 层（030001）
编辑部电话：0351-5229557,5229558;13327409359，
13383412985
http://www.kjzyzzs.com
kjzybjb@163.com
　研究探讨会计学理论，介绍财会工作经验和业务知识，开展学术交流，报道国内外会计学术的新动向、新成果和新的信息处理方法。主要栏目有风险控制、管理会计、绩效评价、公司治理、高校财务、审计广角、财税研究、投融资等。读者对象为财会工作人员及财经院校师生。

矿床地质 = Mineral deposits / 中国地质学会矿床地质专业委员会，中国地质科学院矿产资源研究所，1982～
双月刊　　　　　　CLC：P61
ISSN 0258-7106　CN 11-1965/P　82-459
北京市西城区百万庄路 26 号（100037）
编辑部电话：010-68327284,68999546
http://www.kcdz.ac.cn
minerald@vip.163.com
　报道找矿新成果、典型矿床及成矿区带，探讨全球成矿规律、不同类型矿床形成的地质背景、成矿过程、时空分布规律、不同类型矿床之间的关系。刊载矿床地质（包括金属矿床、非金属矿床、海洋矿产）、矿床地球化学、区域成矿规律、矿产普查与勘探、矿产资源预测与评价方面的科研成果。设有研究论文、最新报道、最新进展等栏目。读者对象为从事矿床地质勘查、矿山开发等工作的生产、科研人员和高校相关专业的师生。

矿物学报 = Acta mineralogica Sinica / 中国科学院地球化学研究所，中国矿物岩石地球化学学会，1981～
双月刊　　　　　　CLC：P57
ISSN 1000-4734　CN 52-1045/P　66-17　Q4037
贵州省贵阳市观山湖区林城西路 99 号（550081）
kwxb@mail.gyig.ac.cn
　主要报道矿物学及相关学科的高水平研究成果，矿物学研究现状综述、动态分析，以及国内外矿物学界重大事件和重要信息等。旨在及时反映矿物学科学研究的最新成果和动向，推动国内外矿物学工作者之间学术思想和科研成果的交流，促进我国矿物学事业的发展，加速矿物学研究成果的应用。读者对象为地质科研、勘探人员、岩矿分析人员及相关院校师生。

矿物岩石 = Mineralogy and petrology / 四川省矿物岩石地球化学学会，成都理工大学，1980～
季刊　　　　　　　CLC：P5
ISSN 1001-6872　CN 51-1143/TD　62-22
四川省成都市二仙桥东三路 1 号成都理工大学（610059）
编辑部电话：028-84078994
kwys@cdut.edu.cn
　刊载矿物学、岩石学、矿床地质、地球化学方面的研究成果，介绍岩矿鉴定、分析测试的新技术、新方法等。设有应用矿物学、岩石地球化学与年代学、矿床地质学、构造地质学、沉积岩与能源地质学等栏目。读者对象为从事地质科研与生产的工作人员及相关院校师生。

矿物岩石地球化学通报 = Bulletin of mineralogy petrology and geochemistry / 中国矿物岩石地球化学

学会,中国科学院地球化学研究所,1995～

双月刊　　　　　CLC：P5

ISSN 1007-2802　　CN 52-1102/P　DK520027

贵州省贵阳市观山湖区林城西路 99 号(550081)

http://www.bmpg.ac.cn

kydhtb@vip.skleg.cn

报道有关我国矿物学、岩石学、地球化学等学科研究进展和科研成果。设有矿物学、岩石学与地球化学研究十年进展、研究成果、亮点速读、综述、地学论坛、科学人生等栏目。读者对象为地学领域科技人员、大专院校相关专业师生。1995 年继承:《矿物岩石地球化学通讯》(1981～1995)。

矿冶工程 = Mining and metallurgical engineering / 长沙矿冶研究院有限责任公司,中国金属学会,1981～

双月刊　　　　　CLC：TD85

ISSN 0253-6099　　CN 43-1104/TD　42-58　Q4212

湖南省长沙市麓山南路 966 号(410012)

编辑部电话：0731-88657176,7173,7070

kuangyegongchengzz@163.com

主要栏目为采矿、选矿、冶金、材料、矿冶行业企业管理等。读者对象为采矿、选矿、冶金、材料、地质、化工等系统的有关生产人员、院校师生和管理人员。

矿业安全与环保 = Mining safety & environmental protection / 中煤科工集团重庆研究院有限公司,国家煤矿安全技术工程研究中心,1999～

双月刊　　　　　CLC：TD7

ISSN 1008-4495　　CN 50-1062/TD　78-35　BM5678

重庆市九龙坡区二郎科城路 6 号(400039)

编辑部电话：023-65239221,5167

http://www.kyaqyhb.com

bianjibu023@vip.126.com

报道内容以煤矿及非煤矿山安全技术、矿山环境保护技术为主,包括矿井瓦斯、煤与瓦斯突出防治技术与装备,矿井通风防灭火技术与装备,工业粉尘及可燃性气体、粉尘爆炸防治技术与装备,矿山救援技术与装备,矿井水害防治技术,矿山压力与井巷支护技术,安全与环境检测、控制技术,物探与岩土工程技术,煤矿安全管理与评价,矿山热害、污染治理及综合利用等环保技术。主要栏目有试验研究、开发设计、应用技术、技术经验、综述与问题探讨、安全管理等。读者对象为从事煤矿及非煤矿山安全技术环保技术的各级管理人员,科研与设计人员,生产技术人员,院校师生,各级监察管理部门人员,以及相关设备生产企业的技术和管理人员。1999 年继承:《煤炭工程师》(1986～1998)。

矿业科学学报 = Journal of mining science and technol-

ogy / 中国矿业大学(北京),2016～

双月刊　　　　　CLC：TD

ISSN 2096-2193　　CN 10-1417/TD　80-919　ZW025

北京市海淀区学院路丁 11 号(100083)

编辑部电话：010-62339552,9528,9897,1573

http://kykxxb.cumtb.edu.cn

kykxxb@cumtb.edu.cn

刊登内容包括矿业科学领域研究、开发及应用的原创性学术论文,内容包括地质资源与地质工程、测绘科学与工程、矿业工程、煤矿开采、安全科学与工程、矿山建设工程、岩石力学与地下工程、矿山机械工程、矿山电气工程与自动化、矿山通信与信息化工程、矿物加工与利用、煤矿环境保护、煤炭能源绿色开采与洁净利用、管理科学与工程、能源安全与发展战略等。读者对象为矿业科学工程技术人员、相关专业院校师生。

矿业研究与开发 = Mining research and development / 长沙矿山研究院有限责任公司,中国有色金属学会,1993～

月刊　　　　　CLC：TD8

ISSN 1005-2763　　CN 43-1215/TD　42-176　4737BM

湖南省长沙市麓山南路 343 号(410012)

编辑部电话：0731-88671578

http://www.chinamine.org.cn

kyyk@chinamine.org.cn

报道金属矿山采矿、充填采矿、数字矿山、智能采矿、矿区安全与环保工程,以及矿山综合利用等方面的研究动态、科技成果、技术信息和实践经验。主要栏目有采矿与安全工程、选矿与资源综合利用、矿山智能化机电装备、矿山机电与数字智能技术、矿业管理等。读者对象为相关专业的科研人员、工程技术人员、管理人员及专业院校师生。1993 年继承:《长沙矿山研究院季刊》(1981～1992)。

昆虫学报 = Acta entomologica Sinica / 中国科学院动物研究所,中国昆虫学会,1952～

月刊　　　　　CLC：Q96

ISSN 0454-6296　　CN 11-1832/Q　2-153　Q61

北京市朝阳大屯路中国科学院动物研究所(100101)

http://www.insect.org.cn

kcxb@ioz.ac.cn

反映我国昆虫学基础理论研究、应用研究和科学实验技术水平。发表有关昆虫分类学、昆虫病理学、形态学、生理学、生态学、药剂毒理学、昆虫分子生物学,以及农、林、牧、医、害虫和益虫方面研究论文、研究简报和文献综述。读者对象为从事昆虫学研究和教学的专家、学者,农、林、牧、医工作者,高校相关专业学生。1952 年继承:《中国昆虫学报》(1950～1951)。

昆明理工大学学报. 自然科学版 = Journal of Kunming University of Science and Technology. Natural sciences / 昆明理工大学，2011～

双月刊　　　　CLC：N55

ISSN 1007-855X　CN 53-1223/N　64-79　BM1810

云南省昆明市呈贡区景明南路 727 号(650500)

编辑部电话：0871-65920021，0049

http://kmlg. cbpt. cnki. net

发表重大科研成果和学术论文。设有有色金属冶金科学与技术、材料科学与工程、地学与矿业工程、信息技术与机电工程、能源科学与电力工程、生命科学与医学、交通运输与航空宇航、数理力学与管理科学等栏目。读者对象为科技工作者和理工科大专院校师生。2022 年起并列题名改为：Journal of Kunming University of Science and Technology. Natural science。2011 年继承：《昆明理工大学学报. 理工版》(2002～2010)。

兰州大学学报. 社会科学版 = Journal of Lanzhou University. Social sciences / 兰州大学，1980～

双月刊　　　　CLC：C55

ISSN 1000-2804　CN 62-1029/C　54-32　0532-BM

甘肃省兰州市天水南路 222 号(730000)

编辑部电话：0931-8912706

http://ldsk. cbpt. cnki. net

jss@lzu. edu. cn

主要刊登该校师生在社会科学各领域的研究成果与学术论文。内容涉及哲学、政治学、法学、社会学、宗教学、历史学、民族学、语言文学、新闻传播学、经济学、管理学、教育研究等方面，侧重对我国西北部地区的政治、经济、历史、文化、民俗等方面的研究。读者对象为社会科学工作者和文科院校师生。1980，no. 2 继承：《兰州大学学报. 哲学社会科学版》(1974～1980)。

兰州大学学报. 自然科学版 = Journal of Lanzhou University. Natural science / 兰州大学，1957～

双月刊　　　　CLC：N55

ISSN 0455-2059　CN 62-1075/N　54-3　BM0533

甘肃省兰州市天水南路 222 号(730000)

编辑部电话：0931-8912707

http://ldzk. cbpt. cnki. net

jns@lzu. edu. cn

主要报道自然科学各学科基础理论与应用研究方面的最新成果。设有数学、力学、物理学、化学、生命科学、地球科学、信息科学、材料科学等栏目。读者对象为科研人员和理工科院校师生。

兰州理工大学学报 = Journal of Lanzhou University of Technology / 兰州理工大学，2004～

双月刊　　　　CLC：N55

ISSN 1673-5196　CN 62-1180/N　54-72　B1180N

甘肃省兰州市兰工坪路 287 号(730050)

编辑部电话：0931-2973652

http://journal. lut. edu. cn

journal@lut. edu. cn

主要发表该校师生的研究成果和学术论文，兼发校外作者的文章。辟有材料科学与工程、机械工程与动力工程、化工与轻工、自动化技术与计算机技术、建筑科学、数理科学等栏目。读者对象为相关领域的工程技术人员及工科院校师生。2004 年继承：《甘肃工业大学学报》(1975～2003)。

劳动经济研究 = Studies in labor economics / 中国社会科学院人口与劳动经济研究所，2013～

双月刊　　　　CLC：F24

ISSN 2095-6703　CN 10-1128/F　80-459　BM2069

北京市东城区王府井大街 27 号(100006)

编辑部电话：010-65283266

http://www. sle. org. cn

ldjjyj@cass. org. cn

提倡理论分析与实证研究相结合的研究范式，旨在为中国劳动经济学领域的专家学者和政策制定者搭建一个学术交流和沟通的平台。主要发表就业、工资、劳动力市场、人力资本、劳动力迁移、收入分配、卫生健康、劳动关系、社会保障和人力资源等劳动经济学领域的原创性论文。读者对象为该领域专家学者、政策制定者及高校师生。

雷达科学与技术 = Radar science and technology / 中国电子科技集团公司第三十八研究所，中国电子学会无线电定位技术分会，2003～

双月刊　　　　CLC：TN95

ISSN 1672-2337　CN 34-1264/TN

安徽省合肥市 9023 信箱 60 分箱(230088)

编辑部电话：0551-65391270

http://radarst. ijournal. cn

radarst@163. com

2023 年起由中国电子科技集团公司第三十八研究所单独主办。报道雷达、电子战、C3I、通信、导航等电子系统工程基础研究与应用技术成果，刊登雷达、电子战等电子系统工程及其基础技术在内的学术论文、研究报告、科研成果、工程应用和动态述评。读者对象为相关专业领域的科研、技术人员，电子信息行业高层管理人员，相关专业大专院校师生。2003 年继承：《现代电子》(1991～2002)。

雷达学报 = Journal of radars / 中国科学院空天信息

创新研究院,中国雷达行业协会,2012～

双月刊　　　　　　CLC:TN95
ISSN 2095-283X　CN 10-1030/TN　82-937
北京市海淀区北四环西路 19 号(100190)
编辑部电话:010-58887062
https://radars. ac. cn
radars@mail. ie. ac. cn

刊载雷达学科领域的学术论文、研究报告、综合评述,以及雷达相关工程和应用中具有较强学术性质的研究内容。内容涉及雷达理论、雷达系统、新体制雷达、合成孔径雷达等。读者对象为国内外雷达学科领域的专家学者、科研人员、院校师生和专业工程技术人员等。2012 年继承:《中国无线电电子学文摘》(1985～2011)。

理化检验. 化学分册 ＝ Physical testing and chemical analysis. Part B, Chemical analysis / 上海材料研究所,1980～

月刊　　　　　　　CLC:O65
ISSN 1001-4020　CN 31-1337/TB　4-182　M6530
上海市邯郸路 99 号(200437)
编辑部电话:021-55882970;021-65556775-263
http://www. mat-test. com
hx@mat-test. com

2023 年起主办单位名为上海材料研究所有限公司。报道分析化学在各种材料中测试检验以及在机械、冶金、石油化工、地质矿产、商品检验、食品卫生、环境科学、生命科学等领域的科研与应用成果。内容包括水质分析、食品分析、矿产品及金属材料分析等。栏目有试验与研究、工作简报、实验室管理、知识与经验、综合信息等。读者对象为工矿企业、科研单位和大专院校从事分析化学专业工作科研人员、技术人员及高等院校师生。1980 年继承:《理化检验通讯. 化学分册》(1973～1979)。

理论探索 ＝ Theoretical exploration / 中共山西省委党校(山西行政学院),1984～

双月刊　　　　　　CLC:D6
ISSN 1004-4175　CN 14-1079/C
山西省太原市学府街 96 号(030006)
编辑部电话:0351-7985585
http://llts. cbpt. cnki. net
llts@263. net

关注我国社会主义建设中理论问题和现实问题的前沿性,围绕学术领域、政策领域和社会发展中的重要关注点进行研究。设有哲学问题、党的建设、经济研究、政治学研究、公共行政、法治建设等栏目。主要读者对象为各级领导干部、理论研究和宣传工作者、各级党校和高等院校师生。

理论探讨 ＝ Theoretical investigation / 中共黑龙江省委党校,1984～

双月刊　　　　　　CLC:D6
ISSN 1000-8594　CN 23-1013/D　14-156　BM1179
黑龙江省哈尔滨市延兴路 49 号(150080)
编辑部电话:0451-86358606
http://lltt. chinajournal. net. cn,http://www. hljswdx. org. cn
llttks@163. com,lltttzx@163. com,lltttjjgl@163. com,
lltttdj@163. com,lltttzc@163. com

关注社会科学的发展,反映各学科研究的前沿和热点,研究和探讨在建设中国特色社会主义实践中提出的各种理论问题。设有习近平新时代中国特色社会主义思想研究、社会主义核心价值观研究、政治学研究、哲学论坛、经济纵横、党建研究、公共管理研究、"三农"问题研究、社会主义理论与实践等栏目。主要读者对象为各级党政、企事业干部,理论宣传工作者,社会科学工作者和各级党校、大专院校师生。

理论学刊 ＝ Theory journal / 中共山东省委党校(山东行政学院),1984～

双月刊　　　　　　CLC:D6,C55
ISSN 1002-3909　CN 37-1059/D　24-122　4772BM
山东省济南市燕子山东路 1 号(250014)
编辑部电话:0531-88513102
sddxmks@163. com,sddxdsdj@163. com,sddxjjix@
163. com,sddxglix@163. com,sddxzhx@163. com,
sddxshhx@163. com,sddxzzx@163. com,sddxfx@
163. com,sddxlswh@163. com

探讨现代化建设与新时代中国特色社会主义建设中的理论与实践问题,注重对马克思列宁主义、毛泽东思想、邓小平理论、"三个代表"重要思想、科学发展观、习近平新时代中国特色社会主义思想的研究,反映哲学社会科学的新成果。设有马克思主义理论与实践、党史与党建、经济与管理、文化强国论坛、哲学、政治与社会、民主与法治、历史与文化、科技与教育等栏目。主要读者对象为各级党政机关、企事业单位干部,理论宣传工作者,社会科学工作者和各级党校、大专院校师生。

理论与改革 ＝ Theory and reform / 中共四川省委党校四川行政学院,1988～

双月刊　　　　　　CLC:D6
ISSN 1006-7426　CN 51-1036/D　62-84　BM4023
四川省成都市光华村街 43 号(610072)
编辑部电话:028-87351101
http://llgg. cbpt. cnki. net

展示和探讨中国特色社会主义政治、经济和文化建设领域的重大理论问题和研究成果。设有马克思主义研究、公共治理研究、乡村治理研究、政治学研究、经济学研究、基层治理研究、数字治理研究、社会学研究等栏目。读者对象为各级党政机关、企事业单位干部,理论宣传工作者,社会科学工作者和各级党校、大专院校师生。1988 年继承:《开拓》(1985～1987)。

理论月刊 = Theory monthly / 湖北省社会科学界联合会,1991～

月刊　　　　　　CLC:C55

ISSN 1004-0544　CN 42-1286/C　38-176　4919M

湖北省武汉市东湖路 165 号湖北省社会科学院 5 楼(430077)

编辑部电话:027-86776318,6338

http://www.hbskw.com

LLYK1@sina.com

内容涉及哲学、政治、法律、经济、文学、历史、社会学等领域。辟有马克思主义理论与现实、政治理论与公共治理、社会与法治、人文新论、文化产业研究等栏目。读者对象为社会科学理论工作者、文科高等院校师生。1991 年继承:《湖北社科通讯》。

力学季刊 = Chinese quarterly of mechanics / 上海市力学学会,同济大学,上海交通大学,中国力学学会,2000～

季刊　　　　　　CLC:O3

ISSN 0254-0053　CN 31-1829/O3　4-278　Q4654

上海市四平路 1239 号(200092)

编辑部电话:021-65983708

http://cqm.tongji.edu.cn

cqm@tongji.edu.cn

反映我国高等院校、研究院所和工程技术单位的力学研究成果和动态,报道力学在解决工程设计和技术问题中的应用和进展。主要刊登固体力学、流体力学、一般力学、计算力学、实验力学、生物力学等理论研究、实验研究、计算研究和应用研究方面的学术论文和研究简报,以及有关国际力学研究新方向的综述,适量刊登学术争鸣、教学研究及书评。读者对象为力学科研人员、工程技术人员和高等院校师生。2000 年继承:《上海力学》(1980～1999)。

力学进展 = Advances in mechanics / 中国科学院力学研究所,中国力学学会,1979～

季刊　　　　　　CLC:O3

ISSN 1000-0992　CN 11-1774/O3　82-331　BM693

北京市北四环西路 15 号(100190)

编辑部电话:010-62637035

http://lxjz.cstam.org.cn

lxjz@cstam.org.cn

以综述、评论为特色,主要反映力学及其相关学科研究进展。刊登重大科研课题综述性评论和研究进展述评、优秀工作成果总结、专著评介,报道学科动态、与力学相关国家重点实验室研究进展及自然科学基金力学学科有关信息。特别关注力学学科与应用的双向驱动。设有研究综述、研究通讯、前沿聚焦、展望/观点等栏目。读者对象为力学及相关学科领域科研人员、工程技术人员、决策管理人员和高等院校师生。1979 年继承:《力学情报》(1972～1979)。

力学学报 = Chinese journal of theoretical and applied mechanics / 中国科学院力学研究所,中国力学学会,1978～

月刊　　　　　　CLC:O3

ISSN 0459-1879　CN 11-2062/O3　2-814　BM54

北京市北四环西路 15 号(100190)

编辑部电话:010-62536271

http://lxxb.cstam.org.cn

lxxb@cstam.org.cn

报道力学及其相关学科研究成果,刊登力学理论、实验和应用研究方面学术论文、专题综述、研究简报和学术讨论等,内容涉及流体力学、固体力学、一般力学、计算力学、实验力学、岩土力学、生物力学、爆炸力学等方面。设有栏目研究综述、专题文章、流体力学、固体力学、动力学与控制、生物、工程及交叉力学、力学人物追忆等。读者对象为力学科研工作者、工程技术人员及高等院校相关专业师生。1978 年继承:《力学》(1974～1977)。

历史档案 = Historical archives / 中国第一历史档案馆,1981～

季刊　　　　　　CLC:K206.3,G27

ISSN 1001-7755　CN 11-1265/G2　2-270　Q494

北京市东城区祈年大街 9 号(100062)

编辑部电话:010-63097399

lsda2011@sina.com

以公布明清档案为主,也适当公布 1949 年以前其他历史时期的档案,并刊登史料研究与利用方面的文章。主要栏目:档案史料、学术论文、读档随笔、史苑杂谈、档房纪事、档案介绍等。读者对象为文史、档案工作者及大专院校师生。1985 年分出:《民国档案》(1985～)。

历史教学. 上半月刊,注重教学研究 = Historty teaching / 历史教学社(天津)有限公司,2009～

月刊　　　　　　CLC:G633.51

ISSN 0457-6241　CN 12-1010/G4　6-4　M219

天津市和平区西康路 35 号(300051)

编辑部电话:022-23332330

zhengwen0408@126.com

刊登国内外历史教学方面的新理论和新方法,刊发新教材、新教学的研究成果。设有教学研究、高考研究、案例分析、听课随笔、教学设计等栏目。读者对象为大中学校历史教师与学生、师范院校历史专业师生等。2009年继承:《历史教学.中学版》(2007～2008)。

历史研究 = Historical research / 中国社会科学院,1954～

双月刊　　　　　　CLC:K,K2

ISSN 0459-1909　　CN 11-1213/K　2-77　BM14

北京市朝阳区国家体育场北路 1 号院执中楼(100101)

编辑部电话:010-87421879

http://lsyj.ajcass.org/Admin

反映我国史学界研究成果,发表中国古代史、中国近现代史、世界史、史学理论、史学史及各种专业史等方面的研究论文,刊登史学著作评介,报道史学研究动态。辟有专题研究、讨论与评议、理论与方法、笔谈、读史札记等栏目。主要读者对象为史学工作者及相关专业高等院校师生。1980 年吸收:《历史学》(1979)。

连铸 = Continuous casting / 中国金属学会,北京钢研柏苑出版有限责任公司,1989～

双月刊　　　　　　CLC:TG2,TF

ISSN 1005-4006　　CN 11-3385/TG

北京市海淀区学院南路 76 号(100081)

编辑部电话:010-62183313

http://www.chinamet.cn

lianzhubianjibu@163.com

报道主要包括连铸工艺、铸坯质量和连铸设备三个部分,为连铸系统的全方位方案提供了解决办法。读者对象为连铸生产第一线、高校和科研单位的科技人员。1989 年继承:《连铸通讯》。

炼钢 = Steelmaking / 武汉钢铁有限公司,中国金属学会,1985～

双月刊　　　　　　CLC:TF7

ISSN 1002-1043　　CN 42-1265/TF　38-377　BM1662

湖北省武汉市青山区冶金大道 28 号(430080)

编辑部电话:027-86487773

http://www.bwjournal.com

lgbjb@vip.163.com

报道我国连铸技术发展的动向及科研成果,涵盖连铸上下游工序的工艺技术、装备技术、铸坯质量、控制与检测、耐火材料、保护渣、生产管理等方面,面向生产企业、科研单位、高等院校、技术监督、设备生产等部门从事钢铁工艺研究、生产、加工和使用的专家、学者、工程技术人员、研究生、管理人员等。读者对象为钢铁工业的科研与工程技术人员、科研人员及相关专业院校师生。

炼铁 = Ironmaking / 中冶南方工程技术有限公司,1982～

双月刊　　　　　　CLC:TF

ISSN 1001-1471　　CN 42-1156/TF　38-104　BM4232

湖北省武汉市东湖新技术开发区大学园路 33 号(430223)

编辑部电话:027-81996126,6125

ltbjb@wisdri.com

以报道高炉炼铁技术为主,刊载我国炼铁生产、科研、设计所取得的新成果。设有主体文章和综述、研究与开发、国外动态、问题讨论、设想与建议、非高炉炼铁等栏目。读者对象为炼铁工业的科研与工程技术人员、相关专业大专院校师生。

粮食与油脂 = Cereals & oils / 上海市粮食科学研究所,1988～

月刊　　　　　　　CLC:TS2

ISSN 1008-9578　　CN 31-1235/TS　4-675

上海市府村路 445 号 1 号楼(200333)

编辑部电话:021-62058191

http://lsyy.chinajournal.net.cn

SLYZHS@163.com

2022 年起主办单位名为上海市粮食科学研究所有限公司。报道粮油工业科技成果,设有专家论坛、专题综述、谷物科学、油脂工程、贮藏与保鲜、食品工艺、功能与营养、食品安全与检测等栏目。读者对象为粮油加工行业的科技人员、生产管理人员及专业院校师生。1988年由《上海粮食科技》(1973～1987)和《油脂》(1985～1987)合并而成。

粮油食品科技(国家粮食和物资储备局科学研究院) = Science and technology of cereals, oils and foods / 国家粮食和物资储备局科学研究院,1997～

双月刊　　　　　　CLC:TS2

ISSN 1007-7561　　CN 11-3863/TS　82-790　BM4680

北京市西城区百万庄大街 11 号(100037)

编辑部电话:010-58523598,3608,3592

http://lyspkj.ijournal.cn

bjb@ags.ac.cn

报道粮油及食品领域最新研究成果,设有特约专栏、粮食加工、油脂加工、食品加工、营养品质、质量安全、生物工程、仓储物流、产业经济等栏目。读者对象为粮油及食品行业相关科研人员、大专院校师生、企业科技人员和科研管理人员。1997 年继承:《商业科技开发》(1993～1997)。

量子电子学报 = Chinese journal of quantum electronics / 中国光学学会基础光学专业委员会,中国科学院合肥物质科学研究院,1997～

双月刊　　　　　　　CLC：TN201,O4

ISSN 1007-5461　　CN 34-1163/TN　26-89　BM4248

安徽省合肥市 1125 信箱(230031)

编辑部电话：0551-65591564,1539

http://LK. hfcas. ac. cn

lk@aiofm. ac. cn

报道量子电子学领域的最新学术成果、研究简讯、教学研究以及学术动态等。主要栏目包括量子物理、光谱、图像与信息处理、量子光学、激光技术与器件、激光应用、非线性光学、光电技术和材料、纤维和波导光学、大气光学与遥感等。读者对象为高等院校有关专业师生以及相关科研工作者。1997 年继承:《量子电子学》(1984～1996)。

量子光学学报 = Journal of quantum optics / 山西省物理学会,1995～

季刊　　　　　　　　CLC：O431

ISSN 1007-6654　　CN 14-1187/O4

山西省太原市山西大学光电研究所(030006)

编辑部电话：0351-7018853

http://lzgx. cbpt. cnki. net

qo@sxu. edu. cn

追踪国内外量子光学领域的研究热点和发展动态,报道我国量子光学领域的研究成果。主要栏目包括量子光学基础,精密测量物理与技术,量子信息科学与技术,光与物质相互作用,冷原子分子物理,非线性光学与光传输,光子晶体、表面等离子体和超构材料,固态量子物理与器件,激光物理与激光技术等。读者对象为相关学科科研技术人员及高等院校师生。

辽宁工程技术大学学报. 自然科学版 = Journal of Liaoning Technical University. Natural science / 辽宁工程技术大学,2008～

双月刊　　　　　　　CLC：T,TD

ISSN 1008-0562　　CN 21-1379/N　8-111　B4388

辽宁省阜新市(123000)

编辑部电话：0418-5110625

http://fxky. cbpt. cnki. net

lntuxuebaons@lntu. edu. cn

主要报道工程技术领域的最新研究成果和新技术、新方法。内容涉及矿业工程、土木工程、机械工程、材料工程、环境工程、电气工程、计算机技术等。读者对象为相关专业院校教师和研究生,科研机构、设计院所的科研与工程技术人员,企事业单位的管理人员等。2008 年继承:《辽宁工程技术大学学报》(2002～2007)。

辽宁中医杂志 = Liaoning journal of traditional Chinese medicine / 辽宁中医药大学,1980～

月刊　　　　　　　　CLC：R2

ISSN 1000-1719　　CN 21-1128/R　8-87　M530

辽宁省沈阳市皇姑区崇山东路 79 号(110847)

编辑部电话：024-31207233

http://www. lnzyzz. cn,http://lnzy. cbpt. cnki. net

lnzy@vip. 163. com

旨在继承与发扬祖国医学,振兴中医事业,提高中医药学的医疗、教学、科研水平。设有态靶辨证、论著臻新、经验撷菁、学术探讨与论述、临证经纬、方药纵横、针灸与经络、实验研究等栏目。读者对象为中医药研究、临床工作者及专业院校师生。1980 年继承:《辽宁中医》(1973～1979)。

林产工业 = China forest products industry / 国家林业和草原局林产工业规划设计院,中国林产工业协会,1981～

月刊　　　　　　　　CLC：TS6

ISSN 1001-5299　　CN 11-1874/S　2-141　DK11048

北京市东城区朝内大街 130 号(100010)

编辑部电话：010-85128040

http://lcgy. cbpt. cnki. net

zjhqing@126. com

2022 年起由国家林业和草原局产业发展规划院和中国林产工业协会主办。反映林产工业方面的科技成果,介绍制材、木材干燥、制浆造纸、胶合板、刨花板、纤维板、各类人造板饰面、胶料、家具制造、林产化学等方面的新技术、新设备、新工艺和先进生产经验,综述国内林产工业现状、水平及发展趋势。设有研究与分析、生产与应用、林产化学加工、行业研究、产业发展探析等栏目。读者对象为木材及相关行业科研、设计、生产、管理和市场营销人员,高等院校师生。1981 年继承:《林产工业设计》(1980)。

林产化学与工业 = Chemistry & industry of forest products / 中国林业科学研究院林产化学工业研究所,中国林学会林产化学化工分会,1981～

双月刊　　　　　　　CLC：TQ35

ISSN 0253-2417　　CN 32-1149/S　28-59　Q5941

江苏省南京市锁金五村 16 号林产化工研究所内(210042)

编辑部电话：025-85482493

http://www. cifp. ac. cn

cifp@vip. 163. com

报道可再生的木质和非木质生物质资源的化学加工与利用。研究领域为生物质能源、生物质化学品、生物质新材料、生物质天然活性成分和制浆造纸等,主要包括松脂化学、生物质能源化学、生物质炭材料、生物基功能高分子材料、胶黏剂化学、森林植物资源提取物化学利用、环境保护工程、木材制浆造纸为主的林纸一体化和林产化学工程设备研究设计等方面的最新研究成果。读者对象为相关领域的科研、教学、生产、经营、设计工作者。1981 年继承:《林化科技》(1973～1980)。

林业工程学报 = Journal of forestry engineering / 南京林业大学，2016～
双月刊　　　　　　　CLC：S7
ISSN 2096-1359　CN 32-1862/S　28-103　C3442
江苏省南京市龙蟠路 159 号(210037)
编辑部电话：025-85427227,7298
http://lygcxb.njfu.edu.cn
lygcxb@vip.163.com
刊登经济林、用材林、防护林、园林绿化，以及木竹材加工、人造板制造方面的最新研究成果与经验，同时提供最新专利、科技鉴定、林木种苗等信息服务。重点报道木材科学与技术、林产化学加工、生物质能源与材料、林业装备与信息化、森林工程与土建交通、家具设计与制造。读者对象为林业生产、科研、管理人员和林业院校师生。2016 年继承:《林业科技开发》(1986～2015)。

林业经济问题 = Issues of forestry economics / 福建农林大学,中国林业经济学会，1982～
双月刊　　　　　　　CLC：F326.2
ISSN 1005-9709　CN 35-1060/F　BM7472
福建省福州市仓山福建农林大学 7060 信箱(350002)
编辑部电话：0591-83789446
http://lyjw.cbpt.cnki.net
lyjjwt@163.com
报道国内外林业经济学领域,特别是我国南方林区发展中重大问题的研究成果,刊登学术论著、综合述评、科研报告、调查研究报告、专题讨论等,内容包括林区改革发展、林业产业经济、森林生态经济、森林资源管理、林业生态经济、林业金融保险、自然保护地、碳汇与碳交易等方面。读者对象为相关部门和企事业单位的研究人员、管理人员，以及农林大中专院校师生。

林业科学 = Scientia silvae Sinicae / 中国林学会，1979～
月刊　　　　　　　　CLC：S7
ISSN 1001-7488　CN 11-1908/S　82-6　BM44
北京市万寿山后中国林学会(100091)
编辑部电话：010-62889820
http://www.linyekexue.net
linyekexue@csf.org.cn
刊登学术论文、研究报告、综合评述、问题讨论、研究简报、新书评介、科技动态等。内容包括:森林培育、森

林生态、林木遗传育种、森林保护、森林经理、森林与生态环境、生物多样性保护、野生动植物保护与利用、园林植物与观赏园艺、经济林、水土保持与荒漠化治理、林业可持续发展、森林工程、木材科学与技术、林产化学加工工程、林业经济及林业宏观决策研究等方面的研究成果。读者对象为营林、森林工业科技工作者和林业院校师生。1979 年继承:《中国林业科学》(1976～1978)。

林业科学研究 = Forest research / 中国林业科学研究院，1988～
双月刊　　　　　　　CLC：S7
ISSN 1001-1498　CN 11-1221/S　80-717　BM4102
北京市万寿山后中国林科院(100091)
编辑部电话：010-62889680
http://www.lykxyj.com
lykxyj@caf.ac.cn
主要内容有林木种子、育苗造林、森林植物、林木遗传育种、树木生理生化、森林昆虫、资源昆虫、森林病理、林木微生物、森林鸟兽、森林土壤、森林生态、森林经营、森林经理、林业遥感、林业生物技术及其他新技术、新方法，以及林业发展战略、学科发展趋势、技术政策和策略等。读者对象林业及相关学科的科技人员、院校师生、领导和管理人员、基层林业职工等。1988 年由《泡桐》(1984～1987)、《热带林业科技》(1973～1987)、《亚热带林业科技》(1987)和《资源昆虫》合并而成。

林业资源管理 = Forest resources management / 国家林业和草原局调查规划设计院，1985～
双月刊　　　　　　　CLC：S75
ISSN 1002-6622　CN 11-2108/S
北京市和平里东街 18 号(100714)
编辑部电话：010-84239158
http://www.forestry.gov.cn/ghy/4743/index.html
lyzy0912@sina.com
刊登林业基础科学、森林经理、森林培育、森林保护、绿化建设、林业经济、森林生态与森林环境监测、计算机及 3S 技术在林业中的应用等方面的学术论文，以及与森林资源和林政管理相关的政策方针、法律法规、管理措施等。探讨森林资源和林政管理、森林资源资产化管理、林业信息管理、林业可持续发展、林业分类经营、天然林保护和退耕还林等方面的问题。读者对象为林业资源调查设计、管理部门的科技工作者和农林院校师生。1985,no.6 继承:《林业调查规划》(1979～1985)。

临床儿科杂志 = Journal of clinical pediatrics / 上海市儿科医学研究所,上海交通大学医学院附属新华医院，1983～
月刊　　　　　　　　CLC：R72

ISSN 1000-3606　CN 31-1377/R　4-426　M5788
上海市控江路 1665 号（200092）
编辑部电话：021-25076489
http://jcp.xinhuamed.com.cn
jcperke@126.com
2023 年 11 月由上海交通大学医学院附属新华医院单独主办。报道临床医学、基础医学、预防医学、药学等领域的最新科研成果、新技术、诊疗经验。设有专家笔谈、论著、循证医学、罕见病疑难病、文献综述、临床经验点滴、继续医学教育等栏目。读者对象为儿科专业卫生科技人员等。

临床耳鼻咽喉头颈外科杂志 ＝ Journal of clinical otorhinolaryngology head and neck surgery / 华中科技大学同济医学院附属协和医院，2007～
月刊　　　　　CLC：R76
ISSN 2096-7993　CN 42-1764/R　38-146
湖北省武汉市解放大道 1277 号协和医院内（430022）
编辑部电话：027-85726342-8818
http://www.whuhzzs.com
lcebyhtjwkzz@whuh.com
重点报道国内外有关诊治耳鼻咽喉头颈外科疾病的研究成果、临床经验及与临床紧密结合且具有指导作用的基础研究成果。辟有临床研究、实验研究、经验与教训、病例报告、综述等栏目。主要读者对象为耳鼻咽喉头颈外科医师。2007 年继承：《临床耳鼻咽喉科杂志》（1987～2006）。

临床放射学杂志 ＝ Journal of clinical radiology / 黄石市医学科技情报所，1982～
月刊　　　　　CLC：R445，R81
ISSN 1001-9324　CN 42-1187/R　38-57　M6815
湖北省黄石市杭州路 23-22 号（435000）
编辑部电话：0714-6222015
http://www.lcfsxzz.com
lcfsxzzsbjb@163.com
刊登医学影像学相关论文。辟有读片窗、中枢神经放射学、头颈部放射学、胸部放射学、腹部放射学、骨骼肌肉放射学、介入治疗、小儿放射学、实验研究、医学教育、综述、临床初探、病例报告等栏目。读者对象为广大临床医学影像学工作者。1982 年继承：《X 线诊断参考资料》（1974～1981）。

临床肝胆病杂志 ＝ Journal of clinical hepatology / 吉林大学，1985～
月刊　　　　　CLC：R57，R65
ISSN 1001-5256　CN 22-1108/R　12-80　M5995
吉林省长春市东民主大街 519 号（130061）

编辑部电话：0431-88782542，3542
http://www.lcgdbzz.org
lcgdb@vip.163.com
报道国内外肝胆胰领域先进的科研成果、临床诊疗经验、与临床密切结合且对临床有指导作用的基础理论研究、新疗法、新技术。设有述评、专家论坛、指南与规范、指南解读、论著、病例报告、综述、学术争鸣、临床病例讨论、临床经验交流、国外期刊精品文章简介等栏目。读者对象为广大临床医生和科研工作者。

临床麻醉学杂志 ＝ Journal of clinical anesthesiology / 中华医学会南京分会，1985～
月刊　　　　　CLC：R614
ISSN 1004-5805　CN 32-1211/R　28-35　M4669
江苏省南京市紫竹林 3 号（210003）
编辑部电话：025-83472912
http://www.lcmzxzz.com
jca@lcmzxzz.com
报道麻醉学领域的最新临床研究成果和临床经验，以及对临床麻醉有指导意义的基础研究。设有述评、临床研究、实验研究、临床经验、综述、专家笔谈、继续教育、知识更新、病例报道、教训及意外等栏目。主要读者对象为麻醉学专业人员。

临床皮肤科杂志 ＝ Journal of clinical dermatology / 江苏省人民医院（南京医科大学第一附属医院），1981～
月刊　　　　　CLC：R75
ISSN 1000-4963　CN 32-1202/R　28-7　M5936
江苏省南京市广州路 300 号（210029）
编辑部电话：025-83729951
http://www.linpi.net
linpizazhi@126.com
主要刊载皮肤病与性病学科的专业文章。设有彩色图谱、皮肤镜图谱、论著、临床病例研究、病例展示、皮肤病治疗、皮肤外科、继续医学教育、综述等栏目。主要读者对象为广大的皮肤性病科医师和科研、医教人员，并兼顾相关学科的医药卫生和科研人员及基层医药卫生工作者。1981 年继承：《皮肤病防治研究通讯》（1972～1980）。

临床小儿外科杂志 ＝ Journal of clinical pediatric surgery / 湖南省医学会，2002～
月刊　　　　　CLC：R726
ISSN 1671-6353　CN 43-1380/R　42-261
湖南省长沙市梓园路 86 号（410007）
编辑部电话：0731-85356896
http://www.jcps2002.com
china_jcps@sina.com

2022 年起主办单位改为中华医学会。报道小儿外科诊疗技术、经验与科研成果。设有述评、专家笔谈(专题笔谈)、指南与规范、共识与争鸣、专题论著、论著、手术演示、专题会议纪要、临床研究、热点综述、教学园地、规培生园地、技术革新、病例报告、疑难病例讨论、经验交流、学科介绍、国际国内最新会议资讯等栏目。主要读者对象为各级医院和科研单位从事小儿外科专业的医务人员。

临床与实验病理学杂志 = Chinese journal of clinical and experimental pathology / 安徽医科大学,中华医学会安徽分会,1985～

　　月刊　　　　　　CLC:R36,R4
　　ISSN 1001-7399　　CN 34-1073/R　26-54　M5934
　　安徽省合肥市梅山路安徽医科大学内(230032)
　　编辑部电话:0551-65161102
　　http://www.cjcep.com
　　lcsybl@163.com

刊登人体病理学(尤其是临床病理学)的研究论文、新方法、新技术介绍及国内外学术动态。辟有专家论坛、论著、讲座、综述、短篇论著、专题读片会、技术交流、病例报道等栏目。读者对象为病理学研究与临床工作者、医学院校师生。

领导科学 = Leadership science / 河南省社会科学界联合会,1985～

　　半月刊　　　　　　CLC:C933
　　ISSN 1003-2606　　　CN 41-1024/C　36-104
　　河南省郑州市丰产路 23 号(450002)
　　编辑部电话:0371-63925136,6290
　　http://www.ldkxzzs.com
　　ldkx@vip.163.com

研究和探讨领导工作中的理论与实践问题,为领导工作的科学化和建设高素质的干部队伍提供支持和服务。设有中外管理、治理研究、领导视点、领导方略、领导智库、领导学研究、论著集评、国际视野等栏目。读者对象为党政机关领导干部、企事业单位管理人员、理论宣传工作者。2022 年起改为月刊,2023 年起改为双月刊。

流体机械 = Fluid machinery / 中国机械工程学会,1994～

　　月刊　　　　　　CLC:TK05,TH
　　ISSN 1005-0329　　CN 34-1144/TH　26-129　1530M
　　安徽省合肥市长江西路 888 号(230031)
　　编辑部电话:0551-65335505
　　http://ltjx.cbpt.cnki.net
　　ltjxzzs@163.com,ltjx@chinapvt.com

报道内容涉及各种气体压缩机、鼓风机和通风机、水泵、油泵和其他介质输送泵、计量泵、离心机、过滤机等

分离机械、制冷空调和冷冻干燥设备、工业阀门与管道、机械密封、填料密封等流体机械轴封装置、喷射设备等方面。设有试验研究、设计计算、应用技术、制冷空调、技术进展等栏目。读者对象为从事流体机械与制冷空调工作的工程技术人员、大专院校师生以及生产使用单位的高级技工。1994 年继承:《流体工程》(1984～1993)。

鲁迅研究月刊 = Lu Xun research monthly / 北京鲁迅博物馆,1990～

　　月刊　　　　　　CLC:I210
　　ISSN 1003-0638　　CN 11-2722/I　M1083
　　北京市阜成门内大街宫门口二条十九号(100034)
　　编辑部电话:010-66165647
　　http://www.lxyjyk.cn
　　lxyjyk@vip.sina.com

发表有关鲁迅研究及中国近现代文学研究的资料和论文,报道中外鲁迅研究成果及动态,开展学术讨论。主要栏目:作品与思想研究、翻译研究、同时代人研究、研究资料、美术研究、青年论坛、拾遗补正、图片、综述、手稿研究、比较研究、新文化研究等。读者对象为鲁迅研究工作者及爱好者、高等院校文科专业师生。1990 年继承:《鲁迅研究动态》(1980～1989)。

伦理学研究 = Studies in ethics / 湖南师范大学,2002～

　　双月刊　　　　　　CLC:B82
　　ISSN 1671-9115　　CN 43-1385/C　42-201　BM1732
　　湖南省长沙市岳麓区麓山路 36 号(410081)
　　编辑部电话:0731-88872086
　　http://llx.hunnu.edu.cn
　　hn_llxyj@126.com

中国伦理学会会刊。主要栏目有新时代社会主义道德建设研究、伦理学基础理论、中国伦理思想、外国伦理思想、政治伦理、经济伦理、科技伦理、环境伦理、探索与争鸣。读者对象为理论宣传、教育、德育、思想政治工作者以及伦理专业研究人员。

旅游科学 = Tourism science / 上海师范大学旅游学院,上海旅游高等专科学校,1982～

　　双月刊　　　　　　CLC:F59
　　ISSN 1006-575X　　CN 31-1693/K　4-654
　　上海市桂林路 100 号上海师范大学 12 号楼 211 室(200234)
　　编辑部电话:021-64322594
　　http://lykx.sitsh.edu.cn
　　lykx@shnu.edu.cn

报道旅游理论与应用方面的研究成果和学术动态,关注行业焦点,刊登从经济学、管理学、地理学、生态学、社

会学、人类学、心理学等多学科视角开展旅游科学研究的学术论文。读者对象为相关领域研究机构的科研人员和专业院校师生、旅游业和旅游管理机构的工作人员。

旅游学刊 = Tourism tribune / 北京联合大学旅游学院，1987～

月刊　　　　　　　CLC：K9，F59

ISSN 1002-5006　CN 11-1120/K　82-396　M1153

北京市朝阳区北四环东路 99 号（100101）

编辑部电话：010-64900163

https://lyxk.cbpt.cnki.net

lyxk@vip.sina.com

开展旅游业研究和旅游科学探索，反映旅游业新态势、新思路、新经验、新问题。内容包括中国旅游发展研究、旅游学基础理论、旅游市场、旅游社会学、旅游信息化、消费者行为、旅游地理、旅游文化、旅游经济、旅游管理、旅游法规、休闲研究等各方面。读者对象为旅游企业、旅游管理机构、旅游院校、旅游科研工作者及相关行业管理人员。1987 年继承：《旅游论坛》（1986）。

马克思主义理论学科研究 = Studies on marxist theory / 高等教育出版社，2015～

月刊　　　　　　　CLC：A81

ISSN 2096-1138　CN 10-1351/A　82-624

北京市朝阳区惠新东街 4 号富盛大厦 12 层（100029）

编辑部电话：010-58556500

maxkyj@126.com

以马克思主义为指导，研究和探索马克思主义理论及其学科发展的新情况，推进马克思主义理论的深入研究。设有马克思主义中国化研究、马克思主义基本原理研究、思想政治教育研究、国外马克思主义研究、博士学位论文精粹、中国式现代化研究、人物访谈等栏目。主要读者对象为各级党政机关、企事业单位干部，理论宣传工作者，社会科学工作者和各级党校、大专院校师生。2015 年继承：《马克思主义理论学科研究（集刊）》（2004～2015）。

马克思主义研究 = Studies on Marxism / 中国社会科学院马克思主义研究院，1986～

月刊　　　　　　　CLC：A8

ISSN 1006-5199　CN 11-3591/A　82-686　1358BM

北京市建国门内大街 5 号（100732）

编辑部电话：010-85195699

http://www.mkszyyj.net

刊载运用马克思主义立场、观点、方法分析重大理论和现实问题的文章，报道国内外研究动态和信息。设有名家访谈、马列主义与中国化、经济学、哲学与文化、政治与社会、思想政治教育、世界社会主义与国际共运、意识形态与社会思潮评析等栏目。读者对象为从事宣传、教学和科研的理论工作者、党政干部、大专院校师生，以及所有关心马克思主义研究的人士。1986 年继承：《马克思主义研究丛刊》（1983～1985）。

马克思主义与现实 = Marxism & reality / 中央党史和文献研究院，1990～

双月刊　　　　　　CLC：A81，D0

ISSN 1004-5961　CN 11-3040/A　82-821　6360BM

北京市海淀区北四环西路 69 号（100080）

编辑部电话：010-55627407

http://mksz.cbpt.cnki.net

mkszyyxs@126.com

聚焦国内外马克思主义基本理论研究及发展状况，反映当代中国与世界有重大意义的现实问题和有重大现实意义的理论问题，刊发学术理论研究成果。设有经典著作编译与研究、马克思主义基本理论研究、思想政治教育、中国特色社会主义政治经济学、国外马克思主义、政治与公共事务、中国道路与社会治理、专题研究等栏目。主要读者对象为各级党政机关、企事业单位干部，理论宣传工作者，社会科学工作者和各级党校、大专院校师生。

麦类作物学报 = Journal of triticeae crops / 西北农林科技大学，中国作物学会，国家小麦工程技术研究中心，2000～

月刊　　　　　　　CLC：S5

ISSN 1009-1041　CN 61-1359/S　52-66　1479B

陕西省杨凌区邰城路 3 号（712100）

编辑部电话：029-87082642，2032

http://mlzwxb.alljournals.ac.cn

mlzwxb@nwsuaf.edu.cn

主要刊登麦类作物（小麦、大麦、燕麦、黑麦等）遗传育种、生理生化、栽培管理、食品加工、产品贸易等方面的学术性研究论文。设有生理、生态与栽培、遗传育种、新品种介绍等栏目。读者对象为农业科技人员、农业院校师生及高级农业技术推广和管理人员。2000 年继承：《麦类作物》（1997～1999）。

毛纺科技 = Wool textile journal / 中国纺织信息中心，中国纺织工程学会，1973～

月刊　　　　　　　CLC：TS13，TS94

ISSN 1003-1456　CN 11-2386/TS　2-195　M3005

北京市朝阳区延静里中街 3 号主楼 6 层（100025）

编辑部电话：010-65913844，65008693

http://www.wooltex.org

mfkj333@sina.com

报道国内毛纺工业的先进经验和科研成果,刊登毛纺织、毛针织、染整及相关专业的学术论文、科技成果和研究报告,介绍新产品、新工艺、新设备、新技术。设有纺织工程、染整与化学品、服装设计与工程、机械与器材、标准与测试、综合述评、书评/设计作品等栏目。读者对象为毛纺科研院所研究人员、毛纺企业管理人员、毛纺系统工程技术人员及技术工人、纺织专业院校师生。

毛泽东邓小平理论研究：习近平新时代中国特色社会主义思想研究 = Studies on Mao Zedong and Deng Xiaoping theories / 上海社会科学院，1994～

月刊　　　　　　　CLC：A84,D641
ISSN 1005-8273　　CN 31-1672/A　4-522　BM4308
上海市淮海中路 622 弄 7 号 538 室(200020)
编辑部电话：021-64274736
mdllyj@sass. org. cn

宣传、研究马克思列宁主义、毛泽东思想、邓小平理论、"三个代表"重要思想、科学发展观和习近平新时代中国特色社会主义思想,探讨我国改革开放和现代化建设所取得的成就和经验,反映社会主义初级阶段政治、经济、思想、文化等领域中的新情况、新问题及国外有关方面的研究动态。设有中国特色社会主义研究、国情与国史研究、马列主义毛泽东思想研究、文化建设、中国与世界、学科与话语体系、中国道路研究等栏目。主要读者对象为各级党政机关、企事业单位干部,理论宣传工作者,社会科学工作者和各级党校、大专院校师生。1994 年继承：《毛泽东哲学思想研究》(1988～1994)。

毛泽东研究 = Mao Zedong research / 湖南省社会科学院，2014～

双月刊　　　　　　CLC：A84,D641
ISSN 2095-8447　　CN 43-1524/A　42-118
湖南省长沙市开福区浏河村巷 37 号湖南省社会科学院办公楼 507 室(410003)
编辑部电话：0731-84219515,9534
http：//ymzd. cbpt. cnki. net
mzdyjbjb@163. com

探索和反映毛泽东研究中的重点、热点和难点问题,及时反映毛泽东研究的新动态。刊登在毛泽东生平与实践、毛泽东思想、马克思主义中国化和中国特色社会主义研究方面所取得的创新成果。设有毛泽东生平与实践、毛泽东思想、毛泽东与老一辈革命家、马克思主义中国化、中国特色社会主义、毛泽东研究动态、社会思潮与意识形态建设研究、海外毛泽东研究等栏目。主要读者对象为理论工作者、哲学社会科学工作者、党政领导干部、党校、高校教师和研究者。

煤矿安全 = Safety in coal mines / 煤科集团沈阳研究院有限公司，1970～

月刊　　　　　　　CLC：TD82,TD77
ISSN 1003-496X　CN 21-1232/TD　8-293
辽宁省沈抚示范区滨河路 11 号(113122)
编辑部电话：024-56616988,6987,6981
http：//www. mkaqzz. com
mkaq@163. com

2023 年起主办单位名为中煤科工集团沈阳研究院有限公司。主要刊载一通三防、采掘工艺与矿山地质、机电安全与矿山救护、防治水与冲击地压、安全监察与管理等方面的学术论文。开设有试验·研究、应用·创新、设计·开发、分析·探讨、监察·管理等栏目。主要读者对象是煤炭行业的工程技术人员、安全监察与管理人员、煤炭科研和设计人员以及煤炭专业院校师生。

煤炭工程 = Coal engineering / 中煤国际工程设计研究总院有限公司，2001～

月刊　　　　　　　CLC：TD82
ISSN 1671-0959　CN 11-4658/TD　80-130　M4658
北京市德外安德路 67 号(100120)
编辑部电话：010-82276679
http：//www. coale. com. cn

报道国内外煤炭生产、管理、设计、施工、科研、机械制造等方面的新成果、新经验和新动向。栏目有设计技术、施工技术、生产技术、研究探讨、装备技术和工程管理。读者对象为煤炭管理、生产、设计、施工、机械制造、科研单位及大专院校等企事业单位的广大工程技术和管理人员。2001 年继承：《煤矿设计》(1977～2001)。

煤炭科学技术 = Coal science and technology / 煤炭科学研究总院，1973～

月刊　　　　　　　CLC：TD82
ISSN 0253-2336　CN 11-2402/TD　80-337　M189
北京市朝阳区和平街 13 区煤炭大厦(100013)
编辑部电话：010-87986431
http：//www. mtkxjs. com. cn
mtkxjs@vip. 163. com

2023 年起主办单位名为煤炭科学研究总院有限公司。主要刊载煤田地质、煤矿基建、矿山测量、煤炭开采、岩石力学与井巷支护、煤矿安全、矿山机电及自动化、煤炭加工与环保、煤层气开发与利用等专业领域的学术论文。开设有采矿科学与工程、安全科学与工程、地球科学与测绘、机电与智能化、煤炭加工与环保等栏目。读者对象为煤炭、电力、基建、机械、冶金等行业的科研、教学、工程技术和管理人员。

煤炭学报 = Journal of China coal society / 中国煤炭学会，1964～

月刊　　　　　　　　CLC：TD82

ISSN 0253-9993　　CN 11-2190/TD　M190

北京市和平里(100013)

编辑部电话：010-87986411

http://www.mtxb.com.cn

mtxb@vip.163.com

主要刊载采矿理论与工程、安全科学与工程、煤与煤系气地质与勘查、矿山环境保护、煤炭加工与利用、煤矿机电与智能化等方面的科研成果和学术论文。读者对象为煤炭及相关领域的科研人员、大专院校师生及相关工程技术人员。

煤炭转化 = Coal conversion / 太原理工大学，1992~

双月刊　　　　　　CLC：TQ53

ISSN 1004-4248　　CN 14-1163/TQ　22-44　JT-31

山西省太原市迎泽西大街 79 号(030024)

编辑部电话：0351-6010162,6018085

http://ebcc.tyut.edu.cn

ebcc@tyut.edu.cn

跟踪世界煤炭转化、煤炭综合利用的最新发展，报道国内外煤炭加工转化的科研开发等成果，促进煤转化科学的发展。主要刊载范围包括：煤科学、煤中有机质的定向加氢转化、煤的净化和燃烧、煤的热解和焦化、煤的气化和煤气净化、煤的液化和产品提质、煤转化过程中的催化、煤基炭材料、煤系资源的综合利用、碳捕集利用存储。读者对象为煤炭转化与综合利用领域的科研人员、技术人员及煤化工专业的大专院校师生。1992年继承：《煤炭综合利用译丛》(1978~1991)。

煤田地质与勘探 = Coal geology & exploration / 中煤科工西安研究院有限公司，1973~

双月刊　　　　　　CLC：TD82

ISSN 1001-1986　　CN 61-1155/P　52-14　5963

陕西省西安市高新区锦业一路 82 号(710077)

编辑部电话：029-81778075,8078

http://www.mtdzykt.com

ccrimtdzykt@vip.163.com

2023 年起主办单位名为中煤科工西安研究院(集团)有限公司。主要刊载煤炭地质、矿井地质、煤系气、煤伴生矿产、水文地质、工程地质、环境地质、煤田物探、矿井物探、钻掘工程等方面的基础理论、先进技术与方法、先进经验等科研或工程实践成果。开设有煤炭地质矿井地质、煤系气煤伴生矿产、水文地质、工程地质、环境地质；煤田物探矿井物探、钻掘工程等栏目。读者对象为煤炭地质及相关领域的广大科技工作者、师生。2022年起改为月刊。

美国研究 = The Chinese journal of American studies /

中国社会科学院美国研究所，中华美国学会，1987~

双月刊　　　　　　CLC：D771.2

ISSN 1002-8986　　CN 11-1170/C　82-982　Q1122

北京市东城区张自忠路 3 号东院北楼 221、228 室(100007)

编辑部电话：010-84083527

http://www.mgyj.com

mgyj@cass.org.cn

刊登中国学者研究美国社会各个方面问题的论文、书评和文评，报道学术动态，交流对美国的认识和理解。内容涉及美国政治、法律、经济、外交、军事、社会、文化、历史、思潮等领域。读者对象为从事美国问题研究的学者、外事工作者、相关专业高等院校师生及对美国问题有兴趣的人士。

美食研究 = Journal of researches on dietetic science and culture / 扬州大学，2014~

季刊　　　　　　　CLC：TS97

ISSN 2095-8730　　CN 32-1854/TS　28-183

江苏省扬州市华扬西路 196 号 29 信箱(225127)

编辑部电话：0514-87978025

msyj@yzu.edu.cn

探索烹饪理论，弘扬饮食文化，报道烹饪研究最新成果。内容涉及饮食文化、烹饪技术、食品科学、营养学、食品卫生、餐饮管理等方面。设有饮食文化、美食旅游、美食消费、美食传播、烹饪教育与教学、烹饪工艺、饮食安全、食品科学、美食营养、烹饪卫生等栏目。读者对象为烹饪理论研究者和教学工作者、餐饮企业从业人员和烹饪爱好者。2014 年继承：《扬州大学烹饪学报》(2000~2014)。

美术 = Art magazine / 中国美术家协会，1954~

月刊　　　　　　　CLC：J2

ISSN 1003-1774　　CN 11-1311/J　2-170　M35

北京市朝阳区安苑北里 22 号中国文联 5 层(100029)

编辑部电话：010-65003278,65068966

artmagazine@sina.com

展示和报道中国美术艺术发展现状，发表美术理论研究成果，刊登美术作品，介绍美术家及外国美术流派，促进中外美术交流。辟有美术月记、美术学、美术家、国外视线、文萃艺荟等栏目。读者对象为美术家、美术院校师生、美术研究工作者及业余美术爱好者。1954 年继承：《人民美术》(1950~195?)。

美术观察 = Art observation / 中国艺术研究院，1995~

月刊　　　　　　　CLC：J2

ISSN 1006-8899　　CN 11-3665/J　2-228　M1315

北京市朝阳区来广营路 81 号(100012)

编辑部电话:010-64813419;010-64116611-6701

meishuguancha@sina.com

关注美术发展的前沿和热点,探讨美术理论和创作的基本问题,传播美术学知识和相关信息,发表美术创作和美术史研究方面的成果,介绍当代艺术家及作品。辟有观察家、美术家、美术学、国际视野四大栏目,下设心路、热点述评、现象、品评、国际论坛、本期名家、批评、史学、展厅、理论、学人档案、时代人物、论摘、热点评述等子栏目。读者对象为美术家、美术院校师生、美术研究工作者及业余爱好者。1995 年继承:《美术史论》(1981~1995)。

美术研究 = Art research / 中央美术学院,1957~

双月刊　　　　　　CLC:J2

ISSN 0461-6855　　CN 11-1190/J　2-172　Q106

北京市朝阳区花家地南街 8 号(100102)

编辑部电话:010-64771021

主要发表该院师生的教学与科研成果,介绍国内外优秀作品及画家。主要栏目:探索与建树、古代美术史、近现代美术史、美术理论与批评、科技艺术、艺术教育、非物质文化遗产、丝绸之路艺术研究、美育研究等。读者对象为美术院校师生、美术专业研究人员及业余爱好者。

密码学报 = Journal of cryptologic research / 中国密码学会,北京信息科学技术研究院,中国科学技术出版社,2014~

双月刊　　　　　　CLC:TN918,TP309.7

ISSN 2095-7025　　CN 10-1195/TN　80-918

北京市海淀区丰德中路 9 号(100878)

编辑部电话:010-82989618

http://www.jcr.cacrnet.org.cn

jcr@cacrnet.org.cn

主要刊载密码及相关领域的理论及应用最新研究成果、学术动态及发展趋势。内容涵盖密码学与信息安全理论和应用的各个方面,主要包括:密码学基础(数学、信息论、计算机科学等)、对称密码学(分组密码、序列密码、HASH 函数、MAC 码等)、公钥密码学、数字签名与身份认证、安全协议、密码应用、信息安全理论与应用等。读者对象为国内外从事密码及信息安全研究的专家学者、科研工作者、工程技术人员,以及在校研究生。

棉花学报 = Cotton science / 中国农学会,1989~

双月刊　　　　　　CLC:S562

ISSN 1002-7807　　CN 41-1163/S　36-63　BM6545

河南省安阳市文峰区黄河大道 38 号中棉所办公区(455000)

编辑部电话:0372-2525361,2525362,2525369

http://journal.cricaas.com.cn

journal@caas.cn,cottonsci@gmail.com

报道国内外棉花种植基础研究与应用基础研究进展。辟有研究与进展、专题与述评、学术论坛、研究简报、学术动态等栏目。读者对象为从事棉花及相关学科的科研人员、大专院校师生和关注棉花科研动态的学者。

民俗研究 = Folklore studies / 山东大学,1985~

双月刊　　　　　　CLC:K89

ISSN 1002-4360　　CN 37-1178/K　24-095　Q466

山东省济南市山大南路 27 号(250100)

msyjbjb@126.com

介绍中国民俗和民俗学研究成果,刊登民俗学论文、民俗史料、调查报告、田野札记、民俗图片、学术动态、书评等。常设民间信仰、民俗史、民间文学、学术评论等栏目,并不定期开设各种专题栏目。读者对象为民俗学及相关领域的研究人员、专业院校师生,以及对民俗研究感兴趣的相关人员。

民族教育研究 = Journal of research on education for ethnic minorities / 中央民族大学,1990~

双月刊　　　　　　CLC:G75

ISSN 1001-7178　　CN 11-2688/G4　82-895　BM4386

北京市海淀区中关村南大街 27 号(100081)

编辑部电话:010-68932754,3635

https://mzjy.cbpt.cnki.net

发表民族教育方面的最新研究成果。设有民族教育理论与政策研究、民族高等教育研究、民族基础教育研究、教育人类学研究、民族教育史研究、国外民族教育研究、民族教育与民族文化研究、民族语言文化教育研究、教师教育研究、民族职业教育研究等栏目。面向民族地区广大教育工作者和各地少数民族教育工作者,为民族地区各级各类学校师生服务。1990 年继承:《教育简讯》。

民族文学研究 = Studies of ethnic literature / 中国社会科学院民族文学研究所,1983~

双月刊　　　　　　CLC:I207.9

ISSN 1002-9559　　CN 11-1443/I　82-334　Q912

北京市建国门内大街 5 号(100732)

编辑部电话:010-85195627

http://mzwxyj.ajcass.org

刊载对我国少数民族文学的研究、评论、综述文章,以及文献资料、实地调查等。主要栏目:现当代文学、古代文学、口头传统与民间文化、新时代中国特色社会主义民族文学研究小辑、古代民族文学、现当代民族文学、口头传统与民族文化等。面向少数民族文学专业或业余研究工作者、文科大专院校师生、民族工作者和民族文学爱好者。

民族学刊 ＝ Journal of ethnology / 西南民族大学，2010～
月刊　　　　　　CLC：C95
ISSN 1674-9391　　CN 51-1731/C
四川省成都市西南民族大学（610041）
编辑部电话：028-85524958，4868
http：//mzxk. ijournals. cn/mzxk/ch/index. aspx，ht-tp：//www. bookan. com. cn
CN511731＠vip. sina. com
追踪学术前沿，展示民族学研究成果，突出西南民族研究特色。发文重点是中华民族共同体意识、民族共同体、乡村振兴、社会治理、民族经济等。读者对象为从事民族学研究的专家及民族工作者。

民族研究 ＝ Ethnonational studies / 中国社会科学院民族学与人类学研究所，1958～
双月刊　　　　　CLC：D633，C95
ISSN 0256-1891　　CN 11-1217/C　　2-523　　BM165
北京市海淀区中关村南大街 27 号 6 号楼（100081）
编辑部电话：010-68932934
http：//www. mzyj. net. cn
mzyjbjb＠cass. org. cn
主要刊登民族理论和民族政策、民族经济、民族学、民族教育、民族人口、民族法制、民族宗教、民族语言、民族历史，以及世界民族等各学科的学术成果。设有铸牢中华民族共同体意识研究、田野调查与研究、学术动态与信息等栏目。读者对象为从事民族学研究的专家及民族工作者。1958 年继承：《民族问题译丛》（1954～1958）。

民族艺术 ＝ National arts / 广西壮族自治区民族文化艺术研究院，1985～
双月刊　　　　　CLC：J12
ISSN 1003-2568　　CN 45-1052/J　　48-58
广西南宁市青秀区思贤路 38 号（530023）
编辑部电话：0771-5621053
minzuyishu001＠126. com
发表有关中华各民族民间文化，以及戏剧、音乐、舞蹈、造型等艺术研究的论文及调查报告。主要栏目有学界名家、中华民族视觉形象研究、文化研究、艺术探索、纹藏花崇拜、视觉人类学、艺术人类学名著导读、艺术考古与艺术史等。读者对象为民族学及民族文化艺术研究人员、民族文艺创作者。

民族语文 ＝ Minority languages of China / 中国社会科学院民族学与人类学研究所，1979～
双月刊　　　　　CLC：H2
ISSN 0257-5779　　CN 11-1216/H　　2-525　　BM132
北京市海淀区中关村南大街 27 号 6 号楼（100081）
编辑部电话：010-68932381
http：//www. mzyw. net. cn
mzywbjb＠cass. org. cn
反映我国少数民族语言文字研究成果。内容包括：民族语文的语音、语法与词汇研究，语言历史演变与比较研究，我国民族语言概况与描写研究，语言系属与方言研究，民族古文字、古文献研究，计算语言学与实验语音学及相关交叉学科的研究等。读者对象为从事民族语言研究的科研人员和实际工作者。

明清小说研究 ＝ Journal of Ming-Qing fiction studies / 江苏省社会科学院文学研究所，明清小说研究中心，1985～
季刊　　　　　　CLC：I207. 41
ISSN 1004-3330　　CN 32-1017/I　　28-217
江苏省南京市建邺路 168 号 6-2 号楼（210004）
编辑部电话：025-85699927
http：//www. jsass. org. cn/skzy/xsqk/mqxs
mqxsyjbjb＠126. com
主要刊登明清小说研究资料和学术论文，开展对明清小说重大问题的讨论和争鸣，兼载研究古代白话小说、文言小说的论文，努力弘扬中华优秀传统文化，促进中外学术交流。主要栏目：综论、名著研究、文言小说研究、中国古代小说理论研究、晚清小说研究、话本小说研究、中国古代小说在海外、小说与戏曲等，不定期开设古典名著研究。主要读者对象为明清小说研究工作者、高校中文专业师生及文学爱好者。

模糊系统与数学 ＝ Fuzzy systems and mathematics / 国防科技大学文理学院，1987～
双月刊　　　　　CLC：O159
ISSN 1001-7402　　CN 43-1179/O1　　42-180　　DK43007
湖南省长沙市国防科技大学理学院（410073）
编辑部电话：0731-87001623
http：//mohu. org
Fuzzysys＠mohu. org，tougao＠mohu. org
中国系统工程学会模糊数学与模糊系统委员会会刊。2023 年起主办单位名为国防科技大学理学院。主要刊登模糊数学与模糊系统理论与应用方面的学术论文、研究简报。内容涉及模糊拓扑、模糊代数、模糊分析、模糊测度与积分、模糊逻辑、模糊决策、模糊规划、模糊控制、模糊神经网络、模糊可靠性、模糊图像处理等方面。设有模糊集理论、粗糙集、模糊集应用等栏目。主要读者对象为计算机应用及系统科学、应用数学、软件科学理论研究与应用方面的科技工作者。

模式识别与人工智能 = Pattern recognition and artificial intelligence / 国家智能计算机研究开发中心，中国科学院合肥智能机械研究所，1987～

月刊   CLC：TP18

ISSN 1003-6059   CN 34-1089/TP   26-69   4890Q

安徽省合肥市蜀山湖路 350 号中国科学院合肥物质科学研究院（230031）

编辑部电话：0551-65591176

http：//prai. hfcas. ac. cn

bjb@iim. ac. cn

报道模式识别、人工智能、智能系统方面的研究成果与进展。内容包括：模式识别与人工智能的理论、方法及其应用，机器学习，智能芯片与新型计算架构，计算机智能及网络智能，大数据分析与知识发现，图像处理、分析与理解，字符识别与版面分析，计算机视觉与认知计算，语音识别与合成，自然语言处理，情感计算与智能交互，机器人与智能系统，生物信息学与计算机生物学，粒计算与智能决策，知识工程与推理，人工智能在行业中的应用，人工生命与复杂性研究，计算生物学等。面向各高等院校、研究机构和企业的科研人员、教师、工程技术人员，以及研究生和高年级本科生。

膜科学与技术 = Membrane science and technology / 中国蓝星（集团）股份有限公司，1986～

双月刊   CLC：TQ0

ISSN 1007-8924   CN 62-1049/TB   54-40   1401BM

北京市朝阳区北三环东路 19 号（100029）

编辑部电话：010-64426130，64433465

http：//www. mkxyjs. com

mkxyjs@163. com

报道国内外有关膜科学和水处理技术的基础理论研究成果及其在石油、化工、冶金、医药、食品、纺织、环保、生物制品提纯等领域的应用成果，以及学科发展动态和趋势。设有研究报告、动态信息、应用研究、专题综述等栏目。读者对象为从事膜分离技术和水处理技术的科研人员、工程技术人员，相关专业大专院校师生和高新技术企业的技术主管。1986 年继承：《膜分离科学与技术》（1981～1985）。

摩擦学学报 = Tribology / 中国科学院兰州化学物理研究所，1992～

双月刊   CLC：TH117，O313.5

ISSN 1004-0595   CN 62-1095/O4   54-42   4504BM

甘肃省兰州市天水中路 18 号（730000）

编辑部电话：0931-4968238

tribology@licp. cas. cn

主要报道摩擦学设计、摩擦力学、摩擦化学、摩擦学材料、摩擦学表面工程、特殊工况下的摩擦学、摩擦学测试技术与设备，以及摩擦学系统工程与应用等重要的基础研究和应用研究新成果，报道范围包括机械科学与技术、材料科学与工程、物理学、化学和力学等交叉学科。主要栏目包括主编特邀专栏、研究论文、评述与进展。主要读者对象是从事摩擦学研究和新材料研制的科研技术人员、高等院校相关专业的教师和研究生，以及工业领域的技术人员等。2023 年起改为月刊。1992 年继承：《固体润滑》（1981～1991）。

木材科学与技术 = Chinese journal of wood science and technology / 中国林业科学研究院木材工业研究所，2021～

双月刊   CLC：TS6，S7

ISSN 2096-9694   CN 10-1732/S   2-311

北京市海淀区香山路中国林科院木材所 29 信箱（100091）

编辑部电话：010-62889416，9419

http：//www. mckx. net

mckx@caf. ac. cn，mcgybjb@criwi. org. cn

报道我国木材科学与技术研究领域的科技成就。内容包括木材性质与应用、木材化学利用前沿研究、木基复合材料制造应用技术、木（竹）结构、木材加工智能制造、木材加工绿色安全制造。设有综合述评、专题报道、研究报告、研究简报、讨论与建议、应用技术、标准研讨等栏目。读者对象为科研和企业等单位的研究人员、技术人员和管理人员，高等院校师生。2021 年继承：《木材工业》（1987～2020）。

耐火材料 = Refractories / 中钢集团洛阳耐火材料研究院有限公司，1971～

双月刊   CLC：TF，TQ175

ISSN 1001-1935   CN 41-1136/TF   36-19

河南省洛阳市西苑路 43 号（471039）

编辑部电话：0379-64205960

http：//www. nhcl. cn

nhcl@nhcl. com. cn

报道国内耐火材料科研、生产和应用情况及国外耐火材料科技发展动向。设有综合评述、研究开发、生产应用、综合信息、标准与检测、专论和综述等栏目。读者对象为耐火材料及相关行业（如钢铁冶金、有色冶炼、玻璃、陶瓷、水泥、石化等）的决策、规划、设计、科研、生产人员和相关专业院校师生。

南昌大学学报. 人文社会科学版 = Journal of Nanchang University. Humanities and social sciences / 南昌大学，1999～

双月刊   CLC：C55

ISSN 1006-0448   CN 36-1195/C   44-18   BM1134

江西省南昌市红谷滩区学府大道 999 号（330031）

编辑部电话：0791-83968013

http://ncuqks.ncu.edu.cn

xbwkb@ncu.edu.cn

主要刊登人文社会科学各学科的最新研究成果。辟有习近平新时代中国特色社会主义思想研究、马克思主义研究、思政课和课程思政研究、宋明理学研究、乡村振兴与基层治理研究、法治中国建设研究、经济学研究、管理学研究、新闻舆论与数字传播研究、历史学研究、文学与语言学研究、教育学研究、元宇宙·人工智能·大数据研究等专栏。读者对象为高等院校文科专业师生及社会科学工作者。1999 年继承：《南昌大学学报. 哲学社会科学版》（1998）。

南方电网技术 = Southern power system technology / 南方电网科学研究院有限责任公司，2007～

月刊　　　　　　　　CLC：TM

ISSN 1674-0629　　CN 44-1643/TK　46-359　M 439

广东省广州市黄埔区科学城科翔路 11 号（510663）

编辑部电话：020-36625642，5643

https://nfdwjs.csg.cn

nfdwjs@csg.cn

报道电力系统的科研、规划、设计、工程、生产运行、设备和系统维护等方面的成果、经验和动态。主要栏目有特约专稿、交直流并联电网、高压直流输电、高电压与绝缘、系统分析与运行、控制与保护、调度与通信、输变电技术、智能电网、分布式电源与微电网、电力技术经济、电网仿真、低碳电力、环保与节能等。读者对象为相关行业的技术人员、科研人员和相关专业院校师生。2007 年继承：《南方电网技术研究》（2005～2006）。

南方建筑 = South architecture / 广东省土木建筑学会，1981～

双月刊　　　　　　　CLC：TU

ISSN 1000-0232　　CN 44-1263/TU　46-26

广东省广州市五山路 381 号华南理工大学建筑学院（510641）

编辑部电话：020-87113093

http://nfjz.arch.scut.edu.cn

nfjz@vip.163.com

报道南方建筑学界与国内外建筑界的动态交流。主要栏目有国土空间规划、民居与传统建筑研究、设计研究、城市绿地与公众健康、城乡规划、人居环境、景观设计等。读者对象为建筑师、设计师、建筑学者、技术人员，建筑开发业主和开发商。2022 年起改为月刊。

南方金融 = South China finance / 中国人民银行广州分行，1999～

月刊　　　　　　　　CLC：F83

ISSN 1007-9041　　CN 44-1479/F

广东省广州市沿江西路 137 号（510120）

编辑部电话：020-81322301

http://www.nfjr.gd.cn

注重全局与南方基层实践相结合，刊发文章涵盖货币银行理论，经济理论，宏观经济，金融政策评论，金融市场，公司金融，家庭金融，金融科技，金融发展，互联网金融，区域金融等领域。主要栏目有理论研究、金融市场、金融实务、金融观察、农村金融等，还不定期设有专题栏目。读者对象为金融工作者和财经院校师生。1999 年继承：《广东金融》（1985～1999）。

南方经济 = South China journal of economics / 广东省社会科学院，广东经济学会，1983～

月刊　　　　　　　　CLC：F12

ISSN 1000-6249　　CN 44-1068/F　46-335

广东省广州市天河区天河北路 618 号（510635）

编辑部电话：020-38869851，83642791

http://www.nanfangjingji.cn

nanfangjingji@126.com

剖析南方经济发展的各个方面，反映经济运行状况，传递经济政策信息，交流经济理论研究的学术成果。读者对象为经济理论工作者、高等院校师生、企业管理人员和政府经济管理部门工作人员。

南方农业学报 = Journal of Southern agriculture / 广西壮族自治区农业科学院，2011～

月刊　　　　　　　　CLC：S

ISSN 2095-1191　　CN 45-1381/S　48-3　MO3350

广西南宁市西乡塘区大学东路 174 号（530007）

编辑部电话：0771-3240518，3243905，3244920

http://www.nfnyxb.

nfnyxb@163.com

主要刊登农业自然科学及相关领域的基础理论和应用技术研究方面的学术论文、研究报告、技术经验总结、研究简报、文献综述与调查报告等，重点突出南方热带、亚热带农业特色。内容包括：作物遗传育种、种质资源、分子生物学、耕作栽培、生理生化、植物保护、农业气象、土壤肥料、节水灌溉、农业生态环境、园艺、园林、林业、农产品加工与储藏、农业工程、畜牧、兽医、水产、蚕桑、农业信息技术、农业经济等。读者对象为农业科技工作者。2011 年继承：《广西农业科学》（1974～2010）。

南方水产科学 = South China fisheries science / 中国水产科学研究院南海水产研究所，2011～

双月刊　　　　　　　CLC：S9

ISSN 2095-0780　　CN 44-1683/S　46-65　BM6747

广东省广州市新港西路 231 号（510300）
编辑部电话：020-84458694
http://www.schinafish.cn
nfsc@vip.163.com

主要报道渔业资源、捕捞技术、渔业设施、渔业环境保护、水产养殖与增殖、渔业生物病害、水产品加工与综合利用，以及水产基础研究等方面的论文、研究简报、综述等。读者对象为大中专院校水产、生物、环保等专业师生，渔业行政、企事业单位管理人员和技术人员，以及水产养殖从业人员。2011 年继承：《南方水产》（2005～2010）。

南方文坛 = Southern cultural forum / 广西文联，1987～
    双月刊   CLC：I206
    ISSN 1003-7772   CN 45-1049/I   48-87   BM6327
    广西南宁市青秀区建政路 28 号（530023）
    编辑部电话：0771-5618543，5624910
    http://www.gxwenlian.com
    nfwt@tom.com

发表文学批评性文章，研究当代文学发展趋势，报道本地区及国内外学术动态与信息。主要栏目：绿色批评、点睛、当代前沿、批评论坛、译介与研究、个人锋芒、诗坛万象、文坛钩沉、南方百家、艺术时代、当代艺术视角、重读经典、打捞历史等。读者对象为文学理论工作者、大专院校文学专业师生。1987 年由《广西文艺信息》和《广西文艺评论》（1982～1986）合并而成。

南方文物 = Cultural relics in Southern China / 江西省文物考古研究院，1992～
    双月刊   CLC：K872
    ISSN 1004-6275   CN 36-1170/K   44-136
    江西省南昌市青山湖区创新一路 236 号江西省文物考古研究院（330096）
    编辑部电话：0791-86594676
    nanfangwenwu@vip.126.com

主要刊登我国南方地区考古调查、发掘报告及文物博物事业研究论文，交流南方及东南亚地区文博工作信息。设有大道中国、文博讲坛、探索之旅、生业与社会、古史新证、青年考古论坛、域外视野、人物图像、遗产保护等栏目。读者对象为高等院校考古及相关专业的师生，考古工作者和对考古感兴趣的各界人士。1992 年继承：《江西文物》（1989～1991）。

南方医科大学学报 = Journal of Southern Medical University / 南方医科大学，2006～
    月刊   CLC：R
    ISSN 1673-4254   CN 44-1627/R   46-10
    广东省广州市广州大道北 1838 号（510515）

编辑部电话：020-61648176，7352
http://www.j-smu.com
jsmu@smu.edu.cn

反映该校学科科研进展与动态，刊登基础医学方面的研究成果及临床诊疗经验。主要栏目有基础研究、临床研究、技术方法、经验交流、病例报告、科研管理、短篇报道等。读者对象为医学研究人员、医务工作者及医学院校师生。2006 年继承：《第一军医大学学报》（1981～2005）。

南京大学学报. 哲学·人文科学·社会科学 = Journal of Nanjing University. Philosophy, humanities and social sciences / 南京大学，1987～
    双月刊   CLC：C55
    ISSN 1007-7278   CN 32-1084/C   28-24   BM239
    江苏省南京市汉口路 22 号（210093）
    编辑部电话：025-83592704
    http://njdx.cbpt.cnki.net
    ndxb@nju.edu.cn

反映南京大学师生及校外学者在社会科学各领域的科研成果。刊登哲学、政治学、经济学、管理学、法学、社会学、历史学、文学等方面的学术论文。设有马克思主义与当代思潮、当代社会转型发展研究、网络金融犯罪综合治理研究、文学与艺术研究、古代小说研究、思想史研究等栏目。读者对象为社会科学工作者、文科院校师生。1987 年继承：《南京大学学报. 哲学社会科学版》（1973～1986）。

南京大学学报. 自然科学 = Journal of Nanjing University. Natural sciences / 南京大学，1978～
    双月刊   CLC：N55
    ISSN 0469-5097   CN 32-1169/N   28-25   4724BM
    江苏省南京市汉口路 22 号（210093）
    编辑部电话：025-83592704
    http://jns.nju.edu.cn
    xbnse@nju.edu.cn

反映该校师生在自然科学与技术领域的最新研究成果，刊登学术论文、特约述评、研究快报和研究进展，不定期开设专题研究专栏。内容涵盖数学、天文、计算机科学、物理、信息物理、化学、生物、生物化学、地球科学、大地海洋学、大气科学、环境科学、医学等学科。读者对象为高校理工科师生及科研人员。1978 年继承：《南京大学学报. 自然科学版》（1974～1977）；1992 年吸收：《南京大学学报. 地理学》（1983～1991）；1983 年分出：《南京大学学报. 地理学》（1983～1991）。

南京工业大学学报. 自然科学版 = Journal of Nanjing Tech University. Natural science edition / 南京工业

大学，2002～

双月刊　　　　　CLC：T

ISSN 1671-7627　　CN 32-1670/N

江苏省南京市浦珠南路 30 号（211800）

编辑部电话：025-58139286

http://zrb. njtech. edu. cn

journal@njtech. edu. cn

反映该校校内外师生和科研人员的最新科研成果，兼顾学术性和应用性，以工程应用为主。刊登化学工程、材料科学与工程、生物与制药工程、光学等学科的论文、综合性评述。读者对象为高等院校师生、科研院所科研人员及工程技术人员。2002 年继承：《南京化工大学学报》（1995～2001）；2003 年吸收：《南京建筑工程学院学报. 自然科学版》（1999～2002）。

南京航空航天大学学报 = Journal of Nanjing University of Aeronautics & Astronautics / 南京航空航天大学，1993～

双月刊　　　　　CLC：V

ISSN 1005-2615　　CN 32-1429/V　28-140　6025BM

江苏省南京市御道街 29 号（210016）

编辑部电话：025-84892726

http://jnuaa. nuaa. edu. cn

tnc01@nuaa. edu. cn

反映航空、航天、民航科技及相关领域的科研成果，刊登专题研究、评述论文、科技著作评论、学术讨论和动态报道。内容包括飞行器、动力工程、自动控制、电子工程和电子计算机、制造工程、材料科学与技术、测试工程、管理工程、空中交通管制、航空维修、固体力学、流体力学、一般力学、飞行力学、燃烧学、电子学、飞行控制和导航理论、应用数学、应用物理、管理科学等方面。读者对象为航空、民航、航天、机械、电子、电气等领域的科技工作者和理工科大专院校师生。1993 年继承：《南京航空学院学报》（1956～1993）。

南京理工大学学报 = Journal of Nanjing University of Science and Technology / 南京理工大学，2011～

双月刊　　　　　CLC：N55

ISSN 1005-9830　　CN 32-1397/N

江苏省南京市孝陵卫 200 号（210094）

编辑部电话：025-84315600

http://zrxuebao. njust. edu. cn

zrxuebao@njust. edu. cn

反映该校自然科学与工程技术领域的研究成果和科技动态。内容涉及机械工程、自动化控制、电气工程、光学与电子工程、计算机科学与工程、能源与动力工程、土木工程、化学工程、环境与生物工程、材料科学与工程、兵器装备工程和管理科学与工程等学科及相关交叉学科。读者对象为科技工作者和理工科大专院校师生。2011 年继承：《南京理工大学学报. 自然科学版》（1999～2011）。

南京林业大学学报. **自然科学版** = Journal of Nanjing Forestry University. Natural sciences edition / 南京林业大学，2001～

双月刊　　　　　CLC：S,S7

ISSN 1000-2006　　CN 32-1161/S　28-16　BM3470

江苏省南京市龙蟠路 159 号（210037）

编辑部电话：025-85428247,7076

http://nldxb. njfu. edu. cn

xuebao@njfu. edu. cn,xuebao@njfu. com. cn

报道林业领域的最新科研成果。以"大森林、大生态、大环境"为内容特色，报道重点为生态环境建设，林业资源的培育、保护、综合利用，包括生态学、林学、植物保护学、生物学、环境科学、城乡规划学、风景园林学、园艺学、农林经济管理学等一级学科，以及与之相关的二级学科、交叉学科研究成果。读者对象为高等和中等林业院校师生以及林业（包括森林工业）生产、设计、科研等单位的科技人员。2001 年继承：《南京林业大学学报》（1986～2000）。

南京农业大学学报 = Journal of Nanjing Agricultural University / 南京农业大学，1985～

双月刊　　　　　CLC：S

ISSN 1000-2030　　CN 32-1148/S　28-53　Q5785

江苏省南京市卫岗 1 号（210095）

编辑部电话：025-84395214

http://nauxb. njau. edu. cn

nauxb@njau. edu. cn

反映农业及相关学科领域的科研与技术成果。刊登农业科学、植物保护、园艺科学、动物科学、动物医学、生物技术与工程、资源与环境科学、食品科学与技术、农业化学、农业工程等方面的研究论文、综述和研究简报。读者对象为农业科技工作者，农林及相关专业院校教师和研究生。1985 年继承：《南京农学院学报》（1956～1984）。

南京农业大学学报. **社会科学版** = Journal of Nanjing Agricultural University. Social science edition / 南京农业大学，2001～

双月刊　　　　　CLC：F3,C55

ISSN 1671-7465　　CN 32-1600/C　28-443

江苏省南京市卫岗 1 号（210095）

编辑部电话：025-84396306

http://njnydxxbskb. paperonce. org

xbsk@njau. edu. cn

内容侧重农业经济方面的研究,兼顾社会科学其他学科。设有农村社会发展、土地问题、农村经济、农民问题、农民生计与保障、深化精准扶贫与实践、乡村治理现代化等栏目。读者对象为社会科学,特别是农业经济领域的理论工作者、实际工作者和专业院校师生。

南京社会科学 = Nanjing journal of social sciences / 南京市社会科学界联合会,南京市社会科学院,中共南京市委党校,1990～

月刊   CLC：C55

ISSN 1001-8263   CN 32-1302/C   28-145   6191M

江苏省南京市成贤街 43 号(210018)

编辑部电话：025-83611547

http://www. njsh. cbpt. cnki. net

sunzhich@126. com

发表人文社会科学各学科的最新研究成果,关注当今社会热点问题的研究。主要栏目有习近平新时代中国特色社会主义思想研究、经济学、公共管理、哲学、社会学、政治学、行政学、法学、钟山文艺论坛等。读者对象为各级党政干部、企事业单位领导和管理者、社会科学研究和理论宣传工作者、党校和大专院校师生。1990年继承:《南京社联学刊》(1988～1989)。

南京审计大学学报 = Journal of Nanjing Audit University / 南京审计大学,2016～

双月刊   CLC：F239

ISSN 2096-3114   CN 32-1867/F   28-364

江苏省南京市浦口区江浦街道雨山西路 86 号(211815)

编辑部电话：025-86585490,58318162

http://xbbjb. nau. edu. cn

njsjxyxb@vip. 163. com

主要发表审计理论、审计工作研究及其他经济与管理方面的论文、调研报告、译文和国内外学术动态资料。设有会计与审计、企业管理、金融与保险、国民经济等栏目。读者对象为审计学研究人员,审计、会计、财经工作者及会计审计专业师生。2016年继承:《南京审计学院学报》(2004～2016)。

南京师大学报. **社会科学版** = Journal of Nanjing Normal University. Social science edition / 南京师范大学,1984～

双月刊   CLC：C55

ISSN 1001-4608   CN 32-1030/C   28-26

江苏省南京市宁海路 122 号(210097)

编辑部电话：025-83598341

http://xuebao. njnu. edu. cn

wkxb@njnu. edu. cn

反映人文社会科学领域的基础理论与应用研究成果,

关注我国社会主义现代化建设的重大理论与实践问题研究。主要刊登哲学、经济学、管理学、政治学、法学、社会学、教育学、心理学、文学、历史学等方面的学术论文。读者对象为大专院校文科专业师生及社会科学工作者。1984 年继承:《南京师院学报. 哲学社会科学版》(1983)。

南京师大学报. **自然科学版** = Journal of Nanjing Normal University. Natural science edition / 南京师范大学,1984～

季刊   CLC：N55

ISSN 1001-4616   CN 32-1239/N

江苏省南京市宁海路 122 号(210097)

编辑部电话：025-83598632

http://xuebao. njnu. edu. cn

lkxb@njnu. edu. cn

展示该校重点学科的研究成果。主要刊登数学、物理学、化学、生物学、地理学、体育学、计算机科学与技术等学科的学术论文及研究快报。读者对象为科技工作者和理工院校师生。1984 年继承:《南京师院学报. 自然科学版》(1978～1983)。

南京信息工程大学学报. **自然科学版** = Journal of Nanjing University of Information Science & Technology. Natural science edition / 南京信息工程大学,2009～

双月刊   CLC：N55

ISSN 1674-7070   CN 32-1801/N   28-404   BM4058

江苏省南京市宁六路 219 号(210044)

编辑部电话：025-58731025

nxdxb@nuist. edu. cn

刊载电子、通信与自动控制技术、计算机科学与工程、环境科学与工程、材料科学与工程、测绘科学与工程、信息科学与系统科学、数学、物理学、化学等方面的研究成果和学术论文。读者对象为大专院校和科研院所的理工科教师和研究生及其他科研人员等。

南京医科大学学报. **自然科学版** = Journal of Nanjing Medical University. Natural sciences / 南京医科大学,2001～

月刊   CLC：R

ISSN 1007-4368   CN 32-1442/R   28-61

江苏省南京市龙眠大道 101 号(211166)

编辑部电话：025-86869293,9297

http://jnmu. njmu. edu. cn

nyxb@njmu. edu. cn

主要发表全国各医药高等院校及医院的教学、医疗、科研人员在基础医学、临床医学、预防医学等方面的原创性研究性论文,约稿发表相关领域国内外最新成果和动态的综述文章。主要栏目有基础研究、临床医学、综述、病例报告等。读者对象为高等医药院校师生和医药卫生工作者。2001年继承:《南京医科大学学报》(1994~2000)。

南京艺术学院学报. 美术与设计版 = Journal of Nanjing Arts Institute. Fine arts & design / 南京艺术学院,2003~

双月刊　　　　　CLC:J2

ISSN 1008-9675　CN 32-1008/J　28-13　BM5857

江苏省南京市虎踞北路15号(210013)

编辑部电话:025-83498094

http://www.njarti.edu.cn/nyxb

83498094@163.com

普及美术知识与提高美术理论相结合,反映学院最新研究成果。主要栏目有理论与批评、艺术史与艺术考古、宗教艺术研究、美学与艺术学研究、非物质文化遗产研究、艺术教育与创作、艺术创作与实践、学术争鸣等。读者对象为美术专业研究人员、美术院校师生及业余美术爱好者。2003年继承:《美术&设计》(2000~2002)。

南京艺术学院学报. 音乐与表演版 = Journal of Nanjing Arts Institute. Music & performance / 南京艺术学院,2003~

季刊　　　　　CLC:J6

ISSN 1008-9667　CN 32-1557/J　28-128　QR5045

江苏省南京市虎踞北路15号(210013)

编辑部电话:025-83498095

http://www.njarti.edu.cn/nyxb

3719292@163.com

主要反映学院科研、创作和教学成果,开展学术研究和交流,促进科研、创作和教学改革。设有音乐研究、舞蹈研究、戏剧影视研究、艺苑札谭、名家说课等栏目。读者对象为相关艺术部门及专业院校的师生和研究人员。2022年起改为双月刊。2003年继承:《音乐与表演》(2000~2002)。

南京邮电大学学报. 自然科学版 = Journal of Nanjing University of Posts and Telecommunications. Natural science edition / 南京邮电大学,2006~

双月刊　　　　　CLC:TN,T

ISSN 1673-5439　CN 32-1772/TN

江苏省南京市龙蟠路177号(210042)

编辑部电话:025-85866912

http://nyzr.njupt.edu.cn

xb@njupt.edu.cn

主要刊登能代表学科前沿、学术上有特色的通信与信息系统、信号与信息处理、电磁场与微波技术、通信系统与通信网、图像通信与多媒体通信、移动通信与光通信、计算机软件与理论、计算机应用技术、信息安全与信息网络、控制理论与控制工程、模式识别与智能系统、物联网等学科或专业的学术论文、研究报告及综述等。主要栏目有通信与电子、计算机与自动控制等,并根据研究前沿与热点,组织策划相应的选题、专题或约稿栏目。读者对象为相关专业的科技人员和高等院校师生。2006年继承:《南京邮电学院学报》(1960~2005)。

南京中医药大学学报 = Journal of Nanjing University of Traditional Chinese Medicine / 南京中医药大学,2003~

双月刊　　　　　CLC:R2,R28

ISSN 1672-0482　CN 32-1247/R　28-232　JNSC -36

江苏省南京市仙林大道138号(210023)

编辑部电话:025-85811934,1935,1769

http://xb.njucm.edu.cn

xuebao@njucm.edu.cn

主要反映中医药研究的新成果、新成就、新动态,刊登中医、中药、针灸、中西医结合等方面的学术论文及有关情报资料。设有专家论坛、博士生导师访谈录、学术探讨、临床研究、方药研究、针灸推拿、医史文献等栏目。读者对象为中医药科研与临床工作者及中医药院校师生。2022年起改为月刊。2003年继承:《南京中医药大学学报. 自然科学版》(2000~2002)。

南开大学学报. 自然科学版 = Acta scientiarum naturalium Universitatis Nankaiensis / 南开大学,1955~

双月刊　　　　　CLC:N55

ISSN 0465-7942　CN 12-1105/N　6-174　Q411

天津市卫津路94号(300071)

编辑部电话:022-23501681

http://jns.nankai.edu.cn

主要反映该校师生在基础科学与应用技术方面的研究成果。刊登数学、应用数学、物理、化学、生命科学、无线电电子学、计算机应用与软件、自动控制理论与应用等方面的学术论文与研究简报。读者对象为理工科大专院校师生及科技工作者。

南开管理评论 = Nankai business review / 南开大学,1998~

双月刊　　　　　CLC:F27

ISSN 1008-3448　CN 12-1288/F　6-130

天津市南开区卫津路94号南开大学商学院(300071)

编辑部电话:022-23505995,23498167

http://nbr.nankai.edu.cn

关注中国管理实践的热点与难点,介绍国内外优秀管理理论与实践研究成果。主要栏目有战略管理、案例研究、公司治理、会计研究、创新管理、评论、人力资源、调查研究、品牌管理、组织行为、运营管理、服务管理、旅游管理、信息管理、知识管理、市场营销、财务管理等。读者对象为大专院校管理专业师生和决策部门、研究机构、咨询机构以及实业界的管理人员。1998 年继承：《国际经贸研究》(1992～1998)。

南开经济研究 = Nankai economic studies / 南开大学经济学院，1985～
双月刊   CLC：F
ISSN 1001-4691   CN 12-1028/F   6-88   BM827
天津市南开大学经济学院大楼 308 室(300071)
编辑部电话：022-23508250
nkes-editor@nankai. edu. cn
发表有创见的经济理论研究成果，包括基础理论、新政治经济学与转型理论、国际经济学、产业经济学与空间经济学、保险与宏观金融、公司经济学(含公司金融)、贸易经济、劳动经济学、农业经济学等方面的研究，刊登研究论文、调查报告、问题讨论，以及书评、资料摘编等。读者对象为经济理论研究人员、经济工作者和经济院校师生，以及国内外关心中国经济发展的广大读者。2022 年起改为月刊。

南开学报. 哲学社会科学版 = Nankai journal. Philosophy, literature and social science edition / 南开大学，1980～
双月刊   CLC：C55
ISSN 1001-4667   CN 12-1027/C   6-10   BM169
天津市卫津路 94 号(300071)
编辑部电话：022-23501681
http://jss. nankai. edu. cn
反映人文社会科学研究各学科领域的新成果，关注社会现实问题。刊登哲学、文学、心理学、历史、经济学、法学、政治学等方面的论文。读者对象为文科高等院校师生及社会科学研究人员。1980 年继承：《南开大学学报. 哲学社会科学版》(1974～1979)。

南水北调与水利科技(中英文) = South-to-north water transfers and water science & technology / 河北省水利科学研究院，2020～
双月刊   CLC：TV68
ISSN 2096-8086   CN 13-1430/TV   18-191   BM1772
河北省石家庄市泰华街 310 号(050057)
编辑部电话：0311-85020535,0507,0512
http://www. nsbdqk. net
nsbdqk@263. net,nsbyslkj@163. net,nsbdqk@vip. 163.com

主要刊登水科学、水工程、水资源、水环境、水管理等方面的论文。设有水文水资源、黄河流域生态保护和高质量发展、生态与环境、水利工程研究、院士专访等栏目。读者对象为从事水文水资源、水污染及处理技术、水环境、水工结构及材料、防洪减灾、灌溉排水、水力学、水利水电工程等领域科技人员、高等院校有关专业师生，以及水利工程建设与管理的技术人员。2020 年继承：《南水北调与水利科技》(2002～2019)。

南通大学学报. 社会科学版 = Journal of Nantong University. Social sciences edition / 南通大学，2005～
双月刊   CLC：C55
ISSN 1673-2359   CN 32-1754/C
江苏省南通市啬园路 9 号(226019)
编辑部电话：0513-85012866,2867
http://xbzsb. ntu. edu. cn
xbzsb@ntu. edu. cn
报道人文社会科学基础研究，以及新兴学科、交叉学科和边缘学科等领域研究成果。设有长三角与长江经济带发展论坛、哲学研究、政治学研究、法学研究、社会学研究、文学·语言学研究、历史文化艺术研究、经济与管理、教育学·心理学研究、新闻与传播等栏目。读者对象为文科高等院校师生及人文社会科学研究人员。2005 年继承：《南通大学学报. 哲学社会科学版》(2005)。

南亚研究 = South Asian studies / 中国社会科学院亚太与全球战略研究院，中国南亚学会，1979～
季刊   CLC：D73
ISSN 1002-8404   CN 11-1306/C   82-980   QR7385
北京市东城区张自忠路 3 号东院(100007)
编辑部电话：010-64019078
http://niis. cass. cn
nyyj@cass. org. cn
刊登南亚地区政治、经济、宗教、哲学、历史、文化、社会等学科的研究性论文、书评和学术信息等，历史与现实研究并重，理论与政策分析兼容，报道和分析南亚地区重大问题和热点问题。主要栏目有南亚地区政治经济、社会文化以及国际关系等。读者对象为国际问题研究理论工作者和相关专业院校师生。

南洋问题研究 = Southeast asian affairs / 厦门大学南洋研究院，1988～
季刊   CLC：D733
ISSN 1003-9856   CN 35-1054/C   Q4823
福建省厦门市思明南路 422 号(361005)
编辑部电话：0592-2189291
http://nanyang. xmu. edu. cn

xianan@xmu.edu.cn

刊载国内外有关亚太和东南亚地区政治、经济、华侨华人、历史、社会、文化、教育、文学、国际关系,以及中国与东南亚关系等方面的研究论文。设有东南亚政治与国际关系、东南亚安全与防务、南海问题、东南亚历史与文化等栏目。读者对象为东南亚问题研究理论工作者和相关专业院校师生。1988年继承:《南洋问题》(1974～1987)。

内蒙古农业大学学报. 自然科学版 = Journal of Inner Mongolia Agricultural University. Natural science edition / 内蒙古农业大学,1999～
双月刊   CLC:N55,S
ISSN 1009-3575   CN 15-1209/S   16-58
内蒙古呼和浩特市昭乌达路 306 号(010018)
编辑部电话:0471-4304787
http://xuebao.imau.edu.cn
主要刊登动物科学、动物医学、农业科学、林业科学、生态与环境科学、食品科学、生物工程、农业工程、林业工程、计算机与信息工程及基础科学领域具有创新性、学术性、应用性的学术论文、研究报告、研究简报等。读者对象为国内农业高校的师生、国内外各科研单位的科技人员以及各级农牧业技术干部。1999年由《内蒙古林学院学报》(1979～1999)和《内蒙古农牧学院学报》(1980～1999)合并而成。

内蒙古社会科学 = Inner Mongolia social sciences / 内蒙古自治区社会科学院,1998～
双月刊   CLC:C55
ISSN 1003-5281   CN 15-1011/C   16-1   BM916
内蒙古呼和浩特市大学东街 129 号(010010)
编辑部电话:0471-4932123,4911139,3958430
http://nmgshkx.paperopen.com
刊登社会科学各领域的研究论文,内容涉及哲学、政治学、经济学、法学、历史学、文学、语言文字学、教育学等学科,突出对蒙古学及北方少数民族文化历史的研究。读者对象为社会科学工作者、大专院校师生及民族工作者。1998年由《经济、社会》(1985～1997)和《内蒙古社会科学. 文史哲版》(1987～1997)合并而成。

内燃机工程 = Chinese internal combustion engine engineering / 中国内燃机学会,1979～
双月刊   CLC:TK4
ISSN 1000-0925   CN 31-1255/TK   4-257   Q242
上海市闵行区华宁路 3111 号(201108)
编辑部电话:021-31310107,0211
http://www.cicee.com.cn
cicee@vip.163.com

解决当前内燃机工程技术实际问题、提高学术研究水平,大力探讨我国内燃机工业新兴特点、发展规律;研究我国内燃机新技术、新能源、新材料、新工艺等方面的理论、方法;交流研究成果与经验,介绍新兴学科发展动向,组织报道学术会议动态,开展学术争鸣,倡导科学创新。读者对象为内燃机行业科研、教育、企业、管理部门的技术人员、干部、职工、师生,以及工业、农业、军队、水利、机械等部门技术人员。1979年继承:《内燃机》(1972～1978)。

内燃机学报 = Transactions of CSICE / 中国内燃机学会,1983～
双月刊   CLC:TK4
ISSN 1000-0909   CN 12-1086/TK   6-74   Q816
天津市卫津路 92 号(300072)
编辑部电话:022-27406812
http://www.transcsice.org.cn
editor@transcsice.org.cn
主要刊载内燃机科学技术方面有较高学术价值和应用价值的论文。内容包括内燃机工作过程的基础理论研究,以节能进化和性能改进为目标的内燃机新技术、新工艺和新材料的研究进展,内燃机先进实验技术,内燃机代用燃料、绿色燃烧设计和新型内燃机动力装置等方面的最新研究成果。读者对象为从事内燃机科研与生产的技术人员和相关专业院校师生。

泥沙研究 = Journal of sediment research / 中国水利学会,1956～
双月刊   CLC:TV14
ISSN 0468-155X   CN 11-2532/TV
北京市车公庄西路 20 号(100048)
编辑部电话:010-68786628
http://nsyj.cbpt.cnki.net
nsyj@iwhr.com
刊登泥沙专业方面的学术论文、专题综述和工程技术总结。主要专业范围包括:泥沙运动基本理论,河流动力学,河床演变,流域产沙,水土保持,水沙变化,河流地貌,河流及航道整治,河口、港湾及海岸泥沙,渠系泥沙,水库泥沙,泥石流,风沙,管路固体输送,工业取水防沙,泥沙数学模型技术,泥沙实体模型技术,测试仪器与技术等的泥沙问题。读者对象为相关科技工作者和大专院校师生。

宁夏社会科学 = Ningxia social sciences / 宁夏社会科学院,1982～
双月刊   CLC:C55
ISSN 1002-0292   CN 64-1001/C   74-12   BM931
宁夏银川市金凤区黄河东路 261 号(750011)

编辑部电话：0951-2074593

http://www.lxsk.cbpt.cnki.net

nxskzz01@163.com，nxskzzx@163.com，nxskfg02@
163.com，nxskjj03@163.com，nxsksh04@163.com，
nxskmzzj05@163.com，nxsklsxx06@163.com，nxsk-
whwx07@163.com，nxshkx@163.com

注重人文社会科学领域基础理论研究和新兴学科的
研究。常设栏目有当代马克思主义研究、哲学、政治、法
律、管理、经济、社会问题与社会治理、历史西夏、文化传
媒；专题栏目有黄河流域生态保护和高质量发展研究、
"一带一路"研究，以及西部地区地方历史文化和社会治
理等地域特色的栏目。读者对象为社会科学工作者、大
专院校师生及民族工作者。

农村金融研究 = Rural finance research / 中国农村金
融学会，1982～

    月刊   CLC：F832.35

    ISSN 1003-1812   CN 11-1206/F

    北京市东城区建国门内大街 69 号(100005)

    编辑部电话：010-85107876

    http://ncjr.cbpt.cnki.net

内容侧重农村金融、商业银行经营与管理、金融理论
与实践等相关领域的研究和探讨。辟有农业保险专题、
"三农"信贷、金融论坛、基层之声、普惠金融、区域战略
研究专题、案例研究等栏目。读者对象为相关专业领域
的科研人员和大专院校师生。1982 年继承：《农村金融
研究动态》(1980～1981)。

农村经济 = Rural economy / 四川省社会科学院，1983～

    月刊   CLC：F32

    ISSN 1003-7470   CN 51-1029/F   62-154

    四川省成都市一环路西一段 155 号(610072)

    编辑部电话：028-87013295

    http://ncjj.alljournal.cn

围绕农村经济建设和改革发展中提出的实际问题和
理论问题，开展研究和探讨，交流农村改革实践的经验
和方法。主要栏目：土地问题、财政与金融、农业现代
化、农村贫困、农村资源与环境、产业结构研究、农村人
力资源开发、区域经济、乡村振兴战略、农民收入与消
费、农村经营管理、农村社会保障、粮食问题等。主要读
者对象为农业经济管理人员和农经理论工作者，兼及农
村基层干部和专业户。

农机化研究 = Journal of agricultural mechanization re-
search / 黑龙江省农业机械工程科学研究院，黑龙江
省农业机械学会，1985～

    月刊   CLC：S23

    ISSN 1003-188X   CN 23-1233/S   14-324

黑龙江省哈尔滨市哈平路 156 号(150081)

    编辑部电话：0451-86662611，86631651

    nongjihuayanjiu@qq.com

报道大农业概念下农、林、牧、副、渔的机械化、电气
化、自动化的学术、科研成果。设有农业发展新视点、理
论研究与探讨、设计制造、试验研究、新技术应用、环境
与能源动力工程、综述等栏目。读者对象为农机专业科
研与技术人员、生产和管理人员，以及专业院校师生。
1985 年继承：《黑龙江农机资料》(1979～1984)。

农林经济管理学报 = Journal of agro-forestry econom-
ics and management / 江西农业大学，2014～

    双月刊   CLC：F32

    ISSN 2095-6924   CN 36-1328/F   44-140

    江西省南昌市经开区志敏大道 1101 号江西农业大学
期刊社(330045)

    编辑部电话：0791-83828011

    http://xuebao.jxau.edu.cn

    nljjglxb@sina.com

刊载农林经济政策与理论，反映农林经济管理前沿动
态和研究成果，开展学术交流，服务学科发展和地方经
济建设。内容包括农村发展、农业经济、林业经济、畜牧
经济、劳动经济、生态经济等方面。读者对象为相关部
门和企事业单位的研究人员、管理人员，以及农林大中
专院校师生。2014 年继承：《江西农业大学学报. 社会
科学版》(2002～2013)。

农药 = Agrochemicals / 沈阳中化农药化工研发有限
公司，1981～

    月刊   CLC：TQ45，S48

    ISSN 1006-0413   CN 21-1210/TQ   8-60   M5060

    辽宁省沈阳市铁西区沈辽东路 8 号(110021)

    编辑部电话：024-85869187

    http://nyzz.cbpt.cnki.net

    nongyao@sinochem.com

报道农药科研、生产、加工、分析、应用等方面的成果、
技术、信息、动态、经验以及农药生产过程的三废治理及
副产物的综合利用，国内外农药新品种、新剂型和新用
法，国内病虫草害发生趋势，农药药效试验、田间应用、
使用技术改进及毒性、作用机制、残留动态等内容。主
要读者对象为农药科研、生产及植保工作者。1981 年
继承：《农药工业》(1974～1980)。

农药学学报 = Chinese journal of pesticide science / 中
国农业大学，1999～

    双月刊   CLC：S48，TQ45

    ISSN 1008-7303   CN 11-3995/S   2-949   BM1505

    北京市海淀区圆明园西路 2 号中国农业大学(100193)

编辑部电话：010-62733003
http://www.nyxxb.cn
nyxuebao@263.net

报道农药学各分支学科的研究成果。刊登农药的合成及构效关系研究、毒理与应用技术、农药残留与环境等方面的专论、综述、研究论文和研究简报。读者对象为农药和植保专业的科技工作者及大专院校师生、农药管理人员及生产企业的技术人员。

农业工程学报 = Transactions of the Chinese society of agricultural engineering / 中国农业工程学会，1985～
半月刊　　　　　CLC：S2
ISSN 1002-6819　CN 11-2047/S　18-57　BM3335
北京市朝阳区麦子店街 41 号（100125）
编辑部电话：010-59197076,7077,7078,7079
http://www.tcsae.org
tcsae@tcsae.org

主要刊登农业工程学科领域的应用技术基础研究、农业装备工程与机械化、农业航空工程、农业水土工程、农业信息与电气技术、农业生物环境与能源工程、土地保障与生态安全、农产品加工工程等方面的学术论文和实用技术研究，以及生产实践运用成果报告。读者对象为农业工程学科及相关领域的科研、教学和生产科技人员、技术管理及推广人员和院校师生。

农业环境科学学报 = Journal of agro-environment science / 农业农村部环境保护科研监测所，中国农业生态环境保护协会，2003～
月刊　　　　　CLC：S181,X322
ISSN 1672-2043　CN 12-1347/S　6-64　M5872
天津市南开区复康路 31 号（300191）
编辑部电话：022-23674336
http://www.aes.org.cn
caep23674336@126.com,panshujun@caas.cn

主要刊登农业生态环境领域具有创新性的研究成果，包括新理论、新技术和新方法。栏目包括专论与综述、污染生态、土壤环境、水体环境、畜禽环境、水产环境、废弃物处理及资源化利用、碳氮循环、面源污染、分析方法、环境影响评价。读者对象为从事农业科学、环境科学、生态学、资源保护、林业科学和医学等领域的科技人员和院校师生。2003 年继承：《农业环境保护》（1981～2002）。

农业机械学报 = Transactions of the Chinese society for agricultural machinery / 中国农业机械学会，中国农业机械化科学研究院，1957～
月刊　　　　　CLC：S22
ISSN 1000-1298　CN 11-1964/S　2-363　M289

北京市德胜门外北沙滩 1 号 6 信箱（100083）
编辑部电话：010-64882610,2231
http://www.j-csam.org
njxb@caams.org.cn

2023 年起由中国农业机械学会和中国农业机械化科学研究院集团有限公司主办。刊登服务于农业的各种工程技术研究成果，包括农业工程，与农业工程相关的机械工程等。侧重于刊发农业机械与智能农业装备、生物环境工程、农业信息技术、农业水土工程、生物质能、农副产品与食品科学方面的论文。设有农业装备与机械工程、农业信息化工程、农业水土工程、农业生物环境与能源工程、农产品加工工程、车辆与动力工程、机械设计制造及其自动化等栏目。读者对象为农机及机械行业的中高级技术人员和专业院校师生。

农业技术经济 = Journal of agrotechnical economics / 中国农业技术经济学会，中国农业科学院农业经济与发展研究所，1982～
月刊　　　　　CLC：F323.3
ISSN 1000-6370　CN 11-1883/S　82-280　BM673
北京市中关村南大街 12 号（100081）
编辑部电话：010-82109791
http://www.iaecn.cn
jjj@caas.cn

主要介绍农业科技政策、科技进步和农业技术发展方向等方面的最新研究成果，以及高效农业、农业常规技术等新技术应用模式。读者对象为农村政策研究、农业经济管理、农村产业技术推广、农业资源区划、经济理论研究部门的领导干部和专家学者，以及高等院校相关专业的师生。

农业经济 / 辽宁省农业经济学会，1981～
月刊　　　　　CLC：F32
ISSN 1001-6139　CN 21-1016/F　8-152
辽宁省沈阳市沈河区东陵路 84 号（110161）
编辑部电话：024-31312901,31518866
nyjj2003@vip.163.com,nyjj@vip.163.com

刊登农业经济理论、农经学科建设、农业政策研究和工作研究等方面的论文。为农业与农村经济发展服务，为领导机关宏观决策服务，为农业经济学科建设服务。读者对象为从事农经工作的理论工作者和实际工作者以及大专院校经济类专业师生等。2023 年起有并列题名：Agricultural economy。

农业经济问题 = Issues in agricultural conomy / 中国农业经济学会，中国农业科学院农业经济与发展研究所，1980～
月刊　　　　　CLC：F32

ISSN 1000-6389   CN 11-1323/F   M571
北京市中关村南大街 12 号(100081)
编辑部电话：010-82109791
http://www.iaecn.cn
nyjjwt@caas.cn

探索我国农村经济发展的规律,研究农村生产关系的完善和农村生产要素的优化配置,调查乡镇企业改革和发展过程中存在的问题和发展趋势,反映农村改革和经济发展的新情况、新问题和新观点,交流农村改革和农村经济发展的新经验,介绍国外农业经济的理论和实践。设有乡村建设与发展、农村土地、农村劳动力、农村组织与制度等栏目。读者对象为从事经济工作和农村工作的各级行政领导和实际工作者,与经济和农村经济有关的政策研究人员、涉农企业和乡镇企业经营管理人员、科研人员以及相关专业院校师生等。

农业经济与管理 = Agricultural economics and management / 东北农业大学,2010～
双月刊   CLC：F3
ISSN 1674-9189   CN 23-1564/F   14-103
黑龙江省哈尔滨市香坊区东北农业大学(150030)
编辑部电话：0451-55190063
nyjjygl@163.com

探索农业经济发展热点、难点问题,报道国内外农业经济发展信息、管理理论与实践经验。主要栏目有农业经济、畜牧业经济、农业资源与环境、粮食问题、土地问题、农产品市场与贸易、农业与农村发展、农村金融、渔业经济、农民问题等。读者对象为从事农经工作的理论工作者和实际工作者,以及大专院校经济类专业师生等。2010 年继承:《渔业经济研究》(1984～2010)。

农业考古 = Agricultural archaeology / 江西省社会科学院,1981～
双月刊   CLC：K87,S-09
ISSN 1006-2335   CN 36-1069/K   BM624
江西省南昌市洪都北大道 649 号(330006)
编辑部电话：0791-88595816,2324,2141
agarsym@126.com

着重从考古学和生产力角度研究中国农业的起源和农业生产技术的发展历史,探讨中国农业的历史规律,总结其经验教训。设有农业考古发现与研究、农业历史、农业经济史、农业文化、农村社会史、饮食文明等栏目。读者对象为从事农业、文化、考古、历史研究的专家、学者和工作人员。

农业生物技术学报 = Journal of agricultural biotechnology / 中国农业大学,中国农业生物技术学会,1993～

月刊   CLC：S,Q81
ISSN 1674-7968   CN 11-3342/S   2-367   BM1673
北京市海淀区圆明园西路 2 号中国农业大学生命科学楼 1053 室(100193)
编辑部电话：010-62733684
http://www.jabiotech.org,http://www.jabiotech.org.cn
nsjxb@cau.edu.cn

主要刊登研究论文、研究简报和综述。内容包括与农业科学有关的植物、动物、微生物及林业、海洋等学科在组织、器官、细胞、染色体、蛋白质、基因、酶、发酵工程等不同水平上的农业生物技术研究成果,与农业有关的遗传与育种、生理、生化与分子生物学、环境与生态、医学、病理学等基础与应用研究成果。读者对象为相关专业高等院校师生和农业科技工作者。

农业现代化研究 = Research of agricultural modernization / 中国科学院亚热带农业生态研究所,1980～
双月刊   CLC：F32,S
ISSN 1000-0275   CN 43-1132/S   42-46   BM6665
湖南省长沙市芙蓉区远大二路 644 号(410125)
编辑部电话：0731-84615231
nyxdhyj@isa.ac.cn

探索和研究中国特色农业现代化理论、战略、方针、道路,研究中国农业现代化进程中的科学技术、经济、生态、社会各方面及其协调发展问题。内容包括农业发展战略、农业可持续发展、区域农业、生态农业、农业生物工程、信息农业、农村生态环境、农业经济、农业产业化、农业系统工程、农业机械化、高新技术应用、资源利用与保护等方面。主要读者对象为农业科技工作者、农业院校师生、各级领导干部和农业管理人员。

农业资源与环境学报 = Journal of agricultural resources and enviroment / 农业农村部环境保护科研监测所,中国农业生态环境保护协会,2013～
双月刊   CLC：S,X3
ISSN 2095-6819   CN 12-1437/S   6-40   BM3272
天津市南开区复康路 31 号(300191)
编辑部电话：022-23611102
http://www.aed.org.cn
caed@vip.163.com

主要报道交流农业资源、农业环境等领域新理论、新技术、新方法和实践经验,为促进农业资源与环境学科发展提供理论技术支持。主要栏目有土地资源、养分资源、生物质资源、农业生态与环境、区域绿色发展。读者对象为相关专业的科研人员及院校师生。2013 年继承:《农业环境与发展》(1994～2013)。

欧洲研究 = Chinese journal of European studies / 中国社会科学院欧洲研究所，2003～

双月刊　　　　　　CLC：D75

ISSN 1004-9789　　CN 11-4899/C　82-165　BM890

北京市建国门内大街 5 号 1433 室(100732)

编辑部电话：010-65135017

http://ozyj. ajcass. org

cjes@cass. org. cn

刊发国内学者欧洲研究的学术论文。内容涵盖欧洲一体化、欧洲政治经济与社会、国别与地区、中欧关系研究、国际政治经济问题,涉及政治、经济、社会文化和国际关系等各个领域。设有热点笔谈、国际政治经济评论、欧洲论坛、欧洲文明史研究、专题研究、学术动态、研究述评、书评等栏目。读者对象为国际问题研究机构及涉外单位的研究人员、高等院校相关专业师生。2003年继承:《欧洲》(1993～2002)。

排灌机械工程学报 = Journal of drainage and irrigation machinery engineering / 江苏大学，2010～

月刊　　　　　CLC：TH318,S277. 9

ISSN 1674-8530　　CN 32-1814/TH　28-82　BM5945

江苏省镇江市学府路 301 号(212013)

编辑部电话：0511-84493098

http://zzs. ujs. edu. cn/pgjx

pgjx@ujs. edu. cn

报道排灌机械行业的方针政策、新理论、新技术、新方法和新研究成果。主要栏目有特约综述、泵理论与技术、水利水电工程、农业水土工程、环境工程、流体工程、排灌装备制造技术等。读者对象为国内外专家学者、高校教师和研究生,以及科研院所的研究人员。2010年继承:《排灌机械》(1982～2009)。

皮革科学与工程 = Leather science and engineering / 四川大学,中国皮革协会，1991～

双月刊　　　　　CLC：TS5

ISSN 1004-7964　　CN 51-1397/TS　62-185

四川省成都市一环路南一段 24 号四川大学生物质与皮革工程系(610065)

编辑部电话：028-85460597

http://www. scupgkg. cn

378510615@qq. com

刊登制革新技术和清洁工艺、智能制造及生产管理、胶原化学及胶原基材料、皮革化学品、皮革分析及标准、革制品设计、皮革科学与生物质、精细化工、装备制造等领域的交叉学科研究。设有试验研究、综述、材料与工艺、标准化与检验、皮革制品等栏目。读者对象为皮革行业科技人员和相关专业大专院校师生。1991年继承:《成都科技大学学报. 皮革科学与工程分册》(1988～

1990)。

齐鲁学刊 = Qilu journal / 曲阜师范大学，1980～

双月刊　　　　　CLC：C55

ISSN 1001-022X　　CN 37-1085/C　24-014　BM1108

山东省曲阜市(273165)

编辑部电话：0537-4455347

qlxk2003@qfnu. edu. cn

反映人文社会科学领域各学科基础理论研究成果,侧重对孔孟儒学和齐鲁文化的研究。刊登内容涉及哲学、法学、文学、历史、经济等方面,常设孔子·儒家·齐鲁文化研究、中国历史、中国文学、哲学综合、教育学、法学、经济学等栏目。读者对象为人文社会科学工作者及大专院校文科专业师生。1980年继承:《破与立》(1974～1979)。

企业经济 = Enterprise economy / 江西省社会科学院，1988～

月刊　　　　　CLC：F27

ISSN 1006-5024　　CN 36-1004/F　44-7

江西省南昌市洪都北大道 649 号(330077)

编辑部电话：0791-88596331,2843,2221

http://www. qyjj. cn

qyjj@qyjj. cn

主要刊载国内外经济研究最新动态,预测未来经济走势,传播企业管理知识,研判企业经营得失。主要栏目有共同富裕、企业战略、管理纵横、人力资源、行业探讨、生态文明、旅游经济、经营谋略、双碳研究、数字经济、金融论苑、公共管理、互联网经济等。读者对象为企业经济研究人员、企业管理人员。1988年继承:《赣江经济》(1981～1987)。

气候变化研究进展 = Climate change research / 国家气候中心，2005～

双月刊　　　　　CLC：P467

ISSN 1673-1719　　CN 11-5368/P　80-463　BM1991

北京市中关村南大街 46 号国家气候中心(100081)

编辑部电话：010-58995171

http://www. climatechange. cn

accr@cma. gov. cn

报道全球变化最新观测事实、重要信息及应对全球气候变化的适应、减缓措施和技术成果等,及时反映国际气候制度与气候外交谈判的信息。内容包括:国内外气候变化及其有关的交叉学科,如地球科学、生态与环境科学、人文与社会科学等方面的最新研究成果和进展。设有气候系统变化、气候变化影响、气候变化适应、温室气体排放、对策论坛等栏目。读者对象为相关领域的科研人员和专业院校师生,有关部门政府工作人员,以及广大关注气候变化的人士。2005 年继承:《气候变化通讯》(2002～2004)。

气候与环境研究 = Climatic and environmental research / 中国科学院大气物理研究所,中国气象学会, 1996～
双月刊   CLC:P46
ISSN 1006-9585   CN 11-3693/P   2-452
北京市 9804 信箱(100029)
编辑部电话:010-82995048,5413
http://www. dqkxqk. ac. cn, http://www. iapjournals. ac. cn
qhhj@mail. iap. ac. cn
发表有关大气科学、海洋科学、地理科学和环境科学等专业科研论文,反映我国在气候与环境领域最新研究成果,报道研究动态。刊载学术论文、短论、研究简报、综合评述,以及学术会议报道和书刊评介等。读者对象为相关学科领域科研人员及大专院校师生。

气象 = Meteorological monthly / 国家气象中心, 1974～
月刊   CLC:P4
ISSN 1000-0526   CN 11-2282/P   2-495   M-432
北京市中关村南大街 46 号(100081)
编辑部电话:010-58995051,58993789,68407336,58995414,68407936
http://qxqk. nmc. cn
qxqk@cma. gov. cn
主要刊登气象科学研究领域综合评述及研究论文,天气、气候诊断分析与监测预报技术,气象业务技术及业务现代化建设经验,气象灾害的规律及防灾减灾决策,公共气象服务和专业气象服务技术方法,气象科技信息动态等。设有综述、研究论文、大气气候评论等栏目。主要读者对象是气象及农林、水文、海洋、环境等专业科技工作者和相关专业院校师生。1974 年继承:《气象通讯》。

气象学报 = Acta meteorologica Sinica / 中国气象学会, 1941～
双月刊   CLC:P4
ISSN 0577-6619   CN 11-2006/P   2-368   BM329
北京市中关村南大街 46 号中国气象学会(100081)
编辑部电话:010-68406942
http://qxxb. cmsjournal. net
qxxb@cms1924. org,cmsqxxb@263. net
反映大气科学领域科研成果,刊登动力气象学、天气学、气候学、数值天气预报、大气物理学、大气化学、大气探测、人工影响天气及应用气象学等大气科学各主要分支学科的代表我国研究新水平的创造性论文,中外大气

科学发展动态综合评述。读者对象为气象及水文、海洋、环境等相关学科科研人员、高等院校师生。1941 年继承:《气象杂志》(1935～1940)。

汽车安全与节能学报 = Journal of automotive safety and energy / 清华大学, 2010～
季刊   CLC:U4
ISSN 1674-8484   CN 11-5904/U
北京市海淀区清华大学汽车研究所(100084)
编辑部电话:010-62798897
http://www. journalase. com
jase@tsinghua. edu. cn
报道汽车安全、节能、环保及智能驾驶等内容,涉及机械、化学、材料学、燃烧学、智能模拟和医学等多个学科。设有综述与展望、汽车安全、汽车节能与环保等栏目。读者对象为汽车行业的工程技术人员、科研人员、管理人员、高校相关专业师生。2023 年起改为双月刊。

汽车工程 = Automotive engineering / 中国汽车工程学会, 1963～
月刊   CLC:U46
ISSN 1000-680X   CN 11-2221/U   2-341   M498
北京经济技术开发区融兴北三街 39 号(102607)
编辑部电话:010-50923970
http://www. qichegongcheng. com
sae860@sae-china. org
主要刊登汽车理论的探讨、试验研究成果,以及汽车设计、制造、新材料使用、技术管理等方面的学术论文;汽车工业宏观分析研究的理论论述;汽车及其相关行业的新技术、新进展、新趋势等。读者对象为汽车及其相关行业的工程技术人员、科研人员、高校研究生及相关企业的高级管理人员。

汽车技术 = Automobile technology / 中国第一汽车集团有限公司, 1970～
月刊   CLC:U46
ISSN 1000-3703   CN 22-1113/U   12-2   M521
吉林省长春市新红旗大街 1 号(130013)
编辑部电话:0431-82028067
http://qcjs. cbpt. cnki. net
bjb_qy@faw. com. cn
主要报道汽车整车及其零部件设计、研究、试验等方面的前瞻与应用技术,兼有理论研究内容。读者对象为汽车及其相关行业的工程技术人员、科研人员、高校研究生及相关企业的高级管理人员。

汽轮机技术 = Turbine technology / 哈尔滨汽轮机厂有限责任公司, 1958～

双月刊　　　　　　CLC：TK26

ISSN 1001-5884　　CN 23-1251/TH　14-273

黑龙江省哈尔滨市香坊区三大动力路 345 号(150040)

编辑部电话：0451-82953173

QLJJS@harbin-electric.com

内容涉及汽轮机的实验研究、加工工艺、材料应用、安装调试、维护运行、设备改造等方面。读者对象为发电设备科研及工程技术人员、相关专业大专院校师生等，也可供力学、材料、能源等专业科研人员参考。

器官移植 = Ogran transplantation / 中山大学，2010～

双月刊　　　　　　CLC：R617

ISSN 1674-7445　　CN 44-1665/R　46-35　M6693

广东省广州市天河区天河路 600 号(510630)

编辑部电话：020-38736410

http://www.organtranspl.com

organtranspl@163.com

报道国内外器官移植领域最新科研成果和临床诊疗经验。设有述评、指南与共识、诊疗规范、专家论坛、学术盘点、移植前沿、论著(实验研究、临床研究)、捐献之窗、综述、学术动态等栏目。读者对象为从事移植及相关临床专业的医护人员(移植外科、移植内科、麻醉及重症医学专科等)和移植相关基础专业的研究者和医学生。2010 年继承:《国际内科学杂志》(2007～2009)。

强激光与粒子束 = High power laser and particle beams / 中国工程物理研究院，中国核学会，四川核学会，1989～

月刊　　　　　　　CLC：O4，TL501，TN24

ISSN 1001-4322　　CN 51-1311/O4　62-76　M4189

四川省绵阳市 919-805 信箱(621900)

编辑部电话：0816-2485753

http://www.hplpb.com.cn

hplpb@caep.cn

报道我国高能激光与粒子束技术领域理论、实验与应用研究的最新成果和进展，内容涉及强激光、高功率微波及粒子束的产生、传输及其与物质的相互作用。主要栏目包括强激光物理与技术、惯性约束聚变物理与技术、高功率微波、脉冲功率技术、粒子束及加速器技术、核科学与工程、前沿技术与交叉科学等。读者对象为相关学科科研技术人员及高等院校师生。

桥梁建设 = Bridge construction / 中铁大桥局集团有限公司，1971～

双月刊　　　　　　CLC：U44

ISSN 1003-4722　　CN 42-1191/U　38-54　BM3154

湖北省武汉市建设大道 103 号(430034)

编辑部电话：027-83519506

http://qky.ztmbec.com/dqjkygs/cpyyw61/qkzz/qljs，

http://qljs.cbpt.cnki.net

qiaoliangjianshe@yeah.net

主要报道桥梁工程领域的科学研究、设计、施工及监理等方面的实践成果和理论探讨。内容包括最新桥梁科学技术，大型桥梁和独具特色桥梁的设计与施工技术，桥梁新型工程材料的开发及应用，新型桥梁施工设备的开发及应用，以及桥梁抗震、减振、防蚀;桥梁工程事故及分析。读者对象为桥梁建设及其相关行业的工程技术人员、科研人员、高校研究生及相关企业的高级管理人员。

青海民族研究 = Qinghai journal of ethnology / 青海民族大学民族学与社会学学院，青海民族大学民族研究所，1985～

季刊　　　　　　　CLC：C95，K28，D633

ISSN 1005-5681　　CN 63-1016/C

青海省西宁市城东区八一中路 3 号(810007)

编辑部电话：0971-8804399

https://qje.qhmu.edu.cn

qhmzyjbjb@163.com

主要发表有关民族学、人类学、宗教学、历史学、藏学、蒙古学、民族语言学、民族民俗学、民族经济学、民族教育学、人文地理学等方面的研究论文和调查报告，特别注重对青藏高原诸世居民族历史和现状的研究。设有民族学研究、人类学研究、历史学研究、藏学研究、宗教学研究、文化学研究、铸牢中华民族共同体意识研究等栏目。读者对象为民族学研究人员、民族工作者及相关专业院校师生。

青海社会科学 = Qinghai social sciences / 青海省社会科学院，1980～

双月刊　　　　　　CLC：C55

ISSN 1001-2338　　CN 63-1001/C　56-18

青海省西宁市上滨河路 1 号(810000)

编辑部电话：0971-8450562，8455791

http://qhsh.cbpt.cnki.net

qhshkx@163.com

刊登人文社会科学领域的研究成果。辟有本刊特稿、政治学研究、经济学研究、社会学研究、法学研究、文学研究、民族学研究、历史学研究、文化学研究等常设栏目，并不定期开设生态文明建设、丝路建设等专题研究栏目。读者对象为研究哲学、社会科学及其相关学科的研究人员。

青年研究 = Youth studies / 中国社会科学院社会学研究所，1981～

双月刊　　　　　　CLC：D43，C913

ISSN 1008-1437   CN 11-3280/C   80-439   BM5802
北京市东城区建国门内大街 5 号科研大楼 1041 室
（100732）
编辑部电话：010-85195576
http://qnyj.ajcass.org
qsn@cass.org.cn

关注对青年群体、青年问题，以及与青年有关的社会问题的研究。刊发青年心理、青年教育、当代青年文化，以及社会问题、婚姻家庭、中长期青年发展规划研究、劳动就业等问题的研究成果，介绍国外青年研究动态。主要读者对象为青年工作者、青年问题研究工作者、教育工作者，以及关心青年和青年工作的各界人士。

轻工学报 = Journal of light industry / 郑州轻工业大学，2016～

双月刊   CLC：T，TS
ISSN 2096-1553   CN 41-1437/TS   36-151   BM2653
河南省郑州市高新区科学大道 136 号（450001）
编辑部电话：0371-86608633，8635
http://qgxb.zzuli.edu.cn/zzqgxb, http://zzqb.cbpt.cnki.net
qgxb@zzuli.edu.cn

主要刊载轻工行业领域的学术研究成果。设有食品与生物工程、烟草科学与工程、材料化学与工程、食品科学与工程、化妆品科学与技术、机电科学与工程、生物科学与工程、电气与控制工程、基础科学、环境工程等栏目。读者对象为相关专业高等院校师生及科研院所和企业单位的科研技术人员。2016 年继承：《郑州轻工业学院学报. 自然科学版》（2000～2015）。

清华大学教育研究 = Tsinghua journal of education / 清华大学，1986～

双月刊   CLC：G4
ISSN 1001-4519   CN 11-1610/G4   80-104
北京市海淀区清华大学（100084）
编辑部电话：010-62788995
http://tje.ioe.tsinghua.edu.cn
jysbjb@mail.tsinghua.edu.cn

刊登内容理论与实践相结合，为中国的教育改革与发展服务。设有教育思想与理论、教育改革与发展、教育组织与管理、教育经济与财政、教育政策与法律、国际与比较教育、课程与教学、教育文化与历史、教育与社会、高考改革等栏目。读者对象为国内外教育科学研究人员、教育管理者、大专院校和中小学教师，以及关注中国教育的人士。1986 年继承：《教育研究通讯》（1980～1985）。

清华大学学报. 哲学社会科学版 = Journal of Tsinghua University. Philosophy and social sciences / 清华大学，1986～

双月刊   CLC：C55
ISSN 1000-0062   CN 11-3596/C   82-724
北京市海淀区清华大学（100084）
编辑部电话：010-62783533
http://qhdz.cbpt.cnki.net
skxb@tsinghua.edu.cn

以发表文、史、哲方面的学术论文为主，兼及经济、法律、社会、政治等学科。辟有经济与社会、专题研究、法律与政治、历史研究、文学研究、期刊与评价等栏目。读者对象为大专院校文科专业师生及社会科学工作者。1986 年部分继承：《清华大学学报》（1977～1985）。

清华大学学报. 自然科学版 = Journal of Tsinghua University. Science and technology / 清华大学，1986～

月刊   CLC：N55
ISSN 1000-0054   CN 11-2223/N   2-90   JNSC-2
北京市海淀区清华大学学研大厦 B 座 605A（100084）
编辑部电话：010-62788108，62792976
http://jst.tsinghuajournals.com
xuebaost@tsinghua.edu.cn

主要刊登该校自然科学与技术领域基础研究和实验研究方面的科研成果，也发表校外作者的科技论文。主要栏目：电子工程、电机工程、计算机科学与技术、精密仪器与机械学、热能工程、工程物理、化学工程、航空航天与工程力学、土木工程、水利水电工程、自动化、微电子学、信息科学、风险评估、漏洞分析、能源技术、网络安全、经济与公共管理等。主要读者对象为科研工作者、高等院校教师和研究生。1986 年部分继承：《清华大学学报》（1977～1985）。

清华法学 = Tsinghua University law journal / 清华大学，2007～

双月刊   CLC：D92
ISSN 1673-9280   CN 11-5594/D   BM6985
北京市海淀区清华大学明理楼 523 室（100084）
编辑部电话：010-62795936
http://qhfx.cbpt.cnki.net
qhfx2015@mail.tsinghua.edu.cn

展现我国法学研究的前沿问题，关注重大法学主题、产生重大影响的研究。设有专题（如迈向数据法学、民法典物权编的重大疑难问题、案例指导制度等）、论文、观察与思考、案例研析、特稿、视点等栏目。读者对象为法学研究工作者。2007 年继承：《清华法学（集刊）》（2002～2006）。

清史研究 = The Qing history journal / 中国人民大学，1991～

双月刊　　　　　　CLC：K249

ISSN 1002-8587　　CN 11-2765/K　2-749

北京市中关村大街 59 号(100872)

编辑部电话：010-62511428

http://qsyj.ruc.edu.cn

刊登有关清代政治、法律、经济、军事、教育、科举、民族、宗教、社会、学术文化、历史地理、科学技术、外交关系等方面的学术论文，以及人物研究、文献调查、史籍考订、中外清史专家介绍等方面的文章，报道学术动态。读者对象为清史研究人员、历史工作者、大专院校历史专业师生，以及对清史感兴趣的人士。1991 年继承：《清史研究通讯》(1979～1990)。

情报科学 = Information science / 吉林大学，1980～

月刊　　　　　　　CLC：G25

ISSN 1007-7634　　CN 22-1264/G2　12-174

吉林省长春市前进大街 2699 号(130012)

编辑部电话：0431-85095200

http://www.qbkx.org

infosci@jlu.edu.cn

旨在通过学术交流促进我国情报科学研究的发展，开展情报教育，普及情报知识。内容涉及高校图书馆网络化建设、现代信息业发展、多媒体技术、情报人员结构等方面。设有专论、理论研究、业务研究、博士论坛、综述等栏目。读者对象为图书情报人员和高等院校师生等。1980 年继承：《科技情报工作》(1960～1979)；1998 年吸收：《国外情报科学》(1983～1997)。

情报理论与实践 = Information studies：theory & application / 中国国防科学技术信息学会，中国兵器工业集团第二一〇研究所，1987～

月刊　　　　　　　CLC：G25

ISSN 1000-7490　　CN 11-1762/G3　82-436　BM4120

北京市海淀区车道沟 10 号院科技 1 号楼 1218(100089)

编辑部电话：010-68961793,3306

http://www.itapress.cn

itapress@163.com,1587682149@qq.com

跟踪报道国内外图书馆学情报学与信息技术发展现状和趋势，研究探讨图书馆学情报学的理论方法和信息服务实践。辟有理论探索、实践研究、信息系统、书评、综述与述评等栏目。读者对象为图书馆学情报学专家、学者及工作人员，高等院校信息管理专业师生。1987年继承：《兵工情报工作》(1964～1986)。

情报学报 = Journal of the China society for scientific and technical information / 中国科学技术情报学会，中国科学技术信息研究所，1982～

月刊　　　　　　　CLC：G25

ISSN 1000-0135　　CN 11-2257/G3　82-153　BM4134

北京市复兴路 15 号(100038)

编辑部电话：010-68598273,58882172,68598285

http://qbxb.istic.ac.cn/CN/volumn/home.shtml

qbxb@istic.ac.cn

主要发表情报科学领域的学术论文、研究报告和综述评论，重点关注信息、知识、情报相关的理论、方法、技术与应用。内容包括：信息搜集与过滤、信息组织与检索、信息分析与服务、知识获取与构建、知识组织与标引、知识利用与服务、情报搜集与监测、情报分析与转化、情报传递与服务等。辟有情报理论与应用、情报分析方法与技术、情报用户与行为研究、研究进展与文献综述等栏目。读者对象为情报科学研究人员、图书情报工作者及高校相关专业师生。

情报杂志 = Journal of intelligence / 陕西省科学技术情报研究院，1985～

月刊　　　　　　　CLC：G25

ISSN 1002-1965　　CN 61-1167/G3　52-117　M5090

陕西省西安市雁塔路南段 99 号(710054)

编辑部电话：029-85529749

http://www.qbzz.net

qbzz@263.net

集情报科学理论研究与情报实践研究于一体。内容包括情报研究、情报分析、情报管理、专业情报、情报机构、数据安全、反情报等方面。主要栏目：情报研究、舆情研究、信息资源管理等。读者对象为图书、情报、资料工作者。1985 年继承：《陕西情报工作》(1982～1984)。

情报资料工作：中国社会科学情报学会学报 = Information and documentation services / 中国人民大学，1985～

双月刊　　　　　　CLC：G25

ISSN 1002-0314　　CN 11-1448/G3　82-22　CP127

北京市海淀区中关村大街甲 59 号文化大厦(100086)

编辑部电话：010-62512296,4977

http://qbzl.ruc.edu.cn

qingbaoziliao@263.net

中国社会科学情报学会学报。主要栏目：专题研究、理论探索、信息技术、信息资源、信息服务、实践研究、信息窗等。主要读者对象为情报界工作人员及相关专业院校师生。1985 年继承：《资料工作通讯》(1980～1985)。

求实 = Truth Seeking / 中共江西省委党校，1979～

双月刊　　　　　　CLC：D0,D6

ISSN 1007-8487　　CN 36-1003/D　44-69　BM6215
江西省南昌市红谷滩新区龙虎山大道 1866 号（330108）
编辑部电话：0791-86858988，8138，8139
http://www.jxdx.gov.cn
qiushi1959@vip.126.com
关注当代中国的重大理论和现实问题，刊登有创新思想和独到见解的文章。设有马克思主义及其中国化、党的建设与政党理论、哲学当代视野、政治学研究、经济理论与实践、改革与发展、民主与法治、社会主义与当代世界、"三农"问题研究等栏目。主要读者对象为机关、学校、企事业单位的领导和从事政工、党务、宣传的理论工作者。

求是 / 中国共产党中央委员会，1988～
　半月刊　　　　　　　CLC：D0，D6
　ISSN 1002-4980　　CN 11-1000/D　2-371　SM5
北京市东城区北河沿大街甲 83 号（100727）
编辑部电话：010-64036977
http://www.qstheory.cn
qiushi@qstheory.com
研究马克思列宁主义、毛泽东思想、邓小平理论、"三个代表"重要思想、科学发展观，阐释好习近平新时代中国特色社会主义思想，阐释党的基本理论、基本路线、基本方略，宣传阐释党中央重大方针政策。发表社论、评论，以及政治、经济、文化、科技、教育、国际问题等方面的论述和调查报告。设有中国与世界、党的建设、改革与发展、科技与教育、依法治国、文化建设与创新、国防与军队现代化、社会建设与治理、世界风云透视等栏目。读者对象为各级党政机关、企事业单位干部，理论宣传工作者和大专院校师生。

求是学刊 = Seeking truth / 黑龙江大学，1980～
　双月刊　　　　　　　CLC：C55
　ISSN 1000-7504　　CN 23-1070/C　14-25　BM468
黑龙江省哈尔滨市南岗区学府路 74 号（150080）
编辑部电话：0451-86608815
http://qsxk.hlju.edu.cn
qiushixuekan@163.com
发表哲学、经济学、法律、文学、历史学等方面的学术文章，辟有时代视野中的马克思主义哲学、西方哲学前沿问题、创新创业研究、理论法学新动向、社会发展与法律多元、20 世纪中国文学批评等栏目。读者对象为大专院校文科专业师生及社会科学工作者。1980 年继承:《黑龙江大学学报. 哲学社会科学版》（1974～1979）。

求索 = Seeker / 湖南省社会科学院，1981～
　双月刊　　　　　　　CLC：C55

ISSN 1001-490X　　CN 43-1008/C　42-36　BM1251
湖南省长沙市开福区浏河村巷 37 号（410003）
编辑部电话：0731-84219107
http://www.qszz.cbpt.cnki.net
内容涉及文、史、哲、政、经、法等学科，注重对社会主义现代化建设中的重大理论问题和实际问题，以及湖南历史人物、湖南作家作品的研究。读者对象为各级党政领导干部、哲学社会科学工作者及文科院校师生。

区域经济评论 = Regional economic review / 河南省社会科学院，2013～
　双月刊　　　　　　　CLC：F127
　ISSN 2095-5766　　CN 41-1425/F　36-44　BM5690
河南省郑州市恭秀路 16 号（451464）
编辑部电话：0371-63690786
http://qyjjpl.cn
qyjjpl@163.com
中国区域经济学会会刊。主要刊发区域经济理论、政策的研究论文，区域经济实践的经验报告。主要栏目：区域格局与产业发展、城市经济研究、区域协调发展、区域开放与合作、区域经济研究综述、区域高质量发展、区域经济理论、区域财政与金融、区域经济政策、生态文明与区域发展、区域创新发展等。读者对象为相关领域理论研究人员、部门管理人员和经济院校师生。2013 年继承:《企业活力》（1985～2012）。

全球教育展望 = Global education / 华东师范大学，2001～
　月刊　　　　　　　　CLC：G51
　ISSN 1009-9670　　CN 31-1842/G4　4-358
上海市中山北路 3663 号（200062）
编辑部电话：021-62232938
https://kcs.ecnu.edu.cn/globaledu
globaledu@kcx.ecnu.edu.cn
追踪全球教育研究的最新理论，重点反映我国当前教育发展，特别是课程改革的最新成果和热点问题。主要研究领域为国际教育改革战略、课程理论与政策、教学理论与技术、考试与评价制度改革、教师教育改革等。辟有课程改革基本理论、学习研究与课堂转型、教师教育研究、课堂视频分析研究、教育评价制度改革、学科教育新视野、专家访谈等。读者对象为教育理论工作者、学校管理人员和师范院校师生等。2001 年继承:《外国教育资料》（1972～2000）。

全球能源互联网 = Journal of global energy interconnection / 全球能源互联网集团有限公司，2018～
　双月刊　　　　　　　CLC：TM6，TM7
　ISSN 2096-5125　　CN 10-1550/TK

北京市西城区宣武门内大街 8 号(100031)

编辑部电话：010-63411708,1790,5341,1585,1748

http://www.gei-journal.com

geijournal@geidco.org

报道全球视角下世界能源可持续发展的重大战略问题和解决方案。内容包括全球化石能源和清洁能源分布及发展现状、世界能源发展面临的严峻挑战、清洁替代和电能替代的能源发展趋势。主要栏目有能源战略、能源规划、能源经济、先进输电、清洁能源、智能电网、气变环境、技术综述等。读者对象为相关专业的研究人员、技术人员及大专院校师生。2018 年继承：《华北电力技术》(1981～2017)。

燃料化学学报 = Journal of fuel chemistry and technology / 中国化学会,中国科学院山西煤炭化学研究所，1965～2022

月刊　　　　　　　　CLC：TQ51,O6

ISSN 0253-2409　　CN 14-1140/TQ　22-50　M404

山西省太原市 165 信箱(《燃料化学学报(中英文)》编辑部)(030001)

编辑部电话：0351-2025214,4066044

http://rlhxxb.sxicc.ac.cn

rlhx@sxicc.ac.cn

报道燃料化学和能源领域的基础研究与应用科技成果,刊载氢能、燃料电池及煤炭、石油、油页岩、天然气、生物质等的热加工过程及其测量技术、催化合成转化、化工过程及工艺的理论基础、化学品的深加工及产物分析、污染物的控制及资源化利用等研究领域。读者对象为相关专业的科研人员、工程技术人员及大专院校师生。1965 年继承：《燃料学报》(1956～1960)；2023 年改名为《燃料化学学报(中英文)》(2023～)。

燃烧科学与技术 = Journal of combustion science and technology / 天津大学，1995～

双月刊　　　　　　　CLC：TK16

ISSN 1006-8740　　CN 12-1240/TK　6-122　Q4728

天津市南开区卫津路 92 号(300072)

编辑部电话：022-27403448

http://tjurs.tju.edu.cn

rskx@tju.edu.cn

主要刊登燃烧科学技术中基础研究、应用研究、测量技术和环境保护方面的学术性论文和综述性文章,报道燃烧科学领域的最新研究成果,反映我国燃烧科学技术的发展水平,促进国内外学术交流,推进我国燃烧科学理论及技术的进步。读者对象为高等院校及科研院所的师生、科研人员和燃烧领域的广大工程技术人员。

热带地理 = Tropical geography / 广东省科学院广州

地理研究所，1980～

双月刊　　　　　　　CLC：P9

ISSN 1001-5221　　CN 44-1209/N　BM896

广东省广州市先烈中路 100 号大院广州地理研究所(510070)

编辑部电话：020-37696954

http://www.rddl.com.cn

bjb@gdas.ac.cn,1258717596@qq.com

主要报道热带亚热带地区地域特色科研成果,包括气候、水文、地貌、土壤、地图、动植物等地理学及其各分支学科、相邻或交叉学科具有创新性和前瞻性研究论文、地理学新理论、科研动态及开放实验室介绍、海洋经济地理、经济地理、旅游地理等。读者对象为相关领域科学技术人员、管理人员、大专院校师生。2022 年起改为月刊。

热带海洋学报 = Journal of tropical oceanography / 中国科学院南海海洋研究所，2001～

双月刊　　　　　　　CLC：P7

ISSN 1009-5470　　CN 44-1500/P　82-8　BM966

广东省广州市新港西路 164 号中国科学院南海海洋研究所 1 号楼 207(510301)

编辑部电话：020-89625890,89021513,89023114

http://www.jto.ac.cn

rdhyxb@scsio.ac.cn

主要刊载南海及邻近热带海域的海洋学研究中有关海洋水文、海洋气象、海洋物理、海洋化学、海洋地质与地球物理、海洋沉积、河口海岸、海洋生物、海洋污染与防治、海洋仪器与技术方面的最新研究成果和学术论文,以及反映最新学科前沿动态的综述性文章。读者对象为海洋科技工作者、管理人员和相关大专院校师生。2001 年继承：《热带海洋》(1982～2000)。

热带气象学报 = Journal of tropical meteorology / 中国气象局广州热带海洋气象研究所，1993～

双月刊　　　　　　　CLC：P4

ISSN 1004-4965　　CN 44-1326/P

广东省广州市天河区东莞庄路 312 号(510641)

https://rdqxxb.itmm.org.cn

主要刊登热带大气科学基础理论研究及应用研究论文、热带地区天气预报先进方法和成功经验。内容包括海-气相互作用、中低纬相互作用、低频振荡及遥相关、低纬大气环流异常及其机制、热带大气环流异常的影响、季风动力学、热带气旋动力学与运动学、热带应用气象、热带大气探测、热带大气物理、热带大气环境与化学、热带气候变化及其与全球变化的联系、热带大气科学试验相关方面等学术成果,以及综合评述和学术动态。读者对象为从事大气科学研究人员及大专院校相关专业师生。1993 年继承：《热带气象》(1984～1992)。

热带亚热带植物学报 = Journal of tropical and subtropical botany / 中国科学院华南植物园，广东省植物学会，1993～
双月刊　　　　　CLC：Q948，S59
ISSN 1005-3395　　CN 44-1374/Q　BM7260
广东省广州市天河区兴科路 723 号中国科学院华南植物园(510650)
编辑部电话：020-37252514
http://jtsb.ijournals.cn
jtsb@scbg.ac.cn
优先报道热带亚热带地区植物学、生态学、环境科学及其交叉学科领域中的新发现、新理论、新方法和新技术，重点刊登全球气候变化及生态系统服务功能、系统与进化生物学、环境退化与生态恢复、生物多样性保育及可持续利用、农业及食品质量安全与植物化学资源、植物种质创新与基因发掘利用，以及能源植物开发利用等方面新成果。设有植物生理与分子生物学、植物生态与资源管理、植物系统学与生物地理学、植物化学与化学生物学、研究进展、书讯等栏目。读者对象为植物学教学、科研工作者及大专院校师生。1993 年继承：《华南植物学报》(1992～1993)。

热带作物学报 = Chinese journal of tropical crops / 中国热带作物学会，中国热带农业科学院，中国科技出版传媒股份有限公司，1980～
月刊　　　　　CLC：S59，S6
ISSN 1000-2561　　CN 46-1019/S　84-29　BM8915
海南省海口市龙华区学院路 4 号(571101)
编辑部电话：0898-66989102，66890382
http://www.rdzwxb.com
rdzx136@163.com
主要报道国内外热带作物特别是巴西橡胶树、胡椒、咖啡、剑麻、香草兰、椰子、木薯、甘蔗、热带果树、南药等的基础理论和应用研究的新成果、新技术和新方法，内容包括热带作物的遗传育种、生物工程、栽培营养、生理生化、病虫害防治、农产品加工检测、土壤农化及生态学等方面的理论和技术的创新性成果。主要读者对象为从事热带作物科研、教育、生产的科研、教学人员，以及农林科技工作者和农林院校师生。

热加工工艺 = Hot working technology / 中国船舶重工集团公司热加工工艺研究所，中国造船工程学会船舶材料学术委员会，1978～
半月刊　　　　　CLC：TG1
ISSN 1001-3814　　CN 61-1133/TG　52-94
陕西省兴平市西城区金城路西段(陕西兴平 44 信箱)

(713102)
编辑部电话：029-38316271，6273，6274
http://www.rjggy.net，http://www.rjggy.com
rjggy@vip.163.com
2023 年起由中国船舶重工集团公司第十二研究所和中国造船工程学会船舶材料学术委员会主办。刊登有关铸造、锻压、焊接、金属材料、复合材料及热处理等领域的论文。栏目有综述、金属材料、复合材料、表面改性技术、热处理技术、铸造技术、锻压技术、焊接技术、失效分析等。主要读者对象为从事金属材料铸造、锻压、焊接、热处理及相关专业的工程技术人员和院校师生。1978 年继承：《热加工工艺通讯》(1972～1977)。

热科学与技术：高等学校工程热物理学报 = Journal of thermal science and technology / 大连理工大学，2002～
双月刊　　　　　CLC：TK
ISSN 1671-8097　　CN 21-1472/T　8-262　Q1776
辽宁省大连市大连理工大学(116024)
编辑部电话：0411-84707963
http://rkxyjs.ijournals.cn/ch/index.aspx
jtst@dlut.edu.cn
以推动热科学的发展、促进这门学科与工程实践相结合和开展国内外学术交流为办刊宗旨。主要刊登与热科学与技术相关的研究开发成果和实践经验。主要读者对象为工程热物理、热能动力、制冷、空调、新能源等领域的研究人员、工程技术人员、高等院校师生和管理工作者。

热力发电 = Thermal power generation / 西安热工研究院有限公司，中国电机工程学会，1973～
月刊　　　　　CLC：TK，TM611
ISSN 1002-3364　　CN 61-1111/TM　52-103　M3261
陕西省西安市雁翔路 99 号博源科技广场 A 座(710054)
编辑部电话：029-82002270
http://rlfd.cbpt.cnki.net
rlfdzzs@tpri.com.cn
主要报道国内热能动力技术科学的基础研究和热力发电(火力、核能、地热及其他可再生能源发电)技术的开发利用，包括化石燃料及其清洁燃烧、热力设备及热力系统、电站辅机、电站自动控制、电厂化学、电厂金属材料、电力环境保护及综合利用，以及电厂信息化、状态评价、技术监督、启动调试、设备性能鉴定等，并适时报道国外热能动力科学技术的发展动态。读者对象为热力发电科研人员、工程技术人员、专业院校师生，以及发电设备制造、设计和技术管理人员。1973 年继承：《热工技术报导》(1972～1973)。

热能动力工程 = Journal of engineering for thermal energy and power / 第七〇三研究所，1986～

月刊　　　　　　　CLC：TK1

ISSN 1001-2060　　CN 23-1176/TK　14-158　BM5290

黑龙江省哈尔滨市道里区洪湖路 35 号(150078)

编辑部电话：0451-55637728

http://www.rndlgch.com

rndlgch703@163.com

　　内容涵盖热力循环、热力涡轮机械、热力工程、新能源动力技术等方面，重点刊载：船舶动力装置理论研究、热能动力工程研究、船舶动力机械传动、涡轮机械强度研究及燃烧理论、新能源技术及能源环保的研究等内容。读者对象为热能动力工程领域的科研人员、工程技术人员和大专院校师生。1986 年继承：《国外舰船技术. 透平锅炉》(1973～1985)。

人工晶体学报 = Journal of synthetic crystals / 中材人工晶体研究院有限公司，1989～

月刊　　　　　　　CLC：O7,O4

ISSN 1000-985X　　CN 11-2637/O7　80-824　BM7928

北京市朝阳区东坝红松园 1 号(100018)

编辑部电话：010-65491290

http://rgjtxb.jtxb.cn

jtxbbjb@126.com

　　刊登人工合成晶体材料、低维晶态材料、人工微结构材料、生物医药结晶等领域在基础理论、合成与生长、结构与性能表征、器件组装、原料合成及装备制造等方面的研究进展与应用开发成果，同时介绍国内外相关方向的发展动态和学术交流活动等。主要栏目有综合评述、专论/观点、研究快报、研究论文、简讯。读者对象为相关领域的科研人员、大专院校师生、管理人员等。1989 年继承：《人工晶体》(1972～1989)。

人口学刊 = Population journal / 吉林大学，1981～

双月刊　　　　　　CLC：C92

ISSN 1004-129X　　CN 22-1017/C　12-57　BM1189

吉林省长春市前进大街 2699 号(130012)

编辑部电话：0431-85166392

https://rkxk.cbpt.cnki.net

rkxk@jlu.edu.cn

　　报道人口学研究成果，反映人口科学的发展脉络，探析人口科学的研究热点。设有人口与社会、人口流迁与城市化、人口老龄化与社会保障、人力资本与就业、人口与资源环境、人口与健康、人口与发展、生育政策、国际人口问题研究等栏目。读者对象为人口学研究和教学人员及其他有关人士。1981 年继承：《人口与经济》(1979～1980)。

人口研究 = Population research / 中国人民大学，1977～

双月刊　　　　　　CLC：C92

ISSN 1000-6087　　CN 11-1489/C　2-250　BM297

北京市海淀区中关村大街 59 号(100872)

编辑部电话：010-62511320

http://rkyj.ruc.edu.cn

　　报道人口研究成果，介绍最新的人口研究信息和分析方法，反映学术界和实际部门的最新动态。设有人口理论、人口调查与分析、人口社会学、人口与经济、生育研究、老龄问题研究、人口流迁、人口统计、人口资源与环境研究、社会医学、少数民族人口等栏目。读者对象为政府决策与统计部门工作人员，人口、经济、社会学方面的研究与教学工作者，人口管理工作者。

人口与发展 = Population and development / 北京大学，2008～

双月刊　　　　　　CLC：C92

ISSN 1674-1668　　CN 11-5646/F　82-737

北京市海淀区颐和园路 5 号北京大学人口研究所内(100871)

编辑部电话：010-62751975

https://www.oaj.pku.edu.cn/Journalx_rkyfz/authorLogOn.action

rkyfz@pku.edu.cn,grkyfz@pku.edu.cn

　　重点刊发人口和发展领域(经济、社会、环境、资源、健康、教育、老龄、统计等方面)的学术研究论文、研究的方法介绍和评述以及调查研究报告。设有热点聚焦、人口思想史研究、养老和社会保障研究、老龄研究、人口健康研究、残疾人研究、书讯等栏目。读者对象为人口问题、老龄问题、劳动经济、社会统计等方面的理论与实际工作者。2008 年继承：《市场与人口分析》(1994～2007)。

人口与经济 = Population & economics / 首都经济贸易大学，1980～

双月刊　　　　　　CLC：C92-05

ISSN 1000-4149　　CN 11-1115/F　2-252　BM1006

北京市丰台区张家路口 121 号首都经济贸易大学内(100070)

编辑部电话：010-83951520

http://rkyjj.cueb.edu.cn

rkyjj@126.com

　　主要发表人口学以及人口学与经济学等领域交叉研究的前沿学术论文。设有劳动力人口与就业、人口形势与政策、老龄问题研究、城市化与人口流迁、人口经济学、中国养老论坛、人口与资源环境、社会变迁与家庭发展、社会保障研究、宏观人力资源开发、中国家庭研究等设栏目。读者对象为人口科学研究人员、政府决策人员、相关专业院校师生。

人类学学报 = Acta anthropologica Sinica / 中国科学院古脊椎动物与古人类研究所，1982～

双月刊　　　　　　　CLC：Q98
ISSN 1000-3193　　CN 11-1963/Q　2-384
北京市西直门外大街 142 号（100044）
编辑部电话：010-88369241
http://www.anthropol.ac.cn
acta@ivpp.ac.cn

反映人类学及其相关领域研究成果，涉及人类与非人灵长类形态、生理、生态，以及起源和进化研究，有关古人类和旧石器考古遗址发掘和研究，古人类生活环境和病理学研究，应用人类学研究等。刊登文章包括研究论文、发掘/调查报告、综述、书刊评介等。读者对象为相关专业研究人员及高等院校师生。

人民长江 = Yangtze River / 水利部长江水利委员会，1955～

月刊　　　　　　　CLC：TV882.2
ISSN 1001-4179　　CN 42-1202/TV　M962
湖北省武汉市解放大道 1863 号（430010）
编辑部电话：027-82828680,8682,8665
http://www.rmcjzz.com

主要内容为宣传长江治理与开发战略规划，报道治江工作重大进展与建设成就，总结水资源保护与开发利用实践经验，交流国内外水利水电先进技术。近年来，按照科学发展观的要求，围绕"维护健康长江、促进人水和谐"的治江理念，重点对长江流域的水资源保护与开发利用进行了宣传报道。主要栏目设有流域规划与江湖治理、防洪减灾、水环境与水生态、水文水环境、地质与勘测、工程设计、工程建设、科学试验研究、工程移民、信息技术应用等。读者对象为水利水电建设方面的科研人员、工程技术人员和大专院校师生。

人民黄河 = Yellow River / 水利部黄河水利委员会，1979～

月刊　　　　　　　CLC：TV8
ISSN 1000-1379　　CN 41-1128/TV　36-146　M738
河南省郑州市金水路 11 号（450003）
编辑部电话：0371-66022409,2096
http://www.rmhh.com.cn
rmhh2010@163.com

刊载水利科技成果、学术论述及动态，介绍国内外先进技术。主要栏目包括黄河流域生态保护和高质量发展、防洪治河、水文泥沙、水资源、水环境与水生态、工程勘测设计、工程建设管理、水土保持、灌溉排水等。读者对象为国内外水利管理、设计、科研、施工单位科技人员及高等院校师生等。1979 年继承：《黄河建设》（1956～1966）。

人民教育 = People's education / 中国教育报刊社，1977～

半月刊　　　　　　　CLC：G63
ISSN 0448-9365　　CN 11-1199/G4　2-5　SM17
北京市海淀区文慧园北路 10 号（100082）
编辑部电话：010-82296822

传达国家关于教育工作，特别是基础教育工作的方针政策和工作部署，报道各地教育信息，传播教育教学改革经验，宣传教育界的先进人物，探讨教育理论与实际问题，介绍外国教育情况。面向中小学和职业学校的教师与干部、师范院校师生、各级教育行政干部，以及关心教育的各界人士。1977 年继承：《教育革命通讯》（1972～1975）。

人民论坛 = People's tribune / 人民日报社，1992～

旬刊　　　　　　　CLC：D6
ISSN 1004-3381　　CN 11-2961/D　2-15　SM1212
北京市金台西路 2 号人民日报社新媒体大厦（100733）
编辑部电话：010-65363753
http://www.rmlt.com.cn,http://rmlt.cbpt.cnki.net

载文研究和探讨中央关心、读者关注的热点、焦点、难点问题，推动中国改革发展重大实践理论创新与传播。设有公共治理、经济与管理、法治视点、财经聚焦、社会民生、社会治理、中国经验研究、哲学文稿、国际研究、域外观察、热点述评、文化纵横、学术前沿、文化创意、文艺评论等栏目。读者对象为党政机关干部、企业管理人员、知识分子及广大人民群众。2022 年起改为半月刊。1998 年吸收：《理论参考》（1992～1997）。

人民文学 = People's literature / 中国作家出版集团，1949～

月刊　　　　　　　CLC：I217
ISSN 0258-8218　　CN 11-1511/I　2-4　M23
北京市朝阳区农展馆南里 10 号（100026）
编辑部电话：010-65003120
rmwxxiaoshuo@126.com（小说），rmwxsanwen@126.com（散文），rmwxshige@126.com（诗歌）

展示中国当代文学创作最新成果，注重发现和重点扶持文学新人。以发表中短篇小说为主，兼及长篇小说、散文、诗歌、报告文学、随笔、儿童文学等。设有长篇小说、中篇小说、短篇小说、散文、诗歌、光的赞歌、新浪潮、九〇后等栏目。读者对象为广大文学爱好者。

人民音乐 = People's music / 中国音乐家协会，2009～

月刊　　　　　　　CLC：J6
ISSN 0447-6573　　CN 11-1655/J　2-6　SM27
北京市朝阳区德外北沙滩 1 号院 32 号楼 B1510 室

（100083）

编辑部电话：010-59759650,58759651

rmyy1950@126.com

研究、探讨音乐艺术和音乐文化，报道音乐演出及各种音乐活动，介绍、评论中外音乐名家及其作品、著述和成就。主要栏目有创作研究·当代音乐家、表演艺术、音教园地、乐海钩沉、乐海短波、音乐学探索、环球采风、社会音乐生活、书林漫步等。读者对象为音乐工作者和音乐爱好者。2009年继承：《人民音乐.评论》（2006～2008）。

人文地理 = Human geography / 西安外国语大学,中国地理学会,1989～

双月刊　　　　CLC：K9

ISSN 1003-2398　　CN 61-1193/K　36-75　BM6513

陕西省西安市长安区文苑南路1号西安外国语大学（710128）

编辑部电话：029-85319374

http://rwdl.xisu.edu.cn

rwdl@xisu.edu.cn

主要刊发我国人文地理学领域学术论文和科研成果，力求及时反映我国人文地理学研究新理论、新观点和新方法。主要栏目有进展与动态、文化、城市、社会、经济、旅游、区域等。读者对象为从事人文地理及相关学科研究的科研人员及大专院校师生。1989年继承：《国外人文地理》（1986～1988）。

人文杂志 = The journal of humanities / 陕西省社会科学院,1957～

月刊　　　　CLC：C55

ISSN 0447-662X　　CN 61-1005/C　52-11　BM343

陕西省西安市含光南路177号（710065）

编辑部电话：029-85255981

http://www.rwzz177.com

rwzz177@188.com

反映文、史、哲、政、经、法及社会学等学科的研究进展，发表学术论文，展示当前人文学术界的新思潮，报道学术动态。读者对象为社会科学研究人员及大专院校师生。

日用化学工业 = China surfactant detergent & cosmetics / 中国日用化学研究院有限公司,1979～2022

月刊　　　　CLC：TQ64

ISSN 1001-1803　　CN 14-1320/TQ　2-328　C4325

山西省太原市文源巷34号（《日用化学工业（中英文）》编辑部）（030001）

编辑部电话：0351-4062697

http://www.ryhxgy.cn

gybjb@163.com,ryhxgy@163.com

报道日化行业的基础理论、科技成果、生产技术、发展趋势，以及有指导意义或应用价值的科技知识等。内容包括表面活性剂、洗涤用品及其专用助剂、个人护理用品及其专用添加剂，以及香精香料等日用化工产品的研制、开发、生产等方面。读者对象为学术界、企业界、产业界的广大科研人员、管理人员等。1979年继承：《日化情报》（1971～1978）；2022,no.10改名为《日用化学工业（中英文）》（2022～）。

肉类研究 = Meat research / 中国肉类食品综合研究中心,1987～

月刊　　　　CLC：TS251

ISSN 1001-8123　　CN 11-2682/TS

北京市丰台区洋桥70号307室（100068）

编辑部电话：010-83155446,5447,5448,5449,5450

http://www.rlyj.net.cn

meat_research@126.com

报道肉类学术研究、产品开发和技术创新，推广肉类科研和技术，介绍国际前沿成果。设有基础研究、加工工艺、包装贮运、分析检测、专题论述等栏目。读者对象为高校、科研院所、各级党政机关、企事业单位的从事相关工作的科研及其他相关人员。

软件学报 = Journal of software / 中国科学院软件研究所,中国计算机学会,1990～

月刊　　　　CLC：TP31

ISSN 1000-9825　　CN 11-2560/TP　82-367　M4628

北京市8718信箱（100190）

编辑部电话：010-62562563

http://www.jos.org.cn

jos@iscas.ac.cn

刊登反映计算机科学和计算机软件新理论、新方法和新技术，以及学科发展趋势的文章，主要涉及理论计算机科学、算法设计与分析、系统软件与软件工程、模式识别与人工智能、数据库技术、计算机网络、信息安全、计算机图形学与计算机辅助设计、多媒体技术及其他相关的内容。主要读者对象为计算机专业科研人员、软件开发及应用人员、工程技术人员、大专院校师生。

软科学 = Soft science / 四川省科技促进发展研究中心,1987～

月刊　　　　CLC：G3,F27

ISSN 1001-8409　　CN 51-1268/G3　62-61

四川省成都市人民南路四段11号5楼（610041）

编辑部电话：028-85221835

http://ruankexue.cbpt.cnki.net,http://xuxi.cbpt.cnki.net

ruankexue@sina.com,ruankexue@yeah.net

2022,no.6 起主办单位改为四川省科学技术发展战略研究院。主要刊载经济、科技和社会发展领域的热点和焦点问题、重大理论动向以及软科学的研究成果。主要栏目有战略与决策、技术创新与管理、科技与经济、企业管理、区域发展、管理理论与方法、组织与人力资源管理、区域发展、可持续发展、创新创业管理等。读者对象为各级各类管理人员、软科学研究人员以及高校师生、企业家等。

润滑与密封 = Lubrication engineering / 中国机械工程学会,广州机械科学研究院有限公司,1976~
月刊   CLC：TH117
ISSN 0254-0150   CN 44-1260/TH   46-57   M549
广东省广州市黄埔区茅岗路 828 号(510700)
编辑部电话：020-32385313
http://www.rhymf.com.cn
rhymf@gmeri.com
主要报道机械工程领域摩擦学学科(包括摩擦、磨损、润滑、密封)的基础理论研究、工程技术应用的优秀科研成果,以及国内外摩擦学最新发展动态。设有试验研究、开发应用、短讯·动态、技术探讨、企业论坛、综述与分析等栏目。读者对象为相关专业科研人员、工程技术人员、设备管理维修人员、企业管理干部、经营促销人员及大专院校师生。1976 年继承《润滑》(197？~1975)。

三峡大学学报. **自然科学版** = Journal of China Three Gorges University. Natural sciences / 三峡大学,2001~
双月刊   CLC：N55,TV
ISSN 1672-948X   CN 42-1735/TV   4693BM
湖北省宜昌市大学路 8 号(443002)
编辑部电话：0717-6392057
http://whyc.cbpt.cnki.net
xbbjb@ctgu.edu.cn
主要发表水利水电工程、环境科学与资源利用、地质学、力学、建筑科学与工程、电力工业、机械工业、生物学等学科领域的科学研究及工程应用论文。主要栏目有水利工程、灾害与防治、土木工程、电力网络、机电工程、化学与生命科学等。读者对象为水电系统工程技术人员及理工科高校师生。2001 年继承《武汉水利电力大学(宜昌)学报》(1997~2000)。

色谱 = Chinese journal of chromatography / 中国化学会,中国科学院大连化学物理研究所,1984~
月刊   CLC：O65
ISSN 1000-8713   CN 21-1185/O6   8-43   DK21010

辽宁省大连市中山路 457 号(116023)
编辑部电话：0411-84379021
http://www.chrom-China.com
sepu@dicp.ac.cn
反映我国色谱学领域最新科研成果及国内外色谱学研究进展,报道色谱基础理论及其在石油、煤炭、化工、能源、冶金、轻工、食品、制药、化学、生化、医疗、环保、防疫、公安、农业、商检等部门应用成果,以及色谱仪器与部件研制和开发。设有研究论文、技术与应用、专论与综述等栏目。读者对象为从事色谱分析科技工作者、高等院校师生、色谱仪器开发及经营单位有关人员。

森林工程 = Forest engineering / 东北林业大学,1995~
双月刊   CLC：S77
ISSN 1006-8023   CN 23-1388/S   14-170
黑龙江省哈尔滨市动力区和兴路 26 号东北林业大学院内(150040)
编辑部电话：0451-82190631
http://slgc.nefu.edu.cn
slgc@nefu.edu.cn,senlgc@126.com
主要反映森林资源建设与保护、产品加工与利用、森工技术、森工企业管理、工程机械设备、物流交通、土木建筑等方面的科技成果、科技动态、建设方针政策、生产管理与技术经验、学术研究、技术革新与技术引进等内容,也适当反映国外的成熟经验。读者对象为森林工程领域的科技、生产和管理人员,专业院校师生。1995 年继承《森林采运科学》(1985~1994)。

森林与环境学报 = Journal of forest and environment / 中国林学会,福建农林大学,2015~
双月刊   CLC：S7,X173
ISSN 2096-0018   CN 35-1327/S   34-62   Q7690
福建省福州市金山福建农林大学(350002)
http://fjlxyxb.fafu.edu.cn
主要报道国内外有关林学学科,以及森林与环境方面的基础研究、应用研究的最新成果,侧重报道林学领域的最新研究成果,主要包括森林生态学、森林培育、森林经理学、森林保护学、林木遗传育种、经济林、林学基础理论等方面。读者对象为林业院校师生、林业科技工作者及有关部门的专业技术干部。2015 年继承《福建林学院学报》(1984~2014)。

山地学报 = Mountian research / 中国科学院、水利部成都山地灾害与环境研究所,中国地理学会,1999~
双月刊   CLC：P9
ISSN 1008-2786   CN 51-1516/P   62-90   4912BM
四川省成都市一环路南二段 10 号中国科学院山地所内(610041)

编辑部电话：028-85223826

http://shandixb.paperonce.org

hyfeng@imde.ac.cn,fenghaiyan126@126.com

刊登山地科学研究理论、山地地理、山地生态与环境、山地灾害、山地资源、环境整治、山区可持续发展等,涵盖自然科学与人文科学两大门类中与山地有关学科。侧重山地资源开发与山地生态环境演变、山区工程建设与山地灾害(崩塌、滑坡、泥石流、水土流失、山洪等)防治、山区社区发展与城镇规划、山区经济发展与产业结构调整、山地信息技术等方面内容。辟有山地环境、山地灾害、山区发展、山地技术等栏目。读者对象为从事山地研究的科技人员、决策人员、管理干部和大专院校师生。1999 年继承:《山地研究》(1983~1998)。

山东大学学报. 工学版 = Journal of Shandong University. Engineering science / 山东大学，2002～

双月刊　　　　　CLC：T

ISSN 1672-3961　　CN 37-1391/T　24-221

山东省济南市山大南路 27 号(250100)

编辑部电话：0531-88366735

http://njournal.sdu.edu.cn

xbgxb@sdu.edu.cn

主要刊登材料科学与工程、机械工程、控制科学与工程、土木工程、水利工程、能源与动力工程、电气工程、信息科学与工程、计算机科学与技术、环境保护、化工等工程专业,以及应用性基础学科的学术论文、研究报告、专题评述等。读者对象为理工科高等院校师生、科研院所的研究人员及工程技术人员。2002 年继承:《山东工业大学学报》(1984~2002)。

山东大学学报. 理学版 = Journal of Shandong University. Natural science / 山东大学，2002～

月刊　　　　　　CLC：N55

ISSN 1671-9352　　CN 37-1389/N　24-222

山东省济南市山大南路 27 号(250100)

编辑部电话：0531-88366917

http://njournal.sdu.edu.cn

xblxb@sdu.edu.cn

反映该校自然科学领域中的最新研究成果。主要刊载数学、物理、化学、生物、管理、计算机理论、电子工程、力学等学科的研究论文。读者对象为科技工作者和理工科院校师生。2002 年继承:《山东大学学报. 自然科学版》(1961~2001)。

山东大学学报. 医学版 = Journal of Shandong University. Health sciences / 山东大学，2002～

月刊　　　　　　CLC：R

ISSN 1671-7554　　CN 37-1390/R　24-16

山东省济南市山大南路 27 号(250100)

编辑部电话：0531-88366918

http://njournal.sdu.edu.cn

xbyxb@sdu.edu.cn

主要刊登该校基础医学、临床医学、公共卫生及管理学、口腔医学、药学等相关领域的新成果、新技术、新方法、新经验。辟有前沿进展、专家述评、基础医学、临床医学、医学心理学、公共卫生与管理学、经验交流、病例报道等栏目。读者对象为从事相关研究的师生、科研人员及医务工作者。2002 年继承:《山东医科大学学报》(1986~2002)。

山东大学学报. 哲学社会科学版 = Journal of Shandong University. Philosophy and social sciences / 山东大学，2002～

双月刊　　　　　CLC：C55

ISSN 1001-9839　　CN 37-1100/C　24-220　BM1166

山东省济南市山大南路 27 号(250100)

编辑部电话：0531-88364645

https://www.journal.sdu.edu.cn,http://sdzs.cb-pt.cnki.net

wkxb@sdu.edu.cn

主要刊登文学、历史、哲学、经济学、管理学、政治学、法学等领域的基础理论和应用研究成果。辟有"中国共产党建党百年:理论与实践"、法治中国与法学理论创新、文化与经济、民生建设与社会治理创新、新文科建设研究等栏目。读者对象为社会科学工作者和大专院校师生。2002 年继承:《山东大学学报. 人文社会科学版》(2002)。

山东科技大学学报. 自然科学版 = Journal of Shandong University of Science and Technology. Natural science / 山东科技大学，2000～

双月刊　　　　　CLC：N55

ISSN 1672-3767　　CN 37-1357/N　24-223

山东省青岛市黄岛区前湾港路 579 号(266590)

编辑部电话：0532-86057859

http://xuebao.sdust.edu.cn

主要刊登该校及校外理工科专业的基础理论和应用研究方面的学术论文、研究报告等。设有矿业·土建、能源与环境材料、数学·计算机·系统科学、机电·自动化、地球科学等栏目。主要读者对象为科技工作者、高等院校理工科师生。2000 年继承:《山东矿业学院学报. 自然科学版》(1999)。

山东农业大学学报. 自然科学版 = Journal of Shandong Agricultural University. Natural science edition / 山东农业大学，2000～

双月刊　　　　　　CLC：S，N55

ISSN 1000-2324　　CN 37-1132/S

山东省泰安市(271018)

http://xuebao. sdau. edu. cn

nongdaxuebao@163. com

主要登载农学、园艺、植保、畜牧、兽医、林学、土化、食品科学、农业工程、数学、应用数学、计算机科学及生物技术等方面的最新研究结果、学术论文、研究简报、实验技术、文献综述等。读者对象为农林科研院所、大专院校师生及农林科技人员。2000 年由《山东农业大学学报》(1984～1999)和《山东水利专科学校学报》(1989～1999)合并而成。

山东农业科学 = Shandong agricultural sciences / 山东省农业科学院，山东农学会，山东农业大学，1963～

月刊　　　　　　　CLC：S

ISSN 1001-4942　　CN 37-1148/S　24-2　　BM8337

山东省济南市工业北路 202 号(250100)

编辑部电话：0531-66659268

http://www. sdnykx. cbpt. cnki. net

sdnykx@vip. 163. com

报道农业科研的新成果、新进展、新方法和新技术。主要栏目有生物技术、信息技术、遗传育种与品质资源、耕作栽培与生理生化、药用植物与微生物、资源环境与植物营养、植物保护与农业气象、畜牧兽医与蚕桑水产、贮藏加工与质量检测、农业工程、文献综述与专论、农业经济与管理等。主要读者对象为农业科研人员、农业院校师生、农业管理干部、农技推广人员、农村科技示范户等。

山东社会科学 = Shandong social sciences / 山东省社会科学界联合会，1987～

月刊　　　　　　　CLC：C55

ISSN 1003-4145　　CN 37-1053/C　24-135　MO1276

山东省济南市舜耕路 46 号(250002)

编辑部电话：0531-82866273

http://www. sdshkx. com

lyt0379@163. com(政治、文化)、sunzhich@126. com(政治、文化)、sdluxiaofang@163. com(文学传媒)、liaojiguang@126. com(历史学)、wszhou66@126. com(哲学、法学)、zhangjing_1114@163. com(哲学、法学)、caoshouxin2020@163. com(经济管理)、sdshkx-shx@163. com(社会学)

立足山东，面向全国，既重视基本理论研究，更注重与当前改革和建设直接相关的课题研究。常设栏目有习近平新时代中国特色社会主义思想研究、马克思主义哲学研究、经济与管理研究、历史学研究、社会学研究、法学研究、政治学研究、文化研究等栏目。读者对象为党政领导及社会科学工作者。

山东师范大学学报. 社会科学版 = Journal of Shandong Normal University. Social sciences / 山东师范大学，2020～

双月刊　　　　　　CLC：C55

ISSN 1001-5973　　CN 37-1066/C

山东省济南市文化东路 88 号(250014)

编辑部电话：0531-86180064

http://www. jstu. sdnu. edu. cn

shanshixuebao@126. com

主要栏目有马克思主义理论研究、中国现当代文学研究、中国古代文学研究、教育学研究、心理学研究、历史学研究、文艺学研究、传播学研究、语言学研究、影视学研究等。读者对象为社会科学理论工作者、文科大专院校师生。2020 年继承:《山东师范大学学报. 人文社会科学版》(2002～2019)。

山东体育学院学报 = Journal of Shandong Sport University / 山东体育学院，1985～

双月刊　　　　　　CLC：G8

ISSN 1006-2076　　CN 37-1013/G8

山东省济南市世纪大道 10600 号(250102)

编辑部电话：0531-89655061,5062,5060

http://sdtyxb. cbpt. cnki. net

stxb@sdpei. edu. cn

交流体育科学学术成果，促进体育教学、训练与科研工作。刊登体育科学基础理论、运动技术、体育教育学、教学研究与改革等方面的学术论文。设有体育人文社会科学、运动生物科学、体育教育训练学、学校体育等栏目。读者对象为体育科研工作者、体育院校师生、教练员、运动员等。

山东外语教学 = Shandong foreign language teaching / 山东师范大学，1980～

双月刊　　　　　　CLC：H319

ISSN 1002-2643　　CN 37-1026/G4　24-141　BM2126

山东省济南市历下区文化东路 88 号山东师范大学内(250014)

编辑部电话：0531-86180156,0155,0154;0531-89610734

https://sdwy. cbpt. cnki. net

刊登外国语言学、外语教学、外国文学等领域的研究，展示外语名家力作和新秀新作，推荐和发表外语界的优秀学术成果。主要栏目有高端访谈、语言学的跨学科研究专题、大学英语教学研究专题、译者研究的路径专题、商务语用研究专题、二语习得研究专题、翻译理论思辨与应用实践专题等。读者对象为外语界教师、科研工作者和广大研究生。

山花 = Mountain flowers / 贵州省文联，1979～

月刊 CLC：I217

ISSN 0559-7218 CN 52-1008/I 66-1 M574

贵州省贵阳市科学路 17 号（550002）

编辑部电话：0851-85869611

shanhuagz@vip.sina.com

2022 年起主办单位改为贵州省作家协会。以奉献名家优秀之作和推举文学新锐为办刊宗旨。主要栏目：小说驿、三叶草、散文随笔、诗人自选、大视野、视觉人文、文本内外等。主要读者对象为文艺界人士和广大文学爱好者。1979 年继承：《贵州文艺》（1975～1978）。

山西财经大学学报 = Journal of Shanxi University of Finance and Economics / 山西财经大学，1998～

月刊 CLC：F

ISSN 1007-9556 CN 14-1221/F 22-9 BM403

山西省太原市小店区坞城路 696 号（030006）

编辑部电话：0351-7666806

http://xb.sxufe.edu.cn

sxcdxbbjb@163.com

立足山西，面向全国，反映经济理论研究的最新成果，报道经济理论研究的最新动态。主要栏目有国民经济管理、产业经济、工商管理、金融与投资、财务与会计、书评等。读者对象为从事财经理论研究的学者及相关专业大专院校师生。1998 年继承：《山西财经学院学报》（1979～1997）。

山西大学学报. 哲学社会科学版 = Journal of Shanxi University. Philosophy and social sciences edition / 山西大学，1978～

双月刊 CLC：C55

ISSN 1000-5935 CN 14-1071/C 22-41 Q1164

山西省太原市坞城路 92 号（030006）

编辑部电话：0351-7018311

https://sxdd.cbpt.cnki.net

xbw1@sxu.edu.cn,xbw2@sxu.edu.cn,xbw3@sxu.edu.cn,xbw4@sxu.edu.cn,xbw5@sxu.edu.cn,xbw6@sxu.edu.cn

内容涉及哲学、政治学、社会学、经济学、历史学、文学、语言学、新闻传播学、教育学、管理学、法学、艺术学等学科。读者对象为社会科学工作者和文科院校师生。

山西大学学报. 自然科学版 = Journal of Shanxi University. Natural science edition / 山西大学，1978～

双月刊 CLC：N55

ISSN 0253-2395 CN 14-1105/N 22-42 Q6057

山西省太原市坞城路 92 号（030006）

编辑部电话：0351-7010455

http://sxdr.cbpt.cnki.net

xbbjb@sxu.edu.cn

刊发该校自然科学各学科领域的研究成果。刊登数学、计算机科学、物理学、化学、生命科学、信息科学、环境科学等学科基础研究与应用研究方面的学术论文和研究报告，报道科研动态与信息。主要读者对象为自然科学技术领域的研究人员、理科院校师生及科技工作者。

山西档案 = Shanxi archives / 山西省档案馆，山西省档案学会，1981～

双月刊 CLC：G27

ISSN 1005-9652 CN 14-1162/G2

山西省太原市迎泽区朝阳街 78 号（030045）

编辑部电话：0351-4171225

sxda163@163.com

研究档案学基础理论，交流档案工作实践、探讨档案学发展前沿。重点报道档案基础理论、档案数据管理、数字人文、数字记忆、档案机构改革、档案信息化等。主要栏目有档案学基础理论、档案法规、档案工作实践、研究综述、数字人文、历史档案等。读者对象为档案以及文秘史学工作者和研究人员。

山西农业大学学报. 自然科学版 = Journal of Shanxi Agricultural University. Natural science edition / 山西农业大学，2002～

双月刊 CLC：S,N55

ISSN 1671-8151 CN 14-1306/N 22-232

山西省太原市（030031）

编辑部电话：0354-6288282

http://zrkx.sxau.edu.cn

sxndzk@sxau.edu.cn

主要刊登农、林、牧等涉农学科及相关学科的基础性研究和应用研究成果，科研动态。读者对象为科技工作者及高等院校师生。2002 年继承：《山西农业大学学报》（1981～2001）。

陕西科技大学学报 = Journal of Shaanxi University of Science & Technology / 陕西科技大学，2017～

双月刊 CLC：T,TS

ISSN 2096-398X CN 61-1080/TS

陕西省西安市未央大学园区（710021）

编辑部电话：029-86168067

xbbjb@sust.edu.cn

主要刊登制浆造纸、皮革、材料、食品、化工、生物工程、机械、包装、计算机、信息科学、电气、电子、环境工程、工业设计、数学、物理、化学，以及科技与社会等基础研究或应用研究方面的学术论文。读者对象为科技工作者及高校理工科专业师生。2017，no.3 继承：《陕西科技大学学报．自然科学版》(2003～2017)。

陕西师范大学学报．哲学社会科学版 ＝ Journal of Shaanxi Normal University. Philosophy and social sciences edition ／ 陕西师范大学，1996～
双月刊   CLC：C55
ISSN 1672-4283   CN 61-1012/C   52-58   BM383
陕西省西安市长安区西长安街(710119)
编辑部电话：029-81530879
http://www. xuebao. snnu. edu. cn
xuebao@snnu. edu. cn
内容涉及哲学、政治学、经济学、历史学、文学、美学、语言文字学、教育学、心理学等学科。辟有习近平新时代中国特色社会主义思想研究、经济学研究、哲学研究、语言文字学研究、历史学研究、美学研究、新闻传播学研究等栏目。读者对象为高校文科专业师生及社会科学工作者。1996 年继承：《陕西师大学报．哲学社会科学版》(1975～1995)。

陕西师范大学学报．自然科学版 ＝ Journal of Shaanxi Normal University. Natural science edition ／ 陕西师范大学，1996～
双月刊   CLC：N55
ISSN 1672-4291   CN 61-1071/N   52-109
陕西省西安市长安区西长安街(710119)
编辑部电话：029-81530879
http://www. xuebao. snnu. edu. cn
lkxuebao@snnu. edu. cn
主要发表数学、计算机科学、物理学、化学、材料科学、生命科学、地球科学、环境与资源科学、旅游学、体育运动学、食品科学等方面的研究成果。读者对象为科技工作者、高等院校理工科教师和研究生等。1996 年继承：《陕西师大学报．自然科学版》(1975～1995)。

商业经济研究 ＝ Journal of commercial economics ／ 中国商业经济学会，2015～
半月刊   CLC：F7
ISSN 2095-9397   CN 10-1286/F   2-207   SM11066
北京市石景山路 3 号玉泉大厦 809 室(100049)
编辑部电话：010-88258665
http://j-ce. com. cn
syjjyj@vip. 163. com
传播现代营销方式，关注新锐商业理念，介绍国内外大型企业财团成功管理经验，新闻性与理论性并重，专业性与社会性结合。主要栏目：本刊特稿、商经研究、商经理论、消费市场、市场营销、电子商务、物流管理、企业管理、农村市场、数字流通、国际经贸、管理创新、区域经济、资本市场、产业观察、宏观视野。读者对象为商业工作者、经济理论工作者及经济院校师生。2015 年继承：《商业时代》(2000～2014)。

商业经济与管理 ＝ Journal of business economics ／ 浙江工商大学，1985～
月刊   CLC：F7
ISSN 1000-2154   CN 33-1336/F   32-49   M892
浙江省杭州市下沙高教园区学正街 18 号(310018)
编辑部电话：0571-28877503，7505
http://zzs. zjgsu. edu. cn
zazhishe@mail. zjgsu. edu. cn
着重研究社会主义市场经济条件下大商业、大市场、大流通的理论和实践。主要栏目：现代商贸流通、企业管理研究、金融与投资、产业经济与区域经济、财务管理与会计、营销管理、经济与法、企业管理、旅游管理等。读者对象为经济理论工作者、商业工作者、企业管理人员及经济院校师生。1985 年继承：《杭州商学院学报》(1981～1984)。

商业研究 ＝ Commercial research ／ 哈尔滨商业大学，中国商业经济学会，1958～
双月刊   CLC：F7
ISSN 1001-148X   CN 23-1364/F   14-71   M4520
黑龙江省哈尔滨市松北区学海街 1 号(150028)
编辑部电话：0451-84866358，84603293
http://www. crjournal. org. cn
crjournal@126. com
反映商业经济理论和现代科技与经济相结合的理论研究成果。辟有经商理论、财经纵横、产业经济、货币金融、公司治理、"三农"经济、商法论丛、财税研究、劳动经济、世界经济等栏目，也刊登争鸣性、探讨性的文章，报道商业、财经、粮食、物资、服务等商务经贸战线学术研究动态。读者对象为经济理论工作者、财经院校师生及商业工作者。

上海财经大学学报．哲学社会科学版 ＝ Journal of Shanghai University of Finance and Economics ／ 上海财经大学，2006～
双月刊   CLC：F，N55
ISSN 1009-0150   CN 31-1817/C   4-627   BM4824
上海市国定路 777 号(200433)
编辑部电话：021-65904825
http://cdxb. shufe. edu. cn
cdxb@mail. shufe. edu. cn
刊登经济学、管理学、法学和其他人文社会科学等方面的科研成果。主要栏目有经济管理、学术争鸣、经济法学、公共政策评论、经济哲学、专题讨论等。读者对象

为从事财经理论研究的学者及财经院校师生。2006 年
继承:《上海财经大学学报》(1999～2005)。

上海城市规划 = Shanghai urban planning review / 上
　海市城市规划设计研究院，1991～
　双月刊　　　　　　　CLC：TU984
　ISSN 1673-8985　CN 31-1706/TU　4-803
　上海市铜仁路 333 号 3 楼(200040)
　编辑部电话：021-32113552,3553
　https://www.shplanning.com.cn
　shcsgh@supdri.com
　报道上海城市和区域发展问题、城市规划设计、研究、
管理的理论基础和方法。读者对象为城市规划领域的
城市规划师、城市设计师、建筑师和土地开发商、政府官
员、城市管理者和相关科研与工程技术人员。

上海大学学报.社会科学版 = Journal of Shanghai U-
　niversity. Social sciences edition / 上海大学，1984～
　双月刊　　　　　　　CLC：C55
　ISSN 1007-6522　CN 31-1223/C　4-536　BM1203
　上海市上大路 99 号(200444)
　编辑部电话：021-66135506
　http://www.jsus.shu.edu.cn
　关注国内外哲学社会科学的最新动态,交流学术经
验,展示学科专业教学和科研成果。设有中国问题、影
视理论研究、法学研究、哲学研究、管理学研究、翻译学
研究、文学研究、艺术学研究、社会学研究等栏目。读者
对象为大专院校文科专业师生、社会科学工作者。

上海大学学报.自然科学版 = Journal of Shanghai Univer-
　sity. Natural science edition / 上海大学，1995～
　双月刊　　　　　　　CLC：N55
　ISSN 1007-2861　CN 31-1718/N
　上海市宝山区上大路 99 号 126 信箱(200444)
　编辑部电话：021-66135508
　http://www.journal.shu.edu.cn
　xuebao@mail.shu.edu.cn
　主要刊登该校师生及海内外校友在基础科学、技术科
学和应用科学领域的研究成果,适量刊登校外作者的优
秀科技论文。读者对象为理工科院校师生、科研人员和工
程技术人员。1995 年由《上海工业大学学报》(1979～
1994)和《上海科技大学学报》(1978～1994)合并而成。

上海对外经贸大学学报 = Journal of Shanghai Univer-
　sity of International Business and Economics / 上海
　对外经贸大学，2014～
　双月刊　　　　　　　CLC：F74
　ISSN 2095-8072　CN 31-2089/F　4-643

上海市古北路 620 号(200336)
　编辑部电话：021-52067211
　http://xuebao.suibe.edu.cn
　wtodt@sina.com
　关注世界贸易组织的各项规定,研究利用这些规定来
为我国的对外经济贸易工作提供服务,推进我国的多边
贸易体制学术研究事业。设有 WTO 研究、经贸探索、
法学论丛、管理世界、国际经贸关系与治理等主要栏目,
涵盖经济学、法学、管理学、社会学等多学科。读者对象
为涉外经济工作者和从事世界经济贸易金融研究的学
术界人士、企业界人士。2014 年继承:《上海对外贸易
学院学报》(2009～2013)。

上海翻译 = Shanghai journal of translators / 上海市科
　技翻译学会，2005～
　双月刊　　　　　　　CLC：H059
　ISSN 1672-9358　CN 31-1937/H　4-580　Q4468
　上海市宝山区上大路 99 号上海大学 036 信箱(200444)
　编辑部电话：021-66132417
　http://shjot2021.shu.edu.cn
　shfyshu@126.com
　探讨翻译理论,传播译事知识,总结翻译经验与技巧,
兼顾中西译论。设有理论思考、应用理论思考、应用探
讨、典籍译研、口译研究、翻译教育等栏目。读者对象为
翻译工作者、外语院校师生及外语爱好者。2005 年继
承:《上海科技翻译》(1986～2004)。

上海海事大学学报 = Journal of Shanghai Maritime U-
　niversity / 上海海事大学，2004～
　季刊　　　　　　　　CLC：U6
　ISSN 1672-9498　CN 31-1968/U
　上海市浦东新城海港大道 1550 号(201306)
　编辑部电话：021-38284905
　http://www.smujournal.com
　hyxb@shmtu.edu.cn
　内容包括港航工程与管理、航海技术与船舶安全、轮
机工程与港口机械、电气工程与自动化、物流工程与管
理、信息工程、交通运输经济、交通运输工程与管理、海
事法规、海事外语及基础科学等方面。读者对象为相关
专业的科研人员及大专院校师生。2004 年继承:《上海
海运学院学报》(1979～2004)。

上海海洋大学学报 = Journal of Shanghai Ocean Uni-
　versity / 上海海洋大学，2009～
　双月刊　　　　　　　CLC：S9,P7
　ISSN 1674-5566　CN 31-2024/S　4-604　4822Q
　上海市临港新城沪城环路 999 号上海海洋大学 201
信箱(201306)

编辑部电话：021-61900229

http://www.shhydxxb.com

xuebao@shou.edu.cn

刊载海洋环境、海洋工程、海洋信息、海洋渔业、水产生物技术、水产养殖与增殖、水产品保鲜与综合利用、渔业水域环境保护、渔业经济与技术管理等方面的文章，并酌登学术动态和重要书刊的评介等。读者对象为水产科学研究与技术人员、水产专业院校师生。2009年继承：《上海水产大学学报》(1992～2008)。

上海交通大学学报 = Journal of Shanghai Jiao Tong University / 上海交通大学，1963～

月刊　　　　　　　CLC：T,U

ISSN 1006-2467　　CN 31-1466/U　4-256　M145

上海市华山路1954号(200030)

编辑部电话：021-62933373,2534,2306

http://xuebao.sjtu.edu.cn

xuebao3373@sjtu.edu.cn,shjt@chinajournal.net.cn

刊登内容包括船舶与海洋工程、金属学与金属工艺、能源与动力工程、自动化技术、计算机、电子学、电信技术、电工技术、机械、交通运输、建筑科学、水利、材料、工程力学、管理科学、医用生物工程、生物科学、航空航天学、化学、应用数学、地球科学、环境科学、核能技术、物理学等方面的最新研究成果。读者对象为理工科研究人员、工程技术人员和大专院校师生。1963年继承：《交通大学学报》(1957～1960)。

上海交通大学学报. 医学版 = Journal of Shanghai Jiaotong University. Medical science / 上海交通大学，2006～

月刊　　　　　　　CLC：R

ISSN 1674-8115　　CN 31-2045/R　4-338　C6710

上海市重庆南路280号(200025)

编辑部电话：021-63851829

http://xuebao.shsmu.edu.cn

xuebao@shsmu.edu.cn

刊登医学基础、临床、公共卫生等领域所取得的新成果、新理论、新技术、新经验。设有论著、综述、病例报告、专栏、论坛等栏目。读者对象为广大医药卫生工作者。2006年继承：《上海第二医科大学学报》(1986～2005)。

上海交通大学学报. 哲学社会科学版 = Journal of Shanghai Jiaotong University. Philosophy and social sciences / 上海交通大学，2002～

双月刊　　　　　　CLC：C55

ISSN 1008-7095　　CN 31-1778/C　4-667

上海市华山路1954号1000信箱(200030)

编辑部电话：021-62933089,2512

http://shjx.cbpt.cnki.net

skxb93@sjtu.edu.cn

刊载内容涉及哲学、政治学、法学、语言学、历史学、社会学等众学科。辟有前沿问题研究、重要问题研究、马克思主义理论与前沿问题研究、基础理论与实践研究等栏目。读者对象为社会科学工作者和文科院校师生。2023年起改为月刊。2002年继承：《上海交通大学学报. 社会科学版》(1993～2002)。

上海教育科研 = Journal of Shanghai education research / 上海市教育科学研究院普通教育研究所，1985～

月刊　　　　　　　CLC：G63

ISSN 1007-2020　　CN 31-1059/G4　4-720　M7271

上海市茶陵北路21号(200032)

编辑部电话：021-64188187

shanghai-edu@vip.163.com

侧重报道上海地区中小学和幼儿园教育科研成果、科研经验及研究信息。主要栏目：观察与思考、考试与评价、理论经纬、调查与分析、决策咨询、课程教材、国际视野等。读者对象为中小学及幼教工作者、教育科研人员、师范院校师生。1985年继承：《教育科研情况交流》(1981～1985)；1999年吸收：《上海教育情报》。

上海金融 = Shanghai finance / 上海市金融学会，1985～

月刊　　　　　　　CLC：F83

ISSN 1006-1428　　CN 31-1160/F

上海市浦东新区陆家嘴东路181号(200120)

编辑部电话：021-20897092,7067

http://shjr.cbpt.cnki.net

探索金融理论，服务金融改革，反映金融实践。选稿内容涉及宏观经济金融政策研究、货币政策研究、金融监管研究、金融市场研究、国际金融与区域金融观察、金融法律与案例、商业银行业务与金融实务等方面。主要设有论文、金融动态等栏目。读者对象为财金理论研究和实际工作者、财经院校师生。1985年继承：《上海金融研究》(1980～1984)。

上海经济研究 = Shanghai journal of economics / 上海社会科学院经济研究所，1985～

月刊　　　　　　　CLC：F12

ISSN 1005-1309　　CN 31-1163/F　4-524　M5319

上海市淮海中路622弄7号5楼(200020)

编辑部电话：021-53069634,33165184

http://hsyj.cbpt.cnki.net

shjjyj@126.com

立足上海，关注全国和世界。探索视角紧扣中国改革开放实践和经济发展进程，反映经济理论研究成果，提供经济信息。读者对象为经济理论研究人员、政府部门和经济决策管理人员、实际经济部门和企业界人士及经济院校师生。1985 年继承:《上海经济科学》(1984~1985)。

上海理工大学学报 = Journal of University of Shanghai for Science and Technology / 上海理工大学,1998~
双月刊　　　　　CLC:N55
ISSN 1007-6735　　CN 31-1739/T　4-401
上海市军工路 516 号 489 信箱(200093)
编辑部电话:021-55277251
http://jns.usst.edu.cn
xbzrb@usst.edu.cn
主要报道系统科学、动力、机械、光学、计算机和数学学科的发展趋势、学术动态和研究成果。读者对象为研究院所科研人员和理工科高等院校师生、工厂企业工程技术人员。1998 年继承:《华东工业大学学报》(1995~1997)。

上海师范大学学报. 哲学社会科学版 = Journal of Shanghai Normal University. Philosophy & social sciences edition / 上海师范大学,2001~
双月刊　　　　　CLC:C55
ISSN 1004-8634　　CN 31-1120/C　4-281　BM543
上海市桂林路 100 号(200234)
编辑部电话:021-64322304
http://shnu.ijournals.cn/zxshb/ch/index.aspx
以反映该校科研与教学成果为主,发表哲学、政治学、法学、经济学、文化学、语言学、文学艺术、历史学、教育学等学科,以及跨学科研究的学术论文和研究成果。读者对象为高校师生及社会科学工作者。2001 年部分继承:《上海师大学报. 哲学·教育·社会科学》(2000)。

上海体育学院学报 = Journal of Shanghai University of Sport / 上海体育学院,1981~
月刊　　　　　CLC:G8
ISSN 1000-5498　　CN 31-1005/G8　4-793
上海市清源环路 650 号(200438)
编辑部电话:021-65506286
http://www.styb.cbpt.cnki.net
xb@sus.edu.cn
报道当代体育教育、体育科技、运动技术与训练、学校体育教学方面的研究成果,以及体育发展动态与信息。内设专题探索、原创成果、研究综述、新视点等栏目。主要读者对象为广大体育科研人员、大中学校体育教师、体育教练员及体育管理工作者。1981 年继承:《上海体育学院教学与科研》(1979~1980)。

上海文学 = Shanghai literature / 上海市作家协会,1979~
月刊　　　　　CLC:I217
ISSN 1001-8026　　CN 31-1095/I　4-219　M152
上海市巨鹿路 675 号(200040)
编辑部电话:021-54034157,54670244
shwxoffice@126.com
主要发表精粹的短篇小说、中篇小说、贴近现实生活和文学现状的话题探讨及文学批评。主要栏目有理论与批评、纸上的生活、心电之影、作家讲坛、中篇小说、短篇小说、新诗界等。读者对象为文学工作者及文学爱好者。1979 年继承:《上海文艺》(1977~1978)。

上海行政学院学报 = The journal of Shanghai Administration Institute / 上海行政学院,2000~
双月刊　　　　　CLC:D261.41,D63
ISSN 1009-3176　　CN 31-1815/G4　4-666
上海市虹漕南路 123 号(200233)
编辑部电话:021-22881311
xzxyxb@sdx.sh.cn
发表哲学社会科学领域的研究论文,侧重研究、探讨中国特色社会主义公共行政学理论。设有大城市公共治理、电子政务、历史与哲学、政治与法律、政府与公共管理、社会与人力资源、海洋管理、经济与管理、学术述评等栏目。读者对象为政府机关工作人员、企事业单位的管理人员、相关专业研究人员以及大专院校师生。

烧结球团 = Sintering and pelletizing / 中冶长天国际工程有限责任公司,1976~
双月刊　　　　　CLC:TF1
ISSN 1000-8764　　CN 43-1133/TF　42-23　BM6628
湖南省长沙市梅溪湖路 1152 号(410205)
编辑部电话:0731-82760619,0112
zzsjqt@126.com
报道铁矿粉造块(烧结、球团)方面的科技成果,推广新工艺、新设备、新材料,交流技术改造、节能降耗的经验,介绍国外发展动态。设有节能环保与综合利用、烧结、球团、选矿与原料预处理、综述等栏目。读者对象为钢铁冶炼行业的科研人员、工程技术人员及专业院校师生。

社会 = Chinese journal of sociology / 上海大学,1981~
双月刊　　　　　CLC:C91
ISSN 1004-8804　　CN 31-1123/C　4-364　M6036
上海市南陈路 333 号上海大学东区 3 号楼 219 室(200444)
编辑部电话:021-66135633
http://www.society.shu.edu.cn

society1981@163.com

刊登社会学和其他相关学科的学术成果,报道国内外学者的研究动向和成果,发表关注我国社会学及相关领域前沿的社会学发展趋势的学术论文、研究报告和综述。主要设有专题、论文等栏目。读者对象为社会学研究与教学工作者。

社会保障研究 = Social security studies / 武汉大学,2008～

双月刊   CLC：D632.1,C913.7

ISSN 1674-4802   CN 42-1792/F   38-275

湖北省武汉市武昌珞珈山武汉大学社会保障研究中心(430072)

编辑部电话：027-68756994

shbzyj@126.com

关注社保基金、养老保险、企业年金与员工福利、医保与医改、工伤保险、生育保险、住房保障、低保与救助等领域的热点聚焦、难点探讨、政策解读、民意调查、域外借鉴等方面内容。设有养老保障、医疗保障与工伤保险、劳动就业与失业保障、全球社会保障、社会救助与慈善、研究动态等栏目。主要读者对象为高校、研究机构、人力资源与社保部门、医保部门、卫生健康部门、民政部门、财政部门、工会工作人员。

社会发展研究 = Journal of social development / 中国社会科学院社会发展战略研究院,社会科学文献出版社,2014～

季刊   CLC：C91

ISSN 2095-7580   CN 10-1217/C   82-244   Q1268

北京市建国门内大街 5 号(100732)

编辑部电话：010-85195423

http://www.shfzyj.com

nisdbjb@cass.org.cn

以当前中国社会发展之重大问题研究为重点,以社会发展的理论、方法、调查、政策研究以及国际比较研究为主题。设有论文、调查报告、马克思主义学习与研究专栏、研究述评、学术评论、书评等栏目。读者对象为社会学研究与教学工作者。

社会科学 = Journal of social sciences / 上海社会科学院,1979～

月刊   CLC：C55

ISSN 0257-5833   CN 31-1112/Z   4-273   M256

上海市淮海中路 622 弄 7 号 337 室(200020)

编辑部电话：021-33165518

shkxzhx@126.com(哲学),shkxls@126.com(历史学),shkxww@126.com(文学),shkxzz@126.com(政治学),shkxjj@126.com(经济学),shkxsh@126.com

(社会学),shkxtx@126.com(法学),shhkxzh@126.com(综合)

反映社会科学领域的研究成果,内容涉及经济学、政治学、法学、社会学、哲学、历史学、文学、文化、文艺等学科。读者对象为党政机关干部、大专院校文科专业师生及广大社会科学工作者。2003 年吸收:《上海社会科学院学术季刊》(1985～2002)。

社会科学辑刊 = Social science journal / 辽宁社会科学院,1979～

双月刊   CLC：C55

ISSN 1001-6198   CN 21-1012/C   8-105   BM338

辽宁省沈阳市皇姑区泰山路 86 号(110031)

编辑部电话：024-86120485

http://www.shkxjk.com

jikan01@163.com(哲学),jikan02@163.com(法学),jikan03@163.com(社会学),jikan04@163.com(经济学),jikan05@163.com(历史学),jikan06@163.com(文学),jikan09@163.com(马克思主义理论),jikan12@163.com(管理学)

关注国内国际现实和重大社会问题,发表人文、社会科学领域的最新研究成果。内容涉及哲学、社会学、法学、经济学、历史学、文学等方面。读者对象为社会科学工作者、高校文科师生及党政机关干部。

社会科学家 = Social scientist / 桂林市社会科学界联合会,1986～

月刊   CLC：C55

ISSN 1002-3240   CN 45-1008/C   48-48

广西桂林市临桂区青莲路投资发展商务大厦南楼 26 楼(541100)

编辑部电话：0773-2898540,2898542

http://www.glkxj.com

glkxj@163.com

内容涉及哲学、政治、法学、经济、历史、文学、教育等领域。主要栏目:名家特稿、名家访谈、法学与法制建设、旅游时空、经管新视野、哲学与当今世界等。读者对象为社会科学工作者和大专院校文科专业师生。

社会科学研究 = Social science research / 四川省社会科学院,1979～

双月刊   CLC：C55

ISSN 1000-4769   CN 51-1037/C   62-13   BM6055

四川省成都市一环路西一段 155 号(610071)

编辑部电话：028-87013623

http://shkxyj.ijournals.cn

shyj-zzx@126.com,shyj-jjx@126.com,shyj-fx@126.com,shyj-shx@126.com,shyj-zx@126.com, shyj-lsx@126.com，shyj-wx@126.com，shyjjcxk@126.com

发表社会科学各领域的研究论文和最新研究成果，对热点话题进行探讨。涉及哲学、经济学、政治学、法学、社会学、历史学、文学及一些新兴交叉学科。辟有各类专题研讨、大家新论、学界观察等栏目。读者对象为党政机关和企事业单位干部、文科大专院校和党校师生、社会科学工作者。

社会科学战线 = Social science front / 吉林省社会科学院，1978～

月刊　　　　　CLC：C55
ISSN 0257-0246　　CN 22-1002/C　12-28　BM11
吉林省长春市自由大路 5399 号（130033）
编辑部电话：0431-84612431，0968
http://www.shkxzx.cn
1zxbj@vip.163.com（哲学），2zxbj@vip.163.com（经济），3zxbj@vip.163.com（历史），4zxbj@vip.163.com（文学），5zxbj@vip.163.com（社会学，政治学），6zxbj@vip.163.com（法学，教育学）

内容涵盖哲学、经济学、历史学、法学、政治学、语言文学、社会学、教育学、管理学、美学等学科，突出地方特色和区域历史与文化。常设栏目有西方哲学、史学理论与史学史、金融风险与治理、文化与传播等多个栏目。读者对象为社会科学研究人员及大专院校师生。

社会学评论 = Sociological review of China / 中国人民大学，2013～

双月刊　　　　　CLC：C91
ISSN 2095-5154　　CN 10-1098/C　80-91
北京市海淀区中国人民大学社会学理论与方法研究中心（100872）
编辑部电话：010-82502956，2950
http://src.ruc.edu.cn
src2013@vip.sina.com

刊发前沿性的社会学研究的成果。发表社会学及各分支社会学的学术论文、研究报告、综述等。辟有理论与方法、社会转型与变迁、政治与社会、经济与社会、社会建设与社会治理、宗教社会学、差异与分层、家庭与性别、新型城镇化探索、分支社会学研究、青年学者论坛、探讨与评论等栏目。读者对象为社会学研究与教学工作者。

社会学研究 = Sociological studies / 中国社会科学院社会学研究所，1986～

双月刊　　　　　CLC：C91
ISSN 1002-5936　　CN 11-1100/C　82-499　BM973
北京市建国门内大街 5 号（100732）

编辑部电话：010-85195564，65122608
http://shxyj.ajcass.org
sbjb@cass.org.cn

引介西方社会学、促进中国社会学研究的规范化、发布中国社会发展重大问题的研究成果。设有专题研究、经济社会学、阶层分化与认同、道德社会学、劳动关系与国家治理、学术争鸣、社会分层与社会不平等、社会学笔谈、社会心理与社会治理、社会学笔谈、研究评述等栏目。读者对象为社会学研究人员及关注社会学研究的各界人士。1986 年继承：《社会调查与研究》（1985）。

社会主义研究 = Socialism studies / 华中师范大学，1985～

双月刊　　　　　CLC：D0，D6
ISSN 1001-4527　　CN 42-1093/D　38-158　BM4021
湖北省武汉市华中师范大学国际文化园区 2 号楼（430079）
编辑部电话：027-67866505，8330
http://socialismstudies.ccnu.edu.cn
shzyyj@vip.163.com

刊发涵盖马克思主义理论和政治学领域的学术论文，兼顾管理学、社会学、经济学等学科。设有理论热点聚焦、马克思主义研究、中国特色社会主义研究、比较政治与国家治理研究、台湾问题与两岸关系研究、城乡基层治理研究、当代世界社会主义研究、世界政治与国际关系研究等栏目。主要读者对象为大专院校和党校师生、党政机关的政策理论研究人员和理论宣传工作者。1985 年继承：《科社研究》（1982～1984）。

深空探测学报（中英文） = Journal of deep space exploration / 北京理工大学，2020～

双月刊　　　　　CLC：V11
ISSN 2096-9287　　CN 10-1707/V
北京市海淀区中关村南大街 5 号（100081）
编辑部电话：010-81384396，4397
http://jdse.bit.edu.cn
jdse@bit.edu.cn

报道深空探测领域政策、动态和科技探索新进展，发布深空探测学术研究新成果。内容涵盖月球及以远深空探测领域战略与任务、总体设计、导航与控制、测控与通信、推进与能源、科学载荷与科学探测等研究成果，以及项目实施、发射、学术会议召开、重大研究进展等前沿动态信息。主要读者对象为航空航天技术领域科研机构的研究人员、高等院校航空航天相关专业的教师和研究生。2020，no.3 继承：《深空探测学报》（2014～2020）。

深圳大学学报．**理工版** = Journal of Shenzhen University. Science and engineering / 深圳大学，1986～

双月刊　　　　　　CLC：N55

ISSN 1000-2618　　CN 44-1401/N　46-206　Q8188

广东省深圳市南山区南海大道 3688 号深圳大学办公楼 417 室(518060)

编辑部电话：0755-26732266

http://journal. szu. edu. cn

journal@szu. edu. cn

反映该校教学科研的最新成果及深圳高新技术发展成就,也发表海内外专家学者的优秀论文,报道学术动态与简讯。辟有电子与信息科学、化学与化工、物理、交通物流、生物工程、光电工程、材料科学、土木建筑工程、环境与能源等栏目。读者对象为科研工作者和理工科大专院校师生。1986 年继承:《深圳大学学报. 自然科学版》(1985)。

深圳大学学报. 人文社会科学版 = Journal of Shenzhen University. Humanities & social sciences / 深圳大学，1986～

双月刊　　　　　　CLC：C55

ISSN 1000-260X　CN 44-1030/C　46-140　BM6597

广东省深圳市南海大道 3688 号(518060)

编辑部电话：0755-26534976

http://xb. szu. edu. cn

sdxb@szu. edu. cn

反映人文社会科学各学科领域的研究成果,关注特区改革开放实践中面临的各种问题。内容涉及哲学、政治学、经济学、法学、社会学、管理学、文学、文化、传播、艺术、教育学、历史学、人类学等学科。设有文明对话与文化比较、经济增长与金融创新、政治空间与法治社会、人文天地与中国精神等主要栏目。读者对象为大专院校文科师生及社会科学工作者。1986 年继承:《深圳大学学报. 社会科学版》(1985)。

神经解剖学杂志 = Chinese journal of neuroanatomy / 空军军医大学基础医学院,中国解剖学会,1985～

双月刊　　　　　　CLC：R322.8

ISSN 1000-7547　CN 61-1061/R　52-214

陕西省西安市长乐西路 169 号(710032)

编辑部电话：029-84772169

http://www. chinjna. cn

chinjna@fmmu. edu. cn

反映中国及世界医学神经解剖学领域基础和临床科研等方面的最新成果和技术方法,促进学术交流和发展。内容包括与神经解剖学相关的基础医学、军事医学、航空航天医学、中医中药学、生物医学工程学等各方面的研究原著、研究快报、述评与综述等学术性中英文文稿。读者对象为医学相关领域的科研及临床工作者。

沈阳工业大学学报 = Journal of Shenyang University of Technology / 沈阳工业大学，1986～

双月刊　　　　　　CLC：T

ISSN 1000-1646　CN 21-1189/T　8-165　BM5118

辽宁省沈阳经济技术开发区沈辽西路 111 号(110870)

编辑部电话：024-25691039

http://xb. sut. edu. cn

sygdxb@163. com

设有电气工程、风力发电技术、材料科学与工程、信息科学工程、建筑工程、控制工程等栏目。读者对象为相关领域的科研人员、工程技术人员及专业院校师生。1986 年继承:《沈阳机电学院学报》(1976～1985);2002 年吸收:《辽阳石油化工高等专科学校学报》(1993～2002)。

沈阳建筑大学学报. 自然科学版 = Journal of Shenyang Jianzhu University. Natural science / 沈阳建筑大学，2004～

双月刊　　　　　　CLC：TU

ISSN 2095-1922　　CN 21-1578/TU　8-44　Q4112

辽宁省沈阳市浑南区浑南中路 25 号(110168)

编辑部电话：024-24692875

http://xuebao. sjzu. edu. cn

xuebao@sjzu. edu. cn

主要刊登土木工程、材料工程、市政与环境工程、机械工程、交通工程、信息控制及基础科学等方面的科研成果。设有土木工程、机械工程、环境工程、建筑技术等栏目。读者对象为相关专业大专院校师生、科技工作者。2004 年继承:《沈阳建筑工程学院学报. 自然科学版》(2001～2004)。

沈阳农业大学学报 = Journal of Shenyang Agricultural University / 沈阳农业大学，1986～

双月刊　　　　　　CLC：S

ISSN 1000-1700　　CN 21-1134/S

辽宁省沈阳市东陵路 120 号(110161)

编辑部电话：024-88487083

http://www. syny. cbpt. cnki. net

syndxb@126. com

主要刊登农业工程、作物学、园艺学、农业资源利用、植物保护、动物科学、生物学、林学、食品科学等方面的专论、研究报告、学术论文、科技成果、研究简报、实验技术等。读者对象为农业院校师生、农业科研人员和有关部门的专业干部。1986 年继承:《沈阳农学院学报》(1956～1985)。

沈阳体育学院学报 = Journal of Shenyang Sport University / 沈阳体育学院，1982～

双月刊 CLC：G8

ISSN 1004-0560 CN 21-1081/G8

辽宁省沈阳市苏家屯区金钱松东路 36 号(110102)

编辑部电话：024-89166377

https://stxb.magtech.com.cn/CN/home

stxb89166377@163.com

内容以体育科学基础理论和应用技术研究为主，突出反映冬季项目等具有地域特色的运动项目研究成果。设有专题研究、学校体育、群众体育、竞技体育、体育产业和体育文化等栏目。主要读者对象为体育训练、科研、管理工作者和体育院校师生。1982 年继承：《体育教学与科研》(1977～1981)。

审计研究 = Auditing research / 中国审计学会，1985～

双月刊 CLC：F239

ISSN 1002-4239 CN 11-1024/F 80-269

北京市海淀区中关村南大街 4 号(100086)

编辑部电话：010-82199879,9816

sjyz@chinajournal.net.cn

主要刊发反映审计理论研究的新成果和审计实践的新探索，倡导运用经济学、政治学、法学、信息技术等理论和方法进行交叉研究和实务创新，总结、交流审计实践经验。读者对象为审计、会计人员及财经院校师生。2000 年吸收：《审计研究资料》(1984～1999)。

审计与经济研究 = Journal of audit & economics / 南京审计大学，1991～

双月刊 CLC：F239

ISSN 1004-4833 CN 32-1317/F 28-255

江苏省南京市浦口区江浦街道雨山西路 86 号(211815)

编辑部电话：025-86585167,58318160

http://xbbjb.nau.edu.cn

sjyjjyj@vip.163.com

主要发表审计理论、审计工作研究及其他经济与管理方面的论文、调研报告、译文和国内外学术动态资料。设有国家审计理论建设专栏、审计理论研究、财务与会计研究、经济与管理研究等栏目。读者对象为审计学研究人员，审计、会计、财经工作者及会计审计专业师生。1991 年继承：《南京审计学院学报》(1988～[1990])。

生理科学进展 = Progress in physiological sciences / 中国生理学会，北京大学，1957～

双月刊 CLC：R33,Q4

ISSN 0559-7765 CN 11-2270/R 2-567 BM74

北京市海淀区学院路 38 号北京大学医学部(100191)

编辑部电话：010-82802443

http://physiol.bjmu.edu.cn

skj2@bjmu.edu.cn

报道国内外生理科学新进展，交流推广有关生理学、生物化学与分子生物学、药理学、病理生理学、生物物理学、营养学、神经生物学及相关的免疫学等的新进展，促进国内生理科学的发展。主要读者对象为生理科学工作者，以及有关的研究、教学、医药卫生工作者和相关的管理工作者。

生理学报 = Acta physiologica Sinica / 中国科学院上海营养与健康研究所，中国生理学会，1953～

双月刊 CLC：Q4,R33

ISSN 0371-0874 CN 31-1352/Q 4-157 BM-73

上海市徐汇区岳阳路 319 号 31B 楼 405 室(200031)

编辑部电话：021-54922832

https://actaps.sinh.ac.cn，https://www.actaps.com.cn

actaps@sinh.ac.cn

主要刊登生理学和相关学科涉及生理功能的研究论文和快报，酌登实验技术和方法，反映我国生理科学最新研究水平。读者对象为与本学科有关的科研、教学人员和大专医学院校学生。1953 年继承：《中国生理学杂志》(1927～1952)。

生态毒理学报 = Asian journal of ecotoxicology / 中国科学院生态环境研究中心，2006～

双月刊 CLC：X171,X5

ISSN 1673-5897 CN 11-5470/X 2-303 Q8073

北京 2871 信箱(北京市海淀区双清路 18 号)(100085)

编辑部电话：010-62941072

http://www.stdlxb.cn

stdlxb@rcees.ac.cn

报道我国环境风险与生态毒理学领域的研究成果及新技术与新方法，记录近年来我国生态毒理学的发展历程。主要读者对象为毒理学及风险评价、环境科学领域的科研人员、技术研发人员、各级环保机构的管理人员以及大专院校相关专业师生等。2006 年继承：《产业与环境》(1979～2005)。

生态环境学报 = Ecology and environmental sciences / 广东省土壤学会，广东省科学院生态环境与土壤研究所，2009～

月刊 CLC：X,S181

ISSN 1674-5906 CN 44-1661/X 46-272

广东省广州市天河区天源路 808 号广东省生态环境与土壤研究所(510650)

编辑部电话：020-87024961

http://www.jeesci.com

editor@jeesci.com

主要刊登国内外生态学和环境科学具有明显创新性

和重要意义的原创性研究论文、重大调查研究报告,少量刊登对这两个学科的重大前沿问题具有独到见解和理论建树的综述文章和观点类文章。读者对象为生态学、环境科学、资源保护、地理学、农业科学、林学等领域的科技人员、教师、学生和各级管理者。2009年继承:《生态环境》(2003~2008)。

生态经济 = Ecological economy / 云南教育出版社有限责任公司,1985~

月刊　　　　　　　CLC:F062.2,S181

ISSN 1671-4407　　CN 53-1193/F　64-54　1623M

云南省昆明市环城西路577号云南省社科院大楼2楼(650034)

编辑部电话:0871-64138387,8386,6596

econtp@163.net

关注全球生态经济领域的热点事件,注重学术前沿问题的探讨。主要栏目:环球视点、生态警示、特别关注、绿色发展、生态环境、生态文明、生态设计、低碳经济、生态产业、生态城镇、生态农业、生态旅游、环境经济、生态治理等。主要读者对象为农业科技人员,政府有关部门决策人员,农产品开发人员及相关专业院校师生。2015年吸收:《生态经济.学术版》(2006~[2014])。

生态科学 = Ecological science / 广东省生态学会,暨南大学,1982~

双月刊　　　　　　CLC:Q14

ISSN 1008-8873　　CN 44-1215/Q

广东省广州市天河区暨南大学(510630)

编辑部电话:020-85228257

http://www.ecolsci.com

ecolsci@163.com

主要刊登生态学领域的研究成果与学术论文,包括陆地生态学、海洋生态学、淡水生态学、农业生态学、森林生态学、草地生态学、土壤生态学、系统生态学、区域生态学、景观生态学、城市生态学、产业生态学、污染生态学、化学生态学、恢复生态学、旅游生态学、生态规划与生态设计、生态工程学和生态管理学等。设有研究报告、综述等栏目。主要读者对象为从事生态学相关科研教学生产的科技工作者和有关专业的研究人员。

生态学报 = Acta ecologica Sinica / 中国生态学学会,中国科学院生态环境研究中心,1981~

半月刊　　　　　　CLC:Q14

ISSN 1000-0933　　CN 11-2031/Q　82-7　M670

北京市海淀区双清路18号(100085)

编辑部电话:010-62941099

http://www.ecologica.cn

shengtaixuebao@rcees.ac.cn

主要报道生态学重要基础理论和应用研究科研成果。辟有专论与综述、研究论文、学术信息与动态等栏目。读者对象为从事生态学研究科研人员和相关专业高校师生。

生态学杂志 = Chinese journal of ecology / 中国生态学学会,中国科学院沈阳应用生态研究所,1982~

月刊　　　　　　　CLC:Q14

ISSN 1000-4890　　CN 21-1148/Q　8-161　BM6077

辽宁省沈阳市文化路72号(110016)

编辑部电话:024-83970394

http://www.cje.net.cn

cje@iae.ac.cn

刊登生态学领域论文,反映我国生态学学术水平和发展方向,报道生态学科研成果与科研进展,跟踪学科发展前沿。内容主要包括:生态系统生态学、分子生态学、种群生态学、群落生态学、景观生态学等,尤其鼓励生物地球化学循环、生态系统生态学、动植物微生物之间相互作用、微生物生态学、分子生态学、气候变化等领域。设有综述与专论、方法与技术、研究报告等栏目。主要读者对象为生态学、生物学、地学、林农牧渔业、海洋学、气象学、环境保护、经济管理、卫生和城建部门的科技工作者,有关决策部门的科技管理人员及高等院校师生。

生态与农村环境学报 = Journal of ecology and rural environment / 生态环境部南京环境科学研究所,2006~

月刊　　　　　　　CLC:X17,X322,S181

ISSN 1673-4831　　CN 32-1766/X　28-114　Q5688

江苏省南京市蒋王庙街8号(210042)

编辑部电话:025-85287092,7053,7036

http://www.ere.ac.cn

ere@vip.163.com,bjb@nies.org

报道生态与农村环境保护领域创新性成果等。内容包括区域环境与发展、自然保护与生态、污染控制与修复等方面。主要栏目有研究报告、研究简报、研究方法、专论与综述、学术讨论与建议、书刊评介等。读者对象为生态学、环境科学、农学、林学、地学、资源科学领域的科研与技术人员,相关专业高等院校师生以及各级决策与管理人员。2006年继承:《农村生态环境》(1985~2005)。

生物安全学报 = Journal of biosafety / 中国植物保护学会,福建省昆虫学会,2011~

季刊　　　　　　　CLC:Q16,Q96,S4

ISSN 2095-1787　　CN 35-1307/Q

福建省福州市金山福建农林大学(350002)

编辑部电话:0591-88191360

http://www.jbscn.net

jbscn@fafu.edu.cn

重点刊载：入侵生物学学科发展的新理论与新假设、外来有害生物入侵的特性与特征、入侵的生态过程与后果、入侵种与本地种的相互作用关系，生态系统对生物入侵的响应过程与抵御机制，生物入侵的预防预警、检测监测、根除扑灭、生物防治与综合治理的新技术与新方法；农业转基因生物的生态与社会安全性，安全性评价的理论体系，定性定量评估的技术与方法，安全交流与安全管理；农用化学品对生物急性/慢性毒性累加过程与效应，生物对农用化学品的抗性与适应性机制，毒性缓解、抗药性治理与调控技术；高端新技术（如生物改良技术、物理纳米技术、生化辐射技术等）产品潜在危害的识别与判定，安全性评价方法与技术指标。读者对象为相关专业科研技术人员、高等院校师生等。2011年继承：《华东昆虫学报》(1992～2010)。

生物多样性 ＝ Biodiversity science / 中国科学院生物多样性委员会，中国植物学会，中国科学院植物研究所，中国科学院动物研究所，中国科学院微生物研究所，1993～

月刊　　　　　CLC：Q16

ISSN 1005-0094　　CN 11-3247/Q　82-858　M1395

北京市香山南辛村20号(100093)

编辑部电话：010-62836137,6665

http://www.biodiversity-science.net

biodiversity@ibcas.ac.cn

报道生物多样性起源、分布、演化及其机制、生物多样性与生态系统功能、保护遗传学、分子生态学、入侵生物学、保护行为学、转基因生物安全、重大建设项目生物多样性影响评估、野生动植物贸易及其对生物多样性的影响、生物多样性与全球气候变化。主要栏目有综述、研究报告、生物编目、保护论坛等。读者对象为相关专业科技人员和大专院校师生。

生物工程学报 ＝ Chinese journal of biotechnology / 中国科学院微生物研究所，中国微生物学会，1985～

月刊　　　　　CLC：Q81

ISSN 1000-3061　　CN 11-1998/Q　82-13　M5608

北京市朝阳区北辰西路1号院3号中国科学院微生物研究所 B401(100101)

编辑部电话：010-64807509

http://journals.im.ac.cn/cjbcn

cjb@im.ac.cn

主要报道动物、植物、微生物以及医学等生物工程相关领域新发展、新成果和新技术。栏目包括综述、生物技术与方法、工业生物技术、农业生物技术、动物及兽医生物技术、医药生物技术、高校生物学教学。读者对

象为生物工程领域的科研人员、大专院校师生、生产技术人员。

生物化学与生物物理进展 ＝ Progress in biochemistry and biophysics / 中国科学院生物物理研究所，中国生物物理学会，1974～

月刊　　　　　CLC：Q5，Q6

ISSN 1000-3282　　CN 11-2161/Q　2-816　M408

北京市朝阳区大屯路15号中国科学院生物物理研究所内(100101)

编辑部电话：010-64888459

http://www.pibb.ac.cn

prog@ibp.ac.cn

刊登生物化学、分子生物学、生物物理学、细胞生物学、神经科学、免疫学，以及基因组学、蛋白质组学、系统生物学等相关学科领域国内外研究进展。主要栏目有综述与专论、研究报告、技术与方法、研究快报等。读者对象为相关学科的科研人员、大专院校师生及医药卫生、农林牧渔等领域的科技工作者。

生物技术通报 ＝ Biotechnology bulletin / 中国农业科学院农业信息研究所，1985～

月刊　　　　　CLC：Q81

ISSN 1002-5464　　CN 11-2396/Q　18-92

北京市中关村南大街12号(100081)

编辑部电话：010-82109925,9903

http://biotech.aiijournal.com

biotech@caas.cn

报道国内外生物技术领域基础研究成果及其在农、林、牧、渔及医药、食品、轻工、环保领域中的应用和产业化趋势。内容包括基因工程、细胞工程、酶工程、发酵工程、生化工程、蛋白质工程，以及生物工程的应用、研究现状和新的实验技术与方法等。设有研究报告、综述与专论、技术与方法等栏目。读者对象为农业、医药、食品、环保等生物技术领域的科研人员、管理人员、生物技术产业策划人员、风险投资者和高校师生。

生物学教学 ＝ Biology teaching / 华东师范大学，1958～

月刊　　　　　CLC：G633.91

ISSN 1004-7549　　CN 31-1009/G4　4-450　M5105

上海市中山北路3663号(200062)

编辑部电话：021-54341005

http://swxjx.ecnu.edu.cn

swxjx@bio.ecnu.edu.cn

关注生物学教育教学领域。主要栏目：生物科学综述、现代教育论坛、国外教育动态、课程标准与教材、教育教学研究、课堂教学、信息技术、实验教学、考试与命题、教学参考等。读者对象为中学生物学教师，兼顾高

校和其他教育和研究机构的生物学工作者。

生物学杂志 = Journal of biology / 合肥市科学技术协会，1983～
双月刊　　　　　　　CLC：Q
ISSN 2095-1736　　CN 34-1081/Q　26-50
安徽省合肥市花园街 83 号合肥大厦 9 楼（230001）
编辑部电话：0551-62673629,62635632
http://www. swxzz. com
swxzz@163. com
刊登动物、植物、微生物、生理、生化、遗传、生态、生物技术、生物工程、分子生物学、生物教学等方面科研文章。主要栏目有研究报告、教学研究、综述与专论、技术方法等。读者对象为生命科学领域科研人员及大专院校师生。

生物医学工程学杂志 = Journal of biomedical engineering / 四川大学华西医院，四川省生物医学工程学会，1984～
双月刊　　　　　　　CLC：R318
ISSN 1001-5515　　CN 51-1258/R　62-65　　BM4879
四川省成都市武侯区国学巷 37 号（610041）
编辑部电话：028-85422073
http://www. biomedeng. cn
bjb@biomedeng. cn
报道科研、教学和医疗技术的创新与改进，开展国内外学术交流。主要栏目有论著、新技术与新方法、综述。读者对象为生物医学工程学领域多学科的科研、教学、生产及科技管理人员、相关专业研究生、本科生，以及广大生物医学工程学科的爱好者。1984 年继承：《四川省生物医学工程内部通讯》。

声学技术 = Technical acoustics / 中国科学院声学研究所东海研究站，同济大学声学研究所，上海市声学学会，中国船舶重工集团公司第七二六研究所，1982～
双月刊　　　　　　　CLC：TB5
ISSN 1000-3630　　CN 31-1449/TB　　BM7276
上海市嘉定工业区新徕路 399 号（201815）
编辑部电话：021-67084688-2101
http://sxjs. cnjournals. cn
sxjs@vip. 163. com
报道声学专业领域及相关交叉学科的科研、技术研究，介绍国内外新技术和新产品。主要栏目有综述、物理声学、水声学、超声学、语言与音乐声学、心理与生理声学、建筑声学、环境声学、信号处理和换能器等。读者对象为声学和有关专业的科研、设计、生产和使用部门的广大科技人员，以及大专院校师生等。1982 年继承：

《水声译丛》（1975～1981）。

声学学报 = Acta acustica / 中国科学院声学研究所，1964～
双月刊　　　　　　　CLC：O42
ISSN 0371-0025　　CN 11-2065/O4　2-181　　BM139
北京市北四环西路 21 号（100190）
编辑部电话：010-82547908
https://jac. ac. cn
jac@mail. ioa. ac. cn
报道声学研究论文、实验性论文和应用性论文（包括实验工作、理论和应用研究、仪器研制）。读者对象为相关学科科研技术人员及高等院校师生。

湿地科学 = Wetland science / 中国科学院东北地理与农业生态研究所，中国生态学学会，2003～
双月刊　　　　　　　CLC：P941. 78
ISSN 1672-5948　　CN 22-1349/P　82-123　　Q1820
吉林省长春市高新北区盛北大街 4888 号（130102）
编辑部电话：0431-85542237
http://wetlands. neigae. ac. cn
wetlands@neigae. ac. cn
刊登国内外有关研究湿地形成与演化规律、湿地发生发展规律、湿地演化过程、湿地环境、湿地生态、湿地保护与管理、湿地开发、湿地工程建设、湿地恢复研究的理论与方法等方面学术论文和研究成果。读者对象为从事地理、水利、生物、环境、湿地研究科研人员，相关专业高等院校教师及研究生，各级政府从事湿地管理人员，湿地保护区科研管理人员。

湿法冶金 = Hydrometallurgy of China / 核工业北京化工冶金研究院，1982～
双月刊　　　　　　　CLC：TF
ISSN 1009-2617　　CN 11-3012/TF　80-181
北京市通州区九棵树 145 号（101149）
编辑部电话：010-51675321,4124
http://sfyj. cbpt. cnki. net
shifayejin@163. com
报道国内外有色金属、稀有金属、稀散金属及贵金属的湿法冶金工艺技术成果。包括选矿技术，有机材料合成，化工过程自动控制，化工、选矿设备、仪器仪表的研制及应用、水处理技术等内容。辟有试验研究、综合评述、分析测试、会议通知等栏目。读者对象为相关行业的工程技术人员，科研与设计人员、专业院校师生。

十月 = October / 北京出版集团，1978～
双月刊　　　　　　　CLC：I217
ISSN 0257-5841　　CN 11-1102/I　2-163　　BM224

北京市北三环中路 6 号(100120)

编辑部电话：010-58572357,2122,2187

http://www.shiyuezazhi.com

shiyuetougao@sina.com

2023 年起主办单位名为北京出版集团有限责任公司。注重推出具有一定时代感和现实意义的文学作品，重视对青年作者和文学新人的培养。主要发表中短篇小说、报告文学、纪实文学、散文、诗歌，兼发作家作品评论等。主要栏目有中篇小说、短篇小说、散文、小说新干线、译界、诗歌等。读者对象为广大文学爱好者。2004年分出：《十月·长篇小说》(2004～)。

石河子大学学报. 自然科学版 = Journal of Shihezi University. Natural science / 石河子大学,1997～

双月刊　　　　　CLC：N55,S

ISSN 1007-7383　CN 65-1174/N　58-174　BM1496

新疆石河子市北四路(832003)

编辑部电话：0993-2058977

http://kyc.shzu.edu.cn/journal

shzdxxbzrb@163.com

设有生物·环境、畜牧·兽医、医学·药学、化学·材料·食品、水利·建筑工程、机械·电气工程、计算机技术·信息工程等栏目。读者对象为科技工作者和理工科大专院校师生。

石油地球物理勘探 = Oil geophysical prospecting / 中国石油集团东方地球物理勘探有限责任公司,1966～

双月刊　　　　　CLC：TE,P5

ISSN 1000-7210　CN 13-1095/TE　BM282

河北省涿州市 11 号信箱石油学会(072751)

编辑部电话：0312-3822458,3821246

http://www.ogp-cn.com,http://www.ogp-cn.com.cn

传播物探技术信息，推广新技术、新经验，主要报道各种地球物理勘探方法(地震勘探、重磁勘探、电法勘探、井中地球物理测试)的新理论、新技术、新工艺和新经验；各种地球物理勘探方法的应用新成果及典型实例；地球物理数据处理新方法；物探技术方面软件开发与应用；地球物理的评述、讨论和论坛；我国知名地球物理学家的生平事迹介绍；国内外地球物理技术发展动态及学术活动。辟有采集技术、处理技术、地震模拟、综合研究、非地震、地震地质、综述等栏目。主要读者对象为石油、地质、矿山、煤炭、冶金、工程、水文等专业的工程技术人员、技术管理人员及高等院校师生。

石油化工 = Petrochemical technology / 中国石化集团资产经营管理有限公司北京化工研究院,中国化工学会石油化工专业委员会,1970～

月刊　　　　　CLC：TQ2,TE65

ISSN 1000-8144　CN 11-2361/TQ　2-401　M4135

北京市 1442 信箱(100013)

编辑部电话：010-64295032

http://www.shiyouhuagong.com.cn

syhg.bjhy@sinopec.com

2023 年起由中石化(北京)化工研究院有限公司和中国化工学会主办。报道我国石油化学工业领域的科技成果，介绍石油化工的新技术、新进展及国内外科技、生产动态。内容包括裂解分离、有机合成、高分子合成、石油化工新材料、绿色化工、精细化工、催化剂制备及表征、分析测试、化工数据测定、计算机应用、系统工程、化工设备、技术改造等，以及有关石油化工进展的专题述评及技术经济分析。主要栏目：特约述评、专题报道、研究与开发、工业技术、进展与述评等。读者对象为石油化工领域的科研、技术人员及大专院校师生。

石油机械 = China petroleum machinery / 中石油江汉机械研究所有限公司,1986～

月刊　　　　　CLC：TE9

ISSN 1001-4578　CN 42-1246/TE　38-80　M6650

湖北省武汉市江汉区常青路 149 号石油大厦 18 楼(430024)

编辑部电话：027-83567960,7926;0716-8127778

http://www.syjxzz.com.cn

syjxzz@vip.sina.com

主要报道石油天然气工程装备领域最新科技进展，包括新装备、新工艺、新材料及新方法等的研究与应用。主要栏目有钻井技术与装备、海洋石油装备、油气田开发工程、管道工程、炼油与化工机械。读者对象为石油石化装备的研究开发、设计制造和管理使用人员，油田生产单位设备管理人员和作业现场技术人员，高等院校相关专业师生。1986 年继承：《石油钻采机械》(1978～1985)。

石油勘探与开发 = Petroleum exploration and development / 中国石油天然气股份有限公司勘探开发研究院,中国石油集团科学技术研究院有限公司,1974～

双月刊　　　　　CLC：TE

ISSN 1000-0747　CN 11-2360/TE　82-155　BM364

北京市 910 信箱(100083)

编辑部电话：010-83597424

http://www.cpedm.com, http://www.sciencedirect.com/science/journal/18763804

skykeg@petrochina.com.cn

报道世界范围内油气勘探、开发、工程、新能源及CCUS新理论、新技术、新工艺、新方法。辟有油气勘探、油气田开发、石油工程、碳中和新能源新领域等栏目。主要读者对象是中高级科研、技术及管理人员。

石油炼制与化工 = Petroleum processing and petrochemicals / 中国石油化工股份有限公司石油化工科学研究院，1994～

月刊   CLC：TE6

ISSN 1005-2399   CN 11-3399/TQ   2-332   M4133

北京市海淀区学院路 18 号(100083)

编辑部电话：010-62311582

http://www.sylzyhg.com

sylz.ripp@sinopec.com

2023,no.3 起主办单位名为中石化石油化工科学研究院有限公司。主要报道炼制、石油化工专业科学研究、应用研究与工程技术开发成果,介绍国外新技术和发展动态。主要栏目有催化剂、加工工艺、基础研究、产品与添加剂、环境保护、优化与控制、节能、分析与评定、设备及防腐、技术经济、国内简讯、国外动态等。读者对象为石油炼制和石油化工行业的技术人员、科研人员和专业院校师生。1994 年继承：《石油炼制》(1957～1993)。

石油实验地质 = Petroleum geology & experiment / 中国石油化工股份有限公司石油勘探开发研究院,中国地质学会石油地质专业委员会,1979～

双月刊   CLC：TE

ISSN 1001-6112   CN 32-1151/TE

江苏省无锡市蠡湖大道 2060 号(214126)

编辑部电话：0510-68787203,7204

http://www.sysydz.net

sysydz.syky@sinopec.com

报道石油工业上游所涉及的油气勘探的热点、难点问题,重点报道国内外油气实验测试的最新技术和方法。常设有盆地油藏、石油地球化学和方法技术等栏目。读者对象为国内外石油天然气地质专业的科技工作者及在校学生等。1979 年继承：《石油地质实验》(1963～1978)。

石油物探 = Geophysical prospecting for petroleum / 中国石油化工股份有限公司石油物探技术研究院,1962～

双月刊   CLC：TE1,P5

ISSN 1000-1441   CN 32-1284/TE   BM455

江苏省南京市江宁区上高路 219(211103)

编辑部电话：025-68109811

http://www.geophysics.cn

njsywt@163.net

2023 年起主办单位名为中石化石油物探技术研究院有限公司。报道内容主要包括油气地球物理勘探的基础理论、方法技术、经验交流、学术论坛和问题讨论等。设有处理方法技术、解释方法技术、采集方法技术、综合研究与应用、专家论坛等栏目。读者对象为石油物探技术人员及大专院校师生。

石油学报 = Acta petrolei Sinica / 中国石油学会,1980～

月刊   CLC：TE

ISSN 0253-2697   CN 11-2128/TE   80-110   BM193

北京市西城区六铺炕街 6 号(100724)

编辑部电话：010-62067137,7139,7128

http://www.syxb-cps.com.cn

syxb8@cnpc.com.cn

主要刊登内容包括石油天然气地质及地球物理、油气田开发技术与工艺、石油与天然气钻井、海洋油气工程、油气储运、石油矿场机械设备等方面的学术论文。设有地质勘探、油田开发和石油工程固定专栏,同时不定期开设学术论坛、综述、特约稿件等专栏。主要读者对象是从事石油与天然气及其相关领域的中、高级科技工作者和高校师生。

石油学报.石油加工 = Acta petrolei Sinica. Petroleum processing section / 中国石油学会,1985～

双月刊   CLC：TE6

ISSN 1001-8719   CN 11-2129/TE   82-332   BM845

北京市海淀区学院路 18 号(100083)

编辑部电话：010-62310752,82368282

http://www.syxbsyjg.com

syxb8282.ripp@sinopec.com,syxb8282@163.com

主要刊登有关原油的性质与组成、石油加工及石油化工工艺、催化剂及催化材料、替代燃料和新能源技术、石油化学品及助剂、化学工程、反应动力学、系统工程、节能环保、油品分析等方面的基础性和应用基础性的最新研究成果。设有特约综述、研究快报、研究报告、研究报道、研究简报、学术争鸣等栏目。读者对象为石油工业科技工作者和大专院校师生。

石油与天然气地质 = Oil & gas geology / 中国石油化工股份有限公司石油勘探开发研究院,中国地质学会石油地质专业委员会,1980～

双月刊   CLC：P618.13,TE1

ISSN 0253-9985   CN 11-4820/TE   82-287   BM296

北京市昌平区百沙路 197 号院(102206)

编辑部电话：010-56607717

http://ogg.pepris.com

ogg.syky@sinopec.com

报道我国石油地质领域的科研成果和最新科技。主要栏目有专家论坛、油气地质、勘探开发、技术方法以及我国石油勘探领域重大成果的报道等。读者对象为石油地质行业的广大科研人员和高等院校师生。

石油与天然气化工 = Chemical engineering of oil & gas / 中国石油西南油气田公司天然气研究院，1972～
双月刊　　　　　CLC：TE6
ISSN 1007-3426　　CN 51-1210/TE
四川省成都市天府新区华阳天研路 218 号（610213）
编辑部电话：028-85604581,4588
http：//www.syytrqhg.cn
ceog-cn@vip.sina.com
重点报道石油与天然气工业化学化工领域的科研成果、学术论文、标准规范、技术革新、新技术及新经验，是全面报道油气处理、加工及其利用技术的科技期刊。栏目有油气处理与加工、新能源与新材料、天然气及其凝液的利用、油气田开发、分析计量与标准化、安全与环保。读者对象为有关专业的技术人员、科研人员和相关专业大专院校师生。

石油钻采工艺 = Oil drilling & production technology / 华北油田分公司，华北石油管理局，1979～
双月刊　　　　　CLC：TE3
ISSN 1000-7393　　CN 13-1072/TE　18-121　BM7281
河北省任丘市华北油田采油工程研究院（062552）
编辑部电话：0317-2723370,2724207,2756473
http：//qk2023.sdlgjycm.com/Myeduca/introduced
syzc@vip.163.com
主要报道国内油气钻采领域的新工艺、新技术、科研成果和先进的生产管理经验，并适当介绍与其有关的国外发展水平、综述和动态。设有钻井完井、油气开采、新能源开发、交流园地、探讨争鸣、要闻简讯等栏目。读者对象为石油钻采科研人员、工程技术人员和专业院校师生。1979 年继承：《科技资料》（1977～1978）。

石油钻探技术 = Petroleum drilling techniques / 中国石化集团石油工程技术研究院有限公司，1979～
双月刊　　　　　CLC：TE2
ISSN 1001-0890　　CN 11-1763/TE　BM4121
北京市昌平区沙河镇百沙路 197 号中国石化科学技术研究中心（102206）
编辑部电话：010-56606846,6848
http：//www.syzt.com.cn
syzt@vip.163.com
报道我国石油工程以及钻采机械设备与自动化方面的科技进展和现场经验，介绍国外石油工程技术发展的水平和动向。主要栏目包括专家视点、钻井完井、油气开发、测井录井，低碳减碳，战略规划。读者对象为石油、石化、海洋、地矿行业的专家、学者、钻井工程技术人员、生产管理人员以及相关专业院校师生。1979 年继承：《石油钻探技术通讯》（1973～1978）。

时珍国医国药 = Lishizhen medicine and materia medica research / 时珍国医国药杂志社，1998～
月刊　　　　　CLC：R2,R28
ISSN 1008-0805　　CN 42-1436/R　38-168　M4340
湖北省黄石市黄石大道 134 号副 1 号（435000）
编辑部电话：0714-6224836,6225102
http：//www.shizhenchina.com
shizhenchina@163.com
报道研究中医药传统学术及中医药在现代医学领域的最新应用成果。辟有基金项目、药理药化、炮制与制剂、国药鉴别、临床报道、中西医结合、食疗与护理、教学实践与改革、英语园地、资源开发等栏目。读者对象为中医药工作者及中医药爱好者。1998 年继承：《时珍国药研究》（1990～1998）。

实验技术与管理 = Experimental technology and management / 清华大学，1984～
月刊　　　　　CLC：N33
ISSN 1002-4956　　CN 11-2034/T
北京市海淀区清华大学科技服务楼（100084）
编辑部电话：010-62783005
http：//syjl.cbpt.cnki.net
sjg@tsinghua.edu.cn
推动实验技术与方法的创新与发展，聚焦国家重大科学基础设施建设，关注仪器设备自主研发，介绍实验室建设与管理经验。设有特约专栏、实验技术与方法、仪器设备研制、虚拟仿真技术、实验教学研究与改革、实验室建设与管理、实验室环境健康与安全、世界大学实验室等栏目。读者对象为高校及科研院所的教师、科研人员、实验技术人员、各级实验室的领导和管理人员等。

实验力学 = Journal of experimental mechanics / 中国力学学会，中国科学技术大学，1986～
双月刊　　　　　CLC：O3
ISSN 1001-4888　　CN 34-1057/O3　26-57　Q5935
安徽省合肥市金寨路 96 号中国科学技术大学（230026）
编辑部电话：0551-63601246
http：//sylx.ustc.edu.cn
sylx@ustc.edu.cn
反映我国研究院所、高等院校和工程技术单位在相关领域的最新研究成果和动态，报道实验力学在解决重大工程设计和技术问题中的进展和作用。主要刊载实验力学领域具有创造性的理论、实验和工程应用研究论文、综述、研究简报、教学经验交流、测试仪器的研制和应用报道等。读者对象为实验力学及相关学科研究人员、工程技术人员和高等院校相关专业师生。

实验流体力学 = Journal of experiments in fluid mechanics / 中国空气动力学会，2005～

双月刊　　　　　　CLC：V21

ISSN 1672-9897　　CN 11-5266/V　62-47　Q4168

四川省绵阳市涪城区二环路南段 6 号 11 信箱 9 分箱（621000）

编辑部电话：0816-2463376,2463373

http：//www. syltlx. com

syltlx@163. com

主要刊载实验流体力学及相关领域具有一定创新性的原创论文，具有前瞻性和指导意义的综述性论文，以及具有一定参考价值的研究简报。设有综述进展、基础研究与应用、测量技术、实验设备与方法、信息与简讯等栏目，并不定期开设研究专栏、出版研究专刊。读者对象为从事实验流体力学及相关学科领域研究、设计、制造与应用等的广大科技人员和院校师生。2005 年继承:《流体力学实验与测量》(1997～2004)。

实验室研究与探索 = Research and exploration in laboratory / 上海交通大学，1987～

月刊　　　　　　CLC：N33

ISSN 1006-7167　　CN 31-1707/T　4-834

上海市华山路 1954 号上海交通大学教学三楼 456、457 室(200030)

编辑部电话：021-62932952,2875

http：//sysy. cbpt. cnki. net

sysy@sjtu. edu. cn

刊登实验新技术、新理论、新经验。主要栏目有校长名人访谈、处长论坛、实验室主任讲坛、实验与创新、实验技术、计算机技术应用、仪器设备研制与开发、实验教学、实验教学示范中心建设、国家重点实验室、国外实验室、实习与实训、实验室建设与管理、文经管类实验室、封面故事、实验室环境与安全技术、物资供应与管理。读者对象为高校教师、科研人员、实验技术与管理人员等。1987 年继承:《研究与探索》(1982～1986)。

实用放射学杂志 = Journal of practical radiology / 实用放射学杂志社，1985～

月刊　　　　　　CLC：R445,R81

ISSN 1002-1671　　CN 61-1107/R　52-93　M5986

陕西省西安市环城南路西段 20 号(710068)

编辑部电话：029-88404722

http：//www. syfsxzz. com. cn

syfsxzz@sina. com

报道 X 线、计算机 X 线摄影(CR)、数字 X 线摄影(DR)、DSA、CT、MRI、计算机应用、介入放射学、影像技术学等方面内容。栏目设置有:论著、综述、述评、讲座、继续教育、经验介绍(技术介绍与设备维修)、少罕见病例报道等。主要读者对象为广大医学影像学工作者。

实用妇产科杂志 = Journal of practical obstetrics and gynecology / 四川省医疗卫生服务指导中心，1985～

月刊　　　　　　CLC：R71

ISSN 1003-6946　　CN 51-1145/R　62-44　M3279

四川省四川成都市武侯区玉林南街 2 号附 3 号(610041)

编辑部电话：028-86131263

http：//jpog. sma. org. cn

jpog1985@163. com

报道妇产科临床、妇女保健、生殖健康工作方面的论文。设有专题讨论、临床病案讨论、指南解读与专家共识、综述与讲座、论著与临床、循证医学、短篇报道等栏目。以广大妇产科、妇女保健、生殖健康的科研和临床工作者为主要读者对象。

实用口腔医学杂志 = Journal of practical stomatology / 空军军医大学第三附属医院，1985～

双月刊　　　　　　CLC：R78

ISSN 1001-3733　　CN 61-1062/R　52-90

陕西省西安市长乐西路 145 号(710032)

编辑部电话：029-84776213

http：//sykqyxzz. fmmu. edu. cn

sykqyxzz@vip. sina. com

报道国内外最新的口腔医学基础与临床研究成果和经验，内容包括口腔医学基础和临床研究，临床经验介绍，技术革新，病案报告等。读者对象为各级口腔科医生及教学、科研人员。

实用医学杂志 = The journal of practical medicine / 广东省医学学术交流中心(广东省医学情报研究所)，1985～

半月刊　　　　　　CLC：R

ISSN 1006-5725　　CN 44-1193/R　46-44　M6265

广东省广州市越秀区惠福西路进步里 2 号之6(510180)

编辑部电话：020-81866302,81840509,81872080,81922330

http：//www. syyxzz. com

syyxzz@syyxzz. com

报道的内容为全国各地医学科研成果、临床实践和实用性较强的新技术、新方法。设有指南与实践、述评、专题笔谈、专题报道、临床新进展、基础研究、临床研究、药物与临床、医学检查与临床诊断、调查研究、中医药现代化、临床护理、综述、新技术新方法、临床经验、病例报告等栏目。读者对象为各级临床医护人员。1985 年继承:《基层医刊》(1981～1984)。

食品工业科技 = Science and technology of food industry / 北京一轻研究院有限公司，1979～

半月刊　　　　　　　　CLC：TS2

ISSN 1002-0306　　CN 11-1759/TS　2-399　BM4355

北京市永定门外沙子口路 70 号(100075)

编辑部电话：010-87244116,87244117,67275896,
87242406

http://www.spgykj.com

刊载食品及其相关领域的交叉研究。设有未来食品、
研究与探讨、生物工程、工艺技术、食品安全、分析检测、
包装与机械、食品添加剂、贮运保鲜、营养与保健、综述
等栏目。读者对象为从事食品行业的生产、科研、技术
和管理人员及高等院校师生。

食品科技 ＝ Food science and technology / 北京市粮食
科学研究院有限公司，1994～

月刊　　　　　　　　CLC：TS2

ISSN 1005-9989　　CN 11-3511/TS　2-681　M3869

北京市西城区广安门内大街 316 号京粮古船大厦
(100053)

编辑部电话：010-67913893,81219912

http://www.e-foodtech.cn

shipinkj@vip.163.com

报道食品科技领域的研究与开发成果。内容包括粮
油与食品加工工艺、机械装备及食文化等方面。设有生
物工程篇、食品开发篇、肉类研究篇、粮食与油脂篇、提
取物与应用篇、添加剂与调味品篇、食品安全与检测篇
等栏目，特色栏目硒科学研究与硒产业。读者对象为食
品科技相关科研人员、大专院校师生、企业科技人员和
科研管理人员。1994 年继承：《粮油食品科技》(1982～
1994)。

食品科学 ＝ Food science / 北京食品科学研究院，1980～

半月刊　　　　　　　　CLC：TS2

ISSN 1002-6630　　CN 11-2206/TS　2-439　M686

北京市丰台区洋桥 70 号(100068)

编辑部电话：010-83155446,5447,5448,5449,5450

http://www.chnfood.cn,http://www.spkx.net.cn

foodsci@126.com

刊载国内外食品行业的高新技术和新的研究开发成
果。设有基础研究、食品化学、食品工程、生物工程、成
分分析、安全检测、营养卫生、包装贮运、专题论述等栏
目。读者对象为从事食品行业的生产、科研、技术和管
理人员及高等院校师生。1980,no.9 继承：《国外食品
技术》(1980)。

食品科学技术学报 ＝ Journal of food science and tech-
nology / 北京工商大学，2013～

双月刊　　　　　　　　CLC：TS2

ISSN 2095-6002　　CN 10-1151/TS　BM1665

北京市海淀区阜成路 33 号(100048)

编辑部电话：010-68984535,6223

http://www.btbuspxb.com

spxb@btbu.edu.cn

刊发食品科技及相关领域的基础研究、加工工艺、贮
藏保鲜、分析检测、清洁生产、安全监管、机械与包装技
术等方面最新科研成果，包括探索新理论、新方法、新技
术的研究论文，以及反映食品学科前沿发展动态的高质
量综述文章。设有本刊特稿、专家论坛、专题研究、基础
研究、应用技术、安全监管等栏目。读者对象为从事食
品行业的生产、科研、技术和管理人员及高等院校师生。
2013 年继承：《北京工商大学学报.自然科学版》(2001～
2012)。

食品与发酵工业 ＝ Food and fermentation industries /
中国食品发酵工业研究院有限公司，全国食品与发酵
工业信息中心，1975～

半月刊　　　　　　　　CLC：TS2

ISSN 0253-990X　　　CN 11-1802/TS　2-331　SM350

北京市朝阳区霄云路 32 号(100027)

编辑部电话：010-53218376,8340

http://sf1970.cnif.cn,http://www.spfx.cbpt.cnki.net

sf1970@vip.163.com,ffeo@vip.sina.com

刊载食品与发酵工业发展相关的原辅料、工艺、包装、
机械、检测、安全、流通、综合利用等方面的研究报告，以
及国内外食品与发酵科技发展动态和产业创新等方面
的文章。设有研究报告、生产与科研应用、分析与检测、
综述与专题评论、教育教学等栏目。读者对象为从事食
品与发酵及相关行业的生产、科研、设计和管理人员及
高等院校师生。1975 年继承：《科技情报》。

食品与机械 ＝ Food and machinery / 长沙理工大学，湘
潭市食品机械总厂，1991～

月刊　　　　　　　　CLC：TS2

ISSN 1003-5788　　CN 43-1183/TS　42-83　BO3355

湖南省长沙市天心区万家丽南路二段 960 号(410114)

编辑部电话：0731-85258200,8201

http://www.ifoodmm.com

foodmm@ifoodmm.com

中国食品科学技术学会会刊。报道我国食品工业、食
品机械、包装机械、食品添加剂的最新研究成果和发展
动态。内容包括基础研究、提取与活性、安全与检测、机
械与控制、包装与设计、贮运与保鲜、研究进展、开发应
用等方面。读者对象为食品行业科技人员、生产管理人
员及相关专业院校师生。1991,no.2 继承：《食品机械》
(1985～1991)。

食品与生物技术学报 ＝ Journal of food science and biotechnology / 江南大学，2005～

月刊　　　　　　CLC：TS2

ISSN 1673-1689　　CN 32-1751/TS　28-79　BM5943

江苏省无锡市蠡湖大道 1800 号（214122）

编辑部电话：0510-85913526

http://spyswjs.cnjournals.com

xbbjb@jiangnan.edu.cn

报道国内外食品科学与生物技术领域的科技成果。内容包括食品科学与工程、食品营养学、粮油及植物蛋白工程、制糖工程、农产品及水产品加工与储藏、微生物发酵、生物制药工程、动物营养与饲料工程、环境生物技术等方面。设有综述、研究论文、科技信息、消息热点等栏目。读者对象为相关领域的科技人员、专业管理人员及高等院校师生。2005 年继承：《无锡轻工大学学报》（1995～2005）。

食用菌学报 = Acta edulis fungi / 上海市农业科学院，中国农学会，1994～

双月刊　　　　　　CLC：S646

ISSN 1005-9873　　CN 31-1683/S

上海市金齐路 1000 号（201403）

编辑部电话：021-62209894

http://www.syjxb.com

shiyongjunxuebao@126.com

主要刊登食用菌遗传育种、驯化栽培、生理生化、菇房管理、栽培材料、病虫防治及产后加工等方面的最新研究成果。读者对象为食用菌教学和科研人员、生产单位的技术人员及供销外贸系统和领导机关的专业干部。1994 年继承：《国外农学.国外食用菌》（1985～1993）。

史林 = Historical review / 上海社会科学院历史研究所，1986～

双月刊　　　　　　CLC：K

ISSN 1007-1873　　CN 31-1105/K

上海市中山西路 1610 号 836 室（200235）

编辑部电话：021-64179691

http://lwbi.cbpt.cnki.net

shilin33@vip.126.com

主要栏目有中国古代史、中国近现代史研究、城市史、世界史、史学理论和研究述评（包括书评）等栏目；中国古代史栏目侧重刊登明清江南区域史研究论文，城市史则力推城市史研究佳作。读者对象为史学研究工作者、大专院校历史专业师生、中学历史教师及史学爱好者。

史学集刊 = Collected papers of history studies / 吉林大学，1956～

双月刊　　　　　　CLC：K

ISSN 0559-8095　　CN 22-1064/K　12-103　BM839

吉林省长春市前进大街 2699 号（130012）

编辑部电话：0431-85166107

http://shxz.cbpt.cnki.net

sxjk@jlu.edu.cn

刊登中国古代史、近现代史、中国共产党党史、地方史、世界古代史、世界近代史及考古学、古文字学等方面的研究成果、学术论文和重要资料，兼及与历史科学密切相关的国际关系学、国际政治学等领域。读者对象为史学研究工作者及大专院校师生。

史学理论研究 = Historiography bimonthly / 中国历史研究院历史理论研究所，1992～

双月刊　　　　　　CLC：K0

ISSN 1004-0013　　CN 11-2934/K　82-697　Q1190

北京市国家体育场北路 1 号院中国历史研究院历史理论研究所（100101）

http://sxllyj.ajcass.org

2022,no.2 起主办单位改为中国社会科学院历史理论研究所。发表史学研究方面的学术论文，评析各种史学思潮、史学流派、史学理论和方法论，探索史学的跨学科研究以及国内外史学发展状况和趋势，讨论有关史学理论和方法论的各种问题，刊登综述、述评、专访等。读者对象为史学工作者、高等院校历史专业师生。1992 年继承：《史学理论》（1987～1989）。

史学史研究 = Journal of historiography / 北京师范大学，1981～

季刊　　　　　　CLC：K09

ISSN 1002-5332　　CN 11-1667/K　Q.713

北京市新街口外大街 19 号（100875）

http://sysj.chinajournal.net.cn

shixueshiyj@163.com

反映历史理论、历史教育、历史文献学、历史编纂学等方面的研究成果与学术动态。辟有历史理论、中国古代史学、中国近现代史学、外国史学、历史文献学、学术信息、史学精粹等栏目。读者对象为史学工作者、大专院校历史专业师生、中学历史教师及史学爱好者。1981 年继承：《史学史资料》（1979～1980）。

史学月刊 = Journal of historical science / 河南大学,河南省历史学会，1957～

月刊　　　　　　CLC：K

ISSN 0583-0214　　CN 41-1016/K　36-6　M630

河南省开封市河南大学明伦校区（475001）

编辑部电话：0371-22869623

http://sxyk.henu.edu.cn

gssxyk@henu.edu.cn（中国古代史上），gxsxyk@henu.edu.cn（中国古代史下），jsxyk@henu.edu.cn

（中国近代史），xsxyk@henu.edu.cn（中国现代史），sjsxyk@henu.edu.cn（世界史），sxsxyk@henu.edu.cn（史学理论）

发表有关史学理论、中外史学史、城市史、乡村史、环境史、家庭史、留学史、性别史、族裔史、新资料的整理与研究等方面的研究论文，以及有关史学著作、史学思潮、史学流派、史学现象、史学家等方面的研究性、评论性文章。设有史学理论与史学史、专题研究、经济社会史、史学评论、社会文化史、会议综述、读史札记等栏目。读者对象为史学工作者、高等院校师生等。1957 年继承：《新史学通讯》（1951～1956）。

世界地理研究 = World regional studies / 中国地理学会，1992～

双月刊　　　　　CLC：P9

ISSN 1004-9479　　CN 31-1626/P

上海市中山北路 3663 号华东师范大学世界地理与地缘政治研究中心（200062）

编辑部电话：021-62233749,54836155

http://sjdlyj.ecnu.edu.cn

worldgeo@126.com

刊登世界政治与经济地理理论及实证研究，国际经济联系和经济要素的空间运动规律，世界各国的区域发展、城乡建设、生产布局、产业结构调整理论与实践，世界热点地区形成的地理背景分析，世界地理教育改革和世界各国地理学发展动态、文化与旅游等。读者对象为从事世界地理研究的科研人员、高等院校相关专业师生。

世界地震工程 = World earthquake engineering / 中国地震局工程力学研究所，中国力学学会，1985～

季刊　　　　　CLC：TU352.1

ISSN 1007-6069　　CN 23-1195/P　14-40　1510Q

黑龙江省哈尔滨市学府路 29 号（150080）

编辑部电话：0451-86652425

http://sjdz.iemzzs.com

jwee@iem.ac.cn

2023 年起由中国地震局工程力学研究所单独主办。报道地震工程学理论和国内外地震工程领域的研究成果、实验与应用技术的发展。主要栏目有综合评述、抗震设计规范、地震工程实践、论述、国内外学术交流、简讯、科研成果介绍等。读者对象为土木工程师、工程管理人员、地质学家、地震学家、地震工程师、结构工程师以及从事相关专业的科研工作者、工程技术人员及高等院校师生。1985 年继承：《国外地震工程》（1980～1984）。

世界电影 = World cinema / 中国电影家协会，1981～

双月刊　　　　　CLC：J9

ISSN 1002-9966　　CN 11-2023/G2　2-473

北京市北三环东路 22 号（100029）

编辑部电话：010-64480106

http://sjdy.chinajournal.net.cn

sjdy@chinajournal.net.cn

介绍国外电影理论的各种思潮、流派、观点和代表人物，探讨各种美学理论，刊载外国电影理论选译、电影剧本、电影名作剧本赏析和新片介绍，报道学术动态。辟有专题文论、数字电影、电影剧本、评论与鉴赏、访谈录、纪录片、各国电影概论、电影产业、理论综述等栏目。读者对象为电影工作者及电影爱好者。1981 年继承：《电影艺术译丛》（1978～1981）。

世界汉语教学 = Chinese teaching in the world / 北京语言大学，1987～

季刊　　　　　CLC：H19

ISSN 1002-5804　　CN 11-1473/H　82-317　Q1041

北京市海淀区学院路 15 号（100083）

编辑部电话：010-82303689

http://sjhy.cbpt.cnki.net

sjhyjx@blcu.edu.cn

反映世界范围内汉语教学领域的最新理论研究成果，交流世界各地的汉语教学实践经验，提供新的信息，促进汉语教学的理论研究，推动教学实践的开展。设有汉语研究、汉语教学研究、汉语学习研究、各地教学研究和学术评论等栏目。读者对象为世界各地从事汉语研究和教学的专家、教师、研究生，各国汉语爱好者及关心对外汉语教学的人士。

世界经济 = The journal of world economy / 中国世界经济学会，中国社会科学院世界经济与政治研究所，1978～

月刊　　　　　CLC：F11

ISSN 1002-9621　　CN 11-1138/F　82-896

北京市建国门内大街 5 号（100732）

编辑部电话：010-85195790

http://www.jweonline.cn

关注经济学各个领域的理论研究，发表世界经济相关领域理论研究，也刊登有关中国经济体制改革、经济学基础理论、经济思想史、经济史和管理经济学等方面的理论研究及相关理论研究综述。读者对象为从事世界经济及国际问题研究的人员、企业管理人员及相关专业高等院校师生。

世界经济文汇 = World economic papers / 复旦大学，1957～

双月刊　　　　　CLC：F11

ISSN 0488-6364   CN 31-1139/F
上海市国权路 600 号（200433）
编辑部电话：021-65643054
http://www.wepfudan.com
wep@fudan.edu.cn

关注中国经济，以与中国经济相关的理论和实证研究作为主要方向，推动中国经济学研究的规范化、国际化及当代中国经济学理论现代化。刊登经济学论文、文献综述及书评。读者对象为经济理论和经济管理工作者、金融和企业管理人士、对外贸易部门工作人员及经济院校师生。

世界经济研究 = World economy studies / 上海社会科学院世界经济研究所，1982～
月刊   CLC：F11,F27
ISSN 1007-6964   CN 31-1048/F   4-544   BM-829
上海市淮海中路 622 弄 7 号 472 室（200020）
编辑部电话：021-63845104
http://jing.cbpt.cnki.net
wes1985@sass.org.cn

关注世界经济领域重大理论问题与现实问题，侧重对全球化条件下中国对外开放理论与开放战略的探索与创新，同时也刊登介绍世界各国发展经验和发展模式的学术性文章，重视运用世界经济基础理论和规范方法对当代世界经济重大现实问题进行深层次理论与战略分析的研究成果。设有全球化经济、跨国投资、国际贸易、国际金融、国际投资、世界经济新议题等栏目。读者对象为经济决策机构人士、经济理论研究人员和实际工作者以及相关专业高等院校师生。2003 年吸收：《欧亚观察》（1993～2002）和《亚太论坛》（1991～2002）。

世界经济与政治 = World economics and politics / 中国社会科学院世界经济与政治研究所，1987～
月刊   CLC：F11,D5
ISSN 1006-9550   CN 11-1343/F   82-871   1322M
北京市建国门内大街 5 号（100732）
编辑部电话：010-85195784
http://www.iwep.org.cn
sjzbjb@cass.org.cn

重点研究国际关系理论，注重国际政治与世界经济的结合，反映国内和国际时代热点和学科前沿问题。设有国际关系理论、世界政治、国际战略、中国外交和国际政治经济学等特色栏目。读者对象为涉外机构人员、文化教育界人士、金融界人士及经济理论工作者。1987 年继承：《世界经济与政治内参》（1982～1987）。

世界经济与政治论坛 = Forum of world economics & politics / 江苏省社会科学院世界经济研究所，

1999～
双月刊   CLC：F11,D5
ISSN 1007-1369   CN 32-1544/F   28-254   BM6547
江苏省南京市建邺路 168 号（210004）
编辑部电话：025-85699914,9942
fowep@126.com

关注世界经济和国际政治领域的最新研究成果，追踪国际热点问题，为正确判断国际经济与政治局势提供理论依据、方法和思路。读者对象为党政机关领导干部、理论研究工作者、党校及相关专业院校师生阅读。1999 年继承：《国外社会科学情况》（1981～1998）。

世界科学技术. 中医药现代化 = Modernization of traditional Chinese medicine and materia medica. World science and technology / 中国科学院科技战略咨询研究院，2003～
月刊   CLC：R2,R28
ISSN 1674-3849   CN 11-5699/R   2-534   M1644
北京市海淀区中关村东路 55 号中国科学院基础科学园区思源楼 1216 室（100190）
编辑部电话：010-62652762,88463136,82610092
http://www.wst.ac.cn
wst@casisd.cn,wst1@casisd.cn,wst2@casisd.cn

反映我国中医药现代化理论和实践的最新科学研究成果，探索多学科理论和技术在中医药领域的现代应用。设有思路与方法、专题讨论、中药成分分析、动物模型与动物实验研究、中药与各类疾病研究等栏目。读者对象为中医教研及临床医务工作者、中医爱好者。2003 年继承：《世界科学技术. 中药现代化》（1999～2002）。

世界历史 = World history / 中国社会科学院世界历史研究所，1978～
双月刊   CLC：K1
ISSN 1002-011X   CN 11-1046/K   82-696   BN104
北京市朝阳区国家体育场北路 1 号院观通楼 302 室（100101）
编辑部电话：010-87421024
http://sjlsbjb.ajcass.org
sjlsbjb@163.com

反映国内世界史研究领域的最新成果，开展史学理论探讨，报道国内外世界史研究动态。刊登国际关系史、欧洲史、美洲史、亚太史、拉美史、古代史、史学理论等方面的研究论文，以及研究综述、书评、学术报道、书讯等。读者对象为世界历史与国际政治专业的研究人员和高等院校师生、中学历史教师及对世界史感兴趣的人士。部分吸收：《世界史研究动态》（1979～1993）。

世界林业研究 = World forestry research / 中国林业科

学研究院林业科技信息研究所，1988～

双月刊　　　　　CLC：S7

ISSN 1001-4241　CN 11-2080/S　80-286

北京市万寿山后中国林科院科信所（100091）

编辑部电话：010-62889735,8385

http://www.sjlyyj.com

sjlyyj@caf.ac.cn,sjlyyj@126.com

报道世界各国林业发展道路、方针政策，以及中国林业发展的新思路、新战略和实现途径；反映林业各学科的研究现状、发展趋势以及高新技术的开发和利用。设有综合述评、专题论述、各国林业、"一带一路"、问题探讨、林业动态和统计资料等栏目。读者对象为林业科技工作者、林业管理人员及林业院校师生。

世界民族 = Journal of world peoples studies / 中国社会科学院民族学与人类学研究所，1995～

双月刊　　　　　CLC：C95,D562

ISSN 1006-8287　CN 11-3673/C　82-793　Q1143

北京市海淀区中关村南大街 27 号（100081）

编辑部电话：010-68932802

http://sjmz.ajcass.org

sjmzbjb@cass.org.cn

刊登国内外学者研究世界民族的论著和资料。主要内容有马克思主义民族理论研究、族际热点问题透视、民族社会的变革与发展、民族传统文化与现代化、人类学理论和方法、国外民族考察报告、人物与机构介绍等。辟有热点透视、民族学人类学理论发展研究、多民族国家治理研究、国际移民论坛、经济社会和文化教育广角、民族学与人类学新视野等栏目。读者对象为民族工作者、民族学研究人员、大专院校师生、外事工作者及对民族问题有兴趣的人士。1995 年继承：《民族译丛》（1979～[1994]）。

世界桥梁 = World bridges / 中铁大桥局集团有限公司，2002～

双月刊　　　　　CLC：U44

ISSN 1671-7767　CN 42-1681/U　38-55

湖北省武汉市建设大道 103 号（430034）

编辑部电话：027-83550081

http://qky.ztmbec.com/dqjkygs/cpyyw61/qkzz/sjql,

http://sjql.cbpt.cnki.net

shijieqiaoliang@yeah.net

主要刊载世界桥梁工程领域的发展动态，包括设计理论、施工技术及管理、建筑材料、试验研究及理论计算等方面的实践经验和理论探讨，并重点突出报道世界各国桥梁工程领域的新理论、新技术、新工艺、新设备、新材料、新方法及最新科研成果。读者对象为铁路、交通、公路、市政、水利等部门从事桥梁工程及相关专业的勘测、

设计、施工、检测、科研、监理等工作的技术、管理人员及相关专业的院校师生。2002 年继承：《国外桥梁》（1973～2002）。

世界哲学 = World philosophy / 中国社会科学院哲学研究所，2002～

双月刊　　　　　CLC：B

ISSN 1671-4318　CN 11-4748/B　2-202　Q1432

北京市建国门内大街 5 号（100732）

https://zxyc.cbpt.cnki.net

wpcass@163.com

刊载国内外关于习近平新时代中国特色社会主义思想研究、马克思主义哲学、国外主要哲学流派的现状及争论的主要问题，以及有关逻辑学、伦理学、美学、哲学史、科学技术哲学问题等研究论著和译文；介绍外国哲学界动态，提供有价值的哲学资料。读者对象为哲学领域的研究人员、理论工作者及高校师生。2002 年继承：《哲学译丛》（1962～2001）。

世界中医药 = World Chinese medicine / 世界中医药学会联合会，2006～

半月刊　　　　　CLC：R2,R28

ISSN 1673-7202　CN 11-5529/R　80-596　BM4982

北京市朝阳区小营路 19 号财富嘉园 A 座 301 室（100101）

编辑部电话：010-58650023,0507

http://www.sjzyyzz.com

sjzyyzz@vip.126.com

世界中医药学会联合会会刊。主要栏目有中药研究、实验研究、文献研究、临床研究、临证体会、思路与方法、综述等。读者对象为国内外医务工作者，尤其是中医药医疗、教学、科研以及经营管理等机构的业务人员。

世界宗教文化 = The world religious cultures / 中国社会科学院世界宗教研究所，1995～

双月刊　　　　　CLC：B9

ISSN 1007-6255　CN 11-3631/B　82-267　Q3317

北京市建国门内大街 5 号（100732）

编辑部电话：010-85195480

religion@cass.org.cn

介绍世界各种宗教的历史与现状，刊载有关宗教文化的研究成果。辟有专家论坛、理论前沿、现状研究、国际视野、学术专题、深度解读、学海扬帆等栏目。读者对象为宗教界人士、信教群众以及宗教研究工作者。1995 年继承：《世界宗教资料》（1980～1994）。

世界宗教研究 = Studies in world religions / 中国社会科学院世界宗教研究所，1979～

双月刊　　　　　CLC：B9

ISSN 1000-4289　　CN 11-1299/B　82-266　Q588

北京市建国门内大街 5 号（100732）

编辑部电话：010-85195479,65138393

sjzjyj@cass. org. cn

主要登载国内外学者的学术论文,介绍国内外宗教学研究动态和重要资料。内容涉及马克思主义宗教学研究、专稿、专题研究、学术述评等。读者对象为哲学、宗教学、历史学、民族学、考古学、心理学工作者及高等院校文科专业师生。2022 年起改为月刊。

收获 ＝ Harvest / 上海市作家协会,1957～

双月刊　　　　　CLC：I217

ISSN 0583-1288　　CN 31-1148/I　4-7　BM151

上海市巨鹿路 675 号（200040）

编辑部电话：021-54036905

以刊载中、长、短篇小说为主,同时选登部分话剧和电影文学剧本、报告文学、笔记、特辑采访等。主要栏目：长篇小说、中篇小说、短篇小说、尘海挹滴、明亮的星等。主要读者对象为文艺界人士和广大文学爱好者。

首都经济贸易大学学报 ＝ Journal of Capital University of Economics and Business / 首都经济贸易大学,1999～

双月刊　　　　　CLC：F

ISSN 1008-2700　　CN 11-4579/F　82-952　BM1404

北京市朝阳门外红庙首都经济贸易大学内（100026）

编辑部电话：010-65976402,6610

https://sdjm. cbpt. cnki. net

journal@cueb. edu. cn

刊登有关政治、经济、教育、管理等学科研究论文等。设有产业经济、区域经济、农业经济、劳动经济、工商管理等栏目。读者对象为相关专业的研究人员和大专院校师生。

首都师范大学学报. 社会科学版 ＝ Journal of Capital Normal University. Social sciences edition / 首都师范大学,1993～

双月刊　　　　　CLC：C55

ISSN 1004-9142　　CN 11-3188/C　2-309　BM509

北京市西三环北路 105 号（100048）

http://sdsdwkxb. cnu. edu. cn

lish@cnu. edu. cn,zhongwen@cnu. edu. cn,zhengfa@cnu. edu. cn,jiaoyuxinli@cnu. edu. cn,shehuiwenhua@cnu. edu. cn

主要反映国内外社会科学研究领域的最新动态和理论前沿。设有史学研究、法学研究、经济与管理研究、美学与美育研究、教育研究、语言文字研究等栏目。读者

对象为社会科学工作者及文科院校师生。1993 年继承:《北京师范学院学报. 社会科学版》（1989～1992）。

首都体育学院学报 ＝ Journal of Capital University of Physical Education and Sports / 首都体育学院,2001～

双月刊　　　　　CLC：G8

ISSN 1009-783X　　CN 11-4513/G　80-537

北京市北三环西路 11 号（100191）

编辑部电话：010-82099033

http://btsf. cbpt. cnki. net

stxb@cupes. edu. cn

刊载体育科学基础理论、体育教学与训练、体育科研与管理及相关交叉学科的学术论文。设有体育强国建设、体育与健康中国、奥林匹克与冰雪运动、新时代学校体育、体育治理与体育产业、热点与争鸣、国际视野等栏目。读者对象为体育科研与管理人员、体育教师、教练员等。2001 年继承:《北京体育师范学院学报》（1989～2000）。

首都医科大学学报 ＝ Journal of Capital Medical University / 首都医科大学,1996～

双月刊　　　　　CLC：R

ISSN 1006-7795　　CN 11-3662/R　82-56

北京市丰台区右安门外西头条 10 号（100069）

编辑部电话：010-83911346,1348

http://xuebao. ccmu. edu. cn

xuebao@ccmu. edu. cn,ydxuebao@ccmu. edu. cn

主要刊发基础医学、临床医学、预防医学、药学等领域的新成果、新技术、新经验。设有专家述评、专题报道、论著（基础研究、临床研究）、技术方法、病例报告、短篇论著、综述、学科简介和名师访谈等栏目。读者对象为国内外广大生物医学科技工作者和高等医学院校师生。1996 年继承:《首都医学院学报》（1987～1995）。

兽类学报 ＝ Acta theriologica Sinica / 中国科学院西北高原生物研究所,中国动物学会兽类学分会,1981～

双月刊　　　　　CLC：Q95

ISSN 1000-1050　　CN 63-1014/Q　56-11　Q599

青海省西宁市新宁路 23 号（810001）

编辑部电话：0971-6143617

http://www. mammal. cn

slxb@nwipb. cas. cn

报道野生哺乳动物基础理论研究与应用研究成果,主要包括生态学、行为学、保护生物学、繁殖与发育、营养和生物学以及哺乳动物进化等。报道珍稀、濒危动物保护和繁殖,以及经济兽类开发利用等应用基础领域研究论文。同时也重视报道珍稀、濒危兽类的饲养,有害兽类防治等研究成果。主要栏目有研究论文、方法与技

术、综述、研究简报等。读者对象为兽类研究工作者和相关专业院校师生。

书法研究 = Chinese calligraphy studies / 上海中西书局有限公司,上海书画出版社有限公司,1979～
季刊　　　　　CLC：J29
ISSN 1000-6044　CN 31-2115/J　4-914　C9273
上海市闵行区号景路 159 弄 A 座 426 室(201101)
编辑部电话：021-53203889
http://www.shshuhua.com
shufayanjiu2015@163.com
重点刊载书法史、书法理论、书法技法、书法教育、书法鉴藏,以及书家、书迹、书体等方面研究成果。读者对象为书法爱好者和书法工作者等。

数据采集与处理 = Journal of data acquisition and processing / 中国电子学会,南京航空航天大学,1986～
双月刊　　　　CLC：TN,TP274
ISSN 1004-9037　CN 32-1367/TN　28-235　6311Q
江苏省南京市御道街 29 号(210016)
编辑部电话：025-84892742
http://sjcj.nuaa.edu.cn
sjcj@nuaa.edu.cn
反映信号处理、测试工程和计算机应用方面的科技成果。内容涵盖现代通信技术及软件无线电,图像分析、理解、分割与识别,图像编码、压缩与传输,语音分析、识别、合成、编码与理解,水声与声呐信号处理,雷达信号处理,生物医学信号处理,计算机视觉与数字视频,机器学习、人工智能与模式识别,自然语言处理,DSP、FPGA技术,物联网、云计算、大数据、数据仓库、数据挖掘等。读者对象为厂矿、科研单位的科技人员和理工科大专院校师生。

数据分析与知识发现 = Data analysis and knowledge discovery / 中国科学院文献情报中心,2017～
月刊　　　　　CLC：G25,TP274
ISSN 2096-3467　CN 10-1478/G2　82-421　M4345
北京市中关村北四环西路 33 号(100190)
编辑部电话：010-82626611-6626;010-82624938
http://www.infotech.ac.cn
jishu@mail.las.ac.cn
报道各行各业中以大数据为基础、依靠复杂挖掘分析,进行知识发现与预测、支持决策分析和政策制定的研究与应用,内容涉及计算机科学、数据科学、情报科学,以及数字科研、数字教育和数字文化等领域的技术与方法;研究数据驱动的语义计算、内容分析、数据挖掘、知识发现、智能管理和决策支持等方面的技术、方法、系统,以及支撑设施、政策与机制等。读者对象为计

算机科学、情报科学、管理学领域的研究人员。2017 年继承:《现代图书情报技术》(1985～2016)。

数理统计与管理 = Journal of applied statistics and management / 中国现场统计研究会,1982～
双月刊　　　　CLC：C8,O21
ISSN 1002-1566　CN 11-2242/O1　82-69
北京市中国科学院应用数学所内(100190)
http://sltj.chinajournal.net.cn
sltj@amt.ac.cn
主要刊登数理统计与管理科学的研究成果,并兼顾介绍统计学、管理学与经济数学及其交叉的科学方法知识及其应用。介绍统计学的基础理论、统计分析法、试验设计法、统计推断法、统计调查法等。设有统计应用研究、方法研究与探讨、统计学院、数据化管理、经济因素分析、股市与投资探讨等栏目。读者对象为各级管理人员、技术人员、数理统计工作者、高等院校相关专业师生。

数量经济技术经济研究 = Journal of quantitative & technological economics / 中国社会科学院数量经济与技术经济研究所,1984～
月刊　　　　　CLC：F224
ISSN 1000-3894　CN 11-1087/F　2-745
北京市东城区建国门内大街 5 号(100732)
编辑部电话：010-85195717
http://www.jqte.net
bjb-iqte@cass.org.cn
涵盖数量经济和技术经济两个学科,主要针对改革开放中的焦点问题及时反映两个学科的最新研究成果,交流新理论、新方法和新经验,探索国内外该学科的发展趋势和动向,反映其运用于中国经济发展实践的研究成果。主要栏目:现实经济问题研究、理论与方法研究、应用研究。读者对象为经济理论研究人员、政府决策人士、经济院校师生和企业管理人员。1984 年继承:《数量技术经济研究》。

数学的实践与认识 = Mathematics in practice and theory / 中国科学院数学与系统科学研究院,1971～
半月刊　　　　CLC：O1
ISSN 1000-0984　CN 11-2018/O1　2-809　Q47
北京市海淀区中关村东路 55 号中国科学院数学与系统科学研究院(100190)
编辑部电话：010-82541261
https://ssjs.cbpt.cnki.net
sxdsj@amss.ac.cn
刊登数学的最新理论成果,主要栏目有管理科学、工程、应用、研究、教学研究等栏目。读者对象为数学专业

工作者、高等院校师生。2022 年起改为月刊。

数学教育学报 = Journal of mathematics education / 天
　津师范大学，1992～
　双月刊　　　　　　CLC：G633.6
　ISSN 1004-9894　CN 12-1194/G4　6-132
　天津市西青区宾水西道 393 号天津师大 129 信箱
　（300387）
　编辑部电话：022-23766679
　http://jyxb.tjnu.edu.cn
　sxjyxbbjb@vip.163.com
　报道中学数学素质教育及高等师范院校数学系课程
改革，反映数学教育实践与改革的新成果。设有数学高
考研究、中学数学教育、小学数学教育、研究与借鉴、数
学教师教育、少数民族数学教育、数学教师合作等栏目。
根据数学教学领域研究的前沿或热点课题，每年不定期
组织若干专题研究。读者对象为中学数学教育科研工
作者和各级数学教师。

数学进展 = Advances in mathematics / 中国数学会，
　1955～
　双月刊　　　　　　CLC：O1
　ISSN 1000-0917　CN 11-2312/O1　2-503　Q604
　北京市海淀区北京大学数学科学学院（100871）
　http://ccj.pku.edu.cn/sxjz
　shuxuejinzhan@math.pku.edu.cn
　反映数学研究最新成果，报道数学各分支及其相关学
科研究进展和发展动态。刊登纯粹数学和应用数学方
面学术论文和科研成果简报，以及介绍数学中热点研究
方向或重大问题研究现状综述文章。读者对象为数学
研究人员、工程技术人员及大专院校师生。

数学年刊 . A 辑 = Chinese annals of mathematics / 复
　旦大学，1983～
　季刊　　　　　　　CLC：O1
　ISSN 1000-8314　CN 31-1328/O1　4-298　BM480
　上海市复旦大学数学科学学院（200433）
　编辑部电话：021-65642338
　http://www.camath.fudan.edu.cn
　edcam@fudan.edu.cn
　主要刊登纯粹数学和应用数学学术论文，内容包括几
何、拓扑、代数、数论、偏微分方程、常微分方程、控制论、
泛函分析、函数论、计算数学、概率统计、运筹学、数理逻
辑等。读者对象为相关专业研究人员、高等院校师生。
B 辑为英文版，两辑内容不重复。1983 年部分继承：
《数学年刊》（1980～1982）。

数学通报 = Journal of mathematics (China) / 中国数

学会，北京师范大学，1953～
　月刊　　　　　　　CLC：G633.6，O1
　ISSN 0583-1458　CN 11-2254/O1　2-501
　北京市北京师范大学（100875）
　编辑部电话：010-58807753
　shxtb@bnu.edu.cn
　发表有学术价值或创造性的数学教育研究成果，开展
学术交流，深入浅出地介绍数学理论的基本知识、基本
思想和方法，讨论教学中的问题，交流教学经验，介绍数
学新分支、新思想和新方法，报道国内外数学教育的研
究进展和动向。主要栏目：数学教育、教学研究、教学园
地、解题教学、考试研究、学习园地、初数研究、国外数
学、读刊随笔、教材研究、教育技术、课改争鸣等。读者
对象为中等学校数学教师和中学生。1953 年继承：《中
国数学杂志》（1951～1952）。

数学物理学报 = Acta mathematica scientia / 中国科学
　院精密测量科学与技术创新研究院，1981～
　双月刊　　　　　　CLC：O1，O4
　ISSN 1003-3998　CN 42-1226/O　38-214　Q538
　湖北省武汉市 71010 号信箱（430071）
　编辑部电话：027-87199206
　http://actams.apm.ac.cn
　actams@apm.ac.cn
　刊登我国数学与物理科学边缘学科科研成果，传播国
内外科技信息。读者对象为国内外本学科范围的专家、
科技工作者和高等院校师生等。

数学学报 = Acta mathematica Sinica, Chinese series /
　中国科学院数学与系统科学研究院，1952～
　双月刊　　　　　　CLC：O1
　ISSN 0583-1431　CN 11-2038/O1　2-502　BM48
　北京市海淀区中关村东路 55 号（100190）
　http://www.ActaMath.com
　acta@math.ac.cn
　刊登纯粹数学和应用数学方面的学术论文，内容涵盖
代数、数论、分析、偏微分方程、几何、概率论等。读者对
象为数学专业工作者、高等院校师生。1952 年继承：
《中国数学学报》[1950～1952]。

数字印刷 = Digital printing / 中国印刷科学技术研究
　院有限公司，2015～2022
　双月刊　　　　　　CLC：TS8
　ISSN 2095-9540　CN 10-1304/TS　82-305
　北京市海淀区翠微路 2 号（《印刷与数字媒体技术研
　究》编辑部）（100036）
　编辑部电话：010-88275775,5607
　https://szys.cbpt.cnki.net

study@keyin.cn

刊登国内外印刷、包装相关专业领域的综述、学术研究论文、应用研究论文及行业创新成果为主,包括基于材料科学与工程、机电工程与自动化、计算机科学与技术、信息化工程与技术、颜色科学与技术、图像传播工程与技术、数据科学等基础研究,以及在印刷包装中的应用研究(如数字媒体技术、印刷技术、包装技术、印刷/包装机械工程、印刷/包装智能制造、印刷/包装材料与测试、印刷/包装标准及标准化、印刷/包装教育等)等内容。设有综述、研究论文、前沿科技、产业研究等栏目。读者对象为国内外印刷包装行业、研究机构、生产企业、设备制造企业的科研技术人员,相关专业院校师生。2015 年继承:《中国印刷与包装研究》(2009～2014);2023 年改名为《印刷与数字媒体技术研究》(2023～)。

水产科学 = Fisheries science / 辽宁省水产学会,1981～
   双月刊　　　　　　CLC:S9
   ISSN 1003-1111　　CN 21-1110/S　8-164　BM5709
   辽宁省大连市沙河口区黑石礁街 50 号(116023)
   编辑部电话:0411-84679512
   http://www.shchkx.com
   shchkxbjb@163.com
   主要刊载渔业资源、海淡水捕捞、水产养殖与增殖、水产生物病害及防治、水产饲料与营养、水产品保鲜与加工综合利用及水产基础科学等方面研究的新进展、新技术、新方法等。设有研究与应用、综述与专论栏目。读者对象为大中专院校水产、生物、环保等专业师生,渔业行政、企事业单位管理人员和技术人员,以及广大渔民。

水产学报 = Journal of fisheries of China / 中国水产学会,1964～
   月刊　　　　　　　CLC:S9
   ISSN 1000-0615　　CN 31-1283/S　4-297　M-387
   上海市临港新城沪城环路 999 号上海海洋大学(201306)
   编辑部电话:021-61900228
   https://www.china-fishery.com
   jfc@shou.edu.cn
   反映我国水产科学研究成果及发展方向。主要刊登水产基础研究、水产养殖和增殖、渔业水域环境保护、水产品保鲜加工与综合利用、渔业机械仪器等方面的理论、实证研究论文和综述。读者对象为水产、生物、海洋与湖沼等专业的研究人员、生产管理人员及水产专业院校师生。

水处理技术 = Technology of water treatment / 杭州水处理技术研究开发中心有限公司,1981～
   月刊　　　　　　　CLC:X7,TQ085
   ISSN 1000-3770　　CN 33-1127/P　32-38　1127M

浙江省杭州市文一西路 50 号(310012)
编辑部电话:0571-88935417,5347
http://www.scljs1975.com
editor@chinawatertech.com
主要登载反映各种水处理方法研究及应用的新成果、新动态。主要内容:膜和膜过程研究开发及应用,水处理系统设计和运行,工业纯水和超纯水制造,海水和苦咸水淡化,瓶装水优质饮用水水净化,工业软化水冷却水处理,电厂给水排水,废水处理和再利用,液体分离浓缩和提纯,水处理药剂的研制和应用,国内外行业的最新信息和市场动态。读者对象为水处理技术科研、设计、生产、应用等部门的科技、情报人员及大专院校师生。1981 年继承:《海水淡化》(1975～1980)。

水电能源科学 = Water resources and power / 中国水力发电工程学会,华中科技大学,1984～
   月刊　　　　　　　CLC:TV7,TM612,TK79
   ISSN 1000-7709　　CN 42-1231/TK　38-111　Q4165
   湖北省武汉市洪山区珞喻路 1037 号华中科技大学(430074)
   编辑部电话:027-87542126
   https://sdny.cbpt.cnki.net
   sdny@hust.edu.cn
   主要内容为水、电、能源及其相关学科的新理论、新技术、新方法及工程应用的新成果。设有水文水资源与环境、水情测报与优化调度、大坝安全与监测、水利水电工程、机电与控制工程、电气工程、能源等栏目。读者对象为水电行业从事科研、设计、运行、试验、制造、管理与营销的专业技术人员以及相关专业大专院校师生。

水动力学研究与进展.A 辑 = Chinese journal of hydrodynamics / 中国船舶科学研究中心,1990～
   双月刊　　　　　　CLC:TV131.2,O3
   ISSN 1000-4874　　CN 31-1399/TK　Q4300
   上海市高雄路 189 号(200011)
   编辑部电话:021-63150072
   https://sdlj.cbpt.cnki.net/EditorEN
   cjhdzhou@aliyun.com
   主要刊载能源开发、船舶与海洋工程、水利工程、机械工程、反应堆工程、石油化学工程、环境工程、生物工程等领域中与水动力学科有关的数学物理模型和方法、数值模拟、试验研究、试验技术新成果以及学科介绍、研究简报等文章。读者对象为国内外水动力学研究领域的科技工作者及相关专业院校师生。该刊 B 辑为英文版。1990 年部分继承:《水动力学研究与进展》(1984～1989)。

水科学进展 = Advances in water science / 水利部、交

通运输部、国家能源局南京水利科学研究院，中国水利学会，1990～

双月刊　　　　　　　CLC：TV213，P33

ISSN 1001-6791　　CN 32-1309/P　28-146　BM1147

江苏省南京市虎踞关 34 号（210024）

编辑部电话：025-85829770，8537

http://skxjz.nhri.cn

skxjz@nhri.cn

主要反映暴雨、洪水、干旱、水资源、水环境和水生态等领域科学技术的最新成果、重要进展和发展趋势，交流新的科研成果、技术经验和科技动态等。读者对象为相关科技工作者及高等院校师生等。

水力发电学报 = Journal of hydroelectric engineering / 中国水力发电工程学会，1982～

月刊　　　　　　　CLC：TV7，TM612

ISSN 1003-1243　　CN 11-2241/TV

北京市清华大学新水利馆 211 室（100084）

编辑部电话：010-62783813

http://www.slfdxb.cn

slfdxb@tsinghua.edu.cn

刊载与水力发电有关的科技学术论文，主要包括水力发电规划、水文水资源及水环境、水力学、泥沙工程学、潮汐和波浪发电、水工建筑物及水电站、工程建设管理、水轮机及其附属设备的运行与监测控制、水电站及水库群优化运行、水电工程与生态环境、水电工程监测、遥感水文与水利大数据等领域的研究性成果。读者对象为从事水文水资源及水生态环境管理和研究、水电工程规划、勘测、设计、施工、运行及科研方面的科技人员和高等院校有关专业师生。

水利经济 = Journal of economics of water resources / 河海大学，中国水利经济研究会，1983～

双月刊　　　　　　CLC：F4，TV

ISSN 1003-9511　　CN 32-1165/F　28-252　DK32020

江苏省南京市西康路 1 号（210098）

编辑部电话：025-83786350

http://jour.hhu.edu.cn/sljj/home

jj@hhu.edu.cn

主要报道经济理论与经济分析，水权、水价与水市场研究，水利工程经济评价、财务评价和效益分析，水资源可持续发展研究，水利改革与发展研究，水生态与环境经济研究，水利工程建设管理理论与实践研究，移民经济研究，农业经济研究，工业、农业和城市节水研究，水利风景区建设与管理研究，水文化研究等。主要读者对象为从事水经济及管理工作的有关管理人员、科研人员、工程技术人员及大专院校师生。

水利水电技术（中英文） = Water resources and hydropower engineering / 水利部发展研究中心，2021～

月刊　　　　　　　CLC：TV7，TM612

ISSN 1000-0860　　CN 10-1746/TV　2-426　M681

北京市海淀区玉渊潭南路 3 号 C 座 1222（100038）

编辑部电话：010-63205981

http://sjwj.cbpt.cnki.net

13941816@qq.com

以介绍我国水利水电工程的勘测、设计、施工、运行管理和科学研究等方面的先进科研成果为主，同时也报道国外的各项先进技术。主要栏目包括水文水资源、水工建筑、工程施工、工程基础、水力学、机电技术、泥沙研究、水环境与水生态、运行管理、试验研究、工程地质、金属结构、水利经济、水利规划、防汛抗旱、建设管理、新能源、城市水利、农村水利、水土保持、水库移民、水利现代化、国际水利等。主要读者对象为水利水电工程及相关学科领域的科研人员、高校师生、工程师及专业技术、管理人员等。2021 年继承：《水利水电技术》（1959～2020）。

水利水电科技进展 = Advances in science and technology of water resources / 河海大学，1995～

双月刊　　　　　　CLC：TV7，TM612

ISSN 1006-7647　　CN 32-1439/TV　28-244　BM2740

江苏省南京市西康路 1 号（210098）

编辑部电话：025-83786335

http://jour.hhu.edu.cn

jz@hhu.edu.cn

刊登水科学、水工程、水资源、水环境、水管理等方面的科技论文。主要栏目有水问题论坛、研究探讨、工程技术、专题综述、国外动态等。读者对象为水利水电相关领域的科学研究人员、工程技术人员、科技管理人员及大专院校师生。1995 年继承：《河海科技进展》（1991～1994）。

水利水运工程学报 = Hydro-science and engineering / 水利部、交通运输部、国家能源局南京水利科学研究院，2001～

双月刊　　　　　　CLC：TV，U6

ISSN 1009-640X　　CN 32-1613/TV　28-19　4156-QR

江苏省南京市虎踞关 34 号（210024）

编辑部电话：025-85829135

http://slsy.nhri.cn

jnhri@nhri.cn

以涉水工程等为论述主题，报道国内外水利水电、水运交通、海洋和土木工程、水文水资源和水环境等领域科研成果。涉及的学科和研究方向主要有水工水力学、枢纽及环境水力学、高坝通航水力学、渗流水力学、核技术应用、泥沙运动基本理论、河流、河口海岸动力学、港口和近海工程、岩土力学基本理论、高土石坝筑坝技术、土与结构物相互作用、地基处理与加固、地质/地震灾害成因分析及防治、水工结构耐久性、水工建筑物病害评估和修复技术、高性能水工新材料、生态性环境友好材料与废渣综合利用、水文学理论与方法、防洪抗旱与减灾、水资源可持续利用、水资源配置与管理、水环境与水生态、大坝安全与管理、大坝病险机理安全诊断与风险评估等。读者对象为从事水利、水运工程建设的科研与工程技术人员，相关专业院校师生。2001年继承：《水利水运科学研究》(1979～2000)。

水利学报 = Journal of hydraulic engineering / 中国水利学会，中国水利水电科学研究院，中国大坝工程学会，1956～
月刊　　　　　　CLC：TV
ISSN 0559-9350　CN 11-1882/TV　2-183　M216
北京市玉渊潭南路3号(100038)
编辑部电话：010-68785877,5161
http://jhe.ches.org.cn
slxb@iwhr.com
刊登反映水利、水电、水运领域较高水平的学术论文、专题综述和工程技术总结，开展学术论文的讨论和评论，介绍国内外科技动态和消息。主要专业范围包括：水文及水资源、防洪减灾、灌溉排水、水力学、泥沙、河港水运、岩土工程、水工结构及材料、水利水电施工及监理、水力机电、水利经济、水环境、水利史研究等。读者对象为从事水利、水电、水运以及相关工作的科技工作者。

水生生物学报 = Acta hydrobiologica Sinica / 中国科学院水生生物研究所，中国海洋湖沼学会，1985～
双月刊　　　　　　CLC：Q17
ISSN 1000-3207　CN 42-1230/Q　82-329　BM856
湖北省武汉市东湖南路7号(430072)
编辑部电话：027-68780701
http://sssswxb.ihb.ac.cn
acta@ihb.ac.cn
主要刊登与水生态评价与治理，水生物生化、遗传、病理、毒理和分类区系，水生物育种、培养、开发利用和病害防治，渔业生物学及湖沼学综合调查与研究等相关的中、英文研究论文及综述。设有渔业与生物技术、水生态与环境、生物多样性与资源等栏目。读者对象为相关专业科研人员、技术人员及大专院校师生。2022年起改为月刊。1985年继承：《水生生物学集刊》(1955～1984)。

水生态学杂志 = Journal of hydroecology / 水利部、中国科学院水工程生态研究所，2008～

双月刊　　　　　　CLC：S96
ISSN 1674-3075　CN 42-1785/X　38-76
湖北省武汉市雄楚大街578号(430079)
编辑部电话：027-82926630
http://sstxzz.ihe.ac.cn
sstx@mail.ihe.ac.cn
主要报道与天然和人工水体生态系统及其生态过程相关的各学科的原创性研究成果，特别关注水工程设施建设生态学效应及其对策和措施的理论与应用技术研究，是水域生物多样性、水资源、水环境和水生态保护领域的学术论坛。主要发表水工程建设对生态环境影响分析评价、水工程生态影响补偿对策、供水水库富营养化防治、水库消落区生态保护、水库退化湿地生态恢复、珍稀濒危水生动物保护、生物多样性保护等方面的原创性科研论文、技术报告，为更好地研究协调水工程建设与水生态环境之间的关系提供科技支撑，为以水资源可持续利用支持国家社会经济建设的可持续发展作出较大的贡献。读者对象为相关学科研究人员和高等院校师生。2008年继承：《水利渔业》(1986～2008)。

水土保持通报 = Bulletin of soil and water conservation / 中国科学院水利部水土保持研究所，水利部水土保持监测中心，1981～
双月刊　　　　　　CLC：S157
ISSN 1000-288X　CN 61-1094/X　52-167　BM4721
陕西省杨凌市西农路26号(712100)
编辑部电话：029-87018442
http://stbctb.alljournal.com.cn
bulletin@ms.iswc.ac.cn
刊登水土保持学科前沿领域的科学理论、技术创新及其实践应用研究最新成果。内容包括土壤侵蚀、旱涝、滑坡、泥石流、风蚀等水土流失灾害的现状与发展动向，水土流失规律研究、监测预报技术研发成就与监测预报结果，水土流失治理措施与效益分析，水土流失地区生态环境建设与社会经济可持续发展研究，计算机、遥感、生物工程等边缘学科新技术、新理论、新方法在水土保持科研及其实践中的应用，国内外水土流失现状及水土保持研究进展等。读者对象为从事水保科学技术研究、教学与推广的科教工作者及有关行政管理人员，国内外环境科学、地学、农业、林业、水利等相关学科科技人员及高等院校师生。

水土保持学报 = Journal of soil and water conservation / 中国土壤学会，中国科学院水利部水土保持研究所，2000～
双月刊　　　　　　CLC：S157
ISSN 1009-2242　CN 61-1362/TV　52-150　BM4722
陕西省杨凌市西农路26号(712100)

编辑部电话：029-87012707

http://stbcxb. alljournal. com. cn/ch/index. aspx

stbcxb@nwsuaf. edu. cn

刊登有关水土保持、土壤侵蚀方面的基础、应用研究和综述性文章。内容包括：水土流失和荒漠化防治，土壤侵蚀过程及模型，水土流失预防监督与管理，土壤重金属污染与修复，流域植被修复与生态环境建设，区域水土保持与农业可持续发展，土壤水分与养分变化特征，土地利用、退化与评价，水土保持生物、工程措施及其综合治理效益与评价，自然灾害的防治与监测，以及与之相关的交叉、边缘学科和高新技术在水土保持方面的最新研究成果。读者对象为国内外从事水土保持、土壤侵蚀及其相关学科的科研人员、高等院校师生和有关管理工作者。2000 年继承：《土壤侵蚀与水土保持学报》(1995～1999)。

水土保持研究 = Research of soil and water conservation / 中国科学院水利部水土保持研究所，1994～

双月刊　　　　　　　CLC：S157

ISSN 1005-3409　　CN 61-1272/P　52-211　4491Q

陕西省杨凌市西农路 26 号(712100)

编辑部电话：029-87012705

http://www. iswc. ac. cn, http://stbcyj. paperonce. org

research@ms. iswc. ac. cn

刊登水土保持与生态环境建设及相关学科、边缘学科、交叉学科的学术研究成果。内容包括土壤侵蚀、旱涝、滑坡、泥石流、风蚀等水土流失灾害的现状与发展动态、水土流失规律研究、监测预报技术研发成就与监测预报结果，水土流失治理措施与效益分析，水土流失地区生态环境建设与社会经济可持续发展研究，计算机、遥感工程、生物工程等边缘学科新技术、新理论、新方法在水土保持科研及其实践中的应用，国外水土流失现状及水土保持研究新动态等。读者对象为从事水保科技研究、教学与推广的科教工作者及有关行政管理人员，国内外环境科学、地学、农业、林业、水利等相关学科科教人员及大专院校师生。1994 年继承：《中国科学院、水利部西北水土保持研究所集刊》(1989～1993)。

水文 = Journal of China hydrology / 水利部信息中心（水利部水文水资源监测预报中心），1981～

双月刊　　　　　　　CLC：P33,TV

ISSN 1000-0852　　CN 11-1814/P　2-430　BM511

北京市白广路二条 2 号(100053)

编辑部电话：010-63202029,3269

http://sw. allmaga. net/ch/index. aspx

j. hyd@mwr. gov. cn

主要刊登水文领域的基础研究、技术改革与实践以及水文区域规律分析方面的研究成果。读者对象为从事

水文水资源工作科技人员、相关专业工程技术人员及大专院校师生。1981 年继承：《水利水电技术. 水文副刊》(1963～1980)。

水文地质工程地质 = Hydrogeology & engineering geology / 中国地质环境监测院，1957～

双月刊　　　　　　　CLC：P64

ISSN 1000-3665　　CN 11-2202/P　2-335　OKK1013

北京市海淀区大慧寺 20 号(100081)

编辑部电话：010-60850926,0953,0956,0960,0986

http://www. swdzgcdz. com

swdzgcdz@vip. 163. com

刊登水文地质、工程地质、环境地质专业领域前沿研究成果，学科边缘及学科交叉研究中探索性成果以及长期野外工作中取得的经验总结与建议。设有工程地质、水文地质、工程地质与地质灾害、环境地质、地热地质、热点关注、信息园地等栏目。读者对象为从事地质科研与生产的工作人员及相关院校师生。

水资源保护 = Water resources protection / 河海大学，中国水利学会环境水利专业委员会，1985～

双月刊　　　　　　　CLC：X52,TV213

ISSN 1004-6933　　CN 32-1356/TV　28-298　BM7892

江苏省南京市西康路 1 号(210098)

编辑部电话：025-83786642

http://jour. hhu. edu. cn

bh@hhu. edu. cn, hb1985@vip. 163. com

报道以水资源、水环境、水生态为论述主题，以推动水科学技术进步为宗旨。反映在暴雨、洪水、干旱、水资源、水环境和水生态等领域中科学技术的最新成就、重要进展和发展趋势，交流新的科研成果、技术经验和科技动态。设有特约专家论坛、水事观察、水资源、水环境、水生态等栏目。读者对象为从事水资源保护工作的有关管理人员、科研人员、工程技术人员及大专院校师生。

水资源与水工程学报 = Journal of water resources and water engineering / 西北农林科技大学，2004～

双月刊　　　　　　　CLC：TV

ISSN 1672-643X　　CN 61-1413/TV

陕西省杨凌市渭惠路 23 号(712100)

编辑部电话：029-87082126

http://szyysgcxb. alljournals. ac. cn/szyysgcxb/ch/first_menu. aspx? parent_id = 20121017054542001

szysgc@nwafu. edu. cn

主要刊登水资源与水工程领域的有关学术论文、专题述评、区域发展战略与对策以及水工程、水环境、水质评价等方面的科技成就。读者对象为相关专业技术人员

以及大专院校师生。2004 年继承:《西北水资源与水工程》(1990~2003)。

税收经济研究 = Tax and economic research / 中共国家税务总局党校,国家税务总局税务干部学院,2011~
双月刊　　　　　CLC: F81
ISSN 2095-1280　CN 32-1824/F
江苏省扬州市扬子江北路 515 号(225007)
编辑部电话:0514-87806636,6360
https://yzdx. cbpt. cnki. net/WKB3/WebPublication/index. aspx? mid = YZDX
ssjjyj@tax-edu. net
刊发经济类各个学科特别是税收方面的最新研究成果,突出学术性、实践性和创新性。主要栏目有税制改革、税收征管、税收经济分析、国际税收、纳税服务、财经纵论、财经论丛、税收法治、税史新探、书评等栏目。读者对象为税务理论工作者、税务财经院校师生、税务经济部门的实际工作者和企业管理人员。2011 年继承:《扬州大学税务学院学报》(1996~2010)。

税务研究 = Taxation research / 中国税务杂志社,1985~
月刊　　　　　CLC: F81
ISSN 1003-448X　CN 11-1011/F　80-292　M1348
北京市丰台区广安路 9 号国投财富广场 1 号楼 9、10 层(100055)
编辑部电话:010-63572984
http://www. ctax. org. cn
swyj@ctax. org. cn
中国税务学会会刊。结合国家方针政策以及国家税务总局对税收事业科学发展的战略部署,发表围绕社会经济发展,具有前瞻性、现实性的税收理论科研文章,深入分析探究财税领域中的热点、难点、焦点问题,坚持理论与实际相结合,努力服务于国家经济税收工作。主要栏目有本刊特稿,新时代税收发展论坛,税制改革,税收法治,局长视点,税收管理,研究探索,案例分析,环球税收,财税史鉴,学术动态、调查研究等。面向财税部门理论工作者、财经院校师生及税务工作者。

税务与经济:吉林财经大学学报 = Taxation and economy / 吉林财经大学,1993~
双月刊　　　　　CLC: F81
ISSN 1004-9339　CN 22-1210/F　12-58　JSSC-H05
吉林省长春市净月大街 3699 号(130117)
编辑部电话:0431-84539188,9186,9185
http://swyj. cbpt. cnki. net
swyjjzz@163. com
发表财经类学术论文,重点探讨社会主义经济建设中的税收与经济理论问题。主要栏目有本刊特稿、经济纵横、税务研究、吉林经济等。读者对象为经济理论工作者、相关专业大专院校师生、税务工作者。1993 年继承:《吉林财贸学院学报》(1979~1992)。

丝绸 = Journal of silk / 浙江理工大学,中国丝绸协会,中国纺织信息中心,1974~
月刊　　　　　CLC: TS14,TS941
ISSN 1001-7003　CN 33-1122/TS　32-28　M6645
浙江省杭州市下沙高教园区 2 号大街 928 号浙江理工大学 1 号楼 5F(310018)
编辑部电话:0571-86845392,3740,3151
http://www. cnsilk. cn
editor@cnsilk. cn
报道国家对丝绸行业的方针政策,国内外丝绸纺织领域的重要科研成果,交流先进科学技术和企业管理经验。设有研究与技术、历史与文化、设计与产品、作品鉴赏等栏目。读者对象为丝绸行业管理人员、技术人员、贸易工作者和技术工人。1974 年继承:《丝绸通讯》(1973)。

思想教育研究 = Studies in ideological education / 中国高等教育学会思想政治教育分会,北京科技大学,1985~
月刊　　　　　CLC: G641,D6
ISSN 1002-5707　CN 11-2549/D　80-476
北京市海淀区学院路 30 号北京科技大学(100083)
编辑部电话:010-62332831,4268
http://www. sxjyyj. com
sx@ustb. edu. cn
重点刊登高等学校思想政治工作方面的学术性文章。辟有学科建设、课程建设、观察与思考、实践与探索、调查研究、学生事务、动态与信息等,还不定期设有专题研究栏目。主要读者对象是高校思想教育工作者。

思想理论教育 = Ideological & theoretical education / 上海市高等学校思想理论教育研究会,上海市教育科学研究院,2008~
月刊　　　　　CLC: G41,D6
ISSN 1007-192X　CN 31-1220/G4　4-690
上海市茶陵北路 21 号(200032)
编辑部电话:021-64185958
sxlljy@vip. 163. com
刊登马克思主义理论、思想政治教育、德育与党建研究内容。主要栏目有特稿、专题、思想理论研究、思想教育研究、学科与课程建设、党的建设、网络思政、实践研究等。读者对象为从事思想政治工作的干部、教师、研究工作者等。2008 年由《思想理论教育. 上半月,综合版》(2005~2007)和《思想理论教育. 下半月,行动版》

(2005～2007)合并而成。

思想理论教育导刊 = Leading journal of ideological & theoretical education / 高等教育出版社，1999～

月刊　　　　　　CLC：G641，D6

ISSN 1009-2528　　CN 11-4062/G4　82-183

北京市朝阳区惠新东街 4 号富盛大厦 12 层(100029)

编辑部电话：010-58581402

sxlljydk@163.com

探索马克思主义理论研究、学科建设以及高校思想政治理论课教学和研究中的前沿问题，解析大学生思想政治教育中普遍性的热点和难点问题，报道全国高校思想理论教育最新动态与成果。设有马克思主义中国化研究、社会思潮、道德与法、形势与政策、思想政治教育、思想政治工作、中国近现代史、社会主义核心价值观研究等栏目。主要读者对象为学校党政领导、党务干部、宣传干部、学工干部、思想政治理论课教师及辅导员等相关专业的师生。1999 年继承：《高校社会科学研究和理论教学》(1996～1998)。

思想战线 = Thinking / 云南大学，1975～

双月刊　　　　　　CLC：C55，C95

ISSN 1001-778X　CN 53-1002/C　64-3　BM253

云南省昆明市呈贡区大学城东外环南路云南大学呈贡校区敬宾楼二楼(650504)

http://www.sxzx.ynu.edu.cn

sxzxtg@ynu.edu.cn

以社会学、人类学、民族学为学科重点，注重云南边疆地区社会、经济、政治文化等方面的研究和调查。设有民族学与人类学、国家治理、政治学、社会学、历史学、法学、叙事学等栏目。读者对象为社会科学工作者、文科院校师生、民族问题研究人员及民族工作者。1975 年继承：《云南大学学报.社会科学版》(1973～1974)。

思想政治教育研究 = Ideological and political education research / 哈尔滨理工大学，1985～

双月刊　　　　　　CLC：G641

ISSN 1672-9749　　CN 23-1076/G4　14-85

黑龙江省哈尔滨市南岗区学府路 52 号(150080)

编辑部电话：0451-86390039

http://szjy.hrbust.edu.cn

sxzzjyyj@vip.163.com

重点刊登高等学校思想政治工作方面的学术性文章，探索新时期思想政治教育的特点和规律，研究新形势下思想政治工作的热点、难点问题。辟有学科建设、社会主义核心价值观研究、理论园地、党建研究、马克思主义理论研究、思想政治理论课教学、网络思想政治教育、德育研究、辅导员队伍建设等栏目。主要读者对象是高校

思想教育工作者。

思想政治课教学 / 北京师范大学，1987～

月刊　　　　　　CLC：G633.2

ISSN 1002-588X　CN 11-1589/G4　2-78

北京市海淀区新街口外大街 19 号北京师范大学思想政治课教学杂志社(100875)

编辑部电话：010-62200757

zhufeng907@163.com，szjx13@163.com，denphned@163.com

探讨中学思想政治课教学的改革和教师队伍问题，总结教学规律，交流教学经验，为中学政治课教师服务。主要栏目有理论视野、观察与思考、课改探索、教学研究、外国教育、学教一得、教学设计与点评、考试与评价、杏坛一叶、书海泛舟等。读者对象为普通中学和各类中等专业学校思想政治课教师、中等学校德育工作者、部队院校的政治教员等。1987 年继承：《中学政治课教学》(1981～1986)。

四川大学学报.医学版 = Journal of Sichuan University. Medical sciences edition / 四川大学，2003～

双月刊　　　　　　CLC：R

ISSN 1672-173X　CN 51-1644/R　62-72　BM376

四川省成都市人民南路三段 17 号(610041)

编辑部电话：028-85501320

http://ykxb.scu.edu.cn

scuxbyxb@scu.edu.cn

主要报道基础医学、临床医学、口腔医学、预防医学、药学以及医学交叉学科等领域最新科研成果，开展国内外学术交流。设有专题论坛、论著、新技术新方法、临床研究、医学教育等栏目。主要读者对象为从事医药卫生工作的科研人员及高等医药院校的师生。2003 年继承：《华西医科大学学报》(1986～2002)。

四川大学学报.哲学社会科学版 = Journal of Sichuan University. Philosophy and social science edition / 四川大学，1973～

双月刊　　　　　　CLC：C55

ISSN 1006-0766　CN 51-1099/C　62-6　BM0947

四川省成都市望江路 29 号文科楼 355 室(610064)

编辑部电话：028-85412440

https://wkxb.scu.edu.cn

cdxblishi@126.com

发表政治学、管理学、哲学、宗教学、经济学、语言学、新闻传播学、历史学、法学等方面学术论文。读者对象为社会科学工作者及大专院校文科专业师生。1973 年继承：《四川大学学报.社会科学》(1956～1963)。

四川大学学报. 自然科学版 = Journal of Sichuan University. Natural science edition / 四川大学，1982～
双月刊　　　　　　CLC：N55
ISSN 0490-6756　　CN 51-1595/N　62-127　BM5974
四川省成都市武侯区望江路 29 号（610064）
http://science. scu. edu. cn, http://science. ijournals. cn
scdx@scu. edu. cn
发表基础应用学科和高新技术科学领域的学术论文。内容包括数学、物理学、化学与材料学、生物学，电子信息科学、计算机科学、生物学等方面。读者对象为科技工作者和理工科大专院校师生。1982 年继承：《四川大学学报. 自然科学》(1956～1981)。

四川动物 = Sichuan journal of zoology / 四川省动物学会,成都大熊猫繁育研究基金会,四川省野生动植物保护协会,四川大学，1981～
双月刊　　　　　　CLC：Q95
ISSN 1000-7083　　CN 51-1193/Q
四川省成都市望江路 29 号四川大学生命科学学院内（610065）
编辑部电话：028-85410485
http://www. scdwzz. com
报道和交流动物学及其分支学科和野生动物保护方面基础研究和应用研究成果,介绍四川省野生动物保护经验,宣传动物保护知识,报道学术动态。主要栏目有研究报告、基础资料、信息动态、野生动物保护与自然保护区、综述。读者对象为动物学、生物学和野生动物保护等方面的科技工作者,相关专业院校师生和广大动物爱好者。

四川农业大学学报 = Journal of Sichuan Agricultural University / 四川农业大学，1985～
双月刊　　　　　　CLC：S
ISSN 1000-2650　　CN 51-1281/S
四川省雅安市新康路 36 号四川农业大学（625014）
编辑部电话：0835-2882295,82696013
https://xb. sicau. edu. cn
jsau@sicau. edu. cn
报道农业科学及相关学科的基础理论研究与应用技术成果。主要反映生物学、作物学、园艺学、农业资源与环境学、植物保护、畜牧学、兽医学、林学、草学、农林经济管理等学科具有创新性或实用性的研究论文。读者对象为各大专院校、科研院所、图书情报部门、农业科技基层单位及广大农业科技工作者。1985 年继承：《四川农学院学报》。

四川师范大学学报. 社会科学版 = Journal of Sichuan Normal University. Social sciences edition / 四川师范大学，1985～
双月刊　　　　　　CLC：C55
ISSN 1000-5315　　CN 51-1063/C　62-83
四川省成都市锦江区静安路 5 号（610066）
编辑部电话：028-84760703,1309
http://wkxb. sicnu. edu. cn
以发表高校教学科研人员的学术成果为主,关注社会经济文化建设的重大问题和学术理论界热点问题。刊登哲学、法学、教育学、经济学、文学、历史学、传播学等学科的学术论文。辟有巴蜀论坛、边疆研究、旅游论坛等特色栏目。读者对象为大专院校及师范院校师生和社会科学工作者。1985 年继承：《四川师院学报. 社会科学版》(1974～1985)。

四川文物 = Sichuan cultural relics / 四川省文物考古研究院，1984～
双月刊　　　　　　CLC：K872
ISSN 1003-6962　　CN 51-1040/K　62-143　BM1055
四川省成都市人民南路四段 5 号（610041）
编辑部电话：028-85231150
http://scww. cbpt. cnki. net, http://www. sckg. com
scwenwu@163. com
兼顾学术性、知识性和资料性。辟有考古中国、研究与探索、文博论坛、古蜀文明研究、科技考古、古建筑研究与保护等栏目。读者对象为文物、考古、史学工作者和大专院校师生。

四川戏剧 = Sichuan drama / 四川省艺术研究院，1988～
月刊　　　　　　　CLC：J82
ISSN 1003-7500　　CN 51-1087/J　62-112　M6350
四川省成都市洗面桥街 11 号（610041）
编辑部电话：028-86113570
http://www. scyishu. org. cn
scxj@vip. 163. com
探索戏剧理论和创作规律,研究各种艺术现象,开展戏剧评论。关注四川省戏剧发展状况和地方戏剧艺术的研究。主要栏目：百家新论、川剧传承、戏曲评论、戏剧空间、影视关注、非遗传承、艺术教育、文化融通等。读者对象为戏剧艺术工作者、研究人员和戏剧爱好者。1988 年由《川剧艺术》(1980～1987)和《戏剧家》(1985～1987)合并而成；1991 年分出：《戏剧家》(1991～)。

饲料工业 = Feed industry / 辽宁省农牧业机械研究所，1985～
半月刊　　　　　　CLC：S816
ISSN 1001-991X　　CN 21-1169/S　8-163　SM4290
辽宁省沈阳市沈北新区蒲河大道 888 号西五区 20 号（110036）

编辑部电话：024-86391923，1926

http://www.feedindustry.com.cn

gyslgy@126.com

内容涵盖猪营养与饲料、家禽营养与饲料、反刍动物营养与饲料、草食动物营养与草业饲料、水产动物营养与饲料、特种经济动物营养与饲料、宠物营养，动物营养与免疫、疾病、应激、环境、福利、消化道微生物、健康养殖、畜禽产品安全、畜禽产品质量相关的试验及综述，饲料检测与营养价值评定、饲料添加剂开发与应用、饲料资源开发、生物与发酵饲料、饲料生物技术、饲用酶制剂与微生物制剂、饲用微生物菌种选育与优化、饲料安全、饲料毒素与脱毒技术、饲料抗营养因子与降解技术、饲料机械、加工工艺与技术等与动物营养与饲料科学技术相关的各个领域。读者对象为饲料科研、生产人员和畜禽养殖专业人员。1985 年继承:《饲料机械》(1980～1984)。

饲料研究 = Feed research / 北京市营养源研究所，1978～

半月刊　　　　　CLC：S816

ISSN 1002-2813　　CN 11-2114/S　2-216　4710S

北京市右安门外东滨河路 4 号(100069)

编辑部电话：010-86399469

http://www.siliaoyj.com

siliaoyanjiu@qq.com

2023 年 9 月起主办单位名为北京市营养源研究所有限公司。介绍国内饲料研究的新成果及饲料行业新动态。设有反刍动物营养、猪营养、禽营养、水生动物营养、宠物营养、特种动物营养、非经济动物营养、试验研究、营养研究、资源开发与利用、饲料机械与加工、综述、问题探讨等栏目。读者对象为饲料、兽药、添加剂、饲养、畜牧、水产、饲料机械等饲料行业相关的管理者、生产者，以及高等院校、科研院所的科研工作者及专业技术人员等。

苏州大学学报. 教育科学版 = Journal of Soochow University. Educational science edition / 苏州大学，2013～

季刊　　　　　CLC：G4

ISSN 2095-7068　CN 32-1843/G4　28-451　Q9091

江苏省苏州市东环路 50 号 440 信箱(215021)

编辑部电话：0512-65225052

http://sdxb.suda.edu.cn

jykx@suda.edu.cn

反映教育理论前沿，重视教育历史研究，展示国内外最新研究成果，关注教育学术热点、难点以及敏锐问题。刊登包括教育基本理论、教育史、比较教育、高等教育、基础教育、教育技术学、教育神经科学、心理学基本理论

与历史、教育心理学等领域内容。辟有特稿、学术关注、理论前沿、学术访谈、实证研究、史海钩沉、域外比较等栏目。读者对象为教育科学研究工作者、教育行政管理人员、师范院校师生等。

苏州大学学报. 哲学社会科学版 = Journal of Soochow University. Philosophy & social science edition / 苏州大学，1982～

双月刊　　　　　CLC：C55

ISSN 1001-4403　　CN 32-1033/C　28-50　BM6020

江苏省苏州市东环路 50 号 440 信箱(215021)

编辑部电话：0512-65225082

http://sdxb.suda.edu.cn

rwsk@suda.edu.cn

主要反映该校教学科研成果，也发表校外学者的学术论文。内容涉及政治、哲学、文学、史学、经济学、社会学、文化、法学、教育学等方面。读者对象为社会科学工作者及大专院校文科专业师生。1982 年继承:《江苏师院学报. 哲学社会科学版》(1980～1982)。

塑料 = Plastics / 北京市塑料研究所有限公司，1972～

双月刊　　　　　CLC：TQ32

ISSN 1001-9456　　CN 11-2205/TQ　82-268　BM909

北京市西城区旧鼓楼大街 47 号(100009)

编辑部电话：010-84022529，84035979

http://www.plasticsci.com.cn

plastics1972@163.com

报道国内外塑料工业的发展趋势、学科前沿、研究热点、先进技术和市场动态，包含塑料的合成、助剂、加工工艺、配方、机械设备、辅助装置、模具、测试、自动化控制系统等的科研成果、学术论文、文献综述、市场分析、热点评述、期刊文摘等，涉及化工、机械、包装、建筑、军工、电子等多行业。设有改性与合金、降解塑料、标准与测试、机头与模具、成型加工与理论、计算机辅助设计与数据库、发展与动态等栏目。读者对象为塑料行业工程技术人员、经营管理人员、销售人员、信息情报人员及科研院所研究人员。

塑料工业 = China plastics industry / 中蓝晨光化工研究设计院有限公司，1970～

月刊　　　　　CLC：TQ32

ISSN 1005-5770　　CN 51-1270/TQ　62-71　M1174

四川省成都市人民南路四段 30 号(610041)

编辑部电话：028-85570801，85558516

http://www.iplast.cn

slgy@sinochem.com

报道国内外塑料工业技术成果和发展趋势，主要涉及塑料原料、塑料改性及助剂、成型加工、模具与设备、仪

器检测、合成工艺等新技术与新产品。设有工业评述、合成工艺与工程、树脂改性与合金、成型加工与设备、材料测试与应用、塑料助剂与配混、新技术与产品开发、国外动态、塑料市场、中国塑料专利等栏目。读者对象为塑料工业科技人员、销售人员及相关专业高等院校师生。

塑料科技 = Plastics science and technology / 大连塑料研究所，1973～

月刊　　　　　　　CLC：TQ32
ISSN 1005-3360　　CN 21-1145/TQ　8-177　M3311
辽宁省沈阳市和平区中山路 19 甲 B 座 2006(110001)
编辑部电话：024-31701057
http：//www. slkjmedia. com
tg@slkjmedia. com

2023 年起主办单位改为沈阳化工大学。报道国内外塑料工业的最新发展动态。内容包括塑料、复合材料、工程用树脂等的改性、加工应用及塑料行业发展的新技术、新产品、新工艺、新设备、新材料等。设有理论与研究、加工与应用、生物与降解材料、计算机辅助技术、工艺与控制、理化测试、助剂、评述、专利介绍等栏目。读者对象为从事塑料制品、塑机和模具生产专业技术人员及相关专业高等院校师生、科研院所研究人员。

塑性工程学报 = Journal of plasticity engineering / 中国机械工程学会，1994～

月刊　　　　　　　CLC：TB125，TG3
ISSN 1007-2012　　CN 11-3449/TG　80-353　BM2710
北京市海淀区学清路 18 号(100083)
编辑部电话：010-62912592，82415079
http：//sxgc. cbpt. cnki. net
sxgcxb@263. net

主要报道与塑性成形领域及其交叉学科相关的前沿性、创新性的基础理论研究及工程技术应用等优秀科研成果。设有综合评述、塑性成形技术与工艺、材料性能与变形理论和成形装备与智能制造等栏目。读者对象为从事与材料塑性成形理论研究、科研、生产、设计等相关的高校师生、科研人员及专业技术人员。

隧道建设(中英文) = Tunnel construction / 中铁隧道勘察设计研究院有限公司，2017～

月刊　　　　　　　CLC：U2
ISSN 2096-4498　　CN 44-1745/U　36-329
广东省广州市南沙区工业四路 3 号中铁隧道局科技大厦(511457)
编辑部电话：020-32268973，8972
http：//www. suidaojs. com
ztsk2000@263. net

报道隧道及地下工程领域的研究成果、先进技术、国内外科技信息及行业动态。内容涉及铁路、公路、地铁、市政、水电工程中的隧道与地下工程，以及相关的结构工程、水利工程、岩土工程、工程爆破、工程材料、工程机械、工程管理等。设有专家论坛、综述、研究与探索、规划与设计、施工技术、施工机械、消息等栏目。读者对象为相关专业的科研与技术人员、专业院校师生。2017 年继承：《隧道建设》(1981～2017)。

太平洋学报 = Pacific journal / 中国太平洋学会，1993～

月刊　　　　　　　CLC：D5
ISSN 1004-8049　　CN 11-3152/K　82-873　M5271
北京市海淀区大慧寺路 8 号(100081)
编辑部电话：010-68575728
http：//www. pacificjournal. com. cn
taipingyangxuebao@oceanpress. com. cn

刊登太平洋区域及其周边国家和地区经济、社会、科技、历史、文化、安全、海洋，以及国际关系的现在和未来等方面的研究论文。设有政治与法律、国际关系、海洋强国建设、发展与战略、经济与社会、21 世纪海上丝绸之路建设、历史与文化、海洋小知识、综述等栏目。读者对象为国际问题研究人员、外事工作者及相关专业大专院校师生。

太阳能学报 = Acta energiae solaris Sinica / 中国可再生能源学会，1980～

月刊　　　　　　　CLC：TK51
ISSN 0254-0096　　CN 11-2082/TK　2-165　Q286
北京市海淀区花园路 3 号(100083)
编辑部电话：010-62056644
http：//www. tynxb. org. cn
tynxb@163. com

主要报道我国太阳能、风能、生物质能、海洋能、地热能及氢能等科学技术研究成果，登载原创性的学术论文、研究报告、实验仪器和实验技术等。读者对象为新能源领域的专业科技人员及大专院校师生。1980 年继承：《太阳能利用》(1977～1979)。

太原理工大学学报 = Journal of Taiyuan University of Technology / 太原理工大学，1998～

双月刊　　　　　　CLC：N55
ISSN 1007-9432　　CN 14-1220/N　22-27　BM6651
山西省太原市迎泽西大街 79 号 3337 信箱(030024)
编辑部电话：0351-6014376，6014556
http：//tyutjournal. tyut. edu. cn
tyutxb@tyut. edu. cn

刊登内容涵盖机械工程，材料科学与工程，电气与动力工程，信息工程，计算机(软件)科学技术，建筑与土木工程,水利科学与工程,化学化工,矿业工程,环境科学与工程,数学、力学、物理与光电工程,以及各专业之间的交叉学科。读者对象为科研人员、工程技术人员及理工科高等院校师生。1998 年由《山西矿业学院学报》(1983～1997)和《太原工业大学学报》(1984～1997)合并而成。

炭素技术 = Carbon techniques / 吉林炭素有限公司,1982～

双月刊　　　　　CLC:TQ12

ISSN 1001-3741　　CN 22-1147/TQ　12-308　BM7686

吉林省吉林市哈达湾和平街 9 号(132002)

编辑部电话:0432-62749715

tsjsbjb@126.com

2023 年起主办单位改为中钢集团吉林炭素股份有限公司。报道我国炭素工业科技研究成果,以及国外先进技术和发展动态。内容包括钢铁冶金用炭材料、铝用炭材料、电炭材料、炭纤维及复合材料、活性炭、金刚石及石墨层间化合物、各种新型炭材料、特种炭材料的新产品和新工艺等。读者对象为相关专业科研与技术人员。

探测与控制学报 = Journal of detection & control / 中国兵器工业集团第 212 研究所,机电工程与控制国家级重点实验室,1999～

双月刊　　　　　CLC:TJ4

ISSN 1008-1194　　CN 61-1316/TJ

陕西省西安市 121 信箱(710065)

编辑部电话:029-88156204

http://www.tcykz.com

tcykz@263.net

报道探测与控制领域的综合性学术技术,重点刊载的技术范畴为机、电接触探测;无线电、红外、激光和磁近程探测;信号处理、超小型电源、安全与解除保险装置、测试仿真等。读者对象为相关专业的科研、生产、管理人员及大专院校师生。1999 年继承:《现代引信》(1985～1998)。

探索:哲学社会科学双月刊 = Probe / 中共重庆市委党校,1985～

双月刊　　　　　CLC:C55,D6

ISSN 1007-5194　　CN 50-1019/D　78-84　BM4024

重庆市渝州路 160 号(400041)

编辑部电话:023-68593010

http://www.tszzs.net

主要探讨建设新时代中国特色社会主义理论和实践问题,探索中国改革开放和现代化建设中的新情况、新问题。设有马克思主义中国化研究、政党建设、政治学研究、公共管理、思想文化建设、新锐新论学术争鸣等栏目。读者对象为政治理论工作者、党政领导及企业管理人员。

探索与争鸣 = Exploration and free views / 上海市社会科学界联合会,1985～

月刊　　　　　CLC:C55

ISSN 1004-2229　　CN 31-1208/C　4-496　4321-MO

上海市淮海中路 622 弄 7 号社联大楼(200020)

编辑部电话:021-53060418,6540

http://www.tsyzm.com

tansuoyuzhengming@126.com

反映理论界对我国经济、政治、文化发展进程中的重大问题的探讨及最新研究成果,探索和思考社会变革中的新情况、新问题,努力为社会的稳定与发展提供反思性和前瞻性的理论成果。设有本刊特稿、圆桌会议、学术争鸣、时事观察、文化视野、高峰论坛、教育纵横、史海钩沉等栏目。读者对象为社会科学研究人员和理论工作者。1985 年分自:《社联通讯》(1978～2012)。

陶瓷学报 = Journal of ceramics / 景德镇陶瓷大学,1996～

双月刊　　　　　CLC:TQ174

ISSN 2095-784X　　CN 36-1205/TS　44-83　4475BM

江西省景德镇市东郊新厂景德镇陶瓷大学(333403)

编辑部电话:0798-8499628,8491219

https://qkzzs.jci.edu.cn/tcxb.htm

tcxb_0798@163.com

报道陶瓷工业科技成果,介绍新工艺、新技术。刊登学术论文、科技报告、研究简报、学术动态和文献综述。包括日用陶瓷工艺、陶瓷机械、建筑卫生陶瓷、陶瓷美术、结构陶瓷、复合陶瓷、陶瓷史、陶瓷加工、无损检测及测量技术、陶瓷新材料、陶瓷与金属封接技术等内容。设有综合评述、研究与探索、艺术与设计等栏目。读者对象为陶瓷工业科研设计人员、生产技术人员和专业院校师生。1996 年继承:《景德镇陶瓷学院学报》(1981～1995)。

特种油气藏 = Special oil & gas reservoirs / 中国石油天然气股份有限公司辽河油田分公司,1994～

双月刊　　　　　CLC:TE

ISSN 1006-6535　　CN 21-1357/TE　8-173　BM1504

辽宁省盘锦市辽河油田分公司勘探开发研究院(124010)

编辑部电话:0427-7823579,7820262

http://www.sogr.com.cn

报道"特种油气藏"勘探开发相关的技术、理论及进展等内容。设有地质勘探、油藏工程(实验研究)、钻采工程等栏目。读者对象为油气田及相关科研院所的工程技术人员、研究人员、石油院校相关专业师生。1994 年继承:《辽河石油勘探与开发》。

特种铸造及有色合金 = Special casting & nonferrous alloys / 中国机械工程学会铸造分会,武汉机械工艺研究所,1983～

月刊　　　　　　　　CLC:TG146,TG2

ISSN 1001-2249　CN 42-1148/TG　38-109　BM6644

湖北省武汉市江岸区九万方路 26 号(430019)

编辑部电话:027-85358206,85486024

http://www.special-cast.com

tzzz@special-cast.com

报道特种铸造及有色合金技术领域的科研成果、国内外发展动向和学术活动消息,介绍生产经验。内容包括各种黑色和有色合金的特种铸造方法、有色合金及复合材料的熔炼和铸造工艺、凝固理论、测试与控制、计算机应用等方面。设有研究·论述、研究·计算机应用、研究·合金性能、研究·合金工艺、应用·压力铸造和行业动态等栏目。读者对象为相关专业的科研人员、技术人员和大专院校师生。1983 年继承:《现代铸造》(1980～1982)。

体育科学 = China sport science / 中国体育科学学会,1981～

月刊　　　　　　　　CLC:G8

ISSN 1000-677X　CN 11-1295/G8　2-436　BM708

北京市东城区体育馆路 11 号(100061)

编辑部电话:010-87182590,2589

http://www.cisszgty.com

bjb@ciss.cn

反映国内体育科研最新成果,刊登研究性论文和综述性文章。设有特约专稿、研究报告、综述与进展、争鸣与探索、学会信息等栏目。读者对象为体育科研人员、体育院校师生、教练员及运动员等。1989 年吸收:《体育论坛》(1988～1989)。

体育文化导刊 = Sport culture guide / 国家体育总局体育文化发展中心,2001～

月刊　　　　　　　　CLC:G812

ISSN 1671-1572　CN 11-4612/G8　82-465　M754

北京市东城区天坛东里中区甲 14 号(100061)

编辑部电话:010-67051003

http://www.olympic.cn/museum/tywhdk

tywhdk@olympic.cn

侧重从文化的视角观察、认知和介绍各种体育现象(包括人物、事件),进行深层次理性分析。主要栏目有体育管理学、群众体育学、竞技体育学、体育经济学、体育教育学、民族传统体育学、体育史学、其他体育研究

等。读者对象为各类体育工作者、体育院校师生及从事体育事业和体育史研究的专家。2001 年继承:《体育文史》(1983～2001)。

体育学刊 = Journal of physical education / 华南理工大学,华南师范大学,1995～

双月刊　　　　　　　CLC:G8

ISSN 1006-7116　CN 44-1404/G8

广东省广州市石碑华南师范大学学报楼 4 楼(510631)

编辑部电话:020-85211412

http://www.chinatyxk.com

tyxk@scnu.edu.cn

反映体育科学研究成果,报道体育发展现状和趋势,为体育学术研究和学习提供交流园地。辟有探索与争鸣、体育人文社会科学、学校体育、运动人体科学、民族传统体育、竞赛与训练等栏目。主要读者对象是体育科研工作者、体育院校师生、教练员、运动员等。

体育学研究 = Journal of sport research / 南京体育学院,2018～

双月刊　　　　　　　CLC:G8

ISSN 2096-5656　CN 32-1881/G8

江苏省南京市灵谷寺路 8 号(210014)

编辑部电话:025-84755175

ntxuebao@vip.163.com

刊登体育科学及相关学科理论研究和体育训练方面的研究。设有本刊特约、专题研究、学术论坛、文化沙龙等栏目。主要读者对象为体育科研与管理人员、体育教师、教练员、训练员等。2018 年继承:《南京体育学院学报.社会科学版》(2002～2017)。

体育与科学 = Sports & science / 江苏省体育科学研究所,1986～

双月刊　　　　　　　CLC:G8

ISSN 1004-4590　CN 32-1208/G8　28-51　6438BM

江苏省南京市仙林大道 169 号(210033)

编辑部电话:025-84755315

http://tyyk.cbpt.cnki.net

zhili9@sina.com

主要发表学校体育和社会体育方面的研究论文。辟有建党百年与中国现代体育发展、新探索、学术对话录、特邀论坛、学校体育新认知、体育法学研究、体育建筑的文化记忆与表达、体育口号研究、体育产业与市场开发、专论、奥林匹克研究、北京冬奥会与冰雪运动文化、体育新学科建设、研究报告等栏目,不定期开设专题研究栏目。读者对象为体育科研工作者、教练员、运动员、体育院校师生。1986 年继承:《江苏体育科技》(1982～1985)。

天津大学学报. 自然科学与工程技术版 = Journal of Tianjin University. Science and technology / 天津大学, 2013～

月刊　　　　　　　CLC：T

ISSN 0493-2137　　CN 12-1127/N　6-27　BM531

天津市南开区卫津路 92 号(300072)

编辑部电话：022-27403448

http://xbzrb.tju.edu.cn

tdxbed@tju.edu.cn

主要刊登自然科学和工程技术领域中具有创造性和前瞻性的学术论文、研究报告,以及重要学术问题讨论和综述等。主要栏目有机械工程、精密仪器与光电子工程、电气与自动化工程、电子信息工程、化学工程、建筑工程、材料科学与工程、计算机工程等。读者对象为科研人员、工程技术人员及理工科高等院校师生。2013 年继承:《天津大学学报》(2003～2012)。

天津工业大学学报 = Journal of Tiangong University / 天津工业大学, 2001～

双月刊　　　　　　CLC：T

ISSN 1671-024X　　CN 12-1341/TS　6-164　DK12104

天津市西青区宾水西道 399 号(300387)

编辑部电话：022-83955151

http://tjfz.cbpt.cnki.net

tguxb@tiangong.edu.cn

内容以纤维新材料、纺织工程、服装工程、染整工程等为主,也包括机械设计与制造、电子信息与自动化、基础·科学及其应用等基础学科。读者对象为相关专业高等院校师生、企业科技及管理人员。2001 年继承:《天津纺织工学院学报》(1982～2000)。

天津社会科学 = Tianjin social sciences / 天津社会科学院, 1981～

双月刊　　　　　　CLC：C55

ISSN 1002-3976　　CN 12-1047/C　6-12　BM792

天津市南开区迎水道 7 号(300191)

编辑部电话：022-23369296

tjshkx@126.com

反映社会科学领域各学科的最新研究成果,发表学术论文。内容包括马克思主义哲学、中国哲学、西方哲学、社会学、政治学、经济学、文化研究、文艺理论、中国古典文学、生态哲学与生态文明、社会建设、史学理论与史学史、中国社会史、中国文化史、中国学术史等方面。读者对象为党政机关和企事业单位干部、大专院校师生以及社会科学工作者。

天津师范大学学报. 基础教育版 = Journal of Tianjin Normal University. Elementary education edition /

天津师范大学, 2000～

季刊　　　　　　　CLC：G63

ISSN 1009-7228　　CN 12-1315/G4　6-170

天津市西青区宾水西道 393 号(300387)

编辑部电话：022-23766787,6697

http://www.tsjy.chinajournal.net.cn

jichujiaoyu@163.com

内容涵盖基础教育科学领域,积极反映基础教育研究的新成果和新视点,加强基础教育科学理论研究。辟有核心素养培育研究、教学研究、历史教育研究、新教材研究、教育教学改革探讨、比较与借鉴等栏目。读者对象为中小学教师和从事基础教育改革理论研究者。2022 年起改为双月刊。

天津师范大学学报. 自然科学版 = Journal of Tianjin Normal University. Natural science edition / 天津师范大学, 2001～

双月刊　　　　　　CLC：N55

ISSN 1671-1114　　CN 12-1337/N　1563Q

天津市河西区吴家窑大街 57 号增 1 号(300074)

编辑部电话：022-23766780

http://tjsd.chinajournal.net.cn

tjsdxbz@126.com

报道自然科学领域的基础研究和应用研究的前沿成果,主要栏目有:数学与统计学、物理与材料学、化学科学、生命科学、地球与环境科学、信息与计算机科学、体质人类学等。读者对象为科技工作者及理工科院校师生。2001 年继承:《天津师大学报. 自然科学版》(1984～2000)。

天津体育学院学报 = Journal of Tianjin University of Sport / 天津体育学院, 1986～

双月刊　　　　　　CLC：G8

ISSN 1005-0000　　CN 12-1140/G8　6-145

天津市静海区团泊新城西区东海道 16 号(301617)

编辑部电话：022-23012636

http://tjty.cbpt.cnki.net

xb@tjus.edu.cn

发表体育科学基础理论研究和体育训练方面的论文、译文和文献综述。辟有特约论坛、健康中国、课程思政、体育产业、体育管理、体育赛事与文化、体育法治与建设、成果报告、专题研究、百家论坛、博士(生)论坛、体育科学研究方法、研究报告等栏目。读者对象为体育院校师生、体育科研工作者、教练员、运动员等。1986 年分自:《体育教学与科研》(1981～1987);1988 年吸收:《体育教学与科研》(1981～1987)。

天津行政学院学报 = Journal of Tianjin Administration

Institute / 中共天津市委党校，1999～

双月刊   CLC：D261.41，D63

ISSN 1008-7168   CN 12-1284/D   6-131

天津市南开区育梁道 4 号（300191）

编辑部电话：022-60919312

http://tjxz.cbpt.cnki.net

swdxxzxb@tj.gov.cn

报道公共行政基础理论研究与政策实践的最新成果，反映改革开放和国家治理现代化的重大理论与实践问题前沿学术论文。设有政府经济学、行政发展、公共行政、机构改革、社会治理、中国政治、社会建设、公共政策、区域治理、行政与法、危机管理、公共财政、生态文明建设、比较与借鉴等栏目。主要读者对象为各级党政机关干部、社会科学理论工作者，以及高等院校政治学、行政学等相关专业的师生。1999 年继承：《天津行政学院天津市管理干部学院学报：管理工作研究》。

天然产物研究与开发 = Natural product research and development / 中国科学院成都文献情报中心，1989～

月刊   CLC：R28，Q-9

ISSN 1001-6880   CN 51-1335/Q   62-107

四川成都市一环路南二段 16 号（610041）

编辑部电话：028-85210304

http://www.trcw.ac.cn

trcw@clas.ac.cn，re_trcw@clas.ac.cn，trcw_xg@clas.ac.cn

主要刊载具生物活性的天然产物以及药用动植物的研究与开发的创新性成果，尤其是天然产物的生物活性、作用机理、提取分离新方法，复杂混合物快速分离分析，天然产物的结构改造、生物合成及生物转化、合成新方法、构效关系研究、活性评价新手段，天然产物综合利用等，涵盖天然药物化学、药学及分子生物学等领域。设有研究论文、开发研究、研究简报、综述、数据研究等栏目。主要读者对象为药学及相关专业研究人员。

天然气地球科学 = Natural gas geoscience / 中国科学院资源环境科学信息中心，1990～

月刊   CLC：TE

ISSN 1672-1926   CN 62-1177/TE   54-128   BM1793

甘肃省兰州市天水中路 8 号（730000）

编辑部电话：0931-8277790

http://www.nggs.ac.cn

geogas@lzb.ac.cn

评述天然气地球科学的研究进展，报道世界各国天然气勘探开发新理论、新技术、新方法，介绍我国天然气科技攻关和勘探新成果。目前设有综述与评述、天然气地质学、天然气地球化学、天然气勘探、天然气开发、非常规天然气、天然气与环境、天然气资源与经济、研究前缘

等栏目。读者对象为科研工作者、油气田工程技术人员、大中专院校师生和有关领导与管理人员。

天然气工业 = Natural gas industry / 四川石油管理局有限公司，中国石油天然气股份有限公司西南油气田分公司，中国石油集团川庆钻探工程有限公司，1981～

月刊   CLC：TE

ISSN 1000-0976   CN 51-1179/TE   62-14   M944

四川省成都市府青路一段 3 号（610051）

编辑部电话：028-86012718

http://www.cngascn.com

报道中国天然气工业上、中、下游的科技成果。目前的主要栏目包括：本期视点、大气田巡礼、地质勘探、开发工程、钻井工程、集输与加工、安全环保、经济管理、新能源。读者对象为石油、天然气工业领域的科研人员、工程技术人员以及相关产业界的科技和经营管理人员。

天然气化工·C1 化学与化工 = Natural gas chemical industry / 西南化工研究设计院有限公司，全国天然气化工与碳一化工信息中心，1989～2022

双月刊   CLC：TE64，TQ

ISSN 1001-9219   CN 51-1336/TQ   62-269   BM2893

四川省成都市机场路近都段 393 号（《低碳化学与化工》编辑部）（610225）

编辑部电话：028-85964717，3476

http://www.dthxyhg.com

dthxyhg@swchem.com

2022 年起由西南化工研究设计院有限公司单独主办。主要报道天然气和碳一化工的科技成果，介绍天然气和碳一化工的新技术、新进展。设有综述与专论、试验研究、动态信息、开发应用等栏目。读者对象为相关专业的科研人员及大专院校师生。1989 年继承：《天然气化工》（1978～1988）；2023 年改名为《低碳化学与化工》（2023～）。

天文学报 = Acta astronomica Sinica / 中国天文学会，中国科学院紫金山天文台，1953～

双月刊   CLC：P1

ISSN 0001-5245   CN 32-1113/P   2-818   Q75

江苏省南京市元化路 10 号（210023）

编辑部电话：025-83332133

http://www.twxb.org

twxb@pmo.ac.cn

发表现代天文学及各分支学科的科研成果，涉及星系、宇宙论、恒星物理、行星物理、太阳物理、太阳系、天体力学、天体测量、天文选址、天文仪器、观测技术与数据处理、天文学史和天文观测新发现等方面。设有快

讯、博士学位论文摘要选登栏目。读者对象为国内外天文科研工作者和高校天文专业师生。

天文学进展 = Progress in astronomy / 中国科学院上海天文台,中国天文学会,1983～
季刊　　　　　　　CLC：P1
ISSN 1000-8349　　CN 31-1340/P　4-819
上海市南丹路 80 号(200030)
twxjz@shao.ac.cn
刊登反映国内外天文学研究最新进展和作者见解的述评、研究论文、前沿介绍、专题讲座、研究快报等。反映新思路、新手段、新成果的短评优先发表。读者对象为天文学及相关学科科研人员和高校师生,以及天文爱好者。1983 年继承:《天文进展》(1981～1983)。

铁道标准设计 = Railway standard design / 中铁工程设计咨询集团有限公司,1992～
月刊　　　　　　　CLC：U212
ISSN 1004-2954　　CN 11-2987/U　82-765　M1777
北京市丰台区广安路 15 号中铁设计大厦(100055)
编辑部电话：010-51830166,52696303,51830168,51830167,51831009,51836305
http://tdbz.cbpt.cnki.net
tdbsb@263.net
刊载铁路科技创新成果和技术标准领域研究新成果、新技术,促进国内外学术交流,推动标准成果的国内外应用,服务我国铁路事业建设发展。主要栏目有学术研究、行业基地、标准交流、铁路动态等。读者对象为国内外铁路工程建设、装备制造、运输生产、经营管理等技术从业人员,科研教育相关行业专业科技人员。1992 年继承:《铁道标准设计通讯》(1979～1991)。

铁道工程学报 = Journal of railway engineering society / 中国铁道学会,中国铁路工程总公司,中国中铁股份有限公司,1984～
月刊　　　　　　　CLC：U2
ISSN 1006-2106　　CN 11-3567/U　80-471　BM7786
北京市海淀区复兴路 69 号中国中铁广场(100039)
编辑部电话：010-51878328,8353
https://tdgcxb.crec.cn
cres1984@163.com
2022 年起由中国铁道学会、中国铁路工程集团有限公司和中国中铁股份有限公司主办。主要刊登铁路线路工程、桥梁工程、隧道工程、城市轨道工程、地质与路基、爆破技术、房建技术、电气化技术、工程机械、电子计算机技术、工程经济与管理,以及与铁路工程建设相关学科论文。读者对象为从事理论研究、工程技术开发和施工生产的工程技术人员以及相应的管理人员,有关高

等院校的教师、研究生以及高年级学生等。

铁道机车车辆 = Railway locomotive & car / 中国铁道科学研究院集团有限公司,中国铁道学会牵引动力委员会,1981～
双月刊　　　　　　CLC：U26
ISSN 1008-7842　　CN 11-1917/U　80-265　BM7085
北京市海淀区大柳树路 2 号(100081)
编辑部电话：010-51849315
http://tdjc.cbpt.cnki.net
jlsxwh@rails.cn
报道铁路和城市轨道交通机车车辆行业先进水平的新成果、新技术、新工艺、新材料,试验研究、运用检修经验以及国内外技术动态、技术政策等。设有综合技术研究、专题研究、铁路供电技术、运用与检修、城市轨道交通等栏目。读者对象为轨道交通机车车辆和供电系统的行业专家、学者、中高级科研及工程技术人员。

铁道建筑 = Railway engineering / 中国铁道科学研究院集团有限公司,1982～
月刊　　　　　　　CLC：U2
ISSN 1003-1995　　CN 11-2027/U　2-405　M5006
北京市海淀区大柳树路 2 号(100081)
编辑部电话：010-51849235,51893552,51874870
http://tdjz.cbpt.cnki.net
tdjzbjb@126.com
报道铁路工程、铁道工务领域的最新进展,重点关注国内高速铁路、重载铁路、城市轨道交通建设与维修技术,跟踪世界铁道建筑领域最新发展动态。读者对象为铁道、交通、建筑、水电、市政、煤炭等部门桥梁、隧道、路基、轨道等专业从事科研、规划、勘察、设计、施工、维修、管理等工作的技术人员和高校师生。1982 年继承:《铁道科学技术.工务工程分册》(1977～1981)。

铁道科学与工程学报 = Journal of railway science and engineering / 中南大学,中国铁道学会,2004～
月刊　　　　　　　CLC：U2
ISSN 1672-7029　　CN 43-1423/U　42-59　BM4440
湖南省长沙市韶山南路 22 号(410075)
编辑部电话：0731-82656536,6100
http://jrse.csu.edu.cn
jrse@csu.edu.cn
报道中国铁道科学技术发展中的新理论、新技术、新装备、新工艺和新材料,重点介绍铁路重大工程中的科技成果和国际上铁道科学技术的新发展。主要刊登铁道工程、桥梁工程、岩土工程、结构工程、隧道工程、防灾工程、机车车辆、铁路交通设备工程、制冷空调、运输规划与管理、物流工程、交通工程、交通信息工程及控制等

方面的学术论文。读者对象为铁路、轻轨、地铁等部门的科技工作者和高等专业院校师生。2004 年继承:《长沙铁道学院学报》(1979～2003)。

铁道学报 = Journal of the China railway society / 中国铁道学会,1979～

月刊　　　　　　　　CLC:U2

ISSN 1001-8360　CN 11-2104/U　2-308　MO287

北京市海淀区复兴路 10 号(100844)

编辑部电话:010-51848021,7501

http://tdxb.cbpt.cnki.net

tdxb@vip.163.com

反映铁道科学技术最新研究进展,扩大自主原始创新成果交流与传播,为促进学科发展和铁道科技进步服务。主要刊登铁道运输、铁道机车车辆、电气化、铁道通信信号、信息化、铁道工程等学科的学术论文、综述等,注重论文的科学性与创造性。读者对象为相关行业的科技人员、管理专家和领导干部。

铁道运输与经济 = Railway transport and economy / 中国铁道科学研究院集团有限公司,1979～

月刊　　　　　　　　CLC:U2,F53

ISSN 1003-1421　CN 11-1949/U　82-402

北京市海淀区大柳树路 2 号(100081)

编辑部电话:010-51874704,4055

http://www.tdysyjj.com

tdysyjj@rails.cn,tdysyjj@126.com

报道运输理论、现代化物流、运输安全、运输组织、经济研究、电子商务、管理创新、站场枢纽、城市轨道交通等理论与实践。设有运输理论、现代化物流、运输安全、运输组织、经济研究、电子商务、管理创新、站场枢纽、旅客运输、铁路信息化、学术论坛、国外铁路、环保与能耗、视窗、城市轨道交通等栏目。读者对象为国家与地方交通运输与规划部门,铁路行业、科研院所、高等院校,以及路外有关企业事业单位,公路、航空、水运、港口、城市轨道交通等交通运输与规划部门。

听力学及言语疾病杂志 = Journal of audiology and speech pathology / 武汉大学人民医院,1993～

双月刊　　　　　　　CLC:R76

ISSN 1006-7299　CN 42-1391/R　38-224　BM5286

湖北省武汉市武昌区张之洞路 9 号(430060)

编辑部电话:027-88043958;027-88041911-86459

http://jasptl.haoyicn.cn

jasptl@126.com

报道听力学及嗓音言语医学方面的研究进展与临床诊疗经验。内容包括:各种听力损失发病率和病因的调查、诊断及治疗,新生儿听力筛查,听力补偿,各种发声

及言语功能障碍的诊断、防治与康复,临床病理(例)报告及讨论等。辟有述评、专家论坛、临床及基础研究、听力康复、听力学教育、文献计量、技术与方法、研究报告、病例报告、国际之窗、继续教育园地等栏目。读者对象为从事听力学及嗓音言语医学专业研究的学者和临床工作者。

通信学报 = Journal on communications / 中国通信学会,1980～

月刊　　　　　　　　CLC:TN91

ISSN 1000-436X　CN 11-2102/TN　2-676　M395

北京市丰台区顺八条 1 号院 B 座北阳晨光大厦 2 层(100079)

编辑部电话:010-53933889

http://www.joconline.com.cn,http://www.info-comm-journal.com

xuebao@ptpress.com.cn,txxb@bjxintong.com.cn

反映我国通信科学技术发展水平,交流国内外通信科技新成果,探索新理论、新技术。设有学术论文、技术报告、综述、学术通信等栏目。主要读者对象为通信及相关技术领域的科研机构的研究人员,大专院校通信及相关专业的教师和研究生。

同济大学学报. 社会科学版 = Journal of Tongji University. Social science section / 同济大学,1998～

双月刊　　　　　　　CLC:C55

ISSN 1009-3060　CN 31-1777/C　4-637　BM1532

上海市四平路 1239 号(200092)

编辑部电话:021-65983944,5116

http://wkxuebao.tongji.edu.cn

wkxuebao@tongji.edu.cn

内容涉及政治学、哲学、经济、法学、语言、文学、艺术等方面。设有德法哲学、国际问题研究、艺术学与审美文化、政治哲学、文学现代性研究、经济与管理、建筑文化、法学论坛、德语诗学与文化研究等栏目。读者对象为社会科学工作者和大专院校文科专业师生。2022 年起并列题名改为:Journal of Tongji University. Social science edition。1998 年继承:《同济大学学报. 人文社会科学版》(1990～1998)。

同济大学学报. 自然科学版 = Journal of Tongji University. Natural science / 同济大学,1991～

月刊　　　　　　　　CLC:T

ISSN 0253-374X　CN 31-1267/N　4-260　M196

上海市四平路 1239 号(200092)

编辑部电话:021-65982344

http://tjxb.cnjournals.cn

zrxb@tongji.edu.cn

内容侧重工程技术类,尤以土木工程等与城市建设相关的学科领域的研究更具特色。主要刊登国内外土木建筑工程、交通运输工程、环境科学、材料科学、新能源技术等学科的高水平首发研究成果。读者对象为科研与工程设计人员、理工科高等院校的教师和研究生。1991 年继承:《同济大学学报》(1978~1990);2001 年部分吸收:《上海铁道大学学报》(1998~2000)。

统计研究 = Statistical research / 中国统计学会,国家统计局统计科学研究所,1980~
月刊   CLC:C8
ISSN 1002-4565   CN 11-1302/C   82-14
北京市西城区月坛南街 75 号(100826)
编辑部电话:010-68783988
https://tjyj.stats.gov.cn
tjyj@stats.gov.cn

主要内容涵盖面向政府统计改革与发展的最前沿、最紧迫的现实统计问题及统计理论和方法的研究成果。介绍国内外有关统计理论、方法及应用的发展与动态。刊发统计工作的改革与发展、国民经济核算体系研究、统计方法的应用与创新、经济社会统计分析、数据库学应用研究、统计理论创新与应用研究等方面的论文。读者对象为各级统计、经济、财务部门的决策者、科研人员和相关专业大专院校师生。

统计与决策 = Statistics & decision / 湖北长江报刊传媒(集团)有限公司,1985~
半月刊   CLC:C8,C934,F22
ISSN 1002-6487   CN 42-1009/C   38-150   C2025
湖北省武汉市武昌区东湖路 181 号楚天传媒大厦 A座 201-213 室(430077)
编辑部电话:027-87819590,2090,3886
http://www.tjyjc.com
tjyjc@vip.163.com

探讨统计领域的前沿理论、统计新方法和数量实证分析,重点关注经济热点、难点问题的实证与对策思考,对各类经济现象的数量考证和决策建议。辟有理论新探、决策参考、方法应用、统计观察、经济实证、财经纵横、企业管理等栏目。读者对象为经济、统计、财务工作者,各级决策者、科研人员和大中专院校师生。1985 年继承:《湖北统计》(1982~1984);2005 年分出:《统计与决策.理论版》;2007 年 10 月吸收:《统计与决策.理论版》。

统计与信息论坛 = Journal of statistics and information / 西安财经大学,中国统计教育学会高教分会,1996~
月刊   CLC:C8
ISSN 1007-3116   CN 61-1421/C   52-153   DK61004
陕西省西安市小寨东路 64 号(710061)

编辑部电话:029-83695573,5575
https://tjlt.chinajournal.net.cn
tjyxxlt@126.com

刊载数理统计与社会经济统计研究成果,兼顾发表统计理论、统计方法方法及其创新应用研究学术论文、调查报告、学术前沿介绍和书评等。设有财政与金融统计、统计理论与方法、经济统计、资源与环境统计、社会与管理统计等栏目。读者对象为统计理论工作者、高等院校经济与统计专业师生、各级统计局工作人员。1996年继承:《西安统计学院学报》(1986~1995)。

投资研究 = Review of investment studies / 中国建设银行股份有限公司,1982~
月刊   CLC:F83
ISSN 1003-7624   CN 11-1389/F
北京市西城区金融大街 25 号(100033)
编辑部电话:010-67596061
ris@ccb.com

刊载投资宏观控制和微观管理的基础理论和应用理论研究成果,探讨财政投资、银行长期信用投资、企业和证券投资管理的发展问题,并介绍国外投资研究的新动向和学术成果。读者对象为各政府经济管理部门、金融机构、科研院所、高等院校的金融理论研究人员和实际工作者。

图书馆工作与研究 = Library work and study / 天津图书馆(天津市少年儿童图书馆),天津市图书馆学会,1979~
月刊   CLC:G25
ISSN 1005-6610   CN 12-1020/G2   6-115   PTCM111
天津市南开区复康路 15 号(300191)
编辑部电话:022-83883612
http://bjb.tjl.tj.cn
TSGG@chinajournal.net.cn

反映图书馆学研究成果,刊登图书馆学、情报学及图书馆业务工作研究方面的论文,普及图书馆学知识。主要栏目:学术论坛、理论研究、数字网络、科学管理、信息组织、文献研究、实践平台、少图空间、青年科苑、阅读书评等。读者对象为图书情报工作者及相关专业院校师生。

图书馆建设 = Library development / 黑龙江省图书馆学会,黑龙江省图书馆,1992~
双月刊   CLC:G25
ISSN 1004-325X   CN 23-1331/G2   14-162   BM4473
黑龙江省哈尔滨市长江路 218 号(150090)
编辑部电话:0451-85990515
http://www.tsgjs.org.cn

图 467

tsgjsvip@vip. sina. com

开展图书情报界的学术交流,普及图书馆学情报学专业知识,传播图书情报工作的先进经验。内容涉及图书馆工作、读者服务、国外图书馆概况、公共图书馆研究、各类型图书馆研究等。读者对象为图书馆工作人员及高校图书情报专业师生等。1992 年继承:《黑龙江图书馆》(1978~1991)。

图书馆论坛 = Library tribune / 广东省立中山图书馆,1991~

月刊 CLC:G25

ISSN 1002-1167 CN 44-1306/G2 46-127 M6073

广东省广州市越秀区文明路 213 号(510110)

编辑部电话:020-83360705

http://tsglt. zslib. com. cn

tsglt@vip. 163. com

发表图书馆学、情报学学术研究成果,交流工作经验和有关信息。辟有专题、理论研究、法律研究、数字技术、文献研究、图情人物、工作探索、他山之石等栏目。读者对象为图书情报工作者和图书情报专业大专院校师生。1991 年继承:《广东图书馆学刊》(1981~1990)。

图书馆学研究 = Researches on library science / 吉林省图书馆,2012~

半月刊 CLC:G25

ISSN 1001-0424 CN 22-1052/G2 12-205

吉林省长春市人民大街 10055 号(130022)

编辑部电话:0431-89270030

https://www. jllib. com/tsgxyj

tsgxyj@vip. 163. com

发表图书馆学、情报学及相关领域的学术研究成果。辟有研究进展、图书馆管理、数字化·网络化、信息资源管理、信息服务、图书馆联盟、知识产权、国外图书馆、读者工作等栏目。主要读者对象为图书馆工作者及大专院校相关专业师生。2022 年起改为月刊。2012 年由《图书馆学研究. 应用版》(2010~2011)和《图书馆学研究. 理论版》(2010~2011)合并而成。

图书馆杂志 = Library journal / 上海图书馆(上海科学技术情报研究所),上海市图书馆学会,1982~

月刊 CLC:G25

ISSN 1000-4254 CN 31-1108/G2 4-332 M6189

上海市静安区长乐路 746 号(200040)

编辑部电话:021-54051586,54051585,54039581

http://www. LibraryJournal. com. cn,http://data. LibraryJournal. com. cn

注重图书馆实际工作者的需求,前瞻性探索与现实研究并重,理论与实践并重。辟有理论探索、新技术应用、

工作研究、国际交流、文献考论、会议综述、专业教育、书刊评介等栏目。读者对象为图书馆工作者及大专院校相关专业师生。1982 年继承:《图书馆学研究》(1980~1981)。

图书情报工作 = Library and information service / 中国科学院文献情报中心,1980~

半月刊 CLC:G25

ISSN 0252-3116 CN 11-1541/G2 2-412 M215

北京市中关村北四环西路 33 号(100190)

编辑部电话:010-82623933;010-82626611-6614

http://www. lis. ac. cn

journal@mail. las. ac. cn,tsqbgz@vip. 163. com

报道图书馆学、情报学理论与实践最新进展。设有理论研究、工作研究、情报研究、知识组织、综述述评、专家视点、专利情报等栏目。主要读者对象为图书情报工作者及相关专业大专院校师生。1980 年继承:《图书馆工作》(1975~1979)。

图书情报知识 = Document,information & knowledge / 武汉大学,1980~

双月刊 CLC:G25

ISSN 1003-2797 CN 42-1085/G2 38-108 BM1176

湖北省武汉市武昌区珞珈山武汉大学信息管理学院(430072)

编辑部电话:027-68754437

http://www. dik. whu. edu. cn

tqy12@whu. edu. cn

关注图书馆学、情报学研究动态及国内外图书情报事业的发展现状和趋势,就重大理论问题和现实热点问题展开讨论。发表图书馆学、文献学、情报学及信息资源管理学方面的论文,包括基础理论研究、业务探讨、现代技术方法介绍等。主要栏目有图书、文献与交流,情报、信息与共享,知识、学习与管理等栏目。读者对象为图书、情报、档案工作人员及相关专业院校师生。

图书与情报 = Library & information / 甘肃省图书馆,甘肃省科学技术情报研究所(甘肃省科学技术发展战略研究院),1981~

双月刊 CLC:G25

ISSN 1003-6938 CN 62-1026/G2 54-76

甘肃省兰州市南滨河东路 488 号(730000)

编辑部电话:0931-8270072

https://tsyqb. gslib. com. cn

tsyqb@126. com

研究和探讨图书情报工作理论,交流工作经验,普及专业知识,提高业务工作水平。设有专题稿、元宇宙与图书情报、前沿与热点、图书馆与图书馆事业、学科交叉

与学科建设、信息法学、信息法学、珍藏撷英等栏目。读者对象为图书情报工作者及相关专业高等院校师生。

图学学报 = Journal of graphics / 中国图学学会，2012～
双月刊　　　　　　CLC：TB2
ISSN 2095-302X　CN 10-1034/T
北京市海淀区学院路 37 号(100191)
编辑部电话：010-82326420
http://www.txxb.com.cn
txxb2011@163.com

中国图学学会会刊。主要刊载国内图学及相关领域的科研、教学的高质量学术论文，开设综述、计算机图形学与虚拟现实、图像处理与计算机视觉、数字化设计与制造、工业设计、建筑与城市信息模型等栏目。主要读者对象为专家、学者、广大师生等。2012 年继承：《工程图学学报》(1980～2011)。

涂料工业 = Paint & coatings industry / 中海油常州涂料化工研究院有限公司，1970～
月刊　　　　　　　CLC：TQ63
ISSN 0253-4312　CN 32-1154/TQ　28-108　M551
江苏省常州市龙江中路 22 号(213016)
编辑部电话：0519-83274974,83972339
http://www.cn-pci.com
pci1959@163.com

反映中国涂料工业进展，报道涂料工业科研成果和先进技术。设有探索开发、工艺技术、标准与检测、应用研究、涂装技术、科学视点(综述)等栏目。读者对象为相关专业和行业的科技人员、企业管理人员、高等院校师生。1970 年继承：《涂料技术简讯》。

土木工程学报 = China civil engineering journal / 中国土木工程学会，1980～
月刊　　　　　　　CLC：TU
ISSN 1000-131X　CN 11-2120/TU　2-582　M288
北京市三里河路 9 号住房和城乡建设部内(100835)
编辑部电话：010-57811499
http://manu36.magtech.com.cn/Jwk_tmgcxb/CN/volumn/home.shtml
tumuxuebao@263.net

主要报道土木工程各专业领域的发展综述，重大土木工程实录，建筑结构、桥梁结构、岩土力学及地基基础、隧道及地下结构、道路及交通工程、建设管理等专业在科研、设计方面的重要成果及发展状况，同时也刊登建筑材料、港口、水利、计算机应用、力学、防灾减灾等专业中与上述专业交叉或有密切联系的论文报告。以土木工程界中、高级工程技术人员为主要读者对象。1980 年由《土木工程学报. 工程结构》(1966)、《土木工程学报. 岩土力学及基础工程》(1966)和《土木工程学报. 市政及道路》(1966)合并而成。

土木与环境工程学报(中英文) = Journal of civil and environmental engineering / 重庆大学，2019～
双月刊　　　　　　CLC：TU
ISSN 2096-6717　CN 50-1218/TU　78-48
重庆市沙坪坝正街 174 号(400044)
编辑部电话：023-65111322,1863
http://qks.cqu.edu.cn
xuebao@cqu.edu.cn

主要报道土木工程、环境科学与工程相关学科领域的研究成果。主要栏目有土木工程、环境工程、研究进展快讯。读者对象为土木工程学科领域的研究人员、学者及相关专业院校师生。2019 年继承：《土木建筑与环境工程》(2009～2018)。

土壤 = Soils / 中国科学院南京土壤研究所，1958～
双月刊　　　　　　CLC：S15
ISSN 0253-9829　CN 32-1118/P　80-667　BM5827
江苏省南京市北京东路 71 号(210008)
编辑部电话：025-86881237
http://soils.issas.ac.cn
soils@issas.ac.cn

报道国内外土壤科学发展的最新动态，主要刊载土壤科学方面的学术论文、试验研究报告、文献综述、科研和生产实践中的新技术、新方法、国内外考察报告和研究简报等。读者对象为土壤科技工作者、农业科技人员和管理人员以及农业院校师生。

土壤通报 = Chinese journal of soil science / 中国土壤学会，1957～
双月刊　　　　　　CLC：S15
ISSN 0564-3945　CN 21-1172/S　8-15　BM8088
辽宁省沈阳市沈河区东陵路 120 号(110866)
编辑部电话：024-88487213
http://www.trtb.net,http://www.trtb.cbpt.cnki.net
trtb@163.com,trtbbjb@126.com

刊登土壤科学及与之相关的学术论文、文献综述、研究动向等文章，内容包括：土壤发生与分类、土壤调查与制图、土壤化学与土壤物理、土壤生物与土壤生物化学、土壤-植物营养与施肥、土地评价与规划、土壤质量与生态环境、土地利用与管理、土壤培肥与改良、土壤侵蚀与水土保持、旱作与农业节水、遥感与信息技术、农业资源与环境等。读者对象为土壤科学及相关学科的科技人员、专业院校师生及农业技术管理干部。1957 年继承：《土壤通讯》(1947～1957)。

土壤学报 = Acta pedologica Sinica / 中国土壤学会，1952～

双月刊　　　　CLC：S15
ISSN 0564-3929　CN 32-1119/P　2-560　BM45
江苏省南京市北京东路 71 号(210008)
编辑部电话：025-86881237
actapedo@issas.ac.cn

反映土壤科学各分支学科的最新研究成果，主要刊登土壤科学及相关领域，如植物营养科学、肥料科学、环境科学、国土资源等领域的研究论文、研究简报、前沿问题评述与进展、问题讨论、书评。主要读者对象为土壤学及相关学科的科技人员、高等院校师生和管理人员。1952 年继承：《中国土壤学会会志》(1948～1950)。

推进技术 = Journal of propulsion technology / 中国航天科工集团三十一研究所，1980～

月刊　　　　CLC：V43
ISSN 1001-4055　CN 11-1813/V　80-937
北京市 7208 信箱 26 分箱(100074)
编辑部电话：010-68376141，68191522
http://www.tjjsjpt.com
tjjs@sina.com

刊登各类飞机、无人机、导弹、运载器、航天器和舰船推进系统在理论研究、设计、试验等方面的学术论文。设有航空、航天、航海推进技术综述，总体与系统，流体力学气动热力学，燃烧传热传质，结构强度可靠性，测试试验控制，材料推进剂燃料，舰船推进等栏目。主要读者对象是科学研究人员、工程技术人员、科技管理干部和高等院校师生。

外国教育研究 = Studies in foreign education / 东北师范大学，1983～

月刊　　　　CLC：G51
ISSN 1006-7469　CN 22-1022/G4　12-102　BM4332
吉林省长春市人民大街 5268 号(130024)
编辑部电话：0431-85098501
http://www.sfe.org.cn
wgjyyj@126.com

介绍外国教育思潮与流派，报道教育改革动态，研究外国教育理论、教育制度及教学方法，包括高等教育、中小学教育、教师教育、职业技术教育、学校道德教育和农村教育等方面，并以东北亚教育为研究重点。主要栏目有东亚教育研究、教育理论研究、高等教育研究、教育国际化研究、教育改革研究、素养教育研究、课程与教学理论、教师教育研究、日本教育研究、国际教育研究、美国高等教育研究、儿童教育研究等栏目。读者对象为教育理论工作者、学校管理人员和师范院校师生。1983 年继承：《外国教育情况》(1981～1982)。

外国经济与管理 = Foreign economics & management / 上海财经大学，1984～

月刊　　　　CLC：F11，F4
ISSN 1001-4950　CN 31-1063/F　4-412
上海市国定路 777 号(200433)
编辑部电话：021-65904190
http://wjgl.sufe.edu.cn
wjgl@sufe.edu.cn

关注我国对外开放政策，介绍国外企业经营管理理论、方法、模式、策略，刊载有关外资利用和涉外经济业务的论著及资料。设有创业研究、公司治理、营销、跨国经营、组织研究、人力资源管理等栏目。读者对象为经济理论工作者、高等院校师生、企业管理人员和政府经济管理部门公务员。1984 年继承：《外国经济参考资料》(1979～1983)。

外国文学 = Foreign literature / 北京外国语大学，1980～

双月刊　　　　CLC：I1
ISSN 1002-5529　CN 11-1248/I　2-450　BM271
北京市海淀区西三环北路 19 号(100089)
编辑部电话：010-88816730
wgwx@bfsu.edu.cn

研究当代最新外国文学理论流派和现象，介绍国外最新文学作品和作家信息，兼及历代名作家作品，发表中外文艺评论家的理论述评，报道文坛动向。主要栏目：评论、理论、文化研究、书评、谈艺录等。读者对象为外国文学研究工作者及外国文学爱好者。

外国文学评论 = Foreign literature review / 中国社会科学院外国文学研究所，1987～

季刊　　　　CLC：I1
ISSN 1001-6368　CN 11-1068/I　82-325　Q1139
北京市建国门内大街 5 号(100732)
编辑部电话：010-85195583
wenping@cass.org.cn

以研究外国文学理论、开展外国文学批评和评论、扩展国内文学界的视野为宗旨，发表我国在外国文学研究领域中的最新成果，反映外国文学理论、思潮和创作中的新动向，关注经典文学和理论研究推进，刊登对当代具有代表性的作家、作品及理论批评的个案解读。主要栏目有二十世纪文学、理论研究、书评等。面向外国文学研究工作者、教育工作者和文学爱好者。

外国文学研究 = Foreign literature studies / 华中师范大学，1978～

双月刊　　　　CLC：I10
ISSN 1003-7519　CN 42-1060/I　38-11　BM255
湖北省武汉市华中师范大学文学院(430079)

编辑部电话：027-67866042

http://www.journal-fls.net

wwyj@mail.ccnu.edu.cn

主要刊载该领域内的原创性研究论文、综述和评论等，以外国文学作品——小说、诗歌、散文、戏剧为研究对象，揭示和阐述其文学特点、流派、发展源流及趋向。主要栏目：中外学者访谈、英美文学研究、文学伦理学批评研究、西方诗歌研究、批评与批评研究、中外学者对话、文学跨学科研究、东西方文学的交流与互鉴等栏目，每期都有针对不同国家或大洲的文学研究栏目。主要读者对象为外国文学研究和文艺理论工作者、大专院校文学专业师生及广大文学爱好者。

外国语：上海外国语大学学报 = Journal of foreign languages / 上海外国语大学，1978～

双月刊　　　　　CLC：H3

ISSN 1004-5139　　CN 31-1038/H　4-252　BM514

上海市大连西路 550 号(200083)

编辑部电话：021-35373317

http://jfl.shisu.edu.cn

waiguoyu1978@shisu.edu.cn

主要发表语言研究和翻译研究等方面文章。设有语言研究、翻译研究栏目，并不定期设有外语教育改革研究、文学研究、书评及会议综述栏目等栏目。读者对象为翻译工作者、外语院校师生及外语爱好者。

外国语文 = Foreign language and literature / 四川外国语大学，2009～

双月刊　　　　　CLC：H3，I1

ISSN 1674-6414　　CN 50-1197/H　78-95　BM3298

重庆市沙坪坝区(400031)

编辑部电话：023-65385313，5162

http://scwy.cbpt.cnki.net

内容以外国语言文化研究为重点，兼顾其他学科。反映我国学者在外国文学、外国语言、外语翻译、比较文学、中外文化和外语教学等领域的最新科研、教学成果，交流外语教学经验，报道外语教学研究动态。设有外国文学与文本研究、外国语言研究、翻译研究、外语教育与教学论坛、书评与动态等栏目。读者对象为外语院校师生及外语爱好者。2022 年起并列题名改为：Foreign languages and literature。2009 年继承：《四川外语学院学报》(1989～2008)。

外交评论：外交学院学报 = Foreign affairs review / 外交学院，2005～

双月刊　　　　　CLC：D8

ISSN 1003-3386　　CN 11-5370/D　82-795　BM5789

北京市西城区展览馆路 24 号(100037)

编辑部电话：010-68323972，3973，3659

http://wjxy.cbpt.cnki.net

far-cfau@vip.163.com

中国国际关系学会会刊。关注在"大国际关系""大外交"学科范畴内的各种重大理论和现实问题，注重理论探讨与政策分析，刊发反映外交及其相关问题的研究成果，内容涵盖中国外交观察、国际关系、世界经济、国际政治、国际安全、区域安全、外交史等方面的研究论文。读者对象为外事工作者、外交和国际关系问题研究工作者、相关专业院校师生。2005 年继承：《外交学院学报》(1984～2005)。

外语电化教学 = Technology enhanced foreign language education / 上海外国语大学，1985～

双月刊　　　　　CLC：G43，H3

ISSN 1001-5795　　CN 31-1036/G4　4-378　BM4383

上海市大连西路 550 号 366 信箱(200083)

编辑部电话：021-35373318，3048

http://wydhjx.cbpt.cnki.net

wydhjx204@163.com

旨在探讨现代信息技术条件下的外语教学与外语研究，重点探索以外语教育技术为背景的外语教学方法、教学过程和教学内容，即外语教学的本体研究，包括外语教学理论、教学法研究，大、中、小学外语教学各个环节研究，及各种科目门类的教学研究等。设有外语教育技术、语言研究新视野、新书评介、翻译教学研究、外语教学研究等栏目。读者对象为高校外语教学研究人员。1985 年继承：《外语电教》。

外语教学 = Foreign language education / 西安外国语大学，1979～

双月刊　　　　　CLC：H3

ISSN 1000-5544　　CN 61-1023/H　52-170　BM4075

陕西省西安市长安南路 437 号西安外国语大学 62 号信箱学报编辑部(710061)

编辑部电话：029-85309400

http://teac.cbpt.cnki.net/wkg/WebPublication/index.aspx? mid=teac

xisuxb@163.com

发表外语教学、外国语言、修辞、翻译和外国文学方面的研究论文。设有语言学与语言研究、外语教学与研究、外国文学评论、翻译研究、翻译理论与实践、翻译与中外文化交流等栏目，还不定期设有其他专栏，如国内热点话题、国际研究热点。读者对象为外语教学工作者、外语专业学生、翻译工作者和外语爱好者。

外语教学理论与实践 = Foreign language learning theory and practice / 华东师范大学，2008～

季刊　　　　　　CLC：H3
ISSN 1674-1234　　CN 31-1964/H　4-325
上海市东川路 500 号（200241）
编辑部电话：021-54340725
http：//www. teachlanguage. ecnu. edu. cn
flta@mail. ecnu. edu. cn

侧重外语教学基础理论研究与实践研究，也刊登翻译研究、教学法研究等方面的文章及书刊评介。设有理论研究、实践研究、翻译研究等栏目，还不定期设有特别专栏。读者对象为外语教学与研究人员、翻译工作者及外语院校学生。2023 年起改为双月刊。2008 年继承：《国外外语教学》（1979～2007）。

外语教学与研究：北京外国语大学学报 ＝ Foreign language teaching and research / 北京外国语大学，1959～
双月刊　　　　　　CLC：H3
ISSN 1000-0429　　CN 11-1251/G4　2-130　BM203
北京市西三环北路 19 号（100089）
编辑部电话：010-88816466
http：//www. fltr. ac. cn
bwyys@126. com

发表语言学研究和外语教学研究论文，以英语为主，兼顾俄、德、法、日及其他语种。设有语言研究、外语教育、翻译研究、研究综述、书刊评介、新时代专栏、中国特色外语教育等栏目。读者对象为高等院校外语教师与翻译工作者、外语专业高年级学生和研究生等。1959 年继承：《西方语文》（1957～1959）。

外语教育研究前沿 ＝ Foreign language education in China / 北京外国语大学，2018～
季刊　　　　　　CLC：H3
ISSN 2096-6105　　CN 10-1585/G4　80-829　C9444
北京市西三环北路 19 号外研社大厦配楼 3301 室（100089）
编辑部电话：010-88819032，9537
http：//www. celea. org. cn/class/22
fleic@fltrp. com

注重理论联系实际、学术性与应用性结合、科学性与社会性并重，以教师关注的问题为研究重点，研究范围包含多语种、覆盖全学段。设有热点聚焦、外语教学（外语教学、外语教师、外语课程与教学资源、外语教育政策及理论等方面的研究）、外语学习（外语学习与外语学习者的研究）、外语教材、外语评测、"一带一路"语言人才培养、书评、学术动态等栏目。读者对象为研究外语的高校教师和科研人员、高校学生及外语学习爱好者。2018 年继承：《中国外语教育》（2008～2018）。

外语界 ＝ Foreign language world / 上海外国语大学，

1985～
双月刊　　　　　　CLC：H3
ISSN 1004-5112　　CN 31-1040/H　4-438　BM4070
上海市大连西路 558 号（200083）
http：//www. waiyujie. net

反映以大学英语及英语专业为主的外语教学与科研最新成果和动态、探讨外语教学理论、交流外语教学与改革经验、评介外语教学与科研图书资料。设有外语教学、二语研究、翻译教学、外语教师教育与发展、信息之窗、外语教材编写研究等栏目。读者对象为外语教学科研工作者及高等院校师生。1985 年继承：《外国语言教学资料报导》（1980～1984）。

外语学刊 ＝ Foreign language research / 黑龙江大学，1980～
双月刊　　　　　　CLC：H3
ISSN 1000-0100　　CN 23-1071/H　14-24　BM469
黑龙江省哈尔滨市南岗区学府路 74 号（150080）
编辑部电话：0451-86608322
https：//outl. cbpt. cnki. net/WKC2/WebPublication/index. aspx？mid＝outl
waiyuxuekan@hlju. edu. cn

开展外国语言学及其相关学科的理论研究与教学法探讨，发表俄语、英语、日语等语种的语音学、语法学、词汇学、语义学、语用学及翻译学等方面的研究论文。设有语言哲学、语言学、翻译研究、外语教育、文学研究、学术动态等栏目。读者对象为高校外语专业学生、翻译工作者和中学外语教师。1980 年继承：《黑龙江大学学报. 外语版》（1978～1979）。

外语研究 ＝ Foreign languages research / 国防科技大学国际关系学院，1987～
双月刊　　　　　　CLC：H3
ISSN 1005-7242　　CN 32-1001/H　28-279
江苏省南京市雨花台区振兴路 55 号（210039）
编辑部电话：025-80838723
http：//nwyj. chinajournal. net. cn
waiyuyanjiu@vip. 163. com

开展外语理论研究，交流翻译和外语教学研究方面的成果，评介外国语言文学理论，报道国内外外语研究与教学动态，介绍外语名家。设有现代语言学研究、外语教学研究、翻译学研究、外国文学研究、书评等栏目，还不定期设有其他专栏。读者对象为外语教学、研究与翻译人员，高等院校外语专业高年级学生及研究生。1987 年继承：《南外学报》（1984～1986）。

外语与外语教学：大连外国语大学学报 ＝ Foreign languages and their teaching / 大连外国语大学，1985～

双月刊　　　　　　CLC：H3
ISSN 1004-6038　　CN 21-1060/H　8-22　BM6248
辽宁省大连市旅顺南路西段 6 号(116044)
编辑部电话：0411-86119551
http://112.126.70.247/wy/CN/volumn/current.shtml
dwflatt@163.com

以英语为主,兼顾俄、日、德、法等语言。在发表具有较高水平学术论文的同时,重视外语教学实践经验和外语普及方面的研究。设有语言研究、翻译研究、二语习得及应用、文学与批评研究、教学研究等栏目。读者对象为外语教学工作者。1985 年继承《外语学报》。

微波学报 = Journal of microwaves / 中国电子学会,
1988～
双月刊　　　　　　CLC：TN015
ISSN 1005-6122　　CN 32-1493/TN　28-328　BM7935
江苏省南京市 3918 信箱 110 分箱(210039)
编辑部电话：025-51821076
http://mw.ijournals.cn
njmicrowave@126.com

主要刊登内容有：电磁场理论及数值计算、微波元器件及电路、毫米波及亚毫米波技术、光波导与集成光学、天线理论与技术、电磁散射、微波集成电路与工艺、微波电磁兼容、微波在各领域的应用及有关交叉学科的学术论文和科研成果介绍。读者对象为从事微波理论和应用技术研究的研究所、高等院校、工厂、部队、医院,以及其他有关部门的科技人员和师生等。1988 年继承《微波》(1985～1987)。

微电子学 = Microelectronics / 四川固体电路研究所,
1971～
双月刊　　　　　　CLC：TN4
ISSN 1004-3365　　CN 50-1090/TN
重庆市南坪花园路 14 号 24 所(400060)
编辑部电话：023-62834360
http://www.microelec.cn
wdzx@sisc.com.cn,wdzx128@sina.com

刊载模拟集成电路、专用集成电路技术研究方面的内容。重点报道微电子器件与电路理论、设计技术、制造工艺、封装与测试技术、产品可靠性技术、基础材料、半导体设备等最新科研成果。读者对象为半导体和微电子技术研究人员、生产企业的技术人员以及高等院校相关专业师生。

微生物学报 = Acta microbiologica Sinica / 中国科学院微生物研究所,中国微生物学会,1953～
月刊　　　　　　CLC：Q93
ISSN 0001-6209　　CN 11-1995/Q　2-504　M67

北京市朝阳区北辰西路 1 号院 3 号中国科学院微生物研究所 B401(100101)
编辑部电话：010-64807516
http://journals.im.ac.cn/actamicrocn
actamicro@im.ac.cn

刊登普通微生物学,工业、农业、医学、兽医微生物学、病毒学,免疫学,以及与微生物学有关的生物工程等方面研究成果。应用机理研究涉及农业、食品、医药、化工轻工和能源环保等领域。设有综述、研究报告、人体微生物、分离培养新技术等栏目。读者对象为从事微生物学研究及与微生物学有关科研人员、管理人员和大专院校师生。

微生物学通报 = Microbiology China / 中国科学院微生物研究所,中国微生物学会,1974～
月刊　　　　　　CLC：Q93
ISSN 0253-2654　　CN 11-1996/Q　2-817　M413
北京市朝阳区北辰西路 1 号院 3 号中国科学院微生物研究所(100101)
编辑部电话：010-64807511
http://journals.im.ac.cn/wswxtbcn
tongbao@im.ac.cn

报道微生物学应用基础研究及高新技术创新、应用,刊登内容涉及工业、环境、农业、食品、兽医、药物、医学微生物学,微生物蛋白质组学、功能基因组、工程与药物、技术成果产业化研究,以及微生物学教学研究改革等诸多领域。设有研究报告、专论与综述、高校教改纵横、生物实验室等栏目。读者对象为微生物学及相关学科的科研工作者和大专院校师生。

微生物学杂志 = Journal of microbiology / 辽宁省微生物学会,中国微生物学会,辽宁省微生物科学研究院,1981～
双月刊　　　　　　CLC：Q93
ISSN 1005-7021　　CN 21-1186/Q　8-142　BM7901
辽宁省朝阳市双塔区龙山街四段 820 号(122000)
编辑部电话：0421-2914613
http://wswx.cnjournals.com
lnwswxh@126.com

刊载普通微生物学、工业微生物学、农业微生物学、医学微生物学、兽医微生物学、免疫学、食用菌学、生物工程学及各相关领域的研究论文和专题报道。设有研究报告、专题论述、教学与研究等栏目。主要读者对象为科研人员、大中专院校师生、企业人士、医生及生物学爱好者。

微体古生物学报 = Acta micropalaeontologica Sinica / 中国科学院南京地质古生物研究所,1984～

季刊　　　　　　　　CLC：Q913，P5
ISSN 1000-0674　　CN 32-1189/Q　28-110　Q5790
江苏省南京市北京东路 39 号(210008)
编辑部电话：025-83282122
http://www.nigpas.ac.cn
micropal@nigpas.ac.cn
刊登微体古生物学研究论文,国内外学术研究动态和
学术思想的讨论。介绍微体古生物学研究新方法、新技
术及重要古生物论著的简介和评述。读者对象为相关
学科科研人员及大专院校师生。

卫生经济研究 = Health economics research / 浙江省
　　人民医院，1985～
月刊　　　　　　　　CLC：R19
ISSN 1004-7778　　CN 33-1056/F　M7321
浙江省杭州市大学路 91 号(310009)
编辑部电话：0571-87047596
http://www.wsjjyj.com
wsjjyjzz@126.com
研究卫生经济学理论,报道卫生经济学术动态,交流
卫生经济管理、实践经验。设有聚焦医改、理论视野、公
立医院改革、医院管理、医保天地、成本与费用、财务与
审计、价格与补偿、药械管理、公共卫生、他山之石、健康
政策等栏目。读者对象为卫生经济理论研究者和实际
工作者。1985 年继承《浙江卫生经济研究》。

卫生研究 = Journal of hygiene research / 中国疾病预
　　防控制中心，1972～
双月刊　　　　　　　CLC：R1
ISSN 1000-8020　　CN 11-2158/R　82-720
北京市西城区南纬路 29 号(100050)
编辑部电话：010-66237130,7264,7290
http://wsyj.cbpt.cnki.net
wsyj@ninh.chinacdc.cn
报道卫生领域里最新科研成果和科技动态,反映中国
卫生研究的最新动态。内容主要涉及营养与食品卫生、
劳动卫生与职业病、环境卫生、流行病及儿少卫生等卫
生学各个领域的研究成果论文及新进展综述。设有述
评、论著、调查研究、实验研究、实验报告、技术与方法和
综述等栏目,不定期开设专题。主要读者对象为在国家
重点实验室、科研院所、医学高等院校、疾控中心、监督
检测单位等从事卫生学研究工作的科技人员、专家、老
师和学生等。

文博 = Relics and museolgy / 陕西省文物局，1984～
双月刊　　　　　　　CLC：K87
ISSN 1000-7954　　CN 61-1009/K　52-74　BM784
陕西省西安市小寨东路 91 号(710061)

编辑部电话：029-62739171
zhongxinwenbo@126.com
刊登有关文物考古与博物馆事业方面的研究成果及
专题研究、田野考古调查、馆藏一级品的介绍与研究、文
物的科学保护与管理等。设有发现与研究、探讨·争
鸣、史迹考述、遗产保护、博物馆天地、文保科技、文物志
专题等栏目。读者对象为从事考古、文物、历史研究的
专家、学者和工作人员。

文史 = Studia Sinica / 中华书局有限公司，1962～
季刊　　　　　　　　CLC：K2
ISSN 0511-4713　　CN 11-1678/K　18-350　Q1694
北京市丰台区太平桥西里 38 号(100073)
编辑部电话：010-63263610
http://www.zhbc.com.cn
wenshi@zhbc.com.cn
发表有关中国历史、文学、哲学、语言文字等方面的
研究文章,注重资料和考证。读者对象为国内文史界和
国外汉学界的专家、学者。

文史哲 = Literature, history, and philosophy / 山东大
　　学，1951～
双月刊　　　　　　　CLC：C55
ISSN 0511-4721　　CN 37-1101/C　24-4　BM194
山东省济南市山大南路 27 号(250100)
编辑部电话：0531-88364666,1606
https://www.lhp.sdu.edu.cn
刊登哲学、史学、文学、政治学、经济学、法学等方面的
学术论文与综述,报道学术动态。侧重文、史、哲方面的
研究,设有中国社会形态问题、文史新考、当代学术纵
览、人文前沿、儒学研究、中国文论研究、思想史研究等
栏目。读者对象为人文社会科学研究人员、大专院校师
生和中学教师等。

文物 = Cultural relics / 文物出版社，1959～
月刊　　　　　　　　CLC：K87
ISSN 0511-4772　　CN 11-1532/K　2-27　M85
北京市东城区东直门内北小街 2 号楼(100007)
编辑部电话：010-84007075,7078
http://www.wenwu.com
wenwuyuekan@vip.163.com
报道国内文物考古的重大成果,刊载有关文物考古方
面的专题研究论文,介绍和研究我国的出土文物和传世
文物。主要栏目:考古新收获、研究与探索、简牍文书、
科技考古、博物藏珍、碑刻墓志、古代建筑、书画艺苑、古
邑名村等。读者对象为文物考古工作者、历史研究及教
学人员。1959 年继承《文物参考资料》(1950～1958)。

文物保护与考古科学 = Sciences of conservation and archaeology / 上海博物馆，1989～

双月刊　　　　　CLC：K87，G264

ISSN 1005-1538　　CN 31-1652/K　4-699　SA6803

上海市徐汇区龙吴路 1118 号（200231）

http://www.wwbhkgkx.net

wwbhykgkx@163.com

刊登文物保护、文物研究、文物修复、科技考古及相关领域的研究论文、应用成果、综述文章和相关信息。读者对象为文物保护和修复部门的科研、技术和管理人员，传统工艺研究人员，以及考古工作者、文物爱好者和相关专业院校师生。

文献 = The documentation / 国家图书馆，1979～

双月刊　　　　　CLC：K207.8，G2

ISSN 1000-0437　　CN 11-1588/G2　2-272　Q774

北京市中关村南大街 33 号（100081）

http://www.nlc.cn/publish

wenxian@nlc.cn

旨在从文献学的角度，促进和繁荣我国传统文化及研究事业。披露国家图书馆和其他公私典藏具有重要参考价值的各种古、近代文献资料及研究成果（包括珍本秘籍，罕见抄本，异本，名人佚稿、序跋、信札、墨迹，稀见方志、舆图、谱牒、档案、文告、甲骨金石、彝器铭文、汉简、敦煌遗卷、佛道藏经、少数民族文献等），发表古典文学、史学、古文献学及训诂学方面的研究论文。设有甲骨文献研究、写本文献研究、石刻文献研究、稿抄本研究、历史文献研究、中外文化交流等栏目。读者对象为史学、汉学研究人员，大专院校文史专业师生。

文学评论 = Literary review / 中国社会科学院文学研究所，1959～

双月刊　　　　　CLC：I206

ISSN 0511-4683　　CN 11-1037/I　2-26　BM24

北京市建国门内大街 5 号（100732）

编辑部电话：010-85195452

http://wxpl.ajcass.org

发表有关中国文学与中国文论、外国文论研究方面的论文，促进我国文学理论学说和体系的建设。主要栏目：评论专辑、马克思主义文评、综述、特稿等。读者对象为作家、文艺理论工作者及高校文科师生。1959 年继承：《文学研究》（1957～1958）。

文学遗产 = Literary heritage / 中国社会科学院文学研究所，1980～

双月刊　　　　　CLC：I206

ISSN 0257-5914　　CN 11-1009/I　80-438　BM628

北京市建国门内大街 5 号（100732）

编辑部电话：010-85195453

http://wxyc.ajcass.org

wxyc-wx@cass.org.cn

发表有关中国古代文学的原创性研究论文，弘扬民族优秀文化传统。内容包括：有关古典文学理论和各时代作家作品的研究，古典文学文献资料的考据及研究整理，古典文学与其他学科的比较研究、交叉研究，以及海内外学界动态和学术活动报道。主要栏目：学术专题、学术信息、读书札记、学术广角等。读者对象为古典文学研究工作者、高等院校相关专业师生、文化事业单位专业人员以及古典文学爱好者。

文艺理论研究 = Theoretical studies in literature and art / 中国文艺理论学会，华东师范大学，1980～

双月刊　　　　　CLC：I206

ISSN 0257-0254　　CN 31-1152/I　4-323　BM375

上海市中山北路 3663 号（200062）

编辑部电话：021-62232881

http://wyll.cbpt.cnki.net

tsla@vip.126.com

研究探讨中外文学创作和文艺理论方面的问题，介绍国内外最新文艺思潮及各学派观点、动态。主要栏目：现当代文论与批评、古代文论与古代文学的理论研究、西方文论、美学研究、西方文论与文学史研究、专题等。主要读者对象为中外文学研究和文艺理论工作者、大专院校文学专业师生及广大文学爱好者。

文艺理论与批评 = Theory and criticism of literature and art / 中国艺术研究院，1986～

双月刊　　　　　CLC：I206

ISSN 1002-9583　　CN 11-1581/J　82-205　BM546

北京市朝阳区惠新北里甲 1 号（100029）

编辑部电话：010-64935584

wenliping1986@126.com

开展文艺批评及文艺理论研究，尤其注重对当代中国以及世界的文艺作品、文艺现象、文艺思潮和理论的研究和评论。主要栏目：美术作品、数字人文、民族、国家与图像、新媒介、当代观察、作家作品研究、当代文艺评论、中外文艺交流、理论探索、商讨与争鸣、目的论坛等。读者对象为文艺理论工作者、文科院校师生、作家、艺术家和文艺评论家。

文艺研究 = Literature & art studies / 中国艺术研究院，1976～

月刊　　　　　CLC：I206

ISSN 0257-5876　　CN 11-1672/J　2-25　M163

北京市朝阳区惠新北里甲 1 号（100029）

编辑部电话：010-64935587,64934162,64974775

wyyj01@sina.com,wyyj02@sina.com,wyyj03@sina.com,wyyj04@sina.com

发表文艺学、美学、艺术理论方面的论文,探讨古今中外文学艺术领域中的重要问题,介绍、研究、评论各个不同历史时期的文化艺术学派,反映中外文化艺术理论研究状况及发展趋势,注重分析当前我国文艺发展中出现的新情况、新问题。涉及文学艺术的一般理论(美学文艺学)研究,文学、戏剧、影视、造型艺术等部门艺术理论和创作实践研究,外国文艺理论、文艺思潮、文艺流派的研究等内容。读者对象为文化艺术团体的文艺工作者、大专院校相关专业师生、文学艺术研究工作者及文艺爱好者。

文艺争鸣 / 吉林省文学艺术界联合会,2014～

月刊　　　　　　CLC：I206

ISSN 1003-9538　CN 22-1031/I　12-99

吉林省长春市自由大路 509 号(130021)

编辑部电话：0431-85643867

http://www.wenyizhengming.com

ccwang1964@163.com

以新观点、新方法、新材料为主题,坚持"期期精彩、篇篇可读"的理念,注重扶持国内有影响力的中青年理论家和批评家。关注人文学者的思想和学术动态,以及他们的最新研究成果和发现,讨论当前文艺创作、文艺思想、文艺研究中的各种问题。主要栏目：视野、评论、史论、理论、视像、随笔体、当代文学六十年、诗论、视点等。读者对象为文艺理论工作者和大专院校文科专业师生。2014 年继承：《文艺争鸣. 理论综合版》(2007～2014)。

无机材料学报 = Journal of inorganic materials / 中国科学院上海硅酸盐研究所,1986～

月刊　　　　　CLC：TB321,TQ17,O4

ISSN 1000-324X　CN 31-1363/TQ　4-504　BM1365

上海市和硕路 585 号(201899)

编辑部电话：021-69906267

http://www.jim.org.cn

jim@mail.sic.ac.cn

主要报道先进无机材料领域的阶段成果和总结性成果,内容包括结构陶瓷材料、信息功能材料、能源与环境材料、生物材料等领域的研究成果,以及相关材料的制备新工艺和新性能检测方法等。设有综述、研究论文和研究快报(英文)等栏目。主要读者对象为相关学科的科技工作者、大专院校师生等。1986 年继承：《新型无机材料》(1972～1984)。

无机化学学报 = Chinese journal of inorganic chemistry / 中国化学会,1989～

月刊　　　　　CLC：O61

ISSN 1001-4861　CN 32-1185/O6　28-133　M3118

江苏省南京市南京大学仙林校区化学楼(210023)

编辑部电话：025-83592307

http://www.wjhxxb.cn

wjhx@nju.edu.cn

报道我国无机化学及相关学科领域基础理论与应用研究成果,刊登学术论文、研究简报和综述性文章。内容涉及固体无机化学、配位化学、无机材料化学、生物无机化学、有机金属化学、理论无机化学、超分子化学、应用无机化学、催化等方面,着重报道新的和已知化合物的合成、热力学、动力学性质、谱学、结构和成键等。读者对象为无机化学领域的科技工作者、高等院校师生。1989 年继承：《无机化学》(1985～1988)。

无机盐工业 = Inorganic chemicals industry / 中海油天津化工研究设计院有限公司,中海油炼油化工科学研究院(北京)有限公司,中国化工学会无机酸碱盐专业委员会,1960～

月刊　　　　　CLC：TQ11

ISSN 1006-4990　CN 12-1069/TQ　6-23　4588MO

天津市红桥区丁字沽三号路 85 号(300131)

编辑部电话：022-26689297,26658343

http://www.wjygy.com.cn,http://journal01.magtech-journal.com/journalx_wjygy

book@wjygy.com.cn

报道我国无机化工产品科研与生产情况、最新科技成果、发展趋势、市场动向、行业重要活动等。设有综述与专论、研究与开发、工业技术、环境·健康·安全、化工分析与测试、催化材料、综合信息等栏目。读者对象为从事无机盐生产、科研、经营、管理工作的科技人员、技术工人、管理干部及专业院校师生。

无线电通信技术 = Radio communications technology / 中国电子科技集团公司第五十四研究所,1972～

双月刊　　　　　CLC：TN92

ISSN 1003-3114　CN 13-1099/TN　18-149　BM8266

河北省石家庄市中山西路 589 号(050081)

编辑部电话：0311-86924954

http://www.cti.ac.cn,https://www.wxdt.cbpt.cnki.net

ctibjb@163.com

2023 年起主办单位名为中国电科网络通信研究院(中国电子科技集团公司第五十四研究所)。报道通信系统与网络热点技术、通信领域学术与技术应用成果等内容。设有通信系统与网络技术、信息传输与接入技术、工程实践及应用技术等栏目。读者对象为学习和从事无线电通信技术的广大科研工作者、大专院校师生、军队和企事业等单位的相关技术人员。

武汉大学学报. 工学版 = Engineering journal of Wuhan University / 武汉大学，2001～
月刊　　　　　　　CLC：T
ISSN 1671-8844　CN 42-1675/T　38-18　BM5197
湖北省武汉市珞珈山(430072)
编辑部电话：027-68755516,2082
http://www.wsdd.cbpt.cnki.net
ejwhu@whu.edu.cn
主要刊登水利水电、土木建筑、电气工程、动力与机械、计算机工程等学科的最新研究成果,在水利水电与土木工程方面尤具特色。读者对象为相关专业高等院校师生、科研人员和工程技术人员。2001 年继承:《武汉水利电力大学学报》(1993～2000)。

武汉大学学报. 理学版 = Journal of Wuhan University. Natural science edition / 武汉大学，2001～
双月刊　　　　　　CLC：N55
ISSN 1671-8836　CN 42-1674/N　38-8　BM312
湖北省武汉市珞珈山(430072)
编辑部电话：027-68756952
http://xblx.whu.edu.cn
whdz@whu.edu.cn
主要反映自然科学各个领域的最新研究成果。设有环境科学、生物学、化学、计算机科学、数学、材料学、信息安全、物理学等栏目。读者对象为科研工作者及理工科高等院校师生。2001 年继承:《武汉大学学报. 自然科学版》(1973～2000)。

武汉大学学报. 信息科学版 = Geomatics and information science of Wuhan University / 武汉大学，2001～
月刊　　　　　　　CLC：P2
ISSN 1671-8860　CN 42-1676/TN　38-317　MO1555
湖北省武汉市珞珈山武汉大学本科生院北楼 5 楼(430072)
编辑部电话：027-68778045,8465
http://ch.whu.edu.cn
whuxxb@vip.163.com
主要刊登有关摄影测量、遥感技术与应用、地图学与地理信息系统、卫星大地测量、物理大地测量与地球动力学、测绘工程、图形图像学等学科及相关学科的学术论文。主要读者对象是测绘及相关专业高校师生、工程技术和管理人员。2001 年继承:《武汉测绘科技大学学报》(1986～2000)。

武汉大学学报. 哲学社会科学版 = Wuhan University journal. Philosophy & social sciences / 武汉大学，2004～
双月刊　　　　　　CLC：C55
ISSN 1672-7320　CN 42-1071/C　38-7　BM300
湖北省武汉市武昌区珞珈山(430072)
编辑部电话：027-68754203
http://www.wujhss.whu.edu.cn
刊载马克思主义中国化、政治学、公共管理学、法学、经济学、管理学、社会学、教育学、文学等方面研究的学术性文章。读者对象为哲学社会科学工作者及大专院校师生。2004 年继承:《武汉大学学报. 社会科学版》(2001～2003)。

武汉金融 = Wuhan finance / 中国金融学会,《武汉金融》杂志社，2000～
月刊　　　　　　　CLC：F83
ISSN 1009-3540　　　CN 42-1593/F
湖北省武汉市武昌区中南路 69 号(430071)
编辑部电话：027-87327462
http://yhqy.cbpt.cnki.net
报道金融行业动态,研究金融理论与实践问题,包括金融体制改革、宏观调控、货币政策以及金融市场对企业的影响等方面。辟有卷首语、专家视点、货币政策研究、投资证券保险、金融市场、金融监管、金融实践、农村金融等栏目。读者对象为金融机构决策层、高级管理人员及从业人员、企业家、财经院校师生、财会人员。2000年继承:《银行与企业》(1984～1999)。

武汉科技大学学报 = Journal of Wuhan University of Science and Technology / 武汉科技大学，2008～
双月刊　　　　　　CLC：T
ISSN 1674-3644　　　CN 42-1608/N
湖北省武汉市青山区(430081)
编辑部电话：027-68862620,2317
http://wkdxb.wust.edu.cn
wkdzrxb@wust.edu.cn
刊登冶金工程、冶金材料科学、冶金机械工程及自动化、信息科学与控制、化学工程、计算机科学、建筑工程、环境工程以及基础理论研究等学科的研究成果和学术论文。主要读者对象是科研机构的研究人员和理工科高等院校师生。2008 年继承:《武汉科技大学学报. 自然科学版》(2000～2008)。

武汉体育学院学报 = Journal of Wuhan Sprots University / 武汉体育学院，1988～
月刊　　　　　　　CLC：G8
ISSN 1000-520X　CN 42-1105/G8　38-234
湖北省武汉市洪山区珞喻路 461 号(430079)
编辑部电话：027-87192147

http://xuebao. whsu. edu. cn

wtxb@chinajournal. net. cn

反映体育科学的最新学术研究成果,刊登学术论文、译文和文献综述。辟有体育人文社会学、体育产业与市场开发、体育法学、运动人体科学、武术与民族传统体育、体育教育训练学等栏目。主要读者对象为体育院校师生、教练员、运动员和体育科研工作者。1988 年继承:《武汉体院学报》(1977~1987)。

物理 = Physics / 中国物理学会,中国科学院物理研究所,1972~

月刊　　　　　CLC:O4

ISSN 0379-4148　　CN 11-1957/O4　2-805　MO51

北京市中关村南三街 8 号中国科学院物理所(北京市 603 信箱)(100190)

编辑部电话:010-82649029,9277

http://wuli. iphy. ac. cn,http://www. wuli. ac. cn

physics@iphy. ac. cn

报道物理学各学科,以及相关学科前沿热点领域的研究背景、最新动态和发展前景。读者对象为物理学及其交叉学科(如化学、材料学、生命科学、信息技术、医学等)的研究人员、教师、技术开发人员、科研管理人员、研究生和大学生,以及关注物理学发展的读者。

物理化学学报 = Acta physico-chimica Sinica / 中国化学会,北京大学,1985~

月刊　　　　　CLC:O64,O4

ISSN 1000-6818 CN 11-1892/O6　82-163　1443-MO

北京市海淀区北京大学化学楼(100871)

编辑部电话:010-62751724,6388

http://www. whxb. pku. edu. cn

whxb@pku. edu. cn

报道化学学科、物理化学领域研究成果,以及国内外研究进展和发展动向,发表物理化学研究热点和前沿课题综述。设有亮点、综述、论文、专论等栏目。读者对象为化学及相关专业科研人员,高等院校师生、企业研发人员。

物理教师 = Physics teacher / 苏州大学,2012~

月刊　　　　　CLC:G633.7

ISSN 1002-042X　CN 32-1216/O4　28-77

江苏省苏州市苏州大学(215006)

编辑部电话:0512-65113303,2379

http://physicsteacher. suda. edu. cn

wljs@suda. edu. cn

中国教育学会物理教学专业委员会会刊。设有教育理论研究、教材与教法、初中园地、物理实验、问题讨论、高考命题研究、现代教学技术、物理·技术·社会、物理

学家和物理学史、复习与考试、竞赛园地等栏目。读者对象为物理教师。2012 年由《物理教师. 教学研究版》(2011)和《物理教师. 初中版》(2008~2011)合并而成。

物理教学 = Physics teaching / 中国物理学会,1958~

月刊　　　　　CLC:G633.7

ISSN 1002-0748　CN 31-1033/G4　4-284　M356

上海市中山北路 3663 号(华东师范大学物理与电子科学学院内)(200062)

编辑部电话:021-62232813

http://wljx. ecnu. edu. cn

wljx@phy. ecnu. edu. cn

主要栏目有专论、教学论坛、物理实验室、初中园地、教研员论坛、命题与解题、高考与竞赛、生活与物理等。读者对象为各师范院校、教育院校、教师进修院校相关专业的师生及中学物理教师。

物理学报 = Acta physica Sinica / 中国物理学会,中国科学院物理研究所,1953~

半月刊　　　　　CLC:O4

ISSN 1000-3290　　CN 11-1958/O4　2-425　M52

北京市 603 信箱(100190)

编辑部电话:010-82649829,9360,9241,9815

http://wulixb. iphy. ac. cn

apsoffice@iphy. ac. cn

报道我国物理学界研究成果,主要刊登包括凝聚态物理和材料物理,原子分子物理和光物理,统计物理、非线性物理,等离子体物理,粒子物理与核物理,物理学交叉学科等研究成果。读者对象为相关学科科研技术人员及高等院校师生。1953 年继承:《中国物理学报》(1933~1951)。

物理学进展 = Progress in physics / 中国物理学会,1981~

双月刊　　　　　CLC:O4

ISSN 1000-0542　　CN 32-1127/O4　28-55

江苏省南京市南京大学(210093)

编辑部电话:025-83592484

http://pip. nju. edu. cn

wlxjz@nju. edu. cn

介绍物理学各分支学科的进展,刊登综述性的评论文章和最新的研究成果。读者对象为在高校和研究所从事科学研究及教学工作的专业工作者和在校研究生及高年级的大学生等。

西安电子科技大学学报 = Journal of Xidian University / 西安电子科技大学,1988~

双月刊　　　　　CLC:TN

ISSN 1001-2400   CN 61-1076/TN   BM4116

陕西省西安市太白南路 2 号 349 信箱(710071)

编辑部电话：029-88202853

http://journal_xdxb. xidian. edu. cn

xuebao@mail. xidian. edu. cn

主要刊登信息与通信工程、电子科学与技术、计算机科学与技术、网络空间安全、人工智能、机械工程、电气工程、控制科学与工程、仪器科学与技术、光学工程、材料科学与工程、空间科学与技术、生物医学工程、应用数学(应用于电子科学方面)、密码学、无线电物理，以及有关交叉学科等领域的有创见、有参考价值的学术论文。读者对象为相关专业的科技人员和高等院校师生。1988 年继承：《西北电讯工程学院学报》(1974～1988)。

西安建筑科技大学学报. 自然科学版 = Journal of Xi' an University of Architecture & Technology. Natural science edition / 西安建筑科技大学，1999～

双月刊   CLC：TU,T

ISSN 1006-7930   CN 61-1295/TU

陕西省西安市雁塔路 13 号(710055)

编辑部电话：029-82202912,2702

http://jdxb. xauat. edu. cn

jzkjdz@163. com

报道建筑与土木工程、城规与市政工程及相关的交叉学科、新兴学科、边缘学科等领域具有创新性及重要意义的基础研究与应用研究。主要栏目有建筑学、土木工程技术、环境与市政工程、电子计算机、管理工程、自然科学基础、材料工程、冶金技术等。读者对象为相关专业大专院校师生、科研人员和工程技术人员。1999 年继承：《西安建筑科技大学学报》(1995～1998)。

西安交通大学学报 = Journal of Xi' an Jiaotong University / 西安交通大学，1960～

月刊   CLC：T

ISSN 0253-987X   CN 61-1069/T   52-53   BK61007

陕西省西安市咸宁西路 28 号西安交通大学学报编辑部(710049)

编辑部电话：029-82668504

http://zkxb. xjtu. edu. cn

xuebao@mail. xjtu. edu. cn，xuebao@xjtu. edu. cn

主要反映西安交通大学在科学技术各领域的基础理论与应用研究成果，兼发校外专家学者的稿件。主要登载机械、能源、动力、工程力学、电气、材料、电子、信息与控制、计算机等学科，以及化学工程、生物医学工程、建筑、管理工程、数学、物理等学科方向的最新研究成果，重点突出机电特色。读者对象为相关专业院校科研、教学和工程技术人员。

西安交通大学学报. 社会科学版 = Journal of Xi' an Jiaotong University. Social sciences / 西安交通大学，1997～

双月刊   CLC：C55

ISSN 1008-245X   CN 61-1329/C   52-259   C2294

陕西省西安市咸宁西路 28 号(710049)

编辑部电话：029-82663982,8207

http://skxb. xjtu. edu. cn

skxb@xjtu. edu. cn

主要反映西安交通大学师生在人文社会科学领域的研究成果。内容涵盖政治、哲学、法律、经济、社会、管理、教育、语言、文学、艺术等学科。辟有经济与管理研究、社会问题研究、城乡发展研究、文化与传播研究、人工智能法治研究等栏目。读者对象为哲学社会科学工作者及大专院校师生。1997 年继承：《西安交大教育研究》(1981～1996)。

西安交通大学学报. 医学版 = Journal of Xi' an Jiaotong University. Medical sciences / 西安交通大学，2002～

双月刊   CLC：R

ISSN 1671-8259   CN 61-1399/R   52-39   BM894

陕西省西安市雁塔西路 76 号(710061)

编辑部电话：029-82655412

http://yxxb. xjtu. edu. cn

jdyxb@vip. 163. com

设有专家述评、专题研究、基础研究、临床研究、公共卫生研究、技术方法研究、中医药研究、专家综述、研究简报、商榷与讨论、医苑雅兴等栏目。读者对象为医学院校的教师、研究生、博士生，医学研究机构的专业研究人员以及临床医生等。2002 年继承：《西安医科大学学报》(1986～2002)。

西安科技大学学报 = Journal of Xi' an University of Science and Technology / 西安科技大学，2004～

双月刊   CLC：T,TD

ISSN 1672-9315   CN 61-1434/N

陕西省西安市雁塔中路 58 号(710054)

编辑部电话：029-85583054

http://xkxb. cbpt. cnki. net

xkxb@xust. edu. cn

主要刊载矿业工程、地质工程、测量工程、材料科学、化学与化工、机械工程、电气自动化、通信工程、计算机科学与工程、矿业经济、基础科学等专业领域内具有创新性的学术论文和科研成果。读者对象为科技工作者和理工科大专院校师生。2004 年继承：《西安科技学院学报》(2000～2004)。

西安理工大学学报 = Journal of Xi' an University of

Technology / 西安理工大学，1994～

季刊 CLC：N55

ISSN 1006-4710 CN 61-1294/N

陕西省西安市金花南路 5 号(710048)

编辑部电话：029-82312403

https：//xuebao. xaut. edu. cn

xb@mail. xaut. edu. cn

关注科学技术领域的理论问题和实际问题，主要刊发生态与环保、自动化与信息工程、经济与管理、理学、机械与精密仪器工程、水利水电等学科的科研论文。主要读者对象为理工科高等院校师生及科研院所的研究人员和工程技术人员。1994 年继承：《陕西机械学院学报. 自然科学版》(1987～1993)。

西安石油大学学报. 自然科学版 ＝ Journal of Xi'an Shiyou University. Natural science edition / 西安石油大学，2004～

双月刊 CLC：TE，T

ISSN 1673-064X CN 61-1435/TE

陕西省西安市电子二路 18 号(710065)

编辑部电话：029-88382326

http：//xasy. cbpt. cnki. net

xbzr@xsyu. edu. cn

报道石油与天然气类理论、技术、研究进展等。主要栏目有地质与勘探、钻井工程、油气田开发与开采、油气储运、油气田化学工程、石油机械设备及自动化、智慧油气田、新能源等。读者对象为石油工业科技工作者和专业院校师生。2004 年继承：《西安石油学院学报. 自然科学版》(1986～2003)。

西安体育学院学报 ＝ Journal of Xi'an of Physical Education University / 西安体育学院，1984～

双月刊 CLC：G8

ISSN 1001-747X CN 61-1198/G8 52-270 BM2290

陕西省西安市含光北路 65 号(710068)

编辑部电话：029-88409583

http：//www. xaty. cbpt. cnki. net

xtxuebao@163. com，xtxuebao@qq. com

发表体育科研、训练和教学等方面的研究成果和学术论文。主要栏目：新视野新观点、专题研究、体育法律理论与实践、体育人文社会学、民族传统体育、运动人体科学与应用心理学、体育教育训练学等。读者对象为体育院校师生、体育科研工作者、教练员及运动员。

西安外国语大学学报 ＝ Journal of Xi'an International Studies University / 西安外国语大学，2007～

季刊 CLC：H3

ISSN 1673-9876 CN 61-1457/H 52-181

陕西省西安市长安南路 437 号(710061)

编辑部电话：029-85309400

http：//xwxb. xisu. edu. cn

xisuxb@163. com

以外语研究为主。设有汉外语言文化对比研究、语言学研究、外语教学与二语习得研究、翻译研究、语言学与语言研究、翻译理论与实践等栏目。读者对象为外语研究工作者和外语院校师生。2007 年继承：《西安外国语学院学报》(1993～2006)。

西北大学学报. 哲学社会科学版 ＝ Journal of Northwest University. Philosophy and social sciences edition / 西北大学，1981～

双月刊 CLC：C55

ISSN 1000-2731 CN 61-1011/C 52-9 BM374

陕西省西安市太白北路 229 号(710069)

编辑部电话：029-88302242

http：//jnwu. nwu. edu. cn

weiguo@nwu. edu. cn，huoli@nwu. edu. cn，xbchp@nwu. edu. cn，zhaoqin@nwu. edu. cn，xbfd@nwu. edu. cn，xdxbsk@nwu. edu. cn

反映哲学社会科学研究成果，注重展示西部人文文化风采。发表哲学、法学、经济学、历史学、社会学、新闻传播学、公共管理学、文学、考古、语言学等基础研究和应用研究方面的学术论文。辟有历史研究、"三农"问题与乡村振兴、法学研究、经济研究、文学研究、艺术研究等栏目。主要读者对象是社会科学工作者和文科院校师生。1981 年继承：《西北大学学报. 社会科学版》(1980)。

西北大学学报. 自然科学版 ＝ Journal of Northwest University. Natural science edition / 西北大学，1974～

双月刊 CLC：N55

ISSN 1000-274X CN 61-1072/N 52-10 1303BM

陕西省西安市太白北路 229 号(710069)

编辑部电话：029-88302822

http：//xdxbzk. nwu. edu. cn，http：//xbdz. cbpt. cnki. net

xdxbzr@nwu. edu. cn

反映西北大学理工科各院、系、所的科研成果，刊登自然科学与技术领域基础研究和应用研究方面的学术论文，报道学术动态。主要栏目：大陆与生命演化、文化遗产数字化保护、地球科学、能源化工系统安全、物理学等。读者对象为科技工作者、理工科高等院校师生及中等学校教师。1974 年继承：《西北大学学报. 自然科学》(1957～1959)。

西北地质 ＝ Northwestern geology / 中国地质调查局西安地质调查中心，中国地质学会，1980～

季刊　　　　　　　CLC：P5

ISSN 1009-6248　　CN 61-1149/P　52-285　Q2978

陕西省西安市友谊东路 438 号（710054）

编辑部电话：029-87821951

https://www.xbdz.net.cn

xbdzbjb@163.com

刊载地质科学及其相关领域的基础性、前瞻性、综合性、导向性、标志性和创新性研究成果,关注地学领域中的热点问题及边缘学科。内容主要有基础地质、矿产地质、能源地质、水文地质、工程地质、环境地质、生态地质、地质灾害、城市地质、遥感地质、地球物理、地球化学、地质大数据分析与挖掘等研究成果。读者对象为地质科学及相关领域科技工作者及院校师生。2023 年起改为双月刊。1980 年继承:《西北地质科技情报》(1965～1979);2001 年吸收:《西北地质科学》(1992～2000)。

西北工业大学学报 ＝ Journal of Northwestern Polytechnical University / 西北工业大学,1957～

双月刊　　　　　　CLC：T

ISSN 1000-2758　　CN 61-1070/T　52-182　BM913

陕西省西安市碑林区友谊西路 127 号(710072)

xuebao@nwpu.edu.cn

主要发表西北工业大学科研成果,包括航空航天、航海学科(专业)、热能工程、电子工程、自动控制工程、金属材料及热处理、高分子材料、机械学与机械制造工程、检测技术与仪器、计算机应用与软件、信息系统工程、工业企业管理等方面的学术论文和技术报告。读者对象为航空航天、自动控制、机械、电子、计算机等领域的科研人员和理工科高等院校师生。1957 年继承:《西安航空学院学报》(1955～195?)。

西北林学院学报 ＝ Journal of Northwest Forestry University / 西北农林科技大学,1984～

双月刊　　　　　　CLC：S7

ISSN 1001-7461　　CN 61-1202/S　52-99　BM5621

陕西省杨凌区邰城路 3 号(712100)

编辑部电话：029-87082059

http://www.xblxb.cn

xlxb@vip.163.com

主要刊登森林生物学、林木遗传育种与培育、森林资源与保护、森林经理与遥感技术、森林环境与水土保持、林产化学、林业机械、木林科学与木材加工、园林绿化与设计、林业经济与林业法规,以及其他学科在林学上的应用等方面的科技学术论文。读者对象为林业院校师生、林业科技工作者及相关部门的专业技术干部。

西北民族大学学报. 哲学社会科学版 ＝ Journal of

Northwest Minzu University. Philosophy and social sciences / 西北民族大学,2003～

双月刊　　　　　　CLC：C55,C95

ISSN 1001-5140　　CN 62-1185/C　Q908

甘肃省兰州市西北新村 1 号(730030)

编辑部电话：0931-2938091

http://xbmz.chinajournal.net.cn

xbmz0931@sina.com

刊载民族学、宗教学,以及西北各少数民族的经济、历史、语言、法治建设、文学等为主要内容的学术研究。设有民族学、民族宗教研究、人类学、宗教与藏学研究、历史、文学与艺术、边疆研究、经济与法律、哲学与教育、民族社会研究、语言学等栏目。读者对象为民族学研究人员和民族工作者。2003 年继承:《西北民族学院学报.哲学社会科学版》(1981～2003)。

西北民族研究 ＝ Northwestern journal of ethnology / 西北民族大学,1986～

季刊　　　　　　　CLC：C95,K28,D633

ISSN 1001-5558　　CN 62-1035/D　54-181　BM1090

甘肃省兰州市西北新村 1 号西北民族大学院内(730030)

编辑部电话：0931-2938256

http://saga.cbpt.cnki.net,https://www.xbmu.edu.cn/xbmzyj

xbmz55@163.com

刊载史地学、文献学、民族学、人类学、社会学、语言学、宗教学、民俗学,以及人口较少民族口头传统研究的成果。设有铸牢中华民族共同体意识研究、互联网时代的民俗学研究、人类学、民俗学与文化遗产、乡村治理、民族史与边疆学等栏目。读者对象为民族学研究人员、民族工作者及相关专业院校师生。2022 年起改为双月刊,并列题名改为:Journal of northwestern ethnic studies。

西北农林科技大学学报. 社会科学版 ＝ Journal of Northwest A&F University. Social science edition / 西北农林科技大学,2001～

双月刊　　　　　　CLC：F3,C55

ISSN 1009-9107　　CN 61-1376/C　52-254

陕西省杨凌市西北农林科技大学北校区 34 信箱(712100)

编辑部电话：029-87092606

http://www.xnxbs.net

主要刊登有关农业经济及对农村的研究论文。主要栏目:"三农"问题研究、农业经济与管理、农业经营主体研究、乡村治理、乡村社会、农村电商、农村社会保障、粮食安全、农村社会、历史文化等。读者对象为相关专业科研人员和大专院校师生。

西北农林科技大学学报. 自然科学版 = Journal of Northwest A & F University. Natural science edition / 西北农林科技大学，2001～

月刊　　　　CLC：S

ISSN 1671-9387　CN 61-1390/S　52-82　M8146

陕西省杨凌市西北农林科技大学北校区 40 号信箱（712100）

编辑部电话：029-87092511

http://www.xnxbz.net

xnxbz@nwafu.edu.cn

主要刊登农业科学、林业科学、植物保护、资源环境科学、园艺科学、动物科学、动物医学、食品科学、农田水利与建筑工程、机械与电子工程、葡萄与葡萄酒、生物技术等方面的学术研究成果。读者对象为国内外农林科技工作者、高等院校教师、研究生和农林管理干部。2001年继承:《西北农业大学学报》(1986～2000)。

西北农业学报 = Acta agriculturae boreali-occidentalis Sinica / 西北农林科技大学，甘肃、宁夏、青海、新疆农（林）业科学院，青海、新疆畜牧（兽医）科学院及新疆农垦科学院，1992～

月刊　　　　CLC：S

ISSN 1004-1389　CN 61-1220/S　52-111　Q4380

陕西省杨凌区邰城路 3 号大铁 10 号信箱（712100）

编辑部电话：029-87082760，2010

http://xbnyxb.alljournals.cn/ch/index.aspx

1330659401@qq.com

主要刊登农学、林学、植（森）保、园艺、土壤肥料、节水灌溉、旱地农业、食品加工、储藏、保鲜、畜牧兽医、农业机械、农田水利等学科在基础理论研究和应用技术理论研究方面的学术论文、科研成果以及研究简报等。读者对象为农林牧业科技人员、农业院校师生及农业科技管理人员等。

西北人口 = Northwest population journal / 兰州大学（西北人口研究所），1980～

双月刊　　　　CLC：C92

ISSN 1007-0672　CN 62-1019/C　54-68　BM6065

甘肃省兰州市城关区天水南路 222 号（730000）

编辑部电话：0931-8912629

http://www.xbrklzu.com

xbrk@qq.com

刊登我国当前人口发展与经济改革、社会进步、环境保护、民族素质提高等具有现实意义的重大问题研究论文，并探索科学而实用的具体对策与措施。主要设有人口与发展、西部人口、人口与经济、人口与社会、人口老龄化与社会保障等重点栏目。读者对象为人口、经济、社会学方面的研究与教学工作者，人口管理工作者。

西北师大学报. 社会科学版 = Journal of Northwest Normal University. Social sciences / 西北师范大学，1989～

双月刊　　　　CLC：C55

ISSN 1001-9162　CN 62-1086/C　54-15　BM191

甘肃省兰州市安宁区安宁东路 967 号（730070）

编辑部电话：0931-7971692

http://www.nwnu.edu.cn

sdxbs@nwnu.edu.cn

反映我国学者在人文社会科学各领域的研究成果，内容涉及哲学、东方学、文学、语言学、政治学、经济学、历史学、法学、教育学、心理学、民族学，以及文化、艺术、民族教育、西北问题研究等方面。读者对象为社会科学工作者及文科院校师生。1989 年继承:《西北师院学报.社会科学版》(1982～1988)。

西北植物学报 = Acta botanica boreali-occidentalia Sinica / 西北农林科技大学，陕西省植物学会，1985～

月刊　　　　CLC：Q94

ISSN 1000-4025　CN 61-1091/Q　52-73　M5897

陕西省杨凌市邰城路 3 号西北农林科技大学（712100）

编辑部电话：029-87082936

http://xbzwxb.alljournal.net

xbzwxb@nwsuaf.edu.cn

刊登有关植物遗传育种学、分子生物学、植物基因工程、植物解剖学、植物分类学、植物生理生化、药用植物成分分析、植物群落生态学、生物多样性、植被演替、植物区系等方面学术论文、研究报告、研究综述与研究快报等。主要栏目有研究报告、植物新类群与新分布、研究技术与方法、研究综述与论坛等。读者对象为植物学、农林科学、环境科学等学科研究人员和大专院校师生，以及植物保健品和药品研究开发的相关人员。1985年继承:《西北植物研究》(1981～1984)。

西部林业科学 = Journal of West China forestry science / 云南省林业和草原科学院，2004～

双月刊　　　　CLC：S7

ISSN 1672-8246　CN 53-1194/S

云南省昆明市盘龙区蓝桉路 2 号（650201）

编辑部电话：0871-65151502

http://xblykx.paperopen.com

jwcfs@vip.163.com

主要刊登林业各专业的科学试验研究报告、学术论文、综合评述等方面的科技文章，含造林、林木育种、森林经营、经济林果、森林保护、森林生态、森林经理、森林工业、林产品加工与利用、森林经济、林业应用基础等专业内容。读者对象为相关专业大中专院校师生、研究院所科研人员和现场科技工作者。2004 年继承:《云南林业科技》(1981～2003)。

西部论坛 = West forum / 重庆工商大学，2010～
双月刊　　　　　CLC：F127
ISSN 1674-8131　　CN 50-1200/C　78-110　BM5206
重庆市南岸区学府大道 19 号（400067）
编辑部电话：023-62769479
http://xbltzz.cbpt.cnki.net
westforum@vip.163.com
探讨中国经济理论和实践中的热点难点问题。设有
数智化、数字治理与经济转型升级，技术进步与创新驱
动发展，现代化经济体系与新发展格局，高水平社会主
义市场经济体制，城乡融合发展与全面推进乡村振兴，
"双碳"目标与绿色低碳发展等栏目。读者对象为经济
理论工作者和相关专业院校师生。2010 年继承：《重庆工
商大学学报．西部论坛》（2004～2009）。

西部人居环境学刊 = Journal of human settlements in
West China / 重庆大学，2013～
双月刊　　　　　CLC：TU238
ISSN 2095-6304　　CN 50-1208/TU　78-99
重庆市沙坪坝区沙北街 83 号重庆大学 B 区建筑城规
学院（400045）
编辑部电话：023-65122667
http://www.hsfwest.com
hsfwest@126.com
报道建筑学、城乡规划、风景园林和建筑技术及相关
交叉学科领域的研究成果和学术动态。读者对象为城
市规划及建筑技术方面的工程技术与管理人员、相关专
业院校师生。2013 年继承：《室内设计》（1986～2013）。

西南大学学报．社会科学版 = Journal of Southwest Uni-
versity. Social sciences edition / 西南大学，2007～
双月刊　　　　　CLC：C55
ISSN 1673-9841　　CN 50-1188/C　78-20　BM1181
重庆市北碚区天生路 2 号（400715）
编辑部电话：023-68254225，2538
http://xbbjb.swu.edu.cn,http://xbgjxt.swu.edu.cn
探讨社会主义建设和人文社会科学领域的理论与实
践问题。辟有哲学研究、政法与社会、经济与管理、教育
研究、心理研究、文学研究、历史研究等栏目。读者对象
为社会科学工作者及大专院校文科专业师生。2007 年
继承：《西南大学学报．人文社会科学版》（2007）。

西南大学学报．自然科学版 = Journal of Southwest Uni-
versity. Natural science edition / 西南大学，2007～
月刊　　　　　CLC：N55
ISSN 1673-9868　　CN 50-1189/N　78-166　BM4987
重庆市北碚区天生路 2 号（400715）
编辑部电话：023-68254576，2540

http://xbbjb.swu.edu.cn,http://xbgjxt.swu.edu.cn
主要刊登农业科学、生命科学、数理科学、地球科学等
方面的学术文章。设有专家特稿、农业与生命科学、数
理科学与化学、地球与环境科学、工程与信息技术、药
学、心理科学、经济研究等栏目。读者对象为相关领域
的科技工作者和高等院校师生。2007 年继承：《西南农
业大学学报．自然科学版》（2003～2006）。

西南交通大学学报 = Journal of Southwest Jiaotong U-
niversity / 西南交通大学，1977～
双月刊　　　　　CLC：T，U
ISSN 0258-2724　　CN 51-1277/U　62-104　BM853
四川省成都市（611175）
编辑部电话：028-66367562，6845
http://journals.swjtu.edu.cn
xbz@home.swjtu.edu.cn
主要刊登工类理论研究、应用研究、实验研究、学术
讨论等方面的学术论文以及科技信息报道。内容包括
铁道科学与技术、土木工程、机械工程、计算机科学、材
料科学、工程地质与测量、应用理科、运输及管理工程等
方面。读者对象为相关领域的科研人员、工程技术人
员、企业管理人员及理工科高等院校师生。1977 年继
承：《唐山铁道学院学报》（1954～1965）。

西南金融 = Southwest finance / 四川省金融学会，1999～
月刊　　　　　CLC：F83
ISSN 1009-4350　　CN 51-1587/F
四川省成都市二环路南二段 15 号（中国人民银行成
都分行大楼内）（610041）
编辑部电话：028-85261534，1271
https://scjr.cbpt.cnki.net
scjr@chinajournal.net.cn
研究探讨我国，特别是西南地区经济金融发展与改革
中的问题，交流学术思想，宣传金融政策，指导金融业
务。设有政策研究、乡村振兴、保险园地、农村金融、观
察思考等重点栏目。读者对象为金融行业的管理人员、
研究人员及相关专业大专院校师生。1999 年继承：《四
川金融》（1985～1999）。

西南林业大学学报．自然科学 = Journal of Southwest
Forestry University. Natural science / 西南林业大学，
2017～
双月刊　　　　　CLC：S7
ISSN 2095-1914　　CN 53-1218/S
云南省昆明市白龙寺 300 号（650233）
编辑部电话：0871-63863029
http://xnldxb.ns.swfu.edu.cn
swfcbjb@vip.163.com

主要刊登森林生物学、林木遗传育种、森林培育、森林保护、森林经理、野生动植物保护与利用、园林植物与风景园林、水土保持与荒漠化防治、木材科学与技术及林产化学等科研成果。读者对象为国内外农林科技工作者及高等院校师生。2017 年继承:《西南林业大学学报》(2011～2016)。

西南民族大学学报. 人文社会科学版 = Journal of Southwest Minzu University. Humanities and social science edition / 西南民族大学,2010～

月刊 CLC:C55,C95

ISSN 1004-3926 CN 51-1671/C

四川省成都市一环路南四段 16 号(610041)

编辑部电话:028-85522071,2577

https://soc.swun.edu.cn/xnmzdxxbsk/home

xb-gongtongti@swun.edu.cn(铸牢中华民族共同体意识研究),xb-minzuwenhua@swun.edu.cn(民族学·人类学),xb-minzulvyou@swun.edu.cn(社会学·旅游学),xb-faxue@swun.edu.cn(法学),xb-jingjiguanli@swun.edu.cn(经济·管理),xb-xinwenchuanbo@swun.edu.cn(新闻与传播),xb-wenxue@swun.edu.cn(文学),xb-zhengzhilishi@swun.edu.cn(政治·历史),xb-jiaoyuxinli@swun.edu.cn(教育学·心理学),xb-tushuxinxi@swun.edu.cn(图书·信息)

反映西南地区各种民族问题的最新研究成果,关注人文社会科学的热点难点问题。常设栏目有民族学·人类学、文学、哲学·宗教、法学、经济·管理、新闻与传播、教育·心理、历史学等,并不定期推出与当前焦点、热点问题相关的专题栏目。读者对象为社会科学工作者、大专院校文科专业师生、民族学研究人员和民族工作者。2023 年起并列题名改为:Journal of Southwest Minzu University. Humanities and social science edition。2010 年继承:《西南民族大学学报. 人文社科版》(2003～2009)。

西南农业学报 = Southwest China journal of agricultural sciences / 四川、云南、贵州、广西、西藏及重庆等地农科院,1988～

月刊 CLC:S

ISSN 1001-4829 CN 51-1213/S 62-152 M2912

四川省成都市锦江区净居寺路 20 号附 101 号(610066)

编辑部电话:028-84504192

http://www.xnnyxb.com

jxuebao@sina.com

主要刊登农学、林学、植(森)保、园艺、土壤农化、畜牧、兽医、农业机械、农业信息与电子工程、水利和建筑工程、食品科学等方面体现大西南地方特色的农牧业各专业学科在基础理论研究和应用技术理论研究方面的学术论文、科研成果、学术报告、研究简报、文献综述及学术动态、新品种介绍等。主要读者对象是农业与生物学及相关领域研究的科研工作者、高校师生。1988 年继承:《四川农业学报》(1987～1988)。

西南师范大学学报. 自然科学版 = Journal of Southwest China Normal University. Natural science edition / 西南大学,1985～

月刊 CLC:N55

ISSN 1000-5471 CN 50-1045/N 78-22 BM4600

重庆市北碚区天生路 2 号(400715)

编辑部电话:023-68254576,2540

http://xbbjb.swu.edu.cn,http://xbgjxt.swu.edu.cn

主要刊登数学、计算机科学、物理学、化学、生物学、地理学、电化教育学、心理学、体育运动学、信息科学、系统科学和工程技术科学等方面的基础研究和应用研究的学术论文和研究成果。读者对象为国内外科技工作者、高等院校理工科教学科研人员和研究生。1985 年继承:《西南师范学院学报. 自然科学版》(1979～1985)。

西南石油大学学报. 自然科学版 = Journal of Southwest Petroleum University. Science & technology edition / 西南石油大学,2008～

双月刊 CLC:TE,N55

ISSN 1674-5086 CN 51-1718/TE BM4114

四川省成都市新都区新都大道 85 号(610500)

http://zk.swpuxb.com

刊载内容涵盖地质、开发、钻井、开采、集输与处理等多个方面。设有地质勘探、石油与天然气工程、石油机械与油田化学等三个专栏,同时不定期推出院士思维、专家论坛、博导评论、探讨与争鸣等特色栏目。读者对象为大专院校师生、研究院所科研人员和石油科技工作者。2008 年继承:《西南石油大学学报》(2007)。

西亚非洲 = West Asia and Africa / 中国社会科学院西亚非洲研究所,1980～

双月刊 CLC:D737

ISSN 1002-7122 CN 11-1150/C 2-391 1450BM

北京市朝阳区国家体育场北路 1 号(100101)

编辑部电话:010-87421036,1037

http://www.xyfzqk.org

waaa@cass.org.cn

主要刊载研究西亚非洲地区政治、经济、国际关系、历史、宗教、文化和社会问题的学术论文。设有热点透视、专题研究、学术评论等栏目,包括各种专题讨论(中国改革开放经验与西亚非洲国家发展、中东国家的政治形态与国家治理)等。读者对象为中东非洲问题研究学者、政府部门决策和研究人员、大专院校和科研单位国际问题教研人员，以及外经贸企业业务主管和市场调研人员。

西域研究 = The Western Regions studies / 新疆社会科学院，1991～

季刊   CLC：K280.45，C95
ISSN 1002-4743   CN 65-1121/C   58-80   Q744
新疆乌鲁木齐市北京南路 246 号(830011)
编辑部电话：0991-3820825
xyyjbjb@126.com

主要刊发与西域或东西方交流有关的文章。主要栏目包括吐鲁番学研究、专题论文、学术争鸣、文化文学艺术、考古新发现、考古与文物、欧亚图像与跨文化研究、宗教研究、历史地理、会议综述等。读者对象为从事民族学、历史学、语言学、社会学研究工作的专家学者，考古探险工作者及相关专业院校师生。1991 年部分继承：《新疆社会科学》(1981～1990)。

西藏大学学报. 社会科学版 = Journal of Tibet University / 西藏大学，2008～

季刊   CLC：C55，C95
ISSN 1005-5738   CN 54-1034/C   Q7580
西藏拉萨市藏大东路 10 号(850000)
编辑部电话：0891-6405034
http://xzdx.cbpt.cnki.net
cxq1106@126.com

刊发藏学研究及其相关学科的研究成果。主要栏目有藏学研究、西部论坛、教育教学研究。其中，西部论坛包括西部旅游、生态、环境保护、文化产业、就业、政策导向、企业发展等内容；藏学研究内容涵盖藏族历史、宗教、考古、文学、艺术、民俗、语言文字、图书文献等方面。读者对象为高校教师、社会科学工作者以及关心藏族文化发展的社会各界人士。2008 年部分继承：《西藏大学学报(汉文版)》(1986～2007)。

西藏研究 = Tibetan studies / 西藏自治区社会科学院，1981～

双月刊   CLC：D633，K28，B9，C95
ISSN 1000-0003   CN 54-1064/C   68-7   Q1075
西藏拉萨市色拉路 4 号(850000)
编辑部电话：0891-6336141，6849530
http://www.xzass.org/cmenu/KJwKMEKMszEwAEMJ
xzyj1981@sina.com

刊载研究阐释西藏及涉藏领域政治、经济、民族政策、社会发展、历史文化、宗教民俗、文学艺术等方面的研究论文。设有政治与经济、文化与语言、宗教与文学、艺术、文物考古、藏医药、《格萨尔》、民俗、教育、社会学与

人口、旅游与地理、书评、学术争鸣、社会调查、国外藏学、学术动态等栏目。读者对象为民族学、宗教学、史学等领域的研究人员及相关专业院校师生。

稀土 = Chinese rare earths / 包头稀土研究院，中国稀土学会，1980～

双月刊   CLC：TF845，TG14，TD865
ISSN 1004-0277   CN 15-1099/TF   16-37
内蒙古包头市稀土开发区黄河大街 36 号(014030)
编辑部电话：0472-5179380
http://www.cre-journal.com，http://xtzz.cbpt.cnki.net
xtbjb@brire.com

报道我国稀土提取与应用科技成果，宣传和推广稀土资源综合利用技术。设有研究论文、综合评述、特约综合评述、特约研究论文、行业动态、产业与市场、研究简报等栏目。读者对象为稀土科研、开发、生产、应用领域的科技人员。1980 年继承：《稀土与铌》(1974～1979)。

稀有金属 = Chinese journal of rare metals / 中国有色金属学会，中国有研科技集团有限公司，1977～

月刊   CLC：TF84，TG146.4
ISSN 0258-7076   CN 11-2111/TF   82-167   5722BM
北京市新街口外大街 2 号(100088)
编辑部电话：010-82241917，0869
http://www.rmet-journal.com
xxsf@grinm.com，rmchina@263.net

报道稀有金属科技领域的成果与进展。内容包括稀有金属、贵金属、稀土金属及镍、钴等有色金属在材料制、合金加工、选矿、冶炼等方面的科研与应用成果，以及超导材料、复合材料、纳米材料、磁性材料等新材料的研究开发及应用。设有研究论文、综合评述、研究简报等栏目。读者对象为稀有金属生产、科研、管理与应用等部门的工程技术人员以及相关专业院校师生。

稀有金属材料与工程 = Rare metal materials and engineering / 西北有色金属研究院，中国有色金属学会，中国材料研究学会，1982～

月刊   CLC：TF84，TG146，TB331
ISSN 1002-185X   CN 61-1154/TG   52-172   M4873
陕西省西安市未央路 96 号(710016)
编辑部电话：029-86231117
http://www.rmme.ac.cn/rmme/ch/index.aspx
rmme@c-nin.com

主要报道钛、难熔金属、贵金属、稀散金属和稀土金属等材料的研制，稀有金属材料的加工工艺，稀有金属材料的化学分析及机械、物理性能测试，同时还报道超导材料、陶瓷材料、磁性材料、功能材料、纳米材料、生物材料等新型材料及先进的材料研制、设计、制造工艺及其

在国民经济各领域的应用。主要设有材料科学、材料工艺、综合评述和研究快报等栏目。读者对象为从事稀有金属研制、生产和使用的科技人员、相关专业院校师生等。1982年继承:《稀有金属合金加工》(1972～1981)。

稀有金属与硬质合金 = Rare metals and cemented carbides / 中国有色金属学会,长沙有色冶金设计研究院有限公司,1975～
双月刊　　　　　CLC:TF84,TG1
ISSN 1004-0536　CN 43-1109/TF
湖南省长沙市木莲东路299号(410001)
编辑部电话:0731-84397250
http://rmcc.cinf.com.cn
xyjyybjb@126.com
报道稀有金属和硬质合金的科研与应用技术成果,介绍新工艺、新技术、新设备和新材料。设有材料制备与性能研究、稀有金属冶金、新能源材料与硬质合金、新能源材料、粉末冶金与硬质合金、硬质合金等栏目。读者对象为相关行业的工程技术人员、管理人员及专业院校师生。1975年继承:《专题情报资料》(1973～1975)。

戏剧:中央戏剧学院学报 = Drama:The journal of the Central Academy of Drama / 中央戏剧学院,1986～
双月刊　　　　　CLC:J8
ISSN 1003-0549　CN 11-1159/J　2-454　Q569
北京市东棉花胡同39号(100710)
编辑部电话:010-64056580
xuebao@zhongxi.cn
主要发表戏剧艺术理论、戏剧史、舞台美术、舞台表演与导演、戏曲教学理论与实践、外国戏剧研究等方面的论文。辟有学科前沿、经典新说、基础研究、教育教学、消息等栏目。读者对象为戏剧艺术工作者、戏剧院校师生及戏剧艺术业余爱好者。1986年继承:《戏剧学习》(1956～1985)。

戏剧文学 = Drama literature / 吉林省艺术研究院,1986～
月刊　　　　　CLC:J8,I23
ISSN 1008-0007　CN 22-1033/I　12-51　M1033T
吉林省长春市建设街2779-2号(130021)
编辑部电话:0431-85654832
http://www.jlsysyjy.com
xjwxzzs@163.com
发表剧本新作,重读经典作品,探讨和研究戏剧理论及创作方面的问题。辟有中国戏剧家长廊、中国戏剧现状论坛、剧本新作、热剧档案、创作圆桌、戏剧理论纵横、改变与重构、回忆微录随笔、戏剧文化探幽、东北二人转文化研究等栏目。读者对象为戏剧文学创作者及爱好者。1986年继承:《戏剧创作》(1978～1985)。

戏剧艺术:上海戏剧学院学报 = Theatre arts:Journal of Shanghai Theatre Academy / 上海戏剧学院,1978～
双月刊　　　　　CLC:J8
ISSN 0257-943X　CN 31-1140/J　4-247　BM142
上海市华山路630号(200040)
编辑部电话:021-62482920
http://xjyx.cbpt.cnki.net
theatrearts@sina.cn
发表话剧理论与历史、戏曲理论与历史、影视理论、演艺理论等方面的学术论文,介绍外国戏剧理论及有影响的剧作。辟有中国戏曲研究、中国话剧研究、外国戏剧研究、跨文化戏剧研究、舞台美术研究、表导演研究等栏目。读者对象为戏剧、影视专业工作者,戏剧院校师生及戏剧艺术业余爱好者。

戏曲艺术:中国戏曲学院学报 = Chinese theatre arts:Journal of National Academy of Chinese Theatre Arts / 中国戏曲学院,1979～
季刊　　　　　CLC:J82
ISSN 1002-8927　CN 11-1172/J　2-457　QR4570
北京市丰台区万泉寺400号(100073)
编辑部电话:010-63351659
反映戏曲艺术与戏曲教学研究成果,发表有关戏曲史研究、戏曲教育专题、舞台与演剧、戏曲声腔与音乐等方面的学术论文。读者对象为戏曲艺术工作者、戏曲院校师生和戏曲艺术爱好者。

系统仿真学报 = Journal of system simulation / 北京仿真中心,中国仿真学会,1989～
月刊　　　　　CLC:TP391.9
ISSN 1004-731X　CN 11-3092/V　82-9
北京市海淀区永定路50号院(北京市142信箱13分箱)(100039)
编辑部电话:010-88527147,68388709
http://www.china-simulation.com
simu-xb@vip.sina.com
中国仿真学会会刊。反映我国仿真技术领域的科研与应用成果。刊登研究论文、短文和综述。内容覆盖仿真领域的各个方面,包括建模与仿真理论及方法、仿真建模与仿真算法及数值模拟、仿真计算机与仿真软件及仿真实验环境、仿真器与仿真系统及半实物仿真、人工智能及仿真、网络化仿真、虚拟现实与可视化、信息控制决策与仿真、复杂系统建模与仿真、仿真技术应用等方面。读者对象为相关专业院校师生、科研与工程技术人员。1989年继承:《系统仿真》(1985～1989)。

系统工程 = Systems engineering / 湖南省系统工程与管理学会，1983～

双月刊　　　　　　CLC：N94

ISSN 1001-4098　　CN 43-1115/N　42-67　BM6663

湖南省长沙市浏河村巷 37 号湖南省社会科学院内（410003）

编辑部电话：0731-84211215

http://www.xitonggongcheng.cn

xitonggongcheng@163.com

刊登系统科学与系统工程、管理科学与工程研究前沿理论、方法及应用创新成果。内容包括供应链与物流系统工程、金融系统工程、经济系统分析、管理系统工程、理论与综述、方法与应用等方面。设有理论与综述、管理系统工程、社会经济系统工程、金融系统工程、供应链与物流系统工程、交通系统工程、方法与应用等栏目。读者对象为高等院校师生，软件学研究人员，管理工作者以及应用系统工程研究人员。

系统工程理论与实践 = Systems engineering-theory & practice / 中国系统工程学会，1981～

月刊　　　　　　　CLC：N94

ISSN 1000-6788　　CN 11-2267/N　2-305　M8072

北京市海淀区中关村东路 55 号（100190）

编辑部电话：010-82541428

http://www.sysengi.com

xtll@chinajournal.net.cn

主要刊登系统工程理论与方法及其在管理、信息、金融、经济、能源、环境、军事、工业、农业、教育等领域中研究成果。读者对象为从事系统工程、系统科学与管理科学的科研人员及相关专业高等院校师生。1981 年继承：《系统工程与科学管理》（1980）。

系统工程学报 = Journal of systems engineering / 中国系统工程学会，1986～

双月刊　　　　　　CLC：N94

ISSN 1000-5781　　CN 12-1141/O1　6-95　M1641

天津市南开区卫津路 92 号天津大学 25 教学楼 A 区 908 室（300072）

编辑部电话：022-27403197

http://jse.tju.edu.cn

jsetju@263.net，jse@tju.edu.cn

主要刊登系统工程理论、方法和应用等方面的学术论文、专题综述、短文及研究简报。内容包括复杂系统及大规模系统理论、方法及应用，系统建模、预测、控制、优化、评价与决策及运筹学各个分支领域，相关人工智能技术在系统工程中应用，系统工程领域新概念、新原理、新方法及其在社会经济系统、交通系统、金融工程、教育、环境及城市系统的应用等。设有复杂系统、建模与

预报、决策与对策、金融工程、供应链、管理系统工程等栏目。读者对象为系统工程、管理工程及相关领域的科研人员、管理人员和高等院校师生。

系统工程与电子技术 = Systems engineering and electronics / 中国航天科工防御技术研究院，中国宇航学会，中国系统工程学会，北京航天情报与信息研究所，1979～

月刊　　　　　　　CLC：TN，N94

ISSN 1001-506X　　CN 11-2422/TN　82-269　M4136

北京市 142 信箱 32 分箱（100854）

编辑部电话：010-68388406

http://www.sys-ele.com

xtgcydzjs@126.com

报道系统工程和电子技术两大领域及相关学科的最新成就。设有电子技术，传感器与信号处理，系统工程，制导、导航与控制，通信与网络，可靠性等栏目。读者对象为相关领域的科研人员、工程技术人员、高科技管理人员及大专院校师生。

系统管理学报 = Journal of systems & management / 上海交通大学，2007～

双月刊　　　　　　CLC：N94，C93

ISSN 1005-2542　　CN 31-1977/N　4-743

上海市华山路 1954 号（200030）

http://xtglxb.sjtu.edu.cn

xtglxb@263.net

主要发表管理科学和系统科学等学科领域相关理论、方法及应用的最新研究成果，包括决策科学与运营管理、工业工程与工程管理、大数据与信息管理、技术管理与创新管理、数字经济与金融工程、企业管理与公司金融等，以及上述领域相关行业研究和案例研究等学术型成果。读者对象为国内外管理科学和系统科学等学科领域的高校教师、学生及科研人员，以及各领域从事管理科学与工程和系统工程理论方法应用的工作者。2007 年继承：《系统工程理论方法应用》（1992～2006）。

系统科学学报 = Chinese journal of systems science / 太原理工大学，2006～

季刊　　　　　　　CLC：N94

ISSN 1005-6408　　CN 14-1333/N

山西省太原市迎泽西大街 79 号（030024）

编辑部电话：0351-6018612

https://xtbz.cbpt.cnki.net

cjssbjb@tyut.edu.cn

中国系统科学研究会会刊。探讨系统辩证学、系统哲学、系统科学原理理论及其应用等问题，主要刊登系统哲学、系统科学基础理论、应用研究、系统思维等方面理

论研究和应用研究成果。设有系统哲学研究、系统科学基础理论研究、应用研究等栏目。读者对象为从事系统科学研究的学者和高等院校师生。2006 年继承:《系统辩证学学报》(1993～2005)。

系统科学与数学 = Journal of systems science and mathematical sciences / 中国科学院数学与系统科学研究院,1981～
月刊　　　　　　　CLC:O1
ISSN 1000-0577　CN 11-2019/O1　2-563　Q611
北京市中关村中国科学院数学与系统科学研究院(100080)
http://www.sysmath.com
jssms@iss.ac.cn
主要刊登系统科学,以及与系统科学有关的数学、交叉科学、工程应用等方面学术论文、科学技术报告和学术动态报道。读者对象为相关学科研究人员、科学技术人员及高等院校师生。

细胞与分子免疫学杂志 = Chinese journal of cellular and molecular immunology / 空军军医大学基础医学院,中国免疫学会,1996～
月刊　　　　　　　CLC:R392
ISSN 1007-8738　CN 61-1304/R　52-184　BM4882
陕西省西安市长乐西路 169 号(710032)
编辑部电话:029-84774550
http://cmi.guifeng.cc
immuedit@fmmu.edu.cn
报道我国免疫学最新研究成果,介绍国内外免疫学研究进展。刊载临床和基础免疫学、抗体工程等方面的理论及应用研究成果。主要栏目有基础研究、临床研究、抗体工程、综述。读者对象为广大生命科学、医学基础及临床工作者。1996 年继承:《单克隆抗体通讯》(1985～1995)。

厦门大学学报. **哲学社会科学版** = Journal of Xiamen University. A bimonthly for studies in arts & social sciences / 厦门大学,1974～
双月刊　　　　　　CLC:C55
ISSN 0438-0460　CN 35-1019/C　34-7　BM218
福建省厦门市思明南路 422 号(361005)
编辑部电话:0592-2182366
http://xdxbs.xmu.edu.cn
xdxbs@xmu.edu.cn
主要反映该校文科教学与科研成果,也发表海内外学者的学术论文。内容涉及哲学、经济学、管理学、法学、政治学、文学、艺术学、语言学、历史学、考古学、社会学、教育学等方面。设有前沿课题研究与述评、中国宏观经

济分析与预测、台湾研究等专题或特色栏目。读者对象为社会科学工作者及大专院校文科专业师生。1974 年继承:《厦门大学学报.哲学社会科学》(1965～1966)。

厦门大学学报. **自然科学版** = Journal of Xiamen University. Natural science / 厦门大学,1956～
双月刊　　　　　　CLC:N55
ISSN 0438-0479　CN 35-1070/N　34-8　BM229
福建省厦门市思明区厦门大学颂恩楼 817～819 室(361005)
编辑部电话:0592-2180367
http://jxmu.xmu.edu.cn
jxmu@xmu.edu.cn
主要刊登本校师生在基础科学、技术科学和应用科学领域的科技论文。内容涉及数学、物理学、计算机科学、技术科学、化学、化工、海洋学、环境科学、生命科学等。读者对象为科研工作者、技术人员及理工科院校师生。1956 年部分继承:《厦门大学学报》(1952～1955)。

现代财经:天津财经大学学报 = Modern finance & economics:Journal of Tianjin University of Finance and Economics / 天津财经大学,1993～
月刊　　　　　　　CLC:F
ISSN 1005-1007　CN 12-1387/F　6-143　TPCM119H
天津市河西区珠江道 25 号(300222)
编辑部电话:022-88186194,6195
http://www.tjufe.edu.cn
主要刊登我国财经问题的理论探讨与应用研究方面的论文。主要栏目:经济理论探索、金融研究、管理理论与实践、产业经济研究、财税研究、经贸研究、财政论坛、经济问题研究等。读者对象为财经工作者及财经院校师生。1993 年继承:《天津财经学院学报》(1982～1992)。

现代城市研究 = Modern urban research / 南京市社会科学院,2000～
月刊　　　　　　　CLC:C912.81,F29,TU984
ISSN 1009-6000　CN 32-1612/TU　28-275　BM5338
江苏省南京市成贤街 43 号 1 号楼 5 楼(210018)
编辑部电话:025-52851855
http://www.mur.cn
urbnrech@vip.126.com
主要刊载现代城市研究成果、述评、实例分析、文摘等。主要栏目有规划与建设、生态与环境、城市研究、产业与经济、乡村研究、人文与社会等。读者对象为相关学科领域的研究机构、设计院所及高等院校教师和研究生。2000 年继承:《城市研究》(1989～2000)。

现代出版 = Moodern publishing / 中国传媒大学出版

社有限责任公司,中国大学出版社协会,2010～
双月刊　　　　　CLC：G23
ISSN 2095-0330　CN 11-5979/G2　80-431
北京市朝阳区定福庄东街 1 号中国传媒大学出版社
内(100024)
编辑部电话：010-65783620
xiandaichuban@163.com

联系出版业务实践,研究、探讨出版界重大政策理论问题,报道出版业最新研究成果和发展趋势。设有理论前沿、经营与管理、出版营销研究、版权研究、出版教育研究、数字时代、编辑与策划、实践案例、出版与文化、学术书评、史海钩沉、环球出版、出版史研究等栏目。读者对象为编辑、出版、发行工作者及管理人员。2010,no.9 继承：《大学出版》(1994～2009)。

现代传播：中国传媒大学学报 = Modern communication: Journal of Communication University of China / 中国传媒大学,1995～
月刊　　　　　CLC：G20,G21
ISSN 1007-8770　CN 11-5363/G2　2-753　BM3872
北京市朝阳区定福庄东街 1 号(100024)
编辑部电话：010-65779586
https://periodical.cuc.edu.cn
journalcuc@163.com

设有传媒观察、传播文化、繁荣哲学社会科学前沿、传媒艺术、纪录片研究、媒介经营与管理、新媒体研究、传媒教育、学术动态等栏目。面向广播、电视、新闻工作者及高等院校相关专业师生。1995 年继承：《北京广播学院学报. 人文社会科学版》(1994)。

现代大学教育 = Modern university education / 中南大学,2001～
双月刊　　　　　CLC：G64
ISSN 1671-1610　CN 43-1358/G4　42-173
湖南省长沙市中南大学(410083)
编辑部电话：0731-88876856
http://mue.csu.edu.cn

研究现代大学教育,探索高等教育规律,促进高等教育改革和发展。内容涵盖高等教育学、比较高等教育学、高等教育(思想)史、高等教育哲学、高等教育伦理学、高等教育教学论、高等教育课程论、高等教育经济学、高等教育管理理论与实践、高等教育评估理论与实践等多个领域。读者对象为高等院校师生、高等教育研究人员和管理人员。2001 年继承：《有色金属高教研究》(1985～2001)。

现代地质 = Geoscience / 中国地质大学(北京),1987～
双月刊　　　　　CLC：P5

ISSN 1000-8527　CN 11-2035/P　18-119
北京市海淀区学院路 29 号(100083)
编辑部电话：010-82322463
http://www.geoscience.net.cn
xddz@cugb.edu.cn

刊载地学领域各学科及其边缘学科的学术论文和最新研究成果的稿件,内容包括地层、古生物、构造、岩石、矿物、矿床、地球化学、地球物理、找矿勘探、能源地质、水文地质与工程地质、数学地质、遥感地质、海洋地质、灾害地质以及探矿工程等。设有矿床学、地球化学、石油地质学、地热资源、地球化学、岩石学、构造地质学、地层学、水资源与环境地质等栏目。读者对象为地质专业人员及高等院校相关专业师生。

现代电力 = Modern electric power / 华北电力大学,1996～
双月刊　　　　　CLC：TM
ISSN 1007-2322　CN 11-3818/TM　82-640　BM1745
北京市昌平北农路 2 号华北电力大学 D 座 D0539(102206)
编辑部电话：010-61772300
https://xddl.chinajournal.net.cn
xddl@vip.163.com

报道电力及其相关领域的科技成果,介绍国内外电力发展趋势。主要栏目有电气工程、发电工程、电动汽车、能源互联网、输配电、低碳电力、清洁能源、信息与控制、故障分析、电力经济、电力市场等。读者对象为电力系统工程技术人员、科研人员、管理干部及高等专业院校师生。1996 年继承：《北京动力经济学院学报》(1993～1995)。

现代电子技术 = Modern electronic technique / 陕西省电子技术研究所有限公司,1991～
半月刊　　　　　CLC：TN
ISSN 1004-373X　CN 61-1224/TN　52-126　M3262
陕西省西安市金花北路 176 号陕西省电子技术研究所科研生产大楼 6 层(710032)
编辑部电话：029-83229007
http://www.xddz.com.cn,http://xddj.cbpt.cnki.net
xddz@xddz.com.cn

刊载涵盖电子科技发展的最新趋势,电子学科发展的最新动态,教学及技术成果转化等的研究课题、学术报告、科研成果和综合评述等优秀学术性论文。主要栏目包括人工智能、计算机科学与应用、电子与信息器件、航空航天航海技术、能源技术、激光与红外技术、前沿交叉科学、通信与信息工程、信号分析与图像处理、网络与信息安全、测控与自动化技术、电子技术及应用、能源与环境科学、智能交通与导航等。读者对象为全国的大专院校、电教中心师生，重点实验室、工矿企事业单位、科研院所的工程技术人员，各军、兵种的高科技研究人员，以及政府采购人员等。1991 年继承:《电子工程师》(1988～1991)。

现代法学 = Modern law science / 西南政法大学，1988～
双月刊　　　　　CLC: D9
ISSN 1001-2397　CN 50-1020/D　78-15　BM6015
重庆市渝北区兴科二路 1 号(401120)
编辑部电话: 023-67258690
http://qks. swupl. edu. cn/xdfx
xiandaifaxue@126. com
反映国内外法治最新动态，传播法学领域的研究成果。内容涵盖法学理论、世界各国法律、国家法、宪法学、行政法学、经济法学、刑法学、诉讼法学、司法制度、国际法学等方面。设有专论、市场经济法治、立法研究、公司法改革、立法与司法研究等栏目。主要读者对象为政法院校师生、法学研究人员及法律工作者。1988 年继承:《法学季刊》(1982～1987)。

现代防御技术 = Modern defense technology / 北京电子工程总体研究所，1991～
双月刊　　　　　CLC: E8,TJ
ISSN 1009-086X　CN 11-3019/TJ　2-443　1552BM
北京市 142 信箱 30 分箱(100854)
编辑部电话: 010-88528614,68388557
http://www. xdfyjs. cn
xdfj@263. net
分析国外最新防御思想与技术发展动态，推进现代防御技术研究和创新，促进先进技术在现代国防中的应用和跨越式发展。主要刊登国内外防御技术，包括空天防御体系、战略战术、防空导弹武器系统总体(含武器系统总体，飞行器技术，导航、制导与控制，指挥控制与通信，探测跟踪技术，仿真技术，目标特性，发射技术，测试技术，发控技术，保障性技术，武器装备及作战使用等)、精确制导技术等方面的科技论文。读者对象为从事空防技术和工程的科技人员、部队指战员、高等院校相关专业师生及主管部门领导。1991 年继承:《战略防御》(1973～1990)。

现代纺织技术 = Advanced textile technology / 浙江理工大学，浙江省纺织工程学会，1999～
双月刊　　　　　CLC: TS1
ISSN 1009-265X　CN 33-1249/TS　32-118
浙江省杭州市钱塘区 2 号大街 928 号浙江理工大学行政楼 5F(310018)
编辑部电话: 0571-86843150
http://journal. zjtextile. com. cn
att@zstu. edu. cn
主要报道纤维材料、纺织工程、染整化学品、服装服饰、纺织装备、纺织行业管理等领域的基础理论、前沿科技和创新成果。设有材料工程、纺织工程、染化工程、纺织设备、服装工程栏目。读者对象为纺织行业院校师生、科研与工程技术人员。1999 年由《丝绸技术》(1992～1999)和《浙江纺织》(1981～1999)合并而成。

现代管理科学 = Modern management science / 江苏省经济和信息化研究院，1985～
双月刊　　　　　CLC: C93,F27
ISSN 1007-368X　CN 32-1281/C
江苏省南京市中山北路 285 号(210003)
编辑部电话: 025-83348995
xdgl@chinajournal. net. cn
主要刊登宏观纵览、产业发展、管理创新、企业经纬等方面的学术论文，反应国内外经济管理科学的前沿动态，突出理论与实践的结合，服务于经济改革和创新发展。读者对象为党政机关领导干部，企事业单位、公司管理人员，以及高校师生。1985 年继承:《现代管理科学通讯》(1983～1984)。

现代国际关系 / 中国现代国际关系研究院，1986～
月刊　　　　　CLC: D8
ISSN 1000-6192　CN 11-1134/D　82-981　M6753
北京市海淀区万寿寺甲 2 号(100081)
编辑部电话: 010-88547317
http://www. cicir. ac. cn
cir@cicir. ac. cn
主要刊登国内外专家学者对国际战略问题、国际关系理论、世界政治、外交、经济、军事及重大热点问题的最新研究成果。主要栏目包括特稿、国际政治与安全、世界经济、大国关系、中美关系、外论选登、动态研究、能源研究、公共外交研究、网络治理与网络安全、理论探索、学术争鸣等。读者对象为国际问题研究人员、外事工作者、相关专业高等院校师生以及对国际关系问题有兴趣的人员。1986 年继承:《现代国际关系论丛》(1981～198?)。

现代化工 = Modern chemical industry / 中国化工信息中心，1980～
月刊　　　　　CLC: TQ
ISSN 0253-4320　CN 11-2172/TQ　82-67　M5881
北京市安定门外小关街 53 号(100029)
编辑部电话: 010-64444090
http://www. xdhg. com. cn
mci@cncic. cn
报道国内外最新化工科研、技术应用和技术革新成果，探讨化工行业和科研领域的热点、焦点话题。内容涵盖石油、天然气、石化、有机化工、无机化工、精细化工和日用化工等各个方面。主要栏目有专论与评述、技术进展、科研与开发、综合信息、工业技术、分析测试等。读者对象为化工及其相关领域从事科研、设计、教学、信息研究和技术管理人员。

现代教育管理 = Modern education management / 辽宁教育研究院，2009～
  月刊　　　　　　　　CLC：G40-058
  ISSN 1674-5485　　CN 21-1570/G4　8-581　M7457
  辽宁省沈阳市黄河南大街 85 号(110031)
  编辑部电话：024-86591009
  http://www.xdjygl.com
  研究教育改革与发展中的重大理论与实践问题，讨论相关热点和难点，关注理论探索和实践应用，侧重教育管理相关研究。主要栏目：专题、大学治理、思想政治教育、教育评价、师资管理、职业教育、教育法制建设、比较教育、理论视野、院校改革与发展、教育治理、教育政策、职业教育、研究生教育、教学管理等。读者对象为高校教育行政管理干部、教育科研人员以及师范院校师生等。2009 年继承：《辽宁教育研究》(2000～2008)。

现代经济探讨 = Modern economic research / 江苏省社会科学院，2000～
  月刊　　　　　　　　CLC：F12
  ISSN 1009-2382　　CN 32-1566/F　28-250
  江苏省南京市建邺路 168 号 6-2 号楼(210004)
  编辑部电话：025-85699893
  http://jjtl.chinajournal.net.cn
  mer6666@vip.163.com
  注重经济领域重大理论和政策问题的实证分析和理论探讨，反映各方观点，及时刊载经济理论研究和实践方面的新经验、新成果和新动向。主要栏目：财政金融、产业经济、"三农"问题、宏观视野、改革发展、开放经济、区域现代化、新型城镇化、经济法论坛、创新创业、比较与借鉴、互联网经济等。读者对象为经济理论研究人员，经济管理人员，科技工作者和经济院校师生。2000年继承：《江苏经济探讨》(1982～1999)。

现代雷达 = Modern radar / 南京电子技术研究所，1979～
  月刊　　　　　　　　CLC：TN95
  ISSN 1004-7859　　CN 32-1353/TN　28-288
  江苏省南京市 3918 信箱 110 分箱(210039)
  编辑部电话：025-51821080,1081,1085
  http://modernradar.ijournals.cn
  modernradar@126.com
  刊载国内外先进雷达、通信、微波、ECM、ECCM 和电子战、信息战等相关专业的技术论文、最新知识与动态。

设有雷达系统与技术栏目，并不定期设置雷达智能信号处理、稀疏阵列雷达技术、智能化雷达技术、地下空间多源感知与探测技术、雷达不可分辨问题等专题。读者对象为相关专业科技人员、大专院校师生以及各大军兵种的雷达科技工作者。1979 年继承：《雷达技术译丛》(197?～1978)。

现代情报 = Journal of modern information / 吉林省科学技术信息研究所，中国科学技术情报学会，1991～
  月刊　　　　　　　　CLC：G25
  ISSN 1008-0821　　CN 22-1182/G3　12-124
  吉林省长春市经济技术开发区深圳街 940 号(130033)
  编辑部电话：0431-85647990
  http://www.xdqb.net
  xdqb257@vip.163.com
  重点报道服务于国家战略需求的情报学理论研究与实践创新的进展，跟踪国内外情报学科研究的发展动态和研究热点。主要栏目有情报理论与前瞻观点、信息组织与信息检索、用户行为与用户研究、信息管理与知识管理、数据分析与大数据挖掘、信息分析与竞争情报、信息传播与信息规制、情报业务与情报服务、数据治理与数据共享、信息计量与科学评价、学科发展与人才培养等。主要读者对象为图书情报工作者及相关专业大专院校师生。1991 年继承：《情报知识》(1982～1991)。

现代日本经济 = Contemporary economy of Japan / 吉林大学，1982～
  双月刊　　　　　　　CLC：F13
  ISSN 1000-355X　　CN 22-1065/F　12-225　BM1847
  吉林省长春市前进大街 2699 号(130012)
  编辑部电话：0431-85166391
  xdrbjj@163.com
  关注国内经济领域的实际问题，全面、系统、深入研究日本经济问题。设有宏观经济管理、金融、产业经济、国际经济关系、新兴经济、经济思想评述等栏目。读者对象为经济学界、政策制定部门和企事业单位的管理人员。

现代食品科技 = Modern food science and technology / 华南理工大学，2005～
  月刊　　　　　　　　CLC：TS2
  ISSN 1673-9078　　CN 44-1620/TS　46-349
  广东省广州市天河区五山路 381 号华南理工大学麟鸿楼 508 房间(510640)
  编辑部电话：020-87112532,2373,3352
  http://xdspkj.ijournals.cn
  xdspkj@126.com
  报道食品及交叉学科有应用前景的创新性基础研究

和科研成果,介绍该领域中的新发现、新理论、新方法、新技术、新产品及相关科技信息,刊登基础研究、工艺技术、食品安全与检测等方面的学术论文。设有食品加工、生物工程、安全控制、专题综述等栏目。读者对象为高校、科研院所、企业等从事相关行业的科研及其他相关工作的人员。2005 年继承:《广州食品工业科技》(1985～2004)。

现代塑料加工应用 = Modern plastics processing and applications / 中国石化扬子石油化工有限公司,中国石化集团资产经营管理有限公司,扬子石化分公司,1989～
双月刊　　　　CLC:TQ32
ISSN 1004-3055　　CN 32-1326/TQ　28-209　4716BM
江苏省南京市江北新区沿河路 88 号中国石化扬子石油化工有限公司南京研究院内(江苏省南京市大厂平顶山租用 4801 信箱)(210048)
编辑部电话:025-57783344
https://xdsl.cbpt.cnki.net
slbj.yzsh@sinopec.com
报道塑料改性、塑料加工应用、塑料助剂、塑料机械及模具、塑料性能及测试等方面的研究成果和工业生产上的技术进步,国内外塑料加工应用最新进展、市场动态、发展方向及新知识、新工艺、新设备、新材料、新产品、新经验。主要栏目:论坛、试验研究、工业技术、助剂、分析测试、机械与模具、综述等。主要读者对象为塑料行业的科研与工程技术人员及相关专业院校师生。

现代隧道技术 = Modern tunnelling technology / 中铁西南科学研究院有限公司,中国土木工程学会隧道及地下工程分会,2001～
双月刊　　　　CLC:U45
ISSN 1009-6582　　CN 51-1600/U　62-197　BM5810
四川省成都市金牛区西月城街 118 号(610032)
编辑部电话:028-86119723,9920
http://www.xdsdjs.com
xdsdjs@vip.163.com
2023 年起由中铁西南科学研究院有限公司和中国土木工程学会主办。重点报道国内外隧道及地下工程专业理论研究、设计、施工、运营维修方面的新技术、新材料、新设备等。栏目包括研究与探讨、分析与计算、试验与监测、施工技术、规划与设计、材料与设备等。读者对象为铁路、公路、矿山、水工等部门隧道及地下工程专业的科研、施工技术人员及大中专院校师生。2001 年继承:《世界隧道》(1995～2000)。

现代外语 = Modern foreign languages / 广东外语外贸大学,1978～
双月刊　　　　CLC:H3
ISSN 1003-6105　　CN 44-1165/H　46-70　Q4047
广东省广州市白云大道北 2 号广东外语外贸大学(510420)
编辑部电话:020-36207235
http://xdwy.cbpt.cnki.net
gplal@gdufs.edu.cn
发表外国语言学与应用语言学领域的研究成果。刊登理论语言学、语音学与音系学、句法学、语义学、语用学、社会语言学、心理语言学、认知语言学、语言习得、语言教学与测试、计算语言学、语料库语言学、法律语言学、词典学、语言哲学、外语教学等方面的理论性、实证性和综述性论文,以及介绍相关学科最新动态的新书评介。设有应用语言学发展与创新、语言学、二语研究及其应用、前沿综述、书刊述评等栏目。读者对象为外国语研究人员、翻译工作者及外语院校师生。

现代预防医学 = Modern preventive medicine / 中华预防医学会,四川大学华西公共卫生学院,1991～
半月刊　　　　CLC:R1
ISSN 1003-8507　　CN 51-1365/R　62-183　MQ6819
四川省成都市人民南路三段 16 号(610041)
编辑部电话:028-85502771,3354
http://www.xdyfyx.com
mpmbjb@163.com
报道国内外预防医学、公共卫生、医药卫生新动向、新成果、新理论和新方法。主要栏目有流行病与统计方法、环境与职业卫生、营养与食品卫生、儿少卫生与妇幼保健、基层卫生服务、卫生政策与管理、疾病预防控制、卫生监督、临床与预防、人才培养等。主要读者对象为从事预防医学、临床医学科研、教学人员,以及卫生管理工作者。1991 年继承:《华西预防医学》(1987～1991)。

现代远程教育研究 = Modern distance education research / 四川开放大学,2000～
双月刊　　　　CLC:G43
ISSN 1009-5195　　CN 51-1580/G4　62-181　BM9371
四川省成都市一环路西三段 3 号(610073)
编辑部电话:028-87768171,3067
http://xdyjyj.scou.cn
xdyjyj@163.com
研究教育前沿问题,开发远程教育服务,反映中国现代远程教育改革与发展进程,展示国内外远程开放教育理论与实践研究的最新成果。主要栏目:本刊特稿、素养教育、学术时空、终身教育、教师教育、实践研究、技术应用等。读者对象为远程教育工作者和教育技术理论研究者及工作者。

现代哲学 = Modern philosophy / 广东哲学学会，1985～

双月刊　　　　　　　CLC：B15，B26

ISSN 1000-7660　　CN 44-1071/B　46-267

广东省广州市新港西路 135 号中山大学锡昌堂 418 室(510275)

编辑部电话：020-84114924

xdzx@mail.sysu.edu.cn

关注现代哲学发展动态，注重反映马克思主义哲学研究的最新成果，从哲学研究与中国式现代化建设实践密切结合的角度思考现实问题，开展哲学理论研究。设有马克思主义哲学的当代价值、唯物史观与当代社会发展、马克思主义与自由主义、西方马克思主义研究、中国传统思想与现代审视、伦理与价值研究、现象学研究、分析哲学研究、科学哲学研究、逻辑学研究等栏目。读者对象为各级党政企事业单位领导干部、相关专业大专院校师生和社会科学工作者。

现代制造工程 = Modern manufacturing engineering / 北京市机械工业局技术开发研究所，北京机械工程学会，2001～

月刊　　　　　　　CLC：TH16

ISSN 1671-3133　　CN 11-4659/TH　2-431　4327M，
　　　　　　　　　　　　　　　　　　　　　　　　M5555

北京市东城区东四块玉南街 28 号(100061)

编辑部电话：010-67126068，63012618

2645173083@qq.com

报道机械制造学科的学术和技术，推介先进制造技术。设有试验研究、虚拟制造技术、机器人技术、企业信息化、车辆工程制造技术、CAD/CAE/CAPP/CAM、制造技术/工艺装备、仪器仪表/检测/监控、人机工程、设备设计/诊断维修/再制造等栏目。读者对象为机械制造专业科研技术人员和大专院校师生。2001 年继承：《机械工艺师》(1982～2001)。

现代中文学刊 = Journal of modern Chinese literature / 全国高等教育自学考试指导委员会，文史专业委员会，华东师范大学，2009～

双月刊　　　　　　　CLC：I206

ISSN 1674-7704　　CN 31-2026/G4　4-411

上海市中山北路 3663 号华东师范大学理科大楼 A 座 219 室(200062)

编辑部电话：021-62232427

xdzwxk@163.com

主要刊载该领域内的原创性研究论文、综述和评论等，侧重中国近代以来的文学和文化研究，以及中文学科与其他人文社会科学——语言学、文学、艺术、历史、哲学、经济、政治的交融。设有批评、书评、史料、译文、研究报告、文献综述、简报、专题研究访谈、特稿、学术随笔等栏目。读者对象为高等院校相关专业教师、学生和研究人员。2009 年继承：《中文自学指导》(1985～2009)。

湘潭大学学报. 哲学社会科学版 = Journal of Xiangtan University. Philosophy and social sciences / 湘潭大学，2004～

双月刊　　　　　　　CLC：C55

ISSN 2096-6431　　CN 43-1550/C　42-34

湖南省湘潭市(411105)

http://xtdx.cbpt.cnki.net

以反映该校教学、科研成果为主。辟有毛泽东思想研究、公共管理研究、法学研究、经济学研究、哲学研究、政治学研究、语言学研究、文学研究等固定栏目，不定期开设一些特色学术专栏。读者对象为社会科学理论工作者、文科大专院校师生。2004 年继承：《湘潭大学社会科学学报》(1999～2003)。

消防科学与技术 = Fire science and technology / 应急管理部天津消防研究所，1999～

月刊　　　　　　　CLC：X9，TU998.1

ISSN 1009-0029　　CN 12-1311/TU　M1508

天津市南开区卫津南路 110 号(300381)

编辑部电话：022-23383612，23920225

http://www.xfkj.com.cn

fire@xfkj.com.cn

报道消防科学技术成果和发展动态，介绍消防设备、石油化工、火灾调查、战训、建筑防火和规范研究等方面的最新成就。设有防灾减灾评估、消防理论研究、建筑防火设计、消防设备研究、灭火剂与阻燃材料、应急管理研究、火灾调查研究等栏目。读者对象为各级消防管理机构、消防科研院所、建筑设计院、消防企业和消防工程公司、保险公司的研究人员、技术人员、管理人员及相关专业院校师生。1999 年继承：《消防科技》(1982～1998)。

消费经济 = Consumer economics / 湘潭大学，湖南工商大学，湖南师范大学，1985～

双月刊　　　　　　　CLC：F014.5，F7

ISSN 1007-5682　　CN 43-1022/F　42-89　BM1022T

湖南省湘潭市雨湖区羊牯塘 27 号(411105)

编辑部电话：0731-58298536

xfjj1985@126.com

以"研究消费理论，指导生产经营，提供消费信息，引导居民消费"为宗旨，探讨社会主义消费经济理论，开展消费领域理论和实际问题的研究。主要栏目有消费需求、消费者行为、文化消费、问题讨论、消费市场、农村消费、休闲消费、消费结构等。读者对象为经济理论工作者、生产经营管理人员、经济院校师生及广大消费者。

小说评论 / 陕西省作家协会，1985～
双月刊　　　　　CLC：I207.4
ISSN 1004-2164　CN 61-1044/J　52-108　6443BM
陕西省西安市碑林区建国路 83 号（710001）
编辑部电话：029-87428615
xspl1985@vip.163.com
　　探讨小说创作理论，刊登有关当代小说评论及作家作品研究的原创性研究论文、综述和评论等。主要栏目：文坛纵横、70 后作家研究、作家作品研究、三栖专栏、科幻小说研究、小说批评研究、陕西文学研究等。读者对象为文学理论工作者、作家、高等院校文学专业师生及文学爱好者。

小型微型计算机系统 = Journal of Chinese computer systems / 中国科学院沈阳计算技术研究所，1982～
月刊　　　　　CLC：TP36
ISSN 1000-1220　CN 21-1106/TP　8-108　M349
辽宁省沈阳市东陵区南屏东路 16 号（110168）
编辑部电话：024-24696120
http://xwxt.sict.ac.cn
xwjxt@sict.ac.cn
　　中国计算机学会会刊。报道我国计算机研究领域最新科研成果和应用成果。内容包括计算机科学理论、体系结构、软件、数据库理论、网络（含传感器网络）、人工智能与算法、服务计算、计算机图形与图像等方面。主要栏目：计算机网络信息安全、算法理论、人工智能分布式计算、计算机图形与图像、计算机应用等。读者对象为计算机科研、设计、工程技术人员及大专院校师生。1982 年继承：《中小型计算机》（1980～1981）。

协和医学杂志 = Medical journal of Peking Union Medical College Hospital / 中国医学科学院，北京协和医院，2010～
双月刊　　　　　CLC：R
ISSN 1674-9081　CN 11-5882/R　2-719
北京市帅府园 1 号（100730）
编辑部电话：010-69154261,4262
http://xhyxzz.pumch.cn
mjpumch@126.com,medj@pumch.cn
　　报道我国临床医师及医学生广泛关注的临床医学、转化医学、药学及与医学相关等边缘学科的新理论、新观点、新成果、新进展。开设述评、专家论坛、论著、综述、指南与共识、疑难病与罕见病专栏、争鸣、临床病例评析、协和 MDT、临床研究与循证医学、医史钩沉、医学人文等栏目。读者对象为国内外临床医学工作者及医学生。

心理发展与教育 = Psychological development and ed-ucation / 北京师范大学，1985～
双月刊　　　　　CLC：G44,B84
ISSN 1001-4918　CN 11-1608/B　2-913
北京市新街口外大街 19 号北京师范大学院内（100875）
编辑部电话：010-58807700
http://www.devpsy.com.cn
pdae@bnu.edu.cn
　　主要发表发展心理学和教育心理学领域的研究报告与论文。设有认知与社会性发展、教与学心理学、理论探讨与进展、学习心理与促进、教师心理与促进、心理健康与教育等栏目。读者对象为教育心理学工作者、中小学教师、幼教工作者及医疗保健工作者。

心理科学 = Journal of psychological science / 中国心理学会，1991～
双月刊　　　　　CLC：B84
ISSN 1671-6981　CN 31-1582/B　4-317　BM489
上海市中山北路 3663 号（200062）
编辑部电话：021-62232236
http://www.psysci.org
xinlikexue@vip.163.com
　　反映国内外心理学各分支学科的研究成果和最新进展，刊登心理学各领域（包括普通与实验心理、发展与教育心理、应用心理等方面）的研究报告、研究方法、论文、综述、学术动态和问题讨论等。设有基础、实验与工效、发展与教育、社会、人格与管理、统计、测量与方法、临床咨询等栏目。读者对象为心理学及相关专业的科研人员和教育工作者。1991 年继承：《心理科学通讯》（1964～1990）。

心理科学进展 = Advances in psychological science / 中国科学院心理研究所，2002～
月刊　　　　　CLC：B84
ISSN 1671-3710　CN 11-4766/R　2-938
北京市朝阳区林萃路 16 号院（100101）
编辑部电话：010-64850861
http://journal.psych.ac.cn
jinzhan@psych.ac.cn
　　主要刊登能够反映国内外心理学各领域研究的新进展、新动向、新成果的文献综述和评论以及研究简报。内容涉及普通心理学、发展心理学、研究构想、生理心理学、研究前沿、教育心理学、国际视野、元分析、博士论坛等方面。读者对象为心理学、教育、医学等领域的研究人员。2002 年继承：《心理学动态》（1983～2001）。

心理学报 = Acta psychologica Sinica / 中国心理学会，中国科学院心理研究所，1956～
月刊　　　　　CLC：B84

ISSN 0439-755X   CN 11-1911/B   82-12   Q147
北京市朝阳区林萃路 16 号院 (100101)
编辑部电话：010-64850861
http://journal.psych.ac.cn
xuebao@psych.ac.cn

反映我国心理学领域的研究成果，发表我国心理学家最新的心理学科技论文和研究报告。内容涉及心理学各领域，包括认知与实验心理、发展与教育心理、生理与医学心理、工业与组织心理、人格与社会心理、心理统计与测量、心理学史与基本理论、研究综述等。读者对象为心理学、工程、生物学、教育、医学、哲学等领域的科研人员及相关专业大专院校师生。

心理学探新 = Psychological exploration / 江西师范大学，1980～
双月刊   CLC：B84，G44
ISSN 1003-5184   CN 36-1228/B   44-108
江西省南昌市北京西路 437 号 (330027)
编辑部电话：0791-88120281
http://www.psytxjx.com
tanxinpsy@126.com

主要发表理论心理学、认知实验心理学、认知神经心理学、心理统计与测量、人格与社会心理学、发展和教育心理等基础领域，以及各类应用领域的学术论文。设有理论心理学、认知心理学、人格与社会心理学、应用心理学等栏目。读者对象为心理学及相关交叉学科的研究人员、高等院校师生及心理学工作者。

心理与行为研究 = Studies of psychology and behavior / 天津师范大学，2003～
双月刊   CLC：B84
ISSN 1672-0628   CN 12-1348/B   6-178
天津市河西区吴家窑大街 57 号增 1 号天津师范大学八里台校区 106 信箱 (300074)
编辑部电话：022-23540231，1213
https://psybeh.tjnu.edu.cn
psybeh@126.com

刊登心理学基础理论与应用研究方面的学术论文。内容涉及认知心理、生理与医学心理、心理学史与基本理论、心理测量与研究方法、管理心理等研究的各个领域。辟有基础心理学、发展与教育心理学、应用心理学、理论进展、研究综述等栏目。读者对象为心理学教学科研工作者、教育工作者、社会工作者和医学工作者。

新疆大学学报. 哲学·人文社会科学版 = Journal of Xinjiang University. Philosophy, humanities & social science / 新疆大学，2005～2022
双月刊   CLC：C55，C95

ISSN 1000-2820   CN 65-1034/G4   58-12   BM0901
新疆乌鲁木齐市天山区胜利路 666 号 (《新疆大学学报. 哲学社会科学版》编辑部) (830046)
编辑部电话：0991-8585177
http://xjdb.cbpt.cnki.net
xuebao@xju.edu.cn

刊登历史学、文献学、政治学、社会学、法学、经济学、管理学、文学、哲学、语言学、民族学、文化学、宗教伦理学等学科的学术理论研究成果，注重突出新疆特点和民族特色。设有经济学研究、法学研究、中亚研究、民族学研究、语言学研究、历史学研究等栏目。读者对象为民族学研究人员、民族学工作者及大专院校相关专业师生。2005 年继承：《新疆大学学报. 社会科学版》(2000～2004)；2022，no.3 起改回《新疆大学学报. 哲学社会科学版》(2022～)。

新疆农业科学 = Xinjiang agricultural sciences / 新疆农业科学院，新疆农业大学，新疆农学会，1978～
月刊   CLC：S
ISSN 1001-4330   CN 65-1097/S   58-18   BM3342
新疆乌鲁木齐市南昌路 403 号 (830091)
编辑部电话：0991-4502046
http://www.xjnykx.com
xjnykx-h@xaas.ac.cn

主要刊登作物育种与栽培、植物保护、土壤肥料、园艺特产、林业、农业机械、农田水利、畜牧兽医草业、生物技术、微生物、农产品加工等领域的科技论文和研究报告。读者对象为农业科技工作者、农业院校师生等。1978 年继承：《新疆农业科技》(1972～1977)。

新疆师范大学学报. 哲学社会科学版 = Journal of Xinjiang Normal University. Philosophy and social sciences / 新疆师范大学，1987～
双月刊   CLC：C55
ISSN 1005-9245   CN 65-1039/G4   58-84
新疆乌鲁木齐市观景路 100 号 (830017)
编辑部电话：0991-4112410，4112411
xjsfxb@xjnu.edu.cn，xjsfxb01@xjnu.edu.cn，xjsfxb02@xjnu.edu.cn

旨在为我国改革开放和新疆的经济文化发展服务，注重反映该校教学和科研的最新成果，同时也吸收校外高质量的学术论文。内容涉及政治学、经济学、法学、民族、教育、文学艺术、语言等，突出民族性和地域性。新疆问题研究和中亚研究是该刊的两大特色。读者对象为社会科学理论工作者和高等院校师生。1987 年继承：《新疆师范大学学报. 社会科学版》(1980～1987)。

新疆石油地质 = Xinjiang petroleum geology / 新疆石

油学会，1980～

双月刊　　　　CLC：TE1

ISSN 1001-3873　CN 65-1107/TE　58-46　BM4426

新疆克拉玛依市准噶尔路 32 号（834000）

编辑部电话：0990-6230361，6868513

http：//www.zgxjpg.com

xjsydz@vip.163.com

主要介绍国内外各含油气盆地的勘探、开发研究成果，同时也介绍全国各科研院所、大专院校在油气地质和工程地质方面的研究成果。栏目设置有油气勘探、油藏工程、应用技术、讨论与争鸣、综述、国外油气地质。读者对象为从事石油勘探开发的理论工作者，工程技术人员，科研和管理人员。

新金融 = New finance / 交通银行股份有限公司，1988～

月刊　　　　CLC：F83

ISSN 1006-1770　　CN 31-1560/F

上海市仙霞路 18 号 10 楼（200336）

编辑部电话：021-32169999-1069

https：//xjro.cbpt.cnki.net

xinjr@bankcomm.com

关注我国金融体制改革和金融事业的发展，报道金融行业动态。主要栏目：国际金融、宏观经济、博士后征文、金融科技、商业银行经营管理、资本市场、风险管理、绿色金融、金融市场、普惠金融等。读者对象为政府有关部门和金融机构的研究人员、管理人员及经济院校师生。

新美术：中国美术学院学报 = New arts / 中国美术学院，1980～

双月刊　　　　CLC：J2

ISSN 1674-2249　　CN 33-1068/J　4-318

浙江省杭州市南山路 218 号中国美术学院学报编辑部（310002）

编辑部电话：0571-87164692

xinmeishu@vip.163.com

介绍传统艺术和现代具有创新意义的美术作品，刊登中外美术理论研究、艺术史研究方面的论文，重视艺术与历史、艺术与思想的关系问题，以及与艺术相关的人文科学的前沿问题。读者对象为美术院校师生、其他艺术专业研究人员及广大艺术爱好者。

新能源进展 = Advances in new and renewable enengy / 中国科学院广州能源研究所，2013～

双月刊　　　　CLC：TK

ISSN 2095-560X　CN 44-1698/TK　BM4793

广东省广州市天河区五山能源路 2 号（510640）

编辑部电话：020-87057066

http：//www.xnyjz.giec.ac.cn

xnyjz@ms.giec.ac.cn

主要刊登我国新能源与可再生能源，包括太阳能、生物质能、风能、氢能、海洋能、地热能、天然气水合物等领域科学技术，以及可再生能源集成互补和相关配套技术（如储能、智能电网、分布式能源系统）的最新进展和研究成果。读者对象为能源与动力工程学科，以及相关学科的科研技术人员、高等学校教师及研究生、各级科研及高新技术产业管理人员。

新视野 = Expanding horizons / 中共北京市委党校，北京行政学院，1993～

双月刊　　　　CLC：D6

ISSN 1006-0138　CN 11-3257/D　82-544　6313BM

北京市西城区车公庄大街 6 号（100044）

编辑部电话：010-68007097

http：//www.bac.gov.cn

xinshiye@bac.gov.cn

关注当代人文社会主义科学领域的前沿问题和社会热点问题。设有新时代党建理论与实践创新、中国社会经济发展战略、企业改革与发展、公共管理变革、社会工作理论与实践、流动人口治理、城市发展新理念、国际政治与经济、西方马克思主义研究、学术述评等栏目。主要读者对象为各级党政机关、企事业单位干部，理论宣传工作者，社会科学工作者和各级党校、大专院校师生。1993 年继承：《阵地与熔炉》（1992）。

新文学史料 / 人民文学出版社有限公司，1978～

季刊　　　　CLC：I209

ISSN 0257-5647　CN 11-1283/I　18-162　Q333

北京市朝阳门内大街 166 号（100705）

编辑部电话：010-65252161

shiliao1978@sina.com

主要刊载该领域内的原创性研究论文、综述和评论等，发表我国现代文学发展过程中各个历史时期的重要史料，以及现代文学史上重要代表人物的文章、回忆录、传记，为真实反映我国现代文学发展史全貌提供参考资料。主要栏目：佚文佚信、史料消息、历史现场、史家拍案、史料书讯、西译史话、书评、调查报告等。主要读者对象为作家、文学理论工作者、大专院校文学专业师生及文学爱好者。

新闻大学 = Journalism research / 复旦大学，1981～

月刊　　　　CLC：G21

ISSN 1006-1460　　CN 31-1157/G2

上海市邯郸路 440 号复旦大学新闻学院内（200433）

编辑部电话：021-65641289

xwdx@fudan.edu.cn

以新闻传播学学术研究为主,研究新闻传播理论、新闻事业的历史与现状,交流新闻传播的实践经验,普及新闻知识。主要栏目:新闻理论、新闻史、媒介经营管理、传播学、新闻业务、新媒体、新闻教育、广播电视、媒介与文化交流、优秀研究生论文选登、经验交流、会议综述等。面向全国新闻媒体、新闻从业人员以及新闻爱好者。

新闻记者 = Shanghai journalism review / 上海报业集团,上海社会科学院新闻研究所,1983～
　　月刊　　　　　　CLC:G21
　　ISSN 1006-3277　　CN 31-1171/G2　4-371
　　上海市静安区威海路 755 号 44 楼(200041)
　　编辑部电话:021-22899999
　　http://journalist.news365.com.cn
　　xwjz@sumg.com.cn
探讨研究新闻界出现的新现象、新观念、新问题。辟有实证研究、数字生活、探索经纬、传媒观察、传媒教育、传媒随笔、传媒法治、报海钩沉、学术综述等栏目。读者对象为新闻从业人员、业余新闻工作者及广大新闻爱好者。

新闻界 = Journalism and mass communication / 四川日报报业集团,1985～
　　月刊　　　　　　CLC:G21
　　ISSN 1007-2438　　CN 51-1046/G2　62-334
　　四川省成都市红星路 2 段 70 号(610012)
　　编辑部电话:028-86968603
　　xinwenjie66@163.com
内容包括传媒理论研究、传媒业界报道、传媒运作实务及资讯等。辟有媒介批评、新闻与传播、媒介研究、新兴媒体、博士生新论、全球视野、马克思主义新闻观小百科、广播电影与电视、媒介教育、新媒体传播、移动互联网、案例观察等栏目。面向传媒领域及相关产业的理论工作者和中、高层从业人员。1985 年继承《新闻业务》(1984)。

新闻与传播评论 = Journalism & communication review / 武汉大学,2018～
　　双月刊　　　　　　CLC:G210
　　ISSN 2096-5443　　CN 42-1900/G2　38-340　C9417
　　湖北省武昌珞珈山(430072)
　　编辑部电话:027-68754345
　　http://whds.cbpt.cnki.net/WKD/WebPublication/index.aspx? mid=whds
　　xwycbpl@163.com
报道当代新闻传播发展前沿,刊发具有鲜明问题意识和原创性的学术成果。主要栏目有新闻学、传播学、马克思主义新闻观、媒介化社会、传播与文化、跨文化传播、广告与媒介经济、新闻传播史等。读者对象为新闻传播学科领域海内外学者。2018 年由《武汉大学学报.人文科学版》(2001～2017)和《新闻与传播评论(集刊)》(2001～2017)合并而成。

新闻与传播研究 = Journalism & communication / 中国社会科学院新闻与传播研究所,1994～
　　月刊　　　　　　CLC:G20,G21
　　ISSN 1005-2577　　CN 11-3320/G2　80-998
　　北京市朝阳区潘家园东里 9 号国家方志馆二层(100021)
　　编辑部电话:010-87791663
　　https://xwycbyj.cbpt.cnki.net
　　submit-jc@163.com
发表国内新闻学和传播学研究的最新成果,提供有关中国媒介行业发展的参考资料。内容包括:对中国报纸、广播电视业和网络传播的宏观政策研究,电子、网络等现代化技术手段在新闻传播工作中的应用,对社会主义时期新闻事业发展规律的探索,国外及港澳台地区新闻传播事业和新闻传播教育的发展状况报道。主要栏目:新闻传播史、传播学、新媒体、传媒经济、新闻学与传播学名词专栏、国外学术动态等。读者对象为党政媒介管理部门、媒介机构高层决策人员和科研人员、新闻工作者和高等院校相关专业师生。1994 年继承《新闻研究资料》(1979～1993)。

新闻与写作 = News and writing / 北京日报报业集团,1984～
　　月刊　　　　　　CLC:G21
　　ISSN 1002-2295　　CN 11-1109/G2　2-673　M03090
　　北京市建国门内大街 20 号(100734)
　　编辑部电话:010-85201321,65253353
　　http://xwxz.cbpt.cnki.net
　　xwyxzdy@126.com
集理论性、实践性、辅导性为一体,解读新闻宣传最新政策,关注新闻学前沿理论,挖掘重大新闻背后故事,搭建新闻发布信息平台,交流新闻实践经验,探索新闻业务,辅导写作者掌握写作技巧、提高写作水平。主要有专题、理论前沿、专栏、对话党报、传媒圈、写作讲堂等栏目。读者对象为新闻工作者、通讯员、大中专院校师生及写作爱好者。1984 年继承《北京日报通讯》。

新型炭材料 = New carbon materials / 中国科学院山西煤炭化学研究所,1998～2022
　　双月刊　　　　　　CLC:TQ53
　　ISSN 1007-8827　　CN 14-1407/TQ　22-164　BM4805
　　山西省太原市 165 信箱(《新型炭材料(中英文)》编辑部)(030001)

编辑部电话：0351-2025254

tcl@sxicc.ac.cn

报道有关炭材料及其分支学科的基础科学、技术科学和与炭材料有关的边缘学科领域研究的研究成果。设有研究快报、研究论文、研究简报、综合评述等栏目。主要读者对象为与炭材料的研究、制造、应用有关的科技工作者和专业院校师生。1998，no. 3 继承：《新型碳材料》（1985～1998）；2022，no. 4 起改名为《新型炭材料（中英文）》（2022～）。

信号处理 = Journal of signal processing / 中国电子学会，中电新一代（北京）信息技术研究院，1985～

月刊　　　　　　　CLC：TN911.7

ISSN 1003-0530　CN 11-2406/TN　80-531　BM7104

北京市西城区鼓楼西大街 41 号（100009）

编辑部电话：010-64010656

http://www.signal.org.cn

xhcl@signal.org.cn

反映信号处理领域及相关学科的最新研究成果和技术进展。报道范围包括：信号处理理论与方法研究；信号处理技术与系统研究；通信及导航信号处理研究；图像及多媒体处理研究；雷达、声呐信号处理研究；生物医学与生物信息处理研究；大数据及智能处理研究；语音、音频与声学信号处理研究。设有论文与技术报告、算法研究、综述、应用、短文与研究通讯等栏目。读者对象为信号处理及相关专业的科研人员、工程技术人员、大专院校师生和科研技术管理人员。

信息安全研究 = Journal of information security research / 国家信息中心，2015～

月刊　　　　　　　CLC：TP393

ISSN 2096-1057　　CN 10-1345/TP　2-41

北京市西城区三里河路 58 号（100045）

编辑部电话：010-68558637

http://www.sicris.cn

ris@cei.cn

刊登信息安全技术和管理领域原创性研究成果的交叉性学术论文。集中展示国内外网络和信息安全领域的最新研究成果及应用，传播信息安全基础理论、技术应用、管理方法和政策策略，服务国家信息安全形势发展需要。读者对象为相关行业的研究人员、从业人员、科学技术人员，大中专院校的师生等。

信息网络安全 = Netinfo security / 公安部第三研究所，中国计算机学会，2001～

月刊　　　　　　　CLC：TP393

ISSN 1671-1122　　CN 31-1859/TN　4-688

北京市海淀区阜成路 58 号新洲商务大厦 610，上海市岳阳路 76 号（100142，200031）

编辑部电话：010-88118778，4408，1078；021-34010750

http://netinfo-security.org

gassbj@163.com

报道信息安全理论、信息安全技术的科研成果。内容涉及等级保护与风险评估、密码理论与身份认证、安全体系与协议安全、软件安全与可信计算、网络攻防与漏洞分析、电子取证与数据挖掘、应用系统安全与容灾备份、新技术新应用与新安全。主要栏目有等级保护、技术研究、理论研究、网域动态等。读者对象为相关领域的科研人员、工程技术人员、技术决策管理人员及高等院校师生。2001 年继承：《公安应用技术通讯》（1980～2000）。

信息与控制 = Information and control / 中国科学院沈阳自动化研究所，中国自动化学会，1978～

双月刊　　　　　　　CLC：TP13

ISSN 1002-0411　　CN 21-1138/TP　8-104　BM8080

辽宁省沈阳市创新路 135 号（110169）

编辑部电话：024-23970049

http://xk.sia.cn

xk@sia.cn

中国自动化学会会刊。刊载信息与控制科学领域基础研究和应用研究方面的论文。内容涉及控制理论与控制工程、智能信息处理、人工智能与模式识别、先进控制与优化技术、企业信息管理与信息系统、工业控制网络与系统、人机系统等方面。读者对象为相关专业科研人员、工程技术人员及大专院校师生。1978 年由《自动化情报》（1975～1977）和《自动化》（1972～1977）合并而成。

星海音乐学院学报 = Journal of Xinghai Conservatory of Music / 星海音乐学院，1985～

季刊　　　　　　　CLC：J6

ISSN 1008-7389　　CN 44-1132/J　Q8233

广东省广州市番禺小谷围街外环西路 398 号（510006）

编辑部电话：020-39363017

http://xb.xhcom.edu.cn

xhyyxyxb@163.com

发表音乐理论方面的研究成果。既注重中国传统音乐的深入研究，也关注现代音乐的发展，以及音乐与自然科学、社会科学的相互渗透。辟有专栏中国传统音乐、音乐史、民族音乐、作品与作曲技法理论研究、岭南音乐文化研究、音乐教育·音乐美学、民族音乐学·音乐心理学、东方音乐学、音苑名家、书评·综述等栏目。读者对象为专业音乐工作者、高等音乐院校师生及音乐爱好者。1985 年继承：《广州音乐学院学报》（1982～1985）。

行政法学研究 = Administrative law review / 中国政法大学, 1993～

双月刊　　　　　　CLC: D9

ISSN 1005-0078　　CN 11-3110/D　82-664　QR7298

北京市海淀区西土城路 25 号中国政法大学 3 号楼 209 室(100088)

编辑部电话: 010-58908184

http://xzfx.chinajournal.net.cn

xzfxyj@cupl.edu.cn

刊发行政法理论与实务研究成果,旨在弘扬行政法治精神,推动行政法治建设。辟有学术专论、青年论坛等常设栏目及其他专题栏目。主要读者对象为相关专业院校师生、科研院所研究人员及相关行业、机构、部门的专业人员。

行政管理改革 = Administration reform / 中共中央党校(国家行政学院), 2009～

月刊　　　　　　　CLC: D63

ISSN 1674-7453　　CN 11-5876/D　2-723

北京市海淀区长春桥路 6 号(100089)

编辑部电话: 010-68922360

http://www.xzgl.cbpt.cnki.net

xzglgg@ccps.gov.cn

关注我国行政管理体制改革中的重点和难点问题,反映行政管理改革的新思想和研究成果,介绍国外行政管理改革的新动向。开设名家访谈、国际治理、党和国家机构改革、决策与咨询、政府管理创新、廉政建设、法治政府、文化建设、社会治理、案例研究、比较与研究、养老体制改革、调查与思考、理论探讨、应急管理等栏目。主要读者对象为各级党政机关、企事业单位干部,理论宣传工作者,社会科学工作者和各级党校、大专院校师生。

行政论坛 = Administrative tribune / 黑龙江省行政学院, 1994～

双月刊　　　　　　CLC: D6

ISSN 1005-460X　　CN 23-1360/D　14-258

黑龙江省哈尔滨市南岗区延兴路 49 号(150080)

编辑部电话: 0451-85951705

xzlt160@sina.com

主要刊登政治行政和公共管理方面的研究论文。设有行政改革、政治学研究、学术视点、应急管理、发展论坛等栏目。读者对象为国家公务员、各级行政管理人员、大专院校相关专业师生以及社会科学理论工作者。

畜牧兽医学报 = Acta veterinaria et zootechnica Sinica / 中国畜牧兽医学会, 1956～

月刊　　　　　　　CLC: S8

ISSN 0366-6964　　CN 11-1985/S　82-453　M446

北京市海淀区圆明园西路 2 号(100193)

编辑部电话: 010-62815987, 62816996, 62893836

http://www.xmsyxb.com

xmsyxb@caas.cn

报道中国畜牧兽医行业科研成果,刊登我国畜牧兽医领域的学术论文和专业研究报告及对生产实践具有指导性、启发性的文章。主要栏目有专家论坛、综述、遗传育种、生物技术与繁殖、营养与饲料、预防兽医、基础兽医、临床兽医、研究简报等。读者对象为畜牧兽医科技工作者和相关专业大专院校师生。

畜牧与兽医 = Animal husbandry & veterinary medicine / 南京农业大学, 1950～

月刊　　　　　　　CLC: S8

ISSN 0529-5130　　CN 32-1192/S　28-42　BM5940

江苏省南京市卫岗 1 号南京农业大学内(210095)

编辑部电话: 025-84395701

http://xmys.chinajournal.net.cn

muyizz@njau.edu.cn

报道畜牧、兽医领域里的新成果、新技术、新方法;介绍有实用价值的畜牧生产经营、疾病防治和兽医卫生监督管理方面的典型经验等。读者对象为畜牧兽医科技工作者、临床工作者及农牧专业大专院校师生。

学海 = Academia bimestrie / 江苏省社会科学院, 1990～

双月刊　　　　　　CLC: C55

ISSN 1001-9790　　CN 32-1308/C　28-203　BM4702

江苏省南京市建邺路 168 号(210004)

编辑部电话: 025-85699980

http://www.jsass.org.cn/category_148/index.aspx

xuehai1990@126.com

辟有马克思主义与当代中国、主题研讨、专题论文等栏目;主题研讨就学术界关心的重要问题进行跨学科的研究;专题论文内容涵盖社会科学各学科,尤以哲学、政治学、社会学、历史学、法学、经济学为主。读者对象为社会科学工作者、党政领导干部及文科大专院校师生。1990 年由《哲学探讨》(1986～1989)、《社会学探索》(1986～1989)、《法学论丛》和《江苏史学》(1988～1989)合并而成。

学前教育研究 = Studies in early childhood education / 中国学前教育研究会, 长沙师范学院, 1987～

月刊　　　　　　　CLC: G61

ISSN 1007-8169　　CN 43-1038/G4　42-166　M2511

湖南省长沙市开福区蔡锷北路 351 号(410005)

编辑部电话: 0731-85061323

http://www.xqjyyj.com

中国学前教育研究会会刊。关注学前教育与儿童发展领域的基本理论问题或重大理论问题,反映该领域研究成果和最新发展动向。设有学前教育管理与政策、学前教育基本理论、儿童早期学习与发展、学前教师教育与专业发展、幼儿园教科研、书评、儿歌作品等栏目。读者对象为幼教理论研究工作者、幼教管理工作者、各高等院校学前教育专业师生、幼儿园园长以及广大的幼儿园教师。1987年继承:《湖南幼教》(1985~1986)。

学术界 = Academics / 安徽省社会科学界联合会,1986~
月刊　　　　　　　CLC:C55
ISSN 1002-1698　　CN 34-1004/C　26-68　BM4201
安徽省合肥市徽州大道1009号社科大楼二楼(230051)
编辑部电话:0551-63422973,63418274
http://www.xueshujie.net.cn
xsj_zhx@163.com,xsj_zzx@163.com,xsj_fx@163.com,xsj_jjx@163.com,xsj_shx@163.com,xsj_wx@163.com,xsjzzs@163.com
以研究我国社会发展及社会主义现代化建设问题为重点,兼及文学、史学、哲学、政治学、经济学、法学、社会学等各领域的探讨性研究和具有安徽地域特色的经济文化研究。辟有学术探索、学者专论、学科前沿、学术批评、学人语录、学术史谭、学界观察等栏目。读者对象为社会科学研究人员和大专院校师生。1986年12月继承:《社联通讯》(1978~1986)。

学术论坛 = Academic forum / 广西社会科学院,1988~
双月刊　　　　　　CLC:C55
ISSN 1004-4434　　CN 45-1002/C　48-35　BM1191
广西南宁市新竹路5号(530022)
编辑部电话:0771-5860201
http://xslt.cbpt.cnki.net
xsltzx@163.com(哲学),xsltzzb@163.com(政治学),xsltdai@163.com(社会学),xsltwxl@163.com(文学),xsltjjx@163.com(经济学),xsltfx@163.com(法学),xsltwj@163.com(文化),xsltls@163.com(历史学),xsltkxk@163.com(跨学科)
以研究哲学社会科学重大理论问题和现实问题为基本定位,追踪社会思潮、理论前沿和学术热点,研究改革开放中的重大理论和实践问题,刊登学术论文和研究报告。辟有哲学、政治学、社会学、法学、经济学、历史学、文化学、文学等学科栏目。读者对象为社会科学工作者和大专院校师生。1988年由《学术论坛.经济版》(1987)和《学术论坛.文史哲版》(1987)合并而成。

学术前沿 = Frontiers / 人民论坛杂志社,2016~
半月刊　　　　　　CLC:D6
ISSN 2095-3461　　CN 10-1050/C　2-909　SM1212
北京市金台西路2号人民日报社新媒体大厦(100733)
编辑部电话:010-65363745
http://www.rmlt.com.cn,http://rmxs.cbpt.cnki.net
关注在中国改革发展实践存在的关乎全局的议题,特别是对中央关心、民众关注亟待解决的重大现实和理论问题进行学术分析。设有二十四个重大问题研究、中国战略、政党政治、国家社科基金成果发布、政治评论、公共治理、学术大视野、文化与教育等栏目。主要读者对象为大专院校相关专业师生、党政机关干部和人文社会科学理论工作者。2016年继承:《人民论坛.学术前沿》(2012~2015)。

学术研究 = Academic research / 广东省社会科学界联合会,1962~
月刊　　　　　　　CLC:C55
ISSN 1000-7326　　CN 44-1070/C　46-64　M268
广东省广州市天河区天河北路618号广东社会科学中心B座7楼(510635)
编辑部电话:020-83846163
http://www.southacademic.com
gzphil@126.com,gzecon@126.com,gzpols@126.com,gzhist@126.com,gzliter@126.com
反映社会科学各个领域的最新研究成果。内容涵盖哲学、经济学、管理学、历史学、文学、政治学、法学和教育学等。读者对象为社会科学研究人员和大专院校师生。1962年继承:《理论与实践》(1958~1960)。

学术月刊 = Academic monthly / 上海市社会科学界联合会,1957~
月刊　　　　　　　CLC:C55
ISSN 0439-8041　　CN 31-1096/C　4-72　M291
上海市淮海中路622弄7号(乙)(200020)
编辑部电话:021-53060399,1937
http://www.xsyk021.com
xsyk021@163.com
主要反映学术界的最新研究成果,刊登各类综述,报道学术动态。内容侧重哲学、文学、历史学、经济学、政治学、社会学、法学、教育学等。读者对象为人文社会科学研究人员及大专院校师生。

学位与研究生教育 = Academic degrees & graduate education / 国务院学位委员会,1984~
月刊　　　　　　　CLC:G64
ISSN 1001-960X　　CN 11-1736/G4　MO4059
北京市中关村南大街5号(100081)
编辑部电话:010-68911609
http://www.adge.edu.cn
adge@bit.edu.cn
集有关学位与研究生教育的工作指导、理论研究、经验介绍和信息传播于一体,围绕研究生教育和学位工作中迫切需要解决的问题,总结国内外实践经验,探索有效做法,为研究生教育和学位制度建设服务。辟有本刊专稿、学术探索、研究生教学、研究生管理、研究生德育、学位、评估与质量保障、招生与就业、比较与借鉴、信息窗、摄影等栏目。读者对象为高等院校和科研机构中从事研究生教育和学位工作的各级管理干部、研究生导师、高等教育研究工作者和在校研究生。

学习论坛 = Tribune of study / 中共河南省委党校,河南行政学院,1988～

双月刊　　　　　　　CLC：D6

ISSN 1003-7608　　CN 41-1023/D　M4301

河南省郑州市郑开大道 36 号(450046)

编辑部电话：0371-69685556

xxnt@chinajournal. net. cn

研究马克思列宁主义、毛泽东思想、邓小平理论、"三个代表"重要思想、科学发展观、习近平新时代中国特色社会主义思想,宣传党的路线、方针、政策,探讨解决中国经济建设和改革开放的新问题。主要栏目有中国特色社会主义研究、党建研究、政治与公共行政、社会治理、哲学与文化、经济理论与实践、法学研究等。主要读者对象为各级党政机关、企事业单位干部,理论宣传工作者,社会科学工作者和各级党校、大专院校师生。1988 年继承：《理论学习》(1985～1987)。

学习与实践 = Study and practice / 武汉市社会科学院,1983～

月刊　　　　　　　　CLC：C55

ISSN 1004-0730　　CN 42-1005/C　38-95

湖北省武汉市汉口发展大道 495 号(430019)

编辑部电话：027-82350700

http://www. xxysj. org. cn

xxysj123@126. com

探讨实践中提出的新问题。辟有经济、社会、哲学与文化、政治与法律等栏目。主要读者对象为党政机关和企事业单位的干部、宣传工作者和理论工作者。

学习与探索 = Study & exploration / 黑龙江省社会科学院,1979～

月刊　　　　　　　　CLC：C55

ISSN 1002-462X　CN 23-1049/C　14-64　BM334

黑龙江省哈尔滨市松北区世博路 1000 号(150028)

编辑部电话：0451-58670177

http://www. xxytszzs. com

xxytszss@163. com,xxytszfs@163. com,xxytsjjs@163. com,xxytswxs@163. com

反映社会科学最新研究成果,侧重对我国经济、社会

发展的重大学术理论问题的研究与探讨。发表哲学、文化学、社会学、政治学、法学、经济学、文艺学、历史学等方面的学术论文。辟有当代哲学问题探索、社会学理论与实践研究、政治发展研究、法治文明与法律发展、经济理论与思潮新探索、国企改革问题研究、当代文艺理论与思潮新探索等栏目。读者对象为文科大专院校师生、党政机关干部、社会科学理论工作者。

学校党建与思想教育 = The party building and ideological education in schools / 湖北长江报刊传媒(集团)有限公司,1996～

半月刊　　　　　　　CLC：D26,G41

ISSN 1007-5968　　CN 42-1422/D　38-344

武汉市洪山区珞喻路 78 号长江传媒大厦 3 楼(430079)

编辑部电话：027-87158893

xxdj@163. com

全国党建研究会高校党建研究专业委员会会刊。探索新时期学校党建和思想政治教育工作新思路,交流学校党建的先进经验,展示思想教育的最新理论成果。主要栏目：理论前沿、中青年学者论坛、德育论衡、党建研究、课程教学、新媒体思政、学工视窗、观察思考、工作探赜等。读者对象为学校党政领导、党务干部、宣传干部、学工干部、思想政治理论课教师及辅导员。1996,no. 5由《学校思想教育》(1988～1996)和《学校党建》(1995～1996)合并而成。

压电与声光 = Piezoelectrics & acoustooptics / 四川压电与声光技术研究所,1979～

双月刊　　　　　　　CLC：TN3

ISSN 1004-2474　CN 50-1091/TN　BM7448

重庆市南岸区南坪花园路 14 号(400060)

编辑部电话：023-65860260

http://www. peaotec. com

ydsgsipat@163. com

主要报道压电与声光技术领域的科研成果,介绍新技术、新工艺、新产品、新动向。内容包括微声电子技术与应用、微声电子材料技术与应用、微声传感器系统与应用、微声电子前沿技术与应用、惯性技术与应用、微波声学技术与应用等方面。读者对象为相关专业的科研人员、工程技术人员、管理人员、技术工人和大专院校师生。1979 年继承：《无线电陶瓷材料与器件》(1970～1978)。

压力容器 = Pressure vessel technology / 中国机械工程学会压力容器分会,1984～

月刊　　　　　　　　CLC：TH49

ISSN 1001-4837　CN 34-1058/TH　26-10　M1529

安徽省合肥市长江西路 888 号(230031)

编辑部电话：0551-65335515

http://www.chinapvt.com,http://ylrq.cbpt.cnki.net

ylrq1984@163.com,ylrqzzs@163.com

主要报道承压设备行业及其相关学科具有创新性的基础理论研究、工程技术应用的优秀科研成果,内容涉及炼油、石化、化工、冶金、能源、航空航天、国防军工、环保、海洋开发等。设有试验研究、设计计算、安全分析、检验与维护、制造与安装、标准规范、安全分析等栏目。读者对象为压力容器使用部门,高等院校和科研、设计院所。

亚太安全与海洋研究 = Asia-Pacific security and maritime affairs / 国务院发展研究中心亚非发展研究所, 南京大学中国南海研究协同创新中心, 2015～

双月刊　　　　　　CLC：D82

ISSN 2096-0484　CN 10-1334/D　80-455　C8387

江苏省南京市汉口路 22 号(210093)

编辑部电话：025-83597212,3126

http://yfzh.cbpt.cnki.net

nanhaibjb@nju.edu.cn

刊载亚太传统与非传统安全的理论与实践,重点突出亚太海洋领土争议、海上安全、海上军事力量建设、海洋法律与商业秩序、海洋生态与环境保护等问题与亚太安全之间的关系等方面的学术成果。同时聚焦亚太大国关系、周边外交、区域热点等诸多现实问题。设有亚太热点透析、海洋动态观察、区域安全探讨、国际政治聚焦等栏目。读者对象为国际问题研究理论工作者、外事工作者和相关专业科研工作者。2015 年继承:《亚非纵横》(1994～2015)。

亚太经济 = Asia-Pacific economic review / 福建社会科学院, 1985～

双月刊　　　　　　CLC：F13

ISSN 1000-6052　CN 35-1014/F　34-22　BM7031

福建省福州市鼓楼区柳河路 18 号(350001)

编辑部电话：0591-83791485

ytjjbjb@126.com

关注世界政治经济对亚太地区发展的影响,亚太各国或地区经济的发展与问题、合作与趋势,以及我国的战略选择与应采取的对策等。设有亚太纵横、亚太金融、亚太贸易、国别经济、跨国公司与亚太投资、台港澳经济、中国对外开放等栏目。读者对象为经济理论工作者、经济院校师生、党校教员、党政及外经贸部门官员、大型企业管理人员等。1985 年继承:《台湾与东亚》。

烟草科技 = Tobacco science & technology / 中国烟草总公司郑州烟草研究院, 1981～

月刊　　　　　　　CLC：S572,TS4

ISSN 1002-0861　CN 41-1137/TS　36-33　M6618

河南省郑州市高新技术产业开发区枫杨街 2 号(450001)

编辑部电话：0371-67672985,2669

http://www.tobst.cn

yckj@ztri.com.cn

主要刊登烟草行业科学研究与技术研发方面的学术论文、研究报告,以及反映国内外烟草科研进展、学术动态的综述性文章。设有烟草农学(含分子生物学)、烟草化学、烟草工艺、设备与仪器、信息技术、综述等栏目。读者对象为烟草种植、烟草工业、烟草经营等行业的科技人员、生产和经营管理人员及专业院校师生。1981 年继承:《烟草科技通讯》(1971～1980)。

燕山大学学报 = Journal of Yanshan University / 燕山大学, 1998～

双月刊　　　　　　CLC：N55

ISSN 1007-791X　CN 13-1219/N　18-73

河北省秦皇岛市河北大街西段 438 号(066004)

编辑部电话：0335-8057043

http://xuebao.ysu.edu.cn

xuebao@ysu.edu.cn

主要刊登机械、材料、电气电子、计算机与通信等学科论文。读者对象为科技工作者和理工科大专院校师生。1998 年继承:《东北重型机械学院学报》(1963～1997)。

岩矿测试 = Rock and mineral analysis / 中国地质学会岩矿测试专业委员会, 国家地质实验测试中心, 1986～

双月刊　　　　　　CLC：P575,TD

ISSN 0254-5357　CN 11-2131/TD　2-313　BM4089

北京市西城区百万庄大街 26 号(100037)

编辑部电话：010-68999562,9563

http://www.ykcs.ac.cn

ykcs_zazhi@163.com,ykcs@cags.ac.cn

刊载高精度、高灵敏度、高空间分辨率微区原位分析技术、同位素分析技术、元素形态分析技术、新污染物分析技术、典型场地生态修复技术、野外现场快速检测分析技术、新型自动化绿色样品处理技术、关键标准物质研制技术等领域理论创新和方法创新,全面反映实验测试技术应用于解决关键矿产、能源地质、海洋地质、生态地质、健康地质、农业地质、水文地质、岩溶地质等重点领域关键问题的研究成果。设有综述、进展与评述、分析测试技术、岩石矿物分析、自然资源分析研究、健康地质与生态环境研究、标准物质研究等栏目。读者对象为地质科学和地质找矿专业科技人员、相关专业院校师生。1986 年部分继承:《岩石矿物及测试》(1983～1985);2000 年吸收:《地质实验室》(1985～1999)。

岩石矿物学杂志 = Acta petrologica et mineralogica /

中国地质学会,中国地质科学院地质研究所,1986~

双月刊   CLC：P5

ISSN 1000-6524   CN 11-1966/P   82-52   BM5791

北京市西城区百万庄路 26 号(100037)

编辑部电话：010-68328475

http://www.yskw.ac.cn

yskw@ijournals.cn, yskw@chinajournal.net.cn

报道岩石学、矿物学各分支学科及边缘与交叉学科基础理论研究和应用研究成果。设有专题研究、综述与进展、宝玉石矿物学、环境矿物学、方法与应用等栏目。读者对象为地质科学工作者及大专院校师生。1986 年部分继承：《岩石矿物及测试》(1983~1985)。

岩石力学与工程学报 = Chinese journal of rock mechanics and engineering / 中国岩石力学与工程学会,1982~

月刊   CLC：TU45,TV,O3

ISSN 1000-6915 CN 42-1397/O3   38-315   MO4526

湖北省武汉市武昌区小洪山中国科学院武汉岩土力学研究所(430071)

编辑部电话：027-87199250

http://rockmech.whrsm.ac.cn

rock@whrsm.ac.cn

反映我国岩石力学与工程领域的新成就、新理论、新方法、新经验和新动向,促进我国岩石力学学科发展和岩石工程实践水平的提高。内容涉及综合研究与理论分析,设计、施工与工程应用,试验研究与测试技术,数值分析与计算等。读者对象为岩石力学研究人员、岩土工程勘探人员、施工人员及相关专业高等院校师生。

岩石学报 = Acta petrologica Sinica / 中国矿物岩石地球化学学会,中国科学院地质与地球物理研究所,1985~

月刊   CLC：P5

ISSN 1000-0569   CN 11-1922/P   82-947   M806

北京市 9825 信箱(100029)

编辑部电话：010-82998137

http://www.ysxb.ac.cn

ysxb@mail.iggcas.ac.cn

报道岩石学领域基础理论和应用研究成果,刊载综述性文章、问题讨论、学术动态以及书评等。内容包括岩浆岩石学、变质岩石学、沉积岩石学、岩石大地构造学、岩石同位素年代学和同位素地球化学、岩石成矿学、造岩矿物学等方面的重要基础理论和应用研究成果。读者对象为岩石学专家和高校相关专业师生。1985 年继承：《岩石学研究》。

岩土工程学报 = Chinese journal of geotechnical engineering / 中国水利学会,中国土木工程学会,中国力学学会,中国建筑学会,中国水力发电工程学会,中国振动工程学会,1979~

月刊   CLC：TU4,TV5

ISSN 1000-4548   CN 32-1124/TU   28-62   MO0520

江苏省南京市虎踞关 34 号(210024)

编辑部电话：025-85829534,9556

http://www.cgejournal.com

ge@nhri.cn

刊登土力学、岩石力学及岩土工程领域中代表当今先进理论和实践水平的科学研究和工程实践成果,关注水利水电、土木建筑、交通运输和资源环境等领域中的岩土工程问题。读者对象为土木建筑、水利电力、交通运输、矿山冶金、工程地质等领域中从事岩土工程及相关专业的科研人员、设计人员、施工人员、监理人员和大专院校师生。

岩土力学 = Rock and soil mechanics / 中国科学院武汉岩土力学研究所,1979~

月刊   CLC：TU4

ISSN 1000-7598   CN 42-1199/O3   38-383   Q4097

湖北省武汉市武昌区小洪山中国科学院武汉岩土力学研究所(430071)

编辑部电话：027-87198484

http://ytlx.whrsm.ac.cn,http://ytlx.chinajournal.net.cn

ytlx@whrsm.ac.cn

报道岩土力学与岩土工程研究、测试技术与方法的新理论、新成果、新方法以及最新学术动态等。刊登学术论文、典型工程实录、学术讲座、综述和简讯等,介绍测试技术与测试方法,报道学术与工程动态。设有基础理论与实验研究、岩土工程研究、数值分析等栏目。读者对象为相关专业科研、设计、勘察、施工人员以及大专院校师生。

岩性油气藏 = Lithologic reservoirs / 中国石油集团西北地质研究所有限公司,甘肃省石油学会,2007~

双月刊   CLC：TE1,P618.13

ISSN 1673-8926   CN 62-1195/TE   54-182   Q4996

甘肃省兰州市城关区雁儿湾路 535 号(730020)

编辑部电话：0931-8686158

http://www.yxyqc.net

yxyqc@petrochina.com.cn

刊登油气地质、勘探与开发、物探和测井技术及石油工程领域具有原创性的基础研究和应用成果论文,注重岩性油气藏特色。常设栏目有地质勘探、石油工程与油气田开发、新能源与智能油气田。读者对象为地质学、石油天然气勘探开发、石油工程等专业的科技人员、管理工作者及大中专院校师生。2007 年继承：《西北油气勘探》(1989~2006)。

研究生教育研究 = Journal of graduate education / 中国学位与研究生教育学会,中国科学技术大学,2011～
双月刊　　　　　　　CLC：G643
ISSN 2095-1663　　CN 34-1319/G4　26-233
安徽省合肥市金寨路 96 号中国科学技术大学(230026)
编辑部电话：0551-63600931,6175
http://journal. ustc. edu. cn
yjsjy@ustc. edu. cn
探索研究生教育发展规律,反映研究生教育教学最新成果,倡导先进的教育理念,促进创新人才培养。主要栏目：理论探索、招生与培养、"双一流"建设、导学关系研究、国外研究生教育等。读者对象为学位与研究生教育主管部门领导、高校管理者、教育科学研究人员、大专院校师生等。2011 年继承:《教育与现代化》(1986～2010)。

研究与发展管理 = R&D management / 复旦大学, 1989～
双月刊　　　　　　　CLC：G3,F20
ISSN 1004-8308　　CN 31-1599/G3　4-670
上海市邯郸路 220 号复旦大学管理学院(200433)
编辑部电话：021-25011599
http://www. rdmana. net
rdmana@fudan. edu. cn
主要刊登科学技术研究与发展管理方面的学术论文。辟有创新绩效、创新动能、创新网络、产业金融创新、知识管理、绿色技术与创新创业管理、创新管理、创业研究、科研管理、乡村双创、数智时代的创新战略研究、技术创业研究、创业团队研究、平台研究等专栏。读者对象为高等院校、科研单位与企业的研究人员,科技管理人员及相关专业研究生。

眼科新进展 = Recent advances in ophthalmology / 新乡医学院,1980～
月刊　　　　　　　　CLC：R77
ISSN 1003-5141　　CN 41-1105/R　36-42　M4734
河南省新乡市新乡医学院(453003)
编辑部电话：0373-3029404
http://www. ykxjz. com
ykxjz@xxmu. edu. cn,ykxjz@163. com
报道眼科医学科学研究成果。辟有名家讲坛(述评)、实验研究、应用研究、文献综述、海外信息、消息、读者来信等栏目。主要读者对象是眼科学临床、科研和教学工作者。

扬州大学学报. 农业与生命科学版 = Journal of Yang-zhou University. Agricultural and life science edition / 扬州大学,2002～
双月刊　　　　　　　CLC：S,Q
ISSN 1671-4652　　CN 32-1648/S　28-9
江苏省扬州市大学南路 88 号(225009)
编辑部电话：0514-87991323
http://yzdx. paperonce. org
xuebao@yzu. edu. cn
主要刊登农业科学、动物科学、动物医学、生物技术、园艺、植物保护、食品科学、基础医学、林业科学、环境科学等学科的学术论文。读者对象为农林科技工作者、高等院校师生及农林管理人员。2002 年继承:《江苏农业研究》(1999～2001)。

扬子江文学评论 = Yangtze Jiang literary review / 江苏省作家协会,2020～
双月刊　　　　　　　CLC：I206
ISSN 2096-7977　　CN 32-1891/I　28-271
江苏省南京市梦都大街 50 号(210019)
编辑部电话：025-86486055
yzjwxpl2020@163. com
关注当代文学研究和评论。主要栏目：大家读大家、批评家研究、新作快评、新诗研究、新诗研究、作家作品论、思潮与现象等。主要读者对象为中国文学研究和文艺理论工作者、大专院校文学专业师生及广大文学爱好者。2020 年继承:《扬子江评论》(2006～2019)。

遥感技术与应用 = Remote sensing technology and application / 中国科学院遥感联合中心,中国科学院资源环境科学信息中心,1991～
双月刊　　　　　　　CLC：TP7
ISSN 1004-0323　　CN 62-1099/TP　54-21
甘肃省兰州市天水中路 8 号(730000)
编辑部电话：0931-8272180
http://www. rsta. ac. cn
rsta@lzb. ac. cn
报道国内外遥感技术的研究与应用成果和发展动向,介绍新技术、新理论、新方法和新成果。内容涉及微波遥感、光学遥感、数据处理、模型与反演、遥感应用、GIS、深空探测等领域。主要栏目：遥感应用、数据与图像处理、地理信息与遥感大数据、专栏和综述。读者对象为遥感科研、教学、管理及应用领域的科技人员、管理人员和专业院校师生。1991 年继承:《遥感技术动态》(1986～1990)。

遥感信息 = Remote sensing information / 中国测绘科学研究院,1986～
双月刊　　　　　　　CLC：TP7
ISSN 1000-3177　　CN 11-5443/P　82-840　BM7903
北京市海淀区莲花池西路 28 号(100036)

编辑部电话：010-63880933

http://www.remotesensing.org.cn

remotesensing@casm.ac.cn

探讨遥感、地理信息系统技术的新理论、新方法；交流推广遥感与地理信息系统的新成果；介绍国外发展动向；普及遥感与地理信息系统的科学技术知识。主要栏目：论坛、理论研究、应用技术、科研成果、译文选登、国际动态、知识窗、遥感技术装备等。读者对象为相关领域的科研人员、工程技术人员、技术决策管理人员及高等院校师生。

遥感学报 = National remote sensing bulletin / 中国科学院空天信息创新研究院，1997～

月刊　　　　　CLC：TP7，P2

ISSN 1007-4619　　CN 11-3841/TP　82-324　BM1002

北京市海淀区北四环西路 19 号(100190)

编辑部电话：010-58887052

http://www.ygxb.ac.cn

nrsb@aircas.ac.cn

刊登有关遥感基础理论，遥感技术发展及遥感在农业、林业、水文、地矿、海洋、测绘等资源环境领域及灾害监测中的应用，地理信息系统(GIS)研究，遥感与 GIS 及全球定位系统(GPS)的结合及其应用，遥感在定量分析中的应用与全球定位等方面的科研成果。辟有研究进展、空气污染卫星遥感、地质与灾害、生态与环境、模型与方法、学者观点等栏目。读者对象为遥感及相关学科科研人员和高等院校师生。1997 年继承：《环境遥感》(1986～1996)。

药物分析杂志 = Chinese journal of pharmaceutical analysis / 中国药学会，1981～

月刊　　　　　CLC：R917

ISSN 0254-1793　　CN 11-2224/R　2-237　M506

北京市东城区天坛西里 2 号(100050)

编辑部电话：010-67095201

http://www.ywfxzz.cn，http://www.nifdc.org.cn

ywfx@nifdc.org.cn，cjpa@nifdc.org.cn

主要报道药物分析学科最新研究成果，探讨药物分析新理论，介绍药物分析新进展，传播药物分析新技术，推广药物分析新方法。发表文章涵盖药物分析学科涉及的所有范畴，包括药物研制、药品生产、临床研究、药物安全、质量评价、市场监督等所涉及的药物分析学科的研究论文、研究简报、学术动态与综述评述等。读者对象为医药科研、教学、生产及药品检验等方面的专业人员。1981 年继承：《药检工作通讯》(1978～1980)。

药物评价研究 = Drug evaluation research / 天津药物研究院，中国药学会，2009～

月刊　　　　　CLC：R9

ISSN 1674-6376　　CN 12-1409/R

天津市滨海高新区惠仁道 306 号(300462)

编辑部电话：022-23006822

http://www.tiprpress.com

der@tiprpress.com

报道药物评价工作实践，推动药物评价方法研究，开展药物评价标准或技术探讨。主要栏目有针对药物及其制剂的评价规范，以及药学评价、安全性评价、药效学评价、药理学评价、药动学评价、临床评价、上市药物评价等评价研究的内容，设置评价指南、审评规范、实验研究、临床评价、循证研究、专论、综述等。读者对象为药品管理、新药研发、药物临床应用、药学教育等相关的高等院校、科研院所、CRO 组织、生产企业、药品管理与审评机构的研究人员、管理人员、临床医生和研究生等。2009 年继承：《中文科技资料目录. 中草药》(1978～2008)。

药学学报 = Acta pharmaceutica Sinica / 中国药学会，中国医学科学院药物研究所，1953～

月刊　　　　　CLC：R9

ISSN 0513-4870　　CN 11-2163/R　2-233　M105

北京市先农坛街 1 号(100050)

编辑部电话：010-63026192，63035012

http://www.yxxb.com.cn

yxxb@imm.ac.cn

主要报道药学各学科领域基础和应用基础研究的原始性、创新性科研成果。主要栏目有综述与述评、研究论文、研究简报和新药发现与研究实例简析等。读者对象为药学研究与教学工作者。1953 年继承：《中国药学杂志》(1941～1948)。

冶金分析 = Metallurgical analysis / 中国钢研科技集团有限公司，中国金属学会，1986～

月刊　　　　　CLC：O6，TF1，TG1

ISSN 1000-7571　　CN 11-2030/TF　82-157　1579M

北京市海淀区学院南路 76 号(100081)

编辑部电话：010-62182398

http://yjfx.chinamet.cn/CN/volumn/current.shtml

yjfx@analysis.org.cn

反映冶金分析方面的科技成果，介绍新技术、新方法、新经验，报道国内外研究动态。刊登钢铁、合金、有色金属及各种矿物原料的化学分析、仪器分析、物理化学相分析及气体分析等方面的研究报告、实验报告、综述、评论和工作简报。读者对象为冶金、矿山、石油、化工、机械、地质、环保、商检等部门从事冶金分析科研与实际工作的科技人员和生产管理人员，大专院校和中等技术学校相关专业师生。1986 年继承：《冶金分析与测试. 冶金分析分册》(1983～1985)。

冶金能源 = Energy for metallurgical industry / 中钢集团鞍山热能研究院有限公司，1982～
　　双月刊　　　　　　　CLC：TF
　　ISSN 1001-1617　　CN 21-1183/TK　8-146　BM8330
　　辽宁省鞍山市鞍千路 301 号(114044)
　　编辑部电话：0412-5222639
　　http://www.rdte.cn
　　yjny2003@aliyun.com
　　报道冶金能源在应用、管理、技术、利用等领域方面的科研成果和研究进展。设有双碳技术、能源管理、工艺节能、热工理论、炉窑热工、燃烧技术、回收利用、动力节约、测控技术等栏目。读者对象为高校师生、科研设计院所、工矿企业工程技术人员等。

野生动物学报 = Chinese journal of wildlife / 东北林业大学，中国动物园协会，中国野生动物保护协会，2014～
　　季刊　　　　　　　CLC：S8，Q959.9
　　ISSN 2310-1490　　CN 23-1587/S　14-42　QR5914
　　黑龙江省哈尔滨市和兴路 26 号(150040)
　　编辑部电话：0451-82190700
　　http://ysdw.nefu.edu.cn
　　dw0451@126.com
　　主要报道野生动物各领域学术论文及野生动物饲养繁殖、疾病防治、经济动物开发利用等应用基础研究性论文。设有研究论文、案例、研究简报、进展与综述、信息等主要栏目。读者对象为野生动物研究领域科研人员、管理人员及大专院校师生。2014 年继承《野生动物》(1981～2013)。

液晶与显示 = Chinese journal of liquid crystals and displays / 中国科学院长春光学精密机械与物理研究所，中国物理学会液晶分会，1996～
　　月刊　　　　　　　CLC：TN104.3
　　ISSN 1007-2780　　CN 22-1259/O4　12-203　4868BM
　　吉林省长春市东南湖大路 3888 号(130033)
　　编辑部电话：0431-86176059，84613406
　　http://www.yjyxs.com
　　yjxs@ciomp.ac.cn
　　主要刊载液晶与显示前沿及交叉领域的创新成果及综合评述，刊载范围包括：液晶物理、液晶光学、液晶化学、液晶非线性光学、液晶自适应光学、液晶光子学、液晶材料与器件、LCD/OLED/QLED/Micro-LED 显示、激光显示、3D 显示、柔性显示、印刷显示、成像与显示、显示材料与器件、图像处理、计算机视觉、模式识别、嵌入式系统、驱动与控制等。读者对象为国内外液晶学科与显示领域高等院校、科研机构和企事业单位相关技术

领域的教师、研究人员、工程技术人员，以及博士、硕士研究生等。1996 年由《液晶通讯》(1993～1995)和《发光快报》(1982～1995)合并而成。

液压与气动 = Chinese hydraulics & pneumatics / 北京机械工业自动化研究所有限公司，中国机械工程学会，1977～
　　月刊　　　　　　　CLC：TH13
　　ISSN 1000-4858　　CN 11-2059/TH　2-828　M0813
　　北京市西城区德胜门外教场口 1 号(100120)
　　编辑部电话：010-82285330
　　http://journal.yeyanet.com
　　yqbjb@riamb.ac.cn
　　报道内容主要为液压与气动技术及其在国民经济各个部门的应用方面的新技术、工艺、设计、设备、材料，专业基础知识以及产品、企业和行业信息。设有理论研究、综合应用、信息、工程技术等栏目。读者对象为本专业的工程技术人员，有关的销售人员、管理人员，液压和气动设备的安装、调试、使用、维修人员，以及有关大专院校师生。

医学研究生学报 = Journal of medical postgraduates / 南京军区南京总医院，1999～2022
　　月刊　　　　　　　CLC：R
　　ISSN 1008-8199　　CN 32-1574/R　28-280　M3498
　　江苏省南京市中山南路 305 号 A7 信箱(《医学研究与战创伤救治》编辑部)(210002)
　　编辑部电话：025-80860662
　　http://dngfyy.paperopen.com
　　yxyjyzcsjz@163.com
　　主要刊登对研究生科研和临床工作有普遍指导意义的基础实验方法、科研写作、临床诊治经验等论文，以及报道疑难、罕见疾病的多学科协作诊疗病例。主要栏目包括院士论坛、导师论坛、论著(含基础研究、临床研究、技术创新、病例讨论等)、综述、研究生园地等。主要读者对象为医学研究生及其导师群体。1999 年继承《金陵医院学报》(1990～1999)；2023 年改名为《医学研究与战创伤救治》(2023～)。

医学与社会 = Medicine and society / 华中科技大学同济医学院，1995～
　　月刊　　　　　　　CLC：R-05
　　ISSN 1006-5563　　CN 42-1387/R　38-227
　　湖北省武汉市汉口航空路 13 号(430030)
　　编辑部电话：027-83692517
　　http://yxysh.hust.edu.cn
　　yxysh@hust.edu.cn
　　主要刊载卫生健康与人文社会科学交叉领域的论文。

常设栏目有卫生事业管理、医院管理、医学社会学、医学行为与医学心理、医疗保障、卫生法与医学伦理、医学教育、药物政策与管理、卫生信息管理、卫生技术评估等。读者对象为卫生系统各级干部、管理工作者及医药院校广大师生。1995 年继承:《同济医科大学学报. 社会科学版》。

医学与哲学 ＝ Medicine and philosophy / 中国自然辩证法研究会，2012～
半月刊　　　　　　　　CLC：R-02
ISSN 1002-0772　　CN 21-1093/R　8-122　6205M
辽宁省大连市旅顺南路西段 9 号(116044)
编辑部电话：0411-86110144,0142,6242
http://www.yizhe.dmu.edu.cn
yizhe@dmu.edu.cn
探讨医学伦理学、医学社会学、医学心理学、医学美学、临床误诊学、医学逻辑学、医学方法论，重点关注医学面临的一系列新技术所涉及的伦理、法律、政策和社会问题，同时以临床决策为坐标，对临床技术进行评价、讨论、对比、反思和总结。读者对象为医学界各方面专家、卫生行政领导、医学院校的教师、研究生、大学生。2012 年由《医学与哲学. 人文社会医学版》(2005～2011)和《医学与哲学. 临床决策论坛版》(2005～2011)合并而成。

医药导报 ＝ Herald of medicine / 中国药理学会，华中科技大学同济医学院附属同济医院，1991～
月刊　　　　　　　　CLC：R
ISSN 1004-0781　　CN 42-1293/R　38-173　BM6485
湖北省武汉市蔡甸区中法新城同济医院专家社区 C 栋平层(430199)
编辑部电话：027-69378382,8383
http://www.yydbzz.com
yydbzz@163.com
主要刊登与药物有关的医药科技论文，除外中药材栽培、中药鉴定、化学药物结构式鉴定和药物合成、药学教育等。内容包括药学前沿热点、础研究、制剂工艺、质量控制、药物临床疗效观察、药物安全性评价、药物系统评价和 Meta 分析、药事管理、界最新药物研究信息等。设有规范、指南、共识、特约稿、药物研究，药物与临床，药学进展，药物制剂与药品质量控制，药物介绍，用药指南，临床药师交流园地，药品不良反应与不良事件，药事管理，世界新药信息等栏目。读者对象为临床医师、药师、医药院校师生和医药研究所的科技工作者及药品监督管理人员、医药工商企业经营工作者。1991 年继承:《湖北医药导报》(1982～1991)。

医用生物力学 ＝ Journal of medical biomechanics / 上海交通大学，1992～
双月刊　　　　　　　　CLC：R3
ISSN 1004-7220　　CN 31-1624/R　4-633
上海市制造局路 639 号(200011)
编辑部电话：021-53315397
http://www.medbiomechanics.com，http://www.mechanobiology.cn
shengwulixue@163.com
报道骨、关节生物力学与力学生物学，心血管生物力学与力学生物学，颌面口腔，眼与耳鼻咽喉等临床生物力学，航空航天等特殊(极端)环境生物力学，细胞分子生物力学与力学生物学，血液流变学与临床应用，医疗器械的生物力学设计，医用材料生物力学和运动医学生物力学等生物力学各领域的研究论文。读者对象为相关领域研究人员和专业技术人员。1992 年继承:《生物力学》(1986～1991)。

仪表技术与传感器 ＝ Instrument technique and sensor / 沈阳仪表科学研究院有限公司，1987～
月刊　　　　　　　　CLC：TH7,TM55
ISSN 1002-1841　　CN 21-1154/TH　8-69
辽宁省沈阳市大东区北海街 242 号(110043)
编辑部电话：024-88718630,8620
http://www.17sensor.com
bjb@17sensor.com
主要刊载仪器仪表及传感器科学与技术领域的高水平理论性和应用性的科研成果，以及反映学科发展状况的综述和信息性文章。设有传感器技术、仪器仪表、系统与应用、研究与开发等栏目。读者对象为仪表与传感器专业的科技工作者和大专院校师生。1987 年继承:《仪器制造》(1974～1986)。

仪器仪表学报 ＝ Chinese journal of scientific instrument / 中国仪器仪表学会，1980～
月刊　　　　　　　　CLC：TH7
ISSN 0254-3087　　CN 11-2179/TH　BM0240
北京市东城区北河沿大街 79 号(100009)
编辑部电话：010-53389119
http://yqyb.etmchina.com
cjsi@cis.org.cn
主要报道仪器仪表领域及其交叉学科具有创新性的基础理论研究、工程技术应用的优秀科研成果。内容涉及精密测量技术与仪器、传感器技术、视觉检测与图像测量、信息处理技术、检测技术、工业大数据与智能健康评估、生物信息检测、自动控制技术、人机融合与人工智能、无损检测技术、多相流测试技术等方面。读者对象为仪器仪表及自动化研究、设计、制造、应用方面的科研人员、工程技术人员及相关专业大专院校师生。

遗传 = Hereditas / 中国科学院遗传与发育生物学研究所，中国遗传学会，1979～

月刊　　　　　　　CLC：Q3

ISSN 0253-9772　　CN 11-1913/R　　2-810　　M62

北京市朝阳区北辰西路 1 号院（100101）

编辑部电话：010-64807669

http：//www. chinagene. cn

yczz@genetics. ac. cn

刊登内容涉及遗传学、基因组学、细胞生物学、发育生物学、生物进化、遗传工程及生物技术等方面研究论文、学科热点问题的专论与综述、学术争鸣与讨论；遗传学教学经验体会等。栏目有综述、研究报告、技术与方法、遗传资源、前沿聚焦等。读者对象为基础医学、农林牧渔、生命科学领域的科研与教学人员，研究生、大学生、中学生物教师。1979 年继承：《遗传与育种》（1975～1978）。

艺术百家 = Hundred schools in arts / 江苏省文化艺术研究院，1987～

双月刊　　　　　　CLC：J

ISSN 1003-9104　　CN 32-1092/J　　28-360　　BM7521

江苏省南京市中山南路 89 号江苏文化大厦 8 楼（210005）

编辑部电话：025-84699052，84600291，84611291

http：//ysbj. chinajournal. net. cn,http：//ysbj. qikan. com

yishubaijia@126. com

刊登文化产业、艺术及艺术理论研究，发表各家学派、各种学术观点的文章。辟有艺术学理论研究、文艺评论、文化研究、戏剧与戏曲、音乐与舞蹈、影视艺术、美术研究、设计研究、非物质文化遗产研究、美术作品等栏目。读者对象为艺术工作者及艺术院校师生。1987 年继承：《剧艺百家》（1985～1986）。

艺术设计研究 = Art & design research / 北京服装学院，2009～

双月刊　　　　　　CLC：J5

ISSN 1674-7518　　CN 11-5869/J

北京市朝阳区和平街北口樱花东路甲 2 号（100029）

编辑部电话：010-64288020

https：//yssjyj. bift. edu. cn

shixuebao@126. com

刊登国内外艺术设计学科领域的学术动态与教学、科研成果，服务于教学科研与文化创意产业发展。主要栏目有时尚文化、理论前沿、服饰研究、设计与文脉、学术立场、美学思想、书评、教学园地、信息时空。读者对象为从事艺术与设计相关专业的设计师、教师、学生、研究人员及艺术设计爱好者。2009 年继承：《饰》（1992～2009）。

音乐创作 / 中国音乐家协会，1955～

双月刊　　　　　　CLC：J6

ISSN 0513-2436　　CN 11-1658/J　　2-963　　BM266

北京市朝阳区北沙滩一号院中国文联大楼 B 座（100083）

编辑部电话：010-59759633

yinyuechuangzuo@sina. com

以五线谱形式发表音乐创作作品，包括各种题材和风格的独唱、重唱、合唱曲，以及钢琴曲和民族器乐曲等，刊登音乐作品评论、音乐创作研究和音乐专业教育方面的论文。可供音乐院系补充教材和专业团体演出曲目之选择。读者对象为音乐工作者、音乐院校师生及音乐爱好者。

音乐研究 = Music reserch / 人民音乐出版社有限公司，1958～

双月刊　　　　　　CLC：J6

ISSN 0512-7939　　CN 11-1665/J　　2-258　　Q267

北京市朝阳门内大街甲 55 号（100010）

编辑部电话：010-58110727

yyyj@rymusic. com. cn

致力于中国传统音乐艺术研究，关注国内外音乐学术的最新发展。发表音乐史学、民族音乐学、音乐教育学、音乐美学、作曲技术理论、表演艺术理论及音乐科技等方面的研究成果，刊登国外音乐理论介绍，报道音乐学术动态及专业资讯。读者对象为专业音乐工作者、文艺理论工作者及音乐爱好者。1958 年继承：《音乐论丛》。

音乐艺术：上海音乐学院学报 = Art of music：Journal of the Shanghai Conservatory of Music / 上海音乐学院，1979～

季刊　　　　　　　CLC：J6

ISSN 1000-4270　　CN 31-1004/J　　4-398　　Q1027

上海市汾阳路 20 号（200031）

编辑部电话：021-53307286

musicart2000@163. com

发表音乐各领域和学科的研究成果，刊登民族音乐研究、音乐教育、乐律学、音乐美学、音乐心理学、作曲理论研究、作家作品研究，以及演奏艺术、创作思想等方面的文章。主要栏目：分析・研究、思维・观念、历史・文化、专栏等。读者对象为专业音乐工作者、音乐院校师生及音乐爱好者。

印染 = China dyeing and finishing / 上海市纺织科学研究院有限公司，全国印染科技信息中心，1975～

月刊　　　　　　　CLC：TS19

ISSN 1000-4017　　CN 31-1245/TS　　4-220

上海市平凉路 988 号（200082）

编辑部电话：021-51670288；021-55210011-328

http://www.cntexcloud.com,http://yira.cbpt.cnki.net
yinran1975@126.com

报道印染行业的科技成果,介绍和推广新技术、新经验、新产品,以及三废处理技术等。设有研究报告、生产技术、染料与助剂、测试与标准、设备与仪器、低碳印染、清洁生产、国外染整技术、数码印花、述评、书评等栏目。读者对象为印染业科技人员、技术工人及大专院校印染专业师生。

营养学报 = Acta nutrimenta Sinica / 中国营养学会,卫生学环境医学研究所,1956~
双月刊   CLC:R15
ISSN 0512-7955   CN 12-1074/R   6-22   BM888
天津市大理道一号(300050)
编辑部电话:022-84655402
yyxx@chinajournal.net.cn

2022,no.3 起主办单位改为军事科学院军事医学研究院。主要刊登营养研究原著,内容涵盖食物化学、实验营养、公共营养、临床营养、营养资源及利用、实验技术,以及其他营养学基础与应用。读者对象为从事营养科研、教学、医疗卫生、基础医学及食品科学工作的专业人员。

应用概率统计 = Chinese journal of applied probability and statistics / 中国数学会概率统计学会,1985~
双月刊   CLC:O21
ISSN 1001-4268   CN 31-1256/O1   4-414
上海市华东师范大学统计学院(200062)
编辑部电话:021-54345267
http://aps.ecnu.edu.cn
aps@stat.ecnu.edu.cn

报道概率论与数理统计基础理论研究和应用研究成果,反映我国概率统计基础理论和应用研究学术水平,推广概率统计方法。刊登学术论文、成果综合报告、高校教学成果简报及学术活动报道。读者对象为数理统计工作者、技术人员及高等院校相关专业师生。

应用光学 = Journal of applied optics / 中国兵器工业第二〇五研究所,中国兵工学会,1980~
双月刊   CLC:O43,TN
ISSN 1002-2082   CN 61-1171/O4   52-245   BM7430
陕西省西安市电子三路西段 9 号(710065)
编辑部电话:029-88288172
http://www.yygx.net
yygx205@126.com

涉及的专业领域有光电系统工程、微光夜视、光电制导稳瞄、光电火控、光电计量测试、红外夜视、激光、应用光纤、可见光、光学膜层设计、光学材料与加工工艺。设

有理论研究、综述、光学设计、微光技术、激光技术、红外技术、光纤技术、稳瞄技术、图像处理、薄膜光学、光电器件、光学测试等栏目。读者对象为相关专业的科技工作者、研究人员、高等院校师生。

应用海洋学学报 = Journal of applied oceanography / 自然资源部第三海洋研究所,中国海洋学会,福建省海洋学会,2013~
季刊   CLC:P722.6
ISSN 2095-4972   CN 35-1319/P
福建省厦门市大学路 178 号(361005)
编辑部电话:0592-2195251,326
http://xuebao.jao.org.cn
yyhyxxb@tio.org.cn,yyhyxxb@163.com

主要报道海洋生物学、海洋生态学、海洋化学、海洋地质学、海洋水文学、海洋环境科学、海洋气象学、海洋声学与遥感等方面的学术论文和研究报告,以及反映各相关学科前沿最新研究动态的综述文章。读者对象为海洋科学和应用海洋科学研究人员及高等院校相关专业师生。2013 年继承:《台湾海峡》(1982~2012)。

应用化工 = Applied chemical industry / 陕西化工研究院有限公司,陕西省化工学会,2000~
月刊   CLC:TQ
ISSN 1671-3206   CN 61-1370/TQ   52-225   M1656
陕西省西安市雁塔区西延路 61 号(710054)
编辑部电话:029-85561216
https://zgyyhg.cbpt.cnki.net
yyhg@vip.163.com

报道化工领域重大科研成果和技术应用成果、化工企业急需的易于工业化的成果、对生产具有普遍指导意义的技术改造成果,报道化工领域的新技术、新方法和新产品及其应用技术。目前所设栏目有:科研与开发、专论与综述、分析测试、应用技术。读者对象为相关行业的科研人员和技术人员,相关专业院校师生。2000 年继承:《陕西化工》(1972~2000)。

应用化学 = Chinese journal of applied chemistry / 中国化学会,中国科学院长春应用化学研究所,1974~
月刊   CLC:TQ,O69
ISSN 1000-0518   CN 22-1128/O6   12-537   M809
吉林省长春市人民大街 5625 号(130022)
编辑部电话:0431-85262016,2330
http://yyhx.ciac.jl.cn
yyhx@ciac.ac.cn

报道化学学科的基础研究与应用技术研究成果,评述当前研究热点和前沿课题。刊登综合评述、研究论文、研究简报,内容涉及有机化学、无机化学、高分子化学、

物理化学、分析化学与材料科学、信息科学、能源科学、生命科学等方面。面向科研单位、大专院校和化学化工领域的科研技术人员。

应用基础与工程科学学报 = Journal of basic science and engineering / 中国自然资源学会,1993~
双月刊　　　　　CLC:T,TB1
ISSN 1005-0930　CN 11-3242/TB
北京市海淀区北京大学环境大楼 312 室(100871)
编辑部电话:010-62753153
http://www.jbse.net
jbse@vip.163.com
主要刊登自然科学与工程科学,尤其是新兴与交叉学科领域的研究论文、简报、综述、专论、学术活动等最新成果和信息。读者对象为国内外从事自然与工程科学研究的科研人员、管理人员和大专院校师生。

应用激光 = Applied laser / 上海市激光技术研究所,1981~
双月刊　　　　　CLC:TN24,O4
ISSN 1000-372X　CN 31-1375/T　4-376　BM4153
上海市宜山路 770 号(200233)
编辑部电话:021-64700560-1105
http://yyjg.cbpt.cnki.net
yyjg@laser.net.cn
2023 年起主办单位名为上海市激光技术研究所有限公司。报道激光技术在我国工业、农业、科学研究、医疗卫生等方面应用成果。重点刊登激光器件、激光技术及应用研究的最新进展和取得明显经济效益的应用成果;有关激光应用的实验技术和理论分析;全国性学术活动及展会情况等。读者对象为激光技术研究及应用领域的科研人员、工程技术人员、高等院校师生及医务工作者。2022 年起改为月刊。

应用科学学报 = Journal of applied sciences. Electronics and information engineering / 上海大学,中国科学院上海技术物理研究所,1983~
双月刊　　　　　CLC:T
ISSN 0255-8297　CN 31-1404/N　4-821
上海市上大路 99 号 123 信箱(200444)
编辑部电话:021-66131736,6275
http://www.jas.shu.edu.cn
yykxxb@department.shu.edu.cn
报道应用科学各领域的最新研究成果。学科领域以电子与信息科学为主,内容包括通信工程、信号与信息处理、电子技术、计算机科学与应用、控制与系统及其在各个工程领域的应用等方面。读者对象为科技工作者和理工科院校师生。

应用昆虫学报 = Chinese journal of applied entomology / 中国科学院动物研究所,中国昆虫学会,2011~
双月刊　　　　　CLC:Q96
ISSN 2095-1353　CN 11-6020/Q　2-151　BM-407
北京市朝阳区北辰西路 1 号院 5 号中国科学院动物研究所(100101)
编辑部电话:010-64807137
http://www.ent-bull.com.cn
entom@ioz.ac.cn
报道昆虫生态、行为、生理、生化、毒理、信息素等分支学科研究成果,普及昆虫知识,研究农、林、牧、医、仓储等重要害虫发生与防治,资源、食用、药用、天敌昆虫等益虫利用与开发等。主要栏目有研究简报、前沿与综述、研究论文、技术与方法、封面介绍等。主要读者对象是昆虫学科研、教学人员,中学教师和昆虫爱好者。2011 年继承:《昆虫知识》(1955~2010)。

应用力学学报 = Chinese journal of applied mechanics / 西安交通大学,1984~
双月刊　　　　　CLC:O3
ISSN 1000-4939　CN 61-1112/O3
陕西省西安市咸宁路 28 号(710049)
编辑部电话:029-82668756
http://cjam.xjtu.edu.cn
cjam@mail.xjtu.edu.cn
主要反映现代力学理论、计算方法和实验技术等在工程中的应用方面创新科研成果。设有航空航天工程、岩石动力学、动力学与控制、固体力学、流体力学、生物力学等栏目。读者对象为工程技术、力学研究及高等院校师生等相关的科研人员。

应用气象学报 = Journal of applied meteorological science / 中国气象科学研究院,国家气象中心,国家气象局卫星气象中心,国际气候中心,国家气象信息中心,中国气象局气象探测中心,1990~
双月刊　　　　　CLC:P4
ISSN 1001-7313　CN 11-2690/P
北京市海淀区中关村南大街 46 号(100081)
编辑部电话:010-68407086,8638,9592
http://qikan.camscma.cn
yyqxxb@cma.gov.cn,yyqxxb@163.com
反映新理论与新技术在大气科学中的应用,以及气象理论与实践相结合应用于各相关领域科研成果。刊登研究论文、研究简报、研究动态与学术会议报道、新问题探讨与评论、气象书刊评介等。内容包括气象预报、卫星气象、农业气象、海洋气象、航空气象、环境气象、人工影响天气、应用气候、大气探测、遥感技术以及计算机应用技术等方面。读者对象为气象科学及相关学科研究人员、技术与业务人员以及大专院校相关专业师生。
1990 年继承:《气象科学研究院院刊》(1986~1989)。

应用生态学报 = Chinese journal of applied ecology / 中国科学院沈阳应用生态研究所,中国生态学学会,1990~

月刊　　　　　　　　CLC:Q14

ISSN 1001-9332　　CN 21-1253/Q　8-98　M5661

辽宁省沈阳市文化路 72 号(110016)

编辑部电话:024-83970393

http://www.cjae.net

报道应用生态学领域研究成果、科研进展。内容包括森林生态学、农业生态学、草地生态学、渔业生态学、海洋与湿地生态学、资源生态学、景观生态学、全球变化生态学、城市生态学、产业生态学、生态规划与生态设计、污染生态学、化学生态学、恢复生态学、生态工程学、生物入侵与生物多样性保护生态学、流行病生态学、旅游生态学和生态系统管理等。主要栏目有研究论文、研究评述、研究报告、主编观点等。读者对象为从事生态、地学、林学、农学和环境科学研究、教学、生产的科技工作者,有关专业学生及经济管理和决策部门的工作者。1990 年继承:《生态学进展》(1988~1989)。

应用声学 = Journal of applied acoustics / 中国科学院声学研究所,1982~

双月刊　　　　　　　CLC:O429,TB5

ISSN 1000-310X　　CN 11-2121/O4　2-561　BM607

北京市海淀区北四环西路 21 号(100190)

编辑部电话:010-82547761

http://yysx.cnjournals.cn

yysx@mail.ioa.ac.cn

刊载声学领域中具有创新性、应用性和应用基础性的研究论文、综述评论,报道新研究成果和产业化新技术的进展。主要栏目有生物医学超声与光声、研究报告、综述、应用实例等。读者对象为从事声学基础理论和实验研究的科技人员及高等院校师生。

应用数学 = Mathematica applicata / 华中科技大学,1988~

季刊　　　　　　　　CLC:O29

ISSN 1001-9847　　CN 42-1184/O1　38-61　Q4194

湖北省武汉市珞喻路 1037 号华中科技大学(430074)

编辑部电话:027-87543831

https://yisu.cbpt.cnki.net/WKB/WebPublication/index.aspx?mid=yisu

yysx@mail.hust.edu.cn

刊登应用数学方面学术论文和研究成果,应用数学新理论、新模型、新方法介绍,以及专题论述、研究简报和

动态报道等。读者对象为数学工作者、高等院校师生和相关专业领域的科技工作者。1988 年继承:《模糊数学》(1981~1987)。

应用数学和力学 = Applied mathematics and mechanics / 重庆交通大学,1980~

月刊　　　　　　　　CLC:O3

ISSN 1000-0887　　CN 50-1060/O3　78-21　M295

重庆市南岸区学府大道 66 号交通大学 90 信箱(400074)

编辑部电话:023-62652450

http://www.applmathmech.cn

applmathmech@cqjtu.edu.cn

反映力学、力学中的数学方法和与现代力学紧密相关的应用数学方面研究成果。主要刊登力学、力学中的数学方法和与现代力学紧密相关的应用数学方面的高水平学术论文,同时刊登土木建筑、水利水工、道路桥梁、航海造船、航空航天、机械冶金、国防军工、防灾减灾、能源环保、生物化工等领域中力学和数学建模、分析方面具有学术水平和实用价值的论文。读者对象为从事力学、应用数学及相关专业科研人员、工程技术人员及高等院校师生。

应用数学学报 = Acta mathematicae applicatae Sinica / 中国数学会,中国科学院数学与系统科学研究院,1976~

双月刊　　　　　　　CLC:O29

ISSN 0254-3079　　CN 11-2040/O1　2-822　Q49

北京市海淀区中关村东路 55 号(100190)

http://www.applmath.com.cn

刊登国内外应用数学及相关领域研究论文、研究简报和综合评论,报道国内外应用数学各学科发展动态及相关综合评论。读者对象为数学和应用数学工作者、高等院校教师和研究生、科研人员。

应用与环境生物学报 = Chinese journal of applied and environmental biology / 中国科学院成都生物研究所,1995~

双月刊　　　　　　　CLC:Q-0,X17

ISSN 1006-687X　　CN 51-1482/Q　62-15

四川省成都市人民南路四段 9 号(610041)

编辑部电话:028-82890917,0918

http://www.cibj.com

biojaeb@cib.ac.cn

报道我国应用生物学、环境生物学及相关学科基础研究和应用研究成果,内容涵盖生物学及相关学科资源开发利用与可持续发展、环境整治、退化生态系统恢复与重建,以及农、林、牧、医、能源、轻工、食品等领域生物学研究,应用生物学和环境生物学及相关科学领域基础研究等。设有研究论文、简报、综述等栏目。读者对象为

生物学及相关学科科研人员、大专院校师生和科研管理人员。

油气藏评价与开发 = Petroleum reservoir evaluation and development / 中国石化集团华东石油局，2011～
双月刊　　　　CLC：TE35，P618
ISSN 2095-1426　CN 32-1825/TE
江苏省南京市建邺区江东中路 375 号金融城 9 号楼（210019）
编辑部电话：0523-86667121；025-66201780
http://red.magtech.org.cn
66scjs@vip.sina.com
主要报道国内有关油气藏评价与开发工程方面的科研成果和先进经验，介绍国外先进技术、发展水平和方向。主要栏目有页岩气勘探、页岩气开发、智能化评价、海上油气勘探与开发、矿场应用、方法理论等。读者对象为石油开发行业的科研技术人员和相关专业院校师生。2011 年由《华东油气勘查》(1982～2010)、《试采技术》(1979～2010)和《勘探地球物理进展》(2002～2010)合并而成。

油气储运 = Oil & gas storage and transportation / 中国石油天然气股份有限公司管道分公司，1982～
月刊　　　　　CLC：TE8
ISSN 1000-8241　CN 13-1093/TE　18-89
河北省廊坊市金光道 51 号(065000)
编辑部电话：0316-2177193，4838
https://yqcy.paperonce.org
报道油气储运行业相关专业学科的新理论、新技术、新领域、新工艺、新产品、新进展、新认识、新经验、新建议、新评价、新方法、新方案、新工具，全面反映国内外油气储运行业的科技进步与最新成果。栏目有前沿与综述、低碳与新能源、检测与完整性、工艺与工程、运行与管理。读者对象为全国的石油、石化系统，国防、民航、铁路、交通的油气储运部门；市政排水、煤气、热力管网等单位，以及相关科研院所和大专院校的科研、技术及管理人员。1982 年继承：《油气管道技术》(1977～1981)；1996 年吸收：《国外油气储运》(1988～1995)。

油气地质与采收率 = Petroleum geology and recovery efficiency / 中国石油化工股份有限公司胜利油田分公司，2001～
双月刊　　　　CLC：TE3
ISSN 1009-9603　CN 37-1359/TE　BM1709
山东省东营市聊城路 2 号(257015)
编辑部电话：0546-8715246，8716980
http://yqdzycsl.cnjournals.com
pgre@vip.163.com

以讨论"油气勘探开发新理论、新方法"和"提高油气采收率技术"为主题，报道内容涵盖了油气勘探开发主业的各个专业。设有油气地质、油气采收率和专家论坛等栏目。读者对象为全国各油田管理机构、生产厂矿、石油院校及科研院所。2001 年由《油气采收率技术》(1994～2000)和《复式油气田》(1993～2000)合并而成。

油田化学 = Oilfield chemistry / 四川大学高分子研究所，高分子材料工程国家重点实验室，1984～
季刊　　　　　CLC：TE
ISSN 1000-4092　CN 51-1292/TE　62-38　Q6076
四川省成都市四川大学(望江西区)油田化学编辑部(610065)
编辑部电话：028-85405414
http://ythx.scu.edu.cn
ofchemythx@163.com
内容以应用技术为主，兼顾应用理论与相关的基础理论，报道的领域包括钻井、固井、采油、集输和油田污水处理、腐蚀与防护等领域的新技术、新方法和新产品及其应用技术。主要栏目有研究论文、专论与综述、企业与产品、研究机构与成果等。主要读者对象为高等学校师生、科研人员和工程技术人员。

有机化学 = Chinese journal of organic chemistry / 中国化学会，中国科学院上海有机化学研究所，1980～
月刊　　　　　CLC：O62
ISSN 0253-2786　CN 31-1321/O6　4-285　M513
上海市零陵路 345 号(200032)
编辑部电话：021-54925244
http://sioc-journal.cn
yjhx@sioc.ac.cn
报道有机化学领域最新科研成果、研究动态、最新进展和发展趋势，刊登基础研究和应用研究原始性研究论文及阶段性成果，对当前有机化学研究热点和前沿课题进行总结评述。读者对象为国内外有机化学科研工作者、高等院校相关专业师生。

有色金属. 冶炼部分 = Nonferrous metals. Extractive metallurgy / 矿冶科技集团有限公司，1979～
月刊　　　　　CLC：TF8
ISSN 1007-7545　CN 11-1841/TF　2-464　M3011
北京市南四环西路 188 号总基地 18 区 23 号楼(100160)
编辑部电话：010-63299752，9758
http://ysyl.bgrimm.cn
ysyl@bgrimm.com
重点报道有色金属冶炼方面的科研成果，介绍国外有色金属科技动态与发展趋势。主要栏目有环境工程、稀贵金属、重有色金属、轻有色金属、材料与设备、冶金史、书评·广告等。读者对象为冶金行业从事有色金属冶炼及相关技术的工程技术人员、科研人员及相关专业院校师生。1979 年部分继承:《有色金属. 选冶部分》(1974~1978)。

有色金属工程 = Nonferrous metals engineering / 矿冶
科技集团有限公司,2011~
月刊   CLC: TD,TF8,TG1
ISSN 2095-1744   CN 10-1004/TF   80-371   Q352
北京市 南四环 西路 188 号总部基地 18 区 23 号楼
(100160)
编辑部电话:010-63299751,9224
http://ysjsgc. bgrimm. cn
ysjsgc@bgrimm. com

报道我国有色金属工业的发展动态与科技成果,介绍国内外大型有色金属关键技术、设计理念和工程实践。内容涉及有色金属(轻、重、稀、贵)地质、采矿、选矿、冶炼、加工、材料、环保、设备、过程控制等方面。主要栏目有材料制备与加工、书评·广告、地质采矿与安全工程、矿物加工与工艺矿物学、环境科学与工程、提取冶金与化学工程、采矿与安全工程等。读者对象为有色金属及其相关专业的科研人员、工程技术人员及专业院校师生。2011 年继承:《有色金属》(1980~2011)。

有色金属科学与工程 = Jiangxi nonferrous metals / 江
西理工大学,江西省有色金属学会,2010~
双月刊   CLC: TF,TD,TG1
ISSN 1674-9669   CN 36-1311/TF   BM8962
江西省赣州市红旗大道 86 号(341000)
编辑部电话:0797-8312555
http://ysjskxygc. xml-journal. net
ysjskx@vip. 163. com

报道国内外有色金属行业学术动态、工程技术及生产实践成果,推进我国有色金属业的理论创新、科技进步与学术交流。主要刊登有色金属冶炼、材料、采选、节能减排、环保、资源综合利用等方面原创性学术论文。设有冶金·材料(分析检测)、矿业·环境(机电信息)、稀土专栏(稀土简讯)等栏目。读者对象为有色金属行业的科研人员、技术人员及相关专业院校师生。2010 年继承:《江西有色金属》(1987~2010)。

渔业科学进展 = Progress in fishery sciences / 中国水产科
学研究院黄海水产研究所,中国水产学会,2009~
双月刊   CLC: S9
ISSN 2095-9869   CN 37-1466/S   24-153   4578Q
山东省青岛市南京路 106 号(266071)

编辑部电话:0532-85833580
http://journal. yykxjz. cn
yykxjz@ysfri. ac. cn

主要刊登水产基础研究、水产增养殖学、水产种质资源与遗传育种、渔业生态环境保护、渔业生物病害及其防治、渔业设施与捕捞技术、水产品综合利用与质量检测领域的新发现、新技术和新成果。读者对象为从事水产、生物、海洋与湖沼研究的科研人员及水产院校师生。2009 年继承:《海洋水产研究》(1980~2008)。

渔业现代化 = Fishery modernization / 中国水产科学
研究院渔业机械仪器研究所,1996~
双月刊   CLC: S9
ISSN 1007-9580   CN 31-1737/S   4-230   BM5737
上海市杨浦区赤峰路 63 号(200092)
编辑部电话:021-65978533
http://fm. fmiri. ac. cn
fm@fmiri. com

刊载渔业装备与水产养殖等方面的研究论文、研究综述及科技成果报告。辟有综述与专论、水产养殖工程、渔业信息化、渔船与捕捞等栏目。读者对象为渔业生产、科研与管理人员及水产院校师生。1996 年继承:《渔业机械仪器》(1973~1996)。

宇航材料工艺 = Aerospace materials & technology /
航天材料及工艺研究所,1980~
双月刊   CLC: TB3,V25
ISSN 1007-2330   CN 11-1824/V
北京市 9200 信箱 73 分箱(100076)
编辑部电话:010-68383269
http://www. yhclgy. com
703@china. com

主要报道我国材料及工艺的科技进展、科研成果和工程实践。主要栏目有综述、计算材料学、新材料新工艺、测试分析、工程实践以及会议信息等。读者对象为航空航天、冶金、石油化工、机械电子、轻工、汽车、造船等部门,从事材料工艺研究生产的科研技术人员、管理人员及高校师生。1980 年继承:《材料工艺》(1971~1980)。

宇航学报 = Journal of astronautics / 中国宇航学会,
1980~
月刊   CLC: V4
ISSN 1000-1328   CN 11-2053/V   2-167   BM274
北京市 838 信箱宇航学报编辑部(100048)
编辑部电话:010-68767751,8614,7316
http://www. yhxb. org. cn
yhxb@vip. 163. com

关注航空宇航学科前瞻性研究、理论基础研究和工程实践运用,重点刊载飞行器设计、飞行力学、制导导航与控制、空间推进和电源技术、飞行器材料与结构、空间科学等方向的科研成果和学术论文。主要读者对象是科学研究人员、工程技术人员、科技管理干部和高等院校师生等。

语文建设 / 语文出版社有限公司,1986~
半月刊　　　　　　CLC:H12,G633.3
ISSN 1001-8476　　CN 11-1399/H　2-200(上半月)
　　　　　　　　　　　　M643
北京市朝阳门内南小街 51 号(100010)
编辑部电话:010-65592961
http://www. ywszbkw. cn
ywjsxln@163. com,ywjxxkt@163. com,ywjsgxzs@
163. com,ywjsks@163. com
报道中小学语文热点问题,反映语文教学规律。设有关注、专栏、钩沉、学术前沿、教学、文学、评价、名师课堂、他山之石、成长有道等栏目。读者对象为中小学语文教师、教研员和语文教学研究者。1986 年继承《文字改革》(1957~1985)。

语文研究 = Linguistic research / 山西省社会科学院,1980~
季刊　　　　　　　CLC:H1
ISSN 1000-2979　　CN 14-1059/H　22-7　Q871
山西省太原市大昌南路 14 号(030032)
编辑部电话:0351-7850260
http://www. sass. sx. cn
ywyjbjb@126. com
主要刊登语言学理论及汉语语音、语法、词汇、文字等方面的研究成果,包括现代汉语、古代汉语、语文教学、文字及文字改革等,兼及对山西方言、晋语区方言的研究。读者对象为高等院校文科专业师生、中小学语文教师及汉语语言文字工作者。

语言教学与研究 = Language teaching and linguistic studies / 北京语言大学,1979~
双月刊　　　　　　CLC:H19
ISSN 0257-9448　　CN 11-1472/H　2-458　BM170
北京市海淀区学院路 15 号(100083)
编辑部电话:010-82303573,3575
http://www. yyjx. chinajournal. net. cn
yyjxyyj@blcu. edu. cn
研究汉语作为外语教学的理论和规律,交流教学经验,发表汉语言文字、语言理论、社会语言学和语言应用、对外汉语教学、语言测试等方面的研究成果,报道学术动态。读者对象为对外汉语教学工作者及语言研究工作者等。

语言科学 = Linguistic science / 江苏师范大学语言研究所,2002~
双月刊　　　　　　CLC:H0
ISSN 1671-9484　　CN 32-1687/G　80-114
江苏省徐州市江苏师范大学 215 信箱(221009)
编辑部电话:0516-83403513
http://journal15. magtechjournal. com/Jwk_yykx/CN/home
yykx@vip. 163. com
主要关注语言科学领域内的基础研究、应用基础研究、应用研究的专论,包括理论语言学、计算语言学、工程语言学(语言信号处理、机器翻译、人工智能等)、神经语言学、心理语言学、生物语言学、纪录语言学、认知语言学、社会语言学、数理语言学、声学语音学、比较语言学、人类语言学、语言习得研究、现代汉语研究、汉语史研究、中国境内各民族语言研究、国外语言及国外语言学研究、中外语言学史等方面的内容。读者对象为国内外从事语言科学的教学研究人员、研究生、大学生,以及其他从事与语言科学相关的应用或交叉学科的研究人员。

语言文字应用 = Applied linguistics / 教育部语言文字应用研究所,1992~
季刊　　　　　　　CLC:H1
ISSN 1003-5397　　CN 11-2888/H　82-576　Q6056
北京市朝阳门内南小街 51 号(100010)
编辑部电话:010-65130351
http://yyyy. cbpt. cnki. net
yywzyy@126. com
宣传国家语言文字工作的方针政策,研究语言文字的规范化、标准化,开展对语言文字信息处理的研究,为国家语言文字政策的制定提供理论依据。主要栏目有语言政策与规划、数据驱动的语言应用研究、社会语言学、对外汉语教学、理论与方法、语言教学、词汇研究等。读者对象为汉语语言文字研究与教学工作者、高校学生、文秘工作者等。

语言研究 = Studies in language and linguistics / 华中科技大学,1981~
季刊　　　　　　　CLC:H1
ISSN 1000-1263　　CN 42-1025/H　38-399
湖北省武汉市珞喻路 1037 号(430074)
编辑部电话:027-87559504
http://yyyjzz. cn
yyyj1981@126. com
研究汉语语言文字的历史和现状,探讨汉语语文的教学问题,刊登有关汉语语音、词汇、训诂、文字、语法,以及汉语方言、民族语文等方面的论文。读者对象为汉语语言文字研究与教学工作者、高校相关专业师生。

语言战略研究 = Chinese journal of language policy and planning / 商务印书馆有限公司，2016～
双月刊　　　　　CLC：H002
ISSN 2096-1014　CN 10-1361/H　82-104
北京市东城区王府井大街 36 号（100710）
编辑部电话：010-65523102,3107
http://yyzlyj. cp. com. cn/CN/volumn/home. shtml
yyzlyj@cp. com. cn
专注于语言政策和语言规划,研究真实的语言问题,促进学术成果的应用,构建和谐的语言生活,增强民族文化的软实力。设有栏目:专题研究、语言生活研究、语言学家研究、语言能力研究、家庭语言问题研究、书评等。读者对象为语言学工作者及高等院校师生。

玉米科学 = Journal of maize sciences / 吉林省农业科学院,国家玉米工程技术研究中心(吉林),国家玉米改良中心,中国农业科技东北创新中心,1992～
双月刊　　　　　CLC：S513
ISSN 1005-0906　CN 22-1201/S　12-137
吉林省长春市净月旅游经济开发区生态大街 1363 号（130033）
编辑部电话：0431-87063137,3141
http://www. ymkx. com. cn/ch/index. aspx
ymkx@cjaas. com,ymkxbjb@vip. 163. com
主要报道遗传育种、品种资源、耕作栽培、生理生化、生物工程、土壤肥料、专家论坛、国内外玉米科研动态、新品种信息等方面的内容。读者对象为农业科技人员、农业院校师生及农业技术推广和管理人员。

预测 = Forecasting / 合肥工业大学预测与发展研究所,1982～2021
双月刊　　　　　CLC：G3,F4
ISSN 1003-5192　CN 34-1013/N　26-46　BM5738
安徽省合肥市屯溪路 193 号合肥工业大学 290 信箱（《工程管理科技前沿》编辑部）（230009）
编辑部电话：0551-62901500,1782
http://yuce. cbpt. cnki. net
gcglkjqy@hfut. edu. cn,forecast1982@126. com
主要结合我国国情和经济特点,预测经济、社会、科技发展,报道最新预测技术,交流预测方法及研究成果的应用,介绍预测案例,以提高各级管理部门的规划决策和预测水平。读者对象为从事管理学、经济学的科研人员,高等学校管理学科和经济学科的师生,企业管理人员,行业管理人员,政府工作人员。2022 年改名为《工程管理科技前沿》（2022～）。

园艺学报 = Acta horticulturae Sinica / 中国园艺学会,中国农业科学院蔬菜花卉研究所,1962～
月刊　　　　　CLC：S6
ISSN 0513-353X　CN 11-1924/S　82-471　M448
北京市中关村南大街 12 号（100081）
编辑部电话：010-82109523
http://www. ahs. ac. cn
yuanyixuebao@126. com
主要刊载有关果树、蔬菜、观赏植物、茶及药用植物等方面的学术论文、研究报告、专题文献综述、问题与讨论、新技术、新品种以及研究动态与信息等。读者对象为从事园艺科学研究的科技工作者、大专院校师生和农业技术部门专业人员。

原生态民族文化学刊 = Journal of ethnic culture / 凯里学院,2009～
双月刊　　　　　CLC：K892,C95,G127
ISSN 1674-621X　CN 52-1150/C　66-165
贵州省凯里经济开发区开元大道 3 号（556011）
编辑部电话：0855-8558958
http://ystm. cbpt. cnki. net
ystxk2009@163. com
主要刊发民族学、人类学等学科的学术成果。设有乡村振兴研究、文化遗产研究、道路人类学研究、民族民俗研究、生态民族学研究、社会文化人类学研究等栏目。读者对象为国内有关党政机关、科研机构、大专院校、企事业单位相关工作者,以及关注民族民间文化事业的国内外科研工作者。

原子核物理评论 = Nuclear physics review / 中国科学院近代物理研究所,中国核物理学会,1997～
季刊　　　　　CLC：O57,TL
ISSN 1007-4627　CN 62-1131/O4　54-183　Q4696
甘肃省兰州市南昌路 509 号（730000）
编辑部电话：0931-4969374,4969371
http://www. npr. ac. cn
npr@impcas. ac. cn
报道原子核物理基础研究、应用研究,以及与此有关的交叉学科研究领域的最新研究成果和发展趋势。主要栏目包括核物理、核技术、加速器（物理及技术）、交叉学科研究、核能与核数据及不定期快报等。读者对象为核物理相关的科研人员、技术人员、大专院校师生,以及辐射生物学、辐射医学、辐照材料及环境科学等交叉科学领域的有关人员和机构。1997 年继承：《核物理动态》（1974～1996）。

原子能科学技术 = Atomic energy science and technology / 中国原子能科学研究院,1959～

月刊　　　　　　CLC：TL，O4

ISSN 1000-6931　CN 11-2044/TL　82-161　BM4130

北京市 275-65 信箱（102413）

编辑部电话：010-69358024，7285

http：//www.aest.org.cn

yznkxjs7285@163.com

报道核科学技术方面具有创造性的科技成果，涉及物理、化学、反应堆工程、技术与应用。旨在促进核科学与技术方面的交流、核技术与其他科学技术间的交叉渗透，推动核科技在国民经济方面的应用。读者对象为核专业人员及相关专业院校师生。

原子与分子物理学报 = Journal of atomic and molecular physics / 四川省物理学会，四川大学，1984～

双月刊　　　　　　CLC：O56

ISSN 1000-0364　CN 51-1199/O4　62-54　BM5973

四川省成都市一环路南一段 24 号（610065）

http：//jamp.ijournals.cn

jamp@scu.edu.cn

报道国内外原子分子物理及其交叉学科领域的理论、实验及应用等方面的研究成果；研究领域包括原子分子结构和光谱，原子分子碰撞，电磁场中的原子分子，生物分子，团簇的结构、光谱及热力学性质，原子分子及团簇的反应动力学，材料表面的团簇和纳米结构，富勒烯和碳团簇等，同时还包括凝聚态物理、激光物理、等离子体物理、光学、化学物理、非线性动力学等。读者对象为相关学科科研技术人员及高等院校师生。

远程教育杂志 = Journal of distance education / 浙江开放大学，2002～

双月刊　　　　　　CLC：G43

ISSN 1672-0008　CN 33-1304/G4　32-126　BM1726

浙江省杭州市教工路 42 号（310012）

编辑部电话：0571-88065047

http：//dej.zjtvu.edu.cn

ycjyzz@163.com

刊登反映国内外现代远程教育、教育技术及相关领域的前沿脉搏、选题与研究新进展。辟有本期特稿、前沿探索、国际视野、专题论坛、学习新论、学术视点等栏目。读者对象为远程教育工作者及教育教学研究人员。2002 年继承：《电大教学》（1994～2002，no.5）。

云南财经大学学报 = Journal of Yunnan University of Finance and Economics / 云南财经大学，2006～

月刊　　　　　　CLC：F

ISSN 1674-4543　CN 53-1209/F　64-78　1492BM

云南省昆明市龙泉路 237 号（650221）

编辑部电话：0871-65192375，65112564

http：//www.ynufe.edu.cn

yncdxb@126.com

主要刊载经济学与经济管理方面的学术论文、述评和综述。设有理论探讨、宏观经济、金融研究、管理论坛等栏目。读者对象为从事财经理论研究的学者及相关专业大专院校师生。2006 年继承：《云南财贸学院学报》（1985～2006）。

云南大学学报. 自然科学版 = Journal of Yunnan University. Natural sciences edition / 云南大学，1979～

双月刊　　　　　　CLC：N55

ISSN 0258-7971　CN 53-1045/N　64-29　BM980

云南省昆明市呈贡区（650500）

编辑部电话：0871-65033829，1498，1662

http：//www.yndxxb.ynu.edu.cn

yndxxb@ynu.edu.cn，yndxxb@vip.163.com

主要反映云南大学理科各院系及各研究单位的最新科研成果。刊登自然科学基础理论研究与应用技术研究方面的学术论文和研究简报，报道学术动态。内容涉及数学、计算机科学、信息科学、电子科学、物理学、地球科学、大气科学、材料科学、化学、生物学等学科。读者对象为高等院校师生和科技工作者。1979 年继承：《云南大学学报. 自然科学》（1957～1960）。

云南民族大学学报. 哲学社会科学版 = Journal of Yunnan Minzu University. Social sciences / 云南民族大学，2003～

双月刊　　　　　　CLC：C55，C95

ISSN 1672-867X　CN 53-1191/C　64-46　BM858

云南省昆明市一二·一大街 134 号（650031）

编辑部电话：0871-65137404

http：//ynzz.chinajournal.net.cn

ynmdxb@ymu.edu.cn

突出云南地方特色，重视民族问题研究。内容涵盖人文社会科学各学科，注重对少数民族政治、经济、历史、文化、文学、语言、教育，以及人类学和民族社会学等方面的研究，发表研究论文及调查报告。设有民族团结进步事业探索、民族学·人类学理论与实践、老年社会学、乡村振兴探索、基层社会治理、历史研究等主要栏目。读者对象为社会科学工作者、民族工作者、民族问题研究人员及大专院校师生。2022 年起并列题名改为：Journal of Yunnan Minzu University. Philosophy and social sciences edition。2003 年继承：《云南民族学院学报. 哲学社会科学版》（1992～2003）。

云南农业大学学报. 自然科学 = Journal of Yunnan Agricultural University. Natural sciences / 云南农业大学，2007～

双月刊　　　　　　　　CLC：S，N55
ISSN 1004-390X　　CN 53-1044/S　64-16
云南省昆明市金黑公路 95 号（650201）
编辑部电话：0871-65227711
http://xb.ynau.edu.cn
ynauzkxb@foxmail.com

报道农业和生物科学诸领域基础研究与应用研究成果。刊登有关生物多样性、分子生物学、生物技术、作物耕作与栽培、植物保护、土壤与植物营养、园林园艺科学、食品科学、蚕桑、畜牧与兽医、动物营养与饲料加工、水产养殖、农业生态、农业机械、农业工程等方面的研究论文、综述、专论、研究简报等。读者对象为农业科技工作者、农业院校师生和具有同等水平的专业人士。2007 年继承：《云南农业大学学报》（1986～2007）。

云南社会科学 = Social sciences in Yunnan / 云南省社
　会科学院，1981～
双月刊　　　　　　　　CLC：C55
ISSN 1000-8691　　CN 53-1001/C　64-27　　BM676
云南省昆明市环城西路 577 号（650034）
编辑部电话：0871-64154719，9971
http://yshx.cbpt.cnki.net

立足云南，面向全国，关注当代社会中的重大理论问题和现实问题，重视基础理论的研究和探索。刊登政治、哲学、经济、社会、民族、历史、文学等学科的学术论文、学术综述等。读者对象为社会科学工作者及大专院校师生。

云南师范大学学报. 哲学社会科学版 = Journal of Yun-
　nan Normal University. Humanities and social sciences
　edition / 云南师范大学，1997～
双月刊　　　　　　　　CLC：C55
ISSN 1000-5110　　CN 53-1003/C　64-12
云南省昆明市一二•一大街 298 号（650092）
编辑部电话：0871-65118269
http://www.ynnu.edu.cn/new.php，http://qkgj.
ynnu.edu.cn/jwk_xb

内容涉及哲学、宗教学、政治学、经济学、历史学、文学、语言学、教育学、社会学、文化学、民族学、人类学等方面。设有文学研究、语言国情研究、中国边疆学研究、社会学与管理学研究、云南地方史研究、中华民族共同体研究等栏目。读者对象为人文社会科学工作者和文科高等院校师生。1997 年继承：《云南师范大学哲学社会科学学报》（1991～1996）。

运筹学学报 = Operations research transactions / 中国
　运筹学会，1997～
季刊　　　　　　　　　CLC：O22

ISSN 1007-6093　　CN 31-1732/O1　4-777
上海市上大路 99 号（200444）
编辑部电话：021-66137605
http://www.ort.shu.edu.cn
ort@mail.shu.edu.cn

反映运筹学各领域研究成果、科研进展与动态，推动运筹学在国民经济与国防建设等方面应用。刊登运筹学领域理论研究论文、综述文章、应用成果等。读者对象为运筹学及相关专业科研工作者和高等院校师生。1997 年继承：《运筹学杂志》（1982～1997）。

运筹与管理 = Operations research and management
　science / 中国运筹学会，1992～
月刊　　　　　　　　　CLC：F224.3，O22
ISSN 1007-3221　　CN 34-1133/G3　26-191
安徽省合肥市合肥工业大学管理学院系统工程研究所（230009）
编辑部电话：0551-62901503
http://orms.aporc.org/CN/volumn/current.shtml
xts_or@hfut.edu.cn，ycygl@hfut.edu.cn

主要刊登运筹学、运筹数学、管理科学方面的学术研究成果及在国民经济各部门中创造性地解决实际问题的方法与经验，交流运筹学与管理学工作者的研究成果，推进运筹学在经济计划、投资决策、风险分析、企业管理、生产控制、优化结构、信息技术及军事领域的应用。主要栏目：理论分析与方法探讨、应用研究、管理科学等。读者对象为运筹学、管理科学、经济学等领域的研究人员及高等院校相关专业师生。

杂交水稻 = Hybrid rice / 国家杂交水稻工程技术研究
　中心，湖南杂交水稻研究中心，1986～
双月刊　　　　　　　　CLC：S511
ISSN 1005-3956　　CN 43-1137/S　42-297　BM4416
湖南省长沙市芙蓉区远大二路 736 号（410125）
编辑部电话：0731-82872955，3060
https://zjsd.cbpt.cnki.net
zjsdzzs@163.com

报道国内外杂交水稻研究成果与开发应用情况。辟有专题与综述、选育选配、繁殖制种、栽培技术、基础理论、新组合、国外动态等栏目。读者对象为从事杂交水稻研究、开发、经营、推广和生产各个环节的人员，包括大中专院校、科研机构、种子生产和经营部门、推广部门及生产单位的有关人员。

灾害学 = Journal of catastrophology / 陕西省地震局，
　1986～
季刊　　　　　　　　　CLC：X43
ISSN 1000-811X　　CN 61-1097/P　52-47

陕西省西安市碑林区边家村水文巷 4 号(710068)

编辑部电话：029-88465341,5313

http://www.zaihaixue.com

zhx02988465341@163.com

主要探讨研究各种灾害(自然灾害和人文灾害)，分析讨论各种灾害事件，总结经验，吸取教训；报道国内外关于灾害问题的研究动态和防灾抗灾对策；揭示和探索各种灾害发生演化的客观规律。辟有理论·思路与争鸣、预测·防治与对策、灾例·经验与教训、资料·综述与信息、应急·风险与管理、探索·青年与灾害等栏目。读者对象为与灾害研究相关的研究人员、大专院校师生，以及从事灾害管理工作的政府有关工作人员。2002年吸收：《减灾与发展》(1996～2001)。

载人航天 = Manned spaceflight / 中国载人航天工程办公室，2003～

双月刊　　　　　CLC：V4

ISSN 1674-5825　　CN 11-5008/V　2-740

北京市海淀区圆明园西路 1 号(100193)

编辑部电话：010-66365980

zrht@cmse.gov.cn

报道我国载人航天及相关领域的建设成就、学术与技术研究成果、组织管理等方面的情况与经验，介绍国际载人航天工程与技术研究的进展和动态。读者对象为载人航天及相关专业领域的科研人员和高等院校师生。

噪声与振动控制 = Noise and vibration control / 中国声学学会，1982～

双月刊　　　　　CLC：TB53

ISSN 1006-1355　　CN 31-1346/TB　4-672

上海市华山路 1954 号上海交通大学(200030)

编辑部电话：021-62932221

http://nvc.sjtu.edu.cn

nvc@sjtu.edu.cn

主要报道学科领域的发展方向及其动态、科研成果，以及噪声与振动控制工作经验及相关标准和规范。辟有综述、振动理论与数值解法、信号处理与故障诊断、运载工具振动与噪声、环境振动与环境声学、建筑振动与建筑声学、减振降噪设备与器材、振动噪声测试技术、标准规范与评价、工程实践等栏目。读者对象为大专院校师生、企事业单位从事噪声振动控制工作的科技人员。1982 年由《噪声控制技术》(1980～1981)和《振动与噪声控制》(1981)合并而成。

轧钢 = Steel rolling / 中国钢研科技集团有限公司，东北大学，1984～

双月刊　　　　　CLC：TG3

ISSN 1003-9996　　CN 11-2466/TF　82-869

北京市学院南路 76 号(100081)

编辑部电话：010-62182474,2887

http://www.chinarolling.com

sr@chinamet.cn

主要报道我国轧钢技术发展政策，国内外板带、钢管、型钢、线材生产的新工艺、新技术、新装备及新产品开发。设有专家论坛、研究与开发、设计与改造、轧钢自动化、轧钢机械、革新与交流和轧钢信息等栏目。读者对象为从事轧钢生产、科研、设计、教学的管理人员、技术人员、高校师生和技术工人。

战术导弹技术 = Tactical missile technology / 中国航天科工飞航技术研究院，1980～

双月刊　　　　　CLC：TJ，V4

ISSN 1009-1300　　CN 11-1771/TJ

北京市 7254 信箱 4 分箱(100074)

编辑部电话：010-68375662

http://zsddjs.cbpt.cnki.net

zhanshu310@126.com

报道导弹的研究、设计、制造、试验、使用服务技术。主要刊登导弹和导弹武器系统总体技术、任务规划技术、制导、导航与控制技术、推进技术、计算机在导弹武器系统及其分系统中的应用技术等方面的学术技术论文。主要栏目包括总体技术、制导、导航与控制、任务规划，计算机应用技术，作战研究等。读者对象为导弹及相关专业领域的科研人员和高等院校师生。

哲学动态 = Philosophical trends / 中国社会科学院哲学研究所，1987～

月刊　　　　　CLC：B26

ISSN 1002-8862　　CN 11-1141/B　82-462　M1321

北京市建国门内大街 5 号(100732)

https://zxdt.cbpt.cnki.net

zhexuedongtai@126.com

反映哲学各学科的新动向、新问题、新成果；刊登哲学论文和研究资料；开展对哲学重大问题、现实问题和热点问题的讨论；倡导学术争鸣，开展规范、健康的学术批评和评论。读者对象为哲学领域的研究人员、理论工作者及高校师生。1987 年继承：《国内哲学动态》(1979～1986)。

哲学分析 = Philosophical analysis / 上海人民出版社有限责任公司，上海社会科学院哲学研究所，2010～

双月刊　　　　　CLC：B0

ISSN 2095-0047　　CN 31-2054/C　4-852　MB8979

上海市黄浦区顺昌路 622 号 1 号楼 503 室(200235)

编辑部电话：021-64280039

http://zxfx.cbpt.cnki.net

zxfx@sass.org.cn

主要刊登国内学者的学术成果,登载海外华人学者的原创论文和国外同行的中译新作等内容。设有哲学专题讨论、哲学传统研究、日常生活的哲学思考、科学技术的哲学理解、随笔与访谈、动态与书评等栏目。读者对象为哲学领域研究人员、理论工作者及高校师生。

哲学研究 = Philosophical research / 中国社会科学院哲学研究所,1955～

月刊　　　　　　CLC:B
ISSN 1000-0216　CN 11-1140/B　2-201　M15
北京市建国门内大街 5 号(100732)
https://zxyj.cbpt.cnki.net
wephilosophers@126.com

反映哲学领域研究成果,报道国内外哲学研究动态,探索重要的哲学问题和各种现实问题。刊登书评及其他各种形式的文章。设有马克思主义哲学、中国哲学、外国哲学、分析哲学、宋明思想研究、比较哲学与交叉研究、现象学研究、伦理学与政治哲学、科学技术哲学等栏目。读者对象为哲学领域研究人员、理论工作者及高校师生。

浙江大学学报. 工学版 = Journal of Zhejiang University. Engineering science / 浙江大学,1999～

月刊　　　　　　CLC:T
ISSN 1008-973X　CN 33-1245/T　32-40　BM264
浙江省杭州市天目山路 148 号(310028)
编辑部电话:0571-87952273
http://www.zjujournals.com/eng
xbgkb@zju.edu.cn

主要发表该校师生与科研人员的研究成果和学术论文。辟有机械工程、土木工程、水利工程、材料科学、计算机技术、电气工程、电子与通信工程、地球科学、航空航天技术、能源与动力工程等栏目。读者对象为科技工作者和理工科高等院校师生。1999 年继承:《浙江大学学报.自然科学版》(1987～1999)。

浙江大学学报. 理学版 = Journal of Zhejiang University. Science edition / 浙江大学,1999～

双月刊　　　　　CLC:N55
ISSN 1008-9497　CN 33-1246/N　32-36　BM373
浙江省杭州市天目山路 148 号(310028)
编辑部电话:0571-88272803
http://www.zjujournals.com/sci
zdxb_l@zju.edu.cn

以反映该校科研与教学成果为主,兼收校外作者的研究论文。刊登数学与计算机科学、化学、环境科学、生命科学、地球科学、城市科学等学科的学术论文、专题综述

和动态报道。面向高等院校师生,科研院所、企事业单位的科研人员和广大科技工作者。1999 年继承:《杭州大学学报.自然科学版》(1962～1999)。

浙江大学学报. 农业与生命科学版 = Journal of Zhejiang University. Agriculture and life sciences / 浙江大学,1999～

双月刊　　　　　CLC:S,Q1
ISSN 1008-9209　CN 33-1247/S　32-48　BM4108
浙江省杭州市天目山路 148 号(310028)
编辑部电话:0571-88272801
http://www.zjujournals.com/agr
zdxbnsb@zju.edu.cn

主要刊登生物学、作物学、园艺学、植物保护、食品科学与工程、农业资源利用与环境保护、动物科学与动物医学、农业工程及其相关交叉学科的学术论文、文献综述和研究快报等。读者对象为广大科技工作者、高等院校教师与研究生等。1999 年继承:《浙江农业大学学报》(1979～1999)。

浙江大学学报. 人文社会科学版 = Journal of Zhejiang University. Humanities and social sciences / 浙江大学,1999～

双月刊　　　　　CLC:C55
ISSN 1008-942X　CN 33-1237/C　32-35　BM372
浙江省杭州市天目山路 148 号(310028)
编辑部电话:0571-88273210,88925616
http://www.zjujournals.com/soc
zdxb_w@zju.edu.cn

刊载内容涉及文学、历史学、哲学、政治学、经济学、法学、教育学、管理学等学科,在保持和发扬文史优势的同时,注重加强理论学科、应用学科、新兴学科和交叉学科的研究,尤其注重刊发国家社会科学基金资助项目和省部级以上基金资助项目的论文。读者对象为社会科学工作者及文科大专院校师生。2022 年起改为月刊。1999 年由《浙江大学学报.社会科学版》(1987～1998)和《杭州大学学报.哲学社会科学版》(1976～1998)合并而成。

浙江大学学报. 医学版 = Journal of Zhejiang University. Medical sciences / 浙江大学,1999～

双月刊　　　　　CLC:R
ISSN 1008-9292　CN 33-1248/R　32-2　BM6585
浙江省杭州市天目山路 148 号(310007)
编辑部电话:0571-88272797
http://www.zjujournals.com/med
zdxbyxb@zju.edu.cn

刊登医学、药学、卫生学、生物医学及相关学科论文。

设有述评、指南与实践、医学与社会、专题报道、原著、综述、会议亮点、学术动态、消息等栏目。主要读者对象为从事医学、药学、生物学等方面的教学、科研、临床工作人员。1999年继承:《浙江医科大学学报》(1978～1999)。

浙江档案 = Zhejiang archives / 浙江省档案馆,浙江省档案学会,1986～

月刊　　　　　　CLC:G27

ISSN 1006-4176　　CN 33-1055/G2　32-259　M4735

浙江省杭州市丰潭路409号(310011)

编辑部电话:0571-62076503

http://www.zjda.gov.cn/col/col1378518/index.html

zjda_001@163.com

交流档案学术研究成果,介绍档案、文秘工作经验,报道国内外档案学界的信息动态。设有每月要闻、学术探讨、业务研究、档案文化、数据与信息资源、东西南北等栏目。读者对象为档案、文秘和史学工作者。1986年继承:《浙江档案工作》。

浙江工商大学学报 = Journal of Zhejiang Gongshang University / 浙江工商大学,2004～

双月刊　　　　　　CLC:C55

ISSN 1009-1505　　CN 33-1337/C

浙江省杭州市下沙高教园区学正街18号(310018)

编辑部电话:0571-28877504,7506

http://zzs.zjgsu.edu.cn

xuebao@mail.zjgsu.edu.cn

辟有文史哲、法学、经济与管理、社会等栏目。读者对象为社会科学研究工作者及大专院校师生。2004年继承:《杭州商学院学报》(2002～2004)。

浙江工业大学学报 = Journal of Zhejiang University of Technology / 浙江工业大学,1995～

双月刊　　　　　　CLC:T

ISSN 1006-4303　　CN 33-1193/T

浙江省杭州市潮王路18号(310014)

编辑部电话:0571-88320516

http://xb.qks.zjut.edu.cn

zgdxb@zjut.edu.cn

主要报道学校各学科最新的研究成果,涵盖的学科主要有化工、材料、海洋、机械、信息、电子、生物、环境、药学、软件、建工、数学和物理等。读者对象为高等院校师生、科研院所的研究人员及工程技术人员。1995年继承:《浙江工学院学报》(1981～1994)。

浙江农林大学学报 = Journal of ZheJiang A&F University / 浙江农林大学,2011～

双月刊　　　　　　CLC:S,S7

ISSN 2095-0756　　CN 33-1370/S

浙江省杭州市临安(311300)

编辑部电话:0571-63732749

http://zlxb.zafu.edu.cn

zlxb@zafu.edu.cn

主要报道林学基础学科、森林培育学、森林经理学、经济林学、森林保护学、林木遗传育种、林业工程、土壤学、环境保护学、植物学、生态学、动物学和园艺学等学科的学术论文、文献综述、研究简报。读者对象为林业科技工作者及相关专业院校师生。2011年继承:《浙江林学院学报》(1984～2010)。

浙江农业学报 = Acta agriculturae Zhejiangensis / 浙江省农业科学院,浙江省农学会,1989～

月刊　　　　　　CLC:S

ISSN 1004-1524　　CN 33-1151/S

浙江省杭州市石桥路198号(310021)

编辑部电话:0571-86404190,4055

http://www.zjnyxb.cn

zjnyxb@126.com

主要刊登涉农各学科领域的研究论文及综述,常设栏目有作物科学、动物科学、园艺科学、植物保护、环境资源、食品科学、生物系统工程、农业经济与发展等。读者对象为农业科研人员、高等院校师生及农业技术推广人员。

浙江社会科学 = Zhejiang social sciences / 浙江省社会科学界联合会,1990～

月刊　　　　　　CLC:C55

ISSN 1004-2253　　CN 33-1149/C　32-102　BM4573

浙江省杭州市拱墅区密渡桥路51-1号省行政中心二号院(310003)

编辑部电话:0571-87053204

http://www.zjskw.gov.cn,http://www.zjskw.cbpt.cnki.net

发表社会科学工作者的研究成果,反映浙江省社会科学学术研究动态,注重探讨现实中的重大焦点问题。刊登政治、经济、哲学、社会、法学、历史等方面的论文。辟有浙学研究、学术随笔、论著评介等栏目。读者对象为社会科学理论工作者及大专院校师生。1990年由《探索》(1985～1989)和《社会科学参考资料》(1985～1989)合并而成。

浙江学刊 = Zhejiang academic journal / 浙江省社会科学院,1963～

双月刊　　　　　　CLC:C55

ISSN 1003-420X　CN 33-1005/C　32-22　BM4287

浙江省杭州市凤起路 620 号省行政中心 11 号楼（310007）

编辑部电话：0571-87057581

https://zjxk.cbpt.cnki.net

注重研究现代化建设及改革开放中的现实问题。发表哲学、政治、法律、经济、语言、文化、文学、历史等方面的学术论文、演讲与评论。读者对象为社会科学理论工作者及大专院校师生。

针刺研究 = Acupuncture research / 中国中医科学院针灸研究所，中国针灸学会，1980～

月刊　　　　　　　　CLC：R245

ISSN 1000-0607　CN 11-2274/R　82-171　M7061

北京市东直门内南小街 16 号（100700）

编辑部电话：010-64089344

http://xcyj.cbpt.cnki.net

zcyj2468@sina.com

报道针灸理论与临床的最新科研成果和临床诊疗经验，提倡利用现代科技方法与技术，研究与发展针灸医学。设有机制探讨、临床研究、针刺麻醉、经络与腧穴、理论探讨、思路与方法、文献研究等栏目。读者对象为针灸临床、教学、科研人员，中医院校学生及针灸爱好者。1980 年继承：《针刺麻醉》（1976～1979）。

针织工业 = Knitting industries / 天津市针织技术研究所，中国纺织信息中心，1973～

月刊　　　　　　　　CLC：TS18

ISSN 1000-4033　CN 12-1119/TS　6-24

天津市空港经济区东九道 6 号（300308）

编辑部电话：022-60365364

http://www.knittingpub.com，http://www.imaoshan.com

zzgy1973@163.com

报道国内外针织科技、针织生产方面的发展动向，以及针织及染整方面的新技术、新工艺、新产品的开发情况。设有针织技术、新型纺织材料、印染技术、制衣技术、检测与标准、综述等栏目。读者对象为针织行业工程技术人员、管理干部，大专院校师生，以及针织机械、针织原料、染整机械、染化料助剂、纺织品贸易等针织相关行业的有关人员。1973 年继承：《针织简讯》（1970～1972）。

真空科学与技术学报 = Chinese journal of vacuum science and technology / 中国真空学会，2004～

月刊　　　　　　　　CLC：TB7

ISSN 1672-7126　CN 11-5177/TB　401BM

北京市海淀区中关村南三街 8 号 A 楼 2 段 306 室（100190）

编辑部电话：010-62704910，4824

http://cjvst.cvs.org.cn

cjvst@cvs.org.cn

报道的主要内容有真空科学与技术、薄膜物理与工艺、表面与界面物理、应用表面科学、物理电子学、电子材料及处理、纳米科学与技术、电真空技术、核真空技术及真空冶金等。读者对象为从事相关专业工作的科技人员和大专院校师生。2004 年继承：《真空科学与技术》（1981～2003）。

振动、测试与诊断 = Journal of vibration, measurement & diagnosis / 南京航空航天大学，全国高校机械工程测试技术研究会，1989～

双月刊　　　　　　　CLC：TH，TB123

ISSN 1004-6801　CN 32-1361/V　28-239

江苏省南京市御道街 29 号（210016）

编辑部电话：025-84893332

http://zdcs.nuaa.edu.cn

qchen@nuaa.edu.cn

刊登国内外以振动测试与故障诊断为中心的动态测试理论、方法和手段的研究及应用方面的技术文献，包括实验测试技术、测试仪器的研制、方法和系统组成、信号分析、数据处理、参数识别与故障诊断，以及有关装置的设计、使用、控制、标定和校准等，不拘泥于行业和测试项目。读者对象为相关专业的工程技术人员、生产管理人员和大专院校师生。1989 年继承：《振动与动态测试》（1981～1988）。

振动工程学报 = Journal of vibration engineering / 中国振动工程学会，1987～

双月刊　　　　　　　CLC：TB123，O32

ISSN 1004-4523　CN 32-1349/TB　28-249　4819Q

江苏省南京市御道街 29 号（南京航空航天大学校内）（210016）

编辑部电话：025-84895885

http://zdxb.nuaa.edu.cn

zdxb@nuaa.edu.cn

报道振动工程领域研究成果，刊登综合评述、专题研究论文和研究简报。内容包括：振动理论与应用，非线性振动，随机振动，模态分析与试验，结构动力学，转子动力学，故障诊断，振动、冲击与噪声控制，动力稳定性，流固耦合振动，动态测试，动态信号分析，机械动力学，土动力学，包装动力学和结构抗震控制等方面的专题论文、综合评述和研究简报。读者对象为从事振动工程及其相关学科教学、研究、设计、开发、应用和管理的科技工作者，以及理工科大专院校的教师和研究生。2024 年 1 月起改为月刊。

振动与冲击 = Journal of vibration and shock / 中国振动工程学会,上海交通大学,上海市振动工程学会,1982~

半月刊 CLC：O3,TB5
ISSN 1000-3835 CN 31-1316/TU 4-349
上海市徐汇区华山路 1954 号上海交通大学(200030)
编辑部电话：021-62821366
http://jvs.sjtu.edu.cn
jvs@sjtu.edu.cn

主要刊登振动、冲击和噪声方面科技成果。内容涉及力学、航空、航天、造船、车辆、机械、建筑、水利、电力、矿山、冶金、化工、仪器仪表、海洋工程、轻工和环保等领域,包括结构动力分析、模态分析、参数识别、随机振动、非线性振动、振动控制、转子动力学、结构动力学、减振、隔振、抗冲击、噪声防治、环境试验、模拟技术、测试技术、信号处理、计算机软件工程、消声器材等。主要栏目有论文、综述、研究简报、试验研究、工程应用、振动园地等。读者对象为相关领域科学技术人员、工程施工人员、管理人员和高等院校师生。

震灾防御技术 = Technology for earthquake disaster prevention / 中国地震灾害防御中心,2006~

季刊 CLC：P315.9,TU
ISSN 1673-5722 CN 11-5429/P
北京市朝阳区民族园路 9 号院(100029)
编辑部电话：010-69941193,1192,1214
http://zzfy-eq.cn
zzfyjsbjb@163.com

主要刊登地震区划、场地安全性评价、工程结构与生命线设施震灾防御、地震小区划与地震活断层探测、城市震害预测、工程地基勘测、地震应急救援、地震信息网络、地震灾害评估、仪器研制等领域研究成果。读者对象为研究机构、勘察设计部门、工程建设部门和震灾防御技术管理部门的相关专业研究人员、大专院校师生等。

征信 = Credit reference / 中国人民银行郑州培训学院,2009~

月刊 CLC：F83
ISSN 1674-747X CN 41-1407/F 36-252
河南省郑州市郑花路 29 号(450011)
编辑部电话：0371-65648820,65573905
zhengxintg@qq.com,2776900525@qq.com

主要刊登金融交易信用问题的研究论文,内容包括诚信建设、网络借贷、信用担保、信用评级等方面。辟有特别关注、问题探讨、理论研究、信用体系建设、他山之石、诚信建设、金融纵横、征信与法、信用评级、专家视点、经验交流、农村信用体系建设等栏目。读者对象为相关研究人员、金融工作者及高等院校师生。2009 年继承:《河南金融管理干部学院学报》(1998~2009)。

证券市场导报 = Securities market herald / 深圳证券交易所研究所,1991~

月刊 CLC：F830.91
ISSN 1005-1589 CN 44-1343/F 46-311
广东省深圳市福田区深南大道 2012 号深圳证券交易所 14 楼(518038)
编辑部电话：0755-88668581
http://www.szse.cn
zqscdb@szse.cn

2022 年 8 月起主办单位改为深圳证券交易所。以促进证券市场的理性、建设性与创造性为宗旨,传播证券投资最新理论,记录证券市场运行状况,阐释证券管理政策背景,交流证券运作成功经验。设有理论综合、公司治理、微观结构、公司金融、论文索引、市场前沿、年报分析、债券市场、证券法律与监管、数字经济、每月备忘等栏目。读者对象为金融工作者、证券业从业人员、经济决策与管理人员及经济院校师生。

郑州大学学报.工学版 = Journal of Zhengzhou University. Engineering science / 郑州大学,2002~

双月刊 CLC：T
ISSN 1671-6833 CN 41-1339/T 36-232 BM2642
河南省郑州市科学大道 100 号(450001)
编辑部电话：0371-67781276,1277
http://gxb.zzu.edu.cn
gxb@zzu.edu.cn

主要刊登工程技术各领域基础理论和应用研究成果,包括机械、电气、化工、土木、交通、材料、环境工程、信息工程、计算机等方面。主要读者对象为理工科高等院校师生、科研院所的研究人员及工程技术人员。2002 年继承:《郑州工业大学学报》(1996~2001)。

郑州大学学报.理学版 = Journal of Zhengzhou University. Natural science edition / 郑州大学,2002~

季刊 CLC：N55
ISSN 1671-6841 CN 41-1338/N 36-191 4617Q
河南省郑州市科学大道 100 号(450001)
编辑部电话：0371-67781272
http://zzdz.cbpt.cnki.net
lixueban@zzu.edu.cn

主要刊登数学、物理学、化学、化工、生物工程科学、信息科学、计算机科学、环境科学、材料科学、机械工程科学、电气工程科学、土木工程科学等自然科学各学科的基础研究及应用研究方面的学术论文。主要读者对象为理工科高等院校师生和科研院所的研究人员。2022 年起改为双月刊。2002 年继承:《郑州大学学报.自然科学版》(1962～2001)。

郑州大学学报. 医学版 = Journal of Zhengzhou University. Medical sciences / 郑州大学, 2002～
双月刊　　　　　　CLC：R
ISSN 1671-6825　　CN 41-1340/R　36-111　BM6080
河南省郑州市科学大道 100 号(450001)
编辑部电话：0371-67781729
http://jms.zzu.edu.cn
报道医学科研、医疗及教学的新成果、新技术和新经验，国内外医学新动态，促进学术交流，提高学术水平。读者对象为从事医药卫生工作的中高级科研、医疗、教学机构人员和高等医药院校师生。2002 年继承：《河南医科大学学报》(1986～2001)。

郑州大学学报. 哲学社会科学版 = Journal of Zhengzhou University. Philosophy and social sciences edition / 郑州大学, 2001～
双月刊　　　　　　CLC：C55
ISSN 1001-8204　　CN 41-1027/C　36-4　BM590
河南省郑州市科学大道 100 号(450001)
编辑部电话：0371-67781275
反映该校师生及校外学者的最新研究成果，刊登哲学、政治学、社会学、美学、教育学、法学、经济学、文学、语言学、新闻传播学、艺术理论、历史学等方面的学术论文。读者对象为文科院校师生及社会科学工作者。

政法论丛 = Journal of political science and law / 山东政法学院, 1985～
双月刊　　　　　　CLC：D9
ISSN 1002-6274　　CN 37-1016/D
山东省济南市解放东路 63 号(250014)
编辑部电话：0531-88599868
https://xbbjb.sdupsl.edu.cn/index.htm
sdzflc@163.com
反映法学及相关学科研究最新成果。内容涵盖法学理论、法律史、宪法学与行政法学、刑法学、民商法学、诉讼法学、经济法学、环境与资源保护法学、国际法学等方面的学术论文。设有法学理论、法院审级职能改革研究、破产程序新视野、实践理性刑法观、法治传播的实践与规律、生态环境治理法治化、刑事合规与单位刑事责任等栏目。读者对象为法学研究人员、法律工作者以及政法院校师生。

政法论坛 = Tribune of political science and law / 中国政法大学, 1985～
双月刊　　　　　　CLC：D9
ISSN 1000-0208　　CN 11-5608/D　82-121　BM756

北京市海淀区西土城路 25 号(100088)
编辑部电话：010-58908281
http://zflt.cbpt.cnki.net
zhengfaluntan@vip.163.com
着重反映法学研究的新成果和法治建设的新进展，注重发掘本土法治资源。刊登刑法、民商法，以及刑事、民事、行政三大诉讼法学理论，及时反映法理学、法史学、国际法、国际经济法研究的新信息。设有主题研讨、论文、评论、马克思主义法学本土化研究、读书札记、文选和综述等栏目。读者对象为法学理论研究人员、教学人员、司法工作者及政法院校师生。1985 年继承：《中国政法大学学报》(1983～1984)。

政治经济学评论 = China review of political economy / 中国人民大学, 2010～
双月刊　　　　　　CLC：F0
ISSN 1674-7542　　CN 11-5859/D　80-168
北京市海淀区中国人民大学经济学院(100872)
编辑部电话：010-82500729,62514976
http://crpe.ruc.edu.cn
crpe@ruc.edu.cn
旨在推进马克思主义政治经济学的中国化和时代化，发展具有中国特色和时代特点的经济学理论。重视对经济学基础理论的研究，同时关注对现实问题的探讨。内容包括马克思主义经济学、西方资本主义经济、经济理论、国际金融、劳动经济、世界经济、中国经济、国有企业、农业经济、企业经济、经济史、贸易经济等方面。读者对象为相关专业科研人员和大专院校师生。2010 年继承：《政治经济学评论(集刊)》(2002～2009)。

政治学研究 = Cass journal of political science / 中国社会科学院政治学研究所, 1985～
双月刊　　　　　　CLC：D0
ISSN 1000-3355　　CN 11-1396/D　82-838　Q5496
北京市东城区建国门内大街 5 号(100732)
编辑部电话：010-85195812
http://zzxyj.ajcass.org
zzxyj@cass.org.cn
重点刊发马克思主义政治学研究成果。以理论联系实际，学术结合时代，以科学和实事求是的态度不断追踪政治学重大理论和实践问题理论前沿和学术热点。主要设有政治学理论、行政学、中国现实政治研究、国外政治学思潮、流派评介、学术动态介绍等栏目。读者对象为政治学研究人员、大专院校师生和党政机关干部。

政治与法律 = Political science and law / 上海社会科学院法学研究所, 1982～
月刊　　　　　　　CLC：D9

ISSN 1005-9512　　CN 31-1106/D　4-375　BM6600
上海市淮海中路 622 弄 7 号(200020)
编辑部电话：021-33165351
http://zhen.cbpt.cnki.net
主要刊登国内外法学研究的最新成果。关注直接涉及社会现实问题的制度性研究。设有主题研讨、经济刑法、专论、争鸣园地、案例研究、域外视野、史论、实务研究等栏目。读者对象为政法研究、教学和实际工作者。

知识产权 ＝ Intellectual property / 中国知识产权研究会，1991～
月刊　　　　　　　　CLC：D9
ISSN 1003-0476　　CN 11-2760/N　82-570
北京市海淀区知春路 1 号学院国际大厦 505 室(100081)
编辑部电话：010-61073476,3477,3478
https://zscq.cbpt.cnki.net
zscqip@163.com
探讨知识产权基础理论，介绍知识产权相关信息，评析典型案例、热点问题。设有专题研究、高层论坛、学术研究、司法探讨、百家争鸣、工作实践、国际知识产权、会议综述等栏目。面向相关行业法律工作者和专业院校师生。1991 年继承：《工业产权》(1987～1990)。

职教论坛 ＝ Journal of vocational education / 江西科技师范大学，1985～
月刊　　　　　　　　CLC：G71
ISSN 1001-7518　　CN 36-1078/G4　44-77
江西省南昌市红角洲学府大道 589 号(330038)
编辑部电话：0791-83831866,1957
http://zjlt.cbpt.cnki.net
以传递职教信息、交流职教经验、促进职教研究、推动职教发展为宗旨，注重科学性、指导性和可读性。读者对象为职教工作者，职业院校师生及其他教育工作者。

职业技术教育 ＝ Vocational and technical education / 吉林工程技术师范学院，1984～
旬刊　　　　　　　　CLC：G71
ISSN 1008-3219　　CN 22-1019/G4　12-73
吉林省长春市凯旋路 3050 号(130052)
编辑部电话：0431-86908094
http://www.cctve.com.cn
cctve@vip.163.com
宣传国家职业教育的方针政策，研究国内外职业教育、课程开发、教学改革、教材教法、实习培训、学校管理，以及职校生求学、谋职等问题，探讨职业教育改革的热点。读者对象为职业教育工作者、职业院校学生及其他教育工作者。1984 年继承：《技工教育》。

植物保护 ＝ Plant protection / 中国植物保护学会，中国农业科学院植物保护研究所，1963～
双月刊　　　　　　　CLC：S4
ISSN 0529-1542　　CN 11-1982/S　2-483　BM450
北京市海淀区圆明园西路 2 号中国农业科学院植物保护研究所(100193)
编辑部电话：010-62819059
http://www.plantprotection.ac.cn
zwbh1963@263.net
主要刊登有关植物病理、农林业昆虫、杂草及鼠害等农作物有害生物，植物检疫、农药等植物保护学科各领域研究性论文和技术成果。设有研究报告、调查研究、研究简报、技术与应用、专论与综述、实验方法与技术、基础知识、特约稿件、有害生物动态等栏目。主要读者对象为大专院校教师、研究生，农林科研院所研究人员、各级植保科技人员、各级植检工作者、农药企业研究与开发人员、植物医生、各级农技干部、农技推广人员、园林、园艺工作者。

植物保护学报 ＝ Journal of plant protection / 中国植物保护学会，中国农业大学，1962～
双月刊　　　　　　　CLC：S4
ISSN 0577-7518　　CN 11-1983/S　82-620　BM444
北京市中国农业大学植物保护学院(100193)
编辑部电话：010-62732528
http://www.zwbhxb.com.cn
zbxb@cau.edu.cn
主要刊登农作物病害、虫害、草害、鼠害、农药等方面偏重应用或与应用联系较紧密的研究论文、文献综述及研究简报等。主要读者对象是植物保护研究领域的研究人员、大专院校师生及具有同等水平的专业人员。

植物病理学报 ＝ Acta phytopathologica Sinica / 中国植物病理学会，中国农业大学，1955～
双月刊　　　　　　　CLC：S432.1,Q945.8
ISSN 0412-0914　　CN 11-2184/Q　82-214　Q447
北京市海淀区中国农业大学植保楼 1036 室(100193)
编辑部电话：010-62732364
http://zwblxb.magtech.com.cn
zwblxb@cau.edu.cn
主要刊登植物病理学各分支的专题评述、研究论文、研究简报及实验方法等。内容包括病原学、细胞生物学、生理学、生物化学、分子生物学、致病性与抗病性遗传、流行学与生态学、植物病害及其防治等。读者对象为农业科学及生物科学的科研与教学人员。

植物科学学报 ＝ Plant science journal / 中国科学院武汉植物园，湖北省植物学会，2011～

双月刊　　　　　　　CLC：Q94

ISSN 2095-0837　　CN 42-1817/Q　38-103　BM872

湖北省武汉市东湖高新区九峰一路 201 号中国科学院武汉植物园内(430074)

编辑部电话：027-87700820

http://www.plantscience.cn

editor@wbgcas.cn

主要报道植物学及各分支学科基础研究和应用研究研究成果，植物学研究新技术、新方法等。主要栏目有系统与进化、技术与方法、生态与生物地理、生理与发育、资源与植物化学、遗传与育种、学术讨论、专题综述等。读者对象为相关专业的研究人员、科技人员及大专院校师生。2011 年继承：《武汉植物学研究》(1983～2010)。

植物生理学报 = Plant physiology journal / 中国植物生理与植物分子生物学学会，中国科学院上海生命科学研究院植物生理生态研究所，2011～

月刊　　　　　　　CLC：Q945

ISSN 2095-1108　　CN 31-2055/Q　4-267　M-1364

上海市枫林路 300 号 3 号楼(200032)

编辑部电话：021-54924215

http://www.plant-physiology.com

xb@cemps.ac.cn

2022 年起由中国植物生理与植物分子生物学学会和中国科学院分子植物科学卓越创新中心主办。报道国内外植物生理学研究成果。刊登植物生理学及相关学科研究论文、报告和文献综述，介绍实验技术进展，报道国内外学术动态。设有研究报告、书刊评介、技术与方法等栏目。读者对象为相关专业的研究人员和高等院校师生。2011 年继承：《植物生理学通讯》(1951～2010)。

植物生态学报 = Chinese journal of plant ecology / 中国科学院植物研究所，中国植物学会，1994～

月刊　　　　　　　CLC：Q948.1

ISSN 1005-264X　　CN 11-3397/Q　82-5　BMO-415

北京市香山南辛村 20 号(100093)

编辑部电话：010-62836134

http://www.plant-ecology.com

apes@ibcas.ac.cn,apesbotany@163.com

反映植物生态学及相关学科研究成果，刊登学术论文与综述，报道国内外生态学研究动态。内容包括种群、群落和生态系统生态学、植被与数量生态、生理生态、化学生态、污染生态、景观生态，以及当前国际生态学研究热点，如生物多样性、全球变化、土地荒漠化等研究。主要栏目有研究论文、资料论文、方法与技术、综述等。读者对象为相关学科的科研、教学和技术人员。1994 年继承：《植物生态学与地植物学学报》(1986～1993)。

植物学报(2009-) = Chinese bulletin of botany / 中国科学院植物研究所，中国植物学会，2009～

双月刊　　　　　　　CLC：Q94

ISSN 1674-3466　　CN 11-5705/Q　2-967　1524BM

北京市香山南辛村 20 号(100093)

编辑部电话：010-62836135,6131

https://www.chinbullbotany.com

cbb@ibcas.ac.cn

反映我国植物科学领域最新研究成果，评述国际研究热点(新理论、新发展)，主要刊发植物科学各领域(包括农、林、园艺学)的研究成果。栏目设置包括研究论文、研究报告、技术方法、热点评述、特邀综述、专题论坛等。主要读者对象为从事科学研究和高等教育的中高级专业人员。2009 年继承：《植物学通报》(1983～2008)。

植物研究 = Bulletin of botanical research / 东北林业大学，2001～

双月刊　　　　　　　CLC：Q94

ISSN 1673-5102　　CN 23-1480/S　14-77　BM562

黑龙江省哈尔滨市和兴路 26 号东北林业大学(150040)

编辑部电话：0451-82190611

http://bbr.nefu.edu.cn

zhiwuyanjiu@vip.163.com

刊载内容为植物新种、分子生物学、基因工程、植物细胞学、植物化学、植物遗传学、植物生理学、群落生态学等基础理论研究方面具有创新性或较高学术水平原始性论文。设有研究报告、植物新类群、研究综述、研究方法等栏目。读者对象为植物学研究人员、农林系统科研人员及农林院校师生。2001 年继承：《木本植物研究》(2000)。

植物遗传资源学报 = Journal of plant genetic resources / 中国农业科学院作物科学研究所，中国农学会，2003～

双月刊　　　　　　　CLC：Q943,S3

ISSN 1672-1810　　CN 11-4996/S　82-643　BM3027

北京市海淀区学院南路 80 号(100081)

编辑部电话：010-82105794,5795

http://www.zwyczy.cn

zwyczyxb2003@163.com,zwyczyxb2003@sina.com

报道植物遗传资源科学领域的基础研究与应用研究成果，刊登研究报告、学术论文、综述和评论。内容包括大田、园艺作物，观赏、药用植物，林用植物、草类植物及其他经济植物的有关植物遗传资源的基础理论研究、应用研究方面的研究成果、学术论文和综述或评论。读者对象为相关学科领域的科研人员、专业院校师生和农业技术推广人员。2003 年继承：《植物遗传资源科学》(2000～2002)。

植物营养与肥料学报 = Journal of plant nutrition and fertilizer / 中国植物营养与肥料学会，1994～

月刊　　　　　　　CLC：S14，Q945.1

ISSN 1008-505X　CN 11-3996/S　82-169　CM1380

北京市海淀区中关村南大街 12 号（100081）

编辑部电话：010-82108653

http://www.plantnutrifert.org

zwyf@caas.cn

主要刊登植物营养与肥料领域的学术论文、新技术和新方法的研究报告、研究简报、文献评述和问题讨论等。内容包括：植物营养生理与分子生物学，养分、水分资源高效利用，植物-土壤互作过程与调控，新型肥料研制与高效施用，施肥与农产品品质，农田养分管理、耕作制度与土壤质量，植物营养与生态环境，以及与植物营养等领域的交叉研究。读者对象为农林牧业科研人员、技术推广人员及农业院校师生。

植物资源与环境学报 = Journal of plant resources and environment / 江苏省、中国科学院植物研究所，江苏省植物学会，2000～

双月刊　　　　　　CLC：Q94，X173

ISSN 1674-7895　CN 32-1339/S　28-213　Q5833

江苏省南京市中山门外江苏省中国科学院植物研究所内（210014）

编辑部电话：025-84347014

http://zwzy.cnbg.net

zwzybjb@163.com

主要刊登植物资源考察、开发、利用和物种保护，自然保护区与植物园建设和管理，植物在保护和美化生态环境中的作用，环境对植物的影响以及与植物资源和植物环境有关学科研究成果、学科动态等。读者对象为植物学、生态学、自然地理学，以及农、林、园艺、医药、食品、轻化工和环境保护等科研、教学、技术人员及决策者。2000 年继承：《植物资源与环境》（1992～1999）。

指挥与控制学报 = Journal of command and control / 北方自动控制技术研究所，中国指挥与控制学会，2015～

季刊　　　　　　　CLC：TP273，TJ

ISSN 2096-0204　CN 14-1379/TP　22-96　C9308

北京市海淀区车道沟 10 号院，山西省太原市 103 信箱（100089，030006）

编辑部电话：010-68964721，4784；0351-8725025

http://jc2.org.cn

cicc_bjb@163.com

报道指挥与控制领域新方法、新技术、新成果，促进指挥与控制领域科技创新与交流，服务我国国防安全、经济建设与社会管理。内容涵盖：C4ISR 理论与技术、大数据技术、无人系统与技术、指挥控制平行系统、信息物理系统（CPS）、信息融合、系统建模、仿真测试、人工智能、深度学习、复杂系统、虚拟现实、赛博空间、应急救援、空天安全与决策控制、导航与定位技术、智慧城市与公共安全、交通指挥控制系统等。读者对象为从事指挥与控制学科技术理论研究、系统设计、工程设计、科研、教学、产品开发的科研院所和企事业单位的科技人员，在校的博士生、研究生、大学生，以及同类期刊编辑与工作人员等。2023 年起改为双月刊。2015 年继承：《电脑开发与应用》（1986～2015）。

制冷学报 = Journal of refrigeration / 中国制冷学会，1979～

双月刊　　　　　　CLC：TB6

ISSN 0253-4339　CN 11-2182/TB

北京市海淀区阜成路 67 号银都大厦 10 层（100142）

编辑部电话：010-68711412

http://www.zhilengxuebao.com

editor@car.org.cn

主要反映制冷科技领域中低温与超导，制冷机器与设备，食品冷冻、冷藏工艺，冷藏运输，空调及供热、通风工程，低温医学及器械等方面的科技新成果，内容涉及工程热物理、动力机械工程、能源与动力、热工学、制冷与低温工程、通风与空调工程、食品包装与储藏、低温生物学等与制冷技术相关的众多学科。读者对象为科研院所、高等院校、企事业单位等从事制冷学科相关研究的科技人员、专家、院校师生等。

制造技术与机床 = Manufacturing technology & machine tool / 中国机械工程学会，北京机床研究所有限公司，1994～

月刊　　　　　　　CLC：TG5，TH

ISSN 1005-2402　CN 11-3398/TH　2-636　M397

北京市朝阳区望京路 4 号（100102）

编辑部电话：010-64739683，9679

http://www.mtmt.com.cn

edit@jcs.gt.cn

报道国内外制造技术与机床方面的科技成果和经验。设有可持续制造、综述、设计与研究、工艺与制造、检测与质量、功能部件、汽车制造技术、数控技术等栏目。读者对象为机械制造业各部门工作者。例如国防工业、机车车辆，汽车拖拉机制造业，机床工具、量具、量仪制造业，轴承制造业，轻工机械，纺织机械制造业，造船工业，以及机械工程类高等、中等院校，研究院所及各级政府的业务管理部门等。1994 年继承：《机床》（1974～1993）。

质谱学报 = Journal of Chinese mass spectrometry society / 北京中科科仪股份有限公司,中国物理学会质谱分会,1986～

双月刊　　　　　　CLC：O6

ISSN 1004-2997　　CN 11-2979/TH　82-349　BM1717

北京市 275 信箱 65 分箱中国原子能科学研究院(102413)

编辑部电话：010-69357734

http://www.jcmss.com.cn

jcmss401@163.com

刊登物理、化学、生物化学、材料化学、核科学、地球科学、生命科学等学科领域中质谱法的应用研究成果,介绍质谱学及其相关技术在上述前沿课题研究中的最新进展,反映质谱技术广泛应用于农业、石油、地质、药物、化工、临床医学、生物工程、核能、同位素分析、环境监测、食品质控、材料分析、公安司法、军事部门等国民经济多领域的研究成果。主要读者对象为从事分析化学研究和测试的科技人员及大中专院校师生。1986 年继承：《质谱学杂志》(1983～1985)。

治理研究 = Governance studies / 中共浙江省委党校(浙江行政学院),2018～

双月刊　　　　　　CLC：D63

ISSN 1007-9092　　CN 33-1406/D　32-90

浙江省杭州市文一西路 1000 号(311121)

编辑部电话：0571-89081390

http://zlyj.zjdx.gov.cn

zlyjbjb@126.com,Governancestudies@163.com

探索中国改革的重大理论与现实问题,特别是中国治理的前沿问题,涉及政治、经济、文化、社会、公共行政、法律等多个角度。设有改革热点聚焦、治理现代化、浙江现象与浙江经验、马克思主义及其中国化、政治与行政、社会治理与社会组织、经济学研究、党建与中共党史、法学研究、经济与社会等栏目。主要读者对象为各级党政机关、企事业单位干部,理论宣传工作者,社会科学工作者和各级党校、大专院校师生。2018 年继承：《中共浙江省委党校学报》(1985～2017)。

智慧电力 = Smart power / 国网陕西省电力公司,2017～

月刊　　　　　　　CLC：TM

ISSN 2096-4145　　CN 61-1512/TM　52-185　4832-BM

陕西省西安市柿园路 218 号(710048)

编辑部电话：029-81008287,89698399,89698250,89698246,89698397,89698245

http://zhdlqk.sn.sgcc.com.cn:19001

2022 年起主办单位名为国网陕西省电力有限公司。报道国家电网技术高端前沿理论、技术与产品,反映我国智慧电力的发展动态。主要栏目有特别推荐、新能源、高电压技术、电网分析与研究、电力大数据、电力系

统保护与控制、电力预测与优化、复杂网络分析应用、电力经济与管理等。读者对象为电气传动和电气自动化专业的科研和设计人员、管理和经销人员,技术部门的领导及高级技术工人,以及高等院校相关专业师生。2017 年继承：《陕西电力》(2006～2017)。

智库理论与实践 = Think tank：theory & practice / 中国科学院文献情报中心,南京大学,2016～

双月刊　　　　　　CLC：G250.2,C932

ISSN 2096-1634　　CN 10-1413/N　80-195

北京市中关村北四环西路 33 号(100190)

编辑部电话：010-82626611-6616

http://zksl.cbpt.cnki.net

thinktank@mail.las.ac.cn

介绍智库基本理论、智库研究方法；智库的组织管理、运行模式、人才培养、经费投入、建设经验；国内外智库评价,智库影响力、智库评价指标及方法与体系；国内外智库发展特点与案例剖析；面向科技政策、体制机制与管理的战略研究、咨询和评论；科技智库研究报告、政策建议等。设有理论研究、实践探索、案例剖析、专家访谈、智库报告、特稿/专稿等栏目。主要读者对象是政府部门、大学、科研机构、企业的智库理论研究工作者、智库建设实践工作者、智库教育教学人员以及其他各领域对此感兴趣的人员。

智能系统学报 = CAAI transactions on intelligent systems / 中国人工智能学会,哈尔滨工程大学,2006～

双月刊　　　　　　CLC：TP18

ISSN 1673-4785　　CN 23-1538/TP　14-190　BM4940

黑龙江省哈尔滨市南岗区南通大街 145-1 号楼(150001)

编辑部电话：0451-82518134

http://tis.hrbeu.edu.cn

tis@vip.sina.com

中国人工智能学会会刊。反映我国智能科学领域理论研究及科研进展情况。主要刊登人工智能与计算智能、智能控制与决策、智能信息处理、专家系统与知识工程、机器学习与知识发现,以及人工心理与机器情感等内容。读者对象为相关专业科技工作者及专业院校师生。

中草药 = Chinese traditional and herbal drugs / 天津药物研究院,中国药学会,1980～

半月刊　　　　　　CLC：R28

ISSN 0253-2670　　CN 12-1108/R　6-77　M221

天津市滨海高新区滨海科技园惠仁道 306 号(300462)

编辑部电话：022-27474913,23006821

http://www.中草药杂志社.中国,http://www.ti-prpress.com

zcy@tiprpress.com

主要报道中药研究及应用的新成果,内容包括中药及天然药物化学成分、药剂与工艺、生药炮制、质量控制、检验方法,药理实验和临床观察,药用植物的栽培、鉴别、资源调查等方面的研究论文。设有中药现代化论坛、专论、综述、短文、新产品、企业介绍、学术动态和信息等栏目。读者对象为中草药教研及临床医务工作者、中医爱好者。1980 年继承:《中草药通讯》(1970～1979)。

中成药 = Chinese traditional patent medicine / 国家食品药品监督管理局信息中心中成药信息站,上海中药行业协会,1988～
月刊　　　　　　　CLC:R28
ISSN 1001-1528　CN 31-1368/R　4-249　M1093
上海市福州路 107 号 206 室(200002)
编辑部电话:021-63213275
http://www.zcyjournal.com
zcy.med@foxmail.com

2023,no.10 起主办单位之一名为国家药品监督管理局信息中心中成药信息站。以中成药研究、生产、临床应用与管理为主要内容的科技专业期刊。主要刊登反映当前中成药研究的新理论、制剂工艺、药理作用、临床应用、质量标准及炮制方法等研究成果。读者对象为从事中医药领域相关工作的科研人员、医务人员、药企员工和管理者。1988 年继承:《中成药研究》(1978～1988)。

中共党史研究 = CPC history studies / 中共中央党史和文献研究院,1988～
双月刊　　　　　　CLC:D23,K2
ISSN 1003-3815　CN 11-1675/D　82-864　C937BM
北京市西城区前毛家湾 1 号(100017)
编辑部电话:010-55604880
zszzs@vip.sina.com

反映党史研究的最新成果,总结党的历史经验。刊登党史专题研究、毛泽东思想和邓小平理论研究、党史人物研究方面的论文,党史文献资料,有关党史人物的重要回忆录和访谈录等内容。开设人物研究、研究综述、国外中共党史研究、地方党史研究、党史文化论坛、探索与争鸣、读史札记、史实考证、研究动态、书评等栏目。主要读者对象为党政领导干部、政治理论教员、党校学生及其他社会科学研究人员。1988 年由《党史研究》(1980～1987)和《党史通讯》(1983～1987)合并而成。

中共福建省委党校(福建行政学院)学报 = Journal of Fujian Provincial Committe Party School of CPC (Fujian Academy of Governance) / 中共福建省委党校 福建行政学院,2020～
双月刊　　　　　　CLC:D261.41,D63
ISSN 2096-8132　CN 35-1338/C
福建省福州市闽侯县上街镇侯官大道 1 号(350108)
编辑部电话:0591-83799092,22853069
http://swdx.cbpt.cnki.net
3799092@fjdx.gov.cn

以马克思列宁主义、毛泽东思想、邓小平理论、"三个代表"重要思想、科学发展观、习近平新时代中国特色社会主义思想为指导,注重发表基础理论研究、应用理论研究,以及新兴边缘交叉学科和跨学科综合研究的最新成果。设有马克思主义与当代、党的建设研究、政治与公共行政等栏目。主要读者对象为各级党政、企事业机关干部,理论宣传工作者,社会科学工作者和各级党校、大专院校师生。2020 年继承:《中共福建省委党校学报》(1999～2019)。

中共天津市委党校学报 = Journal of the Party School of Tianjin Committee of the CPC / 中共天津市委党校,1999～
双月刊　　　　　　CLC:D261.41,D63
ISSN 1008-410X　CN 12-1285/D　6-272
天津市南开区育梁道 4 号(300191)
编辑部电话:022-60919027,9113
swdxxb@tj.gov.cn

重点刊登马克思主义基本理论研究的最新成果,反映改革开放和现代化建设重大理论与实践问题的前沿性学术论文,探讨当代国际经济、政治、科技和社会思潮的优秀文稿。设有党的建设、马克思主义、习近平新时代中国特色社会主义思想、政治学理论、公共行政、社会管理、京津冀协同发展、法学、网络政治等栏目。读者对象为党政企事业单位的领导干部和理论工作者。1999 年继承:《天津党校学刊》(1993～1998)。

中共中央党校(国家行政学院)学报 = Journal of the Party School of the Central Committee of the C.P.C.(Chinese Academy of Governance) / 中共中央党校(国家行政学院),2019～
双月刊　　　　　　CLC:D0,D261.41,D63
ISSN 1007-5801　CN 10-1640/C　82-972　4643Q
北京市海淀区长春桥路 6 号(100089)
编辑部电话:010-68922818
http://zgxb.cbpt.cnki.net
dxxuebao@126.com

以习近平新时代中国特色社会主义思想为指导,推进马克思主义理论和国家治理现代化研究,促进构建具有中国特色、中国风格、中国气派的学科体系、学术体系、话语体系,发展中国特色社会主义哲学社会科学。反映中国特色社会主义理论体系和国家治理现代化研究的新成果,反映国内外相关学科学术研究的新动态。读者对象为各级党政机关、企事业单位干部和政治理论工作者。2019 年由《中共中央党校学报》(1997～2018)和《国家行政学院学报》(2000～2018)合并而成。

中国癌症杂志 = China oncology / 复旦大学附属肿瘤医院,1991～

月刊　　　　　　　　CLC:R73

ISSN 1007-3639　CN 31-1727/R　4-575　BM4638

上海市东安路 270 号(200032)

编辑部电话:021-64175590-83574,64188274

http://www.china-oncology.com

zgazzz@china-oncology.com

主要报道国内外肿瘤学领域前沿的研究内容,包括肿瘤的临床医学、基础医学、流行病学等。设有专家述评与论著、论著、综述、论著选登、个案报道、指南与共识等栏目。读者对象为中、高级肿瘤专业卫生科技人员。

中国艾滋病性病 = Chinese journal of AIDS & STD / 中国性病艾滋病防治协会,中国疾病预防控制中心性病艾滋病预防控制中心,2003～

月刊　　　　　　　　CLC:R51,R1

ISSN 1672-5662　CN 11-4818/R　82-912　M6559

北京市西城区南纬路 27 号(100050)

编辑部电话:010-63030828

http://xbya.cbpt.cnki.net

aids2006@sina.com,aidsbjb@126.com

报道艾滋病性病基础与临床研究成果及国内外研究进展,介绍艾滋病性病防治的新技术、新方法。设有论著、工作研究、短篇报道、综述、诊疗指南等栏目。读者对象为从事艾滋病性病防治工作的科研人员、医务工作者及与艾滋病性病高危人群控制有关的公安、司法、民政等部门的工作人员。2003 年继承:《中国性病艾滋病防治》(1995～2002)。

中国安全科学学报 = China safety science journal / 中国职业安全健康协会,1991～

月刊　　　　　　　　CLC:X9

ISSN 1003-3033　CN 11-2865/X　82-454

北京市朝阳区惠新西街 17 号(100029)

编辑部电话:010-64464782,4783

http://www.cssjj.com.cn

csstlp@263.net

反映国内外安全科学技术的新进展,报道我国劳动安全监察、安全生产管理和劳动保护监督等工作的新方法、新理论。内容包括灾害预防和减灾、风险评估、职业安全健康体系标准化、产业安全、大众安全、社区安全、

安全文化建设等方面。主要栏目有安全工程技术、安全社会科学与安全管理、防灾减灾技术与工程、应急技术与管理、职业卫生等。读者对象为相关专业科研人员和大专院校师生。1991 年继承:《中国安全科学》(1991)。

中国安全生产科学技术 = Journal of safety science and technology / 中国安全生产科学研究院,2005～

月刊　　　　　　　　CLC:X9

ISSN 1673-193X　CN 11-5335/TB　82-379　M8025

北京市朝阳区北苑路 32 号甲 1 号安全大厦(100012)

编辑部电话:010-64941346

http://www.aqskj.com

aqscjs@vip.163.com

报道安全生产领域的科研与技术成果。设有学术论著、职业安全卫生管理与技术、信息与动态等栏目。主要读者对象为从事安全生产与管理研究的科研人员、高等院校安全工程及相关专业的师生、安全管理工程技术人员、安全生产监督与监察人员,以及注册安全工程师、安全评价师等。2005 年继承:《中国职业安全卫生管理体系认证》(2001～2004)。

中国比较文学 = Comparative literature in China / 上海外国语大学,中国比较文学学会,1984～

季刊　　　　　　　　CLC:I0-03

ISSN 1006-6101　CN 31-1694/I　4-560　Q5148

上海市大连西路 550 号上海外国语大学内(200083)

编辑部电话:021-35372625

http://www.zgbjwxzz.cn

shccl203@126.com

主要刊载该领域内的原创性研究论文、综述和评论等,包括国内外比较文学研究与教学的学术成果报道、最新动态和信息,评介比较文学研究与教学方面的图书和期刊。主要栏目:翻译研究、学科理论新探索、学科前沿、中外文学关系研究、中外文学研究、书评·综述等。主要读者对象是文学理论工作者和高等院校文学专业师生,以及广大文学爱好者。

中国比较医学杂志 = Chinese journal of comparative medicine / 中国实验动物学会,中国医学科学院医学实验动物研究所,2003～

月刊　　　　　　　　CLC:Q95,R-33

ISSN 1671-7856　CN 11-4822/R　82-917

北京市朝阳区潘家园南里 5 号(100021)

编辑部电话:010-67779337

http://zgsydw.cnjournals.com/zgbjyxzz/ch/index.aspx

bjb@cnilas.org

报道生物医学、药学、生命科学研究领域的理论与应用、基础及前沿型论文。设有研究报告、技术方法、简

讯、研究进展、设备设施、经验交流等栏目。读者对象为广大生物医学、药学、生命科学研究的科学家。2003 年继承:《中国实验动物学杂志》(1991～2002)。

中国边疆史地研究 = China's borderland history and geography studies / 中国社会科学院中国边疆研究所,1991～
季刊　　　　　　　CLC:K29
ISSN 1002-6800　　CN 11-2795/K　2-787　Q426
北京市朝阳区国家体育场北路 1 号院 1 号楼(100101)
编辑部电话:010-87420826
http://www.zgbjsdyj.com
bjb-bjzx@cass.org.cn
旨在促进中国边疆史地学研究的繁荣,为中国边疆地区的发展服务。刊登有关中国边疆地区历史、地理、社会、文化等方面的研究成果和重要资料。读者对象为边疆史地研究人员和高等院校师生。1991 年继承:《中国边疆史地研究导报》(1988～1990)。

中国编辑 = Chinese editors journal / 中国编辑学会,高等教育出版社有限公司,2003～
月刊　　　　　　　CLC:G23
ISSN 1671-9220　　CN 11-4795/G2　82-594　BM -1746
北京市西城区德胜门外大街 4 号(100120)
编辑部电话:010-58582287
zgbj@vip.sina.com
适应中国出版业、新闻业、传媒业的发展形势,关注中国图书、杂志、报纸、广播、电影、电视、网络等行业的编辑出版工作,探索编辑出版学的规律,总结编辑出版经验,提高编辑出版人员的综合素养和业务水平。辟有理论研究、编辑实务、人才培养、海外瞭望、编辑史话、咨询等栏目。主要读者对象为各类编辑人员、编辑学教学与研究人员以及编辑专业学生。

中国表面工程 = China surface engineering / 中国机械工程学会,1998～
双月刊　　　　　　CLC:TG1
ISSN 1007-9289　　CN 11-3905/TG　82-916　1393B
北京市百万庄大街 22 号(100037)
编辑部电话:010-88379020
http://www.csejournal.com
cse1988@csejournal.com
中国机械工程学会表面工程分会会刊,中国机械工程学会再制造工程分会会刊。报道表面工程和再制造工程方面的试验研究成果,以及在节能、节材、保护环境方面的研究进展和重大工程案例。设有综述论文、研究论文、技术应用和专题等栏目。读者对象为从事表面工程和再制造工程的高等院校师生、科研院所技术人员及设备管理干部等。1998 年继承:《表面工程》(1988～1997)。

中国病理生理杂志 = Chinese journal of pathophysiology / 中国病理生理学会,1986～
月刊　　　　　　　CLC:R363
ISSN 1000-4718　　CN 44-1187/R　46-98　M5959
广东省广州市黄埔大道西 601 号(510632)
编辑部电话:020-85220269
http://www.cjpp.net
obsbjb@jnu.edu.cn
主要刊登有关病理生理学(包括实验研究和临床研究)的论著、专题综述、临床生理专题讲座、教学研究、实验技术(包括疾病模型和实验动物)创新等,注重介绍疾病发病机制。设有论著、短篇论著、综述、实验技术等栏目。读者对象为医药院校教学科研人员、研究生、高年级学生及广大临床医务工作者。1986 年继承:《病理生理学报》(1985)。

中国病原生物学杂志 = Journal of pathogen biology / 中华预防医学会,山东省寄生虫病防治研究所,2006～
月刊　　　　　　　CLC:R37
ISSN 1673-5234　　CN 11-5457/R　24-81
山东省济宁市太白楼中路 11 号(272033)
编辑部电话:0537-2342934
http://www.CJPB.org.cn
cjpb@vip.163.com,byswx@vip.163.com
报道病原生物学及其相关领域内的先进科研成果、临床诊疗技术、预防控制经验、疾病流行预报、前瞻研究展望等。读者对象为从事病原生物学教学、科研、流行病学、临床医疗、实验室诊断等各类专业技术人员。2006 年继承:《中国寄生虫病防治杂志》(1988～2005)。

中国博物馆 = Chinese museum / 中国博物馆协会,1985～
季刊　　　　　　　CLC:G26
ISSN 1002-9648　　CN 11-1462/G2
北京市东城区东直门内北小街 2 号楼(中国文物报社)(100007)
编辑部电话:010-84079079
https://gbwg.cbpt.cnki.net
刊登有关理论博物馆学、应用博物馆学方面的研究论文及世界博物馆界学术的发展动态。主要栏目:聚焦、理论、实践、国际、青年和资讯等。读者对象为相关专业研究人员及大专院校师生。2022 年起改为双月刊。1985 年继承:《博物馆》(1984)。

中国材料进展 = Materials China / 西北有色金属研究

院,中国材料研究学会,2009~

月刊　　　　　　　CLC：TG146.4,TB3

ISSN　1674-3962　CN　61-1473/TG　52-281
　　M2980

陕西省西安市未央路 96 号(710016)

编辑部电话:029-86226599

http://www.mat-china.com

rml@c-nin.com,materialschina@163.com

中国材料研究学会会刊。报道内容涵盖金属材料、无机非金属材料、有机高分子材料、复合材料等材料领域的学术前沿、产业政策、教育现状及国内外研究动态等。设有综合评述、研究报告、综合报道和专栏等栏目。读者对象为相关专业的工程技术人员、科技人员及相关专业院校师生。2009 年继承:《稀有金属快报》(1982~2008)。

中国草地学报 = Chinese journal of grassland / 中国农业科学院草原研究所,中国草学会,2006~

月刊　　　　　　　CLC：S812

ISSN 1673-5021　CN 15-1344/S　16-32　BM620

内蒙古呼和浩特市乌兰察布东街 120 号(010010)

编辑部电话:0471-4928361

https://zgcd.cbpt.cnki.net/EditorD2N/Quit.aspx

zgcdxb@126.com

主要报道我国草学研究领域的新成果、新进展与发展动态,内容以草学的基础理论研究与应用研究为主,兼纳高新技术研究和直接产生生态、经济效益的开发研究。涉及草地生态与修复,草地管理与利用,草地植物保护,草地、牧草、草坪与饲草料作物品种资源,牧草遗传育种与引种栽培,饲草料生产与加工,草地与牧草经济,国家草牧业及草原相关政策及草业可持续发展战略研究等方面。主要读者对象是从事草地科研、教学、生产及管理的实际工作者。2006 年继承:《中国草地》(1987~2005)。

中国草食动物科学 = China herbivore science / 中国农业科学院兰州畜牧与兽药研究所,2012~

双月刊　　　　　　CLC：S8

ISSN 2095-3887　CN 62-1206/Q　54-57　RM5133

甘肃省兰州市七里河区硷沟沿 335 号(730050)

编辑部电话:0931-2656124,2115279

https://cycz.cbpt.cnki.net

xumuchj@163.com

刊发草食动物科学研究领域理论成果与技术经验,反映国内外畜牧科技动态,服务我国节粮型动物养殖和畜牧业发展。主要刊登包括牛、羊、马、骆驼、鹿、兔、鸭、鹅、驼鸟、鱼等在内的各种节粮型草食动物的最新科研成果和科技成就。读者对象为从事动物养殖和饲草料

科研、教学、生产、经营和管理的各级科研、教学、生产人员及广大养殖专业户等。2012 年继承:《中国草食动物》(1999~2012,no.1)。

中国测试 = China measurement & test / 中国测试技术研究院,2009~

月刊　　　　　　　CLC：TB9

ISSN 1674-5124　　CN 51-1714/TB　62-260　DK51019

四川省成都市成华区玉双路 10 号(610021)

编辑部电话:028-84404872,3677,6505

http://www.chinamtt.cn

zgcsjs@163.com

报道主要侧重于测试方法与技术标准研究,以及测试技术应用与交流,致力于追踪测试领域学科前沿发展。栏目设置主要包括:测试理论、物理测试、化学与生物测试、测控技术、测试仪器、性能测试等。读者对象为国内外从事测试理论研究及测试技术应用的科技工作者、工程技术人员及大专院校师生。2009 年继承:《中国测试技术》(2003~2008)。

中国超声医学杂志 = Chinese journal of ultrasound in medicine / 中国科学技术信息研究所,中国超声医学工程学会,1985~

月刊　　　　　　　CLC：R445

ISSN 1002-0101　　CN 11-2110/R　82-151　M4367

北京市海淀区大钟寺东路太阳园小区 5 号楼 1206 室(100098)

编辑部电话:010-82138756

csyx66@126.com

主要报道超声医学领域的新成果、新技术、新进展。辟有临床研究、实验研究、超声治疗、经验交流、病例报告、超声工程新技术、述评、综述、编读论坛,以及国内外学术活动信息等专栏。主要读者对象为从事超声医学工作的专业人员及中高级医务工作者。

中国出版 = China publishing journal / 中国新闻出版传媒集团,1991~

半月刊　　　　　　CLC：G23

ISSN 1002-4166　　CN 11-2807/G2

北京市朝阳区东四环南路 55 号(100122)

编辑部电话:010-87622010,2013,2014,2015,2018,2023

https://zgcb.chinaxwcb.com/site-3

zgcb@vip.sina.com

指导全国新闻出版工作,开展编辑出版理论和出版体制改革的研究与探讨,交流编辑出版工作经验,提供国内外出版信息,发表新书评论。辟有本期话题、本刊特稿、经营观察、报刊纵横、学术园地、版权之页、数字时

代、品书录、业界动态、焦点论坛、数字时代、书业实务、媒介文化等栏目。面向出版管理机关、版权机构、图书音像、期刊出版单位及印刷、发行行业人员。1991 年继承：《出版工作》(1978～1990)。

中国卒中杂志 = Chinese journal of stroke / 中国科学技术信息研究所,科学技术文献出版社,2006～
月刊　　　　　CLC：R743
ISSN 1673-5765　CN 11-5434/R　80-507
北京市海淀区复兴路 15 号(100038)
编辑部电话：010-57986277,52494225
http://www.chinastroke.org.cn
cjs@chinastroke.net
2023 年起主办单位之一名为科学技术文献出版社有限公司。反映国内外卒中领域研究的新理念和新进展,报道国内学者的研究和创新动态,推广循证医学证据支持下的卒中诊疗指南和规范,以及针对患者自身特点的精准医疗概念。设有病例讨论、指南与共识、教学园地等栏目。读者对象为脑血管病的临床、教学、科研工作者。

中国大学教学 = China university teaching / 高等教育出版社有限公司,1999～
月刊　　　　　CLC：G64
ISSN 1005-0450　CN 11-3213/G4　2-467　M4543
北京市西城区德胜门外大街 4 号(100120)
编辑部电话：010-58582496
http://jxcy.cbpt.cnki.net
zgdxjx@crct.edu.cn
倡导先进教育教学理念、服务高等学校教学改革。辟有专家论坛、论教谈学、文化素质教育、人才培养模式与教学模式、学科与专业建设、教学方法与手段、调查与研究、教学管理、实验与实践教学、教材建设等栏目。读者对象为高等学校教学管理人员和广大教师。1999 年继承：《教学与教材研究》(1993～1999)。

中国当代儿科杂志 = Chinese journal of contemporary pediatrics / 中南大学,中南大学湘雅医院,1999～
月刊　　　　　CLC：R72
ISSN 1008-8830　CN 43-1301/R　42-188　BM3856
湖南省长沙市湘雅路 87 号(410008)
编辑部电话：0731-84327402
http://www.zgddek.com
cjcp1999@csu.edu.cn,ddek@vip.163.com
主要报道儿科领域领先的科研成果和临床诊疗经验,以及对儿科临床有指导作用且与儿科临床紧密结合的基础研究。主要栏目设有论著(临床研究、罕见病/疑难病研究、病例分析、儿童保健、流行病学调查和实验研究)、临床经验、专家讲座、述评、综述及国外儿科研究动向等。主要读者对象为从事儿科临床、教学和科研工作者。

中国当代文学研究 = Contemporary Chinese literature studies / 中国作家出版集团,2019～
双月刊　　　　　CLC：I206.7
ISSN 2096-630X　CN 10-1598/I2　80-831　C9425
北京市朝阳区农展馆南里 10 号 1507 室(100125)
编辑部电话：010-65925260
zgddwxyj@163.com
主要刊发以中华人民共和国成立以来中国当代文学为研究对象的学术性文章。内容涉及中国当代作家、作品、文学思潮、文学现象、文学史等方面。主要栏目有文学现象研究、文学史研究、最新文本、作家作品研究等。读者对象为文艺理论工作者、文科院校师生、作家和文艺评论家等。

中国档案 = China archives / 中国档案杂志社,1994～
月刊　　　　　CLC：G27
ISSN 1007-5054　CN 11-3357/G2　2-283　4463M
北京市西城区永安路 106 号(100050)
编辑部电话：010-63020997,63181040
http://www.chinaarchives.cn
zgda@263.net
宣传党和国家关于档案工作的方针、政策和法律法规,发掘我国丰富的档案资源,推广全国各行业档案工作的经验成果,促进档案学理论与技术的研究。主要栏目有资讯、关注(聚焦、专题等)、业务(学术论坛、事业、依法治档、档案馆、视野等)、文化(风采、读档等)。读者对象为档案、文秘及史学工作者。1994 年继承：《档案工作》(1953～1993)。

中国道教 = China Taoism / 中国道教协会,1987～
双月刊　　　　　CLC：B95
ISSN 1006-9593　CN 11-1670/B　2-914
北京市西城区白云观街 9-1 号(100045)
编辑部电话：010-63949659
http://www.taoist.org.cn
zgdjbjb@163.com
宣传党的宗教政策,弘扬道教教义,传承道教文化。报道道教学术研究成果和道教界的重要活动,反映海外道教研究动态。探讨道教教义的现代阐释。设有道教论坛、道教与当代社会、道学探索、道教与民族、文化艺术、道教教育、海外道教、史料与知识等栏目。读者对象为道教界人士、道教研究人员及宗教工作者。1987 年继承：《道协会刊》(1962～1986)。

中国稻米 = China rice / 中国水稻研究所，1994～
双月刊   CLC：S5
ISSN 1006-8082   CN 33-1201/S   32-31
浙江省杭州市富阳区水稻所路 28 号(311400)
编辑部电话：0571-63370271,0368
http://www.zgdm.net
zgdm@163.com
刊登以水稻为研究对象的专论与综述、专题研究报告、学术论文、新技术新方法研究成果、综合信息等。设有专论与研究、品种与技术、各地稻米、综合信息等栏目。读者对象为我国水稻产区各级技术人员及农业与粮食行政管理人员、科研教学人员和稻农。1994 年继承:《水稻文摘》(1982～1993)。

中国地震 = Earthquake research in China / 中国地震台网中心，1985～
季刊   CLC：P315
ISSN 1001-4683   CN 11-2008/P
北京市西城区三里河路 56 号(100045)
编辑部电话：010-68586811,6881,6897,6987
http://zgdz.eq-j.cn
erc_c_cea@sina.com
主要刊登地球物理学、地震地质学、地震工程学、地震预测与预防、历史地震研究、灾害学、地震社会学，以及环境、资源等领域的重要基础理论和应用研究成果，同时刊载综述性文章、问题讨论、学术动态和书评等。读者对象为从事地震学、地震机理与预测研究、地震观测分析等领域的科技工作者和相关领域科研人员、高等院校师生。1985 年继承:《地震科学研究》(1980～1984)。

中国地质 = Geology in China / 中国地质调查局，中国地质科学院，1960～
双月刊   CLC：P5
ISSN 1000-3657   CN 11-1167/P   2-112   BM6075
北京市西城区阜成门外大街 45 号中国地质调查局发展研究中心(100037)
编辑部电话：010-58584308,4242,4229,4243,4208
http://geochina.cgs.gov.cn
zhgdzh@vip.sina.com,zhgdzh@mail.cgs.gov.cn
报道基础地质(包括地层、古生物、构造地质、岩石、矿物、区域地质等)、矿床地质、能源地质、海洋地质、水文地质、环境地质(含生态地质和灾害地质)、城市地质、遥感地质、地球物理、地球化学、地质信息等研究成果。设有简讯与热点、特别关注、综述性论文、学术论文、发现与进展等栏目。读者对象为区域地质调查、矿产普查勘探、水文工程、环境地质科研人员及地矿专业大专院校师生。1960 年继承:《地质月刊》(1958～1959);2002 年吸收:《中国区域地质》(1982～2001)。

中国地质大学学报. 社会科学版 = Journal of China University of Geosciences. Social sciences edition / 中国地质大学(武汉)，2001～
双月刊   CLC：C55
ISSN 1671-0169   CN 42-1627/C   38-172
湖北省武汉市武昌区鲁磨路 388 号(430074)
编辑部电话：027-67885186
http://ddxs.cbpt.cnki.net
常设有资源环境研究、马克思主义研究、新闻与传播、管理与经济等栏目，不定期推出生态哲学、高等教育等栏目。读者对象为社会科学理论工作者和大专院校师生。

中国典籍与文化 = Chinese classics & culture / 全国高等院校古籍整理研究工作委员会，1992～
季刊   CLC：G256,K207.8
ISSN 1004-3241   CN 11-2992/G2   28-210   Q1207
北京市海淀区北京大学哲学楼 328 号(100871)
编辑部电话：010-62751189
ccc@pku.edu.cn
以弘扬中华优秀传统文化为宗旨，在传统文化的背景下，整合文、史、哲诸多学科文献进行分析探讨，揭示普遍的文化意义，阐述文化理念，发布学术新见，交流治学心得，沟通资料信息。设有文史新探、文献天地、文化广角、读书丛札、学界纪事等栏目。读者对象为从事文学、历史、古文献学研究的人员和大专院校师生。1992 年继承:《古籍整理与研究》(1986～1992)。

中国电化教育 = China educational technology / 中央电化教育馆，1996～
月刊   CLC：G43
ISSN 1006-9860   CN 11-3792/G4   2-107   BM400
北京市复兴门内大街 160 号电教大楼 013 信箱(100031)
编辑部电话：010-62514910
http://www.webcet.cn
反映各地基础教育信息化典型经验和信息技术与课程整合成果，报道国内外教育技术理论、教育信息化实践、信息技术与课程整合、学习资源建设与应用、远程教育与网络教育、信息技术教育研究、教育技术设备与产品等多方面研究成果等。辟有本刊特稿、理论与争鸣、大数据与教育治理、人工智能、教育评价改革、STEM与创客、在线教育与远程教育、职业技术教育、教学实践与教师专业发展、教育信息化、新型学习方式等栏目。读者对象为广大教师和教育技术工作者。1996 年继承:《电化教育》(1980～1995)。

中国电机工程学报 = Proceedings of the CSEE / 中国电机工程学会，1985～

半月刊 CLC：TM3
ISSN 0258-8013 CN 11-2107/TM 82-327 M5746
北京市清河小营东路 15 号中国电力科学研究有限公司（100192）
编辑部电话：010-82812534,2972,2973
http://www.pcsee.org
pcsee@epri.sgcc.com.cn
报道电力系统及其自动化、发电及动力工程、电工电机领域的新理论、新方法、新技术、新成果。主要栏目：智能电网、可再生能源并网技术、电力市场、高压技术、综合能源、可再生能源与储能、发电、电力电子与电力传动、电机与电源、电气基础与前沿交叉等。特色栏目有快报与评论、教育与教学；并根据研究热点开辟各种专题专栏。主要读者对象是电机工程和电力工业的科研与技术人员及相关专业院校师生。1985 年继承：《电机工程学报》(1964～1984)。

中国电力 = Electric power / 国网能源研究院有限公司,中国电机工程学会,全球能源互联网研究院有限公司，1993～
月刊 CLC：TM
ISSN 1004-9649 CN 11-3265/TM 2-427 M-276
北京市昌平区北七家镇未来科学城滨河大道 18 号"国家电网公司"园区 B315(102209)
编辑部电话：010-66603808
http://www.electricpower.com.cn
报道国家科技进步和电力工业改革与发展的各项方针政策,传播发电、电网、供用电等有关电力设计施工、生产运行、科学研究,以及电力信息资源开发利用的成果；介绍电力工业宏观经济研究、经营管理、企业研发经验,以及新产品、新技术推广和应用情况。主要栏目有专稿、电力规划、发电、电网、智能电网、新能源、信息与通信、技术经济、节能与环保等。读者对象为政府各级电力管理机构、电力企业从业人员及电力投资者、建设者和科研工作者。1993 年继承：《电力技术》(1959～1992)。

中国电视 = Chinese television / 中国电视艺术委员会，1991～
月刊 CLC：J9
ISSN 1002-4751 CN 11-2750/J 2-870
北京市复兴门外大街 2 号(100866)
编辑部电话：010-86093549
mty1210@vip.sina.com,yangyangmailbox@vip.sina.com,lixuanlixuan@vip.sina.cn
刊登有关电视艺术理论、电视作品评论,以及"电视人"对作品的回顾和总结方面的文章。主要栏目：评论聚焦、评论空间、理论前沿、冷思锐评、融合创新、纪录时代、荧屏谈艺、环球视窗等。读者对象为影视艺术与传媒机构的电视从业人员、相关专业院校师生和影视艺术爱好者。1991 年继承：《中外电视》。

中国动物传染病学报 = Chinese journal of animal infectious diseases / 中国农业科学院上海兽医研究所，2009～
双月刊 CLC：S855
ISSN 1674-6422 CN 31-2031/S 4-748
上海市闵行区紫月路 518 号(200241)
编辑部电话：021-34293142
http://zsjb.cbpt.cnki.net
bianjibu@shvri.ac.cn
报道国内有关畜禽和经济动物的传染病防治和生物制品等的研究进展,反映国内动物传染病研究动态。刊载内容涉及病毒学、细菌学、寄生虫学等方面。辟有研究论文、简报、研究综述等栏目。读者对象为畜牧兽医科研工作者,高等院校相关专业师生等。2009 年继承：《中国兽医寄生虫病》(1993～2008)。

中国儿童保健杂志 = Chinese journal of child health care / 西安交通大学,中华预防医学会，1999～
月刊 CLC：R17
ISSN 1008-6579 CN 61-1346/R 52-180 M4826
陕西省西安市新城区皇城西路 30 号(西安交通大学第二附属医院)(710004)
编辑部电话：029-87679391
http://www.cjchc.net
zgetbjzz@126.com
报道中外儿童保健领域的学术动态、科研成果和新技术。刊登内容包括儿童神经心理行为发育、儿童生长发育与营养、新生儿及胎儿保健、儿童康复技术等。设有科学论著、临床研究与分析、经验交流、基层儿保园地等栏目。以广大儿保工作者、儿科医生、科研人员等为读者对象。1999 年继承：《中华儿童保健杂志》(1993～1998)。

中国法律评论 = China law review / 法律出版社有限公司，2014～
双月刊 CLC：D9
ISSN 2095-7440 CN 10-1210/D 82-762
北京市丰台区莲花池西里 7 号(100073)
编辑部电话：010-83938196
http://www.chinalawreview.com.cn
chinalawreview@lawpress.com.cn
刊载内容主要涉及法学学术与法律实务、法律思想与治理策略。主要设有习近平法治思想研究、对话、专论、思想、判解/立法、影像、批评、策略等栏目。读者对象为广大法律研究及从业人员。2014 年继承:《司法业务文选》(1986～2013)。

中国法学 = China legal science / 中国法学会，1984～
双月刊　　　　　CLC：D9
ISSN 1003-1707　CN 11-1030/D　2-544　BM822
北京市海淀区皂君庙 4 号院(100081)
编辑部电话：010-66127228
https://clsjp.chinalaw.org.cn
反映中国特色社会主义法学理论和实践成果，展示我国法治建设成就，提升中国特色社会主义法学理论体系的国际影响力。主要设置特稿、习近平法治思想研究、民法典解读与适用、学术专论等栏目。读者对象为法学研究人员、政法院校师生、法制工作者。

中国翻译 = Chinese translators journal / 当代中国与世界研究院，中国翻译协会，1986～
双月刊　　　　　CLC：H059
ISSN 1000-873X　CN 11-1354/H　2-471　BM272
北京市西城区百万庄大街 24 号(100037)
编辑部电话：010-68433113,3109
http://www.tac-online.org.cn
反映国内外翻译学术界前沿发展水平与动向，开展翻译学理论研究，交流翻译经验，评介翻译作品，传播翻译知识，促进外语教学，介绍新、老翻译工作者，报道国内外翻译界思潮和动态。主要栏目：理论研究、译史纵横、译介研究、翻译教学、书刊评介、行业研究、翻译评论、译作鉴析、实践探索、自学之友、词语选择等。主要读者对象为翻译工作者、外语院校师生和翻译爱好者。1986 年继承:《翻译通讯》(1979～1985)。

中国防痨杂志 = Chinese journal of antituberculosis / 中国防痨协会，1991～
月刊　　　　　CLC：R521
ISSN 1000-6621　CN 11-2761/R　2-488　M3721
北京市西城区东光胡同 5 号(100710)
编辑部电话：010-62257587
http://www.zgflzz.cn
zgflzz@163.com
报道本领域预防控制、临床诊治、基础研究方面的新动态、新进展、新理论、新成果等，以及相关方针、政策。主要栏目有述评、专家论坛、专论、专家笔谈、论著(包括结核病控制或流行病学、临床诊疗和基础研究等)、短篇论著、病例报告、临床病理(例)讨论、综述、讲座、学术争鸣、书评、国内外学术交流、会议征文、会议纪要、会议简讯、读者·作者·编者等。以广大从事结核病控制、临床诊疗、基础研究的医学工作者为主要读者对象。1991 年继承:《中国防痨通讯》(1979～1990)。

中国肺癌杂志 = Chinese journal of lung cancer / 中国抗癌协会，中国防痨协会，天津医科大学总医院，2000～
月刊　　　　　CLC：R73
ISSN 1009-3419　CN 12-1395/R　6-230
天津市和平区鞍山道 154 号(300052)
编辑部电话：022-27219219
http://www.lungca.org
cnlungca@163.com
报道肺癌领域领先的科研成果和临床诊疗经验，以及对肺癌临床有指导作用且与肺癌临床密切结合的基础理论研究。设有肺癌基础研究、临床研究、临床经验、短篇报道、病例报道、技术进展、会议(座谈)纪要、临床病理(病例)讨论等栏目。以广大肿瘤专业医师和基础研究工作者为主要读者对象。2000 年继承:《肺癌杂志》(1998～1999)。

中国腐蚀与防护学报 = Journal of Chinese society for corrosion and protection / 中国腐蚀与防护学会，中国科学院金属研究所，1981～
双月刊　　　　　CLC：TB304,TG1
ISSN 1005-4537　CN 21-1474/TG
辽宁省沈阳市文化路 72 号(110016)
编辑部电话：024-23971819
http://www.jcscp.org
jcscp@imr.ac.cn
报道材料在化工介质或自然环境中的腐蚀与防腐蚀方面的研究成果和学术动态，介绍先进技术。刊登腐蚀与防护方面的科研论文，适当篇幅发表综述及研究报告等。读者对象为从事材料腐蚀与防护领域的科研、教学、工程技术人员。

中国妇产科临床杂志 = Chinese journal of clinical obstetrics and gynecology / 北京大学，2003～
双月刊　　　　　CLC：R71
ISSN 1672-1861　CN 11-4967/R　80-248
北京市西城区西直门南大街 11 号(100044)
编辑部电话：010-88324270,4179
http://www.obgyncn.com
zgog@163.net
报道妇产科领域先进的科研成果和临床诊疗经验。设有专家述评、专家论坛、论著、短篇论著、临床病例(病理)讨论、病例报告、讲座、编者·作者·读者、综述、医药园地及国内外医学信息等栏目。以广大妇产科医师为主要读者对象。2003 年继承:《中国妇产科临床》(2000～2002)。

中国感染控制杂志 = Chinese journal of infection control / 中南大学,中南大学湘雅医院,2002~

月刊　　　　　　　　CLC：R1

ISSN 1671-9638　　CN 43-1390/R　42-203

湖南省长沙市湘雅路 87 号(410008)

编辑部电话：0731-84327658

http://www.zggrkz.com

zggrkz2002@vip.sina.com

报道有关感染性疾病的医疗卫生防病、治病工作经验,反映和推广感染控制研究成果。设有专家论坛、论著、临床研究、实验研究、病例报告、综述、译文、经验交流、学术动态等栏目。读者对象为临床各科医师、护士、检验人员、医院感染监控管理专职人员,从事流行病学研究、消毒灭菌等预防医学专业人员,微生物学与抗微生物治疗专业人员以及医院管理人员。2002 年继承：《医院感染监控信息》。

中国感染与化疗杂志 = Chinese journal of infection and chemotherapy / 复旦大学附属华山医院,2006~

双月刊　　　　　　　CLC：R4

ISSN 1009-7708　　CN 31-1965/R　4-686　BM3603

上海市乌鲁木齐中路 12 号(200040)

编辑部电话：021-52888148

http://www.cjic.com.cn

cjic@fudan.edu.cn

主要刊载感染性疾病与抗微生物化疗领域的科研成果,介绍新技术、新方法及临床经验。设有论著、病例报告、综述、讲座、合理用药、编译、国内外动态、信息交流等栏目。主要读者对象为临床各科医师、医院药剂科工作人员、临床微生物检验人员及从事抗微生物化疗的药理学、临床药理学、临床微生物学和临床药学研究的各级人员。2006 年继承：《中国抗感染化疗杂志》(2001~2005)。

中国高等教育 = China higher education / 中国教育报刊社,1986~

半月刊　　　　　　　CLC：G64

ISSN 1002-4417　　CN 11-1200/G4　2-268　SM740

北京市海淀区文慧园北路 10 号(100082)

编辑部电话：010-82296658

http://www.jyb.cn/zggdjy

zggdjy1965@sina.com

宣传中央和教育部关于高等教育的指导思想、方针政策及工作部署,反映高等教育发展和改革的理论与实践成果,报道各地、各高校改革和发展的新思路、新举措,关注高等教育教学改革和管理改革的前沿话题,交流各类高等学校思想政治教育、教学、科研和后勤管理工作经验,介绍先进单位和先进人物事迹。读者对象为高等教育工作者、教育行政管理人员及教育科研工作者。

1986 年继承：《高教战线》。

中国高教研究 = China higher education research / 中国高等教育学会,1992~

月刊　　　　　　　　CLC：G64

ISSN 1004-3667　　CN 11-2962/G4　82-717　M7072

北京市海淀区学院路 35 号世宁大厦二层(100191)

编辑部电话：010-82289239,9795

http://zggjyj.cahe.edu.cn

gaoyanbianjibu@163.com

宣传贯彻党和国家的教育方针,研究高等教育改革与发展中的重大现实问题和理论问题,介绍高等教育研究领域的最新研究成果,发表学术论文和调查报告。主要栏目：研究与探索、学位与研究生教育研究、比较教育研究、院校研究、深化教学改革提高教育质量、教学·课程·方法、高等职业教育研究等。读者对象为高等教育工作者及教育行政管理人员。1992 年继承：《高等教育学报》(1985~1991)。

中国高校社会科学 = Social sciences in Chinese higher education institutions / 教育部高等学校社会科学发展研究中心,2013~

双月刊　　　　　　　CLC：C55

ISSN 2095-5804　　CN 10-1136/C　82-419　BM4251

北京市海淀区中关村大街 35 号(100080)

编辑部电话：010-62514713,4710

zggxshkx@263.net

2023 年起主办单位改为教育部高等学校科学研究发展中心。主要刊登我国高校哲学社会科学学术研究成果,重点刊载中国特色社会主义重大理论与实际问题研究、哲学社会科学基本学科学术问题研究、哲学社会科学动态研究等学术文章。读者对象为社会科学工作者和文科院校师生。2013 年继承：《高校理论战线》(1991~2013)。

中国工程机械学报 = Chinese journal of construction machinery / 中国工程机械学会,2003~

双月刊　　　　　　　CLC：TH

ISSN 1672-5581　　CN 31-1926/TH

上海市同济大学机械馆(200092)

https://gche.cbpt.cnki.net

ccms@tongji.edu.cn

刊登机械工程领域具有创新性的综述、基础理论、工程技术应用方面的优秀科研成果。设有基础理论与关键技术、设计制造与质量控制、性能检测、试验及故障诊断等栏目。读者对象为机械工程领域的大家、名家,大专院校、科研院所、国家级重点实验室的教师、科研人员和学科带头人,机械工程专业的大专院校学生。

中国工程科学 = Strategic study of cae / 中国工程院战略咨询中心,高等教育出版社有限公司,1999～
双月刊　　　　　CLC：T
ISSN 1009-1742　CN 11-4421/G3　2-859　M1417
北京市朝阳区惠新东街 4 号富盛大厦 25 层(100029)
编辑部电话：010-58582320
http://www. engineering. org. cn/ch/journal/sscae
刊登工程领域(包括农林、医药卫生等)的学术论文和最新研究成果,包括：重大工程项目的创新设计,典型工程方案分析及经验总结,国内外工程科学技术研究前沿及发展趋势,工程技术问题研讨,重大咨询调研报告,最新科技信息,科技界的先进人物介绍等。读者对象为高等院校师生,科研院所的研究人员与工程技术人员。

中国工业经济 = China industrial economics / 中国社会科学院工业经济研究所,1995～
月刊　　　　　CLC：F42
ISSN 1006-480X　CN 11-3536/F　82-143　M862
北京市东城区东厂胡同 1 号(100006)
编辑部电话：010-68032678,68047499
http://ciejournal. ajcass. org
gjbjb@sina. com,gjbjb@ciejournal. ajcass. org
重点关注国民经济(含财政学、金融学等)、产业经济(含资源环境经济学、区域经济学等)和工商管理等学科领域的研究成果。读者对象为经济理论研究人员、高等院校师生、企业高层经理人员和政府决策部门领导。1995 年继承：《中国工业经济研究》(1987～1994)。

中国公共卫生 = Chinese journal of public health / 中华预防医学会,辽宁省疾病预防控制中心,1988～
月刊　　　　　CLC：R1
ISSN 1001-0580　CN 21-1234/R　8-204　M865
辽宁省沈阳市和平区砂阳路 242 号(110005)
编辑部电话：024-23388770,8443,8479
http://www. zgggws. com
zgggws@vip. sina. com
反映我国公共卫生与预防医学的业务进展与动态,推广学术研究成果,交流各级各类卫生预防保健机构的业务经验与技术方法。主要栏目有专题报道、专家笔谈、综述、论著、实验研究、调查研究与分析、基层公共卫生、检验技术、公共卫生论坛等。主要读者对象为本领域各级业务研究人员和技术人员。1988 年继承：《中国公共卫生. 基层版》(1985～1988);2000 年吸收：《中国公共卫生学报》(1988～1999)。

中国公路学报 = China journal of highway and transport / 中国公路学会,1988～
月刊　　　　　CLC：U4
ISSN 1001-7372　CN 61-1313/U　52-194　M7917
陕西省西安市南二环路中段长安大学内(710064)
编辑部电话：029-82334387
http://zgglxb. chd. edu. cn
zgglxb@qq. com
主要刊载道路工程、桥梁与隧道工程、交通工程、汽车与汽车运用工程、物流、工程机械等领域的学术论文。主要读者对象为公路交通领域的科研人员、工程技术人员及大专院校的师生。

中国骨质疏松杂志 = Chinese journal of osteoporosis / 中国老年学和老年医学学会,1995～
月刊　　　　　CLC：R6
ISSN 1006-7108　CN 11-3701/R　82-198
北京市望京西园三区 325-丙-601(100102)
编辑部电话：010-64727035
http://www. chinacjo. com
occgs@126. com
刊载骨质疏松、慢性骨性关节疾病、骨质疏松性骨折、骨代谢异常的临床研究和基础研究、诊断、治疗、预防以及治疗的经济学和骨质疏松教育等领域的论著。主要栏目有论著、临床研究、药物研究、流行病学、中医中药、述评、综述等。主要读者对象为内分泌科、老年医学科、骨科、妇产科、放射医学科、核医学科、儿科、口腔科、检验科、肾内科、中医科、骨伤科、康复科等部门的医生及各相关研究院校的学者等。

中国瓜菜 = China cucurbits and vegetables / 中国农业科学院郑州果树研究所,2005～
月刊　　　　　CLC：S63
ISSN 1673-2871　CN 41-1374/S　36-143　M2654
河南省郑州市未来路南端中国农业科学院郑州果树研究所(450009)
编辑部电话：0371-65330927
http://zgxg. cbpt. cnki. net
zhongguoguacai@caas. cn
主要报道瓜菜生物技术、种质资源及育种、生理与栽培、病虫防治、土壤肥料、贮藏加工、瓜菜栽培、病虫害防治、瓜菜生产管理、良种推广、市场开拓、产业化运作等方面的科研成果。刊发内容分为科研、生产、论坛和信息四大板块,每个板块设置系列栏目。读者对象为瓜菜科技人员、农业院校师生、瓜菜专业户、种子及产品经销商、行业组织及管理人员、业内和产区领导等瓜菜从业者。2005 年继承：《中国西瓜甜瓜》(1988～2005)。

中国管理科学 = Chinese journal of management science / 中国优选法统筹法与经济数学研究会,中国科学院科技战略咨询研究院,1993～

月刊　　　　　　　　CLC：C93
ISSN 1003-207X　CN 11-2835/G3　82-50　1562BM
北京市海淀区中关村北一条 15 号北京 8712 信箱
(100190)
编辑部电话：010-62542629
http://www.zgglkx.com
zgglkx@casipm.ac.cn

反映国内管理科学理论方法和应用方面的最新研究成果。刊登规划与优化、投资分析与决策、生产与经营管理、供应链管理、项目与风险管理、应急管理、知识管理、管理信息系统等方面的学术论文。主要读者对象为管理科学研究人员、各行各业管理人员以及高等院校相关专业师生。1993 年继承：《优选与管理科学》(1984～1990)。

中国惯性技术学报 ＝ Journal of Chinese inertial technology / 中国惯性技术学会，天津航海仪器研究所，1993～
双月刊　　　　　　　CLC：O3,V2
ISSN 1005-6734　CN 12-1222/O3
天津市邮政 63 信箱(300131)
编辑部电话：022-26032791
http://www.zggxjsxb.com
zggxjsxb@126.com

主要刊载惯性系统、组合导航、惯性仪表、控制与动力学、测试方法与设备、可靠性研究等方面的最新研究成果。主要栏目有惯性系统研究与分析、组合导航技术、惯性仪表研究与设计、测试技术与设备、控制与动力学等。读者对象为相关领域科研人员、工程技术人员、生产和管理人员、高等院校师生等。2023 年起改为月刊。1993 年继承：《中国惯性技术学会学报》(1989～1992)。

中国光学 ＝ Chinese optics / 中国科学院长春光学精密机械与物理研究所，2011～2022
双月刊　　　　　　　CLC：O43
ISSN 2095-1531　CN 22-1400/O4　12-140　BM6782
吉林省长春市东南湖大路 3888 号(《中国光学(中英文)》编辑部)(130033)
编辑部电话：0431-84627061
http://www.chineseoptics.net.cn
chineseoptics@ciomp.ac.cn

报道国内外光学研究的最新进展和最新技术。主要栏目有微纳光学、信息光学、集成光电子、光谱学和光谱仪器、激光技术与应用、光学功能材料、光学设计与工艺、大气与空间光学、光学仪器与测试、综述、前沿动态、产业资讯、科普教学、实验室介绍、自然科学基金项目进展、前沿热点访谈、热点论文等。读者对象为光学领域国内外高等院校、科研机构的教师、博士、硕士研究生等

科研人员，以及相关技术领域工程技术人员。2011 年继承：《中国光学与应用光学》(2008～2010)；2022，no. 4 改名为《中国光学(中英文)》(2022～)。

中国广播电视学刊 ＝ China radio & TV academic journal / 中国广播电视社会组织联合会，1987～
月刊　　　　　　　　CLC：G22
ISSN 1002-8552　　CN 11-1746/G2
北京市复兴门外大街 2 号(100866)
编辑部电话：010-86093458
gdxk3458@163.com

反映我国广播电视领域的理论研究成果，开展业务研究，探讨广播电视业的改革和发展问题，介绍高新技术在广播电视领域中的运用情况。辟有要载、聚焦、专论、个案研究、讨论与思考、播音与主持、节目创新创优、交流之窗、业界动态、动漫研究等栏目。读者对象为广播电视工作者和研究人员、广播电视专业及新闻专业院校师生。

中国国家博物馆馆刊 ＝ Journal of National Museum of Chinese / 中国国家博物馆，2011～
月刊　　　　　　　　CLC：K87,G268.3
ISSN 2095-1639　　CN 10-1005/K　2-229
北京市东长安街 16 号中国国家博物馆(100006)
编辑部电话：010-65119503,9505
http://www.chnmuseum.cn
guankan@chnmuseum.cn

反映中国古代史研究、考古研究和文物研究的最新成果，刊登文物、考古及博物馆学方面的研究论文和资料，报道国内外重大考古发现，介绍文物鉴定方法以及馆藏品等。辟有考古研究、青铜器研究、墓志碑帖研究、馆藏文物研究等栏目。读者对象为文博、考古单位的研究人员及高校相关专业师生。2011 年由《近代中国与文物》(2005～2010)和《中国历史文物》(2002～2010)合并而成。

中国海上油气 ＝ China offshore oil and gas / 中海油研究总院有限责任公司，2004～
双月刊　　　　　　　CLC：TE5
ISSN 1673-1506　　CN 11-5339/TE
北京市朝阳区太阳宫南街 6 号院 1 号楼 414 室(100028)
编辑部电话：010-84522635
http://coog.cnooc.com.cn
coog@cnooc.com.cn

主要报道海洋石油及天然气勘探开发理论技术的创新认识与实践，海上油气开采、钻完井、海上油气装备及处理工艺的创新性技术成果与突破性进展，碳中和、海洋能源利用与发展的前瞻性认识与重大科研成果。主

要栏目有油气勘探、油气田开发、钻采工程、海洋工程、低碳能源等。读者对象为石油海洋、油气开发、勘探及钻采工程技术人员，以及相关专业高等院校师生。2004年由《中国海上油气. 地质》(1989~2003)和《中国海上油气. 工程》(1989~2003)合并而成。

中国海洋大学学报. 自然科学版 = Periodical of Ocean University of China / 中国海洋大学，2004~
月刊   CLC：P7，S9，N55
ISSN 1672-5174 CN 37-1414/P 24-31 0195(MO)
山东省青岛市松岭路 238 号(266100)
编辑部电话：0532-66782256
http://xuebao.ouc.edu.cn
xbzrb@ouc.edu.cn
主要刊登海洋科学、环境科学与工程、水产科学、海洋生物与生态等学术与科技论文。栏目设有研究论文、研究简报、技术报告、综述等。读者对象为海洋科技工作者、管理人员和相关大专院校师生。2004 年继承:《青岛海洋大学学报. 自然科学版》(2000~2003)。

中国航海 = Navigation of China / 中国航海学会，1965~
季刊   CLC：U675
ISSN 1000-4653   CN 10-1741/U
北京市东城区和平里东街 10 号 1-406(100013)
编辑部电话：010-65299826
http://hhxhbjb.cinnet.cn
报道我国航海科技领域的研究成果。主要栏目有船舶导航与通信、船舶机电、航行安全、航海气象与环保、水运经济、操船论坛、船舶驾驶、航道与航标、海难救助与打捞、船舶防污染、学会动态等。其中操船论坛专栏探讨在第一线工作的船长、引航员、驾驶员和轮机长所关心的各类热点问题。读者对象为海运和船舶业的科研、设计、管理人员及相关专业院校师生。

中国护理管理 = Chinese nursing management / 国家卫生健康委医院管理研究所，2001~
月刊   CLC：R47，R19
ISSN 1672-1756   CN 11-4979/R 80-106   M7677
北京市海淀区首都体育馆南路 6 号院 3 号楼 209 室(100044)
编辑部电话：010-81138721
http://www.zghlgl.com
bianjibu@zghlgl.com
报道我国卫生工作方针及相关政策，追踪国内外护理管理发展动向，多视角传递护理管理信息。设有特稿、政策法规、特别策划、焦点透视、访谈、论著、延续护理、护理教育、护理安全、护理质量、人力资源、信息管理、医院感染管理、管理漫谈、海外评介、港澳台动态、专科管

理、循证护理、编读往来、综述等栏目。读者对象为护理管理者、研究者、教育者及临床护士。

中国环境监测 = Environmental monitoring in China / 中国环境监测总站，1985~
双月刊   CLC：X8
ISSN 1002-6002   CN 11-2861/X 2-804
北京市朝阳区安外大羊坊 8 号院乙(100012)
编辑部电话：010-84943081
http://www.cnemce.cn
宣传国家有关环境保护工作的方针、政策、法规，介绍国内外先进的环境管理理念和环境监测技术，交流环境监测科研成果。设有特约来稿、特别关注、监测管理、分析测试、调查评价、应急预警、自动监测、环境遥感、仪器设备等栏目。读者对象为从事环保、监测工作的管理干部和科技人员。

中国环境科学 = China environmental science / 中国环境科学学会，1981~
月刊   CLC：X
ISSN 1000-6923   CN 11-2201/X 2-572 BM6923T，BM5748
北京市海淀区红联南村 54 号(100082)
编辑部电话：010-62215145
http://www.zghjkx.com.cn
zghjkx1981@chinacses.org，zghjkx1981@126.com，
主要报道中国重大环境问题的最新研究成果，包括环境物理、环境化学、环境生态、环境地学、环境医学、环境工程、环境法、环境管理、环境规划、环境评价、监测与分析。兼顾基础理论研究与实用性成果，重点报道国家自然科学基金资助项目、国家重大科技攻关项目以及各省部委的重点项目的新成果。读者对象为环境科学工作者及相关专业院校师生。

中国机械工程 = China mechanical engineering / 中国机械工程学会，1992~
半月刊   CLC：TH
ISSN 1004-132X   CN 42-1294/TH 38-10 SM4163
湖北省武汉市湖北工业大学 772 号信箱(430068)
编辑部电话：027-88011893，59750772
http://www.cmemo.org.cn
paper@cmemo.org.cn
报道中国机械工程学会系统的最新学术信息、传播重大机械科技成果、跟踪世界机械工程最新动向。设有机械基础工程、智能制造、增材制造、先进材料加工工程、服务型制造、工程前沿等栏目。读者对象为机械工程研究机构和高新技术企业的科研技术人员，机电专业大中专院校师生。1992 年继承:《机械工程》(1983~1991)。

中国激光 = Chinese journal of lasers / 中国科学院上海光学精密机械研究所,中国光学学会,1983～
半月刊　　　　　　　CLC：TN24,O4
ISSN 0258-7025　　CN 31-1339/TN　4-201
上海市嘉定区清河路 390 号(201800)
编辑部电话：021-69917051
http://cjl.opticsjournal.net
cjl@siom.ac.cn
报道激光技术领域最新研究成果。主要栏目包括激光器件与激光物理、激光制造、材料与薄膜、测量与计量、光束传输与控制、光纤光学与光通信、生物医学光子学与激光医学、非线性光学、全息与信息处理、遥感与传感器、光谱学、量子光学、微纳光学和快报等。读者对象为相关学科科研技术人员及高等院校师生。1983 年继承:《激光》(1974～1982)。

中国给水排水 = China water & wastewater / 中国市政工程华北设计研究总院有限公司,国家城市给水排水工程技术研究中心,1985～
半月刊　　　　　　　CLC：TU99
ISSN 1000-4602　　CN 12-1073/TU　6-86　4746MO
天津市河西区气象台路 99 号(300074)
编辑部电话：022-27836225,5450,5913,2819,5707
http://www.cnww1985.com
cnwater@vip.163.com
主要刊登内容以市政给排水为主,兼顾建筑给排水、雨洪管理利用、再生水处理、污泥处理处置、节能减排、分析与监测、运行与管理等相关方向内容。设有论述与研究、技术总结、城市雨水管理、水环境综合整治、分析与监测、施工与监理、设计经验、工程实例等栏目。读者对象为给水排水和环境工程界的科研、设计、施工、生产、管理人员及相关专业大中专院校师生。

中国脊柱脊髓杂志 = Chinese journal of spine and spinal cord / 中国康复医学会,中日友好医院,1991～
月刊　　　　　　　CLC：R6
ISSN 1004-406X　　CN 11-3027/R　82-457　BM6688
北京市朝阳区樱花园东街中日友好医院内(100029)
编辑部电话：010-64284923,84205233
http://www.cspine.org.cn
cspine@263.net.cn
报道国内外脊柱脊髓领域的最新学术进展。设有临床论著、基础研究、短篇论著、综述等栏目。读者对象为从事脊柱外科、骨科、神经科、泌尿科、肿瘤科、放射科、康复科及基础研究等相关学科的专业技术人员。

中国寄生虫学与寄生虫病杂志 = Chinese journal of parasitology and parasitic diseases / 中华预防医学会,中国疾病预防控制中心寄生虫病预防控制所,1987～
双月刊　　　　　　　CLC：R53,R3
ISSN 1000-7423　　CN 31-1248/R　4-362　BM941
上海市瑞金二路 207 号(200025)
编辑部电话：021-54562376,64451195
http://www.jsczz.cn
zgjsczz@nipd.chinacdc.cn
主要报道有关人体寄生虫学与寄生虫病的新研究成果和防治经验等,致力于推动我国寄生虫病科研、防治和教学等工作,提高专业人员的业务水平,促进国内外学术交流。设有论著、信息交流、综述、研究简报、病例报告等栏目。主要读者对象为寄生虫学与寄生虫病防治、科研、教学人员及医务工作者。1987 年继承:《寄生虫学与寄生虫病杂志》(1983～1986)。

中国家禽 = China poultry / 江苏省家禽科学研究所,中国农业科学院家禽研究所,1987～
月刊　　　　　　　CLC：S83
ISSN 1004-6364　　CN 32-1222/S　28-87　SM4901
江苏省扬州市邗江区仓颉路 58 号(225125)
编辑部电话：0514-87241124,85552323
http://www.zgjqzz.net
zgjqzz@263.net,zhongguojiaqin@163.com
2023 年起由江苏省家禽科学研究所单独主办。主要刊载鸡、鸭、鹅及特禽的饲养管理、疾病防治、品种繁育、产品加工等新技术、新经验、新成果,关注家禽业的发展趋向,报道国内外家禽行业最前沿的科技动态。读者对象为从事家禽科研、生产、开发的专家学者,以及畜禽、饲料、兽药和设备企业科技人员。1987 年继承:《家禽》(1979～1987)。

中国健康教育 = Chinese journal of health education / 中国健康教育中心,中国健康促进与教育协会,1985～
月刊　　　　　　　CLC：R1
ISSN 1002-9982　　CN 11-2513/R　82-716　M1392
北京市安定门外安华西里 1 区 12 号楼(100011)
编辑部电话：010-64210081
http://www.zgjk.cbpt.cnki.net
zgjk6000@163.com
刊载健康教育、健康促进方面专业论文。内容涉及重点疾病健康教育,控烟健康教育,突发公共卫生事件健康教育,心理健康教育,以及学校、社区、医院、农村、工矿企业等场所健康教育和国外健康教育。设有论著、调查研究栏目。读者对象为全国各级健康教育机构、疾病预防控制中心、卫生事业管理、学校卫生、妇幼保健、医院健康教育、社区卫生服务中心、医院管理、临床康复、临床医学、临床卫生科技和教学工作者及相关人员。

中国舰船研究 = Chinese journal of ship research / 中国舰船研究设计中心，2006～

双月刊　　　　　　　CLC：U66

ISSN 1673-3185　　CN 42-1755/TJ　BM1046

湖北省武汉市张之洞路 268 号（430064）

编辑部电话：027-65235520,54

http://www. ship-research. com, http://www. 中国舰船研究. com

cjsr@ship-research. com

报道舰船及相关专业的科研与技术成果。内容包括舰船工程基础理论研究，总体设计与建造新技术、新方法及新手段、新船型技术开发与应用研究，舰船、潜器及近海结构物的结构设计与强度计算技术，轮机工程及其监控技术、电力推进与电气控制技术，观通、导航系统与电子武备技术，综合信息系统与集成平台管理技术，声学总体设计与综合隐身技术，电磁兼容性设计技术，舰船可靠性、可维修性与全寿期综合保障性技术，舰船相关高新技术发展研究等方面。读者对象为舰船研发设计人员、从事舰船基础理论研究的学者（研究人员和大学教师，含博、硕士生等）、高级技术管理人员和高层决策者。2006 年继承：《国外舰船工程》（1986～2005）。

中国矫形外科杂志 = Orthopedic journal of China / 中国医师协会，中国残疾人康复协会，1994～

半月刊　　　　　　　CLC：R682

ISSN 1005-8478　　CN 10-1784/R　24-097　SM3859

北京市丰台区广安路 9 号院 5 号楼 10 层 1020（100073）

编辑部电话：0538-6213228

http://jxwk. ijournal. cn

jxwk1994@126. com, jiaoxingtougao@163. com

主要报道矫形外科领域的临床研究成果和诊疗经验，以及密切相关的基础理论研究。设有临床论著、基础研究、荟萃分析、综述、技术创新、临床研究、经验交流和病例报告，以及专家共识、专业教程、会议（座谈）纪要、骨科学术动态、医学见闻等栏目。读者对象为矫形外科医师及研究人员等。1994 年继承：《小儿麻痹研究》（1988～1993）。

中国教育科学（中英文） = Education sciences in China / 人民教育出版社，2018～

双月刊　　　　　　　CLC：G40

ISSN 2096-6024　　CN 10-1578/G4　80-891　C9410

北京市中关村南大街 17 号院 1 号楼（100081）

编辑部电话：010-58758508,8958

https://bkstg. pep. com. cn

刊登教育教学论文、经验杂谈等与教育相关的各类文章。辟有特稿、大家论坛、教育原理、教育史学、基础教育、高等教育、德育理论、课程教学论、学科教育、回顾大家、教材研究、学术动态等栏目。读者对象为教育科学研究工作者、教育行政管理人员、师范院校师生等。2018 年继承：《中国教育科学（集刊）》（2013～2017）。

中国介入影像与治疗学 = Chinese journal of interventional imaging and therapy / 中国科学院声学研究所，2004～

月刊　　　　　　　CLC：R445，R815

ISSN 1672-8475　　CN 11-5213/R　80-220　M1902

北京市海淀区北四环西路 21 号大猷楼 502 室（100190）

编辑部电话：010-82547903

http://www. cjiit. com

cjiit@mail. ioa. ac. cn

主要刊载有关血管介入、非血管介入影像与治疗学、介入超声学、介入材料学、药物学与护理学等方面的临床研究、基础研究，以及医、理、工结合的成果与新进展。读者对象为介入影像、介入治疗专业人员。

中国金融 = China finance / 中国金融出版社，1950～

半月刊　　　　　　　CLC：F83

ISSN 0578-1485　　CN 11-1267/F　2-496　SM625

北京市丰台区益泽路 2 号（100071）

编辑部电话：010-63265580,63496458

http://www. cnfinance. cn

cnfinance@263. net. cn

宣传解读国家金融工作方针政策，反馈金融政策执行情况，研究金融理论与实践问题，交流金融工作经验，报道国内外金融发展动态。辟有观察思考、金融市场、全球瞭望、基层声音、专家论坛、金融科技、经济观察、运行分析、金融监管、区域金融、保险、信托业、评论等栏目。主要读者对象为金融系统干部职工和研究人员、金融院校师生。

中国经济史研究 = Researches in Chinese economic history / 中国社会科学院经济研究所，1986～

双月刊　　　　　　　CLC：F129，K2

ISSN 1002-8005　　CN 11-1082/F　82-749　Q915

北京市阜外月坛北小街 2 号（100836）

编辑部电话：010-68035007

http://www. zgjjsyj. ajcass. org

jjsbjb@126. com

刊登中国经济史和经济思想史方面的研究论文、专题资料研究及著作评介，报道国内外中国经济史研究动态。主要栏目：博士论文简介、专题论文、学术评论、马克思主义与经济史研究、财政史研究、贸易史研究、学术动态等。主要读者对象为中外经济史、政治经济学和历史学等学科的研究人员及大专院校师生。

中国经济问题 = China economic studies / 厦门大学经济研究所，1959～
双月刊　　　　　　CLC：F12
ISSN 1000-4181　　CN 35-1020/F　34-3　BM-545
福建省厦门市思明区思明南路 422 号（361005）
编辑部电话：0592-2181474
http://ces.xmu.edu.cn
ces@xmu.edu.cn
研究社会主义经济理论及我国经济建设的理论与实践，反映我国经济科学研究成果。包括经济发展与体制改革、产业经济、部门经济、涉外经济等内容。主要栏目：中国经济问题研究、新时代创新论坛、国际经济与贸易专题、劳动经济学专题、马克思主义政治经济学、中国特色社会主义政治经济学。读者对象为经济理论工作者及经济院校师生。1959 年继承：《经济调查研究集刊》。

中国康复理论与实践 = Chinese journal of rehabilitation theory and practice / 中国残疾人康复协会，中国医师协会，中国康复研究中心，1995～
月刊　　　　　　CLC：R49
ISSN 1006-9771　　CN 11-3759/R　82-35　M-6607
北京市丰台区角门北路 10 号（100068）
编辑部电话：010-87020374
http://www.cjrtponline.com
cjrtponline@crrc.com.cn
报道康复领域的新理论、新技术、新方法。设有专题、基础研究、综述、临床研究等栏目。读者对象为从事康复科研、临床、教学的工作者，以及与此密切相关的临床各科医师和大专院校师生等。

中国康复医学杂志 = Chinese journal of rehabilitation medicine / 中国康复医学会，1986～
月刊　　　　　　CLC：R49
ISSN 1001-1242　　CN 11-2540/R　82-361　M6437
北京市朝阳区樱花园东街中日友好医院（100029）
编辑部电话：010-64218095
http://www.rehabi.com.cn
rehabi@263.net
报道国内外有关康复医学的临床研究和实验研究成果及其发展动向。设有多个栏目，分别刊登述评或社论、临床研究、基础研究论文，以及综述、讲座、康复治疗、康复护理、康复工程、社区康复等领域的研究文章，并设病例报告、康复教育、康复管理、调查研究、学术争鸣、论坛等其他栏目。读者对象为所有康复医学专业人员（医师、研究人员、治疗师、护士），从事社区康复的专业人员，以及与康复医学专业密切相关的神经内、外科，骨科，心血管内、外科，风湿免疫科，儿科，肿瘤科，疼痛科及其他相关临床科室的专业人员。

中国抗生素杂志 = Chinese journal of antibiotics / 中国医药集团总公司四川抗菌素工业研究所，中国医学科学院医药生物技术研究所，1988～
月刊　　　　　　CLC：TQ46,R978
ISSN 1001-8689　　CN 51-1126/R　62-193
四川省成都市成华区龙潭都市工业集中发展区华冠路 168 号（610052）
编辑部电话：028-84618674,84216021
http://www.zgkss.com.cn
siiacjap@126.com
刊登国内抗生素及具有生理活性的微生物代谢物的研究、生产、检测、药理、临床和非临床应用方面的论文报告，反映我国抗生素研究与生产方面的新进展、新动向，介绍新老抗生素品种的临床使用经验和合理用药知识。设有论文著作（包含微生物药物筛选，遗传育种与生物合成，分离纯化与化学合成，分析、质控与制剂，药理与临床等栏目），研究简报，专论，综述（包含进展、述评与论坛）等专栏。读者对象为抗生素药物科研人员、生产技术人员及临床医务工作者。1988 年继承：《抗生素》（1979～1988）。

中国考试 = Journal of China examinations / 教育部考试中心，2008～
月刊　　　　　　CLC：G4,G63
ISSN 1005-8427　　CN 11-3303/G4　82-983　1403M
北京市海淀区清华科技园立业大厦（100084）
编辑部电话：010-82520291,0300
http://cexam.neea.edu.cn
cexam@mail.neea.edu.cn
2022 年起主办单位名为教育部教育考试院。侧重考试研究，推进考试改革，反映国内外考试科学研究的最新成果，介绍国内外考试理论研究新动态，探讨考试改革和发展的新问题。主要栏目：专稿、专题、考试技术、深化新时代教育评价改革、高考改革、综合素质评价、教育质量监测、考试论坛、考试文化、考试与教学等。读者对象为国内外及地区各级各类考试与评价机构研究者和工作者，教育工作者，高等院校相关专业师生及其他与考试有关的人员。2008 年由《中国考试．上半月刊》（2004～2007）和《中国考试．下半月刊，高考》（2004～2007）合并而成。

中国科技论坛 = Forum on science and technology in China / 中国科学技术发展战略研究院，1985～
月刊　　　　　　CLC：G3
ISSN 1002-6711　　CN 11-1344/G3　2-878
北京市海淀区玉渊潭南路 8 号（北京 3814 信箱）（100038）
编辑部电话：010-58884593

http://www.casted.org.cn,http://www.zgkjlt.org.cn
zgkjlt3814@casted.org.cn

探讨我国科技发展的战略与管理问题,阐述党和政府的有关方针、政策和措施,总结交流全国科技工作的经验、方法和体会,研究我国现代化建设过程中科技战线出现的新情况和新问题,探讨世界科技发展的新趋势。设有创新战略、科技管理、创新研究、产业研究、企业研究、农业研究、国际研究、商业模式创新、人才管理、知识产权管理、科技投资、研究与探讨等栏目。读者对象为科技管理人员、科技发展战略与科技政策研究人员、自然科学和社会科学研究人员、企业经营人员以及相关专业大专院校师生。

中国科技期刊研究 = Chinese journal of scientific and technical periodicals / 中国科学院自然科学期刊编辑研究会,中国科学院文献情报中心,1990~
月刊   CLC:G23,G255.2
ISSN 1001-7143   CN 11-2684/G3   82-398
北京市中关村北四环西路 33 号中国科学院文献情报中心 731 室(100190)
编辑部电话:010-62572403
http://www.cjstp.cn
cjstp@mail.las.ac.cn

宣传贯彻国家有关期刊工作的方针、政策、法令、法规,刊登有关科技期刊编辑、出版、发行、管理方面的研究论文、综述、评介与经验介绍,报道科技期刊研究动态。设有专题、论坛、质量建设、数字出版、评价与分析、能力建设、简讯等栏目。读者对象为科技期刊编辑、出版、印刷、发行和管理工作者,以及图书情报工作者、科技工作者、科研管理人员和相关专业院校师生。

中国科技史杂志 = The Chinese journal for the history of science and technology / 中国科学技术史学会,中国科学院自然科学史研究所,2005~
季刊   CLC:N09
ISSN 1673-1441   CN 11-5254/N   82-323   Q582
北京市海淀区中关村东路 55 号自然科学史研究所(100190)

主要发表科学技术史研究论文、评论和书评、重要学术信息等,并围绕科技史研究领域学术热点和前沿问题开设专栏。设有论文、评论、访谈、信息等栏目。读者对象为科技史研究人员、科技工作者。2005 年继承:《中国科技史料》(1980~2004)。

中国科学.地球科学 = Scientia Sinica. Terrae / 中国科学院,国家自然科学基金委员会,2010~
月刊   CLC:P5
ISSN 1674-7240   CN 11-5842/P   82-752   BM40D

北京市东城区东黄城根北街 16 号(100717)
编辑部电话:010-64015883,6350
http://www.scichina.com,http://earthcn.scichina.com
geo@scichina.org

报道海洋与地震、固体地球、表层地球、行星空间、大气海洋、地质科学、地球化学、地理科学、环境科学、海洋科学等基础研究与应用研究方面的研究成果。设有论文、综述、评述、进展、动态、点评、论坛和讨论栏目。读者对象为区域地质调查、矿产普查勘探、水文工程、环境地质科研人员及地矿专业大专院校师生。2010 年继承:《中国科学. D 辑,地球科学》(1996~2009)。

中国科学.化学 = Scientia Sinica. Chimica / 中国科学院,国家自然科学基金委员会,2010~
月刊   CLC:O6
ISSN 1674-7224   CN 11-5838/O6   80-202
北京市东黄城根北街 16 号(100717)
编辑部电话:010-64016732
http://chem.scichina.com
chemistry@scichina.com

报道我国化学学科及其交叉领域的基础研究与应用研究成果,刊登专题论述、研究论文、研究快报与综述。内容涉及理论化学、物理化学、分析化学、无机化学、有机化学、高分子化学、生物化学、药物化学、环境化学、化学工程等方面。读者对象为化学及相关学科领域科研人员和高等院校师生。2010 年继承:《中国科学. B 辑,化学》(1996~2009)。

中国科学.技术科学 = Scientia Sinica. Technologica / 中国科学院,国家自然科学基金委员会,2010~
月刊   CLC:T
ISSN 1674-7259   CN 11-5844/TH   80-208
北京市东城区东黄城根北街 16 号(100717)
编辑部电话:010-64010631
http://www.scichina.com,http://techcn.scichina.com
technology@scichina.org

报道工业技术领域基础研究与应用研究的最新成果。内容涉及材料科学、机械工程、工程热物理、航空航天、工程力学、水利、核科学与技术等领域。读者对象为国内外科技工作者及工科院校师生。2010 年继承:《中国科学. E 辑,技术科学》(2009)。

中国科学.生命科学 = Scientia Sinica. Vitae / 中国科学院,国家自然科学基金委员会,2010~
月刊   CLC:Q
ISSN 1674-7232   CN 11-5840/Q   80-204
北京市东黄城根北街 16 号(100717)
编辑部电话:010-64015399

http://www. scichina. com,http://lifecn. scichina. com
life@scichina. org

刊载生物学、农学和基础医学领域基础研究和应用研究科研成果。设有评述、论文、亮点、进展等栏目。读者对象为国内外相关领域科技工作者及高等院校师生。2010 年继承:《中国科学. C 辑,生命科学》(1996～2009)。

中国科学. 数学 = Scientia Sinica. Mathematica / 中国科学院,国家自然科学基金委员会,2010～
月刊　　　　　CLC:O1
ISSN 1674-7216　CN 11-5836/O1　80-200　M40A
北京市东黄城根北街 16 号(100717)
编辑部电话:010-64016232
http://www. scichina. com,http://mathcn. scichina. com
mathematics@scichina. org

主要报道基础数学、应用数学、计算数学与科学工程计算、概率统计学、统计学等方面研究成果。读者对象为国内外数学领域研究人员、高等院校师生和科研管理人员。2010 年继承:《中国科学. A 辑,数学》(2003～2009)。

中国科学. 物理学 力学 天文学 = Scientia Sinica physics, mechanics & astronomica / 中国科学院,国家自然科学基金委员会,2010～
月刊　　　　　CLC:O4
ISSN 1674-7275　　CN 11-5848/N　80-211
北京市东黄城根北街 16 号(100717)
编辑部电话:010-64015835
http://www. scichina. com,http://physcn. scichina. com
physics@scichina. org

报道物理学、力学和天文学基础研究与应用研究等方面的最新研究成果。读者对象为相关学科科研技术人员及高等院校师生。2010 年继承:《中国科学. G 辑,物理学 力学 天文学》(2004～2009)。

中国科学. 信息科学 = Scientia Sinica. Informationis / 中国科学院,国家自然科学基金委员会,2010～
月刊　　　　　CLC:TN
ISSN 1674-7267　　CN 11-5846/TP　80-948　M568
北京市东黄城根北街 16 号(100717)
编辑部电话:010-64015683
http://www. scichina. com,http://infocn. scichina. com
informatics@scichina. org

主要报道计算机科学与技术、控制科学与控制工程、通信与信息系统、电子科学与技术、生物信息学等领域基础与应用方面的成果。读者对象为相关领域的科技工作者及高等院校师生。2010 年继承:《中国科学. F 辑,信息科学》(2009)。

中国科学基金 = Bulletin of national natural science foundation of China / 国家自然科学基金委员会,1987～
双月刊　　　　　CLC:N1,G322
ISSN 1000-8217　CN 11-1730/N　82-413　BM863
北京市海淀区双清路 83 号(100085)
编辑部电话:010-62326918,6880,6921
http://www. zkjj. cbpt. cnki. net
weikan@nsfc. gov. cn

主要报道和介绍国家自然科学基金委员会重要资助政策、项目研究进展、优秀成果以及科学基金管理经验,为科学家、科研机构及决策部门提供指导与参考。设有专题专刊、研究进展、科学论坛、管理纵横、科学评述等栏目。读者对象为国家自然科学基金项目的申请者、承担者、评审者、管理者,以及海内外关心中国科学基金事业人士。

中国科学技术大学学报 = Journal of University of Science and Technology of China / 中国科学技术大学,1965～
月刊　　　　　CLC:N55
ISSN 0253-2778 CN 34-1054/N　26-31　MO527
安徽省合肥市金寨路 96 号(230026)
编辑部电话:0551-63603119,7694,6890
http://just. ustc. edu. cn
just@ustc. edu. cn

以反映该校教学科研成果为主,刊登基础科学及技术科学领域具有创新性的学术论文、研究成果及科学实验报告。设有数学、化学、工程材料、信息科学、管理科学与工程、生命科学与医学、地球与空间科学等栏目。读者对象为科技工作者及理工科高等院校师生。

中国科学院大学学报 = Journal of University of Chinese Academy of Sciences / 中国科学院大学,2013～
双月刊　　　　　CLC:N55
ISSN 2095-6134　　CN 10-1131/N　82-583　Q1693
北京市玉泉路 19 号(甲)(100049)
编辑部电话:010-88256013
http://journal. ucas. ac. cn
journal@ucas. ac. cn

反映该院师生和科研人员的创新性科研成果。刊登数学与物理学、化学、地球科学、环境科学与地理学、生命科学、信息与电子科学、计算机科学、管理科学等各学科基础研究和应用研究方面的论文、学术综述、研究简报等。主要读者对象为高等院校师生、科研院所的研究人员。2013 年继承:《中国科学院研究生院学报》(1991～2013)。

中国科学院院刊 = Bulletin of Chinese Academy of Sciences / 中国科学院，1986～

月刊　　　　　　　CLC：N1，N55

ISSN 1000-3045　　CN 11-1806/N　82-202　BM967

北京市西城区三里河路 52 号(100864)

编辑部电话：010-68597911，68507912

http：//www. bulletin. cas. cn

bulletin@cashq. ac. cn

重点刊登两院院士和科学家就我国科技及经济社会发展重大问题提出战略思考和研究报告，以及对重要前沿与交叉学科发展现状与趋势进行评述。设有战略与决策研究、政策与管理研究、科技与社会、智库研究、智库观点、咨询与观察等栏目。读者对象为科研领域管理者、工作者和社会公众。

中国空间科学技术 = Chinese space science and technology / 中国空间技术研究院，北京空间科技信息研究所，1981～

双月刊　　　　　　CLC：V1

ISSN 1000-758X　CN 11-1859/V　82-595　BM1137

北京市 5142 信箱 211 分箱(100094)

编辑部电话：010-68379497

http：//zgkj. cast. cn

报道中国空间技术领域的研究成果、技术创新、学术见解和经验总结，以及中国空间技术发展战略的理论探讨。主要包括空间飞行器、探空火箭的总体技术及其分系统设计技术、航天动力学、航天测控、再入与返回技术、空间电子学、空间遥感、空间能源、空间通信、空间导航与定位、航天环境工程、空间材料及工艺、空间医学与工程、综合测试和航天工程管理，以及空间技术发展方向和空间技术应用的探讨研究。读者对象为航天器研究人员、工程技术人员、科技管理人员以及高等院校相关专业师生。1981 年继承：《国外空间技术》(1979～1980)。

中国矿业 = China mining magazine / 中国矿业联合会，1992～

月刊　　　　　　　CLC：TD

ISSN 1004-4051　CN 11-3033/TD　2-566　M3690

北京市朝阳区安定门外小关东里 10 号院东小楼(100029)

编辑部电话：010-68332570，62213826，62211488

http：//www. chinaminingmagazine. com

zgkyzzs@163. com

报道国家矿业产业政策和矿业行业最新学术研究成果，刊载我国矿业发展战略，矿产资源开发利用的管理与政策，绿色矿业发展和智能矿山建设以及矿业采选技术方案等方面的论文。读者对象为矿业工程相关技术人员及大专院校师生。1992 年继承：《矿山技术》(1970～1992)。

中国矿业大学学报 = Journal of China University of Mining ＆ Technology / 中国矿业大学，1989～

双月刊　　　　　　CLC：TD

ISSN 1000-1964　CN 32-1152/TD　28-73

江苏省徐州市中国矿业大学学报编辑部(221008)

http：//zgkd. chinajournal. net. cn，http：//journal. cumt. edu. cn

journal@cumt. edu. cn

报道国内外矿业与安全工程领域基础理论研究与技术创新原创性成果。主要栏目有国家重点研发计划、优秀博士学位论文摘要、矿业工程、安全工程等，发表涉及矿业相关学科在国内处于研究前沿领域的论文。读者对象为煤炭系统科研与工程技术人员、相关专业院校师生。1989 年继承：《中国矿业学院学报》(1978～1988)。

中国老年学杂志 = Chinese journal of gerontology / 吉林省医学期刊社，1994～

半月刊　　　　　　CLC：C91，R1，R592

ISSN 1005-9202　　CN 22-1241/R　12-74　SM4815

吉林省长春市建政路 971 号(130061)

编辑部电话：0431-88923384，88940685

http：//lnx. jlsyxqks. org

okgood911@126. com

刊载老年医药学(基础与临床医学研究、流行病学、药学、中西医结合诊治等)方面的最新成果，并兼顾老年社会学(人口老化、健康老龄化、老年教育及养老服务等)、老年心理学、衰老生物学及抗衰老研究等方面的文章。辟有述评、基础研究、临床研究、调查研究及综述等栏目。读者对象为老年学及相关学科的科研、教学及医务工作者，相关专业院校师生。1994 年继承：《老年学杂志》(1983～1994)。

中国历史地理论丛 = Journal of Chinese historical geography / 陕西师范大学，1981～

季刊　　　　　　　CLC：K92

ISSN 1001-5205　　CN 61-1027/K　Q1126

陕西省西安市陕西师范大学校内(710062)

编辑部电话：029-85303934

http：//zgld. cbpt. cnki. net/WKC/WebPublication/index. aspx? mid = zgld

zglsdllc@snnu. edu. cn

刊登历史地理学基本理论和方法研究、历史自然地理与历史人文地理研究、地名学研究、方志学研究、古都学研究、历史地理学史研究等方面学术论文、学术动态、学术评论、资料索引和出版信息等。读者对象为历史、地理、考古等学科领域专业研究人员,大专院校相关专业师生及政府有关决策部门工作人员。

中国粮油学报 = Journal of the Chinese cereals and oils association / 中国粮油学会, 1986~
月刊　　　　　　　CLC: TS2
ISSN 1003-0174　　CN 11-2864/TS　80-720
北京市西城区百万庄大街 11 号(100037)
编辑部电话: 010-68357510,7810,7507
http://www.lyxuebao.net
lyxb@ccoaonline.com, lyxuebao@ccoaonline.com,
bjb@ccoaonline.com

刊登谷物、食用油方面的学术论文,报道粮油资源选育、贮藏、加工利用以及品质检测方法方面的研究成果,提高粮油资源的深度开发利用水平。设有稻谷研究、小麦研究、杂粮研究、淀粉研究、蛋白研究、油脂研究、储藏研究、加工工艺研究、标准与检测方法、综述等栏目。读者对象为粮油食品加工专业人员及高等院校师生。

中国临床解剖学杂志 = Chinese journal of clinical anatomy / 中国解剖学会, 1988~
双月刊　　　　　　CLC: R322
ISSN 1001-165X　　CN 44-1153/R　46-108
广东省广州市沙太南路 1023 号南方医科大学解剖学教研室(510515)
编辑部电话: 020-61648203
http://www.chjcana.com
journal@chjcana.com

反映我国解剖学基础研究与临床应用的新进展和新成就。辟有述评、应用解剖、实验研究、临床生物力学、临床研究、组织工程、综述、技术方法、短篇报道等栏目。读者对象为医务人员和解剖学工作者。1988 年继承:《临床解剖学杂志》(1986~1987)。

中国临床心理学杂志 = Chinese journal of clinical psychology / 中国心理卫生协会, 中南大学, 1993~
双月刊　　　　　　CLC: R395.1
ISSN 1005-3611　　CN 43-1214/R　42-122　QR4619
湖南省长沙市人民路 139 号湘雅附二医院内(410011)
http://www.clinicalpsychojournal.com
cjcp_china@163.com

刊登全国临床心理学各分支学科的原创性研究报告,以及反映国内外临床心理学研究热点及动态的综述等。设有基础与实验研究、心理测验与评估、病理心理、健康心理、心理治疗与咨询等栏目。读者对象为各高校、科研院所、重点医疗卫生机构等从事临床心理学、应用心理学及精神卫生学等专业科研和实践活动的科技人员、研究生、临床工作者等。

中国临床药理学与治疗学 = Chinese journal of clinical pharmacology and therapeutics / 中国药理学会, 1999~
月刊　　　　　　　CLC: R45, R969
ISSN 1009-2501　　CN 34-1206/R　26-165　2501Q
安徽省芜湖市弋矶山医院内(241001)
编辑部电话: 0553-5738350,5739333
http://www.cjcpt.com
cjcpt96@163.com

主要刊登用药方案设计的临床研究、基础研究以及评价;药物联用,以及药物与其他治疗手段联用的临床研究或基础研究;以人体或人体构件(如血管、细胞等)为实验对象的临床药理学研究;以疾病动物模型为实验对象的基础药物治疗学研究;临床药物的试验与统计;与临床药理学和治疗学相关的实验方法学及非传统手术的治疗方法。栏目设有专论、基础研究、临床药理学(包括药物基因组学及药物蛋白组学等)、定量药理学(包括药代动力学、药效动力学及药物临床评价等)、药物治疗学、综述与讲座、医院药学之窗、短篇报道、读者·作者·编者等。读者对象为从事新药研发、临床药理学及药物治疗学研究的医疗、科研及教学人员。1999 年继承:《中国临床药理学与治疗学杂志》(1996~1999)。

中国临床药理学杂志 = The Chinese journal of clinical pharmacology / 中国药学会, 1985~
半月刊　　　　　　CLC: R96
ISSN 1001-6821　　　CN 11-2220/R　82-142　BM818
北京市海淀区学院路 38 号(100191)
编辑部电话: 010-82802540
cjcp1985@163.com

报道我国临床药理学研究的学术成果,交流临床药理学科学研究、药物评价、药物治疗和教学培训等工作中的经验体会,介绍国内外最新研究进展和学术动态,宣传与药物评价有关的药品管理政策与规定。内容包括:临床药理学研究论文(包括药效学、毒理学、药代动力学、临床试验、药物相互作用、药物代谢研究及药物不良反应监测等),临床药理学研究进展及国内外研究动态综述,新药介绍及评价,药物治疗学方面的经验及问题,临床药理方法学的研究及介绍,药物临床研究指导原则等。主要读者对象为临床医师、药师,临床药理学及毒理学工作者,医药院校师生,以及从事药品研究、生产、管理的技术人员和医药卫生界的科技管理干部。

中国临床医学影像杂志 = Journal of China clinic medical imaging / 中国医学影像技术研究会, 中国医科大学, 1998~
月刊　　　　　　　CLC: R445, R81
ISSN 1008-1062　　CN 21-1381/R　8-25　M1483
辽宁省沈阳市和平区三好街 36 号(110004)

编辑部电话：024-23925069

http://www.zglcyxyxzz.org，http://www.jccmi.com.cn

jccmisy@sina.cn

重点介绍各种影像诊断技术的基本原理、适应症的选择、各种疾病的影像学改变及其临床意义，报道各种影像技术的研究成果和临床经验、交流和推广医学影像技术在诊断、治疗、科研方面的新成果、新经验，促进我国医学科学的发展。读者对象为广大医学影像工作者。1998 年继承：《临床医学影像杂志》(1990～1998)。

中国流通经济 = China business and market / 北京物资学院，1995～

月刊   CLC：F25，F7

ISSN 1007-8266   CN 11-3664/F 82-736   1599M

北京市通州区富河大街 321 号（北京物资学院内）

（101149）

编辑部电话：010-89534488，4242

https://zglt.cbpt.cnki.net

zgltong@126.com

中国物流学会会刊。发表流通领域的研究成果，报道国内外理论动态和发展方向，传播市场信息，介绍国外先进的管理经验和物流科学技术。主要栏目有本刊特稿、流通现代化、现代物流、经贸论坛、企业管理、市场分析、营销管理、投资理财、经济法学、京津冀一体化等。主要读者对象是经济理论研究人员，各级各类政府的决策管理者，工商企业的经营管理者，以及大专院校经济管理学科的广大师生。1995 年继承：《中国物资》(1987～1995)。

中国慢性病预防与控制 = Chinese journal of prevention and control of chronic diseases / 中华预防医学会，天津市疾病预防控制中心，1992～

月刊   CLC：R5，R1

ISSN 1004-6194   CN 12-1196/R 6-71   BM6532

天津市河东区华越道 6 号（300011）

编辑部电话：022-24333572，3578

https://www.cdctj.com.cn/xsqk

mbzz1992@126.com

报道内容涉及慢性病危险因素的研究、发病机制的基础研究、临床救治方法研究及救治经验；健康管理和疾病管理方法、效果评价方法的研究以及成本、效益分析；慢性病防治与社区卫生服务相结合研究及其实践经验；国内外慢性病预防与控制的进展和动态等。设有述评、专家笔谈、论著、大型人群队列研究、流行病学调查、临床研究、疾病监测、健康促进、卫生事业管理、生活方式与行为、营养与健康、卫生经济、荟萃分析、实验研究、社区卫生服务、综述、讲座等栏目。主要读者对象为从事慢性病预防、医疗、科研、健康教育工作者及医学院校师

生等。

中国煤炭 = China coal / 煤炭信息研究院，1995～

月刊   CLC：TD82，F426.21

ISSN 1006-530X   CN 11-3621/TD 82-824   M332

北京市朝阳区芍药居 35 号（100029）

编辑部电话：010-84657853，7900

http://www.zgmt.com.cn

mt@zgmt.com.cn

主要栏目：经济管理、生产开发、科技引领、煤矿安全、清洁利用、生态矿山、世界煤炭。读者对象为能源领域、煤炭行业及相关行业（电力、冶金、化工、建材等）的决策层、管理层、参谋层，煤炭及相关企业、相关科研机构、大专院校等企事业单位的科技研发人员、科技管理人员、生产技术人员和教师及学生等群体。1995 年由《中国地方煤矿》(1991～1994) 和《世界煤炭技术》(1980～1994) 合并而成。

中国免疫学杂志 = Chinese journal of immunology / 中国免疫学会，吉林省医学期刊社，1985～

半月刊   CLC：R392

ISSN 1000-484X   CN 22-1126/R 12-89   BM6689

吉林省长春市建政路 971 号（130061）

编辑部电话：0431-88925027

http://www.immune99.com

zhmizazh@126.com

中国免疫学会会刊。报道我国免疫学科最新研究成果，交流各分支学科间工作经验，介绍国内外免疫学科发展动态，推动我国免疫学科研、教学事业的发展。主要栏目有专家述评、基础免疫学、中医中药与免疫、肿瘤免疫学、兽医免疫学、临床免疫学、免疫学技术与方法、教学园地、专题综述、短篇快讯、信息速递等。读者对象为广大免疫学专业工作者。2023 年起改为月刊。

中国南方果树 = South China fruits / 中国农业科学院柑桔研究所，1996～

双月刊   CLC：S66

ISSN 1007-1431   CN 50-1112/S 78-13

重庆市北碚歇马镇（400712）

编辑部电话：023-68349196，9197

http://tsg.cric.cn/zgnfgs/ch/index.aspx

nfgs@cric.cn

报道我国南方地区栽培的各种果树作物的创新性研究成果，反映南方果树科技动态，介绍新的实用技术和先进经验。内容涉及果树的品种与资源、栽培生理与技术、贮运物流与加工技术、病虫害防治、产业经济等。主要栏目有研究报告、研究简报、技术交流、文献综述、工作研究。读者对象为从事南方果树科研与生产的科技

人员、果树专业户及农林院校师生。1996 年继承:《中国柑桔》(1979~1995)。

中国脑血管病杂志 = Chinese journal of cerebrovascular diseases / 中国医师协会,首都医科大学宣武医院,2004~

月刊　　　　　　CLC:R743

ISSN 1672-5921　　CN 11-5126/R　80-155　M1836

北京市西城区长椿街 45 号首都医科大学宣武医院(100053)

编辑部电话:010-83128791

http://www.cjcvd.cn

cjcvd@vip.163.com

报道脑血管病临床诊断、治疗及基础研究的相关信息。设有临床研究、基础研究、影像诊断研究、经验交流、新技术、病例报告、综述等栏目。读者对象为所有从事脑血管病及相关领域的医务工作者和研究者。

中国酿造 = China brewing / 中国调味品协会,北京食品科学研究院,1982~

月刊　　　　　　CLC:TS2

ISSN 0254-5071　　CN 11-1818/TS　2-124　M1437

北京市丰台区洋桥 70 号(100068)

编辑部电话:010-83152308,83152738,63026114

http://www.chinabrewing.net.cn

zgnzzz@163.com

报道酿造工艺技术成果,介绍中国传统酿造制品(酱油、醋、酒类、酱类、酱腌菜、复合调味料、酶制剂及呈味核苷酸等)的工艺制作技术和相关的生物技术成果。设有专论与综述、研究报告、创新与借鉴、分析与检测、经验交流、产品开发、管理与营销等栏目。主要读者对象为酿造业科技人员、企业管理人员及专业院校师生。

中国农村观察 = China rural survey / 中国社会科学院农村发展研究所,1995~

双月刊　　　　　　CLC:F32

ISSN 1006-4583　　CN 11-3586/F　82-995　BM4476

北京市东城区建国门内大街 5 号(100732)

编辑部电话:010-85195649

http://crecrs.ajcass.org

ruralsurvey@cass.org.cn

针对农村改革与发展中的重大问题做深层次的探讨,从不同角度反映中国农村的现状,反映该领域研究的前沿课题成果。包括农村形势、农民收入与消费、农村社会问题、农村劳动力转移、农村社会保障、农业技术推广等内容。读者对象为经济理论研究工作者、相关专业院校师生及有志于农村经济和社会问题研究的人士。1995 年继承:《农村经济与社会》(1988~1994)。

中国农村经济 = Chinese rural economy / 中国社会科学院农村发展研究所,1985~

月刊　　　　　　CLC:F32

ISSN 1002-8870　　CN 11-1262/F　2-850　M861

北京市东城区建国门内大街 5 号(100732)

编辑部电话:010-85195649

http://crecrs.ajcass.org

ruraleconomy@cass.org.cn

主要刊发农业、农村和农民问题的经济学理论论文。主要栏目有部门经济、农业现代化、农村形势分析、农村土地制度、农村产权制度、农村金融与保险、农产品流通、可持续发展、粮食问题、农村劳动力转移、农业投入与增长、农村城镇化、区域经济、农村产权制度、农民收入与消费、贫困问题、国外农业等。主要读者对象为农村经济部门的干部、乡镇企事业单位管理人员及大专院校农经专业师生。

中国农村水利水电 = China rural water and hydropower / 武汉大学,中国灌溉排水发展中心,1996~

月刊　　　　　　CLC:TV742,S27

ISSN 1007-2284　　CN 42-1419/TV　38-49　M4211

湖北省武汉市武昌区八一路 299 号武汉大学二区(430072)

编辑部电话:027-68776133

http://www.irrigate.com.cn

xsdbjb@188.com

报道水环境治理、节水灌溉、大型灌区改造等重大产业项目的研究与进展。开设农田水利、水文水资源、水环境与水生态、供水工程、水电建设五大栏目。读者对象为从事农村水利水电相关领域的科研人员、技术人员、管理人员。1996 年继承:《农田水利与小水电》(1980~1995)。

中国农机化学报 = Journal of Chinese agricultural mechanization / 农业农村部南京农业机械化研究所,2013~

月刊　　　　　　CLC:S2

ISSN 2095-5553　　CN 32-1837/S　28-116　BM5576

江苏省南京市玄武中山门大街柳营 100 号(210014)

编辑部电话:025-84346270

http://zgnjhxb.niam.com.cn

jcam@vip.163.com

报道我国农业机械化领域的理论,农机化方针政策,农机化发展的理论、动态、创新等,设有农业装备工程、设施农业与植保机械工程、农产品加工工程、车辆与动力工程、农业信息化工程、农业生物系统与能源工程、农业水土工程、农业智能化研究、农业机械化综合研究等栏目。读者对象为农机专业科研与技术人员、生产和管理人员以及专业院校师生。2013 年继承:《中国农机化》(1984～2012)。

中国农史 = Agricultural history of China / 中国农业历史学会,中国农业科学院南京农业大学中国农业遗产研究室,中国农业博物馆,1981～
　　双月刊　　　　　　　CLC:S-09,K
　　ISSN 1000-4459　　CN 32-1061/S　28-65　Q689
　　江苏省南京市卫岗1号南京农业大学中华农业文明博物馆内(210095)
　　编辑部电话:025-84396605
　　http://zgns.paperonce.org
　　zgns@njau.edu.cn
　　反映我国农史学界的研究成果,探讨我国各个历史时期农业生产和农业科学技术的发展规律,整理和发掘我国古农书、农史资料。刊登研究论文、文献资料、著作评论、读史札记,内容涉及农、林、牧、副、渔各领域。主要栏目有农业科技史、农业经济史、农村社会史、农业文化遗产、简讯等。读者对象为农业科技人员、大专院校师生、史学工作者及农史研究爱好者。

中国农业大学学报 = Journal of China Agricultural University / 中国农业大学,1996～
　　月刊　　　　　　　　CLC:S
　　ISSN 1007-4333　　CN 11-3837/S
　　北京市海淀区圆明园西路2号(100193)
　　编辑部电话:010-62732619,6719
　　http://zgnydxxb.ijournals.cn
　　xuebao@cau.edu.cn
　　主要刊登生物学、作物学、植物保护、园艺学、动物科学与动物医学、食品科学与营养工程、农业资源与环境工程、农业机械工程、信息与电气工程、水利与土木工程及农业经济管理等学科的学术论文、文献综述和研究快报等。读者对象为农业科技工作者和管理干部、农业院校教师和研究生。1996年由《北京农业大学学报》(1955～1995)和《北京农业工程大学学报》(1986～1995)合并而成。

中国农业大学学报.社会科学版 = Journal of China Agricultural University. Social sciences / 中国农业大学,1999～
　　双月刊　　　　　　　CLC:F3,C55
　　ISSN 1009-508X　　CN 11-4084/S
　　北京市海淀区清华东路17号(100083)
　　编辑部电话:010-62737233
　　skxb@cau.edu.cn
　　以农村发展和乡村社会为主要研究方向。内容包括农村经济、农业国际交流、乡镇企业、农村教育、农村社区、农民福利、城市居民消费等方面。设有发展转型、乡

土社会、经济管理、社会保障、马克思主义与农政研究、替代性食物体系、农村扶贫等栏目。读者对象为相关专业科研人员和大专院校师生。1999年继承:《中国农业大学社会科学学报》(1996～1998)。

中国农业科技导报 = Journal of agricultural science and technology / 中国农村技术开发中心,1999～
　　月刊　　　　　　　　CLC:S
　　ISSN 1008-0864　　CN 11-3900/S　82-245　BM3515
　　北京市海淀区中关村南大街12号(100081)
　　编辑部电话:010-82106118,82409848
　　http://www.nkdb.net
　　nykjdb@163.com,nkdb@caas.cn
　　报道内容侧重于农业科技领域最新科研进展、创新成果、转化应用和发展态势及政策导向。内容包括:重要功能基因的挖掘与利用、转基因生物与生物安全、生物质能源、动植物重大疫病发生机理与防治、农业信息与精准农业、农业技术标准及农产品质量标准和农业节约高效生产技术等领域的学术论文、农业科技成果和进展、评述、争鸣、简报等。设有农业创新论坛、生物技术·生命科学、智慧农业·农机装备、植物保护·动物医学等栏目。主要读者对象为国内外农业科技及相关领域的研究和管理人员,农业高新技术企业的管理和研发人员,相关专业的大专院校师生等。

中国农业科学 = Scientia agricultura Sinica / 中国农业科学院,中国农学会,1960～
　　半月刊　　　　　　　CLC:S
　　ISSN 0578-1752　　　CN 11-1328/S　2-138　BM43
　　北京市中关村南大街12号(100081)
　　编辑部电话:010-82109808,6281
　　http://www.ChinaAgriSci.com
　　zgnykx@caas.cn
　　主要发表我国农牧业科学在基础理论和应用技术方面的学术论文、重要科研成果和专题报告及各学科研究进展综述等。主要栏目有作物遗传育种·种质资源·分子遗传学、耕作栽培·生理生化·农业信息技术、植物保护、土壤肥料·节水灌溉·农业生态环境、园艺、储藏·保鲜·加工、畜牧·兽医·资源昆虫等。读者对象为农业科技工作者、农业院校师生和农业管理干部。1960年继承:《农业科学通讯》(1950～1959)。

中国农业资源与区划 = Chinese journal of agricultural resources and regional planning / 中国农业科学院农业资源与农业区划研究所,中国农业绿色发展研究会,1994～
　　月刊　　　　　　　　CLC:F3
　　ISSN 1005-9121　　CN 11-3513/S　2-732

北京市海淀区中关村南大街 12 号(100081)

编辑部电话:010-82108697,9647,9637

http://www.cjarrp.com

quhuabjb@caas.cn

宣传农业资源开发利用与保护治理、农业计划、农业发展规划、农业投资规划、农村区域开发、商品基地建设等方面的方针政策,介绍农业资源调查、农业区划、区域规划、区域开发、农村产业结构布局调整、农村经济发展战略研究、持续农业等方面的经验、成果和国内外动态,以及新技术新方法的应用,探讨市场经济发展和运行机制与农业计划和农业资源区划的关系及影响,普及有关基础知识。主要栏目:资源利用、"三农"问题、休闲农业、问题研究、书评、粮食安全、区域农业、绿色发展、绿色农业等。读者对象为相关专业和领域的研究人员及专业院校师生。1994 年继承:《农业区划》(1980~1993)。

中国皮肤性病学杂志 = The Chinese journal of derma-
tovenereology / 西安交通大学,1987~

月刊 CLC:R75

ISSN 1001-7089 CN 61-1197/R 52-17 M5965

陕西省西安市新城区皇城西路 30 号(710004)

编辑部电话:029-87678312

http://pfxbxzz.paperopen.com

反映和报道我国现代医学、中医学及中西医结合有关皮肤性病学科的预防、治疗、教学。设有基础研究、临床研究、临床经验、性病、新技术及新药介绍、疑难病案讨论、病例报告、文献综述、皮肤美容、皮肤病护理、中医中药、学术探讨等栏目。主要读者对象为皮肤性病及相关学科临床医务工作者和科研、教学人员。

中国普通外科杂志 = Chinese journal of general sur-
gery / 中南大学,中南大学湘雅医院,1993~

月刊 CLC:R6

ISSN 1005-6947 CN 43-1213/R 42-121

湖南省长沙市湘雅路 87 号(410008)

编辑部电话:0731-84327400

http://www.zpwz.net

pw84327400@vip.126.com

主要刊登普通外科领域和相关学科的基础理论、临床研究、研究成果与进展。设有专家共识、指南、述评、专家论坛、诊疗规范、专题研究、基础研究、临床研究、简要论著、临床报道、误诊误治与分析、手术经验与技巧、文献综述、病案报告、国内外学术动态等栏目。主要读者对象为各级普通外科医生,以及相关专业的临床、科研、教学工作者,普通外科领域研究生。2023 年起并列题名改为:China journal of general surgery。1993 年继承:《普通外科杂志》(1992)。

中国青年社会科学 = Journal of Chinese youth social
science / 中国青年政治学院,2015~

双月刊 CLC:C55,D43

ISSN 2095-9796 CN 10-1318/C 82-663 BM4589

北京市西三环北路 25 号(100089)

编辑部电话:010-88567282,7380

http://xb.cyu.edu.cn

zqsk@vip.163.com

针对青年发展和青年问题进行科学研究,同时研究青年与青年所关注的社会问题,突出共青团与青年特色,强化政治性、学术性、专业性、学科性,不断拓展研究领域,内容丰富深刻,视角新颖独特。主要栏目有特别观察、青年理论、共青团与青年工作、青年思想与教育、青少年与社会发展、青少年与法治等。读者对象为青年政策的制定者和青年工作者、社会科学研究人员以及大专院校师生。2015 年继承:《中国青年政治学院学报》(1990~2014)。

中国青年研究 = China youth study / 中国青少年研究
中心,中国青少年研究会,1989~

月刊 CLC:D432,C91

ISSN 1002-9931 CN 11-2579/D 82-733 6316BM

北京市西三环北路 25 号(100089)

编辑部电话:010-68722794,68433267

http://www.cycs.org

qnyj@vip.sina.com

关注青年发展、青年文化、青年政策和青年成才方面的研究成果。设有特别企划、理论探索、青年工作、实证调研、典型研究、青年现象、大学生研究、青年教育、国外研究、研究综述、就业创业等栏目。主要读者对象为青年问题理论工作者及共青团干部。

中国全科医学 = Chinese general practice / 中国医院
协会,中国全科医学杂志社,1998~

旬刊 CLC:R,R4

ISSN 1007-9572 CN 13-1222/R 80-258 M5123

北京市海淀区中关村大街 11 号中关村 E 世界大厦 C
座(100080)

编辑部电话:010-68318198;0310-2067118

http://www.chinagp.net

zgqkyx@chinagp.net.cn

主要发文为全科医学领域;WONCA 国际研究课题和国内的全科医学相关课题研究;国家自然科学基金和重大攻关项目支持的课题相关论文及其他临床基金课题研究的成果报告。刊登述评、综述/进展、争鸣、指南/共识及解读、卫生政策分析、原创研究、病例研究、Meta 分析/系统评价等类型文章。读者对象为广大医务工作者及从事全科医学科研、教学及社区医务人员。2010

年分出:《中国全科医学. 读者版》。

中国热带医学 = China tropical medicine / 中华预防医学会,海南省疾病预防控制中心,2001～
月刊   CLC:R,R188.11
ISSN 1009-9727   CN 46-1064/R   84-20
海南省海口市海府路 40 号(570203)
编辑部电话:0898-65377298,65326675,65316083
http://www.cntropmed.com
ctmffff@vip.163.com
报道热带病与热带公共卫生研究的科研成果和经验,介绍新理论、新技术和新进展。内容涉及寄生虫病、病毒、细菌性疾病、地方病、皮肤与性传播疾病、环境与职业卫生、食品与营养、中毒、健康教育等热带病防治、研究成果、公共卫生和妇幼保健等经验。设有述评、专家约稿、论著(实验研究、疾病监控、临床研究)、综述、研究报道、病例报告等栏目。读者对象为全国医疗、卫生、医药、环保部门的科研、管理人员和医药院校师生。

中国人口·资源与环境 = China population resources and environment / 中国可持续发展研究会,山东省可持续发展研究中心,中国 21 世纪议程管理中心,山东师范大学,1991～
月刊   CLC:C92,X37,F2
ISSN 1002-2104   CN 37-1196/N   24-93   M5147
山东省济南市文化东路 88 号(250014)
编辑部电话:0531-86182958,2967
https://cprepublishing.cn
主要报道资源、环境与社会经济协调发展等方面的综合性问题研究,重点关注绿色发展、循环发展、低碳发展、和谐发展、共享发展等方面的研究成果。主要栏目包括应对气候变化与"双碳"目标、环境治理与绿色发展、城市高质量发展、资源可持续利用、生态文明建设、乡村可持续发展等。读者对象为从事政策研究、经济管理、地理学、人口学、资源学及环境学研究与教学的有关人员。1991 年继承:《资源与环境》(1989～1990)。

中国人口科学 = Chinese journal of population science / 中国社会科学院人口与劳动经济研究所,1987～
双月刊   CLC:C92
ISSN 1000-7881   CN 11-1043/C   82-426   BM6370
北京市东城区王府井大街 27 号(100006)
编辑部电话:010-65263650
http://www.zgrkkx.com
zazhi@cass.org.cn
反映人口领域及交叉学科的最新学术研究成果。刊登人口学与经济学及相关领域的研究论文、综述、调查报告。内容包括:人口理论与政策研究、人口统计、人口

与经济、人力资本与劳动经济、社会保障研究、人口与社会、国际人口比较、人口与生态环境、少数民族人口研究等。读者对象为社会科学研究人员、人口理论工作者以及高等院校相关专业师生。

中国人力资源开发 = Human resources development of China / 中国人力资源开发研究会,1991～
月刊   CLC:F24,F4,C96
ISSN 1004-4124   CN 11-2822/C   82-846   SM3132
北京市西城区月坛北小街 2 号院 3 号楼(100037)
编辑部电话:010-88383907
https://www.chrdm.com,https://zrzk.chinajournal.net.cn
zxm@hrdchina.org
刊发立足于中国管理实践、紧跟国内外人力资源管理研究前沿理论成果。常设栏目有专题研究、组织行为、劳动关系、政策研究、人力资源、劳动经济等,非常设栏目有理论探索、职业研究、创新创业等。读者对象为人力资源工作者、企业管理人员、科研人员、高校相关专业师生。1991 年继承:《劳动与人事》(1989～1991)。

中国人民大学学报 = Journal of Renmin University of China / 中国人民大学,1987～
双月刊   CLC:C55
ISSN 1000-5420   CN 11-1476/C   82-159   BM1131
北京市海淀区中关村大街 59 号(100872)
编辑部电话:010-62514768,9633,1499
http://xuebao.ruc.edu.cn
rdxb@263.net
反映我国哲学社会科学领域的最新研究成果。发表哲学、经济学、管理学、社会学、政治学、法学、文学、史学、文化等学科的学术论文。读者对象为社会科学研究人员、党校及大专院校文科专业师生。

中国人民公安大学学报. 社会科学版 = Journal of People's Public Security University of China. Social science edition / 中国人民公安大学,2005～
双月刊   CLC:D631,D918
ISSN 2096-3165   CN 10-1450/C   82-399
北京市西城区木樨地南里(100038)
编辑部电话:010-83903269,3267,3037
http://gadx.cbpt.cnki.net
主要刊发现阶段犯罪研究、公安学研究、毒品犯罪的发展趋势与治理对策研究、警察法学研究、处置突发事件研究、中外警务比较研究、警务勤务研究领域的科研成果。设有犯罪研究、侦查研究、公安管理、治安研究、法学研究、反恐研究、警务改革研究等栏目。读者对象为各级公安机关的领导、警务工作者、相关专业大专院

校师生。2005 年继承:《中国人民公安大学学报》(2003～2004)。

中国人兽共患病学报 = Chinese journal of zoonoses / 中国微生物学会，2006～

月刊　　　　　CLC：R535，R3

ISSN 1002-2694　CN 35-1284/R　34-46　M6707

福建省福州市晋安区崇安路 386 号(350012)

编辑部电话：0591-87552018

http://www.rsghb.cn,http://www.cjzoonoses.com

rsghb@vip.sina.com

报道和探讨同类微生物和寄生虫在人和家畜中感染、发病特点及相互关系的理论，总结和介绍人兽共患病的研究成果和防治经验。辟有论著、实验研究、综述、疾病防治、调查研究、学习·发现·交流等栏目。读者对象为从事人医和兽医的各级专业人员。2006 年继承:《中国人兽共患病杂志》(1985～2005)。

中国乳品工业 = China dairy industry / 黑龙江省乳品工业技术开发中心，1984～

月刊　　　　　CLC：TS252

ISSN 1001-2230　CN 23-1177/TS　14-136　4679BM

黑龙江省哈尔滨市松北区科技创新城创新一路 2727 号(150028)

编辑部电话：0451-86662740

https://rpgy.cbpt.cnki.net

zgrpgy@163.com

报道国内外乳品工业科技成果，发表乳品科学基础研究、乳品营养与人类健康、工业研究、添加剂及配料、检验方法等方面的论文。设有研究报告、专题论述、测定方法、生产与管理等栏目。读者对象为乳品工业科研技术人员、生产管理人员及相关专业院校师生。1984 年继承:《乳品工业》(1977～1983)。

中国软科学 = China soft science / 中国软科学研究会，中国科学技术信息研究所，1992～

月刊　　　　　CLC：G3

ISSN 1005-0566　CN 11-3036/G3　82-451　3036M

北京市西城区三里河路 54 号 270 室(100045)

编辑部电话：010-68598270,8287

http://www.cssm.com.cn

rkx@istic.ac.cn

中国软科学研究会会刊。旨在推进我国的决策民主化、科学化、制度化和管理现代化进程，推动软科学事业的发展和软科学体系的建设。反映国家宏观经济、科技和社会发展政策的重大理论动向，报道国内外软科学研究成果和发展动态，发表软科学领域各学科的专题研究论文，刊登经济、管理、社会问题的调查报告。主要栏目

有战略与决策、科技与产业、科技与社会、科技政策与管理、城镇化与区域发展、企业管理与项目管理、理论·方法与案例、学术动态与新视点。读者对象为科技工作者与科研管理人员、相关专业高等院校师生、政府官员及企业家。1992 年继承:《软科学研究》(1986～1991)。

中国森林病虫 = Forest pest and disease / 国家林业和草原局生物灾害防控中心，2001～

双月刊　　　　CLC：S763

ISSN 1671-0886　CN 21-1459/S　8-50　DK21005

辽宁省沈阳市黄河北大街 58 号(110034)

编辑部电话：024-86800056

slbc@chinajournal.net.cn

主要刊登林业有害生物防治科研成果、先进技术和典型经验等方面的文章，以面向科研、面向生产，为提高我国林业和草原有害生物防治水平服务为办刊宗旨。设有研究报告、调查研究、综述、工作论坛、实用技术、动态与简讯等栏目。读者对象为林业及相关学科的科技人员、管理干部、林业职工和农林院校师生等。2001 年继承:《森林病虫通讯》(1982～2000)。

中国沙漠 = Journal of desert research / 中国科学院寒区旱区环境与工程研究所,中国治沙暨沙业学会,中国地理学会，1981～

双月刊　　　　CLC：P931.3

ISSN 1000-694X　CN 62-1070/P　54-14　BM4715

甘肃省兰州市天水中路 8 号(730000)

编辑部电话：0931-8267545

http://www.desert.ac.cn

caiedit@lzb.ac.cn,desert@lzb.ac.cn

反映我国沙漠学研究领域科研成果，介绍干旱、半干旱地区沙漠开发利用和土地沙漠化防治新理论、新技术、新观点。研究寒旱区陆地表层系统格局过程及关系，对冰川、冻土、沙漠、高原大气、寒旱区水土资源、脆弱生态与农业等方面科学研究。主要栏目有古气候与环境演变、沙漠与沙漠化、生物与土壤、天气与气候、水文与水资源等。读者对象为沙漠学研究人员和大专院校相关专业师生。

中国社会经济史研究 = The journal of Chinese social and economic history / 厦门大学历史研究所，1982～

季刊　　　　　CLC：F12，K20

ISSN 1000-422X　CN 35-1023/F　Q660

福建省厦门市思明南路 422 号(361005)

编辑部电话：0592-2183295

zgshjjsyj@xmu.edu.cn

以刊登中国社会经济史理论研究和专题研究论文为主,也发表一些罕见的或新发现的史料和调查报告、中

外史坛动态及书评等。读者对象为经济史研究工作者和经济领域实际工作者。

中国社会科学 = Social sciences in China / 中国社会科学院，1980～

月刊　　　　　　　　CLC：C55

ISSN 1002-4921　CN 11-1211/C　2-531　BM171

北京市朝阳区光华路 15 号院 1 号楼 11-12 层(100026)

编辑部电话：010-85886569

http://sscp.cssn.cn,http://www.cssn.cn

syfzb-zzs@cass.org.cn

主要发表哲学社会科学前沿研究成果，涵括马克思主义理论、哲学、经济学、政治学、法学、社会学、历史学、文学、国际关系学、新闻传播学、公共管理学、教育学、语言学、民族学等各学科，以及跨学科研究的论文、调查报告、学术综述等。主要读者对象为哲学社会科学研究人员和大专院校师生。

中国神经精神疾病杂志 = Chinese journal of nervous and mental diseases / 中山大学，1982～

月刊　　　　　　　　CLC：R74

ISSN 1002-0152　CN 44-1213/R　46-45　BM319

广东省广州市中山二路 58 号(510080)

编辑部电话：020-87332686,1494

http://www.zgsjjs.cn,http://www.zgsjjs.com

zgsjjs@126.com

报道我国神经内科、神经外科、精神科临床和基础研究的新成果，介绍相关领域研究的新进展，推广先进的诊疗技术，组织专题学术讨论和召开全国性学术会议，包括脑血管病、癫痫与其他发作性疾病、颅内肿瘤及囊肿、脊柱与脊髓病、遗传变性病、肌病及锥体外系疾病、周围神经与脱髓鞘病、感染与中毒、外伤、精神分裂症、情感性精神障碍、神经症、痴呆及其他精神障碍等方面。以神经内、外科和精神科及相关学科(包括神经生物学、神经遗传学及康复医学等)临床工作者为主要读者对象。1982 年继承：《神经精神疾病杂志》(1979～1982)。

中国生态农业学报(中英文) = Chinese journal of eco-agriculture / 中国科学院遗传与发育生物学研究所，中国生态经济学学会，2019～

月刊　　　　　　　　CLC：S1

ISSN 2096-6237　CN 13-1432/S　82-973　Q1628

河北省石家庄市槐中路 286 号(050022)

编辑部电话：0311-85818007

http://www.ecoagri.ac.cn

editor@sjziam.ac.cn

报道农业生态学、农业生态经济学及生态农业和农业

生态工程等领域的创新性研究成果。报道内容划分为农业生态系统与调控、作物栽培与生理生态、农业资源与环境、农业生态经济与生态农业四个栏目。读者对象为国内外从事农业生态学、生态经济学及农业环境保护等领域的科技人员、高等院校有关专业师生、农业及环境管理工作者及基层从事生态农业建设的技术人员。2019 年继承：《中国生态农业学报》(2001～2018)。

中国生物防治学报 = Chinese journal of biological control / 中国农业科学院植物保护研究所，中国植物保护学会，2011～

双月刊　　　　　　　CLC：S476

ISSN 2095-039X　CN 11-5973/S　2-507　Q812

北京市海淀区圆明园西路 2 号(100193)

编辑部电话：010-62815625

http://www.zgswfz.com.cn

zgswfzxb@126.com

刊登内容涉及农、林、水产、卫生和环境科学等领域中的有害生物，如昆虫、病毒、细菌、真菌、线虫、杂草等的生物防治技术及其机理研究。主要栏目：特邀综述、研究论文、专题综述、研究简报等。读者对象为农、林、牧、水产卫生和环境科学等领域的各级管理干部、科技人员、院校师生、基层技术骨干。2011 年继承：《中国生物防治》(1995～2010)。

中国生物工程杂志 = China biotechnology / 中国科学院文献情报中心，中国生物技术发展中心，中国生物工程学会，2002～

月刊　　　　　　　　CLC：Q81

ISSN 1671-8135　CN 11-4816/Q　82-673　BM5609

北京市中关村北四环西路 33 号(100190)

编辑部电话：010-82624544

http://www.biotech.ac.cn

biotech@mail.las.ac.cn

主要报道生物工程及相关领域科研成果，涵盖人类健康与生物技术、农业发展与生物技术、生化工程与生物加工、生态环境与生物技术、海洋与水产生物技术等。设有研究报告、技术与方法、综述、行业分析、产业发展等栏目。读者对象为从事生物技术研究与开发的科研人员、工程技术人员及管理人员。2002 年继承：《生物工程进展》(1986～2002)。

中国生物化学与分子生物学报 = Chinese journal of biochemistry and molecular biology / 中国生物化学与分子生物学会，北京大学，1998～

月刊　　　　　　　　CLC：Q5,R3

ISSN 1007-7626　CN 11-3870/Q　82-312　M957

北京市学院路 38 号北京大学医学部(100083)

编辑部电话：010-82801416

http://cjbmb. bjmu. edu. cn, http://SWHZ. china-journal. net. cn, http://zgswhxyfzswxb. periodicals. net. cn

shxb@bjmu. edu. cn

刊载以中文或英文撰稿的生物化学与分子生物学领域的基础及应用基础原创性研究论文，以及反映当前国内外生物科学前沿或热门领域综述性文章。主要栏目有特约综述、要文聚焦、青年科学家论坛、综述、研究论文、技术与方法、研究简报、教育与教学、术语商榷等。读者对象为生物学、化学、医学，以及农、林、牧、渔业的科研人员、工程技术人员和高等院校相关专业师生。1998 年继承：《生物化学杂志》(1985～1997)。

中国生物医学工程学报 = Chinese journal of biomedical engineering / 中国生物医学工程学会，1982～

双月刊　　　　CLC：R318

ISSN 0258-8021　CN 11-2057/R　82-73

北京市东单三条 9 号(100730)

编辑部电话：010-65248786

http://cjbme. csbme. org

cjbmecjbme@163. com

主要刊登我国生物医学工程学科领域具有创造性的研究论文、具有学术引导性的综述以及具有学术探索性的研究简讯，并且不定期举办学术前沿专题。设有论著、综述、简讯、索引等栏目。读者对象为生物医学工程科研工作者、临床医务工作者及高等院校相关专业师生。

中国石油大学学报. 自然科学版 = Journal of China University of Petroleum. Edition of natural science / 中国石油大学(华东)，2006～

双月刊　　　　CLC：TE,T

ISSN 1673-5005　CN 37-1441/TE　24-273　DK37004

山东省青岛市黄岛区长江西路 66 号(266580)

编辑部电话：0532-86983262

http://zkjournal. upc. edu. cn

journal@upc. edu. cn

反映该校师生及石油科技工作者在石油科技领域的基础研究与应用研究成果。重点刊载石油与天然气地质与勘查工程、石油与天然气钻采工程、油气储运与机械工程、油气化学工程、交叉学科的基础和应用研究等领域的创新性成果和论文。读者对象为石油科技工作者、油田技术员、石油专业院校师生。2006 年继承：《石油大学学报. 自然科学版》(1988～2005)。

中国石油勘探 = China petroleum exploration / 石油工业出版社有限公司，2001～

双月刊　　　　CLC：TE1

ISSN 1672-7703　CN 11-5215/TE

北京市安定门外安华西里 3 区 18 号楼(100011)

编辑部电话：010-64523544,3587

http://www. cped. cn

cpe@263. net

报道中国油气勘探的战略方针、石油地质理论的新进展、勘探技术的创新与应用、勘探热点和难点地区突破的成功经验或教训。栏目设置有勘探战略、勘探管理、勘探案例、石油地质、工程技术等。读者对象为油气勘探科研与工程技术人员，相关专业院校师生。2001 年继承：《勘探家》(1996～2000)。

中国实验动物学报 = Acta laboratorium animalis scientia Sinica / 中国实验动物学会，中国医学科学院医学实验动物研究所，1993～

双月刊　　　　CLC：Q95-33

ISSN 1005-4847　CN 11-2986/Q　2-748

北京市朝阳区潘家园南里 5 号(100021)

编辑部电话：010-67779337

http://zgsydw. cnjournals. com/sydwybjyx/ch/index. aspx

bjb@cnilas. org

主要刊载有关实验动物和动物实验理论研究文章，实验动物有关其他学科科学论述。内容包括科学实验新方法、新材料、实验动物新资源开发、新动物品系培育和应用等。设有研究报告、研究进展、学术信息等栏目。读者对象为实验动物学研究人员、教学人员和相关院校学生。2022 年起改为月刊。

中国实验方剂学杂志 = Chinese journal of experimental traditional medical formulae / 中国中医科学院中药研究所，中华中医药学会，1995～

半月刊　　　　CLC：R289

ISSN 1005-9903　CN 11-3495/R　2-417　SM4655

北京市东直门内南小街 16 号(100700)

编辑部电话：010-84076882

http://www. syfjxzz. com

syfjx_2010@188. com

刊登方剂学研究方面的学术论著、综述和专论。包括方剂的药效学、毒理学、药代学、药物化学、分析化学、制剂学、临床研究等内容。设有工艺与制剂、化学与分析、资源与鉴定、药理、药代动力学、临床、综述、学术交流、基层园地等栏目。读者对象为从事中西医药尤其是方剂学教学、科研工作的专业人员，临床医务工作者以及中医院校高年级学生。

中国实验血液学杂志 = Journal of experimental hematology / 中国病理生理学会，1998～

双月刊   CLC：R55

ISSN 1009-2137   CN 11-4423/R   2-389   BM1429

北京市海淀区复兴路甲 36 号百朗园 A1 段 1903 室

（100039）

编辑部电话：010-68215932

http://xysy.chinajournal.net.cn

jexphema@263.net

刊载范围包括实验血液学、各种血液疾病、移植血液学、免疫血液学、分子血液学、输血医学等方面的综述和专论等。设有论著、读者·作者·编者、综述等栏目。以血液学专业科研人员及临床医师为主要读者对象。1998 年继承：《实验血液学杂志》（1994～1997）。

中国实用儿科杂志 = Chinese journal of practical pediatrics / 中国医师协会，中国医科大学，1993～

月刊   CLC：R72

ISSN 1005-2224   CN 21-1333/R   8-171   M6355

辽宁省沈阳市和平区北二马路 92 号群英西楼

（110001）

编辑部电话：024-23866457

http://www.zgsyz.com

zgsyek@163.com

面向临床、突出实用、注重理论联系实际。设有指南·标准·共识、指南解读、述评、专家论坛、专题笔谈、论著、短篇论著、讲座、综述、临床病例讨论、病例报告、继续医学教育专栏等栏目。主要读者对象为儿科临床医务工作者。1993 年继承：《实用儿科杂志》（1986～1993）。

中国实用妇科与产科杂志 = Chinese journal of practical gynecology and obstetrics / 中国医师协会，中国医科大学，1993～

月刊   CLC：R71

ISSN 1005-2216   CN 21-1332/R   8-172   M6363

辽宁省沈阳市和平区北二马路 92 号群英西楼（110001）

编辑部电话：024-23866489

http://www.zgsyz.com

zhongguoshiyong@163.com

报道妇产科临床方面的新方法、新经验。辟有指南及共识、指南解读、述评、专题笔谈、研究与创新（探索）、论著、综述与讲座、疑难病例讨论、术式讨论、短篇论著、专家答疑（读者与专家的互动形式）、医学动态、病案报告、教训分析、短篇报道、学术争鸣、读者·作者·编者等栏目。读者对象为广大临床妇产科医生。1993 年继承：《实用妇科与产科杂志》（1985～1993）。

中国实用内科杂志 = Chinese journal of practical inter-

nal medicine / 中国医师协会，中国医科大学，1993～

月刊   CLC：R5

ISSN 1005-2194   CN 21-1330/R   8-126   M6298

辽宁省沈阳市和平区南京南街 9 号（110001）

编辑部电话：024-23866530，23874411

http://www.zgsyz.com

journalnk@163.com

刊登内科疾病诊断、防治方面的临床实践经验及教训分析等。设有述评、指南与共识、指南解读、专题笔谈、专家论坛、论著、综述与讲座、疑难病例讨论、病案报告等栏目。读者对象为临床内科医师及研究人员等。1993 年继承：《实用内科杂志》（1981～1993）。

中国实用外科杂志 = Chinese journal of practical surgery / 中国医师协会，中国医科大学，1993～

月刊   CLC：R6

ISSN 1005-2208   CN 21-1331/R   8-127   M6254

辽宁省沈阳市和平区南京南街 9 号（110001）

编辑部电话：024-23866561

http://www.zgsyz.com

sywkzz@126.com

报道外科医学的基础理论研究成果，以及临床实践、诊断方法和现代外科技术的进展。辟有述评、论著、专题笔谈、文献综述、讲座、术式讨论、病案报告等栏目。读者对象为临床外科医生及研究人员等。1993 年继承：《实用外科杂志》（1981～1993）。

中国食品卫生杂志 = Chinese journal of food hygiene / 中华预防医学会，中国卫生信息与健康医疗大数据学会，1989～

双月刊   CLC：R1，TS2

ISSN 1004-8456   CN 11-3156/R   82-450

北京市海淀区紫竹院南路 17 号院 3 号楼 102 室

（100048）

编辑部电话：010-68707221

http://www.zgspws.com

spws462@163.com

报道食品安全领域的科研成果，反映国内外食品安全的政策、理论、实践、动态。设有专家述评、论著、研究报告、实验技术与方法、监督管理、调查研究、风险监测、风险评估、食品安全标准、食物中毒、综述等栏目。读者对象为食品卫生相关专业院校师生，食品安全卫生、食品安全科技人员及相关从业人员。

中国食品学报 = Journal of Chinese institute of food science and technology / 中国食品科学技术学会，2001～

月刊   CLC：TS2

ISSN 1009-7848   CN 11-4528/TS

北京市海淀区阜成路北三街 8 号 9 层（100048）

编辑部电话：010-65223596

http://zgspxb.cnjournals.org/ch/index.aspx

chinaspxb@vip.163.com

刊载食品及食品工业发展相关的原辅料、工艺、包装、机械、检测、安全、流通、综合利用等方面的基础研究、加工技术以及食品科学与技术发展趋势等方面的综述。设有名家论坛、青年论坛、基础研究、加工技术、食品贮藏与保鲜、分析与检测、综述、政策法规、科技动态、市场动态、国外资讯、信息窗等栏目。读者对象为从事食品行业的生产、科研、技术和管理人员及高等院校师生。

中国史研究 ＝ Journal of Chinese historical studies / 中国社会科学院古代史研究所，1979～

季刊 CLC：K2

ISSN 1002-7963 CN 11-1039/K 2-532 Q133

北京市国家体育场北路 1 号院（100101）

编辑部电话：010-87420852

http://zgsyj.ajcass.org

zgsyj1979@163.com

发表中国古代史方面的研究论文、读书札记和书评等。以刊登名家名作为主，适当选登新人新作。读者对象史学工作者、高校历史专业师生及中学历史教师。

中国兽医科学 ＝ Chinese veterinary science / 中国农业科学院兰州兽医研究所，2006～

月刊 CLC：S85

ISSN 1673-4696 CN 62-1192/S 54-33 M4191

甘肃省兰州市盐场堡徐家坪 1 号（730046）

编辑部电话：0931-8342195,8310086,8314487

https://zgsy.cbpt.cnki.net

zgsykx@zgsykx.com

报道国内外兽医科学的研究进展和水平，推广兽医科学研究成果，反映国内外兽医科学研究动态，探讨新的兽医学理论和研究方法。主要刊登预防兽医学、基础兽医学、临床兽医学等方面的文章。读者对象为畜牧兽医工作者和科研院所研究人员、教师学生、行政管理人员。2006 年继承：《中国兽医科技》（1985～2005）。

中国兽医学报 ＝ Chinese journal of veterinary science / 吉林大学，1994～

月刊 CLC：S85

ISSN 1005-4545 CN 22-1234/R 12-105 4106MO

吉林省长春市西安大路 5333 号（130062）

编辑部电话：0431-87836534

http://zsyx.cbpt.cnki.net

xbcjvs@163.com

主要报道动物医学、动物科学及其相关学科的最新研究成果，介绍国内外动物医学及其相关学科的发展现状及研究动态等。常设栏目有研究论文（预防兽医学、人兽共患病学、基础兽医学、临床兽医学和动物科学），综述及简讯等。读者对象为畜牧兽医科研人员及相关专业院校师生。1994 年继承：《兽医大学学报》（1981～1993）。

中国兽医杂志 ＝ Chinese journal of veterinary medicine / 中国畜牧兽医学会，1963～

月刊 CLC：S8

ISSN 0529-6005 CN 11-2471/S 2-137 M451

北京市海淀区圆明园西路 2 号中国农业大学内（100193）

编辑部电话：010-62733040

https://zsyz.cbpt.cnki.net

vetzzhi@cau.edu.cn

报道兽医科学基础研究和临床实践成果，传播兽医科技。设有调查研究、实验观察、兽医临床、中西结合、文献综述、宠物诊疗、卫生检验、比较医学、水生动物、兽医药械、诊疗新知、行业管理等栏目。读者对象为国内外畜牧兽医科研院（所）、高等院校、宠物医院、养殖场及企事业单位的科研、教学、临床和管理人员。1963 年部分继承：《中国畜牧兽医（中国畜牧兽医学会）》（1960～1963）。

中国书法 ＝ Chinese calligraphy / 中国书法家协会，1982～

月刊 CLC：J292

ISSN 1003-1782 CN 11-1136/J 2-879 MO961

北京市朝阳区农展馆南里 10 号 4 层（100125）

编辑部电话：010-65389765（古代编辑部）；

010-64911178（现代编辑部）

zgsfzazhi@163.com（古代编辑部），zgsfxd@163.com（现代编辑部）

反映当代书法创作和书法理论研究成果，刊载书法及篆刻作品，介绍当代书法艺术现状及书法家。主要栏目有经典、人文、学术、创作、关注、书法广角等。读者对象为书法专业工作者及书法爱好者等。

中国蔬菜 ＝ China vegetables / 中国农业科学院蔬菜花卉研究所，1981～

月刊 CLC：S63

ISSN 1000-6346 CN 11-2326/S 82-131

北京市中关村南大街 12 号（100081）

编辑部电话：010-82109550

http://www.cnveg.org

zgsc@caas.cn,zgsc9550@126.com

主要刊登蔬菜育种、栽培、病虫害防治等方面的新成果,评析蔬菜产业发展中的热点和难点问题,报道科研、生产、市场新动态、蔬菜丰产经验、蔬菜生产新技术和优良品种等。设有产业广角、研究论文、调查报告、品种选育、市场观察、栽培管理、蔬菜史话、专论与综述等栏目。读者对象为蔬菜科研、技术、生产人员及农业院校师生。

中国水产科学 = Journal of fishery sciences of China / 中国水产科学研究院,中国水产学会,中国科技出版传媒股份有限公司,1994~

月刊　　　　　　　　CLC:S9

ISSN 1005-8737　　CN 11-3446/S　82-786　4639Q

北京市丰台区永定路南青塔村 150 号(100141)

编辑部电话:010-68673921

http://www.fishscichina.com

zgsckx@cafs.ac.cn,jfishok@163.com

以反映水产科学领域的最新进展、最新成果、最新技术和方法为办刊方向,主要刊载水产科学基础研究、水产生物病害与防治、水产生物营养与饲料、渔业生态和水域环境保护、水产养殖与增殖、水产资源、海淡水捕捞,以及水产品保鲜、加工与综合利用等方面的研究论文及综述。读者对象为水产科研、教学、科技管理人员以及专业院校师生。

中国水稻科学 = Chinese journal of rice science / 中国水稻研究所,1986~

双月刊　　　　　　　CLC:S5

ISSN 1001-7216　　CN 33-1146/S　32-94　Q6533

浙江省杭州市富阳区水稻所路 28 号(311401)

编辑部电话:0571-63370278

http://www.ricesci.cn

cjrs@263.net

报道以水稻为研究对象的科技成果和最新进展。刊登研究报告、研究简报、研究快讯、实验技术、学术专论、文献综述等。内容涉及水稻遗传育种、品种资源、耕作栽培、生物工程、植物保护、土壤及植物营养、植物生理、谷物化学及加工、农经及稻区发展、农业工程等方面。读者对象为水稻科研工作者、生产和管理人员以及农业院校师生。

中国水利水电科学研究院学报 = Journal of China institute of water resources and hydropower research / 中国水利水电科学研究院,2003~2021

双月刊　　　　　　　CLC:TV

ISSN 1672-3031　　CN 11-5020/TV　82-54　Q8044

北京市玉渊潭南路 3 号(《中国水利水电科学研究院学报(中英文)》编辑部)(100038)

编辑部电话:010-68786649,6238

http://journal.iwhr.com/ch/index.aspx

journal@iwhr.com

内容涵盖为水文、水资源、防洪减灾、水利信息及遥感技术、水环境保护、农田水利与节水、牧区水利、泥沙与水土保持、水力学、水工结构及材料、工程基础、岩土工程、工程抗震、水力机电、电站自动化、冷却水工程、河口海岸工程、施工与监理、水利经济、水利史研究等。读者对象为国内外从事水利水电工程科研、规划、设计、建设、咨询、管理等工作的专业技术人员及高等院校相关专业的师生。2022 年改名为《中国水利水电科学研究院学报(中英文)》(2022~)。

中国水土保持科学(中英文) = Science of soil and water conservation / 中国水土保持学会,2017~

双月刊　　　　　　　CLC:S157

ISSN 2096-2673　　CN 10-1449/S　82-710　BM1893

北京市清华东路 35 号(100083)

编辑部电话:010-62338031

http://www.sswcc.com.cn

sbxh035@263.net

主要刊登水土保持、土壤侵蚀及相关交叉学科的最新研究进展,创新实用的水土保持生物、工程措施及其综合治理措施方法,以及与之相关的交叉、边缘学科和高新技术在水土保持方面的最新研究成果。内容包括:土壤水蚀、风蚀、气象、重力侵蚀,以及山洪泥石流侵蚀规律,土壤侵蚀监测与预报,防治水土流失的农业、林业与工程措施及小流域综合治理技术,干旱地区土地退化机制与荒漠化综合防治技术,在水力、重力侵蚀混合作用下山地灾害发生机制与山洪、泥石流、滑坡灾害综合防治技术,水土保持规划、设计、施工技术与效益评价,以及与水土保持相关的新产品、新技术、新方法和新材料等。读者对象为从事水土保持研究和实际工作的专家学者、科技人员、生产管理工作者和相关专业院校师生。2017 年继承:《中国水土保持科学》(2003~2016)。

中国饲料 = China feed / 中国饲料工业协会,1990~

半月刊　　　　　　　CLC:S8

ISSN 1004-3314　　CN 11-2975/S　82-554　SM4528

北京市海淀区天秀路 10 号(100193)

编辑部电话:010-6216772,64640748

http://journal.chinafeed.com.cn

zgsl@chinafeed.com.cn

突出政策信息和深度报道,传播科技和市场资讯,介绍饲料科学知识和科研成果,交流国内外管理经验。读者对象为饲料科研、生产人员,畜禽养殖专业人员等。

中国塑料 = China plastics / 中国塑料加工工业协会,北京工商大学,轻工业塑料加工应用研究所,1987~

月刊　　　　　　　　CLC:TQ32

ISSN 1001-9278　　CN 11-1846/TQ　82-371
北京市海淀区阜成路 11 号(100048)
编辑部电话：010-68985541
http://www.plaschina.com.cn
cp@plaschina.com.cn

报道国内外塑料工业的发展趋势,反映塑料工业的发展动态。内容以塑料加工应用技术为主,刊登塑料原料、塑料加工及加工机械等方面的技术总结、学术论文、专题评论和文献综述等。设有综述、材料与性能、加工与应用、助剂、塑料与环境、标准与测试、机械与模具等栏目。读者对象为塑料专业科技人员和相关专业大专院校师生。

中国糖尿病杂志 = Chinese journal of diabetes / 北京大学,2006~
　月刊　　　　　　　　CLC：R587.1
　ISSN 1006-6187　　CN 11-5449/R　82-623　M4534
北京市西城区大红罗厂街 1 号(100034)
编辑部电话：010-66515929
http://www.cds.org.cn
journal@cds.org.cn

刊登糖尿病学领域最新科研成果、临床防治经验,以及对糖尿病临床有指导意义且与临床密切结合的基础理论研究。设有论著、病例报告、临床经验、技术交流、讲座、综述、会议纪要、临床病理(病例)讨论、国内外学术动态等栏目。以糖尿病专业医、教、研人员为主要读者对象。2006 年继承:《中华糖尿病杂志》(2004~2005)。

中国陶瓷 = China ceramics / 中国轻工业陶瓷研究所,1981~
　月刊　　　　　　　　CLC：TQ174
　ISSN 1001-9642　　CN 36-1090/TQ　44-30　MO1044
江西省景德镇市新厂西路 556 号(333000)
编辑部电话：0798-8439006,8439093
http://zgtc.cbpt.cnki.net
china_ceramics@vip.163.com

报道国内外陶瓷行业发展动态和古陶瓷研究成果,交流陶瓷艺术创作经验,介绍陶瓷新工艺、新技术、新产品。设有先进陶瓷、建筑卫生陶瓷、日用陶瓷、收藏与鉴赏、艺术陶瓷等栏目。读者对象为陶瓷工业科研设计人员、生产技术人员和专业院校师生。1981 年继承:《瓷器》(1963~1981);2012 年分出:《中国陶瓷.艺术版》(2012~)。

中国特色社会主义研究 = Studies on socialism with Chinese characteristics / 北京市社会科学界联合会,北京市中国特色社会主义理论体系研究中心,北京市

科学社会主义学会,1995~
　双月刊　　　　　　　CLC：A8,D641
　ISSN 1006-6470　　CN 11-3527/D　82-819
北京市东城区安定门外西滨河路 19 号(100011)
编辑部电话：010-64527190,7193
http://www.zgtsshzy.net
tese816@126.com

研究和探索中国特色社会主义理论与实践,关注党和政府的重大决策、社会发展与改革实践,以及当代国内外社会主义理论的研究成果。内容涉及中国特色社会主义理论、马克思主义理论、经济建设、政治建设、文化建设、社会建设、生态文明建设、党的建设、理论资讯等。主要读者对象为各级党政、企事业干部,理论宣传工作者,社会科学工作者和各级党校、大专院校师生。1995年继承:《科学社会主义研究》(1979~1994)。

中国特殊教育 = Chinese journal of special education / 中国教育科学研究院,1996~
　月刊　　　　　　　　CLC：G76
　ISSN 1007-3728　　CN 11-3826/G4　82-187
北京市北三环中路 46 号(100088)
编辑部电话：010-62003367
http://www.nies.edu.cn/zgtsjy
tejiaotougao@126.com

以特殊需要人群为服务对象,主要反映我国特殊儿童心理与教育领域的研究与教学成果,报道该领域研究动态与进展,刊登研究报告、专题综述、教学改革研究,内容包括全纳教育研究、特殊教育师资研究、听力障碍研究、视力障碍研究、智力障碍研究、学习障碍研究、孤独症研究、心理与脑科学研究等。读者对象为从事和关心特殊儿童心理与教育研究的各界人士。1996 年继承:《特殊儿童与师资研究》(1994~1996)。

中国疼痛医学杂志 = Chinese journal of pain medicine / 北京大学,中华医学会疼痛学分会,1995~
　月刊　　　　　　　　CLC：R441.1
　ISSN 1006-9852　　CN 11-3741/R　82-832
北京市海淀区学院路 38 号北京大学医学部(100191)
编辑部电话：010-82801712,1705
http://casp.ijournals.cn
pain1712@126.com

报道有关疼痛学科基础与临床研究的最新进展。设有特约综述、论著、国外医学动态、综述、科研简报、临床病例报告、国际译文等栏目。主要读者对象为临床各疼痛相关科室的医务人员和从事疼痛医学基础研究、教学的工作者。

中国体育科技 = China sport science and technology /

国家体育总局体育科学研究所，1981～

月刊　　　　　　CLC：G8

ISSN 1002-9826　CN 11-2284/G8　82-684　BM1783

北京市体育馆路 11 号(100061)

编辑部电话：010-87182592,2590,2589

http://www.cisszgty.com

bjb@ciss.cn

宣传国家体育总局有关体育科技方面的方针、政策，报道国内外体育科技成果及动态，刊登有关各种运动项目的专题研究论文、国内外重大比赛专题调研报告、各运动项目技术及战术分析。读者对象为体育科研工作者、各级管理者、教练员、运动员及体育院校师生。1981年继承：《体育科技资料》(1959～1980)。

中国调味品 = China condiment / 全国调味品科技情报中心站，1984～

月刊　　　　　　CLC：TS264

ISSN 1000-9973　CN 23-1299/TS　14-13　M6901

黑龙江省哈尔滨市南岗区西大直街 331 号方舟大厦 B 座 602(150080)

编辑部电话：0451-53627188,7988

http://www.zgtwp.cn

zgtwp1976@vip.163.com

报道调味品科研与技术成果，内容包括酱油、食醋、酱腌菜、豆腐乳、香辛料、鲜味剂、甜味剂、核苷酸、复合调味料等调味品的研制及新技术、新工艺、新设备等。设有基础研究、技术研发、分析检测、食品添加剂、专论综述等栏目。读者对象为食品行业的科技人员、专业管理人员及高等院校师生。1984 年继承：《调味副食品科技》(1980～1984)。

中国铁道科学 = China railway science / 中国铁道科学研究院集团有限公司，1979～

双月刊　　　　　　CLC：U2

ISSN 1001-4632　CN 11-2480/U　82-776　BM1658

北京市海淀区大柳树路 2 号(100081)

编辑部电话：010-51849013,51874757

http://zgtk.publish.founderss.cn

zgtdkx@rails.cn

报道铁路及城市轨道交通运输领域关于土木工程、机车车辆、通信信号、信息技术、运输组织、材料与工艺、环境保护、安全技术等学科的基础理论研究、科学试验、重点工程技术、产品研发等方面的学术论文。设有科学论文、博士学位论文摘要、成果简报、科技信息等栏目。读者对象为铁道运输科研与工程技术人员，铁道专业院校师生。

中国铁路 = Chinese railways / 中国铁道科学研究院

集团有限公司，1990～

月刊　　　　　　CLC：U2

ISSN 1001-683X　CN 11-2702/U　2-406　M1113

北京市海淀区大柳树路 2 号(100081)

编辑部电话：010-51849582,51849682,51893118,51890041

http://cr.crj.com.cn

911893190@qq.com

主要刊载铁路改革发展、科技创新、前沿技术以及中国铁路建设成就。主要栏目有特稿、特别策划、工程建设、技术装备、运营管理、世界铁路等。读者对象为交通运输与轨道交通建设相关部门科研院所等。1990 年继承：《铁道科技动态》(1976～1989)；1995 年吸收：《世界铁路》(1991～1994)。

中国图书馆学报 = Journal of library science in China / 国家图书馆，中国图书馆学会，1991～

双月刊　　　　　　CLC：G25

ISSN 1001-8867　CN 11-2746/G2　2-408　BM184

北京市海淀区中关村南大街 33 号(100081)

编辑部电话：010-88545141

http://www.jlis.cn

jlis.cn@nlc.cn

发表图书馆学、情报学及相关领域的学术研究成果。辟有专题、基层动态、专家笔谈等栏目。主要读者对象为图书情报工作者和图书馆学情报学专业师生。1991年继承：《图书馆学通讯》(1957～1990)。

中国图象图形学报 = Journal of image and graphics / 中国科学院空天信息创新研究院，中国图象图形学会，北京应用物理与计算数学研究所，2004～

月刊　　　　　　CLC：TP391.41

ISSN 1006-8961　CN 11-3758/TB　82-831　M1406

北京市海淀区北四环西路 19 号(100190)

编辑部电话：010-58887035

http://www.cjig.cn

jig@radi.ac.cn

反映图像图形及其相关领域的基础理论和应用技术研究成果，刊登学术论文、应用报告和专题综述。内容涉及图像分析和识别、图像理解和计算机视觉、计算机图形学、虚拟现实和增强现实、系统仿真、动漫等领域。主要栏目：综述、图像处理和编码、图像分析和识别、图像理解和计算机视觉、计算机图形学、虚拟现实和增强现实。读者对象为相关领域的科技人员、企业主管及高等院校师生。2004 年继承：《中国图象图形学报．A 版》(2000～2003)。

中国土地科学 = China land science / 中国土地学会，

中国国土勘测规划院，1987～
月刊　　　　　CLC：F301
ISSN 1001-8158　CN 11-2640/F　BM7318
北京市西城区冠英园西区 37 号（100035）
编辑部电话：010-83063196，4521，4538
http://www.chinalandscience.com.cn
zhongguotudikexue@126.com
反映国内外土地科学最新研究成果。主要栏目：土地经济、土地管理、土地利用、土地法、土地整治、土地制度、空间规划等。读者对象为土地管理、房地产开发经营和地价评估部门，以及农林牧渔业生产、工矿交通、城乡建设、环境保护等部门与土地专业相关的科技人员，特别是从事土地调查、评价、规划、利用、整治、保护和土地信息等工作的专业人员以及高等院校相关专业师生。

中国土壤与肥料 ＝ Soils and fertilizer sciences in China / 中国农业科学院农业资源与农业区划研究所，中国植物营养与肥料学会，2006～
双月刊　　　　　CLC：S1
ISSN 1673-6257　CN 11-5498/S　2-559
北京市中关村南大街 12 号（100081）
编辑部电话：010-82108656
http://chinatrfl.alljournal.net.cn
trfl@caas.cn
主要刊登土壤资源与利用、植物营养与肥料、农业水资源、农业微生物、分析测试、环境保护、生态农业等方面的新成果、新方法、新技术、新经验及国内外发展动态等。辟有专家论坛、专题综述、研究报告、分析方法、研究简报等栏目。读者对象为农业科研与教学、农业科技推广、环境保护、肥料生产与经营单位的科技人员、管理人员及农民技术员。2022 年起改为月刊。2006 年继承：《土壤肥料》（1974～2006）。

中国外语 ＝ Foreign languages in China / 高等教育出版社，2004～
双月刊　　　　　CLC：H3
ISSN 1672-9382　CN 11-5280/H　80-350　BM1911
北京市朝阳区惠新东街 4 号富盛大厦 22 层（100029）
编辑部电话：010-58581585
http://zgwe.cbpt.cnki.net
flc@pub.hep.cn
涵盖外语教育政策研究、外语教学研究和外国语言研究三个方面。设有学论经纬、改革论坛、学术探索、教学研究、纵横论译、学界动态、科研方法、书评等栏目。读者对象为外语专家、学者，外语教师和研究生。

中国微创外科杂志 ＝ Chinese journal of minimally invasive surgery / 北京大学，北京大学第三医院，2001～
月刊　　　　　CLC：R6
ISSN 1009-6604　CN 11-4526/R　2-742　1642BM
北京市海淀区花园北路 49 号（100083）
编辑部电话：010-82266602，6604
http://zgwcwk.paperopen.com
wcwkzazhi@163.com
报道普通外科各专业、小儿外科、心胸外科、骨科、运动医学、神经外科、泌尿外科、血管外科、妇科、辅助生殖医学、耳鼻喉科、颌面外科、放射介入科、超声介入科、肿瘤科、口腔科、眼科、病理学等人体损伤性治疗和检查领域微创技术的临床实践经验及相关的实验研究，器械的改进与发明。设有院士及专家论坛、临床论著、短篇论著、经验交流、专题讨论、专题讲座、介入治疗、技术改进、新技术/新方法、国内外医学动态、医疗器械进展、综述、短篇/病例报告、争鸣园地等栏目。主要读者对象为从事微创外科各领域高中级医务人员。2001 年继承：《现代外科》（1995～2000）。

中国微生态学杂志 ＝ Chinese journal of microecology / 中华预防医学会，大连医科大学，1989～
月刊　　　　　CLC：Q93，R37
ISSN 1005-376X　CN 21-1326/R　8-27　M3861
辽宁省大连市旅顺南路西段 9 号（116044）
编辑部电话：0411-86110143
https://cjm.dmu.edu.cn
wstzz@126.com
报道国内外人体微生态学、动物微生态学、植物微生态学等各领域的基础研究、应用研究、发展动态、成果和技术方法，包括生态制品的研究，正常微生物群与微环境的平衡关系，以及微生态失调造成疾病的防治研究、实验室技术等。辟有述评、论著、临床研究、口腔微生态学、妇科微生态学、综述、讲座、技术方法、论著摘要（短篇报道）、国内外动态、产品信息及广告等栏目。读者对象为基础与临床医学相关学科的科研及医务工作者。

中国卫生经济 ＝ Chinese health economics / 中国卫生经济学会，国家卫生健康委卫生发展研究中心，1986～
月刊　　　　　CLC：R19
ISSN 1003-0743　CN 23-1042/F　14-97
黑龙江省哈尔滨市香坊区中山路 112 号（150036）
编辑部电话：0451-87253040
http://www.cn-he.cn
che1982@vip.163.com
主要报道卫生经济理论研究、卫生经济政策分析与评价、卫生筹资、卫生资源配置、区域卫生规划、医疗保障（医疗保险、医疗救助）、新型农村合作医疗、公共卫生服务、社区卫生服务、农村卫生服务、卫生服务价格、卫生服务调查（卫生服务需求、供给与市场）、疾病经济负担、健康投资效益、健康与行为(危害健康的行为的卫生经济学)、医院经济运营、卫生财务管理与分析、会计与审计、成本核算、药物经济,以及境外卫生经济动态等。读者对象为医药卫生行政部门及相关行政部门领导,医药卫生事业单位管理者,高等院校、科研机构的相关教学与研究人员,基层卫生经济工作者。1986年继承:《卫生经济》(1982~1985)。

中国卫生事业管理 = Chinese health service management / 四川省卫生健康委员会,1985~
月刊   CLC:R1
ISSN 1004-4663   CN 51-1201/R   62-66
四川省成都市下汪家拐街19号(610041)
编辑部电话:028-86126443,86110812,86138809
http://www.wssygl.com
wssyglgj@sina.com
报道各地卫生改革的新经验,刊登对热点问题的理论探讨和可供学习、借鉴的经验介绍。设有探索与改革、卫生行政管理、卫生法制、社区卫生服务管理、医院管理、医疗市场、药事管理、公共卫生管理、社会医学、医学教育与科研、农村卫生管理、行风建设、外国卫生事业管理、经验交流等栏目。读者对象为卫生行政、医学教育、医药卫生等行业的管理、教学、科研工作者以及热爱这一事业的专业人员。

中国卫生统计 = Chinese journal of health statistics / 中国卫生信息学会,中国医科大学,1984~
双月刊   CLC:R195.1
ISSN 1002-3674   CN 21-1153/R   8-39   4810BM
辽宁省沈阳市沈北新区蒲河路77号(110122)
编辑部电话:024-31939626
http://zgwstj.paperonce.org
zgwstj@126.com
2022年起由中国卫生信息与健康医疗大数据学会和中国医科大学主办。报道我国卫生统计学科的科研成果,以及卫生统计工作改革与卫生事业发展的信息。主要栏目:论著、应用研究、教学研究、方法介绍、计算机应用、综述、专家共识等。主要读者对象为各级卫生机构的卫生统计人员、卫生技术人员和高等医学院校卫生统计专业的教学和科研人员。

中国卫生政策研究 = Chinese journal of health policy / 中国医学科学院,2008~
月刊   CLC:R1
ISSN 1674-2982   CN 11-5694/R   80-955
北京市朝阳区雅宝路3号(100020)
编辑部电话:010-52328696
http://journal.healthpolicy.cn

cjhp@imicams.ac.cn
设有医疗保障、人口与健康、卫生人力、卫生政策分析、互联网医疗、卫生服务研究等栏目。读者对象为卫生政策与管理相关领域的专家学者,高等院校相关专业(公共管理、社会政策、卫生经济、卫生管理等)的师生,卫生行政部门和卫生事业单位管理者,医疗机构管理者等。

中国卫生资源 = Chinese health resources / 中国卫生经济学会,卫生资源杂志社,1998~
双月刊   CLC:R1
ISSN 1007-953X   CN 31-1751/R   4-739   BM8123
上海市延安西路1326号22楼(200052)
编辑部电话:021-52379538
http://www.journalchr.com
chr@scdc.sh.cn,edchrj@yeah.net
2023年起主办单位之一名为中国卫生资源杂志社。重点研究我国卫生资源理论,探索卫生资源开发、配置和利用的客观规律,总结交流卫生资源管理实践经验,报道专题研究成果。设有专稿、公共卫生、卫生规划、卫生经济、医院管理、医学教育、卫生人力、医疗保险等栏目。读者对象为政府各级卫生行政部门的政策制定者与领导者,各大中型医院的管理者,以及各高校和相关科研机构的科研工作者。1998年继承:《卫生资源》。

中国文化研究 = Chinese culture research / 北京语言大学,1993~
季刊   CLC:K207.8,I206
ISSN 1005-3247   CN 11-3306/G2   82-639   Q1246
北京市海淀区学院路15号(100083)
编辑部电话:010-82303701,1009
chinaculture1993@blcu.edu.cn
反映中国传统文化及文化史研究方面的学术成果的学术性刊物。内容涵盖中国文学、历史、哲学、宗教、民俗学、艺术,以及文化传播、中外文化交流、国际汉学研究等领域。辟有当代文化热点、中国文学文化、中国民俗文化、中国历史文化、中国思想文化、商榷与争鸣、中外文化交流、中国典籍翻译研究、文献考辨、作家书简等栏目。读者对象为人文社会科学工作者和大专院校师生。

中国文学批评 = Chinese journal of literary criticism / 中国社会科学杂志社,2015~
季刊   CLC:I206
ISSN 2095-9990   CN 10-1314/I   82-346
北京市朝阳区光华路15号院1号楼11~12层(100026)
编辑部电话:010-85886569
http://www.cssn.cn,http://sscp.cssn.cn

结合当代文学创作和鉴赏的实际,研究中国当代文学理论、开展中国文学批评和评论。主要栏目:马克思主义文论研究、中华美学精神、中国文论话语建构、作家聚焦、新媒介文学·网络文学叙事研究、当代文学观察·创业者形象书写、博士生论坛等。主要读者对象为中国文学研究和文艺理论工作者、大专院校文学专业师生及广大文学爱好者。

中国文学研究(长沙) = Research of Chinese literature / 湖南师范大学,1985～
季刊　　　　　　　CLC:I206
ISSN 1003-7535　CN 43-1084/I　42-154
湖南省长沙市湖南师范大学文学院(410081)
编辑部电话:0731-88872051
zgwxyj@163.com

发表有关中国古今文学流派、文学现象、文学创作、文学欣赏及中外文学比较等方面的论述,刊登书评和学术消息等。主要栏目:古代文学、理论研究、现代文学、古代文论、学人研究专题、当代文学、华文文学、麓山书评等。读者对象为文学理论工作者、大专院校文科专业师生及文学爱好者。

中国无机分析化学 = Chinese journal of inorganic analytical chemistry / 矿冶科技集团有限公司,2011～
双月刊　　　　　　CLC:O6
ISSN 2095-1035　CN 11-6005/O6　80-377　Q9045
北京市南四环西路 188 号总部基地 18 区 23 号楼(100160)
编辑部电话:010-63299759
http://zgwjfxhx.bgrimm.cn
zgwjfxhx@bgrimm.com

主要报道无机分析化学科研成果和工作动态,交流无机分析化学科研经验。刊登内容包括岩矿分析、冶金分析、材料分析、环境分析、化工分析、生物医药分析、食品分析等。设有有毒与有害物质、资源与环境、冶金与材料等栏目。读者对象为从事无机分析化学及相关专业技术科研人员、工程技术人员、管理人员、大专院校师生。2023 年起改为月刊。2011 年继承:《中国无机分析化学文摘》(1984～2010)。

中国稀土学报 = Journal of the Chinese society of rare earths / 中国稀土学会,有研科技集团有限公司,1983～
双月刊　　　　　CLC:TF845,TG14,TD865
ISSN 1000-4343　CN 11-2365/TG　2-612　1487BM
北京市新街口外大街 2 号(100088)
编辑部电话:010-62014832
http://www.re-journal.com
jrechina@263.net,xtxb@grinm.com

2023 年起主办单位之一名为中国有研科技集团有限公司。反映稀土研究与应用技术成果,报道研究进展与动态。刊登综合评述、稀土化学与湿法冶金、稀土发光、稀土应用、磁学和磁性材料、稀土催化、稀土地矿、稀土金属学与火法冶金、稀土新材料。读者对象为国内外从事稀土研究的科技工作者、相关专业院校师生。

中国戏剧 / 中国戏剧家协会,1988～
月刊　　　　　　　CLC:J82
ISSN 1001-8018　CN 11-1767/J　2-3　M30
北京市朝阳区北沙滩 1 号院 32 号楼 B 座 7 层(100083)
编辑部电话:010-59759546,9547,9550
zgxjzz@sina.com

反映中国戏曲、话剧、歌剧、电视剧、广播剧、木偶剧、儿童剧等各种戏剧的现状和成就,包括戏剧理论研究、戏剧创作及舞台艺术的发展等,报道国内外戏剧界动态,介绍剧作家和戏剧演员,发表有关戏剧艺术研究与创作、中外戏剧作品与评论等方面的文章。读者对象为戏剧艺术工作者和戏剧艺术爱好者。1988 年继承:《戏剧报》(1983～1988)。

中国现代神经疾病杂志 = Chinese journal of contemporary neurology and neurosurgery / 中国医师协会,天津市科学技术学会,天津市神经科学学会,天津市环湖医院,2004～
月刊　　　　　　　CLC:R741
ISSN 1672-6731　CN 12-1363/R　6-182　BM8092
天津市津南区吉兆路 6 号(300350)
编辑部电话:022-59065611,5612
http://www.xdjb.org
xdsjjbzz@263.net.cn

报道中枢神经系统及周围神经系统各种疾病的临床和基础研究成果,以及具有临床参考价值的诊疗经验。设有临床研究、基础研究、流行病学调查研究、循证神经病学、循证神经外科学、应用神经解剖学、神经影像学、临床病理报告、综述、病例报告、误诊分析、经验交流、药物与临床、新技术新方法、临床医学图像、临床病理(例)讨论等栏目。主要读者对象为广大神经内外科临床医师及相关科研人员。2004 年继承:《现代神经疾病杂志》(2001～2003)。

中国现代文学研究丛刊 = Modern Chinese literature studies / 中国现代文学馆,1979～
月刊　　　　　　　CLC:I206.6
ISSN 1003-0263　CN 11-2589/I　2-667　6807Q
北京市朝阳区文学馆路 45 号(100029)
编辑部电话:010-57311618
ckbjb@wxg.org.cn

发表有关中国现代文学的原创性研究论文、综述和评论等，包括文学运动、文学思潮、文学流派，以及作家、作品的研究分析，重视现代文学史料、资料的发现、整理与研究。主要栏目：文学史研究、作家与作品、新现象研究、史料研究、学术书评、诗歌研究、翻译研究、会议综述等，以及对著名作家的研究专栏。主要读者对象为中国现代文学研究工作者、高等院校中文系师生及文学研究爱好者。

中国现代应用药学 = Chinese journal of modern applied pharmacy / 中国药学会，1997～
半月刊　　　　　　　CLC：R9
ISSN 1007-7693　　CN 33-1210/R　32-67　M4698
浙江省杭州市滨江区平乐街 325 号浙江省食品药品检验研究院内（310052）
编辑部电话：0571-87297398
http://www.chinjmap.com
xdyd@chinajournal.net.cn

辟有专家论点、论著、中药、临床、药事管理、专家共识等栏目。读者对象为医院、药检所、制药企业、高校、科研单位和各级管理部门、国家重点科技项目和边疆、基层和部队的药学科技人员。1997 年继承：《现代应用药学》（1987～1997）。

中国心理卫生杂志 = Chinese mental health journal / 中国心理卫生协会，1987～
月刊　　　　　　　　CLC：R395.6,B84
ISSN 1000-6729　　CN 11-1873/R　82-316　M6317
北京市海淀区花园北路 51 号 2 号楼 506 室（100191）
编辑部电话：010-62010890
http://www.cmhj.cn
cmhj@bjmu.edu.cn

主要刊登反映我国心理卫生和精神健康相关领域最新研究成果的各种形式的论文，报道世界前沿信息，传播心理卫生新知识。涉及临床医学、预防医学、基础医学、心理学、社会学、教育学等学科。栏目有精神卫生政策、心身医学、心理治疗与心理咨询、临床精神病学、社会精神病学、社区精神卫生、应激与心理健康、心理健康促进、儿童青少年心理卫生、心理卫生评估、神经心理生物学研究以及编读往来，并刊登书评和书讯、学术活动预告、会议纪要等消息。论文形式包括论著、短篇论著、综述、述评、论坛、临床案例报道等。读者对象为从事临床、科研、教育和心理咨询工作的专业人员。

中国心血管杂志 = Chinese journal of cardiovascular medicine / 北京医院，天津医科大学，1996～
双月刊　　　　　　　CLC：R54
ISSN 1007-5410　　CN 11-3805/R　80-928　BM7394

北京市东城区大佛寺东街 6 号院 109 室（100010）
编辑部电话：010-64012981-8109
http://zgxxgzz.yiigle.com
zgxxgzz@bjhmoh.cn

报道心血管领域先进的基础科研成果和临床诊治经验。设有指南与共识、述评、专家论坛、临床研究、基础研究、流行病学调查、荟萃分析、疑难病例分析、病例报告、新概念·新疾病·新技术、综述、讲座、专家答疑等栏目。以从事心血管疾病医疗、科研工作者为读者对象。

中国新药与临床杂志 = Chinese journal of new drugs and clinical remedies / 中国药学会，上海市食品药品监督管理局科技情报研究所，1998～
月刊　　　　　　　　CLC：R9
ISSN 1007-7669　　CN 31-1746/R　4-347　M5892
上海市愚园路 532 弄 50 号（上海市药品和医疗器械不良反应监测中心）（200040）
编辑部电话：021-64511836
http://xyyl.cbpt.cnki.net
xyylc_tougao@126.com

集中报道国内外新药，着重报道药物的临床研究和临床应用，介绍国内外新药的进展及动态。主要登载：新药（包括老药新用）的临床试验（Ⅰ期、Ⅱ期、Ⅲ期、Ⅳ期）；生物等效性试验；新药临床前研究（药理、毒理、药动学、稳定性等）；药物的临床应用、基础药理、临床药理；药物不良反应及监测；合理用药、相互作用与评价、药物经济学研究；药物进展和动态；新药审评相关技术与政策等。读者对象为临床医师和药师。1998 年继承：《新药与临床》（1982～1997）。

中国新药杂志 = Chinese journal of new drugs / 中国医药科技出版社有限公司，中国医药集团有限公司，中国药学会，1992～
半月刊　　　　　　　CLC：R97
ISSN 1003-3734　　CN 11-2850/R　82-488　M4240
北京市西城区西直门南大街 2 号成铭大厦 C 座 317 室（100035）
编辑部电话：010-52722697
http://www.newdrug.cn
bianjibu@newdrug.cn

报道我国新药临床研究和临床试验的创新性研究成果、新药注册信息和审评技术，跟踪世界新药研发前沿，介绍世界上市新药。刊登药物经济学、药物化学、药剂学、药物分析、药理学、毒理学、生物化学、微生物学、分子生物学及其相关学科的研究论文。辟有新药述评与论坛、新药注册与审评技术、重大新药创制专项巡礼、综述、临床研究、实验研究、药物安全与合理应用等栏目。主要读者对象为临床医药工作者、医药高等院校师生、医药研发机构和制药企业科技人员,以及药检部门工作人员。1992 年继承:《新药与市场》(1989~1991)。

中国刑事法杂志 = Criminal science / 最高人民检察院检察理论研究所,1998~
双月刊　　　　　CLC:D9
ISSN 1007-9017　　CN 11-3891/D　82-815
北京市石景山区香山南路 109 号(100144)
编辑部电话:010-86423815
https://zgxsfzz.cbpt.cnki.net
xsfzz2011@163.com
反映刑事法领域的前沿理论和司法实践中的突出问题,突出理论性和实践性的有机结合。辟有专论、刑法理论、个罪研究、诉讼理论、犯罪预防、调查报告、国外刑事法制、热点专题等栏目。面向法律工作者和相关专业大专院校师生。1998 年继承:《检察理论研究》(1991~1997)。

中国行政管理 = Chinese public administration / 中国行政管理学会,1985~
月刊　　　　　CLC:D63
ISSN 1006-0863　　CN 11-1145/D　82-447　M5631
北京市西安门大街 22 号(100017)
编辑部电话:010-63099125
http://www.cpasonline.org.cn
反映政治学、行政管理和公共管理理论与实践的最新发展,关注国内外最新的政府行政管理学术理论研究成果。设有行政改革、治理现代化、数字政府治理、探索与争鸣、公共政策、公共安全、社会治理等栏目。读者对象为国家公务员、各级行政管理人员、大专院校相关专业师生以及社会科学理论工作者。

中国胸心血管外科临床杂志 = Chinese journal of clinical thoracic and cardiovascular surgery / 四川大学,1994~
月刊　　　　　CLC:R65
ISSN 1007-4848　　CN 51-1492/R　62-126
四川省成都市国学巷 37 号(610041)
编辑部电话:028-85422502,2503
http://mc.tcsurg.org
mail@tcsurg.org
报道国内外胸心血管外科领域研究动态。设有述评、论著、指南与规范、综述、临床经验、病例报告、学术动态等栏目。读者对象为从事胸心血管外科专业的医疗、教学与科研人员,兼顾一般医药卫生人员。

中国修复重建外科杂志 = Chinese journal of reparative and reconstructive surgery / 中国康复医学会,四川

大学,1992~
月刊　　　　　CLC:R62
ISSN 1002-1892　　CN 51-1372/R　62-80　MO4374
四川省成都市武侯区国学巷 37 号(610041)
编辑部电话:028-85422431
http://www.rrsurg.com
bjb@rrsurg.com
刊载骨支架修复重建、关节功能重建、脊柱脊髓损伤修复重建、软组织缺损修复重建、残缺肢体修复重建、器官再造与功能重建、血循环功能重建、神经修复与功能重建、口腔颌面整形与再造、干细胞与组织工程、异体及异种移植、生物活性材料等学科内容。主要栏目有指南与共识、述评、专家论坛、临床论著、实验论著、综述、短篇论著、短篇报道等。读者对象为广大临床医生及生物医学工程科研工作者。1992 年继承:《修复重建外科杂志》(1987~1991)。

中国畜牧兽医 = China animal husbandry & veterinary medicine / 中国农业科学院北京畜牧兽医研究所,2002~
月刊　　　　　CLC:S8
ISSN 1671-7236　　CN 11-4843/S　2-215
北京市海淀区圆明园西路 2 号(100193)
编辑部电话:010-62816020,1226,0371
http://www.chvm.net
zgxmsy@caas.cn
主要刊载畜牧兽医科学研究论文和文献综述。主要设有以下栏目:营养与饲料、生理生化、生物技术、遗传繁育、基础兽医、预防兽医、临床兽医、质量安全、环境安全等。主要读者对象为国内外畜牧兽医科研院(所)、高校及企业的科研、教学与管理人员。2002 年继承:《国外畜牧科技》(1979~2002)。

中国畜牧杂志 = Chinese journal of animal science / 中国畜牧兽医学会,2017~
月刊　　　　　CLC:S8
ISSN 0258-7033　　CN 11-2083/S　82-147　SM452
北京市海淀区圆明园西路 2 号院 56 号楼 1 层 101、102(100193)
编辑部电话:010-62732723,62734608,82893431
http://www.zgxmzz.cn
zgxmzz@cau.edu.cn
主要栏目有综述、科学技术(遗传育种、繁殖生理、饲料营养、检测技术、食品安全、环境控制与动物福利、动物健康、科技应用)、产业经济(政策法规、产业经济、行业调研、产业透视、互联网+)、特别报道(全球视野、争鸣、专栏、名企追踪、行业动态、科技动态)等。读者对象为畜牧工作者、科研人员及大专院校师生等。2017 年

由《中国畜牧杂志. 科技》(2006～2016)和《中国畜牧杂志. 市场》(2006～2016)合并而成。

中国学校卫生 = Chinese journal of school health / 中华预防医学会，1990～

月刊　　　　　　CLC：R19

ISSN 1000-9817　　CN 34-1092/R　26-48

安徽省蚌埠市胜利中路 51 号(233000)

编辑部电话：0552-2054276,2074779

http：//www. cjsh. org. cn

xwbjb@cjsh. org. cn

主要内容为反映我国学校卫生、儿少卫生和有关学术研究。设有述评、专题笔谈、学校卫生工作交流、学生营养、健康教育与健康促进、心理卫生、生长发育与健康监测、疾病控制、卫生监督、教工保健、高校保健、校医园地、综述等栏目。读者对象为各级各类学校医务工作者和学校管理人员。1990 年继承:《学校卫生》(1981～1989)。

中国血吸虫病防治杂志 = Chinese journal of schistosomiasis control / 江苏省血吸虫病防治研究所，1989～

双月刊　　　　　　CLC：R53,R1

ISSN 1005-6661　　CN 32-1374/R

江苏省无锡市梅园(214064)

编辑部电话：0510-68781021,1022

http：//www. zgxfzz. com

xfbjb@vip. 163. com

报道血吸虫病、寄生虫病防治研究成果与动态，介绍防治经验。设有特约专稿、专家共识、论著、实验研究、防治研究、临床研究、教学研究、防治经验、综述等栏目。读者对象为血吸虫病、寄生虫病防治研究人员、管理工作者、临床医师和医学院校师生。

中国循环杂志 = Chinese circulation journal / 国家心血管病中心，1986～

月刊　　　　　　CLC：R54

ISSN 1000-3614　　CN 11-2212/R　82-212　BM5982

北京市西城区北礼士路 167 号(100037)

编辑部电话：010-68332599

http：//www. chinacirculation. org

zgxhzz@vip. 163. com

报道我国心血管病学在临床和科研工作中的重大进展。设有述评、指南与共识、专题评论、讲座、专题会议纪要等栏目。以从事心血管病专业预防、医疗、科研及教学人员为主要读者对象。

中国循证儿科杂志 = Chinese journal of evidence based pediatrics / 复旦大学，2006～

双月刊　　　　　　CLC：R72

ISSN 1673-5501　　CN 31-1969/R　4-394　BM6789

上海市万源路 399 号(201102)

编辑部电话：021-64931936

http：//www. cjebp. net

cjebp@fudan. edu. cn

报道新生儿、呼吸、儿童保健、心血管、消化、肾脏、神经、感染、遗传代谢内分泌、血液肿瘤、免疫、风湿、精神、护理等专业，同时也包括儿科其他学科中的非手术方式的内容。主要栏目设有论著、病例报告、指南与共识、循证医学方法学和研究设计方案，次要栏目设有述评、病例讨论和综述。以儿科临床、科研、教学、管理工作者和卫生决策者为主要读者对象。2006 年继承:《中国医学文摘. 基础医学》(1984～2005)。

中国循证医学杂志 = Chinese journal of evidence-based medicine / 四川大学，2002～

月刊　　　　　　CLC：R4

ISSN 1672-2531　　CN 51-1656/R　62-245

四川省成都市国学巷 37 号(610041)

编辑部电话：028-85422052

http：//www. cjebm. com

editor@cjebm. com

报道循证医学的最新研究成果,反映循证医学学科发展趋势。设有述评、方法学、专家论坛、教育与争鸣、指南与共识、指南解读、论著(原始研究、二次研究、方法学)、实践与交流等栏目。以临床医生及相关专业研究人员为主要读者对象。2002 年继承:《中国循证医学》(2001～2002)。

中国烟草科学 = Chinese tobacco science / 中国农业科学院烟草研究所,中国烟草总公司青州烟草研究所，1997～

双月刊　　　　　　CLC：S572,TS4

ISSN 1007-5119　　CN 37-1277/S　24-30

山东省青岛市崂山区科苑经四路 11 号(266101)

编辑部电话：0532-88703238

http：//www. zgyckx. com. cn

zgyckx@21cn. com

主要刊载我国烟草科学研究和烟草生产技术方面的科研成果、生产新技术、现代化管理等学术论文,此外还刊登烟草研究领域具有一定前瞻性的综述文章。设有烟草遗传育种、栽培技术、调制加工、生理生化、植物保护、综述或专论、品质化学等栏目。主要读者对象包括国内烟草科技工作者、大专院校师生、烟草生产管理干部,烟厂技术人员等。1997 年继承:《中国烟草》(1979～1996)。

中国烟草学报 = Acta tabacaria Sinica / 中国烟草学会，1992～
双月刊　　　　CLC：TS4
ISSN 1004-5708　　CN 11-2985/TS　80-504
北京市西城区月坛南街 55 号（100045）
编辑部电话：010-63605021，6007，6802
http://ycxb. tobacco. org. cn
xh-bj@tobacco. gov. cn，zgycxb@163. com
报道国内外烟草工业、农业、经济等方面的学术论文、研究报告等。设有烟草与烟气化学、农艺与调制、经济与管理、制造技术、植物保护、现代烟草农业、吸烟与健康、生物技术、综述等栏目。读者对象为烟草行业及相关领域的科研人员、大专院校师生、管理者及生产技术人员。1992 年继承：《烟草学刊》（1988～199?）。

中国岩溶 = Carsologica Sinica / 中国地质科学院岩溶地质研究所，1982～
双月刊　　　　CLC：P642. 25，P9
ISSN 1001-4810　　CN 45-1157/P　48-19　Q5815
广西桂林市七星路 50 号（541004）
编辑部电话：0773-5812949
http://zgyr. karst. ac. cn
zgyr@mail. cgs. gov. cn
主要刊登岩溶地质方面论文，介绍我国岩溶地质科技各项成就，报道岩溶专业会议和其他学术活动。栏目有水文地质、生态地质、环境地质、油气地质、基础地质、技术方法等。读者对象为地质、地理、水电、建筑、农林、旅游、环境保护等部门与岩溶地质研究科研人员、工程技术人员及相关专业高校师生。

中国药房 = China pharmacy / 中国医院协会，重庆大学附属肿瘤医院，1990～
半月刊　　　　CLC：R954
ISSN 1001-0408　　CN 50-1055/R　78-33　SM4703
重庆市渝中区大坪正街 129 号四环大厦 8 层（400042）
编辑部电话：023-63830521
http://www. china-pharmacy. com
info@china-pharmacy. com
主要栏目包括医药热点（包括专家论坛，当前医药前沿、重点理论选题等）、药事管理（包括药业专论、药房管理、市场分析、基药政策、招投标、社会药房、执业药师等）、药学研究（包括基础研究、制剂与工艺、药物分析与检定、中药与民族药、网络药理学、基因靶向研究等）、药物经济学（包括经济学研究、医保相关研究等）、药物与临床（包括用药观察、精准治疗、血药浓度监测、用药评价、临床药理等）、循证药学（包括临床用药系统评价、循证研究等）、药师与药学服务（包括用药数据分析、处方点评、不良反应、个案报道、社区药学等）、综述等。主要

读者对象为在医院药学部（药剂科）工作的各级各类专业技术人员，以及药品研制、生产、经营、临床应用及监督管理人员。

中国药科大学学报 = Journal of China Pharmaceutical University / 中国药科大学，1987～
双月刊　　　　CLC：R9
ISSN 1000-5048　　CN 32-1157/R　28-115　BM6016
江苏省南京市童家巷 24 号（210009）
编辑部电话：025-83271566
http://zgykdxxb. cpu. edu. cn
xuebao@cpu. edu. cn
报道药学科学创新性科研成果。刊登合成药物化学、天然药物化学、生药学、中药学、药剂学、药物分析、药物生物技术、药理学、药代动力学及其他相关学科的研究论文与综述。主要栏目有论文、综述、专论、信息等。读者对象为药学科技与临床工作者。1987 年继承：《南京药学院学报》（1957～1986）。

中国药理学通报 = Chinese pharmacological bulletin / 中国药理学会，1985～
月刊　　　　CLC：R96
ISSN 1001-1978　　CN 34-1086/R　26-52　MO6813
安徽省合肥市梅山路 81 号安徽医科大学校内（230032）
编辑部电话：0551-65161221
http://www. zgylxtb. cn
zgylxtb8@163. com
主要刊登药理学研究原著，注重刊发化学成分明确的新药研究论文，辟有综述、论著、小专论、复方药物药理学、实验方法学、研究简报等专栏。读者对象为药理学、药学及其他相关专业的研究人员，各级临床医师、药师、制药界科技人员。

中国药理学与毒理学杂志 = Chinese journal of pharmacology and toxicology / 军事医学科学院毒物药物研究所，中国药理学会，中国毒理学会，1986～
月刊　　　　CLC：R9
ISSN 1000-3002　　CN 11-1155/R　82-140　BM-1051
北京市太平路 27 号（100850）
编辑部电话：010-66931617
http://cjpt. magtechjournal. com
cjpt518@163. com
2022 年 6 月起主办单位改为军事科学院军事医学研究院。主要刊登药理学与毒理学各分支学科的研究论著、专题评述、综述和新技术方法的创建。主要读者对象为药理学、毒理学、药学、医学和生物基础科学研究工作者。

中国药学杂志 = Chinese pharmaceutical journal / 中国药学会,1989～

半月刊　　　　　　　CLC：R9

ISSN 1001-2494　　CN 11-2162/R　2-232　SM313

北京市东城区天坛西里 2 号(100050)

编辑部电话：010-67095787

http://www.zgyxzz.com.cn

zgyxzz@cpa.org.cn,zgyxzz@aliyun.com

反映我国药学研究成果、进展与动态,内容包括药剂学、临床药学、药理学、药品检验学、药物化学、生化药学、中药学、天然药物学等方面。辟有综述、论著、药物与临床、药理管理、新药述评、信息等栏目。读者对象为中、西药学工作者及各级医务工作者。1989 年继承：《药学通报》(1953～1988)。

中国冶金 = China metallurgy / 中国金属学会,北京钢研柏苑出版有限责任公司,1992～

月刊　　　　　　　CLC：TF,TG1

ISSN 1006-9356　　CN 11-3729/TF

北京市海淀区学院南路 76 号(100081)

编辑部电话：010-62181032

http://www.chinamet.cn,http://www.zgyj.ac.cn

CM@chinamet.cn

报道内容涉及钢铁及有色金属矿山地质、采矿、焦化、废钢铁、烧结和球团、炼铁、炼钢、连铸、压力加工、能源环保等金属冶金工业的主要技术领域。主要栏目有专题研究、生产技术、技术综述、冶金科学技术奖、冶金科技英才、节能环保、冶金英才特约、装备技术、有色冶金、专家论坛等。读者对象为从事金属冶金生产、管理、设计、科研、教学等科技人员、专家学者及管理干部等。1992 年继承：《金属学会会讯》。

中国医科大学学报 = Journal of China Medical University / 中国医科大学,1978～

月刊　　　　　　　CLC：R

ISSN 0258-4646　　CN 21-1227/R　8-175　BM904

辽宁省沈阳市沈北新区蒲河路 77 号(110122)

编辑部电话：024-31939622

http://journal.cmu.edu.cn

报道基础医学、临床医学、预防医学、药学等领域的最新科研成果、新技术、新经验。辟有论著、综述、短篇论著等栏目。主要读者对象为医药卫生科技人员。1978 年继承：《医学研究》(1972～1977)。

中国医学计算机成像杂志 = Chinese computed medical imaging / 复旦大学附属华山医院,1995～

双月刊　　　　　　　CLC：R445,R81

ISSN 1006-5741　　CN 31-1700/TH　4-566

上海市乌鲁木齐中路 12 号(200040)

编辑部电话：021-52888349

62498318@163.com

反映磁共振成像基础研究与临床研究新成果。设有神经影像学、头颈部影像学、胸部影像学、腹部影像学、骨骼肌肉影像学、儿科影像学、介入放射学、核医学、影像技术等栏目。读者对象为广大中高级职称的医学影像从业人员。

中国医学科学院学报 = Acta Academiae Medicinae Sinicae / 中国医学科学院,北京协和医学院,1979～

双月刊　　　　　　　CLC：R

ISSN 1000-503X　　CN 11-2237/R　2-365　BM331

北京市东单三条九号(100730)

编辑部电话：010-65133074

http://www.actacams.com

actacams@263.net.cn

主要报道基础医学、临床医学、药学、预防医学、生物医学等领域最新研究成果、工作进展和动态。主要栏目有述评/论坛(约稿)、综述、论著、临床经验交流、病例报告等。读者对象为全国高等医学院校、卫生系统科研、教学及医疗单位工作者。

中国医学伦理学 = Chinese medical ethics / 西安交通大学,1988～

月刊　　　　　　　CLC：R-052

ISSN 1001-8565　　CN 61-1203/R　52-83　M4480

陕西省西安市雁塔西路 76 号(710061)

编辑部电话：029-82655404,7517

http://yxllx.xjtu.edu.cn

zgyxllx@vip.163.com

刊登医学伦理学、生命伦理学方面的论文,以及教师、学生、临床一线医护人员等在教学、学习、实习、工作等过程中遇到的相关伦理实践、经验分享,以及认知感想等。设有专论、特别专题、临床伦理、医学人文、探索与争鸣、医患关系、伦理审查、养老伦理、生命叙事等栏目。读者对象为医学人文学及相关学科的教学、科研、医务工作者。

中国医学前沿杂志(电子版) = Chinese journal of the frontiers of medical science (electronic version) / 人民卫生出版社有限公司,2008～

月刊　　　　　　　CLC：R

ISSN 1674-7372　　CN 11-9298/R　82-136

北京市朝阳区潘家园南里 19 号(100021)

编辑部电话：010-64012981-8025

http://zgyxqyzz.yiigle.com

cjfmsev@163.com

反映国内外临床科研工作的前沿进展，促进国内外学术交流。常设栏目有院士论坛、述评、专题笔谈、专家论坛、临床研究、基础研究、指南导读、继续医学教育、医海拾零、会议报道、百家病例讨论、百家讲坛（视频）等。读者对象为国内外临床科研工作者。

中国医学影像技术 = Chinese journal of medical imaging technology / 中国科学院声学研究所，1985～
月刊　　　　　　　　CLC：R445，R81
ISSN 1003-3289　CN 11-1881/R　82-509　M1344
北京市海淀区北四环西路 21 号大猷楼 502 室(100190)
编辑部电话：010-82547903
http://www.cjmit.com
cjmit@mail.ioa.ac.cn
刊登放射医学、超声医学、影像技术学、介入医学、核医学、医学物理与工程学、内镜诊断治疗学以及相关学科的专业内容。设有实验研究、中枢神经影像学、头颈部影像学、心脏、血管影像学、胸部影像学、腹部影像学、生殖泌尿影像学、骨骼肌肉影像学、妇产科影像学、影像技术学、综述、个案报道等栏目。读者对象为从事医学影像工作的医师和科研工作者，以及其他相关科室临床医生。

中国医学影像学杂志 = Chinese journal of medical imaging / 中国医学影像技术研究会，北京医院，1993～
月刊　　　　　　　　CLC：R445，R81
ISSN 1005-5185　CN 11-3154/R　82-712　M3659
北京市东单大华路 1 号(100730)
编辑部电话：15110102619
http://zyyz.cbpt.cnki.net
zyyz@j-medicalimaging.com
刊登放射医学、超声医学、核医学、介入医学、影像技术学、医学影像工程学等方面研究成果和进展。设有实验研究、中枢神经影像学、头颈部影像学、乳腺影像学、心脏影像学、胸部影像学、血管与介入放射学、腹部影像学、妇产科影像学、生殖泌尿影像学、骨骼肌肉影像学、影像技术学、医学影像工程学、文献计量学、述评与综述等栏目。读者对象为医学影像工作者及临床医师。

中国医院 = Chinese hospitals / 中国医院协会，1997～
月刊　　　　　　　　CLC：R19
ISSN 1671-0592　CN 11-4674/R　2-743 M3582
北京市朝阳区和平里西街和平西苑 20 号楼 A 座 101 室(100013)
编辑部电话：010-87677703
http://www.chaj.com.cn
zgyy@vip.163.com
报道学科重大进展，交流先进医院卫生管理经验，发布权威信息。主要栏目有特别策划、管理创新、研究与报告、管理实务、医院安全、医院法治、医院科研、门急诊管理、医院护理、医院药事、民营医院、经验交流、人力资源、医院后勤、病案管理、医院财务、医院情报图书管理等。读者对象为县级以上医疗机构的医院管理工作者、医疗机构科室主任、护理管理工作者、卫生行政管理人员、医务人员，以及热心和关注医疗服务的各界人士。

中国医院管理 = Chinese hospital management / 黑龙江省卫生健康发展研究中心，1985～
月刊　　　　　　　　CLC：R19
ISSN 1001-5329　CN 23-1041/C　14-76
黑龙江省哈尔滨市香坊区中山路 112 号(150036)
编辑部电话：0451-87253020,3029
http://www.zgyygl.com
chm@vip.163.com
报道国内外医院管理学术研究趋势和实践探索最新进展，内容包括医院改革与发展的政策与法律法规，现代医院管理理论、技术、方法在医院管理实践中的应用经验等。主要栏目：论坛、医院改革、工作研究、医事法苑、人力资源管理、医院经营、经济管理等。读者对象为医院管理工作者，承担管理职责的卫生技术人员，高等院校科研机构相关教学研究人员，卫生政策制定者和其他相关领域人士。1985 年继承：《医院管理》(1981～1984)。

中国医院药学杂志 = Chinese journal of hospital pharmacy / 中国药学会，1983～
半月刊　　　　　　　CLC：R9
ISSN 1001-5213　CN 42-1204/R　38-50　SM65-38
湖北省武汉市汉口胜利街 155 号(430014)
编辑部电话：027-82836596,82809190
http://www.zgyyyx.com
pharmacy@vip.163.com
主要介绍国内外医院药学创新性成果和药学先进技术。内容包括：临床合理用药、中西药制剂、医院调剂、医院药学学科的科学管理与改革、药学基础知识及理论等。设有研究论文、药物与临床、药物不良反应等栏目。读者对象为医院药学工作者、医务人员和广大药学工作者。1983 年继承：《医院药学杂志》(1981～1982)。

中国疫苗和免疫 = Chinese journal of vaccines and immunization / 中国疾病预防控制中心，2008～
双月刊　　　　　　　CLC：R186
ISSN 1006-916X　CN 11-5517/R　82-856
北京市西城区南纬路 27 号(100050)
编辑部电话：010-83159534
http://zgim.cbpt.cnki.net

ymmy5517@163.com

主要登载国内外计划免疫、疫苗可预防疾病的免疫预防和疫苗研究的成果,计划免疫管理,实验室技术和方法,国内外有关计划免疫的学术信息。主要栏目有述评、论著、专家共识、管理、经验交流、短篇报道、综述、讲座、学术报告、学术讨论、专家访谈、文摘。读者对象为计划免疫与疾病预防方面的研究人员、临床医务工作者、医学专业院校师生。2008 年继承:《中国计划免疫》(1995~2007)。

中国音乐 = Chinese music / 中国音乐学院,1981~
双月刊   CLC:J6
ISSN 1002-9923   CN 11-1379/J   2-263   Q986
北京市朝阳区安翔路 1 号(100101)
编辑部电话:010-64887378
bianjibu7378@vip.163.com
发表有关中国音乐研究的学术性文章,研究中国各民族优秀音乐文化传统、中国音乐的历史价值与社会价值,介绍中国民族音乐知识,探讨国内外音乐教育理论及方法。主要栏目:纪念与启迪、民族音乐研究、中外音乐家及其作品研究、音乐表演艺术研究、音乐教育研究、音乐传播等。读者对象为音乐院校师生、音乐工作者和音乐爱好者。

中国音乐学 = Musicology in China / 中国艺术研究院,1985~
季刊   CLC:J6
ISSN 1003-0042   CN 11-1316/J   82-185   Q5801
北京市朝阳区来广营路 81 号(100012)
编辑部电话:010-64813314;010-64891166-1110
musicology2003@126.com
主要发表中外音乐研究、音乐史、音乐技术、音乐学学科建设等方面的论文,对我国音乐学研究的历史与现状进行研究与探讨。辟有音乐美学与音乐分析、音乐声学与韵律学、中国音乐史、民族音乐学、音乐评论、音乐理论、探讨中华礼乐文明新体系、学统与创新等栏目。读者对象为国内外音乐理论工作者及音乐、艺术院校师生。

中国油料作物学报 = Chinese journal of oil crop sciences / 中国农业科学院油料作物研究所,1998~
双月刊   CLC:S565
ISSN 1007-9084   CN 42-1429/S   38-13   BM6551
湖北省武汉市武昌区徐东二路 2 号(430062)
编辑部电话:027-86813823,64017539
http://www.jouroilcrops.cn
ylxb@oilcrops.cn
刊登有关油菜、花生、大豆、芝麻、向日葵、胡麻及其他特种油料作物有关遗传育种、栽培生理、土肥植保、综合加工利用,以及品质测试技术等方面的研究论文、综述专论等。读者对象为油料作物科研、管理、生产人员及大专院校师生。1998 年继承:《中国油料》(1979~1997)。

中国油脂 = China oils and fats / 中粮工科(西安)国际工程有限公司,1986~
月刊   CLC:TS22,TQ64
ISSN 1003-7969   CN 61-1099/TS   52-129   M5889
陕西省西安市劳动路 118 号(710082)
编辑部电话:029-88617441,88621360
http://www.chinaoils.cn,http://tg.chinaoils.cn
zyzzoil@163.com
报道油脂加工领域的科技成果,关注行业发展热点问题。设有专题论述、油脂化学、油料蛋白、油脂加工、油脂深加工、油脂营养、油脂安全、油脂化工、油料资源、检测分析、应用研究、信息平台、经验交流等栏目。读者对象为油脂行业的科技人员、生产管理人员及相关专业院校师生。1986 年继承:《油脂科技》(1979~1985)。

中国有色金属学报 = The Chinese journal of nonferrous metals / 中国有色金属学会,1991~
月刊   CLC:TF8,TG146
ISSN 1004-0609   CN 43-1238/TG   42-218
湖南省长沙市中南大学内(410083)
编辑部电话:0731-88876765,7197
http://www.ysxbcn.com,http://www.tnmsc.cn
f-ysxb@csu.edu.cn
主要报道我国有色金属材料、冶金、选矿和化学化工领域的新理论、新技术和新方法。设有材料科学与工程、冶金工程、矿业工程、化学化工和专题等栏目。读者对象为从事有色金属材料和冶金科学研究的科研与工程技术人员、高等院校师生等。

中国有色冶金 = China nonferrous metallurgy / 中国有色工程有限公司,2004~
双月刊   CLC:TF8
ISSN 1672-6103   CN 11-5066/TF
北京市复兴路 12 号(100038)
编辑部电话:010-63936594,3053
https://ysyl.cbpt.cnki.net
zgysyj@sohu.com
报道轻金属、重金属、贵金属、稀有及稀土金属等 60 多种金属的冶金生产。设有冶炼工艺、综合利用与环保、试验研究、电池材料回收、钛冶炼、检测分析、聚焦碳排放、有色综述、低碳冶金等栏目。读者对象为有色金属及其相关专业的科研人员、工程技术人员及专业院校师生。2004 年继承:《有色冶炼》(1981～2003)。

中国语文 = Studies of the Chinese languange / 中国社会科学院语言研究所，1952～
双月刊　　　　CLC：H19
ISSN 0578-1949　CN 11-1053/H　2-46　BM18
北京市建国门内大街 5 号(100732)
编辑部电话：010-85195391,65125849
http://www.zgyw.org.cn
zgyw_yys@cass.org.cn
发表汉语语言学通论、语言文字的现状和历史、语言应用和语文教学、实验语言学、数理语言学、方言学、古汉语研究等方面的学术论文，以及语言文字学著作评论等。主要栏目有语言文字与文化传承、学术体系与学科建设等栏目。读者对象为语言工作者、大专院校中文系师生、中学语文教师及语文爱好者。

中国预防兽医学报 = Chinese journal of preventive veterinary medicine / 中国农业科学院哈尔滨兽医研究所，1999～
月刊　　　　CLC：S85
ISSN 1008-0589　CN 23-1417/S　14-70　MO5632
黑龙江省哈尔滨市香坊区哈平路 678 号(150069)
编辑部电话：0451-51051811,1812
http://yfsy.paperopen.com
zgyfsyxbhvri@163.com
主要反映国内有关畜禽和经济动物的传染病防治和生物制品等的最新科研成果，交流工作经验及防治畜禽传染病的专业知识，促进我国兽医科技的发展，更好地为畜牧业生产服务。设有病原生物学、流行病学、免疫学、预防及治疗、诊断技术、研究综述等栏目。读者对象为畜牧兽医工作者、农业高等院校畜牧兽医专业师生及外贸商检人员。1999 年继承:《中国畜禽传染病》(1987～1998)。

中国园林 = Chinese landscape architecture / 中国风景园林学会，1985～
月刊　　　　CLC：TU986
ISSN 1000-6664　CN 11-2165/TU　82-217　BM4577
北京市海淀区甘家口 21 号楼 708 室、711 室(100037)
编辑部电话：010-88382517,68318322,68348041
http://www.jchla.com
报道风景园林及其交叉学科的研究成果与动态，刊登学术论文、研究报告、专题综述及评论文章，介绍新材料与新方法。每期设一个主题，还辟有风景园林理论、风景园林植物、国外风景园林、风景园林文史哲、风景园林生态等多个栏目。读者对象为城建、园林系统的领导干部、规划设计人员及相关专业院校师生。

中国远程教育 = Chinese journal of distance education / 国家开放大学，1999～
月刊　　　　CLC：G43,G71
ISSN 1009-458X　CN 11-4089/G4　2-353　M4359
北京市海淀区西四环中路 45 号(100039)
编辑部电话：010-68182514
http://ddjy.cbpt.cnki.net
zzs@ouchn.edu.cn
关注大教育观视野中的关键问题，呈现终身教育和教育信息化进程，聚焦科技赋能教育的学术探讨与案例研究，探索远程开发教与学基本规律等。主要栏目有学术聚焦、国际论坛、实践纵览等。读者对象为远程教育工作者和教育技术理论研究者及工作者。1999 年继承:《中国电大教育》(1986～1999);2003 年分出:《中国远程教育.资讯》(2003～2014);2015 年分出:《在线学习》(2015～)。

中国运动医学杂志 = Chinese journal of sports medicine / 中国体育科学学会，1982～
月刊　　　　CLC：R87
ISSN 1000-6710　CN 11-1298/R　82-77　M709
北京市体育馆路甲 2 号旁门(100061)
编辑部电话：010-67192754,2756
https://ydyx.cbpt.cnki.net/WKD/WebPublication/index.aspx?mid=YDYX
cjsm@vip.163.com
主要刊登运动解剖学、运动创伤学、运动康复学、运动生理学、运动生物化学、运动医务监督、运动营养学、运动生物力学、运动心理学、体质研究、反兴奋剂等学科和专业领域的科研成果，中医中药在运动医学领域的应用研究成果，反映国内外运动医学发展动态的综述等。以体育与医疗卫生系统从事科研、临床、教学等工作的科技工作者、医务工作者、教练员和院校广大师生为主要读者对象。

中国藏学 = China tibetology / 中国藏学研究中心，1988～
季刊　　　　CLC：K28,C95
ISSN 1002-557X　CN 11-1725/C
北京市北四环东路 131 号(100101)
编辑部电话：010-64937904
http://ctrc.cbpt.cnki.net
zgzx614@126.com
刊发藏学及相关领域研究成果，主要内容涉及藏族社会历史、哲学宗教、文献档案、语言文学、文化艺术、学习、贯彻党和国家涉藏方针政策，西藏及涉藏州县社会经济发展和民生等方面的研究成果。读者对象为从事藏学研究的人员和大专院校师生等。2022 年起改为双月刊。

中国造船 ＝ Shipbuilding of China / 中国造船工程学会，1948～
季刊　　　　　　　　CLC：U66
ISSN 1000-4882　　CN 31-1497/U
上海市高雄路 185 号（200011）
编辑部电话：021-63146399，63131146
https://zgzc. cbpt. cnki. net/EditorDN/index. aspx? mid-zgzc
zhongguozaochuan@aliyun.com
报道船舶工业和海洋工程方面的科技成果，介绍新理论、新技术、新设备在船舶和海洋工程方面的应用，及国内外船舶科技的发展水平与动向。读者对象为从事船舶和海洋工程研究、设计、制造、维修、检验的工程技术人员和相关专业大专院校师生。2022 年起改为双月刊。

中国造纸 ＝ China pulp & paper / 中国造纸学会，中国制浆造纸研究院有限公司，1982～
月刊　　　　　　　　CLC：TS7
ISSN 0254-508X　　CN 11-1967/TS　　2-194　　DK11070
北京市朝阳区启阳路 4 号院 2 号楼（100102）
编辑部电话：010-64778158，8159，8160，8161
http://www. cppmp. com，http://zgzz. cnjournals. com
cpp2108@vip. 163. com
报道我国造纸工业在纤维原料、备料、制浆及其设备，纸及纸板生产，纸机及其辅助设备，废纸脱墨、洗涤、筛选、漂白、湿部化学、化学品，自动控制、传动控制，废水处理与环保综合利用，分析检测等方面的新成就和重要科技成果，介绍先进工艺及生产经验，开展科技信息交流。读者对象为造纸工业及相关行业的科研人员、工程技术人员、经营管理人员、专业院校师生。1982 年继承：《造纸技术通讯》（1956～1981）。

中国造纸学报 ＝ Transactions of China pulp and paper / 中国造纸学会，1986～
季刊　　　　　　　　CLC：TS7
ISSN 1000-6842　　CN 11-2075/TS
北京市朝阳区启阳路 4 号院 1 号楼（100102）
编辑部电话：010-64778162，8165
http://zgzzxb. ijournals. cn
tcpp@vip. 163. com
反映我国造纸工业科技成果。刊登有关造纸原材料、制浆、废液综合利用及污染防治、机械设备、分析检验、工艺和质量控制自动化等方面的研究论文、学术报告及综合性学术评述。读者对象为造纸专业大专院校师生和科研院所的科技人员。

中国哲学史 ＝ History of Chinese philosophy / 中国哲学史学会，1992～
双月刊　　　　　　　CLC：B2
ISSN 1005-0396　　CN 11-3042/B　　2-394　　Q459
北京市建国门内大街 5 号（100732）
http://www. zgzxszz. cn
zhgzhxshyj@163. com
刊登国内外中国哲学史研究的最新成果，如中国哲学与优秀传统文化方面的学术论文以及海外中国哲学史最新研究成果的介绍和评论等。设有马克思主义与中国哲学研究、先秦哲学、魏晋哲学、近现代哲学研究、儒学研究、经济思想研究、宋明清哲学、国外中国哲学研究、道家与道教、蜀学研究、史料辑佚、诸子学研究、海外儒学与汉学研究、简讯等栏目。读者对象为哲学研究工作者、理论工作者及大专院校师生。

中国针灸 ＝ Chinese acupuncture & moxibustion / 中国针灸学会，中国中医科学院针灸研究所，1981～
月刊　　　　　　　　CLC：R245
ISSN 0255-2930　　CN 11-2024/R　　2-53　　M497
北京市东直门内南小街 16 号（100700）
编辑部电话：010-64089343
https://zgze. cbpt. cnki. net
zhongguozhenjiu@vip. 163. com
刊登针灸临床研究报告、临床经验总结、机制探讨、理论研究、教学研究、仪器研制、文献与史料的整理、名老专家经验介绍、海外针灸发展状况等内容。设有疗效验证、便研之术、刺法与灸法、针灸与心身医学、经筋专栏、机制探讨、针刺麻醉、医案选辑、针家精要、理论探讨、思路与方法、综述等栏目。读者对象为广大针灸临床和科研工作者。

中国职业技术教育 ＝ Chinese vocational and technical education / 教育部职业技术教育中心研究所，中国职业技术教育学会，高等教育出版社有限公司，北京师范大学，2019～
旬刊　　　　　　　　CLC：G71
ISSN 1004-9290　　CN 11-3117/G4　　82-866　　4517M
北京市朝阳区惠新东街 4 号富盛大厦 16 层（100029）
编辑部电话：010-58556724，6728，6738
https://zone. cbpt. cnki. net
cvatezbs@163. com
宣传国家关于职业教育的方针、政策，推动职业教育理论研究、办学经验总结、教育教学改革创新，介绍国外职业教育的理论、经验和做法，服务中国职业教育的改革和发展。杂志为旬刊，上旬侧重综合改革，中旬侧重教学改革，下旬侧重理论探索。设有终身教育、人才培养、发展研究、技能型社会建设、职业教育国际化、思政教育、课程教学、教学研究、政策制度、理论前沿等栏目。读者对象为职教工作者,职业院校师生及其他教育工作者。2019 年由《中国职业技术教育. 综合》(2009～2018)、《中国职业技术教育. 教学》(2009～2018)和《中国职业技术教育. 理论》(2009～2018)合并而成。

中国植保导刊 = China plant protection / 全国农业技术推广服务中心,2004～
月刊　　　　　　　　CLC：S4
ISSN 1672-6820　　CN 11-5173/S
北京市朝阳区麦子店街 20 号楼(100125)
编辑部电话:010-59194736,4728
zhibao@agri. gov. cn
　　主要刊登全国农作物病、虫、草、鼠害的测报、检疫、防治、农药械的新技术、新成果及相关方针政策、指导意见,交流植保工作经验。主要栏目有研究报告、粮油作物、蔬菜作物、园林作物、经济作物、预测预报、农药药械、工作研究。主要读者对象为广大植保技术推广人员及技术人员。2004 年继承:《植保技术与推广》(1993～2003)。

中国中西医结合杂志 = Chinese journal of integrated traditional and western medicine / 中国中西医结合学会,中国中医科学院,1992～
月刊　　　　　　　　CLC：R2-031
ISSN 1003-5370　　CN 11-2787/R　　2-52　　M640
北京市西苑操场 1 号(100091)
编辑部电话:010-62877592,62886827
http://www. cjim. cn
cjim@cjim. cn
　　报道我国中西医结合在临床、科研、教学等方面的经验和成果,探讨中西医结合的思路与方法;介绍循证医学研究成果和国内外本专业的进展,开展学术讨论和争鸣。设有述评、论坛、专题笔谈、临床论著、基础研临床经验、学术探讨、思路与方法学、临床试验方法学、综述、病例报告、中医英译及会议纪要等栏目。读者对象为中医药和中西医结合科研、临床、教学工作者及医学院校学生。1992 年继承:《中西医结合杂志》(1981～1991)。

中国中药杂志 = China journal of Chinese materia medica / 中国药学会,1989～
半月刊　　　　　　　CLC：R28
ISSN 1001-5302　　CN 11-2272/R
北京市东直门内南小街 16 号(100700)
编辑部电话:010-64087589
http://www. cjcmm. com. cn
cjcmm2006@188. com
　　报道中医药专业领域科研成果和进展动态。内容涉

及中药生态与资源、鉴定、栽培、养殖、炮制、制剂、化学、药理、临床药学、临床、本草等方面。辟有专论、综述、研究论文、研究报告、临床、技术交流、学术探讨、药事管理、经验交流、信息等栏目。读者对象为中高级中药学工作者和中医药临床工作者。1989 年继承:《中药通报》(1955～1988)。

中国肿瘤 = China cancer / 中国医学科学院(全国肿瘤防治研究办公室),1992～
月刊　　　　　　　　CLC：R73
ISSN 1004-0242　　CN 11-2859/R　　32-100　　M6814
浙江省杭州市上城区机场路 30 号(310004)
编辑部电话:0571-88122556,2280,2282
http://www. chinaoncology. cn
zgzl_09@126. com
　　主要报道肿瘤控制、肿瘤预防、流行病学等方面研究成果。主要栏目设有癌情监测、防治工作、专题报道、医院管理、研究进展、论著等。主要读者对象为卫生行政管理人员,医学临床、基础、科研、教育工作者。1992 年继承:《中国肿瘤情报》(1987～1991)。

中国肿瘤临床 = Chinese journal of clinical oncology / 中国抗癌协会,天津医科大学肿瘤医院,1986～
半月刊　　　　　　　CLC：R73
ISSN 1000-8179　　CN 12-1099/R　　6-18　　SM6690
天津市河西区体院北环湖西路天津医科大学肿瘤医院 C 楼 3 层(300060)
编辑部电话:022-23527053
http://www. cjco. cn
cjco@cjco. cn
　　报道国内外肿瘤学领域创新性研究成果与先进临床诊疗经验。设有专家论坛、指南与共识、基础研究、临床研究与应用、癌情报告、MDT 论坛、术式交流、新药临床试验、国家基金研究进展综述、病例报告与分析等栏目。读者对象为肿瘤临床医师及肿瘤领域科研工作者。1986 年继承:《肿瘤临床》(1984～1985)。

中国肿瘤生物治疗杂志 = Chinese journal of cancer biotherapy / 中国免疫学会,中国抗癌协会,1994～
月刊　　　　　　　　CLC：R73
ISSN 1007-385X　　CN 31-1725/R　　4-576　　BM6510
上海市翔殷路 800 号(200433)
编辑部电话:021-55620605-51,22;021-81871007
http://www. biother. cn
cjcb@biother. cn
　　主要报道肿瘤生物治疗领域基础研究和临床应用的新成果、新理论、新技术和新经验。常设有院士论坛、专家论坛、研究快报、基础研究、临床研究、技术方法、抗癌

新药、综述、个案报告等栏目。以从事肿瘤防治的中高级临床和基础研究工作者、医药院校师生及相关学科科技人员为读者对象。

中国注册会计师 = The Chinese certified public accountant / 中国注册会计师协会，1999～
月刊　　　　　　CLC：F23
ISSN 1009-6345　　CN 11-4552/F
北京市海淀区西四环中路 16 号院 2 号楼中国注册会计师协会（100039）
编辑部电话：010-88250287
http://www.cicpa.org.cn
edit@cicpa.org.cn
探讨注册会计师执业热点问题，宣传国家有关法律、法规和方针、政策。主要栏目有行业建设与发展、学术研究、行业信息、审计与鉴证、会计、法律与税务、管理与咨询、案例研究、他山之石等。读者对象为财会工作者及财经院校师生。1999 年继承：《注册会计师通讯》（1989～1999）。

中国宗教 = China religion / 国家宗教事务局，1995～
月刊　　　　　　CLC：B92
ISSN 1006-7558　　CN 11-3598/D　82-44　Q6462
北京市西城区后海北沿 44 号院（100009）
编辑部电话：010-64095212,5213,5302
http://www.chinareligion.cn
chinareligion1995@163.com
主要反映宗教研究成果、普及宗教文化知识。解读宗教政策法规、交流宗教工作经验、讲述中国宗教故事。展示中国宗教的真实状况，为政、教、学三界认识和研究宗教提供沟通与交流的信息平台。设有特稿、专题、时评、法治、人物和专栏等经典栏目。读者对象为宗教界人士和信教群众，宗教工作者与科研工作者。

中国组织工程研究 = Chinese journal of tissue engineering research / 中国康复医学会，《中国组织工程研究》杂志社，2012～
旬刊　　　　　　CLC：R3，R4
ISSN 2095-4344　　CN 21-1581/R　8-584　WK3862
辽宁省沈阳市浑南新区 10002 邮政信箱（110180）
编辑部电话：024-31416864,23380576,31416691
http://www.cjter.com
2023 年起由中国康复医学会单独主办，2024 年起与《中国组织工程研究与临床康复》杂志社和辽宁省细胞生物学学会共同主办。重点报道来自于组织工程领域的生物材料选择与应用、干细胞培养与移植、硬组织植入物的生物相容性、组织构建过程中相关实验动物模型以及相关基础实验研究、临床研究等内容。设有研究与

报告、技术与方法、综述、循证医学栏目。读者对象为涵盖干细胞、生物材料、生物医学工程、生物化学、生物物理学、骨科、修复重建科等从事组织工程领域相关基础和临床研究的工作者。2012 年继承：《中国组织工程研究与临床康复》（2007～2011）。

中华病理学杂志 = Chinese journal of pathology / 中华医学会，1955～
月刊　　　　　　CLC：R36，R4，R73
ISSN 0529-5807　　CN 11-2151/R　2-56　M645
北京市西城区东河沿街 69 号（100052）
编辑部电话：010-51322311
http://www.medjournals.cn，http://www.epathology.org.cn
cjpa@cmaph.org
报道病理学领域中先进的科研成果和病理诊断经验，反映我国病理学乃至医学领域中的重大进展。主要栏目：述评、专家论坛、共识与指南、论著、短篇论著、技术交流、读片讨论、专题讨论、学术动态、病例报告、讲座、综述等栏目，反映了我国病理学发展的新技术、新理念。读者对象为广大病理医师、基础医学工作者和各临床科室医师。

中华超声影像学杂志 = Chinese journal of ultrasonography / 中华医学会，1992～
月刊　　　　　　CLC：R445，R81
ISSN 1004-4477　　CN 13-1148/R　18-136　M4295
河北省石家庄市中山东路 361 号（050017）
编辑部电话：0311-86266994
http://www.medjournals.cn
zhcsyxxzz@vip.126.com
报道临床各科超声诊断、介入性超声、超声造影、超声新技术应用、超声组织定征、超声生物效应、医用超声成像原理等基础与临床研究成果。主要栏目有临床研究、实验研究、技术研究、专家论坛、述评、综述、讲座、论著摘要、病例报告、作者、编者、读者等。以超声医学工作者、各科临床医师、超声医学工程技术人员以及医学物理学工作者为主要读者对象。

中华传染病杂志 = Chinese journal of infectious diseases / 中华医学会，1983～
月刊　　　　　　CLC：R5
ISSN 1000-6680　　CN 31-1365/R　4-352　M698
上海市北京西路 1623 号（200040）
编辑部电话：021-62670744
http://www.medjournals.cn，http://www.zhcrbzz.com
zhcrbzz@shsma.org.cn
报道感染病学领域领先的科研成果和临床诊疗经验，

以及对感染科临床有指导作用且与感染科临床密切结合的基础理论研究。设有论著、短篇论著、共识与指南、病例报告、综述等栏目。读者对象为广大感染病科医师、其他交叉学科医师。

中华创伤骨科杂志 = Chinese journal of orthopaedic trauma / 中华医学会，2002～
月刊　　　　　　　CLC：R6
ISSN 1671-7600　CN 11-5530/R　46-248　M1671
广东省广州市广州大道北 1838 号（510515）
编辑部电话：020-61641748
http://www.medjournals.cn,http://zgcsgkzz.yiigle.com
chinjot@aliyun.com
着重报道创伤骨科的临床研究，介绍新理论、新业务、新技术、新进展，同时兼顾创伤骨科基础研究与研究生培养，关注临床热点、难点和疑点问题，开展学术讨论。辟有院士专家论坛、临床论著、3D 打印与骨科、实验研究、临床研究、综述等栏目。读者对象为骨科、创伤外科及相关学科的临床、教学和科研人员。2002 年继承：《中国创伤骨科杂志》（1999～2001）。

中华创伤杂志 = Chinese journal of trauma / 中华医学会，1990～
月刊　　　　　　　CLC：R64
ISSN 1001-8050　CN 50-1098/R　78-83　M4202
北京市西城区东河沿街 69 号（100052）
编辑部电话：010-51322060
https://zhcszz.yiigle.com,http://www.medjournals.cn
zhcszz@163.com
报道创伤医学各领域重大成果和进展，主要栏目有专家论坛、述评、共识与指南、论著、经验交流、新技术、病例报道、病例讨论、综述、讲座等。读者对象为从事创伤医学和相关学科的各级临床医师和研究人员。1990 年继承：《创伤杂志》（1985～1990）。

中华地方病学杂志 = Chinese journal of endemiology / 中华医学会，哈尔滨医科大学，2013～
月刊　　　　　　　CLC：R599
ISSN 2095-4255　CN 23-1583/R　14-30　BM4181
黑龙江省哈尔滨市南岗区保健路 157 号（150081）
编辑部电话：0451-86675924
http://www.medjournals.cn
cje2005@163.com
主要报道发生在我国对人类危害特别严重的地方性疾病——克山病、大骨节病、碘缺乏病、地方性氟中毒、地方性砷中毒、鼠疫、血吸虫病、流行性出血热、布鲁菌病和寄生虫病等与地方和生活环境有关疾病的基础研究、病因研究、流行病学、临床、防治成果和多学科综合

性研究论著。设有论著、现场调查、临床医学、健康教育、卫生管理、标准研究、综述等栏目。读者对象为从事地方病领域科研和防治的工作者。2013 年继承：《中国地方病学杂志》（1982～2012）。

中华儿科杂志 = Chinese journal of pediatrics / 中华医学会，1950～
月刊　　　　　　　CLC：R72
ISSN 0578-1310　CN 11-2140/R　2-62　M92
北京市西城区东河沿街 69 号（100052）
编辑部电话：010-51322412
http://www.cmaped.org.cn,https://medpress.yiigle.com
cjp@cmaph.org
报道儿科领域领先的科研成果和临床诊疗经验，以及对儿科临床有指导作用的基础理论研究。设有论著、临床研究与实践、病例报告、讲座、综述、会议（座谈）纪要、临床病理（病例）讨论、国际学术交流、专家释疑、新技术等栏目。以广大儿科医学工作者为读者对象。

中华耳鼻咽喉头颈外科杂志 = Chinese journal of otorhinolaryngology head and neck surgery / 中华医学会，2005～
月刊　　　　　　　CLC：R76
ISSN 1673-0860　CN 11-5330/R　2-68　M95
北京市西城区东河沿街 69 号（100052）
编辑部电话：010-51322448
http://www.cmaent.org.cn,http://www.medjournals.cn,http://www.cma.org.cn
cjorl@cmaph.org
报道该领域领先的科研成果和新的临床诊疗实践经验，以及对临床有指导作用且与耳鼻咽喉头颈外科临床密切结合的基础理论研究。设有述评、专家论坛、临床研究、经验与教训、临床病理（例）讨论、继续教育讲座和病例报告等栏目。读者对象为广大耳鼻咽喉头颈外科医师。2005 年继承：《中华耳鼻咽喉科杂志》（1953～2004）。

中华耳科学杂志 = Chinese journal of otology / 解放军总医院耳鼻咽喉头颈外科耳鼻咽喉研究所，2003～
双月刊　　　　　　CLC：R764
ISSN 1672-2922　CN 11-4882/R　82-114
北京市复兴路 28 号（100853）
编辑部电话：010-66939502
http://www.ent301.com
zhek301@vip.sina.com,zhek301@sina.com
报道耳科学临床、科研、继续教育、新技术、新器械的创制应用及国内外耳科学重要进展的综述、书评、学术

讨论、学术动态。读者对象为耳科学、神经耳科学和耳神经外科学临床、科研及教学人员。

中华放射学杂志 = Chinese journal of radiology / 中华医学会，1953～
月刊　　　　　　　　CLC：R445,R81
ISSN 1005-1201　CN 11-2149/R　2-66　M96
北京市西城区东河沿街 69 号(100052)
编辑部电话：010-51322321
http://www.cjrjournal.org
cjr@cmaph.org
报道放射学领域领先的科研成果、影像检查技术、临床诊疗经验、影像检查和诊断的专家共识及指南，以及对放射学临床有指导作用且与放射学临床密切结合的基础理论研究。以广大医学临床放射学工作者为主要读者对象。

中华放射医学与防护杂志 = Chinese journal of radiological medicine and protection / 中华医学会，1981～
月刊　　　　　　　　CLC：R81,R14,R445
ISSN 0254-5098　CN 11-2271/R　18-93　M566
北京市德外新康街 2 号(100088)
编辑部电话：010-62389620
http://www.cjrmp.net
cjrmp@cjrmp.sina.net
反映我国放射医学与防护领域科研工作的重大进展。设有述评、放射性粒子植入治疗、放射生物学、放射卫生、辐射剂量、影像技术等栏目。读者对象为从事电离辐射生物效应、放射病的诊断与治疗、医疗照射防护、环境放射性监测、放射医学应急等科研、医疗、管理人员。1981 年继承：《放射医学与防护》(1978～1980)。

中华放射肿瘤学杂志 = Chinese journal of radiation oncology / 中华医学会，1992～
月刊　　　　　　　　CLC：R730.55
ISSN 1004-4221　CN 11-3030/R　82-240
北京市朝阳区潘家园南里 17 号中国医学科学院肿瘤医院(100021)
编辑部电话：010-87788294
http://www.medjournals.cn,https://medpress.yiigle.com
cjron@cmaph.org
报道肿瘤放疗临床、肿瘤放射物理、放射生物学等方面临床与科研工作进展。设有指南、共识、调查研究、专论、头颈部肿瘤、胸部肿瘤、腹部肿瘤、物理·技术·生物、综述、读者·作者·编者等栏目。以初、中、高级放射肿瘤治疗学临床医生、物理师、研究人员及医学生为主要读者对象。1992 年继承：《中国放射肿瘤学》(1987～1991)。

中华妇产科杂志 = Chinese journal of obstetrics and gynecology / 中华医学会，1953～
月刊　　　　　　　　CLC：R71
ISSN 0529-567X　CN 11-2141/R　2-63　M91
北京市西城区东河沿街 69 号(100052)
编辑部电话：010-51322427
http://www.medjournals.cn
cjog@cmaph.org
报道妇产科领域领先的科研成果和临床诊疗经验，以及对妇产科临床有指导作用且与妇产科临床密切结合的基础理论研究。设有论著、短篇论著、医学简报、病例报告、技术交流、讲座、综述、述评、会议(座谈)纪要、临床病理(病例)讨论、学术观点商榷(争鸣)、专家论坛、读者来信、国内外学术动态等栏目。以广大妇产科医师为主要读者对象。

中华肝胆外科杂志 = Chinese journal of hepatobiliary surgery / 中华医学会，1998～
月刊　　　　　　　　CLC：R6
ISSN 1007-8118　CN 11-3884/R　82-857　M1418
北京市海淀区永定路 22 号(100039)
编辑部电话：010-68177009
http://www.medjournals.cn,http://zhgdwkzz.yiigle.com
cjhbs@cmaph.org
报道肝胆胰脾领域领先的科研成果和密切结合肝胆胰脾外科的临床及基础研究。栏目有述评、专家论坛及经验、论著、精准医疗荟萃、经验交流、短篇论著、综述、病例报告等。主要读者对象为肝胆外科、普通外科等相关科室临床医师、科研人员及高校师生。1998 年继承：《肝胆胰脾外科杂志》(1995～1997)。

中华肝脏病杂志 = Chinese journal of hepatology / 中华医学会，1996～
月刊　　　　　　　　CLC：R575
ISSN 1007-3418　CN 50-1113/R　78-56　M4625
重庆市渝中区临江路 74 号(400010)
编辑部电话：023-63706512
http://www.medjournals.cn,http://www.chinese-hepatology.net.cn
zhgz@vip.163.com
报道肝脏疾病(包括肝炎、肝纤维化、肝癌及其他肝病)的临床诊疗实践经验和科研成果，以及与临床密切结合的基础理论研究成果。设有述评、专家论坛、论著、临床精粹、短篇论著(经验交流)、诊疗技术、病例报道、读者来信、继续教育、综述、会议纪要等栏目。以从事肝病防治及研究的医务工作者为主要读者对象。1996 年继承:《肝脏病杂志》(1993～1995)。

中华高血压杂志 = Chinese journal of hypertension / 中华预防医学会,福建医科大学,2006～

月刊　　　　　　　CLC:R544

ISSN 1673-7245　　CN 11-5540/R　34-54　M6589

福建省福州市茶中路 20 号(350005)

编辑部电话:0591-87982785

http://www.zhgxyzz.cn

zhgxyzz@vip.126.com

报道高血压及相关疾病的临床防治经验与科研成果。设有编辑部述评、医学叙事、固定复方制剂大家谈、学术争鸣、共识、指南与实践、综述、论著(临床、基础、预防医学)、临床经验交流、讲座、病例分析、病例报告、中美互换摘要、国内外动态等栏目。以高血压、心血管学临床医师及研究人员为主要读者对象。2006 年继承:《高血压杂志》(1995～2006)。

中华骨科杂志 = Chinese journal of orthopaedics / 中华医学会,1981～

半月刊　　　　　　CLC:R68

ISSN 0253-2352　　CN 12-1113/R　6-17　M369

天津市河西区解放南路 406 号(300211)

编辑部电话:022-28334734,28278929

http://www.medjournals.cn

gktougao@126.com

报道我国骨科临床工作的重大进展、科研成果和临床诊疗经验,对骨科临床有指导作用且与骨科临床密切相关的基础理论研究。设有临床论著、临床研究、基础研究、讲座、骨科教程、会议纪要、综述和个案报告等专栏。以骨科医生为主要读者对象。1981 年继承:《天津医药.骨科附刊》(1978～1980)。

中华骨与关节外科杂志 = Chinese journal of bone and joint surgery / 中国医学科学院,2015～

月刊　　　　　　　CLC:R68

ISSN 2095-9958　　CN 10-1316/R　82-735

北京市东单三条 9 号(100730)

编辑部电话:010-65281306

http://www.cjbjs.com

guguanjie@126.com

报道骨与关节外科学的基础与临床研究新观点、新成果、新技术。设有临床论著、基础研究、经验交流、综述、病例报道、国内外骨科医学学术动态以及会议纪要等栏目。读者对象为广大骨科相关的基础、临床工作者。2015 年继承:《中国骨与关节外科》(2008～2014)。

中华骨质疏松和骨矿盐疾病杂志 = Chinese journal of osteoporosis and bone mineral research / 中国医学科学院,中国医学科学院北京协和医院,2008～

双月刊　　　　　　CLC:R589,R68

ISSN 1674-2591　　CN 11-5685/R　80-743　Q8832

北京市东城区帅府园 1 号(100730)

编辑部电话:010-69154197

https://cjobmr.cbpt.cnki.net

cjobmr@126.com

报道多学科(内分泌、妇科、骨科、老年医学、放射科及营养学等)在骨质疏松和骨矿盐疾病基础、临床、预防的研究进展、诊疗水平,及新技术、新成果,同时介绍国内外最新进展。设有专家述评、专论、临床研究、基础研究、调查研究、经验交流、技术与方法、病例报告、综述、讲座、继续教育、医药园地及医学信息等栏目。读者对象为多学科从事代谢性骨病的临床医师及研究人员。2008 年继承:《骨质疏松和骨矿盐疾病基础与临床》(2002～2007)。

中华核医学与分子影像杂志 = Chinese journal of nuclear medicine and molecular imaging / 中华医学会,2012～

月刊　　　　　　　CLC:R445,R81

ISSN 2095-2848　　CN 32-1828/R　28-72　BM6839

江苏省无锡市大娄巷 23 号(214002)

编辑部电话:0510-82731904,82721344,82715010

http://www.cjnmmi.org

zhhyxzz@vip.163.com,cjnmmi@cmaph.org

报道该领域领先的科研成果和临床诊疗经验,以及对核医学与分子影像临床有指导作用且与核医学与分子影像临床密切结合的基础理论研究。报道该领域领先的科研成果。以广大核医学及分子影像工作者为主要读者对象。2012 年继承:《中华核医学杂志》(1981～2011)。

中华护理杂志 = Chinese journal of nursing / 中华护理学会,1981～

月刊　　　　　　　CLC:R47

ISSN 0254-1769　　CN 11-2234/R　2-143　M314

北京市西城区西直门南大街成铭大厦 C 座 28 层(100035)

编辑部电话:010-53779541

http://www.zhhlzzs.com

cna.zhhl@263.net

报道护理学领域的科研成果和临床经验,以及对护理临床有指导作用的护理理论研究。辟有专家论坛、论著、标准与规范、专科实践与研究、理论政策研究、护理管理、护理教育、中医护理、社区护理、职业防护、医院感染控制、基础护理、学术争鸣、证据综合研究、综述、护理工具革新、经验交流、他山之石学术动态、人文织锦等栏目。读者对象为广大护理工作者。2022 年起改为半月刊。1981 年继承:《护理杂志》(1954～1980)。

中华急诊医学杂志 = Chinese journal of emergency medicine / 中华医学会，2001～
月刊   CLC：R459.7
ISSN 1671-0282   CN 11-4656/R   32-41   M6517
浙江省杭州市解放路 88 号(310009)
编辑部电话：0571-87783951
http://www. medjournals. cn,http://www. cem. org. cn
zhjzw@vip. 163. com

主要报道我国急诊医学领域的科研成果和临床诊疗经验。设有述评、专家论坛、基础研究、临床研究、经验交流、院前急救、学科建设、综述、标准与指南、专家共识、病例报告、病例讨论等栏目，并根据研究热点开设不定期的专题栏目。以急诊医学和相关学科的临床、教学和科研人员为主要读者对象。2001 年继承:《急诊医学》(1990～2000)。

中华疾病控制杂志 = Chinese journal of disease control & prevention / 中华预防医学会,安徽医科大学,2008～
月刊   CLC：R1
ISSN 1674-3679   CN 34-1304/R   26-155   BM3686
安徽省合肥市梅山路 81 号(230032)
编辑部电话：0551-65161171
https://zhjbkz. ahmu. edu. cn
zhjbkz@126. com

报道传染病与慢性非传染性病防治、疾病控制方面的研究成果。刊登研究论著、书评、专题讲座、综述和经验交流等。内容主要包括:急、慢性传染病,慢性非传染性疾病,伤害预防与控制,寄生虫病,地方病,营养缺乏病及临床各科多发病的防治经验和研究成果;环境医学、工业卫生、学校卫生、先天性缺陷等方面的研究成果;与疾病控制关系密切的微生物学,消毒、杀虫和灭鼠,卫生统计和社会医学等方面的科研论著,实践经验,新理论,新技术,新方法。读者对象为疾病预防与控制方面的研究人员、临床医务工作者、医学专业院校师生。2008 年继承:《疾病控制杂志》(1997～2008)。

中华检验医学杂志 = Chinese journal of laboratory medicine / 中华医学会，2000～
月刊   CLC：R446
ISSN 1009-9158   CN 11-4452/R   2-71   M98
北京市西城区东河沿街 69 号(100052)
编辑部电话：010-51322331
http://www. medjournals. cn

cjlm@cmaph. org

报道我国检验医学和医学各科实验诊断领域的研究成果。设有述评、专家论坛、指南与共识、耐药监测、临床病例研究、论著、综述等栏目。主要读者对象为广大中高级检验医学技术人员、医学实验室科研人员和临床各科医师。2000 年继承:《中华医学检验杂志》(1978～1999)。

中华健康管理学杂志 = Chinese journal of health management / 中华医学会，2007～
双月刊   CLC：R1
ISSN 1674-0815   CN 11-5624/R   80-723
北京市西城区东河沿街 69 号(100052)
编辑部电话：010-51322343
http://www. zhjkgl. org. cn
cjhm@cmaph. org

报道预防医学、临床医学、营养学、运动学、中医学等众多学科学术成果。主要研究范围是健康的维护与促进和慢性疾病管理及其转归。常设栏目有述评、专家论坛、标准与规范、指南解读、论著、短篇论著、经验与信息交流、综述、讲座、模式探讨、个案报告、学术争鸣、继续教育园地、国外文献速览等。读者对象为从事健康管理学教育、科研、医疗、护理的科技工作者。2022 年起改为月刊。

中华结核和呼吸杂志 = Chinese journal of tuberculosis and respiratory diseases / 中华医学会，1987～
月刊   CLC：R5
ISSN 1001-0939   CN 11-2147/R   2-70   M88
北京市西城区东河沿街 69 号(100052)
编辑部电话：010-51322287
http://www. lung. org. cn,http://www. medjournals. cn
cmahx@cmaph. org

报道有关结核和呼吸系统疾病的预防、医疗和基础理论方面新的或更深入的实践经验和科研成果,介绍新理论、新技术和新成就。设有述评、专题笔谈、诊疗方案、论著、读者作者编者、病例报告、读片园地、综述、继续医学教育、论坛、会议纪要等栏目。以广大医务工作者为读者对象。1987 年继承:《中华结核和呼吸系疾病杂志》(1978～1986)。

中华精神科杂志 = Chinese journal of psychiatry / 中华医学会，1996～
双月刊   CLC：R749
ISSN 1006-7884   CN 11-3661/R   2-69   BM89
北京市西城区东河沿街 69 号(100052)
编辑部电话：010-51322252
https://zhjskzz. yiigle. com

cjps@cmaph.org

报道有关精神疾病的预防、治疗和基础理论方面新的或更深入的实践经验和科研成果,介绍新理论、新技术、新成就,反映我国精神医学临床科研工作的进展。设有临床研究、公共卫生、司法精神医学、病例报告、临床病理(例)讨论、学术会议纪要、指南、标准与讨论、指南解读、学术讨论、系统综述和 Mela 分析等栏目。以广大医药卫生人员为读者对象。1996 年部分继承:《中华神经精神科杂志》(1955～1995)。

中华口腔医学杂志 = Chinese journal of stomatology / 中华医学会,1987～

　　月刊　　　　　　CLC:R78

　　ISSN 1002-0098　　CN 11-2144/R　　2-64　　M94

　　北京市西城区东河沿街 69 号(100052)

　　编辑部电话:010-51322431,2435,2436,2437

　　https://zhkqyxzz.yiigle.com

　　cjst@cmaph.org

报道口腔医学领域领先的科研成果和临床诊疗经验,以及对口腔临床有指导作用、与口腔临床密切结合的基础理论研究,反映我国口腔临床科研工作的重大进展。设有述评、专论、专家笔谈、论著、临床疑难问题及对策、临床典型病例分析、病例报告、经验介绍、新技术新方法等栏目。以广大口腔医师为主要读者对象。1987 年继承:《中华口腔科杂志》(1953～1986)。

中华劳动卫生职业病杂志 = Chinese journal of industrial hygiene and occupational diseases / 中华医学会,1983～

　　月刊　　　　　　CLC:R13

　　ISSN 1001-9391　　CN 12-1094/R　　6-50　　M4850

　　天津市河东区华越道 6 号(300011)

　　编辑部电话:022-24333581

　　http://www.medjournals.cn

　　cjoh1983@163.com

反映我国职业卫生和职业病科研、临床以及实际工作的重大进展,促进国内外的学术交流与合作。主要栏目:述评、论著、调查研究、实验研究、职业病临床与中毒救治、劳动卫生监督与管理、职业卫生服务、职业卫生评价等。读者对象为医学院校、科研单位、医疗和预防、劳动卫生监督管理、安全技术、劳动保护及环境保护等专业人员。1983 年继承:《劳动卫生与环境医学》(1978～1983)。

中华老年心脑血管病杂志 = Chinese journal of geriatric heart brain and vessel diseases / 中国人民解放军总医院,1999～

　　月刊　　　　　　CLC:R54,R743

ISSN 1009-0126　　CN 11-4468/R　　2-379　　M1484

北京市复兴路 28 号(100853)

编辑部电话:010-66936463

http://www.lnxnxg.cbpt.cnki.net

zhlnxnxg@sina.com

报道该领域内领先的科研成果和临床诊治经验,以及密切结合老年心脏、脑部、血管系统疾病的临床及有指导作用的基础理论研究。设有临床研究、基础研究、学术动态、病例报告、短篇报道等栏目。以从事老年心脏疾病、脑部疾病、血管系统疾病的预防、医疗、科研工作者为读者对象。

中华老年医学杂志 = Chinese journal of geriatrics / 中华医学会,1982～

　　月刊　　　　　　CLC:R592

　　ISSN 0254-9026　　CN 11-2225/R　　2-57　　MO0635

　　北京市大华路 1 号(100730)

　　编辑部电话:010-85111151

　　http://www.medjournals.cn

　　zhlnyx1982@126.com

报道老年医学领域科研成果和临床诊疗经验,介绍国内外老年医学研究动态和现状,推动我国老年医学研究事业的发展。设有临床研究、基础研究、综述、讲座、专题笔谈、会议纪要、临床病理讨论、学术动态和会务消息等栏目。以广大老年医学工作者为主要读者对象。

中华临床感染病杂志 = Chinese journal of clinical infectious diseases / 中华医学会,2008～

　　双月刊　　　　　　CLC:R4

　　ISSN 1674-2397　　CN 11-5673/R

　　浙江省杭州市庆春路 79 号(310003)

　　编辑部电话:0571-87236590

　　http://www.medjournals.cn,http://www.zhgrb.com

　　cjcid@cmaph.org

主要报道感染病领域临床、预防和科研中领先的临床诊治经验,以及与临床紧密结合的基础理论研究。设有标准与指南、专家共识、述评、专家论坛、学术前沿、论著、诊疗分析、临床实验研究、感染防控、学术争鸣、护理园地、临床病例讨论、病例报告、综述、继续教育、讲座、经验交流、会议纪要、国内外学术动态和读者来信等栏目。主要读者对象为感染病领域临床及基础研究人员。2008 年继承:《感染病》(2003～200?)。

中华临床营养杂志 = Chinese journal of clinical nutrition / 中华医学会,中国医学科学院,2009～

　　双月刊　　　　　　CLC:R4

　　ISSN 1674-635X　　CN 11-5822/R　　2-486　　W86

　　北京市东单三条 9 号(100730)

编辑部电话：010-85002529

http://www. medline. org. cn, http://www. cma. org. cn, http://www. cjcn. cn

cjcn1993@imicams. ac. cn

主要报道与肠外肠内营养支持适应证有关的营养风险筛查，营养药物的"成本-效果"研究，临床营养的共识、指南、专家述评、随机对照研究、队列研究、糖蛋白质等营养素代谢研究、临床研究的系统评价、循证病例报告、特邀综述、病例报告和临床经验交流等。辟有国内外论著、综述、述评、进展、临床经验交流、技术和方法、讲座、给编辑的信、论著摘要、病例报告、学术会议（座谈）纪要等栏目。读者对象为临床医师、营养师、护师，基础及药物研究工作者。2009 年继承：《中国临床营养杂志》（1993～2008）。

中华流行病学杂志 = Chinese journal of epidemiology / 中华医学会，1981～

月刊　　　　　CLC：R18

ISSN 0254-6450　　CN 11-2338/R　2-73　W86

北京市昌平区昌百路 155 号传染病所 B115（102206）

编辑部电话：010-58900730

http://chinaepi. icdc. cn

zhlxb1981@sina. com, zhlxzz@cmaph. org

主要报道国内流行病学领域内重要的科研成果，包括：现场流行病学调查和监测，流行病学相关的实验室科研报告，临床流行病学研究，疾病预防控制工作中的热点和重点问题。主要栏目：述评、专家论坛、重点号（专栏）、现场流行病学、公共卫生防控策略研究、大型队列研究、临床流行病学、基础理论与方法。读者对象为从事预防医学、基础医学、临床医学及流行病学科研与教学的工作者。1981 年继承：《流行病学杂志》（1979～1981）。

中华麻醉学杂志 = Chinese journal of anesthesiology / 中华医学会，1981～

月刊　　　　　CLC：R614

ISSN 0254-1416　　CN 13-1073/R　18-49　M575

河北省石家庄市和平西路 299 号（050071）

编辑部电话：0311-85989621

http://www. medjournals. cn, https://zhmzxzz. yiigle. com

cja@vip. 163. com

报道麻醉学领域领先的研究成果和临床经验，以及对麻醉科临床有指导作用且与麻醉科临床密切结合的基础医学研究。设有述评、总编随笔、专家论坛、综述、指南与共识、继续医学教育、全身麻醉、局部麻醉、围术期并发症、舒适化医疗、小儿麻醉、心胸血管麻醉、产科麻醉、老年人麻醉、五官科麻醉、神经外科麻醉、器官移植

麻醉、疼痛诊疗与研究、监测、容量治疗与血液保护、气道管理、传统医药与麻醉、人工智能与麻醉、学科建设、麻醉护理、麻醉药理学、重症医学、器官保护、麻醉治疗学、个案报道等栏目。以广大麻醉学专业人员为主要读者对象。

中华泌尿外科杂志 = Chinese journal of urology / 中华医学会，1980～

月刊　　　　　CLC：R69

ISSN 1000-6702　　CN 11-2330/R　2-51　M236

北京市东单三条甲 7 号（100005）

编辑部电话：010-65223499

http://www. medjournals. cn

zhmnwkzz@cmaph. org

报道泌尿外科领域领先的科研成果和临床诊疗经验，以及对泌尿外科临床有指导作用且与泌尿外科临床密切结合的基础理论研究。设有专家论坛、述评、临床研究、基础研究、论著摘要、经验交流、疑难病例析评、创新与争鸣、病例报告、讲座、综述、专家笔谈等栏目。以泌尿外科医师和研究人员为主要读者对象。

中华内分泌代谢杂志 = Chinese journal of endocrinology and metabolism / 中华医学会，1985～

月刊　　　　　CLC：R59

ISSN 1000-6699　　CN 31-1282/R　4-413　W86

上海市瑞金二路 197 号（200025）

编辑部电话：021-64315587

https://www. yiigle. com, http://medline. org. cn

cjem@vip. 163. com

报道内分泌代谢及相关领域中领先的科研成果和临床诊疗经验，以及对内分泌代谢临床有指导作用，且与临床密切结合的基础理论研究。设有论著、短篇论著、述评、病例报告、临床应对、争鸣、综述、会议（座谈）纪要、内分泌疾病管理继续教育、外刊选译等栏目。读者对象为从事临床和基础内分泌代谢工作的医、教、研人员及研究生和内、外、儿、妇科，以及神经、泌尿、老年、营养科等与内分泌代谢疾病有关的各级医务人员。

中华内科杂志 = Chinese journal of internal medicine / 中华医学会，1953～

月刊　　　　　CLC：R5

ISSN 0578-1426　　CN 11-2138/R　2-58　M87

北京市西城区东河沿街 69 号（100052）

编辑部电话：010-5132201,2207

http://www. emedicine. org. cn, http://www. medjournals. cn

cjim@cmaph. org

报道内科领域领先的科研成果和临床诊疗经验，以及

对内科临床有指导作用且与内科临床密切结合的基础理论研究。设有论著、短篇论著、病例报告、综述、临床病例讨论等栏目。以广大内科医师为主要读者对象。1953 年继承:《内科学报》(1949～1952)。

中华皮肤科杂志 = Chinese journal of dermatology / 中华医学会,1953～

月刊　　　　　　　CLC：R75
ISSN 0412-4030　CN 32-1138/R　28-30　M0344
江苏省南京市玄武区蒋王庙街 12 号(210042)
编辑部电话：025-85478124
http：//www. pifukezazhi. com,http：//www. med-journals. cn
pifukezazhi@aliyun. com

报道皮肤性病学科及相关领域的最新科研和临床研究成果,反映我国皮肤性病学临床、科研、防治工作的进展。设有临床经验、皮肤外科、皮肤美容、技术与方法、中医中药、病例报告、临床病例讨论等栏目。以皮肤性病科医师及科研、预防和教学人员为主要读者对象。

中华普通外科杂志 = Chinese journal of general surgery / 中华医学会,1997～

月刊　　　　　　　CLC：R6
ISSN 1007-631X　CN 11-3855/R　82-222　M1351
北京市阜内大街 133 号(100034)
编辑部电话：010-66124704
http：//www. cjgs. com. cn
puwai@sina. com

报道普通外科领域的科研成果和临床诊疗经验,以及对普通外科临床有指导作用并且与普通外科临床密切结合的实验研究成果。辟有论著、短篇论著、病例报告、经验与教训、经验交流、技术交流、学术讨论、讲座、综述、会议(座谈)纪要临床病理(例)讨论、国内外学术动态、毕业后教育及继续教育(本栏以约稿为主)等栏目。读者对象为高、中级外科医师及相关专业教师、研究生和大学生。1997 年继承:《普外临床》(1985～1997)。

中华烧伤杂志 = Chinese journal of burns / 中华医学会,2000～2021

月刊　　　　　　　CLC：R644
ISSN 1009-2587　CN 50-1120/R　78-131　BM4848
北京市西城区东河沿街 69 号(《中华烧伤与创面修复杂志》编辑部)(100052)
编辑部电话：010-51322060
http：//www. medjournals. cn,http：//www. zhsszz. org
shaoshangzazhi @ 163. com, shaoshangzazhi @ vip. 163. com

报道烧伤领域的基础研究成果和临床诊疗经验。辟

有专家论坛、述评、讲座、综述、争鸣、座谈纪要、病例讨论等栏目。读者对象为从事烧伤救治和整形的临床医师以及与烧伤防治研究有关的科研人员。2000 年部分继承:《中华整形烧伤外科杂志》(1985～1999);2022 年改名为《中华烧伤与创面修复杂志》(2022～)。

中华神经科杂志 = Chinese journal of neurology / 中华医学会,1996～

月刊　　　　　　　CLC：R741
ISSN 1006-7876　CN 11-3694/R　82-703　M1304
北京市西城区东河沿街 69 号(100052)
编辑部电话：010-51322237
http：//www. ecjn. org. cn,http：//www. medjourn-als. cn,http：//medpress. yiigle. com
cjn@cmaph. org

报道神经科及相关学科领域领先的科研成果和临床诊疗经验,以及对神经科及相关学科临床有指导作用且与神经科临床密切结合的基础理论研究。设有病例报告、经验与教训、新技术、临床病理(例)讨论等栏目。以广大神经科(包括神经内、外科、康复医学、神经心理学、遗传学等相关学科)医师为主要读者对象。1996 年部分继承:《中华神经精神科杂志》(1955～1995)。

中华神经外科杂志 = Chinese journal of neurosurgery / 中华医学会,1985～

月刊　　　　　　　CLC：R741,R651
ISSN 1001-2346　CN 11-2050/R　18-56　MO4501
北京市丰台区南四环西路 119 号(100070)
编辑部电话：010-59975481
http：//www. medjournals. cn,http：//www. cjns. org. cn
cjns65113169@sina. com

报道神经外科领域领先的科研成果、临床诊疗经验及与神经外科临床密切相关的基础理论研究。设有专家述评、名医讲堂、临床论著、基础论著、经验介绍、技术改进、病例报告、专家讲座、学术争鸣、专家共识、病例(病理)讨论、综述、会议纪要、知识链接、继续教育、读者来信、书讯书评、国内外学术动态以及学术活动消息预告等栏目。读者对象为广大高、中级神经外科医生、相关专业研究人员。

中华神经医学杂志 = Chinese journal of neuromedicine / 中华医学会,2002～

月刊　　　　　　　CLC：R741
ISSN 1671-8925　CN 11-5354/R　46-251　M95
广东省广州市工业大道中 253 号珠江医院(510282)
编辑部电话：020-61643273
http：//www. cjnm. net,http：//www. medjournals. cn
journal@126. com

报道神经医学基础研究及临床研究的新进展、新成果，内容涵盖神经外科、神经内科以及神经生物等基础神经科学领域。关注科研热点，注重临床经验的总结和交流。设有专家述评、论著、经验交流、病例报告、综述等栏目。读者对象为神经内、外科临床工作者和教学、科研工作者。

中华肾脏病杂志 = Chinese journal of nephrology / 中华医学会，1985～

月刊　　　　　　　　CLC：R692，R5

ISSN 1001-7097　CN 44-1217/R　46-106　M86

广东省广州市越秀区中山二路 58 号（510080）

编辑部电话：020-87331532

http://www.medjournals.cn,http://www.cjn.org.cn

cmaszb@mail.sysu.edu.cn

报道肾脏病学领域领先的科研成果和临床诊疗经验，以及对肾脏病临床有指导作用且与肾脏病临床密切结合的基础理论研究。设有临床研究、基础研究、短篇论著、病例报告、综述、临床指南等栏目。以广大内科、儿科医师为主要读者对象。

中华生殖与避孕杂志 = Chinese journal of reproduction and contraception / 中华医学会，上海市生物医药技术研究院，复旦大学附属妇产科医院，2017～

月刊　　　　　　　　CLC：R339.2，R71

ISSN 2096-2916　CN 10-1441/R　4-928　BM389

上海市老沪闵路 779 号（200237）

编辑部电话：021-64438169

http://zhszybzz.yiigle.com

randc@sibpt.com

主要报道生殖医学、生殖生物学、男科学等与生殖健康有关的基础及应用的研究成果，国内外生殖医学领域研究动态和进展，新技术和新方法，生殖医学领域的管理，以及展开不同学术观点的讨论，内容包括生殖医学领域的基础和临床、生殖生物学、生殖药理学、生殖毒理学、遗传优生、男科学、妇产科学、流行病学、避孕药具研制以及生殖健康等。设有实验研究、临床研究、流行病学研究、循证医学、综述、现场调查/报道、临床报道及研究简讯、个案报道、讲座等栏目。主要读者对象是国内外从事生殖生物学、生殖医学、男科学、避孕药具研制、遗传优生、生殖健康等方面的医务人员、科技人员。2017 年继承：《生殖与避孕》（1980～2016）。

中华实验眼科杂志 = Chinese journal of experimental ophthalmology / 中华医学会，2011～

月刊　　　　　　　　CLC：R77

ISSN 2095-0160　CN 11-5989/R　36-13　MO-811

河南省郑州市纬五路 7 号河南省立眼科医院 & 河南省眼科研究所（450003）

编辑部电话：0371-87160872

http://zhsyykzz.yiigle.com,http://www.medjournals.cn

zhsyykzz@163.com

报道范围主要为眼科基础和临床研究领域领先的科研成果，设有专家建议与推荐、专家述评、继续教育、实验研究、临床研究、调查研究、争鸣、综述、技术方法、短篇论著、临床经验、调查报告）病例报告等栏目。主要读者对象为高等医学院校、科研单位的眼科中高级科研工作者）眼科临床工作者）眼科专业的硕士和博士研究生。2011 年继承：《眼科研究》（1983～2010）。

中华实用儿科临床杂志 = Chinese journal of applied clinical pediatrics / 中华医学会，2013～

半月刊　　　　　　　CLC：R72

ISSN 2095-428X　CN 10-1070/R　36-102　SM1763

河南省新乡市金穗大道 601 号新乡医学院（453003），河南省卫辉市健康路 88 号新乡医学院第一附属医院（453100）

编辑部电话：0373-3029144

http://www.zhsyeklczz.com

cjacp@cmaph.org,zgsyeklczz@163.com

主要报道儿科临床与基础研究，国内外儿科医疗、科研等方面的新理论、新技术、新成果、新进展。设有述评、标准·方案·指南、指南解读、专家论坛、论著、小儿神经基础与临床、实验研究、儿童保健、药物与临床、小儿外科、临床应用研究、病例报告、综述等栏目。读者对象为国内外各综合医院儿科、儿童医院、妇幼机构、科研院所及高等医学院校等从事儿科医疗、教学、科研的临床医师、教师、学生及科研人员等。2023 年起改为月刊。2013 年继承：《实用儿科临床杂志》（1986～2012）。

中华手外科杂志 = Chinese journal of hand surgery / 中华医学会，1993～

双月刊　　　　　　　CLC：R658

ISSN 1005-054X　CN 31-1653/R　4-491　4783BM

上海市江苏路 796 号 1 号楼 2 楼复旦大学附属华山医院江苏路分院内（200052）

编辑部电话：021-52889290

http://www.medjournals.cn,http://zhswk.periodicals.net.cn

zhswkzz@sina.com

重点报道手外科学领域中领先的科研成果和临床诊疗经验，以及对手外科临床有指导作用且与手外科学临床密切结合的基础理论研究。设有论著、基础研究、病例报告、临床经验、专家论坛、会议纪要、讲座、国内外学术动态、书评（或书讯），以及学术活动预告等栏目。读者对象为广大手外科医师，以及国内外整形外科、骨科、显微外科和外科医师。1993 年继承:《手外科杂志》(1985～1992)。

中华糖尿病杂志 = Chinese journal of diabetes mellitus / 中华医学会,2009～

月刊　　　　　　CLC:R587.1

ISSN 1674-5809　　CN 11-5791/R　80-994　M887

北京市西城区东河沿街 69 号(100052)

编辑部电话:010-51322265,2267

http://zhtnbzz.yiigle.com,http://medpress.yiigle.com

cjdm@cmaph.org

报道糖尿病领域最新科研成果和先进诊疗经验,以及密切结合糖尿病临床的基础理论研究。设有述评、专题笔谈、规范与指南、论著、短篇论著、综述、病例报告等栏目。以从事糖尿病预防、医疗、科研工作者为读者对象。

中华外科杂志 = Chinese journal of surgery / 中华医学会,1953～

月刊　　　　　　CLC:R6

ISSN 0529-5815　　CN 11-2139/R　2-59　M90

北京市西城区东河沿街 69 号(100052)

编辑部电话:010-51322407

http://zhwkzz.yiigle.com,http://www.medjournals.cn

cmacjs@cmaph.org

主要报道外科领域各学科(专业)领先的科研成果和临床诊治经验,以及密切结合外科临床实际、对外科临床工作有指导作用的基础理论研究。读者对象为各级外科医师及相关研究人员。1953 年继承:《外科学报》(1951～1952)。

中华危重病急救医学 = Chinese critical care medicine / 中华医学会,天津市第一中心医院,天津市天津医院,2013～

月刊　　　　　　CLC:R459.7

ISSN 2095-4352　　CN 12-1430/R　6-58　M5990

天津市和平区睦南道 122 号(300050)

编辑部电话:022-23306917,23197150

http://www.cccm-em120.com,

http://www.medjournals.cn

cccm@em120.com

报道我国重症医学基础理论及临床科研成果,传递国内外重症医学前沿信息、诊治经验、新技术、新知识等。设有述评、专家论坛、标准与指南、国际交流、论著、短篇论著、临床经验、发明与专利、病例报告、方法介绍、循证医学、医学人文、综述、讲座、理论探讨、临床病例(病理)讨论、科研新闻速递、会议纪要、学术活动预告、读者·作者·编者等栏目,并在论著栏目中按照重症医学的亚

专科设置有相应栏目。读者对象为以重症医学研究人员、教学人员和临床工作者为主的广大医药卫生科技人员。2013 年继承:《中国危重病急救医学》(1991～2012)。

中华微生物学和免疫学杂志 = Chinese journal of microbiology and immunology / 中华医学会,1981～

月刊　　　　　　CLC:R37,R392,Q93

ISSN 0254-5101　　CN 11-2309/R　2-55　M507

北京市经济技术开发区经海二路 38 号(国药中生生物技术研究院院内)(101111)

编辑部电话:010-52245165,5166

http://www.medjournals.cn,http://zhwswxhmyxzz.yiigle.com

cjmia@163.com

主要报道医学微生物学和免疫学方面的研究论文、简报、评论、综述、国内外学术动态、书评及消息等。辟有细菌学、病毒学、分子微生物学、临床微生物学、疫苗学、感染免疫、基础免疫学、临床免疫学、分子免疫学、免疫遗传学、肿瘤免疫学、中药与免疫、免疫学技术、检测技术等栏目。读者对象为相关学科的科研人员、教师以及中高级卫生防疫、检验工作者。

中华围产医学杂志 = Chinese journal of perinatal medicine / 中华医学会,1998～

月刊　　　　　　CLC:R71

ISSN 1007-9408　　CN 11-3903/R　82-887　BM3626

北京市西安门大街 1 号(100034)

编辑部电话:010-66513519

http://zhwcyxzz.yiigle.com

zhonghuaweichan@163.com

报道围产医学领域领先的科研成果和临床诊疗经验,以及对产科、新生儿科临床有指导作用,且与产科、新生儿科临床密切结合的基础理论研究。设有与围产医学相关的临床与实验研究、综述、讲座、病例报告、国外医学动态、海外撷英、国外指南等栏目。以广大产科、新生儿科及妇儿保健科医师为主要读者对象。

中华胃肠外科杂志 = Chinese journal of gastrointestinal surgery / 中华医学会,中山大学,2001～

月刊　　　　　　CLC:R656

ISSN 1671-0274　　CN 44-1530/R　46-185　M4878

广东省广州市员村二横路 26 号(510655)

编辑部电话:020-38254955

http://medjournals.cn,http://www.china-gisj.com

china_gisj@vip.163.com

主要刊登胃肠外科和相关学科的研究成果与进展。辟有指南与共识、专题论坛、论著、新技术、临床报道、学

术探讨、综述、DCR 专区等栏目。主要读者对象为普通外科和胃肠外科以及相关专业的临床、科研、教学的高、中级医师。2001 年继承:《中国胃肠外科杂志》(1998～2000)。

中华文化论坛 = Journal of Chinese culture / 四川省社会科学院，1994～

双月刊　　　　　CLC：G12，K207.8

ISSN 1008-0139　　CN 51-1504/G0　62-52　4854Q

四川省成都市一环路西一段 155 号科研楼 A605 室(610071)

编辑部电话：028-61355989

http://zhwhlt. publish. founderss. cn

zhwhltbjb@126. com

以弘扬中华优秀传统文化、光大民族传统美德、繁荣社会科学研究、促进社会文明进步为宗旨。发表文、史、哲领域学者的研究成果。设有中国诗学研究、文论研究、巴蜀文化研究、历史论衡、中外文化交流、文化视野等栏目。读者对象为从事文、史、哲研究的专家、学者和大专院校师生。

中华物理医学与康复杂志 = Chinese journal of physical medicine and rehabilitation / 中华医学会，华中科技大学同济医学院，1999～

月刊　　　　·　　CLC：R49

ISSN 0254-1424　　CN 42-1666/R　38-391　M324

湖北省武汉市蔡甸区中法新城同济专家社区(430100)

编辑部电话：027-69378391

http://www. cjpmr. cn

cjpmr@tjh. tjmu. edu. cn

报道物理医学与康复领域领先的科研成果和新理论、新技术、新方法，以及对物理因子治疗、康复临床、疗养有指导作用，且与康复医学密切相关的基础理论研究。设有基础研究、临床研究、病例报告、短篇论著、综述、讲座、继续教育、书评、学术争鸣、会议纪要、国内外学术动态、学术活动预告等栏目。读者对象为从事物理医学与康复科研、临床、教学的专业工作者，以及与本专业密切相关的临床各科医师等。1999 年继承:《中华物理医学杂志》(1979～1998)；2001 年吸收:《中华理疗杂志》(1978～2001)。

中华显微外科杂志 = Chinese journal of microsurgery / 中华医学会，1986～

双月刊　　　　　CLC：R616.2

ISSN 1001-2036　　CN 44-1206/R　46-107　Q5960

广东省广州市中山二路 74 号中山大学北校区(510080)

编辑部电话：020-87330683，3223

http://www. cmaph. org，https://zhxwwkzz. yiigle. com

zhxwwk@mail. sysu. edu. cn，zhxwwk@cmaph. org

报道显微外科学和相关学科开展显微外科技术研究的领先科研成果和临床经验，以及对临床有指导作用且与临床密切结合的基础理论研究。辟有专论、指组织缺损修复、临床研究、基础研究、应用解剖、临床论著、显微外科护理、临床体会、病例报告、综述等栏目。主要读者对象为广大显微外科医师和应用显微外科技术的相关学科工作者。1986 年继承:《显微医学杂志》(1985)。

中华消化内镜杂志 = Chinese journal of eigestive endoscopy / 中华医学会，1996～

月刊　　　　　CLC：R57

ISSN 1007-5232　　CN 32-1463/R　28-105　M4676

南京市紫竹林 3 号(210003)

编辑部电话：025-83472831，8997

http://www. zhxhnjzz. com，

http://www. medjournals. cn

xhnj@xhnj. com

报道国内外消化内镜学研究进展，包括食管镜、胃镜、小肠镜、胆道镜、大肠镜、腹腔镜等消化内镜领域的科研成果和经内镜诊断治疗的临床经验。主要栏目有论著、短篇论著、基础研究、病例报道、专家论坛、共识与指南、内镜人物、综述等。主要读者对象为消化系统疾病医疗、教学、科研工作者及消化内镜工作者。1996 年继承:《内镜》(1984～1996)。

中华消化外科杂志 = Chinese journal of digestive surgery / 中华医学会，2007～

月刊　　　　　CLC：R656

ISSN 1673-9752　　CN 11-5610/R　78-117　M1813

北京市西城区东河沿街 69 号(100052)

编辑部电话：010-51322060

http://www. medjournals. cn，http://www. zhxhwk. com

digsurg@zhxhwk. com

报道消化外科领域前沿的研究成果和发展动态。设有述评、专家论坛、菁英论坛、论著、综述等主要栏目。读者对象为消化外科医生和研究人员等。2007 年继承:《消化外科》(2002～2006)。

中华消化杂志 = Chinese journal of digestion / 中华医学会，1981～

月刊　　　　　CLC：R57

ISSN 0254-1432　　CN 31-1367/R　4-291　M405

上海市北京西路 1623 号(200040)

编辑部电话：021-62531885

http://www. zhxhzz. org

zhxhzz@shsma. org. cn

报道消化科领域领先的科研成果和临床诊疗经验，以及对消化科临床有指导作用且与消化科临床密切结合的基础理论研究。主要栏目有论著、短篇论著、病例报告、综述、多学科协作病例讨论、继教论坛、海外优秀论文简介等。以消化科及相关学科临床、科研和教学人员为主要读者对象。

中华小儿外科杂志 = Chinese journal of pediatric surgery / 中华医学会，1980～
月刊　　　　　　　　CLC：R726
ISSN 0253-3006　　CN 42-1158/R　38-19　M537
湖北省武汉市江岸区胜利街 155 号（430014）
编辑部电话：027-82846835
https：//medpress. yiigle. com，
http：//zhxewkzz. yiigle. com
zhxewkzz@cmaph. org

报道小儿外科领域领先的科研成果和临床诊疗经验，以及对小儿外科临床有指导作用且与小儿外科临床密切结合的基础理论研究，小儿外科相关的临床和基础方面的外科学科领域基础及临床研究的先进理论、新兴技术和前沿成果。设有临床研究、实验研究、经验介绍、技术革新、病例报告、讲座、综述、会议（座谈）纪要、临床病理（病例）讨论、国内外学术争鸣、述评、共识与临床指南等栏目。以小儿外科医师为主要读者对象。

中华心血管病杂志 = Chinese journal of cardiology / 中华医学会，1979～
月刊　　　　　　　　CLC：R54
ISSN 0253-3758　　CN 11-2148/R　2-44　M100
北京市西城区东河沿街 69 号（100052）
编辑部电话：010-5132218
http：//www. medjournals. cn
cjc@cmaph. org

报道心血管病学领域领先的科研成果和临床心内科、与心内科相关的外科诊疗经验，以及密切结合心血管病临床、有指导作用的基础研究。设有临床研究、基础研究、流行学与人群防治、专题评论、新视野、讲座、综述、学术讨论、学术动态、病例报告、临床病理（例）讨论、技术与方法等栏目。读者对象为从事心血管病预防、医疗的工作者和科研人员。1979 年继承：《心脏血管疾病》（1972～1978）。

中华行为医学与脑科学杂志 = Chinese journal of behavioral medicine and brain science / 中华医学会，济宁医学院，2009～
月刊　　　　　　　　CLC：R3，R74
ISSN 1674-6554　　CN 37-1468/R　24-115　M5269
山东省济宁市荷花路 133 号（272067）
编辑部电话：0537-3616263

http：//www. xwyx. cn，https：//medpress. yiigle. com
xwyxbjb@163169. net

刊登行为医学、脑科学（包括神经科基础与临床）领域的学术论文和科研成果。内容涉及脑神经生理、心理生理、免疫学、医学心理学、精神医学、职业卫生、健康教育等领域。设有专论、基础研究、临床研究、卫生预防、护理研究、心理行为评估、研究与思考、继续教育、综述、医药快讯等栏目。读者对象为临床各科医生、医学院校师生、卫生防疫站（疾病控制中心）工作人员及健康教育工作者。2009 年继承：《中国行为医学科学》（1993～2008）。

中华血液学杂志 = Chinese journal of hematology / 中华医学会，1980～
月刊　　　　　　　　CLC：R55
ISSN 0253-2727　　CN 12-1090/R　6-54　M347
天津市和平区南京路 288 号（300020）
编辑部电话：022-27304167
http：//www. hematoline. com，http：//www. medjournals. cn
zhxyx@hematoline. com

报道我国临床和实验血液学及输血研究的新成果以及国内外血液学领域的新理论、新技术、新方法和新进展。设有专论、标准与讨论、名家谈诊疗、论著、短篇论著、病例报告、综述等栏目。以临床血液学、实验血液学、中心血站（库）、医学检验工作者以及医学院校师生为读者对象。1980 年继承：《输血及血液学》（1977～1979）。

中华眼底病杂志 = Chinese journal of ocular fundus diseases / 中华医学会，1993～
月刊　　　　　　　　CLC：R77
ISSN 1005-1015　　CN 51-1434/R　62-73　BM4317
四川省成都市国学巷 37 号（610041）
编辑部电话：028-85422535
http：//www. coretina. com
coretina@coretina. com

报道范围包括视网膜、葡萄膜、玻璃体、视觉通路、与全身病相关的内眼疾病等眼后节疾病的临床和基础研究成果。设有述评、读者作者编者、论著、短篇论著、病例报告、综述等栏目。读者对象为与眼底病临床和基础研究专业相关的医务工作者和研究人员。1993 年继承：《眼底病杂志》（1985～1993）。

中华眼科杂志 = Chinese journal of ophthalmology / 中华医学会，1950～
月刊　　　　　　　　CLC：R77
ISSN 0412-4081　　CN 11-2142/R　2-60　M93
北京市西城区东河沿街 69 号（100052）

编辑部电话：010-51322455

http://www.medjournals.cn

cmacjo@cmaph.org

报道眼科领域内领先的科研成果、临床诊疗经验及对眼科临床有指导作用且与眼科临床密切结合的基础理论研究。主要栏目包括专家述评、焦点论坛、图像精粹、标准与规范探讨、病例报告、综述、专家论坛等栏目。以广大眼科医师为主要读者对象。

中华眼视光学与视觉科学杂志 = Chinese journal of optometry ophthalmology and visual science / 中华医学会，2010～

月刊　　　　　　　CLC：R77

ISSN 1674-845X　CN 11-5909/R　32-108

浙江省温州市茶山高教园区温州医科大学内（325035）

编辑部电话：0577-86699366

http://www.cjoovs.com，http://www.medjournals.cn

zhysgx@vip.126.com

报道我国眼科学、眼视光学和视觉科学方面的科研和临床的新成果、新进展、新经验。设有专家共识、论著、读者作者编者、消息、病例报告、综述等栏目。以广大眼科医生、视光配镜师、眼视光学与视觉科学科研人员为主要读者对象。2010 年继承：《眼视光学杂志》（1999～2009）。

中华医学超声杂志(电子版) = Chinese journal of medical ultrasound (electronic edition) / 中华医学会，2004～

月刊　　　　　　　CLC：R445

ISSN 1672-6448　CN 11-9115/R　80-313　BM1938

北京市西城区东河沿街 69 号（100052）

编辑部电话：010-51322622

http://chaosheng.cma-cmc.com.cn

csbjb@cma.org.cn

报道超声医学领域领先的科研成果、临床诊断治疗技术和经验。主要栏目有视频、述评、专家论坛、综述、中枢神经超声影像学、头颈部超声影像学、心血管超声影像学、外周血管超声影像学、腹部超声影像学、妇产科超声影像学、生殖泌尿超声影像学、浅表器官超声影像学、肌肉骨骼超声影像学、介入超声影像学、小儿超声影像学、新技术与新方法、经验与技术交流、临床病例研究、病例报告、继续教育、读者来信、仪器与设备等。以超声、影像、介入及相关专业医师和技术人员为主要读者对象。

中华医学杂志 = National medical journal of China / 中华医学会，1959～

周刊　　　　　　　CLC：R

ISSN 0376-2491　　CN 11-2137/R　2-588　W86

北京市西城区东河沿街 69 号（100052）

编辑部电话：010-51322109

http://www.medjournals.cn，http://www.zhyxzz.yiigle.com

nmjc@cmaph.org

报道内容以医药卫生专业创新，基础与临床结合，学科交叉融汇为主。刊登基础医学、临床医学、预防医学及中西医结合方面的研究成果和学术论文，以及国内外医学研究进展综述等。读者对象为广大医药卫生科技人员。1959 年 12 月分自：《人民保健》（1959～1960）。

中华医院感染学杂志 = Chinese journal of nosocomiology / 中华预防医学会，中国人民解放军总医院，1994～

半月刊　　　　　　CLC：R18，R51，R4

ISSN 1005-4529　　CN 11-3456/R　82-747　MO1680

北京市复兴路 28 号（100039）

编辑部电话：010-66939464

http://zhyy.cbpt.cnki.net

zhyygrxzz@163.com，zhyy6688@163.com

反映医院感染学方面的研究与应用成果。辟有实验研究、临床抗感染研究、内科感染研究、外科感染研究、妇儿感染研究、感染管理研究、技术方法、综述等栏目。读者对象为各级医院管理人员、医护人员、药技、检验及防疫人员。1994 年继承：《中国医院感染学杂志》（1991～1993）。

中华医院管理杂志 = Chinese journal of hospital administration / 中华医学会，1985～

月刊　　　　　　　CLC：R197

ISSN 1000-6672　　CN 11-1325/R　2-235　M906

北京市东单三条甲 7 号（100005）

编辑部电话：010-65257767，85113642

http://www.medjournals.cn，http://zhyyglzz.yiigle.com

zhyyglzz@126.com

主要报道医院管理及相关学科领域领先的科研成果、理论探讨以及具有独创性的工作经验等。主要栏目：医院管理专题研究、医疗管理、信息管理、医院改革、人才管理、科学管理、医德医风建设和经济管理。读者对象为医院及其职能科室、临床科室的管理人员，各级各类卫生机构工作人员，医学院校和科研机构的教学及研究人员等。

中华预防医学杂志 = Chinese journal of preventive medicine / 中华医学会，1978～

月刊　　　　　　　CLC：R1

ISSN 0253-9624　　CN 11-2150/R　2-61　M97

北京市西城区东河沿街 69 号（100052）

编辑部电话：010-51322302

http://www.pubhealth.org.cn
cjpm@cmaph.org

报道范围:预防医学与卫生学研究的新理论、新技术、新成果和新方法;劳动卫生、环境卫生、营养与食品卫生、儿童青少年卫生、放射卫生、卫生毒理、流行病学、卫生统计、社会医学、免疫接种、卫生化学与检验技术;新发再发传染病、慢性非传染病、地方病、伤害及出生缺陷防控;以及人群中疾病或健康状态的评价和预防疾病及保健对策。主要栏目:人物述林、总editorial随笔、述评、专家笔谈、青年学者笔谈;标准、指南、共识;论著、基础研究、检验技术;Meta 分析、综述;短篇论著、现场调查;讲座、经验交流、会议纪要;文献速览、网上资源导航。读者对象为预防医学与公共卫生工作者。1978 年继承:《中华卫生杂志》(1953~1966)。

中华整形外科杂志 = Chinese journal of plastic surgery / 中华医学会,2000~
月刊　　　　　　CLC:R62
ISSN 1009-4598　CN 11-4453/R　80-855　BM851
北京市八大处路 33 号中国医学科学院整形外科医院编辑部(100144)
编辑部电话:010-53968262
http://zhzxwkzz.yiigle.com
cjpls@cmaph.org

主要刊登对整形外科发展具有科学性、实用性、创新性、导向性的整形外科临床及基础研究类文章。内容主要包括:先天性体表畸形的矫治、获得性体表畸形及功能障碍的修复重建、体表肿瘤及血管脉管畸形的治疗、医学美容及相关临床基础研究。主要读者对象为整形外科医师。2000 年部分继承:《中华整形烧伤外科杂志》(1985~1999)。

中华中医药学刊 = Chinese archives of traditional Chinese medicine / 中华中医药学会,辽宁中医药大学,2007~
月刊　　　　　　CLC:R2,R28
ISSN 1673-7717　CN 21-1546/R　8-182　M1163
辽宁省沈阳市皇姑区崇山东路 79 号(110032)
编辑部电话:024-31207045
http://zhzyyxk.cbpt.cnki.net
zhzyyxk@vip.163.com

重点报道专家、学者及各级立项课题的最新发展动态。设有院士论坛、终身教授论著、博士导师新论、中华名医经典、专家论坛等栏目。读者对象为各高等院校和科研院所相关人员。2007 年继承:《中医药学刊》(2001~2006)。

中华中医药杂志 = China journal of traditionanl Chi-

nese medicine and pharmacy/ 中华中医药学会,2005~
月刊　　　　　　CLC:R2,R28
ISSN 1673-1727　CN 11-5334/R　18-90　C968
北京市和平街北口樱花路甲 4 号(100029)
编辑部电话:010-64216650,64411621,64431681
http://www.zhzyyzz.com
64216650@vip.163.com

主要报道针灸作用机制研究、临床研究的最新科研成果。设有机制探讨、临床研究、针刺麻醉、经络与腧穴、理论探讨、思路与方法、文献研究等栏目。读者对象为针灸临床、教学、科研人员,中医院校学生及针灸爱好者。2005 年继承:《中国医药学报》(1986~2004)。

中华肿瘤防治杂志 = Chinese journal of cancer prevention and treatment / 中华预防医学会,山东省肿瘤防治研究院,2006~
半月刊　　　　　CLC:R73
ISSN 1673-5269　CN 11-5456/R　24-145　SM4917
山东省济南市济兖路 440 号(250117)
编辑部电话:0531-67626604
http://www.cjcpt.cn
cjcptmj@126.com

报道肿瘤学新发展、新技术等。主要栏目设有述评、临床流行病学/论著、实验研究/论著、临床基础研究/论著、临床应用研究/论著、荟萃分析/论著、短篇报道/论著、综述与讲座和动态·简讯等。主要读者对象为肿瘤学相关研究人员。2006 年继承:《肿瘤防治杂志》(2000~2005)。

中华肿瘤杂志 = Chinese journal of oncology / 中华医学会,1979~
月刊　　　　　　CLC:R73
ISSN 0253-3766　CN 11-2152/R　2-47　M99
北京市朝阳区潘家园南里 17 号(100021)
编辑部电话:010-67788231
http://www.chinjoncol.com,http://medjournals.cn
zhonghuazhongliu@163.com

报道恶性肿瘤相关基础、临床、预防研究,中国肿瘤防治研究工作的成就、进展及新动向,以及具有临床指导意义、体现学术热点和多学科合作的指南与共识、述评和个案报道等。辟有指南与共识、论著、述评、短篇报道、病例报告等栏目。以广大肿瘤学医师和科研人员为主要读者对象。

中南财经政法大学学报 = Journal of Zhongnan University of Economics and Law / 中南财经政法大学,2002~
双月刊　　　　　CLC:F

ISSN 1003-5230   CN 42-1663/F   38-25   BM5754
湖北省武汉市东湖高新技术开发区南湖大道 182 号
（430073）
编辑部电话：027-88386132
cdxbbjb@126.com

发表经济理论与应用研究成果。侧重对社会主义市场经济理论和实践的探索，倡导对边缘学科和新兴学科的研究，报道财经科学研究的发展动向。主要栏目：理论广角、会计研究、金融研究、国际经济研究、双月经济观察、企业管理等。读者对象为经济科学和相关的社会科学研究人员、经济工作者及财经院校师生。2002 年继承：《中南财经大学学报》（1986～2001）。

中南大学学报. 社会科学版 = Journal of Central South University. Social sciences / 中南大学，2003～
双月刊   CLC：C55
ISSN 1672-3104   CN 43-1393/C   42-197
湖南省长沙市（410083）
编辑部电话：0731-88830141
http://www.zndxsk.com.cn
znsk@csu.edu.cn

主要反映该校师生在人文社会科学领域的研究成果，亦发表国内外知名学者撰写的学术论文。内容涉及政治学、哲学、经济、法学、管理、社会、语言、文学、艺术、历史、教育、资源环境管理研究等方面。读者对象为社会科学工作者和大专院校文科专业师生。2003 年继承：《中南工业大学学报. 社会科学版》（1995～2002）。

中南大学学报. 医学版 = Journal of Central South University. Medical science / 中南大学，2004～
月刊   CLC：R
ISSN 1672-7347   CN 43-1427/R   42-10   BM422
湖南省长沙市湘雅路 110 号中南大学湘雅医学院内
（410078）
编辑部电话：0731-84805496，5495
http://xbyxb.csu.edu.cn
xyyb2005@vip.163.com，xyxb2005@126.com

反映医学科研、医疗、教学的新成果、新技术、新经验，报道国内外医学新动态。设有述评、论著、专家笔谈、专题、指南、综述、临床病例讨论、快报、讲座等栏目。读者对象为广大生物医学科研人员、临床医务工作者和高等医药学院校的师生。2004 年继承：《湖南医科大学学报》（1989～2003）。

中南大学学报. 自然科学版 = Journal of Central South University. Science and technology / 中南大学，2004～
月刊   CLC：N55
ISSN 1672-7207   CN 43-1426/N   42-19   BM273

湖南省长沙市（410083）
编辑部电话：0731-88879765
http://www.zndxzk.com.cn
zngdxb@csu.edu.cn

主要刊登矿物、冶金、化学、环境、材料、机械、信息、地质、采矿、土木、能源、交通等专业学科的论文。设有机械工程·控制科学与工程、地质工程·土木工程、能源工程·交通运输工程、矿业工程·冶金工程·环境工程·化学与化学工程·材料科学与工程等栏目。读者对象为理工科高等院校师生、科研院所科技人员及工程技术人员。2004 年继承：《中南工业大学学报. 自然科学版》（1999～2003）。

中南林业科技大学学报 = Journal of Central South University of Forestry & Technology / 中南林业科技大学，2007～
月刊   CLC：S7
ISSN 1673-923X   CN 43-1470/S
湖南省长沙市韶山南路 498 号（410004）
编辑部电话：0731-85623395
http://qks.csuft.edu.cn

主要刊登林学、林业工程、生态学（侧重森林生态学、环境生态学、恢复生态学）、生物学（侧重生物资源学、生物化学与分子生物学）、风景园林学（侧重园林植物与利用）等一级学科涵盖的学科专业论文，同时兼顾环境科学与工程（侧重植物修复）、食品科学与工程（侧重林产品加工）、生态旅游、家具设计与制造（侧重木材加工）、林业经济管理等学科专业论文。读者对象为农林院校师生，农林科研院所、农林管理部门和生产单位的科技和管理人员，以及与以上学科和专业有关的其他高校师生和科技人员。2007 年继承：《中南林学院学报》（1981～2006）。

中南民族大学学报. 人文社会科学版 = Journal of South-Central University for Nationalities. Humanities and social sciences / 中南民族大学，2002～
月刊   CLC：C55，C95
ISSN 1672-433X   CN 42-1704/C   38-97   Q696
湖北省武汉市民族大道 182 号（430074）
编辑部电话：027-67842094
http://www.scuec.edu.cn
xuebao8@mail.scuec.edu.cn

内容以大民族学学科为主。主要刊载民族理论与政策研究、民族学（城市民族工作/城市少数民族流动人口、南方民族历史与文化/民族文化传承与保护、边疆民族问题、民族经济、民族法制等）、人类学、社会学、马克思主义经典著作研究、法学、经济学、管理学、文学和中国传统文化等多学科优秀科研成果。面向民族问题研究人员、民族院校师生、民族工作者及其他社会科学工作者。2022 年起并列题名改为：Journal of South-Central Minzu University. Humanities and social sciences. 2002 年继承:《中南民族学院学报. 人文社会科学版》(2000～2002)。

中山大学学报. 社会科学版 = Journal of Sun Yat-sen University. Social science edition / 中山大学，1991～
双月刊　　　　　　CLC：C55
ISSN 1000-9639　　CN 44-1158/C　46-14　BM118
广东省广州市新港西路 135 号(510275)
编辑部电话：020-84112070,2963
xuebaosk@mail. sysu. edu. cn
发表该校及海内外学者的研究成果,刊登政治学、文学、哲学、宗教学、历史学、经济学、管理学、法学、社会学等学科的学术论文。设有中山大学学术名家访谈、"古今家庭与中华文明"专题等栏目。读者对象为文科院校师生及社会科学工作者。1991 年继承:《中山大学学报. 哲学社会科学版》(1973～1990)。

中山大学学报. 医学科学版 = Journal of Sun Yat-Sen University. Medical sciences / 中山大学，2020～
双月刊　　　　　　CLC：R
ISSN 1672-3554　　CN 44-1575/R　46-141　BM1232
广东省广州市中山二路 74 号(510080)
编辑部电话：020-87331643
http://xuebao. sysu. edu. cn
XBmed@mail. sysu. edu. cn
刊登具有创新性、科学性和实用性的医学学术研究论文。设有特约专题、基础研究、临床研究等栏目。读者对象为广大医学工作者。2020 年继承:《中山大学学报. 医学版》(2018～2020)。

中山大学学报. 自然科学版 = Acta scientiarum naturalium Universitatis Sunyatseni / 中山大学，1973～2021
双月刊　　　　　　CLC：N55
ISSN 0529-6579　　CN 44-1241/N　46-15　BM119
广东省广州市新港西路 135 号(《中山大学学报. 自然科学版(中英文)》编辑部)(510275)
编辑部电话：020-84112585,3223
http://xuebao. sysu. edu. cn
xuebaozr@mail. sysu. edu. cn
主要发表自然科学基础理论研究、应用基础研究,以及高新技术方面的学术论文。内容涉及数学、应用数学、应用力学、物理、光学、半导体物理、激光、化学、植物学、动物学、昆虫学、地理学、地质学、遗传学、环境科学、气候学、材料科学、无线电物理和电子学、微电子学、计算机软件、计算机应用、自动控制等学科。读者对象为

理工科院校师生及科研技术人员。1973 年继承:《中山大学学报. 自然科学》(1959～1966);2022 年改名为《中山大学学报. 自然科学版(中英文)》(2022～)。

中外法学 = Peking University law journal / 北京大学，1989～
双月刊　　　　　　CLC：D9
ISSN 1002-4875　　CN 11-2447/D　2-204　BM6343
北京市海淀区颐和园路 5 号北京大学法学院四合院(100871)
编辑部电话：010-62751689
http://journal. pkulaw. cn
zwfx@pku. edu. cn
致力于推动法学思想的发展,探讨当代中国法学研究与法治实践的重大理论和实践问题,评析法律文本的法理和经典法学著作。主要栏目有代表作、学科反思、论文、专题研讨、案例研究、视野等,并不定期地推出一些热点专题研究。读者对象为法学研究人员、法律工作者和政法院校师生。1989 年继承:《国外法学》(1978～1988)。

中外葡萄与葡萄酒 = Sino-overseas grapevine & wine / 山东省葡萄研究院，1999～
双月刊　　　　CLC：TS262.6,S663.1,F416.82
ISSN 1004-7360　　CN 37-1349/TS　24-73
山东省济南市山大南路 1-27 号(250100)
编辑部电话：0531-85598004
http://www. ptzp. cbpt. cnki. net
cb. 1976@163. com
主要报道葡萄种植与葡萄酒及果酒制造等领域的研究报告、栽培技术、酿造工艺、原辅料应用、陈酿管理、行业发展等论文,涵盖从果品生产、贮存、加工等整个产业。主要栏目有研究报告、栽培技术、酿造加工、综述、行业观察等。主要读者对象为大专院校、科研院所的研究人员、行业专家,葡萄与葡萄酒、果酒生产技术人员与相关从业者。1999 年继承:《葡萄栽培与酿酒》(1984～1998)。

中文信息学报 = Journal of Chinese information processing / 中国中文信息学会,中国科学院软件研究所，1986～
月刊　　　　　　CLC：TP391
ISSN 1003-0077　　CN 11-2325/N　BM0077T
北京市海淀区中关村南四街 4 号(100190)
编辑部电话：010-62562916
http://www. cipsc. org. cn
jcip@iscas. ac. cn
中国中文信息学会会刊。反映中文信息处理方面的基础理论和应用技术研究成果。包括计算语言学、语言资源建设,机器翻译或机器辅助翻译,汉语和少数民族

语言文字输入输出和处理,中文手写和印刷体识别,中文语音识别与合成,以及文语转换、信息检索、信息抽取及相关的语言技术、网上搜索引擎、数据挖掘、知识获取、神经网络、机器学习、专家系统、知识工程和其他人工智能技术等方面。主要栏目:综述、研究成果、技术报告、书刊评论、专题讨论和国内外学术动态。读者对象为中文信息处理专业技术人员及科研、教学、应用人员。

中小学管理 / 北京教育学院,1987～

月刊　　　　　CLC:G637

ISSN 1002-2384　　CN 11-2545/G4　82-372　M4238

北京市西城区白广路 18 号(100054)

编辑部电话:010-52597541,7542,7504

zxxgl@zxxgl.com

2023 年起主办单位改为北京教育融媒体中心。宣传党和国家的教育方针、政策和法规,传播中小学管理改革的新经验,研究教育改革的难点、热点问题,报道优秀中小学管理干部的先进事迹,反映中小学管理干部的呼声,介绍国内外中小学管理的最新动态和学术研究成果,为基础教育的改革与发展服务,为中小学管理实践服务。读者对象为中小学管理干部、教育行政管理干部、教育科研人员和从事干部培训的教师等。

中小学外语教学. 中学篇 = Foreign language teaching in schools / 北京师范大学,2005～

月刊　　　　　CLC:G633.4

ISSN 1002-6541　　CN 11-1318/G4　2-31

北京市北京师范大学中小学外语教学编辑部(校内京师大厦 9809)(100875)

编辑部电话:010-58808018

http://www.FLTS.cn,https://flts.bnu.edu.cn

FLTS@bnu.edu.cn

设有教法与经验、教学研究、测试研究等栏目。读者对象为中学英语教师及有关教研人员。2005 年部分继承:《中小学外语教学》(1978～2005)。

中小学英语教学与研究 = English teaching & research notes / 华东师范大学,1982～

月刊　　　　　CLC:G633.4

ISSN 1006-4036　　CN 31-1122/G4　4-327

上海市中山北路 3663 号华东师范大学院内(200062)

编辑部电话:021-62233415

https://etrn.ecnu.edu.cn

研究中小学英语教学理论与方法,交流教学经验。主要栏目:素质教育、教学研究、学习策略、听说读写、能力培养、语言知识、实验报告、测试研究等栏目。读者对象为中小学英语教师。1982 年继承:《上海外语教学》。

中兴通讯技术 = ZTE technology journal / 时代出版传媒股份有限公司,深圳航天广宇工业有限公司,2001～

双月刊　　　　　CLC:TN91

ISSN 1009-6868　　CN 34-1228/TN

安徽省合肥市金塞路 329 号凯旋大厦 1201 室(230061)

编辑部电话:0551-65533356

http://tech.zte.com.cn

magazine@zte.com.cn

刊登信息通信领域最新理论与技术、信息通信行业发展趋势等相关论文。设有热点专题、专家论坛、企业视界、技术广角等主要栏目。读者对象为高等院校、科研院所及电信运营商的科研人员。2001 年继承:《中兴新通讯》(1995～2000)。

中学语文教学 = Language teaching in middle school / 首都师范大学,1979～

月刊　　　　　CLC:G633.3

ISSN 1002-5154　　CN 11-1277/H　2-32　M306

北京市西三环北路 105 号(100048)

编辑部电话:010-68980051,68982069,68900046,68902303

swly2022@126.com,ktzxl2022@126.com,zwjx2022@126.com,cywx2022@126.com,wbyd2012@163.com,pjcs2022@126.com,sysy0051@126.com

研究中学语文教学理论,探索中学语文教学规律,探讨中学语文教学中存在的问题,传播中学语文教学经验。主要栏目:中语视点、理念·观点、实践·反思、备课·设计、评价·测试、成长·发展、视野·素养等。读者对象为中学语文教师及各级语文教育工作者。

中央财经大学学报 = Journal of Central University of Finance & Economics / 中央财经大学,1997～

月刊　　　　　CLC:F81

ISSN 1000-1549　　CN 11-3846/F　82-950

北京市西直门外学院南路 39 号(100081)

编辑部电话:010-62288381,8382

http://xbbjb.cufe.edu.cn

xsqks@cufe.edu.cn

主要刊登财政、税收、金融保险、财务、会计、经济管理、经济法等财经理论研究与实证类文章,以及有关国外财经方面的著述。主要栏目有财政税收、金融保险、财务与会计、金融证券、理论经济、工商管理、特稿等。主要读者对象为财经理论工作者和财经院校师生。1997 年继承:《中央财政金融学院学报》(1981～1996)。

中央民族大学学报. 哲学社会科学版 = Journal of Minzu University of China. Philosophy and social sciences edition / 中央民族大学,1997～

双月刊　　　　　CLC：C55，C95

ISSN 1005-8575　　CN 11-3530/C　2-565　BM642

北京市海淀区中关村南大街 27 号(100081)

编辑部电话：010-68933635,9005

http://zymd.cbpt.cnki.net/EditorDN/Quit.aspx

研究我国少数民族的社会形态、政治、经济、哲学、历史、语言、文字、文学、艺术、宗教信仰、生活习俗等问题的综合性学术期刊。辟有中华民族共同体研究、民族学研究、人类学研究、社会学研究、民族史与边疆学研究、民族经济研究等栏目。读者对象为民族工作者、社会科学工作者及民族院校师生。1997 年继承：《中央民族大学学报》(1994～1996)。

中央音乐学院学报 = Journal of the Central Conservatory of Music / 中央音乐学院，1980～

季刊　　　　　CLC：J6

ISSN 1001-9871　　CN 11-1183/J　82-41　Q510

北京市西城区鲍家街 43 号(100031)

编辑部电话：010-66417541,66425731

xbbjb@ccom.edu.cn

反映音乐教育和音乐研究方面的成果。发表中外音乐史、民族音乐研究、作曲技术理论、音乐表演、音乐美学、音乐心理学、音乐教育、电子音乐技术、音乐家研究、古代音乐、作曲指挥与创作理论研究等方面的论文，以及国外音乐论著选译、国内外音乐创作、研究评介等。读者对象为音乐院校师生、专业音乐工作者和音乐爱好者。1987 年吸收：《世界音乐》(1985～1986)。

中药材 = Journal of Chinese medicinal materials / 国家药品监督管理局中药材信息中心站，1985～

月刊　　　　　CLC：R28

ISSN 1001-4454　　CN 44-1286/R　M7068

广东省广州市中山二路 24 号中粤大厦 10 楼(510080)

编辑部电话：020-81888465,81889570,87669299,87624708

http://zyca.chinajournal.net.cn

81888465@163.com

2023 年起由国家药品监督管理局中药材信息中心站和广东省中药协会主办。主要报道中药生产、科研和经营管理的新技术、新方法和新成果，以及中药材的种(养)技术(GAP)、资源开发和利用、药材的加工炮制与养护、鉴别、成分、药理、制剂、临床用药等方面的研究论文。辟有专论、考证、综述、经验、药事管理、学术动态与信息等栏目。读者对象为医药卫生领域广大科研、生产、经营、临床等方面人员。1985 年继承：《中药材科技》(1978～1984)。

中药新药与临床药理 = Traditional Chinese drug research and clinical pharmacology / 广州中医药大学，中华中医药学会，1991～

月刊　　　　　CLC：R28

ISSN 1003-9783　　CN 44-1308/R　46-210　BM4647

广东省广州市番禺区广州大学城外环东路 232 号(510006)

编辑部电话：020-39354129

http://www.zyxy.com.cn

xybj@gzucm.edu.cn

报道中药新药和中药临床药理。内容涉及中药药理基础研究、中药开发研究，以及天然产物基础与开发研究。设有名方研究、实验研究、临床研究、学术论坛、综述等栏目。读者对象为药厂、医药院校、医药研究单位、医药行政管理部门的科研人员及行政管理人员。1991 年继承：《中药(新药)临床及临床药理通讯》(1990～1991)。

中药药理与临床 = Pharmacology and clinics of Chinese materia medica / 中国药理学会，四川省中医药科学院，1985～

双月刊　　　　　CLC：R28

ISSN 1001-859X　　CN 51-1188/R

四川省成都市人民南路四段 51 号(610041)

编辑部电话：028-85234707

http://zyyl.cbpt.cnki.net

ZYYL707@163.com

主要刊载有关中药理学和临床治疗学研究的学术论文。辟有治法研究、名方研究、实验研究、临床研究、思路与方法学探讨、学术争鸣、综述等栏目。读者对象为中医药研究与临床工作者。

中医杂志 = Journal of traditional Chinese medicine / 中华中医药学会，中国中医科学院，1979～

半月刊　　　　　CLC：R2

ISSN 1001-1668　　CN 11-2166/R　2-698　SM140

北京市东直门内南小街 16 号(100700)

编辑部电话：010-64035632,64089185,64089186,64089187

http://www.jtcm.net.cn

jtcmcn@188.com

交流与报道中医学理法方药的最新研究成果与最新进展。设有专论、经典名方、配伍、药理、毒理、临床、药物代谢、药剂与炮制、资源与质量评价、数据挖掘、综述以及相关中医药研究专题等栏目。读者对象为从事医药，尤其是方剂教学、科研、医疗、生产的高、中级工作者，以及中医药院校的高年级学生等。1979 年继承：《新医药学杂志》(1972～1979)。

中原文物 = Cultural relics of Central China / 河南博
物院，1981～

双月刊　　　　　　CLC：K872

ISSN 1003-1731　CN 41-1012/K　36-136　BM308

河南省郑州市农业路 8 号（450002）

编辑部电话：0371-63511062

http：//zyw. chnmus. net

zywwbm@163. com

报道中原地区考古工作的新收获和新成果，重点突出
史前文化、夏商周文化、古城古国、商周青铜器、汉代画
像、古代石刻造像、古代陶瓷器、古代建筑等一系列与中
原有关的重大学术课题。设有考古发现、考古研究、文
物研究、石窟寺研究、古文字研究、学术争鸣等栏目。读
者对象为文物、考古、史学工作者和大专院校师生。
1981 年继承：《河南文博通讯》（1977～1980）。

中州学刊 = Academic journal of Zhongzhou / 河南省
社会科学院，1981～

月刊　　　　　　　CLC：C55

ISSN 1003-0751　CN 41-1006/C　36-118　BM824

河南省郑州市郑东新区恭秀路 16 号（451464）

编辑部电话：0371-63836785

https：//www. zzxk1979. com

zzxkzz@126. com，zzxkjjs@126. com，zzxklaw@126.
com，zzxksh@126. com，zzxkll@126. com，zzxkzx@
126. com，zzxkls@126. com，zzxkwxs@126. com，
zzxkbw@126. com

关注重大现实问题、理论问题和学术前沿问题。内容
涉及政治、经济、法学、社会学、哲学、历史、文学艺术等
学科。设有当代政治、党建热点、经济理论与实践、"三
农"问题焦点、法学研究、社会现象与社会问题研究、伦
理与道德、哲学研究、历史研究、文学与文艺研究、新闻
与传播、学界短讯等栏目。读者对象为党政领导、人文
社会科学工作者及文科院校师生。1981 年继承：《学术
研究辑刊》（1979～1980）。

钟山 = Zhongshan literature bimonthly / 江苏省作家
协会，1978～

双月刊　　　　　　CLC：I24

ISSN 1005-7595　CN 32-1073/I　28-3　BM711

江苏省南京市梦都大街 50 号（210019）

编辑部电话：025-86486038

http：//www. zhongshanzazhi. com

zhongshanzazhi@vip. sina. com

主要发表中长篇小说，兼及其他体裁的文学作品，特
别是文学领域中不同风格流派的优秀之作，亦发表文学
评论文章。主要栏目有中篇小说、短篇小说、诗与诗人、
栏杆拍遍、如花在野、河汉观星等。读者对象为广大文
学爱好者。

种子 = Seed / 贵州农业职业学院，贵州省种子管理站，
1981～

月刊　　　　　　　CLC：S32

ISSN 1001-4705　CN 52-1066/S　66-22　MO4109

贵州省（清镇）职教城乡愁校区黄柿路 3 号贵州农业
职业学院 3 号实训楼（551400）

编辑部电话：0851-85360811，0812，0813

http：//zhzi. gznyzyxy. cn

ZHZI@chinajournal. net. cn

报道国内外种子科技的最新研究成果和动态，综述种
子科技的发展现状，展望种子科技的发展方向，宣传党
和国家有关种子的方针、政策，探讨我国种子产业的发
展模式。辟有研究报告、问题探讨、应用技术、资源与利
用、经验交流、新品种选育与推广、种子生产、品种介绍、
国外种业、种子检验、信息等栏目。读者对象为农林科
技人员、农林院校师生、种子专业技术人员等。

周易研究 = Studies of Zhouyi / 山东大学，中国周易学
会，1988～

双月刊　　　　　　CLC：B221

ISSN 1003-3882　CN 37-1191/C　24-087　BM783

山东省济南市山大南路 27 号（山东大学中心校区）
（250100）

编辑部电话：0531-88364829，4809

http：//zhouyi. sdu. edu. cn

yistudies@126. com

2023 年起由山东大学单独主办。主要刊发研究易学
和中国哲学当代转化创新的学术论文，继续阐明易学和
中国哲学传统，探讨冷门绝学领域的重大疑难问题。主
要栏目有易学史研究、近现代易学研究、周易与哲学研
究、《周易》经传研究、出土易学文献研究、海外易学研
究、周易与文化研究、中国哲学研究等。读者对象为易
学专业研究人员及高校相关专业师生。

轴承 = Bearing / 洛阳轴承研究所有限公司，1958～

月刊　　　　　　　CLC：TH133. 3

ISSN 1000-3762　CN 41-1148/TH　36-17　4631-MO

河南省洛阳市吉林路 1 号（471039）

编辑部电话：0379-64881567

https：//cucw. cbpt. cnki. net

zcbjb@163. com

报道轴承行业技术发展的新态势，包括滚动、滑动、空
气、电磁等各类轴承的基础理论、产品设计、工艺与装
备、检测与试验、润滑与密封、应用技术等方面的新成
果、新技术、新工艺、新经验等国内外信息。设有研究与
开发、工艺与装备、测试与应用等栏目。读者对象为从

事轴承设计、制造、检测、应用及相关工作的科技人员、企业管理人员、市场营销人员和大专院校师生。

装饰：艺术设计月刊 / 清华大学，1958～
月刊　　　　　　CLC：J525
ISSN 0412-3662　CN 11-1392/J　2-346　M1023
北京市海淀区清华园清华大学美术学院 A431 室（100084）
编辑部电话：010-62798878,8189
http://www.izhsh.com.cn
zhuangshi689@263.net
主要发表装饰理论、装饰艺术设计以及艺术史论研究方面的论文。主要栏目有史论空间、民俗民艺、个案点击、设计实践、教学档案、纸上展览、海外动向、专利释疑、学人问津、信息时空、院校风采等。读者对象为艺术设计专业研究人员、从业人员及业余爱好者。

资源科学 = Resources science / 中国科学院地理科学与资源研究所，中国自然资源学会，1998～
月刊　　　　　　CLC：X37,F06,K9
ISSN 1007-7588　CN 11-3868/N　82-4　BM416
北京市朝阳区大屯路甲 11 号（100101）
编辑部电话：010-64889446
http://www.resci.cn
zykx@igsnrr.ac.cn
主要刊登资源科学领域具有创新性的论文，报道最新的研究成果，发表相关的学术评论，介绍学科的前沿动态，为建立和发展资源科学理论体系、促进我国资源的可持续利用和资源管理服务。设有资源管理、资源经济、能源资源、土地资源、旅游资源、生态资源、环境效应与调控等栏目。读者对象为从事自然资源、社会资源、资源管理与资源立法等学科领域的研究人员、技术人员、管理人员和高等院校师生。1998 年继承：《自然资源》（1977～1997）。

自动化学报 = Acta automatica Sinica / 中国自动化学会，中国科学院自动化研究所，1963～
月刊　　　　　　CLC：TP
ISSN 0254-4156　CN 11-2109/TP　2-180　BM414
北京市海淀区中关村东路 95 号（100190）
编辑部电话：010-82544653,4677
http://www.aas.net.cn
aas@ia.ac.cn
刊载自动化科学与技术领域的高水平理论性和应用性的科研成果，内容包括：自动控制、系统理论与系统工程、自动化工程技术与应用、自动化系统计算机辅助技术、机器人、人工智能与智能控制、模式识别与图像处理、信息处理与信息服务、基于网络的自动化等。读者对象为自动化科技领域的研究与开发人员、专业院校师生。

自然辩证法通讯 = Journal of dialectics of nature / 中国科学院大学，1979～
月刊　　　　　　CLC：N031
ISSN 1000-0763　CN 11-1518/N　2-281　BM102
北京市玉泉路 19 号甲中国科学院大学（北京 4588 信箱）（100049）
编辑部电话：010-88256007
http://jdn.ucas.ac.cn
jdn@ucas.ac.cn
主要刊登科学技术哲学、科学技术史、科学技术与社会、科学技术文化研究等科研成果。设有科学技术哲学、科学技术史、科学技术与社会、科学技术文化研究、人物评传等栏目。读者对象为科学家、科研与管理人员、工程技术人员及高等院校师生。

自然辩证法研究 = Studies in dialectics of nature / 中国自然辩证法研究会，1985～
月刊　　　　　　CLC：N031
ISSN 1000-8934　CN 11-1649/B　80-519　M4542
北京市西城区三里河路 54 号（100045）
编辑部电话：010-685984718,68598478,62117238
https://zrbz.cbpt.cnki.net
zrbzhfyj@sina.com
刊发研究自然哲学、科学哲学、技术哲学、科学方法论等理论问题，探讨当代科学、技术、经济与社会相互关系的文章，刊登注重对国内外最新科学技术成果的哲学探索和对自然辩证法学科的基础理论研究成果。设有科学哲学、技术哲学、科技与社会、科技思想史等栏目。读者对象为哲学、理论、管理、科技工作者，以及自然辩证法领域研究人员。

自然科学史研究 = Studies in the history of natural sciences / 中国科学院自然科学史研究所，中国科学技术史学会，1982～
季刊　　　　　　CLC：N09
ISSN 1000-0224　CN 11-1810/N　2-564　Q606
北京市海淀区中关村东路 55 号中国科学院自然科学史研究所（100190）
编辑部电话：010-57552523
http://www.shns.ac.cn
yanjiu@ihns.ac.cn
发表科学技术史领域综合性研究和各学科史论文、研究讨论、评论、书评和学术信息等。设有论文、图书评介、学术信息等栏目。读者对象为科技工作者及科技史研究人员。1982 年继承：《科学史集刊》（1958～1981）。

自然灾害学报 = Journal of natural disasters / 中国地震局工程力学研究所,中国灾害防御协会，1992～

双月刊　　　　　　CLC：X4

ISSN 1004-4574　　CN 23-1324/X　14-73　BM7142

黑龙江省哈尔滨市学府路 29 号(150080)

编辑部电话：0451-86652820

http://zrzh.paperonce.org

jnd@iem.ac.cn

主要内容包括灾害的危险性评估、灾害的预测、灾害的风险评估、灾害防御、农业减灾、气象减灾、自然灾害应急响应与公共安全、防灾减灾系统工程、多灾害耦合及灾害链、自然灾害的社会因素、智能防灾与智慧减灾等方面的科研成果。读者对象为灾害学研究工作者、防灾减灾专业技术人员及相关专业大专院校师生。

自然资源学报 = Journal of natural resources / 中国自然资源学会,中国科学院地理科学与资源研究所，1986～

月刊　　　　　　　CLC：X37,F3

ISSN 1000-3037　　CN 11-1912/N　82-322　BM1602

北京市 9719 信箱(北京市安外大屯路甲 11 号中国科学院地理科学与资源研究所内)(100101)

编辑部电话：010-64889771

http://www.jnr.ac.cn

zrzyxb@igsnrr.ac.cn

主要报道自然资源学科理论研究的最新成果、自然资源的数量与质量评价、自然资源研究中新技术与新方法的运用、区域自然资源的管理及可持续发展等研究成果,综述和简要报道国内外自然资源研究进展和发展趋势。主要栏目有新时期自然资源利用与管理、空间协调、区域与城市发展、资源与战略、旅游生计与可持续发展、绿色发展与生态保护、绿色低碳与高质量发展等。读者对象为从事自然资源研究的科研人员、决策与管理人员以及相关专业高等院校师生。

自然资源遥感 = Remote sensing for natural resources / 中国自然资源航空物探遥感中心，2021～

季刊　　　　　　　CLC：TP79

ISSN 2097-034X　　CN 10-1759/P　82-344　Q8029

北京市学院路 31 号航空物探遥感中心(100083)

编辑部电话：010-62060291,0292

http://www.gtzyyg.com

zrzyyg@163.com

主要刊登实用性强的遥感、GIS 及 GPS(3S)技术应用论文,宣传 3S 技术应用的新方法和重要成果。读者对象为从事相关研究领域的研究人员、应用人员及大专院校有关师生。2021 年继承:《国土资源遥感》(1989～2021)。

宗教学研究 = Religious studies / 四川大学道教与宗教文化研究所，1982～

季刊　　　　　　　CLC：B92

ISSN 1006-1312　　CN 51-1069/B　62-174

四川省成都市望江路 29 号四川大学文科楼 138 室(610064)

编辑部电话：028-85412221

http://daoism.scu.edu.cn

zongjiao111@163.com

重点追踪宗教学学术前沿,关注中华民族文化特色的宗教学学科的发展,兼顾宗教学理论、佛教、基督教(天主教)、中国少数民族宗教、民间宗教等研究。设有道教研究、佛教研究、基督教研究、民族宗教与西部边疆研究、宗教学理论、其他宗教研究和民族信仰研究、书评等栏目。读者对象为哲学、宗教学、历史学、文学、考古学工作者和高等院校师生。

组合机床与自动化加工技术 = Modular machine tool & automatic manufacturing technique / 中国机械工程学会生产工程分会,大连组合机床研究所，1985～

月刊　　　　　　　CLC：TG5,TH,TP

ISSN 1001-2265　　CN 21-1132/TG　8-62　M5830

辽宁省大连市甘井子区亿阳路 6C 号三丰大厦 C 座905(116023)

编辑部电话：0411-86645290,86641650,86658407

http://www.zhjcz.com.cn

zhjcqk@126.com

报道制造系统、智能制造、网络化生产、计算机集成制造等大批量生产的工艺及装备技术,针对新技术在生产工程领域内的实际应用,侧重先进制造技术及成套技术装备的开发设计。设有设计与研究、控制与检测、工艺与装备、先进管理技术等专栏。读者对象为从事新技术、新设备、新工艺开发及应用的科研人员,从事机床及其他工艺装备开发、设计的工程师,从事高端装备制造生产的工艺设计及技术改造的工程技术人员,以及高等院校的学者、研究生等。1985 年继承:《组合机床》(1980～1984)。

钻采工艺 = Drilling & production technology / 四川石油管理局有限公司,中国石油集团川庆钻探工程有限公司，1978～

双月刊　　　　　　CLC：TE2

ISSN 1006-768X　　CN 51-1177/TE　62-42　BM5139

四川省成都市成华区华泰路 42 号龙远科技大厦裙楼0220 号(610051)

编辑部电话：028-82971390

http://www.zcgyzz.com

zcgyzz@sina.com

报道国内外石油天然气钻井、开采、机械、油化等领域的最新工艺、研究成果、科研动态、现场经验及钻采科技新动向。设有钻井工艺、开采工艺、钻采机械、油田化学、生产线上、科技简讯等栏目。读者对象为石油天然气、地矿行业管理人员,生产现场的工程技术人员和技术工人,科研院所研究人员和专业院校师生。

钻井液与完井液 = Drilling fluid & completion fluid / 中国石油集团渤海钻探工程有限公司,中国石油华北油田分公司,1987～

双月刊　　　　　　　CLC：TE25

ISSN 1001-5620　　CN 13-1118/TE　18-423　BM7155

河北省任丘市燕山南道 42 号(062550)

编辑部电话：0317-2725487,2722354

http：//www.zjyywjy.com.cn

zjyywjy@126.com,zyy_wgj@cnpc.com.cn

2022 年起主办单位为中国石油集团渤海钻探工程有限公司和中国石油天然气股份有限公司华北油田分公司。刊登钻井液与完井液领域的新理论、新成果、新经验、新工艺、新方法、新技术和新产品,促进我国钻井液与完井液技术的发展和进步,为石油勘探开发建设服务。栏目有钻井液、固井液、压裂液与酸化液、完井液、专论、动态与简讯。读者对象为石油钻探行业的科研和技术服务人员。1987 年继承:《钻井泥浆》(1983～1986)。

作家杂志 = Writer magazine / 吉林省作家协会,2000～

月刊　　　　　　　CLC：I218.658

ISSN 1006-4044　　CN 22-1028/I　12-1　M751

吉林省长春市人民大街 6255 号(130021)

编辑部电话：0431-85261314,85691416

ccwriter@263.net

刊登文学原创作品、中外作家作品研究论文。内容包括小说、诗歌、文学评论、文艺理论研究等。设有作家走廊、金短篇、诗人空间、记忆·故事、我说我在、艺术中的修辞·两块砖、作家地理·荒野寻访、长篇小说、中篇小说等栏目。读者对象为广大文学爱好者。2000 年继承:《作家》(1983～1999)。

作物学报 = Acta agronomica Sinica / 中国作物学会,中国农业科学院作物科学研究所,中国科技出版传媒股份有限公司,1962～

月刊　　　　　　　CLC：S5

ISSN 0496-3490　　CN 11-1809/S　82-336　M445

北京市中关村南大街 12 号(100081)

编辑部电话：010-82108548,5793

http：//zwxb.chinacrops.org

zwxb301@caas.cn

报道农作物科学基础理论与实际应用方面的研究成果。主要刊登农作物遗传育种、耕作栽培、生理生化、生态、种质资源、谷物化学、储藏加工,以及与农作物有关的生物技术、生物数学、生物物理、农业气象等领域以第一手资料撰写的学术论文、研究报告、简报、专题综述、评述等。读者对象为从事农作物科学研究的科技工作者、大专院校师生和具有同等水平的专业人士。

作物杂志 = Crops / 中国作物学会,中国农业科学院作物科学研究所,1985～

双月刊　　　　　　　CLC：S5

ISSN 1001-7283　　CN 11-1808/S　82-220

北京市中关村南大街 12 号(100081)

编辑部电话：010-82108790

http：//zwzz.chinacrops.org

zwzz304@caas.cn

传播作物科学知识、报道最新科研成果、研究进展、科技动态、新品种、实用技术及丰产经验等。设有专题综述、遗传育种、种质资源、生物技术、生理生化、植物营养、栽培耕作、植物保护、种子科技、研究简报等栏目。读者对象为农业科研人员、农业院校师生、农业技术推广工作者等。

附录一

专业期刊一览表

第 一 编

哲学、社会学、政治、法律

A/K,Z 综合性人文、社会科学（689 种）

刊　　名	ISSN	CN	主　办　单　位
阿坝师范学院学报	2096-1707	51-1767/G4	阿坝师范学院
安徽大学学报. 哲学社会科学版	1001-5019	34-1040/C	安徽大学
安徽电气工程职业技术学院学报	1672-9706	34-1279/Z	安徽电气工程职业技术学院
安徽工业大学学报. 社会科学版	1671-9247	34-1215/C	安徽工业大学
安徽开放大学学报	2097-0625	34-1338/G4	安徽开放大学
安徽理工大学学报. 社会科学版	1672-1101	34-1217/C	安徽理工大学
安徽农业大学学报. 社会科学版	1009-2463	34-1195/C	安徽农业大学
安徽商贸职业技术学院学报	1671-9255	34-1242/Z	安徽商贸职业技术学院
安徽师范大学学报. 人文社会科学版	1001-2435	34-1041/C	安徽师范大学
安徽职业技术学院学报	1672-9536	34-1280/Z	安徽职业技术学院
安康学院学报	1674-0092	61-1460/Z	安康学院
安庆师范大学学报. 社会科学版	1003-4730	34-1329/C	安庆师范大学
安顺学院学报	1673-9507	52-1145/G4	安顺学院
安阳工学院学报	1673-2928	41-1375/Z	安阳工学院
安阳师范学院学报	1671-5330	41-1331/Z	安阳师范学院
鞍山师范学院学报	1008-2441	21-1391/G4	鞍山师范学院
白城师范学院学报	1673-3118	22-1363/G4	白城师范学院
百科论坛电子杂志	2096-3661	11-9373/Z	中国大百科全书出版社有限公司
百色学院学报	1673-8233	45-1355/Z	百色学院
宝鸡文理学院学报. 社会科学版	1008-4193	61-1343/C	宝鸡文理学院
保定学院学报	1674-2494	13-1388/G4	保定学院
保山学院学报	1674-9340	53-1215/Z	保山学院
报刊精萃	1672-9412	36-1275/Z	江西日报社
报刊资料索引. 第一分册，马列主义、哲学、社会科学总论		11-4361/A	中国人民大学
北部湾大学学报	2096-7276	45-1409/Z	北部湾大学
北方工业大学学报	1001-5477	11-2555/TF	北方工业大学
北方论丛	1000-3541	23-1073/C	哈尔滨师范大学
北方民族大学学报. 哲学社会科学版	1674-6627	64-1065/G4	北方民族大学
北华大学学报. 社会科学版	1009-5101	22-1319/C	北华大学
北京城市学院学报	1673-4513	11-5388/Z	北京城市学院
北京大学学报. 哲学社会科学版	1000-5919	11-1561/C	北京大学
北京电子科技学院学报	1672-464X	11-4093/Z	北京电子科技学院
北京工业大学学报. 社会科学版	1671-0398	11-4558/G	北京工业大学
北京航空航天大学学报. 社会科学版	1008-2204	11-3979/C	北京航空航天大学
北京化工大学学报. 社会科学版	1671-6639	11-4741/C	北京化工大学
北京交通大学学报. 社会科学版	1672-8106	11-5224/C	北京交通大学
北京科技大学学报. 社会科学版	1008-2689	11-3975/C	北京科技大学
北京理工大学学报. 社会科学版	1009-3370	11-4083/C	北京理工大学
北京联合大学学报. 人文社会科学版	1672-4917	11-5117/C	北京联合大学
北京林业大学学报. 社会科学版	1671-6116	11-4740/C	北京林业大学
北京社会科学	1002-3054	11-1105/C	北京市社会科学院
北京师范大学学报. 社会科学版	1002-0209	11-1514/C	北京师范大学
北京印刷学院学报	1004-8626	11-3136/TS	北京印刷学院

刊　名	ISSN	CN	主办单位
北京邮电大学学报. 社会科学版	1008-7729	11-4064/C	北京邮电大学
蚌埠学院学报	2095-297X	34-1321/Z	蚌埠学院
滨州学院学报	1673-2618	37-1435/Z	滨州学院
渤海大学学报. 哲学社会科学版	1672-8254	21-1512/C	渤海大学
沧州师范学院学报	2095-2910	13-1408/G4	沧州师范学院
昌吉学院学报	1671-6469	65-1226/G4	昌吉学院
长安大学学报. 社会科学版	1671-6248	61-1391/C	长安大学
长春大学学报. 社会科学版	1009-3907	22-1283/G4	长春大学
长春工程学院学报. 社会科学版	1009-8976	22-1322/C	长春工程学院
长春理工大学学报. 社会科学版	2096-0492	22-1312/C	长春理工大学
长春师范大学学报	2095-7602	22-1409/G4	长春师范大学
长江大学学报. 社会科学版	1673-1395	42-1740/C	长江大学
长江师范学院学报	1674-3652	50-1195/Z	长江师范学院
长沙大学学报	1008-4681	43-1276/G4	长沙学院
长沙理工大学学报. 社会科学版	1672-934X	43-1447/C	长沙理工大学
长沙民政职业技术学院学报	1671-5136	43-1372/Z	长沙民政职业技术学院
长治学院学报	1673-2014	14-1328/Z	长治学院
常熟理工学院学报	1008-2794	32-1749/Z	常熟理工学院
常州大学学报. 社会科学版	2095-042X	32-1821/C	常州大学
常州工学院学报. 社科版	1673-0887	32-1732/C	常州工学院
巢湖学院学报	1672-2868	34-1260/Z	巢湖学院
成都大学学报. 社会科学版	1004-342X	51-1064/C	成都大学
成都工业学院学报	2095-5383	51-1747/TN	成都工业学院
成都理工大学学报. 社会科学版	1672-0539	51-1641/C	成都理工大学
成都师范学院学报	2095-5642	51-1748/G4	成都师范学院
池州学院学报	1674-1102	34-1302/G4	池州学院
赤峰学院学报(蒙文,哲社版)	1673-3231	15-1342/C	赤峰学院
赤峰学院学报. 哲学社会科学版	1673-2596	15-1341/C	赤峰学院
重庆大学学报. 社会科学版	1008-5831	50-1023/C	重庆大学
重庆第二师范学院学报	1008-6390	50-1209/G4	重庆第二师范学院
重庆电子工程职业学院学报	1674-5787	50-1196/Z	重庆电子工程职业学院
重庆工商大学学报. 社会科学版	1672-0598	50-1154/C	重庆工商大学
重庆交通大学学报. 社会科学版	1674-0297	50-1191/C	重庆交通大学
重庆开放大学学报	1008-6382	50-1226/G4	重庆开放大学
重庆科技学院学报. 社会科学版	1673-1999	50-1175/C	重庆科技学院
重庆理工大学学报. 社会科学	1674-8425	50-1205/T	重庆理工大学
重庆三峡学院学报	1009-8135	50-1034/C	重庆三峡学院
重庆社会科学	1673-0186	50-1168/C	重庆社会科学院
重庆师范大学学报. 社会科学版	1673-0429	50-1164/C	重庆师范大学
重庆文理学院学报. 社会科学版	1673-8004	50-1182/C	重庆文理学院
重庆邮电大学学报. 社会科学版	1673-8268	50-1180/C	重庆邮电大学
滁州学院学报	1673-1794	34-1288/Z	滁州学院
楚雄师范学院学报	1671-7406	53-1175/Z	楚雄师范学院
传统文化研究	2097-2652	10-1878/C	北京大学
大理大学学报	2096-2266	53-1232/Z	大理大学
大连大学学报	1008-2395	21-1390/G4	大连大学
大连海事大学学报. 社会科学版	1671-7031	21-1475/C	大连海事大学

刊　名	ISSN	CN	主 办 单 位
大连理工大学学报. 社会科学版	1008-407X	21-1383/C	大连理工大学
大连民族大学学报	2096-1383	21-1600/G4	大连民族大学
大庆社会科学	1002-2341	23-1020/C	大庆市社会科学界联合会
大庆师范学院学报	2095-0063	23-1568/G4	大庆师范学院
德州学院学报	1004-9444	37-1372/Z	德州学院
电子科技大学学报. 社科版	1008-8105	51-1569/C	电子科技大学
东北大学学报. 社会科学版	1008-3758	21-1413/G4	东北大学
东北农业大学学报. 社会科学版	1672-3805	23-1518/C	东北农业大学
东北师大学报. 哲学社会科学版	1001-6201	22-1062/C	东北师范大学
东方论坛	1005-7110	37-1216/C	青岛大学
东方学刊	2096-5966	31-2153/C	上海市社会科学界联合会, 复旦大学
东莞理工学院学报	1009-0312	44-1456/T	东莞理工学院
东华大学学报. 社会科学版	1009-9034	31-1848/C	东华大学
东华理工大学学报. 社会科学版	1674-3512	36-1299/C	东华理工大学
东疆学刊	1002-2007	22-1162/C	延边大学
东南大学学报. 哲学社会科学版	1671-511X	32-1517/C	东南大学
东南学术	1008-1569	35-1197/C	福建省社会科学界联合会
东吴学术	1674-9790	32-1815/C	常熟理工学院
东岳论丛	1003-8353	37-1062/C	山东社会科学院
鄂州大学学报	1008-9004	42-1454/G4	鄂州大学
佛山科学技术学院学报. 社会科学版	1008-018X	44-1439/C	佛山科学技术学院
福建工程学院学报	1672-4348	35-1267/Z	福建工程学院
福建技术师范学院学报	1008-3421	35-1343/G4	福建技术师范学院
福建江夏学院学报	2095-2082	35-1310/C	福建江夏学院
福建开放大学学报	2097-0412	35-1345/G4	福建开放大学
福建论坛. 人文社会科学版	1671-8402	35-1248/C	福建社会科学院
福建农林大学学报. 哲学社会科学版	1671-6922	35-1258/C	福建农林大学
福建师范大学学报. 哲学社会科学版	1000-5285	35-1016/C	福建师范大学
福建医科大学学报. 社会科学版	1009-4784	35-1241/C	福建医科大学
福州大学学报. 哲学社会科学版	1002-3321	35-1048/C	福州大学
阜阳师范大学学报. 社会科学版	2096-9333	34-1333/C	阜阳师范大学
阜阳职业技术学院学报	1672-4437	34-1216/Z	阜阳职业技术学院
复旦学报. 社会科学版	0257-0289	31-1142/C	复旦大学
复印报刊资料. C1, 社会科学总论	1001-3431	11-4248/C	中国人民大学
甘肃高师学报	1008-9020	62-1139/G4	兰州城市学院等
甘肃开放大学学报	2097-1532	62-5125/G4	甘肃开放大学
甘肃社会科学	1003-3637	62-1093/C	甘肃省社会科学院
赣南师范大学学报	1004-8332	36-1346/C	赣南师范大学
高等学校文科学术文摘	1000-4246	31-1889/C	上海师范大学
关东学刊	2096-2258	22-1417/C	长春工业大学
广播电视大学学报. 哲学社会科学版	1008-0597	15-1191/G4	内蒙古广播电视大学
广东第二师范学院学报	2095-3798	44-1688/G4	广东第二师范学院
广东技术师范大学学报	2096-7764	44-1746/Z	广东技术师范大学
广东开放大学学报	2095-932X	44-1719/G4	广东开放大学(广东理工职业学院)
广东轻工职业技术学院学报	1672-1950	44-1571/Z	广东轻工职业技术学院
广东社会科学	1000-114X	44-1067/C	广东省社会科学院
广东外语外贸大学学报	1672-0962	44-1554/Z	广东外语外贸大学

刊 名	ISSN	CN	主 办 单 位
广西大学学报. 哲学社会科学版	1001-8182	45-1070/C	广西大学
广西教育学院学报	1006-9410	45-1076/G4	广西教育学院
广西科技师范学院学报	2096-2126	45-1401/G4	广西科技师范学院
广西民族大学学报. 哲学社会科学版	1673-8179	45-1349/C	广西民族大学
广西民族师范学院学报	1674-8891	45-1378/G4	广西民族师范学院
广西社会科学	1004-6917	45-1185/C	广西壮族自治区社会科学界联合会
广西师范大学学报. 哲学社会科学版	1001-6597	45-1066/C	广西师范大学
广西职业技术学院学报	1674-3083	45-1360/Z	广西职业技术学院
广州大学学报. 社会科学版	1671-394X	44-1545/C	广州大学
贵阳学院学报. 社会科学版	1673-6133	52-1141/C	贵阳学院
贵州大学学报. 社会科学版	1000-5099	52-5001/C	贵州大学
贵州工程应用技术学院学报	2096-0239	52-5036/Z	贵州工程应用技术学院
贵州开放大学学报	1008-2573	52-1176/G4	贵州开放大学
贵州民族大学学报. 哲学社会科学版	1003-6644	52-1155/C	贵州民族大学
贵州社会科学	1002-6924	52-1005/C	贵州省社会科学院
贵州师范大学学报. 社会科学版	1001-733X	52-5005/C	贵州师范大学
贵州师范学院学报	1674-7798	52-1151/C	贵州师范学院
桂林师范高等专科学校学报	1001-7070	45-1302/Z	桂林师范高等专科学校
国际社会科学杂志(中文版)	1002-4913	11-1212/C	中国社会科学杂志社
国外社会科学前沿	2096-6636	31-2161/C0	上海社会科学院信息研究所
哈尔滨工业大学学报. 社会科学版	1009-1971	23-1448/C	哈尔滨工业大学
哈尔滨师范大学社会科学学报	2095-0292	23-1567/C	哈尔滨师范大学
哈尔滨学院学报	1004-5856	23-1485/G4	哈尔滨学院
哈尔滨职业技术学院学报	1008-8970	23-1531/Z	哈尔滨职业技术学院
海南大学学报. 人文社会科学版	1004-1710	46-1012/C	海南大学
海南开放大学学报	2097-1362	46-1087/G4	海南开放大学
海南热带海洋学院学报	2096-3122	46-1085/G4	海南热带海洋学院
海南师范大学学报. 社会科学版	1674-5310	46-1076/C	海南师范大学
海峡人文学刊	2096-9767	35-1341/C	福建人民出版社,福建师范大学
邯郸学院学报	1673-2030	13-1365/Z	邯郸学院
邯郸职业技术学院学报	1009-5462	13-1284/G	邯郸职业技术学院
韩山师范学院学报	1007-6883	44-1423/G4	韩山师范学院
汉江师范学院学报	2096-3734	42-1892/G4	汉江师范学院
杭州电子科技大学学报. 社会科学版	1001-9146	33-1339/TN	杭州电子科技大学
杭州师范大学学报. 社会科学版	1674-2338	33-1347/C	杭州师范大学
合肥工业大学学报. 社会科学版	1008-3634	34-1170/C	合肥工业大学
合肥师范学院学报	1674-2273	34-1303/G4	合肥师范学院
合肥学院学报	2096-2371	34-1327/Z	合肥学院
和田师范专科学校学报	1671-0908	65-1266/G4	和田师范专科学校
河北北方学院学报. 社会科学版	2095-462X	13-1415/C	河北北方学院
河北大学学报. 哲学社会科学版	1005-6378	13-1027/C	河北大学
河北工程大学学报. 社会科学版	1673-9477	13-1376/C	河北工程大学
河北工业大学学报. 社会科学版	1674-7356	13-1396/G4	河北工业大学
河北经贸大学学报. 综合版	1673-1573	13-1306/C	河北经贸大学
河北开放大学学报	2097-1567	13-1438/G4	河北开放大学
河北科技大学学报. 社会科学版	1671-1653	13-1303/G4	河北科技大学
河北科技师范学院学报. 社会科学版	1672-7991	13-1342/C	河北科技师范学院

刊　　名	ISSN	CN	主 办 单 位
河北民族师范学院学报	2095-3763	13-1414/G4	河北民族师范学院
河北能源职业技术学院学报	1671-3974	13-1312/C	河北能源职业技术学院
河北农业大学学报. 社会科学版	2096-6989	13-1431/C	河北农业大学
河北师范大学学报. 哲学社会科学版	1000-5587	13-1029/C	河北师范大学
河北学刊	1003-7071	13-1020/C	河北省社会科学院
河池学院学报	1672-9021	45-1332/C	河池学院
河海大学学报. 哲学社会科学版	1671-4970	32-1521/C	河海大学
河南大学学报. 社会科学版	1000-5242	41-1028/C	河南大学
河南工程学院学报. 社会科学版	1674-3318	41-1396/C	河南工程学院
河南工学院学报	2096-7772	41-1457/T	河南工学院
河南工业大学学报. 社会科学版	1673-1751	41-1379/C	河南工业大学
河南教育学院学报. 哲学社会科学版	1006-2920	41-1093/I	河南教育学院
河南科技大学学报. 社会科学版	1672-3910	41-1356/C	河南科技大学
河南理工大学学报. 社会科学版	1673-9779	41-1376/C	河南理工大学
河南社会科学	1007-905X	41-1213/C	河南省社会科学界联合会
河南师范大学学报. 哲学社会科学版	1000-2359	41-1011/C	河南师范大学
河西学院学报	1672-0520	62-1171/G4	河西学院
菏泽学院学报	1673-2103	37-1436/Z	菏泽学院
贺州学院学报	1673-8861	45-1353/Z	贺州学院
黑河学刊	1009-3036	23-1120/C	黑河市社会科学界联合会
黑河学院学报	1674-9499	23-1565/Z	黑河学院
黑龙江工业学院学报. 综合版	2096-3874	23-1599/Z	黑龙江工业学院
黑龙江社会科学	1007-4937	23-1407/C	黑龙江省社会科学院
衡水学院学报	1673-2065	13-1367/Z	衡水学院
衡阳师范学院学报	1673-0313	43-1453/Z	衡阳师范学院
红河学院学报	1008-9128	53-1196/C	红河学院
呼伦贝尔学院学报	1009-4601	15-1202/G4	呼伦贝尔学院
呼伦贝尔学院学报(蒙)	1009-6418	15-1202/G4-M	呼伦贝尔学院
湖北大学学报. 哲学社会科学版	1001-4799	42-1020/C	湖北大学
湖北第二师范学院学报	1674-344X	42-1782/C	湖北第二师范学院
湖北工程学院学报	2095-4824	42-1836/Z	湖北工程学院
湖北工业职业技术学院学报	2095-8153	42-1857/G4	湖北工业职业技术学院
湖北经济学院学报. 人文社会科学版	2095-8862	42-1855/C	湖北经济学院
湖北开放大学学报	2097-0951	42-1919/G4	湖北开放大学
湖北科技学院学报	2095-4654	42-1831/Z	湖北科技学院
湖北理工学院学报. 人文社会科学版	2095-4662	42-1838/C	湖北理工学院
湖北民族大学学报. 哲学社会科学版	2096-7586	42-1907/C	湖北民族大学
湖北社会科学	1003-8477	42-1112/C	湖北省社会科学界联合会,湖北省社会科学院
湖北师范大学学报. 哲学社会科学版	2096-3130	42-1890/C	湖北师范大学
湖北文理学院学报	2095-4476	42-1830/Z	湖北文理学院
湖北职业技术学院学报	1671-8178	42-1742/Z	湖北职业技术学院
湖南大学学报. 社会科学版	1008-1763	43-1286/C	湖南大学
湖南第一师范学院学报	1674-831X	43-1504/Z	湖南第一师范学院
湖南工程学院学报. 社会科学版	1671-1181	43-1355/C	湖南工程学院
湖南工业大学学报. 社会科学版	1674-117X	43-1484/C	湖南工业大学
湖南工业职业技术学院学报	1671-5004	43-1374/Z	湖南工业职业技术学院

刊　名	ISSN	CN	主办单位
湖南广播电视大学学报	1009-5152	43-1320/C	湖南广播电视大学
湖南科技大学学报.社会科学版	1672-7835	43-1436/C	湖南科技大学
湖南科技学院学报	1673-2219	43-1459/Z	湖南科技学院
湖南农业大学学报.社会科学版	1009-2013	43-1325/C	湖南农业大学
湖南人文科技学院学报	1673-0712	43-1454/Z	湖南人文科技学院
湖南社会科学	1009-5675	43-1161/C	湖南省社会科学界联合会
湖南师范大学社会科学学报	1000-2529	43-1541/C	湖南师范大学
湖湘论坛	1004-3160	43-1160/D	中共湖南省委党校
湖州师范学院学报	1009-1734	33-1018/G4	湖州师范学院
湖州职业技术学院学报	1672-2388	33-1314/Z	湖州职业技术学院
华北电力大学学报.社会科学版	1008-2603	11-3956/C	华北电力大学
华北理工大学学报.社会科学版	2095-2708	13-1420/C	华北理工大学
华北水利水电大学学报.社会科学版	2096-7055	41-1429/C	华北水利水电大学
华东理工大学学报.社会科学版	1008-7672	31-1779/C	华东理工大学
华东师范大学学报.哲学社会科学版	1000-5579	31-1010/C	华东师范大学
华南理工大学学报.社会科学版	1009-055X	44-1443/C	华南理工大学
华南农业大学学报.社会科学版	1672-0202	44-1559/C	华南农业大学
华南师范大学学报.社会科学版	1000-5455	44-1139/C	华南师范大学
华侨大学学报.哲学社会科学版	1006-1398	35-1049/C	华侨大学
华章	1009-5489	22-1282/I	长春出版传媒集团有限责任公司
华中科技大学学报.社会科学版	1671-7023	42-1673/C	华中科技大学
华中农业大学学报.社会科学版	1008-3456	42-1558/C	华中农业大学
华中师范大学学报.人文社会科学版	1000-2456	42-1040/C	华中师范大学
怀化学院学报	1671-9743	43-1394/Z	怀化学院
淮北师范大学学报.哲学社会科学版	2095-0683	34-1317/C	淮北师范大学
淮北职业技术学院学报	1671-8275	34-1214/Z	淮北职业技术学院
淮南师范学院学报	1009-9530	34-1231/Z	淮南师范学院
淮南职业技术学院学报	1671-4733	34-1241/Z	淮南职业技术学院
淮阴工学院学报	1009-7961	32-1605/T	淮阴工学院
淮阴师范学院学报.哲学社会科学版	1007-8444	32-1476/G4	淮阴师范学院
黄冈师范学院学报	2096-7020	42-1275/G4	黄冈师范学院
黄冈职业技术学院学报	1672-1047	42-1656/Z	黄冈职业技术学院
黄河科技学院学报	2096-790X	41-1279/N	黄河科技学院
黄山学院学报	1672-447X	34-1257/Z	黄山学院
惠州学院学报	1671-5934	44-1553/Z	惠州学院
吉林大学社会科学学报	0257-2834	22-1063/C	吉林大学
吉林广播电视大学学报	1008-7508	22-1297/G4	吉林广播电视大学
吉林年鉴	1007-4562	22-1219/Z	吉林省地方志编纂委员会
吉林师范大学学报.人文社会科学版	2096-2991	22-1366/C	吉林师范大学
吉首大学学报.社会科学版	1007-4074	43-1069/C	吉首大学
集美大学学报.哲学社会科学版	1008-889X	35-1222/C	集美大学
集宁师范学院学报	2095-3771	15-1360/G4	集宁师范学院
济南大学学报.社会科学版	1671-3842	37-1377/C	济南大学
济宁学院学报	1004-1877	37-1461/G4	济宁学院
济源职业技术学院学报	1672-0342	41-1349/Z	济源职业技术学院
暨南学报.哲学社会科学版	1000-5072	44-1285/C	暨南大学
佳木斯大学社会科学学报	1007-9882	23-1412/C	佳木斯大学

刊　　名	ISSN	CN	主 办 单 位
佳木斯职业学院学报	2095-9052	23-1590/G4	佳木斯职业学院
嘉兴学院学报	1671-3079	33-1273/Z	嘉兴学院
嘉应学院学报	1006-642X	44-1602/Z	嘉应学院
江海学刊	1000-856X	32-1013/C	江苏省社会科学院
江汉大学学报. 社会科学版	2095-9915	42-1867/C	江汉大学
江汉论坛	1003-854X	42-1018/C	湖北省社会科学院
江汉学术	2095-5634	42-1843/C	江汉大学
江淮论坛	1001-862X	34-1003/G0	安徽省社会科学院
江南大学学报. 人文社会科学版	1671-6973	32-1665/C	江南大学
江南论坛	1006-0057	32-1405/C	中共无锡市委党校
江苏大学学报. 社会科学版	1671-6604	32-1655/C	江苏大学
江苏第二师范学院学报	1671-1696	32-1860/G4	江苏第二师范学院
江苏工程职业技术学院学报	2096-0425	32-1855/TB	江苏工程职业技术学院
江苏海洋大学学报. 人文社会科学版	2096-8256	32-1893/C	江苏海洋大学
江苏科技大学学报. 社会科学版	1673-0453	32-1743/C	江苏科技大学
江苏理工学院学报	2095-7394	32-1847/N	江苏理工学院
江苏社会科学	1003-8671	32-1312/C	江苏省哲学社会科学界联合会
江苏师范大学学报. 哲学社会科学版	2095-5170	32-1833/C	江苏师范大学
江西开放大学学报	2097-3055	36-1356/G4	江西开放大学
江西科技师范大学学报	2096-854X	36-1325/Z	江西科技师范大学
江西理工大学学报	2095-3046	36-1289/TF	江西理工大学
江西社会科学	1004-518X	36-1001/C	江西省社会科学院
江西师范大学学报. 哲学社会科学版	1000-579X	36-1025/C	江西师范大学
焦作大学学报	1008-7257	41-1276/G4	焦作大学
焦作师范高等专科学校学报	1672-3465	41-1352/Z	焦作师范高等专科学校
金华职业技术学院学报	1671-3699	33-1267/Z	金华职业技术学院
金陵科技学院学报. 社会科学版	1673-131X	32-1745/C	金陵科技学院
锦州医科大学学报. 社会科学版	2096-3068	21-1607/C	锦州医科大学
晋阳学刊	1000-2987	14-1057/C	山西省社会科学院
晋中学院学报	1673-1808	14-1327/Z	晋中学院
荆楚理工学院学报	1008-4657	42-1798/G4	荆楚理工学院
荆楚学刊	1672-0768	42-1835/C	荆楚理工学院
井冈山大学学报. 社会科学版	1674-8107	36-1308/C	井冈山大学
景德镇学院学报	2095-9699	36-1340/G4	景德镇学院
九江学院学报. 社会科学版	1673-4580	36-1285/C	九江学院
喀什大学学报	2096-2134	65-1306/G4	喀什大学
开封大学学报	1008-343X	41-1277/G4	开封大学
开封文化艺术职业学院学报	2096-7853	41-1456/G4	开封文化艺术职业学院
凯里学院学报	1673-9329	52-1147/G4	凯里学院
科学·经济·社会	1006-2815	62-1020/G3	兰州大学
克拉玛依学刊	2095-0829	65-1285/C	中共克拉玛依市委员会党校(克拉玛依行政学院)
昆明理工大学学报. 社会科学版	1671-1254	53-1160/C	昆明理工大学
昆明学院学报	1674-5639	53-1211/G4	昆明学院
兰州大学学报. 社会科学版	1000-2804	62-1029/C	兰州大学
兰州工业学院学报	1009-2269	62-1209/Z	兰州工业学院
兰州文理学院学报. 社会科学版	2095-7009	62-1211/C	兰州文理学院

刊　　名	ISSN	CN	主办单位
兰州学刊	1005-3492	62-1015/C	兰州市社会科学研究院,兰州市社会科学界联合会
兰州职业技术学院学报	2096-9503	62-1220/G4	兰州职业技术学院
廊坊师范学院学报. 社会科学版	1674-3210	13-1390/C	廊坊师范学院
乐山师范学院学报	1009-8666	51-1610/G4	乐山师范学院
黎明职业大学学报	1008-8075	35-1212/G4	黎明职业大学
理论观察	1009-2234	23-1465/C	齐齐哈尔市社会科学界联合会
理论界	1003-6547	21-1082/C	辽宁报刊传媒集团(辽宁日报社)
理论学刊	1002-3909	37-1059/D	中共山东省委党校(山东行政学院)
理论与现代化	1003-1502	12-1166/C	天津市社会科学界联合会
理论月刊	1004-0544	42-1286/C	湖北省社会科学界联合会
丽水学院学报	2095-3801	33-1333/Z	丽水学院
连云港师范高等专科学校学报	1009-7740	32-1618/G4	连云港师范高等专科学校
连云港职业技术学院学报	1009-4318	32-1595/Z	连云港职业技术学院
辽东学院学报. 社会科学版	1672-8572	21-1513/C	辽东学院
辽宁大学学报. 哲学社会科学版	1002-3291	21-1076/C	辽宁大学
辽宁工程技术大学学报. 社会科学版	1008-391X	21-1412/C	辽宁工程技术大学
辽宁工业大学学报. 社会科学版	1674-327X	21-1566/C	辽宁工业大学
辽宁开放大学学报	2097-2040	21-1618/C	辽宁开放大学
辽宁师范大学学报. 社会科学版	1000-1751	21-1077/C	辽宁师范大学
辽宁师专学报. 社会科学版	1008-3898	21-1394/C	辽宁民族师范高等专科学校等
聊城大学学报. 社会科学版	1672-1217	37-1401/C	聊城大学
临沂大学学报	1009-6051	37-1484/Z	临沂大学
岭南师范学院学报	1006-4702	44-1721/G4	岭南师范学院
柳州职业技术学院学报	1671-1084	45-1290/G4	柳州职业技术学院
六盘水师范学院学报	1671-055X	52-5032/G4	六盘水师范学院
龙岩学院学报	1673-4629	35-1286/G4	龙岩学院
陇东学院学报	1674-1730	62-1197/G4	陇东学院
鲁东大学学报. 哲学社会科学版	1673-8039	37-1452/C	鲁东大学
鹿城学刊	2097-1524	15-1382/G4	包头职业技术学院
洛阳理工学院学报. 社会科学版	1674-5035	41-1402/C	洛阳理工学院
洛阳师范学院学报	1009-4970	41-1302/G4	洛阳师范学院
漯河职业技术学院学报	1671-7864	41-1330/Z	漯河职业技术学院
吕梁学院学报	2095-185X	14-1365/G4	吕梁学院
绵阳师范学院学报	1672-612X	51-1670/G	绵阳师范学院
闽江学院学报	2096-9562	35-1260/G4	闽江学院
闽南师范大学学报. 哲学社会科学版	2095-7114	35-1322/C	闽南师范大学
闽西职业技术学院学报	1673-4823	35-1287/G4	闽西职业技术学院
牡丹江大学学报	1008-8717	23-1450/G4	牡丹江大学
牡丹江教育学院学报	1009-2323	23-1462/G4	牡丹江教育学院
牡丹江师范学院学报. 社会科学版	1003-6121	23-1082/C	牡丹江师范学院
南昌大学学报. 人文社会科学版	1006-0448	36-1195/C	南昌大学
南昌工程学院学报	1674-0076	36-1288/TV	南昌工程学院
南昌航空大学学报. 社会科学版	2096-8574	36-1304/C	南昌航空大学
南昌师范学院学报	2095-8102	36-1335/G4	南昌师范学院
南都学坛	1002-6320	41-1157/C	南阳师范学院
南方论刊	1004-1133	44-1296/C	茂名市社会科学界联合会

刊　　名	ISSN	CN	主　办　单　位
南华大学学报. 社会科学版	1673-0755	43-1357/C	南华大学
南京大学学报. 哲学·人文科学·社会科学	1007-7278	32-1084/C	南京大学
南京工程学院学报. 社会科学版	1671-3753	32-1638/Z	南京工程学院
南京工业大学学报. 社会科学版	1671-7287	32-1653/C	南京工业大学
南京航空航天大学学报. 社会科学版	1671-2129	32-1548/C	南京航空航天大学
南京开放大学学报	2097-0633	32-1899/G4	南京开放大学
南京理工大学学报. 社会科学版	1008-2646	32-1516/C	南京理工大学
南京林业大学学报. 人文社会科学版	1671-1165	32-1607/C	南京林业大学
南京农业大学学报. 社会科学版	1671-7465	32-1600/C	南京农业大学
南京社会科学	1001-8263	32-1302/C	南京市社会科学界联合会等
南京师大学报. 社会科学版	1001-4608	32-1030/C	南京师范大学
南京晓庄学院学报	1009-7902	32-1619/C	南京晓庄学院
南京邮电大学学报. 社会科学版	1673-5420	32-1771/C	南京邮电大学
南京中医药大学学报. 社会科学版	1009-3222	32-1561/C	南京中医药大学
南开学报. 哲学社会科学版	1001-4667	12-1027/C	南开大学
南宁师范大学学报. 哲学社会科学版	2096-7349	45-1410/C	南宁师范大学
南宁职业技术学院学报	1009-3621	45-1268/C	南宁职业技术学院
南通大学学报. 社会科学版	1673-2359	32-1754/C	南通大学
南阳理工学院学报	1674-5132	41-1404/Z	南阳理工学院
南阳师范学院学报	1671-6132	41-1327/Z	南阳师范学院
内江师范学院学报	1671-1785	51-1621/Z	内江师范学院
内蒙古财经大学学报	2095-5871	15-1365/F	内蒙古财经大学
内蒙古大学学报. 哲学社会科学版	1000-5218	15-1051/C	内蒙古大学
内蒙古大学学报. 哲学社会科学版（蒙古文版）	1006-5547	15-1050/C	内蒙古大学
内蒙古电大学刊	1672-3473	15-1141/N	内蒙古广播电视大学
内蒙古民族大学学报. 社会科学版	1671-0215	15-1217/C	内蒙古民族大学
内蒙古民族大学学报. 社会科学版（蒙古文版）	1671-0207	15-1218/C	内蒙古民族大学
内蒙古农业大学学报. 社会科学版	1009-4458	15-1207/G	内蒙古农业大学
内蒙古社会科学	1003-5281	15-1011/C	内蒙古自治区社会科学院
内蒙古社会科学(蒙文版)	1002-9265	15-1010/C	内蒙古社会科学院
内蒙古师范大学学报. 哲学社会科学（蒙文版）	1007-1113	15-1046/C	内蒙古师范大学
内蒙古师范大学学报. 哲学社会科学版	1001-7623	15-1047/C	内蒙古师范大学
宁波大学学报. 人文科学版	1001-5124	33-1133/C	宁波大学
宁波工程学院学报	1008-7109	33-1332/Z	宁波工程学院
宁波开放大学学报	2097-1036	33-1422/G4	宁波开放大学
宁德师范学院学报. 哲学社会科学版	2095-3682	35-1314/C	宁德师范学院
宁夏大学学报. 人文社会科学版	1001-5744	64-1005/C	宁夏大学
宁夏社会科学	1002-0292	64-1001/C	宁夏社会科学院
宁夏师范学院学报	1674-1331	64-1061/G4	宁夏师范学院
攀枝花学院学报	1672-0563	51-1637/Z	攀枝花学院
平顶山学院学报	1673-1670	41-1377/Z	平顶山学院
萍乡学院学报	1007-9149	36-1339/G4	萍乡学院

刊　　名	ISSN	CN	主办单位
鄱阳湖学刊	1674-6848	36-1307/C	江西省社会科学院
莆田学院学报	1672-4143	35-1261/Z	莆田学院
濮阳职业技术学院学报	1672-9161	41-1367/C	濮阳职业技术学院
普洱学院学报	2095-7734	53-1224/G4	普洱学院
齐鲁师范学院学报	2095-4735	37-1480/G4	齐鲁师范学院
齐鲁学刊	1001-022X	37-1085/C	曲阜师范大学
齐齐哈尔大学学报. 哲学社会科学版	1008-2638	23-1435/C	齐齐哈尔大学
齐齐哈尔高等师范专科学校学报	2097-3667	23-1620/Z	齐齐哈尔高等师范专科学校
前沿	1009-8267	15-1142/C	内蒙古自治区社会科学界联合会
黔南民族师范学院学报	1674-2389	52-1133/Z	黔南民族师范学院
秦智	2097-0536	61-1521/C	陕西中国西部发展研究中心
青岛科技大学学报. 社会科学版	1671-8372	37-1394/C	青岛科技大学
青岛农业大学学报. 社会科学版	1674-1471	37-1460/C	青岛农业大学
青海民族大学学报(藏文版)	1674-9243	63-1072/C	青海民族大学
青海民族大学学报. 社会科学版	1674-9227	63-1071/C	青海民族大学
青海社会科学	1001-2338	63-1001/C	青海省社会科学院
青海社会科学(藏文)		63-1082/C	青海省社会科学院
青海师范大学学报(藏文版)	2095-0039	63-1073/G4	青海师范大学
青海师范大学学报. 社会科学版	1000-5102	63-1005/C	青海师范大学
青藏高原论坛	2095-5219	63-1077/C	青海民族大学
清华大学学报. 哲学社会科学版	1000-0062	11-3596/C	清华大学
清远职业技术学院学报	1674-4896	44-1652/Z	清远职业技术学院
求是学刊	1000-7504	23-1070/C	黑龙江大学
求索	1001-490X	43-1008/C	湖南省社会科学院
曲靖师范学院学报	1009-8879	53-1165/G4	曲靖师范学院
全国报刊索引. 哲学社会科学版	1005-6696	31-1125/C	上海图书馆上海科技情报研究所
泉州师范学院学报	1009-8224	35-1244/G4	泉州师范学院
人文杂志	0447-662X	61-1005/C	陕西省社会科学院
人文之友	2096-4684	51-1778/G0	四川期刊传媒(集团)股份有限公司
三门峡职业技术学院学报	1671-9123	41-1329/Z	三门峡职业技术学院
三明学院学报	1673-4343	35-1288/Z	三明学院
三峡大学学报. 人文社会科学版	1672-6219	42-1707/C	三峡大学
山东大学学报. 哲学社会科学版	1001-9839	37-1100/C	山东大学
山东科技大学学报. 社会科学版	1008-7699	37-1344/C	山东科技大学
山东理工大学学报. 社会科学版	1672-0040	37-1400/C	山东理工大学
山东农业大学学报. 社会科学版	1008-8091	37-1303/C	山东农业大学
山东农业工程学院学报	2095-7327	37-1500/S	山东农业工程学院
山东社会科学	1003-4145	37-1053/C	山东省社会科学界联合会
山东师范大学学报. 社会科学版	1001-5973	37-1066/C	山东师范大学
山西大同大学学报. 社会科学版	1674-0882	14-1345/C	山西大同大学
山西大学学报. 哲学社会科学版	1000-5935	14-1071/C	山西大学
山西高等学校社会科学学报	1008-6285	14-1250/C	太原理工大学等
山西广播电视大学学报	1008-8350	14-1235/G4	山西广播电视大学
山西能源学院学报	2096-4102	14-1390/TK	山西能源学院
山西农业大学学报. 社会科学版	1671-816X	14-1305/C	山西农业大学
山西师大学报. 社会科学版	1001-5957	14-1072/C	山西师范大学
陕西理工大学学报. 社会科学版	2096-4005	61-1511/C	陕西理工大学

刊　　名	ISSN	CN	主 办 单 位
陕西师范大学学报. 哲学社会科学版	1672-4283	61-1012/C	陕西师范大学
汕头大学学报. 人文社会科学版	1001-4225	44-1058/C	汕头大学
商洛学院学报	1674-0033	61-1459/Z	商洛学院
商丘师范学院学报	1672-3600	41-1303/Z	商丘师范学院
商丘职业技术学院学报	1671-8127	41-1328/Z	商丘职业技术学院
上海财经大学学报. 哲学社会科学版	1009-0150	31-1817/C	上海财经大学
上海大学学报. 社会科学版	1007-6522	31-1223/C	上海大学
上海交通大学学报. 哲学社会科学版	1008-7095	31-1778/C	上海交通大学
上海理工大学学报. 社会科学版	1009-895X	31-1853/C	上海理工大学
上海师范大学学报. 哲学社会科学版	1004-8634	31-1120/C	上海师范大学
上饶师范学院学报	1004-2237	36-1241/C	上饶师范学院
韶关学院学报	1007-5348	44-1507/C	韶关学院
邵阳学院学报. 社会科学版	1672-1012	43-1404/Z	邵阳学院
绍兴文理学院学报	1008-293X	33-1209/C	绍兴文理学院
社会科学	0257-5833	31-1112/Z	上海社会科学院
社会科学动态	2096-5982	42-1889/C	湖北省社会科学院
社会科学辑刊	1001-6198	21-1012/C	辽宁社会科学院
社会科学家	1002-3240	45-1008/C	桂林市社会科学界联合会
社会科学论坛	1008-2026	13-1229/C	河北省社会科学界联合会
社会科学文摘	2096-1979	31-2120/C	上海社会科学院
社会科学研究	1000-4769	51-1037/C	四川省社会科学院
社会科学战线	0257-0246	22-1002/C	吉林省社会科学院
社科纵横	1007-9106	62-1110/C	甘肃省社会科学界联合会
深圳大学学报. 人文社会科学版	1000-260X	44-1030/C	深圳大学
深圳社会科学	1671-3575	44-1738/C	深圳市社会科学院
沈阳大学学报. 社会科学版	2095-5464	21-1582/C	沈阳大学
沈阳工程学院学报. 社会科学版	1672-9617	21-1518/C	沈阳工程学院
沈阳工业大学学报. 社会科学版	1674-0823	21-1558/C	沈阳工业大学
沈阳建筑大学学报. 社会科学版	1673-1387	21-1521/C	沈阳建筑大学
沈阳农业大学学报. 社会科学版	1008-9713	21-1384/C	沈阳农业大学
沈阳师范大学学报. 社会科学版	1674-5450	21-1568/C	沈阳师范大学
石河子大学学报. 哲学社会科学版	1671-0304	65-1210/C	石河子大学
石家庄铁道大学学报. 社会科学版	2095-0365	13-1401/C	石家庄铁道大学
石家庄学院学报	1673-1972	13-1366/Z	石家庄学院
世界社会科学(原名为:国外社会科学)	2097-2482	10-1871/C	中国社会科学院信息情报研究院
首都师范大学学报. 社会科学版	1004-9142	11-3188/C	首都师范大学
顺德职业技术学院学报	1672-6138	44-1605/Z	顺德职业技术学院
思想战线	1001-778X	53-1002/C	云南大学
四川大学学报. 哲学社会科学版	1006-0766	51-1099/C	四川大学
四川民族学院学报	1674-8824	51-1729/G4	四川民族学院
四川轻化工大学学报. 社会科学版	2096-7535	51-1793/C	四川轻化工大学
四川省干部函授学院、四川文化产业 　职业学院学报	1008-8784	51-1574/G4	四川省干部函授学院
四川师范大学学报. 社会科学版	1000-5315	51-1063/C	四川师范大学
四川文理学院学报	1674-5248	51-1717/G4	四川文理学院
四川职业技术学院学报	1672-2094	51-1645/Z	四川职业技术学院
苏州大学学报. 哲学社会科学版	1001-4403	32-1033/C	苏州大学

刊　名	ISSN	CN	主办单位
苏州教育学院学报	1008-7931	32-1556/G4	苏州教育学院
苏州科技大学学报.社会科学版	2096-3262	32-1872/C	苏州科技大学
宿州教育学院学报	1009-8534	34-1227/C	宿州教育学院
宿州学院学报	1673-2006	34-1289/Z	宿州学院
绥化学院学报	2095-0438	23-1569/Z	绥化学院
台州学院学报	1672-3708	33-1306/Z	台州学院
太原理工大学学报.社会科学版	1009-5837	14-1269/C	太原理工大学
太原师范学院学报.社会科学版	1672-2035	14-1303/C	太原师范学院
太原学院学报.社会科学版	2096-1901	14-1385/G4	太原学院
泰山学院学报	1672-2590	37-1406/Z	泰山学院
探索	1007-5194	50-1019/D	中共重庆市委党校
探索与争鸣	1004-2229	31-1208/C	上海市社会科学界联合会
唐都学刊	1001-0300	61-1056/C	西安文理学院
唐山师范学院学报	1009-9115	13-1301/G	唐山师范学院
唐山学院学报	1672-349X	13-1336/G4	唐山学院
天府新论	1004-0633	51-1035/C	四川省社会科学界联合会
天津大学学报.社会科学版	1008-4339	12-1290/C	天津大学
天津社会科学	1002-3976	12-1047/C	天津社会科学院
天津师范大学学报.社会科学版	1671-1106	12-1336/C	天津师范大学
天水师范学院学报	1671-1351	62-1162/G	天水师范学院
天中学刊	1006-5261	41-1232/C	黄淮学院
通化师范学院学报	1008-7974	22-1284/G4	通化师范学院
同济大学学报.社会科学版	1009-3060	31-1777/C	同济大学
铜陵学院学报	1672-0547	34-1258/Z	铜陵学院
铜陵职业技术学院学报	1671-752X	34-1248/Z	铜陵职业技术学院
铜仁学院学报	1671-9972	52-1146/G4	铜仁学院
皖西学院学报	1009-9735	34-1232/Z	皖西学院
潍坊学院学报	1671-4288	37-1375/Z	潍坊学院
渭南师范学院学报	1009-5128	61-1372/G4	渭南师范学院
温州大学学报.社会科学版	1674-3555	33-1345/C	温州大学
温州职业技术学院学报	1671-4326	33-1276/Z	温州职业技术学院
文山学院学报	1674-9200	53-1216/Z	文山学院
文史哲	0511-4721	37-1101/C	山东大学
乌鲁木齐职业大学学报	1009-3397	65-1191/G4	乌鲁木齐职业大学
乌鲁木齐职业大学学报(维文版)	1674-8654	65-1280/G4	乌鲁木齐职业大学
无锡职业技术学院学报	1671-7880	32-1678/Z	无锡职业技术学院
芜湖职业技术学院学报	1009-1114	34-1184/G4	芜湖职业技术学院
梧州学院学报	1673-8535	45-1352/Z	梧州学院
五邑大学学报.社会科学版	1009-1513	44-1470/C	五邑大学
武汉大学学报.哲学社会科学版	1672-7320	42-1071/C	武汉大学
武汉纺织大学学报	2095-414X	42-1818/Z	武汉纺织大学
武汉科技大学学报.社会科学版	1009-3699	42-1596/C	武汉科技大学
武汉理工大学学报.社会科学版	1671-6477	42-1660/C	武汉理工大学
武警工程大学学报	2095-3984	61-1486/E	武警工程大学教研保障中心
武陵学刊	1674-9014	43-1506/C	湖南文理学院
武夷学院学报	1674-2109	35-1293/G4	武夷学院
西安电子科技大学学报.社会科学版	1008-472X	61-1336/C	西安电子科技大学

刊　　名	ISSN	CN	主 办 单 位
西安建筑科技大学学报. 社会科学版	1008-7192	61-1330/C	西安建筑科技大学
西安交通大学学报. 社会科学版	1008-245X	61-1329/C	西安交通大学
西安石油大学学报. 社会科学版	1008-5645	61-1350/C	西安石油大学
西安文理学院学报. 社会科学版	1008-777X	61-1440/C	西安文理学院
西北大学学报. 哲学社会科学版	1000-2731	61-1011/C	西北大学
西北工业大学学报. 社会科学版	1009-2447	61-1352/C	西北工业大学
西北民族大学学报. 藏文哲学社会科学版	1002-9117	62-1186/C	西北民族大学
西北民族大学学报. 哲学社会科学（蒙古文版）	1002-9125	62-1187/C	西北民族大学
西北民族大学学报. 哲学社会科学版	1001-5140	62-1185/C	西北民族大学
西北农林科技大学学报. 社会科学版	1009-9107	61-1376/C	西北农林科技大学
西北师大学报. 社会科学版	1001-9162	62-1086/C	西北师范大学
西部学刊	2095-6916	61-1487/C	陕西新华出版传媒集团有限责任公司
西昌学院学报. 社会科学版	1673-1883	51-1690/C	西昌学院
西华大学学报. 哲学社会科学版	1672-8505	51-1675/C	西华大学
西华师范大学学报. 哲学社会科学版	1672-9684	51-1674/C	西华师范大学
西南大学学报. 社会科学版	1673-9841	50-1188/C	西南大学
西南交通大学学报. 社会科学版	1009-4474	51-1586/C	西南交通大学
西南科技大学学报. 哲学社会科学版	1672-4860	51-1660/C	西南科技大学
西南林业大学学报. 社会科学	2095-1914	53-1218/S	西南林业大学
西南民族大学学报. 人文社会科学版	1004-3926	51-1671/C	西南民族大学
西南石油大学学报. 社会科学版	1674-5094	51-1719/C	西南石油大学
西藏大学学报（藏）	1005-5746	54-1035/C-Z	西藏大学
西藏大学学报. 社会科学版	1005-5738	54-1034/C	西藏大学
西藏民族大学学报. 哲学社会科学版	1003-8388	54-1062/G	西藏民族大学
厦门大学学报. 哲学社会科学版	0438-0460	35-1019/C	厦门大学
厦门理工学院学报	1673-4432	35-1289/Z	厦门理工学院
咸阳师范学院学报	1672-2914	61-1410/G4	咸阳师范学院
湘南学院学报	1672-8173	43-1435/C	湘南学院
湘潭大学学报. 哲学社会科学版	2096-6431	43-1550/C	湘潭大学
襄阳职业技术学院学报	2095-6584	42-1849/Z	襄阳职业技术学院
忻州师范学院学报	1671-1491	14-1286/G	忻州师范学院
新华文摘	1001-6651	11-1187/Z	人民出版社
新华月报	1001-666X	11-1186/Z	人民出版社
新疆大学学报. 社会科学哈萨克文版	1671-5225	65-1229/C	新疆大学
新疆大学学报. 哲学社会科学版（原名为：新疆大学学报. 哲学·人文社会科学版）	1000-2820	65-1034/G4	新疆大学
新疆大学学报. 哲学社会科学维吾尔文版	1005-5878	65-1034/G4-W	新疆大学
新疆社会科学	1009-5330	65-1211/F	新疆社会科学院
新疆社会科学（哈文版）	1004-1788	65-1129/C	新疆社会科学院
新疆社会科学（维文版）	1002-9052	65-1038/C	新疆维吾尔自治区社会科学院
新疆社科论坛	1671-4741	65-1146/C	新疆维吾尔自治区社会科学界联合会
新疆社科论坛（哈文）	1672-1004	65-1148/C	新疆维吾尔自治区社会科学界联合会
新疆师范大学学报. 维文社科版	1007-8908	65-1039/G4-W	新疆师范大学

刊　名	ISSN	CN	主　办　单　位
新疆师范大学学报. 哲学社会科学版	1005-9245	65-1039/G4	新疆师范大学
新疆职业大学学报	1009-9549	65-1228/G4	新疆职业大学
新丝路	2095-9923	61-1499/C	陕西省社会发展研究会
新文科理论与实践	2097-0919	37-1535/G4	山东大学
新乡学院学报	2095-7726	41-1430/Z	新乡学院
新余学院学报	2095-3054	36-1315/G4	新余学院
信阳农林学院学报	2095-8978	41-1433/S	信阳农林学院
信阳师范学院学报. 哲学社会科学版	1003-0964	41-1030/C	信阳师范学院
兴义民族师范学院学报	1009-0673	52-1153/G4	兴义民族师范学院
邢台学院学报	1672-4658	13-1337/G4	邢台学院
邢台职业技术学院学报	1008-6129	13-1268/G4	邢台职业技术学院
徐州工程学院学报. 社会科学版	1674-3571	32-1790/C	徐州工程学院
许昌学院学报	1671-9824	41-1346/Z	许昌学院
学海	1001-9790	32-1308/C	江苏省社会科学院
学术交流	1000-8284	23-1048/C	黑龙江省社会科学信息中心
学术界	1002-1698	34-1004/C	安徽省社会科学界联合会
学术论坛	1004-4434	45-1002/C	广西社会科学院
学术评论	2096-8760	35-1313/C	福建社会科学院
学术探索	1006-723X	53-1148/C	云南省社会科学界联合会
学术研究	1000-7326	44-1070/C	广东省社会科学界联合会
学术月刊	0439-8041	31-1096/C	上海市社会科学界联合会
学习与实践	1004-0730	42-1005/C	武汉市社会科学院
学习与探索	1002-462X	23-1049/C	黑龙江省社会科学院
烟台大学学报. 哲学社会科学版	1002-3194	37-1104/C	烟台大学
烟台职业学院学报	1673-5382	37-1444/Z	烟台职业学院
燕山大学学报. 哲学社会科学版	1009-2692	13-1277/C	燕山大学
延安大学学报. 社会科学版	1004-9975	61-1015/C	延安大学
延安职业技术学院学报	1674-6198	61-1472/G4	延安职业技术学院
延边大学学报. 社会科学版	1009-3311	22-1025/C	延边大学
盐城工学院学报. 社会科学版	1008-5092	32-1499/C	盐城工学院
盐城师范学院学报. 人文社会科学版	1003-6873	32-1053/G4	盐城师范学院
扬州大学学报. 人文社会科学版	1007-7030	32-1465/C	扬州大学
扬州教育学院学报	1008-6536	32-1555/G4	扬州教育学院
扬州职业大学学报	1008-3693	32-1529/G4	扬州职业大学
伊犁师范大学学报	2097-0544	65-1319/G4	伊犁师范大学
伊犁师范大学学报(哈萨克文)	2097-0560	65-1320/G4	伊犁师范学院
宜宾学院学报	1671-5365	51-1630/Z	宜宾学院
宜春学院学报	1671-380X	36-1250/Z	宜春学院
阴山学刊	1004-1869	15-1063/C	包头师范学院
殷都学刊	1001-0238	41-1032/C	安阳师范学院
榆林学院学报	1008-3871	61-1432/C	榆林学院
玉林师范学院学报	1004-4671	45-1300/Z	玉林师范学院
玉溪师范学院学报	1009-9506	53-1166/G4	玉溪师范学院
豫章师范学院学报	2096-7632	36-1351/G4	豫章师范学院
岳阳职业技术学院学报	1672-738X	43-1425/Z	岳阳职业技术学院
阅江学刊	1674-7089	32-1802/C	南京信息工程大学
云梦学刊	1006-6365	43-1240/C	湖南理工学院

刊　　名	ISSN	CN	主办单位
云南大学学报. 社会科学版	1671-7511	53-1176/C	云南大学
云南民族大学学报. 哲学社会科学版	1672-867X	53-1191/C	云南民族大学
云南农业大学学报. 社会科学	1004-390X	53-1044/S	云南农业大学
云南社会科学	1000-8691	53-1001/C	云南省社会科学院
云南师范大学学报. 哲学社会科学版	1000-5110	53-1003/C	云南师范大学
运城学院学报	1008-8008	14-1316/G4	运城学院
枣庄学院学报	1004-7077	37-1431/Z	枣庄学院
漳州职业技术学院学报	1673-1417	35-1280/Z	漳州职业技术学院
昭通学院学报	2095-7408	53-1225/G4	昭通学院
肇庆学院学报	1009-8445	44-1508/C	肇庆学院
浙江大学学报. 人文社会科学版	1008-942X	33-1237/C	浙江大学
浙江工贸职业技术学院学报	1672-0105	33-1299/Z	浙江工贸职业技术学院
浙江工商大学学报	1009-1505	33-1337/C	浙江工商大学
浙江工业大学学报. 社会科学版	1006-4303	33-1193/T	浙江工业大学
浙江海洋大学学报. 人文科学版	2096-4722	33-1403/C	浙江海洋大学
浙江科技学院学报	1671-8798	33-1294/Z	浙江科技学院
浙江理工大学学报. 社会科学版	1673-3851	33-1338/TS	浙江理工大学
浙江社会科学	1004-2253	33-1149/C	浙江省社会科学界联合会
浙江师范大学学报. 社会科学版	1001-5035	33-1011/C	浙江师范大学
浙江树人大学学报	1671-2714	33-1261/Z	浙江树人大学
浙江万里学院学报	1671-2250	33-1274/Z	浙江万里学院
浙江学刊	1003-420X	33-1005/C	浙江省社会科学院
镇江高专学报	1008-8148	32-1511/G4	镇江高等专科学校
郑州大学学报. 哲学社会科学版	1001-8204	41-1027/C	郑州大学
郑州航空工业管理学院学报. 社会科学版	1009-1750	41-1311/C	郑州航空工业管理学院
郑州轻工业大学学报. 社会科学版	2096-9864	41-1460/C	郑州轻工业大学
知识文库	1002-2708	23-1111/Z	黑龙江北方文艺出版社有限公司
中北大学学报. 社会科学版	1673-1646	14-1329/C	中北大学
中国地质大学学报. 社会科学版	1671-0169	42-1627/C	中国地质大学(武汉)
中国高校社会科学	2095-5804	10-1136/C	教育部高等学校科学研究发展中心
中国海洋大学学报. 社会科学版	1672-335X	37-1407/C	中国海洋大学
中国矿业大学学报. 社会科学版	1009-105X	32-1593/C	中国矿业大学
中国农业大学学报. 社会科学版	1009-508X	11-4084/S	中国农业大学
中国青年社会科学	2095-9796	10-1318/C	中国青年政治学院
中国人民大学学报	1000-5420	11-1476/C	中国人民大学
中国社会科学	1002-4921	11-1211/C	中国社会科学院
中国社会科学文摘		11-4116/C	中国社会科学杂志社
中国社会科学院大学学报	2097-1125	10-1817/C	中国社会科学院大学
中国石油大学学报. 社会科学版	1673-5595	37-1447/C	中国石油大学(华东)
中国学术期刊影响因子年报. 人文社会科学	1673-8144	11-9130/G	清华大学
中南大学学报. 社会科学版	1672-3104	43-1393/C	中南大学
中南林业科技大学学报. 社会科学版	1673-9272	43-1478/F	中南林业科技大学
中南民族大学学报. 人文社会科学版	1672-433X	42-1704/C	中南民族大学
中山大学学报. 社会科学版	1000-9639	44-1158/C	中山大学
中央民族大学学报. 哲学社会科学版	1005-8575	11-3530/C	中央民族大学

刊　名	ISSN	CN	主办单位
中州大学学报	1008-3715	41-1275/G4	中州大学
中州学刊	1003-0751	41-1006/C	河南省社会科学院
周口师范学院学报	1671-9476	41-1345/Z	周口师范学院
遵义师范学院学报	1009-3583	52-5026/G4	遵义师范学院

B(除 B9) 哲学(54 种)

刊　名	ISSN	CN	主办单位
船山学刊	1004-7387	43-1190/C	湖南省社会科学界联合会
大众心理学	1004-6100	31-1228/G3	华东师范大学
当代中国价值观研究	2096-1723	10-1362/D	北京师范大学
道德与文明	1007-1539	12-1029/B	中国伦理学会,天津社会科学院
第欧根尼	1000-6575	11-1165/B	中国社会科学院信息情报研究院
复印报刊资料. B1,哲学原理	1001-2710	11-4239/B	中国人民大学
复印报刊资料. B3,逻辑	1001-2524	11-4241/B	中国人民大学
复印报刊资料. B4,心理学	1001-2532	11-4242/C	中国人民大学
复印报刊资料. B5,中国哲学	1007-6689	11-4243/B	中国人民大学
复印报刊资料. B6,外国哲学	1007-6719	11-4244/B	中国人民大学
复印报刊资料. B7,美学	1001-2567	11-4245/B	中国人民大学
复印报刊资料. B8,伦理学	1001-2737	11-4246/C	中国人民大学
复印报刊资料. W-B1,哲学文摘	1674-4284	11-5765/B	中国人民大学
管子学刊	1002-3828	37-1079/C	山东理工大学
国际儒学(中英文)	2096-9805	10-1736/B	国际儒学联合会,清华大学
孔学堂	2095-8536	52-5035/C	贵州日报当代融媒体集团
孔子研究	1002-2627	37-1037/C	中国孔子基金会
伦理学研究	1671-9115	43-1385/C	湖南师范大学
逻辑学研究	1674-3202	44-1649/C	中山大学,中国逻辑学会
马克思主义哲学	2096-9961	10-1737/A	中国社会科学院哲学研究所,社会科学文献出版社
美化生活	1006-0359	31-1530/G0	上海纺织控股(集团)公司
美学研究	2097-1907	10-1837/B	中国社会科学杂志社,中国社会科学院哲学研究所
美与时代. 城市版	1003-2592	41-1061/B	郑州大学美学研究所,河南省美学学会
美与时代. 创意	1003-2592	41-1061/B	郑州大学美学研究所,河南省美学学会
美与时代. 美学	1003-2592	41-1061/B	郑州大学美学研究所,河南省美学学会
美育学刊	2095-0012	33-1367/G4	杭州师范大学
世界哲学	1671-4318	11-4748/B	中国社会科学院哲学研究所
思维与智慧	1006-3587	13-1196/B	河北行知文化传媒有限责任公司
现代哲学	1000-7660	44-1071/B	广东哲学学会
校园心理	1673-1662	14-1326/R	山西医药卫生传媒集团有限责任公司
心理发展与教育	1001-4918	11-1608/B	北京师范大学
心理技术与应用	2095-5588	10-1104/R	开明出版社
心理科学	1671-6981	31-1582/B	中国心理学会
心理科学进展	1671-3710	11-4766/R	中国科学院心理研究所
心理学报	0439-755X	11-1911/B	中国心理学会,中国科学院心理研究所
心理学探新	1003-5184	36-1228/B	江西师范大学
心理学通讯	2096-5494	31-2151/B	上海市精神卫生中心

刊　　名	ISSN	CN	主 办 单 位
心理研究	2095-1159	41-1393/B	河南大学
心理与健康	1005-7064	11-3387/R	中国心理卫生协会
心理与行为研究	1672-0628	12-1348/B	天津师范大学
心理月刊	1673-6796	11-5488/R	中国体育报业总社有限公司
应用心理学	1006-6020	33-1012/B	浙江省心理学会,浙江大学
哲学动态	1002-8862	11-1141/B	中国社会科学院哲学研究所
哲学分析	2095-0047	31-2054/C	上海人民出版社有限责任公司,上海社会科学院哲学研究所
哲学研究	1000-0216	11-1140/B	中国社会科学院哲学研究所
中国健康心理学杂志	2096-4811	11-5257/R	中国心理卫生协会
中国临床心理学杂志	1005-3611	43-1214/R	中国心理卫生协会,中南大学
中国儒学年鉴	1671-6302	37-1385/G	中国孔子基金会
中国心理卫生杂志	1000-6729	11-1873/R	中国心理卫生协会
中国哲学年鉴	1004-3462	11-2935/B	中国社会科学院哲学所
中国哲学史	1005-0396	11-3042/B	中国哲学史学会
中小学心理健康教育	1671-2684	11-4699/G4	开明出版社
周易研究	1003-3882	37-1191/C	山东大学
走进孔子	2095-8455	37-1501/C	孔子研究院,山东齐鲁书社出版有限公司

B9 宗教(20 种)

刊　　名	ISSN	CN	主 办 单 位
阿拉伯世界研究	1673-5161	31-1973/C	上海外国语大学
敦煌学辑刊	1001-6252	62-1027/K	兰州大学敦煌学研究所
法音	1004-2636	11-1671/B	中国佛教协会
佛教文化	1004-2881	11-2619/B	中国佛教协会
佛学研究		11-3346/B	中国佛教文化研究所
复印报刊资料. B9,宗教	1005-4162	11-4247/C	中国人民大学
海潮音(中英文)	2097-3098	35-1349/B9	福建省佛教协会,闽南佛学院
科学与无神论	1008-9802	11-4075/B	中国社会科学院马克思主义研究院
世界宗教文化	1007-6255	11-3631/B	中国社会科学院世界宗教研究所
世界宗教研究	1000-4289	11-1299/B	中国社会科学院世界宗教研究所
天风	1006-1274	31-1124/B	中国基督教三自爱国运动委员会,中国基督教协会
五台山研究	1000-6176	14-1080/B	五台山研究会
西藏佛教(藏)	1002-9362	54-1013/Z	中国佛教协会西藏分会
西藏研究	1000-0003	54-1064/C	西藏自治区社会科学院
中国道教	1006-9593	11-1670/B	中国道教协会
中国穆斯林	1004-3578	11-1345/B	中国伊斯兰教协会
中国穆斯林(汉文、维吾尔文对照)	2097-1850	10-1835/B	中国伊斯兰教协会
中国天主教		11-1669/B	中国天主教爱国会,中国天主教主教团
中国宗教	1006-7558	11-3598/D	国家宗教事务局
宗教学研究	1006-1312	51-1069/B	四川大学道教与宗教文化研究所

C（除 C95）社会科学总论（除民族学、文化人类学）（315 种）

刊　　名	ISSN	CN	主 办 单 位
E 动时尚	1673-6508	41-9201/J	中原大地传媒股份有限公司
爱你	1674-0513	43-1477/G0	湖南教育报刊集团有限公司
爱人	1009-8100	61-1380/C	陕西省出版印刷公司
百科知识	1002-9567	11-1059/Z	中国大百科全书出版社有限公司
办公室业务	1004-647X	43-1514/D	中南出版传媒集团股份有限公司
办公自动化	1007-001X	11-3749/TP	中国仪器仪表学会
半月选读	1673-3649	11-5378/C	中国出版协会
伴侣	1003-4935	65-1052/C	新疆维吾尔自治区妇女联合会
北京漫步	2095-2821	11-5933/G0	北京出版集团有限责任公司
北京青年	1005-3549	11-3407/C	北京青年报社
博爱	1007-8428	11-3167/R	中国红十字会总会
博客天下	1674-4705	64-1063/C	宁夏日报报业集团
才智	1673-0208	22-1357/C	才智杂志社
残疾人研究	2095-0810	11-6014/D	残疾人事业发展研究会
成才与就业	1009-8127	31-1839/G4	上海教育报刊总社
成功	1671-3052	42-1560/C	湖北人民出版社
城市情报	1673-6761	42-1761/G0	湖北日报楚天传媒
城市问题	1002-2031	11-1119/C	北京市社会科学院
慈善	1008-0376	12-1273/G0	中华慈善总会,天津市慈善协会
大都市	1007-8142	31-1748/G2	东方出版中心有限公司
大观周刊	1008-925X	53-1152/G0	云南就爱去旅游文化传媒有限公司
大众文摘	1009-8747	61-1381/C	华商报社
当代工人. A	1003-8051	21-1009/C	辽宁省总工会
当代工人. B	1003-8051	21-1009/C	辽宁省总工会
当代工人. C	1003-8051	21-1009/C	辽宁省总工会
当代老年	1004-3322	42-1297/D	当代老年杂志社
当代青年	1003-7780	61-1057/C	共青团陕西省委
当代青年. 我赢	1003-7780	61-1057/C	共青团陕西省委
当代青年研究	1006-1789	31-1221/C	上海社会科学院社会学研究所
道德与文明	1007-1539	12-1029/B	中国伦理学会,天津社会科学院
电子政务	1672-7223	11-5181/TP	中国科学院文献情报中心
调研世界	1004-7794	11-3705/C	中国统计学会
东北之窗	1006-3161	21-1239/Z	大连新闻传媒集团
东方娱乐周刊	2095-1523	23-1562/G0	黑龙江日报报业集团
都市人	1009-4989	44-1487/G0	广州青年报社
读天下	2095-2112	22-1401/G2	吉林省舆林报刊发展有限责任公司
读者之友（哈萨克文）	1009-4547	65-1105/G0	新疆人民出版社
风流一代. TOP 青商	1004-0145	32-1071/C	江苏省青少年研究所（共青团江苏省委新媒体发展中心）
风流一代. 经典文摘	1004-0145	32-1071/C	江苏省青少年研究所（共青团江苏省委新媒体发展中心）
风流一代. 青春	1004-0145	32-1071/C	江苏省青少年研究所（共青团江苏省委新媒体发展中心）

刊　名	ISSN	CN	主 办 单 位
妇女	1004-0749	21-1007/C	辽宁报刊传媒集团(辽宁日报社)
妇女生活	1002-7904	41-1004/C	河南省妇女联合会
妇女研究论丛	1004-2563	11-2876/C	全国妇联妇女研究所,中国妇女研究会
妇女之友	1002-400X	23-1007/C	黑龙江省格言杂志社有限公司
复印报刊资料. C3,管理科学	1007-0591	11-4249/C	中国人民大学
复印报刊资料. C4,社会学	1001-344X	11-4250/C	中国人民大学
复印报刊资料. C41,社会保障制度	1007-0613	11-4251/D	中国人民大学
复印报刊资料. C42,社会工作	1674-4454	11-5753/C	中国人民大学
复印报刊资料. C5,人口学	1674-4462	11-5754/R	中国人民大学
复印报刊资料. D421,青少年导刊	1009-7449	11-4268/G3	中国人民大学
复印报刊资料. F102,人力资源开发与管理	1009-7678	11-4279/F	中国人民大学
复印报刊资料. F104,统计与精算	1009-7651	11-4280/C	中国人民大学
复印报刊资料. W-C3,管理学文摘	1674-4373	11-5774/G3	中国人民大学
复印报刊资料. W-C4,社会学文摘	1674-4292	11-5766/C	中国人民大学
公关世界	1005-3239	13-1178/C	河北省国际国内公共关系协会
管理工程学报	1004-6062	33-1136/N	浙江大学
管理科学	1672-0334	23-1510/C	哈尔滨工业大学经济与管理学院
管理科学学报	1007-9807	12-1275/G3	天津大学,国家自然科学基金委员会管理科学部
管理评论	1003-1952	11-5057/F	中国科学院大学
管理世界	1002-5502	11-1235/F	国务院发展研究中心
管理学报	1672-884X	42-1725/C	华中科技大学
管理学刊	1674-6511	41-1408/F	新乡学院,中国社会主义经济规律系统研究会
国际公关	1673-0445	11-5281/C	中国国际公共关系协会
国际人才交流	1001-0114	11-2642/C	科学技术部国外人才研究中心
海峡姐妹	1004-1664	35-1140/C	福建省妇女联合会
好日子	1671-2609	42-1880/G0	湖北知音传媒股份有限公司
宏观质量研究	2095-607X	42-1848/C	武汉大学
花样盛年	1674-5027	11-6003/G0	中国妇女报社
华夏女工	1671-1335	34-1237/G0	安徽省总工会
环球慈善	1674-1838	11-5633/C	宋庆龄基金会,郑州报业集团
环球老龄	2095-7459	10-1139/C	中国老龄产业协会,华龄出版社
黄金时代. 生力军	1004-0218	44-1064/C	广东时代传媒集团有限公司
黄金时代. 中学版	1004-0218	44-1064/C	广东时代传媒集团有限公司
婚姻与家庭. 婚姻情感版	1003-2991	11-1210/D	中国婚姻家庭研究会,中国妇女杂志社
婚姻与家庭. 家庭教育版	1003-2991	11-1210/D	中国婚姻家庭研究会,中国妇女杂志社
家庭	1005-8877	44-1066/C	广东省妇女联合会
家庭百事通	1008-7532	36-1219/G0	江西科学技术出版社有限责任公司
家庭生活指南	1003-3335	23-1039/C	黑龙江省科学技术协会
家园	1008-0066	35-1194/G0	福州日报社
嘉人	1672-4771	11-5146/G0	中国体育报业总社
接待与交际	2095-5936	21-1589/C	沈阳日报传媒集团有限公司

刊　名	ISSN	CN	主办单位
今日社会(蒙古文)	1004-5481	15-1352/C	内蒙古自治区民政厅
今日文摘	1007-5186	44-1360/C	广东省期刊协会
金卡生活	1672-7541	31-1936/F	中国银联股份有限公司
金秋	1671-3966	61-1385/C	中共陕西省委老干部局等
金色年华	1003-3599	45-1026/C	共青团广西壮族自治区委员会
金色时光	2096-5397	53-1235/C	中共云南省云岭先锋杂志社
精品生活	2095-896X	44-1687/G0	广东大沿海出版工贸有限公司
就业与保障	1672-7584	35-1273/C	福建就业与保障杂志社有限责任公司
决策	1005-5940	34-1285/C	安徽省人民政府发展研究中心
决策科学	2097-129X	41-1462/C	中共河南省委党校(河南行政学院)
开心.康乐寿	1673-8810	36-1277/G0	江西教育传媒集团有限公司
开心.康寿文摘	1673-8810	36-1277/G0	江西教育传媒集团有限公司
开心.老年	1673-8810	36-1277/G0	江西教育传媒集团有限公司
看四川(中英文)	2095-9575	51-1797/Z	四川期刊传媒(集团)股份有限公司
看天下	1673-2456	64-1057/C	宁夏日报报业集团
科学新生活	1671-2633	11-4682/Z	中国科学报社
老干部之家	2096-0476	37-1507/C	山东省老干部活动中心
老龄科学研究	2095-5898	10-1122/D	中国老龄科学研究中心,华龄出版社
老年博览	1671-9328	62-1174/C	读者出版传媒股份有限公司
老年人	1007-2616	43-1261/C	中共湖南省委老干部局
老年世界	1007-7502	15-1013/C	内蒙古老年大学
老年天地(朝鲜文)		22-1422/C	延边人民出版社
老年学习生活	1009-2897	23-1090/C	哈尔滨老年人大学
老年知音	1008-3553	45-1252/G0	广西壮族自治区党委老干部局
老人春秋	1006-3773	41-1217/C	中共河南省委老干部局
老人世界	1003-4846	13-1123/C	老人世界杂志社
老同志之友	1002-8188	21-1006/C	辽宁报业传媒集团
老友	1009-7805	36-1240/C	中共江西省委老干部局
莲池周刊	1671-0266	13-1302/G0	保定日报社
恋爱·婚姻·家庭	1003-9244	34-1017/G0	安徽省妇女儿童活动中心
辽宁青年	1002-1922	21-1004/C	共青团辽宁省委员会
领导科学	1003-2606	41-1024/C	河南省社会科学界联合会
领导科学论坛	2095-5103	42-1837/C	湖北长江报刊传媒(集团)有限公司
领导文萃	1005-720X	35-1168/D	中共福建省委党校,福建省领导科学研究会
领导月读	2095-7424	45-1396/C	广西人民出版社有限公司
妈咪宝贝	1671-2137	11-5993/C	《妈咪宝贝》传媒发展有限公司
盲人月刊	1003-1103	11-1715/C	中国残疾人联合会
美化生活	1006-0359	31-1530/G0	上海纺织控股(集团)公司
美眉	1671-8429	44-1516/Z	广东《少男少女》杂志社
秘书	1674-2354	31-1062/C	上海大学
秘书工作	1003-9740	11-1072/C	中共中央办公厅秘书局
秘书之友	1004-3071	62-1018/C	兰州大学
民族文汇	1009-8798	65-1217/I	新疆民间文艺家协会
莫愁.家庭教育	1003-7764	32-1088/C	江苏省妇女联合会
莫愁.时代人物	1003-7764	32-1088/C	江苏省妇女联合会
莫愁.智慧女性	1003-7764	32-1088/C	江苏省妇女联合会

刊　名	ISSN	CN	主 办 单 位
南岛视界	2095-2287	46-1081/G0	南方出版社
南都娱乐		44-1707/J	南方报业传媒集团
南方航空	1004-7441	44-1329/F	广州市广天合传媒有限公司
南方人口	1004-1613	44-1114/C	中山大学人口研究所
南风窗	1004-0641	44-1019/G2	中共广州市委研究室
南海学刊	2096-0166	46-1083/C	海南省社会科学界联合会(海南省社会科学院)
内蒙古妇女(蒙文版)	1004-3209	15-1008/C	内蒙古妇联
内蒙古青年(蒙文版)	1007-3477	15-1006/C	共青团内蒙古自治区委员会
内蒙古统计	1672-4151	15-1170/C	内蒙古自治区统计科研宣教中心,内蒙古自治区统计学会
年轻人	1003-9147	43-1181/C	湖南教育报刊集团有限公司
农村·农业·农民	1003-6261	41-1026/S	河南省人民政府发展研究中心,河南省农村发展研究中心
农村青年	1002-9540	11-1391/C	共青团中央
女报	1006-611X	44-1379/C	深圳市妇女联合会
女友.花园	1672-9757	61-1438/G	陕西女友传媒发展有限公司
女友.家园	1672-9765	61-1437/G	陕西女友传媒发展有限公司
女友.校园	1672-9773	61-1439/G	陕西女友传媒发展有限公司
品读	1674-6872	11-5871/G2	半月谈杂志社
浦江纵横	2095-2317	31-2063/D	上海市政协新闻传播中心
启迪	1009-8232	61-1476/C	未来出版社
前卫	1672-8548	42-1728/G0	湖北日报楚天传媒(集团)有限责任公司
青春岁月	1007-5070	13-1035/C	共青团河北省委
青年博览	1004-4558	35-1067/G0	福建青年杂志社有限公司
青年生活(朝鲜文)	1673-8446	22-1013/C	延边人民出版社
青年时代	1002-6835	52-1032/G0	青年时代杂志社
青年视觉	1671-3397	11-4555/G	中国青年杂志社
青年文摘	1003-0565	11-1222/C	中国青年出版总社有限公司
青年研究	1008-1437	11-3280/C	中国社会科学院社会学研究所
青年与社会	1006-9682	53-1037/C	青年与社会杂志社
青少年犯罪问题	1006-1509	31-1193/D	华东政法大学
青少年学刊	2096-0301	37-1506/D	山东省团校,山东省青少年研究所
秋光	1673-6370	44-1493/C	广东羊城报业传媒集团有限公司
趣味	1006-7280	65-1274/C	新疆青少年出版社
人才资源开发	1003-1073	41-1372/D	河南省行政管理科学研究所
人口学刊	1004-129X	22-1017/C	吉林大学
人口研究	1000-6087	11-1489/C	中国人民大学
人口与发展	1674-1668	11-5646/F	北京大学
人口与健康	2096-7063	10-1621/R	人口与健康杂志社
人口与经济	1000-4149	11-1115/F	首都经济贸易大学
人口与社会	2095-7963	32-1851/C	南京邮电大学
人力资源	1672-1632	21-1485/C	辽宁社会科学院
人生	1003-4560	11-1309/D	中国计划生育协会
人生十六七	1006-3099	21-1064/C	沈阳日报报业集团
人生与伴侣	1003-5001	41-1055/C	河南省社会科学界联合会
人之初	1005-3581	44-1608/R	人之初杂志社

刊 名	ISSN	CN	主办单位
三联生活周刊	1005-3603	11-3221/C	生活·读者·新知三联书店有限公司
三月风	1003-109X	11-1025/C	中国残疾人联合会,中国残疾人福利基金会
山东女子学院学报	1008-6838	37-1477/D	山东女子学院
山东青年	1004-0927	37-1019/C	中国共产主义青年团山东省委员会
山东人力资源和社会保障	1004-6380	37-1474/F	大众报业集团(大众日报社)
山西老年	1007-8886	14-1009/C	中共山西省委老干部局
善天下	2096-5591	61-1514/C	陕西新华出版传媒集团有限责任公司,陕西善行天下慈善文化传媒有限公司
上海管理科学	1005-9679	31-1515/C	上海市管理科学学会
少男少女	1004-7875	44-1080/C	广东省作家协会
少年博览.初中版	1006-7922	34-1128/C	共青团安徽省委,少先队安徽省工作委员会
少年博览.小学低年级版	1006-7922	34-1128/C	共青团安徽省委,少先队安徽省工作委员会
少年博览.小学中高年级版	1006-7922	34-1128/C	共青团安徽省委,少先队安徽省工作委员会
少年博览.阅读与写作	1006-7922	34-1128/C	共青团安徽省委,少先队安徽省工作委员会
少年儿童研究	1002-9915	11-1748/D	中国青少年研究中心等
少年时代.低年级	1673-9817	51-1475/C	四川新华文轩传媒有限公司
少年时代.中高年级	1673-9817	51-1475/C	四川新华文轩传媒有限公司
少年文摘	1009-9301	44-1491/C	广东时代传媒集团有限公司
少年新知	2096-9740	10-1742/C	生活·读书·新知三联书店有限公司
少年月刊.初中	1002-1760	61-1025/C	共青团陕西省委
少年月刊.小学低年级	1002-1760	61-1025/C	共青团陕西省委
少年月刊.小学高年级	1002-1760	61-1025/C	共青团陕西省委
社会	1004-8804	31-1123/C	上海大学
社会保障评论	2096-3211	10-1472/C	中国社会保障学会,中国民政杂志社
社会保障研究	1674-4802	42-1792/F	武汉大学
社会发展研究	2095-7580	10-1217/C	中国社会科学院社会发展战略研究院,社会科学文献出版社
社会工作	1672-4828	36-1263/D	江西省民政厅
社会工作与管理	1671-623X	44-1708/C	广东工业大学
社会建设	2095-8641	10-1896/C	中国人民大学
社会学评论	2095-5154	10-1098/C	中国人民大学
社会学研究	1002-5936	11-1100/C	中国社会科学院社会学研究所
社会与公益	1674-9758	11-5944/C	中国社会工作联合会
社区.服务	1671-0967	11-4666/D	乡镇论坛杂志社
社区.工作	1671-0967	11-4666/D	乡镇论坛杂志社
社区天地	2095-8196	10-1235/D	中国社区发展协会,中国社会出版社有限公司
深圳青年.创业版	1006-219X	44-1294/C	共青团深圳市委
生活·创造	1006-8562	35-1009/C	福建省总工会
生活潮	1007-7928	14-1177/C	山西省妇女联合会
生活月刊	1005-0493	23-1340/G0	黑龙江报刊传媒集团有限公司

刊　　名	ISSN	CN	主 办 单 位
时代风采	1004-8294	53-1036/C	云南省总工会
时尚. Cosmopolitan	1005-1988	11-3327/G0	中国旅游协会
时尚先生	1673-2553	11-5369/G0	《时尚》杂志社有限责任公司
世界博览	1003-0271	11-1505/Z	世界知识出版社有限公司
世界都市	1005-4685	11-3389/G0	中国友谊出版公司
世界家苑	1671-9603	22-1337/G0	吉林人民出版社
数理统计与管理	1002-1566	11-2242/O1	中国现场统计研究会
数字人文研究	2096-9155	10-1716/C	中国人民大学
四川劳动保障	1006-0480	51-1655/D	四川日报报业集团
特别关注	1009-9131	42-1631/Z	湖北日报楚天传媒(集团)有限责任公司
特别文摘	1673-5455	11-5485/C	中国剪报社
统计科学与实践	1674-8905	33-1364/C	浙江省统计研究与信息发布中心
统计理论与实践	2096-8647	41-1458/C8	河南省统计信息咨询中心
统计学报	2096-7411	14-1400/C8	山西财经大学
统计研究	1002-4565	11-1302/C	中国统计学会,国家统计局统计科学研究所
统计与管理	1674-537X	13-1395/C	河北省统计科学研究所
统计与决策	1002-6487	42-1009/C	湖北长江报刊传媒(集团)有限公司
统计与信息论坛	1007-3116	61-1421/C	西安财经大学,中国统计教育学会高教分会
统计与咨询	1674-0106	23-1377/C	黑龙江省统计局,黑龙江省统计学会
晚晴	1002-6940	52-1006/C	中共贵州省委当代贵州杂志社
晚霞	1006-0251	51-1449/C	中共四川省委老干部局
夕阳红	1009-6086	22-1325/C	中共吉林省委老干部局
西北人口	1007-0672	62-1019/C	兰州大学(西北人口研究所)
西部蒙古论坛	1674-3067	65-1271/C	新疆维吾尔自治区社会科学界联合会
系统管理学报	1005-2542	31-1977/N	上海交通大学
下一代	1005-4995	21-1317/C	辽宁延安文艺学会
现代城市研究	1009-6000	32-1612/TU	南京市社会科学院
现代妇女(2014-)	1007-4244	62-1004/C	甘肃省妇女联合会
现代管理科学	1007-368X	32-1281/C	江苏省经济和信息化研究院
现代家庭. 上半月版	1000-4300	31-1027/C	上海妇女联合会
现代家庭. 生活	1000-4300	31-1027/C	上海妇女联合会
现代交际	1009-5349	22-1010/C	吉林省社会科学院
现代青年	1004-2555	46-1027/C	共青团海南省委
新晨	1006-1193	65-1159/C	共青团新疆维吾尔自治区委员会
新疆妇女(哈萨克文版)	1672-0474	65-1209/C	伊犁哈萨克自治州妇女联合会
新疆教育学院学报(维文版)	1008-357X	65-1142/G4-W	新疆教育学院
新疆青年(维文版)	1002-9109	65-1029/C	共青团新疆维吾尔自治区委员会
新疆社科论坛(维文版)	1673-1476	65-1147/C	新疆维吾尔自治区社会科学界联合会
新青年. 珍情	1002-3593	23-1008/C	中共黑龙江省委奋斗杂志社,共青团黑龙江省委
新少年	1002-6231	21-1005/C	辽宁报刊传媒集团(辽宁日报社)
新视线	1671-0649	11-4462/G0	《精品购物指南》报社,《新视线》杂志社
新闻选刊	1673-0933	42-1796/C	三峡日报传媒集团,湖北省三峡日报社
新西部	1009-8607	61-1368/C	陕西省社会科学院
新一代	1003-2851	62-1003/G0	甘肃省青少年新媒体中心

刊　名	ISSN	CN	主办单位
新周刊	1007-7006	44-1416/G2	南方出版传媒股份有限公司
信使	2096-4064	10-1517/C	中译出版社有限公司
幸福.婚姻	1003-4196	42-1055/C	武汉出版社,武汉市妇女联合会
幸福.悦读	1003-4196	42-1055/C	武汉出版社,武汉市妇女联合会
幸福家庭	2095-4492	36-1321/G0	江西省报刊传媒有限责任公司
休闲	1005-0728	33-1308/G	杭州日报报业集团
学习之友	1671-4474	44-1057/D	汕头市新闻工作者协会
延边妇女(朝鲜文)		22-1014/C	延边人民出版社
伊周	1674-3032	31-2014/Z	上海译文出版社有限公司
意林.全彩 Color	1007-3841	22-1361/I	长春出版传媒集团有限责任公司
银潮	1005-1880	32-1385/C	中共江苏省委老干部局
优格		37-1473/G0	烟台日报社
优雅	1672-1276	51-1646/G	四川优雅杂志社
优悦生活	1674-1846	44-1647/G0	羊城晚报报业集团
预防青少年犯罪研究	2095-3356	10-1048/D	中国预防青少年犯罪研究会
月读	2095-2988	10-1037/C	中华书局有限公司
云端	2096-0557	46-1084/Z	南方出版社
知音	1000-4157	42-1003/C	湖北知音传媒股份有限公司
知音.海外版	1007-502X	42-1409/C	湖北知音传媒股份有限公司
知音才智		42-1912/C	湖北知音传媒股份有限公司
知与行	2096-1308	23-1595/D	黑龙江省社会科学信息中心
至爱	1673-5714	31-1982/C	上海文艺出版总社
至品生活	1673-2855	34-1291/J	安徽美术出版社
智库理论与实践	2096-1634	10-1413/N	中国科学院文献情报中心,南京大学
智库时代	2096-4609	14-1391/D	山西社会科学报刊社,山西大众文化传播研究所(有限公司)
智能社会研究	2097-2091	23-1615/C	哈尔滨工程大学
智族	1674-6503	11-5832/N	中国新闻社
中国残疾人	1003-1081	11-2481/D	中国残疾人联合会
中国大学生就业	1009-0576	11-4028/D	教育部学生服务与素质发展中心
中国妇女	1000-0089	11-1245/C	中华全国妇女联合会
中国管理科学	1003-207X	11-2835/G3	中国优选法统筹法与经济数学研究会,中国科学院科技战略咨询研究院
中国科学数据(中英文网络版)	2096-2223	11-6035/N	中国科学院计算机网络信息中心
中国劳动	1007-8746	11-3892/F	中国劳动和社会保障科学研究院,中国劳动学会
中国劳动关系学院学报	1673-2375	11-5360/D	中国劳动关系学院
中国老年	1002-5278	11-1146/C	中国老龄协会
中国老年学杂志	1005-9202	22-1241/R	吉林省医学期刊社
中国领导科学	2095-7270	10-1209/C	中国领导科学研究会,中共中央党校出版社
中国民族(哈萨克文、汉文对照版)	2096-8124	10-1624/C	民族团结杂志社
中国民族(维吾尔文、汉文对照版)	2096-8116	10-1623/C	民族团结杂志社
中国名城	1674-4144	32-1793/G0	中国名城杂志社
中国女性.中文海外版	1009-8364	11-4596/G0	全国妇联网络信息传播中心
中国青年	1002-9532	11-1001/C	共青团中央

刊　　名	ISSN	CN	主 办 单 位
中国青年研究	1002-9931	11-2579/D	中国青少年研究中心,中国青少年研究会
中国人才	1003-4072	11-2455/C	中国人事报刊社
中国人口·资源与环境	1002-2104	37-1196/N	中国可持续发展研究会等
中国人口科学	1000-7881	11-1043/C	中国社会科学院人口与劳动经济研究所
中国人力资源开发	1004-4124	11-2822/C	中国人力资源开发研究会
中国人力资源社会保障	1674-9111	11-5941/D	中国劳动保障报社
中国社会保障	1008-4304	11-4024/F	中国劳动保障报社
中国社会工作	1674-3857	11-5701/C	中国社会报社
中国社会科学评价	2095-9095	10-1267/C	中国社会科学杂志社
中国社会组织	2095-4786	10-1094/D	中国社会组织促进会,中国社会报社
中国统计	1002-4557	11-2448/C	中国统计出版社
中国统计月报(中英文)	2097-0595	10-1782/C	中国统计信息服务中心(国家统计局社情民意调查中心)
中国志愿	2096-3904	10-1485/C	中国志愿服务联合会
中国志愿服务研究	2096-8604	10-1699/C	中国社会科学院社会发展战略研究院,社会科学文献出版社
中华儿女	1003-0557	11-1404/C	中华全国青年联合会
中华魂	1005-9725	11-3462/C	中国延安精神研究会
中华女子学院学报	1007-3698	11-3809/B	中华女子学院
中华少年	1004-2377	11-5674/C	中国和平出版社
中年读者	1673-8667	21-1547/C	辽宁省社会学会
紫		63-1065/G0	青海人民出版社有限责任公司

C95 民族学、文化人类学(61 种)

刊　　名	ISSN	CN	主 办 单 位
北方民族大学学报. 哲学社会科学版	1674-6627	64-1065/G4	北方民族大学
大连民族大学学报	2096-1383	21-1600/G4	大连民族大学
复印报刊资料. D5,民族问题研究	1009-7457	11-4271/G3	中国人民大学
广西民族大学学报. 哲学社会科学版	1673-8179	45-1349/C	广西民族大学
广西民族师范学院学报	1674-8891	45-1378/G4	广西民族师范学院
广西民族研究	1004-454X	45-1041/C	广西民族研究中心
贵州民族大学学报. 哲学社会科学版	1003-6644	52-1155/C	贵州民族大学
贵州民族研究	1002-6959	52-1001/C	贵州省民族研究院
黑龙江民族丛刊	1004-4922	23-1021/C	黑龙江省社会科学院民族研究所
湖北民族大学学报. 哲学社会科学版	2096-7586	42-1907/C	湖北民族大学
今日民族	1009-9360	53-1167/D	云南省民族宗教事务委员会
满族研究	1006-365X	21-1028/D	辽宁省民族宗教联络与舆情中心
蒙古学研究(蒙文版)	1671-1076	15-1126/C	呼和浩特民族学院
蒙古学研究年鉴	1673-3207	15-1338/C	内蒙古社会科学院
民族	1003-8159	51-1007/C	中共四川省委民族工作委员会
民族(彝文版)		51-1009/C	中共四川省委民族工作委员会
民族(藏文版)		51-1008/C	中共四川省委民族工作委员会
民族高等教育研究	2095-4336	15-1363/G4	内蒙古民族大学

刊　　名	ISSN	CN	主 办 单 位
民族画报	0540-1224	11-1548/Z	民族画报社
民族论坛	1007-8592	43-1009/C	湖南省民族宗教研究所
民族学刊	1674-9391	51-1731/C	西南民族大学
民族学论丛（原名为：回族研究）	2097-1079	64-1075/C	宁夏社会科学院
民族研究	0256-1891	11-1217/C	中国社会科学院民族学与人类学研究所
内蒙古民族大学学报．社会科学版	1671-0215	15-1217/C	内蒙古民族大学
内蒙古民族大学学报．社会科学版（蒙古文版）	1671-0207	15-1218/C	内蒙古民族大学
黔南民族师范学院学报	1674-2389	52-1133/Z	黔南民族师范学院
青海民族大学学报（藏文版）	1674-9243	63-1072/C	青海民族大学
青海民族大学学报．社会科学版	1674-9227	63-1071/C	青海民族大学
青海民族研究	1005-5681	63-1016/C	青海民族大学民族学与社会学学院，青海民族大学民族研究所
世界民族	1006-8287	11-3673/C	中国社会科学院民族学与人类学研究所
思想战线	1001-778X	53-1002/C	云南大学
四川民族学院学报	1674-8824	51-1729/G4	四川民族学院
索伦嘎（蒙文）	1006-7574	15-1179/C	内蒙古日报社
西北民族大学学报．哲学社会科学版	1001-5140	62-1185/C	西北民族大学
西北民族研究	1001-5558	62-1035/D	西北民族大学
西南民族大学学报．人文社会科学版	1004-3926	51-1671/C	西南民族大学
西域研究	1002-4743	65-1121/C	新疆社会科学院
西藏大学学报（藏）	1005-5746	54-1035/C-Z	西藏大学
西藏大学学报．社会科学版	1005-5738	54-1034/C	西藏大学
西藏民族大学学报．哲学社会科学版	1003-8388	54-1062/G	西藏民族大学
西藏研究	1000-0003	54-1064/C	西藏自治区社会科学院
新疆大学学报．社会科学哈萨克文版	1671-5225	65-1229/C	新疆大学
新疆大学学报．哲学社会科学版（原名为：新疆大学学报．哲学·人文社会科学版）	1000-2820	65-1034/G4	新疆大学
新疆大学学报．哲学社会科学维吾尔文版	1005-5878	65-1034/G4-W	新疆大学
兴义民族师范学院学报	1009-0673	52-1153/G4	兴义民族师范学院
原生态民族文化学刊	1674-621X	52-1150/C	凯里学院
云南民族大学学报．哲学社会科学版	1672-867X	53-1191/C	云南民族大学
中国蒙古学（蒙古文）	1673-1247	15-1339/C	内蒙古自治区社会科学院
中国民族	1009-8887	11-4606/C	民族团结杂志社
中国民族（朝鲜文版）	1009-8925	11-4609/C	民族团结杂志社
中国民族（蒙古文版）	1009-8895	11-4607/C	民族团结杂志社
中国民族博览	1007-4198	10-1220/G0	中国民族文化艺术基金会
中国民族教育	1002-5952	11-2792/G4	中国教育报刊社
中国土族	1009-8674	63-1056/D	青海土族研究会,青海日报社
中国西藏	1002-9591	11-2575/D	中国西藏杂志社
中国西藏（藏文版）	1002-9133	11-2576/D-Z	中国西藏杂志社
中国藏学	1002-557X	11-1725/C	中国藏学研究中心
中国藏学（藏文版）	1002-9060	11-1726/C	中国藏学研究中心

刊 名	ISSN	CN	主 办 单 位
中华民族共同体研究	2097-1273	10-1789/C	中央民族大学
中南民族大学学报.人文社会科学版	1672-433X	42-1704/C	中南民族大学
中央民族大学学报.哲学社会科学版	1005-8575	11-3530/C	中央民族大学

D(除 D9),A 政治学(含马列)(809 种)

刊 名	ISSN	CN	主 办 单 位
阿拉伯世界研究	1673-5161	31-1973/C	上海外国语大学
安徽画报	1007-0141	34-1330/Z	时代出版传媒股份有限公司
安徽警官职业学院学报	1671-5101	34-1247/Z	安徽警官职业学院
安徽省人民政府公报	1009-0746	34-1256/D	安徽省人民政府办公厅
八桂侨刊	1002-3925	45-1269/D	广西华侨历史学会
百年潮	1007-4295	11-3844/D	中国中共党史学会
班组天地	2096-4307	10-1437/D	中国工业报社
半月谈	1002-7335	11-1271/D	新华通讯社
半月谈(维吾尔文)		65-1076/D	新疆人民出版社
半月谈(藏)		54-1043/D-Z	西藏人民出版社
半月谈.内部版	2096-871X	11-1599/D	新华通讯社
保密工作	1006-5806	11-2785/D	金城出版社有限公司
报告选		11-3183/D	中共中央党校教务部
报刊资料索引.第二分册,政治、法律		11-4362/D	中国人民大学
北方人	1006-2548	23-1369/C	黑龙江省总工会
北京	2095-736X	10-1198/D	北京市人民政府新闻办公室,北京月讯杂志社
北京党史	1008-1798	11-3950/D	中共北京市委党史研究室
北京观察	1008-1208	11-3949/D	中国人民政治协商会议北京市委员会
北京警察学院学报	2095-5758	10-1116/D	北京警察学院
北京劳动保障职业学院学报	1674-0025	11-5592/D	北京劳动保障职业学院
北京青年研究	1008-4002	10-1212/C	北京青年政治学院
北京人大		11-4553/D	北京市人大常委会
北京市工会干部学院学报	1673-0240	11-5273/D	北京市工会干部学院
北京市人民政府公报	1009-2862	11-4172/D	北京市人民政府办公厅
北京行政学院学报	1008-7621	11-4054/D	北京行政学院
北京支部生活	1002-7998	11-5204/D	中共北京市委前线杂志社
兵团党校学报	1009-0274	65-1199/D	兵团党委党校
兵团工运	1006-5474	65-1160/D	新疆生产建设兵团总工会
博爱	1007-8428	11-3167/R	中国红十字会总会
布达拉(藏文)	1671-9808	11-4902/D	今日中国杂志社
参考清样		11-4165/D	《新华社参考新闻》编辑部
参考要闻		11-4166/D	《新华社参考新闻》编辑部
参考资料		11-1363/D	新华通讯社
长安	1009-1955	11-3295/D	《长安》杂志社
长白学刊	1003-5478	22-1009/D	中共吉林省委党校(吉林省行政学院)
长春市委党校学报	1008-8466	22-1299/D	中共长春市委党校(长春市行政学院)
长江论坛	1005-3980	42-1344/D	中共武汉市委党校(武汉行政学院)
长征学刊	2097-2210	51-1805/C	中共四川省委党校

刊　　名	ISSN	CN	主 办 单 位
畅谈	1005-5061	51-1715/D	四川日报报业集团
倡廉文摘	1674-456X	31-2018/D	上海报业集团
晨刊	1674-4535	31-1993/N	上海报业集团
成都行政学院学报	1008-5947	51-1539/D	成都行政学院
成长	1672-4607	44-1562/Z	人之初杂志社
城市周刊	2617-1686	21-1489/D	辽宁北方期刊出版集团有限公司
重庆市人民政府公报		50-1147/D	重庆市人民政府办公厅
重庆行政	1008-4029	50-1207/D	重庆行政学院
楚天主人	1674-5272	42-1351/D	湖北省人民代表大会常务委员会
传承	1673-9086	45-1357/D	中共广西壮族自治区委员会党史研究室,百色干部学院
创造	1004-9797	53-1097/D	中共云南省委党校(云南行政学院)
大连干部学刊	1671-6183	21-1409/D	中共大连市委党校等
大连年鉴	1671-3001	21-1467/D	中共大连市委党史研究室
大社会	2095-9788	44-1717/D	广东省社会工作协会
大武汉	1673-9930	42-1766/G0	湖北日报楚天传媒(集团)有限责任公司
当代兵团		65-1291/C	中共新疆生产建设兵团委员会
当代党员	1007-3566	50-1001/D	中共重庆市委
当代电力文化	2095-6754	10-1181/G0	中国电力企业联合会
当代工人.A	1003-8051	21-1009/C	辽宁省总工会
当代工人.B	1003-8051	21-1009/C	辽宁省总工会
当代工人.C	1003-8051	21-1009/C	辽宁省总工会
当代广西	1672-8319	45-1324/D	中共广西壮族自治区委员会
当代贵州	1008-4967	52-1108/C	中国共产党贵州省委员会
当代韩国	1007-483X	11-3467/D	中国社会科学院韩国研究中心,社会科学文献出版社
当代江西	1673-2138	36-1279/D	中共江西省委
当代矿工	1002-8897	11-2762/C	中国煤炭学会,煤炭信息研究院
当代美国评论	2096-4021	10-1497/D	中国社会科学院美国研究所,社会科学文献出版社
当代青年研究	1006-1789	31-1221/C	上海社会科学院社会学研究所
当代陕西	1009-2684	61-1353/D	中共陕西省委
当代世界	1006-4206	11-3535/D	当代世界研究中心
当代世界社会主义问题	1001-5574	37-1065/D	山东大学当代社会主义研究所
当代世界与社会主义	1005-6505	11-3404/D	中央党史和文献研究院,中国国际共运史学会
当代亚太	1007-161X	11-3706/C	中国社会科学院亚太与全球战略研究院,中国亚洲太平洋学会
当代中国与世界	2096-997X	10-1740/D	当代中国与世界研究院
党的建设	1006-5458	62-1001/D	中共甘肃省委
党的生活(哈尔滨)	1002-2597	23-1002/D	中共黑龙江省委奋斗杂志社
党的生活(南京)	1003-7497	32-1022/D	新华日报报业集团
党的生活(西宁)	1673-6354	63-1003/D	中共青海省委宣传部
党的生活(藏文版)		63-1074/D	中共青海省委宣传部
党的生活(郑州)	1003-9570	41-1001/D	中共河南省委
党的文献	1005-1597	11-1359/D	中共中央党史和文献研究院,中央档案馆

刊　　名	ISSN	CN	主办单位
党风	2096-8337	44-1742/D	广东省纪检监察学会,广东时代传媒集团有限公司
党风廉政建设		11-5634/D	中国方正出版社
党风与廉政	2096-9171	61-1518/D	陕西日报社
党建	1002-9702	11-1612/D	《党建》杂志社
党建参阅		10-1575/D	《国家人文历史》杂志社有限公司
党建文汇	1003-806X	21-1014/D	辽宁党刊集团
党建研究	1002-6045	11-2547/D	中央组织部党建研究所
党建研究内参		11-4131/D	中共中央组织部党建研究杂志社
党课.上半月,教材版	1005-6963	12-1211/D	中共天津市委支部生活社
党课.下半月,教参版	1005-6963	12-1211/D	中共天津市委支部生活社
党课参考	1671-6078	50-1148/D	中共重庆市委当代党员杂志社
党内法规研究	2097-1060	42-1925/D	武汉大学
党史博采	1006-8031	13-1117/D	《党史博采》杂志社
党史博览	1005-1686	41-1179/D	中共河南省委党史研究室
党史文汇	1005-6424	14-1007/D	中共山西省委党史研究院(山西省地方志研究院)
党史文苑	1007-6646	36-1173/D	中共江西省委党史研究室,江西省中共党史学会
党史研究与教学	1003-708X	35-1059/A	中共福建省委党校
党史纵横	1003-8361	21-1255/D	辽宁报刊传媒集团(辽宁日报社)
党史纵览	1005-9482	34-1134/D	党史纵览杂志社
党员干部之友	1009-4180	37-1352/D	山东出版集团有限公司,山东省干部学院
党员生活	1003-5621	42-1002/D	湖北日报传媒集团,湖北省党建研究会
党员文摘	1007-3388	50-1002/D	中共重庆市委当代党员杂志社
党员之友	2096-7462	65-1309/D	新疆干部学院
党员之友(哈萨克文)		65-1311/D	中共新疆维吾尔自治区委员会组织部
党员之友(柯尔克孜文)		65-1313/D	中共新疆维吾尔自治区委员会组织部
党员之友(蒙古文)		65-1312/D	中共新疆维吾尔自治区委员会组织部
党员之友(维吾尔文)		65-1310/D	中共新疆维吾尔自治区委员会组织部
党政干部参考	2095-6142	11-5922/C	中共中央党校图书馆,中共中央党校函授学院
党政干部论坛	1003-837X	42-1099/D	中共湖北省委党校,湖北省行政学院
党政干部学刊	1672-2426	21-1254/D	中共辽宁省委党校
党政论坛	1006-1754	31-1203/D	中共上海市委党校
党政研究	2095-8048	51-1755/D	中共四川省省直机关党校
党支部工作指导	1672-8734	11-5244/D	中国石油和化学工业联合会
党支部书记	1673-2561	21-1525/D	辽宁共产党员杂志社
道路交通管理	1004-504X	11-3021/U	中国道路交通安全协会
德国研究	1005-4871	31-2032/C	同济大学
邓小平研究	2096-0921	51-1763/A	四川省社会科学院
地方治理研究	2096-1243	36-1343/D	江西行政学院
电子政务	1672-7223	11-5181/TP	中国科学院文献情报中心
东北亚论坛	1003-7411	22-1180/C	吉林大学

刊　名	ISSN	CN	主办单位
东北亚学刊	2095-3453	12-1427/C	天津社会科学院东北亚研究所,天津社会科学院出版社有限公司
东南亚研究	1008-6099	44-1124/D	暨南大学东南亚研究所
东南亚纵横	1003-2479	45-1176/D	广西社会科学院
俄罗斯东欧中亚研究	1671-8461	10-1111/D	中国社会科学院俄罗斯东欧中亚研究所
俄罗斯学刊	2095-1094	23-1570/C	黑龙江大学
俄罗斯研究	1009-721X	31-1843/D	华东师范大学
法国研究	1002-0888	42-1087/D	武汉大学
反腐败导刊	2096-6040	33-1410/D	浙江日报报业集团
非公有制企业党建	2096-3033	33-1383/D	浙江日报报业集团
分忧	1002-7653	51-1011/C	四川巾帼园
奋斗	0428-2205	23-1001/D	中国共产党黑龙江省委员会
福建党史月刊	1006-2254	35-1046/D	中共福建省委党史研究和地方志编纂办公室
福建画报	1000-3592	35-1031/G0	海峡出版发行集团有限责任公司
福建警察学院学报	1674-4853	35-1294/D	福建警察学院
福建青年	2096-6067	35-1336/D	福建青年杂志社有限公司
福建省人民政府公报	1672-2825	35-1263/D	福建省人民政府办公厅
福建省社会主义学院学报	1008-8563	35-1209/D	福建省社会主义学院
福建乡土	1006-074X	35-1056/D	中国民主同盟福建省委员会
福建支部生活	1002-364X	35-1001/D	中共福建省委福建通讯杂志社
福利中国	2095-1310	11-5995/D	中国社会福利与养老服务协会,华龄出版社
福州党校学报	1674-1072	35-1204/C	中共福州市委党校
辅导员	0427-7112	11-1333/G4	中国少年儿童新闻出版总社有限公司
妇女	1004-0749	21-1007/C	辽宁报刊传媒集团(辽宁日报社)
妇女生活	1002-7904	41-1004/C	河南省妇女联合会
妇女生活.现代家长	1002-7904	41-1004/C	河南省妇女联合会
妇女研究论丛	1004-2563	11-2876/C	全国妇联妇女研究所,中国妇女研究会
复印报刊资料.A1,马克思列宁主义研究	1674-4470	11-5751/A	中国人民大学
复印报刊资料.A2,毛泽东思想	1009-7570	11-4237/A	中国人民大学
复印报刊资料.A3,中国特色社会主义理论	1674-4195	11-5752/A	中国人民大学
复印报刊资料.C41,社会保障制度	1007-0613	11-4251/D	中国人民大学
复印报刊资料.D0,政治学	1005-4405	11-4255/B	中国人民大学
复印报刊资料.D01,公共行政	1008-3251	11-4256/C	中国人民大学
复印报刊资料.D2,中国共产党	1001-3180	11-4258/A	中国人民大学
复印报刊资料.D3,世界社会主义运动	1673-0623	11-5308/A	中国人民大学
复印报刊资料.D4,中国政治	1001-3067	11-4260/D	中国人民大学
复印报刊资料.D421,青少年导刊	1009-7449	11-4268/G3	中国人民大学
复印报刊资料.D422,工会工作	1009-136X	11-4269/D	中国人民大学
复印报刊资料.D423,妇女研究	1005-4243	11-4270/G3	中国人民大学
复印报刊资料.D424,台、港、澳研究	1674-8786	11-5925/C	中国人民大学
复印报刊资料.D6,中国外交	1001-2842	11-4272/D	中国人民大学

刊　　名	ISSN	CN	主 办 单 位
复印报刊资料. D7, 国际政治	1005-426X	11-4273/D	中国人民大学
复印报刊资料. D8, 公安学	2096-7896	10-1661/D	中国人民大学
复印报刊资料. G2, 思想政治教育	1001-2753	11-4298/G4	中国人民大学
复印报刊资料. MF1, 体制改革	2097-2725	11-4339/D	中国人民大学
复印报刊资料. V6, 精神文明导刊	1009-7473	11-4352/C	中国人民大学
复印报刊资料. W-A1, 马克思主义文摘	1674-4411	11-5775/A	中国人民大学
复印报刊资料. W-D1, 政治学文摘	1674-442X	11-5776/D	中国人民大学
甘肃理论学刊	1003-4307	62-1002/D	中共甘肃省委党校(甘肃行政学院)
甘肃省人民政府公报		62-1205/D	甘肃省人民政府办公厅
甘肃行政学院学报	1009-4997	62-1143/D	中共甘肃省委党校(甘肃行政学院)
甘肃政协	2096-8701	62-1217/D	中国人民政治协商会议甘肃省委员会办公厅
港澳研究	1000-7687	10-1182/C	全国港澳研究会
高校马克思主义理论教育研究	2096-9295	10-1710/A	中央财经大学
高校马克思主义理论研究	2096-1170	10-1349/A	清华大学
格言	1005-0124	23-1525/G4	黑龙江出版传媒股份有限公司
各界	1007-3906	61-1302/D	政协陕西省委员会
工会博览	1009-9166	11-4605/C	北京市总工会
工会理论研究	2096-6008	31-2048/D	上海工会管理职业学院
工会信息	2097-2687	11-2873/D	工人日报社
工友	1671-1033	42-1635/D	湖北省工会干部学校
公安教育	1009-0371	11-2963/D	中国人民公安大学
公安内参		11-3857/D	人民公安报社
公安学研究	2096-5176	10-1511/D	中国人民公安大学
公安研究	1005-1821	11-2438/D	中国警察协会
公共管理评论	2096-7713	10-1653/D0	清华大学
公共管理学报	1672-6162	23-1523/F	哈尔滨工业大学管理学院
公共管理与政策评论	2095-4026	10-1062/D	中国人民大学
公共外交季刊	2095-6010	10-1134/D	外文出版社有限责任公司
公共行政评论	1674-2486	44-1648/D	广东人民出版社有限公司
公共治理研究	2097-0072	44-1751/D	广东行政学院
公民导刊	1008-4037	50-1004/D	重庆市人民代表大会常务委员会办公厅
共产党人	1002-2317	64-1002/D	中共宁夏回族自治区委员会
共产党员(沈阳)	0451-0607	21-1002/D	中国共产党辽宁省委员会
共产党员(石家庄)	1008-4592	13-1033/D	中共河北省委
古田干部学院学报	2096-9597	35-1340/C	中共龙岩市委党校,古田干部学院
观察与思考	1008-8512	33-1217/C	浙江省社会科学院
广东党建	1674-5965	44-1663/D	广东时代传媒集团有限公司
广东党史与文献研究	2096-6644	44-1744/K2	中共广东省委党史研究室
广东公安科技		44-1373/N	广东省公安科学技术研究所
广东青年研究	2096-9325	44-1749/D	广东省团校(广东青年政治学院)
广东省人民政府公报	1003-9066	44-1604/D	广东省人民政府
广东省社会主义学院学报	1671-6949	44-1496/C	广东省社会主义学院
广西画报	1003-9686	45-1046/Z	广西新闻图片画报社
广西警察学院学报	2096-4048	45-1405/D	广西警察学院

刊　名	ISSN	CN	主 办 单 位
广西民族研究	1004-454X	45-1041/C	广西民族研究中心
广西青年干部学院学报	1008-5254	45-1242/D	广西青年干部学院
广西人大	2096-2061	45-1231/D	广西人民代表大会常务委员会办公厅
广西社会主义学院学报	1009-0339	45-1250/D	广西社会主义学院
广西壮族自治区人民政府公报	1002-3496	45-1326/D	广西壮族自治区人民政府办公厅
广州社会主义学院学报	1672-3562	44-1589/C	广州市社会主义学院
广州市公安管理干部学院学报	1673-6915	44-1464/D	广州市公安管理干部学院
广州市人民政府公报		44-1712/D	广州市人民政府办公厅
贵阳市委党校学报	1008-780X	52-5029/D	中共贵阳市委党校,贵阳行政学院
贵州画报	1000-5552	52-1020/Z	贵州新闻图片社有限公司
贵州警察学院学报	1671-5195	52-1175/D	贵州警察学院
贵州民族研究	1002-6959	52-1001/C	贵州省民族研究院
贵州社会主义学院学报	1673-9310	52-5028/G4	贵州省社会主义学院
贵州省党校学报	1009-5381	52-5023/D	中共贵州省委党校 贵州行政学院
贵州省人民政府公报	1009-0037	52-1140/D	贵州省人民政府办公厅
桂海论丛	1004-1494	45-1180/D	中共广西壮族自治区委员会党校,广西行政学院
国际安全研究	2095-574X	10-1132/D	国际关系学院
国际关系研究	2095-5715	31-2085/D	上海社会科学院国际问题研究所
国际观察	1005-4812	31-1642/D	上海外国语大学
国际论坛	1008-1755	11-3959/D	北京外国语大学
国际社会科学杂志(中文版)	1002-4913	11-1212/C	中国社会科学杂志社
国际问题研究	0452-8832	11-1504/D	中国国际问题研究院
国际援助	2095-7181	10-1152/D	中华出版促进会,人民东方出版传媒有限公司
国际展望	1006-1568	31-1041/D	上海国际问题研究院
国际政治科学	2096-1545	10-1393/D	清华大学
国际政治研究	1671-4709	11-4782/D	北京大学
国家安全论坛	2098-3144	10-1823/D	中国人民解放军国防大学国家安全学院
国家安全研究	2097-132X	10-1816/D	中国现代国际关系研究院
国家国防科技工业局文告	1671-0983	11-5856/D	国家国防科技工业局新闻宣传中心
国家林业和草原局公报		10-1613/D	国家林业和草原局办公室
国家现代化建设研究	2097-1249	10-1808/D	北京大学
国家治理	2095-8935	10-1264/D	人民论坛
国内动态清样		11-4164/D	新华社国内部
国外理论动态	1674-1277	11-4507/D	中央党史和文献研究院
国务院国有资产监督管理委员会公告	1672-6642	11-5169/D	国务院国有资产监督管理委员会
哈尔滨市委党校学报	1008-8520	23-1463/D	中共哈尔滨市委党校
海南人大	2096-823X	46-1065/D	海南省人大常委会办公厅
海南省人民政府公报		46-1073/D	海南省人民政府办公厅
海内与海外	1002-3801	11-2824/D	中华全国归国华侨联合会
海外星云	1002-4514	45-1038/Z	广西《海外星云》杂志社有限公司
海峡通讯	2095-2090	35-1299/D	中共福建省委
杭州	2096-7624	33-1361/D	杭州日报报业集团
杭州市人民政府公报	1674-2540	33-1358/D	杭州市人民政府办公厅
和平与发展	1006-6241	11-3641/D	和平与发展研究中心

刊　名	ISSN	CN	主 办 单 位
河北公安警察职业学院学报	1672-6405	13-1343/D	河北公安警察职业学院
河北画报	1003-8094	13-1006/Z	河北画报社
河北青年管理干部学院学报	1008-5912	13-1260/D	河北青年管理干部学院
河北省人民政府公报		13-1049/D	河北省人民政府
河北省社会主义学院学报	1009-6981	13-1288/D	河北省社会主义学院
河南警察学院学报	1008-2433	41-1427/D	河南警察学院
河南省人民政府公报		41-1335/D	河南省人民政府办公厅
河南司法警官职业学院学报	1672-2663	41-1358/Z	河南司法警官职业学院
黑龙江画报	1004-2784	23-1043/C	黑龙江画报社有限公司
黑龙江民族丛刊	1004-4922	23-1021/C	黑龙江省社会科学院民族研究所
黑龙江省人民政府公报	2096-7861	23-1550/D	黑龙江省政府办公厅
黑龙江省社会主义学院学报	1671-1262	23-1458/D	黑龙江省社会主义学院
红旗文稿	2095-1817	11-4904/D	求是杂志社
红土地	1673-0682	35-1281/D	福建省老区建设促进会
湖北画报	1005-5576	42-1043/Z	湖北今古传奇传媒集团有限公司
湖北警官学院学报	1673-2391	42-1743/D	湖北警官学院
湖北省人民政府公报	1006-8619	42-1821/D	湖北省人民政府办公厅
湖北省社会主义学院学报	1671-2803	42-1585/D	湖北省社会主义学院
湖北行政学院学报	1671-7155	42-1653/C	中共湖北省委党校,湖北省行政学院
湖北应急管理	2096-7233	42-1905/X	湖北长江教育传媒集团有限公司
湖北政协	2096-417X	42-1895/D	政协湖北省委员会办公厅
湖南警察学院学报	2095-1140	43-1511/D	湖南警察学院
湖南省人民政府公报		43-1552/D	湖南省人民政府办公厅
湖南省社会主义学院学报	1009-2293	43-1319/C	湖南省社会主义学院
湖南行政学院学报	1009-3605	43-1326/C	湖南行政学院
湖湘论坛	1004-3160	43-1160/D	中共湖南省委党校
华侨华人历史研究	1002-5162	11-1158/K	中国华侨华人研究所
华声. 观察	1673-7229	43-1471/C	华声在线股份有限公司
华声. 文萃	1673-7229	43-1471/C	华声在线股份有限公司
华夏女工	1671-1335	34-1237/G0	安徽省总工会
环球	1002-7165	11-1273/D	瞭望周刊社
黄埔	1002-7289	11-1727/D	黄埔军校同学会
机构与行政	1009-9379	37-1478/D	大众报业集团
机关党建研究	2096-6342	10-1601/D	机关党建研究杂志社
基层政工读物	2095-3313	11-3973/D	空军政治部
基层政治工作研究		43-1329/D	军政基础教育学院
吉林画报	1007-4309	22-1008/Z	吉林东北亚出版传媒集团有限公司
吉林人大		22-1411/D	吉林省人大常委会办公厅
吉林省人民政府公报	2097-1818	22-1416/D	吉林省人民政府
吉林省社会主义学院学报	1673-811X	22-1320/D	吉林省社会主义学院
吉林应急管理	2097-3241	22-1433/X	吉林省安全科学技术研究院
记者观察	1004-3799	14-1155/G2	山西文化艺术传媒中心
纪念馆研究	2097-292X	10-1895/C	中国人民抗日战争纪念馆,北京日报报业集团
江淮	1006-236X	34-1275/D	中共安徽省委
江南社会学院学报	1673-1026	32-1569/C	江南社会学院
江苏警官学院学报	1672-1020	32-1704/Z	江苏警官学院

刊　名	ISSN	CN	主 办 单 位
江苏省人民政府公报	2096-7098	32-1804/D	江苏省人民政府
江苏省社会主义学院学报	1672-3163	32-1559/C	江苏省社会主义学院
江苏行政学院学报	1009-8860	32-1562/C	江苏省行政学院
江苏应急管理	2097-2369	32-1909/X	江苏省安全生产宣传教育中心
江苏政协	1004-7433	32-1350/D	江苏省政协办公厅
江西画报	1006-7221	36-1055/Z	江西画报社
江西警察学院学报	2095-2031	36-1316/D	江西警察学院
江西省人民政府公报	2096-8825	36-1306/D	江西省人民政府办公厅
教学与研究	0257-2826	11-1454/G4	中国人民大学
解放军理论学习	1673-3347	11-5384/D	国防大学中国特色社会主义理论体系 　研究中心
今日安徽	1672-3546	34-1265/D	安徽省人民政府办公厅
今日重庆	1009-6787	50-1122/Z	重庆日报报业集团
今日海南	1008-5319	46-1054/G	中国共产党海南省委员会
今日辽宁	1009-8658	21-1433/Z	辽宁省对外文化交流协会
今日民族	1009-9360	53-1167/D	云南省民族宗教事务委员会
今日消防	2096-1227	10-1363/TU	北京卓众出版有限公司,北京科学技 　术期刊学会
今日新疆	1673-3037	65-1249/D	中共新疆维吾尔自治区委员会
今日新疆(哈)	1673-3053	65-1250/D	中共新疆维吾尔自治区委员会
今日新疆(蒙)	1673-3045	65-1251/D	中共新疆维吾尔自治区委员会
今日新疆(维文版)	1673-3061	65-1248/D	中共新疆维吾尔自治区委员会
今日浙江	1008-0260	33-1213/D	中共浙江省委
今日中国	1005-958X	11-3528/Z	中国外文局西欧与非洲传播中心(今 　日中国杂志社)
今天	1002-3917	22-1084/C	吉林省总工会
金陵瞭望	1671-3605	32-1622/D	南京报业集团
警察技术	1009-9875	11-1645/D	公安部第一研究所
警戒线	2095-9803	22-1415/D	吉林省检察官培训学院
警学研究	2096-9880	22-1426/D	吉林警察学院
就业与保障	1672-7584	35-1273/C	福建就业与保障杂志社有限责任公司
军队党的生活	1674-1528	11-5632/E	解放军出版社
开放时代	1004-2938	44-1034/C	广州市社会科学院
刊授党校	2095-316X	21-1386/D	共产党员杂志社
看世界	1006-0936	44-1358/C	广州日报报业集团
科学发展	1674-6171	31-2017/C	上海市人民政府发展研究中心
科学社会主义	1002-1493	11-2797/D	中国科学社会主义学会
拉丁美洲研究	1002-6649	11-1160/C	中国社会科学院拉丁美洲研究所,中 　国拉丁美洲学会
雷锋	2096-0832	10-1343/D	人民东方出版传媒有限公司
理论导报	1007-3655	36-1158/D	江西省新闻工作者协会
理论导刊	1002-7408	61-1003/C	中共陕西省委党校
理论动态		11-3001/D	中共中央党校(国家行政学院)
理论建设	1007-4767	34-1136/D	中共安徽省委党校
理论视野	1008-1747	11-3953/A	中国马克思主义研究基金会
理论探索	1004-4175	14-1079/C	中共山西省委党校(山西行政学院)
理论探讨	1000-8594	23-1013/D	中共黑龙江省委党校

刊　名	ISSN	CN	主 办 单 位
理论学刊	1002-3909	37-1059/D	中共山东省委党校(山东行政学院)
理论学习与探索	1006-8279	11-3138/D	铁道党校
理论研究	1672-5573	15-1122/C	中共内蒙古自治区委员会党校 内蒙古自治区行政学院
理论与当代	1673-1956	52-1072/C	中共贵州省委讲师团
理论与改革	1006-7426	51-1036/D	中共四川省委党校 四川行政学院
理论与评论	2096-465X	35-1334/D	中共福建省委讲师团,福建师范大学
廉政瞭望	1671-8690	51-1639/D	四川日报报业集团
廉政文化研究	1674-9170	32-1817/D	南通大学
两岸关系	1006-5679	11-3603/D	海峡两岸关系协会,九州文化传播中心
辽宁公安司法管理干部学院学报	1009-1416	21-1424/D	辽宁公安司法管理干部学院
辽宁警察学院学报	2096-0727	21-1599/D	辽宁警察学院
辽宁人大		21-1537/D	辽宁省人大常委会
辽宁省人民代表大会常务委员会公报		21-1482/D	辽宁省人大常委会办公厅
辽宁省人民政府公报	1008-4746	21-1434/D	辽宁省人民政府办公厅
辽宁省社会主义学院学报	1672-4496	21-1438/D	中共辽宁省委党校(辽宁行政学院、辽宁省社会主义学院)
辽宁行政学院学报	1008-4053	21-1405/D	中共辽宁省委党校(辽宁行政学院、辽宁省社会主义学院)
瞭望	1002-5723	11-1276/D	新华通讯社
瞭望东方周刊	1672-5883	11-5115/Z	瞭望周刊社
岭南学刊	1003-7462	44-1005/C	中共广东省委党校
领导决策信息	1673-9256	11-4114/D	首都科学决策研究会
龙江应急	2095-1930	23-1614/X9	中共黑龙江省委奋斗杂志社
马克思主义理论教学与研究	2096-935X	12-1465/A	南开大学
马克思主义理论学科研究	2096-1138	10-1351/A	高等教育出版社
马克思主义研究	1006-5199	11-3591/A	中国社会科学院马克思主义研究院
马克思主义与现实	1004-5961	11-3040/A	中央党史和文献研究院
毛泽东邓小平理论研究	1005-8273	31-1672/A	上海社会科学院
毛泽东思想研究	1001-8999	51-1033/A	四川省社会科学院,四川省社会科学界联合会
毛泽东研究	2095-8447	43-1524/A	湖南省社会科学院
美国研究	1002-8986	11-1170/C	中国社会科学院美国研究所,中华美国学会
美丽广西	2096-3017	45-1402/K	漓江出版社
民风	1671-1297	42-1614/D	湖北长江报刊传媒(集团)有限公司
民情	1009-6779	22-1321/D	吉林省社会工作者协会
民生周刊	2095-1213	11-5987/D	人民日报社
民心	1674-201X	21-1562/D	辽宁北方未来出版有限公司,民心网
民主	1003-1936	11-2600/D	中国民主促进会中央委员会
民主与科学	1003-0026	11-2691/D	九三学社中央委员会
民族大家庭	1005-1953	42-1324/D	民族大家庭杂志社
民族画报	0540-1224	11-1548/Z	民族画报社
民族画报(朝鲜文版)		11-1552/Z-C	民族画报社
民族画报(哈萨克文版)	1002-9176	11-1553/Z-H	民族画报社
民族画报(蒙古文版)	0504-1224	11-1550/Z-M	民族画报社
民族画报(维吾尔文版)	1002-9168	11-1551/Z-W	民族画报社

刊　　名	ISSN	CN	主 办 单 位
民族画报(藏文版)	1002-9141	11-1549/Z-Z	民族画报社
民族论坛	1007-8592	43-1009/C	湖南省民族宗教研究所
民族研究	0256-1891	11-1217/C	中国社会科学院民族学与人类学研究所
闽台关系研究	2096-8175	35-1339/D	中共福建省委党校 福建行政学院
南方	1674-5426	44-1659/D	中共广东省委
南京市人民政府公报	1672-3376	32-1715/D	南京市人民政府
南亚东南亚研究	1674-6392	53-1236/C	云南省社会科学院,中国(昆明)南亚东南亚研究院
南亚研究	1002-8404	11-1306/C	中国社会科学院亚太与全球战略研究院,中国南亚学会
南亚研究季刊	1004-1508	51-1023/D	四川大学南亚研究所
南洋问题研究	1003-9856	35-1054/C	厦门大学南洋研究院
南洋资料译丛	2095-1981	35-1065/D	厦门大学南洋研究院
内部参考		11-4140/D	新华通讯社国内部
内部参阅		11-4135/D	人民日报内参部
内参选编		11-4139/D	新华通讯社国内部
内蒙古妇女(蒙文版)	1004-3209	15-1008/C	内蒙古妇联
内蒙古公安(蒙文版)		15-1075/D	内蒙古公安厅
内蒙古画报	1007-3248	15-1012/Z	内蒙古画报社
内蒙古青年(蒙文版)	1007-3477	15-1006/C	共青团内蒙古自治区委员会
内蒙古人大	1674-2680	15-1219/D	内蒙古自治区人大常委会办公厅
内蒙古人大(蒙文)		15-1219/D-M	内蒙古自治区人大常委会办公厅
内蒙古统战理论研究	1674-2524	15-1018/D	内蒙古社会主义学院
内蒙古统战理论研究(蒙古文版)	1674-2532	15-1140/D	内蒙古社会主义学院
内蒙古宣传(蒙文版)	2097-2008	15-1160/D	内蒙古党委宣传部
内蒙古宣传思想文化工作	2097-1990	15-1356/D	内蒙古自治区思想政治工作研究会
内蒙古自治区人民政府公报	2095-2368	15-1358/D	内蒙古自治区人民政府办公厅
内蒙古自治区人民政府公报(蒙古文版)	2095-2325	15-1359/D	内蒙古自治区人民政府办公厅
宁波市人民政府公报		33-1313/D	宁波市人民政府办公厅
宁波通讯	1671-220X	33-1272/D	宁波日报报业集团
宁夏党校学报	1008-2921	64-1034/D	中共宁夏回族自治区委党校
宁夏画报	1005-9288	64-1009/Z	黄河出版传媒集团
宁夏回族自治区人民政府公报	1008-0783	64-1062/D	宁夏回族自治区人民政府办公厅
宁夏人大	1672-9471	64-1042/D	宁夏回族自治区人大常委会
农村青年	1002-9540	11-1391/C	共青团中央
欧洲研究	1004-9789	11-4899/C	中国社会科学院欧洲研究所
派出所工作	2095-5030	10-1089/D	中国人民公安大学出版社
攀登	1001-5647	63-1015/C	中共青海省委党校
攀登(藏文版)	1005-2089	63-1075/C	中共青海省委党校
七月风	2097-227X	34-1342/D	中共安徽省直属机关工作委员会讲师团
旗帜	2096-6334	10-1602/D	旗帜杂志社
企业党建	1674-0084	12-1394/D	天津市国资委党委党校
前进	1005-2860	14-1174/D	中国共产党山西省委员会
前进论坛	1007-6050	11-3454/D	中国农工民主党中央宣传部
前线	0529-1445	11-3616/D	中共北京市委

刊　　名	ISSN	CN	主办单位
侨务工作研究	1672-8831	11-4111/D	国务院侨务办公室
侨园	1006-0782	21-1263/D	辽宁报刊传媒集团（辽宁日报社）
青岛画报	1004-7611	37-1207/Z	青岛日报报业集团
青岛市人民政府公报		37-1376/D	青岛市人民政府办公厅
青海民族研究	1005-5681	63-1016/C	青海民族大学民族学与社会学学院，青海民族大学民族研究所
青海人大	2095-3739	63-1057/D	青海省人大常委会
青海省人民政府公报（汉文版）		63-1083/D	青海省人民政府办公厅
青海省人民政府公报（藏文版）		63-1068/D	青海省人民政府办公厅
青年发展论坛	2096-3297	36-1347/C	江西青年职业学院
青年探索	1004-3780	44-1022/D	广州市穗港澳青少年研究所
青年文摘（哈萨克文版）	2095-4328	65-1290/C	新疆美术摄影出版社
青年文摘（维吾尔文版）	2095-431X	65-1289/C	新疆美术摄影出版社
青年文摘.彩版	1673-4955	11-5467/C	中国青年出版总社有限公司
青年学报	2095-7947	31-2092/D	上海青年管理干部学院
青年研究	1008-1437	11-3280/C	中国社会科学院社会学研究所
青年与社会	1006-9682	53-1037/C	青年与社会杂志社
青少年学刊	2096-0301	37-1506/D	山东省团校，山东省青少年研究所
青少年研究与实践	2095-9303	33-1395/D	中国共产主义青年团浙江省团校
清风	1674-8549	43-1501/D	湖南潇湘晨报传媒经营有限公司，湖南省华夏廉洁文化研究会
求实	1007-8487	36-1003/D	中共江西省委党校
求是	1002-4980	11-1000/D	中国共产党中央委员会
求是文选（哈萨克文版）	1006-589X	11-2499/D-H	民族出版社
求是文选（维吾尔文版）	1006-5857	11-2498/D-W	民族出版社
求是文选（藏文版）	1006-5881	11-2497/D-Z	民族出版社
求贤	1009-4849	12-1320/D	天津海河传媒中心
求知	1001-8239	12-1162/D	中共天津市委党校
区域国别学刊	2097-2733	10-1897/D	北京外国语大学
群言	1002-9842	11-1005/D	中国民主同盟中央委员会
群众.大众学堂	0529-5459	32-1041/D	中共江苏省委宣传部群众杂志社
群众.决策资讯版	0529-5459	32-1041/D	中共江苏省委
群众.思想理论版	0529-5459	32-1041/D	中共江苏省委
人才资源开发	1003-1073	41-1372/D	河南省行政管理科学研究所
人大建设	1009-6671	41-1189/D	河南省人大常委会
人大论坛	1673-551X	52-1109/D	贵州省人大常委会办公厅
人大研究	1009-0932	62-1107/D	甘肃省人大常委会
人民公安	1004-5031	11-1582/D	人民公安报社
人民画报	0448-9373	11-1424/Z	人民画报社
人民论坛	1004-3381	11-2961/D	人民日报社
人民西藏		54-1031/D	西藏自治区人民代表大会常务委员会
人民西藏（藏）		54-1032/D-Z	西藏自治区人民代表大会常务委员会
人民与权力	1005-7935	32-1409/D	江苏省人大常委会研究室
人民政坛	1007-1016	35-1152/D	福建省人大常委会
人民之声		44-1331/D	广东省人大常委会办公厅
人民之友	1674-8387	43-1227/D	湖南省人民代表大会常务委员会
人民周刊	2095-9826	10-1311/D	人民日报出版社有限责任公司

刊　名	ISSN	CN	主　办　单　位
人权	1009-6442	11-4090/D	中国人权研究会
人权研究(北京)	2096-8221	10-1671/D	中国政法大学
日本问题研究	1004-2458	13-1025/C	河北大学
日本学刊	1002-7874	11-2747/D	中国社会科学院日本研究所,中华日本学会
日本研究	1003-4048	21-1027/C	辽宁大学日本研究所
三晋基层治理	2096-8442	14-1403/D	中共山西省委党校(山西行政学院)
森林公安	1009-8038	32-1610/D	南京森林警察学院
山东干部函授大学学报	1671-2854	37-1309/C	山东干部函授大学
山东工会论坛	2095-7416	37-1499/D	山东管理学院
山东画报	1004-3349	37-1038/Z	山东出版传媒股份有限公司
山东警察学院学报	1673-1565	37-1432/D	山东警察学院
山东女子学院学报	1008-6838	37-1477/D	山东女子学院
山东青年政治学院学报	2096-8329	37-1481/D	山东青年政治学院
山东人大工作	2095-0314	37-1271/D	山东省人大常委会
山东人力资源和社会保障	1004-6380	37-1474/F	大众报业集团(大众日报社)
山东省人民代表大会常务委员会公报		37-1386/D	山东省人民代表大会常务委员会办公厅
山东省人民政府公报	2095-3968	37-1492/D	山东省人民政府
山东省社会主义学院学报	2097-1044	37-1295/D	山东省社会主义学院,山东中华文化学院
山东行政学院学报	1008-3154	37-1479/D	中共山东省委党校(山东行政学院)
山西画报	0559-717X	14-1052/Z	山西三晋报刊传媒集团有限责任公司
山西警察学院学报	2096-4773	14-1392/D	山西警察学院
山西青年	1006-0049	14-1003/C	山西青少年报刊社
山西青年职业学院学报	2095-7637	14-1371/D	山西青年职业学院
山西社会主义学院学报	1008-9012	14-1239/D	山西社会主义学院
山西省人民政府公报	2096-207X	14-1388/D	山西省人民政府办公厅
陕西画报	1001-0440	61-1029/Z	陕西画报社
陕西青年职业学院学报	1674-2885	61-1467/D	陕西青年职业学院
陕西社会主义学院学报	1671-2218	61-1321/D	陕西社会主义学院
陕西省人民政府公报	1003-9333	61-1426/D	陕西省人民政府办公厅
陕西行政学院学报	1673-9973	61-1461/D	陕西行政学院
上海党史与党建	1009-928X	31-1856/K	上海党史报刊社
上海工运	1006-4842	31-1553/C	劳动报社
上海公安学院学报	2096-7039	31-2168/D	上海公安学院
上海画报	1004-2202	31-1102/Z	上海锦绣文章出版社
上海人大月刊	1674-2621	31-1590/D	上海市人民代表大会常务委员会
上海市人民代表大会常务委员会公报		31-1855/D	上海市人民代表大会常务委员会办公厅
上海市人民政府公报		31-1854/D	上海市人民政府办公厅
上海市社会主义学院学报	1672-0911	31-1903/C	上海市社会主义学院
上海行政学院学报	1009-3176	31-1815/G4	上海行政学院
上海宣传通讯		31-1168/D	上海报业集团
上海支部生活	1673-0518	31-1169/D	上海报业集团
少先队活动	1005-6998	31-1097/C	中国中福会出版社
少先队小干部	1009-7139	11-4554/D	中国少年儿童新闻出版总社

刊　　名	ISSN	CN	主 办 单 位
少先队研究	2096-1812	31-2121/D	上海人民出版社,上海市青少年研究中心
少先队员.成长树	1009-5845	44-1065/C	广东时代传媒集团有限公司
少先队员.新苗圃	1009-5845	44-1065/C	广东时代传媒集团有限公司
少先队员.知识路	1009-5845	44-1065/C	广东时代传媒集团有限公司
社会保障评论	2096-3211	10-1472/C	中国社会保障学会,中国民政杂志社
社会保障研究	1674-4802	42-1792/F	武汉大学
社会福利.理论版	2095-2414	10-1018/D	北京社会管理职业学院(民政部培训中心)
社会福利.实务版	2095-2414	10-1018/D	北京社会管理职业学院(民政部培训中心)
社会政策研究	2096-2274	10-1428/D	中国社会治理研究会
社会治理	2096-0786	10-1285/D	北京师范大学
社会主义核心价值观研究	2096-1189	10-1350/D	清华大学
社会主义论坛	1003-7454	53-1005/D	云南日报报业集团
社会主义研究	1001-4527	42-1093/D	华中师范大学
沈阳干部学刊	1672-5840	21-1499/D	中共沈阳市委党校等
胜利油田党校学报	1009-4326	37-1350/C	中共胜利石油管理局有限公司委员会党校
石油政工研究	1006-7019	13-1050/D	中国石油天然气集团有限公司
时代报告.思想界	1003-2738	41-1413/I	河南省文学艺术界联合会
时代风纪(蒙古文版)	1007-0729	15-1162/D	中共内蒙古自治区纪律检查委员会(内蒙古自治区监察委员会)
时代青年.视点	1003-3483	41-1003/C	共青团河南省委
时代青年.哲言	1003-3483	41-1003/C	共青团河南省委
时代青年.哲语	1003-3483	41-1003/C	共青团河南省委
时代主人		36-1200/D	江西省人大常委会
时事.初中	2096-5338	10-1547/D	《时事报告》杂志社
时事.高中	2096-532X	10-1538/D	《时事报告》杂志社
时事.职教	2096-2150	10-1423/D	《时事报告》杂志社
时事报告	1674-6791	11-2492/D	《时事报告》杂志社
时事报告.大学生版	1674-6783	11-4677/D	《时事报告》杂志社
时事报告.党委中心组学习	2095-3534	10-1061/D	《时事报告》杂志社
时事画刊	2095-4670	10-1093/D	《时事报告》杂志社
时事资料手册	2096-8728	11-3420/D	半月谈杂志社
实践	1004-0692	15-1002/D	中国共产党内蒙古自治区委员会
实践(蒙)	1004-0706	15-1001/D	中共内蒙古自治区委员会
实事求是	1003-4641	65-1005/D	中共新疆维吾尔自治区委员会党校 新疆维吾尔自治区行政学院
实事求是(维文)	1002-9249	65-1005/D-W	中共新疆维吾尔自治区委员会党校
世纪风采	1005-6599	32-1408/D	中共江苏省委党史工作办公室
世纪桥	1001-0475	23-1464/D	中共黑龙江省委党史研究室
世界经济与政治	1006-9550	11-1343/F	中国社会科学院世界经济与政治研究所
世界经济与政治论坛	1007-1369	32-1544/F	江苏省社会科学院世界经济研究所
世界民族	1006-8287	11-3673/C	中国社会科学院民族学与人类学研究所

刊　名	ISSN	CN	主　办　单　位
世界社会主义研究	2096-2630	10-1443/D	中国社会科学院马克思主义研究院，社会科学文献出版社
世界知识	0583-0176	11-1502/D	世界知识出版社有限公司
世界知识画报	1003-028X	11-1503/Z	世界知识出版社有限公司
世界知识画报.外交视界	1003-028X	11-1503/Z	世界知识出版社有限公司
司法警官职业教育研究	2096-8353	44-1747/D	广东司法警官职业学院
思想教育研究	1002-5707	11-2549/D	中国高等教育学会思想政治教育分会，北京科技大学
思想理论动态参阅		11-4134/D	人民日报社办公厅研究室
思想理论教育	1007-192X	31-1220/G4	上海市高等学校思想理论教育研究会，上海市教育科学研究院
思想理论教育导刊	1009-2528	11-4062/G4	高等教育出版社
思想理论战线	1001-9774	31-2184/D	国防大学政治学院
思想政治工作研究	1002-9907	11-1496/D	中国思想政治工作研究会
思行月刊	2096-9406	23-1547/D	黑龙江出版集团有限公司
四川党的建设	2096-3319	51-1774/D	中共四川省委
四川党的建设（藏文版）	2095-5057	51-1742/D	中国共产党四川省委员会《四川党的建设》杂志社
四川画报	1004-2210	51-1093/Z	新华文轩出版传媒股份有限公司
四川警察学院学报	1674-5612	51-1716/D	四川警察学院
四川劳动保障	1006-0480	51-1655/D	四川日报报业集团
四川省人民政府公报	1006-1991	51-1727/D	四川省人民政府办公厅
四川省社会主义学院学报	1673-6389	51-1538/D	四川省社会主义学院
四川行政学院学报	1008-6323	51-1537/D	四川行政学院
塔里木花朵（维文版）		65-1061/C	新疆青年杂志社
台海研究	2095-6908	31-2086/D	上海台湾研究所，上海社会科学院出版社有限公司
台声	1002-9788	11-1469/D	中华全国台湾同胞联谊会
台湾工作通讯	1674-1994	11-3184/D	海峡两岸关系研究中心、九州文化传播中心
台湾研究	1006-6683	11-1728/C	中国社会科学院台湾研究所
台湾研究集刊	1002-1590	35-1022/C	厦门大学台湾研究院
台湾周刊	2096-6849	11-4117/D	中国社会科学院台湾研究所
太平洋学报	1004-8049	11-3152/K	中国太平洋学会
太原市人民政府公报	1673-968X	14-1313/D	太原市人民政府办公室
探求	1003-8744	44-1309/D	中共广州市委党校（广州行政学院）
探索	1007-5194	50-1019/D	中共重庆市委党校
特区实践与理论	1673-5706	44-1629/D	中共深圳市委党校（深圳行政学院、深圳社会主义学院、深圳经济管理学院、深圳中华文化学院）
天津老干部		12-1474/D	中共天津市委支部生活社
天津人大	1674-6570	12-1335/D	天津市人民代表大会常务委员会
天津市工会管理干部学院学报	1008-8636	12-1301/D	天津市工会管理干部学院
天津市人民政府公报	1672-1381	12-1405/D	天津市人民政府办公厅
天津市社会主义学院学报	1672-4089	12-1354/D	天津市社会主义学院
天津行政学院学报	1008-7168	12-1284/D	中共天津市委党校
天津政协	1672-1284	12-1426/D	政协天津市委员会研究室

刊　　名	ISSN	CN	主 办 单 位
天津支部生活	0412-0892	12-1001/D	中共天津市委
天水行政学院学报	1009-6566	62-5123/D	天水市行政学院
铁道警察学院学报	1009-3192	41-1439/D	铁道警察学院
同心	2096-2312	15-1373/D	中国人民政治协商会议内蒙古自治区委员会办公厅
同舟共进	1006-3811	44-1036/D	政协广东省委员会办公厅
统一论坛	1003-0484	11-2546/D	中国和平统一促进会
统一战线学研究	2096-3378	50-1215/C	重庆社会主义学院
团结	1673-5900	11-2445/D	中国国民党革命委员会中央委员会宣传部
外国问题研究	1674-6201	22-1398/C	东北师范大学
外交评论	1003-3386	11-5370/D	外交学院
网络舆情		11-5803/D	人民网发展有限公司
唯实	1004-1605	32-1083/D	中共江苏省委党校
温州人	1673-6443	33-1363/D	温州日报报业集团
文明	1671-5241	11-4789/D	首都文明工程基金会
武汉公安干部学院学报	1672-9390	42-1584/D	武汉市人民警察培训学院
武汉宣传	1671-5020	42-1061/D	武汉长江日报传媒集团有限公司
武警政工		31-2081/D	武警部队政治工作部宣传文化中心
西安市人民政府公报	1672-2752	61-1407/D	西安市人民政府办公厅
西北民族研究	1001-5558	62-1035/D	西北民族大学
西伯利亚研究	1008-0961	23-1051/C	黑龙江省社会科学院
西亚非洲	1002-7122	11-1150/C	中国社会科学院西亚非洲研究所
西藏发展论坛	1673-2669	54-1047/C	中共西藏自治区委员会党校,西藏自治区行政学院
西藏研究	1000-0003	54-1064/C	西藏自治区社会科学院
西藏自治区人民政府公报		54-1059/D	西藏自治区人民政府办公厅
西藏自治区人民政府公报(藏文)		54-1060/D	西藏自治区人民政府办公厅
厦门特区党校学报	1673-5684	35-1207/C	中共厦门市委党校
先锋	1007-4678	51-1438/D	成都传媒集团
现代国际关系	1000-6192	11-1134/D	中国现代国际关系研究院
现代世界警察	1004-1370	11-1719/D	中国人民公安大学出版社
乡音	1003-6296	13-1018/D	河北省政协办公厅
湘潮	1003-949X	43-1345/D	湖南人民出版社
消防界(电子版)	2096-0735	12-9204/TU	天津电子出版社有限公司
小康	1672-4879	11-5053/Z	中国生物多样性保护与绿色发展基金会
协商论坛	1672-5778	41-1234/D	政协河南省委员会
协商治理研究		22-1430/D	吉林大学
心系下一代	2096-3173	45-1404/C	广西师范大学出版社集团有限公司
新安全	1671-9298	11-4866/N	人民日报社
新长征	1006-7477	22-1001/D	中国共产党吉林省委员会
新长征.党建版	1006-7477	22-1001/D	中国共产党吉林省委员会
新东方	1004-700X	46-1023/D	中共海南省委党校等
新华文摘	1001-6651	11-1187/Z	人民出版社
新疆妇女(哈萨克文版)	1672-0474	65-1209/C	伊犁哈萨克自治州妇女联合会
新疆妇女(维文)	2096-1294	65-1053/C	新疆维吾尔自治区妇女联合会

刊　　名	ISSN	CN	主 办 单 位
新疆哈萨克青年(哈萨克文)	1004-1052	65-1301/C	伊犁青少年报刊社
新疆画报	1000-8012	65-1031/J	新疆日报社
新疆画报(哈萨克文)	1004-3217	65-1083/J	新疆日报社
新疆画报(维吾尔文)	1000-3225	65-1032/J-W	新疆日报社
新疆警察学院学报	1672-1195	65-1299/D	新疆警察学院
新疆警察学院学报(维吾尔文)		65-1300/D	新疆警察学院
新疆年鉴(维文)	1009-072X	65-1202/Z-W	新疆维吾尔自治区地方志编纂委员会
新疆青年(维文版)	1002-9109	65-1029/C	新疆维吾尔自治区团委
新疆人大	1673-5633	65-1165/D	新疆维吾尔自治区人大常委会
新疆人大(哈萨克文)		65-1165/D-H	新疆维吾尔自治区人大常委会
新疆人大(维吾尔文版)	1673-5145	65-1166/D	新疆维吾尔自治区人大常委会
新疆维吾尔自治区人民政府公报	1674-2710	65-1171/D	新疆维吾尔自治区人民政府办公厅
新疆维吾尔自治区人民政府公报(维文版)	1674-2729	65-1172/D	新疆维吾尔自治区人民政府办公厅
新民周刊	1008-5017	31-1802/D	上海报业集团
新农民	1674-9952	13-1160/C	河北省农业产业化项目服务中心
新视野	1006-0138	11-3257/D	中共北京市委党校,北京行政学院
新西藏	2095-1019	54-1057/D	中共西藏自治区委员会
新西藏(藏)	2095-1027	54-1056/D	中共西藏自治区委员会
新现代画报	1007-7936	44-1426/Z	广州日报报业集团,广州日报社
新湘评论	1673-8713	43-1474/D	中国共产党湖南省委员会
新一代	1003-2851	62-1003/G0	甘肃省青少年新媒体中心
信息技术与管理应用	2097-2385	42-1934/D	华中科技大学
行政改革内参		10-1019/D	中国行政体制改革研究会
行政管理改革	1674-7453	11-5876/D	中共中央党校(国家行政学院)
行政科学论坛	2095-7017	41-1428/D	新乡学院
行政论坛	1005-460X	23-1360/D	黑龙江省行政学院
学理论	1002-2589	23-1106/D	哈尔滨市社会科学院
学术前沿	2095-3461	10-1050/C	人民论坛杂志社
学习活页文选	2095-0888	11-6009/D	《党建》杂志社
学习论坛	1003-7608	41-1023/D	中共河南省委党校,河南行政学院
学习与研究(中共中央政策研究室)	1673-5544	11-4790/D	中共中央政策研究室
学习月刊	1003-6016	42-1095/D	中共湖北省委党校,湖北省行政学院
学校党建与思想教育	1007-5968	42-1422/D	湖北长江报刊传媒(集团)有限公司
亚太安全与海洋研究	2096-0484	10-1334/D	国务院发展研究中心亚非发展研究所,南京大学中国南海研究协同创新中心
延边党校学报	1009-9352	22-1302/D	中共延边州委党校,延边州行政学院
冶金企业文化	1673-2820	11-5332/G0	中国冶金职工思想政治工作研究会
沂蒙干部学院学报	2097-0390	37-1528/C	沂蒙干部学院
印度洋经济体研究	2095-7653	53-1227/F	云南财经大学
友邻(哈萨克文)	1673-3843	65-1257/D	新疆维吾尔自治区对外文化交流协会
友声	1003-5303	11-1233/D	中国人民对外友好协会
岳麓公共治理	2097-2180	43-1559/C	湖南大学
云岭先锋	1674-8867	53-1231/D	中共云南省委
云南画报	1003-692X	53-1034/Z	云南出版融媒体有限责任公司
云南警官学院学报	1672-6057	53-1190/D	云南警官学院

刊　名	ISSN	CN	主 办 单 位
云南人大		53-1162/D	云南省人民代表大会常务委员会
云南社会主义学院学报	1671-2811	53-1133/D	云南省社会主义学院
云南省人民政府公报	1674-4012	53-1228/D	云南省人民政府办公厅
云南行政学院学报	1671-0681	53-1134/D	中共云南省委党校（云南行政学院）
战略决策研究	1674-9065	44-1673/C	广东外语外贸大学
这一代	1007-2381	15-1007/C	共青团内蒙古自治区委员会
浙江共产党员	1674-4845	33-1001/D	浙江日报报业集团
浙江画报	1005-4804	33-1030/Z	浙江摄影出版社
浙江警察学院学报	1674-3040	33-1350/D	浙江警察学院
浙江人大	1672-6707	33-1282/D	浙江省人大常委会办公厅,浙江省人大常委会研究室
浙江省人民政府公报		33-1354/D	浙江省人民政府
政策	1005-7455	42-1350/D	中国共产党湖北省委员会
政策瞭望	1673-7296	33-1312/D	《今日浙江》杂志社
政工导刊	1003-6334	31-2154/E	国防大学政治学院
政工师指南	1006-7620	12-1252/D	中共天津市委支部生活社
政工学刊	1006-1452	21-1095/D	海军大连舰艇学院教研保障中心
政协天地	1672-304X	35-1264/D	福建省政协办公厅
政治思想史	1674-8662	12-1419/D	天津师范大学
政治学研究	1000-3355	11-1396/D	中国社会科学院政治学研究所
支部建设	1672-7827	14-1397/D	中共山西省委党刊社
支部生活（济南）	1004-0161	37-1001/D	中共山东省委
支部生活（延吉）	2095-0454	22-1012/D	中共延边州委组织部
知与行	2096-1308	23-1595/D	黑龙江省社会科学信息中心
职工天地	1005-3808	37-1229/C	山东工运研究中心
治理现代化研究	2096-5729	13-1427/D	中共河北省委党校
治理研究	1007-9092	33-1406/D	中共浙江省委党校（浙江行政学院）
中共成都市委党校学报	1008-679X	51-1541/D	中共成都市委党校
中共党史研究	1003-3815	11-1675/D	中共中央党史和文献研究院
中共福建省委党校（福建行政学院）学报	2096-8132	35-1338/C	中共福建省委党校 福建行政学院
中共桂林市委党校学报	1671-1750	45-1291/D	中共桂林市委党校
中共杭州市委党校学报		33-1243/D	中共杭州市委党校 杭州行政学院
中共合肥市委党校学报	1674-5000	34-1249/Z	中共合肥市委党校
中共济南市委党校学报	1672-6359	37-1396/C	中共济南市委党校等
中共乐山市委党校学报	1009-6922	51-1585/C	中共乐山市委党校
中共南昌市委党校学报	1672-4445	36-1266/C	中共南昌市委党校
中共南京市委党校学报	1672-1071	32-1783/D	中共南京市委党校,南京市行政学院
中共南宁市委党校学报	1009-4245	45-1267/C	中共南宁市委党校
中共宁波市委党校学报	1008-4479	33-1228/D	中共宁波市委党校（宁波行政学院）
中共青岛市委党校青岛行政学院学报	1008-3642	37-1293/D	中共青岛市委党校,青岛行政学院
中共山西省委党校学报	1009-1203	14-1237/D	中共山西省委党校（山西行政学院）
中共石家庄市委党校学报	1009-0169	13-1275/C	中共石家庄市委党校等
中共太原市委党校学报	1008-8431	14-1238/D	中共太原市委党校
中共天津市委党校学报	1008-410X	12-1285/D	中共天津市委党校
中共乌鲁木齐市委党校学报	1671-508X	65-1231/D	中共乌鲁木齐市委员会党校（乌鲁木齐市行政学院）

刊　　名	ISSN	CN	主办单位
中共伊犁州委党校学报	1674-6287	65-1230/D	中共伊犁哈萨克自治州委员会党校 伊犁哈萨克自治州行政学院
中共伊犁州委党校学报(哈萨克文版)	1674-6295	65-1230/D-H	中共伊犁州委党校
中共银川市委党校学报	1671-1157	64-1044/D	中国共产党银川市委员会党校
中共云南省委党校学报	1671-2994	53-1159/C	中共云南省委党校(云南行政学院)
中共郑州市委党校学报	1671-6701	41-1445/D	中共郑州市委党校
中共中央办公厅通讯		11-4129/D	中共中央办公厅
中共中央党校(国家行政学院)学报	1007-5801	10-1640/C	中共中央党校(国家行政学院)
中国安防	1673-7873	11-5538/TU	中国安全防范产品行业协会
中国安全防范技术与应用	2096-594X	10-1574/T	公安部第一研究所
中国保安	1005-233X	11-3340/D	中国保安协会
中国报道	1009-9344	11-4566/F	中国外文局亚太传播中心(人民中国 杂志社、中国报道杂志社)
中国残疾人	1003-1081	11-2481/D	中国残疾人联合会
中国出入境观察	2096-6547	10-1614/D	国家移民管理局新闻中心
中国慈善家	2095-557X	10-1130/C	《中国新闻周刊》杂志社
中国党政干部论坛	1006-0391	11-3331/D	中共中央党校(国家行政学院)
中国非洲学刊	2096-8582	10-1698/C	中国非洲研究院,社会科学文献出 版社
中国妇女	1000-0089	11-1245/C	中华全国妇女联合会
中国妇运	1004-7727	11-3125/D	全国妇联办公厅
中国改革年鉴	1674-7119	11-5703/F	中国经济体制改革研究会
中国工会财会	1004-6488	11-3107/F	中国工会会计学会,中国职工发展基 金会
中国工会年鉴	1007-6433	11-4036/D	中国工人出版社
中国工人	1004-8952	11-3134/C	中国工人出版社
中国工运	1003-7594	11-1219/D	工人日报社
中国共青团	2096-8396	11-2527/D	共青团中央
中国海员	1005-9067	31-1034/C	中远海运船员管理有限公司
中国火炬	1007-9475	11-3316/C	中国关心下一代工作委员会
中国机构编制	2097-1214	10-1822/D	中国机构编制管理研究会
中国机关后勤	1007-4775	11-3833/D	中国机关后勤杂志社
中国纪检监察	2096-0948	10-1269/D	中国纪检监察杂志社
中国禁毒	2096-0794	10-1352/D	群众出版社
中国精神文明建设年鉴	1009-9891	11-4620/D	中央文明办秘书局,学习出版社
中国井冈山干部学院学报	1674-0599	36-1295/C	中国井冈山干部学院
中国警察	2096-6598	10-1605/D	中国人民公安大学出版社
中国就业	1006-8120	11-3709/D	中国就业促进会
中国劳动关系学院学报	1673-2375	11-5360/D	中国劳动关系学院
中国民政	1002-4441	11-1042/D	民政部政策研究中心
中国民族	1009-8887	11-4606/C	民族团结杂志社
中国民族(朝鲜文版)	1009-8925	11-4609/C	民族团结杂志社
中国民族(哈萨克文、汉文对照版)	2096-8124	10-1624/C	民族团结杂志社
中国民族(蒙古文版)	1009-8895	11-4607/C	民族团结杂志社
中国民族(维吾尔文、汉文对照版)	2096-8116	10-1623/C	民族团结杂志社
中国民族年鉴	1671-6809	11-4847/D	国家民族事务委员会民族理论政策研 究室

刊　　名	ISSN	CN	主 办 单 位
中国浦东干部学院学报	1674-0955	31-1998/C	中国浦东干部学院
中国青年	1002-9532	11-1001/C	共青团中央
中国青年社会科学	2095-9796	10-1318/C	中国青年政治学院
中国青年研究	1002-9931	11-2579/D	中国青少年研究中心,中国青少年研究会
中国人才	1003-4072	11-2455/C	中国人事报刊社
中国人大	1671-542X	11-3442/D	全国人民代表大会常务委员会办公厅
中国人力资源社会保障	1674-9111	11-5941/D	中国劳动保障报社
中国人民公安大学学报. 社会科学版	2096-3165	10-1450/C	中国人民公安大学
中国人民公安大学学报. 自然科学版	1007-1784	11-3933/N	中国人民公安大学
中国人民警察大学学报	2097-0900	13-1434/G4	中国人民警察大学
中国人事科学	2096-5761	10-1572/C	中国人事科学研究院,中国人事出版社有限公司
中国社会保障	1008-4304	11-4024/F	中国劳动保障报社
中国社会科学院要报. 领导参阅		11-4113/D	中国社会科学院
中国特色社会主义研究	1006-6470	11-3527/D	北京市社会科学界联合会等
中国统一战线	1005-5819	11-2955/D	中国统一战线杂志社
中国西藏	1002-9591	11-2575/D	中国西藏杂志社
中国西藏(藏文版)	1002-9133	11-2576/D-Z	中国西藏杂志社
中国乡村振兴	2097-244X	10-1758/S	全国扶贫宣传教育中心
中国消防	1000-1107	11-1566/TU	应急管理部消防产品合格评定中心
中国新闻周刊	1673-1735	11-5313/G2	中国新闻社
中国刑警学院学报	2095-7939	21-1310/N	中国刑事警察学院
中国刑事警察	2096-0891	21-1290/D	中国刑事警察学院
中国行政管理	1006-0863	11-1145/D	中国行政管理学会
中国延安干部学院学报	1674-0351	61-1456/C	中国延安干部学院
中国应急管理	1673-8624	11-5555/D	中国安全生产报社
中国应急管理科学	2097-1680	10-1833/C	中国应急管理学会,国家行政学院音像出版社
中国应急救援	1673-5579	11-5524/P	中国地震应急搜救中心
中国政协	1009-2129	11-4121/D	政协全国委员会办公厅
中国政协. 理论研究	1009-2129	11-4121/D	政协全国委员会办公厅
中国志愿	2096-3904	10-1485/C	中国志愿服务联合会
中国志愿服务研究	2096-8604	10-1699/C	中国社会科学院社会发展战略研究院,社会科学文献出版社
中国周刊	1671-3117	11-4717/F	中华儿女报刊社
中华慈善年鉴	1671-3613	11-4588/D	中华慈善总会
中华魂	1005-9725	11-3462/C	中国延安精神研究会
中华女子学院学报	1007-3698	11-3809/B	中华女子学院
中华人民共和国财政部文告	1009-4466	11-4464/D	中华人民共和国财政部办公厅
中华人民共和国公安部公报	1673-4025	11-5403/D	中华人民共和国公安部
中华人民共和国国务院公报	1004-3438	11-1611/D	国务院办公厅
中华人民共和国教育部公报	1008-052X	11-5148/D	中华人民共和国教育部
中华人民共和国年鉴	1000-9647	11-2645/Z	新华出版社
中华人民共和国全国人民代表大会常务委员会公报	1000-0070	11-1002/D	全国人民代表大会常务委员会办公厅
中华人民共和国应急管理部公报	1673-2847	10-1606/D	中华人民共和国应急管理部办公厅

刊　　　名	ISSN	CN	主 办 单 位
中华志愿者	2095-4387	10-1078/C	中华志愿者协会,中国社会出版社
中央社会主义学院学报	1002-0519	11-2778/D	中央社会主义学院
中印对话	2096-2592	10-1432/D	人民画报社
珠江青少年		44-1689/G0	佛山期刊出版总社
走向世界	1005-393X	37-1238/Z	山东省人民政府新闻办公室
祖国	1673-8500	11-5569/C	中国经济传媒协会
遵义	1674-3482	52-1149/D	遵义日报社

D9 法律(189 种)

刊　　　名	ISSN	CN	主 办 单 位
安徽警官职业学院学报	1671-5101	34-1247/Z	安徽警官职业学院
版权理论与实务	2096-9538	10-1712/G2	中国版权协会
报刊资料索引. 第二分册, 政治、法律		11-4362/D	中国人民大学
北方法学	1673-8330	23-1546/D	黑龙江大学
北京警察学院学报	2095-5758	10-1116/D	北京警察学院
北京政法职业学院学报	1672-9285	11-5274/D	北京政法职业学院
比较法研究	1004-8561	11-3171/D	中国政法大学
边界与海洋研究	2096-2010	42-1877/D	武汉大学
财经法学	2095-9206	10-1281/D	中央财经大学
产权导刊	1672-8890	12-1368/F	天津产权交易中心有限公司
楚天法治	2095-686X	42-1854/D	湖北日报楚天传媒(集团)有限责任公司
当代法学	1003-4781	22-1051/D	吉林大学
当代检察官	1672-4259	44-1561/D	广东省人民检察院
地方立法研究	2096-2959	44-1728/D	中山大学,广东省立法研究所
电子知识产权	1004-9517	11-3226/D	国家工业信息安全发展研究中心(工业化信息化部电子第一研究所),工业化信息化部电子知识产权中心
东方法学	1674-4039	31-2008/D	上海市法学会,上海人民出版社有限责任公司
法律科学	1674-5205	61-1470/D	西北政法大学
法律适用	1004-7883	11-3126/D	国家法官学院
法律与生活	1002-7173	11-1336/D	法律出版社有限公司
法人	1672-6545	11-5193/D	法治日报社
法商研究	1672-0393	42-1664/D	中南财经政法大学
法庭内外	1005-0116	11-3206/D	北京市法官进修学院
法学	1000-4238	31-1050/D	华东政法大学
法学家	1005-0221	11-3212/D	中国人民大学
法学论坛	1009-8003	37-1343/D	山东省法学会
法学评论	1004-1303	42-1086/D	武汉大学
法学研究	1002-896X	11-1162/D	中国社会科学院法学研究所
法学杂志	1001-618X	11-1648/D	北京市法学会
法医学杂志	1004-5619	31-1472/R	司法鉴定科学研究院
法制博览	2095-4379	14-1188/D	山西共青团融媒体中心
法制与经济	1005-0183	45-1188/D	广西大学
法制与社会	1009-0592	53-1095/D	云南省人民调解员协会

刊　　名	ISSN	CN	主办单位
法制与社会发展	1006-6128	22-1243/D	吉林大学
法制与新闻	1006-5555	11-3347/D	法治日报社
法治	1009-802X	23-1374/D	黑龙江省人民代表大会常务委员会
法治参考	2096-0123	10-1310/D	法治日报社
法治参阅		10-1586/D	《国家人文历史》杂志社有限公司
法治人生(哈萨克文)	1674-215X	65-1277/D	新疆经济报社
法治人生(维文)	1674-2141	65-1275/D	新疆经济报社
法治社会	2096-1367	44-1722/D	广东时代传媒集团有限公司,广东省法学会
法治时代	2097-1559	10-1820/D	中国民主法制出版社有限公司
法治现代化研究	2096-3785	32-1869/D	南京师范大学,江苏省法学会
法治宣传资料		10-1682/D	法律出版社
法治研究	1674-1455	33-1343/D	浙江省法学会
法治与社会	1009-3141	61-1354/G4	陕西省人民代表大会常务委员会办公厅
犯罪研究	1671-1130	31-1809/D	上海市犯罪学学会
犯罪与改造研究		11-2435/D	司法部预防犯罪研究所
方圆	1674-5396	11-5798/D	检察日报社
福建警察学院学报	1674-4853	35-1294/D	福建警察学院
复印报刊资料. D410,法理学、法史学	1007-6697	11-4261/D	中国人民大学
复印报刊资料. D411,宪法学、行政法学	1007-0575	11-4262/D	中国人民大学
复印报刊资料. D412,民商法学	1007-0540	11-4263/D	中国人民大学
复印报刊资料. D413,经济法学、劳动法学	1005-4251	11-4264/D	中国人民大学
复印报刊资料. D414,刑事法学	1007-0559	11-4265/D	中国人民大学
复印报刊资料. D415,诉讼法学、司法制度	1007-0516	11-4266/D	中国人民大学
复印报刊资料. D416,国际法学	1007-0532	11-4267/D	中国人民大学
复印报刊资料. D8,公安学	2096-7896	10-1661/D	中国人民大学
复印报刊资料. W-D41,法学文摘	1674-4306	11-5767/D	中国人民大学
甘肃政法大学学报	2096-9392	62-1219/D	甘肃政法大学
公安教育	1009-0371	11-2963/D	中国人民公安大学
公安内参		11-3857/D	人民公安报社
公安学研究	2096-5176	10-1511/D	中国人民公安大学
公安研究	1005-1821	11-2438/D	中国警察协会
公民与法. 检察版	1006-7590	41-1233/D	河南省高级人民法院,河南省人民检察院
公民与法. 审判版	1006-7590	41-1233/D	河南省高级人民法院,河南省人民检察院
公民与法. 综合	1006-7590	41-1233/D	河南省高级人民法院,河南省人民检察院
公民与法治	1672-8955	13-1345/D	河北省人大常委会
公诉人	1671-8763	45-1305/D	广西壮族自治区检察官学院
广东公安科技		44-1373/N	广东省公安科学技术研究所
广西警察学院学报	2096-4048	45-1405/D	广西警察学院

刊　　名	ISSN	CN	主 办 单 位
广西政法管理干部学院学报	1008-8628	45-1262/D	广西警察学院
广州市公安管理干部学院学报	1673-6915	44-1464/D	广州市公安管理干部学院
贵州警察学院学报	1671-5195	52-1175/D	贵州警察学院
国际法学刊	2096-8167	10-1659/D	外交学院等
国际法研究	2095-7610	10-1216/D	中国社会科学院国际法研究所,社会科学文献出版社
国际经济法学刊	2096-5273	10-1533/D	北京大学
国家检察官学院学报	1004-9428	11-3194/D	国家检察官学院
海峡法学	1674-8557	35-1304/D	福建省台湾法律研究院
河北法学	1002-3933	13-1023/D	河北政法职业学院,河北省法学会
河北公安警察职业学院学报	1672-6405	13-1343/D	河北公安警察职业学院
河南财经政法大学学报	2095-3275	41-1420/Z	河南财经政法大学
河南警察学院学报	1008-2433	41-1427/D	河南警察学院
河南司法警官职业学院学报	1672-2663	41-1358/Z	河南司法警官职业学院
黑龙江省政法管理干部学院学报	1008-7966	23-1457/D	黑龙江省政法管理干部学院
湖北警官学院学报	1673-2391	42-1743/D	湖北警官学院
湖南警察学院学报	2095-1140	43-1511/D	湖南警察学院
湖湘法学评论	2091-020X	43-1556/D	湖南大学
华东政法大学学报	1008-4622	31-2005/D	华东政法大学
环球法律评论	1009-6728	11-4560/D	中国社会科学院法学研究所
检察风云	1005-5444	31-1658/D	上海市人民检察院,中国检察出版社有限公司
检察工作文件选		11-4126/D	中华人民共和国最高人民检察院法律政策研究室,中国检察出版社有限公司
江淮法治	1673-3088	34-1208/D	安徽省人大常委会
江苏警官学院学报	1672-1020	32-1704/Z	江苏警官学院
江西警察学院学报	2095-2031	36-1316/D	江西警察学院
交大法学	2095-3925	31-2075/D	上海交通大学
经贸法律评论	2096-6180	10-1579/D	对外经济贸易大学
荆楚法学	2097-0404	42-1918/D	湖北长江报刊传媒(集团)有限公司,湖北省法学会
警察技术	1009-9875	11-1645/D	公安部第一研究所
警戒线	2095-9803	22-1415/D	吉林省检察官培训学院
警学研究	2096-9880	22-1426/D	吉林警察学院
竞争政策研究	2096-0980	10-1303/F	国家工业信息安全发展研究中心
科技与法律(中英文)	2096-9783	10-1731/N	中国科学技术法学会
劳动和社会保障法规政策专刊	1674-0335	11-4025/D	中国劳动保障报社
辽宁公安司法管理干部学院学报	1009-1416	21-1424/D	辽宁公安司法管理干部学院
辽宁警察学院学报	2096-0727	21-1599/D	辽宁警察学院
民主法制建设	1006-0901	51-1375/D	四川省人大常委会
民主与法制	1003-1723	11-1529/D	《民主与法制》社
南大法学	2096-8434	32-1889/D	南京大学
南海法学	2096-4013	46-1086/D	海南省法学会,海南出版社有限公司
内蒙古公安(蒙文版)		15-1075/D	内蒙古公安厅
青少年犯罪问题	1006-1509	31-1193/D	华东政法大学
清风苑	1009-5632	32-1615/D	江苏省人民检察院

刊　　名	ISSN	CN	主办单位
清华法学	1673-9280	11-5594/D	清华大学
人民法治	2095-879X	10-1277/D	中国行为法学会
人民公安	1004-5031	11-1582/D	人民公安报社
人民检察	1004-4043	11-1451/D	检察日报社
人民司法	1002-4603	11-1602/D	最高人民法院
人民调解	1002-7238	11-2790/D	法律出版社有限公司
人权法学	2097-0749	50-1222/D	西南政法大学
森林公安	1009-8038	32-1610/D	南京森林警察学院
山东法官培训学院学报	1674-3156	37-1430/D	山东法官培训学院（国家法官学院山东分院）
山东警察学院学报	1673-1565	37-1432/D	山东警察学院
山西警察学院学报	2096-4773	14-1392/D	山西警察学院
山西省政法管理干部学院学报	1672-1500	14-1246/D	山西省政法管理干部学院
商事仲裁与调解	2096-8035	10-1667/F	中国仲裁法学研究会,中国贸易报社
上海公安学院学报	2096-7039	31-2168/D	上海公安学院
上海政法学院学报	1674-9502	31-2011/D	上海政法学院
社区矫正理论与实践	2097-1397	13-1435/D	中央司法警官学院
时代法学	1672-769X	43-1431/D	湖南师范大学
数字法治	2097-2393	10-1879/D	人民法院出版社有限公司
司法警官职业教育研究	2096-8353	44-1747/D	广东司法警官职业学院
司法所工作	2095-5618	10-1123/D	法律出版社有限公司
四川警察学院学报	1674-5612	51-1716/D	四川警察学院
苏州大学学报. 法学版	2095-7076	32-1846/D	苏州大学
天津法学	1674-828X	12-1416/D	天津公安警官职业学院,天津市法学会
铁道警察学院学报	1009-3192	41-1439/D	铁道警察学院
武大国际法评论	2096-3777	42-1893/D	武汉大学
武汉公安干部学院学报	1672-9390	42-1584/D	武汉市人民警察培训学院
西部法学评论	1674-3687	62-1198/D	甘肃政法大学
西南政法大学学报	1008-4355	50-1024/C	西南政法大学
现代法学	1001-2397	50-1020/D	西南政法大学
现代世界警察	1004-1370	11-1719/D	中国人民公安大学出版社
新疆警察学院学报	1672-1195	65-1299/D	新疆警察学院
新疆警察学院学报（维吾尔文）		65-1300/D	新疆警察学院
刑事技术	1008-3650	11-1347/D	公安部鉴定中心
行政法学研究	1005-0078	11-3110/D	中国政法大学
行政与法	1007-8207	22-1235/D	吉林省行政学院
医学与法学	1674-7526	51-1721/R	西南医科大学,中国卫生法学会
预防青少年犯罪研究	2095-3356	10-1048/D	中国预防青少年犯罪研究会
云南警官学院学报	1672-6057	53-1190/D	云南警官学院
浙江警察学院学报	1674-3040	33-1350/D	浙江警察学院
证据科学	1674-1226	11-5643/D	中国政法大学
政法论丛	1002-6274	37-1016/D	山东政法学院
政法论坛	1000-0208	11-5608/D	中国政法大学
政法学刊	1009-3745	44-1007/D	广东警官学院,广东省公安司法管理干部学院
政府法制	1004-7476	14-1170/D	山西三晋报刊传媒集团有限责任公司
政治与法律	1005-9512	31-1106/D	上海社会科学院法学研究所

刊　名	ISSN	CN	主办单位
知识产权	1003-0476	11-2760/N	中国知识产权研究会
职工法律天地	1008-9837	36-1207/D	江西日报社
中国版权	1671-4717	11-4780/G2	中国版权保护中心
中国法律年鉴	1003-1715	11-2569/D	中国法学会
中国法律评论	2095-7440	10-1210/D	法律出版社有限公司
中国法学	1003-1707	11-1030/D	中国法学会
中国法医学杂志	1001-5728	11-1721/R	中国法医学会,公安部物证鉴定中心
中国法治	2097-2709	10-1888/D	全面依法治国研究中心
中国公证	1671-217X	11-4696/D	中国公证协会
中国海商法研究	2096-028X	21-1584/D	中国海商法协会,大连海事大学
中国监狱学刊	2096-5869	13-1201/D	中央司法警官学院
中国检察官.经典案例	1008-6676	11-5462/D	国家检察官学院
中国检察官.司法实务	1008-6676	11-5462/D	国家检察官学院
中国警察	2096-6598	10-1605/D	中国人民公安大学出版社
中国律师	1002-9745	11-1479/D	中华全国律师协会
中国人民公安大学学报.社会科学版	2096-3165	10-1450/C	中国人民公安大学
中国人民公安大学学报.自然科学版	1007-1784	11-3933/N	中国人民公安大学
中国人民警察大学学报	2097-0900	13-1434/G4	中国人民警察大学
中国审判	1673-5498	11-5414/D	人民法院出版社有限公司
中国司法鉴定	1671-2072	31-1863/N	司法鉴定科学研究院
中国卫生法制	1004-6607	11-3044/D	中国卫生监督协会
中国刑警学院学报	2095-7939	21-1310/N	中国刑事警察学院
中国刑事法杂志	1007-9017	11-3891/D	最高人民检察院检察理论研究所
中国刑事警察	2096-0891	21-1290/D	中国刑事警察学院
中国应用法学	2096-322X	10-1459/D	中国应用法学研究所,人民法院出版社有限公司
中国政法大学学报	1674-0602	11-5607/D	中国政法大学
中华人民共和国公安部公报	1673-4025	11-5403/D	中华人民共和国公安部
中华人民共和国农业农村部公报	2096-7969	10-1641/D	中华人民共和国农业农村部办公厅
中华人民共和国最高人民法院公报	1002-4611	11-1407/D	最高人民法院办公厅
中华人民共和国最高人民检察院公报	1001-067X	11-2608/D	最高人民检察院法律政策研究室,中国检察出版社有限公司
中外法学	1002-4875	11-2447/D	北京大学
专利代理	2096-0549	10-1332/TB	中华全国专利代理师协会,中国知识产权报社

E　军事（81 种）

刊　名	ISSN	CN	主办单位
兵工科技	1672-4054	61-1386/TJ	陕西省科技史学会,中国共产主义青年团陕西省国防科工办委员会
兵器	1009-3567	11-4419/TJ	中国兵器科学研究院,北京北方恒利科技发展有限公司
兵器知识	1000-4912	11-1470/TJ	中国兵工学会
长缨		11-3218/E	火箭军政治工作部火箭兵报社
当代兵团		65-1291/C	中共新疆生产建设兵团委员会

刊　名	ISSN	CN	主 办 单 位
当代海军	1006-6071	11-3605/E	人民海军报社
防化研究	2097-1877	10-1849/E	军事科学院防化研究院
国防	1002-4484	11-2770/E	中国人民解放军军事科学院,国家国防动员委员会综合办公室
国防交通工程与技术	1672-3953	13-1333/U	石家庄铁道大学
国防教育	2095-1957	11-5998/E	国家国防教育办公室
国防科技	1671-4547	43-1365/E	国防科技大学前沿交叉学科学院
国防科技大学学报	1001-2486	43-1067/T	国防科技大学教研保障中心
国家国防科技工业局文告	1671-0983	11-5856/D	国家国防科技工业局新闻宣传中心
海军工程大学学报	1009-3486	42-1106/E	海军工程大学教研保障中心
海军航空兵		21-1571/E	海军航空兵学院
海军航空大学学报	2097-1427	37-1537/V	海军航空大学教研保障中心
海军后勤		12-1476/E	海军后勤部司令部
海军士官		34-1235/E	海军蚌埠士官学校
海军学术研究		32-1404/E	海军指挥学院
海军杂志		11-2948/E	海军参谋部
海军装备		10-1120/TJ	海军装备部综合计划局
海陆空天惯性世界	1009-5497	11-4491/O3	中国惯性技术学会
后勤		11-2751/E	中央军委后勤保障部信息中心
黄埔	1002-7289	11-1727/D	黄埔军校同学会
火箭军工程大学学报	2097-2741	61-1527/E	火箭军工程大学教研保障中心
火力与指挥控制	1002-0640	14-1138/TJ	北方自动控制技术研究所
解放军画报	0009-3823	11-1192/E	解放军报社
解放军理论学习	1673-3347	11-5384/D	国防大学中国特色社会主义理论体系研究中心
解放军生活	1002-4654	11-1013/E	解放军新闻传播中心出版社
军队党的生活	1674-1528	11-5632/E	解放军出版社
军嫂	1673-8888	11-5622/C	北京新四军暨华中抗日根据地研究会
军事法治	2097-177X	10-1844/E	军事法制研究院
军事经济研究	1001-8093	42-1008/F	军事经济研究中心
军事科学文摘		10-1851/E	军事科学院军事科学信息研究中心
军事历史	1002-4883	11-1633/K	军事科学院军队政治工作研究院
军事历史研究	1009-3451	10-1590/E	国防大学国家安全学院
军事史林	1002-4190	11-1008/K	中国人民革命军事博物馆
军事通信学术		42-1331/TN	解放军总参通信部军事通信学术委员会
军事文化研究	2097-1761	10-1828/G	国防大学军事文化学院
军事文摘	1005-3921	11-3348/V	中国航天科工防御技术研究院,北京航天情报与信息研究所
军事学术		11-4233/E	军事科学出版社
军事运筹与评估	2097-1702	10-1850/E	军事科学院战略评估咨询中心
军营文化天地	1006-4680	11-3585/E	解放军出版社
空军工程大学学报(原名为:空军工程大学学报. 自然科学版)	2097-1915	61-1525/N	空军工程大学教研保障中心
空天防御	2096-4641	31-2147/E	上海机电工程研究所,上海交通大学出版社有限公司
空天预警研究学报	2097-180X	42-1930/E	空军预警学院教研保障中心
陆军工程大学学报	2097-0730	32-1902/E	陆军工程大学教研保障中心

刊　　名	ISSN	CN	主办单位
炮校		34-1339/E	陆军炮兵防空兵学院教研保障中心
世界军事	1002-4891	11-2695/E	解放军新闻传播中心新华社解放军分社
数字海洋与水下攻防	2096-5753	42-1901/TJ	中国船舶重工集团有限公司第七一○研究所
孙子兵法研究	2097-2679	10-1843/E	军事科学院战争研究院,中国孙子兵法研究会
孙子研究	2095-9176	37-1503/C	山东出版传媒股份有限公司,山东孙子研究会
坦克装甲车辆	1001-8778	11-1936/TJ	中国北方车辆研究所
外国军事学术	1002-4506	11-1634/E	中国军事科学学会国际军事分会,军事科学院世界军事研究部
武警工程大学学报	2095-3984	61-1486/E	武警工程大学教研保障中心
武警学术		12-1325/E	武警指挥学院教研保障中心
武警政工		31-2081/D	武警部队政治工作部宣传文化中心
现代防御技术	1009-086X	11-3019/TJ	北京电子工程总体研究所
现代舰船	1003-2339	11-1884/U	中国船舶重工集团公司第七一四研究所
政工导刊	1003-6334	31-2154/E	国防大学政治学院
政工学刊	1006-1452	21-1095/D	海军大连舰艇学院教研保障中心
政治指导员	2095-3372	44-1154/D	陆军政治工作部宣传文化中心
指挥控制与仿真	1673-3819	32-1759/TJ	中国船舶集团有限公司第七一六研究所
指挥学报		32-1583/E	南京陆军指挥学院
智能安全	2097-2075	10-1848/E	军事科学院国防科技创新研究院
中国工作犬业	1673-0135	32-1734/Q	中国工作犬管理协会,公安部南京警犬研究所
中国军队(中阿文版)	1674-7143	11-5857/E	解放军新闻传播中心新华社解放军分社
中国军队(中俄文版)	1674-7143	11-5857/E	解放军新闻传播中心新华社解放军分社
中国军队(中法文版)	1674-7143	11-5857/E	解放军新闻传播中心新华社解放军分社
中国军队(中西文版)	1674-7143	11-5857/E	解放军新闻传播中心新华社解放军分社
中国军队(中英文版)	1674-7143	11-5857/E	解放军新闻传播中心新华社解放军分社
中国军队政治工作		11-5381/D	军事科学院军队政治工作研究中心
中国军事科学	1002-4492	11-1722/E	中国军事科学学会,军事科学院
中国军转民	1008-5874	11-4014/N	中国和平利用军工技术协会
中国空军	1002-6010	11-1006/E	空军政治工作部宣传文化中心
中国民兵	1002-5081	11-1446/E	解放军报社
中国人民防空		11-3770/E	军事科学院国防工程研究院,国家人民防空办公室
中国双拥	2095-2279	10-1015/D	中国爱国拥军促进会
中国退役军人	2096-3521	10-1473/D	退役军人事务部宣传中心
中国武警	1007-4228	11-3827/E	武警部队研究院建设发展研究所
装甲兵学报	2097-0986	10-1805/E	陆军装甲兵学院教研保障中心

第二编

经　　济

F 综合性经济科学（65 种）

刊　　　名	ISSN	CN	主 办 单 位
报刊资料索引. 第三分册，经济、管理		11-4363/F	中国人民大学
财富生活	2096-4625	12-1456/F	天津人民出版社有限公司
财经科学	1000-8306	51-1104/F	西南财经大学
财经理论研究	2095-5863	15-1366/F	内蒙古财经大学
财经天下	2095-2996	64-1070/F	黄河出版传媒集团有限公司
重庆工商大学学报. 社会科学版	1672-0598	50-1154/C	重庆工商大学
当代财经	1005-0892	36-1030/F	江西财经大学
当代经济科学	1002-2848	61-1400/F	西安交通大学
当代经济研究	1005-2674	22-1232/F	吉林财经大学
调研世界	1004-7794	11-3705/C	中国统计学会
东北财经大学学报	1008-4096	21-1414/F	东北财经大学
管理世界	1002-5502	11-1235/F	国务院发展研究中心
广东财经大学学报	1008-2506	44-1711/F	广东财经大学
广西财经学院学报	1673-5609	45-1340/F	广西财经学院
广州城市职业学院学报	1674-0408	44-1642/Z	广州城市职业学院
贵州财经大学学报	2095-5960	52-1156/F	贵州财经大学
贵州商学院学报	1671-9549	52-1162/F	贵州商学院
哈尔滨商业大学学报. 社会科学版	1671-7112	23-1503/F	哈尔滨商业大学
河北经贸大学学报	1007-2101	13-1207/F	河北经贸大学
宏观质量研究	2095-607X	42-1848/C	武汉大学
湖北经济学院学报. 人文社会科学版	2095-8862	42-1855/C	湖北经济学院
湖南财政经济学院学报	2095-1361	43-1510/F	湖南财政经济学院
吉林工商学院学报	1674-3288	22-1390/F	吉林工商学院
江苏经贸职业技术学院学报	1672-2604	32-1705/Z	江苏经贸职业技术学院
江西财经大学学报	1008-2972	36-1224/F	江西财经大学
经济	1672-8637	11-5199/F	经济日报社
经济发展研究	2097-2350	22-1429/F	吉林大学
经济管理	1002-5766	11-1047/F	中国社会科学院工业经济研究所
经济界	1007-0486	11-3774/F	中国民主建国会中央委员会
经济经纬	1006-1096	41-1421/F	河南财经政法大学
经济科学	1002-5839	11-1564/F	北京大学
经济论坛	1003-3580	13-1022/F	河北省社会科学院
经济评论	1005-3425	42-1348/F	武汉大学
经济师	1004-4914	14-1069/F	山西社会科学报刊社
经济问题	1004-972X	14-1058/F	山西省社会科学院
经济学	2095-1086	11-6010/F	北京大学
经济学报	2095-7254	10-1175/F	清华大学
经济学动态	1002-8390	11-1057/F	中国社会科学院经济研究所
经济学家	1003-5656	51-1312/F	西南财经大学,四川社会科学学术基金（新知研究院）
经济研究	0577-9154	11-1081/F	中国社会科学院经济研究所
经济展望	1007-9920	31-1759/F	上海市信息中心

刊　　名	ISSN	CN	主办单位
经济资料译丛		35-1021/F	厦门大学经济学院
经济纵横	1007-7685	22-1054/F	吉林省社会科学院 吉林省社会科学界联合会
兰州财经大学学报	1004-5465	62-1213/F	兰州财经大学
辽宁经济职业技术学院、辽宁经济管理干部学院学报	1672-5646	21-1492/G	辽宁经济职业技术学院、辽宁经济管理干部学院
南京财经大学学报	1672-6049	32-1719/F	南京财经大学
南开经济研究	1001-4691	12-1028/F	南开大学经济学院
内蒙古财经大学学报	2095-5871	15-1365/F	内蒙古财经大学
山东工商学院学报	1672-5956	37-1416/F	山东工商学院
山东国资	2096-4757	37-1513/F	大众报业集团(大众日报社),山东国惠投资有限公司
山西财经大学学报	1007-9556	14-1221/F	山西财经大学
上海财经大学学报. 哲学社会科学版	1009-0150	31-1817/C	上海财经大学
上海商学院学报	1673-324X	31-1957/F	上海商学院
首都经济贸易大学学报	1008-2700	11-4579/F	首都经济贸易大学
天津商务职业学院学报	2095-5537	12-1434/F	天津商务职业学院
天津商业大学学报	1674-2362	12-1401/F	天津商业大学
武汉理工大学学报. 信息与管理工程版	2095-3852	42-1825/TP	武汉理工大学
武汉商学院学报	2095-7955	42-1860/F	武汉商学院
西安财经大学学报	2096-7454	61-1517/F	西安财经大学
现代财经	1005-1007	12-1387/F	天津财经大学
新疆财经大学学报	1671-9840	65-1269/C	新疆财经大学
新疆财经大学学报(维文版)	1671-9859	65-1270/C	新疆财经大学
云南财经大学学报	1674-4543	53-1209/F	云南财经大学
战略决策研究	1674-9065	44-1673/C	广东外语外贸大学
中南财经政法大学学报	1003-5230	42-1663/F	中南财经政法大学

F0/F2(除 F23,F27) 经济学/经济管理(除会计,企业经济)(283 种)

刊　　名	ISSN	CN	主办单位
北方经济	1007-3590	15-1154/F	内蒙古自治区宏观经济研究中心
北方经贸	1005-913X	23-1373/F	黑龙江职业学院(黑龙江省经济管理干部学院)
北京规划建设	1003-627X	11-2882/TU	北京市城市规划设计研究院
北京经济管理职业学院学报	2096-1286	10-1374/F	北京经济管理职业学院
北京劳动保障职业学院学报	1674-0025	11-5592/D	北京劳动保障职业学院
边疆经济与文化	1672-5409	23-1524/F	黑龙江边疆经济学会,黑龙江省高师师资培训中心
财新周刊	2096-1251	10-1344/F	中国文史出版社有限公司
财讯	1674-3091	44-1617/F	家庭期刊集团有限公司
柴达木开发研究	1005-6718	63-1031/C	海西州柴达木日报社
产经评论	1674-8298	44-1670/F	暨南大学
产业创新研究	2096-4714	12-1459/F	天津市滨海新区融媒体中心
产业经济评论(北京)	2095-7572	10-1223/F	电子工业出版社有限公司

刊　名	ISSN	CN	主办单位
长江技术经济	2096-4676	42-1896/F	长江委宣传出版中心,长江技术经济学会
长江流域资源与环境	1004-8227	42-1320/X	中国科学院武汉文献情报中心
城市	1005-278X	12-1225/C	天津市住房和城乡建设发展服务中心,天津市城市科学研究会
城市发展研究	1006-3862	11-3504/TU	中国城市科学研究会
城市观察	1674-7178	44-1664/C	广州市社会科学界联合会
城市管理与科技	1008-2271	11-3931/T	北京市城市管理研究院
城市建设	1674-781X	11-5897/F	商业网点建设开发中心
城市开发	1002-3062	11-2373/TU	北京科学技术出版社有限公司
城市问题	1002-2031	11-1119/C	北京市社会科学院
城市学刊	2096-059X	43-1529/TU	湖南城市学院
城市与环境研究	2095-851X	10-1211/C	中国社会科学院生态文明研究所,社会科学文献出版社
城乡规划	2096-3025	31-2128/TU	上海文化出版社有限公司,复旦大学
城乡建设	1002-8455	11-1618/D	建筑杂志社
重庆与世界	1007-7111	50-1011/D	重庆市人民政府外事办公室
创新	1673-8616	45-1348/C	南宁市社会科学院
创新科技	1671-0037	41-1319/N	河南省科学技术信息研究院
创新世界周刊	2096-3505	10-1476/F	中国轻工业出版社有限公司
创意中国	2096-0107	10-1325/F	中国版权保护中心
当代经济	1007-9378	42-1430/F	湖北第二师范学院
当代经济管理	1673-0461	13-1356/F	河北地质大学
当代县域经济	2095-6371	51-1752/F	四川省社会科学院
地产	1673-6028	23-1545/F	哈尔滨日报报业集团
地域研究与开发	1003-2363	41-1085/P	河南省科学院地理研究所
东北亚经济研究	2096-5583	22-1423/F	吉林省经济管理干部学院,商务部国际贸易经济合作研究院
东北亚论坛	1003-7411	22-1180/C	吉林大学
发现	1004-5023	11-1585/N	中国未来研究会,北京国际交流协会
发展	1004-8863	62-1083/F	甘肃省人民政府研究室
发展研究	1003-0670	35-1041/F	福建省人民政府发展研究中心
房地产导刊	1009-4563	44-1486/F	广州市城市规划勘测设计研究院,广州招商服务推广中心
房地产世界	1005-1783	36-1182/F	江西人民出版社有限责任公司
福建商学院学报	2096-3300	35-1333/G4	福建商学院
福建市场监督管理	2097-0889	35-1346/T	福建省标准化研究院
复印报刊资料. F10,国民经济管理	1009-1572	11-4277/F	中国人民大学
复印报刊资料. F102,人力资源开发与管理	1009-7678	11-4279/F	中国人民大学
复印报刊资料. F103,劳动经济与劳动关系	1671-346X	11-4727/F	中国人民大学
复印报刊资料. F107,区域与城市经济	1674-4268	11-5762/F	中国人民大学
复印报刊资料. F11,理论经济学	1005-4286	11-4274/F	中国人民大学
复印报刊资料. F13,社会主义经济理论与实践	1005-4294	11-4275/F	中国人民大学

刊　　名	ISSN	CN	主办单位
复印报刊资料. F14，物流管理	1673-4947	11-5416/F	中国人民大学
复印报刊资料. F7，经济史	1001-3385	11-4293/F	中国人民大学
复印报刊资料. F8，世界经济导刊	1671-3419	11-4729/F	中国人民大学
复印报刊资料. MF1，体制改革	2097-2725	11-4339/D	中国人民大学
复印报刊资料. W-F1，经济学文摘	1674-4314	11-5768/F	中国人民大学
复印报刊资料. W-F8，国际经济文摘	1674-4357	11-5771/F	中国人民大学
改革	1003-7543	50-1012/F	重庆社会科学院
改革与开放	1004-7069	32-1034/F	南京工程咨询中心
改革与战略	1002-736X	45-1006/C	广西壮族自治区社会科学界联合会
工程造价管理	1008-2166	11-3151/TB	中国建设工程造价管理协会
供应链管理	2096-7934	10-1678/F	中国物流学会,中国市场杂志社
管理学刊	1674-6511	41-1408/F	新乡学院,中国社会主义经济规律系统研究会
光彩	1005-4049	11-3438/F	中国个体劳动者协会
广东经济	1005-0795	44-1357/F	广东省交易控股集团
广西城镇建设	1672-7045	45-1314/TU	广西壮族自治区住房和城乡建设信息中心
广西经济	1007-2462	45-1220/F	广西大学
广西职业师范学院学报	1008-8806	45-1411/G4	广西职业师范学院
国际经济合作	1002-1515	11-1583/F	商务部国际贸易经济合作研究院
国际经济评论	1007-0974	11-3799/F	中国社会科学院世界经济与政治研究所
国际贸易	1002-4999	11-1600/F	商务部国际贸易经济合作研究院
国土与自然资源研究	1003-7853	23-1216/N	黑龙江省科学院自然与生态研究所
国土资源科技管理	1009-4210	51-1592/N	成都理工大学
国务院国有资产监督管理委员会公告	1672-6642	11-5169/D	国务院国有资产监督管理委员会
国有资产管理	1002-4247	11-2798/F	中国财经出版传媒集团经济科学出版社
国资报告	1000-968X	10-1301/F	国资委新闻中心,中国经济出版社
海外星云	1002-4514	45-1038/Z	广西《海外星云》杂志社有限公司
海峡科技与产业	1006-3013	11-3391/G3	科技部海峡两岸科学技术交流中心
海洋经济	2095-1647	12-1424/P	国家海洋信息中心
宏观经济管理	1004-907X	11-3199/F	国家发展和改革委员会宏观经济杂志社
宏观经济研究	1008-2069	11-3952/F	中国宏观经济研究院(国家发展和改革委员会宏观经济研究院)
湖北经济学院学报	1672-626X	42-1718/F	湖北经济学院
华东经济管理	1007-5097	34-1014/F	中共安徽省委党校
环渤海经济瞭望	1004-9754	12-1161/F	天津市信息中心
计量经济学报	2096-9732	10-1738/F	中国科学院数学与系统科学研究院,中国科技出版传媒股份有限公司
技术经济	1002-980X	11-1444/F	中国技术经济学会
技术经济与管理研究	1004-292X	14-1055/F	山西社会科学报刊社有限公司
今日国土	1671-9158	11-4757/N	中国国土经济学会
经济导刊	1004-8669	11-3053/F	中信出版集团股份有限公司
经济地理	1000-8462	43-1126/K	中国地理学会,湖南省经济地理研究所

刊　名	ISSN	CN	主办单位
经济管理学刊	2097-2202	10-1867/F	机械工业信息研究院,北京大学
经济技术协作信息	1007-9823	23-1084/F	黑龙江省经济技术联合发展总公司
经济理论与经济管理	1000-596X	11-1517/F	中国人民大学
经济社会史评论	2095-9842	12-1443/K	天津师范大学
经济社会体制比较	1003-3947	11-1591/F	中央编译出版社
经济思想史学刊	2096-9627	10-1720/F	中国社会科学院经济研究所,社会科学文献出版社
经济体制改革	1006-012X	51-1027/F	四川省社会科学院
经济问题探索	1006-2912	53-1006/F	云南省宏观经济研究院(云南省产业研究院)
经济研究参考	2095-3151	11-3007/F	经济科学出版社
经济研究导刊	1673-291X	23-1533/F	黑龙江报刊传媒集团有限公司
经济要参		11-4686/F	国务院发展研究中心
经济与管理	1003-3890	13-1032/F	河北经贸大学
经济与管理评论	2095-3410	37-1486/F	山东财经大学
经济与社会发展	1672-2728	45-1319/C	广西社会科学院
经济与社会发展研究	2095-2570	14-1367/C	太原市人民政府经济发展研究中心
就业与保障	1672-7584	35-1273/C	福建就业与保障杂志社有限责任公司
卷宗	1005-4669	51-1737/G0	四川省科学技术信息研究所,四川省兴川战略促进中心
决策与信息	1002-8129	42-1128/C	武汉决策信息研究开发中心,武汉大学
决策咨询	1006-3404	51-1740/G3	中共四川省委,四川省人民政府决策咨询委员会办公室
开发研究	1003-4161	62-1005/C	甘肃省社会科学院
开放导报	1004-6623	44-1338/F	综合开发研究院(中国·深圳)
开放时代	1004-2938	44-1034/C	广州市社会科学院
科技·经济·市场	1009-3788	36-1122/N	南昌市科技成果转移转化中心
科技创新与生产力	1674-9146	14-1358/N	太原技术转移促进中心
科技创业月刊	1672-2272	42-1665/T	湖北省科技信息研究院
科技管理研究	1000-7695	44-1223/G3	广东省科学学与科技管理研究会
科技和产业	1671-1807	11-4671/T	中国技术经济学会
科技进步与对策	1001-7348	42-1224/G3	湖北省科技信息研究院
科技经济导刊	2096-1995	37-1508/N	中国科学技术协会科普部,山东省科学技术协会
科技与经济	1003-7691	32-1276/N	南京市科技信息研究所
科学发展	1674-6171	31-2017/C	上海市人民政府发展研究中心
科学管理研究	1004-115X	15-1103/G3	内蒙古自治区软科学研究会
科学决策	1006-4885	11-3472/G3	中国航天系统科学与工程研究院等
科学与财富	1671-2226	51-1627/N	四川省科教兴川促进会
科研管理	1000-2995	11-1567/G3	中国科学院科技战略咨询研究院,中国科学学与科技政策研究会
可持续发展经济导刊	2096-6520	10-1603/F7	中国国际经济技术交流中心
劳动经济研究	2095-6703	10-1128/F	中国社会科学院人口与劳动经济研究所
老区建设	1005-7544	36-1151/C	江西省社会科学界联合会,江西省乡村振兴局
理财.审计	1673-1107	41-1370/F	河南省审计科学研究所

刊　　名	ISSN	CN	主 办 单 位
辽宁经济	1003-4617	21-1024/F	辽宁省人民政府发展研究中心
辽宁自然资源	2096-7829	21-1610/P	辽宁省自然资源事务服务中心
南北桥	1672-0407	22-1221/F	长春出版社
南方经济	1000-6249	44-1068/F	广东省社会科学院,广东经济学会
南方自然资源	2097-1451	45-1412/P	广西壮族自治区自然资源宣传中心
内蒙古科技与经济	1007-6921	15-1189/N	内蒙古自治区科技创新发展中心
宁波经济. 财经视点	1007-5259	33-1159/F	宁波日报报业集团
宁波经济. 三江论坛	1007-5259	33-1159/F	宁波日报报业集团
欧亚经济	2095-8218	10-1168/D	中国社会科学院俄罗斯东欧中亚研究所
清华管理评论	1674-9103	11-5858/F	清华大学
区域国别学刊	2097-2733	10-1897/D	北京外国语大学
区域经济评论	2095-5766	41-1425/F	河南省社会科学院
区域治理	2096-4595	14-1394/D	山西社会科学报刊社有限公司,山西大众文化传播研究所(有限公司)
全球城市研究(中英文)	2096-8868	31-2174/C	上海人民出版社有限责任公司
全球化	2095-0675	11-6008/F	中国国际经济交流中心
全球科技经济瞭望	1009-8623	11-3392/F	中国科学技术信息研究所,科学技术文献出版社有限公司
人力资源服务	2097-146X	10-1815/F	中国劳动社会保障出版社有限公司
山东国土资源	1672-6979	37-1411/P	山东省地质科学研究院
山东经济战略研究	1003-9589	37-1050/F	山东省人民政府发展研究中心
山东人力资源和社会保障	1004-6380	37-1474/F	大众报业集团(大众日报社)
山西经济管理干部学院学报	1008-9101	14-1245/F	山西经济管理干部学院
山东宏观经济	2097-1435	37-1538/F	山东省宏观经济研究院
商情	1673-4041	13-1370/F	河北消费时尚文化传播中心
上海城市发展	1009-2870	31-1812/TU	上海市城乡建设和交通发展研究院等
上海城市管理	1674-7739	31-2044/Z	上海城建职业学院
上海房地	1006-1371	31-1188/F	上海市房产经济学会
上海国土资源	2095-1329	31-2062/P	上海市地质调查研究院,上海市地质学会
上海国资	1008-6560	31-1786/F	上海人民出版社有限责任公司
上海经济	1000-4211	31-1042/F	上海社会科学院应用经济研究所
上海经济年鉴	1004-4205	31-1609/F	上海市人民政府发展研究中心
上海经济研究	1005-1309	31-1163/F	上海社会科学院经济研究所
上海市经济管理干部学院学报	1672-3988	31-1913/Z	上海市经济管理干部学院
设备监理	2095-2465	10-1021/TB	中国特种设备检测研究院,中国设备监理协会
生产力研究	1004-2768	14-1145/F	山西社会科学报刊社
生态经济	1671-4407	53-1193/F	云南教育出版社有限责任公司
时代人物	1674-0645	61-1455/C	陕西人民出版社有限责任公司
世界经济	1002-9621	11-1138/F	中国世界经济学会,中国社会科学院世界经济与政治研究所
世界经济年鉴	1007-0052	11-3103/F	中国社会科学院世界经济与政治研究所
世界经济文汇	0488-6364	31-1139/F	复旦大学
世界经济研究	1007-6964	31-1048/F	上海社会科学院世界经济研究所

刊　　名	ISSN	CN	主 办 单 位
世界经济与政治	1006-9550	11-1343/F	中国社会科学院世界经济与政治研究所
世界经济与政治论坛	1007-1369	32-1544/F	江苏省社会科学院世界经济研究所
市场论坛	1672-8777	45-1328/F	广西壮族自治区宏观经济研究院
数量经济技术经济研究	1000-3894	11-1087/F	中国社会科学院数量经济与技术经济研究所
丝路文明(西安)	2097-079X	61-1523/G2	陕西三秦出版社有限责任公司
四川劳动保障	1006-0480	51-1655/D	四川日报报业集团
四川省情	1671-3540	51-1620/D	四川省统计科学研究所
特区经济	1004-0714	44-1032/F	深圳市深投教育有限公司
天津经济	1006-8570	12-1255/F	天津市经济发展研究院,天津市宏观经济学会
统计与决策	1002-6487	42-1009/C	湖北长江报刊传媒(集团)有限公司
投资北京	1672-7452	11-5205/F	北京出版集团有限责任公司
外国经济与管理	1001-4950	31-1063/F	上海财经大学
物流工程与管理	1674-4993	42-1791/TS	中国仓储协会,全国商品养护科技情报中心站
物流技术	1005-152X	42-1307/TB	中国物资流通学会物流技术经济委员会等
物流技术与应用	1007-1059	11-3728/TP	北京科技大学
物流科技	1002-3100	10-1373/F	中国商业股份制企业经济联合会
物流时代	1673-0542	11-5322/F	中国交通运输协会
物流研究	2096-8698	10-1700/F2	中国财富出版社有限公司,中国物流学会
西部大开发	1009-8631	61-1373/F	陕西省决策咨询委员会
西部经济管理论坛	2095-1124	51-1738/F	西华大学
西部论坛	1674-8131	50-1200/C	重庆工商大学
习近平经济思想研究	2097-1729	10-1842/F	习近平经济思想研究中心
厦门科技	1007-1563	35-1182/N	厦门市科学技术信息研究院
现代城市研究	1009-6000	32-1612/TU	南京市社会科学院
现代经济探讨	1009-2382	32-1566/F	江苏省社会科学院
现代经济信息	1001-828X	23-1056/F	黑龙江省企业管理协会
现代日本经济	1000-355X	22-1065/F	吉林大学
现代苏州	1674-1196	32-1781/Z	苏州日报社
现代物业	1671-8089	53-1179/N	现代物业杂志社
消费经济	1007-5682	43-1022/F	湘潭大学等
小康	1672-4879	11-5053/Z	中国生物多样性保护与绿色发展基金会
新疆财经	1007-8576	65-1030/F	新疆财经大学
新经济	1009-8461	44-1474/F	广东省社会科学院
新苏商	2096-577X	32-1883/F	江苏新华报业传媒集团有限公司
新型城镇化	2096-2290	10-1409/F	国家信息中心,中国城镇化促进会
行政事业资产与财务	1674-585X	42-1780/F	湖北科学技术出版社有限公司
亚太经济	1000-6052	35-1014/F	福建社会科学院
研究与发展管理	1004-8308	31-1599/G3	复旦大学
印度洋经济体研究	2095-7653	53-1227/F	云南财经大学
应用经济学评论	2097-0676	10-1783/F	中国人民大学

刊　　名	ISSN	CN	主办单位
源流	1009-5616	44-1494/D	广东省老区建设促进会
运筹与管理	1007-3221	34-1133/G3	中国运筹学会
再生资源与循环经济	1674-0912	12-1397/X	中华全国供销合作总社天津再生资源研究所,中国再生资源回收利用协会
张江科技评论	2096-3939	31-2144/F	上海科学技术出版社有限公司
招标采购管理	2095-4123	10-1075/F	中国招标投标协会,中国计划出版社有限公司
浙江经济	1005-1635	33-1007/F	浙江省经济信息中心(浙江省价格研究所)
政治经济学季刊	2097-1516	10-1809/F	清华大学
政治经济学评论	1674-7542	11-5859/D	中国人民大学
政治经济学研究	2096-9090	31-2176/F0	上海财经大学
支点	2095-4417	42-1829/F	湖北日报传媒集团
知识经济	1007-3825	50-1058/F	重庆市科学技术协会
智慧中国	2096-0999	10-1370/N	机械工业经济管理研究院
智能城市	2096-1936	21-1602/N	辽宁省科学技术情报研究所
中关村	1672-0466	11-4875/D	北京市海淀区融媒体中心
中国不动产	2095-9265	10-1292/F	中国国土资源报社
中国产经	2095-6290	10-1163/F	国家发展和改革委员会国际合作中心
中国储运	1005-0434	12-1204/F	中储发展股份有限公司
中国大学生就业	1009-0576	11-4028/D	教育部学生服务与素质发展中心
中国-东盟博览	1673-0380	45-1335/F	广西《海外星云》杂志社有限公司,中国-东盟博览会秘书处
中国发展	1671-2404	11-4683/Z	中国致公党中央委员会
中国发展观察	1673-033X	11-5279/F	中国发展出版社
中国房地产业	1002-8536	11-5936/F	中国房地产业协会,北京首开天鸿集团有限公司
中国改革	1005-2100	10-1307/F	中国文史出版社
中国改革年鉴	1674-7119	11-5703/F	中国经济体制改革研究会
中国高新区	1671-4113	11-5968/N	中国技术创业协会,科学技术部火炬高技术产业开发中心
中国国情国力	1004-2008	11-2840/C	中国信息报社
中国国土资源经济	1672-6995	11-5172/F	中国地质矿产经济学会,中国自然资源经济研究院
中国集体经济	1008-1283	11-3946/F	中华全国手工业合作总社,中国工业合作经济学会
中国建设信息化	2096-0824	10-1357/TU	住房和城乡建设部信息中心
中国经济报告	1673-3738	11-5382/F	中国经济年鉴社
中国经济景气月报	1009-3834	11-4434/F	国家统计信息服务中心(国家统计局社情民意调查中心)
中国经济贸易年鉴	1671-3869	11-4744/Z	中国经济出版社有限公司
中国经济年鉴	1006-561X	11-2996/F	国务院发展研究中心
中国经济评论	2096-8345	10-1691/F	经济日报社
中国经济社会论坛	2095-4573	10-1057/D	中国经济社会理事会,中国文史出版社
中国经济史研究	1002-8005	11-1082/F	中国社会科学院经济研究所

刊　名	ISSN	CN	主办单位
中国经济问题	1000-4181	35-1020/F	厦门大学经济研究所
中国经济学人	1673-8837	10-1238/F	中国社会科学院工业经济研究所
中国经济周刊	1672-7150	11-5196/F	人民日报社
中国经贸导刊	1007-9777	11-3876/F	国家发展和改革委员会宏观经济杂志社
中国就业	1006-8120	11-3709/D	中国就业促进会
中国开发区	2095-5693	10-1109/D	中国开发区协会,中国计划出版社有限公司
中国科技产业	1002-0608	11-2502/N	中国产学研合作促进会、科技部火炬高技术产业开发中心
中国劳动	1007-8746	11-3892/F	中国劳动和社会保障科学研究院,中国劳动学会
中国劳动关系学院学报	1673-2375	11-5360/D	中国劳动关系学院
中国老区建设	1005-1856	11-4832/N	中国老区建设促进会,北京卓众出版有限公司
中国流通经济	1007-8266	11-3664/F	北京物资学院
中国人口·资源与环境	1002-2104	37-1196/N	中国可持续发展研究会等
中国人力资源开发	1004-4124	11-2822/C	中国人力资源开发研究会
中国人力资源社会保障	1674-9111	11-5941/D	中国劳动保障报社
中国社会经济史研究	1000-422X	35-1023/F	厦门大学历史研究所
中国市场监督管理年鉴	2096-7284	10-1642/Z	中国质量标准出版传媒有限公司,中国工商出版社有限公司
中国物流与采购	1671-6663	11-4812/F	中国物流与采购联合会
中国物业管理	1671-0991	11-4669/TU	中国物业管理协会
中国西部	1008-0694	51-1500/Z	四川省社会科学院
中国新时代	1671-8399	11-4640/F	北京外企服务集团有限责任公司
中国战略新兴产业	2095-6657	10-1156/F	中国经济导报社
中国资产评估	1007-0265	11-3768/F	中国资产评估协会
中国资源综合利用	1008-9500	32-1332/TG	中国物资再生协会,江苏北矿金属循环利用科技有限公司
中国自然资源年鉴	2097-1834	10-1834/P	自然资源部宣传教育中心
中亚信息	1674-6759	65-1132/Z	新疆科技情报研究所
中亚信息(维文版)	1674-6740	65-1133/Z	新疆科技情报研究所
住宅产业	1672-9013	11-5221/TU	住房和城乡建设部住宅产业化促进中心
住宅与房地产.新物业	1006-6012	44-1403/F	深圳住宅与房地产杂志社,中国房地产及住宅研究会
住宅与房地产.新营造	1006-6012	44-1403/F	深圳住宅与房地产杂志社,中国房地产及住宅研究会
住宅与房地产.住房和房地产研究	1006-6012	44-1403/F	深圳住宅与房地产杂志社,中国房地产及住宅研究会
咨询与决策	1007-9254	42-1262/C	湖北大学
资源开发与市场	1005-8141	51-1448/N	四川省自然资源科学研究院
资源科学	1007-7588	11-3868/N	中国科学院地理科学与资源研究所,中国自然资源学会
资源与产业	1673-2464	11-5426/TD	中国地质大学(北京)等

刊　名	ISSN	CN	主办单位
资源与人居环境	1672-822X	51-1679/P	四川省国土科学技术研究院,四川省自然资源厅宣传教育中心
自然资源情报	2097-101X	10-1798/N	自然资源部信息中心
自然资源通讯	2096-6016	10-1580/P	中国国土资源报社
自然资源信息化	2097-1001	10-1797/N	自然资源部信息中心
租售情报	1003-9155	31-1967/F	上海市物流学会

F23 会计(43 种)

刊　名	ISSN	CN	主办单位
财会通讯	1002-8072	42-1103/F	湖北省会计学会
财会学习	1673-4734	11-5460/F	《中国建材报》社,中国会计学会建材分会
财会研究	1004-6070	62-1096/F	甘肃省财政科学研究所
财会月刊	1004-0994	42-1290/F	武汉出版社,武汉市会计学会
财务研究	2095-8838	10-1242/F	中国财政杂志社
财务与金融	1674-3059	43-1485/F	中南大学
财务与会计	1003-286X	11-1177/F	中国财政杂志社
财政监督	1671-0622	42-1706/F	湖北知音传媒股份有限公司,湖北省中央企业会计学会
当代会计	2095-7904	36-1330/F	江西省报刊传媒有限责任公司
复印报刊资料. F101,财务与会计导刊. 下半月,理论版	1009-7546	11-4278/F	中国人民大学
复印报刊资料. F1011,财务与会计导刊. 上半月,实务版	1009-7546	11-4278/F	中国人民大学
复印报刊资料. V3,审计文摘	1008-3243	11-4349/F	中国人民大学
复印报刊资料. W-F101,财会文摘	1674-4330	11-5769/F	中国人民大学
管理会计研究	2096-9414	44-1740/F	广东经济出版社有限公司
交通财会	1005-9016	11-3177/F	中国交通会计学会
金融会计	1671-8356	11-3329/F	中国金融会计学会
会计师	1672-6723	36-1268/F	江西省报刊传媒有限责任公司
会计研究	1003-2886	11-1078/F	中国会计学会
会计与经济研究	2096-9554	31-2074/F	上海立信会计金融学院
会计之友	1004-5937	14-1063/F	山西社会科学报刊社
绿色财会	1673-6095	23-1540/F	中国会计学会林业分会,东北林业大学
南京审计大学学报	2096-3114	32-1867/F	南京审计大学
商业会计	1002-5812	11-1475/F	中国商业联合会,中国商业会计学会
审计观察	2096-4196	10-1477/F	中国时代经济出版社有限公司
审计研究	1002-4239	11-1024/F	中国审计学会
审计与经济研究	1004-4833	32-1317/F	南京审计大学
审计与理财	1006-5466	36-1264/F	江西省审计技术保障中心
审计月刊	1672-8939	42-1723/F	湖北省审计科研所
西部财会	1671-8771	61-1401/F	陕西省财政科学政策研究所
现代审计	1006-3781	51-1022/F	四川省审计科研所
现代审计与经济	2096-9430	61-1447/F	陕西省审计研究所

刊　名	ISSN	CN	主办单位
现代审计与会计	1007-8258	23-1376/F	黑龙江省政府投资审计中心
新会计	1674-5434	31-2022/F	上海科技教育出版社有限公司
预算管理与会计	1008-5114	11-4043/F	全国预算与会计研究会
中国管理会计	2096-420X	10-1505/F	中国总会计师协会,经济科学出版社
中国管理信息化	1673-0194	22-1359/TP	吉林科学技术出版社有限责任公司
中国会计年鉴	1007-645X	11-4109/F	中国财政杂志社
中国内部审计	1004-8278	11-4068/F	中国内部审计协会
中国农业会计	1003-9759	11-2907/F	中国农业会计学会
中国审计	1002-5049	11-1241/F	中国时代经济出版社有限公司
中国注册会计师	1009-6345	11-4552/F	中国注册会计师协会
中国总会计师	1672-576X	11-5056/F	中国总会计师协会
中华人民共和国审计署审计结果公告		11-4870/D	中华人民共和国审计署办公厅

F3 农业经济（136 种）

刊　名	ISSN	CN	主办单位
安徽农业大学学报. 社会科学版	1009-2463	34-1195/C	安徽农业大学
安徽乡村振兴研究	2097-1931	34-1341/S	安徽行政学院
北京林业大学学报. 社会科学版	1671-6116	11-4740/C	北京林业大学
北京农业职业学院学报	1671-7252	11-4859/G4	北京农业职业学院
兵团画报		65-1305/J	当代兵团杂志社
茶叶	0577-8921	33-1096/S	浙江省茶叶学会,中国茶叶博物馆
村委主任	1674-7437	14-1355/S	山西省农业科学院现代农业研究中心
当代兵团		65-1291/C	中共新疆生产建设兵团委员会
当代农村财经	1007-3604	10-1222/F	中国农村财经研究会
当代畜禽养殖业	1005-5959	15-1150/S	内蒙古自治区农牧业科学院
调研世界	1004-7794	11-3705/C	中国统计学会
东北农业大学学报. 社会科学版	1672-3805	23-1518/C	东北农业大学
福建林业	1003-4382	35-1010/S	福建省林业科学研究院
福建农林大学学报. 哲学社会科学版	1671-6922	35-1258/C	福建农林大学
复印报刊资料. F2,农业经济研究	1674-425X	11-5761/F	中国人民大学
甘肃林业	1674-2745	62-1060/S	甘肃省林业调查规划院
甘肃农业	1673-9019	62-1104/F	甘肃农业杂志社
古今农业	1672-2787	11-4997/S	全国农业展览馆
广东农工商职业技术学院学报	1009-931X	44-1520/Z	广东农工商职业技术学院
广西林业	1004-0390	45-1136/S	广西壮族自治区林业科学研究院
国家林业和草原局管理干部学院学报	2096-9481	10-1639/C	国家林业和草原局管理干部学院
国土资源导刊	1672-5603	43-1407/P	湖南省地质科学研究院
国土资源科技管理	1009-4210	51-1592/N	成都理工大学
河北林业	1007-404X	13-1087/S	河北省木兰围场国有林场管理局
河北农业	1007-4783	13-1173/S	河北省农业农村宣传中心
河南牧业经济学院学报	2096-2452	41-1440/F	河南牧业经济学院
河南农业	1006-950X	41-1171/S	河南省乡村产业发展服务中心
黑龙江粮食	1671-6019	23-1504/S	黑龙江省粮食产业集团有限公司
湖南农业	1005-362X	43-1051/S	湖南省农情分析研究中心,湖南农业杂志社有限责任公司

刊　名	ISSN	CN	主办单位
湖南农业大学学报. 社会科学版	1009-2013	43-1325/C	湖南农业大学
华南农业大学学报. 社会科学版	1672-0202	44-1559/C	华南农业大学
华中农业大学学报. 社会科学版	1008-3456	42-1558/C	华中农业大学
江苏农村经济	1007-5275	32-1046/F	江苏省农产品品牌发展中心, 江苏省农村经济学会
江西农业	1674-4179	36-1296/S	江西省农业技术推广总站
粮食科技与经济	1007-1458	43-1252/TS	湖南省粮食经济科技学会, 中国储备粮管理集团有限公司湖南分公司
粮食问题研究	1003-2576	51-1058/F	四川粮油批发中心
林草政策研究	2096-9546	10-1728/S	中国林业科学研究院林业科技信息研究所
林业经济	1673-338X	11-5390/S	中国林业经济学会
林业经济问题	1005-9709	35-1060/F	福建农林大学, 中国林业经济学会
林业资源管理	1002-6622	11-2108/S	国家林业和草原局调查规划设计院
绿色中国	1672-7789	11-5228/S	国家林业和草原局宣传中心
南方农村	1008-2697	44-1099/F	广东省农村经济学会, 广东科贸职业学院
南方农业	1673-890X	50-1186/S	重庆市农业科学院
南京农业大学学报. 社会科学版	1671-7465	32-1600/C	南京农业大学
内蒙古林业	1003-8221	15-1072/S	内蒙古自治区林业科学研究院
农财宝典		44-1694/S	广东南方报业传媒集团有限公司
农产品市场	1009-8070	10-1645/F	中国农村杂志社
农产品质量与安全	1674-8255	11-5896/S	中国农业科学院农业质量标准与检测技术研究所
农场经济管理	1002-2635	23-1103/F	北大荒农垦集团有限公司
农村财务会计	1002-5588	11-1069/F	中国农村杂志社
农村工作通讯	0546-9503	11-1617/F	中国农村杂志社
农村经济	1003-7470	51-1029/F	四川省社会科学院
农村经济与科技	1007-7103	42-1374/S	湖北省农业科学院,《农村经济与科技》杂志社
农村经营管理	1672-0830	11-4900/F	中国农村杂志社, 中国农村合作经济管理学会
农家科技. 乡村振兴	1003-6989	50-1068/S	重庆出版社
农家之友	1671-8143	45-1294/F	广西壮族自治区农业技术推广总站
农家致富	1672-6456	32-1699/S	江苏省农产品品牌发展中心
农家致富顾问	1003-9902	43-1056/S	湖南省科学技术信息研究所
农经	1001-8573	11-5890/S	中国农村技术开发中心
农林经济管理学报	2095-6924	36-1328/F	江西农业大学
农民文摘	1000-7741	11-1411/F	中国农村杂志社
农民致富之友	1003-1650	23-1009/F	黑龙江省农业农村厅经营类事业单位一中心
农业产业化	2096-4889	42-1897/S	湖北省农业科学院, 湖北科学技术出版社有限公司
农业技术经济	1000-6370	11-1883/S	中国农业技术经济学会, 中国农业科学院农业经济与发展研究所
农业经济	1001-6139	21-1016/F	辽宁省农业经济学会

刊　名	ISSN	CN	主办单位
农业经济问题	1000-6389	11-1323/F	中国农业经济学会,中国农业科学院农业经济与发展研究所
农业经济与管理	1674-9189	23-1564/F	东北农业大学
农业科技管理	1001-8611	22-1143/S	吉林省农业科学院,中国农业科技管理研究会
农业科研经济管理	2095-3577	11-3801/S	中国农学会
农业农村部管理干部学院学报	2096-9775	10-1733/D	农业农村部管理干部学院
农业现代化研究	1000-0275	43-1132/S	中国科学院亚热带农业生态研究所
农业展望	1673-3908	11-5343/S	中国农业科学院农业信息研究所
青岛农业大学学报. 社会科学版	1674-1471	37-1460/C	青岛农业大学
山东农业大学学报. 社会科学版	1008-8091	37-1303/C	山东农业大学
山西林业	1005-4707	14-1191/S	山西省林业和草原科学研究院
山西农经	1004-7026	14-1065/F	山西科技新闻出版传媒集团有限责任公司
山西农业大学学报. 社会科学版	1671-816X	14-1305/C	山西农业大学
上海农村经济	1671-6485	31-1224/F	上海市农村经济学会
沈阳农业大学学报. 社会科学版	1008-9713	21-1384/C	沈阳农业大学
世界农业	1002-4433	11-1097/S	中国农业出版社有限公司
世界热带农业信息	1009-1726	46-1045/S	中国热带农业科学院
四川农业与农机	2095-3615	51-1743/S	四川省农业机械科学研究院等
台湾农业探索	1673-5617	35-1190/S	福建省农科院农业经济与科技信息研究所
西北农林科技大学学报. 社会科学版	1009-9107	61-1376/C	西北农林科技大学
西部粮油信息	1673-4963	51-1691/TS	四川粮油批发中心
西部资源	1672-562X	15-1331/P	内蒙古自治区地质调查研究院
现代农业研究	2096-1073	23-1596/S	黑龙江省科学技术情报研究院
乡村论丛	2096-9651	37-1524/S	山东省现代农业农村发展研究中心
乡村振兴	2096-6172	51-1787/S	中共四川省委
乡镇论坛	1002-7033	11-2887/D	乡镇论坛杂志社
乡镇企业导报	1006-2203	11-3564/F	中国乡镇企业协会
新疆林业	1005-3522	65-1149/S	新疆维吾尔自治区林业和草原宣传信息中心
新疆林业(维文版)		65-1169/S	新疆维吾尔自治区林业和草原宣传信息中心
新疆农垦经济	1000-7652	65-1048/F	新疆生产建设兵团农垦经济研究会
新疆生产建设兵团年鉴	1671-3338	65-1224/D	兵团地方志办公室
新农村	1008-2182	33-1064/S	浙江大学
新农民	1674-9952	13-1160/C	河北省农业产业化项目服务中心
新农业	1002-4298	21-1091/S	沈阳农业大学
休闲农业与美丽乡村	1002-4905	10-1243/F	农业农村部农村社会事业发展中心
渔业信息与战略	2095-3666	31-2072/S	中国水产科学研究院东海水产研究所
渔业致富指南	1008-2840	42-1433/F	湖北省水产科学研究所,湖北省渔业科学技术普及协会
云南林业	1005-3875	53-1058/S	云南省林业调查规划院
云南农业	1005-1627	53-1080/S	云南农业职业技术学院
云南农业大学学报. 社会科学	1004-390X	53-1044/S	云南农业大学
浙江国土资源	1672-6960	33-1290/P	浙江省自然资源厅信息中心

刊　　名	ISSN	CN	主 办 单 位
浙江林业	1003-899X	33-1142/F	浙江省林业信息宣传服务中心
致富天地	2097-3160	53-1146/F	中共云南省委云岭先锋杂志社
中国茶叶	1000-3150	33-1117/S	中国农业科学院茶叶研究所
中国村庄	2095-9036	10-1271/D	中国农村杂志社,中国村社发展促进会
中国粮食经济	1007-4821	11-3102/F	国家粮食和物资储备局宣传教育中心
中国林业	1000-0623	11-1228/S	中国绿色时报社
中国林业产业	1672-7096	11-5170/S	中国林业产业联合会,中国绿色时报社
中国林业经济	1673-5919	23-1539/F	东北林业大学,中国林业经济学会编辑委员会
中国农产品加工业年鉴	2095-9974	10-1313/F	中国农业出版社
中国农村观察	1006-4583	11-3586/F	中国社会科学院农村发展研究所
中国农村经济	1002-8870	11-1262/F	中国社会科学院农村发展研究所
中国农垦	0529-6382	11-1157/S	中国农垦经济发展中心,中国农垦经济研究会
中国农民合作社	1674-5914	11-5810/S	农业农村部管理干部学院
中国农业大学学报. 社会科学版	1009-508X	11-4084/S	中国农业大学
中国农业机械工业年鉴	1673-4920	11-5406/TH	中国机械工业年鉴编辑委员会,中国农业机械工业协会
中国农业会计	1003-9759	11-2907/F	中国农业会计学会
中国农业年鉴	1009-6558	11-4470/F	中国农业出版社
中国农业信息	1672-0423	11-4922/S	中国农学会农业信息分会,中国农业科学院农业资源与农业区划研究所
中国农业资源与区划	1005-9121	11-3513/S	中国农业科学院农业资源与农业区划研究所,中国农业绿色发展研究会
中国农业综合开发	1672-0881	11-4923/S	中国农业科学院农业资源与农业区划研究所
中国农资	1005-9806	11-5348/S	中华合作时报社
中国热带农业	1673-0658	11-5318/F	中国农垦经济发展中心,农业农村部南亚热带作物中心
中国土地	1002-9729	11-1351/F	中国自然资源报社
中国土地科学	1001-8158	11-2640/F	中国土地学会,中国国土勘测规划院
中国乡镇企业会计	1004-8480	11-3064/F	中国乡镇企业协会
中国渔业经济	1009-590X	11-4508/F	中国水产科学研究院等
中国渔业质量与标准	2095-1833	11-6018/S	中国水产科学研究院
中南林业科技大学学报. 社会科学版	1673-9272	43-1478/F	中南林业科技大学
资源导刊	1674-053X	41-1389/D	河南自然博物馆
资源导刊. 信息化测绘版	1674-053X	41-1389/D	河南自然博物馆
自然资源学报	1000-3037	11-1912/N	中国自然资源学会,中国科学院地理科学与资源研究所

F4/F6,F27 工业经济/邮电通信经济,企业经济(333 种)

刊　　名	ISSN	CN	主　办　单　位
北京石油管理干部学院学报	1008-4576	11-5364/Z	北京石油管理干部学院
财富堂	1674-8220	31-2038/F	上海电气(集团)总公司
财务管理研究	2096-7152	10-1644/F2	机械工业信息研究院
产城	2095-8161	51-1756/F	成都市工业经济和信息化研究院
产品安全与召回	2095-3542	10-1054/T	中国标准化研究院,中国标准化协会
产品可靠性报告	1674-6953	11-5851/T	中国质检报刊社
产业经济研究	1671-9301	32-1683/F	南京财经大学
产业与科技论坛	1673-5641	13-1371/F	河北省科学技术协会
潮商	1673-8675	44-1637/F	汕头融媒集团
城市公共交通	1009-1467	11-4416/U	中国土木工程学会,北京公共交通控股(集团)有限公司
船舶标准化与质量	1007-9750	11-3922/U	中国船舶集团有限公司综合技术经济研究院
船舶经济贸易	1008-1054	11-4073/F	中国船舶报社
船舶物资与市场	1006-6969	11-3636/F	中船重工物资贸易集团有限公司,中国船舶重工集团公司第七一四研究所
大陆桥视野	1671-9670	65-1233/F	新疆电子音像出版社
大众用电	1008-9454	43-1123/TK	湖南大学,湖南省电力行业协会
当代电力文化	2095-6754	10-1181/G0	中国电力企业联合会
当代经理人	1672-8149	11-5166/F	首都经济贸易大学
当代旅游	1671-7740	23-1508/G	黑龙江省创联文化传媒有限公司
当代企业世界	1671-8984	33-1284/F	浙江省期刊总社有限公司
第一财经	1674-2168	31-2163/F8	上海第一财经传媒有限公司
电力需求侧管理	1009-1831	32-1592/TK	英大传媒投资集团南京有限公司,国网(江苏)电力需求侧管理指导中心有限公司
东方风情	1674-0483	53-1207/G0	云南东方航空传媒有限公司
东方航空	1672-3856	31-1576/F	东方航空传媒股份有限公司
东方企业文化	1672-7355	11-5206/G0	中国纺织职工思想政治工作研究会(中国纺织企业文化建设协会)
东方商旅	1673-8306	61-1453/V	陕西东方航空传媒有限责任公司
董事会	1672-9447	32-1740/F	江苏凤凰报刊出版传媒有限公司
度假旅游	1672-7517	34-1271/G0	黄山日报社
纺织服装周刊	1674-196X	11-5472/TS	中国纺织工业联合会,中国纺织信息中心
飞行员	1008-5238	11-3964/V	中国民用航空协会
福建轻纺	1007-550X	35-1154/TS	福建省轻工业研究所有限公司
复印报刊资料. F3,产业经济	1674-4233	11-5760/F	中国人民大学
复印报刊资料. F31,企业管理研究	1673-0615	11-5307/F	中国人民大学
复印报刊资料. F9,旅游管理	1009-1637	11-4295/G3	中国人民大学
复印报刊资料. X8,企业家信息	1005-443X	11-4360/F	中国人民大学

刊　名	ISSN	CN	主办单位
改革	1003-7543	50-1012/F	重庆社会科学院
高科技与产业化	1006-222X	11-3556/N	中国科学院文献情报中心,中国高科技产业化研究会
葛洲坝集团年鉴	1008-4606	42-1598/TU	中国葛洲坝集团有限公司
工程管理科技前沿(原名为:预测)	2097-0145	34-1336/N	合肥工业大学
工程管理学报	1674-8859	23-1561/TU	哈尔滨工业大学,中国建筑业协会
工程经济	1672-2442	11-3104/F	中国建设工程造价管理协会建行委员会
工程造价管理	1008-2166	11-3151/TB	中国建设工程造价管理协会
工信财经科技	2096-9724	10-1729/F	电子工业出版社有限公司
工业工程	1007-7375	44-1429/TH	广东工业大学
工业工程与管理	1007-5429	31-1738/T	上海交通大学
工业技术经济	1004-910X	22-1129/T	吉林省科学技术信息研究所
管理案例研究与评论	1674-1692	21-9202/G	大连理工大学
管理工程师	1007-1199	41-1247/V	郑州航空工业管理学院
管理科学	1672-0334	23-1510/C	哈尔滨工业大学经济与管理学院
管理评论	1003-1952	11-5057/F	中国科学院大学
管理现代化	1003-1154	11-1403/C	中国管理现代化研究会
管理学报	1672-884X	42-1725/C	华中科技大学
管理学家	1674-1722	11-5630/F	中航出版传媒有限责任公司
广东印刷	1005-7463	44-1222/TS	广东省新闻出版高级技工学校
贵州全域旅游		52-1169/K	贵州日报当代融媒体集团
国防科技工业	1009-5225	11-4235/D	国家国防科技工业局新闻宣传中心
国际石油经济	1004-7298	11-3112/F	中国石油集团经济技术研究院等
国家电网	1673-4726	11-5432/TM	英大传媒投资集团有限公司
国企	1674-8336	11-5910/F	中国化工情报信息协会等
国企管理	2095-7599	10-1224/F	中国轻工业出版社有限公司,中国企业管理研究会
国有资产管理	1002-4247	11-2798/F	中国财经出版传媒集团经济科学出版社
海交史研究	1006-8384	35-1066/U	中国海外交通史研究会,福建省泉州海外交通史博物馆
海峡科技与产业	1006-3013	11-3391/G3	科技部海峡两岸科学技术交流中心
航空财会	2096-6857	10-1612/F2	中航出版传媒有限责任公司
航空港	1006-7310	31-1597/U	上海机场(集团)有限公司
航天工业管理	1004-7980	11-1702/G3	中国航天系统科学与工程研究院
航运交易公报	1008-3960	31-1818/C	上海航运交易所
河北旅游	2096-546X	13-1426/K	河北报业传媒集团有限公司,河北省文化和旅游创新发展中心
河北旅游职业学院学报	1674-2079	13-1387/Z	河北旅游职业学院
河北企业	1008-1968	13-1230/F	河北省企业联合会秘书处
河南电力		41-1441/TM	国网河南省电力公司管理培训中心
湖北画报. 湖北旅游	1005-5576	42-1043/Z	湖北今古传奇传媒集团有限公司
华北电业	1005-3107	11-3417/F	国网冀北电力有限公司
华东纸业	1674-6937	31-2034/TS	上海市造纸学会
化工管理	1008-4800	11-3991/F	中国化工企业管理协会
活力	1007-6263	23-1012/F	黑龙江日报报业集团

刊　名	ISSN	CN	主办单位
技术经济与管理研究	1004-292X	14-1055/F	山西社会科学报刊社有限公司
技术与市场	1006-8554	51-1450/T	四川省科学技术信息研究所
加油站服务指南	1673-9183	15-1349/Z	内蒙古新华报业中心
家纺时代	1005-6904	11-5504/F	中国家用纺织品行业协会，中国纺织信息中心
家族企业	2095-9222	10-1276/F	中国社会科学院工业经济研究所
价值工程	1006-4311	13-1085/N	河北省技术经济管理现代化研究会
建材发展导向	1672-1675	53-1185/TU	云南省建筑材料科学研究设计院有限公司
建材与装饰	1673-0038	51-1683/TU	成都市新闻出版发展中心，成都市厨房卫生设施行业协会
建设机械技术与管理	1004-0005	43-1185/TU	国家建筑城建机械质量监督检验中心
建筑	0577-7429	11-1405/TU	建筑杂志社
建筑经济	1002-851X	11-1326/F	亚太建设科技信息研究院有限公司，中国建筑学会
江苏交通年鉴	1671-7635	32-1677/Z	江苏省交通行业宣传教育中心
交通科技与经济	1008-5696	23-1443/U	黑龙江工程学院
交通企业管理	1006-8864	42-1302/F	武汉理工大学
交通运输部管理干部学院学报	2095-4263	10-1067/Z	交通运输部管理干部学院
今日财富	1009-8585	15-1211/F	内蒙古新华报业中心
今日民航	1007-2527	11-3174/U	中国民航报社有限公司
经济理论与经济管理	1000-596X	11-1517/F	中国人民大学
经济问题探索	1006-2912	53-1006/F	云南省宏观经济研究院（云南省产业研究院）
经济与管理研究	1000-7636	11-1384/F	首都经济贸易大学
经理人	1004-9312	44-1452/C	综合开发研究院（中国·深圳）
经营管理者	1003-6067	51-1071/F	四川省企业联合会
经营与管理	1003-3475	12-1034/F	天津市报刊出版有限公司
经营者	1672-2507	50-1018/F	中国兵器报社
经营者．汽车商业评论	1672-2507	50-1018/F	中国兵器报社
精品	1673-8756	32-1728/F	新华日报报业集团
酒·饮料技术装备	1671-959X	11-4878/TS	中国联合装备集团有限公司
军工文化	1674-1714	11-5629/G0	中航出版传媒有限责任公司
科技和产业	1671-1807	11-4671/T	中国技术经济学会
口腔护理用品工业	2095-3607	23-1559/TS	中国口腔清洁护理用品工业协会，黑龙江省轻工科学研究院
快递	1674-7208	11-5831/C	国家邮政局机关服务局，北京国邮创展文化传播有限公司
老字号品牌营销	2095-1175	13-1403/F	石家庄日报社
旅行家	1007-0915	11-3797/K	中国旅游商贸服务总公司
旅行者	1672-5999	31-1930/G0	上海人民美术出版社
旅游	1000-7253	11-1341/K	旅游杂志社
旅游导刊	2096-3238	31-2132/K	上海世纪出版股份有限公司
旅游科学	1006-575X	31-1693/K	上海师范大学旅游学院，上海旅游高等专科学校
旅游论坛	1674-3784	45-1363/K	桂林旅游学院
旅游世界	1007-0087	37-1263/K	济南大学

刊　　名	ISSN	CN	主办单位
旅游天地	1005-7730	31-1129/K	上海文艺出版总社
旅游学刊	1002-5006	11-1120/K	北京联合大学旅游学院
旅游研究	1674-5841	53-1212/K	昆明学院
旅游纵览	1004-3292	13-1138/K	秦皇岛开发区国有资产经营有限公司等
煤炭经济研究	1002-9605	11-1038/F	煤炭科学研究总院有限公司,中国煤炭经济研究会
煤炭新视界	2095-4875	10-1090/TD	煤炭信息研究院
民航管理	1005-491X	11-3309/F	中国民航管理干部学院
木工机床	1005-1937	35-1105/TH	福建省机械科学研究院
南国旅游	2096-4846	45-1406/K	广西人民出版社有限公司
南开管理评论	1008-3448	12-1288/F	南开大学
内蒙古煤炭经济	1008-0155	15-1115/F	内蒙古新华报业中心
能源	1674-4683	13-1392/TK	华北电力大学
能源高质量发展		10-1704/TK	《中国能源报》社有限公司
能源化工财经与管理	2097-1885	10-1853/F	中国石化集团经济技术研究院有限公司
能源新观察	2095-8323	52-1158/TK	贵州日报当代融媒体集团
农电管理	1672-2450	11-3778/D	中国电机工程学会
农机质量与监督	1002-7203	11-4411/S	农业农村部农业机械试验鉴定总站,中国农机产品质量认证中心,中国农业机械化协会
培训	1673-2650	32-1757/G4	江苏新华报业传媒集团有限公司
品牌与标准化	1674-4977	21-1564/T	辽宁省检验检测认证中心
品质	1004-6550	11-4903/F	中国质量协会
企业改革与发展	2097-2660	10-1874/F	中国经济体制改革研究会
企业改革与管理	1007-1210	11-3793/F	首钢集团有限公司
企业观察家	2095-1620	41-1418/F	河南能源集团有限公司
企业管理	1003-2320	11-1099/F	中国企业联合会
企业家(北京)	2097-0110	10-1757/F	中国企业家协会
企业界	1002-3577	37-1455/F	山东省企业联合会
企业经济	1006-5024	36-1004/F	江西省社会科学院
企业科技与发展	1674-0688	45-1359/T	广西科学技术情报研究所
企业文化	1003-5400	23-1305/G2	中共黑龙江省委奋斗杂志社
企业文明	1006-5989	50-1014/G2	中国兵器工业思想政治工作研究会等
企业研究.策划＆财富	1671-8119	22-1053/F	中国第一汽车集团有限公司
汽车工业研究	1009-847X	22-1231/U	中国第一汽车集团有限公司
汽车工艺师	2095-9044	10-1265/TH	机械工业信息研究院
汽车观察	1673-145X	11-5288/U	北京卓众出版有限公司,清华汽车工程开发研究院
汽车与配件	1006-0162	31-1219/U	上海百联汽车服务贸易有限公司
汽车制造业.汽车塑化	1673-9698	11-5557/TH	机械工业信息研究院
轻工标准与质量	1004-4108	11-2763/TS	中国轻工业信息中心,中国轻工业质量认证中心
乳品与人类	1671-5071	23-1556/TS	黑龙江省绿色食品科学研究院
软科学	1001-8409	51-1268/G3	四川省科学技术发展战略研究院
山东纺织经济	1673-0968	37-1233/F	山东省化学纤维研究所

刊　　名	ISSN	CN	主办单位
商业观察	2096-0808	10-1356/F	全国服务科技信息中心,中国商业股份制企业经济联合会
商业评论	1672-2582	11-5027/F	社会科学文献出版社
商用汽车新闻	1009-9638	11-5506/U	《中国汽车报》社有限公司,中国汽车工程研究院股份有限公司
上海管理科学	1005-9679	31-1515/C	上海市管理科学学会
上海航空	1006-5237	31-1607/F	上海航空传播有限公司
上海企业	1004-7808	31-1011/F	上海市企业联合会
上海质量	1004-7816	31-1061/F	上海质量管理科学研究院,上海市质量协会
胜利油田	1008-8083	37-1476/D	中共胜利石油管理局有限公司委员会党校
施工企业管理	1001-9251	11-2651/F	中国施工企业管理协会
石油工业技术监督	1004-1346	61-1222/TE	中国石油集团安全环保技术研究院有限公司,西安石油大学
石油化工管理干部学院学报	1008-4282	11-3980/D	石油化工管理干部学院
石油化工技术与经济	1674-1099	31-2004/TE	中国石化上海石油化工股份有限公司
石油商技	1006-1479	10-1479/TE	中国石化润滑油有限公司
石油石化物资采购	1674-0831	22-1385/TQ	吉林省石油化工设计研究院、中国质量协会化工分会
石油组织人事	2096-7306	10-1646/F	中国石油天然气集团有限公司,中国石油教育学会
时代汽车	1672-9668	42-1738/TH	时代汽车
时代商家	1674-0521	44-1636/F	深圳市企业联合会
时尚北京	1674-3105	11-5697/TS	北京方恒集团有限公司
世界海运	1006-7728	21-1284/U	大连海事大学
世界经济研究	1007-6964	31-1048/F	上海社会科学院世界经济研究所
市场监管与质量技术研究	2097-0870	35-1347/T	福建省标准化研究院
首席财务官	1673-3169	11-5374/F	国家工业信息安全发展研究中心
数字经济	2096-9988	10-1719/F	中国电子信息产业发展研究院,赛迪工业和信息化研究院(集团)有限公司
水利建设与管理	2097-0528	11-4446/TV	中国水利工程协会
水利经济	1003-9511	32-1165/F	河海大学,中国水利经济研究会
水利科技与经济	1006-7175	23-1397/TV	哈尔滨市水利技术服务中心
水运管理	1000-8799	31-1233/U	上海海事大学
丝网印刷	1002-4867	11-2348/TS	北京市印刷技术研究所有限公司
四川旅游学院学报	2095-7211	51-1753/F	四川旅游学院
天然气技术与经济	2095-1132	51-1736/TE	中国石油天然气股份有限公司西南油气田分公司
铁道经济研究	1004-9746	11-3232/F	中国铁路经济规划研究院有限公司
铁道运输与经济	1003-1421	11-1949/U	中国铁道科学研究院集团有限公司
铁道运营技术	1006-8686	45-1204/U	广西铁道学会
铁合金	1001-1943	22-1145/TF	吉林铁合金股份有限公司
铁路采购与物流	1673-7121	11-5521/U	中国物流集团有限公司
铁路工程技术与经济	1007-9890	10-1436/U	中国铁路经济规划研究院有限公司
通信管理与技术	1672-6200	23-1521/TN	黑龙江省通信学会等
通信企业管理	2096-8620	11-4813/F	人民邮电报社

刊　名	ISSN	CN	主办单位
投资与创业	1672-3414	23-1517/F	黑龙江省生产力学会
外国经济与管理	1001-4950	31-1063/F	上海财经大学
玩家惠	1006-7027	10-1028/G0	国际文化出版公司
网印工业	1007-2160	11-4868/TS	中国印刷及设备器材工业协会
武汉交通职业学院学报	1672-9846	42-1746/U	武汉交通职业学院
武汉冶金管理干部学院学报	1009-1890	42-1580/TF	武汉冶金管理干部学院
西部旅游	1006-2629	51-1578/K	四川日报报业集团
稀土信息	2096-353X	15-1100/TF	瑞科稀土冶金及功能材料国家工程研究中心有限公司
厦门航空	1006-7418	35-1236/V	厦门航空传媒科技有限公司
现代班组	1673-8322	21-1549/G3	辽宁利盟国有资产经营有限公司等
现代工商	1004-7417	31-1621/F	上海市工商业联合会(总商会)
现代工业经济和信息化	2095-0748	14-1362/N	山西经济和信息化出版传媒中心
现代管理科学	1007-368X	32-1281/C	江苏省经济和信息化研究院
现代国企研究	2095-0322	11-5992/F	中国兵器工业集团人才研究中心
现代企业	1000-9671	61-1194/F	陕西省企业管理协会,陕西省企业家协会
现代企业文化	1674-1145	11-5637/G0	中国中小企业协会
现代商贸工业	1672-3198	42-1687/T	《中国商办工业》杂志社
乡镇企业导报	1006-2203	11-3564/F	中国乡镇企业协会
项目管理技术	1672-4313	11-5007/T	机械工业信息研究院
消费指南	1672-5816	11-5164/F	中国消费品质量安全促进会
新材料产业	1008-892X	11-4396/TU	北京新材料和新能源科技发展中心
新财富	1671-1319	44-1477/F	广东省宣传事务中心
新航空	1671-1424	37-1374/D	走向世界杂志社
新经济导刊	1009-959X	11-4599/F	国务院发展研究中心信息中心
新理财.公司理财	1672-0377	11-4862/F	中国财政经济出版社
新旅行	1674-5116	42-1750/G0	武汉决策信息研究开发中心
新食品	1672-8599	51-1678/TS	成都市食品技术开发应用协会
新型工业化	2095-6649	11-5947/TB	国家工业信息安全发展研究中心
信息产业报道	1672-4739	51-1628/TN	四川省电子产品监督检验所,四川省电子学会
信息技术时代	1671-153X	44-1536/TN	深圳湾科技发展有限公司
沿海企业与科技	1007-7723	45-1227/N	广西社会科学院企业文化研究中心
盐业史研究	1003-9864	51-1119/TS	自贡市盐业历史博物馆,中国盐业协会
冶金财会	1004-7336	11-3119/F	冶金工业经济发展中心
冶金管理	1005-6726	11-2940/D	冶金工业经济发展中心
冶金经济与管理	1002-1779	21-1094/F	中国金属学会冶金技术经济分会等
冶金企业文化	1673-2820	11-5332/G0	中国冶金职工思想政治工作研究会
医药界	1550-1868	43-1519/R	湖南科学技术出版社有限责任公司
饮料工业	1007-7871	11-5556/TS	中国饮料工业协会
印刷工业	1673-6451	11-5502/TS	中国印刷机设备器材工业协会
印刷经理人	1671-8712	11-4879/TS	中国印刷科学技术研究院有限公司
印刷杂志	1004-6267	31-1402/TS	上海印刷技术研究所
邮政研究	1007-5399	13-1153/TN	石家庄邮电职业技术学院
有色金属信息	1672-2213	11-5003/TF	中国有色金属工业协会
云端	2096-0557	46-1084/Z	南方出版社

刊　名	ISSN	CN	主办单位
运输经理世界	1673-3681	11-5409/U	交通运输部科学研究院
造纸信息	1006-8791	11-3667/TS	中国造纸协会等
浙商	1672-8726	33-1325/F	浙江日报报业集团等
郑州航空工业管理学院学报	1007-9734	41-1200/V	郑州航空工业管理学院
职场荟	2096-4447	10-1504/F	北京外企服务集团有限责任公司
纸和造纸	1001-6309	11-2709/TS	中国造纸学会
质量探索	1672-6286	36-1271/T	江西省质量和标准化研究院
质量与认证	2095-7343	10-1214/T	中国质量认证中心
质量与市场	1006-1347	44-1389/F	广州市标准化研究院
智能印刷	2097-1478	10-1803/TS	中国印刷及设备器材工业协会,北京高科印刷机械研究所有限公司
中国安防	1673-7873	11-5538/TU	中国安全防范产品行业协会
中国宝玉石	1002-1442	61-1211/TS	咸阳非金属矿研究设计院有限公司
中国道路运输	1006-3633	11-3578/F	中国道路运输协会
中国电力企业管理	1007-3361	11-3808/F	中国电力企业联合会
中国电业与能源	2097-1389	10-1821/TM	中国能源传媒集团有限公司,中电传媒股份有限公司
中国电子商情.空调与冷冻	1006-6675	11-3648/F	中国电子器材有限公司
中国服饰	1007-6840	31-1988/TS	东华大学,中国纺织出版社有限公司
中国钢铁工业年鉴	1003-9368	11-2829/TF	冶金工业经济发展研究中心
中国钢铁业	1672-5115	11-5016/TF	中国钢铁工业协会
中国港口	1006-124X	31-1232/U	中国港口协会
中国工程咨询	1009-5829	11-4531/N	中国工程咨询协会
中国工商	1002-9699	11-1012/F	中华全国工商业联合会
中国工业和信息化	2096-5834	10-1573/F	中国电子信息产业发展研究院,赛迪工业和信息化研究院(集团)有限公司
中国工业经济	1006-480X	11-3536/F	中国社会科学院工业经济研究所
中国公路	1006-3897	11-3597/F	中国公路学会
中国管理信息化	1673-0194	22-1359/TP	吉林科学技术出版社有限责任公司
中国国家旅游	2095-2422	10-1012/K	中国科技出版传媒股份有限公司
中国航班	1005-0825	11-5817/Z	中国民航科普基金会,中国民用航空总局空中交通管理局
中国航务周刊	1006-2149	11-4150/F	中国交通运输协会
中国机电工业	1002-977X	11-2582/TH	中国机械工业联合会
中国机械工业年鉴	1009-4555	11-4071/Z	机械工业信息研究院
中国集成电路	1681-5289	11-5209/TN	中国半导体行业协会
中国建筑材料工业年鉴		11-3115/TU	中国建材杂志社有限公司
中国建筑业年鉴	1671-1858	11-4680/Z	中国建筑业协会
中国交通年鉴	1002-8617	11-1397/U	中国交通运输协会
中国酒	1006-2289	11-3121/F	消费日报社
中国军转民	1008-5874	11-4014/N	中国和平利用军工技术协会
中国空管	2095-3062	10-1035/V	国务院中央军委空中交通管制委员会办公室,空军装备研究院通信导航与指挥自动化研究所
中国矿业	1004-4051	11-3033/TD	中国矿业联合会
中国轮胎资源综合利用	1672-1845	11-5002/T	中国轮胎循环利用协会
中国煤炭	1006-530X	11-3621/TD	煤炭信息研究院

刊　名	ISSN	CN	主办单位
中国煤炭工业	1673-9612	11-5593/F	中国煤炭工业协会
中国煤炭工业年鉴	1008-6528	11-4108/TD	应急管理部信息研究院（煤炭信息研究院）
中国民商	2095-5286	10-1099/F	中国民营科技实业家协会
中国民用航空	1009-8739	11-4604/D	中国民航科学技术研究院
中国能源	1003-2355	11-2587/TK	国家发展和改革委员会能源研究所
中国品牌	1673-7741	11-5562/T	中国品牌建设促进会
中国企业家	1003-5087	11-1269/F	经济日报社
中国汽车	1002-0918	12-1184/U	中国汽车技术研究中心有限公司
中国汽车工业年鉴	2096-0697	12-1228/U	中国汽车技术研究中心有限公司
中国汽车界	1672-8300	11-5240/F	机械工业经济管理研究院，中国机械工业企业管理协会
中国轻工业年鉴	1004-3675	11-2610/TS	中国轻工业联合会
中国人力资源开发	1004-4124	11-2822/C	中国人力资源开发研究会
中国人造板	1673-5064	11-5459/S	中国林业科学研究院木材工业研究所
中国认证认可	1674-0459	11-5605/D	中国合格评定国家认可中心，中国认证认可协会
中国乳业	1671-4393	11-4768/S	中国农业科学院农业信息研究所
中国生态旅游	2095-199X	10-1008/N	中国科学院地理科学与资源研究所
中国石化	1005-457X	11-3425/F	中国石化报社
中国石油和化工	1008-1852	11-3958/D	中国石油和化学工业联合会
中国石油和化工产业观察	1674-1463	10-1692/TQ	中国化工经济技术发展中心，中国化工信息中心有限公司
中国石油画报	1006-5660	13-1051/Z	中国石油天然气集团有限公司
中国石油企业	1672-4267	11-5023/F	中国石油企业协会，中国石油企业协会海洋石油分会
中国食品工业	1006-6195	11-3632/TS	中国食品工业协会
中国水运	1006-7973	42-1395/U	长江航务管理局
中国丝绸年鉴	1671-2099	11-4700/Z	中国丝绸协会
中国铁道年鉴	1009-6957	11-4070/Z	中国国家铁路集团有限公司
中国铁路北京局集团有限公司年鉴	1006-2734	10-1619/U2	中国铁路北京局集团有限公司
中国铁路南宁局集团有限公司年鉴	2096-6687	45-1407/U2	中国铁路南宁局集团有限公司
中国铁路上海局集团有限公司年鉴	2096-6245	31-2158/U2	中国铁路上海局集团有限公司
中国铁路沈阳局集团有限公司年鉴	2096-7667	21-1609/U	中国铁路沈阳局集团有限公司
中国铁路郑州局集团有限公司年鉴	2096-6377	41-1453/U2	中国铁路郑州局集团有限公司
中国通信年鉴	1674-8263	11-5893/Z	中国通信学会，《中国通信》杂志社有限公司
中国文化和旅游年鉴	1005-3719	10-1607/K	中国旅游协会
中国五金与厨卫	1672-2760	11-5012/TS	中国五金制品协会
中国乡镇企业会计	1004-8480	11-3064/F	中国乡镇企业协会
中国信息化	1672-5158	11-5119/TP	电子工业出版社有限公司
中国信息界	1671-3370	11-4721/TN	中国信息协会
中国盐业	1004-9169	11-3185/D	中国盐业集团有限公司，中国盐业协会
中国药物经济学	1673-5846	11-5482/R	中国中医药研究促进会
中国有色金属	1673-3894	11-5407/TG	中国有色金属工业协会
中国有色金属工业年鉴	1006-9623	11-2828/TG	中国有色金属工业协会
中国远洋海运	2096-3890	31-2140/U	中国远洋海运集团有限公司

刊　名	ISSN	CN	主办单位
中国招标	1004-2415	11-2868/F	中国机电设备招标中心
中国之翼	1003-3823	11-2749/U	中国航空集团公司
中国制笔	1001-7860	31-1574/T	全国制笔工业信息中心,中国制笔协会
中国质量	1007-2713	11-3823/F	中国质量协会
中国质量监管	2096-8892	10-1685/F2	中国质量报刊社
中国质量万里行	1005-149X	11-3114/F	中国质量报刊社
中国质量与标准导报	2096-2967	10-1457/T	中国质量标准出版传媒有限公司
中国中小企业	1005-8400	11-3465/F	中国中小企业国际合作协会
中外企业家	1000-8772	23-1025/F	黑龙江人民出版社有限公司
中外企业文化	1006-6462	11-3656/G0	北京商报社
中外食品.中国酒业	1671-8895	11-4823/TS	中国食品工业(集团)公司,中国食品科学技术学会
中外玩具制造	1672-8564	44-1609/TS	家庭期刊集团有限公司,广东省玩具协会
中小企业管理与科技	1673-1069	13-1355/F	河北省中小企业服务中心
资源再生	1673-7776	11-5544/TF	中国有色金属工业再生资源公司等
综合运输	1000-713X	11-1197/U	国家发展和改革委员会综合运输研究所

F7 贸易经济(163 种)

刊　名	ISSN	CN	主办单位
21 世纪商业评论	1672-8343	44-1615/F	南方报业传媒集团
IT 经理世界	1007-9440	11-3928/TN	国家工业信息安全发展中心
安徽商贸职业技术学院学报	1671-9255	34-1242/Z	安徽商贸职业技术学院
北京财贸职业学院学报	1674-2923	11-5679/F	北京财贸职业学院
北京工商大学学报.社会科学版	1009-6116	11-4509/C	北京工商大学
财富时代	1671-3478	51-1619/F	四川西南商报报业传媒有限公司
财贸经济	1002-8102	11-1166/F	中国社会科学院,财经战略研究院
财贸研究	1001-6260	34-1093/F	安徽财经大学
楚商	1672-3368	42-1876/F	湖北长江广电传媒集团有限责任公司
川商		51-1733/F	四川日报报业集团
大市场	1671-7902	52-1129/F	贵州人民出版社有限公司
大众商务	1009-8283	61-1379/F	三秦出版社
电脑采购	1009-0886	11-4400/TP	中国国信信息总公司
电器	1672-8823	11-5216/TH	中国家用电器协会
对外经贸	2095-3283	23-1578/F	黑龙江省国际经济贸易学会
对外经贸实务	1003-5559	42-1113/F	武汉科技学院
发展改革理论与实践	1003-6709	44-1729/F	广东时代传媒有限公司
服务外包	2095-8463	10-1245/F	商务部国际贸易经济合作研究院
复印报刊资料.F51,贸易经济	1674-4276	11-5764/F	中国人民大学
复印报刊资料.F512,市场营销.上半月,实务版	1009-1351	11-4288/F	中国人民大学
复印报刊资料.F513,市场营销.下半月,理论版	1009-1351	11-4288/F	中国人民大学
复印报刊资料.F52,国际贸易研究	1674-4446	11-5763/F	中国人民大学

刊　名	ISSN	CN	主办单位
复印报刊资料. W-F512，市场营销文摘	1674-4349	11-5772/F	中国人民大学
赣商	2095-6665	36-1329/F	江西日报社
广告大观	1672-9005	32-1730/F	江苏广播电视集团
贵商		52-1168/F	贵州日报报业集团传媒有限责任公司
国际工程与劳务	1672-2884	11-5034/F	中国对外承包工程商会
国际经济合作	1002-1515	11-1583/F	商务部国际贸易经济合作研究院
国际经贸探索	1002-0594	44-1302/F	广东外语外贸大学
国际贸易	1002-4999	11-1600/F	商务部国际贸易经济合作研究院
国际贸易问题	1002-4670	11-1692/F	对外经济贸易大学
国际品牌观察	1674-9863	11-5938/F	中国商务广告协会
国际商务	1002-4034	11-3645/F	对外经济贸易大学
国际商务财会	1673-8594	11-5551/F	中国对外经济贸易会计学会
国际商务研究	1006-1894	31-1049/F	上海对外经贸大学
国际商业技术	1007-970X	31-1756/N	上海商业联合会
国际市场	1001-5450	31-1550/F	上海市商务发展研究中心
国家彩票	2095-6428	10-1127/F	中国财政经济出版社
海关统计	1003-5982	11-1674/C	中国海关出版社有限公司
海关与经贸研究	2095-7475	31-2093/F	上海海关学院
合作经济与科技	1672-190X	13-1296/N	河北省供销合作总社,河北省供销合作经济学会
环球财经	1671-3435	11-4732/F	国务院发展研究中心国际技术经济研究所
环球市场	1005-9644	46-1042/F	环球新闻出版实业有限公司
徽商	1674-5736	34-1307/F	安徽日报报业集团
技术性贸易措施导刊	2096-2231	10-1408/F	海关总署国际检验检疫标准与技术法规研究中心
技术与市场	1006-8554	51-1450/T	四川省科学技术信息研究所
价格理论与实践	1003-3971	11-1010/F	中国价格协会
价格月刊	1006-2025	36-1006/F	价格月刊杂志社
江苏商论	1009-0061	32-1076/F	江苏省商业经济学会
今日消费		41-1364/F	河南日报报业集团
今商圈	1674-9936	32-1820/F	无锡锡报期刊传媒有限公司
锦绣	1674-5140	51-1710/TS	四川省丝绸工业研究所等
经贸实践	1671-3494	33-1258/F	浙江省技术创新服务中心
可持续发展经济导刊	2096-6520	10-1603/F7	中国国际经济技术交流中心
空运商务	1671-3095	11-4684/F	中国民航管理干部学院
林草政策研究	2096-9546	10-1728/S	中国林业科学研究院林业科技信息研究所
农机市场	1004-4035	11-3003/F	中国农业机械流通协会
品牌研究	2096-1847	14-1384/F	山西社会科学报刊社
汽车导购	1671-900X	11-4837/TH	北京卓众出版有限公司
全国流通经济	2096-3157	10-1464/F	中华全国商业信息中心
山东商业职业技术学院学报	1671-4385	37-1382/Z	山东商业职业技术学院
商标公告		11-9238/F	国家知识产权局商标局
商场现代化	1006-3102	11-3518/TS	中商科学技术信息研究所
商界	1008-1313	50-1007/F	商界杂志社

刊　名	ISSN	CN	主办单位
商界. 评论	1008-1313	50-1007/F	商界杂志社
商品评介	1002-6878	52-1075/F	贵阳日报传媒集团,贵阳日报传媒集团经营有限公司
商品与质量	1006-656X	11-3669/T	中国保护消费者基金会,中商科学技术信息研究所
商学研究	2096-4315	43-1539/F	湖南工商大学
商学院	1672-7614	11-5207/F	中国社会科学院工业经济研究所
商讯	1671-6728	44-1563/F	经理人杂志社
商业 2.0	2097-2903	41-1406/F	河南销售与市场杂志社有限公司
商业故事	1673-8160	50-1185/F	《商业故事》杂志社
商业经济	1009-6043	23-1057/F	黑龙江省商务经济研究中心,黑龙江省商业经济学会
商业经济研究	2095-9397	10-1286/F	中国商业经济学会
商业经济与管理	1000-2154	33-1336/F	浙江工商大学
商业会计	1002-5812	11-1475/F	中国商业联合会,中国商业会计学会
商业文化	1006-4117	11-3456/G0	中国商业文化研究会
商业研究	1001-148X	23-1364/F	哈尔滨商业大学,中国商业经济学会
商业周刊	1005-5649	11-3319/F	中国商务出版社有限公司
商展经济	2096-6776	10-1617/F7	中国百货商业协会
上海百货	1007-3833	31-1187/F	百联集团有限公司
上海对外经贸大学学报	2095-8072	31-2089/F	上海对外经贸大学
上海供销合作经济	1674-2516	31-1620/F	上海供销合作总社,上海供销合作经济研究会
上海商业	1007-2845	31-1567/F	上海市商业经济学会
生活用纸	1009-9069	11-4571/TS	中国制浆造纸研究院有限公司
时代经贸	1672-2949	11-5036/F	中国商业经济学会
市场监督管理	2096-6563	10-1618/F2	中国工商出版社有限公司
市场瞭望	1007-0419	35-1188/F	福建日报社(福建日报报业集团)
市场调查信息		22-1300/C	吉林日报报业集团
市场周刊	1008-4428	32-1514/F	江苏省惠隆资产管理有限公司
收藏/拍卖	1672-6928	44-1590/G0	广东时代传媒有限公司,广东省期刊协会
收藏与投资	1674-8719	46-1079/G0	南方出版社有限公司
丝路瞭望	2096-2568	10-1429/D	人民画报社
丝路视野	2096-1200	64-1702/G0	黄河出版传媒集团有限公司
四川旅游学院学报	2095-7211	51-1753/F	四川旅游学院
糖烟酒周刊	1672-8645	13-1346/F	河北报业传媒集团有限公司
天下网商	1674-9022	33-1365/F	浙江省期刊总社有限公司
无锡商业职业技术学院学报	1671-4806	32-1644/Z	无锡商业职业技术学院
现代广告	1007-2888	11-3168/F	中国广告协会
现代商业(北京)	1673-5889	11-5392/F	中华全国商业信息中心
现代营销. 上旬刊,经营版	1009-2994	22-1256/F	吉林省期刊工作者协会
现代营销. 下旬刊,学苑版	1009-2994	22-1256/F	吉林省期刊工作者协会
现代营销. 中旬刊,信息版	1009-2994	22-1256/F	吉林省期刊工作者协会
消费导刊	1672-5719	11-5052/Z	中国轻工业联合会
消费经济	1007-5682	43-1022/F	湘潭大学等
消费者报道	2095-5499	44-1699/F	广东时代传媒集团有限公司

刊 名	ISSN	CN	主 办 单 位
销售与管理	2096-5370	14-1396/F	山西三晋报刊传媒集团有限责任公司
销售与市场	1005-3530	41-1210/F	销售与市场杂志社
新晋商	1674-6716	14-1350/F	山西出版传媒集团有限公司,山西省人民政府参事室(文史馆)
新商务周刊	2095-4395	35-1316/F	海峡书局出版社有限公司
新营销	1009-8046	45-1323/F	广西师范大学出版社集团有限公司
"一带一路"报道(中英文)	2096-2886	51-1788/F	四川期刊传媒(集团)股份有限公司,中铁二院工程集团有限责任公司
营销界	2097-3020	41-1405/F	河南销售与市场杂志社有限公司
营销科学学报	2097-0099	10-1747/F	人民邮电出版社有限公司
浙江工商职业技术学院学报	1671-9565	33-1303/Z	浙江工商职业技术学院
中国安防	1673-7873	11-5538/TU	中国安全防范产品行业协会
中国餐饮年鉴	1672-7266	11-5151/TS	中国烹饪协会
中国电子商情. 基础电子	1006-6675	11-3648/F	中国电子器材有限公司
中国电子商情. 空调与冷冻	1006-6675	11-3648/F	中国电子器材有限公司
中国电子商务	1009-4067	11-4440/F	中国电子企业协会,中国电子器材总公司
中国对外经济贸易文告		11-4893/D	商务部办公厅
中国对外贸易	1000-954X	11-1019/F	中国贸易报社
中国对外贸易指数	1673-0488	11-5316/F	中国海关出版社有限公司
中国防伪报道	1671-2773	11-4690/T	中国安全防伪证件研制中心
中国服饰	1007-6840	31-1988/TS	东华大学,中国纺织出版社有限公司
中国供销合作社年鉴	1008-147X	11-4577/Z	中华全国供销合作总社办公厅
中国广告	1005-9156	31-1174/F	东方出版中心有限公司等
中国果业信息	1673-1514	50-1173/S	中国农业科学院柑桔研究所
中国哈尔滨国际经济贸易洽谈会会刊	1671-6817	23-1488/D	哈洽会办公室,黑龙江出版集团公司
中国海关	1001-0637	11-2553/Z	中国海关传媒中心
中国海关统计年鉴	1004-3748	11-2997/C	中国海关出版社有限公司
中国合作经济	1006-6063	11-5200/F	中华合作时报社
中国化肥信息	1673-7628	11-5528/TQ	中国化工信息中心
中国化工贸易	1674-5167	11-5717/TQ	中国化工信息中心
中国黄金珠宝	1009-6841	11-4559/G0	北京黄金经济发展研究中心等
中国会展	1674-3598	11-4807/F	中国信息协会
中国价格监管与反垄断	2096-9112	10-1219/F	中国价格协会
中国经济贸易年鉴	1671-3869	11-4744/Z	中国经济出版社有限公司
中国经贸	1009-9972	11-4582/F	中国对外贸易经济合作企业协会
中国口岸科学技术	1002-4689	10-1652/R1	中国海关传媒中心
中国流通经济	1007-8266	11-3664/F	北京物资学院
中国名牌	1004-9525	11-3191/F	中国广告联合有限责任公司
中国拍卖	1673-6621	11-5487/F	中国拍卖行业协会
中国品牌	1673-7741	11-5562/T	中国品牌建设促进会
中国品牌与防伪	1673-3398	11-5380/TB	中国防伪行业协会
中国汽车市场	1019-9314	11-3418/F	北京卓众出版有限公司
中国商界	1006-7833	11-3654/F	中国商报社
中国商论	2096-0298	10-1337/F	中国商业联合会
中国商人	1005-5266	11-3444/G4	中国商报社
中国商务年鉴	1673-6834	11-5319/F	商务部国际贸易经济合作研究院

刊　名	ISSN	CN	主办单位
中国食品工业	1006-6195	11-3632/TS	中国食品工业协会
中国市场	1005-6432	11-3358/F	中国物流与采购联合会
中国市场监管研究	2096-6512	10-1388/F	中国市场监督管理学会
中国物价	1003-398X	11-2248/F	国家发展改革委市场与价格研究所
中国物价年鉴	1005-0620	11-3285/F	中国价格协会
中国物流与采购	1671-6663	11-4812/F	中国物流与采购联合会
中国消费者	1005-4510	11-3413/F	中国消费者协会
中国药店	1009-5012	11-4476/R	中国整形美容协会
中华人民共和国海关总署文告	1672-0822	11-4930/D	海关总署办公厅
中华商标	1006-7531	11-3655/D	中华商标协会
中欧商业评论	1674-4713	31-2020/F	上海世纪出版股份有限公司远东出版社
中外玩具制造	1672-8564	44-1609/TS	家庭期刊集团有限公司，广东省玩具协会
尊品	2096-515X	43-1544/G0	湖南机场股份有限公司

F81 财政、国家财政（40 种）

刊　名	ISSN	CN	主办单位
财富风尚. 财资中国	2095-6118	33-1382/F	浙江省期刊总社有限公司
财经	1671-4725	11-4568/F	中国证券市场研究设计中心
财经界	1009-2781	11-4098/F	国家信息中心
财经理论与实践	1003-7217	43-1057/F	湖南大学
财经论丛	1004-4892	33-1388/F	浙江财经大学
财经问题研究	1000-176X	21-1096/F	东北财经大学
财经研究	1001-9952	31-1012/F	上海财经大学
财经智库	2096-1022	10-1359/F	中国社会科学院财经战略研究院，社会科学文献出版社
财会通讯	1002-8072	42-1103/F	湖北省会计学会
财政监督	1671-0622	42-1706/F	湖北知音传媒股份有限公司，湖北省中央企业会计学会
财政科学	2096-1391	10-1368/F	中国财政科学研究院
财政研究	1003-2878	11-1077/F	中国财政学会，中国财政科学研究院
地方财政研究	1672-9544	21-1520/F	辽宁省财政科学研究所等
复印报刊资料. F61，财政与税务	1005-4375	11-4290/F	中国人民大学
复印报刊资料. W-F6，财政金融文摘	1674-4322	11-5770/F	中国人民大学
工信财经科技	2096-9724	10-1729/F	电子工业出版社有限公司
公共财政研究	2095-8900	37-1502/F	山东大众报业（集团）有限公司，山东省财政研究和教育中心
国际税收	2095-6126	10-1142/F	中国国际税收研究会，中国税务杂志社
国家税务总局公报	1671-7015	11-4849/D	国家税务总局办公厅
河北财政	1671-7937	13-1429/F	河北省财政厅新闻中心
河南财政税务高等专科学校学报	1008-5793	41-1267/F	河南财政税务高等专科学校
湖南税务高等专科学校学报	1008-4614	43-1282/F	湖南税务高等专科学校
纳税	1674-0920	53-1208/F	云南出版融媒体有限责任公司
山东财经大学学报	2095-929X	37-1504/F	山东财经大学

刊　　名	ISSN	CN	主办单位
山西财税		14-1011/F	山西省财政科学研究院,山西省财政学会
山西财政税务专科学校学报	1008-9306	14-1230/F	山西省财政税务专科学校
税收经济研究	2095-1280	32-1824/F	中共国家税务总局党校,国家税务总局税务干部学院
税收征纳	1007-3345	42-1411/F	武汉出版社
税务研究	1003-448X	11-1011/F	中国税务杂志社
税务与经济	1004-9339	22-1210/F	吉林财经大学
新疆财经(维吾尔文)	1007-8584	65-1030/F-W	新疆财经大学
预算管理与会计	1008-5114	11-4043/F	全国预算与会计研究会
中国财政	1007-578X	11-3829/F	中国财政杂志社
中国财政年鉴	1004-5740	11-3063/F	中国财政杂志社
中国税务	1003-4471	11-1178/F	中国税务杂志社
中国税务年鉴	1005-8672	11-3439/F	国家税务总局
中国政府采购	1671-0665	11-4667/F	中国财经出版传媒集团经济科学出版社
中华人民共和国财政部文告	1009-4466	11-4464/D	中华人民共和国财政部办公厅
中央财经大学学报	1000-1549	11-3846/F	中央财经大学
注册税务师	2095-1051	11-5957/F	中国注册税务师协会

F82/F84 货币,金融、银行,保险(113 种)

刊　　名	ISSN	CN	主办单位
保险研究	1004-3306	11-1632/F	中国保险学会
保险职业学院学报	1673-1360	43-1434/F	保险职业学院
北方金融	2095-8501	15-1370/F	中国人民银行内蒙古自治区分行,内蒙古自治区金融学会
财经	1671-4725	11-4568/F	中国证券市场研究设计中心
财经理论与实践	1003-7217	43-1057/F	湖南大学
长春金融高等专科学校学报	1671-6671	22-1290/F	长春金融高等专科学校
大众投资指南	1007-676X	12-1217/F	天津市报刊出版有限公司
当代金融家	1673-2405	14-1325/F	山西三晋报刊传媒集团有限责任公司
当代金融研究	2096-4153	50-1216/F	西南大学,重庆日报报业集团
福建金融	1002-2740	35-1129/F	福建省金融学会
福建金融管理干部学院学报	1009-4768	35-1229/F	福建金融管理干部学院
复印报刊资料.F104,统计与精算	1009-7651	11-4280/C	中国人民大学
复印报刊资料.F62,金融与保险	1005-4383	11-4291/F	中国人民大学
复印报刊资料.F63,投资与证券	1007-6670	11-4292/F	中国人民大学
复印报刊资料.W-F6,财政金融文摘	1674-4322	11-5770/F	中国人民大学
甘肃金融	1009-4512	62-1157/F	甘肃省金融学会
股市动态分析	1671-0401	44-1524/F	综合开发研究院(中国·深圳),股份制经济与证券市场研究所
国际金融	1673-8489	11-1373/F	中国国际金融学会
国际金融研究	1006-1029	11-1132/F	中国银行股份有限公司,中国国际金融学会
海南金融	1003-9031	46-1009/F	海南自由贸易港金融学会

刊　名	ISSN	CN	主办单位
海外投资与出口信贷	2095-8285	10-1246/F	中国进出口银行,中国金融出版社有限公司
杭州金融研修学院学报	1671-3087	33-1270/F	中国工商银行杭州金融研修学院
河北金融	1006-6373	13-1175/F	河北省金融学会,中国人民银行石家庄中心支行
黑龙江金融	1001-0432	23-1028/F	中国人民银行哈尔滨中心支行
华北金融	1007-4392	12-1309/F	中国人民银行天津分行
吉林金融研究	1009-3109	22-1073/F	中国人民银行长春中心支行
价值线	2095-6312	52-1157/F	贵州教育出版社有限公司
建行财富	1674-988X	31-2052/F	上海市投资学会
金融博览	1673-4882	11-5428/F	中国金融出版社
金融博览.财富	1673-4882	11-5428/F	中国金融出版社
金融电子化	1008-0880	11-3563/TN	中国金融电子化公司
金融发展	2096-7160	31-2142/F	上海社会科学院出版社有限公司
金融发展评论	1674-8875	65-1282/F	中国金融学会等
金融发展研究	1674-2265	37-1462/F	山东省金融学会
金融监管研究	2095-3291	10-1047/F	《中国农村金融》杂志社有限责任公司
金融教育研究	2095-0098	36-1312/F	江西师范大学
金融经济	1007-0753	43-1156/F	湖南省金融学会,长沙金融电子结算中心
金融经济学研究	1674-1625	44-1696/F	广东金融学院
金融科技时代	2095-0799	44-1680/N	广州银行电子结算中心
金融客	2095-8625	31-2105/F	上海世纪出版股份有限公司远东出版社
金融会计	1671-8356	11-3329/F	中国金融会计学会
金融理论探索	2096-2517	13-1418/F	河北金融学院
金融理论与教学	1004-9487	23-1146/F	哈尔滨金融学院
金融理论与实践	1003-4625	41-1078/F	中国人民银行郑州中心支行,河南省金融学会
金融论坛	1009-9190	11-4613/F	中国工商银行股份有限公司,中国现代金融学会
金融评论	1674-7690	11-5865/F	中国社会科学院金融研究所
金融市场研究	2095-3658	10-1052/F	中国银行间市场交易商协会
金融文化	2095-5812	10-1137/F	中国农业银行股份有限公司
金融研究	1002-7246	11-1268/F	中国金融学会
金融与经济	1006-169X	36-1005/F	江西省金融学会
金融纵横	1009-1246	32-1564/F	江苏省金融学会
开发性金融研究	2096-0565	10-1341/F	国家开发银行,中国金融出版社有限公司
科技与金融	2096-4935	44-1737/N	广东省科技合作研究促进中心
理财	1673-1107	41-1370/F	河南省审计科学研究所
理财.财经版	1673-1107	41-1370/F	河南省审计科学研究所
理财.收藏	1673-1107	41-1370/F	河南省审计科学研究所
理财周刊	1009-9832	31-1849/F	上海世纪出版股份有限公司
陆家嘴	2095-4077	31-2080/F	上海人民美术出版社,上海东方传媒集团有限公司
南方金融	1007-9041	44-1479/F	中国人民银行广州分行

刊 名	ISSN	CN	主办单位
农村金融研究	1003-1812	11-1206/F	中国农村金融学会
农业发展与金融	1006-690X	11-3635/D	中国农业发展银行
农银学刊	2097-230X	42-1864/F	中国农业银行股份有限公司武汉金融研修院,农银报业有限公司
青海金融	1007-841X	63-1021/F	青海金融学会
清华金融评论	2095-6738	10-1169/F	清华大学
区域金融研究	1674-5477	45-1371/F	广西金融学会
商周刊	1674-4004	37-1463/F	青岛出版集团
上海保险	1006-1320	31-1226/F	上海《上海保险》杂志社
上海金融	1006-1428	31-1160/F	上海市金融学会
上海立信会计金融学院学报	2096-6814	31-2143/F	上海立信会计金融学院
时代金融	1672-8661	53-1195/F	云南时代金融杂志社
投资研究	1003-7624	11-1389/F	中国建设银行股份有限公司
投资有道	1673-6648	43-1452/F	湖南潇湘晨报传媒经营有限公司
投资与创业	1672-3414	23-1517/F	黑龙江省生产力学会
投资与合作	1004-387X	46-1028/F	海南省电子音像出版社有限公司
投资与理财	1009-1858	11-5748/F	中国人民大学
武汉金融	1009-3540	42-1593/F	中国金融学会,《武汉金融》杂志社
西部金融	1674-0017	61-1462/F	中国人民银行西安分行
西南金融	1009-4350	51-1587/F	四川省金融学会
现代金融	1008-5262	32-1547/F	江苏省农村金融学会
现代金融导刊	2096-8671	10-1694/F	中国工商银行股份有限公司
现代商业银行	1008-1232	22-1271/F	中国工商银行股份有限公司长春金融研修学院
现代商业银行导刊	1008-4290	11-4023/F	中国建设银行
新疆金融(维文版)	1673-5773	65-1154/F	中国人民银行乌鲁木齐中心支行
新金融	1006-1770	31-1560/F	交通银行股份有限公司
新金融世界	1674-5221	11-5790/F	国家工业信息安全发展研究中心
新理财.政府理财	1672-0377	11-4862/F	中国财政经济出版社
银行家	1671-1238	14-1290/F	山西省社会科学院,中国社会科学院财经战略研究院
英大金融	2095-5235	10-1119/F	英大传媒投资集团有限公司,国网英大国际控股集团有限公司
债券	2095-3585	34-1320/F	时代出版传媒股份有限公司,中央国债登记结算有限责任公司
浙江金融	1005-0167	33-1057/F	浙江省金融学会
征信	1674-747X	41-1407/F	中国人民银行郑州培训学院
证券市场导报	1005-1589	44-1343/F	深圳证券交易所
证券市场周刊	1004-6291	11-3043/F	中国证券市场研究设计中心
证券市场周刊.红周刊	1004-6291	11-3043/F	中国证券市场研究设计中心
中国保险	1001-4489	11-1033/F	中国人民保险集团股份有限公司金融研修院
中国保险年鉴	1008-0481	11-3787/F	《中国保险年鉴》社(全民所有制)
中国房地产金融	1006-7388	11-3651/F	中国房地产业协会
中国货币市场	1671-4180	31-1873/F	中国金融交易中心有限责任公司
中国金融	0578-1485	11-1267/F	中国金融出版社
中国金融电脑	1001-0734	11-2623/F	《中国金融电脑》杂志社

刊　名	ISSN	CN	主 办 单 位
中国金融家	1672-4941	11-4799/F	金融时报社
中国金融年鉴	1001-5841	11-2609/F	中国金融学会
中国科技投资	1673-5811	11-5441/N	中国信息协会
中国农村金融（中国银行保险监督管理委员会）	1674-9162	11-5921/F	中国银行保险信息技术管理有限公司
中国人民银行文告	1671-8518	11-4159/D	中国人民银行
中国投资（中英文）	2096-6571	10-1592/F	国家发展和改革委员会投资研究所，中国国际工程咨询有限公司
中国外汇	1673-5528	11-5475/F	国家外汇管理局外汇研究中心
中国外资	1004-8146	11-3073/F	商务部国际贸易经济合作研究院
中国信用		10-1453/C	中国发展改革报社
中国信用卡	1009-2056	11-4409/TP	《中国金融电脑》杂志社
中国医疗保险	1674-3830	11-5708/R	中国医疗保险研究会
中国银行业	2095-6789	10-1167/F	中国银行业协会
中国证券期货	1008-0651	11-3889/F	中国财富出版社有限公司

第 三 编

文化、教育、历史

G0/G2(除 G25,G27) 文化理论/信息与知识传播
(除图书馆事业、信息事业,档案事业)(231 种)

刊　　名	ISSN	CN	主办单位
报刊资料索引. 第四分册,文化、出版、教育、体育		11-4364/G	中国人民大学
报林	1672-383X	11-5028/G2	《人民铁道》报社,中国产业报协会
北方传媒研究	2096-2096	22-1418/G2	吉林广播电视台
北京	2095-736X	10-1198/D	北京市人民政府新闻办公室,北京月讯杂志社
北京文化创意	2095-8684	10-1259/F	中国共产党北京市委员会前线杂志社,北京联合出版有限责任公司
编辑学报	1001-4314	11-2493/G3	中国科学技术期刊编辑学会
编辑学刊	1007-3884	31-1116/G2	上海市编辑学会,上海世纪出版集团
编辑之友	1003-6687	14-1066/G2	山西出版传媒集团有限责任公司
博览群书	1000-4173	11-1091/G2	光明日报社
博物馆管理	2096-7551	10-1654/G2	中国国家博物馆
博物院	2096-1715	10-1241/G2	中国科技出版传媒股份有限公司
采写编	1007-8177	13-1168/G2	河北日报报业集团
茶博览	1004-9223	33-1321/G0	中国国际茶文化研究会等
城市党报研究	2096-4218	32-1874/G2	中国报业协会党报分会,无锡日报报业集团
出版参考	1006-5784	11-1743/G2	中国出版协会,中国新闻出版研究院
出版发行研究	1001-9316	11-1537/G2	中国新闻出版研究院
出版广角	1006-7000	45-1216/G2	广西师范大学出版社集团有限公司
出版科学	1009-5853	42-1618/G2	湖北省编辑学会,武汉大学
出版人	1673-0119	43-1455/G2	中南出版传媒集团股份有限公司
出版与印刷	1007-1938	31-1643/TS	上海出版印刷高等专科学校
传播力研究	2096-3866	23-1598/G2	黑龙江日报报业集团
传播与版权	2096-8078	45-1390/G2	广西师范大学出版社集团有限公司
传媒	1009-9263	11-4574/G2	中国新闻出版研究院
传媒观察	1672-3406	32-1712/G2	新华报业传媒集团
传媒论坛	2096-5079	36-1348/G2	江西日报社
传媒评论	2095-7823	33-1387/G2	浙江日报报业集团
创意世界	1674-5256	11-5788/N	中国知识产权报社
大理文化	1009-3249	53-1021/G0	大理州文学艺术界联合会
大视野	1009-9883	43-1342/G0	湖南人民出版社有限责任公司
当代传播	1009-5322	65-1201/G2	新疆日报社,新疆新闻工作者协会
当代电视	1000-8977	11-1322/J	中国电视艺术家协会
地方文化研究	1008-7354	36-1322/C	江西科技师范大学
地域文化研究	2096-434X	22-1424/G0	吉林省社会科学院
电视研究	1007-3930	11-3068/G2	中央广播电视总台
东方收藏	1674-683X	35-1301/G0	石狮日报社
东方文化周刊	1007-7316	32-1464/G0	东方文化周刊社
东南传播	1672-9579	35-1274/J	福建省广播影视集团
东南文化	1001-179X	32-1096/K	南京博物院

刊　名	ISSN	CN	主办单位
东西南北	1000-7296	22-1086/Z	吉林日报报业集团
读报参考	1009-4407	37-1232/G2	青岛日报报业集团
读好书	1006-3196	44-1718/G2	广州日报报业集团
读书	0257-0270	11-1073/G2	生活·读书·新知三联书店有限公司
对外传播	1671-8038	11-5636/G2	当代中国与世界研究院
多彩哈达(藏文)	2095-9567	51-1759/G0	四川期刊传媒(集团)股份有限公司
凤凰品	2095-8692	32-1850/G1	江苏译林出版社有限公司
复印报刊资料.G0，文化研究	1001-2788	11-4296/G	中国人民大学
复印报刊资料.G01，文化创意产业	1674-4225	11-5758/G0	中国人民大学
复印报刊资料.G6，新闻与传播	1009-1343	11-4313/G2	中国人民大学
复印报刊资料.Z1，出版业	1674-4209	11-5755/G2	中国人民大学
甘南民族文化研究(藏文)	2096-4269	62-1216/G0	甘肃民族师范学院
高铁速递	2095-7971	36-1332/G0	江西省报刊传媒有限责任公司
高原文化研究	2097-2695	63-1085/C	青海师范大学
广播电视信息	1007-1997	11-3229/TN	国家广播电视总局无线电台管理局，中国有线电视网络有限公司
广电时评	2096-1898	10-1424/D	中国广播电影电视报刊协会，国家广播电视总局监管中心
国际博物馆	1674-2753	32-1788/K	译林出版社
国际传播	2096-2622	10-1422/G2	中央广播电视总台
国际新闻界	1002-5685	11-1523/G2	中国人民大学
海河传媒	2096-8205	12-1464/G2	天津海河传媒中心
红色文化学刊	2096-3440	36-1345/D	赣南师范大学
湖南大众传媒职业技术学院学报	1671-5454	43-1370/Z	湖南大众传媒职业技术学院
华夏文化	1007-7901	61-1274/G0	陕西省轩辕黄帝研究会
黄河·黄土·黄种人.华夏文明	1004-9495	41-1195/C	水利部黄河水利委员会
黄河·黄土·黄种人.水与中国	1004-9495	41-1195/C	水利部黄河水利委员会
极目	1006-2319	36-1333/G1	江西艺术中心
记者摇篮	2096-3858	21-1032/G2	辽宁报刊传媒集团(辽宁日报社)，辽宁省新闻工作者协会
教育传媒研究	2096-1626	10-1407/G2	中国教育电视台
今传媒	1672-8122	61-1430/G	陕西省出版印刷公司
今日辽宁	1009-8658	21-1433/Z	辽宁省对外文化交流协会
金桥	1671-976X	37-1399/G2	山东省人民政府新闻办公室
精品阅读	1674-6406	11-5797/Z	中国出版协会
军事记者	1002-4468	11-4467/G2	解放军报社
科技传播	1674-6708	11-5820/N	中国科技新闻学会
科技与出版	1005-0590	11-3209/G3	清华大学出版社有限公司
科学教育与博物馆	2096-0115	31-2111/N	上海科技馆
空中之家	1672-7436	65-1252/Z	新疆广天合传媒有限公司，中国南航集团文化传媒股份有限公司
孔子学院.中阿文对照版	1674-9685	11-5966/C	中国国际中文教育基金会
孔子学院.中德文对照版	2095-7742	10-1188/C	中国国际中文教育基金会
孔子学院.中俄文对照版	1674-9731	11-5960/C	中国国际中文教育基金会
孔子学院.中法文对照版	1674-9715	11-5961/C	中国国际中文教育基金会
孔子学院.中韩文对照版	1674-974X	11-5962/C	中国国际中文教育基金会
孔子学院.中葡文对照版	2095-7769	10-1186/C	中国国际中文教育基金会

刊　名	ISSN	CN	主 办 单 位
孔子学院.中日文对照版	1674-9693	11-5963/C	中国国际中文教育基金会
孔子学院.中泰文对照版	1674-9707	11-5964/C	中国国际中文教育基金会
孔子学院.中西文对照版	1674-9723	11-5965/C	中国国际中文教育基金会
孔子学院.中意文对照版	2095-7750	10-1187/C	中国国际中文教育基金会
孔子学院.中英文对照版	1674-1781	11-5658/C	中国国际中文教育基金会
媒体融合新观察	2096-661X	52-1172/G2	贵州日报社
美丽中国	2096-7012	10-1563/G0	中国文联出版社有限公司
魅力中国	1673-0992	41-1390/C	河南人民广播电台
蒙古马研究(蒙古文)	2096-2509	15-1377/G1	锡林郭勒职业学院
民间文化论坛	1008-7214	11-5913/C	中国民间文艺家协会
民族新闻出版广播影视(蒙古文)	2096-1561	15-1376/G2	内蒙古广播电影电视科研所
名汇	1674-9766	64-1069/G0	黄河出版传媒集团有限公司,北京新京报传媒有限责任公司
南方传媒研究	2096-3629	44-1732/G2	南方报业传媒集团
农家书屋	1674-6279	11-5824/Z	中国新闻出版传媒集团,中华出版促进会
欧亚人文研究	2096-7756	10-1610/G1	北京外国语大学
奇妙博物馆	2096-5850	12-1461/G2	新蕾出版社(天津)有限公司
青年记者	1002-2759	37-1003/G2	大众报业集团(大众日报社)等
全国新书目	0578-073X	11-1683/G2	中国国家版本馆
全媒体探索	2097-048X	37-1526/G2	大众报业集团(大众日报社)
全球传媒学刊	2095-9516	10-1270/G2	清华大学
群文天地	1009-6302	63-1027/G2	青海省文化馆
人文天下	2095-3690	37-1487/G0	山东省艺术研究院
融媒时代		53-1239/G2	云南日报报业集团
上海广播电视研究	2096-4242	31-2127/G2	星尚传媒有限公司,上海文化广播影视集团有限公司
上海文化	1005-989X	31-1655/G0	上海市作家协会,上海社会科学院文学研究所
上海文化年鉴	1006-1886	31-1610/G0	上海图书馆(上海科技情报研究所)
上海信息化	1672-8424	31-1934/TP	上海市经济和信息化发展研究中心
声屏花	1005-5274	44-1385/J	湛江市广播电视台
声屏世界	1006-3366	36-1149/G2	江西广播电视台
世界华文传媒年鉴	1672-1713	11-4884/G2	中国新闻社
世界文化	1005-9172	12-1229/G0	天津外国语大学
视听	1674-246X	45-1342/G2	广西广播电视台
视听界	1004-5171	32-1294/G2	江苏视听界杂志社有限责任公司
视听理论与实践	2097-003X	14-1405/G2	山西传媒学院
视野	1006-6039	62-1117/G2	兰州大学
收藏	1005-3964	61-1273/K	陕西三秦出版社有限责任公司
收藏/拍卖	1672-6928	44-1590/G0	广东时代传媒有限公司,广东省期刊协会
收藏家	1005-0655	11-3222/G0	北京市文物公司
收藏界	1671-5055	64-1046/K	黄河出版传媒集团有限公司
收藏与投资	1674-8719	46-1079/G0	南方出版社有限公司
书城	1005-5541	31-1662/G2	上海三联书店有限公司,上海市出版协会

刊　　名	ISSN	CN	主 办 单 位
书屋	1007-0222	43-1243/G2	中南出版传媒集团股份有限公司
书摘	1005-2968	11-3039/G2	光明日报社
数字出版研究	2097-1869	10-1854/G2	北京卓众出版有限公司
数字传媒研究	2096-0751	15-1374/G2	内蒙古自治区广播电视监测与发展中心
丝路百科（中英文）	2096-6415	10-1600/G1	中国大百科全书出版社有限公司
丝路视野	2096-1200	64-1702/G0	黄河出版传媒集团有限公司
索伦嘎（蒙文）	1006-7574	15-1179/C	内蒙古日报社
天府文化	2096-6318	51-1790/G1	成都传媒集团
网络视听	2097-2334	10-1869/J	中国广播影视出版社有限公司
网络新媒体技术	2095-347X	10-1055/TP	中国科学院声学研究所
未来传播	2096-8418	33-1412/G2	浙江传媒学院
文博学刊	2096-5710	44-1739/G2	广东省博物馆（广州鲁迅纪念馆），广东省文化馆（广东省非物质文化遗产保护中心）
文存阅刊	2095-8633	22-1408/G0	吉林省出版产品质量检测中心
文化产业	1674-3520	14-1347/G2	山西三晋报刊传媒集团
文化创新比较研究	2096-4110	23-1601/G0	黑龙江文化产业投资控股集团有限公司
文化交流	1004-1036	33-1137/G0	杭州国家版本馆，《文化交流》杂志社
文化软实力	2096-188X	43-1531/G0	湖南大学
文化软实力研究	2096-1987	42-1878/G0	武汉大学
文化时代（朝鲜文）		22-1421/G1	延边人民出版社
文化学刊	1673-7725	21-1545/C	辽宁社会科学院
文化遗产	1674-0890	44-1645/G0	中山大学
文化与传播	2095-459X	45-1383/G2	广西大学
文化月刊	1004-6631	11-3120/G2	中国文化传媒集团有限公司
文化纵横	1674-4608	11-5722/G0	中国西部研究与发展促进会
文明	1671-5241	11-4789/D	首都文明工程基金会
文物保护与考古科学	1005-1538	31-1652/K	上海博物馆
文物季刊	2097-082X	14-1406/K	山西博物院
文物鉴定与鉴赏	1674-8697	34-1312/K	时代出版传媒股份有限公司
文献	1000-0437	11-1588/G2	国家图书馆
武汉广播影视		42-1872/G2	武汉广播电视台
西部广播电视	1006-5628	51-1458/G2	四川省广播电视新闻与传播研究所
现代出版	2095-0330	11-5979/G2	中国传媒大学出版社有限责任公司，中国大学出版社协会
现代传播	1007-8770	11-5363/G2	中国传媒大学
现代视听	2096-4668	37-1514/G2	山东省广播电视监测中心，山东传媒职业学院
香格里拉	1672-8238	53-1182/G	迪庆藏族自治州文学艺术界联合会
新潮	1009-8941	51-1579/G0	四川画报社有限公司
新楚文化	2097-2261	42-1932/G1	湖北今古传奇传媒集团有限公司
新疆新闻出版广电	2096-160X	65-1303/G2	新疆维吾尔自治区书报刊发展中心
新媒体研究	2096-0360	10-1330/G2	中国科技新闻学会
新视线	1671-0649	11-4462/G0	《精品购物指南》报社，《新视线》杂志社

刊　名	ISSN	CN	主办单位
新闻爱好者	1003-1286	41-1025/G2	河南日报报业集团
新闻采编	2096-0719	14-1070/G2	中共山西省委党刊社
新闻潮	2095-4182	45-1044/G2	广西日报社
新闻传播	1672-0261	23-1147/G2	黑龙江省新闻工作者协会等
新闻春秋	2095-4018	10-1063/G2	中国人民大学
新闻大学	1006-1460	31-1157/G2	复旦大学
新闻记者	1006-3277	31-1171/G2	上海报业集团,上海社会科学院新闻研究所
新闻界	1007-2438	51-1046/G2	四川日报报业集团
新闻论坛	1674-6961	15-1019/G2	内蒙古日报社
新闻前哨	1003-2827	42-1263/G2	湖北日报传媒集团,湖北省新闻工作者协会
新闻世界	1005-5932	34-1090/G2	安徽日报报业集团
新闻文化建设	2096-787X	10-1677/G	中国新闻文化促进会,中国晚报工作者协会
新闻研究导刊	1674-8883	50-1205/G2	重庆日报报业集团
新闻与传播评论	2096-5443	42-1900/G2	武汉大学
新闻与传播研究	1005-2577	11-3320/G2	中国社会科学院新闻与传播研究所
新闻与写作	1002-2295	11-1109/G2	北京日报报业集团
新闻战线	0257-5930	11-1337/G2	人民日报社
新闻知识	1003-3629	61-1022/G2	陕西日报社,西北大学
新阅读	2095-1655	10-1001/C	中国新闻出版研究院
信使	2096-4064	10-1517/C	中译出版社有限公司
信息安全学报	2096-1146	10-1380/TN	中国科学院信息工程研究所,中国科技出版传媒股份有限公司
信息化建设	1008-1941	33-1216/N	浙江省技术创新服务中心
信息技术与管理应用	2097-2385	42-1934/D	华中科技大学
信息与管理研究	2096-2827	31-2118/G2	上海科学技术文献出版社有限公司
幸福生活指南	1673-0801	35-1275/G0	福建省广播影视集团
秀江南	1674-8816	32-1816/G0	无锡锡报期刊传媒有限公司,江南晚报社
雪域文化(藏文)	1003-7942	54-1003/G-Z	西藏自治区群众艺术馆
艺术博物馆	2096-4358	10-1506/J	中国美术出版总社有限公司
艺术收藏与鉴赏	2096-5605	43-1543/G0	中南出版传媒集团股份有限公司
印刷文化(中英文)	2096-8922	10-1705/G1	中国印刷博物馆
原生态民族文化学刊	1674-621X	52-1150/C	凯里学院
哲思	2096-5567	15-1379/G0	内蒙古新华报业中心
中国报业	1671-0029	11-4629/G2	中国报业协会
中国编辑	1671-9220	11-4795/G2	中国编辑学会,高等教育出版社有限公司
中国博物馆	1002-9648	11-1462/G2	中国博物馆协会
中国出版	1002-4166	11-2807/G2	中国新闻出版传媒集团
中国出版年鉴	1001-8859	11-2826/G2	中国出版协会
中国出版史研究	2095-8889	10-1176/G2	中华书局有限公司
中国传媒科技	1671-0134	11-4653/N	中国新闻技术工作者联合会
中国地市报人	1007-4643	42-1368/G2	中国地市报研究会
中国电视	1002-4751	11-2750/J	中国电视艺术委员会

刊　　名	ISSN	CN	主办单位
中国非物质文化遗产	2096-8795	10-1664/G1	中国艺术研究院(中国非物质文化遗产保护中心)
中国广播电视年鉴	1671-7325	11-4069/G2	国家广播电视总局信息中心,中国传媒大学
中国广播电视学刊	1002-8552	11-1746/G2	中国广播电视社会组织联合会
中国广播影视	1002-4085	11-1506/G2	中国广播影视出版有限公司
中国国家博物馆馆刊	2095-1639	10-1005/K	中国国家博物馆
中国记者	1003-1146	11-1275/G2	新华通讯社
中国科技期刊研究	1001-7143	11-2684/G3	中国科学院自然科学期刊编辑研究会,中国科学院文献情报中心
中国民族博览	1007-4198	10-1220/G0	中国民族文化艺术基金会
中国年鉴研究	2096-3912	10-1475/K	中国地方志指导小组办公室,社会科学文献出版社
中国期刊年鉴	1671-6655	11-4794/Z	中国期刊协会
中国视听	2097-2865	10-1894/G2	中央广播电视总台
中国收藏	1009-5861	11-4502/G0	中国商报社
中国图片	1007-5550	11-4160/D	中国图片社有限责任公司
中国图书评论	1002-235X	21-1035/G2	中国图书评论杂志社
中国网信	2097-1117	10-1814/G2	中国网络空间研究院
中国文化	1003-0190	11-2603/G2	中国艺术研究院
中国文化和旅游年鉴	1005-3719	10-1607/K	中国旅游协会
中国新闻发布.实务版	2097-0455	10-1761/G2	五洲传播出版传媒有限公司(五洲传播中心)
中国新闻年鉴	1002-0012	11-3287/G2	中国社会科学院新闻与传播研究所
中国信息年鉴	1671-3680	11-4739/Z	国家信息中心
中华瑰宝	2096-2398	10-1404/G1	现代教育出版社有限公司
中华活页文选.传统文化教学与研究	1009-7260	10-1684/G4	中华书局有限公司
中华文化论坛	1008-0139	51-1504/G0	四川省社会科学院
中外交流	1005-2623	50-1016/G0	宋庆龄基金会重庆分会
中外书摘	1000-6095	31-1554/Z	上海人民出版社
中外文化交流	1004-5007	11-3004/G2	中外文化交流中心
中原文化研究	2095-5669	41-1426/C	河南省社会科学院
珠海	1000-8004	44-1033/I	珠海特区报社

G25 图书馆事业、信息事业(49 种)

刊　　名	ISSN	CN	主办单位
报刊资料索引.第八分册,著者索引		11-4368/G2	中国人民大学
大学图书馆学报	1002-1027	11-2952/G2	北京大学
大学图书情报学刊	1006-1525	34-1141/G2	安徽省高校图书情报工作委员会
复印报刊资料.G9,图书馆学情报学	1674-4489	11-5756/G2	中国人民大学
高校图书馆工作	1003-7845	43-1032/G2	湖南省高等学校图书情报工作委员会
古籍整理研究学刊	1009-1017	22-1024/G	东北师范大学文学院古籍整理研究所
国家图书馆学刊	1009-3125	11-4099/G2	中国国家图书馆
河北科技图苑	1006-9925	13-1203/G3	河北省高等学校图书情报工作委员会
河南图书馆学刊	1003-1588	41-1013/G2	河南省图书馆学会,河南省图书馆

刊　　名	ISSN	CN	主 办 单 位
晋图学刊	1004-1680	14-1022/G2	山西大学等
竞争情报	2095-8870	31-2107/G3	上海图书馆（上海科学技术情报研究所），上海科学技术文献出版社有限公司
科技情报研究	2096-7144	43-1554/G2	湖南省科学技术信息研究所
农业图书情报学报	1002-1248	10-1680/G2	中国农业科学院农业信息研究所
情报工程	2095-915X	10-1263/G3	中国科学技术情报学会，中国科学技术信息研究所
情报科学	1007-7634	22-1264/G2	吉林大学
情报理论与实践	1000-7490	11-1762/G3	中国国防科学技术信息学会，中国兵器工业集团第二一〇研究所
情报探索	1005-8095	35-1148/N	福建省科学技术情报学会，福建省科学技术信息研究所
情报学报	1000-0135	11-2257/G3	中国科学技术情报学会，中国科学技术信息研究所
情报杂志	1002-1965	61-1167/G3	陕西省科学技术情报研究院
情报资料工作	1002-0314	11-1448/G3	中国人民大学
山东图书馆学刊	1002-5197	37-1467/G2	山东省图书馆，山东省图书馆学会
数据分析与知识发现	2096-3467	10-1478/G2	中国科学院文献情报中心
数字图书馆论坛	1673-2286	11-5359/G2	中国科学技术信息研究所等
四川图书馆学报	1003-7136	51-1073/G2	四川省图书馆（四川省古籍保护中心），四川省图书馆学会
图书馆	1002-1558	43-1031/G2	湖南图书馆，湖南省图书馆学会
图书馆工作与研究	1005-6610	12-1020/G2	天津图书馆（天津市少年儿童图书馆），天津市图书馆学会
图书馆建设	1004-325X	23-1331/G2	黑龙江省图书馆学会，黑龙江省图书馆
图书馆界	1005-6041	45-1042/G2	广西图书馆学会，广西壮族自治区图书馆
图书馆理论与实践	1005-8214	64-1004/G2	宁夏图书馆学会，宁夏回族自治区图书馆
图书馆论坛	1002-1167	44-1306/G2	广东省立中山图书馆
图书馆学刊	1002-1884	21-1033/G2	辽宁省图书馆（辽宁省古籍保护中心），辽宁省图书馆学会
图书馆学研究	1001-0424	22-1052/G2	吉林省图书馆
图书馆研究	2095-5197	36-1324/G2	江西省图书馆，江西省图书馆学会
图书馆研究与工作	2096-2363	33-1398/G2	浙江图书馆
图书馆杂志	1000-4254	31-1108/G2	上海图书馆（上海科学技术情报研究所），上海市图书馆学会
图书情报导刊	2096-1162	14-1383/G2	山西省科技情报与战略研究中心
图书情报工作	0252-3116	11-1541/G2	中国科学院文献情报中心
图书情报知识	1003-2797	42-1085/G2	武汉大学
图书与情报	1003-6938	62-1026/G2	甘肃省图书馆，甘肃省科学技术情报研究所
文献与数据学报	2096-6695	10-1611/G2	中国社会科学院图书馆，社会科学文献出版社
现代情报	1008-0821	22-1182/G3	吉林省科学技术信息研究所，中国科学技术情报学会

刊　名	ISSN	CN	主办单位
新世纪图书馆	1672-514X	32-1691/G2	江苏省图书馆学会,南京图书馆
信息资源管理学报	2095-2171	42-1812/G2	武汉大学
阅读时代	2096-2169	42-1883/G1	湖北长江报刊传媒(集团)有限公司,武汉决策信息研究开发中心
知识管理论坛	2095-5472	11-6036/C	中国科学院文献情报中心
智库理论与实践	2096-1634	10-1413/N	中国科学院文献情报中心,南京大学
中国典籍与文化	1004-3241	11-2992/G2	全国高等院校古籍整理研究工作委员会
中国科技期刊研究	1001-7143	11-2684/G3	中国科学院自然科学期刊编辑研究会,中国科学院文献情报中心
中国图书馆学报	1001-8867	11-2746/G2	国家图书馆,中国图书馆学会

G27　档案事业（25 种）

刊　名	ISSN	CN	主办单位
北京档案	1002-1051	11-2783/G2	北京市档案事业发展中心
党的文献	1005-1597	11-1359/D	中共中央党史和文献研究院,中央档案馆
档案	1004-2733	62-1025/G2	甘肃省档案馆,甘肃省档案学会
档案春秋	1005-7501	31-1942/K	上海市档案馆
档案管理	1005-9458	41-1216/G2	河南省档案馆
档案记忆	1003-8167	42-1882/G2	湖北省档案馆
档案天地	1006-2459	13-1184/G2	河北省档案局
档案学刊	2097-1664	43-1557/G2	湘潭大学
档案学通讯	1001-201X	11-1450/G2	中国人民大学
档案学研究	1002-1620	11-1226/G2	中国档案学会
档案与建设	1003-7098	32-1085/G2	江苏省档案馆,江苏省档案学会
复印报刊资料. G7,档案学	1001-3334	11-4314/G3	中国人民大学
航空档案	1673-3029	11-1782/G2	中国航空工业档案馆
黑龙江档案	1673-9116	23-1036/G2	黑龙江省档案技术服务中心
机电兵船档案	1007-1970	11-3930/T	中国机电兵船工业档案学会,机械工业档案馆
兰台内外	1007-4163	22-1021/G2	吉林省档案局(馆)
兰台世界	1006-7744	21-1354/G2	辽宁报刊传媒集团(辽宁日报社)
历史档案	1001-7755	11-1265/G2	中国第一历史档案馆
山东档案	1672-5204	37-1048/G2	山东省档案馆
山西档案	1005-9652	14-1162/G2	山西省档案馆,山西省档案学会
陕西档案	1003-7268	61-1006/G2	陕西省档案学会
四川档案	1001-5264	51-1072/G2	四川省档案局,四川省档案学会
云南档案	1007-9343	53-1105/G2	云南省档案馆
浙江档案	1006-4176	33-1055/G2	浙江省档案馆,浙江省档案学会
中国档案	1007-5054	11-3357/G2	中国档案杂志社

G3 科学、科学研究（42 种）

刊　名	ISSN	CN	主办单位
复印报刊资料. C31，创新政策与管理	1674-4217	11-5757/G3	中国人民大学
工程管理科技前沿（原名为：预测）	2097-0145	34-1336/N	合肥工业大学
技术与创新管理	1672-7312	61-1414/N	西安科技大学，陕西高等学校科研管理协会
今日科苑	1671-4342	11-4764/N	中国科协创新战略研究院，中国老科学技术工作者协会
科技成果管理与研究	1673-6516	11-5433/N	中国科技评估与成果管理研究会，中国科学技术信息研究所
科技创新发展战略研究	2096-5095	44-1735/N	广东省科学技术情报研究所
科技创新与品牌	1673-940X	11-5588/G3	中国科技新闻学会
科技促进发展	1672-996X	11-5286/G3	中国科学院科技战略咨询研究院，中国高技术产业发展促进会
科技导报	1000-7857	11-1421/N	中国科学技术协会
科技管理学报	2097-3233	23-1618/G3	哈尔滨理工大学
科技管理研究	1000-7695	44-1223/G3	广东省科学学与科技管理研究会
科技进步与对策	1001-7348	42-1224/G3	湖北省科技信息研究院
科技智囊	1006-3676	11-3538/G3	北京市科学技术研究院
科教文汇	1672-7894	34-1274/G	安徽省老科技工作者协会，安徽省科学教育研究会
科普研究	1673-8357	11-5410/N	中国科普研究所
科学管理研究	1004-115X	15-1103/G3	内蒙古自治区软科学研究会
科学决策	1006-4885	11-3472/G3	中国航天系统科学与工程研究院等
科学文化评论	1672-6804	11-5184/G	中国科学院自然科学史研究所，中国科学院发展规划局
科学新闻	1671-6582	11-5553/C	中国科学报社
科学学研究	1003-2053	11-1805/G3	中国科学学与科技政策研究会等
科学学与科学技术管理	1002-0241	12-1117/G3	天津市科学技术发展战略研究院
科学与财富	1671-2226	51-1627/N	四川省科教兴川促进会
科学与管理	1003-8256	37-1020/G3	山东省科学院
科学与社会	2095-1949	10-1009/G3	中国科学院学部，中国科学院科技战略咨询研究院
科学咨询. 科技管理	1671-4822	50-1143/N	重庆市科学技术研究院
科研管理	1000-2995	11-1567/G3	中国科学院科技战略咨询研究院，中国科学学与科技政策研究会
农业科技管理	1001-8611	22-1143/S	吉林省农业科学院，中国农业科技管理研究会
软科学	1001-8409	51-1268/G3	四川省科学技术发展战略研究院
神州学人	1002-6738	11-1284/C	中国教育报刊社
世界科技研究与发展	1006-6055	51-1468/N	中国科学院成都文献情报中心
未来与发展	1003-0166	11-1627/G3	中国未来研究会
学会	1001-9596	35-1127/G3	福建省科学技术协会，中国科协学会服务中心

刊　名	ISSN	CN	主办单位
研究与发展管理	1004-8308	31-1599/G3	复旦大学
云南科技管理	1004-1168	53-1085/G3	云南省科学技术厅科技宣传教育中心
中国发明与专利	1672-6081	11-5124/T	知识产权出版社,中国发明协会
中国科技财富	1671-461X	11-4777/N	科技日报社
中国科技奖励	1672-903X	11-3085/G3	国家科学技术奖励工作办公室
中国科技论坛	1002-6711	11-1344/G3	中国科学技术发展战略研究院
中国科技人才	2095-8951	10-1256/G3	科学技术部科技人才交流开发服务中心
中国科学基金	1000-8217	11-1730/N	国家自然科学基金委员会
中国科学技术奖励年鉴	1671-4873	11-4713/Z	国家科学技术奖励工作办公室
中国软科学	1005-0566	11-3036/G3	中国软科学研究会,中国科学技术信息研究所

G4 教育(1125 种)

刊　名	ISSN	CN	主办单位
阿阿熊	2095-1515	11-6011/N	中国科技出版传媒股份有限公司
安徽电子信息职业技术学院学报	1671-802X	34-1212/Z	安徽电子信息职业技术学院
安徽教育科研	2096-5885	34-1331/G4	安徽教育出版社
安徽开放大学学报	2097-0625	34-1338/G4	安徽开放大学
安徽水利水电职业技术学院学报	1671-6221	34-1240/Z	安徽水利水电职业技术学院
安徽冶金科技职业学院学报	1672-9994	34-1281/Z	安徽冶金科技职业学院
安徽医专学报	2097-0196	34-1337/R	安徽医学高等专科学校
安徽职业技术学院学报	1672-9536	34-1280/Z	安徽职业技术学院
白城师范学院学报	1673-3118	22-1363/G4	白城师范学院
班主任	1002-560X	11-1125/G4	北京教育科学研究院
班主任之友	1003-823X	42-1070/G4	湖北第二师范学院
包头职业技术学院学报	1672-0903	15-1223/G4	包头职业技术学院
报刊资料索引. 第四分册,文化、出版、教育、体育		11-4364/G	中国人民大学
北华航天工业学院学报	1673-7938	13-1378/Z	北华航天工业学院
北京财贸职业学院学报	1674-2923	11-5679/F	北京财贸职业学院
北京大学教育评论	1671-9468	11-4848/G4	北京大学
北京工业职业技术学院学报	1671-6558	11-4808/G4	北京工业职业技术学院
北京教育. 德育	1000-7997	11-1129/G4	北京教育融媒体中心
北京教育. 高教	1000-7997	11-1129/G4	北京教育融媒体中心
北京教育. 普教	1000-7997	11-1129/G4	北京教育融媒体中心
北京教育学院学报	1008-228X	11-4581/G4	北京教育学院
北京经济管理职业学院学报	2096-1286	10-1374/F	北京经济管理职业学院
北京劳动保障职业学院学报	1674-0025	11-5592/D	北京劳动保障职业学院
北京农业职业学院学报	1671-7252	11-4859/G4	北京农业职业学院
北京宣武红旗业余大学学报	1008-6668	11-4048/G4	北京宣武红旗业余大学
比较教育学报	2096-7810	31-2173/G4	上海师范大学
比较教育研究	1003-7667	11-2878/G4	北京师范大学
兵团教育学院学报	1009-1548	65-1196/G4	兵团教育学院
博学少年	2095-4484	33-1381/C	浙江省期刊总社有限公司
昌吉学院学报	1671-6469	65-1226/G4	昌吉学院

刊　名	ISSN	CN	主办单位
长春教育学院学报	1671-6531	22-1298/G4	长春教育学院
长春师范大学学报	2095-7602	22-1409/G4	长春师范大学
长江工程职业技术学院学报	1673-0496	42-1745/TV	长江工程职业技术学院
长沙航空职业技术学院学报	1671-9654	43-1396/Z	长沙航空职业技术学院
长沙民政职业技术学院学报	1671-5136	43-1372/Z	长沙民政职业技术学院
常州信息职业技术学院学报	1672-2434	32-1688/Z	常州信息职业技术学院
成才	1005-6467	42-1090/C	武汉新闻传媒有限公司
成才之路	1008-3561	23-1437/G4	黑龙江省创联文化传媒有限公司
成都航空职业技术学院学报	1671-4024	51-1629/Z	成都航空职业技术学院
成都师范学院学报	2095-5642	51-1748/G4	成都师范学院
成都中医药大学学报.教育科学版	1008-8288	51-1576/G4	成都中医药大学
成功密码	2095-6096	36-1327/C	江西高校出版社有限责任公司
成人教育	1001-8794	23-1067/G4	黑龙江教师发展学院
承德石油高等专科学校学报	1008-9446	13-1265/TE	承德石油高等专科学校
重庆第二师范学院学报	1008-6390	50-1209/G4	重庆第二师范学院
重庆电子工程职业学院学报	1674-5787	50-1196/Z	重庆电子工程职业学院
重庆高教研究	1673-8012	50-1028/G4	重庆文理学院,重庆市高等教育学会
重庆开放大学学报	1008-6382	50-1226/G4	重庆开放大学
初中生.英语	1004-5546	43-1043/G4	湖南教育报刊集团有限公司
初中生.阅读	1004-5546	43-1043/G4	湖南教育报刊集团有限公司
初中生.作文	1004-5546	43-1043/G4	湖南教育报刊集团有限公司
初中生必读	1005-6130	34-1034/G4	安徽省教育宣传中心
初中生辅导	1002-6932	52-1073/G4	贵州教育期刊发展有限公司
初中生世界.八年级	1005-8826	32-1411/G4	江苏教育报刊总社
初中生世界.初中教学研究	1005-8826	32-1411/G4	江苏教育报刊总社
初中生世界.九年级	1005-8826	32-1411/G4	江苏教育报刊总社
初中生世界.七年级	1005-8826	32-1411/G4	江苏教育报刊总社
初中生天地.八年级	1674-375X	42-1777/C	湖北长江报刊传媒(集团)有限公司
初中生天地.九年级	1674-375X	42-1777/C	湖北长江报刊传媒(集团)有限公司
初中生天地.七年级	1674-375X	42-1777/C	湖北长江报刊传媒(集团)有限公司
初中生写作	1009-5780	21-1428/G4	辽宁少年儿童出版社有限责任公司
初中生学习指导.提升版	1002-820X	21-1063/G4	辽宁教育杂志社
初中生学习指导.中考版	1002-820X	21-1063/G4	辽宁教育杂志社
初中生学习指导.作文评改版	1002-820X	21-1063/G4	辽宁教育杂志社
初中生之友.上旬刊,知识博览	1006-2718	36-1086/G4	江西教育传媒集团有限公司
初中生之友.下旬刊,学科探索	1006-2718	36-1086/G4	江西教育传媒集团有限公司
初中生之友.中旬刊,青春读写	1006-2718	36-1086/G4	江西教育传媒集团有限公司
初中数学教与学	1007-1849	32-1392/G4	扬州大学
滁州职业技术学院学报	1671-5993	34-1243/Z	滁州职业技术学院
船舶职业教育	2095-5928	21-1590/G4	渤海船舶职业学院,辽宁科学技术出版社有限责任公司
创新创业理论研究与实践	2096-5206	23-1604/G4	黑龙江格言杂志社有限公司
创新人才教育	2095-5502	10-1118/G4	中国人民大学
创新与创业教育	1674-893X	43-1503/G4	中南大学
创新作文.1-2年级	1674-2443	45-1337/G4	广西教育学院
创新作文.3-4年级	1674-2443	45-1337/G4	广西教育学院
创新作文.5-6年级	1674-2443	45-1337/G4	广西教育学院

刊　名	ISSN	CN	主办单位
创新作文. 初中版	1674-2443	45-1337/G4	广西教育学院
聪明快车	2095-8544	33-1392/G4	浙江省期刊总社有限公司
大连教育学院学报	1008-388X	21-1408/G4	大连教育学院
大学. 教学与教育	1673-7164	50-1178/G4	重庆课堂内外杂志社出版有限公司
大学. 思政教研	1673-7164	50-1178/G4	重庆课堂内外杂志社出版有限公司
大学. 研究与管理	1673-7164	50-1178/G4	重庆课堂内外杂志社出版有限公司
大学教育	2095-3437	45-1387/G4	广西教育学院
大学教育科学	1672-0717	43-1398/G4	湖南大学, 中国机械工业教育协会
大学生	1672-8165	11-5239/C	中共北京市委前线杂志社
大学与学科	2096-8191	10-1673/G4	教育部学位与研究生教育发展中心, 北京大学
当代家庭教育	2097-2539	44-1741/G4	广东省妇女联合会
当代教师教育	1674-2087	61-1469/G4	陕西师范大学
当代教研论丛	2095-6517	23-1586/G4	哈尔滨学院
当代教育家	2095-3526	37-1488/G4	济南出版有限责任公司
当代教育科学	1672-2221	37-1408/G4	山东省教育科学研究院
当代教育理论与实践	1674-5884	43-1492/G4	湖南科技大学
当代教育论坛	1671-8305	43-1391/G4	湖南省教育科学研究院
当代教育实践与教学研究	2095-6711	13-9000/G	方圆电子音像出版社
当代教育与文化	1674-5779	62-1202/G4	西北师范大学
当代小学生	1008-763X	37-1319/G4	山东教育社
当代学生	1006-205X	31-1677/G4	上海教育报刊总社
当代职校生	1671-2323	51-1583/G4	四川省教育融媒体中心（四川教育电视台）
当代职业教育	1674-9154	51-1728/G4	四川开放大学
地理教学	1000-078X	31-1022/G4	华东师范大学
地理教育	1005-5207	50-1089/K	重庆师范大学
第二课堂. A, 小学低年级内容	1005-4103	43-1054/G4	湖南省科学技术协会
第二课堂. B, 中学内容	1005-4103	43-1054/G4	湖南省科学技术协会
第二课堂. C, 小学高年级内容	1005-4103	43-1054/G4	湖南省科学技术协会
第二课堂. D	1005-4103	43-1054/G4	湖南省科学技术协会
电大理工	1003-3297	21-1126/G4	辽宁开放大学
电化教育研究	1003-1553	62-1022/G4	西北师范大学, 中国电化教育研究会
东方娃娃. 保育与教育	1008-3952	32-1520/C	江苏凤凰少年儿童出版社有限公司, 南京师范大学出版社有限责任公司
东方娃娃. 绘本版	1008-3952	32-1520/C	江苏凤凰少年儿童出版社有限公司, 南京师范大学出版社有限责任公司
东方娃娃. 绘本与教育	1008-3952	32-1520/C	江苏凤凰少年儿童出版社有限公司, 南京师范大学出版社有限责任公司
东方娃娃. 智力版	1008-3952	32-1520/C	江苏凤凰少年儿童出版社有限公司, 南京师范大学出版社有限责任公司
动漫界. 幼教 365	1673-8438	32-1756/J	江苏新华报业传媒集团有限公司
嘟嘟熊画报	1673-4335	11-5421/C	中国少年儿童新闻出版总社有限公司
读写	2096-3416	35-1332/G2	福建海峡文艺出版社有限责任公司
读写算	1002-7661	42-1078/G4	荆门日报社, 荆门市教育科学研究所
读写月报	1006-2424	36-1049/H	江西师范大学
读与写	1672-1578	51-1650/G4	南充市文化教育交流中心

刊　名	ISSN	CN	主 办 单 位
儿童画报	1005-7153	12-1022/J	天津人民美术出版社有限公司
纺织服装教育	2095-3860	31-2077/G4	东华大学,中国纺织服装教育学会
放学后	2095-445X	43-1518/G4	华声在线股份有限公司
福建基础教育研究	1674-5582	35-1298/G4	福建教育学院
福建技术师范学院学报	1008-3421	35-1343/G4	福建技术师范学院
福建教育. 德育	0427-7058	35-1017/G4	福建教育杂志社
福建教育. 小学	0427-7058	35-1017/G4	福建教育杂志社
福建教育. 学前	0427-7058	35-1017/G4	福建教育杂志社
福建教育. 中学	0427-7058	35-1017/G4	福建教育杂志社
福建教育. 综合	0427-7058	35-1017/G4	福建教育杂志社
福建教育学院学报	1673-9884	35-1240/G4	福建教育学院
福建开放大学学报	2097-0412	35-1345/G4	福建开放大学
福建中学数学	2096-6784	35-1084/O1	福建师范大学数学与统计学院,福建省数学学会
父母必读	1000-727X	11-1113/G4	北京出版集团有限责任公司
父母课堂	2096-4951	10-1542/G4	中国大百科全书出版社有限公司
阜阳职业技术学院学报	1672-4437	34-1216/Z	阜阳职业技术学院
复旦教育论坛	1672-0059	31-1891/G4	复旦大学
复印报刊资料. A4, 高校思想政治理论课教学研究	2096-1804	10-1387/D	中国人民大学
复印报刊资料. G1, 教育学	1001-2869	11-4297/G4	中国人民大学
复印报刊资料. G2, 思想政治教育	1001-2753	11-4298/G4	中国人民大学
复印报刊资料. G3, 中小学教育	1001-2982	11-4299/G4	中国人民大学
复印报刊资料. G30, 中小学学校管理	1009-7686	11-4300/G2	中国人民大学
复印报刊资料. G311, 高中语文教与学	1674-876X	11-5931/G4	中国人民大学
复印报刊资料. G312, 高中数学教与学	1674-8794	11-5932/G4	中国人民大学
复印报刊资料. G32, 中学历史、地理教与学	1009-2978	11-4302/G4	中国人民大学
复印报刊资料. G351, 初中语文教与学	1674-8727	11-5929/G4	中国人民大学
复印报刊资料. G352, 初中数学教与学	1674-8778	11-5930/G4	中国人民大学
复印报刊资料. G36, 中学物理教与学	1009-2927	11-4304/G4	中国人民大学
复印报刊资料. G37, 中学化学教与学	1009-2935	11-4305/G4	中国人民大学
复印报刊资料. G381, 中学外语教与学	1009-2943	11-4306/G4	中国人民大学
复印报刊资料. G382, 中学政治及其他各科教与学	1009-296X	11-4307/G4	中国人民大学
复印报刊资料. G391, 小学语文教与学	1674-8751	11-5926/G4	中国人民大学
复印报刊资料. G392, 小学数学教与学	1674-8743	11-5927/G4	中国人民大学
复印报刊资料. G393, 小学英语教与学	1674-8735	11-5928/G4	中国人民大学
复印报刊资料. G4, 高等教育	1001-2834	11-4309/G4	中国人民大学
复印报刊资料. G5, 成人教育学刊	1009-7503	11-4310/G2	中国人民大学
复印报刊资料. G51, 幼儿教育导读. 教育科学版	1009-749X	11-4311/G4	中国人民大学
复印报刊资料. G511, 幼儿教育导读. 教师教学版	1009-749X	11-4311/G4	中国人民大学
复印报刊资料. G53, 职业技术教育	1001-2826	11-4312/G4	中国人民大学
复印报刊资料. V2, 家庭教育导读	1009-7481	11-4348/G4	中国人民大学
复印报刊资料. V7, 素质教育	1009-7597	11-4350/G4	中国人民大学

刊 名	ISSN	CN	主 办 单 位
复印报刊资料. W-G1，教育学文摘	1674-4365	11-5773/G4	中国人民大学
甘肃高师学报	1008-9020	62-1139/G4	兰州城市学院等
甘肃教育	1004-0463	62-1024/G4	甘肃教育社
甘肃教育研究	2096-9937	62-1221/G4	读者出版传媒股份有限公司
甘肃开放大学学报	2097-1532	62-5125/G4	甘肃开放大学
高等工程教育研究	1001-4233	42-1026/G4	华中科技大学等
高等继续教育学报	2095-5987	42-1845/G4	华中师范大学
高等建筑教育	1005-2909	50-1025/G4	重庆大学
高等教育研究	1000-4203	42-1024/G4	华中科技大学,中国高等教育学会高等教育学专业委员会
高等教育研究学报	1672-8874	43-1330/G4	国防科技大学
高等理科教育	1000-4076	62-1028/G4	兰州大学,全国高等理科教育研究会
高等农业教育	1002-1981	21-1088/G4	沈阳农业大学
高等职业教育探索	2096-272X	44-1726/G4	广州番禺职业技术学院
高教发展与评估	1672-8742	42-1731/G4	武汉理工大学,中国交通教育研究会高教研究分会
高教论坛	1671-9719	45-1312/G4	广西高等教育学会,南宁师范大学
高教探索	1673-9760	44-1109/G4	广东省高等教育学会
高教学刊	2096-000X	23-1593/G4	黑龙江省创联文化传媒有限公司,黑龙江省教育评估院
高考	1673-6265	22-1372/G4	长春出版传媒集团有限责任公司
高校辅导员	1674-9618	37-1471/C	山东大学
高校辅导员学刊	1674-5337	34-1306/G4	安徽师范大学
高校后勤研究	1672-8882	11-5245/G4	中国教育后勤协会
高校教育管理	1673-8381	32-1774/G4	江苏大学
高校马克思主义理论教育研究	2096-9295	10-1710/A	中央财经大学
高校医学教学研究(电子版)	2095-1582	11-9308/R	高等教育出版社
高校招生. 高考指导	1671-2293	51-1611/G4	四川省教育考试院
高中生. 高考	1671-329X	43-1367/G4	湖南教育报刊集团有限公司
高中生. 作文	1671-329X	43-1367/G4	湖南教育报刊集团有限公司
高中生学习	1674-4772	42-1784/G4	湖北长江报刊传媒(集团)有限公司
高中生之友. 上旬刊,学科素养	1672-5859	36-1262/G4	江西教育传媒集团有限公司,江西省教育考试院
高中生之友. 中旬刊,青春阅读版	1672-5859	36-1262/G4	江西教育传媒集团有限公司,江西省教育考试院
高中数理化	1007-8312	11-3866/G4	北京师范大学
高中数学教与学	1007-1830	32-1398/G4	扬州大学
格言. 校园版	2096-2649	23-1597/G4	黑龙江格言杂志社有限公司
工业和信息化教育	2095-5065	10-1101/G4	电子工业出版社有限公司
工业技术与职业教育	1674-943X	13-1400/TB	唐山工业职业技术学院
故事作文. 低年级版	1003-4765	62-1164/H	读者出版传媒股份有限公司
故事作文. 高年级版	1003-4765	62-1164/H	读者出版传媒股份有限公司
关爱明天	2095-6878	51-1749/D	四川省关心下一代工作委员会,四川期刊传媒(集团)股份有限公司
光明少年	2097-1575	10-1832/G	光明日报出版社
广东第二课堂. 小学生阅读	1005-1430	44-1330/G4	广东教育杂志社
广东第二课堂. 中学生阅读	1005-1430	44-1330/G4	广东教育杂志社

刊　　名	ISSN	CN	主办单位
广东第二师范学院学报	2095-3798	44-1688/G4	广东第二师范学院
广东技术师范大学学报	2096-7764	44-1746/Z	广东技术师范大学
广东交通职业技术学院学报	1671-8496	44-1555/Z	广东交通职业技术学院
广东教育. 高校思想教育探索	1005-1422	44-1145/G4	广东教育杂志社
广东教育. 高中	1005-1422	44-1145/G4	广东教育杂志社
广东教育. 职教	1005-1422	44-1145/G4	广东教育杂志社
广东教育. 综合	1005-1422	44-1145/G4	广东教育杂志社
广东开放大学学报	2095-932X	44-1719/G4	广东开放大学(广东理工职业学院)
广东农工商职业技术学院学报	1009-931X	44-1520/Z	广东农工商职业技术学院
广东轻工职业技术学院学报	1672-1950	44-1571/Z	广东轻工职业技术学院
广东水利电力职业技术学院学报	1672-2841	44-1587/Z	广东水利电力职业技术学院
广东职业技术教育与研究	1674-859X	44-1653/Z	广东科技出版社有限公司
广西广播电视大学学报	1008-7656	45-1243/G4	广西广播电视大学
广西教育. 高等教育	0450-9889	45-1090/G4	广西教育杂志社
广西教育. 义务教育	0450-9889	45-1090/G4	广西教育杂志社
广西教育. 中等教育	0450-9889	45-1090/G4	广西教育杂志社
广西教育学院学报	1006-9410	45-1076/G4	广西教育学院
广西科技师范学院学报	2096-2126	45-1401/G4	广西科技师范学院
广西职业技术学院学报	1674-3083	45-1360/Z	广西职业技术学院
广州城市职业学院学报	1674-0408	44-1642/Z	广州城市职业学院
广州广播电视大学学报	1672-0385	44-1547/Z	广州市广播电视大学
贵州教育	0451-0038	52-1030/G4	贵州教育期刊发展有限公司
贵州开放大学学报	1008-2573	52-1176/G4	贵州开放大学
贵州师范学院学报	1674-7798	52-1151/C	贵州师范学院
桂林师范高等专科学校学报	1001-7070	45-1302/Z	桂林师范高等专科学校
国家教育行政学院学报	1672-4038	11-5047/D	国家教育行政学院
国家通用语言文字教学与研究	1674-9596	65-1314/G4	新疆电子音像出版社
哈博士	2095-0969	34-1315/G4	安徽少年儿童出版社
哈尔滨职业技术学院学报	1008-8970	23-1531/Z	哈尔滨职业技术学院
哈哈画报	1005-7382	31-1543/C	中国中福会出版社有限公司
孩子	1671-2943	44-1515/Z	家庭期刊集团有限公司
海南开放大学学报	2097-1362	46-1087/G4	海南开放大学
邯郸职业技术学院学报	1009-5462	13-1284/G	邯郸职业技术学院
汉江师范学院学报	2096-3734	42-1892/G4	汉江师范学院
好家长	1009-8569	32-1616/G0	南京出版社
好作文	2096-1952	21-1604/G4	辽宁北方教育报刊出版有限公司
合肥师范学院学报	1674-2273	34-1303/G4	合肥师范学院
和田师范专科学校学报	1671-0908	65-1266/G4	和田师范专科学校
和田师范专科学校学报(维文版)		65-1267/G4	和田师范专科学校
河北大学成人教育学院学报	1008-6471	13-1264/G4	河北大学继续教育学院
河北教育. 德育版	1004-6208	13-1036/G4	河北省教育宣传中心
河北教育. 教学版	1004-6208	13-1036/G4	河北省教育宣传中心
河北教育. 综合版	1004-6208	13-1036/G4	河北省教育宣传中心
河北开放大学学报	2097-1567	13-1438/G4	河北开放大学
河北理科教学研究	1005-9741	13-1180/G4	廊坊师范学院
河北旅游职业学院学报	1674-2079	13-1387/Z	河北旅游职业学院
河北能源职业技术学院学报	1671-3974	13-1312/C	河北能源职业技术学院

刊　名	ISSN	CN	主办单位
河北软件职业技术学院学报	1673-2022	13-1362/Z	河北软件职业技术学院
河北师范大学学报．教育科学版	1009-413X	13-1286/G	河北师范大学
河北职业教育	2096-3343	13-1423/G4	廊坊师范学院
河南广播电视大学学报	1671-2862	41-1326/Z	河南广播电视大学
河南教育．高等教育	1003-2223	41-1033/G4	河南教育报刊社
河南教育．基础教育	1003-2223	41-1033/G4	河南教育报刊社
河南教育．教师教育	1003-2223	41-1033/G4	河南教育报刊社
河南科技学院学报	1673-6060	41-1382/Z	河南科技学院
黑龙江高教研究	1003-2614	23-1074/G	哈尔滨师范大学,黑龙江省高教学会
黑龙江教师发展学院学报	2096-8531	23-1609/G4	黑龙江教师发展学院
黑龙江教育．高教研究与评估	1002-4107	23-1064/G4	黑龙江大学
黑龙江教育．教育与教学	1002-4107	23-1064/G4	黑龙江大学
黑龙江教育．理论与实践	1002-4107	23-1064/G4	黑龙江大学
黑龙江教育．小学	1002-4107	23-1064/G4	黑龙江大学
黑龙江生态工程职业学院学报	1674-6341	23-1551/S	黑龙江生态工程职业学院
红领巾．成长	1005-3514	51-1090/Z	四川少年儿童出版社有限公司
红领巾．萌芽	1005-3514	51-1090/Z	四川少年儿童出版社有限公司
红领巾．探索	1005-3514	51-1090/Z	四川少年儿童出版社有限公司
红蜻蜓．小学低年级版,一、二年级	1009-3117	34-1111/G4	安徽教育出版社
红蜻蜓．小学高年级版,五、六年级	1009-3117	34-1111/G4	安徽教育出版社
红蜻蜓．小学中年级版,三、四年级	1009-3117	34-1111/G4	安徽教育出版社
呼伦贝尔学院学报	1009-4601	15-1202/G4	呼伦贝尔学院
湖北成人教育学院学报	1673-3878	42-1578/G4	湖北成人教育学院
湖北工业职业技术学院学报	2095-8153	42-1857/G4	湖北工业职业技术学院
湖北教育	1003-4390	42-1033/G4	湖北长江报刊传媒(集团)有限公司
湖北开放大学学报	2097-0951	42-1919/G4	湖北开放大学
湖北开放职业学院学报	2096-711X	42-1902/G4	湖北开放职业学院
湖北招生考试．读写在线	1008-004X	42-1431/G4	湖北省教育考试院
湖北招生考试．高考资讯	1008-004X	42-1431/G4	湖北省教育考试院
湖北招生考试．理论研究	1008-004X	42-1431/G4	湖北省教育考试院
湖北职业技术学院学报	1671-8178	42-1742/Z	湖北职业技术学院
湖南大众传媒职业技术学院学报	1671-5454	43-1370/Z	湖南大众传媒职业技术学院
湖南第一师范学院学报	1674-831X	43-1504/Z	湖南第一师范学院
湖南工业职业技术学院学报	1671-5004	43-1374/Z	湖南工业职业技术学院
湖南广播电视大学学报	1009-5152	43-1320/C	湖南广播电视大学
湖南教育．A,教育管理	1000-7644	43-1034/G4	湖南教育报刊集团有限公司
湖南教育．B,教研教改	1000-7644	43-1034/G4	湖南教育报刊集团有限公司
湖南教育．C,职业教育	1000-7644	43-1034/G4	湖南教育报刊集团有限公司
湖南教育．D,民教创新	1000-7644	43-1034/G4	湖南教育报刊集团有限公司
湖南师范大学教育科学学报	1671-6124	43-1381/G4	湖南师范大学
湖南邮电职业技术学院学报	2095-7661	43-1523/Z	湖南邮电职业技术学院
湖南中学物理	1673-1875	43-1041/O3	湖南师范大学,湖南省物理学会
湖州职业技术学院学报	1672-2388	33-1314/Z	湖州职业技术学院
花丛(朝文)	1673-6907	23-1046/I-C	黑龙江朝鲜民族出版社
花火	1674-6473	43-1497/G4	湖南少年儿童出版社有限责任公司
花火．绘阅读	1674-6473	43-1497/G4	湖南少年儿童出版社有限责任公司
花火．慧阅读	1674-6473	43-1497/G4	湖南少年儿童出版社有限责任公司

刊　名	ISSN	CN	主办单位
华东师范大学学报.教育科学版	1000-5560	31-1007/G4	华东师范大学
华夏教师	2095-3267	10-1045/G4	中国青年出版总社有限公司
化工高等教育	1000-6168	31-1043/G4	华东理工大学
化学教学	1005-6629	31-1006/G4	华东师范大学
化学教与学	1008-0546	32-1482/G4	南京师范大学
化学教育(中英文)	1003-3807	10-1515/O6	中国化学会,北京师范大学
淮北职业技术学院学报	1671-8275	34-1214/Z	淮北职业技术学院
淮南师范学院学报	1009-9530	34-1231/Z	淮南师范学院
淮南职业技术学院学报	1671-4733	34-1241/Z	淮南职业技术学院
环球探索	2096-5559	10-1556/J	人民邮电出版社有限公司
黄冈职业技术学院学报	1672-1047	42-1656/Z	黄冈职业技术学院
黄河水利职业技术学院学报	1008-486X	41-1282/TV	黄河水利职业技术学院
机械职业教育	1007-1776	32-1457/G4	中国机械工业教育协会,无锡职业技术学院
基础教育	1005-2232	31-1914/G4	华东师范大学
基础教育参考	1672-1128	11-4889/G4	教育部教育管理信息中心
基础教育课程	1672-6715	11-5187/G	课程教材研究所
基础教育论坛	1674-6023	21-1565/G4	辽宁北方教育报刊出版有限公司
基础教育研究	1002-3275	45-1094/G4	广西教育学会
吉林工程技术师范学院学报	1009-9042	22-1265/TB	吉林工程技术师范学院
吉林广播电视大学学报	1008-7508	22-1297/G4	吉林广播电视大学
吉林化工学院学报	1007-2853	22-1249/TQ	吉林化工学院
吉林教育	0529-0252	22-1042/G4	吉林教育杂志社
吉林农业科技学院学报	1674-7852	22-1367/S	吉林农业科技学院
吉林省教育学院学报	1671-1580	22-1296/G4	吉林省教育学院
集美大学学报	1671-6493	35-1238/U	集美大学
集宁师范学院学报	2095-3771	15-1360/G4	集宁师范学院
济南职业学院学报	1673-4270	37-1434/Z	济南职业学院
济源职业技术学院学报	1672-0342	41-1349/Z	济源职业技术学院
继续教育研究	1009-4156	23-1470/G4	哈尔滨师范大学
佳木斯职业学院学报	2095-9052	23-1590/G4	佳木斯职业学院
家教世界.V家长	1009-8453	34-1266/G4	恋爱婚姻家庭杂志社
家教世界.创新阅读	1009-8453	34-1266/G4	恋爱婚姻家庭杂志社
家教世界.现代幼教	1009-8453	34-1266/G4	恋爱婚姻家庭杂志社
家庭教育.幼儿家长	1004-048X	33-1043/G4	浙江省妇女联合会,浙江省家庭教育学会
家庭教育.中小学生家长	1004-048X	33-1043/G4	浙江省妇女联合会,浙江省家庭教育学会
家庭教育研究	2097-0269	12-1470/G4	天津人民出版社有限公司
家长	1006-7485	12-1254/G4	天津教育报刊社
江苏第二师范学院学报	1671-1696	32-1860/G4	江苏第二师范学院
江苏高教	1003-8418	32-1048/G4	江苏教育报刊总社
江苏高职教育	2096-6725	32-1886/G4	南京工业职业技术大学
江苏航运职业技术学院学报	2097-0358	32-1896/Z	江苏航运职业技术学院
江苏建筑职业技术学院学报	2095-3550	32-1830/Z	江苏建筑职业技术学院
江苏教育.班主任	1005-6009	32-1410/G4	江苏教育报刊总社
江苏教育.教育管理	1005-6009	32-1410/G4	江苏教育报刊总社

刊　　名	ISSN	CN	主 办 单 位
江苏教育. 教育信息化与职业教育	1005-6009	32-1410/G4	江苏教育报刊总社
江苏教育. 小学教学	1005-6009	32-1410/G4	江苏教育报刊总社
江苏教育. 中学教学	1005-6009	32-1410/G4	江苏教育报刊总社
江苏教育研究	1673-9094	32-1777/G4	江苏省教育科学研究院
江苏经贸职业技术学院学报	1672-2604	32-1705/Z	江苏经贸职业技术学院
江西电力职业技术学院学报	1673-0097	36-1258/Z	江西电力职业技术学院
江西教育. 管理版	1006-270X	36-1048/G4	江西教育传媒集团有限公司
江西教育. 教研版	1006-270X	36-1048/G4	江西教育传媒集团有限公司
江西教育. 职教	1006-270X	36-1048/G4	江西教育传媒集团有限公司
江西教育. 综合版	1006-270X	36-1048/G4	江西教育传媒集团有限公司
江西开放大学学报	2097-3055	36-1356/G4	江西开放大学
教师	1674-120X	46-1072/G4	海南出版社有限公司
教师博览. 上旬刊,文摘	1008-5009	36-1222/G4	江西教育传媒集团有限公司
教师博览. 下旬刊	1008-5009	36-1222/G4	江西教育传媒集团有限公司
教师博览. 中旬刊,原创	1008-5009	36-1222/G4	江西教育传媒集团有限公司
教师发展研究	2096-319X	10-1486/G4	北京教育学院
教师教育论坛. 高教版	2095-5995	42-1846/G4	华中师范大学
教师教育论坛. 普教版	2095-5995	42-1846/G4	华中师范大学
教师教育学报	2095-8129	50-1211/G4	西南大学
教师教育研究	1672-5905	11-5147/G4	北京师范大学等
教书育人. 高教论坛	1008-2549	23-1439/G4	哈尔滨师范大学
教书育人. 教师新概念	1008-2549	23-1439/G4	哈尔滨师范大学
教书育人. 校长参考	1008-2549	23-1439/G4	哈尔滨师范大学
教学管理与教育研究	2096-224X	10-1390/G4	北京师范大学
教学考试	2095-2627	54-1058/G4	西藏人民出版社
教学研究	1005-4634	13-1216/G4	燕山大学
教学与管理	1004-5872	14-1024/G4	太原师范学院
教学与管理. 理论	1004-5872	14-1024/G4	太原师范学院
教学与管理. 小学	1004-5872	14-1024/G4	太原师范学院
教学与研究	0257-2826	11-1454/G4	中国人民大学
教学月刊. 小学版,数学	1671-704X	33-1280/G4	浙江外国语学院
教学月刊. 小学版,语文	1671-704X	33-1280/G4	浙江外国语学院
教学月刊. 小学版,综合	1671-704X	33-1280/G4	浙江外国语学院
教学月刊. 中学版,教学参考	1671-7058	33-1279/G4	浙江外国语学院
教学月刊. 中学版,教学管理	1671-7058	33-1279/G4	浙江外国语学院
教学月刊. 中学版,外语教学	1671-7058	33-1279/G4	浙江外国语学院
教育	1673-2413	14-1331/G4	山西三晋报刊传媒集团
教育财会研究	1005-5827	42-1346/F	中国教育会计学会,华中师范大学
教育参考	2096-0859	31-2091/G4	上海教育出版社有限公司
教育测量与评价	1674-1536	43-1482/G4	湖南省教育考试院
教育传播与技术	1672-0245	31-2139/G4	上海教育出版社有限公司,上海市电化教育馆
教育导刊	1005-3476	44-1371/G4	广州市教育研究院
教育发展研究	1008-3855	31-1772/G4	上海市教育科学研究院,上海市高等教育学会
教育观察	2095-3712	45-1388/G4	广西师范大学出版社集团
教育国际交流	2097-2377	10-1836/G4	中国教育国际交流协会

刊　　名	ISSN	CN	主 办 单 位
教育家	2096-1154	10-1372/G4	光明日报出版社
教育教学论坛	1674-9324	13-1399/G4	河北教育出版社有限责任公司
教育界	1674-9510	45-1376/G4	广西师范大学出版社集团有限公司
教育经济评论	2096-2088	10-1410/G4	北京师范大学
教育考试与评价	2096-1677	51-1766/G4	四川省教育考试院
教育科学	1002-8064	21-1066/G4	辽宁师范大学
教育科学论坛	1673-4289	51-1696/G4	四川省教育科学研究院
教育科学探索	2097-0757	42-1921/G4	湖北大学
教育科学研究	1009-718X	11-4573/D	北京教育融媒体中心
教育理论与实践	1004-633X	14-1027/G4	山西省教育科学研究院
教育评论	1004-1109	35-1015/G4	福建省教育科学研究所,福建省教育学会
教育生物学杂志	2095-4301	31-2079/R	上海交通大学医学院附属新华医院
教育实践与研究. A, 小学课程版	1009-010X	13-1259/G4	河北省教育科学研究院
教育实践与研究. B, 中学课程版	1009-010X	13-1259/G4	河北省教育科学研究院
教育实践与研究. C, 理论版	1009-010X	13-1259/G4	河北省教育科学研究院
教育史研究	2096-6660	10-1596/G4	人民教育出版社
教育视界. 外语教学	2095-803X	32-1848/G4	江苏凤凰报刊出版传媒有限公司
教育视界. 智慧管理	2095-803X	32-1848/G4	江苏凤凰报刊出版传媒有限公司
教育视界. 智慧教学	2095-803X	32-1848/G4	江苏凤凰报刊出版传媒有限公司
教育探索	1002-0845	23-1134/G4	黑龙江教师发展学院
教育文化论坛	1674-7615	52-5031/G4	贵州大学
教育文汇	1009-8186	34-1211/G4	安徽省教育宣传中心
教育信息化论坛	2096-4277	41-1446/G4	河南电子音像出版社有限公司,文心出版社有限公司
教育信息技术	1671-3176	44-1529/G4	广东省电化教育馆
教育学报	1673-1298	11-5306/G4	北京师范大学
教育学术月刊	1674-2311	36-1301/G4	江西省教育评估监测研究院,江西省教育学会
教育研究	1002-5731	11-1281/G4	中国教育科学研究院
教育研究与评论. 小学教育教学	1674-4632	32-1791/G4	江苏凤凰报刊出版传媒有限公司
教育研究与评论. 中学教育教学	1674-4632	32-1791/G4	江苏凤凰报刊出版传媒有限公司
教育研究与评论. 综合版	1674-4632	32-1791/G4	江苏凤凰报刊出版传媒有限公司
教育研究与实验	1003-160X	42-1041/G4	华中师范大学
教育艺术	1002-2821	11-2632/G4	首都师范大学
教育与教学研究	1674-6120	51-1720/G4	成都大学
教育与经济	1003-4870	42-1268/G4	华中师范大学,中国教育经济学研究会
教育与考试	1673-7865	35-1290/G4	福建省教育考试院,厦门大学考试研究中心
教育与职业	1004-3985	11-1004/G4	中华职业教育社
教育与装备研究	2096-1766	10-1415/G4	教育部教育装备研究与发展中心
今日教育	1009-9867	50-1131/G4	重庆出版社
今日教育. 幼教金刊	1009-9867	50-1131/G4	重庆出版社
今日教育. 作文大本营	1009-9867	50-1131/G4	重庆出版社
今日中学生. 八年级, 读写	1009-5314	51-1606/Z	四川省教育融媒体中心(四川教育电视台)

刊　　名	ISSN	CN	主 办 单 位
今日中学生.九年级,学习	1009-5314	51-1606/Z	四川省教育融媒体中心(四川教育电视台)
今日中学生.七年级,博览	1009-5314	51-1606/Z	四川省教育融媒体中心(四川教育电视台)
金华职业技术学院学报	1671-3699	33-1267/Z	金华职业技术学院
进展.教学与科研	1002-1221	50-1076/N	重庆西南信息有限公司
晋城职业技术学院学报	1674-5078	14-1348/G4	晋城职业技术学院
九江职业技术学院学报	1009-9522	36-1247/Z	九江职业技术学院
喀什大学学报(维吾尔文)	2096-2142	65-1307/G4	喀什大学
开放教育研究	1007-2179	31-1724/G4	上海开放大学
开放学习研究	2096-1510	10-1386/G4	北京开放大学
开封大学学报	1008-343X	41-1277/G4	开封大学
开心幼儿	2096-6601	36-1338/G4	江西教育传媒集团有限公司
看图说话	1006-1614	31-1114/C	上海世纪出版股份有限公司教育出版社
考试研究	1673-1654	12-1376/G4	天津人民出版社,天津市教育招生考试院
考试与评价	1009-6027	22-1387/G4	英语辅导报社
考试与招生	1674-1250	13-1384/G4	河北省教育考试院
考试周刊	1673-8918	22-1381/G4	吉林省奥林报刊发展有限责任公司
科教发展研究	2097-0218	33-1420/G4	浙江大学
科教文汇	1672-7894	34-1274/G	安徽省老科技工作者协会,安徽省科学教育研究会
科学咨询.教育科研	1671-4822	50-1143/N	重庆市科学技术研究院
课程·教材·教法	1000-0186	11-1278/G4	人民教育出版社
课程教材教学研究.教育研究	1003-8787	53-1149/G4	云南教育报刊社,云南师范大学
课程教材教学研究.小教研究	1003-8787	53-1149/G4	云南教育报刊社,云南师范大学
课程教材教学研究.中教研究	1003-8787	53-1149/G4	云南教育报刊社,云南师范大学
课程教学研究	2095-2791	44-1690/G4	广东教育出版社有限公司
课程教育研究	2095-3089	15-1362/G4	内蒙古自治区北方文化研究院,中国外语学习研究会
课堂内外.初中版	1007-4880	50-1079/G4	重庆课堂内外杂志社出版有限公司
课堂内外.初中版,科学少年	1007-4880	50-1079/G4	重庆课堂内外杂志社出版有限公司
课堂内外.初中教研	1007-4899	50-1080/G4	重庆课堂内外杂志社出版有限公司
课堂内外.创新作文.初中版	1007-4880	50-1079/G4	重庆课堂内外杂志社出版有限公司
课堂内外.创新作文.高中版	1007-4899	50-1080/G4	重庆课堂内外杂志社出版有限公司
课堂内外.创新作文.小学版	1007-4902	51-1391/G4	四川省科普作家协会
课堂内外.低年级版,小学版	1007-4902	51-1391/G4	四川省科普作家协会
课堂内外.高中版	1007-4899	50-1080/G4	重庆课堂内外杂志社出版有限公司
课堂内外.高中教研	1007-4899	50-1080/G4	重庆课堂内外杂志社出版有限公司
课堂内外.小学版	1007-4902	51-1391/G4	四川省科普作家协会
课堂内外.小学教研	1007-4880	50-1079/G4	重庆课堂内外杂志社出版有限公司
课堂内外.智慧数学.小学版	1007-4902	51-1391/G4	四川省科普作家协会
课堂内外.中国好老师	1007-4899	50-1080/G4	重庆课堂内外杂志社出版有限公司
课堂内外.作文独唱团	1007-4899	50-1080/G4	重庆课堂内外杂志社出版有限公司
课外生活	1005-5347	34-1035/G4	安徽少年儿童出版社
课外语文	1672-0490	21-1479/G	辽宁人民出版社

刊　　名	ISSN	CN	主 办 单 位
课外阅读	1009-9514	11-4602/G4	华夏出版社
快乐巧连智	1671-1890	44-1504/G0	广州出版社
快乐语文	1672-240X	35-1265/G4	福建海峡文艺出版社有限责任公司
快乐作文.七～九年级适用	1673-0666	13-1357/G4	河北阅读传媒有限责任公司
快乐作文.小学三、四年级适用	1673-0666	13-1357/G4	河北阅读传媒有限责任公司
快乐作文.小学五、六年级适用	1673-0666	13-1357/G4	河北阅读传媒有限责任公司
快乐作文.小学一、二年级适用	1673-0666	13-1357/G4	河北阅读传媒有限责任公司
兰州石化职业技术学院学报	1671-4067	62-1168/G4	兰州石化职业技术学院
兰州职业技术学院学报	2096-9503	62-1220/G4	兰州职业技术学院
老年教育.老年大学	1002-3402	37-1007/G4	中国老年大学协会,山东老年大学
老年教育.书画艺术	1002-3402	37-1007/G4	中国老年大学协会,山东老年大学
老年教育.长者家园	1002-3402	37-1007/G4	中国老年大学协会,山东老年大学
黎明职业大学学报	1008-8075	35-1212/G4	黎明职业大学
理科爱好者	1671-8437	51-1638/O	成都大学
理科爱好者.教育教学	1671-8437	51-1638/O	成都大学
理科考试研究	1008-4126	23-1365/G4	哈尔滨师范大学
历史教学.上半月刊,注重教学研究	0457-6241	12-1010/G4	历史教学社(天津)有限公司
历史教学问题	1006-5636	31-1016/G4	华东师范大学
连云港职业技术学院学报	1009-4318	32-1595/Z	连云港职业技术学院
两岸终身教育	2097-1257	35-1348/G4	厦门开放大学
辽宁高职学报	1009-7600	21-1411/G4	抚顺职业技术学院等
辽宁教育.管理	1002-8196	21-1062/G4	辽宁教育宣传中心
辽宁教育.教研	1002-8196	21-1062/G4	辽宁教育宣传中心
辽宁经济职业技术学院、辽宁经济管理干部学院学报	1672-5646	21-1492/G	辽宁经济职业技术学院,辽宁经济管理干部学院
辽宁开放大学学报	2097-2040	21-1618/C	辽宁开放大学
辽宁科技学院学报	1008-3723	21-1522/Z	辽宁科技学院
辽宁农业职业技术学院学报	1671-0517	21-1448/G4	辽宁农业职业技术学院
辽宁师专学报.社会科学版	1008-3898	21-1394/C	辽宁民族师范高等专科学校等
辽宁师专学报.自然科学版	1008-5688	21-1395/N	辽宁民族师范高等专科学校等
辽宁丝绸	1671-3389	21-1276/TS	辽宁柞蚕丝绸科学研究院
辽宁招生考试	1008-4215	21-1422/G4	辽宁省招生考试办公室
林区教学	1008-6714	23-1091/S	黑龙江生态工程职业学院
留学	2095-6940	10-1184/G4	光明日报出版社
留学生	1671-8739	11-4869/C	欧美同学会
柳州职业技术学院学报	1671-1084	45-1290/G4	柳州职业技术学院
六盘水师范学院学报	1671-055X	52-5032/G4	六盘水师范学院
漯河职业技术学院学报	1671-7864	41-1330/Z	漯河职业技术学院
吕梁教育学院学报	1672-2086	14-1297/G4	吕梁教育学院
妈妈画刊	1003-4773	62-1085/C	读者出版传媒股份有限公司
马克思主义理论教学与研究	2096-935X	12-1465/A	南开大学
漫维	2096-4439	41-1444/J	河南教育报刊社
煤炭高等教育	1004-8154	32-1365/G4	中国煤炭教育协会
美育	2096-8310	10-1693/J	中国美术出版总社有限公司
米老鼠	1007-418X	11-3041/J	人民邮电出版社有限公司
米小圈	2096-5818	51-1786/C	四川少年儿童出版社有限公司
民族高等教育研究	2095-4336	15-1363/G4	内蒙古民族大学

刊　名	ISSN	CN	主办单位
民族教育研究	1001-7178	11-2688/G4	中央民族大学
闽西职业技术学院学报	1673-4823	35-1287/G4	闽西职业技术学院
名师在线(中英文)	2097-1737	14-1409/G4	《英语周报》社有限公司
南昌师范学院学报	2095-8102	36-1335/G4	南昌师范学院
南方职业教育学刊	2095-073X	44-1679/G4	汕头职业技术学院,广州铁路职业技术学院
南京开放大学学报	2097-0633	32-1899/G4	南京开放大学
南宁职业技术学院学报	1009-3621	45-1268/C	南宁职业技术学院
南通职业大学学报	1008-5327	32-1528/G4	南通职业大学
内蒙古教育	1008-1216	15-1044/G4	内蒙古出版集团
内蒙古教育(蒙文版)	1008-1224	15-1045/G4	内蒙古自治区教育厅
内蒙古师范大学学报.教育科学版	1671-0916	15-1215/G4	内蒙古师范大学
内蒙古师范大学学报.哲学社会科学(蒙文版)	1007-1113	15-1046/C	内蒙古师范大学
宁波大学学报.教育科学版	1008-0627	33-1214/G4	宁波大学
宁波工程学院学报	1008-7109	33-1332/Z	宁波工程学院
宁波教育学院学报	1009-2560	33-1241/G4	宁波教育学院
宁波开放大学学报	2097-1036	33-1422/G4	宁波开放大学
宁波职业技术学院学报	1671-2153	33-1263/Z	宁波职业技术学院
宁夏教育	1002-4050	64-1003/G4	宁夏教育科学研究所
平安校园		11-5802/G4	《新安全》杂志社
七彩语文.初中	1673-4998	32-1767/C	江苏凤凰少年儿童出版社
七彩语文.低年级	1673-4998	32-1767/C	江苏凤凰少年儿童出版社
七彩语文.高中新语文学习	1673-4998	32-1767/C	江苏凤凰少年儿童出版社
七彩语文.国际	1673-4998	32-1767/C	江苏凤凰少年儿童出版社
七彩语文.画刊	1673-4998	32-1767/C	江苏凤凰少年儿童出版社
七彩语文.教师论坛	1673-4998	32-1767/C	江苏凤凰少年儿童出版社
七彩语文.习作	1673-4998	32-1767/C	江苏凤凰少年儿童出版社
七彩语文.中高年级	1673-4998	32-1767/C	江苏凤凰少年儿童出版社
齐鲁师范学院学报	2095-4735	37-1480/G4	齐鲁师范学院
齐齐哈尔高等师范专科学校学报	2097-3667	23-1620/Z	齐齐哈尔高等师范专科学校
启迪与智慧	1674-389X	22-1391/G0	吉林省幽默与笑话杂志社有限责任公司
启蒙	1004-4973	12-1046/G4	天津教育报刊社
亲子	1671-1645	36-1302/G0	江西人民出版社有限责任公司
亲子.4-7岁,智力画刊	1671-1645	36-1302/G0	江西人民出版社有限责任公司
青春期健康	1672-6502	11-5125/R	国家卫生健康委人口文化发展中心,中国人口宣传教育中心
青岛远洋船员职业学院学报	2095-3747	37-1489/U	青岛远洋船员职业学院
青岛职业技术学院学报	1672-2698	37-1410/Z	青岛职业技术学院
青海教育	0529-3502	63-1006/G4	青海省教育厅
青少年法治教育	2096-3394	10-1465/G4	北京外国语大学
清华大学教育研究	1001-4519	11-1610/G4	清华大学
清华校友通讯	1006-7663	10-1674/G4	清华大学
清远职业技术学院学报	1674-4896	44-1652/Z	清远职业技术学院
求学.新高考	1009-864X	45-1273/Z	广西师范大学出版社集团有限公司
求学.志愿填报	1009-864X	45-1273/Z	广西师范大学出版社集团有限公司

刊　　名	ISSN	CN	主 办 单 位
全国优秀作文选. 初中	1004-0293	32-1748/G4	江苏凤凰报刊出版传媒有限公司
全国优秀作文选. 高中	1004-0293	32-1748/G4	江苏凤凰报刊出版传媒有限公司
全国优秀作文选. 教师教育	1004-0293	32-1748/G4	江苏凤凰报刊出版传媒有限公司
全国优秀作文选. 美文精粹	1004-0293	32-1748/G4	江苏凤凰报刊出版传媒有限公司
全国优秀作文选. 小学低年级	1004-0293	32-1748/G4	江苏凤凰报刊出版传媒有限公司
全国优秀作文选. 小学中高年级	1004-0293	32-1748/G4	江苏凤凰报刊出版传媒有限公司
全国优秀作文选. 小学综合阅读	1004-0293	32-1748/G4	江苏凤凰报刊出版传媒有限公司
全国优秀作文选. 写作与阅读教学研究	1004-0293	32-1748/G4	江苏凤凰报刊出版传媒有限公司
全球教育展望	1009-9670	31-1842/G4	华东师范大学
全视界	1671-248X	50-1177/G0	重庆期刊出版中心
人民教育	0448-9365	11-1199/G4	中国教育报刊社
三门峡职业技术学院学报	1671-9123	41-1329/Z	三门峡职业技术学院
沙洲职业工学院学报	1009-8429	32-1525/G4	沙洲职业工学院
山东高等教育	2095-6800	37-1495/G4	青岛大学
山东教育. 小学	1004-0897	37-1025/G4	山东教育社
山东教育. 幼教园地	1004-0897	37-1025/G4	山东教育社
山东教育. 中学	1004-0897	37-1025/G4	山东教育社
山东开放大学学报	2097-0978	37-1529/G4	山东开放大学
山东商业职业技术学院学报	1671-4385	37-1382/Z	山东商业职业技术学院
山西广播电视大学学报	1008-8350	14-1235/G4	山西广播电视大学
山西教育. 管理	1004-6739	14-1014/G4	山西教育教辅传媒集团有限责任公司
山西教育. 教学	1004-6739	14-1014/G4	山西教育教辅传媒集团有限责任公司
山西教育. 幼教	1004-6739	14-1014/G4	山西教育教辅传媒集团有限责任公司
山西教育. 招考	1004-6739	14-1014/G4	山西教育教辅传媒集团有限责任公司
山西青年职业学院学报	2095-7637	14-1371/D	山西青年职业学院
陕西教育. 高教	1002-2058	61-1018/G4	陕西教育报刊社有限责任公司
陕西教育. 教学	1002-2058	61-1018/G4	陕西教育报刊社有限责任公司
陕西教育. 综合	1002-2058	61-1018/G4	陕西教育报刊社有限责任公司
陕西开放大学学报. 综合版	1008-4649	61-1524/G4	陕西开放大学
陕西青年职业学院学报	1674-2885	61-1467/D	陕西青年职业学院
陕西学前师范学院学报	2095-770X	61-1492/G4	陕西学前师范学院
商丘职业技术学院学报	1671-8127	41-1328/Z	商丘职业技术学院
上海教育	1006-2068	31-1676/G4	上海教育报刊总社
上海教育科研	1007-2020	31-1059/G4	上海市教育科学研究院普通教育研究所
上海教育评估研究	2095-3380	31-2070/G4	上海市教育评估院
上海课程教学研究	2096-0875	31-2112/G4	上海科技教育出版社有限公司, 上海市教育委员会教学研究室
上海托幼	1008-8172	31-1800/G4	上海教育报刊总社
上海中学数学	1672-7495	31-1572/G4	上海师范大学
少儿国学	2095-669X	10-1174/C	人民教育出版社有限公司
少儿美术	1007-8843	12-1269/J	天津人民美术出版社
少年大世界	1007-5291	21-1337/C	大连市青少年刊社
少年儿童(朝鲜语)	1671-1394	22-1049/C	延边人民出版社
少年发明与创造	1009-8305	54-1048/C	西藏人民出版社
少年文艺. 我爱写作文	1002-0365	32-1055/I	江苏凤凰少年儿童出版社有限公司

刊　　名	ISSN	CN	主办单位
少年写作	1674-067X	42-1813/G4	湖北长江报刊传媒(集团)有限公司
绍兴文理学院学报	1008-293X	33-1209/C	绍兴文理学院
深圳信息职业技术学院学报	1672-6332	44-1586/Z	深圳信息职业技术学院
深圳职业技术学院学报	1672-0318	44-1572/Z	深圳职业技术学院
沈阳师范大学学报.教育科学版	2097-0692	21-1616/G4	沈阳师范大学
生活教育	1673-3002	11-5349/G4	中国陶行知研究会,南京晓庄学院
生物学教学	1004-7549	31-1009/G4	华东师范大学
师道.教研	1672-2655	44-1299/G4	广东教育杂志社
师道.人文	1672-2655	44-1299/G4	广东教育杂志社
十几岁	2096-2029	43-1532/G4	湖南潇湘晨报传媒经营有限公司
石家庄铁路职业技术学院学报	1673-1816	13-1359/G	石家庄铁路职业技术学院
石家庄职业技术学院学报	1009-4873	13-1285/G4	石家庄职业技术学院
时代教育	1672-8181	51-1677/G4	成都传媒集团
时代英语.初中	1671-2757	51-1615/H	四川天地出版社有限公司
实验技术与管理	1002-4956	11-2034/T	清华大学
实验教学与仪器	1004-2326	43-1094/G4	教育部基础教育课程教材发展中心, 　长沙理工大学
实验室研究与探索	1006-7167	31-1707/T	上海交通大学
世纪之星.初中版	1812-3937	11-9219/G	世纪之星电子出版社有限公司
世纪之星.高中版	1812-3945	11-9220/G	世纪之星电子出版社有限公司
世纪之星.交流版	1812-3953	11-9221/G	世纪之星电子出版社有限公司
世纪之星.小学版	1812-3929	11-9218/G	世纪之星电子出版社有限公司
世界教育信息	1672-3937	11-4123/G4	教育部教育管理信息中心
试题与研究	1673-1301	41-1368/G4	《中学生学习报》社有限公司
数理化解题研究	1008-0333	23-1413/G4	黑龙江报刊传媒集团有限公司
数理化学习.初中版	2095-218X	23-1575/G4	哈尔滨师范大学
数理化学习.高中版	2095-218X	23-1575/G4	哈尔滨师范大学
数理化学习.教研版	2095-218X	23-1575/G4	哈尔滨师范大学
数理天地.初中版	1004-6534	11-3091/O1	中国优选法统筹法与经济数学研究会
数理天地.高中版	1004-6542	11-3095/O1	中国优选法统筹法与经济数学研究会
数学大世界	1009-5608	22-1253/O1	北方妇女儿童出版社有限责任公司
数学大王.超级脑力	1673-6982	45-1346/O1	广西师范大学出版社集团
数学大王.低年级	1673-6982	45-1346/O1	广西师范大学出版社集团
数学大王.中高年级	1673-6982	45-1346/O1	广西师范大学出版社集团
数学教学	0488-7387	31-1024/G4	华东师范大学
数学教学通讯.初中数学	1001-8875	50-1064/G4	西南大学,重庆数学学会
数学教学通讯.高中数学	1001-8875	50-1064/G4	西南大学,重庆数学学会
数学教学通讯.小学数学	1001-8875	50-1064/G4	西南大学,重庆数学学会
数学教学研究	1671-0452	62-1042/O1	西北师范大学,甘肃省数学会
数学教育学报	1004-9894	12-1194/G4	天津师范大学
数学通报	0583-1458	11-2254/O1	中国数学会,北京师范大学
数学通讯	0488-7395	42-1152/O1	华中师范大学等
数学小灵通.启蒙版	1009-0320	21-1329/G4	辽宁北方教育报刊出版有限公司
数学小灵通.启智版	1009-0320	21-1329/G4	辽宁北方教育报刊出版有限公司
数学小灵通.烧脑版	1009-0320	21-1329/G4	辽宁北方教育报刊出版有限公司
数学学习与研究	1007-872X	22-1217/O1	吉林省数学会,东北师范大学数学与 　统计学院

刊　　　名	ISSN	CN	主 办 单 位
数学之友	1672-1969	32-1707/O1	南京师范大学,南京数学学会
数字教育	2096-0069	41-1435/G4	海燕出版社有限公司,大象出版社有限公司
双语教育研究	2095-6967	65-1294/G4	新疆师范大学,新疆教育出版社
水木清华	1674-8476	11-5883/C	清华大学
顺德职业技术学院学报	1672-6138	44-1605/Z	顺德职业技术学院
司法警官职业教育研究	2096-8353	44-1747/D	广东司法警官职业学院
思想教育研究	1002-5707	11-2549/D	中国高等教育学会思想政治教育分会,北京科技大学
思想理论教育	1007-192X	31-1220/G4	上海市高等学校思想理论教育研究会,上海市教育科学研究院
思想理论教育导刊	1009-2528	11-4062/G4	高等教育出版社
思想政治教育研究	1672-9749	23-1076/G4	哈尔滨理工大学
思想政治课教学	1002-588X	11-1589/G4	北京师范大学
思想政治课研究	1674-0505	31-1771/G4	华东师范大学
四川教育	1005-1910	51-1056/G4	四川省教育融媒体中心(四川教育电视台)
四川职业技术学院学报	1672-2094	51-1645/Z	四川职业技术学院
苏州大学学报.教育科学版	2095-7068	32-1843/G4	苏州大学
苏州市职业大学学报	1008-5475	32-1524/G4	苏州市职业大学
绥化学院学报	2095-0438	23-1569/Z	绥化学院
太原城市职业技术学院学报	1673-0046	14-1323/C	太原城市职业技术学院
泰州职业技术学院学报	1671-0142	32-1599/G4	泰州职业技术学院
特区教育	1007-5178	44-1292/G4	深圳报业集团
天津电大学报	1008-3006	12-1286/G4	天津开放大学
天津教育	0493-2099	12-1044/G4	天津教育报刊社
天津师范大学学报.基础教育版	1009-7228	12-1315/G4	天津师范大学
天津市教科院学报	1671-2277	12-1303/G4	天津市教育科学研究院
天津职业大学学报	1008-8415	12-1283/G4	天津职业大学
天津职业技术师范大学学报	2095-0926	12-1423/Z	天津职业技术师范大学
天津职业院校联合学报	1673-582X	12-1386/Z	天津市职业教育与成人教育学会
天津中德应用技术大学学报	2095-3769	12-1455/G4	天津中德应用技术大学
天天爱科学.教学研究	2095-3909	10-1038/N	人民文学出版社有限公司,天天出版社有限责任公司
天天爱科学.教育前沿	2095-3909	10-1038/N	人民文学出版社有限公司,天天出版社有限责任公司
天天爱学习.数学	1674-7186	12-1414/G4	天津电子出版社有限公司,天津市期刊工作者协会
天天爱学习.语文	1674-7186	12-1414/G4	天津电子出版社有限公司,天津市期刊工作者协会
天天爱学习.作文	1674-7186	12-1414/G4	天津电子出版社有限公司,天津市期刊工作者协会
同学少年	1004-4981	12-1268/G4	天津师范大学,天津教育报刊社
铜陵职业技术学院学报	1671-752X	34-1248/Z	铜陵职业技术学院
童趣.小公主	1674-1560	11-5656/C	人民邮电出版社
娃娃乐园	1005-5452	34-1123/C	安徽少年儿童出版社
外国教育研究	1006-7469	22-1022/G4	东北师范大学

刊　名	ISSN	CN	主 办 单 位
外语电化教学	1001-5795	31-1036/G4	上海外国语大学
万象·国学.初中刊	1008-3766	21-1385/G0	辽宁教育出版社
万象·国学.高中刊	1008-3766	21-1385/G0	辽宁教育出版社
万象·国学.小学刊	1008-3766	21-1385/G0	辽宁教育出版社
潍坊工程职业学院学报	1009-2080	37-1494/G4	潍坊工程职业学院
为了孩子	1000-4319	31-1026/C	上海市妇女联合会
温州职业技术学院学报	1671-4326	33-1276/Z	温州职业技术学院
文教资料	1004-8359	32-1032/C	南京师范大学
文科爱好者	1671-1270	51-1613/G4	成都大学
文科爱好者.教育教学版	1671-1270	51-1613/G4	成都大学
文理导航	2095-3879	15-1355/G4	内蒙古自治区北方文化研究院
文渊.高中版	2096-6288	11-9276/G	中国出版传媒股份有限公司
文渊.小学版	2096-6261	11-9274/G	中国出版传媒股份有限公司
文渊.中学版	2096-627X	11-9275/G	中国出版传媒股份有限公司
问答与导学	1672-5484	11-9112/G	清华大学
我爱学	1673-8802	32-1776/G4	江苏凤凰少年儿童出版社有限公司
乌鲁木齐职业大学学报	1009-3397	65-1191/G4	乌鲁木齐职业大学
乌鲁木齐职业大学学报(维文版)	1674-8654	65-1280/G4	乌鲁木齐职业大学
无锡商业职业技术学院学报	1671-4806	32-1644/Z	无锡商业职业技术学院
无锡职业技术学院学报	1671-7880	32-1678/Z	无锡职业技术学院
芜湖职业技术学院学报	1009-1114	34-1184/G4	芜湖职业技术学院
武汉船舶职业技术学院学报	1671-8100	42-1670/Z	武汉船舶职业技术学院
武汉工程职业技术学院学报	1671-3524	42-1652/Z	武汉工程职业技术学院
武汉交通职业学院学报	1672-9846	42-1746/U	武汉交通职业学院
武汉冶金管理干部学院学报	1009-1890	42-1580/TF	武汉冶金管理干部学院
武汉职业技术学院学报	1671-931X	42-1669/Z	武汉职业技术学院
物理教师	1002-042X	32-1216/O4	苏州大学
物理教学	1002-0748	31-1033/G4	中国物理学会
物理教学探讨	1003-6148	50-1061/G4	西南大学
物理实验	1005-4642	22-1144/O4	东北师范大学
物理之友	1005-8389	32-1307/O4	南京师范大学,南京物理学会
西北成人教育学院学报	1008-8539	62-1149/G4	西北师范大学继续教育学院
西部素质教育	2095-6401	63-1080/G4	青海人民出版社有限责任公司
西藏教育	1004-5880	54-1011/G4	西藏自治区教育科学研究院
西藏教育(藏)	1004-5899	54-1010/G4-Z	西藏自治区教育科学研究所
希望工程	1674-8956	11-5899/C	中国青少年发展基金会
厦门城市职业学院学报	2095-2724	35-1312/G4	厦门城市职业学院
现代大学教育	1671-1610	43-1358/G4	中南大学
现代教学.A	1673-8349	31-1991/G4	上海教育报刊总社
现代教学.B,思想理论教育	1673-8349	31-1991/G4	上海教育报刊总社
现代教育	1671-9085	37-1393/G4	山东省教育招生考试院,山东省教育 科学研究院
现代教育管理	1674-5485	21-1570/G4	辽宁教育研究院
现代教育技术	1009-8097	11-4525/N	清华大学
现代教育科学	1005-5843	22-1339/G4	吉林省教育科学院
现代教育论丛	2095-6762	44-1361/G4	广东省教育科学研究所
现代特殊教育	1004-8014	32-1344/G4	江苏教育报刊总社

刊　　名	ISSN	CN	主 办 单 位
现代语文	1008-8024	37-1333/G4	曲阜师范大学
现代远程教育研究	1009-5195	51-1580/G4	四川开放大学
现代远距离教育	1001-8700	23-1066/G4	黑龙江开放大学
现代职业教育	2096-0603	14-1381/G4	山西教育教辅传媒集团有限责任公司
现代中小学教育	1002-1477	22-1096/G4	东北师范大学
现代中学生. 初中版, 数学与考试	1009-5748	22-1046/G4	吉林教育杂志社
现代中学生. 初中版, 阅读与写作	1009-5748	22-1046/G4	吉林教育杂志社
襄阳职业技术学院学报	2095-6584	42-1849/Z	襄阳职业技术学院
小聪仔. 科普版	1009-8593	45-1277/G0	接力出版社有限公司
小聪仔. 婴儿版	1009-8593	45-1277/G0	接力出版社有限公司
小聪仔. 幼儿版	1009-8593	45-1277/G0	接力出版社有限公司
小读者之友	2096-5028	36-1349/G2	江西教育出版社有限责任公司
小火炬	1006-5148	35-1003/C	福建省儿童出版社
小狲猴学习画刊	1008-0309	36-1209/G0	江西美术出版社有限责任公司
小狲猴智力画刊	1005-9881	36-1057/G0	江西美术出版社有限责任公司
小星星. 阅读100分, 低年级	1006-8392	36-1060/C	二十一世纪出版社集团有限公司
小星星. 阅读100分, 高年级	1006-8392	36-1060/C	二十一世纪出版社集团有限公司
小星星. 作文100分	1006-8392	36-1060/C	二十一世纪出版社集团有限公司
小学教学. 上半月, 语文	1674-277X	41-1394/G4	河南教育报刊社
小学教学. 下半月, 数学	1674-277X	41-1394/G4	河南教育报刊社
小学教学参考. 数学	1007-9068	45-1233/G4	南宁师范大学
小学教学参考. 语文	1007-9068	45-1233/G4	南宁师范大学
小学教学参考. 综合	1007-9068	45-1233/G4	南宁师范大学
小学教学设计. 数学	1009-2544	14-1240/G4	山西教育教辅传媒集团有限责任公司
小学教学设计. 英语	1009-2544	14-1240/G4	山西教育教辅传媒集团有限责任公司
小学教学设计. 语文	1009-2544	14-1240/G4	山西教育教辅传媒集团有限责任公司
小学教学研究. 教学版	1006-284X	36-1052/G4	江西教育出版社有限责任公司
小学教学研究. 教研版	1006-284X	36-1052/G4	江西教育出版社有限责任公司
小学教学研究. 理论版	1006-284X	36-1052/G4	江西教育出版社有限责任公司
小学科学	1674-6317	22-1388/G4	长春出版传媒集团有限责任公司
小学生	1003-8795	14-1004/C	山西青少年报刊社
小学生必读. 低年级, 童话版	1008-3308	13-1231/G4	河北省教育宣传中心
小学生必读. 高年级, 作文版	1008-3308	13-1231/G4	河北省教育宣传中心
小学生必读. 中年级, 阅读版	1008-3308	13-1231/G4	河北省教育宣传中心
小学生导读	1009-3796	34-1207/G4	安徽省教育宣传中心
小学生导刊. 上旬刊, 美绘	1673-3983	43-1289/G4	湖南教育报刊集团有限公司
小学生导刊. 下旬刊, 作文	1673-3983	43-1289/G4	湖南教育报刊集团有限公司
小学生导刊. 中旬刊, 探索	1673-3983	43-1289/G4	湖南教育报刊集团有限公司
小学生时代	1006-4168	33-1174/G4	浙江教育报刊总社
小学生时代. 大嘴英语	1006-4168	33-1174/G4	浙江教育报刊总社
小学生时空	1672-5689	65-1246/G	新疆教育出版社
小学生时空(维文版)	1672-5697	65-1247/G	新疆教育出版社
小学生天地. 低幼年级	1003-3610	42-1034/Z	湖北长江报刊传媒(集团)有限公司
小学生天地. 高年级	1003-3610	42-1034/Z	湖北长江报刊传媒(集团)有限公司
小学生天地. 中年级	1003-3610	42-1034/Z	湖北长江报刊传媒(集团)有限公司
小学生学习指导. 爆笑校园	1005-5134	21-1065/G4	辽宁少年儿童出版社有限责任公司
小学生学习指导. 当代教科研	1005-5134	21-1065/G4	辽宁少年儿童出版社有限责任公司

刊　名	ISSN	CN	主办单位
小学生学习指导. 低年级版	1005-5134	21-1065/G4	辽宁少年儿童出版社有限责任公司
小学生学习指导. 高年级版	1005-5134	21-1065/G4	辽宁少年儿童出版社有限责任公司
小学生学习指导. 小军迷联盟	1005-5134	21-1065/G4	辽宁少年儿童出版社有限责任公司
小学生学习指导. 中年级版	1005-5134	21-1065/G4	辽宁少年儿童出版社有限责任公司
小学生优秀作文	1005-5142	21-1057/G4	辽宁少年儿童出版社有限责任公司
小学生之友. 上旬刊, 趣味卡通	1008-4991	36-1221/G4	江西教育传媒集团有限公司
小学生之友. 下旬刊, 阅读写作	1008-4991	36-1221/G4	江西教育传媒集团有限公司
小学生之友. 中旬刊, 智力探索	1008-4991	36-1221/G4	江西教育传媒集团有限公司
小学生作文. 低年级适用	1003-7330	12-1043/G4	新蕾出版社(天津)有限公司
小学生作文. 中高年级适用	1003-7330	12-1043/G4	新蕾出版社(天津)有限公司
小学生作文辅导	1671-1726	22-1048/G4	北方妇女儿童出版社有限责任公司
小学生作文辅导. 读写双赢	1671-1726	22-1048/G4	北方妇女儿童出版社有限责任公司
小学生作文辅导. 语文园地	1671-1726	22-1048/G4	北方妇女儿童出版社有限责任公司
小学时代	1671-2188	22-1043/C	吉林出版集团股份有限公司
小学数学教师	1006-1606	31-1071/G4	上海教育出版社
小学数学教育	1008-8989	21-1426/G4	辽宁教育杂志社
小学语文	1673-7687	11-5561/G4	人民教育出版社有限公司
小学语文教师	1006-1592	31-1072/G4	上海教育出版社有限公司
小学语文教学. 会刊	1004-6720	14-1016/G4	山西教育教辅传媒集团有限责任公司
小学语文教学. 人物	1004-6720	14-1016/G4	山西教育教辅传媒集团有限责任公司
小学语文教学. 园地	1004-6720	14-1016/G4	山西教育教辅传媒集团有限责任公司
小学阅读指南. 导学版	1008-0090	23-1422/G4	黑龙江报刊传媒集团有限公司
小学阅读指南. 低年级版	1008-0090	23-1422/G4	黑龙江报刊传媒集团有限公司
小学阅读指南. 高年级版	1008-0090	23-1422/G4	黑龙江报刊传媒集团有限公司
小雪花	1005-6246	23-1329/C	中共黑龙江省委奋斗杂志社,共青团黑龙江省委员会
小艺术家	1005-7889	44-1377/J	广州文学艺术创作研究院
小主人报	1672-9978	31-2059/C	上海文化出版社
小作家选刊	1671-0487	22-1329/I	东北师范大学
校园心理	1673-1662	14-1326/R	山西医药卫生传媒集团有限责任公司
校园英语	1009-6426	13-1298/G4	河北阅读传媒有限责任公司
心理发展与教育	1001-4918	11-1608/B	北京师范大学
心理学探新	1003-5184	36-1228/B	江西师范大学
新班主任	2096-174X	42-1875/G4	湖北长江报刊传媒(集团)有限公司
新读写	1672-2906	31-1909/G4	上海报业集团
新疆教育(哈萨克文)	1003-9449	65-1027/G4	新疆教育出版社
新疆教育(维吾尔文)	1002-9079	65-1026/G4	新疆教育出版社
新疆教育学院学报	1008-3588	65-1142/G4	新疆教育学院
新疆开放大学学报	2095-2120	65-1323/G4	新疆开放大学
新疆开放大学学报(维吾尔文版)		65-1324/G4	新疆开放大学
新疆职业大学学报	1009-9549	65-1228/G4	新疆职业大学
新疆职业大学学报(维文版)		65-1228/G4-W	新疆职业大学
新疆职业教育研究	1674-8689	65-1281/G4	乌鲁木齐职业大学
新教师	2095-3895	35-1315/G4	福建教育出版社
新教育	1673-0739	46-1069/G4	海南师范大学
新教育时代电子杂志. 教师版	2095-4743	12-9206/G4	天津电子出版社有限公司
新教育时代电子杂志. 学生版	2095-4751	12-9205/G4	天津电子出版社有限公司

刊　名	ISSN	CN	主办单位
新课程	1673-2162	14-1324/G4	山西三晋报刊传媒集团有限责任公司
新课程导学	1673-9582	52-1148/G4	贵州人民出版社有限公司
新课程教学(电子版)	2095-5081	11-9320/G4	北京师范大学音像出版社
新课程评论	2096-1324	43-1530/G4	湖南人民出版社,湖南省新教材有限责任公司
新课程研究	1671-0568	42-1778/G4	湖北长江报刊传媒(集团)有限公司
新生代	1672-9293	51-1648/C	共青团四川省委
新世纪智能. 创享客	2096-6806	32-1878/G4	江苏凤凰报刊出版传媒有限公司
新世纪智能. 高二数学	2096-6806	32-1878/G4	江苏凤凰报刊出版传媒有限公司
新世纪智能. 高一数学	2096-6806	32-1878/G4	江苏凤凰报刊出版传媒有限公司
新世纪智能. 高一英语	2096-6806	32-1878/G4	江苏凤凰报刊出版传媒有限公司
新世纪智能. 高一语文	2096-6806	32-1878/G4	江苏凤凰报刊出版传媒有限公司
新世纪智能. 教研探索	2096-6806	32-1878/G4	江苏凤凰报刊出版传媒有限公司
新世纪智能. 数学备考	2096-6806	32-1878/G4	江苏凤凰报刊出版传媒有限公司
新世纪智能. 英语备考	2096-6806	32-1878/G4	江苏凤凰报刊出版传媒有限公司
新世纪智能. 语文备考	2096-6806	32-1878/G4	江苏凤凰报刊出版传媒有限公司
新文科教育研究	2096-966X	42-1915/G4	中南财经政法大学
新校园	1672-7711	37-1458/C	山东教育出版社有限公司
新智慧	1674-3717	42-1770/C	党员生活杂志社
新作文. 初中版	1009-9433	14-1274/G	山西三晋报刊传媒集团有限责任公司
新作文. 高中版	1009-9433	14-1274/G	山西三晋报刊传媒集团有限责任公司
新作文. 教研版	1009-9433	14-1274/G	山西三晋报刊传媒集团有限责任公司
新作文. 小学低年级版	1009-9433	14-1274/G	山西三晋报刊传媒集团有限责任公司
新作文. 小学中高年级版	1009-9433	14-1274/G	山西三晋报刊传媒集团有限责任公司
新作文. 小学作文创新教学	1009-9433	14-1274/G	山西三晋报刊传媒集团有限责任公司
新作文. 中学作文教学研究	1009-9433	14-1274/G	山西三晋报刊传媒集团有限责任公司
兴义民族师范学院学报	1009-0673	52-1153/G4	兴义民族师范学院
邢台职业技术学院学报	1008-6129	13-1268/G4	邢台职业技术学院
学前教育	1000-4130	11-1371/G4	北京市教育音像报刊总社
学前教育研究	1007-8169	43-1038/G4	中国学前教育研究会,长沙师范学院
学生·家长·社会	1673-1344	43-1450/C	长沙晚报社
学生天地. 初中生阅读	1671-7309	62-1160/C	甘肃教育社
学生天地. 高中生阅读	1671-7309	62-1160/C	甘肃教育社
学生天地. 小学生阅读, 1-2 年级	1671-7309	62-1160/C	甘肃教育社
学生天地. 小学生阅读, 3-6 年级	1671-7309	62-1160/C	甘肃教育社
学生阅读世界. 趣味作文	1674-6619	22-1395/C	吉林教育出版社有限责任公司
学生阅读世界. 喜欢写作文	1674-6619	22-1395/C	吉林教育出版社有限责任公司
学生阅读世界. 小学生适用	1674-6619	22-1395/C	吉林教育出版社有限责任公司
学位与研究生教育	1001-960X	11-1736/G4	国务院学位委员会
学校党建与思想教育	1007-5968	42-1422/D	湖北长江报刊传媒(集团)有限公司
学与玩	1003-2975	11-1156/C	中国儿童中心
学语文	1003-8124	34-1036/H	安徽师范大学文学院
学语文之友	1674-6724	11-5853/G4	人民文学出版社有限公司
学园	1674-4810	53-1203/C	云南出版融媒体有限责任公司
学苑创造. A, 1-2 年级阅读	1674-3016	45-1362/G4	广西教育杂志社
学苑创造. B, 3-6 年级阅读	1674-3016	45-1362/G4	广西教育杂志社
学苑创造. C, 7-9 年级阅读	1674-3016	45-1362/G4	广西教育杂志社

刊　名	ISSN	CN	主办单位
学苑教育	1674-179X	13-1386/G4	学苑新报社
学周刊	1673-9132	13-1379/G4	河北行知文化传媒有限责任公司
学子	1672-3481	23-1519/G4	黑龙江省招生考试院
雪豆月读. 低年级	2096-7373	23-1606/G4	黑龙江大学
雪豆月读. 高年级	2096-7373	23-1606/G4	黑龙江大学
雪豆月读. 中年级	2096-7373	23-1606/G4	黑龙江大学
亚太教育	2095-9214	51-1757/G4	四川科幻世界杂志社有限公司
烟台职业学院学报	1673-5382	37-1444/Z	烟台职业学院
延安职业技术学院学报	1674-6198	61-1472/G4	延安职业技术学院
延边教育学院学报	1673-4564	22-1303/G4	延边州教育学院
研究生教育研究	2095-1663	34-1319/G4	中国学位与研究生教育学会,中国科学技术大学
扬州大学学报. 高教研究版	1007-8606	32-1466/G4	扬州大学
杨凌职业技术学院学报	1671-9131	61-1403/G4	杨凌职业技术学院
医学教育研究与实践	2096-3181	61-1507/G4	西安交通大学,陕西省医学会
艺术启蒙	2096-5842	12-1460/J	新蕾出版社(天津)有限公司
英语画刊. 初级	1008-8962	33-1052/H	杭州出版社
英语画刊. 高级	1008-8962	33-1052/H	杭州出版社
英语画刊. 中级	1008-8962	33-1052/H	杭州出版社
英语教师	1009-8852	12-1319/G	天津教育出版社有限公司
婴儿画报	1003-0212	11-1422/C	中国少年儿童新闻出版总社有限公司
应用型高等教育研究	2096-2045	34-1326/G4	合肥学院
幼儿100. 教师版	1674-182X	32-1784/C	江苏凤凰少年儿童出版社有限公司
幼儿100. 认知版	1674-182X	32-1784/C	江苏凤凰少年儿童出版社有限公司
幼儿100. 益智版	1674-182X	32-1784/C	江苏凤凰少年儿童出版社有限公司
幼儿100. 阅读版	1674-182X	32-1784/C	江苏凤凰少年儿童出版社有限公司
幼儿画报	1003-0220	11-1063/C	中国少年儿童新闻出版总社有限公司
幼儿画刊	1674-8158	43-1500/C	湖南教育报刊集团有限公司
幼儿教育. 父母孩子	1004-4604	33-1042/G4	浙江教育报刊总社
幼儿教育. 教育教学	1004-4604	33-1042/G4	浙江教育报刊总社
幼儿教育. 教育科学	1004-4604	33-1042/G4	浙江教育报刊总社
幼儿教育研究	2095-9125	35-1326/G4	福建人民出版社有限责任公司
幼儿美术	2096-4463	10-1510/J	中国美术出版总社有限公司
幼儿天地	2097-1265	42-1924/G4	湖北长江报刊传媒(集团)有限公司
幼儿智力开发画报	1006-8066	41-1231/C	海燕出版社有限公司
语数外学习. 初中版	1005-6343	42-1355/G4	湖北第二师范学院
语数外学习. 高中版	1005-6351	42-1356/G4	湖北第二师范学院
语文建设	1001-8476	11-1399/H	语文出版社有限公司
语文教学通讯	1004-6097	14-1017/G4	山西师大教育科技传媒集团有限公司,山西师大资产经营有限公司
语文教学与研究(武汉)	1004-0498	42-1016/G4	华中师范大学
语文教学之友	1003-3963	13-1044/G4	廊坊师范学院
语文课内外	1672-1896	51-1649/G4	内江市教师培训中心
语文世界. 教师之窗	1005-3778	11-3388/H	中国语文报刊协会
语文世界. 小学之窗	1005-3778	11-3388/H	中国语文报刊协会
语文世界. 中学之窗	1005-3778	11-3388/H	中国语文报刊协会
语文天地	1007-8665	23-1367/G4	哈尔滨师范大学

刊　名	ISSN	CN	主办单位
语文新读写	1004-6738	31-2164/G4	上海少年儿童出版社有限公司
语文学习	1001-8468	31-1070/H	上海教育出版社有限公司
语文月刊	1005-7781	44-1143/H	华南师范大学
豫章师范学院学报	2096-7632	36-1351/G4	豫章师范学院
远程教育杂志	1672-0008	33-1304/G4	浙江开放大学
岳阳职业技术学院学报	1672-738X	43-1425/Z	岳阳职业技术学院
阅读	1672-8858	32-1729/G4	江苏教育报刊总社
阅读与成才	2097-0420	10-1771/G2	韬奋基金会
云南教育.视界	1009-2099	53-1011/G4	云南教育报刊社(云南省教育宣传中心)
云南教育.小学教师	1009-2099	53-1011/G4	云南教育报刊社(云南省教育宣传中心)
云南教育.中学教师	1009-2099	53-1011/G4	云南教育报刊社(云南省教育宣传中心)
云南开放大学学报	2095-6266	53-1226/G4	云南开放大学
在线学习	2096-0638	10-1347/G4	国家开放大学
藏文教育(藏文)	1674-9537	63-1069/G4	青海省教育厅
早期儿童发展	2097-0609	10-1754/D	中国儿童中心
早期教育.家庭教育	1005-6017	32-1099/G4	江苏教育报刊总社
早期教育.教育教学	1005-6017	32-1099/G4	江苏教育报刊总社
早期教育.教育科研	1005-6017	32-1099/G4	江苏教育报刊总社
早期教育.艺术教育	1005-6017	32-1099/G4	江苏教育报刊总社
张家口职业技术学院学报	1008-8156	13-1248/G4	张家口职业技术学院
漳州职业技术学院学报	1673-1417	35-1280/Z	漳州职业技术学院
招生考试通讯.高考版	1006-8511	21-1353/G4	沈阳市招生考试委员会办公室
招生考试通讯.中考版	1006-8511	21-1353/G4	沈阳市招生考试委员会办公室
招生考试之友	1672-3902	41-1359/G4	河南省教育考试院
浙江工贸职业技术学院学报	1672-0105	33-1299/Z	浙江工贸职业技术学院
浙江工商职业技术学院学报	1671-9565	33-1303/Z	浙江工商职业技术学院
浙江交通职业技术学院学报	1671-234X	33-1262/Z	浙江交通职业技术学院
浙江考试	2095-7084	33-1384/G4	浙江教育报刊总社,浙江省教育考试院
郑州师范教育	2095-3488	41-1419/G4	郑州师范学院
郑州铁路职业技术学院学报	1008-6811	41-1299/Z	郑州铁路职业技术学院
知识窗.教师版	1006-2432	36-1072/G0	江西科学技术出版社有限责任公司
知心姐姐	1671-6418	11-4796/G4	中国少年儿童新闻出版总社有限公司
职教发展研究	2096-6555	32-1885/G4	江苏凤凰报刊出版传媒有限公司
职教论坛	1001-7518	36-1078/G4	江西科技师范大学
职教通讯	1674-7747	32-1806/G4	江苏理工学院
职业	1009-9573	11-4601/D	中国劳动社会保障出版社有限公司
职业技术	1672-0601	23-1509/TU	黑龙江旅游职业技术学院
职业技术教育	1008-3219	22-1019/G4	吉林工程技术师范学院
职业教育.成长	2095-4530	33-1380/G4	浙江教育出版社
职业教育.教研	2095-4530	33-1380/G4	浙江教育出版社
职业教育.评论	2095-4530	33-1380/G4	浙江教育出版社
职业教育研究	1672-5727	12-1358/G4	天津职业技术师范大学
智慧引航	2095-6088	36-1326/C	江西高校出版社有限责任公司
智力	1001-1730	12-1038/G	天津人民出版社有限公司
智力课堂	2095-4913	10-1102/C	中国少年儿童新闻出版总社有限公司
中等数学	1005-6416	12-1121/O1	天津师范大学,天津市数学学会
中国毕业后医学教育	2096-4293	10-1512/G4	中国医师协会

刊　　名	ISSN	CN	主 办 单 位
中国朝鲜族教育（朝文版）	1673-2901	22-1050/G4	吉林省延边教育出版社
中国成人教育	1004-6577	37-1214/G4	教育部职业教育与成人教育司等
中国大学教学	1005-0450	11-3213/G4	高等教育出版社有限公司
中国德育	1673-3010	11-5338/G4	中国教育科学研究院
中国地质教育	1006-9372	11-3777/G4	中国地质学会,中国地质大学（北京）
中国电化教育	1006-9860	11-3792/G4	中央电化教育馆
中国电力教育	1007-0079	11-3776/G4	中国电力教育协会
中国多媒体与网络教学学报（电子版）	1673-2499	11-9321/G	清华大学
中国高等教育	1002-4417	11-1200/G4	中国教育报刊社
中国高等医学教育	1002-1701	33-1050/G4	浙江大学,全国高等医学教育学会
中国高教研究	1004-3667	11-2962/G4	中国高等教育学会
中国高校科技	2095-2333	10-1017/N	教育部科技发展中心
中国基础教育	2097-1540	10-1787/G4	中国教育学会
中国教工	1004-1362	11-2959/G4	中国劳动关系学院
中国教师	1672-2051	11-4801/Z	北京师范大学
中国教育技术装备	1671-489X	11-4754/T	中国教育装备行业协会
中国教育科学（中英文）	2096-6024	10-1578/G4	人民教育出版社
中国教育网络	1672-9781	11-5287/TN	教育部科技发展中心
中国教育信息化	1673-8454	11-5572/TP	教育部教育管理信息中心
中国教育学刊	1002-4808	11-2606/G4	中国教育学会
中国考试	1005-8427	11-3303/G4	教育部教育考试院
中国科技教育	1671-4350	11-4765/N	中国青少年科技辅导员协会
中国林业教育	1001-7232	11-2729/S	北京林业大学,中国林业教育学会
中国美术教育	1005-6300	32-1300/G4	南京师范大学
中国民族教育	1002-5952	11-2792/G4	中国教育报刊社
中国农业教育	1009-1173	32-1572/G4	南京农业大学
中国培训	1004-3713	11-2905/G4	中国职工教育和职业培训协会
中国轻工教育	1673-1352	12-1278/G4	天津科技大学
中国人民大学教育学刊	2095-1760	11-5978/G4	中国人民大学
中国数学教育. 初中版	1673-8284	21-1548/G4	辽宁北方教育报刊出版有限公司等
中国数学教育. 高中版	1673-8284	21-1548/G4	辽宁北方教育报刊出版有限公司等
中国特殊教育	1007-3728	11-3826/G4	中国教育科学研究院
中国现代教育装备	1672-1438	11-4994/T	中国高等教育学会
中国校外教育	1004-8502	11-3173/G4	中国儿童中心
中国信息技术教育	1674-2117	11-5678/TP	中央电化教育馆,北京中图联文化教育开发中心
中国研究生	1671-9042	11-4871/C	教育部学位与研究生教育发展中心
中国远程教育	1009-458X	11-4089/G4	国家开放大学
中国职业技术教育	1004-9290	11-3117/G4	教育部职业技术教育中心研究所等
中国中小学美术	1005-2747	11-3328/J	中国美术出版总社有限公司
中华活页文选. 传统文化教学与研究	1009-7260	10-1684/G4	中华书局有限公司
中华活页文选. 高中版	1009-7279	11-4587/G4	中华书局有限公司
中华活页文选. 教师版	1009-7252	11-5327/G4	中华书局有限公司
中华家教	1007-693X	11-3056/G4	中国家庭教育学会
中文自修	1000-7245	31-1021/G4	华东师范大学

刊　　名	ISSN	CN	主 办 单 位
中小学班主任	2096-3742	31-2141/G4	上海科技教育出版社有限公司
中小学德育	2095-1183	44-1682/G4	教育部委托华南师范大学
中小学电教. 教学	1671-7503	22-1044/G4	吉林省电化教育馆
中小学电教. 综合	1671-7503	22-1044/G4	吉林省电化教育馆
中小学管理	1002-2384	11-2545/G4	北京教育融媒体中心
中小学教材教学	2095-9338	10-1296/G4	人民教育出版社
中小学教师培训	1005-1058	22-1214/G4	东北师范大学
中小学教学研究	1674-5728	21-1396/G4	沈阳师范大学
中小学课堂教学研究	2096-1421	45-1400/G4	广西教育出版社有限公司
中小学实验与装备	1673-6869	42-1685/N	湖北省教育考试院,湖北省教育技术装备处
中小学数学. 初中	2095-4832	10-1085/O1	中国教育学会
中小学数学. 高中	2095-4832	10-1085/O1	中国教育学会
中小学数学. 小学	2095-4832	10-1085/O1	中国教育学会
中小学数字化教学	2096-4234	10-1490/G4	人民教育出版社
中小学外语教学. 小学篇	1002-6541	11-1318/G4	北京师范大学
中小学外语教学. 中学篇	1002-6541	11-1318/G4	北京师范大学
中小学校长	1673-9949	11-5612/G4	国家教育行政学院
中小学心理健康教育	1671-2684	11-4699/G4	开明出版社
中小学信息技术教育	1671-7384	11-4860/G4	北京教育融媒体中心
中小学音乐教育	1002-7580	33-1044/J	浙江省文学艺术界联合会,浙江省音乐家协会
中小学英语教学与研究	1006-4036	31-1122/G4	华东师范大学
中学地理教学参考. 上旬,高初中	1002-2163	61-1035/G4	陕西师范大学
中学地理教学参考. 下旬,实践	1002-2163	61-1035/G4	陕西师范大学
中学地理教学参考. 中旬,理论	1002-2163	61-1035/G4	陕西师范大学
中学化学	1007-8711	23-1187/O6	哈尔滨师范大学
中学化学教学参考. 上旬,高初中	1002-2201	61-1034/G4	陕西师范大学
中学化学教学参考. 下旬,学研	1002-2201	61-1034/G4	陕西师范大学
中学化学教学参考. 中旬,教研	1002-2201	61-1034/G4	陕西师范大学
中学教学参考	1674-6058	45-1372/G4	广西教育学院
中学教研. 数学	1003-6407	33-1069/G4	浙江师范大学
中学课程辅导. 高考. 高三语数外	1992-7711	14-1307/G4	山西教育教辅传媒集团有限责任公司
中学课程辅导. 教师教育	1992-7711	14-1307/G4	山西教育教辅传媒集团有限责任公司
中学课程辅导. 教师通讯	1992-7711	14-1307/G4	山西教育教辅传媒集团有限责任公司
中学课程辅导. 教学研究	1992-7711	14-1307/G4	山西教育教辅传媒集团有限责任公司
中学课程辅导. 综合实践活动研究	1992-7711	14-1307/G4	山西教育教辅传媒集团有限责任公司
中学课程资源	1673-2634	21-1526/G4	大连理工大学出版社
中学理科园地	1673-9299	35-1282/O4	福建省物理学会
中学历史教学	1009-3435	44-1142/G4	华南师范大学
中学历史教学参考. 上旬,综合	1002-2198	61-1036/G4	陕西师范大学
中学历史教学参考. 下旬,实践	1002-2198	61-1036/G4	陕西师范大学
中学历史教学参考. 中旬,学研	1002-2198	61-1036/G4	陕西师范大学
中学生. 初中作文	1003-0204	11-1066/C	中国少年儿童新闻出版总社有限公司
中学生. 青春悦读	1003-0204	11-1066/C	中国少年儿童新闻出版总社有限公司

刊　名	ISSN	CN	主办单位
中学生. 最幽默	1003-0204	11-1066/C	中国少年儿童新闻出版总社有限公司
中学生百科. 大语文	1008-3057	43-1275/C	中南出版传媒集团股份有限公司
中学生百科. 小文艺	1008-3057	43-1275/C	中南出版传媒集团股份有限公司
中学生百科. 悦青春	1008-3057	43-1275/C	中南出版传媒集团股份有限公司
中学生博览	1005-5525	22-1190/C	共青团吉林省委
中学生理科应试	1005-6491	23-1351/G4	哈尔滨师范大学
中学生数理化. 初中版, 八年级数学·配合人教社教材	1003-2215	41-1098/O	河南教育报刊社
中学生数理化. 初中版, 八年级物理·配合人教社教材	1003-2215	41-1098/O	河南教育报刊社
中学生数理化. 初中版, 七年级数学·配合人教社教材	1003-2215	41-1098/O	河南教育报刊社
中学生数理化. 初中版, 中考	1003-2215	41-1098/O	河南教育报刊社
中学生数理化. 高中版, 高二数学	1001-6953	41-1099/O	河南教育报刊社
中学生数理化. 高中版, 高考理化	1001-6953	41-1099/O	河南教育报刊社
中学生数理化. 高中版, 高考数学	1001-6953	41-1099/O	河南教育报刊社
中学生数理化. 高中版, 高一使用	1001-6953	41-1099/O	河南教育报刊社
中学生数学	1003-1901	11-1531/O1	中国数学会等
中学生天地. A	1004-4906	33-1040/G4	浙江教育报刊总社
中学生天地. B, 高中综合	1004-4906	33-1040/G4	浙江教育报刊总社
中学生天地. C, 语文课	1004-4906	33-1040/G4	浙江教育报刊总社
中学生物教学. 上旬, 高初中	1005-2259	61-1256/G4	陕西师范大学
中学生物教学. 下旬, 学研	1005-2259	61-1256/G4	陕西师范大学
中学生物教学. 中旬, 理论	1005-2259	61-1256/G4	陕西师范大学
中学生物学	1003-7586	32-1232/Q	南京师范大学
中学生英语. 供教师使用	2096-6199	42-1862/H	华中师范大学
中学生英语. 适合九年级学生使用	2096-6199	42-1862/H	华中师范大学
中学生英语. 适合七年级学生使用	2096-6199	42-1862/H	华中师范大学
中学生英语. 外语教学与研究	2096-6199	42-1862/H	华中师范大学
中学生阅读. 初中, 读写	1007-1555	41-1449/G4	河南教育报刊社
中学生阅读. 初中, 中考	1007-1555	41-1449/G4	河南教育报刊社
中学生阅读. 高中, 高考	1007-1555	41-1449/G4	河南教育报刊社
中学生阅读. 高中. 读写	1007-1555	41-1449/G4	河南教育报刊社
中学生作文指导	1002-3860	22-1095/G4	东北师范大学
中学时代	1003-8116	37-1069/Z	济南出版有限责任公司
中学数学. 上, 高中	1002-7572	42-1167/O1	湖北大学
中学数学. 下, 初中	1002-7572	42-1167/O1	湖北大学
中学数学教学	1002-4123	34-1070/O1	合肥师范学院等
中学数学教学参考. 上旬, 高中	1002-2171	61-1032/G4	陕西师范大学
中学数学教学参考. 下旬, 学研	1002-2171	61-1032/G4	陕西师范大学
中学数学教学参考. 中旬, 初中	1002-2171	61-1032/G4	陕西师范大学
中学数学研究(广州)	1671-4164	44-1140/O1	华南师范大学数学科学学院,广东省数学会
中学数学研究(南昌)	1673-6559	36-1100/O1	江西师范大学数学与信息科学学院
中学数学月刊	1004-1176	32-1444/O1	苏州大学

刊　　名	ISSN	CN	主办单位
中学数学杂志. 初中	1002-2775	37-1116/O1	曲阜师范大学
中学数学杂志. 高中	1002-2775	37-1116/O1	曲阜师范大学
中学物理	1008-4134	23-1189/O4	哈尔滨师范大学
中学物理教学参考. 高初中	1002-218X	61-1033/G4	陕西师范大学
中学物理教学参考. 学研	1002-218X	61-1033/G4	陕西师范大学
中学物理教学参考. 综合	1002-218X	61-1033/G4	陕西师范大学
中学语文	1000-419X	42-1021/G4	湖北大学
中学语文教学	1002-5154	11-1277/H	首都师范大学
中学语文教学参考. 第1周, 高中	1002-2155	61-1031/G4	陕西师范大学
中学语文教学参考. 第2周, 初中	1002-2155	61-1031/G4	陕西师范大学
中学语文教学参考. 第3周, 教研	1002-2155	61-1031/G4	陕西师范大学
中学语文教学参考. 第4周, 理论	1002-2155	61-1031/G4	陕西师范大学
中学政史地. 初中适用		41-1380/G4	河南大学出版社
中学政史地. 高中文综		41-1380/G4	河南大学出版社
中学政史地. 教学指导		41-1380/G4	河南大学出版社
中学政治教学参考. 第1周	1002-2147	61-1030/G4	陕西师范大学
中学政治教学参考. 第2周	1002-2147	61-1030/G4	陕西师范大学
中学政治教学参考. 第3周	1002-2147	61-1030/G4	陕西师范大学
中学政治教学参考. 第4周	1002-2147	61-1030/G4	陕西师范大学
终身教育研究	2096-2843	32-1868/G4	江苏开放大学
遵义师范学院学报	1009-3583	52-5026/G4	遵义师范学院
作文. CZ, 7～9年级适用	1002-8048	41-1037/G4	文心出版社有限公司
作文. XG, 5～6年级适用	1002-8048	41-1037/G4	文心出版社有限公司
作文. XZ, 2～4年级适用	1002-8048	41-1037/G4	文心出版社有限公司
作文. 高中年级	1002-8048	41-1037/G4	文心出版社有限公司
作文成功之路. 初中	1001-571X	23-1304/G4	黑龙江省大庆教师发展学院
作文成功之路. 高中	1001-571X	23-1304/G4	黑龙江省大庆教师发展学院
作文成功之路. 小学	1001-571X	23-1304/G4	黑龙江省大庆教师发展学院
作文成功之路. 作文交响乐	1001-571X	23-1304/G4	黑龙江省大庆教师发展学院
作文大王. 低年级	1009-7813	45-1283/G4	广西师范大学出版社集团
作文大王. 笑话大王	1009-7813	45-1283/G4	广西师范大学出版社集团
作文大王. 中高年级	1009-7813	45-1283/G4	广西师范大学出版社集团
作文通讯. 初中版	1003-7357	12-1037/G4	新蕾出版社(天津)有限公司
作文通讯. 高中版	1003-7357	12-1037/G4	新蕾出版社(天津)有限公司
作文新天地. 初中版	1673-0674	33-1329/G4	浙江外国语学院
作文新天地. 高中版	1673-0674	33-1329/G4	浙江外国语学院
作文新天地. 小学版	1673-0674	33-1329/G4	浙江外国语学院
作文与考试. 初中版	1671-5012	22-1335/G4	共青团吉林省委
作文与考试. 高中版	1671-5012	22-1335/G4	共青团吉林省委
作文与考试. 小学版	1671-5012	22-1335/G4	共青团吉林省委

G8 体育（108 种）

刊　　名	ISSN	CN	主办单位
NBA 特刊	1671-9093	14-1309/G8	山西教育教辅传媒集团有限责任公司
安徽体育科技	1008-7761	34-1153/N	安徽体育运动职业技术学院,安徽省体育科学学会
报刊资料索引. 第四分册,文化、出版、教育、体育		11-4364/G	中国人民大学
北京体育大学学报	1007-3612	11-3785/G8	北京体育大学
冰雪界	2096-6741	10-1615/G8	中国体育报业总社有限公司
冰雪体育创新研究	2096-8485	23-1611/G8	黑龙江文化产业投资控股集团有限公司
冰雪运动	1002-3488	23-1223/G8	中国滑冰协会等
车迷	1009-0231	31-1810/Z	上海科学技术出版社有限公司
成都体育学院学报	1001-9154	51-1097/G8	成都体育学院
垂钓	1009-7910	21-1445/Z	辽宁北方期刊出版集团有限公司
当代体育	1002-6169	23-1015/G8	黑龙江文化产业投资控股集团有限公司
当代体育科技	2095-2813	23-1579/G8	黑龙江文化产业投资控股集团有限公司
电脑游戏新干线	1672-0148	45-1304/TP	广西金海湾电子音像出版社有限公司
电子竞技	1673-0771	11-5293/TP	中国科技新闻学会,《科学家》杂志社
电子乐园	1673-4653	45-1338/TP	广西金海湾电子音像出版社有限公司
福建体育科技	1004-8790	35-1093/G8	福建省体育科学学会,福建省体育科学研究所
复印报刊资料. G8,体育	1001-3253	11-4315/G8	中国人民大学
高尔夫	1009-6698	11-4510/G8	中国体育报业总社有限公司
高尔夫大师	1673-3223	43-1438/G8	体坛传媒集团股份有限公司
灌篮	1674-313X	46-1074/G8	海南环球新闻出版实业有限公司
广州体育学院学报	1007-323X	44-1129/G8	广州体育学院
哈尔滨体育学院学报	1008-2808	23-1243/G8	哈尔滨体育学院
河北体育学院学报	1008-3596	13-1237/G8	河北体育学院
湖北体育科技	1003-983X	42-1177/G8	湖北省体育科学研究所
户外	1673-7881	43-1466/G8	体坛传媒集团股份有限公司
吉林体育学院学报	1672-1365	22-1286/G8	吉林体育学院
集邮	0529-0325	11-1641/G8	人民邮电出版社
集邮博览	1002-5898	11-1117/G8	中国邮政文史中心(中国邮政邮票博物馆)
健身气功	1672-917X	11-5242/G8	国家体育总局健身气功管理中心等
健与美	1002-8803	11-1418/G8	中国体育报业总社有限公司
扣篮	1673-856X	43-1473/G8	体坛传媒集团股份有限公司,当代体育杂志社
篮球	1000-3460	11-1286/G8	中国篮球协会,中国体育报业总社
辽宁体育科技	1007-6204	21-1364/G8	辽宁省体育事业发展中心
模型世界	1008-8016	11-3993/N	北京体育博览文化出版有限公司,北京市体育科学研究所

刊　名	ISSN	CN	主　办　单　位
摩托车	1002-6754	11-1650/U	人民邮电出版社有限公司
南京体育学院学报	2096-5648	32-1882/G8	南京体育学院
乒乓世界	1000-3452	11-1292/G8	中国体育报业总社有限公司,中国乒乓球协会
汽车与运动	1673-0798	11-5325/U	《中国汽车报》社有限公司
汽车自驾游	2095-0489	61-1480/G0	陕西骏景旅游科技(集团)有限公司
桥牌	1000-3479	11-1290/G8	中国桥牌协会,中国体育报业总社有限公司
青少年体育	2095-4581	10-1081/G8	北京体育大学
全体育	1672-4240	43-1414/G8	体坛传媒集团股份有限公司
拳击与格斗	1002-7475	22-1011/G8	吉林省幽默与笑话杂志社有限责任公司
山东体育科技	1009-9840	37-1011/G8	山东体育科学学会,山东省体育科学研究中心
山东体育学院学报	1006-2076	37-1013/G8	山东体育学院
山野	1001-974X	11-2756/G8	国家体育总局登山运动管理中心
上海集邮	1004-6321	31-1039/G8	上海集邮协会
上海体育学院学报	1000-5498	31-1005/G8	上海体育学院
尚舞	2095-9613	10-1300/J	中国体育报业总社有限公司
少林与太极	1003-5176	41-1156/G8	郑州大学体育学院
沈阳体育学院学报	1004-0560	21-1081/G8	沈阳体育学院
时代邮刊	1009-4091	43-1313/G8	中国邮政集团有限公司
首都体育学院学报	1009-783X	11-4513/G	首都体育学院
四川体育科学	1007-6891	51-1136/G8	四川省体育科学研究所
体育博览	1002-3259	11-1383/G8	北京体育博览文化出版有限公司,北京市体育科学研究所
体育风尚	1674-1552	44-1641/G8	深圳市文化广电旅游体育局
体育画报	1002-879X	11-1419/G8	中国体育报业总社有限公司
体育教学	1005-2410	11-3145/G8	首都体育学院
体育教育学刊	2097-1028	42-1922/G8	武汉体育学院
体育科技	1003-1359	45-1171/G8	广西壮族自治区体育科学研究所
体育科技文献通报	1005-0256	11-3262/G8	国家体育总局体育信息中心
体育科学	1000-677X	11-1295/G8	中国体育科学学会
体育科学研究	1007-7413	35-1189/G8	集美大学
体育科研	1006-1207	31-1194/G8	上海体育科学研究所(上海市反兴奋剂中心)
体育师友	1006-1487	44-1384/G8	广州体育学院
体育世界	1002-2430	61-1019/G8	陕西《体育世界》杂志社
体育视野	2096-8817	36-1353/G8	江西省报刊传媒有限责任公司
体育文化导刊	1671-1572	11-4612/G8	国家体育总局体育文化发展中心
体育学刊	1006-7116	44-1404/G8	华南理工大学,华南师范大学
体育学研究	2096-5656	32-1881/G8	南京体育学院
体育研究与教育	2095-235X	14-1366/G8	山西师范大学
体育与科学	1004-4590	32-1208/G8	江苏省体育科学研究所
天津体育学院学报	1005-0000	12-1140/G8	天津体育学院
田径	1000-3509	11-1287/G8	中国体育报业总社有限公司,中国田径协会

刊 名	ISSN	CN	主办单位
网球天地	1006-2300	11-3584/G8	中国网球协会,中国体育报业总社有限公司
网羽世界.羽毛球	1672-8920	21-1511/G8	辽宁音像出版社有限责任公司
围棋天地	1002-8706	11-1461/G8	中国体育报业总社有限公司,中国围棋协会
文体用品与科技	1006-8902	11-3762/TS	中国文教体育用品协会等
武当	1004-5821	42-1044/G8	武当山武当拳法研究会
武汉体育学院学报	1000-520X	42-1105/G8	武汉体育学院
武术研究	2096-1839	14-1387/G8	山西体育文化传媒有限公司
西安体育学院学报	1001-747X	61-1198/G8	西安体育学院
校园足球	2096-0352	10-1333/G8	全国青少年校园足球工作领导小组办公室等
新疆体育(维吾尔文)	1002-9419	65-1066/G8	新疆维吾尔自治区体育科研所
新体育	0441-3679	11-1457/G8	中国体育报业总社有限公司
新体育.运动与科技	0441-3679	11-1457/G8	中国体育报业总社有限公司
游戏机实用技术	1008-0600	12-1472/TN	天津电子出版社有限公司
游泳	1000-3495	11-1289/G8	中国游泳协会,中国体育报业总社有限公司
娱乐体育.老年体育	1674-2613	11-5675/G8	北京体育博览文化出版有限公司,北京市体育科学研究所
羽毛球	2095-3100	10-1036/G8	中国体育报业总社有限公司
越野世界	1002-8722	11-5616/G8	中国体育报业总社
运动精品	1004-2644	45-1296/G8	广西壮族自治区体育科学研究所
运动-休闲.大众体育	1006-0855	11-3289/G8	中国体育报业总社有限公司
运动休闲.户外探险	1006-0855	11-3289/G8	中国体育报业总社有限公司
运动与健康	2097-2288	42-1933/G8	武汉新闻传媒有限公司
朝气	2096-7136	10-1647/G8	中国体育报业总社有限公司
浙江体育科学	1004-3624	33-1128/G8	浙江省体育科学学会
中国钓鱼	1000-3487	11-1294/G8	中国体育报业总社有限公司
中国体育教练员	1006-8732	31-1644/G8	上海体育学院,中华全国体育总会科教部
中国体育科技	1002-9826	11-2284/G8	国家体育总局体育科学研究所
中国体育年鉴	1006-9615	11-3789/G8	国家体育总局体育文化发展中心
中国学校体育	1004-7662	11-2999/G8	中国大学生体育协会,中国中学生体育协会
中华奇石	1673-9566	64-1060/N	宁夏回族自治区文史研究馆
中华武术	1000-3525	11-1293/G8	中国体育报业总社有限公司
中华信鸽	1005-9237	31-1025/G8	中国信鸽协会
中小学体育(哈萨克文)	1004-5244	65-1060/G8	伊犁哈萨克自治州体育总会
足球世界	2095-1965	10-1006/G8	中国体育报业总社
足球周刊	1671-0738	43-1353/G8	体坛传媒集团股份有限公司

H 语言、文字（106 种）

刊　　名	ISSN	CN	主 办 单 位
报刊资料索引. 第五分册，语言文字、文学艺术		11-5713/H	中国人民大学
北京第二外国语学院学报	1003-6539	11-2802/H	北京第二外国语学院
辞书研究	1000-6125	31-1997/G2	上海辞书出版社有限公司
大学英语	1000-0445	11-1127/H	北京市高教协会大学英语研究会，北京航空航天大学
当代外语研究	1674-8921	31-2039/H	上海交通大学
当代修辞学	1674-8026	31-2043/H	复旦大学
当代语言学	1007-8274	11-3879/H	中国社会科学院语言研究所
德语人文研究	2095-6150	10-1069/H	北京外国语大学
东北亚外语研究	2095-4948	21-1587/H	大连外国语大学
法语国家与地区研究（中法文）	2096-4919	10-1518/D	北京外国语大学
方言	0257-0203	11-1052/H	中国社会科学院语言研究所
疯狂英语. 初中天地	2096-8507	36-1292/H	江西教育出版社有限责任公司
疯狂英语. 双语世界	2096-8507	36-1292/H	江西教育出版社有限责任公司
疯狂英语. 新策略	2096-8507	36-1292/H	江西教育出版社有限责任公司
疯狂英语. 新读写	2096-8507	36-1292/H	江西教育出版社有限责任公司
疯狂英语. 新悦读	2096-8507	36-1292/H	江西教育出版社有限责任公司
复印报刊资料. H1，语言文字学	1001-3261	11-4317/H	中国人民大学
古汉语研究	1001-5442	43-1145/H	湖南师范大学
广东外语外贸大学学报	1672-0962	44-1554/Z	广东外语外贸大学
国际汉语教学研究	2095-798X	10-1203/H	北京语言大学
国际中文教育（中英文）	2096-9716	10-1718/H	北京外国语大学
海外英语	1009-5039	34-1209/G4	安徽科学技术出版社
韩国语教学与研究	2095-543X	23-1585/G4	黑龙江朝鲜民族出版社
汉语学报	1672-9501	42-1729/H	华中师范大学
汉语学习	1003-7365	22-1026/H	延边大学
汉语言文学研究	1674-8506	41-1414/I	河南大学
汉字汉语研究	2096-4986	41-1450/H	郑州大学
汉字文化	1001-0661	11-2597/G2	北京国际汉字研究会
华文教学与研究	1674-8174	44-1669/G4	暨南大学华文学院，暨南大学华文教育研究院
基础外语教育	1009-2536	37-1509/H	山东师范大学，外语教学与研究出版社有限责任公司
解放军外国语学院学报	1002-722X	41-1164/H	信息工程大学
空中美语（电子刊）		11-9261/H	中国出版集团
空中英语教室	1001-4128	22-1347/G	吉林科学技术出版社有限责任公司
空中英语教室. 初级版，大家说英语	1001-4128	22-1347/G	吉林科学技术出版社有限责任公司
空中英语教室. 高级版，彭蒙惠英语	1001-4128	22-1347/G	吉林科学技术出版社有限责任公司
满语研究	1000-7873	23-1014/H	黑龙江省满语研究所
蒙古语文（蒙文版）	1004-1761	15-1070/H	内蒙古民委
民族翻译	1674-280X	11-5684/H	中国民族语文翻译中心（局）

刊　　名	ISSN	CN	主 办 单 位
民族语文	0257-5779	11-1216/H	中国社会科学院民族学与人类学研究所
日语学习与研究	1002-4395	11-1619/H	对外经济贸易大学
山东外语教学	1002-2643	37-1026/G4	山东师范大学
上海翻译	1672-9358	31-1937/H	上海市科技翻译学会
时代英语.适合高二年级	1671-2757	51-1615/H	四川天地出版社有限公司
时代英语.适合高三年级	1671-2757	51-1615/H	四川天地出版社有限公司
时代英语.适合高一年级	1671-2757	51-1615/H	四川天地出版社有限公司
世界	1002-9656	11-1305/Z	中国外文局亚太传播中心（人民中国杂志社、中国报道杂志社），中华全国世界语协会
世界汉语教学	1002-5804	11-1473/H	北京语言大学
天津外国语大学学报	1008-665X	12-1422/H	天津外国语大学
外国语	1004-5139	31-1038/H	上海外国语大学
外国语文	1674-6414	50-1197/H	四川外国语大学
外国语文研究（武汉）	1003-6822	42-1863/H	华中师范大学
外国语言文学	1672-4720	35-1266/G4	福建师范大学
外国语言与文化	2096-4366	43-1536/H	湖南师范大学
外文研究	2095-5723	41-1424/H	河南大学
外语测试与教学	2095-1167	31-2047/G4	上海外国语大学
外语电化教学	1001-5795	31-1036/G4	上海外国语大学
外语教学	1000-5544	61-1023/H	西安外国语大学
外语教学理论与实践	1674-1234	31-1964/H	华东师范大学
外语教学与研究	1000-0429	11-1251/G4	北京外国语大学
外语教育研究	2095-722X	21-9203/G4	大连理工大学出版社
外语教育研究前沿	2096-6105	10-1585/G4	北京外国语大学
外语界	1004-5112	31-1040/H	上海外国语大学
外语学刊	1000-0100	23-1071/H	黑龙江大学
外语研究	1005-7242	32-1001/H	国防科技大学国际关系学院
外语与翻译	2095-9648	43-1527/H	中南大学
外语与外语教学	1004-6038	21-1060/H	大连外国语大学
西安外国语大学学报	1673-9876	61-1457/H	西安外国语大学
现代外语	1003-6105	44-1165/H	广东外语外贸大学
现代英语	2096-7985	10-1666/G4	《海外文摘》杂志社有限公司
写作	1002-7343	42-1088/H	武汉大学
学语文	1003-8124	34-1036/H	安徽师范大学文学院
演讲与口才	1006-4699	22-1020/C	演讲与口才杂志社
咬文嚼字	1009-2390	31-1801/H	上海文化出版社
一番日本语	1674-6228	21-1572/H	大连理工大学出版社有限公司
英语广场	1009-6167	42-1617/G4	湖北长江报刊传媒（集团）有限公司
英语角	1009-9719	11-4565/G4	人民画报社
英语沙龙	1005-1813	11-3310/H	世界知识出版社有限公司
英语世界	1003-2304	11-1615/H	商务印书馆有限公司
英语文摘	1009-9611	11-4617/H	世界知识出版社有限公司
英语学习	1002-5553	11-1254/H	北京外国语大学
应用写作	1003-3602	22-1045/H	长春理工大学
语文建设	1001-8476	11-1399/H	语文出版社有限公司

刊　　名	ISSN	CN	主 办 单 位
语文学刊	1672-8610	15-1064/H	内蒙古师范大学
语文学习	1001-8468	31-1070/H	上海教育出版社有限公司
语文研究	1000-2979	14-1059/H	山西省社会科学院
语言教学与研究	0257-9448	11-1472/H	北京语言大学
语言教育	2095-4891	21-1586/H	大连外国语大学
语言科学	1671-9484	32-1687/G	江苏师范大学语言研究所
语言文字应用	1003-5397	11-2888/H	教育部语言文字应用研究所
语言学论丛	2097-1796	10-1810/H	北京大学
语言研究	1000-1263	42-1025/H	华中科技大学
语言与翻译	1001-0823	65-1015/H	语言与翻译杂志社
语言与翻译(哈萨克文)	1002-901X	65-1017/H	语言与翻译杂志社
语言与翻译(柯尔克孜文)	1002-9001	65-1019/H	语言与翻译杂志社
语言与翻译(蒙古文版)	1002-9028	65-1018/H	语言与翻译杂志社
语言与翻译(维吾尔文版)	1002-9036	65-1016/H	语言与翻译杂志社
语言战略研究	2096-1014	10-1361/H	商务印书馆有限公司
云南师范大学学报.对外汉语教学与 　　研究版	1672-1306	53-1183/G4	云南师范大学
浙江外国语学院学报	2095-2074	33-1376/Z	浙江外国语学院
中国朝鲜语文(朝鲜文)	1674-0866	22-1068/H	吉林省《中国朝鲜语文》杂志社
中国俄语教学	1002-5510	11-2727/H	北京外国语大学
中国翻译	1000-873X	11-1354/H	当代中国与世界研究院,中国翻译 　　协会
中国科技翻译	1002-0489	11-2771/N	中国科学院国际学术交流中心
中国蒙古学(蒙古文)	1673-1247	15-1339/C	内蒙古自治区社会科学院
中国外语	1672-9382	11-5280/H	高等教育出版社
中国语文	0578-1949	11-1053/H	中国社会科学院语言研究所

I 文学(487 种)

刊　　名	ISSN	CN	主 办 单 位
阿克苏文艺(维吾尔文)	1008-1461	65-1080/I	阿克苏地区作家协会
阿拉腾甘德尔(蒙古文)	1002-9397	15-1036/I	鄂尔多斯市文学艺术界联合会
阿拉腾文都苏(蒙文版)	1004-7123	15-1134/G4	通辽市人民政府教育局
阿勒泰春光(哈文)	1002-9389	65-1068/I	阿勒泰地区文学艺术界联合会
安徽文学	1671-0703	34-1169/I	安徽出版集团有限责任公司
百花	1002-1825	61-1066/I	陕西省文化馆
百花园	1003-7810	41-1051/I	郑州市文学艺术界联合会
百花洲	1006-1444	36-1053/I	百花洲文艺出版社有限责任公司
百家评论	2095-8358	37-1482/I	山东省作家协会
百柳	1007-4600	15-1084/I	赤峰市文学艺术界联合会
邦锦美朵(藏)	1006-4516	54-1007/G0-Z	西藏自治区文学艺术界联合会
报刊资料索引.第五分册,语言文 　　字、文学艺术		11-5713/H	中国人民大学
北大荒文化	1674-7879	23-1558/C	农垦日报社
北方文学	0476-031X	23-1058/I	中共黑龙江省委奋斗杂志社
北方作家	1674-1420	62-1196/I	酒泉市文学艺术界联合会

刊　名	ISSN	CN	主 办 单 位
北极光	1002-8137	23-1114/I	大兴安岭地区文联
北京第二外国语学院学报	1003-6539	11-2802/H	北京第二外国语学院
北京纪事	1005-9075	11-3338/I	北京文学期刊中心
北京文学.选刊	0257-0262	11-1122/I	北京文学期刊中心
北京文学.原创	0257-0262	11-1122/I	北京文学期刊中心
边疆文学	1007-4155	53-1081/I	云南省作家协会
布拉克(维文版)	1005-0876	65-1063/I	新疆人民出版社
藏天下	2095-8366	52-5034/J	贵州日报报业集团传媒有限责任公司
曹雪芹研究	2095-8277	10-1177/I	中华书局有限公司
草地	1006-0618	51-1085/I	阿坝州文学艺术界联合会
草原	0496-3326	15-1022/I	内蒙古自治区文学艺术界联合会
长白山(朝文)	1674-6333	22-1085/I	吉林日报报业集团
长白山诗词	1672-1462	22-1351/I	吉林省奥林报刊发展有限责任公司
长城	1003-7802	13-1001/I	河北省作家协会
长江丛刊	2095-7483	42-1853/I	湖北省作家协会
长江文艺.选刊	0528-838X	42-1037/I	湖北省作家协会
长江文艺.原创	0528-838X	42-1037/I	湖北省作家协会
长江文艺评论	2096-2460	42-1888/J	湖北省文艺评论家协会
长江小说鉴赏	2097-2881	42-1936/I	湖北长江报刊传媒(集团)有限公司
长江学术	1673-9221	42-1754/H	武汉决策信息研究开发中心
长篇小说选刊	1672-9552	11-5296/I	中国作家出版集团
潮洛濛(蒙古文)	1007-1393	15-1029/I	内蒙古人民出版社
潮声	1674-2095	44-1056/I	汕头市文学艺术界联合会
敕勒格尔塔拉(蒙文版)	1004-2350	15-1038/I	乌兰察布市文学艺术界联合会
传奇·传记文学选刊	1007-8215	34-1020/I	安徽出版集团有限责任公司
传奇故事	1003-5664	41-1063/I	河南省文化和旅游厅
传奇故事.百家讲坛	1003-5664	41-1063/I	河南省文化和旅游厅
传奇故事.破茧成蝶	1003-5664	41-1063/I	河南省文化和旅游厅
创作	1007-3876	43-1317/I	长沙市文学艺术界联合会
创作评谭	1005-796X	36-1080/I	江西省文学艺术界联合会
词刊	1003-174X	11-1657/J	中国音乐家协会
翠苑	1005-5282	32-1009/I	常州市文学艺术界联合会
达赛尔(藏文版)	1006-0200	62-1029/I	甘南藏族自治州文学艺术界联合会, 甘肃省作家协会
大观.东京文学	2095-8250	41-1431/J	开封东京文学文化传媒有限责任公司
大观.论坛	2095-8250	41-1431/J	开封东京文学文化传媒有限责任公司
大灰狼画报	1006-1746	36-1061/C	二十一世纪出版社集团有限公司
大家	1005-4553	53-1108/I	云南出版融媒体有限责任公司
大众文艺	1007-5828	13-1129/I	河北省群众艺术馆
当代	0257-0165	11-1282/I	人民文学出版社有限公司
当代.长篇小说选刊	1004-9215	10-1727/I	人民文学出版社有限公司
当代人	1005-0981	13-1161/I	河北省文学艺术界联合会
当代诗词	1000-6117	44-1177/I	广东中华诗词学会
当代外国文学	1001-1757	32-1087/I	南京大学外国文学研究所
当代文坛	1006-0820	51-1076/I	四川省作家协会
当代小说	1000-7946	37-1068/I	济南市文艺创作研究院
当代作家评论	1002-1809	21-1046/I	辽宁文学院

刊　名	ISSN	CN	主办单位
道拉吉		22-1071/I	吉林市朝鲜族群众艺术馆
地火	1004-8510	13-1158/I	中国石油天然气集团有限公司
地平线(哈萨克语)	1671-6256	65-1071/I	新疆人民出版社
滇池	1004-4167	53-1020/G1	昆明市文联
电影故事	1006-1215	31-1047/J	上海电影(集团)有限公司
电影文学	0495-5692	22-1090/I	长影集团有限责任公司
东方剑	1006-0294	31-1638/I	上海世纪出版股份有限公司
东方少年.布老虎画刊	1002-4727	11-1760/I	北京文学期刊中心
东方少年.快乐文学	1002-4727	11-1760/I	北京文学期刊中心
东方少年.阅读与作文	1002-4727	11-1760/I	北京文学期刊中心
东坡赤壁诗词	1003-2401	42-1015/I	黄冈市文学艺术界联合会
动动画世界	1672-6111	11-5152/J	中国和平出版社
动画大王	1005-7218	31-1074/J	上海人民美术出版社
动漫星空	2095-0713	33-1368/J	杭州出版社
都市	1007-7790	14-1176/I	太原市文学艺术界联合会
嘟嘟熊画报	1673-4335	11-5421/C	中国少年儿童新闻出版总社有限公司
读友	1671-458X	44-1551/Z	广东《少男少女》杂志社
读者	1005-1805	62-1118/Z	读者出版传媒股份有限公司
读者(维文版)	1671-1327	65-1144/G0	新疆人民出版社
读者.读点经典	1673-5099	62-1215/Z	读者出版传媒股份有限公司
读者.海外版	1674-6015	62-1200/Z	读者出版传媒股份有限公司
读者.校园版	1674-6007	62-1207/Z	读者出版传媒股份有限公司
读者.原创版	1673-3274	62-1190/Z	读者出版传媒股份有限公司
杜甫研究学刊	1003-5702	51-1047/I	成都杜甫草堂博物馆,四川省杜甫学会
短篇小说	1003-1561	22-1030/I	吉林市文联
对联	2096-5214	14-1389/I	山西日报传媒(集团)有限责任公司
俄罗斯文艺	1005-7684	11-5702/I	北京师范大学
鄂尔多斯	1008-5203	15-1037/I	鄂尔多斯市文学艺术界联合会
儿童故事画报	1002-0330	32-1056/C	江苏凤凰少年儿童出版社有限公司
儿童绘本.阅读与美育	1673-954X	22-1406/J	吉林省舆林报刊发展有限责任公司
儿童时代	0423-3174	31-1113/C	中国中福会出版社有限公司
儿童文学	0257-6562	11-1065/I	中国少年儿童新闻出版总社
儿童文学选刊	1004-0110	31-2053/I	上海少年儿童出版社有限公司
法治人生(哈萨克文)	1674-215X	65-1277/D	新疆经济报社
法治人生(维文)	1674-2141	65-1275/D	新疆经济报社
芳草	1004-7107	42-1039/I	武汉市文学艺术界联合会
飞天	1002-803X	62-1012/I	甘肃省文学艺术界联合会
飞霞	1005-5169	44-1362/I	清远市文学艺术界联合会
佛山文艺	1003-9058	44-1048/I	佛山期刊出版总社有限公司
芙蓉	1004-3691	43-1079/I	湖南文艺出版社有限责任公司
福建文学	0257-0297	35-1006/I	福建省文学艺术界联合会
复印报刊资料.J1,文艺理论	1001-2761	11-4318/G	中国人民大学
复印报刊资料.J2,中国古代、近代文学研究	1001-2893	11-4319/G	中国人民大学
复印报刊资料.J3,中国现代、当代文学研究	1001-2907	11-4320/G	中国人民大学
复印报刊资料.J4,外国文学研究	1001-2885	11-4321/G	中国人民大学

刊　名	ISSN	CN	主办单位
复印报刊资料．W-J1，文学研究文摘	1674-4381	11-5777/I	中国人民大学
橄榄绿	1008-4843	11-3974/I	武警部队政治工作部宣传文化中心
岗尖梅朵(藏文)	2095-2309	63-1076/I	海西州民族文学研究中心
躬耕	1671-1432	41-1324/I	南阳市文学艺术界联合会
贡嘎山	1006-0634	51-1084/G0	甘孜州文学艺术界联合会
贡嘎山(藏文版)		51-1386/I	甘孜州文学艺术界联合会
古典文学知识	1006-9917	32-1101/I	凤凰出版社
故事大王	1004-0099	31-1084/C	上海少年儿童出版社有限公司
故事会	0257-0238	31-1127/I	上海文艺出版总社
故事会．校园版	0257-0238	31-1127/I	上海文艺出版总社
故事家	1002-8633	41-1047/I	河南省文学艺术界联合会
故事天地	2096-7179	37-1520/I	临沂日报报业集团(临沂日报社)
乖狐狸	1674-618X	61-1466/Z	西安交通大学出版社
广西文学	1002-7629	45-1045/I	广西壮族自治区文学艺术界联合会
广州文艺	0257-022X	44-1015/I	广州市文艺报刊社
郭沫若学刊	1003-7225	51-1049/C	四川省郭沫若研究会
国际比较文学	2096-4897	31-2148/I	上海师范大学,复旦大学出版社
国外文学	1002-5014	11-1562/I	北京大学
哈哈画报	1005-7382	31-1543/C	中国中福会出版社有限公司
哈密文学(哈萨克文)		65-1084/I-H	哈密市文学艺术界联合会
哈密文学(维吾尔文)	1007-452X	65-1084/I-W	哈密市文学艺术界联合会
海外文摘	1003-2177	11-1820/Z	《海外文摘》杂志社有限公司
海峡文艺评论	2097-0293	35-1344/I	福建省文学艺术界联合会
海燕	0438-3818	21-1041/I	大连新闻传媒集团
含笑花	1003-9503	53-1024/I	文山州文学艺术界联合会
好儿童画报	1006-3749	31-1697/C	上海教育报刊总社
好孩子画报	0436-8150	21-1061/C	辽宁报刊传媒集团(辽宁日报社)
红豆	1002-6479	45-1058/I	南宁市文学艺术界联合会
红楼梦学刊	1001-7917	11-1676/I	中国艺术研究院
红树林	1006-4230	44-1405/C	少先队深圳市工作委员会
红岩	1007-1709	50-1015/I	重庆市作家协会
鸿嘎鲁(蒙文版)	1004-0331	15-1024/I	内蒙古自治区文化馆
呼伦贝尔(蒙文版)	1007-8541	15-1034/I	呼伦贝尔市文学艺术界联合会
湖南文学	2095-9168	43-1526/I	湖南省作家协会
花城	1000-789X	44-1159/I	广东花城出版社有限公司
花丛(朝文)	1673-6907	23-1046/I-C	黑龙江朝鲜民族出版社
花的柴达木(蒙古文)	1006-5652	63-1032/I	海西蒙古族藏族自治州文学艺术界联合会
花的原野(蒙文版)	1007-1415	15-1021/I	内蒙古文学艺术界联合会
花蕾(蒙古文)	1007-3485	15-1066/C	共青团内蒙古自治区委员会
花溪	1002-686X	52-1010/I	贵阳日报传媒集团
华文文学	1006-0677	44-1183/I	汕头大学
黄河	1000-4823	14-1076/I	山西文学院(山西网络文学院、山西文学博物馆)
黄河文学	1006-0219	64-1030/I	宁夏银川市文联
回族文学	1000-4297	65-1213/I	新疆昌吉回族自治州文学艺术界联合会

刊　　名	ISSN	CN	主　办　单　位
火花	0438-2587	14-1037/I	山西省文学艺术界联合会
脊梁	2095-8307	42-1859/I	英大传媒投资集团武汉有限公司
纪实	1671-2692	11-4628/I	中国报纸副刊研究会
嘉应文学	1007-7014	44-1053/I	梅州市文学艺术界联合会
剑南文学	1006-026X	51-1114/I	四川省绵阳市文联
江河文学	1005-1570	42-1311/I	中国葛洲坝集团有限公司
江南	1001-6694	33-1034/I	浙江省作家协会,浙江日报报业集团
江南诗	1001-6694	33-1034/I	浙江省作家协会,浙江日报报业集团
胶东文学	1002-3623	37-1530/I	烟台市文学艺术界联合会
解放军外国语学院学报	1002-722X	41-1164/H	信息工程大学
解放军文艺	0577-7410	11-1603/I	解放军出版社
今古传奇	1003-3327	42-1050/I	湖北今古传奇传媒集团有限公司
今古传奇.文化评论	1003-3327	42-1050/I	湖北今古传奇传媒集团有限公司
今古传奇.武侠版	1003-3327	42-1050/I	湖北今古传奇传媒集团有限公司
今古文创	2096-8264	42-1911/I	湖北今古传奇传媒集团有限公司
金融文坛	2096-1960	21-1597/F	辽宁北方期刊出版集团有限公司,东 　　北财经大学出版社有限公司
金色少年	1002-6304	41-1062/C	海燕出版社有限公司
金沙江文艺	1003-904X	53-1029/I	楚雄州文联
金山	1005-9407	32-1035/I	镇江市文联
金田	1003-0832	45-1061/I	广西玉林市文学艺术界联合会
金钥匙(汉文、蒙古文)	2097-1443	15-1381/I	内蒙古自治区文学艺术界联合会
剧本	0578-0659	11-1499/I	中国戏剧家协会
剧作家	1001-3768	23-1093/I	黑龙江省艺术研究院
骏马	1007-1652	15-1121/I	呼伦贝尔市文学艺术界联合会
喀什噶尔(维吾尔文)	1004-2547	65-1256/I	喀什地区文联
科海故事博览	1007-0745	53-1103/N	云南奥秘画报社有限公司
科幻画报	1671-7228	11-4854/N	中国科技新闻学会
科幻立方	2096-3513	12-1454/I	百花文艺出版社(天津)有限公司
科幻世界	1003-7055	51-1360/N	四川省科学技术协会
科幻世界画刊.小牛顿	1007-1512	51-1488/N	四川省科学技术协会
科普创作评论	2097-0056	10-1739/I	中国科普作家协会等
克孜勒苏文学(柯尔克孜文)	2095-8498	65-1296/I	克孜勒苏柯尔克孜自治州文学艺术界 　　联合会
克孜勒苏文学(维吾尔文)	2095-848X	65-1295/I	克孜勒苏柯尔克孜自治州文学艺术界 　　联合会
快乐青春	1009-6280	63-1052/C	青海人民出版社有限责任公司
快乐阅读	1672-8203	41-1366/G4	河南文艺出版社有限公司
连环画报	0457-8090	11-2359/J	中国美术出版总社有限公司
连云港文学	1008-0759	32-1063/I	连云港市文学艺术界联合会
连云港文学.校园美文	1008-0759	32-1063/I	连云港市文学艺术界联合会
凉山文学	1006-0790	51-1122/I	凉山彝族自治州文联
凉山文学(彝文版)	1007-1911	51-1385/I	凉山彝族自治州文联
辽河	1003-2525	21-1053/I	营口新闻传播中心
六盘山	1003-3645	64-1050/I	固原市文学艺术界联合会
龙门阵	1006-0286	51-1042/K	四川人民出版社有限公司
鲁迅研究月刊	1003-0638	11-2722/I	北京鲁迅博物馆

刊　名	ISSN	CN	主办单位
陆军文艺	2097-0935	37-1534/I	陆军政治工作部宣传文化中心
鹿鸣	1008-0732	15-1083/I	内蒙古包头市文联
绿风	1004-0382	65-1007/I	石河子市文学艺术界联合会
绿洲	1000-5536	65-1008/I	新疆生产建设兵团文学艺术界联合会
妈妈娃娃	1028-2165	44-1697/G4	深圳报业集团
满族文学	1003-7012	21-1042/I	辽宁省作家协会,丹东市文学艺术界联合会
漫客小说绘	2095-3364	42-1810/J	湖北知音传媒股份有限公司
芒种	1003-9309	21-1040/I	沈阳广播电视台
盲童文学	2095-6347	10-1153/I	中国盲文出版社
莽原	1003-2746	41-1044/I	河南省文学艺术界联合会
美拉斯(维)	1004-3829	65-1130/I	新疆民间文艺家协会
美文	1004-8855	61-1236/I	西安市文联,西北大学
萌芽	0539-323X	31-1078/I	上海市作家协会
咪咪画报	1006-5156	35-1007/C	福建少年儿童出版社有限责任公司
民间传奇故事	1007-9076	14-1206/I	山西文化艺术传媒中心
民间故事	1005-3948	22-1035/I	吉林省民间文艺家协会
民间故事选刊	1003-255X	13-1055/I	河北省文学艺术界联合会
民间文学	0540-1151	11-1085/I	中国民间文艺家协会
民族文学	0257-2850	11-1463/I	中国作家出版集团
民族文学(朝鲜文版)	2095-4611	10-1087/I	中国作家出版集团
民族文学(哈萨克文版)	2095-4603	10-1086/I	中国作家出版集团
民族文学(蒙古文版)	1674-6589	11-5834/I	中国作家出版集团
民族文学(维吾尔文版)	1674-6597	11-5835/I	中国作家出版集团
民族文学(藏文版)	1674-6600	11-5833/I	中国作家出版集团
民族文学研究	1002-9559	11-1443/I	中国社会科学院民族文学研究所
岷峨诗稿	1671-2005	51-1614/I	四川省诗书画院
闽南风	1674-554X	35-1297/G0	漳州市文学艺术界联合会
名家名作	2095-8854	14-1373/I	山西省作家协会
名人传记	1002-6282	41-1050/K	河南文艺出版社有限公司
名作欣赏	1006-0189	14-1034/I	山西三晋报刊传媒集团
名作欣赏. 评论版	1006-0189	14-1034/I	山西三晋报刊传媒集团
名作欣赏. 学术版	1006-0189	14-1034/I	山西三晋报刊传媒集团
明清小说研究	1004-3330	32-1017/I	江苏省社会科学院文学研究所,明清小说研究中心
牡丹	1003-3459	41-1059/I	洛阳市文学艺术界联合会
木拉(哈萨克文)	1002-9095	65-1089/I	新疆民间文艺家协会
莳荷芽(蒙文版)	1002-9400	15-1067/C	内蒙古少年儿童出版社
南方文坛	1003-7772	45-1049/I	广西文联
南方文学	1002-3968	45-1059/I	桂林市文学艺术界联合会
南风	0257-2885	52-1016/I	贵州省作家协会
南京师范大学文学院学报	1008-9853	32-1551/I	南京师范大学文学院
南叶	1007-2306	44-1052/I	广东省韶关市文学艺术界联合会
娘子关	1004-6054	14-1049/I	阳泉市文学艺术界联合会
品位·经典	1674-6147	15-1351/C	内蒙古人民出版社
蒲松龄研究	1002-3712	37-1080/I	蒲松龄纪念馆
启明星(蒙文版)	1002-9087	65-1049/I	新疆维吾尔自治区作家协会

刊　名	ISSN	CN	主办单位
亲子. 4-7 岁，智力画刊	1671-1645	36-1302/G0	江西人民出版社有限责任公司
青岛文学	1003-9791	37-1193/I	青岛市文学创作研究院
青海湖	0529-3510	63-1008/I	青海省文学艺术界联合会
青年文学	1003-0573	11-1238/I	中国青年出版总社有限公司
青年文学家	1002-2139	23-1094/I	黑龙江省文学艺术界联合会,齐齐哈尔市文学艺术界联合会
青年作家	1003-1669	51-1083/I	成都市文学艺术界联合会
青少年文学	1007-3892	13-1206/I	保定市文学艺术界联合会
清明	1005-7943	34-1019/I	安徽出版集团有限责任公司
情感读本	1674-4047	42-1774/C	湖北省期刊协会
泉州文学	1005-5835	35-1058/I	泉州市文学艺术界联合会
人民文学	0258-8218	11-1511/I	中国作家出版集团
三角洲	1003-9643	32-1043/G0	南通日报社,南通市文学艺术界联合会
三峡文学	1003-1332	42-1123/I	湖北省宜昌市文学艺术界联合会
三月三	1003-6458	45-1053/I	广西壮族自治区民族宗教事务委员会
三月三(壮)	1673-078X	45-1054/I	广西三月三杂志社
散文	0257-5809	12-1032/I	百花文艺出版社(天津)有限公司
散文. 海外版	1005-7323	12-1212/I	百花文艺出版社(天津)有限公司
散文百家	1003-6652	13-1014/I	河北省作家协会
散文诗	1004-7573	43-1199/I	益阳市文学艺术界联合会
散文诗. 下半月，青年版	1004-7573	43-1199/I	益阳市文学艺术界联合会
散文选刊	1003-272X	41-1071/I	河南省文联
散文选刊. 原创版	1003-272X	41-1071/I	河南省文联
山东文学	0257-5817	37-1032/I	山东省作家协会
山海经. 上	1002-6215	33-1032/I	浙江省民间文艺家协会,浙江省文化会堂
山海经. 少年版	1002-6215	33-1032/I	浙江省民间文艺家协会,浙江省文化会堂
山花	0559-7218	52-1008/I	贵州省作家协会
山南文艺(藏)	1004-1753	54-1009/I-Z	山南市文学艺术界联合会
山西文学	0257-5906	14-1035/I	山西文学院(山西网络文学院、山西文学博物馆)
上海采风	1005-8842	31-1935/I	上海文学艺术院
上海故事	1000-4831	31-1159/I	上海市群众艺术馆
上海文化	1005-989X	31-1655/G0	上海市作家协会,上海社会科学院文学研究所
上海文学	1001-8026	31-1095/I	上海市作家协会
少年文艺(南京)	1002-0365	32-1055/I	江苏凤凰少年儿童出版社有限公司
少年文艺(上海，2017-)	1004-0889	31-1179/I	上海少年儿童出版社有限公司
少年文艺. 开心阅读与作文	1002-0365	32-1055/I	江苏凤凰少年儿童出版社有限公司
少年作家	1674-7194	33-1360/G4	浙江省期刊总社有限公司
参花	1008-8407	22-1069/I	吉林省文化馆
神剑	1004-4752	11-1542/I	中国卫星发射测控系统部政治工作部
生态文化	1009-5454	11-4472/I	中国林业文学艺术工作者联合会
诗潮	1003-5583	21-1048/I	沈阳广播电视台
诗歌月刊	1009-8216	34-1223/I	安徽出版集团有限责任公司
诗刊	0583-0230	11-1512/I	中国作家出版集团

刊　　名	ISSN	CN	主办单位
诗林	1674-9413	23-1109/I	哈尔滨文学创作院
诗书画	2095-3674	37-1490/J	《山东商报》社,中央美术学院
诗选刊	1009-1688	13-1235/I	河北省作家协会
十月	0257-5841	11-1102/I	北京出版集团有限责任公司
十月.长篇小说	0257-5841	11-1102/I	北京出版集团有限责任公司
十月少年文学	2096-286X	10-1463/I	北京出版集团有限责任公司
石油文学	2095-8579	23-1589/I	大庆石油管理局有限公司,大庆百湖早报有限公司
时代报告	1003-2738	41-1413/I	河南省文学艺术界联合会
时代报告.奔流	1003-2738	41-1413/I	河南省文学艺术界联合会
时代报告.中国报告文学	1003-2738	41-1413/I	河南省文学艺术界联合会
时代青年.悦读	1003-3483	41-1003/C	共青团河南省委
时代文学	1005-4677	37-1173/I	山东省作家协会
世界儿童	1006-3358	50-1021/G2	四川外国语大学
世界华文文学论坛	1008-0163	32-1478/I	江苏省社会科学院
世界文学	0583-0206	11-1204/I	中国社会科学院外国文学研究所
世界文学选译(维文)	1005-1791	65-1075/I	新疆人民出版社
世界文学译丛	1007-1407	15-1023/I	内蒙古文学艺术界联合会
收获	0583-1288	31-1148/I	上海作家协会
曙光(哈文)	1004-4760	65-1051/I	新疆维吾尔自治区作家协会
朔方	0257-585X	64-1010/I	宁夏文学艺术界联合会
思南文学选刊	2096-3386	31-2136/I	上海市作家协会
四川文学	1006-8953	51-1353/I	四川省作家协会
松花江(朝鲜文)	1673-2790	23-1155/I	哈尔滨市朝鲜民族艺术馆
苏州杂志	1005-1651	32-1108/I	苏州市文学艺术界联合会
随笔	1000-7903	44-1160/I	广东花城出版社有限公司
岁月.原创	1002-2791	23-1142/I	大庆市文学艺术界联合会
塔尔巴哈台(哈萨克文)	1002-9370	65-1045/I	塔城地区作家协会
塔里木(维文)	1002-9044	65-1010/I	新疆维吾尔自治区作家协会
台港文学选刊	1002-753X	35-1069/I	福建省文学艺术界联合会
太湖	1672-5891	32-1016/I	无锡市公共文化艺术发展中心
唐山文学	1003-4439	13-1015/I	唐山市文学艺术界联合会
陶茹格萨茹娜(蒙文版)	2096-8779	15-1169/I	巴彦淖尔市文学艺术界联合会
特区文学	1003-6881	44-1026/I	深圳市文学艺术界联合会
天池小小说	1673-2332	22-1360/I	延边人民出版社
天津文学	2096-773X	12-1402/I	天津市作家协会
天南	1004-6399	44-1181/I	广东省民间文艺家协会
天山文艺	2097-1230	65-1318/I	乌鲁木齐市文学艺术界联合会
天涯	1006-9496	46-1001/I	海南省作家协会
童话世界	1006-849X	61-1237/I	陕西未来出版社有限责任公司
童话王国	1006-818X	12-1250/I	新蕾出版社(天津)有限公司
吐鲁番	1671-8682	65-1042/I	吐鲁番市文学艺术界联合会
吐鲁番(维吾尔文)	1006-3803	65-1042/I-W	吐鲁番市文学艺术界联合会
娃娃画报	1004-0072	31-1081/C	上海少年儿童出版社有限公司
外国文学	1002-5529	11-1248/I	北京外国语大学
外国文学动态研究	1007-7766	10-1309/I	外国文学研究所,译林出版社
外国文学评论	1001-6368	11-1068/I	中国社会科学院外国文学研究所

刊　名	ISSN	CN	主办单位
外国文学研究	1003-7519	42-1060/I	华中师范大学
外国文艺	1006-1142	31-1117/J	上海译文出版社有限公司
外国语文	1674-6414	50-1197/H	四川外国语大学
外国语言文学	1672-4720	35-1266/G4	福建师范大学
万松浦	2097-1966	37-1539/I	山东文艺出版社有限公司
微型小说选刊	1005-3840	36-1089/I	百花洲文艺出版社有限责任公司
微型小说月报	1674-8093	12-1418/I	百花文艺出版社(天津)有限公司,天津市作家协会
文蚌(景颇文)	2096-8833	53-1028/I	德宏州文学艺术界联合会
文学港	1003-6830	33-1025/I	宁波市文联,宁波日报报业集团
文学教育	1672-3996	42-1768/I	武汉决策信息研究开发中心
文学评论	0511-4683	11-1037/I	中国社会科学院文学研究所
文学少年	1003-7640	21-1038/I	辽宁文学院,辽宁省儿童文学学会
文学天地	1007-7979	43-1155/I	衡阳市文学艺术界联合会
文学遗产	0257-5914	11-1009/I	中国社会科学院文学研究所
文学艺术周刊	2096-0778	12-1448/I	百花文艺出版社(天津)有限公司
文学译丛(维吾尔文)	2097-0161	65-1050/I	新疆维吾尔自治区作家协会
文学与人生	1007-435X	36-1177/I	南昌市文学艺术界联合会
文学与文化	1674-912X	12-1415/I	南开大学出版社有限公司
文学自由谈	1003-2789	12-1015/I	天津市文学艺术界联合会
文艺风	2096-563X	43-1547/I	湖南文艺出版社有限责任公司
文艺理论研究	0257-0254	31-1152/I	中国文艺理论学会,华东师范大学
文艺理论与批评	1002-9583	11-1581/J	中国艺术研究院
文艺论坛	2096-6474	43-1551/I0	湖南省文联文艺创作与研究中心
文艺评论	1003-5672	23-1059/I	黑龙江省文学艺术界联合会,黑龙江大学
文艺生活.下旬刊	1005-5312	43-1143/I	湖南省文化馆(湖南省非物质文化遗产保护中心)
文艺生活.艺术中国	1005-5312	43-1143/I	湖南省文化馆(湖南省非物质文化遗产保护中心)
文艺生活.中旬刊	1005-5312	43-1143/I	湖南省文化馆(湖南省非物质文化遗产保护中心)
文艺研究	0257-5876	11-1672/J	中国艺术研究院
文艺争鸣	1003-9538	22-1031/I	吉林省文学艺术界联合会
文苑	1672-9404	15-1336/G0	内蒙古出版集团
文苑.经典美文	1672-9404	15-1336/G0	内蒙古出版集团
五台山	1004-5384	14-1046/I	忻州市文联
五月风	1004-0773	15-1125/C	内蒙古自治区工会传媒中心
武侠故事	1672-3759	41-1357/I	河南省作家协会
西部	1671-3311	65-1222/I	新疆维吾尔自治区文学艺术界联合会
西部文艺研究	2097-2016	62-1223/I	甘肃省文学艺术界联合会
西湖	1000-291X	33-1327/I	杭州市文学艺术界联合会
西江文艺	1005-7978	44-1045/I	广东省肇庆市文学艺术界联合会
西江月	1003-2819	45-1110/I	梧州日报社
西拉沐沦(蒙文版)	1007-4597	15-1032/I	赤峰市文学艺术界联合会
西双版纳	1674-9464	53-1214/I	西双版纳州文联
西藏文学	1004-1435	54-1002/I	西藏自治区文联

刊　名	ISSN	CN	主办单位
西藏文艺（藏文版）	1002-9311	54-1001/I-Z	西藏自治区文学艺术界联合会
锡林郭勒	1004-4787	15-1033/I	锡盟文联
戏剧文学	1008-0007	22-1033/I	吉林省艺术研究院
厦门文学	1004-0765	35-1055/I	厦门日报社
现代阅读	1673-8497	11-5566/G2	中国图书进出口（集团）总公司,中国出版对外贸易总公司
现代中文学刊	1674-7704	31-2026/G4	全国高等教育自学考试指导委员会等
乡土.野马渡	1003-8299	32-1306/I	江苏省文化交流中心（江苏省文艺志愿服务中心）
湘江文艺	2096-6156	43-1548/I	湖南省文联文艺创作与研究中心
小布老虎	2095-9745	21-1596/I	春风文艺出版社有限责任公司
小读者	1009-8615	11-4562/G2	中国外文局亚太传播中心（人民中国杂志社、中国报道杂志社）
小福尔摩斯	2095-2872	31-2068/I	上海少年儿童出版社有限公司
小葵花.故事宝库	1003-322X	37-1071/I	青岛出版社有限公司
小葵花.故事画刊	1003-322X	37-1071/I	青岛出版社有限公司
小葵花.快乐读写	1003-322X	37-1071/I	青岛出版社有限公司
小朋友	0438-0576	31-1089/C	上海少年儿童出版社有限公司
小品文选刊	1672-5832	14-1318/I	大同市文学艺术界联合会
小品文选刊.印象大同	1672-5832	14-1318/I	大同市文学艺术界联合会
小说界	1005-7706	31-1130/I	上海世纪出版股份有限公司
小说林	1674-9421	23-1107/I	哈尔滨文学创作院
小说评论	1004-2164	61-1044/J	陕西省作家协会
小说选刊	0257-5604	11-3324/I	中国作家出版集团
小说月报	0257-9413	12-1063/I	百花文艺出版社（天津）有限公司
小说月报.原创版	1672-5980	12-1360/I	百花文艺出版社（天津）有限公司
小说月刊	1002-3399	22-1175/I	吉林省文学艺术界联合会
小溪流.儿童号	1005-5150	43-1081/I	湖南少年儿童出版社有限责任公司
小溪流.启蒙号	1005-5150	43-1081/I	湖南少年儿童出版社有限责任公司
小溪流.少年号	1005-5150	43-1081/I	湖南少年儿童出版社有限责任公司
小小说选刊	1003-7918	41-1073/I	河北省文学艺术界联合会
小小说月刊	1009-5888	13-1297/I	河北省文学艺术界联合会
心潮诗词	1672-8718	42-1354/I	武汉新闻传媒有限公司
新传奇	1672-7959	42-1794/Z	湖北今古传奇传媒集团有限公司
新疆柯尔克孜文学（柯尔克孜文）	1004-4779	65-1020/I	新疆维吾尔自治区作家协会
新疆文学评论（维吾尔）		65-1308/I	新疆维吾尔自治区作家协会
新剧本	1003-8043	11-1124/I	北京京演文化传媒有限责任公司
新蕾	1003-8973	21-1087/I	阜新市文学艺术界联合会
新文学史料	0257-5647	11-1283/I	人民文学出版社有限公司
新玉文艺（维文）	1002-929X	65-1088/I	和田地区作家协会
新作文.冰心少年文学	1009-9433	14-1274/G	山西三晋报刊传媒集团有限责任公司
星火	0439-7746	36-1054/I	江西省文学艺术界联合会
星星.上旬刊,诗歌原创	1003-9678	51-1075/I	四川省作家协会
星星.下旬刊,散文诗	1003-9678	51-1075/I	四川省作家协会
星星.中旬刊,诗歌理论	1003-9678	51-1075/I	四川省作家协会
兴趣阅读	2096-370X	32-1870/I	江苏凤凰少年儿童出版社有限公司
雪花	1002-2864	23-1099/I	鸡西市融媒体中心

刊　　名	ISSN	CN	主 办 单 位
雪莲	1671-5985	63-1053/I	西宁市文学艺术界联合会
雪域文化（藏文）	1003-7942	54-1003/G-Z	西藏自治区群众艺术馆
鸭绿江	1003-4099	21-1037/I	辽宁省作家协会
延安文学	1006-3498	61-1047/J	延安市文学艺术界联合会
延边文学（朝鲜文）		22-1272/I	延边人民出版社
延河	1001-6104	61-1037/I	陕西省作家协会
扬子江诗刊	1009-542X	32-1787/I	江苏省作家协会
扬子江文学评论	2096-7977	32-1891/I	江苏省作家协会
阳光	1007-8975	11-3888/I	中国煤矿文化艺术联合会
椰城	1005-5193	46-1037/I	海口市文学艺术界联合会
野草	1005-1260	33-1038/I	绍兴市文学艺术界联合会
伊犁河	1674-6856	65-1279/I	伊犁哈萨克自治州文学艺术界联合会
伊犁河（哈文）	1005-8729	65-1058/I	伊犁哈萨克自治州文学艺术界联合会
伊犁河（维文）	1005-8710	65-1057/I	伊犁哈萨克自治州文学艺术界联合会
壹读	1005-7250	53-1220/G0	丽江市文学艺术界联合会
译林	1001-1897	32-1029/I	译林出版社
意林	1007-3841	22-1361/I	长春出版传媒集团有限责任公司
意林.原创版	1007-3841	22-1361/I	长春出版传媒集团有限责任公司
意林文汇	1007-354X	63-1064/I	西宁市文学艺术界联合会
婴儿画报	1003-0212	11-1422/C	中国少年儿童新闻出版总社有限公司
楹联博览	2096-9007	34-1332/I	安徽出版集团有限责任公司
影剧新作	1006-1940	36-1082/I	江西省文化和旅游研究院
勇罕（傣文版）	2096-8841	53-1027/I	德宏州文学艺术界联合会
幽默与笑话	1009-377X	22-1279/I	吉林省幽默与笑话杂志社有限责任公司
幼儿故事大王	1006-3579	33-1172/I	浙江少年儿童出版社有限公司
幼儿园（中英文）.故事刊	1004-1400	37-1521/I	明天出版社有限公司
幼儿园（中英文）.智能刊	1004-1400	37-1521/I	明天出版社有限公司
幼儿智力世界	1006-3595	33-1061/C	浙江少年儿童出版社有限公司
雨花	1005-9059	32-1069/I	江苏省作家协会
雨露风	2095-8846	63-1078/I	青海人民出版社有限责任公司
粤港澳大湾区文学评论	2096-9031	44-1748/I	广东省作家协会
粤海风	1006-7183	44-1332/I	广东省文艺研究所,广东省文艺评论家协会
杂文月刊.文摘版	1009-2218	13-1278/I	河北日报报业集团
杂文月刊.原创版	1009-2218	13-1278/I	河北日报报业集团
湛江文学	1005-0760	44-1039/I	湛江市文学艺术界联合会
章恰尔（藏文版）	1005-5606	63-1009/I	青海民族出版社
漳河文学	2095-090X	14-1359/I	长治市文学艺术界联合会
哲里木文艺（蒙古文）	1004-6712	15-1031/I	通辽市文学艺术界联合会
哲思	2096-5567	15-1379/G0	内蒙古新华报业中心
浙江外国语学院学报	2095-2074	33-1376/Z	浙江外国语学院
智慧魔方	2097-1508	51-1802/G	四川少年儿童出版社有限公司
智慧少年	1008-9780	22-1278/C	共青团吉林省委
中国比较文学	1006-6101	31-1694/I	上海外国语大学,中国比较文学学会
中国当代文学研究	2096-630X	10-1598/I2	中国作家出版集团
中国故事	1002-7564	42-1127/I	湖北长江报刊传媒（集团）有限公司

刊　名	ISSN	CN	主办单位
中国少年儿童	0412-4154	11-1064/C	中国少年儿童新闻出版总社有限公司
中国少年文摘	1006-4567	11-3613/Z	中国少年儿童新闻出版总社有限公司
中国铁路文艺	1007-9971	11-5198/I	中国铁路文学艺术工作者联合会,中国铁道出版社有限公司
中国文化研究	1005-3247	11-3306/G2	北京语言大学
中国文学年鉴	1672-0814	11-4096/I	中国社会科学院文学研究所
中国文学批评	2095-9990	10-1314/I	中国社会科学杂志社
中国文学研究(长沙)	1003-7535	43-1084/I	湖南师范大学
中国文艺家	1007-8932	11-3887/J	中国文联出版社
中国现代文学研究丛刊	1003-0263	11-2589/I	中国现代文学馆
中国校园文学.青春号	1000-9809	11-2644/I	作家出版社有限公司
中国校园文学.青年号	1000-9809	11-2644/I	作家出版社有限公司
中国校园文学.少年号	1000-9809	11-2644/I	作家出版社有限公司
中国韵文学刊	1006-2491	43-1014/H	湘潭大学,中国韵文学会
中国作家.纪实版	1003-1006	11-1510/I	中国作家出版集团
中国作家.文学版	1003-1006	11-1510/I	中国作家出版集团
中国作家.影视版	1003-1006	11-1510/I	中国作家出版集团
中华辞赋	2095-7351	10-1215/I	中国作家出版集团
中华诗词	1007-4570	11-3453/I	中华诗词学会
中篇小说选刊	1005-5290	35-1068/I	中篇小说选刊杂志社
中外童话故事	1009-6140	14-1275/I	山西三晋报刊传媒集团有限责任公司
中外童话画刊	1003-8191	15-1118/C	内蒙古自治区家庭工作服务中心
钟山	1005-7595	32-1073/I	江苏省作家协会
钟山.长篇小说	1005-7595	32-1073/I	江苏省作家协会
传记文学	1003-0255	11-1090/I	中国艺术研究院
啄木鸟	1002-655X	11-1522/I	群众出版社
作家杂志	1006-4044	22-1028/I	吉林省作家协会
作家天地	1003-8760	34-1027/I	马鞍山市文学艺术界联合会
作品	1005-9385	44-1078/I	广东省作家协会
作品与争鸣	1003-532X	11-1594/I	中国报纸副刊研究会

J 艺术(272 种)

刊　名	ISSN	CN	主办单位
爱尚美术	2096-3254	37-1511/J	山东出版传媒股份有限公司
爱乐	1006-9763	11-3772/J	生活·读书·新知三联书店
安邸	2095-1825	11-5829/N	中国妇女杂志社
宝藏	1672-8416	11-5171/P	中国观赏石协会
报刊资料索引.第五分册,语言文字、文学艺术		11-5713/H	中国人民大学
北方音乐	1002-767X	23-1062/J	哈尔滨音乐学院
北京电影学院学报	1002-6142	11-1677/J	北京电影学院
北京舞蹈学院学报	1008-2018	11-3982/J	北京舞蹈学院
草原歌声	1009-0819	15-1027/J	内蒙古自治区音乐家协会
创意设计源	1674-5159	31-2021/TS	上海工艺美术职业学院
创意与设计	1674-4187	32-1794/TS	江南大学,中国轻工业信息中心
翠苑.少年文艺家	1005-5282	32-1009/I	常州市文学艺术界联合会

刊　名	ISSN	CN	主 办 单 位
大观. 美术与设计	2095-8250	41-1431/J	开封东京文学文化传媒有限责任公司
大舞台	1003-1200	13-1004/J	河北省文化和旅游研究院
大学书法	2096-7616	41-1454/J29	郑州大学
大众电视	1003-4005	11-2773/J	中国广播电视学会,浙江广播电视集团
大众电影	0492-0929	11-1501/J	中国电影家协会
大众摄影	0494-4372	11-1643/J	中国摄影家协会
大众书法	2096-0611	15-1372/J	实践杂志社
当代电视	1000-8977	11-1322/J	中国电视艺术家协会
当代电影	1002-4646	11-1447/G2	中国电影艺术研究中心,中国传媒大学
当代动画	2096-6032	10-1582/G2	中国电影艺术研究中心,北京电影学院
当代美术家	1005-3255	50-1027/J	四川美术学院
当代舞蹈艺术研究(中英文)	2096-3084	31-2131/J	上海戏剧学院,上海大学
当代戏剧	1002-171X	61-1040/J	陕西省戏剧家协会
当代音乐	1007-2233	22-1414/J	吉林省音乐家协会,吉林音像出版社有限责任公司
电影·典藏	1671-2528	11-4668/J	中国电影艺术研究中心
电影画刊	1007-1164	61-1049/J	陕西艺术职业学院
电影理论研究(中英文)	2096-7322	31-2171/J9	上海大学
电影评介	1002-6916	52-1014/J	电影评介杂志社
电影文学	0495-5692	22-1090/I	长影集团有限责任公司
电影新作	1005-6777	31-1145/J	上海电影艺术发展有限公司等
电影艺术	0257-0181	11-1528/J	中国电影家协会
雕塑	1007-2144	11-3579/J	中国工艺美术学会
东方电影	1673-5242	31-2049/J	上海电影(集团)有限公司
东方陶瓷	2096-8906	36-1334/J	经济晚报社
东方艺术	1005-9733	41-1206/J	河南省文化艺术研究院
动漫界	1673-8438	32-1756/J	江苏新华报业传媒集团有限公司
动漫先锋	2096-1944	21-1605/J	辽宁北方期刊出版集团有限公司
读者欣赏	1671-4830	62-1163/Z	读者出版传媒股份有限公司
儿童音乐	0421-3653	11-1656/J	中国音乐家协会
锋绘	2095-2511	42-1820/J	武汉新闻传媒有限公司
凤凰动漫	2095-204X	32-1826/J	江苏凤凰少年儿童出版社有限公司
福建歌声	1672-8130	35-1151/J	福建省艺术馆
福建艺术	1004-2075	35-1139/J	福建省艺术研究院
复印报刊资料. J0, 艺术学理论	2096-3580	10-1471/J	中国人民大学
复印报刊资料. J51, 舞台艺术, 戏曲、戏剧	1009-766X	11-4323/J	中国人民大学
复印报刊资料. J52, 舞台艺术, 音乐、舞蹈	1009-766X	11-4323/J	中国人民大学
复印报刊资料. J7, 造型艺术	1009-7635	11-4324/J	中国人民大学
复印报刊资料. J8, 影视艺术	1009-7627	11-4325/J	中国人民大学
钢琴艺术	1006-9844	11-3779/J	人民音乐出版社有限公司
歌唱艺术	2096-1502	10-1402/J	人民音乐出版社有限公司
歌海	1007-4910	45-1228/J	广西壮族自治区民族文化艺术研究院
歌剧	1672-3821	31-1917/J	上海歌剧院
歌曲	0454-0816	11-1654/J	中国音乐家协会
公共艺术	1674-7038	31-2033/J	上海书画出版社有限公司

刊　　名	ISSN	CN	主办单位
广东艺术	1007-0400	44-1422/J	广东省艺术研究所
贵州大学学报. 艺术版	1671-444X	52-5025/J	贵州大学
国画家	1005-6912	12-1208/J	天津人民美术出版社有限公司
国家大剧院	2095-5367	10-1124/J	北京国家大剧院演艺中心有限责任公司,北京日报社
红蔓	2095-7912	31-2098/J	上海人民美术出版社有限公司
湖北美术学院学报	1009-4016	42-1441/J	湖北美术学院
画界	1673-3096	11-5373/J	人民政协报社
画刊	1005-6890	32-1692/J	江苏凤凰美术出版社,江苏教育报刊总社
画廊	1000-4815	44-1008/J	岭南美术出版社
环球首映	1674-6945	46-1077/J	海南省文化广电出版体育厅
环球银幕	1673-9825	11-5586/J	中国电影出版社有限公司
黄河之声	1004-6127	14-1039/J	山西文化艺术传媒中心有限公司
黄梅戏艺术	1003-5826	34-1037/J	安庆市文学艺术界联合会
黄钟	1003-7721	42-1062/J	武汉音乐学院
吉林艺术学院学报	1674-5442	22-1285/I	吉林艺术学院
交响	1003-1499	61-1045/J	西安音乐学院
剧本	0578-0659	11-1499/I	中国戏剧家协会
剧影月报	1004-5864	32-1095/J	江苏省戏剧文学创作院
卡通王	1005-7226	31-1641/J	上海美术电影制片厂有限公司
看电影	1671-2374	51-1618/I	峨眉电影制片厂
连环画报	0457-8090	11-2359/J	中国美术出版总社有限公司
岭南音乐	1671-413X	44-1081/J	广东省音乐家协会
漫动作. 哇 O	1672-6812	31-1929/J	上海世纪出版股份有限公司
漫画会	2095-8749	31-2106/J	上海文艺出版总社
漫画派对	1673-8470	53-1206/J	云南出版传媒(集团)有限责任公司,云南教育出版社
漫画月刊	1003-7128	41-1057/J	河南日报报业集团有限公司
漫画周刊	2096-2819	43-1534/J	湖南人民出版社有限责任公司
漫旅	2095-8064	31-2095/F	上海科技教育出版社有限公司
漫趣	2095-6053	10-1149/J	人民邮电出版社
漫友	1671-6884	15-1225/J	内蒙古画报社
美术	1003-1774	11-1311/J	中国美术家协会
美术大观	1002-2953	21-1173/J	辽宁美术出版社有限责任公司
美术观察	1006-8899	11-3665/J	中国艺术研究院
美术馆	2096-8612	23-1607/J	黑龙江省美术馆
美术教育研究	1674-9286	34-1313/J	时代出版传媒股份有限公司,安徽省科学教育研究会
美术界	1002-7416	45-1048/J	广西文学艺术界联合会
美术文献	1673-4858	42-1756/J	湖北美术出版社有限公司
美术学报	1004-1060	44-1135/J	广州美术学院
美术研究	0461-6855	11-1190/J	中央美术学院
美与时代. 美术学刊	1003-2592	41-1061/B	郑州大学美学研究所,河南省美学学会
民艺	2096-5257	10-1531/G1	中国民间文艺家协会
民族艺林	1003-2584	64-1011/J	宁夏民族艺术研究所

刊　　名	ISSN	CN	主 办 单 位
民族艺术	1003-2568	45-1052/J	广西壮族自治区民族文化艺术研究院
民族艺术研究	1003-840X	53-1019/J	云南省民族艺术研究院
民族音乐	1671-2196	53-1202/J	云南省文化馆
明日风尚	1673-8365	32-1775/G0	南京出版传媒(集团)有限责任公司，南京市文学艺术界联合会
南京艺术学院学报. 美术与设计版	1008-9675	32-1008/J	南京艺术学院
南京艺术学院学报. 音乐与表演版	1008-9667	32-1557/J	南京艺术学院
南腔北调	1003-2711	41-1046/J	河南省文学艺术界联合会
内蒙古艺术	1007-3337	15-1380/J	内蒙古自治区艺术研究院
内蒙古艺术(蒙文版)	1007-3337	15-1380/J	内蒙古自治区艺术研究院
内蒙古艺术学院学报	2096-5621	15-1378/J	内蒙古艺术学院
品位	1671-3648	33-1254/J	浙江省文学艺术界联合会
齐鲁艺苑	1002-2236	37-1063/J	山东艺术学院
琴童	1009-6396	36-1243/J	百花洲文艺出版社有限责任公司
青年歌声	1003-546X	41-1064/J	河南省文化馆
青少年书法. 青年版	1003-5354	41-1054/C	河南美术出版社有限公司
青少年书法. 少年版	1003-5354	41-1054/C	河南美术出版社有限公司
曲艺	0578-0608	11-1584/J	中国曲艺家协会
人民音乐	0447-6573	11-1655/J	中国音乐家协会
人像摄影	1002-7211	11-1534/J	中国商业联合会
荣宝斋	1009-0649	11-4067/G2	荣宝斋有限公司
色彩	2097-3284	10-1903/J	中国流行色协会
山东工艺美术学院学报	1674-2281	37-1299/J	山东工艺美术学院
山东艺术	2096-5737	37-1510/J	山东省文学艺术界联合会
上海电视	1006-1711	31-1135/J	上海《每周广播电视》报社
上海工艺美术	1005-071X	31-1198/J	上海工艺美术有限公司
上海戏剧	0559-7277	31-1154/J	上海文学艺术院
上海艺术评论	2096-1774	31-2119/J	上海艺术研究中心
少儿画王	1009-5268	34-1224/J	安徽省关心下一代工作委员会，安徽省科学教育研究会
设计艺术研究	2095-0705	42-1807/J	武汉理工大学
摄影世界	1002-6770	11-1272/J	中国国际文化影像传播有限公司
摄影之友	1004-0153	44-1074/J	广东岭南美术出版社有限公司
诗书画	2095-3674	37-1490/J	《山东商报》社，中央美术学院
时代影视	1003-0816	37-1318/J	山东广播电视台
世界电影	1002-9966	11-2023/G2	中国电影家协会
世界美术	1000-8683	11-1189/J	中央美术学院
世界知识画报. 艺术视界	1003-028X	11-1503/Z	世界知识出版社有限公司
视界观	2096-4056	61-1508/J	陕西广播电视台
书法	1000-6036	31-1067/J	上海书画出版社有限公司
书法丛刊	1002-6797	11-2827/J	文物出版社有限公司
书法教育	2096-4552	10-1523/J	中国美术出版总社有限公司
书法赏评	1004-213X	23-1313/J	黑龙江美术出版社有限公司
书法研究	1000-6044	31-2115/J	上海中西书局有限公司，上海书画出版社有限公司
书画世界	1673-6109	34-1299/J	安徽美术出版社
书画艺术	1004-4809	32-1522/J	书画艺术杂志社

刊　　名	ISSN	CN	主办单位
书与画	1000-6214	31-1066/J	上海书画出版社有限公司
数码摄影	1673-6753	11-5522/TP	北京卓众出版有限公司,北京科学技术期刊学会
四川戏剧	1003-7500	51-1087/J	四川省艺术研究院
颂雅风	2095-3208	13-1413/J	河北教育出版社有限责任公司
苏州工艺美术职业技术学院学报	1672-3848	32-1714/Z	苏州工艺美术职业技术学院
陶瓷科学与艺术	1671-7643	43-1375/TS	湖南湘瓷科艺股份有限公司
天工	2095-7556	14-1374/J	山西科技新闻出版传媒集团有限责任公司
天津美术学院学报	1008-8822	12-1287/G4	天津美术学院
天津音乐学院学报	1008-2530	12-1280/J	天津音乐学院
文化艺术研究	1674-3180	33-1355/J	浙江旅游职业学院
文学艺术周刊	2096-0778	12-1448/I	百花文艺出版社(天津)有限公司
舞蹈	0512-4204	11-1546/J	中国舞蹈家协会
西北美术	1002-1833	61-1042/J	西安美术学院
西泠艺丛	2095-9362	33-1393/J	西泠印社社务委员会
西藏艺术研究	1004-6860	54-1017/J	西藏自治区民族艺术研究所
西藏艺术研究(藏文)	1004-9088	54-1017/J-Z	西藏自治区民族艺术研究所
喜剧世界	1003-4676	61-1067/J	陕西省艺术研究院
戏剧	1003-0549	11-1159/J	中央戏剧学院
戏剧文学	1008-0007	22-1033/I	吉林省艺术研究院
戏剧艺术	0257-943X	31-1140/J	上海戏剧学院
戏剧与影视评论	2095-8617	10-1338/J	中国戏剧出版社有限公司
戏剧之家	1007-0125	42-1410/J	湖北今古传奇传媒集团有限公司
戏曲艺术	1002-8927	11-1172/J	中国戏曲学院
戏友	2096-0085	14-1380/J	山西艺术职业学院
现代电影技术	1673-3215	11-5336/TB	电影技术质量检测所
现代艺术	1009-5233	51-1582/J	《现代艺术》杂志社
小樱桃	1674-6988	41-1409/J	郑州日报社
心声歌刊	1005-7269	36-1056/J	江西省音乐家协会
新疆哈萨克儿童画报(哈萨克文)		65-1302/J	伊犁青少年报刊社
新疆艺术	2095-8315	65-1297/J	新疆维吾尔自治区文学艺术界联合会
新疆艺术(维文)	1004-1249	65-1033/J	新疆维吾尔自治区文学艺术界联合会
新疆艺术学院学报	1672-4577	65-1243/J	新疆艺术学院
新疆艺术学院学报(维文版)		65-1244/J	新疆艺术学院
新美术	1674-2249	33-1068/J	中国美术学院
新美域	1009-7066	14-1282/J	山西省书画院
新世纪剧坛	1672-6367	21-1491/J	辽宁省文化艺术研究院(辽宁省文化资源建设服务中心)
星海音乐学院学报	1008-7389	44-1132/J	星海音乐学院
星河影视	1007-8223	44-1370/J	梅州市广播电视台
炫动漫	2095-2023	23-1577/J	牡丹江新闻传媒集团有限公司,牡丹江大鹏盛艺影视动画有限公司
学友动漫	2095-9087	12-1441/J	天津电子出版社有限公司
演艺科技	1674-8239	11-5901/TB	中国演艺设备技术协会
艺海	1673-1611	43-1208/J	湖南省艺术研究院,湖南艺术职业学院

刊　　名	ISSN	CN	主办单位
艺品	2095-8897	35-1324/J	福建省文学艺术界联合会
艺术百家	1003-9104	32-1092/J	江苏省文化艺术研究院
艺术传播研究	2096-8183	10-1651/J	中国传媒大学
艺术大观	2096-0905	12-1462/J1	天津人民出版社有限公司
艺术当代	1672-4402	31-1918/J	上海书画出版社有限公司
艺术殿堂（朝鲜文）		22-1236/J	延边人民出版社
艺术工作	2096-076X	21-1598/J	鲁迅美术学院
艺术管理	2096-6423	31-2155/J	上海人民美术出版社有限公司
艺术广角	1002-6258	21-1047/J	辽宁文学院
艺术家	1004-1206	12-1035/J	天津市文学艺术界联合会
艺术交流	1004-4795	11-3712/G2	《中国艺术报》社
艺术教育	1002-8900	11-1188/J	中国文化传媒集团有限公司
艺术界.儿童文艺	1003-6865	34-1022/J	安徽出版集团有限责任公司
艺术科技	1004-9436	33-1166/TN	浙江舞台设计研究院有限公司
艺术品鉴.鉴藏	2095-2406	61-1485/J	陕西出版传媒集团
艺术品鉴.学苑	2095-2406	61-1485/J	陕西出版传媒集团
艺术评鉴	1008-3359	52-1165/J	贵州省文学艺术界联合会
艺术评论	1672-6243	11-4907/J	中国艺术研究院
艺术启蒙	2096-5842	12-1460/J	新蕾出版社（天津）有限公司
艺术设计研究	1674-7518	11-5869/J	北京服装学院
艺术生活	1003-9481	35-1102/J	福州大学
艺术时尚	2095-4115	32-1831/J	江苏省文化交流中心（江苏省文艺志愿服务中心）
艺术世界	1005-7722	31-1128/J	上海文艺出版社
艺术市场	1671-7910	11-4804/J	中国文化传媒集团有限公司
艺术收藏与鉴赏	2096-5605	43-1543/G0	中南出版传媒集团股份有限公司
艺术探索	1003-3653	45-1077/J	广西艺术学院
艺术学研究	2096-6997	10-1622/J	中国艺术研究院
艺术研究	1673-0321	23-1529/J	哈尔滨师范大学
艺术与设计	1008-2832	11-3909/J	经济日报社
艺术与设计.理论	1008-2832	11-3909/J	经济日报社
艺苑	1673-2545	35-1278/G0	福建艺术职业学院
音乐爱好者	1005-7749	31-1132/J	上海音乐出版社
音乐创作	0513-2436	11-1658/J	中国音乐家协会
音乐鉴赏	2097-308X	36-1355/J6	江西省报刊传媒有限责任公司
音乐教育与创作	1673-5986	43-1432/I	湖南省音乐家协会
音乐生活	0512-7920	21-1044/J	辽宁省文化艺术研究院
音乐世界	1003-6784	51-1078/J	四川省音乐家协会
音乐探索	1004-2172	51-1067/J	四川音乐学院
音乐天地	1003-4218	61-1039/J	陕西省音乐家协会
音乐天地.音乐创作版	1003-4218	61-1039/J	陕西省音乐家协会
音乐文化研究	2096-4404	33-1402/J	浙江音乐学院
音乐研究	0512-7939	11-1665/J	人民音乐出版社有限公司
音乐艺术	1000-4270	31-1004/J	上海音乐学院
影视制作	1673-5218	11-5863/TN	国家广播电视总局广播电视规划院
映像	1673-8721	14-1335/G0	中共山西省委党刊社
幽默大师	1003-4234	33-1029/J	浙江人民美术出版社有限公司

刊　　名	ISSN	CN	主 办 单 位
油画	2096-2401	10-1447/J	中国美术出版总社有限公司
油画艺术	2095-8587	45-1398/J	广西美术出版社有限公司
幼儿美术	2096-4463	10-1510/J	中国美术出版总社有限公司
娱乐周刊	1007-6158	44-1612/J	广东广播电视台
乐府新声	1001-5736	21-1080/J	沈阳音乐学院
乐器	1002-5995	11-2511/TS	国家轻工业乐器信息中心等
云南艺术学院学报	1671-5047	53-1132/J	云南艺术学院
杂技与魔术	1003-630X	11-1184/J	中国杂技家协会
浙江工艺美术	1008-2131	33-1106/J	浙江省工艺美术研究所
浙江艺术职业学院学报	1672-2795	33-1315/Z	浙江艺术职业学院
中国电视	1002-4751	11-2750/J	中国电视艺术委员会
中国电影市场	1006-3714	11-3308/J	中国电影集团公司
中国画画刊	1674-9383	33-1366/J	浙江画院
中国京剧	1004-3837	11-2869/J	国家京剧院
中国卡通	1007-094X	11-3760/J	中国少年儿童新闻出版总社有限公司
中国漫画	1004-7735	12-1171/J	天津人民美术出版社有限公司
中国美术	0256-212X	11-5887/J	中国美术出版总社有限公司
中国美术馆	1673-1638	11-5367/J	中国美术出版总社
中国民族美术	2096-0409	10-1266/J	中央民族大学
中国摄影	0529-6420	11-1409/J	中国摄影家协会
中国摄影家	1003-7233	11-2830/J	中国艺术研究院
中国书法	1003-1782	11-1136/J	中国书法家协会
中国书画	1672-2329	11-5021/J	经济日报社
中国陶艺家	1671-2501	32-1863/J	江苏凤凰美术出版社
中国文房四宝	1006-1843	11-1745/G2	中国文房四宝协会
中国文艺评论	2096-0395	10-1342/J	中国文联文艺评论中心,中国文艺评论家协会
中国戏剧	1001-8018	11-1767/J	中国戏剧家协会
中国戏剧年鉴	1006-8015	11-3403/J	中国戏剧家协会
中国岩画(中英文)	2096-2002	10-1403/J	中国岩画学会,中国文化传媒集团
中国艺术	1003-0433	11-1697/J	中国美术出版总社有限公司
中国音乐	1002-9923	11-1379/J	中国音乐学院
中国音乐教育	1003-1138	11-2543/J	人民音乐出版社有限公司
中国音乐剧	2097-2407	10-1868/G0	中国音乐剧协会
中国音乐学	1003-0042	11-1316/J	中国艺术研究院
中国银幕	0578-1922	11-1652/J	电影卫星频道节目制作中心,华信光影(北京)影视文化传播有限公司
中国油画	1005-6920	12-1021/J	天津人民美术出版社有限公司
中国篆刻	2096-9953	33-1394/J	共青团浙江省委
中国篆刻.钢笔书法	2096-9953	33-1394/J	共青团浙江省委
中华手工	1672-6766	50-1166/TS	重庆市硅酸盐研究所
中华书画家	1674-6562	11-5850/J	中央文史研究馆
中央音乐学院学报	1001-9871	11-1183/J	中央音乐学院
装饰	0412-3662	11-1392/J	清华大学

K（除 K9）历史（210 种）

刊　名	ISSN	CN	主办单位
阿拉伯世界研究	1673-5161	31-1973/C	上海外国语大学
安徽年鉴	1004-5252	34-1112/Z	安徽省地方志编纂委员会办公室
安徽史学	1005-605X	34-1008/K	安徽省社会科学院
巴蜀史志	1671-265X	51-1616/K	四川省地方志工作办公室
报刊资料索引. 第六分册，历史、地理		11-4366/K	中国人民大学
北方文物	1001-0483	23-1029/K	黑龙江省文物考古研究所
北京年鉴	1002-3658	11-2791/Z	北京市地方志编纂委员会办公室
博物院	2096-1715	10-1241/G2	中国科技出版传媒股份有限公司
博学少年	2095-4484	33-1381/C	浙江省期刊总社有限公司
草原文物	2095-3186	15-1361/K	内蒙古自治区文物考古研究院
常州年鉴	1671-363X	32-1624/Z	常州市地方志办公室
成都年鉴	1004-9959	51-1384/Z	成都市地方志编纂委员会办公室
重庆年鉴	1004-8383	50-1005/Z	重庆市人民政府办公厅
出土文献	2096-7365	31-2170/K	上海中西书局有限公司,清华大学
传奇天下	1674-7771	50-1202/G0	重庆出版社
春秋	1672-5794	37-1417/K	《联合日报》社
大江南北	1004-7891	31-1111/K	上海市新四军暨华中抗日根据地历史研究会
大众考古	2095-5685	32-1839/K	江苏人民出版社有限公司
当代中国史研究	1005-4952	11-3200/K	当代中国研究所
党史研究与教学	1003-708X	35-1059/A	中共福建省委党校
档案春秋	1005-7501	31-1942/K	上海市档案馆
地方文化研究	1008-7354	36-1322/C	江西科技师范大学
东南文化	1001-179X	32-1096/K	南京博物院
敦煌学辑刊	1001-6252	62-1027/K	兰州大学敦煌学研究所
敦煌研究	1000-4106	62-1007/K	敦煌研究院
福建史志	1003-157X	35-1027/K	中共福建省委党史研究和地方志编纂办公室,福建省地方志学会
福建文博	1005-894X	35-1005/K	福建省考古博物馆学会,福建博物馆
复印报刊资料. K1，历史学	1001-2583	11-4326/K	中国人民大学
复印报刊资料. K21，先秦、秦汉史	1007-0648	11-4327/K	中国人民大学
复印报刊资料. K22，魏晋南北朝隋唐史	1007-0621	11-4328/K	中国人民大学
复印报刊资料. K23，宋辽金元史	1007-0605	11-4329/K	中国人民大学
复印报刊资料. K24，明清史	1007-0583	11-4330/K	中国人民大学
复印报刊资料. K3，中国近代史	1001-2621	11-4331/K	中国人民大学
复印报刊资料. K4，中国现代史	1001-2672	11-4332/K	中国人民大学
复印报刊资料. K5，世界史	1001-2648	11-4333/K	中国人民大学
复印报刊资料. K6，考古学	2096-7888	10-1662/K85	中国人民大学
复印报刊资料. W-K1，历史学文摘	1674-439X	11-5778/K	中国人民大学
甘南民族文化研究（藏文）	2096-4269	62-1216/G0	甘肃民族师范学院

刊　　名	ISSN	CN	主 办 单 位
古代文明(中英文)	2097-2296	22-1428/K	长春东北师范大学出版社有限责任公司
古籍整理研究学刊	1009-1017	22-1024/G	东北师范大学文学院古籍整理研究所
故宫博物院院刊	0452-7402	11-1202/G2	故宫博物院
广东年鉴	1007-9335	44-1348/Z	广东省人民政府地方志办公室
广西地方志	1003-434X	45-1034/K	广西壮族自治区地方志编纂委员会办公室,广西地方志协会
广西民族研究	1004-454X	45-1041/C	广西民族研究中心
广西年鉴	1006-2998	45-1175/Z	广西壮族自治区地方志编纂委员会办公室
广州年鉴	1006-8333	44-1367/Z	广州市地方志编纂委员会办公室
贵阳年鉴	1009-5942	52-1132/Z	贵阳市地方志办公室
贵阳文史	1007-6778	52-1104/K	贵阳市政协文化文史与学习委员会
贵州民族研究	1002-6959	52-1001/C	贵州省民族研究院
贵州年鉴	1005-7900	52-4001/Z	贵州省档案局(贵州省地方志编纂委员会办公室)
贵州文史丛刊	1000-8750	52-1004/K	贵州省文史研究馆
国际汉学	2095-9257	10-1272/K	北京外国语大学
国家人文历史	2095-5189	10-1110/K	人民日报社
国学学刊	1674-6643	11-5854/C	中国人民大学
哈尔滨年鉴	1004-9509	23-1343/Z	中共哈尔滨市委史志研究室
海交史研究	1006-8384	35-1066/U	中国海外交通史研究会,福建省泉州海外交通史博物馆
海南年鉴	1006-2351	46-1036/Z	中共海南省委党史研究室(海南省地方志办公室)
河北年鉴	1004-6674	13-1152/Z	河北省地方志编纂委员会办公室
河南年鉴	1006-107X	41-1075/Z	中共河南省委党史和地方史志研究室
河南文史资料	1003-1219	41-1058/K	河南省政协文史馆
黑龙江民族丛刊	1004-4922	23-1021/C	黑龙江省社会科学院民族研究所
黑龙江年鉴	1008-0791	23-1342/Z	中共黑龙江省委史志研究室
黑龙江史志	1004-020X	23-1035/K	中共黑龙江省委史志研究室
红岩春秋	1007-4686	50-1009/D	重庆日报报业集团
湖北年鉴	1005-2585	42-1329/Z	湖北省文化和旅游厅
湖南年鉴	1003-6806	43-1006/Z	湖南省地方志编委会
华侨华人历史研究	1002-5162	11-1158/K	中国华侨华人研究所
华夏考古	1001-9928	41-1014/K	河南省文物考古研究院,河南省文物考古学会
环球人物	1673-6176	11-5490/C	人民日报社
黄河·黄土·黄种人	1004-9495	41-1195/C	水利部黄河水利委员会
黄河·黄土·黄种人.华夏文明	1004-9495	41-1195/C	水利部黄河水利委员会
江汉考古	1001-0327	42-1077/K	湖北省文物考古研究所
江淮文史	1005-572X	34-1119/K	安徽省政协文化文史和学习委员会
江苏地方志	1003-8485	32-1011/K	江苏省地方志编纂委员会办公室
江苏年鉴	1005-3379	32-1399/Z	江苏省地方志办公室
今古传奇.人物	1003-3327	42-1050/I	湖北今古传奇传媒集团有限公司
近代史研究	1001-6708	11-1215/K	中国社会科学院近代史研究所
经济社会史评论	2095-9842	12-1443/K	天津师范大学

刊　　名	ISSN	CN	主 办 单 位
军事历史研究	1009-3451	10-1590/E	国防大学国家安全学院
看历史	2095-0853	51-1732/K	成都传媒集团
抗日战争研究	1002-9575	11-2890/K	中国社会科学院近代史研究所,中国抗日战争史学会
考古	0453-2899	11-1208/K	中国社会科学院考古研究所
考古学报	0453-2902	11-1209/K	中国社会科学院考古研究所
考古与文物	1000-7830	61-1010/K	陕西省考古研究院
拉丁美洲研究	1002-6649	11-1160/C	中国社会科学院拉丁美洲研究所,中国拉丁美洲学会
历史档案	1001-7755	11-1265/G2	中国第一历史档案馆
历史教学.下半月刊,注重史学研究	0457-6241	12-1010/G4	历史教学社(天津)有限公司
历史教学问题	1006-5636	31-1016/G4	华东师范大学
历史评论	2096-7926	10-1672/K	中国历史研究院
历史研究	0459-1909	11-1213/K	中国社会科学院
辽宁年鉴	1007-709X	21-1435/D	辽宁省统计科学研究所
岭南文史	1005-0701	44-1004/K	广东省人民政府文史研究馆
满族研究	1006-365X	21-1028/D	辽宁省民族宗教联络与舆情中心
蒙古学研究(蒙文版)	1671-1076	15-1126/C	呼和浩特民族学院
蒙古学研究年鉴	1673-3207	15-1338/C	内蒙古社会科学院
民国档案	1000-4491	32-1012/G2	中国第二历史档案馆
民间文化论坛	1008-7214	11-5913/C	中国民间文艺家协会
民俗研究	1002-4360	37-1178/K	山东大学
民族学论丛(原名为:回族研究)	2097-1079	64-1075/C	宁夏社会科学院
名汇	1674-9766	64-1069/G0	黄河出版传媒集团有限公司,北京新京报传媒有限责任公司
南方人物周刊	1672-8335	44-1614/C	南方报业传媒集团
南方文物	1004-6275	36-1170/K	江西省文物考古研究院
南京年鉴	1006-9933	32-1455/Z	南京市地方志编纂委员会办公室
内蒙古文史资料	1007-774X	15-1081/K	内蒙古政协文史资料委员会
农业考古	1006-2335	36-1069/K	江西省社会科学院
浦东年鉴	1009-0215	31-1819/Z	上海浦东新区史志编纂委员会办公室
青岛年鉴	1671-9883	37-1395/Z	中共青岛市委党史研究院(青岛市地方史志研究院)
青海民族研究	1005-5681	63-1016/C	青海民族大学民族学与社会学学院,青海民族大学民族研究所
青海年鉴	1009-1408	63-1050/D	青海省地方志编纂委员会
清史研究	1002-8587	11-2765/K	中国人民大学
人物	1001-6635	11-1185/K	人民东方出版传媒有限公司
日本侵华南京大屠杀研究	2096-4587	32-1877/K	侵华日军南京大屠杀遇难同胞纪念馆,南京出版社
山东年鉴	2096-5613	37-1237/Z	中共山东省委党史研究院(山东省地方史志研究院)
陕西年鉴	1004-4272	61-1217/Z	陕西省地方志办公室
上海地方志	2096-2444	31-2122/K	上海市地方志办公室
上海年鉴	1008-1046	31-1820/Z	上海地方志办公室
上海滩	1005-9296	31-1147/K	上海通志馆
深圳年鉴	1005-1996	44-1359/Z	深圳市史志办公室

刊　　名	ISSN	CN	主办单位
石窟与土遗址保护研究	2097-1370	62-1222/K	敦煌研究院
史林	1007-1873	31-1105/K	上海社会科学院历史研究所
史学集刊	0559-8095	22-1064/K	吉林大学
史学理论研究	1004-0013	11-2934/K	中国社会科学院历史理论研究所
史学史研究	1002-5332	11-1667/K	北京师范大学
史学月刊	0583-0214	41-1016/K	河南大学,河南省历史学会
史志学刊	2096-0816	14-1378/K	中共山西省委党史研究院(山西省地方志研究院)
世纪	1005-4715	31-1654/K	上海市文史研究馆,中央文史研究馆
世界历史	1002-011X	11-1046/K	中国社会科学院世界历史研究所
世界历史评论	2096-6733	31-2160/K1	上海人民出版社有限责任公司
收藏	1005-3964	61-1273/K	陕西三秦出版社有限责任公司
收藏家	1005-0655	11-3222/G0	北京市文物公司
丝绸之路	1005-3115	62-1115/K	西北师范大学
四川年鉴	1003-6814	51-1339/Z	四川年鉴社
四川文物	1003-6962	51-1040/K	四川省文物考古研究院
苏区研究	2096-0344	36-1341/C	江西省社会科学界联合会学术中心
台湾历史研究	2097-0080	10-1748/K2	中国社会科学院近代史研究所,社会科学文献出版社
天津年鉴	1671-2889	12-1317/D	天津市地方志馆
铁军	1671-0150	32-1626/K	中国新四军和华中抗日根据地研究会
吐鲁番学研究	1674-2893	65-1268/K	新疆吐鲁番学研究院
文博	1000-7954	61-1009/K	陕西省文物局
文史	0511-4713	11-1678/K	中华书局有限公司
文史博览	1672-8653	43-1433/K	中国人民政治协商会议湖南省委员会
文史春秋	1005-9563	45-1207/K	中国人民政治协商会议广西壮族自治区委员会办公厅
文史精华	1005-4154	13-1166/K	乡音杂志社
文史天地	1671-2145	52-1135/K	贵州省政协办公厅
文史月刊	1671-0746	14-1285/K	山西省政协办公厅
文史杂志	1003-6903	51-1050/K	四川省文史研究馆,四川省人民政府参事室
文史知识	1002-9869	11-1358/K	中华书局有限公司
文物	0511-4772	11-1532/K	文物出版社
文物保护与考古科学	1005-1538	31-1652/K	上海博物馆
文物春秋	1003-6555	13-1121/K	河北博物院
文物季刊	2097-082X	14-1406/K	山西博物院
文物天地	1000-0194	11-1533/K	中国文物报社
文献	1000-0437	11-1588/G2	国家图书馆
武汉年鉴	1005-9210	42-1330/Z	武汉地方志编纂委员会办公室
武汉文史资料	1004-1737	42-1056/K	武汉市政协文化文史和学习委员会
西北民族研究	1001-5558	62-1035/D	西北民族大学
西部蒙古论坛	1674-3067	65-1271/C	新疆维吾尔自治区社会科学界联合会
西夏研究	1674-8077	64-1068/C	宁夏社会科学院
西域研究	1002-4743	65-1121/C	新疆社会科学院
西藏人文地理	1005-4960	54-1053/K	西藏自治区文学艺术界联合会
西藏研究	1000-0003	54-1064/C	西藏自治区社会科学院

刊　名	ISSN	CN	主办单位
西藏研究（藏文版）	1002-946X	54-1005/C-Z	西藏自治区社会科学院
新疆地方志	1004-1826	65-1128/K	新疆维吾尔自治区地方志编纂委员会
新疆地方志（维文版）	2095-5278	65-1128/K-W	新疆维吾尔自治区地方志编纂委员会
新疆年鉴	1009-0711	65-1202/Z	新疆维吾尔自治区地方志编纂委员会
新晋商	1674-6716	14-1350/F	山西出版传媒集团有限公司,山西省人民政府参事室（文史馆）
寻根	1005-5258	41-1209/K	大象出版社有限公司
炎黄春秋	1003-1170	11-2817/K	中国艺术研究院
艺术家	1004-1206	12-1035/J	天津市文学艺术界联合会
银川年鉴	1671-9735	64-1048/D	银川市地方志研究室
英才	1007-7391	11-3861/C	商务印书馆
原生态民族文化学刊	1674-621X	52-1150/C	凯里学院
云冈研究	2096-9708	14-1404/K	山西大同大学
云南年鉴	1007-4988	53-1072/Z	云南省人民政府
藏族民俗文化（藏文）	2096-0883	63-1079/K	青海省文化馆
浙江年鉴	1671-6388	33-1275/Z	浙江省人民政府地方志办公室
征程	2097-3071	32-1911/K	江苏省政协办公厅
中共党史研究	1003-3815	11-1675/D	中共中央党史和文献研究院
中国边疆史地研究	1002-6800	11-2795/K	中国社会科学院中国边疆研究所
中国出版史研究	2095-8889	10-1176/G2	中华书局有限公司
中国地方志	1002-672X	11-1395/K	中国地方志指导小组办公室
中国典籍与文化	1004-3241	11-2992/G2	全国高等院校古籍整理研究工作委员会
中国非物质文化遗产	2096-8795	10-1664/G1	中国艺术研究院（中国非物质文化遗产保护中心）
中国国家博物馆馆刊	2095-1639	10-1005/K	中国国家博物馆
中国经济史研究	1002-8005	11-1082/F	中国社会科学院经济研究所
中国年鉴研究	2096-3912	10-1475/K	中国地方志指导小组办公室,社会科学文献出版社
中国农史	1000-4459	32-1061/S	中国农业历史学会等
中国钱币	1001-8638	11-1266/F	中国钱币博物馆,中国钱币学会
中国人物年鉴	1008-1771	11-4039/K	北京卓众出版有限公司
中国社会经济史研究	1000-422X	35-1023/F	厦门大学历史研究所
中国史研究	1002-7963	11-1039/K	中国社会科学院古代史研究所
中国史研究动态	1002-7971	11-1040/K	中国社会科学院古代史研究所
中国土族	1009-8674	63-1056/D	青海土族研究会,青海日报社
中国文化	1003-0190	11-2603/G2	中国艺术研究院
中国文化研究	1005-3247	11-3306/G2	北京语言大学
中国文化遗产	1672-7819	11-5191/G2	中国文化遗产研究院
中国文物科学研究	1674-9677	11-5285/K	中国文物学会,故宫博物院
中国西藏	1002-9591	11-2575/D	中国西藏杂志社
中国西藏（藏文版）	1002-9133	11-2576/D-Z	中国西藏杂志社
中国藏学	1002-557X	11-1725/C	中国藏学研究中心
中国藏学（藏文版）	1002-9060	11-1726/C	中国藏学研究中心
中华文化论坛	1008-0139	51-1504/G0	四川省社会科学院
中华文史论丛	1002-0039	31-1984/K	上海古籍出版社有限公司
中华遗产	1672-8971	11-5247/G2	中华书局有限公司

刊　　名	ISSN	CN	主 办 单 位
中华英才	1001-0688	11-2611/C	中国艺术研究院
中原文化研究	2095-5669	41-1426/C	河南省社会科学院
中原文物	1003-1731	41-1012/K	河南博物院
紫禁城	1003-0328	11-1203/G2	故宫博物院
自然与文化遗产研究	2096-689X	10-1616/K	北京卓众出版有限公司
纵横	1004-3586	11-1144/K	中国文史出版社

第 四 编

自 然 科 学

N/X 综合性理工农医（503 种）

刊　　名	ISSN	CN	主 办 单 位
安徽大学学报. 自然科学版	1000-2162	34-1063/N	安徽大学
安徽电子信息职业技术学院学报	1671-802X	34-1212/Z	安徽电子信息职业技术学院
安徽工程大学学报	2095-0977	34-1318/N	安徽工程大学
安徽工业大学学报. 自然科学版	1671-7872	34-1254/N	安徽工业大学
安徽科技学院学报	1673-8772	34-1300/N	安徽科技学院
安徽理工大学学报. 自然科学版	1672-1098	34-1220/N	安徽理工大学
安徽师范大学学报. 自然科学版	1001-2443	34-1064/N	安徽师范大学
安庆师范大学学报. 自然科学版	1007-4260	34-1328/N	安庆师范大学
安阳工学院学报	1673-2928	41-1375/Z	安阳工学院
安阳师范学院学报	1671-5330	41-1331/Z	安阳师范学院
鞍山师范学院学报	1008-2441	21-1391/G4	鞍山师范学院
白城师范学院学报	1673-3118	22-1363/G4	白城师范学院
百科论坛电子杂志	2096-3661	11-9373/Z	中国大百科全书出版社有限公司
包头职业技术学院学报	1672-0903	15-1223/G4	包头职业技术学院
宝鸡文理学院学报. 自然科学版	1007-1261	61-1290/N	宝鸡文理学院
北部湾大学学报	2096-7276	45-1409/Z	北部湾大学
北方工业大学学报	1001-5477	11-2555/TF	北方工业大学
北华大学学报. 自然科学版	1009-4822	22-1316/N	北华大学
北京大学学报. 自然科学版	0479-8023	11-2442/N	北京大学
北京服装学院学报. 自然科学版	1001-0564	11-2523/TS	北京服装学院
北京工业大学学报	0254-0037	11-2286/T	北京工业大学
北京工业职业技术学院学报	1671-6558	11-4808/G4	北京工业职业技术学院
北京化工大学学报. 自然科学版	1671-4628	11-4755/TQ	北京化工大学
北京交通大学学报	1673-0291	11-5258/U	北京交通大学
北京理工大学学报	1001-0645	11-2596/T	北京理工大学
北京联合大学学报	1005-0310	11-3224/N	北京联合大学
北京师范大学学报. 自然科学版	0476-0301	11-1991/N	北京师范大学
北京信息科技大学学报. 自然科学版	1674-6864	11-5866/N	北京信息科技大学
滨州学院学报	1673-2618	37-1435/Z	滨州学院
渤海大学学报. 自然科学版	1673-0569	21-1514/N	渤海大学
沧州师范学院学报	2095-2910	13-1408/G4	沧州师范学院
长安大学学报. 自然科学版	1671-8879	61-1393/N	长安大学
长春大学学报. 自然科学版	1009-3907	22-1283/G4	长春大学
长春工程学院学报. 自然科学版	1009-8984	22-1323/N	长春工程学院
长春工业大学学报	1674-1374	22-1382/T	长春工业大学
长春理工大学学报. 自然科学版	1672-9870	22-1364/TH	长春理工大学
长春师范大学学报	2095-7602	22-1409/G4	长春师范大学
长江大学学报. 自然科学版	1673-1409	42-1741/N	长江大学
长江工程职业技术学院学报	1673-0496	42-1745/TV	长江工程职业技术学院
长沙大学学报	1008-4681	43-1276/G4	长沙学院
长沙理工大学学报. 自然科学版	1672-9331	43-1444/N	长沙理工大学
长治学院学报	1673-2014	14-1328/Z	长治学院
常熟理工学院学报	1008-2794	32-1749/Z	常熟理工学院

刊　　名	ISSN	CN	主 办 单 位
常州大学学报. 自然科学版	2095-0411	32-1822/N	常州大学
常州工学院学报	1671-0436	32-1598/T	常州工学院
常州信息职业技术学院学报	1672-2434	32-1688/Z	常州信息职业技术学院
巢湖学院学报	1672-2868	34-1260/Z	巢湖学院
成都大学学报. 自然科学版	1004-5422	51-1216/N	成都大学
成都工业学院学报	2095-5383	51-1747/TN	成都工业学院
成都理工大学学报. 自然科学版	1671-9727	51-1634/N	成都理工大学
池州学院学报	1674-1102	34-1302/G4	池州学院
赤峰学院学报. 自然科学版	1673-260X	15-1343/N	赤峰学院
重庆大学学报	1000-582X	50-1044/N	重庆大学
重庆工商大学学报. 自然科学版	1672-058X	50-1155/N	重庆工商大学
重庆交通大学学报. 自然科学版	1674-0696	50-1190/U	重庆交通大学
重庆科技学院学报. 自然科学版	1673-1980	50-1174/N	重庆科技学院
重庆理工大学学报. 自然科学	1674-8425	50-1205/T	重庆理工大学
重庆师范大学学报. 自然科学版	1672-6693	50-1165/N	重庆师范大学
重庆邮电大学学报. 自然科学版	1673-825X	50-1181/N	重庆邮电大学
滁州学院学报	1673-1794	34-1288/Z	滁州学院
楚雄师范学院学报	1671-7406	53-1175/Z	楚雄师范学院
大理大学学报	2096-2266	53-1232/Z	大理大学
大连工业大学学报	1674-1404	21-1560/TS	大连工业大学
大连海事大学学报	1006-7736	21-1360/U	大连海事大学
大连理工大学学报	1000-8608	21-1117/N	大连理工大学
大连民族大学学报	2096-1383	21-1600/G4	大连民族大学
大庆师范学院学报	2095-0063	23-1568/G4	大庆师范学院
德州学院学报	1004-9444	37-1372/Z	德州学院
东北大学学报. 自然科学版	1005-3026	21-1344/T	东北大学
东北师大学报. 自然科学版	1000-1832	22-1123/N	东北师范大学
东莞理工学院学报	1009-0312	44-1456/T	东莞理工学院
东华大学学报. 自然科学版	1671-0444	31-1865/N	东华大学
东华理工大学学报. 自然科学版	1674-3504	36-1300/N	东华理工大学
东南大学学报. 自然科学版	1001-0505	32-1178/N	东南大学
鄂州大学学报	1008-9004	42-1454/G4	鄂州大学
纺织高校基础科学学报	1006-8341	61-1296/TS	西安工程大学,中国纺织服装教育学会
佛山科学技术学院学报. 自然科学版	1008-0171	44-1438/N	佛山科学技术学院
福建工程学院学报	1672-4348	35-1267/Z	福建工程学院
福建师范大学学报. 自然科学版	1000-5277	35-1074/N	福建师范大学
福州大学学报. 自然科学版	1000-2243	35-1337/N	福州大学
阜阳师范大学学报. 自然科学版	2096-9341	34-1334/N	阜阳师范大学
复旦学报. 自然科学版	0427-7104	31-1330/N	复旦大学
甘肃高师学报	1008-9020	62-1139/G4	兰州城市学院等
甘肃科技	1000-0952	62-1130/N	甘肃省科学技术情报研究所
甘肃科技纵横	1672-6375	62-1173/N	甘肃省科技情报会学
甘肃科学学报	1004-0366	62-1098/N	甘肃省科学院,中国科学院西北生态 　环境资源研究院
赣南师范大学学报	1004-8332	36-1346/C	赣南师范大学
高技术通讯	1002-0470	11-2770/N	中国科学技术信息研究所
高师理科学刊	1007-9831	23-1418/N	齐齐哈尔大学

刊　　名	ISSN	CN	主　办　单　位
高原科学研究	2096-4617	54-1065/N	西藏大学
工程技术研究	2096-2789	44-1727/N	广州市金属学会,广东工程职业技术学院
工程科学学报	2095-9389	10-1297/TF	北京科技大学
工程科学与技术	2096-3246	51-1773/TB	四川大学
工业技术创新	2095-8412	10-1231/F	中国电子信息产业发展研究院,赛迪工业和信息化研究院(集团)有限公司
工业技术与职业教育	1674-943X	13-1400/TB	唐山工业职业技术学院
广东第二师范学院学报	2095-3798	44-1688/G4	广东第二师范学院
广东工业大学学报	1007-7162	44-1428/T	广东工业大学
广西大学学报.自然科学版	1001-7445	45-1071/N	广西大学
广西科技大学学报	2095-7335	45-1395/T	广西科技大学
广西科学	1005-9164	45-1206/G3	广西科学院,广西壮族自治区科学技术协会
广西科学院学报	1002-7378	45-1075/N	广西科学院
广西民族大学学报.自然科学版	1673-8462	45-1350/N	广西民族大学
广西师范大学学报.自然科学版	1001-6600	45-1067/N	广西师范大学
广州大学学报.自然科学版	1671-4229	44-1546/N	广州大学
贵阳学院学报.自然科学版	1673-6125	52-1142/N	贵阳学院
贵州大学学报.自然科学版	1000-5269	52-5002/N	贵州大学
贵州工程应用技术学院学报	2096-0239	52-5036/Z	贵州工程应用技术学院
贵州科学	1003-6563	52-1076/N	贵州科学院
贵州师范大学学报.自然科学版	1004-5570	52-5006/N	贵州师范大学
桂林理工大学学报	1674-9057	45-1375/N	桂林理工大学
国防科技大学学报	1001-2486	43-1067/T	国防科技大学教研保障中心
哈尔滨工程大学学报	1006-7043	23-1390/U	哈尔滨工程大学
哈尔滨工业大学学报	0367-6234	23-1235/T	哈尔滨工业大学
哈尔滨理工大学学报	1007-2683	23-1404/N	哈尔滨理工大学
哈尔滨商业大学学报.自然科学版	1672-0946	23-1497/N	哈尔滨商业大学
哈尔滨师范大学自然科学学报	1000-5617	23-1190/N	哈尔滨师范大学
海军工程大学学报	1009-3486	42-1106/E	海军工程大学教研保障中心
海南大学学报.自然科学版	1004-1729	46-1013/N	海南大学
海南热带海洋学院学报	2096-3122	46-1085/G4	海南热带海洋学院
海南师范大学学报.自然科学版	1674-4942	46-1075/N	海南师范大学
韩山师范学院学报	1007-6883	44-1423/G4	韩山师范学院
杭州电子科技大学学报.自然科学版	1001-9146	33-1339/TN	杭州电子科技大学
杭州师范大学学报.自然科学版	1674-232X	33-1348/N	杭州师范大学
合肥工业大学学报.自然科学版	1003-5060	34-1083/N	合肥工业大学
合肥师范学院学报	1674-2273	34-1303/G4	合肥师范学院
合肥学院学报	2096-2371	34-1327/Z	合肥学院
河北北方学院学报.自然科学版	1673-1492	13-1360/N	河北北方学院
河北大学学报.自然科学版	1000-1565	13-1077/N	河北大学
河北工程大学学报.自然科学版	1673-9469	13-1375/N	河北工程大学
河北工业大学学报	1007-2373	13-1208/T	河北工业大学
河北工业科技	1008-1534	13-1226/TM	河北科技大学
河北科技大学学报	1008-1542	13-1225/TS	河北科技大学

刊　　名	ISSN	CN	主办单位
河北科技师范学院学报	1672-7983	13-1344/N	河北科技师范学院
河北能源职业技术学院学报	1671-3974	13-1312/C	河北能源职业技术学院
河北软件职业技术学院学报	1673-2022	13-1362/Z	河北软件职业技术学院
河北省科学院学报	1001-9383	13-1081/N	河北省科学院
河北师范大学学报.自然科学版	1000-5854	13-1061/N	河北师范大学
河海大学学报.自然科学版	1000-1980	32-1117/TV	河海大学
河南大学学报.自然科学版	1003-4978	41-1100/N	河南大学
河南工程学院学报.自然科学版	1674-330X	41-1397/N	河南工程学院
河南工学院学报	2096-7772	41-1457/T	河南工学院
河南工业大学学报.自然科学版	1673-2383	41-1378/N	河南工业大学
河南教育学院学报.自然科学版	1007-0834	41-1246/G4	河南教育学院
河南科技	1003-5168	41-1081/T	河南省科学技术信息研究院
河南科技大学学报.自然科学版	1672-6871	41-1362/N	河南科技大学
河南科技学院学报.自然科学版	1008-7516	41-1417/N	河南科技学院
河南科学	1004-3918	41-1084/N	河南省科学院
河南理工大学学报.自然科学版	1673-9787	41-1384/N	河南理工大学
河南师范大学学报.自然科学版	1000-2367	41-1109/N	河南师范大学
河西学院学报	1672-0520	62-1171/G4	河西学院
菏泽学院学报	1673-2103	37-1436/Z	菏泽学院
黑龙江大学工程学报（中英俄文）	2097-2873	23-1619/T	黑龙江大学
黑龙江大学自然科学学报	1001-7011	23-1181/N	黑龙江大学
黑龙江工程学院学报	1671-4679	23-1498/N	黑龙江工程学院
黑龙江工业学院学报.综合版	2096-3874	23-1599/Z	黑龙江工业学院
黑龙江科技大学学报	2095-7262	23-1588/TD	黑龙江科技大学
黑龙江科学	1674-8646	23-1560/G3	黑龙江省科学院
衡阳师范学院学报	1673-0313	43-1453/Z	衡阳师范学院
湖北大学学报.自然科学版	1000-2375	42-1212/N	湖北大学
湖北第二师范学院学报	1674-344X	42-1782/C	湖北第二师范学院
湖北工程学院学报	2095-4824	42-1836/Z	湖北工程学院
湖北工业大学学报	1003-4684	42-1752/Z	湖北工业大学
湖北理工学院学报	2095-4565	42-1832/Z	湖北理工学院
湖北民族大学学报.自然科学版	2096-7594	42-1908/N	湖北民族大学
湖北师范大学学报.自然科学版	2096-3149	42-1891/N	湖北师范大学
湖南城市学院学报.自然科学版	1672-7304	43-1428/TU	湖南城市学院
湖南大学学报.自然科学版	1674-2974	43-1061/N	湖南大学
湖南工程学院学报.自然科学版	1671-119X	43-1356/N	湖南工程学院
湖南工业大学学报	1673-9833	43-1468/T	湖南工业大学
湖南工业职业技术学院学报	1671-5004	43-1374/Z	湖南工业职业技术学院
湖南科技大学学报.自然科学版	1672-9102	43-1443/N	湖南科技大学
湖南科技学院学报	1673-2219	43-1459/Z	湖南科技学院
湖南理工学院学报.自然科学版	1672-5298	43-1421/N	湖南理工学院
湖南师范大学自然科学学报	2096-5281	43-1542/N	湖南师范大学
湖南文理学院学报.自然科学版	1672-6146	43-1420/N	湖南文理学院
湖州师范学院学报	1009-1734	33-1018/G4	湖州师范学院
华北电力大学学报.自然科学版	1007-2691	13-1212/TM	华北电力大学
华北科技学院学报	1672-7169	11-5188/N	华北科技学院
华北理工大学学报.自然科学版	2095-2716	13-1419/N	华北理工大学

刊　　名	ISSN	CN	主 办 单 位
华北水利水电大学学报. 自然科学版	2096-6792	41-1432/TV	华北水利水电大学
华东理工大学学报. 自然科学版	1006-3080	31-1691/TQ	华东理工大学
华东师范大学学报. 自然科学版	1000-5641	31-1298/N	华东师范大学
华南理工大学学报. 自然科学版	1000-565X	44-1251/T	华南理工大学
华南师范大学学报. 自然科学版	1000-5463	44-1138/N	华南师范大学
华侨大学学报. 自然科学版	1000-5013	35-1079/N	华侨大学
华中科技大学学报. 自然科学版	1671-4512	42-1658/N	华中科技大学
华中师范大学学报. 自然科学版	1000-1190	42-1178/N	华中师范大学
怀化学院学报	1671-9743	43-1394/Z	怀化学院
淮北师范大学学报. 自然科学版	2095-0691	34-1316/N	淮北师范大学
淮阴工学院学报	1009-7961	32-1605/T	淮阴工学院
淮阴师范学院学报. 自然科学版	1671-6876	32-1657/N	淮阴师范学院
黄冈师范学院学报	2096-7020	42-1275/G4	黄冈师范学院
黄冈职业技术学院学报	1672-1047	42-1656/Z	黄冈职业技术学院
黄河科技学院学报	2096-790X	41-1279/N	黄河科技学院
黄山学院学报	1672-447X	34-1257/Z	黄山学院
惠州学院学报	1671-5934	44-1553/Z	惠州学院
火箭军工程大学学报	2097-2741	61-1527/E	火箭军工程大学教研保障中心
吉林大学学报. 工学版	1671-5497	22-1341/T	吉林大学
吉林大学学报. 理学版	1671-5489	22-1340/O	吉林大学
吉林师范大学学报. 自然科学版	1674-3873	22-1393/N	吉林师范大学
吉首大学学报. 自然科学版	1007-2985	43-1253/N	吉首大学
集美大学学报. 自然科学版	1007-7405	35-1186/N	集美大学
济南大学学报. 自然科学版	1671-3559	37-1378/N	济南大学
暨南大学学报. 自然科学与医学版	1000-9965	44-1282/N	暨南大学
佳木斯大学学报. 自然科学版	1008-1402	23-1434/T	佳木斯大学
嘉兴学院学报	1671-3079	33-1273/Z	嘉兴学院
嘉应学院学报	1006-642X	44-1602/Z	嘉应学院
江汉大学学报. 自然科学版	1673-0143	42-1737/N	江汉大学
江苏大学学报. 自然科学版	1671-7775	32-1668/N	江苏大学
江苏工程职业技术学院学报	2096-0425	32-1855/TB	江苏工程职业技术学院
江苏海洋大学学报. 自然科学版	2096-8248	32-1892/N	江苏海洋大学
江苏科技大学学报. 自然科学版	1673-4807	32-1765/N	江苏科技大学
江苏科技信息	1004-7530	32-1191/T	江苏省科学技术情报研究所
江苏理工学院学报	2095-7394	32-1847/N	江苏理工学院
江苏师范大学学报. 自然科学版	2095-4298	32-1834/N	江苏师范大学
江西科技师范大学学报	2096-854X	36-1325/Z	江西科技师范大学
江西科学	1001-3679	36-1093/N	江西省科学院
江西理工大学学报	2095-3046	36-1289/TF	江西理工大学
江西师范大学学报. 自然科学版	1000-5862	36-1092/N	江西师范大学
焦作大学学报	1008-7257	41-1276/G4	焦作大学
金华职业技术学院学报	1671-3699	33-1267/Z	金华职业技术学院
金陵科技学院学报	1672-755X	32-1722/N	金陵科技学院
晋中学院学报	1673-1808	14-1327/Z	晋中学院
荆楚理工学院学报	1008-4657	42-1798/G4	荆楚理工学院
井冈山大学学报. 自然科学版	1674-8085	36-1309/N	井冈山大学
景德镇学院学报	2095-9699	36-1340/G4	景德镇学院

刊　　名	ISSN	CN	主 办 单 位
九江学院学报. 自然科学版	1674-9545	36-1297/N	九江学院
喀什大学学报	2096-2134	65-1306/G4	喀什大学
凯里学院学报	1673-9329	52-1147/G4	凯里学院
科技通报	1001-7119	33-1079/N	浙江省科学技术协会
科学(蒙文版)	1005-3484	15-1096/N	内蒙古文苑报刊社有限责任公司
科学技术与工程	1671-1815	11-4688/T	中国技术经济学会
科学通报	0023-074X	11-1784/N	中国科学院,国家自然科学基金委员会
空军工程大学学报(原名为:空军工程大学学报. 自然科学版)	2097-1915	61-1525/N	空军工程大学教研保障中心
昆明理工大学学报. 自然科学版	1007-855X	53-1223/N	昆明理工大学
兰州大学学报. 自然科学版	0455-2059	62-1075/N	兰州大学
兰州工业学院学报	1009-2269	62-1209/Z	兰州工业学院
兰州交通大学学报	1001-4373	62-1183/U	兰州交通大学
兰州理工大学学报	1673-5196	62-1180/N	兰州理工大学
兰州文理学院学报. 自然科学版	2095-6991	62-1212/N	兰州文理学院
廊坊师范学院学报. 自然科学版	1674-3229	13-1391/N	廊坊师范学院
乐山师范学院学报	1009-8666	51-1610/G4	乐山师范学院
丽水学院学报	2095-3801	33-1333/Z	丽水学院
辽东学院学报. 自然科学版	1673-4939	21-1533/N	辽东学院
辽宁大学学报. 自然科学版	1000-5846	21-1143/N	辽宁大学
辽宁工程技术大学学报. 自然科学版	1008-0562	21-1379/N	辽宁工程技术大学
辽宁工业大学学报. 自然科学版	1674-3261	21-1567/T	辽宁工业大学
辽宁科技大学学报	1674-1048	21-1555/TF	辽宁科技大学
辽宁科技学院学报	1008-3723	21-1522/Z	辽宁科技学院
辽宁师范大学学报. 自然科学版	1000-1735	21-1192/N	辽宁师范大学
辽宁师专学报. 自然科学版	1008-5688	21-1395/N	辽宁民族师范高等专科学校等
聊城大学学报. 自然科学版	1672-6634	37-1418/N	聊城大学
龙岩学院学报	1673-4629	35-1286/G4	龙岩学院
陇东学院学报	1674-1730	62-1197/G4	陇东学院
鲁东大学学报. 自然科学版	1673-8020	37-1453/N	鲁东大学
陆军工程大学学报	2097-0730	32-1902/E	陆军工程大学教研保障中心
洛阳理工学院学报. 自然科学版	1674-5043	41-1403/N	洛阳理工学院
洛阳师范学院学报	1009-4970	41-1302/G4	洛阳师范学院
漯河职业技术学院学报	1671-7864	41-1330/Z	漯河职业技术学院
绵阳师范学院学报	1672-612X	51-1670/G	绵阳师范学院
闽江学院学报	2096-9562	35-1260/G4	闽江学院
闽南师范大学学报. 自然科学版	2095-7122	35-1323/N	闽南师范大学
牡丹江师范学院学报. 自然科学版	1003-6180	23-1289/N	牡丹江师范学院
南昌大学学报. 工科版	1006-0456	36-1194/T	南昌大学
南昌大学学报. 理科版	1006-0464	36-1193/N	南昌大学
南昌工程学院学报	1674-0076	36-1288/TV	南昌工程学院
南昌航空大学学报. 自然科学版	2096-8566	36-1303/N	南昌航空大学
南华大学学报. 自然科学版	1673-0062	43-1442/N	南华大学
南京大学学报. 自然科学	0469-5097	32-1169/N	南京大学
南京工程学院学报. 自然科学版	1672-2558	32-1671/N	南京工程学院
南京工业大学学报. 自然科学版	1671-7627	32-1670/N	南京工业大学
南京理工大学学报	1005-9830	32-1397/N	南京理工大学

刊　名	ISSN	CN	主办单位
南京林业大学学报. 自然科学版	1000-2006	32-1161/S	南京林业大学
南京师大学报. 自然科学版	1001-4616	32-1239/N	南京师范大学
南京师范大学学报. 工程技术版	1672-1292	32-1684/T	南京师范大学
南京晓庄学院学报	1009-7902	32-1619/C	南京晓庄学院
南京信息工程大学学报. 自然科学版	1674-7070	32-1801/N	南京信息工程大学
南京邮电大学学报. 自然科学版	1673-5439	32-1772/TN	南京邮电大学
南开大学学报. 自然科学版	0465-7942	12-1105/N	南开大学
南宁师范大学学报. 自然科学版	2096-7330	45-1408/N	南宁师范大学
南通大学学报. 自然科学版	1673-2340	32-1755/N	南通大学
南通职业大学学报	1008-5327	32-1528/G4	南通职业大学
南阳理工学院学报	1674-5132	41-1404/Z	南阳理工学院
南阳师范学院学报	1671-6132	41-1327/Z	南阳师范学院
内江科技	1006-1436	51-1185/T	内江市科学技术情报和新技术开发研究所
内江师范学院学报	1671-1785	51-1621/Z	内江师范学院
内蒙古大学学报. 自然科学版	1000-1638	15-1052/N	内蒙古大学
内蒙古工业大学学报. 自然科学版	1001-5167	15-1060/T	内蒙古工业大学
内蒙古民族大学学报. 自然科学版	1671-0815	15-1220/N	内蒙古民族大学
内蒙古民族大学学报. 自然科学版（蒙古文版）	1671-0193	15-1221/N	内蒙古民族大学
内蒙古农业大学学报. 自然科学版	1009-3575	15-1209/S	内蒙古农业大学
内蒙古师范大学学报. 自然科学汉文版	1001-8735	15-1049/N	内蒙古师范大学
内蒙古师范大学学报. 自然科学蒙古文版	1007-1105	15-1048/N	内蒙古师范大学
宁波大学学报. 理工版	1001-5132	33-1134/N	宁波大学
宁波工程学院学报	1008-7109	33-1332/Z	宁波工程学院
宁德师范学院学报. 自然科学版	2095-2481	35-1311/N	宁德师范学院
宁夏大学学报. 自然科学版	0253-2328	64-1006/N	宁夏大学
宁夏工程技术	1671-7244	64-1047/N	宁夏大学
宁夏师范学院学报	1674-1331	64-1061/G4	宁夏师范学院
攀枝花学院学报	1672-0563	51-1637/Z	攀枝花学院
平顶山学院学报	1673-1670	41-1377/Z	平顶山学院
萍乡学院学报	1007-9149	36-1339/G4	萍乡学院
莆田学院学报	1672-4143	35-1261/Z	莆田学院
普洱学院学报	2095-7734	53-1224/G4	普洱学院
齐鲁工业大学学报	1004-4280	37-1498/N	齐鲁工业大学
齐齐哈尔大学学报. 自然科学版	1007-984X	23-1419/N	齐齐哈尔大学
前瞻科技	2097-0781	10-1786/N	科技导报社
青岛大学学报. 工程技术版	1006-9798	37-1268/TS	青岛大学
青岛大学学报. 自然科学版	1006-1037	37-1245/N	青岛大学
青岛科技大学学报. 自然科学版	1672-6987	37-1419/N	青岛科技大学
青岛农业大学学报. 自然科学版	1674-148X	37-1459/N	青岛农业大学
青海大学学报	1006-8996	63-1042/N	青海大学
青海科技	1005-9393	63-1034/G3	青海省科学技术厅
青海师范大学学报. 自然科学版	1001-7542	63-1017/N	青海师范大学
轻工学报	2096-1553	41-1437/TS	郑州轻工业大学

刊　　名	ISSN	CN	主 办 单 位
清华大学学报. 自然科学版	1000-0054	11-2223/N	清华大学
曲阜师范大学学报. 自然科学版	1001-5337	37-1154/N	曲阜师范大学
曲靖师范学院学报	1009-8879	53-1165/G4	曲靖师范学院
全国报刊索引. 自然科学技术版	1005-670X	31-1126/N	上海图书馆(上海科学技术情报研究所)
泉州师范学院学报	1009-8224	35-1244/G4	泉州师范学院
三明学院学报	1673-4343	35-1288/Z	三明学院
三峡大学学报. 自然科学版	1672-948X	42-1735/TV	三峡大学
沙洲职业工学院学报	1009-8429	32-1525/G4	沙洲职业工学院
山东大学学报. 工学版	1672-3961	37-1391/T	山东大学
山东大学学报. 理学版	1671-9352	37-1389/N	山东大学
山东工业技术	1006-7523	37-1222/T	山东省工业和信息化研究院
山东科技大学学报. 自然科学版	1672-3767	37-1357/N	山东科技大学
山东科学	1002-4026	37-1188/N	山东省科学院
山东理工大学学报. 自然科学版	1672-6197	37-1412/N	山东理工大学
山东农业大学学报. 自然科学版	1000-2324	37-1132/S	山东农业大学
山东师范大学学报. 自然科学版	1001-4748	37-1166/N	山东师范大学
山西大同大学学报. 自然科学版	1674-0874	14-1344/N	山西大同大学
山西大学学报. 自然科学版	0253-2395	14-1105/N	山西大学
山西农业大学学报. 自然科学版	1671-8151	14-1306/N	山西农业大学
山西师范大学学报. 自然科学版	1009-4490	14-1263/N	山西师范大学
陕西科技大学学报	2096-398X	61-1080/TS	陕西科技大学
陕西理工大学学报. 自然科学版	2096-3998	61-1510/N	陕西理工大学
陕西师范大学学报. 自然科学版	1672-4291	61-1071/N	陕西师范大学
汕头大学学报. 自然科学版	1001-4217	44-1059/N	汕头大学
商洛学院学报	1674-0033	61-1459/Z	商洛学院
商丘师范学院学报	1672-3600	41-1303/Z	商丘师范学院
上海大学学报. 自然科学版	1007-2861	31-1718/N	上海大学
上海第二工业大学学报	1001-4543	31-1496/T	上海第二工业大学
上海工程技术大学学报	1009-444X	31-1598/T	上海工程技术大学
上海交通大学学报	1006-2467	31-1466/U	上海交通大学
上海理工大学学报	1007-6735	31-1739/T	上海理工大学
上海师范大学学报. 自然科学版	1000-5137	31-1416/N	上海师范大学
上饶师范学院学报	1004-2237	36-1241/C	上饶师范学院
韶关学院学报	1007-5348	44-1507/C	韶关学院
邵阳学院学报. 自然科学版	1672-7010	43-1429/N	邵阳学院
绍兴文理学院学报	1008-293X	33-1209/C	绍兴文理学院
深圳大学学报. 理工版	1000-2618	44-1401/N	深圳大学
深圳职业技术学院学报	1672-0318	44-1572/Z	深圳职业技术学院
沈阳大学学报. 自然科学版	2095-5456	21-1583/N	沈阳大学
沈阳工程学院学报. 自然科学版	1673-1603	21-1524/N	沈阳工程学院
沈阳工业大学学报	1000-1646	21-1189/T	沈阳工业大学
沈阳理工大学学报	1003-1251	21-1594/T	沈阳理工大学
沈阳师范大学学报. 自然科学版	1673-5862	21-1534/N	沈阳师范大学
石河子大学学报. 自然科学版	1007-7383	65-1174/N	石河子大学
石河子科技	1008-0899	65-1162/N	石河子市科技情报研究所
石家庄铁道大学学报. 自然科学版	2095-0373	13-1402/N	石家庄铁道大学

刊　名	ISSN	CN	主办单位
石家庄学院学报	1673-1972	13-1366/Z	石家庄学院
首都师范大学学报. 自然科学版	1004-9398	11-3189/N	首都师范大学
顺德职业技术学院学报	1672-6138	44-1605/Z	顺德职业技术学院
四川大学学报. 自然科学版	0490-6756	51-1595/N	四川大学
四川轻化工大学学报. 自然科学版	2096-7543	51-1792/N	四川轻化工大学
四川师范大学学报. 自然科学版	1001-8395	51-1295/N	四川师范大学
四川文理学院学报	1674-5248	51-1717/G4	四川文理学院
苏州科技大学学报. 工程技术版	2096-3270	32-1873/N	苏州科技大学
苏州科技大学学报. 自然科学版	2096-3289	32-1871/N	苏州科技大学
苏州市职业大学学报	1008-5475	32-1524/G4	苏州市职业大学
宿州学院学报	1673-2006	34-1289/Z	宿州学院
台州学院学报	1672-3708	33-1306/Z	台州学院
太原科技大学学报	1673-2057	14-1330/N	太原科技大学
太原理工大学学报	1007-9432	14-1220/N	太原理工大学
太原师范学院学报. 自然科学版	1672-2027	14-1304/N	太原师范学院
太原学院学报. 自然科学版	2096-191X	14-1386/G4	太原学院
唐山师范学院学报	1009-9115	13-1301/G	唐山师范学院
唐山学院学报	1672-349X	13-1336/G4	唐山学院
天津大学学报. 自然科学与工程技术版	0493-2137	12-1127/N	天津大学
天津工业大学学报	1671-024X	12-1341/TS	天津工业大学
天津科技	1006-8945	12-1203/N	天津市科学技术信息研究所
天津科技大学学报	1672-6510	12-1355/N	天津科技大学
天津理工大学学报	1673-095X	12-1374/N	天津理工大学
天津师范大学学报. 自然科学版	1671-1114	12-1337/N	天津师范大学
天津职业技术师范大学学报	2095-0926	12-1423/Z	天津职业技术师范大学
通化师范学院学报	1008-7974	22-1284/G4	通化师范学院
同济大学学报. 自然科学版	0253-374X	31-1267/N	同济大学
铜陵职业技术学院学报	1671-752X	34-1248/Z	铜陵职业技术学院
皖西学院学报	1009-9735	34-1232/Z	皖西学院
潍坊学院学报	1671-4288	37-1375/Z	潍坊学院
渭南师范学院学报	1009-5128	61-1372/G4	渭南师范学院
温州大学学报. 自然科学版	1674-3563	33-1344/N	温州大学
梧州学院学报	1673-8535	45-1352/Z	梧州学院
五邑大学学报. 自然科学版	1006-7302	44-1410/N	五邑大学
武汉大学学报. 工学版	1671-8844	42-1675/T	武汉大学
武汉大学学报. 理学版	1671-8836	42-1674/N	武汉大学
武汉工程大学学报	1674-2869	42-1779/TQ	武汉工程大学
武汉工程职业技术学院学报	1671-3524	42-1652/Z	武汉工程职业技术学院
武汉科技大学学报	1674-3644	42-1608/N	武汉科技大学
武汉理工大学学报	1671-4431	42-1657/N	武汉理工大学
武汉理工大学学报. 信息与管理工程版	2095-3852	42-1825/TP	武汉理工大学
武汉轻工大学学报	2095-7368	42-1856/T	武汉轻工大学
武警工程大学学报	2095-3984	61-1486/E	武警工程大学教研保障中心
武夷学院学报	1674-2109	35-1293/G4	武夷学院
西安工程大学学报	1674-649X	61-1471/N	西安工程大学

刊　名	ISSN	CN	主 办 单 位
西安工业大学学报	1673-9965	61-1458/N	西安工业大学
西安建筑科技大学学报. 自然科学版	1006-7930	61-1295/TU	西安建筑科技大学
西安交通大学学报	0253-987X	61-1069/T	西安交通大学
西安科技大学学报	1672-9315	61-1434/N	西安科技大学
西安理工大学学报	1006-4710	61-1294/N	西安理工大学
西安石油大学学报. 自然科学版	1673-064X	61-1435/TE	西安石油大学
西安文理学院学报. 自然科学版	1008-5564	61-1441/N	西安文理学院
西北大学学报. 自然科学版	1000-274X	61-1072/N	西北大学
西北工业大学学报	1000-2758	61-1070/T	西北工业大学
西北民族大学学报. 自然科学版	1009-2102	62-1188/N	西北民族大学
西北师范大学学报. 自然科学版	1001-988X	62-1087/N	西北师范大学
西昌学院学报. 自然科学版	1673-1891	51-1689/N	西昌学院
西华大学学报. 自然科学版	1673-159X	51-1686/N	西华大学
西华师范大学学报. 自然科学版	1673-5072	51-1699/N	西华师范大学
西南大学学报. 自然科学版	1673-9868	50-1189/N	西南大学
西南交通大学学报	0258-2724	51-1277/U	西南交通大学
西南科技大学学报	1671-8755	51-1640/N	西南科技大学
西南民族大学学报. 自然科学版	2095-4271	51-1672/N	西南民族大学
西南师范大学学报. 自然科学版	1000-5471	50-1045/N	西南大学
西南石油大学学报. 自然科学版	1674-5086	51-1718/TE	西南石油大学
西藏科技	1004-3403	54-1016/G3	西藏自治区科技信息研究所
厦门大学学报. 自然科学版	0438-0479	35-1070/N	厦门大学
厦门理工学院学报	1673-4432	35-1289/Z	厦门理工学院
咸阳师范学院学报	1672-2914	61-1410/G4	咸阳师范学院
现代工程科技	2097-1672	42-1926/TB	湖北科学技术出版社有限公司
湘南学院学报	1672-8173	43-1435/C	湘南学院
湘潭大学学报. 自然科学版	2096-644X	43-1549/N	湘潭大学
忻州师范学院学报	1671-1491	14-1286/G	忻州师范学院
新疆大学学报. 自然科学版（中英文）	2096-7675	65-1316/N	新疆大学
新疆大学学报. 自然科学维吾尔文版	1671-5233	65-1208/N	新疆大学
新疆师范大学学报. 维文自科版	1009-9395	65-1207/N	新疆师范大学
新疆师范大学学报. 自然科学版	1008-9659	65-1183/N	新疆师范大学
新乡学院学报	2095-7726	41-1430/Z	新乡学院
新兴科学和技术趋势	2097-1486	14-1408/N	山西省科技成果转移转化促进与数据监测中心，山西大学
新余学院学报	2095-3054	36-1315/G4	新余学院
信阳师范学院学报. 自然科学版	1003-0972	41-1107/N	信阳师范学院
邢台职业技术学院学报	1008-6129	13-1268/G4	邢台职业技术学院
徐州工程学院学报. 自然科学版	1674-358X	32-1789/N	徐州工程学院
许昌学院学报	1671-9824	41-1346/Z	许昌学院
烟台大学学报. 自然科学与工程版	1004-8820	37-1213/N	烟台大学
燕山大学学报	1007-791X	13-1219/N	燕山大学
延安大学学报. 自然科学版	1004-602X	61-1230/N	延安大学
延边大学学报. 自然科学版	1004-4353	22-1191/N	延边大学
盐城工学院学报. 自然科学版	1671-5322	32-1650/N	盐城工学院
扬州大学学报. 自然科学版	1007-824X	32-1472/N	扬州大学
扬州职业大学学报	1008-3693	32-1529/G4	扬州职业大学

刊　名	ISSN	CN	主 办 单 位
杨凌职业技术学院学报	1671-9131	61-1403/G4	杨凌职业技术学院
伊犁师范大学学报. 自然科学版	2097-0552	65-1321/G4	伊犁师范大学
伊犁师范大学学报. 自然科学版（哈萨克文）	2097-0579	65-1322/G4	伊犁师范学院
宜宾学院学报	1671-5365	51-1630/Z	宜宾学院
宜春学院学报	1671-380X	36-1250/Z	宜春学院
应用基础与工程科学学报	1005-0930	11-3242/TB	中国自然资源学会
应用技术学报	2096-3424	31-2133/N	上海应用技术大学等
应用科技	1009-671X	23-1191/U	哈尔滨工程大学
应用科学学报	0255-8297	31-1404/N	上海大学,中国科学院上海技术物理研究所
榆林学院学报	1008-3871	61-1432/C	榆林学院
玉林师范学院学报	1004-4671	45-1300/Z	玉林师范学院
玉溪师范学院学报	1009-9506	53-1166/G4	玉溪师范学院
云南大学学报. 自然科学版	0258-7971	53-1045/N	云南大学
云南民族大学学报. 自然科学版	1672-8513	53-1192/N	云南民族大学
云南农业大学学报. 自然科学	1004-390X	53-1044/S	云南农业大学
云南师范大学学报. 自然科学版	1007-9793	53-1046/N	云南师范大学
运城学院学报	1008-8008	14-1316/G4	运城学院
枣庄学院学报	1004-7077	37-1431/Z	枣庄学院
肇庆学院学报	1009-8445	44-1508/C	肇庆学院
浙江大学学报. 工学版	1008-973X	33-1245/T	浙江大学
浙江大学学报. 理学版	1008-9497	33-1246/N	浙江大学
浙江工贸职业技术学院学报	1672-0105	33-1299/Z	浙江工贸职业技术学院
浙江工业大学学报	1006-4303	33-1193/T	浙江工业大学
浙江海洋大学学报. 自然科学版	2096-4730	33-1404/P	浙江海洋大学
浙江科技学院学报	1671-8798	33-1294/Z	浙江科技学院
浙江理工大学学报. 自然科学版	1673-3851	33-1338/TS	浙江理工大学
浙江师范大学学报. 自然科学版	1001-5051	33-1291/N	浙江师范大学
郑州大学学报. 工学版	1671-6833	41-1339/T	郑州大学
郑州大学学报. 理学版	1671-6841	41-1338/N	郑州大学
中阿科技论坛（中英文）	2096-7268	64-1073/N	中国-阿拉伯国家技术转移中心（宁夏回族自治区对外科技交流中心）
中北大学学报. 自然科学版	1673-3193	14-1332/TH	中北大学
中国传媒大学学报. 自然科学版	1673-4793	11-5379/N	中国传媒大学
中国高新科技	2096-4137	10-1507/N	中国科技产业化促进会
中国工程科学	1009-1742	11-4421/G3	中国工程院战略咨询中心,高等教育出版社有限公司
中国海洋大学学报. 自然科学版	1672-5174	37-1414/P	中国海洋大学
中国科技论文	2095-2783	10-1033/N	教育部科技发展中心
中国科学. 技术科学	1674-7259	11-5844/TH	中国科学院,国家自然科学基金委员会
中国科学技术大学学报	0253-2778	34-1054/N	中国科学技术大学
中国科学数据（中英文网络版）	2096-2223	11-6035/N	中国科学院计算机网络信息中心
中国科学院大学学报	2095-6134	10-1131/N	中国科学院大学
中国科学院院刊	1000-3045	11-1806/N	中国科学院
中国人民公安大学学报. 自然科学版	1007-1784	11-3933/N	中国人民公安大学

刊　名	ISSN	CN	主办单位
中国石油大学学报. 自然科学版	1673-5005	37-1441/TE	中国石油大学(华东)
中国新技术新产品	1673-9957	11-5601/T	中国民营科技促进会
中国学术期刊影响因子年报. 自然科学与工程技术	1673-8136	11-9129/N	清华大学
中南大学学报. 自然科学版	1672-7207	43-1426/N	中南大学
中南民族大学学报. 自然科学版	1672-4321	42-1705/N	中南民族大学
中山大学学报. 自然科学版(中英文)（原名为:中山大学学报. 自然科学版）	2097-0137	44-1752/N	中山大学
中央民族大学学报. 自然科学版	1005-8036	11-3499/N	中央民族大学
中原工学院学报	1671-6906	41-1341/T	中原工学院
周口师范学院学报	1671-9476	41-1345/Z	周口师范学院

N 自然科学总论(148 种)

刊　名	ISSN	CN	主办单位
安徽科技	1007-7855	34-1164/N	安徽省科学技术情报研究所
奥秘	1005-1376	53-1068/N	云南省科学技术协会
奥秘. 创新大赛	1005-1376	53-1068/N	云南省科学技术协会
百科探秘. 海底世界	1003-7349	12-1428/N	新蕾出版社(天津)有限公司
百科探秘. 航空航天	1003-7349	12-1428/N	新蕾出版社(天津)有限公司
百科探秘. 玩转地球	1003-7349	12-1428/N	新蕾出版社(天津)有限公司
百科知识	1002-9567	11-1059/Z	中国大百科全书出版社有限公司
博物	1672-6669	11-5176/P	中国科学院地理科学与资源研究所
产业科技创新	2096-6164	53-1237/N	云南省科学技术院
聪明泉. 适合小学 1～3 年级阅读	1005-2461	36-1071/G0	江西教育传媒集团有限公司
聪明泉. 适合小学 4～6 年级阅读	1005-2461	36-1071/G0	江西教育传媒集团有限公司
大科技	1004-7344	46-1030/N	海南省科学技术信息研究所
大科技. 科学之谜	1004-7344	46-1030/N	海南省科学技术信息研究所
大科技. 天才少年、图说百科合刊	1004-7344	46-1030/N	海南省科学技术信息研究所
大众科技	1008-1151	45-1235/N	中国科技开发院广西分院
大众科学	1002-6908	52-1049/N	贵州日报当代融媒体集团
大众科学(朝鲜文)		22-1107/N	延边人民出版社
大自然	0255-7800	11-1385/N	中国自然科学博物馆学会等
大自然探索	1000-4041	51-1141/N	四川科学技术出版社有限公司
第二课堂. A，小学低年级内容	1005-4103	43-1054/G4	湖南省科学技术协会
第二课堂. B，中学内容	1005-4103	43-1054/G4	湖南省科学技术协会
第二课堂. C，小学高年级内容	1005-4103	43-1054/G4	湖南省科学技术协会
第二课堂. D	1005-4103	43-1054/G4	湖南省科学技术协会
发明与创新. 初中生	1672-0954	43-1401/N	湖南省科学技术信息研究所
发明与创新. 高中生	1672-0954	43-1401/N	湖南省科学技术信息研究所
发明与创新. 小学生	1672-0954	43-1401/N	湖南省科学技术信息研究所
飞碟探索	1001-7674	62-1011/V	读者出版传媒股份有限公司
复印报刊资料. B2，科学技术哲学	1001-2729	11-4240/B	中国人民大学
复杂系统与复杂性科学	1672-3813	37-1402/N	青岛大学
乖狐狸	1674-618X	61-1466/Z	西安交通大学出版社
广东科技	1006-5423	44-1313/N	广东省科学技术情报研究所

刊　名	ISSN	CN	主办单位
海峡科学	1673-8683	35-1292/N	学会杂志社
杭州科技	1004-2652	33-1152/N	杭州市科技信息研究院
华东科技	1006-8465	31-1709/N	上海市科技创业中心
环球科学	1673-5153	11-5480/N	中国图书评论学会
环球探索	2096-5559	10-1556/J	人民邮电出版社有限公司
今日科技	1003-7438	33-1073/N	浙江省科技宣传教育中心
科海故事博览	1007-0745	53-1103/N	云南奥秘画报社有限公司
科技创新与应用	2095-2945	23-1581/G3	黑龙江省创联文化传媒有限公司
科技导报	1000-7857	11-1421/N	中国科学技术协会
科技风	1671-7341	13-1322/N	河北省科技咨询服务中心
科技广场	1671-4792	36-1253/N	江西省科学技术信息研究所
科技经济导刊	2096-1995	37-1508/N	中国科学技术协会科普部,山东省科学技术协会
科技视界	2095-2457	31-2065/N	上海市科普作家协会
科技与创新	2095-6835	14-1369/N	山西科技新闻出版传媒集团有限责任公司
科技中国	1673-5129	11-5262/N	中国科学技术发展战略研究院
科技资讯	1672-3791	11-5042/N	北京国际科技服务中心,北京合作创新国际科技服务中心
科技纵览	2095-4409	10-1080/N	中国科学技术信息研究所,科学技术文献出版社
科教导刊	1674-6813	42-1795/N	湖北长江报刊传媒(集团)有限公司
科普创作评论	2097-0056	10-1739/I	中国科普作家协会等
科普天地	1673-5277	36-1281/N	江西教育传媒集团有限公司
科普童话.教育新课堂	1673-9442	23-1522/N	黑龙江省语言文字报刊社
科普童话.恐龙寻踪	1673-9442	23-1522/N	黑龙江省语言文字报刊社
科普童话.少年科学侦探	1673-9442	23-1522/N	黑龙江省语言文字报刊社
科普童话.学霸日记	1673-9442	23-1522/N	黑龙江省语言文字报刊社
科普研究	1673-8357	11-5410/N	中国科普研究所
科学	0368-6396	31-1385/N	上海科学技术出版社有限公司
科学 24 小时	1002-7394	33-1072/N	浙江省科技馆,浙江教育报刊总社
科学大观园	1003-1871	11-1607/N	中国科学技术出版社有限公司
科学大众.小诺贝尔	1006-3315	32-1427/N	江苏省科学传播中心
科学大众.智慧教育	1006-3315	32-1427/N	江苏省科学传播中心
科学大众.中学生	1006-3315	32-1427/N	江苏省科学传播中心
科学故事会	2096-6679	10-1591/N4	中国科普作家协会,中国科普研究所
科学观察	1673-5668	11-5469/N	中国科学院文献情报中心
科学画报	1000-8292	31-1093/N	上海科学技术出版社
科学技术创新	2096-4390	23-1600/N	黑龙江省科普事业中心
科学技术哲学研究	1674-7062	14-1354/G3	山西大学,山西省自然辩证法研究会
科学家	2095-6363	10-1135/N	中国科技新闻学会
科学教育与博物馆	2096-0115	31-2111/N	上海科技馆
科学启蒙	1007-3019	43-1251/N	湖南师范大学出版社
科学生活	1006-3501	31-1020/N	上海科学普及出版社
科学世界	1003-1162	11-2836/N	中国科技出版传媒股份有限公司
科学新闻	1671-6582	11-5553/C	中国科学报社
科学与生活(维文版)	1002-7513	65-1086/Z	新疆维吾尔自治区科学技术协会

刊　　名	ISSN	CN	主办单位
科学与信息化	2096-2908	12-1451/N	天津科学技术出版社有限公司,天津北洋音像出版社有限公司
科学之友	1000-8136	14-1032/N	山西科技新闻出版传媒集团有限责任公司
科学中国人	1005-3573	11-3292/G3	中国科技新闻学会
美化生活	1006-0359	31-1530/G0	上海纺织控股(集团)公司
内蒙古科技(蒙文版)	1007-6913	15-1139/N	内蒙古自治区科学技术信息研究院
农村青少年科学探究	1004-0943	13-1383/N	河北省教育宣传中心
奇趣百科	2095-6193	45-1399/N	广西师范大学出版社集团有限公司
前沿科学	1673-8128	11-5568/N	科技日报社,北京前沿科学研究所
青少年科技博览	1007-7200	12-1243/N	天津师范大学
青少年科苑	1672-7762	21-1510/N	大连市青少年刊社
求知导刊	2095-624X	45-1393/N	广西师范大学出版社集团有限公司
少儿科技	1671-3923	34-1245/N	安徽省老科技工作者协会,安徽省科学教育研究会
少儿科学周刊.儿童版	2095-2597	13-1412/N	河北阅读传媒有限责任公司
少儿科学周刊.少年版	2095-2597	13-1412/N	河北阅读传媒有限责任公司
少年科普世界	1672-4534	53-1186/N	云南出版传媒(集团)有限责任公司
少年科普世界.快乐数学.1-3年级版	1672-4534	53-1186/N	云南出版传媒(集团)有限责任公司
少年科普世界.快乐数学.4-6年级版	1672-4534	53-1186/N	云南出版传媒(集团)有限责任公司
少年科学(哈萨克文)	2096-143X	65-1077/Z	新疆青少年出版社
少年科学画报	1000-7776	11-2298/N	北京出版集团有限责任公司
身边科学(蒙文)	1007-7952	15-1091/N	内蒙古自治区科学技术协会
深圳特区科技	1009-5985	44-1224/T	深圳市科学馆
十万个为什么	2095-9311	31-2108/N	上海少年儿童出版社有限公司
实验技术与管理	1002-4956	11-2034/T	清华大学
实验科学与技术	1672-4550	51-1653/N	电子科技大学,四川省高等教育学会
实验室科学	1672-4305	12-1352/N	南开大学
实验室研究与探索	1006-7167	31-1707/T	上海交通大学
实验与分析	2097-325X	10-1898/TH	机械工业信息研究院
世界科学	1000-0968	31-1403/N	上海市科学学研究所,上海社会科学院哲学研究所
探索科学	2095-588X	10-1148/N	电子工业出版社有限公司
天天爱科学	2095-3909	10-1038/N	人民文学出版社有限公司,天天出版社有限责任公司
未来科学家	1671-6507	32-1660/N	江苏教育频道编辑部
我们爱科学	0510-7148	11-1067/C	中国少年儿童新闻出版总社有限公司
系统工程	1001-4098	43-1115/N	湖南省系统工程与管理学会
系统工程理论与实践	1000-6788	11-2267/N	中国系统工程学会
系统工程学报	1000-5781	12-1141/O1	中国系统工程学会
系统工程与电子技术	1001-506X	11-2422/TN	中国航天科工防御技术研究院等
系统管理学报	1005-2542	31-1977/N	上海交通大学
系统科学学报	1005-6408	14-1333/N	太原理工大学
小爱迪生	1009-7155	33-1250/G0	浙江省期刊总社有限公司
小哥白尼.军事科学	1007-7707	61-1286/N	陕西省出版印刷公司

刊　　名	ISSN	CN	主 办 单 位
小哥白尼. 趣味科学	1007-7707	61-1286/N	陕西省出版印刷公司
小哥白尼. 神奇星球	1007-7707	61-1286/N	陕西省出版印刷公司
小哥白尼. 野生动物	1007-7707	61-1286/N	陕西省出版印刷公司
新发现	1673-3371	31-1963/Z	上海科技教育出版社有限公司
学习与科普(哈萨克文)	2095-8390	65-1236/N	昌吉日报社
知识窗. 往事文摘	1006-2432	36-1072/G0	江西科学技术出版社有限责任公司
知识窗. 原创智慧书	1006-2432	36-1072/G0	江西科学技术出版社有限责任公司
知识就是力量	0529-150X	11-1647/N	中国科学技术出版有限公司
知识就是力量(汉藏文)	2096-5826	10-1569/N	中国科学技术出版有限公司
知识-力量(维文版)	1002-9427	65-1085/Z	新疆维吾尔自治区科学技术学会
中国基础科学	1009-2412	11-4427/G3	科学技术部高技术研究发展中心(科学技术部基础研究管理中心)
中国军转民	1008-5874	11-4014/N	中国和平利用军工技术协会
中国科技财富	1671-461X	11-4777/N	科技日报社
中国科技成果	1009-5659	11-4484/N	中国科学技术信息研究所
中国科技教育	1671-4350	11-4765/N	中国青少年科技辅导员协会
中国科技史杂志	1673-1441	11-5254/N	中国科学技术史学会,中国科学院自然科学史研究所
中国科技术语	1673-8578	11-5554/N	全国科学科技名词审定委员会,全国科学科技名词审定委员会事务中心
中国科技信息	1001-8972	11-2739/N	中国科技新闻学会
中国科技资源导刊	1674-1544	11-5649/F	中国科学技术信息研究所,南京大学
中国科技纵横	1671-2064	11-4650/N	中国民营科技促进会
中国科学基金	1000-8217	11-1730/N	国家自然科学基金委员会
中国科学探险	1672-6499	11-5048/N	中国科学探险协会,北京《电脑爱好者》杂志社
中国科学院院刊	1000-3045	11-1806/N	中国科学院
中学科技	1006-0545	31-1354/N	上海科技教育出版社有限公司
中亚信息	1674-6759	65-1132/Z	新疆科技情报研究所
中亚信息(维文版)	1674-6740	65-1133/Z	新疆科技情报研究所
专利公报光盘		11-9209/N	国家知识产权局
专利说明书光盘		11-9210/N	国家知识产权局
自然辩证法通讯	1000-0763	11-1518/N	中国科学院大学
自然辩证法研究	1000-8934	11-1649/B	中国自然辩证法研究会
自然科学博物馆研究	2096-2800	10-1368/G2	中国自然科学博物馆学会等
自然科学史研究	1000-0224	11-1810/N	中国科学院自然科学史研究所,中国科学技术史学会
自然杂志	0253-9608	31-1418/N	上海大学
自然资源科普与文化	2096-9791	10-1745/P	中国地质图书馆

O1 数学(33 种)

刊　　名	ISSN	CN	主 办 单 位
纯粹数学与应用数学	1008-5513	61-1240/O1	西北大学
大学数学	1672-1454	34-1221/O1	教育部高校大学数学课程教学指导委员会,合肥工业大学
动力学与控制学报	1672-6553	43-1409/O3	中国力学学会,湖南大学

刊　　名	ISSN	CN	主 办 单 位
高等数学研究	1008-1399	61-1315/O1	西北工业大学,陕西省数学会
高等学校计算数学学报	1000-081X	32-1170/O1	南京大学
高校应用数学学报. A 辑	1000-4424	33-1110/O	浙江大学,中国工业与应用数学学会
工程数学学报	1005-3085	61-1269/O1	西安交通大学
计算数学	0254-7791	11-2125/O1	中国科学院数学与系统科学研究院
控制理论与应用	1000-8152	44-1240/TP	华南理工大学,中国科学院数学与系统科学研究院
模糊系统与数学	1001-7402	43-1179/O1	国防科技大学理学院
南京大学学报. 数学半年刊	0469-5097	32-1169/N	南京大学
齐鲁珠坛	1003-6040	37-1139/O1	山东省会计学会,山东珠算协会
数理统计与管理	1002-1566	11-2242/O1	中国现场统计研究会
数学的实践与认识	1000-0984	11-2018/O1	中国科学院数学与系统科学研究院
数学建模及其应用	2095-3070	37-1485/O1	山东科技大学
数学进展	1000-0917	11-2312/O1	中国数学会
数学理论与应用	1006-8074	43-1334/O1	湖南省数学学会
数学年刊. A 辑	1000-8314	31-1328/O1	复旦大学
数学通报	0583-1458	11-2254/O1	中国数学会,北京师范大学
数学物理学报	1003-3998	42-1226/O	中国科学院武汉物理与数学研究所
数学学报	0583-1431	11-2038/O1	中国科学院数学与系统科学研究院
数学译林	1003-3092	11-2418/O1	中国科学院数学与系统科学研究院
数学杂志	0255-7797	42-1163/O1	武汉大学等
数值计算与计算机应用	1000-3266	11-2124/TP	中国科学院数学与系统科学研究院
系统科学与数学	1000-0577	11-2019/O1	中国科学院数学与系统科学研究院
应用概率统计	1001-4268	31-1256/O1	中国数学会概率统计学会
应用数学	1001-9847	42-1184/O1	华中科技大学
应用数学和力学	1000-0887	50-1060/O3	重庆交通大学
应用数学学报	0254-3079	11-2040/O1	中国数学会,中国科学院数学与系统科学研究院
运筹学学报	1007-6093	31-1732/O1	中国运筹学会
运筹与管理	1007-3221	34-1133/G3	中国运筹学会
中国科学. 数学	1674-7216	11-5836/O1	中国科学院,国家自然科学基金委员会
珠算与珠心算	1672-0288	23-1511/O1	黑龙江省财政科学研究所等

O3 力学（24 种）

刊　　名	ISSN	CN	主 办 单 位
爆炸与冲击	1001-1455	51-1148/O3	中国力学学会等
弹道学报	1004-499X	32-1343/TJ	中国兵工学会
动力学与控制学报	1672-6553	43-1409/O3	中国力学学会,湖南大学
工程力学	1000-4750	11-2595/O3	中国力学学会
固体力学学报	0254-7805	42-1250/O3	中国力学学会
海陆空天惯性世界	1009-5497	11-4491/O3	中国惯性技术学会
机械强度	1001-9669	41-1134/TH	中国机械工程学会,郑州机械研究所有限公司
计算力学学报	1007-4708	21-1373/O3	大连理工大学,中国力学学会
空气动力学学报	0258-1825	51-1192/TK	中国空气动力学会
力学季刊	0254-0053	31-1829/O3	上海市力学学会等

刊　　名	ISSN	CN	主　办　单　位
力学进展	1000-0992	11-1774/O3	中国科学院力学研究所,中国力学学会
力学学报	0459-1879	11-2062/O3	中国科学院力学研究所,中国力学学会
力学与实践	1000-0879	11-2064/O3	中国科学院力学研究所,中国力学学会
摩擦学学报	1004-0595	62-1095/O4	中国科学院兰州化学物理研究所
气体物理	2096-1642	10-1384/O3	中国航天空气动力技术研究院等
实验力学	1001-4888	34-1057/O3	中国力学学会,中国科学技术大学
水动力学研究与进展. A 辑	1000-4874	31-1399/TK	中国船舶科学研究中心
岩石力学与工程学报	1000-6915	42-1397/O3	中国岩石力学与工程学会
应用力学学报	1000-4939	61-1112/O3	西安交通大学
应用数学和力学	1000-0887	50-1060/O3	重庆交通大学
振动工程学报	1004-4523	32-1349/TB	中国振动工程学会
振动与冲击	1000-3835	31-1316/TU	中国振动工程学会等
中国惯性技术学报	1005-6734	12-1222/O3	中国惯性技术学会,天津航海仪器研究所
中国科学. 物理学 力学 天文学	1674-7275	11-5848/N	中国科学院,国家自然科学基金委员会

O4 物理学(48 种)

刊　　名	ISSN	CN	主　办　单　位
波谱学杂志	1000-4556	42-1180/O4	中国科学院精密测量科学与技术创新研究院
材料研究学报	1005-3093	21-1328/TG	国家自然科学基金委员会,中国材料研究学会
大学物理	1000-0712	11-1910/O4	中国物理学会
大学物理实验	1007-2934	22-1228/O4	吉林化工学院
低温物理学报	1000-3258	34-1053/O4	中国科学技术大学
低温与超导	1001-7100	34-1059/O4	中国电子科技集团公司第十六研究所
发光学报	1000-7032	22-1116/O4	中国科学院长春光学精密机械与物理研究所,中国物理学会发光分会
高压物理学报	1000-5773	51-1147/O4	中国物理学会高压物理专业委员会,四川省物理学会
固体电子学研究与进展	1000-3819	32-1110/TN	南京电子器件研究所
光电技术应用	1673-1255	12-1444/TN	中国电子科技集团公司光电研究院
光谱学与光谱分析	1000-0593	11-2200/O4	中国光学学会
光散射学报	1004-5929	51-1395/O4	四川省物理学会,中国物理学会光散射专业委员会
光学技术	1002-1582	11-1879/O4	中国北方光电工业总公司等
光学 精密工程	1004-924X	22-1198/TH	中国科学院长春光学精密机械与物理研究所
光学学报	0253-2239	31-1252/O4	中国科学院上海光学精密机械研究所,中国光学学会
光学与光电技术	1672-3392	42-1696/O3	华中光电技术研究所等
光子学报	1004-4213	61-1235/O4	中国科学院西安光学精密机械研究所,中国光学学会
广西物理	1003-7551	45-1150/O4	广西物理学会,广西师范大学
核聚变与等离子体物理	0254-6086	51-1151/TL	核工业西南物理研究院

刊　名	ISSN	CN	主办单位
红外与毫米波学报	1001-9014	31-1577/O4	中国科学院上海技术物理研究所,中国光学学会
激光杂志	0253-2743	50-1085/TN	重庆市光学机械研究所
计算物理	1001-246X	11-2011/O4	中国核学会
金属学报	0412-1961	21-1139/TG	中国金属学会 O4
量子电子学报	1007-5461	34-1163/TN	中国光学学会基础光学专业委员会,中国科学院合肥物质科学研究院
量子光学学报	1007-6654	14-1187/O4	山西省物理学会
强激光与粒子束	1001-4322	51-1311/O4	中国工程物理研究院等
人工晶体学报	1000-985X	11-2637/O7	中材人工晶体研究院有限公司
声学学报	0371-0025	11-2065/O4	中国科学院声学研究所
数学物理学报	1003-3998	42-1226/O	中国科学院武汉物理与数学研究所
无机材料学报	1000-324X	31-1363/TQ	中国科学院上海硅酸盐研究所
物理	0379-4148	11-1957/O4	中国物理学会,中国科学院物理研究所
物理化学学报	1000-6818	11-1892/O6	中国化学会,北京大学
物理实验	1005-4642	22-1144/O4	东北师范大学
物理通报	0509-4038	13-1084/O4	河北省物理学会,中国教育学会物理教学专业委员会
物理学报	1000-3290	11-1958/O4	中国物理学会,中国科学院物理研究所
物理学进展	1000-0542	32-1127/O4	中国物理学会
物理与工程	1009-7104	11-4483/O3	清华大学
现代物理知识	1001-0610	11-2441/O3	中国科学院高能物理研究所
现代应用物理	2095-6223	61-1491/O4	西北核技术研究所,国防工业出版社
应用光学	1002-2082	61-1171/O4	中国兵器工业第二〇五研究所,中国兵工学会
应用激光	1000-372X	31-1375/T	上海市激光技术研究所有限公司
应用声学	1000-310X	11-2121/O4	中国科学院声学研究所
原子核物理评论	1007-4627	62-1131/O4	中国科学院近代物理研究所,中国核物理学会
原子能科学技术	1000-6931	11-2044/TL	中国原子能科学研究院
原子与分子物理学报	1000-0364	51-1199/O4	四川大学,四川省物理学会
中国光学(中英文)(原名为:中国光学)	2097-1842	22-1431/O4	中国科学院长春光学精密机械与物理研究所
中国激光	0258-7025	31-1339/TN	中国科学院上海光学精密机械研究所,中国光学学会
中国科学. 物理学 力学 天文学	1674-7275	11-5848/N	中国科学院,国家自然科学基金委员会

O6,O7 化学,晶体学(43 种)

刊　名	ISSN	CN	主办单位
大学化学	1000-8438	11-1815/O6	北京大学,中国化学会
电化学(中英文)(原名为:电化学)	1006-3471	35-1350/O6	中国化学会,厦门大学
分析测试技术与仪器	1006-3757	62-1123/O6	中国科学院兰州化学物理研究所等

刊　　名	ISSN	CN	主 办 单 位
分析测试学报	1004-4957	44-1318/TH	中国广州分析测试中心,中国分析测试协会
分析化学	0253-3820	22-1125/O6	中国化学会,中国科学院长春应用化学研究所
分析科学学报	1006-6144	42-1338/O	武汉大学等
分析试验室	1000-0720	11-2017/TF	中国有色金属学会,中国有研科技集团有限公司
分析仪器	1001-232X	11-1822/TH	中国仪器仪表行业协会,北京市北分仪器技术有限责任公司(北京分析仪器研究所)
分子催化	1001-3555	62-1039/O6	中国科学院兰州化学物理研究所
分子科学学报	1000-9035	22-1262/O4	中国化学会
福建分析测试	1009-8143	35-1246/T	福建省测试技术研究所
高等学校化学学报	0251-0790	22-1131/O6	吉林大学
高分子通报	1003-3726	11-2051/O6	中国化学会,中国科学院化学研究所
高分子学报	1000-3304	11-1857/O6	中国科学院化学研究所,中国化学会
功能高分子学报	1008-9357	31-1633/O6	华东理工大学
光谱学与光谱分析	1000-0593	11-2200/O4	中国光学学会
广州化学	1009-220X	44-1317/O6	中国科学院广州化学研究所
合成化学	1005-1511	51-1427/O6	四川省化学化工学会,中国科学院成都有机化学有限公司
核化学与放射化学	0253-9950	11-2045/TL	中国核学会核化学与放射化学分会
化学分析计量	1008-6145	37-1315/O6	中国兵器工业集团第五三研究所(国防科技工业应用化学一级计量站)
化学教育(中英文)	1003-3807	10-1515/O6	中国化学会,北京师范大学
化学进展	1005-281X	11-3383/O6	中国科学院基础科学局等
化学世界	0367-6358	31-1274/TQ	上海市化学化工学会
化学试剂	0258-3283	11-2135/TQ	中国分析测试协会等
化学通报	0441-3776	11-1804/O6	中国科学院化学研究所,中国化学会
化学学报	0567-7351	31-1320/O6	中国科学院上海有机化学研究所,中国化学会
化学研究	1008-1011	41-1083/O6	河南大学
化学研究与应用	1004-1656	51-1378/O6	四川省化学化工学会,四川大学
化学与生物工程	1672-5425	42-1710/TQ	武汉工程大学等
离子交换与吸附	1001-5493	12-1147/O6	南开大学
理化检验.化学分册	1001-4020	31-1337/TB	上海材料研究所有限公司
燃料化学学报(中英文)(原名为:燃料化学学报)	2097-213X	14-1410/TQ	中国化学会,中国科学院山西煤炭化学研究所
人工晶体学报	1000-985X	11-2637/O7	中材人工晶体研究院有限公司
色谱	1000-8713	21-1185/O6	中国化学会,中国科学院大连化学物理研究所
无机化学学报	1001-4861	32-1185/O6	中国化学会
物理化学学报	1000-6818	11-1892/O6	中国化学会,北京大学
冶金分析	1000-7571	11-2030/TF	中国钢研科技集团有限公司,中国金属学会
影像科学与光化学	1674-0475	11-5604/O6	中国科学院理化技术研究所,中国感光学会

刊　　名	ISSN	CN	主办单位
应用化学	1000-0518	22-1128/O6	中国化学会,中国科学院长春应用化学研究所
有机化学	0253-2786	31-1321/O6	中国化学会,中国科学院上海有机化学研究所
质谱学报	1004-2997	11-2979/TH	北京中科科仪股份有限公司,中国物理学会质谱分会
中国科学. 化学	1674-7224	11-5838/O6	中国科学院,国家自然科学基金委员会
中国无机分析化学	2095-1035	11-6005/O6	矿冶科技集团有限公司

P1 天文学(8 种)

刊　　名	ISSN	CN	主办单位
地球与行星物理论评(中英文)	2097-1893	10-1855/P	中国地震局地球物理研究所
时间频率公报	1001-1811	61-1162/P	中国科学院国家授时中心
时间频率学报	1674-0637	61-1405/P	中国科学院国家授时中心
天文爱好者	0493-2285	11-1390/P	中国天文学会,北京天文馆
天文学报	0001-5245	32-1113/P	中国天文学会,中国科学院紫金山天文台
天文学进展	1000-8349	31-1340/P	中国科学院上海天文台,中国天文学会
中国国家天文	1673-6672	11-5468/P	中国科学院国家天文台
中国科学. 物理学 力学 天文学	1674-7275	11-5848/N	中国科学院,国家自然科学基金委员会

P2 测绘学(28 种)

刊　　名	ISSN	CN	主办单位
北京测绘	1007-3000	11-3537/P	北京市测绘设计研究院,北京测绘学会
测绘	1674-5019	51-1711/P	四川省测绘地理信息学会
测绘标准化	1674-3792	61-1275/P	自然资源部测绘标准化研究所
测绘地理信息	2095-6045	42-1840/P	武汉大学
测绘工程	1006-7949	23-1394/TF	黑龙江工程学院
测绘技术装备	1674-4950	61-1363/P	自然资源部测绘标准化研究所
测绘科学	1009-2307	11-4415/P	中国测绘科学研究院
测绘科学技术学报	1673-6338	41-1385/P	信息工程大学
测绘通报	0494-0911	11-2246/P	中国地图出版社集团有限公司
测绘学报	1001-1595	11-2089/P	中国测绘学会
测绘与空间地理信息	1672-5867	23-1520/P	黑龙江省测绘地理信息学会
大地测量与地球动力学	1671-5942	42-1655/P	中国地震局地震研究所等
导航定位学报	2095-4999	10-1096/P	中国测绘科学研究院等
地矿测绘	1007-9394	53-1124/TD	云南省地矿测绘院
地理空间信息	1672-4623	42-1692/P	湖北省测绘地理信息学会,湖北省测绘行业协会
地理与地理信息科学	1672-0504	13-1330/P	河北省科学院地理科学研究所
地球信息科学学报	1560-8999	11-5809/P	中国科学院地理科学与资源研究所,中国地理学会

刊　名	ISSN	CN	主办单位
地图	1000-8128	11-4703/P	中国地图出版社集团有限公司
海洋测绘	1671-3044	12-1343/P	海军海洋测绘研究所
江西测绘	2097-0641	36-1123/P	江西省测绘学会
经纬天地	2095-7319	14-1372/P	山西省测绘地理信息院
时空信息学报	2097-3012	10-1904/P	国家基础地理信息中心等
武汉大学学报.信息科学版	1671-8860	42-1676/TN	武汉大学
现代测绘	1672-4097	32-1694/P	江苏省测绘地理信息学会等
遥测遥控	2095-1000	11-1780/TP	中国航天科技集团有限公司第九研究院七〇四研究所
遥感学报	1007-4619	11-3841/TP	中国科学院空天信息创新研究院
中国测绘	1005-6831	11-3629/D	中国测绘学会
自然资源信息化	2097-1001	10-1797/N	自然资源部信息中心

P3 地球物理学(32 种)

刊　名	ISSN	CN	主办单位
城市与减灾	1671-0495	11-4652/P	北京市地震局
大地测量与地球动力学	1671-5942	42-1655/P	中国地震局地震研究所等
地球科学进展	1001-8166	62-1091/P	中国科学院资源环境科学信息中心等
地球物理学报	0001-5733	11-2074/P	中国科学院地质与地球物理研究所,中国地球物理学会
地球物理学进展	1004-2903	11-2982/P	中国科学院地质与地球物理研究所,中国地球物理学会
地球信息科学学报	1560-8999	11-5809/P	中国科学院地理科学与资源研究所,中国地理学会
地球与行星物理论评(中英文)	2097-1893	10-1855/P	中国地震局地球物理研究所
地震	1000-3274	11-1893/P	中国地震局地震预测研究所等
地震地磁观测与研究	1003-3246	11-2327/P	中国地震台网中心等
地震地质	0253-4967	11-2192/P	中国地震局地质研究所
地震工程学报	1000-0844	62-1208/P	中国地震局兰州地震研究所等
地震工程与工程振动	1000-1301	23-1157/P	中国地震局工程力学研究所
地震科学进展	2096-7780	10-1665/P	中国地震学会,中国地震局地球物理研究所
地震学报	0253-3782	11-2021/P	中国地震学会,中国地震局地球物理研究所
地震研究	1000-0666	53-1062/P	云南省地震局
防灾博览	1671-6310	11-4651/P	中国地震灾害防御中心
防灾减灾工程学报	1672-2132	32-1695/P	中国灾害防御协会,江苏省地震局
防灾减灾学报	1674-8565	21-1573/P	辽宁省地震局,中国灾害防御协会
防灾科技学院学报	1673-8047	13-1377/P	防灾科技学院
高原地震	1005-586X	63-1029/P	青海省地震局,西藏自治区地震局
华北地震科学	1003-1375	13-1102/P	河北省地震局
华南地震	1001-8662	44-1266/P	广东省地震局
吉林大学学报.地球科学版	1671-5888	22-1343/P	吉林大学
空间科学学报	0254-6124	11-1783/V	中国科学院国家空间科学中心,中国空间科学学会
内陆地震	1001-8956	65-1119/P	新疆维吾尔自治区地震局

刊　名	ISSN	CN	主办单位
山西地震	1000-6265	14-1107/P	山西省地震学会
水科学进展	1001-6791	32-1309/P	水利部、交通运输部、国家能源局南京水利科学研究院,中国水利学会
水文	1000-0852	11-1814/P	水利部信息中心（水利部水文水资源监测预报中心）
四川地震	1001-8115	51-1163/P	四川省地震局
震灾防御技术	1673-5722	11-5429/P	中国地震灾害防御中心
中国地震	1001-4683	11-2008/P	中国地震台网中心
中国应急救援	1673-5579	11-5524/P	中国地震应急搜救中心

P4 大气科学(气象学)(32 种)

刊　名	ISSN	CN	主办单位
暴雨灾害	2097-2164	42-1771/P	中国气象局武汉暴雨研究所
成都信息工程大学学报	2096-1618	51-1769/TN	成都信息工程大学
大气科学	1006-9895	11-1768/O4	中国科学院大气物理研究所,中国气象学会
大气科学学报	1674-7097	32-1803/P	南京信息工程大学
大气与环境光学学报	1673-6141	34-1298/O4	中国科学院合肥物质科学研究院
干旱气象	1006-7639	62-1175/P	甘肃省气象局
高原气象	1000-0534	62-1061/P	中国科学院寒区旱区环境与工程研究所
高原山地气象研究	1674-2184	51-1706/P	中国气象局成都高原气象研究所
广东气象	1007-6190	44-1353/P	广东省气象学会
海洋气象学报	2096-3599	37-1512/P	山东气象学会,山东省气象科学研究所
黑龙江气象	1002-252X	23-1019/P	黑龙江省气象学会
内蒙古气象	1005-8656	15-1116/P	内蒙古气象局,内蒙古气象学会
气候变化研究进展	1673-1719	11-5368/P	国家气候中心
气候与环境研究	1006-9585	11-3693/P	中国科学院大气物理研究所,中国气象学会
气象	1000-0526	11-2282/P	国家气象中心
气象科技	1671-6345	11-2374/P	中国气象局气象探测中心等
气象科学	1009-0827	32-1243/P	江苏省气象学会
气象水文装备		32-1752/P	国防科技大学气象海洋学院
气象学报	0577-6619	11-2006/P	中国气象学会
气象研究与应用	1673-8411	45-1356/P	广西壮族自治区气象学会
气象与环境科学	1673-7148	41-1386/P	河南省气象局
气象与环境学报	1673-503X	21-1531/P	中国气象局沈阳大气环境研究所
气象与减灾研究	1007-9033	36-1290/P	江西省气象学会
气象灾害防御	2095-9656	22-1412/P	吉林省气象科学研究所
气象知识	1000-0321	11-1332/P	中国气象局气象宣传与科普中心,中国气象学会
热带气象学报	1004-4965	44-1326/P	中国气象局广州热带海洋气象研究所
沙漠与绿洲气象	1002-0799	65-1265/P	新疆维吾尔自治区气象学会,中国气象局乌鲁木齐沙漠气象研究所
陕西气象	1006-4354	61-1282/P	陕西省气象局,陕西省气象学会

刊　名	ISSN	CN	主办单位
应用气象学报	1001-7313	11-2690/P	中国气象科学研究院等
浙江气象	1004-5953	33-1281/P	浙江省气象局,浙江省气象学会
中低纬山地气象	2096-5389	52-1171/P	贵州省山地环境气候研究所,贵州省气象学会
中国气象年鉴	1004-7514	11-2936/P	中国气象局办公室

P5 地质学（106 种）

刊　名	ISSN	CN	主办单位
安徽地质	1005-6157	34-1111/P	安徽省地质学会
宝石和宝石学杂志(中英文)	2096-9120	42-1909/TS	中国地质大学(武汉)
测井技术	1004-1338	61-1223/TE	中国石油集团测井有限公司
沉积学报	1000-0550	62-1038/P	中国矿物岩石地球化学学会沉积学专业委员会等
沉积与特提斯地质	1009-3850	51-1593/P	中国地质调查局成都地质调查中心
成都理工大学学报. 自然科学版	1671-9727	51-1634/N	成都理工大学
城市地质	1007-1903	11-5519/P	北京市地质矿产勘查院
大地构造与成矿学	1001-1552	44-1595/P	中国科学院广州地球化学研究所
大庆石油地质与开发	1000-3754	23-1286/TE	大庆油田有限责任公司
地层学杂志	0253-4959	32-1187/P	全国地层委员会,中国科学院南京地质古生物研究所
地球	1000-405X	11-1467/P	中国地质博物馆,中国地质学会科普委员会
地球化学	0379-1726	44-1398/P	中国科学院广州地球化学研究所,中国矿物岩石地球化学学会
地球科学	1000-2383	42-1874/P	中国地质大学(武汉)
地球科学与环境学报	1672-6561	61-1423/P	长安大学
地球学报	1006-3021	11-3474/P	中国地质科学院
地球与环境	1672-9250	52-1139/P	中国科学院地球化学研究所,中国矿物岩石地球化学学会
地下水	1004-1184	61-1096/TV	陕西省水工程勘察规划研究院等
地学前缘	1005-2321	11-3370/P	中国地质大学(北京),北京大学
地质科技通报	2096-8523	42-1904/P	中国地质大学(武汉)
地质科学	0563-5020	11-1937/P	中国科学院地质与地球物理研究所
地质力学学报	1006-6616	11-3672/P	中国地质科学院地质力学研究所
地质论评	0371-5736	11-1952/P	中国地质学会
地质通报	1671-2552	11-4648/P	中国地质调查局
地质学报	0001-5717	11-1951/P	中国地质学会
地质学刊	1674-3636	32-1796/P	江苏省地质调查研究院等
地质与勘探	0495-5331	11-2043/P	中国冶金地质总局矿产资源研究院,中国地质学会
地质与资源	1671-1947	21-1458/P	中国地质调查局沈阳地质调查中心
地质灾害与环境保护	1006-4362	51-1467/P	成都理工大学,地质灾害防治与地质环境保护国家重点实验室
地质找矿论丛	1001-1412	12-1131/P	中钢集团天津地质研究院有限公司
地质装备	1009-282X	11-4410/TD	中国地质装备集团有限公司等

刊　名	ISSN	CN	主办单位
第四纪研究	1001-7410	11-2708/P	中国科学院地质与地球物理研究所，中国第四纪科学研究会
断块油气田	1005-8907	41-1219/TE	中国石化集团中原石油勘探局有限公司
福建地质	1001-3970	35-1080/P	福建省地质测绘院
甘肃地质	1004-4116	62-1191/P	甘肃省地质矿产勘查开发局，甘肃省地质学会
高校地质学报	1006-7493	32-1440/P	南京大学
工程地球物理学报	1672-7940	42-1694/TV	长江勘测规划设计研究院，中国地质大学（武汉）
工程地质学报	1004-9665	11-3249/P	中国科学院地质与地球物理研究所
工程勘察	1000-1433	11-2025/TU	中国建筑学会工程勘察分会，建设综合勘察研究设计院
古地理学报	1671-1505	11-4678/P	中国石油大学，中国矿物岩石地球化学学会
古生物学报	0001-6616	32-1188/Q	中国古生物学会，中国科学院南京地质古生物研究所
贵州地质	1000-5943	52-1059/P	贵州省地质学会，贵州省地质调查院
国土资源导刊	1672-5603	43-1407/P	湖南省地质科学研究院
海相油气地质	1672-9854	33-1328/P	中国石油集团杭州地质研究所有限公司
海洋地质与第四纪地质	0256-1492	37-1117/P	青岛海洋地质研究所
海洋石油	1008-2336	31-1760/TE	中国石油化工股份有限公司，上海海洋油气分公司
河北地质大学学报	1007-6875	13-1422/Z	河北地质大学
华北地质	2097-0188	12-1471/P	中国地质调查局天津地质调查中心
华北自然资源	2096-7519	14-1401/P	山西省自然资源事业发展中心（山西省自然资源数据中心）
华东地质	2096-1871	32-1865/P	中国地质调查局南京地质调查中心
华南地质	2097-0013	42-1913/P	中国地质调查局武汉地质调查中心
化工矿产地质	1006-5296	13-1190/P	中化地质矿山总局地质研究院
黄金	1001-1277	22-1110/TF	长春黄金研究院有限公司
黄金科学技术	1005-2518	62-1112/TF	中国科学院资源环境科学信息中心
吉林大学学报. 地球科学版	1671-5888	22-1343/P	吉林大学
吉林地质	1001-2427	22-1099/P	吉林省地质矿产勘查开发局
勘察科学技术	1001-3946	13-1100/TF	中勘冶金勘察设计研究院有限责任公司
矿产勘查	1674-7801	11-5875/TD	有色金属矿产地质调查中心
矿产与地质	1001-5663	45-1174/TD	中国有色桂林矿产地质研究院有限公司
矿床地质	0258-7106	11-1965/P	中国地质学会矿床地质专业委员会，中国地质科学院矿产资源研究所
矿物学报	1000-4734	52-1045/P	中国科学院地球化学研究所，中国矿物岩石地球化学学会
矿物岩石	1001-6872	51-1143/TD	四川省矿物岩石地球化学学会，成都理工大学

刊　　名	ISSN	CN	主 办 单 位
矿物岩石地球化学通报	1007-2802	52-1102/P	中国矿物岩石地球化学学会,中国科学院地球化学研究所
煤田地质与勘探	1001-1986	61-1155/P	中煤科工西安研究院(集团)有限公司
青海国土经略	1671-8704	63-1061/P	青海省自然资源厅信息中心
山地学报	1008-2786	51-1516/P	中国科学院·水利部成都山地灾害与环境研究所,中国地理学会
山东国土资源	1672-6979	37-1411/P	山东省地质科学研究院
陕西地质	1001-6996	61-1150/P	陕西地矿集团有限公司
上海国土资源	2095-1329	31-2062/P	上海市地质调查研究院,上海市地质学会
石油地球物理勘探	1000-7210	13-1095/TE	中国石油集团东方地球物理勘探有限责任公司
石油物探	1000-1441	32-1284/TE	中石化石油物探技术研究院有限公司
石油与天然气地质	0253-9985	11-4820/TE	中国石油化工股份有限公司石油勘探开发研究院,中国地质学会石油地质专业委员会
世界地质	1004-5589	22-1111/P	吉林大学,东北亚国际地学研究与教学中心
世界核地质科学	1672-0636	11-4914/TL	核工业北京地质研究院
水文地质工程地质	1000-3665	11-2202/P	中国地质环境监测院
四川地质学报	1006-0995	51-1273/P	四川省地质学会
微体古生物学报	1000-0674	32-1189/Q	中国科学院南京地质古生物研究所
物探化探计算技术	1001-1749	51-1242/P	成都理工大学,中国地质科学院地球物理地球化学勘查研究所
物探与化探	1000-8918	11-1906/P	中国自然资源航空物探遥感中心
物探装备	1671-0657	13-1309/TE	中国石油集团东方地球物理勘探有限责任公司
西北地质	1009-6248	61-1149/P	中国地质调查局西安地质调查中心,中国地质学会
西部探矿工程	1004-5716	65-1124/TD	新疆维吾尔自治区地质矿产研究所
西部资源	1672-562X	15-1331/P	内蒙古自治区地质调查研究院
西藏地质	1004-1893	54-1006/P	西藏自治区地质学会
现代地质	1000-8527	11-2035/P	中国地质大学(北京)
新疆地质	1000-8845	65-1092/P	新疆维吾尔自治区地质学会
岩矿测试	0254-5357	11-2131/TD	中国地质学会岩矿测试专业委员会,国家地质实验测试中心
岩石矿物学杂志	1000-6524	11-1966/P	中国地质学会,中国地质科学院地质研究所
岩石学报	1000-0569	11-1922/P	中国矿物岩石地球化学学会,中国科学院地质与地球物理研究所
岩性油气藏	1673-8926	62-1195/TE	中国石油集团西北地质研究所有限公司,甘肃省石油学会
油气藏评价与开发	2095-1426	32-1825/TE	中国石油化工集团华东石油局
油气地质与采收率	1009-9603	37-1359/TE	中国石油化工股份有限公司胜利油田分公司
铀矿地质	1000-0658	11-1971/TL	中国核学会
云南地质	1004-1885	53-1041/P	云南地矿总公司(集团)

刊　名	ISSN	CN	主 办 单 位
中国宝石	1004-3721	11-2990/TD	中国珠宝玉石首饰行业协会
中国地质	1000-3657	11-1167/P	中国地质调查局,中国地质科学院
中国地质教育	1006-9372	11-3777/G4	中国地质学会,中国地质大学(北京)
中国地质调查	2095-8706	10-1260/P	中国地质图书馆(中国地质调查局地学文献中心)
中国地质灾害与防治学报	1003-8035	11-2852/P	中国地质环境监测院,中国地质灾害防治与生态修复协会
中国科学. 地球科学	1674-7240	11-5842/P	中国科学院,国家自然科学基金委员会
中国煤层气	1672-3074	11-5011/TD	煤炭信息研究院,中联煤层气有限责任公司
中国煤炭地质	1674-1803	10-1364/TD	中国煤炭地质总局
中国锰业	1002-4336	43-1128/TD	全国锰业技术委员会,湖南特种金属材料有限责任公司
中国岩溶	1001-4810	45-1157/P	中国地质科学院岩溶地质研究所
资源环境与工程	1671-1211	42-1736/P	湖北省地质调查院
自然资源科普与文化	2096-9791	10-1745/P	中国地质图书馆
钻探工程	2096-9686	10-1730/TD	中国矿业报社,中国地质科学院勘探技术研究所

P7 海洋学(32 种)

刊　名	ISSN	CN	主 办 单 位
大连海洋大学学报	2095-1388	21-1575/S	大连海洋大学
广东海洋大学学报	1673-9159	44-1635/N	广东海洋大学
海岸工程	1002-3682	37-1144/U	山东海岸工程学会
海南热带海洋学院学报	2096-3122	46-1085/G4	海南热带海洋学院
海洋测绘	1671-3044	12-1343/P	海军海洋测绘研究所
海洋地质前沿	1009-2722	37-1475/P	青岛海洋地质研究所
海洋地质与第四纪地质	0256-1492	37-1117/P	青岛海洋地质研究所
海洋工程	1005-9865	32-1423/P	中国海洋学会
海洋工程装备与技术	2095-7297	31-2088/P	上海交通大学
海洋湖沼通报	1003-6482	37-1141/P	山东海洋湖沼学会
海洋环境科学	1007-6336	21-1168/X	国家海洋环境监测中心,中国海洋学会
海洋技术学报	1003-2029	12-1435/P	国家海洋技术中心,中国海洋学会
海洋经济	2095-1647	12-1424/P	国家海洋信息中心
海洋开发与管理	1005-9857	11-3525/P	海洋出版社有限公司
海洋科学	1000-3096	37-1151/P	中国科学院海洋研究所
海洋科学进展	1671-6647	37-1387/P	中国海洋学会,自然资源部第一海洋研究所
海洋气象学报	2096-3599	37-1512/P	山东气象学会,山东省气象科学研究所
海洋世界	1001-5043	11-1261/P	中国海洋学会
海洋通报	1001-6392	12-1076/P	国家海洋信息中心,中国海洋学会
海洋信息技术与应用	2097-0307	12-1469/P7	国家海洋信息中心
海洋学报	0253-4193	11-2055/P	中国海洋学会
海洋学研究	1001-909X	33-1330/P	中国海洋学会等
海洋与湖沼	0029-814X	37-1149/P	中国海洋湖沼学会

刊　名	ISSN	CN	主办单位
海洋预报	1003-0239	11-1837/P	国家海洋环境预报中心
极地研究	1007-7073	31-1744/P	中国极地研究中心,中国海洋学会
江苏海洋大学学报.自然科学版	2096-8248	32-1892/N	江苏海洋大学
气象水文海洋仪器	1006-009X	22-1135/TH	中国仪器仪表学会气象水文海洋仪器分会,长春气象仪器研究所
热带海洋学报	1009-5470	44-1500/P	中国科学院南海海洋研究所
上海海洋大学学报	1674-5566	31-2024/S	上海海洋大学
应用海洋学学报	2095-4972	35-1319/P	自然资源部第三海洋研究所等
中国海洋大学学报.自然科学版	1672-5174	37-1414/P	中国海洋大学
中国海洋平台	1001-4500	31-1546/TE	中国船舶集团有限公司第十一研究所

K9,P9 地理学(78 种)

刊　名	ISSN	CN	主办单位
TOP旅行	1672-0660	43-1403/G	张家界日报社,今日女报社
报刊资料索引.第六分册,历史、地理		11-4366/K	中国人民大学
冰川冻土	1000-0240	62-1072/P	中国科学院寒区旱区环境与工程研究所,中国地理学会
城市地理	1674-2508	50-1192/K	重庆市规划展览馆
当代旅游	1671-7740	23-1508/G	黑龙江省创联文化传媒有限公司
地理科学	1000-0690	22-1124/P	中国科学院东北地理与农业生态研究所,中国地理学会
地理科学进展	1007-6301	11-3858/P	中国科学院地理科学与资源研究所,中国地理学会
地理学报	0375-5444	11-1856/P	中国地理学会,中国科学院地理科学与资源研究所
地理研究	1000-0585	11-1848/P	中国科学院地理科学与资源研究所,中国地理学会
地理与地理信息科学	1672-0504	13-1330/P	河北省科学院地理科学研究所
地球科学进展	1001-8166	62-1091/P	中国科学院资源环境科学信息中心等
地域研究与开发	1003-2363	41-1085/P	河南省科学院地理研究所
风景名胜	1003-5516	33-1063/K	杭州日报报业集团
复印报刊资料.K9,地理	1009-7619	11-4334/K	中国人民大学
干旱区地理	1000-6060	65-1103/X	中国科学院新疆生态与地理研究所,中国地理学会
干旱区地理(维文版)	1009-2072	65-1104/X	中国科学院新疆生态与地理研究所
干旱区研究	1001-4675	65-1095/X	中国科学院新疆生态与地理研究所,中国土壤学会
干旱区研究(维文版)	1009-2064	65-1096/X	中国科学院新疆生态与地理研究所
干旱区资源与环境	1003-7578	15-1112/N	内蒙古农业大学沙漠治理研究所
贵州全域旅游		52-1169/K	贵州日报当代融媒体集团
海岸生活	2095-5294	46-1082/G0	海南日报社
海洋与湖沼	0029-814X	37-1149/P	中国海洋湖沼学会
河北旅游	2096-546X	13-1426/K	河北报业传媒集团有限公司,河北省文化和旅游创新发展中心

刊　　名	ISSN	CN	主办单位
湖泊科学	1003-5427	32-1331/P	中国科学院南京地理与湖泊研究所，中国海洋湖沼学会
华夏地理	1673-6974	53-1204/K	云南省社会科学院
环球人文地理	2095-0446	50-1203/K	西南大学
环球少年地理	2095-2864	37-1483/K	青岛出版社有限公司
黄河·黄土·黄种人. 水与中国	1004-9495	41-1195/C	水利部黄河水利委员会
极地研究	1007-7073	31-1744/P	中国极地研究中心，中国海洋学会
经济地理	1000-8462	43-1126/K	中国地理学会，湖南省经济地理研究所
历史地理研究	2096-6822	31-2157/K9	复旦大学，中国地理学会
旅行	1672-0660	43-1403/G	张家界日报社，今日女报社
旅游	1000-7253	11-1341/K	旅游杂志社
旅游画刊	2096-1480	36-1344/K	二十一世纪出版社集团有限公司，江西省旅游规划研究院
旅游世界	1007-0087	37-1263/K	济南大学
旅游天地	1005-7730	31-1129/K	上海文艺出版总社
旅游休闲	1671-6930	46-1067/G0	海南省出版协会，海南省音像资料馆
旅游学刊	1002-5006	11-1120/K	北京联合大学旅游学院
旅游与摄影	2096-4420	10-1516/J	北京卓众出版有限公司，北京科学技术期刊学会
旅游纵览	1004-3292	13-1138/K	秦皇岛开发区国有资产经营有限公司等
魅力中国	1673-0992	41-1390/C	河南人民广播电台
南方自然资源	2097-1451	45-1412/P	广西壮族自治区自然资源宣传中心
南国旅游	2096-4846	45-1406/K	广西人民出版社有限公司
帕米尔	1673-2626	65-1254/G0	克孜勒苏柯尔克孜自治州文联运营机构，北京中坤投资集团
全球变化数据仓储电子杂志（中英文）	2096-868X	11-9377/P	中国科学院地理科学与资源研究所，中国地理学会
全球变化数据学报（中英文）	2096-3645	10-1493/P	中国科学院地理科学与资源研究所，中国地理学会
热带地理	1001-5221	44-1209/N	广东省科学院广州地理研究所
人文地理	1003-2398	61-1193/K	西安外国语大学，中国地理学会
山地学报	1008-2786	51-1516/P	中国科学院·水利部成都山地灾害与环境研究所，中国地理学会
沈阳文旅		21-1613/K	沈阳日报社
湿地科学	1672-5948	22-1349/P	中国科学院东北地理与农业生态研究所，中国生态学学会
湿地科学与管理	1673-3290	11-5389/G3	中国林业科学研究院
时尚旅游	1671-9700	11-4898/K	《时尚》杂志社有限责任公司
世界地理研究	1004-9479	31-1626/P	中国地理学会
世界遗产地理	2095-5111	32-1835/K	江苏译林出版社有限公司
蜀韵文旅	2096-8469	51-1796/K	四川文艺音像出版社有限公司
水文化	2096-9945	42-1916/K	长江出版社
天府文化	2096-6318	51-1790/G1	成都传媒集团
西部旅游	1006-2629	51-1578/K	四川日报报业集团
西藏旅游	1005-2526	54-1037/G8	西藏自治区旅游发展委员会
乡村地理	2095-901X	52-1160/K	贵州日报当代融媒体集团

刊 名	ISSN	CN	主 办 单 位
新疆人文地理	1674-3237	65-1272/K	新疆电子音像出版社
休闲读品	1674-4837	61-1475/G0	休闲读品杂志社
亚热带资源与环境学报	1673-7105	35-1291/N	福建师范大学
炎黄地理	1674-5833	14-1368/K	山西文化艺术传媒中心
盐湖研究	1008-858X	63-1026/P	中国科学院青海盐湖研究所
悦游	2095-4158	10-1065/K	中国妇女杂志社
云南地理环境研究	1001-7852	53-1079/P	云南大学
中国地名	1002-7793	21-1262/K	辽宁科学技术出版社
中国国家地理	1009-6337	11-4542/P	中国科学院地理科学与资源研究所，中国地理学会
中国历史地理论丛	1001-5205	61-1027/K	陕西师范大学
中国沙漠	1000-694X	62-1070/P	中国科学院寒区旱区环境与工程研究所等
中国岩溶	1001-4810	45-1157/P	中国地质科学院岩溶地质研究所
中国自然资源年鉴	2097-1834	10-1834/P	自然资源部宣传教育中心
资源科学	1007-7588	11-3868/N	中国科学院地理科学与资源研究所，中国自然资源学会
自然资源科普与文化	2096-9791	10-1745/P	中国地质图书馆
自然资源情报	2097-101X	10-1798/N	自然资源部信息中心
自然资源通讯	2096-6016	10-1580/P	中国国土资源报社

Q 生物科学（90 种）

刊 名	ISSN	CN	主 办 单 位
病毒学报	1000-8721	11-1865/R	中国微生物学会
动物学杂志	0250-3263	11-1830/Q	中国科学院动物研究所，中国动物学会
高校生物学教学研究（电子版）	2095-1574	11-9307/R	高等教育出版社
工业微生物	1001-6678	31-1438/Q	全国工业微生物信息中心，上海市工业微生物研究所
古脊椎动物学报（中英文）	2096-9899	10-1715/Q	中国科学院古脊椎动物与古人类研究所
古生物学报	0001-6616	32-1188/Q	中国古生物学会，中国科学院南京地质古生物研究所
广西植物	1000-3142	45-1134/Q	广西壮族自治区、中国科学院广西植物研究所，广西植物学会
合成生物学	2096-8280	10-1687/Q	化学工业出版社有限公司等
化石	1000-3185	11-1596/K	中国科学院古脊椎动物与古人类研究所
化学与生物工程	1672-5425	42-1710/TQ	武汉工程大学等
环境昆虫学报	1674-0858	44-1640/Q	广东省昆虫学会，中国昆虫学会
基因组学与应用生物学	1674-568X	45-1369/Q	广西大学
激光生物学报	1007-7146	43-1264/Q	中国遗传学会
菌物学报	1672-6472	11-5180/Q	中国科学院微生物研究所，中国菌物学会
看熊猫	2096-482X	51-1779/G0	新华文轩出版传媒股份有限公司
昆虫学报	0454-6296	11-1832/Q	中国科学院动物研究所，中国昆虫学会
农业生物技术学报	1674-7968	11-3342/S	中国农业大学，中国农业生物技术学会

刊 名	ISSN	CN	主办单位
热带生物学报	1674-7054	46-1078/S	海南大学
热带亚热带植物学报	1005-3395	44-1374/Q	中国科学院华南植物园,广东省植物学会
人类学学报	1000-3193	11-1963/Q	中国科学院古脊椎动物与古人类研究所
人与生物圈	1009-1661	11-4408/Q	中国科学院国际学术交流中心
森林与人类	1002-9990	11-1224/S	中国绿色时报社,中国林学会
山地农业生物学报	1008-0457	52-5013/S	贵州大学农学院
蛇志	1001-5639	45-1168/R	中国蛇协(中国农村卫生协会蛇伤防治与蛇类资源医用研究专业委员会),广西急诊医学会(广西蛇类研究会)
神经解剖学杂志	1000-7547	61-1061/R	空军军医大学基础医学院,中国解剖学会
生理科学进展	0559-7765	11-2270/R	中国生理学会,北京大学
生理学报	0371-0874	31-1352/Q	中国科学院上海营养与健康研究所,中国生理学会
生命的化学	1000-1336	31-1384/Q	中国生物化学与分子生物学会
生命科学	1004-0374	31-1600/Q	中国科学院上海营养与健康研究所
生命科学研究	1007-7847	43-1266/Q	湖南师范大学生命科学学院
生命世界	1673-0437	11-5272/Q	中国科学院植物研究所等
生态科学	1008-8873	44-1215/Q	广东省生态学会,暨南大学
生态文化	1009-5454	11-4472/I	中国林业文学艺术工作者联合会
生态学报	1000-0933	11-2031/Q	中国生态学学会,中国科学院生态环境研究中心
生态学杂志	1000-4890	21-1148/Q	中国生态学学会,中国科学院沈阳应用生态研究所
生物安全学报	2095-1787	35-1307/Q	中国植物保护学会,福建省昆虫学会
生物多样性	1005-0094	11-3247/Q	中国科学院生物多样性委员会等
生物工程学报	1000-3061	11-1998/Q	中国科学院微生物研究所,中国微生物学会
生物化学与生物物理进展	1000-3282	11-2161/Q	中国科学院生物物理研究所,中国生物物理学会
生物技术	1004-311X	23-1319/Q	黑龙江省科学院微生物研究所等
生物技术进展	2095-2341	33-1375/Q	中国农业科学院茶叶研究所,中国农业科学院生物技术研究所
生物技术通报	1002-5464	11-2396/Q	中国农业科学院农业信息研究所
生物加工过程	1672-3678	32-1706/Q	南京工业大学
生物进化	1673-7024	32-1770/Q	中国科学院南京地质古生物研究所,中国科学院古脊椎动物与古人类研究所
生物信息学	1672-5565	23-1513/Q	哈尔滨工业大学
生物学通报	0006-3193	11-2042/Q	中国动物学会等
生物学杂志	2095-1736	34-1081/Q	合肥市科学技术协会
生物资源	2096-3491	42-1886/Q	武汉大学
实验动物科学	1006-6179	11-5508/N	北京实验动物研究中心等
实验动物与比较医学	1674-5817	31-1954/Q	上海市实验动物学会,上海实验动物研究中心

刊　　名	ISSN	CN	主办单位
兽类学报	1000-1050	63-1014/Q	中国科学院西北高原生物研究所,中国动物学会兽类学分会
水生生物学报	1000-3207	42-1230/Q	中国科学院水生生物研究所,中国海洋湖沼学会
四川动物	1000-7083	51-1193/Q	四川省动物学会等
天然产物研究与开发	1001-6880	51-1335/Q	中国科学院成都文献情报中心
微生物学报	0001-6209	11-1995/Q	中国科学院微生物研究所,中国微生物学会
微生物学免疫学进展	1005-5673	62-1120/R	兰州生物制品研究所有限责任公司
微生物学通报	0253-2654	11-1996/Q	中国科学院微生物研究所,中国微生物学会
微生物学杂志	1005-7021	21-1186/Q	辽宁省微生物学会等
微体古生物学报	1000-0674	32-1189/Q	中国科学院南京地质古生物研究所
武夷科学	1001-4276	35-1104/Z	福建农林大学作物病虫生物防治研究所
西北植物学报	1000-4025	61-1091/Q	西北农林科技大学,陕西省植物学会
亚热带植物科学	1009-7791	35-1243/S	福建省亚热带植物研究所
扬州大学学报. 农业与生命科学版	1671-4652	32-1648/S	扬州大学
野生动物学报	2310-1490	23-1587/S	东北林业大学等
遗传	0253-9772	11-1913/R	中国科学院遗传与发育生物学研究所,中国遗传学会
应用昆虫学报	2095-1353	11-6020/Q	中国科学院动物研究所,中国昆虫学会
应用生态学报	1001-9332	21-1253/Q	中国科学院沈阳应用生态研究所,中国生态学学会
应用与环境生物学报	1006-687X	51-1482/Q	中国科学院成都生物研究所
浙江大学学报. 农业与生命科学版	1008-9209	33-1247/S	浙江大学
植物病理学报	0412-0914	11-2184/Q	中国植物病理学会,中国农业大学
植物科学学报	2095-0837	42-1817/Q	中国科学院武汉植物园,湖北省植物学会
植物生理学报	2095-1108	31-2055/Q	中国植物生理与植物分子生物学学会,中国科学院分子植物科学卓越创新中心
植物生态学报	1005-264X	11-3397/Q	中国科学院植物研究所,中国植物学会
植物学报(2009-)	1674-3466	11-5705/Q	中国科学院植物研究所,中国植物学会
植物研究	1673-5102	23-1480/S	东北林业大学
植物遗传资源学报	1672-1810	11-4996/S	中国农业科学院作物科学研究所,中国农学会
植物营养与肥料学报	1008-505X	11-3996/S	中国植物营养与肥料学会
植物资源与环境学报	1674-7895	32-1339/S	江苏省、中国科学院植物研究所,江苏省植物学会
中国比较医学杂志	1671-7856	11-4822/R	中国实验动物学会,中国医学科学院医学实验动物研究所
中国科学. 生命科学	1674-7232	11-5840/Q	中国科学院,国家自然科学基金委员会
中国生物工程杂志	1671-8135	11-4816/Q	中国科学院文献情报中心等
中国生物化学与分子生物学报	1007-7626	11-3870/Q	中国生物化学与分子生物学会,北京大学
中国生物学文摘	1001-1900	31-1394/Q	中国科学院上海营养与健康研究所

刊　名	ISSN	CN	主 办 单 位
中国实验动物学报	1005-4847	11-2986/Q	中国实验动物学会,中国医学科学院医学实验动物研究所
中国微生态学杂志	1005-376X	21-1326/R	中华预防医学会,大连医科大学
中国细胞生物学学报	1674-7666	31-2035/Q	中国科学院分子细胞科学卓越创新中心(生物化学与细胞生物学研究所),中国细胞生物学学会
中国野生植物资源	1006-9690	32-1381/Q	南京野生植物综合利用研究所
中国组织化学与细胞化学杂志	1004-1850	42-1300/Q	中国解剖学会,华中科技大学同济医学院
中华微生物学和免疫学杂志	0254-5101	11-2309/R	中华医学会
蛛形学报	1005-9628	42-1376/Q	中国动物学会蛛形学专业委员,湖北大学

第 五 编

医药、卫生

R 综合性医药卫生（244 种）

刊　名	ISSN	CN	主办单位
CT 理论与应用研究	1004-4140	11-3017/P	中国地震局地球物理研究所,同方威视技术股份有限公司
安徽医科大学学报	1000-1492	34-1065/R	安徽医科大学
安徽医学	1000-0399	34-1077/R	安徽省医学情报研究所
安徽医专学报	2097-0196	34-1337/R	安徽医学高等专科学校
包头医学	1007-3507	15-1171/R	包头市卫生健康委员会综合保障中心
包头医学院学报	1006-740X	15-1182/R	包头医学院
北京大学学报. 医学版	1671-167X	11-4691/R	北京大学
北京医学	0253-9713	11-2273/R	中华医学会北京分会秘书处
蚌埠医学院学报	1000-2200	34-1067/R	蚌埠医学院
滨州医学院学报	1001-9510	37-1184/R	滨州医学院
兵团医学	1672-4356	65-1237/R	新疆生产建设兵团医学会
长治医学院学报	1006-0588	14-1183/R	长治医学院
成都医学院学报	1674-2257	51-1705/P	成都医学院
承德医学院学报	1004-6879	13-1154/R	承德医学院
重庆医科大学学报	0253-3626	50-1046/R	重庆医科大学
重庆医学	1671-8348	50-1097/R	重庆市卫生健康统计信息中心,重庆市医学会
川北医学院学报	1005-3697	51-1254/R	川北医学院
大理大学学报	2096-2266	53-1232/Z	大理大学
大连医科大学学报	1671-7295	21-1369/R	大连医科大学
大医生	2096-2665	10-1452/R	北京卓众出版有限公司
大众医学	1000-8470	31-1369/R	上海世纪出版股份有限公司科学技术出版社
当代临床医刊	2095-9559	23-1591/R	哈尔滨市医学科学研究院
当代医学	1009-4393	11-4449/R	中国医师协会
当代医药论丛	2095-7629	22-1407/R	吉林省当代医药论丛杂志社有限公司
东方医学与健康		22-1420/R	延边人民出版社
东南大学学报. 医学版	1671-6264	32-1647/R	东南大学
发育医学电子杂志	2095-5340	11-9335/R	人民卫生出版社有限公司
福建医科大学学报	1672-4194	35-1192/R	福建医科大学
福建医药杂志	1002-2600	35-1071/R	福建省医学会
复旦学报. 医学版	1672-8467	31-1885/R	复旦大学
甘肃医药	1004-2725	62-1076/R	甘肃省医学科学研究院
赣南医学院学报	1001-5779	36-1154/R	赣南医学院
高校医学教学研究（电子版）	2095-1582	11-9308/R	高等教育出版社
广东医科大学学报	2096-3610	44-1731/R	广东医科大学
广东医学	1001-9448	44-1192/R	广东省医学学术交流中心（广东省医学情报研究所）
广西医科大学学报	1005-930X	45-1211/R	广西医科大学
广西医学	0253-4304	45-1122/R	广西壮族自治区医学科学信息研究所
广州医科大学学报	2095-9664	44-1710/R	广州医科大学
广州医药	1000-8535	44-1199/R	广州市第一人民医院

刊　　名	ISSN	CN	主办单位
贵州医科大学学报	2096-8388	52-1164/R	贵州医科大学
贵州医药	1000-744X	52-1062/R	贵州省卫生健康学术促进中心
国际医药卫生导报	1007-1245	44-1417/R	中华医学会,国际医药卫生导报社
哈尔滨医科大学学报	1000-1905	23-1159/R	哈尔滨医科大学
哈尔滨医药	1001-8131	23-1164/R	哈尔滨市卫生健康服务中心
哈萨克医药(哈萨克文)	1003-9708	65-1287/R	阿勒泰地区哈萨克医药学会
海军军医大学学报(原名为:第二军医大学学报)	2097-1338	31-2187/R	海军军医大学(第二军医大学)教研保障中心
海军医学杂志	1009-0754	31-1823/R	海军特色医学中心
海南医学	1003-6350	46-1025/R	海南省医学会
海南医学院学报	1007-1237	46-1049/R	海南医学院
河北医科大学学报	1007-3205	13-1209/R	河北医科大学
河北医学	1006-6233	13-1199/R	河北省医学会
河北医药	1002-7386	13-1090/R	河北省医学情报研究所
河南大学学报. 医学版	1672-7606	41-1361/R	河南大学
河南医学高等专科学校学报	1008-9276	41-1436/R	河南医学高等专科学校
河南医学研究	1004-437X	41-1180/R	河南省医学科学院
菏泽医学专科学校学报	1008-4118	37-1289/R	菏泽医学专科学校
黑龙江医学	1004-5775	23-1326/R	黑龙江省卫生健康发展研究中心
黑龙江医药	1006-2882	23-1383/R	黑龙江省市场监督管理干部学校
黑龙江医药科学	1008-0104	23-1421/R	佳木斯大学
湖北科技学院学报. 医学版	2095-4646	42-1839/R	湖北科技学院
湖北民族大学学报. 医学版	2096-7578	42-1906/R	湖北民族大学
湖北医药学院学报	2096-708X	42-1815/R	湖北医药学院
湖南师范大学学报. 医学版	1673-016X	43-1449/R	湖南师范大学
华北理工大学学报. 医学版	2095-2694	13-1421/R	华北理工大学
华西医学	1002-0179	51-1356/R	四川大学
华夏医学	1008-2409	45-1236/R	桂林医学院
华中科技大学学报. 医学版	1672-0741	42-1678/R	华中科技大学
淮海医药	1008-7044	34-1189/R	蚌埠市医学科学研究所
基层医学论坛	1672-1721	14-1314/R	山西科技新闻出版传媒集团有限责任公司
基础医学教育	2095-1450	14-1364/R	山西医科大学
吉林大学学报. 医学版	1671-587X	22-1342/R	吉林大学
吉林医学	1004-0412	22-1115/R	吉林省医学期刊社
吉林医药学院学报	1673-2995	22-1368/R	吉林医药学院
济宁医学院学报	1000-9760	37-1143/R	济宁医学院
继续医学教育	1004-6763	12-1206/G4	天津医学高等专科学校
暨南大学学报. 自然科学与医学版	1000-9965	44-1282/N	暨南大学
江苏大学学报. 医学版	1671-7783	32-1669/R	江苏大学
江苏医药	0253-3685	32-1221/R	江苏省人民医院(南京医科大学第一附属医院)
江西医药	1006-2238	36-1094/R	江西省医学会
交通医学	1006-2440	32-1412/R	南通大学
解放军医学院学报	2095-5227	10-1117/R	解放军总医院医学创新研究部
解放军医学杂志	0577-7402	11-1056/R	军事科学出版社
锦州医科大学学报	2096-305X	21-1606/R	锦州医科大学

刊　名	ISSN	CN	主 办 单 位
九江学院学报. 自然科学版	1674-9545	36-1297/N	九江学院
军事医学	1674-9960	11-5950/R	军事科学院军事医学研究院
空军航空医学	2097-1753	10-1860/R	空军特色医学中心
空军军医大学学报	2097-1656	61-1526/R	空军军医大学教研保障中心
昆明医科大学学报	2095-610X	53-1221/R	昆明医科大学
兰州大学学报. 医学版	1000-2812	62-1194/R	兰州大学
辽宁医学杂志	1001-1722	21-1129/R	辽宁省医学会
临床军医杂志	1671-3826	21-1365/R	北部战区总医院
陆军军医大学学报(原名为:第三军医大学学报)	2097-0927	50-1223/R	陆军军医大学(第三军医大学)教研保障中心
牡丹江医学院学报	1001-7550	23-1270/R	牡丹江医学院
南昌大学学报. 医学版	2095-4727	36-1323/R	南昌大学
南方医科大学学报	1673-4254	44-1627/R	南方医科大学
南京医科大学学报. 社会科学版	1671-0479	32-1606/C	南京医科大学
南京医科大学学报. 自然科学版	1007-4368	32-1442/R	南京医科大学
南通大学学报. 医学版	1674-7887	32-1807/R	南通大学
内蒙古医科大学学报	2095-512X	15-1364/R	内蒙古医科大学
内蒙古医学杂志	1004-0951	15-1108/R	内蒙古自治区健康管理服务中心(内蒙古自治区医学学术交流中心)
宁夏医科大学学报	1674-6309	64-1064/R	宁夏医科大学
宁夏医学杂志	1001-5949	64-1008/R	中华医学会宁夏分会
农垦医学	1008-1127	65-1176/R	石河子大学医学院
齐齐哈尔医学院学报	1002-1256	23-1278/R	齐齐哈尔医学院
黔南民族医专学报	1008-4983	52-5030/R	黔南民族医学高等专科学校
青岛大学学报. 医学版	2096-5532	37-1517/R	青岛大学
青岛医药卫生	1006-5571	37-1249/R	青岛市医学会
青海医药杂志	1007-3795	63-1018/R	青海省医药卫生学会联合办公室
全科医学临床与教育	1672-3686	33-1311/R	浙江大学
山东大学学报. 医学版	1671-7554	37-1390/R	山东大学
山东第一医科大学(山东省医学科学院)学报	2097-0005	37-1525/R	山东第一医科大学(山东省医学科学院)
山东医学高等专科学校学报	1674-0947	37-1451/R	山东医学高等专科学校
山东医药	1002-266X	37-1156/R	山东省立医院
山西卫生健康职业学院学报	2096-756X	14-1399/R	山西卫生健康职业学院
山西医科大学学报	1007-6611	14-1216/R	山西医科大学
山西医药杂志	0253-9926	14-1108/R	山西医药卫生传媒集团有限责任公司
陕西医学杂志	1000-7377	61-1104/R	陕西省中医药研究院
汕头大学医学院学报	1007-4716	44-1060/R	汕头大学医学院
上海交通大学学报. 医学版	1674-8115	31-2045/R	上海交通大学
上海医学	0253-9934	31-1366/R	上海市医学会
上海医药	1006-1533	31-1663/R	上海医药行业协会,上海市医药股份有限公司
沈阳医学院学报. 自然科学版	1008-2344	21-1393/R	沈阳医学院
实验动物与比较医学	1674-5817	31-1954/Q	上海市实验动物学会,上海实验动物研究中心
实用临床医药杂志	1672-2353	32-1697/R	扬州大学,中国高校科技期刊研究会
实用医技杂志	1671-5098	14-1298/R	山西医药卫生传媒集团有限责任公司

刊　名	ISSN	CN	主办单位
实用医学杂志	1006-5725	44-1193/R	广东省医学学术交流中心（广东省医学情报研究所）
世界复合医学	2095-994X	10-1273/R	中国医学科学院
世界最新医学信息文摘（电子版）	1671-3141	11-9234/R	世界图书出版有限公司
首都食品与医药	2096-8213	10-1288/R	《首都食品与医药》杂志社
首都医科大学学报	1006-7795	11-3662/R	首都医科大学
数字医学与健康	2097-3349	10-1909/R	中华医学会
四川大学学报. 医学版	1672-173X	51-1644/R	四川大学
四川医学	1004-0501	51-1144/R	四川省医疗卫生服务指导中心
泰州职业技术学院学报	1671-0142	32-1599/G4	泰州职业技术学院
天津医科大学学报	1006-8147	12-1259/R	天津医科大学
天津医药	0253-9896	12-1116/R	天津市医学科学技术信息研究所
同济大学学报. 医学版	1008-0392	31-1901/R	同济大学
皖南医学院学报	1002-0217	34-1068/R	皖南医学院
潍坊医学院学报	1004-3101	37-1195/R	潍坊医学院
卫生职业教育	1671-1246	62-1167/R	甘肃省医学科学研究院
温州医科大学学报	2095-9400	33-1386/R	温州医科大学
武汉大学学报. 医学版	1671-8852	42-1677/R	武汉大学
武警医学	1004-3594	11-3002/R	中国人民武装警察部队特色医学中心
西安交通大学学报. 医学版	1671-8259	61-1399/R	西安交通大学
西部医学	1672-3511	51-1654/R	四川省南充市中心医院
西南医科大学学报	2096-3351	51-1772/R	西南医科大学
西藏医药	1005-5177	54-1030/R	西藏医学会
系统医学	2096-1782	10-1369/R	国家卫生健康委医药卫生科技发展研究中心等
现代实用医学	1671-0800	33-1268/R	宁波市医学会，宁波市医学学术交流管理中心
现代医学	1671-7562	32-1659/R	东南大学
现代医学与健康研究电子杂志	2096-3718	11-9374/R	北京卓众出版有限公司
现代医药卫生	1009-5519	50-1129/R	重庆市卫生健康统计信息中心
湘南学院学报. 医学版	1673-498X	43-1464/R	湘南学院
协和医学杂志	1674-9081	11-5882/R	中国医学科学院，北京协和医院
新疆维吾尔医学专科学校学报（维文版）	1009-5977	65-1198/R-W	新疆维吾尔医学专科学校
新疆医科大学学报	1009-5551	65-1204/R	新疆医科大学
新疆医科大学学报（维文版）	1672-660X	65-1204/R-W	新疆医科大学
新疆医学	1001-5183	65-1070/R	新疆维吾尔自治区医学会
新乡医学院学报	1004-7239	41-1186/R	新乡医学院
新医学	0253-9802	44-1211/R	中山大学
徐州医科大学学报	2096-3882	32-1875/R	徐州医科大学
叙事医学	2096-5893	10-1568/R	人民卫生出版社有限公司，北京大学第三医院
雪域藏医药（藏文）	2096-210X	54-1061/R	西藏自治区藏医院
亚太传统医药	1673-2197	42-1727/R	湖北省科技信息研究院，中华中医药学会
延安大学学报. 医学科学版	1672-2639	61-1408/R	延安大学
延边大学医学学报	1000-1824	22-1260/R	延边大学

刊　名	ISSN	CN	主办单位
药学教育	1007-3531	32-1352/G4	中国药科大学
医学教育管理	2096-045X	10-1335/G4	首都医科大学
医学教育研究与实践	2096-3181	61-1507/G4	西安交通大学,陕西省医学会
医学理论与实践	1001-7585	13-1122/R	河北省预防医学会
医学新知	1004-5511	42-1220/R	武汉大学中南医院,中国农工民主党湖北省委医药卫生工作委员会
医学信息	1006-1959	61-1278/R	陕西省文博生物信息工程研究所
医学信息学杂志	1673-6036	11-5447/R	中国医学科学院
医学研究与教育	1674-490X	13-1393/R	河北大学
医学研究与战创伤救治(原名为:医学研究生学报)	2097-2768	32-1906/R	东部战区总医院
医学研究杂志	1673-548X	11-5453/R	中国医学科学院
医学与法学	1674-7526	51-1721/R	西南医科大学,中国卫生法学会
医学与社会	1006-5563	42-1387/R	华中科技大学同济医学院
医学与哲学	1002-0772	21-1093/R	中国自然辩证法研究会
医学综述	1006-2084	11-3553/R	中国医师协会
医药导报	1004-0781	42-1293/R	中国药理学会,华中科技大学同济医学院附属同济医院
医药界	1550-1868	43-1519/R	湖南科学技术出版社有限责任公司
医药论坛杂志	1672-3422	11-5479/R	中华预防医学会,河南医学情报研究所
医药前沿	2095-1752	13-1405/R	河北省疾病预防控制中心
右江民族医学院学报	1001-5817	45-1085/R	右江民族医学院
右江医学	1003-1383	45-1126/R	右江民族医学院附属医院
云南医药	1006-4141	53-1056/R	云南省医学会
浙江大学学报.医学版	1008-9292	33-1248/R	浙江大学
浙江实用医学	1007-3299	33-1207/R	浙江省医学情报研究所
浙江医学	1006-2785	33-1109/R	浙江省医学会
浙江医学教育	1672-0024	33-1297/R	杭州医学院
郑州大学学报.医学版	1671-6825	41-1340/R	郑州大学
智慧健康	2096-1219	10-1365/TN	国家工业信息安全发展研究中心
中国比较医学杂志	1671-7856	11-4822/R	中国实验动物学会,中国医学科学院医学实验动物研究所
中国毕业后医学教育	2096-4293	10-1512/G4	中国医师协会
中国当代医药	1674-4721	11-5786/R	中国保健协会,当代创新(北京)医药科学研究院
中国典型病例大全	1673-9026	11-9143/R	清华大学
中国高等医学教育	1002-1701	33-1050/G4	浙江大学,全国高等医学教育学会
中国高原医学与生物学杂志	2096-4692	63-1081/R	青海大学
中国基层医药	1008-6706	34-1190/R	中华医学会,安徽医科大学
中国继续医学教育	1674-9308	11-5709/R	中国水利电力医学科学技术学会
中国口腔医学继续教育杂志	1009-2900	11-4430/R	中华口腔医学会
中国煤炭工业医学杂志	1007-9564	13-1221/R	华北理工大学
中国全科医学	1007-9572	13-1222/R	中国医院协会,中国全科医学杂志社
中国热带医学	1009-9727	46-1064/R	中华预防医学会,海南省疾病预防控制中心
中国社区医师	1007-614X	22-1405/R	吉林东北亚出版传媒集团有限公司
中国实用医刊	1674-4756	11-5689/R	中华医学会

刊　名	ISSN	CN	主办单位
中国实用医药	1673-7555	11-5547/R	中国康复医学会
中国数字医学	1673-7571	11-5550/R	国家卫生健康委医院管理研究所
中国现代医生	1673-9701	11-5603/R	中国医学科学院
中国现代医学杂志	1005-8982	43-1225/R	中南大学,中南大学湘雅医院
中国乡村医药	1006-5180	11-3458/R	中国农村卫生协会
中国医刊	1008-1070	11-3942/R	人民卫生出版社有限公司
中国医科大学学报	0258-4646	21-1227/R	中国医科大学
中国医学创新	1674-4985	11-5784/R	中国保健协会
中国医学教育技术	1004-5287	61-1317/G4	西安交通大学
中国医学科学院学报	1000-503X	11-2237/R	中国医学科学院,北京协和医学院
中国医学伦理学	1001-8565	61-1203/R	西安交通大学
中国医学前沿杂志(电子版)	1674-7372	11-9298/R	人民卫生出版社有限公司
中国医学人文	2095-9753	10-1290/R	中国医师协会
中国医药	1673-4777	11-5451/R	中国医师协会
中国医药导报	1673-7210	11-5539/R	中国医学科学院
中国医药导刊	1009-0959	11-4395/R	国家药品监督管理局信息中心
中国医药科学	2095-0616	11-6006/R	海峡两岸医药卫生交流协会,二十一世纪联合创新(北京)医药科学研究院
中国医药指南	1671-8194	11-4856/R	中国保健协会
中国中医药现代远程教育	1672-2779	11-5024/R	中华中医药学会
中华护理教育	1672-9234	11-5289/R	中华护理学会
中华全科医师杂志	1671-7368	11-4798/R	中华医学会
中华全科医学	1674-4152	11-5710/R	中华预防医学会,安徽省全科医学会
中华人民共和国国家卫生健康委员会公报	1672-5417	10-1503/D	国家卫生健康委员会办公厅
中华医史杂志	0255-7053	11-2155/R	中华医学会
中华医学教育探索杂志	2095-1485	11-6021/R	中华医学会
中华医学教育杂志	1673-677X	11-5259/R	中华医学会
中华医学信息导报	1000-8039	11-5178/R	中华医学会
中华医学杂志	0376-2491	11-2137/R	中华医学会
中南大学学报. 医学版	1672-7347	43-1427/R	中南大学
中南医学科学杂志	2095-1116	43-1509/R	南华大学
中日友好医院学报	1001-0025	11-2622/R	中日友好医院
中山大学学报. 医学科学版	1672-3554	44-1575/R	中山大学
中外医疗	1674-0742	11-5625/R	国家卫生健康委医院管理研究所,二十一世纪联合创新(北京)医药科学研究院
中外医学研究	1674-6805	23-1555/R	黑龙江省卫生健康发展研究中心
中医教育	1003-305X	11-1349/R	北京中医药大学
中医药文化	1673 6281	31-1971/R	上海中医药大学,中华中医药学会
遵义医科大学学报	2096-8159	52-1173/R	遵义医科大学

R1 预防医学、卫生学(204 种)

刊 名	ISSN	CN	主办单位
LOHAS健康时尚	1672-254X	44-1567/R	广东炎黄保健研究会
安徽预防医学杂志	1007-1040	34-1154/R	安徽省预防医学会,安徽省疾病预防控制中心
保健事业(维文版)	1002-9478	65-1113/R	新疆科技卫生出版社
保健文汇	1671-5217	15-1213/R	内蒙古人民出版社
保健医学研究与实践	1673-873X	50-1184/R	西南大学
保健医苑	1671-3583	11-4679/R	北京医院
保健与生活	1005-5371	34-1122/R	安徽科学技术出版社
长寿	1006-2742	12-1040/N	天津科学技术出版社有限公司
传染病信息	1007-8134	11-3886/R	解放军第三〇二医院
大家健康	1009-6019	22-1109/R	吉林省医学期刊社
大健康	1674-9368	12-1452/R	天津科学技术出版社有限公司,天津市新华书店
大众健康	1002-574X	11-1023/R	国家卫生健康委员会,健康报社有限公司
当代护士	1006-6411	43-1229/R	湖南省肿瘤医院
毒理学杂志	1002-3127	11-5263/R	北京市预防医学研究中心,北京大学医学部公共卫生学院
儿童与健康	1004-969X	61-1258/R	西安交通大学
妇儿健康导刊	2097-115X	10-1801/R	婚姻与家庭杂志社
工业卫生与职业病	1000-7164	21-1147/R	鞍山钢铁集团公司
公共卫生与预防医学	1006-2483	42-1734/R	湖北省预防医学会等
国际流行病学传染病学杂志	1673-4149	33-1340/R	中华医学会,杭州医学会
国际生殖健康/计划生育杂志	1674-1889	12-1400/R	天津市医学科学技术信息研究所
海峡预防医学杂志	1007-2705	35-1185/R	福建省预防医学会
华南预防医学	1671-5039	44-1550/R	广东省疾病预防控制中心,中华预防医学会
环境卫生学杂志	2095-1906	11-6000/R	中国疾病预防控制中心
环境与健康杂志	1001-5914	12-1095/R	中华预防医学会,天津市疾病预防控制中心
环境与职业医学	2095-9982	31-1879/R	上海市疾病预防控制中心
婚育与健康	1006-9488	41-1245/R	医药卫生报社
疾病监测	1003-9961	11-2928/R	中国疾病预防控制中心
疾病监测与控制	1673-9388	15-1350/R	内蒙古医科大学
家庭科技	1005-7293	45-1191/TS	广西科学技术情报研究所
家庭科学	1672-4526	21-1471/R	辽宁报刊传媒集团(辽宁日报社)
家庭医学	1001-0203	41-1076/R	中华预防医学会
家庭医药.就医选药	1671-4954	45-1301/R	广西壮族自治区科学技术协会
家庭医药.快乐养生	1671-4954	45-1301/R	广西壮族自治区科学技术协会
家庭用药	1009-6620	31-1845/R	中国科学院上海药物研究所,上海市药理学会
健康	1002-297X	11-2185/R	北京市疾病预防控制中心
健康必读	1672-3783	43-1386/R	湖南省健康教育所

刊　名	ISSN	CN	主办单位
健康博览	1006-415X	33-1192/R	浙江省健康教育所
健康大视野	1005-0019	11-3252/R	中国保健协会
健康教育与健康促进	1673-6192	31-1974/R	上海市健康促进中心
健康快车(维文)	1672-2493	65-1255/R	新疆书报刊发展中心
健康女性	1674-6074	43-1490/R	体坛传媒集团股份有限公司
健康少年画报	1002-3089	11-2186/R	北京市疾病预防控制中心
健康生活	1005-6645	45-1192/R	广西壮族自治区健康教育所
健康世界	1005-4596	11-3251/R	中华医学会
健康体检与管理	2096-9449	10-1703/R	中国医院协会
健康文摘	1004-2393	12-1059/R	天津市卫生健康促进中心
健康向导	1006-9038	14-1211/R	山西医药卫生传媒集团有限责任公司
健康研究	1674-6449	33-1359/R	杭州师范大学
健康与美容	1007-3671	11-3088/R	全国卫生产业企业管理协会
健康之家	1672-5751	36-1272/R	家庭医生报社
健康之友	1002-8714	11-1460/R	中国体育报业总社
健康指南	1002-7270	11-1758/R	中国老年保健医学研究会
健康中国观察	2096-7683	10-1663/R	中国人口与发展研究中心
健康忠告	1674-1412	44-1639/R	广东时代传媒有限公司
江苏卫生保健	1008-7338	32-1540/R	江苏省疾病预防控制中心
江苏卫生事业管理	1005-7803	32-1419/R	江苏省医学会
江苏预防医学	1006-9070	32-1446/R	江苏省疾病预防控制中心,江苏省预防医学会
解放军健康	1000-9701	37-1171/R	北部战区疾病预防控制中心
今日健康	1671-5160	44-1543/R	广东炎黄保健研究会
精品. 健康	1673-8756	32-1728/F	新华日报报业集团
开卷有益	1007-2950	12-1216/R	天津市医药集团有限公司
康复. 健康家庭	1005-832X	31-1380/R	上海教育报刊总社
康颐	2095-6525	43-1520/R	湖南潇湘晨报传媒经营有限公司
科学养生	1672-9714	23-1414/R	黑龙江省卫生健康发展研究中心
口岸卫生控制	1008-5777	12-1297/R	天津国际旅行卫生保健中心
老年医学与保健	1008-8296	31-1798/R	华东医院(复旦大学附属华东医院)
妈妈宝宝	1672-030X	37-1397/R	山东科学技术出版社有限公司
名医	1674-9561	44-1666/R	广东科技出版社有限公司
母婴世界	1671-2242	14-1288/R	山西教育教辅传媒集团有限责任公司
母子健康	1005-3859	11-4821/R	中日友好医院
青春期健康	1672-6502	11-5125/R	国家卫生健康委人口文化发展中心,中国人口宣传教育中心
人人健康	1004-597X	14-1033/R	山西三晋报刊传媒集团
伤害医学(电子版)	2095-1566	11-9306/R	高等教育出版社等
上海安全生产	1672-478X	31-1900/T	上海市安全生产科学研究所
上海预防医学	1004-9231	31-1635/R	上海市预防医学会
社区医学杂志	1672-4208	10-1026/R	中华预防医学会
生儿育女	1671-8674	44-1569/R	广州市妇女儿童医疗中心
生活与健康	1009-3613	11-4435/R	人民卫生出版社
时尚健康	1009-4164	11-4457/Z	《时尚》杂志社有限责任公司
实用预防医学	1006-3110	43-1223/R	中华预防医学会,湖南预防医学会
食经	1674-2044	44-1646/TS	广东省食品行业协会

刊　　名	ISSN	CN	主 办 单 位
食品与健康	1004-0137	12-1188/R	天津市科学技术期刊学会
首都公共卫生	1673-7830	11-5533/R	北京市疾病预防控制中心
特别健康	2095-6851	42-1852/R	湖北日报楚天传媒(集团)有限责任公司
铁路节能环保与安全卫生	2095-1671	11-5988/X	中国铁道科学研究院集团有限公司
微量元素与健康研究	1005-5320	52-1081/R	贵州中医药大学
卫生经济研究	1004-7778	33-1056/F	浙江省人民医院
卫生软科学	1003-2800	53-1083/R	中国卫生经济学会,云南省卫生厅
卫生研究	1000-8020	11-2158/R	中国疾病预防控制中心
现代疾病预防控制	2097-2717	41-1464/R	河南省疾病预防控制中心,河南省预防医学会
现代养生	1671-0223	13-1305/R	河北省医疗气功医院
现代医院	1671-332X	44-1534/Z	广东省医院协会
现代医院管理	1672-4232	21-1490/R	中国医院协会,中国医科大学
现代预防医学	1003-8507	51-1365/R	中华预防医学会,四川大学华西公共卫生学院
新疆预防医学(维文版)	1008-0465	65-1177/R	新疆维吾尔自治区疾病预防控制中心
养生保健指南	1006-6845	15-1353/R	内蒙古新华报业中心
医疗装备	1002-2376	11-2217/R	北京市医疗器械检验研究院(北京市医用生物防护装备检验研究中心)
医食参考	1673-7822	21-1538/R	辽微医食研究所
医学动物防制	1003-6245	13-1068/R	中国民主促进会河北省委员会
医院管理论坛	1671-9069	11-4830/R	北京大学
益寿宝典	1673-2448	61-1498/TS	《华商报》社
饮食保健	2095-8439	15-1371/R	内蒙古大学出版社有限责任公司
营养学报	0512-7955	12-1074/R	军事科学院军事医学研究院
应用预防医学	1673-758X	45-1345/R	广西壮族自治区疾病预防控制中心
预防医学	2096-5087	33-1400/R	浙江省预防医学会
预防医学论坛	1672-9153	37-1428/R	中华预防医学会,山东省疾病预防控制中心
预防医学情报杂志	1006-4028	51-1276/R	四川省疾病预防控制中心
运动与健康	2097-2288	42-1933/G8	武汉新闻传媒有限公司
职业卫生与病伤	1006-172X	51-1246/R	四川省疾病预防控制中心
职业卫生与应急救援	1007-1326	31-1719/R	上海市化工职业病防治院,上海市职业安全健康研究院
职业与健康	1004-1257	12-1133/R	天津市疾病预防控制中心,中华预防医学会
质量安全与检验检测	2096-8876	10-1701/R	中国检验检疫科学研究院,中国检验检测学会
中国艾滋病性病	1672-5662	11-4818/R	中国性病艾滋病防治协会,中国疾病预防控制中心性病艾滋病预防控制中心
中国保健食品	1009-7023	11-4517/R	中国中医药科技开发交流中心
中国保健营养	1004-7484	14-1172/R	全国卫生产业企业管理协会
中国病案	1672-2566	11-4998/R	中国医院协会
中国城乡企业卫生	1003-5052	12-1170/R	中华预防医学会,天津市职业病防治院
中国初级卫生保健	1001-568X	23-1040/R	中国初级卫生保健基金会

刊　名	ISSN	CN	主办单位
中国地方病防治	1001-1889	22-1136/R	吉林省地方病第二防治研究所,中华预防医学会
中国儿童保健杂志	1008-6579	61-1346/R	西安交通大学,中华预防医学会
中国辐射卫生	1004-714X	37-1206/R	山东省医学科学院放射医学研究所,中华预防医学会
中国妇幼保健	1001-4411	22-1127/R	中华预防医学会,吉林省医学期刊社
中国妇幼健康研究	1673-5293	61-1448/R	西安交通大学,妇幼健康研究会
中国妇幼卫生杂志	1674-7763	11-5816/R	中国疾病预防控制中心
中国感染控制杂志	1671-9638	43-1390/R	中南大学,中南大学湘雅医院
中国工业医学杂志	1002-221X	21-1267/R	中华预防医学会,沈阳市劳动卫生职业病研究所
中国公共卫生	1001-0580	21-1234/R	中华预防医学会,辽宁省疾病预防控制中心
中国公共卫生管理	1001-9561	23-1318/R	中华预防医学会,黑龙江省疾病预防控制中心
中国国境卫生检疫杂志	1004-9770	11-3254/R	中国检验检疫科学研究院
中国护理管理	1672-1756	11-4979/R	国家卫生健康委医院管理研究所
中国计划生育和妇产科	1674-4020	51-1708/R	中国医师协会,四川省卫生健康政策和医学情报研究所
中国计划生育学杂志	1004-8189	11-4550/R	国家卫生健康委科学技术研究所
中国家庭医生	1004-6348	44-1121/R	《中国家庭医生》杂志社有限公司
中国健康教育	1002-9982	11-2513/R	中国健康教育中心,中国健康促进与教育协会
中国口岸科学技术	1002-4689	10-1652/R1	中国海关传媒中心
中国老年保健医学	1672-2671	11-4981/R	中国老年保健医学研究会
中国老年学杂志	1005-9202	22-1241/R	吉林省医学期刊社
中国临床保健杂志	1672-6790	34-1273/R	北京医院,中共安徽省委保健委员会
中国慢性病预防与控制	1004-6194	12-1196/R	中华预防医学会,天津市疾病预防控制中心
中国媒介生物学及控制杂志	1003-8280	10-1522/R	中国疾病预防控制中心
中国农村卫生	1674-361X	11-5704/R	中国农村卫生协会
中国农村卫生事业管理	1005-5916	11-5269/R	中华预防医学会
中国热带医学	1009-9727	46-1064/R	中华预防医学会,海南省疾病预防控制中心
中国社会医学杂志	1673-5625	42-1758/R	华中科技大学同济医学院
中国社区医师	1007-614X	22-1405/R	吉林东北亚出版传媒集团有限公司
中国生育健康杂志	1671-878X	11-4831/R	北京大学
中国实用乡村医生杂志	1672-7185	21-1502/R	中国医师协会,中国医科大学
中国食品卫生杂志	1004-8456	11-3156/R	中华预防医学会,中国卫生信息与健康医疗大数据学会
中国食品药品监管	1673-5390	11-5362/D	中国健康传媒集团
中国食物与营养	1006-9577	11-3716/TS	中国农业科学院,国家食物与营养咨询委员会
中国卫生	1009-1424	11-3708/D	《中国卫生》杂志社有限公司
中国卫生标准管理	1674-9316	11-5908/R	中国水利电力医学科学技术学会
中国卫生产业	1672-5654	11-5121/R	全国卫生产业企业管理协会
中国卫生法制	1004-6607	11-3044/D	中国卫生监督协会

刊　　名	ISSN	CN	主办单位
中国卫生工程学	1671-4199	22-1333/R	中华预防医学会,吉林省预防医学会
中国卫生画报	1005-1384	11-3169/Z	中国健康教育中心,中国疾病预防控制中心
中国卫生监督杂志	1007-6131	11-3803/R	国家卫生健康委卫生健康监督中心
中国卫生检验杂志	1004-8685	41-1192/R	中华预防医学会
中国卫生健康年鉴	2096-8272	10-1668/Z	中国人口与发展研究中心
中国卫生经济	1003-0743	23-1042/F	中国卫生经济学会,国家卫生健康委卫生发展研究中心
中国卫生人才	1008-7370	11-4063/D	国家卫生健康委人才交流服务中心
中国卫生事业管理	1004-4663	51-1201/R	四川省卫生健康委员会
中国卫生统计	1002-3674	21-1153/R	中国卫生信息与健康医疗大数据学会,中国医科大学
中国卫生信息管理杂志	1672-5166	11-5120/R	国家卫生健康委统计信息中心
中国卫生政策研究	1674-2982	11-5694/R	中国医学科学院
中国卫生质量管理	1006-7515	61-1283/R	中国医院协会,陕西省人民医院
中国卫生资源	1007-953X	31-1751/R	中国卫生经济学会,中国卫生资源杂志社
中国消毒学杂志	1001-7658	11-2672/R	解放军疾病预防控制中心
中国校医	1001-7062	32-1199/R	中华预防医学会,江苏省预防医学会
中国性科学	1672-1993	11-4982/R	中国性学会
中国学校卫生	1000-9817	34-1092/R	中华预防医学会
中国血吸虫病防治杂志	1005-6661	32-1374/R	江苏省血吸虫病防治研究所
中国研究型医院	2095-8781	10-1274/R	中国研究型医院学会,中国科学技术出版社有限公司
中国冶金工业医学杂志	1005-5495	21-1340/R	鞍山钢铁集团公司
中国医疗管理科学	2095-7432	10-1208/R	国家卫生健康委医院管理研究所
中国医疗器械信息	1006-6586	11-3700/R	中国医疗器械行业协会
中国医疗设备	1674-1633	11-5655/R	中国整形美容协会
中国医学装备	1672-8270	11-5211/TH	中国医学装备协会
中国医院	1671-0592	11-4674/R	中国医院协会
中国医院管理	1001-5329	23-1041/C	黑龙江省卫生健康发展研究中心
中国医院建筑与装备	1671-9174	11-4851/T	国家卫生健康委医院管理研究所
中国医院统计	1006-5253	37-1254/C	国家卫生健康委统计信息中心,滨州医学院
中国医院院长	1674-3989	22-1377/R	吉林卓信医学传媒集团有限公司
中国疫苗和免疫	1006-916X	11-5517/R	中国疾病预防控制中心
中国预防医学杂志	1009-6639	11-4529/R	中华预防医学会
中国职业医学	2095-2619	44-1484/R	中华预防医学会,广东省职业病防治院
中华保健医学杂志	1674-3245	11-5698/R	中央军委后勤保障部卫生局保健办
中华放射医学与防护杂志	0254-5098	11-2271/R	中华医学会
中华疾病控制杂志	1674-3679	34-1304/R	中华预防医学会,安徽医科大学
中华健康管理学杂志	1674-0815	11-5624/R	中华医学会
中华劳动卫生职业病杂志	1001-9391	12-1094/R	中华医学会
中华流行病学杂志	0254-6450	11-2338/R	中华医学会
中华卫生杀虫药械	1671-2781	32-1637/R	东部战区疾病预防控制中心
中华卫生应急电子杂志	2095-9133	11-9361/R	中华医学会
中华养生保健	1009-8011	11-4536/R	中华中医药学会

刊　　名	ISSN	CN	主办单位
中华医学科研管理杂志	1006-1924	11-3565/R	中华医学会
中华医院感染学杂志	1005-4529	11-3456/R	中华预防医学会,中国人民解放军总医院
中华医院管理杂志	1000-6672	11-1325/R	中华医学会
中华预防医学杂志	0253-9624	11-2150/R	中华医学会
中老年保健	1002-7157	11-1015/R	中日友好医院
中外女性健康研究	2096-0417	42-1869/R	武汉大学
祝您健康	1003-4242	32-1051/R	江苏凤凰科学技术出版社有限公司
祝您健康.文摘	1003-4242	32-1051/R	江苏凤凰科学技术出版社有限公司
自我保健	1008-0430	31-1753/R	上海市医学会

R2 中国医学(141 种)

刊　　名	ISSN	CN	主办单位
安徽中医药大学学报	2095-7246	34-1324/R	安徽中医药大学
北京中医药	1674-1307	11-5635/R	北京中医药学会等
北京中医药大学学报	1006-2157	11-3574/R	北京中医药大学
长春中医药大学学报	2095-6258	22-1375/R	长春中医药大学
成都中医药大学学报	1004-0668	51-1501/R	成都中医药大学
东方养生	1004-5058	46-1022/R	海南省高级体育运动技术学校
东方药膳	1671-3591	43-1461/R	湖南中医药大学
反射疗法与康复医学	2096-7950	10-1669/R4	中国足部反射区健康法研究会,中国康复医学会
福建中医药	1000-338X	35-1073/R	福建中医药大学
甘肃中医药大学学报	1003-8450	62-1214/R	甘肃中医药大学
光明中医	1003-8914	11-1592/R	中华中医药学会
广西中医药	1003-0719	45-1123/R	广西中医药大学,广西中医药学会
广西中医药大学学报	2095-4441	45-1391/R	广西中医药大学
广州中医药大学学报	1007-3213	44-1425/R	广州中医药大学
贵州中医药大学学报	1002-1108	52-1174/R2	贵州中医药大学
国际中医中药杂志	1673-4246	11-5398/R	中华医学会,中国中医科学院中医药信息研究所
国医论坛	1002-1078	41-1110/R	南阳医学高等专科学校,中华中医药学会
河北中医	1002-2619	13-1067/R	河北省医学情报研究所
河北中医药学报	1007-5615	13-1214/R	河北中医药大学
河南中医	1003-5028	41-1114/R	河南中医药大学
黑龙江中医药	1000-9906	23-1221/R	黑龙江省中医药科学院
湖北中医药大学学报	1008-987X	42-1844/R	湖北中医药大学
湖北中医杂志	1000-0704	42-1189/R	湖北中医药大学
湖南中医药大学学报	1674-070X	43-1472/R	湖南中医药大学
湖南中医杂志	1003-7705	43-1105/R	湖南省中医药研究院
环球中医药	1674-1749	11-5652/R	中华国际医学交流基金会
基层中医药	2097-1222	10-1800/R	中国中医科学院中药研究所
吉林中医药	1003-5699	22-1119/R	长春中医药大学
健康养生	2095-8943	44-1714/R	《中国家庭医生》杂志社有限公司
健身科学	1008-0295	23-1415/G8	中共黑龙江省委奋斗杂志社

刊　名	ISSN	CN	主办单位
江苏中医药	1672-397X	32-1630/R	江苏省中医药学会等
江西中医药	0411-9584	36-1095/R	江西中医药大学，江西省中医药学会
江西中医药大学学报	2095-7785	36-1331/R	江西中医药大学
辽宁中医药大学学报	1673-842X	21-1543/R	辽宁中医药大学
辽宁中医杂志	1000-1719	21-1128/R	辽宁中医药大学
南京中医药大学学报	1672-0482	32-1247/R	南京中医药大学
南京中医药大学学报. 社会科学版	1009-3222	32-1561/C	南京中医药大学
内蒙古民族大学学报. 蒙医药学版（蒙古文）	1671-4296	15-1222/R	内蒙古民族大学
内蒙古中医药	1006-0979	15-1101/R	内蒙古自治区中医药研究所
人参研究	1671-1521	22-1156/S	吉林人参研究院
山东中医药大学学报	1007-659X	37-1279/R	山东中医药大学
山东中医杂志	0257-358X	37-1164/R	山东中医药学会，山东中医药大学
山西中医	1000-7156	14-1110/R	山西省中医药学会，山西省中医药研究院
山西中医药大学学报	2096-7403	14-1398/R	山西中医药大学
陕西中医	1000-7369	61-1105/R	陕西省中医药学会
陕西中医药大学学报	2096-1340	61-1501/R	陕西中医药大学
上海针灸杂志	1005-0957	31-1317/R	上海市针灸学会，上海市中医药研究院
上海中医药大学学报	1008-861X	31-1788/R	上海中医药大学，上海市中医药研究院
上海中医药杂志	1007-1334	31-1276/R	上海中医药大学，上海市中医药学会
深圳中西医结合杂志	1007-0893	44-1419/R	深圳市中西医结合临床研究所
时珍国医国药	1008-0805	42-1436/R	时珍国医国药杂志社
实用中医内科杂志	1671-7813	21-1187/R	辽宁省中医药学会等
实用中医药杂志	1004-2814	50-1056/R	重庆医科大学中医药学院
世界科学技术. 中医药现代化	1674-3849	11-5699/R	中国科学院科技战略咨询研究院
世界中西医结合杂志	1673-6613	11-5511/R	中华中医药学会
世界中医药	1673-7202	11-5529/R	世界中医药学会联合会
四川中医	1000-3649	51-1186/R	四川省中医药发展服务中心
天津中医药	1672-1519	12-1349/R	天津中医药大学等
天津中医药大学学报	1673-9043	12-1391/R	天津中医药大学
天然产物研究与开发	1001-6880	51-1335/Q	中国科学院成都文献情报中心
维吾尔医药(维文版)	1009-5209	65-1167/R	新疆维吾尔自治区维吾尔医药研究所
西部中医药	2096-9600	62-1204/R	甘肃省中医药研究院，中华中医药学会
现代养生	1671-0223	13-1305/R	河北省医疗气功医院
现代药物与临床	1674-5515	12-1407/R	天津药物研究院，中国药学会
现代中西医结合杂志	1008-8849	13-1283/R	河北省中西医结合学会，中华中医药学会
现代中药研究与实践	1673-6427	34-1267/R	安徽中医药高等专科学校
现代中医临床	2095-6606	10-1157/R	北京中医药大学
现代中医药	1672-0571	61-1397/R	陕西中医药大学
新疆中医药	1009-3931	65-1067/R	新疆维吾尔自治区中医药学会
新中医	0256-7415	44-1231/R	广州中医药大学，中华中医药学会
养生大世界	1671-2269	11-4709/Z	中国老年保健协会
养生月刊	1671-1734	33-1265/R	浙江省中医药研究院
医学食疗与健康	2096-5249	43-1545/R	湖南省药膳食疗研究会，中国医师协会
益寿宝典	1673-2448	61-1498/TS	《华商报》社

刊　名	ISSN	CN	主办单位
云南中医药大学学报	1000-2723	53-1241/R	云南中医药大学
云南中医中药杂志	1007-2349	53-1120/R	云南省中医中药研究院,云南省中医药学会
藏医药教育与研究(藏文)	1674-0572	54-1055/R	西藏藏医学院
浙江中西医结合杂志	1005-4561	33-1177/R	浙江省中西医结合学会,浙江省中西医结合医院
浙江中医药大学学报	1005-5509	33-1349/R	浙江中医药大学
浙江中医杂志	0411-8421	33-1083/R	浙江省中医药研究院
针刺研究	1000-0607	11-2274/R	中国中医科学院针灸研究所,中国针灸学会
针灸临床杂志	1005-0779	23-1354/R	中华中医药学会,黑龙江中医药大学
中草药	0253-2670	12-1108/R	天津药物研究院,中国药学会
中成药	1001-1528	31-1368/R	国家药品监督管理局信息中心中成药信息站,上海中药行业协会
中国骨伤	1003-0034	11-2483/R	中国中西医结合学会,中国中医科学院
中国海洋药物	1002-3461	37-1155/R	中国药学会
中国蒙医药(蒙文版)	1006-3854	15-1345/R	内蒙古中蒙医研究所,中国民族医药学会
中国民间疗法	1007-5798	11-3555/R	中国中医药出版社有限公司,中国民间中医医药研究开发协会
中国民族民间医药	1007-8517	53-1102/R	云南省民族民间医药学会
中国民族医药杂志	1006-6810	15-1175/R	内蒙古自治区中医药研究所
中国实验方剂学杂志	1005-9903	11-3495/R	中国中医科学院中药研究所,中华中医药学会
中国现代中药	1673-4890	11-5442/R	中国中药协会等
中国藏医药(藏文)	1673-9337	63-1066/R	青海省藏医药研究院,青海省藏医院
中国针灸	0255-2930	11-2024/R	中国针灸学会,中国中医科学院针灸研究所
中国中西医结合儿科学	1674-3865	21-1569/R	中国医师协会等
中国中西医结合急救杂志	1008-9691	12-1312/R	中国中西医结合学会等
中国中西医结合皮肤性病学杂志	1672-0709	12-1380/R	中国中西医结合学会,天津市中西医结合皮肤病研究所
中国中西医结合肾病杂志	1009-587X	14-1277/R	中国中西医结合学会
中国中西医结合外科杂志	1007-6948	12-1249/R	中国中西医结合学会,天津市中西医结合急腹症研究所
中国中西医结合消化杂志	1671-038X	42-1612/R	华中科技大学同济医学院等
中国中西医结合影像学杂志	1672-0512	11-4894/R	中国中西医结合学会,山东中医药大学附属医院
中国中西医结合杂志	1003-5370	11-2787/R	中国中西医结合学会,中国中医科学院
中国中药杂志	1001-5302	11-2272/R	中国药学会
中国中医骨伤科杂志	1005-0205	42-1340/R	中华中医药学会,湖北省中医药研究院
中国中医基础医学杂志	1006-3250	11-3554/R	中国中医科学院中医基础理论研究所
中国中医急症	1004-745X	50-1102/R	中华中医药学会,重庆市中医研究院
中国中医眼科杂志	1002-4379	11-2849/R	中国中医科学院
中国中医药科技	1005-7072	23-1353/R	中华中医药学会,黑龙江省中医药管理局
中国中医药图书情报杂志	2095-5707	10-1113/R	中国中医科学院中医药信息研究所

刊　　名	ISSN	CN	主　办　单　位
中国中医药现代远程教育	1672-2779	11-5024/R	中华中医药学会
中国中医药信息杂志	1005-5304	11-3519/R	中国中医科学院中医药信息研究所
中华养生保健	1009-8011	11-4536/R	中华中医药学会
中华针灸电子杂志	2095-3240	11-9326/R	中华医学会
中华中医药学刊	1673-7717	21-1546/R	中华中医药学会,辽宁中医药大学
中华中医药杂志	1673-1727	11-5334/R	中华中医药学会
中西医结合肝病杂志	1005-0264	42-1322/R	湖北中医药大学
中西医结合研究	1674-4616	42-1789/R	华中科技大学
中药材	1001-4454	44-1286/R	国家药品监督管理局中药材信息中心站,广东省中药协会
中药新药与临床药理	1003-9783	44-1308/R	广州中医药大学,中华中医药学会
中药药理与临床	1001-859X	51-1188/R	中国药理学会,四川省中医药科学院
中药与临床	1674-926X	51-1723/R	成都中医药大学
中医儿科杂志	1673-4297	62-1176/R	甘肃中医药大学,中华中医药学会
中医健康养生	2095-9028	10-1279/R	《中国中医药报》社有限公司
中医教育	1003-305X	11-1349/R	北京中医药大学
中医康复	2097-3128	44-1757/R	广东省第二中医院(广东省中医药工程技术研究院)
中医临床研究	1674-7860	11-5895/R	中华中医药学会
中医外治杂志	1006-978X	14-1195/R	山西医药卫生传媒集团
中医文献杂志	1006-4737	31-1682/R	上海市中医文献馆,中华中医药学会
中医学报	1674-8999	41-1411/R	河南中医药大学,中华中医药学会
中医研究	1001-6910	41-1124/R	河南省中医药研究院,中华中医药学会
中医眼耳鼻喉杂志	1674-9006	51-1726/R	成都中医药大学
中医药导报	1672-951X	43-1446/R	湖南省中医药学会,湖南省中医药管理局
中医药管理杂志	1007-9203	11-3070/R	中华中医药学会
中医药临床杂志	1672-7134	34-1268/R	中医药临床杂志社,中华中医药学会
中医药通报	1671-2749	35-1250/R	中华中医药学会,厦门市中医药学会
中医药文化	1673-6281	31-1971/R	上海中医药大学,中华中医药学会
中医药信息	1002-2406	23-1194/R	中华中医药学会,黑龙江中医药大学
中医药学报	1002-2392	23-1193/R	中华中医药学会,黑龙江中医药大学
中医杂志	1001-1668	11-2166/R	中华中医药学会,中国中医科学院
中医正骨	1001-6015	41-1162/R	河南省正骨研究院,中华中医药学会
中医肿瘤学杂志	2096-6628	44-1743/R73	广州中医药大学第一附属医院、中华中医药学会

R3 基础医学(79 种)

刊　　名	ISSN	CN	主　办　单　位
北京生物医学工程	1002-3208	11-2261/R	北京市心肺血管疾病研究所
标记免疫分析与临床	1006-1703	11-3294/R	中国同辐股份有限公司
病毒学报	1000-8721	11-1865/R	中国微生物学会
癫痫与神经电生理学杂志	1674-8972	52-1152/R	贵州医科大学
国际病毒学杂志	1673-4092	11-5394/R	中华医学会,北京市疾病预防控制中心
国际免疫学杂志	1673-4394	23-1535/R	中华医学会,哈尔滨医科大学

刊　　名	ISSN	CN	主办单位
国际生物医学工程杂志	1673-4181	12-1382/R	中华医学会,中国医学科学院生物医学工程研究所
国际生物制品学杂志	1673-4211	31-1962/R	中华医学会,上海生物制品研究所有限公司
国际遗传学杂志	1673-4386	23-1536/R	中华医学会等
基础医学与临床	1001-6325	11-2652/R	北京生理科学会
疾病监测	1003-9961	11-2928/R	中国疾病预防控制中心
寄生虫与医学昆虫学报	1005-0507	11-3158/R	军事科学院军事医学研究院
教育生物学杂志	2095-4301	31-2079/R	上海交通大学医学院附属新华医院
解剖科学进展	1006-2947	21-1347/Q	中国解剖学会
解剖学报	0529-1356	11-2228/R	中国解剖学会
解剖学研究	1671-0770	44-1485/R	广东省解剖学会,中国解剖学会
解剖学杂志	1001-1633	31-1285/R	中国解剖学会
局解手术学杂志	1672-5042	50-1162/R	重庆市解剖学会
临床与病理杂志	2095-6959	43-1521/R	中南大学
临床与实验病理学杂志	1001-7399	34-1073/R	安徽医科大学,中华医学会安徽分会
免疫学杂志	1000-8861	10-1959/R	融通医健期刊出版(北京)有限公司,中国免疫学会
神经解剖学杂志	1000-7547	61-1061/R	空军军医大学基础医学院,中国解剖学会
生理科学进展	0559-7765	11-2270/R	中国生理学会,北京大学
生理学报	0371-0874	31-1352/Q	中国科学院上海营养与健康研究所,中国生理学会
生物骨科材料与临床研究	1672-5972	42-1715/R	湖北省医疗器械协会
生物医学工程学进展	1674-1242	31-1999/R	上海市生物医学工程学会
生物医学工程学杂志	1001-5515	51-1258/R	四川大学华西医院,四川省生物医学工程学会
生物医学工程研究	1672-6278	37-1413/R	山东生物医学工程学会,山东省药学科学院
生物医学工程与临床	1009-7090	12-1329/R	天津市生物医学工程学会,天津市第三中心医院
生殖医学杂志	1004-3845	11-4645/R	国家卫生健康委科学技术研究所,中国医学科学院北京协和医院
世界睡眠医学杂志	2095-7130	10-1207/R	世界中医药学会联合会
数理医药学杂志	1004-4337	42-1303/R	武汉大学,中国工业与应用数学学会医药数学专业委员会
四川解剖学杂志	1005-1457	51-1429/R	四川省解剖学会
四川生理科学杂志	1671-3885	51-1160/R	四川省生理科学会
透析与人工器官	1005-0809	12-1219/R	天津市泌尿外科研究所
微生物学免疫学进展	1005-5673	62-1120/R	兰州生物制品研究所有限责任公司
微生物与感染	1673-6184	31-1966/R	复旦大学
微循环学杂志	1005-1740	42-1321/R	武汉大学人民医院,中国病理生理学会微循环专业委员会
细胞与分子免疫学杂志	1007-8738	61-1304/R	空军军医大学基础医学院,中国免疫学会
现代电生理学杂志	1672-0458	13-1327/R	河北省电生理学会,河北医科大学第四医院
现代免疫学	1001-2478	31-1899/R	上海市免疫学研究所,上海市免疫学会

刊　名	ISSN	CN	主办单位
现代生物医学进展	1673-6273	23-1544/R	黑龙江省森工总医院,哈尔滨医科大学附属第四医院
心理学通讯	2096-5494	31-2151/B	上海市精神卫生中心
心理与健康	1005-7064	11-3387/R	中国心理卫生协会
医学分子生物学杂志	1672-8009	42-1720/R	华中科技大学
医学影像学杂志	1006-9011	37-1426/R	山东省医学影像学研究所,山东省医学影像学研究会
医用生物力学	1004-7220	31-1624/R	上海交通大学
中国病理生理杂志	1000-4718	44-1187/R	中国病理生理学会
中国病原生物学杂志	1673-5234	11-5457/R	中华预防医学会,山东省寄生虫病防治研究所
中国寄生虫学与寄生虫病杂志	1000-7423	31-1248/R	中华预防医学会,中国疾病预防控制中心寄生虫病预防控制所
中国健康心理学杂志	2096-4811	11-5257/R	中国心理卫生协会
中国临床解剖学杂志	1001-165X	44-1153/R	中国解剖学会
中国临床心理学杂志	1005-3611	43-1214/R	中国心理卫生协会,中南大学
中国媒介生物学及控制杂志	1003-8280	10-1522/R	中国疾病预防控制中心
中国免疫学杂志	1000-484X	22-1126/R	中国免疫学会,吉林省医学期刊社
中国人兽共患病学报	1002-2694	35-1284/R	中国微生物学会
中国神经免疫学和神经病学杂志	1006-2963	11-3552/R	北京医院,中国免疫学会神经免疫学分会
中国生物化学与分子生物学报	1007-7626	11-3870/Q	中国生物化学与分子生物学会,北京大学
中国生物医学工程学报	0258-8021	11-2057/R	中国生物医学工程学会
中国生物制品学杂志	1004-5503	22-1197/Q	中华预防医学会,长春生物制品研究所
中国微生态学杂志	1005-376X	21-1326/R	中华预防医学会,大连医科大学
中国心理卫生杂志	1000-6729	11-1873/R	中国心理卫生协会
中国血液流变学杂志	1009-881X	32-1625/R	中国生物医学工程学会,苏州大学
中国医学工程	1672-2019	11-4983/R	中国医药生物技术协会,中南大学湘雅医院
中国医学物理学杂志	1005-202X	44-1351/R	南方医科大学,中国医学物理学会
中国医药生物技术	1673-713X	11-5512/R	中国医药生物技术协会
中国优生与遗传杂志	1006-9534	11-3743/R	中国优生科学协会
中国真菌学杂志	1673-3827	31-1960/R	上海长征医院
中国组织工程研究	2095-4344	21-1581/R	中国康复医学会等
中国组织化学与细胞化学杂志	1004-1850	42-1300/Q	中国解剖学会,华中科技大学同济医学院
中华病理学杂志	0529-5807	11-2151/R	中华医学会
中华超声影像学杂志	1004-4477	13-1148/R	中华医学会
中华生物医学工程杂志	1674-1927	11-5668/R	中华医学会,广州医科大学
中华生殖与避孕杂志	2096-2916	10-1441/R	中华医学会等
中华实验和临床病毒学杂志	1003-9279	11-2866/R	中华医学会
中华微生物学和免疫学杂志	0254-5101	11-2309/R	中华医学会
中华行为医学与脑科学杂志	1674-6554	37-1468/R	中华医学会,济宁医学院
中华医学遗传学杂志	1003-9406	51-1374/R	中华医学会
转化医学杂志	2095-3097	10-1042/R	中国人民解放军总医院第六医学中心

R4/R8 临床医学/特种医学（560 种）

刊　名	ISSN	CN	主 办 单 位
阿尔茨海默病及相关病杂志	2096-5516	10-1536/R	阿尔茨海默病防治协会
癌变·畸变·突变	1004-616X	44-1063/R	中国环境诱变剂学会
癌症	1000-467X	44-1195/R	中山大学肿瘤防治中心
癌症进展	1672-1535	11-4971/R	中国医学科学院
癌症康复	1007-8193	11-3882/R	中国抗癌协会等
巴楚医学	2096-6113	42-1899/R	三峡大学
白血病·淋巴瘤	1009-9921	11-5356/R	中华医学会等
北京口腔医学	1006-673X	11-3639/R	首都医科大附属北京口腔医院
标记免疫分析与临床	1006-1703	11-3294/R	中国同辐股份有限公司
肠外与肠内营养	1007-810X	32-1477/R	东部战区总医院
传染病信息	1007-8134	11-3886/R	解放军第三〇二医院
创伤外科杂志	1009-4237	50-1125/R	陆军特色医学中心
创伤与急危重病医学	2095-5561	21-1588/R	北部战区总医院
创伤与急诊电子杂志	2095-5316	11-9332/R	人民卫生出版社有限公司
磁共振成像	1674-8034	11-5902/R	中国医院协会,首都医科大学附属北京天坛医院
卒中与神经疾病	1007-0478	42-1402/R	武汉大学人民医院
当代护士	1006-6411	43-1229/R	湖南省肿瘤医院
癫痫与神经电生理学杂志	1674-8972	52-1152/R	贵州医科大学
癫痫杂志	2096-0247	51-1762/R	四川大学
法医学杂志	1004-5619	31-1472/R	司法鉴定科学研究院
反射疗法与康复医学	2096-7950	10-1669/R4	中国足部反射区健康法研究会,中国康复医学会
放射学实践	1000-0313	42-1208/R	华中科技大学同济医学院
分子影像学杂志	1674-4500	44-1630/R	南方医科大学
分子诊断与治疗杂志	1674-6929	44-1656/R	《中国家庭医生》杂志社有限公司
风湿病与关节炎	2095-4174	10-1073/R	中华中医药学会
妇产与遗传(电子版)	2095-1558	11-9305/R	高等教育出版社,南方医科大学
妇幼护理	2097-0838	51-1801/R	四川日报报业集团
腹部外科	1003-5591	42-1252/R	中华医学会武汉分会
腹腔镜外科杂志	1009-6612	37-1361/R	山东大学
肝癌电子杂志	2095-7815	11-9351/R	人民卫生出版社有限公司
肝博士	1673-0550	50-1171/R	重庆医科大学附属第二医院
肝胆外科杂志	1006-4761	34-1143/R	安徽医科大学第一附属医院
肝胆胰外科杂志	1007-1954	33-1196/R	温州医科大学
肝脏	1008-1704	31-1775/R	上海市医学会
感染、炎症、修复	1672-8521	11-5225/R	解放军总医院第四医学中心
高原医学杂志	1007-3809	63-1019/R	青海省医药卫生学会联合办公室
骨科	1674-8573	42-1799/R	华中科技大学同济医学院附属同济医院,中华医学会武汉分会
骨科临床与研究杂志	2096-269X	10-1396/R	首都医科大学附属北京积水潭医院,北京科学技术出版社
国际儿科学杂志	1673-4408	21-1529/R	中华医学会,中国医科大学

刊　　名	ISSN	CN	主 办 单 位
国际耳鼻咽喉头颈外科杂志	1673-4106	11-5395/R	中华医学会,北京市耳鼻咽喉科研究所
国际放射医学核医学杂志	1673-4114	12-1381/R	中华医学会,中国医学科学院放射医学研究所
国际妇产科学杂志	1674-1870	12-1399/R	天津市医学科学技术信息研究所
国际骨科学杂志	1673-7083	31-1952/R	上海市卫生和健康发展研究中心(上海市医学科学技术情报研究所)
国际呼吸杂志	1673-436X	13-1368/R	中华医学会,河北医科大学
国际护理学杂志	1673-4351	22-1370/R	中华医学会,吉林省医学期刊社
国际检验医学杂志	1673-4130	50-1176/R	重庆市卫生健康统计信息中心
国际精神病学杂志	1673-2952	43-1457/R	中南大学
国际口腔医学杂志	1673-5749	51-1698/R	四川大学
国际老年医学杂志	1674-7593	22-1399/R	吉林大学
国际流行病学传染病学杂志	1673-4149	33-1340/R	中华医学会,杭州医学会
国际麻醉学与复苏杂志	1673-4378	32-1761/R	中华医学会,徐州医科大学
国际泌尿系统杂志	1673-4416	43-1460/R	中华医学会,湖南省医学会
国际脑血管病杂志	1673-4165	11-5541/R	中华医学会等
国际内分泌代谢杂志	1673-4157	12-1383/R	中华医学会,天津医科大学
国际神经病学神经外科学杂志	1673-2642	43-1456/R	中南大学,中南大学湘雅医院
国际输血及血液学杂志	1673-419X	51-1693/R	中华医学会等
国际外科学杂志	1673-4203	11-5396/R	中华医学会,首都医科大学附属北京友谊医院
国际消化病杂志	1673-534X	31-1953/R	上海市卫生和健康发展研究中心
国际心血管病杂志	1673-6583	31-1951/R	上海市卫生和健康发展研究中心(上海市医学科学技术情报研究所)
国际眼科杂志	1672-5123	61-1419/R	中华医学会西安分会
国际眼科纵览	1673-5803	11-5500/R	中华医学会,北京市眼科研究所
国际医学放射学杂志	1674-1897	12-1398/R	天津市医学科学技术信息研究所,天津市人民医院
国际移植与血液净化杂志	1673-4238	11-5399/R	中华医学会
国际肿瘤学杂志	1673-422X	37-1439/R	中华医学会,山东第一医科大学
海军军医大学学报(原名为:第二军医大学学报)	2097-1338	31-2187/R	海军军医大学(第二军医大学)教研保障中心
海军医学杂志	1009-0754	31-1823/R	海军特色医学中心
罕见病研究	2097-0501	10-1772/R	中国医学科学院北京协和医院
罕少疾病杂志	1009-3257	44-1497/R	深圳市卫生健康委员会
航空航天医学杂志	2095-1434	23-1571/R	航空工业哈尔滨二四二医院
航天医学与医学工程	1002-0837	11-2774/R	融通医健期刊出版(北京)有限公司
河南外科学杂志	1007-8991	41-1235/R	郑州大学
护理管理杂志	1671-315X	11-4716/C	原中国人民解放军北京军区总医院
护理实践与研究	1672-9676	13-1352/R	河北省儿童医院
护理学报	1008-9969	44-1631/R	南方医科大学
护理学杂志	1001-4152	42-1154/R	华中科技大学同济医学院
护理研究	1009-6493	14-1272/R	山西医科大学第一医院,山西省护理学会
护理与康复	1671-9875	33-1298/R	浙江省护理学会
护士进修杂志	1002-6975	52-1063/R	贵州省卫生健康学术促进中心
华西口腔医学杂志	1000-1182	51-1169/R	四川大学

刊　名	ISSN	CN	主办单位
机器人外科学杂志（中英文）	2096-7221	10-1650/R	世界图书出版有限公司
基础医学与临床	1001-6325	11-2652/R	北京生理科学会
疾病预防控制通报	1000-3711	65-1286/R	新疆维吾尔自治区疾病预防控制中心
脊柱外科杂志	1672-2957	31-1907/R	中华医学会上海分会
寄生虫病与感染性疾病	1672-2116	51-1636/R	四川省疾病预防控制中心
加速康复外科杂志	2096-5907	10-1571/R	人民卫生出版社有限公司
检验医学	1673-8640	31-1915/R	上海市临床检验中心
检验医学与临床	1672-9455	50-1167/R	重庆市卫生健康统计信息中心，重庆市临床检验中心
结核与肺部疾病杂志	2096-8493	10-1695/R	中国防痨协会
结直肠肛门外科	1674-0491	45-1343/R	广西医科大学
解放军健康	1000-9701	37-1171/R	北部战区疾病预防控制中心
解放军卫勤杂志		11-3972/R	军事医学科学院卫生勤务与医学情报研究所
解放军医学院学报	2095-5227	10-1117/R	解放军总医院医学创新研究部
解放军医学杂志	0577-7402	11-1056/R	军事科学出版社
介入放射学杂志	1008-794X	31-1796/R	上海市医学会
精神医学杂志	2095-9346	37-1454/R	山东省精神卫生中心
精准医学杂志	2096-529X	37-1515/R	青岛大学
颈腰痛杂志	1005-7234	34-1117/R	安徽医科大学，解放军一○五医院
局解手术学杂志	1672-5042	50-1162/R	重庆市解剖学会
军事护理（原名为：解放军护理杂志）	2097-1826	31-2186/R	海军军医大学护理系
军事医学	1674-9960	11-5950/R	军事科学院军事医学研究院
康复学报	2096-0328	35-1329/R	福建中医药大学，中国科技出版传媒股份有限公司（科学出版社）
抗癌	1008-3065	31-1664/R	上海市抗癌协会
科技与健康	2097-2199	42-1928/R	湖北科学技术出版社有限公司
空军航空医学	2097-1753	10-1860/R	空军特色医学中心
空军军医大学学报	2097-1656	61-1526/R	空军军医大学教研保障中心
口腔材料器械杂志	1004-7565	33-1153/TH	浙江省人民医院
口腔颌面外科杂志	1005-4979	31-1671/R	同济大学
口腔颌面修复学杂志	1009-3761	11-4424/R	首都医科大学附属北京口腔医院
口腔疾病防治	2096-1456	44-1724/R	南方医科大学口腔医院，广东省牙病防治指导中心
口腔生物医学	1674-8603	32-1813/R	南京医科大学
口腔医学	1003-9872	32-1255/R	南京医科大学口腔医学院
口腔医学研究	1671-7651	42-1682/R	武汉大学口腔医学院
老年医学研究	2096-9058	37-1522/R	山东省立医院
老年医学与保健	1008-8296	31-1798/R	华东医院（复旦大学附属华东医院）
立体定向和功能性神经外科杂志	1008-2425	34-1168/R	安徽省脑立体定向神经外科研究所
联勤军事医学	2097-2148	42-1931/R	中部战区总医院
临床超声医学杂志	1008-6978	50-1116/R	重庆医科大学附属第二医院
临床儿科杂志	1000-3606	31-1377/R	上海交通大学医学院附属新华医院
临床耳鼻咽喉头颈外科杂志	2096-7993	42-1764/R	华中科技大学同济医学院附属协和医院
临床放射学杂志	1001-9324	42-1187/R	黄石市医学科技情报所

刊　名	ISSN	CN	主办单位
临床肺科杂志	1009-6663	34-1230/R	安徽医科大学,解放军联勤保障部队第九〇一医院
临床肝胆病杂志	1001-5256	22-1108/R	吉林大学
临床骨科杂志	1008-0287	34-1166/R	安徽医科大学,安徽省医学会
临床合理用药	1674-3296	13-1389/R	河北省科学技术协会
临床和实验医学杂志	1671-4695	11-4749/R	首都医科大学附属北京友谊医院
临床护理研究	2097-1958	44-1755/R	广东人民出版社有限公司
临床护理杂志	1671-8933	34-1251/R	安徽省医学会,安徽医科大学第一附属医院
临床荟萃	1004-583X	13-1062/R	河北医科大学
临床急诊杂志	1009-5918	42-1607/R	华中科技大学同济医学院附属协和医院
临床检验杂志	1001-764X	32-1204/R	江苏省医学会
临床精神医学杂志	1005-3220	32-1391/R	南京医科大学附属脑科医院
临床军医杂志	1671-3826	21-1365/R	北部战区总医院
临床口腔医学杂志	1003-1634	42-1182/R	华中科技大学同济医学院附属同济医院等
临床麻醉学杂志	1004-5805	32-1211/R	中华医学会南京分会
临床泌尿外科杂志	1001-1420	42-1131/R	华中科技大学同济医学院附属协和医院,华中科技大学同济医学院附属同济医院
临床内科杂志	1001-9057	42-1139/R	湖北省医学会
临床皮肤科杂志	1000-4963	32-1202/R	江苏省人民医院(南京医科大学第一附属医院)
临床普外科电子杂志	2095-5308	11-9331/R	人民卫生出版社有限公司
临床神经病学杂志	1004-1648	32-1337/R	南京医科大学附属脑科医院
临床神经外科杂志	1672-7770	32-1727/R	南京医科大学附属脑科医院
临床肾脏病杂志	1671-2390	42-1637/R	中华医学会武汉分会,湖北省微循环学会
临床输血与检验	1671-2587	34-1239/R	中国科学技术大学附属第一医院(安徽省立医院),安徽省输血协会
临床外科杂志	1005-6483	42-1334/R	湖北省医学会
临床误诊误治	1002-3429	13-1105/R	解放军白求恩国际和平医院
临床消化病杂志	1005-541X	42-1315/R	华中科技大学同济医学院,中国协和医科大学协和医院
临床小儿外科杂志	1671-6353	43-1380/R	中华医学会
临床心电学杂志	1005-0272	34-1107/R	中国科学技术大学附属第一医院(安徽省立医院)
临床心身疾病杂志	1672-187X	10-1340/R	中国医师协会,河南省精神病医院
临床心血管病杂志	1001-1439	42-1130/R	华中科技大学同济医学院附属协和医院
临床血液学杂志	1004-2806	42-1284/R	华中科技大学同济医学院附属协和医院,北京大学医学院血研所
临床血液学杂志.输血与检验	1004-2806	42-1284/R	华中科技大学同济医学院附属协和医院,北京大学医学院血研所
临床研究	2096-1278	61-1502/R	西安交通大学
临床眼科杂志	1006-8422	34-1149/R	安徽医科大学,安徽眼科研究所

刊　　名	ISSN	CN	主办单位
临床医学	1003-3548	41-1116/R	中华医学会河南分会
临床医学工程	1674-4659	44-1655/R	广东省医疗器械研究所
临床医学研究与实践	2096-1413	61-1503/R	西安心身医学研究所,西安交通大学第一附属医院
临床医药实践	1671-8631	14-1300/R	山西医科大学第二医院
临床医药文献电子杂志	2095-8242	11-9355/R	中国医药科技出版社
临床与病理杂志	2095-6959	43-1521/R	中南大学
临床与实验病理学杂志	1001-7399	34-1073/R	安徽医科大学,中华医学会安徽分会
临床肿瘤学杂志	1009-0460	32-1577/R	解放军东部战区总医院
岭南急诊医学杂志	1671-301X	44-1539/R	广东省医学会
岭南现代临床外科	1009-976X	44-1510/R	广东省医学学术交流中心
岭南心血管病杂志	1007-9688	44-1436/R	广东省心血管病研究所
陆军军医大学学报(原名为:第三军医大学学报)	2097-0927	50-1223/R	陆军军医大学(第三军医大学)教研保障中心
慢性病学杂志	1674-8166	11-5900/R	中华预防医学会
泌尿外科杂志(电子版)	1674-7410	11-9302/R	人民卫生出版社有限公司
脑与神经疾病杂志	1006-351X	13-1191/R	河北医科大学第二医院
内科	1673-7768	45-1347/R	广西壮族自治区医学科学信息研究所
内科急危重症杂志	1007-1024	42-1394/R	华中科技大学同济医学院
内科理论与实践	1673-6087	31-1978/R	上海交通大学医学院附属瑞金医院
皮肤病与性病	1002-1310	53-1082/R	昆明报业传媒集团
皮肤科学通报	2096-4382	61-1513/R	西安交通大学
皮肤性病诊疗学杂志	1674-8468	44-1671/R	南方医科大学皮肤病医院(广东省皮肤性病防治中心)
齐鲁护理杂志	1006-7256	37-1257/R	山东省护理学会
器官移植	1674-7445	44-1665/R	中山大学
全科护理	1674-4748	14-1349/R	山西医科大学第一医院,山西省护理学会
全科口腔医学电子杂志	2095-7882	11-9337/R	中国医药科技出版社
热带病与寄生虫学	1672-2302	34-1263/R	安徽省寄生虫病防治研究所
热带医学杂志	1672-3619	44-1503/R	广东省寄生虫学会,中华预防医学会
山东大学耳鼻喉眼学报	1673-3770	37-1437/R	山东大学
上海护理	1009-8399	31-1846/R	上海市护理学会
上海口腔医学	1006-7248	31-1705/R	上海交通大学医学院附属第九人民医院
社区医学杂志	1672-4208	10-1026/R	中华预防医学会
神经病学与神经康复学杂志	1672-7061	31-1927/R	上海中西医结合学会,上海交通大学医学院附属仁济医院
神经疾病与精神卫生	1009-6574	23-1479/R	齐齐哈尔医学院,中国医师协会
神经损伤与功能重建	1001-117X	42-1759/R	华中科技大学同济医学院
肾脏病与透析肾移植杂志	1006-298X	32-1425/R	江苏省医学会
生物骨科材料与临床研究	1672-5972	42-1715/R	湖北省医疗器械协会
生物医学转化	2096-8965	62-1218/R	兰州大学
实验与检验医学	1674-1129	36-1298/R	江西省医学会
实用癌症杂志	1001-5930	36-1101/R	江西省肿瘤医院,江西省肿瘤研究所
实用防盲技术	1673-3835	34-1292/R	中国科技大学附属第一医院(安徽省立医院)

刊　　名	ISSN	CN	主　办　单　位
实用放射学杂志	1002-1671	61-1107/R	实用放射学杂志社
实用妇产科杂志	1003-6946	51-1145/R	四川省医疗卫生服务指导中心
实用妇科内分泌电子杂志	2095-8803	11-9356/R	中国医药科技出版社
实用肝脏病杂志	1672-5069	34-1270/R	中华医学会安徽分会
实用骨科杂志	1008-5572	14-1223/R	山西医药卫生传媒集团有限责任公司
实用检验医师杂志	1674-7151	11-5864/R	中国医师协会,天津市天津医院
实用口腔医学杂志	1001-3733	61-1062/R	空军军医大学第三附属医院
实用老年医学	1003-9198	32-1338/R	江苏省老年医学研究所
实用临床护理学电子杂志	2096-2479	11-9369/R	中国医药科技出版社
实用临床医学	1009-8194	36-1242/R	南昌大学
实用临床医药杂志	1672-2353	32-1697/R	扬州大学,中国高校科技期刊研究会
实用皮肤病学杂志	1674-1293	11-5654/R	原中国人民解放军北京军区总医院
实用器官移植电子杂志	2095-5332	11-9334/R	人民卫生出版社有限公司
实用手外科杂志	1671-2722	10-1336/R	中国医师协会,沈阳市手外科研究所
实用心电学杂志	2095-9354	32-1857/R	江苏大学
实用心脑肺血管病杂志	1008-5971	13-1258/R	河北省医学情报研究所
实用休克杂志(中英文)	2096-4544	43-1538/R	湖南省人民医院(湖南师范大学附属第一医院)
实用药物与临床	1673-0070	21-1516/R	辽宁省药学会,中国医科大学附属盛京医院
实用医学影像杂志	1009-6817	14-1281/R	山西医药卫生传媒集团有限责任公司
实用医院临床杂志	1672-6170	51-1669/R	四川省医学科学院,四川省人民医院
实用中西医结合临床	1671-4040	36-1251/R	江西省中医药研究院,江西省中西医结合学会
实用肿瘤学杂志	1002-3070	23-1212/R	哈尔滨医科大学附属肿瘤医院
实用肿瘤杂志	1001-1692	33-1074/R	浙江大学
食管疾病	2096-7381	41-1455/R	河南科技大学
四川精神卫生	1007-3256	51-1457/R	绵阳市精神卫生中心
糖尿病天地	1672-7851	11-5210/R	中华中医药学会
糖尿病新世界	1672-4062	11-5019/R	全国卫生产业企业管理协会
糖尿病之友	1671-3486	43-1359/R	中南大学湘雅二医院
天津护理	1006-9143	12-1260/R	天津市中心妇产科医院
听力学及言语疾病杂志	1006-7299	42-1391/R	武汉大学人民医院
透析与人工器官	1005-0809	12-1219/R	天津市泌尿外科研究所
外科理论与实践	1007-9610	31-1758/R	上海交通大学医学院附属瑞金医院
外科研究与新技术	2095-378X	31-2073/R	同济大学
微创泌尿外科杂志	2095-5146	10-1020/R	中国人民解放军总医院
微创医学	1673-6575	45-1341/R	广西壮族自治区医学科学信息研究所
胃肠病学	1008-7125	31-1797/R	上海交通大学医学院附属仁济医院
胃肠病学和肝病学杂志	1006-5709	41-1221/R	郑州大学
现代妇产科进展	1004-7379	37-1211/R	山东大学
现代检验医学杂志	1671-7414	61-1398/R	陕西省临床检验中心,陕西省人民医院
现代口腔医学杂志	1003-7632	13-1070/R	河北医科大学口腔医学院
现代临床护理	1671-8283	44-1570/R	中山大学
现代临床医学	1673-1557	51-1688/R	成都市卫生健康信息中心,成都医学会
现代泌尿生殖肿瘤杂志	1674-4624	42-1790/R	华中科技大学
现代泌尿外科杂志	1009-8291	61-1374/R	西安交通大学

刊　　名	ISSN	CN	主 办 单 位
现代消化及介入诊疗	1672-2159	44-1580/R	广东省医学学术交流中心
现代医用影像学	1006-7035	61-1289/R	陕西省肿瘤防治研究所,陕西省肿瘤医院
现代诊断与治疗	1001-8174	36-1160/R	南昌市医学科学研究所,南昌市医学会
现代肿瘤医学	1672-4992	61-1415/R	中国抗癌协会等
消化肿瘤杂志(电子版)	1674-7402	11-9301/R	人民卫生出版社有限公司
心电与循环	2095-3933	33-1377/R	浙江省医学会
心肺血管病杂志	1007-5062	11-3097/R	北京市心肺血管疾病研究所,首都医科大学附属北京安贞医院
心脑血管病防治	1009-816X	33-1252/R	浙江医院
心血管病防治知识	1672-3015	44-1581/R	广东省介入性心脏病学会,广东省岭南心血管病研究所
心血管病学进展	1004-3934	51-1187/R	成都市心血管病研究所,成都市第三人民医院
心血管康复医学杂志	1008-0074	35-1193/R	福建省康复医学会,中国康复医学会
心脏杂志	1009-7236	61-1268/R	空军军医大学基础医学院,陕西省生理科学会
新发传染病电子杂志	2096-2738	11-9370/R	人民卫生出版社有限公司
血管与腔内血管外科杂志	2096-0646	10-1346/R	中国医学科学院
血栓与止血学	1009-6213	44-1513/R	广州医科大学
循证护理	2095-8668	14-1377/R	山西医学期刊社有限责任公司
循证医学	1671-5144	44-1548/R	广东省循证医学科研中心等
眼科	1004-4469	11-3025/R	中日友好医院等
眼科新进展	1003-5141	41-1105/R	新乡医学院
眼科学报	1000-4432	44-1119/R	中山大学
医疗卫生装备	1003-8868	12-1053/R	军事科学院系统工程研究院
医师在线	2095-7165	44-1700/R	国家药品监督管理局南方医药经济研究所
医学检验与临床	1673-5013	37-1443/R	山东省千佛山医院
医学临床研究	1671-7171	43-1382/R	湖南省医学会
医学研究与战创伤救治(原名为:医学研究生学报)	2097-2768	32-1906/R	东部战区总医院
医学影像学杂志	1006-9011	37-1426/R	山东省医学影像学研究所,山东省医学影像学研究会
医药高职教育与现代护理	2096-501X	32-1876/R	江苏卫生健康职业学院
疑难病杂志	1671-6450	13-1316/R	中国医师协会
影像研究与医学应用	2096-3807	13-1424/R	全国感光材料信息站
影像诊断与介入放射学	1005-8001	44-1391/R	中山大学
浙江创伤外科	1009-7147	33-1253/R	温州医科大学
浙江临床医学	1008-7664	33-1233/R	浙江中医药大学,浙江省科普作家协会医学卫生委员会
诊断病理学杂志	1007-8096	11-3883/R	原北京军区总医院
诊断学理论与实践	1671-2870	31-1876/R	上海交通大学医学院附属瑞金医院
中国 CT 和 MRI 杂志	1672-5131	44-1592/R	北京大学深圳临床医学院,北京大学第一医院
中国癌症防治杂志	1674-5671	45-1366/R	中国医师协会,广西肿瘤防治研究所
中国癌症杂志	1007-3639	31-1727/R	复旦大学附属肿瘤医院

刊　名	ISSN	CN	主办单位
中国艾滋病性病	1672-5662	11-4818/R	中国性病艾滋病防治协会,中国疾病预防控制中心性病艾滋病预防控制中心
中国病毒病杂志	2095-0136	11-5969/R	中华预防医学会
中国产前诊断杂志(电子版)	1674-7399	11-9300/R	人民卫生出版社有限公司
中国超声医学杂志	1002-0101	11-2110/R	中国科学技术信息研究所,中国超声医学工程学会
中国卒中杂志	1673-5765	11-5434/R	中国科学技术信息研究所,科学技术文献出版社有限公司
中国当代儿科杂志	1008-8830	43-1301/R	中南大学,中南大学湘雅医院
中国动脉硬化杂志	1007-3949	43-1262/R	中国病理生理学会,南华大学
中国耳鼻咽喉颅底外科杂志	1007-1520	43-1241/R	中南大学,中南大学湘雅医院
中国耳鼻咽喉头颈外科	1672-7002	11-5175/R	中国医疗保健国际交流促进会,北京市耳鼻咽喉科研究所
中国法医学杂志	1001-5728	11-1721/R	中国法医学会,公安部物证鉴定中心
中国防痨杂志	1000-6621	11-2761/R	中国防痨协会
中国肺癌杂志	1009-3419	12-1395/R	中国抗癌协会等
中国分子心脏病学杂志	1671-6272	11-4726/R	中国医学科学院,北京协和医学院
中国妇产科临床杂志	1672-1861	11-4967/R	北京大学
中国肝脏病杂志(电子版)	1674-7380	11-9299/R	人民卫生出版社有限公司
中国感染与化疗杂志	1009-7708	31-1965/R	复旦大学附属华山医院
中国肛肠病杂志	1000-1174	37-1167/R	山东中医药学会,中华中医药学会肛肠分会
中国骨伤	1003-0034	11-2483/R	中国中西医结合学会,中国中医科学院
中国骨与关节损伤杂志	1672-9935	11-5265/R	中华预防医学会
中国骨与关节杂志	2095-252X	10-1022/R	中国医师协会
中国骨质疏松杂志	1006-7108	11-3701/R	中国老年学和老年医学学会
中国呼吸与危重监护杂志	1671-6205	51-1631/R	四川大学华西医学中心,四川大学华西医院
中国护理管理	1672-1756	11-4979/R	国家卫生健康委医院管理研究所
中国激光医学杂志	1003-9430	11-2926/R	中国光学学会
中国急救复苏与灾害医学杂志	1673-6966	11-5452/R	中国医学救援协会
中国急救医学	1002-1949	23-1201/R	中国医师协会,黑龙江省科学技术情报研究院
中国脊柱脊髓杂志	1004-406X	11-3027/R	中国康复医学会,中日友好医院
中国计划生育和妇产科	1674-4020	51-1708/R	中国医师协会,四川省卫生健康政策和医学情报研究所
中国寄生虫学与寄生虫病杂志	1000-7423	31-1248/R	中华预防医学会,中国疾病预防控制中心寄生虫病预防控制所
中国矫形外科杂志	1005-8478	10-1784/R	中国医师协会,中国残疾人康复协会
中国介入心脏病学杂志	1004-8812	11-3155/R	北京大学
中国介入影像与治疗学	1672-8475	11-5213/R	中国科学院声学研究所
中国康复	1001-2001	42-1251/R	华中科技大学同济医学院,中国残疾人康复协会
中国康复理论与实践	1006-9771	11-3759/R	中国残疾人康复协会等
中国康复医学杂志	1001-1242	11-2540/R	中国康复医学会
中国口腔颌面外科杂志	1672-3244	11-4980/R	中华口腔医学会

刊　名	ISSN	CN	主办单位
中国口腔医学继续教育杂志	1009-2900	11-4430/R	中华口腔医学会
中国口腔种植学杂志	1007-3957	10-1535/R	中华口腔医学会
中国老年学杂志	1005-9202	22-1241/R	吉林省医学期刊社
中国疗养医学	1005-619X	13-1332/R	应急管理部北戴河康复院
中国临床护理	1674-3768	42-1787/R	中国医师协会,武汉市卫生计生信息中心
中国临床神经科学	1008-0678	31-1752/R	复旦大学附属华山医院,复旦大学神经病学研究所
中国临床神经外科杂志	1009-153X	42-1603/R	广州军区武汉总医院
中国临床实用医学	1673-8799	11-5570/R	中华医学会
中国临床新医学	1674-3806	45-1365/R	中国医师协会,广西壮族自治区人民医院
中国临床研究	1674-8182	32-1811/R	中华预防医学会
中国临床药理学与治疗学	1009-2501	34-1206/R	中国药理学会
中国临床医生杂志	2095-8552	10-1239/R	人民卫生出版社有限公司
中国临床医学	1008-6358	31-1794/R	复旦大学附属中山医院
中国临床医学影像杂志	1008-1062	21-1381/R	中国医学影像技术研究会,中国医科大学
中国麻风皮肤病杂志	1009-1157	37-1348/R	中国麻风防治协会,山东省皮肤病性病防治研究所
中国慢性病预防与控制	1004-6194	12-1196/R	中华预防医学会,天津市疾病预防控制中心
中国美容医学	1008-6455	61-1347/R	西安交通大学
中国美容整形外科杂志	1673-7040	21-1542/R	中国医师协会等
中国民康医学	1672-0369	11-4917/R	中国社会工作联合会
中国男科学杂志	1008-0848	31-1762/R	上海交通大学医学院附属仁济医院
中国脑血管病杂志	1672-5921	11-5126/R	中国医师协会,首都医科大学宣武医院
中国内镜杂志	1007-1989	43-1256/R	中南大学,中南大学湘雅医院
中国皮肤性病学杂志	1001-7089	61-1197/R	西安交通大学
中国普通外科杂志	1005-6947	43-1213/R	中南大学,中南大学湘雅医院
中国普外基础与临床杂志	1007-9424	51-1505/R	四川大学华西医院
中国全科医学	1007-9572	13-1222/R	中国医院协会,中国全科医学杂志社
中国人兽共患病学报	1002-2694	35-1284/R	中国微生物学会
中国伤残医学	1673-6567	11-5516/R	中国康复医学会,黑龙江省截瘫研究所
中国烧伤创疡杂志	1001-0726	11-2650/R	中国医师协会
中国神经精神疾病杂志	1002-0152	44-1213/R	中山大学
中国神经免疫学和神经病学杂志	1006-2963	11-3552/R	北京医院,中国免疫学会神经免疫学分会
中国生育健康杂志	1671-878X	11-4831/R	北京大学
中国实验血液学杂志	1009-2137	11-4423/R	中国病理生理学会
中国实验诊断学	1007-4287	22-1257/R	吉林大学中日联谊医院
中国实用儿科杂志	1005-2224	21-1333/R	中国医师协会,中国医科大学
中国实用妇科与产科杂志	1005-2216	21-1332/R	中国医师协会,中国医科大学
中国实用护理杂志	1672-7088	21-1501/R	中华医学会,大连理论医学研究所
中国实用口腔科杂志	1674-1595	21-1561/R	中国医师协会等
中国实用内科杂志	1005-2194	21-1330/R	中国医师协会,中国医科大学

刊　名	ISSN	CN	主办单位
中国实用神经疾病杂志	1673-5110	41-1381/R	郑州大学
中国实用外科杂志	1005-2208	21-1331/R	中国医师协会,中国医科大学
中国实用乡村医生杂志	1672-7185	21-1502/R	中国医师协会,中国医科大学
中国实用眼科杂志	1006-4443	21-1348/R	中华医学会,中国医科大学
中国输血杂志	1004-549X	51-1394/R	中国输血协会,中国医学科学院输血研究所
中国糖尿病杂志	1006-6187	11-5449/R	北京大学
中国疼痛医学杂志	1006-9852	11-3741/R	北京大学,中华医学会疼痛学分会
中国体视学与图像分析	1007-1482	11-3739/R	中国体视学学会
中国体外循环杂志	1672-1403	11-4941/R	中国人民解放军总医院
中国听力语言康复科学杂志	1672-4933	11-5138/R	中国听力语言康复研究中心
中国微创外科杂志	1009-6604	11-4526/R	北京大学,北京大学第三医院
中国现代普通外科进展	1009-9905	37-1369/R	山东大学
中国现代神经疾病杂志	1672-6731	12-1363/R	中国医师协会等
中国现代手术学杂志	1009-2188	43-1335/R	中南大学
中国现代医药杂志	1672-9463	11-5248/R	北京航天总医院
中国小儿急救医学	1673-4912	11-5454/R	中华医学会,中国医科大学
中国小儿血液与肿瘤杂志	1673-5323	11-5466/R	中日友好医院,中国抗癌协会
中国校医	1001-7062	32-1199/R	中华预防医学会,江苏省预防医学会
中国斜视与小儿眼科杂志	1005-328X	11-3256/R	北京大学
中国心血管病研究	1672-5301	11-5122/R	中国医师协会,应急总医院(煤炭总医院)
中国心血管杂志	1007-5410	11-3805/R	北京医院,天津医科大学
中国心脏起搏与心电生理杂志	1007-2659	42-1421/R	中国生物医学工程学会,武汉大学人民医院
中国性科学	1672-1993	11-4982/R	中国性学会
中国胸心血管外科临床杂志	1007-4848	51-1492/R	四川大学
中国修复重建外科杂志	1002-1892	51-1372/R	中国康复医学会,四川大学
中国血管外科杂志(电子版)	1674-7429	11-9303/R	人民卫生出版社有限公司
中国血吸虫病防治杂志	1005-6661	32-1374/R	江苏省血吸虫病防治研究所
中国血液净化	1671-4091	11-4750/R	中国医院协会
中国循环杂志	1000-3614	11-2212/R	国家心血管病中心
中国循证儿科杂志	1673-5501	31-1969/R	复旦大学
中国循证心血管医学杂志	1674-4055	11-5719/R	原中国人民解放军北京军区总医院
中国循证医学杂志	1672-2531	51-1656/R	四川大学
中国眼耳鼻喉科杂志	1671-2420	31-1875/R	复旦大学附属眼耳鼻喉科医院
中国药物与临床	1671-2560	11-4706/R	中国医院协会
中国医疗美容	2095-0721	11-6007/R	中国整形美容协会
中国医疗器械杂志	1671-7104	31-1319/R	上海市医疗器械检验研究院
中国医师进修杂志	1673-4904	11-5455/R	中华医学会,大连理论医学研究所
中国医师杂志	1008-1372	43-1274/R	中华医学会,湖南省医学会
中国医学计算机成像杂志	1006-5741	31-1700/TH	复旦大学附属华山医院
中国医学文摘.耳鼻咽喉科学	1001-1307	11-2249/R	中国医师协会
中国医学物理学杂志	1005-202X	44-1351/R	南方医科大学,中国医学物理学会
中国医学影像技术	1003-3289	11-1881/R	中国科学院声学研究所
中国医学影像学杂志	1005-5185	11-3154/R	中国医学影像技术研究会,北京医院
中国优生与遗传杂志	1006-9534	11-3743/R	中国优生科学协会

刊　名	ISSN	CN	主办单位
中国运动医学杂志	1000-6710	11-1298/R	中国体育科学学会
中国中西医结合耳鼻咽喉科杂志	1007-4856	34-1159/R	中国中西医结合学会
中国中西医结合急救杂志	1008-9691	12-1312/R	中国中西医结合学会等
中国中西医结合皮肤性病学杂志	1672-0709	12-1380/R	中国中西医结合学会,天津市中西医结合皮肤病研究所
中国中西医结合肾病杂志	1009-587X	14-1277/R	中国中西医结合学会
中国中西医结合外科杂志	1007-6948	12-1249/R	中国中西医结合学会,天津市中西医结合急腹症研究所
中国中西医结合消化杂志	1671-038X	42-1612/R	华中科技大学同济医学院等
中国中西医结合影像学杂志	1672-0512	11-4894/R	中国中西医结合学会,山东中医药大学附属医院
中国中医眼科杂志	1002-4379	11-2849/R	中国中医科学院
中国肿瘤	1004-0242	11-2859/R	中国医学科学院(全国肿瘤防治研究办公室)
中国肿瘤临床	1000-8179	12-1099/R	中国抗癌协会,天津医科大学肿瘤医院
中国肿瘤临床与康复	1005-8664	11-3494/R	中国癌症基金会
中国肿瘤生物治疗杂志	1007-385X	31-1725/R	中国免疫学会,中国抗癌协会
中国肿瘤外科杂志	1674-4136	32-1795/R	中国医师协会等
中国综合临床	1008-6315	10-1721/R	中华医学会,华北理工大学
中国组织工程研究	2095-4344	21-1581/R	中国康复医学会等
中华病理学杂志	0529-5807	11-2151/R	中华医学会
中华产科急救电子杂志	2095-3259	11-9323/R	中华医学会
中华超声影像学杂志	1004-4477	13-1148/R	中华医学会
中华传染病杂志	1000-6680	31-1365/R	中华医学会
中华创伤骨科杂志	1671-7600	11-5530/R	中华医学会
中华创伤杂志	1001-8050	50-1098/R	中华医学会
中华地方病学杂志	2095-4255	23-1583/R	中华医学会,哈尔滨医科大学
中华儿科杂志	0578-1310	11-2140/R	中华医学会
中华耳鼻咽喉头颈外科杂志	1673-0860	11-5330/R	中华医学会
中华耳科学杂志	1672-2922	11-4882/R	解放军总医院耳鼻咽喉头颈外科耳鼻咽喉研究所
中华放射学杂志	1005-1201	11-2149/R	中华医学会
中华放射医学与防护杂志	0254-5098	11-2271/R	中华医学会
中华放射肿瘤学杂志	1004-4221	11-3030/R	中华医学会
中华肥胖与代谢病电子杂志	2095-9605	11-9362/R	中华医学会
中华肺部疾病杂志(电子版)	1674-6902	11-9295/R	中华医学会
中华风湿病学杂志	1007-7480	14-1217/R	中华医学会
中华妇产科杂志	0529-567X	11-2141/R	中华医学会
中华妇幼临床医学杂志(电子版)	1673-5250	11-9273/R	中华医学会
中华肝胆外科杂志	1007-8118	11-3884/R	中华医学会
中华肝脏病杂志	1007-3418	50-1113/R	中华医学会
中华肝脏外科手术学电子杂志	2095-3232	11-9322/R	中华医学会
中华高血压杂志	1673-7245	11-5540/R	中华预防医学会,福建医科大学
中华骨科杂志	0253-2352	12-1113/R	中华医学会
中华骨与关节外科杂志	2095-9958	10-1316/R	中国医学科学院
中华骨质疏松和骨矿盐疾病杂志	1674-2591	11-5685/R	中国医学科学院,中国医学科学院北京协和医院

刊　名	ISSN	CN	主办单位
中华关节外科杂志(电子版)	1674-134X	11-9283/R	中华医学会
中华航海医学与高气压医学杂志	1009-6906	31-1847/R	中华医学会
中华航空航天医学杂志	1007-6239	11-3854/R	中华医学会
中华核医学与分子影像杂志	2095-2848	32-1828/R	中华医学会
中华护理教育	1672-9234	11-5289/R	中华护理学会
中华护理杂志	0254-1769	11-2234/R	中华护理学会
中华急危重症护理杂志	2096-7446	10-1655/R	中华护理学会
中华急诊医学杂志	1671-0282	11-4656/R	中华医学会
中华肩肘外科电子杂志	2095-5790	11-9338/R	中华医学会
中华检验医学杂志	1009-9158	11-4452/R	中华医学会
中华结核和呼吸杂志	1001-0939	11-2147/R	中华医学会
中华结直肠疾病电子杂志	2095-3224	11-9324/R	中华医学会
中华解剖与临床杂志	2095-7041	10-1202/R	中华医学会
中华介入放射学电子杂志	2095-5782	11-9339/R	中华医学会
中华精神科杂志	1006-7884	11-3661/R	中华医学会
中华口腔医学研究杂志(电子版)	1674-1366	11-9285/R	中华医学会
中华口腔医学杂志	1002-0098	11-2144/R	中华医学会
中华口腔正畸学杂志	1674-5760	11-5797/R	中华医学会
中华老年病研究电子杂志	2095-8757	11-9358/R	中华医学会
中华老年多器官疾病杂志	1671-5403	11-4786/R	解放军总医院医学创新研究部、国家老年疾病临床医学研究中心(解放军总医院)、解放军总医院第六医学中心心血管病医学部
中华老年骨科与康复电子杂志	2096-0263	11-9364/R	中华医学会
中华老年口腔医学杂志	1672-2973	11-5010/R	解放军总医院口腔医学研究所
中华老年心脑血管病杂志	1009-0126	11-4468/R	中国人民解放军总医院
中华老年医学杂志	0254-9026	11-2225/R	中华医学会
中华临床感染病杂志	1674-2397	11-5673/R	中华医学会
中华临床免疫和变态反应杂志	1673-8705	11-5558/R	中国医学科学院,中国医学科学院北京协和医院
中华临床实验室管理电子杂志	2095-5820	11-9340/R	中华医学会
中华临床医师杂志(电子版)	1674-0785	11-9147/R	中华医学会
中华临床营养杂志	1674-635X	11-5822/R	中华医学会,中国医学科学院
中华麻醉学杂志	0254-1416	13-1073/R	中华医学会
中华泌尿外科杂志	1000-6702	11-2330/R	中华医学会
中华脑科疾病与康复杂志(电子版)	2095-123X	11-9309/R	中华医学会
中华脑血管病杂志(电子版)	1673-9248	11-9131/R	中华医学会
中华内分泌代谢杂志	1000-6699	31-1282/R	中华医学会
中华内分泌外科杂志	1674-6090	11-5807/R	中华医学会
中华内科杂志	0578-1426	11-2138/R	中华医学会
中华皮肤科杂志	0412-4030	32-1138/R	中华医学会
中华普通外科学文献(电子版)	1674-0793	11-9148/R	中华医学会
中华普通外科杂志	1007-631X	11-3855/R	中华医学会
中华普外科手术学杂志(电子版)	1674-3946	11-9293/R	中华医学会
中华器官移植杂志	0254-1785	42-1203/R	中华医学会
中华腔镜泌尿外科杂志(电子版)	1674-3253	11-9287/R	中华医学会
中华腔镜外科杂志(电子版)	1674-6899	11-9296/R	中华医学会

刊　　名	ISSN	CN	主 办 单 位
中华全科医师杂志	1671-7368	11-4798/R	中华医学会
中华全科医学	1674-4152	11-5710/R	中华预防医学会,安徽省全科医学会
中华乳腺病杂志(电子版)	1674-0807	11-9146/R	中华医学会
中华疝和腹壁外科杂志(电子版)	1674-392X	11-9288/R	中华医学会
中华烧伤与创面修复杂志(原名为:中华烧伤杂志)	2097-1109	50-1225/R	中华医学会
中华神经创伤外科电子杂志	2095-9141	11-9360/R	中华医学会
中华神经科杂志	1006-7876	11-3694/R	中华医学会
中华神经外科杂志	1001-2346	11-2050/R	中华医学会
中华神经医学杂志	1671-8925	11-5354/R	中华医学会
中华肾病研究电子杂志	2095-3216	11-9325/R	中华医学会
中华肾脏病杂志	1001-7097	44-1217/R	中华医学会
中华生物医学工程杂志	1674-1927	11-5668/R	中华医学会,广州医科大学
中华生殖与避孕杂志	2096-2916	10-1441/R	中华医学会等
中华实验和临床感染病杂志(电子版)	1674-1358	11-9284/R	中华医学会
中华实验外科杂志	1001-9030	42-1213/R	中华医学会
中华实验眼科杂志	2095-0160	11-5989/R	中华医学会
中华实用儿科临床杂志	2095-428X	10-1070/R	中华医学会
中华实用诊断与治疗杂志	1674-3474	41-1400/R	中华预防医学会,河南省人民医院
中华手外科杂志	1005-054X	31-1653/R	中华医学会
中华损伤与修复杂志(电子版)	1673-9450	11-9132/R	中华医学会
中华糖尿病杂志	1674-5809	11-5791/R	中华医学会
中华疼痛学杂志	2096-8019	10-1658/R	中华医学会,河北医科大学第四医院
中华外科杂志	0529-5815	11-2139/R	中华医学会
中华危重病急救医学	2095-4352	12-1430/R	中华医学会等
中华危重症医学杂志(电子版)	1674-6880	11-9297/R	中华医学会
中华围产医学杂志	1007-9408	11-3903/R	中华医学会
中华胃肠内镜电子杂志	2095-7157	11-9348/R	中华医学会
中华胃肠外科杂志	1671-0274	44-1530/R	中华医学会,中山大学
中华胃食管反流病电子杂志	2095-8765	11-9359/R	中华医学会
中华物理医学与康复杂志	0254-1424	42-1666/R	中华医学会,华中科技大学同济医学院
中华细胞与干细胞杂志(电子版)	2095-1221	11-9310/R	中华医学会
中华显微外科杂志	1001-2036	44-1206/R	中华医学会
中华现代护理杂志	1674-2907	11-5682/R	中华医学会
中华消化病与影像杂志(电子版)	2095-2015	11-9312/R	中华医学会
中华消化内镜杂志	1007-5232	32-1463/R	中华医学会
中华消化外科杂志	1673-9752	11-5610/R	中华医学会
中华消化杂志	0254-1432	31-1367/R	中华医学会
中华小儿外科杂志	0253-3006	42-1158/R	中华医学会
中华心力衰竭和心肌病杂志	2096-3076	10-1460/R	中华医学会
中华心律失常学杂志	1007-6638	11-3859/R	中华医学会
中华心血管病杂志	0253-3758	11-2148/R	中华医学会
中华心脏与心律电子杂志	2095-6568	11-9347/R	中华医学会
中华新生儿科杂志	2096-2932	10-1451/R	中华医学会
中华行为医学与脑科学杂志	1674-6554	37-1468/R	中华医学会,济宁医学院
中华胸部外科电子杂志	2095-8773	11-9357/R	中华医学会
中华胸心血管外科杂志	1001-4497	11-2434/R	中华医学会

刊　名	ISSN	CN	主办单位
中华血管外科杂志	2096-1863	10-1411/R	中华医学会
中华血液学杂志	0253-2727	12-1090/R	中华医学会
中华炎性肠病杂志(中英文)	2096-367X	10-1480/R	中华医学会
中华眼底病杂志	1005-1015	51-1434/R	中华医学会
中华眼科医学杂志(电子版)	2095-2007	11-9311/R	中华医学会
中华眼科杂志	0412-4081	11-2142/R	中华医学会
中华眼视光学与视觉科学杂志	1674-845X	11-5909/R	中华医学会
中华眼外伤职业眼病杂志	2095-1477	11-6022/R	中华医学会
中华医学超声杂志(电子版)	1672-6448	11-9115/R	中华医学会
中华医学美学美容杂志	1671-0290	11-4657/R	中华医学会
中华医院感染学杂志	1005-4529	11-3456/R	中华预防医学会,中国人民解放军总医院
中华胰腺病杂志	1674-1935	11-5667/R	中华医学会
中华移植杂志(电子版)	1674-3903	11-9290/R	中华医学会
中华诊断学电子杂志	2095-655X	11-9346/R	中华医学会
中华整形外科杂志	1009-4598	11-4453/R	中华医学会
中华肿瘤防治杂志	1673-5269	11-5456/R	中华预防医学会,山东省肿瘤防治研究院
中华肿瘤杂志	0253-3766	11-2152/R	中华医学会
中华重症医学电子杂志	2096-1537	11-6033/R	中华医学会
中华转移性肿瘤杂志	2096-5400	10-1548/R	中华医学会
中西医结合肝病杂志	1005-0264	42-1322/R	湖北中医药大学
中西医结合护理(中英文)	2096-0867	31-2114/R	上海交通大学
中西医结合心脑血管病杂志	1672-1349	14-1312/R	山西医科大学第一医院
中西医结合心血管病电子杂志	2095-6681	11-9336/R	中国医药科技出版社
中医康复	2097-3128	44-1757/R	广东省第二中医院(广东省中医药工程技术研究院)
肿瘤	1000-7431	31-1372/R	上海交通大学医学院附属仁济医院,上海市肿瘤研究所
肿瘤代谢与营养电子杂志	2095-7807	11-9349/R	人民卫生出版社有限公司
肿瘤防治研究	1000-8578	42-1241/R	湖北省肿瘤医院,中国抗癌协会
肿瘤基础与临床	1673-5412	41-1383/R	河南省抗癌协会等
肿瘤学杂志	1671-170X	33-1266/R	浙江省肿瘤医院,浙江省抗癌协会
肿瘤研究与临床	1006-9801	11-5355/R	中华医学会等
肿瘤影像学	2096-6210	31-2087/R	复旦大学附属肿瘤医院
肿瘤预防与治疗	1674-0904	51-1703/R	四川省肿瘤医院
肿瘤综合治疗电子杂志	2096-2940	11-9368/R	人民卫生出版社有限公司
中风与神经疾病杂志	1003-2754	22-1137/R	吉林大学
转化医学杂志	2095-3097	10-1042/R	中国人民解放军总医院第六医学中心
足踝外科电子杂志	2095-7793	11-9350/R	人民卫生出版社有限公司
组织工程与重建外科	1673-0364	31-1946/R	上海交通大学医学院附属第九人民医院

R9 药学(72 种)

刊　名	ISSN	CN	主办单位
安徽医药	1009-6469	34-1229/R	安徽省药学会
北方药学	1672-8351	15-1333/R	内蒙古自治区食品药品学会
毒理学杂志	1002-3127	11-5263/R	北京市预防医学研究中心,北京大学医学部公共卫生学院
儿科药学杂志	1672-108X	50-1156/R	重庆医科大学附属儿童医院
广东药科大学学报	2096-3653	44-1733/R	广东药科大学
国外医药. 抗生素分册	1001-8751	51-1127/R	中国医药集团总公司四川抗菌素工业研究所,中国医学科学院医药生物技术研究所
海峡药学	1006-3765	35-1173/R	福建省药学会
华西药学杂志	1006-0103	51-1218/R	四川大学,四川省药学会
化工与医药工程	2095-817X	31-2101/TQ	中石化上海工程有限公司
解放军药学学报	1008-9926	11-4227/R	联勤保障部队药品仪器监督检验总站
今日药学	1674-229X	44-1650/R	广东省药学会,中国药学会
抗感染药学	1672-7878	32-1726/R	苏州市第五人民医院
临床药物治疗杂志	1672-3384	11-4989/R	北京药学会
神经药理学报	2095-1396	13-1404/R	河北北方学院,中国药理学会
沈阳药科大学学报	1006-2858	21-1349/R	沈阳药科大学
实用药物与临床	1673-0070	21-1516/R	辽宁省药学会,中国医科大学附属盛京医院
世界临床药物	1672-9188	31-1939/R	上海医药工业研究院,中国药学会
首都食品与医药	2096-8213	10-1288/R	《首都食品与医药》杂志社
天津药学	1006-5687	12-1230/R	天津市医药集团有限公司,天津市药学会
西北药学杂志	1004-2407	61-1108/R	西安交通大学,陕西省药学会
现代药物与临床	1674-5515	12-1407/R	天津药物研究院,中国药学会
药品评价	1672-2809	36-1259/R	江西省药学会
药物不良反应杂志	1008-5734	11-4015/R	中华医学会
药物分析杂志	0254-1793	11-2224/R	中国药学会
药物流行病学杂志	1005-0698	42-1333/R	湖北省药品监督检验研究院等
药物评价研究	1674-6376	12-1409/R	天津药物研究院,中国药学会
药物生物技术	1005-8915	32-1488/R	中国药科大学等
药物与人	1002-3763	11-2233/R	北京药学会
药学教育	1007-3531	32-1352/G4	中国药科大学
药学进展	1001-5094	32-1109/R	中国药科大学,中国药学会
药学实践与服务	2097-2024	31-2185/R	海军军医大学药学系
药学学报	0513-4870	11-2163/R	中国药学会,中国医学科学院药物研究所
药学研究	2095-5375	37-1493/R	山东省食品药品检验研究院,山东省药学会
药学与临床研究	1673-7806	32-1773/R	江苏省药学会
中国处方药	1671-945X	44-1549/T	国家药品监督管理局南方医药经济研究所

刊　　名	ISSN	CN	主 办 单 位
中国海洋药物	1002-3461	37-1155/R	中国药学会
中国合理用药探索	2096-3327	10-1462/R	中国健康传媒集团,中国药师协会
中国抗生素杂志	1001-8689	51-1126/R	中国医药集团总公司四川抗菌素工业研究所,中国医学科学院医药生物技术研究所
中国临床药理学与治疗学	1009-2501	34-1206/R	中国药理学会
中国临床药理学杂志	1001-6821	11-2220/R	中国药学会
中国临床药学杂志	1007-4406	31-1726/R	中国药学会
中国生物制品学杂志	1004-5503	22-1197/Q	中华预防医学会,长春生物制品研究所
中国食品药品监管	1673-5390	11-5362/D	中国健康传媒集团
中国现代药物应用	1673-9523	11-5581/R	中国康复医学会
中国现代应用药学	1007-7693	33-1210/R	中国药学会
中国新药与临床杂志	1007-7669	31-1746/R	中国药学会,上海市食品药品监督管理局科技情报研究所
中国新药杂志	1003-3734	11-2850/R	中国医药科技出版社有限公司等
中国药店	1009-5012	11-4476/R	中国整形美容协会
中国药房	1001-0408	50-1055/R	中国医院协会,重庆大学附属肿瘤医院
中国药科大学学报	1000-5048	32-1157/R	中国药科大学
中国药理学通报	1001-1978	34-1086/R	中国药理学会
中国药理学与毒理学杂志	1000-3002	11-1155/R	军事科学院军事医学研究院
中国药品标准	1009-3656	11-4422/R	国家药典委员会
中国药品监督管理年鉴	2097-0722	10-1781/R	中国健康传媒集团有限公司
中国药师	1008-049X	42-1626/R	国家食品药品监督管理局培训中心,武汉医药(集团)股份有限公司
中国药事	1002-7777	11-2858/R	中国食品药品检定研究院
中国药物化学杂志	1005-0108	21-1313/R	沈阳药科大学,中国药学会
中国药物警戒	1672-8629	11-5219/R	国家药品监督管理局药品评价中心(国家药品不良反应监测中心)
中国药物滥用防治杂志	1006-902X	11-3742/R	中国药物滥用防治协会,军事医学科学院毒物药物研究所
中国药物评价	2095-3593	10-1056/R	国家药品监督管理局信息中心
中国药物依赖性杂志	1007-9718	11-3920/R	北京大学,中国毒理学会
中国药物应用与监测	1672-8157	11-5227/R	中国人民解放军总医院
中国药物与临床	1671-2560	11-4706/R	中国医院协会
中国药学杂志	1001-2494	11-2162/R	中国药学会
中国药业	1006-4931	50-1054/R	重庆市药品监督管理局
中国医药工业杂志	1001-8255	31-1243/R	上海医药工业研究院等
中国医药生物技术	1673-713X	11-5512/R	中国医药生物技术协会
中国医院药学杂志	1001-5213	42-1204/R	中国药学会
中国医院用药评价与分析	1672-2124	11-4975/R	中国医药生物技术协会,重庆大学附属肿瘤医院
中南药学	1672-2981	43-1408/R	湖南省药学会
中外医药研究	2096-6229	22-1425/R	吉林卓信医学传媒集团有限公司
肿瘤药学	2095-1264	43-1507/R	湖南省肿瘤医院

第 六 编

农 业 科 学

S 综合性农业科学（143 种）

刊　　名	ISSN	CN	主办单位
安徽农学通报	1007-7731	34-1148/S	安徽省农学会
安徽农业大学学报	1672-352X	34-1162/S	安徽农业大学
安徽农业科学	0517-6611	34-1076/S	安徽省农业科学院
北方农业学报	2096-1197	15-1375/S	内蒙古自治区农牧业科学院
北京农学院学报	1002-3186	11-2156/S	北京农学院
东北农业大学学报	1005-9369	23-1391/S	东北农业大学
东北农业科学	1003-8701	22-1376/S	吉林省农业科学院,中国农业科技东北创新中心
福建农林大学学报. 自然科学版	1671-5470	35-1255/S	福建农林大学
福建农业科技	0253-2301	35-1078/S	福建省农业科学院
福建农业学报	1008-0384	35-1195/S	福建省农业科学院
复印报刊资料. X3,种植与养殖	1007-8347	11-4355/S	中国人民大学
甘肃农业	1673-9019	62-1104/F	甘肃农业杂志社
甘肃农业大学学报	1003-4315	62-1055/S	甘肃农业大学
干旱地区农业研究	1000-7601	61-1088/S	西北农林科技大学
高等农业教育	1002-1981	21-1088/G4	沈阳农业大学
高原农业	2096-4781	54-1066/S	西藏农牧学院
古今农业	1672-2787	11-4997/S	全国农业展览馆
广东农业科学	1004-874X	44-1267/S	广东省农业科学院,华南农业大学
广西农学报	1003-4374	45-1133/S	广西农业职业技术学校
贵州农业科学	1001-3601	52-1054/S	贵州省农业科学院
寒旱农业科学	2097-2172	62-1223/S	甘肃省农业科学院
河北农业	1007-4783	13-1173/S	河北省农业农村宣传中心
河北农业大学学报	1000-1573	13-1076/S	河北农业大学
河北农业科学	1008-1631	13-1197/S	河北省农林科学院
河南农业	1006-950X	41-1171/S	河南省乡村产业发展服务中心
河南农业大学学报	1000-2340	41-1112/S	河南农业大学
河南农业科学	1004-3268	41-1092/S	河南省农业科学院
黑龙江八一农垦大学学报	1002-2090	23-1275/S	黑龙江八一农垦大学
黑龙江农业科学	1002-2767	23-1204/S	黑龙江省农业科学院
湖北农业科学	0439-8114	42-1255/S	湖北省农业科学院等
湖南农业	1005-362X	43-1051/S	湖南省农情分析研究中心,湖南农业杂志社有限责任公司
湖南农业大学学报. 自然科学版	1007-1032	43-1257/S	湖南农业大学
湖南农业科学	1006-060X	43-1099/S	湖南省农业科学院等
湖南生态科学学报	2095-7300	43-1522/Q	湖南环境生物职业技术学院
华北农学报	1000-7091	13-1101/S	河北省农林科学院等
华南农业大学学报	1001-411X	44-1110/S	华南农业大学
华中农业大学学报	1000-2421	42-1181/S	华中农业大学
基层农技推广	2095-5049	11-9329/S	清华控股有限公司
吉林农业大学学报	1000-5684	22-1100/S	吉林农业大学
江苏农业科学	1002-1302	32-1214/S	江苏省农业科学院
江苏农业学报	1000-4440	32-1213/S	江苏省农业科学院

刊　　名	ISSN	CN	主办单位
江西农业	1674-4179	36-1296/S	江西省农业技术推广总站
江西农业大学学报	1000-2286	36-1028/S	江西农业大学
江西农业学报	1001-8581	36-1124/S	江西省农业科学院,江西省农学会
今日农业	2096-451X	14-1393/S	山西科技新闻出版传媒集团有限责任公司,山西省专家学者协会
辽宁农业科学	1002-1728	21-1111/S	辽宁省农业科学院,辽宁省农学会
绿洲农业科学与工程	2096-2177	65-1304/S	新疆农垦科学院
南方农业	1673-890X	50-1186/S	重庆市农业科学院
南方农业学报	2095-1191	45-1381/S	广西壮族自治区农业科学院
南京农业大学学报	1000-2030	32-1148/S	南京农业大学
内蒙古农业大学学报.自然科学版	1009-3575	15-1209/S	内蒙古农业大学
宁夏农林科技	1002-204X	64-1007/S	宁夏农林科学院
农村百事通	1006-9119	36-1070/S	江西科学技术出版社有限责任公司
农村科技	1002-6193	65-1046/S	新疆农业科学院
农村科技(维文版)	1004-1095	65-1046/S-W	新疆农业科学院
农村科学实验	2096-0743	22-1146/S	延边大学
农村实用技术	1673-310X	53-1171/S	云南省科学技术情报研究院
农村新技术	1002-3542	45-1130/S	广西科技情报研究所
农技服务	1004-8421	52-1058/S	贵州省农业科学院信息研究所
农家参谋	1003-5494	41-1229/N	河南省科学技术协会
农家科技	1003-6989	50-1068/S	重庆出版社
农家之友	1671-8143	45-1294/F	广西壮族自治区农业技术推广总站
农家致富	1672-6456	32-1699/S	江苏省农产品品牌发展中心
农家致富顾问	1003-9902	43-1056/S	湖南省科学技术信息研究所
农民科技培训	1671-3346	11-4719/S	农业农村部农民科技教育培训中心,中央农业广播电视学校
农牧民天地		15-1368/S	实践杂志社
农业考古	1006-2335	36-1069/K	江西省社会科学院
农业科技通讯	1000-6400	11-2395/S	中国农业科学院
农业科技与信息	1003-6997	62-1057/S	甘肃农业杂志社
农业科学研究	1673-0747	64-1056/S	宁夏大学
农业生物技术学报	1674-7968	11-3342/S	中国农业大学,中国农业生物技术学会
农业现代化研究	1000-0275	43-1132/S	中国科学院亚热带农业生态研究所
农业与技术	1671-962X	22-1159/S	吉林省科学技术信息研究所
农业知识	0546-9597	37-1005/S	山东省农业技术推广中心(山东省农业农村发展研究中心)
农业资源与环境学报	2095-6819	12-1437/S	农业农村部环境保护科研监测所,中国农业生态环境保护协会
青岛农业大学学报.自然科学版	1674-148X	37-1459/N	青岛农业大学
青海农技推广	1008-7117	63-1048/S	青海省农业技术推广总站
青海农林科技	1004-9967	63-1028/S	青海省农林科学院等
热带农业科学	1009-2196	46-1038/S	中国热带农业科学院
山地农业生物学报	1008-0457	52-5013/S	贵州大学农学院
山东农业大学学报.自然科学版	1000-2324	37-1132/S	山东农业大学
山东农业科学	1001-4942	37-1148/S	山东省农业科学院等
山西农业大学学报.自然科学版	1671-8151	14-1306/N	山西农业大学
山西农业科学	1002-2481	14-1113/S	山西省农业科学院

刊　名	ISSN	CN	主 办 单 位
陕西农业科学	0488-5368	61-1089/S	西北农林科技大学
上海农业科技	1001-0106	31-1240/S	上海市农学会,上海市农业科学院
上海农业学报	1000-3924	31-1405/S	上海市农业科学院,上海市农学会
沈阳农业大学学报	1000-1700	21-1134/S	沈阳农业大学
石河子大学学报.自然科学版	1007-7383	65-1174/N	石河子大学
四川农业大学学报	1000-2650	51-1281/S	四川农业大学
四川农业科技	1004-1028	51-1212/S	四川省农业农村厅,四川省农业科学院
塔里木大学学报	1009-0568	65-1258/Z	塔里木大学
特产研究	1001-4721	22-1154/S	中国农业科学院特产研究所
天津农林科技	1002-0659	12-1183/S	天津市农业发展服务中心
天津农学院学报	1008-5394	12-1282/S	天津农学院
天津农业科学	1006-6500	12-1256/S	天津市农业科学院信息研究所
西北农林科技大学学报.自然科学版	1671-9387	61-1390/S	西北农林科技大学
西北农业学报	1004-1389	61-1220/S	西北农林科技大学等
西南农业学报	1001-4829	51-1213/S	四川省农业科学院等
西藏农村科技(藏文)	2096-2770	54-1063/S	西藏自治区科技信息研究所
西藏农业科技	1005-2925	54-1024/S	西藏自治区农牧科学院农业研究所
现代化农业	1001-0254	23-1137/S	黑龙江省农垦科学院
现代农村科技	1674-5329	13-1394/S	河北省农林科学院
现代农业	1008-0708	15-1098/Z	内蒙古自治区农牧业科学院
现代农业科技	1007-5739	34-1278/S	安徽省农业科学院
现代农业研究	2096-1073	23-1596/S	黑龙江省科学技术情报研究院
乡村科技	1674-7909	41-1412/S	河南省科学技术信息研究院
新疆农垦科技	1001-361X	65-1093/S	新疆农垦科学院
新疆农业大学学报	1007-8614	65-1173/S	新疆农业大学
新疆农业大学学报(维文版)	1009-5047	65-1206/S	新疆农业大学
新疆农业科技	1007-3574	65-1131/S	新疆维吾尔自治区农业农村厅信息中心
新疆农业科技(维文版)	2097-2067	65-1137/S	新疆维吾尔自治区农业农村厅信息中心
新疆农业科学	1001-4330	65-1097/S	新疆农业科学院等
新疆农业科学(维吾尔文)	1004-3195	65-1098/S	新疆农业科学院
新农村	1008-2182	33-1064/S	浙江大学
新农民	1674-9952	13-1160/C	河北省农业产业化项目服务中心
新农业	1002-4298	21-1091/S	沈阳农业大学
信阳农林学院学报	2095-8978	41-1433/S	信阳农林学院
延边大学农学学报	1004-7999	22-1261/S	延边大学
扬州大学学报.农业与生命科学版	1671-4652	32-1648/S	扬州大学
优质农产品	2095-6452	10-1159/S	中国优质农产品开发服务协会,中国农业出版社有限公司
云南农业	1005-1627	53-1080/S	云南农业职业技术学院
云南农业大学学报.自然科学	1004-390X	53-1044/S	云南农业大学
云南农业科技	1000-0488	53-1042/S	云南省农业科学院
浙江大学学报.农业与生命科学版	1008-9209	33-1247/S	浙江大学
浙江农林大学学报	2095-0756	33-1370/S	浙江农林大学
浙江农业科学	0528-9017	33-1076/S	浙江省农业科学院,浙江大学
浙江农业学报	1004-1524	33-1151/S	浙江省农业科学院,浙江省农学会

刊　　名	ISSN	CN	主 办 单 位
智慧农业(中英文)	2096-8094	10-1681/S	中国农业科学院农业信息研究所
智慧农业导刊	2096-9902	23-1613/S	黑龙江省农业科学院
中国农村科技	1005-9768	11-3491/N	中国农村技术开发中心
中国农技推广	1002-381X	11-2834/S	全国农业技术推广服务中心
中国农史	1000-4459	32-1061/S	中国农业历史学会等
中国农学通报	1000-6850	11-1984/S	中国农学会
中国农业大学学报	1007-4333	11-3837/S	中国农业大学
中国农业教育	1009-1173	32-1572/G4	南京农业大学
中国农业科技导报	1008-0864	11-3900/S	中国农村技术开发中心
中国农业科学	0578-1752	11-1328/S	中国农业科学院,中国农学会
中国农业信息	1672-0423	11-4922/S	中国农学会农业信息分会,中国农业科学院农业资源与农业区划研究所
中国农资	1005-9806	11-5348/S	中华合作时报社
中国热带农业	1673-0658	11-5318/F	中国农垦经济发展中心,农业农村部南亚热带作物中心
中南农业科技	2097-2083	42-1927/S	湖北省农业科学院农业经济技术研究所
仲恺农业工程学院学报	1674-5663	44-1660/S	仲恺农业工程学院

S1 农业基础科学(26 种)

刊　　名	ISSN	CN	主 办 单 位
腐植酸	1671-9212	11-4736/TQ	中国腐植酸工业协会
干旱区研究(维文版)	1009-2064	65-1096/X	中国科学院新疆生态与地理研究所
核农学报	1000-8551	11-2265/S	中国原子能农学会,中国农业科学院农产品加工研究所
磷肥与复肥	1007-6220	41-1173/TQ	郑州大学,中国磷复肥工业协会
农业产业化	2096-4889	42-1897/S	湖北省农业科学院,湖北科学技术出版社有限公司
农业大数据学报	2096-6369	10-1555/G2	中国农业科学院农业信息研究所
农业环境科学学报	1672-2043	12-1347/S	农业农村部环境保护科研监测所,中国农业生态环境保护协会
山西水土保持科技	1008-0120	14-1103/TV	山西水利出版传媒中心
生态环境学报	1674-5906	44-1661/X	广东省土壤学会,广东省科学院生态环境与土壤研究所
生态经济	1671-4407	53-1193/F	云南教育出版社有限责任公司
生态与农村环境学报	1673-4831	32-1766/X	生态环境部南京环境科学研究所
水土保持通报	1000-288X	61-1094/X	中国科学院水利部水土保持研究所,水利部水土保持监测中心
水土保持学报	1009-2242	61-1362/TV	中国土壤学会,中国科学院水利部水土保持研究所
水土保持研究	1005-3409	61-1272/P	中国科学院水利部水土保持研究所
水土保持应用技术	1673-5366	21-1532/S	辽宁省水土保持研究所
土壤	0253-9829	32-1118/P	中国科学院南京土壤研究所
土壤通报	0564-3945	21-1172/S	中国土壤学会
土壤学报	0564-3929	32-1119/P	中国土壤学会

刊　　名	ISSN	CN	主办单位
土壤与作物	2095-2961	23-1580/S	中国科学院东北地理与农业生态研究所农业技术中心
亚热带水土保持	1002-2651	35-1283/TV	福建省水土保持试验站,福建省水土保持学会
植物营养与肥料学报	1008-505X	11-3996/S	中国植物营养与肥料学会
中国农业气象	1000-6362	11-1999/S	中国农业科学院农业环境与可持续发展研究所
中国生态农业学报(中英文)	2096-6237	13-1432/S	中国科学院遗传与发育生物学研究所,中国生态经济学学会
中国水土保持	1000-0941	41-1144/TV	水利部黄河水利委员会
中国水土保持科学(中英文)	2096-2673	10-1449/S	中国水土保持学会
中国土壤与肥料	1673-6257	11-5498/S	中国农业科学院农业资源与农业区划研究所,中国植物营养与肥料学会

S2 农业工程(48 种)

刊　　名	ISSN	CN	主办单位
当代农机	1673-632X	14-1339/S	山西现代农业工程出版传媒中心
福建农机	1004-3969	35-1090/S	福建省机械科学研究院
灌溉排水学报	1672-3317	41-1337/S	水利部、中国农业科学院农田灌溉研究所,中国水利学会
广西农业机械化	1003-0700	45-1131/S	广西壮族自治区农业机械化服务中心,广西农机学会
贵州农机化	1004-9819	52-1055/S	贵州省农机化促进中心
河北农机	1002-1655	13-1060/S	河北省农业机械化研究所,河北省农业机械学会
江苏农机化	1004-9908	32-1250/S	江苏省农业机械试验鉴定站
节水灌溉	1007-4929	42-1420/TV	武汉大学,中国灌溉排水发展中心
可再生能源	1671-5292	21-1469/TK	辽宁省能源研究所有限公司
南方农机	1672-3872	36-1239/TH	江西报业传媒集团有限责任公司
农村电气化	1003-0867	11-2181/TM	中国电机工程学会
农电管理	1672-2450	11-3778/D	中国电机工程学会
农机化研究	1003-188X	23-1233/S	黑龙江省农业机械工程科学研究院,黑龙江省农业机械学会
农机科技推广	1671-3036	11-4693/TH	农业农村部农业机械化总站
农机使用与维修	1002-2538	23-1481/S	黑龙江省农业科学院
农机质量与监督	1002-7203	11-4411/S	农业农村部农业机械试验鉴定总站,中国农机产品质量认证中心,中国农业机械化协会
农牧科技(哈萨克文)	1002-932X	65-1164/S	新疆农业科学院农业机械化研究所
农业工程	2095-1795	11-6025/S	北京卓众出版有限公司
农业工程技术.农业信息化	1673-5404	11-5436/S	农业农村部规划设计研究院,中国农业工程学会
农业工程技术.温室园艺	1673-5404	11-5436/S	农业农村部规划设计研究院,中国农业工程学会
农业工程技术.综合版	1673-5404	11-5436/S	农业农村部规划设计研究院,中国农业工程学会

刊　　名	ISSN	CN	主　办　单　位
农业工程学报	1002-6819	11-2047/S	中国农业工程学会
农业工程与装备	2096-8736	43-1555/S	湖南农业大学
农业机械	1000-9868	11-1875/S	北京卓众出版有限公司
农业机械学报	1000-1298	11-1964/S	中国农业机械学会,中国农业机械化科学研究院集团有限公司
农业技术与装备	1673-887X	14-1343/TH	山西现代农业工程出版传媒中心
农业开发与装备	1673-9205	32-1779/TH	农业农村部南京农业机械化研究所
农业科技与装备	1674-1161	21-1559/S	辽宁省农业机械化研究所
农业装备技术	1671-6337	32-1646/S	江苏大学农业装备工程研究院,江苏省镇江市农业机械技术推广站
农业装备与车辆工程	1673-3142	37-1433/TH	山东省农业机械科学研究院,山东农业机械学会
排灌机械工程学报	1674-8530	32-1814/TH	江苏大学
热带农业工程	2096-725X	44-1442/S	中国热带农业科学院
山东农机化	1002-2414	37-1123/S	山东农业工程学会
数字农业与智能农机	2097-065X	42-1920/S	湖北省农业机械工程研究设计院,湖北省农业机械学会
四川农业与农机	2095-3615	51-1743/S	四川省农业机械科学研究院等
拖拉机与农用运输车	1006-0006	41-1222/TH	洛阳拖拉机研究所有限公司
现代农机	1674-5604	33-1357/S	浙江省畜牧农机发展中心,浙江万里学院
现代农业装备	1673-2154	44-1616/S	广东省现代农业装备研究所
新疆农村机械化(维吾尔文)	1004-0854	65-1126/TH	新疆维吾尔自治区农牧业机械局
新疆农机化	1007-7782	65-1150/S	新疆农业科学院农业机械化研究所
智能化农业装备学报(中英文)	2096-7217	32-1887/S2	农业农村部南京农业机械化研究所
中国农村水利水电	1007-2284	42-1419/TV	武汉大学,中国灌溉排水发展中心
中国农机化学报	2095-5553	32-1837/S	农业农村部南京农业机械化研究所
中国农机监理	1671-3125	11-4718/TH	中国农机安全报社
中国农业机械工业年鉴	1673-4920	11-5406/TH	中国机械工业年鉴编辑委员会,中国农业机械工业协会
中国农业文摘.农业工程	1002-5103	11-2531/S	中国农业大学
中国水能及电气化	1673-8241	11-5543/TK	水利部水电局等
中国沼气	1000-1166	51-1206/S	农业农村部沼气科学研究所,中国沼气学会

S3,S5 农学(农艺学),农作物(65 种)

刊　　名	ISSN	CN	主　办　单　位
保鲜与加工	1009-6221	12-1330/S	天津市农业科学院
北方水稻	1673-6737	21-1530/S	辽宁省盐碱地利用研究所
蚕桑茶叶通讯	1007-1253	36-1110/S	江西省经济作物研究所
茶业通报	1006-5768	34-1079/S	安徽省茶业学会
茶叶	0577-8921	33-1096/S	浙江省茶叶学会,中国茶叶博物馆
茶叶科学	1000-369X	33-1115/S	中国茶叶学会,中国农业科学院茶叶研究所
茶叶通讯	1009-525X	43-1106/S	湖南省茶叶学会
茶叶学报	2096-0220	35-1330/S	福建省农业科学院茶叶研究所

刊　名	ISSN	CN	主办单位
大豆科技	1674-3547	23-1549/S	黑龙江省绿色食品科学研究院
大豆科学	1000-9841	23-1227/S	黑龙江省农业科学院
大麦与谷类科学	1673-6486	32-1769/S	江苏沿海地区农业科学研究所
分子植物育种	1672-416X	46-1068/S	海南省生物工程协会
福建茶叶	1005-2291	35-1111/S	福建省茶叶学会
福建稻麦科技	1008-9799	35-1147/S	福建省农业科学院水稻研究所
福建热作科技	1006-2327	35-1124/S	福建省热带作物科学研究所
甘蔗糖业	1005-9695	44-1210/TS	全国甘蔗糖业信息中心
耕作与栽培	1008-2239	52-1065/S	贵州农业职业学院
广东茶业	1672-7398	44-1564/S	广东省茶叶学会
广西糖业	2095-820X	45-1397/S	广西壮族自治区农业科学院甘蔗研究所等
贵茶	2097-2601	52-1166/S	当代贵州期刊传媒集团有限责任公司
核农学报	1000-8551	11-2265/S	中国原子能农学会，中国农业科学院农产品加工研究所
花生学报	1002-4093	37-1366/S	山东省花生研究所
基因组学与应用生物学	1674-568X	45-1369/Q	广西大学
粮食储藏	1000-6958	51-1243/S	中储粮成都储藏研究院有限公司
粮油仓储科技通讯	1674-1943	51-1480/TS	中储粮成都储藏研究院有限公司
粮油与饲料科技	2096-8515	36-1352/S	江西省粮食行业协会，江西省粮油集团有限公司
麦类作物学报	1009-1041	61-1359/S	西北农林科技大学等
棉花科学	2095-3143	36-1319/S	江西省棉花研究所
棉花学报	1002-7807	41-1163/S	中国农学会
农学学报	2095-4050	11-6016/S	中国农学会
农业研究与应用	2095-0764	45-1380/S	广西壮族自治区亚热带作物研究所，广西热带作物学会
农业植物新品种保护公报	1009-4296	11-4107/S	农业农村部植物新品种保护办公室
热带农业科技	1672-450X	53-1181/S	云南省热带作物科学研究所，云南省热带作物学会
热带亚热带植物学报	1005-3395	44-1374/Q	中国科学院华南植物园，广东省植物学会
热带作物学报	1000-2561	46-1019/S	中国热带作物学会等
人参研究	1671-1521	22-1156/S	吉林人参研究院
特种经济动植物	1001-4713	22-1155/S	中国农业科学院特产研究所
土壤与作物	2095-2961	23-1580/S	中国科学院东北地理与农业生态研究所农业技术中心
新烟草	1008-5181	23-1526/TS	中国烟草总公司黑龙江省公司，《中国烟草》杂志社有限公司
亚热带农业研究	1673-0925	35-1279/S	福建农林大学
烟草科技	1002-0861	41-1137/TS	中国烟草总公司郑州烟草研究院
玉米科学	1005-0906	22-1201/S	吉林省农业科学院等
杂交水稻	1005-3956	43-1137/S	国家杂交水稻工程技术研究中心，湖南杂交水稻研究中心
植物遗传资源学报	1672-1810	11-4996/S	中国农业科学院作物科学研究所，中国农学会
中国茶叶	1000-3150	33-1117/S	中国农业科学院茶叶研究所

刊　名	ISSN	CN	主办单位
中国稻米	1006-8082	33-1201/S	中国水稻研究所
中国麻业科学	1671-3532	43-1467/S	中国农业科学院麻类研究所
中国马铃薯	1672-3635	23-1477/S	东北农业大学
中国棉花	1000-632X	41-1140/S	中国农业科学院棉花研究所
中国棉花加工	1003-0662	41-1161/TS	中华全国供销合作总社郑州棉麻工程技术设计研究所
中国水稻科学	1001-7216	33-1146/S	中国水稻研究所
中国糖料	1007-2624	23-1406/S	黑龙江大学
中国甜菜糖业	1002-0551	23-1320/TS	轻工业甜菜糖业研究所
中国烟草(北京)	1008-9063	11-3831/D	《中国烟草》杂志社有限公司
中国烟草科学	1007-5119	37-1277/S	中国农业科学院烟草研究所,中国烟草总公司青州烟草研究所
中国烟草学报	1004-5708	11-2985/TS	中国烟草学会
中国油料作物学报	1007-9084	42-1429/S	中国农业科学院油料作物研究所
中国种业	1671-895X	11-4413/S	中国农业科学院作物科学研究所,中国种子协会
种业导刊	1003-4749	41-1392/S	河南省农业科学院
种子	1001-4705	52-1066/S	贵州农业职业学院,贵州省种子管理站
种子科技	1005-2690	14-1160/S	山西科技新闻出版传媒集团有限责任公司,山西省种子协会
种子世界	1000-8071	23-1213/S	黑龙江省种子协会等
作物学报	0496-3490	11-1809/S	中国作物学会等
作物研究	1001-5280	43-1110/S	湖南农业大学,湖南省作物学会
作物杂志	1001-7283	11-1808/S	中国作物学会,中国农业科学院作物科学研究所

S4 植物保护(19 种)

刊　名	ISSN	CN	主办单位
广西植保	1003-8779	45-1181/S	广西壮族自治区植保站等
湖北植保	1005-6114	42-1306/S	湖北省农业科学院植保土肥研究所
环境昆虫学报	1674-0858	44-1640/Q	广东省昆虫学会,中国昆虫学会
农药	1006-0413	21-1210/TQ	沈阳中化农药化工研发有限公司
农药科学与管理	1002-5480	11-2678/S	农业农村部农药检定所
农药学学报	1008-7303	11-3995/S	中国农业大学
农业灾害研究	2095-3305	36-1317/S	江西省农业科学院
生物安全学报	2095-1787	35-1307/Q	中国植物保护学会,福建省昆虫学会
生物灾害科学	2095-3704	36-1320/S	江西农业大学等
世界农药	1009-6485	10-1660/TQ	中国农药工业协会
现代农药	1671-5284	32-1639/TQ	江苏省农药协会等
杂草学报	1003-935X	32-1861/S	江苏省杂草研究会,江苏省农业科学院植物保护研究所
植物保护	0529-1542	11-1982/S	中国植物保护学会,中国农业科学院植物保护研究所
植物保护学报	0577-7518	11-1983/S	中国植物保护学会,中国农业大学
植物病理学报	0412-0914	11-2184/Q	中国植物病理学会,中国农业大学

刊　　名	ISSN	CN	主办单位
植物检疫	1005-2755	11-1990/S	中国检验检疫科学研究院,中国植物保护学会
植物医学	2097-1354	50-1224/S	西南大学
中国生物防治学报	2095-039X	11-5973/S	中国农业科学院植物保护研究所,中国植物保护学会
中国植保导刊	1672-6820	11-5173/S	全国农业技术推广服务中心

S6 园艺（41 种）

刊　　名	ISSN	CN	主办单位
北方果树	1001-5698	21-1218/S	辽宁省果树科学研究所等
北方园艺	1001-0009	23-1247/S	黑龙江省农业科学院
长江蔬菜	1001-3547	42-1172/S	长江蔬菜杂志社
东南园艺	2095-5774	35-1317/S	福建省农业科学院果树研究所
广东园林	1671-2641	44-1219/S	广东园林学会
果农之友	1671-7759	41-1343/S	中国农业科学院郑州果树研究所
果树实用技术与信息		21-1342/S	中国农业科学院果树研究所
果树学报	1009-9980	41-1308/S	中国农业科学院郑州果树研究所
果树资源学报	2096-8108	14-1402/S	山西农业大学果树研究所
河北果树	1006-9402	13-1202/S	河北省果树学会
花卉	1005-7897	44-1196/S	广东省农业科学院环境园艺研究所
花木盆景	1004-7212	42-1014/S	湖北科学技术出版社有限公司
吉林蔬菜	1672-0180	22-1215/S	吉林省蔬菜花卉科学研究院
经济林研究	1003-8981	43-1117/S	中南林业科技大学
菌物研究	1672-3538	22-1352/S	吉林农业大学
辣椒杂志	1672-4542	43-1417/S	辣椒新品种技术研究推广中心
落叶果树	1002-2910	37-1125/S	山东省果树研究所,山东农业大学园艺科学与工程学院
南方园艺	1674-5868	45-1368/S	广西特色作物研究院
热带作物学报	1000-2561	46-1019/S	中国热带作物学会等
上海蔬菜	1002-1469	31-1588/S	上海农业科学院,上海蔬菜经济研究会
食药用菌	2095-0934	33-1371/S	浙江省食用菌协会
食用菌	1000-8357	31-1257/S	上海市农业科学院
食用菌学报	1005-9873	31-1683/S	上海市农业科学院,中国农学会
蔬菜	1001-8336	11-2328/S	北京市农林科学院
西北园艺. 果树	1004-4183	61-1226/S	陕西省农业杂志社
西北园艺. 综合	1004-4183	61-1226/S	陕西省农业杂志社
现代园艺	1006-4958	36-1287/S	江西省经济作物局,江西省双金柑桔试验站
烟台果树	1005-9938	37-1244/S	山东省烟台市农业科学研究院（山东省农业科学院烟台市分院）
园林	1000-0283	31-1118/S	上海市园林科学研究院,中国风景园林学会
园艺学报	0513-353X	11-1924/S	中国园艺学会,中国农业科学院蔬菜花卉研究所
园艺与种苗	2095-0896	21-1574/S	辽宁省农业科学院

刊　　　名	ISSN	CN	主 办 单 位
浙江柑橘	1009-0584	33-1103/S	浙江省柑橘研究所,浙江省水果产业协会
中国瓜菜	1673-2871	41-1374/S	中国农业科学院郑州果树研究所
中国果菜	1008-1038	37-1282/S	中华全国供销合作总社济南果品研究所
中国果树	1000-8047	21-1165/S	中国农业科学院果树研究所
中国果业信息	1673-1514	50-1173/S	中国农业科学院柑桔研究所
中国花卉园艺	1009-8496	11-4496/Z	中国花卉协会
中国南方果树	1007-1431	50-1112/S	中国农业科学院柑桔研究所
中国食用菌	1003-8310	53-1054/Q	中华全国供销合作总社昆明食用菌研究所
中国蔬菜	1000-6346	11-2326/S	中国农业科学院蔬菜花卉研究所
中外葡萄与葡萄酒	1004-7360	37-1349/TS	山东省葡萄研究院

S7 林业(82 种)

刊　　　名	ISSN	CN	主 办 单 位
安徽林业科技	2095-0152	34-1314/S	安徽省林业科学研究院,安徽省林学会
桉树科技	1674-3172	44-1246/S	中国林业科学研究院速生树木研究所
北京林业大学学报	1000-1522	11-1932/S	北京林业大学
东北林业大学学报	1000-5382	23-1268/S	东北林业大学
防护林科技	1005-5215	23-1335/S	黑龙江省林业科学院齐齐哈尔分院
福建林业	1003-4382	35-1010/S	福建省林业科学研究院
福建林业科技	1002-7351	35-1136/S	福建省林学会,福建省林业科学研究院
甘肃林业	1674-2745	62-1060/S	甘肃省林业调查规划院
甘肃林业科技	1006-0960	62-1059/S	甘肃省林学会,甘肃省林业科学研究院
广西林业	1004-0390	45-1136/S	广西壮族自治区林业科学研究院
广西林业科学	1006-1126	45-1212/S	广西壮族自治区林业科学研究院
贵州林业科技	2096-904X	52-1091/S	贵州省林业科学研究院,贵州省林学会
国家公园(中英文)	2097-3225	10-1889/S	国家林业和草原局林草调查规划院,中国科学院生态环境研究中心
国家林业和草原局管理干部学院学报	2096-9481	10-1639/C	国家林业和草原局管理干部学院
国土绿化	1004-4000	11-2601/S	中国绿色时报社
河北林业	1007-404X	13-1087/S	河北省木兰围场国有林场管理局
河北林业科技	1002-3356	13-1080/S	河北省林业科学研究院,河北省林学会
河南林业科技	1003-2630	41-1166/S	河南省林业科学研究院,河南省林学会
黑龙江生态工程职业学院学报	1674-6341	23-1551/S	黑龙江生态工程职业学院
湖北林业科技	1004-3020	42-1175/S	湖北省林业科学研究院
湖南林业科技	1003-5710	43-1096/S	湖南省林业科学院,湖南省林学会
吉林林业科技	1005-7129	22-1106/S	吉林省林业科学研究院
江苏林业科技	1001-7380	32-1236/S	江苏省林业科学研究院,江苏省林业科技情报中心
经济林研究	1003-8981	43-1117/S	中南林业科技大学
辽宁林业科技	1001-1714	21-1107/S	辽宁省林业科学研究院,辽宁省林学会
林业工程学报	2096-1359	32-1862/S	南京林业大学
林业机械与木工设备	2095-2953	23-1405/S	国家林业和草原局哈尔滨林业机械研究所

刊　名	ISSN	CN	主 办 单 位
林业建设	1006-6918	53-1113/S	国家林业和草原局西南调查规划院，中国林业工程建设协会
林业勘查设计	1673-4505	23-1229/S	黑龙江省林业和草原调查规划设计院
林业勘察设计	1004-2180	35-1119/S	福建省林业调查规划院
林业科技	1001-9499	23-1183/S	黑龙江省林业科学院
林业科技情报	1009-3303	23-1287/S	黑龙江省林业设计研究院
林业科技通讯（北京）	2097-0285	10-1258/S	中国林业科学研究院林业科技信息研究所
林业科学	1001-7488	11-1908/S	中国林学会
林业科学研究	1001-1498	11-1221/S	中国林业科学研究院
林业调查规划	1671-3168	53-1172/S	云南省林业调查规划院，西南地区林业信息中心
林业与环境科学	2096-2053	44-1723/S	广东省林学会，广东省林业科学研究院
林业与生态	2095-0403	43-1508/S	湖南省林业事务中心
林业与生态科学	2096-4749	13-1425/S	河北农业大学
林业植物新品种保护公报	1009-4431	11-4106/S	国家林业和草原局植物新品种保护办公室
林业资源管理	1002-6622	11-2108/S	国家林业和草原局调查规划设计院
陆地生态系统与保护学报	2096-8884	10-1670/S	中国林业科学研究院
绿化与生活	1002-1973	11-2278/S	北京市园林绿化宣传中心，北京市花木有限公司
绿色科技	1674-9944	42-1808/S	湖北科学技术出版社有限公司
绿色天府	1672-1322	51-1642/Z	四川省林业和草原调查规划院，四川省生态文化促进会
南方林业科学	2095-9818	36-1342/S	江西省林业科学院，江西省林学会
南京林业大学学报. 自然科学版	1000-2006	32-1161/S	南京林业大学
内蒙古林业	1003-8221	15-1072/S	内蒙古自治区林业科学研究院
内蒙古林业科技	1007-4066	15-1111/S	内蒙古自治区林业科学研究院
内蒙古林业调查设计	1006-6993	15-1144/S	内蒙古自治区林业监测规划院
热带林业	1672-0938	46-1046/S	海南省林业科学研究院（海南省红树林研究院），海南省林学会
森林防火	1002-2511	10-1876/S	国家林业和草原局产业发展规划院
森林工程	1006-8023	23-1388/S	东北林业大学
森林与环境学报	2096-0018	35-1327/S	中国林学会，福建农林大学
森林与人类	1002-9990	11-1224/S	中国绿色时报社，中国林学会
山东林业科技	1002-2724	37-1112/S	山东省林业科学研究院，山东林学会
山东绿化	2095-7203	37-1497/S	山东省国土空间数据和遥感技术研究院
山西林业	1005-4707	14-1191/S	山西省林业和草原科学研究院
山西林业科技	1007-726X	14-1098/S	山西省林业和草原科学研究院，山西省林学会
陕西林业科技	1001-2117	61-1092/S	陕西省林学会等
世界林业研究	1001-4241	11-2080/S	中国林业科学研究院林业科技信息研究所
世界竹藤通讯	1672-0431	11-4909/S	中国林业科学研究院林业科技信息研究所
四川林业科技	1003-5508	51-1217/S	四川省林学会，四川省林业科学研究院

刊　　名	ISSN	CN	主办单位
温带林业研究	2096-4900	23-1603/S	国家林业和草原局哈尔滨林业机械研究所
西北林学院学报	1001-7461	61-1202/S	西北农林科技大学
西部林业科学	1672-8246	53-1194/S	云南省林业和草原科学院
西南林业大学学报. 自然科学	2095-1914	53-1218/S	西南林业大学
新疆林业	1005-3522	65-1149/S	新疆维吾尔自治区林业和草原宣传信息中心
新疆林业(维文版)		65-1169/S	新疆维吾尔自治区林业和草原宣传信息中心
浙江林业	1003-899X	33-1142/F	浙江省林业信息宣传服务中心
浙江林业科技	1001-3776	33-1112/S	浙江省林业科学研究院等
浙江农林大学学报	2095-0756	33-1370/S	浙江农林大学
中国城市林业	1672-4925	11-5061/S	中国林业科学研究院
中国林副特产	1001-6902	23-1303/S	黑龙江省林业科学院牡丹江分院
中国林业	1000-0623	11-1228/S	中国绿色时报社
中国林业教育	1001-7232	11-2729/S	北京林业大学,中国林业教育学会
中国木材		31-1565/T	上海森联木业发展有限公司,中国木材总公司
中国森林病虫	1671-0886	21-1459/S	国家林业和草原局生物灾害防控中心
中南林业科技大学学报	1673-923X	43-1470/S	中南林业科技大学
中南林业调查规划	1003-6075	43-1095/S	国家林业和草原局中南调查规划院
竹子学报	1000-6567	33-1399/S	国家林业和草原局竹子研究开发中心等
自然保护地	2096-8981	33-1417/S	国家林业和草原局华东调查规划设计院,国家林业和草原局自然保护地评价中心

S8 畜牧、动物医学、狩猎、蚕、蜂(110 种)

刊　　名	ISSN	CN	主办单位
北方蚕业	1673-9922	61-1297/S	西北农林科技大学
北方牧业		13-1338/S	河北省畜牧业监测预警服务中心
蚕桑茶叶通讯	1007-1253	36-1110/S	江西省经济作物研究所
蚕桑通报	0258-4069	33-1081/S	浙江省蚕桑学会
蚕学通讯	1006-0561	50-1065/S	重庆市蚕丝学会,西南大学
蚕业科学	0257-4799	32-1115/S	中国蚕学会,中国农业科学院蚕业研究所
草地学报	1007-0435	11-3362/S	中国草学会
草食家畜	1003-6377	65-1108/S	新疆畜牧科学院
草食家畜(哈文)	1004-9258	65-1108/S-H	新疆畜牧科学院
草食家畜(维文)	1002-9303	65-1108/S-W	新疆畜牧科学院
草学	2096-3971	51-1777/S	四川省草原科学研究院
草业科学	1001-0629	62-1069/S	中国草学会,兰州大学草地农业科技学院
草业学报	1004-5759	62-1105/S	中国草学会,兰州大学
草原与草坪	1009-5500	62-1156/S	中国草学会,甘肃农业大学

刊　　名	ISSN	CN	主办单位
草原与草业	2095-5952	15-1367/S	内蒙古自治区草原工作总站,内蒙古自治区草原学会
当代畜牧	1002-2996	11-2230/S	北京奶牛中心,北京畜牧兽医学会
当代畜禽养殖业	1005-5959	15-1150/S	内蒙古自治区农牧业科学院
动物医学进展	1007-5038	61-1306/S	西北农林科技大学
动物营养学报	1006-267X	11-5461/S	中国畜牧兽医学会
福建畜牧兽医	1003-4331	35-1103/S	福建省农业科学院畜牧兽医研究所
甘肃畜牧兽医	1006-799X	62-1064/S	甘肃农业杂志社
广东蚕业	2095-1205	44-1319/S	广东省蚕学会,广东丝源集团有限公司
广东饲料	1005-8613	44-1393/S	广东省饲料行业协会
广东畜牧兽医科技	1005-8567	44-1243/S	广东省农业科学院畜牧研究所等
广西蚕业	1006-1657	45-1213/S	广西壮族自治区蚕业技术推广站
广西畜牧兽医	1002-5235	45-1163/S	广西壮族自治区畜牧总站,广西畜牧兽医学会
贵州畜牧兽医	1007-1474	52-1099/S	贵州省畜牧兽医研究所
国外畜牧学.猪与禽	1001-0769	31-1277/S	上海市农业科学院
河南畜牧兽医.市场版	1004-5090	41-1175/S	河南省畜牧局,河南省畜牧兽医学会
河南畜牧兽医.综合版	1004-5090	41-1175/S	河南省畜牧局,河南省畜牧兽医学会
黑龙江动物繁殖	1005-2739	23-1350/Q	黑龙江省农业科学院
黑龙江畜牧兽医	1004-7034	23-1205/S	黑龙江省农业科学院
湖南饲料	1673-7539	43-1336/S	湖南省饲料工业协会
湖南畜牧兽医	1006-4907	43-1222/S	湖南省畜牧兽医研究所,湖南省畜牧兽医学会
吉林畜牧兽医	1672-2078	22-1104/S	吉林省牧业信息中心
家畜生态学报	1673-1182	61-1433/S	西北农林科技大学
家禽科学	1673-1085	37-1424/S	山东省农业科学院家禽研究所,山东畜牧兽医学会家禽专业委员会
江西畜牧兽医杂志	1004-2342	36-1117/S	江西省农业技术推广中心
今日畜牧兽医	2096-5222	13-1369/S	河北省畜牧业监测预警服务中心
今日养猪业	1673-8977	11-5565/S	北京市农林科学院
经济动物学报	1007-7448	22-1258/S	吉林农业大学
粮油与饲料科技	2096-8515	36-1352/S	江西省粮食行业协会,江西省粮油集团有限公司
蜜蜂杂志	1003-9139	53-1061/S	云南省农业科学院
内蒙古畜牧业(蒙文版)	1006-8163	15-1073/S	内蒙古自治区畜牧科学院
农牧科技(哈萨克文)	1002-932X	65-1164/S	新疆农业科学院农业机械化研究所
青海草业	1008-1445	63-1044/S	青海省草原学会,青海省草原总站
青海畜牧兽医杂志	1003-7950	63-1020/S	青海省畜牧兽医学会,青海省畜牧兽医科学院
青海畜牧业	1672-3201	63-1062/S	青海省畜牧总站
乳业科学与技术	1671-5187	31-1881/S	光明乳业股份有限公司
山东畜牧兽医	1007-1733	37-1267/S	山东畜牧兽医学会
上海畜牧兽医通讯	1000-7725	31-1278/S	上海市农业科学院畜牧兽医研究所
兽医导刊	1673-8586	15-1347/S	内蒙古自治区兽医学会,内蒙古自治区兽医工作站
四川蚕业	1006-1185	51-1202/S	四川省蚕丝学会

刊　名	ISSN	CN	主办单位
四川畜牧兽医	1001-8964	51-1181/S	四川省畜牧科学研究院,四川省畜牧兽医学会
饲料博览	1001-0084	23-1298/S	东北农业大学
饲料工业	1001-991X	21-1169/S	辽宁省农牧业机械研究所
饲料研究	1002-2813	11-2114/S	北京市营养源研究所有限公司
特种经济动植物	1001-4713	22-1155/S	中国农业科学院特产研究所
现代牧业	2096-2975	41-1442/S	河南牧业经济学院
现代畜牧科技	2095-9737	23-1592/S	黑龙江省农业科学院畜牧兽医分院
现代畜牧兽医	1672-9692	21-1515/S	辽宁省畜牧兽医学会,辽宁省动物卫生监测预警中心
新疆畜牧业	1003-4889	65-1021/S	新疆维吾尔自治区畜牧兽医局畜牧科技资料编译室
新疆畜牧业(哈萨克文)	1002-9222	65-1021/S-H	新疆维吾尔自治区畜牧兽医局畜牧科技资料编译室
新疆畜牧业(蒙古文)	1002-9257	65-1021/S-M	新疆维吾尔自治区畜牧兽医局畜牧科技资料编译室
新疆畜牧业(维吾尔文)	1002-9214	65-1021/S-W	新疆维吾尔自治区畜牧兽医局畜牧科技资料编译室
畜牧产业	2096-8302	10-1688/S	中国畜牧业协会
畜牧兽医科技信息	1671-6027	23-1501/S	中国农业科学院哈尔滨兽医研究所
畜牧兽医科学(电子版)	2096-3637	11-9372/S	北京卓众出版有限公司
畜牧兽医学报	0366-6964	11-1985/S	中国畜牧兽医学会
畜牧兽医杂志	1004-6704	61-1085/S	西北农林科技大学
畜牧业环境	2096-6188	10-1588/S	中国农业科学院北京畜牧兽医研究所
畜牧与兽医	0529-5130	32-1192/S	南京农业大学
畜牧与饲料科学	1672-5190	15-1228/S	内蒙古自治区农牧业科学院
畜禽业	1008-0414	51-1508/S	四川省科学技术信息研究所
养禽与禽病防治	1008-3847	44-1202/S	广东华农高科生物药业有限公司
养殖与饲料	1671-427X	42-1648/S	华中农业大学
养猪	1002-1957	21-1104/S	沈阳农业大学附属试验场(事业单位)
野生动物学报	2310-1490	23-1587/S	东北林业大学等
云南畜牧兽医	1005-1341	53-1099/S	云南省畜牧兽医科学院,云南畜牧兽医学会
浙江畜牧兽医	1005-7307	33-1098/S	浙江省畜牧兽医学会
中国蚕业	1007-0982	32-1421/S	中国农业科学院蚕业研究所
中国草地学报	1673-5021	15-1344/S	中国农业科学院草原研究所,中国草学会
中国草食动物科学	2095-3887	62-1206/Q	中国农业科学院兰州畜牧与兽药研究所
中国动物保健	1008-4754	11-3994/Q	中国乡镇企业协会,北京中美欧畜牧科学研究院
中国动物传染病学报	1674-6422	31-2031/S	中国农业科学院上海兽医研究所
中国动物检疫	1005-944X	37-1246/S	中国动物卫生与流行病学中心
中国蜂业	0412-4367	11-5358/S	中国农业科学院蜜蜂研究所,中国养蜂学会
中国工作犬业	1673-0135	32-1734/Q	中国工作犬管理协会,公安部南京警犬研究所

刊　　名	ISSN	CN	主 办 单 位
中国家禽	1004-6364	32-1222/S	江苏省家禽科学研究所
中国奶牛	1004-4264	11-3009/S	中国奶业协会,北京四面博达广告有限公司
中国牛业科学	1001-9111	61-1449/S	西北农林科技大学
中国禽业导刊	1008-0619	32-1489/S	江苏省家禽科学研究所
中国乳业	1671-4393	11-4768/S	中国农业科学院农业信息研究所
中国兽药杂志	1002-1280	11-2820/S	中国兽医药品监察所
中国兽医科学	1673-4696	62-1192/S	中国农业科学院兰州兽医研究所
中国兽医学报	1005-4545	22-1234/R	吉林大学
中国兽医杂志	0529-6005	11-2471/S	中国畜牧兽医学会
中国饲料	1004-3314	11-2975/S	中国饲料工业协会
中国畜牧兽医	1671-7236	11-4843/S	中国农业科学院北京畜牧兽医研究所
中国畜牧兽医年鉴	2095-9966	10-1312/S	中国农业出版社有限公司
中国畜牧业	2095-2473	10-1016/S	全国畜牧总站
中国畜牧杂志	0258-7033	11-2083/S	中国畜牧兽医学会
中国畜禽种业	1673-4556	11-5342/S	中国农业科学院农业信息研究所
中国养兔	1005-6327	32-1321/S	江苏省畜牧总站等
中国预防兽医学报	1008-0589	23-1417/S	中国农业科学院哈尔滨兽医研究所
中国猪业	1673-4645	11-5435/S	中国农业科学院农业信息研究所
中兽医学杂志	1003-8655	36-1096/S	江西省中兽医研究所
中兽医医药杂志	1000-6354	62-1063/R	中国农业科学院兰州畜牧与兽药研究所
猪业观察	1007-0869	10-1185/S	农民日报社,中国畜牧兽医学会
猪业科学	1673-5358	12-1384/S	天津市农业发展服务中心等

S9 水产、渔业（31 种）

刊　　名	ISSN	CN	主 办 单 位
大连海洋大学学报	2095-1388	21-1575/S	大连海洋大学
淡水渔业	1000-6907	42-1138/S	中国水产科学研究院长江水产研究所
当代水产	1674-9049	43-1505/S	湖南省水产学会,湖南省水产研究所
广东海洋大学学报	1673-9159	44-1635/N	广东海洋大学
海洋渔业	1004-2490	31-1341/S	中国水产学会等
海洋与湖沼	0029-814X	37-1149/P	中国海洋湖沼学会
海洋与渔业	1672-4046	44-1582/S	广东省海洋与渔业技术推广总站
河北渔业	1004-6755	13-1145/S	河北省水产技术推广总站,河北省水产学会
河南水产		41-1198/S	河南省水产科学研究院
黑龙江水产	1674-2419	23-1220/S	黑龙江省水产技术推广总站,黑龙江省渔业协会
江西水产科技	1006-3188	36-1126/S	江西省水产学会,江西省水产科学研究所
科学养鱼	1004-843X	32-1131/S	中国水产学会等
南方水产科学	2095-0780	44-1683/S	中国水产科学研究院南海水产研究所
上海海洋大学学报	1674-5566	31-2024/S	上海海洋大学
水产科技情报	1001-1994	31-1250/S	上海市水产研究所,上海市水产学会
水产科学	1003-1111	21-1110/S	辽宁省水产学会

刊 名	ISSN	CN	主办单位
水产学报	1000-0615	31-1283/S	中国水产学会
水产学杂志	1005-3832	23-1363/S	中国水产科学研究院黑龙江水产研究所
水产养殖	1004-2091	32-1233/S	江苏省水产学会
水生态学杂志	1674-3075	42-1785/X	水利部、中国科学院水工程生态研究所
渔业科学进展	2095-9869	37-1466/S	中国水产科学研究院黄海水产研究所,中国水产学会
渔业现代化	1007-9580	31-1737/S	中国水产科学研究院渔业机械仪器研究所
渔业信息与战略	2095-3666	31-2072/S	中国水产科学研究院东海水产研究所
渔业研究	1006-5601	35-1331/S	福建省水产学会,福建省水产研究所
渔业致富指南	1008-2840	42-1433/F	湖北省水产科学研究所,湖北省渔业科学技术普及协会
浙江海洋大学学报. 自然科学版	2096-4730	33-1404/P	浙江海洋大学
中国海洋大学学报. 自然科学版	1672-5174	37-1414/P	中国海洋大学
中国水产	1002-6681	11-1154/S	全国水产技术推广总站
中国水产科学	1005-8737	11-3446/S	中国水产科学研究院等
中国渔业经济	1009-590X	11-4508/F	中国水产科学研究院等
中国渔业质量与标准	2095-1833	11-6018/S	中国水产科学研究院

第 七 编

工 业 技 术

TB 一般工业技术（108 种）

刊　名	ISSN	CN	主办单位
包装工程	1001-3563	50-1094/TB	西南技术工程研究所
包装世界	1003-9929	33-1092/TB	浙江省技术创新服务中心
包装学报	1674-7100	43-1499/TB	湖南工业大学
包装与设计	1007-4759	44-1262/TB	中国包装进出口广东公司
包装与食品机械	1005-1295	34-1120/TS	中国机械工程学会,合肥通用机械研究院有限公司
爆破	1001-487X	42-1164/TJ	武汉理工大学
爆炸与冲击	1001-1455	51-1148/O3	中国力学学会等
标签技术	2095-8269	10-1254/TS	中国印刷科学技术研究院有限公司
标准科学	1674-5698	11-5811/T	中国标准化研究院,中国标准化协会
标准生活	1674-5701	11-5800/G0	中国标准化研究院,中国标准化协会
兵器材料科学与工程	1004-244X	33-1331/TJ	中国兵工学会,中国兵器工业集团第五二研究所
材料保护	1001-1560	42-1215/TB	武汉材料保护研究所有限公司
材料导报	1005-023X	50-1078/TB	重庆西南信息有限公司
材料工程	1001-4381	11-1800/TB	中国航发北京航空材料研究院
材料开发与应用	1003-1545	41-1149/TB	洛阳船舶材料研究所,中国造船工程学会船舶材料学术委员会
材料科学与工程学报	1673-2812	33-1307/T	浙江大学
材料科学与工艺	1005-0299	23-1345/TB	中国材料研究学会,哈尔滨工业大学
材料研究学报	1005-3093	21-1328/TG	国家自然科学基金委员会,中国材料研究学会
测试技术学报	1671-7449	14-1301/TP	中北大学
产品安全与召回	2095-3542	10-1054/T	中国标准化研究院,中国标准化协会
超硬材料工程	1673-1433	45-1331/TD	中国有色桂林矿产地质研究院有限公司
成组技术与生产现代化	1006-3269	41-1226/TB	机械工业第六设计研究院有限公司等
大众标准化	1007-1350	14-1101/T	山西省检验检测中心（山西省标准计量技术研究院）
低温工程	1000-6516	11-2478/V	北京航天试验技术研究所
低温与超导	1001-7100	34-1059/O4	中国电子科技集团公司第十六研究所
低温与特气	1007-7804	21-1278/TQ	光明化工研究设计院
电声技术	1002-8684	11-2122/TN	电视电声研究所（中国电子科技集团公司第三研究所）
电子产品可靠性与环境试验	1672-5468	44-1412/TN	工业和信息化部电子第五研究所
粉末冶金材料科学与工程	1673-0224	43-1448/TF	中南大学
腐蚀与防护	1005-748X	31-1456/TQ	上海市腐蚀科学技术学会,上海材料研究所有限公司
复合材料科学与工程	2096-8000	10-1683/TU	北京玻璃钢研究设计院有限公司
复合材料学报	1000-3851	11-1801/TB	北京航空航天大学,中国复合材料学会
高等工程教育研究	1001-4233	42-1026/G4	华中科技大学等
高分子材料科学与工程	1000-7555	51-1293/O6	中国石油化工股份有限公司科技开发部等

刊　名	ISSN	CN	主办单位
工程爆破	1006-7051	11-3675/TD	中国爆破行业协会
工程力学	1000-4750	11-2595/O3	中国力学学会
工程设计学报	1006-754X	33-1288/TH	浙江大学
工程数学学报	1005-3085	61-1269/O1	西安交通大学
工程研究	1674-4969	11-5780/TB	中国科学院大学
工业工程设计	2096-6946	50-1219/TB	西南技术工程研究所
工业计量	1002-1183	11-2776/TB	冶金自动化研究设计院有限公司等
工业设计	1672-7053	23-1516/T	黑龙江省工业设计协会
功能材料	1001-9731	50-1099/TH	重庆材料研究院
功能材料与器件学报	1007-4252	31-1708/TB	中国科学院上海微系统与信息技术研究所，中国材料研究学会
航空材料学报	1005-5053	11-3159/V	中国航空学会，中国航发北京航空材料研究院
湖南包装	1671-4997	43-1098/TB	湖南省包装总公司，湖南省包装联合会
机械工业标准化与质量	1007-6905	11-3839/TH	中机生产力促进中心有限公司，中国机械工业标准化技术协会
计测技术	1674-5795	11-5347/TB	北京长城计量测试技术研究所
计量科学与技术	2096-9015	10-1696/TB	中国计量科学研究院
计量学报	1000-1158	11-1864/TB	中国计量测试学会
计量与测试技术	1004-6941	51-1412/TB	成都市计量检定测试院
冷藏技术	1674-0548	11-2090/TS	国内贸易工程设计研究院有限公司，全国商业冷藏科技情报站
理化检验.物理分册	1001-4012	31-1338/TB	上海材料研究所有限公司
绿色包装	1672-4380	10-1400/TB	中国出口商品包装研究所
品牌与标准化	1674-4977	21-1564/T	辽宁省检验检测认证中心
人类工效学	1006-8309	34-1147/G3	中国人类工效学学会，安徽三联事故预防研究所
上海包装	1005-9423	31-1207/TB	上海市包装技术协会
上海计量测试	1673-2235	31-1424/TB	上海市计量测试技术研究院等
设计	1003-0069	11-5127/TB	中国工业设计协会
摄影与摄像	1006-4788	11-3625/TB	中国科教电影电视协会
声学技术	1000-3630	31-1449/TB	中国科学院声学研究所东海研究站等
声学与电子工程	2096-2657	33-1099/TN	中国船舶集团有限公司第七一五研究所
市场监管与质量技术研究	2097-0870	35-1347/T	福建省标准化研究院
数码摄影	1673-6753	11-5522/TP	北京卓众出版有限公司，北京科学技术期刊学会
数字与缩微影像	1672-495X	11-5059/TP	北京京仪仪器仪表研究总院有限公司
塑料包装	1006-9828	11-3722/TQ	中轻投资有限公司
塑性工程学报	1007-2012	11-3449/TG	中国机械工程学会
铁道技术标准（中英文）	2096-6253	10-1597/U2	中华人民共和国国家铁路局规划与标准研究院
铁道技术监督	1006-9178	11-3764/U	中国铁道科学研究院集团有限公司
图学学报	2095-302X	10-1034/T	中国图学学会
无机材料学报	1000-324X	31-1363/TQ	中国科学院上海硅酸盐研究所
无损检测	1000-6656	31-1335/TG	中国机械工程学会，上海材料研究所
稀有金属材料与工程	1002-185X	61-1154/TG	西北有色金属研究院等

刊　名	ISSN	CN	主办单位
现代电影技术	1673-3215	11-5336/TB	电影技术质量检测所
冶金与材料	2096-4854	23-1602/TF	黑龙江省金属学会
液压气动与密封	1008-0813	11-4839/TH	中国液压气动密封件工业协会
影像技术	1001-0270	37-1542/TB	青岛大学,中国感光学会
应用基础与工程科学学报	1005-0930	11-3242/TB	中国自然资源学会
应用声学	1000-310X	11-2121/O4	中国科学院声学研究所
宇航材料工艺	1007-2330	11-1824/V	航天材料及工艺研究所
噪声与振动控制	1006-1355	31-1346/TB	中国声学学会
照相机	1009-2250	33-1090/TB	杭州照相机械研究所有限公司
真空	1002-0322	21-1174/TB	中国机械工业集团有限公司沈阳真空技术研究所有限公司
真空科学与技术学报	1672-7126	11-5177/TB	中国真空学会
真空与低温	1006-7086	62-1125/O4	兰州空间技术物理研究所
振动、测试与诊断	1004-6801	32-1361/V	南京航空航天大学,全国高校机械工程测试技术研究会
振动工程学报	1004-4523	32-1349/TB	中国振动工程学会
振动与冲击	1000-3835	31-1316/TU	中国振动工程学会等
制冷	1005-9180	44-1220/TB	广东省制冷学会等
制冷技术	2095-4468	31-1492/TB	上海市制冷学会,中国制冷学会
制冷学报	0253-4339	11-2182/TB	中国制冷学会
制冷与空调(北京)	1009-8402	11-4519/TB	中国科学技术交流中心,中国制冷空调工业协会
制冷与空调(成都)	1671-6612	51-1622/TB	四川省制冷学会,西南交通大学
质量与标准化	2095-0918	31-2058/G3	上海市质量和标准化研究院,上海市标准化协会
质量与认证	2095-7343	10-1214/T	中国质量认证中心
中国包装	1003-062X	11-1168/TB	中国包装联合会
中国标准化	1002-5944	11-2345/T	中国标准化协会,中国标准化研究院
中国材料进展	1674-3962	61-1473/TG	西北有色金属研究院,中国材料研究学会
中国测试	1674-5124	51-1714/TB	中国测试技术研究院
中国粉体技术	1008-5548	37-1316/TU	中国颗粒学会等
中国腐蚀与防护学报	1005-4537	21-1474/TG	中国腐蚀与防护学会,中国科学院金属研究所
中国工程咨询	1009-5829	11-4531/N	中国工程咨询协会
中国计量	1006-9364	11-3720/T	中国计量科学研究院
中国计量大学学报	2096-2835	33-1401/TB	中国计量大学
中国检验检测	2096-5486	10-1469/TB	中国计量科学研究院,中国合格评定国家认可中心
中国质量监管	2096-8892	10-1685/F2	中国质量报刊社
中国质量与标准导报	2096-2967	10-1457/T	中国质量标准出版传媒有限公司
中文信息	1003-9082	51-1269/TP	电脑商情报社

TD 矿业工程（74 种）

刊　　名	ISSN	CN	主办单位
爆破	1001-487X	42-1164/TJ	武汉理工大学
采矿技术	1671-2900	43-1347/TD	长沙矿山研究院有限责任公司
采矿与安全工程学报	1673-3363	32-1760/TD	中国矿业大学,中国煤炭工业安全科学技术学会
采矿与岩层控制工程学报	2096-7187	10-1638/TD	煤炭科学研究总院有限公司
非金属矿	1000-8098	32-1144/TD	苏州非金属矿工业设计研究院
工程爆破	1006-7051	11-3675/TD	中国爆破行业协会
工矿自动化	1671-251X	32-1627/TP	中煤科工集团常州研究院有限公司
华北科技学院学报	1672-7169	11-5188/N	华北科技学院
化工矿物与加工	1008-7524	32-1492/TQ	中蓝连海设计研究院有限公司
黄金	1001-1277	22-1110/TF	长春黄金研究院有限公司
黄金科学技术	1005-2518	62-1112/TF	中国科学院资源环境科学信息中心
建井技术	1002-6029	11-2456/TD	煤炭科学研究总院有限公司
江西煤炭科技	1006-2572	36-1121/TD	江西省煤炭学会等
金属矿山	1001-1250	34-1055/TD	中钢集团马鞍山矿山研究总院股份有限公司,中国金属学会
晋控科学技术	2097-2156	14-1411/TD	晋能控股山西科学技术研究院有限公司
矿产保护与利用	1001-0076	41-1122/TD	中国地质科学院郑州矿产综合利用研究所
矿产综合利用	1000-6532	51-1251/TD	中国地质科学院矿产综合利用研究所
矿山机械	1001-3954	41-1138/TD	洛阳矿山机械工程设计研究院有限责任公司
矿冶	1005-7854	11-3479/TD	矿冶科技集团有限公司
矿冶工程	0253-6099	43-1104/TD	长沙矿冶研究院有限责任公司,中国金属学会
矿业安全与环保	1008-4495	50-1062/TD	中煤科工集团重庆研究院有限公司,国家煤矿安全技术工程研究中心
矿业工程	1671-8550	21-1478/TD	中冶北方工程技术有限公司
矿业工程研究	1674-5876	43-1493/TD	湖南科技大学
矿业科学学报	2096-2193	10-1417/TD	中国矿业大学(北京)
矿业研究与开发	1005-2763	43-1215/TD	长沙矿山研究院有限责任公司,中国有色金属学会
矿业装备	2095-1418	11-6027/TH	北京卓众出版有限公司
辽宁工程技术大学学报. 自然科学版	1008-0562	21-1379/N	辽宁工程技术大学
露天采矿技术	1671-9816	21-1477/TD	煤科集团沈阳研究院有限公司等
煤	1005-2798	14-1171/TD	山西潞安矿业(集团)有限责任公司
煤矿安全	1003-496X	21-1232/TD	中煤科工集团沈阳研究院有限公司
煤矿爆破	1674-3970	34-1137/TD	中煤科工集团淮北爆破技术研究院有限公司
煤矿机电	1001-0874	31-1509/TD	中煤科工集团上海研究院有限公司
煤矿机械	1003-0794	23-1280/TD	哈尔滨煤矿机械研究所
煤矿现代化	1009-0797	37-1205/TD	山东能源集团科技发展有限公司
煤炭工程	1671-0959	11-4658/TD	中煤国际工程设计研究总院有限公司

刊　名	ISSN	CN	主办单位
煤炭技术	1008-8725	23-1393/TD	哈尔滨煤矿机械研究所
煤炭科技	1008-3731	32-1491/TD	徐州矿务集团有限公司等
煤炭科学技术	0253-2336	11-2402/TD	煤炭科学研究总院有限公司
煤炭新视界	2095-4875	10-1090/TD	煤炭信息研究院
煤炭学报	0253-9993	11-2190/TD	中国煤炭学会
煤炭与化工	2095-5979	13-1416/TD	河北煤炭科学研究院,河北省化学工业研究院
煤田地质与勘探	1001-1986	61-1155/P	中煤科工西安研究院(集团)有限公司
煤质技术	1007-7677	11-3862/TD	煤炭科学研究总院有限公司
内蒙古煤炭经济	1008-0155	15-1115/F	内蒙古新华报业中心
能源技术与管理	1672-9943	32-1735/TD	江苏省煤炭学会等
能源与环保	1003-0506	41-1443/TK	河南省煤炭科学研究院有限公司,河南省煤炭学会
山东煤炭科技	1005-2801	37-1236/TD	山东煤炭工业信息计算中心
山西焦煤科技	1672-0652	14-1311/TD	山西焦煤集团有限责任公司
山西煤炭	1672-5050	14-1096/TD	太原理工大学,山西省煤炭学会
山西能源学院学报	2096-4102	14-1390/TK	山西能源学院
陕西煤炭	1671-749X	61-1382/TD	陕西煤业化工集团,陕西省煤炭工业协会
世界有色金属	1002-5065	11-2472/TF	有色金属技术经济研究院
西安科技大学学报	1672-9315	61-1434/N	西安科技大学
西部探矿工程	1004-5716	65-1124/TD	新疆维吾尔自治区地质矿产研究所
稀土	1004-0277	15-1099/TF	包头稀土研究院,中国稀土学会
现代矿业	1674-6082	34-1308/TD	中钢集团马鞍山矿山研究总院股份有限公司
选煤技术	1001-3571	13-1115/TD	中煤科工集团唐山研究院有限公司
岩矿测试	0254-5357	11-2131/TD	中国地质学会岩矿测试专业委员会,国家地质实验测试中心
有色金属. 矿山部分	1671-4172	11-1839/TF	矿冶科技集团有限公司
有色金属. 选矿部分	1671-9492	11-1840/TF	矿冶科技集团有限公司
有色金属工程	2095-1744	10-1004/TF	矿冶科技集团有限公司
有色金属科学与工程	1674-9669	36-1311/TF	江西理工大学,江西省有色金属学会
凿岩机械气动工具	2095-6282	62-1088/TD	天水凿岩机械气动工具研究所
智能矿山	2096-9139	10-1709/TN	煤炭科学研究总院
中国宝石	1004-3721	11-2990/TD	中国珠宝玉石首饰行业协会
中国非金属矿工业导刊	1007-9386	11-3924/TD	中国建材集团有限公司等
中国矿山工程	1672-609X	11-5068/TF	中国有色工程有限公司
中国矿业	1004-4051	11-3033/TD	中国矿业联合会
中国矿业大学学报	1000-1964	32-1152/TD	中国矿业大学
中国煤炭	1006-530X	11-3621/TD	煤炭信息研究院
中国煤炭工业年鉴	1008-6528	11-4108/TD	应急管理部信息研究院(煤炭信息研究院)
中国锰业	1002-4336	43-1128/TD	全国锰业技术委员会,湖南特种金属材料有限责任公司
中国稀土学报	1000-4343	11-2365/TG	中国稀土学会,中国有研科技集团有限公司
资源信息与工程	2096-2339	43-1533/TD	中南大学

TE 石油、天然气工业（95 种）

刊　名	ISSN	CN	主 办 单 位
北京石油化工学院学报	1008-2565	11-3981/TE	北京石油化工学院
测井技术	1004-1338	61-1223/TE	中国石油集团测井有限公司
成都理工大学学报．自然科学版	1671-9727	51-1634/N	成都理工大学
承德石油高等专科学校学报	1008-9446	13-1265/TE	承德石油高等专科学校
大庆石油地质与开发	1000-3754	23-1286/TE	大庆油田有限责任公司
当代石油石化	1009-6809	11-4547/TQ	中国石化集团经济技术研究院有限公司
低碳化学与化工（原名为：天然气化工．C1 化学与化工）	2097-2547	51-1807/TQ	西南化工研究设计院有限公司
东北石油大学学报	2095-4107	23-1582/TE	东北石油大学
断块油气田	1005-8907	41-1219/TE	中国石化集团中原石油勘探局有限公司
非常规油气	2095-8471	61-1496/TE	陕西延长石油（集团）有限责任公司
复杂油气藏	1674-4667	31-2019/TQ	中国石油化工股份有限公司上海海洋油气分公司,中国石油化工股份有限公司江苏油田分公司
广东石油化工学院学报	2095-2562	44-1684/Z	广东石油化工学院
海相油气地质	1672-9854	33-1328/P	中国石油集团杭州地质研究所有限公司
海洋石油	1008-2336	31-1760/TE	中国石油化工股份有限公司,上海海洋油气分公司
合成润滑材料	1672-4364	10-1527/TQ	中国石化润滑油有限公司
江汉石油职工大学学报	1009-301X	42-1582/TE	中国石化集团江汉石油管理局职工大学
精细石油化工	1003-9384	12-1179/TQ	中国石化集团资产经营管理有限公司天津石化分公司
精细石油化工进展	1009-8348	32-1601/TE	中国石油化工股份有限公司金陵分公司
矿冶工程	0253-6099	43-1104/TD	长沙矿冶研究院有限责任公司,中国金属学会
兰州石化职业技术学院学报	1671-4067	62-1168/G4	兰州石化职业技术学院
炼油技术与工程	1002-106X	41-1139/TE	中石化洛阳工程有限公司
炼油与化工	1671-4962	23-1499/TE	中国石油天然气股份有限公司大庆石化分公司
辽宁石油化工大学学报	1672-6952	21-1504/TE	辽宁石油化工大学
录井工程	1672-9803	12-1371/TE	中国石油集团渤海钻探工程有限公司,中国石油天然气股份有限公司大港油田分公司
内蒙古石油化工	1006-7981	15-1156/TQ	内蒙古石油化工科学研究院
齐鲁石油化工	1009-9859	37-1142/TE	齐鲁石油化工公司研究院
润滑油	1002-3119	21-1265/TQ	中国石油润滑油公司
山东石油化工学院学报	1673-5935	37-1540/TE	山东石油化工学院

刊　名	ISSN	CN	主办单位
石化技术	1006-0235	11-3477/TE	中国石化集团资产经营管理有限公司北京燕山石化分公司
石化技术与应用	1009-0045	62-1138/TQ	兰州石化公司石油化工研究院
石油地球物理勘探	1000-7210	13-1095/TE	中国石油集团东方地球物理勘探有限责任公司
石油地质与工程	1673-8217	41-1388/TE	中国石油化工股份有限公司河南油田分公司
石油工程建设	1001-2206	12-1093/TE	中国石油集团海洋工程有限公司,中国石油工程建设有限公司
石油工业技术监督	1004-1346	61-1222/TE	中国石油集团安全环保技术研究院有限公司,西安石油大学
石油管材与仪器	2096-0077	61-1500/TE	中国石油集团工程材料研究院有限公司
石油和化工设备	1674-8980	11-5253/TQ	中国化工机械动力技术协会
石油化工	1000-8144	11-2361/TQ	中石化(北京)化工研究院有限公司,中国化工学会
石油化工安全环保技术	1673-8659	11-5559/TE	中国石化工程建设有限公司
石油化工腐蚀与防护	1007-015X	41-1248/TQ	中石化洛阳工程有限公司
石油化工高等学校学报	1006-396X	21-1345/TQ	辽宁石油化工大学
石油化工技术与经济	1674-1099	31-2004/TE	中国石化上海石油化工股份有限公司
石油化工建设	1672-9323	13-1350/TQ	中国化工施工企业协会等
石油化工设备	1000-7466	62-1078/TQ	兰州石油机械研究所有限公司
石油化工设备技术	1006-8805	11-2469/TE	中国石化工程建设有限公司
石油化工设计	1005-8168	11-3476/TE	中国石化工程建设有限公司
石油化工应用	1673-5285	64-1058/TE	宁夏石油学会
石油化工自动化	1007-7324	62-1132/TE	中石化宁波工程有限公司等
石油机械	1001-4578	42-1246/TE	中石油江汉机械研究所有限公司
石油勘探与开发	1000-0747	11-2360/TE	中国石油天然气股份有限公司勘探开发研究院,中国石油集团科学技术研究院有限公司
石油科技论坛	1002-302X	11-5614/G3	石油工业出版社有限公司
石油科学通报	2096-1693	10-1405/TE	中国石油大学(北京),清华大学出版社有限公司
石油库与加油站	1008-2263	11-3945/TE	中国石化集团销售实业有限公司
石油矿场机械	1001-3482	62-1058/TE	兰州石油机械研究所有限公司
石油沥青	1006-7450	37-1260/TQ	中国石油化工股份有限公司齐鲁分公司胜利炼油厂
石油炼制与化工	1005-2399	11-3399/TQ	中石化石油化工科学研究院有限公司
石油商技	1006-1479	10-1479/TE	中国石化润滑油有限公司
石油石化节能与计量	2097-3322	23-1617/TE	大庆油田有限责任公司,大庆油田工程有限公司
石油石化绿色低碳	2096-126X	10-1378/TE	中国石化集团经济技术研究院有限公司
石油实验地质	1001-6112	32-1151/TE	中国石油化工股份有限公司石油勘探开发研究院,中国地质学会石油地质专业委员会
石油物探	1000-1441	32-1284/TE	中石化石油物探技术研究院有限公司

刊　　名	ISSN	CN	主 办 单 位
石油学报	0253-2697	11-2128/TE	中国石油学会
石油学报.石油加工	1001-8719	11-2129/TE	中国石油学会
石油与天然气地质	0253-9985	11-4820/TE	中国石油化工股份有限公司石油勘探开发研究院,中国地质学会石油地质专业委员会
石油与天然气化工	1007-3426	51-1210/TE	中国石油西南油气田公司天然气研究院
石油知识	1003-4609	11-4725/TE	中国石油学会,石油工业出版社有限公司
石油钻采工艺	1000-7393	13-1072/TE	华北油田分公司,华北石油管理局
石油钻探技术	1001-0890	11-1763/TE	中国石化集团石油工程技术研究院有限公司
世界石油工业	1006-0030	11-3480/TE	中国石油集团经济技术研究院,世界石油大会中国国家委员会
特种油气藏	1006-6535	21-1357/TE	中国石油天然气股份有限公司辽河油田分公司
天然气地球科学	1672-1926	62-1177/TE	中国科学院资源环境科学信息中心
天然气工业	1000-0976	51-1179/TE	四川石油管理局有限公司等
天然气技术与经济	2095-1132	51-1736/TE	中国石油天然气股份有限公司西南油气田分公司
天然气勘探与开发	1673-3177	51-1159/TE	中国石油西南油气田公司勘探开发研究院
天然气与石油	1006-5539	51-1183/TE	中国石油集团工程设计有限责任公司西南分公司
物探装备	1671-0657	13-1309/TE	中国石油集团东方地球物理勘探有限责任公司
西安石油大学学报.自然科学版	1673-064X	61-1435/TE	西安石油大学
西南石油大学学报.自然科学版	1674-5086	51-1718/TE	西南石油大学
新疆石油地质	1001-3873	65-1107/TE	新疆石油学会
新疆石油天然气	1673-2677	65-1253/TE	新疆石油管理局有限公司
岩性油气藏	1673-8926	62-1195/TE	中国石油集团西北地质研究所有限公司,甘肃省石油学会
油气藏评价与开发	2095-1426	32-1825/TE	中国石油化工集团华东石油局
油气储运	1000-8241	13-1093/TE	中国石油天然气股份有限公司管道分公司
油气地质与采收率	1009-9603	37-1359/TE	中国石油化工股份有限公司胜利油田分公司
油气井测试	1004-4388	13-1147/TE	渤海钻探工程有限公司
油气田地面工程	1006-6896	23-1395/TE	大庆油田有限责任公司,大庆油田工程有限公司
油气与新能源	2097-0021	10-1756/TE	中国石油天然气股份有限公司规划总院,北京中陆咨询有限公司
油田化学	1000-4092	51-1292/TE	四川大学高分子研究所,高分子材料工程国家重点实验室
中国海上油气	1673-1506	11-5339/TE	中海油研究总院有限责任公司
中国海洋平台	1001-4500	31-1546/TE	中国船舶集团有限公司第十一研究所
中国石油大学学报.自然科学版	1673-5005	37-1441/TE	中国石油大学(华东)

刊 名	ISSN	CN	主 办 单 位
中国石油勘探	1672-7703	11-5215/TE	石油工业出版社有限公司
中国石油石化	1671-7708	11-4853/Z	中国企业改革与发展研究会
中国石油文摘	1673-9906	11-2358/TE	中国石油集团经济技术研究院
钻采工艺	1006-768X	51-1177/TE	四川石油管理局有限公司,中国石油集团川庆钻探工程有限公司
钻井液与完井液	1001-5620	13-1118/TE	中国石油集团渤海钻探工程有限公司,中国石油天然气股份有限公司华北油田分公司

TF 冶金工业（89 种）

刊 名	ISSN	CN	主 办 单 位
安徽工业大学学报.自然科学版	1671-7872	34-1254/N	安徽工业大学
安徽冶金科技职业学院学报	1672-9994	34-1281/Z	安徽冶金科技职业学院
鞍钢技术	1006-4613	21-1105/TF	鞍山钢铁集团有限公司
包钢科技	1009-5438	15-1210/TF	内蒙古包钢钢联股份有限公司技术中心
宝钢技术	1008-0716	31-1499/TF	宝山钢铁股份有限公司
材料研究与应用	1673-9981	44-1638/TG	广东省科学院新材料研究所
材料与冶金学报	1671-6620	21-1473/TF	东北大学
粉末冶金材料科学与工程	1673-0224	43-1448/TF	中南大学
粉末冶金工业	1006-6543	11-3371/TF	中国钢研科技集团有限公司等
粉末冶金技术	1001-3784	11-1974/TF	中国机械工程学会等
福建冶金	1672-7665	35-1143/TF	福建冶金(控股)有限责任公司,福建省金属学会
甘肃冶金	1672-4461	62-1053/TF	甘肃省金属学会,西北矿冶研究院
钢铁	0449-749X	11-2118/TF	中国金属学会等
钢铁钒钛	1004-7638	51-1245/TF	攀钢集团攀枝花钢铁研究院有限公司,重庆大学
钢铁研究学报	1001-0963	11-2133/TF	中国钢研科技集团有限公司
贵金属	1004-0676	53-1063/TG	昆明贵金属研究所,中国有色金属学会
河北冶金	1006-5008	13-1172/TF	河北省金属学会,河钢集团有限公司
河南冶金	1006-3129	41-1199/TF	河南省金属学会,安阳钢铁集团有限责任公司
湖南有色金属	1003-5540	43-1045/TF	湖南有色金属研究院有限责任公司
黄金	1001-1277	22-1110/TF	长春黄金研究院有限公司
江西冶金	1006-2777	36-1105/TF	江西理工大学,江西省金属学会
金属材料与冶金工程	2095-5014	43-1476/TF	湖南华菱钢铁集团有限责任公司,湖南省金属学会
金属世界	1000-6826	11-1417/TG	中国金属学会等
金属学报	0412-1961	21-1139/TG	中国金属学会
宽厚板	1009-7864	41-1242/TF	舞阳钢铁有限责任公司
矿冶	1005-7854	11-3479/TD	矿冶科技集团有限公司
昆明冶金高等专科学校学报	1009-0479	53-1141/TF	昆明冶金高等专科学校
连铸	1005-4006	11-3385/TG	中国金属学会,北京钢研柏苑出版有限责任公司
炼钢	1002-1043	42-1265/TF	武汉钢铁有限公司,中国金属学会

刊　名	ISSN	CN	主办单位
炼铁	1001-1471	42-1156/TF	中冶南方工程技术有限公司
铝加工	1005-4898	50-1106/TF	西南铝业(集团)有限责任公司
绿色矿冶	2097-2423	10-1873/TF	中国有色工程有限公司
耐火材料	1001-1935	41-1136/TF	中钢集团洛阳耐火材料研究院有限公司
南方金属	1009-9700	44-1521/TF	广东省金属学会
内蒙古科技大学学报	2095-2295	15-1357/N	内蒙古科技大学
轻金属	1002-1752	21-1217/TG	沈阳铝镁设计研究院有限公司
山东冶金	1004-4620	37-1203/TF	山东金属学会
山西冶金	1672-1152	14-1167/TF	山西经济和信息化出版传媒中心
上海金属	1001-7208	31-1558/TF	上海市金属学会
烧结球团	1000-8764	43-1133/TF	中冶长天国际工程有限责任公司
湿法冶金	1009-2617	11-3012/TF	核工业北京化工冶金研究院
世界有色金属	1002-5065	11-2472/TF	有色金属技术经济研究院
四川冶金	1001-5108	51-1152/TF	四川省工业和信息化研究院
四川有色金属	1006-4079	51-1455/TF	四川省有色科技集团有限责任公司
特钢技术	1674-0971	51-1444/TF	攀钢集团江油长城特殊钢有限公司
特殊钢	1003-8620	42-1243/TF	大冶特殊钢有限公司
天津冶金	1006-110X	12-1200/TF	天津市冶金集团(控股)有限公司,天津市金属学会
铁合金	1001-1943	22-1145/TF	吉林铁合金股份有限公司
铜业工程	1009-3842	36-1237/TF	江西铜业集团有限公司
稀土	1004-0277	15-1099/TF	包头稀土研究院,中国稀土学会
稀有金属	0258-7076	11-2111/TF	中国有色金属学会,中国有研科技集团有限公司
稀有金属材料与工程	1002-185X	61-1154/TG	西北有色金属研究院等
稀有金属与硬质合金	1004-0536	43-1109/TF	中国有色金属学会,长沙有色冶金设计研究院有限公司
现代交通与冶金材料	2097-017X	32-1895/TF	江苏省综合交通运输学会,江苏省金属学会
新疆钢铁	1672-4224	65-1158/TF	新疆维吾尔自治区金属学会
新疆有色金属		65-1136/TG	新疆有色金属学会
冶金标准化与质量	1003-0514	11-2692/TF	冶金工业信息标准研究院
冶金动力	1006-6764	34-1127/TK	马鞍山钢铁股份有限公司
冶金分析	1000-7571	11-2030/TF	中国钢研科技集团有限公司,中国金属学会
冶金管理	1005-6726	11-2940/D	冶金工业经济发展研究中心
冶金能源	1001-1617	21-1183/TK	中钢集团鞍山热能研究院有限公司
冶金设备	1001-1269	11-2183/TF	北京冶金设备研究设计总院有限公司,中国金属学会冶金设备分会
冶金设备管理与维修	1006-5644	21-1343/TF	鞍山钢铁集团公司
冶金信息导刊	1008-3618	11-3937/TF	冶金工业信息标准研究院
冶金与材料	2096-4854	23-1602/TF	黑龙江省金属学会
冶金自动化	1000-7059	11-2067/TF	冶金自动化研究设计院,北京钢研柏苑出版有限责任公司
硬质合金	1003-7292	43-1107/TF	株洲硬质合金集团有限公司,中国钨业协会硬质合金分会

刊　　名	ISSN	CN	主办单位
有色金属. 冶炼部分	1007-7545	11-1841/TF	矿冶科技集团有限公司
有色金属材料与工程	2096-2983	31-2125/TF	上海市有色金属学会,上海理工大学
有色金属工程	2095-1744	10-1004/TF	矿冶科技集团有限公司
有色金属科学与工程	1674-9669	36-1311/TF	江西理工大学,江西省有色金属学会
有色金属设计	1004-2660	53-1060/TG	昆明有色冶金设计研究院股份公司
有色矿冶	1007-967X	21-1112/TF	辽宁省有色金属学会
有色设备	1003-8884	11-2919/TG	中国有色工程有限公司,中国有色金属学会
有色冶金设计与研究	1004-4345	36-1111/TF	中国瑞林工程技术股份有限公司
云南冶金	1006-0308	53-1057/TF	昆明冶金研究院
中国钢铁业	1672-5115	11-5016/TF	中国钢铁工业协会
中国金属通报	1672-1667	11-5004/TF	有色金属技术经济研究院
中国钼业	1006-2602	61-1238/TF	金堆城钼业集团有限公司等
中国钨业	1009-0622	11-3236/TF	中国钨业协会
中国稀土学报	1000-4343	11-2365/TG	中国稀土学会,中国有研科技集团有限公司
中国冶金	1006-9356	11-3729/TF	中国金属学会,北京钢研柏苑出版有限责任公司
中国冶金教育	1007-0958	11-3775/G4	中国冶金教育学会
中国冶金文摘	1674-0643	11-2094/TF	冶金工业信息标准研究院
中国有色金属	1673-3894	11-5407/TG	中国有色金属工业协会
中国有色金属工业年鉴	1006-9623	11-2828/TG	中国有色金属工业协会
中国有色金属学报	1004-0609	43-1238/TG	中国有色金属学会
中国有色冶金	1672-6103	11-5066/TF	中国有色工程有限公司
资源再生	1673-7776	11-5544/TF	中国有色金属工业再生资源公司等

TG 金属学与金属工艺（102 种）

刊　　名	ISSN	CN	主办单位
表面工程与再制造	1672-3732	42-1870/TG	武汉材料保护研究所有限公司
表面技术	1001-3660	50-1083/TG	西南技术工程研究所
兵器材料科学与工程	1004-244X	33-1331/TJ	中国兵工学会,中国兵器工业集团第五二研究所
材料保护	1001-1560	42-1215/TB	武汉材料保护研究所有限公司
材料开发与应用	1003-1545	41-1149/TB	洛阳船舶材料研究所,中国造船工程学会船舶材料学术委员会
材料科学与工艺	1005-0299	23-1345/TB	中国材料研究学会,哈尔滨工业大学
材料热处理学报	1009-6264	11-4545/TG	中国机械工程学会
材料研究与应用	1673-9981	44-1638/TG	广东省科学院新材料研究所
材料与冶金学报	1671-6620	21-1473/TF	东北大学
大型铸锻件	1004-5635	51-1396/TG	中国重型机械大型铸锻件行业协会,中国二重集团公司大型铸锻件研究所
电焊机	1001-2303	51-1278/TM	成都电焊机研究所
电加工与模具	1009-279X	32-1589/TH	苏州电加工机床研究所,中国机械工程学会特种加工分会

刊　　名	ISSN	CN	主办单位
锻压技术	1000-3940	11-1942/TG	中国机械总院集团北京机电研究所有限公司,中国机械工程学会塑性工程分会
锻压装备与制造技术	1672-0121	37-1392/TG	济南铸锻所检验检测科技有限公司
锻造与冲压	1672-5638	11-5136/TH	中国锻压协会
粉末冶金材料科学与工程	1673-0224	43-1448/TF	中南大学
粉末冶金工业	1006-6543	11-3371/TF	中国钢研科技集团有限公司等
粉末冶金技术	1001-3784	11-1974/TF	中国机械工程学会等
腐蚀与防护	1005-748X	31-1456/TQ	上海市腐蚀科学技术学会,上海材料研究所有限公司
钢管	1001-2311	51-1164/TG	攀钢集团研究院有限公司
钢铁	0449-749X	11-2118/TF	中国金属学会等
钢铁钒钛	1004-7638	51-1245/TF	攀钢集团攀枝花钢铁研究院有限公司,重庆大学
钢铁研究学报	1001-0963	11-2133/TF	中国钢研科技集团有限公司
工具技术	1000-7008	51-1271/TH	成都工具研究所有限公司
贵金属	1004-0676	53-1063/TG	昆明贵金属研究所,中国有色金属学会
焊管	1001-3938	61-1160/TE	宝鸡石油钢管有限责任公司
焊接	1001-1382	23-1174/TG	中国机械总院集团哈尔滨焊接研究所有限公司(原机械科学研究院哈尔滨焊接研究所),中国机械工程学会焊接分会
焊接技术	1002-025X	12-1070/TG	天津市焊接研究所,中国工程建设焊接协会
焊接学报	0253-360X	23-1178/TG	中国机械工程学会等
航空材料学报	1005-5053	11-3159/V	中国航空学会,中国航发北京航空材料研究院
航空制造技术	1671-833X	11-4387/V	中国航空制造技术研究院
机床与液压	1001-3881	44-1259/TH	中国机械工程学会,广州机械科学研究院有限公司
机械工程材料	1000-3738	31-1336/TB	上海材料研究所有限公司
机械制造文摘. 焊接分册	2095-266X	23-1200/TG	中国机械总院集团哈尔滨焊接研究所有限公司
金刚石与磨料磨具工程	1006-852X	41-1243/TG	郑州磨料磨具磨削研究所有限公司
金属材料与冶金工程	2095-5014	43-1476/TF	湖南华菱钢铁集团有限责任公司,湖南省金属学会
金属功能材料	1005-8192	11-3521/TG	中国钢研科技集团有限公司,中国金属学会功能材料分会
金属加工. 冷加工	1674-1641	11-5626/TH	机械工业信息研究院
金属加工. 热加工	1674-165X	11-5627/TH	机械工业信息研究院
金属热处理	0254-6051	11-1860/TG	中国机械总院集团北京机电研究所有限公司等
金属世界	1000-6826	11-1417/TG	中国金属学会等
金属学报	0412-1961	21-1139/TG	中国金属学会
金属制品	1003-4226	41-1145/TG	中钢集团郑州金属制品研究院有限公司

刊　　名	ISSN	CN	主 办 单 位
精密成形工程	1674-6457	50-1199/TB	中国兵器工业第五九研究所,国防科技工业精密塑性成形技术研究应用中心
精密制造与自动化	1009-962X	31-1858/TP	上海磨床研究所
宽厚板	1009-7864	41-1242/TF	舞阳钢铁有限责任公司
连铸	1005-4006	11-3385/TG	中国金属学会,北京钢研柏苑出版有限责任公司
铝加工	1005-4898	50-1106/TF	西南铝业(集团)有限责任公司
模具工业	1001-2168	45-1158/TG	桂林电器科学研究院有限公司
模具技术	1001-4934	31-1297/TG	上海交通大学
模具制造	1671-3508	44-1542/TH	深圳市生产力促进中心
南方金属	1009-9700	44-1521/TF	广东省金属学会
轻合金加工技术	1007-7235	23-1226/TG	中国有色金属加工工业协会轻金属分会
全面腐蚀控制	1008-7818	11-2706/TQ	中国腐蚀控制技术协会
热处理	1008-1690	31-1768/TG	上海市机械制造工艺研究所有限公司
热处理技术与装备	1673-4971	36-1291/TG	江西省科学院应用物理研究所,中国热处理行业协会
热加工工艺	1001-3814	61-1133/TG	中国船舶重工集团公司第十二研究所,中国造船工程学会船舶材料学术委员会
热喷涂技术	1674-7127	11-5828/TF	矿冶科技集团有限公司
上海金属	1001-7208	31-1558/TF	上海市金属学会
失效分析与预防	1673-6214	36-1282/TG	南昌航空大学,北京航空材料研究院
世界制造技术与装备市场	1015-4809	11-5137/TH	中国机床工具工业协会
塑性工程学报	1007-2012	11-3449/TG	中国机械工程学会
钛工业进展	1009-9964	61-1292/TG	中国有色金属工业协会钛锆铪分会,西北有色金属研究院
特钢技术	1674-0971	51-1444/TF	攀钢集团江油长城特殊钢有限公司
特殊钢	1003-8620	42-1243/TF	大冶特殊钢有限公司
特种铸造及有色合金	1001-2249	42-1148/TG	中国机械工程学会铸造分会,武汉机械工艺研究所
铁合金	1001-1943	22-1145/TF	吉林铁合金股份有限公司
涂层与防护	2096-8639	32-1879/TQ	中国化工学会涂料涂装专业委员会,中海油常州涂料化工研究院有限公司
无损探伤	1671-4423	21-1230/TH	辽宁仪表研究所
物理测试	1001-0777	11-2119/O4	中国钢研科技集团有限公司
稀土	1004-0277	15-1099/TF	包头稀土研究院,中国稀土学会
稀有金属	0258-7076	11-2111/TF	中国有色金属学会,中国有研科技集团有限公司
稀有金属材料与工程	1002-185X	61-1154/TG	西北有色金属研究院等
稀有金属与硬质合金	1004-0536	43-1109/TF	中国有色金属学会,长沙有色冶金设计研究院有限公司
现代铸铁	1003-8345	32-1112/TG	无锡一汽铸造有限公司,中国机械工程学会
新技术新工艺	1003-5311	11-1765/T	中国兵器工业新技术推广研究所
新疆钢铁	1672-4224	65-1158/TF	新疆维吾尔自治区金属学会

刊　名	ISSN	CN	主办单位
新疆有色金属		65-1136/TG	新疆有色金属学会
冶金分析	1000-7571	11-2030/TF	中国钢研科技集团有限公司,中国金属学会
硬质合金	1003-7292	43-1107/TF	株洲硬质合金集团有限公司,中国钨业协会硬质合金分会
有色金属材料与工程	2096-2983	31-2125/TF	上海市有色金属学会,上海理工大学
有色金属工程	2095-1744	10-1004/TF	矿冶科技集团有限公司
有色金属加工	1671-6795	11-4742/TF	中国有色金属工业协会,洛阳有色金属加工设计研究院有限公司
有色金属科学与工程	1674-9669	36-1311/TF	江西理工大学,江西省有色金属学会
轧钢	1003-9996	11-2466/TF	中国钢研科技集团有限公司,东北大学
制造技术与机床	1005-2402	11-3398/TH	中国机械工程学会,北京机床研究所有限公司
中国表面工程	1007-9289	11-3905/TG	中国机械工程学会
中国材料进展	1674-3962	61-1473/TG	西北有色金属研究院,中国材料研究学会
中国腐蚀与防护学报	1005-4537	21-1474/TG	中国腐蚀与防护学会,中国科学院金属研究所
中国钨业	1009-0622	11-3236/TF	中国钨业协会
中国稀土学报	1000-4343	11-2365/TG	中国稀土学会,中国有研科技集团有限公司
中国冶金	1006-9356	11-3729/TF	中国金属学会,北京钢研柏苑出版有限责任公司
中国有色金属学报	1004-0609	43-1238/TG	中国有色金属学会
中国重型装备	1674-0963	51-1702/TH	中国第二重型机械集团有限公司,中国重型机械工业协会
中国铸造装备与技术	1006-9658	37-1269/TG	中国机械工程学会,济南铸锻所检验检测科技有限公司
铸造	1001-4977	21-1188/TG	沈阳铸造研究所,中国机械工程学会铸造分会
铸造工程	1673-3320	10-1635/TG	中国铸造协会
铸造技术	1000-8365	61-1134/TG	西安市铸造学会
铸造设备与工艺	1674-6694	14-1352/TG	太原科技大学
装备环境工程	1672-9242	50-1170/X	中国兵器装备集团西南技术工程研究所
装备机械	1672-0555	31-1892/TH	上海电气控股集团有限公司
组合机床与自动化加工技术	1001-2265	21-1132/TG	中国机械工程学会生产工程分会,大连组合机床研究所

TH 机械、仪表工业(105 种)

刊　名	ISSN	CN	主办单位
包装与食品机械	1005-1295	34-1120/TS	中国机械工程学会,合肥通用机械研究院有限公司
成组技术与生产现代化	1006-3269	41-1226/TB	机械工业第六设计研究院有限公司等
传动技术	1006-8244	31-1596/TP	上海交通大学

刊　名	ISSN	CN	主 办 单 位
电子测量与仪器学报	1000-7105	11-2488/TN	中国电子学会
阀门	1002-5855	21-1131/TH	沈阳阀门研究所
分析仪器	1001-232X	11-1822/TH	中国仪器仪表行业协会,北京市北分仪器技术有限责任公司(北京分析仪器研究所)
风机技术	1006-8155	21-1167/TH	沈阳鼓风机研究所
工程机械	1000-1212	12-1328/TH	天津工程机械研究院有限公司
工程机械文摘	2096-7128	12-1082/TH	天津工程机械研究院有限公司
工程机械与维修	1006-2114	11-3566/TH	北京卓众出版有限公司
工程设计学报	1006-754X	33-1288/TH	浙江大学
工程与试验	1674-3407	22-1392/TH	长春机械科学研究院有限公司
工具技术	1000-7008	51-1271/TH	成都工具研究所有限公司
工业仪表与自动化装置	1000-0682	61-1121/TH	陕西鼓风机(集团)有限公司
光学技术	1002-1582	11-1879/O4	中国北方光电工业总公司等
光学 精密工程	1004-924X	22-1198/TH	中国科学院长春光学精密机械与物理研究所
光学仪器	1005-5630	31-1504/TH	中国仪器仪表学会等
哈尔滨轴承	1672-4852	23-1515/TH	哈尔滨轴承集团公司
航空制造技术	1671-833X	11-4387/V	中国航空制造技术研究院
衡器	1003-5729	10-1870/TB	中国轻工业信息中心
化工设备与管道	1009-3281	31-1833/TQ	中石化上海工程有限公司
化工自动化及仪表	1000-3932	62-1037/TQ	天华化工机械及自动化研究设计院有限公司
机床与液压	1001-3881	44-1259/TH	中国机械工程学会,广州机械科学研究院有限公司
机电安全		11-3643/TH	中国机械工业安全卫生协会
机电工程	1001-4551	33-1088/TH	浙江省机电集团有限公司,浙江大学
机电工程技术	1009-9492	44-1522/TH	广东省机械研究所有限公司,广东省机械工程学会
机电技术	1672-4801	35-1262/TH	福建省机械科学研究院
机电一体化	1007-080X	31-1714/TM	上海科学技术文献出版社
机械	1006-0316	51-1131/TH	四川省机械研究设计院(集团)有限公司
机械传动	1004-2539	41-1129/TH	郑州机械研究所有限公司等
机械工程材料	1000-3738	31-1336/TB	上海材料研究所有限公司
机械工程师	1002-2333	23-1196/TH	黑龙江省机械科学研究院
机械工程学报	0577-6686	11-2187/TH	中国机械工程学会
机械工程与自动化	1672-6413	14-1319/TH	山西省机电设计研究院有限公司,山西省机械工程学会
机械工业标准化与质量	1007-6905	11-3839/TH	中机生产力促进中心有限公司,中国机械工业标准化技术协会
机械管理开发	1003-773X	14-1134/TH	山西经济和信息化出版传媒中心
机械科学与技术(西安)	1003-8728	61-1114/TH	西北工业大学
机械强度	1001-9669	41-1134/TH	中国机械工程学会,郑州机械研究所有限公司
机械设计	1001-2354	12-1120/TH	中国机械工程学会等
机械设计与研究	1006-2343	31-1382/TH	上海交通大学
机械设计与制造	1001-3997	21-1140/TH	东北大学

刊　名	ISSN	CN	主办单位
机械设计与制造工程	2095-509X	32-1838/TH	南京东南大学出版社有限公司
机械研究与应用	1007-4414	62-1066/TH	甘肃省机械科学研究院有限责任公司
机械与电子	1001-2257	52-1052/TH	贵州理工学院
机械制造	1000-4998	31-1378/TH	上海市机械工程学会
机械制造与自动化	1671-5276	32-1643/TH	南京机械工程学会
今日工程机械	1671-9018	11-4814/TH	北京卓众出版有限公司
今日制造与升级	2095-6932	10-1196/TH	北京卓众出版有限公司
精密制造与自动化	1009-962X	31-1858/TP	上海磨床研究所
流体测量与控制	2096-9023	31-2179/TH	上海自动化仪表有限公司
流体机械	1005-0329	34-1144/TH	中国机械工程学会
摩擦学学报	1004-0595	62-1095/O4	中国科学院兰州化学物理研究所
排灌机械工程学报	1674-8530	32-1814/TH	江苏大学
起重运输机械	1001-0785	11-1888/TH	北京起重运输机械设计研究院有限公司
气象水文海洋仪器	1006-009X	22-1135/TH	中国仪器仪表学会气象水文海洋仪器分会,长春气象仪器研究所
汽车工艺师	2095-9044	10-1265/TH	机械工业信息研究院
轻工机械	1005-2895	33-1180/TH	轻工业杭州机电设计研究院等
润滑与密封	0254-0150	44-1260/TH	中国机械工程学会,广州机械科学研究院有限公司
设备管理与维修	1001-0599	11-2503/F	中国机械工程学会 北京卓众出版有限公司
生命科学仪器	1671-7929	11-4846/TH	北京市北分仪器技术有限责任公司
数字制造科学	1672-3236	42-1693/TP	武汉理工大学
水泵技术	1002-7424	21-1190/TH	沈阳水泵研究所
现代机械	1002-6886	52-1046/TH	贵州省机电研究设计院,贵州省机械工程学会
现代仪器与医疗	2095-5200	10-1084/TH	中国科学器材公司
现代制造	1671-9395	11-4836/TH	机械工业信息研究院
现代制造工程	1671-3133	11-4659/TH	北京市机械工业局技术开发研究所,北京机械工程学会
现代制造技术与装备	1673-5587	37-1442/TH	山东省机械设计研究院
新技术新工艺	1003-5311	11-1765/T	中国兵器工业新技术推广研究所
压力容器	1001-4837	34-1058/TH	中国机械工程学会压力容器分会
压缩机技术	1006-2971	21-1176/TH	沈阳气体压缩机研究所
液压气动与密封	1008-0813	11-4839/TH	中国液压气动密封件工业协会
液压与气动	1000-4858	11-2059/TH	北京机械工业自动化研究所有限公司,中国机械工程学会
一重技术	1673-3355	21-1551/TH	一重集团大连工程技术有限公司
医疗卫生装备	1003-8868	12-1053/R	军事科学院系统工程研究院
医疗装备	1002-2376	11-2217/R	北京市医疗器械检验研究院(北京市医用生物防护装备检验研究中心)
仪表技术	1006-2394	31-1266/TH	上海市仪器仪表学会,上海仪器仪表研究所有限公司
仪表技术与传感器	1002-1841	21-1154/TH	沈阳仪表科学研究院有限公司
仪器仪表标准化与计量	1672-5611	11-3365/TK	机械工业仪器仪表综合技术经济研究所

刊　名	ISSN	CN	主　办　单　位
仪器仪表学报	0254-3087	11-2179/TH	中国仪器仪表学会
仪器仪表用户	1671-1041	12-1334/TH	天津仪表集团有限公司
仪器仪表与分析监测	1002-3720	11-2048/TH	北京京仪仪器仪表研究总院有限公司
振动、测试与诊断	1004-6801	32-1361/V	南京航空航天大学,全国高校机械工程测试技术研究会
制造技术与机床	1005-2402	11-3398/TH	中国机械工程学会,北京机床研究所有限公司
制造业自动化	1009-0134	11-4389/TP	北京机械工业自动化研究所有限公司
智能建筑与工程机械	2096-6903	10-1637/TU	北京卓众出版有限公司
智能制造	2096-0581	10-1315/TP	机械工业信息研究院
中国工程机械学报	1672-5581	31-1926/TH	中国工程机械学会
中国机械	1003-0085	11-5417/TH	中国工业报社
中国机械工程	1004-132X	42-1294/TH	中国机械工程学会
中国机械工业年鉴	1009-4555	11-4071/Z	机械工业信息研究院
中国设备工程	1671-0711	11-4623/N	中国设备管理协会
中国医疗器械信息	1006-6586	11-3700/R	中国医疗器械行业协会
中国医疗器械杂志	1671-7104	31-1319/R	上海市医疗器械检验研究院
中国仪器仪表	1005-2852	11-3359/TH	机械工业仪器仪表综合技术经济研究所,中国仪器仪表行业协会
中国重型装备	1674-0963	51-1702/TH	中国第二重型机械集团有限公司,中国重型机械工业协会
钟表	1002-1795	61-1115/TH	西安轻工业钟表研究所有限公司
重型机械	1001-196X	61-1113/TH	中国重型机械研究院股份公司
轴承	1000-3762	41-1148/TH	洛阳轴承研究所有限公司
装备机械	1672-0555	31-1892/TH	上海电气控股集团有限公司
装备维修技术	1005-2917	42-1335/U	东风汽车集团有限公司
装备制造技术	1672-545X	45-1320/TH	广西机械工程学会
自动化仪表	1000-0380	31-1501/TH	中国仪器仪表学会,上海工业自动化仪表研究院有限公司
自动化与仪表	1001-9944	12-1148/TP	天津工业自动化仪表研究所有限公司,天津市自动化学会
自动化与仪器仪表	1001-9227	50-1066/TP	重庆工业自动化仪表研究所有限责任公司,重庆市自动化与仪器仪表学会
组合机床与自动化加工技术	1001-2265	21-1132/TG	中国机械工程学会生产工程分会,大连组合机床研究所

TJ 武器工业(41 种)

刊　名	ISSN	CN	主　办　单　位
爆破器材	1001-8352	32-1163/TJ	中国兵工学会
爆炸与冲击	1001-1455	51-1148/O3	中国力学学会等
兵工科技	1672-4054	61-1386/TJ	陕西省科技史学会,中国共产主义青年团陕西省国防科工办委员会
兵工学报	1000-1093	11-2176/TJ	中国兵工学会
兵工自动化	1006-1576	51-1419/TP	中国兵器装备集团自动化研究所

刊　　名	ISSN	CN	主 办 单 位
兵器	1009-3567	11-4419/TJ	中国兵器科学研究院,北京北方恒利科技发展有限公司
兵器材料科学与工程	1004-244X	33-1331/TJ	中国兵工学会,中国兵器工业集团第五二研究所
兵器知识	1000-4912	11-1470/TJ	中国兵工学会
兵器装备工程学报	2096-2304	50-1213/TJ	重庆市兵工学会,重庆理工大学
弹道学报	1004-499X	32-1343/TJ	中国兵工学会
弹箭与制导学报	1673-9728	61-1234/TJ	中国兵工学会
导弹与航天运载技术(中英文)(原名为:导弹与航天运载技术)	2097-1974	10-1807/V	北京航天长征科技信息研究所,中国运载火箭技术研究院
电光与控制	1671-637X	41-1227/TN	中国航空工业集团公司洛阳电光设备研究所
防护工程	1674-1854	41-1365/TU	军事科学院国防工程研究院
防化学报		11-3273/TQ	解放军防化指挥工程学院
国防科技	1671-4547	43-1365/E	国防科技大学前沿交叉学科学院
海军航空大学学报	2097-1427	37-1537/V	海军航空大学教保障中心
含能材料	1006-9941	51-1489/TK	中国工程物理研究院
航空兵器	1673-5048	41-1228/TJ	中国空空导弹研究院
火工品	1003-1480	61-1179/TJ	中国兵器工业第二一三研究所,应用物理化学国家级重点实验室
火控雷达技术	1008-8652	61-1214/TJ	西安电子工程研究所
火力与指挥控制	1002-0640	14-1138/TJ	北方自动控制技术研究所
火炮发射与控制学报	1673-6524	61-1280/TJ	中国兵工学会
火炸药学报	1007-7812	61-1310/TJ	中国兵工学会,中国兵器工业第二〇四研究所
舰载武器	1671-3273	41-1201/TJ	郑州机电工程研究所
空天防御	2096-4641	31-2147/E	上海机电工程研究所,上海交通大学出版社有限公司
空天技术(原名为:飞航导弹)	2097-0714	10-1780/TJ	北京海鹰科技情报研究所
雷达与对抗	1009-0401	32-1159/TN	中国船舶集团有限公司第七二四研究所
轻兵器	1000-8810	11-1907/TJ	中国兵器工业第二〇八研究所
数字海洋与水下攻防	2096-5753	42-1901/TJ	中国船舶重工集团有限公司第七一〇研究所
水下无人系统学报	2096-3920	61-1509/TJ	中国船舶重工集团公司第七〇五研究所
坦克装甲车辆	1001-8778	11-1936/TJ	中国北方车辆研究所
探测与控制学报	1008-1194	61-1316/TJ	中国兵器工业集团第二一二研究所,机电工程与控制国家级重点实验室
现代兵器	1000-7385	11-1761/TJ	中国兵器工业集团第二一〇研究所
现代防御技术	1009-086X	11-3019/TJ	北京电子工程总体研究所
新技术新工艺	1003-5311	11-1765/T	中国兵器工业新技术推广研究所
战术导弹技术	1009-1300	11-1771/TJ	中国航天科工飞航技术研究院
指挥控制与仿真	1673-3819	32-1759/TJ	中国船舶集团有限公司第七一六研究所
指挥与控制学报	2096-0204	14-1379/TP	北方自动控制技术研究所,中国指挥与控制学会

刊　　名	ISSN	CN	主办单位
装备环境工程	1672-9242	50-1170/X	中国兵器装备集团西南技术工程研究所
装甲兵学报	2097-0986	10-1805/E	陆军装甲兵学院教研保障中心

TK　能源与动力工程（65 种）

刊　　名	ISSN	CN	主办单位
柴油机	1001-4357	31-1261/TK	中国船舶集团有限公司第七一一研究所
柴油机设计与制造	1671-0614	31-1430/TH	上海柴油机股份有限公司
车用发动机	1001-2222	12-1466/TH	中国北方发动机研究所（天津）
储能科学与技术	2095-4239	10-1076/TK	化学工业出版社有限公司,中国化工学会
低碳世界	2095-2066	10-1007/TK	中国科学技术信息研究所
电力与能源	2095-1256	31-2051/TK	上海市能源研究所等
电站系统工程	1005-006X	23-1334/TM	哈尔滨电站设备成套设计研究所有限公司
东方汽轮机	1674-9987	51-1722/TK	东方电气集团东方汽轮机有限公司
动力工程学报	1674-7607	31-2041/TK	上海上发院发电成套设备工程有限公司,中国动力工程学会
发电技术	2096-4528	33-1405/TK	华电电力科学研究院有限公司
分布式能源	2096-2185	10-1427/TK	中国大唐科学技术研究总院有限公司,清华大学出版社有限公司
风机技术	1006-8155	21-1167/TH	沈阳鼓风机研究所
风能	1674-9219	11-5942/TK	中国电子信息产业发展研究院,赛迪工业和信息化研究院（集团）有限公司
工程热物理学报	0253-231X	11-2091/O4	中国科学院工程热物理研究所,中国工程热物理学会
工业锅炉	1004-8774	31-1400/TK	上海工业锅炉研究所有限公司
工业炉	1001-6988	12-1118/TB	机械工业第五设计研究院有限公司
广西节能	1004-1230	45-1148/TK	广西资源节约综合利用协会,广西节能技术服务中心
锅炉技术	1672-4763	31-1508/TK	上海锅炉厂有限公司
锅炉制造	1674-1005	23-1249/TK	哈尔滨锅炉厂有限责任公司
节能	1004-7948	21-1115/TK	辽宁省科学技术情报研究所,辽宁省能源研究会
节能技术	1002-6339	23-1302/TK	国防科技工业节能技术服务中心
节能与环保	1009-539X	11-4454/TK	北京节能环保中心
可再生能源	1671-5292	21-1469/TK	辽宁省能源研究所有限公司
流体机械	1005-0329	34-1144/TH	中国机械工程学会
南方能源观察	2221-6111	44-1685/TK	南方电网传媒有限公司
南方能源建设	2095-8676	44-1715/TK	南方电网数字传媒科技有限公司,中国能源建设集团广东省电力设计研究院有限公司
内燃机	1000-6494	50-1100/TK	中国内燃机学会
内燃机工程	1000-0925	31-1255/TK	中国内燃机学会
内燃机学报	1000-0909	12-1086/TK	中国内燃机学会

刊　名	ISSN	CN	主办单位
内燃机与动力装置	1673-6397	37-1445/TK	山东交通学院
内燃机与配件	1674-957X	13-1397/TH	石家庄金刚内燃机零部件集团有限公司
能源	1674-4683	13-1392/TK	华北电力大学
能源高质量发展		10-1704/TK	《中国能源报》社有限公司
能源工程	1004-3950	33-1113/TK	浙江浙能技术研究院有限公司,浙江省能源研究会
能源科技	2096-7691	64-1074/TK	神华宁夏煤业集团有限责任公司
能源评论	1674-5744	11-5815/TK	英大传媒投资集团有限公司
能源新观察	2095-8323	52-1158/TK	贵州日报当代融媒体集团
能源研究与管理	2096-7705	36-1310/TK	江西省科学院能源研究所
能源研究与利用	1001-5523	32-1196/TK	江苏省节能技术服务中心等
能源研究与信息	1008-8857	31-1410/TK	上海理工大学等
能源与环境	1672-9064	35-1272/TK	福建省能源研究会,福建省节能协会
能源与节能	2095-0802	14-1360/TD	山西科技新闻出版传媒集团有限责任公司
汽轮机技术	1001-5884	23-1251/TH	哈尔滨汽轮机厂有限责任公司
燃气轮机技术	1009-2889	32-1393/TK	南京燃气轮机研究所
燃烧科学与技术	1006-8740	12-1240/TK	天津大学
热科学与技术	1671-8097	21-1472/T	大连理工大学
热力发电	1002-3364	61-1111/TM	西安热工研究院有限公司,中国电机工程学会
热力透平	1672-5549	31-1922/TH	上海汽轮机厂有限公司
热能动力工程	1001-2060	23-1176/TK	第七〇三研究所
山西能源学院学报	2096-4102	14-1390/TK	山西能源学院
上海节能	2095-705X	31-1500/TK	上海市节能协会,上海市节能监察中心
水电能源科学	1000-7709	42-1231/TK	中国水力发电工程学会,华中科技大学
太阳能	1003-0417	11-1660/TK	中国可再生能源学会
太阳能学报	0254-0096	11-2082/TK	中国可再生能源学会
特种设备安全技术	1674-1390	42-1733/TK	湖北特种设备检验检测研究院
现代车用动力	1671-5446	32-1642/TH	中国一汽无锡油泵油嘴研究所
小型内燃机与车辆技术	2095-8234	12-1440/TK	天津大学
新能源进展	2095-560X	44-1698/TK	中国科学院广州能源研究所
新能源科技	2096-8809	32-1894/TK	江苏省科学技术情报研究所
应用能源技术	1009-3230	23-1184/TK	黑龙江省能源研究所等
中国能源	1003-2355	11-2587/TK	国家发展和改革委员会能源研究所
中国特种设备安全	1673-257X	11-5345/TK	中国特种设备检测研究院等
中国沼气	1000-1166	51-1206/S	农业农村部沼气科学研究所,中国沼气学会
中外能源	1673-579X	11-5438/TK	中国能源研究会
综合智慧能源	2097-0706	41-1461/TK	华电郑州机械设计研究院有限公司,中国华电科工集团有限公司

TL 原子能技术（19 种）

刊　名	ISSN	CN	主办单位
辐射防护	1000-8187	14-1143/TL	中国辐射防护研究院,中国辐射防护学会
辐射防护通讯	1004-6356	14-1114/TL	中国辐射防护研究院
辐射研究与辐射工艺学报	1000-3436	31-1258/TL	中国科学院上海应用物理研究所
国外核新闻	1002-8242	11-2004/TL	中核战略规划研究总院有限公司
核安全	1672-5360	11-5145/TL	生态环境部核与辐射安全中心
核标准计量与质量	1673-453X	11-2969/TL	核工业标准化研究所
核电子学与探测技术	0258-0934	11-2016/TL	中核(北京)核仪器厂
核动力工程	0258-0926	51-1158/TL	中国核动力研究设计院
核化学与放射化学	0253-9950	11-2045/TL	中国核学会核化学与放射化学分会
核技术	0253-3219	31-1342/TL	中国科学院上海应用物理研究所,中国核学会
核聚变与等离子体物理	0254-6086	51-1151/TL	核工业西南物理研究院
核科学与工程	0258-0918	11-1861/TL	中国核学会
强激光与粒子束	1001-4322	51-1311/O4	中国工程物理研究院等
同位素	1000-7512	11-2566/TL	中国核学会同位素分会
铀矿冶	1000-8063	11-1969/TL	中国核学会
原子核物理评论	1007-4627	62-1131/O4	中国科学院近代物理研究所,中国核物理学会
原子能科学技术	1000-6931	11-2044/TL	中国原子能科学研究院
中国核电	1674-1617	11-5660/TL	中国原子能出版传媒有限公司
中国核工业	1007-8282	11-3881/D	中核(北京)传媒文化有限公司

TM 电工技术（161 种）

刊　名	ISSN	CN	主办单位
安徽电气工程职业技术学院学报	1672-9706	34-1279/Z	安徽电气工程职业技术学院
安全与电磁兼容	1005-9776	11-3452/TM	中国电子技术标准化研究院
变压器	1001-8425	21-1119/TM	沈阳变压器研究院
重庆电力高等专科学校学报	1008-8032	50-1039/TK	重庆电力高等专科学校
储能科学与技术	2095-4239	10-1076/TK	化学工业出版社有限公司,中国化工学会
传感器与微系统	2096-2436	23-1537/TN	中国电子科技集团公司第四十九研究所
磁性材料及器件	1001-3830	51-1266/TN	西南应用磁学研究所
大电机技术	1000-3983	23-1253/TM	哈尔滨大电机研究所
大众用电	1008-9454	43-1123/TK	湖南大学,湖南省电力行业协会
灯与照明	1008-5521	50-1063/TB	重庆照明学会
低温与超导	1001-7100	34-1059/O4	中国电子科技集团公司第十六研究所
电测与仪表	1001-1390	23-1202/TH	哈尔滨电工仪表研究所有限公司
电池	1001-1579	43-1129/TM	全国电池工业信息中心,湖南轻工研究院

刊　　名	ISSN	CN	主办单位
电池工业	1008-7923	32-1448/TM	中国电池工业协会,轻工业化学电源研究所
电瓷避雷器	1003-8337	61-1129/TM	中国西电集团有限公司
电动工具	1674-2796	31-1433/TM	上海电动工具研究所(集团)有限公司
电工材料	1671-8887	45-1288/TG	桂林电器科学研究院有限公司
电工电能新技术	1003-3076	11-2283/TM	中国科学院电工研究所
电工电气	1007-3175	32-1800/TM	苏州电器科学研究所有限公司
电工钢	2096-7101	42-1903/TF	武汉钢铁有限公司
电工技术	1002-1388	50-1072/TM	重庆西南信息有限公司
电工技术学报	1000-6753	11-2188/TM	中国电工技术学会
电化学(中英文)(原名为:电化学)	1006-3471	35-1350/O6	中国化学会,厦门大学
电机技术	1006-2807	31-1288/TM	上海电气控股集团有限公司
电机与控制学报	1007-449X	23-1408/TM	哈尔滨理工大学,中国电机工程学会
电机与控制应用	1673-6540	31-1959/TM	上海电器科学研究所(集团)有限公司
电加工与模具	1009-279X	32-1589/TH	苏州电加工机床研究所,中国机械工程学会特种加工分会
电力安全技术	1008-6226	32-1543/TM	中国电机工程学会安全技术专业委员会,苏州热工研究院有限公司
电力大数据	2096-4633	52-1170/TK	贵州电网有限责任公司电力科学研究院,贵州省电机工程学会
电力电容器与无功补偿	1674-1757	61-1468/TM	中国西电集团有限公司
电力电子技术	1000-100X	61-1124/TM	西安电力电子技术研究所
电力工程技术	2096-3203	32-1866/TM	国网江苏省电力有限公司,江苏省电机工程学会
电力建设	1000-7229	11-2583/TM	国网经济技术研究院有限公司等
电力勘测设计	1671-9913	11-4908/TK	中国电力规划设计协会
电力科学与工程	1672-0792	13-1328/TK	华北电力大学
电力科学与技术学报	1673-9140	43-1475/TM	长沙理工大学
电力设备管理	2096-2711	10-1454/TM	中国电力设备管理协会
电力系统保护与控制	1674-3415	41-1401/TM	许昌开普电气研究院有限公司
电力系统及其自动化学报	1003-8930	12-1251/TM	天津大学
电力系统装备	2095-6509	11-9341/TM	北京卓众出版有限公司
电力系统自动化	1000-1026	32-1180/TP	国网电力科学研究院有限公司
电力信息与通信技术	2095-641X	10-1164/TK	中国电力科学研究院有限公司
电力需求侧管理	1009-1831	32-1592/TK	英大传媒投资集团南京有限公司,国网(江苏)电力需求侧管理指导中心有限公司
电力学报	1005-6548	14-1185/TM	山西省电机工程学会,山西大学
电力与能源	2095-1256	31-2051/TK	上海市能源研究所等
电力自动化设备	1006-6047	32-1318/TM	南京电力自动化研究所有限公司,国电南京自动化股份有限公司
电气传动	1001-2095	12-1067/TP	天津电气科学研究院有限公司,中国自动化学会
电气传动自动化	1005-7277	62-1106/TM	天水电气传动研究所集团有限公司
电气电子教学学报	1008-0686	32-1487/TN	东南大学
电气防爆	2096-6504	41-1318/TM	南阳防爆电气研究所
电气工程学报	2095-9524	10-1289/TM	机械工业信息研究院

刊　名	ISSN	CN	主 办 单 位
电气技术	1673-3800	11-5255/TM	中国电工技术学会
电气技术与经济	2096-4978	10-1539/TM	机械工业北京电工技术经济研究所
电气开关	1004-289X	21-1279/TM	沈阳电气传动研究所(有限公司)
电气时代	1000-453X	11-1244/TM	机械工业信息研究院
电气应用	1672-9560	11-5249/TM	机械工业信息研究院
电气自动化	1000-3886	31-1376/TM	上海电气自动化设计研究所有限公司,上海市自动化学会
电器工业	1009-5578	11-4482/TM	中国电器工业协会
电器与能效管理技术	2095-8188	31-2099/TM	上海电器科学研究所(集团)有限公司
电世界	1000-1344	31-1327/TM	上海电机学院,上海市电机工程学会
电网技术	1000-3673	11-2410/TM	国家电网有限公司
电网与清洁能源	1674-3814	61-1474/TK	国网陕西省电力有限公司,西安理工大学水利水电土木建筑研究设计院
电线电缆	1672-6901	31-1392/TM	上海电缆研究所有限公司
电源技术	1002-087X	12-1126/TM	中国电子科技集团公司第十八研究所
电源学报	2095-2805	12-1420/TM	中国电源学会,国家海洋技术中心
电站辅机	1672-0210	31-1505/TM	上海电站辅机厂有限公司
电站系统工程	1005-006X	23-1334/TM	哈尔滨电站设备成套设计研究所有限公司
电子测量技术	1002-7300	11-2175/TN	北京无线电技术研究所
电子测量与仪器学报	1000-7105	11-2488/TN	中国电子学会
电子测试	1000-8519	11-3927/TN	北京自动测试技术研究所
东北电力大学学报	1005-2992	22-1373/TM	东北电力大学
东北电力技术	1004-7913	21-1282/TM	国网辽宁省电力有限公司
东方电气评论	1001-9006	51-1333/TM	中国东方电气集团公司,四川省动力工程学会
发电技术	2096-4528	33-1405/TK	华电电力科学研究院有限公司
发电设备	1671-086X	31-1391/TN	上海上发院发电成套设备工程有限公司
防爆电机	1008-7281	23-1259/TM	佳木斯防爆电机研究所
分布式能源	2096-2185	10-1427/TK	中国大唐科学技术研究总院有限公司,清华大学出版社有限公司
福建水力发电	1007-3663	35-1153/TV	福建省水力发电工程学会,福建省水利水电勘测设计研究院
高电压技术	1003-6520	42-1239/TM	国家高电压计量站,中国电机工程学会
高压电器	1001-1609	61-1127/TM	中国西电集团有限公司
工业加热	1002-1639	61-1208/TM	西安电炉研究所有限公司
供用电	1006-6357	31-1467/TM	英大传媒(上海)有限公司,国网上海市电力公司
光纤与电缆及其应用技术	1006-1908	31-1480/TN	中国电子科技集团公司第二十三研究所
光源与照明	2096-9317	31-1519/TB	上海市照明学会
光韵		35-1321/TM	福建省电力有限公司
广东电力	1007-290X	44-1420/TM	广东电网公司电力科学研究院,广东省电机工程学会
广东水利电力职业技术学院学报	1672-2841	44-1587/Z	广东水利电力职业技术学院

刊　名	ISSN	CN	主办单位
广西电力	1671-8380	45-1307/TK	广西电网公司电力科学研究院,广西电机工程学会
广西电业	1671-735X	45-1303/TK	广西电力行业协会
国家电网	1673-4726	11-5432/TM	英大传媒投资集团有限公司
国外电子测量技术	1002-8978	11-2268/TN	北京方略信息科技有限公司
河北电力技术	1001-9898	13-1082/TM	河北省电机工程学会,国网河北省电力有限公司电力科学研究院
河北水利电力学院学报	2096-5680	13-1428/T	河北水利电力学院
河南电力		41-1441/TM	国网河南省电力公司管理培训中心
核安全	1672-5360	11-5145/TL	生态环境部核与辐射安全中心
黑龙江电力	2095-6843	23-1471/TM	黑龙江省电机工程学会,国网黑龙江省电力有限公司电力科学研究院
湖北电力	1006-3986	42-1378/TM	国网湖北省电力有限公司
湖南电力	1008-0198	43-1271/TK	国网湖南省电力有限公司电力科学研究院,湖南省电机工程学会
华北电力大学学报.自然科学版	1007-2691	13-1212/TM	华北电力大学
机电产品开发与创新	1002-6673	11-3913/TM	中国机械工业联合会
机电工程	1001-4551	33-1088/TH	浙江省机电集团有限公司,浙江大学
机电信息	1671-0797	32-1628/TM	江苏《机电信息》杂志社有限公司
机电元件	1000-6133	51-1296/TM	四川电子军工集团有限公司
吉林电力	1009-5306	22-1318/TK	吉林省电力有限公司电力科学研究院,吉林省电机工程学会
家电科技	1672-0172	11-4824/TM	中国家用电器研究院
家电维修	1002-5022	11-2505/TS	中央电化教育馆
家用电器	1002-5626	11-1044/TM	中国家用电器研究院
江西电力	1006-348X	36-1131/TM	江西电力报社
江西电力职业技术学院学报	1673-0097	36-1258/Z	江西电力职业技术学院
绝缘材料	1009-9239	45-1287/TM	桂林电器科学研究院有限公司
南方电网技术	1674-0629	44-1643/TK	南方电网科学研究院有限责任公司
内蒙古电力技术	1008-6218	15-1200/TM	内蒙古电力科学研究院,内蒙古电机工程学会
宁夏电力	1672-3643	64-1051/TK	国网宁夏电力有限公司,宁夏电机工程学会
农村电工	1006-8910	42-1404/TM	中电传媒(武汉)有限公司
农村电气化	1003-0867	11-2181/TM	中国电机工程学会
青海电力	1006-8198	63-1041/TM	青海省电机工程学会,国网青海省电力公司电力科学研究院
全球能源互联网	2096-5125	10-1550/TK	全球能源互联网集团有限公司
热力发电	1002-3364	61-1111/TM	西安热工研究院有限公司,中国电机工程学会
日用电器	1673-6079	44-1628/TM	中国电器科学研究院有限公司
山东电力高等专科学校学报	2096-9104	37-1523/TK	山东电力高等专科学校
山东电力技术	1007-9904	37-1258/TM	国网山东省电力公司
山西电力	1671-0320	14-1293/TK	国网山西省电力公司,山西省电机工程学会
上海大中型电机	1674-1811	31-1868/TM	上海电气集团上海电机厂有限公司
上海电机学院学报	2095-0020	31-1996/Z	上海电机学院

刊　　名	ISSN	CN	主办单位
上海电力大学学报	2096-8299	31-2175/TM	上海电力大学
上海电气技术	1674-540X	31-1989/TM	上海电气控股集团有限公司
水电能源科学	1000-7709	42-1231/TK	中国水力发电工程学会,华中科技大学
水电与新能源	1671-3354	42-1800/TV	中国三峡出版传媒有限公司,湖北省水力发电工程学会
水力发电	0559-9342	11-1845/TV	水电水利规划设计总院有限公司
水力发电学报	1003-1243	11-2241/TV	中国水力发电工程学会
水利水电工程设计	1007-6980	12-1246/TV	中水北方勘测设计研究有限责任公司,天津市水力发电工程学会
水利水电技术(中英文)	1000-0860	10-1746/TV	水利部发展研究中心
水利水电科技进展	1006-7647	32-1439/TV	河海大学
水利水电快报	1006-0081	42-1142/TV	水利部长江水利委员会
四川电力技术	1003-6954	51-1315/TM	四川省电机工程学会,四川电力科学研究院
太阳能学报	0254-0096	11-2082/TK	中国可再生能源学会
炭素	1001-8948	23-1172/TQ	哈尔滨电碳厂
微电机	1001-6848	61-1126/TM	西安微电机研究所有限公司
微特电机	1004-7018	31-1428/TM	中国电子科技集团公司第二十一研究所
西北水电	1006-2610	61-1260/TV	中国电建集团西北勘测设计研究院有限公司,西安理工大学
现代电力	1007-2322	11-3818/TM	华北电力大学
现代家电	1672-5239	11-4455/TS	全国交电商品科技经济情报中心站
现代建筑电气	1674-8417	31-2037/TM	上海电器科学研究所(集团)有限公司
消费电子	1674-7712	11-5879/TM	中国电子商会
小水电	1007-7642	33-1204/TV	水利部农村电气化研究所,中国水力发电工程学会
新型电力系统	2097-2784	10-1906/TK	中国电力科学研究院有限公司
蓄电池	1006-0847	21-1121/TM	沈阳蓄电池研究所
仪表技术与传感器	1002-1841	21-1154/TH	沈阳仪表科学研究院有限公司
移动电源与车辆	1003-4250	62-1040/U	兰州电源车辆研究所有限公司
云南电力技术	1006-7345	53-1117/TM	云南电网有限责任公司
云南电业	1009-6388	53-1164/TK	云南省电网有限责任公司
照明工程学报	1004-440X	11-3029/TM	中国照明学会
浙江电力	1007-1881	33-1080/TM	浙江省电力学会,浙江省电力试验研究院
浙江水利水电学院学报	2095-7092	33-1385/TK	浙江水利水电学院
智慧电力	2096-4145	61-1512/TM	国网陕西省电力有限公司
中国电机工程学报	0258-8013	11-2107/TM	中国电机工程学会
中国电力	1004-9649	11-3265/TM	国网能源研究院有限公司等
中国电力教育	1007-0079	11-3776/G4	中国电力教育协会
中国电业与能源	2097-1389	10-1821/TM	中国能源传媒集团有限公司,中电传媒股份有限公司
中国照明电器	1002-6150	11-2766/O4	中国照明电器协会等
综合智慧能源	2097-0706	41-1461/TK	华电郑州机械设计研究院有限公司,中国华电科工集团有限公司

TN 电子技术、通信技术（161 种）

刊　名	ISSN	CN	主办单位
半导体光电	1001-5868	50-1092/TN	重庆光电技术研究所
半导体技术	1003-353X	13-1109/TN	中国电子科技集团公司第十三研究所
北京电子科技学院学报	1672-464X	11-4093/Z	北京电子科技学院
北京邮电大学学报	1007-5321	11-3570/TN	北京邮电大学
长江信息通信	2096-9759	42-1914/TN	湖北通信行业职业技能鉴定中心
成都信息工程大学学报	2096-1618	51-1769/TN	成都信息工程大学
重庆邮电大学学报.自然科学版	1673-825X	50-1181/N	重庆邮电大学
电波科学学报	1005-0388	41-1185/TN	中国电子学会
电脑与电信	1008-6609	44-1606/TN	广东省科技合作研究促进中心
电气电子教学学报	1008-0686	32-1487/TN	东南大学
电声技术	1002-8684	11-2122/TN	电视电声研究所（中国电子科技集团公司第三研究所）
电视技术	1002-8692	11-2123/TN	电视电声研究所（中国电子科技集团公司第三研究所）
电信工程技术与标准化	1008-5599	11-4017/TN	中国移动通信集团设计院有限公司
电信科学	1000-0801	11-2103/TN	中国通信学会,人民邮电出版社有限公司
电信快报	1006-1339	31-1273/TN	电信科学技术第一研究所有限公司,上海市互联网协会
电讯技术	1001-893X	51-1267/TN	中国西南电子技术研究所
电子测量技术	1002-7300	11-2175/TN	北京无线电技术研究所
电子测试	1000-8519	11-3927/TN	北京自动测试技术研究所
电子产品可靠性与环境试验	1672-5468	44-1412/TN	工业和信息化部电子第五研究所
电子产品世界	1005-5517	11-3374/TN	中国科学技术信息研究所
电子工业专用设备	1004-4507	62-1077/TN	中国电子科技集团公司第四十五研究所
电子工艺技术	1001-3474	14-1136/TN	中国电子科技集团公司第二研究所
电子机械工程	1008-5300	32-1539/TN	南京电子技术研究所
电子技术	1000-0755	31-1323/TN	上海市电子学会,上海市通信学会
电子技术应用	0258-7998	11-2305/TN	华北计算机系统工程研究所（中国电子信息产业集团有限公司第六研究所）
电子技术与软件工程	2095-5650	10-1108/TP	中国电子学会,中电新一代（北京）信息技术研究院
电子科技	1007-7820	61-1291/TN	西安电子科技大学
电子科技大学学报	1001-0548	51-1207/TN	电子科技大学
电子器件	1005-9490	32-1416/TN	东南大学
电子设计工程	1674-6236	61-1477/TN	陕西科技报社
电子世界	1003-0522	11-2086/TN	中国电子学会,中电新一代（北京）信息技术研究院
电子显微学报	1000-6281	11-2295/TN	中国物理学会
电子信息对抗技术	1674-2230	51-1694/TN	中国电子科技集团公司第二十九研究所,电子信息控制重点实验室
电子学报	0372-2112	11-2087/TN	中国电子学会

刊　　名	ISSN	CN	主办单位
电子与封装	1681-1070	32-1709/TN	中国电子科技集团公司第五十八研究所
电子与信息学报	1009-5896	11-4494/TN	中国科学院空天信息创新研究院
电子元件与材料	1001-2028	51-1241/TN	国营第 715 厂等
电子元器件与信息技术	2096-4455	10-1509/TN	国家工业信息安全发展研究中心
电子制作	1006-5059	11-3571/TN	中国家用电器维修协会
电子质量	1003-0107	44-1038/TN	中国电子质量管理协会,工业和信息化部电子第五研究所(中国赛宝实验室)
发光学报	1000-7032	22-1116/O4	中国科学院长春光学精密机械与物理研究所,中国物理学会发光分会
固体电子学研究与进展	1000-3819	32-1110/TN	南京电子器件研究所
光电工程	1003-501X	51-1346/O4	中国科学院光电技术研究所,中国光学学会
光电技术应用	1673-1255	12-1444/TN	中国电子科技集团公司光电研究院
光电子·激光	1005-0086	12-1182/O4	天津理工大学
光电子技术	1005-488X	32-1347/TN	南京电子器件研究所
光通信技术	1002-5561	45-1160/TN	中国电子科技集团公司第三十四研究所
光通信研究	1005-8788	42-1266/TN	武汉邮电科学研究院有限公司
光纤与电缆及其应用技术	1006-1908	31-1480/TN	中国电子科技集团公司第二十三研究所
光学 精密工程	1004-924X	22-1198/TH	中国科学院长春光学精密机械与物理研究所
光学与光电技术	1672-3392	42-1696/O3	华中光电技术研究所等
广播电视网络	2096-806X	10-1686/TN	国家广播电视总局无线电台管理局
广播与电视技术	1002-4522	11-1659/TN	国家广播电视总局广播电视规划院
广东通信技术	1006-6403	44-1221/TN	广东省通信学会,广东省电信情报中心站
广西通信技术	1008-3545	45-1225/TN	广西通信学会,广西邮电科技情报中心站
桂林电子科技大学学报	1673-808X	45-1351/TN	桂林电子科技大学
国外电子测量技术	1002-8978	11-2268/TN	北京方略信息科技有限公司
杭州电子科技大学学报. 自然科学版	1001-9146	33-1339/TN	杭州电子科技大学
航天电子对抗	1673-2421	32-1329/TN	中国航天科工集团 8511 研究所
黑龙江广播电视技术	2096-899X	23-1255/TV	黑龙江省广播电视安全播出调度中心
红外	1672-8785	31-1304/TN	中国科学院上海技术物理研究所,中国遥感应用协会
红外技术	1001-8891	53-1053/TN	昆明物理研究所等
红外与毫米波学报	1001-9014	31-1577/O4	中国科学院上海技术物理研究所,中国光学学会
红外与激光工程	1007-2276	12-1261/TN	天津津航技术物理研究所
湖南邮电职业技术学院学报	2095-7661	43-1523/Z	湖南邮电职业技术学院
激光技术	1001-3806	51-1125/TN	西南技术物理研究所
激光与光电子学进展	1006-4125	31-1690/TN	中国科学院上海光学精密机械研究所
激光与红外	1001-5078	11-2436/TN	华北光电技术研究所
激光杂志	0253-2743	50-1085/TN	重庆市光学机械研究所

刊　名	ISSN	CN	主办单位
吉林大学学报. 信息科学版	1671-5896	22-1344/TN	吉林大学
集成电路应用	1674-2583	31-1325/TN	上海贝岭股份有限公司
计算机与网络	1008-1739	13-1223/TN	中国电科网络通信研究院（中国电子科技集团公司第五十四研究所）
家庭影院技术	1008-0945	44-1432/TS	广州市电子技术协会
江苏通信	1007-9513	32-1782/TN	江苏省通信学会
江西通信科技	1009-0940	36-1115/TN	江西省通信行业职业技能鉴定中心，江西省通信学会
军事通信学术		42-1331/TN	解放军总参通信部军事通信学术委员会
科技尚品	1674-1064	11-5573/Z	中国科教电影电视协会
空间电子技术	1674-7135	61-1420/TN	西安空间无线电技术研究所
空天预警研究学报	2097-180X	42-1930/E	空军预警学院教研保障中心
雷达科学与技术	1672-2337	34-1264/TN	中国电子科技集团公司第三十八研究所
雷达学报	2095-283X	10-1030/TN	中国科学院空天信息创新研究院，中国雷达行业协会
雷达与对抗	1009-0401	32-1159/TN	中国船舶集团有限公司第七二四研究所
量子电子学报	1007-5461	34-1163/TN	中国光学学会基础光学专业委员会，中国科学院合肥物质科学研究院
密码学报	2095-7025	10-1195/TN	中国密码学会等
南京邮电大学学报. 自然科学版	1673-5439	32-1772/TN	南京邮电大学
强激光与粒子束	1001-4322	51-1311/O4	中国工程物理研究院等
全球定位系统	1008-9268	41-1317/TN	中国电波传播研究所
软件和集成电路	2096-062X	10-1339/TN	中国电子信息产业发展研究院，赛迪工业和信息化研究院（集团）有限公司
山东通信技术		37-1161/TN	山东通信学会
山西电子技术	1674-4578	14-1214/TN	山西省电子工业科学研究所有限公司
声学与电子工程	2096-2657	33-1099/TN	中国船舶集团有限公司第七一五研究所
数据采集与处理	1004-9037	32-1367/TN	中国电子学会，南京航空航天大学
数据通信	1002-5057	11-2841/TP	数据通信科学技术研究所
数码影像时代	1674-7658	11-5714/TN	中国科学技术投资有限公司
数字化用户	1009-0843	51-1567/TN	四川电脑推广协会，电脑商情报社
数字通信世界	1672-7274	11-5154/TN	电子工业出版社有限公司
太赫兹科学与电子信息学报	2095-4980	51-1746/TN	中国工程物理研究院电子工程研究所
天地一体化信息网络	2096-8930	10-1706/TN	人民邮电出版社有限公司
通信电源技术	1009-3664	42-1380/TN	武汉普天电源有限公司
通信管理与技术	1672-6200	23-1521/TN	黑龙江省通信学会等
通信技术	1002-0802	51-1167/TN	中国电子科技集团公司第三十研究所
通信世界	1009-1564	11-4405/TP	人民邮电出版社有限公司
通信学报	1000-436X	11-2102/TN	中国通信学会
通信与信息技术	1672-0164	51-1635/TN	四川通信行业职业技能鉴定中心，四川省通信学会
通讯世界	1006-4222	11-3850/TN	中国科学技术信息研究所（ISTIC），美国国际数据集团（IDG）

刊　　名	ISSN	CN	主办单位
微波学报	1005-6122	32-1493/TN	中国电子学会
微处理机	1002-2279	21-1216/TP	中国电子科技集团公司第四十七研究所
微电子学	1004-3365	50-1090/TN	四川固体电路研究所
微电子学与计算机	1000-7180	61-1123/TN	西安微电子技术研究所
微纳电子技术	1671-4776	13-1314/TN	中国电子科技集团公司第十三研究所
微纳电子与智能制造	2096-658X	10-1594/TN	北京方略信息科技有限公司,北京市电子科技情报研究所
卫星电视与宽带多媒体	1673-0348	13-1351/TN	河北省广播电视科学技术研究所
卫星与网络	1672-965X	11-5294/TN	中国卫通集团股份有限公司,北京世纪恒宇文化传播有限公司
无线电	0512-4174	11-1639/TN	人民邮电出版社有限公司
无线电工程	1003-3106	13-1097/TN	中国电科网络通信研究院(中国电子科技集团公司第五十四研究所)
无线电通信技术	1003-3114	13-1099/TN	中国电科网络通信研究院(中国电子科技集团公司第五十四研究所)
无线互联科技	1672-6944	32-1675/TN	江苏省科学技术情报研究所
无线通信技术	1003-8329	61-1361/TN	电信科学技术第四研究所
物联网技术	2095-1302	61-1483/TP	陕西省电子技术研究所有限公司
物联网学报	2096-3750	10-1491/TP	人民邮电出版社有限公司
西安电子科技大学学报	1001-2400	61-1076/TN	西安电子科技大学
西安邮电大学学报	2095-6533	61-1493/TN	西安邮电大学
系统工程与电子技术	1001-506X	11-2422/TN	中国航天科工防御技术研究院等
现代传输	1673-5137	51-1692/TN	电信科学技术第五研究所有限公司
现代导航	1674-7976	61-1478/TN	中国电子科技集团公司第二十研究所
现代电视技术	1671-8658	11-4864/TN	中央广播电视总台
现代电子技术	1004-373X	61-1224/TN	陕西省电子技术研究所有限公司
现代雷达	1004-7859	32-1353/TN	南京电子技术研究所
现代信息科技	2096-4706	44-1736/TN	广东省电子学会
新潮电子	1007-077X	50-1077/TN	重庆西南信息有限公司
信号处理	1003-0530	11-2406/TN	中国电子学会,中电新一代(北京)信息技术研究院
信息安全与通信保密	1009-8054	51-1608/TN	中国电子科技集团公司第三十研究所
信息对抗技术	2097-163X	34-1340/E	国防科技大学电子对抗学院
信息工程大学学报	1671-0673	41-1196/N	信息工程大学
信息化研究	1674-4888	32-1797/TP	江苏省电子学会
信息技术	1009-2552	23-1557/TN	黑龙江省信息技术学会
信息技术与标准化	1671-539X	11-4753/TN	中国电子技术标准化研究院
信息技术与信息化	1672-9528	37-1423/TN	山东电子学会
信息通信技术	1674-1285	11-5650/TN	中国联合网络通信集团有限公司
信息通信技术与政策	2096-5931	10-1576/TN	中国信息通信研究院
压电与声光	1004-2474	50-1091/TN	四川压电与声光技术研究所
液晶与显示	1007-2780	22-1259/O4	中国科学院长春光学精密机械与物理研究所,中国物理学会液晶分会
移动通信	1006-1010	44-1301/TN	广州通信研究所
移动信息	1009-6434	50-1136/TN	重庆西南信息有限公司
印制电路信息	1009-0096	31-1791/TN	中国印制电路行业协会

刊　　名	ISSN	CN	主 办 单 位
应用光学	1002-2082	61-1171/O4	中国兵器工业第二〇五研究所,中国兵工学会
应用激光	1000-372X	31-1375/T	上海市激光技术研究所有限公司
邮电设计技术	1007-3043	10-1043/TN	中讯邮电咨询设计院有限公司
真空电子技术	1002-8935	11-2485/TN	北京真空电子技术研究所
中国传媒大学学报.自然科学版	1673-4793	11-5379/N	中国传媒大学
中国传媒科技	1671-0134	11-4653/N	中国新闻技术工作者联合会
中国电信业	1671-3060	11-4524/TN	中国通信学会,人民邮电报社
中国电子科学研究院学报	1673-5692	11-5401/TN	中国电子科学研究院
中国激光	0258-7025	31-1339/TN	中国科学院上海光学精密机械研究所,中国光学学会
中国集成电路	1681-5289	11-5209/TN	中国半导体行业协会
中国科学.信息科学	1674-7267	11-5846/TP	中国科学院,国家自然科学基金委员会
中国宽带	1673-7911	11-5290/TN	北京在线九州信息技术服务有限公司,北京世纪网络传媒有限公司
中国无线电	1672-7797	11-5203/TN	人民邮电报社
中国新通信	1673-4866	11-5402/TN	电子工业出版社有限公司
中国有线电视	1007-7022	61-1309/TN	西安交通大学
中兴通讯技术	1009-6868	34-1228/TN	时代出版传媒股份有限公司,深圳航天广宇工业有限公司

TP 自动化技术、计算机技术（152 种）

刊　　名	ISSN	CN	主 办 单 位
爱上机器人	2096-580X	10-1564/TP	中国通信学会,人民邮电出版社有限公司
办公自动化	1007-001X	11-3749/TP	中国仪器仪表学会
保密科学技术	1674-9294	11-5948/TP	国家保密科技测评中心
测控技术	1000-8829	11-1764/TB	中国航空工业集团公司北京长城航空测控技术研究所
测试技术学报	1671-7449	14-1301/TP	中北大学
传感技术学报	1004-1699	32-1322/TN	东南大学,中国微米纳米技术学会
传感器世界	1006-883X	11-3736/TP	北京信息科技大学
传感器与微系统	2096-2436	23-1537/TN	中国电子科技集团公司第四十九研究所
大数据	2096-0271	10-1321/G2	人民邮电出版社有限公司
大数据时代	2096-255X	52-1163/G2	贵州新闻图片社有限公司
单片机与嵌入式系统应用	1009-623X	11-4530/V	北京航空航天大学
电脑爱好者	1005-0043	11-3248/TP	中国科学院大学
电脑编程技巧与维护	1006-4052	11-3411/TP	中国信息产业商会
电脑采购	1009-0886	11-4400/TP	中国国信信息总公司
电脑乐园	1008-2352	45-1239/TP	广西金海湾电子音像出版社有限公司
电脑迷	1672-528X	50-1163/TP	重庆电脑报出版有限责任公司
电脑游戏新干线	1672-0148	45-1304/TP	广西金海湾电子音像出版社有限公司
电脑与电信	1008-6609	44-1606/TN	广东省科技合作研究促进中心
电脑与信息技术	1005-1228	43-1202/TP	湖南省电子研究所有限公司

刊　　名	ISSN	CN	主办单位
电脑知识与技术	1009-3044	34-1205/TP	时代出版传媒股份有限公司,中国计算机函授学院
电脑知识与技术. 经验技巧	1009-3044	34-1205/TP	时代出版传媒股份有限公司,中国计算机函授学院
电子技术与软件工程	2095-5650	10-1108/TP	中国电子学会,中电新一代(北京)信息技术研究院
电子竞技	1673-0771	11-5293/TP	中国科技新闻学会,《科学家》杂志社
电子乐园	1673-4653	45-1338/TP	广西金海湾电子音像出版社有限公司
福建电脑	1673-2782	35-1115/TP	福建省计算机学会
工业控制计算机	1001-182X	32-1764/TP	中国计算机学会工业控制等
工业信息安全	2097-1176	10-1802/TP	国家工业信息安全发展研究中心
工业仪表与自动化装置	1000-0682	61-1121/TH	陕西鼓风机(集团)有限公司
光电技术应用	1673-1255	12-1444/TN	中国电子科技集团公司光电研究院
互联网天地	1672-5077	11-5055/TN	中国互联网协会,人民邮电出版社有限公司
互联网周刊	1007-9769	11-3925/TP	中国科技出版传媒股份有限公司
化工自动化及仪表	1000-3932	62-1037/TQ	天华化工机械及自动化研究设计院有限公司
化学传感器	1008-2298	32-1406/TP	中国仪器仪表学会
机器人	1002-0446	21-1137/TP	中国科学院沈阳自动化研究所,中国自动化学会
机器人产业	2096-0182	10-1324/TP	中国电子信息产业发展研究院,赛迪工业和信息化研究院(集团)有限公司
机器人技术与应用	1004-6437	11-3520/TP	中国兵器工业集团第二一○研究所,国家高技术智能机器人专家组
机械制造与自动化	1671-5276	32-1643/TH	南京机械工程学会
吉林大学学报. 信息科学版	1671-5896	22-1344/TN	吉林大学
集成技术	2095-3135	44-1691/T	中国科学院深圳先进技术研究院,科学出版社
计算机测量与控制	1671-4598	11-4762/TP	中国计算机自动测量与控制技术协会
计算机产品与流通	1671-1939	12-1276/TP	天津市电子计算机研究所
计算机仿真	1006-9348	11-3724/TP	北京控制与电子技术研究所
计算机辅助工程	1006-0871	31-1679/TP	上海海事大学
计算机辅助设计与图形学学报	1003-9775	11-2925/TP	中国计算机学会,北京中科期刊出版有限公司
计算机工程	1000-3428	31-1289/TP	华东计算技术研究所,上海市计算机学会
计算机工程与科学	1007-130X	43-1258/TP	国防科技大学计算机学院
计算机工程与设计	1000-7024	11-1775/TP	中国航天科工集团二院七○六所
计算机工程与应用	1002-8331	11-2127/TP	华北计算技术研究所
计算机集成制造系统	1006-5911	11-5946/TP	中国兵器工业集团第二一○研究所
计算机技术与发展	1673-629X	61-1450/TP	陕西省计算机学会
计算机教育	1672-5913	11-5006/TP	清华大学
计算机科学	1002-137X	50-1075/TP	重庆西南信息有限公司
计算机科学与探索	1673-9418	11-5602/TP	华北计算技术研究所

刊　名	ISSN	CN	主办单位
计算机时代	1006-8228	33-1094/TP	浙江省计算技术研究所,浙江省计算机学会
计算机系统应用	1003-3254	11-2854/TP	中国科学院软件研究所
计算机学报	0254-4164	11-1826/TP	中国计算机学会,中国科学院计算技术研究所
计算机研究与发展	1000-1239	11-1777/TP	中国科学院计算技术研究所,中国计算机学会
计算机应用	1001-9081	51-1307/TP	四川省计算机学会,中国科学院成都分院
计算机应用文摘	1002-1353	50-1070/TP	重庆西南信息有限公司
计算机应用研究	1001-3695	51-1196/TP	四川省计算机研究院
计算机应用与软件	1000-386X	31-1260/TP	上海市计算技术研究所,上海计算机软件技术开发中心
计算机与数字工程	1672-9722	42-1372/TP	中国船舶重工集团公司第七〇九研究所
计算机与网络	1008-1739	13-1223/TN	中国电科网络通信研究院(中国电子科技集团公司第五十四研究所)
计算机与现代化	1006-2475	36-1137/TP	江西省计算机学会
计算技术与自动化	1003-6199	43-1138/TP	湖南大学
今日自动化	2095-6487	11-9345/TP	北京卓众出版有限公司
控制工程	1671-7848	21-1476/TP	东北大学
控制理论与应用	1000-8152	44-1240/TP	华南理工大学,中国科学院数学与系统科学研究院
控制与决策	1001-0920	21-1124/TP	东北大学
密码学报	2095-7025	10-1195/TN	中国密码学会等
模式识别与人工智能	1003-6059	34-1089/TP	国家智能计算机研究开发中心,中国科学院合肥智能机械研究所
人工智能	2096-5036	10-1530/TP	中国电子信息产业发展研究院,赛迪工业和信息化研究院(集团)有限公司
软件	1003-6970	12-1151/TP	中国电子学会,天津市电子学会
软件导刊	1672-7800	42-1671/TP	湖北省科技信息研究院
软件工程	2096-1472	21-1603/TP	东北大学
软件和集成电路	2096-062X	10-1339/TN	中国电子信息产业发展研究院,赛迪工业和信息化研究院(集团)有限公司
软件学报	1000-9825	11-2560/TP	中国科学院软件研究所,中国计算机学会
上海信息化	1672-8424	31-1934/TP	上海市经济和信息化发展研究中心
少年电脑世界	1007-4449	37-1275/TP	青岛出版社有限公司
深圳信息职业技术学院学报	1672-6332	44-1586/Z	深圳信息职业技术学院
数据采集与处理	1004-9037	32-1367/TN	中国电子学会,南京航空航天大学
数据分析与知识发现	2096-3467	10-1478/G2	中国科学院文献情报中心
数据与计算发展前沿	2096-742X	10-1649/TP	中国科学院计算机网络信息中心,科学出版社
数码设计	1672-9129	11-5292/TP	经济日报社
数值计算与计算机应用	1000-3266	11-2124/TP	中国科学院数学与系统科学研究院
数字技术与应用	1007-9416	12-1369/TN	天津市电子仪表信息研究所有限公司
条码与信息系统	1004-9274	11-3150/TN	中国物品编码中心

刊　　名	ISSN	CN	主 办 单 位
网络安全和信息化	2096-2215	10-1416/TN	中国电子信息产业发展研究院,赛迪工业和信息化研究院(集团)有限公司
网络安全技术与应用	1009-6833	11-4522/TP	北京大学出版社
网络安全与数据治理	2097-1788	10-1863/TP	中国电子信息产业集团有限公司第六研究所(华北计算机系统工程研究所)
网络空间安全	2096-2282	10-1421/TP	中国电子信息产业发展研究院,赛迪工业和信息化研究院(集团)有限公司
网络空间安全科学学报	2097-3136	10-1901/TP	中国航天系统科学与工程研究院
网络新媒体技术	2095-347X	10-1055/TP	中国科学院声学研究所
网络与信息安全学报	2096-109X	10-1366/TP	人民邮电出版社有限公司
微处理机	1002-2279	21-1216/TP	中国电子科技集团公司第四十七研究所
微电子学与计算机	1000-7180	61-1123/TN	西安微电子技术研究所
微型电脑应用	1007-757X	31-1634/TP	上海市微型电脑应用学会
微型计算机	1002-140X	50-1074/TP	重庆西南信息有限公司
无人系统技术	2096-5915	10-1565/TJ	北京海鹰科技情报研究所
物联网技术	2095-1302	61-1483/TP	陕西省电子技术研究所有限公司
物联网学报	2096-3750	10-1491/TP	人民邮电出版社有限公司
系统仿真技术	1673-1964	31-1945/TP	同济大学
系统仿真学报	1004-731X	11-3092/V	北京仿真中心,中国仿真学会
现代计算机	1007-1423	44-1415/TP	广州中山大学出版社有限公司
现代信息科技	2096-4706	44-1736/TN	广东省电子学会
小型微型计算机系统	1000-1220	21-1106/TP	中国科学院沈阳计算技术研究所
新浪潮	1002-2244	37-1126/G0	浪潮电子信息产业集团公司
新一代信息技术	2096-6091	10-1581/TP	中国电子学会,中电新一代(北京)信息技术研究院
信息安全学报	2096-1146	10-1380/TN	中国科学院信息工程研究所,中国科技出版传媒股份有限公司
信息安全研究	2096-1057	10-1345/TP	国家信息中心
信息安全与通信保密	1009-8054	51-1608/TN	中国电子科技集团公司第三十研究所
信息化研究	1674-4888	32-1797/TP	江苏省电子学会
信息技术	1009-2552	23-1557/TN	黑龙江省信息技术学会
信息技术与信息化	1672-9528	37-1423/TN	山东电子学会
信息通信技术与政策	2096-5931	10-1576/TN	中国信息通信研究院
信息网络安全	1671-1122	31-1859/TN	公安部第三研究所,中国计算机学会
信息系统工程	1001-2362	12-1158/N	天津市信息中心
信息与电脑	1003-9767	11-2697/TP	北京方略信息科技有限公司
信息与控制	1002-0411	21-1138/TP	中国科学院沈阳自动化研究所,中国自动化学会
虚拟现实与智能硬件(中英文)	2096-5796	10-1561/TP	中国科技出版传媒股份有限公司,北京航空航天大学
遥测遥控	2095-1000	11-1780/TP	中国航天科技集团有限公司第九研究院七〇四研究所
遥感技术与应用	1004-0323	62-1099/TP	中国科学院遥感联合中心,中国科学院资源环境科学信息中心
遥感信息	1000-3177	11-5443/P	中国测绘科学研究院

刊　名	ISSN	CN	主办单位
遥感学报	1007-4619	11-3841/TP	中国科学院空天信息创新研究院
冶金自动化	1000-7059	11-2067/TF	冶金自动化研究设计院,北京钢研柏苑出版有限责任公司
移动信息	1009-6434	50-1136/TN	重庆西南信息有限公司
游戏机实用技术	1008-0600	12-1472/TN	天津电子出版社有限公司
指挥信息系统与技术	1674-909X	32-1818/TP	中国电子科技集团公司第二十八研究所
指挥与控制学报	2096-0204	14-1379/TP	北方自动控制技术研究所,中国指挥与控制学会
制造业自动化	1009-0134	11-4389/TP	北京机械工业自动化研究所有限公司
智能计算机与应用	2095-2163	23-1573/TN	哈尔滨工业大学
智能科学与技术学报	2096-6652	10-1604/TP	人民邮电出版社有限公司
智能网联汽车	2095-6202	10-1583/U	中国电子信息产业发展研究院,赛迪工业和信息化研究院(集团)有限公司
智能物联技术	2096-6059	33-1411/TP	中电海康集团有限公司
智能系统学报	1673-4785	23-1538/TP	中国人工智能学会,哈尔滨工程大学
智能制造	2096-0581	10-1315/TP	机械工业信息研究院
中国安全防范技术与应用	2096-594X	10-1574/T	公安部第一研究所
中国金融电脑	1001-0734	11-2623/F	《中国金融电脑》杂志社
中国体视学与图像分析	1007-1482	11-3739/R	中国体视学学会
中国图象图形学报	1006-8961	11-3758/TB	中国科学院空天信息创新研究院等
中国信息安全	1674-7844	11-5898/TP	中国信息安全测评中心
中国自动识别技术	1673-6362	11-5503/TP	中国自动识别技术协会
中文信息学报	1003-0077	11-2325/N	中国中文信息学会,中国科学院软件研究所
自动化博览	1003-0492	11-2516/TP	中国自动化学会
自动化技术与应用	1003-7241	23-1474/TP	中国自动化学会等
自动化学报	0254-4156	11-2109/TP	中国自动化学会,中国科学院自动化研究所
自动化仪表	1000-0380	31-1501/TH	中国仪器仪表学会,上海工业自动化仪表研究院有限公司
自动化应用	1674-778X	50-1201/TP	重庆西南信息有限公司(原科技部西南信息中心)
自动化与信息工程	1674-2605	44-1632/TP	广东省智能制造研究所,广州自动化学会
自动化与仪器仪表	1001-9227	50-1066/TP	重庆工业自动化仪表研究所有限责任公司,重庆市自动化与仪器仪表学会
自然资源遥感	2097-034X	10-1759/P	中国自然资源航空物探遥感中心
组合机床与自动化加工技术	1001-2265	21-1132/TG	中国机械工程学会生产工程分会,大连组合机床研究所

TQ 化学工业（199 种）

刊　名	ISSN	CN	主办单位
安徽化工	1008-553X	34-1114/TQ	安徽省化工研究院
北京化工大学学报.自然科学版	1671-4628	11-4755/TQ	北京化工大学
玻璃	1003-1987	13-1106/TQ	秦皇岛玻璃工业研究设计院有限公司
玻璃搪瓷与眼镜	2096-7608	31-2172/TQ	东华大学等
玻璃纤维	1005-6262	32-1129/TQ	南京玻璃纤维研究设计院有限公司
纯碱工业	1005-8370	21-1155/TQ	中昊（大连）化工研究设计院有限公司，中国纯碱工业协会
大氮肥	1002-5782	33-1369/TQ	中石化宁波技术研究院有限公司
氮肥技术	2095-4522	37-1448/TQ	中海油石化工程有限公司
氮肥与合成气	2096-3548	31-2137/TQ	上海化工研究院有限公司
当代化工	1671-0460	21-1457/TQ	辽宁科技大学
当代化工研究	1672-8114	10-1435/TQ	中国企业改革与发展研究会
低碳化学与化工（原名为：天然气化工.C1化学与化工）	2097-2547	51-1807/TQ	西南化工研究设计院有限公司
电镀与精饰	1001-3849	12-1096/TG	天津市电镀工程学会
电镀与涂饰	1004-227X	44-1237/TS	广州大学
发酵科技通讯	1674-2214	33-1131/TS	浙江工业大学
肥料与健康	2096-7047	31-2167/TQ	上海化工研究院有限公司
佛山陶瓷	1006-8236	44-1394/TS	佛山市陶瓷研究所
复合材料科学与工程	2096-8000	10-1683/TU	北京玻璃钢研究设计院有限公司
高分子材料科学与工程	1000-7555	51-1293/O6	中国石油化工股份有限公司科技开发部等
高分子通报	1003-3726	11-2051/O6	中国化学会，中国科学院化学研究所
高分子学报	1000-3304	11-1857/O6	中国科学院化学研究所，中国化学会
高科技纤维与应用	1007-9815	11-3926/TQ	中国化学纤维工业协会，中国纺织信息中心
高校化学工程学报	1003-9015	33-1141/TQ	浙江大学
工程塑料应用	1001-3539	37-1111/TQ	中国兵器工业集团第五三研究所等
工业催化	1008-1143	61-1233/TQ	西北化工研究院有限公司
广东化工	1007-1865	44-1238/TQ	广东省科学院化工研究所
广州化工	1001-9677	44-1228/TQ	广州化工研究设计院，广州市化工行业协会
硅酸盐通报	1001-1625	11-5440/TQ	中国硅酸盐学会，中材人工晶体研究院有限公司
硅酸盐学报	0454-5648	11-2310/TQ	中国硅酸盐学会
过程工程学报	1009-606X	11-4541/TQ	中国科学院过程工程研究所
含能材料	1006-9941	51-1489/TK	中国工程物理研究院
杭州化工	1007-2217	33-1199/TQ	杭州市化工研究所，杭州市化工学会
合成材料老化与应用	1671-5381	44-1402/TQ	广州合成材料研究院有限公司
合成技术及应用	1006-334X	32-1414/TQ	中国石化仪征化纤有限责任公司
合成树脂及塑料	1002-1396	11-2769/TQ	中国石化集团资产经营管理有限公司北京燕山石化分公司，橡塑新型材料合成国家工程研究中心

刊　名	ISSN	CN	主办单位
合成纤维	1001-7054	31-1361/TQ	上海市合成纤维研究所
合成纤维工业	1001-0041	43-1139/TQ	中石化巴陵石油化工有限公司
合成橡胶工业	1000-1255	62-1036/TQ	中国石油天然气股份有限公司兰州石化分公司
河南化工	1003-3467	41-1093/TQ	河南省化工研究所
花炮科技与市场	2096-5699	36-1204/TJ	萍乡市焰花鞭炮科学研究所
化肥设计	1004-8901	42-1424/TQ	中国五环工程有限公司
化工安全与环境	1008-1550	11-3936/TQ	中国化工信息中心,中国化学品安全协会
化工高等教育	1000-6168	31-1043/G4	华东理工大学
化工机械	0254-6094	62-1041/TQ	天华化工机械及自动化研究设计院有限公司
化工技术与开发	1671-9905	45-1306/TQ	广西化工研究院有限公司
化工进展	1000-6613	11-1954/TQ	中国化工学会,化学工业出版社有限公司
化工科技	1008-0511	22-1268/TQ	中国石油天然气股份有限公司吉林石化分公司
化工设备与管道	1009-3281	31-1833/TQ	中石化上海工程有限公司
化工设计	1007-6247	51-1355/TQ	中国成达工程有限公司,中国石油和化工勘察设计协会
化工设计通讯	1003-6490	43-1108/TQ	湖南化工设计院有限公司
化工生产与技术	1006-6829	33-1188/TQ	巨化集团有限公司
化工时刊	1002-154X	32-1320/TQ	东南大学
化工新型材料	1006-3536	11-2357/TQ	中国化工信息中心
化工学报	0438-1157	11-1946/TQ	中国化工学会,化学工业出版社有限公司
化工与医药工程	2095-817X	31-2101/TQ	中石化上海工程有限公司
化工装备技术	1007-7251	31-1587/T	上海市化工科学技术情报研究所
化工自动化及仪表	1000-3932	62-1037/TQ	天华化工机械及自动化研究设计院有限公司
化纤与纺织技术	1672-500X	44-1574/TS	广东省化学纤维研究所有限公司
化学反应工程与工艺	1001-7631	33-1087/TQ	浙江大学联合化学反应工程研究所
化学工程	1005-9954	61-1136/TQ	华陆工程科技有限责任公司
化学工程师	1002-1124	23-1171/TQ	黑龙江省建筑材料工业规划设计研究院
化学工程与装备	1003-0735	35-1285/TQ	福建省化工研究所
化学工业	1673-9647	11-5590/TQ	中化国际咨询有限公司
化学工业与工程	1004-9533	12-1102/TQ	天津市化工学会,天津大学
化学世界	0367-6358	31-1274/TQ	上海市化学化工学会
化学试剂	0258-3283	11-2135/TQ	中国分析测试协会等
化学推进剂与高分子材料	1672-2191	41-1354/TQ	黎明化工研究设计院有限责任公司
化学与生物工程	1672-5425	42-1710/TQ	武汉工程大学等
化学与粘合	1001-0017	23-1224/TQ	黑龙江省科学院石油化学研究院,黑龙江省化学学会
吉林化工学院学报	1007-2853	22-1249/TQ	吉林化工学院
江苏陶瓷	1006-7337	32-1251/TQ	江苏省陶瓷研究所有限公司

刊　名	ISSN	CN	主办单位
江西化工	1008-3103	36-1108/TQ	江西省检验检测认证总院,江西省化学化工学会
胶体与聚合物	1009-1815	42-1570/TQ	湖北大学
洁净煤技术	1006-6772	11-3676/TD	煤炭科学研究总院有限公司,煤炭工业洁净煤工程技术研究中心
金刚石与磨料磨具工程	1006-852X	41-1243/TG	郑州磨料磨具磨削研究所有限公司
精细化工	1003-5214	21-1203/TQ	中昊(大连)化工研究设计院有限公司,中国化工学会精细化工专业委员会
精细化工中间体	1009-9212	43-1354/TQ	湖南化工研究院有限公司
精细石油化工	1003-9384	12-1179/TQ	中国石化集团资产经营管理有限公司天津石化分公司
精细石油化工进展	1009-8348	32-1601/TE	中国石油化工股份有限公司金陵分公司
精细与专用化学品	1008-1100	11-3237/TQ	中国化工信息中心
景德镇陶瓷	1006-9545	36-1024/TQ	景德镇市陶瓷研究所
聚氨酯工业	1005-1902	32-1275/TQ	江苏省化工研究所有限公司,中国聚氨酯工业协会
聚氯乙烯	1009-7937	21-1237/TQ	锦西化工研究院有限公司
聚酯工业	1008-8261	21-1249/TQ	全国聚酯生产技术协作组,大连合成纤维研究设计院股份有限公司
口腔护理用品工业	2095-3607	23-1559/TS	中国口腔清洁护理用品工业协会,黑龙江省轻工科学研究院
离子交换与吸附	1001-5493	12-1147/O6	南开大学
辽宁化工	1004-0935	21-1200/TQ	辽宁省化工学会
林产化学与工业	0253-2417	32-1149/S	中国林业科学研究院林产化学工业研究所,中国林学会林产化学化工分会
磷肥与复肥	1007-6220	41-1173/TQ	郑州大学,中国磷复肥工业协会
流程工业	1674-5922	11-5669/T	机械工业信息研究院等
硫磷设计与粉体工程	1009-1904	32-1590/TQ	中石化南京工程有限公司
硫酸工业	1002-1507	32-1126/TQ	中石化南京化工研究院有限公司
轮胎工业	1006-8171	11-3478/TQ	北京橡胶工业研究设计院有限公司
氯碱工业	1008-133X	21-1170/TQ	锦西化工研究院有限公司
煤化工	1005-9598	14-1142/TQ	赛鼎工程有限公司
煤炭加工与综合利用	1005-8397	11-2627/TD	中国煤炭加工利用协会
煤炭与化工	2095-5979	13-1416/TD	河北煤炭科学研究院,河北省化学工业研究院
煤炭转化	1004-4248	14-1163/TQ	太原理工大学
明胶科学与技术	1004-9657	11-3234/TQ	中国日用化工协会明胶分会
膜科学与技术	1007-8924	62-1049/TB	中国蓝星(集团)股份有限公司
耐火材料	1001-1935	41-1136/TF	中钢集团洛阳耐火材料研究院有限公司
耐火与石灰	1673-7792	21-1544/TQ	中冶焦耐工程技术有限公司
能源化工	2095-9834	32-1856/TQ	中国石化集团南京化学工业有限公司,中石化南京化工研究院有限公司
农药	1006-0413	21-1210/TQ	沈阳中化农药化工研发有限公司
农药登记公告	1008-1364	11-4163/S	农业农村部农药检定所

刊　名	ISSN	CN	主办单位
农药科学与管理	1002-5480	11-2678/S	农业农村部农药检定所
农药学学报	1008-7303	11-3995/S	中国农业大学
皮革与化工	1674-0939	21-1557/TS	全国皮革化工材料研究开发中心,中国皮革协会
清洗世界	1671-8909	11-4834/TQ	中国化工信息中心
全面腐蚀控制	1008-7818	11-2706/TQ	中国腐蚀控制技术协会
燃料化学学报(中英文)(原名为:燃料化学学报)	2097-213X	14-1410/TQ	中国化学会,中国科学院山西煤炭化学研究所
燃料与化工	1001-3709	21-1164/TQ	中冶焦耐工程技术有限公司
染料与染色	1672-1179	21-1483/TQ	沈阳化工研究院有限公司
热固性树脂	1002-7432	12-1159/TQ	天津市合成材料工业研究所有限公司
人造纤维	1003-529X	13-1071/TQ	全国人造纤维科技信息中心,中国纺织信息中心
日用化学工业(中英文)(原名为:日用化学工业)	2097-2806	14-1412/TQ	中国日用化学研究院有限公司
日用化学品科学	1006-7264	14-1210/TQ	中国日用化学研究院有限公司
山东化工	1008-021X	37-1212/TQ	青岛科技大学
山东陶瓷	1005-0639	37-1221/TQ	山东理工大学
山西化工	1004-7050	14-1109/TQ	山西经济和信息化出版传媒中心
山西焦煤科技	1672-0652	14-1311/TD	山西焦煤集团有限责任公司
上海化工	1004-017X	31-1487/TQ	上海市化工科学技术情报研究所,上海市化工行业协会
上海煤气	1009-4709	31-1834/TE	上海市燃气管理处,上海市燃气协会
上海染料	1008-1348	31-1490/TQ	上海涂料染料行业协会
上海塑料	1009-5993	31-1770/TQ	上海市塑料工程技术学会,上海化工研究院有限公司
上海涂料	1009-1696	31-1792/TQ	上海华谊精细化工有限公司,上海市涂料研究所有限公司
沈阳化工大学学报	2095-2198	21-1577/TQ	沈阳化工大学
生物化工	2096-0387	36-1336/TQ	江西省科学院应用化学研究所
生物质化学工程	1673-5854	32-1768/S	中国林业科学研究院林产化学工业研究所
石化技术与应用	1009-0045	62-1138/TQ	兰州石化公司石油化工研究院
石油和化工设备	1674-8980	11-5253/TQ	中国化工机械动力技术协会
石油化工	1000-8144	11-2361/TQ	中石化(北京)化工研究院有限公司,中国化工学会
石油石化绿色低碳	2096-126X	10-1378/TE	中国石化集团经济技术研究院有限公司
世界农药	1009-6485	10-1660/TQ	中国农药工业协会
水处理技术	1000-3770	33-1127/P	杭州水处理技术研究开发中心有限公司
水泥	1002-9877	11-1899/TQ	建筑材料工业技术情报研究所
水泥工程	1007-0389	32-1449/TU	中国中材国际工程股份有限公司
水泥技术	1001-6171	12-1071/TB	中材装备集团有限公司
四川化工	1672-4887	51-1623/TQ	四川化工集团有限责任公司
塑料	1001-9456	11-2205/TQ	北京市塑料研究所有限公司
塑料工业	1005-5770	51-1270/TQ	中蓝晨光化工研究设计院有限公司

刊　名	ISSN	CN	主　办　单　位
塑料科技	1005-3360	21-1145/TQ	沈阳化工大学
塑料助剂	1672-6294	32-1717/TQ	南京市化学工业研究设计院有限公司
弹性体	1005-3174	22-1229/TQ	中国石油天然气股份有限公司吉林石化分公司,全国合成橡胶信息总站
炭素技术	1001-3741	22-1147/TQ	中钢集团吉林炭素股份有限公司
陶瓷	1002-2872	61-1143/TU	咸阳陶瓷研究设计院有限公司
陶瓷科学与艺术	1671-7643	43-1375/TS	湖南湘瓷科艺股份有限公司
陶瓷学报	2095-784X	36-1205/TS	景德镇陶瓷大学
陶瓷研究	1000-9892	36-1136/TQ	江西省陶瓷研究所
特种橡胶制品	1005-4030	61-1141/TQ	西北橡胶塑料研究设计院有限公司
天津化工	1008-1267	12-1201/TQ	天津渤化工程有限公司
涂料工业	0253-4312	32-1154/TQ	中海油常州涂料化工研究院有限公司
无机材料学报	1000-324X	31-1363/TQ	中国科学院上海硅酸盐研究所
无机盐工业	1006-4990	12-1069/TQ	中海油天津化工研究设计院有限公司等
纤维复合材料	1003-6423	23-1267/TQ	哈尔滨玻璃钢研究院有限公司
纤维素科学与技术	1004-8405	44-1336/TQ	中国科学院广州化学研究所
现代化工	0253-4320	11-2172/TQ	中国化工信息中心
现代技术陶瓷	1005-1198	37-1226/TQ	山东工业陶瓷研究设计院
现代农药	1671-5284	32-1639/TQ	江苏省农药协会等
现代塑料	1674-5930	11-5799/TQ	机械工业信息研究院
现代塑料加工应用	1004-3055	32-1326/TQ	中国石化扬子石油化工有限公司等
现代涂料与涂装	1007-9548	62-1135/TQ	中昊北方涂料工业研究设计院有限公司
现代盐化工	2095-9710	32-1852/TS	江苏苏豪传媒有限公司,江苏省盐业集团有限责任公司
现代中药研究与实践	1673-6427	34-1267/R	安徽中医药高等专科学校
香料香精化妆品	1000-4475	31-1470/TQ	上海香料研究所
橡胶工业	1000-890X	11-1812/TQ	北京橡胶工业研究设计院有限公司
橡胶科技	2095-5448	10-1121/TQ	北京橡胶工业研究设计院有限公司,全国橡胶工业信息总站
橡塑技术与装备	1009-797X	11-4534/TQ	全国橡胶塑料设计技术中心等
橡塑资源利用	2096-9619	12-1350/TQ	天津市橡胶工业研究所
新型炭材料(中英文)(原名为:新型炭材料)	2097-1605	14-1407/TQ	中国科学院山西煤炭化学研究所
信息记录材料	1009-5624	13-1295/TQ	全国磁性记录材料信息站
乙烯工业	1671-7120	11-4819/TQ	中国石化工程建设有限公司
影像科学与光化学	1674-0475	11-5604/O6	中国科学院理化技术研究所,中国感光学会
应用化工	1671-3206	61-1370/TQ	陕西化工研究院有限公司,陕西省化工学会
应用化学	1000-0518	22-1128/O6	中国化学会,中国科学院长春应用化学研究所
有机氟工业	1671-671X	31-1631/TQ	上海市有机氟材料研究所有限公司,中国氟硅有机材料工业协会
有机硅材料	1009-4369	51-1594/TQ	中国氟硅有机材料工业协会等

刊　名	ISSN	CN	主办单位
云南化工	1004-275X	53-1087/TQ	云南省化工研究院有限公司,云南省化学化工学会
粘接	1001-5922	42-1183/TQ	襄阳市科技信息研究所
浙江化工	1006-4184	33-1093/TQ	浙江省化工研究院有限公司
中氮肥	1004-9932	51-1379/TQ	全国中氮情报协作组,川化集团有限责任公司
中国化肥信息	1673-7628	11-5528/TQ	中国化工信息中心
中国化工信息	1006-6438	11-2574/TQ	中国化工信息中心
中国化工装备	1671-0525	11-4001/TQ	中国化工装备协会
中国化妆品	1004-5163	11-3013/TS	中国百货纺织品公司
中国胶粘剂	1004-2849	31-1601/TQ	上海市合成树脂研究所等
中国抗生素杂志	1001-8689	51-1126/R	中国医药集团总公司四川抗菌素工业研究所,中国医学科学院医药生物技术研究所
中国轮胎资源综合利用	1672-1845	11-5002/T	中国轮胎循环利用协会
中国氯碱	1009-1785	12-1221/TQ	中国氯碱工业协会
中国生漆	1000-7067	61-1098/TQ	中华全国供销合作总社,西安生漆涂料研究所
中国石油和化工标准与质量	1673-4076	11-5385/TQ	中国化工信息中心
中国塑料	1001-9278	11-1846/TQ	中国塑料加工工业协会等
中国陶瓷	1001-9642	36-1090/TQ	中国轻工业陶瓷研究所
中国陶瓷工业	1006-2874	36-1197/TS	景德镇陶瓷大学,中国陶瓷工业协会
中国涂料	1006-2556	11-3544/TQ	中国涂料工业协会
中国洗涤用品工业	1672-2701	11-3366/TS	中国洗涤用品工业协会
中国橡胶	1009-5640	11-3674/TQ	中国橡胶工业协会
中国医药工业杂志	1001-8255	31-1243/R	上海医药工业研究院等
中国油脂	1003-7969	61-1099/TS	中粮工科(西安)国际工程有限公司

TS 轻工业、手工业、生活服务业(247 种)

刊　名	ISSN	CN	主办单位
芭莎珠宝	1674-5892	11-5818/G0	中国珠宝玉石首饰行业协会等
包装与食品机械	1005-1295	34-1120/TS	中国机械工程学会,合肥通用机械研究院有限公司
保鲜与加工	1009-6221	12-1330/S	天津市农业科学院
北京服装学院学报. 自然科学版	1001-0564	11-2523/TS	北京服装学院
北京皮革	1002-7947	11-2260/TS	中国皮革协会
北京印刷学院学报	1004-8626	11-3136/TS	北京印刷学院
标签技术	2095-8269	10-1254/TS	中国印刷科学技术研究院有限公司
餐饮世界	1671-2447	11-4694/G0	世界中餐业联合会
茶道		35-1325/TS	海峡两岸茶业交流协会,市场瞭望杂志社
茶业通报	1006-5768	34-1079/S	安徽省茶业学会
茶叶	0577-8921	33-1096/S	浙江省茶叶学会,中国茶叶博物馆
茶叶科学	1000-369X	33-1115/S	中国茶叶学会,中国农业科学院茶叶研究所
茶叶通讯	1009-525X	43-1106/S	湖南省茶叶学会

刊　名	ISSN	CN	主 办 单 位
茶叶学报	2096-0220	35-1330/S	福建省农业科学院茶叶研究所
产业用纺织品	1004-7093	31-1595/TS	东华大学,全国产业用纺织品科技情报站
川菜	1673-0577	51-1684/TS	成都巴蜀川菜研究发展中心
大连工业大学学报	1674-1404	21-1560/TS	大连工业大学
东华大学学报. 自然科学版	1671-0444	31-1865/N	东华大学
发酵科技通讯	1674-2214	33-1131/TS	浙江工业大学
纺织报告	2095-9702	32-1853/TS	江苏苏豪传媒有限公司
纺织标准与质量	1003-0611	11-2670/TS	中国纺织科学研究院有限公司
纺织导报	1003-3025	11-1714/TS	中国纺织信息中心
纺织服装教育	2095-3860	31-2077/G4	东华大学,中国纺织服装教育学会
纺织服装流行趋势展望	2096-1464	10-1348/TS	中国纺织信息中心
纺织服装周刊	1674-196X	11-5472/TS	中国纺织工业联合会,中国纺织信息中心
纺织高校基础科学学报	1006-8341	61-1296/TS	西安工程大学,中国纺织服装教育学会
纺织工程学报	2097-2911	42-1935/TS	武汉纺织大学
纺织机械	1003-2290	11-2404/TS	中国纺织机械协会
纺织检测与标准	2096-613X	31-2117/TQ	上海市纺织科学研究院
纺织科技进展	1673-0356	51-1680/TS	四川省纺织科学研究院有限公司
纺织科学研究	1003-1308	11-2717/TS	中国纺织科学研究院有限公司
纺织科学与工程学报	2096-5184	51-1782/TS	成都纺织高等专科学校
纺织器材	1001-9634	61-1131/TS	陕西纺织器材研究所有限责任公司等
纺织学报	0253-9721	11-5167/TS	中国纺织工程学会
翡翠(中缅文)	2096-8558	53-1238/TS	云南出版融媒体有限责任公司
风采童装	2096-0190	10-1317/TS	中国纺织出版社有限公司
服饰与美容	1671-010X	11-4563/G0	人民画报社
服装设计师	1009-6256	11-4548/TS	中国纺织工业联合会,中国服装设计师协会
服装学报	2096-1928	32-1864/TS	江南大学
福建茶叶	1005-2291	35-1111/S	福建省茶叶学会
福建轻纺	1007-550X	35-1154/TS	福建省轻工业研究所有限公司
甘蔗糖业	1005-9695	44-1210/TS	全国甘蔗糖业信息中心
格调	1671-4903	51-1605/G0	四川民族出版社
广东茶业	1672-7398	44-1564/S	广东省茶叶学会
广东印刷	1005-7463	44-1222/TS	广东省新闻出版高级技工学校
广西糖业	2095-820X	45-1397/S	广西壮族自治区农业科学院甘蔗研究所等
贵茶	2097-2601	52-1166/S	当代贵州期刊传媒集团有限责任公司
国际纺织导报	1007-6867	31-1743/TS	东华大学
国际纺织品流行趋势	1007-8789	12-1266/TS	天津纺织装饰品工业研究所
合成纤维	1001-7054	31-1361/TQ	上海市合成纤维研究所
合成纤维工业	1001-0041	43-1139/TQ	中石化巴陵石油化工有限公司
河南工业大学学报. 自然科学版	1673-2383	41-1378/N	河南工业大学
黑龙江纺织		23-1272/TS	黑龙江省纺织工业研究所
红秀	1674-3660	23-1548/C	黑龙江格言杂志社有限公司
华东纸业	1674-6937	31-2034/TS	上海市造纸学会
化纤与纺织技术	1672-500X	44-1574/TS	广东省化学纤维研究所有限公司

刊　名	ISSN	CN	主办单位
环球美酒	2095-9001	52-1159/TS	贵州日报当代融媒体集团,当代贵州期刊传媒集团有限责任公司
家居廊	1672-7568	31-1919/G0	上海译文出版社有限公司
家具	1000-4629	31-1295/TS	中国家具工业信息中心,中国家具协会
家具与室内装饰	1006-8260	43-1247/TS	中南林业科技大学
家庭科学	1672-4526	21-1471/R	辽宁报刊传媒集团(辽宁日报社)
建筑与装饰	2096-2894	12-1450/TS	天津科学技术出版社有限公司
江苏丝绸	1003-9910	32-1261/TS	江苏苏豪传媒有限公司,江苏省丝绸协会
江苏调味副食品	1006-8481	32-1235/TS	江苏省调味副食品行业协会
今日风采	1672-156X	31-1910/G0	上海人民美术出版社
锦绣	1674-5140	51-1710/TS	四川省丝绸工业研究所等
精彩	2095-5626	10-1129/G0	《精品购物指南》报社
酒·饮料技术装备	1671-959X	11-4878/TS	中国联合装备集团有限公司
居舍	1674-1900	11-5638/TS	北京家具行业协会
冷藏技术	1674-0548	11-2090/TS	国内贸易工程设计研究院有限公司,全国商业冷藏科技情报站
理想家	2096-0093	12-1446/G0	天津人民出版社有限公司
粮食加工	1007-6395	61-1422/TS	陕西省粮油科学研究院
粮食科技与经济	1007-1458	43-1252/TS	湖南省粮食经济科技学会,中国储备粮管理集团有限公司湖南分公司
粮食与食品工业	1672-5026	32-1710/TS	无锡中粮工程科技有限公司,中国粮油学会
粮食与饲料工业	1003-6202	42-1176/TS	国粮武汉科学研究设计院有限公司
粮食与油脂	1008-9578	31-1235/TS	上海市粮食科学研究所有限公司
粮油食品科技(国家粮食和物资储备局科学研究院)	1007-7561	11-3863/TS	国家粮食和物资储备局科学研究院
辽宁丝绸	1671-3389	21-1276/TS	辽宁柞蚕丝绸科学研究院
林产工业	1001-5299	11-1874/S	国家林业和草原局产业发展规划院,中国林产工业协会
林业机械与木工设备	2095-2953	23-1405/S	国家林业和草原局哈尔滨林业机械研究所
罗博报告	1674-0998	11-5645/N	中国丝绸进出口总公司等
毛纺科技	1003-1456	11-2386/TS	中国纺织信息中心,中国纺织工程学会
美食	1005-0345	32-1379/TS	江苏苏豪传媒有限公司
美食研究	2095-8730	32-1854/TS	扬州大学
棉纺织技术	1000-7415	61-1132/TS	陕西省纺织科学研究院有限公司,中国纺织信息中心
木材科学与技术	2096-9694	10-1732/S	中国林业科学研究院木材工业研究所
木工机床	1005-1937	35-1105/TH	福建省机械科学研究院
男人风尚	1674-6155	11-5825/G0	中国轻工业出版社有限公司
男人装	1672-8378	11-5197/G0	中国中纺集团有限公司
酿酒	1002-8110	23-1256/TS	黑龙江省轻工科学研究院
酿酒科技	1001-9286	52-1051/TS	贵州省轻工业科学研究所
农产品加工	1671-9646	14-1310/S	山西现代农业工程出版传媒中心
烹饪艺术家	1674-4438	11-5749/TS	中国人民大学
皮革科学与工程	1004-7964	51-1397/TS	四川大学,中国皮革协会

刊　　名	ISSN	CN	主办单位
皮革与化工	1674-0939	21-1557/TS	全国皮革化工材料研究开发中心,中国皮革协会
皮革制作与环保科技	2096-7845	10-1679/TS	中国皮革制鞋研究院有限公司
葡萄酒	1674-5523	44-1658/C	广东时代传媒集团有限公司
普洱	1673-7903	53-1201/G2	《普洱》杂志社
青春. 潮流志	1005-2445	32-1026/I	南京出版传媒集团
轻纺工业与技术	2095-0101	45-1379/TS	广西绢麻纺织科学研究所有限公司
轻工标准与质量	1004-4108	11-2763/TS	中国轻工业信息中心,中国轻工业质量认证中心
轻工机械	1005-2895	33-1180/TH	轻工业杭州机电设计研究院等
轻工科技	2095-3518	45-1385/TS	广西轻工业科学技术研究院有限公司
轻工学报	2096-1553	41-1437/TS	郑州轻工业大学
清洗世界	1671-8909	11-4834/TQ	中国化工信息中心
染整技术	1005-9350	32-1420/TQ	江苏苏豪传媒有限公司等
肉类工业	1008-5467	42-1134/TS	全国肉类工业科技情报中心站,武汉肉类联合企业集团公司
肉类研究	1001-8123	11-2682/TS	中国肉类食品综合研究中心
乳品与人类	1671-5071	23-1556/TS	黑龙江省绿色食品科学研究院
瑞丽. 服饰美容	1009-8275	11-4597/G0	中国轻工业出版社有限公司
瑞丽. 伊人风尚	2096-2851	10-1456/G0	中国轻工业出版社有限公司
瑞丽家居设计	1672-0970	11-4968/TS	中国轻工业出版社有限公司
瑞丽时尚先锋	2097-0102	10-1755/G0	中国轻工业出版社有限公司
睿士	2095-1612	33-1374/G0	中国国际贸易促进会浙江省委员会
山东纺织科技	1009-3028	37-1127/TS	山东纺织工程学会,山东省纺织科学研究院
陕西科技大学学报	2096-398X	61-1080/TS	陕西科技大学
上海纺织科技	1001-2044	31-1272/TS	上海市纺织科学研究院
上海轻工业	1004-3772	31-1439/TS	上海轻工控股(集团)公司
尚流	1673-8373	44-1675/G0	家庭期刊集团有限公司
生活家		12-1457/G0	天津人民出版社有限公司
生活用纸	1009-9069	11-4571/TS	中国制浆造纸研究院有限公司
时尚芭莎	1673-0828	11-5324/G0	中国中纺集团有限公司
时尚北京	1674-3105	11-5697/TS	北京方恒集团有限公司
时尚家居	1009-4172	11-4456/G0	《时尚》杂志社有限责任公司
时尚设计与工程	2095-1728	31-2129/TS	上海市纺织科学研究院有限公司,上海工程技术大学
时装	1002-4158	11-1609/TS	北京央版传媒有限公司
时装 L'OFFICIEL HOMMES	1002-4158	11-1609/TS	北京央版传媒有限公司
食品安全导刊	1674-0270	11-5478/R	中国商业股份制企业经济联合会,北京肉类食品协会
食品安全质量检测学报	2095-0381	11-5956/TS	北京方略信息科技有限公司,北京电子产品质量检测中心
食品工程	1673-6044	14-1336/TS	山西省食品研究所(有限公司)
食品工业	1004-471X	31-1532/TS	上海市食品工业研究所
食品工业科技	1002-0306	11-1759/TS	北京一轻研究院有限公司
食品界	2095-638X	10-1162/TS	北京食品科学研究院
食品科技	1005-9989	11-3511/TS	北京市粮食科学研究院有限公司

刊　名	ISSN	CN	主办单位
食品科学	1002-6630	11-2206/TS	北京食品科学研究院
食品科学技术学报	2095-6002	10-1151/TS	北京工商大学
食品研究与开发	1005-6521	12-1231/TS	天津市食品研究所有限公司
食品与发酵工业	0253-990X	11-1802/TS	中国食品发酵工业研究院有限公司，全国食品与发酵工业信息中心
食品与发酵科技	1674-506X	51-1713/TS	四川省食品发酵工业研究设计院有限公司
食品与机械	1003-5788	43-1183/TS	长沙理工大学，湘潭市食品机械总厂
食品与生活	1004-5473	31-1616/TS	上海市食品研究所有限公司
食品与生物技术学报	1673-1689	32-1751/TS	江南大学
食品与药品	1672-979X	37-1438/R	山东省药学科学院
世界时装之苑	1006-1169	31-1586/TS	上海译文出版社有限公司
丝绸	1001-7003	33-1122/TS	浙江理工大学等
丝网印刷	1002-4867	11-2348/TS	北京市印刷技术研究所有限公司
四川烹饪	1004-2083	51-1197/TS	四川省商业投资集团有限责任公司
天津纺织科技		12-1110/TS	天津纺织工程研究院有限公司，天津纺织服装研究院
天津科技大学学报	1672-6510	12-1355/N	天津科技大学
天津造纸	1674-5469	12-1155/TS	天津科技大学，天津市造纸学会
玩具	1673-0690	11-5297/G0	中国玩具协会，中玩恒大会展服务（北京）有限公司
玩具世界	1007-4007	31-1287/TS	中国工艺美术学会玩具专业委员会
网印工业	1007-2160	11-4868/TS	中国印刷及设备器材工业协会
文体用品与科技	1006-8902	11-3762/TS	中国文教体育用品协会等
五金科技	1001-1587	21-1228/TS	全国五金工业信息中心
武汉纺织大学学报	2095-414X	42-1818/Z	武汉纺织大学
武汉轻工大学学报	2095-7368	42-1856/T	武汉轻工大学
西部粮油信息	1673-4963	51-1691/TS	四川粮油批发中心
西部皮革	1671-1602	51-1624/TS	四川省皮革行业协会等
茜茜姐妹	2095-6061	10-1133/G0	北京青年报社
现代纺织技术	1009-265X	33-1249/TS	浙江理工大学，浙江省纺织工程学会
现代面粉工业	1674-5280	32-1798/TS	江苏科技大学
现代食品	2096-5060	41-1434/TS	郑州中粮科研设计院有限公司
现代食品科技	1673-9078	44-1620/TS	华南理工大学
现代丝绸科学与技术	1674-8433	32-1812/TS	苏州大学，现代丝绸国家工程实验室（苏州）
现代盐化工	2095-9710	32-1852/TS	江苏苏豪传媒有限公司，江苏省盐业集团有限责任公司
鞋类工艺与设计	2096-9163	10-1726/TS	中国皮革制鞋研究院有限公司
昕薇	1672-8483	11-5243/TS	中国纺织出版社有限公司
欣漾	2096-9465	31-2180/G0	上海译文出版社有限公司
新潮流	1674-5051	43-1488/G0	体坛传媒集团股份有限公司
新食品	1672-8599	51-1678/TS	成都市食品技术开发应用协会
新烟草	1008-5181	23-1526/TS	中国烟草总公司黑龙江省公司，《中国烟草》杂志社有限公司
烟草科技	1002-0861	41-1137/TS	中国烟草总公司郑州烟草研究院
盐科学与化工	2096-3408	12-1453/TS	中盐（天津）盐化科技信息有限公司

刊　　名	ISSN	CN	主　办　单　位
盐业史研究	1003-9864	51-1119/TS	自贡市盐业历史博物馆,中国盐业协会
医学美学美容	1004-4949	61-1231/R	陕西省东方美容科技文化研究所
饮料工业	1007-7871	11-5556/TS	中国饮料工业协会
饮食科学	1008-9489	21-1158/TS	辽宁利盟国有资产经营有限公司
印染	1000-4017	31-1245/TS	上海市纺织科学研究院有限公司,全国印染科技信息中心
印染助剂	1004-0439	32-1262/TQ	江苏苏豪传媒有限公司
印刷工业	1673-6451	11-5502/TS	中国印刷机设备器材工业协会
印刷技术	1003-1960	11-2291/TS	中国印刷科学技术研究院有限公司
印刷文化(中英文)	2096-8922	10-1705/G1	中国印刷博物馆
印刷与数字媒体技术研究(原名为:数字印刷)	2097-2474	10-1886/TS	中国印刷科学技术研究院有限公司
印刷杂志	1004-6267	31-1402/TS	上海印刷技术研究所
印刷质量与标准化	1008-5602	11-3948/TS	全国印刷标准化技术委员会等
乐器	1002-5995	11-2511/TS	国家轻工业乐器信息中心等
造纸化学品	1007-2225	33-1202/TQ	中国造纸化学品工业协会等
造纸技术与应用	2097-2520	23-1616/TS	黑龙江省造纸工业研究所
造纸科学与技术	1671-4571	44-1532/TS	广东省造纸研究所有限公司
造纸信息	1006-8791	11-3667/TS	中国造纸协会等
造纸装备及材料	2096-3092	43-1535/TS	湖南省造纸学会,湖南省造纸研究所有限公司
浙江纺织服装职业技术学院学报	1674-2346	33-1351/Z	浙江纺织服装职业技术学院
针织工业	1000-4033	12-1119/TS	天津市针织技术研究所,中国纺织信息中心
纸和造纸	1001-6309	11-2709/TS	中国造纸学会
智能印刷	2097-1478	10-1803/TS	中国印刷及设备器材工业协会,北京高科印刷机械研究所有限公司
中国宝石	1004-3721	11-2990/TD	中国珠宝玉石首饰行业协会
中国宝玉石	1002-1442	61-1211/TS	咸阳非金属矿研究设计院有限公司
中国保健食品	1009-7023	11-4517/R	中国中医药科技开发交流中心
中国茶叶	1000-3150	33-1117/S	中国农业科学院茶叶研究所
中国茶叶加工	2095-0306	33-1157/TS	中华全国供销合作总社杭州茶叶研究所,全国茶叶加工科技情报中心站
中国厨卫	1671-8216	50-1152/TU	重庆西南信息有限公司
中国纺织	0529-6013	11-4616/D	中国纺织工业联合会
中国服饰	1007-6840	31-1988/TS	东华大学,中国纺织出版社有限公司
中国井矿盐	1001-0335	51-1344/TS	全国井矿盐工业信息中心,中国盐业协会
中国酒	1006-2289	11-3121/F	消费日报社
中国粮油学报	1003-0174	11-2864/TS	中国粮油学会
中国棉花加工	1003-0662	41-1161/TS	中华全国供销合作总社郑州棉麻工程技术设计研究所
中国酿造	0254-5071	11-1818/TS	中国调味品协会,北京食品科学研究院
中国烹饪	1000-1115	11-1644/TS	中国商报社
中国皮革	1001-6813	11-2649/TS	中国皮革制鞋研究院有限公司
中国葡萄酒	1673-9515	11-5567/TS	中国园艺学会,中国农业大学
中国人造板	1673-5064	11-5459/S	中国林业科学研究院木材工业研究所

刊　　名	ISSN	CN	主 办 单 位
中国乳品工业	1001-2230	23-1177/TS	黑龙江省乳品工业技术开发中心
中国乳业	1671-4393	11-4768/S	中国农业科学院农业信息研究所
中国食品	1000-1085	11-1498/TS	北京食品科学研究院
中国食品安全监督管理年鉴	2096-7292	10-1643/Z	中国工商出版社有限公司,中国质量标准出版传媒有限公司
中国食品工业	1006-6195	11-3632/TS	中国食品工业协会
中国食品添加剂	1006-2513	11-3542/TS	中国食品添加剂和配料协会
中国食品卫生杂志	1004-8456	11-3156/R	中华预防医学会,中国卫生信息与健康医疗大数据学会
中国食品学报	1009-7848	11-4528/TS	中国食品科学技术学会
中国食物与营养	1006-9577	11-3716/TS	中国农业科学院,国家食物与营养咨询委员会
中国丝绸年鉴	1671-2099	11-4700/Z	中国丝绸协会
中国甜菜糖业	1002-0551	23-1320/TS	轻工业甜菜糖业研究所
中国调味品	1000-9973	23-1299/TS	全国调味品科技情报中心站
中国文房四宝	1006-1843	11-1745/G2	中国文房四宝协会
中国五金与厨卫	1672-2760	11-5012/TS	中国五金制品协会
中国纤检	1671-4466	11-4772/T	中国纤维质量监测中心
中国烟草(北京)	1008-9063	11-3831/D	《中国烟草》杂志社有限公司
中国烟草科学	1007-5119	37-1277/S	中国农业科学院烟草研究所,中国烟草总公司青州烟草研究所
中国烟草学报	1004-5708	11-2985/TS	中国烟草学会
中国盐业	1004-9169	11-3185/D	中国盐业集团有限公司,中国盐业协会
中国眼镜科技杂志	1004-6615	50-1101/TS	国家轻工业眼镜信息中心,中国眼镜协会
中国印刷	1000-663X	11-1701/TS	中国印刷技术协会
中国油脂	1003-7969	61-1099/TS	中粮工科(西安)国际工程有限公司
中国造纸	0254-508X	11-1967/TS	中国造纸学会,中国制浆造纸研究院有限公司
中国造纸学报	1000-6842	11-2075/TS	中国造纸学会
中国制笔	1001-7860	31-1574/T	全国制笔工业信息中心,中国制笔协会
中国珠宝首饰	1002-4204	11-2744/TS	中国工艺集团有限公司
中华纸业	1007-9211	37-1281/TS	中国造纸协会,山东省造纸工业研究设计院
中外缝制设备	1007-9645	31-1763/TS	全国缝制设备工业信息中心
中外酒业	2096-0972	10-1355/TS	中国酒业协会
中外葡萄与葡萄酒	1004-7360	37-1349/TS	山东省葡萄研究院
中外食品	1671-8895	11-4823/TS	中国食品工业(集团)公司,中国食品科学技术学会
中外食品.中国酒业	1671-8895	11-4823/TS	中国食品工业(集团)公司,中国食品科学技术学会
中外食品工业	1672-5336	11-5041/TS	中国食品工业(集团)公司
中外玩具制造	1672-8564	44-1609/TS	家庭期刊集团有限公司,广东省玩具协会

TU 建筑科学（218 种）

刊　　名	ISSN	CN	主　办　单　位
安邸	2095-1825	11-5829/N	中国妇女杂志社
安徽建筑	1007-7359	34-1124/TU	安徽省建筑科学研究设计院
安徽建筑大学学报	2095-8382	34-1325/TU	安徽建筑大学
安装	1002-3607	11-5267/TU	中国安装协会
北方建筑	2096-2118	22-1419/TU	吉林省建筑材料工业设计研究院,吉林省墙材革新与建筑节能办公室
北京规划建设	1003-627X	11-2882/TU	北京市城市规划设计研究院
北京建筑大学学报	2096-9872	10-1250/TU	北京建筑大学
城市发展研究	1006-3862	11-3504/TU	中国城市科学研究会
城市规划	1002-1329	11-2378/TU	中国城市规划学会
城市规划学刊	1000-3363	31-1938/TU	同济大学
城市环境设计	1672-9080	21-1508/TU	辽宁科学技术出版社有限责任公司,天津大学建筑学院
城市建设理论研究(电子版)	2095-2104	11-9313/TU	(国务院国资委)商业网点建设开发中心
城市建筑	1673-0232	23-1528/TU	黑龙江科学技术出版社
城市建筑空间	2097-1141	10-1813/TU	亚太建设科技信息研究院有限公司
城市开发	1002-3062	11-2373/TU	北京科学技术出版社有限公司
城市勘测	1672-8262	42-1309/TU	武汉市测绘研究院
城市燃气	1671-5152	11-4756/TU	中国城市燃气协会
城市设计	2096-1235	10-1376/TU	清华大学
城市学刊	2096-059X	43-1529/TU	湖南城市学院
城乡建设	1002-8455	11-1618/D	建筑杂志社
城镇供水	1002-8420	11-1703/TU	中国城镇供水排水协会
城镇建设	2096-6539	10-1589/TU	中国大百科全书出版社有限公司
重庆建筑	1671-9107	50-1150/U	重庆市建筑科学研究院有限公司
当代建筑	2096-8051	23-1610/TU	哈尔滨工业大学建筑设计研究院有限公司
低温建筑技术	1001-6864	23-1170/TU	黑龙江省寒地建筑科学研究院,哈尔滨工业大学
地基处理	2096-7195	33-1416/TU	浙江大学
地下空间与工程学报	1673-0836	50-1169/TU	中国岩石力学与工程学会,重庆大学
地震工程与工程振动	1000-1301	23-1157/P	中国地震局工程力学研究所
防护工程	1674-1854	41-1365/TU	军事科学院国防工程研究院
防灾减灾工程学报	1672-2132	32-1695/P	中国灾害防御协会,江苏省地震局
粉煤灰综合利用	1005-8249	13-1187/TU	河北省建筑科学研究院有限公司
风景园林	1673-1530	11-5366/S	北京林业大学
福建建材	1004-4728	35-1107/TU	福建省能源报业有限公司
福建建设科技	1006-3943	35-1165/TU	福建省建筑科学研究院有限责任公司
福建建筑	1004-6135	35-1120/TU	福建省土木建筑学会
钢结构(中英文)	2096-6865	10-1609/TF	中冶建筑研究总院有限公司,中国钢结构协会
高等建筑教育	1005-2909	50-1025/G4	重庆大学

刊 名	ISSN	CN	主办单位
工程地质学报	1004-9665	11-3249/P	中国科学院地质与地球物理研究所
工程管理学报	1674-8859	23-1561/TU	哈尔滨工业大学,中国建筑业协会
工程机械文摘	2096-7128	12-1082/TH	天津工程机械研究院有限公司
工程机械与维修	1006-2114	11-3566/TH	北京卓众出版有限公司
工程建设	1673-8993	43-1465/TU	中冶长天国际工程有限责任公司
工程建设标准化	1004-2989	11-2989/TU	中国工程建设标准化协会等
工程建设与设计	1007-9467	11-3914/TU	国家机械工业局工程建设中心等
工程勘察	1000-1433	11-2025/TU	中国建筑学会工程勘察分会,建设综合勘察研究设计院
工程抗震与加固改造	1002-8412	11-5260/P	中国建筑学会,中国建筑科学研究院有限公司
工程与建设	1673-5781	34-1296/N	时代出版传媒股份有限公司,安徽省工程建设标准设计办公室
工程质量	1671-3702	11-3864/TB	建科实业有限公司
工业建筑	1000-8993	11-2068/TU	中冶建筑研究总院有限公司
供水技术	1673-9353	12-1393/TU	天津市自来水集团有限公司
古建园林技术	1000-7237	11-2173/TU	北京《古建园林技术》杂志社有限公司
广东建材	1009-4806	44-1249/TU	广东省建筑材料研究院有限公司
广东土木与建筑	1671-4563	44-1386/TU	广东省建筑科学研究院集团股份有限公司,广东省土木建筑学会
广东园林	1671-2641	44-1219/S	广东园林学会
广州建筑	1671-2439	44-1229/TU	广州市建筑科学研究院有限公司
规划师	1006-0022	45-1210/TU	广西师范大学出版社集团有限公司
国际城市规划	1673-9493	11-5583/TU	中国城市规划设计研究院
河北建筑工程学院学报	1008-4185	13-1252/TU	河北建筑工程学院
河南城建学院学报	1674-7046	41-1410/Z	河南城建学院
河南建材	1008-9772	41-1286/TU	河南省硅酸盐学会,河南建筑材料研究设计院有限责任公司
湖南城市学院学报.自然科学版	1672-7304	43-1428/TU	湖南城市学院
华中建筑	1003-739X	42-1228/TU	中南建筑设计院股份有限公司,湖北省土木建筑学会
混凝土	1002-3550	21-1259/TU	中国建筑业协会混凝土分会,中国建筑东北设计研究院有限公司
混凝土世界	1674-7011	11-5862/TU	北京建筑材料科学研究总院有限公司
混凝土与水泥制品	1000-4637	32-1173/TU	苏州混凝土水泥制品研究院,中国混凝土与水泥制品协会
吉林建筑大学学报	2095-8919	22-1413/TU	吉林建筑大学
给水排水	1002-8471	11-4972/TU	亚太建设科技信息研究院有限公司,中国土木工程学会
家居廊	1672-7568	31-1919/G0	上海译文出版社有限公司
建材发展导向	1672-1675	53-1185/TU	云南省建筑材料科学研究设计院有限公司
建材技术与应用	1009-9441	14-1291/TU	山西职业技术学院
建材世界	1674-6066	42-1783/TU	武汉理工大学
建材与装饰	1673-0038	51-1683/TU	成都市新闻出版发展中心,成都市厨房卫生设施行业协会
建设机械技术与管理	1004-0005	43-1185/TU	国家建筑城建机械质量监督检验中心

刊　名	ISSN	CN	主办单位
建设监理	1007-4104	31-1656/TU	上海市建筑科学研究院（集团）有限公司
建设科技	1671-3915	11-4705/TU	住房和城乡建设部科技与产业化发展中心
建筑	0577-7429	11-1405/TU	建筑杂志社
建筑、建材、装饰	1674-3024	23-1473/TU	黑龙江省建筑材料工业规划设计研究院，建筑材料工业技术情报研究所
建筑安全	1004-552X	51-1390/TU	四川华西集团有限公司
建筑材料学报	1007-9629	31-1764/TU	同济大学
建筑创作	1004-8537	11-3161/TU	北京建院建筑文化传播有限公司
建筑电气	1003-8493	51-1297/TU	中国建筑西南设计研究院有限公司等
建筑钢结构进展	1671-9379	31-1893/TS	同济大学
建筑工人	1002-3232	11-2252/TU	北京建工集团有限责任公司
建筑机械	1001-554X	11-1956/TU	北京建筑机械化研究院有限公司
建筑机械化	1001-1366	11-1919/TU	中国建筑科学研究院有限公司建筑机械化研究分院
建筑技术	1000-4726	11-2253/TU	北京建工集团有限责任公司
建筑技术开发	1001-523X	11-2178/TU	北京建工集团有限责任公司
建筑技艺	1674-6635	11-5792/TU	亚太建设科技信息研究院，中国建筑设计研究院
建筑监督检测与造价	1674-2133	44-1644/TU	广东省建设工程质量安全监督检测总站，广东省建设工程造价管理总站
建筑节能（中英文）	2096-9422	21-1612/TU	中国建筑东北设计研究院有限公司，中国建筑节能协会
建筑结构	1002-848X	11-2833/TU	亚太建设科技信息研究院有限公司，中国土木工程学会
建筑结构学报	1000-6869	11-1931/TU	中国建筑学会
建筑科技	2096-3815	31-2135/TU	上海市建筑科学研究院（集团）有限公司
建筑科学	1002-8528	11-1962/TU	中国建筑科学研究院有限公司
建筑科学与工程学报	1673-2049	61-1442/TU	长安大学
建筑热能通风空调	1003-0344	42-1439/TV	中国建筑学会
建筑设计管理	1673-1093	21-1311/TU	中国建筑东北设计研究院有限公司，中国勘察设计协会
建筑师	1001-6740	11-5142/TU	中国建筑出版传媒有限公司
建筑施工	1004-1001	31-1334/TU	上海建工（集团）总公司
建筑实践	2096-6458	10-1584/TU	中国建筑学会
建筑史学刊	2096-9368	10-1717/TU	机械工业信息研究院，清华大学
建筑细部	1672-4518	21-1488/TU	大连理工大学
建筑学报	0529-1399	11-1930/TU	中国建筑学会
建筑遗产	2095-7289	10-1071/TU	中国科技出版传媒股份有限公司，同济大学
建筑与文化	1672-4909	11-5058/Z	世界图书出版有限公司
建筑与预算	1673-0402	21-1286/TU	辽宁省建设事业指导服务中心
建筑与装饰	2096-2894	12-1450/TS	天津科学技术出版社有限公司
江苏建材	1004-5538	32-1274/TU	江苏省建材行业协会

刊　名	ISSN	CN	主 办 单 位
江苏建筑	1005-6270	32-1195/TU	江苏省土木建筑学会,江苏省建筑科学研究院有限公司
江苏建筑职业技术学院学报	2095-3550	32-1830/Z	江苏建筑职业技术学院
江西建材	1006-2890	36-1104/TU	江西省建材科研设计院有限公司
交通与港航	2095-7491	31-2096/TU	上海市交通发展研究中心
洁净与空调技术	1005-3298	11-3395/TM	中国电子工程设计院有限公司,中国电子学会洁净技术分会
结构工程师	1005-0159	31-1358/TU	同济大学
今日消防	2096-1227	10-1363/TU	北京卓众出版有限公司,北京科学技术期刊学会
景观设计	1672-7460	21-1507/TU	大连理工大学出版社
景观设计学(中英文)	2096-336X	10-1467/TU	高等教育出版社有限公司,北京大学
净水技术	1009-0177	31-1513/TQ	上海市净水技术学会,上海城市水资源开发利用国家工程中心有限公司
居舍	1674-1900	11-5638/TS	北京家具行业协会
居业	2095-4085	37-1491/TU	山东省建筑材料工业设计研究院,中国建筑材料工业规划研究院
空间结构	1006-6578	33-1205/TU	浙江大学
绿色环保建材	1673-6680	10-1213/TU	中国建材工业出版社
绿色建造与智能建筑	2097-2253	10-1865/TU	中国建筑业协会
绿色建筑	1674-814X	31-2040/TU	上海市建筑科学研究院(集团)有限公司
煤气与热力	1000-4416	12-1101/TU	中国市政工程华北设计研究总院有限公司等
门窗	1673-8780	11-5552/TU	建筑材料工业技术监督研究中心
南方建筑	1000-0232	44-1263/TU	广东省土木建筑学会
暖通空调	1002-8501	11-2832/TU	亚太建设科技信息研究院有限公司,中国建筑学会
青岛理工大学学报	1673-4602	37-1440/N	青岛理工大学
区域供热	1005-2453	11-3241/TK	中国城镇供热协会
人类居住	1004-6658	11-3083/TU	住房和城乡建设部人居中心信息办公室
散装水泥	1007-3922	23-1502/TU	黑龙江省散装水泥办公室
山东建筑大学学报	1673-7644	37-1449/TU	山东建筑大学
山西建筑	1009-6825	14-1279/TU	山西省建筑科学研究院集团有限公司
上海城市规划	1673-8985	31-1706/TU	上海市城市规划设计研究院
上海建材	1006-1177	31-1498/TU	上海市建筑材料工业设计研究院有限公司
上海建设科技	1005-6637	31-1541/TU	上海市住房和城乡建设管理委员会科学技术委员会事务中心,上海市建筑科学研究院(集团)有限公司
上海煤气	1009-4709	31-1834/TE	上海市燃气管理处,上海市燃气协会
设计时代	2095-8080	10-1225/TU	中国报道杂志社,建投华文投资有限责任公司
沈阳建筑大学学报. 社会科学版	1673-1387	21-1521/C	沈阳建筑大学
沈阳建筑大学学报. 自然科学版	2095-1922	21-1578/TU	沈阳建筑大学
施工技术(中英文)	2097-0897	10-1768/TU	亚太建设科技信息研究院有限公司等

刊　名	ISSN	CN	主办单位
石材	1005-3352	11-3373/TU	中国石材协会
石油化工建设	1672-9323	13-1350/TQ	中国化工施工企业协会等
时代建筑	1005-684X	31-1359/TU	同济大学（建筑与城市规划学院）
世界地震工程	1007-6069	23-1195/P	中国地震局工程力学研究所
世界建筑	1002-4832	11-1847/TU	清华大学
世界建筑导报	1000-8373	44-1236/TU	深圳大学
市政技术	1009-7767	11-4527/TU	中国市政工程协会等
市政设施管理	1007-6352	31-1604/TU	上海市路政局
室内设计与装修	1005-7374	32-1372/TS	南京林业大学
水利与建筑工程学报	1672-1144	61-1404/TV	西北农林科技大学
水泥	1002-9877	11-1899/TQ	建筑材料工业技术情报研究所
水泥工程	1007-0389	32-1449/TU	中国中材国际工程股份有限公司
水泥技术	1001-6171	12-1071/TB	中材装备集团有限公司
四川建材	1672-4011	51-1175/TU	四川省建材工业科学研究院有限公司
四川建筑	1007-8983	51-1133/TU	四川省土木建筑学会，四川华西集团 有限公司
四川建筑科学研究	1008-1933	51-1142/TU	四川省建筑科学研究院有限公司
四川水泥	1007-6344	51-1456/TU	四川省建材工业科学研究院有限公司
苏州科技大学学报．工程技术版	2096-3270	32-1873/N	苏州科技大学
特种结构	1001-3598	11-1943/TU	北京市市政工程设计研究总院有限 公司
天津城建大学学报	2095-719X	12-1439/TU	天津城建大学
天津建设科技	1008-3197	12-1272/TU	天津市市政工程设计研究院，天津市 市政工程研究院
土工基础	1004-3152	42-1151/TU	中国科学院武汉岩土力学研究所等
土木工程学报	1000-131X	11-2120/TU	中国土木工程学会
土木工程与管理学报	2095-0985	42-1816/TU	华中科技大学
土木建筑工程信息技术	1674-7461	11-5823/TU	中国图学学会
土木与环境工程学报（中英文）	2096-6717	50-1218/TU	重庆大学
未来城市设计与运营	2097-0994	10-1769/TU	中国城市科学研究会
西安建筑科技大学学报．自然科学版	1006-7930	61-1295/TU	西安建筑科技大学
西部人居环境学刊	2095-6304	50-1208/TU	重庆大学
现代城市研究	1009-6000	32-1612/TU	南京市社会科学院
现代装饰	1003-9007	44-1031/TS	深圳市建筑装饰（集团）有限公司
消防界（电子版）	2096-0735	12-9204/TU	天津电子出版社有限公司
消防科学与技术	1009-0029	12-1311/TU	应急管理部天津消防研究所
小城镇建设	1009-1483	11-4418/TU	中国城市发展规划设计咨询有限公司
新材料·新装饰	1671-9344	61-1396/TU	陕西省建筑材料工业总公司
新建筑	1000-3959	42-1155/TU	华中科技大学
新世纪水泥导报	1008-0473	51-1510/TU	成都建筑材料工业设计研究院有限 公司
新型建筑材料	1001-702X	33-1078/TU	中国新型建材设计研究院有限公司
岩石力学与工程学报	1000-6915	42-1397/O3	中国岩石力学与工程学会
岩土工程技术	1007-2993	11-3813/TU	国防机械工业工程勘察科技情报网， 中兵勘察设计研究院有限公司
岩土工程学报	1000-4548	32-1124/TU	中国水利学会等
岩土力学	1000-7598	42-1199/O3	中国科学院武汉岩土力学研究所

刊　　名	ISSN	CN	主办单位
园林	1000-0283	31-1118/S	上海市园林科学研究院,中国风景园林学会
云南建筑	1004-3640	53-1065/TU	云南省土木建筑学会等
浙江建筑	1008-3707	33-1102/TU	浙江省建筑设计研究院
震灾防御技术	1673-5722	11-5429/P	中国地震灾害防御中心
智能建筑电气技术	1729-1275	11-5589/TU	亚太建设科技信息研究院有限公司
智能建筑与工程机械	2096-6903	10-1637/TU	北京卓众出版有限公司
智能建筑与智慧城市	2096-1405	10-1392/TU	中国勘察设计协会
中国厨卫	1671-8216	50-1152/TU	重庆西南信息有限公司
中国电梯	1001-7151	13-1126/TU	中国电梯协会,中国建筑科学研究院建筑机械化研究分院
中国给水排水	1000-4602	12-1073/TU	中国市政工程华北设计研究总院有限公司,国家城市给水排水工程技术研究中心
中国建材	1000-0836	11-1353/TU	中国建筑材料联合会
中国建材科技	1003-8965	11-2931/TU	中国建筑材料科学研究总院有限公司
中国建筑防水	1007-497X	32-1462/TU	中国建筑防水协会等
中国建筑金属结构	1671-3362	11-4723/TU	中国建筑金属结构协会
中国建筑业年鉴	1671-1858	11-4680/Z	中国建筑业协会
中国建筑装饰装修	1672-2167	11-4803/Z	中国建筑装饰协会
中国勘察设计	1006-9607	11-3733/TU	中国勘察设计协会
中国名城	1674-4144	32-1793/G0	中国名城杂志社
中国市政工程	1004-4655	31-1523/TU	上海市城市建设设计研究总院(集团)有限公司
中国水泥	1671-8321	11-4833/TU	中国水泥协会
中国消防	1000-1107	11-1566/TU	管理部消防产品合格评定中心
中国医院建筑与装备	1671-9174	11-4851/T	国家卫生健康委医院管理研究所
中国园林	1000-6664	11-2165/TU	中国风景园林学会
中国住宅设施	1672-5093	11-5143/TU	中国房地产业协会,中国建筑标准设计研究院有限公司
中华建设	1673-2316	42-1732/TU	住房和城乡建设部政策研究中心,湖北省土木建筑学会
中华民居	1674-3954	10-1708/TU	中华建筑报社,北新塑管有限公司
中华人民共和国住房和城乡建设部文告		11-4797/D	住房和城乡建设部办公厅
中外建筑	1008-0422	43-1255/TU	中华人民共和国住房和城乡建设部信息中心,长沙市住房和城乡建设信息中心
中州建设	1005-4863	41-1208/TU	河南省住房和城乡建设厅,河南省城市科学研究会
住区	1674-9073	11-5915/TU	清华大学等
住宅科技	1002-0454	31-1407/TU	住房和城乡建设部科技与产业化发展中心(住房和城乡建设部住宅产业化促进中心),上海市房地产科学研究院
砖瓦	1001-6945	61-1145/TU	西安墙体材料研究设计院有限公司

刊　　名	ISSN	CN	主　办　单　位
砖瓦世界	1002-9885	11-5376/TU	建筑材料工业技术情报研究所,中国砖瓦工业协会
装饰装修天地	1006-2122	11-3238/TU	中国建材工业出版社,中国建筑装饰装修材料协会

TV 水利工程(86 种)

刊　　名	ISSN	CN	主　办　单　位
安徽水利水电职业技术学院学报	1671-6221	34-1240/Z	安徽水利水电职业技术学院
北京水务	1673-4637	11-5445/TV	北京水利学会等
长江科学院院报	1001-5485	42-1171/TV	长江水利委员会长江科学院
长江流域资源与环境	1004-8227	42-1320/X	中国科学院武汉文献情报中心
长江年鉴	1006-3706	42-1386/TV	长江水利委员会等
大坝与安全	1671-1092	33-1260/TK	国家能源局大坝安全监察中心,中国水力发电工程学会
东北水利水电	1002-0624	22-1097/TV	水利部松辽水利委员会
福建水力发电	1007-3663	35-1153/TV	福建省水力发电工程学会,福建省水利水电勘测设计研究院
甘肃水利水电技术	2095-0144	62-1094/TV	甘肃省水利水电勘测设计研究院有限责任公司
广东水利电力职业技术学院学报	1672-2841	44-1587/Z	广东水利电力职业技术学院
广东水利水电	1008-0112	44-1430/TV	广东省水利水电科学研究院,广东省水利学会
广西水利水电	1003-1510	45-1147/TV	广西水利电力勘测设计研究院有限责任公司
海河水利	1004-7328	12-1064/TV	水利部海河水利委员会
河北水利	1004-7700	13-1131/TV	河北供水有限责任公司,河北省水利规划设计研究院有限公司
河北水利电力学院学报	2096-5680	13-1428/T	河北水利电力学院
河海大学学报. 自然科学版	1000-1980	32-1117/TV	河海大学
河南水利与南水北调	1673-8853	41-1387/TV	河南省水利厅
黑龙江水利科技	1007-7596	23-1269/TV	黑龙江省水利水电勘测设计研究院,黑龙江省水利学会
红水河	1001-408X	45-1146/TM	广西水力发电工程学会,广西电力工业勘察设计研究院
湖南水利水电	1006-9046	43-1333/TV	湖南省水利水电勘测设计研究总院,湖南省水利学会
华北水利水电大学学报. 自然科学版	2096-6792	41-1432/TV	华北水利水电大学
黄河年鉴	1007-0788	41-1253/TV	水利部黄河水利委员会
黄河水利职业技术学院学报	1008-486X	41-1282/TV	黄河水利职业技术学院
吉林水利	1009-2846	22-1179/TV	吉林水利电力职业学院
江淮水利科技	1673-4688	34-1293/TV	安徽省(水利部淮河水利委员会)水利科学研究院(安徽省水利工程质量检测中心站)
江苏水利	1007-7839	32-1474/TV	江苏省水利学会
江西水利科技	1004-4701	36-1112/TV	江西省水利科学院,江西省水利学会
南水北调与水利科技(中英文)	2096-8086	13-1430/TV	河北省水利科学研究院

刊 名	ISSN	CN	主 办 单 位
内蒙古水利	1009-0088	15-1148/TV	内蒙古自治区水利事业发展中心
泥沙研究	0468-155X	11-2532/TV	中国水利学会
人民黄河	1000-1379	41-1128/TV	水利部黄河水利委员会
人民长江	1001-4179	42-1202/TV	水利部长江水利委员会
人民珠江	1001-9235	44-1037/TV	水利部珠江水利委员会
三峡大学学报. 自然科学版	1672-948X	42-1735/TV	三峡大学
山东水利	1009-6159	37-1358/TV	山东省水利科学研究院
山西水利	1004-7042	14-1122/TV	山西水利出版传媒中心
山西水利科技	1006-8139	14-1184/TV	山西水利出版传媒中心
陕西水利	1673-9000	61-1109/TV	陕西省水利电力勘测设计研究院
水电能源科学	1000-7709	42-1231/TK	中国水力发电工程学会,华中科技大学
水电与抽水蓄能	2096-093X	32-1858/TV	英大传媒投资集团南京有限公司,国网新源控股有限公司
水电站机电技术	1672-5387	11-5130/TV	中国水利水电科学研究院等
水电站设计	1003-9805	51-1382/TV	中国电建集团成都勘测设计研究院有限公司
水动力学研究与进展. A辑	1000-4874	31-1399/TK	中国船舶科学研究中心
水科学进展	1001-6791	32-1309/P	水利部、交通运输部、国家能源局南京水利科学研究院,中国水利学会
水科学与工程技术	1672-9900	13-1348/TV	河北省水利学会,河北省水利水电勘测设计研究院
水力发电	0559-9342	11-1845/TV	水电水利规划设计总院有限公司
水力发电学报	1003-1243	11-2241/TV	中国水力发电工程学会
水利发展研究	1671-1408	11-4655/TV	水利部发展研究中心
水利规划与设计	1672-2469	11-5014/TV	水利部水利水电规划设计总院
水利技术监督	1008-1305	11-3918/TV	水利部水利水电规划设计总院
水利建设与管理	2097-0528	11-4446/TV	中国水利工程协会
水利经济	1003-9511	32-1165/F	河海大学,中国水利经济研究会
水利科技	1002-3011	35-1123/TV	福建省水利水电科学研究院,福建省水利学会
水利科技与经济	1006-7175	23-1397/TV	哈尔滨市水利技术服务中心
水利科学与寒区工程	2096-5419	23-1605/TV	黑龙江省水利科学研究院
水利水电工程设计	1007-6980	12-1246/TV	中水北方勘测设计研究有限责任公司,天津市水力发电工程学会
水利水电技术(中英文)	1000-0860	10-1746/TV	水利部发展研究中心
水利水电科技进展	1006-7647	32-1439/TV	河海大学
水利水电快报	1006-0081	42-1142/TV	水利部长江水利委员会
水利水运工程学报	1009-640X	32-1613/TV	水利部、交通运输部、国家能源局南京水利科学研究院
水利信息化	1674-9405	32-1819/TV	水利部南京水利水文自动化研究所
水利学报	0559-9350	11-1882/TV	中国水利学会等
水利与建筑工程学报	1672-1144	61-1404/TV	西北农林科技大学
水文	1000-0852	11-1814/P	水利部信息中心(水利部水文水资源监测预报中心)
水资源保护	1004-6933	32-1356/TV	河海大学,中国水利学会环境水利专业委员会
水资源开发与管理	2096-0131	10-1326/TV	中国水利工程协会

刊　名	ISSN	CN	主　办　单　位
水资源与水工程学报	1672-643X	61-1413/TV	西北农林科技大学
四川水力发电	1001-2184	51-1150/TV	四川省水力发电工程学会,中国电建集团成都勘测设计研究院有限公司
四川水利	2095-1809	51-1155/TV	四川省水利科学研究院
西北水电	1006-2610	61-1260/TV	中国电建集团西北勘测设计研究院有限公司,西安理工大学
小水电	1007-7642	33-1204/TV	水利部农村电气化研究所,中国水力发电工程学会
岩石力学与工程学报	1000-6915	42-1397/O3	中国岩石力学与工程学会
岩土工程学报	1000-4548	32-1124/TU	中国水利学会等
云南水力发电	1006-3951	53-1112/TK	云南省水力发电工程学会
浙江水利科技	1008-701X	33-1162/TV	浙江省水利河口研究院(浙江省海洋规划设计研究院),浙江省水利学会
浙江水利水电学院学报	2095-7092	33-1385/TK	浙江水利水电学院
治淮	1001-9243	34-1030/TV	水利部淮河水利委员会
治淮汇刊(年鉴)	1007-0427	34-1158/TV	水利部淮河水利委员会
中国防汛抗旱	1673-9264	11-5587/TV	中国水利学会
中国农村水利水电	1007-2284	42-1419/TV	武汉大学,中国灌溉排水发展中心
中国三峡	1006-6349	42-1786/TV	长江三峡集团传媒(宜昌)有限公司
中国三峡建设年鉴	1007-7650	42-1597/TV	长江三峡集团传媒(宜昌)有限公司
中国水利	1000-1123	11-1374/TV	中国水利报社
中国水利年鉴	1009-7376	11-3065/TV	中国水利水电出版社有限公司
中国水利水电科学研究院学报(中英文)(原名为:中国水利水电科学研究院学报)	2097-096X	10-1788/TV	中国水利水电科学研究院
中国水能及电气化	1673-8241	11-5543/TK	水利部水电局等

U　交通运输(245 种)

刊　名	ISSN	CN	主　办　单　位
北方交通	1673-6052	21-1536/U	辽宁省交通科学研究院有限责任公司
北京交通大学学报	1673-0291	11-5258/U	北京交通大学
北京汽车	1002-4581	11-2227/U	北京汽车研究所有限公司,北京汽车工程学会
长安大学学报.自然科学版	1671-8879	61-1393/N	长安大学
车辆与动力技术	1009-4687	11-4493/TH	中国兵工学会
车时代	1009-7929	21-1446/Z	辽宁北方期刊出版集团有限公司
车用发动机	1001-2222	12-1466/TH	中国北方发动机研究所(天津)
车主之友	1009-4911	11-4447/TH	北京卓众出版有限公司,北京科学技术期刊学会
城市道桥与防洪	1009-7716	31-1602/U	上海市政工程设计研究总院(集团)有限公司
城市公共交通	1009-1467	11-4416/U	中国土木工程学会,北京公共交通控股(集团)有限公司
城市轨道交通	2095-6320	10-1145/U	中国城市轨道交通协会,中国能源汽车传播集团有限公司

刊　　名	ISSN	CN	主办单位
城市轨道交通研究	1007-869X	31-1749/U	同济大学
城市交通	1672-5328	11-5141/U	中国城市规划设计研究院
重庆交通大学学报.自然科学版	1674-0696	50-1190/U	重庆交通大学
船舶	1001-9855	31-1561/U	中国船舶及海洋工程设计研究院
船舶标准化工程师	1005-7560	31-1981/U	中国船舶集团有限公司综合技术经济研究院
船舶标准化与质量	1007-9750	11-3922/U	中国船舶集团有限公司综合技术经济研究院
船舶工程	1000-6982	31-1281/U	中国造船工程学会
船舶力学	1007-7294	32-1468/U	中国船舶科学研究中心,中国造船工程学会
船舶设计通讯	1001-4624	31-1397/U	上海船舶研究设计院
船舶与海洋工程	2095-4069	31-2076/U	上海市船舶与海洋工程学会
船舶与配套	1674-8840	11-5912/U	中国船舶集团有限公司综合技术经济研究院
船舶职业教育	2095-5928	21-1590/G4	渤海船舶职业学院,辽宁科学技术出版社有限责任公司
船电技术	1003-4862	42-1267/U	武汉船用电力推进装置研究所等
船海工程	1671-7953	42-1645/U	武汉造船工程学会,武汉理工大学
大连海事大学学报	1006-7736	21-1360/U	大连海事大学
大连交通大学学报	1673-9590	21-1550/U	大连交通大学
大众汽车	1006-9836	22-1227/U	吉林出版集团股份有限公司
道路交通管理	1004-504X	11-3021/U	中国道路交通安全协会
电力机车与城轨车辆	1672-1187	43-1402/U	中车株洲电力机车有限公司,株洲轨道交通产业发展股份有限公司
电气化铁道	1007-936X	11-2701/U	中铁电气化局集团有限公司,中国铁道学会
都市快轨交通	1672-6073	11-5144/U	北京交通大学,北京城建设计发展集团股份有限公司
房车时代		10-1562/U	中国能源汽车传播集团有限公司,《中国汽车报》社有限公司
福建交通科技	1674-8581	35-1099/U	福建省交通科技发展集团有限责任公司
港口航道与近海工程	1004-9592	12-1479/U	中交第一航务工程勘察设计院有限公司
港口科技	1673-6826	31-1986/U	中国港口协会
港口装卸	1000-8969	42-1116/U	武汉理工大学
高速铁路技术	1674-8247	51-1730/U	中国中铁二院工程集团有限责任公司
高速铁路新材料	2097-0846	10-1791/U2	中国铁道科学研究院集团有限公司
公路	0451-0712	11-1668/U	《公路》杂志社有限公司
公路工程	1674-0610	43-1481/U	湖南省交通科学研究院
公路交通技术	1009-6477	50-1135/U	重庆交通科研设计院
公路交通科技	1002-0268	11-2279/U	交通运输部公路科学研究所
公路与汽运	1671-2668	43-1362/U	长沙理工大学
管道技术与设备	1004-9614	21-1312/TH	沈阳仪表科学研究院有限公司
广船科技	2095-4506	44-1208/U	广州广船国际股份有限公司科学技术协会

刊　名	ISSN	CN	主办单位
广东公路交通	1671-7619	44-1275/U	广东华路交通科技有限公司(原广东省交通科学研究所)
广东交通职业技术学院学报	1671-8496	44-1555/Z	广东交通职业技术学院
广东造船	2095-6622	44-1270/U	广东造船工程学会
广州航海学院学报	1009-8526	44-1713/U	广州航海学院
轨道交通材料	2097-1923	32-1905/U	中车戚墅堰机车车辆工艺研究所有限公司
轨道交通装备与技术	2095-5251	32-1836/U	中车戚墅堰机车车辆工艺研究所有限公司
国防交通工程与技术	1672-3953	13-1333/U	石家庄铁道大学
国外铁道机车与动车	2095-591X	21-1592/U	中车大连机车研究所有限公司
哈尔滨工程大学学报	1006-7043	23-1390/U	哈尔滨工程大学
哈尔滨铁道科技	1674-2451	23-1420/U	哈尔滨铁路工业集团有限公司
海交史研究	1006-8384	35-1066/U	中国海外交通史研究会,福建省泉州海外交通史博物馆
航海	1000-0356	31-1121/U	上海市航海学会
航海技术	1006-1738	10-1744/U	中国航海学会
航海教育研究	1006-8724	21-1305/G4	大连海事大学
黑龙江交通科技	1008-3383	23-1207/U	黑龙江省交通运输信息和科学研究中心
湖北汽车工业学院学报	1008-5483	42-1448/TH	湖北汽车工业学院
湖南交通科技	1008-844X	43-1193/U	湖南省交通科学研究院有限公司等
华东交通大学学报	1005-0523	36-1035/U	华东交通大学
机车车辆工艺	1007-6034	32-1181/U	中车戚墅堰机车车辆工艺研究所有限公司
机车电传动	1000-128X	43-1125/U	中车株洲电力机车研究所有限公司
机电设备	1005-8354	31-1420/TM	上海船舶设备研究所
集装箱化	1005-5339	31-1665/U	上海海事大学
加油站服务指南	1673-9183	15-1349/Z	内蒙古新华报业中心
减速顶与调速技术	1674-2427	23-1198/U	哈尔滨铁路减速顶调速研究有限公司
舰船电子对抗	1673-9167	32-1413/TN	中国船舶集团有限公司第七二三研究所
舰船电子工程	1672-9730	42-1427/U	中国船舶重工集团公司第七〇九研究所
舰船科学技术	1672-7649	11-1885/U	中国舰船研究院,中国船舶集团有限公司第七一四研究所
舰船知识	1000-7148	11-1007/U	中国造船工程学会,中国船舶工业综合技术经济研究院
江苏船舶	1001-5388	32-1230/U	江苏省造船工程学会,江苏省船舶设计研究所
江苏航运职业技术学院学报	2097-0358	32-1896/Z	江苏航运职业技术学院
江苏交通年鉴	1671-7635	32-1677/Z	江苏省交通行业宣传教育中心
交通工程	2096-3432	10-1468/U	北京交通工程学会,北京工业大学
交通建设与管理	1673-8098	11-5564/U	交通运输部科学研究院
交通节能与环保	1673-6478	10-1261/U	人民交通出版社股份有限公司,交通运输部公路科学研究院
交通科技	1671-7570	42-1611/U	武汉理工大学

刊 名	ISSN	CN	主 办 单 位
交通科技与管理	2096-8949	33-1418/U	杭州出版社有限公司
交通科技与经济	1008-5696	23-1443/U	黑龙江工程学院
交通科学与工程	1674-599X	43-1494/U	长沙理工大学
交通世界	1006-8872	11-3723/U	交通运输部科学研究院
交通信息与安全	1674-4861	42-1781/U	武汉理工大学,交通计算应用信息网
交通与运输	1671-3400	31-1476/U	上海市交通工程学会
交通运输工程学报	1671-1637	61-1369/U	长安大学
交通运输工程与信息学报	1672-4747	51-1652/U	西南交通大学
交通运输系统工程与信息	1009-6744	11-4520/U	中国系统工程学会
交通运输研究	2095-9931	10-1323/U	交通运输部科学研究院
轿车情报	1007-1008	31-1713/U	上海百联汽车服务贸易有限公司,上海市工业系统科技情报中心
客车技术与研究	1006-3331	50-1109/U	重庆交通科研设计院等
控制与信息技术	2096-5427	43-1546/TM	中车株洲电力机车研究所有限公司
兰州交通大学学报	1001-4373	62-1183/U	兰州交通大学
辽宁省交通高等专科学校学报	1008-3812	21-1397/U	辽宁省交通高等专科学校
路基工程	1003-8825	51-1414/U	中铁二局集团有限公司等
名车志	1009-6892	31-1840/U	上海世纪出版股份有限公司译文出版社
摩托车	1002-6754	11-1650/U	人民邮电出版社有限公司
摩托车技术	1001-7666	12-1168/U	中国汽车技术研究中心有限公司
内蒙古公路与运输	1005-0574	15-1157/U	内蒙古自治区交通运输科学发展研究院
农业装备与车辆工程	1673-3142	37-1433/TH	山东省农业机械科学研究院,山东农业机械学会
汽车安全与节能学报	1674-8484	11-5904/U	清华大学
汽车博览	1673-081X	51-1681/U	四川省国投兴川管理咨询有限责任公司
汽车测试报告	1672-4895	11-5043/TH	北京科学技术期刊学会,北京卓众出版有限公司
汽车电器	1003-8639	43-1097/TM	长沙汽电汽车零部件有限公司
汽车工程	1000-680X	11-2221/U	中国汽车工程学会
汽车工程师	1674-6546	22-1432/U	中国第一汽车股份有限公司
汽车工程学报	2095-1469	50-1206/U	中国汽车工程研究院股份有限公司
汽车工业研究	1009-847X	22-1231/U	中国第一汽车集团有限公司
汽车工艺师	2095-9044	10-1265/TH	机械工业信息研究院
汽车工艺与材料	1003-8817	22-1187/U	中国第一汽车集团有限公司
汽车观察	1673-145X	11-5288/U	北京卓众出版有限公司,清华汽车工程开发研究院
汽车画刊	2095-493X	43-1517/U	岳阳市文学艺术界联合会,体坛传媒集团股份有限公司
汽车技术	1000-3703	22-1113/U	中国第一汽车集团有限公司
汽车科技	1005-2550	42-1323/U	东风汽车集团有限公司
汽车零部件	1674-1986	11-5661/TH	中国科学技术信息研究所,中国汽车零部件工业公司
汽车实用技术	1671-7988	61-1394/TH	陕西省汽车工程学会

刊　名	ISSN	CN	主办单位
汽车维护与修理	1006-6489	32-1438/U	中国汽车维修行业协会,《汽车维护与修理》杂志社
汽车维修	1009-2625	22-1218/U	中国第一汽车集团有限公司
汽车维修技师	1671-279X	21-1465/TH	辽宁科学技术出版社有限责任公司
汽车维修与保养	1008-3170	11-3940/U	中国北方车辆研究所
汽车文摘	1671-6329	22-1112/U	中国第一汽车集团有限公司
汽车与安全	1006-6713	11-3680/U	中国安全防伪证件研制中心
汽车与驾驶维修. 享车派	1004-2830	11-2984/U	北京卓众出版有限公司,北京科学技术期刊学会
汽车与驾驶维修. 修车帮	1004-2830	11-2984/U	北京卓众出版有限公司,北京科学技术期刊学会
汽车与你	1009-0541	44-1203/U	广东经济出版社有限公司
汽车与配件	1006-0162	31-1219/U	上海百联汽车服务贸易有限公司
汽车与新动力	2096-4870	31-2146/TK	上汽大通汽车有限公司,上海内燃机研究所有限责任公司
汽车与运动	1673-0798	11-5325/U	《中国汽车报》社有限公司
汽车杂志	1002-0438	51-1130/U	四川期刊传媒(集团)股份有限公司
汽车之友	1000-6796	11-1308/U	中国汽车工程学会
汽车知识	1671-3567	11-4722/TH	中国机械工程学会,中国汽车工业经济技术信息研究所
汽车制造业	1673-9698	11-5557/TH	机械工业信息研究院
汽车制造业. 汽车塑化	1673-9698	11-5557/TH	机械工业信息研究院
汽车周刊	1674-7003	11-5855/U	中国体育报业总社有限公司
汽车自驾游	2095-0489	61-1480/G0	陕西骏景旅游科技(集团)有限公司
汽车纵横	2095-1892	11-6024/TH	中国机械工业联合会,中国汽车工业协会
汽车族	1009-2153	11-4420/TH	《中国汽车报》社有限公司
桥梁建设	1003-4722	42-1191/U	中铁大桥局集团有限公司
青岛远洋船员职业学院学报	2095-3747	37-1489/U	青岛远洋船员职业学院
青海交通科技	1672-6189	63-1047/U	青海省公路学会
人民公交	1674-8050	11-5903/U	中国城市公共交通协会
人民交通	2096-5265	10-1525/U	中国交通运输协会
山东交通科技	1673-8942	37-1276/U	山东公路学会等
山东交通学院学报	1672-0032	37-1398/U	山东交通学院
山西交通科技	1006-3528	14-1198/U	山西省交通科技研发有限公司
商用汽车	1009-4903	11-4390/TH	北京卓众出版有限公司
上海船舶运输科学研究所学报	1674-5949	31-2023/U	上海船舶运输科学研究所
上海公路	1007-0109	31-1712/U	上海市道路运输事业发展中心,上海市公路学会
上海海事大学学报	1672-9498	31-1968/U	上海海事大学
上海交通大学学报	1006-2467	31-1466/U	上海交通大学
上海汽车	1007-4554	31-1684/U	上海汽车集团股份有限公司
上海铁道	1673-7652	31-1990/U	上海铁路文旅传媒集团有限公司
石家庄铁道大学学报. 自然科学版	2095-0373	13-1402/N	石家庄铁道大学
石家庄铁路职业技术学院学报	1673-1816	13-1359/G	石家庄铁路职业技术学院
时代汽车	1672-9668	42-1738/TH	时代汽车
世界海运	1006-7728	21-1284/U	大连海事大学

刊　　名	ISSN	CN	主 办 单 位
世界汽车	1005-9008	12-1234/U	中国汽车技术研究中心有限公司
世界桥梁	1671-7767	42-1681/U	中铁大桥局集团有限公司
水道港口	1005-8443	12-1176/U	交通运输部天津水运工程科学研究所
水利水运工程学报	1009-640X	32-1613/TV	水利部、交通运输部、国家能源局南京水利科学研究院
水上安全	2097-1745	10-1852/X	中国水上消防协会
水运工程	1002-4972	11-1871/U	中交水运规划设计院有限公司
水运管理	1000-8799	31-1233/U	上海海事大学
隧道建设(中英文)	2096-4498	44-1745/U	中铁隧道勘察设计研究院有限公司
隧道与地下工程灾害防治	2096-5052	37-1516/U	山东大学
隧道与轨道交通	2096-4323	31-2145/U	上海市隧道工程轨道交通设计研究院
天津航海	1005-9660	12-1129/U	天津市航海学会
铁道标准设计	1004-2954	11-2987/U	中铁工程设计咨询集团有限公司
铁道车辆	1002-7602	37-1152/U	中车青岛四方车辆研究所有限公司
铁道工程学报	1006-2106	11-3567/U	中国铁道学会等
铁道工务	2097-3527	10-1921/U	中国铁道出版社有限公司
铁道货运	1004-2024	11-2933/U	中国铁道科学研究院集团有限公司
铁道机车车辆	1008-7842	11-1917/U	中国铁道科学研究院集团有限公司,中国铁道学会牵引动力委员会
铁道机车与动车	2095-5901	21-1591/U	中车大连机车研究所有限公司
铁道技术标准(中英文)	2096-6253	10-1597/U2	中华人民共和国国家铁路局规划与标准研究院
铁道技术监督	1006-9178	11-3764/U	中国铁道科学研究院集团有限公司
铁道建筑	1003-1995	11-2027/U	中国铁道科学研究院集团有限公司
铁道建筑技术	1009-4539	11-3368/TU	中国铁道建筑集团有限公司
铁道经济研究	1004-9746	11-3232/F	中国铁路经济规划研究院有限公司
铁道勘察	1672-7479	11-5182/U	中铁工程设计咨询集团有限公司
铁道科学与工程学报	1672-7029	43-1423/U	中南大学,中国铁道学会
铁道通信信号	1000-7458	11-1975/U	中国铁道科学研究院集团有限公司
铁道学报	1001-8360	11-2104/U	中国铁道学会
铁道运输与经济	1003-1421	11-1949/U	中国铁道科学研究院集团有限公司
铁道运营技术	1006-8686	45-1204/U	广西铁道学会
铁道知识	1000-0372	11-1372/U	中国铁道学会
铁路采购与物流	1673-7121	11-5521/U	中国物流集团有限公司
铁路工程技术与经济	1007-9890	10-1436/U	中国铁路经济规划研究院有限公司
铁路计算机应用	1005-8451	11-3471/TP	中国铁道科学研究院集团有限公司,中国铁道学会计算机委员会
铁路技术创新	1672-061X	11-5867/U	中国铁道科学研究院集团有限公司
铁路通信信号工程技术	1673-4440	11-5423/U	北京全路通信信号研究设计院集团有限公司
武汉船舶职业技术学院学报	1671-8100	42-1670/Z	武汉船舶职业技术学院
武汉理工大学学报. 交通科学与工程版	2095-3844	42-1824/U	武汉理工大学
西部交通科技	1673-4874	45-1339/U	广西交通科学研究院
西南交通大学学报	0258-2724	51-1277/U	西南交通大学
现代城市轨道交通	1672-7533	11-5183/U	中国铁道科学研究院集团有限公司

刊　名	ISSN	CN	主办单位
现代舰船	1003-2339	11-1884/U	中国船舶重工集团公司第七一四研究所
现代交通技术	1672-9889	32-1736/U	江苏省交通科学研究院
现代交通与冶金材料	2097-017X	32-1895/TF	江苏省综合交通运输学会,江苏省金属学会
现代隧道技术	1009-6582	51-1600/U	中铁西南科学研究院有限公司,中国土木工程学会
小型内燃机与车辆技术	2095-8234	12-1440/TK	天津大学
行车指南	1673-9345	21-1535/G0	辽宁北方报刊出版中心
移动电源与车辆	1003-4250	62-1040/U	兰州电源车辆研究所有限公司
游艇	1674-5388	11-5715/U	中国船舶集团有限公司综合技术经济研究院
游艇业	1008-5386	11-5575/U	中国船舶重工集团公司第七一四研究所
越玩越野	1673-7709	11-5563/U	北京卓众出版有限公司,北京科学技术期刊学会
越野世界	1002-8722	11-5616/G8	中国体育报业总社
运输经理世界	1673-3681	11-5409/U	交通运输部科学研究院
造船技术	1000-3878	31-1247/U	中国船舶集团有限公司第十一研究所
浙江交通职业技术学院学报	1671-234X	33-1262/Z	浙江交通职业技术学院
郑州铁路职业技术学院学报	1008-6811	41-1299/Z	郑州铁路职业技术学院
智慧轨道交通	2097-0366	37-1532/U	中车青岛四方车辆研究所有限公司
智能网联汽车	2095-6202	10-1583/U	中国电子信息产业发展研究院,赛迪工业和信息化研究院(集团)有限公司
中船重工	1671-9360	11-4760/U	中国船舶重工集团公司,中国船舶重工集团公司第七一四研究所
中国船检	1009-2005	11-4384/U	中国船级社(CCS)
中国道路运输	1006-3633	11-3578/F	中国道路运输协会
中国港口	1006-124X	31-1232/U	中国港口协会
中国港湾建设	2095-7874	12-1310/U	中国交通建设股份有限公司
中国公路	1006-3897	11-3597/F	中国公路学会
中国公路学报	1001-7372	61-1313/U	中国公路学会
中国海事	1673-2278	11-5352/U	中华人民共和国海事局
中国航海	1000-4653	10-1741/U	中国航海学会
中国舰船研究	1673-3185	42-1755/TJ	中国舰船研究设计中心
中国交通年鉴	1002-8617	11-1397/U	中国交通运输协会
中国交通信息化	1672-3333	11-5951/U	中国公路学会
中国汽车工业年鉴	2096-0697	12-1228/U	中国汽车技术研究中心有限公司
中国汽车画报	1006-9542	11-3717/U	中国汽车工业经济技术信息研究所有限公司
中国汽车界	1672-8300	11-5240/F	机械工业经济管理研究院,中国机械工业企业管理协会
中国水运	1006-7973	42-1395/U	长江航务管理局
中国铁道科学	1001-4632	11-2480/U	中国铁道科学研究院集团有限公司
中国铁道年鉴	1009-6957	11-4070/Z	中国国家铁路集团有限公司
中国铁路	1001-683X	11-2702/U	中国铁道科学研究院集团有限公司

刊　　名	ISSN	CN	主办单位
中国铁路哈尔滨局集团有限公司年鉴		23-1608/U	中国铁路哈尔滨局集团有限公司
中国铁路乌鲁木齐局集团有限公司年鉴	2096-8043	65-1315/U	中国铁路乌鲁木齐局集团有限公司
中国修船	1001-8328	12-1144/U	天津修船技术研究所
中国造船	1000-4882	31-1497/U	中国造船工程学会
中国自行车	1000-999X	31-1548/TS	全国自行车工业信息中心等
中外公路	1671-2579	43-1363/U	长沙理工大学
重型汽车	1007-211X	37-1259/TH	中国重汽集团汽车研究总院
珠江水运	1672-8912	44-1376/U	珠江航务管理局
专用汽车	1004-0226	42-1292/U	汉阳专用汽车研究所
装备维修技术	1005-2917	42-1335/U	东风汽车集团有限公司
综合运输	1000-713X	11-1197/U	国家发展和改革委员会综合运输研究所

V 航空、航天（95 种）

刊　　名	ISSN	CN	主办单位
北华航天工业学院学报	1673-7938	13-1378/Z	北华航天工业学院
北京航空航天大学学报	1001-5965	11-2625/V	北京航空航天大学
材料工程	1001-4381	11-1800/TB	中国航发北京航空材料研究院
测控技术	1000-8829	11-1764/TB	中国航空工业集团公司北京长城航空测控技术研究所
长沙航空职业技术学院学报	1671-9654	43-1396/Z	长沙航空职业技术学院
成都航空职业技术学院学报	1671-4024	51-1629/Z	成都航空职业技术学院
大飞机	2095-3399	31-2060/U	中国商用飞机有限责任公司
弹箭与制导学报	1673-9728	61-1234/TJ	中国兵工学会
导弹与航天运载技术（中英文）（原名为：导弹与航天运载技术）	2097-1974	10-1807/V	北京航天长征科技信息研究所,中国运载火箭技术研究院
导航定位与授时	2095-8110	10-1226/V	北京自动化控制设备研究所,中国宇航出版有限责任公司
导航与控制	1674-5558	11-5804/V	北京航天控制仪器研究所
电光与控制	1671-637X	41-1227/TN	中国航空工业集团公司洛阳电光设备研究所
飞机设计	1673-4599	21-1339/V	沈阳飞机设计研究所
飞控与探测	2096-5974	10-1567/TJ	中国宇航出版有限责任公司,上海航天控制技术研究所
飞行力学	1002-0853	61-1172/V	中国飞行试验研究院
飞行员	1008-5238	11-3964/V	中国民用航空协会
固体火箭技术	1006-2793	61-1176/V	航天动力技术研究院,中国宇航学会
桂林航天工业学院学报	2095-4859	45-1392/V	桂林航天工业学院
国际航空	1000-4009	11-1796/V	中航出版传媒有限责任公司
国际太空	1009-2366	11-3816/V	北京空间科技信息研究所
海军航空大学学报	2097-1427	37-1537/V	海军航空大学教研保障中心
航空标准化与质量	1003-6660	11-1797/V	中国航空综合技术研究所
航空材料学报	1005-5053	11-3159/V	中国航空学会,中国航发北京航空材料研究院
航空电子技术	1006-141X	31-1381/TN	中国航空无线电电子研究所

刊　　名	ISSN	CN	主 办 单 位
航空动力	2096-5702	10-1570/V	中国航空发动机研究院
航空动力学报	1000-8055	11-2297/V	中国航空学会,北京航空航天大学
航空发动机	1672-3147	21-1359/V	中国航发沈阳发动机研究所
航空工程进展	1674-8190	61-1479/V	西北工业大学,中国航空学会
航空计算技术	1671-654X	61-1276/TP	航空工业西安航空计算技术研究所
航空精密制造技术	1003-5451	11-2847/V	北京航空精密机械研究所
航空科学技术	1007-5453	11-3089/V	中国航空研究院
航空世界	1002-6592	11-4397/V	中航出版传媒有限责任公司
航空维修与工程	1672-0989	11-4912/V	中航出版传媒有限责任公司
航空学报	1000-6893	11-1929/V	中国航空学会,北京航空航天大学
航空知识	1000-0119	11-1526/V	中国航空学会
航空制造技术	1671-833X	11-4387/V	中国航空制造技术研究院
航天标准化	1009-234X	11-2058/V	中国航天标准化研究所
航天电子对抗	1673-2421	32-1329/TN	中国航天科工集团 8511 研究所
航天返回与遥感	1009-8518	11-4532/V	北京空间机电研究所
航天控制	1006-3242	11-1989/V	北京航天自动控制研究所
航天器工程	1673-8748	11-5574/V	北京空间飞行器总体设计部(中国空间技术研究院总体设计部)
航天器环境工程	1673-1379	11-5333/V	北京卫星环境工程研究所
航天员	1673-3797	11-5393/V	中国人民解放军航天员科研训练中心
航天制造技术	1674-5108	11-4763/V	首都航天机械有限公司
环球飞行	1009-4679	11-4466/Z	中航出版传媒有限责任公司
火箭推进	1672-9374	61-1436/V	航天推进技术研究院
计测技术	1674-5795	11-5347/TB	北京长城计量测试技术研究所
教练机	2096-8027	36-1318/V	江西洪都航空工业集团有限责任公司
军民两用技术与产品	1009-8119	11-4538/V	中国航天系统科学与工程研究院
空间科学学报	0254-6124	11-1783/V	中国科学院国家空间科学中心,中国空间科学学会
空间控制技术与应用	1674-1579	11-5664/V	北京控制工程研究所
空间碎片研究	2096-4099	10-1481/V	中国航天系统科学与工程研究院
空军航空大学学报		22-1386/V	空军航空大学科研部
空气动力学学报	0258-1825	51-1192/TK	中国空气动力学会
空天技术(原名为:飞航导弹)	2097-0714	10-1780/TJ	北京海鹰科技情报研究所
民航学报	2096-4994	10-1526/V	中国民航科学技术研究院,《中国民用航空》杂志社有限公司
民用飞机设计与研究	1674-9804	31-1614/V	中国商用飞机有限责任公司上海飞机设计研究院
南昌航空大学学报. 自然科学版	2096-8566	36-1303/N	南昌航空大学
南京航空航天大学学报	1005-2615	32-1429/V	南京航空航天大学
气动研究与试验	2097-258X	10-1887/V	中航出版传媒有限责任公司
气体物理	2096-1642	10-1384/O3	中国航天空气动力技术研究院等
强度与环境	1006-3919	11-1773/V	北京强度环境研究所
燃气涡轮试验与研究	1672-2620	51-1453/V	中国航发四川燃气涡轮研究院
上海航空	1006-5237	31-1607/F	上海航空传播有限公司
上海航天(中英文)	2096-8655	31-2169/V	上海航天技术研究院
深空探测学报(中英文)	2096-9287	10-1707/V	北京理工大学
沈阳航空航天大学学报	2095-1248	21-1576/V	沈阳航空航天大学

刊　名	ISSN	CN	主办单位
实验流体力学	1672-9897	11-5266/V	中国空气动力学会
太空探索	1009-6205	11-4492/V	中国宇航学会
推进技术	1001-4055	11-1813/V	中国航天科工集团三十一研究所
卫星应用	1674-9030	11-5919/V	北京空间科技信息研究所
问天少年	2097-1184	10-1818/V	中国航空学会
无人机	2096-2037	10-1426/V	中航出版传媒有限责任公司
无人系统技术	2096-5915	10-1565/TJ	北京海鹰科技情报研究所
西安航空学院学报	1008-9233	61-1490/V	西安航空学院
西北工业大学学报	1000-2758	61-1070/T	西北工业大学
遥测遥控	2095-1000	11-1780/TP	中国航天科技集团有限公司第九研究院七〇四研究所
宇航材料工艺	1007-2330	11-1824/V	航天材料及工艺研究所
宇航计测技术	1000-7202	11-2052/V	北京无线电计量测试研究所,北京航天计量测试技术研究所
宇航学报	1000-1328	11-2053/V	中国宇航学会
宇航总体技术	2096-4080	10-1492/V	北京宇航系统工程研究所,中国宇航出版有限责任公司
载人航天	1674-5825	11-5008/V	中国载人航天工程办公室
战术导弹技术	1009-1300	11-1771/TJ	中国航天科工飞航技术研究院
直升机技术	1673-1220	36-1141/V	中国直升机设计研究所
制导与引信	1671-0576	31-1373/TN	上海航天技术研究院第 802 研究所
质量与可靠性	2096-6768	11-2715/V	中国航天工业质量协会,中国航天标准化研究所
中国惯性技术学报	1005-6734	12-1222/O3	中国惯性技术学会,天津航海仪器研究所
中国航天	1002-7742	11-2801/V	中国航天系统科学与工程研究院
中国航务周刊	1006-2149	11-4150/F	中国交通运输协会
中国空间科学技术	1000-758X	11-1859/V	中国空间技术研究院,北京空间科技信息研究所
中国民航大学学报	1674-5590	12-1396/U	中国民航大学
中国民航飞行学院学报	1009-4288	51-1589/U	中国民航飞行学院
中国民用航空	1009-8739	11-4604/D	中国民航科学技术研究院
中国民用航空. 空中交通	1009-8739	11-4604/D	中国民航科学技术研究院
装备环境工程	1672-9242	50-1170/X	中国兵器装备集团西南技术工程研究所

X（除 X9）环境科学（129 种）

刊　名	ISSN	CN	主办单位
安全与环境工程	1671-1556	42-1638/X	中国地质大学(武汉)
安全与环境学报	1009-6094	11-4537/X	北京理工大学等
安全、健康和环境	1672-7932	37-1388/X	中石化安全工程研究院有限公司
暴雨灾害	2097-2164	42-1771/P	中国气象局武汉暴雨研究所
长江流域资源与环境	1004-8227	42-1320/X	中国科学院武汉文献情报中心
城市管理与科技	1008-2271	11-3931/T	北京市城市管理研究院
城市与环境研究	2095-851X	10-1211/C	中国社会科学院生态文明研究所,社会科学文献出版社

刊 名	ISSN	CN	主办单位
大气与环境光学学报	1673-6141	34-1298/O4	中国科学院合肥物质科学研究院
地球环境学报	1674-9901	61-1482/X	中国科学院地球环境研究所
地球科学与环境学报	1672-6561	61-1423/P	长安大学
地球与环境	1672-9250	52-1139/P	中国科学院地球化学研究所,中国矿物岩石地球化学学会
地质灾害与环境保护	1006-4362	51-1467/P	成都理工大学,地质灾害防治与地质环境保护国家重点实验室
电力科技与环保	1674-8069	32-1808/X	国家能源集团科学技术研究院有限公司
防灾博览	1671-6310	11-4651/P	中国地震灾害防御中心
防灾减灾工程学报	1672-2132	32-1695/P	中国灾害防御协会,江苏省地震局
防灾减灾学报	1674-8565	21-1573/P	辽宁省地震局,中国灾害防御协会
防灾科技学院学报	1673-8047	13-1377/P	防灾科技学院
粉煤灰综合利用	1005-8249	13-1187/TU	河北省建筑科学研究院有限公司
复印报刊资料.N2,生态环境与保护	1007-0508	11-4337/P	中国人民大学
干旱环境监测	1007-1504	65-1117/X	新疆维吾尔自治区生态环境监测总站
干旱区资源与环境	1003-7578	15-1112/N	内蒙古农业大学沙漠治理研究所
工业安全与环保	1001-425X	42-1640/X	中钢集团武汉安全环保研究院有限公司
工业水处理	1005-829X	12-1087/TQ	中海油天津化工研究设计院有限公司
工业用水与废水	1009-2455	34-1204/TQ	东华工程科技股份有限公司
国土与自然资源研究	1003-7853	23-1216/N	黑龙江省科学院自然与生态研究所
海洋环境科学	1007-6336	21-1168/X	国家海洋环境监测中心,中国海洋学会
河北环境工程学院学报	1008-813X	13-1433/X	河北环境工程学院
黑龙江环境通报	1674-263X	23-1398/X	黑龙江省齐齐哈尔生态环境监测中心
黑龙江生态工程职业学院学报	1674-6341	23-1551/S	黑龙江生态工程职业学院
湖南安全与防灾	1007-9947	43-1269/N	湖南安全技术中心
湖南生态科学学报	2095-7300	43-1522/Q	湖南环境生物职业技术学院
湖泊科学	1003-5427	32-1331/P	中国科学院南京地理与湖泊研究所,中国海洋湖沼学会
华北自然资源	2096-7519	14-1401/P	山西省自然资源事业发展中心(山西省自然资源数据中心)
华东地质	2096-1871	32-1865/P	中国地质调查局南京地质调查中心
化工安全与环境	1008-1550	11-3936/TQ	中国化工信息中心,中国化学品安全协会
化工环保	1006-1878	11-2215/X	中石化(北京)化工研究院有限公司,中国化工环保协会
环保科技	1674-0254	52-1143/X	贵州省环境科学研究设计院
环境	0257-0300	44-1167/X	广东省环境保护宣传教育中心
环境保护	0253-9705	11-1700/X	中国环境出版集团有限公司
环境保护科学	1004-6216	21-1135/X	沈阳环境科学研究院,生态环境部环境规划院
环境保护与循环经济	1674-1021	21-1556/X	辽宁省环境科学研究院
环境工程	1000-8942	11-2097/X	中冶建筑研究总院有限公司,中国环境科学学会环境工程分会
环境工程技术学报	1674-991X	11-5972/X	中国环境科学研究院
环境工程学报	1673-9108	11-5591/X	中国科学院生态环境研究中心

刊　名	ISSN	CN	主办单位
环境化学	0254-6108	11-1844/X	中国科学院生态环境研究中心
环境技术	1004-7204	44-1325/X	中国电器科学研究院股份有限公司
环境监测管理与技术	1006-2009	32-1418/X	江苏省环境监测中心,江苏省南京环境监测中心
环境监控与预警	1674-6732	32-1805/X	江苏省环境监测中心
环境教育	1007-1679	11-3784/G4	中国环境出版集团有限公司
环境经济	1672-724X	11-5190/F	中国环境报社有限公司
环境经济研究	2096-2533	42-1881/F	湖北经济学院
环境科技	1674-4829	32-1786/X	江苏省徐州环境监测中心,江苏省环境科学研究院
环境科学	0250-3301	11-1895/X	中国科学院生态环境研究中心
环境科学导刊	1673-9655	53-1205/X	云南省生态环境科学研究院
环境科学学报	0253-2468	11-1843/X	中国科学院生态环境研究中心
环境科学研究	1001-6929	11-1827/X	中国环境科学研究院
环境科学与管理	1674-6139	23-1532/X	黑龙江省环境科学研究院
环境科学与技术	1003-6504	42-1245/X	湖北省生态环境科学研究院(省生态环境工程评估中心)
环境生态学	2096-6830	10-1620/S	中国环境科学学会
环境卫生工程	1005-8206	12-1218/X	天津市城市管理研究中心
环境污染与防治	1001-3865	33-1084/X	浙江省生态环境科学设计研究院
环境影响评价	2095-6444	50-1210/X	重庆市生态环境科学研究院,生态环境部环境工程评估中心
环境与发展	2095-672X	15-1369/X	内蒙古自治区生态环境科学研究院
环境与健康杂志	1001-5914	12-1095/R	中华预防医学会,天津市疾病预防控制中心
环境与可持续发展	1673-288X	11-5337/X	生态环境部环境与经济政策研究中心
环境与生活	1673-9485	11-5582/X	中国环境科学学会
环境与职业医学	2095-9982	31-1879/R	上海市疾病预防控制中心
火灾科学	1004-5309	34-1115/X	中国科学技术大学
交通节能与环保	1673-6478	10-1261/U	人民交通出版社股份有限公司,交通运输部公路科学研究院
净水技术	1009-0177	31-1513/TQ	上海市净水技术学会,上海城市水资源开发利用国家工程中心有限公司
空间碎片研究	2096-4099	10-1481/V	中国航天系统科学与工程研究院
矿产保护与利用	1001-0076	41-1122/TD	中国地质科学院郑州矿产综合利用研究所
辽宁自然资源	2096-7829	21-1610/P	辽宁省自然资源事务服务中心
陆地生态系统与保护学报	2096-8884	10-1670/S	中国林业科学研究院
绿色视野	1673-0267	34-1283/X	安徽省环境保护宣传教育中心
绿叶	1004-3004	11-2906/I	中国环境文化促进会
能源环境保护	1006-8759	33-1264/X	中煤科工集团杭州研究院有限公司
能源与环境	1672-9064	35-1272/TK	福建省能源研究会,福建省节能协会
农业环境科学学报	1672-2043	12-1347/S	农业农村部环境保护科研监测所,中国农业生态环境保护协会
农业资源与环境学报	2095-6819	12-1437/S	农业农村部环境保护科研监测所,中国农业生态环境保护协会
气象与减灾研究	1007-9033	36-1290/P	江西省气象学会

刊　名	ISSN	CN	主办单位
青海环境	1007-2454	63-1024/X	青海省生态环境保护宣传教育中心，青海省环境科学学会
人与生物圈	1009-1661	11-4408/Q	中国科学院国际学术交流中心
人与自然	1671-3745	53-1173/G	云南出版融媒体有限责任公司
三江源生态	2097-0277	63-1084/X	三江源生态保护基金办公室
三峡生态环境监测	2096-2347	50-1214/X	长江师范学院，西南大学出版社有限公司
森林与环境学报	2096-0018	35-1327/S	中国林学会，福建农林大学
生态毒理学报	1673-5897	11-5470/X	中国科学院生态环境研究中心
生态环境学报	1674-5906	44-1661/X	广东省土壤学会，广东省科学院生态环境与土壤研究所
生态文明世界	2095-6592	10-1141/X	中国生态文化协会
生态文明新时代	2096-5435	52-1167/X	贵州日报报业集团传媒有限责任公司
生态与农村环境学报	1673-4831	32-1766/X	生态环境部南京环境科学研究所
湿地科学	1672-5948	22-1349/P	中国科学院东北地理与农业生态研究所，中国生态学学会
湿地科学与管理	1673-3290	11-5389/G3	中国林业科学研究院
石油化工安全环保技术	1673-8659	11-5559/TE	中国石化工程建设有限公司
世界环境	1003-2150	11-2397/X	生态环境部宣传教育中心
水处理技术	1000-3770	33-1127/P	杭州水处理技术研究开发中心有限公司
水生态学杂志	1674-3075	42-1785/X	水利部、中国科学院水工程生态研究所
水资源保护	1004-6933	32-1356/TV	河海大学，中国水利学会环境水利专业委员会
四川环境	1001-3644	51-1154/X	四川省生态环境科学研究院，四川省环境科学学会
铁路节能环保与安全卫生	2095-1671	11-5988/X	中国铁道科学研究院集团有限公司
新疆环境保护	1008-2301	65-1135/X	新疆维吾尔自治区环境保护科学研究院
亚热带资源与环境学报	1673-7105	35-1291/N	福建师范大学
应用与环境生物学报	1006-687X	51-1482/Q	中国科学院成都生物研究所
油气田环境保护	1005-3158	11-3369/X	中国石油集团安全环保技术研究院有限公司
云南地理环境研究	1001-7852	53-1079/P	云南大学
灾害学	1000-811X	61-1097/P	陕西省地震局
再生资源与循环经济	1674-0912	12-1397/X	中华全国供销合作总社天津再生资源研究所，中国再生资源回收利用协会
植物资源与环境学报	1674-7895	32-1339/S	江苏省、中国科学院植物研究所，江苏省植物学会
中国地质灾害与防治学报	1003-8035	11-2852/P	中国地质环境监测院，中国地质灾害防治与生态修复协会
中国环保产业	1006-5377	11-3627/X	中国环境保护产业协会
中国环境管理	1674-6252	11-5806/X	生态环境部环境发展中心
中国环境监测	1002-6002	11-2861/X	中国环境监测总站
中国环境监察	2096-1065	10-1306/X	中国环境出版集团
中国环境科学	1000-6923	11-2201/X	中国环境科学学会
中国环境年鉴	1005-7579	11-3330/X	中国环境报社有限公司

刊　名	ISSN	CN	主 办 单 位
中国减灾	1002-4549	11-2848/D	应急管理部国家减灾中心
中国人口·资源与环境	1002-2104	37-1196/N	中国可持续发展研究会等
中国生态文明	2095-6177	10-1143/X	中国生态文明研究与促进会,中国环境出版集团有限公司
中国资源综合利用	1008-9500	32-1332/TG	中国物资再生协会,江苏北矿金属循环利用科技有限公司
中华环境	2095-7033	10-1197/X	中华环保联合会,中国环境出版集团有限公司
资源节约与环保	1673-2251	12-1377/X	天津市节能协会
资源开发与市场	1005-8141	51-1448/N	四川省自然资源科学研究院
资源科学	1007-7588	11-3868/N	中国科学院地理科学与资源研究所,中国自然资源学会
资源与产业	1673-2464	11-5426/TD	中国地质大学(北京)等
资源再生	1673-7776	11-5544/TF	中国有色金属工业再生资源公司等
自然保护地	2096-8981	33-1417/S	国家林业和草原局华东调查规划设计院,国家林业和草原局自然保护地评价中心
自然灾害学报	1004-4574	23-1324/X	中国地震局工程力学研究所,中国灾害防御协会
自然资源学报	1000-3037	11-1912/N	中国自然资源学会,中国科学院地理科学与资源研究所

X9 安全科学(43 种)

刊　名	ISSN	CN	主 办 单 位
安全	1002-3631	11-2411/X	北京市科学技术研究院城市安全与环境科学研究所
安全生产与监督	1003-2371	45-1321/T	广西安全生产管理协会
安全与环境工程	1671-1556	42-1638/X	中国地质大学(武汉)
安全与环境学报	1009-6094	11-4537/X	北京理工大学等
安全与健康	1671-4636	35-1256/R	福建省安全生产科学研究院
安全、健康和环境	1672-7932	37-1388/X	中石化安全工程研究院有限公司
暴雨灾害	2097-2164	42-1771/P	中国气象局武汉暴雨研究所
地质灾害与环境保护	1006-4362	51-1467/P	成都理工大学,地质灾害防治与地质环境保护国家重点实验室
防灾博览	1671-6310	11-4651/P	中国地震灾害防御中心
防灾减灾工程学报	1672-2132	32-1695/P	中国灾害防御协会,江苏省地震局
防灾减灾学报	1674-8565	21-1573/P	辽宁省地震局,中国灾害防御协会
防灾科技学院学报	1673-8047	13-1377/P	防灾科技学院
工业安全与环保	1001-425X	42-1640/X	中钢集团武汉安全环保研究院有限公司
广东安全生产技术	2097-2857	44-1756/T	广东省安全生产技术中心
河北安全生产	2095-2147	13-1407/X	河北省应急管理与安全生产协会
湖北应急管理	2096-7233	42-1905/X	湖北长江教育传媒集团有限公司
湖南安全与防灾	1007-9947	43-1269/N	湖南安全技术中心
化工安全与环境	1008-1550	11-3936/TQ	中国化工信息中心,中国化学品安全协会

刊　名	ISSN	CN	主办单位
火灾科学	1004-5309	34-1115/X	中国科学技术大学
吉林应急管理	2097-3241	22-1433/X	吉林省安全科学技术研究院
江苏应急管理	2097-2369	32-1909/X	江苏省安全生产宣传教育中心
矿业安全与环保	1008-4495	50-1062/TD	中煤科工集团重庆研究院有限公司, 国家煤矿安全技术工程研究中心
劳动保护	1000-4335	11-1179/X	中国安全生产科学研究院
龙江应急	2095-1930	23-1614/X9	中共黑龙江省委奋斗杂志社
上海安全生产	1672-478X	31-1900/T	上海市安全生产科学研究所
生命与灾害	1674-571X	31-2029/X	上海市民防科学研究所
石油化工安全环保技术	1673-8659	11-5559/TE	中国石化工程建设有限公司
特种设备安全技术	1674-1390	42-1733/TK	湖北特种设备检验检测研究院
铁路节能环保与安全卫生	2095-1671	11-5988/X	中国铁道科学研究院集团有限公司
西部特种设备	2096-4765	51-1780/TK	四川科学技术出版社有限公司,四川 省特种设备检验研究院
现代职业安全	1671-4156	11-4751/N	中国安全生产科学研究院
消防科学与技术	1009-0029	12-1311/TU	应急管理部天津消防研究所
新安全	1671-9298	11-4866/N	人民日报社
中国安全科学学报	1003-3033	11-2865/X	中国职业安全健康协会
中国安全生产	1673-7156	11-5404/X	应急管理部信息研究院
中国安全生产科学技术	1673-193X	11-5335/TB	中国安全生产科学研究院
中国个体防护装备	1671-0312	11-4626/X	全国个体防护装备标准化技术委员会
中国减灾	1002-4549	11-2848/D	应急管理部国家减灾中心
中国消防	1000-1107	11-1566/TU	管理部消防产品合格评定中心
中国应急管理	1673-8624	11-5555/D	中国安全生产报社
中国应急管理科学	2097-1680	10-1833/C	中国应急管理学会,国家行政学院音 像出版社
中国应急救援	1673-5579	11-5524/P	中国地震应急搜救中心
中华人民共和国应急管理部公报	1673-2847	10-1606/D	中华人民共和国应急管理部办公厅

国内版
外文期刊一览表

刊　名	ISSN	CN	主办单位
aBIOTECH = 生物技术通报	2096-6326	10-1553/Q	中国农业科学院农业信息研究所
Acta Biochimica et Biophysica Sinica = 生物化学与生物物理学报	1672-9145	31-1940/Q	中国科学院上海生命科学研究院生物化学与细胞生物学研究所
Acta Epileptologica = 癫痫学报	2096-9384	51-1776/R	四川大学
Acta Geochimica = 地球化学学报	2096-0956	52-1161/P	中国科学院地球化学研究所,中国矿物岩石地球化学学会
Acta Geologica Sinica = 地质学报	1000-9515	11-2001/P	中国地质学会
Acta Mathematica Scientia = 数学物理学报	0252-9602	42-1227/O	中国科学院精密测量科学与技术创新研究院
Acta Mathematica Sinica = 数学学报	1439-8516	11-2039/O1	中国数学会
Acta Mathematicae Applicatae Sinica = 应用数学学报	0168-9673	11-2041/O1	中国科学院数学与系统科学研究院,中国数学会
Acta Mechanica Sinica = 力学学报	0567-7718	11-2063/O3	中国力学学会,中国科学院力学研究所
Acta Mechanica Solida Sinica = 固体力学学报	0894-9166	42-1121/O3	中国力学学会
Acta Metallurgica Sinica = 金属学报	1006-7191	21-1361/TG	中国金属学会
Acta Oceanologica Sinica = 海洋学报	0253-505X	11-2056/P	中国海洋学会
Acta Pharmaceutica Sinica B = 药学学报	2211-3835	10-1171/R	中国药学会,中国医学科学院药物研究所
Acta Pharmacologica Sinica = 中国药理学报	1671-4083	31-1347/R	中国药理学会,中国科学院上海药物研究所
Acupuncture and Herbal Medicine = 针灸和草药	2097-0226	12-1467/R	中华中医药学会,天津中医药大学
Additive Manufacturing Frontiers = 增材制造前沿	2772-6657	10-1902/TH	中国机械工程学会
Advanced Fiber Materials = 先进纤维材料	2524-7921	31-2199/TB	东华大学
Advanced Photonics = 先进光子学	2577-5421	31-2165/O4	中国科学院上海光学精密机械研究所
Advances in Applied Mathematics and Mechanics = 应用数学与力学进展	2070-0733	43-1562/O	湘潭大学
Advances in Atmospheric Sciences = 大气科学进展	0256-1530	11-1925/O4	中国科学院大气物理研究所,中国气象学会
Advances in Climate Change Research = 气候变化研究进展	1674-9278	11-5918/P	国家气候中心
Advances in Manufacturing = 先进制造进展	2095-3127	31-2069/TB	上海大学
Advances in Polar Science = 极地科学进展	1674-9928	31-2050/P	中国极地研究中心,中国海洋学会
Aerospace China = 中国航天	1671-0940	11-4673/V	中国航天系统科学与工程研究院
Aerospace Systems = 航空航天系统	2523-3947	31-2193/V	上海交通大学
Agricultural Science & Technology = 农业科学与技术	1009-4229	43-1422/S	湖南省农业信息与工程研究所
AI in Civil Engineering = 智能建造	2730-5392	31-2183/TU	同济大学
Algebra Colloquium = 代数集刊	1005-3867	11-3382/O1	中国科学院数学与系统科学研究院,苏州大学
Almanac of China's Finance and Banking = 中国金融年鉴	1007-5607	11-3652/F	中国金融学会

刊　名	ISSN	CN	主　办　单　位
Analysis in Theory and Applications = 分析理论与应用	1672-4070	32-1631/O1	南京大学
Animal Diseases = 动物疾病	2731-0442	42-1946/S	华中农业大学
Animal Models and Experimental Medicine = 动物模型与实验医学	2096-5451	10-1546/R	中国实验动物学会,中国医学科学院医学实验动物研究所
Animal Nutrition = 动物营养	2405-6545	10-1360/S	中国畜牧兽医学会
Annals of Applied Mathematics = 应用数学年刊	2096-0174	35-1328/O1	福州大学,中国工业与应用数学学会
Applied Geophysics = 应用地球物理	1672-7975	11-5212/O	中国地球物理学会
Applied Mathematics and Mechanics = 应用数学和力学	0253-4827	31-1650/O1	上海大学,中国力学学会
Applied Mathematics：A Journal of Chinese Universities. Series B = 高校应用数学学报. B辑	1005-1031	33-1171/O	浙江大学
Aquaculture and Fisheries = 渔业学报	2096-1758	10-1397/S	中国水产学会等
Artificial Intelligence in Agriculture = 农业人工智能	2097-2113	10-1795/S	中国科技出版传媒股份有限公司
Asian Herpetological Research = 亚洲两栖爬行动物研究	2095-0357	51-1735/Q	中国科学院成都生物研究所,科学出版社有限责任公司
Asian Journal of Andrology = 亚洲男性学杂志	1008-682X	31-1795/R	中国科学院上海药物研究所,上海交通大学
Asian Journal of Pharmaceutical Sciences = 亚洲药物制剂科学	1818-0876	21-1608/R	沈阳药科大学
Asian Journal of Urology = 亚洲泌尿外科杂志	2214-3882	31-2124/R	上海市科学技术协会,第二军医大学
Astrodynamics = 航天动力学	2522-008X	10-1627/V4	清华大学
Astronomical Techniques and Instruments = 天文技术与仪器	2097-3675	53-1240/P	中国科学院云南天文台
Atmospheric and Oceanic Science Letters = 大气和海洋科学快报	1674-2834	11-5693/P	中国科学院大气物理研究所,中国气象学会
Automotive Innovation = 汽车创新工程	2096-4250	10-1501/U	中国汽车工程学会
Avian Research = 鸟类学研究	2055-6187	10-1240/Q	北京林业大学,中国动物学会
Baosteel Technical Research = 宝钢技术研究	1674-3458	31-2001/TF	宝山钢铁股份有限公司
Beijing Review = 北京周报	1000-9140	11-1576/G2	中国外文局美洲传播中心(北京周报社)
Belt and Road Initiative Tax Journal = "一带一路"税收	2096-8450	10-1697/F8	中国税务杂志社
Big Data Mining and Analytics = 大数据挖掘与分析	2096-0654	10-1514/G2	清华大学
Big Earth Data = 地球大数据	2096-4471	10-1455/P	国际数字地球协会等
Bioactive Materials = 生物活性材料	2097-1192	10-1775/Q	中国科技出版传媒股份有限公司
Biochar = 生物炭	2524-7972	21-1615/S	沈阳农业大学
Bio-Design and Manufacturing = 生物设计与制造	2096-5524	33-1409/Q	浙江大学
BioDesign Research = 生物设计研究	2693-1257	32-1907/Q	南京农业大学
Biomaterials Translational = 生物材料转化电子杂志	2096-112X	11-9367/R	中华医学会等

刊　　名	ISSN	CN	主办单位
Biomedical and Environmental Sciences ＝ 生物医学与环境科学	0895-3988	11-2816/Q	中国疾病预防控制中心
Biomedical Engineering Frontiers ＝ 生物医学工程前沿	2765-8031	32-1910/R	中国科学院苏州生物医学工程技术研究所
Biomimetic Intelligence and Robotics ＝ 仿生智能与机器人	2097-0242	37-1527/TP	山东大学
Biophysics Reports ＝ 生物物理学报	2364-3439	10-1302/Q	中国生物物理学会,中国科学院生物物理研究所
Biosafety and Health ＝ 生物安全与健康	2096-6962	10-1630/Q	中华医学会
Biosurface and Biotribology ＝ 生物表面与生物摩擦学	2405-4518	51-1783/Q	西南交通大学
Blockchain: Reasearch and Applications ＝ 区块链研究	2096-7209	33-1414/TP	浙江大学
Blood Science ＝ 血液科学	2543-6368	10-1880/R	中华医学会,中国医学科学院血液病医院
BMEMat ＝ 生物医学工程材料	2751-7446	37-1545/R	山东大学
Bone Research ＝ 骨研究	2095-4700	51-1745/R	四川大学
Brain Network Disorders ＝ 脑网络疾病		10-1984/R	中华医学会
Brain Science Advances ＝ 神经科学	2096-5958	10-1534/R	清华大学
Building Simulation ＝ 建筑模拟	1996-3599	10-1106/TU	清华大学
Built Heritage ＝ 建成遗产	2096-3041	31-2123/G0	同济大学
Bulletin of the Chinese Academy of Sciences ＝ 中国科学院院刊	1003-3572	11-2723/N	中国科学院
CAAI Artificial Intelligence Research ＝ CAAI 人工智能研究	2097-194X	10-1840/TP	中国人工智能学会,清华大学
Cancer Biology & Medicine ＝ 癌症生物学与医学	2095-3941	12-1431/R	中国抗癌协会,天津医科大学肿瘤医院
Cancer Innovation ＝ 肿瘤学创新	2770-9183	10-1951/R73	清华大学
Cancer Pathogenesis and Therapy ＝ 癌症发生与治疗	2097-2563	10-1882/R	中华医学会
Carbon Energy ＝ 碳能源	2096-9570	33-1419/TK	温州大学
Cardiology Discovery ＝ 心血管病探索	2096-952X	10-1724/R2	中华医学会
CCF Transactions on High Performance Computing ＝ 高性能计算学报	2524-4922	10-1949/TP	中国计算机学会
CCF Transactions on Pervasive Computing and Interaction ＝ 普适计算与交互学报	2524-521X	10-1950/TP	中国计算机学会
CCS Chemistry ＝ 中国化学会会刊	2096-5745	10-1566/O6	中国化学会
Cell Regeneration ＝ 细胞再生	2045-9769	31-2197/Q2	中国细胞生物学学会
Cell Research ＝ 细胞研究	1001-0602	31-1568/Q	中国科学院上海生命科学研究院生物化学与细胞生物学研究所,中国细胞生物学学会
Cellular & Molecular Immunology ＝ 中国免疫学杂志	1672-7681	11-4987/R	中国免疫学会,中国科学技术大学
CES Transactions on Electrical Machines and Systems ＝ 中国电工技术学会电机与系统学报	2096-3564	10-1483/TM	中国电工技术学会,中国科学院电工研究所

刊　　名	ISSN	CN	主 办 单 位
Chain = 链	2097-3470	10-1915/TB	中国有色金属学会,北京航空航天大学
Changjiang Weekly = 长江周刊	2096-4943	42-1868/D	武汉长江日报传媒集团有限公司
Chemical Research in Chinese Universities = 高等学校化学研究	1005-9040	22-1183/O6	吉林大学
ChemPhysMater = 化学物理材料	2772-5715	37-1531/O	山东大学
China & the World Cultural Exchange = 中外文化交流	1004-5015	11-3005/G2	中外文化交流中心
China & World Economy = 中国与世界经济	1671-2234	11-4639/F	中国社会科学院世界经济与政治研究所
China Agriculture Yearbook = 中国农业年鉴	1009-654X	11-4471/F	中国农业出版社
China Book International = 中国新书	1673-4548	11-5427/G2	中国国家版本馆
China CDC Weekly = 中国疾病预防控制中心周报	2096-7071	10-1629/R1	中国疾病预防控制中心
China Chemical Reporter = 中国化工报导	1002-1450	11-2805/TQ	中国化工信息中心,中国国际贸易促进委员会化工行业分会
China City Planning Review = 城市规划	1002-8447	11-1735/TU	中国城市规划学会
China Commerce Yearbook = 中国商务年鉴	1673-6842	11-5320/F	商务部国际贸易经济合作研究院
China Communications = 中国通信	1673-5447	11-5439/TN	中国通信学会
China Detergent & Cosmetics = 日用化学品科学	2096-0700	14-1382/TS	中国日用化学工业研究院
China Environment Yearbook = 中国环境年鉴	1006-3927	11-3580/X	中国环境新闻工作者协会
China Finance and Economic Review = 中国财政与经济研究	2095-4638	10-1077/F	中国社会科学院财经战略研究院
China Forex = 中国外汇	2096-5575	10-1557/F	国家外汇管理局外汇研究中心
China Foundry = 中国铸造	1672-6421	21-1498/TG	沈阳铸造研究所,中国机械工程学会铸造分会
China Geology = 中国地质	2096-5192	10-1549/P	中国地质调查局,中国地质科学院
China Hoy = 今日中国(西班牙文)	1003-0948	11-2667/Z	中国外文局美洲传播中心(北京周报社)
China International Studies = 中国国际问题研究	1673-3258	11-5344/D	中国国际问题研究院
China Legal Science = 中国法学	2095-4867	10-1091/D	中国法学会
China Medical Abstracts. Internal Medicine = 中国医学文摘内科学分册	1000-9086	32-1150/R	东南大学
China News Release = 中国新闻发布	2097-0471	10-1762/G2	五洲传播出版传媒有限公司
China Nonferrous Metals Monthly = 中国有色月刊	1005-1562	11-3323/F	中国五矿集团公司
China Ocean Engineering = 中国海洋工程	0890-5487	32-1441/P	中国海洋工程学会
China Oil & Gas = 中国油气	1006-2696	11-3543/TE	石油工业出版社有限公司
China Petroleum Processing & Petrochemical Technology = 中国炼油与石油化工	1008-6234	11-4012/TE	中石化石油化工科学研究院有限公司
China Pictorial = 中国画报	0009-4420	11-1429/Z	人民画报社
China Population and Development Studies = 当代中国人口与发展	2096-448X	10-1519/C	中国人口与发展研究中心
China Rare Earth Information = 中国稀土信息	2096-3335	15-1147/TF	包头稀土研究院
China Report ASEAN = 中国东盟报道	2096-1316	10-1389/D	中国外文局亚太传播中心(人民中国杂志社、中国报道杂志社)

刊　　名	ISSN	CN	主 办 单 位
China Standardization ＝ 中国标准化	1672-5700	11-5133/T	中国标准化研究院,中国标准化协会
China Taiwan Studies ＝ 中国台湾研究	2097-3810	10-1923/D	中国社会科学院台湾研究所,社会科学文献出版社
China Textile ＝ 中国纺织	1673-1468	11-5331/F	中国纺织工业联合会
China Tibetology ＝ 中国藏学	1671-6043	11-4711/D	中国藏学研究中心
China Today ＝ 今日中国	1003-0905	11-2663/Z	中国外文局西欧与非洲传播中心（今日中国杂志社）
China Weekly ＝ 新闻中国	1943-1902	11-5826/G2	《中国新闻周刊》杂志社
China Welding ＝ 中国焊接	1004-5341	23-1332/TG	哈尔滨焊接研究所,中国焊接协会
Chinafrica ＝ 中国与非洲	1674-7585	11-5877/D	中国外文局西欧与非洲传播中心（今日中国杂志社）
Chinafrique：mensuel sur la Chine et l'Afrique ＝ 中国与非洲(法文版)	1674-8204	11-5878/D	中国外文局西欧与非洲传播中心（今日中国杂志社）
China-India Dialogue ＝ 中印对话	2096-2614	10-1433/D	人民画报社
China's Foreign Trade ＝ 中国对外贸易	0009-4498	11-1020/F	中国贸易报社
China's Refractories ＝ 中国耐火材料	1004-4493	41-1183/TQ	中钢集团洛阳耐火材料研究院有限公司
China's Tibet ＝ 中国西藏	1002-0950	11-2577/D	中国西藏信息中心
Chinese Annals of History of Science and Technology ＝ 中国科学技术史	2096-4226	10-1461/N	中国科学院自然科学研究所,中国科技出版传媒股份有限公司
Chinese Annals of Mathematics. Series B ＝ 数学年刊. B辑	0252-9599	31-1329/O1	复旦大学
Chinese Chemical Letters ＝ 中国化学快报	1001-8417	11-2710/O6	中国化学会,中国医学科学院药物研究所
Chinese Geographical Science ＝ 中国地理科学	1002-0063	22-1174/P	中国科学院东北地理与农业生态研究所,中国地理学会
Chinese Herbal Medicines ＝ 中草药	1674-6384	12-1410/R	天津药物研究院,中国医学科学院药用植物研究所
Chinese Journal of Acoustics ＝ 声学学报	0217-9776	11-2066/O3	中国科学院声学研究所
Chinese Journal of Aeronautics ＝ 中国航空学报	1000-9361	11-1732/V	中国航空学会,北京航空航天大学
Chinese Journal of Applied Linguistics ＝ 中国应用语言学	2192-9505	10-1474/H	北京外国语大学
Chinese Journal of Biomedical Engineering ＝ 中国生物医学工程学报	1004-0552	11-2953/R	中国生物医学工程学会
Chinese Journal of Cancer Research ＝ 中国癌症研究	1000-9604	11-2591/R	中国抗癌协会
Chinese Journal of Catalysis ＝ 催化学报	0253-9837	21-1601/O6	中国化学会,中国科学院大连化学物理研究所
Chinese Journal of Chemical Engineering ＝ 中国化学工程学报	1004-9541	11-3270/TQ	中国化工学会,化学工业出版社有限公司
Chinese Journal of Chemical Physics ＝ 化学物理学报	1674-0068	34-1295/O6	中国物理学会
Chinese Journal of Chemistry ＝ 中国化学	1001-604X	31-1547/O6	中国化学会,中国科学院上海有机化学研究所
Chinese Journal of Dental Research ＝ 中国牙科研究杂志	1462-6446	10-1194/R	中华口腔医学会,科学普及出版社

刊　　名	ISSN	CN	主 办 单 位
Chinese Journal of Electrical Engineering ＝ 中国电气工程学报	2096-1529	10-1382/TM	机械工业信息研究院
Chinese Journal of Electronics ＝ 电子学报	1022-4653	10-1284/TN	中国电子学会,电子工业出版社
Chinese Journal of Integrative Medicine ＝ 中国结合医学杂志	1672-0415	11-4928/R	中国中西医结合学会,中国中医科学院
Chinese Journal of Mechanical Engineering ＝ 中国机械工程学报	1000-9345	11-2737/TH	中国机械工程学会
Chinese Journal of Natural Medicines ＝ 中国天然药物	2095-6975	32-1845/R	中国药科大学,中国药学会
Chinese Journal of Plastic and Reconstructive Surgery ＝ 中国整形与重建外科	2096-6911	10-1634/R6	中国整形美容协会
Chinese Journal of Polymer Science ＝ 高分子科学	0256-7679	11-2015/O6	中国化学会,中国科学院化学研究所
Chinese Journal of Population，Resources and Environment ＝ 中国人口・资源与环境	2096-9589	37-1202/N	中国可持续发展研究会等
Chinese Journal of Structural Chemistry ＝ 结构化学	0254-5861	35-1112/TQ	中国科学院福建物质结构研究所,中国化学会
Chinese Journal of Traumatology ＝ 中华创伤杂志	1008-1275	50-1115/R	中华医学会
Chinese Journal of Urban and Environmental Studies ＝ 城市与环境研究	2345-7481	10-1577/F	社会科学文献出版社
Chinese Medical Journal ＝ 中华医学杂志	0366-6999	11-2154/R	中华医学会
Chinese Medical Journal Pulmonary and Critical Care Medicine ＝ 呼吸与危重症医学	2772-5588	10-1838/R	中华医学会
Chinese Medical Sciences Journal ＝ 中国医学科学杂志	1001-9294	11-2752/R	中国医学科学院
Chinese Medicine and Culture ＝ 中医药文化	2589-9627	31-2178/R9	上海中医药大学,中华中医药学会
Chinese Medicine and Natural Products ＝ 中医学报	2096-918X	41-1459/R2	河南中医药大学,中华中医药学会
Chinese Neurosurgical Journal ＝ 中华神经外科杂志	2095-9370	10-1275/R	中华医学会
Chinese Optics Letters ＝ 中国光学快报	1671-7694	31-1890/O4	中国科学院上海光学精密机械研究所,中国光学学会
Chinese Physics Letters ＝ 中国物理快报	0256-307X	11-1959/O4	中国科学院物理研究所,中国物理学会
Chinese Physics. B ＝ 中国物理. B	1674-1056	11-5639/O4	中国物理学会,中国科学院物理研究所
Chinese Physics. C：High Energy Physics and Nuclear Physics ＝ 中国物理. C	1674-1137	11-5641/O4	中国物理学会等
Chinese Quarterly Journal of Mathematics ＝ 数学季刊	1002-0462	41-1102/O1	河南大学
Chinese Railways ＝ 中国铁路	1005-0485	11-3231/U	中国铁道科学研究院集团有限公司
Chip ＝ 芯片	2772-2724	31-2189/O4	上海交通大学
Chronic Diseases and Translational Medicine ＝ 慢性疾病与转化医学	2095-882X	10-1249/R	中华医学会
Clean Energy ＝ 清洁能源	2515-4230	10-1559/TK	北京低碳清洁能源研究所,中国科技出版传媒股份有限公司

刊　　名	ISSN	CN	主 办 单 位
Clinical Traditional Medicine and Pharmacology ＝ 临床传统医学和药理学	2097-3829	33-1427/R2	浙江中医药大学
Collagen and Leather ＝ 胶原与皮革	2097-1419	51-1804/TS	四川大学,中国皮革协会
Communications in Mathematical Research ＝ 数学研究通讯	1674-5647	22-1396/O1	吉林大学
Communications in Mathematics and Statistics ＝ 数学与统计通讯	2194-6701	34-1335/O1	中国科学技术大学
Communications in Theoretical Physics ＝ 理论物理	0253-6102	11-2592/O3	中国科学院理论物理研究所,中国物理学会
Communications in Transportation Research ＝ 交通研究通讯	2772-4247	10-1982/U	清华大学,中国智能交通协会
Communications on Applied Mathematics and Computation ＝ 应用数学与计算数学学报	2096-6385	31-2156/O1	上海大学
Communications on Pure and Applied Analysis ＝ 理论与应用分析通讯	1534-0392	31-2195/O	上海交通大学
Complex System Modeling and Simulation ＝ 复杂系统建模与仿真	2096-9929	10-1735/TP	清华大学
Computational Visual Media ＝ 计算可视媒体	2096-0433	10-1320/TP	清华大学
Contemporary International Relations ＝ 现代国际关系	1003-3408	11-2874/D	中国现代国际关系研究院
Contemporary Social Sciences ＝ 当代社会科学	2096-0212	51-1771/C	四川省社会科学院研究生学院
Contemporary World ＝ 当代世界	2096-1596	10-1398/D	《当代世界》杂志社
Control Theory and Technology ＝ 控制理论与技术	2095-6983	44-1706/TP	华南理工大学,中国科学院数学与系统科学研究院
Corrosion Communications ＝ 腐蚀学报	2667-2669	21-1611/TQ	中国科学院金属研究所
CSEE Journal of Power and Energy Systems ＝ 中国电机工程学会电力与能源系统学报	2096-0042	10-1328/TM	中国电机工程学会
Cultures of Science ＝ 科学文化	2096-6083	10-1524/G	中国科协创新战略研究院
Current Medical Science ＝ 当代医学科学	2096-5230	42-1898/R	华中科技大学
Current Urology ＝ 当代泌尿学	1661-7649	37-1543/R4	山东大学
Current Zoology ＝ 动物学报	1674-5507	11-5794/Q	中国科学院动物研究所,中国动物学会
Cybersecurity ＝ 网络空间安全科学与技术	2096-4862	10-1537/TN	中国科学院信息工程研究所,中国科技出版传媒股份有限公司
Cyborg and Bionic Systems ＝ 类生命系统	2692-7632	10-1778/TP	北京理工大学
Data Intelligence ＝ 数据智能	2096-7004	10-1626/G2	中国科学院文献情报中心,中国图书进出口(集团)总公司
Data Science and Engineering ＝ 数据科学与工程	2364-1185	10-1948/TP	中国计算机学会
Data Science and Management ＝ 数据科学与管理	2666-7649	61-1530/TN	西安交通大学
Deep Underground Science and Engineering ＝ 深地科学	2097-0668	32-1897/P	中国矿业大学
Defence Technology ＝ 防务技术	2096-3459	10-1165/TJ	中国兵工学会
Digital Chinese Medicine ＝ 数字中医药	2096-479X	43-1540/R	湖南中医药大学,中华中医药学会
Digital Communications and Networks ＝ 数字通信与网络	2468-5925	50-1212/TN	重庆邮电大学
Earth and Planetary Physics ＝ 地球与行星物理	2096-3955	10-1502/P	中国地球物理学会等

刊　名	ISSN	CN	主办单位
Earthquake Engineering and Engineering Vibration = 地震工程与工程振动	1671-3664	23-1496/P	中国地震局工程力学研究所
Earthquake Research Advances = 地震研究进展	2096-9996	10-1743/P	中国地震台网中心
Earthquake Science = 地震学报	1674-4519	11-5695/P	中国地震学会,中国地震局地球物理研究所
ECNU Review of Education = 华东师大教育评论	2096-5311	31-2150/G4	华东师范大学
Ecological Economy = 生态经济	1673-0178	53-1197/F	云南教育出版社有限责任公司
Ecological Frontiers = 生态学前沿	1872-2032	10-1946/X	中国科学院生态环境研究中心,中国生态学学会
Ecological Processes = 生态过程	2192-1709	21-1614/X	中国科学院沈阳应用生态研究所
Economic and Political Studies = 经济与政治研究	2095-4816	10-1049/C	中国人民大学
Ecosystem Health and Sustainability = 生态系统健康与可持续性	2096-4129	10-1499/X	中国生态学学会等
Electrochemical Energy Reviews = 电化学能源评论	2520-8489	31-2166/O6	上海大学
Electromagnetic Science = 电磁科学	2836-9440	10-1914/TN	中国电子学会,北京航空航天大学
eLight = 光:快讯	2097-1710	22-1427/O4	中国科学院长春光学精密机械与物理研究所
Emergency and Critical Care Medicine = 急危重症医学	2097-0617	37-1533/R	山东大学
Emerging Contaminants = 新兴污染物	2405-6650	10-1794/X	中国科技出版传媒股份有限公司
Energy & Environmental Materials = 能源与环境材料	2575-0348	41-1452/TB	郑州大学
Energy Material Advances = 能源材料前沿	2097-1133	10-1792/T	北京理工大学
Energy Storage and Saving = 储能与节能	2772-6835	61-1528/TK	西安交通大学
Engineering = 工程	2095-8099	10-1244/N	中国工程院战略咨询中心,高等教育出版社有限公司
Engineering Microbiology = 工程微生物学	2667-3703	37-1547/Q93	山东大学
Entomotaxonomia = 昆虫分类学报	2095-8609	61-1495/Q	西北农林科技大学,中国昆虫学会
Environment & Health = 环境与健康	2833-8278	10-1943/X1	中国科学院生态环境研究中心
Environmental Science & Ecotechnology = 环境科学与生态技术	2666-4984	10-1631/X	中国环境科学学会等
eScience = 电化学与能源科学	2667-1417	12-1468/O6	南开大学
Experimental and Computational Multiphase Flow = 实验与计算多相流	2661-8869	10-1947/TK	清华大学
Eye and Vision = 眼视光学杂志	2326-0246	33-1397/R	温州医科大学
Food Quality and Safety = 食品品质与安全研究	2399-1399	33-1407/TS	浙江大学
Food Science and Human Wellness = 食品科学与人类健康	2097-0765	10-1750/TS	北京食品科学研究院
Foreign Affairs Journal = 外交	1002-9761	11-2912/D	中国人民外交学会
Forensic Sciences Research = 法庭科学研究	2096-1790	31-2116/D	司法鉴定科学研究院
Forest Ecosystems = 森林生态系统	2095-6355	10-1166/S	北京林业大学
Friction = 摩擦	2223-7690	10-1237/TH	清华大学
Frigid Zone Medicine = 寒地医学	2096-9074	23-1612/R	黑龙江省卫生健康发展研究中心
Frontiers in Energy = 能源前沿	2095-1701	11-6017/TK	高等教育出版社有限公司等

刊 名	ISSN	CN	主 办 单 位
Frontiers of Agricultural Science and Engineering = 农业科学与工程前沿	2095-7505	10-1204/S	中国工程院等
Frontiers of Architectural Research = 建筑学研究前沿	2095-2635	10-1024/TU	高等教育出版社有限公司,东南大学
Frontiers of Business Research in China = 中国高等学校学术文摘. 工商管理研究	1673-7326	11-5746/F	高等教育出版社有限公司
Frontiers of Chemical Science and Engineering = 化学科学与工程前沿	2095-0179	11-5981/TQ	高等教育出版社有限公司等
Frontiers of Computer Science = 计算机科学前沿	2095-2228	10-1014/TP	高等教育出版社有限公司,北京航空航天大学
Frontiers of Digital Education = 数字教育前沿	2097-3918	10-1952/G4	高等教育出版社有限公司
Frontiers of Earth Science = 地球科学前沿	2095-0195	11-5982/P	高等教育出版社有限公司,华东师范大学
Frontiers of Economics in China = 中国高等学校学术文摘. 经济学	1673-3444	11-5744/F	高等教育出版社有限公司
Frontiers of Education in China = 中国高等学校学术文摘. 教育学	1673-341X	11-5741/G4	高等教育出版社有限公司
Frontiers of Engineering Management = 工程管理前沿	2095-7513	10-1205/N	中国工程院等
Frontiers of Environmental Science & Engineering = 环境科学与工程前沿	2095-2201	10-1013/X	高等教育出版社有限公司等
Frontiers of History in China = 中国高等学校学术文摘. 历史学	1673-3401	11-5740/K	高等教育出版社有限公司
Frontiers of Information Technology & Electronic Engineering = 信息与电子工程前沿	2095-9184	33-1389/TP	中国工程院,浙江大学
Frontiers of Law in China = 中国高等学校学术文摘. 法学	1673-3428	11-5742/D	高等教育出版社有限公司
Frontiers of Literary Studies in China = 中国高等学校学术文摘. 文学研究	1673-7318	11-5745/I	高等教育出版社有限公司
Frontiers of Materials Science = 材料学前沿	2095-025X	11-5985/TB	高等教育出版社有限公司
Frontiers of Mathematics in China = 中国高等学校学术文摘. 数学	1673-3452	11-5739/O1	高等教育出版社有限公司
Frontiers of Mechanical Engineering = 机械工程前沿	2095-0233	11-5984/TH	高等教育出版社有限公司等
Frontiers of Medicine = 医学前沿	2095-0217	11-5983/R	高等教育出版社有限公司等
Frontiers of Nursing = 护理前沿	2095-7718	14-1395/R	山西医学期刊社
Frontiers of Optoelectronics = 光电子学前沿	2095-2759	10-1029/TN	高等教育出版社有限公司等
Frontiers of Philosophy in China = 中国高等学校学术文摘. 哲学	1673-3436	11-5743/B	高等教育出版社有限公司
Frontiers of Physics = 物理学前沿	2095-0462	11-5994/O4	高等教育出版社有限公司
Frontiers of Structural and Civil Engineering = 结构与土木工程前沿	2095-2430	10-1023/X	高等教育出版社有限公司等
Fudan Journal of the Humanities and Social Sciences = 复旦人文社会科学论丛	1674-0750	31-2000/C	复旦大学
Fundamental Research = 自然科学基础研究	2096-9457	10-1722/N	国家自然科学基金委员会
Fungal Diversity = 真菌多样性	1560-2745	10-1636/Q	高等教育出版社有限公司,中国科学院昆明植物研究所

刊　　　名	ISSN	CN	主　办　单　位
Gastroenterology Report ＝ 胃肠病学报道	2304-1412	44-1750/R	中山大学
General Psychiatry ＝ 综合精神医学	2096-5923	31-2152/R	上海精神卫生中心
Genes & Diseases ＝ 基因与疾病	2352-4820	50-1221/R	重庆医科大学
Genomics，Proteomics & Bioinformatics ＝ 基因组蛋白质组与生物信息学报	1672-0229	11-4926/Q	中国科学院北京基因组研究所,中国遗传学会
Geodesy and Geodynamics ＝ 大地测量与地球动力学	1674-9847	42-1806/P	中国地震局地震研究所等
Geography and Sustainability ＝ 地理学与可持续性	2096-7438	10-1657/P	北京师范大学
Geohazard Mechanics ＝ 岩土灾变力学	2949-7418	21-1620/O3	辽宁大学
Geoscience Frontiers ＝ 地学前缘	1674-9871	11-5920/P	中国地质大学(北京),北京大学
Geo-spatial Information Science ＝ 地球空间信息科学学报	1009-5020	42-1610/P	武汉大学
Global Energy Interconnection ＝ 全球能源互联网	2096-5117	10-1551/TK	全球能源互联网发展合作组织
Global Geology ＝ 世界地质	1673-9736	22-1371/P	吉林大学东北亚国际地学研究与教学中心
Global Health Journal ＝ 全球健康杂志	2096-3947	10-1495/R	人民卫生出版社有限公司
Good Neighbours ＝ 友邻	2225-7233	65-1293/D	新疆维吾尔自治区对外文化交流协会等
Grain & Oil Science and Technology ＝ 粮油科技	2096-4501	41-1447/TS	河南工业大学
Grassland Research ＝ 草地研究	2770-1743	10-1777/S	中国草学会,兰州大学
Green Chemical Engineering ＝ 绿色化学工程	2096-9147	10-1713/TQ	中国科学院过程工程研究所
Green Energy & Environment ＝ 绿色能源与环境	2096-2797	10-1418/TK	中国科学院过程工程研究所
Green Energy and Intelligent Transportation ＝ 新能源与智能载运	2773-1537	10-1812/U	北京理工大学
Guidance，Navigation and Control ＝ 制导、导航与控制	2737-4807	10-1988/V	中国航空学会
Guidelines and Standards of Chinese Medicine ＝ 中医规范与标准	2837-8792	10-1924/R2	中国中医科学院中医基础理论研究所
Gynecology and Obstetrics Clinical Medicine ＝ 妇产科临床医学	2097-0587	10-1763/R	北京大学
Health Data Science ＝ 健康数据科学	2765-8783	10-1749/R	北京大学
Hepatobiliary & Pancreatic Diseases International ＝ 国际肝胆胰疾病杂志	1499-3872	33-1391/R	浙江省医疗服务管理评价中心等
High Power Laser Science and Engineering ＝ 高功率激光科学与工程	2095-4719	31-2078/O4	中国科学院上海光学精密机械研究所,中国光学学会
High Technology Letters ＝ 高技术通讯	1006-6748	11-3683/N	中国科学技术信息研究所
High Voltage ＝ 高电压	2096-9813	10-1725/TM	中国电力科学研究院有限公司
High-speed Railway ＝ 高速铁路	2949-8678	10-1922/U2	北京交通大学
Hoa Sen ＝ 荷花(越南文)	1672-0644	45-1309/Z	广西人民广播电台
Holistic Integrative Oncology ＝ 整合肿瘤学	2731-4529	12-1481/R73	中国抗癌协会
Horticultural Plant Journal ＝ 园艺学报	2095-9885	10-1305/S	中国园艺学会等
Horticulture Research ＝ 园艺研究	2662-6810	32-1888/S6	南京农业大学
IEEE/CAA Journal of Automatica Sinica ＝ 自动化学报	2329-9266	10-1193/TP	中国自动化学会等

刊　名	ISSN	CN	主 办 单 位
IET Cyber-Systems and Robotics ＝ 智能系统与机器人	2631-6315	33-1426/TP	浙江大学
iLIVER ＝ 国际肝胆健康	2772-9478	10-1764/R	清华大学
Infection Control ＝ 感染控制	2095-9753	10-1890/R	中国医师协会
Infectious Disease Modelling ＝ 传染病建模	2468-2152	10-1766/R	中国科技出版传媒股份有限公司
Infectious Diseases & Immunity ＝ 感染性疾病与免疫	2096-9511	10-1723/R2	中华医学会
Infectious Diseases of Poverty ＝ 贫困所致传染病	2095-5162	10-1399/R	中华医学会,中国疾病预防控制中心寄生虫预防控制所
Infectious Medicine ＝ 感染医学	2097-0684	10-1774/R	清华大学
Infectious Microbes & Diseases ＝ 感染微生物与疾病	2641-5917	33-1415/R1	浙江大学
InfoMat ＝ 信息材料	2567-3165	51-1799/TB	电子科技大学
Information Processing in Agriculture ＝ 农业信息处理	2214-3173	10-1751/S	中国农业大学,中国科技出版传媒股份有限公司
Innovation and Development Policy ＝ 创新与发展政策	2096-5141	10-1513/D	中国科学院科技战略咨询研究院,中国科学学与科技策略研究会
Insect Science ＝ 昆虫科学	1672-9609	11-6019/Q	中国昆虫学会,中国科学院动物研究所
Instrumentation ＝ 仪器仪表学报	2095-7521	10-1206/TH	中国仪器仪表学会,科学普及出版社
Integrative Zoology ＝ 整合动物学	1749-4869	11-6012/Q	中国科学院动物研究所,国际动物学会
Intelligent Medicine ＝ 智慧医学	2096-9376	10-1714/R2	中华医学会
Interdisciplinary Materials ＝ 交叉学科材料	2767-441X	42-1945/TB	武汉理工大学
Interdisciplinary Sciences：Computational Life Sciences ＝ 交叉学科:计算生命科学	1913-2751	31-2194/Q	上海交通大学
International Journal of Coal Science & Technology ＝ 国际煤炭科学技术学报	2095-8293	10-1252/TD	中国煤炭学会
International Journal of Dermatology and Venereology ＝ 国际皮肤性病学杂志	2096-5540	32-1880/R	中华医学会,中国医学科学院皮肤病研究所
International Journal of Disaster Risk Science ＝ 国际灾害风险科学学报	2095-0055	11-5970/N	国家减灾中心,北京师范大学
International Journal of Extreme Manufacturing ＝ 极端制造	2631-8644	51-1794/TH	中国工程物理研究院机械制造工艺研究所等
International Journal of Fluid Engineering ＝ 国际流体工程	2994-9009	34-1343/TH	合肥通用机械研究院有限公司
International Journal of Innovation Studies ＝ 国际创新研究学报	2096-2487	10-1440/G3	中国科技出版传媒股份有限公司,清华大学
International Journal of Minerals，Metallurgy and Materials ＝ 矿物冶金与材料学报	1674-4799	11-5787/TF	北京科技大学
International Journal of Mining Science and Technology ＝ 矿业科学技术学报	2095-2686	32-1827/TD	中国矿业大学
International Journal of Nursing Sciences ＝ 国际护理科学	2096-6296	10-1444/R	中华护理协会
International Journal of Oral Science ＝ 国际口腔科学杂志	1674-2818	51-1707/R	四川大学

刊　　名	ISSN	CN	主 办 单 位
International Journal of Plant Engineering and Management = 国际设备工程与管理	1007-4546	61-1299/TB	西北工业大学
International Journal of Sediment Research = 国际泥沙研究	1001-6279	11-2699/P	国际泥沙研究培训中心等
International Soil and Water Conservation Research = 国际水土保持研究	2095-6339	10-1107/P	国际泥沙研究培训中心等
International Understanding = 国际交流	1002-8285	11-2491/D	中国国际交流协会
Journal of Acupuncture and Tuina Science = 针灸推拿医学	1672-3597	31-1908/R	上海市针灸经络研究所
Journal of Advanced Ceramics = 先进陶瓷	2226-4108	10-1154/TQ	清华大学
Journal of Advanced Dielectrics = 先进电介质学报	2010-135X	61-1532/TN	西安交通大学
Journal of Analysis and Testing = 分析检测	2096-241X	10-1412/O6	中国有色金属学会,有研科技集团有限公司
Journal of Animal Science and Biotechnology = 畜牧与生物技术杂志	1674-9782	11-5967/S	中国畜牧兽医学会
Journal of Arid Land = 干旱区科学	1674-6767	65-1278/K	中国科学院新疆生态与地理研究所等
Journal of Beijing Institute of Technology = 北京理工大学学报	1004-0579	11-2916/T	北京理工大学
Journal of Bionic Engineering = 仿生工程学报	1672-6529	22-1355/TB	吉林大学
Journal of Bioresources and Bioproducts = 生物质资源与工程	2097-2415	32-1890/S7	南京林业大学
Journal of Biosafety and Biosecurity = 生物安全和生物安保	2588-9338	10-1796/Q	中国科技出版传媒股份有限公司
Journal of Bio-X Research = 生物组学研究杂志	2096-5672	10-1558/R	中华医学会
Journal of Central South University = 中南大学学报	2095-2899	43-1516/TB	中南大学
Journal of Cerebrovascular Disease = 脑血管病电子杂志	2096-1111	11-9366/R	中华医学会
Journal of Chinese Pharmaceutical Sciences = 中国药学	1003-1057	11-2863/R	中国药学会
Journal of Communications and Information Networks = 通信与信息网络学报	2096-1081	10-1375/TN	人民邮电出版社有限公司
Journal of Computational Mathematics = 计算数学	0254-9409	11-2126/O1	中国科学院数学与系统科学研究院
Journal of Computer Science and Technology = 计算机科学技术学报	1000-9000	11-2296/TP	中国科学院计算所,中国计算机学会
Journal of Control and Decision = 控制与决策学报	2330-7706	21-1593/TP	东北大学
Journal of Cotton Research = 棉花研究	2096-5044	41-1451/S	中国农业科学院棉花研究所,中国农学会
Journal of Data and Information Science = 数据与情报科学学报	2096-157X	10-1394/G2	中国科学院文献情报中心
Journal of Donghua University = 东华大学学报	1672-5220	31-1920/TS	东华大学
Journal of Earth Science = 地球科学学刊	1674-487X	42-1788/P	中国地质大学(武汉)

刊　名	ISSN	CN	主办单位
Journal of Electronic Science and Technology = 电子科技学刊	1674-862X	51-1724/TN	电子科技大学
Journal of Energy Chemistry = 能源化学	2095-4956	10-1287/O6	科学出版社,中国科学院大连化学物理研究所
Journal of Environmental Accounting and Management = 环境核算与管理	2325-6192	10-1358/X	北京师范大学
Journal of Environmental Sciences = 环境科学学报	1001-0742	11-2629/X	中国科学院生态环境研究中心
Journal of Foreign Languages and Cultures = 外国语言与文化	2096-4374	43-1537/H	湖南师范大学
Journal of Forestry Research = 林业研究	1007-662X	23-1409/S	东北林业大学
Journal of Genetics and Genomics = 遗传学报	1673-8527	11-5450/R	中国科学院遗传与发育生物学研究所,中国遗传学会
Journal of Geodesy and Geoinformation Science = 测绘学报	2096-5990	10-1544/P	中国测绘学会等
Journal of Geographical Sciences = 地理学报	1009-637X	11-4546/P	中国地理学会,中国科学院地理科学与资源研究所
Journal of Geriatric Cardiology = 老年心脏病杂志	1671-5411	11-5329/R	中国人民解放军总医院
Journal of Harbin Institute of Technology (New series) = 哈尔滨工业大学学报	1005-9113	23-1378/T	哈尔滨工业大学
Journal of Hydrodynamics = 水动力学研究与进展．B辑	1001-6058	31-1563/T	中国船舶科学研究中心
Journal of Information and Intelligence = 信息与智能学报	2097-2849	61-1529/TN	西安电子科技大学
Journal of Innovative Optical Health Sciences = 创新光学健康科学杂志	1793-5458	42-1910/R	华中科技大学
Journal of Integrative Agriculture = 农业科学学报	2095-3119	10-1039/S	中国农业科学院,中国农学会
Journal of Integrative Medicine = 结合医学学报	2095-4964	31-2083/R	上海市中西医结合医学会,上海中医药大学附属上海岳阳医院
Journal of Integrative Plant Biology = 植物学报	1672-9072	11-5067/Q	中国科学院植物研究所,中国植物学会
Journal of Intensive Medicine = 重症医学	2097-0250	10-1765/R	中华医学会
Journal of Interventional Medicine = 介入医学杂志	2096-3602	31-2138/R	同济大学出版社有限公司,同济大学附属同济医院
Journal of Iron and Steel Research, International = 钢铁研究学报	1006-706X	11-3678/TF	中国钢研科技集团有限公司
Journal of Magnesium and Alloys = 镁合金学报	2213-9567	50-1220/TF	重庆大学
Journal of Management Analytics = 管理分析学报	2327-0012	31-2191/C93	上海交通大学
Journal of Management Science and Engineering = 管理科学学报	2096-2320	10-1383/C	中国科技出版传媒股份有限公司等
Journal of Marine Science and Application = 哈尔滨工程大学学报	1671-9433	23-1505/T	哈尔滨工程大学
Journal of Materials Science & Technology = 材料科学技术	1005-0302	21-1315/TG	中国金属学会等
Journal of Materiomics = 无机材料学学报	2352-8478	10-1466/TQ	中国硅酸盐学会

刊　　名	ISSN	CN	主 办 单 位
Journal of Mathematical Research with Applications = 数学研究及应用	2095-2651	21-1579/O1	大连理工大学,中国工业与应用数学学会
Journal of Mathematical Study = 数学研究	2096-9856	35-1342/O1	厦门大学
Journal of Measurement Science and Instrumentation = 测试科学与仪器	1674-8042	14-1357/TH	中北大学
Journal of Meteorological Research = 气象学报	2095-6037	11-2277/P	中国气象学会
Journal of Modern Power Systems and Clean Energy = 现代电力系统与清洁能源学报	2196-5625	32-1884/TK	国网电力科学研究院有限公司,南瑞集团有限公司
Journal of Molecular Cell Biology = 分子细胞生物学报	1674-2788	31-2002/Q	中国科学院分子细胞科学卓越创新中心,中国细胞生物学学会
Journal of Mountain Science = 山地科学学报	1672-6316	51-1668/P	中国科学院·水利部成都山地灾害与环境研究所
Journal of Neurorestoratology = 神经修复学	2324-2426	10-1945/R74	清华大学
Journal of Northeast Agricultural University = 东北农业大学学报	1006-8104	23-1392/S	东北农业大学
Journal of Nutritional Oncology = 肿瘤营养学杂志	2096-2746	10-1448/R	人民卫生出版社有限公司
Journal of Ocean Engineering and Science = 海洋工程与科学	2096-675X	31-2113/P	上海交通大学
Journal of Ocean University of China = 中国海洋大学学报	1672-5182	37-1415/P	中国海洋大学
Journal of Oceanology and Limnology = 海洋湖沼学报	2096-5508	37-1518/P	中国海洋湖沼学会
Journal of Otology = 耳科学杂志	1672-2930	11-4883/R	解放军总医院耳鼻喉科研究所
Journal of Palaeogeography = 古地理学报	2095-3836	10-1041/P	中国石油大学(北京),科学出版社有限责任公司
Journal of Pancreatology = 胰腺病学杂志	2096-5664	10-1560/R	中华医学会
Journal of Partial Differential Equations = 偏微分方程	1000-940X	41-1104/O1	郑州大学数学研究所
Journal of Pharmaceutical Analysis = 药物分析学报	2095-1779	61-1484/R	西安交通大学
Journal of Plant Ecology = 植物生态学报	1752-9921	10-1172/Q	中国植物学会等
Journal of Rare Earths = 稀土学报	1002-0721	11-2788/TF	中国稀土学会,有研科技集团有限公司
Journal of Remote Sensing = 国际遥感学报	2694-1589	10-1734/V	中国科学院空天信息创新研究院
Journal of Resources and Ecology = 资源与生态学报	1674-764X	11-5885/P	中国科学院地理科学与资源研究所
Journal of Road Engineering = 道路工程学报	2097-0498	61-1520/U	长安大学
Journal of Rock Mechanics and Geotechnical Engineering = 岩石力学与岩土工程学报	1674-7755	42-1801/O3	中国科学院武汉岩土力学研究所等
Journal of Safety Science and Resilience = 安全科学与韧性	2096-7527	10-1656/X	中国科技出版传媒股份有限公司,清华大学
Journal of Science in Sport and Exercise = 体育运动科学	2096-6709	10-1599/G8	北京体育大学
Journal of Semiconductors = 半导体学报	1674-4926	11-5781/TN	中国科学院半导体研究所,中国电子学会

刊　名	ISSN	CN	主 办 单 位
Journal of Shanghai Jiaotong University. Science = 上海交通大学学报	1007-1172	31-1943/U	上海交通大学
Journal of Social Computing = 社会系统计算科学	2688-5255	10-1981/TP	清华大学
Journal of Southeast University = 东南大学学报	1003-7985	32-1325/N	东南大学
Journal of Sport and Health Science = 运动与健康科学	2095-2546	31-2066/G8	上海体育学院
Journal of Systematics and Evolution = 植物分类学报	1674-4918	11-5779/Q	中国科学院植物研究所,中国植物学会
Journal of Systems Engineering and Electronics = 系统工程与电子技术	1004-4132	11-3018/N	中国航天科工防御技术研究院等
Journal of Systems Science and Complexity = 系统科学与复杂性学报	1009-6124	11-4543/O1	中国科学院数学与系统科学研究院
Journal of Systems Science and Information = 系统科学与信息学报	1478-9906	10-1192/N	中国系统工程学会,中国科技出版传媒股份有限公司
Journal of Systems Science and Systems Engineering = 系统科学与系统工程学报	1004-3756	11-2983/N	中国系统工程学会
Journal of the Chinese Nation Studies = 中华民族共同体研究	2097-1281	10-1790/C	中央民族大学
Journal of the National Cancer Center = 癌症科学进展	2096-8663	10-1676/R73	国家癌症中心
Journal of the Operations Research Society of China = 中国运筹学会会刊	2194-668X	10-1191/O1	中国运筹学会,中国科技出版传媒股份有限公司
Journal of Thermal Science = 热科学学报	1003-2169	11-2853/O4	中国科学院工程热物理研究所
Journal of Traditional Chinese Medical Sciences = 中医科学杂志	2095-7548	10-1218/R	北京中医药大学,清华大学出版社
Journal of Traditional Chinese Medicine = 中医杂志	0255-2922	11-2167/R	中华中医药学会,中国中医科学院
Journal of Traffic and Transportation Engineering = 交通运输工程学报	2095-7564	61-1494/U	长安大学
Journal of Translational Neuroscience = 转化神经科学电子杂志	2096-0689	11-9363/R	高等教育出版社有限公司等
Journal of Tropical Meteorology = 热带气象学报	1006-8775	44-1409/P	广州热带海洋气象研究所
Journal of WTO and China = 世界贸易组织与中国	1674-8395	11-5907/F	对外经济贸易大学
Journal of Wuhan University of Technology. Materials Science Edition = 武汉理工大学学报. 材料科学版	1000-2413	42-1680/TB	武汉理工大学
Journal of Zhejiang University. Science A, Applied Physics & Engineering = 浙江大学学报. A 辑，应用物理与工程	1673-565X	33-1236/O4	浙江大学
Journal of Zhejiang University. Science B, Biomedicine & Biotechnology = 浙江大学学报. B 辑，生物医学与生物技术	1673-1581	33-1356/Q	浙江大学
Kuriero = 信使(世界语)	2096-9082	10-1711/C	中国外文局亚太传播中心(人民中国杂志社、中国报道杂志社)

刊　　名	ISSN	CN	主办单位
La Chine au Présent = 今日中国（法文）	1003-0921	11-2665/Z	中国外文局西欧与非洲传播中心（今日中国杂志社）
Language and Semiotic Studies = 语言与符号学研究	2096-031X	32-1859/H	苏州大学
Laparoscopic，Endoscopic and Robotic Surgery = 腔镜、内镜与机器人外科	2542-3614	33-1421/R	浙江大学
Law Yearbook of China = 中国法律年鉴	1672-1829	11-4896/Z	中国法学会
Life Metabolism = 生命代谢	2755-0230	10-1885/R	高等教育出版社有限公司
Light：Science & Applications = 光：科学与应用	2095-5545	22-1404/O4	中国科学院长春光学精密机械与物理研究所，中国光学学会
Liver Research = 肝脏研究	2096-2878	44-1725/R	中山大学
Machine Intelligence Research = 机器智能研究	2731-538X	10-1799/TP	中国科学院自动化所
Magnetic Resonance Letters = 磁共振快报	2097-0048	42-1917/O4	中国科学院精密测量科学与技术创新研究院
Malignancy Spectrum = 肿瘤学全景	2770-9140	10-1989/R	高等教育出版社有限公司
Marine Life Science & Technology = 海洋生命科学与技术	2096-6490	37-1519/Q	中国海洋大学，青岛海洋科学与技术国家实验室发展中心
Marine Science Bulletin = 海洋通报	1000-9620	12-1271/N	国家海洋信息中心
Materials Genome Engineering Advances = 材料基因工程前沿	2940-9489	10-1941/TB	北京科技大学，中国材料研究学会
Maternal-Fetal Medicine = 母胎医学杂志	2096-6954	10-1632/R71	中华医学会
Matter and Radiation at Extremes = 极端条件下的物质与辐射	2468-2047	51-1768/O4	中国工程物理研究院科技信息中心等
Medical Review = 医学评论	2097-0733	10-1793/R	北京大学
Medicine Plus = 医学＋	2097-289X	10-1883/R	中国科技出版传媒股份有限公司
Med-X = 生医工交叉与探索	2731-8710	31-2201/R	上海交通大学
Microsystems & Nanoengineering = 微系统与纳米工程	2096-1030	10-1327/TN	中国科学院电子学研究所
Military Medical Research = 军事医学研究	2095-7467	10-2094/R	军事科学院军事科学出版社
mLife = 微生物	2097-1699	10-1839/Q	中国科学院微生物研究所
Molecular Plant = 分子植物	1674-2052	31-2013/Q	中国科学院上海生命科学研究院植物生理生态所，中国植物生理学会
Mycology = 真菌学	2150-1203	10-1918/Q	中国科学院微生物研究所
Nano Biomedicine and Engineering = 纳米生物医学工程	2150-5578	31-2196/Q	上海交通大学
Nano Materials Science = 纳米材料科学	2096-6482	50-1217/TB	重庆大学
Nano Research = 纳米研究	1998-0124	11-5974/O4	清华大学，中国化学会
Nano Research Energy = 纳米能源研究	2791-0091	10-1944/O6	清华大学
Nanomanufacturing and Metrology = 纳米制造与计量	2520-811X	12-1463/TB	天津大学
Nano-Micro Letters = 纳微快报	2311-6706	31-2103/TB	上海交通大学
Nanotechnology and Precision Engineering = 纳米技术与精密工程	1672-6030	12-1458/O3	天津大学，中国微米纳米技术学会
National People's Congress of China = 中国人大（对外版）	1674-3008	11-5683/D	《中国人大》杂志社
National Science Open = 国家科学进展	2097-1168	10-1767/N	中国科技出版传媒股份有限公司

刊　名	ISSN	CN	主办单位
National Science Review ＝ 国家科学评论	2095-5138	10-1088/N	中国科技出版传媒股份有限公司
Natural Products and Bioprospecting ＝ 应用天然产物	2192-2195	53-1234/Q	中国科学院昆明植物研究所,中国科技出版传媒股份有限公司
Neural Regeneration Research ＝ 中国神经再生研究	1673-5374	11-5422/R	中国康复医学会,辽宁省细胞生物学学会
Neuroscience Bulletin ＝ 神经科学通报	1673-7067	31-1975/R	中国科学院脑科学与智能技术卓越创新中心,中国神经学会
npj Computational Materials ＝ 计算材料学	2096-5001	31-2149/TQ	中国科学院上海硅酸盐研究所
npj Flexible Electronics ＝ 柔性电子	2397-4621	32-1908/TN	南京工业大学
Nuclear Science and Techniques ＝ 核技术	1001-8042	31-1559/TL	中国科学院上海应用物理研究所,中国核学会
Numerical Mathematics：Theory,Methods and Applications ＝ 高等学校计算数学学报	1004-8979	32-1348/O1	南京大学
Oil Crop Science ＝ 中国油料作物学报	2096-2428	42-1861/S	中国农业科学院油料作物研究所
Oncology and Translational Medicine ＝ 肿瘤学与转化医学	2095-9621	42-1865/R	华中科技大学同济医学院
Opto-Electronic Advances ＝ 光电进展	2096-4579	51-1781/TN	中国科学院光电技术研究所
Opto-Electronic Science ＝ 光电科学	2097-0382	51-1800/O4	中国科学院光电技术研究所
Optoelectronics Letters ＝ 光电子快报	1673-1905	12-1370/TN	天津理工大学
Paper and Biomaterials ＝ 造纸与生物质材料	2096-2355	10-1401/TS	中国造纸学会,中国制浆造纸研究院有限公司
Particuology：Science and Technology of Particles ＝ 颗粒学报	1674-2001	11-5671/O3	中国颗粒学会,中国科学院过程工程研究所
Peace ＝ 和平	1002-8293	11-1509/D	中国人民争取和平与裁军协会
Pediatric Investigation ＝ 儿科学研究	2096-3726	10-1593/R72	中华医学会
Pedosphere ＝ 土壤圈	1002-0160	32-1315/P	中国科学院南京土壤研究所,中国土壤学会
Peking Mathematical Journal ＝ 北京数学杂志	2096-6075	10-1587/O1	北京大学
Petroleum ＝ 油气	2405-6561	51-1785/TE	西南石油大学
Petroleum Exploration and Development ＝ 石油勘探与开发	2096-4803	10-1529/TE	中国石油集团科学技术研究院
Petroleum Research ＝ 石油研究	2096-2495	10-1439/TE	中国石油学会,石油工业出版社有限公司
Petroleum Science ＝ 石油科学	1672-5107	11-4995/TE	中国石油大学(北京)
Photonic Sensors ＝ 光子传感器	1674-9251	51-1725/TP	电子科技大学
Photonics Research ＝ 光子学研究	2327-9125	31-2126/O4	中国科学院上海光学精密机械研究所
Phytopathology Research ＝ 植物病理学报	2524-4167	10-1545/Q	中国植物病理学会,中国农业大学
Plant Communications ＝ 植物通讯	2590-3462	31-2192/Q	中国科学院分子植物科学卓越创新中心,中国植物生理与植物分子生物学学会
Plant Diversity ＝ 植物多样性	2096-2703	53-1233/Q	中国科学院昆明植物研究所,中国植物学会
Plant Phenomics ＝ 植物表型组学	2643-6515	32-1898/Q	南京农业大学
Plasma Science and Technology ＝ 等离子体科学和技术	1009-0630	34-1187/TL	中国科学院合肥物质科学研究院,中国力学学会

刊 名	ISSN	CN	主 办 单 位
Portal Hypertension & Cirrhosis = 门静脉高压与肝硬化	2770-5838	10-1983/R5	中华医学会
Precision Clinical Medicine = 精准临床医学	2096-5303	51-1784/R	四川大学
Probability，Uncertainty and Quantitative Risk = 概率、不确定性与定量风险	2095-9672	37-1505/O1	山东大学
Progress in Natural Science：Materials International = 自然科学进展：国际材料	1002-0071	10-1147/N	中国材料研究学会
Propulsion and Power Research = 推进与动力	2212-540X	10-1919/V	北京航空航天大学
Protein & Cell = 蛋白质与细胞	1674-800X	11-5886/Q	高等教育出版社有限公司,中国生物物理学会
Pudong Yearbook = 浦东年鉴	1009-6655	31-1822/Z	上海浦东新区史志编纂委员会办公室
QiuShi = 求是	1674-7569	11-5894/D	求是杂志社
Quantitative Biology = 定量生物学	2095-4689	10-1082/Q	高等教育出版社有限公司,清华大学
Quantum Frontiers = 量子前沿	2731-6106	31-2190/O4	上海交通大学
Radiation Detection Technology and Methods = 辐射探测技术与方法	2509-9930	10-1633/TL	中国科学院高能物理研究所
Radiation Medicine and Protection = 放射医学与防护	2097-0439	10-1773/R	中华医学会
Radiology of Infectious Diseases = 感染疾病放射学杂志	2352-6211	10-1595/R8	人民卫生出版社有限公司
Railway Engineering Science = 铁道工程科学	2662-4745	51-1795/U	西南交通大学
Rare Metal Materials and Engineering = 稀有金属材料与工程	2096-0530	10-1190/TG	西北有色金属研究院等
Rare Metals = 稀有金属	1001-0521	11-2112/TF	中国有色金属学会,有研科技集团有限公司
Regenerative Biomaterials = 再生生物材料	2056-3418	51-1798/R	中国生物材料学会
Regional Sustainability = 区域可持续发展	2097-0129	65-1317/X	中国科学院新疆生态与地理研究所
Reproductive and Developmental Medicine = 生殖与发育医学	2096-2924	10-1442/R	中华医学会等
Research in Astronomy and Astrophysics = 天文和天体物理学研究	1674-4527	11-5721/P	中国科学院国家天文台,中国天文学会
Research in Cold and Arid Regions = 寒旱区科学	2097-1583	62-1201/P	中国科学院寒区旱区环境与工程研究所,科学出版社有限责任公司
Research：Official Journal of CAST = 研究	2096-5168	10-1541/N	科技导报社
Rheumatology & Autoimmunity = 风湿病与自身免疫	2767-1410	10-1881/R	中华医学会
Rice Science = 水稻科学	1672-6308	33-1317/S	中国水稻研究所
Rock Mechanics Bulletin = 岩石力学通报	2773-2304	10-1987/O3	中国岩石力学与工程学会,中国矿业大学（北京）
Satellite Navigation = 卫星导航	2662-9291	10-1625/P2	中国科学院空天信息创新研究院,中国科技出版传媒股份有限公司
Science Bulletin = 科学通报	2095-9273	10-1298/N	中国科学院,国家自然科学基金委员会

刊　　名	ISSN	CN	主办单位
Science China. Chemistry = 中国科学. 化学	1674-7291	11-5839/O6	中国科学院,国家自然科学基金委员会
Science China. Earth Sciences = 中国科学. 地球科学	1674-7313	11-5843/P	中国科学院,国家自然科学基金委员会
Science China. Information Sciences = 中国科学. 信息科学	1674-733X	11-5847/TP	中国科学院,国家自然科学基金委员会
Science China. Life Sciences = 中国科学. 生命科学	1674-7305	11-5841/Q	中国科学院,国家自然科学基金委员会
Science China. Materials = 中国科学. 材料科学	2095-8226	10-1236/TB	中国科学院,国家自然科学基金委员会
Science China. Mathematics = 中国科学. 数学	1674-7283	11-5837/O1	中国科学院,国家自然科学基金委员会
Science China. Physics，Mechanics & Astronomy = 中国科学. 物理学 力学 天文学	1674-7348	11-5849/N	中国科学院,国家自然科学基金委员会
Science China. Technological Sciences = 中国科学. 技术科学	1674-7321	11-5845/TH	中国科学院,国家自然科学基金委员会
Science of Traditional Chinese Medicine = 中医药科学	2836-922X	10-1916/R	中国中医科学院中药研究所
Security and Safety = 一体化安全	2097-2121	10-1841/TP	中国科技出版传媒股份有限公司
Seed Biology = 种子生物学	2834-5495	46-1088/Q	海南省崖州湾种子实验室
Shanghai Almanac = 上海年鉴	1672-5395	31-1928/Z	上海市地方志办公室
Shanghai Economy Almanac = 上海经济年鉴	1674-3725	31-1821/F	上海市人民政府发展研究中心
Signal Transduction and Targeted Therapy = 信号转导与靶向治疗	2095-9907	51-1758/R	四川大学
Sky Times = 蓝天时代	2096-1375	10-1381/G1	中国民航出版社有限公司
SmartMat = 智能材料	2688-819X	12-1478/O6	天津大学
Social Sciences in China = 中国社会科学	0252-9203	11-1335/C	中国社会科学院
Soil Ecology Letters = 土壤生态学快报	2662-2289	10-1628/S1	高等教育出版社有限公司,中国科学院城市环境研究所
South China Journal of Cardiology = 岭南心血管病杂志	1009-8933	44-1512/R	广东省心血管病研究所
Space：Science & Technology = 空间科学与技术	2692-7659	10-1811/V	北京理工大学
Special Focus = 特别关注	2096-2207	42-1879/Z	湖北特别关注传媒有限公司
Statistical Theory and Related Fields = 统计理论及其应用	2475-4269	31-2182/O1	华东师范大学,中国现场统计研究会
Stroke and Vascular Neurology = 卒中与血管神经病学	2059-8688	10-1528/R	中国卒中学会
Superconductivity = 超导	2772-8307	31-2188/TM	上海交通大学
Surface Science and Technology = 表面科学技术	2731-7838	50-1227/TG	中国兵器装备集团西南技术工程研究所
Synthetic and Systems Biotechnology = 合成和系统生物技术	2097-1206	10-1776/Q	中国科技出版传媒股份有限公司
That's China = 城市漫步	1672-8017	11-5231/G0	五洲传播出版传媒有限公司
That's GBA = 城市漫步. 广州（英文）	1672-8041	11-5234/G0	五洲传播出版传媒有限公司
That's Shanghai = 城市漫步. 上海（英文）	1672-8033	11-5233/G0	五洲传播出版传媒有限公司
The Crop Journal = 作物学报	2095-5421	10-1112/S	中国作物学会等

刊　　名	ISSN	CN	主 办 单 位
The International Journal of Intelligent Control and Systems ＝ 国际智能控制与系统学报	0218-7965	10-1942/TP	中国自动化学会
The Journal of Biomedical Research ＝ 生物医学研究杂志	1674-8301	32-1810/R	南京医科大学,忠北大学
The Journal of China Universities of Posts and Telecommunications ＝ 中国邮电高校学报	1005-8885	11-3486/TN	北京邮电大学
The Journal of Human Rights ＝ 人权	1671-4016	11-4778/D	中国人权研究会
The People's Republic of China Yearbook ＝ 中华人民共和国年鉴	1000-9396	11-2646/Z	新华出版社
The Voice of Dharma ＝ 法音	2096-8787	10-1675/B9	中国佛教协会
The World of Chinese ＝ 汉语世界	2096-7799	10-1608/H1	商务印书馆有限公司
Theoretical and Applied Mechanics Letters ＝ 力学快报	2095-0349	11-5991/O3	中国科学院力学研究所,中国力学学会
Transactions of Nanjing University of Aeronautics and Astronautics ＝ 南京航空航天大学学报	1005-1120	32-1389/V	南京航空航天大学
Transactions of Nonferrous Metals Society of China ＝ 中国有色金属学报	1003-6326	43-1239/TG	中国有色金属学会
Transactions of Tianjin University ＝ 天津大学学报	1006-4982	12-1248/T	天津大学
Translational Neurodegeneration ＝ 转化神经变性病	2096-6466	31-2159/R74	上海交通大学医学院附属瑞金医院,上海交通大学
Transportation Safety and Environment ＝ 交通安全与环境	2631-6765	43-1553/U2	中南大学,中国铁道学会
Tsinghua Science and Technology ＝ 清华大学学报自然科学版	1007-0214	11-3745/N	清华大学
Tungsten ＝ 钨科技	2661-8028	36-1350/TF	江西理工大学,中国有色金属学会
Ultrafast Science ＝ 超快科学	2097-0331	61-1519/O4	中国科学院西安光学精密机械研究所
Underground Space ＝ 地下空间	2096-2754	31-2130/TU	同济大学
Unmanned Systems ＝ 无人系统	2301-3850	10-1779/TP	北京理工大学
UroPrecision ＝ 精准泌尿学	2835-1061	10-1884/R	高等教育出版社有限公司
Virologica Sinica ＝ 中国病毒学	1674-0769	42-1760/Q	中国科学院武汉病毒所,中国微生物学会
Visual Computing for Industry, Biomedicine and Art ＝ 工医艺的可视计算	2096-496X	10-1521/TP	中国图学学会
Visual Informatics ＝ 可视信息学	2543-2656	33-1428/TP	浙江大学
Visual Intelligence ＝ 视觉智能	2731-9008	10-1920/TP	中国图象图形学学会
Voice of Friendship ＝ 友声	1000-9582	11-1234/D	中国人民对外友好协会
Waste Disposal & Sustainable Energy ＝ 废弃物处置与可持续能源	2524-7980	33-1423/TK	浙江大学
Water Biology and Security ＝ 水生生物与安全	2772-7351	42-1940/Q	中国科学院水生生物研究所
Water Science and Engineering ＝ 水科学与水工程	1674-2370	32-1785/TV	河海大学
Whenever Beijing ＝ 漫步北京(日文)	1672-805X	11-5235/G0	五洲传播出版传媒有限公司
Whenever Shanghai ＝ 城市漫步.上海(日文)	1672-8068	11-5236/G0	五洲传播出版传媒有限公司
Women of China ＝ 中国妇女	1000-9388	11-1704/C	中华全国妇女联合会

刊　　名	ISSN	CN	主办单位
World History Studies ＝ 世界史研究	2095-6770	10-1180/K	中国社会科学院世界历史研究所，社会科学文献出版社
World Journal of Acupuncture -Moxibustion ＝ 世界针灸杂志	1003-5257	11-2892/R	世界针灸学会联合会等
World Journal of Emergency Medicine ＝ 世界急诊医学杂志	1920-8642	33-1408/R	浙江大学,浙江大学医学院附属第二医院
World Journal of Integrated Traditional and Western Medicine ＝ 世界中西医结合杂志	2096-0964	10-1354/R	中华中医药学会
World Journal of Otorhinolaryngology - Head and Neck Surgery ＝ 世界耳鼻咽喉头颈外科杂志	2095-8811	10-1248/R	中华医学会
World Journal of Pediatric Surgery ＝ 世界小儿外科杂志	2096-6938	33-1413/R72	浙江大学,浙江大学医学院附属儿童医院
World Journal of Pediatrics ＝ 世界儿科杂志	1708-8569	33-1390/R	浙江大学等
World Journal of Traditional Chinese Medicine ＝ 世界中医药杂志	2311-8571	10-1395/R	世界中医药学会联合会
Wuhan University Journal of Natural Sciences ＝ 武汉大学学报. 自然科学版	1007-1202	42-1405/N	武汉大学
Zoological Research ＝ 动物学研究	2095-8137	53-1229/Q	中国科学院昆明动物研究所,中国动物学会
Zoological Research：Diversity and Conservation ＝ 动物学研究:多样性与保护	2097-3772	53-1243/Q95	中国科学院昆明动物研究所
Zoological Systematics ＝ 动物分类学报	2095-6827	10-1160/Q	中国科学院动物研究所等
ZTE Communications ＝ 中兴通讯技术	1673-5188	34-1294/TN	时代出版传媒有限公司,深圳航天广宇工业有限公司
Дыхание Китая ＝ 中国风(俄文)	2095-8005	10-1230/G1	中央广播电视总台
Жібек Жолына Назар ＝ 丝路瞭望(哈萨克文)	2096-2584	10-1431/D	人民画报社
Китай ＝ 中国(俄文)	1005-5010	11-5620/Z	人民画报社
Континост ＝ 大陆桥(俄文)	1671-2013	65-1219/G2	新疆维吾尔自治区对外文化交流协会等
Пайванди китъахо ＝ 大陆桥(塔吉克文)	2096-7837	65-1292/G2	新疆维吾尔自治区对外文化交流协会等
Партнеры ＝ 伙伴(俄文)	1672-2264	23-1512/D	黑龙江省委对外宣传办公室
Шелковый Путь-РЕВЮ ＝ 丝路瞭望(俄文)	2096-2576	10-1430/D	人民画报社
الصين اليوم ＝ 今日中国(阿拉伯文)	1673-7601	11-2668/Z	中国外文局西欧与非洲传播中心(今日中国杂志社)
चीन-भारत संवाद ＝ 中印对话(印地文)	2096-2606	10-1434/D	人民画报社
แม่น้ำโขง＝ 湄公河(泰文)	1671-7260	53-1177/G2	云南省人民政府新闻办公室
မင်္ဂလာ ＝ 吉祥(缅文)	1009-9417	53-1115/G2	云南省人民政府新闻办公室
ຈ້າປາ ＝ 占芭(老挝文)	1673-3266	53-1200/D	云南省人民政府新闻办公室
ខ្មែរ ＝ 高棉(柬埔寨文)	2095-249X	53-1219/C	云南省人民政府新闻办公室
人民中国 ＝ 人民中国(日文)	0449-0312	11-1380/G2	中国外文局亚太传播中心(人民中国杂志社、中国报道杂志社)
중국＝ 中国(韩文)	1674-0564	11-5621/Z	中国外文局亚太传播中心(人民中国杂志社、中国报道杂志社)

部分有国际标准书号的连续出版物一览表

题　　名	中图分类号	主办单位
阿拉伯研究论丛	D73	北京第二外国语学院阿拉伯研究中心
阿来研究	I206.7	四川大学阿来研究中心
版本目录学研究	G256.22	北京大学国学研究院
北大法律评论	D9	北京大学法学院
北大国际法与比较法评论	D99	北京大学法学院
北大史学	K	北京大学历史学系
北大文化产业评论	G114	北京大学文化产业研究院,北京大学国家文化产业创新与发展研究基地
北大新闻与传播评论	G2	北京大学新闻与传播学院
北大政治学评论	D	北京大学政府管理学院
北大知识产权评论	D923.4	北京大学知识产权学院
北斗语言学刊	H	陕西师范大学文学院/语言科学研究所
北京大学中国古文献研究中心集刊	G256	北京大学中国古文献研究中心
北京档案史料	K291	北京市档案馆
北京文博文丛	G26	北京市文物局
北京仲裁	D9	北京仲裁委员会
比较经学	B2	中央民族大学
比较文学与跨文化研究	I0	上海交通大学外国语学院
比较哲学与比较文化论丛	B	武汉大学哲学学院
比较政治学研究	D	天津师范大学政治与行政学院
边疆考古研究	K872	吉林大学边疆考古研究中心
边缘法学论坛	D9	江西农业大学边缘法学研究中心
财经高教研究	F810	上海财经大学
财政史研究	F812.9	中央财经大学中国财政史研究所
残障权利研究	D922.7	武汉大学公益与发展法律研究中心
产业经济评论(济南)	F26	山东大学经济学院,山东大学产业经济研究所
产业组织评论	F26	东北财经大学产业组织与企业组织研究中心,中国工业经济学会
长安学术	K294.11	陕西师范大学文学院
城市史研究	C912.81	天津社会科学院中国城市历史研究会
城市文化评论	C912.81	东莞理工学院,东莞文化发展研究中心
城市与区域规划研究	TU98	清华大学建筑学院
重庆大学法律评论	D9	重庆大学法学院
出土文献研究	K877	中国文化遗产研究院
出土文献与古文字研究	K877	复旦大学出土文献与古文字研究中心
出土文献综合研究集刊	K877	西南大学出土文献综合研究中心,西南大学汉语言文献研究所
传媒经济与管理研究	G206.2	中国新闻史学会传媒经济与管理研究会等
传统中国研究集刊	K203	上海社会科学院历史研究所
创新与创业管理	F27	清华大学技术创新研究中心
创意城市学刊	C912.81	杭州市社会科学界联合会,杭州市社会科学院
创意管理评论	C93	四川大学社科研处等
词学	I207.2	华东师范大学中文系
大国经济研究	F11	湖南师范大学大国经济研究中心
大连近代史研究	K293.1	大连市近代史研究所,旅顺日俄监狱旧址博物馆

题　　　名	中图分类号	主 办 单 位
大数据与中国历史研究	K2	华中师范大学历史文化学院
当代比较文学	I0	北京语言大学
当代国外马克思主义评论	A81	复旦大学当代国外马克思主义研究中心
当代会计评论	F23	厦门大学会计发展研究中心,厦门大学管理学院会计系
当代儒学	B222	四川思想家研究中心等
当代社会政策研究	D601	中国社会科学院社会学研究所社会政策研究室
当代中国马克思主义哲学研究	A81	江苏师范大学哲学范式研究院,原中共中央编译局江苏师范大学发展理论研究中心
党内法规理论研究	D262.6	武汉大学党内法规研究中心
道家文化研究	B223	(青松观)香港道教学院,北京大学道家研究中心
德国哲学	B516	湖北大学哲学学院
地方法制评论	D927	华南理工大学广东地方法制研究中心
地方文化研究辑刊	G127	四川省哲学社会科学重点研究基地等
东北振兴与东北亚区域合作	F12	辽宁大学东北振兴研究中心
东方博物	K87	浙江省博物馆
东方考古	K883	山东大学文化遗产研究院等
东方文学研究集刊	I106	北京大学东方文学研究中心
东方语言学	H	上海高校比较语言学 E-研究院,上海师范大学语言研究所
东方哲学	B3	上海师范大学中国传统思想研究所等
东南法学	D9	东南大学法学院
东亚评论	D731	山东大学
都市社会工作研究	D669	上海大学社会学院社会工作系
都市文化研究	C912.81	上海师范大学都市文化研究中心
对外汉语研究	H195	上海师范大学《对外汉语研究》编委会
敦煌吐鲁番研究	K870.6	中国敦煌吐鲁番学会等
多彩贵州文化学刊	G127	贵州民族大学
法国哲学研究	B565.5	复旦大学哲学院
法理	D90	中国政法大学法学院法学方法论研究中心,北京市天同律师事务所
法律方法	D90	华东政法大学法律方法论学科暨法律方法研究院
法律和社会科学	D90	北京大学比较法和法律社会学研究所
法律人类学论丛	D90	中国人类学民族学研究会法律人类学专业委员会
法律社会学评论	D90	华东理工大学法律社会学研究中心
法律史评论	D909	四川大学法学院
法律史译评	D909	厦门大学法学院
法律书评	D90	北京大学法治研究中心
法律文化研究	D90	中国人民大学法律文化研究中心,曾宪义法学教育与法律文化基金会
法律与伦理	D90	常州大学史良法学院
法学教育研究	D90	西北政法大学
法治论坛	D9	广州市法学会
翻译教学与研究	H059	重庆翻译学会,四川外国语大学
翻译界	H059	北京外国语大学
反歧视评论	D911	中国政法大学宪政研究中心
非物质文化遗产研究集刊	K203	浙江师范大学浙江省非物质文化遗产研究基地
非遗传承研究	G122	上海师范大学中西书局
非洲研究	D74	浙江师范大学非洲研究院

题　　名	中图分类号	主办单位
风险灾害危机研究	D63	南京大学公共管理学院
佛教文化研究	B948	南京大学东方哲学与宗教文化研究中心
符号与传媒	H0	四川大学符号学-传媒学研究所
妇女与性别史研究	C913.68	上海师范大学女性研究中心等
复旦城市治理评论	C912.81	复旦大学国际关系与公共事务学院
复旦大学法律评论	D9	复旦大学法学院
复旦公共行政评论	D	复旦大学国际关系与公共事务学院
复旦谈译录	H059	复旦大学文学翻译研究中心
复旦外国语言文学论丛	H3	复旦大学外文学院
复旦政治学评论	D	复旦大学国际关系与公共事务学院
复旦政治哲学评论	D0-05	复旦大学国际关系与公共事务学院
复杂科学管理	C931	武汉大学,清华大学技术创新研究中心
高等教育评论	G64	中南财经政法大学高等教育研究中心
高校学生工作研究	G645.5	吉林大学大学生思想政治教育发展研究中心
工业文化研究	T-05	华中师范大学中国工业文化研究中心
公法研究	D9	浙江大学公法与比较法研究所
公共经济与政策研究	F062.6	西南财经大学财政税务学院,西南财经大学地方人大预算审查监督研究中心
公司法律评论	D922.291	上海市锦天城律师事务所,华东政法大学经济法律研究院
公司治理评论	F276.6	南开大学公司治理研究中心
古代文明	K203	北京大学中国考古学研究中心,北京大学震旦古代文明研究中心
古代文学理论研究	I206.2	华东师范大学中文系
古典文献研究	G256	南京大学古典文献研究所
古典学评论	K107	西南大学古典文明研究所,西南大学希腊研究中心
古籍研究	G256	安徽大学文学院等
古文字研究	H121	中国古文字研究会,吉林大学古文字研究室编
鼓浪屿研究	K295.73	厦门市社会科学界联合会等
关中农村研究	C912.82	西北农林科技大学人文社会发展学院
管理学季刊	C93	中山大学管理学院
管理研究(武汉)	C93	武汉大学
桂学研究	G127	广西师范大学文学院,广西师范大学新闻与传播学院
国别和区域研究	D5	北京语言大学
国际法与比较法论丛	D99	湖南师范大学法学院
国际关系评论	D81	南京大学国际关系研究院
国际关系与国际法学刊	D99	厦门大学法学院国际关系与国际法跨学科研究中心
国际汉学研究通讯	K207.8	北京大学国际汉学家研修基地
国际汉语文化研究	H195	四川大学海外教育学院
国际儒学论丛	B222	山东社会科学院
国际文化管理	G113	对外经济贸易大学文化与休闲产业研究中心,对外经济贸易大学公共管理学院
国际中国文学研究丛刊	I206	天津师范大学国际中国文学研究中心
国际中文教育研究	H195	浙江师范大学国际文化与教育学院,教育部中外语言交流合作中心国际中文教育实践与研究非洲基地
国家航海	U6	上海中国航海博物馆
国学	K207.8	四川师范大学中华传统文化学院,四川省人民政府文史研究馆

题　　名	中图分类号	主 办 单 位
国学论衡	K207.8	甘肃中国传统文化研究会,兰州大学哲学社会学院
国学研究	K207.8	北京大学国学研究院
海大法律评论	D9	上海海事大学海商法研究中心
海岱学刊	C55	教育部人文社科重点研究基地山东师范大学齐鲁文化研究院
海关法评论	D912.2	上海市法学会海关法研究会,上海海关学院海关法研究中心
海派经济学	F0	上海财经大学海派经济学研究中心
海洋史研究	P7	广东省社会科学院海洋史研究中心
韩国研究论丛	K312.6	复旦大学韩国研究中心
汉籍与汉学	G256	山东大学国际汉学研究中心
汉学研究	K207.8	北京语言大学
汉语国际传播研究	H195	中央民族大学国际教育学院,商务印书馆有限公司
汉语国际教育学报	H195	北京语言大学
汉语教学学刊	H195	北京大学对外汉语教育学院
汉语史学报	H1	浙江大学汉语史研究中心
汉语史研究集刊	H1	四川大学中国俗文化研究所,四川大学汉语史研究所
汉藏语学报	H4	中央民族大学,中国少数民族语言与古籍研究所
红色文化资源研究	F592	井冈山大学中国共产党革命精神与文化资源研究中心等
宏德学刊	K203	南京大学中华文化研究院,江苏宏德文化出版基金会
后学衡	I209.6	西南大学文学院
湖北文史	K296.3	湖北省政协文史资料委员会
华侨华人文献学刊	D634.3	华侨大学华侨华人文献中心,俄亥俄大学邵友保博士海外华人文献研究中心
华文文学评论	I106	四川大学文学与新闻学院等
华夏传播研究	G206	厦门大学新闻传播学院,厦门大学传播研究所
华夏文化论坛	K203	吉林大学中国文化研究所
华中传播研究	G206	华中师范大学新闻传播学院
华中学术	C55	华中师范大学文学院
淮扬文化研究	G127	扬州大学淮扬文化研究中心
环境法评论	D912.6	武汉大学环境法研究所
环境资源法论丛	D912.6	中南财经政法大学法学院环境资源法研究所
黄河文明与可持续发展	K292	河南大学黄河文明与可持续发展研究中心
徽学	K295.4	安徽大学徽学研究中心
基督教思想评论	B978	维真学院中国研究部
基督教文化学刊	B978	中国人民大学基督教文化研究所
基督教学术	B978	复旦大学哲学学院基督教研究中心
基督宗教研究	B978	中国社会科学院基督教研究中心
暨南史学	K207	暨南大学中外关系研究所
家事法研究	D923.9	中国法学会婚姻家庭法学研究会
家庭与性别评论	D669.1	中国社会科学院社会学研究所
甲骨文与殷商史	K877.14	中国社会科学院甲骨学殷商史研究中心
价值论研究	B018	上海大学价值与社会研究中心,中国辩证唯物主义研究会价值论研究专业委员会
价值论与伦理学研究	B018	湖北大学哲学学院等
简帛	K877.5	武汉大学简帛研究中心
简帛研究	K877.5	中国社会科学院简帛研究中心,中国社会科学院古代史研究所秦汉史研究室
简牍学研究	K877.5	西北师范大学文学院历史所,甘肃省文物考古研究所

题　　名	中图分类号	主　办　单　位
建设管理研究	F284	重庆大学建设管理与房地产学院
教育伦理研究	G40-059.1	上海师范大学跨学科研究中心
节日研究	K891.1	山东大学
金融法苑	D912.2	北京大学金融法研究中心
金融管理研究	F83	上海师范大学
金融科学	F83	对外经济贸易大学金融学院
金融学季刊	F83	中国金融学年会
近代史学刊	K25	华中师范大学中国近代史研究所
近代史资料	K25	中国科学院历史研究所第三所
近代中国	K25	上海中山学社
近现代国际关系史研究	D819	首都师范大学历史学院国际关系史研究中心
晋商研究	F729	山西财经大学晋商研究院
经典与解释	K103	中国人民大学
经典中的法理	D90	西南政法大学法学理论学科
经济动态与评论	F	山东社会科学院
经济法论丛	D912.29	中南大学法学院
经济法论坛	D912.29	西南政法大学经济法研究中心
经济法学评论	D912.29	中国人民大学经济法学研究中心
经济法研究	D912.29	北京大学经济法研究所
经济理论与政策研究	F0	山东省理论建设工程重点研究基地山东财经大学山东省经济理论与政策研究中心
经济统计学（季刊）	F222	全国经济统计学协同发展论坛
经学文献研究集刊	K203	上海交通大学经学文献研究中心
竞争法律与政策评论	D922.294	上海交通大学竞争法律与政策中心,上海市法学会竞争法研究会
抗战文化研究	K265	广西抗战文化研究会,广西社会科学院文化研究所
考古学集刊	K85	中国社会科学院考古所考古杂志社
考古学研究	K85	北京大学考古文博学院
科举学论丛	D691.3	上海嘉定博物馆(上海中国科举博物馆),浙江大学科举学与考试研究中心
跨文化对话	G0	北京大学跨文化研究中心等
跨文化研究	G115	北京第二外国语学院文学院(跨文化研究院)
会计论坛	F23	中南财经政法大学会计研究所
会计与控制评论	F23	东北财经大学会计学院,中国内部控制研究中心
劳动教育评论	G40-015	中国劳动关系学院劳动教育中心
劳动经济评论	F24	山东大学威海劳动经济研究所
劳动哲学研究	C970.2	上海师范大学跨学科研究中心
老子学刊	B223.1	四川大学老子研究院
理论与史学	K0	中国社会科学院历史研究所马克思主义史学理论与史学史研究室
历史文献	K2	上海图书馆历史文献研究所
历史文献研究	K2	中国历史文献研究会
历史文献与传统文化	K2	暨南大学中国文化史籍研究所
历史语言学研究	H	中国社会科学院语言研究所
励耘学刊	I206	北京师范大学文学院
励耘语言学刊	H	北京师范大学文学院

题　　名	中图分类号	主　办　单　位
粮食经济研究（集刊）	F326.11	南京财经大学粮食安全与战略研究中心，南京财经大学现代粮食流通与安全协同创新中心
伦理学术	B82	复旦大学，上海教育出版社
伦理学与公共事务	B82	浙江师范大学国家治理研究院
珞珈管理评论	F270	武汉大学经济与管理学院
珞珈史苑	K	武汉大学历史学院
旅游规划与设计	F592	北京大学城市与环境学院旅游研究与规划中心
马克思主义美学研究	A81	浙江大学传媒与国际文化学院，南京大学美学研究所
马克思主义文化研究	A81	山东大学马克思主义学院，中国社会科学院经济社会发展研究中心
马克思主义学刊	A81	首都经济贸易大学马克思主义学院
马克思主义哲学评论	A81	首都师范大学马克思主义学院
马克思主义哲学研究	A81	武汉大学马克思主义哲学研究所，马克思主义理论与中国实践湖北省协同创新中心
满学研究	K282.1	东北大学中国满学研究院
贸大法学	D9	对外经济贸易大学法学院
媒介批评	G206.2	同济大学艺术与传媒学院等
美国问题研究	D771.2	复旦大学美国研究中心
美术史与观念史	J110.9	南京师范大学美术学院
美学与艺术评论	J01	复旦大学文艺学美学研究中心
民国研究	K258	南京大学中华民国史研究中心，中国社会科学院
民间法	D920.4	中南大学法学院
民商法论丛	D923	中国社会科学院法学研究所民法研究室
民商法争鸣	D923	四川大学法学院
民俗典籍文字研究	H1	北京师范大学民俗典籍文字研究中心
明清论丛	K248	故宫博物院，北京大学
明清文学与文献	I206.48	黑龙江大学明清文学与文化研究中心
明史研究论丛	K248	中国社会科学院历史研究所明史研究室
南大商学评论	F0	南京大学商学院
南大戏剧论丛	J8	南京大学戏剧影视研究所
南大亚太评论	D73	南京大学亚太发展研究中心
南方民族考古	K874	四川大学博物馆等
南方语言学	H17	暨南大学汉语方言研究中心
南方治理评论	D625.651	广州大学南方治理研究院，广州市智慧智力研究中心
南海地质研究	P5	中国地质调查局，广州海洋地质调查局信息资料所
南开法律评论	D9	南开大学法学院
南开日本研究	K313	南开大学日本研究院，南开大学日本研究中心
南开诗学	I207.2	南开大学文学院
南开语言学刊	H	南开大学文学院、汉语言文化学院
年画研究	J218.3	天津大学冯骥才文学艺术研究院，中国木版年画研究中心
女作家学刊	I206	北京语言大学
欧亚学刊	K107	中国社会科学院历史研究所内陆欧亚学研究中心
欧洲语言文化研究	H3	北京外国语大学欧洲语言文化学院
判解研究	D92	中国人民大学民商事法律研究中心
骈文研究	I207.225	广西师范大学中华优秀传统文化传承发展中心
秦汉研究	K232	中国秦汉史研究会，咸阳师范学院
青岛文化研究	K295.23	中国海洋大学中国传统文化研究中心

题　　名	中图分类号	主办单位
青铜器与金文	K87	北京大学出土文献研究所
清华法治论衡	D9	清华大学法学院
清华国学	K207.8	清华大学国学研究院
清华金融法律评论	D922.28	清华大学商法研究中心
清华社会科学	C55	清华大学社会科学学院
清华社会学评论	C91	清华大学社会学系
清华西方哲学研究	B5	清华大学哲学系
清华元史	K247	清华大学国学研究院
清史论丛	K249	中国社会科学院历史研究所清史研究室
情报学进展	G250.2	中国国防科学技术信息学会
区域	D73	清华大学人文与社会科学高等研究所
区域文化与文学研究集刊	I206	中国当代文学研究会区域文学委员会等
全球史评论	K1	首都师范大学历史学院全球史研究中心
全真道研究	B223	山东大学儒学高等研究院
人才培养与教学改革：浙江工商大学教学改革论文集	G642.0	浙江工商大学
人大法律评论	D9	中国人民大学法学院
人工智能法学研究	D912.17	西南政法大学人工智能法律研究院
人口、社会、法制研究	C91	贵州省高校人文社科重点研究基地-贵州大学人口·社会·法制研究中心
人力资源管理评论	F241	南京大学商学院
人权研究	D082	山东大学法学院人权研究中心
人文论丛	C55	武汉大学中国传统文化研究中心
人文新视野	I0	中国社会科学院比较文学研究中心，西北工业大学外国语学院
人文与科技	G640	贵州民族大学人文科技学院
人文宗教研究	B9	北京大学宗教文化研究院
认知诗学	I052	中国比较文学学会认知诗学分会，四川大学艺术学院
日本法研究	D931.3	《日本法研究》编辑委员会
日本文论	D731.3	中国社会科学院日本研究所
日本学研究	K313	北京日本学研究中心
日本研究论丛	K313	东北师范大学日本研究所
日本哲学与思想研究	B313	北京外国语大学日本学研究中心
儒家典籍与思想研究	B222	北京大学《儒藏》编纂与研究中心
儒藏论坛	B222	四川大学国际儒学研究院
三峡文化研究	G127	湖北省高等院校人文社会科学重点研究基地三峡大学三峡文化与经济社会发展研究中心等
上古汉语研究	H109.2	中国社会科学院语言研究所
上海档案史料研究	K295.1	上海市档案馆
上海鲁迅研究	K825.6	上海鲁迅纪念馆
上海诗人	I207.2	上海市作家协会等
上海视觉	J06	上海视觉艺术学院
上海文博论丛	G26	上海博物馆
绍兴鲁迅研究	I210	绍兴鲁迅纪念馆，绍兴市鲁迅研究中心
社会创新研究	D63	广州市人文社科重点研究基地等
社会法评论	D912.5	中国人民大学劳动法和社会保障法研究所

题　名	中图分类号	主 办 单 位
社会法学研究	D912.5	西南政法大学劳动社会保障法制研究中心,重庆市民政法治研究基地
社会批判理论纪事	C91	南京大学马克思主义社会理论研究中心
社会史研究	K207	山西大学中国社会史研究中心
社会学刊	C55	复旦大学社会学系
社会中的法理	D90	西南政法大学法社会学与法人类学研究中心
社区心理学研究	C916-05	中国心理学会社区心理学专业委员会,重庆市人文社会科学重点研究基地西南大学心理学社会发展研究中心
审判前沿	D915	北京市高级人民法院
圣经文学研究	B971	河南大学文学院圣经文学研究所
晟典律师评论	D9	晟典律师事务所
盛京法律评论	D9	辽宁大学法学院
师大法学	D9	华东师范大学法学院
诗探索	I207.2	中国当代文学研究会等
诗学	I207.2	西南大学中国诗学研究中心,中国新诗研究所
实证社会科学	C55	上海交通大学国际与公共事务学院
史地	K2	南京大学历史学院
史学理论与史学史学刊	K0	北京师范大学史学理论与史学史研究中心
世界华文教学	G749	海外华文教育与中华文化传播协同创新中心,华侨大学华文教育研究院
世界近现代史研究	K1	南开大学世界近现代史研究中心
世界政治研究	D5	中国人民大学国际关系学院
蜀学	K297.1	西华大学四川省人民政府文史研究馆蜀学研究中心
数量经济研究	F224.0	吉林大学数量经济研究中心
数字人文	C39	清华大学,中华书局
水历史与水文明研究	K928.4	水利部宣传教育中心等
税法解释与判例评注	D922.22	武汉大学法学院
司法改革论评	D926	西南政法大学法学院,西南政法大学比较民事诉讼法研究中心
司法学研究	D916	华东政法大学司法学研究院
司法智库	D916	上海师范大学
丝绸之路研究集刊	K203	陕西师范大学历史文化学院等
丝路文化研究	K203	南京大学中华文化研究院,中国天楹文化研究院
丝路文明(杭州)	K928.6	浙江大学中亚与丝路文明研究中心等
私法	D997	北京大学法学院
思想与法治教育研究	D64	西南政法大学关心下一代工作委员会
思想与文化	K203	华东师范大学中国现代思想文化研究所
斯文	I207.62	北京师范大学文学院中国古代文学研究所
四川大学法律评论	D9	四川大学法学院
四库学	Z121.5	首都师范大学四库学研究中心
宋代文化研究	K244	四川大学古籍整理研究所,四川大学宋代文化研究中心
宋史研究论丛	K244	河北大学宋史研究中心
苏州文博论丛	G26	苏州博物馆
诉讼法学研究	D915	中国政法大学诉讼法学研究中心,中国政法大学诉讼法学研究院
隋唐辽宋金元史论丛	K24	中国社会科学院古代史研究所隋唐五代十国史研究室、宋辽西夏金史研究室、元史研究室

题　名	中图分类号	主办单位
太平天国及晚清社会研究	K254	中国太平天国史研究会
太平洋岛国研究	D760	聊城大学
唐史论丛	K242	陕西师范大学唐史研究所,中国唐史学会
唐宋历史评论	K242	中国人民大学唐宋史研究中心
唐研究	K242	唐研究基金会,北京大学中国古代史研究中心
天津滨海法学	D9	天津师范大学法学院
天一阁文丛	G258.83	天一阁博物馆
通识教育评论	G40-012	大学通识教育联盟
通识教育研究	G40-012	湖北大学通识教育研究中心
土地经济研究	F301	南京大学国土资源与旅游学系,中国人民大学土地管理系
外国经济学说与中国研究报告	F0	中华外国经济学说研究会
外国美学	B83	中华美学学会外国美学学术委员会等
外国语文论丛	H3	四川师范大学文学院比较文学与世界文学学位授权点
外国语文研究(南京)	H09	南京大学外国语学院
外国语言文学与文化论丛	H3	四川大学外国语学院
外国哲学	B1	北京大学外国哲学研究所
外语教育	H3	华中科技大学外语系
外语教育与应用	H3	四川外国语大学成都学院
网络法律评论	D9	北京大学知识产权学院,北京大学法学院互联网法律中心
网络文学研究	I207.999	安徽大学网络文学研究中心
魏晋南北朝隋唐史资料	K23	武汉大学中国三至九世纪研究所
文化产业研究	G114	文化部-南京大学国家文化产业研究中心等
文化传播	G206	北京航空航天大学人文与社会科学高等研究院,文化与艺术传播研究院
文化发展论丛	G11	湖北大学高等人文研究院等
文化研究	G0	广州大学人文学院,南京大学人文社会科学高级研究院
文化与诗学	I207.2	北京师范大学文学院文艺学研究中心
文物建筑	TU-092.2	河南省古代建筑保护研究所
文献语言学	H1	中华书局有限公司
文学理论前沿	I0	国际文学理论学会等
文学人类学研究	I0-05	中国比较文学学会文学人类学研究会,教育部人文社科重点研究基地四川大学中国俗文化研究所
文学研究	I206	南京大学文学院
文学与图像	I109	北京大学东方文学研究中心
西北高教评论	G64	西北政法大学
西部考古	K872.4	文化遗产研究与保护技术教育部重点实验室等
西部史学	K2	重庆市历史学会,西南大学历史文化学院
西南边疆民族研究	K280.7	云南大学西南边疆少数民族研究中心
西南法律评论	D9	西南政法大学
西南法学	D9	西南民族大学法学院
西南知识产权评论	D923.4	西南政法大学民商法学院
西夏学	K246.3	宁夏大学西夏学研究院
西域历史语言研究集刊	K294.5	中国人民大学国学院西域历史语言研究所
西域文史	K294.5	北京大学中国古代史研究中心,新疆师范大学西域文史研究中心
戏曲研究	J8	中国艺术研究院戏曲研究所
戏曲与俗文学研究	I207.37	中国俗文学学会,中山大学中国古代文献研究所

题　　名	中图分类号	主办单位
厦大中文学报	I206	厦门大学中文系
厦门大学法律评论	D9	厦门大学法学院
现代基础教育研究	G63	上海师范大学
现代儒学	B222	复旦大学哲学学院等
现代外国哲学	B15	复旦大学哲学学院,中国现代外国哲学学会
现代中国文化与文学	I206.6	四川大学文学与新闻学院
现代传记研究	K81	上海交通大学传记中心
乡村振兴研究	F320.3	清华大学公共管理学院社会创新与乡村振兴研究中心
湘江法律评论	D9	湘潭大学法学院
湘江青年法学	D9	湘潭大学等
新国学	K207.8	四川大学中国俗文化研究所
新媒体与社会	G206.2	上海交通大学新媒体与社会研究中心,谢耘耕工作室
新诗评论	I207.25	北京大学中国诗歌研究院
新史学(北京)	K0	中国人民大学清史研究所
新史学(上海)	K0	上海师范大学历史系
新丝路学刊	F125	上海外国语大学
新宋学	I206.44	复旦大学中文系,中国宋代文学学会
信息系统学报	G202	清华大学经济管理学院
刑法论丛	D914	北京师范大学刑事法律科学研究院
刑法评论	D914	中国刑法学研究会等
刑事法判解	D924	北京大学刑事法研究中心
刑事法判解研究	D924	北京师范大学刑事法律科学研究院,中国人民大学刑事法律科学研究中心
刑事法评论	D914	北京大学法治与发展研究院刑事法治研究中心
刑侦剧研究	I207.35	西南政法大学刑事侦查学院刑侦剧研究中心
行政法论丛	D912.1	北京大学宪法与行政法研究中心
形象史学	K203	中国社会科学院古代史研究所文化史研究室
学报编辑论丛	G23	华东地区高等院校自然科学学报编辑协会
亚非研究	D73	北京外国语大学亚洲学院、非洲学院
亚太国家研究	D73	苏州科技大学亚太国家现代化与国际问题研究中心
亚太研究论丛	D73	北京大学亚太研究院
亚洲概念史研究	K3	南京大学学衡研究院
亚洲与世界	D73	北京外国语大学
燕园史学	K	北京大学历史学系研究生会
演化与创新经济学评论	F0	教育部人文社会科学重点研究基地清华大学技术创新研究中心,教育部战略研究基地浙江大学科教发展战略研究中心
医疗社会史研究	R-05	上海大学文学院
医学语言与文化研究	R-05	南方医科大学
艺术理论与艺术史学刊	J110.9	南京大学艺术学院
艺术史研究	J110.9	中山大学艺术史研究中心
艺术学界	J	东南大学艺术学院
艺术与科学	J	清华大学
英国研究	D756.1	南京大学历史系
英美文学研究论丛	I1	上海外国语大学
英语文学研究	I106	北京外国语大学
英语研究	H31	四川外国语大学
应用法学评论	D9	西南政法大学最高人民法院应用法学研究基地等

题　　名	中图分类号	主办单位
应用伦理研究	B82	中国社会科学院应用伦理研究中心等
犹太研究	B985	山东大学犹太教与跨宗教研究中心
语料库语言学	H03	北京外国语大学中国外语教育研究中心
语言规划学研究	H0	北京语言大学
语言历史论丛	H	四川师范大学文学院
语言学研究	H	北京大学外国语学院外国语言学及应用语言学研究所
语言研究集刊	H	复旦大学汉语言文字学科《语言研究集刊》编委会
语言与文化论坛	H	浙江越秀外国语学院
语言与文化研究	H	北京物资学院外语系
语言政策与规划研究	H0	北京外国语大学
语言政策与语言教育	H0	上海外国语大学
域外汉籍研究集刊	K207.8	南京大学
元史及民族与边疆研究集刊	K247	南京大学元史研究室,民族与边疆研究中心
原道	B2	湖南大学岳麓书院国学研究与传播中心
乐府学	I207.226	首都师范大学中国诗歌研究中心
运河学研究	K928.42	聊城大学运河学研究院
韵律语法研究	H01	北京语言大学
藏学学刊	C95	四川大学中国藏学研究所
早期中国研究	K203	北京联合大学考古研究院
曾子学刊	B222.3	中国哲学史学会曾子研究会,山东大学曾子研究所
招生考试研究	G473.2	上海市教育考试院
哲学家	B	中国人民大学哲学院
哲学门	B	北京大学哲学系
哲学评论	B	武汉大学哲学学院
浙大法律评论	D9	浙江大学光华法学院
浙江大学艺术与考古研究	K879	浙江大学艺术与考古研究中心
证券法苑	D9	上海证券交易所
政府管理评论	D63	中国管理现代化研究会政府战略与公共政策研究专业委员会等
政治经济学报	F0	清华大学《资本论》与当代问题研究中心
政治人类学评论	D0-05	上海师范大学马克思主义学院
政治与法律评论	D9	北京大学法治研究中心,重庆大学人文社科高等研究院
制度经济学研究	F091.349	山东大学经济研究院
中财法律评论	D922.2	中央财经大学法学院
中德法学论坛	D9	中德法学研究所
中德私法研究	D9	北京大学出版社,清华大学郑裕彤法学发展基金
中东研究	D737	西北大学中东研究所
中共历史与理论研究	D23	中国人民大学中共党史党建研究院
中古中国研究	K24	复旦大学中古中国共同研究班
中国 ESP 研究	H319.3	北京外国语大学
中国边疆学	K928.1	中国社会科学院中国边疆研究所
中国不动产法研究	D923.24	中国房地产法律实务研究论坛
中国城市研究	C912.81	华东师范大学中国现代城市研究中心
中国传播学评论	G20	复旦大学信息与传播研究中心
中国传媒产业发展报告	G206.2	清华大学媒介经济与管理研究中心
中国档案研究	G279.2	辽宁大学中国档案文化研究中心
中国法学教育研究	D9-4	中国政法大学等

题　　名	中图分类号	主办单位
中国方言学报	H17	全国汉语方言学会
中国非营利评论	C912.2	清华大学公共管理学院 NGO 研究所
中国非洲研究评论	D74	北京大学非洲研究中心
中国佛学	B94	中国佛学院
中国高等教育评论	G64	厦门大学高等教育发展研究中心,厦门大学教育研究院
中国公共史学集刊	K207	中国人民大学史学理论研究所
中国公共政策评论	D601	中山大学行政管理研究中心等
中国古代小说戏剧研究	I206.2	兰州城市学院中国古代小说戏剧研究所
中国国际法年刊	D99	中国国际法学会
中国国际私法与比较法年刊	D997	中国国际私法学会,武汉大学国际法研究所
中国海洋经济	P74	山东社会科学院
中国海洋社会学研究	P7	中国社会学会海洋社会学专业委员会
中国环境与发展评论	X22	中国社会科学院数量经济与技术经济研究所
中国教育	G52	华东师范大学
中国教育法制评论	D922.164	北京师范大学教育学院
中国教育政策评论	G52	华东师范大学教育学部
中国经济史评论	F129	中国经济史学会等
中国经济特区研究	F127.9	深圳大学中国经济特区研究中心
中国经济与社会史评论	F129	武汉大学中国经济与社会史研究所暨中国传统文化研究中心
中国经学	B2	清华大学经学研究中心
中国会计评论	F23	《中国会计评论》理事会
中国历史研究院集刊	K	中国历史研究院
中国美术研究	J2	华东师范大学艺术研究所
中国美学	B83	首都师范大学,中国美学研究中心
中国美学研究	B83	华东师范大学中文系,华东师范大学美术与艺术理论研究中心
中国民族学	C95	兰州大学西北少数民族研究中心
中国农村教育评论	G725	东北师范大学中国农村教育发展研究院,中国教育学会农村教育分会
中国农村研究	F32	教育部人文社会科学重点研究基地华中师范大学中国农村研究院
中国女性文化	D669.68	首都师范大学文学院,首都师范大学中国女性文化研究中心
中国曲学研究	I207.37	中国曲学研究中心等
中国诠释学	B089.2	山东大学中国诠释学研究中心
中国人文田野	K928.6	西南大学西南历史地理研究中心,西南大学历史地理研究所
中国儒学	B222	中华孔子学会
中国社会工作研究	D669	中国社会工作教育协会
中国社会公共安全研究报告	D63	北京大学·复旦大学·吉林大学·中山大学国家治理协同创新中心,华东政法大学中国社会公共安全研究中心
中国社会历史评论	K2	南开大学中国社会历史评论
中国社会心理学评论	C912.6	中国社科院社会学所社会心理研究室
中国社会组织研究	C912.2	上海交通大学国际与公共事务学院等
中国审计评论	F239.22	南京审计大学国家审计研究院,中国审计学会审计教育分会
中国诗歌研究	I207.2	首都师范大学中国诗歌研究中心
中国诗学	I207.2	中国社会科学院文学所
中国诗学研究	I207.2	教育部高校人文社会科学重点研究基地安徽师范大学中国诗学研究中心

题　　名	中图分类号	主 办 单 位
中国思想史研究	B2	西北大学中国思想文化研究所
中国四库学	Z121.5	湖南大学岳麓书院等
中国俗文化研究	G12	四川大学中国俗文化研究所
中国网络传播研究	G206	南京大学网络传播研究中心,中国网络传播学会
中国文化产业评论	G124	上海交通大学国家文化产业创新与发展研究基地
中国文化论衡	K203	山东社会科学院
中国文化与管理	C93	南京大学管理学院等
中国文论	I206	山东大学儒学高等研究院
中国文学研究(上海)	I206	教育部人文社会科学重点研究基地,复旦大学中国古代文学研究中心
中国文字研究	H12	华东师范大学中国文字研究与应用中心,华东师范大学语言文字工作委员会
中国西南文化研究	K297	云南省社会科学院历史、文献研究所
中国现代文学论丛	I206.6	南京大学中国新文学研究中心
中国现象学与哲学评论	B	中山大学现象学文献与研究中心
中国乡村发现	F32	湖南师范大学中国乡村振兴研究院,湖南省中国乡村振兴研究基地
中国新闻传播研究	G2	中国传媒大学
中国学术	C55	清华大学国学研究院
中国研究	D668	南京大学当代中国研究院
中国语言文学研究	H1	河北师范大学文学院
中国语言学	H1	北京大学中文系
中国语言学报	H1	中国语言学会《中国语言学报》编委会
中国语言战略	H1	教育部语信司–南京大学中国语言战略研究中心
中国政治学	D6	中国人民大学国际关系学院
中国治理评论	D63	三亚学院,北京大学城市治理研究院
中国智库经济观察	F11	中国国际经济交流中心
中国周边安全形势评估	D5	中国社会科学院亚太与全球战略研究院
中华历史与传统文化论丛	K2	东北大学秦皇岛分校
中华文化海外传播研究	G125	大连外国语大学中华文化海外传播研究中心
中华文化与传播研究	G125	厦门大学传播研究所,中盐金坛盐化有限责任公司
中华戏曲	J8	中国戏曲学会,山西师范大学戏曲文物研究所
中华艺术论丛	J12	《中华艺术论丛》编委会
中山大学法律评论	D9	中山大学法学院
中山大学青年法律评论	D9	中山大学法学院
中外文化	G0	重庆市人文社会科学重点研究基地,四川外国语大学中外文化比较研究中心
中外文化与文论	I0	中国中外文艺理论学会,四川联合大学中文系汉语言文学研究所
中亚研究	D737	兰州大学中亚研究所
仲裁研究	D915.7	广州仲裁委员会
仲裁与法律	D9	中国国际经济贸易仲裁委员会,中国国际商会仲裁研究所
朱子学研究	B244.75	中国社会科学院历史研究所,上饶师范学院朱子学研究所
珠江论丛	C55	珠海科技学院
诸子学刊	B220.5	华东师范大学先秦诸子研究中心
资产评估研究	F20	中央财经大学财政税务学院
自然国学评论	N092	北京航空航天大学人文与社会科学高等研究院

题　名	中图分类号	主办单位
宗教人类学	B920	中国社会科学院世界宗教研究所
宗教社会学	B920	中国社会科学院世界宗教研究所
宗教信仰与民族文化	B92	中国社会科学院民族学与人类学研究所
宗教研究	B9	中国人民大学佛教与宗教学理论研究所
宗教与哲学	B	中国社会科学院世界宗教研究所

附录四

《中文核心期刊要目总览》
各版核心期刊索引

A

阿拉伯世界研究　2011 2014 2017 2020 2023
癌症(1982-2010)　1992 1996 2000 2004 2008
安徽大学学报. 哲学社会科学版　2004 2008 2011
　2014 2017 2020 2023
安徽大学学报. 自然科学版　2004 2008 2011 2014
　2017 2020 2023
安徽教育　1992
安徽农业大学学报　2000 2004 2008 2011 2014
安徽农业科学　2004 2008
安徽省委党校学报　1992
安徽师范大学学报. 人文社会科学版　2008 2011 2014
　2017
安徽师范大学学报. 自然科学版　2008 2011
安徽史学　1992 2000 2004 2008 2011 2014 2017 2020
　2023
安徽新戏　1992
安徽医科大学学报　2004 2008 2011 2014 2017 2020
　2023
安徽医学　1992
安全与环境工程　2011 2017 2020 2023
安全与环境学报　2008 2011 2014 2017 2020 2023
鞍钢技术　1992

B

八一电影　1992
白求恩医科大学学报　1992 1996 2000 2004
百花洲　1992
班主任　1992 1996 2000
半导体光电　1992 1996 2000 2004 2008 2011 2014
　2017 2020 2023
半导体技术　1992 1996 2000 2004 2008 2011 2014
　2017 2020 2023
半导体学报　1992 1996 2000 2004 2008
半月谈　1992 2000 2004 2008 2011
包装工程　1996 2000 2004 2008 2011 2014 2017 2020
　2023
包装与食品机械　2017 2020 2023
宝钢技术　1992
保鲜与加工　2014 2017 2023
保险理论与实践　1996
保险研究　1992 1996 2000 2004 2008 2011 2014 2017
　2020 2023
爆破　2008 2011 2014 2017 2020 2023
爆破器材　1992 1996 2000 2011 2017 2020 2023
爆炸与冲击　1992 1996 2000 2004 2008 2011 2014
　2017 2020 2023

北方法学　2014 2017 2020
北方果树　1992
北方交通大学学报　1992 1996 2000 2004
北方经济　2000
北方论丛　2004 2008 2011 2014
北方民族大学学报. 哲学社会科学版　2017 2020 2023
北方文物　1992 2004 2008 2011 2014 2017 2020 2023
北方园艺　1992 1996 2000 2004 2008 2011 2014 2017
　2020 2023
北方造纸　2000
北京成人教育　1992 2004
北京大学教育评论　2004 2008 2011 2014 2017 2020
　2023
北京大学学报. 医学版　2004 2008 2011 2014 2017
　2020 2023
北京大学学报. 哲学社会科学版　1992 1996 2000
　2004 2008 2011 2014 2017 2020 2023
北京大学学报. 自然科学版　1992 1996 2000 2004
　2008 2011 2014 2017 2020 2023
北京党史研究　1996
北京档案　1992 1996 2000 2004 2008 2011 2014 2017
　2020 2023
北京第二外国语学院学报　2023
北京电影学院学报　1992 1996 2000 2004 2008 2011
　2014 2017 2020 2023
北京服装学院学报　1992
北京服装学院学报. 自然科学版　2004 2008 2014
　2017 2020
北京工人　1992
北京工商大学学报. 社会科学版　2004 2008 2011
　2014 2017 2020 2023
北京工业大学学报　2000 2004 2008 2011 2014 2017
　2020 2023
北京工业大学学报. 社会科学版　2020 2023
北京广播学院学报　1992
北京广播学院学报. 人文社会科学版　1996
北京航空航天大学学报　1992 1996 2000 2004 2008
　2011 2014 2017 2020 2023
北京化工大学学报　2004
北京化工大学学报. 自然科学版　2008 2011 2014
　2017 2020 2023
北京化工学院学报. 自然科学版　1992
北京交通大学学报　2008 2011 2014 2017 2020 2023
北京交通大学学报. 社会科学版　2014 2020 2023
北京教育　1992 1996 2000
北京科技大学学报　1992 1996 2000 2004 2008 2011
　2014
北京理工大学学报　2000 2004 2008 2011 2014 2017

C

重庆理工大学学报. 自然科学　2017 2020 2023

重庆社会科学　2023

重庆师范大学学报. 自然科学版　2011 2014 2017
　2020 2023

重庆医科大学学报　2008 2011 2014 2017 2020 2023

重庆医学　2008 2011 2014

重庆邮电大学学报. 社会科学版　2014

重庆邮电大学学报. 自然科学版　2011 2014 2017
　2020 2023

重庆邮电学院学报. 自然科学版　2008

出版发行研究　1992 1996 2000 2004 2008 2011 2014
　2017 2020 2023

出版广角　2004 2008 2011 2014 2017 2020 2023

出版科学　2011 2014 2017 2020 2023

出版史料　1992

储能科学与技术　2020 2023

传感技术学报　2004 2008 2011 2014 2017 2020 2023

传感器技术　2000 2004 2008

传感器与微系统　2011 2020 2023

传媒　2008 2011 2014 2017 2020

传媒观察　2008

船舶　1992 1996 2000

船舶标准化　1992

船舶工程　1992 1996 2000 2004 2008 2011 2014 2017
　2020 2023

船舶力学　2004 2008 2011 2014 2017 2020 2023

船海工程　2004 2014 2017 2020 2023

纯粹数学与应用数学　2004

辞书研究　1992 2000 2008 2011

磁共振成像　2020 2023

磁性材料及器件　2008 2011

催化学报　1992 1996 2000 2004 2008 2011 2014 2017

D

大坝观测与土工测试　1992

大地测量与地球动力学　2008 2011 2014 2017 2020
　2023

大地构造与成矿学　2000 2004 2008 2011 2014 2017
　2020 2023

大电机技术　1992 1996 2000 2004 2008 2011

大豆科学　1992 1996 2000 2004 2008 2011 2014 2017
　2020 2023

大家　1996 2000 2004 2008

大连工业大学学报　2011 2014 2017 2020

大连海事大学学报　2000 2004 2008 2011 2014 2017
　2020 2023

大连海洋大学学报　2014 2017 2020 2023

大连海运学院学报　1992 1996

大连理工大学学报　1992 1996 2000 2004 2008 2011
　2014 2017 2020 2023

大连理工大学学报. 社会科学版　2017 2020 2023

大连轻工业学院学报　2008

大连水产学院学报　1992 1996 2000 2004 2008 2011

大气环境　1992

大气科学　1992 1996 2000 2004 2008 2011 2014 2017
　2020 2023

大气科学学报　2014 2017 2020 2023

大庆石油地质与开发　1992 1996 2004 2008 2011 2014
　2017 2020 2023

大庆石油学院学报　1992 1996 2000 2004 2008 2011
　2014

大舞台　1992 2011

大学出版　2011

大学教育科学　2011 2014 2017 2020 2023

大学图书馆学报　1992 1996 2000 2004 2008 2011
　2014 2017 2020 2023

大学物理　1992 2000 2004 2008 2011 2014

大众电视　1992

大众电影　1992

大众摄影　1992 2004

单克隆抗体通讯　1992

弹导学报　1992

弹道学报　1996 2000 2004 2008 2011 2014 2017 2020
　2023

弹箭技术　1992

弹箭与制导学报　1996 2000 2004 2008 2011 2014
　2017 2020 2023

淡水渔业　1992 1996 2000 2004 2008 2011 2014 2017
　2020 2023

当代　1992 1996 2000 2004 2008 2011 2014 2017 2020
　2023

当代保险　1992 1996

当代财经　1992 1996 2000 2004 2008 2011 2014 2017
　2020 2023

当代传播　2004 2008 2011 2014 2017 2020 2023

当代电视　1992 2000 2004 2008 2011 2014

当代电影　1992 1996 2000 2004 2008 2011 2014 2017
　2020 2023

当代法学　1992 2004 2008 2011 2014 2017 2020 2023

当代工人　1992

当代教育科学　2008 2011 2014 2017 2020 2023

当代教育论坛　2017 2020 2023

当代教育与文化　2014 2017

当代经济管理　2017 2020 2023

当代经济科学　1996 2000 2004 2008 2011 2014 2017
　2020 2023

当代经济研究　1996 2000 2004 2008 2011 2014 2017 2020 2023

当代青年研究　1992 1996 2000

当代世界　2000 2004 2008 2020

当代世界社会主义问题　1992 1996 2000 2004 2008 2011 2014 2017

当代世界与社会主义　1996 2000 2004 2008 2011 2014 2017 2020 2023

当代思潮　1992 2000

当代外国文学　1992 1996 2000 2004 2008 2011 2014 2017 2020 2023

当代文坛　1992 1996 2000 2008 2011 2014 2017 2020 2023

当代戏剧　1992 1996 2000 2008 2014

当代修辞学　2014 2017 2020 2023

当代亚太　2000 2004 2008 2011 2014 2017 2020 2023

当代语言学　2004 2008 2011 2014 2017 2020 2023

当代中国史研究　2000 2004 2008 2011 2014 2023

当代作家评论　1992 1996 2000 2004 2008 2011 2014 2017 2020 2023

党的文献　1996 2000 2004 2008 2011 2014 2017 2020 2023

党建　1992 2000

党建文汇　1992 1996 2000

党建研究　1992 1996 2000 2004 2008 2011

党史文汇　1992

党史文苑(1990-2004)　1992

党史研究与教学　1992 2011 2023

党史研究资料　1992

党史资料通讯　1992

党校论坛　1992

党政干部论坛　1992

党政论坛　1992 1996 2000 2004

党政研究　2017 2020 2023

档案　1992 1996 2000 2004 2008

档案工作　1992

档案管理　1996 2000 2004 2008 2011 2014 2017 2020 2023

档案学通讯　1992 1996 2000 2004 2008 2011 2014 2017 2020 2023

档案学研究　1992 1996 2000 2004 2008 2011 2014 2017 2020 2023

档案与建设　1992 1996 2000 2004 2008 2011 2014 2017 2020

导弹与航天运载技术　2000 2004 2008 2011 2014 2017 2020 2023

导航定位学报　2023

道德与文明　1992 1996 2000 2004 2008 2011 2014

2017 2020 2023

道路交通管理　1996

德国研究　2011 2014

低温工程　1996 2000 2004 2008 2011 2014 2017 2020 2023

低温建筑技术　1992 1996

低温物理学报　1992 1996 2000 2004 2008 2011 2014 2017

低温与超导　1992 1996 2000 2004 2008 2011 2014 2017 2020 2023

低压电器　1992 1996 2004 2008

地层学杂志　1992 1996 2000 2004 2008 2011 2014 2017 2020 2023

地方病通报　1992

地方病译丛　1992

地方财政研究　2011 2014 2017 2020 2023

地方戏艺术　1992

地理　1992

地理教学　2017 2023

地理教育　1992

地理科学　1992 1996 2000 2004 2008 2011 2014 2017 2020 2023

地理科学进展　2000 2004 2008 2011 2014 2017 2020 2023

地理学报　1992 1996 2000 2004 2008 2011 2014 2017 2020 2023

地理学与国土研究　1992 1996 2000 2004

地理研究　1992 1996 2000 2004 2008 2011 2014 2017 2020 2023

地理译报　1992

地理与地理信息科学　2008 2011 2014 2017 2020 2023

地理知识　1992

地名知识　1992

地壳形变与地震　1992 2004

地球化学　1992 1996 2000 2004 2008 2011 2014 2017 2020 2023

地球科学　1992 1996 2000 2004 2008 2011 2014 2017 2020 2023

地球科学进展　2004 2008 2011 2014 2017 2020 2023

地球科学与环境学报　2017 2020 2023

地球物理测井　1992

地球物理学报　1992 1996 2000 2004 2008 2011 2014 2017 2020 2023

地球物理学进展　2004 2008 2011 2014 2017 2020 2023

地球信息科学　2008 2011

地球信息科学学报　2014 2017 2020 2023

地球学报　1996 2000 2004 2008 2011 2014 2017 2020

G

2017 2020 2023

贵州农业科学   2008 2011

贵州社会科学   1992 2004 2011 2014 2017 2020 2023

贵州师范大学学报. 自然科学版   2023

桂林工学院学报   2004 2008 2011

桂林理工大学学报   2014 2017 2020 2023

锅炉技术   1992 1996 2000 2004 2008 2011 2014 2017 2020 2023

国防大学学报   2004

国防科技大学学报   1992 2000 2004 2008 2011 2014 2017 2020 2023

国际安全研究   2017 2020 2023

国际病毒学杂志   2023

国际城市规划   2011 2014 2017 2020 2023

国际纺织品动态   1992

国际共运史研究   1992

国际观察   2004 2008 2011 2014 2017 2020 2023

国际广播电视技术   1992

国际航空   1992 2004

国际技术经济研究学报   1992

国际金融   1992 1996 2000 2004

国际金融导刊   1992 1996

国际金融研究   1992 1996 2000 2004 2008 2011 2014 2017 2020 2023

国际经济合作   1992 1996 2000 2004 2008 2011 2014 2017 2020 2023

国际经济评论   2000 2004 2008 2011 2014 2017 2020 2023

国际经贸探索   1992 1996 2000 2004 2008 2011 2014 2017 2020 2023

国际科技交流   1992

国际口腔医学杂志   2014 2023

国际论坛   2004 2008 2011 2014 2017 2020 2023

国际贸易   1992 1996 2000 2004 2008 2011 2014 2017 2020 2023

国际贸易问题   1992 1996 2000 2004 2008 2011 2014 2017 2020 2023

国际脑血管病杂志   2011

国际内分泌代谢杂志   2011

国际商务   1996 2000 2011 2014 2017 2020 2023

国际商务研究   1992 1996 2000 2004 2008 2011 2014 2017 2020 2023

国际社会科学杂志(中文版)   1996

国际社会与经济   1996

国际神经病学神经外科学杂志   2014

国际税收   2017 2020 2023

国际问题研究   1992 1996 2000 2004 2008 2011 2014 2017 2020 2023

国际新闻界   1992 2000 2004 2008 2011 2014 2017 2020 2023

国际眼科杂志   2017 2020

国际药学研究杂志   2014 2017

国际医学放射学杂志   2017 2020

国际展望   1992 2004 2020 2023

国际政治科学   2017 2020 2023

国际政治研究   2008 2011 2014 2017 2020 2023

国家检察官学院学报   2011 2014 2017 2020 2023

国家教育行政学院学报   2008 2011 2014 2017 2020 2023

国家图书馆学刊   2008 2011 2014 2017 2020 2023

国家行政学院学报   2008 2011 2014 2017

国土与自然资源研究   2008

国土资源科技管理   2011

国土资源遥感   2011 2014 2017 2020

国外财经   1992

国外城市规划   2008

国外大电机   1992

国外导弹与航天运载器   1992

国外电子测量技术   2020

国外纺织技术. 纺织分册   1992

国外纺织技术. 化纤、染整、环境保护分册   1992

国外纺织技术. 针织、服装分册   1992

国外钢铁   1992

国外工程机械   1992

国外公路   1992

国外航空技术. 发动机   1992

国外航空技术. 飞机   1992

国外航空技术. 机载设备   1992

国外核新闻   1992

国外环境科学技术   1992

国外机车车辆工艺   1992

国外激光   1992

国外金属材料   1992

国外金属矿山   1992

国外金属矿选矿   1992

国外金属热处理   1992

国外科技政策与管理   1992

国外理论动态   2004 2008 2011 2014 2017 2020 2023

国外林业   1992

国外煤炭   1992

国外内燃机   1992

国外内燃机车   1992

国外农学. 果树   1992

国外农学. 麦类作物   1992

国外汽车   1992

国外桥梁   1992 2004

国外社会科学 1992 1996 2000 2004 2008 2011 2014 2017 2020 2023

国外社会科学情况 1992 1996 2000

国外社会科学信息 1992

国外社会学 1992

国外兽医学. 畜禽传染病 1992

国外兽医学. 畜禽疾病 1992

国外水产 1992

国外铁道车辆 1992

国外外语教学 1992 2008

国外文学 1992 1996 2000 2004 2008 2011 2014 2017 2020 2023

国外畜牧科技 1992

国外畜牧学. 草食家畜 1992

国外畜牧学. 饲料 1992

国外畜牧学. 猪与禽 1992

国外医学. 创伤与外科基本问题分册 1992

国外医学. 儿科学分册 1992

国外医学. 耳鼻咽喉科学分册 1992

国外医学. 放射医学核医学分册 1992

国外医学. 分子生物学分册 1992

国外医学. 妇产科学分册 1992

国外医学. 呼吸系统分册 1992

国外医学. 计划生育分册 1992

国外医学. 寄生虫病分册 1992

国外医学. 军事医学分册 1992

国外医学. 口腔医学分册 1992

国外医学. 临床放射学分册 1992

国外医学. 临床生物化学与检验学分册 1992

国外医学. 流行病学传染病学分册 1992

国外医学. 麻醉学与复苏分册 1992

国外医学. 免疫学分册 1992 2008

国外医学. 脑血管疾病分册 2008

国外医学. 内科学分册 1992 1996

国外医学. 皮肤病学分册 1992

国外医学. 生理、病理科学与临床分册 1992

国外医学. 生物医学工程分册 1992 2008

国外医学. 输血及血液学分册 1992

国外医学. 外科学分册 1992

国外医学. 微生物学分册 1992

国外医学. 卫生经济分册 1992

国外医学. 卫生学分册 1992 1996 2008 2011

国外医学. 物理医学与康复学分册 1992

国外医学. 心血管疾病分册 1992

国外医学. 眼科学分册 1992

国外医学. 药学分册 1992 1996

国外医学. 医学地理分册 1992

国外医学. 医院管理分册 1992

国外医学. 遗传学分册 1992

国外医学. 预防、诊断、治疗用生物制品分册 1992

国外医学. 中医中药分册 1992 1996

国外医学. 肿瘤学分册 1992 1996

国外医药. 合成药、生化药、制剂分册 1992

国外医药. 抗生素分册 1992

国外油气勘探 1992

国外语言学 1992 1996 2000

国外造纸 1992

国外政治学 1992

国有资产管理 2000 2004

果树科学 1992 1996 2000

果树学报 2004 2008 2011 2014 2017 2020 2023

过程工程学报 2004 2008 2011 2014 2017 2020 2023

H

哈尔滨电工学院学报 1992 1996

哈尔滨工程大学学报 2004 2008 2011 2014 2017 2020 2023

哈尔滨工业大学学报 1992 1996 2000 2004 2008 2011 2014 2017 2020 2023

哈尔滨工业大学学报. 社会科学版 2017

哈尔滨建筑大学学报 2000 2004

哈尔滨建筑工程学院学报 1992 1996

哈尔滨理工大学学报 2008 2014 2017 2020 2023

哈尔滨医科大学学报 2004 2008 2011

海岸工程 1992

海河水利 1992

海湖盐与化工 1996 2004

海军工程大学学报 2004 2008 2011 2014 2017 2020 2023

海南医学院学报 2023

海相油气地质 2011 2014 2017 2020 2023

海洋测绘 2020 2023

海洋地质动态 2008

海洋地质前沿 2020 2023

海洋地质译丛 1992

海洋地质与第四纪地质 1992 1996 2000 2004 2008 2011 2014 2017 2020 2023

海洋工程 1992 2000 2004 2008 2011 2014 2017 2020 2023

海洋湖沼通报 1992 1996 2004 2008 2011 2014 2017 2020 2023

海洋环境科学 1992 1996 2000 2004 2008 2011 2014 2017 2020 2023

海洋技术 1992 2000 2008 2011

海洋开发与管理 1996

海洋科学 1992 1996 2000 2004 2008 2011 2014 2017

河南理工大学学报. 自然科学版　2011 2014 2017 2020 2023

河南农业大学学报　2004 2008 2011 2014 2017 2023

河南农业科学　1992 2000 2004 2008 2011 2014 2017 2020 2023

河南社会科学　2004 2008 2011 2014 2017 2020 2023

河南省政法管理干部学院学报　2011

河南师范大学学报. 哲学社会科学版　2000 2004 2008 2011 2014 2017 2020 2023

河南师范大学学报. 自然科学版　2004 2008 2011 2014 2017 2020 2023

河南统计　1992

河南戏剧　1992

河南医科大学学报　2000 2004

河南中医　1992

核电子学与探测技术　1992 1996 2000 2004 2008 2011 2014 2017 2020 2023

核动力工程　1992 1996 2000 2004 2008 2011 2014 2017 2020 2023

核化学与放射化学　1992 1996 2000 2004 2008 2011 2014 2017 2020 2023

核技术　1992 1996 2000 2004 2008 2011 2014 2017 2020 2023

核聚变与等离子体物理　1992 1996 2000 2004 2008 2011 2014 2017 2020 2023

核科学与工程　1992 1996 2000 2004 2008 2011 2014 2017 2020 2023

核农学报　2000 2004 2008 2011 2014 2017 2020 2023

核农学通报　1996 2000

黑龙江财专学报　1992

黑龙江大学自然科学学报　2004 2008 2011 2014

黑龙江档案　1992

黑龙江高教研究　1992 1996 2000 2004 2008 2011 2014 2017 2020 2023

黑龙江教育　1992

黑龙江民族丛刊　1992 1996 2000 2004 2008 2011 2014 2017 2020 2023

黑龙江农业科学　1992

黑龙江图书馆　1992

黑龙江畜牧兽医　1992 1996 2000 2004 2008 2011 2014 2017 2020 2023

黑龙江造纸　1992

黑龙江中医药　1992

红楼梦学刊　1992 1996 2000 2004 2008 2011 2014 2017 2020 2023

红旗文稿　2008 2014 2017 2020

红外技术　1996 2000 2004 2008 2011 2014 2017 2020 2023

红外与毫米波学报　1992 1996 2000 2004 2008 2011 2014 2017 2020 2023

红外与激光工程　2000 2004 2008 2011 2014 2017 2020 2023

红外与激光技术　1996

宏观经济管理　1996 2000 2004 2008 2011 2014 2017 2020 2023

宏观经济研究　2004 2008 2011 2014 2017 2020 2023

湖北财政研究　1996 2000

湖北大学学报. 哲学社会科学版　2000 2004 2008 2011 2014 2017 2020 2023

湖北大学学报. 自然科学版　2004 2008

湖北档案　1992

湖北教育(1966-2004)　1992

湖北林业科技　1992

湖北民族大学学报. 哲学社会科学版　2023

湖北民族学院学报. 哲学社会科学版　2014 2020

湖北农业科学　1992 2000 2004 2008 2011

湖北社会科学　2008 2011 2014 2017 2020 2023

湖北审计　1992

湖北行政学院学报　2008

湖北中医杂志　1992

湖南财政与会计　1992

湖南大学学报. 社会科学版　2008 2011 2014 2017 2020 2023

湖南大学学报. 自然科学版　2000 2004 2008 2011 2014 2017 2020 2023

湖南档案　1992 1996 2000 2004

湖南共产党人　1992

湖南教育　1992

湖南经济　2000

湖南科技大学学报. 社会科学版　2008 2011 2014 2017 2020 2023

湖南科技大学学报. 自然科学版　2008 2011 2014 2017 2020 2023

湖南林业科技　1992 1996

湖南农业大学学报　2000 2004 2008 2011 2014 2017

湖南农业大学学报. 自然科学版　2020 2023

湖南农业科学　1992

湖南社会科学　2008 2011 2014 2017 2023

湖南师范大学教育科学学报　2011 2014 2017 2020 2023

湖南师范大学社会科学学报　1992 2000 2004 2008 2011 2014 2017 2020 2023

湖南师范大学自然科学学报　2000 2004 2008 2011 2014 2017 2020 2023

湖南医科大学学报　1996 2000 2004

湖南有色金属　1992

J

L

M

2008 2011 2014 2017 2020 2023

清华法学　2011 2014 2017 2020 2023

清明　1992 2000 2004 2008 2011

清史研究　1992 1996 2000 2004 2008 2011 2014 2017 2020 2023

情报科学　1992 2000 2004 2008 2011 2014 2017 2020 2023

情报科学技术　1992 1996

情报理论与实践　1992 1996 2000 2004 2008 2011 2014 2017 2020 2023

情报学报　1992 1996 2000 2004 2008 2011 2014 2017 2020 2023

情报学刊　1992

情报业务研究　1992

情报杂志　1992 1996 2000 2004 2008 2011 2014 2017 2020 2023

情报知识　1992

情报资料工作　1992 1996 2000 2004 2008 2011 2014 2017 2020 2023

求实　1992 2000 2004 2008 2011 2014 2017 2020 2023

求是　1992 1996 2000 2004 2008 2011 2014 2017 2020 2023

求是学刊　1992 2000 2004 2008 2011 2014 2017 2020 2023

求索　1992 2004 2008 2014 2020 2023

求知　1992

区域经济评论　2017 2020 2023

曲艺　1992

全球教育展望　2004 2008 2011 2014 2017 2020 2023

全球能源互联网　2023

群众　1992

R

燃料化学学报　1992 1996 2000 2004 2008 2011 2014 2017 2020 2023

燃气轮机技术　1996 2000

燃气涡轮试验与研究　2011 2014 2017

燃烧科学与技术　2004 2008 2011 2014 2017 2020 2023

染料工业　1992 1996

染整技术　2014

热带地理　1992 1996 2008 2011 2017 2020 2023

热带海洋　1992 1996 2000

热带海洋学报　2004 2008 2011 2014 2017 2020 2023

热带气象　1992

热带气象学报　1996 2000 2004 2008 2011 2014 2017 2020 2023

热带亚热带植物学报　2000 2004 2008 2011 2014

2017 2020 2023

热带作物机械化　1992

热带作物学报　2011 2014 2017 2020 2023

热固性树脂　2008 2011 2014 2017 2020

热加工工艺　1992 1996 2000 2004 2008 2011 2014 2017 2020 2023

热科学与技术　2011 2014 2017 2020 2023

热力发电　1992 1996 2000 2004 2008 2011 2014 2017 2020 2023

热能动力工程　1992 1996 2000 2004 2008 2011 2014 2017 2020 2023

人才　1992 1996

人才开发　1992 1996 2000

人才科学研究　1992 1996

人工晶体学报　1996 2000 2004 2008 2011 2014 2017 2020 2023

人口动态　1992

人口学刊　1992 2000 2004 2008 2011 2014 2017 2020 2023

人口研究　1992 1996 2000 2004 2008 2011 2014 2017 2020 2023

人口与发展　2011 2014 2017 2020 2023

人口与计划生育　1996 2000 2004

人口与经济　1992 1996 2000 2004 2008 2011 2014 2017 2020 2023

人口与优生　1992

人口战线　1992

人类学学报　1992 1996 2000 2004 2008 2011 2014 2017 2020 2023

人民长江　1992 1996 2000 2004 2008 2011 2014 2017 2020 2023

人民公安　1992 1996

人民画报　1992

人民黄河　1992 1996 2000 2004 2008 2011 2014 2017 2020 2023

人民检察　1992 1996 2000 2004 2008 2011 2014

人民教育　1992 1996 2000 2004 2008 2011 2014 2017 2020 2023

人民军医　1992 1996

人民论坛　2008 2011 2014 2017 2020 2023

人民论坛. 学术前沿　2017

人民司法　1992 1996 2000 2004 2008

人民文学　1992 1996 2000 2004 2008 2011 2014 2017 2020 2023

人民信访　1992 1996

人民音乐　1992 1996 2000 2004 2008 2014 2017 2020 2023

人民音乐. 评论　2011

2020 2023

上海戏剧 1992 2000 2004 2008 2011

上海行政学院学报 2008 2011 2014 2017 2020 2023

上海畜牧兽医通讯 1992 1996

上海医科大学学报 1992 1996 2000

上海医学 1992 1996 2000 2004 2008 2011 2014 2017

上海医学检验杂志 1992 1996 2000 2004

上海医药 1992

上海造纸 1992 1996

上海针灸杂志 1996

上海中医药杂志 1992 1996 2000 2004

烧结球团 1992 1996 2000 2004 2008 2011 2014 2017 2020 2023

少年文艺(南京) 1992

少年文艺(上海,1977-2016) 1992

社会 1992 1996 2000 2004 2008 2011 2014 2017 2020 2023

社会保障研究 2020 2023

社会发展研究 2023

社会工作研究 1996

社会科学 1992 1996 2000 2004 2008 2011 2014 2017 2020 2023

社会科学辑刊 1992 2000 2004 2008 2011 2014 2017 2020 2023

社会科学家 1992 2008 2011 2014 2017 2020 2023

社会科学研究 1992 1996 2000 2004 2008 2011 2014 2017 2020 2023

社会科学战线 1992 1996 2000 2004 2008 2011 2014 2017 2020 2023

社会学评论 2017 2020 2023

社会学探索 1992

社会学研究 1992 1996 2000 2004 2008 2011 2014 2017 2020 2023

社会学与社会调查 1992

社会研究 1992

社会主义研究 1992 1996 2000 2004 2008 2011 2014 2017 2020 2023

涉外税务 1992 1996 2000 2004 2008 2011 2014

深空探测学报 2020

深空探测学报(中英文) 2023

深冷技术 1996

深圳大学学报. 理工版 2004 2008 2011 2014 2017 2020 2023

深圳大学学报. 人文社会科学版 2000 2004 2008 2011 2014 2017 2020 2023

神经解剖学杂志 1992 1996 2000 2004 2008 2011 2014 2017 2023

沈阳工业大学学报 2011 2014 2017 2020 2023

沈阳建筑大学学报. 自然科学版 2008 2011 2014 2017 2020 2023

沈阳农业大学学报 2004 2008 2011 2014 2017 2020 2023

沈阳师范学院学报. 社会科学版 1992

沈阳体育学院学报 2008 2011 2014 2017 2020 2023

沈阳药科大学学报 2004 2008 2011 2014 2017 2020

沈阳药学院学报 1992 1996

审计理论与实践 1992 1996 2000

审计研究 1992 1996 2000 2004 2008 2011 2014 2017 2020 2023

审计与经济研究 2000 2004 2008 2011 2014 2017 2020 2023

肾脏病与透析肾移植杂志 2008 2011 2014 2017 2020

生产力研究 1992 1996 2004 2008

生理科学进展 1992 1996 2000 2004 2008 2011 2014 2017 2023

生理学报 1992 1996 2000 2004 2008 2011 2014 2017 2020 2023

生命的化学 2004 2008

生命科学 2008 2017 2020

生命科学研究 2011

生态毒理学报 2011 2014 2017 2020 2023

生态环境 2008 2011

生态环境学报 2014 2017 2020 2023

生态经济 2000 2004 2008 2011 2014 2017 2020 2023

生态科学 2011 2023

生态学报 1992 1996 2000 2004 2008 2011 2014 2017 2020 2023

生态学杂志 1992 1996 2000 2004 2008 2011 2014 2017 2020 2023

生态与农村环境学报 2011 2014 2017 2020 2023

生物安全学报 2020 2023

生物多样性 2004 2008 2011 2014 2017 2020 2023

生物防治通报 1992 1996

生物工程进展 2004

生物工程学报 1992 1996 2000 2004 2008 2011 2014 2017 2020 2023

生物化学与生物物理进展 1992 1996 2000 2004 2008 2011 2014 2017 2020 2023

生物化学与生物物理学报 1992 1996 2000 2004

生物化学杂志 1992 1996 2000

生物技术 2008 2011 2014

生物技术通报 2008 2011 2014 2017 2020 2023

生物数学学报 1992 2004 2008

生物物理学报 1992 1996 2000 2004 2008 2011 2014

生物学教学 2000 2004 2008 2014 2017 2023

生物学通报 1992 1996 2000 2008

四川理工学院学报. 社会科学版　2017

四川林业科技　1992 1996

四川农业大学学报　2008 2011 2014 2017 2020 2023

四川师范大学学报. 社会科学版　1992 2000 2004
　2008 2011 2014 2017 2020 2023

四川师范大学学报. 自然科学版　2004 2008 2011
　2014 2017

四川食品工业科技　1992

四川体育科学　1992

四川图书馆学报　1992 1996

四川外语学院学报　1992 2004 2008 2011

四川文物　1992 2008 2011 2014 2017 2020 2023

四川戏剧　1992 1996 2000 2004 2008 2011 2014 2017
　2020 2023

四川畜牧兽医　1992

四川中医　1992 1996 2000 2004

饲料工业　1992 1996 2000 2008 2011 2014 2017 2020
　2023

饲料研究　1992 1996 2008 2011 2017 2020 2023

苏联历史问题　1992

苏联文学联刊　1992

苏州大学学报. 医学版　2008

苏州大学学报. 教育科学版　2020 2023

苏州大学学报. 哲学社会科学版　2004 2008 2011
　2014 2017 2020 2023

苏州丝绸工学院学报　1992 1996

苏州医学院学报　2004

塑料　2004 2008 2011 2014 2017 2020 2023

塑料工业　1992 1996 2000 2004 2008 2011 2014 2017
　2020 2023

塑料科技　2004 2008 2011 2014 2017 2020 2023

塑性工程学报　2004 2008 2011 2014 2017 2020 2023

随笔　1992

隧道建设　2014 2017

隧道建设(中英文)　2020 2023

隧道译丛　1992

T

台港文学选刊　1992

台声　1992 1996

台湾海峡　1992 1996 2004 2008 2014

台湾研究　2017 2020

台湾研究集刊　1992 2014 2017

太赫兹科学与电子信息学报　2017

太平洋学报　2008 2014 2017 2020 2023

太阳能学报　1992 1996 2000 2004 2008 2011 2014
　2017 2020 2023

太原理工大学学报　2004 2008 2011 2014 2017 2020

　2023

钛工业进展　2014 2017

弹性体　2008 2020

坦克装甲车辆　1992

炭素技术　2011 2014 2017 2020 2023

探测与控制学报　2004 2008 2011 2014 2017 2020
　2023

探索　1992 1996 2000 2004 2008 2011 2014 2017 2020
　2023

探索与争鸣　2008 2011 2014 2017 2020 2023

陶瓷学报　2008 2011 2014 2017 2020 2023

特区党的生活　1992

特区经济　1992 1996 2000 2004 2008

特区理论与实践　2000

特殊钢　1992 1996 2000 2004 2008 2011 2014 2017

特种结构　1992

特种橡胶制品　1996

特种油气藏　2011 2014 2017 2020 2023

特种铸造及有色合金　1992 1996 2000 2004 2008 2011
　2014 2017 2020 2023

体育科学　1992 1996 2000 2004 2008 2011 2014 2017
　2020 2023

体育科研　1992

体育文化导刊　2004 2008 2011 2014 2017 2020 2023

体育文史　2000

体育学刊　2000 2004 2008 2011 2014 2017 2020 2023

体育学研究　2020 2023

体育与科学　1992 1996 2000 2004 2008 2011 2014
　2017 2020 2023

天风　1996 2000

天府新论　2011 2014

天津大学学报　1992 1996 2000 2008 2011 2014

天津大学学报. 社会科学版　2011

天津大学学报. 自然科学与工程技术版　2004 2017
　2020 2023

天津纺织工学院学报　1992 1996

天津工业大学学报　2008 2011 2014 2017 2020 2023

天津教育　1992 2000 2004

天津科技大学学报　2014

天津社会科学　2004 2008 2011 2014 2017 2020 2023

天津师范大学学报. 基础教育版　2020 2023

天津师范大学学报. 社会科学版　2004 2008 2011
　2014 2017 2020

天津师范大学学报. 自然科学版　2008 2017 2020
　2023

天津体育学院学报　1992 1996 2000 2004 2008 2011
　2014 2017 2020 2023

天津文学(1986-2000)　1992

X

Z

2020 2023

中国历史文物　2008 2011

中国粮油学报　1996 2000 2004 2008 2011 2014 2017
2020 2023

中国林业　1992 1996

中国临床解剖学杂志　1992 1996 2000 2004 2008
2011 2014 2017 2020 2023

中国临床康复　2008

中国临床心理学杂志　2011 2014 2017 2020 2023

中国临床药理学与治疗学　2023

中国临床药理学杂志　1992 1996 2000 2004 2008
2011 2014 2017 2020 2023

中国临床医学　2004

中国临床医学影像杂志　2004 2008 2014 2023

中国流通经济　2004 2008 2011 2014 2017 2020 2023

中国麻风杂志　1992 1996 2000

中国麻作　1992 1996

中国慢性病预防与控制　2008 2017 2020 2023

中国媒介生物学及控制杂志　2004 2020

中国煤炭　2000 2004 2008 2011 2014 2023

中国锰业　1992

中国棉花　1992 2000 2004 2008

中国免疫学杂志　1992 1996 2000 2004 2008 2011
2014 2017 2020 2023

中国民政　1992 1996

中国民族　2004 2008

中国民族教育　1996

中国穆斯林　1992 1996 2000 2004 2008 2011

中国奶牛　1996 2000

中国男科学杂志　2011

中国南方果树　2000 2004 2008 2011 2014 2017 2020
2023

中国脑血管病杂志　2014 2017 2020 2023

中国内部审计　2011

中国内镜杂志　2004 2008 2011 2014

中国酿造　1992 1996 2000 2004 2008 2014 2017 2020
2023

中国农村观察　2000 2004 2008 2011 2014 2017 2020
2023

中国农村金融（农村工作通讯杂志社）　1992 1996

中国农村经济　1992 1996 2000 2004 2008 2011 2014
2017 2020 2023

中国农村水利水电　2000 2004 2008 2011 2014 2017
2020 2023

中国农村卫生事业管理　1992

中国农机化　1992 1996 2000 2008 2011

中国农机化学报　2017 2020 2023

中国农垦　1992

中国农垦经济　1992 1996 2000 2004

中国农史　1992 1996 2000 2004 2008 2011 2014 2017
2020 2023

中国农学通报　2008

中国农业大学学报　2000 2004 2008 2011 2014 2017
2020 2023

中国农业大学学报. 社会科学版　2014 2017 2020
2023

中国农业科技导报　2011 2014 2017 2020 2023

中国农业科学　1992 1996 2000 2004 2008 2011 2014
2017 2020 2023

中国农业会计　1996 2000 2004

中国农业气象　1992 2011 2014 2017 2020

中国农业资源与区划　2008 2011 2014 2017 2020 2023

中国培训　1996

中国皮肤性病学杂志　1992 1996 2000 2004 2008 2011
2014 2017 2020 2023

中国皮革　1996 2000 2004 2008 2011 2014

中国普通外科杂志　2008 2011 2014 2017 2020 2023

中国钱币　1992

中国青年　1992 2000 2004

中国青年社会科学　2017 2020 2023

中国青年研究　1992 1996 2004 2008 2011 2014 2017
2020 2023

中国青年政治学院学报　1992 1996 2004 2008 2011
2014

中国轻工业经济　1992 1996

中国区域地质　1992 1996 2000 2004

中国全科医学　2008 2011 2014 2017 2020 2023

中国热带医学　2023

中国人才　1992 1996 2000 2004 2008 2011 2014 2017

中国人口、资源与环境　1996 2000 2004 2008 2011
2014 2017 2020 2023

中国人口科学　1992 1996 2000 2004 2008 2011 2014
2017 2020 2023

中国人力资源开发　2004 2008 2011 2014 2017 2020
2023

中国人民大学学报　1992 1996 2000 2004 2008 2011
2014 2017 2020 2023

中国人民公安大学学报. 社会科学版　2008 2011 2014
2017 2020 2023

中国人民警官大学学报. 哲学社会科学版　1992 1996

中国人事管理　1992

中国人兽共患病学报　2011 2014 2017 2020 2023

中国人兽共患病杂志　1992 1996 2000 2004 2008

中国乳品工业　1992 1996 2000 2004 2008 2011 2014
2017 2020 2023

中国软科学　1996 2000 2004 2008 2011 2014 2017

中国岩溶　1992 2004 2014 2017 2020 2023
中国养蜂　1992
中国养兔杂志　1992 1996
中国养羊　1992 1996
中国药房　2004 2008 2014 2017 2020 2023
中国药科大学学报　1992 1996 2000 2004 2008 2011 2014 2017 2020 2023
中国药理学报　1992 1996 2000
中国药理学通报　1992 1996 2000 2004 2008 2011 2014 2017 2020 2023
中国药理学与毒理学杂志　1992 1996 2000 2004 2008 2011 2014 2017 2020 2023
中国药物化学杂志　2017
中国药学杂志　1992 1996 2000 2004 2008 2011 2014 2017 2020 2023
中国冶金　2017 2020 2023
中国医科大学学报　1996 2000 2004 2008 2011 2014 2017 2020 2023
中国医疗器械杂志　1992 1996
中国医学计算机成像杂志　2008 2011 2014 2017 2020 2023
中国医学科学院学报　1992 1996 2000 2004 2008 2011 2014 2017 2020 2023
中国医学伦理学　2023
中国医学前沿杂志(电子版)　2023
中国医学影像技术　1996 2004 2008 2011 2014 2017 2020 2023
中国医学影像学杂志　2008 2011 2014 2017 2020 2023
中国医药工业杂志　1992 1996 2000 2004 2008 2011 2014 2017 2020
中国医药学报　1992 2004
中国医院　2020 2023
中国医院管理　1992 2000 2004 2014 2017 2020 2023
中国医院药学杂志　1992 1996 2000 2004 2008 2011 2014 2017 2020 2023
中国疫苗和免疫　2014 2017 2020 2023
中国音乐　1992 1996 2000 2004 2008 2011 2014 2017 2020 2023
中国音乐学　1992 1996 2000 2004 2008 2011 2014 2017 2020 2023
中国印刷与包装研究　2014
中国应用生理学杂志　1992 1996 2000 2004 2008 2017 2020
中国邮政　1992 1996
中国油料　1992 1996 2000
中国油料作物学报　2004 2008 2011 2014 2017 2020 2023

中国油脂　1992 1996 2000 2004 2008 2011 2014 2017 2020 2023
中国有色金属学报　1996 2000 2004 2008 2011 2014 2017 2020 2023
中国有色冶金　2008 2014 2020 2023
中国有线电视　2000
中国渔业经济　2008
中国渔业经济研究　1996
中国语文　1992 1996 2000 2004 2008 2011 2014 2017 2020 2023
中国预防兽医学报　2004 2008 2011 2014 2017 2020 2023
中国预防医学杂志　2020
中国园林　1992 2008 2011 2014 2017 2020 2023
中国远程教育　2004 2008 2011 2014 2017 2023
中国运动医学杂志　1992 1996 2000 2004 2008 2011 2014 2017 2020 2023
中国韵文学刊　2014
中国藏学　1996 2000 2008 2011 2014 2017 2020 2023
中国造船　1992 1996 2000 2004 2008 2011 2014 2017 2020 2023
中国造纸　1992 1996 2000 2004 2008 2011 2014 2017 2020 2023
中国造纸学报　1992 1996 2000 2008 2011 2014 2017 2020 2023
中国沼气　1992 2011 2014
中国照明电器　1992 1996
中国哲学史　2004 2008 2011 2014 2017 2020 2023
中国针灸　1992 1996 2000 2004 2008 2011 2014 2017 2020 2023
中国职业技术教育　2004 2008 2011 2014 2017 2020 2023
中国职业医学　2004 2008 2011 2014 2017 2020
中国植保导刊　2008 2011 2014 2017 2020 2023
中国中西医结合急救杂志　2008 2011 2014 2017 2020
中国中西医结合杂志　1996 2000 2004 2008 2011 2014 2017 2020 2023
中国中药杂志　1992 1996 2000 2004 2008 2011 2014 2017 2020 2023
中国中医基础医学杂志　2004 2008 2011 2014 2017 2020
中国肿瘤　2017 2020 2023
中国肿瘤临床　1992 1996 2000 2004 2008 2011 2014 2017 2020 2023
中国肿瘤生物治疗杂志　2008 2011 2014 2017 2020 2023
中国种业　2004
中国注册会计师　2008 2011 2014 2017 2020 2023

中国铸机　1996

中国铸造装备与技术　2000

中国宗教　2000 2004 2008 2011 2014 2017 2020 2023

中国综合临床　2004

中国组织工程研究　2017 2020 2023

中国组织工程研究与临床康复　2014

中国作家　1992 1996 2000 2004 2008 2011 2014 2017

中华病理学杂志　1992 1996 2000 2004 2008 2011
2014 2017 2020 2023

中华超声影像学杂志　2008 2011 2014 2017 2020
2023

中华传染病杂志　1992 1996 2000 2004 2008 2011
2014 2023

中华创伤骨科杂志　2011 2014 2017 2020 2023

中华创伤杂志　1992 1996 2000 2004 2008 2011 2014
2017 2020 2023

中华地方病学杂志　2017 2020 2023

中华儿科杂志　1992 1996 2000 2004 2008 2011 2014
2017 2020 2023

中华耳鼻咽喉科杂志　1992 1996 2000 2004

中华耳鼻咽喉头颈外科杂志　2008 2011 2014 2017
2020 2023

中华耳科学杂志　2011 2014 2017 2020 2023

中华放射学杂志　1992 1996 2000 2004 2008 2011
2014 2017 2020 2023

中华放射医学与防护杂志　1992 1996 2000 2004 2008
2011 2014 2017 2020 2023

中华放射肿瘤学杂志　1996 2000 2004 2008 2011
2014 2017 2020 2023

中华风湿病学杂志　2008 2011 2014 2017 2020

中华妇产科杂志　1992 1996 2000 2004 2008 2011
2014 2017 2020 2023

中华肝胆外科杂志　2008 2011 2014 2017 2020 2023

中华肝脏病杂志　2004 2008 2011 2014 2017 2020
2023

中华高血压杂志　2011 2014 2017 2020 2023

中华骨科杂志　1992 1996 2000 2004 2008 2011 2014
2017 2020 2023

中华骨与关节外科杂志　2023

中华骨质疏松和骨矿盐疾病杂志　2017 2020 2023

中华航海医学与高气压医学杂志　2011

中华核医学与分子影像杂志　2017 2020 2023

中华核医学杂志　1992 1996 2000 2004 2008 2011
2014

中华护理教育　2020

中华护理杂志　1992 1996 2000 2004 2008 2011 2014
2017 2020 2023

中华急诊医学杂志　2008 2011 2014 2017 2020 2023

中华疾病控制杂志　2011 2014 2017 2020 2023

中华检验医学杂志　2004 2008 2011 2014 2017 2020
2023

中华健康管理学杂志　2023

中华结核和呼吸杂志　1992 1996 2000 2004 2008 2011
2014 2017 2020 2023

中华精神科杂志　2000 2004 2008 2011 2014 2017
2020 2023

中华口腔医学杂志　1992 1996 2000 2004 2008 2011
2014 2017 2020 2023

中华劳动卫生职业病杂志　1992 1996 2000 2004 2008
2011 2017 2020 2023

中华老年心脑血管病杂志　2004 2008 2011 2017 2020
2023

中华老年医学杂志　1992 1996 2000 2004 2008 2011
2014 2017 2020 2023

中华理疗杂志　1992 1996 2004

中华临床感染病杂志　2023

中华临床医师杂志(电子版)　2020

中华临床营养杂志　2023

中华流行病学杂志　1992 1996 2000 2004 2008 2011
2014 2017 2020 2023

中华麻醉学杂志　1992 1996 2000 2004 2008 2011
2014 2017 2020 2023

中华泌尿外科杂志　1992 1996 2000 2004 2008 2011
2014 2017 2020 2023

中华男科学杂志　2008 2014 2017 2020

中华内分泌代谢杂志　1992 1996 2000 2004 2008 2011
2014 2017 2020 2023

中华内科杂志　1992 1996 2000 2004 2008 2011 2014
2017 2020 2023

中华皮肤科杂志　1992 1996 2000 2004 2008 2011
2014 2017 2020 2023

中华普通外科杂志　2000 2004 2008 2011 2014 2017
2020 2023

中华器官移植杂志　1992 1996 2000 2004 2008 2011
2017

中华人民共和国国务院公报　1992 1996 2000

中华人民共和国全国人民代表大会常务委员会公报
1996 2000

中华烧伤杂志　2004 2008 2011 2014 2017 2020 2023

中华神经精神科杂志　1992 1996

中华神经科杂志　2000 2004 2008 2011 2014 2017
2020 2023

中华神经外科杂志　1992 1996 2000 2004 2008 2011
2014 2017 2020 2023

中华神经医学杂志　2008 2011 2014 2017 2020 2023

中华肾脏病杂志　1992 1996 2000 2004 2008 2011

附录五

刊 名 索 引

C

G

2023 年版
2023 EDITION

ISBN 978-7-301-34958-8
9 787301 349588 >
定价：550.00 元（精装）

北京大学出版社
PEKING UNIVERSITY PRESS